公检法律师

刑事办案必备

依据集成·主流观点·疑难案例

（实体法分册）

郑智辉／编著

中国检察出版社

图书在版编目（CIP）数据

刑事办案必备依据集成·主流观点·疑难案例（实体法分册）（上中下册）/郑智辉编著. —北京：中国检察出版社，2014.1
ISBN 978-7-5102-0967-3

Ⅰ.①刑… Ⅱ.①郑… Ⅲ.①刑法-汇编-中国 ②刑事诉讼法-汇编-中国 Ⅳ.①D924.09 ②D925.209

中国版本图书馆 CIP 数据核字（2013）第 303352 号

刑事办案必备 依据集成·主流观点·疑难案例（实体法分册）（上中下册）

郑智辉　编著

出版发行：	中国检察出版社
社　　址：	北京市石景山区香山南路 111 号（100144）
网　　址：	中国检察出版社 www.zgjccbs.com
电　　话：	（010）88960622（编辑）　68650015（发行）　68636518（门市）
经　　销：	新华书店
印　　刷：	河北省三河市燕山印刷有限公司
开　　本：	720 mm×960 mm　16 开
印　　张：	115.5 印张
字　　数：	2651 千字
版　　次：	2014 年 1 月第一版　2014 年 1 月第一次印刷
书　　号：	ISBN 978-7-5102-0967-3
定　　价：	246.00 元（上中下册）

检察版图书，版权所有，侵权必究
如遇图书印装质量问题本社负责调换

序

法律的生命在于实施。如何将纸面上的法律准确适用于实践，是摆在法律工作者面前的一道永恒的课题。在刑事司法实践中，要用好刑法、办好刑事案件，就必须全面了解掌握案件所涉及的刑法相关规定和基本法学观点。执法办案人员如何才能避免因适用法律有遗漏、有偏颇而造成办案失误呢？十几年前，厦门市人民检察院郑智辉检察官正是基于这种朴素的法律情感，从执法办案的实际需要出发，为了办案、办好案开始了编撰此书之路。

积跬步以至千里，聚小流而成沧海。历经多年的积累与完善，《刑事办案必备　依据集成·主流观点·疑难案例》（实体法分册）终于与广大读者见面了。本着来源于办案一线，又服务于办案实践的精神。一方面，此书精细汇编了刑法规范，它以法条为纲，按罪名分类，对关联法律法规、司法解释、司法性文件和纪要等进行了严谨、细致的分解、归纳和整理。办案人员可通过此书在较短时间内获得广泛的信息和实在的便利，为准确适用刑法打下了基础，既保障了案件质量，又减轻了工作负荷，提高了办案效率。另一方面，此书紧密联系司法实践，有助于解决刑事疑难案件和问题。社会现象变幻万千，实践中的个案情况也纷繁复杂，案件中的争议焦点、疑难问题时常引发意见分歧。对疑难案件和新罪名的法律适用，书中援引了权威期刊的典型案例，收集了北京、上海等地的司法性文件和判例，解读了部分法学家的案例分析文章，有利于启发读者的开放式思维，提升对刑法思想和精髓的认识，从而透过现象看本质，抓住案件的实质问题，做出独立的思考和判断。从这个意义上说，它已不仅仅是一本工具书，而且是法律工作方法的思想闪现，为还原法的本意打开了一扇窗。

承蒙中国检察出版社的关心和支持，此书由一线办案人员独立编撰完成，还得以在全国范围内正式发行、交流使用，实属我院的荣幸。当然书中难免有不尽周全之处，请各位读者批评指正！但相信作者立足岗位认真钻研的工作精神和严谨求是的治学态度，将激励和引导更多法律人，为构建更为完善的法治理想大厦添砖加瓦，孜孜以求，不懈努力。

厦门市人民检察院检察长 黄延强

自　　序

刑法学是一门十分要求精确的法学。精确的刑法学理论，就像一把精确的尺子，可以用来厘定国家和社会在使用刑法打击犯罪和保护人民中的各种要求。因此，精确的刑法理论以及由此产生的刑法规定，就是在为社会及其成员规定精确的自由程度。

"世易时移，变法亦矣。"我国正处于一个伟大的变革时代，刑法也紧随着时代变迁而不断修正，自1997年修订刑法以来，全国人大常委会又颁布了3个《决定》和8个《刑法修正案》。如何正确理解和适用刑法，使之既符合刑法规定又满足时代的要求，对于法律适用者是一个巨大的挑战。

刑法学是一门强调实际应用的法学。任何制定法都难以避免"律文有难明之义，未足之语"，为了便于司法者准确执法，全国人大常委会制定颁布了9项立法解释，最高人民检察院和最高人民法院先后颁布了140多件司法解释文件，此外还有各级司法机关的会议纪要、内部答复之类的参考文件，仅文字即达几十万之巨，在方便了司法工作者理解适用某方面具体问题的同时，也增加了司法者整体把握运用的困难。

为了解决工作中的实际问题，笔者在多年办案之余，一直注重对刑法适用的相关规定作系统性的收集，并根据相关法条进行分解整理，形成了类似于办案笔记的关联编注工具书。该书的编辑，注重了几个方面的特点：

1. 全面性：全面收集与刑法相关的解释、规定、纪要、地方司法文件、权威机关的典型案例及相关行政法规。

2. 时间性：编排依据时间由新至旧排列，以利于司法者及时掌握最新规定，并在新旧对比中把握理念的变迁。

3. 实用性：对于最高司法机关所编纂的《刑事审判参考》、《刑事司法指南》、《公检法办案指南》等权威期刊所载案例及相关司法解释的解读,依据罪名进行了整理,包括相互矛盾的判例也做了收录,对相关问题进行了摘要,并注明出处和页数,便于司法者作拓展阅读,以解决实际问题。

4. 便捷性:所分解、引用的内容,均在起始处注明了所属刑法条文的条次、时间,使得司法工作者在运用此书时,可以根据需要查找的条文直接翻阅。

由于编者水平有限,分解不当之处难免,尚待今后进一步完善。

郑智辉

2012 年 9 月 18 日

目　　录

上　　册

第一编　总　　则

第一章　刑法的任务、基本原则和适用范围 …………………（ 1 ）

第 1 条　制定刑法的目的和根据 ……………………………（ 1 ）
第 2 条　刑法的任务 …………………………………………（ 1 ）
第 3 条　罪刑法定原则 ………………………………………（ 1 ）
第 4 条　适用刑法平等原则 …………………………………（ 4 ）
第 5 条　罪责刑相适应原则 …………………………………（ 4 ）
第 6 条　属地管辖原则 ………………………………………（ 4 ）
第 7 条　属人管辖原则 ………………………………………（ 6 ）
第 8 条　保护管辖原则 ………………………………………（ 7 ）
第 9 条　普遍管辖原则 ………………………………………（ 7 ）
第 10 条　外国刑事判决的效力 ………………………………（ 8 ）
第 11 条　外国人的刑事豁免权 ………………………………（ 8 ）
第 12 条　刑法的溯及力 ………………………………………（ 9 ）

第二章　犯罪 ……………………………………………………（ 18 ）

第一节　犯罪和刑事责任 ……………………………………（ 18 ）

第 13 条　犯罪概念 ……………………………………………（ 18 ）
第 14 条　故意犯罪 ……………………………………………（ 20 ）
第 15 条　过失犯罪 ……………………………………………（ 26 ）
第 16 条　意外事件 ……………………………………………（ 33 ）
第 17 条　刑事责任年龄 ………………………………………（ 37 ）

第17条之一　修正案（八）第1条　老年人从宽处罚 ……………（69）
第18条　精神病人、醉酒人的刑事责任 ………………………（70）
第19条　聋哑人、盲人的刑事责任 ………………………………（73）
第20条　正当防卫 …………………………………………………（74）
第21条　紧急避险 …………………………………………………（81）

第二节　犯罪的预备、未遂和中止 ………………………………（82）

第22条　犯罪预备 …………………………………………………（82）
第23条　犯罪未遂 …………………………………………………（85）
第24条　犯罪中止 …………………………………………………（92）

第三节　共同犯罪 …………………………………………………（95）

第25条　共同犯罪 …………………………………………………（95）
第26条　主犯、犯罪集团 …………………………………………（110）
第27条　从犯 ………………………………………………………（113）
第28条　胁从犯 ……………………………………………………（114）
第29条　教唆犯 ……………………………………………………（114）

第四节　单位犯罪 …………………………………………………（116）

第30条　单位犯罪的定义 …………………………………………（116）
第31条　单位犯罪的处罚 …………………………………………（137）

第三章　刑罚 ………………………………………………………（139）

第一节　刑罚的种类 ………………………………………………（139）

第32条　主刑和附加刑 ……………………………………………（139）
第33条　主刑的种类 ………………………………………………（139）
第34条　附加刑的种类 ……………………………………………（139）
第35条　特别附加刑 ………………………………………………（140）
第36条　刑事、民事责任的竞合 …………………………………（140）
第37条　刑罚替代处分 ……………………………………………（145）

第二节　管制 ………………………………………………………（149）

第38条　修正案（八）第2条　管制的期限和执行 ………………（149）

第39条　管制犯的义务和权利 …………………………………… (158)
第40条　管制的解除 ……………………………………………… (161)
第41条　管制的刑期计算 ………………………………………… (162)

第三节　拘役 …………………………………………………………… (163)

第42条　拘役的期限 ……………………………………………… (163)
第43条　拘役犯的执行及处遇 …………………………………… (163)
第44条　拘役的刑期计算 ………………………………………… (163)

第四节　有期徒刑、无期徒刑 ………………………………………… (164)

第45条　有期徒刑的期限 ………………………………………… (164)
第46条　有期、无期徒刑的执行 ………………………………… (164)
第47条　有期徒刑的刑期计算 …………………………………… (164)

第五节　死刑 …………………………………………………………… (168)

第48条　死刑的适用对象、死缓、核准 ………………………… (168)
第49条　修正案（八）第3条　不适用死刑的情形 …………… (181)
第50条　修正案（八）第4条　死缓执行的法律后果 ………… (182)
第51条　死缓期间、死缓减为有期徒刑的刑期计算 …………… (185)

第六节　罚金 …………………………………………………………… (186)

第52条　罚金数额的确定 ………………………………………… (186)
第53条　罚金执行 ………………………………………………… (187)

第七节　剥夺政治权利 ………………………………………………… (195)

第54条　剥夺政治权利的内容 …………………………………… (195)
第55条　剥夺政治权利的期限 …………………………………… (196)
第56条　剥夺政治权利的适用对象 ……………………………… (197)
第57条　剥夺政治权利终身及变更 ……………………………… (199)
第58条　剥夺政治权利的刑期、处遇 …………………………… (199)

第八节　没收财产 ……………………………………………………… (200)

第59条　没收财产的范围及限制 ………………………………… (200)

第 60 条　没收财产与正当债务的冲突 ……………………………… (201)

第四章　刑罚的具体运用 ……………………………………… (203)

第一节　量刑 …………………………………………………… (203)

第 61 条　量刑原则 ……………………………………………… (203)

第 62 条　从重、从轻情节的适用 …………………………… (216)

第 63 条　修正案（八）第 5 条　减轻情节的适用 ………… (217)

第 64 条　追缴、退赔、返还和没收 ………………………… (220)

第二节　累犯 …………………………………………………… (225)

第 65 条　修正案（八）第 6 条　一般累犯 ………………… (225)

第 66 条　修正案（八）第 7 条　危害国家安全累犯 ……… (229)

第三节　自首和立功 …………………………………………… (230)

第 67 条　修正案（八）第 8 条　自首 ……………………… (230)

第 68 条　修正案（八）第 9 条　立功 ……………………… (257)

第四节　数罪并罚 ……………………………………………… (272)

第 69 条　修正案（八）第 10 条　数罪并罚的原则 ………… (272)

第 70 条　发现漏罪的并罚原则 ……………………………… (280)

第 71 条　发现新罪的并罚原则 ……………………………… (281)

第五节　缓刑 …………………………………………………… (282)

第 72 条　修正案（八）第 11 条　缓刑及其适用条件 ……… (282)

第 73 条　缓刑考验期 ………………………………………… (296)

第 74 条　修正案（八）第 12 条　缓刑的限制条件 ………… (298)

第 75 条　缓刑考验期内应遵守的规范 ……………………… (298)

第 76 条　修正案（八）第 13 条　考察机关和缓刑的法律后果 …… (300)

第 77 条　修正案（八）第 14 条　缓刑的撤销 …………… (301)

第六节　减刑 …………………………………………………… (302)

第 78 条　修正案（八）第 15 条　减刑的适用条件 ………… (302)

第 79 条　减刑的程序 …………………………………………（310）
第 80 条　无期徒刑减刑的刑期计算 …………………………（310）

第七节　假释 ………………………………………………………（310）

第 81 条　修正案（八）第 16 条　假释的适用条件 …………（310）
第 82 条　假释的程序 …………………………………………（315）
第 83 条　假释的考验期限 ……………………………………（316）
第 84 条　假释的考察 …………………………………………（316）
第 85 条　修正案（八）第 17 条　假释执行机关、执行完毕 ………（316）
第 86 条　修正案（八）第 18 条　假释的撤销 ………………（317）

第八节　时效 ………………………………………………………（319）

第 87 条　追诉时效期限 ………………………………………（319）
第 88 条　追诉时效终止 ………………………………………（320）
第 89 条　追诉时效的起算、中断 ……………………………（322）

第五章　其他规定 …………………………………………………（327）

第 90 条　民族自治地方的变通、补充规定 …………………（327）
第 91 条　公共财产 ……………………………………………（327）
第 92 条　私人财产 ……………………………………………（329）
第 93 条　国家工作人员 ………………………………………（330）
第 94 条　司法工作人员 ………………………………………（343）
第 95 条　重伤 …………………………………………………（345）
第 96 条　违反国家规定 ………………………………………（375）
第 97 条　首要分子 ……………………………………………（375）
第 98 条　告诉才处理 …………………………………………（375）
第 99 条　以上、以下、以内概念的理解 ……………………（375）
第 100 条　修正案（八）第 19 条　前科报告制度 ……………（376）
第 101 条　本法总则的效力 ……………………………………（376）

第二编　分　　则

第一章　危害国家安全罪 ········· （377）

第 102 条　背叛国家罪 ········· （377）

第 103 条　第 1 款　分裂国家罪
　　　　　第 2 款　煽动分裂国家罪 ········· （377）

第 104 条　武装叛乱、暴乱罪 ········· （380）

第 105 条　第 1 款　颠覆国家政权罪
　　　　　第 2 款　煽动颠覆国家政权罪 ········· （380）

第 106 条　危害国家犯罪的从重情节 ········· （383）

第 107 条　资助危害国家安全犯罪活动罪 ········· （383）

第 108 条　投敌叛变罪 ········· （384）

第 109 条　叛逃罪 ········· （385）

第 110 条　间谍罪 ········· （386）

第 111 条　为境外窃取、刺探、收买、非法提供国家秘密、情报罪 ··· （387）

第 112 条　资敌罪 ········· （390）

第 113 条　危害国家安全的死刑、财产刑 ········· （390）

第二章　危害公共安全罪 ········· （392）

第 114 条　修正案（三）第 1 条　放火罪　决水罪　爆炸罪　以危险方法危害公共安全罪　投放危险物质罪 ········· （392）

第 115 条　第 2 款　修正案（三）第 2 条　失火罪　过失爆炸罪　过失投放危险物质罪　过失以危险方法危害公共安全罪　过失投放危险物质罪 ········· （395）

第 116 条　破坏交通工具罪 ········· （403）

第 117 条　破坏交通设施罪 ········· （404）

第 118 条　破坏电力设备罪　破坏易燃易爆设备罪 ········· （405）

第 119 条　第 1 款　破坏交通工具罪　破坏交通设施罪　破坏电力设备罪　破坏易燃易爆设备罪
　　　　　第 2 款　过失损坏交通工具罪　过失损坏交通设施罪　过失损坏电力设备罪　过失损坏易燃易爆设备罪 ········· （408）

第 120 条　组织、领导、参加恐怖组织罪 …………………………（410）
第 120 条之一　修正案（三）第 4 条　资助恐怖活动罪 …………（412）
第 121 条　劫持航空器罪 ……………………………………………（414）
第 122 条　劫持船只、汽车罪 ………………………………………（414）
第 123 条　暴力危及飞行安全罪 ……………………………………（414）
第 124 条　第 1 款　破坏广播电视设施、公用电信设施罪
　　　　　　第 2 款　过失损坏广播电视设施、公用电信设施罪 ………（414）
第 125 条　修正案（三）第 5 条　非法制造、买卖、运输、邮寄、
　　　　　储存枪支、弹药、爆炸物罪　非法制造、买卖、运输、
　　　　　储存危险物质罪 ……………………………………………（418）
第 126 条　违规制造、销售枪支罪 …………………………………（427）
第 127 条　第 1、2 款　盗窃、抢夺枪支、弹药、爆炸物
　　　　　修正案（三）第 6 条第 1、2 款　盗窃、抢夺枪支、弹
　　　　　药、爆炸物、危险物质罪 …………………………………（429）
第 128 条　第 1 款　非法持有、私藏枪支、弹药罪
　　　　　　第 2、3 款　非法出租、出借枪支罪 ……………………（430）
第 129 条　丢失枪支不报罪 …………………………………………（434）
第 130 条　非法携带枪支、弹药、管制刀具、危险物品危及公共安
　　　　　全罪 ………………………………………………………（434）
第 131 条　重大飞行事故罪 …………………………………………（437）
第 132 条　铁路运营安全事故罪 ……………………………………（437）
第 133 条　交通肇事罪 ………………………………………………（437）
第 133 条之一　修正案（八）第 22 条　危险驾驶罪 ………………（453）
第 134 条　修正案（六）第 1 条第 2 款　重大责任事故罪　强令违章
　　　　　冒险作业罪 …………………………………………………（465）
第 135 条　重大劳动安全事故罪 ……………………………………（473）
第 135 条之一　修正案（六）第 3 条　大型群众性活动重大安全事故罪
　　　　　 ………………………………………………………………（475）
第 136 条　危险物品肇事罪 …………………………………………（476）
第 137 条　工程重大安全事故罪 ……………………………………（478）
第 138 条　教育设施重大安全事故罪 ………………………………（479）
第 139 条　消防责任事故罪 …………………………………………（479）
第 139 条之一　修正案（六）第 4 条　不报、谎报安全事故罪 ………（481）

第三章 破坏社会主义市场经济秩序罪 (484)

第一节 生产、销售伪劣商品罪 (484)

第 140 条 生产、销售伪劣产品罪 (484)

第 141 条 生产、销售假药罪 (497)

第 142 条 生产、销售劣药罪 (501)

第 143 条 修正案（八）第 24 条 生产、销售不符合安全标准的食品罪 (503)

第 144 条 生产、销售有毒、有害食品罪 (505)

第 145 条 生产、销售不符合标准的医用器材罪 (512)

第 146 条 生产、销售不符合安全标准的产品罪 (515)

第 147 条 生产、销售伪劣农药、兽药、化肥、种子罪 (516)

第 148 条 生产、销售不符合卫生标准的化妆品罪 (518)

第 149 条 生产、销售伪劣商品罪的法条竞合 (520)

第 150 条 单位犯本节之罪的处罚 (520)

第二节 走私罪 (521)

第 151 条 第 1 款 走私武器、弹药罪 走私核材料罪 走私假币罪
第 2 款 走私文物罪 走私贵重金属罪 走私珍贵动物、珍贵动物制品罪
修正案（七）第 1 条 走私国家禁止进出口的货物、物品罪 (521)

第 152 条 修正案（四）第 2 条 走私淫秽物品罪 走私废物罪 (553)

第 153 条 走私普通货物、物品罪 (558)

第 154 条 走私普通货物、物品罪 (569)

第 155 条 准走私犯罪 (574)

第 156 条 以走私罪的共犯论处的行为 (579)

第 157 条 走私犯罪的从重处罚、数罪并罚 (581)

中　　册

第二编　分　　则

第三章　破坏社会主义市场经济秩序罪…………………………（583）

第三节　妨害对公司、企业的管理秩序罪……………………（583）

第 158 条　虚报注册资本罪…………………………………………（583）

第 159 条　虚假出资、抽逃出资罪…………………………………（586）

第 160 条　欺诈发行股票、债券罪…………………………………（587）

第 161 条　修正案（六）第 5 条　违规披露、不披露重要信息罪……（588）

第 162 条　妨害清算罪………………………………………………（590）

第 162 条之一　修正案第 1 条　隐匿、故意销毁会计凭证、会计账
　　　　　　　　簿、财务会计报告罪…………………………（591）

第 162 条之二　修正案（六）第 6 条　虚假破产罪…………………（593）

第 163 条　修正案（六）第 7 条　非国家工作人员受贿罪…………（594）

第 164 条　修正案（六）第 8 条　对非国家工作人员行贿罪
　　　　　修正案（八）第 29 条第 2 款　对外国公职人员、国际公
　　　　　共组织官员行贿罪………………………………………（599）

第 165 条　非法经营同类营业罪……………………………………（602）

第 166 条　为亲友非法牟利罪………………………………………（603）

第 167 条　签订、履行合同失职被骗罪……………………………（605）

第 168 条　修正案第 2 条　国有公司、企业、事业单位人员失职罪
　　　　　国有公司、企业、事业单位人员滥用职权罪…………（607）

第 169 条　徇私舞弊低价折股、出售国有资产罪…………………（611）

第 169 条之一　修正案（六）第 9 条　背信损害上市公司利益罪……（614）

第四节　破坏金融管理秩序罪…………………………………（616）

第 170 条　伪造货币罪………………………………………………（616）

第 171 条　第 1 款　出售、购买、运输假币罪
　　　　　第 2 款　金融工作人员购买假币、以假币换取货币罪……（619）

第 172 条　持有、使用假币罪………………………………………（624）

9

第 173 条　变造货币罪 ··· (626)
第 174 条　第 1 款　擅自设立金融机构罪
　　　　　第 2 款　伪造、变造、转让金融机构经营许可证罪
　　　　　修正案第 3 条　伪造、变造、转让金融机构经营许可证、
　　　　　批准文件罪 ··· (627)
第 175 条　高利转贷罪 ··· (629)
第 175 条之一　修正案（六）第 10 条　骗取贷款、票据承兑、金融
　　　　　票证罪 ··· (630)
第 176 条　非法吸收公众存款罪 ··· (631)
第 177 条　伪造、变造金融票证罪 ··· (637)
第 177 条之一　修正案（五）第 1 条第 1 款　妨害信用卡管理罪
　　　　　修正案（五）第 1 条第 2 款　窃取、收买、非法提供
　　　　　信用卡信息罪 ··· (640)
第 178 条　第 1 款　伪造、变造国家有价证券罪
　　　　　第 2 款　伪造、变造股票、公司、企业债券罪 ··············· (643)
第 179 条　擅自发行股票、公司、企业债券罪 ··························· (644)
第 180 条　第 4 款　内幕交易、泄露内幕信息罪
　　　　　修正案（七）第 2 条第 2 款　利用未公开信息交易罪 ······ (646)
第 181 条　第 1 款　编造并传播证券交易虚假信息罪
　　　　　第 2 款　诱骗投资者买卖证券罪
　　　　　修正案第 5 条第 1 款　编造并传播证券、期货交易虚假信
　　　　　息罪
　　　　　修正案第 5 条第 2 款　诱骗投资者买卖证券、期货合约罪
　　　　　··· (653)
第 182 条　修正案（六）第 11 条　操纵证券、期货市场罪 ············ (655)
第 183 条　职务侵占罪　贪污罪 ··· (659)
第 184 条　非国家工作人员受贿罪　受贿罪 ······························ (660)
第 185 条　挪用资金罪　挪用公款罪 ······································· (661)
第 185 条之一　修正案（六）第 12 条第 1 款　背信运用受托财产罪、
　　　　　违法运用资金罪 ··· (663)
第 186 条　修正案（六）第 13 条　违法发放贷款罪 ···················· (664)
第 187 条　修正案（六）第 14 条　吸收客户资金不入账罪 ············ (667)
第 188 条　修正案（六）第 15 条　违规出具金融票证罪 ··············· (668)

第189条　对违法票据承兑、付款、保证罪 ……………………（670）

《决定》第1条　骗购外汇罪 ……………………………………（671）

第190条　逃汇罪 ………………………………………………（674）

第191条　洗钱罪 ………………………………………………（677）

第五节　金融诈骗罪 ……………………………………………（681）

第192条　集资诈骗罪 …………………………………………（681）

第193条　贷款诈骗罪 …………………………………………（689）

第194条　第1款　票据诈骗罪
　　　　　第2款　金融凭证诈骗罪 ……………………………（695）

第195条　信用证诈骗罪 ………………………………………（703）

第196条　信用卡诈骗罪 ………………………………………（706）

第197条　有价证券诈骗罪 ……………………………………（714）

第198条　保险诈骗罪 …………………………………………（716）

第199条　金融诈骗罪的死刑适用 ……………………………（719）

第200条　本节的单位犯罪 ……………………………………（720）

第六节　危害税收征管罪 ………………………………………（720）

第201条　修正案（七）第3条　逃税罪 ………………………（720）

第202条　抗税罪 ………………………………………………（726）

第203条　逃避追缴欠税罪 ……………………………………（728）

第204条　第1款　骗取出口退税罪 …………………………（728）

第205条　虚开增值税专用发票用于骗取出口退税、抵扣税款发票罪
　　　　　 ……………………………………………………（731）

第205条之一　修正案（八）第33条　虚开发票罪 …………（744）

第206条　伪造、出售伪造的增值税专用发票罪 ……………（746）

第207条　非法出售增值税专用发票罪 ………………………（749）

第208条　第1款　非法购买增值税专用发票、购买伪造的增值税专
　　　　　用发票罪 ……………………………………………（750）

第209条　第1款　非法制造、出售非法制造的用于骗取出口退税、
　　　　　抵扣税款发票罪
　　　　　第2款　非法制造、出售非法制造的发票罪
　　　　　第3款　非法出售用于骗取出口退税、抵扣税款发票罪

第4款 非法出售发票罪 ……………………………………（752）

第210条 盗窃罪 诈骗罪 ……………………………………（754）

第210条之一 修正案（八）第35条 持有伪造的发票罪 ……（755）

第211条 本节的单位犯罪 ……………………………………（756）

第212条 欠缴税款和所骗取的出口退税款的追缴 ……………（756）

第七节 侵犯知识产权罪 …………………………………………（756）

第213条 假冒注册商标罪 ……………………………………（756）

第214条 销售假冒注册商标的商品罪 ………………………（765）

第215条 非法制造、销售非法制造的注册商标标识罪 ………（772）

第216条 假冒专利罪 …………………………………………（778）

第217条 侵犯著作权罪 ………………………………………（781）

第218条 销售侵权复制品罪 …………………………………（789）

第219条 侵犯商业秘密罪 ……………………………………（792）

第220条 单位侵犯知识产权罪的处罚 ………………………（796）

第八节 扰乱市场秩序罪 …………………………………………（796）

第221条 损害商业信誉、商品声誉罪 …………………………（796）

第222条 虚假广告罪 …………………………………………（798）

第223条 串通投标罪 …………………………………………（800）

第224条 合同诈骗罪 …………………………………………（801）

第224条之一 修正案（七）第4条 组织、领导传销活动罪 …（810）

第225条 非法经营罪 …………………………………………（811）

第226条 强迫交易罪 …………………………………………（841）

第227条 第1款 伪造、倒卖伪造的有价票证罪
第2款 倒卖车票、船票罪 …………………………（844）

第228条 非法转让、倒卖土地使用权罪 ……………………（847）

第229条 第1、2款 提供虚假证明文件罪
第3款 出具证明文件重大失实罪 …………………（849）

第230条 逃避商检罪 …………………………………………（850）

第231条 单位犯扰乱市场秩序罪的处罚 ……………………（851）

12

第四章　侵犯公民人身权利、民主权利罪 …………………………（852）

- 第232条　故意杀人罪 ……………………………………………（852）
- 第233条　过失致人死亡罪 ………………………………………（867）
- 第234条　故意伤害罪 ……………………………………………（871）
- 第234条之一　修正案（八）第35条　组织出卖人体器官罪 …（889）
- 第235条　过失致人重伤罪 ………………………………………（890）
- 第236条　第1、2款　强奸罪 …………………………………（890）
- 第237条　第1款　强制猥亵、侮辱妇女罪
  第3款　猥亵儿童罪 ………………………………（902）
- 第238条　非法拘禁罪 ……………………………………………（905）
- 第239条　绑架罪 …………………………………………………（913）
- 第240条　拐卖妇女、儿童罪 ……………………………………（921）
- 第241条　第1款　收买被拐卖的妇女、儿童罪 ……………（936）
- 第242条　第2款　聚众阻碍解救被收买的妇女、儿童罪 …（940）
- 第243条　诬告陷害罪 ……………………………………………（941）
- 第244条　修正案（八）第38条　强迫劳动罪 ………………（943）
- 第244条之一　修正案（四）第4条　雇用童工从事危重劳动罪 ……（944）
- 第245条　非法搜查罪　非法侵入住宅罪 ………………………（946）
- 第246条　侮辱罪　诽谤罪 ………………………………………（947）
- 第247条　刑讯逼供罪　暴力取证罪 ……………………………（951）
- 第248条　虐待被监管人罪 ………………………………………（954）
- 第249条　煽动民族仇恨、民族歧视罪 …………………………（956）
- 第250条　出版歧视、侮辱少数民族作品罪 ……………………（957）
- 第251条　非法剥夺公民宗教信仰自由罪　侵犯少数民族风俗习惯罪 ……………………………………………………（957）
- 第252条　侵犯通信自由罪 ………………………………………（958）
- 第253条　第1款　私自开拆、隐匿、毁弃邮件、电报罪 …（959）
- 第253条之一　修正案（七）第7条　第1款　出售、非法提供公民个人信息罪
  第2款　非法获取公民个人信息罪 ………………（961）
- 第254条　报复陷害罪 ……………………………………………（964）
- 第255条　打击报复会计、统计人员罪 …………………………（965）

第256条 破坏选举罪	(965)
第257条 暴力干涉婚姻自由罪	(966)
第258条 重婚罪	(967)
第259条 第1款 破坏军婚罪	(971)
第260条 虐待罪	(974)
第261条 遗弃罪	(975)
第262条 拐骗儿童罪	(976)
第262条之一 修正案（六）第17条 组织残疾人、儿童乞讨罪	(978)
第262条之二 修正案（七）第8条 组织未成年人进行违反治安管理活动罪	(978)

第五章 侵犯财产罪 ………………………………………… (980)

第263条 抢劫罪	(980)
第264条 盗窃罪	(1009)
第265条 盗窃罪	(1051)
第266条 诈骗罪	(1052)
第267条 第1款 抢夺罪	(1083)
第268条 聚众哄抢罪	(1093)
第269条 抢劫罪	(1095)
第270条 侵占罪	(1101)
第271条 第1款 职务侵占罪	(1107)
第272条 第1款 挪用资金罪	(1124)
第273条 挪用特定款物罪	(1130)
第274条 敲诈勒索罪	(1132)
第275条 故意毁坏财物罪	(1140)
第276条 破坏生产经营罪	(1144)
第276条之一 修正案（八）第41条 拒不支付劳动报酬罪	(1145)

下　册

第二编　分　则

第六章　妨害社会管理秩序罪 …………………………………（1147）
第一节　扰乱公共秩序罪 …………………………………（1147）
第 277 条　妨害公务罪 ………………………………………（1147）
第 278 条　煽动暴力抗拒法律实施罪 ………………………（1155）
第 279 条　招摇撞骗罪 ………………………………………（1156）
第 280 条　第 1 款　伪造、变造、买卖国家机关公文、证件、印章罪　盗窃、抢夺、毁灭国家机关公文、证件、印章罪第 2 款　伪造公司、企业、事业单位、人民团体印章罪
　　　　　第 3 款　伪造、变造居民身份证罪 ………………（1158）
第 281 条　非法生产、买卖警用装备罪 ……………………（1169）
第 282 条　第 1 款　非法获取国家秘密罪
　　　　　第 2 款　非法持有国家绝密、机密文件、资料、物品罪
　　　　　 ……………………………………………………（1170）
第 283 条　非法生产、销售间谍专用器材罪 ………………（1171）
第 284 条　非法使用窃听、窃照专用器材罪 ………………（1171）
第 285 条　非法侵入计算机信息系统罪
　　　　　修正案（七）第 9 条第 1、2 款　非法获取计算机信息系统数据、非法控制计算机信息系统罪
　　　　　第 3 款　提供侵入、非法控制计算机信息系统程序、工具罪 ……………………………………………………（1171）
第 286 条　破坏计算机信息系统罪 …………………………（1175）
第 287 条　以计算机为工具的犯罪 …………………………（1180）
第 288 条　扰乱无线电通讯管理秩序罪 ……………………（1181）
第 289 条　故意伤害罪　故意杀人罪　抢劫罪 ……………（1182）
第 290 条　第 1 款　聚众扰乱社会秩序罪
　　　　　第 2 款　聚众冲击国家机关罪 …………………（1183）
第 291 条　聚众扰乱公共场所秩序、交通秩序罪 …………（1187）

第291条之一　修正案（三）第8条　投放虚假危险物质罪　编造、
　　　　　　故意传播虚假恐怖信息罪 …………………………………（1188）
第292条　第1款　聚众斗殴罪 ………………………………………（1190）
第293条　寻衅滋事罪 …………………………………………………（1202）
第294条　第1款　组织、领导、参加黑社会性质组织罪
　　　　　第2款　入境发展黑社会组织罪
　　　　　第3款　包庇、纵容黑社会性质组织罪 …………………（1212）
第295条　传授犯罪方法罪 ……………………………………………（1229）
第296条　非法集会、游行、示威罪 …………………………………（1230）
第297条　非法携带武器、管制刀具、爆炸物参加集会、游行、示
　　　　　威罪 …………………………………………………………（1231）
第298条　破坏集会、游行、示威罪 …………………………………（1231）
第299条　侮辱国旗、国徽罪 …………………………………………（1231）
第300条　第1款　组织、利用会道门、邪教组织、利用迷信破坏法
　　　　　律实施罪
　　　　　第2款　组织、利用会道门、邪教组织、利用迷信致人死
　　　　　亡罪 …………………………………………………………（1232）
第301条　第1款　聚众淫乱罪
　　　　　第2款　引诱未成年人聚众淫乱罪 …………………………（1243）
第302条　盗窃、侮辱尸体罪 …………………………………………（1244）
第303条　修正案（六）第18条第2款　赌博罪、开设赌场罪 ……（1245）
第304条　故意延误投递邮件罪 ………………………………………（1256）

第二节　妨害司法罪 ……………………………………………………（1257）

第305条　伪证罪 ………………………………………………………（1257）
第306条　辩护人、诉讼代理人毁灭证据、伪造证据、妨害作证罪……（1258）
第307条　第1款　妨害作证罪
　　　　　第2款　帮助毁灭、伪造证据罪 ……………………………（1260）
第308条　打击报复证人罪 ……………………………………………（1263）
第309条　扰乱法庭秩序罪 ……………………………………………（1263）
第310条　窝藏、包庇罪 ………………………………………………（1263）
第311条　拒绝提供间谍犯罪证据罪 …………………………………（1268）
第312条　修正案（六）第19条　掩饰、隐瞒犯罪所得、犯罪所得

		收益罪 …………………………………………………………… (1268)
第313条		拒不执行判决、裁定罪 ………………………………………… (1278)
第314条		非法处置查封、扣押、冻结的财产罪 …………………………… (1283)
第315条		破坏监管秩序罪 ………………………………………………… (1285)
第316条	第1款	脱逃罪
	第2款	劫夺被押解人员罪 …………………………………… (1285)
第317条	第1款	组织越狱罪
	第2款	暴动越狱罪 聚众持械劫狱 ………………………… (1286)

第三节 妨害国（边）境管理罪 ……………………………………………… (1287)

第318条		组织他人偷越国（边）境罪 …………………………………… (1287)
第319条		骗取出境证件罪 ………………………………………………… (1291)
第320条		提供伪造、变造的出入境证件罪 出售出入境证件罪 ……… (1292)
第321条		运送他人偷越国（边）境罪 …………………………………… (1294)
第322条		偷越国（边）境罪 ……………………………………………… (1296)
第323条		破坏界碑、界桩罪 破坏永久性测量标志罪 ………………… (1298)

第四节 妨害文物管理罪 …………………………………………………… (1298)

第324条	第1款	故意损毁文物罪
	第2款	故意损毁名胜古迹罪
	第3款	过失损毁文物罪 ……………………………………… (1298)
第325条		非法向外国人出售、赠送珍贵文物罪 ………………………… (1302)
第326条		倒卖文物罪 ……………………………………………………… (1303)
第327条		非法出售、私赠文物藏品罪 …………………………………… (1304)
第328条	第1款	盗掘古文化遗址、古墓葬罪
	第2款	盗掘古人类化石、古脊椎动物化石罪 ……………… (1305)
第329条	第1款	抢夺、窃取国有档案罪
	第2款	擅自出卖、转让国有档案罪 ………………………… (1308)

第五节 危害公共卫生罪 …………………………………………………… (1308)

第330条		妨害传染病防治罪 ……………………………………………… (1308)
第331条		传染病菌种、毒种扩散罪 ……………………………………… (1309)
第332条		妨害国境卫生检疫罪 …………………………………………… (1309)

第333条　第1款　非法组织卖血罪　强迫卖血罪 …………………… (1310)
第334条　第1款　非法采集、供应血液、制作、供应血液制品罪
　　　　　第2款　采集、供应血液、制作、供应血液制品事故罪…… (1310)
第335条　医疗事故罪 ………………………………………………… (1314)
第336条　第1款　非法行医罪
　　　　　第2款　非法进行节育手术罪 ………………………… (1315)
第337条　第1款　修正案（七）第11条　妨害动植物防疫、检疫
　　　　　罪 ………………………………………………………… (1318)

第六节　破坏环境资源保护罪 ………………………………………… (1319)

第338条　修正案（八）第46条　污染环境罪 ……………………… (1319)
第339条　第1款　非法处置进口的固体废物罪
　　　　　第2款　擅自进口固体废物罪
　　　　　第3款　走私废物罪 …………………………………… (1325)
第340条　非法捕捞水产品罪 ………………………………………… (1326)
第341条　第1款　非法猎捕、杀害珍贵濒危野生动物罪　非法收
　　　　　购、运输、出售珍贵濒危野生动物、珍贵濒危野生动物
　　　　　制品罪
　　　　　第2款　非法狩猎罪 …………………………………… (1327)
第342条　修正案（二）　非法占用农用地罪 ……………………… (1343)
第343条　第1款　非法采矿罪
　　　　　第2款　破坏性采矿罪 ………………………………… (1346)
第344条　修正案（四）第6条　非法采伐、毁坏国家重点保护植
　　　　　物罪　非法收购、运输、加工、出售国家重点保护植物、
　　　　　国家重点保护植物制品罪 …………………………… (1349)
第345条　第1款　盗伐林木罪
　　　　　第2款　滥伐林木罪
　　　　　修正案（四）第7条第3款　非法收购、运输盗伐、滥
　　　　　伐的林木罪 …………………………………………… (1365)
第346条　本节单位犯罪 ……………………………………………… (1375)

第七节　走私、贩卖、运输、制造毒品罪 …………………………… (1375)

第347条　走私、贩卖、运输、制造毒品罪 ………………………… (1375)

第348条	非法持有毒品罪	(1420)
第349条	包庇毒品犯罪分子罪　窝藏、转移、隐瞒毒品、毒赃罪	(1426)
第350条	第1款　走私制毒物品罪　非法买卖制毒物品罪	(1427)
第351条	非法种植毒品原植物罪	(1434)
第352条	非法买卖、运输、携带、持有毒品原植物种子、幼苗罪	(1436)
第353条	第1款　引诱、教唆、欺骗他人吸毒罪 第2款　强迫他人吸毒罪	(1437)
第354条	容留他人吸毒罪	(1438)
第355条	非法提供麻醉药品、精神药品罪	(1439)
第356条	毒品再犯	(1442)
第357条	毒品的概念及折算规定	(1443)

第八节　组织、强迫、引诱、容留、介绍卖淫罪 …………………… (1452)

第358条	第1款　组织卖淫罪　强迫卖淫罪 第3款　协助组织卖淫罪	(1452)
第359条	第1款　引诱、容留、介绍卖淫罪 第2款　引诱幼女卖淫罪	(1455)
第360条	第1款　传播性病罪 第2款　嫖宿幼女罪	(1457)
第361条	相关单位人员涉及本节行为的处理	(1459)
第362条	窝藏、包庇罪	(1459)

第九节　制作、贩卖、传播淫秽物品罪 ………………………………… (1460)

第363条	第1款　制作、复制、出版、贩卖、传播淫秽物品牟利罪 第2款　为他人提供书号出版淫秽书刊罪	(1460)
第364条	第1款　传播淫秽物品罪 第2款　组织播放淫秽音像制品罪	(1471)
第365条	组织淫秽表演罪	(1475)
第366条	单位犯本节之罪	(1476)
第367条	淫秽物品的定义	(1477)

第七章　危害国防利益罪 ……………………………………（1478）

第 368 条　第 1 款　阻碍军人执行职务罪
　　　　　　第 2 款　阻碍军事行动罪 ……………………………（1478）
第 369 条　破坏武器装备、军事设施、军事通信罪
　　　　　　修正案（五）第 3 条第 2 款　过失损坏武器装备、军事
　　　　　　设施、军事通信罪 ……………………………………（1478）
第 370 条　第 1 款　故意提供不合格武器装备、军事设施罪
　　　　　　第 2 款　过失提供不合格武器装备、军事设施罪 ……（1481）
第 371 条　第 1 款　聚众冲击军事禁区罪
　　　　　　第 2 款　聚众扰乱军事管理区秩序罪 ………………（1482）
第 372 条　冒充军人招摇撞骗罪 …………………………………（1482）
第 373 条　煽动军人逃离部队罪　雇用逃离部队军人罪 ………（1483）
第 374 条　接送不合格兵员罪 ……………………………………（1484）
第 375 条　第 1 款　伪造、变造、买卖武装部队公文、证件、印章罪
　　　　　　盗窃、抢夺武装部队公文、证件、印章罪
　　　　　　修正案（七）第 12 条第 1、2 款　非法生产、买卖武装
　　　　　　部队制式服装罪
　　　　　　第 3 款　伪造、盗窃、买卖、非法提供、非法使用武装部
　　　　　　队专用标志罪 …………………………………………（1484）
第 376 条　第 1 款　战时拒绝、逃避征召、军事训练罪
　　　　　　第 2 款　战时拒绝、逃避服役罪 ……………………（1488）
第 377 条　战时故意提供虚假敌情罪 ……………………………（1488）
第 378 条　战时造谣扰乱军心罪 …………………………………（1489）
第 379 条　战时窝藏逃离部队军人罪 ……………………………（1489）
第 380 条　战时拒绝、故意延误军事订货罪 ……………………（1489）
第 381 条　战时拒绝军事征用罪 …………………………………（1489）

第八章　贪污贿赂罪 ………………………………………………（1491）

第 382 条　贪污罪 …………………………………………………（1491）
第 383 条　贪污罪的量刑 …………………………………………（1513）
第 384 条　挪用公款罪 ……………………………………………（1515）
第 385 条　受贿罪 …………………………………………………（1537）

第386条	受贿罪的量刑	(1559)
第387条	单位受贿罪	(1560)
第388条	受贿罪	(1561)
第388条之一	修正案（七）第13条　利用影响力受贿罪	(1562)
第389条	行贿罪	(1563)
第390条	行贿罪	(1565)
第391条	对单位行贿罪	(1567)
第392条	介绍贿赂罪	(1568)
第393条	单位行贿罪	(1569)
第394条	贪污罪	(1571)
第395条	第1款　巨额财产来源不明罪 第2款　隐瞒境外存款罪	(1573)
第396条	第1款　私分国有资产罪 第2款　私分罚没财物罪	(1576)

第九章　渎职罪 (1580)

第397条	滥用职权罪　玩忽职守罪	(1582)
第398条	故意泄露国家秘密罪　过失泄露国家秘密罪	(1597)
第399条	第1款　徇私枉法罪 第2款　民事、行政枉法裁判罪 修正案（四）第8条第3款　执行判决、裁定失职罪 执行判决、裁定滥用职权罪	(1600)
第399条之一	修正案（六）第20条　枉法仲裁罪	(1605)
第400条	第1款　私放在押人员罪 第2款　失职致使在押人员脱逃罪	(1607)
第401条	徇私舞弊减刑、假释、暂予监外执行罪	(1610)
第402条	徇私舞弊不移交刑事案件罪	(1611)
第403条	滥用管理公司、证券职权罪	(1613)
第404条	徇私舞弊不征、少征税款罪	(1614)
第405条	第1款　徇私舞弊发售发票、抵扣税款、出口退税罪 第2款　违法提供出口退税凭证罪	(1615)
第406条	国家机关工作人员签订、履行合同失职被骗罪	(1617)
第407条	违法发放林木采伐许可证罪	(1618)

第 408 条　环境监管失职罪 ……………………………………… (1620)

第 408 条之一　修正案（八）第 49 条　食品监管渎职罪 …………… (1622)

第 409 条　传染病防治失职罪 …………………………………… (1623)

第 410 条　非法批准征用、占用土地罪　非法低价出让国有土地使用
　　　　　权罪 ………………………………………………… (1624)

第 411 条　放纵走私罪 …………………………………………… (1629)

第 412 条　第 1 款　商检徇私舞弊罪
　　　　　第 2 款　商检失职罪 …………………………………… (1630)

第 413 条　第 1 款　动植物检疫徇私舞弊罪
　　　　　第 2 款　动植物检疫失职罪 …………………………… (1631)

第 414 条　放纵制售伪劣商品犯罪行为罪 ………………………… (1633)

第 415 条　办理偷越国（边）境人员出入境证件罪　放行偷越国
　　　　　（边）境人员罪 ………………………………………… (1634)

第 416 条　第 1 款　不解救被拐卖、绑架妇女、儿童罪
　　　　　第 2 款　阻碍解救被拐卖、绑架妇女、儿童罪 ………… (1635)

第 417 条　帮助犯罪分子逃避处罚罪 ……………………………… (1637)

第 418 条　招收公务员、学生徇私舞弊罪 ………………………… (1639)

第 419 条　失职造成珍贵文物损毁、流失罪 ……………………… (1640)

第十章　军人违反职责罪 ……………………………………… (1642)

第 420 条　军人违反职责罪的概念 ………………………………… (1642)

第 421 条　战时违抗命令罪 ………………………………………… (1642)

第 422 条　隐瞒、谎报军情罪　拒传、假传军令罪 ……………… (1642)

第 423 条　投降罪 …………………………………………………… (1642)

第 424 条　战时临阵脱逃罪 ………………………………………… (1642)

第 425 条　擅离、玩忽军事职守罪 ………………………………… (1643)

第 426 条　阻碍执行军事职务罪 …………………………………… (1643)

第 427 条　指使部属违反职责罪 …………………………………… (1643)

第 428 条　违令作战消极罪 ………………………………………… (1643)

第 429 条　拒不救援友邻部队罪 …………………………………… (1643)

第 430 条　军人叛逃罪 ……………………………………………… (1643)

第 431 条　第 1 款　非法获取军事秘密罪

　　　　第 2 款　为境外窃取、刺探、收买、非法提供军事秘密罪
　　……………………………………………………………………（1643）
第 432 条　故意泄露军事秘密罪　过失泄露军事秘密罪 …………（1644）
第 433 条　战时造谣惑众罪 …………………………………………（1645）
第 434 条　战时自伤罪 ………………………………………………（1645）
第 435 条　逃离部队罪 ………………………………………………（1645）
第 436 条　武器装备肇事罪 …………………………………………（1645）
第 437 条　擅自改变武器装备编配用途罪 …………………………（1646）
第 438 条　盗窃、抢夺武器装备、军用物资罪 ……………………（1646）
第 439 条　非法出卖、转让武器装备罪 ……………………………（1646）
第 440 条　遗弃武器装备罪 …………………………………………（1646）
第 441 条　遗失武器装备罪 …………………………………………（1647）
第 442 条　擅自出卖、转让军队房地产罪 …………………………（1647）
第 443 条　虐待部属罪 ………………………………………………（1647）
第 444 条　遗弃伤病军人罪 …………………………………………（1647）
第 445 条　战时拒不救治伤病军人罪 ………………………………（1647）
第 446 条　战时残害居民、掠夺居民财物罪 ………………………（1647）
第 447 条　私放俘虏罪 ………………………………………………（1647）
第 448 条　虐待俘虏罪 ………………………………………………（1647）
第 449 条　战时缓刑制度 ……………………………………………（1647）
第 450 条　军人违反职责罪的适用范围 ……………………………（1647）
第 451 条　战时的概念 ………………………………………………（1648）
第 452 条　本法自 1997 年 10 月 1 日起施行 ………………………（1648）

附则 ………………………………………………………………………（1649）

附件一 ……………………………………………………………………（1649）
附件二 ……………………………………………………………………（1649）
《上海市高级人民法院〈人民法院量刑指导意见（试行）〉实施细则
　　（试行）》（节录） ……………………………………………（1650）
上海市高级人民法院《未成年人刑事案件量刑指导意见实施细则
　　（试行）》（节录） ……………………………………………（1672）
北京市高级人民法院《人民法院量刑指导意见（试行）实施细则
　　（试行）》（节录） ……………………………………………（1686）

《广东省高级人民法院〈人民法院量刑指导意见（试行）〉》（节录） ………………………………………………………………（1698）
湖北省高级人民法院《人民法院量刑指导意见（试行）实施细则》
　（节录） ………………………………………………………（1711）
江苏省高级人民法院《人民法院量刑指导意见（试行）实施细则》
　（节录） ………………………………………………………（1740）

第一编 总 则

第一章 刑法的任务、基本原则和适用范围

第 1 条 制定刑法的目的和根据

为了惩罚犯罪，保护人民，根据宪法，结合我国同犯罪作斗争的具体经验及实际情况，制定本法。

第 2 条 刑法的任务

中华人民共和国刑法的任务，是用刑罚同一切犯罪行为作斗争，以保卫国家安全，保卫人民民主专政的政权和社会主义制度，保护国有财产和劳动群众集体所有的财产，保护公民私人所有的财产，保护公民的人身权利、民主权利和其他权利，维护社会秩序、经济秩序，保障社会主义建设事业的顺利进行。

第 3 条 罪刑法定原则

法律明文规定为犯罪行为的，依照法律定罪处刑；法律没有明文规定为犯罪行为的，不得定罪处刑。

关 联 规 范 ➭ 完全整理

❶ 最高人民法院《关于依法不再核准类推案件的通知》（1997 年 10 月 1 日　法发〔1997〕23 号）

修订后的《中华人民共和国刑法》于 1997 年 10 月 1 日起施行。现就 1997 年 10 月 1 日以后审理此前发生的适用类推案件的有关问题，通知如下：

一、1997 年 10 月 1 日以后，各级人民法院一律不再适用修订前的刑法第七十九条的规定向我院报送类推案件。

二、1997 年 9 月 30 日以前已经报送但在 10 月 1 日前尚未核准的类推案件，应当根据修订后的刑法第三条的规定，分别不同情况作出处理：对于按照修订前的刑法需要类推定罪，修订后的刑法没有规定为犯罪的行为，一律不得定罪判刑；对于按照修订前的刑法需要类推定罪，修订后的刑法也规定为犯罪的行为，如需追究刑事责任的，应适用修订后刑法第十二条的规定处罚。

三、1997年10月1日以前，各级人民法院审理发生在1997年9月30日以前，按照修订前的刑法需要类推定罪的案件，应当按照本通知第二条的规定办理。

❷ 上海市高级人民法院《刑法总则适用问题解答（试行）》（节录）

判断某种危害行为在刑法中有无明文规定，应以实质上有无完全相符合的犯罪构成为依据，不能单纯囿于法条的字面意义上有无直观对应的罪名或罪状表述作判断。只要某种危害行为（含某一危害行为、复杂危害行为或其中部分行为）齐备了刑法所规定的某一犯罪的全部构成要件，原则上应当依此犯罪定罪处刑，以充分发挥刑法的社会保护功能。据此，下列危害行为虽无字面上直观对应的法条规定，但实际存在完全相符合的犯罪构成，故应当认为其在刑法中已有明文规定，依法应当予以刑事追诉：

（1）单位实施贷款诈骗危害严重的，可以（单位）合同诈骗罪论处。

（2）已满14周岁不满16周岁的人使用暴力、胁迫等手段奸淫幼女情节严重的，可以强奸罪论处。

（3）已满14周岁不满16周岁的人绑架并杀害被绑架人的，可以故意杀人罪论处。

（4）猥亵不满6周岁的幼儿的，根据刑法举轻以明重的当然解释原理，可以猥亵儿童罪论处。

❸ 《福建省人民检察院侦查监督处、公诉处、福建省高级人民法院刑二庭、厦门海关缉私局二〇〇三年第一次联席会议纪要》（2003年4月7日　闽检侦监〔2003〕17号）（节录）

一、3.厦门海关缉私局反映了四个问题，一是对走私珍贵动物的定罪量刑问题，一些珍贵动物属于《濒危野生动植物国际贸易公约》中附录一和附录二的品种，但与司法解释附表中的动物既不同属也不同科，对这些动物能否以走私珍贵动物定罪量刑。

二、与会各方对提出的问题进行了讨论和协商，对下列问题，达成一致意见：4.关于走私珍贵动物的问题，依照我国《刑法》罪刑法定的原则，要依照我国相关法律和司法解释的规定来办理，未列入上述规定的动物，不宜定为珍贵动物。

❹ 《关于执行刑法若干问题的具体意见（试行）——上海法院刑庭庭长会议纪要》（1999年7月15日）（节录）

四、关于罪刑法定原则的适用问题：因有些刑法条款对某些行为的性质规定得不够明确，如果该行为完全符合相邻犯罪的全部构成要件的，可依此相邻犯罪定罪处刑，以充分发挥刑法的社会保护功能。如果不是符合相邻犯罪的全部构成要件，则不能定罪，以避免事实上的类推定罪。

学理观点·典型案例　➡ 索引与要旨

❶ 《关于公安机关立案标准与检察机关批捕、起诉标准及法院定罪标准的关系问题》，载《公检法办案指南》2006年第9辑总第81辑，第166~172页。

❷ 《破坏村委会选举的行为能否定罪处罚》，载《最新刑事法律文件解读》2005年第3辑总第3辑。

核心提示 ➡ 法无明文规定不为罪

❸《谈刑事司法理念的转变》，载《刑事审判要览》2004年第2辑总第8辑，第1~18页。

❹《从生活事实中发现法》，载《刑事审判要览》2004年第2辑总第8辑，第34~48页。

要旨 ➡ 一、虽然成文刑法是由立法机关制定的，但这并不意味着法的真实含义存在于立法者的大脑中，并不意味着"立法原意"是法的真实含义；二、虽然成文刑法是正义的文字表述，法官不能离开用语可能具有的含义适用法律，但这并不意味着仅仅根据文字就可以发现刑法的全部真实含义。相反，必须从生活事实中发现法律的真实含义。只有在心中充满正义，目光不断地往返于刑法规范与生活事实之间，才能发现刑法的真实含义。

❺《定罪——刑法与刑事诉讼法的连接点》，载《刑事审判要览》2004年第1辑总第7辑，第103~137页。

要旨 ➡ 一、犯罪的概念：定罪研究的起点；二、刑法与刑事诉讼法的联系；三、关于定罪的研究；四、定罪的概念。

❻《罪刑法定原则与刑法观念变革》，载《刑事审判要览》2003年第5辑总第5辑，第143~158页。

❼《刑法纵横谈（上）》，载《刑事司法指南》2003年第2辑总第14辑，第1~54页。

要旨 ➡ 罪刑法定原则。

❽《刑法适用疑难争议问题两人谈》，载《刑事司法指南》2002年第2辑总第10辑，第50~131页。

要旨 ➡ 理念与现实的冲突——罪刑法定原则及其司法化。

❾《刑事法理论在司法实务中的运用》，载《华东刑事司法评论》2002年第一卷，第133~174页。

❿ 王汉斌《关于〈中华人民共和国刑法（修订草案）〉的说明》（1997年3月6日）

核心提示 ➡ 进一步明确规定刑法的基本原则

要旨 ➡ 第一，进一步明确规定罪刑法定原则，取消类推的规定。刑法原来基本上也是按照罪刑法定原则的精神制定的，当时考虑到刑法分则只有103条，可能有些犯罪行为必须追究，法律又没有明文规定，不得不又规定可以采用类推办法，规定对刑法分则没有明文规定的犯罪，经最高人民法院核准，可以比照刑法分则最相类似的条文定罪判刑。这次修订，刑法分则的条文从原来103条增加到345条，对各种犯罪进一步作了明确、具体的规定。事实上，刑法虽然规定了类推，实际办案中使用的很少。现在已有必要也有条件取消类推的规定。因此，草案明确规定了罪刑法定原则："法律明文规定为犯罪行为的，依照法律定罪处刑；法律没有明文规定为犯罪行为的，不得定罪处刑。"

第 4 条 适用刑法平等原则

对任何人犯罪，在适用法律上一律平等。不允许任何人有超越法律的特权。

学理观点·典型案例 ➡ 索引与要旨

王汉斌《关于〈中华人民共和国刑法（修订草案）〉的说明》（1997 年 3 月 6 日）（节录）

核心提示 ➡ 进一步明确规定刑法的基本原则

要旨 ➡ 明确规定了法律面前人人平等原则。这个原则宪法已有规定，在刑法中再明确规定是有实际意义的。草案明确规定："对任何人犯罪，在适用法律上一律平等。不允许任何人有超越法律的特权。"

第 5 条 罪责刑相适应原则

刑罚的轻重，应当与犯罪分子所犯罪行和承担的刑事责任相适应。

学理观点·典型案例 ➡ 索引与要旨

王汉斌《关于〈中华人民共和国刑法（修订草案）〉的说明》（1997 年 3 月 6 日）（节录）

核心提示 ➡ 进一步明确规定刑法的基本原则

要旨 ➡ 明确规定罪刑相当原则。罪刑相当，就是罪重的量刑要重，罪轻的量刑要轻，各个法律条文之间对犯罪量刑要统一平衡，不能罪重的量刑比罪轻的轻，也不能罪轻的量刑比罪重的重。因此，草案明确规定："刑罚的轻重，应当与犯罪分子所犯罪行和承担的刑事责任相适应。"

第 6 条 属地管辖原则

凡在中华人民共和国领域内犯罪的，除法律有特别规定的以外，都适用本法。

凡在中华人民共和国船舶或者航空器内犯罪的，也适用本法。

犯罪的行为或者结果有一项发生在中华人民共和国领域内的，就认为是在中华人民共和国领域内犯罪。

关联规范 ➡ 完全整理

❶ 最高人民法院《关于民事诉讼证据的若干规定》（2001 年 12 月 21 日 法释〔2001〕33 号）（节录）

第十一条 当事人向人民法院提供的证据系在中华人民共和国领域外形成的，该证据应当经所在国公证机关予以证明，并经中华人民共和国驻该国使领馆予以认证，或者履行中华人民共和国与该所在国订立的有关条约中规定的证明手续。

当事人向人民法院提供的证据是在香港、澳门、台湾地区形成的，应当履行相关的证明手续。

❷ 最高人民法院《关于审理拐卖妇女案件适用法律有关问题的解释》（2000年1月25日　法释〔2000〕1号）

第一条　刑法第二百四十条规定的拐卖妇女罪中的"妇女"，既包括具有中国国籍的妇女，也包括具有外国国籍和无国籍的妇女。被拐卖的外国妇女没有身份证明的，不影响对犯罪分子的定罪处罚。

第二条　外国人或者无国籍人拐卖外国妇女到我国境内被查获的，应当根据刑法第六条的规定，适用我国刑法定罪处罚。

第三条　对于外国籍被告人身份无法查明或者其国籍国拒绝提供有关身份证明，人民检察院根据刑事诉讼法第一百二十八条第二款的规定起诉的案件，人民法院应当依法受理。

❸ 最高人民法院、最高人民检察院《关于严格依法处理道路交通肇事案件的通知》（1987年8月21日）（节录）

三、外国人、无国籍人发生的道路交通事故，未构成交通肇事罪的，由公安机关处理；构成交通肇事罪的，应当依照我国法律追究刑事责任。享有外交特权和豁免权的外国人发生的道路交通事故，通过外交途径解决。

❹ 最高人民法院研究室《关于外国公司、企业、事业单位在我国领域内犯罪如何适用法律的答复》（2003年10月15日　法研〔2003〕153号）

天津市高级人民法院：你院津高法〔2003〕30号《关于韩国注册企业在我国犯走私普通货物罪能否按单位犯罪处理的请示》收悉。经研究，答复如下：

符合我国法人资格条件的外国公司、企业、事业单位，在我国领域内实施危害社会的行为，符合我国《刑法》构成犯罪的，应当依照我国《刑法》关于单位犯罪的规定追究刑事责任。

个人在我国领域内进行违法犯罪活动而设立的外国公司、企业、事业单位实施犯罪的，或者外国公司、企业、事业单位设立后在我国领域内以实施违法犯罪为主要活动的，不以单位犯罪论处。

经研究，答复如下：全国人大常委会《关于禁毒的决定》（以下简称《决定》）第十三条第一款规定："中华人民共和国公民在中华人民共和国领域外犯走私、贩卖、运输、制造毒品罪，适用本决定。"依照这一规定，我国公民在我国领域外犯走私、贩卖、运输、制造毒品罪的，均应适用《决定》予以处罚，不受刑法第五条规定的限制。

《决定》第十三条第二款规定："外国人在中华人民共和国领域外犯前款罪进入我国领域的，我国司法机关有管辖权，除依照我国参加、缔结的国际公约或者双边条约实行引渡的以外，适用本决定。"根据这一规定，外国人在我国领域外犯走私、贩卖、运输、制造毒品罪进入我国领域的，我国司法机关有管辖权，除依照我国参加、缔结的国际公约或者双边条约，实行引渡的以外，适用《决定》。不受刑法第六条规定的限制。你院"请示报告"中提出的具体问题，可参照以上答复办理。

❺ 公安部《关于受害人居住地公安机关可否对诈骗犯罪案件立案侦查问题的批复》(2000年10月16日 公复字〔2000〕10号)

现批复如下:《公安机关办理刑事案件程序规定》第十五条规定:"刑事案件由犯罪地的公安机关管辖。如果由犯罪嫌疑人居住地的公安机关管辖更为适宜的,可以由犯罪嫌疑人居住地的公安机关管辖。"根据《中华人民共和国刑法》第六条第三款的规定,犯罪地包括犯罪行为地和犯罪结果地。根据上述规定,犯罪行为地、犯罪结果地以及犯罪嫌疑人居住地的公安机关可以依法对属于公安机关管辖的刑事案件立案侦查。诈骗犯罪案件的犯罪结果地是指犯罪嫌疑人实际取得财产地。因此,除诈骗行为地、犯罪嫌疑人实际取得财产的结果发生地和犯罪嫌疑人居住地外,其他地方公安机关不能对诈骗犯罪案件立案侦查,但对于公民扭送、报案、控告、举报或者犯罪嫌疑人自首的,都应当立即受理,经审查认为有犯罪事实的,移送有管辖权的公安机关处理。

学理观点·典型案例 ➡ 索引与要旨

❶《涉外刑事案件法律适用问题解答——上海市高级人民法院刑二庭调研报告》,载《刑事审判参考》2010年第4辑总第75辑,第162~167页。

❷《包占龙贩卖毒品案》,载《刑事审判参考》2010年第4辑总第75辑,第72~79页。

核心提示 ➡ 跨国犯罪案件如何确定管辖权和进行证据审查

❸《沈容焕合同诈骗案》,载《刑事审判参考》2009年第5辑总第70辑,第24~33页。

核心提示 ➡ 境外公司在我国境内犯罪的,我国是否有管辖权

❹《BUSAMBU TEMBELE MAYETA盗窃案》,载《人民法院案例选》2006年第4辑总第58辑。

核心提示 ➡ 外国人在航空器内犯罪的刑事责任

要旨 ➡ 被告人及被害人虽均系外国人,但航班飞机的目的地在我国,可适用我国刑法规定。

❺《涉外刑事案件审判中的若干问题》,载《刑事审判参考》2005年第2辑总第43辑,第192~204页。

要旨 ➡ 1. 涉外刑事案件审判的基本思路和工作方法;2. 涉外刑事案件认定被告人国籍的依据和原则;3. 审判涉外刑事案件应当为未委托辩护人的外国籍被告人指定辩护人;4. 涉外刑事上诉案件除法律有特别规定外,应当公开开庭审理。

第7条 属人管辖原则

中华人民共和国公民在中华人民共和国领域外犯本法规定之罪的,适用本法,但是按本法规定的最高刑为三年以下有期徒刑的,可以不予追究。

中华人民共和国国家工作人员和军人在中华人民共和国领域外犯本法规定

之罪的，适用本法。

关联规范 ➡ 完全整理

❶ 公安部《关于我国公民在国外犯罪经外国审判后回国如何依法处理的批复》（1996年6月6日 公复字〔1996〕9号）

经研究，现批复如下：一、根据我国刑法第七条的规定，凡在中华人民共和国领域外犯罪，依照我国刑法应当负刑事责任的，虽然经过外国审判，仍然可以依照我国刑法处理。因此，对姚维晔可以依照我国刑法追究其刑事责任。但是，鉴于姚在外国已经受过刑罚处罚，可以依法减轻或者免除处罚。

二、根据《中华人民共和国和乌克兰关于民事和刑事司法协助条约》的规定，我国可以请求乌克兰提供刑事司法协助，我司法机关可以请求乌克兰将证人证言、鉴定结果、被告人供述以及物证、书证等证据材料移交我国，然后，按照我国刑事诉讼有关管辖的规定办理，并履行必要的法律手续。对于属于公安机关管辖的刑事案件，应当由公安机关立案侦查。公安机关根据乌克兰移交的证据材料，认为不需要继续侦查，可以结案的，可直接制作《起诉意见书》，移送人民检察院提起公诉。

❷ 最高人民法院研究室《关于正确理解和执行全国人大常委会〈关于禁毒的决定〉第十三条规定的电话答复》（1992年1月11日）

学理观点·典型案例 ➡ 索引与要旨

❶《包占龙贩卖毒品案》，载《刑事审判参考》2010年第4辑总第75辑，第72～79页。

核心提示 ➡ 跨国犯罪案件如何确定管辖权和进行证据审查

❷《刘元付故意杀人案》，载《最新刑事法律文件解读》2007年第2辑总第26辑，第294～301页。

核心提示 ➡ 中国公民在公海航行的外籍船舶中犯罪，如何确定刑事审判管辖

❸《陈先贵聚众扰乱社会秩序案》，载《刑事审判参考》2000年第3辑总第8辑，第31～35页。

核心提示 ➡ 我国公民在我国领域外犯罪如何适用我国法律追究刑事责任

第8条 保护管辖原则

外国人在中华人民共和国领域外对中华人民共和国国家或者公民犯罪，而按本法规定的最低刑为三年以上有期徒刑的，可以适用本法，但是按照犯罪地的法律不受处罚的除外。

第9条 普遍管辖原则

对于中华人民共和国缔结或者参加的国际条约所规定的罪行，中华人民共

和国在所承担条约义务的范围内行使刑事管辖权的，适用本法。

学理观点·典型案例 ➡ 索引与要旨

《包占龙贩卖毒品案》，载《刑事审判参考》2010年第4辑总第75辑，第72~79页。

核心提示 ➡ 跨国犯罪案件如何确定管辖权和进行证据审查

第10条 外国刑事判决的效力

凡在中华人民共和国领域外犯罪，依照本法应当负刑事责任的，虽然经过外国审判，仍然可以依照本法追究，但是在外国已经受过刑罚处罚的，可以免除或者减轻处罚。

学理观点·典型案例 ➡ 索引与要旨

❶ 上海市高级人民法院《刑法总则适用问题解答（试行）》，载《最新刑事法律文件解读》2005年第2辑总第2辑，第70~78页。

核心提示 ➡ 前罪受外国刑罚处罚的人再犯罪是否构成累犯？

要旨 ➡ 根据刑法第10条的规定，在我国领域外犯罪的，实际上存在两种情况：一是依照我国刑法应当负刑事责任的；二是依照我国刑法不应负刑事责任的。对于前者，可以将前罪刑罚执行完毕视为具备成立累犯的前提条件。对于后者，尽管在我国领域外犯罪且刑罚已经执行完毕，但由于这种行为在我国刑法中并未规定成罪，即不应负刑事责任，且我国对外国法院的刑事判决原则上是不予承认的，故其后在我国再犯应当判处有期徒刑以上刑罚之罪的，不构成累犯。

❷《陈先贵聚众扰乱社会秩序案》，载《刑事审判参考》2000年第3辑总第8辑，第31~35页。

核心提示 ➡ 我国公民在我国领域外犯罪如何适用我国法律追究刑事责任

❸《跨法域的累犯问题探析》，载《刑事司法指南》2011年第4辑总第48辑，第45~60页。

第11条 外国人的刑事豁免权

享有外交特权和豁免权的外国人的刑事责任，通过外交途径解决。

关联规范 ➡ 完全整理

最高人民法院、最高人民检察院《关于严格依法处理道路交通肇事案件的通知》(1987年8月21日)（节录）

三、外国人、无国籍人发生的道路交通事故，未构成交通肇事罪的，由公安机关处理；构成交通肇事罪的，应当依照我国法律追究刑事责任。享有外交特权和豁免权的外国人发生的道路交通事故，通过外交途径解决。

第12条　刑法的溯及力

中华人民共和国成立以后本法施行以前的行为，如果当时的法律不认为是犯罪的，适用当时的法律；如果当时的法律认为是犯罪的，依照本法总则第四章第八节的规定应当追诉的，按照当时的法律追究刑事责任，但是如果本法不认为是犯罪或者处刑较轻的，适用本法。

本法施行以前，依照当时的法律已经作出的生效判决，继续有效。

关联规范　➡ 完全整理

❶《刑法修正案（四）》（2002年12月28日　主席令第八十三号）[①]

关于《刑法修正案（四）》的效力问题。

❷《刑法修正案》（1999年12月25日　主席令第二十七号）[②]

❸ 最高人民法院《关于在裁判文书中如何表述修正前后刑法条文的批复》（2012年6月1日　法释〔2012〕7号）[③]

近来，一些法院就在裁判文书中引用修正前后刑法条文如何具体表述问题请示我院。经研究，批复如下：

一、根据案件情况，裁判文书引用1997年3月14日第八届全国人民代表大会第五次会议修订的刑法条文，应当根据具体情况分别表述：

（一）有关刑法条文在修订的刑法施行后未经修正，或者经过修正，但引用的是现行有效条文，表述为"《中华人民共和国刑法》第××条"。

（二）有关刑法条文经过修正，引用修正前的条文，表述为"1997年修订的《中华人民共和国刑法》第××条"。

（三）有关刑法条文经两次以上修正，引用经修正、且为最后一次修正前的条文，表述为"经××××年《中华人民共和国刑法修正案（×）》修正的《中华人民共和国刑法》第××条"。

二、根据案件情况，裁判文书引用1997年3月14日第八届全国人民代表大会第五次会议修订前的刑法条文，应当表述为"1979年《中华人民共和国刑法》第××条"。

三、根据案件情况，裁判文书引用有关单行刑法条文，应当直接引用相应该条例、补充规定或者决定的具体条款。

四、《最高人民法院关于在裁判文书中如何引用修订前、后刑法名称的通知》（法〔1997〕192号）、《最高人民法院关于在裁判文书中如何引用刑法修正案的批复》（法释

[①]　对其解读见《刑事审判参考》2002年第6辑总第29辑，第99～101页以及2003年第2辑总第31辑，第184～198页。

[②]　对其解读见《刑事审判参考》2000年第6辑总第11辑，第74～76页以及《刑事司法指南》2000年第2辑总第2辑，第122～134页。

[③]　对其解读见《公检法办案指南》2012年第6辑总第150辑，第47～53页。

〔2007〕7号》不再适用。

❹《全国法院审理经济犯罪案件工作座谈会纪要》（2003年11月13日 法〔2003〕167号）（节录）①

（三）对于1999年12月24日《中华人民共和国刑法修正案》实施以前发生的国有公司、企业人员渎职行为（不包括徇私舞弊行为），尚未处理或者正在处理的。不能按照刑法修正案追究刑事责任。

❺ 最高人民法院《关于97刑法实施后发生的非法买卖枪支案件，审理时新的司法解释尚未作出，是否可以参照1995年9月20日的最高人民法院〈关于办理非法制造、买卖、运输非军用枪支、弹药刑事案件适用法律问题的解释〉的规定审理案件请示的复函》（2003年7月29日）

原审被告人侯磊非法买卖枪支的行为发生在修订后的《刑法》实施以后，而该案审理时最高人民法院《关于办理非法制造、买卖、运输非军用枪支、弹药刑事案件适用法律问题的解释》尚未颁布，因此，依照我院法发〔1997〕3号《关于认真学习宣传贯彻修订的〈中华人民共和国刑法〉的通知》的精神，该案应参照1995年9月20日的最高人民法院《关于办理非法制造、买卖、运输非军用枪支、弹药刑事案件适用法律问题的解释》的规定办理。

❻ 最高人民检察院《关于认真贯彻执行〈中华人民共和国刑法修正案（四）〉》和《全国人大常委会关于〈中华人民共和国刑法〉第九章渎职罪主体适用问题的解释》的通知》（2003年1月14日 高检发研字〔2003〕1号）（节录）

三、要准确把握《刑法修正案（四）》和《解释》的时间效力，正确适用法律。《刑法修正案（四）》是对《刑法》有关条文的修改和补充，实践中办理相关案件时，应当依照《刑法》第十二条规定的原则正确适用法律。对于1997年修订刑法施行以后，《刑法修正案（四）》施行以前发生的枉法执行判决、裁定犯罪行为，应当依照《刑法》第三百九十七条的规定追究刑事责任。根据《立法法》第四十七条的规定，法律解释的时间效力与它所解释的法律的时间效力相同。对于在1997年修订刑法施行以后、《解释》施行以前发生的行为，在《解释》施行以后尚未处理或者正在处理的案件，应当依照《解释》的规定办理。对于在《解释》施行前已经办结的案件，不再变动。

❼《准确理解和适用刑事法律惩治贪污贿赂和渎职犯罪——全国法院审理经济犯罪案件工作座谈会讨论办理贪污贿赂和渎职刑事案件适用法律问题意见综述》（节录）

刑法修正案实施以前发生的国有公司、企业人员渎职行为（不包括徇私舞弊行为），尚未处理或者正在处理的，均不能按照刑法修正案追究刑事责任。

❽ 最高人民检察院《关于认真贯彻执行〈中华人民共和国刑法修正案（三）〉的通知》（2002年1月25日 高检发研字〔2002〕2号）（节录）②

---

① 对其解读见《刑事审判参考》2004年第4辑总第39辑，第178~199页。
② 对其解读见《解读最高人民检察院司法解释》，第35~39页。

三、严格依法办案,正确掌握法律政策界限。各级检察机关在办理有关恐怖活动犯罪案件过程中,要严格掌握《刑法修正案(三)》规定的法律要件,准确认定犯罪嫌疑人行为的性质,正确适用有关法律规定。对于《刑法修正案(三)》公布实施前发生,正在办理或者尚未办理的案件,要依照刑法第十二条规定的原则正确适用法律。对于疑难、复杂案件以及社会影响大的案件,要及时向上级人民检察院请示汇报。

❾ 最高人民法院、最高人民检察院《关于适用刑事司法解释时间效力问题的规定》(2001年12月7日 高检发释字〔2001〕5号)①

一、司法解释是最高人民法院对审判工作中具体应用法律问题和最高人民检察院对检察工作中具体应用法律问题所作的具有法律效力的解释,自发布或者规定之日起施行,效力适用于法律的施行期间。

二、对于司法解释实施前发生的行为,行为时没有相关司法解释,司法解释施行后尚未处理或者正在处理的案件,依照司法解释的规定办理。

三、对于新的司法解释实施前发生的行为,行为时已有相关司法解释,依照行为时的司法解释办理,但适用新的司法解释对犯罪嫌疑人、被告人有利的,适用新的司法解释。

四、对于在司法解释施行前已办结的案件,按照当时的法律和司法解释,认定事实和适用法律没有错误的,不再变动。

❿ 海关总署走私犯罪侦查局《关于对修订后的刑法施行前擅自销售进料加工保税货物案件如何适用法律问题的批复》(2001年2月11日 侦查〔2001〕42号)

经研究并函商最高人民法院和最高人民检察院侦查监督厅,现批复如下:对发生在1997年9月30日之前的擅自销售进料加工保税货物的案件,应当适用1997年修订后刑法第一百五十四条第(一)项及《最高人民法院关于审理走私刑事案件具体应用法律若干问题的解释》第七条的规定追究刑事责任。

附件一:《最高人民法院研究室关于对修订后的刑法施行前发生的擅自销售进料加工保税货物案件如何适用法律问题的复函》(法研〔2001〕11号)

附件二:《最高人民检察院关于1997年修订刑法施行前擅自销售进料加工保税货物案件如何适用法律问题的意见》(〔2001〕高检侦监发第7号)

⓫ 最高人民法院研究室《关于对修订后的刑法施行前发生的擅自销售进料加工保税货物案件如何适用法律问题的复函》(2001年1月31日 法研〔2001〕11号)

经研究,我们认为,对于正在办理的修订后的刑法实施前发生的擅自销售进料加工保税货物案件,根据刑法第十二条的规定,应当适用刑法第一百五十四条第(一)项及《最高人民法院关于审理走私刑事案件具体应用法律若干问题的解释》第七条的规定追究刑事责任。

对于行为人于修订后的刑法实施前、后,连续多次擅自销售进料加工保税货物的犯罪

---

① 对其解读见《刑事审判参考》2002年第1辑总第24辑,第170~171页,第185~188页以及《解读最高人民检察院司法解释》,第8~10页。

行为，应当适用刑法第一百五十四条第（一）项及《最高人民法院关于审理走私刑事案件具体应用法律若干问题的解释》第七条的规定追究刑事责任。

⑫ 最高人民检察院侦监厅《关于1997年修订刑法施行前擅自销售进料加工保税货物案件如何适用法律问题的意见》（2001年1月19日〔2001〕高检侦监发第7号）

经研究，对于1997年修订刑法施行前，擅自销售进料加工保税货物案件应当如何适用法律的问题，我们提出以下意见：

一、1979年刑法关于走私罪的规定，采取"空白罪状"的表述方式，因此认定某种行为是否构成走私罪，需要依照海关法规的规定。1987年海关法第四十七条第一款第（三）项明确规定："未经海关许可并补缴关税，擅自出售特准进口的保税货物、特定减税或者免税的货物，数额较大的"，是走私罪。1987年海关法行政处罚实施细则第三条（四）、（五）项以及1988年《全国人大常委会关于惩治走私罪的补充规定》第六条第（一）项也有类似的规定。这其中规定的"保税货物"，应当包括"进料加工保税货物"。

二、对于1997年修订刑法施行前，擅自销售进料加工保税货物，依照当时法律法规应当认定为走私罪并且应当追诉的，应根据刑法关于从旧兼从轻原则处理。

三、对于连续多次擅自销售进料加工保税货物的违法行为跨越修订刑法施行日期的案件，应当按照1998年12月2日最高人民检察院《关于对跨越修订刑法施行日期的继续犯罪、连续犯罪以及其他同种数罪应如何具体适用刑法问题的批复》的规定执行。

⑬ 最高人民检察院关于《全国人民代表大会常务委员会关于〈中华人民共和国刑法〉第九十三条第二款的解释的时间效力的批复》（2000年6月29日 高检发研字〔2000〕15号）①

《全国人民代表大会常务委员会关于〈中华人民共和国刑法〉第九十三条第二款的解释》是对刑法第九十三条第二款关于"其他依照法律从事公务的人员"规定的进一步明确，并不是对刑法的修改。因此，该《解释》的效力适用于修订刑法的施行日期，其溯及力适用修订刑法第十二条的规定。

⑭ 最高人民法院、最高人民检察院、公安部《办理骗汇、逃汇犯罪案件联席会议纪要》（1999年6月7日 公通字〔1999〕39号）（节录）②

会议纪要如下：二、全国人大常委会《关于惩治骗购外汇、逃汇和非法买卖外汇犯罪的决定》（以下简称《决定》）公布施行后发生的犯罪行为，应当依照《决定》办理；对于《决定》公布施行前发生的公布后尚未处理或者正在处理的行为，依照修订后的刑法第十二条第一款规定的原则办理。

⑮ 最高人民检察院《关于对跨越修订刑法施行日期的继续犯罪、连续犯罪以及其他同种数罪应如何具体适用刑法问题的批复》（1998年12月2日 高检发释字〔1998〕6号）③

---

① 对其解读见《解读最高人民检察院司法解释》，第32~34页。
② 对其解读见《解读最高人民检察院司法解释》，第308~311页。
③ 对其解读见《解读最高人民检察院司法解释》，第24~31页。

对于开始于 1997 年 9 月 30 日以前，继续或者连续到 1997 年 10 月 1 日以后的行为，以及在 1997 年 10 月 1 日前后分别实施的同种类数罪，如果原刑法和修订刑法都认为是犯罪并且应当追诉，按照下列原则决定如何适用法律：

一、对于开始于 1997 年 9 月 30 日以前，继续到 1997 年 10 月 1 日以后终了的继续犯罪，应当适用修订刑法一并进行追诉。

二、对于开始于 1997 年 9 月 30 日以前，连续到 1997 年 10 月 1 日以后的连续犯罪，或者在 1997 年 10 月 1 日前后分别实施的同种类数罪，其中罪名、构成要件、情节以及法定刑均没有变化的，应当适用修订刑法，一并进行追诉；罪名、构成要件、情节以及法定刑已经变化的，也应当适用修订刑法，一并进行追诉，但是修订刑法比原刑法所规定的构成要件和情节较为严格，或者法定刑较重的，在提起公诉时应当提出酌情从轻处理意见。

16 最高人民法院《关于适用刑法第十二条几个问题的解释》（1998 年 1 月 13 日 法释〔1997〕12 号）①

第一条 刑法第十二条规定的"处刑较轻"，是指刑法对某种犯罪规定的刑罚即法定刑比修订前刑法轻。法定刑较轻是指法定最高刑较轻；如果法定最高刑相同，则指法定最低刑较轻。

第二条 如果刑法规定的某一犯罪只有一个法定刑幅度，法定最高刑或者最低刑是指该法定刑幅度的最高刑或者最低刑；如果刑法规定的某一犯罪有两个以上的法定刑幅度，法定最高刑或者最低刑是指具体犯罪行为应当适用的法定刑幅度的最高刑或者最低刑。

第三条 1997 年 10 月 1 日以后审理 1997 年 9 月 30 日以前发生的刑事案件，如果刑法规定的定罪处刑标准、法定刑与修订前刑法相同的，应当适用修订前的刑法。

17 最高人民检察院《关于检察工作中具体适用修订刑法第十二条若干问题的通知》（1997 年 10 月 6 日 高检发释字〔1997〕4 号）②

根据修订刑法第十二条的规定，现对发生在 1997 年 9 月 30 日以前，1997 年 10 月 1 日后尚未处理或者正在处理的行为如何适用法律的若干问题通知如下：

一、如果当时的法律（包括 1979 年刑法，中华人民共和国惩治军人违反职责罪暂行条例，全国人大常委会关于刑事法律的决定、补充规定，民事、经济、行政法律中"依照"、"比照"刑法有关条款追究刑事责任的法律条文，下同），司法解释认为是犯罪，修订刑法不认为是犯罪的，依法不再追究刑事责任。已经立案、侦查的，撤销案件；已批准逮捕的，撤销批准逮捕决定，并建议公安机关撤销案件；审查起诉的，作出不起诉决定；已经起诉的，建议人民法院退回案件，予以撤销；已经抗诉的，撤回抗诉。

二、如果当时的法律、司法解释认为是犯罪，修订刑法也认为是犯罪的，按从旧兼从轻的原则依法追究刑事责任：

1. 罪名、构成要件、情节以及法定刑没有变化的，适用当时的法律追究刑事责任。

2. 罪名、构成要件、情节以及法定刑已经变化的，根据从轻原则，确定适用当时的法

---

① 对其解读见《解读最高人民法院司法解释·刑事、行政卷（1997~2002）》，第 8~9 页。
② 对其解读见《解读最高人民检察院司法解释》，第 1~3 页。

律或者修订刑法追究刑事责任。

三、如果当时的法律不认为是犯罪,修订刑法认为是犯罪的,适用当时的法律;但行为连续或者继续到1997年10月1日以后的,对10月1日以后构成犯罪的行为适用修订刑法追究刑事责任。

18 最高人民法院《关于适用刑法时间效力规定若干问题的解释》(1997年9月25日 法释〔1997〕5号)①

为正确适用刑法,现就人民法院1997年10月1日以后审理的刑事案件,具体适用修订前的刑法或者修订后的刑法的有关问题规定如下:

第一条 对于行为人1997年9月30日以前实施的犯罪行为,在人民检察院、公安机关、国家安全机关立案侦查或者在人民法院受理案件以后,行为人逃避侦查或者审判,超过追诉期限或者被害人在追诉期限内提出控告,人民法院、人民检察院、公安机关应当立案而不予立案,超过追诉期限的,是否追究行为人的刑事责任,适用修订前的刑法第七十七条的规定。

第二条 犯罪分子1997年9月30日以前犯罪,不具有法定减轻处罚情节,但是根据案件的具体情况需要在法定刑以下判处刑罚的,适用修订前的刑法第五十九条第二款的规定。

第三条 前罪判处的刑罚已经执行完毕或者赦免,在1997年9月30日以前又犯应当判处有期徒刑以上刑罚之罪,是否构成累犯,适用修订前的刑法第六十一条的规定;1997年10月1日以后又犯应当判处有期徒刑以上刑罚之罪,是否构成累犯,适用刑法第六十五条的规定。

第四条 1997年9月30日以前被采取强制措施的犯罪嫌疑人、被告人或者1997年9月30日以前犯罪,1997年10月1日以后仍在服刑的罪犯,如实供述司法机关还未掌握的本人其他罪行的,适用刑法第六十七条第二款的规定。

第五条 1997年9月30日以前犯罪的犯罪分子,有揭发他人犯罪行为,或者提供重要线索,从而得以侦破其他案件等立功表现的,适用刑法第六十八条的规定。

第六条 1997年9月30日以前犯罪被宣告缓刑的犯罪分子,在1997年10月1日以后的缓刑考验期间又犯新罪、被发现漏罪或者违反法律、行政法规或者国务院公安部门有关缓刑的监督管理规定,情节严重的,适用刑法第七十七条的规定,撤销缓刑。

第七条 1997年9月30日以前犯罪,1997年10月1日以后仍在服刑的犯罪分子,因特殊情况,需要不受执行刑期限制假释的,适用刑法第八十一条第一款的规定,报经最高人民法院核准。

第八条 1997年9月30日以前犯罪,1997年10月1日以后仍在服刑的累犯以及因杀人、爆炸、抢劫、强奸、绑架等暴力性犯罪被判处十年以上有期徒刑、无期徒刑的犯罪分子,适用修订前的刑法第七十三条的规定,可以假释。

第九条 1997年9月30日以前被假释的犯罪分子,在1997年10月1日以后的假释考验期内,又犯新罪、被发现漏罪或者违反法律、行政法规或者国务院公安部门有关假释的

---

① 对其解读见《解读最高人民法院司法解释·刑事、行政卷(1997~2002)》,第3~7页。

监督管理规定的，适用刑法第八十六条的规定，撤销假释。

第十条 按照审判监督程序重新审判的案件，适用行为时的法律。

⑲ 最高人民法院《关于认真学习宣传贯彻修订的〈中华人民共和国刑法〉的通知》（1997年3月25日 法发〔1997〕3号）（节录）

三、修订后的刑法实施后，各级人民法院必须坚决贯彻执行。对于修订的刑法实施前发生的行为，10月1日实施后尚未处理或者正在处理的案件，依照修订的刑法第十二条的规定办理；对于修订的刑法实施前，人民法院已审结的案件，实施后人民法院按照审判监督程序重新审理的，适用原审结时的有关法律规定。

四、修订的刑法实施前，人民法院审判刑事案件仍然应当依照现行刑法和人大常委会修改、补充刑法的有关规定及最高人民法院的有关司法解释，并应遵守刑事诉讼法有关程序和期限的规定。

五、修订的刑法实施后，对已明令废止的全国人大常委会有关决定和补充规定，最高人民法院原作的有关司法解释不再适用。但是如果修订的刑法有关条文实质内容没有变化的，人民法院在刑事审判工作中，在没有新的司法解释前，可参照执行。其他对于与修订的刑法规定相抵触的司法解释，不再适用。

学理观点·典型案例 ➡ 索引与要旨

❶ 上海市高级人民法院《刑法总则适用问题解答（试行）》，载《最新刑事法律文件解读》2005年第2辑总第2辑，第70~78页。（节录）

二、如何具体适用刑法中的从旧兼从轻原则？

1. 比较刑罚的轻重，一般是指将行为时法与裁判时法对某一危害行为所规定的法定刑按一定次序进行比较，即首先比较法定最高刑，当法定最高刑相同时，再比较法定最低刑，当法定最低刑也相同时，再比较附加刑，然后择轻而从。如果新旧刑法所规定的法定刑完全相同，应选择适用行为时的法律，并在裁判文书中援引现行刑法第12条第1款的规定。如果行为时法所确定的罪名已被修改的，一般认定新罪名，如职务侵占罪、金融凭证诈骗罪等，但并不影响适用行为时的法律。如果行为时法与裁判时法对某种犯罪规定了多个法定刑幅度的，应就危害行为应当适用的具体的法定刑轻重进行比较。

2. 比较刑罚的轻重，除比较危害行为应当适用的具体法定刑之外，还应就行为时法与裁判时法所规定的影响该一危害行为定罪量刑的其他因素，如自首、立功、累犯以及相应的司法解释等进行全面比较，以实际处刑有利于被告人作为新旧法律的取舍原则，当行为时法与裁判时法之间还有其他相关法律规定时，应当选择适用对被告人最有利的法律。

3. 对于1979年《中华人民共和国刑法》（以下简称旧刑法）中有些被《中华人民共和国刑法》（以下简称新刑法）分解了的犯罪，如诈骗罪被分解为（普通）诈骗罪和系列的特别诈骗罪，如果行为人连续实施了跨新旧法的不同种的诈骗行为，应以新刑法规定的不同种犯罪分别累计犯罪数额或分类评价各种犯罪行为（如聚众斗殴、寻衅滋事或强制猥亵、侮辱妇女等行为）的社会危害性；然后依新刑法的规定分别定罪处刑，实行数罪并罚（不能以新旧刑法为界分别定罪处刑，实行数罪并罚）。

三、对跨新旧法的连续犯罪应如何适用法律？

1. 对于跨新旧法的连续犯罪，包括连续犯、持续犯和集合犯（指犯罪构成要件事实同一的多次危害行为），应依连续、持续或多次危害行为实行终了时的法律，即按新刑法的规定定罪处刑。如果旧刑法对上述危害行为处罚较轻的，可以酌情从轻处罚。如果新旧刑法对上述危害行为规定的罪名不同，只要其犯罪构成要件事实同一的，仍应认定为跨新旧法的连续犯罪。

2. 如果大部分危害行为（或犯罪数额）发生在旧法施行时期且旧法处罚较轻，新法施行后只有少部分危害行为（或数额）且单独并不构成犯罪的，可依据刑法谦抑原则的精神，把全部危害行为视为一个整体（或累计犯罪数额），适用处罚较轻的旧法，这是跨新旧法的连续犯罪在法律适用上的特殊情形。

❷《谭慧渊、蒋菊香侵犯著作权案》，载《刑事审判参考》2006年第6辑总第53辑，第19~29页。

核心提示➡对于司法解释是否需要适用从旧兼从轻原则？

要旨➡一、司法解释施行后，即须按照解释去理解、适用法律。解释之所以必要是因为解释前司法者对法律的理解、适用不一致或者不正确。为达到制定解释的目的，解释施行后，所有正在审理或尚未审理的案件，都必须一律适用解释。

二、对于新的司法解释实施前发生的行为，行为时已有相关司法解释的，应当适用从旧兼从轻原则，依照行为时的司法解释办理，但适用新司法解释对犯罪嫌疑人、被告人有利的，应适用新的司法解释。

❸《于润龙非法经营案（从旧兼从轻原则）》，载《人民法院案例选》2005年第4辑总第54辑。

核心提示➡未经许可买卖黄金的刑事责任。上诉人于润龙收售黄金的行为发生在2002年8~9月间，即国务院（国发〔2003〕5号）文件发布前，按照当时的法律，构成非法经营罪，但在一审法院审理时，国务院发布了（国发〔2003〕5号）文件，取消了中国人民银行关于黄金管理的收售许可审批，导致《刑法》第225条第1项所依据的行政法规——《中华人民共和国金银管理条例》发生了变化，其行为按照现在的法律，不存在"违反国家规定"或"未经许可经营法律、行政法规规定的专营、专卖物品或其他限制买卖的物品"的性质，不符合非法经营罪的构成要件，其行为不构成非法经营罪。

❹《某有色金属公司走私铂金案》，载《最新刑事法律文件解读》2005年第2辑总第2辑。

要旨➡鉴定结论不适用从旧兼从轻原则，应以案发时的税率计算。

❺《刑法实务若干问题研究》，载《刑事审判参考》2004年第1辑总第36辑，第128~142页。

核心提示➡在刑事司法文书中如何正确援引涉及刑法修正的法律条文的问题？

❻《跨越修订刑法偷税行为如何适用法律》，载《经济犯罪审判指导》2004年第4辑总第8辑，第109~110页。

❼《新旧刑法交替的法律适用与时效计算》，载《刑事审判要览》2003年第5辑总第

5 辑，第 159~160 页。

⑧《刑法纵横谈（上）》，载《刑事司法指南》2003 年第 2 辑总第 14 辑，第 1~54 页。

核心提示 ➡ 刑法的溯及力

⑨《刑法适用疑难争议问题两人谈》，载《刑事司法指南》2002 年第 2 辑总第 10 辑，第 50~131 页。

核心提示 ➡ 同种行为跨越数部法——跨法连续犯该如何处理？

要旨 ➡ 刑事司法解释的溯及力问题。

⑩《关于国有公司、企业、事业单位人员的渎职犯罪行为如何根据刑法第十二条第一款规定适用法律的意见》，载《刑事审判参考》2001 年第 10 辑总第 21 辑，第 94~95 页。

要旨 ➡ 一、司法机关在 1999 年 12 月 24 日以前已获知案件的基本情况，无论是否立案查处，如被害单位曾报案，有关司法机关根据刑法第十二条第一款的规定，认为不构成犯罪，不予立案，都应当根据刑法第十二条第一款的规定，适用 1997 年刑法，不认定为犯罪。

二、在 1999 年 12 月 24 日以前，司法机关没有掌握案件的基本情况，行为人也没有投案自首的，应当根据刑法第十二条第一款的规定，适用 1979 年刑法或者 1999 年刑法修正案，追究行为人的刑事责任。

第二章 犯　　罪

第一节　犯罪和刑事责任

第 13 条　犯罪概念

一切危害国家主权、领土完整和安全，分裂国家、颠覆人民民主专政的政权和推翻社会主义制度，破坏社会秩序和经济秩序，侵犯国有财产或者劳动群众集体所有的财产，侵犯公民私人所有的财产，侵犯公民的人身权利、民主权利和其他权利，以及其他危害社会的行为，依照法律应当受刑罚处罚的，都是犯罪，但是情节显著轻微危害不大的，不认为是犯罪。

关　联　规　范　➡　完全整理

❶ 最高人民法院《关于审理未成年人刑事案件具体应用法律若干问题的解释》（2006 年 1 月 23 日　法释〔2006〕1 号）（节录）①

第六条　已满十四周岁不满十六周岁的人偶尔与幼女发生性行为，情节轻微、未造成严重后果的，不认为是犯罪。

已满十六周岁不满十八周岁的人具有前款规定情形的，一般也不认为是犯罪。

第七条　已满十四周岁不满十六周岁的人使用轻微暴力或者威胁，强行索要其他未成年人随身携带的生活、学习用品或者钱财数量不大，且未造成被害人轻微伤以上或者不敢正常到校学习、生活等危害后果的，不认为是犯罪。

❷ 最高人民法院、最高人民检察院《关于办理非法制造、买卖、运输、储存毒鼠强等禁用剧毒化学品刑事案件具体应用法律若干问题的解释》（2003 年 10 月 1 日　法释〔2003〕14 号）（节录）②

第五条　本解释施行以前，确因生产、生活需要而非法制造、买卖、运输、储存毒鼠强等禁用剧毒化学品饵料自用，没有造成严重社会危害的，可以依照刑法第十三条的规定，不作为犯罪处理。

❸ 最高人民检察院研究室《关于相对刑事责任年龄的人承担刑事责任范围有关问题

---

① 对其解读见：《刑事审判参考》2006 年第 1 辑总 48 辑，第 87～91 页以及 2006 年第 2 辑总 49 辑，第 61～77 页。

② 对其解读见：《刑事审判参考》2003 年第 5 辑总 34 辑，第 175～177，183～187 页。

的答复》（2003 年 4 月 18 日　〔2003〕高检研发第 13 号）（节录）

二、相对刑事责任年龄的人实施了刑法第二百六十九条规定的行为的，应当依照刑法第二百六十三条的规定，以抢劫罪追究刑事责任。但对情节显著轻微、危害不大的，可根据刑法第十三条的规定，不予追究刑事责任。

❹《福建省人民检察院侦查监督处、公诉处，福建省高级人民法院刑二庭，厦门海关缉私局二〇〇三年第一次联席会议纪要》（2003 年 4 月 7 日　闽检侦监〔2003〕17 号）（节录）

2. 对走私微量毒品，是否逮捕的问题，原则上倾向于若同时符合以下三个条件可不予逮捕：

（1）犯罪嫌疑人只携带壹克以下微量毒品；

（2）有证据证明仅是供自己吸食，且属偶犯；

（3）采取逮捕以外强制措施足以保证刑事诉讼活动的顺利进行。对这类案件可多加强个案沟通。

同时认为犯罪嫌疑人出境时查获符合以上三点规定的微量毒品，情节显著轻微的，也可采用刑法总则第十三条的规定"情节显著轻微危害不大的，不认为是犯罪"处理，但作出处理决定时，须向同级检察院通报。

❺厦门市中级人民法院《未成年人刑事案件审判工作细则》（厦中法发〔2008〕1 号）（节录）

第三十五条　已满十六周岁不满十八周岁的人实施盗窃行为"情节显著轻微危害不大"，不认为是犯罪，应同时具备"盗窃行为未超过三次"，"盗窃数额虽已达到数额较大标准，但案发后能如实供述全部盗窃事实并积极退赃"，且具有"系又聋又哑的人或者盲人"、"在共同盗窃中起次要或者辅助作用，或者被胁迫"、"其他轻微情节"情形之一。

已满十六周岁不满十八周岁的人盗窃未遂或者中止的，一般情况下不认为是犯罪，但盗窃数额特别巨大或盗窃金融机构及盗窃珍贵文物等情形除外。

学理观点·典型案例　　索引与要旨

❶《关于在行政执法中及时移送涉嫌犯罪案件的意见》（高检会〔2006〕2 号）（节录）[①]

核心提示 ➡ 关于一事不两罚的问题

要旨 ➡ 在《移送案件意见》稿修改过程中，有一种意见认为：一事不两罚，对涉嫌犯罪的案件经行政处罚后不应再移送司法机关处理，故《移送案件意见》稿中关于行政机关就涉嫌犯罪的案件作出行政处罚决定后又移送司法机关追诉的规定不妥。我认为，一事不能两罚是指对一种行为不能作出两次同种类的处罚，而对涉嫌犯罪的案件作行政处罚后又

[①] 对其解读见：《刑事审判参考》2006 年第 3 辑总第 50 辑，第 119～125 页。

予以刑事追究，是两种不同性质的处罚，所以并不违反一事不能两罚的原则。至于行政执法机关依法给予当事人罚款处罚的，人民法院判处罚金，应依法折抵相应罚金，对此国务院颁布的《行政执法机关移送涉嫌犯罪案件的规定》第十一条已有规定，说明行政机关对涉嫌犯罪案件有权作出行政处罚，但不能以罚代刑。这也从反面证明行政处罚与刑事处罚是不能相互替代的。从实践情况看，目前相当程度上以罚代刑的问题，如果以"一事不能两罚"为由，就无法予以纠正。

② 《陈帮蓉涉嫌抢劫宣告无罪案》，最高人民法院刑二庭《经济犯罪审判指导》2004年第1辑总第5辑，第22~26页。

要旨➡ 债权人非法讨债的不应以侵犯财产罪定罪处罚。

③ 《张某某伪造身份证因情节显著轻微被宣告无罪案》，载《最新刑事法律文件解读》2004年11月（试刊），第110~113页。

要旨➡ 行为犯仍应以是否具备严重的社会危害性为构成要件。

④ 《丁某介绍贿赂、诈骗案法律问题研究》，载《刑事审判要览》2004年第4辑总第10辑。

要旨➡ 对于非法扣押，行为人即使采取欺骗手段取回物品也不应以犯罪论处。

⑤ 《刑法总论中的争议问题研究》，载《刑事审判要览》2004年第4辑总第10辑，第40~62页。

要旨➡ 犯罪构成理论进行研讨。

⑥ 《刑法纵横谈（上）》，载《刑事司法指南》2003年第2辑总第14辑，第1~54页。

要旨➡ 《刑法》第13条但书的适用。

第14条 故意犯罪

明知自己的行为会发生危害社会的结果，并且希望或者放任这种结果发生，因而构成犯罪的，是故意犯罪。

故意犯罪，应当负刑事责任。

关 联 规 范 ➡ 完全整理

最高人民法院、最高人民检察院、海关总署《关于办理走私刑事案件适用法律若干问题的意见》（2002年7月8日 法〔2002〕139号）（节录）①

六、关于行为人对其走私的具体对象不明确的案件的处理问题

走私犯罪嫌疑人主观上具有走私犯罪故意，但对其走私的具体对象不明确的，不影响走私犯罪构成，应当根据实际的走私对象定罪处罚。但是，确有证据证明行为人因受蒙骗而对走私对象发生认识错误的，可以从轻处罚。（编者注：概括故意如何认定与处理的具体规定）

---

① 对其解读见：《刑事审判参考》2002年第4辑总第27辑，第149~170，185~203页。

学理观点·典型案例 ➡ 索引与要旨

❶《赵金明等故意伤害案》，载《刑事审判参考》2007 年第 2 辑总第 55 辑，第 21~26 页。

核心提示 ➡ 持刀追砍致使他人泅水逃避导致溺水死亡的如何定罪？

要旨 ➡ 一、被告人赵金明等人主观上具有伤害的故意。

二、被告人赵金明等人持刀追砍的行为与被害人溺水死亡之间具有刑法意义上的因果关系。

❷《杨某某故意伤害案》，载《刑事审判参考》2007 年第 2 辑总第 55 辑，第 6~12 页。

要旨 ➡ 明知先行行为会引发危害后果而不予以防止的行为构成故意犯罪。

一、明知其先行行为可能引发严重危害后果，能采取而不采取积极有效措施予以防止，其行为系不作为犯罪。1. 不作为犯罪须以行为人负有某种特定义务为前提。2. 不作为犯罪须是行为人有能力履行特定义务，而没有履行。3. 被告人的不作为与危害后果间有因果关系。

二、被告人杨某某对被害人的伤害后果持放任态度，系间接故意犯罪。

❸《杨康林、曹培强等骗取出口退税案》，载《刑事审判参考》2005 年第 1 辑总第 42 辑，第 14~25 页。

要旨 ➡ 在违法操作中，"明知"在证据上不要求证明明知的必然性，只要求证明明知的可能性"四自三不见"业务本是国家明令禁止的业务，如果在从事"四自三不见"业务中，又出现了其他一些不合常理的情况，而有进出口经营权的公司、企业仍继续坚持业务合作，造成国家税款流失，则可推定这些公司、企业主观上具有明知他人意欲骗税的故意。证据上不要求证明骗税的必然性，只要求证明明知骗税的可能性。

❹《明知会发生伤害、死亡的结果却故意放任这两种危害结果的发生从而导致出现重伤后死亡结果的是构成故意伤害罪还是构成故意杀人罪》，载《公检法办案指南》2005 年第 4 辑总第 64 辑。

❺《周某某非法行医案》，载《刑事审判参考》2004 年第 5 辑总第 40 辑，第 24~27 页。

核心提示 ➡ 患者自愿求医的，能否阻却非法行医罪的成立？

要旨 ➡ 被害人的承诺只有具备以下条件时，才能阻却犯罪的成立：第一，承诺只能是对自己具有处分权限的利益承诺他人侵害；第二，承诺者必须具有承诺能力；第三，承诺必须基于承诺者的真实意志；第四，事实上必须存在承诺；第五，基于承诺所实施的侵害行为不得超过承诺者的处分权限，也不能违反法秩序。在非法行医案件中，即使行为人非法行医时得到患者的承诺，也不能阻却犯罪的成立。非法行医属于危害公共卫生的犯罪，侵害的是社会法益；任何人对社会法益都没有承诺权限，故患者的承诺是无效的。非法行医行为违反了法秩序，即使非法行医行为取得了患者的同意，也是法律所禁止的。甚至，在行为人已告知被害人其未取得医生执业资格的事实，被害人仍然同意或者请求其为自己医疗，并明确表示自愿承担医疗风险的情况下，由于被害人对公共卫生这一社会法益并无承诺权限，其承诺仍然是无效的，仍然不能因此排除行为人非法行医行为的犯罪性。

❻《沈某某盗窃案》，载《刑事审判参考》2004 年第 5 辑总第 40 辑，第 15～23 页。

核心提示 ➡ 对所盗物品的价值有重大认识错误的应如何处理？

要旨 ➡ 被告人为泄愤而顺手拿走手表，一直误认为其所盗取的只是一只价值数百元的普通手表（实际 123879.84 元），而被害人追讨过程中也表示愿意用 2000 元换回，未明该表实际价值。被告人逃离当地时，将手表置于灶台未随身携带，说明其对价值误认。

1. 被告人的行为构成盗窃罪；被告人出于何种动机拿走手表、拿走手表是个人保有、抛弃或赠送他人等，均属于对所盗物品的事后处分行为，不影响对非法占有目的的认定。2. 被告人对所盗手表价值存在重大认识错误。本案属于对所盗物品价值的对象认识错误。这种认识错误，包括对价值有无和高低的认识错误。对有较大价值的东西误认为是无价值的东西而随手拿走，如果其发现具有价值后，若没有继续非法占有，一般不应作为犯罪处理。对于盗窃对象价值高低的认识错误，一般应当按照盗窃对象的实际价值定罪处罚；但对于将价值高的东西误认为价值低的东西拿走是否全部按实际价值定罪呢？我们认为，个别情况也应因具体案情而定。本案中，被告人对事实存在严重的认识错误，其所认识的数额远远低于实际数额，不能让其对行为所不能认识的财物数额承担犯罪的责任。从对犯罪构成主客观统一的原则来看，被告人所认识的数额即使接近"数额较大"的起点，但因其行为也造成了严重后果（手表的实际价值特别巨大等），根据《最高人民法院关于审理盗窃案件具体应用法律若干问题的解释》第六条的规定，被告人的行为亦构成盗窃罪。3. 情节轻微，可免予刑事处罚。

❼《李华故意杀人案江苏省无锡市中级人民法院刑事判决书》（锡刑初字〔2004〕第 12 号），载《刑事审判参考》2004 年第 5 辑总第 40 辑，第 181～188 页。

核心提示 ➡ 如何认定故意杀人的直接故意？

要旨 ➡ 被害人不仅用手卡扼被害人的颈部，还持哑铃乱砸其头部，根据加害的身体部分，尤其头部创口分布面广、挫裂创口数量多和造成死亡的原因，以及被告人的警察职业和其专业知识的程度等特点，足以反映出被告人对其所实施的行为可能造成的严重后果具有高于常人的认识程度，但其却采用残忍性和连续性的暴力手段加害于被害人，证明其主观方面具有明知被害人会死亡并追求这一结果的直接故意的罪过。

❽《汪照洗钱案》，载《刑事审判参考》2004 年第 2 辑总第 37 辑，第 15～21 页。

要旨 ➡ 明知不以确知为限，既可是确定性认识，也可是可能性认识。辩护人提出，根据被告人的供述，被告人仅仅是基于分析和判断而认为投资款是毒资的，所以不能认定被告人具有主观明知，而且只有被告人的供述也不足以认定被告人犯洗钱罪。我们认为：明知不以确知为限，既可以是确定性认识，也可以是可能性认识，被告人对于本案所涉资金系毒赃存在可能性认识，应认定其具有主观明知；将明知对象内容严格限定为四类上游犯罪的具体类别犯罪的违法所得及其产生的收益，与我国刑法关于认识错误的一般理论不符。行为人在四类上游犯罪的范围内将此类犯罪所得及收益误认为彼类犯罪所得，因两者在法律性质上是一致的，不属对犯罪构成要件对象的认识错误，故不应影响案件的定性。相反，将四类上游犯罪所得及收益误认为系其他犯罪所得及收益的，因存在认识错误，不应以洗钱罪定罪处罚。

❾《刑法总论中的争议问题研究》，载《刑事审判要览》2004 年第 4 辑总第 10 辑，第 40~62 页。

核心提示➡ 犯罪故意评价性认识内容之合理界定以及违法性认识是否属于犯罪故意？

要旨➡ 在此问题上，中国刑法学界存在以下争议：其一，否定说。其二，肯定说。其三，折中说。该种观点认为，违法性认识一般不是犯罪故意的认识内容，但是在特殊或者个别情况下是犯罪故意的认识内容，这时缺乏违法性认识就不能成立犯罪故意。如有学者认为，认识行为的违法性一般来说并不是犯罪故意的内容。但是在这个问题上不能绝对化，不能排除个别例外的情况。如果原来并非法律所禁止的行为，一旦用特别法规定为犯罪，在这个法律实施的初期，行为人不知道有这种法律，从而没有认识到自己行为的违法性，这是可能存在的。根据行为人的具体情况，如果行为人确实不知道有这种法律，从而认为自己触犯这种新法律的行为是合法的，那就不应认为行为人具有犯罪故意。我们赞同折中说。

❿《票据诈骗罪若干问题研究》，载《刑事审判要览》2004 年第 2 辑总第 8 辑，第 97~112 页。

核心提示➡ 间接故意与直接故意的区别

要旨➡ "明知"的认定：票据诈骗罪主观要件中的"明知"只能是行为人"已经知道"。当然，就"明知"的程度，不仅包括确切知道还包括明知可能性。这里的明知可能性是指行为人对其使用的票据的真实程度存有怀疑，即知道票据可能是虚假的。但这决不意味着间接故意可以构成本罪，因为区分直接故意与间接故意的主要标准不在于行为人的认识因素而在于行为人对其行为危害结果的意志态度。在行为人对票据存疑的情况下，明知可能是虚假票据，会发生或者遭拒付或者兑现票据价值两种结果，仍决意使用其显然更希望后一种结果的发生，完全符合直接故意的心理特征。

对明知的内容而言，控方只需证明行为人对自己行为使用的票据非法性质具备认识因素即可，因为依据一般社会经济生活常识，按照正常人标准，就可以推定其认识到自己行为的欺诈性质——可能给他人造成经济损失，也就具备了主观上的可归责性。如行为人自己伪造票据进行诈骗，当然其具有"明知"；行为人从单位盗得票据，伪造印鉴进行提现，也"明知"无疑；行为人在提示承兑、请求付款时因票据非法遭拒后又使用的，应认定为"明知"；票据变造粗糙拙劣，一般人都可识破的，可认定具有"明知"。

⓫《严静收购赃物案》，载《刑事审判参考》2003 年第 5 辑总第 34 辑，第 43~53 页。

核心提示➡ 对不明知且被蒙骗的辩解如何综合证据进行判断？

要旨➡ 推定规则在刑事诉讼中的运用，"两罪存疑"案件的处理

一、推定运用。推定，是指依照法律规定或者经验法则，基于某一已知、确定的事实，而推知、确定另一不明的、无直接证据予以证明的事实的存在。分为法律推定和事实推定，前者是指根据法律规定，当确认某一事实存在时，就应当据以认定另一事实的存在，而无需再运用证据加以证明（如巨额财产来源不明：不能说明合法来源的巨额财产来源不明推

定为非法财产），后者指基于经验法则，由某一事实的存在而推定出其他不明事实。应注意：1. 运用的辅助性。只能在特定的条件下运用，只能用于认定某一方面事实，不能直接推定有罪；2. 推定事实的可反驳性，如巨财若举证证明来源，则不定，事实的反驳，只有达到动摇审判人员的内心确认，才是有效的；3. 拒以推定的基础事实的真实性、确定性；4. 基础事实和推定事实之间因果关系的高度盖然性。

二、"两罪存疑"的正确处理：被告行为既有可能收购赃物（如系购得），也可能窝藏赃物（受赠），两罪存疑取其轻，故定收购赃物。

⑫《李柏庭非法经营案》，载《刑事审判参考》2003年第2辑总第31辑，第46~50页。

核心提示 ➡ 如何看待行政犯的主观故意？

要旨 ➡ 非法经营是行政犯，它以违反国家相关规定作为前提条件。一般来讲，在行政犯中，如果行为人缺乏违法性认识，不能认识到行为的社会危害性，就不能认定行为人有犯罪的主观故意。被告作为一名以前曾经参与传销的人员，在国务院颁布一系列文件对各种传销明令禁止的情况下，对传销活动的特点以及其违法性应该明知，其以主观上不知行为违法作为辩护理由不能成立。

⑬《刑法纵横谈（上）》，载《刑事司法指南》2003年第2辑总第14辑，第1~54页。

核心提示 ➡ 犯罪故意

⑭《刑法纵横谈（下）》，载《刑事司法指南》2003年第3辑总第15辑，第1~69页。

核心提示 ➡ 不作为犯罪的认定

⑮《刑法中的注意规定与法律拟制及其运用分析》，载《刑事司法指南》2003年第3辑总第15辑，第70~108页。

要旨 ➡ 注意规定的概念与特点：注意规定是在刑法已作基本规定的前提下，提示司法人员注意、以免司法人员忽略的规定。它有两个基本特征：其一，注意规定的设置，并不改变基本规定的内容，只是对相关规定内容的重申；即使不设置注意规定，也存在相应的法律适用根据（按基本规定处理）。其二，注意规定只具有提示性，其表述的内容与基本规定的内容完全相同，因而不会导致将原本不符合相关基本规定的行为按基本规定论处。

在刑法分则中，除了某些条款本身属于注意规定外，还存在某条款的部分内容属于注意规定的情况。最典型的是刑法分则条文关于"明知"的规定。分则关于"明知"的规定，都属于注意规定，即提醒司法工作人员注意的规定。即使分则没有"明知"的规定，也应根据总则关于故意的规定，要求故意犯罪的行为人必须明知犯罪构成的客观要件要素（客观的超过要素除外）。例如，《刑法》第312条规定，"明知是犯罪所得的赃物"，才成立赃物犯罪，而在该赃物犯罪中，犯罪所得的赃物属于特定的犯罪对象，由此可以"推而广之"：凡是特定的犯罪对象，都是故意的认识内容，行为人对此必须有认识，否则不成立故意犯罪。之所以能够"推而广之"，是因为注意规定本身只是提醒司法工作人员注意的规定，注意规定之外存在着作为注意规定的基础的相关规定；在此意义上说，人们不是将注意规定推而广之，而是根据作为注意规定的基础的相关规定所作的解释。"明知是犯罪所得的赃物"这一注意规定，是源于《刑法》第 14 条关于故意犯罪的规定；而第 14 条关于故意犯罪的规定，适用于所有的故意犯罪；所以，人们根据第 14 条的规定，也完全可以得出"故意的成立要求行为人认识到符合客观构成要件的事实"的结论。

⑯《陆飞荣玩忽职守案》，载《刑事审判参考》2002 年第 4 辑总第 27 辑，第 67~76 页。

核心提示 ➡ 滥用职权的主观心态是故意还是过失？

要旨 ➡ 滥用职权通常表现为故意不正确行使职权或者超越职权，但行为人对行为本身的故意，并不意味着行为人对行为结果所持的态度是希望或者放任。确定罪过形式的基准是行为人对行为结果的态度，而非行为本身。滥用职权中的过失一般表现为轻信过失。

⑰《容乃胜等组织、领导、参加黑社会性质组织案》，载《刑事审判参考》2001 年第 12 辑总第 23 辑，第 38~51 页。

要旨 ➡ 直接故意的认定并不要求行为人具有明确的违法性认识。被告人均提出，不知道领导、组织、参加的是黑社会性质组织。但这种故意的内容表现为以实施违法犯罪活动为目的，并不以行为人明知为构成要件。因为对一个组织是否属于黑社会性质组织的判断是一种法律判断。行为人的主观认识并不影响该组织的实际性质。刑法理论对于直接故意的认定并不要求行为人具有明确的违法性认识。

⑱《曹成金故意杀人案》，载《刑事审判参考》2001 年第 10 辑总第 21 辑，第 13~17 页。

核心提示 ➡ 间接故意犯罪是否存在未遂形态？

要旨 ➡ 间接故意犯罪不存在未遂形态，被告人的行为不构成故意杀人罪（未遂）或者故意伤害罪（未遂）。从案件起因看，被告人与郑林等人没有利害关系，事先不存在非法剥夺他人生命或伤害他人的直接故意；其掏枪时，现有证据只能证实是为了吓唬他人，不能证明是为了实施故意杀人或者伤害行为。本案中郑林乘被告人不备，扑上抢夺被告人的枪支，被告人急忙中对着郑林小腿内侧的地面扣动扳机，子弹打破了郑林的长裤，并在郑林的左膝内侧留下表皮擦伤。在争夺枪支的过程中，被告人突然对郑开枪，此行为具有突发性，是一种不计后果的行为，在主观上应认定为是一种间接故意，即对其行为可能造成他人或死亡、或受伤、或者无任何物质损害结果，都是行为人放任心理所包含的内容，并非是单纯地希望发生危害结果。正因为在间接故意中，行为人对危害结果的发生与否是持一种放任态度，当法律上的危害结果发生时，则已成立犯罪既遂，如造成被害人死亡的，应以故意杀人罪定罪处罚；造成被害人受伤（轻伤以上）的，应以故意伤害罪定罪处罚；而没有造成人员伤亡，也是行为人这种放任心理所包含的，而不是什么意志以外的原因所致，无所谓"得逞"与否，犯罪未遂也就无从谈起了。放任应以结果论，不存在未遂。情节严重，应定非法持有枪支、弹药。

⑲《宋有福、许朝相故意杀人案》，载《刑事审判参考合订本·第一卷》，第 95~99 页。

核心提示 ➡ 农村邻里纠纷引发的故意不明确的侵犯人身权利案件应如何定性？

要旨 ➡ 从被告人宋有福纠集被告人许朝相要"教训教训"被害人的目的来看，其主观故意确实不十分明确，也就是说不能认定为预谋杀人。但当被告人许朝相刺中被害人一剑以后，即逃离现场，对被害人死亡结果的发生采取了放任态度，这种结果实际也在二被告人预谋持剑"教训"的犯意之中，二人构成共犯，系间接故意杀人。

第15条 过失犯罪

应当预见自己的行为可能发生危害社会的结果，因为疏忽大意而没有预见，或者已经预见而轻信能够避免，以致发生这种结果的，是过失犯罪。

过失犯罪，法律有规定的才负刑事责任。

关联规范 ➡ 完全整理

最高人民法院《关于贯彻宽严相济刑事政策的若干意见》（2010年2月8日 法发〔2010〕9号）①

一、贯彻宽严相济刑事政策的总体要求

1. 贯彻宽严相济刑事政策，要根据犯罪的具体情况，实行区别对待，做到该宽则宽，当严则严，宽严相济，罚当其罪，打击和孤立极少数，教育、感化和挽救大多数，最大限度地减少社会对立面，促进社会和谐稳定，维护国家长治久安。

2. 要正确把握宽与严的关系，切实做到宽严并用。既要注意克服重刑主义思想影响，防止片面从严，也要避免受轻刑化思想影响，一味从宽。

3. 贯彻宽严相济刑事政策，必须坚持严格依法办案，切实贯彻落实罪刑法定原则、罪刑相适应原则和法律面前人人平等原则，依照法律规定准确定罪量刑。从宽和从严都必须依照法律规定进行，做到宽严有据，罚当其罪。

4. 要根据经济社会的发展和治安形势的变化，尤其要根据犯罪情况的变化，在法律规定的范围内，适时调整从宽和从严的对象、范围和力度。要全面、客观把握不同时期不同地区的经济社会状况和社会治安形势，充分考虑人民群众的安全感以及惩治犯罪的实际需要，注重从严打击严重危害国家安全、社会治安和人民群众利益的犯罪。对于犯罪性质尚不严重，情节较轻和社会危害性较小的犯罪，以及被告人认罪、悔罪，从宽处罚更有利于社会和谐稳定的，依法可以从宽处理。

5. 贯彻宽严相济刑事政策，必须严格依法进行，维护法律的统一和权威，确保良好的法律效果。同时，必须充分考虑案件的处理是否有利于赢得广大人民群众的支持和社会稳定，是否有利于瓦解犯罪、化解矛盾，是否有利于罪犯的教育改造和回归社会，是否有利于减少社会对抗，促进社会和谐，争取更好的社会效果。要注意在裁判文书中充分说明裁判理由，尤其是从宽或从严的理由，促使被告人认罪服法，注重教育群众，实现案件裁判法律效果和社会效果的有机统一。

二、准确把握和正确适用依法从"严"的政策要求

6. 宽严相济刑事政策中的从"严"，主要是指对于罪行十分严重、社会危害性极大，

---

① 对其解读见：《刑事法律文件解读》2010年第3辑总第57辑，第49~57，58~65页。

依法应当判处重刑或死刑的,要坚决地判处重刑或死刑;对于社会危害大或者具有法定、酌定从重处罚情节,以及主观恶性深、人身危险性大的被告人,要依法从严惩处。在审判活动中通过体现依法从"严"的政策要求,有效震慑犯罪分子和社会不稳定分子,达到有效遏制犯罪、预防犯罪的目的。

7. 贯彻宽严相济刑事政策,必须毫不动摇地坚持依法严惩严重刑事犯罪的方针。对于危害国家安全犯罪、恐怖组织犯罪、邪教组织犯罪、黑社会性质组织犯罪、恶势力犯罪、故意危害公共安全犯罪等严重危害国家政权稳固和社会治安的犯罪,故意杀人、故意伤害致人死亡、强奸、绑架、拐卖妇女儿童、抢劫、重大抢夺、重大盗窃等严重暴力犯罪和严重影响人民群众安全感的犯罪,走私、贩卖、运输、制造毒品等毒害人民健康的犯罪,要作为严惩的重点,依法从重处罚。尤其对于极端仇视国家和社会,以不特定人为侵害对象,所犯罪行特别严重的犯罪分子,该重判的要坚决依法重判,该判处死刑的要坚决依法判处死刑。

8. 对于国家工作人员贪污贿赂、滥用职权、失职渎职的严重犯罪,黑恶势力犯罪、重大安全责任事故、制售伪劣食品药品所涉及的国家工作人员职务犯罪,发生在社会保障、征地拆迁、灾后重建、企业改制、医疗、教育、就业等领域严重损害群众利益、社会影响恶劣、群众反映强烈的国家工作人员职务犯罪,发生在经济社会建设重点领域、重点行业的严重商业贿赂犯罪等,要依法从严惩处。

对于国家工作人员职务犯罪和商业贿赂犯罪中性质恶劣、情节严重、涉案范围广、影响面大的,或者案发后隐瞒犯罪事实、毁灭证据、订立攻守同盟、负案潜逃等拒不认罪悔罪的,要坚决依法从严惩处。

对于被告人犯罪所得数额不大,但对国家财产和人民群众利益造成重大损失、社会影响极其恶劣的职务犯罪和商业贿赂犯罪案件,也应依法从严惩处。

要严格掌握职务犯罪法定减轻处罚情节的认定标准与减轻处罚的幅度,严格控制依法减轻处罚后判处三年以下有期徒刑适用缓刑的范围,切实规范职务犯罪缓刑、免予刑事处罚的适用。

9. 当前和今后一段时期,对于集资诈骗、贷款诈骗、制贩假币以及扰乱、操纵证券、期货市场等严重危害金融秩序的犯罪,生产、销售假药、劣药、有毒有害食品等严重危害食品药品安全的犯罪,走私等严重侵害国家经济利益的犯罪,造成严重后果的重大安全责任事故犯罪,重大环境污染、非法采矿、盗伐林木等各种严重破坏环境资源的犯罪等,要依法从严惩处,维护国家的经济秩序,保护广大人民群众的生命健康安全。

10. 严惩严重刑事犯罪,必须充分考虑被告人的主观恶性和人身危险性。对于事先精心预谋、策划犯罪的被告人,具有惯犯、职业犯等情节的被告人,或者因故意犯罪受过刑事处罚、在缓刑、假释考验期内又犯罪的被告人,要依法严惩,以实现刑罚特殊预防的功能。

11. 要依法从严惩处累犯和毒品再犯。凡是依法构成累犯和毒品再犯的,即使犯罪情节较轻,也要体现从严惩处的精神。尤其是对于前罪为暴力犯罪或被判处重刑的累犯,更要依法从严惩处。

12. 要注重综合运用多种刑罚手段，特别是要重视依法适用财产刑，有效惩治犯罪。对于法律规定有附加财产刑的，要依法适用。对于侵财型和贪利型犯罪，更要注重通过依法适用财产刑使犯罪分子受到经济上的惩罚，剥夺其重新犯罪的能力和条件。要切实加大财产刑的执行力度，确保刑罚的严厉性和惩罚功能得以实现。被告人非法占有、处置被害人财产不能退赃的，在决定刑罚时，应作为重要情节予以考虑，体现从严处罚的精神。

13. 对于刑事案件被告人，要严格依法追究刑事责任，切实做到不枉不纵。要在确保司法公正的前提下，努力提高司法效率。特别是对于那些严重危害社会治安，引起社会关注的刑事案件，要在确保案件质量的前提下，抓紧审理，及时宣判。

三、准确把握和正确适用依法从"宽"的政策要求

14. 宽严相济刑事政策中的从"宽"，主要是指对于情节较轻、社会危害性较小的犯罪，或者罪行虽然严重，但具有法定、酌定从宽处罚情节，以及主观恶性相对较小、人身危险性不大的被告人，可以依法从轻、减轻或者免除处罚；对于具有一定社会危害性，但情节显著轻微危害不大的行为，不作为犯罪处理；对于依法可不监禁的，尽量适用缓刑或者判处管制、单处罚金等非监禁刑。

15. 被告人的行为已经构成犯罪，但犯罪情节轻微，或者未成年人、在校学生实施的较轻犯罪，或者被告人具有犯罪预备、犯罪中止、从犯、胁从犯、防卫过当、避险过当等情节，依法不需要判处刑罚的，可以免予刑事处罚。对免予刑事处罚的，应当根据刑法第三十七条规定，做好善后、帮教工作或者交由有关部门进行处理，争取更好的社会效果。

16. 对于所犯罪行不重、主观恶性不深、人身危险性较小、有悔改表现、不致再危害社会的犯罪分子，要依法从宽处理。对于其中具备条件的，应当依法适用缓刑或者管制、单处罚金等非监禁刑。同时配合做好社区矫正，加强教育、感化、帮教、挽救工作。

17. 对于自首的被告人，除了罪行极其严重、主观恶性极深、人身危险性极大，或者恶意地利用自首规避法律制裁者以外，一般均应当依法从宽处罚。

对于亲属以不同形式送被告人归案或协助司法机关抓获被告人而认定为自首的，原则上都应当依法从宽处罚；有的虽然不能认定为自首，但考虑到被告人亲属支持司法机关工作，促使被告人到案、认罪、悔罪，在决定对被告人具体处罚时，也应当予以充分考虑。

18. 对于被告人检举揭发他人犯罪构成立功的，一般均应当依法从宽处罚。对于犯罪情节不是十分恶劣，犯罪后果不是十分严重的被告人立功的，从宽处罚的幅度应当更大。

19. 对于较轻犯罪的初犯、偶犯，应当综合考虑其犯罪的动机、手段、情节、后果和犯罪时的主观状态，酌情予以从宽处罚。对于犯罪情节轻微的初犯、偶犯，可以免予刑事处罚；依法应当予以刑事处罚的，也应当尽量适用缓刑或者判处管制、单处罚金等非监禁刑。

20. 对于未成年人犯罪，在具体考虑其实施犯罪的动机和目的、犯罪性质、情节和社会危害程度的同时，还要充分考虑其是否属于初犯，归案后是否悔罪，以及个人成长经历和一贯表现等因素，坚持"教育为主、惩罚为辅"的原则和"教育、感化、挽救"的方针进行处理。对于偶尔盗窃、抢夺、诈骗，数额刚达到较大的标准，案发后能如实交代并积极退赃的，可以认定为情节显著轻微，不作为犯罪处理。对于罪行较轻的，可以依法适当

多适用缓刑或者判处管制、单处罚金等非监禁刑；依法可免予刑事处罚的，应当免予刑事处罚。对于犯罪情节严重的未成年人，也应当依照刑法第十七条第三款的规定予以从轻或者减轻处罚。对于已满十四周岁不满十六周岁的未成年犯罪人，一般不判处无期徒刑。

21. 对于老年人犯罪，要充分考虑其犯罪的动机、目的、情节、后果以及悔罪表现等，并结合其人身危险性和再犯可能性，酌情予以从宽处罚。

22. 对于因恋爱、婚姻、家庭、邻里纠纷等民间矛盾激化引发的犯罪，因劳动纠纷、管理失当等原因引发、犯罪动机不属恶劣的犯罪，因被害方过错或者基于义愤引发的或者具有防卫因素的突发性犯罪，应酌情从宽处罚。

23. 被告人案发后对被害人积极进行赔偿，并认罪、悔罪的，依法可以作为酌定量刑情节予以考虑。因婚姻家庭等民间纠纷激化引发的犯罪，被害人及其家属对被告人表示谅解的，应当作为酌定量刑情节予以考虑。犯罪情节轻微，取得被害人谅解的，可以依法从宽处理，不需判处刑罚的，可以免予刑事处罚。

24. 对于刑事被告人，如果采取取保候审、监视居住等非羁押性强制措施足以防止发生社会危险性，且不影响刑事诉讼正常进行的，一般可不采取羁押措施。对人民检察院提起公诉而被告人未被采取逮捕措施的，除存在被告人逃跑、串供、重新犯罪等具有人身危险性或者可能影响刑事诉讼正常进行的情形外，人民法院一般可不决定逮捕被告人。

四、准确把握和正确适用宽严"相济"的政策要求

25. 宽严相济刑事政策中的"相济"，主要是指在对各类犯罪依法处罚时，要善于综合运用宽和严两种手段，对不同的犯罪和犯罪分子区别对待，做到严中有宽、宽以济严；宽中有严、严以济宽。

26. 在对严重刑事犯罪依法从严惩处的同时，对被告人具有自首、立功、从犯等法定或酌定从宽处罚情节的，还要注意宽以济严，根据犯罪的具体情况，依法应当或可以从宽的，都应当在量刑上予以充分考虑。

27. 在对较轻刑事犯罪依法从轻处罚的同时，要注意严以济宽，充分考虑被告人是否具有屡教不改、严重滋扰社会、群众反映强烈等酌定从严处罚的情况，对于不从严不足以有效惩戒者，也应当在量刑上有所体现，做到济之以严，使犯罪分子受到应有处罚，切实增强改造效果。

28. 对于被告人同时具有法定、酌定从严和法定、酌定从宽处罚情节的案件，要在全面考察犯罪的事实、性质、情节和对社会危害程度的基础上，结合被告人的主观恶性、人身危险性、社会治安状况等因素，综合作出分析判断，总体从严，或者总体从宽。

29. 要准确理解和严格执行"保留死刑，严格控制和慎重适用死刑"的政策。对于罪行极其严重的犯罪分子，论罪应当判处死刑的，要坚决依法判处死刑。要依法严格控制死刑的适用，统一死刑案件的裁判标准，确保死刑只适用于极少数罪行极其严重的犯罪分子。拟判处死刑的具体案件定罪或者量刑的证据必须确实、充分，得出唯一结论。对于罪行极其严重，但只要是依法可不立即执行的，就不应当判处死刑立即执行。

30. 对于恐怖组织犯罪、邪教组织犯罪、黑社会性质组织犯罪和进行走私、诈骗、贩毒等犯罪活动的犯罪集团，在处理时要分别情况，区别对待：对犯罪组织或集团中的为首

组织、指挥、策划者和骨干分子,要依法从严惩处,该判处重刑或死刑的要坚决判处重刑或死刑;对受欺骗、胁迫参加犯罪组织、犯罪集团或只是一般参加者,在犯罪中起次要、辅助作用的从犯,依法应当从轻或减轻处罚,符合缓刑条件的,可以适用缓刑。

对于群体性事件中发生的杀人、放火、抢劫、伤害等犯罪案件,要注意重点打击其中的组织、指挥、策划者和直接实施犯罪行为的积极参与者;对因被煽动、欺骗、裹胁而参加,情节较轻,经教育确有悔改表现的,应当依法从宽处理。

31. 对于一般共同犯罪案件,应当充分考虑各被告人在共同犯罪中的地位和作用,以及在主观恶性和人身危险性方面的不同,根据事实和证据能分清主从犯的,都应当认定主从犯。有多名主犯的,应在主犯中进一步区分出罪行最为严重者。对于多名被告人共同致死一名被害人的案件,要进一步分清各被告人的作用,准确确定各被告人的罪责,以做到区别对待;不能以分不清主次为由,简单地一律判处重刑。

32. 对于过失犯罪,如安全责任事故犯罪等,主要应当根据犯罪造成危害后果的严重程度、被告人主观罪过的大小以及被告人案发后的表现等,综合掌握处罚的宽严尺度。对于过失犯罪后积极抢救、挽回损失或者有效防止损失进一步扩大的,要依法从宽。对于造成的危害后果虽然不是特别严重,但情节特别恶劣或案发后故意隐瞒案情,甚至逃逸,给及时查明事故原因和迅速组织抢救造成贻误的,则要依法从重处罚。

33. 在共同犯罪案件中,对于主犯或首要分子检举、揭发同案地位、作用较次犯罪分子构成立功的,从轻或者减轻处罚应当从严掌握,如果从轻处罚可能导致全案量刑失衡的,一般不予从轻处罚;如果检举、揭发的是其他犯罪案件中罪行同样严重的犯罪分子,或者协助抓获的是同案中的其他主犯、首要分子的,原则上应予依法从轻或者减轻处罚。对于从犯或犯罪集团中的一般成员立功,特别是协助抓获主犯、首要分子的,应当充分体现政策,依法从轻、减轻或者免除处罚。

34. 对于危害国家安全犯罪、故意危害公共安全犯罪、严重暴力犯罪、涉众型经济犯罪等严重犯罪;恐怖组织犯罪、邪教组织犯罪、黑恶势力犯罪等有组织犯罪的领导者、组织者和骨干分子;毒品犯罪再犯的严重犯罪者;确有执行能力而拒不依法积极主动缴付财产执行财产刑或确有履行能力而不积极主动履行附带民事赔偿责任的,在依法减刑、假释时,应当从严掌握。对累犯减刑时,应当从严掌握。拒不交代真实身份或对减刑、假释材料弄虚作假,不符合减刑、假释条件的,不得减刑、假释。

对于因犯故意杀人、爆炸、抢劫、强奸、绑架等暴力犯罪,致人死亡或严重残疾而被判处死刑缓期二年执行或无期徒刑的罪犯,要严格控制减刑的频度和每次减刑的幅度,要保证其相对较长的实际服刑期限,维护公平正义,确保改造效果。

对于未成年犯、老年犯、残疾罪犯、过失犯、中止犯、胁从犯、积极主动缴付财产执行财产刑或履行民事赔偿责任的罪犯,因防卫过当或避险过当而判处徒刑的罪犯以及其他主观恶性不深、人身危险性不大的罪犯,在依法减刑、假释时,应当根据悔改表现予以从宽掌握。对认罪服法,遵守监规,积极参加学习、劳动,确有悔改表现的,依法予以减刑,减刑的幅度可以适当放宽,间隔的时间可以相应缩短。符合刑法第八十一条第一款规定的假释条件的,应当依法多适用假释。

五、完善贯彻宽严相济刑事政策的工作机制

35. 要注意总结审判经验，积极稳妥地推进量刑规范化工作。要规范法官的自由裁量权，逐步把量刑纳入法庭审理程序，增强量刑的公开性和透明度，充分实现量刑的公正和均衡，不断提高审理刑事案件的质量和效率。

36. 最高人民法院将继续通过总结审判经验，制发典型案例，加强审判指导，并制定关于案例指导制度的规范性文件，推进对贯彻宽严相济刑事政策案例指导制度的不断健全和完善。

37. 要积极探索人民法庭受理轻微刑事案件的工作机制，充分发挥人民法庭便民、利民和受案、审理快捷的优势，进一步促进轻微刑事案件及时审判，确保法律效果和社会效果的有机统一。

38. 要充分发挥刑事简易程序节约司法资源、提高审判效率、促进司法公正的功能，进一步强化简易程序的适用。对于被告人对被指控的基本犯罪事实无异议，并自愿认罪的第一审公诉案件，要依法进一步强化普通程序简化审的适用力度，以保障符合条件的案件都能得到及时高效的审理。

39. 要建立健全符合未成年人特点的刑事案件审理机制，寓教于审，惩教结合，通过科学、人性化的审理方式，更好地实现"教育、感化、挽救"的目的，促使未成年犯罪人早日回归社会。要积极推动有利于未成年犯罪人改造和管理的各项制度建设。对公安部门针对未成年人在缓刑、假释期间违法犯罪情况报送的拟撤销未成年犯罪人的缓刑或假释的报告，要及时审查，并在法定期限内及时做出决定，以真正形成合力，共同做好未成年人犯罪的惩戒和预防工作。

40. 对于刑事自诉案件，要尽可能多做化解矛盾的调解工作，促进双方自行和解。对于经过司法机关做工作，被告人认罪悔过，愿意赔偿被害人损失，取得被害人谅解，从而达成和解协议的，可以由自诉人撤回起诉，或者对被告人依法从轻或免予刑事处罚。对于可公诉也可自诉的刑事案件，检察机关提起公诉的，人民法院应当依法进行审理，依法定罪处罚。对民间纠纷引发的轻伤害等轻微刑事案件，诉至法院后当事人自行和解的，应当予以准许并记录在案。人民法院也可以在不违反法律规定的前提下，对此类案件尝试做一些促进和解的工作。

41. 要尽可能把握一切有利于附带民事诉讼调解结案的积极因素，多做促进当事人双方和解的辨法析理工作，以更好地落实宽严相济刑事政策，努力做到案结事了。要充分发挥被告人、被害人所在单位、社区基层组织、辩护人、诉讼代理人和近亲属在附带民事诉讼调解工作中的积极作用，协调各方共同做好促进调解工作，尽可能通过调解达成民事赔偿协议并以此取得被害人及其家属对被告人的谅解，化解矛盾，促进社会和谐。

42. 对于因受到犯罪行为侵害、无法及时获得有效赔偿、存在特殊生活困难的被害人及其亲属，由有关方面给予适当的资金救助，有利于化解矛盾纠纷，促进社会和谐稳定。各地法院要结合当地实际，在党委、政府的统筹协调和具体指导下，落实好、执行好刑事被害人救助制度，确保此项工作顺利开展，取得实效。

43. 对减刑、假释案件，要采取开庭审理与书面审理相结合的方式。对于职务犯罪案件，尤其是原为县处级以上领导干部罪犯的减刑、假释案件，要一律开庭审理。对于故意杀人、抢劫、故意伤害等严重危害社会治安的暴力犯罪分子，有组织犯罪案件中的首要分子和其他主犯以及其他重大、有影响案件罪犯的减刑、假释，原则上也要开庭审理。书面审理的案件，拟裁定减刑、假释的，要在羁押场所公示拟减刑、假释人员名单，接受其他在押罪犯的广泛监督。

44. 要完善对刑事审判人员贯彻宽严相济刑事政策的监督机制，防止宽严失当、枉法裁判、以权谋私。要改进审判考核考评指标体系，完善错案认定标准和错案责任追究制度，完善法官考核机制。要切实改变单纯以改判率、发回重审率的高低来衡量刑事审判工作质量和法官业绩的做法。要探索建立既能体现审判规律、符合法官职业特点，又能准确反映法官综合素质和司法能力的考评体制，对法官审理刑事案件质量，落实宽严相济刑事政策，实现刑事审判法律效果和社会效果有机统一进行全面、科学的考核。

45. 各级人民法院要加强与公安机关、国家安全机关、人民检察院、司法行政机关等部门的联系和协调，建立经常性的工作协调机制，共同研究贯彻宽严相济刑事政策的工作措施，及时解决工作中出现的具体问题。要根据"分工负责、相互配合、相互制约"的法律原则，加强与公安机关、人民检察院的工作联系，既各司其职，又进一步形成合力，不断提高司法公信，维护司法权威。要在律师辩护代理、法律援助、监狱提请减刑假释、开展社区矫正等方面加强与司法行政机关的沟通和协调，促进宽严相济刑事政策的有效实施。

学理观点·典型案例　　索引与要旨

❶《杨春过失致人死亡案》，载《刑事审判参考》2010 年第 4 辑总第 75 辑，第 31~36 页。

　　核心提示 ➡ 因琐事与被害人争执、驾车离开、被害人抓住车挡板、行为人低速行驶仍致被害人摔落并碾压致死应如何定性？如何区分过失致人死亡罪与故意伤害罪？

❷《朱家平过失致人死亡案》，载《刑事审判参考》2005 年第 3 辑总第 44 辑，第 49~52 页。

　　核心提示 ➡ 如何区分疏忽大意的过失与意外事件？

　　要旨 ➡ 二者区分的关键是判断行为人是否应当预见、能够预见。

❸《刑法实务若干问题研究》，载《刑事审判参考》2004 年第 1 辑总第 36 辑，第 128~142 页。

　　要旨 ➡ 执行判决、裁定滥用职权罪的罪过形式问题。我们认为，滥用职权罪在主观方面一般由过失构成，但也不排除故意的存在。

❹《罗靖故意伤害案》，载《刑事审判参考》2003 年第 1 辑总第 30 辑，第 49~55 页。

　　核心提示 ➡ 一掌推他人致其头部碰撞造成死亡应如何定罪量刑？

　　要旨 ➡ 复杂罪过形式下，如何区分故意与过失？

　　一、被告人的掌推行为属于故意伤害行为。故意伤害是结果犯，一般的殴打行为仍然是故意伤害行为，只不过伤害结果未达到法定程度。虽然掌推系轻微殴打行为，力量不大，打击部位不要害，但在当时特定条件下能够造成被害人轻伤以上的后果，对此，行为人仍应承担故意伤害的刑事责任，如殴打他人致人跌倒碰在石头上引发重伤、死亡后果，殴打特异体质的人引发重伤、死亡后果等。实践中一般推搡由于不具有明显的伤害故意，即使意外致人重伤、死亡也不追究，但本案不同。首先，其掌推行为系发生在与被害人的争执对打当中；其次，其掌推行为是其拳打之后的连续行为，伤害的故意连续于其中；最后，在一定情形下，即使一拳一脚一掌，同样可以致人伤亡；本案被告掌推行为虽非要害，但力度之大，已客观造成身体失控而后退。属于故意伤害行为。

二、被告掌推行为与被害死亡结果之间具有刑法上的因果关系。该案系两因介入致死。实践中，某人故意实施某种危害行为，在其发展过程中，偶然与其他原因相交错，由后者直接引起危害结果的，对行为应当按照其所故意实施的行为性质定罪，把偶然结果作为量刑情节予以适当考虑。即偶因介入只能作量刑情节考虑。

三、故意伤害致死可以表现为复杂罪过形式，即行为人具有伤害的故意和致人死亡的过失两种罪过形式；本案被告人与被害人关系很好，被告人打被害人不可能希望或放任死亡，但应预见而未预见，对死亡是过失。被告人在推打被害人时具有伤害的故意，但因此导致死亡是过失的，在这种复杂罪过形式中，虽然故意罪过所引起的危害结果轻于过失罪过引起的危害结果，但综合构成来看，故意罪过是主要的，过失罪过是次要的，因此，定故意伤害致死。

5 《陆飞荣玩忽职守案》，载《刑事审判参考》2002 年第 4 辑总第 27 辑，第 67～76 页。

核心提示 ➡ 滥用职权的主观心态是故意还是过失？

要旨 ➡ 滥用职权通常表现为故意不正确行使职权或者超越职权，但行为人对行为本身的故意，并不意味着行为人对行为结果所持的态度是希望或者放任。确定罪过形式的基准是行为人对行为结果的态度，而非行为本身。滥用职权中的过失一般表现为轻信过失。

6 《于光平爆炸案》，载《刑事审判参考合订本·第一卷》，第 1～4 页。

要旨 ➡ 过于自信的过失的认定。

第 16 条　意外事件

行为在客观上虽然造成了损害结果，但是不是出于故意或者过失，而是由于不能抗拒或者不能预见的原因所引起的，不是犯罪。

关　联　规　范 ➡ 完全整理

最高人民法院、最高人民检察院、海关总署《关于办理走私刑事案件适用法律若干问题的意见》（2002 年 7 月 8 日　法〔2002〕139 号）（节录）①

十、有证据证明因不可抗力原因导致保税货物脱离海关监管，经营人无法办理正常手

---

① 对其解读见：《刑事审判参考》2002 年第 4 辑总第 27 辑，第 149～170，185～203 页。

续而骗取海关核销的，不认定为走私犯罪。

学理观点·典型案例 ➡ 索引与要旨

❶《渎职类犯罪因果关系的认定》，载《刑事司法指南》2011年第4辑总第48辑，第121~132页。

❷《张校抢劫案》，载《刑事审判参考》2011年第2辑总第79辑，第40~48页。

核心提示 ➡ 医院抢救中的失误能否中断抢劫行为与被害人死亡结果之间的因果关系

❸《颜克于等故意杀人案》，载《刑事审判参考》2008年第1辑总第60辑，第34~40页。

核心提示 ➡ "见死不救"能否构成犯罪？

要旨 ➡ 被告人颜克于等人因怀疑周家龙偷窃自行车而殴打、追赶周家龙，周家龙自己跳入河中溺水死亡，三被告人未采取救助措施即"见死不救"，是否构成不作为犯罪？本案颜克于等被告人的"见死不救"属于不作为犯罪，构成故意杀人罪。

❹《赵金明等故意伤害案》，载《刑事审判参考》2007年第2辑总第55辑，第21~26页。

核心提示 ➡ 持刀追砍致使他人泅水逃避导致溺水死亡的如何定罪？

要旨 ➡ 一、被告人赵金明等人主观上具有伤害的故意；

二、被告人赵金明等人持刀追砍的行为与被害人溺水死亡之间具有刑法意义上的因果关系。

❺《杨某某故意伤害案》，载《刑事审判参考》2007年第2辑总第55辑，第6~12页。

要旨 ➡ 明知先行行为会引发危害后果而不予以防止的行为构成故意犯罪。明知其先行行为可能引发严重危害后果，能采取而不采取积极有效措施予以防止，其行为系不作为犯罪。

❻《见义勇为不承担刑事责任的根据及其合理界限》，载《公检法办案指南》2006年第10辑总第82辑，第166~172页。

核心提示 ➡ 见义勇为者追赶二抢夺嫌犯，抢夺嫌犯慌不择路，摔至桥下一死一重伤，应如何认定？

要旨 ➡ 根据刑事诉讼法第63条的规定，"对于有下列情形的人，任何公民都可以立即扭送公安机关、人民检察院或者人民法院处理：（一）正在实行犯罪或者在犯罪后即时被发觉的"。

被告人驾车追赶本案死者和自诉人的行为符合法律规定，是合法、正当的行为。本案现有证据不能证明被告人张某军实施了主动撞击摩托车、致人死伤后果的行为，即不能证明被告人实施了故意伤害他人身体的行为。因此，自诉人指控被告人犯故意伤害罪既无事实根据也无法律依据，其指控不能成立。本案死者和自诉人为摆脱现场群众的追赶，驾驶摩托车以危险状态调整行驶，是造成摩托车侧翻的直接原因，这一危险状态完全是死者和自诉人自我行为的结果。被告人为了阻止犯罪嫌疑人逃逸被动采取的高速追赶行为,与本案损害结果的发生没有必然的因果关系。制止犯罪、扭送犯罪嫌疑人属于公民正当、合法的行为,对犯罪嫌疑人为逃避抓捕造成的伤害后果,扭送公民不应当承担刑事及民事责任。

目前,主流观点一致认为,所谓见义勇为,是指行为人在紧急危险情形之下,没有法定或约定的义务,为使国家、社会公共利益或他人的人身和财产免受正在发生的侵害而实施的危难救助行为。虽然公民制止犯罪、扭送犯罪嫌疑人属于正当、合法的行为,但如果实施过度也要承担刑事责任。比如,如果一些实施轻微犯罪的犯罪嫌疑人身处险境,也并没有任何逃避抓捕的行为,但由于公民的不当抓捕和扭送而造成犯罪嫌疑人死伤的,就很难判定其不承担刑事责任。

7 《朱家平过失致人死亡案》,载《刑事审判参考》2005 年第 3 辑总第 44 辑,第 49~52 页。

核心提示 ➡ 如何区分疏忽大意的过失与意外事件?

要旨 ➡ 二者区分的关键是判断行为人是否应当预见、能够预见。

8 《龚晓玩忽职守案》,载《刑事审判参考》2004 年第 2 辑总第 37 辑,第 78~83 页。

要旨 ➡ 介入因素与刑法因果关系判断。在存在介入因素的场合下,判断介入因素是否对因果关系的成立产生阻却影响时,一般是通过是否具有"相当性"的判断来加以确定的。在相当性的具体判断中,一般可从以下三个方面来进行:1. 最早出现的实行行为导致最后结果发生的概率的高低。概率高者,因果关系存在;反之,不存在。2. 介入因素异常性的大小。介入因素过于异常的,实行行为和最后结果之间的因果关系不存在;反之,因果关系存在。3. 介入因素对结果发生的影响力。影响力大者,因果关系不存在;反之,因果关系存在。当然,如果介入行为与此前行为对于结果的发生作用相当或者互为条件时,均应视为原因行为,同时成立因果关系。本案中,被告人出具的体检结论的效力只有 1 年,如当年度由于其本人的原因而发生了交通事故,则存在因果关系,但龚晓的体检行为在 1 年以后已经归于无效。就被告人的失职行为和其后的失职行为对交通事故发生的影响力而言,前者对结果的发生法律上已经不具有影响力,故不存在刑法上的因果关系。

9 《陈美娟投放危险物质案》,载《刑事审判参考》2004 年第 1 辑总第 36 辑,第 1~10 页。

核心提示 ➡ 介入因素与刑法因果关系如何认定?

要旨 ➡ 被害人自身患有糖尿病,并不能成为否认被告人的投毒行为与其死亡结果之间存在刑法上的因果关系的事由。在刑法论著中,我们经常可以看到这样的案例:甲轻伤乙,乙因流血不止而死亡。后经查乙是血友病患者。如果暂不考虑本案中的医院诊治失误这一情节,则本案在基本构造上与上述案例就十分类似。而对于上述案例,现在一般均认为乙的特殊体质并不影响乙的轻伤行为与其死亡结果之间的刑法意义上的因果关系的成立。至于甲是否要对该死亡结果承担刑事责任,则涉及另外一个问题,取决于甲对乙患有血友病这一事实是否有认识、是否应当认识。鉴此,基于相同的道理,也应当认为,被告人的投毒行为与被害人死亡结果之间所存在的因果联系，并不因被害人自身患有糖尿病这一事实而受到任何影响。

医院抢救被害人过程中所存在的诊治失误这一介入因素，并不足以切断被告人的投毒行为与被害人死亡结果之间的因果关系。在刑法理论上，一般认为，在因果关系发展进程中，如果介入了第三者的行为、被害人的行为或特殊自然事实等其他因素，则应当考察介入情况的异常性大小、对结果发生的作用力大小、行为人的行为导致结果发生的可能性大小等情形，进而判断前行为与结果之间是否存在因果关系。其中，如果介入情况并非异常、对结果发生的作用力较小、行为人的行为本身具有导致结果发生的较大可能性的，则应当肯定前行为与结果之间不存在刑法上的因果关系，或者说因果关系已经断绝。本案，被害人因投毒行为所诱发的是一种较为罕见的疾病，往往很难正确诊断。这说明，医院在抢救被害人的过程中，出现诊治错误，是较难避免的。被害人中毒症状不明显，加大了准确诊断的难度。当地镇医院水平有限，遇见该罕见病例，出现失误，难以避免。该介入情况对死亡结果发生的作用力较小，被告人的投毒行为具有导致被害人死亡的较大可能性，因此存在刑法上的因果关系。

⑩《罗靖故意伤害案》，载《刑事审判参考》2003年第1辑总第30辑，第49~55页。

核心提示➡一掌推他人致其头部碰撞造成死亡应如何定罪量刑？

要旨➡一、被告人的掌推行为属于故意伤害行为；故意伤害是结果犯，一般的殴打行为仍然是故意伤害行为，只不过伤害结果未达到法定程度。虽然掌推系轻微殴打行为，力量不大，打击部位不是要害，但在当时特定条件下能够造成被害人轻伤以上的后果，对此，行为人仍应承担故意伤害的刑事责任，如殴打他人致人跌倒磕在石头上引发重伤、死亡后果，殴打特异体质的人引发重伤、死亡后果等。实践中一般推搡由于不具有明显的伤害故意，即使意外致人重伤、死亡也不追究，但本案不同。首先，其掌推行为系发生在与被害人的争执对打当中；其次，其掌推行为是其拳打之后的连续行为，伤害的故意连续于其中；最后，在一定情形下，即使一拳一脚一掌，同样可以致人伤亡；本案被告掌推行为虽非要害，但力度之大，已客观造成身体失控而后退。属于故意伤害行为。

二、被告掌推行为与被害死亡结果之间具有刑法上的因果关系。该案系两因介入致死。实践中，某人故意实施某种危害行为，在其发展过程中，偶然与其他原因相交错，由后者直接引起危害结果的，对行为应当按照其所故意实施的行为性质定罪，把偶然结果作为量刑情节予以适当考虑。即偶因介入只能作量刑情节考虑。

⑪《穆志祥被控过失致人死亡案》，载《刑事审判参考》2002年第5辑总第28辑，第31~36页。

要旨➡致人死亡无罪过，违法行为与危害结果之间没有因果关系的不构成犯罪。

1. 被告人对被害人触电死亡的后果主观上没有过失。被告无义务，不可能且没有预见其在李家附近停车，车顶会恰巧碰上李家私自拉接的不符合安全用电对地高度要求且未采取任何绝缘措施的裸露电线接头处，既非自信亦非疏忽。2. 被告人私自改装车辆的违法行为与被害人触电死亡的后果没有刑法上的因果关系。不是直接原因，无因果关系，属于刑法上的意外事件。

⑫《刑法纵横谈（下）》，载《刑事司法指南》2003年第3辑总第15辑，第1～69页。

核心提示 ➡ 因果关系的认定

⑬《温俊海燃放爆竹致人死亡案》，载《人民法院案例选》2002年第2辑总第40辑。

要旨 ➡ 采取了正确的方法燃放爆竹，但因爆竹质量问题致使被害人死亡系意外事件。

第17条 刑事责任年龄

已满十六周岁的人犯罪，应当负刑事责任。

已满十四周岁不满十六周岁的人，犯故意杀人、故意伤害致人重伤或者死亡、强奸、抢劫、贩卖毒品、放火、爆炸、投毒（编者注：2001.12.29刑法修正案三，已将"投毒"改为"投放危险物质"）罪的，应当负刑事责任。

已满十四周岁不满十八周岁的人犯罪，应当从轻或者减轻处罚。

因不满十六周岁不予刑事处罚的，责令他的家长或者监护人加以管教；在必要的时候，也可以由政府收容教养。

关 联 规 范 ➡ **完全整理**

❶ 人大法工委《关于已满十四周岁不满十六周岁的人承担刑事责任范围问题的答复意见》（2002年7月24日 法工委复字〔2002〕12号）①

最高人民检察院：关于你单位4月8日来函收悉，经研究，现答复如下：刑法第十七条第二款规定的八种犯罪，是指具体犯罪行为而不是具体罪名。对于刑法第十七条中规定的"犯故意杀人、故意伤害致人重伤或者死亡"，是指只要故意实施了杀人、伤害行为并且造成了致人重伤、死亡后果的，都应负刑事责任。而不是指只有犯故意杀人罪、故意伤害罪的，才负刑事责任，绑架撕票的，不负刑事责任。对司法实践中出现的已满十四周岁不满十六周岁的人绑架人质后杀害被绑架人、拐卖妇女、儿童而故意造成被拐卖妇女、儿童重伤或死亡的行为，依据刑法是应当追究其刑事责任的。

❷ 最高人民检察院《关于对涉嫌盗窃的不满16周岁未成年人采取刑事拘留强制措施是否违法问题的批复》（2011年1月25日 法发高检发释字〔2011〕1号）

经研究，批复如下：根据刑法、刑事诉讼法、未成年人保护法等有关法律规定，对于实施犯罪时未满16周岁的未成年人，且未犯刑法第十七条第二款规定之罪的，公安机关查明犯罪嫌疑人实施犯罪时年龄确系未满16周岁依法不负刑事责任后予以刑事拘留的，检察机关应当及时提出纠正意见。此复。

❸ 最高人民检察院《关于办理当事人达成和解的轻微刑事案件的若干意见》（2011年1月19日 高检发研字〔2011〕2号）（节录）②

---

① 对其解读见：《解读最高人民检察院司法解释》，第14～17页。
② 对其解读见：《公检法办案指南》2011年第5辑总第137辑，第153～168页。

二、关于适用范围和条件

对于依法可能判处三年以下有期徒刑、拘役、管制或者单处罚金的刑事公诉案件，可以适用本意见。

上述范围内的刑事案件必须同时符合下列条件：

1. 属于侵害特定被害人的故意犯罪或者有直接被害人的过失犯罪；
2. 案件事实清楚，证据确实、充分；
3. 犯罪嫌疑人、被告人真诚认罪，并且已经切实履行和解协议。对于和解协议不能即时履行的，已经提供有效担保或者调解协议经人民法院确认；
4. 当事人双方就赔偿损失、恢复原状、赔礼道歉、精神抚慰等事项达成和解；
5. 被害人及其法定代理人或者近亲属明确表示对犯罪嫌疑人、被告人予以谅解，要求或者同意对犯罪嫌疑人、被告人依法从宽处理。

以下案件不适用本意见：

1. 严重侵害国家、社会公共利益，严重危害公共安全或者危害社会公共秩序的犯罪案件；
2. 国家工作人员职务犯罪案件；
3. 侵害不特定多数人合法权益的犯罪案件。

三、关于当事人和解的内容

当事人双方可以就赔偿损失、恢复原状、赔礼道歉、精神抚慰等民事责任事项进行和解，并且可以就被害人及其法定代理人或者近亲属是否要求或者同意公安、司法机关对犯罪嫌疑人、被告人依法从宽处理达成一致，但不得对案件的事实认定、证据和法律适用、定罪量刑等依法属于公安、司法机关职权范围的事宜进行协商。

双方当事人或者其法定代理人有权达成和解，当事人的近亲属、聘请的律师以及其他受委托的人，可以代为进行协商和解等事宜。双方达成和解的，应当签订书面协议，并且必须得到当事人或者其法定代理人的确认。犯罪嫌疑人、被告人必须当面或者书面向被害人一方赔礼道歉、真诚悔罪。

和解协议中的损害赔偿一般应当与其承担的法律责任和对被害人造成的损害相适应，并且可以酌情考虑犯罪嫌疑人、被告人及其法定代理人的赔偿、补救能力。

四、关于当事人达成和解的途径与检调对接

当事人双方的和解，包括当事人双方自行达成和解，也包括经人民调解委员会、基层自治组织、当事人所在单位或者同事、亲友等组织或者个人调解后达成和解。

人民检察院应当与人民调解组织积极沟通、密切配合，建立工作衔接机制，及时告知双方当事人申请委托人民调解的权利、申请方法和操作程序以及达成调解协议后的案件处理方式，支持配合人民调解组织的工作。

人民检察院对于符合本意见适用范围和条件的下列案件，可以建议当事人进行和解，并告知相应的权利义务，必要时可以提供法律咨询：

1. 由公安机关立案侦查的刑事诉讼法第一百七十条第二项规定的案件；
2. 未成年人、在校学生犯罪的轻微刑事案件；

3. 七十周岁以上老年人犯罪的轻微刑事案件。

犯罪嫌疑人、被告人或者其亲友、辩护人以暴力、威胁、欺骗或者其他非法方法强迫、引诱被害人和解，或者在协议履行完毕之后威胁、报复被害人的，不适用有关不捕不诉的规定，已经作出不逮捕或者不起诉决定的，人民检察院应当撤销原决定，依法对犯罪嫌疑人、被告人逮捕或者提起公诉。

犯罪嫌疑人、被告人或者其亲友、辩护人实施前款行为情节严重的，依法追究其法律责任。

五、关于对当事人和解协议的审查

人民检察院对当事人双方达成的和解协议，应当重点从以下几个方面进行审查：

1. 当事人双方是否自愿；
2. 加害方的经济赔偿数额与其所造成的损害是否相适应，是否酌情考虑其赔偿能力。犯罪嫌疑人、被告人是否真诚悔罪并且积极履行和解协议或者是否为协议履行提供有效担保或者调解协议经人民法院确认；
3. 被害人及其法定代理人或者近亲属是否明确表示对犯罪嫌疑人、被告人予以谅解；
4. 是否符合法律规定；
5. 是否损害国家、集体和社会公共利益或者他人的合法权益；
6. 是否符合社会公德。审查时，应当当面听取当事人双方对和解的意见、告知被害人刑事案件可能从轻处理的法律后果和双方的权利义务，并记录在案。

六、关于检察机关对当事人达成和解案件的处理

对于公安机关提请批准逮捕的案件，符合本意见规定的适用范围和条件的，应当作为无逮捕必要的重要因素予以考虑，一般可以作出不批准逮捕的决定；已经批准逮捕，公安机关变更强制措施通知人民检察院的，应当依法实行监督；审查起诉阶段，在不妨碍诉讼顺利进行的前提下，可以依法变更强制措施。

对于公安机关立案侦查并移送审查起诉的刑事诉讼法第一百七十条第二项规定的轻微刑事案件，符合本意见规定的适用范围和条件的，一般可以决定不起诉。

对于其他轻微刑事案件，符合本意见规定的适用范围和条件的，作为犯罪情节轻微、不需要判处刑罚或者免除刑罚的重要因素予以考虑，一般可以决定不起诉。对于依法必须提起公诉的，可以向人民法院提出在法定幅度范围内从宽处理的量刑建议。

对被不起诉人需要给予行政处罚、行政处分或者需要没收其违法所得的，应当提出检察意见，移送有关主管机关处理。

对于当事人双方达成和解、决定不起诉的案件，在宣布不起诉决定前应当再次听取双方当事人对和解的意见，并且查明犯罪嫌疑人是否真诚悔罪、和解协议是否履行或者为协议履行提供有效担保或者调解协议经人民法院确认。

对于依法可能判处三年以上有期徒刑刑罚的案件，当事人双方达成和解协议的，在提起公诉时，可以向人民法院提出在法定幅度范围内从宽处理的量刑建议。对于情节特别恶劣，社会危害特别严重的犯罪，除了考虑和解因素，还应注重发挥刑法的教育和预防作用。

七、依法规范当事人达成和解案件的办理工作

人民检察院适用本意见办理案件，应当遵守《中华人民共和国刑事诉讼法》、《人民检

察院刑事诉讼规则》等有关办案期限的规定。根据本意见,拟对当事人达成和解的轻微刑事案件作出不批准逮捕或者不起诉决定的,应当由检察委员会讨论决定。人民检察院应当加强对审查批捕、审查起诉工作中办理当事人达成和解案件的监督检查,发现违法违纪,情节轻微的,应当给予批评教育;情节严重的,应当根据有关规定给予组织处理或者纪律处分;构成犯罪的,依法追究刑事责任。

❹ 最高人民法院《人民法院量刑指导意见(试行)》(2010年9月13日　法发〔2010〕36号)(节录)

三、常见量刑情节的适用

1. 对于未成年人犯罪,应当综合考虑未成年人对犯罪的认识能力、实施犯罪行为的动机和目的、犯罪时的年龄、是否初犯、悔罪表现、个人成长经历和一贯表现等情况,予以从宽处罚。

(1) 已满十四周岁不满十六周岁的未成年人犯罪,可以减少基准刑的30%～60%;

(2) 已满十六周岁不满十八周岁的未成年人犯罪,可以减少基准刑的10%～50%。

❺ 最高人民法院《关于贯彻宽严相济刑事政策的若干意见》(2010年2月8日　法发〔2010〕9号)(节录)①

20. 对于未成年人犯罪,在具体考虑其实施犯罪的动机和目的、犯罪性质、情节和社会危害程度的同时,还要充分考虑其是否属于初犯,归案后是否悔罪,以及个人成长经历和一贯表现等因素,坚持"教育为主、惩罚为辅"的原则和"教育、感化、挽救"的方针进行处理。对于偶尔盗窃、抢夺、诈骗,数额刚达到较大的标准,案发后能如实交代并积极退赃的,可以认定为情节显著轻微,不作为犯罪处理。对于罪行较轻的,可以依法适当多适用缓刑或者判处管制、单处罚金等非监禁刑;依法可免予刑事处罚的,应当免予刑事处罚。对于犯罪情节严重的未成年人,也应当依照刑法第十七条第三款的规定予以从轻或者减轻处罚。对于已满十四周岁不满十六周岁的未成年犯罪人,一般不判处无期徒刑。

39. 要建立健全符合未成年人特点的刑事案件审理机制,寓教于审,惩教结合,通过科学、人性化的审理方式,更好地实现"教育、感化、挽救"的目的,促使未成年犯罪人早日回归社会。要积极推动有利于未成年犯罪人改造和管理的各项制度建设。对公安部门针对未成年人在缓刑、假释期间违法犯罪情况报送的拟撤销未成年犯罪人的缓刑或假释的报告,要及时审查,并在法定期限内及时做出决定,以真正形成合力,共同做好未成年人犯罪的惩戒和预防工作。

❻ 最高人民检察院《人民检察院办理未成年人刑事案件的规定》(2006年12月28日)②

第一章　总　　则

第一条　为切实保障未成年犯罪嫌疑人、被告人和未成年罪犯的合法权益,正确履行检察职责,根据刑法、刑事诉讼法、未成年人保护法、预防未成年人犯罪法等有关法律的

---

① 对其解读见:《刑事法律文件解读》2010年第3辑总第57辑,第49～65页。
② 对其解读见:《刑事审判参考》2007年第1辑总第54辑,第133～140页。

规定，结合人民检察院办理未成年人刑事案件工作实际，制定本规定。

第二条 人民检察院办理未成年人刑事案件，实行教育、感化、挽救的方针，坚持教育为主、惩罚为辅的原则。

第三条 人民检察院要加强同政府有关部门、共青团、妇联、工会等人民团体以及学校和未成年人保护组织的联系和配合，加强对违法犯罪的未成年人的教育和挽救，共同做好未成年人犯罪预防工作。

人民检察院办理未成年人刑事案件，可以应犯罪嫌疑人家属、被害人及其家属的要求，告知其审查逮捕、审查起诉的进展情况，并对有关情况予以说明和解释。

第四条 人民检察院办理未成年人刑事案件，应当依法保护涉案未成年人的名誉，尊重其人格尊严，不得公开或者传播涉案未成年人的姓名、住所、照片、图像及可能推断出该未成年人的资料。

人民检察院办理刑事案件，应当依法保护未成年被害人、证人以及其他与案件有关的未成年人的合法权益。

第五条 人民检察院一般应当设立专门工作机构或者专门工作小组办理未成年人刑事案件，不具备条件的应当指定专人办理。

未成年人刑事案件一般应当由熟悉未成年人身心发展特点，善于做未成年人思想教育工作的检察人员承办。

第六条 人民检察院办理未成年人刑事案件，应当考虑未成年人的生理和心理特点，根据其平时表现、家庭情况、犯罪原因、悔罪态度等，实施针对性教育。

第七条 未成年人刑事案件的法律文书和工作文书，应当注明未成年人的出生年月日。

对未成年犯罪嫌疑人、被告人、未成年罪犯的有关情况和办案人员开展教育感化工作的情况，应当记录在卷，随案移送。

第二章 未成年人刑事案件的审查批准逮捕

第八条 审查批准逮捕未成年犯罪嫌疑人，应当把是否已满十四、十六、十八周岁的临界年龄，作为重要事实予以查清。对难以判断犯罪嫌疑人实际年龄，影响案件认定的，应当作出不批准逮捕的决定，需要补充侦查的，同时通知公安机关。

第九条 审查批准逮捕未成年犯罪嫌疑人，应当注意是否有被胁迫情节，是否存在成年人教唆犯罪、传授犯罪方法或者利用未成年人实施犯罪的情况。

第十条 人民检察院审查批准逮捕未成年人犯罪案件，应当讯问未成年犯罪嫌疑人。

讯问未成年犯罪嫌疑人，应当根据该未成年人的特点和案件情况，制定详细的讯问提纲，采取适宜该未成年人的方式进行，讯问用语应当准确易懂。

讯问未成年犯罪嫌疑人，应当告知其依法享有的诉讼权利，告知其如实供述案件事实的法律规定和意义，核实其是否有自首、立功、检举揭发等表现，听取其有罪的供述或者无罪、罪轻的辩解。

讯问未成年犯罪嫌疑人，应当通知法定代理人到场，告知法定代理人依法享有的诉讼权利和应当履行的义务。

讯问女性未成年犯罪嫌疑人，应当有女检察人员参加。

第十一条 讯问未成年犯罪嫌疑人一般不得使用戒具。对于确有人身危险性，必须使用戒具的，在现实危险消除后，应当立即停止使用。

第十二条 人民检察院审查批准逮捕未成年犯罪嫌疑人，应当根据未成年犯罪嫌疑人涉嫌犯罪的事实、主观恶性、有无监护与社会帮教条件等，综合衡量其社会危险性，确定是否有逮捕必要，慎用逮捕措施，可捕可不捕的不捕。

第十三条 对于罪行较轻，具备有效监护条件或者社会帮教措施，没有社会危险性或者社会危险性较小，不会妨害诉讼正常进行的未成年犯罪嫌疑人，一般不予批准逮捕。

对于罪行比较严重，但主观恶性不大，有悔罪表现，具备有效监护条件或者社会帮教措施，不具有社会危险性，不会妨害诉讼正常进行，并具有下列情形之一的未成年犯罪嫌疑人，也可以依法不予批准逮捕：

（一）初次犯罪、过失犯罪的；

（二）犯罪预备、中止、未遂的；

（三）有自首或者立功表现的；

（四）犯罪后能够如实交待罪行，认识自己行为的危害性、违法性，积极退赃，尽力减少和赔偿损失，得到被害人谅解的；

（五）不是共同犯罪的主犯或者集团犯罪中的首要分子的；

（六）属于已满十四周岁不满十六周岁的未成年人或者系在校学生的；

（七）其他没有逮捕必要的情形。

第十四条 适用本规定第十三条的规定，在作出不批准逮捕决定前，应当审查其监护情况，参考其法定代理人、学校、居住地公安派出所及居民委员会、村民委员会的意见，并在《审查逮捕意见书》中对未成年犯罪嫌疑人是否具备有效监护条件或者社会帮教措施进行具体说明。

第十五条 未成年犯罪嫌疑人及其法定代理人因经济困难等原因没有聘请律师的，人民检察院应当告知其可以申请法律援助。

第三章 未成年人刑事案件的审查起诉与出庭支持公诉

第十六条 人民检察院审查起诉未成年人刑事案件，自收到移送审查起诉的案件材料之日起三日以内，应当告知该未成年犯罪嫌疑人及其法定代理人有权委托辩护人，告知被害人及其法定代理人有权委托诉讼代理人，告知附带民事诉讼的当事人及其法定代理人有权委托诉讼代理人。

对未成年犯罪嫌疑人、未成年被害人或者其法定代理人提出聘请律师意向，但因经济困难或者其他原因没有委托辩护人、诉讼代理人的，应当帮助其申请法律援助。

未成年犯罪嫌疑人被羁押的，人民检察院应当审查是否有必要继续羁押。

审查起诉未成年犯罪嫌疑人，应当听取其父母或者其他法定代理人、辩护人、未成年被害人及其法定代理人的意见。可以结合社会调查，通过学校、社区、家庭等有关组织和人员，了解未成年犯罪嫌疑人的成长经历、家庭环境、个性特点、社会活动等情况，为办案提供参考。

第十七条　人民检察院审查起诉未成年人刑事案件，应当讯问未成年犯罪嫌疑人。讯问未成年犯罪嫌疑人适用本规定第十条、第十一条的规定。

第十八条　移送审查起诉的案件具备以下条件的，检察人员可以安排在押的未成年犯罪嫌疑人与其法定代理人、近亲属等进行会见、通话：

（一）案件事实已基本查清，主要证据确实、充分，安排会见、通话不会影响诉讼活动正常进行；

（二）未成年犯罪嫌疑人有认罪、悔罪表现，或者虽尚未认罪、悔罪，但通过会见、通话有可能促使其转化，或者通过会见、通话有利于社会、家庭稳定；

（三）未成年犯罪嫌疑人的法定代理人、近亲属对其犯罪原因、社会危害性以及后果有一定的认识，并能配合公安司法机关进行教育。

第十九条　在押的未成年犯罪嫌疑人同其法定代理人、近亲属等进行会见、通话时，检察人员应当告知其会见、通话不得有串供或者其他妨碍诉讼的内容。会见、通话时检察人员可以在场。会见、通话结束后，检察人员应当将有关内容及时整理并记录在案。

第二十条　对于犯罪情节轻微，并具有下列情形之一，依照刑法规定不需要判处刑罚或者免除刑罚的未成年犯罪嫌疑人，一般应当依法作出不起诉决定：

（一）被胁迫参与犯罪的；

（二）犯罪预备、中止的；

（三）在共同犯罪中起次要或者辅助作用的；

（四）是又聋又哑的人或者盲人的；

（五）因防卫过当或者紧急避险过当构成犯罪的；

（六）有自首或者重大立功表现的；

（七）其他依照刑法规定不需要判处刑罚或者免除刑罚的情形。

第二十一条　对于未成年人实施的轻伤害案件、初次犯罪、过失犯罪、犯罪未遂的案件以及被诱骗或者被教唆实施的犯罪案件等，情节轻微，犯罪嫌疑人确有悔罪表现，当事人双方自愿就民事赔偿达成协议并切实履行，符合刑法第三十七条规定的，人民检察院可以依照刑事诉讼法第一百四十二条第二款的规定作出不起诉的决定，并可以根据案件的不同情况，予以训诫或者责令具结悔过、赔礼道歉。

第二十二条　不起诉决定书应当向被不起诉的未成年人及其法定代理人公开宣布，并阐明不起诉的理由和法律依据。

不起诉决定书应当送达被不起诉的未成年人及其法定代理人，并告知其依法享有的权利。

第二十三条　人民检察院审查未成年人与成年人共同犯罪案件，一般应当将未成年人与成年人分案起诉。但是具有下列情形之一的，可以不分案起诉：

（一）未成年人系犯罪集团的组织者或者其他共同犯罪中的主犯的；

（二）案件重大、疑难、复杂，分案起诉可能妨碍案件审理的；

（三）涉及刑事附带民事诉讼，分案起诉妨碍附带民事诉讼部分审理的；
（四）具有其他不宜分案起诉情形的。

第二十四条 对于分案起诉的未成年人与成年人共同犯罪案件，一般应当同时移送人民法院。对于需要补充侦查的，如果补充侦查事项不涉及未成年犯罪嫌疑人所参与的犯罪事实，不影响对未成年犯罪嫌疑人提起公诉的，应当对未成年犯罪嫌疑人先予提起公诉。

第二十五条 对于分案起诉的未成年人与成年人共同犯罪案件，在审查起诉过程中可以根据全案情况制作一个审结报告，起诉书以及出庭预案等应当分别制作。

第二十六条 人民检察院对未成年人与成年人共同犯罪案件分别提起公诉后，在诉讼过程中出现不宜分案起诉情形的，可以及时建议人民法院并案审理。

第二十七条 对未成年被告人提起公诉，应当将有效证明该未成年人年龄的材料作为主要证据复印件之一移送人民法院。

第二十八条 对提起公诉的未成年人刑事案件，应当认真做好下列出席法庭的准备工作：
（一）掌握未成年被告人的心理状态，并对其进行接受审判的教育，必要时，可以再次讯问被告人；
（二）与未成年被告人的辩护人交换意见，共同做好教育、感化工作；
（三）进一步熟悉案情，深入研究本案的有关法律政策问题，根据案件和未成年被告人的特点，拟定讯问提纲、询问被害人、证人、鉴定人提纲、答辩提纲、公诉意见书和针对未成年被告人进行法制教育的书面材料。

第二十九条 公诉人出席未成年人刑事审判法庭，应当遵守公诉人出庭行为规范要求，发言时应当语调温和，并注意用语文明、准确，通俗易懂。

公诉人一般不提请未成年证人、被害人出庭作证。

第三十条 在法庭审理过程中，公诉人的讯问、询问、辩论等活动，应当注意未成年人的身心特点。对于未成年被告人情绪严重不稳定，不宜继续接受审判的，公诉人可以建议法庭休庭。

第三十一条 对于具有下列情形之一，依法可能判处拘役、三年以下有期徒刑，悔罪态度较好，具备有效监护条件或者社会帮教措施、适用缓刑确实不致再危害社会的未成年被告人，人民检察院可以建议人民法院适用缓刑：
（一）犯罪情节较轻，未造成严重后果的；
（二）主观恶性不大的初犯或者胁从犯、从犯；
（三）被害人同意和解或者被害人有明显过错的；
（四）其他可以适用缓刑的情节。

人民检察院提出对未成年被告人适用缓刑建议的，应当将未成年被告人能够获得有效监护、帮教的书面材料一并于判决前移送人民法院。

第三十二条 公诉人在依法指控犯罪的同时，要剖析未成年被告人犯罪的原因、社会危害性，适时进行法制教育及人生观教育，促使其深刻反省，吸取教训。

第三十三条 对于符合适用简易程序审理条件的未成年人刑事案件，人民检察院应当向人民法院提出适用简易程序的建议。

第三十四条 适用简易程序审理的未成年人刑事案件，人民检察可以派员出席法庭或者在开庭前通过移送对未成年被告人的社会调查材料等方式，协助人民法院进行法庭教育工作。

第三十五条 人民检察院派员出席未成年人刑事案件二审法庭适用本章的相关规定。

第四章 未成年人刑事案件的法律监督

第三十六条 人民检察院审查批准逮捕、审查起诉未成年犯罪嫌疑人，应当同时审查公安机关的侦查活动是否合法，发现有下列违法行为的，应当提出纠正意见；构成犯罪的，依法追究刑事责任：

（一）违法对未成年犯罪嫌疑人采取强制措施或者采取强制措施不当的；

（二）未依法实行对未成年犯罪嫌疑人与成年犯罪嫌疑人分管、分押的；

（三）对未成年犯罪嫌疑人采取刑事拘留、逮捕措施后，在法定时限内未进行讯问，或者未通知其法定代理人或者近亲属的；

（四）对未成年犯罪嫌疑人威胁、体罚、侮辱人格、游行示众，或者刑讯逼供、指供、诱供的；

（五）利用未成年人认知能力低而故意制造冤、假、错案的；

（六）对未成年被害人、证人以诱骗等非法手段收集证据或者侵害未成年被害人、证人的人格尊严及隐私权等合法权益的；

（七）违反羁押和办案期限规定的；

（八）已作出不批准逮捕、不起诉决定，公安机关不立即释放犯罪嫌疑人的；

（九）在侦查中有其他侵害未成年人合法权益行为的。

第三十七条 对依法不应当公开审理的未成年人刑事案件公开审理的，人民检察院应当在开庭前提出纠正意见。

公诉人出庭支持公诉时，发现法庭审判有下列违反法律规定的诉讼程序的情形之一的，应当在休庭后及时向本院检察长报告，由人民检察院向人民法院提出纠正意见：

（一）开庭或者宣告判决时未通知未成年被告人的法定代理人到庭的；

（二）人民法院没有给聋哑或者不通晓当地通用的语言文字的未成年被告人聘请或者指定翻译人员的；

（三）未成年被告人在审判时没有辩护人的；对未成年被告人及其法定代理人依照法律规定拒绝辩护人为其辩护，合议庭未另行指定辩护律师的；

（四）法庭未告知未成年被告人及其法定代理人依法享有的申请回避、辩护、提出新的证据、申请重新鉴定或者勘验、最后陈述、提出上诉等诉讼权利的；

（五）其他违反法律规定的诉讼程序的情形。

第三十八条 人民检察院依法对未成年犯管教所实行驻所检察。在刑罚执行监督中，发现关押成年罪犯的监狱收押未成年罪犯的，或者对年满十八周岁后余刑在二年以上的罪犯没有转送监狱的，应当依法提出纠正意见。

第三十九条 人民检察院在看守所检察中，发现没有对未成年犯罪嫌疑人、被告人与成年犯罪嫌疑人、被告人分管、分押或者对未成年罪犯留所服刑的，应当依法提出纠正意见。

第四十条 人民检察院应当加强对未成年犯管教所、看守所监管未成年罪犯活动的监督，保障未成年罪犯的合法权益，维护监管改造秩序和教学、劳动、生活秩序。

人民检察院配合未成年犯管教所、看守所加强对未成年罪犯的政治、法律、文化教育，促进依法、科学、文明监管。

第四十一条 人民检察院依法对未成年犯的减刑、假释、暂予监外执行等活动实行监督。对符合减刑、假释、暂予监外执行法定条件的，应当建议执行机关向人民法院、监狱管理机关提请；发现提请或者裁定、决定不当的，应当依法提出纠正意见；对徇私舞弊减刑、假释、暂予监外执行等构成犯罪的，依法追究刑事责任。

人民检察院发现有关机关对判处管制、缓刑或者裁定、决定假释、暂予监外执行等在社会上执行的未成年罪犯脱管、漏管或者没有落实帮教措施的，应当依法提出纠正意见。

第五章 未成年人案件的刑事申诉检察

第四十二条 人民检察院依法受理未成年人及其法定代理人提出的刑事申诉案件和刑事赔偿案件。

人民检察院对未成年人刑事申诉案件和刑事赔偿案件，应当指定专人及时办理。

第四十三条 人民检察院复查未成年人刑事申诉案件，应当直接听取未成年人及其法定代理人的陈述或者辩解，认真审核、查证与案件有关的证据和线索，查清案件事实，依法作出处理。

案件复查终结作出处理决定后，应当向未成年人当面送达法律文书，做好法律宣传、说服教育工作。

第四十四条 对已复查纠正的未成年人刑事申诉案件，应当配合有关部门做好善后工作。

第四十五条 人民检察院办理未成年人刑事赔偿案件，应当充分听取未成年人及其法定代理人的意见，对于依法应当赔偿的案件，应当及时作出和执行赔偿决定。

第六章 附 则

第四十六条 本规定所称未成年人刑事案件，是指犯罪嫌疑人、被告人实施涉嫌犯罪行为时已满十四周岁、未满十八周岁的刑事案件，但在有关未成年人诉讼权利和体现对未成年人程序上特殊保护的条文中所称的未成年人，是指在诉讼过程中已满十四周岁、未满十八周岁的人。

第四十七条 实施犯罪行为的年龄，一律按公历的年、月、日计算。从周岁生日的第二天起，为已满××周岁。

第四十八条 本规定由最高人民检察院负责解释。

第四十九条 本规定自发布之日起施行,最高人民检察院2002年4月22日发布的《人民检察院办理未成年人刑事案件的规定》同时废止。

❼ 最高人民检察院《关于依法快速办理轻微刑事案件的意见》(2006年12月28日)(节录)①

三、适用快速办理机制的轻微刑事案件,应当同时符合以下条件:

(一)案情简单,事实清楚,证据确实、充分;

(二)可能判处三年以下有期徒刑、拘役、管制或者单处罚金;

(三)犯罪嫌疑人、被告人承认实施了被指控的犯罪;

(四)适用法律无争议。

四、对于符合第三条规定的条件的下列案件,应当依法快速办理:

(一)未成年人或者在校学生涉嫌犯罪的案件;

(二)七十岁以上的老年人涉嫌犯罪的案件;

(三)盲聋哑人、严重疾病患者或者怀孕、哺乳自己未满一周岁婴儿的妇女涉嫌犯罪的案件;

(四)主观恶性较小的初犯、过失犯;

(五)因亲友、邻里等之间的纠纷引发的刑事案件;

(六)当事人双方已经就民事赔偿、化解矛盾等达成和解的刑事案件;

(七)具有中止、未遂、自首、立功等法定从轻、减轻或者免除处罚情节的案件;

(八)其他轻微刑事案件。

五、对于危害国家安全犯罪的案件、涉外刑事案件、故意实施的职务犯罪案件以及其他疑难、复杂的刑事案件,不适用快速办理机制。对于严重刑事犯罪案件,应当贯彻依法从重从快方针,集中力量及时办理,不适用本意见规定的快速办理机制。

六、对于符合第三条和第四条规定的条件和范围的轻微刑事案件,应当在法定期限内,缩短办案期限,提高诉讼效率。

审查批捕时,犯罪嫌疑人已被拘留的,应当在三日内作出是否批准逮捕的决定;未被拘留的,应当在五日内作出是否批准逮捕的决定。

审查起诉时,应当在二十日内作出是否提起公诉的决定;办案任务重、案多人少矛盾突出的,应当在三十日内作出决定,不得延长办理期限。

七、对于适用快速办理机制的轻微刑事案件,应当简化制作审查逮捕意见书和审查起诉终结报告。认定事实与侦查机关一致的,应当予以简要说明,不必重复叙述;可以简单列明证据的出处及其所能证明的案件事实,不必详细抄录;应当重点阐述认定犯罪事实的理由和处理意见。

八、对于侦查机关提请批准逮捕的轻微刑事案件,经审查认为符合快速办理条件的,在作出批准逮捕或者因无逮捕必要而作出不批准逮捕决定时,可以填写《快速移送审查起诉建议书》,建议侦查机关及时移送审查起诉;认为证据有所欠缺的,可以建议侦查机关

---

① 对其解读见:《刑事审判参考》2007年第1辑总第54辑,第116~121页。

补充证据后及时移送审查起诉。

《快速移送审查起诉建议书》应当同时抄送本院公诉部门。

九、对于符合适用简易程序的轻微刑事案件,应当建议人民法院适用简易程序审理。对于适用普通程序审理的被告人认罪的轻微刑事案件,应当建议人民法院简化审理。

十、要根据案情的繁简程度,对刑事案件实行繁简分流,分工办理,指定人员专门办理轻微刑事案件,具备条件的可以在侦查监督部门和公诉部门成立相应的办案组。

对于具体案件是否适用快速办理机制,由承办部门的负责人决定。确定为快速办理的案件,办案人员经审查发现不符合快速办理条件的,应当及时报告部门负责人决定,转为按普通审查方式办理。

十一、要把快速办理轻微刑事案件情况,作为年度考核有关检察人员工作实绩的内容,建立起激励机制。

十二、各地检察机关要加强与公安机关、人民法院的联系与配合,共同建立依法快速办理轻微刑事案件的工作机制。有条件的,可以与当地公安机关、人民法院等部门联合制定快速办案机制的规范性文件,以实现对轻微刑事案件在侦查、批捕、起诉、审判各个诉讼环节依法快速办理。

❽ 最高人民检察院《关于在检察工作中贯彻宽严相济刑事司法政策的若干意见》(2006年12月28日)(节录)

二、在履行法律监督职能中全面贯彻宽严相济刑事司法政策

5. 依法严厉打击严重危害社会治安的犯罪和严重破坏市场经济秩序等犯罪。"严打"是宽严相济刑事司法政策的重要内容和有机组成部分,是贯彻宽严相济刑事司法政策的重要体现,必须坚定不移地坚持。必须依法从重从快打击黑社会性质组织犯罪、恐怖犯罪、毒品犯罪以及杀人、爆炸、抢劫、强奸、绑架、投放危险物质等严重危害社会治安的刑事犯罪,依法严厉惩治严重破坏金融秩序、侵犯知识产权、制售严重危害人身安全和人体健康的伪劣商品等严重破坏社会主义市场经济秩序的犯罪,依法打击重大环境污染等破坏环境资源犯罪。该批捕的要坚决批捕,该起诉的要坚决起诉,及时、准确、有力地予以打击。

6. 依法严肃查处贪污贿赂、渎职侵权等国家工作人员职务犯罪。加大对职务犯罪的查处力度,提高侦破率,降低漏网率,有效遏制、震慑职务犯罪。严肃查办党政领导干部的职务犯罪,国家工作人员利用人事权、司法权、行政审批权、行政执法权进行权钱交易的职务犯罪,充当黑恶势力"保护伞"的职务犯罪,重大安全责任事故所涉及的职务犯罪,放纵制售伪劣商品的职务犯罪,企业改制、征地拆迁、资源审批和社会保障等工作中侵害国家利益和人民群众切身利益的职务犯罪,发生在基层或者社会关注的行业以及人民群众反映强烈的职务犯罪。对罪行严重、拒不认罪、拒不退赃或者负案潜逃以及进行串供、毁证等妨害诉讼活动的,要果断采取必要的侦查、控制手段或者拘留、逮捕等措施。对于罪行较轻、真诚悔罪、证据稳定的,特别是其中的过失犯罪,可以依法不予逮捕或者及时变更强制措施。

7. 严格把握"有逮捕必要"的逮捕条件,慎重适用逮捕措施。逮捕是最严厉的刑事强制措施,能用其他强制措施的尽量使用其他强制措施。审查批捕要严格依据法律规定,在把握事实证据条件、可能判处刑罚条件的同时,注重对"有逮捕必要"条件的正确理解和

把握。具体可以综合考虑以下因素：一是主体是否属于未成年人或者在校学生、老年人、严重疾病患者、盲聋哑人、初犯、从犯或者怀孕、哺乳自己婴儿的妇女等；二是法定刑是否属于较轻的刑罚；三是情节是否具有中止、未遂、自首、立功等法定从轻、减轻或者免除处罚等情形；四是主观方面是否具有过失、受骗、被胁迫等；五是犯罪后是否具有认罪、悔罪表现，是否具有重新危害社会或者串供、毁证、妨碍作证等妨害诉讼进行的可能；六是犯罪嫌疑人是否属于流窜作案、有无固定住址及帮教、管教条件；七是案件基本证据是否已经收集固定、是否有翻供翻证的可能等。对于罪行严重、主观恶性较大、人身危险性大或者有串供、毁证、妨碍作证等妨害诉讼顺利进行可能，符合逮捕条件的，应当批准逮捕。对于不采取强制措施或者采取其他强制措施不致于妨害诉讼顺利进行的，应当不予批捕。对于可捕可不捕的坚决不捕。

8. 正确把握起诉和不起诉条件，依法适用不起诉。在审查起诉工作中，严格依法掌握起诉条件，充分考虑起诉的必要性，可诉可不诉的不诉。对于初犯、从犯、预备犯、中止犯、防卫过当、避险过当、未成年人犯罪、老年人犯罪以及亲友、邻里、同学同事等纠纷引发的案件，符合不起诉条件的，可以依法适用不起诉，并可以根据案件的不同情况，对被不起诉人予以训诫或者责令具结悔过、赔礼道歉、赔偿损失。确需提起公诉的，可以依法向人民法院提出从宽处理、适用缓刑等量刑方面的意见。

9. 突出立案监督的重点。完善立案监督机制，将监督的重点放在严重犯罪或者社会影响恶劣以及违法立案造成严重后果的案件上，加强对侦查机关落实立案监督情况的跟踪监督，确保违法立案案件及时得到纠正。

10. 在抗诉工作中正确贯彻宽严相济的刑事司法政策。既要重视对有罪判无罪、量刑畸轻的案件及时提出抗诉，又要重视对无罪判有罪、量刑畸重的案件及时提出抗诉。对于被告人认罪并积极赔偿损失、被害人谅解的案件、未成年人犯罪案件以及具有法定从轻、减轻情节的案件，人民法院处罚偏轻的，一般不提出抗诉。对于第一审宣判后人民检察院在法定期限内未提出抗诉，或者判决、裁定发生法律效力后六个月内未提出抗诉的案件，没有发现新的事实或者证据的，一般也不得为加重被告人刑罚而依照审判监督程序提出抗诉。

11. 对未成年人犯罪案件依法从宽处理。办理未成年人犯罪案件，应当坚持"教育、感化、挽救"的方针和"教育为主、惩罚为辅"的原则。要对未成年犯罪嫌疑人的情况进行调查，了解未成年人的性格特点、家庭情况、社会交往、成长经历以及有无帮教条件等情况，除主观恶性大、社会危害严重的以外，根据案件具体情况，可捕可不捕的不捕，可诉可不诉的不诉。对确需提起公诉的未成年被告人，应当根据情况依法向人民法院提出从宽处理、适用缓刑等量刑方面的意见。

12. 对因人民内部矛盾引发的轻微刑事案件依法从宽处理。对因亲友、邻里及同学同事之间纠纷引发的轻微刑事案件，要本着"冤家宜解不宜结"的精神，着重从化解矛盾、解决纠纷的角度正确处理。对于轻微刑事案件中犯罪嫌疑人认罪悔过、赔礼道歉、积极赔偿损失并得到被害人谅解或者双方达成和解并切实履行，社会危害性不大的，可以依法不予逮捕或者不起诉。确需提起公诉的，可以依法向人民法院提出从宽处理的意见。对属于被害人可以提起自诉的轻微刑事案件，由公安机关立案侦查并提请批捕、移送起诉的，人民检察院可以促使双方当事人在民事赔偿和精神抚慰方面和解，及时化解矛盾，依法从宽处理。

13. 对轻微犯罪中的初犯、偶犯依法从宽处理。对于初次实施轻微犯罪、主观恶性小的犯罪嫌疑人，特别是对因生活无着偶然发生的盗窃等轻微犯罪，犯罪嫌疑人人身危险性不大的，一般可以不予逮捕；符合法定条件的，可以依法不起诉。确需提起公诉的，可以依法向人民法院提出从宽处理的意见。

14. 正确处理群体性事件中的犯罪案件。处理群体性事件中的犯罪案件，应当坚持惩治少数，争取、团结、教育大多数的原则。对极少数插手群体性事件，策划、组织、指挥闹事的严重犯罪分子以及进行打砸抢等犯罪活动的首要分子或者骨干分子，要依法严厉打击。对一般参与者，要慎重适用强制措施和提起公诉；确需提起公诉的，可以依法向人民法院提出从宽处理的意见。

三、建立健全贯彻宽严相济刑事司法政策的检察工作机制和办案方式

15. 进一步健全检察环节贯彻"严打"方针的经常性工作机制。加强对社会治安形势的分析，因地制宜地确定打击犯罪的重点，坚持什么犯罪突出就重点打击什么犯罪，增强打击的针对性。对严重刑事犯罪坚持依法快捕、快诉，增强打击的时效性。

16. 加强侦查机制建设，提高发现和查办职务犯罪的能力。推进侦查工作一体化机制建设，突出抓好案件线索的统一管理、侦查活动的统一组织指挥、跨地域侦查的统一协调配合、侦查资源的统一配置使用等各项工作，建立健全纵向指挥有力、横向协作紧密、信息畅通灵敏、运转高效有序的职务犯罪侦查指挥协作机制。加强职务犯罪侦查队伍的专业化建设，提高侦查队伍的侦查技能与水平。加强侦查装备现代化建设，依法规范侦查技术的运用，进一步提高运用科技手段侦查破案的能力。

17. 推进办案专业化，建立快速办理轻微刑事案件的工作机制。在审查逮捕、审查起诉中改进办案分工，对案件实行繁简分流，指定人员专门办理轻微案件，集中力量办理重大、疑难、复杂案件。建立轻微案件审查逮捕、审查起诉的快速办理机制，对案情简单、事实清楚、证据确实充分、可能判处三年有期徒刑以下刑罚、犯罪嫌疑人认罪的案件，简化审查逮捕、审查起诉的办案文书，缩短办案期限，提高诉讼效率。

18. 依法正确适用简易程序和简化审理程序。对于符合法定条件的轻微刑事案件，人民检察院应当建议适用简易程序；被告人及其辩护人提出适用简易程序，人民检察院经审查认为符合法定条件的，应当同意并向人民法院提出建议；人民法院建议适用简易程序，人民检察院经审查认为符合法定条件的，应当同意。对于被告人认罪的普通刑事案件，符合有关规定条件的，人民检察院应当建议适用简化审理程序。

19. 改革完善未成年人犯罪案件的办案方式。对未成年人犯罪案件，应当设立专门工作机构、专门工作小组或者指定专人办理。建立适合未成年人特点的审查逮捕、审查起诉工作机制。对成年人与未成年人共同犯罪案件，原则上实行分案处理。对未成年人犯罪案件适用简易程序的，公诉人一般应当出庭支持公诉并开展庭审教育活动。对于因犯罪情节轻微决定不起诉的未成年人，要落实帮教措施。

20. 在办理刑事案件中强化化解矛盾的工作。检察机关在办理刑事案件中，应当加强

对与犯罪有关的社会矛盾、纠纷的化解和调处工作,将矛盾化解情况和达成协议及履行情况作为考虑从宽处理的一个重要因素。对有直接被害人的案件作从宽处理或者决定不起诉的,可以要求犯罪嫌疑人向被害人赔礼道歉、赔偿损失,取得被害人的谅解,检察机关也要做好对被害人的解释、说明工作,防止产生新的涉法上访。

21. 完善对监外执行、社区矫正的法律监督机制。适应监外执行、社区矫正人员可能增多的趋势,配合有关部门完善相关工作机制,加强对监外执行、社区矫正的法律监督,防止对被监外执行犯罪分子的脱管、漏管和违法管理。

22. 完善办案的考核评价体系。要按照司法规律和检察工作规律管理检察业务工作,从有利于贯彻宽严相济的刑事司法政策出发,科学确定考核各项检察业务工作的指标体系,改进考评办法,保证依法正确适用不批捕、不起诉,改变不适当地控制不捕率、不起诉率的做法,实现办案数量、质量和效果的有机统一。

❾ 最高人民法院《关于审理未成年人刑事案件具体应用法律若干问题的解释》(2006年1月23日 法释〔2006〕1号)①

第一条 本解释所称未成年人刑事案件,是指被告人实施被指挥的犯罪时已满十四周岁不满十八周岁的案件。

第二条 刑法第十七条规定的"周岁",按照公历的年、月、日计算,从周岁生日的第二天起算。

第三条 审理未成年人刑事案件,应当查明被告人实施被指挥的犯罪时的年龄。裁判文书中应当写明被告人出生的年、月、日。

第四条 对于没有充分证据证明被告人实施被指挥的犯罪时已经达到法定刑事责任年龄且确实无法查明的,应当推定其没有达到相应法律刑事责任年龄。

相关证据足以证明被告人实施被指挥的犯罪时已经达到法定刑事责任年龄,但是无法准确查明被告人具体出生日期的,应当认定其达到相应法定刑事责任年龄。

第五条 已经满十四周岁不满十六周岁的人实施刑法第十七条第二款规定的以外的行为,如果同时触犯了刑法第十七条第二款规定的,应当依照刑法第十七条第二款的规定确定罪名,定罪处罚。

第六条 已满十四周岁不满十六周岁的人偶尔与幼女发生性行为,情节轻微、未造成严重后果的,不认为是犯罪。

第七条 已满十四周岁不满十六周岁的人使用轻微暴力或者威胁,强行索要其他未成年人随身携带的生活、学习用品或者钱财数量不大,且未造成被害人轻微伤以上或者不敢正常到校学习、生活等危害后果的,不认为是犯罪。

已满十六周岁不满十八周岁的人具有前款规定情形的,一般也不认为是犯罪。

第八条 已满十六周岁不满十八周岁的人出于以大欺小、以强凌弱或者寻求精神刺激,随意殴打其他未成年人、多次对其他未成年人强拿硬要或者任意损毁公私财物,扰乱学校

---

① 对其解读见:《刑事审判参考》2006年第1辑总第48辑,第87~91页以及2006年第2辑总第49辑,第61~77页。

及其他公共场所秩序,情节严重的,以寻衅滋事罪定罪处罚。

第九条 已满十六周岁不满十八周岁的人实施盗窃行为未超过三次,盗窃数额虽已达到"数额较大"标准,但案发后能如实供述全部盗窃事实并积极退赃,且具有下列情形之一的,可以认定为"情节显著轻微危害不大",不认为是犯罪:

(一)系又聋又哑的人或者盲人;(二)在共同盗窃中起次要或者辅助作用,或者被胁迫;(三)具有其他轻微情节的。

已满十六周岁不满十八周岁的人盗窃未遂或者中止的,可不认为是犯罪。

已满十六周岁不满十八周岁的人盗窃自己家庭或者近亲属财物,或者盗窃其他亲属财物但其他亲属要求不予追究的,可不按犯罪处理。

第十条 已满十四周岁不满十六周岁的人盗窃、诈骗、抢夺他人财物,为窝藏赃物、抗拒抓捕或者毁灭罪证,当场使用暴力,故意伤害致人重伤或者死亡,或者故意杀人的,应当分别以故意伤害罪或者故意杀人罪定罪处罚。

已满十六周岁不满十八周岁的人犯盗窃、诈骗、抢夺罪,为窝藏赃物、抗拒抓捕或者毁灭罪证而当场使用暴力或者以暴力相威胁的,应当依照刑法第二百六十九的规定定罪处罚;情节轻微的,可不以抢劫罪定罪处罚。

第十一条 对未成年罪犯适用刑罚,应当充分考虑是否有利于未成年罪犯的教育和矫正。

对未成年罪犯量刑应当依照刑法第六十一条的规定,并充分考虑未成年人实施犯罪行为的动机和目的、犯罪时的年龄、是否初次犯罪、犯罪后的悔罪表现、个人成长经历的一贯表现等因素。对符合管制、缓刑、单处罚金或者免予刑事处罚适用条件的未成年罪犯,应当依法适用管制、缓刑、单处罚金或者免予刑事处罚。

第十二条 行为人在达到法定刑事责任年龄前后均实施了犯罪行为,只能依法追究其达到法定刑事责任年龄后实施的犯罪行为的刑事责任。

行为人在年满十八周岁前后实施了不同种犯罪行为,对其年满十八周岁以前实施的犯罪应当依法从轻或者减轻处罚。行为人在年满十八周岁前后实施了同种犯罪行为,在量刑时应当考虑对年满十八周岁以前实施的犯罪,适当给予从轻或者减轻处罚。

第十三条 未成年人犯罪只有罪行极其严重的,才可以适用无期徒刑。对已满十四周岁不满十六周岁的人犯罪一般不判处无期徒刑。

第十四条 除刑法规定"应当"附加剥夺政治权利外,对未成年人犯罪一般不判处附加剥夺政治权利。

如果对未成年罪犯判处附加剥夺政治权利的,应当依法从轻判处。

对实施被指控犯罪时未成年、审判时已成年的罪犯判处附加剥夺政治权利,适用前款的规定。

第十五条 对未成年罪犯实施刑法规定的"并处"没收财产或者罚金的犯罪,应当依法判处相应的财产刑;对未成年罪犯实施刑法规定的"可以并处"没收财产或者罚金的犯罪,一般不判处财产刑。

对未成年罪犯判处罚金数额刑时,应当依法从轻或者减轻判处,并根据犯罪情节,综合考虑其缴纳罚金的能力,确定罚金数额。但罚金的最低数额不得少于五百元人民币。

对被判处罚金的未成年罪犯,其监护人或者其他人自愿代为垫付罚金的,人民法院应当允许。

第十六条 对未成年罪犯符合刑法第七十二条第一款规定的,可以宣告缓刑。如果同时具有下列情形之一,对其适用缓刑确实不致再伤害社会的,应当宣告缓刑:

(一)初次犯罪;(二)积极退赃或者赔偿被害人经济损失;(三)具备监护、帮教条件。

第十七条 未成年罪犯根据其所犯罪行,可能被判处拘役、三年以下有期徒刑,如果悔罪表现好,并具有下列情形之一的,应当依照刑法第三十七条的规定免予刑事处罚:

(一)系又聋又哑的人或者盲人;(二)防卫过当或者避险过当;(三)犯罪预备、中止或者未遂;(四)共同犯罪中从犯、胁从犯;(五)犯罪后自首或者有立功表现;(六)其他犯罪情节轻微不需要判处刑罚的。

第十八条 对未成年罪犯的减刑、假释,在掌握标准上可以比照成年罪犯依法适度放宽。

未成年罪犯能认罪服法,遵守监规,积极参加学习、劳动的,即可视为"确有悔改表现"予以减刑,其减刑的幅度可以适当放宽,间隔的时间可以相应缩短。符合刑法第八十一条第一款规定的,可以假释。

未成年罪犯在服刑期间已经成年的,对其减刑、假释可以适用上述规定。

第十九条 刑事附带民事案件的未成年被告人有个人财产的,应当由本人承担民事赔偿责任,不足部分由监护人予以赔偿,但单位担任监护人的除外。

被告人对被害人物质损失的赔偿情况,可以作为量刑情节予以考虑。

第二十条 本解释自公布之日起施行。

《最高人民法院关于办理未成年人刑事案件适用法律的若干问题的解释》(法发〔1995〕9号)自本解释公布之日起不再执行。

❿ 最高人民检察院《人民检察院办理未成年人刑事案件的规定》(2002年4月22日 高检发〔2002〕8号)①

⓫ 最高人民法院《关于适用财产刑若干问题的规定》(2000年12月19日 法释〔2000〕45号)②

第二节 对未成年人犯罪应当从轻或者减轻判处罚金,但罚金的最低数额不能少于五百元。

⓬ 最高人民法院《关于审理未成年人刑事案件的若干规定》(2000年11月15日 法释〔2001〕9号)③

⓭ 最高人民法院《关于审理强奸案件有关问题的解释》(2000年2月24日 法释

---

① 对其解读见:《解读最高人民检察院司法解释》,第562~576页。
② 对其解读见:《刑事审判参考》2001年第3辑总第14辑,第66~72页。
③ 对其解读见:《刑事审判参考》2001年第6辑总第17辑,第67~76页。

〔2000〕4号）①

对于已满14周岁不满16周岁的人，与幼女发生性关系构成犯罪的，依照刑法第十七条、第二百三十六条第二款的规定，以强奸罪定罪处罚；对于与幼女发生性关系，情节轻微、尚未造成严重后果的，不认为是犯罪。

对于行为人既实施了强奸妇女行为又实施了奸淫幼女行为的，依照刑法第二百三十六条的规定，以强奸罪从重处罚。

14 最高人民检察院《关于"骨龄鉴定"能否作为确定刑事责任年龄证据使用的批复》（2000年2月21日　高检发研字〔2000〕6号）

经研究批复如下：犯罪嫌疑人不讲真实姓名、住址，年龄不明的，可以委托进行骨龄鉴定或其他科学鉴定，经审查，鉴定结论能够准确确定犯罪嫌疑人实施犯罪行为时的年龄的，可以作为判断犯罪嫌疑人年龄的证据使用。如果鉴定结论不能准确确定犯罪嫌疑人实施犯罪行为时的年龄，而且鉴定结论又表明犯罪嫌疑人年龄在刑法规定的应负刑事责任年龄上下的，应当依法慎重处理。

15 最高人民法院《关于适用〈全国人民代表大会常务委员会关于禁毒的决定〉的若干问题的解释》（1994年12月20日　法发〔1994〕30号）（节录）

十六、对已满十四岁不满十六岁的人走私、贩卖、运输、制造毒品的处理

已满十四岁不满十六岁的人走私、贩卖、运输、制造毒品，且具有《决定》第二条第一款和第二款规定的情形之一的，属于刑法第十四条第二款中规定的"其他严重破坏社会秩序罪"，应当负刑事责任。但是，在处理具体案件时，应当根据案件的不同情况区别对待，对于被利用、教唆、胁迫、诱骗参加上述毒品犯罪活动的已满十四岁不满十六岁的人，一般可以不追究其刑事责任，依照刑法第十四条第四款的规定处理。

16 最高人民法院《关于适用〈全国人大常委会关于处理逃跑或者重新犯罪的劳改犯和劳教人员的决定〉的几个问题的批复》（1993年7月24日　法复〔1993〕4号）（节录）

一、关于不满十六岁的未成年人因实施危害行为被政府收容教养，在解除教养后三年内犯罪的，是否适用《决定》的问题，同意你院的意见，即依照刑法第十四条第四款的规定由政府收容教养的人，不属于劳教人员；解除教养后又犯罪的，不适用《决定》。

17 最高人民法院《关于已满十四岁不满十六岁的人犯走私贩卖运输制造毒品罪应当如何适用法律问题的批复》（1992年5月18日　法复〔1992〕3号）

已满十四岁不满十六岁的人走私、贩卖、运输、制造毒品，且具有《全国人民代表大会常务委员会关于禁毒的决定》（以下简称《决定》）第二条第一款和第二款规定的情形之一的，属于刑法第十四条第二款中规定的"其他严重破坏社会秩序罪"，应当负刑事责任。但是，在处理具体案件时，应当注意根据案件的不同情况，区别对待：对于被利用、教唆、胁迫、诱骗参加上述毒品犯罪活动的已满十四岁不满十六岁的，一般可以不追究其刑事责任。对于参加上述毒品犯罪活动的已满十四岁不满十六岁的人，确有必要追究刑事责任的，

---

① 对其解读见：《刑事审判参考》2000年第2辑总第7辑，第83~90页以及《解读最高人民法院司法解释刑事、行政卷（1997~2002）》，第194~195页。

依照刑法第十四条第三款的规定，应当从轻或者减轻处罚。对于利用、教唆未成年人走私、贩卖、运输、制造毒品的，则应当依照《决定》第二条第四款的规定，从重处罚。①

⑱ 最高人民法院《关于15岁的未成年人过失致人重伤是否应负刑事责任的批复》（1990年6月4日　法（研）复〔1990〕5号）

经研究，我们认为刑法第十四条第二款规定的"已满十四岁不满十六岁的人，犯杀人、重伤……罪，应当负刑事责任"，这里说的"重伤"是指故意伤害他人身体造成重伤。15岁的未成年人过失致人重伤的行为，不应当负刑事责任，但应责令他的家长或者监护人加以管教；在必要时也可由政府收容教养。涉及民事赔偿的问题，按有关民事法律规定处理。

⑲ 最高人民法院、最高人民检察院、公安部、司法部《关于办理流窜犯罪案件中一些问题的意见的通知》（1989年12月13日）（节录）

2. 涉及刑事责任年龄界限的案件，必须查清核实被告人的出生年月日。经调查，确实无法查清的，可先按被告人交代的年龄收审、批捕，但是需要定罪量刑的，必须查证清楚。（编者注：因《国家赔偿法》对错捕的制约，因此批捕也应考虑"需要定罪量刑的，必须查证清楚"，而不能仅凭供述即批捕）

⑳ 最高人民法院《关于人民法院审判严重刑事犯罪案件中具体应用法律的若干问题的答复（三）》（1985年8月21日）（节录）

三十一、问：刑法第十四条所规定的刑事责任年龄应以日计算，还是以时计算？如果是以日计算，是到生日当天，还是到生日的前一天或者后一天，认为是满周岁？（河南）
答：刑法第十四条规定的已满十四岁，是指实足年龄，应以日计算，即过了十四周岁生日，从第二天起，才认为已满十四岁。例如，被告人1968年7月26日生，至1982年7月27日即认为已满十四岁。对已满十六岁、已满十八岁年龄的计算，亦与此相同。并且一律按公历的年、月、日计算。

㉑ 最高人民检察院研究室《关于相对刑事责任年龄的人承担刑事责任范围有关问题的答复》（2003年4月18日　〔2003〕高检研发第13号）

经研究，答复如下：一、相对刑事责任年龄的人实施了刑法第十七条第二款规定的行为，应当追究刑事责任的，其罪名应当根据所触犯的刑法分则具体条文认定。对于绑架后杀害被绑架人的，其罪名应认定为绑架罪。②

二、相对刑事责任年龄的人实施了刑法第二百六十九条规定的行为的，应当依照刑法第二百六十三条的规定，以抢劫罪追究刑事责任。但对情节显著轻微、危害不大的，可根据刑法第十三条的规定，不予追究刑事责任。

㉒ 最高人民检察院研究室《关于已满十四周岁不满十六周岁的人承担刑事责任范围问题的答复意见》（2002年8月9日　高检发研字〔2002〕17号）③

四川省人民检察院：你院关于已满十四周岁不满十六周岁的人承担刑事责任范围问题

---

① 编者注：修订刑法只规定了贩卖毒品。
② 编者注：与2006.01.23高法解释第五条观点不同。
③ 对其解读见：《解读最高人民检察院司法解释》，第14~17页。

的请示（川检发研〔2001〕13号）收悉。我们就此问题询问了全国人民代表大会常务委员会法制工作委员会，现将全国人民代表大会常务委员会法制工作委员会的答复意见转发你院，请遵照执行。此复。

附件：全国人民代表大会常务委员会法制工作委员会关于已满十四周岁不满十六周岁的人承担刑事责任范围问题的答复意见（法工委复字〔2002〕12号）

㉓ 最高人民法院研究室《关于如何认定被告人犯罪时年龄问题的电话答复》（1991年7月22日）

经研究，答复如下：在审判中，特别是在处理死刑案件时，必须把被告人犯罪时的实际年龄作为案件的重要事实予以查清。在一般情况下，认定被告人的实际年龄应当以户口登记为基本依据，结合人口普查登记和其他有关资料，并经过认真调查核实后加以确定。对被告人实际年龄有异议或者疑义时，更应当多方查证核实。如果有足够证据认定户口登记册上记载的年龄有误，就应以查明的实际年龄来认定。如果经反复调查，确实查不清的，应当按照从宽的原则予以掌握，以留有余地。

㉔ 最高人民法院研究室《关于已满14岁不满16岁的人所犯罪行特别严重能否判处无期徒刑问题的电话答复》（1991年4月17日）

根据刑法第四十四条和第十四条第二款规定的精神，已满14岁不满16岁的人所犯罪行特别严重的，最高刑可以判处无期徒刑。但是，在办理具体案件中，根据刑法第十四条第三款关于"已满14岁不满18岁的人犯罪，应当从轻或者减轻处罚"的规定和国家对未成年人罪犯实行教育、感化、挽救的方针，对于已满14岁不满16岁的人犯罪判处无期徒刑的案件，应当从严掌握。

㉕ 最高人民法院研究室《关于对未成年犯能否附加剥夺政治权利问题的电话答复》（1985年8月16日）

刑法第五十二条、第五十三条规定，对反革命分子和被判处死刑、无期徒刑的犯罪分子，应附加剥夺政治权利。这个规定也适用于未满18岁的反革命分子和被判处死缓、无期徒刑的犯罪分子，即也应该依法附加剥夺政治权利。但在对未满18岁的反革命分子决定剥夺政治权利的期限时，应根据刑法第十四条第三款的规定，从轻或者减轻处罚，除了反革命分子和被判处死刑、无期徒刑的犯罪分子外，对于严重破坏社会秩序的犯罪分子，刑法第五十二条规定，在必要的时候，也可以附加剥夺政治权利。这个规定也适用于不满18岁犯有严重破坏社会秩序的犯罪分子。但是，在决定是否对其附加剥夺政治权利和剥夺的期限时，都要按照刑法第十四条第三款"应当从轻或者减轻"的原则从严掌握，一般可以不附加剥夺政治权利。

㉖ 上海、北京、广东、湖北、江苏高级人民法院《〈人民法院量刑指导意见（试行）〉实施细则（试行）》（2010年10月1日）（详见本书最后附件）

㉗《福建省高级人民法院〈人民法院量刑指导意见（试行）〉实施细则（试行）》（2010年9月30日 闽高法发〔2010〕21号）（节录）

三、常见量刑情节适用

1. 对于未成年人犯罪,应当综合考虑未成年人对犯罪的认识能力、实施犯罪行为的动机和目的、犯罪时的年龄、是否初犯、悔罪表现、个人成长经历和一贯表现等情况,予以从宽处罚。

(1) 已满十四周岁不满十六周岁的未成年人犯罪,可以减少基准刑的30%~60%。

(2) 已满十六周岁不满十八周岁的未成年人犯故意杀人、故意伤害致人重伤或者死亡、强奸、抢劫、贩卖毒品、放火、投放危险物质罪的,可以减少基准刑的10%~40%;犯上述八种以外其他之罪的,可以减少基准刑的20%~50%。

(3) 对于符合《最高人民法院关于审理未成年人刑事案件具体应用法律若干问题的解释》第十六条规定情形的,依该规定宣告缓刑。

(4) 对于符合《最高人民法院关于审理未成年人刑事案件具体应用法律若干问题的解释》第十七条规定情形的,应当依照刑法第三十七条的规定免予刑事处罚。

28 福建省公检法、司法厅《关于适用缓刑若干问题的意见(试行)》(2008年9月16日 闽高法〔2008〕278号)(节录)①

五、关于未成年罪犯的缓刑适用

对未成年罪犯适用刑罚,必须坚持"教育为主,惩罚为辅"的原则,充分发挥缓刑制度的矫正优势,教育、感化、挽救未成年罪犯。根据《最高人民法院〈关于审理未成年人刑事案件具体应用法律若干问题解释〉》第十六条的规定,未成年罪犯符合适用缓刑的法定条件,同时具有下列情形之一,对其适用缓刑确实不致再危害社会的,应当宣告缓刑:(1) 初次犯罪;(2) 积极退赃或赔偿被害人经济损失;(3) 具备监护、帮教条件。

未成年罪犯符合适用缓刑的法定条件,同时具有下列情形之一的,一般也应当宣告缓刑:(1) 确属家庭经济困难,但能与被害方就民事赔偿问题达成协议;(2) 犯罪时系在校学生。

29 福建省公检法《福建省2008年度第1次公检法联席会议纪要》(2008年6月2日 闽公综〔2008〕314号)(节录)

八、鉴于近期案件管辖方面出现了一些新情况,会议明确:3. 未成年人犯罪案件的管辖仍应严格按刑诉法的有关规定执行。

30 厦门市中级人民法院《未成年人刑事案件审判工作细则》(2008年1月4日 厦中法发〔2008〕1号)(节录)

第五条 审理未成年人刑事案件,应积极争取党委、人大、政府的理解与支持,加强同共青联、妇联、工会及其他未成年人保护组织的联系,共同做好未成年罪犯的教育和挽教工作。

第六条 在刑一庭内设立未成年刑事审判合议庭,专门审理一、二审未成年人刑事案件。合议庭由分管未成年刑事审判的庭领导担任审判长;合议庭成员中,至少应有一名审判经验丰富,熟悉了解未成年人身心特点,热爱并善于开展未成年刑事审判工作的女性

---

① 对其解读见:《刑事法律文件解读》2009年第10辑总第52辑,第77~83、84~88页。

法官。

设立未成年刑事审判指导小组，组长由刑一庭分管未成年刑事审判工作的庭领导担任。指导小组在院少年审判领导小组指导下开展工作，负责收集掌握未成年刑事审判工作情况，研究解决未成年刑事审判工作中遇到的新情况、新问题，总结和推广未成年刑事审判工作经验，指导全市法院未成年刑事审判工作。

第七条 审理第一审未成年人刑事案件，可由特邀陪审员与审判人员共同组成合议庭。参与审理未成年人刑事案件的特邀陪审员，由院陪审员管理部门从任命的人民陪审员中选定。

特邀陪审员一般应为熟悉未成年人生理、心理特点，热心从事教育、挽救失足未成年人的工作，作风正派，责任心强，有一定工作能力，经过必要培训并具有基本法律知识的人民陪审员。

第八条 对未成年被告人适用刑罚，应严格依照《最高人民法院关于审理未成年人刑事案件具体应用法律若干问题的解释》的规定，并充分考虑未成年被告人实施犯罪行为的动机和目的、犯罪时的年龄、是否初次犯罪、犯罪后的悔罪表现、个人成长经历和一贯表现等因素，综合分析，适度从宽处理，给未成年被告人一个回归社会、重塑人生的机会。

第二章 庭前准备工作

第九条 通过电脑分案确定的承办法官若属于未成年刑事审判合议庭以外人员，应及时报经分管院长批准，将案件调整为未成年刑事审判合议庭成员办理。

第十条 对于未成年人刑事案件，立案时除应依法审查起诉书中是否有明确的指控犯罪事实并且附有证据目录、证人名单和主要证据复印件或者照片外，还应查明是否附有被告人年龄的有效证明材料。对于没有附送被告人年龄的有效证明材料的，应通知检察机关或自诉人在三日内补送。

第十一条 向未成年被告人送达起诉书副本时，应同时送达《未成年被告人诉讼须知》，并与未成年被告人沟通，讲解相关法律条款，对其进行教育，减轻其思想压力，消除其对抗和恐惧心理，使其正确对待审判。必要时，可通知未成年被告人的法定代理人或老师到场，配合做好庭前教育工作。

第十二条 主审法官应审查是否随案移送未成年被告人成长背景调查材料，对缺乏社会调查情况的，可以委托社会调查员进行调查，并形成社会调查报告。开庭审理时，合议庭应组织公诉人、辩护人、未成年被告人、法定代理人针对该社会调查报告发表意见。社会调查报告应作为对未成年被告人量刑时的参考。

第十三条 开庭审理时未满十八周岁的未成年被告人，应通知其法定代理人参加诉讼。

法定代理人有获知子女被指控罪名、委托辩护律师、申请回避、对证据提出异议、请求对案件作出必要鉴定、请求证人出庭作证、未成年被告人最后陈述后发表意见、上诉等权利。

法定代理人有接到司法机关通知到场、按时出席法庭、遵守法庭规则、协助司法机关调查、全面提供未成年被告人情况、对子女进行教育、自动履行经济赔偿等义条。

第十四条 未成年刑事审判合议庭，应在开庭前向未成年被告人的法定代理人送达起诉书副本，同时送达《法定代理人参加诉讼通知书》、《法定代理人诉讼须知》，并告知未成年被告人的法定代理人在开庭审理中应当注意的有关事项，保障未成年被告人的法定代理人行使诉讼权利。

未成年被告人的法定代理人不愿到庭参加诉讼的，应通过多种方式与他们沟通，动员他们到庭；经书面通知，未成年被告人的法定代理人拒不到庭，又没有其他监护人担任法定代理人的，应将动员法定代理人到庭的过程告知未成年被告人并记录在案。

被告人实施被指控的犯罪时不满十四周岁，但开庭审理时已满十八周岁的，不必通知其家长到庭参加诉讼。

第三章 审 判

第十五条 审理未成年人刑事案件可采取"圆桌审判"等方式，以利于对未成年被告人的法制教育和情感教育。审判人员应用通俗易懂的语言、和蔼的态度、疏导的方法，在和缓、宽松的庭审气氛中，使未成年被告人适应审判程序，发表自己的看法和意见，充分行使诉讼权利。

第十六条 对于共同犯罪案件，既有成年被告人又有未成年被告人，检察机关未分案提起公诉的，未成年刑事审判合议庭应在不妨碍案件审理的情况下，适用不同审判方式，分别开庭审理、合并宣判。

第十七条 下列情形不适用分庭审理：

1. 控辩双方对案件事实、证据、定性存在较大争议的案件；
2. 未成年人属于组织、领导犯罪集团进行犯罪活动并系首要分子或起主要作用的案件；
3. 未成年被告人被指控的共同犯罪属于必要共同犯罪案件；
4. 未成年被告人与成年被告人具有亲属关系；
5. 分庭审理可能影响案件审理的其他共同犯罪案件。

第十八条 开庭审理时不满十六周岁的未成年人刑事案件，一律不公开审理。

开庭审理时不满十八周岁的未成年人刑事案件，一般也不公开审理。如果有必要公开审理的，须经院长批准，并应限制旁听人数和范围。

第十九条 未成年人刑事案件判决前，不得以任何形式向社会公开、披露该未成年人的姓名、住所、影像、照片及可能推断出该未成年人身份的资料。

未成年人刑事案件的诉讼案卷材料，除依法查阅、摘抄、复制以外，未经院长批准，不得查询和摘录，并不公开和传播。进行法制宣传时，除具体案情外，不得披露未成年人的相关资料。

不公开审理的未成年人刑事案件，未成年被告人的成年近亲属、教师、社会调查员和青少年保护工作者等人到庭有利于教育、感化、挽救未成年被告人和落实帮教措施的，经院长批准，可以准许或者邀请到庭参加旁听、参与庭审教育，并应告知不得向外界传播或者提供案件审理情况。

第二十条 未成年刑事审判合议庭应做法保证未成年被告人获得辩护。

开庭审理时不满十八周岁或在一审判决上诉、抗诉期限届满的第二日仍不满十八周岁的未成年被告人没有委托辩护人的，应指定承担法律援助义务的律师为其辩护。

未成年被告人或者其法定代理人当庭拒绝由人民法院指定的辩护律师进行辩护，要求另行委托辩护人的，合议庭应同意并宣布延期审理。

未成年被告人或者其法定代理人当庭拒绝人民法院指定的辩护律师为其辩护，如确有正当理由，合议庭应同意并宣布延期审理，

并为未成年被告人另行指定辩护律师。

重新开庭后，未成年被告人或者其法定代理人再次当庭拒绝重新委托的辩护人或者由人民法院指定的辩护律师进行辩护的，一般不予准许。如果重新开庭时被告人已满十八周岁的，应当准许，可由其自行辩护，不再委托辩护人或者由人民法院再行指定辩护律师。上述情况应当记录在卷。

第二十一条 未成年刑事审判合议庭对不认真履行辩护职责的指定辩护人应及时向律师主管部门发出司法建议，督促其加以改正。

第二十二条 适用普通程序简化审理未成年人刑事案件，不得损害未成年被告人及其法定代理人的诉讼权利，不得省略社会调查，不得省略法庭教育。

第二十三条 法庭审理中，一般不对未成年被告人使用戒具。在起诉书宣读完毕后，未成年被告人可坐下接受法庭调查、询问，直至法庭辩论结束。

第二十四条 法庭辩论时，应考虑未成年被告人的心理承受能力及认知能力，发现有对未成年被告人训斥、讽刺或者威胁的情形时，应当及时制止。

第二十五条 法庭辩论结束后，合议庭应在不对被告人的行为是否构成犯罪发表意见的前提下，组织公诉人、辩护人、陪审员、法定代理人共同对未成年被告人进行法律、道德教育，促使未成年被告人改过自新。

第二十六条 休庭时，可以允许法定代理人或者其他成年近亲属、教师等人员会见未成年被告人，审判人员或者司法警察一般应在场。

第二十七条 对未成年人刑事案件宣告判决不得采取召开大会的形式。

第二十八条 未成年被告人被作出有罪判决后，审判人员应组织到庭的公诉人、辩护人、法定代理人等诉讼参与人对未成年被告人进行认罪服法教育。教育内容应记载于笔录中。

第四章 刑事附带民事诉讼

第二十九条 附带民事诉讼原告人仅起诉未成年被告人，而未将未成年被告人的监护人列为附带民事诉讼被告人时，应依法追加未成年被告人的监护人作为附带民事诉讼被告人，并记录在案。

被告人开庭时不满十八周岁的，其监护人参加诉讼的身份是刑事附带民事诉讼被告人暨法定代理人；被告人开庭时已满十八周岁的，其原监护人参与诉讼的身份是刑事附带民事诉讼被告人。

未成年被告人无个人财产的，应由其监护人承担民事赔偿责任；未成年被告人有个人财产的，应由其本人承担民事赔偿责任，不足部分由监护人予以赔偿，但单位担任监护人的除外。

第五章 刑事责任年龄认定与处理

第三十条 证明被告人实施被指控犯罪时的年龄的证据必须经过庭审举证、质证，查证属实。有多份证据且所证明的内容不一致的，一般以被告人在公安机关登记的户籍资料进行认定；相关证据经过核实，并经控辩双方庭审举证、质证查证属实，足以否定被告人在公安机关户籍登记的年龄的真实性的，应以经过查证属实的证据确定被告人实施被指控犯罪时的年龄。

第三十一条 被告人没有进行户籍登记，或流窜作案的聋哑人，或不讲真实姓名、住址、身份不明的，经多方查证，仍没有充分证据证明被告人实施指控的犯罪时已达到相应法定刑事责任年龄，应结合骨龄鉴定，本着事实认定有利于被告人的原则，推定其没有达到相应法定刑事责任年龄。

对无出生证明的未成年被告人，其家人以农历申报户口的，应在排除虚假陈述及串供可能性的前提下，依据言词证据以被告人农历出生的年月日对应的公历年月日认定被告人的年龄。

被告人具体的出生日期确实无法查清，但有充分证据证明被告人在实施指控犯罪时已满十四、十六或十八周岁，应根据该被告人所处的法定刑事责任年龄段，依法对其定罪处刑。

第六章 刑罚适用

第三十二条 对未成年人轻微犯罪案件，可通过未成年被告人及其法定代理人与被害人沟通并达成书面赔偿协议，取得被害人谅解，在量刑时合理考量被害人对未成年被告人惩罚的意见和建议，对未成年被告人从宽或免于刑事处罚，扩大非监禁刑的适用。

第三十三条 已满十四周岁不满十六周岁的人偶尔与幼女发生性行为，具备下列条件，属于"情节轻微、未造成严重后果"，可不认为是犯罪：

1. 与十二周岁以上的幼女发生性行为；2. 只与一名幼女偶尔发生一、二次性行为；3. 出于恋爱或者好奇等原因；4. 未使用暴力、麻醉、威胁或者欺骗等手段，双方系自愿发生性行为；5. 未造成幼女怀孕、轻微伤以上或者严重精神损害后果。

第三十四条 已满十四周岁不满十六周岁的人使用轻微暴力或者威胁，强行索要其他未成年人随身携带的生活、学习用品或者钱财的，具备下列条件可不认为是犯罪：

1. 对未成年的在校生强行索要；2. 未持刀或者其他凶器等对被害人实施暴力；3. 索要其他未成年人随身携带的生活、学习用品或者少量钱财，数额在人民币500元以下；4. 未造成被害人轻微伤以上或者不敢正常到校学习或者参与社会活动等危害后果。

已满十六周岁不满十八周岁的人实施上述行为是否认定为犯罪，应结合实施强索行为人的一贯表现、强索现象是否严重、对正常的校园秩序造成的社会影响，实施强索行为的时间、地点、对象、动机、手段、态度等多种因素酌定。

第三十五条 已满十六周岁不满十八周岁的人实施盗窃行为"情节显著轻微危害不大"，不认为是犯罪，应同时具备"盗窃行为未超过三次"、"盗窃数额虽已达到数额较大标准，但案发后能如实供述全部盗窃事实并积极退赃"，且具有"系又聋又哑的人或者盲人"、"在共同盗窃中起次要或者辅助作用，或者被胁迫"、"其他轻微情节"情形之一。

已满十六周岁不满十八周岁的人盗窃未遂或者中止的，一般情况下不认为是犯罪，但盗窃数额特别巨大或盗窃金融机构及盗窃珍贵文物等情形除外。

第三十六条 已满十四周岁不满十六周岁的人盗窃、诈骗、抢夺他人财物，为窝藏赃物、抗拒抓捕或者毁灭罪证，当场使用暴力，故意伤害致人重伤或者死亡，或者故意杀人的，不论何种情况，均不适用刑法第二百六十九条规定转化为抢劫罪。

已满十四周岁不满十六周岁的人盗窃、诈骗、抢夺他人财物，为窝藏赃物、抗拒抓捕或者毁灭罪证，使用暴力、威胁行为致人重伤或死亡，或者故意杀人的，应分别以故意伤害罪或者故意杀人罪定罪处罚。

已满十四周岁不满十六周岁的人盗窃、诈骗、抢夺他人财物，为窝藏赃物、抗拒抓捕或者毁灭罪证，使用暴力、威胁行为致人轻伤以下的，不构成犯罪。

第三十七条 根据具体案情，对未成年人犯罪只有少数罪行极其严重的，才可以适用无期徒刑。

对已满十四周岁不满十六周岁的人犯罪原则上不判处无期徒刑，但情节特别恶劣、罪行极其严重的除外。

第三十八条 未成年罪犯符合刑法第七十二条第一款规定的宣告缓刑的条件，并同时具备"初次犯罪"、"积极退赃或赔偿被害人经济损失"、"具备监护、帮教条件"情形之一，对其适用缓刑确实不致再危害社会的，应宣告缓刑。

"初次犯罪"、"积极退赃或赔偿被害人经济损失"、"具备监护、帮教条件"情形之一，不得既作为可以宣告缓刑的条件，同时又作为应当宣告缓刑的根据。

第三十九条 未成年罪犯根据其所犯罪行，可能被判处拘役、三年以下有期徒刑，如果悔罪表现好，且符合刑法第七十二条规定的宣告缓刑的条件，同时，具有"系又聋又哑的人或者盲人"、"防卫过当或者避险过当"、"犯罪预备、中止或者未遂"、"共同犯罪中从犯、胁从犯"、"犯罪后自首或者有立功表现"、"其他犯罪情节轻微不需要判处刑罚"情形之一的，应依照刑法第三十七条的规定免予刑事处罚。

"系又聋又哑的人或者盲人"、"防卫过当或者避险过当"、"犯罪预备、中止或者未遂"、"共同犯罪中从犯、胁从犯"、"犯罪后自首或者有立功表现"、"其他犯罪情节轻微不需要判处刑罚"情形之一，不得既作为可能被判处拘役、三年以下有期徒刑的条件，同时又作为应当免除处罚的根据。应严格掌握"情节轻微不需要判处刑罚"标准，确属"情节轻微不需要判处刑罚的"，才应免予刑事处罚。

第四十条 量刑时，应以未成年被告人犯罪行为的社会危害性为裁量基础，以人身危险性为调节刑罚轻重的依据，以成年人犯相同罪行时的刑罚为标准，在犯罪性质和其他犯罪情节相同或大体相同时，应比照成年人犯罪从轻或者减轻处罚。对已满十四周岁不满十六周岁的未成年被告人和已满十六周岁不满十八周岁的未成年被告人，在具体量刑时应有所区别。对已满十四周岁不满十六周岁的未成年被告人适用刑罚，比照成年人犯罪裁量其刑罚的一半。对已满十六周岁不满十八周岁的未成年被告人适用刑罚，比照成年人犯罪裁量其刑罚的三分之二。

第四十一条　未成年被告人既具有法定或酌定从轻处罚情节，又具有法定或者酌定从重处罚情节，多种量刑情节并存，出现量刑情节反向竞合时不能简单折抵，应逐一分析各量刑情节所影响的刑罚量，分别作出评价后优先考虑法定从轻减轻情节、灵活掌握酌定情节，作出对未成年被告人有利的判决。

第四十二条　对未成年被告人决定刑罚时，能免予刑事处分的，不给予刑事处罚，能判处缓刑的，不判处实刑，能判处管制、拘役的，不判处有期徒刑，能判非监禁刑的，不判处监禁刑，在法律规定限度内给予未成年被告人适当的宽宥，并慎用附加刑。

对外地籍未成年被告人量刑时，应与本地籍未成年被告人同等对待，符合适用缓刑条件的应宣告缓刑。

第四十三条　未成年被告人属在校生，符合适用缓刑条件的一般应当宣告缓刑。对于符合判处非监禁刑条件的在校未成年被告人，应当坚持有利于在校未成年被告人接受教育及矫正原则，尽可能与学校协调为未成年被告人解决返校就读及帮教问题。

第四十四条　未成年人犯罪类型、犯罪事实、情节与最高法院和院审判委员会讨论公布的案例基本相同的，量刑时可以作为参考。

第七章　裁判文书制作

第四十五条　未成年被告人的法定代理人未到庭参加诉讼的，仍应在裁判文书上列明法定代理人身份并予以送达，以保障法定代理人的上诉权。

被告人实施被指控的犯罪时不满十八周岁，但开庭审理时已满十八周岁的，无须在裁判大书上将其家长列为法定代理人。

第四十六条　制作未成年人刑事案件裁判文书，应严格按照最高人民法院发布的诉讼文书样式进行，写明未成年被告人出生的年月日和家庭情况、社会交往、成长经历、性格特征、平时表现等与未成年被告人实施被指控犯罪密切相关的情况，以及实施被指控犯罪前后的表现。在判决理由部分应当分析未成年被告人走上犯罪道路的主、客观原因和被告人认罪情况。

制作未成年刑事案件裁判文书，可以增加"法官后语"，针对不同性质、不同家庭背景、不同犯罪原因、不同心理状态的未成年被告人通过情理交融、意味深长的话语及简单明了、通俗易懂的法律知识，警示未成年被告人汲取教训、悔过自新。

第八章　回访与帮教

第四十七条　未成年刑事审判合议庭应加强对未成年罪犯的回访考察，至少每半年对判处非监禁刑的未成年罪犯、每年对判处监禁刑的未成年罪犯进行回访考察一次。

对判处缓刑、管制等非监禁刑的未成年罪犯，应及时掌握他们的学习、工作以及生活情况，定期对他们进行法制、道德、伦理及世界观、价值观、人生观教育。

第四十八条 未成年刑事审判合议庭对判处非监禁刑的未成年犯，应于判后给其所在社区、村委会、学校或单位发出《通知书》，要求他们督促未成年罪犯学习法律、定期汇报思想，观察掌握其思想动态，共同做好帮教改造工作。

第四十九条 未成年刑事审判合议庭应通过多种形式与省少年犯管教所等未成年罪犯服刑场所建立联系，了解未成年罪犯的改造情况，协助做好帮教、改造工作。

第五十条 未成年刑事审判合议庭应适时走访被判处非监禁刑的未成年罪犯及其家庭，了解对未成年罪犯的管理和教育情况，引导未成年罪犯的家庭承担管教责任，为未成年罪犯改过自新创造良好的家庭环境。

第九章 犯罪预防与综合治理

第五十一条 对审判及调研过程中发现的诱发未成年人犯罪的问题，应及时向劳动、教育、公安、工商等有关部门发司法建议，督促有关单位进行整改，消除诱发犯罪的各种隐患。

第五十二条 加强与辖区内学校联系，进行院校共建，选派优秀法官担任法制副校长或辅导员，并广泛开展青少年喜闻乐见、形式多样的法制教育、道德教育活动。

第五十三条 设立并公开青少年维权咨询电话、网址及信箱，及时解答、处理来电、来访、来函。建立内容翔实的未成年人刑事案件及青少年维权工作基础台账，分类记载，定期整理汇总，通过对未成年人犯罪特点、规律的研究、梳理，为预防未成年人犯罪、维护未成年人合法权益提供参考。

第五十四条 加强同新闻媒体的工作联系与配合，及时宣传报道未成年刑事审判改革成果、工作经验，并以新闻媒体为载体，选取有代表性的典型案例进行法制宣传，使未成年人犯罪问题引起社会重视，形成浓厚的保护未成年人的舆论氛围。

31 福建省人民检察院《关于全省检察机关刑事和解专题会议纪要》（2007年12月18日 闽检办〔2007〕81号）（节录）

三、刑事和解的适用阶段。检察机关办理刑事案件，在审查批捕、审查起诉以及刑事申诉阶段，都可以启动刑事和解程序。刑事和解的时间计入办案期限。

四、刑事和解的适用原则。刑事和解应当坚持当事人自愿、意思表达真实和公平公正的原则。

刑事和解不得损害国家、集体和其他公民的合法权利，不得损害社会公共利益，不得违反法律和社会公德。

刑事和解的经济赔偿数额和其他补救办法，应当与被害人受犯罪损害而造成的实际损失及犯罪嫌疑人应当承担的责任相适应，并且应当考虑犯罪嫌疑人及其法定代理人的赔偿、补救能力。

五、刑事和解的适用条件。刑事和解应当同时具备以下条件：1. 案件存在加害与被害双方，且加害人的行为触犯刑法；2. 案件主要事实清楚，证据确实、充分；3. 加害人即犯罪嫌疑人悔罪，并且对主要犯罪事实没有异议；4. 双方自愿和解并形成书面和解协议。

六、刑事和解的适用范围。刑事和解目前仍处于探索阶段，适用范围不宜过宽，一般应为：法定刑在三年以下有期徒刑、拘役、管制或单处附加刑的侵犯公民人身权、财产权的刑事案件。包括刑事自诉案件、过失犯罪案件、未成年人犯罪案件，因民事纠纷引发的犯罪案件、被害人有明显过错而犯罪嫌疑人出于激愤而实施的犯罪案件。

累犯、多次作案及应当数罪并罚等犯罪情节、社会影响恶劣的案件，不能适用刑事和解程序。

造成他人损害且法定刑在三年以上有期徒刑或无期徒刑、死刑的刑事案件，检察机关也可以积极促成犯罪嫌疑人向受害人具结悔过、赔礼道歉、赔偿损失，并将相关情况记录在卷、随案移送，作为依法向人民法院提出从宽处理意见的依据。但目前这类案件不列入刑事和解范围。

七、刑事和解过程的组织。检察机关办理刑事案件，应积极促成刑事和解，但并不意味着检察机关可以直接组织刑事和解。为了体现刑事和解的公正性，除对属于被害人可以提起自诉但由公安机关立案侦查并提请批捕、起诉的轻微刑事案件，检察机关可以促使双方当事人在民事赔偿和精神抚慰方面和解，及案件的当事人双方自行和解外，其他案件的和解过程，原则上应由相关的调解机构组织进行，检察机关具体承办案件的部门一般不宜具体组织和解，确因办案工作需要可由非承办案件的控告申诉检察或民事行政检察部门出面组织和解。

检察机关对以下列刑事和解方式应予认可：1. 当事人双方自行协商的和解；2. 当事人双方近亲属、代理人、辩护人促成的和解；3. 人民调解委员会或者其他基层组织主持的和解；4. 双方当事人所在单位派员调处的和解；5. 其他机关和单位在职权范围内进行调处的和解。

八、刑事和解过程中检察机关的职责。检察机关认为所承办的案件符合上述刑事和解范围的，应告知犯罪嫌疑人、被害人及其代理人有刑事和解的权利，并可以依照上述相关方式进行刑事和解。在犯罪嫌疑人、被害人双方提出和解申请的情况下，需要由相关部门、单位组织和解的，检察机关可以积极协助联系，并向组织和解的部门、单位介绍案件情况。对犯罪嫌疑人、被害人双方达成的刑事和解协议，检察机关必须进行合法性、真实性、有效性审查。

九、刑事和解协议的确认。检察机关经审查，认为协议同时具备下列情形的，可认定双方已经和解：1. 犯罪嫌疑人真诚悔过，并向被害人赔礼道歉；2. 犯罪嫌疑人、被害人及其法定代理人或诉讼代理人就民事赔偿等事宜协商一致，并且已实际履行了刑事和解协议；3. 被害人明确表示对犯罪嫌疑人给予谅解，要求或者同意检察机关对犯罪嫌疑人从宽处理。

十、刑事和解案件的处理。检察机关对已经和解的案件，可以分别不同情况依法处理：

1. 在审查批捕阶段，作出不批准逮捕决定，如果案件符合不需要追究刑事案件要求的，建议侦查机关撤销案件；确需移送审查起诉的采取不捕直诉措施。

2. 在审查起诉阶段，可以对犯罪嫌疑人作出不起诉决定；确需提起公诉的，将刑事和解的有关材料移送人民法院，并提出从宽处理的量刑建议，其中对已经批准逮捕的犯罪嫌疑人认为无继续羁押必要的可以改变强制措施。

3. 在刑事申诉阶段，终结刑事申诉程序。

犯罪嫌疑人、被害人双方未能达成和解协议或达成和解协议后一方反悔的，案件按正常的诉讼程序依法处理。

十一、刑事和解案件的监督制约。为了防止刑事和解程序的滥用，必须加强对刑事和解案件的监督制约：

1. 除当事人双方自行达成和解协议外，由相关部门、单位组织的和解必须公开进行，犯罪嫌疑人、被害人及其代理人、所在单位、社区或就读学校有关人员共同参与；

2. 检察机关对拟建议侦查机关撤销案件或拟作不起诉决定的案件应进行公开审查，听取有关单位、双方当事人及其代理人的意见，接受有关方面的监督；

3. 检察机关作出的处理决定必须经过检务督察部门审查或报经检察委员会讨论通过。

十二、刑事和解工作的协调配合。检察机关开展刑事和解工作，既要加强检察机关与公安机关、审判机关、司法行政机关、基层有关组织等的配合，形成工作合力，提高刑事和解的成效。对刑事和解的犯罪嫌疑人作出从宽处理后，还应加强与犯罪嫌疑人所有的社区、单位、学校的联系，共同做好其回归矫治工作。

32 福建省人民检察院《关于实行轻罪不捕直诉的意见》（2007年6月5日　闽检发侦监字〔2007〕5号）

一、实行轻罪不捕直诉是检察机关依法贯彻宽严相济刑事司法政策的一种机制，能够有效地提高诉讼效率，化解社会矛盾，确保刑事执法的法律效果与社会效果的有机统一。

二、轻罪不捕直诉，是指人民检察院对侦查机关提请逮捕的轻微刑事案件，在符合法定条件下的情况下，对犯罪嫌疑人不予逮捕，由侦查机关直接移送审查起诉。

三、轻微刑事案件适用不捕直诉，应当按照最高人民检察院关于宽严相济刑事司法政策的要求，坚持全面把握、区别对待、严格依法、注重实效的原则。

四、适用不捕直诉的刑事案件应当同时符合以下条件：

（一）犯罪事实清楚，证据确实、充分，适用法律无争议；

（二）可能判处三年以下有期徒刑、拘役、管制或者单处附加刑；

（三）采取取保候审或者监视居住等措施不致发生社会危险；

（四）犯罪嫌疑人承认实施了被指控的犯罪。

五、适用不捕直诉要在把握事实证据和可能判处刑罚条件的基础上，注重对"是否有逮捕必要"的正确理解和把握。对下列刑事案件，一般可以依法适用不捕直诉：

（一）犯罪嫌疑人系已满十四周岁未满十八周岁的未成年人或者在校学生，本人有悔罪表现；其家庭、学校或者所在社区及居委会、村委会具有监护、帮教条件的；

（二）犯罪嫌疑人系身体条件不适合羁押的老年人、严重疾病患者、盲人、又聋又哑的人、正在怀孕或哺乳自己未满一周岁婴儿的妇女、尚未完全丧失辨认或者控制自己行为能力的精神病人等；

（三）主观恶性较小的初犯、偶犯、从犯、胁从犯、过失犯等；

（四）因邻里、亲友之间纠纷引发的轻伤害案件或情节较轻的交通肇事等过失犯罪案件，当事人双方已经就民事赔偿等问题达成和解，被害人给予谅解的；

（五）属于预备犯、中止犯、未遂犯或防卫过当、避险过当以及犯罪后有自首、立功表现等法定从轻、减轻、免除处罚情节的。

六、具有下列情形之一的，不适用不捕直诉：

（一）犯罪嫌疑人在逃的；

（二）犯罪嫌疑人拒不承认犯罪行为的；

（三）团伙犯罪案件的首要分子或共同犯罪案件的主犯；

（四）累犯；

（五）犯罪嫌疑人不具备取保候审、监视居住条件，在传讯时可能不到案，影响诉讼正常进行的；

（六）其他有较大社会影响的。

七、对于侦查机关提请逮捕的刑事案件，符合不捕直诉条件的，人民检察院应当作出不予逮捕决定，同时建议侦查机关直接移送审查起诉。

八、符合适用不捕直诉条件的刑事案件，应当由承办人提出意见，经部门负责人审核后报检察长或检察委员会决定。

九、适用不捕直诉案件的审查逮捕意见书，应当重点详细阐述认定犯罪事实的证据、理由和处理意见。

十、对于轻微刑事案件，在审查逮捕阶段，当事人双方已经自主、自愿协商达成达成和解并已履行，被害人要求免除对方刑事责任，并提交书面要求及赔偿协议的，人民检察院经审查后，可以依法作出不予逮捕决定。

十一、对适用不捕直诉的犯罪嫌疑人，人民检察院应当加强与学校、社区以及犯罪嫌疑人家庭、所在单位等的联系与配合，共同做好矫正工作，落实帮教措施，巩固办案效果。

十二、对拟适用不捕直诉的案件，可以听取侦查机关以及犯罪嫌疑人、被害人及其法定代理人、诉讼代理人对案件处理的意见，确保办案效果，维护司法公正。

十三、人民检察院应当加强与公安机关、人民法院的沟通、协调和配合，共同建立轻微刑事案件的快速处理工作机制。有条件的地方，可以联合制定相应的规范性文件。

十四、上级人民检察院要加强对下级人民检察院的监督和指导、建立健全监督考核工作机制。对未依法实行轻罪不捕直诉，造成严重后果的，要追究有关领导和人员的责任。

33 上海市高级人民法院《刑法总则适用问题解答（试行）》，载《最新刑事法律文件解读》2005年第2辑总第2辑，第70~78页。（节录）

2. 已满14周岁不满16周岁的人使用暴力、胁迫等手段奸淫幼女情节严重的，可以强奸罪论处。

3. 已满14周岁不满16周岁的人绑架并杀害被绑架人的，可以故意杀人罪论处。

34 《福建省人民检察院侦查监督处、公诉处，福建省高级人民法院刑二庭，厦门海关缉私局二〇〇三年第一次联席会议纪要》（2003年4月7日 闽检侦监〔2003〕17号）（节录）

5. 关于外国人或台湾人涉嫌走私犯罪案件的犯罪嫌疑人身份确定问题，如案件事实清楚，证据确实充分，可以以确认的有效身份证件来确定，但对犯罪嫌疑人年龄未满18岁的，要在年龄上进行甄别。

㉟ 厦门市中级人民法院刑一庭、市检察院起诉处、市公安局刑警支队、厦门海关缉私局法制处《座谈会纪要》（2003年3月20日）（节录）

四、关于台湾人毒品犯罪主体身份的确认。司法实践中，台湾人的犯罪主体身份比较复杂，在认定时应掌握以下原则：4. 如果犯罪嫌疑人（被告人）自报年龄不满十八岁，应尽最大努力予以查清，必要时应当辅助作骨龄的鉴定。

㊱《德州市未成年人轻罪犯罪记录消灭实施细则（试行）》①

学理观点·典型案例　　索引与要旨

❶《未成年人抢劫罪疑难问题研究》，载《刑事司法指南》2011年第4辑总第48辑，第61~80页。

❷《郭永明等绑架案》，载《刑事审判参考》2011年第2辑总第79辑，第27~39页。

核心提示 ➡ 户籍登记与其他证据之间存在矛盾，如何准确认定被告人的年龄？

❸《伍金波、黄南燕绑架案》，载《刑事审判参考》2010年第6辑总第77辑，第51~58页。

核心提示 ➡ 户籍证明与其他证据材料互相矛盾时，如何认定被告人的年龄？

❹《相对刑事责任年龄法律适用问题研究》，载《刑事司法指南》2009年第4辑总第40辑，第62~77页。

❺《对罪行极其严重的未成年犯罪人能否适用无期徒刑》，载《刑事法律文件解读》2009年第5辑总第47辑，第122~123页。

❻《李春伟、史熠东抢劫案》，载《刑事审判参考》2008年第2辑总第61辑，第8~15页。

要旨 ➡ 未成年人犯罪，法定刑为三年以上有期徒刑的，也可以适用免予刑事处罚。

一、《解释》第十七条的规定并未涵括所有免予刑事处罚的情形，也未禁止对犯法定刑三年以上有期徒刑之罪的未成年被告人免予刑事处罚。

二、在适用《解释》第十七条决定是否免予刑事处罚时，要全面、有序地衡量各种从宽处罚情节，避免重复评价。

❼《相对刑事责任年龄的人承担刑事责任范围的理解与把握》，载《最新刑事法律文件解读》2007年第3辑总第27辑，第125~146页。

❽《郑某某、李某某包庇、帮助未满14周岁的儿子毁灭杀人证据案》，载《最新刑事法律文件解读》2005年第11辑总第11辑，第138~142页。

核心提示 ➡ 包庇、帮助未满14周岁的人毁灭杀人证据如何定性？

---

① 对其解读见：《最新刑事法律文件解读》2010年第6辑总第60辑，第93~96页。

⑨《上海市第一中级人民法院刑事判决书〔2004〕沪一中刑再终字第 3 号》，载《最新刑事法律文件解读》2005 年第 2 辑总第 2 辑。

核心提示 ➡ 户籍底卡经涂改后通过其他证据认定实际年龄

⑩《刑法实务若干问题研究》，载《刑事审判参考》2004 年第 1 辑总第 36 辑，第 128 ~ 142 页。

核心提示 ➡ 已满 14 周岁不满 16 周岁的未成年人参与绑架应否负刑事责任的问题

⑪《关于未成年人刑事责任年龄的几个问题》，载《刑事法判解研究》2004 年第 4 辑总第 9 辑，第 153 ~ 166 页。

⑫《刑法纵横谈（上）》，载《刑事司法指南》2003 年第 2 辑总第 14 辑，第 1 ~ 54 页。

核心提示 ➡ 未成年人犯罪的刑事责任

⑬《姜金福抢劫案》，载《刑事审判参考》2002 年第 5 辑总第 28 辑，第 47 ~ 52 页。

核心提示 ➡ 不满 16 周岁的人犯抢夺罪为抗拒抓捕当场实施暴力致人轻伤的应以转化型抢劫罪处理

⑭《扎西达娃等抢劫案》，载《刑事审判参考》2002 年第 3 辑总第 26 辑，第 57 ~ 63 页。

核心提示 ➡ 对罪刑极其严重的未成年犯罪人能否判处无期徒刑？

要旨 ➡ 1. 根据最高人民法院相关解释，定抢劫一罪；2. 故对罪行严重的除另有从重情节外，一般可不判处无期徒刑。

⑮《程及伟绑架案》，载《刑事审判参考》2002 年第 3 辑总第 26 辑，第 45 ~ 50 页。

核心提示 ➡ 特殊情况下减轻处罚的适用

要旨 ➡ 最高人民法院相关解释，特殊情况一般指涉及国家利益，但也不绝对化，除了罪刑法定外，还要求罪刑相适应。首先，被告人刚满 18 岁，其舅指责其偷传呼机，产生报复动机，主观恶性不大。其次，未对被害人采取暴力、胁迫，未造成多大危害，系亲戚关系，有悔罪表现。

⑯《关于已满 14 周岁不满 16 周岁的人绑架并杀害被绑架人的行为如何适用法律问题的研究意见》，载《刑事审判参考》2001 年第 1 辑总第 12 辑，第 86 ~ 88 页。

⑰ 王汉斌《关于〈中华人民共和国刑法（修订草案）〉的说明》

要旨 ➡ 关于死刑问题：有些同志认为现行法律规定的死刑多了，主张减少。这是值得重视的。但是，考虑到目前社会治安的形势严峻，经济犯罪的情况严重，还不具备减少死刑的条件。这次修订，对现行法律规定的死刑，原则上不减少也不增加。经过同公检法研究，大家同意将未满 18 周岁的未成年人犯罪的最高刑由可以判处死刑缓期执行改为无期徒刑。

第 17 条之一 修正案（八）第 1 条 老年人从宽处罚

已满七十五周岁的人故意犯罪的，可以从轻或者减轻处罚；过失犯罪的，应当从轻或者减轻处罚。

关 联 规 范 ➡ 完全整理

❶《刑法修正案（八）》解读①

❷ 上海、北京、广东、湖北、江苏高级人民法院《〈人民法院量刑指导意见（试行）〉实施细则（试行）》（详见本书最后附件）

❸《福建省高级人民法院〈人民法院量刑指导意见（试行）〉实施细则（试行）》（闽高法发〔2010〕21号）（节录）

三、常见量刑情节适用

4. 对于六十五周岁以上的老年人犯罪，综合考虑其实施犯罪行为的动机和目的、情节、后果、犯罪时的年龄以及悔罪表现等，确定从宽的幅度。

（1）已满六十五周岁不满七十五周岁的老年人犯，可以减少基准刑的20%以下；

（2）七十五周岁以上的老年人犯，可以减少基准刑的50%以下。

第18条 精神病人、醉酒人的刑事责任

精神病人在不能辨认或者不能控制自己行为的时候造成危害结果，经法定程序鉴定确认的，不负刑事责任，但是应当责令他的家属或者监护人严加看管和医疗；在必要的时候，由政府强制医疗。

间歇性的精神病人在精神正常的时候犯罪，应当负刑事责任。

尚未完全丧失辨认或者控制自己行为能力的精神病人犯罪的，应当负刑事责任，但是可以从轻或者减轻处罚。

醉酒的人犯罪，应当负刑事责任。

关 联 规 范 ➡ 完全整理

❶ 最高人民法院《关于人民法院审判严重刑事犯罪案件中具体应用法律的若干问题的答复》（1983年9月20日 〔83〕法研字第18号）（节录）

四、问：有的人犯杀人罪后，经精神病院鉴定，认为是精神病患者，但从他在羁押中的情况看，似无异常表现。对这样的被告人，可否判处死刑？有的人犯罪时精神正常，犯罪后患精神病，对其罪行应不应当负刑事责任？（江西、河南、北京）答：经过鉴定，认为患精神病的人，在他不能辨认或者不能控制自己行为的时候造成危害结果的，依照刑法第十五条第一款的规定，不负刑事责任，不应对其判处刑罚，更不能判处死刑。人民法院如果对原鉴定有怀疑，可以按照刑事诉讼法第一百零九条的规定，再次送请鉴定。经过复验，如果确定此人不是精神病人，或者虽是间歇性的精神病人、但在精神正常的时候犯罪，依照刑法第十五条第一款、第二款的规定，应当负刑事责任的，须按照法律规定判刑；罪

---
① 载《刑事审判参考》2011年第4辑总第81辑，第83~117页以及《公检法办案指南》2011年第3辑总第135辑，第13~121页。

该处死的，可以判处死刑。犯罪的时候精神正常，犯罪后患精神病的人，依照法律规定，应当负刑事责任。

❷ 最高人民法院《关于处理精神病患者犯罪问题的批复》（1978年8月4日〔78〕法办研字第17号）

甘肃、黑龙江、安徽省高级人民法院：你们来文请示的关于处理精神病患者犯罪的问题，经我们研究，并征求了公安部的意见，认为仍可按我院1956年6月2日法研字第5674号《关于处理精神病患者犯罪问题的复函》所提意见办理。此复。

❸ 最高人民法院《关于麻风病患者犯罪是否负刑事责任问题的批复》（1955年10月15日）

你院本年7月（55）高法秘字第33号关于麻风病患者犯罪是否负刑事责任问题的请示收悉。此问题经与有关部门研究后，我院认为，由于麻风病人的思想意识始终是清楚的，如不同时患精神病，犯了罪应负刑事责任。至于判决后如何执行劳改问题，因麻风病是传染病，依中华人民共和国劳动改造条例第37条的规定，交公安机关执行劳改是有困难的，但可根据当地设有麻风病院的具体情况与公安机关和卫生机关共同协商，拟定办法，在麻风病院内辟出房间予以隔离管押。

❹ 上海、北京、广东、湖北、江苏高级人民法院《〈人民法院量刑指导意见（试行）〉实施细则（试行）》（2010年10月1日）（详见本书最后附件）

❺《福建省高级人民法院〈人民法院量刑指导意见（试行）〉实施细则（试行）》（2010年9月30日 闽高法发〔2010〕21号）（节录）

三、常见量刑情节适用

2. 对于限制行为能力的精神病人犯罪，综合考虑其实施犯罪行为时精神疾病的严重程度、犯罪性质以及悔罪表现等情况，确定从宽的幅度。

（1）限制行为能力的精神病人犯，病情为重度的，可以减少基准刑的40%以下；

（2）限制行为能力的精神病人犯，病情为中度的，可以减少基准刑的30%以下；

（3）限制行为能力的精神病人犯，病情为轻度的，可以减少基准刑的20%以下。未区分重度、中度、轻度的，依照第（2）项的规定确定从宽的幅度。

❻ 福建省公检法《福建省2008年度第1次公检法联席会议纪要》（2008年6月2日 闽公综〔2008〕314号）（节录）

三、根据2005年2月28日第十届全国人民代表大会常务委员会第十四次会议通过的《全国人大常委关于司法鉴定管理问题的决定》中第六条"申请从事司法鉴定业务的个人、法人或者其他组织，由省级人民政府司法行政部门审核，对符合条件的予以登记，编入鉴定人和鉴定机构名册并公告"的规定，福建省人民政府原确定的福州、厦门、泉州和龙岩4家具有精神病司法鉴定资格的医院，要向省司法厅申请审核，重新确认精神病司法鉴定资格，但目前仅厦门仙岳精神病医院通过司法厅鉴定资格审核。为此，会议明确，在另3家精神病医院尚未通过省司法厅重新资格认定情况下，全省执法办案单位须给犯罪嫌疑人做精神病司法鉴定的，应由厦门仙岳精神病医院进行。省高级人民法院正协调省卫厅、省司法厅，加快福州、泉州、龙岩3家精神病医院的司法鉴定资格确认工作。

7 上海市公检法司《关于办理犯罪嫌疑人、被告人在刑事诉讼期间患精神病的案件的规定》（2003年　沪检发〔2003〕272号）

一、本市各级公安机关、人民检察院、人民法院在刑事诉讼中，发现犯罪嫌疑人、被告人在诉讼期间患精神病而无受审能力的，应对该犯罪嫌疑人或被告人终止诉讼。

二、人民法院在审判阶段发现被告人属于无受审能力的精神病患者的，应当建议人民检察院撤回起诉，并由人民检察院将案件退回公安机关。

三、人民检察院在审查逮捕、审查起诉环节发现犯罪嫌疑人属于无受审能力的精神病患者的，应当将案件退回公安机关。

四、公安机关对于犯罪嫌疑人、被告人在刑事诉讼阶段患精神病而无受审能力的，应当撤销案件，依法送市公安局安康医院进行强制性监护治疗。

五、患精神病的犯罪嫌疑人、被告人经治疗康复后，需要追究刑事责任的，由公安机关重新立案，再依法进入刑事诉讼程序。

学理观点·典型案例　索引与要旨

1《侯卫春故意杀人案》，载《刑事审判参考》2010年第2辑总第73辑，第11~16页。

核心提示 ➡ 在故意杀人犯罪中醉酒状态能否作为酌定从轻处罚情节？

要旨 ➡ 一、醉酒的人犯罪，应当承担刑事责任，但一般情况下应严格控制死刑的适用；需要特别说明的是，对于那些预谋犯罪而故意酒后杀人即借酒行凶的犯罪分子，由于主观恶性深，犯罪情节恶劣，不属于因醉酒而酌情考虑的范畴，仍应依法从严惩处。

二、综合衡量本案各量刑情节，并考虑被告人醉酒杀人的实际情况，对其可不判处死刑立即执行。

2《房国忠故意杀人案》，载《刑事审判参考》2009年第3辑总第68辑，第1~5页。

核心提示 ➡ 醉酒状态下实施犯罪，量刑时可否酌情考虑导致行为人醉酒的原因？

3《从原因自由行为角度探讨吸毒者的刑事责任问题——析郭某故意杀人案》，载《刑事司法指南》2009年第2辑总第38辑，第203~210页。

4《病理性醉酒后伤害他人如何承担刑事责任》，载《公检法办案指南》2008年第5辑总第101辑，第173~177页。

5《彭崧故意杀人案》，载《刑事审判参考》2007年第2辑总第55辑，第1~5页。

核心提示 ➡ 被告人吸食毒品后影响其控制、辨别能力实施犯罪行为的，是否要承担刑事责任？

要旨 ➡ 吸毒是国家法律所禁止的行为，被告人彭崧在以前已因吸毒产生过幻觉的情况下，再次吸毒而引发本案，其对自己吸毒后的杀人行为应当依法承担刑事责任：1. 彭崧的杀人行为可以归责为他吸食毒品的行为；2. 吸食毒品后犯罪应负刑事责任不违反罪刑法定原则；3. 吸食毒品而致精神障碍的，不属刑法意义上的精神病人；4. 吸食毒品后犯罪的，不需要作司法精神病鉴定。

6 《在审理期间发现被告人患有精神病的如何处理》，载《刑事审判参考》2006 年第 2 辑总第 50 辑，第 144～145 页。

7 《李华故意杀人案　江苏省无锡市中级人民法院　刑事判决书》（〔2004〕锡刑初字第 12 号），载《刑事审判参考》2004 年第 5 辑总第 40 辑，第 181～188 页。

核心提示 ⇒ 服用"万艾可"是否对思维产生影响？

要旨 ⇒ 被告人辩解主观上无杀人的故意，是在药物作用产生精神严重错乱的状态下实施的行为。本院认为，关于被告人要求做药物精神病鉴定的申请，该项鉴定内容属于精神疾病司法鉴定的范畴，针对被告人所作的供述，根据药理学的特性，其服用"万艾可"并不会对思维的改变产生作用的影响，另从作案情节到现场的清理等一系列环节来看，足以证明被告人是在正常意识的支配下实施了整个行为，反映出其作案过程的周密性，尽管如此仍为其作过精神疾病的司法鉴定，已排除其精神方面的障碍。被告人还对《精神疾病司法鉴定书》持有异议，认为该司法鉴定不公正。本院确认其辩解意见属于主观推测，无事实依据，故不予采纳。

8 《张怡懿、杨君故意杀人案》，载《刑事审判参考》2003 年第 3 辑总第 32 辑，第 13～18 页。

要旨 ⇒ 对限制刑事责任能力的被告人一般不宜适用死刑。

9 《王逸故意伤害案》，载《刑事审判参考》2002 年第 3 辑总第 26 辑，第 13～18 页。

要旨 ⇒ 对精神耗弱患者一般不适用死刑。

10 《阿古敦故意杀人案》，载《刑事审判参考》2002 年第 1 辑总第 24 辑，第 16～21 页。

核心提示 ⇒ 对限制刑事责任能力的精神病人应如何处罚？

要旨 ⇒ 虽然《刑法》第 18 条第 3 款规定的是"可以"而不是"应当"从轻或者减轻，但应当理解为在一般情况下都应该予以从轻或者减轻处罚。

11 《李典故意杀人案》，载《刑事审判参考》2000 年第 2 辑总第 7 辑，第 15～19 页以及《刑事审判案例》，第 5～8 页。

核心提示 ⇒ 限制责任能力的精神病人犯故意杀人罪如何处罚？

要旨 ⇒ 新刑法对限制责任能力的精神病人的处刑较旧刑法轻。

12 《刑法纵横谈（上）》，载《刑事司法指南》2003 年第 2 辑总第 14 辑，第 1～54 页。

核心提示 ⇒ 精神障碍人的刑事责任

第 19 条　聋哑人、盲人的刑事责任

又聋又哑的人或者盲人犯罪，可以从轻、减轻或者免除处罚。

学理观点·典型案例　索引与要旨

《苏同强、王男敲诈勒索案》，载《刑事审判参考》2007年第6辑总第59辑，第38~45页。

核心提示 ➡ 如何理解与认定刑法第十九条规定的"盲人"犯罪？

要旨 ➡ 一、参考通行医学标准，被告人苏同强不属于刑法意义上的"盲人"。

医学上的盲人并不是通常所说的"双目失明"或者"失去视力"，而可能拥有极为微弱的视力。目前，对于如何理解刑法第十九条规定的"盲人"，尚无司法解释，我们认为，司法实践中可以参照上述医学标准来界定"盲人"的含义，即以最好眼的矫正视力低于0.05作为认定"盲人"的标准。

本案中，吉林市船营区人民政府残疾人联合会的指定区院对被告人苏同强的视力状况进行检查后，确定其两眼矫正视力分别为0.06和0.08，评定为"二级低视力"残疾人，并发给了残疾人证书。该证书使用的是旧分类标准，所注明的"二级低视力"，根据《残疾人实用评定标准》现在应当归为三级视力残疾，根据《人体重伤鉴定标准》现在应当归为低视力二级，但均高于0.05的"盲人"标准。这证明被告人苏同强在犯罪时的视力状况，按照医学上的标准不属于"盲人"，自然也不能认定为刑法第十九条所规定的"盲人"。据苏同强供述，他的视力状况对生活影响很大，但他可以靠近电脑屏幕操作电脑，甚至在电脑上看电影，这也证明他不属于生活意义上完全失去视力的盲人。据此，法院未予认定被告人苏同强系盲人是正确的。

二、对"盲人"犯罪是否适用刑法第十九条从宽处罚，须依据视力残疾与犯罪的关系而定。

三、对于不属于"盲人"的低视力被告人，人民法院可以为其指定辩护人。

第20条　正当防卫

为了使国家、公共利益、本人或者他人的人身、财产和其他权利免受正在进行的不法侵害，而采取的制止不法侵害的行为，对不法侵害人造成损害的，属于正当防卫，不负刑事责任。

正当防卫明显超过必要限度造成重大损害的，应当负刑事责任，但是应当减轻或者免除处罚。

对正在进行行凶、杀人、抢劫、强奸、绑架以及其他严重危及人身安全的暴力犯罪，采取防卫行为，造成不法侵害人伤亡的，不属于防卫过当，不负刑事责任。

❶ **最高人民法院、最高人民检察院、公安部、安全部、司法部《关于人民警察执行职务中实行正当防卫的具体规定》（1983年9月14日）**

《中华人民共和国刑法》第十七条关于对不法侵害采取正当防卫行为的规定，适用于全体公民。鉴于人民警察是武装性质的国家治安行政力量，在打击和制止犯罪、维护社会治安、保护公共利益和公民合法权益、保卫国家政权和社会主义现代化建设方面，负有特定责任,现对人民警察执行任务中实行正当防卫问题,作如下具体规定。

一、遇有下列情形之一,人民警察必须采取正当防卫行为,使正在进行不法侵害行为的人丧失侵害能力或者中止侵害行为:

(一)暴力劫持或控制飞机、船舰、火车、电车、汽车等交通工具,危害公共安全时;

(二)驾驶交通工具蓄意危害公共安全时;

(三)正在实施纵火、爆炸、凶杀、抢劫以及其他严重危害公共安全、人身安全和财产安全的行为时;

(四)人民警察保卫的特定对象、目标受到暴力侵袭或者有受到暴力侵袭的紧迫危险时;

(五)执行收容、拘留、逮捕、审讯、押解人犯和追捕逃犯,遇有以暴力抗拒、抢夺武器、行凶等非常情况时;

(六)聚众劫狱或看守所、拘役所、拘留所、监狱和劳改、劳教场所的被监管人员暴动、行凶、抢夺武器时;

(七)人民警察遭到暴力侵袭,或佩带的枪支、警械被抢夺时。

二、人民警察执行职务中实行正当防卫,可以按照1980年7月5日国务院批准的《人民警察使用武器和警械的规定》,使用警械直至开枪射击。

三、遇有下列情形之一时,应当停止防卫行为:

(一)不法侵害行为已经结束;

(二)不法侵害行为确已自动中止;

(三)不法侵害人已经被制服,或者已经丧失侵害能力。

四、人民警察在必须实行正当防卫行为的时候,放弃职守,致使公共财产、国家和人民利益遭受严重损失的,依法追究刑事责任;后果轻微的,由主管部门酌情给予行政处分。

五、人民警察采取的正当防卫行为,不负刑事责任。

防卫超过必要限度造成不应有的危害的,应当负刑事责任,但是应当酌情减轻或者免除处罚。

六、人民警察在使用武器或者其他警械实施防卫时,必须注意避免伤害其他人。

七、本规定也适用于国家审判机关、检察机关、公安机关、国家安全机关和司法行政机关其他依法执行职务的人员。

❷ 上海、北京、广东、湖北、江苏高级人民法院《〈人民法院量刑指导意见(试行)〉实施细则(试行)》(2010年10月1日)(详见本书最后附件)

❸《福建省高级人民法院〈人民法院量刑指导意见(试行)〉实施细则(试行)》(2010年9月30日 闽高法发〔2010〕21号)(节录)

三、常见量刑情节适用

5. 对于正当防卫明显超过必要限度造成重大损害的,应当综合考虑不法侵害的性质、造成损害的程度等情况,可以减少基准刑的50%以上;犯罪较轻的,应当依法免除处罚。

❹ 上海市高级人民法院《刑法总则适用问题解答（试行）》，载《最新刑事法律文件解读》2005年总第2辑（节录）

五、如何认定正当防卫

（一）正当防卫必要限度的认定

根据正当防卫的目的性要求，防卫行为应以足以制止不法侵害行为已足、如果不法侵害与防卫行为的强度基本相当，两者通常只能势均力敌。为了实现防卫行为的目的性和有效性，防卫行为的强度及其造成的损害结果适度超过不法侵害行为的强度及其可能造成的危害，既是必要的，也是合法的；但不能"明显超过"必要限度，并造成"重大损害"。否则，即属防卫过当。

1. 关于"重大损害"的把握，一般是指重伤程度以上的人身伤害。在具体认定中，如果防卫人仅给不法侵害者造成轻伤程度以下的损害后果的，则不论其防卫手段或方式如何，均应依法认定正当防卫。如果防卫行为给不法侵害者造成了重伤程度以上的损害后果的，则需进一步分析、查明防卫行为是否"明显超过"必要限度。如果不属于"明显超过"情况的，仍然应当认定正当防卫；如果属于"明显超过"情况的，则同时具备了"明显超过"并造成"重大损害"的法定要件，应当依法认定防卫过当，予以定罪处刑。

2. 关于"明显超过"的把握，一般说来，在人身侵害型案件中可以参考下列标准并结合案件的具体情况作出综合判断：

（1）如果不法侵害行为只有造成防卫者其他公民轻微伤的可能性，防卫行为造成不法侵害者轻伤的，可以认定超过；造成重伤的，可以认定明显超过；

（2）如果不法侵害行为具有造成防卫者或其他公民轻伤的可能性，防卫行为造成不法侵害者一般性重伤的，可以认定超过；造成肢体残废等严重程度的重伤或死亡的，可以认定明显超过；

（3）如果不法侵害行为明显具有造成防卫者或其他公民重伤的可能性，这时不法侵害行为就属于法定的"行凶"行为，防卫者有权对其行使无过当防卫权。

（二）行使无过当防卫权的合法性条件

刑法明文规定公民在遭遇他人行凶、杀人、抢劫、强奸、绑架等严重危及人身安全的暴力犯罪时，可以行使无过当防卫权。这一规定包含的两个限制性条件是：

1. 不法侵害行为必须是暴力犯罪。如果行为人采用投毒的方法杀人、用酒灌醉的方法抢劫，由于这些手段或方法行为不属于暴力犯罪的范畴，故不能对之行使无过当防卫权；

2. 不法侵害行为必须是严重危及人身安全的犯罪行为。对于一些不法青少年在校园附近采用拳打脚踢的方法恃强凌弱、强索弱小学生少量钱财的行为，因其所使用的暴力手段通常不具有严重危及人身安全的倾向，故不能以其行为具有劫财性质而对之行使无过当防卫权。

学理观点·典型案例 ➡ **索引与要旨**

❶《超越适当范围的自救行为应承担刑事责任》，载《公检法办案指南》2009年第10辑总第118辑，第173~179页。

❷《李明故意伤害案》，载《刑事审判参考》2007年第2辑总第55辑，第13~20页。

核心提示 ➡ 为预防不法侵害而携带防范性工具能否阻却正当防卫的成立
要旨 ➡ 互殴与正当防卫的界限
一、为预防不法侵害而携带防范性工具的定性：不能因为其携带管制刀具是违法的，就否定其行为的防卫性质。
二、互殴与正当防卫的界限：区分正当防卫和互殴的关键在于有无防卫意图。

❸《张德军故意伤害案》，载《刑事审判参考》2006年第4辑总第51辑，第1~8页。

核心提示 ➡ 见义勇为引发他人伤亡的如何处理？
要旨 ➡ 对于见义勇为的责任，应当结合正当防卫、紧急避险的刑法规定，根据故意伤害的法定构成来加以具体认定。如果公民在见义勇为当中，其行为触犯了上述法律规定，将需依法承担刑事责任和民事赔偿责任，可见，见义勇为的行为并不必然免责。①

❹《是事先防卫还是正当防卫》，载《公检法办案指南》2006年第1辑总第73辑，第171~175页。

核心提示 ➡ 被多人追赶过程中摔倒在地因惧怕被人追上遭殴打，用石块向后扔去砸中他人头部致轻伤，能否认定正当防卫？
要旨 ➡ 虽然被人追赶，但追赶人并未对其进行不法侵害，也就是说，追赶人对张某的不法侵害行为尚未开始，尚未着手实施，对其不构成现实危险，不能采取措施进行防卫，如其进行"防卫"，就是事先防卫。其犯罪行为在主观上，处于一种放任危害结果发生的间接故意；在客观上，造成他人轻伤，具有社会危害性，应以故意伤害罪追究其刑事责任。

❺《周文友故意杀人案》，载《刑事审判参考》2005年第5辑总第46辑，第30~40页。

核心提示 ➡ 如何理解正当防卫中"正在进行的不法侵害"？
要旨 ➡ 本案不属正当防卫。第一，本案的双方均有侵害对方的非法意图。因为双方于案发前不仅互相挑衅，而且均准备了作案工具；第二，周文友在对方意图尚未显现，且还未发生危及其人身安全的情况下，即持刀冲上前砍杀对方，事实上属于一种事先防卫的行为。

❻《秦文虚报注册资本、合同诈骗案》，载《刑事审判参考》2005年第4辑总第45辑，第10~14页。

核心提示 ➡ 对精神病人实施侵害行为的反击能否成立正当防卫？
要旨 ➡ 1.为了保护自己的人身权利而直接对侵害人实施的制止行为，不属于紧急避险。2.对于不能辨认或者不能控制自己行为的精神病人实施的不法侵害行为可以实施正当防卫。3.对于无刑事责任能力人的侵害行为实行正当防卫，不能超过必要限度造成重大损害。

---

① 编者注：该案例摘要与《公检法办案指南》2006年第10辑总第82辑，第166~172页所载案例同，但理由略有不同，可相互参照。

❼《黄德波故意伤害案》，载《人民法院案例选》2005年第3辑总第53辑。

要旨 ➡ 在互相斗殴案件中，强势一方的侵害行为不构成弱势一方正当辩护的理由。

双方在主观上均有侵害对方的故意，在客观上亦实施了针对对方的加害行为。在双方徒手打斗的过程中，被告人先后两次拿起锐器，并最终将被害人朱德军砍伤致死，此伤害行为不具有正当防卫的属性。

互殴双方的行为均属于不法侵害，一般不成立正当防卫。但是例外的情况是：1. 一方放弃斗殴逃避，另一方不肯罢休，逃避一方有正当防卫的权利；2. 在斗殴过程中，一方行为的性质发生急剧的变化，另一方存在正当防卫的权利。上述两种情况，均是因情况发生变化，互殴转变为一方殴打或攻击另一方。被殴打方已从互殴时的侵害者转变为被侵害者。

❽《刘某正当防卫案》，载《最新刑事法律文件解读》2005年第2辑。

核心提示 ➡ 用毒药毒死强奸犯是否属于正当防卫？

❾《论特殊防卫权》，周光权著，载《刑事司法指南》2005年第2辑总第22辑，第33～67页。

要旨 ➡ 一、特殊防卫权立法的合理性：1. 刑法学界对立法的批评；2. 对上述批评的反驳。

二、特殊防卫权适用一般原则：1. 适用有限性原则；2. 防卫合目的性原则；3. 防卫紧迫性原则；4. 防卫相当性原则。

三、特殊防卫权适用中若干具体问题的理解：1. "行凶"的含义；2. "杀人、抢劫、强奸、绑架罪"的理解；3. 其他严重危及人身安全的暴力犯罪；4. 特殊防卫的主体限定问题；5. 防卫意思的特殊问题；6. 关于特殊防卫人的说服责任。

❿《赵泉华被控故意伤害案》，载《公检法办案指南》。

核心提示 ➡ 对非法侵入住宅的行为人可否实行正当防卫？

⓫《吴金艳故意伤害上诉案》，载《最高人民法院公报》2004年第11辑总第97辑。

要旨 ➡ 在夜深无援的情况下，为制止正在实施的不法侵害行为，行为人紧急中无法慎重选择其他方式制止不法侵害，即使造成侵害人死亡，仍属于正当防卫。

⓬《赵泉华被控故意伤害案》，载《刑事审判参考》2004年第3辑总第38辑，第101～105页。

核心提示 ➡ 正当防卫仅致不法侵害人轻伤的是否承担刑事责任？对实施非法侵入住宅的行为人是否可以实行正当防卫？

要旨 ➡ 他人强行踢开被告人家上锁的房门闯入其家，被告人为制止不法侵害而持械挥击，致一人轻伤，一人轻微伤，正当防卫仅致不法侵害人轻伤的不负刑事责任。

⓭《特殊防卫权对象中"行凶、杀人、抢劫、强奸、绑架"涵义辨析》，载《刑事法判解研究》2004年第4辑总第9辑，第18～22页。

⓮《李小龙等被控故意伤害案》，载《刑事审判参考》2003年第5辑总第34辑，第13～19页。

核心提示 ➡ 殊防卫的条件以及对"行凶"的正确理解

要旨 ➡ 新刑法对正当防卫制度作了两点重要修改，一是放宽限度条件，要明显超过必要限度，并造成重大损害，才是防卫过当；二是增设特殊防卫条款；条件：1. 必须是正在进行的暴力犯罪行为。注意不能以暴力正在预备为借口防卫。无法要求防卫人判定暴力已构成犯罪，法律这样表述，在于强调危险性达到相当严重程度。2. 严重危及人身安全，如杀人、抢劫、强奸、绑架。3. 行凶较难把握：只有持有足以严重危及他人的重大人身安全的凶器、器械伤人的行为，才可以认定为行凶。本案被告方首先被不法侵害，防卫反击时，被害人又找来木棒、钢筋、菜刀等足以严重危及他人重大人身安全的凶器意欲进一步加害被告方，使被告方的重大人身安全处于现实的、急迫的、严重的危险下，应当认定为行凶。

⑮《胡咏平故意伤害案》，载《刑事审判参考》2003 年第 1 辑总第 30 辑，第 33~38 页。

核心提示 ➡ 当人身安全受到威胁后便准备防卫工具是否影响到防卫性质的认定？

要旨 ➡ 一、当人身安全受到威胁后可以准备防卫工具；被告人没有主动出击，准备工具只是以防不测。纵使被告准备工具是为防卫还是为斗殴难以界定，应作有利被告推定，符合去恶扬善的刑法本意。

二、不法侵害不是必须达到相当的严重性时，才能实施防卫。前提是存在"正在进行的不法侵害"，不管程度如何，都可防卫。不属于针对侵害尚未着手的事先防卫。本案被害人打被告人二耳光，表明侵害正在进行。被告人系在受轻微侵害时，行为过限。

⑯《姜方平非法持有枪支、故意伤害案》，载《刑事审判参考》2003 年第 1 辑总第 30 辑，第 11~18 页。

核心提示 ➡ 基于斗殴故意实施的反击行为能否认定为正当防卫？

要旨 ➡ 由于双方都不具有正当防卫的目的，因而无论谁先谁后动手，都不能认定为防卫行为。本案被告人得知与其有过纠纷的郑水良当日曾持铁棍向其父亲挑衅后，便前往郑水良家滋事。因郑水良不在家，被告人返回，并从路过的他人家内取得一把菜刀藏于身后。郑水良赶至并持铁棍打被告人，被告人即持刀伤害郑水良。本案中郑水良向被告人挑衅，显然是不当行为。但此挑衅行为尚未形成实在的对被告人的不法侵害。被告人在此时寻找郑水良并准备好菜刀，反映了其滋事斗殴的故意。显然，被告人主动寻找郑水良，反映了其内心的斗殴故意，而藏匿菜刀更是其主观故意的进一步彰示。换个角度看，被告人到郑水良家未找到郑而走开，存在两种可能性，一是其放弃斗殴的故意，此时，如果其受郑水良等人的殴打而还击，则可认定为正当防卫；二是存在继续寻找郑水良以进行斗殴的故意，而后来其到他人家取菜刀的行为则是这种故意的表现。因此，郑水良的先行殴打行为虽是非法的，但却只是斗殴实际发生的直接条件，并不违背被告人的斗殴意愿。因此，被告人的行为性质系斗殴而非防卫。

⑰《刑法纵横谈（上）》，载《刑事司法指南》2003 年第 2 辑总第 14 辑，第 1~54 页。

核心提示 ➡ 正当防卫

⑱《刑法适用疑难争议问题两人谈》，赵秉志、肖中华，载《刑事司法指南》2002 年第 2 辑总第 10 辑，第 50~131 页。

核心提示➡ 正当防卫的适用

⑲《张建国故意伤害案》，载《刑事审判参考》2001年第11辑总第22辑，第5~9页。

核心提示➡ 互殴停止后又为制止他方突然袭击而防卫的行为是否属于正当防卫？

要旨➡ 由双方互殴转变为一方自动放弃斗殴或主动退出斗殴现场，应该具有彻底性，并表现出明显的阶段性，而不包括互殴双方打斗中的此消彼长、强弱转换等情形变化。

⑳《苏良才故意伤害案》，载《刑事审判参考》2001年第10辑总第21辑，第18~21页。

核心提示➡ 互殴中的故意伤害行为是否具有防卫性质？

要旨➡ 本案中，被告人第一次被被害人叫出门时，与被害人产生争执，被被害人同伙踢了一脚。事后被告人不能冷静处理，而心怀不满，回至宿舍向同学要了一把折叠式水果刀，并张开刀刃藏于裤袋内出门，说明此时被告人主观上已产生殴斗的故意。在被害人的言语挑衅下，被告人声言"打就打"，并在斗殴中持刀刺死帮助其兄斗殴的被害人。被告人并非不愿斗殴，退避不予还手，在无路可退的情况下，被迫进行自卫反击，且对方手中并未持有任何凶器。显然，被告人的行为是为了逞能，目的在于显示自己不惧怕对方，甚至故意侵犯他人的人身权利，是一种有目的的直接故意犯罪行为，不是防卫过当。

㉑《王长友过失致人死亡案》，载《刑事审判参考》2001年第9辑总第20辑，第9~13页。

核心提示➡ 假想防卫如何认定及处理？

要旨➡ 假想防卫多发生在二种场合：一是发生在根本不存在不法侵害的场合，如夜间误认为来访的客人为强盗而实行防卫；二是在对不法侵害实行正当防卫的过程中，对在场的与不法侵害无关的人实行防卫，如某人正反击他人对其的不法侵害时，对突然介入的与不法侵害无关的人，疑为帮凶而实行的"防卫"。假想防卫虽然是故意的行为，但这种故意是建立在对客观事实错误认识基础上的，自以为是在对不法侵害实行正当防卫。行为人不仅没有认识到其行为会发生危害社会的后果，而且认为自己的行为是合法正当的，而犯罪故意则是以行为人明知自己的行为会发生危害社会的后果为前提的。因此，假想防卫的故意只有心理学上的意义，而不是刑法上的犯罪故意。因此，假想防卫是不可能存在故意犯罪的，仅成立疏忽大意的过失。

㉒《叶永朝故意杀人案》，载《刑事审判参考》2000年第1辑总第6辑，第6~10页。

核心提示➡ 刑法第二十条第三款规定的正当防卫权应如何理解与适用？

㉓《公检法办案指南》，2000年第3辑总第3辑。

核心提示➡ 在侵害人扬言要拿枪杀害被告人全家前提下，被告人为阻止侵害人回家拿枪而追至侵害人院内用木棍将其打死是否具有防卫性质？

㉔王汉斌《关于〈中华人民共和国（修订草案）〉的说明》

要旨➡ 关于正当防卫，刑法第十七条规定："为了使公共利益、本人或者他人的人身和其他权利免受正在进行的不法侵害，而采取的正当防卫行为，不负刑事责任。正当防卫超过必要限度造成不应有的危害的，应当负刑事责任；但是应当酌情减轻或者免除处罚。"由于对正当防卫超过必要限度的规定太笼统，在实际执行中随意性较大，出现了不少问题。比如，受害人在受到不法侵害时把歹徒打伤了，不仅得不到保护，反而被以防卫过当追究刑事责任。为了保护被害人的利益，鼓励见义勇为，草案增加规定："对正在进行行凶、杀人、抢劫、强奸、绑架以及其他严重危及人身安全的暴力犯罪，采取防卫行为，造成不法侵害人伤亡和其他后果的，不属于防卫过当，不负刑事责任。"

第 21 条　紧急避险

为了使国家、公共利益、本人或者他人的人身、财产和其他权利免受正在发生的危险，不得已采取的紧急避险行为，造成损害的，不负刑事责任。

紧急避险超过必要限度造成不应有的损害的，应当负刑事责任，但是应当减轻或者免除处罚。

第一款中关于避免本人危险的规定，不适用于职务上、业务上负有特定责任的人。

关联规范 ➡ 完全整理

❶ 上海、北京、广东、湖北、江苏高级人民法院《〈人民法院量刑指导意见（试行）〉实施细则（试行）》（详见本书最后附件）

❷《福建省高级人民法院〈人民法院量刑指导意见（试行）〉实施细则（试行）》（2010 年 9 月 30 日　闽高法发〔2010〕21 号）

三、常见量刑情节适用

6. 对于紧急避险超过必要限度造成不应有的损害的，应当综合考虑危险来源、避险方式、造成损害的程度等情况，可以减少基准刑的 50% 以上；犯罪较轻的，应当依法免除处罚。

学理观点·典型案例 ➡ 索引与要旨

❶《谭荣财、罗进东强奸、抢劫、盗窃案》，载《刑事审判参考》2008 年第 4 辑总第 63 辑，第 1~9 页。

要旨 ➡ 在生命受到现实威胁的情况下，被迫与他人性交的行为系紧急避险。

❷《张德军故意伤害案》，载《刑事审判参考》2006 年第 4 辑总第 51 辑，第 1~8 页。

核心提示 ➡ 见义勇为引发他人伤亡的如何处理？

❸《以避险手段保护较大合法权益的主观心态是成立紧急避险的关键要件》以及《熊腾高故意杀人案》，载《最新刑事法律文件解读》，2006 年第 4 辑总第 16 辑，第 126~130 页。

❹《方某某被逼迫强奸妇女案》，载《最新刑事法律文件解读》2005 年第 8 辑总第 8

辑,第133~140页。

核心提示 ➡ 在他人持刀威逼的情况下,行为人强行与妇女发生性关系是否应追究刑事责任?

5 《王仁兴破坏交通设施案》,载《刑事审判参考》2004年第3辑总第38辑,第82~87页。

核心提示 ➡ 紧急避险的成立条件有哪些?

要旨 ➡ 不履行因避险行为引起的作为义务可构成不作为犯罪。

紧急避险必须具备四个条件:1.必须是为了保护合法利益免受危险;2.必须是实际存在的正在发生的危险;3.必须是在迫不得已的情况下;4.所造成的损害必须小于所避免的损害。本案虽然航标船流失会造成其他过往船舶在通过该流域时发生倾覆、触礁等危及人身及财产损害的危险,且可能发生的损害的权益要大于被告人所保护的权益,但这种损害的权益是期待权益,不是现实权益。本案所损害的现实权益仅是为使航标船复位及正常工作所花费的1500余元,比被告人等3人的生命权益要小得多。因此属于紧急避险。

行为人的作为义务主要来自于三个方面:一是法律明文规定的义务;二是职务上或者业务上所要求必须承担的义务;三是行为人先行行为引起的义务,指行为人先前实施的行为,使某种合法权益处于危险状态时,该行为人负有采取有效措施积极防止危害结果发生的义务。司法实践中,不作为行为一般要造成实际的损害后果才构成犯罪。但本罪是危害公共安全的犯罪,只要造成危险即构成。先行行为是不是合法行为并不能免除行为人因其先行行为所引起的作为义务。

第二节 犯罪的预备、未遂和中止

第22条 犯罪预备

为了犯罪,准备工具、制造条件的,是犯罪预备。

对于预备犯,可以比照既遂犯从轻、减轻处罚或者免除处罚。

关 联 规 范 ➡ **完全整理**

1 最高人民检察院、公安部《关于公安机关管辖的刑事案件立案追诉标准的规定(二)》(2010年5月7日 公通字〔2010〕23号)(节录)①

第八十九条 对于预备犯、未遂犯、中止犯,需要追究刑事责任的,应予立案追诉。

2 最高人民法院、最高人民检察院、公安部《关于办理制毒物品犯罪案件适用法律若干问题的意见》(2009年6月23日)(节录)②

---

① 对其解读见:《刑事审判参考》2010年第4辑总第75辑,第127~158页。

② 对其解读见《刑事审判参考》2009年第5辑总第70辑,第86~96页以及《答记者问》,载《刑事法律文件解读》2009年第8辑总第50辑,第32~37页。

一、关于制毒物品犯罪的认定（四）为了制造毒品或者走私、非法买卖制毒物品犯罪而采用生产、加工、提炼等方法非法制造易制毒化学品的，根据刑法第二十二条的规定，按照其制造易制毒化学品的不同目的，分别以制造毒品、走私制毒物品、非法买卖制毒物品的预备行为论处。

❸ 上海、北京、广东、湖北、江苏高级人民法院《〈人民法院量刑指导意见（试行）〉实施细则（试行）》（2010年10月1日）（详见本书最后附件）

❹ 《福建省高级人民法院〈人民法院量刑指导意见（试行）〉实施细则（试行）》（2010年9月30日　闽高法发〔2010〕21号）（节录）

三、常见量刑情节适用

7. 对于预备犯，综合考虑预备犯罪的性质、手段、准备程度等情况，可以比照既遂犯减少基准刑的50%以上；犯罪较轻的，可以依法免除处罚。

学理观点·典型案例 ➡ 索引与要旨

❶ 《夏洪生抢劫、破坏电力设备案》，载《刑事审判参考》2010年第5辑总第76辑，第1~10页。

核心提示 ➡ 以出租车为抢劫目标，如何区分预备与着手实施？

❷ 《张正权等抢劫案》，载《刑事审判参考》2007年第6辑总第59辑，第26~31页。

核心提示 ➡ 如何正确认定犯罪预备？

要旨 ➡ 为实施特定犯罪而准备工具、制造条件的，应当认定为犯罪预备。

犯意表示是指行为人通过一定的方式，将内心的犯罪意图表现于外部的行为。其特征是：1. 犯意表示是一种单纯将犯罪意图表现于外部的行为；2. 它需要借助语言、文字或者具体的行为举动等一定的方式能够被他人所感知；3. 它是一种犯罪意图的单纯流露，对以后可能实施的犯罪是否易于实行，便于完成尚不能起到制造条件的作用。

犯意表示与犯罪预备的本质区别在于，犯罪预备是对实行犯罪起促进作用的行为，即准备犯罪工具、制造条件，也就是有实现其犯罪故意的行为；而犯意表示行为只是单纯流露犯意，不是实现犯意的具体行为，没有对法益构成现实威胁，因此，犯意表示并不是我国刑法的规定的可以构成犯罪的"危害社会的行为"，只有建立在为了该犯意表示而"准备工具、制造条件"的基础之上的具体行为，才能评价为"危害社会的行为"从而可能成立犯罪预备。

从成立犯罪预备的核心要求看，仅有犯意表示而没有具体准备工具、制造条件行为的，不能认定为犯罪预备。准备工具，即除准备工具以外的一切为实行犯罪制造条件的预备行为，可以表现为：1. 制造实行犯罪的客观条件，如调查犯罪场所和被害人行踪、出发前往犯罪场所或者守候被害人的到来、诱骗被害人前往犯罪场所等；2. 创造实行犯罪的主体条件，如勾结纠集犯罪同伙、寻找共犯人等；3. 制造实行犯罪的现实作案条件，发商议犯罪的实行计划、进行分工等。

❸《杨永胜销售假冒注册商标的商品案》，载《刑事审判参考》2007年第5辑总第58辑，第11~17页。

核心提示 ➡ 如何区分销售假冒注册商标的商品罪中的犯罪预备与犯罪未遂？

要旨 ➡ 本案审理中，辩护人提出被告人杨永胜尚未着手实行销售行为，应以犯罪预备论处。对此，理论上也有观点认为，销售行为的实施应以买卖双方同时存在为前提，在销售者寻找到购买者之前，其"进货"、"寻找买主"等行为，均只能认定为销售犯罪的预备行为。

我们认为，行为人为了销售假冒注册商标的商品而实施的购买行为，应当视为已经着手实行犯罪，而不是为了犯罪的准备工具、制造条件行为。首先，销售行为应作为一个持续的、完整的过程来加以理解，进货、定价、寻找买主、买卖双方之间交易均应视为销售行为通常的、必要的组成部分。其次，由买卖行为的对向性、密切关联性特点所决定，为了非法销售而实施的先行购买行为，是整个非法制售假冒注册商标的商品犯罪的重要环节。一旦实施，即将进行销售阶段，已经构成侵害法益的紧迫危险性，走出了预备犯的范畴。最后，从严惩此类犯罪的角度来讲，实践中许多此类案件均是在购货之后尚未销售之时就被查获，认定为"已经着手"成立犯罪未遂更具合理性，更符合打击此类犯罪的实践需要。如对此类行为以犯罪预备论处，实际上会导致不合理地缩小知识产权犯罪的打击面，不利于对知识产权的司法保护。综上，被告人杨永胜为销售假冒注册商标的商品而实施的购买大量假冒注册商标的商品行为，应当视为已经着手实行销售，构成犯罪未遂，而不是犯罪预备。

❹《刘群、李国才抢劫、诈骗、盗窃案》，载《刑事审判参考》2004年第2辑总第37辑，第37~46页。

要旨 ➡ 预谋抢劫，按约定到指定地点，因未找到合适的作案对象而抢劫未遂，其行为构成抢劫预备。

❺《刑法纵横谈（上）》，载《刑事司法指南》2003年第2辑总第14辑，第1~54页。

核心提示 ➡ 犯罪的未完成形态

❻《黄斌等抢劫（预备）案》，载《刑事审判参考》2001年第11辑总第22辑，第10~15页。

核心提示 ➡ 如何判断着手以及犯罪预备应如何认定及处理？

要旨 ➡ 司法实践中，判断是否"着手"，还是应根据具体案件的具体情况，结合刑法条文的有关规定，具体分析、认定。具体到抢劫案件而言，由于抢劫罪的成立，必须以行为人已实施了暴力、威胁等法定的犯罪方法为要件，因此，只有行为人已开始实施上述特定的方法行为，才能视为犯罪着手。本案中，两被告人虽与欲抢劫的对象同在一车，并具有随时实行抢劫犯罪的条件和可能，但自始至终毕竟尚未开始实施暴力、威胁方法行为，仍停留在预备阶段。虽是预备，但离着手仅一步之遥，且所犯系重罪，社会危害性程度相当大，仍应追究其刑事责任。

❼《张书海等抢劫、非法持有枪支、弹药刑事裁定书》，载《刑事审判参考》2001年

第 11 辑总第 22 辑，第 96~112 页。

核心提示 ➡ 预备抢劫因故最终未参加同伙的抢劫应如何认定？

要旨 ➡ 被告人张云志携带上述工具多次到被害人家附近伺机作案，均因被害人家人多未能着手实施抢劫。张云志离开郑州返回叶县。后张书海再次纠集了张云志等人，并指使张云志带着张小马到被害人附近踩点，3 人又多次携带作案工具到被害人家附近伺机作案，仍因被害人家人多未能着手实施抢劫，张云志再次离开郑州。1996 年 11 月 27 日晚，张书海、张小马实施了抢劫。关于上诉人张云志的辩解，经查，被告人先后两次从原籍来到郑州，伙同张书海、张小马多次携带刀子、尼龙绳等作案工具到被害人家附近伺机抢劫作案，均因被害人家里人多等原因而未着手实施抢劫，虽然其最终未参加 1996 年 11 月 27 日的抢劫作案，但亦未有证据证明其已放弃抢劫犯罪的意图，故其犯罪形态属犯罪预备而不是犯罪中止。由于其犯罪性质严重，社会危害大，原审法院依法对其作出了减轻处罚的判决，并无不当。故其辩解理由不能成立。

第 23 条　犯罪未遂

已经着手实行犯罪，由于犯罪分子意志以外的原因而未得逞的，是犯罪未遂。

对于未遂犯，可以比照既遂犯从轻或者减轻处罚。

关联规范 ➡ 完全整理

❶ 最高人民法院《人民法院量刑指导意见（试行）》（2010 年 9 月 13 日　法发〔2010〕36 号）（节录）

三、常见量刑情节的适用

2. 对于未遂犯，综合考虑犯罪行为的实行程度、造成损害的大小、犯罪未得逞的原因等情况，可以比照既遂犯减少基准刑的 50% 以下。

❷ 最高人民检察院、公安部《关于公安机关管辖的刑事案件立案追诉标准的规定（二）》（2010 年 5 月 7 日　公通字〔2010〕23 号）（节录）①

第八十九条　对于预备犯、未遂犯、中止犯，需要追究刑事责任的，应予立案追诉。

❸ 最高人民法院《关于审理抢劫、抢夺刑事案件适用法律若干问题的意见》（2005 年 6 月 8 日　法发〔2005〕8 号）（节录）②

10. 抢劫罪的既遂、未遂的认定：抢劫罪侵犯的是复杂客体，具备劫取财物造成他人轻伤以上后果两者之一的，均属抢劫既遂；既未劫取财物，又未造成他人人身伤害后果的，属抢劫未遂。据此，刑法第二百六十三条规定的八种处罚情节中除"抢劫致人重伤、死亡的"这一结果加重情节之外，其余七种处罚情节同样存在既遂、未遂问题，其中属抢劫未

---

① 对其解读见：《刑事审判参考》2010 年第 4 辑总第 75 辑，第 127~158 页。
② 对其解读见：《刑事审判参考》2005 年第 1 辑总第 42 辑，第 93~98 页以及 2005 年第 2 辑总第 43 辑，第 71~92 页。

遂，应当根据刑法关于加重情节的法定刑规定，结合未遂犯的处理原则量刑。

❹ 最高人民检察院《关于保险诈骗未遂能否按犯罪处理问题的答复》（1998年11月27日　高检研发〔1998〕第20号）①

经研究，并经最高人民检察院领导同意，答复如下：行为人已经着手实施保险诈骗行为，但由于其意志以外的原因未能获得保险赔偿的，是诈骗未遂，情节严重的，应依法追究刑事责任。

❺ 最高人民法院《关于审理盗窃案件具体应用法律若干问题的解释》（1998年3月17日　法释〔1998〕4号）（节录）②

第一条　（二）盗窃未遂，情节严重，如以数额巨大的财物或者国家珍贵文物等为盗窃目标的，应当定罪处罚。

❻ 最高人民法院《关于适用〈全国人民代表大会常务委员会关于禁毒的决定〉的若干问题的解释》（1994年12月20日　法发〔1994〕30号）（节录）

十七、对以假毒品进行犯罪的定性

明知是假毒品而冒充毒品贩卖的，以诈骗罪定罪处罚。不知道是假毒品而当作毒品走私、贩卖、运输、窝藏的，应当以走私、贩卖、运输、窝藏毒品犯罪（未遂）定罪处罚。

如果行为人将精制毒品稀释后贩卖，或者是土法加工毒品因提炼不纯而含有较多杂质的，不论其中有多少其他成分，只要含有毒品，就应当以毒品犯罪认定。

❼ 最高人民法院研究室《关于对海关监管现场查获的走私犯罪案件认定既遂、未遂问题的函》（2000年7月30日　法研〔2000〕68号），载《缉私警察执法手册刑事卷》，第55页。

经研究，提供以下意见供参考：行为人犯走私罪，在海关监管现场被查获的，应当认定为犯罪既遂。

附件：关于对海关监管现场查获的走私案件不宜以走私未遂认定的意见的函（侦查函〔2000〕72号）最高人民法院研究室：近期，我局连续收到下属分局转来的地方人民法院对四宗走私罪案件的判决书，这四份判决书对海关监管现场查获的四起走私案件均以犯罪未遂或部分未遂予以认定，该认定直接导致对走私犯罪分子处刑从轻的判决结果（其中两宗案件的走私罪犯均宣判缓刑）。我下属分局曾就该几宗案件与地方人民法院交换过意见，但地方人民法院以走私罪既遂、未遂之分无明确司法解释为由，对侦查机关的意见未予充分考虑。

我局认为，从走私罪的犯罪构成来看，该罪系行为犯，只要犯罪分子实施了逃避海关监管的行为，就应为既遂，而不应以实际是否发生危害结果而论。就海关监管现场查获的走私犯罪案件而言，报关是走私分子实施犯罪活动的核心环节，只要当事人以伪报、瞒报等欺骗作为实施报关行为的，该作为就已经既遂，不存在未遂问题。如果以走私犯罪分子的走私货物、物品是否被海关查扣，是否发生偷逃税额的结果为界限，将走私犯罪行为分

---

① 对其解读见：《解读最高人民检察院司法解释》，第310~312页。
② 对其解读见：《解读最高人民法院司法解释·刑事、行政卷（1997~2002）》第198~208页。

为既遂和未遂，甚至走私犯罪分子倒卖走私货物的价款（违法所得）被海关追缴，亦可归入此列，不存在既遂的情形了。目前，海关查获私货或价款的走私犯罪案件所占比例很大（据统计，占缉私警察立案数的 70% 以上），若对此类走私案件均以未遂认定，势必造成对走私犯罪分子处刑从轻，对走私犯罪活动惩治不力的不良后果。而现实是，对其中的大多数案件，有关法院按走私既遂作出判决。为了统一法院系统对走私犯罪案件的认定和判罚尺度，建议对走私罪的既遂、未遂问题予以明确。

现将四宗走私案件的判决书转送你室，请你室将有关意见函告我局。

❽ 最高人民法院研究室《关于盗窃未遂案件定罪问题的电话答复》（1990 年 4 月 20 日）

我院与最高人民检察院联合下发的《关于当前办理盗窃案件中具体应用法律的若干问题的解答》（2010.12.22）第一条第二项只列举了部分应依法定罪处罚的盗窃未遂案件，这种列举并不排除其他盗窃未遂案件的定罪处罚。当然，也并不意味着对所有的盗窃未遂案件都必须一律定罪判刑。是否定罪判刑，还要根据刑法第十条规定的精神，并结合案件的具体情况，区别对待。

❾ 上海、北京、广东、湖北、江苏高级人民法院《〈人民法院量刑指导意见（试行）〉实施细则（试行）》（2010 年 10 月 1 日）（节录）（详见本书最后附件）

❿《**福建省高级人民法院〈人民法院量刑指导意见（试行）〉实施细则（试行）**》（2010 年 9 月 30 日　闽高法发〔2010〕21 号）（节录）

三、常见量刑情节适用

8. 对于未遂犯，综合考虑犯罪行为的实行程度、造成损害的大小、犯罪未得逞的原因等情况，可以比照既遂犯减少基准刑。

（1）实行终了的未遂犯，造成损害后果的，可以比照既遂犯减少基准刑的 20% 以下；未造成损害后果的，可以比照既遂犯减少基准刑的 10%～30%；

（2）未实行终了的未遂犯，造成损害后果的，可以比照既遂犯减少基准刑的 20%～40%；未造成损害后果的，可以比照既遂犯减少基准刑的 30%～50%。

⓫ 福建省公检法《关于办理虚假信息诈骗案件若干问题的意见》（2007 年 8 月 2 日　闽公综〔2007〕449 号）（节录）

（一）个人诈骗公私财物价值人民币 2 千元以上的"数额较大"；达 3 万元以上的为"数额巨大"；达 20 万元以上的属于"数额特别巨大"。

（三）诈骗未遂，但情节严重的，应当定罪处罚。

（七）个人诈骗公私财物价值人民币达 10 万元以上，且系犯罪集团首犯，共同犯罪情节严重的共犯，以及具有流窜作案危害严重和曾因诈骗犯罪受过刑事处罚等情形之一的，属于"情节特别严重"。

（八）冒充党政、司法机关工作人员进行诈骗活动，干扰行政、司法工作，影响党政、司法机关形象的，一般认定为具有"其他严重情节"。

⓬《全国部分法院经济犯罪案件审判工作座谈会研讨综述——"经济犯罪案件中的法律适用问题"》（2004 年 11 月 27 日），载《刑事审判参考》2004 年第 6 辑总第 41 辑，

第 146~168 页（节录）

（六）抢劫罪停止形态的认定。关于抢劫罪的停止形态，代表们重点讨论了既遂、未遂的认定问题。尽管存在少数分歧意见，但与会代表绝大多数认同以下观点：抢劫罪侵犯的是复杂客体，既侵犯财产权利又侵犯人身权利，具备劫取财物或者造成他人轻伤以上后果两者之一的，均属抢劫既遂；既未劫取财物，又未造成他人人身伤害后果的，属抢劫未遂。据此，刑法第263条规定的八种处罚情节中除"抢劫致人重伤、死亡的"这一加重结果之外，其余七种处罚情节同样存在既遂、未遂问题，其中属抢劫未遂的，应当根据刑法关于加重情节的法定刑规定，结合未遂犯的处理原则量刑。也有个别代表认为，应当降低抢劫罪既遂的认定标准。因为抢劫罪的典型构成特征并不在于暴力的结果而应在于暴力本身，因此，只要具备劫取财物或者造成他人轻微伤以上后果两者之一的，即可认定为抢劫既遂。

学理观点·典型案例 ➡ 索引与要旨

❶《代海业盗窃案》，载《刑事审判参考》2010年第5辑总第76辑，第43~49页。

要旨 ➡ 利用手机群发诈骗短信，后因逃避侦查丢弃银行卡而未取出卡内他人所汇款项，应认定为未遂。

❷《李官容抢劫、故意杀人案》，载《刑事审判参考》2010年第2辑总第73辑，第17~24页。

核心提示 ➡ 对既具有自动性又具有被迫性的放弃重复侵害行为，能否认定犯罪中止？

要旨 ➡ 1. 放弃重复侵害行为并不必然属于犯罪中止；2. 被告人放弃犯罪及救治被害人的被迫性大于自动性；3. 认定未遂。

❸《组织他人偷越国（边）境犯罪既、未遂形态分析》，载《刑事法律文件解读》2010年第2辑总第56辑，第112~117页。

❹《持刀入户索财时被害人持刀护财，行为人拿走半瓶可乐的行为应如何认定》，载《公检法办案指南》2010年第7辑总第127辑，第179~185页。

❺《林燕盗窃案》，载《刑事审判参考》2009年第3辑总第68辑，第19~25页。

核心提示 ➡ 保姆盗窃主人财物后藏于房间是否构成盗窃既遂？

❻《非法制造他人注册商标标识罪是否存在犯罪未遂》，载《刑事法律文件解读》2009年第8辑总第50辑，第120页。

❼《粮红兵、金光显组织他人偷越国境一案分析》，载《刑事法律文件解读》2009年第8辑总第50辑，第113~119页。

核心提示 ➡ 组织他人偷越国境犯罪既、未遂辨析

❽《本案是抢劫既遂还是未遂》，载《刑事法律文件解读》2009年第5辑总第47辑，第121~122页。

核心提示 ➡ 未能当场劫得财物，追赶被害人过程中拾得被害人掉落的财物应如何认定？

❾《魏建军抢劫、放火案》，载《刑事审判参考》2006年第4辑总第51辑，第9~14页。

要旨 ➡ 因果关系错误中的事前故意不影响故意犯罪既遂的成立。

所谓因果关系的错误，是指行为人侵害的对象没有错误，但造成损害的因果关系的实际进程与行为人所认识的发展过程不一致的情况。

本案中，被告人因贪图他人钱财而起抢劫之念，携带作案工具翻墙进入被害人家中，在翻找钱财时被人发觉而持械朝被害人头部猛击，误认为被告人已死亡，将钱财拿走，后为掩盖罪行，毁灭罪证，点燃"被害人尸体"及被褥等物品，致被害人颅脑损伤后吸入一氧化碳窒息死亡。我们认为，虽然这种情况下客观上有前后两个行为，是后行为最终造成的死亡结果，但前行为与死亡结果之间的因果关系并未因后行为的介入而中断，应肯定前行为与危害结果之间的因果关系，而且前后两个行为是行为人在一个概括的杀人故意下连续实施的，无论是前行为还是后行为造成的实际损害结果，与行为人意欲实现的结果完全一致，故应以犯罪既遂论处。

❿《兼析李某洋强奸案的中止或未遂形态》，载《公检法办案指南》2006年第11辑总第83辑，第169~178页。

要旨 ➡ "犯罪分子意志以外的原因"的认定：

本案发生的特定环境是在陈某的出租屋内，且院内其他人都已离开，陈某虽进行了反抗，但其反抗并不足以制止李某洋的犯罪行为，客观上存在李某洋将犯罪进行到底，实现其强奸目的的可能。但是，当李某洋听到陈某的劝说后引起内心的动摇，因而自动停止了犯罪。可见，李某洋放弃犯罪的完成是自动的，是出于本意的，其放弃犯罪非不能为，而是不愿为。我们不能因为李某洋自动停止实施犯罪行为的原因中有陈某的抵抗因素，而否认李某洋"自动放弃"这一主观方面。

⓫《从一起个案看盗窃的既未遂及相关罪的区别》，载《刑事审判参考》2005年第5辑总第46辑，第162~168页。

核心提示 ➡ 盗窃的既未遂探讨及盗窃与诈骗、抢夺行为交织时如何定性的辨析？

⓬《潘楠博帮助犯罪分子逃避处罚、受贿案》，载《刑事审判参考》2005年第4辑总第45辑，第29~36页。

核心提示 ➡ 对刑法各条中的"犯罪分子"应如何理解？

要旨 ➡ 我国刑法条文中有许多关于"犯罪分子"的规定，其指称包括犯罪嫌疑人、刑事被告人或罪犯。如刑法第23条的"犯罪分子"指犯罪嫌疑人；刑法第61条的"犯罪分子"指刑事被告人；刑法第71条的"犯罪分子"指罪犯。由此可见，"犯罪分子"是一个泛指的概念，其含义需要结合具体的条文加以分析。关于帮助犯罪分子逃避处罚罪中的"犯罪分子"，我们认为，不需要以法院已经作出生效刑事判决为必要条件。该罪的"犯罪分子"，只能是正在实行犯罪或者有证据证明涉嫌犯罪的犯罪嫌疑人。

⓭《陈爱军等抢劫过程中嫌钱少而放弃案》，载《最新刑事法律文件解读》2005年第8辑总第8辑，第141~144页。

核心提示 ➡ 抢劫作案时嫌钱少未拿钱而放弃，是中止还是未遂？

❹《组织他人偷越国（边）境罪的既遂与未遂——兼论行为犯的既遂与未遂》，载《刑事司法指南》2004年第1辑总第21辑，第206页。

❺《曾劲青、黄剑新保险诈骗案》，载《刑事审判参考》2004年第3辑总第38辑，第88~100页。

要旨 ➡ 保险诈骗行为虽然未遂但情节严重的，也应当定罪处罚。

1996年12月16日最高人民法院《关于审理诈骗案件具体应用法律若干问题的解释》虽已失效，但却不失参照作用。该《解释》的精神实质在于说明，诈骗未遂情节严重的，如以数额巨大的财物为诈骗目标等，应当定罪处罚，至于诈骗目标数额较小等情节并不严重的诈骗未遂情形，可不予追究刑事责任。保险诈骗罪在刑法修订前也是诈骗罪之一种，两者是特殊与一般的关系。本案被告人意图进行保险诈骗目标数额高达71.8万元，其中30万元属未遂，41.8万元属未遂，应情节严重理应予以定罪处罚。

❻《唐胜海、杨勇强奸案》，载《刑事审判参考》2004年第1辑总第36辑。

核心提示 ➡ 加重情节的既遂、未遂情形应如何处理？

要旨 ➡ 未遂是犯罪的未完成形态，而轮奸并非独立一罪，只是强奸的一种情形。故轮奸无独立的既未遂问题，只有强奸的既未遂问题。对一人既遂，一人未遂，首先，应对各人以强奸定罪处罚。其次，轮奸是共同实行犯，按照强奸认定既未遂的一般原理，只要实行犯既遂，其共犯无论是帮助、教唆、组织还是共同实行犯，都应按既遂论，但处罚可酌情从轻。

❼《浦平波盗窃案》，载《经济犯罪审判指导》2004年第2辑总第6辑。

要旨 ➡ 盗窃罪的既遂与未遂应该以行为人是否已对财物具有实际支配力为标准？

❽《抢劫罪加重犯未遂形态研究》，载《刑事审判要览》2004年第4辑总第10辑，第149~159页。

要旨 ➡ 1.情节加重犯未遂形态存在的争议；2.情节加重犯未遂形态存在的理论依据；3.抢劫罪加重犯未遂形态认定；笔者认为，刑法所列举的八种情形除"多次抢劫"情形以外，其他七种加重情形都存在未遂的犯罪未完成形态。①

❾《票据诈骗罪若干问题研究》，载《刑事审判要览》2004年第2辑总第8辑，第97~112页。

核心提示 ➡ 尚在倒账的过程中被查获的财产犯罪，能否认定既遂？

要旨 ➡ 关于既遂、未遂的标准；从犯罪既遂意义上讲，票据诈骗罪是结果犯，其既遂与未遂的标准应当是行为人是否实际取得财物。如将款划出至一朋友任职公司账户，意图将款继续转账进入其个人实际控制的公司，由于该款仍在倒账的过程中，行为人尚未取得对该款的实际控制，仍应认定为未遂。

❿《王元帅、邵文喜故意杀人、抢劫案》，载《刑事审判参考》2003年第3辑总第32辑，第24~28页。

---

① 编者注：探讨内容基本已在2005年6月8日最高人民法院《两抢意见》中明确。

核心提示 ➡ 如何把握犯罪未遂和犯罪中止的区别？

要旨 ➡ 未遂与中止的区别有四个方面：1. 发生的时间不同；2. 未能完成犯罪的原因不同；3. 行为结果不同；4. 刑事责任不同。

㉑《龚俊盗窃案》，载《经济犯罪审判指导与参考》2003 年第 3 辑总第 3 辑，第 32 页。

核心提示 ➡ 盗窃财产凭证既遂与未遂如何认定？

㉒《夏春明抢劫案》，载《经济犯罪审判指导与参考》2003 年第 2 辑总第 2 辑。

要旨 ➡ 未抢得财物不等于抢劫未遂。

㉓《如何把握犯罪中止的自动性及中止犯的处罚原则——喻某强奸案》，载《刑事审判要览》2003 年第 5 辑总第 5 辑，第 56～68 页。

核心提示 ➡ 欲强奸他人，遭到被害人极力反抗后实施暴力致被害人轻微伤仍未成功而放弃，是未遂还是中止？

㉔《刑法纵横谈（上）》，载《刑事司法指南》2003 年第 2 辑总第 14 辑，第 1～54 页。

核心提示 ➡ 犯罪的未完成形态

㉕《高秋生、林适应等非法经营案》，载《刑事审判参考》2002 年第 6 辑总第 29 辑，第 12 页。

核心提示 ➡ 运输假冒烟草制品过程中被查获是否未遂？

要旨 ➡ 未经许可已实施运载经营假冒烟草制品，被公安干警当场抓获，其违反国家规定，在流通领域进行运输的非法经营行为即属既遂。

㉖《苏永清贩卖毒品案》，载《刑事审判参考》2002 年第 5 辑总第 28 辑，第 70～73 页。

核心提示 ➡ 能犯未遂与不能犯未遂的区别

要旨 ➡ 能犯的未遂，是指犯罪分子有实际可能实现犯罪，达到既遂，但由于犯罪分子意志以外的因素未能得逞。不能犯的未遂，是指犯罪分子因事实认识错误而不可能完成其犯罪达到既遂，而实现其预期的犯罪目的。

㉗《曾贤勇抢劫案》，载《刑事审判参考》2002 年第 4 辑总第 27 辑，第 20～26 页。

要旨 ➡ 抢夺储户现金后，尚未跑出银行营业大厅即被抓获应认定为未遂。

从被害人的角度似乎已失去对该现金的控制，但是从行为人的角度结合银行营业大厅这一特定环境，被告人并未实际控制、取得财物，故仍属犯罪未遂。

㉘《林庆介绍卖淫案》，载《刑事审判参考》2002 年第 4 辑总第 27 辑，第 42～46 页。

要旨 ➡ 行为犯也存在未遂。介绍卖淫系行为犯，行为犯也存在未遂，如行为刚着手实施，尚未完成即停止，也是未遂。本案发布行为完成，是既遂。

㉙《曹成金故意杀人案》，载《刑事审判参考》2001 年第 10 辑总第 21 辑，第 13～17 页。

核心提示➡间接故意犯罪是否存在未遂形态？

要旨➡间接故意犯罪不存在未遂形态，被告人的行为不构成故意杀人罪（未遂）或者故意伤害罪（未遂）。在争夺枪支的过程中，被告人突然对郑开枪，此行为具有突发性，是一种不计后果的行为，在主观上应认定为是一种间接故意，即对其行为可能造成他人或死亡，或受伤，或者无任何物质损害结果，都是为行为人放任心理所包含的内容，并非是单纯地希望发生危害结果。正因为在间接故意中，行为人对危害结果的发生与否是持一种放任态度，当法律上的危害结果发生时，则已成立犯罪既遂，如造成被害人死亡的，应以故意杀人罪定罪处罚；造成被害人受伤（轻伤以上）的，应以故意伤害罪定罪处罚；而没有造成人员伤亡，也是行为人这种放任心理所包含的，而不是什么意志以外的原因所致，无所谓"得逞"与否，犯罪未遂也就无从谈起了。放任应以结果论，不存在未遂。

㉚《胡斌、张筠筠等故意杀人、运输毒品（未遂）案》，载《刑事审判参考合订本·第一卷》，第156~160页。

要旨➡因对象不能犯形成的犯罪未遂，在决定对其是否从轻处罚时，应当区分不同情况处理。

㉛《林文寮、陈滨走私案》，载《最高人民法院判例释解·刑事卷》，第272页。

核心提示➡得知走私货物入境后而买私是否构成走私共犯，买私人到走私现场装货但尚未来得及与走私人面谈应如何界定犯罪形态？

㉜上海、北京、广东、湖北、江苏高级人民法院《〈人民法院量刑指导意见（试行）〉实施细则（试行）》（详见本书最后附件）

㉝《福建省高级人民法院〈人民法院量刑指导意见（试行）〉实施细则（试行）》（2010年9月30日 闽高法发〔2010〕21号）（节录）

三、常见量刑情节适用

8. 对于未遂犯，综合考虑犯罪行为的实行程度、造成损害的大小、犯罪未得逞的原因等情况，可以比照既遂犯减少基准刑。

（1）实行终了的未遂犯，造成损害后果的，可以比照既遂犯减少基准刑的20%以下；未造成损害后果的，可以比照既遂犯减少基准刑的10%~30%；

（2）未实行终了的未遂犯，造成损害后果的，可以比照既遂犯减少基准刑的20%~40%；未造成损害后果的，可以比照既遂犯减少基准刑的30%~50%。

㉞最高人民检察院、公安部《关于公安机关管辖的刑事案件立案追诉标准的规定（二）》（2010年5月7日 公通字〔2010〕23号）（节录）①

第八十九条 对于预备犯、未遂犯、中止犯，需要追究刑事责任的，应予立案追诉。

第24条 犯罪中止

在犯罪过程中，自动放弃犯罪或者自动有效地防止犯罪结果发生的，是犯

---

① 对其解读见：《刑事审判参考》2010年第4辑总第75辑，第127~158页。

罪中止。

对于中止犯,没有造成损害的,应当免除处罚;造成损害的,应当减轻处罚。

学理观点·典型案例　　索引与要旨

❶《李官容抢劫、故意杀人案》,载《刑事审判参考》2010年第2辑总第73辑,第17~24页。

核心提示 ⇒ 对既具有自动性又具有被迫性的放弃重复侵害行为,能否认定犯罪中止?

要旨 ⇒ 1. 放弃重复侵害行为并不必然属于犯罪中止;2. 被告人放弃犯罪及救治被害人的被迫性大于自动性;3. 认定未遂。

❷《朱高伟强奸、故意杀人案》,载《刑事审判参考》2010年第1辑总第72辑,第32~37页。

核心提示 ⇒ 中止犯罪中的"损害"如何认定?

❸《持刀入户索财时被害人持刀护财,行为人拿走半瓶可乐的行为应如何认定》,载《公检法办案指南》2010年第7辑总第127辑,第179~185页。

❹《俞志刚绑架案》,载《刑事审判参考》2008年第4辑总第63辑,第10~16页。

核心提示 ⇒ 绑架他人后自动放弃继续犯罪的如何处理?

要旨 ⇒ 犯罪分子绑架人质的行为一经完成,就构成犯罪既遂,之后主动放弃继续犯罪并释放人质的行为,属于犯罪既遂后的补救措施。

❺《兼析李某洋强奸案的中止或未遂形态》,载《公检法办案指南》2006年第11辑总第83辑,第169~178页。

核心提示 ⇒ "犯罪分子意志以外的原因"如何认定?

要旨 ⇒ 1. "犯罪分子意志以外的原因"的含义;2. "犯罪分子意志以外的原因"的认定标准;3. "犯罪分子意志以外的原因"在司法实践中的具体表现。本案发生的特定环境是在陈某的出租屋内,且院内其他人都已离开,陈某虽进行了反抗,但其反抗并不足以制止李某洋的犯罪行为,客观上存在李某洋将犯罪进行到底,实现其强奸目的的可能。但是,当李某洋听到陈某的劝说后引起内心的动摇,因而自动停止了犯罪。可见,李某洋放弃犯罪的完成是自动的,是出于本意的,其放弃犯罪非不能为,而是不愿为。我们不能因为李某洋自动停止实施犯罪行为的原因中有陈某的抵抗因素,而否认李某洋"自动放弃"这一主观方面。

❻《犯罪中止自动性的认定》,载《刑事司法指南》2005年第3辑总第23辑,第35~57页。

要旨 ⇒ 一、中止自动性的判断标准:1. 理论分歧;2. 简短评说;3. 本文观点。

二、中止自动性的相关问题:1. 保留犯罪意思是否可以成立中止犯;2. 中止动机与道义要件;3. 害怕受到刑罚处罚与中止犯;4. 客观障碍与中止;5. 中止意思与真挚努力的关系。

❼《南广杰抢劫案》,载《经济犯罪审判指导》2004年第2辑总第6辑。

要旨 ➡ 入户抢劫也存在犯罪中止形态。

❽《陈爱军等抢劫过程中嫌钱少而放弃案》，载《最新刑事法律文件解读》，2005年第8辑总第8辑，第141~144页。

核心提示 ➡ 抢劫作案时嫌钱少未拿钱而放弃，是中止还是未遂？

❾《如何把握犯罪中止的自动性及中止犯的处罚原则——喻某强奸案》，载《刑事审判要览》2003第5辑总第5辑，第56~68页。

核心提示 ➡ 欲强奸他人，遭到被害人极力反抗后实施暴力致被害人轻微伤仍未成功而放弃，是未遂还是中止？

❿《王元帅、邵文喜故意杀人、抢劫案》，载《刑事审判参考》2003年第3辑总第32辑，第24~28页。

核心提示 ➡ 如何把握犯罪未遂和犯罪中止的区别？为被害人提供逃跑有利条件能否视为自动有效防止犯罪结果发生？

要旨 ➡ 未遂与中止的区别有四个方面：1. 发生的时间不同；2. 未能完成犯罪的原因不同；3. 行为结果不同；4. 刑事责任不同。本案邵文喜因惧怕王元帅，未敢当场放被害人逃跑，而是采取浅埋等方法给被害人制造逃脱的机会，其从客观上也未行使致被害人死亡的行为。其主观意志的变化及所采取的措施与被害人未死而得以逃脱有直接的因果关系，其有效地防止了犯罪结果的发生，其行为属于自动有效防止犯罪结果发生的犯罪中止。

⓫《黄土保等故意伤害案》，载《刑事审判参考》2002年第5辑总第28辑，第16~24页。

核心提示 ➡ 如何认定教唆犯的犯罪中止？

要旨 ➡ 被告是第一雇佣、教唆人，对再雇佣是知情的，因此，其对其他被雇佣、教唆人亦有积极采取相应补救措施责任，至少确保中间人能及时有效地通知、说服、制止其他被雇佣、教唆人彻底放弃犯罪意图，停止犯罪。虽非中止，但可从轻。

⓬《章浩等绑架、非法拘禁案》，载《刑事审判参考》2002年第1辑总第24辑，第40~48页。

要旨 ➡ 参与绑架勒索后，停止打电话勒索，虽系放弃犯罪但未有效防止犯罪结果发生，不成立中止。

⓭《张烨等强奸、强制猥亵妇女案》，载《刑事审判参考》2001年第9辑总第20辑，第14~21页。

核心提示 ➡ 如何认定共同犯罪的中止？

要旨 ➡ 在共同犯罪的场合，犯罪一经着手，单个的共同犯罪人，仅是消极地自动放弃个人的实行行为，但没有积极阻止其他共同犯罪人的犯罪行为，并有效地防止共同犯罪结果的发生，对共同犯罪结果并不断绝因果关系，就不能构成中止犯，也不能免除其对共同犯罪结果的责任。

第三节 共同犯罪

第 25 条 共同犯罪

共同犯罪是指二人以上共同故意犯罪。

二人以上共同过失犯罪，不以共同犯罪论处；应当负刑事责任的，按照他们所犯的罪分别处罚。

关联规范 ⟹ 完全整理

❶ 最高人民法院、最高人民检察院、公安部等五部委《关于办理流动性团伙性跨区域性犯罪案件有关问题的意见》（2011 年 4 月 11 日 公通字〔2011〕14 号）（节录）

第七条 对部分共同犯罪嫌疑人、被告人在逃的案件，现有证据能够认定已到案犯罪嫌疑人、被告人为共同犯罪的，可以先行追究已到案犯罪嫌疑人、被告人的刑事责任。

❷ 最高人民法院《关于贯彻宽严相济刑事政策的若干意见》（2010 年 2 月 8 日 法发〔2010〕9 号）（节录）[①]

31. 对于一般共同犯罪案件，应当充分考虑各被告人在共同犯罪中的地位和作用，以及在主观恶性和人身危险性方面的不同，根据事实和证据能分清主从犯的，都应当认定主从犯。有多名主犯的，应在主犯中进一步区分出罪行最为严重者。对于多名被告人共同致死一名被害人的案件，要进一步分清各被告人的作用，准确确定各被告人的罪责，以做到区别对待；不能以分不清主次为由，简单地一律判处重刑。

33. 在共同犯罪案件中，对于主犯或首要分子检举、揭发同案地位、作用较次犯罪分子构成立功的，从轻或者减轻处罚应当从严掌握，如果从轻处罚可能导致全案量刑失衡的，一般不予从轻处罚；如果检举、揭发的是其他犯罪案件中罪行同样严重的犯罪分子，或者协助抓获的是同案中的其他主犯、首要分子的，原则上应予依法从轻或者减轻处罚。对于从犯或犯罪集团中的一般成员立功，特别是协助抓获主犯、首要分子的，应当充分体现政策，依法从轻、减轻或者免除处罚。

❸ 最高人民法院《全国部分法院审理毒品犯罪案件工作座谈会纪要》（2008 年 12 月 23 日）（节录）[②]

九、毒品案件的共同犯罪问题

毒品犯罪中，部分共同犯罪人未到案，如现有证据能够认定已到案被告人为共同犯罪，或者能够认定为主犯或者从犯的，应当依法认定。没有实施毒品犯罪的共同故意，仅在客观上为相互关联的毒品犯罪上下家，不构成共同犯罪，但为了诉讼便利可并案审理。审理毒品共同犯罪案件应当注意以下几个方面的问题：

[①] 对其解读见：《刑事法律文件解读》2010 年第 3 辑总第 57 辑，第 49~65 页。
[②] 对其解读见：《刑事审判参考》2008 年第 6 辑总第 65 辑，第 71~92 页。

一是要正确区分主犯和从犯。区分主犯和从犯，应当以各共同犯罪人在毒品共同犯罪中的地位和作用为根据。要从犯意提起、具体行为分工、出资和实际分得毒赃多少以及共犯之间相互关系等方面，比较各个共同犯罪人在共同犯罪中的地位和作用。在毒品共同犯罪中，为主出资者、毒品所有者或者起意、策划、纠集、组织、雇佣、指使他人参与犯罪以及其他起主要作用的是主犯；起次要或者辅助作用的是从犯。受雇佣、受指使实施毒品犯罪的，应根据其犯罪中实际发挥的作用具体认定为主犯或者从犯。对于确有证据证明在共同犯罪中起次要或者辅助作用的，不能因为其他共同犯罪人未到案而不认定为从犯，甚至将其认定为主犯或者按主犯处罚。只要认定为从犯，无论主犯是否到案，均应依照刑法关于从犯的规定从轻、减轻或者免除处罚。

二是要正确认定共同犯罪案件中主犯和从犯的毒品犯罪数量。对于毒品犯罪集团的首要分子，应按集团毒品犯罪的总数量处罚；对一般共同犯罪的主犯，应按其所参与的或者组织、指挥的毒品犯罪数量处罚；对于从犯，应当按照其所参与的毒品犯罪的数量处罚。

三是要根据行为人在共同犯罪中的作用和罪责大小确定刑罚。不同案件不能简单类比，一个案件的从犯参与犯罪的毒品数量可能比另一案件的主犯参与犯罪的毒品数量大，但对这一案件从犯的处罚不是必然重于另一案件的主犯。共同犯罪中能分清主从犯的，不能因为涉案的毒品数量特别巨大，就不分主从犯而一律将被告人认定为主犯或者实际上都按主犯处罚，一律判处重刑甚至死刑。对于共同犯罪中有多个主犯或者共同犯罪人的，处罚上也应做到区别对待。应当全面考察各主犯或者共同犯罪人在共同犯罪中实际发挥作用的差别，主观恶性和人身危险性方面的差异，对罪责或者人身危险性更大的主犯或者共同犯罪人依法判处更重的刑罚。

4 最高人民法院、最高人民检察院《关于办理商业贿赂刑事案件适用法律若干问题的意见》（2008年11月20日）（节录）①

十一、非国家工作人员与国家工作人员通谋，共同收受他人财物，构成共同犯罪的，根据双方利用职务便利的具体情形分别定罪追究刑事责任：

（1）利用国家工作人员的职务便利为他人谋取利益的，以受贿罪追究刑事责任。

（2）利用非国家工作人员的职务便利为他人谋取利益的，以非国家工作人员受贿罪追究刑事责任。

（3）分别利用各自的职务便利为他人谋取利益的，按照主犯的犯罪性质追究刑事责任，不能分清主从犯的，可以受贿罪追究刑事责任。

5 最高人民法院、最高人民检察院、海关总署《关于办理走私刑事案件适用法律若干问题的意见》（2002年7月8日 法〔2002〕139号）（节录）②

十四、关于海上走私犯罪案件如何追究运输人的刑事责任问题

对刑法第一百五十五条第（二）项规定的实施海上走私犯罪行为的运输人、收购人或者贩卖人应当追究刑事责任。对运输人，一般追究运输工具的负责人或者主要责任人的刑

---

① 对其解读见：《刑事审判参考》2009年第1辑总第66辑，第66～84页。
② 对其解读见：《刑事审判参考》2002年第4辑总第27辑，第149～170，185～203页。

事责任，但对于事先通谋的、集资走私的、或者使用特殊的走私运输工具从事走私犯罪活动的，可以追究其他参与人员的刑事责任。

二十、关于单位与个人共同走私普通货物、物品案件的处理问题

单位和个人（不包括单位直接负责的主管人员和其他直接责任人员）共同走私的，单位和个人均应对共同走私所偷逃应缴税额负责。

对单位和个人共同走私偷逃应缴税额为5万元以上不满25万元的，应当根据其在案件中所起的作用，区分不同情况作出处理。单位起主要作用的，对单位和个人均不追究刑事责任，由海关予以行政处理；个人起主要作用的，对个人依照刑法有关规定追究刑事责任，对单位由海关予以行政处理。无法认定单位或个人起主要作用的，对个人和单位分别按个人犯罪和单位犯罪的标准处理。

单位和个人共同走私偷逃应缴税额超过25万元且能区分主、从犯的，应当按照刑法关于主、从犯的有关规定，对从犯从轻、减轻处罚或者免除处罚。

❻ 最高人民法院《关于审理贪污、职务侵占案件如何认定共同犯罪问题的解释》（2000年6月30日 法释〔2000〕15号）①

第一条 行为人与国家工作人员勾结，利用国家工作人员的职务便利，共同侵吞、窃取、骗取或者以其他手段非法占有公共财物的，以贪污罪共犯论处。

第二条 行为人与公司、企业或者其他单位的人员勾结，利用公司、企业或者其他单位人员的职务便利，共同将该单位财物非法占为己有，数额较大的，以职务侵占罪共犯论处。

第三条 公司、企业或者其他单位中，不具有国家工作人员身份的人与国家工作人员勾结，分别利用各自的职务便利，共同将本单位财物非法占为己有的，按照主犯的犯罪性质定罪。

❼ 最高人民法院《关于审理盗窃案件具体应用法律若干问题的解释》（1998年3月17日 法释〔1998〕4号）（节录）②

第七条 审理共同盗窃犯罪案件，应当根据案件的具体情形对各被告人分别作出处理：

（一）对犯罪集团的首要分子，应当按照集团盗窃的总数额处罚。

（二）对共同犯罪中的其他主犯，应当按照其所参与的或者组织、指挥的共同盗窃的数额处罚。

（三）对共同犯罪中的从犯，应当按照其所参与的共同盗窃的数额确定量刑幅度，并依照刑法第二十七条第二款的规定，从轻、减轻处罚或者免除处罚。

❽ 最高人民法院《关于办理共同盗窃犯罪案件如何适用法律问题的意见》（1991年4月12日 法（研）发〔1991〕11号）（节录）

在共同盗窃犯罪中，各共犯基于共同的犯罪故意，实施共同的犯罪行为，应对共同盗窃犯罪行为所造成的危害后果负责。

---

① 对其解读见：《刑事审判参考》2000年第5辑总第10辑，第88页。
② 对其解读见：《解读最高人民法院司法解释·刑事、行政卷（1997~2002）》，第198~208页。

一、对盗窃集团的首要分子，应按照集团盗窃的总数额依法处罚。

二、对其他共同盗窃犯罪的主犯，应按照参与共同盗窃的总数额依法处罚。

三、对共同盗窃犯罪中的从犯，应按照参与共同盗窃的总数额，适用刑法第一百五十一条或者第一百五十二条；具体量刑时，应根据犯罪分子在共同盗窃中的地位、作用和非法所得数额等情节，根据刑法第二十四条第二款的规定，比照主犯从轻、减轻处罚或者免除处罚。

共同盗窃数额巨大，根据从犯的具体犯罪情节，需要减轻处罚的，应根据刑法第五十九条第一款的规定，在法定刑以下判处刑罚；共同盗窃数额较大，从犯的犯罪情节轻微不需要判处刑罚的，可以根据刑法第三十二条的规定分别处理。

四、共同盗窃犯罪后，犯罪分子具有自首、立功、未成年等法定从轻、减轻或者免除处罚情节的，可以或者应当依法从轻、减轻处罚或者免除处罚；具有坦白或者积极退赃等情节的，也可以酌情适当从轻处罚。

❾ 最高人民法院、最高人民检察院《关于办理反革命暴乱和政治动乱中犯罪案件具体应用法律的若干问题的意见》（1989 年 8 月 1 日）（节录）

三、关于办理上述案件应当注意的问题：2. 对虽同时同地进行犯罪活动，但没有相互联系、勾结，没有共同故意的，不属于共同犯罪，应分别追究其刑事责任，不能笼统一案办理。

❿ 最高人民检察院研究室《关于共同诈骗犯罪案件以哪个数额作为量刑标准问题的批复》（1993 年 5 月 17 日）

经研究，原则上同意你院的倾向性意见，即诈骗罪定罪处刑的数额应是行为人实施诈骗行为已骗到手的公、私财物的数额，在共同诈骗犯罪案件中，对诈骗集团的首要分子应以该集团实施诈骗犯罪已骗取的公、私财物的总数额作为定罪量刑的标准；对其他共同犯罪中的主犯、从犯，应以其参与共同诈骗犯罪已骗取的公、私财物的数额作为定罪量刑的标准；对其他共同犯罪中的主犯、从犯，应以其参与共同诈骗已骗取的公、私财物的数额作为定罪量刑的标准，同时，参考其在共同诈骗犯罪活动中的地位、作用及参与诈骗尚未骗到手的数额和分赃数额等情节依法处罚。

⓫ 最高人民法院研究室《关于同一被害人在同一晚上分别被多个互不通谋的人在不同地点强奸可否并案审理问题的电话答复》（1990 年 5 月 26 日）

广东省高级人民法院：你院请示：一被害人在同一个晚上分别被 3 个互不通谋的犯罪分子在不同地点和时间实施了强奸。公安机关同时侦破，检察院以一个案件起诉，法院是作一案审理还是分案审理？

经研究，我们认为，根据上述情况，这 3 个被告人的行为不属于共同犯罪，而是各个被告人分别实施的各自独立的犯罪，因此，应分案审理，不宜并案审理。

**⓬《全国法院审理金融犯罪案件工作座谈会纪要》（2001 年 1 月 21 日　法〔2001〕8

号）（节录）①

二、（一）关于单位犯罪问题

2. 单位犯罪直接负责的主管人员和其他直接责任人员的认定。直接负责的主管人员，是在单位实施的犯罪中起决定、批准、授意、纵容、指挥等作用的人员，一般是单位的主管负责人，包括法定代表人。其他直接责任人员，是在单位犯罪中具体实施犯罪并起较大作用的人员，既可以是单位的经营管理人员，也可以是单位的职工，包括聘任、雇佣的人员。应当注意的是，在单位犯罪中，对于受单位领导指派或奉命而参与实施了一定犯罪行为的人员，一般不宜作为直接责任人员追究刑事责任。对单位犯罪中的直接负责的主管人员和其他直接责任人员，应根据其在单位犯罪中的地位、作用和犯罪情节，分别处以相应的刑罚，主管人员与直接责任人员，在个案中，不是当然的主、从犯关系，有的案件，主管人员与直接责任人员在实施犯罪行为的主从关系不明显的，可不分主、从犯。但具体案件可以分清主、从犯，且不分清主、从犯，在同一法定刑档次、幅度内量刑无法做到罪刑相适应的，应当分清主、从犯，依法处罚。

4. 单位共同犯罪的处理。两个以上单位以共同故意实施的犯罪，应根据各单位在共同犯罪中的地位、作用大小，确定犯罪单位的主、从犯。

13 上海、北京、广东、湖北、江苏高级人民法院《〈人民法院量刑指导意见（试行）〉实施细则（试行）》（2010 年 10 月 1 日）（详见本书最后附件）

14 《福建省高级人民法院〈人民法院量刑指导意见（试行）〉实施细则（试行）》（2010 年 9 月 30 日　闽高法发〔2010〕21 号）（节录）

三、常见量刑情节适用

10. 对于共同犯罪，综合考虑各共同犯罪人在共同犯罪中的地位、作用，以及是否实施犯罪实行行为等情况，确定从宽的幅度。

（1）从犯，应当减少基准刑的 20%～50%；犯罪较轻的，应当减少基准刑的 50%以上或者依法免除处罚；

（2）未区分主从犯，但对于作用相对较小的共犯，可以减少基准刑的 30%以下；

（3）对于共同犯罪中作用相对较小的主犯，可以减少基准刑的 20%以下；

（4）对于胁从犯，综合考虑犯罪的性质、被胁迫的程度、在共同犯罪中的地位、作用等情况，确定从宽的幅度，应当减少基准刑的 40%～60%；犯罪较轻的，应当减少基准刑的 60%以上或者依法免除处罚。

15 上海市高级人民法院《刑法总则适用问题解答（试行）》（节录），载《最新刑事法律文件解读》2005 年 2 月总第 2 辑，第 70～78 页。

（一）主从犯的成立范围。无论是在简单共同犯罪中（即各共犯人均参与实行具体犯罪构成要件之行为的犯罪，如在共同抢劫犯罪中，有人实施暴力行为，有人实施劫财行为，这就是简单共同犯罪的适例），还是在复杂共同犯罪中（即各共犯人之间存在组织、教唆、实行、帮助等分工的犯罪），一般应当根据各共犯人在犯意形成和实行共同犯罪中所起作

---

① 对其解读见：《刑事审判参考》2001 年第 4 辑总第 15 辑，第 63～76 页。

用的大小，区分出主从犯，以便准确界定各共犯人所应承担的刑事责任。

值得注意的是，区分主从犯的基础是共同犯罪行为，不受各共犯人所触犯罪名的限制。即使部分共犯人的行为性质已经发生转化，对于行为性质未转化的共犯人，依然可以按照其在参与共同犯罪行为中所起作用的大小，依法认定主从犯。如在实行入户盗窃的共犯人转化为抢劫犯的场合，对于消极参与共同盗窃并在楼下望风的共犯人，依然可以根据其在参与共同盗窃犯罪中实际所起的作用，依法认定为盗窃罪的从犯。

（二）简单共同犯罪的刑事责任原则。追究简单共同犯罪的刑事责任，应当遵循以下三项原则：一是部分实行全部责任原则，即尽管行为人只担了部分实行行为，也要对共同实行行为造成的全部危害结果承担刑事责任。如甲、乙共同故意杀丙，即使能够证明丙的致命伤由甲的行为造成，乙只把丙刺成轻伤，乙仍应承担杀人既遂的刑事责任。二是区别对待原则，即在坚持前一原则的前提下，应尽量分清主从犯，在具体量刑时对各共犯人实行区别对待。如在前例中，由于甲的行为直接造成丙的死亡结果，故对甲、乙的处刑应当体现区别。三是罪责自负原则，即对明显超出共同犯罪故意的侵害行为，只应由侵害人单独负责。如甲、乙共谋徒手教训丙一顿，结果乙突然拔出匕首刺丙致死，此时如果甲见乙拔出匕首后没有实施进一步的加害行为，表明其未与乙形成新的加害故意，则只能对乙追究故意伤害罪（致人死亡）或者故意杀人罪的刑事责任。

（三）主从犯的具体认定

评价共犯人在共同犯罪中的作用大小，应主要从各共犯人在共同犯意形成中和实行犯罪中的作用及其造成客观危害结果中的原因力大小等方面来评判。一般应注意以下问题：

1. 在一起共同犯罪案件中，有些共犯人的主从地位明显，另有些实行犯的主犯作用并不突出，对于后者，应依刑法谦抑原则的精神，认定为起次要作用的实行犯，以从犯论处。

2. 对于有些共犯人在逃，只抓获个别共犯人的案件，若共同犯罪事实难以全部查清，对于先行抓获的共犯人，一般不宜认定主犯或者从犯。因为，倘若认定主犯，则可能因抓获其他共犯人证明先前的认定存在错误；倘若认定从犯，则因不知其在共谋中的作用而先认定依据不足。故不予认定主从犯，有利于先行作出的生效判决的稳定性。

3. 对于后来抓获的共犯人，尽管查明系共同犯罪的主犯，若先行判决的共犯人没有区分主从犯的，也可不予认定主犯，以利先行生效判决的稳定性。如果后来抓获的共犯人确系从犯的，尽管先行判决的同案犯没有被认定为主犯，也不影响从犯的认定，否则，则可能使其不当失去被依法减轻处罚的机会。

4. 对于确实难以区分出主从犯的共同实行犯，当然也可以不作区分，仅在量刑上适当体现其所起作用的区别。

七、（四）单位共同犯罪的定罪与处罚问题

对于单位共同犯罪，可以区分为单位与单位组合的共同犯罪和单位与个人组合的共同犯罪两种形式，实行分别对待：

1. 对于单位与单位组合的共同犯罪，一般须先行审查各涉嫌犯罪单位的独立性。如果系一个单位注册成立多个公司、企业，继而以多个公司、企业的名义实施犯罪，其实际的内部组织及其行为完全同一的，因多个公司、企业的犯罪意思及其行为均不具有相互独立性，应当认定为一个单位犯罪，不能以单位共同犯罪论处。否则，势必产生无法举证说明"各个犯罪单位"所实施的具体危害行为或犯罪数额的司法认定上的困难。

对于独立的单位与单位组合的共同犯罪，应当按照共犯处罚的一般原理，根据各犯罪单位在整个共同犯罪中所起作用的大小，区分主从犯，并依法确定各自应当承担的刑事责任。各犯罪单位内部的犯罪人应当根据本单位所犯罪行的大小，再按个人在单位犯罪中所起的作用，具体确定相应的刑事责任。一般说来，主犯单位中的犯罪人均为主犯（因单位行为与其中自然人的行为具有一体性）；在确有必要时，可以进一步区分主从犯（属例外情况），以便罚当其罪。对于从犯单位中的犯罪人，则不宜再作区分（因该种例外对犯罪人是不利的）。

2. 对于单位与个人组合的共同犯罪，根据共同犯罪的一般原理，应当以主要实行犯为标准，区分以下三种情况分别认定：

（1）单位为主实行犯罪，个人起次要或帮助作用的，如单位走私，作为个人的海关工作人员提供便利条件，这时往往单位是主犯，个人为从犯，对犯罪单位和个人均应以单位所犯之罪定罪处刑。由此可以在单位犯罪的法定刑幅度内，保持主从犯在处刑上的协调性和罪刑相当性。如果作为主要实行犯的单位行为尚不构成犯罪，依当然解释原理，对起次要或帮助作用的个人也不能定罪处刑。

（2）个人为主实行犯罪，单位提供帮助或便利条件的，如个人走私，单位仅仅提供部分犯罪资金或账户的，这时往往个人是共同犯罪中的主犯，单位为从犯，由于单位无法适用个人犯罪的法定刑，且适用单位犯罪的法定刑一般不会加重犯罪单位中的犯罪人的刑事责任，故应当对犯罪单位和个人分别适用各自的法定刑；如果对起帮助作用的单位行为独立评价尚未达到相关单位犯罪的追诉标准的，则只能追究作为主要实行犯的个人的刑事责任，对有关单位可建议有关主管部门依法给予行政处罚。

（3）单位与个人共同被告犯罪，如单位和个人共同出资、共同实行走私并按比例分成的，因其共同实行一般犯罪（即非特殊主体所犯之罪），这种情况如同军人与普通公民共同实施偷越国边境犯罪应当分别定罪处刑一样，对犯罪单位和个人亦应分别适用各自的法定刑。如果共同实行的危害行为仅达到个人犯罪的起刑点数额，尚未达到单位犯罪的追诉标准的，则只能追究个人的刑事责任。对有关单位可建议有关主管部门依法给予行政处罚。

16 《关于执行刑法若干问题的具体意见（试行）——99'上海法院刑庭庭长会议纪要》（1999年7月15日）（节录）

二、关于有身份者与无身份者共同犯罪的定罪问题

有身份者与无身份者共同犯罪且发生法条竞合（即分别依各自的身份定罪，即触犯不同的罪名）时，应遵循下列原则定罪：一是作为共同犯罪，除法律有特别规定的以外，对各名共同犯罪人应当体现定罪的一致性；二是在发生了法条竞合的情况下，应按照特别法优于普通法或者重法优于轻法的原则选择应当适用的法条。据此，上述有身份者与无身份者共同犯罪的情况可区分三种情形分别定罪：

1. 无身份者与有身份者相勾结，利用有身份者的职务便利共同实行犯罪的，应当以有身份者所触犯之罪认定共同犯罪的性质；对无身份者以该种职务犯罪的共犯论处。但是，

如果无身份者的实行行为所触犯之罪显然重于有身份者的实行行为所触犯之罪的，除非法律有特别规定，应当按照重法优于轻法的原则，以无身份者的行为定性。（例如，外部人员与金融机构中的非国家工作人员相勾结，以制造假票据或金融凭证等方法，骗取金融机构的巨款的，因按不同身份可以分别认定票据诈骗罪或金融凭证诈骗罪与职务侵占罪，但前两罪的法定刑明显重于后罪，故应以重罪论处。）

2. 单位内部的国家工作人员与不具有国家工作人员身份的公司、企业人员相勾结，利用国家工作人员的职务便利非法占有公共财物的，以贪污罪论处；利用非国家工作人员的公司、企业人员的职务便利非法占有单位财物的，以职务侵占罪论处；如果各自利用了自己的职务便利，共同非法占有公共财物的，应当从一重罪以贪污罪论处；挪用公款型犯罪的情况亦同。

3. 有身份者与无身份者共同实行非职务犯罪、刑法对有身份者作出特别规定的，应分别定罪处刑。（如军人在履行公务期间与普通公民共同偷越国（边）境的，应分别认定军人叛逃罪和偷越国（边）境罪。）

学理观点·典型案例 ➡ 索引与要旨

❶《金融犯罪认定四题（上）》，张明楷，《刑事司法指南》2012 年第 1 辑总第 49 辑，第 1~21 页。

核心提示 ➡ 金融诈骗共同犯罪的认定

❷《涉众型经济犯罪中的主从犯的认定》，载《公检法办案指南》2012 年第 2 辑总第 146 辑，第 147~154 页。

要旨 ➡ 1. 团伙诈骗犯罪集团中"部门负责人"的主从犯认定问题；2. 团伙诈骗犯罪中仅实施银行提款的共同犯罪人的主从犯认定问题；3. 非法经营犯罪中如何确定"业务员"的刑事责任问题；4. 非法经营犯罪中区分主从犯及犯罪数额的认定问题。

❸《刘正波、刘海平强奸案》，载《刑事审判参考》2010 年第 6 辑总第 77 辑，第 42~50 页。

要旨 ➡ 欠缺犯意联络和协同行为的同时犯罪，不能认定为共同犯罪。

❹《叶燕兵非法持有枪支案》，载《刑事审判参考》2010 年第 5 辑总第 76 辑，第 11~16 页。

要旨 ➡ 邀约非法持枪者携枪帮忙构成非法持有枪支罪的共犯。

❺《焦祥根、焦祥林故意杀人案》，载《刑事审判参考》2010 年第 4 辑总第 75 辑，第 16~23 页。

核心提示 ➡ 如何理解间接正犯与片面共犯？

要旨 ➡ 以欺骗手段手段诱使他人产生犯意，并创造犯罪条件，构成共同犯罪。

❻《同伙寻衅滋事致人死亡，未直接实施具体加害行为的参与者如何定罪》，载《公检法办案指南》2010 年第 3 辑总第 123 辑，第 176~184 页。

❼《张世明抢劫案》，载《刑事审判参考》2009 年第 6 辑总第 71 辑，第 30~35 页。

核心提示 ➡ 非同案共犯供述的证明力如何认定？

⑧《商业贿赂犯罪刑法适用疑难问题研究》，载《刑事审判参考》2009年第1辑总第66辑，第173~198页。

核心提示 ➡ 商业贿赂共同犯罪的罪名如何确定？

⑨《胡忠、胡学飞、童峰峰故意杀人案》，载《刑事审判参考》2009年第3辑总第68辑，第6~12页。

核心提示 ➡ 如何判定受雇者的行为是否过限以及对实行过限行为造成的后果如何确定刑事责任？

⑩《依火挖吉、曲莫木加、俄木阿巫贩卖、运输毒品案》，载《刑事审判参考》2009年第2辑总第67辑，第103~108页。

核心提示 ➡ 审理先归案被告人过程中，在逃的共同犯罪嫌疑人归案的，应如何处理？

⑪《论身份犯的共同犯罪问题》，载《公检法办案指南》2009年第8辑总第116辑，第163~172页。

⑫《何永国抢劫案》，载《刑事审判参考》2008年第4辑总第63辑，第17~23页。

⑬《共犯论的特殊问题研究》，载《刑事司法指南》2008年第3辑总第35辑，第1~17页。

⑭《王某故意杀人案》，载《最新刑事法律文件解读》2007年第1辑总第25辑，第233~239页。

核心提示 ➡ 如何理解共同犯罪中的"实行过限"问题？

⑮《共同犯罪人如何承担加重结果的刑事责任——兼论持械斗殴行为的定性》，载《公检法办案指南》2007年第10辑总第94辑，第175~181页。

⑯《王兴佰、韩涛、王永央故意伤害案》，载《刑事审判参考》2006年第5辑总第52辑，第5~10页。

核心提示 ➡ 共同故意伤害犯罪中如何判定实行过限行为？

要旨 ➡ 实行过限是指共同犯罪人实施了超出共同犯罪故意的行为。如果某一行为属于实行过限行为，实行过限犯罪人应当对其犯罪行为引起的后果承担刑事责任，而其他共同犯罪人则一般不对过限行为引起的后果承担责任。如果不属于行为过限，则各共同犯罪人须对该危害结果共同承担责任。所以，判定行为是否实行过限，直接影响共同犯罪人的定罪与量刑，属于共同犯罪案件审理中的重要审查判断内容。

共同犯罪中有共同实行犯罪、教唆犯罪、帮助犯罪等几种情形，每种情形的实行过限都有不同的判定原则。本案涉及教唆犯罪和共同实行犯罪两种情形下实行过限的判定。

一、教唆犯中的实行过限认定

教唆犯是犯意的发起者，教唆犯的教唆，就不会有该犯罪行为的发生，特别是使用威胁、强迫、命令等方法的教唆犯，因此教唆犯在共同犯罪中往往起主要作用。在教唆犯罪的情形下，判定实行行为过限的基本原则是看被教唆人的行为是否超出教唆的范围。在教唆内容较为确定的情况下，认定被教唆人的行为是否属于实行过限较为容易，但如果教唆犯的教唆内容较为概括，由于教唆内容不太明确，确定被教唆人的行为是否实行过限就较为困难。尤其是在一些教唆伤害的案件中，教唆者出于教唆伤害他人的故意往往使用诸如"收拾一顿"、"整他一顿"、"弄他"、"摆平他"、"教训"等内涵外延较为模糊的言语，在不同的语言环境中，不同阅历背景的人理解的含义往往是有分歧的。对于这种盖然性教唆，实际的危害结果取决于实行行为的具体实施状况，轻伤、重伤甚至死亡的危害结果都可能发生，但无论哪一种结果的出现都是由教唆犯的授意所引起，均可涵盖在教唆犯的犯意中。因此，在这种情况下，由于教唆犯的盖然性教唆而使被教唆人产生了犯意，实施了教唆故意涵括内的犯罪行为，只要没有明显走出教唆范围的，都不应视为实行过限。

司法实践中，对于教唆故意范围的认定，主要看教唆者的教唆内容是否明确，即教唆犯对被教唆人的实行行为有无明确要求：或正面明确要求用什么犯罪手段达到什么犯罪后果，如明确要求用棍棒打断被害人的一条腿；或从反面明确禁止实行犯采用什么手段，不得达到什么犯罪结果等，如在伤害中不得使用刀具、不得击打被害人头部，不得将被害人打死等。如果教唆内容明确，则以教唆内容为标准判断实行者行为是否过限。如果教唆内容不明确，则属于一种盖然的内容，一般情况下不应认定实行行为过限，除非实行行为显而易见地超出教唆内容。

二、实行犯中的实行过限认定

在共同实行犯罪的情形下，判定实行行为过限的基本原则是看其他实行犯对个别实行犯所谓的"过限行为"是否知情。如果共同实行犯罪人中有人实施了原来共同预谋以外的犯罪，其他共同实行犯根本不知情，则判定预谋外的犯罪行为系实行过限行为，由实行者本人对其过限行为和后果承担责任；如果其他实行犯知情，除非其有明确、有效的制止行为，则一般认为实行犯之间在实施犯罪当场临时达成了犯意沟通，其他人对实行犯的行为予以了默认或支持，个别犯罪人的行为不属于实行过限，其行为造成的危害结果由各实行犯共同承担责任。

❼《陈卫国、余建华故意杀人案》，载《刑事审判参考》2006 年第 5 辑总第 52 辑，第 1~4 页。

核心提示 ➡ 对明显超出共同犯罪故意内容的过限行为应如何确定罪责？

要旨 ➡ 虽然余建华与陈卫国等人的共同犯罪故意是概括的故意，但这一概括的故意却是有限度的，至少不包括杀人的故意。这一故意内容在犯罪行为实施阶段也没有明显转化，仍停留在对被害人"教训"的认识内容上。余建华对陈卫国实施的持刀杀人行为既缺乏刑法意义上的认识，也没有事中的共同故意杀人行为，不构成故意杀人犯罪的共犯。

❽《陈宝林等赌博案》，载《刑事审判参考》2005 年第 3 辑总第 44 辑，第 85~91 页。

要旨 ➡ 开设网络赌场的犯罪中不参与"分红"，仅领取工资而实施帮助行为的人应构成赌博罪的共犯。有观点认为：各被告人在开设赌场的赌博犯罪中领取"工资"，不参与赌博盈利分红，他们在主观上没有"以营利为目的"，没有完全具备赌博犯罪构成的诸要素。我们认为，上述观点是错误的。共同犯罪是一个整体，也存在共同犯罪人的犯罪主观方面不一致的情况，特别是犯罪目的不相同的情况更为常见。只要正犯的犯罪目的明确，即使其他共犯的犯罪目的不同也不影响犯罪行为性质的认定。因为,共同犯罪作为一个整体,正犯的行为及主观方面决定了犯罪行为的类型,其他共犯只要明知正犯的行为性质及主观意图并实施了帮助行为,就可以构成正犯所犯之罪。申言之,在目的犯之共同犯罪中,其他共犯的犯罪目的不影响共同犯罪的行为性质。

⑲《乌斯曼江、吐尔逊故意伤害案》,载《刑事审判参考》2005 年第 3 辑总第 44 辑,第 53~58 页。

要旨 ➡ 没有共同犯罪故意不构成共同犯罪。就本案而言,我们首先从主观方面分析:其一,两被告人虽然都有故意伤害被害人的行为,但两人对伤害被害人事前没有预谋和分工,事后也没有一起出逃。两人之间的犯意没有相互沟通,彼此协调,而是在独立的犯意下实施的,相互之间也没有配合;其二,两被告人伤害被害人的目的也不同。其次,从客观行为上来看,两被告人没有共同实施伤害行为,两人的伤害行为是分离的。

⑳《杨康林、曹培强等骗取出口退税案》,载《刑事审判参考》2005 年第 1 辑总第 42 辑,第 24~25 页。

核心提示 ➡ 对危害结果所持心理态度不同,能否构成共同犯罪?

要旨 ➡ 各共同犯罪人之间的犯意联络及对危害结果的预见是构成共同犯罪的实质性内容,而对危害结果的态度却可以有希望或放任两种不同的形式。各个共同犯罪人由于地位、角色的不同,对危害结果的心里态度会有所不同,但都意识到自己的行为与他人行为结合会发生危害社会的结果,共同形成某一犯罪主观要件的整体。本案中,攀枝花外贸公司与张上光从事"四自三不见"业务,带有完成单位出口创汇任务的目的,但在业务过程中,攀枝花外贸公司明知张上光等人意欲骗取出口退税后仍继续合作,将出口退税款划至张上光等人的账户上,造成国家税款的重大损失。对国家出口退税款重大损失这个危害结果,双方所持的心理态度虽然不同,但主观上是具有共同的故意的,客观上又实施了共同行为,因此构成共同犯罪。

㉑《郑某某、李某某包庇、帮助未满 14 周岁的儿子毁灭杀人证据案》,载《最新刑事法律文件解读》2005 年 11 月总第 11 辑,第 138~142 页。

核心提示 ➡ 包庇、帮助未满 14 周岁的人毁灭杀人证据如何定性?

㉒《胡某执行领导指示为单位窃电案》,载《最新刑事法律文件解读》2005 年 9 月总第 9 辑,第 109~115 页。

核心提示 ➡ 对于单位组织实施《刑法》分则没有规定为单位犯罪的危害社会行为,能否定罪处罚?

要旨 ➡ 参与单位组织实施非图利性犯罪的自然人,均明知其行为会发生危害社会的后果,实质上是自然人之间的共同犯罪。

㉓《叶某设计让袁某强奸无性防卫能力女性案》,载《最新刑事法律文件解读》2005 年 10 月总第 10 辑,第 111 页。

核心提示 ➡ 如何认定强奸罪的片面共犯?

㉔《共犯口供运用中的若干问题》,载《刑事司法指南》2004 年第 1 辑总第 21 辑,

第 147~155 页。

要旨 ➡ 一、共犯被告人和同案被告人的区分。

二、关于同案审理的共犯口供的几个问题：1. 同案审理的共犯能否作为本案的证人；2. 运用同案审理的共犯被告人口供来定案是否属于《刑事诉讼法》第 46 条规定的情形。

三、关于另案审理的共犯口供以及不追究刑事责任的共犯口供的证据种类问题。

㉕《宋东亮、陈二永强迫交易、故意伤害案》，载《刑事审判参考》2004 年第 1 辑总第 36 辑，第 17~21 页。

核心提示 ➡ 共同强迫交易过程中，一人突然持刀重伤他人，对其他参与共同强迫交易的被告人应如何定罪处罚？

要旨 ➡ 强迫交易是情节犯，只要以暴力或威胁手段强迫他人交易，情节严重，就可构成本罪。强迫交易罪以暴力或威胁为主要手段，有可能造成死亡或伤害，或实施侮辱、诽谤等行为，有可能触犯其他罪名，应按照牵连处罚原则，从一重罪，故意伤害（致人重伤，3~10 年）处刑比强迫交易重，应以故意伤害定罪。二人构成强迫交易的共犯。但是，被告人宋东亮既不知陈二永携带刀具参加强迫交易行为，期间也不能预见陈二永在实施强迫交易的行为过程中，会突然拿出随身携带的水果刀刺被害人，且宋东亮在陈二永持刀刺被害人的时候，站在一旁没有同时加害被害人。陈二勇持刀重伤被害人的后果，超出了与宋东亮在实施强迫交易犯罪活动中所形成的共同犯罪故意。

㉖《李尧强奸案》，载《刑事审判参考》2004 年第 1 辑总第 36 辑，第 27~31 页。

核心提示 ➡ 与未满刑事责任年龄的人轮奸，是否共同犯罪？

要旨 ➡ 另一参与轮奸人，因不满 14 周岁，被排除在犯罪主体之外，二人之间不构成强奸共同犯罪。

㉗《冯伟张同方抢劫案》，载《经济犯罪审判指导》2004 年第 3 辑总第 7 辑。

要旨 ➡ 未直接实施暴力也构成共同抢劫。

㉘《事前无通谋共犯的认定》，载《刑事审判要览》2004 年第 3 辑总第 9 辑，第 14~18 页。

要旨 ➡ 本案中被告人虽未与他人共同合谋贪污该款，但其明知他人在共同实施贪污犯罪行为，没有其审核不可能套出该笔款项的情况下，仍予以审核，事后分得赃物 2000 元，因而构成贪污共犯。双方意思联络主要表现为犯罪行为之间的相互配合。

㉙《审理扒窃共同犯罪案件有关证据判断标准实务问题探讨》，载《刑事审判要览》2004 年第 3 辑总第 9 辑，第 19~24 页。

㉚《有身份者与无身份者及有不同种身份者共同犯罪如何定罪——刘某二人贪污案》，载《刑事法判解研究》2004 年第 4 辑总第 9 辑，第 136~147 页。

㉛《试论共同故意的不同表现形态》，载《刑事法判解研究》2004 年第 4 辑总第 9 辑，第 167~173 页。

㉜《冉国成故意杀人、冉儒超、冉鸿雁包庇案》，载《刑事审判参考》2003 年第 4 辑总第 33 辑，第 26~33 页。

事前明知是否等于事先通谋,事前明知,并且事后包庇的行为,是否构成共同犯罪?

要旨 ➡ 共同包庇犯罪案件中的共犯可否划分主从犯

一、共犯应犯意沟通,若行为人仅认识到自己实施,未认识到其他人配合,或行为人虽认识到他人实施,但自己未以行为或言语表示参与,则二者因缺乏意思联络而不是共犯;本案,冉国成事先说要"搞"被害人,冉儒超认识到冉国成将实施侵害。但冉儒超未表态,不能推定同意并支持;不能推定默许;未回应,故非事前通谋。当晚,冉儒超看到冉国成带刀,但问其意图时,冉国成搪塞,故不能推定冉儒超知道冉国成真实意图;冉国成实施杀人时,冉儒超只是叫冉鸿雁和罗军去看一下,未参与杀人,或以行为、言语提供帮助,不存在事中通谋;因此不构成共犯。

二、刑法以各犯罪人在犯罪中所起的作用为标准,划分为主犯、从犯等,因此,从逻辑上讲,凡共犯均可区分主、从。

㉝ 《李宝安等故意泄露国家秘密案》,载《刑事审判参考》2003年第4辑总第33辑,第53~59页。

核心提示 ➡ 如何认定事先无通谋的共同犯罪?

要旨 ➡ 主观上,三被告人明知自己行为违反保密法规定,但对秘密的泄露持希望或放任,虽未事前通谋,但默契一致,应认定有共同故意;客观上,三人相互配合,分工合作,形成犯罪整体,并共同完成犯罪行为,是共犯。

㉞ 《张某某抢劫、李某某盗窃案》,载《刑事审判参考》2003年第3辑总第32辑,第34~38页。

核心提示 ➡ 盗窃共犯中部分共犯因抗拒抓捕当场实施暴力转化为抢劫,其他共犯是否也转化?

要旨 ➡ 对部分未当场使用暴力或威胁的,要看其是否同意其他共犯的行为;如同意,则转化,如不同意,则不转;本案,李某某未使用暴力及暴力相威胁,也没有对张某某使用暴力表示认同的意思表示,不具备共同犯罪的要件,故不转化。

㉟ 《王元帅、邵文喜故意杀人、抢劫案》,载《刑事审判参考》2003年第3辑总第32辑,第24~28页。

核心提示 ➡ 犯罪形态不同能否成立共同犯罪?

要旨 ➡ 构成共同犯罪,各行为人在主观方面必须具有共同的犯罪故意,在客观方面实施了共同的犯罪行为。但这并不等于说各行为人在共同犯罪中的犯罪形态就必然是一致的。正如共同犯罪中各行为人的地位、作用有所不同一样,共同犯罪中各行为人对犯罪后果的心态也可能有所不同。这种差异既可能发生在犯意形成的初始阶段,也可能发生在犯罪实施过程中。

㊱ 《普宁市流沙经济发展公司等单位虚开增值税专用发票案》,载《刑事审判参考》2003第2辑总第31辑,第19~34页。

核心提示 ➡ 单位共同虚开增值税专用发票的犯罪中,单位之间、单位中的自然人之间可否区分主从犯?

要旨 ➡ 各被告单位可以区分主从,其中直接责任人员的地位相对于单位犯罪具有一定的独立性，根据本案情况，可以认定亦构成共同犯罪，区分主从。根据 2000 年最高人民法院单位犯罪批复，单位犯罪可不区分主从，但该批复是针对单位犯罪的单数形态而言，根据罪刑相适应，应分主从。

㊲《单位共同犯罪司法认定若干问题探讨》，载《经济犯罪审判指导》2003 年第 3 辑总第 3 辑，第 59～69 页。

要旨 ➡ 1. 关于单位共同犯罪的主体资格问题；2. 关于单位共同犯罪的责任人范围与责任分担问题；3. 关于单位与自然人共同犯罪的处罚问题；4. 单位共同犯罪认定中一个值得特别讨论的问题：从司法实践情况看，虚开增值税专用发票案中的开票人通常是个人（含名为单位实为个人者），受票人通常是单位，势必产生开票人与受票人能否成立自然人与单位组合的共同犯罪？与此相关的一个问题是，如果开票与受票系他人居间介绍而成，那么居间介绍者是与开票人成立自然人共同犯罪，还是与受票人成立单位共同犯罪，抑或单独成立虚开增值税专用发票罪？

㊳《刑法纵横谈（下）》，载《刑事司法指南》2003 年第 3 辑总第 15 辑，第 1～69 页。

核心提示 ➡ 共同犯罪的认定

㊴《交通肇事逃逸问题研究》，载《刑事司法指南》2003 年第 3 辑总第 15 辑，第 133～139 页。

要旨 ➡ 1. 在实行犯单独故意犯罪既遂后对其帮助行为的种类；2. 实行犯单独故意犯罪既遂后对其帮助行为的定罪与刑事责任。

㊵《吴学友故意伤害案》，载《刑事审判参考》2002 年第 5 辑总第 28 辑，第 25～30 页。

要旨 ➡ 1. 被雇佣人所实施的被雇佣的行为虽未达到犯罪程度，对雇佣人一般也应追究刑事责任。雇佣犯罪的本质无异于教唆犯罪，是教唆犯罪的一种特别形式。教唆犯不是罪名，不能定教唆罪，对于教唆犯，应当按照其所教唆的实际内容确定罪名。本案情形应单独以故意伤害（未遂）追究其相应的刑事责任。2. 对被雇佣人超出雇佣范围实施的他种罪行，雇佣人不承担刑事责任。

㊶《郭玉林等抢劫案》，载《刑事审判参考》2002 年第 4 辑总第 27 辑，第 12～19 页。

核心提示 ➡ 共同抢劫中，部分行为人引起的致人重伤、死亡后果，其余未在现场的行为人应承担致人死亡后果的刑事责任？如何理解共同犯罪中的实行过限？

要旨 ➡ 虽未实施，但因抢劫系双重客体，对其他共同犯罪人所致使的被害人死亡后果并未超出其主观认识范围，故同样应承担致人死亡后果的刑事责任；一是客观方面，过限行为必须是独立于共同犯罪行为之外的行为。二是主观方面，过限行为必须是共同犯罪故意之外的行为。三是共同犯罪行为所造成的过失后果，不存在实行过限。

㊷《刘岗、王小军、庄志德金融凭证诈骗案》，载《刑事审判参考》2002 年第 2 辑总第 25 辑，第 25～31 页。

核心提示 ➡ 犯罪故意内容不一致的能否构成共同犯罪？

㊸《章浩等绑架、非法拘禁案》，载《刑事审判参考》2002 年第 1 辑总第 24 辑，第 40～48 页。

核心提示 ➡ 绑架既遂后，犯罪处于继续状态时提供帮助行为是否构成共犯？

要旨 ➡ 明知他人实施了绑架行为后帮助实施勒索行为的，构成绑架罪的共犯。虽无事前通谋，但因犯罪处于继续状态，帮助实施勒索行为，系承继的共同犯罪，应对整体负责。

㊹《李永文故意杀人刑事判决书》，载《刑事审判参考》2002 年第 1 辑总第 24 辑，第 224～234 页。

核心提示 ➡ 如何认定事先无共谋的共同犯罪？

要旨 ➡ 被告人及其辩护人提出没有共同故意。本院认为，被告人李永文开枪向交通民警连续射击，是其故意杀人的明确表示，被告人宋哲随即持枪威胁前来救助被害人的群众与民警，是帮助被告人李永文实施犯罪的行为，表明告人对他人死亡后果的追求，二被告人属事先无通谋的共犯。

㊺《贿赂罪共同犯罪问题研究》，载《刑事司法指南》2002 年第 3 辑总第 11 辑，第 77～129 页。

要旨 ➡ 一、自然人受贿犯罪的共同犯罪：1. 关于非国家工作人员能否构成受贿罪共犯的研讨；2. 自然人共同受贿犯罪的基本特征及其表现形式；3. 国家工作人员共同受贿的认定；4. 国家工作人员与家属共同受贿的认定；5. 国家工作人员与公司、企业人员共同受贿的认定；6. 国家工作人员与其他人共同受贿的认定；7. 自然人共同受贿犯罪的处罚原则。
二、单位贿赂犯罪中的共同犯罪：1. 关于单位能否作为共同犯罪主体的研究；2. 单位贿赂共同犯罪的表现形式及其特征；3. 单位贿赂共同犯罪几种一特殊情形的处理；4. 单位贿赂共同犯罪之犯罪数额的认定。

㊻《陈家鸣等盗窃、销赃案》，载《刑事审判参考》2001 年第 11 辑总第 22 辑，第 16～23 页。

核心提示 ➡ 如何认定事先通谋的盗窃共犯？

要旨 ➡ 行为人仅知道某人可能要盗窃，但事前未与其形成意思联络，事后与之共谋销赃的，或者虽与盗窃犯有事前意思联络，但事后未再实施销赃等行为的，均不能构成盗窃共犯。"事先"的本质在于本罪未完成之前。"通谋"的本质在于双方已形成了意思联络或沟通，而意思联络或沟通的方式，既可以是相互明示的，也可以是默示的、双方心照不宣的。

㊼《实行过限、转化犯的司法认定及处理》，载《刑事审判参考》2001 年第 11 辑总第 22 辑，第 75～79 页。

要旨 ➡ 实行过限的特征：1. 实行过限行为首先必须是一种犯罪行为；2. 实行过限行为发生在共同谋议之罪的实施过程当中；3. 这种行为是由实行犯基于本人的故意或过失单独实施的；4. 这种行为超出了共同犯罪人共同谋议之罪的范围。在教唆内容明确、特定的情况下，被教唆人实施了超出教唆内容范围以外的行为，即属于实行过限。如教唆人以某种犯罪为教唆内容进行教唆,而被教唆人却实施了另种罪行,以及教唆人以某种犯罪为教唆内容,且对犯罪目标、程度等均有明确指示时,而被教唆人却在超出目标、程度外予以实施,这都是实行过限的适例。在教唆内容概括、不明确时,只要被教唆人产生了犯意并实施的,就应当视为没有超出教唆内容范围,不属于实行过限。

48《卓裕付等故意伤害案》,载《最高人民法院判例释解·刑事卷》,第154页。

核心提示 ➡ 欲伤害他人被其友阻止后,并对其友叫更多人来教训的提议表示同意,但没有实行行为的能否构成故意伤害的共犯?

49《林文寮、陈滨走私案》,载《最高人民法院判例释解·刑事卷》,第272页。

核心提示 ➡ 得知走私货物入境后而买私是否构成走私共犯,买私人到走私现场装货但尚未来得及与走私人面谈应如何界定犯罪形态?

第26条 主犯、犯罪集团

组织、领导犯罪集团进行犯罪活动的或者在共同犯罪中起主要作用的,是主犯。

三人以上为共同实施犯罪而组成的较为固定的犯罪组织,是犯罪集团。

对组织、领导犯罪集团的首要分子,按照集团所犯的全部罪行处罚。

对于第三款规定以外的主犯,应当按照其所参与的或者组织、指挥的全部犯罪处罚。

关 联 规 范 ➡ 完全整理

❶ 最高人民法院《关于贯彻宽严相济刑事政策的若干意见》(2010年2月8日 法发〔2010〕9号)(节录)①

30. 对于恐怖组织犯罪、邪教组织犯罪、黑社会性质组织犯罪和进行走私、诈骗、贩毒等犯罪活动的犯罪集团,在处理时要分别情况,区别对待:对犯罪组织或集团中的为首组织、指挥、策划者和骨干分子,要依法从严惩处,该判处重刑或死刑的要坚决判处重刑或死刑;对受欺骗、胁迫参加犯罪组织、犯罪集团或只是一般参加者,在犯罪中起次要、辅助作用的从犯,依法应当从轻或减轻处罚,符合缓刑条件的,可以适用缓刑。

对于群体性事件中发生的杀人、放火、抢劫、伤害等犯罪案件,要注意重点打击其中的组织、指挥、策划者和直接实施犯罪行为的积极参与者;对因被煽动、欺骗、裹胁而参加,情节较轻,经教育确有悔改表现的,应当依法从宽处理。

33. 在共同犯罪案件中,对于主犯或首要分子检举、揭发同案地位、作用较次犯罪分子构成立功的,从轻或者减轻处罚应当从严掌握,如果从轻处罚可能导致全案量刑失衡的,一般不予从轻处罚;如果检举、揭发的是其他犯罪案件中罪行同样严重的犯罪分子,或者协助抓获的是同案中的其他主犯、首要分子的,原则上应依法从轻或者减轻处罚。对于

---

① 对其解读见:《刑事法律文件解读》2010年第3辑总第57辑,第49~65页。

从犯或犯罪集团中的一般成员立功,特别是协助抓获主犯、首要分子的,应当充分体现政策,依法从轻、减轻或者免除处罚。

❷ 最高人民法院、最高人民检察院、公安部、司法部《关于办理流窜犯罪案件中一些问题的意见的通知》(1989年12月13日)(节录)

二、关于流窜犯罪团伙案件的认定和处理

凡三人以上经常纠结在一起进行流窜犯罪活动的,为流窜犯罪团伙。对流窜犯罪团伙案件,只要符合犯罪集团基本特征的按犯罪集团处理,不符合犯罪集团特征的按共同犯罪处理。对于只抓获了流窜犯罪团伙的一部分案犯,短期内不能将全部案犯抓获归案的案件,可根据已查清的犯罪事实、证据,分清罪责,对已抓获的该逮捕、起诉、判刑的案犯,要先行批捕、起诉、审判。对在逃的案犯,待抓获后再依法另行处理。

❸ 最高人民法院、最高人民检察院、公安部《关于当前办理集团犯罪案件中具体应用法律的若干问题的解答》(1984年6月15日)

一、怎样办理团伙犯罪的案件?

办理团伙犯罪的重大案件,应当在党的方针政策指导下,依照刑法和《全国人民代表大会常务委员会关于严惩严重危害社会治安的犯罪分子的决定》的有关规定执行。鉴于刑法和全国人大常委会的有关决定中,只有共同犯罪和犯罪集团的规定,在法律文书中,应当统一使用法律规定的提法。即:

办理团伙犯罪案件,凡其中符合刑事犯罪集团基本特征的,应按犯罪集团处理;不符合犯罪集团基本特征的,就按一般共同犯罪处理,并根据其共同犯罪的事实和情节,该重判的重判,该轻判的轻判。

对犯罪团伙既要坚决打击,又必须打准。不要把三人以上共同犯罪,但罪行较轻、危害较小的案件当作犯罪团伙,进而当作"犯罪集团"来严厉打击。

二、在办案实践中怎样认定刑事犯罪集团?

刑事犯罪集团一般应具备下列基本特征:(1)人数较多(三人以上),重要成员固定或基本固定。(2)经常纠集一起进行一种或数种严重的刑事犯罪活动。(3)有明显的首要分子。有的首要分子是在纠集过程中形成的,有的首要分子在纠集开始时就是组织者和领导者。(4)有预谋地实施犯罪活动。(5)不论作案次数多少,对社会造成的危害或其具有的危险性都很严重。

刑事犯罪集团的首要分子,是指在该集团中起组织、策划、指挥作用的犯罪分子(见刑法第二十三条、第八十六条)。首要分子可以是一名,也可以不只一名。首要分子应对该集团经过预谋、有共同故意的全部罪行负责。集团的其他成员,应按其地位和作用,分别对其参与实施的具体罪行负责。如果某个成员实施了该集团共同故意犯罪范围以外的其他犯罪,则应由他个人负责。

对单一的犯罪集团,应按其所犯的罪定性;对一个犯罪集团犯多种罪的,应按其主罪定性;犯罪集团成员或一般共同犯罪的共犯,犯数罪的,分别按数罪并罚的原则处罚。

三、为什么对共同犯罪的案件必须坚持全案审判?

办理共同犯罪案件特别是集团犯罪案件,除对其中已逃跑的成员可以另案处理外,一定要把全案的事实查清，然后对应当追究刑事责任的同案人，全案起诉，全案判处。切不要全案事实还没有查清，就急于杀掉首要分子或主犯，或者把案件拆散，分开处理。这样做，不仅可能造成定罪不准，量刑失当，而且会造成死无对证，很容易漏掉同案成员的罪行，甚至漏掉罪犯，难以做到依法"从重从快，一网打尽"。

四、办理犯罪集团和一般共同犯罪中的重大案件，怎样执行党的政策，做到区别对待？

办理上述两类案件，应根据犯罪分子在犯罪活动中的地位、作用及危害大小，依照党的政策和刑法、全国人大常委会有关决定的规定，实行区别对待。

对犯罪集团的首要分子和其他主犯，一般共同犯罪中的重大案件的主犯，应依法从重严惩，其中罪行特别严重、不杀不足以平民愤的，应依法判处死刑。

上述两类案件的从犯，应根据其不同的犯罪情节，比照主犯依法从轻、减轻或者免除刑罚。对于胁从犯，应比照从犯依法减轻处罚或免除处罚。犯罪情节轻微，不需要追究刑事责任的，可以免予起诉或由公安部门作其他处理。

对于同犯罪集团成员有一般来往，而无犯罪行为的人，不要株连。

五、有些犯罪分子参加几起共同犯罪活动，应如何办理这些案件？

对这类案件，应分案判处，不能凑合成一案处理。某罪犯主要参加哪个案件的共同犯罪活动，就列入哪个案件去处理（在该犯参加的其他案件中可注明该犯已另案处理）。

④ 最高人民法院、最高人民检察院、公安部《关于当前办理拐卖人口案件中具体应用法律的若干问题的解答》（1984年3月31日）（节录）

七、办理拐卖人口案件还须注意哪些问题？一般来说，还须注意以下一些问题：4. 拐卖人口集团的首要分子，在有的情况下，不只是一个人。

学理观点·典型案例 ➡ 索引与要旨

① 《练永伟等贩卖毒品案》，载《刑事审判参考》2006年第5辑总第52辑，第29~41页。

核心提示 ➡ 如何区分犯罪集团和普通共同犯罪？

要旨 ➡ 综合全案分析，各被告人间的组合比较松散，组织程度不够紧密。主要体现在，虽然各被告人之间多次共同犯罪，分工均比较稳定，被告人练永明对整个贩毒的犯罪活动起着出资、组织货源、安排人员等主导作用，但练永明对其他被告人的组织、领导、指挥作用尚未达到犯罪集团所要求的程度，对其他各被告人不存在领导与被领导的服从关系，各被告人之间也缺乏犯罪集团所应有的组织约束，这一点可以从某些犯罪分子可以比较随意地不从事一些犯罪活动得以体现。综上所述，练永明等被告人之间的组织性尚未达到犯罪集团的程度，仍属于一般共同犯罪阶段，因此，本案不能认定为犯罪集团，认定为一般共同犯罪更为恰当。

② 《觉见多发犯罪主从犯认定探讨》，载《公检法办案指南》2006年第12辑总第84辑，第135~153页。

③ 《张君等抢劫、杀人犯罪集团案》，载《刑事审判参考》2001年第7辑总第18辑，

第13～38页。

核心提示 ➡ 犯罪集团应如何认定？犯罪集团案件是否应全案审判？

❹《李某等投毒案》，载《刑事审判参考合订本·第一卷》，第5～10页。

要旨 ➡ 共同犯罪中主犯应适用从旧兼从轻的处罚原则。

修订后的刑法删去了1979年刑法中"从重处罚"的规定，根据从旧兼从轻的处罚原则，在对1997年9月30日之前的共同犯罪中的主犯适用法律时，应当适用修订后的刑法。

第27条　从犯

在共同犯罪中起次要或者辅助作用的，是从犯。

对于从犯，应当从轻、减轻处罚或者免除处罚。

❶ 最高人民法院《人民法院量刑指导意见（试行）》（2010年9月13日　法发〔2010〕36号）（节录）

三、常见量刑情节的适用

3. 对于从犯，应当综合考虑其在共同犯罪中的地位、作用，以及是否实施犯罪实行行为等情况，予以从宽处罚，可以减少基准刑的20%～50%；犯罪较轻的，可以减少基准刑的50%以上或者依法免除处罚。

❷ 最高人民法院《关于贯彻宽严相济刑事政策的若干意见》（2010年2月8日　法发〔2010〕9号）（节录）①

在对严重刑事犯罪依法从严惩处的同时，对被告人具有自首、立功、从犯等法定或酌定从宽处罚情节的，还要注意宽以济严，根据犯罪的具体情况，依法应当或可以从宽的，都应当在量刑上予以充分考虑。

❸《全国法院审理经济犯罪案件工作座谈会纪要》（2003年11月13日　法〔2003〕167号）（节录）②

二、关于贪污罪（四）共同贪污犯罪中"个人贪污数额"的认定

刑法第三百八十三条第一款规定的"个人贪污数额"，在共同贪污犯罪案件中应理解为个人所参与或者组织、指挥共同贪污的数额，不能只按个人实际分得的赃款数额来认定。对共同贪污犯罪中的从犯，应当按照其所参与的共同贪污的数额确定量刑幅度，并依照刑法第二十七条第二款的规定，从轻、减轻处罚或者免除处罚。

学理观点·典型案例 ➡ **索引与要旨**

❶《从犯的犯罪既遂认定问题》，载《刑事司法指南》2009年第3辑总第39辑，第1～16页。

❷《党见多发犯罪主从犯认定探讨》，载《公检法办案指南》2006年第12辑总第84

---

① 对其解读见：《刑事法律文件解读》2010年第3辑总第57辑，第49～65页。
② 对其解读见：《刑事审判参考》2004年第4辑总第39辑，第178～199页。

辑，第 135～153 页。

❸《邓冬蓉非法出售虚开增值税专用发票案》，载《刑事审判参考》2005 年第 2 辑总第 43 辑，第 21～27 页。

核心提示 ➡ 帮助犯的概念以及如何把握帮助犯帮助故意所要求的"明知"？

要旨 ➡ 对于构成帮助犯帮助故意所要求的"明知"，不需要确切知道他人实施的是何种犯罪，只要明知他人正在或将会实施犯罪即可。

第 28 条　胁从犯

对于被胁迫参加犯罪的，应当按照他的犯罪情节减轻处罚或者免除处罚。

学理观点·典型案例 ➡ 索引与要旨

《乔燕琴等故意伤害案　广东省广州市中级人民法院　刑事判决书》（〔2003〕穗中法刑一初字第 134 号），载《刑事审判参考》2003 年第 5 辑总第 34 辑，第 204～234 页。

核心提示 ➡ 存在管理者与被管理者的关系时，如何考察是否具有胁迫行为。

要旨 ➡ 上诉人提出被胁迫殴打孙志刚。经查，虽有管理者与被管理者的关系，但李海婴在受乔燕琴的指使后，积极殴打孙志刚，在两轮殴打中，均首先动手殴打，并指挥同室的人员殴打孙志刚；钟辽国、周利伟等上诉人在被指使后，也主动参与殴打孙志刚，现在证据明确证实李海婴等人的殴打行为并不是受胁迫而为。

第 29 条　教唆犯

教唆他人犯罪的，应当按照他在共同犯罪中所起的作用处罚。教唆不满十八周岁的人犯罪的，应当从重处罚。

如果被教唆的人没有犯被教唆的罪，对于教唆犯，可以从轻或者减轻处罚。

关 联 规 范 ➡ 完全整理

❶ 公安部《关于打击拐卖妇女儿童犯罪适用法律和政策有关问题的意见》（2000 年 3 月 24 日　公通字〔2000〕25 号）（节录）

二、关于拐卖妇女、儿童犯罪

（五）教唆他人实施拐卖妇女、儿童犯罪的，以拐卖妇女、儿童罪的共犯立案侦查。向他人传授拐卖妇女、儿童的犯罪方法的，以传授犯罪方法罪立案侦查。明知是拐卖妇女、儿童的犯罪分子，而在其实施犯罪后为其提供隐藏处所、财物，帮助其逃匿或者作假证明包庇的，以窝藏、包庇罪立案侦查。

（十二）教唆被拐卖、拐骗、收买的未成年人实施盗窃、诈骗等犯罪行为的，应当以盗窃罪、诈骗罪等犯罪的共犯立案侦查。

❷ 上海、北京、广东、湖北、江苏高级人民法院《〈人民法院量刑指导意见（试行）〉实施细则（试行）》（2010 年 10 月 1 日）

❸《福建省高级人民法院〈人民法院量刑指导意见（试行）〉实施细则（试行）》（2010年9月30日　闽高法发〔2010〕21号）（节录）

三、常见量刑情节适用

11. 对于教唆犯，应当综合考虑在共同犯罪中的作用、是否教唆未成年人犯罪以及被教唆者是否犯被教唆之罪等情况，予以处罚。

（1）教唆未成年人犯罪的，应当增加基准刑的10%～30%；

（2）教唆限制行为能力人犯罪的，可以增加基准刑的30%以下；

（3）被教唆的人没有犯被教唆之罪的，可以减少基准刑的50%以下。

❹ 四川公检法《关于办理盗窃、破坏高速铁路设备设施案件适用法律若干问题的意见（试行）》（2009年9月24日　川高法〔2009〕487号）（节录）①

第九条　教唆未成年人实施盗窃、破坏高速铁路设备设施的，应当从重处罚。被教唆的未成年人达到刑事责任年龄的，对教唆人、被教唆人按照共同犯罪处理；被教唆人未达到刑事责任年龄的，对于教唆人，按照被教唆人实施的行为定罪处罚。

学理观点·典型案例 ▶ 索引与要旨

❶《胡忠、胡学飞、童峰峰故意杀人案》，载《刑事审判参考》2009年第3辑总第68辑，第6～12页。

核心提示 ➡ 如何确定雇凶者与受雇者的罪责？如何判定受雇者的行为是否过限？对实行过限行为造成的后果如何确定刑事责任？

❷《卞修柱抢劫案》，载《刑事审判参考》2008年第4辑总第63辑，第24～32页。

核心提示 ➡ 被告人翻供称受教唆而抢劫，是否成立？

要旨 ➡ 刘某与卞修柱虽然相识，但二人之间的关系并不密切。此点二人供述一致，均说双方不熟。既然如此，刘某就不太可能指使一个不熟悉的人去抢劫杀人，况且这样做对刘某并没有好处，不合情理。如果刘某是因其从事倒卖二手车生意而教唆卞修柱抢劫"黑车"，则属于本末倒置，刘某所承担的风险和付出的代价均太大，因为一旦案发，既会导致赃车被追缴，赚不到钱，还会使刘某本人被追究刑事责任，得不偿失。因此，卞修柱翻供系刘某教唆他抢劫甚至刘某与他一起作案，从常理角度看，很难作出合理解释。

❸《薛文勋等人故意杀人、爆炸案》，载《刑事审判指导》2004年第1辑总第1辑。

核心提示 ➡ 教唆犯教唆他人伤害或杀人，实行犯实施了爆炸犯罪造成严重后果的，对教唆犯如何定罪？

❹《雇佣犯罪问题研究》，载《刑事司法指南》2004年第1辑总第17辑，第100～111页。

要旨 ➡ 1. 雇佣犯罪与共同犯罪；2. 雇佣犯罪与犯罪停止形态；3. 雇佣犯罪的刑事责任。

---

① 对其解读见：《刑事法律文件解读》2009年第12辑总第54辑，第51～65页。

5《黄土保等故意伤害案》，载《刑事审判参考》2002 年第 5 辑总第 28 辑，第 16～24 页。

核心提示 ➡ 如何认定教唆犯的犯罪中止？

要旨 ➡ 被告是第一雇佣、教唆人，对再雇佣是知情的，因此，其对其他被雇佣、教唆人亦有积极采取相应补救措施责任，至少确保中间人能及时有效地通知、说服、制止其他被雇佣、教唆人彻底放弃犯罪意图，停止犯罪。虽非中止，但可从轻。

6《利用不满 14 周岁的人投毒杀人的行为如何定性》，载《刑事审判参考》2001 年第 5 辑总第 16 辑，第 74～76 页。

要旨 ➡ 有刑事责任能力的人指使、利用未达到刑事责任年龄的人或者精神病人实施犯罪，在刑法理论上称之为"间接正犯"，不属于共同犯罪的范畴。因此本案被告人并非教唆犯，不能直接援引有关教唆犯的条款来处理，而应按故意杀人行为定罪处罚。该行为也不符合传播犯罪方法罪的特征。传授犯罪方法仅是将某种或某些犯罪方法传授于人，并不包括唆使他人去实施某种犯罪的行为。

第四节　单位犯罪

第 30 条　单位犯罪的定义

公司、企业、事业单位、机关、团体实施的危害社会的行为，法律规定为单位犯罪的，应当负刑事责任。

关　联　规　范 ➡ **完全整理**

1 最高人民检察院《关于单位有关人员组织实施盗窃行为如何适用法律问题的批复》（2002 年 8 月 13 日　高检发释字〔2002〕5 号）①

单位有关人员为谋取单位利益组织实施盗窃行为，情节严重的，应当依照刑法第二百六十四条的规定以盗窃罪追究直接责任人员的刑事责任。（编者注：非单位犯罪，故未采取双罚制）

2 最高人民法院、最高人民检察院、海关总署《关于办理走私刑事案件适用法律若干问题的意见》（2002 年 7 月 8 日　法〔2002〕139 号）（节录）②

十七、关于单位走私犯罪案件诉讼代表人的确定及其相关问题

单位走私犯罪案件的诉讼代表人，应是单位的法定代表人或者主要负责人。单位的法定代表人或者主要负责人被依法追究刑事责任或者因其他原因无法参与刑事诉讼的，人民检察院应当另行确定被告单位的其他负责人作为诉讼代表人参加诉讼。

---

① 对其解读见：《解读最高人民检察院司法解释》，第 355～357 页以及《刑事司法指南》2002 年第 4 辑总第 12 辑，第 67 页。

② 对其解读见：《刑事审判参考》2002 年第 4 辑总第 27 辑，第 149～170，185～203 页。

接到出庭通知的被告单位的诉讼代表人应当出庭应诉。拒不出庭的,人民法院在必要的时候,可以拘传到庭。

对直接负责的主管人员和其他直接责任人员均无法归案的单位走私犯罪案件,只要单位走私犯罪的事实清楚、证据确实充分,且能够确定诉讼代表人代表单位参与刑事诉讼活动的,可以先行追究该单位的刑事责任。

被告单位没有合适人选作为诉讼代表人出庭的,因不具备追究该单位刑事责任的诉讼条件,可按照单位犯罪的条款先行追究单位犯罪中直接负责的主管人员或者其他直接责任人员的刑事责任。人民法院在对单位犯罪中直接负责的主管人员或者直接责任人员进行判决时,对于扣押、冻结的走私货物、物品、违法所得以及属于犯罪单位所有的走私犯罪工具,应当一并判决予以追缴、没收。

十八、关于单位走私犯罪及其直接负责的主管人员和直接责任人员的认定问题

具备下列特征的,可以认定为单位走私犯罪:(1)以单位的名义实施走私犯罪,即由单位集体研究决定,或者由单位的负责人或者被授权的其他人员决定、同意;(2)为单位谋取不正当利益或者违法所得大部分归单位所有。

依照《最高人民法院关于审理单位犯罪案件具体应用法律有关问题的解释》第二条的规定,个人为进行违法犯罪活动而设立的公司、企业、事业单位实施犯罪的,或者个人设立公司、企业、事业单位后,以实施犯罪为主要活动的,不以单位犯罪论处。单位是否以实施犯罪为主要活动,应根据单位实施走私行为的次数、频度、持续时间、单位进行合法经营的状况等因素综合考虑认定。

根据单位人员在单位走私犯罪活动中所发挥的不同作用,对其直接负责的主管人员和其他直接责任人员,可以确定为一人或者数人。对于受单位领导指派而积极参与实施走私犯罪行为的人员,如果其行为在走私犯罪的主要环节起重要作用的,可以认定为单位犯罪的直接责任人员。

十九、关于单位走私犯罪后发生分立、合并或者其他资产重组情形以及单位被依法注销、宣告破产等情况下,如何追究刑事责任的问题

单位走私犯罪后,单位发生分立、合并或者其他资产重组等情况的,只要承受该单位权利义务的单位存在,应当追究单位走私犯罪的刑事责任。走私单位发生分立、合并或者其他资产重组后,原单位名称发生更改的,仍以原单位(名称)作为被告单位。承受原单位权利义务的单位法定代表人或者负责人为诉讼代表人。

单位走私犯罪后,发生分立、合并或者其他资产重组情形,以及被发生注销、宣告破产等情况的,无论承受该单位权利义务的单位是否存在,均应追究原单位直接负责的主管人员和其他直接责任人员的刑事责任。

人民法院对原走私单位判处罚金的,应当将承受原单位权利义务的单位作为被执行人。罚金超出新单位所承受的财产的,可在执行中予以减除。

二十、关于单位与个人共同走私普通货物、物品案件的处理问题。

二十一、关于单位走私犯罪案件自首的认定问题。

❸ 最高人民检察院《关于涉嫌犯罪单位被撤销、注销、吊销营业执照或者宣告破产

的应如何进行追诉问题的批复》（2002年7月4日　高检发释字〔2002〕4号）①

涉嫌犯罪的单位被撤销、注销、吊销营业执照或者宣告破产的，应当根据刑法关于单位犯罪的相关规定，对实施犯罪行为的该单位直接负责的主管人员和其他直接责任人员追究刑事责任，对该单位不再追诉。

4 最高人民法院《关于审理单位犯罪案件对其直接负责的主管人员和其他直接责任人员是否区分主犯、从犯问题的批复》（2000年10月10日　法释〔2000〕31号）②

经研究，答复如下：在审理单位故意犯罪案件时，对其直接负责的主管人员和其他直接责任人员，可不区分主犯、从犯，按照其在单位犯罪中所起的作用判处刑罚。

5 最高人民法院《关于审理单位犯罪案件具体应用法律有关问题的解释》（1999年7月3日　法释〔1999〕14号）③

为依法惩治单位犯罪活动，根据刑法的有关规定，现对审理单位犯罪案件具体应用法律的有关问题解释如下：

第一条　刑法第三十条规定的"公司、企业、事业单位"，既包括国有、集体所有的公司、企业、事业单位，也包括依法设立的合资经营、合作经营企业和具有法人资格的独资、私营等公司、企业、事业单位。

第二条　个人为进行违法犯罪活动而设立的公司、企业、事业单位实施犯罪的，或者公司、企业、事业单位设立后，以实施犯罪为主要活动的，不以单位犯罪论处。

第三条　盗用单位名义实施犯罪，违法所得由实施犯罪的个人私分的，依照刑法有关自然人犯罪的规定定罪处罚。

6 最高人民法院《关于在审理经济纠纷案件中涉及经济犯罪嫌疑若干问题的规定》（1998年4月29日　法释〔1998〕7号）（节录）④

第二条　单位直接负责的主管人员和其他直接责任人员，以为单位骗取财物为目的，采取欺骗手段对外签订经济合同，骗取的财物被该单位占有、使用或处分构成犯罪的，除依法追究有关人员的刑事责任，责令该单位返还骗取的财物外，如给被害人造成经济损失的，单位应当承担赔偿责任。

第三条　单位直接负责的主管人员和其他直接责任人员，以该单位的名义对外签订经济合同，将取得的财物部分或全部占为己有构成犯罪的，除依法追究行为人的刑事责任外，该单位对行为人因签订、履行该经济合同造成的后果，依法应当承担民事责任。

第四条　个人借用单位的业务介绍信、合同专用章或者盖有公章的空白合同书，以出借单位名义签订经济合同，骗取财物归个人占有、使用、处分或者进行其他犯罪活动，给对方造成经济损失构成犯罪的，除依法追究借用人的刑事责任外，出借业务介绍信、合同

---

① 对其解读见：《刑事审判参考》2002年第4辑总第27辑，第142页。
② 对其解读见：《刑事审判参考》2000年第6辑总第11辑，第76～77，111～114页。
③ 对其解读见：《刑事审判参考合订本·第一卷》第273，351～355页以及《解读最高人民法院司法解释·刑事、行政卷（1997～2002）》，第10～14页。
④ 对其解读见：《解读最高人民法院司法解释·刑事、行政卷（1997～2002）》，第111～117页。

专用章或者盖有公章的空白合同书的单位,依法应当承担赔偿责任。但是,有证据证明被害人明知签订合同对方当事人是借用行为,仍与之签订合同的除外。

第五条 行为人盗窃、盗用单位的公章、业务介绍信、盖有公章的空白合同书,或者私刻单位的公章签订经济合同,骗取财物归个人占有、使用、处分或者进行其他犯罪活动构成犯罪的,单位对行为人该犯罪行为所造成的经济损失不承担民事责任。

行为人私刻单位公章或者擅自使用单位公章、业务介绍信、盖有公章的空白合同书以签订经济合同的方法进行的犯罪行为,单位有明显过错,且该过错行为与被害人的经济损失之间具有因果关系的,单位对该犯罪行为所造成的经济损失,依法应当承担赔偿责任。

第六条 企业承包、租赁经营合同期满后,企业按规定办理了企业法定代表人的变更登记,而企业法人未采取有效措施收回其公章、业务介绍信、盖有公章的空白合同书,或者没有及时采取措施通知相对人,致原企业承包人、租赁人得以用原承包、租赁企业的名义签订经济合同,骗取财物占为己有构成犯罪的,该企业对被害人的经济损失,依法应当承担赔偿责任。但是,原承包人、承租人利用擅自保留的公章、业务介绍信、盖有公章的空白合同书以原承包、租赁企业的名义签订经济合同,骗取财物占为己有构成犯罪的,企业一般不承担民事责任。

单位聘用的人员被解聘后,或者受单位委托保管公章的人员被解除委托后,单位未及时收回其公章,行为人擅自利用保留的原单位公章签订经济合同,骗取财物占为己有构成犯罪,如给被害人造成经济损失的,单位应当承担赔偿责任。

第七条 单位直接负责的主管人员和其他直接责任人员,将单位进行走私或其他犯罪活动所得财物以签订经济合同的方法予以销售,买方明知或者应当知道的,如因此造成经济损失,其损失由买方自负。但是,如果买方不知该经济合同的标的物是犯罪行为所得财物而购买的,卖方对买方所造成的经济损失应当承担民事责任。

第八条 根据《中华人民共和国刑事诉讼法》第七十七条第一款的规定,被害人对本《规定》第二条因单位犯罪行为造成经济损失的,对第四条、第五条第一款、第六条应当承担刑事责任的被告人未能返还财物而遭受经济损失提起附带民事诉讼的,受理刑事案件的人民法院应当依法一并审理。被害人因其遭受经济损失也有权对单位另行提起民事诉讼。若被害人另行提起民事诉讼的,有管辖权的人民法院应当依法受理。

❼ 海关总署走私犯罪侦查局《关于境外公司能否作为单位犯罪主体追究刑事责任的批复》(2001年2月20日 〔2001〕15号)①

经研究,认为:一、对有证据能够证明境外公司(也包括外国公司,下同)以公司身份从事或者参与走私犯罪活动且证明该公司的合法主体资格的,可以单位犯罪追究境外公司的刑事责任。二、经侦查所获得的证据无法证明境外公司以单位身份从事或参与走私犯罪活动,或者无法证明境外公司合法资格的,则以个人犯罪认定,追究行为人个人的刑事责任。

---

① 对其解读见:《缉私警察执法手册刑事卷》,第1页。

❽ 公安部《关于如何理解走私罪中"直接主管人员"和"直接责任人员"的答复》（1994年3月3日 公法〔1994〕27号）

经商最高人民法院研究室同意，现答复如下：所谓"直接负责的主管人员"，是指在企业事业单位、机关、团体中，对本单位实施走私犯罪起决定作用的、负有组织、决策、指挥责任的领导人员。单位的领导人参与单位走私的组织、决策、指挥，或者仅是一般参与，并不是起决定作用的，则不应对单位的走私犯罪负刑事责任。

所谓"直接责任人员"，是指直接实施本单位走私犯罪行为或者虽对本单位走私犯罪负有部分组织责任，但对本单位走私犯罪行为不起决定作用，只是具体执行、积极参与的该单位的部门负责人或者一般工作人员。

对涉及两个或两个以上企事业单位、机关、团体联合走私的，认定"直接负责的主管人员"和"直接责任人员"，按上述原则办理。

❾ 最高人民检察院研究室《关于国有单位的内设机构能否构成单位受贿罪主体问题的答复》（2006年9月12日 高检研发〔2006〕8号）①

陕西省人民检察院研究室：你室《关于国家机关、国有公司、企业、事业单位、人民团体的内设机构能否构成单位受贿罪主体的请示》收悉。经研究，答复如下：国有单位的内设机构利用其行使职权的便利、索取、非法收受他人财物并归该内设机构所有或者支配，为他人谋取利益，情节严重的，依照刑法第三百八十七条的规定以单位受贿罪追究刑事责任。

上述内设机构在经济往来中，在账外暗中收受各种名义的回扣、手续费的，以受贿论。

❿ 最高人民法院研究室《关于外国公司、企业、事业单位在我国领域内犯罪如何适用法律的答复》（2003年10月15日 法研〔2003〕153号）

天津市高级人民法院：你院津高法〔2003〕30号《关于韩国注册企业在我国犯走私普通货物罪能否按单位犯罪处理的请示》收悉。经研究，答复如下：

符合我国法人资格条件的外国公司、企业、事业单位，在我国领域内实施危害社会的行为，符合我国《刑法》构成犯罪的，应当依照我国《刑法》关于单位犯罪的规定追究刑事责任。

个人在我国领域内进行违法犯罪活动而设立的外国公司、企业、事业单位实施犯罪的，或者外国公司、企业、事业单位设立后在我国领域内以实施违法犯罪为主要活动的，不以单位犯罪论处。

解读全文：（解读者：最高人民法院 祝二军）

天津市高级人民法院就韩国注册企业在我国犯走私普通货物罪能否按单位犯罪处理问题向最高人民法院请示。该院对此形成两种意见：一种意见认为，应以单位犯罪处理。理由是：（1）根据刑法规定的属地原则，凡在我国领域内犯罪的，除法律有特别规定的以外，都适用我国刑法。韩国的企业法人在我国领域内犯走私罪，其具有不可分割性。因此，

---

① 对其解读见：《公检法办案指南》2006年第11辑总第83辑，第86~92页以及《刑事司法指南》2007年第1辑总第29辑，第122~129页。

刑法对该案件中的单位及其直接负责的主管人员和其他直接责任人员均具有管辖权。（2）刑法总则规定的是外国人犯罪，根据有关处理涉外案件的规范性文件的规定，外国人包括外国自然人及法人。（3）将外国单位在我国领域内犯罪均认定为自然人犯罪处罚，放弃对单位犯罪的追究，实际上违背了我国刑法管辖的主权原则，会使外国犯罪单位逍遥法外，我国的国家利益得不到有力的保障。（4）由于我国刑法分则条款规定的单位犯罪承担刑事责任的责任人员与自然人犯罪的刑罚有着明显的差距，因此，排除单位犯罪也会造成适用刑罚的不平等现象。另一种意见认为，不能按单位犯罪处理。理由是：如果按单位犯罪处理，境外单位的有关证明主观犯意的证据很难采集或者境外单位可能不派员出庭，甚至出现判决后不能执行等困难，审判实践中很难操作；处理这类案件还应考虑国家之间对等原则等涉外法律问题。

最高人民法院研究室在深入调查研究、广泛征求有关部门和单位意见的基础上，于2003年10月15日制作了《关于外国公司、企业、事业单位在我国领域内犯罪如何适用法律问题的答复》（以下简称《答复》）。在适用《答复》时，要注意把握以下问题：

一、关于"国外公司、企业、事业单位"的表述问题

"外国公司、企业、事业单位"，是指在外国注册成立的公司、企业、事业单位。"外国公司、企业、事业单位"，不仅要符合外国关于成立公司、企业、事业单位的实质要件，例如场地、人员、资金等方面的要求，而且要符合成立公司、企业、事业单位的形式要件或者程序要件，即在外国注册成立。

在起草过程中，对此有三种意见：

第一种意见将这类主体表述为"具有外国法人资格的公司、企业、事业单位"。实际上，"具有外国法人资格"仅仅说明公司、企业、事业单位符合外国法人的资格条件，具备了成为该国法人的实质要件，但尚不足以说明公司、企业、事业单位是该国法人，而只有同时在该国注册成立，具备了成为该国法人的形式要件或者程序要件，才能称得上是外国法人。正如仅仅有律师资格还不能成为真正的律师一样，只有具有律师资格，并经过注册，才能成为律师。

第二种意见将这类主体表述为"作为外国法人的公司、企业、事业单位"。这种表述含义比较明确，说明了该公司、企业、事业单位就是外国法人，但有累赘之嫌，"意赅而不言简"。

第三种意见将这类主体表述为"外国法人"。这种表述实际上扩大了主体范围，不仅包括作为外国法人的公司、企业、事业单位，而且还包括作为外国法人的机关、团体等。从理论上讲，凡是外国法人都有可能成为这类犯罪的主体，但没有必要在本《答复》中这样表述。

二、关于外国公司、企业、事业单位在我国犯罪能否适用我国刑法关于单位犯罪的规定追究刑事责任问题

对于符合我国法人资格条件的外国公司、企业、事业单位，在我国实施危害社会的行为，依照我国刑法构成犯罪的，应当按照我国法律关于单位犯罪的规定追究刑事责任。理由如下：

第一，符合我国刑事法律的规定。我国刑法第6条规定了地域管辖原则，即凡在我国领域内犯罪的，除法律有特别规定的以外，都适用我国刑法的规定。因此，将犯罪的外国公司、企业、事业单位按照我国刑法规定的单位犯罪处理于法有据。

第二，考虑到我国已加入世界贸易组织的总体形势，鉴于世界贸易组织纠纷解决机制的平等原则，有必要在我国刑法中确立单位犯罪法律适用的内外一致原则或称内外平等原则，将犯罪的外国公司、企业、事业单位按照我国刑法规定的单位犯罪来处理。

第三，确立单位犯罪法律适用的内外一致原则，符合我国的国家利益，有利于惩治外国公司、企业、事业单位的犯罪行为，体现我国法律适用的普遍性、平等性和公正性。

第四，确立单位犯罪刑法适用的内外一致原则，是我国刑法规定的罪刑相一致原则的要求。我国法律对于单位犯罪和个人犯罪的定罪量刑标准有所不同。基于同样的犯罪事实，对于自然人犯罪判处的刑罚较重，而对单位犯罪，大多数情况下实行两罚制。对单位判处罚金，并对其直接责任人员判处相对较轻的刑法，如果将犯罪的外国公司、企业、事业单位以自然人犯罪追究刑事责任，将造成刑法适用上的严重失衡现象，违反刑法第五条规定的罪刑相一致的原则。

第五，确立单位犯罪法律适用的内外一致原则在实践中具有可行性。追究已实施犯罪的外国公司、企业、事业单位的刑事责任可能涉及国家司法主权问题，实践中还存在犯罪的外国公司、企业、事业单位的性质难以查明、其诉讼代表人确定、判决难以执行等问题，但是，考虑到承担刑事责任主体的仅仅是外国的公司、企业、事业单位而不是该国家，根据国际刑事司法的协助对等互惠原则，这些问题经过努力还是能够解决的；即便一时难以解决，也可以按照单位犯罪对其直接负责的主管人员或者其他直接责任人员追究刑事责任。

三、关于外国公司、企业、事业单位的认定条件问题

国外的法人制度比较复杂，而且国与国之间差别也较大。有的要求条件比较高，例如，包括高额的注册资本、较多的从来人员等方面的限制；有的要求条件则比较低，甚至一元钱即可注册成立公司；有的国家甚至没有法人的称谓。显然，这些外国公司、企业、事业单位，不完全符合我国刑法关于单位犯罪主体的资格条件。如果外国公司、企业、事业单位在我国实施犯罪时，均按照我国刑法规定作为单位犯罪来处理，就有失公允，也是对不符合我国法人资格的外国公司、企业、事业单位在我国实施犯罪的一种放纵。因此，《答复》规定，外国公司、企业、事业单位在我国实施犯罪，按照我国刑法规定的单位犯罪处理时，该公司、企业、事业单位必须同时符合我国法律规定的法人资格条件。

⑪ 最高人民法院研究室《关于对不具有法人资格的单位的分支机构或者内设机构、部门实施的犯罪行为能否以单位犯罪追究其刑事责任问题的复函》（2001年3月9日　法研〔2001〕23号）①

经研究，提出以下意见，供参考：不具有法人资格的单位的分支机构或者内设机构、部门，以该分支机构或者内设机构、部门的名义实施犯罪行为，违法所得归分支机构或者内设机构、部门所有的，可以单位犯罪追究其刑事责任。

---

① 对其解读见：《缉私警察执法手册刑事卷》，第58~59页。

第一编 总则 第二章 犯罪

附件：（侦查函〔2001〕50号）最高人民法院研究室：我下属侦查分局在侦办走私犯罪案件中，经常发现犯罪活动系某一企业、公司的营业机构（包括企业的分公司、经营部或者办事处等）所为的情况。该类营业机构不具有法人资格，但经过其企业的授权或者签订承包合同可独立开展经营活动，有的营业机构还经工商登记，发有营业执照。该类营业机构与上属企业（具有法人资格）的关系是，营业机构的所需资金由上属企业调拨，营业机构经营所得利润全部上缴上所企业后由企业按利润比例回拨，即营业机构获取利润提成，上属企业不干预营业机构的具体业务活动。在无证据证明该类营业机构的上属企业参与或者知悉走私犯罪活动的情况下，能否将不具有法人资格的营业机构视为刑法中的"单位"，以"单位"犯罪追究其刑事责任？此外，该类营业机构的上属企业虽不掌握下属营业机构的违法犯罪活动，但却收取走私犯罪的违法所得，此种情况下，能否追究上属企业的刑事责任？

请你室对上述问题的意见函告我局。

❿ 最高人民法院研究室《关于企业犯罪后被合并应当如何追究刑事责任的答复》（1998年11月18日）

人民检察院起诉时该犯罪企业已被合并到一个新企业的，仍应依法追究原犯罪企业及其直接负责的主管人员和其他直接责任人员的刑事责任。人民法院审判时，对被告单位应列原犯罪企业名称，但注明已被并入新的企业，对被告单位所判处的罚金数额以其并入新的企业的财产及收益为限。

❸ 《全国法院审理金融犯罪案件工作座谈会纪要》（2001年1月21日 法〔2001〕8号）（节录）①

二、（一）关于单位犯罪问题

根据刑法和《最高人民法院关于审理单位犯罪案件具体应用法律有关问题的解释》的规定，以单位名义实施犯罪，违法所得归单位所有的，是单位犯罪。

1. 单位的分支机构或者内设机构、部分实施犯罪行为的处理。以单位的分支机构或者内设机构、部门的名义实施犯罪，违法所得亦归分支机构或者内设机构、部门所有的，应认定为单位犯罪。不能因为单位的分支机构或者内设机构、部门没有可供执行罚金的财产，就不将其认定为单位犯罪，而按照个人犯罪处理。

2. 单位犯罪直接负责的主管人员和其他直接责任人员的认定。直接负责的主管人员，是在单位实施的犯罪中起决定、批准、授意、纵容、指挥等作用的人员，一般是单位的主管负责人，包括法定代表人。其他直接责任人员，是在单位犯罪中具体实施犯罪并起较大作用的人员，既可以是单位的经营管理人员，也可以是单位的职工，包括聘任、雇佣的人员。应当注意的是，在单位犯罪中，对于受单位领导派遣或奉命而参与实施了一定犯罪行为的人员，一般不宜作为直接责任人员追究刑事责任。对单位犯罪中的直接负责的主管人员和其他直接责任人员，应根据其在单位犯罪中的地位、作用和犯罪情节，分别处以相应的刑罚，主管人员与直接责任人员，在个案中，不是当然的主、从犯关系，有的案件，主

---

① 对其解读见：《刑事审判参考》2001年第4辑总第15辑，第63~76页。

管人员与直接责任人员在实施犯罪行为的主从关系不明显的,可不分主、从犯。但具体案件可以分清主、从犯,且不分清主、从犯,在同一法定刑档次、幅度内量刑无法做到罪刑相适应的,应当分清主、从犯,依法处罚。

3. 对未作为单位犯罪起诉的单位犯罪案件的处理。对于应当认定为单位犯罪的案件,检察机关只作为自然人犯罪案件起诉的,人民法院应及时与检察机关协商,建议检察机关对犯罪单位补充起诉。如检察机关不补充起诉的,人民法院仍应依法审理,对被起诉的自然人根据指近代的犯罪事实、证据及庭审查明的事实,依法按单位犯罪中的直接负责的主管人员或者其他直接责任人员追究刑事责任,并应引用刑罚分则关于单位犯罪追究直接负责的主管人员和其他直接责任人员刑事责任的有关条款。

4. 单位共同犯罪的处理。两个以上单位以共同故意实施的犯罪,应根据各单位在共同犯罪中的地位、作用大小,确定犯罪单位的主、从犯。

⓮ 浙江公检法《关于村民委员会等村基层组织人员利用职权实施犯罪适用法律若干问题的解答》(2005年7月27日　浙检会〔研〕〔2005〕7号)(节录)①

六、问:村委会等村基层组织能否构成单位犯罪主体?答:村委会等村基层组织以单位名义实施的为本单位谋取非法利益的行为,法律规定为单位犯罪的,以单位犯罪追究刑事责任。

⓯ 上海市高级人民法院《刑法总则适用问题解答(试行)》(节录)

七、如何掌握单位犯罪的认定与处罚问题?

(一) 单位故意犯罪的认定

1. 刑法上单位的认定

认定单位故意犯罪,首先应当查明单位是否属实。具体可从两方面进行审查:一是从单位的成立形式和组织结构看,经过有权机关或组织(如工商局、上级主管部门等)审批、登记注册的社会经济组织等,可以认定为单位。但是,有些有限责任公司、股份有限公司在形式上虽然经过工商部门审批、登记注册,如果确有证据证实其实际为特定一人出资、一人从事经营管理活动,主要利益归属于该特定个人的,应当根据查证属实的情况,以刑法上个人论。至于有限责任公司和股份有限公司中各股东的出资比例大小,以及是否具有亲属关系(具有财产共有关系的家庭成员除外),一般来说并不影响对单位的认定。二是从单位的实际活动性质看,如果单位主要从事违法犯罪活动,或者成立单位的目的就是从事违法犯罪活动的,应当否定其正当的单位人格,对其实施的危害行为以个人违法犯罪行为论处。

2. 单位故意犯罪的构成特征

在查明单位属实的基础上,要认定单位故意犯罪,应当主要把握两个构成特征:一是犯罪意志的整体性,即单位故意犯罪是经单位集体研究决定或由负责人决定的。如果单位中的一般工作人员擅自为本单位谋取非法利益,事后得到负责人认可或默许的,可以视为

---

① 对其解读见:《最新刑事法律文件解读》2005年第10辑总第10辑,第97~99页以及2006年第2辑总第14辑,第111~114页。

其危害行为具有犯罪意志的整体性，以单位犯罪论处。否则，应认定其危害行为系出于个人意志，以个人犯罪论处。二是非法利益归属的团体性，即单位故意犯罪在客观上表现为为单位谋取非法利益的行为，或者违法所得实际归属于单位或其中的部分股东单位。只有同时具备以上两个特征的行为，才能认定单位故意犯罪。

对于单位中的个人假借单位名义实施犯罪，为个人谋取非法利益的，或者虽经单位集体研究决定实施犯罪，但违法所得实际由个人共同分取的，因这两种情形都不具有非法利益归属的团体性特征，应以个人犯罪论处。

对于单位集体决定实施犯罪，个人共同分取违法所得的案件，应当注意贯彻惩办少数、教育多数的刑事政策，一般只能将共同犯罪活动的组织、领导、指挥者和起主要作用的实行犯纳入治罪范围。

（二）几种特殊对象能否成立单位犯罪主体问题

1. 单位分支机构等的单位犯罪主体问题

根据最高人民法院有关文件规定，以单位的分支机构或者内设职能部门的名义实施犯罪，违法所得亦归分支机构或者内设职能部门所有的，应当认定为单位犯罪。不能因为单位的分支机构或者内设职能部门没有可供执行罚金的财产，就不将其认定为单位犯罪，而按照个人犯罪处理。在具体处理上，应当注意两点：（1）对于仅仅参与决策会议，并非犯罪提议者或实际决策者的单位负责人，可以不作为直接负责的主管人员追究刑事责任；对于受单位负责人指派或奉命参与实施了非起主要、关键作用的犯罪行为的单位职工，可以不作为直接责任人员刑事责任。（2）在对直接负责的主管人员或直接责任人员裁量刑罚时，不能想当然地认定每一直接负责的主管人员在单位犯罪中所起的作用必须大于所起的作用必然大于所有直接责任人员，应当尽量根据各自在单位犯罪中实际所起作用的大小，分清主次罪责，体现罚当其罪。

2. 个人承包企业的单位犯罪主体问题

个人承包企业能否成为刑法上的单位，应以发包单位（必须符合刑法上单位的特征）在被承包企业中有无资产投入为标准，分两种情况分别认定：一是发包单位有资产投入的，因被承包企业是发包单位自主选择经营方式的结果，是发包单位资产所有权与经营权相分离的表现，并不因为采用发包经营方式而改变其资产属性和单位的性质，对于该种个人承包企业所实施的犯罪行为，应以单位犯罪论处。二是发包单位没有资产投入的，其实际表现是发包单位仅仅提供营业执照，届时按约收取固定的承包费。在该种情形下，因被承包企业的经营资金实际由承包者个人投入，且独立自主经营，主要收益归属于承包者个人所有。对于该种个人承包企业所实施的犯罪行为，可以个人犯罪论处。

3. "名为集体，实为个人"的单位主体问题

"名为集体，实为个人"的单位一般包括两种情形：一种是本应注册登记为个人独资企业或者个体工商户，却挂靠国有、集体企业或其他单位从事生产、经营活动的单位；另一种是原为国家或集体所有的企业或其他单位，经改制后，已为个人实际买断经营，但仍然沿用原国有、集体单位的名称，并向其上级主管单位缴纳固定的管理费用的单位。因以上两种单位均实际由个人投资，利益也主要归属于个人，对其实施的犯罪行为，应以个人

犯罪论处。

4. 境外（含外国）公司、企业或组织的单位犯罪主体问题

境外（含外国）公司、企业或组织能否认定为刑法上的单位，关键在于有无确实的证据证明其存在的真实性和合法性。如果有证据证明系境外合法存在的公司、企业或组织实施有关犯罪行为的，应对其直接负责的主管人员或直接责任人员追究单位犯罪的刑事责任。如果经侦查所获得的或境外公司、企业、组织提供的证据、材料难以准确说明行为人系以单位身份实施犯罪或者境外公司、企业或组织具有合法存在的主体资格的，对行为人所实施的严重危害行为可以个人犯罪论处，酌情从轻处罚。

（三）单位犯罪中的自然人兼犯其他罪行的罪数问题

单位犯罪中的自然人，个人又实施其他犯罪的，应当区分以下三种情况分别认定：

1. 兼犯异种他罪的，如行为人既犯单位受贿罪，又犯受贿罪的，因其行为已经分别符合两个独立的犯罪构成，应当认定数罪，实行数罪并罚。

2. 兼犯同种异罚（即刑法规定单位犯罪中的自然人与个人犯本罪采区别处罚原则）之罪的，如行为人既是单位虚开增值税专用发票罪的直接负责的主管人员，又个人犯本罪的，虽然行为人所犯数罪的罪名同一，但从实质上分析，两个行为的犯罪构成特征及其法定刑均有区别，故符合实质上异种数罪的基本特征，应当分别定罪，实行数罪并罚。在判决主文中，可按下列方式表述（以走私普通货物罪为例）：

"一、被告单位某某某犯走私普通货物罪，判处罚金某某元，……（写明缴纳期限）；二、被人某某某犯（单位）走私普通货物罪，判处……；犯走私普通货物罪，判处……；决定执行……（写明主刑、附加刑）。"

3. 兼犯同种同罚（即刑法规定单位犯罪中的自然人与个人犯本罪采同等处罚原则）之罪的，如行为人既在单位中，又以个人身份同犯刑法第125条规定的非法制造、买卖、运输、邮寄、储存枪支、弹药、爆炸物罪或者非法制造、买卖、运输危险物质罪；第213至219条规定的假冒注册商标罪、侵犯商业秘密罪等侵犯知识产权犯罪的，因其实质上仍属同种数罪，故一般无需实行数罪并罚，可以一罪论处。

（四）单位共同犯罪的定罪与处罚问题

对于单位共同犯罪，可以区分为单位与单位组合的共同犯罪和单位与个人组合的共同犯罪两种形式，实行分别对待：

1. 对于单位与单位组合的共同犯罪，一般须先行审查各涉嫌犯罪单位的独立性。如果系一个单位注册成立多个公司、企业，继而以多个公司、企业的名义实施犯罪，其实际的内部组织及其行为完全同一的，因多个公司、企业的犯罪意思及其行为均不具有相互独立性，应当认定为一个单位犯罪，不能以单位共同犯罪论处。否则，势必产生无法举证说明"各个犯罪单位"所实施的具体危害行为或犯罪数额的司法认定上的困难。

对于独立的单位与单位组合的共同犯罪，应当按照共犯处罚的一般原理，根据各犯罪单位在整个共同犯罪中所起作用的大小，区分主从犯，并依法确定各自应当承担的刑事责任。各犯罪单位内部的犯罪人应当根据本单位所犯罪行的大小，再按个人在单位犯罪中所起的作用，具体确定相应的刑事责任。一般说来，主犯单位中的犯罪人均为主犯（因单位

行为与其中自然人的行为具有一体性）；在确有必要时，可以进一步区分主从犯（属例外情况），以便罚当其罪。对于从犯单位中的犯罪人，则不宜再作区分（因该种例外对犯罪人是不利的）。

2. 对于单位与个人组合的共同犯罪，根据共同犯罪的一般原理，应当以主要实行犯为标准，区分以下三种情况分别认定：

（1）单位为主实行犯罪，个人起次要或帮助作用的，如单位走私，作为个人的海关工作人员提供便利条件，这时往往单位是主犯，个人为从犯，对犯罪单位和个人均应以单位所犯之罪定罪处刑。由此可以在单位犯罪的法定刑幅度内，保持主从犯在处刑上的协调性和罪刑相当性。如果作为主要实行犯的单位行为尚不构成犯罪，依当然解释原理，对起次要或帮助作用的个人也不能定罪处刑。

（2）个人为主实行犯罪，单位提供帮助或便利条件的，如个人走私，单位仅仅提供部分犯罪资金或账户的，这时往往个人是共同犯罪中的主犯，单位为从犯，由于单位无法适用个人犯罪的法定刑，且适用单位犯罪的法定刑一般不会加重犯罪单位中的犯罪人的刑事责任，故应当对犯罪单位和个人分别适用各自的法定刑；如果对起帮助作用的单位行为独立评价尚未达到相关单位犯罪的追诉标准的，则只能追究作为主要实行犯的个人的刑事责任，对有关单位可建议有关主管部门依法给予行政处罚。

（3）单位与个人共同被告犯罪，如单位和个人共同出资、共同实行走私并按比例分成的，因其共同实行一般犯罪（即非特殊主体所犯之罪），这种情况如同军人与普通公民共同实施偷越国边境犯罪应当分别定罪处刑一样，对犯罪单位和个人亦应分别适用各自的法定刑。如果共同实行的危害行为仅达到个人犯罪的起刑点数额，尚未达到单位犯罪的追诉标准的，则只能追究个人的刑事责任。对有关单位可建议有关主管部门依法给予行政处罚。

（五）单位犯罪案件的地域管辖问题

因单位犯罪案件往往涉及单位犯罪地、单位注册地、单位经营地和被告人住所地等地域，在这些地域并不同一的情况下，应当适用以单位犯罪地（含犯罪行为与结果发生地）的法院管辖为主，以单位注册地的法院管辖为辅的地域管辖原则。但在下列两种情况下，应当以单位注册地的法院管辖为宜。一是调查取证工作主要在注册地进行的案件；二是单位多处作案，涉及范围广泛，由其注册地的法院管辖更易于协调和统筹的案件。如果单位的注册地与经营地相分离，由经营地的法院管辖案件更加便利诉讼的，也可以将单位的经营地视为其居住地，由经营地的法院管辖。

（六）犯罪单位未被起诉案件的审理问题

如果在审判过程中发现检察机关只起诉了单位犯罪中的自然人而未起诉被告单位的（应注意有比较确凿的证据证实单位实施了犯罪），法院可以根据控辩其中一方的建议或申请决定延期审理，并商请检察机关补充起诉被告单位。如果检察机关不同意补充起诉的，法院应当继续对已经起诉的被告人进行审理，并在判决书中"经审理查明"的事项说明被告人在单位犯罪中所起的作用，对其适用单位犯罪的罪名及其法定刑。

（七）被告单位变更、撤销案件的审理问题

如果在审判过程中发现被告单位的名称及其法定代表人发生变更的，或者被告单位发生分立、合并或其他资产重组情况的,因实体的经济组织仍然存在,应当继续审判。上述情况可在判决书中作为"经审理查明"的事项予以叙明;判决主文直接对实施犯罪的单位作出判决。

如果在审判过程中发现被告单位已被注销或或者宣告破产的,法院可以对原单位犯罪中的直接负责的主管人员和其他直接责任人员继续审理。上述情况可在判决书中作为"经审理查明"的事项予以叙明,并在理由部分加以阐述;判决主文则只对起诉的主管人员和直接责任人员作出判决,适用单位犯罪的罪名及其法院刑。如果有证据证实被告单位系为逃避法律责任而恶意注销或宣告破产,且有财产可供执行罚金的,可以对被告单位依法定罪处刑,并在判决文书中说明理由。

八、如何适用在法定刑以下减轻处罚?

4. 犯罪单位具有减轻处罚情节,而法条在多个法定刑幅度中设定的罚金刑完全相同,此时,可以根据案情需要,对犯罪单位判处低于法定最低罚金额的刑罚(如刑法第225条规定的非法经营罪,对具有减轻处罚情节的犯罪单位,可以判处低于违法所得一倍的罚金)。

16 安徽省公检法、烟草专卖局《关于办理违反烟草专卖管理刑事案件适用法律若干问题的意见》(2004年7月26日)(节录)

九、关于单位犯罪与个人犯罪问题

单位犯本《意见》第二条至第七条规定之罪,对单位判处罚,对其直接负责的主管人员和其他直接责任人员,依照各条的规定定罪处罚。

有下列情形之一的,应认定为个人犯罪:

(1)个人为进行违法犯罪活动而设立的公司、企业、事业单位实施犯罪的;

(2)公司、企业、事业单位设立后,以实施犯罪为主要活动的;

(3)盗用单位名义实施犯罪,违法所得由实施犯罪的个人私分的;

(4)个人承包、租赁、挂靠经营的企业;

(5)国家、集体没有实际出资、没有参与经营、分配的企业;

(6)采用虚报注册资本等欺诈手段取得公司登记,或者虚假出资,或者抽逃出资的企业;

(7)被工商行政管理部门吊销《营业执照》后,仍在违法经营的企业。

17 广东省高级人民法院《关于办理破坏社会主义市场经济秩序犯罪案件若干具体问题的指导意见》(2002年7月2日 粤高法〔2002〕87号)(节录)

四、关于单位犯罪案件

23. 对于人民检察院指控单位犯罪的案件,人民法院在立案审查阶段应当审查检察机关有否指定被告单位的诉讼代表人。如果没有指定,应当要求其指定。检察机关坚持以单位犯罪起诉又拒绝指定诉讼代表人的,人民法院不予受理。

案件审理期间,被告单位的诉讼代表人经通知不到庭参加诉讼的,可以裁定对被告单位中止审理,对其直接负责的主管人员及其他直接责任人员继续审理。

2006.04.11广东省高级人民法院关于修正《广东省高级人民法院关于办理破坏社会主

义市场经济秩序犯罪案件若干具体问题的指导意见》个别条款的决定：一、将《指导意见》第 23 条第 2 款修正为：案件审理期间，被告单位的诉讼代表人经通知不到庭参加诉讼的，可以裁定对被告单位中止审理，对其直接负责的主管人员及其他直接责任人员继续审理。

24. 犯罪单位在起诉时已被注销的，如果检察机关坚持以单位犯罪起诉，人民法院不予受理。案件审理期间被告单位被注销的，裁定对被告单位中止审理，对其直接负责的主管人员及其他直接责任人员继续审理。

2006.04.11 广东省高级人民法院关于修正《广东省高级人民法院关于办理破坏社会主义市场经济秩序犯罪案件若干具体问题的指导意见》个别条款的决定：二、将《指导意见》第 24 条修正为：犯罪单位在起诉时已被注销的，如果检察机关坚持以单位犯罪起诉，人民法院不予受理。案件审理期间被告单位被注销的，裁定对被告单位终止审理，对其直接负责的主管人员及其他直接责任人员继续审理。

25. 单位犯罪后犯罪单位发生分立、合并等变更的，在审判中仍以原犯罪单位作为被告单位。对被告单位所判处的罚金刑，由承受其权利义务的单位作为被执行人。罚金高于变更后的单位承受的财产的，可在执行中予以减除。

26. 单位与单位共同犯罪或者单位与个人共同犯罪的，应当根据其各自在共同犯罪中的地位、作用，按照《刑法》关于主、从犯的规定分别处罚。对与单位共同犯罪的个人应按照其所实施的犯罪行为及地位、作用，依《刑法》关于个人犯罪的规定处罚，不能比照单位犯罪的责任人员量刑。

27. 单位犯罪直接负责的主管人员和其他直接责任人员，如果在单位犯罪中的地位、作用明显不同，可以区分主、从犯。但这种区分与责任人员之间原来的职务没有必然的联系，直接负责的主管人员不是当然的主犯。对其中的从犯，可以按照《刑法》对单位犯罪责任人员规定的法定刑从轻或者减轻处罚。

对单位犯罪直接负责的主管人员和其他直接责任人员无法区分主、从犯的，应当按照其各自在单位犯罪中所起的作用处罚。

28. 犯罪单位集体决定自首，或者主要负责人代表单位投案自首，或者参与单位犯罪的直接负责的主管人员投案自首的，应当视为犯罪单位自首，依法可对该单位从轻处罚。

29. 犯罪单位构成自首，其直接负责的主管人员及其他直接责任人员是否构成自首，应按照《刑法》和最高人民法院有关解释的规定审查确定。如实交代主要犯罪事实、接受审判的，可以依照《刑法》第 67 条第 1 款规定从轻、减轻或者免除处罚；拒不交代主要犯罪事实或者逃避追究的，不以自首论。

学理观点·典型案例 ➡ 索引与要旨

❶《上海新客派信息技术有限公司、王志强虚开增值税专用发票案》，载《刑事审判参考》2011 年第 5 辑总第 82 辑，第 1～14 页。

核心提示 ➡ 依法成立的一人公司能否成为单位犯罪主体？

❷《周敏合同诈骗案》，载《刑事审判参考》2011 年第 5 辑总第 82 辑，第 15～

22 页。

核心提示 ➡ 如何理解和把握一人公司单位犯罪主体的认定？

③《单位与自然人共同犯罪疑难问题探究》，载《公检法办案指南》2011 年第 5 辑总第 137 辑，第 183～188 页。

④《单位走私犯罪主体的司法认定》，载《刑事法律文件解读》2010 年第 1 辑总 55 辑，第 91～101 页。

⑤《宁波利百代投资咨询有限公司、陈宗玮、王文泽、郑淳中非法经营上诉案》，载《最高人民法院公报》2009 年第 1 辑总第 147 辑。

要旨 ➡ 为非法经营证券业务而设立单位，且单位成立后以非法经营证券业务为主要活动，认定为自然人犯罪。上诉人为从事非上市股份有限公司代理销售业务，注册成立原审被告单位，指使其公司业务员向不特定社会群众推销该非上市股份有限公司的股票，超出被告核准登记的经营范围。

⑥《沈容焕合同诈骗案》，载《刑事审判参考》2009 年第 5 辑总第 20 辑，第 24～33 页。

核心提示 ➡ 境外公司在我国境内犯罪的，我国是否有管辖权？单位犯罪案件，检察机关只起诉单位中责任人员的，应如何处理？

⑦《如何认定以实施犯罪为主要活动》，载《刑事法律文件解读》2008 年第 5 辑总第 35 辑，第 121 页。

⑧《徐某等人走私普通货物、偷税案》，载《刑事法律文件解读》2008 年第 3 辑总第 33 辑，第 102～113 页。

核心提示 ➡ 一人有限责任公司能否成为单位犯罪的主体，单位共同犯罪中各单位所处的地位是否决定其直接责任人员地位？

⑨《如何认定和处罚"其他直接责任人员"》，载《刑事法律文件解读》2008 年第 3 辑总第 33 辑，第 123 页。

⑩《单位被告参与刑事诉讼方式研究——兼论单位被告缺席审判的诉讼价值》，载《刑事司法指南》2008 年第 3 辑总第 35 辑，第 69～85 页。

⑪《单位演变为"黑社会性质组织"应属个人犯罪》，载《公检法办案指南》2007 年第 8 辑总第 92 辑，第 176～181 页。

⑫《单位犯罪案件没有诉讼代表人出庭的案件如何处理》，载《刑事审判参考》2006 年第 2 辑总第 50 辑，第 140～141 页。

要旨 ➡ 如果人民检察院没有按照人民法院的要求指定诉讼代表人的，应当按照高法"刑诉解释"第 117 条第 1 项的规定，决定将案件退回人民检察院。如果人民检察院变更起诉，仅起诉犯罪单位中直接负责的主管人员和其他直接责任人员的，人民法院应当受理，并在开庭审理后，适用刑法分则关于单位犯罪的条款追究直接负责的主管人员和其他直接责任人员的刑事责任，同时，按照刑法第六十四条的规定，对于犯罪单位的违法所得、犯罪工具等一并作出处理。

13 《单位共同犯罪法律适用若干问题研析》，载《刑事司法指南》2006 年第 2 辑总第 26 辑，第 22~45 页。

14 《王红梅、王宏斌、陈一平走私普通货物、虚开增值税专用发票案》，载《刑事审判参考》2005 年第 2 辑总第 43 辑，第 1~20 页。

要旨 ➡ 以单位名义实施走私犯罪，没有证据证实违法所得被实施犯罪的个人占有或者私分的，应当根据有利于被告人的原则，认定为单位走私犯罪。

15 《朱香海、左正红等非法买卖枪支、贪污案》，载《刑事审判参考》2005 年第 1 辑总第 42 辑，第 10 页。

核心提示 ➡ 单位负责人个人决定，以单位名义实施，无证据证实犯罪所得归个人占有，应认定为单位犯罪

要旨 ➡ 虽然当阳水产公司没有经营枪支的全部账目，但当阳水产公司的部分财务账目证实，朱香海曾将 28 万元的非法经营枪支利润用于为单位职工购房，在没有证据证实朱香海个人占有了非法经营枪支利润的情况下，不能否定朱香海关于经营猎枪是为单位创收、没有收取个人利益的辩解。因此，被告人在当阳水产公司已经丧失经营猎枪的资格后，未经集体讨论擅自继续经营猎枪的行为，属于单位领导个人决定，以单位名义实施的单位犯罪行为。

16 《胡某执行领导指示为单位窃电案》，载《最新刑事法律文件解读》2005 年第 9 辑总第 9 辑，第 109~115 页。

核心提示 ➡ 对于单位组织实施《刑法》分则没有规定为单位犯罪的危害社会行为，能否定罪处罚？

要旨 ➡ 应当区别不同的案件性质分别处理：

第一，对于单位以谋取经济利益为目的组织实施的图利性危害社会行为，是否需要通过刑罚干预，立法者已在《刑法》分则中予以明确，如生产、销售伪劣商品等。《刑法》分则没有规定单位盗窃、诈骗等其他图利性危害社会行为构成单位犯罪，不应是立法的疏漏（即使是立法疏漏，不按照犯罪处理，也是罪刑法定原则的应有代价），而是由于这种危害社会行为通过民事、行政手段解决同样能达到保护公私财物的目的，无需《刑法》的调整。因此，对于单位组织实施《刑法》分则没有规定单位犯罪的盗窃、诈骗等图利性案件，在立法没有作出相应的修改以前，既不能追究单位的刑事责任，也不能直接追究单位中直接负责的主管人员和其他直接责任人员的刑事责任。

第二，《刑法》分则对于相同性质危害社会的行为规定了专门的罪名，而没有规定单位犯罪可构成该罪，但单位组织实施的危害社会行为符合其他单位犯罪构成要件的，应当认定为单位犯罪。

第三，对于单位组织实施的危害国家安全、危害公共安全、侵犯公民人身权利、民主权利等非图利性案件，应当按照《刑法》关于责任人犯罪的规定追究有关人员的刑事责任。理由是：其一，非图利性危害社会的行为仅为单位组织实施，但单位不能直接占有组织实施犯罪所产生的经济利益，不符合单位犯罪的构成要件。其二，单位组织实施非图利性危害社会行为所产生的危害后果，通过非刑罚手段进行调整，不能直到惩治和预防的目

的。其三，参与单位组织实施非图利性犯罪的自然人，均明知其行为会发生危害社会的后果，实质上是自然人之间的共同犯罪。

❶⓻《刘某指使员工窃电案》，载《最新刑事法律文件解读》2005 年第 2 辑总第 2 辑。

核心提示 ➡ 对单位盗窃能否按自然人盗窃处理？

❶⓼《以虚报注册资本成立的公司名义实施犯罪能否认定为单位》，载《公检法办案指南》总第 64 辑。

❶⓽《单位诉讼代表人若干问题研究》，载《刑事司法指南》2004 年第 1 辑总第 21 辑，第 81～88 页。

要旨 ➡ 1. 问题的提出；2. 单位诉讼代表人的诉讼地位；3. 单位诉讼代表人的选任；4. 单位诉讼代表人的强制措施适用问题；5. 对单位诉讼代表人的违法行为的规制。

❷⓿《马汝方等贷款诈骗、违法发放贷款、挪用资金案》，载《刑事审判参考》2004 年第 4 辑总第 39 辑，第 1～10 页。

核心提示 ➡ 如何区分单位犯罪和自然人犯罪？

要旨 ➡ 被告人共同诈骗银行贷款的行为是在单位意志支配下为单位利益实施的，且犯罪所得为单位所用，故应认定为单位犯罪。可结合几个方面具体判断：1. 单位是否真实、依法成立；2. 是否属于单位整体意志支配下的行为；3. 是否为单位谋取利益；4. 是否以单位名义。本案中公诉机关并未起诉明华公司，致使法院不能直接判决明华公司承担单位犯罪的刑事责任，但是这并不妨碍法院对本案作单位犯罪的认定。

❷❶《董博等提供虚假财会报告案》，载《刑事审判参考》2004 年第 2 辑总第 37 辑，第 1～14 页。

核心提示 ➡ 提供虚假财会报告罪中直接责任人员如何认定？

要旨 ➡ 提供虚假财会报告罪承担刑事责任直接负责的主管人员和其他直接责任人员，既包括对公司财务会计报告的真实性、可靠性负有直接责任的公司董事长、董事、总经理、经理、监事，同时还包括直接参与假财务会计报告制作的工作人员。取决于在犯罪中的地位和作用，而非是否具有财会人员的身份。

❷❷《刑法实务若干问题研究》，载《刑事审判参考》2004 年第 1 辑总第 36 辑，第 128～142 页。

核心提示 ➡ 单位盗窃如何适用法律？

❷❸《厦门万安橡塑制品有限公司及其经理尤杨宇偷税后自首案（自首）》，载《人民法院案例选》2004 年专辑总第 47 辑。

要旨 ➡ 单位的实际经营管理者如实交代其个人和单位尚未被掌握的犯罪事实，其行为代表了单位的自首意愿和行为，单位也应认定为自首。

❷❹《单位犯罪审理中的前沿问题》，载《刑事审判要览》2004 年第 4 辑总第 10 辑，第 24～39 页。

要旨 ➡ 1. 单位犯罪中单位范围的界定；2. 单位犯罪中直接负责的主管人员、直接责任人员的范围；3. 单位犯罪后单位被注销、破产或发生分立、合并、资产重组等变更情形的如何追究刑事责任；4. 单位犯罪中直接负责的主管人员或其他直接责任人员又实施其他犯罪的如何处理；5. 单位犯罪中的共犯问题及其量刑；6. 单位犯罪中直接负责的主管人员及其他直接责任人员应否判处财产刑；7. 单位犯罪中公诉机关仅起诉自然人犯罪，法院认定为单位犯罪的赃款赃物如何处理。

㉕《高原、梁汉钊信用证诈骗，签订、履行合同失职被骗案》，载《刑事审判参考》2003 年第 6 辑总第 35 辑，第 27~34 页。

核心提示 ➡ 能否将国有公司的部门经理认定为国有公司的直接负责的主管人员？如何追究境外公司的刑事责任？

要旨 ➡ 被告人作为国有公司部门经理，进口合同的签订、履行由其签章负责，属于单位直接负责的主管人员。本案判决虽未追究香港鹏昌公司的刑事责任，但判决是引用单位犯罪的规定，追究高原信用证诈骗罪的责任的。

㉖《沈卫国等挪用资金、妨害清算案》，载《刑事审判参考》2003 年第 6 辑总第 35 辑，第 16~26 页。

核心提示 ➡ 不具有法人资格的分支机构能否构成单位犯罪的主体？

要旨 ➡ 三被告人以分公司名义实施，且代表的是分公司意志，故应认定为单位行为，符合主体要件；单位犯罪中的单位，不以法人资格为要件，公司的分支机构，只要具有相对独立的经营权，可以单独对外发生民事法律关系，其行为同样应认定为单位行为，其所实施的犯罪同样应认定为单位犯罪。这一点，最高人民法院2001 发布的《全国法院审理金融犯罪案件工作座谈会纪要》中予以了明确说明，以单位的分支机构或者内设机构、部门的名义实施犯罪，违法所得亦归分支机构或者内设机构、部门所有的，应认定为单位犯罪。

㉗《黄志奋合同诈骗案》，载《刑事审判参考》2003 年第 6 辑总第 35 辑，第 35~42 页。

核心提示 ➡ 出资人未出资，也未参与企业管理和分红，由他人自主经营的企业能否认定为单位能否将《解释》所规定的行为违法性，延伸到超越经营范围不具备主体资格的违法性？1997 年刑法前的单位诈骗行为应如何适用法律？

要旨 ➡ 一审法院以时代企划所无实际出资及系个人经营为由从根本上否定该单位之实体存在，在司法实践中具有普遍性，需说明，根据《最高人民法院关于审理单位犯罪案件具体应用法律有关问题的解释》第 1、2 条，单位存在的真实与否及单位行为的认定，与单位的所有权性质、经营形式无关，同时不得以出资未到位而将之简单地认定为违法设立的单位。作为法定实体的真实与否，司法认定当中应当将关注点放在单位设立的意图、有无具体经营行为及主要经营行为合法与否的判别上。本案时代个划所经工商合法注册登记，手续齐全，具有健全的财务制度及组织机构，主要经营行为（期货）亦无不合法之处，其负责人代表的经营行为应当认定为单位行为。

《解释》所谓的"个人为进行违法犯罪活动而设立的违法犯罪活动"指的是行为本身的违法性，不宜延伸到主体资格的违法性（超越经营范围）。

首先，50 万元属于数额巨大，依照最高人民法院1996 年《关于审理诈骗案件具体应用法律有关问题的解释》及1979 年刑法规定，其具体量刑幅度为五年以上十年以下有期徒刑；依照 1997 年刑法，其量刑幅度为三年以上十年以下有期徒刑。根据从旧兼从轻原则，应当适用 1997 年修订刑法。

其次，不应追究时代企划所责任：一方面，1979 刑法未规定单位诈骗犯罪，缺乏追究时代企划所刑事责任的法律依据；另一方面，时代企划所业已注销，无追究的客观基础。

㉘《北京匡达制药厂偷税案》，载《刑事审判参考》2003 年第 4 辑总第 33 辑，第 1~6 页。

核心提示 ➡ 如何认定单位犯罪直接负责的主管人员？未参与策划、组织、实施单位犯罪行为的单位法定代表人，能否因单位犯罪追究其刑事责任？

要旨 ➡ "直接负责的主管人员"，应从两方面把握：一是直接负责的主管人员是在单位中实际行使管理职权的负责人员；二是对单位具体犯罪行为负有主要责任。

单位法定代表人，也即"一把手"，作为单位的最主要的领导成员，应否承担刑事责任，需视其是否具体介入了单位犯罪行为，在单位犯罪过程中是否起到了组织、指挥、决策作用而定。在由单位其他领导决定、指挥、组织实施单位犯罪，不在其本人职权分工范围之内，本人并不知情的情况下，则不应以单位犯罪直接负责的主管人员追究其刑事责任的。本案不能证明王璐林具有决定、批准、授意、指挥、组织企业人员采用"打白条"的形式，在账册上不列或少列收入偷逃税款的行为，且相关证据证明系该厂总经理授意所为，故无罪。

㉙《孟祥国、李桂英、金利杰侵犯著作权案》，载《刑事审判参考》2003 年第 4 辑总第 33 辑，第 20~25 页。

核心提示 ➡ 单位和个人共同犯罪，但检察机关未起诉犯罪单位的，如何适用法律？

要旨 ➡ 单位和个人共同犯罪，检察机关未起诉单位的，应当分别适用刑法分则有关条款定罪处罚。根据不告不理的审判原则，人民法院不能将该单位列为被告，更不能对其定罪处罚。但应根据罪刑相适用原则，将被告人李桂英和金利杰分别认定为犯罪单位中有关直接负责的主管人员和其他直接责任人员。

㉚《普宁市流沙经济发展公司等单位虚开增值税专用发票案》，载《刑事审判参考》2003 年第 2 辑总第 31 辑，第 19~34 页。

核心提示 ➡ 犯罪单位被依法撤销的情况下，如何追究刑事责任？单位共同虚开增值税专用发票的犯罪中，单位之间、单位中的自然人之间可否区分主从犯？

要旨 ➡ 普宁市流沙镇政府被依法撤销，不能再作为诉讼主体追究刑事责任，但该单位的主管人员和其他直接责任人员应依法追究刑事责任。根据刑诉解释第 215 条规定，犯罪单位被依法注销或宣告破产，由于其法人资格已终止，无行为、权利能力，实质上已死亡，不再追究；但分立、合并或重组，由承受权利义务单位承担刑事责任。根据 2002《办理走私刑事案件适用法律若干问题的意见》第 19 条规定，应追究原单位人员责任。本案应依刑诉法第 15 条第 5 项，不再追究原单位责任，检察机关将原镇政府提起公诉，适用法律错误，依法终止审理。

各被告单位可以区分主从，其中直接责任人员的地位相对于单位犯罪具有一定的独立性，根据本案情况，可以认定亦构成共同犯罪，区分主从。根据 2000 年最高人民法院单位犯罪批复，单位犯罪可不区分主从，但该批复是针对单位犯罪的单数形态而言，根据罪刑相适用，应分主从。

㉛《吴彩森、郭家春等虚开增值税专用发票案》，载《刑事审判参考》2003 年第 2 辑总第 31 辑，第 1~18 页。

核心提示➡单位发生合并，原单位名称发生变化，更名后的新单位继续犯罪，如何确定被告单位？单位犯罪中其他直接责任人员如何认定？

要旨➡我们认为，只需将承受原单位权利义务的新单位作为被告单位。因此，霍山国税局西城税务分局系能独立承担相应权利义务的分支机构可作被告。虽变名，实质未变，以新单位为被告，追究原单位的责任人员。

2001 年最高人民法院审理金融纪要指出"其他直接责任人员，是在单位犯罪中具体实施犯罪并起较大作用的人员，既可以是单位的经营管理人员，也可以是单位的职工，包括聘任、雇佣的人员"。本案汪祥林参与时间长，虚开份数多、数额巨大，起重要作用，因此要追究，而金从俊仅虚开一万余元，情节显著轻微，无罪。

㉜《关于单位犯罪后，犯罪单位发生分立、合并或者其他资产重组等情况，以及犯罪单位被依法撤销、宣告破产等情况下，如何追究刑事责任及裁判文书中应如何表述问题的意见》，载《刑事审判参考》2003 年第 1 辑总第 30 辑，第 206~207 页。

㉝《戴海华贷款诈骗、信用卡诈骗、虚开增值税专用发票、行贿案》，载《经济犯罪审判指导与参考》2003 年第 4 辑总第 4 辑，第 1 页。

要旨➡公司设立以后以实施犯罪为主要活动的不以单位犯罪论处。

㉞《单位共同犯罪司法认定若干问题探讨》，载《经济犯罪审判指导》2003 年第 3 辑总第 3 辑，第 59~69 页。

要旨➡1. 关于单位共同犯罪的主体资格问题；2. 关于单位共同犯罪的责任人范围与责任分担问题；3. 关于单位与自然人共同犯罪的处罚问题；4. 单位共同犯罪认定中一个值得特别讨论的问题：从司法实践情况看，虚开增值税专用发票案中的开票人通常是个人（含名为单位实为个人者），受票人通常是单位，势必产生开票人与受票人能否成立自然人与单位组合的共同犯罪？与此相关的一个问题是，如果开票与受票系他人居间介绍而成，那么居间介绍者是与开票人成立自然人共同犯罪，还是与受票人成立单位共同犯罪，抑或单独成立虚开增值税专用发票罪？

㉟《在全国法院审理经济犯罪案件工作座谈会上的讲话》，刘家琛，最高人民法院刑二庭，载《经济犯罪审判指导》2003 年第 1 辑总第 1 辑，第 113~130 页。

要旨➡当前司法实践中应当注意以下两个问题：一是正确认定个人走私与单位走私；另一个问题是单位走私犯罪案件中被告单位诉讼代表人的确定。首先应当明确，被告单位的诉讼代表人应该是单位的法定代表人或者主要负责人。如因客观原因上述两种人无法参与诉讼的，则由公诉机关另行指定该单位其他负责人作为诉讼代表人参加诉讼。在单位走私犯罪案件中，对能够确定或指定诉讼代表人，且犯罪事实清楚，证据确实充分的，即使直接负责的主管人员和其他直接责任人员未归案，也可先行追究单位的刑事责任；

对直接负责的主管人员和其他直接责任人员作为被告人被起诉,单位不能确定或指定诉讼代表人的,可按照单位犯罪先行追究直接负责的主管人员和其他直接责任人员的刑事责任。

㊱《刑法中的"单位"研究》,载《刑事审判要览》2003年第5辑总第5辑,第1~26页。

要旨➡ 1. 刑法中的"单位"特征;2. 关于"公司、企业、事业单位、机关、团体"的具体理解。

㊲《上海法院系统审理单位犯罪情况调查》,载《刑事审判要览》2003年第5辑总第5辑,第68~102页。

㊳《刑法纵横谈(下)》,载《刑事司法指南》2003年第3辑总第15辑,第1~69页。

核心提示➡ 单位犯罪

㊴《辜正平非法拘禁案》,载《刑事审判参考》2002年第3辑总第26辑,第40~44页。

核心提示➡ 执行领导或机关集体错误决定的"公务"行为是否单位行为?

要旨➡ 被告人为逼人还贷非法关押他人,虽然是在该镇党委、政府的清收欠贷的压力下实施,为的也是公共利益,且事先得到该镇党委书记、副书记等人的同意,关押地就设在镇政府大院,但上述行为绝不是所谓的什么"政府行为"或"单位行为",而是彻头彻尾的个人职务犯罪行为。量刑上有酌情从轻的一面,同样也具有国家机关工作人员利用职权非法拘禁应当依法从重的一面。

㊵《俞辉合同诈骗案》,载《刑事审判参考》2002年第2辑总第25辑,第32~40页。

核心提示➡ 刑法修订后审理的实施于刑法修订前的单位贷款诈骗案件如何处理?

要旨➡ 1. 根据修订前刑法规定,实施单位贷款诈骗的单位不构成犯罪,但人员构成诈骗罪。2. 根据97刑法规定,单位不能构成贷款诈骗,但对单位实施的贷款诈骗行为,符合合同诈骗罪构成要件的,应以合同诈骗罪定罪,对单位及直接负责的主管人员和其他直接责任人员实行双罚制。3. 根据从旧从轻原则,刑法修订后审理的实施于刑法修订前的单位贷款诈骗行为,单位不构成犯罪,对于其中的有关自然人,可以合同诈骗定。

㊶《陈德福走私普通货物案》,载《刑事审判参考》2002年第1辑总第24辑,第9~15页。

核心提示➡ 犯罪单位的自首如何认定?

㊷《刑法适用疑难争议问题两人谈》,赵秉志、肖中华,载《刑事司法指南》2002年第2辑总第10辑,第50~130页。

核心提示➡ 单位犯罪刑法适用疑难问题

㊸《陈玉泉、邹臻荣贷款诈骗案》,载《刑事审判参考》2001年第5辑总第16辑,第12~15页。

核心提示 ➡ 对1997年刑法施行前单位实施的贷款诈骗行为应如何处理？

㊹《周云华虚报注册资本案》，载《刑事审判参考》2001年第5辑总第16辑，第6~11页。

核心提示 ➡ 检察机关以自然人犯罪起诉的单位犯罪案件应如何正确处理？

要旨 ➡ 对检察院以自然人犯罪起诉的单位犯罪案件，法院不能直接对检察院未指控的单位进行处罚，对被起诉的自然人，应根据庭审查明的事实，依法按单位犯罪中的直接负责的主管人员或者其他直接责任人员追究刑事责任。

㊺《张贞练虚开增值税专用发票案》，载《刑事审判参考》2001年第3辑总第14辑，第10~16页。

核心提示 ➡ 单位犯罪与自然人犯罪的区别如何界定？

㊻《昌达公司侵犯商业秘密案》，载《刑事审判参考》2000年第4辑总第9辑，第16~25页。

核心提示 ➡ 单位犯罪，对单位已判处罚金，能否再对直接负责的主管人员和其他直接责任人员并处罚金？

要旨 ➡ 如果刑法规定对单位判处罚金，对直接负责的主管人员和其他直接责任人员"依照前款规定处罚"或者"依照各该条的规定处罚"，那么，对直接负责的主管人员和其他直接责任人员既要判处主刑，又需根据刑法规定确定是否适用财产刑。但是，对主管人员和其他责任人员判处罚金的数额应与判处单位罚金的数额有所不同，一般应低于对单位罚金数额。

㊼《王建军等非法经营案》，载《刑事审判参考合订本·第一卷》，第64~75页。

要旨 ➡ 单位名义实施犯罪，违法所得归个人的，属个人犯罪。

㊽《林春华等走私普通货物案》，载《刑事审判参考合订本·第一卷》，第32~38页。

要旨 ➡ 以公司名义进行走私，违法所得归个人所有的，是个人犯罪。

㊾《朱奕骧投机倒把案》，载《刑事审判参考合订本·第一卷》，第58~63页。

核心提示 ➡ 承包经理虚开增值税专用发票是否构成单位犯罪？

㊿《北京太子纺织公司、姚志俊等走私普通货物案》，载《刑事审判参考合订本·第一卷》，第24~31页。

核心提示 ➡ 单位走私犯罪在法律文书中如何表述？

51《郭庆文生产、销售伪劣产品案》，载《最高人民法院判例释解·刑事卷》，第250页。

核心提示 ➡ 单位为他人签订合同帮助加盖公章，但对他人的违法犯罪活动不知情也不参与是否应认定为单位犯罪？

第31条 单位犯罪的处罚

单位犯罪的，对单位判处罚金，并对其直接负责的主管人员和其他直接责任人员判处刑罚。本法分则和其他法律另有规定的，依照规定。

学理观点·典型案例 ——> 索引与要旨

❶ 张俊等走私普通货物案，《刑事审判参考》2007 年第 5 辑总第 58 辑，第 1~10 页。

要旨 ➡ 单位责任人员在实施单位犯罪的同时，其个人又犯与单位犯罪相同之罪的，应数罪并罚。

本案被告人张俊、高飞分别作为各自所在单位的直接责任人员实施了（单位）走私普通货物罪，此外还以自然人身份独立实施了走私普通货物罪，虽然这两种犯罪罪名相同，但二者的犯罪构成具有本质的不同，显然属于两种犯罪，因此，这种情况应属于异种数罪，应当适用刑法第六十九条的规定进行数罪并罚。

❷ 《普宁市流沙经济发展公司等单位虚开增值税专用发票案》，载《刑事审判参考》2003 年第 2 辑总第 31 辑，第 19~34 页。

核心提示 ➡ 犯罪单位被依法撤销的情况下，如何追究刑事责任？

要旨 ➡ 普宁市流沙镇政府被依法撤销，不能再作为诉讼主体追究刑事责任，但该单位的主管人员和其他直接责任人员应依法追究刑事责任。根据刑诉解释第 215 条规定，犯罪单位被依法注销或宣告破产，由于其法人资格已终止，无行为、权利能力，实质上已死亡，不再追究；但分立、合并或重组，由承受权利义务单位承担刑事责任。根据 2002 年《办理走私刑事案件适用法律若干问题的意见》第 19 条规定，应追究原单位人员责任。本案应依刑诉法第 15 条第 5 项，不再追究原单位责任，检察机关将原镇政府提起公诉，适用法律错误，依法终止审理。

❸ 《河南省三星实业公司集资诈骗案》，载《刑事审判参考》2000 年第 5 辑总第 10 辑，第 15~24 页以及《刑事审判案例》，第 65~71 页。

核心提示 ➡ 犯罪后单位被注销如何追究相关人员的刑事责任？

要旨 ➡ 1. 三星公司以非法占有为目的，使用诈骗方法非法集资的行为，构成集资诈骗罪；2. 三星公司被依法注销后，其诉讼能力已丧失，但不能因此免除有关责任人员的刑事责任；3. 被告人在案发前辞职离开三星公司不属于犯罪中止。

第三章 刑　　罚

第一节　刑罚的种类

第 32 条　主刑和附加刑

刑罚分为主刑和附加刑。

第 33 条　主刑的种类

主刑的种类如下：

（一）管制；

（二）拘役；

（三）有期徒刑；

（四）无期徒刑；

（五）死刑。

第 34 条　附加刑的种类

附加刑的种类如下：

（一）罚金；

（二）剥夺政治权利；

（三）没收财产。

附加刑也可以独立适用。

关　联　规　范　　　完全整理

最高人民法院《关于刑事第二审判决改变第一审判决认定的罪名后能否加重附加刑的批复》（2008 年 6 月 6 日　法释〔2008〕8 号）[①]

近来，有的高级人民法院请示，在审理被告人提起上诉的第二审刑事案件时，第二审人民法院判决改变第一审判决认定罪名的，能否增加适用附加刑或者将罚金刑改为没收财产刑等问题不明确。经研究，批复如下：

根据刑事诉讼法第一百九十条的规定，第二审人民法院审判被告人或者他的法定代理

[①] 对其解读见：《刑事审判参考》2008 年第 3 辑总第 62 辑，第 61～67 页。

人、辩护人、近亲属上诉的案件，不得加重被告人的刑罚。因此，第一审人民法院没有判处附加刑的，第二审人民法院判决改变罪名后，不得判处附加刑；第一审人民法院原判附加刑较轻的，第二审人民法院不得改判较重的附加刑，也不得以事实不清或者证据不足发回第一审人民法院重新审理；必须依法改判的，应当在第二审判决、裁定生效后，按照审判监督程序重新审判。此复。

第35条　特别附加刑

对于犯罪的外国人，可以独立适用或者附加适用驱逐出境。

学理观点·典型案例  **索引与要旨**

❶《涉外刑事案件法律适用问题解答——上海市高级人民法院刑二庭调研报告》，载《刑事审判参考》2010年第4辑总第75辑，第162~167页。

❷《涉外刑事案件审判中的若干问题》附《三份外国人团伙盗窃案刑事判决书》，载《刑事审判参考》2005年第2辑总第43辑，第192~204，228~284页。

第36条　刑事、民事责任的竞合

由于犯罪行为而使被害人遭受经济损失的，对犯罪分子除依法给予刑事处罚外，并应根据情况判处赔偿经济损失。

承担民事赔偿责任的犯罪分子，同时被判处罚金，其财产不足以全部支付的，或者被判处没收财产的，应当先承担对被害人的民事赔偿责任。

关联规范 **完全整理**

❶最高人民法院《关于审理未成年人刑事案件具体应用法律若干问题的解释》（2006年1月23日　法释〔2006〕1号）（节录）①

第十九条　刑事附带民事案件的未成年被告人有个人财产的，应当由本人承担民事赔偿责任，不足部分由监护人予以赔偿，但单位担任监护人的除外。

被告人对被害人物质损失的赔偿情况，可以作为量刑情节予以考虑。

❷最高人民法院《关于审理人身损害赔偿案件适用法律若干问题的解释》（2003年12月4日　法释〔2003〕20号）②

❸最高人民法院《关于人民法院是否受理刑事案件被害人提起精神损害赔偿民事诉讼问题的批复》（2002年7月11日　法释〔2002〕17号）③

---

① 对其解读见：《刑事审判参考》2006年第1辑总第48辑，第87~91页以及2006年第2辑总第49辑，第61~77页。

② 《人身损害赔偿司法解释的内容及其具体应用问题》，载《刑事审判要览》2004年第4辑总第10辑，第90~105页。

③ 对其解读见：《刑事审判参考》2002年第6辑总第29辑，第125~126，151~158页。

❹ 最高人民法院《关于刑事附带民事诉讼范围问题的规定》（2000 年 12 月 19 日 法释〔2000〕47 号）①

❺ 最高人民法院《关于审理刑事附带民事诉讼案件有关问题的批复》（2000 年 12 月 1 日 法释〔2000〕40 号）②

❻ 最高人民法院《全国法院维护农村稳定刑事审判工作座谈会纪要》（1999 年 10 月 27 日 法〔1999〕217 号）（节录）

三、（五）关于刑事附带民事诉讼问题

人民法院审理附带民事诉讼案件的受案范围，应只限于被害人因人身权利受到犯罪行为侵犯和财物被犯罪行为损毁而遭受的物质损失，不包括因犯罪分子非法占有、处置被害人财产而使其遭受的物质损失。对因犯罪分子非法占有、处置被害人财产而使其遭受的物质损失，应当根据刑法第六十四条的规定处理，即应通过追缴赃款赃物、责令退赔的途径解决。如赃款赃物尚在的，应一律追缴；已被用掉、毁坏或挥霍的，应责令退赔。无法退赃的，在决定刑罚时，可作为酌定从重处罚的情节予以考虑。

关于附带民事诉讼的赔偿范围，在没有司法解释规定之前，应注意把握以下原则：一是要充分运用现有法律规定，在法律许可的范围内最大限度地补偿被害人因被告人的犯罪行为而遭受的物质损失。物质损失应包括已造成的损失，也包括将来必然遭受的损失。二是赔偿只限于犯罪行为直接造成的物质损失，不包括精神损失和间接造成的物质损失。三是要适当考虑被告人的赔偿能力。被告人的赔偿能力包括现在的赔偿能力和将来的赔偿能力，对未成年被告人还应考虑到其监护人的赔偿能力，以避免数额过大的空判引起的负面效应，被告人的民事赔偿情况可作为量刑的酌定情节。四是要切实维护被害人的合法权益。附带民事原告人提出起诉的，对于没有构成犯罪的共同致害人，也要追究其民事赔偿责任。未成年致害人由其法定代表人或者监护人承担赔偿责任。但是，在逃的同案犯不应列为附带民事诉讼的被告人。关于赔偿责任的分担：共同致害人应当承担连带赔偿责任；在学校等单位内部发生犯罪造成受害人损失，在管理上有过错责任的学校等单位有赔偿责任，但不承担连带赔偿责任；交通肇事犯罪的车辆所有人（单位）在犯罪分子无赔偿能力的情况下，承担代为赔偿或者垫付的责任。

❼ 最高人民法院《关于被盗机动车辆肇事后由谁承担损害赔偿责任问题的批复》（1999 年 7 月 3 日 法释〔1999〕13 号）③

使用盗窃的机动车辆肇事，造成被害人物质损失的，肇事人应当依法承担损害赔偿责任，被盗机动车辆的所有人不承担损害赔偿责任。

❽ 厦门市中级人民法院《未成年人刑事案件审判工作细则》（2008 年 1 月 4 日 厦中法发〔2008〕1 号）（节录）

第二十九条 附带民事诉讼原告人仅起诉未成年被告人，而未将未成年被告人的监护

---

① 对其解读见：《刑事审判参考》2001 年第 4 辑总第 15 辑，第 59～62 页。
② 对其解读见：《刑事审判参考》2001 年第 5 辑总第 16 辑，第 71～73 页。
③ 对其解读见：《刑事审判参考合订本·第一卷》，第 295 页，第 370 页。

人列为附带民事诉讼被告人时，应依法追加未成年被告人的监护人作为附带民事诉讼被告人，并记录在案。

被告人开庭时不满十八周岁的，其监护人参加诉讼的身份是刑事附带民事诉讼被告人暨法定代理人；被告人开庭时已满十八周岁的，其原监护人参与诉讼的身份是刑事附带民事诉讼被告人。

未成年被告人无个人财产的，应由其监护人承担民事赔偿责任；未成年被告人有个人财产的，应由其本人承担民事赔偿责任，不足部分由监护人予以赔偿，但单位担任监护人的除外。

❾ 河南省高级人民法院《关于审理刑事附带民事诉讼案件若干问题的问答》（2006 年 2 月）

❿ 上海市高级人民法院刑庭、市检察院公诉处《刑事法律适用问题解答》（2002 年 4 月 1 日）（节录）

五、关于审理刑事附带民事诉讼案件中需要统一的几个问题

12. 抚养费的赔偿标准如何掌握

答：目前，各法院在审理刑事附带民事诉讼案件时，对于抚养费的计算标准掌握不一，有的法院以案件发生地的居民基本生活费为标准，有的以被抚养人所在地的居民基本生活费标准作为赔偿依据。为统一执法标准，参照国务院《道路交通事故处理办法》第三十七条第（九）项关于"被扶养人生活费：以死者生前或者残者丧失劳动能力前实际扶养的、没有其他生活来源的人为限，按照交通事故发生地居民生活困难补助标准计算……"的规定，本市法院今后对抚养费或赡养费赔偿标准的掌握，宜按案件发生地，即按本市居民基本生活费标准计算（铁路法院可以按法院所在地的居民基本生活费标准计算）。

13. 丧葬费的赔偿标准如何掌握

答：参照国务院《道路交通事故处理办法》第三十七条第（七）项关于"丧葬费按照交通事故发生地的丧葬费标准支付"和本市公安机关《关于调整道路交通事故损害赔偿标准的通知》第四条"丧葬费：每人三千元，包括办理丧葬事宜必需的费用"的规定，本市法院今后对于因被害人死亡提起的附带民事诉讼，一般按死亡一人赔偿不低于 3000 元丧葬费的标准计算。原告方无丧葬费单据或单据费用不足 3000 元，但原告方有诉讼请求的，可以根据诉讼请求在 3000 元标准范围内赔偿，无需强调附带民事诉讼原告人提供足够的证据。

14. 对因被害人死亡而提起精神损害赔偿的案件如何处理

答：根据《最高人民法院关于刑事附带民事诉讼范围问题的规定》第一条第二款"对于被害人因犯罪行为遭受精神损失而提起附带民事诉讼的，人民法院不予受理"的规定，对于因被害人死亡而提起附带民事诉讼，并要求赔偿精神损害的案件，人民法院亦不应受理。尽管国务院颁发的《道路交通事故处理办法》所规定的损害赔偿项目中有死亡补偿金，因目前对死亡补偿金能否归入"因人身权利受到犯罪侵犯而遭受的物质损失"存在争议，故在最高人民法院没有作出新的明确规定之前，死亡补偿金暂不列入刑事附带民事诉讼的赔偿范围（交通肇事犯罪案件除外）。

学理观点·典型案例 ➡ 索引与要旨

❶《做好刑事附带民事诉讼调解工作的体会》，载《刑事审判参考》2010年第2辑总第73辑，第114~123页。

❷《被害方没有提出民事赔偿，能否参与刑事诉讼》，载《刑事审判参考》2010年第2辑总第73辑，第207~210页。

❸《浅谈刑事附带民事诉讼制度》，载《刑事法律文件解读》2010年第12辑总第66辑，第83~85页。

❹《程文岗等故意伤害案》，载《刑事审判参考》2008年第6辑总第65辑，第17~23页。

核心提示 ➡ 共同犯罪案件中附带民事诉讼原告人与部分被告人达成调解协议的如何处理？

❺《吴某故意伤害案》，载《刑事法律文件解读》2008年第5辑总第35辑，第107~111页。

核心提示 ➡ 在逃同案犯归案后如何承担附带民事赔偿责任？

❻《在逃的尚未到案的同案犯能否列为附带民事诉讼被告人》，载《刑事法律文件解读》2008年第5辑总第35辑，第122页。

❼《死刑案件中刑事附带民事赔偿问题探讨》，载《刑事司法指南》2008年第3辑总第35辑，第49~68页。

❽《张勇故意伤害案》，载《刑事审判参考》2006年第6辑总第53辑，第30~35页。

核心提示 ➡ 刑事附带民事诉讼案件民事部分的诉讼时效如何计算？

要旨 ➡ 附带民事诉讼案件的时效应当遵从刑事诉讼追诉时效。当然，如果被害人单独提起民事诉讼，则应当遵循民法关于诉讼时效的规定。但特别需要注意的是，对于因犯罪行为而造成的物质损失，不论是提起附带民事诉讼，还是单独提起民事诉讼，在对现行法律关于民事诉讼时效中止、中断规定的理解和适用上，既不能将民事诉讼时效中断的法定事由中的"提起诉讼"仅仅理解为提起独立的民事诉讼，而对于被害人向公安司法机关控告犯罪，或公安机关、检察机关提出赔偿的权利主张排除在外，也不能将因犯罪处于秘密状态，犯罪嫌疑人尚未查获，被害人只知权利被侵害，但不知害人是谁而不能主张权利的情况，排除在法律规定的中止诉讼时效的法定事由之外。

❾《马良生故意伤害案》，载《刑事审判参考》2006年第2辑总第49辑，第32~39页。

要旨 ➡ 雇主应对雇员在从事雇佣活动中致人损害行为承担连带赔偿责任，雇主的制止行为只能减少其在与雇员连带赔偿责任中的连带份额，而不能阻却、免除其责。

❿《李宁、王昌兵过失致人死亡案》，载《刑事审判参考》2005年第6辑总第47辑，第19~26页。

要旨 ➡ 执行职务行为时致人损害，可酌定从轻。法人或其他组织的工作人员在执行职务中致人伤害的，应由该法人或组织承担民事责任。所谓职务行为，是指与法人或其他组织的工作人员的职责范围密切相关的行为，凡是法律规范明确规定和法人的章程、条例中明确设定的应当由法人行使的职权以及为了实现法人的生产经营活动的目的和维护法人自身管理及社会活动需要而实施的行为，都属于职务行为。

⑪《周文友故意杀人案》，载《刑事审判参考》2005年第5辑总第46辑，第30~40页。

核心提示 ➡ 对于被害人有过错的，如何进行量刑和划分赔偿责任？

⑫《倪以刚等聚众斗殴案》，载《刑事审判参考》2005年第3辑总第44辑，第71~84页。

要旨 ➡《最高人民法院关于审理人身损害赔偿案件适用法律若干问题的解释》第5条在附带民事诉讼中的适用。18周岁以前实施侵权行为，而在审判时被告人已满18周岁，被告人的法定代理人承担的民事责任应是补充民事责任。

⑬《耿万红故意伤害案》，载《刑事审判参考》2005年第3辑总第44辑，第59~66页。

要旨 ➡ 限制民事行为能力人、无民事行为能力人不能独立参加附带民事诉讼。限制民事行为能力人、无民事行为能力人的监护人应被列为附带民事诉讼的共同被告人。

⑭《李洪前故意杀人案》，载《刑事审判参考》2005年第3辑总第44辑，第1~14页。

要旨 ➡ 人民法院判处附带民事诉讼案件的赔偿，应当实行全额赔偿的原则。

之所以有人认为刑法第36条第1款规定的作为被告人的实际赔偿能力确定赔偿数额的法律依据，是因为对"根据情况"的理解出了偏差。所以"根据情况"，应当指案件的事实情况，主要包括被害人所遭受物质损失的实际情况以及被害人是否有过错、过错的大小等情节，但不包括被告人有无赔偿能力的情况在内。

⑮《曹占宝强奸案》，载《刑事审判参考》2003年第1辑总第30辑，第65~68页。

核心提示 ➡ 因强奸而自杀，其亲属能否提起附带民事诉讼？

要旨 ➡ 可提附带民诉要求赔偿。被告人的强奸与被害人自杀有必然的因果关系，根据刑法第36条，最高人民法院刑诉解释第84条，被害人亲属有权提起。

⑯《刘国芳等诈骗案》，载《刑事审判参考》2002年第3辑总第26辑，第64~71页。

要旨 ➡ 刑事附带民事诉讼的范围有明确的限定。

根据最高人民法院司法解释和有关会议精神，目前刑事附带民事诉讼的范围有明确的限定。参见：最高人民法院2000年12月颁布实施的《关于刑事附带民事诉讼范围问题的规定》、1999年10月底最高人民法院1999年10月《全国法院维护农村稳定刑事审判工作座谈会纪要》。本案对犯罪分子诈骗所得并非法占有、处置的被害人财产，人民法院应当通过追缴或责令退赔，而不宜采用附带民事诉讼判决的方式解决；当追缴、退赔仍不能弥补被害人物质损失的情况下，让被害人另行提起民事诉讼。

⑰《刘某诉江某故意伤害案》，载《刑事审判参考》2002 年第 2 辑总第 25 辑，第 50 ~ 54 页。

核心提示 ➡ 精神损害能否提起附带民事诉讼？

要旨 ➡ 从理论上讲，犯罪行为对被害人造成的精神损害，通过确定被告人的行为构成犯罪，判处其一定的刑罚，本身就是对被害人的一种抚慰。不予受理。

⑱《李平贪污、挪用公款案》，载《刑事审判参考》2000 年第 6 辑总第 11 辑，第 26 ~ 35 页以及《刑事审判案例》，第 142 ~ 148 页。

要旨 ➡ 对贪污、挪用犯罪行为直接造成的财产损失不能提起附带民事诉讼。

⑲《秦学荣抢劫、流氓、诈骗、侵占案》，载《刑事审判参考》2000 年第 1 辑总第 6 辑，第 25 ~ 29 页以及《刑事审判案例》，第 671 ~ 673 页。

核心提示 ➡ 被告人审理期间死亡的，案件终止审理后，附带民事诉讼部分应如何处理？

要旨 ➡ 其刑事诉讼部分终止审理，附带民事诉讼部分，仍应当由原审判组织继续审理。

⑳《于景森故意伤害案》，载《刑事审判参考合订本·第一卷》，第 100 ~ 104 页。

核心提示 ➡ 刑事附带民诉案件的范围、当事人以及民事赔偿的范围、数额应如何确定？

㉑《刘海交通肇事案》，载《刑事审判参考合订本·第一卷》，第 11 ~ 16 页。

核心提示 ➡ 附带民事诉讼的成立应具备哪些条件？当事人如何确定？

㉒《审理刑事附带民事诉讼案件应解决的几个问题》，载《刑事审判要览》2003 年第 5 辑总第 5 辑，第 103 页。

㉓《关于刑事附带民事诉讼中若干问题之研究》，载《刑事审判要览》2003 年第 5 辑总第 5 辑，第 122 页。

㉔《被告人被确认为无刑事责任能力，若公诉机关申请撤诉已受理的刑事附带民事诉讼应如何处理——唐某在限制责任能力期间杀人案》，载《刑事法判解研究》2004 年第 4 辑总第 9 辑，第 130 ~ 135 页。

第 37 条　刑罚替代处分

对于犯罪情节轻微不需要判处刑罚的，可以免予刑事处罚，但是可以根据案件的不同情况，予以训诫或者责令具结悔过、赔礼道歉、赔偿损失，或者由主管部门予以行政处罚或者行政处分。

关　联　规　范 ➡ 完全整理

❶ 最高人民法院《关于贯彻宽严相济刑事政策的若干意见》（2010 年 2 月 8 日　法

发〔2010〕9号）（节录）①

8. （第四款）要严格掌握职务犯罪法定减轻处罚情节的认定标准与减轻处罚的幅度，严格控制依法减轻处罚后判处三年以下有期徒刑适用缓刑的范围，切实规范职务犯罪缓刑、免予刑事处罚的适用。

15. 被告人的行为已经构成犯罪，但犯罪情节轻微，或者未成年人、在校学生实施的较轻犯罪，或者被告人具有犯罪预备、犯罪中止、从犯、胁从犯、防卫过当、避险过当等情节，依法不需要判处刑罚的，可以免予刑事处罚。对免予刑事处罚的，应当根据刑法第三十七条规定，做好善后、帮教工作或者交由有关部门进行处理，争取更好的社会效果。

19. 对于较轻犯罪的初犯、偶犯，应当综合考虑其犯罪的动机、手段、情节、后果和犯罪时的主观状态，酌情予以从宽处罚。对于犯罪情节轻微的初犯、偶犯，可以免予刑事处罚；依法应当予以刑事处罚的，也应当尽量适用缓刑或者判处管制、单处罚金等非监禁刑。

2 最高人民法院《关于审理未成年人刑事案件具体应用法律若干问题的解释》（2006年1月23日　法释〔2006〕1号）（节录）②

第十一条　对未成年罪犯适用刑罚，应当充分考虑是否有利于未成年罪犯的教育和矫正。

对未成年罪犯量刑应当依照刑法第六十一条的规定，并充分考虑未成年人实施犯罪行为的动机和目的、犯罪时的年龄、是否初次犯罪、犯罪后的悔罪表现、个人成长经历的一贯表现等因素。对符合管制、缓刑、单处罚金或者免予刑事处罚适用条件的未成年罪犯，应当依法适用管制、缓刑、单处罚金或者免予刑事处罚。

第十七条　未成年罪犯根据其所犯罪行，可能被判处拘役、三年以下有期徒刑，如果悔罪表现好，并具有下列情形之一的，应当依照刑法第三十七条的规定免予刑事处罚：

（一）系又聋又哑的人或者盲人；（二）防卫过当或者避险过当；（三）犯罪预备、中止或者未遂；（四）共同犯罪中从犯、胁从犯；（五）犯罪后自首或者有立功表现；（六）其他犯罪情节轻微不需要判处刑罚的。

3 最高人民法院《关于审理抢夺刑事案件具体应用法律若干问题的解释》（2002年7月20日　法释〔2002〕18号）（节录）③

第三条　抢夺公私财物虽然达到本解释第一条第（一）项规定的"数额较大"的标准，但具有下列情形之一的，可以视为刑法第三十七条规定的"犯罪情节轻微不需要判处刑罚"，免予刑事处罚：

（一）已满十六周岁不满十八周岁的未成年人作案，属于初犯或者被教唆犯罪的；（二）主动投案、全部退赃或者退赔的；（三）被胁迫参加抢夺，没有分赃或者获赃较少

---

① 对其解读见：《刑事法律文件解读》2010年第3辑总第57辑，第49~65页。

② 对其解读见：《刑事审判参考》2006年第1辑总第48辑，第87~91页以及2006年第2辑总第49辑，第61~77页。

③ 对其解读见：《刑事审判参考》2002年第4辑总第27辑，第139~141，177~184页。

的；(四) 其他情节轻微，危害不大的。

❹ 最高人民法院《全国法院维护农村稳定刑事审判工作座谈会纪要》(1999 年 10 月 27 日　法〔1999〕217 号)(节录)

三、(二) 关于对农民被告人依法判处缓刑、管制、免予刑事处罚问题

对农民被告人适用刑罚，既要严格遵循罪刑相适应的原则，又要充分考虑到农民犯罪主体的特殊性。要依靠当地党委做好相关部门的工作，依法适当多适用非监禁刑罚。对于已经构成犯罪，但不需要判处刑罚的，或者法律规定有管制刑的，应当依法免予刑事处罚或判处管制刑。对于罪行较轻且认罪态度好，符合宣告缓刑条件的，应当依法适用缓刑。

努力配合有关部门落实非监禁刑的监管措施。在监管措施落实问题上可以探索多种有效的方式，如在城市应加强与适用缓刑的犯罪人原籍的政府和基层组织联系落实帮教措施；在农村应通过基层组织和被告人亲属、家属、好友做好帮教工作等。

❺ 最高人民法院《关于训诫问题的批复》(1964 年 1 月 18 日)

广东省、新疆维吾尔自治区高级人民法院：你们（63）法行字第 97 号、新院办字第 131 号来函已收阅。你们对我院 1963 年 5 月 9 日（63）法统字第 8 号函提出的问题，经我们研究后，答复如下：一、人民法院对于情节轻微的犯罪分子，认为不需要判处刑罚，而应予以训诫的，应当用口头的方式进行训诫。在口头训诫时，应当根据案件的具体情况，一方面严肃地指出被告人的违法犯罪行为，分析其危害性，并责令他努力改正，今后不再重犯；另一方面也要讲明被告人的犯罪情节尚属轻微，可不给予刑事处分。二、凡用口头训诫处理的轻微刑事案件，因不属于刑罚处理，可不必制作法律文书，但应将处理的情况在案卷中详细记明，并交当事人阅读或者读给当事人听后签名盖章，以备查考。对于当事人要求发给法律文书的，应当耐心地向当事人讲清楚训诫不属于法律处分，法院已将训诫处理的经过记入案卷，有案可查，因而无需制作法律文书。此复。

❻ 厦门市中级人民法院《未成年人刑事案件审判工作细则》(2008 年 1 月 4 日　厦中法发〔2008〕1 号)

第三十九条　未成年罪犯根据其所犯罪行，可能被判处拘役、三年以下有期徒刑，如果悔罪表现好，且符合刑法第七十二条规定的宣告缓刑的条件，同时，具有"系又聋又哑的人或者盲人"、"防卫过当或者避险过当"、"犯罪预备、中止或者未遂"、"共同犯罪中从犯、胁从犯"、"犯罪后自首或者有立功表现"、"其他犯罪情节轻微不需要判处刑罚"情形之一的，应依照刑法第三十七条的规定免予刑事处罚。

"系又聋又哑的人或者盲人"、"防卫过当或者避险过当"、"犯罪预备、中止或者未遂"、"共同犯罪中从犯、胁从犯"、"犯罪后自首或者有立功表现"、"其他犯罪情节轻微不需要判处刑罚"情形之一，不得既作为可能被判处拘役、三年以下有期徒刑的条件，同时又作为应当免除处罚的根据。应严格掌握"情节轻微不需要判处刑罚"标准，确属"情节轻微不需要判处刑罚的"，才应免予刑事处罚。

❼ 福建省人民检察院《关于全省检察机关刑事和解专题会议纪要》(2007 年 12 月 18 日　闽检办〔2007〕81 号)(节录)

二、开展刑事和解的基本要求。检察机关办理刑事案件，必须加强对犯罪引发的社会

矛盾纠纷的化解和调处工作，促成犯罪嫌疑人以具结悔过、赔礼道歉、赔偿损失等方式得到被害人的谅解并使双方达成和解协议，检察机关根据刑事和解协议及协议履行情况，依法对犯罪嫌疑人作出从宽处理。

三、刑事和解的适用阶段。检察机关办理刑事案件，在审查批捕、审查起诉以及刑事申诉阶段，都可以启动刑事和解程序。刑事和解的时间计入办案期限。

六、刑事和解的适用范围。刑事和解目前仍处于探索阶段，适用范围不宜过宽，一般应为：法定刑在三年以下有期徒刑、拘役、管制或单处附加刑的侵犯公民人身、财产权的刑事案件。包括刑事自诉案件、过失犯罪案件、未成年人犯罪案件，因民事纠纷引发的犯罪案件、被害人有明显过错而犯罪嫌疑人出于激愤而实施的犯罪案件。

累犯、多次作案及应当数罪并罚等犯罪情节、社会影响恶劣的案件，不能适用刑事和解程序。

造成他人损害且法定刑在三年以上有期徒刑或无期徒刑、死刑的刑事案件，检察机关也可以积极促成犯罪嫌疑人向受害人具结悔过、赔礼道歉、赔偿损失，并将相关情况记录在卷、随案移送，作为依法向人民法院提出从宽处理意见的依据。但目前这类案件不列入刑事和解范围。

学理观点·典型案例 ➡ 索引与要旨

❶《"误把铂金当锡块"对所窃物品的性质存在重大认识错误应如何处罚——张某某盗窃案》，载《公检法办案指南》2011年第6辑总第138辑，第176~180页。

❷《郝卫东盗窃案》，载《刑事审判参考》2010年第2辑总第73辑，第44~51页。

核心提示 ➡ 盗窃数额特别巨大，能否认定"情节轻微，不需要判处刑罚"？

要旨 ➡ 1. 数额犯的情节如何把握；2. 非近亲属的旁系血亲等特殊情况如何把握。

❸《李春伟、史熠东抢劫案》，载《刑事审判参考》2008年第2辑总第61辑，第8~15页。

要旨 ➡ 未成年人犯罪，法定刑为三年以上有期徒刑的，也可以适用免予刑事处罚。

一、《解释》第十七条的规定并未涵括所有免予刑事处罚的情形，也未禁止对犯法定刑三年以上有期徒刑之罪的未成年被告人免予刑事处罚。

二、在适用《解释》第十七条决定是否免予刑事处罚时，要全面、有序地衡量各种从宽处罚情节，避免重复评价。

❹《"免予刑事处罚"刑法适用实证研究》，载《刑事法律文件解读》2008年第7~8辑总第37~38辑，第188~202页。

❺《沈某某盗窃案》，载《刑事审判参考》2004年第5辑总第40辑，第15~23页。

核心提示 ➡ 对所盗物品的价值有重大认识错误的应如何处理？

要旨 ➡ 被告人为泄愤而顺手拿走手表，一直误认为其所盗取的只是一只价值数百元的普通手表（实际123879.84元），而被害人追讨过程中也表示愿意用2000元换回，未表明该表实际价值。被告人逃离当地时，将手表置于灶台未随身携带，说明其对价值误认。结合本案具体情况,根据刑法第三十七条,鉴于被告人对所盗手表的价值有重大认识错误,且所盗手表已追缴并退还失主,其行为属犯罪情节轻微的犯罪,对被告人免予刑事处罚是适当的。

❻《李志祥拐卖妇女案》,载《刑事审判参考》2003年第1辑总第30辑,第69~72页。

核心提示 ➡ 应收买的被拐卖妇女要求将其再转卖他人的如何定罪处罚?

要旨 ➡ 本案被害人在某种程度上可视为其真实意图,但其自主选择权受主客观的限制,且再卖有违社会公序良俗,为法律禁止,故定本罪。量刑可考虑从宽,本案被告人收买后表示愿意送返被害人回家,根据刑法第241条第6款可不追究,且考虑到被害人自愿,可免予刑事处罚。

第二节 管 制

第38条 修正案(八)第2条 管制的期限和执行

管制的期限,为三个月以上二年以下。

"对判处管制的犯罪分子,依法实行社区矫正。"

增加一款作为第四款:"违反第二款规定的禁止令的,由公安机关依照《中华人民共和国治安管理处罚法》的规定处罚。"

关 联 规 范 ➡ 完全整理

❶ 最高人民法院、最高人民检察院、公安部、司法部《社区矫正实施办法》(2012年1月10日)

第一条 为依法规范实施社区矫正,将社区矫正人员改造成为守法公民,根据《中华人民共和国刑法》、《中华人民共和国刑事诉讼法》等有关法律规定,结合社区矫正工作实际,制定本办法。

第二条 司法行政机关负责指导管理、组织实施社区矫正工作。

人民法院对符合社区矫正适用条件的被告人、罪犯依法作出判决、裁定或者决定。

人民检察院对社区矫正各执法环节依法实行法律监督。

公安机关对违反治安管理规定和重新犯罪的社区矫正人员及时依法处理。

第三条 县级司法行政机关社区矫正机构对社区矫正人员进行监督管理和教育帮助。司法所承担社区矫正日常工作。

社会工作者和志愿者在社区矫正机构的组织指导下参与社区矫正工作。

有关部门、村(居)民委员会、社区矫正人员所在单位、就读学校、家庭成员或者监护人、保证人等协助社区矫正机构进行社区矫正。

第四条 人民法院、人民检察院、公安机关、监狱对拟适用社区矫正的被告人、罪犯,需要调查其对所居住社区影响的,可以委托县级司法行政机关进行调查评估。

受委托的司法行政机关应当根据委托机关的要求，对被告人或者罪犯的居所情况、家庭和社会关系、一贯表现、犯罪行为的后果和影响、居住地村（居）民委员会和被害人意见、拟禁止的事项等进行调查了解，形成评估意见，及时提交委托机关。

第五条 对于适用社区矫正的罪犯，人民法院、公安机关、监狱应当核实其居住地，在向其宣判时或者在其离开监所之前，书面告知其到居住地县级司法行政机关报到的时间期限以及逾期报到的后果，并通知居住地县级司法行政机关；在判决、裁定生效起三个工作日内，送达判决书、裁定书、决定书、执行通知书、假释证明书副本等法律文书，同时抄送其居住地县级人民检察院和公安机关。县级司法行政机关收到法律文书后，应当在三个工作日内送达回执。

第六条 社区矫正人员应当自人民法院判决、裁定生效之日或者离开监所之日起十日内到居住地县级司法行政机关报到。县级司法行政机关应当及时为其办理登记接收手续，并告知其三日内到指定的司法所接受社区矫正。发现社区矫正人员未按规定时间报到的，县级司法行政机关应当及时组织查找，并通报决定机关。

暂予监外执行的社区矫正人员，由交付执行的监狱、看守所将其押送至居住地，与县级司法行政机关办理交接手续。罪犯服刑地与居住地不在同一省、自治区、直辖市，需要回居住地暂予监外执行的，服刑地的省级监狱管理机关、公安机关监所管理部门应当书面通知罪犯居住地的同级监狱管理机关、公安机关监所管理部门，指定一所监狱、看守所接收罪犯档案，负责办理罪犯收监、释放等手续。人民法院决定暂予监外执行的，应当通知其居住地县级司法行政机关派员到庭办理交接手续。

第七条 司法所接收社区矫正人员后，应当及时向社区矫正人员宣告判决书、裁定书、决定书、执行通知书等有关法律文书的主要内容；社区矫正期限；社区矫正人员应当遵守的规定、被禁止的事项以及违反规定的法律后果；社区矫正人员依法享有的权利和被限制行使的权利；矫正小组人员组成及职责等有关事项。

宣告由司法所工作人员主持，矫正小组成员及其他相关人员到场，按照规定程序进行。

第八条 司法所应当为社区矫正人员确定专门的矫正小组。矫正小组由司法所工作人员担任组长，由本办法第三条第二、三款所列相关人员组成。社区矫正人员为女性的，矫正小组应当有女性成员。

司法所应当与矫正小组签订矫正责任书，根据小组成员所在单位和身份，明确各自的责任和义务，确保各项矫正措施落实。

第九条 司法所应当为社区矫正人员制定矫正方案，在对社区矫正人员被判处的刑罚种类、犯罪情况、悔罪表现、个性特征和生活环境等情况进行综合评估的基础上，制定有针对性的监管、教育和帮助措施。根据矫正方案的实施效果，适时予以调整。

第十条 县级司法行政机关应当为社区矫正人员建立社区矫正执行档案，包括适用社区矫正的法律文书，以及接收、监管审批、处罚、收监执行、解除矫正等有关社区矫正执行活动的法律文书。

司法所应当建立社区矫正工作档案，包括司法所和矫正小组进行社区矫正的工作记录，社区矫正人员接受社区矫正的相关材料等。同时留存社区矫正执行档案副本。

第十一条 社区矫正人员应当定期向司法所报告遵纪守法、接受监督管理、参加教育学习、社区服务和社会活动的情况。发生居所变化、工作变动、家庭重大变故以及接触对其矫正产生不利影响人员的,社区矫正人员应当及时报告。

保外就医的社区矫正人员还应当每个月向司法所报告本人身体情况,每三个月向司法所提交病情复查情况。

第十二条 对于人民法院禁止令确定需经批准才能进入的特定区域或者场所,社区矫正人员确需进入的,应当经县级司法行政机关批准,并告知人民检察院。

第十三条 社区矫正人员未经批准不得离开所居住的市、县(旗)。

社区矫正人员因就医、家庭重大变故等原因,确需离开所居住的市、县(旗),在七日以内的,应当报经司法所批准;超过七日的,应当由司法所签署意见后报经县级司法行政机关批准。返回居住地时,应当立即向司法所报告。社区矫正人员离开所居住市、县(旗)不得超过一个月。

第十四条 社区矫正人员未经批准不得变更居住的县(市、区、旗)。

社区矫正人员因居所变化确需变更居住地的,应当提前一个月提出书面申请,由司法所签署意见后报经县级司法行政机关审批。县级司法行政机关在征求社区矫正人员新居住地县级司法行政机关的意见后作出决定。

经批准变更居住地的,县级司法行政机关应当自作出决定之日起三个工作日内,将有关法律文书和矫正档案移交新居住地县级司法行政机关。有关法律文书应当抄送现居住地及新居住地县级人民检察院和公安机关。社区矫正人员应当自收到决定之日起七日内到新居住地县级司法行政机关报到。

第十五条 社区矫正人员应当参加公共道德、法律常识、时事政策等教育学习活动,增强法制观念、道德素质和悔罪自新意识。社区矫正人员每月参加教育学习时间不少于八小时。

第十六条 有劳动能力的社区矫正人员应当参加社区服务,修复社会关系,培养社会责任感、集体观念和纪律意识。社区矫正人员每月参加社区服务时间不少于八小时。

第十七条 根据社区矫正人员的心理状态、行为特点等具体情况,应当采取有针对性的措施进行个别教育和心理辅导,矫正其违法犯罪心理,提高其适应社会能力。

第十八条 司法行政机关应当根据社区矫正人员的需要,协调有关部门和单位开展职业培训和就业指导,帮助落实社会保障措施。

第十九条 司法所应当根据社区矫正人员个人生活、工作及所处社区的实际情况,有针对性地采取实地检查、通讯联络、信息化核查等措施及时掌握社区矫正人员的活动情况。重点时段、重大活动期间或者遇有特殊情况,司法所应当及时了解掌握社区矫正人员的有关情况,可以根据需要要求社区矫正人员到办公场所报告、说明情况。

社区矫正人员脱离监管的,司法所应当及时报告县级司法行政机关组织追查。

第二十条 司法所应当定期到社区矫正人员的家庭、所在单位、就读学校和居住的社区了解、核实社区矫正人员的思想动态和现实表现等情况。

对保外就医的社区矫正人员，司法所应当定期与其治疗医院沟通联系，及时掌握其身体状况及疾病治疗、复查结果等情况，并根据需要向批准、决定机关或者有关监狱、看守所反馈情况。

第二十一条　司法所应当及时记录社区矫正人员接受监督管理、参加教育学习和社区服务等情况，定期对其接受矫正的表现进行考核，并根据考核结果，对社区矫正人员实施分类管理。

第二十二条　发现社区矫正人员有违反监督管理规定或者人民法院禁止令情形的，司法行政机关应当及时派员调查核实情况，收集有关证明材料，提出处理意见。

第二十三条　社区矫正人员有下列情形之一的，县级司法行政机关应当给予警告，并出具书面决定：

（一）未按规定时间报到的；

（二）违反关于报告、会客、外出、居住地变更规定的；

（三）不按规定参加教育学习、社区服务等活动，经教育仍不改正的；

（四）保外就医的社区矫正人员无正当理由不按时提交病情复查情况，或者未经批准进行就医以外的社会活动且经教育仍不改正的；

（五）违反人民法院禁止令，情节轻微的；

（六）其他违反监督管理规定的。

第二十四条　社区矫正人员违反监督管理规定或者人民法院禁止令，依法应予治安管理处罚的，县级司法行政机关应当及时提请同级公安机关依法给予处罚。公安机关应当将处理结果通知县级司法行政机关。

第二十五条　缓刑、假释的社区矫正人员有下列情形之一的，由居住地同级司法行政机关向原裁判人民法院提出撤销缓刑、假释建议书并附相关证明材料，人民法院应当自收到之日起一个月内依法作出裁定：

（一）违反人民法院禁止令，情节严重的；

（二）未按规定时间报到或者接受社区矫正期间脱离监管，超过一个月的；

（三）因违反监督管理规定受到治安管理处罚，仍不改正的；

（四）受到司法行政机关三次警告仍不改正的；

（五）其他违反有关法律、行政法规和监督管理规定，情节严重的。

司法行政机关撤销缓刑、假释的建议书和人民法院的裁定书同时抄送社区矫正人员居住地同级人民检察院和公安机关。

第二十六条　暂予监外执行的社区矫正人员有下列情形之一的，由居住地县级司法行政机关向批准、决定机关提出收监执行的建议书并附相关证明材料，批准、决定机关应当自收到之日起十五日内依法作出决定：

（一）发现不符合暂予监外执行条件的；

（二）未经司法行政机关批准擅自离开居住的市、县（旗），经警告拒不改正，或者拒不报告行踪，脱离监管的；

（三）因违反监督管理规定受到治安管理处罚，仍不改正的；

（四）受到司法行政机关两次警告，仍不改正的；

（五）保外就医期间不按规定提交病情复查情况，经警告拒不改正的；

（六）暂予监外执行的情形消失后，刑期未满的；

（七）保证人丧失保证条件或者因不履行义务被取消保证人资格，又不能在规定期限内提出新的保证人的；

（八）其他违反有关法律、行政法规和监督管理规定，情节严重的。

司法行政机关的收监执行建议书和决定机关的决定书，应当同时抄送社区矫正人员居住地同级人民检察院和公安机关。

第二十七条 人民法院裁定撤销缓刑、假释或者对暂予监外执行罪犯决定收监执行的，居住地县级司法行政机关应当及时将罪犯送交监狱或者看守所，公安机关予以协助。

监狱管理机关对暂予监外执行罪犯决定收监执行的，监狱应当立即赴羁押地将罪犯收监执行。

公安机关对暂予监外执行罪犯决定收监执行的，由罪犯居住地看守所将罪犯收监执行。

第二十八条 社区矫正人员符合法定减刑条件的，由居住地县级司法行政机关提出减刑建议书并附相关证明材料，经地（市）级司法行政机关审核同意后提请社区矫正人员居住地的中级人民法院裁定。人民法院应当自收到之日起一个月内依法裁定；暂予监外执行罪犯的减刑，案情复杂或者情况特殊的，可以延长一个月。司法行政机关减刑建议书和人民法院减刑裁定书副本，应当同时抄送社区矫正人员居住地同级人民检察院和公安机关。

第二十九条 社区矫正期满前，社区矫正人员应当作出个人总结，司法所应当根据其在接受社区矫正期间的表现、考核结果、社区意见等情况作出书面鉴定，并对其安置帮教提出建议。

第三十条 社区矫正人员矫正期满，司法所应当组织解除社区矫正宣告。宣告由司法所工作人员主持，按照规定程序公开进行。

司法所应当针对社区矫正人员不同情况，通知有关部门、村（居）民委员会、群众代表、社区矫正人员所在单位、社区矫正人员的家庭成员或者监护人、保证人参加宣告。

宣告事项应当包括：宣读对社区矫正人员的鉴定意见；宣布社区矫正期限届满，依法解除社区矫正；对判处管制的，宣布执行期满，解除管制；对宣告缓刑的，宣布缓刑考验期满，原判刑罚不再执行；对裁定假释的，宣布考验期满，原判刑罚执行完毕。

县级司法行政机关应当向社区矫正人员发放解除社区矫正证明书，并书面通知决定机关，同时抄送县级人民检察院和公安机关。

暂予监外执行的社区矫正人员刑期届满的，由监狱、看守所依法为其办理刑满释放手续。

第三十一条 社区矫正人员死亡、被决定收监执行或者被判处监禁刑罚的，社区矫正终止。

社区矫正人员在社区矫正期间死亡的，县级司法行政机关应当及时书面通知批准、决定机关，并通报县级人民检察院。

第三十二条 对于被判处剥夺政治权利在社会上服刑的罪犯，司法行政机关配合公安机关，监督其遵守刑法第五十四条的规定，并及时掌握有关信息。被剥夺政治权利的罪犯可以自愿参加司法行政机关组织的心理辅导、职业培训和就业指导活动。

第三十三条 对未成年人实施社区矫正，应当遵循教育、感化、挽救的方针，按照下列规定执行：

（一）对未成年人的社区矫正应当与成年人分开进行；

（二）对未成年社区矫正人员给予身份保护，其矫正宣告不公开进行，其矫正档案应当保密；

（三）未成年社区矫正人员的矫正小组应当有熟悉青少年成长特点的人员参加；

（四）针对未成年人的年龄、心理特点和身心发育需要等特殊情况，采取有益于其身心健康发展的监督管理措施；

（五）采用易为未成年人接受的方式，开展思想、法制、道德教育和心理辅导；

（六）协调有关部门为未成年社区矫正人员就学、就业等提供帮助；

（七）督促未成年社区矫正人员的监护人履行监护职责，承担抚养、管教等义务；

（八）采取其他有利于未成年社区矫正人员改过自新、融入正常社会生活的必要措施。

犯罪的时候不满十八周岁被判处五年有期徒刑以下刑罚的社区矫正人员，适用前款规定。

第三十四条 社区矫正人员社区矫正期满的，司法所应当告知其安置帮教有关规定，与安置帮教工作部门妥善做好交接，并转交有关材料。

第三十五条 司法行政机关应当建立例会、通报、业务培训、信息报送、统计、档案管理以及执法考评、执法公开、监督检查等制度，保障社区矫正工作规范运行。

司法行政机关应当建立突发事件处置机制，发现社区矫正人员非正常死亡、实施犯罪、参与群体性事件的，应当立即与公安机关等有关部门协调联动、妥善处置，并将有关情况及时报告上级司法行政机关和有关部门。

司法行政机关和公安机关、人民检察院、人民法院建立社区矫正人员的信息交换平台，实现社区矫正工作动态数据共享。

第三十六条 社区矫正人员的人身安全、合法财产和辩护、申诉、控告、检举以及其他未被依法剥夺或者限制的权利不受侵犯。社区矫正人员在就学、就业和享受社会保障等方面，不受歧视。

司法工作人员应当认真听取和妥善处理社区矫正人员反映的问题，依法维护其合法权益。

第三十七条 人民检察院发现社区矫正执法活动违反法律和本办法规定的，可以区别情况提出口头纠正意见、制发纠正违法通知书或者检察建议书。交付执行机关和执行机关应当及时纠正、整改，并将有关情况告知人民检察院。

第三十八条 在实施社区矫正过程中，司法工作人员有玩忽职守、徇私舞弊、滥用职权等违法违纪行为的，依法给予相应处分；构成犯罪的，依法追究刑事责任。

第三十九条 各级人民法院、人民检察院、公安机关、司法行政机关应当切实加强对社区矫正工作的组织领导，健全工作机制，明确工作机构，配备工作人员，落实工作经费，保障社区矫正工作的顺利开展。

第四十条 本办法自 2012 年 3 月 1 日起施行。最高人民法院、最高人民检察院、公安部、司法部之前发布的有关社区矫正的规定与本办法不一致的,以本办法为准。

❷ 最高人民法院、最高人民检察院、公安部《关于依法严惩"地沟油"犯罪活动的通知》(2012 年 1 月 9 日　公通字〔2012〕1 号)(节录)①

三、准确把握宽严相济刑事政策在食品安全领域的适用

要严格把握适用缓刑、免予刑事处罚的条件。对依法必须适用缓刑的,一般同时宣告禁止令,禁止其在缓刑考验期内从事与食品生产、销售等有关的活动。

❸ 最高人民法院、最高人民检察院、公安部、司法部《关于对判处管制、宣告缓刑的犯罪分子适用禁止令有关问题的规定(试行)》(2011 年 5 月 1 日　法发〔2011〕9 号)②

第一条 对判处管制、宣告缓刑的犯罪分子,人民法院根据犯罪情况,认为从促进犯罪分子教育矫正、有效维护社会秩序的需要出发,确有必要禁止其在管制执行期间、缓刑考验期限内从事特定活动,进入特定区域、场所,接触特定人的,可以根据刑法第三十八条第二款、第七十二条第二款的规定,同时宣告禁止令。

第二条 人民法院宣告禁止令,应当根据犯罪分子的犯罪原因、犯罪性质、犯罪手段、犯罪后的悔罪表现、个人一贯表现等情况,充分考虑与犯罪分子所犯罪行的关联程度,有针对性地决定禁止其在管制执行期间、缓刑考验期限内"从事特定活动,进入特定区域、场所,接触特定的人"的一项或者几项内容。

第三条 人民法院可以根据犯罪情况,禁止判处管制、宣告缓刑的犯罪分子在管制执行期间、缓刑考验期限内从事以下一项或者几项活动:

(一)个人为进行违法犯罪活动而设立公司、企业、事业单位或在设立公司、企业、事业单位后以实施犯罪为主要活动的,禁止设立公司、企业、事业单位;

(二)实施证券犯罪、贷款犯罪、票据犯罪、信用卡犯罪等金融犯罪的,禁止从事证券交易、申领贷款、使用票据或者申领、使用信用卡等金融活动;

(三)利用从事特定生产经营活动实施犯罪的,禁止从事相关生产经营活动;

(四)附带民事赔偿义务未履行完毕,违法所得未追缴、退赔到位,或者罚金尚未足额缴纳的,禁止从事高消费活动;

(五)其他确有必要禁止从事的活动。

第四条 人民法院可以根据犯罪情况,禁止判处管制、宣告缓刑的犯罪分子在管制执行期间、缓刑考验期限内进入以下一类或者几类区域、场所:

(一)禁止进入夜总会、酒吧、迪厅、网吧等娱乐场所;

(二)未经执行机关批准,禁止进入举办大型群众性活动的场所;

(三)禁止进入中小学校区、幼儿园园区及周边地区,确因本人就学、居住等原因,

---

① 对其解读见:《公检法办案指南》2012 年第 5 辑总第 149 辑,第 101~128 页。
② 对其解读见:《刑事审判参考》2011 年第 5 辑总第 82 辑,第 87~98 页。

经执行机关批准的除外；

（四）其他确有必要禁止进入的区域、场所。

第五条 人民法院可以根据犯罪情况，禁止判处管制、宣告缓刑的犯罪分子在管制执行期间、缓刑考验期限内接触以下一类或者几类人员：

（一）未经对方同意，禁止接触被害人及其法定代理人、近亲属；

（二）未经对方同意，禁止接触证人及其法定代理人、近亲属；

（三）未经对方同意，禁止接触控告人、批评人、举报人及其法定代理人、近亲属；

（四）禁止接触同案犯；

（五）禁止接触其他可能遭受其侵害、滋扰的人或者可能诱发其再次危害社会的人。

第六条 禁止令的期限，既可以与管制执行、缓刑考验的期限相同，也可以短于管制执行、缓刑考验的期限，但判处管制的，禁止令的期限不得少于三个月，宣告缓刑的，禁止令的期限不得少于二个月。

判处管制的犯罪分子在判决执行以前先行羁押以致管制执行的期限少于三个月的，禁止令的期限不受前款规定的最短期限的限制。

禁止令的执行期限，从管制、缓刑执行之日起计算。

第七条 人民检察院在提起公诉时，对可能判处管制、宣告缓刑的被告人可以提出宣告禁止令的建议。当事人、辩护人、诉讼代理人可以就应否对被告人宣告禁止令提出意见，并说明理由。

公安机关在移送审查起诉时，可以根据犯罪嫌疑人涉嫌犯罪的情况，就应否宣告禁止令及宣告何种禁止令，向人民检察院提出意见。

第八条 人民法院对判处管制、宣告缓刑的被告人宣告禁止令的，应当在裁判文书主文部分单独作为一项予以宣告。

第九条 禁止令由司法行政机关指导管理的社区矫正机构负责执行。

第十条 人民检察院对社区矫正机构执行禁止令的活动实行监督。发现有违反法律规定的情况，应当通知社区矫正机构纠正。

第十一条 判处管制的犯罪分子违反禁止令，或者被宣告缓刑的犯罪分子违反禁止令尚不属情节严重的，由负责执行禁止令的社区矫正机构所在地的公安机关依照《中华人民共和国治安管理处罚法》第六十条的规定处罚。

第十二条 被宣告缓刑的犯罪分子违反禁止令，情节严重的，应当撤销缓刑，执行原判刑罚。原作出缓刑裁判的人民法院应当自收到当地社区矫正机构提出的撤销缓刑建议书之日起一个月内依法作出裁定。人民法院撤销缓刑的裁定一经作出，立即生效。

违反禁止令，具有下列情形之一的，应当认定为"情节严重"：

（一）三次以上违反禁止令的；

（二）因违反禁止令被治安管理处罚后，再次违反禁止令的；

（三）违反禁止令，发生较为严重危害后果的；

（四）其他情节严重的情形。

第十三条 被宣告禁止令的犯罪分子被依法减刑时，禁止令的期限可以相应缩短，由人民法院在减刑裁定中确定新的禁止令期限。

4 最高人民法院《关于〈中华人民共和国刑法修正案（八）〉时间效力问题的解释》（2011年5月1日　法释〔2011〕9号）（节录）①

为正确适用《中华人民共和国刑法修正案（八）》，根据刑法有关规定，现就人民法院2011年5月1日以后审理的刑事案件，具体适用刑法的有关问题规定如下：

第一条　对于2011年4月30日以前犯罪，依法应当判处管制或者宣告缓刑的，人民法院根据犯罪情况，认为确有必要同时禁止犯罪分子在管制期间或者缓刑考验期内从事特定活动，进入特定区域、场所，接触特定人的，适用修正后刑法第三十八条第二款或者第七十二条第二款的规定。

犯罪分子在管制期间或者缓刑考验期内，违反人民法院判决中的禁止令的，适用修正后刑法第三十八条第四款或者第七十七条第二款的规定。

5 最高人民法院《关于贯彻宽严相济刑事政策的若干意见》（2010年2月8日　法发〔2010〕9号）（节录）②

16. 对于所犯罪行不重、主观恶性不深、人身危险性较小、有悔改表现、不致再危害社会的犯罪分子，要依法从宽处理。对其中具备条件的，应当依法适用缓刑或者管制、单处罚金等非监禁刑。同时配合做好社区矫正，加强教育、感化、帮教、挽救工作。

19. 对于较轻犯罪的初犯、偶犯，应当综合考虑其犯罪的动机、手段、情节、后果和犯罪时的主观状态，酌情予以从宽处罚。对于犯罪情节轻微的初犯、偶犯，可以免予刑事处罚；依法应当予以刑事处罚的，也应当尽量适用缓刑或者判处管制、单处罚金等非监禁刑。

6 最高人民法院《关于审理未成年人刑事案件具体应用法律若干问题的解释》（2006年1月23日　法释〔2006〕1号）（节录）③

第十一条　对未成年罪犯适用刑罚，应当充分考虑是否有利于未成年罪犯的教育和矫正。

对未成年罪犯量刑应当依照刑法第六十一条的规定，并充分考虑未成年人实施犯罪行为的动机和目的、犯罪时的年龄、是否初次犯罪、犯罪后的悔罪表现、个人成长经历的一贯表现等因素。对符合管制、缓刑、单处罚金或者免予刑事处罚适用条件的未成年罪犯，应当依法适用管制、缓刑、单处罚金或者免予刑事处罚。

7 最高人民法院《全国法院维护农村稳定刑事审判工作座谈会纪要》（1999年10月27日　法〔1999〕217号）（节录）④

---

① 对其解读见：《刑事审判参考》2011年第4辑总第81辑，第118～129页。
② 对其解读见：《刑事法律文件解读》2010年第3辑总第57辑，第49～65页。
③ 对其解读见：《刑事审判参考》2006年第1辑总第48辑，第87～91页以及2006年第2辑总第49辑，第61～77页。
④ 对其解读见：《刑事审判参考合订本·第一卷》，第283～291页以及《当前刑事审判实践中适用法律应当注意的问题》，载《刑事司法指南》2000年第3辑总第3辑，第51～71页。

三、（二）关于对农民被告人依法判处缓刑、管制、免予刑事处罚问题

对农民被告人适用刑罚，既要严格遵循罪刑相适应的原则，又要充分考虑到农民犯罪主体的特殊性。要依靠当地党委做好相关部门的工作，依法适当多适用非监禁刑罚。对于已经构成犯罪，但不需要判处刑罚的，或者法律规定有管制刑的，应当依法免予刑事处罚或判处管制刑。对于罪行较轻且认罪态度好，符合宣告缓刑条件的，应当依法适用缓刑。

努力配合有关部门落实非监禁刑的监管措施。在监管措施落实问题上可以探索多种有效的方式，如在城市应加强与适用缓刑的犯罪人原籍的政府和基层组织联系落实帮教措施；在农村应通过基层组织和被告人亲属、家属、好友做好帮教工作等。

学理观点·典型案例 ➡ 索引与要旨

《涉外刑事案件法律适用问题解答——上海市高级人民法院刑二庭调研报告》，载《刑事审判参考》2010年第4辑总第75辑，第162~167页。

核心提示 ➡ 对外国籍被告人能否适用管制或者缓刑？

第39条 管制犯的义务和权利

被判处管制的犯罪分子，在执行期间，应当遵守下列规定：

（一）遵守法律、行政法规，服从监督；

（二）未经执行机关批准，不得行使言论、出版、集会、结社、游行、示威自由的权利；

（三）按照执行机关规定报告自己的活动情况；

（四）遵守执行机关关于会客的规定；

（五）离开所居住的市、县或者迁居，应当报经执行机关批准。

对于被判处管制的犯罪分子，在劳动中应当同工同酬。

关联规范 ➡ 完全整理

❶ 公安部《关于被判处管制的罪犯在管制执行期间实行违法行为如何处理有关问题的批复》（2001年8月11日　公复字〔2001〕15号）

现批复如下：一、对被判处管制的罪犯在管制执行期间实施违反法律、行政法规和国务院公安部有关监督管理规定的行为，尚未构成犯罪的，应当依法予以治安管理处罚，其中，依法予以治安拘留的，应当在治安拘留执行期满后继续执行管制，治安拘留时间不计入管制期限；符合劳动教养条件的，可以依法决定劳动教养，劳动教养执行期满后继续执行管制；构成犯罪的，应当依法追究刑事责任。二、行政复议机关在审查被劳动教养人员不服劳动教养决定申请行政复议的案件时，认为行政复议申请人的违法行为已构成犯罪，依法应当追究刑事责任的，应当依法撤销劳动教养决定，并退回原办案单位按照刑事诉讼法侦查终结后移送起诉。

❷ 公安部《公安机关对被管制、剥夺政治权利、缓刑、假释、保外就医罪犯的监督管理规定》（1995 年 2 月 21 日　公安部令第 23 号）（节录）

第二条　对被管制、剥夺政治权利、缓刑、假释、保外就医罪犯的监督管理，由县（市）公安局、城市公安分局负责组织实施。

第三条　公安机关对被管制、剥夺政治权利、缓刑、假释、保外就医罪犯进行监督管理，必须落实监督管理责任制，依法管理、文明管理。

第四条　公安机关收到人民法院对罪犯作出的管制、剥夺政治权利、缓刑、假释、保外就医的判决、裁定、决定或者监狱管理机关对罪犯批准保外就医的决定后，应当及时组成监督考察小组，建立被监督管理罪犯档案，并制定和落实监督管理的具体措施。

第五条　经公安机关批准，被管制、剥夺政治权利、缓刑、假释、保外就医的罪犯迁居时，原执行的公安机关应当向迁入地负责执行的公安机关介绍罪犯的情况，移送监督考察档案。

第六条　公安机关应当向人民检察院、人民法院和监狱管理机关及时通报被管制、剥夺政治权利、缓刑、假释、保外就医罪犯的监督管理情况。

第七条　公安机关对被管制、剥夺政治权利、缓刑、假释、保外就医罪犯的监督管理工作，接受人民检察院的监督。

第二章　对被管制、剥夺政治权利罪犯的监督管理

第八条　对被判处管制、剥夺政治权利的罪犯，县（市）公安局、城市公安分局应当指定罪犯居住地的公安派出所具体负责监督考察，罪犯居住地街道居民委员会、村民委员会或者原所在单位协助进行监督。

第九条　负责监督考察被管制、剥夺政治权利罪犯的公安机关，应当按照人民法院的判决，向罪犯及其所在单位或者居住地的群众，宣布其犯罪事实、被管制或者剥夺政治权利的期限，以及罪犯在执行期间必须遵守的规定。

第十条　公安机关应当向被判处管制的罪犯宣布，在服刑期间必须遵守下列规定：

（一）遵守国家法律、法规和公安部制定的有关规定；

（二）积极参加生产劳动或者工作；

（三）定期向监督考察小组报告自己的活动情况；

（四）迁居或者离开所居住区域时必须经公安机关批准；

（五）遵守公安机关制定的具体监督管理措施。

第十一条　被管制的罪犯需要离开所居住区域的，必须经公安机关批准，取得外出证明。到达和离开目的地时，必须向当地公安派出所报告，并由目的地公安派出所在外出证明上注明往返时间及表现情况。返回执行地时，必须立即报告并将证明交回公安机关。

第十二条　公安机关应当向被判处剥夺政治权利的罪犯宣布，在执行期间必须遵守下列规定：

（一）遵守国家法律、法规和公安部制定的有关规定；

（二）不得享有选举权和被选举权；

（三）不得组织或者参加集会、游行、示威、结社活动；

（四）不得接受采访、发表演说；

（五）不得在境内外发表、出版、发行有损国家荣誉、利益或者其他具有社会危害性的言论、书籍、音像制品等；

（六）不得担任国家机关职务；

（七）不得担任企业、事业单位和人民团体领导职务；

（八）遵守公安机关制定的具体监督管理措施。

第十三条 对被管制、剥夺政治权利的罪犯违反本规定尚未构成犯罪的，由公安机关依法给予治安管理处罚；构成犯罪的，依法追究刑事责任。

第十四条 管制、剥夺政治权利执行期满，公安机关应当通知本人，并向群众公开宣布解除管制或者恢复政治权利。

罪犯在管制、剥夺政治权利期间死亡的，公安机关应当及时通报原判人民法院或者原关押监狱。

解除管制的，应当发给《解除管制通知书》，其中被附加剥夺政治权利的，应当同时宣布恢复政治权利。

第三章 对被宣告缓刑、假释罪犯的监督管理

第十五条 对被宣告缓刑、假释的罪犯，在缓刑、假释考验期限内，由县（市）公安局、城市公安分局指定罪犯居住地公安派出所进行监督考察，罪犯居住地街道居民委员会、村民委员会或者原所在单位协助进行监督。

第十六条 负责监督考察被宣告缓刑、假释罪犯的公安机关，应当根据人民法院的判决、裁定，向罪犯原所在单位或者住地的群众，宣布其犯罪事实、考察期限，以及考验期间必须遵守的规定。

第十七条 公安机关应当向被宣告缓刑或者假释的罪犯宣布必须遵守下列规定：

（一）遵守国家法律、法规和公安部制定的有关规定；

（二）定期向执行机关报告自己的活动情况；

（三）迁居或者离开所居住区域必须经公安机关批准；

（四）附加剥夺政治权利的缓刑、假释罪犯必须遵守本规定第十二条的规定；

（五）遵守公安机关制定的具体监督管理措施。

第十八条 对被宣告缓刑、假释的罪犯，公安机关应当定期向罪犯原所在单位或者居住地的街道居民委员会、村民委员会了解其表现情况，建立考察档案。

第十九条 被宣告假释的罪犯在考验期限内有违反本规定的行为，尚未构成新的犯罪有收监必要的，公安机关应当向人民法院提出撤销假释的建议。人民法院裁定撤销假释的，公安机关应当及时将罪犯送交监狱收监执行。

第二十条 对被宣告缓刑、假释的罪犯违反本规定尚未构成犯罪的，由公安机关依法给予治安管理处罚；构成犯罪的，公安机关应当依法报请人民法院撤销缓刑、假释，追究

其刑事责任。

第二十一条 缓刑考验期满，被宣告缓刑的罪犯在缓刑考验期间没有再犯新罪的，原判刑罚不再执行，公安机关应当向本人宣布并通报原判决人民法院。

假释考验期满，被宣告假释的罪犯在考验期间没有再犯新罪的，就认为原判刑罚已经执行完毕，公安机关应当向本人宣布并通报原裁定人民法院和罪犯原关押的监狱。

罪犯在缓刑、假释期间死亡的，公安机关应当及时通报原判人民法院和原关押监狱。

第四章 对保外就医罪犯的监督管理

第二十二条 对被保外就医的罪犯，由县（市）公安局、城市公安分局指定罪犯居住地或者就医地的公安派出所负责监督，街道居民委员会、村民委员会或者原所在单位协助进行监督。必要时，公安机关可以指派专人进行监护。

第二十三条 公安机关应当向被保外就医的罪犯及其原所在单位和居住地群众宣布其犯罪事实、保外就医的原因以及罪犯在保外就医期间必须遵守的规定。

第二十四条 公安机关应当向被保外就医的罪犯宣布，在保外就医期间必须遵守下列规定：

（一）遵守国家法律、法规和公安部制定的有关规定；

（二）在指定的医院接受治疗；

（三）确因治疗、护理的特殊要求，需要转院或者离开所居住区域的，必须经公安机关批准；

（四）进行治疗疾病以外的社会活动必须经公安机关批准；

（五）遵守公安机关制定的具体监督管理措施。

第二十五条 公安机关发现被保外就医的罪犯具有下列情形之一的，应当通知原关押监狱及时收监：

（一）骗取保外就医的；

（二）经治疗疾病痊愈或者病情基本好转可以收监的；

（三）以自伤、自残、欺骗等手段故意拖延保外就医时间的；

（四）办理保外就医后并不就医的；

（五）违反监督管理规定经教育不改的。

第二十六条 对被保外就医的罪犯在保外就医期间违反本规定尚未构成犯罪的，由公安机关依法给予治安管理处罚；构成犯罪的，应当依法追究刑事责任。

第二十七条 罪犯在保外就医期间刑期届满的，公安机关应当及时通报原服刑的监狱，办理释放手续。

罪犯在保外就医期间死亡的，公安机关应当及时通报原关押监狱。

第40条 管制的解除

被判处管制的犯罪分子，管制期满，执行机关应即向本人和其所在单位或者居住地的群众宣布解除管制。

第 41 条　管制的刑期计算

管制的刑期，从判决执行之日起计算；判决执行以前先行羁押的，羁押一日折抵刑期二日。

关联规范 ⟹ 完全整理

❶ 最高人民法院《关于刑事裁判文书中刑期起止日期如何表述问题的批复》（2000年3月4日　法释〔2000〕7号）①

根据刑法第四十一条、第四十四条、第四十七条和《法院刑事诉讼文书样式》（样本）的规定，判处管制、拘役、有期徒刑的，应当在刑事裁判文书中写明刑种、刑期和主刑刑期的起止日期及折抵办法。刑期从判决执行之日起计算。判决执行以前先行羁押的，羁押一日折抵刑期一日（判处管制刑的，羁押一日折抵刑期二日），即自××××年××月××日（羁押之日）起至××××年××月××日止。羁押期间取保候审的，刑期的终止日顺延。

❷ 最高人民检察院《关于被判处管制剥夺政治权利和宣告缓刑假释的犯罪分子能否担任中外合资合作经营企业领导职务问题的答复》（1991年9月25日　高检研发〔1991〕4号）

最高人民法院、最高人民检察院、公安部、劳动人事部（86）高检会（三）字第2号《关于被判处管制、剥夺政治权利和宣告缓刑、假释的犯罪分子能否外出经商等问题的通知》第三条所规定的不能担任领导职务的原则，可适用于中外合资、中外合作企业（包括我方与港、澳、台客商合资、合作企业）。

❸ 最高人民法院、最高人民检察院、公安部、劳动人事部《关于被判处管制、剥夺政治权利和宣告缓刑、假释的犯罪公子能否外出经商等问题的通知》（1986年11月8日（86）高检会（三）字第2号）

通知：一、对被判处管制、剥夺政治权利和宣告缓刑、假释的犯罪分子，公安机关和有关单位要依法对其实行经常性的监督改造或考察。被管制、假释的犯罪分子，不能外出经商；被剥夺政治权利和宣告缓刑的犯罪分子，按现行规定，属于允许经商范围之内的，如外出经商，需事先经公安机关允许。

二、犯罪分子在被管制、剥夺政治权利、缓刑、假释期间，若原所在单位确有特殊情况不能安排工作的，在不影响对其实行监督考察的情况下，经工商管理部门批准，可以在常住户口所在地自谋生计；家在农村的，亦可就地从事或承包一些农副业生产。

三、犯罪分子在被管制、剥夺政治权利、缓刑、假释期间，不能担任国营或集体企事业单位的领导职务。

---

① 对其解读见：《解读最高人民法院司法解释·刑事、行政卷（1997~2002）》，第627~629页。

❹ 最高人民法院《关于管制犯在管制期间又犯新罪被判处拘役或有期徒刑应如何执行的问题的批复》（1981年7月27日　法研字〔1981〕第18号）

经我们研究认为，由于管制和拘役、有期徒刑不属于同一刑种，执行的方法也不同，如何按照数罪并罚的原则决定执行的刑罚，在刑法中尚无具体规定，因此，仍可按照本院1957年2月16日法研字第3540号复函的意见办理，即："对新罪所判处的有期徒刑或者拘役执行完毕后，再执行前罪所没有执行完的管制。"对于管制犯在管制期间因发现判决时没有发现的罪行而被判处拘役或有期徒刑应如何执行的问题，也可按照上述意见办理。此复。

第三节　拘　役

第42条　拘役的期限

拘役的期限，为一个月以上六个月以下。

第43条　拘役犯的执行及处遇

被判处拘役的犯罪分子，由公安机关就近执行。

在执行期间，被判处拘役的犯罪分子每月可以回家一天至两天；参加劳动的，可以酌量发给报酬。

第44条　拘役的刑期计算

拘役的刑期，从判决执行之日起计算；判决执行以前先行羁押的，羁押一日折抵刑期一日。

关　联　规　范　▶　完全整理

最高人民法院《关于刑事裁判文书中刑期起止日期如何表述问题的批复》（2000年3月4日　法释〔2000〕7号）[①]

根据刑法第四十一条、第四十四条、第四十七条和《法院刑事诉讼文书样式》（样本）的规定，判处管制、拘役、有期徒刑的，应当在刑事裁判文书中写明刑种、刑期和主刑刑期的起止日期及折抵办法。刑期从判决执行之日起计算。判决执行以前先行羁押的，羁押一日折抵刑期一日（判处管制刑的，羁押一日折抵刑期二日），即自××××年××月××日（羁押之日）起至××××年××月××日止。羁押期间取保候审的，刑期的终止日顺延。

[①] 对其解读见：《解读最高人民法院司法解释·刑事、行政卷（1997～2002）》，第627～629页。

第四节 有期徒刑、无期徒刑

第 45 条 有期徒刑的期限

有期徒刑的期限,除本法第五十条、第六十九条规定外,为六个月以上十五年以下。

第 46 条 有期、无期徒刑的执行

被判处有期徒刑、无期徒刑的犯罪分子,在监狱或者其他执行场所执行;凡有劳动能力的,都应当参加劳动,接受教育和改造。

第 47 条 有期徒刑的刑期计算

有期徒刑的刑期,从判决执行之日起计算;判决执行以前先行羁押的,羁押一日折抵刑期一日。

关 联 规 范 ⟹ 完全整理

❶ 最高人民法院《关于撤销缓刑时罪犯在宣告缓刑前羁押的时间能否折抵刑期问题的批复》(2002 年 4 月 8 日　法释〔2002〕11 号)①

❷ 最高人民法院《关于刑事裁判文书中刑期起止日期如何表述问题的批复》(2000 年 3 月 4 日　法释〔2000〕7 号)(节录)②

根据刑法第四十一条、第四十四条、第四十七条和《法院刑事诉讼文书样式》(样本)的规定,判处管制、拘役、有期徒刑的,应当在刑事裁判文书中写明刑种、刑期和主刑刑期的起止日期及折抵办法。刑期从判决执行之日起计算。判决执行以前先行羁押的,羁押一日折抵刑期一日(判处管制刑的,羁押一日折抵刑期二日),即自××××年××月××日(羁押之日)起至××××年××月××日止。羁押期间取保候审的,刑期的终止日顺延。

❸ 最高人民法院《关于审理拒不执行判决、裁定案件具体应用法律若干问题的解释》(1998 年 4 月 25 日　法释〔1998〕6 号)(节录)③

要旨➡人民法院依法对拒不执行判决、裁定的人定罪判刑,先行司法拘留的日期应当折抵刑期。

❹ 最高人民法院《关于收容审查决定经行政判决撤销后被收审人又因同一事实被判刑原收审日期应否折抵刑期的答复》(1995 年 9 月 13 日　法明传〔1995〕382 号)

---

① 对其解读见:《刑事审判参考》2002 年第 3 辑总第 26 辑,第 136 ~ 137、178 ~ 180 页。
② 对其解读见:《解读最高人民法院司法解释·刑事、行政卷 (1997 ~ 2002)》,第 627 ~ 629 页。
③ 对其解读见:《解读最高人民法院司法解释·刑事、行政卷 (1997 ~ 2002)》,第 236 ~ 238 页。

经研究，答复如下：公安机关的收容审查决定经人民法院行政判决撤销，被收审人依法获得赔偿后，又因同一事实被人民法院判处刑罚的，其被收容审查的日期不予折抵刑期。

5 最高人民法院《关于海关扣留走私罪嫌疑人的时间可否折抵刑期的批复》（1988年2月9日 法（研）复〔1988〕12号）

答复如下：海关法第四条第（四）项中规定："对走私罪嫌疑人，经关长批准，可以扣留移送司法机关，扣留时间不超过二十四小时，在特殊情况下可以延长至四十八小时。"该条规定的扣留，是限制了人身自由的。我们同意你院意见，人民法院对走私罪的被告人作出刑事判决后，原在海关扣留的时间可以折抵刑期，扣留一日折抵刑期一日。

6 最高人民检察院《关于已羁押的精神病人犯住院鉴定期间是否算羁押期问题的批复》（1983年6月30日）

安徽省人民检察院：你院皖检刑字（83）第39号《关于患有精神病的人犯住院鉴定期间是否算羁押期的问题的请示报告》收悉。经研究，答复如下：一、对已羁押的患有精神病的人犯需要住院进行司法鉴定的，如果没有改变原来的强制措施，其住院鉴定的时间，应计入羁押期。二、患有精神病的人犯，在住院鉴定期间，有些诉讼活动将无法进行，如果案件因此不能在法定期限内办结，可以作为重大、复杂的案件，依法申请延长办案期限。

7 最高人民法院《关于罪犯在判刑前被公安机关收容审查、行政拘留的日期仍应折抵刑期的复函》（1981年9月17日）

你们（81）鲁法研字第15号和甘法研字〔1981〕第012号报告均已收悉。关于罪犯在判刑前被公安机关收容审查和因同一犯罪行为被行政拘留的日期是否继续折抵刑期的问题，我们同意你们的意见，仍应按照我院1978年7月11日《关于罪犯在公安机关收容审查期间可否折抵刑期的批复》、1979年1月19日《关于罪犯在公安机关收容审查期间折抵刑期两个具体问题的批复》和1957年9月30日《关于行政拘留日期应否折抵刑期等问题的批复》的规定，予以折抵刑期。

最高人民法院、最高人民检察院、公安部1981年3月18日《关于侦查羁押期限从何时起算问题的联合通知》（〔失效〕2010.12.22），是解释刑事诉讼法第九十二条规定的对被告人在侦查中的羁押不得超过二个月的期限应从何时起算的问题。我院上述三个批复的规定，则是解决罪犯被收容审查和因同一犯罪行为被行政拘留而实际上剥夺了人身自由的时间也应计算折抵刑期的问题。这三个批复与《联合通知》并不矛盾，仍应继续执行。此复。

8 最高人民法院《关于劳动教养日期可否折抵刑期问题的批复》（1981年7月6日）

你院法研字（81）第16号请示收悉。关于劳动教养日期可否折抵刑期的问题，经我们研究，并征求了最高人民检察院和公安部的意见，同意你们提出的参照本院1957年9月30日法研字第20358号《关于行政拘留日期应否折抵刑期等问题的批复》办理的意见。即：如果被告人被判处刑罚的犯罪行为和被劳动教养的行为系同一行为，其被劳动教养的日期可以折抵刑期；至于折抵办法，应以劳动教养一日折抵有期徒刑或拘役的刑期一日，折抵管制的刑期二日。在本批复下达以前，已判处有期徒刑、拘役和管制的罪犯，劳动教养日期没有折抵刑期，现仍在服刑的，可补行折抵；已服刑期满的，即不必再作变动。此复。

❾ 最高人民法院《关于罪犯被捕前在看守所隔离审查日期可否折抵刑期的批复》（1978 年 10 月 21 日）

你院陕高法办〔1978〕18 号请示已收阅。关于罪犯在逮捕前被送进看守所隔离审查的日期可否折抵刑期的问题，我们同意你们的意见，对此种隔离审查日期可予折抵刑期，折抵办法以隔离审查一日折抵刑期一日；已经刑满释放的，可不必再作变动。至于有的罪犯原系国家职工，在看守所隔离审查期间仍照发工资，是否折抵刑期的问题，我们认为，这些人被送进看守所后，人身自由已受到剥夺，故对其隔离审查日期仍应予以折抵刑期为宜。应当指出，把未经逮捕、拘留的人送进看守所隔离审查的做法，是违反国家法律规定的，今后不得使用。此复。

❿ 最高人民法院《关于在押未决犯保外就医期间是否折抵刑期问题的复函》（1976 年 12 月 9 日〔76〕法办研字第 2 号）

你院法刑字（76）第 13 号请示已收阅。关于在押未决犯保外就医期间是否折抵刑期的问题，我们意见，仍按最高人民法院、公安部（64）法研字第 38 号、（64）公发字第 2284 号联合批复执行。

⓫ 最高人民法院《关于流窜盗窃犯屡拘屡逃其屡次被拘留的时间是否可以折抵刑期问题的批复》（1964 年 12 月 17 日）

关于流窜盗窃犯屡拘屡逃其屡次被拘留的时间是否可以折抵刑期问题，我院同意你院的意见，即罪犯屡拘屡逃，并继续犯罪，最后被逮捕判刑时，其最后一次拘留时间应予折抵刑期，以前被拘留的时间均不应折抵刑期。

⓬ 最高人民法院、公安部《关于在押未决犯保外就医期间是否折抵刑期问题的联合批复》（1964 年 5 月 3 日）

经我们研究后认为，根据《中华人民共和国劳动改造条例》第六十条第二项的规定，对于在押的未决犯（罪大恶极的除外），因病势严重需要保外就医的，经报请送押机关批准，可以保外就医，但应通知居住地人民公安机关加以监督。未决犯在保外就医期间，可以折抵刑期。此复。

⓭ 最高人民法院、最高人民检察院、公安部《关于死缓罪犯减刑问题的联合批复》（1964 年 4 月 7 日）

⓮ 最高人民法院研究室《关于行政拘留日期折抵刑期问题的电话答复》（1988 年 2 月 23 日）

我院 1957 年法研字第 20358 号批复规定："如果被告人被判处刑罚的犯罪行为和以前受行政拘留处分的行为系同一行为，其被拘留的日期，应予折抵刑期。"这里所说的"同一行为"，既可以是判决认定同一性质的全部犯罪行为，也可以是同一性质的部分犯罪行为。只要是以前受行政拘留处分的行为，后又作为犯罪事实的全部或者一部分加以认定，其行政拘留的日期即应予折抵刑期。

⑮ 最高人民法院研究室《关于因错判在服刑期"脱逃"后确有犯罪其错判服刑期限可否与后判刑期折抵问题的电话答复》（1983年8月31日）

湖北省高级人民法院：你院1983年8月12日鄂法研字（83）第19号对因错判在服刑期"脱逃"后确有犯罪其错判服刑期限可否与后判刑期折抵的请示》已收悉。我们同意你院报告中所提出的意见，即：对被错判徒刑的在服刑期间"脱逃"的行为，可不以脱逃论罪判刑；但在脱逃期间犯罪的，应依法定罪判刑；对被错判已服刑的日期与后来犯罪所判处的刑期不宜折抵，可在量刑时酌情考虑从轻或减轻处罚。

⑯ 最高人民法院研究室《关于怀孕女犯被监视居住如何计算刑期问题的电话答复》（1983年4月20日）

湖南省高级人民法院：你院湘法办字（83）第1号《关于怀孕女犯被监视居住如何计算刑期的请示》收悉。经研究，答复如下：关于监视居住的日期能否折抵刑期的问题，同意你们的意见，即：依照刑事诉讼法第三十八条的规定，对被告人监视居住的日期不应折抵刑期。

学理观点·典型案例 ➡ 索引与要旨

❶《监视居住期间不能折抵刑期》，载《刑事法律文件解读》2008年第5辑总第35辑，第120页。

❷《押解路途上的时间是否计入刑事拘留期间》，载《刑事法律文件解读》2008年第4辑总第34辑，第121页。

❸《押解路途中的时间是否计入刑事拘留期间》，载《刑事审判参考》2005年第2辑总第43辑，第207页。

要旨 ➡ 应当计入。理由如下：

一、刑事诉讼法第七十九条"法定期间不包括路途上的时间"的规定，主要是针对上诉状或者其他文件在期满前已经交邮的情形。有关刑事拘留的期间，应当依照刑事诉讼法第六十九条的规定，不能依照刑事诉讼法第七十九条的规定计算。

二、从异地押解需要较长时间的，可以依照刑诉法第六十九条"在特殊情况下，提请审查批准的时间可以延长一日至四日"的规定，符合条件的可以依照该条第二款"对于流窜作案、多次作案、结伙作案的重大嫌疑分子，提请审查批准的时间可以延长至三十日"的规定，并不影响公安机关办理案件。

三、异地押解犯罪嫌疑人，公安机关实际上已对其剥夺了人身自由。如果押解路途上的时间不计入刑事拘留期间，可能会突破刑诉法第六十九条对刑事拘留期限的规定，不利于保护公民的合法权益。因此，我们认为，根据刑事诉讼法的规定，刑事拘留期间应当包括押解路途上的时间。

❹《朱香海、左正红等非法买卖枪支、贪污案》，载《刑事审判参考》2005年第1辑总第42辑，第13页。

核心提示 ➡ 劳动教养日期能否折抵刑期？

要旨 ➡ 应当参照执行1981年7月6日《最高人民法院关于劳动教养的日期可以折抵刑期问题的批复》的规定，即"被判处刑罚的犯罪行为和被劳动教养的行为系同一行为的，其被劳动教养的日期可以折抵刑期。"

5《朱小华受贿案》，载《刑事审判参考》2003年第2辑总第31辑，第210~230页。

核心提示 ➡ 纪检两规期间能否折抵刑期？

要旨 ➡ 纪检部门对其进行审查的期间，不属于法律规定的折抵刑期的情况，故其要求从被审查时计算刑期缺乏法律依据。

6《刑事审判参考》2002年第6辑总第29辑，第173~176页。

核心提示 ➡ 监视居住期间能否折抵刑期？

要旨 ➡ 监视居住并未完全剥夺犯罪嫌疑人、被告人的人身自由，不能折抵。

第五节 死　　刑

第48条　死刑的适用对象、死缓、核准

死刑只适用于罪行极其严重的犯罪分子。对于应当判处死刑的犯罪分子，如果不是必须立即执行的，可以判处死刑同时宣告缓期二年执行。

死刑除依法由最高人民法院判决的以外，都应当报请最高人民法院核准。死刑缓期执行的，可以由高级人民法院判决或者核准。

关 联 规 范 ➡ 完全整理

1 最高人民法院、最高人民检察院、公安部《关于依法严惩"地沟油"犯罪活动的通知》（2012年1月9日　公通字〔2012〕1号）（节录）①

三、准确把握宽严相济刑事政策在食品安全领域的适用

在对"地沟油"犯罪定罪量刑时，要充分考虑犯罪数额、犯罪分子主观恶性及其犯罪手段、犯罪行为对人民群众生命安全和身体健康的危害、对市场经济秩序的破坏程度、恶劣影响等。对于具有累犯、前科、共同犯罪的主犯、集团犯罪的首要分子等情节，以及犯罪数额巨大、情节恶劣、危害严重，群众反映强烈，给国家和人民利益造成重大损失的犯罪分子，依法严惩，罪当判处死刑的，要坚决依法判处死刑。对在同一条生产销售链上的犯罪分子，要在法定刑幅度内体现严惩源头犯罪的精神，确保生产环节与销售环节量刑的整体平衡。对于明知是"地沟油"而非法销售的公司、企业，要依法从严追究有关单位和直接责任人员的责任。对于具有自首、立功、从犯等法定情节的犯罪分子，可以依法从宽处理。要严格把握适用缓刑、免予刑事处罚的条件。对依法必须适用缓刑的，一般同时宣告禁止令，禁止其在缓刑考验期内从事与食品生产、销售等有关的活动。

---

①　对其解读见：《公检法办案指南》2012年第5辑总第149辑，第101~128页。

❷ 最高人民法院《关于贯彻宽严相济刑事政策的若干意见》（2010年2月8日 法发〔2010〕9号）（节录）①

7. 贯彻宽严相济刑事政策，必须毫不动摇地坚持依法严惩严重刑事犯罪的方针。对于危害国家安全犯罪、恐怖组织犯罪、邪教组织犯罪、黑社会性质组织犯罪、恶势力犯罪、故意危害公共安全犯罪等严重危害国家政权稳固和社会治安的犯罪，故意杀人、故意伤害致人死亡、强奸、绑架、拐卖妇女儿童、抢劫、重大抢夺、重大盗窃等严重暴力犯罪和严重影响人民群众安全感的犯罪，走私、贩卖、运输、制造毒品等毒害人民健康的犯罪，要作为严惩的重点，依法从重处罚。尤其对于极端仇视国家和社会，以不特定人为侵害对象，所犯罪行特别严重的犯罪分子，该重判的要坚决依法重判，该判处死刑的要坚决依法判处死刑。

29. 要准确理解和严格执行"保留死刑，严格控制和慎重适用死刑"的政策。对于罪行极其严重的犯罪分子，论罪应当判处死刑的，要坚决依法判处死刑。要依法严格控制死刑的适用，统一死刑案件的裁判标准，确保死刑只适用于极少数罪行极其严重的犯罪分子。拟判处死刑的具体案件定罪或者量刑的证据必须确实、充分，得出唯一结论。对于罪行极其严重，但只要是依法可不立即执行的，就不应当判处死刑立即执行。

❸ 最高人民法院、最高人民检察院、公安部、司法部印发《关于进一步严格依法办案确保办理死刑案件质量的意见》的通知（2007年3月9日 法发〔2007〕11号）（节录）

（二）坚持保留死刑，严格控制和慎重适用死刑

4. "保留死刑，严格控制死刑"是我国的基本死刑政策。实践证明，这一政策是完全正确的，必须继续贯彻执行。要完整、准确地理解和执行"严打"方针，依法严厉打击严重刑事犯罪，对极少数罪行极其严重的犯罪分子，坚决依法判处死刑。我国现在还不能废除死刑，但应逐步减少适用，凡是可杀可不杀的，一律不杀。办理死刑案件，必须根据构建社会主义和谐社会和维护社会稳定的要求，严谨审慎，既要保证根据证据正确认定案件事实，杜绝冤错案件的发生，又要保证定罪准确，量刑适当，做到少杀、慎杀。

（三）坚持程序公正与实体公正并重，保障犯罪嫌疑人、被告人的合法权利

5. 人民法院、人民检察院和公安机关进行刑事诉讼，既要保证案件实体处理的正确性，也要保证刑事诉讼程序本身的正当性和合法性。在侦查、起诉、审判等各个阶段，必须始终坚持依法进行诉讼，坚决克服重实体、轻程序，重打击、轻保护的错误观念，尊重犯罪嫌疑人、被告人的诉讼地位，切实保障犯罪嫌疑人、被告人充分行使辩护权等诉讼权利，避免因剥夺或者限制犯罪嫌疑人、被告人的合法权利而导致冤错案件的发生。

（四）坚持证据裁判原则，重证据、不轻信口供

6. 办理死刑案件，要坚持重证据、不轻信口供的原则。只有被告人供述，没有其他证据的，不能认定被告人有罪；没有被告人供述，其他证据确实充分的，可以认定被告人有罪。对刑讯逼供取得的犯罪嫌疑人供述、被告人供述和以暴力、威胁等非法方法收集的被

---

① 对其解读见：《刑事法律文件解读》2010年第3辑总第57辑，第49~65页。

害人陈述、证人证言，不能作为定案的根据。对被告人作出有罪判决的案件，必须严格按照刑事诉讼法第一百六十二条的规定，做到"事实清楚，证据确实、充分"。证据不足，不能认定被告人有罪的，应当作出证据不足、指控的犯罪不能成立的无罪判决。

（五）坚持宽严相济的刑事政策

7. 对死刑案件适用刑罚时，既要防止重罪轻判，也要防止轻罪重判，做到罪刑相当，罚当其罪，重罪重判，轻罪轻判，无罪不罚。对罪行极其严重的被告人必须依法惩处，严厉打击；对具有法律规定"应当"从轻、减轻或者免除处罚情节的被告人，依法从宽处理；对具有法律规定"可以"从轻、减轻或者免除处罚情节的被告人，如果没有其他特殊情节，原则上依法从宽处理；对具有酌定从宽处罚情节的也依法予以考虑。

三、认真履行法定职责，严格依法办理死刑案件

（一）侦查

8. 侦查机关应当依照刑事诉讼法、司法解释及其他有关规定所规定的程序，全面、及时收集证明犯罪嫌疑人有罪或者无罪、罪重或者罪轻等涉及案件事实的各种证据，严禁违法收集证据。

9. 对可能属于精神病人、未成年人或者怀孕的妇女的犯罪嫌疑人，应当及时进行鉴定或者调查核实。

10. 加强证据的收集、保全和固定工作。对证据的原物、原件要妥善保管，不得损毁、丢失或者擅自处理。对与查明案情有关需要鉴定的物品、文件、电子数据、痕迹、人身、尸体等，应当及时进行刑事科学技术鉴定，并将鉴定报告附卷。涉及命案的，应当通过被害人近亲属辨认、DNA鉴定、指纹鉴定等方式确定被害人身份。对现场遗留的与犯罪有关的具备同一认定检验鉴定条件的血迹、精斑、毛发、指纹等生物物证、痕迹、物品，应当通过DNA鉴定、指纹鉴定等刑事科学技术鉴定方式与犯罪嫌疑人的相应生物检材、生物特征、物品等作同一认定。侦查机关应当将用作证据的鉴定结论告知犯罪嫌疑人、被害人。如果犯罪嫌疑人、被害人提出申请，可以补充鉴定或者重新鉴定。

11. 提讯在押的犯罪嫌疑人，应当在羁押犯罪嫌疑人的看守所内进行。严禁刑讯逼供或者以其他非法方法获取供述。讯问犯罪嫌疑人，在文字记录的同时，可以根据需要录音录像。

12. 侦查人员询问证人、被害人，应当依照刑事诉讼法第九十七条的规定进行。严禁违法取证，严禁暴力取证。

13. 犯罪嫌疑人在被侦查机关第一次讯问后或者采取强制措施之日起，聘请律师或者经法律援助机构指派的律师为其提供法律咨询、代理申诉、控告的，侦查机关应当保障律师依法行使权利和履行职责。涉及国家秘密的案件，犯罪嫌疑人聘请律师或者申请法律援助，以及律师会见在押的犯罪嫌疑人，应当经侦查机关批准。律师发现有刑讯逼供情形的，可以向公安机关、人民检察院反映。

14. 侦查机关将案件移送人民检察院审查起诉时，应当将包括第一次讯问笔录及勘验、检查、搜查笔录在内的证明犯罪嫌疑人有罪或者无罪、罪重或者罪轻等涉及案件事实的所有证据一并移送。

15. 对于可能判处死刑的案件，人民检察院在审查逮捕工作中应当全面、客观地审查证据，对以刑讯逼供等非法方法取得的犯罪嫌疑人供述、被害人陈述、证人证言应当依法排除。对侦查活动中的违法行为，应当提出纠正意见。

（二）提起公诉

16. 人民检察院要依法履行审查起诉职责，严格把握案件的法定起诉标准。

17. 人民检察院自收到移送审查起诉的案件材料之日起三日以内，应当告知犯罪嫌疑人有权委托辩护人；犯罪嫌疑人经济困难的，应当告知其可以向法律援助机构申请法律援助。辩护律师自审查起诉之日起，可以查阅、摘抄、复制本案的诉讼文书、技术性鉴定材料，可以同在押的犯罪嫌疑人会见和通信。其他辩护人经人民检察院许可，也可以查阅、摘抄、复制上述材料，同在押的犯罪嫌疑人会见和通信。人民检察院应当为辩护人查阅、摘抄、复制材料提供便利。

18. 人民检察院审查案件，应当讯问犯罪嫌疑人，听取被害人和犯罪嫌疑人、被害人委托的人的意见，并制作笔录附卷。被害人和犯罪嫌疑人、被害人委托的人在审查起诉期间没有提出意见的，应当记明附卷。人民检察院对证人证言笔录存在疑问或者认为对证人的询问不具体或者有遗漏的，可以对证人进行询问并制作笔录。

19. 人民检察院讯问犯罪嫌疑人时，既要听取犯罪嫌疑人的有罪供述，又要听取犯罪嫌疑人无罪或罪轻的辩解。犯罪嫌疑人提出受到刑讯逼供的，可以要求侦查人员作出说明，必要时进行核查。对刑讯逼供取得的犯罪嫌疑人供述和以暴力、威胁等非法方法收集的被害人陈述、证人证言，不能作为指控犯罪的根据。

20. 对可能属于精神病人、未成年人或者怀孕的妇女的犯罪嫌疑人，应当及时委托鉴定或者调查核实。

21. 人民检察院审查案件的时候，对公安机关的勘验、检查，认为需要复验、复查的，应当要求公安机关复验、复查，人民检察院可以派员参加；也可以自行复验、复查，商请公安机关派员参加，必要时也可以聘请专门技术人员参加。

22. 人民检察院对物证、书证、视听资料、勘验、检查笔录存在疑问的，可以要求侦查人员提供获取、制作的有关情况。必要时可以询问提供物证、书证、视听资料的人员，对物证、书证、视听资料委托进行技术鉴定。询问过程及鉴定的情况应当附卷。

23. 人民检察院审查案件的时候，认为事实不清、证据不足或者遗漏罪行、遗漏同案犯罪嫌疑人等情形，需要补充侦查的，应当提出需要补充侦查的具体意见，连同案卷材料一并退回公安机关补充侦查。公安机关应当在一个月以内补充侦查完毕。人民检察院也可以自行侦查，必要时要求公安机关提供协助。

24. 人民检察院对案件进行审查后，认为犯罪嫌疑人的犯罪事实已经查清，证据确实、充分，依法应当追究刑事责任的，应当作出起诉决定。具有下列情形之一的，可以确认犯罪事实已经查清：（1）属于单一罪行的案件，查清的事实足以定罪量刑或者与定罪量刑有关的事实已经查清，不影响定罪量刑的事实无法查清的；（2）属于数个罪行的案件，部分罪行已经查清并符合起诉条件，其他罪行无法查清的；（3）作案工具无法起获或者赃物去向不明，但有其他证据足以对犯罪嫌疑人定罪量刑的；（4）证人证言、犯罪嫌疑人的供述和辩解、被害人陈述的内容中主要情节一致，只有个别情节不一致且不影响定罪的。对于符合第（2）项情形的，应当以已经查清的罪行起诉。

25. 人民检察院对于退回补充侦查的案件，经审查仍然认为不符合起诉条件的，可以作出不起诉决定。具有下列情形之一，不能确定犯罪嫌疑人构成犯罪和需要追究刑事责任的，属于证据不足，不符合起诉条件：（1）据以定罪的证据存在疑问，无法查证属实的；（2）犯罪构成要件事实缺乏必要的证据予以证明的；（3）据以定罪的证据之间的矛盾不能合理排除的；（4）根据证据得出的结论具有其他可能性的。

26. 人民法院认为人民检察院起诉移送的有关材料不符合刑事诉讼法第一百五十条规定的条件，向人民检察院提出书面意见要求补充提供的，人民检察院应当在收到通知之日起三日以内补送。逾期不能提供的，人民检察院应当作出书面说明。

（三）辩护、提供法律帮助

27. 律师应当恪守职业道德和执业纪律，办理死刑案件应当尽职尽责，做好会见、阅卷、调查取证、出庭辩护等工作，提高辩护质量，切实维护犯罪嫌疑人、被告人的合法权益。

28. 辩护律师经证人或者其他有关单位和个人同意，可以向他们收集证明犯罪嫌疑人、被告人无罪或者罪轻的证据，申请人民检察院、人民法院收集、调取证据，或者申请人民法院通知证人出庭作证，也可以申请人民检察院、人民法院依法委托鉴定机构对有异议的鉴定结论进行补充鉴定或者重新鉴定。对于辩护律师的上述申请，人民检察院、人民法院应当及时予以答复。

29. 被告人可能被判处死刑而没有委托辩护人的，人民法院应当通过法律援助机构指定承担法律援助义务的律师为其提供辩护。法律援助机构应当在收到指定辩护通知书三日以内，指派有刑事辩护经验的律师提供辩护。

30. 律师在提供法律帮助或者履行辩护职责中遇到困难和问题，司法行政机关应及时与公安机关、人民检察院、人民法院协调解决，保障律师依法履行职责。

（四）审判

31. 人民法院受理案件后，应当告知因犯罪行为遭受物质损失的被害人、已死亡被害人的近亲属、无行为能力或者限制行为能力被害人的法定代理人，有权提起附带民事诉讼和委托诉讼代理人。经济困难的，还应当告知其可以向法律援助机构申请法律援助。在审判过程中，注重发挥附带民事诉讼中民事调解的重要作用，做好被害人、被害人近亲属的安抚工作，切实加强刑事被害人的权益保护。

32. 人民法院应当通知下列情形的被害人、证人、鉴定人出庭作证：（一）人民检察院、被告人及其辩护人对被害人陈述、证人证言、鉴定结论有异议，该被害人陈述、证人证言、鉴定结论对定罪量刑有重大影响的；（二）人民法院认为其他应当出庭作证的。经人民法院依法通知，被害人、证人、鉴定人应当出庭作证；不出庭作证的被害人、证人、鉴定人的书面陈述、书面证言、鉴定结论经质证无法确认的，不能作为定案的根据。

33. 人民法院审理案件，应当注重审查证据的合法性。对有线索或者证据表明可能存在刑讯逼供或者其他非法取证行为的，应当认真审查。人民法院向人民检察院调取相关证据时，人民检察院应当在三日以内提交。人民检察院如果没有相关材料，应当向人民法院说明情况。

34. 第一审人民法院和第二审人民法院审理死刑案件，合议庭应当提请院长决定提交审判委员会讨论。最高人民法院复核死刑案件，高级人民法院复核死刑缓期二年执行的案件，对于疑难、复杂的案件，合议庭认为难以作出决定的，应当提请院长决定提交审判委员会讨论决定。审判委员会讨论案件，同级人民检察院检察长、受检察长委托的副检察长均可列席会议。

35. 人民法院应当根据已经审理查明的事实、证据和有关的法律规定，依法作出裁判。对案件事实清楚，证据确实、充分，依据法律认定被告人有罪的，应当作出有罪判决；对依据法律认定被告人无罪的，应当作出无罪判决；证据不足，不能认定被告人有罪的，应当作出证据不足、指控的犯罪不能成立的无罪判决；定罪的证据确实，但影响量刑的证据存有疑点，处刑时应当留有余地。

36. 第二审人民法院应当及时查明被判处死刑立即执行的被告人是否委托了辩护人。没有委托辩护人的，应当告知被告人可以自行委托辩护人或者通知法律援助机构指定承担法律援助义务的律师为其提供辩护。人民法院应当通知人民检察院、被告人及其辩护人在开庭五日以前提供出庭作证的证人、鉴定人名单，在开庭三日以前送达传唤当事人的传票和通知辩护人、证人、鉴定人、翻译人员的通知书。

37. 审理死刑第二审案件，应当依照法律和有关规定实行开庭审理。人民法院必须在开庭十日以前通知人民检察院查阅案卷。同级人民检察院应当按照人民法院通知的时间派员出庭。

38. 第二审人民法院作出判决、裁定后，当庭宣告的，应当在五日以内将判决书或者裁定书送达当事人、辩护人和同级人民检察院；定期宣告的，应当在宣告后立即送达。

39. 复核死刑案件，应当对原审裁判的事实认定、法律适用和诉讼程序进行全面审查。

40. 死刑案件复核期间，被告人委托的辩护人提出听取意见要求的，应当听取辩护人的意见，并制作笔录附卷。辩护人提出书面意见的，应当附卷。

41. 复核死刑案件，合议庭成员应当阅卷，并提出书面意见存查。对证据有疑问的，应当对证据进行调查核实，必要时到案发现场调查。

42. 高级人民法院复核死刑案件，应当讯问被告人。最高人民法院复核死刑案件，原则上应当讯问被告人。

43. 人民法院在保证办案质量的前提下，要进一步提高办理死刑复核案件的效率，公正、及时地审理死刑复核案件。

44. 人民检察院按照法律规定加强对办理死刑案件的法律监督。

（五）执行

45. 人民法院向罪犯送达核准死刑的裁判文书时，应当告知罪犯有权申请会见其近亲属。罪犯提出会见申请并提供具体地址和联系方式的，人民法院应当准许；原审人民法院应当通知罪犯的近亲属。罪犯近亲属提出会见申请的，人民法院应当准许，并及时安排会见。

46. 第一审人民法院将罪犯交付执行死刑前，应当将核准死刑的裁判文书送同级人民检察院，并在交付执行三日以前通知同级人民检察院派员临场监督。

47. 第一审人民法院在执行死刑前，发现有刑事诉讼法第二百一十一条规定的情形的，应当停止执行，并且立即报告最高人民法院，由最高人民法院作出裁定。临场监督执行死刑的检察人员在执行死刑前，发现有刑事诉讼法第二百一十一条规定的情形的，应当建议人民法院停止执行。

48. 执行死刑应当公布。禁止游街示众或者其他有辱被执行人人格的行为。禁止侮辱尸体。

四、人民法院、人民检察院、公安机关依法互相配合和互相制约

49. 人民法院、人民检察院、公安机关办理死刑案件，应当切实贯彻"分工负责，互相配合，互相制约"的基本诉讼原则，既根据法律规定的明确分工，各司其职，各负其责，又互相支持，通力合作，以保证准确有效地执行法律，共同把好死刑案件的质量关。

50. 人民法院、人民检察院、公安机关应当按照诉讼职能分工和程序设置，互相制约，以防止发生错误或者及时纠正错误，真正做到不错不漏，不枉不纵。人民法院、人民检察院和公安机关的互相制约，应当体现在各机关法定的诉讼活动之中，不得违反程序干扰、干预、抵制其他机关依法履行职权的诉讼活动。

51. 在审判过程中，发现被告人可能有自首、立功等法定量刑情节，需要补充证据或者补充侦查的，人民检察院应当建议延期审理。延期审理的时间不能超过一个月。查证被告人揭发他人犯罪行为，人民检察院根据犯罪性质，可以依法自行查证，属于公安机关管辖的，可以交由公安机关查证。人民检察院应当将查证的情况在法律规定的期限内及时提交人民法院。

❹ 最高人民法院《关于复核死刑案件若干问题的规定》（2007年2月27日 法释〔2007〕4号）①

第一条 最高人民法院复核死刑案件，应当作出核准的裁定、判决，或者作出不予核准的裁定。

第二条 原判认定事实和适用法律正确、量刑适当、诉讼程序合法的，裁定予以核准。原判判处被告人死刑并无不当，但具体认定的某一事实或者引用的法律条款等不完全准确、规范的，可以在纠正后作出核准死刑的判决或者裁定。

第三条 最高人民法院复核后认为原判认定事实不清、证据不足的，裁定不予核准，并撤销原判，发回重新审判。

第四条 最高人民法院复核后认为原判认定事实正确，但依法不应当判处死刑的，裁定不予核准，并撤销原判，发回重新审判。

第五条 最高人民法院复核后认为原审人民法院违反法定诉讼程序，可能影响公正审判的，裁定不予核准，并撤销原判，发回重新审判。

第六条 数罪并罚案件，一人有两罪以上被判处死刑，最高人民法院复核后，认为其

---

① 对其解读见：《刑事审判参考》2007年第1辑总第54辑，第79~90页。

中部分犯罪的死刑裁判认定事实不清、证据不足的，对全案裁定不予核准，并撤销原判，发回重新审判；认为其中部分犯罪的死刑裁判认定事实正确，但依法不应当判处死刑的，可以改判并对其他应当判处死刑的犯罪作出核准死刑的判决。

第七条 一案中两名以上被告人被判处死刑，最高人民法院复核后，认为其中部分被告人的死刑裁判认定事实不清、证据不足的，对全案裁定不予核准，并撤销原判，发回重新审判；认为其中部分被告人的死刑裁判认定事实正确，但依法不应当判处死刑的，可以改判并对其他应当判处死刑的被告人作出核准死刑的判决。

第八条 最高人民法院裁定不予核准死刑的，根据案件具体情形可以发回第二审人民法院或者第一审人民法院重新审判。

高级人民法院依照复核程序审理后报请最高人民法院核准死刑的案件，最高人民法院裁定不予核准死刑，发回高级人民法院重新审判的，高级人民法院可以提审或者发回第一审人民法院重新审判。

第九条 发回第二审人民法院重新审判的案件，第二审人民法院可以直接改判；必须通过开庭审理查清事实、核实证据的，或者必须通过开庭审理纠正原审程序违法的，应当开庭审理。

第十条 发回第一审人民法院重新审判的案件，第一审人民法院应当开庭审理。

第十一条 依照本规定第三条、第五条、第六条、第七条发回重新审判的案件，原审人民法院应当另行组成合议庭进行审理。

第十二条 最高人民法院依照本规定核准或者不予核准死刑的，裁判文书应当引用相关法律和司法解释条文，并说明理由。

第十三条 本规定自发布之日起施行。

本规定发布前的有关司法解释，与本规定不一致的，以本规定为准。

❺ 最高人民法院《关于统一行使死刑案件核准权有关问题的决定》（2006 年 12 月 28 日 法释〔2006〕12 号）①

第十届全国人民代表大会常务委员会第二十四次会议通过了《关于修改〈中华人民共和国人民法院组织法〉的决定》，将人民法院组织法原第十三条修改为第十二条："死刑除依法由最高人民法院判决的以外，应当报请最高人民法院核准。"修改人民法院组织法的决定自 2007 年 1 月 1 日起施行。根据修改后的人民法院组织法第十二条的规定，现就有关问题决定如下：

（一）自 2007 年 1 月 1 日起，最高人民法院根据全国人民代表大会常务委员会有关决定和人民法院组织法原第十三条的规定发布的关于授权高级人民法院和解放军军事法院核准部分死刑案件的通知（见附件），一律予以废止。

（二）自 2007 年 1 月 1 日起，死刑除依法由最高人民法院判决的以外，各高级人民法院和解放军军事法院依法判决和裁定的，应当报请最高人民法院核准。

（三）2006 年 12 月 31 日以前，各高级人民法院和解放军军事法院已经核准的死刑立

---

① 对其解读见：《刑事审判参考》2006 年第 6 辑总第 53 辑，第 81~94 页。

即执行的判决、裁定，依法仍由各高级人民法院、解放军军事法院院长签发执行死刑的命令。

附件：最高人民法院发布的下列关于授权高级人民法院核准部分死刑案件自本通知施行之日起予以废止：（略）

❻ 最高人民法院《全国法院维护农村稳定刑事审判工作座谈会纪要》（1999年10月27日 法〔1999〕217号）（节录）①

二、（一）关于故意杀人、故意伤害案件。要准确把握故意杀人犯罪适用死刑的标准。对故意杀人犯罪是否判处死刑，不仅要看是否造成了被害人死亡结果，还要综合考虑案件的全部情况。对于因婚姻家庭、邻里纠纷等民间矛盾激化引发的故意杀人犯罪，适用死刑一定要十分慎重，应当与发生在社会上的严重危害社会治安的其他故意杀人犯罪案件有所区别。对于被害人一方有明显过错或对矛盾激化负有直接责任，或者被告人有法定从轻处罚情节的，一般不应判处死刑立即执行。

要注意严格区分故意杀人罪与故意伤害罪的界限。在直接故意杀人与间接故意杀人案件中，犯罪人的主观恶性程度是不同的，在处刑上也应有所区别。间接故意杀人与故意伤害致人死亡，虽然都造成了死亡后果，但行为人故意的性质和内容是截然不同的。不注意区分犯罪的性质和故意的内容，只要有死亡后果就判处死刑的做法是错误的，这在今后的工作中，应当予以纠正。对于故意伤害致人死亡，手段特别残忍，情节特别恶劣的，才可以判处死刑。

要准确把握故意伤害致人重伤造成"严重残疾"的标准。参照1996年国家技术监督局颁布的《职工工伤与职业病致残程度鉴定标准》（以下简称"工伤标准"），刑法第二百三十四条第二款规定的"严重残疾"是指下列情形之一：被害人身体器官大部缺损、器官明显畸形、身体器官有中等功能障碍、造成严重并发症等。残疾程序可以分为一般残疾（十至七级）、严重残疾（六至三级）、特别严重残疾（二至一级），六级以上视为"严重残疾"。在有关司法解释出台前，可统一参照"工伤标准"确定残疾等级。实践中，并不是只要达到"严重残疾"就判处死刑，还要根据伤害致人"严重残疾"的具体情况，综合考虑犯罪情节和危害后果来决定刑罚。故意伤害致重伤造成严重残疾，只有犯罪手段特别残忍，后果特别严重的，才能考虑适用死刑（包括死刑，缓期二年执行）。

三、（一）关于正确处理干群关系矛盾引发的刑事案件问题。开庭审理此类案件，一般要深入发案地，认真查清事实，了解案件发生真实原因，分清双方责任，合情、合理、合法地予以处理。

对利用手中掌握的权力欺压百姓、胡作非为，严重损害群众和集体利益，构成犯罪的，要依法严惩；对只是因工作方法简单粗暴构成犯罪的，要做好工作，取得群众谅解后，酌情予以处理。

对抗拒基层组织正常管理，纯属打击报复农村干部的犯罪分子，一定要依法严惩；对

---

① 对其解读见：《刑事审判参考合订本·第一卷》，第283~291页以及《当前刑事审判实践中适用法律应当注意的问题》，载《刑事司法指南》2000年第3辑总第3辑，第51~71页。

事出有因而构成犯罪的农民被告人,则要体现从宽政策。群体事件中,处罚的应只是构成犯罪的极少数为首者和组织者;对于其他一般参与的群众,要以教育为主,不作犯罪处理。

要充分依靠当地党委和政府,充分征求有关部门对此类案件判决的意见。对当地政府强烈要求判处死刑的案件,要了解有关背景。对于依法应当判处死刑的,不能因为担心被告方人多势众会闹事而不判处死刑;相反,对不应当判处死刑的,也不能因为被害方闹事就判处死刑。要依靠党政部门努力做好法制宣传教育工作,在未做好群众思想工作的情况下,不要急于下判。

❼《全国法院审理金融犯罪案件工作座谈会纪要》(2001年1月21日 法〔2001〕8号)(节录)①

(四)死刑的适用。刑法对危害特别严重的金融诈骗犯罪规定了死刑。人民法院应当运用这一法律武器,有力地打击金融诈骗犯罪。对于罪行极其严重、依法该判死刑的犯罪分子,一定要坚决判处死刑。但需要强调的是,金融诈骗犯罪的数额特别巨大不是判处死刑的唯一标准,只有诈骗"数额特别巨大并且给国家和人民利益造成特别重大损失"的犯罪分子,才能依法选择适用死刑。对于犯罪数额特别巨大,但追缴、退赔后,挽回了损失或者损失不大的,一般不应当判处死刑立即执行;对具有法定从轻、减轻处罚情节的,一般不应当判处死刑。

学理观点·典型案例　　索引与要旨

❶《覃玉顺强奸、故意杀人案》,载《刑事审判参考》2010年第6辑总第77辑,第35~41页。

核心提示 ➡ 对罪行极其严重的故意杀人未遂犯,能否适用死刑立即执行?

❷《林明龙强奸案》,载《刑事审判参考》2010年第4辑总第75辑,第37~42页。

核心提示 ➡ 在死刑案件中,被告人家属积极赔偿,取得被害方谅解,能否作为应当型从轻处罚情节?

❸《故意杀人、故意伤害案件的死刑适用》,载《公检法办案指南》2010年第4辑总第124辑,第146~155页。

❹《寸跃先抢劫案》,载《刑事审判参考》2009年第4辑总第69辑,第66~71页。

核心提示 ➡ 死刑案件如何切实贯彻证据裁判原则?

❺《房国忠故意杀人案》,载《刑事审判参考》2009年第3辑总第68辑,第1~5页。

核心提示 ➡ 醉酒状态下实施犯罪,量刑时可否酌情考虑导致行为人醉酒的原因?

❻《张树林等走私、贩卖、运输毒品案》,载《刑事审判参考》2009年第2辑总第67辑,第76~81页。

核心提示 ➡ 对有重大立功表现但罪行极其严重的被告人如何量刑?

---

① 对其解读见:《刑事审判参考》2001年第4辑总第15辑,第63~76页。

❼《婚姻家庭纠纷引发的故意杀人犯罪的死刑适用》，载《公检法办案指南》2009年第8辑总第116辑，第173～177页。

❽《张俊杰故意杀人案》，载《刑事审判参考》2008年第6辑总第65辑，第1～6页。

要旨➡ 同事间纠纷引发的杀人案件应慎用死刑。

❾ 杜益忠故意伤害致人死亡案《刑事审判参考》2007年第5辑总第58辑，第35～39页。

核心提示➡ 共同故意伤害致人死亡案件中，被告人如实供认公安机关没有掌握的其致人死亡的关键情节，是否可以酌情从轻处罚？

要旨➡ 刑法第四十八条第一款规定："对于应当判处死刑的犯罪分子，如果不是必须立即执行的，可以判处死刑同时宣告缓期二年执行。"死缓制度的设立，是对死刑在实际执行上的特殊规定，从而使一部分罪该处死，但不是必须立即执行的实际适用，是我国严格限制死刑适用政策的具体体现。从司法实践看，所谓"不是必须立即执行"死刑的，在大部分情况下是因为犯罪的社会危害性同必须立即执行死刑的社会危害性有程度上的差别，在少数情况属于存在一定的特殊量刑情节应当在量刑时予以考虑，这是贯彻宽严相济刑事政策的基本要求。

杜益忠的供认，对认定致命伤是谁形成的这一关键事实，有重要作用，其归案后如实供述自己犯罪事实的行为，应属于认罪态度好，在一定程度上反映了其悔罪心理及人身危险性的降低；况且，在二审期间，杜益忠的亲属积极代为承担了全部附带民事诉讼的赔偿责任，附带民事诉讼原告人表示愿意接受这笔赔偿，并对杜益忠表示了一定的谅解。参照《最高人民法院关于附带民事诉讼范围问题的规定》第四条的规定，对此可作为酌定量刑情节予以考虑。

❿ 吕升艺故意杀人案，《刑事审判参考》2007年第5辑总第58辑，第26～34页。

要旨➡ 最高人民法院复核认为原判认定事实清楚，量刑适当，但定罪不准的，可以直接改判罪名并核准死刑。

⓫《死刑量刑情节适用研究》，载《刑事司法指南》2007年第4辑总第32辑，第21～37页。

⓬《酌定从宽情节与死刑适用》，载《刑事司法指南》2007年第3辑总第31辑，第30～49页。

⓭《练永伟等贩卖毒品案》，载《刑事审判参考》2006年第5辑总第52辑，第29～41页。

要旨➡ 家庭成员参与共同犯罪，依法均可判处死刑的，一般不宜对所有参与犯罪的家庭成员适用死刑立即执行。

⓮《宋光军运输毒品案》，载《刑事审判参考》2006年第4辑总第51辑，第33～37页。

要旨➡ 因同案犯在逃致被告人在共同犯罪中地位、作用不明的应慎用死刑。

⑮《闫新华故意杀人、盗窃案》,载《刑事审判参考》2006 年第 3 辑总第 50 辑,第 1~8 页。

要旨 ➡ 对既具有法定从轻又具有法定从重处罚情节的被告人应当慎用死刑立即执行。

⑯《死刑适用若干问题研究》,载《刑事司法指南》2006 年第 2 辑总第 26 辑,第 1~21 页。

⑰《王斌余故意杀人案 宁夏回族自治区高级人民法院 刑事裁定书》,载《刑事审判参考》2005 年第 5 辑总第 46 辑,第 169~177 页。

核心提示 ➡ 打工者杀死拖欠工资的雇主且自首,但杀死多人的是否应判处死刑立即执行?

要旨 ➡ 对于自首的犯罪分子可以从轻或者减轻处罚,但并非不论罪行轻重,均应无条件从轻或减轻处罚。王斌余无视他人的生命权利,不听其弟劝阻,持刀连续捅刺五人,危害无辜;特别严重的是,王斌余在追杀吴新国未果返回现场后,又对已倒血泊中的被害人连续补刺,前后共刺杀被害人 48 刀,必欲置被害人于死地,造成四人当场死亡,一人重伤。王斌余杀人手段极其残忍,情节特别恶劣,犯罪后果极其严重,虽具有可以从轻处罚情节,但不足以从轻处罚。王斌余及其辩护人提出的王斌余属于激愤杀人,构成自首,应当从轻处罚的上诉理由及辩护意见,不能成立,不予采纳。

⑱《贾淑芳故意杀人案》,载《刑事审判参考》2005 年第 5 辑总第 46 辑,第 26~29 页。

要旨 ➡ 在被害方有明显过错的杀人案件中对被告人一般不应判处死刑立即执行。

考虑到上诉人经常遭受其夫的殴打、虐待的事实,以及案发时高永亮当着上诉人的面公然将女青年带回家中不法同居,二被害人在本案起因上均有明显过错的因素,对上诉人判处死刑可不立即执行。

⑲《古计明、方振华投放危险物质案》,载《刑事审判参考》2005 年第 5 辑总第 46 辑,第 1~7 页。

要旨 ➡ 在危害公共安全罪中,没有造成一人以上死亡或多人以上重伤的,一般可不判处死刑立即执行。

核辐射损伤确有远后效应和遗传效应两大显著特点。对被辐射的群体而言,远后效应和遗传效应必然在某些人身上出现。但对于被辐射的某个人而言,远后效应和遗传效应未必会出现。这既与被照射的剂量有关,也与个体身体差异有关。就现在的医疗水平而言,放射性损伤可以引起致畸、致癌、致突变等远后效应,尚无法对此进行确切评价。另外,我们现行适用的《人体重伤鉴定标准》、《人体轻微伤鉴定标准》没有将放射性造成的器官损伤列入其中,只有原则性规定,尚不能解决本案的重伤、轻伤标准问题。对被害人之所以鉴定为重伤,专家组主要是根据放射性专家的鉴定意见及相关医院的病历,被害人刘春利染色体畸变数多,且变化大,其多系统受损:造血系统、凝血系统、微循环、免疫系统、生殖系统等,同时专家注明:该疾病远后效潜在危险要比其他类型放射病严重,尤其是今后发生再生障碍性贫血、白血病或恶性肿瘤等可能性比较大,应该长期密切随访。故认定为重伤。白血病、癌症等疾病现在尚不能攻克,但也不是都不能治愈,随着整个社会迅猛发展,科学技术的进步,医疗水平也将逐步提高,因被辐射所引起的白血病、癌症等疾病被治愈或将成为可能。刑法修正案(三)第二条与刑法第二百三十二条刑期顺序不同,关于故意杀人罪的量刑是从重往轻,不应首选死刑立即执行。鉴于本案目前尚无人死亡;放射性损伤可以引起致畸、致癌、致突变等远后效应,目前医学科学水平尚无法对此进行确切评价,量刑应留有余地。

⑳《高级人民法院复核没有上诉、抗诉的死刑缓期二年执行案件,认为一审判决认定事实清楚、证据确实充分,但应当判处死刑,立即执行的,如何处理》,载《刑事审判参考》2005 年第 1 辑总第 42 辑,第 186 页。

要旨 ➡ 应当在裁定核准死刑缓期二年执行的判决后,按照审判监督程序再审。

㉑《郎海龙贪污、诈骗案 中华人民共和国最高人民法院 刑事判决书》,载《刑事审判参考》2004 年第 6 辑总第 41 辑,第 172 ~ 174 页。

要旨 ➡ 贪污巨款无法追回,但认罪态度较好,可不判处死刑立即执行。

郎海龙贪污数额特别巨大,给国家造成了 150 多万元的经济损失,情节特别严重。郎海龙归案后,如实供述了自己的罪行,认罪态度较好,不属于必须立即执行死刑的犯罪分子。

㉒《刘群、李国才抢劫、诈骗、盗窃案》,载《刑事审判参考》2004 年第 2 辑总第 37 辑,第 37 ~ 46 页。

要旨 ➡ 对有重大立功表现的犯罪分子一般不应适用死刑立即执行。

死缓不是一个独立的刑种,而是适用死刑的一种具体制度。适用死缓不以具有法定从轻、减轻情节为条件。司法实践中,对于具有法定从轻、减轻情节的犯罪分子,如果认为罪行极其严重,对其可不予从轻、减轻处罚,仍然应当依法判处其死刑,在决定是否必须立即执行死刑的时候,应当充分考虑这些法定从轻、减轻处罚情节。

㉓《论死刑适用兼论死刑复核程序的完善》,载《经济犯罪审判指导》2004 年第 1 辑总第 5 辑,第 66 ~ 81 页。

㉔《坚持四项原则,把好四个关口优质高效审判死刑案件》,载《刑事审判要览》2004 年第 3 辑总第 9 辑,第 1 ~ 13 页。

㉕《论死刑案件的事实审查》,载《刑事审判要览》2004 年第 1 辑总第 7 辑,第 1 ~ 13 页。

㉖《张怡懿、杨君故意杀人案》,载《刑事审判参考》2003 年第 3 辑总第 32 辑,第 13 ~ 18 页。

要旨 ➡ 对限制刑事责任能力的被告人一般不宜适用死刑。

㉗《在全国法院审理经济犯罪案件工作座谈会上的讲话》,刘家琛,最高人民法院刑二庭《经济犯罪审判指导》2003 年第 1 辑总第 1 辑,第 113 ~ 131 页。

要旨 ➡ 贯彻罪刑相适应原则,做到准确量刑。对于经济犯罪分子适用死刑的标准要严格掌握。不能将犯罪数额作为判处死刑的唯一标准。

㉘《刑法纵横谈（下）》，载《刑事司法指南》2003年第3辑总第15辑，第1～69页。

核心提示 ➡ 死刑的适用

㉙《王逸故意伤害案》，载《刑事审判参考》2002年第3辑总第26辑，第13～18页。

要旨 ➡ 对精神耗弱患者一般不适用死刑。

㉚《阿古敦故意杀人案》，载《刑事审判参考》2002年第1辑总第24辑，第16～21页。

核心提示 ➡ 对限制刑事责任能力的精神病人应如何处罚？

要旨 ➡ 虽然《刑法》第18条第3款规定的是"可以"而不是"应当"从轻或者减轻，但应当理解为在一般情况下都应该予以从轻或者减轻处罚。

㉛《庄保金抢劫案》，载《刑事审判参考》2000年第3辑总第8辑，第18～23页以及《刑事审判案例》，第116～120页。

核心提示 ➡ 对被告人适用死缓是否属于从轻处罚？

要旨 ➡ 死缓不是独立的刑种，而是死刑的一种执行方式，对被告人依法适用死缓不是从轻处罚。一般应表述为：被告人的行为论罪应当判处死刑，但鉴于被告人有自首情节，对被告人判处死刑，可不立即执行。

第49条 修正案（八）第3条 不适用死刑的情形

犯罪的时候不满十八周岁的人和审判的时候怀孕的妇女，不适用死刑。

中华人民共和国刑法修正案（八）（第十一届全国人民代表大会常务委员会第十九次会议2011年2月25日通过，中华人民共和国主席令第四十一号公布，自2011年5月1日起施行。）

三、在刑法第四十九条中增加一款作为第二款："审判的时候已满七十五周岁的人，不适用死刑，但以特别残忍手段致人死亡的除外。"

关 联 规 范 ➡ 完全整理

❶ 最高人民法院《关于对怀孕妇女在羁押期间自然流产审判时是否可以适用死刑问题的批复》（1998年8月13日 法释〔1998〕18号）①

怀孕妇女因涉嫌犯罪在羁押期间自然流产后，又因同一事实被起诉、交付审判的，应当视为"审判的时候怀孕的妇女"，依法不适用死刑。

❷ 最高人民法院研究室《关于如何理解"审判的时候怀孕的妇女不适用死刑"问题的电话答复》（1991年3月18日）

经研究，现答复如下：在羁押期间已是孕妇的被告人，无论其怀孕是否属于违反国家

---

① 对其解读见：《解读最高人民法院司法解释·刑事、行政卷（1997～2002）》，第64～65页。

计划生育政策，也不论其是否自然流产或者经人工流产以及流产后移送起诉或审判期间的长短，仍应执行我院（83）法研字第 18 号《关于人民法院审判严重刑事犯罪案件中具体应用法律的若干问题的答复》中对第三个问题的答复："对于这类案件，应当按照刑法第四十四条和刑事诉讼法第一百五十四条的规定办理，即人民法院对审判的时候怀孕的妇女，不适用死刑。如果人民法院在审判时发现，在羁押受审时已是孕妇的，仍应依照上述法律规定，不适用死刑。"

学理观点·典型案例 ——> 索引与要旨

❶《韩雅利贩卖毒品、韩镇平窝藏毒品案》，载《刑事审判参考》2003 年第 3 辑总第 32 辑，第 74~78 页。

核心提示 ➡ 被告羁押期间人工流产后脱逃，多年后又被抓获审判，能否适用死刑？

要旨 ➡ 98 最高人民法院批复指出，适用于刑事诉讼的整个过程；脱逃导致原诉讼程序中止，并非结束，抓捕到案后，原诉讼程序继续进行，并非开始新的诉讼，故仍适用。如是流产后的犯罪，则不属于同一事实的范围，不受上述规定的限制。

❷《张怡懿、杨君故意杀人案》，载《刑事审判参考》2003 年第 3 辑总第 32 辑，第 13~18 页。

核心提示 ➡ 公安机关待犯罪嫌疑人分娩后再采取强制措施的，能否适用审判时怀孕的妇女？

要旨 ➡ 应视为怀孕妇女；本案公安机关明知犯罪嫌疑人怀孕而不采取强制措施，是未严格执行规定，后果不由被告承担。

❸ 王汉斌《关于〈中华人民共和国（修订草案）〉的说明》（1997 年 3 月 6 日）

要旨 ➡ 关于死刑问题：有些同志认为现行法律规定的死刑多了，主张减少。这是值得重视的。但是，考虑到目前社会治安的形势严峻，经济犯罪的情况严重，还不具备减少死刑的条件。这次修订，对现行法律规定的死刑，原则上不减少也不增加。经过同公检法研究，大家同意将未满 18 周岁的未成年人犯罪的最高刑由可以判处死刑缓期执行改为无期徒刑。

第 50 条 修正案（八）第 4 条　死缓执行的法律后果

判处死刑缓期执行的，在死刑缓期执行期间，如果没有故意犯罪，二年期满以后，减为无期徒刑；如果确有重大立功表现，二年期满以后，减为十五年以上二十年以下有期徒刑；如果故意犯罪，查证属实的，由最高人民法院核准，执行死刑。

中华人民共和国刑法修正案（八）（第十一届全国人民代表大会常务委员会第十九次会议 2011 年 2 月 25 日通过，中华人民共和国主席令第四十一号公布，自 2011 年 5 月 1 日起施行。）

四、将刑法第五十条修改为："判处死刑缓期执行的，在死刑缓期执行期间，如果没有故意犯罪，二年期满以后，减为无期徒刑；如果确有重大立功表现，二年期满以后，减为二十五年有期徒刑；如果故意犯罪，查证属实的，由最高人民法院核准，执行死刑。

对被判处死刑缓期执行的累犯以及因故意杀人、强奸、抢劫、绑架、放火、爆炸、投放危险物质或者有组织的暴力性犯罪被判处死刑缓期执行的犯罪分子，人民法院根据犯罪情节等情况可以同时决定对其限制减刑。"

关联规范 完全整理

❶《刑法修正案（八）》①

❷ 最高人民法院《关于〈中华人民共和国刑法修正案（八）〉时间效力问题的解释》（2011年5月1日 法释〔2011〕9号）（节录）②

为正确适用《中华人民共和国刑法修正案（八）》，根据刑法有关规定，现就人民法院2011年5月1日以后审理的刑事案件，具体适用刑法的有关问题规定如下：

第二条 2011年4月30日以前犯罪，判处死刑缓期执行的，适用修正前刑法第五十条的规定。

被告人具有累犯情节，或者所犯之罪是故意杀人、强奸、抢劫、绑架、放火、爆炸、投放危险物质或者有组织的暴力性犯罪，罪行极其严重，根据修正前刑法判处死刑缓期执行不能体现罪刑相适应原则，而根据修正后刑法判处死刑缓期执行同时决定限制减刑可以罚当其罪的，适用修正后刑法第五十条第二款的规定。

❸ 最高人民法院《关于死刑缓期执行限制减刑案件审理程序若干问题的规定》（2011年4月25日 法释〔2011〕8号）③

第一条 根据刑法第五十条第二款的规定，对被判处死刑缓期执行的累犯以及因故意杀人、强奸、抢劫、绑架、放火、爆炸、投放危险物质或者有组织的暴力性犯罪被判处死刑缓期执行的犯罪分子，人民法院根据犯罪情节、人身危险性等情况，可以在作出裁判的同时决定对其限制减刑。

第二条 被告人对第一审人民法院作出的限制减刑判决不服的，可以提出上诉。被告人的辩护人和近亲属，经被告人同意，也可以提出上诉。

第三条 高级人民法院审理或者复核判处死刑缓期执行并限制减刑的案件，认为原判对被告人判处死刑缓期执行适当，但判决限制减刑不当的，应当改判，撤销限制减刑。

第四条 高级人民法院审理判处死刑缓期执行没有限制减刑的上诉案件，认为原判事实清楚、证据充分，但应当限制减刑的，不得直接改判，也不得发回重新审判。确有必要

---

① 对其解读见：《刑事审判参考》2011年第4辑总第81辑，第83~117页以及《公检法办案指南》2011年第3辑总第135辑，第13~121页。

② 对其解读见：《刑事审判参考》2011年第4辑总第81辑，第118~129页。

③ 对其解读见：《刑事审判参考》2011年第2辑总第79辑，第153~170页。

限制减刑的，应当在第二审判决、裁定生效后，按照审判监督程序重新审判。

高级人民法院复核判处死刑缓期执行没有限制减刑的案件，认为应当限制减刑的，不得以提高审级等方式对被告人限制减刑。

第五条　高级人民法院审理判处死刑的第二审案件，对被告人改判死刑缓期执行的，如果符合刑法第五十条第二款的规定，可以同时决定对其限制减刑。

高级人民法院复核判处死刑后没有上诉、抗诉的案件，认为应当改判死刑缓期执行并限制减刑的，可以提审或者发回重新审判。

第六条　最高人民法院复核死刑案件，认为对被告人可以判处死刑缓期执行并限制减刑的，应当裁定不予核准，并撤销原判，发回重新审判。

一案中两名以上被告人被判处死刑，最高人民法院复核后，对其中部分被告人改判死刑缓期执行的，如果符合刑法第五十条第二款的规定，可以同时决定对其限制减刑。

第七条　人民法院对被判处死刑缓期执行的被告人所作的限制减刑决定，应当在判决书主文部分单独作为一项予以宣告。

第八条　死刑缓期执行限制减刑案件审理程序的其他事项，依照刑事诉讼法和有关司法解释的规定执行。

学理观点・典型案例　　索引与要旨

❶《李飞故意杀人案》，载《刑事审判参考》2011年第6辑总第83辑，第15～21页。

核心提示➡对民间矛盾激化引发的故意杀人案件如何适用死缓限制减刑？

❷《宋江平、平建卫抢劫、盗窃案》，载《刑事审判参考》2011年第6辑总第83辑，第33～41页。

核心提示➡对共同犯罪中判处死刑缓期执行的被告人如何决定限制减刑？

❸《死刑缓期执行限制减刑制度的司法适用》，载《刑事审判参考》2011年第2辑总第79辑，第217～229页。

❹最高人民法院指导案例4《王志才故意杀人案》，载《公检法办案指南》2012年第1辑总第145辑，第53～55页。（2011年12月20日）①

要旨➡因恋爱、婚姻矛盾激化引发的故意杀人案件，被告人犯罪手段残忍，论罪应当判处死刑，但被告人具有坦白悔罪、积极赔偿等从轻处罚情节，同时被害人亲属要求严惩的，人民法院根据案件性质、犯罪情节、危害后果和被告人的主观恶性及人身危险性，可以依法判处被告人死刑，缓期二年执行，同时决定限制减刑，以有效化解社会矛盾，促进社会和谐。

❺《死缓减刑制度若干问题探究》，载《刑事司法指南》2008年第4辑总第36辑，第12～27页。

---

①　对其解读见：《公检法办案指南》2012年第2辑总第146辑，第47～56页。

6《死刑缓期执行罪犯有同案犯报最高人民法院核准死刑,缓期执行期间如何确定》,载《最新刑事法律文件解读》2006 年第 8 辑总第 20 辑,第 116~118 页。

7《从生活事实中发现法》,载《刑事审判要览》2004 年第 2 辑总第 8 辑,第 34~48 页。

要旨 ➡ 如果按字面解释,这里的"故意犯罪"就是刑法典分则及其他刑事法规定的任何故意犯罪。但这并不一定是本条中的"故意犯罪"的真实含义。甲的行为充其量是脱逃的预备行为,考虑到甲已有积极改造的表现,根据死缓制度的精神与目的,法官可能认为没有必要对甲执行死刑,法官可能作出如下解释:"刑法第 50 条的故意犯罪,不包括故意犯罪的预备行为。"作出这样的限定后,法官又可能遇到如下案件:(略),法官不得不作出如下解释:"刑法规定死缓制度是希望犯罪人还具有改造的希望,只有对抗拒改造的死缓犯执行死刑才符合死缓制度的精神,因此,刑法第 50 条中的故意犯罪就是指犯罪人抗拒改造的故意犯罪。"

8《刑事审判参考》2003 年第 1 辑总第 30 辑,第 175 页。

核心提示 ➡ 判处死缓的罪犯减刑后实际执行刑期如何计算?

第 51 条 死缓期间、死缓减为有期徒刑的刑期计算

死刑缓期执行的期间,从判决确定之日起计算。死刑缓期执行减为有期徒刑的刑期,从死刑缓期执行期满之日起计算。

关 联 规 范 ➡ **完全整理**

最高人民法院《关于死刑缓期执行的期间如何确定问题的批复》(2002 年 11 月 9 日法释〔2002〕34 号)①

经研究,答复如下:根据刑法第五十一条的规定,死刑缓期执行的期间,从判决或者裁定核准死刑缓期二年执行的法律文书宣告或送达之日起计算。

学理观点·典型案例 ➡ **索引与要旨**

1《范昌平抢劫、盗窃案》,载《刑事审判参考》2006 年第 4 辑总第 51 辑,第 15~19 页。

要旨 ➡ 死刑缓期执行期间发现漏罪被判决后仍决定执行死刑缓期二年执行的是否需要重新核准

一、新的死缓判决应报请高级人民法院重新核准。

二、死刑缓期执行的期间应从新的死缓判决确定之日起计算,已经执行的死缓期间不应计算在新死缓判决的执行期间内。

---

① 对其解读见:《刑事审判参考》2003 年第 1 辑总第 30 辑,第 157~163 页。

第六节 罚　　金

第 52 条　罚金数额的确定

判处罚金，应当根据犯罪情节决定罚金数额。

关　联　规　范　➡　完全整理

❶ 最高人民法院《关于贯彻宽严相济刑事政策的若干意见》（2010 年 2 月 8 日法发〔2010〕9 号）（节录）①

12. 要注重综合运用多种刑罚手段，特别是要重视依法适用财产刑，有效惩治犯罪。对于法律规定有附加财产刑的，要依法适用。对于侵财型和贪利型犯罪，更要注重通过依法适用财产刑使犯罪分子受到经济上的惩罚，剥夺其重新犯罪的能力和条件。要切实加大财产刑的执行力度，确保刑罚的严厉性和惩罚功能得以实现。被告人非法占有、处置被害人财产不能退赃的，在决定刑罚时，应作为重要情节予以考虑，体现从严处罚的精神。

16. 对于所犯罪行不重、主观恶性不深、人身危险性较小、有悔改表现、不致再危害社会的犯罪分子，要依法从宽处理。对于其中具备条件的，应当依法适用缓刑或者管制、单处罚金等非监禁刑。同时配合做好社区矫正，加强教育、感化、帮教、挽救工作。

19. 对于较轻犯罪的初犯、偶犯，应当综合考虑其犯罪的动机、手段、情节、后果和犯罪时的主观状态，酌情予以从宽处罚。对于犯罪情节轻微的初犯、偶犯，可以免于刑事处罚；依法应当予以刑事处罚的，也应当尽量适用缓刑或者判处管制、单处罚金等非监禁刑。

❷ 最高人民法院《关于刑事第二审判决改变第一审判决认定的罪名后能否加重附加刑的批复》（2008 年 6 月 6 日　法释〔2008〕8 号）②

近来，有的高级人民法院请示，在审理被告人提起上诉的第二审刑事案件时，第二审人民法院判决改变第一审判决认定罪名的，能否增加适用附加刑或者将罚金刑改为没收财产刑等问题不明确。经研究，批复如下：

根据刑事诉讼法第一百九十条的规定，第二审人民法院审判被告人或者他的法定代理人、辩护人、近亲属上诉的案件，不得加重被告人的刑罚。因此，第一审人民法院没有判处附加刑的，第二审人民法院判决改变罪名后，不得判处附加刑；第一审人民法院原判附加刑较轻的，第二审人民法院不得改判较重的附加刑，也不得以事实不清或者证据不足发回第一审人民法院重新审理；必须依法改判的，应当在第二审判决、裁定生效后，按照审判监督程序重新审判。此复。

❸ 最高人民法院、最高人民检察院《关于办理侵犯知识产权刑事案件具体应用法律

---

① 对其解读见：《刑事法律文件解读》2010 年第 3 辑总第 57 辑，第 49~65 页。
② 对其解读见：《刑事审判参考》2008 年第 3 辑总第 62 辑，第 61~67 页。

若干问题的解释（二）》（2007 年 4 月 5 日　法释〔2007〕6 号）（节录）①

第四条　对于侵犯知识产权犯罪的，人民法院应当综合考虑犯罪的违法所得、非法经营数额、给权利人造成的损失、社会危害性等情节，依法判处罚金。罚金数额一般在违法所得的一倍以上五倍以下，或者按照非法经营数额的 50% 以上一倍以下确定。

❹ 最高人民法院《全国法院维护农村稳定刑事审判工作座谈会纪要》（1999 年 10 月 27 日　法〔1999〕217 号）（节录）②

三、会议在认真分析了农村中犯罪、农民犯罪的原因和特点的基础上，结合我国农村基层组织的作用和现状，对处理农村中犯罪案件和农民犯罪案件应当把握的政策界限进行了研究；对正确处理以下问题取得了一致意见：

（四）关于财产刑问题

凡法律规定并处罚金或者没收财产的，均应当依法并处，被告人的执行能力不能作为是否并处财产刑的依据。确实无法执行或不能执行的，可以依法执行终结或者减免。对法律规定主刑有死刑、无期徒刑和有期徒刑，同时并处没收财产或罚金的，如决定判处死刑，只能并处没收财产；判处无期徒刑的，可以并处没收财产，也可以并处罚金；判处有期徒刑的，只能并处罚金。

对于法律规定有罚金刑的犯罪，罚金的具体数额应根据犯罪的情节确定。刑法和司法解释有明确规定的，按规定判处；没有规定的，各地可依照法律规定的原则和具体情况，在总结审判经验的基础上统一规定参照执行的数额标准。

对自由刑与罚金刑均可选择适用的案件，如盗窃罪，在决定刑罚时，既要避免以罚金刑代替自由刑，又要克服机械执法只判处自由刑的倾向。对于可执行财产刑且罪行又不严重的初犯、偶犯、从犯等，可单处罚金刑。对于应当并处罚金刑的犯罪，如被告人能积极缴纳罚金，认罪态度较好，且判处的罚金数量较大，自由刑可适当从轻，或考虑宣告缓刑。这符合罪刑相适应原则，因为罚金刑也是刑罚。

被告人犯数罪的，应避免判处罚金刑的同时，判处没收部分财产。对于判处没收全部财产，同时判处罚金刑的，应决定执行没收全部财产，不再执行罚金刑。

第 53 条　罚金执行

罚金在判决指定的期限内一次或者分期缴纳。期满不缴纳的，强制缴纳。对于不能全部缴纳罚金的，人民法院在任何时候发现被执行人有可以执行的财产，应当随时追缴。如果由于遭遇不能抗拒的灾祸缴纳确实有困难的，可以酌情减少或者免除。

---

① 对其解读见：《刑事审判参考》2007 年第 3 辑总第 56 辑，第 58~69 页。
② 对其解读见：《刑事审判参考合订本·第一卷》，第 283~291 页以及《当前刑事审判实践中适用法律应当注意的问题》，载《刑事司法指南》2000 年第 3 辑总第 3 辑，第 51~71 页。

关联规范 ⇒ 完全整理

❶《中华人民共和国刑法》（1980年1月1日）（节录）

承担民事赔偿责任的犯罪分子，同时被判处罚金，其财产不足以全部支付的，或者被判处没收财产的，应当先承担对被害人的民事赔偿责任。

❷ 最高人民法院《关于财产刑执行问题的若干规定》（2010年6月1日 法释〔2010〕4号）①

第一条 财产刑由第一审人民法院负责裁判执行的机构执行。

被执行的财产在异地的，第一审人民法院可以委托财产所在地的同级人民法院代为执行。

第二条 第一审人民法院应当在本院作出的刑事判决、裁定生效后，或者收到上级人民法院生效的刑事判决、裁定后，对有关财产刑执行的法律文书立案执行。

第三条 对罚金的执行，被执行人在判决、裁定确定的期限内未足额缴纳的，人民法院应当在期满后强制缴纳。

对没收财产的执行，人民法院应当立即执行。

第四条 人民法院应当依法对被执行人的财产状况进行调查，发现有可供执行的财产，需要查封、扣押、冻结的，应当及时采取查封、扣押、冻结等强制执行措施。

第五条 执行财产刑时，案外人对被执行财产提出权属异议的，人民法院应当审查并参照民事诉讼法的有关规定处理。

第六条 被判处罚金或者没收财产，同时又承担刑事附带民事诉讼赔偿责任的被执行人，应当先履行对被害人的民事赔偿责任。

判处财产刑之前被执行人所负正当债务，应当偿还的，经债权人请求，先行予以偿还。

第七条 执行的财产应当全部上缴国库。

委托执行的，受托人民法院应当将执行情况连同上缴国库凭据送达委托人民法院；不能执行到位的，应当及时告知委托人民法院。

第八条 具有下列情形之一的，人民法院应当裁定中止执行；中止执行的原因消除后，恢复执行：

（一）执行标的物系人民法院或者仲裁机构正在审理的案件争议标的物，需等待该案件审理完毕确定权属的；

（二）案外人对执行标的物提出异议确有理由的；

（三）其他应当中止执行的情形。

被执行人没有全部缴纳罚金的，人民法院在任何时候发现被执行人有可供执行的财产，应当随时追缴。

第九条 具有下列情形之一的，人民法院应当裁定终结执行：

（一）据以执行的刑事判决、裁定被撤销的；

---

① 对其解读见：《刑事审判参考》2010年第2辑总第73辑，第73~80页。

（二）被执行人死亡或者被执行死刑，且无财产可供执行的；
（三）被判处罚金的单位终止，且无财产可供执行的；
（四）依照刑法第五十三条规定免除罚金的；
（五）其他应当终结执行的情形。

人民法院裁定终结执行后，发现被执行人有隐匿、转移财产情形的，应当追缴。

第十条 财产刑全部或者部分被撤销的，已经执行的财产应当全部或者部分返还被执行人；无法返还的，应予赔偿。

第十一条 因遭遇不能抗拒的灾祸缴纳罚金确有困难，被执行人向执行法院申请减少或者免除的，执行法院经审查认为符合法定减免条件的，应当在收到申请后一个月内依法作出裁定准予减免；认为不符合法定减免条件的，裁定驳回申请。

第十二条 人民法院办理财产刑执行案件，本规定没有规定的，参照适用民事执行的有关规定。

第十三条 此前发布的司法解释与本规定不一致的，以本规定为准。

③ 最高人民法院《关于审理未成年人刑事案件具体应用法律若干问题的解释》（2006年1月23日 法释〔2006〕1号）（节录）[①]

第十一条 对未成年罪犯适用刑罚，应当充分考虑是否有利于未成年罪犯的教育和矫正。

对未成年罪犯量刑应当依照刑法第六十一条的规定，并充分考虑未成年人实施犯罪行为的动机和目的、犯罪时的年龄、是否初次犯罪、犯罪后的悔罪表现、个人成长经历的一贯表现等因素。对符合管制、缓刑、单处罚金或者免予刑事处罚适用条件的未成年罪犯，应当依法适用管制、缓刑、单处罚金或者免予刑事处罚。

第十五条 对未成年罪犯实施刑法规定的"并处"没收财产或者罚金的犯罪，应当依法判处相应的财产刑；对未成年罪犯实施刑法规定的"可以并处"没收财产或者罚金的犯罪，一般不判处财产刑。

对未成年罪犯判处罚金数额刑时，应当依法从轻或者减轻判处，并根据犯罪情节，综合考虑其缴纳罚金的能力，确定罚金数额。但罚金的最低数额不得少于五百元人民币。

对被判处罚金的未成年罪犯，其监护人或者其他人自愿代为垫付罚金的，人民法院应当允许。

④ 最高人民法院、最高人民检察院、海关总署《关于办理走私刑事案件适用法律若干问题的意见》（2002年7月8日 法〔2002〕139号）（节录）[②]

二十二、关于共同走私犯罪案件如何判处罚金刑问题。对各共同犯罪人判处罚金的总额应掌握在共同走私行为偷逃应缴税额的一倍以上五倍以下。

⑤ 最高人民法院《关于适用财产刑若干问题的规定》（2000年12月19日 法释

[①] 对其解读见：《刑事审判参考》2006年第1辑总第48辑，第87~91页以及2006年第2辑总第49辑，第61~77页。

[②] 对其解读见：《刑事审判参考》2002年第4辑总第27辑，第149~170、185~203页。

〔2000〕45号）（节录）①

为正确理解和执行刑法有关财产刑的规定，现就适用财产刑的若干问题规定如下：

第一条 刑法规定"并处"没收财产或者罚金的犯罪，人民法院在对犯罪分子判处主刑的同时，必须依法判处相应的财产刑；刑法规定"可以并处"没收财产或者罚金的犯罪，人民法院应当根据案件具体情况及犯罪分子的财产状况，决定是否适用财产刑。

第二条 人民法院应当根据犯罪情节，如违法所得数额、造成损失的大小等，并综合考虑犯罪分子缴纳罚金的能力，依法判处罚金。刑法没有明确规定罚金数额标准的，罚金的最低数额不能少于一千元。

对未成年人犯罪应当从轻或者减轻判处罚金，但罚金的最低数额不能少于五百元。

第三条 依法对犯罪分子所犯数罪分别判处罚金的，应当实行并罚，将所判处的罚金数额相加，执行总和数额。

一人犯数罪依法同时并处罚金和没收财产的，应当合并执行；但并处没收全部财产的，只执行没收财产刑。

第四条 犯罪情节较轻，适用单处罚金不致再危害社会并具有下列情形之一的，可以依法单处罚金：

（一）偶犯或者初犯；（二）自首或者有立功表现的；（三）犯罪时不满十八周岁的；（四）犯罪预备、中止或者未遂的；（五）被胁迫参加犯罪的；（六）全部退赃并有悔罪表现的；（七）其他可以依法单处罚金的情形。

第五条 刑法第五十三条规定的"判决指定的期限"应当在判决书中予以确定；"判决指定的期限"应为从判决发生法律效力第二日起最长不超过三个月。

第六条 刑法第五十三条规定的"由于遭遇不能抗拒的灾祸缴纳确实有困难的"，主要是指因遭受火灾、水灾、地震等灾祸而丧失财产；罪犯因重病、伤残等而丧失劳动能力，或者需要罪犯抚养的近亲属患有重病，需支付巨额医药费等，确实没有财产可供执行的情形。

具有刑法第五十三条规定"可以酌情减少或者免除"事由的，由罪犯本人、亲属或者犯罪单位向负责执行的人民法院提出书面申请，并提供相应的证明材料。人民法院审查以后，根据实际情况，裁定减少或者免除应当缴纳的罚金数额。

第七条 刑法第六十条规定的"没收财产以前犯罪分子所负的正当债务"，是指犯罪分子在判决生效前所负他人的合法债务。

第八条 罚金刑的数额应当以人民币为计算单位。

第九条 人民法院认为依法应当判处被告人财产刑的，可以在案件审理过程中，决定扣押或者冻结被告人的财产。

第十条 财产刑由第一审人民法院执行。

犯罪分子的财产在异地的，第一审人民法院可以委托财产所在地人民法院代为执行。

第十一条 自判决指定的期限届满第二日起，人民法院对于没有法定减免事由不缴纳

---

① 对其解读见：《刑事审判参考》2001年第3辑总第14辑，第66~72页。

罚金的,应当强制其缴纳。

对于隐藏、转移、变卖、损毁已被扣押、冻结财产情节严重的,依照刑法第三百一十四条的规定追究刑事责任。

❻《全国法院审理金融犯罪案件工作座谈会纪要》(**2001年1月21日　法〔2001〕8号**)(**节录**)①

(五) 财产刑的适用

金融犯罪是图利型犯罪,惩罚和预防此类犯罪,应当注重同时从经济上制裁犯罪分子。刑法对金融犯罪都规定了财产刑,人民法院应当严格依法判处。罚金的数额,应当根据被告人的犯罪情节,在法律规定的数额幅度内确定。对于具有从轻、减轻或者免除处罚情节的被告人,对于本应处的罚金刑原则上也应当从轻、减轻或者免除。

单位金融犯罪中直接负责的主管人员和其他直接责任人员,是否适用罚金刑,应当根据刑法的具体规定。刑法分则条文规定有罚金刑,并规定对单位犯罪中直接负责的主管人员和其他直接责任人员依照自然人犯罪条款处罚的,应当判处罚金刑,但是对直接负责的主管人员和其他直接责任人员判处罚金的数额,应当低于对单位判处罚金的数额;刑法分则条文明确规定对单位犯罪中直接负责的主管人员和其他直接责任人员只判处自由刑的,不能附加判处罚金刑。

❼ 江苏省高级人民法院《关于适用与执行财产刑若干问题的意见》(**2006年11月23日**)

一、财产刑适用的一般规定

第一条　财产刑的适用应当坚持罪责刑相适应原则。禁止以罚代刑,以财产刑代替主刑的适用,对犯罪分子判处与其犯罪行为社会危害性程度不相适应的主刑。

第二条　刑法明确规定"并处"没收财产或者罚金的犯罪,必须依法判处相应的财产刑。

刑法规定"可以并处"没收财产或者罚金的犯罪,人民法院应当根据案件具体情况及犯罪分子的财产状况,决定是否适用财产刑,但对未成年人一般不判处财产刑。

第三条　刑法明确规定"并处"没收财产或者罚金的,财产刑的适用要和主刑的轻重相适应。

人民法院应当根据犯罪情节,如违法所得的数额、造成损失的大小等,并综合考虑犯罪分子缴纳罚金的能力,依法判处适当的罚金数额。

罚金数额应在其犯罪行为对应的法定刑幅度范围内酌定裁量,不能突破法律规定的现有界限。

综合考虑犯罪分子缴纳罚金的能力,应主要立足于其现有的实际支付能力,并可适当结合犯罪分子的身体健康状况、年龄状况、受教育状况、工作技能状况、家庭经济状况、当地经济发展水平等因素综合考虑其未来的经济支付能力。

第四条　刑法没有明确规定罚金数额标准的,对自然人罚金的最低数额不得少于一千元,对单位罚金的最低数额不得少于一万元。

---

① 对其解读见:《刑事审判参考》2001年第4辑总第15辑,第63~76页。

对未成年罪犯需要判处罚金的，应当从轻或者减轻处罚，但罚金的最低数额不能少于五百元。未成年罪犯的监护人或者其他人自愿代为缴纳罚金的，人民法院应当允许。

第五条 在共同犯罪案件中，对各共同犯罪人（单位）判处罚金的总额，一般不应超过刑法规定的罚金数额的最高限额，但对单个自然人或者单位罚金的数额不得低于法律、司法解释规定的最低限额。法律、司法解释未规定最低限额的，不应低于本《意见》第四条规定的最低限额。

第六条 对于犯罪主体既可以是自然人，也可以是单位的犯罪，且刑法规定对单位犯罪中直接负责的主管人员和其他直接责任人员，依照关于自然人犯罪的规定处罚的，如果刑法对自然人犯罪规定了财产刑，对于上述人员也应当判处财产刑。

对犯罪单位以及单位犯罪中直接负责的主管人员和其他直接责任人员的罚金总额一般不应超过刑法规定的罚金数额的最高限额，但对单个自然人或者单位罚金的数额不得低于法律、司法解释规定的最低限额。法律、司法解释未规定最低限额的，不应低于本《意见》第四条规定的最低限额。

第七条 行为时的法律和审判时法律的主刑和附加刑互有轻重时，应当以主刑较轻的法律作为最终适用的法律。如果主刑较轻的法律规定"并处"财产刑，而主刑较重的法律没有规定财产刑或者规定"可以并处"财产刑的，应当判决并处财产刑；如果主刑较重的法律没有规定财产刑，而主刑较轻的法律规定"可以并处"财产刑的，可以判处财产刑。

第八条 法律没有明确规定罚金数额标准的，对于有销售金额、违法所得等犯罪数额的犯罪，一般应当在一千元以上犯罪数额的二倍以下判处罚金；对于没有犯罪数额的犯罪，应当在一千元以上十万元以下判处罚金。

第九条 被告人犯有数罪，依法均应判处财产刑的，一般应当判处罚金，但刑法明确规定必须没收财产的除外；对于判处没收全部财产，同时判处罚金刑的，应决定执行没收全部财产，不再执行罚金刑。

第十条 人民法院认为依法应当判处犯罪分子财产刑的，可以要求检察机关随案移送已经掌握的犯罪分子的财产状况说明，也可以对犯罪分子的财产状况进行调查。

对于应当或者可能判处财产刑的案件，人民法院可以在审理过程中决定扣押或者冻结被告人（单位）的财产或者由被告单位提出担保。

二、财产刑的具体适用

第十一条 没收财产属于较重的财产刑，判处无期徒刑以上刑罚需要附加适用没收财产刑的，可以判处没收个人全部财产；判处其他主刑的，一般不宜判处没收个人全部财产。

第十二条 法律规定主刑是有期徒刑，同时规定并处罚金或者没收财产，如决定判处十年以上有期徒刑，应当并处没收个人部分财产；如决定判处十年以下有期徒刑，应当并处罚金。

法律规定主刑是有期徒刑或者无期徒刑，同时规定并处罚金或者没收财产，如决定判处无期徒刑，应当并处没收个人部分或全部财产；如决定判处有期徒刑，应当并处罚金。

法律规定主刑是有期徒刑、无期徒刑或者死刑，同时规定并处罚金或者没收财产，如决定判处死刑立即执行,应当并处没收个人全部财产;如决定判处死刑缓期二年执行,应当并处没收个人部分或全部财产;如决定判处无期徒刑,可以并处没收个人部分财产,也可以并处罚金;如决定判处有期徒刑,应当并处罚金。

第十三条 法律规定必须以违法所得作为标准并按照一定比例确定罚金数额的,如果犯罪分子没有违法所得或者违法所得难以确定的,不应判处罚金。

违法所得可以按照下列方法确定:

(一)犯罪分子有违法所得但难以确定具体数额的,应当结合作案当时、当地同类经营行为的获利情况综合加以认定。

(二)犯罪分子多次从事非法经营行为,部分行为违法所得难以查清的,可以根据已经查明部分的平均获利情况,推算出未查清的违法所得。

以上所指违法所得是指犯罪分子销售货物后所得和应得的经销差价,但销售违禁品的除外。

第十四条 法律规定以销售金额作为标准并按照一定比例确定罚金数额,如果货物尚未来得及销售即被查获,需要以未遂犯追究刑事责任的,可以以货值金额的三分之一作为标准并按照上述比例判处罚金。

销售金额是指犯罪分子完成销售行为后所得和应得的全部违法收入。全部违法收入不应扣除成本及各种费用;应得的违法收入指犯罪分子按照合同或者约定将要得到的违法收入。

第十五条 刑法规定"并处"罚金或者没收财产,一审法院适用了相应的刑法条款,但在判决主文中漏判的,二审法院可以直接加以改判。

第十六条 一审判决前犯罪分子或者犯罪分子的亲友主动或经法院告知后提前预缴罚金,人民法院可以暂收,并可根据犯罪分子的悔罪情况对其主刑酌情从轻处理,但应符合以下要求:

(一)禁止对犯罪分子或其亲友作出任何形式的许诺,即不得许诺以预缴罚金作为对犯罪分子从轻处罚的条件。

(二)犯罪分子必须具有财产刑的适罚性。对应当判处主刑的犯罪分子不能以预缴罚金判处财产刑而代替主刑的适用。

(三)判处罚金的数额应当坚持以犯罪情节为基准,不能以预缴罚金的数额作为判决的依据。

(四)预缴罚金的数额不能超过可能判处罚金数额的最高限额。

(五)预缴罚金后对主刑只能在法定刑幅度范围内酌情从轻判处,并坚持罪责刑相适应原则。

(六)对待民事赔偿态度消极,隐瞒财产企图逃避民事责任,即使主动预缴罚金也不予从轻处理;其预缴的罚金应当先承担对被害人的民事赔偿责任。

第十七条 财产刑可以适用减轻处罚。当犯罪分子具有法定减轻处罚情节时,一般应在下一个量刑幅度范围内依法适用财产刑;下一个量刑幅度未规定财产刑的,一般不宜判处财产刑。

三、财产刑的执行

第十八条 财产刑由第一审人民法院执行。没收财产的执行,在必要的时候,可以会同公安机关等刑罚执行机关执行。

除了庭前已经预缴罚金或者在法院生效裁判指定期限内已经执结的案件,其他判处财产刑的案件自判决指定期限届满第二日起一个月内由第一审人民法院立案庭统一立案后移送本院执行机构执行。

移送执行机构执行的案件,第一审人民法院刑事审判庭应将生效裁判文书、审理中查明的犯罪分子的财产状况或线索,以及财产刑执行情况等一并移送执行机构。

对于扣押、冻结在案并已列入清单的与本案无关的财物,犯罪分子被判处财产刑的,人民法院应当通知扣押、冻结机关将拟返还犯罪分子的财物移交人民法院执行刑罚。

财产刑执行过程中需要裁定的事项,应当制作刑事裁定书。

第十九条 承担民事赔偿责任的犯罪分子,同时被判处罚金,其财产不足以全部支付的,或者被判处没收财产的,应当先承担对被害人的民事赔偿责任。

犯罪分子被判处没收全部财产的,应当为其个人及其扶养的家属保留必需的生活费用。

第二十条 对于被执行财产状况的调查、查封、扣押等强制执行措施,以及对案外人异议的处理等,执行机构可以参照民事诉讼执行程序执行。

第二十一条 犯罪分子被判处财产刑,且财产在异地的,第一审人民法院可以委托财产所在地人民法院执行,并将执行情况记录在案,受托执行的人民法院可以将执行财产刑的财产直接上缴国库。但其中需要退赔或者返还被害人财产的案件,以及需要承担附带民事赔偿责任的案件,不宜委托执行;确需委托的,应逐级上报省法院执行局审查批准。

第二十二条 依照刑法第五十三条的规定减少或者免除应当缴纳的罚金数额的,由第一审人民法院执行机构作出刑事裁定。

原审人民法院应当自收到犯罪分子本人、亲属或者犯罪单位申请减免罚金数额的书面申请材料之日起一个月内依法作出裁定。

人民法院作出的减免罚金数额的裁定按照《法院刑事诉讼文书样式》(样本)样式40的格式制作;经审查不符合法定减免条件或者申请人提供的证据不足的,裁定不予准许。

第二十三条 犯罪分子在服刑期间能够积极主动履行财产刑执行义务,或者主动提供财产线索,或者其亲友主动代为执行的,可视为犯罪分子有悔罪表现,作为减刑、假释的条件之一综合考虑。人民法院应当将犯罪分子财产刑的执行情况通报主刑执行机关。

第二十四条 对于隐藏、转移、变卖、损毁已被扣押、冻结财产情节严重的,依照刑法第三百一十四条的规定处罚;以暴力、威胁方法阻碍司法机关工作人员依法执行财产刑的,依照刑法第二百七十七条的规定处罚。

第二十五条 本《意见》自下发之日起施行。施行中法律、司法解释作出的规定与本《意见》不同的,适用法律、司法解释的规定。

学理观点・典型案例 ➡ **索引与要旨**

❶《法院裁定终结执行被执行人龙金罚金案》,载《刑事审判参考》2010年第1辑总

第 72 辑，第 1~6 页。

要旨 ➡ 1. 刑法第五十三条规定的罚金减免程序如何操作；2. 罚金执行和减免应由法院哪个部门具体负责。

❷《罚金刑适用的若干问题》，载《刑事审判参考》2006 年第 1 辑总第 48 辑，第 143~157 页。

要旨 ➡ 1. 罚金刑的量刑平衡方法；2. 单位犯罪与罚金刑的适用；3. 罚金刑与各刑种及行政罚款的衔接适用。

❸《戴恩辉销售假冒注册商标的商品案》，载《刑事审判参考》2000 年第 3 辑总第 8 辑，第 8~12 页以及《刑事审判案例》，第 274~277 页。

核心提示 ➡ 追缴违法所得、没收犯罪分子供犯罪所用的本人财物后，能否再对犯罪分子判处罚金？

要旨 ➡ 公安机关依法追缴被告人的违法所得、没收供犯罪所用的本人财物，不属于行政处罚，也不影响人民法院对被告人依法判处财产刑。

❹《秦学荣抢劫、流氓、诈骗、侵占案》，载《刑事审判参考》2000 年第 1 辑总第 6 辑，第 25~29 页以及《刑事审判案例》，第 671~673 页。

核心提示 ➡ 被告人审理期间死亡的，案件终止审理后，可否对被告人判处财产刑？

要旨 ➡ 法律预设的刑事责任主体归于消灭，刑罚因为缺少刑事责任主体及合法有效的判决而不能适用，财产刑也是刑罚的一种，当然也不能对其判处和执行财产刑。

❺《（北京市）财产刑执行情况的调查报告》，载《经济犯罪审判指导》2003 年第 2 辑总第 2 辑，第 127~145 页。

❻《（重庆市）财产刑执行情况的调查报告》，载《刑事审判指导》2004 年第 1 辑，第 127~145 页。

第七节 剥夺政治权利

第 54 条 剥夺政治权利的内容

剥夺政治权利是剥夺下列权利：

（一）选举权和被选举权；

（二）言论、出版、集会、结社、游行、示威自由的权利；

（三）担任国家机关职务的权利；

（四）担任国有公司、企业、事业单位和人民团体领导职务的权利。

关 联 规 范 ➡ 完全整理

❶ 公安部《公安机关对被管制、剥夺政治权利、缓刑、假释、保外就医罪犯的监督管理规定》（1995 年 2 月 21 日 公安部令第 23 号）

❷ 最高人民法院、最高人民检察院、公安部、劳动人事部《关于被判处管制、剥夺政治权利和宣告缓刑、假释的犯罪公子能否外出经商等问题的通知》（1986年11月8日（86）高检会（三）字第2号）

通知：一、对被判处管制、剥夺政治权利和宣告缓刑、假释的犯罪分子，公安机关和有关单位要依法对其实行经常性的监督改造或考察。被管制、假释的犯罪分子，不能外出经商；被剥夺政治权利和宣告缓刑的犯罪分子，按现行规定，属于允许经商范围之内的，如外出经商，需事先经公安机关允许。

二、犯罪分子在被管制、剥夺政治权利、缓刑、假释期间，若原所在单位确有特殊情况不能安排工作的，在不影响对其实行监督考察的情况下，经工商管理部门批准，可以在常住户口所在地自谋生计；家在农村的，亦可就地从事或承包一些农副业生产。

三、犯罪分子在被管制、剥夺政治权利、缓刑、假释期间，不能担任国营或集体企事业单位的领导职务。

第55条 剥夺政治权利的期限

剥夺政治权利的期限，除本法第五十七条规定外，为一年以上五年以下。

判处管制附加剥夺政治权利的，剥夺政治权利的期限与管制的期限相等，同时执行。

关 联 规 范 ➡ 完全整理

最高人民法院《关于在执行附加刑剥夺政治权利期间犯新罪应如何处理的批复》（2009年6月10日 法释〔2009〕10号）①

批复如下：一、对判处有期徒刑并处剥夺政治权利的罪犯，主刑已执行完毕，在执行附加刑剥夺政治权利期间又犯新罪，如果所犯新罪无须附加剥夺政治权利的，依照刑法第七十一条的规定数罪并罚。

二、前罪尚未执行完毕的附加剥夺政治权利的刑期从新罪的主刑有期徒刑执行之日起停止计算，并依照刑法第五十八条规定从新罪的主刑有期徒刑执行完毕之日或者假释之日起继续计算；附加刑剥夺政治权利的效力施用于新罪的主刑执行期间。

三、对判处有期徒刑的罪犯，主刑已执行完毕，在执行附加刑剥夺政治权利期间又犯新罪，如果所犯新罪也剥夺政治权利的，依照刑法第五十五条、第五十七条、第七十一条的规定并罚。

学理观点·典型案例 ➡ 索引与要旨

❶《焦军盗窃案》，载《刑事审判参考》2007年第3辑总第56辑，第24~30页。

核心提示 ➡ 剥夺政治权利执行期间重新犯罪如何计算未执行完毕的剥夺政治权利的

---

① 对其解读见：《刑事审判参考》2009年第4辑总第69辑，第109~119页以及《答记者问》，载《刑事法律文件解读》2009年第7辑总第49辑，第36~40页。

刑期？

要旨 ➡ 剥夺政治权利的执行可以发生中止，在计算前罪尚未执行完毕的剥夺政治权利的刑期时应以被告人重新犯罪的被羁押时间作为中止时间。

一、被告人因重新犯罪被羁押后，前罪尚未执行完毕的剥夺政治权利的执行可以中止。

二、应当以被告人因后罪被羁押之日作为前罪剥夺政治权利的中止时间。

第56条 剥夺政治权利的适用对象

对于危害国家安全的犯罪分子应当附加剥夺政治权利；对于故意杀人、强奸、放火、爆炸、投放危险物质、抢劫等严重破坏社会秩序的犯罪分子，可以附加剥夺政治权利。

独立适用剥夺政治权利的，依照本法分则的规定。

关 联 规 范 ➡ 完全整理

❶ 最高人民法院《关于审理未成年人刑事案件具体应用法律若干问题的解释》（2006年1月23日 法释〔2006〕1号）（节录）①

第十四条 除刑法规定"应当"附加剥夺政治权利外，对未成年人犯罪一般不判处附加剥夺政治权利。

如果对未成年罪犯判处附加剥夺政治权利的，应当依法从轻判处。

对实施被指控犯罪时未成年、审判时已成年的罪犯判处附加剥夺政治权利，适用前款的规定。

❷ 最高人民法院、最高人民检察院《关于办理组织和利用邪教组织犯罪案件具体应用法律若干问题的解答》（2002年5月20日 法发〔2002〕7号）（节录）②

二十七、问：对犯组织、利用邪教组织破坏法律实施罪的，是否可以附加剥夺政治权利？

答：对上述犯罪分子，情节特别严重的，依照刑法第五十六条第一款的规定，可以附加剥夺政治权利。

❸ 最高人民法院《关于对故意伤害、盗窃等严重破坏社会秩序的犯罪分子能否附加剥夺政治权利问题的批复》（1998年1月13日 法释〔1997〕11号）③

根据刑法第五十六条规定，对于故意杀人、强奸、放火、爆炸、投毒、抢劫等严重破坏社会秩序的犯罪分子，可以附加剥夺政治权利。对故意伤害、盗窃等其他严重破坏社会秩序的犯罪，犯罪分子主观恶性较深、犯罪情节恶劣、罪行严重的，也可以依法附加剥夺政治权利。

---

① 对其解读见：《刑事审判参考》2006年第1辑总第48辑，第87~91页以及2006年第2辑总第49辑，第61~77页。

② 对其解读见：《刑事审判参考》2002年第3辑总第26辑，第138~145页。

③ 对其解读见：《解读最高人民法院司法解释·刑事、行政卷（1997~2002）》，第57~58页。

❹ 人大法工委、最高人民法院、最高人民检察院、公安部、司法部、民政部《关于正在服刑的罪犯和被羁押的人的选举权问题的联合通知》（1984年3月24日）（节录）

四、今后对于反革命罪犯和判处死刑、无期徒刑的其他罪犯，各级人民法院在审判时，应当依照刑法第五十二条、第五十三条的规定，一律同时判处附加剥夺政治权利；对于严重破坏社会秩序的罪犯，需要剥夺政治权利的，也应依照刑法第五十二条的规定，同时判处附加剥夺政治权利。五、对准予行使选举权利的被羁押的人和正在服刑的罪犯，经选举委员会和执行羁押、监禁的机关共同决定，可以在原户口所在地参加选举，也可以在劳改场所参加选举；可以在流动票箱投票，也可以委托有选举权的亲属或者其他选民代为投票。

❺ 最高人民法院关于原判未剥夺政治权利的罪犯在减刑时可否判处剥夺政治权利问题的批复（1964年9月11日）

辽宁省高级人民法院：你院（64）法刑一字第7号请示已收阅。关于原判未剥夺政治权利的罪犯可否在处理减刑的同时再判处剥夺政治权利的问题，经与公安部、最高人民检察院研究后，同意你院审判委员会讨论提出的意见。此复。

附：辽宁省高级人民法院关于原判未剥夺政治权利的罪犯可否在处理减刑同时再判处剥夺政治权利的请示

最高人民法院：我省各级人民法院过去判处相当大一批有期徒刑、无期徒刑、死刑缓期二年执行的罪犯，没有剥夺政治权利。最近有的中级法院在处理劳改部门报请无期徒刑减刑案件同时，准备再判处剥夺政治权利。我院对此问题查阅了有关文件，没有找到根据。后与有关部门研究并经院审判委员会讨论，提出如下意见：（一）对原判没有剥夺政治权利的罪犯，重新判处剥夺政治权利，从法律上讲，从加强对敌斗争意义上讲是可以的。但是，权衡利弊，在处理劳改犯减刑同时，重新剥夺政治权利，我们认为对减刑效果要受到影响，不利于分化瓦解敌人，促进犯人改造。（二）根据全国第十三次公安会议的精神，今后，对刑满释放和解除劳动教养的四类分子，能不能摘掉帽子，由劳改单位和劳动教养单位分别向公安机关提出意见。确实改造好的，可摘掉帽子；表现一般的可由公安机关考察一个时期，经群众讨论后，再宣布摘掉帽子；改造不好的就不要摘掉帽子。根据这个精神，我们认为，不论过去判处何种刑期，只要刑满释放后没有摘掉四类分子帽子，就要继续实行监督改造，也就自然不能行使政治权利。为此，对过去判决时未经宣布剥夺政治权利的，一般的不要再重新处理。（三）对原判没有剥夺政治权利的，如果现在有个别需要非剥夺不可的，我们的看法也应该由原判法院来处理为宜。目前我省控制在中级以上人民法院处理的劳改犯减刑案件，涉及全国不少法院判决的案件。为此，由减刑的法院判处剥夺政治权利，亦不够合适。

基于以上三点考虑，我们的意见，过去原判未剥夺政治权利的，就不要再一般地、普遍地重新判处剥夺政治权利。更不要在处理减刑同时来搞，以免波动面大，造成不良影响，而且实际意义也不大。如果有个别需要非剥夺不可的，也应在处理减刑后的适当时机进行。以上意见当否，请批示。

学理观点·典型案例 → 索引与要旨

《方金惠投毒案》，载《刑事审判参考》2001年第5辑总第16辑，第1~4页。
核心提示 ➡ 对犯罪外国人能否附加剥夺政治权利？
要旨 ➡ 外国人不享有政治权利，不存在剥夺问题，不能剥夺政治权利。

第57条 剥夺政治权利终身及变更

对于被判处死刑、无期徒刑的犯罪分子，应当剥夺政治权利终身。

在死刑缓期执行减为有期徒刑或者无期徒刑减为有期徒刑的时候，应当把附加剥夺政治权利的期限改为三年以上十年以下。

关联规范 → 完全整理

最高人民法院《关于在执行附加刑剥夺政治权利期间犯新罪应如何处理的批复》（2009年6月10日 法释〔2009〕10号）①

批复如下：一、对判处有期徒刑并处剥夺政治权利的罪犯，主刑已执行完毕，在执行附加刑剥夺政治权利期间又犯新罪，如果所犯新罪无须附加剥夺政治权利的，依照刑法第七十一条的规定数罪并罚。

二、前罪尚未执行完毕的附加剥夺政治权利的刑期从新罪的主刑有期徒刑执行之日起停止计算，并依照刑法第五十八条规定从新罪的主刑有期徒刑执行完毕之日或者假释之日起继续计算；附加剥夺政治权利的效力施用于新罪的主刑执行期间。

三、对判处有期徒刑的罪犯，主刑已执行完毕，在执行附加刑剥夺政治权利期间又犯新罪，如果所犯新罪也剥夺政治权利的，依照刑法第五十五条、第五十七条、第七十一条的规定并罚。

第58条 剥夺政治权利的刑期、处遇

附加剥夺政治权利的刑期，从徒刑、拘役执行完毕之日或者从假释之日起计算；剥夺政治权利的效力当然施用于主刑执行期间。

被剥夺政治权利的犯罪分子，在执行期间，应当遵守法律、行政法规和国务院公安部门有关监督管理的规定，服从监督；不得行使本法第五十四条规定的各项权利。

关联规范 → 完全整理

最高人民法院《关于在执行附加刑剥夺政治权利期间犯新罪应如何处理的批复》（2009年6月10日 法释〔2009〕10号）②

---

① 对其解读见：《刑事审判参考》2009年第4辑总第69辑，第108~119页以及《答记者问》，载《刑事法律文件解读》2009年第7辑总第49辑，第36~40页。

② 对其解读见：《刑事审判参考》2009年第4辑总第69辑，第108~119页以及《答记者问》，载《刑事法律文件解读》2009年第7辑总第49辑，第36~40页。

批复如下：一、对判处有期徒刑并处剥夺政治权利的罪犯，主刑已执行完毕，在执行附加刑剥夺政治权利期间又犯新罪，如果所犯新罪无须附加剥夺政治权利的，依照刑法第七十一条的规定数罪并罚。

二、前罪尚未执行完毕的附加刑剥夺政治权利的刑期从新罪的主刑有期徒刑执行之日起停止计算，并依照刑法第五十八条规定从新罪的主刑有期徒刑执行完毕之日或者假释之日起继续计算；附加刑剥夺政治权利的效力施用于新罪的主刑执行期间。

三、对判处有期徒刑的罪犯，主刑已执行完毕，在执行附加刑剥夺政治权利期间又犯新罪，如果所犯新罪也剥夺政治权利的，依照刑法第五十五条、第五十七条、第七十一条的规定并罚。

学理观点·典型案例 ➡ 索引与要旨

❶ 专家顾问组，《最新刑事法律文件解读》2006年第10辑总第22辑，第139～137页。

核心提示 ➡ 被剥夺政治权利的监外罪犯不遵守规定应当如何处理？

❷《刑罚适用及其相关问题》，载《公检法办案指南》总第61辑。

核心提示 ➡ 如何掌握刑期起止日期的表述及折抵计算？

第八节 没收财产

第59条 没收财产的范围及限制

没收财产是没收犯罪分子个人所有财产的一部或者全部。没收全部财产的，应当对犯罪分子个人及其扶养的家属保留必需的生活费用。

在判处没收财产的时候，不得没收属于犯罪分子家属所有或者应有的财产。

关联规范 ➡ 完全整理

❶《中华人民共和国刑法》（1980年1月1日）（节录）

第36条第2款：承担民事赔偿责任的犯罪分子，同时被处罚金，其财产不足以全部支付的，或者被判处没收财产的，应当先承担对被害人的民事赔偿责任。

❷ 最高人民法院《关于贯彻宽严相济刑事政策的若干意见》（2010年2月8日 法发〔2010〕9号）（节录）①

12.要注重综合运用多种刑罚手段，特别是要重视依法适用财产刑，有效惩治犯罪。对于法律规定有附加财产刑的，要依法适用。对于侵财型和贪利型犯罪，更要注重通过依法适用财产刑使犯罪分子受到经济上的惩罚，剥夺其重新犯罪的能力和条件。要切实加大

---

① 对其解读见：《刑事法律文件解读》2010年第3辑总第57辑，第49～65页。

财产刑的执行力度,确保刑罚的严厉性和惩罚功能得以实现。被告人非法占有、处置被害人财产不能退赔的,在决定刑罚时,应作为重要情节予以考虑,体现从严处罚的精神。

❸ 江苏省高级人民法院关于适用与执行财产刑若干问题的意见(2006年11月23日)

学理观点·典型案例 ➡ **索引与要旨**

❶《戴恩辉销售假冒注册商标的商品案》,载《刑事审判参考》2000年第3辑总第8辑,第8～12页以及《刑事审判案例》,第274～277页。

核心提示 ➡ 追缴违法所得、没收犯罪分子供犯罪所用的本人财物后,能否再对犯罪分子判处财产刑?

要旨 ➡ 公安机关依法追缴被告人的违法所得、没收供犯罪所用的本人财物,不属于行政处罚,也不影响人民法院对被告人依法判处财产刑。

❷《秦学荣抢劫、流氓、诈骗、侵占案》,载《刑事审判参考》2000年第1辑总第6辑,第25～29页以及《刑事审判案例》,第671～673页。

核心提示 ➡ 被告人审理期间死亡的,案件终止审理后,可否对被告人判处没收财产刑?

要旨 ➡ 法律预设的刑事责任主体归于消灭,刑罚因为缺少刑事责任主体及合法有效的判决而不能适用,没收财产也是刑罚的一种,当然也不能对其判处和执行没收财产刑。

第60条 没收财产与正当债务的冲突

没收财产以前犯罪分子所负的正当债务,需要以没收的财产偿还的,经债权人请求,应当偿还。

关 联 规 范 ➡ **完全整理**

❶ 最高人民法院《关于财产刑执行问题的若干规定》(2010年6月1日 法释〔2010〕4号)(节录)①

第六条 被判处罚金或者没收财产,同时又承担刑事附带民事诉讼赔偿责任的被执行人,应当先履行对被害人的民事赔偿责任。

判处财产刑之前被执行人所负正当债务,应当偿还的,经债权人请求,先行予以偿还。

❷ 最高人民法院《关于适用财产刑若干问题的规定》(2000年12月19日 法释〔2000〕45号)(节录)②

为正确理解和执行刑法有关财产刑的规定,现就适用财产刑的若干问题规定如下:

第一条 刑法规定"并处"没收财产或者罚金的犯罪,人民法院在对犯罪分子判处主刑的同时,必须依法判处相应的财产刑;刑法规定"可以并处"没收财产或者罚金的犯

---

① 对其解读见:《刑审判参考》2010年第2辑总第73辑,第73～80页。
② 对其解读见:《刑事审判参考》2001年第3辑总第14辑,第66～72页。

罪，人民法院应当根据案件具体情况及犯罪分子的财产状况，决定是否适用财产刑。

第三条　依法对犯罪分子所犯数罪分别判处罚金的，应当实行并罚，将所判处的罚金数额相加，执行总和数额。

一人犯数罪依法同时并处罚金和没收财产的，应当合并执行；但并处没收全部财产的，只执行没收财产刑。

第七条　刑法第六十条规定的"没收财产以前犯罪分子所负的正当债务"，是指犯罪分子在判决生效前所负他人的合法债务。

学理观点·典型案例 ➡ 索引与要旨

❶《（北京市）财产刑执行情况的调查报告》，载《经济犯罪审判指导》2003年第2辑总第2辑，第127～145页。

❷《（重庆市）财产刑执行情况的调查报告》，载《刑事审判指导》2004年第1辑总第1辑，第127～145页。

第四章　刑罚的具体运用

第一节　量　刑

第 61 条　量刑原则

对于犯罪分子决定刑罚的时候，应当根据犯罪的事实、犯罪的性质、情节和对于社会的危害程度，依照本法的有关规定判处。

关 联 规 范 ▶ 完全整理

❶ 最高人民法院《人民法院量刑指导意见（试行）》（2010 年 9 月 13 日　法发〔2010〕36 号）

一、量刑的指导原则

1. 量刑应当以事实为根据，以法律为准绳，根据犯罪的事实、犯罪的性质、情节和对于社会的危害程度，决定判处的刑罚。

2. 量刑既要考虑被告人所犯罪行的轻重，又要考虑被告人应负刑事责任的大小，做到罪责刑相适应，实现惩罚和预防犯罪的目的。

3. 量刑应当贯彻宽严相济的刑事政策，做到该宽则宽，当严则严，宽严相济，罚当其罪，确保裁判法律效果和社会效果的统一。

4. 量刑要客观、全面把握不同时期不同地区的经济社会发展和治安形势的变化，确保刑法任务的实现；对于同一地区同一时期，案情相近或相似的案件，所判处的刑罚应当基本均衡。

二、量刑的基本方法

1. 量刑步骤

（1）根据基本犯罪构成事实在相应的法定刑幅度内确定量刑起点；

（2）根据其他影响犯罪构成的犯罪数额、犯罪次数、犯罪后果等犯罪事实，在量刑起点的基础上增加刑罚量确定基准刑；

（3）根据量刑情节调节基准刑，并综合考虑全案情况，依法确定宣告刑。

2. 量刑情节调节基准刑的方法

（1）具有单个量刑情节的，根据量刑情节的调节比例直接对基准刑进行调节。

（2）具有多种量刑情节的，根据各个量刑情节的调节比例，采用同向相加、逆向相减的方法确定全部量刑情节的调节比例，再对基准刑进行调节。

（3）对于具有刑法总则规定的未成年人犯罪、限制行为能力的精神病人犯罪、又聋又哑的人或者盲人犯罪、防卫过当、避险过当、犯罪预备、犯罪未遂、犯罪中止、从犯、胁从犯和教唆犯等量刑情节的，先用该量刑情节对基准刑进行调节，在此基础上，再用其他量刑情节进行调节。

（4）被告人犯数罪，同时具有适用各个罪的立功、累犯等量刑情节的，先用各个量刑情节调节个罪的基准刑，确定个罪所应判处的刑罚，再依法实行数罪并罚，决定执行的刑罚。

（5）对于同一事实涉及不同量刑情节时，不重复评价。

3. 确定宣告刑的方法

（1）量刑情节对基准刑的调节结果在法定刑幅度内，且罪责刑相适应的，可以直接确定为宣告刑；如果具有应当减轻处罚情节的，依法在法定最低刑以下确定宣告刑。

（2）量刑情节对基准刑的调节结果在法定最低刑以下，具有减轻处罚情节，且罪责刑相适应的，可以直接确定为宣告刑；只有从轻处罚情节的，可以确定法定最低刑为宣告刑。

（3）量刑情节对基准刑的调节结果在法定最高刑以上的，可以法定最高刑为宣告刑。

（4）根据案件的具体情况，独任审判员或合议庭可以在10%的幅度内进行调整，调整后的结果仍然罪责刑不相适应的，提交审判委员会讨论决定宣告刑。

（5）综合全案犯罪事实和量刑情节，依法应当判处拘役、管制或者单处附加刑，或者无期徒刑以上刑罚的，应当依法适用。

（6）宣告刑为三年以下有期徒刑、拘役并符合缓刑适用条件的，可以依法宣告缓刑；犯罪情节轻微，不需要判处刑罚的，可以免予刑事处罚。

三、常见量刑情节的适用

量刑时要充分考虑各种法定和酌定量刑情节，根据案件的全部犯罪事实以及量刑情节的不同情形，依法确定量刑情节的适用及其调节比例。对严重暴力犯罪、黑社会性质组织犯罪、毒品犯罪，在确定从宽的幅度时，要从严掌握；对较轻的犯罪要充分体现从宽的政策。对以下常见量刑情节，可以在相应的幅度内确定具体调节比例。本意见尚未规定的其他量刑情节，在量刑时也要予以考虑，并确定适当的调节比例。

1. 对于未成年人犯罪，应当综合考虑未成年人对犯罪的认识能力、实施犯罪行为的动机和目的、犯罪时的年龄、是否初犯、悔罪表现、个人成长经历和一贯表现等情况，予以从宽处罚。

（1）已满十四周岁不满十六周岁的未成年人犯罪，可以减少基准刑的30%～60%；

（2）已满十六周岁不满十八周岁的未成年人犯罪，可以减少基准刑的10%～50%。

2. 对于未遂犯，综合考虑犯罪行为的实行程度、造成损害的大小、犯罪未得逞的原因等情况，可以比照既遂犯减少基准刑的50%以下。

3. 对于从犯，应当综合考虑其在共同犯罪中的地位、作用，以及是否实施犯罪实行行为等情况，予以从宽处罚，可以减少基准刑的20%～50%；犯罪较轻的，可以减少基准刑的50%以上或者依法免除处罚。

4. 对于自首情节,综合考虑投案的动机、时间、方式、罪行轻重、如实供述罪行的程度以及悔罪表现等情况,可以减少基准刑的40%以下;犯罪较轻的,可以减少基准刑的40%以上或者依法免除处罚。

5. 对于立功情节,综合考虑立功的大小、次数、内容、来源、效果以及罪行轻重等情况,确定从宽的幅度。

(1) 一般立功的,可以减少基准刑的20%以下;

(2) 重大立功的,可以减少基准刑的20%～50%;犯罪较轻的,可以减少基准刑的50%以上或者依法免除处罚。

6. 对于被采取强制措施的犯罪嫌疑人、被告人和已宣判的罪犯,如实供述司法机关尚未掌握的罪行,与司法机关已掌握的或者判决确定的罪行属同种罪行的,根据坦白罪行的轻重以及悔罪表现等情况,可以减少基准刑的20%以下。

7. 对于当庭自愿认罪的,根据犯罪的性质、罪行的轻重、认罪程度以及悔罪表现等情况,可以减少基准刑的10%以下,依法认定自首、坦白的除外。

8. 对于退赃、退赔的,综合考虑犯罪性质,退赃、退赔行为对损害结果所能弥补的程度,退赃、退赔的数额及主动程度等情况,可以减少基准刑的30%以下。

9. 对于积极赔偿被害人经济损失的,综合考虑犯罪性质、赔偿数额、赔偿能力等情况,可以减少基准刑的30%以下。

10. 对于取得被害人或其家属谅解的,综合考虑犯罪的性质、罪行轻重、谅解的原因以及认罪悔罪的程度等情况,可以减少基准刑的20%以下。

11. 对于累犯,应当综合考虑前后罪的性质、刑罚执行完毕或赦免以后至再犯罪时间的长短以及前后罪罪行轻重等情况,可以增加基准刑的10%～40%。

12. 对于有前科劣迹的,综合考虑前科劣迹的性质、时间间隔长短、次数、处罚轻重等情况,可以增加基准刑的10%以下。

13. 对于犯罪对象为未成年人、老人、残疾人、孕妇等弱势人员的,综合考虑犯罪的性质、犯罪的严重程度等情况,可以增加基准刑的20%以下。

14. 对于在重大自然灾害、预防、控制突发传染病疫情等灾害期间犯罪的,根据案件的具体情况,可以增加基准刑的20%以下。

四、常见犯罪的量刑(编者注:已分解到各分则条文)

(一)交通肇事罪(二)故意伤害罪(三)强奸罪(四)非法拘禁罪(五)抢劫罪(六)盗窃罪(七)诈骗罪(八)抢夺罪(九)职务侵占罪(十)敲诈勒索罪(十一)妨害公务罪(十二)聚众斗殴罪(十三)寻衅滋事罪(十四)掩饰、隐瞒犯罪所得、犯罪所得收益罪(十五)走私、贩卖、运输、制造毒品罪

五、附则

1. 本意见对常见法定和酌定量刑情节的调节幅度和常见犯罪的量刑作了原则性规定,各省、自治区、直辖市高级人民法院可以结合当地实际,对常见量刑情节及其他尚未规范的量刑情节,以及常见犯罪的量刑起点幅度、增加刑罚量的具体情形和各种量刑情节进行细化,并报最高人民法院备案。

2. 本意见适用于有期徒刑以下的案件。

3. 本意见所称以上、以下，均包括本数。

4. 本意见自 2010 年 10 月 1 日起试行。

❷ 最高人民法院《关于贯彻宽严相济刑事政策的若干意见》（2010 年 2 月 8 日　法发〔2010〕9 号）（节录）①

21. 对于老年人犯罪，要充分考虑其犯罪的动机、目的、情节、后果以及悔罪表现等，并结合其人身危险性和再犯可能性，酌情予以从宽处罚。

22. 对于因恋爱、婚姻、家庭、邻里纠纷等民间矛盾激化引发的犯罪，因劳动纠纷、管理失当等原因引发、犯罪动机不属恶劣的犯罪，因被害方过错或者基于义愤引发的或者具有防卫因素的突发性犯罪，应酌情从宽处罚。

23. 被告人案发后对被害人积极进行赔偿，并认罪、悔罪的，依法可以作为酌定量刑情节予以考虑。因婚姻家庭等民间纠纷激化引发的犯罪，被害人及其家属对被告人表示谅解的，应当作为酌定量刑情节予以考虑。犯罪情节轻微，取得被害人谅解的，可以依法从宽处理，不需判处刑罚的，可以免予刑事处罚。

四、准确把握和正确适用"宽严相济"的政策要求（节选，略）

❸ 最高人民法院《关于审理未成年人刑事案件具体应用法律若干问题的解释》（2006 年 1 月 23 日　法释〔2006〕1 号）（节录）②

第十一条　对未成年罪犯适用刑罚，应当充分考虑是否有利于未成年罪犯的教育和矫正。

对未成年罪犯量刑应当依照刑法第六十一条的规定，并充分考虑未成年人实施犯罪行为的动机和目的、犯罪时的年龄、是否初次犯罪、犯罪后的悔罪表现、个人成长经历的一贯表现等因素。对符合管制、缓刑、单处罚金或者免予刑事处罚适用条件的未成年罪犯，应当依法适用管制、缓刑、单处罚金或者免予刑事处罚。

第十二条　行为人在达到法定刑事责任年龄前后均实施了犯罪行为，只能依法追究其达到法定刑事责任年龄后实施的犯罪行为的刑事责任。

行为人在年满十八周岁前后实施了不同种犯罪行为，对其年满十八周岁以前实施的犯罪应当依法从轻或者减轻处罚。行为人在年满十八周岁前后实施了同种犯罪行为，在量刑时应当考虑对年满十八周岁以前实施的犯罪，适当给予从轻或者减轻处罚。

第十三条　未成年人犯罪只有罪行极其严重的，才可以适用无期徒刑。对已满十四周岁不满十六周岁的人犯罪一般不判处无期徒刑。

❹ 最高人民法院《全国法院维护农村稳定刑事审判工作座谈会纪要》（1999 年 10 月

---

① 对其解读见：《刑事法律文件解读》2010 年第 3 辑总第 57 辑，第 49～65 页。
② 对其解读见：《刑事审判参考》2006 年第 1 辑总第 48 辑，第 87～91 页以及 2006 年第 2 辑总第 49 辑，第 61～77 页。

27 日　法〔1999〕217 号）（节录）①

三、（一）关于正确处理干群关系矛盾引发的刑事案件问题

开庭审理此类案件，一般要深入发案地，认真查清事实，了解案件发生真实原因，分清双方责任，合情、合理、合法地予以处理。

对利用手中掌握的权力欺压百姓、胡作非为，严重损害群众和集体利益，构成犯罪的，要依法严惩；对只是因工作方法简单粗暴构成犯罪的，要做好工作，取得群众谅解后，酌情予以处理。

对抗拒基层组织正常管理，纯属打击报复农村干部的犯罪分子，一定要依法严惩；对事出有因而构成犯罪的农民被告人，则要体现从宽政策。群体事件中，处罚的应只是构成犯罪的极少数为首者和组织者；对于其他一般参与的群众，要以教育为主，不作犯罪处理。

要充分依靠当地党委和政府，充分征求有关部门对此类案件判决的意见。对当地政府强烈要求判处死刑的案件，要了解有关背景。对于依法应当判处死刑的，不能因为担心被告方人多势众会闹事而不判处死刑；相反，对不应当判处死刑的，也不能因为被害方闹事就判处死刑。要依靠党政部门努力做好法制宣传教育工作，在未做好群众思想工作的情况下，不要急于下判。

❺ 上海、北京、广东、湖北、江苏高级人民法院《〈人民法院量刑指导意见（试行）〉实施细则（试行）》（2010 年 10 月 1 日）（详见本书最后附件）

❻《福建省高级人民法院〈人民法院量刑指导意见（试行）〉实施细则（试行）》（2010 年 9 月 3 日　闽高法发〔2010〕21 号）（节录）

一、量刑的指导原则

二、量刑的基本方法

1. 量刑步骤

2. 量刑情节调节基准刑的方法

（1）具有单个量刑情节的，根据量刑情节的调节比例直接对基准刑进行调节。

（2）具有多种量刑情节的，根据各个量刑情节的调节比例，对于具有刑法总则规定的未成年人犯罪、限制行为能力的精神病人犯罪、又聋又哑的人或者盲人犯罪、防卫过当、避险过当、犯罪预备、犯罪未遂、犯罪中止、从犯、胁从犯和教唆犯等量刑情节的，采用连乘的方法确定调节比例后，对基准刑进行调节，在此基础上，对其他的量刑情节采用同向相加、逆向相减的方法确定调节比例后，再次进行调节。

（3）被告人犯数罪，同时具有适用各个罪的立功、累犯等量刑情节的，先用各个量刑情节调节个罪的基准刑，确定个罪所应判处的刑罚，再依法实行数罪并罚，决定执行的刑罚。

（4）对于同一事实涉及不同量刑情节时，不重复评价。

---

① 对其解读见：《刑事审判参考合订本·第一卷》，第 283～291 页以及《当前刑事审判实践中适用法律应当注意的问题》，载《刑事司法指南》2000 年第 3 辑总第 3 辑，第 51～71 页。

3. 确定宣告刑的方法

（4）一人犯数罪，总和刑期不满十年的，决定执行的刑期减少幅度一般不超过总和刑期的15%；总和刑期满十年不满二十年的，决定执行的刑期减少幅度一般不超过总和刑期的20%；总和刑期满二十年不满二十五年的，决定执行的刑期减少幅度一般不超过总和刑期的25%；总和刑期超过二十五年的，可以决定执行二十年。

（7）宣告刑为三年以下有期徒刑、拘役并符合省法院、省检察院、省公安厅、省司法厅联合下发的《关于适用缓刑若干问题的意见（试行）》规定的适用条件的，可以依法宣告缓刑；犯罪情节轻微，不需要判处刑罚的，可以免予刑事处罚。（前述其他内容同最高法意见，略）

三、常见量刑情节适用

量刑时要充分考虑各种法定和酌定量刑情节，根据案件的全部犯罪事实以及量刑情节的不同情形，依法确定量刑情节的适用及其调节比例。对严重暴力犯罪、黑社会性质组织犯罪、毒品犯罪，在确定从宽的幅度时，要从严掌握；对较轻的犯罪要充分体现从宽的政策。对以下常见量刑情节，可以在相应的幅度内确定适当的调节比例。

1. 对于未成年人犯罪，应当综合考虑未成年人对犯罪的认识能力、实施犯罪行为的动机和目的、犯罪时的年龄、是否初犯、悔罪表现、个人成长经历和一贯表现等情况，予以从宽处罚。

（1）已满十四周岁不满十六周岁的未成年人犯罪，可以减少基准刑的30%～60%。

（2）已满十六周岁不满十八周岁的未成年人犯故意杀人、故意伤害致人重伤或者死亡、强奸、抢劫、贩卖毒品、放火、投放危险物质罪的，可以减少基准刑的10%～40%；犯上述八种以外其他之罪的，可以减少基准刑的20%～50%。

（3）对于符合《最高人民法院关于审理未成年人刑事案件具体应用法律若干问题的解释》第十六条规定情形的，依该规定宣告缓刑。

（4）对于符合《最高人民法院关于审理未成年人刑事案件具体应用法律若干问题的解释》第十七条规定情形的，应当依照刑法第三十七条的规定免予刑事处罚。

2. 对于限制行为能力的精神病人犯罪，综合考虑其实施犯罪行为时精神疾病的严重程度、犯罪性质以及悔罪表现等情况，确定从宽的幅度。

（1）限制行为能力的精神病人犯，病情为重度的，可以减少基准刑的40%以下；

（2）限制行为能力的精神病人犯，病情为中度的，可以减少基准刑的30%以下；

（3）限制行为能力的精神病人犯，病情为轻度的，可以减少基准刑的20%以下。未区分重度、中度、轻度的，依照第（2）项的规定确定从宽的幅度。

3. 对于又聋又哑的人或者盲人犯罪，综合考虑其实施犯罪行为的动机和目的、犯罪性质、聋哑或视力障碍影响其辨认能力的程度以及悔罪表现等情况，可以减少基准刑的40%以下；犯罪较轻的，可以减少基准刑40%以上或者依法免除处罚。聋或哑，视力或听力存在严重障碍的人犯罪，可以减少基准刑的20%以下。

4. 对于六十五周岁以上的老年人犯罪，综合考虑其实施犯罪行为的动机和目的、情节、后果、犯罪时的年龄以及悔罪表现等，确定从宽的幅度。

（1）已满六十五周岁不满七十五周岁的老年人犯，可以减少基准刑的20%以下；

（2）七十五周岁以上的老年人犯，可以减少基准刑的50%以下。

5. 对于正当防卫明显超过必要限度造成重大损害的，应当综合考虑不法侵害的性质、造成损害的程度等情况，可以减少基准刑的50%以上；犯罪较轻的，应当依法免除处罚。

6. 对于紧急避险超过必要限度造成不应有的损害的，应当综合考虑危险来源、避险方式、造成损害的程度等情况，可以减少基准刑的50%以上；犯罪较轻的，应当依法免除处罚。

7. 对于预备犯，综合考虑预备犯罪的性质、手段、准备程度等情况，可以比照既遂犯减少基准刑的50%以上；犯罪较轻的，可以依法免除处罚。

8. 对于未遂犯，综合考虑犯罪行为的实行程度、造成损害的大小、犯罪未得逞的原因等情况，可以比照既遂犯减少基准刑。

（1）实行终了的未遂犯，造成损害后果的，可以比照既遂犯减少基准刑的20%以下；未造成损害后果的，可以比照既遂犯减少基准刑的10%~30%；

（2）未实行终了的未遂犯，造成损害后果的，可以比照既遂犯减少基准刑的20%~40%；未造成损害后果的，可以比照既遂犯减少基准刑的30%~50%。

9. 对于中止犯，应当综合考虑中止犯罪的阶段、是否自动放弃犯罪、是否有效防止犯罪结果发生、自动放弃犯罪的原因以及造成损害后果大小等情况，确定从宽的幅度。

（1）没有造成损害后果的，应当依法免除处罚；

（2）造成较轻损害后果的，可以减少基准刑的60%~80%；

（3）造成较重损害后果的，可以减少基准刑的40%~60%。

10. 对于共同犯罪，综合考虑各共同犯罪人在共同犯罪中的地位、作用，以及是否实施犯罪实行行为等情况，确定从宽的幅度。

（1）从犯，应当减少基准刑的20%~50%；犯罪较轻的，应当减少基准刑的50%以上或者依法免除处罚；

（2）未区分主从犯，但对于作用相对较小的共犯，可以减少基准刑的30%以下；

（3）对于共同犯罪中作用相对较小的主犯，可以减少基准刑的20%以下。

（4）对于胁从犯，综合考虑犯罪的性质、被胁迫的程度、在共同犯罪中的地位、作用等情况，确定从宽的幅度，应当减少基准刑的40%~60%；犯罪较轻的，应当减少基准刑的60%以上或者依法免除处罚。

11. 对于教唆犯，应当综合考虑在共同犯罪中的作用、是否教唆未成年人犯罪以及被教唆者是否被教唆之罪等情况，予以处罚。

（1）教唆未成年人犯罪的，应当增加基准刑的10%~30%；

（2）教唆限制行为能力人犯罪的，可以增加基准刑的30%以下；

（3）被教唆的人没有犯被教唆之罪的，可以减少基准刑的50%以下。

12. 对于自首情节，综合考虑投案的动机、时间、方式、罪行轻重、如实供述罪行的程度以及悔罪表现等情况，确定从宽幅度。

（1）犯罪事实或者犯罪嫌疑人未被司法机关发觉，主动、直接投案构成自首的，可以减少基准刑的20%～40%；

（2）犯罪事实或者犯罪嫌疑人已被司法机关发觉，但尚未受到调查谈话、讯问，或者未被采取强制措施，主动、直接投案构成自首的，可以减少基准刑的10%～30%；

（3）并非出于被告人主动，而是经亲友规劝、陪同投案，或者亲友送去投案等情形构成自首的，可以减少基准刑的30%以下；

（4）罪行尚未被司法机关发觉，仅因形迹可疑被有关组织或司法机关盘问、教育后，主动交代自己的罪行构成自首的，可以减少基准刑的30%以下；

（5）犯罪嫌疑人、被告人如实供述司法机关尚未掌握的罪行，与司法机关已掌握的或判决确定的罪行不同，以自首论的，可以减少基准刑的20%以下；

（6）犯罪嫌疑人自动投案并如实供述自己的罪行后又翻供，但在一审判决前又能如实供述的，可以减少基准刑的20%以下；犯罪较轻的，可以减少基准刑的40%以上或者依法免除处罚。

13. 对于立功情节，综合考虑立功的大小、次数、内容、来源、效果以及罪行轻重等情况，确定从宽的幅度。

（1）一般立功的，可以减少基准刑的20%以下；

（2）重大立功的，可以减少基准刑的20%～50%；犯罪较轻的，可以减少基准刑的50%以上或者依法免除处罚。

14. 对于被采取强制措施的犯罪嫌疑人、被告人和已宣判的罪犯，如实供述司法机关尚未掌握的罪行，与司法机关已掌握的或者判决确定的罪行属同种罪行的，可以根据坦白罪行的轻重以及悔罪表现等情况，确定从宽的幅度。

（1）坦白司法机关尚未掌握的同种较重罪行的，可以减少基准刑的20%以下；

（2）坦白司法机关尚未掌握的同种较轻罪行的，可以减少基准刑的10%以下。

15. 对于当庭自愿认罪的，根据犯罪的性质、罪行的轻重、认罪程度以及悔罪表现等情况，可以减少基准刑的10%以下，依法认定自首、坦白的除外。

16. 对于退赃、退赔的，综合考虑犯罪性质，退赃、退赔行为对损害结果所能弥补的程度、退赃、退赔的数额及主动程度等情况，确定从宽的幅度。

（1）全部退赃、退赔的，可以减少基准刑的30%以下；

（2）部分退赃、退赔的，可以减少基准刑的20%以下；

（3）全部或者大部分赃款、赃物被当场查获的，可以减少基准刑的10%以下；

（4）主动提供线索追回全部或者大部分赃物的，可以减少基准刑的10%以下。

17. 对于积极赔偿被害人经济损失的，综合考虑犯罪性质、赔偿数额、赔偿能力等情况，确定从宽的幅度。

（1）积极赔偿被害人全部经济损失的，可以减少基准刑的30%以下；

（2）积极赔偿被害人部分经济损失的，可以减少基准刑的20%以下。

18. 对于取得被害人或其亲属谅解的，综合考虑犯罪的性质、罪行轻重、谅解的原因以及认罪悔罪的程度等情况，可以减少基准刑的20%以下。

19. 对于被害人有过错或对矛盾激化负有责任的,综合考虑犯罪的性质、案发原因、被害人过错的程度或者责任的大小等情况,确定从宽的幅度。

(1) 被害人有明显过错或者对矛盾激化负有直接责任的,可以减少基准刑的30%以下;

(2) 被害人有一般过错或者对矛盾激化负有一定责任的,可以减少基准刑的20%以下。

20. 对于累犯,应当综合考虑前后罪的性质、刑罚执行完毕或赦免以后至再犯罪时间的长短以及前后罪罪行轻重等情况,确定从重处罚的幅度。

(1) 刑罚执行完毕或者赦免以后不满一年又重新犯罪的,可以增加基准刑的20%~40%;

(2) 刑罚执行完毕或者赦免以后已满一年不满三年又重新犯罪的,可以增加基准刑的10%~30%;

(3) 刑罚执行完毕或者赦免以后已满三年不满五年又重新犯罪的,可以增加基准刑的10%~20%。

21. 对于有前科劣迹的,综合考虑前科劣迹的性质、时间间隔长短、次数、处罚轻重等情况,可以增加基准刑的10%以下。

22. 对于犯罪对象为未成年人、老年人、残疾人、孕妇等弱势人员的,综合考虑犯罪的性质、犯罪的严重程度等情况,可以增加基准刑的20%以下。

23. 对于在重大自然灾害、预防、控制突发传染病疫情等灾害期间犯罪的,根据案件的具体情况,可以增加基准刑的20%以下。

24. 对于犯罪对象为救灾、抢险、防汛、优抚、扶贫、移民、救济、医疗款物等,根据案件的具体情况,可以增加基准刑的20%以下。

25. 为吸毒、赌博等违法犯罪活动而实施犯罪的,根据案件的具体情况,可以增加基准刑的20%以下。

四、常见罪名的量刑

五、附则

1. 本细则适用于判处有期徒刑以下的案件。

2. 本细则所称以上、以下,均包括本数。

3. 各中院、基层法院对本细则尚未规定的其他情节,需要在量刑时予以考虑的,经所在法院审判委员会讨论,确定适当的调节比例适用后,报省法院备案。

❼ 浙江省高级人民法院《浙江省〈人民法院量刑指导意见(试行)〉实施细则》(2010年9月29日 浙高法〔2010〕280号)(节录)

一、二、三、(与最高法意见同,略)

9. 对于积极赔偿被害人经济损失的,综合考虑犯罪性质、赔偿数额、赔偿能力等情况,可以减少基准刑的30%以下。

对于有能力赔偿而拒不赔偿的,根据案件的具体情况,可以增加基准刑的20%以下。

11. 对于累犯,综合考虑前后罪的性质、刑罚执行完毕或者赦免以后至再犯罪时间的长短以及前后罪罪行轻重等情况，可以增加基准刑的 10%～50%。

四、常见犯罪的量刑（编者注：已分解到各分则条文）

8 厦门市中级人民法院《未成年人刑事案件审判工作细则》（2008 年 1 月 4 日　厦中法发〔2008〕1 号）（节录）

第六章　刑罚适用

第三十二条　对未成年人轻微犯罪案件，可通过未成年被告人及其法定代理人与被害人沟通并达成书面赔偿协议，取得被害人谅解，在量刑时合理考量被害人对未成年被告人惩罚的意见和建议，对未成年被告人从宽或免予刑事处罚，扩大非监禁刑的适用。

第三十七条　根据具体案情，对未成年人犯罪只有少数罪行极其严重的，才可以适用无期徒刑。

对已满十四周岁不满十六周岁的人犯罪原则上不判处无期徒刑，但情节特别恶劣、罪行极其严重的除外。

第四十条　量刑时，应以未成年被告人犯罪行为的社会危害性为裁量基础，以人身危险性为调节刑罚轻重的依据，以成年人犯相同罪行时的刑罚为标准，在犯罪性质和其他犯罪情节相同或大体相同时，应比照成年人犯罪从轻或者减轻处罚。对已满十四周岁不满十六周岁的未成年被告人和已满十六周岁不满十八周岁的未成年被告人，在具体量刑时应有所区别。对已满十四周岁不满十六周岁的未成年被告人适用刑罚，比照成年人犯罪裁量其刑罚的一半。对已满十六周岁不满十八周岁的未成年被告人适用刑罚，比照成年人犯罪裁量其刑罚的三分之二。

第四十一条　未成年被告人既具有法定或酌定从轻处罚情节，又具有法定或者酌定从重处罚情节，多种量刑情节并存，出现量刑情节反向竞合时不能简单折抵，应逐一分析各量刑情节所影响的刑罚量，分别作出评价后优先考虑法定从轻减轻情节、灵活掌握酌定情节，作出对未成年被告人有利的判决。

第四十二条　对未成年被告人决定刑罚时，能免予刑事处分的，不给予刑事处罚，能判处缓刑的，不判处实刑，能判处管制、拘役的，不判处有期徒刑，能判非监禁刑的，不判处监禁刑，在法律规定限度内给予未成年被告人适当的宽宥，并慎用附加刑。

对外地籍未成年被告人量刑时，应与本地籍未成年被告人同等对待，符合适用缓刑条件的应宣告缓刑。

第四十三条　未成年被告人属在校生，符合适用缓刑条件的一般应当宣告缓刑。对于符合判处非监禁刑条件的在校未成年被告人，应当坚持有利于在校未成年被告人接受教育及矫正原则，尽可能与学校协调为未成年被告人解决返校就读及帮教问题。

第四十四条　未成年人犯罪类型、犯罪事实、情节与最高法院和院审判委员会讨论公布的案例基本相同的，量刑时可以作为参考。

学理观点・典型案例　➡　**索引与要旨**

1 《林明龙强奸案》，载《刑事审判参考》2010 年第 4 辑总第 75 辑，第 37～42 页。

核心提示 ➡ 在死刑案件中，被告人家属积极赔偿，取得被害方谅解，能否作为应当型从轻处罚情节？

② 《关于量刑程序改革的几个问题》，载《刑事法律文件解读》2010 年第 12 辑总第 66 辑，第 73 ~ 78 页。

③ 《深入践行实体主义的量刑规范化改革》，载《刑事法律文件解读》2010 年第 12 辑总第 66 辑，第 73 ~ 78 页。

④ 《量刑规范化改革专辑》，载《刑事法律文件解读》2010 年第 11 辑总第 65 辑，第 1 ~ 119 页。

⑤ 《刘宝利故意杀人案》，载《刑事审判参考》2009 年第 3 辑总第 68 辑，第 13 ~ 18 页。

核心提示 ➡ 如何认定被害人过错？

⑥ 《改革量刑方法 统一量刑步骤》，载《刑事法律文件解读》2009 年第 6 辑总第 48 辑，第 9 ~ 15 页。

⑦ 《谈量刑均衡的判断及其实现路径》，载《刑事法律文件解读》2009 年第 6 辑总第 48 辑，第 16 ~ 27 页。

⑧ 《司法对量刑偏差的规制》，载《刑事法律文件解读》2009 年第 6 辑总第 48 辑，第 28 ~ 37 页。

⑨ 《孙钢龙等人抢劫、故意伤害案》，载《刑事法律文件解读》2009 年第 6 辑总第 48 辑，第 38 ~ 43 页。

核心提示 ➡ 如何规范量刑的方法和步骤？

⑩ 《张惠强、程来根故意伤害案》，载《刑事法律文件解读》2009 年第 6 辑总第 48 辑，第 44 ~ 46 页。

核心提示 ➡ 故意伤害致多人受伤且系累犯应如何量刑？

⑪ 《田连林抢劫案》，载《刑事法律文件解读》2009 年第 6 辑总第 48 辑，第 47 ~ 51 页。

核心提示 ➡ 在共同犯罪中作用较小且系自首应如何量刑？

⑫ 《钱忠明、夏丽娟盗窃案》，载《刑事法律文件解读》2009 年第 6 辑总第 48 辑，第 52 ~ 55 页。

核心提示 ➡ 主动退赃且自愿认罪应如何量刑？

⑬ 《刑事被害人过错与量刑》，载《刑事法律文件解读》2009 年第 1、2 辑总第 43、44 辑，第 215 ~ 221 页。

⑭ 《数学量刑法的原则、步骤和方法》，载《刑事法律文件解读》2008 年第 9 辑总第 39 辑，第 91 ~ 98 页。

⑮ 《周文友故意杀人案》，载《刑事审判参考》2005 年第 5 辑总第 46 辑，第 30 ~ 40 页。

核心提示 ➡ 对于被害人有过错的，如何进行量刑和划分赔偿责任？

要旨 ➡ 虽然刑法没有明文规定"被害人过错"可作为量刑情节，但1999年最高人民法院的《全国法院维护农村稳定刑事审判工作座谈会纪要》提出，在故意杀人、故意伤害案件中，"对于被害人有明显过错或矛盾激化有直接责任，或者被告人有法定从轻处罚情节的，一般不应判处死刑立即执行"。表明了将"被害人过错"与法定从轻处罚情节一同视为量刑情节对待，并在司法实践中作为酌定量刑情节做广泛运用。

⑯《潘楠博帮助犯罪分子逃避处罚、受贿案》，载《刑事审判参考》2005年第4辑总第45辑，第29~36页。

核心提示 ➡ 对刑法各条中的"犯罪分子"应如何理解？

要旨 ➡ 我国刑法条文中有许多关于"犯罪分子"的规定，其指称包括犯罪嫌疑人、刑事被告人或罪犯。如刑法第23条的"犯罪分子"指犯罪嫌疑人；刑法第61条的"犯罪分子"指刑事被告人；刑法第71条的"犯罪分子"指罪犯。由此可见，"犯罪分子"是一个泛指的概念，其含义需要结合具体的条文加以分析。

⑰《官其明故意杀人案》，载《刑事审判参考》2005年第3辑总第44辑，第33~41页。

核心提示 ➡ 如何判定行为人的犯罪故意？

要旨 ➡ 被害人基于恋爱自由而提出分手能否成立过错，兼谈如何认定刑事被害人的过错。

刑事案件中被害人的过错，即为被害人作出的，与被告人所实施的犯罪行为的发生有着直接或间接关系应受非难的行为。它具有以下特征：1. 被害人过错首先是被害人的一种主观心理状态，包括故意和过失。2. 被害人过错表现为被害人主观意志支配下的客观外在行为。3. 被害人过错是法律和道德对被害人行为的否定评价。4. 被害人的过错与被告人实施相应的犯罪行为具有密切的联系。

⑱《邓冬蓉非法出售虚开增值税专用发票案》，载《刑事审判参考》2005年第2辑总第43辑，第21~27页。

要旨 ➡ 对于非法出售增值税专用发票的份数和票面额分别达到不同的量刑档次的应适用处罚较重的规定。

⑲《关于刑罚适用及其价值取向》，载《经济犯罪审判指导》2003年第2辑总第2辑，第105~117页。

⑳《在全国法院审理经济犯罪案件工作座谈会上的讲话》，刘家琛，最高人民法院刑二庭《经济犯罪审判指导》，2003年第1辑总第1辑，第113~131页。

要旨 ➡ 贯彻罪刑相适应原则，做到准确量刑。对于经济犯罪分子适用死刑的标准要严格掌握。不能将犯罪数额作为判处死刑的唯一标准。

㉑《罪刑相适应原则的司法实现》，载《刑事审判要览》2003年第6辑总第6辑，第1~23页。

要旨 ➡ 1. 司法实践中刑罚适用存在的主要问题；2. 阻碍罪刑相适应原则司法化的成因分析；3. 构建罪刑相适应原则司法化标准体系；4. 建立量刑平衡机制和良好的司法运行

环境。

㉒《关于量刑规范化问题的调研报告》，载《刑事审判要览》2003 年第 6 辑总第 6 辑，第 165～180 页。

㉓《对构建标准化量刑系统工程的探讨》，载《刑事审判要览》2003 年第 5 辑总第 5 辑，第 129～142 页。

㉔《金义祥抢劫案》，载《刑事审判参考》2001 年第 8 辑总第 19 辑，第 25～32 页。

核心提示 ➡ 抢劫致人重伤应如何量刑？

㉕《闫留普、黄芬故意杀人案》，载《刑事审判参考》2000 年第 3 辑以及《刑事审判案例》，第 84～86 页。

核心提示 ➡ 被告人同时具备多种法定从轻、减轻、免除处罚情节和其他酌定情节的如何量刑？

㉖《刘加奎故意杀人案》，载《刑事审判参考》2000 年第 1 辑，第 20～24 页以及《刑事审判案例》，第 100～103 页。

核心提示 ➡ 因民间矛盾激化引发且被害人有一定过错的案件如何适用死刑？

㉗《张杰故意杀人案》，载《刑事审判参考》2000 年第 1 辑以及《刑事审判案例》第 125～127 页。

核心提示 ➡ 被告人投案后未如实供述罪行但有抢救被害人情节的应如何处理？

㉘《胡斌、张筠筠等故意杀人、运输毒品（未遂）案》，载《刑事审判参考合订本·第一卷》，第 156～160 页。

要旨 ➡ 因对象不能犯形成的犯罪未遂，在决定对其是否从轻处罚时，应当区分不同情况处理。

㉙《宋有福、许朝相故意杀人案》，载《刑事审判参考合订本·第一卷》，第 95～99 页。

核心提示 ➡ 农村邻里纠纷引发的故意不明确的侵犯人身权利案件应如何定性？

㉚《余永恒受贿案》，载《刑事审判参考合订本·第一卷》，第 181～185 页。

核心提示 ➡ 被采取强制措施后交代司法机关尚未掌握的同种犯罪应如何掌握具体处刑？

㉛《金铁万、李光石贩卖毒品案》，载《刑事审判参考合订本·第一卷》，第 142～145 页。

核心提示 ➡ 对于有立功表现的毒品犯罪分子应如何适用刑罚？

要旨 ➡ 1. 走私目的不影响走私毒品罪的成立；2. 数量以查获认定；3. 吸毒者实施毒品犯罪，有可能部分用于个人吸食的，在量刑时一般应当予以考虑。

㉜《于光平爆炸案》，载《刑事审判参考合订本·第一卷》，第 1～4 页。

核心提示 ➡ 危害后果严重但受害人有明显过错的案件如何适用刑罚？

㉝《王勇故意杀人案》，载《刑事审判参考》1999 年第 3 辑以及《刑事审判参考合

订本·第一卷》，第 90~94 页。

核心提示 ➡ 被害人有严重过错的杀人案件应如何处理？

第 62 条 从重、从轻情节的适用

犯罪分子具有本法规定的从重处罚、从轻处罚情节的，应当在法定刑的限度以内判处刑罚。

关 联 规 范 ➡ 完全整理

❶ 最高人民法院《人民法院量刑指导意见（试行）》（2010 年 9 月 13 日　法发〔2010〕36 号）（节录）

三、常见量刑情节的适用

13. 对于犯罪对象为未成年人、老人、残疾人、孕妇等弱势人员的，综合考虑犯罪的性质、犯罪的严重程度等情况，可以增加基准刑的 20% 以下。

14. 对于在重大自然灾害、预防、控制突发传染病疫情等灾害期间犯罪的，根据案件的具体情况，可以增加基准刑的 20% 以下。

❷ 最高人民法院《关于贯彻宽严相济刑事政策的若干意见》（2010 年 2 月 8 日　法发〔2010〕9 号）（节录）①

27. 在对较轻刑事犯罪依法从轻处罚的同时，要注意严以济宽，充分考虑被告人是否具有屡教不改、严重滋扰社会、群众反映强烈等酌定从严处罚的情况，对于不从严不足以有效惩戒者，也应当在量刑上有所体现，做到济之以严，使犯罪分子受到应有处罚，切实增强改造效果。

28. 对于被告人同时具有法定、酌定从严和法定、酌定从宽处罚情节的案件，要在全面考察犯罪的事实、性质、情节和对社会危害程度的基础上，结合被告人的主观恶性、人身危险性、社会治安状况等因素，综合作出分析判断，总体从严，或者总体从宽。

33. 在共同犯罪案件中，对于主犯或首要分子检举、揭发同案地位、作用较次犯罪分子构成立功的，从轻或者减轻处罚应当从严掌握，如果从轻处罚可能导致全案量刑失衡的，一般不予从轻处罚；如果检举、揭发的是其他犯罪案件中罪行同样严重的犯罪分子，或者协助抓获的是同案中的其他主犯、首要分子的，原则上应予依法从轻或者减轻处罚。对于从犯或犯罪集团中的一般成员立功，特别是协助抓获主犯、首要分子的，应当充分体现政策，依法从轻、减轻或者免除处罚。

❸ 上海、北京、广东、湖北、江苏高级人民法院《〈人民法院量刑指导意见（试行）〉实施细则（试行）》（2010 年 10 月 1 日）（详见本书最后附件）

---

① 对其解读见：《刑事法律文件解读》2010 年第 3 辑总第 57 辑，第 49~65 页。

第一编　总则　第四章　刑罚的具体运用

学理观点·典型案例 ➡ **索引与要旨**

《林明龙强奸案》，载《刑事审判参考》2010 年第 4 辑总第 75 辑，第 37～42 页。

核心提示 ➡ 在死刑案件中，被告人家属积极赔偿，取得被害方谅解，能否作为应当型从轻处罚情节？

第 63 条 修正案（八）第 5 条　减轻情节的适用

犯罪分子具有本法规定的减轻处罚情节的，应当在法定刑以下判处刑罚。

犯罪分子虽然不具有本法规定的减轻处罚情节，但是根据案件的特殊情况，经最高人民法院核准，也可以在法定刑以下判处刑罚。

中华人民共和国刑法修正案（八）（第十一届全国人民代表大会常务委员会第十九次会议 2011 年 2 月 25 日通过，中华人民共和国主席令第四十一号公布，自 2011 年 5 月 1 日起施行。）

五、将刑法第六十三条第一款修改为："犯罪分子具有本法规定的减轻处罚情节的，应当在法定刑以下判处刑罚；本法规定有数个量刑幅度的，应当在法定量刑幅度的下一个量刑幅度内判处刑罚。"

关　联　规　范 ➡ **完全整理**

❶ 最高人民法院《关于适用刑法时间效力规定若干问题的解释》（1997 年 9 月 25 日法释〔1997〕5 号）（节录）①

第二条　犯罪分子 1997 年 9 月 30 日以前犯罪，不具有法定减轻处罚情节，但是根据案件的具体情况需要在法定刑以下判处刑罚的，适用修订前的刑法第五十九条第二款的规定。

❷ 上海市高级人民法院《刑法总则适用问题解答（试行）》（节录）

八、如何适用在法定刑以下减轻处罚？

根据刑法和有关司法解释的规定，在适用减轻处罚情节时，应当注意以下问题：

1. 减轻处罚应当与从轻处罚相区别。在同一法定刑幅度内无论是适用较轻的还是较短的刑期，都应理解为"从轻处罚"。"减轻处罚"应当是指低于法定刑幅度中的最低刑判处刑罚，不包括最低刑的本数在内。

2. 如果同一条文中有几个法定刑幅度时，减轻处罚一般应理解为在下一个法定刑幅度内判处刑罚。但是，如果适用下一个法定刑幅度的最低刑仍显刑罚过重的，经审理案件的人民法院审判委员会讨论决定，可以继续选择再下一个法定刑幅度处罚。如果法条明确规定的下一个或再下一个法定刑幅度的最低刑是六个月有期徒刑的，可以判处法条没有规定的拘役或者管制，但不能免除处罚。

3. 当主刑减轻适用下一个法定刑幅度的刑罚时，附加刑（主要指财产刑）原则上应当

---

① 对其解读见：《解读最高人民法院司法解释·刑事、行政卷（1997～2002）》，第 3～7 页。

一并减轻适用下一个法定刑幅度中明确规定的附加刑，但适用原法定刑幅度中的附加刑实际上对被告人有利的除外。如果下一个法定刑幅度中没有规定附加刑的，不能仍然适用原法定刑幅度规定的附加刑。如果主刑减轻适用法条没有规定的拘役或管制刑的，应当依据本罪的最低法定刑幅度中有无附加刑的规定，决定是否判处附加刑。

4. 犯罪单位具有减轻处罚情节，而法条在多个法定刑幅度中设定的罚金刑完全相同，此时，可以根据案情需要，对犯罪单位判处低于法定最低罚金额的刑罚（如刑法第225条规定的非法经营罪，对具有减轻处罚情节的犯罪单位，可以判处低于违法所得一倍的罚金）。

九、怎样对刑法中"以上"、"以下"的含义予以补正解释？

刑法第99条明文规定，"本法所称以上、以下、以内，包括本数"。在下列两种情况下，应当注意对此立法解释作出补正解释：一是刑法第63条第1款关于减轻处罚的规定，此处"应当在法定刑以下判处刑罚"，不应包括本数，是指低于法定刑幅度中的最低刑处罚。否则，减轻处罚与从轻处罚就会交叉重合，从而有违立法精神。二是刑法第69条关于数罪并罚的规定，即对于有期自由刑的并罚，应采用限制加重原则，"应当在总和刑期以下，数刑中最高刑期以上，酌情决定执行的刑期"。其中的"以上"、"以下"也不应包括本数。举例而言，某犯因三罪分别被判处3年、5年、8年有期徒刑，如果这里的总和刑期"以下"包括本数，则对于该犯可以决定执行有期徒刑16年。这一处刑结果等于适用并科原则；如果这里的数刑中最高刑期"以上"包括本数，则该犯可能仅被判处8年有期徒刑，从而与采用吸收原则无异。根据我国刑法规定，吸收原则只适用于死刑、无期徒刑与有期自由刑的并罚；并科原则主要适用于主刑与附加刑以及不同种附加刑的并罚。如果对于举例中的多个有期徒刑采用并科原则，就没有体现法定的"限制"精神；而采用吸收原则，又无法体现"加重"的立法原意。故在适用限制加重原则予以并罚时，"以上"、"以下"也不应包括本数。

学理观点·典型案例 ➡ 索引与要旨

❶《闫子洲故意伤害案》，载《刑事审判参考》2010年第1辑总第72辑，第27～31页。

核心提示 ➡ 将正在实施盗窃的犯罪分子追打致死的行为如何量刑？

❷《如何理解与适用刑法第六十三条第二款》，载《刑事法律文件解读》2009年第1、2辑总第43、44辑，第244～246页。

❸《达瓦加甫非法出售珍贵、濒危野生动物制品案》，载《刑事审判参考》2008年第6辑总第65辑，第51～56页。

核心提示 ➡ 出售野生动物保护法实施前已持有的雪豹皮如何定罪处罚？

❹《赵廷贵贩卖毒品案》，载《刑事审判参考》2008年第4辑总第63辑，第42～46页。

要旨 ➡ 毒品犯罪一般不适用刑法第63条。

5 《俞志刚绑架案》，载《刑事审判参考》2008 年第 4 辑总第 63 辑，第 10 ~ 16 页。

核心提示 ➡ 绑架他人后自动放弃继续犯罪的如何处理？

要旨 ➡ 一、犯罪分子绑架人质的行为一经完成，就构成犯罪既遂，之后主动放弃继续犯罪并释放人质的行为，属于犯罪既遂后的补救措施。

二、被告人自动放弃获取赎金，将被害人安全送回，对其可经法定程序报最高人民法院核准在法定刑以下判处刑罚。

6 《洪志宁故意伤害案》，载《刑事审判参考》2006 年第 2 辑总第 49 辑，第 26 ~ 31 页。

核心提示 ➡ 一果多因行为可在法定刑以下量刑的情形

7 《闪国润盗窃近亲属财产数额特别巨大被在法定刑以下减轻处罚案》，载《人民法院案例选》2006 年第 2 辑总第 56 辑。

要旨 ➡ 被告人盗窃其姐夫汽车的行为属于"偷拿近亲属财产"，盗窃数额巨大的，经核准可在法定刑以下处罚。

8 《徐钦朋非法买卖爆炸物案》，载《刑事审判参考》2005 年第 5 辑总第 46 辑，第 15 ~ 18 页。

核心提示 ➡ 确因生产、生活所需非法买卖爆炸物的，应当如何适用刑罚？

要旨 ➡ 最高人民法院经复核后认为：其行为已构成非法买卖爆炸物罪，且情节严重，应依法惩处。鉴于被告人购买爆炸物确因生产所需，未造成严重社会危害，且归案后认罪态度较好，有悔改表现，虽不具有法定减轻处罚情节，但根据本案的具体情况，可以在法定刑以下判处刑罚。判三缓四。

9 《如何理解和适用刑法中规定的"减轻处罚"》，载《刑事司法指南》2005 年第 3 辑总第 23 辑，第 198 页。

10 《刑罚适用及其相关问题》，载《公检法办案指南》2005 年第 1 辑。

核心提示 ➡ 怎样对刑法中"以上"、"以下"的含义进行补正解释？

要旨 ➡ 第 63 条第 1 款的"以下"、第 69 条限制加重原则"以上、以下"均不包含本数。

11 《沈某某盗窃案》，载《刑事审判参考》2004 年第 5 辑总第 40 辑，第 15 ~ 23 页。

核心提示 ➡ 对所盗物品的价值有重大认识错误的应如何处理？

要旨 ➡ 有一种观点认为，鉴于本案中被告人犯罪情节的特殊性，可以对被告人在十年以下量刑，但应依照刑法第 63 条第 2 款，犯罪分子虽然不具有本法规定的减轻处罚情节，但是根据案件的特殊情况，经最高人民法院核准，也可以在法定刑以下判处刑罚。我们认为，该条规定主要是解决具有特殊情节的个别案件的法律适用问题，而本案主要是对"案件事实"即被告人盗窃数额的认定问题，因此不宜适用此规定。

12 《王杰、刘昌华、甘顺远案》，载《经济犯罪审判指导》2004 年第 4 辑总第 8 辑。

要旨 ➡ 受害人有过错恶意拖欠工资、债务，行为人在抢回工资时临时起意抢劫财产，应如何处罚，兼谈如何认定刑法第 63 条第 2 款"特殊情况"。

⑬《许善新法定刑以下判处刑罚案》，载《最高级人民法院刑事裁定书》以及《刑事审判参考》2003年第2辑总第31辑，第244~264页。

要旨 ➡ 不构成自首和立功，但对侦破起了重要作用可报请最高人民法院核准在法定刑以下处罚

许善新因犯职务侵占罪被判刑后，检举了司法机关尚未掌握的上海力劲公司走私犯罪行为，经查属实。但许未能如实供述自己作为该公司直接负责的主管人员，参与走私的事实。许善新的检举不符合构成自首的要件。其检举本单位走私犯罪，而实际上其本人亦参与了本单位的走私犯罪，故其检举不符合立功的法律规定。虽然许善新检举上海力劲公司走私犯罪不构成立功，但对本案的侦破起了重要作用，对其可以在法定刑以下处罚。

⑭《被告单位上海力劲机械有限公司、被告许善新等走私普通货物案》，载《经济犯罪审判指导与参考》2003年第2辑总第2辑，第1页。

核心提示 ➡ 如何正确适用刑法第63条第2款？

⑮《李建贵故意伤害案》，载《公检法办案指南》以及《最高人民法院判例释解·刑事卷》，第95页。

核心提示 ➡ 为制止其兄酗酒闹事气愤之下将砖头扔向其兄不料砸中头部，扶回家中次日死亡，该行为如何定性，能否在法定刑下减轻处罚？

⑯《刑法纵横谈（下）》，载《刑事司法指南》2003年第3辑总第15辑，第1~69页。

核心提示 ➡ 减轻处罚的适用

⑰《程及伟绑架案》，载《刑事审判参考》2002年第3辑总第26辑，第45~50页。

核心提示 ➡ 特殊情况下减轻处罚的适用

要旨 ➡ 最高人民法院相关解释，特殊情况一般指涉及国家利益，但也不绝对化，除了罪刑法定外，还要求罪刑相适应。首先，被告人刚满十八岁，其舅指责其偷传呼机，产生报复动机，主观恶性不大。其次，未对被害人采取暴力，胁迫，未造成多大危害，系亲戚关系，有悔罪表现。

⑱《李小平等人故意伤害案》，载《刑事审判参考》2001年第7辑总第18辑，第1~7页。

核心提示 ➡ 对不具有法定减轻处罚情节的犯罪分子如何适用刑罚？

⑲王汉斌《关于〈中华人民共和国（修订草案）〉的说明》（1997年3月6日）

核心提示 ➡ 关于在法定刑以下判处刑罚

要旨 ➡ 刑法第59条第2款规定："犯罪分子虽然不具有本法规定的减轻处罚情节，如果根据案件的具体情况，判处法定刑的最低刑还是过重的，经人民法院审判委员会决定，也可以在法定刑以下判处刑罚。"在实际执行中，由于对判处法定最低刑还是过重的情况界限不明确，各地人民法院掌握界限不统一，随意性较大，存在不少问题。因此，适用这一规定，必须有严格的程序，草案将刑法规定的"经人民法院审判委员会决定"，修改为"经最高人民法院审判委员会核准"。

第64条 追缴、退赔、返还和没收

犯罪分子违法所得的一切财物，应当予以追缴或者责令退赔；对被害人的

合法财产，应当及时返还；违禁品和供犯罪所用的本人财物，应当予以没收。没收的财物和罚金，一律上缴国库，不得挪用和自行处理。

关 联 规 范 ⟹ 完全整理

❶ 最高人民法院《人民法院量刑指导意见（试行）》（2010年9月13日　法发〔2010〕36号）（节录）

三、常见量刑情节的适用

8. 对于退赃、退赔的，综合考虑犯罪性质，退赃、退赔行为对损害结果所能弥补的程度，退赃、退赔的数额及主动程度等情况，可以减少基准刑的30%以下。

9. 对于积极赔偿被害人经济损失的，综合考虑犯罪性质、赔偿数额、赔偿能力等情况，可以减少基准刑的30%以下。

10. 对于取得被害人或其家属谅解的，综合考虑犯罪的性质、罪行轻重、谅解的原因以及认罪悔罪的程度等情况，可以减少基准刑的20%以下。

❷ 最高人民法院、最高人民检察院《关于办理职务犯罪案件认定自首、立功等量刑情节若干问题的意见》（2009年3月12日　法发〔2009〕13号）（节录）[①]

四、关于赃款赃物追缴等情形的处理

贪污案件中赃款赃物全部或者大部分追缴的，一般应当考虑从轻处罚。

受贿案件中赃款赃物全部或者大部分追缴的，视具体情况可以酌定从轻处罚。

犯罪分子及其亲友主动退赃或者在办案机关追缴赃款赃物过程中积极配合的，在量刑时应当与办案机关查办案件过程中依职权追缴赃款赃物的有所区别。

职务犯罪案件立案后，犯罪分子及其亲友自行挽回的经济损失，司法机关或者犯罪分子所在单位及其上级主管部门挽回的经济损失，或者因客观原因减少的经济损失，不予扣减，但可以作为酌情从轻处罚的情节。

❸ 最高人民法院、最高人民检察院、海关总署《关于办理走私刑事案件适用法律若干问题的意见》（2002年7月8日　法〔2002〕139）号（节录）[②]

二十三、违法所得及犯罪工具的处理问题。

二十四、无法扣押或者不便扣押情况下走私违法所得的追缴问题。

❹ 最高人民法院《全国法院维护农村稳定刑事审判工作座谈会纪要》（1999年10月27日　法〔1999〕217号）（节录）[③]

[①] 对其解读见：《刑事审判参考》2009年第3辑总第68辑，第121~133页以及两高答记者问《刑事法律文件解读》2009年第5辑总第47辑，第25~29页。

[②] 对其解读见：《刑事审判参考》2002年第4辑总第27辑，第149~170、185~203页。

[③] 对其解读见：《刑事审判参考合订本·第一卷》，第283~291页以及《当前刑事审判实践中适用法律应当注意的问题》，载《刑事司法指南》2000年第3辑总第3辑，第51~71页。

（五）关于刑事附带民事诉讼问题

人民法院审理附带民事诉讼案件的受案范围，应只限于被害人因人身权利受到犯罪行为侵犯和财物被犯罪行为损毁而遭受的物质损失，不包括因犯罪分子非法占有、处置被害人财产而使其遭受的物质损失。对因犯罪分子非法占有、处置被害人财产而使其遭受的物质损失，应当根据刑法第六十四条的规定处理，即应通过追缴赃款赃物、责令退赔的途径解决。如赃款赃物尚在的，应一律追缴；已被用掉、毁坏或挥霍的，应责令退赔。无法退赃的，在决定刑罚时，应作为酌定从重处罚的情节予以考虑。

❺ 最高人民法院、最高人民检察院、公安部、工商局《关于依法查处盗窃、抢劫机动车案件的规定》（1998年5月8日 公通字〔1998〕31号）（节录）①

十一、对犯罪分子盗窃、抢劫所得的机动车辆及其变卖价款，应当依照《刑法》第六十四条的规定予以追缴。

十二、对明知是赃车而购买的，应将车辆无偿追缴；对违反国家规定购买车辆，经查证是赃车的，公安机关可以根据《刑事诉讼法》第一百一十条和第一百一十四条规定进行追缴和扣押。对不明知是赃车而购买的，结案后予以退还买主。

十三、对购买赃车后使用非法提供的入户、过户手续或者使用伪造、变造的入户、过户手续为赃车入户、过户的，应当吊销牌证，并将车辆无偿追缴；已将入户、过户车辆变卖的，追缴变卖所得并责令赔偿经济损失。

十四、对直接从犯罪分子处追缴的被盗窃、抢劫的机动车辆，经检验鉴定，查证属实后，可依法先行返还失主，移送案件时附清单、照片及其他证据。在返还失主前，按照赃物管理规定管理，任何单位和个人都不得挪用、损毁或者自行处理。

十六、各地公安机关扣押或者协助管辖单位追回的被盗窃、抢劫的机动车应当移送管辖单位依法处理，不得以任何理由扣留或者索取费用。拖延不交的，给予单位领导行政处分。

❻ 最高人民法院《关于被告人亲属主动为被告人退缴赃款应如何处理的批复》（1987年8月26日 法（研）复〔1987〕32号）

经研究，答复如下：一、被告人是成年人，其违法所得都由自己挥霍，无法追缴的，应责令被告人退赔，其家属没有代为退赔的义务。

被告人在家庭共同财产中有其个人应有部分的，只能在其个人应有部分的范围内，责令被告人退赔。

二、如果被告人的违法所得有一部分用于家庭日常生活，对这部分违法所得，被告人和家属均有退赔义务。

三、如果被告人对责令本人退赔的违法所得已无实际上的退赔能力，但其亲属应被告人的请求，或者主动提出并征得被告人的同意，自愿代被告人退赔部分或者全部违法所得的，法院也可考虑其具体情况，收下其亲属自愿代被告人退赔的款项，并视为被告人主动退赔的款项。

---

① 对其解读见：《解读最高人民检察院司法解释》，第343~347页。

四、属于以上三种情况，已作了退赔的，均可视为被告人退赃较好，可以依法适当从宽处罚。

五、如果被告人的罪行应当判处死刑，并必须执行，属于以上第一、二两种情况的，法院可以接收退赔的款项；属于以上第三种情况的，其亲属自愿代为退赔的款项，法院不应接收。

❼ 上海、北京、广东、湖北、江苏高级人民法院《〈人民法院量刑指导意见（试行）〉实施细则（试行）》（2010年10月1日）（详见本书最后附件）

❽《福建省高级人民法院〈人民法院量刑指导意见（试行）〉实施细则（试行）》（2010年9月30日　闽高法发〔2010〕21号）（节录）

三、常见量刑情节适用

16. 对于退赃、退赔的，综合考虑犯罪性质，退赃、退赔行为对损害结果所能弥补的程度，退赃、退赔的数额及主动程度等情况，确定从宽的幅度。

（1）全部退赃、退赔的，可以减少基准刑的30%以下；

（2）部分退赃、退赔的，可以减少基准刑的20%以下；

（3）全部或者大部分赃款、赃物被当场查获的，可以减少基准刑的10%以下；

（4）主动提供线索追回全部或者大部分赃物的，可以减少基准刑的10%以下。

17. 对于积极赔偿被害人经济损失的，综合考虑犯罪性质、赔偿数额、赔偿能力等情况，确定从宽的幅度。

（1）积极赔偿被害人全部经济损失的，可以减少基准刑的30%以下；

（2）积极赔偿被害人部分经济损失的，可以减少基准刑的20%以下。

18. 对于取得被害人或其亲属谅解的，综合考虑犯罪的性质、罪行轻重、谅解的原因以及认罪悔罪的程度等情况，可以减少基准刑的20%以下。

19. 对于被害人有过错或对矛盾激化负有责任的，综合考虑犯罪的性质、案发原因、被害人过错的程度或者责任的大小等情况，确定从宽的幅度。

（1）被害人有明显过错或者对矛盾激化负有直接责任的，可以减少基准刑的30%以下；

（2）被害人有一般过错或者对矛盾激化负有一定责任的，可以减少基准刑的20%以下。

❾ 浙江省高级人民法院《浙江省〈人民法院量刑指导意见（试行）〉实施细则》（2010年9月29日　浙高法〔2010〕280号）（节录）

9. 对于积极赔偿被害人经济损失的，综合考虑犯罪性质、赔偿数额、赔偿能力等情况，可以减少基准刑的30%以下。

对于有能力赔偿而拒不赔偿的，根据案件的具体情况，可以增加基准刑的20%以下。

❿ 广东省高级人民法院《关于刑事案件赃款赃物适用法律问题的若干指导意见》（2009年8月17日　粤高法发〔2009〕62号）（节录）[①]

一、犯罪分子违法所得的一切财物及其孳息，均属赃款赃物。赃款赃物中属于被害人

[①] 对其解读见：《刑事法律文件解读》2010年第4辑总第58辑，第86~90页。

合法财产的部分，应当依法返还；除依法返还被害人的以外，一律没收，上缴国库。

二、移送人民法院的刑事案件，赃款赃物已经扣押在案并已依法返还被害人或已死亡被害人亲属的，应当在裁判文书的事实、证据部分写明。

三、移送人民法院的刑事案件，对于已经扣押、冻结在案的赃款赃物中属于被害人合法财产的部分，在法院作出生效判决前尚未返还的，应当在裁判文书的判决结果中写明由扣押机关发还被害人或已死亡被害人的亲属。

四、需要继续追缴或者责令退赔的赃款赃物，不属于财产刑和刑事附带民事赔偿的范围，属于侦查、控诉工作的延续。对于赃款赃物没有查扣随案的刑事案件，人民法院原则上不对赃款赃物作出判决；确需对赃款赃物先行作出判决的，应当由人民检察院在起诉书中提出，人民法院在裁判文书的判决结果中写明由侦办机关继续追缴赃款赃物或由侦办机关责令犯罪分子退赔赃款赃物。

五、发还被害人、追缴、退赔和没收的赃款赃物，应当在裁判文书的判决结果中写明其名称、种类和数额。

对于侦办过程中查扣随案的不属赃款赃物的其他财物，应当依法返回原主，原则上由查扣的侦办机关处理，人民法院不作裁决。

学理观点·典型案例 ➡ 索引与要旨

❶《刑事涉案财物处理问题之探讨》，载《刑事审判参考》2011年第2辑总第79辑，第187~202页。

❷《人民检察院对违法所得应该如何处理》，载《最新刑事法律文件解读》2006年第3辑总第15辑，第116~119页。

❸《"供犯罪所用的本人财物"的认定与没收》，载《刑事审判参考》2005年第4辑总第45辑，第56~61页。

核心提示 ➡ 驾驶2万余元的车盗窃1千余元的财物，是否应将该车作为"供犯罪所用的本人财物"没收？

要旨 ➡ 我们认为，在认定"供犯罪所用"的财物时，应把握以下几个方面：1. 在与犯罪的关系上，应是直接用于犯罪之物。需要指出的是，这里的"犯罪"既包括已经着手实施的犯罪，也包括犯罪预备阶段，既包括已经供犯罪使用的财物，也包括意图或要供犯罪所用而尚未实际使用的财物。2. 在物品的用途上，应是专门或者主要用于实施犯罪之物。即该财物之取得或者存在的目的就是实施犯罪，该物品与犯罪行为间存在经常性的、密切的联系。3. 没收物系被用于故意犯罪。

如何认定"本人"财物？我们认为，只要犯罪人对财物享有所有权，即使与他人共有，亦可认定为"本人"财物而予以没收，其他共有人的合法权益可以通过民事程序向犯罪人主张。但是，如果被没收的犯罪财物系其他共有人必需的生活资料，或没收将严重影响其他共有人正常生活的，则一般不得没收。至于他人对没收物享有他物权、债权等情形的，因所有权完全属于犯罪人，当然属于刑法规定的"本人"财物。此外，根据刑法理论能说和司法实践惯例，如果第三人明知其财物将为犯罪行为所用而仍然提供，虽不属于犯罪人所有，也可予以没收。

至于确定财物所有权归属的时间标准，应以犯罪人实施犯罪行为时为准。犯罪后，犯罪人以外的第三人知情而取得该物时，不论其是否支付对价，仍应没收，并不予补偿；如第三人不知情而有偿取得，则不应没收，但对犯罪人因此取得的对价予以没收；对于犯罪人将自己的上述财产无偿赠与他人的，对于无偿取得者可予以没收，并不予补偿。

❹《关于刑事追缴、责令退赔和没收适用情况的调查》，载《刑事审判要览》2003年第6辑总第6辑，181~194页。

❺《戴恩辉销售假冒注册商标的商品案》，载《刑事审判参考》2000年第3辑总第8辑，第8~12页以及《刑事审判案例》，第274~277页。

核心提示 ➡ 追缴违法所得、没收犯罪分子供犯罪所用的本人财物后，能否再对犯罪分子判处罚金？

要旨 ➡ 公安机关依法追缴被告人的违法所得、没收供犯罪所用的本人财物，不属于行政处罚，也不影响人民法院对被告人依法判处财产刑。

❻《秦学荣抢劫、流氓、诈骗、侵占案》，载《刑事审判参考》2000年第1辑总第6辑，第25~29页以及《刑事审判案例》，第671~673页。

核心提示 ➡ 被告人审理期间死亡的，案件终止审理后，对被告人的违法所得应否追缴？

要旨 ➡ 违法所得应依法追缴。其刑事诉讼部分终止审理，附带民事诉讼部分，仍应当由原审判组织继续审理。

第二节 累 犯

第65条 修正案（八）第6条 一般累犯

被判处有期徒刑以上刑罚的犯罪分子，刑罚执行完毕或者赦免以后，在五年以内再犯应当判处有期徒刑以上刑罚之罪的，是累犯，应当从重处罚，但是过失犯罪除外。

前款规定的期限，对于被假释的犯罪分子，从假释期满之日起计算。

中华人民共和国刑法修正案（八）（第十一届全国人民代表大会常务委员会第十九次会议2011年2月25日通过，中华人民共和国主席令第四十一号公布，自2011年5月1日起施行。）

六、将刑法第六十五条第一款修改为："被判处有期徒刑以上刑罚的犯罪分子，刑罚执行完毕或者赦免以后，在五年以内再犯应当判处有期徒刑以上刑罚之罪的，是累犯，应当从重处罚，但是过失犯罪和不满十八周岁的人犯罪的除外。"

关联规范　　完全整理

❶ 最高人民法院《关于〈中华人民共和国刑法修正案(八)〉时间效力问题的解释》(2011年5月1日　法释〔2011〕9号)①(节录)

为正确适用《中华人民共和国刑法修正案(八)》，根据刑法有关规定，现就人民法院2011年5月1日以后审理的刑事案件，具体适用刑法的有关问题规定如下：

第三条　被判处有期徒刑以上刑罚，刑罚执行完毕或者赦免以后，在2011年4月30日以前再犯应当判处有期徒刑以上刑罚之罪的，是否构成累犯，适用修正前刑法第六十五条的规定；但是，前罪实施时不满十八周岁的，是否构成累犯，适用修正后刑法第六十五条的规定。

曾犯危害国家安全犯罪，刑罚执行完毕或者赦免以后，在2011年4月30日以前再犯危害国家安全犯罪的，是否构成累犯，适用修正前刑法第六十六条的规定。

曾被判处有期徒刑以上刑罚，或者曾犯危害国家安全犯罪、恐怖活动犯罪、黑社会性质的组织犯罪，在2011年5月1日以后再犯罪的，是否构成累犯，适用修正后刑法第六十五条、第六十六条的规定。

❷ 最高人民法院《人民法院量刑指导意见(试行)》(2010年9月13日　法发〔2010〕36号)(节录)

三、常见量刑情节的适用

11. 对于累犯，应当综合考虑前后罪的性质、刑罚执行完毕或赦免以后至再犯罪时间的长短以及前后罪罪行轻重等情况，可以增加基准刑的10%～40%。

12. 对于有前科劣迹的，综合考虑前科劣迹的性质、时间间隔长短、次数、处罚轻重等情况，可以增加基准刑的10%以下。

❸ 最高人民法院《关于贯彻宽严相济刑事政策的若干意见》(2010年2月8日　法发〔2010〕9号)(节录)②

11. 要依法从严惩处累犯和毒品再犯。凡是依法构成累犯和毒品再犯的，即使犯罪情节较轻，也要体现从严惩处的精神。尤其是对于前罪为暴力犯罪或被判处重刑的累犯，更要依法从严惩处。

❹ 最高人民法院《关于适用刑法时间效力规定若干问题的解释》(1997年9月25日　法释〔1997〕5号)(节录)③

第三条　前罪判处的刑罚已经执行完毕或者赦免，在1997年9月30日以前又犯应当判处有期徒刑以上刑罚之罪，是否构成累犯，适用修订前的刑法第六十一条的规定；1997年10月1日以后又犯应当判处有期徒刑以上刑罚之罪的，是否构成累犯，适用刑法第六十五条的规定。

---

① 对其解读见：《刑事审判参考》2011年第4辑总第81辑，第118～129页。
② 对其解读见：《刑事法律文件解读》2010年第3辑总第57辑，第49～65页。
③ 对其解读见：《解读最高人民法院司法解释·刑事、行政卷(1997～2002)》，第3～7页。

第一编 总则 第四章 刑罚的具体运用

❺ 最高人民法院《关于前科问题的批复》（1964 年 6 月 2 日）（节录）

三、对于受过刑事处分而又再犯罪的分子，够不上累犯的，人民法院在量刑时，也应对其以前犯过罪和受过刑事处分这一事实加以考虑，但不一定都要因此而从重处罚。此复。

❻ 上海、北京、广东、湖北、江苏高级人民法院《〈人民法院量刑指导意见（试行）〉实施细则（试行）》（2010 年 10 月 1 日）

❼《福建省高级人民法院〈人民法院量刑指导意见（试行）〉实施细则（试行）》（2010 年 9 月 30 日 闽高法发〔2010〕21 号）（节录）

三、常见量刑情节适用

20. 对于累犯，应当综合考虑前后罪的性质、刑罚执行完毕或赦免以后至再犯罪时间的长短以及前后罪罪行轻重等情况，确定从重处罚的幅度。

（1）刑罚执行完毕或者赦免以后不满一年又重新犯罪的，可以增加基准刑的 20%～40%；

（2）刑罚执行完毕或者赦免以后已满一年不满三年又重新犯罪的，可以增加基准刑的 10%～30%；

（3）刑罚执行完毕或者赦免以后已满三年不满五年又重新犯罪的，可以增加基准刑的 10%～20%。

21. 对于有前科劣迹的，综合考虑前科劣迹的性质、时间间隔长短、次数、处罚轻重等情况，可以增加基准刑的 10% 以下。

❽ 浙江省高级人民法院《浙江省〈人民法院量刑指导意见（试行）〉实施细则》（2010 年 9 月 29 日 浙高法〔2010〕280 号）（节录）

11. 对于累犯，综合考虑前后罪的性质、刑罚执行完毕或者赦免以后至再犯罪时间的长短以及前后罪罪行轻重等情况，可以增加基准刑的 10%～50%。

12. 对于有前科劣迹的，综合考虑前科劣迹的性质、时间间隔长短、次数、处罚轻重等情况，可以增加基准刑的 10% 以下。

❾ 上海市高级人民法院《刑法总则适用问题解答（试行）》，载《最新刑事法律文件解读》2005 年第 2 辑总第 2 辑，第 70～78 页。（节录）

根据刑法第 10 条的规定，在我国领域外犯罪的，实际上存在两种情况：一是依照我国刑法应当负刑事责任的；二是依照我国刑法不应负刑事责任的。对于后者，尽管在我国领域外犯罪且刑罚已经执行完毕，但由于这种行为在我国刑法中并未规定成罪，即不应负刑事责任，且我国对外国法院的刑事判决原则上是不予承认的，故其后在我国再犯应当判处有期徒刑以上刑罚之罪的，不构成累犯。

学理观点·典型案例 ▶ 索引与要旨

❶ 人大《刑法修正案（八）》①

❷《如何理解"刑罚执行完毕"》，载《公检法办案指南》2008年第9辑总第105辑，第162~165页。

❸《闫涛盗窃不构成累犯案》，载《人民法院案例选》2006年第4辑总第58辑。

要旨 ▶ 应处有期徒刑以上刑罚之罪，是指根据犯罪的事实、性质、情节等，应判处有期徒刑以上刑罚的宣告刑，而并非指该罪的法定刑包括有期徒刑以上刑罚。

❹《罪犯在缓刑期间失控，缓刑考验期满后发现该罪犯的，是否仍需执行原判刑罚？》，载《最新刑事法律文件解读》2005年第1辑总第1辑

要旨 ▶ 违反监管规定，应撤销缓刑，收监执行原判刑罚。

❺《南昌洙、南昌男盗窃案》，载《刑事审判参考》2003年第6辑总第35辑，第49~54页。

核心提示 ▶ 对累犯"再犯应当判处有期徒刑以上刑罚之罪"要件的理解

要旨 ▶ 有意见认为，前面一起盗窃行为不追究刑事责任，只是由于过了追诉时效，但对累犯的认定并不构成障碍，因为，追诉时效仅仅是相对于责任追究而言的，犯罪行为并不因过了追诉时效而不复存在，或者不再属于犯罪。这就提出了一个问题。"再犯应当判处有期徒刑以上刑罚之罪"应作何种理解，仅仅是一个单纯的事实要件，还是兼及法律评价和刑事追究的复合要件？我们认为，累犯是刑法基于再次犯罪行为及改造需要对犯罪人作出的更为严重的否定评价。累犯是一项量刑制度；"应当判处有期徒刑以上之罪"必须是依法应予追究刑事责任（应追诉）之罪，否则，累犯将无从适用。本案98年3月盗窃已过追诉期，不能认定为"再犯应当判处有期徒刑以上之罪"；至2003年8月已过了5年，故不是累犯。

❻《刑法纵横谈（下）》，载《刑事司法指南》2003年第3辑总第15辑，第1~69页。

核心提示 ▶ 累犯

❼《丁立军强奸、抢劫、盗窃案》，载《刑事审判参考》2002年第5辑总第28辑，第37~42页。

核心提示 ▶ 在假释考验期间直至期满后连续实施犯罪是否应撤销假释并构成累犯？

要旨 ▶ 1.被告人在假释考验期间直至期满后连续犯罪的，应撤销假释，数罪并罚。2.本案不能作为累犯处理。作为连续犯，对其进行处罚时，从整体上考虑其社会危害性应较为妥当，也不宜分为假释期满前后两个阶段再按两种罪分别定罪量刑。

❽《对累犯条件中"被判处有期徒刑以上刑罚"的理解——"问题征答"来稿选

---

① 对其解读见：《刑事审判参考》2011年第4辑总第81辑，第83、117页以及《公检法办案指南》2011年第3辑总第135辑，第13~121页。

登》，载《刑事司法指南》2002 年第 4 辑总第 12 辑，第 108 页。

❾《买买提盗窃案》，载《刑事审判参考》2001 年第 8 辑总第 19 辑，第 33～38 页。

核心提示 ➡ 累犯制度、数罪并罚制度中的刑罚执行完毕是否包括附加刑执行完毕。

要旨 ➡ 1. 被告人在有期徒刑执行完毕以后、附加刑未执行前，在五年内又犯应当判处有期徒刑以上刑罚之罪的，构成累犯。2. 前罪未执行的罚金在后罪判决时应当并罚。只要罚金未执行，从数罪并罚、前罪刑罚执行情况的角度看，就不能视为"刑罚执行完毕"。

第 66 条 修正案（八）第 7 条　危害国家安全累犯

危害国家安全的犯罪分子在刑罚执行完毕或者赦免以后，在任何时候再犯危害国家安全罪的，都以累犯论处。

中华人民共和国刑法修正案（八）（第十一届全国人民代表大会常务委员会第十九次会议 2011 年 2 月 25 日通过，中华人民共和国主席令第四十一号公布，自 2011 年 5 月 1 日起施行。）

七、将刑法第六十六条修改为："危害国家安全犯罪、恐怖活动犯罪、黑社会性质的组织犯罪的犯罪分子，在刑罚执行完毕或者赦免以后，在任何时候再犯上述任一类罪的，都以累犯论处。"

关 联 规 范 ➡ 完全整理

❶ 最高人民法院《关于〈中华人民共和国刑法修正案（八）〉时间效力问题的解释》（2011 年 5 月 1 日　法释〔2011〕9 号）（节录）[①]

为正确适用《中华人民共和国刑法修正案（八）》，根据刑法有关规定，现就人民法院 2011 年 5 月 1 日以后审理的刑事案件，具体适用刑法的有关问题规定如下：

第三条　被判处有期徒刑以上刑罚，刑罚执行完毕或者赦免以后，在 2011 年 4 月 30 日以前再犯应当判处有期徒刑以上刑罚之罪的，是否构成累犯，适用修正前刑法第六十五条的规定；但是，前罪实施时不满十八周岁的，是否构成累犯，适用修正后刑法第六十五条的规定。

曾犯危害国家安全犯罪，刑罚执行完毕或者赦免以后，在 2011 年 4 月 30 日以前再犯危害国家安全犯罪的，是否构成累犯，适用修正前刑法第六十六条的规定。

曾被判处有期徒刑以上刑罚，或者曾犯危害国家安全犯罪、恐怖活动犯罪、黑社会性质的组织犯罪，在 2011 年 5 月 1 日以后再犯罪的，是否构成累犯，适用修正后刑法第六十五条、第六十六条的规定。

❷ 人大《刑法修正案（八）》（节录）[②]

[①] 对其解读见：《刑事审判参考》2011 年第 4 辑总第 81 辑，第 118～129 页。

[②] 对其解读见：《刑事审判参考》2011 年第 4 辑总第 81 辑，第 83～117 页以及《公检法办案指南》2011 年第 3 辑总第 135 辑，第 13～121 页。

第三节 自首和立功

第 67 条 修正案（八）第 8 条 自首

犯罪以后自动投案，如实供述自己的罪行的，是自首。对于自首的犯罪分子，可以从轻或者减轻处罚。其中，犯罪较轻的，可以免除处罚。

被采取强制措施的犯罪嫌疑人、被告人和正在服刑的罪犯，如实供述司法机关还未掌握的本人其他罪行的，以自首论。

中华人民共和国刑法修正案（八）（第十一届全国人民代表大会常务委员会第十九次会议 2011 年 2 月 25 日通过，中华人民共和国主席令第四十一号公布，自 2011 年 5 月 1 日起施行。）

八、在刑法第六十七条中增加一款作为第三款："犯罪嫌疑人虽不具有前两款规定的自首情节，但是如实供述自己罪行的，可以从轻处罚；因其如实供述自己罪行，避免特别严重后果发生的，可以减轻处罚。"

关 联 规 范 ➡ 完全整理

❶ 最高人民法院《关于〈中华人民共和国刑法修正案（八）〉时间效力问题的解释》（2011 年 5 月 1 日 法释〔2011〕9 号）①

为正确适用《中华人民共和国刑法修正案（八）》，根据刑法有关规定，现就人民法院 2011 年 5 月 1 日以后审理的刑事案件，具体适用刑法的有关问题规定如下：第四条 2011 年 4 月 30 日以前犯罪，虽不具有自首情节，但是如实供述自己罪行的，适用修正后刑法第六十七条第三款的规定。

❷ 最高人民法院《关于处理自首和立功若干具体问题的意见》（2010 年 12 月 22 日 法发〔2010〕60 号）②

一、关于"自动投案"的具体认定

《解释》第一条第（一）项规定七种应当视为自动投案的情形，体现了犯罪嫌疑人投案的主动性和自愿性。根据《解释》第一条第（一）项的规定，犯罪嫌疑人具有以下情形之一的，也应当视为自动投案：1. 犯罪后主动报案，虽未表明自己是作案人，但没有逃离现场，在司法机关询问时交代自己罪行的；2. 明知他人报案而在现场等待，抓捕时无拒捕行为，供认犯罪事实的；3. 在司法机关未确定犯罪嫌疑人，尚在一般性排查询问时主动交代自己罪行的；4. 因特定违法行为被采取劳动教养、行政拘留、司法拘留、强制隔离戒毒等行政、司法强制措施期间，主动向执行机关交代尚未被掌握的犯罪行为的；5. 其他符合

---

① 对其解读见《刑事审判参考》2011 年第 4 辑总第 81 辑，第 118～129 页。
② 对其解读见：《公检法办案指南》2011 年第 2 辑总第 134 辑，第 138～151 页。

立法本意，应当视为自动投案的情形。

罪行未被有关部门、司法机关发觉，仅因形迹可疑被盘问、教育后，主动交代了犯罪事实的，应当视为自动投案，但有关部门、司法机关在其身上、随身携带的物品、驾乘的交通工具等处发现与犯罪有关的物品的，不能认定为自动投案。

交通肇事后保护现场、抢救伤者，并向公安机关报告的，应认定为自动投案，构成自首的，因上述行为同时系犯罪嫌疑人的法定义务，对其是否从宽、从宽幅度要适当从严掌握。交通肇事逃逸后自动投案，如实供述自己罪行的，应认定为自首，但应依法以较重法定刑为基准，视情决定对其是否从宽处罚以及从宽处罚的幅度。

犯罪嫌疑人被亲友采用捆绑等手段送到司法机关，或者在亲友带领侦查人员前来抓捕时无拒捕行为，并如实供认犯罪事实的，虽然不能认定为自动投案，但可以参照法律对自首的有关规定酌情从轻处罚。

二、关于"如实供述自己的罪行"的具体认定

《解释》第一条第（二）项规定如实供述自己的罪行，除供述自己的主要犯罪事实外，还应包括姓名、年龄、职业、住址、前科等情况。犯罪嫌疑人供述的身份等情况与真实情况虽有差别，但不影响定罪量刑的，应认定为如实供述自己的罪行。犯罪嫌疑人自动投案后隐瞒自己的真实身份等情况，影响对其定罪量刑的，不能认定为如实供述自己的罪行。

犯罪嫌疑人多次实施同种罪行的，应当综合考虑已交代的犯罪事实与未交代的犯罪事实的危害程度，决定是否认定为如实供述主要犯罪事实。虽然投案后没有交代全部犯罪事实，但如实交代的犯罪情节重于未交代的犯罪情节，或者如实交代的犯罪数额多于未交代的犯罪数额，一般应认定为如实供述自己的主要犯罪事实。无法区分已交代的与未交代的犯罪情节的严重程度，或者已交代的犯罪数额与未交代的犯罪数额相当，一般不认定为如实供述自己的主要犯罪事实。

犯罪嫌疑人自动投案时虽然没有交代自己的主要犯罪事实，但在司法机关掌握其主要犯罪事实之前主动交代的，应认定为如实供述自己的罪行。

三、关于"司法机关还未掌握的本人其他罪行"和"不同种罪行"的具体认定

犯罪嫌疑人、被告人在被采取强制措施期间，向司法机关主动如实供述本人的其他罪行，该罪行能否认定为司法机关已掌握，应根据不同情形区别对待。如果该罪行已被通缉，一般应以该司法机关是否在通缉令发布范围内作出判断，不在通缉令发布范围内的，应认定为还未掌握，在通缉令发布范围内的，应视为已掌握；如果该罪行已录入全国公安信息网络在逃人员信息数据库，应视为已掌握。如果该罪行未被通缉，也未录入全国公安信息网络在逃人员信息数据库，应以该司法机关是否已实际掌握该罪行为标准。

犯罪嫌疑人、被告人在被采取强制措施期间如实供述本人其他罪行，该罪行与司法机关已掌握的罪行属同种罪行还是不同种罪行，一般应以罪名区分。虽然如实供述的其他罪行的罪名与司法机关已掌握犯罪的罪名不同，但如实供述的其他犯罪与司法机关已掌握的犯罪属选择性罪名或者在法律、事实上密切关联，如因受贿被采取强制措施后，又交代因受贿为他人谋取利益行为，构成滥用职权罪的，应认定为同种罪行。

七、关于自首、立功证据材料的审查

人民法院审查的自首证据材料，应当包括被告人投案经过、有罪供述以及能够证明其投案情况的其他材料。投案经过的内容一般应包括被告人投案时间、地点、方式等。证据材料应加盖接受被告人投案的单位的印章，并有接受人员签名。

人民法院审查的立功证据材料，一般应包括被告人检举揭发材料及证明其来源的材料、司法机关的调查核实材料、被检举揭发人的供述等。被检举揭发案件已立案、侦破，被检举揭发人被采取强制措施、公诉或者审判的，还应审查相关的法律文书。证据材料应加盖接收被告人检举揭发材料的单位的印章，并有接收人员签名。

人民法院经审查认为证明被告人自首、立功的材料不规范、不全面的，应当由检察机关、侦查机关予以完善或者提供补充材料。

上述证据材料在被告人被指控的犯罪一、二审审理时已形成的，应当经庭审质证。

八、关于对自首、立功的被告人的处罚

对具有自首、立功情节的被告人是否从宽处罚、从宽处罚的幅度，应当考虑其犯罪事实、犯罪性质、犯罪情节、危害后果、社会影响、被告人的主观恶性和人身危险性等。自首的还应考虑投案的主动性、供述的及时性和稳定性等。立功的还应考虑检举揭发罪行的轻重、被检举揭发的人可能或者已经判处的刑罚、提供的线索对侦破案件或者协助抓捕其他犯罪嫌疑人所起作用的大小等。

具有自首或者立功情节的，一般应依法从轻、减轻处罚；犯罪情节较轻的，可以免除处罚。类似情况下，对具有自首情节的被告人的从宽幅度要适当宽于具有立功情节的被告人。

虽然具有自首或者立功情节，但犯罪情节特别恶劣、犯罪后果特别严重、被告人主观恶性深、人身危险性大，或者在犯罪前即为规避法律、逃避处罚而准备自首、立功的，可以不从宽处罚。

对于被告人具有自首、立功情节，同时又有累犯、毒品再犯等法定从重处罚情节的，既要考虑自首、立功的具体情节，又要考虑被告人的主观恶性、人身危险性等因素，综合分析判断，确定从宽或者从严处罚。累犯的前罪为非暴力犯罪的，一般可以从宽处罚，前罪为暴力犯罪或者前、后罪为同类犯罪的，可以不从宽处罚。

在共同犯罪案件中，对具有自首、立功情节的被告人的处罚，应注意共同犯罪人以及首要分子、主犯、从犯之间的量刑平衡。犯罪集团的首要分子、共同犯罪的主犯检举揭发或者协助司法机关抓捕同案地位、作用较次的犯罪分子的，从宽处罚与否应当从严掌握，如果从轻处罚可能导致全案量刑失衡的，一般不从轻处罚；如果检举揭发或者协助司法机关抓捕的是其他案件中罪行同样严重的犯罪分子，一般应依法从宽处罚。对于犯罪集团的一般成员、共同犯罪的从犯立功的，特别是协助抓捕首要分子、主犯的，应当充分体现政策，依法从宽处罚。

❸ 最高人民法院《人民法院量刑指导意见（试行）》（2010年9月13日　法发〔2010〕36号）

三、常见量刑情节的适用

4. 对于自首情节，综合考虑投案的动机、时间、方式、罪行轻重、如实供述罪行的程度以及悔罪表现等情况,可以减少基准刑的40%以下;犯罪较轻的,可以减少基准刑的40%以上或者依法免除处罚。

6. 对于被采取强制措施的犯罪嫌疑人、被告人和已宣判的罪犯,如实供述司法机关尚未掌握的罪行,与司法机关已掌握的或者判决确定的罪行属同种罪行的,根据坦白罪行的轻重以及悔罪表现等情况,可以减少基准刑的20%以下。

7. 对于当庭自愿认罪的,根据犯罪的性质、罪行的轻重、认罪程度以及悔罪表现等情况,可以减少基准刑的10%以下,依法认定自首、坦白的除外。

4 最高人民法院《关于贯彻宽严相济刑事政策的若干意见》(2010年2月8日 法发〔2010〕9号)①

17. 对于自首的被告人,除了罪行极其严重、主观恶性极深、人身危险性极大,或者恶意地利用自首规避法律制裁者以外,一般均应当依法从宽处罚。

对于亲属以不同形式送被告人归案或协助司法机关抓获被告人而认定为自首的,原则上都应当依法从宽处罚;有的虽然不能认定为自首,但考虑到被告人亲属支持司法机关工作,促使被告人到案、认罪、悔罪,在决定对被告人具体处罚时,也应当予以充分考虑。

26. 在对严重刑事犯罪依法从严惩处的同时,对被告人具有自首、立功、从犯等法定或酌定从宽处罚情节的,还要注意宽以济严,根据犯罪的具体情况,依法应当或可以从宽的,都应当在量刑上予以充分考虑。

5 最高人民法院、最高人民检察院《关于办理职务犯罪案件认定自首、立功等量刑情节若干问题的意见》(2009年3月12日 法发〔2009〕13号)(节录)②

一、关于自首的认定和处理

根据刑法第六十七条第一款的规定,成立自首需同时具备自动投案和如实供述自己的罪行两个要件。犯罪事实或者犯罪分子未被办案机关掌握,或者虽被掌握,但犯罪分子尚未受到调查谈话、讯问,或者未被宣布采取调查措施或者强制措施时,向办案机关投案的,是自动投案。在此期间如实交代自己的主要犯罪事实的,应当认定为自首。

犯罪分子向所在单位等办案机关以外的单位、组织或者有关负责人员投案的,应当视为自动投案。

没有自动投案,在办案机关调查谈话、讯问、采取调查措施或者强制措施期间,犯罪分子如实交代办案机关掌握的线索所针对的事实的,不能认定为自首。

没有自动投案,但具有以下情形之一的,以自首论:(1)犯罪分子如实交代办案机关未掌握的罪行,与办案机关已掌握的罪行属不同种罪行的;(2)办案机关所掌握线索针对的犯罪事实不成立,在此范围外犯罪分子交代同种罪行的。

单位犯罪案件中,单位集体决定或者单位负责人决定而自动投案,如实交代单位犯罪事实的,或者单位直接负责的主管人员自动投案,如实交代单位犯罪事实的,应当认定为

---

① 对其解读见:《刑事法律文件解读》2010年第3辑总第57辑,第49~65页。
② 对其解读见:《刑事审判参考》2009年第3辑总第68辑,第121~133页以及两高答记者问《刑事法律文件解读》2009年第5辑总第47辑,第25~29页。

单位自首。单位自首的,直接负责的主管人员和直接责任人员未自动投案,但如实交代自己知道的犯罪事实的,可以视为自首;拒不交代自己知道的犯罪事实或者逃避法律追究的,不应当认定为自首。单位没有自首,直接责任人员自动投案并如实交代自己知道的犯罪事实,对该直接责任人员应当认定为自首。

对于具有自首情节的犯罪分子,办案机关移送案件时应当予以说明并移交相关证据材料。

对于具有自首情节的犯罪分子,应当根据犯罪的事实、性质、情节和对于社会的危害程度,结合自动投案的动机、阶段、客观环境,交代犯罪事实的完整性、稳定性以及悔罪表现等具体情节,依法决定是否从轻、减轻或者免除处罚以及从轻、减轻处罚的幅度。

三、关于如实交代犯罪事实的认定和处理

犯罪分子依法不成立自首,但如实交代犯罪事实,有下列情形之一的,可以酌情从轻处罚:

(1) 办案机关掌握部分犯罪事实,犯罪分子交代了同种其他犯罪事实的;

(2) 办案机关掌握的证据不充分,犯罪分子如实交代有助于收集定案证据的。

犯罪分子如实交代犯罪事实,有下列情形之一的,一般应当从轻处罚:

(1) 办案机关仅掌握小部分犯罪事实,犯罪分子交代了大部分未被掌握的同种犯罪事实的;

(2) 如实交代对于定案证据的收集有重要作用的。

6 最高人民法院《关于被告人对行为性质的辩解是否影响自首成立问题的批复》(2004年4月1日 法释〔2004〕2号)(节录)①

根据刑法第六十七条第一款和最高人民法院《关于处理自首和立功具体应用法律若干问题的解释》第一条的规定,犯罪以后自动投案,如实供述自己的罪行的,是自首。被告人对行为性质的辩解不影响自首的成立。

7 最高人民法院、最高人民检察院、海关总署《关于办理走私刑事案件适用法律若干问题的意见》(2002年7月8日 法〔2002〕139号)(节录)②

二十一、关于单位走私犯罪案件自首的认定问题

在办理单位走私犯罪案件中,对单位集体决定自首的,或者单位直接负责的主管人员自首的,应当认定单位自首。认定单位自首后,如实交代主要犯罪事实的单位负责的其他主管人员和其他直接责任人员,可视为自首,但对拒不交代主要犯罪事实或逃避法律追究的人员,不以自首论。

8 公安部《关于打击拐卖妇女儿童犯罪适用法律和政策有关问题的意见》(2000年3月24日 公通字〔2000〕25号)(节录)

四、关于自首和立功

(一) 要采取多种形式,广泛宣传刑法关于自首、立功等从宽处理的刑事政策。各地

---

① 对其解读:《刑事审判参考》2004年第2辑总第37辑,第191~193页。
② 对其解读:《刑事审判参考》2002年第4辑总第27辑,第149~170、185~203页。

可选择一些因主动投案自首或者有立功表现而给予从轻、减轻、免除处罚的典型案件,公开宣传报道,敦促在逃的犯罪分子尽快投案自首,坦白交代罪行,检举、揭发他人的犯罪行为,提供破案线索,争取立功表现。

(二)要做好对犯罪分子家属、亲友的政策宣传工作,动员他们规劝、陪同有拐卖妇女、儿童犯罪行为的亲友投案自首,或者将犯罪嫌疑人送往司法机关投案。对窝藏、包庇犯罪分子、阻碍解救、妨害公务,构成犯罪的,要依法追究刑事责任。

(三)对于投案自首、坦白交代罪行、有立功表现的犯罪嫌疑人,公安机关在移送人民检察院审查起诉时应当依法提出从轻、减轻、免除处罚的意见。

❾ 最高人民法院《关于处理自首和立功具体应用法律若干问题的解释》(1998年5月9日 法释〔1998〕8号)(节录)①

第一条 根据刑法第六十七条第一款的规定,犯罪以后自动投案,如实供述自己的罪行的,是自首。

(一)自动投案,是指犯罪事实或者犯罪嫌疑人未被司法机关发觉,或者虽被发觉,但犯罪嫌疑人尚未受到讯问、未被采取强制措施时,主动、直接向公安机关、人民检察院或者人民法院投案。

犯罪嫌疑人向其所在单位、城乡基层组织或者其他有关负责人员投案的;犯罪嫌疑人因病、伤或者为了减轻犯罪后果,委托他人先代为投案,或者先以信电投案的;罪行尚未被司法机关发觉,仅因形迹可疑,被有关组织或者司法机关盘问、教育后,主动交代自己的罪行的;犯罪后逃跑,在被通缉、追捕过程中,主动投案的;经查实确已准备去投案,或者正在投案途中,被公安机关捕获的,应当视为自动投案。

并非出于犯罪嫌疑人主动,而是经亲友规劝、陪同投案的;公安机关通知犯罪嫌疑人的亲友,或者亲友主动报案后,将犯罪嫌疑人送去投案的,也应当视为自动投案。

犯罪嫌疑人自动投案后又逃跑的,不能认定为自首。

(二)如实供述自己的罪行,是指犯罪嫌疑人自动投案后,如实交代自己的主要犯罪事实。

犯有数罪的犯罪嫌疑人仅如实供述所犯数罪中部分犯罪的,只对如实供述部分犯罪的行为,认定为自首。

共同犯罪案件中的犯罪嫌疑人,除如实供述自己的罪行,还应当供述所知的同案犯,主犯则应当供述所知其他同案犯的共同犯罪事实,才能认定为自首。

犯罪嫌疑人自动投案并如实供述自己的罪行后又翻供的,不能认定为自首;但在一审判决前又能如实供述的,应当认定为自首。

第二条 根据刑法第六十七条第二款的规定,被采取强制措施的犯罪嫌疑人、被告人和已宣判的罪犯,如实供述司法机关尚未掌握的罪行,与司法机关已掌握的或者判决确定的罪行属不同种罪行的,以自首论。

第三条 根据刑法第六十七条第一款的规定,对于自首的犯罪分子,可以从轻或者减

---

① 对其解读见:《解读最高人民法院司法解释·刑事、行政卷(1997~2002)》,第59~63页。

轻处罚；对于犯罪较轻的，可以免除处罚。具体确定从轻、减轻还是免除处罚，应当根据犯罪轻重，并考虑自首的具体情节。

第四条 被采取强制措施的犯罪嫌疑人、被告人和已宣判的罪犯，如实供述司法机关尚未掌握的罪行，与司法机关已掌握的或者判决确定的罪行属同种罪行的，可以酌情从轻处罚；如实供述的同种罪行较重的，一般应当从轻处罚。

❿ 最高人民法院《关于适用刑法时间效力规定若干问题的解释》（1997 年 9 月 25 日 法释〔1997〕5 号）（节录）①

第四条 1997 年 9 月 30 日以前被采取强制措施的犯罪嫌疑人、被告人或者 1997 年 9 月 30 日以前犯罪，1997 年 10 月 1 日以后仍在服刑的罪犯，如实供述司法机关还未掌握的本人其他罪行的，适用刑法第六十七条第二款的规定。

⓫ 上海、北京、广东、湖北、江苏高级人民法院《〈人民法院量刑指导意见（试行）〉实施细则（试行）》（2010 年 10 月 1 日）

⓬《福建省高级人民法院〈人民法院量刑指导意见（试行）〉实施细则（试行）》（2010 年 9 月 30 日 闽高法发〔2010〕21 号）（节录）

三、常见量刑情节适用

12. 对于自首情节，综合考虑投案的动机、时间、方式、罪行轻重、如实供述罪行的程度以及悔罪表现等情况，确定从宽幅度。

（1）犯罪事实或者犯罪嫌疑人未被司法机关发觉，主动、直接投案构成自首的，可以减少基准刑的 20%～40%；

（2）犯罪事实或者犯罪嫌疑人已被司法机关发觉，但尚未受到调查谈话、讯问，或者未被采取强制措施，主动、直接投案构成自首的，可以减少基准刑的 10%～30%；

（3）并非出于被告人主动，而是经亲友规劝、陪同投案，或者亲友送去投案等情形构成自首的，可以减少基准刑的 30% 以下；

（4）罪行尚未被司法机关发觉，仅因形迹可疑被有关组织或司法机关盘问、教育后，主动交代自己的罪行构成自首的，可以减少基准刑的 30% 以下；

（5）犯罪嫌疑人、被告人如实供述司法机关尚未掌握的罪行，与司法机关已掌握的或判决确定的罪行不同，以自首论的，可以减少基准刑的 20% 以下；

（6）犯罪嫌疑人自动投案并如实供述自己的罪行后又翻供，但在一审判决前又能如实供述的，可以减少基准刑的 20% 以下；犯罪较轻的，可以减少基准刑的 40% 以上或者依法免除处罚。

14. 对于被采取强制措施的犯罪嫌疑人、被告人和已宣判的罪犯，如实供述司法机关尚未掌握的罪行，与司法机关已掌握的或者判决确定的罪行属同种罪行的，可以根据坦白罪行的轻重以及悔罪表现等情况，确定从宽的幅度。

（1）坦白司法机关尚未掌握的同种较重罪行的，可以减少基准刑的 20% 以下；

（2）坦白司法机关尚未掌握的同种较轻罪行的，可以减少基准刑的 10% 以下。

---

① 对其解读见：《解读最高人民法院司法解释·刑事、行政卷（1997～2002）》，第 3～7 页。

15. 对于当庭自愿认罪的，根据犯罪的性质、罪行的轻重、认罪程度以及悔罪表现等情况，可以减少基准刑的10%以下，依法认定自首、坦白的除外。

13 浙江省高级人民法院、省检察院《关于严格依法认定自首的通知》（2007年10月31日　浙高法〔2007〕248号）（节录）①

一、犯罪以后自动投案的认定

二、犯罪人向所在单位、城乡基层组织及有关人员投案的认定

三、注意区分陪送子女亲友归案与扭送子女亲友归案

四、应注意甄别侦查人员通过搜寻发现犯罪人使其归案与犯罪人主动去司法机关投案途中被司法机关发现而归案

五、要注意掌握形迹可疑盘问后交代犯罪事实与有犯罪嫌疑审查后交代的区别

六、纪检监察机关审查期间的自首认定

七、单位犯罪的自首认定

八、对自首案件的量刑把握

14 浙江省高级人民法院刑二庭《全省法院经济犯罪疑难问题研讨会纪要（二）》（2006年6月29日　浙高法刑二〔2006〕1号）（节录）

一、自首中"司法机关尚未掌握"的认定

犯罪嫌疑人先行实施的犯罪行为虽然已经被当地的司法机关掌握，但对现行犯罪进行侦查的司法机关，通常情况下难以了解到或发现该先行发生的犯罪事实的，可以视为"司法机关尚未掌握"。

二、单位犯罪中自首的认定

自首的成立条件同样适用于单位犯罪，即犯罪后自动投案，如实供述自己的罪行的，才能认定为自首。单位犯罪中的自首，一般根据下列原则分别认定：

（1）单位犯罪中直接负责的主管人员自动投案、如实供述单位犯罪事实的，应当认定单位自首，并依法对单位和直接负责的主管人员，其他直接责任人员予以从宽处罚。如果有的人员拒不到案或归案后没有如实供述自己罪行的，对该人员不予认定自首。

（2）单位犯罪中的其他直接责任人员先行投案并如实供述罪行，直接负责的主管人员归案后亦能如实供述犯罪事实的，可以认定单位自首；如果直接负责的主管人员拒不到案或归案后没有如实供述犯罪事实的，则只能对自动投案的直接责任人员认定自首。

15 上海市高级人民法院《刑法总则适用问题解答（试行）》，载《最新刑事法律文件解读》2005年第2辑总第2辑，第70～78页。（节录）

十一、如何认定自首问题？

（一）典型自首的认定

根据刑法第67条第1款的规定，自首的成立要件主要有两个：一是在犯罪以后能够自动投案；二是能够如实供述自己的罪行。具体可按下列情况掌握：

1. 自动投案的认定：自动投案，是指在犯罪事实或犯罪嫌疑人未被司法机关发觉，或

---

① 对其解读见：《刑事法律文件解读》2008年第4辑总第34辑，第36～47页。

者虽被发觉，但犯罪嫌疑人尚未受到讯问、未被采取强制措施时，主动向司法机关、所在单位、城乡基层组织或者有关负责人说明自己实施了犯罪（或某种犯罪）的行为。

犯罪嫌疑人因司法机关捎带口信或接到电话通知后，自动到司法机关接受询问或调查，并能如实供述罪行的，应当认定为自首。因司法机关的口头通知等不属于刑诉法规定的强制措施，故上述行为符合自动投案、如实供述罪行的要求。但是，如果犯罪嫌疑人到司法机关后矢口否认与司法机关所查询的犯罪存在任何关系的，不能认为是投案。因为，投案的内涵必然要求犯罪嫌疑人应当认罪或者至少应当承认自己的行为与犯罪案件存在关联或一定的责任。否则，犯罪嫌疑人虽然自动来到司法机关，但不能认定为自动投案。

如果司法机关对上述犯罪嫌疑人进行政策教育，并进一步收集新的证据，其后来作了如实供述的，应根据其供述时司法机关对犯罪事实掌握的程度，分两种情况作出认定：对于司法机关尚未掌握其实施犯罪的重要供述、根据现有证据和工作经验尚不能断定其为所查询犯罪的重大嫌疑人之时作出供述的，可按"仅因形迹可疑被有关组织查询而作供述"对待，认定为自首；对于在司法机关逐步掌握了其实施犯罪的重要证据，足以断定其为所查询之罪的重大嫌疑犯之后才作供述的，则应认定为坦白罪行，酌情从轻处罚。

海关、税务机关的调查部门依职权查获犯罪事实，并找到犯罪嫌疑人当面进行查询或核实，犯罪嫌疑人如实供述自己的罪行后被扭送移交司法机关处理的，对于此种在司法机关讯问或采取强制措施以前，犯罪嫌疑人已经作出如实供述的行为，不能认定自首。因为，该犯罪嫌疑人在供述前没有实施自动投案的行为，不能成立典型的自首；在被查询时，其犯罪事实已在有关组织的掌握之中，也不符合仅因形迹可疑被有关组织查询而作如实供述的规定，不能成立准自首；故只能以坦白罪行论，酌情从轻处罚。

2. 如实供述自己罪行的认定：如实供述自己的罪行，是指犯罪嫌疑人自动投案后，如实交代自己的主要犯罪事实的行为。

对于犯有数罪（含同种和异种数罪）的犯罪嫌疑人仅仅如实供述所犯数罪中的一罪或部分犯罪的，应当对其如实供述的一罪或部分犯罪依法认定自首。也就是说，如实交代自己的主要犯罪事实，应当是指行为人将自己实施的一个或数个独立构成犯罪的行为中的主要事实或情节交代清楚，并不意味着行为人要将自己所犯数罪中的大多数犯罪交代出来。但是，如果犯罪嫌疑人所供述的部分犯罪十分轻微，而故意隐瞒绝大部分同种犯罪事实或者异种重大犯罪事实，主观上显然存在避重就轻意图的，则对其所交代的轻罪也不能认定自首。

犯罪嫌疑人在自动投案时供述了一罪或部分犯罪，继而被采取强制措施，后经教育又如实供述了司法机关尚未掌握的其他（含同种和异种）犯罪的，应当一并认定为自首；即因自动投案原因被采取强制措施的犯罪嫌疑人所作的后续供述，不受最高人民法院所作司法解释中关于被司法机关采取强制措施的犯罪嫌疑人或被告人主动供述同种犯罪不作自首认定的限制。因为，我们不能要求实施了多种或多次犯罪的嫌疑人或被告人在自动投案时，就一次性地将全部罪行交代清楚，应当允许其有一个逐一回忆犯罪事实的过程或者进行适当考虑的机会。对于因被抓获而采取强制措施的犯罪嫌疑人所交代的同种犯罪事实，仍应依照司法解释的规定，以坦白罪行论处。

3. 自首后又翻供行为的认定

犯罪嫌疑人自动投案、如实供述罪行后又翻供的，原则上应以一审庭审结束前能否认罪作为自首成立与否的依据。具体认定应注意下列两种情况：

（1）犯罪嫌疑人自动投案后，在一审阶段翻供、二审期间又作如实供述的，二审法院不能认定自首。否则，容易滋长犯罪嫌疑人在一审判决前竭力抵赖，赖不掉二审时再作供述也不迟的负面心态。

（2）犯罪嫌疑人自动投案后，在一审判决前如实供述罪行，但在二审期间翻供的，二审法院不能改变自首的认定。因为，从改判的角度讲，一审判决既不存在认定事实的错误，也不存在适用法律不当的问题，因而改判无据。另一方面，取消自首也无实际意义，因为上诉不加刑是原则，二审法院不能因此给被告人加重刑罚。

（二）准自首的认定

1. 视为自动投案行为的认定

根据刑法和有关司法解释规定的基本精神，下列三种情况均可视为自动投案：一是并非出于犯罪嫌疑人的主动，而是经亲友规劝、陪同投案的；二是司法机关通知犯罪嫌疑人的亲友，或者亲友主动报案后，将犯罪嫌疑人送去投案或约定地点，等候公安人员抓捕犯罪嫌疑人的；三是近亲属了解到犯罪嫌疑人的藏匿地点后，积极协助公安人员前往抓获，犯罪嫌疑人并不拒捕而予配合的。如果上述三种犯罪嫌疑人到案后能够如实供述罪行的，应当认定自首。

2. 司法机关尚未掌握之罪的认定

根据刑法第67条第2款的规定，被采取强制措施的犯罪嫌疑人、被告人和已宣判的罪犯，如实供述司法机关尚未掌握的罪行，与司法机关已经掌握的或者判决确定的罪行属于不同种罪行起诉或审判犯罪嫌疑人、被告人的司法机关（即直接办案单位）和其他司法机关均未掌握的犯罪嫌疑人先行实施的非同种犯罪事实。

如果犯罪嫌疑人或被告人先行实施的犯罪行为已被当地的司法机关掌握，但因地处偏僻、路途遥远（如境外）或通讯不便等原因，客观上使现行羁押该犯罪嫌疑人的司法机关在对现行犯罪的侦查、起诉或审判过程中，通常难以了解到或发现该先行发生的犯罪事实的，可以将该先行实施的犯罪视为"司法机关尚未掌握"之罪。

如果犯罪嫌疑人或被告人主动交代的是被其他或异地公安机关通缉的犯罪事实的，因该种犯罪事实在对现行犯罪的侦查、起诉或审判过程中一般均能被查实，故不属于主动交代"司法机关尚未掌握"的罪行，不能认定为自首。

3. 因形迹可疑被查询能否成立自首问题

根据最高人民法院所作司法解释的规定，犯罪尚未被发觉，仅因形迹可疑被有关组织查询，经教育能如实供述自己的罪行的，应当认定为自首。所谓仅因形迹可疑被有关组织查询，是指公安机关、人民检察院、保安部门或其他有关组织在没有掌握犯罪的基本事实（即何人在何时何地实施了何种犯罪）或者足以断定某人实施了某种犯罪的重要证据之时，仅凭工作经验或个别线索对被怀疑对象进行的询问或调查。认定此种准自首，重点在于分析犯罪嫌疑人作如实供述前，司法机关或有关组织对犯罪事实及其证据掌握的程度。具体

应注意下列问题:

(1) 在司法机关尚未发现犯罪事实的场合,可分两种情况分别认定:①如果公安人员、治安联防队员临时发现某人形迹可疑而作查询,犯罪嫌疑人在被一般查询时就能及时供述自己的主要罪行的,应当认定为自首。②如果犯罪嫌疑人在被一般查询时不作交代,公安人员、治安联防队员根据被查询者随身携带物品的可疑性(如赃物)或者与群众所描述的某种犯罪之嫌疑人在体貌特征、活动规律等方面的相似性,足以断定被查询者有实施某种犯罪的重大嫌疑,并将其带到警署或其他特定场所再作进一步盘查、教育时,犯罪嫌疑人自知难以抵赖才作供述的,可以认定为坦白罪行,酌情从轻处罚。

(2) 在司法机关已经发现犯罪事实,但尚未查明犯罪人的场合,可按下列两种情况分别认定:①如果公安或检察人员仅凭工作经验或个别线索对某人或某几人有所怀疑而作调查询问,犯罪嫌疑人经政策教育后出于主动认罪的心理、如实交代罪行的,应当认定为自首。②如果公安、检察人员在一段时期内查清案情多次找被怀疑者询问情况,并不断发现其陈述中的破绽或新的证实其犯罪的证据,尽管现有证据尚欠充分、不能完全证实其犯罪,但公安、检察人员凭借办案经验和现有证据表明的其实施犯罪的可能性,已将其列为案件的重大嫌疑人,被查询者系经突破心理防线才作供述的,因其相对缺少自首所要求的认罪的主动性,故只能认定为坦白罪行,酌情从轻处罚。

(3) 对于刑法中明文将持有行为规定成罪的犯罪而言,如果公安人员、治安联防队员等在公共场所(如车站、机场、列车上等)因怀疑某人非法携带违禁物品而对其进行一般查询时,其能及时交出随身携带的毒品、枪支弹药或假币等非法物品并作有罪供述的,可以认定为仅因形迹可疑被查询而如实交代罪行的行为,认定为自首。如果上述人员在一般查询中不作交代,被带入民警室或其他特定场所后被勒令交出或搜出上述非法物品,然后才作如实供述的,一般只能认定为坦白罪行,酌情从轻处罚。

(4) 对于仅因形迹被查询的共同犯罪嫌疑人,如果其被查询的时间或顺序有先后之分,只要在第一次被询问就能及时交代共同犯罪事实的,均可以自首论。

4. 因赃物犯罪被查获而交代主罪能否成立自首问题

先行实施了盗窃、诈骗或抢劫等行为的犯罪嫌疑人在窝藏、转移或销售赃物过程中被查获,其后如实交代司法机关尚未掌握的盗窃、诈骗或抢劫等主要犯罪事实的,应当以自首论。如果司法机关系在发现了盗窃、诈骗或抢劫等犯罪事实,正在追查犯罪嫌疑人过程中查获相关的赃物犯罪,能立即将赃物犯罪与所追查之盗窃等罪相联系,并就赃物和盗窃等犯罪对犯罪嫌疑人一并进行讯问的,此种情形下犯罪嫌疑人对自己实施的盗窃等主要犯罪事实的供述,因通常已失去"仅因形迹可疑被查询"的前提条件,一般认定为坦白罪行,酌情从轻处罚。

5. 实施一般违法行为被抓获后,主动交代司法机关尚未掌握的同种违法或者犯罪行为被追诉的,能否视为自首的问题

根据刑法第67条第2款的规定及1998年最高人民法院《关于处理自首和立功具体应用法律若干问题的解释》第2条的精神,被采取强制措施的犯罪嫌疑人如实交代司法机关尚未掌握的同种犯罪事实的,不能认定为自首。之一规定表明,司法机关已经掌握的与行

为人之后如实交代的均是独立构成犯罪且性质相同的危害行为。倘若行为人实施一般违法行为被抓获，一般不会被采取强制措施，也不会被视为犯罪嫌疑人，更谈不上其违法行为构成同种罪的问题。故上述法条及司法解释对认定自首所作的限定，不适用于行为人实施一般违法行为被抓获后，主动交代司法机关尚未掌握的同种违法或者犯罪行为的情况。由于行为人仅因实施一般违法行为被抓获，其如实交代行为是受到刑事追诉的重要原因，既反映了行为人具有认罪的主动性，也由此带来司法的经济性，符合自首制度的立法精神，应当认定为自首。

（三）关于单位犯罪中的自首问题

单位犯罪的自首，一般按下列三种情况分别认定：

1. 单位犯罪中直接负责的主管人员或者经授权的其他直接责任人员自动投案、如实交代单位犯罪事实的，应当认定单位自首，并依法对犯罪单位和其中的自然人给予从宽处罚。如果单位犯罪中有的自然人拒不到案或到案后不如实交代罪行的，对其不予认定自首。

2. 单位犯罪中的其他直接责任人员先行投案并如实交代罪行，直接负责的主管人员到案后亦能供述主要犯罪事实的，可以单位自首论；如果直接负责的主管人员拒不到案或到案后不如实交代罪行的，则只能认定自动投案的其他直接责任人员成立自首。

3. 没有参与单位犯罪的单位负责人主动报案，参与单位犯罪的有关人员到案后能如实交代单位犯罪事实的，可以单位自首论，并依法对犯罪单位及其中的自然人给予从宽处罚。如果有的自然人拒不到案或到案后不如实交代罪行的，对其不予认定自首。

⓰ 浙江省高级人民法院刑一庭、刑二庭《关于执行刑法若干问题的具体意见（三）》（2000年12月27日 浙高法刑〔2000〕3号）（节录）

2. 经查确已准备去投案，被公安机关捕获的，根据司法解释，应当视为自动投案。认定时应综合分析，一般必须有自首的言语和行动，并经查证属实，不能仅依供述认定，对犯罪后是否去投案犹豫不决时被捕获的，不能认定为准备去投案。

3. 罪行尚未被司法机关发觉，仅因形迹可疑，被有关组织或者司法机关盘问、教育后，主动交代自己的罪行的，根据司法解释，应当视为自动投案。司法机关尚不知发生了该起犯罪，或者知道有该起犯罪发生但没有发觉被盘查人可能就是实施者，在一般性盘问的情况下，可疑人主动交代出司法机关意料之外的罪行，才可视为主动投案。对行为人携带可疑物品，有理由怀疑其曾实施非法行为，在无法抵赖罪证情况下供认罪行的，一般不能认定为自首。

4. 司法机关尚未掌握的罪行，是指正在侦查、起诉或审判犯罪嫌疑人或被告人的司法机关和其他司法机关均未掌握的非同种犯罪事实。如果先行发生的犯罪事实已被犯罪地的司法机关掌握，但因地处偏僻，路途遥远或通讯不便等原因，客观上使羁押地的司法机关在侦查、起诉或审判过程中通常难以发现该先行的犯罪事实的，可以视为"司法机关尚未掌握"。如果犯罪嫌疑人或被告人主动交代的是被其他或异地公安机关通缉的犯罪事实的，一般不属于主动交代"司法机关尚未掌握"的罪行，不能以自首论。

学理观点·典型案例 → 索引与要旨

❶ 人大《刑法修正案（八）》①

❷ 《张春亭故意杀人、盗窃案》，载《刑事审判参考》2011年第4辑总第81辑，第20～25页。

核心提示 → 交代司法机关尚未掌握的案发起因构成其他犯罪的，是否属于自首？

❸ 《王志勤贪污、受贿案》，载《刑事审判参考》2011年第3辑总第80辑，第1～7页。

要旨 → 余罪自首的证据要求与证据审查。

❹ 《谭继伟交通肇事案》，载《刑事审判参考》2011年第3辑总第80辑，第8～15页。

要旨 → 交通肇事后报警并留在现场等候处理的，应认定为自动投案。

❺ 《王友彬交通肇事案》，载《刑事审判参考》2011年第3辑总第80辑，第16～24页。

核心提示 → 交通肇事后逃逸又自动投案的构成自首，但在逃逸情节的法定刑幅度内视情决定是否从轻处罚？

❻ 《熊华君故意伤害案》，载《刑事审判参考》2011年第3辑总第80辑，第25～28页。

核心提示 → 现场待捕型自首的认定条件

❼ 《吕志明故意杀人、强奸、放火案》，载《刑事审判参考》2011年第3辑总第80辑，第29～35页。

核心提示 → 如何认定"送亲归案"情形下的自动投案？

❽ 《袁翌琳故意杀人案》，载《刑事审判参考》2011年第3辑总第80辑，第36～41页。

核心提示 → 对亲属报警并协助公安机关抓获被告人行为的认定

❾ 《周元军故意杀人案》，载《刑事审判参考》2011年第3辑总第80辑，第42～51页。

要旨 → 不明知自己已被公安机关实际控制而投案的，不认定为自首，但可酌情从轻处罚。

❿ 《张某等抢劫、盗窃案》，载《刑事审判参考》2011年第3辑总第80辑，第52～61页。

核心提示 → 接受公安人员盘问时，当场被搜出与犯罪有关物品后，才交代犯罪事实的，不视为自动投案

---

① 对其解读见：《刑事审判参考》2011年第4辑总第81辑，第83～117页以及《公检法办案指南》2011年第3辑总第135辑，第13～121页。

⑪《蒋文正爆炸、敲诈勒索案》，载《刑事审判参考》2011 年第 3 辑总第 80 辑，第 62～68 页。

核心提示 ➡ 余罪自首中如何认定"不同罪行"和"司法机关已掌握的罪行"？

⑫《刘长华抢劫案》，载《刑事审判参考》2011 年第 3 辑总第 80 辑，第 69～75 页。

核心提示 ➡ 如何判断行为人是属于"形迹可疑"还是"犯罪嫌疑"？

⑬《李吉林故意杀人案》，载《刑事审判参考》2011 年第 3 辑总第 80 辑，第 76～83 页。

核心提示 ➡ 如实供述杀人罪行后，又翻供称被害人先实施严重伤害行为的，能否认定为对主要犯罪事实的翻供？

⑭《自首认定中的若干疑难问题探析》，载《刑事司法指南》2011 年第 3 辑总第 47 辑，第 32～43 页。

要旨 ➡ 一、如何认定"自动投案"：1. 只是向公安机关报案称有情况发生，而不明确说明自己就是作案人，能否认定；2. 共同犯罪人在得知同案犯已经报警的情况下，对同案犯报警行为未置可否，能否认定；3. 作案后被群众围堵在作案现场走投无路、被迫打电话投案，能否认定；4. 昏迷状态下被亲友送交公安机关，能否成立；5. 向被害人家属坦白罪行，能否认定；6. 自动投案后又自杀能否认定。

二、自动投案后故意歪曲犯罪动机能否认定为如实供述。

⑮《刑法修正案（八）》（节录）①

⑯《交通肇事后没有逃逸的能够成立自首》，载《刑事法律文件解读》2010 年第 4 辑总第 58 辑，第 98～104 页。

⑰《张东生故意杀人案》，载《刑事审判参考》2010 年第 1 辑总第 72 辑，第 15～19 页。

要旨 ➡ 具备自首条件，其亲属不配合抓捕的不影响自首的成立。

⑱《余罪自首成立的若干问题解析》，载《刑事司法指南》2010 年第 3 辑总第 43 辑，第 199～208 页。

⑲《被采取强制措施期间逃跑后又主动归案可否成立自首》，载《公检法办案指南》2010 年第 5 辑总第 125 辑，第 179～186 页。

⑳《非典型性自首认定的若干问题探讨》，载《公检法办案指南》2010 年第 1 辑总第 121 辑，第 152～165 页。

㉑《彭佳升贩卖、运输毒品案》，载《刑事审判参考》2009 年第 6 辑总第 71 辑，第 48～53 页。

要旨 ➡ 因运输毒品被抓获后又如实供述司法机关未掌握的贩卖毒品罪行不构成自首。

㉒《周小华受贿案》，载《刑事审判参考》2009 年第 5 辑总第 70 辑，第 66～73 页。

---

① 对其解读见：《公检法办案指南》2011 年第 3 辑总第 135 辑，第 13～121 页。

要旨➡检察机关掌握的事实未被法院认定为犯罪,被告人主动交代其余犯罪事实的,构成自首。

㉓《闫光富故意杀人案》,载《刑事审判参考》2009 年第 4 辑总第 69 辑,第 9~14 页。

要旨➡犯罪嫌疑人在公安机关通知后到案,但在公安机关掌握部分证据后始供述的,不能认定为自首。

㉔《王秋明故意伤害案》,载《刑事审判参考》2009 年第 1 辑总第 66 辑,第 42~47 页。

核心提示➡被告人案发后电话报警的行为是否成立自首?

㉕《翁见武故意杀人案》,载《刑事审判参考》2009 年第 1 辑总第 66 辑,第 22~27 页。

要旨➡被告人报警后又继续实施犯罪行为的,构成自首。

㉖《殷某某故意伤害案》,载《刑事法律文件解读》2009 年第 11 辑总第 53 辑,第 109~112 页。

核心提示➡犯罪后听从老师安排,在现场等待警方到来能否视为"自首"?

㉗《自首当中自动投案的认定问题研究》,载《刑事法律文件解读》2009 年第 7 辑总第 49 辑,第 112~119 页。

㉘《当前自首司法认定中的若干问题》,载《公检法办案指南》2009 年第 1 辑总第 109 辑,第 162~173 页。

㉙《张俊杰故意杀人案》,载《刑事审判参考》2008 年第 6 辑总第 65 辑,第 1~6 页。

要旨➡被告人家属虽报案,但并未送被告人归案,在警方到达现场后被告人未自愿将自己置于司法机关控制之下的,不成立自首。

㉚《犯罪后明知他人已经报警而等候警方前来处理能否认定为自首?》,载《刑事审判参考》2008 年第 2 辑总第 61 辑,第 84~86 页。

㉛《赵春昌故意杀人案》,载《刑事审判参考》2008 年第 1 辑总第 60 辑,第 41~45 页。

核心提示➡如何认定"经查实确已准备去投案"的自首?

要旨➡本案犯罪嫌疑人赵春昌在其犯罪事实已被公安机关发觉后外逃期间,其亲属应公安机关的要求,规劝赵春昌投案自首,赵同意投案,其亲属遂将赵愿意投案的情况报告警方,并到村口带领公安人员到家中将在家中等候的赵春昌抓获归案。可以看出,在主观上,赵春昌已经明确表示同意投案;客观上,其亲属打电话将赵春昌投案的意愿通知警方并带领警方在家中将其抓获,赵春昌在被抓获时没有抗拒。

㉜《如何区分形迹可疑与犯罪嫌疑,如何认定余罪自首》,载《刑事法律文件解读》2008 年第 3 辑总第 33 辑,第 125~126 页。

㉝《"准自首"制度在宽严相济刑事司法政策中的应用》,载《公检法办案指南》

2008 年第 7 辑总第 103 辑，第 117~119 页。

㉞《沈利潮抢劫案》，载《刑事审判参考》2007 年第 6 辑总第 59 辑，第 32~37 页。

核心提示 ➡ 行政拘留期间交代犯罪行为的能否认定首？

要旨 ➡ 本案被告人沈利潮在侦查机关掌握了一定犯罪证据并将其确定为犯罪嫌疑人的情况下，以其他行政违法行为将其行政拘留，沈在行政拘留期间被动交代犯罪事实的行为不能认定为自首。

㉟《刘兵故意杀人案》，载《刑事审判参考》2007 年第 6 辑总第 59 辑，第 13~18 页。

核心提示 ➡ 如何认定自动投案中的"形迹可疑"？

㊱《田成志集资诈骗案》，载《刑事审判参考》2007 年第 6 辑总第 59 辑，第 8~12 页。

要旨 ➡ 我们认为不能一概而论，需要根据具体情况进行判断。虽然其亲属提供线索的行为从一定程度上降低了侦破的难度，但并没有达到自动投案所实现的大幅节约司法资源的程度。因此，对本案被告人田成志亲属田某提供线索，由侦查机关将田成志抓获的情况，不能认定为"自动投案"。

㊲《周建龙盗窃案》，载《刑事审判参考》2007 年第 2 辑总第 55 辑，第 41~49 页。

核心提示 ➡ 向被害人投案的行为是否认定为自首？

要旨 ➡ 仅仅向被害人承认作案没有接受司法机关处理意愿的行为不能认定为自首。

㊳《当事人所在的外籍船舶及执行航行职务的大副、二副是否可视为我国刑法意义上的"单位"和"单位负责人"》，载《刘元付故意杀人案》以及《最新刑事法律文件解读》2007 年第 2 辑总第 26 辑，第 294~301 页。

㊴《如何认定自首中的"形迹可疑"》，载《公检法办案指南》2007 年第 4 辑总第 88 辑，第 178~181 页。

㊵《何荣华强奸、盗窃案》，载《刑事审判参考》2006 年第 5 辑总第 52 辑，第 16~21 页。

核心提示 ➡ 如何理解"如实供述司法机关还未掌握的本人其他罪行"？

㊶《从一起个案看共犯的自首与立功的区别》，载《刑事审判参考》2006 年第 4 辑总第 51 辑，第 165~170 页。

核心提示 ➡ 如何区分共犯自首的"供述所知的同案犯"与立功的"检举、揭发他人犯罪行为""协助司法机关抓捕同案犯"？

㊷《陈国策故意伤害案》，载《刑事审判参考》2006 年第 3 辑总第 50 辑，第 9~13 页。

核心提示 ➡ 实施犯罪行为后滞留犯罪现场等候警方处理的行为能否认定自动投案？

要旨 ➡ 1. 被告人滞留作案现场等候警方处理的行为，具有自动性，应当视为自动投案。2. 被告人在被警方带到医院治疗期间，如实供述了本人及同案人的主要犯罪事实，符合"如实供述罪行"的条件。

㊸《董保卫、李志林等盗窃、收购赃物案》,载《刑事审判参考》2006年第1辑总第48辑,第23～29页。

核心提示➡被告人因只分得少量赃物且听说举报能领取奖金,遂到被盗单位举报,能否认定自首?如何准确区分被告人的合法辩解和不如实供述?

要旨➡如实供述的核心内容在"客观事实"而非"主观心理"。故合法辩解和不如实供述的区别就在于,不承认或推翻有罪供述的内容是主观认识还是客观事实。如果行为人不否认或基本不否认犯罪行为的客观事实方面,不论是否认其主观犯罪故意,还是否认其客观行为的犯罪性质,均属于辩解,不影响自首的成立。但需注意的是,在共同犯罪中,犯罪故意的串通,即共谋本身不仅是一种主观心理态度,而且是一种客观行为,属于应如实交代的"客观事实",辩解中对主观故意的否定不包含对共谋行为及内容的否定,如果犯罪分子不如实交代共谋的过程及内容,就不能认为是作如实供述,也就不应认定为自首。

㊹《自首情节在量刑中的运用问题》,载《刑事司法指南》2006年第3辑总第27辑,第196～202页。

㊺《孙传龙故意杀人案》,载《刑事审判参考》2005年第6辑总第47辑,第5～11页。

核心提示➡将亲友带领公安人员抓获犯罪嫌疑人认定为自首需要具备什么条件?

要旨➡对自首的认定不应局限于动机的种类。认定的条件:首先,亲友有积极协助侦查人员抓获犯罪嫌疑人的行为。其次,犯罪嫌疑人在亲友带领公安人员抓获时,要予以配合。

㊻《梁国雄、周观杰等贩卖毒品案》,载《刑事审判参考》2005年第6辑总第47辑,第34～46页。

核心提示➡犯罪嫌疑人归案后,在协助追逃中失控,再去投案的能否认定自首?

要旨➡在公诉机关未就被告人的自首、立功情节进行起诉的情况下,人民法院能否直接认定被告人的自首或立功情节问题。刑法和司法解释关于自首的规定,并未对何时才能投案予以时间上的限制。实践中不论是侦查人员让犯罪嫌疑人去协助抓获其他犯罪嫌疑人,还是该犯罪嫌疑人脱逃,只要其能够再到司法机关投案,就应认定其具有投案行为,如果能够如实供述所犯罪行,就应认定其具有投案自首情节。

㊼《周文友故意杀人案》,载《刑事审判参考》2005年第5辑总第46辑,第30～40页。

核心提示➡被告人只承认捅了死者胸部一刀,明显与尸检结论的五处创口不符,能否认定"如实供述自己的罪行"?

要旨➡周文友归案后,能够供述自己持刀杀死被害人的事实,且一直稳定,犯罪的性质和主要情节已经清楚,犯罪的动机也已经讲明,应当认为其对主要犯罪事实作了供述。至于周文友辩解自己的行为属正当防卫不构成犯罪,以及作案的具体细节与有关证据不尽一致,只是对犯罪性质的认识理解和记忆的问题,这与否认犯罪或避重就轻不同。

㊽《王春明盗窃案》,载《刑事审判参考》2005年第4辑总第45辑,第15～17页。

核心提示➡被口头或电话传唤到案后,如实供述自己罪行能否认定为自首?

要旨➡实践中，经常遇到公安机关根据被害人的举报，认为犯罪嫌疑人可能构成犯罪，但对犯罪嫌疑人尚未进行讯问，也未采取强制措施，而是用打电话或者捎口信的形式传唤犯罪嫌疑人到案，犯罪嫌疑人到案后即如实交代了自己的犯罪行为。是否应认定自首，存在争议。我们认为，是否认定自首，关键在于犯罪嫌疑人经传唤到案是否属于自动投案。首先，传唤不属于强制措施。其次，经传唤到案的犯罪嫌疑人具有归案的自动性和主动性。

(49)《乌斯曼江、吐尔逊故意伤害案》，载《刑事审判参考》2005年第3辑总第44辑，第53～58页。

要旨➡被公安机关当作"目击证人"带回询问未如实供述，被确定为犯罪嫌疑人后才如实供述的不认定自首。

(50)《曹军受贿案》，载《刑事审判参考》2005年第1辑总第42辑，第62～71页。

核心提示➡根据群众举报立案侦查，被告人在被第一次讯问后，如实交代受贿全部事实，但举报的内容不构成受贿，应否认定自首？

要旨➡南通市人民检察院根据群众举报，以涉嫌犯受贿罪决定对被告人曹军立案侦查。曹军在被检察机关第一次讯问后，如实交代了其受贿犯罪的事实。但群众举报曹军收受高某财物的行为，经查不构成受贿罪。一、二审法院均认为曹军在涉嫌受贿犯罪被侦查机关审查时，主动交代司法机关尚未掌握的全部犯罪事实，应视为自首。

(51)《叶某某盗窃汽车被抓获后又逃跑案》，载《最新刑事法律文件解读》2005年第8辑总第8辑，第129～132页。

要旨➡留置盘问期间逃跑后又主动归案应认定为自首。

(52)《杨永明、孙承贵等诈骗案（陕西宝马彩票案）刑事判决书》，载《最新刑事法律文件解读》2005年第6辑总第6辑，第103、114～116页。

核心提示➡潜逃期间写了犯罪事实材料，但未寄出能否认定自首？

(53)《刘克田受贿案辽宁省鞍山市中级人民法院刑事判决书》，载《刑事审判参考》2004年第6辑总第41辑，第175～187页。

核心提示➡"两规"期间交代犯罪事实能否认定自首？

要旨➡不属于自动投案。

(54)《李华故意杀人案判决书》，载《刑事审判参考》2004年第5辑总第40辑，第181～188页。

核心提示➡逃往外地后，曾给单位部门负责人打电话表示要回来但未回来，被抓获后主动供认犯罪事实应否认定自首？

要旨➡被告人作案后驾车逃离本市，尽管不排除有其他动机，但其在与有关人员通话联系时，拒绝回答自己所处的地点，直至被抓获为止实际上一直在逃跑过程中；被告人虽然曾向有关人员表示将回无锡，但其心存侥幸四处逃避，逃跑途中使用他人的身份证掩盖自己的真实身份，在昆明归案时尽管主动供认了自己的身份和犯罪事实，但其早已处于公安机关的布控之下，故其行为不符合自首的法律特征。

(55)《宋志强故意伤害案山东省东营市中级人民法院刑事判决书》（〔2004〕东刑一初

字第 10 号），载《刑事审判参考》2004 年第 5 辑总第 40 辑，第 189~199 页。

核心提示 ➡ 被告人对行为性质的辩解不影响自首的成立？

要旨 ➡ 被告人虽当庭辩解自己伤害被害人的行为是误伤，但其对基本事实还是认可的，其辩解属于对自己行为性质的辩解。

56《刘群、李国才抢劫、诈骗、盗窃案》，载《刑事审判参考》2004 年第 2 辑总第 37 辑，第 37~46 页。

要旨 ➡ 自首和坦白的从宽处理只适用具体罪名，并不适用数罪中的其他罪行。犯有数罪的被告人，对于其自首或者坦白的罪行，可以在对该罪名裁量决定刑罚上适用自首或坦白的有关规定；对于其没有自首或者坦白的罪名，则不能适用这些规定。

57《厦门万安橡塑制品有限公司及其经理尤杨宇偷税后自首案（自首）》，载《人民法院案例选》2004 年专辑总第 47 辑。

要旨 ➡ 单位的实际经营管理者如实交代其个人和单位尚未被掌握的犯罪事实，其行为代表了单位的自首意愿和行为，单位也应认定为自首。

58《龚春雷故意伤害案》，载《刑事审判指导》2004 年第 1 辑总第 1 辑以及《谢源初故意伤害案》，载《刑事审判指导》2004 年第 1 辑总第 1 辑。

核心提示 ➡ 犯罪后潜逃国外，因非法入境被外国警方扣押，在此期间主动供述其在国内所犯罪行的，能否认定为自首？

59《龚春雷故意伤害案》，载《刑事审判指导》2004 年第 1 辑总第 1 辑。

核心提示 ➡ 亲友将犯罪嫌疑人捆绑后及时报请公安机关将其抓获的，能否认定为犯罪嫌疑人"自动投案"？

60《孙国雨强奸、抢劫、盗窃案》，载《经济犯罪审判指导》。

要旨 ➡ 因犯罪被抓获逃跑后又主动投案应认定为自首。

61《谭宏受贿案》，载《经济犯罪审判指导》2004 年第 2 辑总第 6 辑。

要旨 ➡ 被采取强制措施后如实供述与司法机关已掌握罪行的同种罪行，如"已掌握罪行"经人民法院审理不予认定，应以自首论。

62《陈拥军等职务侵占、公司企业人员受贿案》，载《经济犯罪审判指导》2004 年第 1 辑总第 5 辑。

要旨 ➡ 一审翻供二审又如实供述，不能认定为自首。

63《关于自首和立功中的问题》，载《刑事审判要览》2004 年第 4 辑总第 10 辑，第 6~23 页以及《关于自首和立功问题的认定与处理》，熊选国，载《刑事司法指南》2004 年第 4 辑总第 20 辑，第 1~20 页。

要旨 ➡ 一、关于自首的认定：

1. 关于自首的认定条件；成立自首主要具备两个条件：第一个条件是犯罪以后能够自动投案；第二个条件是能够如实交代自己的罪行。刑法修改时之所以删掉"接受审查和裁判"这个条件，主要是基于两个考虑：一是接受国家审查和裁判，已经体现在自动投案，如实交代自己的罪行里面去了，它包含在前两个条件之中。自动投案，如实交代自己的罪行，引起的法律后果就是国家审查和裁判，具备这两个条件，就表明犯罪嫌疑人或者被告人愿意接受国家的审查和裁判。二是单独讲接受国家审查和裁判这个条件，在实践中有时不好理解，不好操作。在司法实践中，容易把被告人的辩护、辩解，也认为是不愿意接受审查和裁判。

虽然删除了"接受审查和裁判"这个条件，但过去我们在司法实践中有关这个条件规定的内容，这次司法解释还是把它吸收进来了，表现在两个方面：一方面，投案以后又逃跑的，这种情况不算自首。因为尽管开始自动投案，但是后来跑了，等于还是没有投案。另一方面，先如实交代，后又翻供，也不能认定是自首。当然最高人民法院《关于处理自首和立功应用法律若干问题的解释》也规定了一条，如果开始翻供，后来又如实供述的，虽然口供有反复，但是在一审审判以前又如实供述的，也应当认定为自首，这样尽量鼓励犯罪分子投案自首。

2. "如实供述自己的罪行"的认定：最高人民法院《关于处理自首和立功应用法律若干问题的解释》第1条第（2）项规定，"如实供述自己的罪行，是指犯罪嫌疑人自动投案后，如实交代自己的主要犯罪事实"。正确理解该解释的这一规定，要注意以下问题：1. 对于犯数罪（含同种和异种数罪）的犯罪嫌疑人，如实交代自己的主要犯罪事实，是指行为人将自己实施的一个或数个独立构成犯罪行为中的主要事实或情节交代清楚，并不要求行为人将自己所犯数罪中的大多数犯罪交代出来。实践中，对于有的犯罪嫌疑人回避主罪、重罪，供述轻罪、从罪的情形，有的同志认为这是犯罪嫌疑人避重就轻，意图蒙骗过关，不宜认定为自首。笔者认为，刑法确定自首制度，并不以犯罪嫌疑人真正认罪为条件，这种情况下行为人已经如实交代了某一罪的主要事实，符合自首的条件。而且对这种情况认定为自首，既体现了刑事政策，也不会轻纵犯罪分子。4. "如实供述"应当在"一审判决前"作出。犯罪嫌疑人自动投案后，在一审判决前如实供述罪行，但在二审期间翻供的，二审法院不能改变自首的认定。因为在这种情况下，二审法院不能给被告人加重刑罚，取消自首无实际意义。

3. 过失犯罪自首的认定：过失犯罪与故意犯罪具有不同的特点。在过失型犯罪中，由于造成危害结果原因的复杂性，行为人可能并未意识到自己的行为是造成危害结果的直接原因，没有认识到自己的行为构成犯罪。在这种情况下，必须要求行为人事先主动向司法机关或者有关组织投案，不合情理。因此，如果司法机关在向其了解案情时，即主动如实交代了自己的所作所为的，可视为自首。当然有，认定过失犯罪自首，也不能一概而论。有的过失犯罪，危害结果与行为人过失行为之间的因果关系非常清楚，如交通肇事罪，对其认定应与故意犯罪相同，即行为人必须具备自动投案的条件。

4. 几种特殊情况自首的认定：

（1）关于罪行尚未被司法机关发觉，仅因形迹可疑被有关组织或司法机关盘问、教育后，主动交代自己的罪行，认定为自首的问题；如刘某深夜盗窃他人摩托车一辆，但无法发动车子，便将车子推往住处。路上碰到民警巡逻，民警见其深夜推车而不骑车，觉得可疑，便拦住盘问。刘某便主动交代了盗窃事实。该案事实简单清楚，但在关于刘某是否存在自首情节这个问题上却颇有争议。司法实践中认定"形迹可疑型自首"，关键应把握以下两点：一是看司法机关是否掌握了行为人犯罪的一定证据或者线索；二是看行为人当时不如实交代是否能自圆其说，能否作出合理的解释。如前述刘某盗窃一案，一是刘某被民警发现时，赃物摩托车正在他手上，此时盗窃犯罪虽还未被司法机关发现，但对赃物的持有状态足以说明他当时不仅形迹可疑，而且具有犯罪嫌疑。民警根据物证，有理由怀疑刘某实施了与该赃物有关的犯罪，这种怀疑以证据为基础，是对证据进行分析、判断的结果。二是刘某没有合法手续，无法对赃物摩托车的情况进行合理的解释，所以不得不选择交代自己的罪行，这种交代是在证据面前被迫作出的无奈之举，属于被动交代。因此，不构成自首。与此类似，如果司法机关掌握有一定的线索，已将行为人纳入排查范围，或者行为人因"形迹可疑"被盘问时不作交代，被带入民警室或其他特定场所后被勒令交出或者搜出其身上或者所携物品能证实其有实施犯罪嫌疑的，如枪支、毒品、赃物等，行为人被迫交代了自己罪行的，不能认定为自首。相反，如果侦查人员仅凭工作经验对某人有所怀疑而作调查询问，犯罪嫌疑人经政策教育后如实交代罪行的，或者公安人员、联防队员等在公共场所（如车站、机场、列车上等）因怀疑某人携带违禁物品而对其进行一般查询时，其能及时交出随身携带的毒品、枪支、弹药或者假币等非法物品并作有罪供述的，可以认定为自首。

（2）关于向纪检监察机关如实交代罪行的自首的认定：一般来讲，"双规"期间交代犯罪事实分4种情形：一是举报人举报被查处人的犯罪事实比较清楚，也有一定的真实证据的，被查处人在"双规"前期心存侥幸，百般抵赖，妄图蒙混过关，但在纪检人员出示有关证据以后，才不得不交代自己的犯罪事实；二是纪检部门虽事前掌握有关事实和证据，但尚未告知被"双规"的被查处人时，被查处人经过教育便主动如实交代了自己的犯罪事实；三是虽有举报，举报内容后来经查不实，但被"双规"的被查处人却主动交代了不为人知的犯罪事实；四是虽有举报，但被"双规"的被查处人在如实交代了不被举报的犯罪事实以外，还主动交代了纪检部门和司法机关事前并不掌握的其他犯罪事实。第一种情形中，被查处人不是自愿交代自己的罪行的，当然不能视为自动投案，不构成自首。第二种情形中，纪检部门事前掌握了被查处人的犯罪事实，但尚未向其出示证据，对是否认定为自首实践中有两种意见。根据我国国情，中央确定的反腐败领导机制和工作机制是"党委统一领导、党政齐抓共管、纪委组织协调、部门各负其责、依靠群众的支持和参与"，纪委在查处反腐败犯罪案件中起至关重要的作用。在纪检监察部门已经掌握了行为人犯罪的一定线索和证据的前提下，对其采取"双规"措施，行为人如实交代其犯罪事实的，与司法机关掌握了犯罪嫌疑人犯罪的一定线索和证据，采取强制措施后，行为人如实交代其犯罪事实的，没有实质差别。不认定为自首，比较符合司法实际情况，也符合刑法关于自首的规定。第三种情形符合投案自首的特征，应当认定为自首。第四种情形参照最高人民法院《关于处理自首和立功应用法律若干问题的解释》第2条的规定，如果其交代的其他犯罪事实与纪检监察部门事前掌握的不属同种罪行，应当认定为投案自首；如果属同种罪行，则不能认定为自首。

（3）关于送子归案认定为自首的问题。

（4）犯罪嫌疑人因司法机关捎带口信或接到电话通知后，自动到司法机关接受询问或调查，并如实供述罪行的，应当认定为自首。

二、关于准自首的认定:
1. 正确理解"其他罪行"。

交代了同种罪行的,算坦白。同时规定,主动交代同种罪行的,可以酌情从轻处罚,如果主动交代出同种罪行中较重罪行的,一般应当从轻处罚。所谓一般应当从轻处罚,就是指如果没有法定从重情节,或者其他特别恶劣的情节,原则上应当从轻处罚,在司法实践中也是这样掌握的。

2. 如何理解"尚未掌握"的其他罪行。

尚未掌握,一般来讲,不仅仅是指正在侦查、起诉、审判的司法机关尚未掌握,也包括其他司法机关尚未掌握。比如说,一个犯罪分子杀人以后逃跑,公安机关发布通缉令,通缉期间,该犯罪分子因抢劫、盗窃被抓住,抓住以后,把杀人的事情交代出来了,这个算不算自首?这种情况不能算自首。这种犯罪事实一般在侦查、起诉、审判阶段都能够得到查实,因为其已经被其他公安机关通缉了。所以这里讲的尚未掌握,不能理解为交代事实的那个司法机关掌握没有掌握,也包括其他司法机关尚未掌握的情况。但是,如果犯罪嫌疑人或被告人先行实施的犯罪行为虽已被当地的司法机关掌握,但因地处偏僻、路途遥远(如境外)或通讯不便等原因,客观上使现行羁押犯罪嫌疑人的司法机关在对现行犯罪的侦查、起诉和审判过程中,难以了解到或发现该先行发生的犯罪事实的,可以将该先行实施的犯罪视为司法机关尚未掌握的罪行。

64《被告人自首的内容涉及同案犯个人基本情况而公安机关据此将同案犯抓获的能否认定为自首和立功》,载《刑事审判参考》2003年第6辑总第35辑,第212~214页。

要旨 ➡ 1. 共同犯罪案件中的犯罪分子交代同案犯共同犯罪事实不属于立功。2. 被告人所供述同案犯个人基本情况,在认定构成自首中已经评价,根据禁止重复评价的刑法适用原则,不应再行据此认定被告人同时构成立功。

65《被告人归案后主动坦白其窝藏罪行并提供被窝藏犯藏匿地点的应认定为余罪自首及立功》,载《刑事审判参考》2003年第5辑总第34辑,第195~198页。

要旨 ➡ 犯罪后自首又有重大立功表现的,是指犯本罪就本罪自首又另有重大立功表现的情形。

余罪的窝藏罪自首的成立,仅以被告人能够主动如实供述其实施了为犯罪的人提供隐藏处所、财物,帮助其逃匿的行为即可,故行为人在自首其窝藏罪行的同时,如能进一步提供有关机关不掌握的被窝藏的罪犯具体藏匿地点,从而助使公安机关得以成功抓获该罪犯的,就应视为另一个可以构成立功的独立的行为,而不应看作是自首与立功的行为竞合,择一适用。本案情形不符合刑法第六十八条第二款的规定,"犯罪后自首又有重大立功表现的"是指犯本罪就本罪自首又另有重大立功表现的情形。

66《杜祖斌、周起才抢劫案》,载《刑事审判参考》2003年第4辑总第33辑,第34~40页。

核心提示 ➡ 自动投案后没有如实供述同案犯是否构成自首?

要旨 ➡ 作案后打110向公安机关报案,并等候公安人员将其抓获归案的行为,属于自动投案。

共同犯罪人自动投案后，没有供述与其共同实施犯罪行为的同案犯的，不属于“如实供述自己的罪行”，不能认定为自首；单独实行犯如实供述自己直接实施的犯罪行为，并交代其所知道的教唆犯或帮助犯的犯罪行为，应当认定自首；而共同实行犯，不仅供述自己，还要如实供述其他共同实行犯。

(67)《行政拘留期间交代公安机关尚未掌握的犯罪事实的行为能否认定为自首》，载《刑事审判参考》2003年第4辑总第33辑，第166～169页。

要旨➡行政拘留或劳动教养期间，交代公安机关尚未掌握的犯罪事实的行为应当认定为自首。

(68)《李满英过失致人死亡案》，载《刑事审判参考》2003年第3辑总第32辑，第29～33页。

核心提示➡因抢救被害人未来得及投案，到案后主动如实供述犯罪事实，能否认定为自首？具有肇事后主动投案的法定义务，能否成立自首？

要旨➡是否定自首，关键看有否投案的准备行为或是否具有准备投案的意思表示；本案被告人送被害人救治后，有时间和条件先行电话投案或委托他人投案，但没有实施任何投案的准备行为，也没有向任何人表示过准备投案。仅凭其辩解不能认定；但综合行为可酌情从轻。

有观点认为，根据《中华人民共和国公路交通规则》第53条规定，肇事者在肇事后主动投案、抢救伤员是其法定义务，因而在这类案件中不存在自首问题。这种观点是错误的。刑法并没有明文规定交通肇事案件排除自首的适用，刑法总则中关于自首的规定当然适用于刑法分则的所有罪名包括交通肇事罪。

(69)《张义洋故意杀人案》，载《刑事审判参考》2003年第3辑总第32辑，第19～23页。

核心提示➡犯罪嫌疑人的亲属报案后，由于客观原因没能将犯罪嫌疑人送去投案，但予以看守并带领公安人员将其抓获的，能否视为自动投案？

要旨➡本案犯罪嫌疑人因服安眠药而熟睡，被抓获时无意思表示和清醒意志，虽不能证明其愿意，亦不能证明其反对，归案如实供述，应视为自首，若明显抗拒并强烈反抗，不如实供述，则不是自首。

(70)《许善新法定刑以下判处刑罚案》以及《最高级人民法院刑事裁定书》，载《刑事审判参考》2003年第2辑总第31辑，第244～264页。

要旨➡单位主管人员仅检举单位犯罪行为而不如实供述自己参与情况的不构成自首与立功。

许未能如实供述自己作为该公司直接负责的主管人员，参与走私的事实。许善新的检举不符合构成自首的要件。其检举本单位走私犯罪，而实际上其本人亦参与了本单位的走私犯罪，故其检举不符合立功的法律规定。虽然许善新检举上海力劲公司走私犯罪不构成自首和立功（注：最高检的裁定中只表述为不构成立功，是否存在争议尚待探讨），但许的检举行为客观上对侦破本案起了一定的作用。其虽然不具有法定的减轻处罚情节，但根据本案的特殊情况，依照刑法第63条第2款之规定，依法可予以减轻处罚。依法报请最高人民法院核准。

(71)《姜方平非法持有枪支、故意伤害案》，载《刑事审判参考》2003 年第 1 辑总第 30 辑，第 11～18 页。

要旨➡被告人对事实性质的辩解不影响如实供述的成立。无论被告人将其犯罪行为辩解为无罪（认识上的无罪而非事实上的无罪）或将此罪辩为彼罪，还是将其行为辩解为正当防卫、紧急避险等，都属于对行为性质的不同认识和理解，不能因此而轻易地认定其翻供。实际上，是否属于正当防卫，最终是司法认定的问题。合议庭讨论时，也未必意见相当的统一，因此，要求被告对自己的行为性质作出与判决结果一致的判断，确实是勉为其难。其次，前后不同供述，也不能认定翻供。这里涉及对客观事实的认识是否正确的问题。被告对事实的认识，虽为自己所亲历，却未必完全客观正确。被告人认为被害人先动手，其家人又参与，自己后动手。其不能排除记忆上误差，因一切都是瞬间发生，不能以对法律、事实的认识有差异，就认定翻供。最后，悔罪与行使辩解权并不互相排斥，如果以被告行使辩解权就认为其无悔罪表现，无疑是对被告诉讼权利的变相剥夺。

(72)《杨安等故意伤害案》，载《刑事审判参考》2003 年第 1 辑总第 30 辑，第 39～48 页。

核心提示➡逃跑途中给公安局的亲友打电话，亲友劝其自首后表示回来再说，并未采取投案行动，而后被抓获的能否认定自首？

要旨➡被告仅表示回来再说，虽没有拒绝，但回来再说并不能代表其有明确投案意思，只是有可能，且根据当时条件，被告可就近自首，或利用通讯手段先行投案，而实际被告被抓时与其他被告在一起，并无回来意思，不是自首。

(73)《从段志华、周建设故意伤害案谈自首的认定》，载《刑事审判要览》2003 年第 6 辑总第 6 辑，第 207～212 页。

要旨➡附最高人民法院答复：由于本案在致死被害人一节上是被告人段志华还是周建设所为，证据不十分充分，只能认定二被告人共同伤害被害人致死。段志华当庭承认打击了被害人身上，而否认打击头部，这是他对自己罪行轻重的辩解，并非否认犯罪事实，故其行为还应视为投案后供述了主要犯罪事实，构成自首。

对于被告人投案后如实供述主要犯罪事实的时间上可以适当宽限。周建设投案后第一次未如实供述主要犯罪事实，但在第二次即如实供述了，两次在同一天，可视为投案后如实供述了主要犯罪事实。此后周建设虽时供时翻，但在开庭又承认了，其行为属于最高人民法院《关于处理自首和立功具体应用法律若干问题的解释》中规定的自首情节，故亦可认定为自首。

(74)《罗某抢劫案》，载《经济犯罪审判指导与参考》2003 年第 4 辑总第 4 辑，第 20 页。

要旨➡主动返回案发现场等待并被司法机关抓获的，该种行为应视为自动投案。

(75)《刑法纵横谈（下）》，载《刑事司法指南》2003 年第 3 辑总第 15 辑，第 1～69 页。

核心提示➡自首与立功问题

(76)《郭玉林等抢劫案》，载《刑事审判参考》2002年第4辑总第27辑，第12~19页。

核心提示➡仅供述抢劫行为，未供述持刀杀害被害人的行为，能否认定自首？

要旨➡被告人虽如实供述杀人抢劫行为，但此后审理中又对持刀加害被害人这一事实予以否认，因持刀属主要犯罪事实，故不应认定为自首。

(77)《周立杰交通肇事案》，载《刑事审判参考》2002年第3辑总第26辑，第7~12页。

核心提示➡肇事离开现场后主动投案能否认定自首？

要旨➡首先应构成交通肇事基本犯；其次，必须基于为逃避法律追究为目的而逃跑；被告人离开事故现场时，并不确知其已肇事，本案认定逃逸值得商榷。应认定为自首，而不能认定逃逸中止。

(78)《刘某诉江某故意伤害案》，载《刑事审判参考》2002年第2辑总第25辑，第50~54页。

核心提示➡被告人以报案人和受害者的身份去告发受害人能否认定自首，兼谈自诉案件中的自首情节如何认定？

要旨➡自诉案件并不排斥自首的存在。被告人对自己行为的认识错误，不应影响对其自首的认定。如行为人认为自己是正当防卫而将他人杀死而后到司法机关报案，即便最后认定防卫过当，也应认定自首。投案的核心意义在于自动将自己置于司法机关的控制之下，并承担相应的法律后果。

(79)《计永欣故意杀人案》，载《刑事审判参考》2002年第1辑总第24辑，第22~27页。

要旨➡仅有自首意思表示，被亲属报案后抓获时却报假姓名、假地址，旨在逃避制裁，不能认定自首。

(80)《陈德福走私普通货物案》，载《刑事审判参考》2002年第1辑总第24辑，第9~15页。

核心提示➡犯罪单位的自首如何认定？

(81)《余罪自首中"如实供述司法机关尚未掌握的本人其他罪行"应如何理解》，载《刑事审判参考》2002年第1辑总第24辑，第203~206页。

要旨➡使用假身份的网上逃犯因其他罪行被抓而供述被通缉的犯罪事实应当认定为"余罪自首"。

(82)《自动投案并如实供述自己罪行后在一审期间翻供但二审期间又能如实供述的不能认定为自首》，载《刑事审判参考》2002年第1辑总第24辑，第207~209页。

(83)《刑法适用疑难争议问题两人谈》，载《刑事司法指南》2002年第2辑总第10辑，第50~131页。

核心提示➡自首制度中的疑难问题

(84)《我国刑法中自首制度司法适用若干问题研究》，载《刑事司法指南》2002年第1

辑总第 9 辑，第 1~22 页。

要旨 ➡ 一、一般自首的认定：1. 关于"自动投案"；2. 关于"如实供述自己的罪行"。

二、准自首的认定：1. 被取保候审、监视居住的犯罪嫌疑人、正在服管制刑的罪犯以及正在缓刑和假释考验期内的缓刑犯和假释犯，能否成为准自首的主体；2. "其他罪行"的理解和认定。

三、取保候审与自首：1. 投案并如实供述自己罪行被取保候审期间又犯新罪的，能否认定为自首；2. 被取保候审后畏罪潜逃，后又自动投案并如实供述自己罪行的，能否认定自首。

四、特殊犯罪中自首的认定：1. 巨额财产来源不明罪中自首的认定；2. 交通肇事罪中自首的认定。

五、单位犯罪的自首问题：1. 犯罪单位能否成为自首的主体；2. 犯罪单位自首的认定。

85《刑事审判参考》2001 年第 12 辑总第 23 辑，第 83~92 页。

核心提示 ➡ 如何具体认定"形迹可疑"？

86《明安华抢劫案》，载《刑事审判参考》2001 年第 10 辑总第 21 辑，第 22~27 页。

要旨 ➡ 犯罪后到公安机关了解案情不属于自动投案。

87《梁小红故意杀人案》，载《刑事审判参考》2001 年第 5 辑总第 16 辑，第 22~27 页。

要旨 ➡ 确认为犯罪嫌疑人进行讯问后的交代不能视为自首。公安机关根据证人关于被告人的体貌特征与犯罪嫌疑人的体貌特征一致的证言，确认被告人是重要的犯罪嫌疑人，并将其带回派出所。经教育后，被告人才开始交代犯罪事实，并非是在公安机关完全不掌握其犯罪线索的情况下，主动交代罪行，不能作为自首。

88《因"形迹可疑"被盘问后交代罪行的能否认定为自首》，载《刑事审判参考》2001 年第 6 辑总第 17 辑，第 81~82 页。

核心提示 ➡ 不能认定为自首的"形迹可疑"情形

要旨 ➡ 如果司法机关掌握有一定的线索，已将行为人纳入排查范围；或者行为人因"形迹可疑"被盘问时，其身上或者所携物品能证实其有实施犯罪嫌疑的，如枪支、毒品、赃物等，行为人"主动"交代了自己罪行的，不能视为自动、主动交代自己的犯罪行为，不能认定为自首。

89《杨永保等走私毒品案》，载《刑事审判参考》2001 年第 1 辑总第 12 辑，第 12~16 页。

要旨 ➡ 仅因形迹可疑被公安机关盘问后即如实交代罪行的应认定为自首。

90《王斌故意杀人案》，载《刑事审判参考》2001 年第 1 辑总第 12 辑，第 1~6 页。

核心提示 ➡ 到公安机关报假案与自动投案的区别应如何把握？

91《李平贪污、挪用公款案》，载《刑事审判参考》2000 年第 6 辑总第 11 辑，第 26~35 页以及《刑事审判案例》，第 142~148 页。

要旨 ➡ 罪行尚未被司法机关发觉，但已被所在单位发觉，在有关组织对其盘问、教育后，交代了部分犯罪事实的，不能成立自首。

92《魏荣香等故意杀人、抢劫、脱逃、窝藏案》，载《刑事审判参考》2000年第6辑总第11辑，第1~9页以及《刑事审判案例》，第524~529页。

要旨 ➡ 自动投案交代犯罪事实后又脱逃的行为，依法不能认定为自首。

93《姚伟林、刘宗培、庄晓华非法制造注册商标标识案》，载《刑事审判参考》2000年第4辑总第8辑，第8~15页以及《刑事审判案例》，第128~133页。

核心提示 ➡ 举报同案犯并如实交代自己参与共同犯罪事实的应否认定为自首？

要旨 ➡ 被告人为泄私愤向公安机关举报同案犯，并辩解自己的行为不构成犯罪，不属于有立功表现，但被告人在举报同案犯时如实供述自己参与共同犯罪的事实，应当认定有自首情节并可依法从轻处罚。

94《庄保金抢劫案》，载《刑事审判参考》2000年第3辑总第7辑，第18~23页以及《刑事审判案例》，第116~120页。

核心提示 ➡ 犯罪嫌疑人一经传唤即如实供认犯罪事实的可否认定为自首？

要旨 ➡ 被告人在案件发生后，已被列为犯罪重大嫌疑对象，虽一经传唤即供认罪行，但不应视为自首。

95《张杰故意杀人案》，载《刑事审判参考》2000年第1辑，第16~19页以及《刑事审判案例》，第125~127页。

核心提示 ➡ 被告人投案后未如实供述罪行但有抢救被害人情节的应如何处理？

96《张栓厚故意杀人案》，载《刑事审判参考》2000年第1辑总第6辑，第11~15页以及《刑事审判案例》，第121~124页。

核心提示 ➡ 犯罪后由亲属送司法机关归案并在一审宣判前如实供述罪行的应认定为自首

97《余永恒受贿案》，载《刑事审判参考合订本·第一卷》，第181~185页。

核心提示 ➡ 被采取强制措施后交代司法机关尚未掌握的同种犯罪应如何掌握具体处刑？

98《林春华等走私普通货物案》，载《刑事审判参考合订本·第一卷》，第32~38页。

核心提示 ➡ 主动交代部分行贿犯罪（余罪）是否构成自首？

99 王汉斌《关于〈中华人民共和国（修订草案）〉的说明》（1997年3月6日）

核心提示 ➡ 关于自首和立功

要旨 ➡ 刑法第63条规定："犯罪以后自首的，可以从轻处罚。其中，犯罪较轻的，可以减轻或者免除处罚；犯罪较重的，如果有立功表现，也可以减轻或者免除处罚。"为了更好地体现和执行这一刑事政策，鼓励犯罪分子自首、立功，有利于查处犯罪，草案对自首、立功的作了较宽大的处刑规定，把"犯罪以后自首的，可以从轻处罚"，改为"可以从轻或者减轻处罚"，把对"其中，犯罪较轻的，可以减轻或者免除处罚"，改为"可以免除处罚"。

并增加规定:"犯罪分子有揭发他人犯罪行为,查证属实的,或者提供重要线索,从而得以侦破其他案件等立功表现的,可以从轻或者减轻处罚;有重大立功表现的,可以减轻或者免除处罚。""犯罪后自首又有重大立功表现的,应当减轻或者免除处罚。"同时对自首作了明确的界定,增加规定:"犯罪以后自动投案,如实供述自己的罪行的,是自首。"

第68条 修正案(八)第9条 立功

犯罪分子有揭发他人犯罪行为,查证属实的,或者提供重要线索,从而得以侦破其他案件等立功表现的,可以从轻或者减轻处罚;有重大立功表现的,可以减轻或者免除处罚。

犯罪后自首又有重大立功表现的,应当减轻或者免除处罚。

中华人民共和国刑法修正案(八)(第十一届全国人民代表大会常务委员会第十九次会议2011年2月25日通过,中华人民共和国主席令第四十一号公布,自2011年5月1日起施行。)

九、删去刑法第六十八条第二款。

关联规范 ➡ 完全整理

❶ 最高人民法院《关于〈中华人民共和国刑法修正案(八)〉时间效力问题的解释》(2011年5月1日 法释〔2011〕9号)①

为正确适用《中华人民共和国刑法修正案(八)》,根据刑法有关规定,现就人民法院2011年5月1日以后审理的刑事案件,具体适用刑法的有关问题规定如下:第五条 2011年4月30日以前犯罪,犯罪后自首又有重大立功表现的,适用修正前刑法第六十八条第二款的规定。

❷ 最高人民法院《关于处理自首和立功若干具体问题的意见》(2010年12月22日 法发〔2010〕60号)(节录)②

四、关于立功线索来源的具体认定

犯罪分子通过贿买、暴力、胁迫等非法手段,或者被羁押后与律师、亲友会见过程中违反监管规定,获取他人犯罪线索并"检举揭发"的,不能认定为有立功表现。

犯罪分子将本人以往查办犯罪职务活动中掌握的,或者从负有查办犯罪、监管职责的国家工作人员处获取的他人犯罪线索予以检举揭发的,不能认定为有立功表现。

犯罪分子亲友为使犯罪分子"立功",向司法机关提供他人犯罪线索、协助抓捕犯罪嫌疑人的,不能认定为犯罪分子有立功表现。

五、关于"协助抓捕其他犯罪嫌疑人"的具体认定

犯罪分子具有下列行为之一,使司法机关抓获其他犯罪嫌疑人的,属于《解释》第五条

---

① 对其解读见:《刑事审判参考》2011年第4辑总第81辑,第118~129页。
② 对其解读见:《公检法办案指南》2011年第2辑总第134辑,第138~151页。

规定的"协助司法机关抓捕其他犯罪嫌疑人"：1. 按照司法机关的安排，以打电话、发信息等方式将其他犯罪嫌疑人（包括同案犯）约至指定地点的；2. 按照司法机关的安排，当场指认、辨认其他犯罪嫌疑人（包括同案犯）的；3. 带领侦查人员抓获其他犯罪嫌疑人（包括同案犯）的；4. 提供司法机关尚未掌握的其他案件犯罪嫌疑人的联络方式、藏匿地址的，等等。

犯罪分子提供同案犯姓名、住址、体貌特征等基本情况，或者提供犯罪前、犯罪中掌握、使用的同案犯联络方式、藏匿地址，司法机关据此抓捕同案犯的，不能认定为协助司法机关抓捕同案犯。

六、关于立功线索的查证程序和具体认定

被告人在一、二审审理期间检举揭发他人犯罪行为或者提供侦破其他案件的重要线索，人民法院经审查认为该线索内容具体、指向明确的，应及时移交有关人民检察院或者公安机关依法处理。

侦查机关出具材料，表明在三个月内还不能查证并抓获被检举揭发的人，或者不能查实的，人民法院审理案件可不再等待查证结果。

被告人检举揭发他人犯罪行为或者提供侦破其他案件的重要线索经查证不属实，又重复提供同一线索，且没有提出新的证据材料的，可以不再查证。

根据被告人检举揭发破获的他人犯罪案件，如果已有审判结果，应当依据判决确认的事实认定是否查证属实；如果被检举揭发的他人犯罪案件尚未进入审判程序，可以依据侦查机关提供的书面查证情况认定是否查证属实。检举揭发的线索经查确有犯罪发生，或者确定了犯罪嫌疑人，可能构成重大立功，只是未能将犯罪嫌疑人抓获归案的，对可能判处死刑的被告人一般要留有余地，对其他被告人原则上应酌情从轻处罚。

被告人检举揭发或者协助抓获的人的行为构成犯罪，但因法定事由不追究刑事责任、不起诉、终止审理的，不影响对被告人立功表现的认定；被告人检举揭发或者协助抓获的人的行为应判处无期徒刑以上刑罚，但因具有法定、酌定从宽情节，宣告刑为有期徒刑或者更轻刑罚的，不影响对被告人重大立功表现的认定。

七、关于自首、立功证据材料的审查

人民法院审查的自首证据材料，应当包括被告人投案经过、有罪供述以及能够证明其投案情况的其他材料。投案经过的内容一般应包括被告人投案时间、地点、方式等。证据材料应加盖接收被告人投案的单位的印章，并有接收人员签名。

人民法院审查的立功证据材料，一般应包括被告人检举揭发材料及证明其来源的材料、司法机关的调查核实材料、被检举揭发人的供述等。被检举揭发案件已立案、侦破，被检举揭发人被采取强制措施、公诉或者审判的，还应审查相关的法律文书。证据材料应加盖接收被告人检举揭发材料的单位的印章，并有接收人员签名。

人民法院经审查认为证明被告人自首、立功的材料不规范、不全面的，应当由检察机关、侦查机关予以完善或者提供补充材料。

上述证据材料在被告人被指控的犯罪一、二审审理时已形成的，应当经庭审质证。

八、关于对自首、立功的被告人的处罚

对具有自首、立功情节的被告人是否从宽处罚、从宽处罚的幅度，应当考虑其犯罪事实、犯罪性质、犯罪情节、危害后果、社会影响、被告人的主观恶性和人身危险性等。自首的还应考虑投案的主动性、供述的及时性和稳定性等。立功的还应考虑检举揭发罪行的轻重、被检举揭发的人可能或者已经被判处的刑罚、提供的线索对侦破案件或者协助抓捕其他犯罪嫌疑人所起作用的大小等。

具有自首或者立功情节的，一般应依法从轻、减轻处罚；犯罪情节较轻的，可以免除处罚。类似情况下，对具有自首情节的被告人的从宽幅度要适当宽于具有立功情节的被告人。

虽然具有自首或者立功情节，但犯罪情节特别恶劣、犯罪后果特别严重、被告人主观恶性深、人身危险性大，或者在犯罪前即为规避法律、逃避处罚而准备自首、立功的，可以不从宽处罚。

对于被告人具有自首、立功情节，同时又有累犯、毒品再犯等法定从重处罚情节的，既要考虑自首、立功的具体情节，又要考虑被告人的主观恶性、人身危险性等因素，综合分析判断，确定从宽或者从严处罚。累犯的前罪为非暴力犯罪的，一般可以从宽处罚，前罪为暴力犯罪或者前、后罪为同类犯罪的，可以不从宽处罚。

在共同犯罪案件中，对具有自首、立功情节的被告人的处罚，应注意共同犯罪人以及首要分子、主犯、从犯之间的量刑平衡。犯罪集团的首要分子、共同犯罪的主犯检举揭发或者协助司法机关抓捕同案地位、作用较次的犯罪分子的，从宽处罚与否应当从严掌握，如果从轻处罚可能导致全案量刑失衡的，一般不从轻处罚；如果检举揭发或者协助司法机关抓捕的是其他案件中罪行同样严重的犯罪分子，一般应依法从宽处罚。对于犯罪集团的一般成员、共同犯罪的从犯立功的，特别是协助抓捕首要分子、主犯的，应当充分体现政策，依法从宽处罚。

3 最高人民法院《人民法院量刑指导意见（试行）》（2010年9月13日　法发〔2010〕36号）（节录）

三、常见量刑情节的适用

5. 对于立功情节，综合考虑立功的大小、次数、内容、来源、效果以及罪行轻重等情况，确定从宽的幅度。

（1）一般立功的，可以减少基准刑的20%以下；

（2）重大立功的，可以减少基准刑的20%～50%；犯罪较轻的，可以减少基准刑的50%以上或者依法免除处罚。

4 最高人民法院《关于贯彻宽严相济刑事政策的若干意见》（2010年2月8日　法发〔2010〕9号）（节录）①

18. 对于被告人检举揭发他人犯罪构成立功的，一般均应当依法从宽处罚。对于犯罪情节不是十分恶劣，犯罪后果不是十分严重的被告人立功的，从宽处罚的幅度应当更大。

26. 在对严重刑事犯罪依法从严惩处的同时，对被告人具有自首、立功、从犯等法定或酌定从宽处罚情节的，还要注意宽以济严，根据犯罪的具体情况，依法应当或可以从宽的，都应当在量刑上予以充分考虑。

---

① 对其解读见：《刑事法律文件解读》2010年第3辑总第57辑，第49~65页。

❺ 最高人民法院、最高人民检察院《关于办理职务犯罪案件认定自首、立功等量刑情节若干问题的意见》（2009年3月12日　法发〔2009〕13号）（节录）①

二、关于立功的认定和处理

立功必须是犯罪分子本人实施的行为。为使犯罪分子得到从轻处理，犯罪分子的亲友直接向有关机关揭发他人犯罪行为，提供侦破其他案件的重要线索，或者协助司法机关抓捕其他犯罪嫌疑人的，不应当认定为犯罪分子的立功表现。

据以立功的他人罪行材料应当指明具体犯罪事实；据以立功的线索或者协助行为对于侦破案件或者抓捕犯罪嫌疑人要有实际作用。犯罪分子揭发他人犯罪行为时没有指明具体犯罪事实的；揭发的犯罪事实与查实的犯罪事实不具有关联性的；提供的线索或者协助行为对于其他案件的侦破或者其他犯罪嫌疑人的抓捕不具有实际作用的，不能认定为立功表现。

犯罪分子揭发他人犯罪行为，提供侦破其他案件重要线索的，必须经查证属实，才能认定为立功。审查是否构成立功，不仅要审查办案机关的说明材料，还要审查有关事实和证据以及与案件定性处罚相关的法律文书，如立案决定书、逮捕决定书、侦查终结报告、起诉意见书、起诉书或者判决书等。

据以立功的线索、材料来源有下列情形之一的，不能认定为立功：
（1）本人通过非法手段或者非法途径获取的；（2）本人因原担任的查禁犯罪等职务获取的；（3）他人违反监管规定向犯罪分子提供的；（4）负有查禁犯罪活动职责的国家机关工作人员或者其他国家工作人员利用职务便利提供的。

犯罪分子检举、揭发的他人犯罪，提供侦破其他案件的重要线索，阻止他人的犯罪活动，或者协助司法机关抓捕的其他犯罪嫌疑人，犯罪嫌疑人、被告人依法可能被判处无期徒刑以上刑罚的，应当认定为有重大立功表现。其中，可能被判处无期徒刑以上刑罚，是指根据犯罪行为的事实、情节可能判处无期徒刑以上刑罚。案件已经判决的，以实际判处的刑罚为准。但是，根据犯罪行为的事实、情节应当判处无期徒刑以上刑罚，因被判刑人有法定情节经依法从轻、减轻处罚后判处有期徒刑的，应当认定为重大立功。

对于具有立功情节的犯罪分子，应当根据犯罪的事实、性质、情节和对于社会的危害程度，结合立功表现所起作用的大小、所破获案件的罪行轻重、所抓获犯罪嫌疑人可能判处的法定刑以及立功的时机等具体情节，依法决定是否从轻、减轻或者免除处罚以及从轻、减轻处罚的幅度。

❻ 最高人民法院《全国部分法院审理毒品犯罪案件工作座谈会纪要》（2008年12月23日）（节录）②

七、毒品案件的立功问题

共同犯罪中同案犯的基本情况，包括同案犯姓名、住址、体貌特征、联络方式等信息，

---

① 对其解读见：《刑事审判参考》2009年第3辑总第68辑，第121~133页以及两高答记者问《刑事法律文件解读》2009年第5辑总第47辑，第25~29页。
② 对其解读见：《刑事审判参考》2008年第6辑总第65辑，第71~92页。

属于被告人应当供述的范围。公安机关根据被告人供述抓获同案犯的，不应认定其有立功表现。被告人在公安机关抓获同案犯过程中确实起到协助作用的，例如，经被告人现场指认、辨认抓获了同案犯；被告人带领公安人员抓获了同案犯；被告人提供了不为有关机关掌握或者有关机关按照正常工作程序无法掌握的同案犯藏匿的线索，有关机关据此抓获了同案犯；被告人交代了与同案犯的联系方式，又按要求与对方联络，积极协助公安机关抓获了同案犯等，属于协助司法机关抓获同案犯，应认定为立功。

关于立功从宽处罚的把握，应以功是否足以抵罪为标准。在毒品共同犯罪案件中，毒枭、毒品犯罪集团首要分子、共同犯罪的主犯、职业毒犯、毒品惯犯等，由于掌握同案犯、从犯、马仔的犯罪情况和个人信息，被抓获后往往能协助抓捕同案犯，获得立功或者重大立功。对其是否从宽处罚以及从宽幅度的大小，应当主要看功是否足以抵罪，即应结合被告人罪行的严重程度、立功大小综合考虑。要充分注意毒品共同犯罪人以及上、下家之间的量刑平衡。对于毒枭等严重毒品犯罪分子立功的，从轻或者减轻处罚应当从严掌握。如果其罪行极其严重，只有一般立功表现，功不足以抵罪的，可不予从轻处罚；如果其检举、揭发的是其他犯罪案件中罪行同样严重的犯罪分子，或者协助抓获的是同案中的其他首要分子、主犯，功足以抵罪的，原则上可以从轻或者减轻处罚；如果协助抓获的只是同案中的从犯或者马仔，功不足以抵罪，或者从轻处罚后全案处刑明显失衡的，不予从轻处罚。相反，对于从犯、马仔立功，特别是协助抓获毒枭、首要分子、主犯的，应当从轻处罚，直至依法减轻或者免除处罚。

被告人亲属为了使被告人得到从轻处罚，检举、揭发他人犯罪或者协助司法机关抓捕其他犯罪人的，不能视为被告人立功。同监犯将本人或者他人尚未被司法机关掌握的犯罪事实告知被告人，由被告人检举揭发的，如经查证属实，虽可认定被告人立功，但是否从宽处罚、从宽幅度大小，应与通常的立功有所区别。通过非法手段或者非法途径获取他人犯罪信息，如从国家工作人员处贿买他人犯罪信息，通过律师、看守人员等非法途径获取他人犯罪信息，由被告人检举揭发的，不能认定为立功，也不能作为酌情从轻处罚情节。

7 公安部《关于打击拐卖妇女儿童犯罪适用法律和政策有关问题的意见》（2000年3月24日 公通字〔2000〕25号）（节录）

四、关于自首和立功

（一）要采取多种形式，广泛宣传刑法关于自首、立功等从宽处理的刑事政策。各地可选择一些因主动投案自首或者有立功表现而给予从轻、减轻、免除处罚的典型案件，公开宣传报道，敦促在逃的犯罪分子尽快投案自首，坦白交待罪行，检举、揭发他人的犯罪行为，提供破案线索，争取立功表现。

（二）要做好对犯罪分子家属、亲友的政策宣传工作，动员他们规劝、陪同有拐卖妇女、儿童犯罪行为的亲友投案自首，或者将犯罪嫌疑人送往司法机关投案。对窝藏、包庇犯罪分子、阻碍解救、妨害公务，构成犯罪的，要依法追究刑事责任。

（三）对于投案自首、坦白交待罪行、有立功表现的犯罪嫌疑人，公安机关在移送人民检察院审查起诉时应当依法提出从轻、减轻、免除处罚的意见。

8 最高人民法院《关于处理自首和立功具体应用法律若干问题的解释》（1998年5

月 9 日 法释〔1998〕8 号）（节录）①

第五条 根据刑法第六十八条第一款的规定，犯罪分子到案后有检举、揭发他人犯罪行为，包括共同犯罪案件中的犯罪分子揭发同案犯共同犯罪以外的其他犯罪，经查证属实；提供侦破其他案件的重要线索，经查证属实；阻止他人犯罪活动；协助司法机关抓捕其他犯罪嫌疑人（包括同案犯）；具有其他有利于国家和社会的突出表现的，应当认定为有立功表现。

第六条 共同犯罪案件的犯罪分子到案后，揭发同案犯共同犯罪事实的，可以酌情予以从轻处罚。

第七条 根据刑法第六十八条第一款的规定，犯罪分子有检举、揭发他人重大犯罪行为，经查证属实；提供侦破其他重大案件的重要线索，经查证属实；阻止他人重大犯罪活动；协助司法机关抓捕其他重大犯罪嫌疑人（包括同案犯）；对国家和社会有其他重大贡献等表现的，应当认定为有重大立功表现。

前款所称"重大犯罪"、"重大案件"、"重大犯罪嫌疑人"的标准，一般是指犯罪嫌疑人、被告人可能被判处无期徒刑以上刑罚或者案件在本省、自治区、直辖市或者全国范围内有较大影响等情形。

❾ 最高人民法院《关于适用刑法时间效力规定若干问题的解释》（1997 年 9 月 25 日法释〔1997〕5 号）（节录）②

第五条 1997 年 9 月 30 日以前犯罪的犯罪分子，有揭发他人犯罪行为，或者提供重要线索，从而得以侦破其他案件等立功表现的，适用刑法第六十八条的规定。

❿ 最高人民法院、最高人民检察院、公安部《关于处理自首和立功具体应用法律若干问题的解答》（1984 年 4 月 16 日）（节录）

四、如何看待立功

立功通常是指犯罪分子揭发检举其他犯罪分子的重大罪行得到证实的，或者提供重要线索、证据，从而得以侦破其他重大案件的，或者协助司法机关缉捕其他罪犯的。检举揭发其他犯罪分子较多的一般罪行，或者犯罪线索，经查属实的，也应视为立功表现。

对于自首又立功的，依法可以减轻或者免除处罚。在实践中，对于虽未自首，但有立功表现的，应参照刑法第六十三条规定的精神，并依照刑法第五十九条的规定，也可以视具体情节，分别从宽处理。已被判处死刑立即执行的罪犯，在执行前如果确有重大立功表现的，参照刑法第七十一条、第四十六条规定的精神，也可以改判死缓或者其他刑罚。

⓫ 最高人民检察院法律政策研究室《"关于带领被害方抓捕同案犯的行为能否认定为有立功表现"请示的电话答复的记录》（2010 年 12 月 24 日）

2009 年 12 月 26 日，市院（上海市院）研究室就"带领被害方抓捕同案犯的行为能否认定为有立功表现"问题向高检院研究室作出了书面请示。高检院研究室于 2010 年 12 月 16 日，电话答复如下：共同犯罪中的嫌疑人带领被害方抓捕同案犯，并将同案犯扭送司法

---

① 对其解读见：《解读最高人民法院司法解释·刑事、行政卷（1997~2002）》，第 59~63 页。
② 对其解读见：《解读最高人民法院司法解释·刑事、行政卷（1997~2002）》，第 3~7 页。

机关的，可以认定为有立功表现。

⑫ 上海、北京、广东、湖北、江苏高级人民法院《〈人民法院量刑指导意见（试行）〉实施细则（试行）》（2010年10月1日）（详见本书最后附件）

⑬ 《福建省高级人民法院〈人民法院量刑指导意见（试行）〉实施细则（试行）》（2010年9月30日 闽高法发〔2010〕21号）（节录）

三、常见量刑情节适用

13. 对于立功情节，综合考虑立功的大小、次数、内容、来源、效果以及罪行轻重等情况，确定从宽的幅度。

（1）一般立功的，可以减少基准刑的20%以下；

（2）重大立功的，可以减少基准刑的20%~50%；犯罪较轻的，可以减少基准刑的50%以上或者依法免除处罚。

⑭ 福建省公检法《福建省2008年度第1次公检法联席会议纪要》（2008年6月2日 闽公综〔2008〕314号）（节录）

二、目前，我省在押犯检举揭发方面存在检举线索数量多、来源乱、核查进度慢、反馈材料不规范等问题。会议明确，对于真实反映情况、积极揭发犯罪活动的检举揭发行为，要按照有关规定奖励。对于不实检举或通过各种非法途径"制造"检举立功以减轻刑罚的行为，要坚决予以遏制和打击，杜绝犯罪分子假借"检举揭发"逃脱罪责的情况发生。

学理观点·典型案例 ➡ 索引与要旨

❶ 《刑法修正案（八）》解读，载《刑事审判参考》2011年第4辑总第81辑，第83~117页以及《公检法办案指南》2011年第3辑总第135辑，第13~121页。

❷ 2005上海市高级人民法院，载《最新刑事法律文件解读》2005年第2辑，第70~78页。

十二、如何认定立功？

根据最高人民法院所作司法解释的规定，协助司法机关抓捕其他犯罪嫌疑人（包括同案犯）的，应当认定为具有立功表现。在具体掌握上，应当注意以下情况：

1. 协助司法机关抓捕其他犯罪嫌疑人（包括同案犯）的行为，既指为司法机关抓获其他犯罪嫌疑人（包括同案犯）提供重要线索的行为，也包括直接协力抓获的行为。对于犯罪嫌疑人或被告人向司法机关提供其他犯罪嫌疑人（包括同案犯）的藏匿地点、电话号码等线索的，一般需以进一步实施了带领司法人员抓获其他犯罪嫌疑人（包括同案犯）的行为为认定立功的条件；如果所提供的线索十分清楚没有必要"带捉"，且司法机关据此抓获了其他犯罪嫌疑人（包括同案犯）的，亦可以认定为具有立功表现。

2. 已经自首的共同犯罪人如实供述同案犯的户籍地址、常住居所，或者与其共同犯罪行为有关的电话号码、联络暗号等，且司法机关抓获同案犯所利用的，一般可以作为其如实交代共同犯罪事实来看待，不宜另行认定具有立功表现。如果其所提供的是司法机关按照正常工作程序无法掌握的同案犯的藏匿地址、电话号码等线索，且带领司法人员抓获了同案犯，或者积极实施诱捕等协助行为抓获了同案犯的，可以在认定自首的同时，一并认定具有立功表现，依法给予从宽处罚。

3. 已被羁押的犯罪嫌疑人或被告人将抓捕其他犯罪嫌疑人或同案犯的有关线索告知亲属，其亲属据此查找尚未归案的犯罪嫌疑人或同案犯，并协助公安人员抓捕成功的，可以认定提供线索的犯罪嫌疑人具有其他立功表现，依法给予从宽处罚。

4. 犯罪嫌疑人被抓获后，另行交代自己窝藏、包庇其他犯罪嫌疑人，并协助司法机关将其抓获的，一般应当认定窝藏、包庇罪成立自首，依法给予从轻、减轻或者免除处罚。如果因此抓获其他重大犯罪嫌疑人且协力抓捕行为作用突出的，也可以在依法认定窝藏、包庇罪成立自首的同时，一并认定具有立功表现，依法给予从宽处罚。

5. 犯罪嫌疑人、被告人或正在服刑的罪犯检举他人窝藏、包庇自己的犯罪事实，查证属实，可以依法认定具有立功表现，酌情给予从宽处罚。如果犯罪嫌疑人、被告人在自动投案、如实交代罪行中检举他人窝藏、包庇自己的犯罪事实，也查证属实的，可以将检举行为视为如实交代行为的一部分，依法认定自首，予以从宽处罚；无须另定立功。

❸《韩传记等抢劫案》，载《刑事审判参考》2011 年第 4 辑总第 81 辑，第 33～40 页。

核心提示➡提供同案犯的藏匿地点，但对抓捕同案犯未起到实质作用的，是否构成立功？

❹《王奕发、刘演平敲诈勒索案》，载《刑事审判参考》2011 年第 3 辑总第 80 辑，第 84～88 页。

核心提示➡"协助司法机关抓捕其他犯罪嫌疑人"立功情节的具体认定

❺《沈同贵受贿案》，载《刑事审判参考》2011 年第 3 辑总第 80 辑，第 89～97 页。

要旨➡阻止他人犯罪活动，他人因未达刑事责任年龄而未被追究刑事责任的，行为人的阻止行为仍构成立功。

❻《霍海龙等虚开用于抵扣税款发票案》，载《刑事审判参考》2011 年第 3 辑总第 80 辑，第 98～102 页。

要旨➡劝说、陪同同案犯自首的，可认定为立功。

❼《吴江、李晓光挪用公款案》，载《刑事审判参考》2011 年第 3 辑总第 80 辑，第 103～112 页。

要旨➡职务犯罪中自首及协助抓捕型重大立功的认定。

❽《石敬伟偷税、贪污案》，载《刑事审判参考》2011 年第 3 辑总第 80 辑，第 113～122 页。

要旨➡被羁押期间将他人串供字条交给监管人员，对进一步查证他人犯罪起了一定的协助作用，虽不认定为立功，但可酌情从轻处罚。

❾《胡国栋抢劫案》，载《刑事审判参考》2011 年第 3 辑总第 80 辑，第 123～129 页。

要旨➡自首后主动交代获悉的同案犯的关押场所并予以指认的，构成立功。

❿《刘伟等抢劫案》，载《刑事审判参考》2011 年第 3 辑总第 80 辑，第 130～136 页。

要旨➡带领公安人员抓捕同案犯，未指认同案犯及其住处的，不认定为立功。

⑪《冯绍龙等强奸案》，载《刑事审判参考》2011年第3辑总第80辑，第137~144页。

要旨➡被告人亲属协助公安机关抓获其他犯罪嫌疑人的，不认定为立功。

⑫《杨彦玲故意杀人案》，载《刑事审判参考》2011年第3辑总第80辑，第145~152页。

要旨➡如实供述自己所参与的对合型犯罪中对方的犯罪行为，不构成立功。

⑬《刑法修正案（八）》解读，载《公检法办案指南》2011年第3辑总第135辑，第13~121页。

⑭《贿赂犯罪法律适用问题解答——上海市高级人民法院刑二庭调研报告》，载《刑事审判参考》2010年第4辑总第75辑，第159~161页。

核心提示➡行贿人因其他犯罪被司法机关追诉，主动交代行贿行为，受贿人构成受贿罪的，是否构成立功？

⑮《张令、樊业勇抢劫、盗窃案》，载《刑事审判参考》2010年第2辑总第73辑，第36~43页。

核心提示➡协助抓获盗窃同案犯，该同案犯因抢劫罪被判处死缓，能否认定为重大立功？

要旨➡1. 认定的主观要求；2. 认定的时间要求。

⑯《汪光斌受贿案》，载《刑事审判参考》2010年第1辑总第72辑，第74~80页。

核心提示➡没有利用查禁犯罪职责获取的线索可以构成立功？

要旨➡虽然行为人检举的其他犯罪嫌疑人的藏匿地点是其户籍所在地，公安机关对户籍所在地的情况也已掌握，但只要其提供的线索对公安机关抓获犯罪嫌疑人起到实际帮助作用，依法应认当认定为"协助司法机关抓获其他犯罪嫌疑人"。

⑰《自首后交代同案犯的关押场所构成立功》，载《公检法办案指南》2010年第1辑总第121辑，第166~171页。

⑱《吴乃表贩卖毒品案》，载《刑事审判参考》2009年第2辑总第67辑，第82~86页。

要旨➡罪行极其严重，虽有重大立功，但功不抵罪，不予从轻处罚。

⑲《张树林等走私、贩卖、运输毒品案》，载《刑事审判参考》2009年第2辑总第67辑，第76~81页。

核心提示➡对有重大立功表现但罪行极其严重的被告人如何量刑？

⑳《马良波、魏正芝贩卖毒品案》，载《刑事审判参考》2009年第2辑总第67辑，第71~75页。

核心提示➡被告人提供的在逃犯的藏匿地点与被告人亲属协助公安机关抓获该人的实际地点不一致的，能否认定为立功？

㉑《杨占娟等绑架上诉案》，载《人民法院案例选》2009年第4辑总第70辑。

要旨 ➡ 犯罪嫌疑人与其家人一同抓获同案犯,并将其扭送至公安机关,可认定为立功。

㉒ 《吴灵玉等抢劫、盗窃、窝藏案》,载《刑事审判参考》2008 年第 4 辑总第 63 辑,第 33~41 页。

核心提示 ➡ 揭发型立功中"他人犯罪行为"的认定

㉓ 《立功是否应问线索来源、协助司法机关抓捕未果能否认定立功》,载《刑事法律文件解读》2008 年第 3 辑总第 33 辑,第 122~123 页。

㉔ 《陈佳嵘等贩卖、运输毒品案》,载《刑事审判参考》2007 年第 2 辑总第 55 辑,第 50~56 页。

核心提示 ➡ 协助司法机关稳住被监控的犯罪嫌疑人是否构成立功?

要旨 ➡ 协助司法机关抓捕其他可能判处无期徒刑以上刑罚的重大犯罪嫌疑人的,应当认定为有重大立功表现。是否构成立功,认定的标准在于是否有协助行为以及协助行为对抓捕其他犯罪嫌疑人是否起了作用,而不是协助行为所起作用的大小。陈佳嵘配合公安机关给赵新文打电话"报平安"及提出再向其购买毒品的行为实质上是一种协助抓捕行为,而且该协助行为对于抓捕赵新文客观上起到了一定积极作用,符合协助抓捕型立功的条件,应当认定为立功。

㉕ 《田嫣、崔永林等贩卖毒品案》,载《刑事审判参考》2006 年第 5 辑总第 52 辑,第 42~48 页。

核心提示 ➡ 犯罪分子亲属代为立功的能否作为从轻处罚的依据?

要旨 ➡ 被告人亲属代为"立功"的,不构成刑法上的立功。应予以一定奖励。

㉖ 《从一起个案看共犯的自首与立功的区别》,载《刑事审判参考》2006 第 4 辑总第 51 辑,第 165~170 页。

核心提示 ➡ 如何区分共犯自首的"供述所知的同案犯"与立功的"检举、揭发他人犯罪行为"以及"协助司法机关抓捕同案犯"?

㉗ 《被告人翻供是否影响立功情节的成立》,载《刑事审判参考》2006 年第 2 辑总第 50 辑,第 142~143 页。

核心提示 ➡ 不影响

㉘ 《李超故意杀人上诉案》,载《人民法院案例选》2006 年第 2 辑总第 56 辑。

要旨 ➡ 打电话投案后,因故又继续实施危害行为并导致主要犯罪结果的发生,不能认定为自首。

㉙ 《"到案前"协助公安机关抓获同案犯的,能否构成立功》,载《公检法办案指南》2006 年第 9 辑总第 81 辑,第 181 页。

要旨 ➡ 笔者认为,刑法第 68 条所称的"犯罪分子"应作广义的理解,包括犯罪嫌疑人、被告人、罪犯等。本案的被告人,尽管检举他人抢劫犯罪事实时,出于各种原因没有向公安机关说明其也参与其中,但在检举同案犯的同时,也暴露了其作为本案犯分子的身份,实质上是本案的犯罪嫌疑人。被告人虽然是因为违法行为(吸毒)到案的,但在其提出检举他人犯罪后，公安机关为抓获被检举人将其释放后，次日，被告人即协助公安机关抓获了同案犯，并被刑事拘留，其抢劫到案与吸毒到案之间是有因果关系的，是一个连续的过程，故不能将被告人的行为机械地理解为"到案前"的立功表现。

㉚《梁国雄、周观杰等贩卖毒品案》，载《刑事审判参考》2005年第6辑总第47辑，第34~46页。

核心提示 ➡ 提供同案犯的住所与活动情况，使得公安机关查获大量毒品能否认定为重大立功？

要旨 ➡ 在公诉机关未就被告人的自首、立功情节进行起诉的情况下，人民法院能否直接认定被告人的自首或立功情节问题？

刘育明及时提供黄国柱的住址和活动情况，使得公安人员从黄国柱的住处查获已被黄控制的2710克海洛因和4900克咖啡因，应当认定为有重大立功表现。对被告人定罪事实的认定，应贯彻严格证明标准，而对被告人量刑情节事实的认定，可实行优势证明标准。程序上，因对自首和立功的认定，属于对被告人有利情节的认定，为避免诉讼资源的浪费和审限的拖延，在侦查机关出具了经查证属实的证明材料后，人民法院可直接自由裁量。

㉛《陆骅、茅顺君、石国伟抢劫案》，载《刑事审判参考》2005年第1辑总第42辑，第32~36页。

核心提示 ➡ 带领侦查人员抓捕同案犯未果后电话劝说自首的是否属于有立功表现？

要旨 ➡ 劝说自首行为也成为协助司法机关抓捕同案犯的具体表现，在同案犯石国伟据此归案后，应当认定陆骅在使同案犯石国伟到案的问题上确实起到了协助作用。至于石国伟的行为成立自首则是另一层面评判的问题，不影响陆骅具有立功表现的认定。

㉜《交代自己行贿事实导致他人受贿被发现的是否构成立功》，载《公检法办案指南》2005年第6辑总第66辑。

㉝《刘克田受贿案辽宁省鞍山市中级人民法院刑事判决书》，载《刑事审判参考》2004年第6辑总第41辑，第175~187页。

核心提示 ➡ 如何认定"有利于国家和社会的突出表现"？

要旨 ➡ 经查，被告人刘克田提出组建《中国债权交易中心的构想》和写出《李自成全书》的校勘意见尚不属于有利于国家和社会的突出表现。

㉞《刘群、李国才抢劫、诈骗、盗窃案》，载《刑事审判参考》2004年第2辑总第37辑，第37~46页。

要旨 ➡ 从立法本意看，重大立功亦可从轻处罚。

虽然刑法条文没有明确对有重大立功表现的可以从轻处罚，但如果有重大立功表现的不予减轻或者免除处罚，一般也要考虑予以从轻处罚，这样解释是符合立法解释和法律逻辑的。

㉟《华东高、华向东等人抢劫、盗窃案》，载《经济犯罪审判指导》2004年第2辑总第6辑。

要旨 ➡ 检举他人犯与公安机关已掌握之罪属同种犯罪的可构成立功。

36《关于自首和立功中的问题》,载《刑事审判要览》2004 年第 4 辑总第 10 辑,第 6~23 页以及《关于自首和立功问题的认定与处理》,载《刑事司法指南》2004 年第 4 辑总第 20 辑,第 1~20 页。

要旨 ➡ 一、关于立功的认定:

1. 共同犯罪的犯罪分子交代同案犯共同犯罪事实,不属于立功,可认定为如实交代自己的犯罪行为。

2. 行贿犯检举受贿犯,或者受贿犯检举行贿犯,不构成立功;同样的道理,犯罪嫌疑人被抓获后,另行交代自己窝藏,包括其他犯罪嫌疑人的,或者如实交代他人窝藏、包庇自己的犯罪事实的,也不构成立功,符合自首条件的,可以按自首从宽处理。

3. 协助抓捕同案犯的,应认定有立功表现;要把握两个条件:一是确定有协助的必要,二是应当有协助的具体行为。司法实践中,比较常见的有以下几种情形:第一种情况是帮助司法机关诱捕同案犯,如给同案犯打传呼,约定同案犯在某个地方见面,然后设法抓捕。第二种情况是带着公安机关去抓。第三种情况是交代同案犯的藏匿地点,这一点尤其值得注意。如果仅仅是交代了同案犯的住址、姓名,属于如实交代自己的罪行。因为要交代同案犯,必然要交代同案犯是哪里的人,住在哪个地方,这是如实交代的范畴,但是如果交代出同案犯的藏匿地点,就不属如实交代的范畴了,所以交代藏匿地点叫立功。交代同案犯的真实姓名和本来住址,不算立功。

4. 犯罪嫌疑人、被告人的亲属协助抓捕其他犯罪嫌疑人(包括同案犯)如何认定立功的问题:

如被告人王某虽有通过其亲属协助公安机关将同案犯抓获的行为,但其协助的具体行为是通过被告人的亲属作出的,王某并不知道同案犯的有关线索,其行为不属于具体的协助行为,不构成立功。鉴于王某确有将功赎罪的意思表示,且将同案犯抓获与其写信行为之间也存在一定的客观联系,可作为酌定从轻处罚情节。但是如果已被羁押的犯罪嫌疑人或被告人将其他犯罪嫌疑人或者同案犯的有关线索告知亲属,其亲属据此查找尚未归案的犯罪嫌疑人或同案犯,并协助公安机关抓获的,可以认定提供线索的犯罪嫌疑人、被告人具有立功表现。

5. 立功的线索来源问题:

刑法对立功的线索来源没有规定,在司法实践中,经常碰到这方面的案件发生争议。如有一个实际案例,两个死刑犯住在一个监舍里面,一个死刑犯知道自己罪行极其严重,反正活不成了,马上要枪毙,两个人关系不错,他就告诉另外一个死刑犯,我还有其他杀人罪行公安机关不知道,你来检举揭发,你就可以立功。这个人就把公安机关不掌握的罪行告诉他,他就要求检举揭发。检举揭发以后,这个案件查证属实了,算不算立功?笔者认为,这种情况也应当认定为立功。刑法没有规定立功的线索必须正当或者必须是自己掌握的,立功不以悔罪为前提,不论出于什么动机,只要符合立功的客观条件,可以认定为立功。因为刑法规定立功的主要精神,主要是为了分化瓦解犯罪分子,帮助司法机关及时侦破案件,以及其他有利于社会的行为,这种情况符合刑法规定的立功的宗旨和目的。但是,立功以后可以从轻、减轻或者免除处罚,这个是法院可以自由裁量的。

6. 立功是指犯罪分子归案以后的表现：

犯罪分子归案之前的表现，不是刑法中所讲的立功。发案之前奋不顾身、抢救他人的行为，算不算立功。应该说，这种情况不能算立功。因为立功主要是讲犯罪分子到案以后的表现，如果把犯罪分子犯罪以后、归案之前表现都算立功的话，那立功就多了，反而不符合刑法规定立功的宗旨。比如说，企业家依法受贿罪，可能几年后才能发现，他在贪污受贿之后，可能还给社会作出很大贡献，如果这个算立功，那么立功面就宽了。当然不认定为立功，不等于量刑的时候不可以考虑。像前述案例，考虑他犯罪以后的悔罪表现，也可以不杀他，但不能算立功。

二、重大立功的认定与从轻、减轻处罚的适用：

1. 关于重大立功的标准："多人多起"原来解释想写上去，后来没有写，原因在于多人多起的情况比较复杂，但有些多人多起的，比如说，5个人或10个人，每人都判十几年的，也不是不可以考虑把它包括进来，所以司法解释有个"等"字，不排除与列举的情况相当的某些情形，也可以认定为重大立功。在实践中，对于可能被判处无期徒刑以上刑罚的认定，应当以涉嫌犯罪的严重程度为依据，即查实或指控的罪行依法可能判处无期徒刑的，就应认定构成"重大"。在有确定的判决作为认定的依据时，应当注意被犯罪分子检举、揭发或协助抓捕的罪犯是否因具有自首、立功、坦白或者未成年等情节而影响量刑。如果被检举、揭发、协助抓获的罪犯本应依法判处无期徒刑以上刑罚，但因具有从轻、减轻情节被判处无期徒刑以下刑罚的，对该罪犯仍应认定为"重大"。

2. 犯罪以后自首并有重大立功表现的被告人如何减轻处罚；

3. 犯数罪的，有重大立功表现如何从轻、减轻处罚。

对各罪分别定罪量刑的时候先考虑立功的情节，对各罪依法从轻或者减轻处罚，然后再按照数罪并罚的原则确定决定执行的刑罚。也不一定对所有的犯罪都从轻、减轻，可只对他所犯主罪从轻、减轻判处。

㊲《试论立功的几个问题》，载《刑事审判要览》2004年第2辑总第8辑，第156～160页。

要旨➡ 1. 关于立功相关规定的历史演变；2. 关于立功的主体问题；3. 关于帮助立功问题；4. 关于揭发他人犯罪行为问题；5. 关于提供重要线索问题；6. 关于犯罪分子立功后又脱逃的问题；7. 关于对立功的处罚规定。

㊳《犯罪分子请求其亲属协助司法机关将在逃同案犯抓捕的能否认定为立功》，载《刑事审判参考》2003年第6辑总第35辑，第208～211页。

要旨➡ 犯罪分子到案后请求他人协助抓捕其他犯罪嫌疑人（包括同案犯）的行为，不属具体协助行为，不应认定为立功。应作为酌定从轻情节。

㊴《被告人自首的内容涉及同案犯个人基本情况而公安机关据此将同案犯抓获的能否认定为自首和立功》，载《刑事审判参考》2003年第6辑总第35辑，第212～214页。

要旨➡ 一、共同犯罪案件中的犯罪分子交代同案犯共同犯罪事实不属于立功。

二、被告人所供述同案犯个人基本情况，在认定构成自首中已经评价，根据禁止重复评价的刑法适用原则，不应再行据此认定被告人同时构成立功。如果在被告人如实供述其所知的同案犯基本情况的情形下，公安机关仍不能抓获同案犯，被告人又积极提供其他线索、情况，协助公安机关抓获同案犯的，则应认定为立功。

㊵《梁延兵等贩卖、运输毒品案》，载《刑事审判参考》2003年第3辑总第32辑，第66~73页。

核心提示 ➡ 如何认定被告协助公安机关抓获同案犯构成立功问题？

要旨 ➡ 被告人向司法机关提供的是同案犯可能藏匿的地点，该地点并非双方约定的贩毒场所，而是同案犯的下落。对此节内容，被告人虽然应当向公安机关提供，但无论是否提供都不影响其对犯罪事实的交代。也就是说，即使被告人不向公安机关提供这一情况，也不能认为其是不如实供述犯罪事实。最高人民法院还认为，未带领公安人员前去抓捕的理由不能成立，因为：1. 被告人提供了同案犯藏匿处；2. 该处事先不为公安掌握；3. 根据其线索抓获；4. 同案犯被抓后判死缓，是重大犯罪分子；而未带领抓捕，系由公安决定，且其提供的是具体、真实、较详细地点，无需其带领。

㊶《许善新法定刑以下判处刑罚案》，载《最高级人民法院 刑事裁定书》以及《刑事审判参考》2003年第2辑总第31辑，第244~264页。

要旨 ➡ 单位主管人员仅检举单位犯罪行为而不如实供述自己参与情况的不构成自首与立功。检举本单位走私犯罪，而实际上其本人亦参与了本单位的走私犯罪，故其检举不符合立功的法律规定。

㊷《姜方平故意伤害、窝藏案》，载《刑事审判参考》2003年第1辑总第30辑，第26~32页。

要旨 ➡ 被窝藏人主动供述他人窝藏犯罪的不能认定为立功。

立功是揭发他人犯罪事实，应该理解为与本人犯罪无关的他人的犯罪事实。1. 应不存在关联性，故对偶犯不成立立功，对偶犯指必须由双方共同对应行为才能完成的犯罪，如重婚、行、受贿；2. 不能存在因果关系，故连累犯不成立；连累犯指事先无通谋，事后明知犯罪实施帮助，比如窝藏、包庇。接受帮助的具有原因力，实际上是连累犯的制造者。若窝藏可立功，则犯罪分子制造的窝藏犯罪越多，害的人越多，其立功就越多，功劳也越大，这显然与立功的立法本意不符。

㊸《林卫平贪污、挪用公款案》，载《经济犯罪审判指导与参考》2003年第4辑总第4辑，第48页。

要旨 ➡ 归案后提供重要破案线索视为重大立功，该线索所涉及的犯罪嫌疑人是否在押，不影响认定。

㊹《刑法纵横谈（下）》，载《刑事司法指南》2003年第3辑总第15辑，第1~69页。

核心提示 ➡ 自首与立功问题

㊺《杨湘海贩卖、运输毒品案》，载《最高人民法院公报》2002年第1辑总第75辑。

要旨 ➡ 死刑复核期间，揭发他人依法应判处无期徒刑以上刑罚罪行的，构成重大立功，应予从轻。

46《李真贪污、受贿案河北省唐山市中级人民法院刑事判决书》，载《刑事审判参考》2002年第6辑总第29辑，第185~222页。

核心提示➡劝说同监犯人交代余罪的，能否认定立功？

要旨➡在羁押期间劝说同监犯人交代余罪属实，但其行为依据法律规定不构成立功。

47《谢茂强等强奸、奸淫幼女案》，载《刑事审判参考》2002年第3辑总第26辑，第19~27页。

核心提示➡被告人检举他人较轻的罪行，审查中司法机关又发现被检举人另有重大罪行，被告人的检举行为是否属于重大立功？

要旨➡不构成重大立功，但在量刑时作为酌定情节予以考虑。

48《刑事审判参考》2002年第3辑总第26辑，第208~211页。

核心提示➡协助公安机关抓获未被检察机关起诉的犯罪嫌疑人的行为是否构成立功？

49《李纪周受贿、玩忽职守判决书》，载《刑事审判参考》2002年第2辑总第25辑，第162~177页。

核心提示➡猜测他人行为不正常且提供知情人情况，侦查机关找知情人后侦破重大经济案件的能否认定立功？

要旨➡李纪周曾向侦查机关提出国家工作人员王某某、赵某某和商人杨某某关系不正常，并称程辛联可能知情。经侦查机关讯问程辛联，程辛联提供了重要线索，使司法机关得以侦破上述三人重大经济犯罪案件，李纪周的行为不构成立功，但为破获上述案件起到一定作用。对此，本院在量刑时可酌情考虑。

50《我国刑法中立功制度司法适用若干问题研究》，载《刑事司法指南》2002年第2辑总第10辑，第39~49页。

要旨➡1. 立功时间的认定；2. 关于“协助”的理解；3. “重要线索”的认定；4. 负有查禁犯罪活动的国家机关工作人员犯罪后立功的认定；5. 帮助犯罪分子立功问题的处理；6. 关于检举揭发同案犯立功的认定；7. 单位犯罪的立功问题。

(51)《刑事审判参考》2001年第12辑总第23辑，第77~78页。

核心提示➡关于贿赂犯罪案件中被告人“检举揭发”他人贿赂犯罪线索如何正确认定立功的问题？

要旨➡检举揭发他人的犯罪，不包括被告人自己参与的犯罪。在贿赂犯罪中，受贿与行贿、介绍贿赂行为之间存在着内在的联系，受贿人、行贿人或者介绍贿赂人在交代自己和贿赂犯罪事实时，必须讲清楚其受贿来源、行贿对象或者介绍贿赂双方的情况。

(52)《被告人将揭发情况告诉亲属，由亲属找到被举报人的藏身处并报告给公安机关，能否认定为立功》，载《公检法办案指南》2000年第3辑总第3辑。

(53)《金铁万、李光石贩卖毒品案》，载《刑事审判参考合订本·第一卷》，第142~145页。

要旨➡对于有立功表现的毒品犯罪分子应如何适用刑罚：1. 走私目的不影响走私毒品罪的成立；2. 数量以查获认定；3. 吸毒者实施毒品犯罪，有可能部分用于个人吸食的，在量刑时一般应当予以考虑。

54 《林春华等走私普通货物案》，载《刑事审判参考合订本·第一卷》，第32~38页。

　　核心提示 ➡ 检举其行贿的对象是否构成立功？

55 王汉斌《关于〈中华人民共和国（修订草案）〉的说明》（1997年3月6日）

　　要旨 ➡ 关于自首和立功。刑法第63条规定："犯罪以后自首的，可以从轻处罚。其中，犯罪较轻的，可以减轻或者免除处罚；犯罪较重的，如果有立功表现，也可以减轻或者免除处罚。"为了更好地体现和执行这一刑事政策，鼓励犯罪分子自首、立功，有利于查处犯罪，草案对自首、立功的作了较宽大的处刑规定，把"犯罪以后自首的，可以从轻处罚"，改为"可以从轻或者减轻处罚"，把对"其中，犯罪较轻的，可以减轻或者免除处罚"，改为"可以免除处罚"。并增加规定："犯罪分子有揭发他人犯罪行为，查证属实的，或者提供重要线索，从而得以侦破其他案件等立功表现的，可以从轻或者减轻处罚；有重大立功表现的，可以减轻或者免除处罚。""犯罪后自首又有重大立功表现的，应当减轻或者免除处罚。"同时对自首作了明确的界定，增加规定："犯罪以后自动投案，如实供述自己的罪行的，是自首。"

56 《王碧、程景茂抢劫、故意伤害、非法拘禁案》，载《最高人民法院判例释解·刑事卷》第167页。

　　核心提示 ➡ 虽有立功表现但不予从轻处罚的情形

第四节　数罪并罚

第69条 修正案（八）第10条　数罪并罚的原则

　　判决宣告以前一人犯数罪的，除判处死刑和无期徒刑的以外，应当在总和刑期以下、数刑中最高刑期以上，酌情决定执行的刑期，但是管制最高不能超过三年，拘役最高不能超过一年，有期徒刑最高不能超过二十年。

　　如果数罪中有判处附加刑的，附加刑仍须执行。

　　中华人民共和国刑法修正案（八）（第十一届全国人民代表大会常务委员会第十九次会议2011年2月25日通过，中华人民共和国主席令第四十一号公布，自2011年5月1日起施行。）

　　十、将刑法第六十九条修改为："判决宣告以前一人犯数罪的，除判处死刑和无期徒刑的以外，应当在总和刑期以下、数刑中最高刑期以上，酌情决定执行的刑期，但是管制最高不能超过三年，拘役最高不能超过一年，有期徒刑总和刑期不满三十五年的，最高不能超过二十年，总和刑期在三十五年以上的，最高不能超过二十五年。

数罪中有判处附加刑的，附加刑仍须执行，其中附加刑种类相同的，合并执行，种类不同的，分别执行。"

关联规范 ➡ 完全整理

❶ 最高人民法院《关于〈中华人民共和国刑法修正案（八）〉时间效力问题的解释》（2011年5月1日 法释〔2011〕9号）（节录）①

为正确适用《中华人民共和国刑法修正案（八）》，根据刑法有关规定，现就人民法院2011年5月1日以后审理的刑事案件，具体适用刑法的有关问题规定如下：

第六条 2011年4月30日以前一人犯数罪，应当数罪并罚的，适用修正前刑法第六十九条的规定；2011年4月30日前后一人犯数罪，其中一罪发生在2011年5月1日以后的，适用修正后刑法第六十九条的规定。

❷ 最高人民法院《关于审理抢劫、抢夺刑事案件适用法律若干问题的意见》（2005年6月8日 法发〔2005〕8号）（节录）②

八、关于抢劫罪数的认定：行为人实施伤害、强奸等犯罪行为，在被害人未失去知觉，利用被害人不能反抗、不敢反抗的处境，临时起意劫取他人财物的，应以此前所实施的具体犯罪与抢劫罪实行数罪并罚；在被害人失去知觉或者没有发觉的情形下，以及实施故意杀人犯罪行为之后，临时起意拿走他人财物的，应以此前所实施的具体犯罪与盗窃罪实行数罪并罚。

❸ 上海市高级人民法院《刑法总则适用问题解答（试行）》

九、怎样对刑法中"以上"、"以下"的含义予以补正解释？

刑法第99条明文规定，"本法所称以上、以下、以内，包括本数"。在下列两种情况下，应当注意对此立法解释作出补正解释：一是刑法第63条第1款关于减轻处罚的规定，此处"应当在法定刑以下判处刑罚"，不应包括本数，是指低于法定刑幅度中的最低刑处罚。否则，减轻处罚与从轻处罚就会交叉重合，从而有违立法精神。二是刑法第69条关于数罪并罚的规定，即对于有期自由刑的并罚，应采用限制加重原则，"应当在总和刑期以下，数刑中最高刑期以上，酌情决定执行的刑期"。其中的"以上"、"以下"也不应包括本数。举例而言，某犯因三罪分别被判处3年、5年、8年有期徒刑，如果这里的总和刑期"以下"包括本数，则对于该犯可以决定执行有期徒刑16年。这一处刑结果等于适用并科原则；如果这里的数刑中最高刑期"以上"包括本数，则该犯可能仅被判处8年有期徒刑，从而与采用吸收原则无异。根据我国刑法规定，吸收原则只适用于死刑、无期徒刑与有期自由刑的并罚；并科原则主要适用于主刑与附加刑以及不同种附加刑的并罚。如果对

---

① 对其解读见：《刑事审判参考》2011年第4辑总第81辑，第118~129页。
② 对其解读见：《刑事审判参考》2005年第1辑总第42辑，第93~98页以及2005年第2辑总第43辑，第71~92页。

于举例中的多个有期徒刑采用并科原则，就没有体现法定的"限制"精神；而采用吸收原则，又无法体现"加重"的立法原意。故在适用限制加重原则予以并罚时，"以上"、"以下"也不应包括本数。

❹ 最高人民法院《全国法院维护农村稳定刑事审判工作座谈会纪要》（1999年10月27日　法〔1999〕217号）（节录）

三、（三）关于农村恶势力犯罪案件

修订后的刑法将原"流氓罪"分解为若干罪名，分别规定了相应的刑罚，更有利于打击此类犯罪，也便于实践中操作。对实施多种原刑法规定的"流氓"行为，构成犯罪的，应按照修订后刑法的罪名分别定罪量刑，按数罪并罚原则处理。对于团伙成员相对固定，以暴力、威胁手段称霸一方，欺压百姓，采取收取"保护费"、代人强行收债、违规强行承包等手段，公然与政府对抗的，应按照黑社会性质组织犯罪处理；其中，又有故意杀人、故意伤害等犯罪行为的，按数罪并罚的规定处罚。

（四）关于财产刑问题

被告人犯数罪的，应避免判处罚金刑的同时，判处没收部分财产。对于判处没收全部财产，同时判处罚金刑的，应决定执行没收全部财产，不再执行罚金刑。

❺ 最高人民法院《关于审理盗窃案件具体应用法律若干问题的解释》（1998年3月17日　法释〔1998〕4号）（节录）①

第十二条　审理盗窃案件，应当注意区分盗窃罪与其他犯罪的界限：

（三）为盗窃其他财物，盗窃机动车辆当犯罪工具使用的，被盗机动车辆的价值计入盗窃数额；为实施其他犯罪盗窃机动车辆的，以盗窃罪和所实施的其他犯罪实行数罪并罚。为实施其他犯罪，偷开机动车辆当犯罪工具使用后，将偷开的机动车辆送回原处或者停放到原处附近，车辆未丢失的，按照其所实施的犯罪从重处罚。

（四）为练习开车、游乐等目的，多次偷开机动车辆，并将机动车辆丢失的，以盗窃罪定罪处罚；在偷开机动车辆过程中发生交通肇事构成犯罪，又构成其他罪的，应当以交通肇事罪和其他罪实行数罪并罚；偷开机动车辆造成车辆损坏的，按照刑法第二百七十五条的规定定罪处罚；偶尔偷开机动车辆，情节轻微的，可以不认为是犯罪。

（五）实施盗窃犯罪，造成公私财物损毁的，以盗窃罪从重处罚；又构成其他犯罪的，择一重罪从重处罚；盗窃公私财物未构成盗窃罪，但因采用破坏性手段造成公私财物损毁数额较大的，以故意毁坏财物罪定罪处罚。盗窃后，为掩盖盗窃罪行或者报复等，故意破坏公私财物构成犯罪的，应当以盗窃罪和构成的其他罪实行数罪并罚。

❻ 最高人民法院《关于判决宣告后又发现被判刑的犯罪分子的同种漏罪是否实行数罪并罚问题的批复》（1993年4月16日　法复〔1993〕3号）

经研究，答复如下：人民法院的判决宣告并已发生法律效力以后，刑罚还没有执行完毕以前，发现被判刑的犯罪分子在判决宣告以前还有其他罪没有判决的，不论新发现的罪与原判决的罪是否属于同种罪，都应当依照刑法第六十五条的规定实行数罪并罚。但如果

---

① 对其解读见：《解读最高人民法院司法解释·刑事、行政卷（1997~2002）》，第198~208页。

在第一审人民法院的判决宣告以后，被告人提出上诉或者人民检察院提出抗诉，判决尚未发生法律效力的，第二审人民法院在审理期间，发现原审被告人在第一审判决宣告以前还有同种漏罪没有判决的，第二审人民法院应当依照刑事诉讼法第一百三十六条第（三）项的规定，裁定撤销原判，发回原审人民法院重新审判，第一审人民法院重新审判时，不适用刑法关于数罪并罚的规定。

学理观点·典型案例 ——> 索引与要旨

❶《〈刑法修正案（八）〉解读》，载《刑事审判参考》2011年第4辑总第81辑，第83~117页以及《公检法办案指南》2011年第3辑总第135辑，第13~121页。

❷《李祥英传授犯罪方法案》，载《刑事审判参考》2010年第5辑总第76辑，第67~73页。

要旨 ➡ 实施滥用职权等渎职犯罪行为的同时又收受贿赂，除刑法另有规定外，应当认定为两罪，实行数罪并罚。

❸《代海业盗窃案》，载《刑事审判参考》2010年第5辑总第76辑，第37~42页。

核心提示 ➡ 缓刑考验期内犯新罪如何数罪并罚？

❹《数罪并罚法律适用问题解答——上海市高级人民法院刑二庭调研报告》，载《刑事审判参考》2010年第4辑总第75辑，第168~172页。

❺《论数罪并罚的基础》，载《刑事法律文件解读》2010年第4辑总第58辑，第91~97页。

❻《谭荣财、罗进东强奸、抢劫、盗窃案》，载《刑事审判参考》2008年第4辑总第63辑，第1~9页。

核心提示 ➡ 吸收犯的理解

要旨 ➡ 为寻求精神刺激，在同一时间内强迫他人对同一犯罪对象实施性交和猥亵行为供其观看的行为，应当按照吸收犯的处理原则，在强奸罪与强制猥亵妇女罪中择一重处罚。

❼《张正权等抢劫案》，载《刑事审判参考》2007年第6辑总第59辑，第26~31页。

核心提示 ➡ 同一个行为，不能被两个犯罪构成重复评价

要旨 ➡ 刑法理论上的禁止重复评价原则，是指在定罪量刑时禁止对同一犯罪构成事实予以两次或两次以上的法律评价，据此，当然包括禁止同一行为被两个或两个以上的犯罪构成同时评价。本案中，被告人张正权、张文普预谋实施抢劫犯罪过程中，张正权与张文普曾商议如果遇有漂亮女性则实施强奸，对于被告人张正权、张文普，其商议实施强奸的行为在成立抢劫罪（犯罪预备）的同时是否能够构成强奸罪（犯罪预备）？结论是否定的。理由是：基于禁止重复评价原则，如果同一行为既为抢劫犯罪的预备行为，又为强奸犯罪的预备行为时，不能被抢劫、强奸的犯罪构成所同时评价，也就是说不能同时成立抢劫罪（犯罪预备）和强奸罪（犯罪预备）。二被告人预谋当抢劫对象如果是漂亮女性才同时实施强奸犯罪，该条件是否能成就，取决于抢劫犯罪的实施情况及合适犯罪对象

275

的出现，具有一定偶然性，因此从犯意确定角度看，以抢劫罪对二被告人定罪处罚更为准确。

❽《庄木根、刘平平、郑斌非法买卖枪支、贩卖毒品案》2007 年第 6 辑总第 59 辑，第 1~7 页。

核心提示 ➡ 非法买卖枪支时以毒品冲抵部分价款行为如何定性？

要旨 ➡ 一、以毒品冲抵部分买卖枪支价款的行为构成贩卖毒品罪。

二、贩卖毒品行为与非法买卖枪支行为之间不存在牵连关系，应予数罪并罚。

❾《张俊等走私普通货物案》，载《刑事审判参考》2007 年第 5 辑总第 58 辑，第 1~10 页。

要旨 ➡ 单位责任人员在实施单位犯罪的同时，其个人又犯与单位犯罪相同之罪的，应数罪并罚。

本案被告人张俊、高飞分别作为各自所在单位的直接责任人员实施了（单位）走私普通货物罪，此外还以自然人身份独立实施了走私普通货物罪，虽然这两种犯罪罪名相同，但二者的犯罪构成具有本质的不同，显然属于两种犯罪，因此，这种情况应属于异种数罪，应当适用刑法第六十九条的规定进行数罪并罚。

❿《鞠胤文挪用公款、受贿案》，载《刑事审判参考》2006 年第 1 辑总第 48 辑，第 67~77 页。

核心提示 ➡ 因挪用公款索取、收受贿赂或者行贿构成犯罪的，是择一重处还是两罪并罚？

要旨 ➡ 受贿罪和行贿罪是刑法意义上的对合犯，往往相伴相生，既然司法解释对挪用公款罪与受贿罪的牵连犯规定两罪并罚，对于挪用公款罪与行贿罪的牵连犯，也应按照这个原则处理，否则将可能出现受贿者构成挪用公款罪和受贿罪两罪，而行贿者只构成挪用公款罪或者行贿罪一罪的不平等现象。

⓫《王红梅、王宏斌、陈一平走私普通货物、虚开增值税专用发票案》，载《刑事审判参考》2005 年第 2 辑总第 43 辑，第 1~20 页。

要旨 ➡ 走私犯罪行为完成后，行为人再以该走私货物让人虚开增值税专用发票以抵扣税款的行为，由于不具有同一犯罪目的，因而不构成牵连犯罪。基于将走私货物入境的犯罪目的，而向海关人员行贿的行为，与该走私行为，构成牵连犯罪。

⓬《夏鹏飞、汪宣峰抢劫、敲诈勒索、盗窃案》，载《刑事审判参考》2005 年第 1 辑总第 42 辑，第 37~45 页。

核心提示 ➡ 先劫取钱财而后购买相机并用以拍摄裸照作为要挟以敲诈钱款，是否牵连犯？

要旨 ➡ 所谓牵连犯，是指以实施某一犯罪目的，而其犯罪的方法行为或者结果行为又触犯了其他罪名的犯罪情况。本案不属于牵连犯，应以抢劫罪和敲诈勒索罪对被告人施行并罚。

⓭《刑罚适用及其相关问题》，载《公检法办案指南》2005 年 1 月。

核心提示 ➡ 怎样对刑法中"以上"、"以下"的含义进行补正解释？

第一编　总则　第四章　刑罚的具体运用

要旨➡第63条第1款的"以下"、第69条限制加重原则"以上、以下"均不包含本数。

⑭《穆文军抢劫案》，载《刑事审判参考》2004年第6辑总第41辑，第14~19页。

要旨➡抢劫后为抗拒抓捕而当场使用暴力故意伤害他人的行为，不实行数罪并罚。

对于抢劫后为抗拒抓捕而实施暴力，致人伤亡的，不仅没有必要，也没有理由进行刑法上的再次评价，仍应按抢劫罪一罪定罪处罚。行为人前后实施的两次暴力行为，完全可以看作同一抢劫过程的两个不同阶段，都是服从和服务于非法占有他人财物这一犯罪目的的。正如转化抢劫犯的连续伤人行为一样，当其对第一个人实施暴力时，其行为已经构成转化的抢劫罪，此后连续实施的伤及多人的行为自然应该纳入同一抢劫罪的评价范围，不应人为地割裂前后行为的内在统一性。

⑮《汪照洗钱案》，载《刑事审判参考》2004年第2辑总第37辑，第15~21页。

要旨➡既从事上游毒品等犯罪又参与下游洗钱行为的自然人或者单位，按照吸收犯的处理原则。基于我国刑法关于洗钱罪的立法规定及洗钱罪与其上游犯罪存在着依附从属关系两方面的考虑，对于毒品犯罪分子不宜追究其洗钱罪的刑事责任。

⑯《向灵、刘永超挪用资金、职务侵占案》，载《刑事审判参考》2004年第2辑总第37辑，第47~53页。

核心提示➡吸收犯的具体认定

要旨➡吸收犯是刑法理论上存在着较大争议的一个概念，尽管如此，对于吸收犯的构成在以下两点的认识上却是趋于一致的：一是成立吸收犯需以存在数个犯罪行为为其前提；二是根据经验法则，数个犯罪行为需具有一定的从属性或者阶段性关系。在司法实践中，吸收犯一般表现为下述两种情形：1.高度行为吸收低度行为。如运输毒品以持有毒品为前提，定罪的时候，运输毒品罪自然吸收非法持有毒品罪，对非法持有毒品罪不再另行定罪。2.实行行为吸收非实行行为。该种情节主要存在于同一罪名不同阶段的犯罪以及共同犯罪之中。如犯罪分子为杀人进行预备活动，由于意志以外原因被迫中断，但犯罪分子为杀人进行预备活动，由于意志以外原因被迫中断，但犯罪分子并不甘心，再次预备后完成其杀人行为。为此，杀人的实行行为就应吸收杀人的预备行为。可见，高度行为吸收低度行为的情形，主要存在于同时实施的不同种类犯罪；实行行为吸收非实行行为的情形，主要存在于前后实施的同种类犯罪。

⑰《周大伟票据诈骗（未遂）案》，载《刑事审判参考》2004年第1辑总第36辑，第11~16页。

核心提示➡盗取空白现金支票伪造后使用的应如何定性？

要旨➡牵连犯的含义。法定刑相同的牵连犯，二罪中有未遂的，则既遂的为重罪，二罪均既遂，则以目的行为更为恰当。

⑱《王团结、潘友利、黄福忠抢劫、敲诈勒索案》，载《刑事审判参考》2004年第1辑总第36辑，第37~45页。

核心提示➡挟持被害人前往其亲友处取钱的行为应如何定罪？如何看待牵连或吸收

关系？

要旨➡本案不存在构成绑架罪的问题，不能因为本案存在挟持、控制被害人的因素就简单地认定为构成绑架罪。对挟持被害人前往其亲友处取钱的行为，是定绑架罪还是定抢劫罪，关键要看被告人是否以被害人被挟持的意思向被害人亲友进行勒索。如果被害人的亲友不知被害人被挟持，而因为其他缘故向被害人支付钱财，或被害人自己借故借钱的，均不能认定被告人构成绑架罪，而应把相应的挟持手段看作是被告人为抢劫被害人钱财所实施的一种暴力手段。

三被告人第3阶段行为虽亦是抢劫行为的延续，但可独立构成敲诈勒索，应予以数罪并罚。本案的敲诈勒索与抢劫不存在前行为是后行为发展的所经阶段，或后行为是前行为发展的自然结果的关系，不是吸收犯。

⑲《对减刑后正在服刑的罪犯发现漏罪应如何进行数罪并罚》，载《刑事审判参考》2003年第6辑总第35辑，第215~217页。

要旨➡我们认为，对于此种情形，应在维持原减刑裁定合法有效性的同时，直接适用刑法第70条规定，在漏罪判决与原判决所判处的刑罚之间进行并罚。

⑳《梁其珍招摇撞骗案》，载《刑事审判参考》2003年第5辑总第34辑，第34~42页。

核心提示➡法条竞合及其法律适用原则，招摇撞骗罪与诈骗罪的区分

要旨➡一、概念：法条竞合，是指一个犯罪行为，同时符合数个法条规定的数个犯罪构成，但从法条之间的逻辑关系看，只能适用其中一个法条，而当然排除适用其他法条的情形。

二、适用原则：刑法有明确规定的，适用刑法规定；未明确规定的，通常情况下，应当按照特殊法优于普通法的原则选择适用法律，在例外情况下，如果按照特殊法优于普通法的原则适用法律将导致罪刑明显有失均衡，则应当按照重法优于轻法原则选择适用法律。

三、诈骗与招摇撞骗存在交叉竞合关系，而诈骗后半段又规定"本法另有规定的，依照规定"，依原则一，应一律适用招摇撞骗，并非重法优于轻法，而是诈骗后半段所规定的特别法优于普通法。立法时有无心之失，未考虑到招摇撞骗可能超过诈骗数额，二罪到数额巨大这一档时，虽然诈骗罪多了并处罚金的规定，仍应适用招摇撞骗；只有到招摇撞骗数额特别巨大才适用诈骗。

㉑《冉国成故意杀人、冉儒超、冉鸿雁包庇案》，载《刑事审判参考》2003年第4辑总第33辑，第26~33页。

核心提示➡行为人出于包庇的目的，实施了包庇行为和帮助毁灭证据行为，是否应数罪并罚？

要旨➡根据牵连犯原则，择重定包庇。

㉒《孟祥国、李桂英、金利杰侵犯著作权案》，载《刑事审判参考》2003年第4辑总第33辑，第20~25页。

核心提示➡普通法条与特别法条竞合的法律适用原则。我们认为，以非法出版物为犯罪对象的非法经营罪与侵犯著作权罪之间属于普通法条与特别法条之间的法条竞合关

系。特别法条优于普通法条，当立法机关认为适用特别法条不能对某一行为作出全面、恰当的评价时，在立法中特别规定普通法条与特别法条发生竞合的需要适用普通法条，如第149条第2款。就本案而言，225是普通法条，217是特别法条，未作特别规定，应用特别法条。

㉓ 《于庆伟职务侵占案》，载《刑事审判参考》2003年第2辑总第31辑，第51~56页。

核心提示 ➡ 先利用职便将托运货物截留后又虚假托运掩盖罪行应如何定性？

要旨 ➡ 一、被告人的行为不属于刑法理论上的牵连犯。被告人实施的两个阶段行为之间，并不存在刑法理论上的牵连关系。这是因为其后一阶段的行为并未触犯诈骗罪或者其他罪名。

二、并非以虚假手段使所有人自愿交出，故不是诈骗，非秘密窃取，而是公然取走，故非盗窃。

㉔ 《刑法纵横谈（下）》，载《刑事司法指南》2003年第3辑总第15辑，第1~69页。

核心提示 ➡ 牵连犯的认定

㉕ 《薛佩军等盗窃案》，载《刑事审判参考》2002年第4辑总第27辑，第27~33页。

核心提示 ➡ 盗窃毒品后非法持有的行为如何定性？

要旨 ➡ 以非法持有毒品罪逮捕。被告人得知他人有毒品，以非法占有为目的，盗窃毒品，抓获后毒品被起获。一、二审均判处盗窃罪。

㉖ 《王新生等放火案》，载《刑事审判参考》2002年第1辑总第24辑，第1~8页。

核心提示 ➡ 以诈骗保险金为目的放火烧毁投保汽车的行为如何定罪？

要旨 ➡ 被告放火行为的地点是车站，放火时周围停有十多辆其他汽车，邻近是家属楼，加油站，客观上足以危及公共安全，主观上放任，符合放火罪构成要件。由于其不具备保险诈骗罪主体资格，故不构成保险诈骗；本案是想象竞合，非牵连犯。就本案而言，被告人的犯罪目的是骗取保险金的行为。只是这个放火烧毁客车的行为具有双重的性质，触犯了两个罪名，即对于诈骗保险金而言，它是预备行为（为诈骗保险金制造条件），构成预备犯，而行为本身又构成放火罪。一行为触犯放火罪和保险诈骗罪两个罪名，完全符合想象竞合犯的特征。只有被告人在放火烧毁客车之后，又向保险公司索赔，前者是方法行为，后者是目的行为，两者之间才具有牵连关系。但根据本案的具体情况，由于被告人并非客车的投保人，只是出于对保险合同的误解才将客车烧毁，事实上也不可能向保险公司索赔。总之，被告人只实施了一个犯罪行为，谈不上牵连犯。

㉗ 《李志远招摇撞骗、诈骗案》，载《刑事审判参考》2002年第1辑总24辑，第79~86页。

核心提示 ➡ 冒充国家机关工作人员骗取财物的同时又骗取其他非法利益的如何定罪处罚？

要旨 ➡ 冒充国家机关工作人员以骗取他人信任，非法占有他人数额较大的财物的行为，既符合诈骗罪的犯罪构成，又符合招摇撞骗罪的犯罪构成，这种情况属于法条竞合。本案被告人冒充国家机关工作人员多次行骗，既骗财又骗色以及其他非法利益，由于是基于一个概括故意支配下的连续性行为仍可以一罪论处。

㉘《实行过限、转化犯的司法认定及处理》，载《刑事审判参考》2001 年第 11 辑总第 22 辑，第 75~79 页。

要旨 ➡ 转化犯是指行为人在实施某一较轻的犯罪时，由于连带的行为又触犯另一较重的犯罪，依法仅以较重的犯罪论处的情形。转化犯存在两个行为，涉及两种犯罪，似乎构成两罪，但法律规定仅以转化的重罪定罪处罚。

㉙《张烨等强奸、强制猥亵妇女案》，载《刑事审判参考》2001 年第 9 辑总第 20 辑，第 14~21 页。

核心提示 ➡ 强奸被害人后发现有经血而停止，一小时后又强制猥亵被害人是否应数罪并罚？

要旨 ➡ 两个阶段在时间上有明显的间隔。在共同强奸行为完成后，另起犯意猥亵被害人，就不能被先前的强奸行为所包容吸纳，当然此猥亵行为更不是强奸行为的必然延伸，二者之间不存在吸收或者牵连关系。需要说明的是，对张烨的行为是否可以作为一个整体的强奸行为来看并不取决于"具有发泄性欲的同一目的"。由于强奸罪构成要件的既遂标准是插入说，而不是性满足说，所以，即使张烨是在中途发现被害人有经血后暂停了奸淫行为，其强奸既遂仍然成立。其随后的强制猥亵行为构成新的犯罪。

㉚《买买提盗窃案》，载《刑事审判参考》2001 年第 8 辑总第 19 辑，第 33~38 页。

核心提示 ➡ 累犯制度、数罪并罚制度中的刑罚执行完毕是否包括附加刑执行完毕？

要旨 ➡ 1. 被告人在有期徒刑执行完毕以后、附加刑未执行前，在五年内又犯应当判处有期徒刑以上刑罚之罪的，构成累犯。2. 前罪未执行的罚金在后罪判决时应当并罚。只要罚金未执行，从数罪并罚、前罪刑罚执行情况的角度看，就不能视为"刑罚执行完毕"。

㉛《关于被告人受贿后徇私舞弊为服刑罪犯减刑、假释的行为应定一罪还是数罪的研究意见》，载《刑事审判参考》2001 年第 3 辑总第 14 辑，第 73~76 页。

第 70 条 发现漏罪的并罚原则

判决宣告以后，刑罚执行完毕以前，发现被判刑的犯罪分子在判决宣告以前还有其他罪没有判决的，应当对新发现的罪作出判决，把前后两个判决所判处的刑罚，依照本法第六十九条的规定，决定执行的刑罚。已经执行的刑期，应当计算在新判决决定的刑期以内。

关 联 规 范 ➡ 完全整理

《关于判决宣告后又发现被判刑的犯罪分子的同种漏罪是否实行数罪并罚问题的批复》（1993 年 4 月 16 日　法复〔1993〕3 号）

经研究，答复如下：人民法院的判决宣告并已发生法律效力以后，刑罚还没有执行完毕以前，发现被判刑的犯罪分子在判决宣告以前还有其他罪没有判决的，不论新发现的罪与原判决的罪是否属于同种罪，都应当依照刑法第六十五条的规定实行数罪并罚。但如果在第一审人民法院的判决宣告以后，被告人提出上诉或者人民检察院提出抗诉，判决尚未发生法律效力的，第二审人民法院在审理期间，发现原审被告人在第一审判决宣告以前还有同种漏罪没有判决的，第二审人民法院应当依照刑事诉讼法第一百三十六条第（三）项的规定，裁定撤销原判，发回原审人民法院重新审判，第一审人民法院重新审判时，不适用刑法关于数罪并罚的规定。

学理观点·典型案例 ▶ 索引与要旨

❶《对减刑后正在服刑的罪犯发现漏罪应如何进行数罪并罚》，载《刑事审判参考》2003年第6辑总第35辑，第215~217页。

要旨 ▶ 我们认为，对于此种情形，应在维持原减刑裁定合法有效性的同时，直接适用刑法第70条规定，在漏罪判决与原判决所判处的刑罚之间进行并罚。

❷《苗振经抢劫案》，载《刑事审判参考》2003年第1辑总第30辑，第73~79页。

核心提示 ▶ 被告在被执行死刑前交代司法机关尚未掌握的其伙同他人共同犯罪事实的应如何处理？

第71条　发现新罪的并罚原则

判决宣告以后，刑罚执行完毕以前，被判刑的犯罪分子又犯罪的，应当对新犯的罪作出判决，把前罪没有执行的刑罚和后罪所判处的刑罚，依照本法第六十九条的规定，决定执行的刑罚。

关联规范 ▶ 完全整理

最高人民法院《关于在执行附加刑剥夺政治权利期间犯新罪应如何处理的批复》（2009年6月10日　法释〔2009〕10号）①

批复如下：一、对判处有期徒刑并处剥夺政治权利的罪犯，主刑已执行完毕，在执行附加刑剥夺政治权利期间又犯新罪，如果所犯新罪无须附加剥夺政治权利的，依照刑法第七十一条的规定数罪并罚。

二、前罪尚未执行完毕的附加刑剥夺政治权利的刑期从新罪的主刑有期徒刑执行之日起停止计算，并依照刑法第五十八条规定从新罪的主刑有期徒刑执行完毕之日或者假释之日起继续计算；附加刑剥夺政治权利的效力施用于新罪的主刑执行期间。

三、对判处有期徒刑的罪犯，主刑已执行完毕，在执行附加刑剥夺政治权利期间又犯

---

① 对其解读见：《刑事审判参考》2009年第4辑总第69辑，第109~119页以及《答记者问》以及《刑事法律文件解读》2009年第7辑总第49辑，第36~40页。

新罪，如果所犯新罪也剥夺政治权利的，依照刑法第五十五条、第五十七条、第七十一条的规定并罚。

学理观点·典型案例 ➡ 索引与要旨

❶《吴孔成盗窃案》，载《刑事审判参考》2008 年第 3 辑总第 62 辑，第 49～53 页。

核心提示 ➡ 保外就医期间重新犯罪的如何计算前罪未执行的刑罚？

要旨 ➡ 适用刑法第 71 条以"先减后并"的刑期计算原则来进行数罪并罚。应以犯罪之日起前罪未执行刑期的时点。

❷《如何理解"刑罚执行完毕"》，载《公检法办案指南》2008 年第 9 辑总第 105 辑，第 162～165 页。

❸《秋立新盗窃案》，载《人民法院案例选》2007 年第 1 辑总第 59 辑。

要旨 ➡ 主刑执行完毕后，剥夺政治权利附加刑的期间内再次犯应处有期徒刑以上犯罪，数罪并罚。

❹《潘楠博帮助犯罪分子逃避处罚、受贿案》，载《刑事审判参考》2005 年第 4 辑总第 45 辑，第 29～36 页。

核心提示 ➡ 对刑法各条中的"犯罪分子"应如何理解？

要旨 ➡ 我国刑法条文中有许多关于"犯罪分子"的规定，其指称包括犯罪嫌疑人、刑事被告人或罪犯。如刑法第 23 条的"犯罪分子"指犯罪嫌疑人；刑法第 61 条的"犯罪分子"指刑事被告人；刑法第 71 条的"犯罪分子"指罪犯。由此可见，"犯罪分子"是一个泛指的概念，其含义需要结合具体的条文加以分析。

第五节　缓　　刑

第 72 条 修正案（八）第 11 条　缓刑及其适用条件

对于被判处拘役、三年以下有期徒刑的犯罪分子，根据犯罪分子的犯罪情节和悔罪表现，适用缓刑确实不致再危害社会的，可以宣告缓刑。

被宣告缓刑的犯罪分子，如果被判处附加刑，附加刑仍须执行。

中华人民共和国刑法修正案（八）（第十一届全国人民代表大会常务委员会第十九次会议 2011 年 2 月 25 日通过，中华人民共和国主席令第四十一号公布，自 2011 年 5 月 1 日起施行。）

十一、将刑法第七十二条修改为："对于被判处拘役、三年以下有期徒刑的犯罪分子，同时符合下列条件的，可以宣告缓刑，对其中不满十八周岁的人、怀孕的妇女和已满七十五周岁的人，应当宣告缓刑：

（一）犯罪情节较轻；

（二）有悔罪表现；

（三）没有再犯罪的危险；

（四）宣告缓刑对所居住社区没有重大不良影响。

宣告缓刑，可以根据犯罪情况，同时禁止犯罪分子在缓刑考验期限内从事特定活动，进入特定区域、场所，接触特定的人。

被宣告缓刑的犯罪分子，如果被判处附加刑，附加刑仍须执行。"

关 联 规 范 ➡ 完全整理

❶ 最高人民法院《关于进一步加强危害生产安全刑事案件审判工作的意见》（2011年12月30日 法发〔2011〕20号）（节录）

17. 对于危害后果较轻，在责任事故中不负主要责任，符合法律有关缓刑适用条件的，可以依法适用缓刑，但应注意根据案件具体情况，区别对待，严格控制，避免适用不当造成的负面影响。

18. 对于具有下列情形的被告人，原则上不适用缓刑：（一）具有本意见第14条、第15条所规定的情形的；（二）数罪并罚的。

19. 宣告缓刑，可以根据犯罪情况，同时禁止犯罪分子在缓刑考验期限内从事与安全生产有关的特定活动。

❷ 最高人民法院、最高人民检察院、公安部、司法部《关于对判处管制、宣告缓刑的犯罪分子适用禁止令有关问题的规定（试行）》（2011年5月1日 法发〔2011〕9号）①

为正确适用《中华人民共和国刑法修正案（八）》，确保管制和缓刑的执行效果，根据刑法和刑事诉讼法的有关规定，现就判处管制、宣告缓刑的犯罪分子适用禁止令的有关问题规定如下：

第一条 对判处管制、宣告缓刑的犯罪分子，人民法院根据犯罪情况，认为从促进犯罪分子教育矫正、有效维护社会秩序的需要出发，确有必要禁止其在管制执行期间、缓刑考验期限内从事特定活动，进入特定区域、场所，接触特定人的，可以根据刑法第三十八条第二款、第七十二条第二款的规定，同时宣告禁止令。

第二条 人民法院宣告禁止令，应当根据犯罪分子的犯罪原因、犯罪性质、犯罪手段、犯罪后的悔罪表现、个人一贯表现等情况，充分考虑与犯罪分子所犯罪行的关联程度，有针对性地决定禁止其在管制执行期间、缓刑考验期限内"从事特定活动，进入特定区域、场所，接触特定的人"的一项或者几项内容。

第三条 人民法院可以根据犯罪情况，禁止判处管制、宣告缓刑的犯罪分子在管制执行期间、缓刑考验期限内从事以下一项或者几项活动：

（一）个人为进行违法犯罪活动而设立公司、企业、事业单位或者在设立公司、企业、事业单位后以实施犯罪为主要活动的，禁止设立公司、企业、事业单位；

---

① 对其解读见：《刑事审判参考》2011年第5辑总第82辑，第87~98页。

（二）实施证券犯罪、贷款犯罪、票据犯罪、信用卡犯罪等金融犯罪的，禁止从事证券交易、申领贷款、使用票据或者申领、使用信用卡等金融活动；

（三）利用从事特定生产经营活动实施犯罪的，禁止从事相关生产经营活动；

（四）附带民事赔偿义务未履行完毕，违法所得未追缴、退赔到位，或者罚金尚未足额缴纳的，禁止从事高消费活动；

（五）其他确有必要禁止从事的活动。

第四条 人民法院可以根据犯罪情况，禁止判处管制、宣告缓刑的犯罪分子在管制执行期间、缓刑考验期限内进入以下一类或者几类区域、场所：

（一）禁止进入夜总会、酒吧、迪厅、网吧等娱乐场所；

（二）未经执行机关批准，禁止进入举办大型群众性活动的场所；

（三）禁止进入中小学校区、幼儿园园区及周边地区，确因本人就学、居住等原因，经执行机关批准的除外；

（四）其他确有必要禁止进入的区域、场所。

第五条 人民法院可以根据犯罪情况，禁止判处管制、宣告缓刑的犯罪分子在管制执行期间、缓刑考验期限内接触以下一类或者几类人员：

（一）未经对方同意，禁止接触被害人及其法定代理人、近亲属；

（二）未经对方同意，禁止接触证人及其法定代理人、近亲属；

（三）未经对方同意，禁止接触控告人、批评人、举报人及其法定代理人、近亲属；

（四）禁止接触同案犯；

（五）禁止接触其他可能遭受其侵害、滋扰的人或者可能诱发其再次危害社会的人。

第六条 禁止令的期限，既可以与管制执行、缓刑考验的期限相同，也可以短于管制执行、缓刑考验的期限，但判处管制的，禁止令的期限不得少于三个月，宣告缓刑的，禁止令的期限不得少于二个月。

判处管制的犯罪分子在判决执行以前先行羁押以致管制执行的期限少于三个月的，禁止令的期限不受前款规定的最短期限的限制。

禁止令的执行期限，从管制、缓刑执行之日起计算。

第七条 人民检察院在提起公诉时，对可能判处管制、宣告缓刑的被告人可以提出宣告禁止令的建议。当事人、辩护人、诉讼代理人可以就应否对被告人宣告禁止令提出意见，并说明理由。

公安机关在移送审查起诉时，可以根据犯罪嫌疑人涉嫌犯罪的情况，就应否宣告禁止令及宣告何种禁止令，向人民检察院提出意见。

第八条 人民法院对判处管制、宣告缓刑的被告人宣告禁止令的，应当在裁判文书主文部分单独作为一项予以宣告。

第九条 禁止令由司法行政机关指导管理的社区矫正机构负责执行。

第十条 人民检察院对社区矫正机构执行禁止令的活动实行监督。发现有违反法律规定的情况，应当通知社区矫正机构纠正。

第十一条 判处管制的犯罪分子违反禁止令，或者被宣告缓刑的犯罪分子违反禁止令尚不属情节严重的，由负责执行禁止令的社区矫正机构所在地的公安机关依照《中华人民共和国治安管理处罚法》第六十条的规定处罚。

第十二条　被宣告缓刑的犯罪分子违反禁止令，情节严重的，应当撤销缓刑，执行原判刑罚。原作出缓刑裁判的人民法院应自收到当地社区矫正机构提出的撤销缓刑建议书之日起一个月内依法作出裁定。人民法院撤销缓刑的裁定一经作出，立即生效。

违反禁止令，具有下列情形之一的，应当认定为"情节严重"：

（一）三次以上违反禁止令的；

（二）因违反禁止令被治安管理处罚后，再次违反禁止令的；

（三）违反禁止令，发生较为严重危害后果的；

（四）其他情节严重的情形。

第十三条　被宣告禁止令的犯罪分子被依法减刑时，禁止令的期限可以相应缩短，由人民法院在减刑裁定中确定新的禁止令期限。

3 最高人民法院《关于〈中华人民共和国刑法修正案（八）〉时间效力问题的解释》（2011年5月1日　法释〔2011〕9号）（节录）①

为正确适用《中华人民共和国刑法修正案（八）》，根据刑法有关规定，现就人民法院2011年5月1日以后审理的刑事案件，具体适用刑法的有关问题规定如下：

第一条　对于2011年4月30日以前犯罪，依法应当判处管制或者宣告缓刑的，人民法院根据犯罪情况，认为确有必要同时禁止犯罪分子在管制期间或者缓刑考验期内从事特定活动，进入特定区域、场所，接触特定人的，适用修正后刑法第三十八条第二款或者第七十二条第二款的规定。

犯罪分子在管制期间或者缓刑考验期内，违反人民法院判决中的禁止令的，适用修正后刑法第三十八条第四款或者第七十七条第二款的规定。

4 最高人民法院《关于贯彻宽严相济刑事政策的若干意见》（2010年2月8日　法发〔2010〕9号）（节录）②

8.（第四款）要严格掌握职务犯罪法定减轻处罚情节的认定标准与减轻处罚的幅度，严格控制依法减轻处罚后判处三年以下有期徒刑适用缓刑的范围，切实规范职务犯罪缓刑、免予刑事处罚的适用。

16. 对于所犯罪行不重、主观恶性不深、人身危险性较小、有悔改表现、不致再危害社会的犯罪分子，要依法从宽处理。对于其中具备条件的，应当依法适用缓刑或者管制、单处罚金等非监禁刑。同时配合做好社区矫正，加强教育、感化、帮教、挽救工作。

19. 对于较轻犯罪的初犯、偶犯，应当综合考虑其犯罪的动机、手段、情节、后果和犯罪时的主观状态，酌情予以从宽处罚。对于犯罪情节轻微的初犯、偶犯，可以免予刑事处罚；依法应当予以刑事处罚的，也应当尽量适用缓刑或者判处管制、单处罚金等非监禁刑。

5 最高人民法院、最高人民检察院《关于办理侵犯知识产权刑事案件具体应用法律

---

① 对其解读见：《刑事审判参考》2011年第4辑总第81辑，第118~129页。
② 对其解读见：《刑事法律文件解读》2010年第3辑总第57辑，第49~65页。

若干问题的解释（二）》（2007年4月5日　法释〔2007〕6号）（节录）①

第三条　侵犯知识产权犯罪，符合刑法规定的缓刑条件的，依法适用缓刑。有下列情形之一的，一般不适用缓刑：

（一）因侵犯知识产权被刑事处罚或者行政处罚后，再次侵犯知识产权构成犯罪的；（二）不具有悔罪表现的；（三）拒不交出违法所得的；（四）其他不宜适用缓刑的情形。

6 最高人民法院《关于审理未成年人刑事案件具体应用法律若干问题的解释》（2006年1月23日　法释〔2006〕1号）（节录）②

第十一条　对未成年罪犯适用刑罚，应当充分考虑是否有利于未成年罪犯的教育和矫正。

对未成年罪犯量刑应当依照刑法第六十一条的规定，并充分考虑未成年人实施犯罪行为的动机和目的、犯罪时的年龄、是否初次犯罪、犯罪后的悔罪表现、个人成长经历的一贯表现等因素。对符合管制、缓刑、单处罚金或者免予刑事处罚适用条件的未成年罪犯，应当依法适用管制、缓刑、单处罚金或者免予刑事处罚。

第十六条　对未成年罪犯符合刑法第七十二条第一款规定的，可以宣告缓刑。如果同时具有下列情形之一，对其适用缓刑确实不致再伤害社会的，应当宣告缓刑：

（一）初次犯罪；（二）积极退赃或者赔偿被害人经济损失；（三）具备监护、帮教条件。

7 最高人民法院《全国法院维护农村稳定刑事审判工作座谈会纪要》（1999年10月27日　法〔1999〕217号）（节录）③

三、（二）关于对农民被告人依法判处缓刑、管制、免予刑事处罚问题

对农民被告人适用刑罚，既要严格遵循罪刑相适应的原则，又要充分考虑到农民犯罪主体的特殊性。要依靠当地党委做好相关部门的工作，依法适当多适用非监禁刑罚。对于已经构成犯罪，但不需要判处刑罚的，或者法律规定有管制刑的，应当依法免予刑事处罚或判处管制刑。对于罪行较轻且认罪态度好，符合宣告缓刑条件的，应当依法适用缓刑。

要努力配合有关部门落实非监禁刑的监管措施。在监管措施落实问题上可以探索多种有效的方式，如在城市应加强与适用缓刑的犯罪人原籍的政府和基层组织联系落实帮教措施；在农村应通过基层组织和被告人亲属、家属、好友做好帮教工作等。

8 最高人民法院《关于不批捕的案件是否一律不能判徒刑缓刑问题的批复》（1963年10月25日）

安徽省高级人民法院：你院（63）办研字第140号关于不批捕的案件是否一律不能判徒刑缓刑的请示报告已收阅。我们认为，你院对我院1963年3月27日（63）法研字第32

---

① 对其解读见：《刑事审判参考》2007年第3辑总第56辑，第58~69页。
② 对其解读见：《刑事审判参考》2006年第1辑总第48辑，第87~91页以及2006年第2辑总第49辑，第61~77页。
③ 对其解读见：《刑事审判参考合订本·第一卷》，第283~291页以及《当前刑事审判实践中适用法律应当注意的问题》，载《刑事司法指南》2000年第3辑总第3辑，第51~71页。

号关于报请批捕未准移送法院判处有期徒刑缓刑等问题的批复理解，是正确的。同意你们对此问题提出的意见。此复。

附：安徽省高级人民法院关于不批捕的案件是否一律不能判徒刑缓刑的请示报告

最高人民法院：你院1963年3月27日（63）法研字第32号批复指示："判处有期徒刑宣告缓刑，是以判处有期徒刑为其前提的，如果不应判处有期徒刑，则前提已不存在，是无从宣告缓刑的。因此，对被告尚未构成犯罪，或者只有轻微犯罪但不够判处有期徒刑，报请州委批捕未准或估计不会批捕的案件，人民法院把他们判处有期徒刑缓刑，就是违法的。"最近我省肖县人民法院请示：是否凡是上级不批捕的案件，都一律不能判处有期徒刑缓刑？他们的理解是："即使罪该逮捕而又符合缓刑条件的被告，如果上级不批捕是不能宣告缓刑的。因为不批捕，有期徒刑的前提已不存在，就无从宣告缓刑。"我们认为，你院批复中提出的州（地）委不批捕，就不能判处有期徒刑缓刑的案件，所指的乃是无罪和罪轻不够判有期徒刑的案件，不包括有罪应判有期徒刑而又具备缓刑条件的被告。我们还认为，逮捕和判刑是有联系的，但又不完全是一回事。有的被告按罪应负刑事责任，但按政策和实际情况不宜逮捕而又不是非捕不可的，也可以在不批捕的情况下，追究适当的刑事责任。如果按罪该判有徒刑而又具备缓刑条件的，则不论批捕与否，都可以判处有期徒刑宣告缓刑。因此，法院今后对于检察部门不批准逮捕而提交法院判徒刑缓刑的案件，首先应当根据起诉的事实和证据，研究是否构成犯罪，该不该判刑。如果被告行为没有构成犯罪，或者罪行轻微不够判刑，可同检察部门联系商量，请他们撤回起诉，或将案件退给他们；如果检察部门坚持起诉，法院应当在认真审理后，根据事实，依法作出无罪或免予刑事处分的判决。如果被告行为构成犯罪，该判有期徒刑，并且具备缓刑条件的，经审理查实后，应即依法判处有期徒刑宣告缓刑。

⑨ 最高人民法院《对于判处有期徒刑的罪犯在判决发生法律效力前的羁押时间已经超过徒刑期限的不再发生宣告缓刑问题的复函》（1957年7月1日）

江西省高级人民法院：你院1957年5月17日（57）研字第75号函悉。所问判处徒刑缓刑的罪犯，在判决发生法律效力前的羁押时间已经超过判处的徒刑期限，应当如何折抵的问题，我们同意你院对这类罪犯不宜用缓刑的意见。因为对于判处徒刑的罪犯，如果在判决发生法律效力前的羁押时间已经超过判处的徒刑期限，则判处徒刑期限已经折抵完了，刑期等于执行完了，宣告缓刑已失去了意义。因此不再发生宣告缓刑的问题。

⑩ 最高人民法院《关于缓刑问题的复函》（1953日12月26日）

中央人民政府人民革命军事委员会总政治部保卫部：

你部关于缓刑问题的材料，已经收到，我们除同意你部意见的部份外，提出以下几点意见以供参考。

（一）缓刑的适用范围问题：缓刑适用于对社会危害性不大，处刑较轻并因其他具体情况以暂不执行为宜的被告，即于判决罪刑时同时宣告缓刑若干期，对这种被告不予关押，也不予管制（但可在判决确定后，将判决书送其所在机关或基层行政单位，以便了解其在缓刑期中的表现，予以教育）。如在缓刑期内，没有犯新罪，对他所判徒刑就根本不执行了；若在缓刑期间又犯新罪，法院应将原被宣告缓刑的徒刑与其所犯新罪合并考量，决定1个刑期来执行。

（二）上述缓刑与延期执行是有区别的。延期执行是因有某些特定情况之一时（如被判刑的被告为妇女而正在怀孕），暂不执行，而在这种原因消失时仍必须执行（参考苏俄刑事诉讼法第四五六条）。上述缓刑是与用于反革命犯的"判处死刑、缓期二年、强迫劳动、以观后效"的缓期执行，也不相同的。后者在缓期2年中，必须将罪犯监禁，并根据其在强迫劳动中的表现，来决定执行原刑或于缓期执行之期届满时予以减刑改判。按照惩治贪污条例草案的说明，用于贪污罪犯的死刑、无期徒刑和有期徒刑的缓刑，与上列第一点所述对社会危害性不大的一般案件的缓刑也不同。贪污犯的缓刑与反革命犯的缓期执行，相类似，但对贪污犯有期徒刑的缓刑，可以酌情在缓刑期内不予监禁。而在管制中加以考察，根据其在缓刑期间的表现，决定执行原刑或于缓刑期满时予以减刑改判。一般的管制期满即可解除管制，如在管制期间，坚持错误，不肯悔罪，管制机关认为需要延长管制或应执行徒刑时，得提出意见，送请各该级人民法院审查决定。

（三）缓刑期间，应否从刑期中扣除的问题：上列第一点所述对社会危害性不大的案件的缓刑，在缓刑期内并不关押，亦不管制，根本不发生扣除问题。按照你部来函附件所述，在部队中被宣告缓刑的罪犯，其生活待遇系按照对于军队犯人的规定执行，其政治待遇也被剥夺。这样所经历的缓刑时间，可从刑期中扣除。如在缓刑期间并未像关押那样限制其行动自由，而仍分配工作，便可不予扣除。

（四）缓刑期间的长短有无限制的问题：现在尚无统一规定。上列第一点所述对社会危害性不大的案件的缓刑，其缓刑期间不宜过短，对判处徒刑不满一年者，其缓刑期间，不应短于一年，对判处徒刑一年以上者，其缓刑期间也不应短于宣告的徒刑期间。因为这种被告既不关押，也不管制，在缓刑期间，如不犯新罪，便根本不执行原判之刑，故其缓刑期间，不宜过短。

附：中央人民政府人民革命军事委员会总政治部关于缓刑问题的函

最高人民法院办公厅：

关于"缓刑"问题，经我部派同志前来贵厅交谈后，根据李主任所谈精神，我们拟写了一个文字材料，但其中除有些是根据中央及总政已有之规定引用外，尚有一些的提法是否妥当，我们尚须请你们作研究，故将此文字材料附上，请你们研究后有何意见提出，并望早日能退给我们以便复有关单位。

⑪ 最高人民检察院研究室《关于对数罪并罚决定执行刑期为三年以下有期徒刑犯罪分子能否适用缓刑问题的复函》（1998年9月17日 〔1998〕高检研发第16号）①

经研究，答复如下：根据刑法第七十二条的规定，可以适用缓刑的对象是判处拘役、三年以下有期徒刑的犯罪分子；条件是根据犯罪分子的犯罪情节和悔罪表现，适用缓刑确实不致再危害社会。对于判决宣告以前犯数罪的犯罪分子，只要判决执行的刑罚为拘役、三年以下有期徒刑，且符合根据犯罪分子的犯罪情节和悔罪表现，适用缓刑确实不致再危害社会的案件，依法可以适用缓刑。

---

① 对其解读见：《解读最高人民检察院司法解释》，第20~23页。

12 劳动部办公厅《关于合同制工人被判徒刑缓刑问题的复函》（1993年12月9日 劳办发〔1993〕211号）

经研究函复如下：一、关于合同制工人被判处有期徒刑缓刑的，能否仍留在原单位继续工作接受监督的问题。按照《国营企业实行劳动合同制暂行规定》第十三条"劳动合同制工人被除名、开除、劳动教养，以及被判刑的，劳动合同自行解除"的规定，合同制工人被判处徒刑缓刑的，也应自行解除劳动合同。

二、关于缓刑期内可否到其他企业就业，企业能否录用的问题。国务院关于转换企业经营机制的条例已赋予企业用人自主权，其他企业是否录用自行解除劳动合同的被判刑的合同制工人，由企业自己决定。

13 江苏省高级人民法院《关于审理职务犯罪案件依法正确适用和执行缓刑的意见》（2010年1月6日 苏高法审委〔2010〕2号）（节录）①

一、适用原则

第一条 对于被判处拘役、三年以下有期徒刑的职务犯罪分子，根据其犯罪情节和悔罪表现，适用缓刑确实不致再危害社会的，可以宣告缓刑。

第二条 审理职务犯罪案件适用缓刑，应当依据犯罪事实、行为性质、犯罪情节对社会的危害程度，充分考虑下列量刑要素，依法判处：

（一）犯罪数额；（二）赃款用途；（三）犯罪行为及后果；（四）被告人的认罪及悔罪表现；（五）自首、坦白和立功情节；（六）退赃情况。

第三条 审理职务犯罪案件适用缓刑，应当坚持罪责刑相适应原则，禁止将预缴财产刑作为缓刑适用依据。

第四条 审理职务犯罪案件适用缓刑，应当考虑被告人所在单位及居住地社区的意见。

二、适用条件

第五条 对于国家工作人员贪污、受贿犯罪案件依法适用缓刑，必须从严把握。

具有下列情形之一的，才可以适用缓刑：

（一）贪污、受贿数额不满五万元，犯罪情节较轻，能如实供述，积极退赃，确有悔改表现的；

（二）贪污、受贿数额在五万元以上不满十万元，具有自首或者立功等法定减轻处罚情节的，应当同时具有积极退赃和坦白等酌定从轻处罚情节；

（三）贪污、受贿数额在十万元以上不满二十万元，具有自首或者立功等法定减轻处罚情节和积极退赃、坦白等酌定从轻处罚情节，且具有在重大生产、科研项目中起关键性作用等特殊情况的。

第六条 对于非国家工作人员职务犯罪案件依法适用缓刑，应当依据相关量刑幅度和数额标准，参照本意见第五条规定执行。

---

① 对其解读见：《刑事法律文件解读》2010年第4辑总第58辑，第75~84页以及《刑事审判参考》2010年第2辑总第73辑，第127~135页。

第七条 职务犯罪案件中国家工作人员犯有数罪的，除因被告人主体身份变化被认定数罪，且符合本意见第五条规定情形，不适用缓刑。

第八条 职务犯罪案件被告人具有下列情形之一的，不适用缓刑：

（一）犯罪行为致使国家、集体和人民利益遭受重大损失的；

（二）拒不退赃，无悔罪表现的；

（三）犯罪动机、手段等情节恶劣，或者将赃款用于非法经营、走私、赌博、行贿等违法犯罪活动的；

（四）属于共同犯罪中情节严重的主犯；

（五）累犯或曾因职务违法犯罪行为受过刑事处罚的；

（六）犯罪涉及的财物属于国家救灾、抢险、防汛、优抚、救济款项和物资的。

三、适用程序

第九条 审理职务犯罪案件认定自首、立功等量刑情节，必须查证属实。审查是否构成自首、立功，不仅要审查办案机关的说明材料，还要审查相关事实和证据材料以及与案件定性处罚相关的法律文书。

第十条 拟对职务犯罪案件被告人适用缓刑的，应适用量刑程序，进行量刑辩论，并听取被告人所在单位及居住地社区的意见。

第十一条 对职务犯罪案件适用缓刑，应由合议庭评议，并经审判委员会讨论决定。

第十二条 对贪污、受贿犯罪数额在十万元以上不满二十万元，具有法定减轻处罚情节减轻处罚适用缓刑的案件，应经审判委员会讨论后，书面层报省高级人民法院审核平衡，并在判决生效后将裁判文书报省高级人民法院备案。

四、执行程序

第十三条 人民法院对被告人宣告缓刑的，应当在判决、裁定生效后五个工作日内，核实罪犯居住地后将判决书、裁定书、执行通知书送达罪犯居住地县级公安机关主管部门和社区矫正机构，并抄送罪犯居住地县级人民检察院监所检察部门。

第十四条 判处缓刑的判决、裁定生效后，人民法院应当书面告知罪犯必须自判决、裁定生效之日起或看守所释放之日起十日内到居住地公安派出所和社区矫正机构报到，在外省服刑的应当在二十日内到居住地公安派出所或社区矫正机构报到，并告知罪犯不按时报到应承担的法律责任，由罪犯本人在告知书上签字。告知书一式三份，一份交罪犯本人，一份送达执行地县级公安机关或社区矫正机构，一份由告知机关存档。

第十五条 被宣告缓刑的罪犯在缓刑考验期内有下列情形之一的，由与原裁判人民法院同级的执行地公安机关提出撤销缓刑的建议，人民法院作出裁定撤销缓刑：

（一）人民法院已书面告知罪犯应当按时到执行地公安机关或社区矫正机构报到，罪犯未在规定的时间内报到，脱离监管三个月以上的；

（二）未经执行地公安机关或社区矫正机构批准擅自离开所居住的市、县或者迁居，脱离监管三个月以上的；

（三）未按照执行地公安机关或社区矫正机构的规定报告自己的活动情况或者不遵守

执行机关关于会客等规定，经过三次教育仍然拒不改正的；

（四）有其他违反法律、行政法规或者国务院公安部门有关缓刑的监督管理规定行为，情节严重的。

第十六条 人民法院裁定撤销缓刑后，由执行地公安机关及时将罪犯送交监狱或者看守所收监执行。人民法院撤销缓刑的裁定书副本应当抄送罪犯居住地人民检察院监所检察部门。

❶❹ 福建省公检法、司法厅《关于适用缓刑若干问题的意见（试行）》（2008年9月16日 闽高法〔2008〕278号）①

一、关于适用缓刑的基本原则

1. 适用缓刑必须严格依法，坚持罪刑法定、罪责刑相适应的原则，根据犯罪的事实、性质、情节、危害后果和犯罪分子的悔罪程度，决定是否适用缓刑。2. 适用缓刑必须认真贯彻宽严相济的刑事政策，区别对待，做到该宽则宽，当严则严，宽严相济，罚当其罪，最大限度地化解矛盾、减少对抗、促进和谐。3. 适用缓刑必须有利于犯罪人的矫正，从有利于犯罪人认罪服法、教育改造和回归社会出发，最大限度地遏制、预防、减少犯罪，实现刑罚目的，维护社会稳定。4. 适用缓刑必须从实际出发，综合考虑不同时期、不同地区的社会治安状况，注重政治效果、法律效果和社会效果的统一。

二、关于"确实不致再危害社会"的认定

根据刑法第七十二条第一款的规定，缓刑的适用条件是判处拘役、三年以下有期徒刑的犯罪分子，根据犯罪分子的犯罪情节和悔罪表现，使用缓刑确实不致再危害社会。"确实不致再危害社会"是适用缓刑的实质条件，一般应从以下几方面综合考察评判：（1）犯罪动机、目的；（2）犯罪手段、情节、后果；（3）认罪态度、悔罪表现；（4）犯罪前的一贯表现；（5）退赃、赔偿情况；（6）监管、帮教条件。

三、关于适用缓刑的总体情形

加强缓刑适用要依法区别不同情形，分别予以优先考虑适用或适当限制适用。

对于被判处拘役、三年以下有期徒刑的犯罪分子，符合法律规定的缓刑条件，具体有下列情形之一的，一般可以考虑适用缓刑：（1）未成年人、在校学生、老年人、孕妇、哺乳期妇女、残疾人、精神智障者；（2）初犯、偶犯；（3）共同犯罪中的从犯、胁从犯；（4）犯罪预备、未遂、中止的；（5）具有自首或立功情节的；（6）过失犯罪；（7）防卫过当、避险过当的；（8）单纯侵犯财产犯罪，情节较轻的；（9）侵犯人身权利犯罪，情节较轻，积极赔偿，且取得被害人谅解的；（10）经济犯罪，情节较轻，主动退赃，积极挽回经济损失的；（11）基于民间纠纷、亲情引发、情节一般的犯罪。

对于被判处拘役、三年以下有期徒刑的犯罪分子，具有下列情形之一的，一般不适用缓刑：（1）惯犯；（2）曾受过刑事处罚或劳教处理的；（3）犯罪造成严重后果或重大影响的；（4）共同犯罪中情节严重的主犯；（5）故意犯数罪的；（6）无法落实考察、帮教措施的。

---

① 对其解读见：《刑事法律文件解读》2009年第10辑总第52辑，第77~88页。

四、关于几类犯罪适用缓刑的具体情形
（一）交通肇事罪
交通肇事罪属过失犯罪，但系危害公共安全的多发性犯罪，要从犯罪情节、后果、犯罪后悔罪、赔偿态度等方面考虑是否适用缓刑。

交通肇事犯罪具有下列情形之一，符合法律规定缓刑条件的，一般可以适用缓刑：（1）依法应当判处三年有期徒刑以下刑罚，认罪态度较好，能够赔偿，或者取得被害方谅解的；（2）根据犯罪情节，法定刑在三年有期徒刑以上，具有法定从轻、减轻情节，且认罪态度好，能积极赔偿，得到被害方谅解的；（3）其他符合缓刑条件的。

对于具有最高人民法院《关于审理交通肇事刑事案件具体应用法律若干问题的解释》第四条规定的"其他特别恶劣情形"，又具有第二条第二款规定的六种情形之一的，或肇事后既未赔偿又未取得被害方谅解的，或者肇事后逃逸的，一般不适用缓刑。

（二）赌博罪
赌博犯罪具有下列情形之一，符合法律规定缓刑条件的，可以适用缓刑：（1）聚众赌博，组织参赌人数、抽头渔利数额、赌资数额刚达到或者略超出司法解释规定的定罪标准，积极退出非法所得的；（2）聚众赌博，组织参赌人数、抽头渔利数额、赌资数额虽明显超过司法解释规定的定罪标准，但系初次犯罪，认罪态度好，积极退出非法所得的；（3）其他符合缓刑条件的。

（三）窝藏、包庇罪
窝藏、包庇犯罪，具有下列情形之一，符合法律规定缓刑条件的，可以适用缓刑：（1）犯罪情节一般，尚未严重妨害司法工作的；（2）窝藏、包庇对象论罪应当判处有期徒刑以下刑罚的，或者窝藏、包庇对象论罪应当判处无期徒刑以上刑罚，但基于亲情关系而窝藏、包庇，尚未严重妨害司法工作的；（3）窝藏、包庇行为实施后，经司法机关教育，能如实供述自己的罪行，并协助司法机关侦破案件的；（4）其他符合缓刑条件的。

（四）破坏森林资源、野生动植物资源犯罪
破坏森林资源、野生动植物资源犯罪应从犯罪分子的主观恶性、犯罪数量、危害后果、社会影响等方面考虑是否适用缓刑。

破坏森林资源、野生动植物资源犯罪符合法律规定的缓刑条件，可以适用缓刑。但具有下列情形之一的，一般不适用缓刑：（1）曾因破坏森林资源、野生动植物资源受过行政、刑事处罚的；（2）依法应当判处三年有期徒刑以上刑罚，从轻处罚判处有期徒刑三年的；（3）犯罪造成严重后果，影响恶劣的。

（五）贪污罪、受贿罪、挪用公款罪、渎职罪
对贪污贿赂、挪用公款、渎职等职务犯罪，既要依法正确适用缓刑，也必须充分考虑社会效果，正确掌握适用条件，防止适用不当。

贪污、受贿犯罪具有下列情形之一，符合法律规定缓刑条件的，可以适用缓刑：（1）贪污、受贿数额不满五万元，具有坦白、积极退赃等情节的；（2）贪污、受贿数额在五万元以上不满十万元，具有自首或者立功等法定减轻情节判处三年有期徒刑以下刑罚，全部退赃的；（3）其他符合缓刑条件的。

贪污、受贿犯罪具有下列情形之一的，一般不适用缓刑：(1) 贪污、受贿数额在十万元以上，根据法定减轻情节判处三年有期徒刑以下刑罚的；(2) 贪污、受贿数额在五万元以上，根据案件具体情况，适用刑法第六十三条第二款减轻处罚判处三年有期徒刑以下刑罚的。上述第 (2) 项中，犯罪情节较轻，积极退赃，且在重大生产、科研项目中起关键作用，有特殊需要或者有其他特殊情况的，可以适用缓刑，但必须从严掌握。

贪污、受贿犯罪具有下列情形之一的，不得适用缓刑：(1) 致使国家、集体和人民利益遭受重大损失或影响恶劣的；(2) 没有退赃，无悔罪表现的；(3) 犯罪动机、手段等情节恶劣，或者将赃款用于非法经营、走私、赌博、行贿等违法犯罪活动的；(4) 属于共同犯罪中情节严重的主犯的；(5) 曾因经济违法犯罪行为受过行政处分或者刑事处罚的；(6) 犯罪涉及财物属于国家救济、抢险、防汛、优抚、救济等款项和物资，情节严重的；(7) 其他不宜适用缓刑的情形。

挪用公款犯罪具有下列情形之一，符合法律规定缓刑条件的，可以适用缓刑：(1) 挪用公款归个人使用，数额较大，超过三个月，在案发前后归还本金，或者进行营利活动，在案发前后归还本息，犯罪情节较轻的；(2) 挪用公款归个人使用，数额巨大，超过三个月，在案发前归还本息，具有自首或者立功等法定减轻情节的。

挪用公款归个人使用，超过三个月或者进行营利活动，适用刑法第六十三条第二款减轻处罚判处三年有期徒刑以下刑罚的，一般不适用缓刑。

挪用公款具有本意见贪污贿赂犯罪不得适用缓刑规定情形之一的，不适用缓刑。

渎职犯罪符合法律规定的缓刑条件，可以适用缓刑。但具有下列情形之一的，一般不适用缓刑：(1) 依法减轻处罚判处三年有期徒刑以下刑罚的；(2) 具有徇私舞弊情节的；(3) 渎职犯罪另外构成其他故意犯罪的；(4) 造成特别恶劣影响的。

（六）盗窃罪、诈骗罪、敲诈勒索罪

盗窃、诈骗、敲诈勒索犯罪属多发性侵财犯罪，应从犯罪分子的主观恶性，犯罪数额、手段和后果，认罪态度和退赃情况，以及监管条件等方面考虑是否适用缓刑，区别对待。

对具有下列情形之一，符合法律规定缓刑条件的，可以适用缓刑：(1) 偶犯，犯罪数额较大，能积极配合司法机关追回或者积极退回赃款赃物的；(2) 初次作案，犯罪数额巨大，但具有法定从轻或者减轻处罚情节的；(3) 因生活所迫而实施犯罪，数额较大或刚刚达到数额巨大标准的，但能积极配合司法机关追回或退回赃款赃物的。

（七）故意伤害罪

故意伤害罪应从犯罪起因、过错责任、犯罪后果和赔偿情况等方面考虑是否适用缓刑。注意处理好惩罚犯罪与保障被害人合法权益的关系，做好化解矛盾工作。

故意伤害罪具有下列情形之一，符合法律规定的缓刑条件的，可以适用缓刑：(1) 因民间纠纷引发的轻伤害，积极赔偿经济损失的；(2) 因民间纠纷引发的重伤害，尚未造成严重残疾，能积极赔偿，且被害方予以谅解的；(3) 被害人有明显过错，一时激愤而实施故意伤害的；(4) 共同犯罪中情节较轻的从犯、胁从犯；(5) 其他符合缓刑条件的。

故意伤害犯罪具有下列情形之一的，一般不适用缓刑：(1) 带有"黑恶性质"的故意伤害犯罪；（2）雇凶伤害他人的；（3）曾因暴力行为被行政处罚，又故意伤害他人，或者多次故意伤害他人的；（4）故意伤害致二人以上重伤或致人死亡的；（5）其他不宜适用缓刑的情形。

（八）抢劫罪、抢夺罪

抢劫、抢夺犯罪是严重危害社会治安的暴力性犯罪，社会危害性大，应慎用缓刑。

对具有下列情形之一，符合法律规定缓刑条件，能够落实考察、监管措施的，可以适用缓刑：（1）犯罪手段一般，系初次作案，没有造成被害人人身损害后果的；（2）确系共同犯罪中情节较轻的从犯、胁从犯的；（3）其他符合缓刑条件的。

五、关于未成年罪犯的缓刑适用

对未成年罪犯适用刑罚，必须坚持"教育为主，惩罚为辅"的原则，充分发挥缓刑制度的矫正优势，教育、感化、挽救未成年罪犯。根据《最高人民法院〈关于审理未成年人刑事案件具体应用法律若干问题解释〉》第十六条的规定，未成年罪犯符合适用缓刑的法定条件，同时具有下列情形之一，对其适用缓刑确实不致再危害社会的，应当宣告缓刑：（1）初次犯罪；（2）积极退赃或赔偿被害人经济损失；（3）具备监护、帮教条件。

未成年罪犯符合适用缓刑的法定条件，同时具有下列情形之一，一般也应当宣告缓刑：（1）确属家庭经济困难，但能与被害方就民事赔偿问题达成协议的；（2）犯罪时系在校学生。

六、关于相关部门的职责

（一）公安机关

（1）对于符合缓刑条件的犯罪嫌疑人，公安机关应当注意收集其平时表现、家庭情况、犯罪原因、悔罪态度等材料。对人民检察院、人民法院提出补充上述材料的，公安机关应当予以配合，并及时回复。（2）公安机关是缓刑的执行机关。对于被宣告缓刑的罪犯，由罪犯居住地县一级公安机关负责考察。居住地公安机关收到人民法院送达的缓刑生效法律文书后，应及时填写执行通知书回执并加盖公章退回人民法院。（3）负责考察的公安机关，应当依法确定监管责任人，并建立缓刑罪犯监督考察档案，在缓刑考验期内对罪犯每六个月考察一次，考察情况记入罪犯档案。开展社区矫正工作的试点地区，公安机关应与司法行政机关配合，共同做好缓刑罪犯的社区矫正工作。（4）对于被宣告缓刑的罪犯，在缓刑考验期限内违反法律、行政法规和国务院公安部门有关缓刑的监督管理规定，情节严重尚未构成犯罪的，公安机关应当向人民法院提出撤销缓刑的建议；如果罪犯在考验期限内没有出现刑法第七十七条规定的情形，公安机关应当公开宣告考验期满，原判的刑罚不再执行，并通报原判决的人民法院。

（二）人民检察院

（1）对于符合缓刑条件的犯罪嫌疑人，人民检察院在自行侦查案件时，应当注意收集其平时表现、家庭情况、犯罪原因、悔罪态度等材料。公安机关收集的上述材料起诉时应当随案移送。对人民法院提出补充材料的，人民检察院应当予以配合，并及时回复。（2）人民检察院在起诉或出庭支持公诉时，对符合缓刑条件的被告人，可以提出宣告缓刑的建议。(3) 人民检察院应当依法加强适用缓刑审判工作的监督,发现依法不符合缓刑条件而宣告缓刑的,或者依法符合缓刑条件而判处实刑的,应当及时通过法律程序提出纠正意见。(4) 人民检察院应当加强对缓刑考察工作的监督,发现监管和考察措施没有落实或措施不当的,应当及时通知纠正。对监管失职情节严重的,应当依法追究有关人员责任。

(三) 人民法院

(1) 对于符合缓刑条件的被告人,人民法院应当认真审查其社会调查材料,必要时应当予以核实。没有社会调查材料的,应当要求侦查机关、人民检察院提供。(2) 对于被宣告缓刑的罪犯,人民法院应当将一、二审裁判文书、执行通知书及时送达罪犯居住地县一级公安机关。开展社区矫正工作的试点地区,人民法院还应将一、二审裁判文书送达司法行政机关。(3) 人民法院应当定期或不定期对缓刑罪犯进行回访考察,配合公安机关和开展社区矫正工作试点的司法行政机关做好监管、帮教工作。(4) 对于被宣告缓刑的罪犯,在缓刑考验期限内违反法律、行政法规或者国务院公安部门有关缓刑的监督管理规定,公安机关提出撤销缓刑建议的,人民法院应当依法审查,并根据具体情节,决定是否撤销缓刑,执行原判刑罚,并通知公安机关。

(四) 开展社区矫正工作试点地区的司法行政机关

(1) 开展社区矫正工作试点地区的司法行政机关,是缓刑罪犯社区矫正工作机关,应当在公安机关等部门的配合下做好缓刑罪犯社区矫正工作。(2) 收到人民法院判处缓刑的生效法律文书后,司法行政机关应建立缓刑罪犯个人矫正档案,明确责任人员,落实矫正工作措施,在公安机关等的配合下做好监管考察和帮教工作,防止脱管漏管。(3) 对缓刑罪犯在考察期内违反监管规定的,司法行政机关应及时向公安机关通报,由公安机关决定是否向人民法院提出撤销缓刑的建议。(4) 对于缓刑考验期满,原判决的刑罚不再执行的缓刑罪犯,司法行政机关应依法公开宣告解除社区矫正。

15 厦门市中级人民法院《未成年人刑事案件审判工作细则》(2008年1月4日 厦中法发〔2008〕1号)(节录)

第三十八条 未成年罪犯符合刑法第七十二条第一款规定的宣告缓刑的条件,并同时具备"初次犯罪"、"积极退赃或赔偿被害人经济损失"、"具备监护、帮教条件"情形之一,对其适用缓刑确实不致再危害社会的,应宣告缓刑。

"初次犯罪"、"积极退赃或赔偿被害人经济损失"、"具备监护、帮教条件"情形之一,不得既作为可以宣告缓刑的条件,同时又作为应当宣告缓刑的根据。

第四十二条 对未成年被告人决定刑罚时,能免予刑事处分的,不给予刑事处罚,能判处缓刑的,不判处实刑,能判处管制、拘役的,不判处有期徒刑,能判非监禁刑的,不判处监禁刑,在法律规定限度内给予未成年被告人适当的宽宥,并慎用附加刑。

对外地籍未成年被告人量刑时,应与本地籍未成年被告人同等对待,符合适用缓刑条件的应宣告缓刑。

第四十三条 未成年被告人属在校生,符合适用缓刑条件的一般应宣告缓刑。对于符合判处非监禁刑条件的在校未成年被告人,应当坚持有利于在校未成年被告人接受教育及矫正原则，尽可能与学校协调为未成年被告人解决返校就读及帮教问题。

学理观点·典型案例 ➡ 索引与要旨

❶《〈刑法修正案（八）〉解读》，载《刑事审判参考》2011年第4辑总第81辑，第83~117页以及《公检法办案指南》2011年第3辑总第135辑，第13~121页。

❷《姚国英故意杀人案》，载《刑事审判参考》2010年第5辑总第76辑，第30~36页。

要旨 ➡ 因长期遭受虐待和家庭暴力而杀夫应认定为"情节较轻"，可以适用缓刑。

❸《涉外刑事案件法律适用问题解答——上海市高级人民法院刑二庭调研报告》，载《刑事审判参考》2010年第4辑总第75辑，第162~167页。

核心提示 ➡ 对外国籍被告人能否适用管制或者缓刑？

❹《江西省上饶市两级法院近五年非监禁刑适用情况的调研报告》，载《最新刑事法律文件解读》2010年第6辑总第60辑，第97~104页。

要旨 ➡ 依法适用非监禁刑，实现刑罚的轻缓化。

❺《重伤案件的缓刑适用》，载《刑事法律文件解读》2009年第1、2辑总第43、44辑，第222~225页。

❻《关于重庆市1998~2002年贪污、受贿适用缓刑案件的考察报告》，最高人民法院刑二庭《经济犯罪审判指导》，2004年第1辑总第5辑，第132~150页。

❼《王园被撤销缓刑案》，载《刑事审判参考》2003年第3辑总第32辑，第1~6页。

核心提示 ➡ 撤销缓刑案件的管辖、审理和羁押时间折抵

❽《朱某、卢某假冒注册商标案》，载《刑事审判参考》2000年第4辑总第9辑，第1~7页以及《刑事审判案例》，第682~386页。

要旨 ➡ 对符合法定条件的被告适用缓刑不能成为再审的理由。

❾《林世元等受贿、玩忽职守案》，载《刑事审判参考》2000年第1辑总第6辑，第35~45页以及《刑事审判案例》，第626~632页。

核心提示 ➡ 宣告缓刑应具备哪些条件？

第73条 缓刑考验期

拘役的缓刑考验期限为原判刑期以上一年以下，但是不能少于二个月。

有期徒刑的缓刑考验期限为原判刑期以上五年以下，但是不能少于一年。

缓刑考验期限，从判决确定之日起计算。

关联规范 ➡ 完全整理

❶ 最高人民法院《关于适用刑法时间效力规定若干问题的解释》（1997年9月25日法释〔1997〕5号）（节录）①

第八条　1997年9月30日以前犯罪，1997年10月1日以后仍在服刑的累犯以及因杀人、爆炸、抢劫、强奸、绑架等暴力性犯罪被判处十年以上有期徒刑、无期徒刑的犯罪分子，适用修订前的刑法第七十三条的规定，可以假释。

❷ 最高人民法院《关于判处徒刑宣告缓刑上诉后维持原判的案件其缓刑考验期应从何时起算问题的批复》（1964年9月19日）

关于判处徒刑宣告缓刑上诉后维持原判的案件，其缓刑考验期应从何时起算的问题，我们同意你们的意见。此复。

附：关于判处徒刑宣告缓刑上诉后维持原判的案件其缓刑考验期应从何时起算问题的请示

最高人民法院：有些轻微刑事案件，一审法院判处被告短期徒刑宣告缓刑后，原（被）告不服上诉，经二审法院审理维持原判，其缓刑考验期限应从一审判决确定之日起算或从二审终审判决确定之日起算问题，各地做法不一致，多数法院是从一审判决确定之日起算。经我们研究认为，根据人民法院组织法关于两审终审制规定的精神，一审法院判决后，原（被）告提出上诉，在二审法院未作出审理决定之前，一审判决不发生法律效力，只有待二审法院审理，作出判决，案件才为审结，判决始发生法律效力。因此，判处徒刑宣告缓刑，上诉后维持原判的案件，对被告的缓刑考验期应从二审终审判决确定之日起计算。是否妥当，请予指示。

❸ 最高人民法院关于判处有期徒刑宣告缓刑的期限如何起算等问题的批复（1964年8月13日）

甘肃省高级人民法院：你院（64）法办研字第35号函已收阅。现对你们提出的，关于判处有期徒刑宣告缓刑的期限如何起算等两个问题，答复如下：一、经人民法院判处有期徒刑宣告缓刑的犯罪分子，其缓刑考验期限，应从判决确定之日起计算。二、对判处有期徒刑宣告缓刑的犯罪分子，在判决前先行羁押的，其受羁押的日期是否折抵缓刑考验期限的问题，我院在1956年9月26日关于被判处徒刑缓刑、管制前羁押日数如何折抵问题的批复中已作过解答："缓刑是对犯罪分子的一种考验，被宣告缓刑的犯罪分子，在缓刑期限内，如果没有再犯新罪，缓刑期满，原判的刑罚就不再执行。因此，不必把判决前的羁押日数折抵缓刑日期。"该批复曾抄送各省、市、自治区高级人民法院，请继续遵照办理。此复。

❹ 最高人民法院研究室《关于缓刑考验期满三年内又犯应判处有期徒刑以上刑罚之罪的是否构成累犯问题的电话答复》（1989年10月25日）

---

① 对其解读见：《解读最高人民法院司法解释·刑事、行政卷（1997~2002）》，第3~7页。

根据刑法规定，缓刑是在一定考验期限内，暂缓执行原判刑罚的制度。如果犯罪分子在缓刑考验期内没有再犯新罪，实际上并没有执行过原判的有期徒刑刑罚；加之被判处有期徒刑缓刑的犯罪分子，一般犯罪情节较轻和有悔罪表现，因其不致再危害社会才适用缓刑。所以，对被判处有期徒刑缓刑的犯罪分子，在缓刑考验期满三年内又犯应判处有期徒刑以上刑罚之罪的，可不作累犯对待。

❺ 最高人民法院研究室《关于再审改判宣告缓刑的案件其缓刑考验期限从何时起计算问题的电话答复》（1985年10月12日）

经研究，同意你们的意见，即对原判有期徒刑正在执行的被告人，再审改判为有期徒刑缓刑，其缓刑考验期，从原判刑期确定之日起计算。

学理观点·典型案例 ▶ 索引与要旨

《缓刑考验期限的"判决确定之日"应当是指判决生效之日》，载《最新刑事法律文件解读》2006年第8辑总第20辑，第140~141页。

第74条 修正案（八）第12条 缓刑的限制条件

对于累犯，不适用缓刑。

中华人民共和国刑法修正案（八）（第十一届全国人民代表大会常务委员会第十九次会议2011年2月25日通过，中华人民共和国主席令第四十一号公布，自2011年5月1日起施行。）

十二、将刑法第七十四条修改为："对于累犯和犯罪集团的首要分子，不适用缓刑。"

学理观点·典型案例 ▶ 索引与要旨

《刑法修正案（八）》解读，载《刑事审判参考》2011年第4辑总第81辑，第83~117页以及《公检法办案指南》2011年第3辑总第135辑，第13~121页。

第75条 缓刑考验期内应遵守的规范

被宣告缓刑的犯罪分子，应当遵守下列规定：

（一）遵守法律、行政法规，服从监督；

（二）按照考察机关的规定报告自己的活动情况；

（三）遵守考察机关关于会客的规定；

（四）离开所居住的市、县或者迁居，应当报经考察机关批准。

关 联 规 范 ▶ 完全整理

❶ 最高人民法院、最高人民检察院、公安部《关于依法严惩"地沟油"犯罪活动的通知》（2012年1月9日 公通字〔2012〕1号）（节录）①

三、准确把握宽严相济刑事政策在食品安全领域的适用

在对"地沟油"犯罪定罪量刑时，要充分考虑犯罪数额、犯罪分子主观恶性及其犯罪手段、犯罪行为对人民群众生命安全和身体健康的危害、对市场经济秩序的破坏程度、恶劣影响等。要严格把握适用缓刑、免予刑事处罚的条件。对依法必须适用缓刑的，一般同时宣告禁止令，禁止其在缓刑考验期内从事与食品生产、销售等有关的活动。

❷ 最高人民检察院《关于被判处徒刑宣告缓刑仍留原单位工作的罪犯在缓刑考验期内能否调动工作的批复》（1997年1月20日 高检发释字〔1997〕1号）②

经研究，批复如下：根据刑法第七十条的规定，被宣告缓刑的犯罪分子，在缓刑考验期内，由公安机关交所在单位或者基层组织予以考察。为严肃缓刑的考察执行，被判处徒刑宣告缓刑仍留原单位工作的罪犯，在缓刑考验期内一般不得调动工作。对缓刑考验期已经过二分之一以上，并有认罪、悔罪态度，工作表现良好，确因工作特殊需要调动的，应当由所在单位报经负责执行的公安机关批准后办理调动手续。

❸ 公安部《公安机关对被管制、剥夺政治权利、缓刑、假释、保外就医罪犯的监督管理规定》（1995年2月21日 公安部令第23号）

❹ 最高人民检察院《关于被判处管制剥夺政治权利和宣告缓刑假释的犯罪分子能否担任中外合资合作经营企业领导职务问题的答复》（1991年9月25日 高检研发〔1991〕4号）

最高人民法院、最高人民检察院、公安部、劳动人事部〔86〕高检会（三）字第2号《关于被判处管制、剥夺政治权利和宣告缓刑、假释的犯罪分子能否外出经商等问题的通知》第三条所规定的不能担任领导职务的原则，可适用于中外合资、中外合作企业（包括我方与港、澳、台客商合资、合作企业）。

❺ 最高人民法院、最高人民检察院、公安部、劳动人事部《关于被判处管制、剥夺政治权利和宣告缓刑、假释的犯罪公子能否外出经商等问题的通知》（1986年11月8日〔86〕高检会（三）字第2号）

一、对被判处管制、剥夺政治权利和宣告缓刑、假释的犯罪分子，公安机关和有关单位要依法对其实行经常性的监督改造或考察。被管制、假释的犯罪分子，不能外出经商；被剥夺政治权利和宣告缓刑的犯罪分子，按现行规定，属于允许经商范围之内的，如外出经商，需事先经公安机关允许。

二、犯罪分子在被管制、剥夺政治权利、缓刑、假释期间，若原所在单位确有特殊情

---

① 对其解读见：《公检法办案指南》2012年第5辑总第149辑，第101～128页。
② 对其解读见：《解读最高人民检察院司法解释》，第18～19页。

况不能安排工作的,在不影响对其实行监督考察的情况下,经工商管理部门批准,可以在常住户口所在地自谋生计;家在农村的,亦可就地从事或承包一些农副业生产。

三、犯罪分子在被管制、剥夺政治权利、缓刑、假释期间,不能担任国营或集体企事业单位的领导职务。

第76条 修正案(八)第13条 考察机关和缓刑的法律后果

被宣告缓刑的犯罪分子,在缓刑考验期限内,由公安机关考察,所在单位或者基层组织予以配合,如果没有本法第七十七条规定的情形,缓刑考验期满,原判的刑罚就不再执行,并公开予以宣告。

中华人民共和国刑法修正案(八)(第十一届全国人民代表大会常务委员会第十九次会议2011年2月25日通过,中华人民共和国主席令第四十一号公布,自2011年5月1日起施行。)

十三、将刑法第七十六条修改为:"对宣告缓刑的犯罪分子,在缓刑考验期限内,依法实行社区矫正,如果没有本法第七十七条规定的情形,缓刑考验期满,原判的刑罚就不再执行,并公开予以宣告。"

关 联 规 范　　完全整理

❶《刑法修正案(八)》解读①

❷ 最高人民法院、国家劳动总局《关于判处有期徒刑缓刑仍留原单位工作的被告人在缓刑期间是否计算工龄问题的批复》(1978年6月6日 (78)法办研字第11号 (78)劳薪字第20号)

答复如下:按照我国有关的政策法令的规定和司法工作实践,有期徒刑缓刑只适用于人民群众中犯普通刑事罪、情节不太严重、认罪态度较好、处罚较轻、宣告缓刑后放在社会上没有什么危险、群众又没有意见的被告人。缓刑本身不是一种刑罚,而是对被判刑人的一种考验期限;如果被判刑人在缓刑期限内,未再犯罪,缓刑期满,原判的徒刑就不再执行。国务院一九五六年十二月对前司法部《关于机关干部被判处徒刑宣告缓刑在原机关工作的工资问题的请示》的批复中曾规定:"被宣告缓刑的被告人,如果未被剥夺政治权利,是可以叙职的。"据此,我们意见,人民群众中犯普通刑事罪、被判处有期徒刑缓刑、没有剥夺政治权利、仍在原工作单位留用叙职的,在缓刑期间,可以计算工龄。

❸ 最高人民检察院《关于判处徒刑宣告缓刑的罪犯在缓刑期间不能担任国营或集体企事业单位领导职务的批复》(1986年8月23日)

山西省人民检察院监所检察处:你处关于判处徒刑宣告缓刑的罪犯缓刑期间能否担任国营工厂厂长的请示知悉。经与最高人民法院、公安部、劳动人事部共同研究,一致认为

---

① 对其解读见:载《刑事审判参考》2011年第4辑总第81辑,第83~117页以及《公检法办案指南》2011年第3辑总第135辑,第13~121页。

被判处徒刑宣告缓刑的罪犯,在缓刑期间,不能担任国营或集体企事业单位的领导职务。

第 77 条 修正案(八)第 14 条　缓刑的撤销

被宣告缓刑的犯罪分子,在缓刑考验期限内犯新罪或者发现判决宣告以前还有其他罪没有判决的,应当撤销缓刑,对新犯的罪或者新发现的罪作出判决,把前罪和后罪所判处的刑罚,依照本法第六十九条的规定,决定执行的刑罚。

被宣告缓刑的犯罪分子,在缓刑考验期限内,违反法律、行政法规或者国务院公安部门有关缓刑的监督管理规定,情节严重的,应当撤销缓刑,执行原判刑罚。

中华人民共和国刑法修正案(八)(第十一届全国人民代表大会常务委员会第十九次会议 2011 年 2 月 25 日通过,中华人民共和国主席令第四十一号公布,自 2011 年 5 月 1 日起施行。)

十四、将刑法第七十七条第二款修改为:"被宣告缓刑的犯罪分子,在缓刑考验期限内,违反法律、行政法规或者国务院有关部门关于缓刑的监督管理规定,或者违反人民法院判决中的禁止令,情节严重的,应当撤销缓刑,执行原判刑罚。"

关 联 规 范　　完全整理

❶ 北京公检法司《关于对社区服刑罪犯撤销缓刑、撤销假释、决定收监执行工作的规定(执行)》(2009 年 7 月 1 日　京高法〔2008〕210 号)①

❷ 最高人民法院《关于撤销缓刑时罪犯在宣告缓刑前羁押的时间能否折抵刑期问题的批复》(2002 年 4 月 8 日　法释〔2002〕11 号)②

❸ 最高人民法院《关于适用刑法时间效力规定若干问题的解释》(1997 年 9 月 25 日　法释〔1997〕5 号)(节录)③

第六条　1997 年 9 月 30 日以前犯罪被宣告缓刑的犯罪分子,在 1997 年 10 月 1 日以后的缓刑考验期间又犯新罪、被发现漏罪或者违反法律、行政法规或者国务院公安部门有关缓刑的监督管理规定,情节严重的,适用刑法第七十七条的规定,撤销缓刑。

学理观点·典型案例　　索引与要旨

❶《刑法修正案(八)》解读,载《刑事审判参考》2011 年第 4 辑总第 81 辑,第 83 ~

---

① 对其解读见:《刑事法律文件解读》2009 年第 5 辑总第 47 辑,第 65 ~ 90 页。
② 对其解读见:《刑事审判参考》2002 年第 3 辑总第 26 辑,第 136 ~ 137,178 ~ 180 页。
③ 对其解读见:《解读最高人民法院司法解释·刑事、行政卷(1997 ~ 2002)》,第 3 ~ 7 页。

117 页以及《公检法办案指南》2011 年第 3 辑总第 135 辑，第 13~121 页。

❷《代海业盗窃案》，载《刑事审判参考》2010 年第 5 辑总第 76 辑，第 37~42 页。

核心提示 ➡ 缓刑考验期内犯新罪如何数罪并罚？

❸《徐通等盗窃案》，载《刑事审判参考》2008 年第 6 辑总第 65 辑，第 31~37 页。

要旨 ➡ 先前宣告的数个缓刑均符合撤销条件的，审判新罪的人民法院可以同时撤销缓刑。

❹《被告人在拘役缓刑考验期内犯新罪被判处有期徒刑应如何并罚》，载《刑事法律文件解读》2008 年第 4 辑总第 34 辑，第 120 页。

第六节 减　　刑

第 78 条 修正案（八）第 15 条　减刑的适用条件

被判处管制、拘役、有期徒刑、无期徒刑的犯罪分子，在执行期间，如果认真遵守监规，接受教育改造，确有悔改表现的，或者有立功表现的，可以减刑；有下列重大立功表现之一的，应当减刑：

（一）阻止他人重大犯罪活动的；

（二）检举监狱内外重大犯罪活动，经查证属实的；

（三）有发明创造或者重大技术革新的；

（四）在日常生产、生活中舍己救人的；

（五）在抗御自然灾害或者排除重大事故中，有突出表现的；

（六）对国家和社会有其他重大贡献的。

减刑以后实际执行的刑期，判处管制、拘役、有期徒刑的，不能少于原判刑期的二分之一；判处无期徒刑的，不能少于十年。

中华人民共和国刑法修正案（八）（第十一届全国人民代表大会常务委员会第十九次会议 2011 年 2 月 25 日通过，中华人民共和国主席令第四十一号公布，自 2011 年 5 月 1 日起施行。）

十五、将刑法第七十八条第二款修改为："减刑以后实际执行的刑期不能少于下列期限：

（一）判处管制、拘役、有期徒刑的，不能少于原判刑期的二分之一；

（二）判处无期徒刑的，不能少于十三年；

（三）人民法院依照本法第五十条第二款规定限制减刑的死刑缓期执行的犯罪分子，缓期执行期满后依法减为无期徒刑的，不能少于二十五年，缓期执行期满后依法减为二十五年有期徒刑的，不能少于二十年。"

关 联 规 范　　完全整理

❶ 最高人民法院《关于办理减刑、假释案件具体应用法律若干问题的规定》（2012年1月17日　法释〔2012〕2号）①

第一条　根据刑法第七十八条第一款的规定，被判处管制、拘役、有期徒刑、无期徒刑的犯罪分子，在执行期间，认真遵守监规，接受教育改造，确有悔改表现的，或者有立功表现的，可以减刑；有重大立功表现的，应当减刑。

第二条　"确有悔改表现"是指同时具备以下四个方面情形：认罪悔罪；认真遵守法律法规及监规，接受教育改造；积极参加思想、文化、职业技术教育；积极参加劳动，努力完成劳动任务。

对罪犯在刑罚执行期间提出申诉的，要依法保护其申诉权利，对罪犯申诉不应不加分析地认为是不认罪悔罪。

罪犯积极执行财产刑和履行附带民事赔偿义务的，可视为有认罪悔罪表现，在减刑、假释时可以从宽掌握；确有执行、履行能力而不执行、不履行的，在减刑、假释时应当从严掌握。

第三条　具有下列情形之一的，应当认定为有"立功表现"：

（一）阻止他人实施犯罪活动的；

（二）检举、揭发监狱内外犯罪活动，或者提供重要的破案线索，经查证属实的；

（三）协助司法机关抓捕其他犯罪嫌疑人（包括同案犯）的；

（四）在生产、科研中进行技术革新，成绩突出的；

（五）在抢险救灾或者排除重大事故中表现突出的；

（六）对国家和社会有其他贡献的。

第四条　具有下列情形之一的，应当认定为有"重大立功表现"：

（一）阻止他人实施重大犯罪活动的；

（二）检举监狱内外重大犯罪活动，经查证属实的；

（三）协助司法机关抓捕其他重大犯罪嫌疑人（包括同案犯）的；

（四）有发明创造或者重大技术革新的；

（五）在日常生产、生活中舍己救人的；

（六）在抗御自然灾害或者排除重大事故中，有特别突出表现的；

（七）对国家和社会有其他重大贡献的。

第五条　有期徒刑罪犯在刑罚执行期间，符合减刑条件的，减刑幅度为：确有悔改表现，或者有立功表现的，一次减刑一般不超过一年有期徒刑；确有悔改表现并有立功表现，或者有重大立功表现的，一次减刑一般不超过二年有期徒刑。

第六条　有期徒刑罪犯的减刑起始时间和间隔时间为：被判处五年以上有期徒刑的罪犯，一般在执行一年六个月以上方可减刑，两次减刑之间一般应当间隔一年以上。被判处

---

① 对其解读见：《公检法办案指南》2012年第5辑总第149辑，第101～128页。

不满五年有期徒刑的罪犯,可以比照上述规定,适当缩短起始和间隔时间。

确有重大立功表现的,可以不受上述减刑起始和间隔时间的限制。

有期徒刑的减刑起始时间自判决执行之日起计算。

第七条 无期徒刑罪犯在刑罚执行期间,确有悔改表现,或者有立功表现的,服刑二年以后,可以减刑。减刑幅度为:确有悔改表现,或者有立功表现的,一般可以减为二十年以上二十二年以下有期徒刑;有重大立功表现的,可以减为十五年以上二十年以下有期徒刑。

第八条 无期徒刑罪犯经过一次或几次减刑后,其实际执行的刑期不能少于十三年,起始时间应当自无期徒刑判决确定之日起计算。

第九条 死刑缓期执行罪犯减为无期徒刑后,确有悔改表现,或者有立功表现的,服刑二年以后可以减为二十五年有期徒刑;有重大立功表现的,服刑二年以后可以减为二十三年有期徒刑。

死刑缓期执行罪犯经过一次或几次减刑后,其实际执行的刑期不能少于十五年,死刑缓期执行期间不包括在内。

死刑缓期执行罪犯在缓期执行期间抗拒改造,尚未构成犯罪的,此后减刑时可以适当从严。

第十条 被限制减刑的死刑缓期执行罪犯,缓期执行期满后依法被减为无期徒刑的,或者因有重大立功表现被减为二十五年有期徒刑的,应当比照未限制减刑的死刑缓期执行罪犯在减刑的起始时间、间隔时间和减刑幅度上从严掌握。

第十一条 判处管制、拘役的罪犯,以及判决生效后剩余刑期不满一年有期徒刑的罪犯,符合减刑条件的,可以酌情减刑,其实际执行的刑期不能少于原判刑期的二分之一。

第十二条 有期徒刑罪犯减刑时,对附加剥夺政治权利的期限可以酌减。酌减后剥夺政治权利的期限,不能少于一年。

第十三条 判处拘役或者三年以下有期徒刑并宣告缓刑的罪犯,一般不适用减刑。

前款规定的罪犯在缓刑考验期限内有重大立功表现的,可以参照刑法第七十八条的规定,予以减刑,同时应依法缩减其缓刑考验期限。拘役的缓刑考验期限不能少于二个月,有期徒刑的缓刑考验期限不能少于一年。

第十四条 被判处十年以上有期徒刑、无期徒刑的罪犯在刑罚执行期间又犯罪,被判处有期徒刑以下刑罚的,自新罪判决确定之日起二年内一般不予减刑;新罪被判处无期徒刑的,自新罪判决确定之日起三年内一般不予减刑。

第十六条 被假释的罪犯,除有特殊情形,一般不得减刑,其假释考验期也不能缩短。

第十七条 罪犯减刑后又假释的间隔时间,一般为一年;对一次减二年或者三年有期徒刑后,又适用假释的,其间隔时间不得少于二年。

第十八条 对判处有期徒刑的罪犯减刑、假释,执行原判刑期二分之一以上的起始时间,应当从判决执行之日起计算,判决执行以前先行羁押的,羁押一日折抵刑期一日。

第十九条 未成年罪犯的减刑、假释,可以比照成年罪犯依法适当从宽。

未成年罪犯能认罪悔罪,遵守法律法规及监规,积极参加学习、劳动的,应视为确有悔改表现，减刑的幅度可以适当放宽，起始时间、间隔时间可以相应缩短。符合刑法第八十一条第一款规定的，可以假释。

前两款所称未成年罪犯，是指减刑时不满十八周岁的罪犯。

第二十条 老年、身体残疾（不含自伤致残）、患严重疾病罪犯的减刑、假释，应当主要注重悔罪的实际表现。

基本丧失劳动能力、生活难以自理的老年、身体残疾、患严重疾病的罪犯，能够认真遵守法律法规及监规，接受教育改造，应视为确有悔改表现，减刑的幅度可以适当放宽，起始时间、间隔时间可以相应缩短。假释后生活确有着落的，除法律和本解释规定不得假释的情形外，可以依法假释。

对身体残疾罪犯和患严重疾病罪犯进行减刑、假释，其残疾、疾病程度应由法定鉴定机构依法作出认定。

第二十一条 对死刑缓期执行罪犯减为无期徒刑或者有期徒刑后，符合刑法第八十一条第一款和本规定第九条第二款、第十八条规定的，可以假释。

第二十二条 罪犯减刑后又假释的间隔时间，一般为一年；对一次减去二年有期徒刑后，决定假释的，间隔时间不能少于二年。

罪犯减刑后余刑不足二年，决定假释的，可以适当缩短间隔时间。

第二十三条 人民法院按照审判监督程序重新审理的案件，维持原判决、裁定的，原减刑、假释裁定效力不变；改变原判决、裁定的，应由刑罚执行机关依照再审裁判情况和原减刑、假释情况，提请有管辖权的人民法院重新作出减刑、假释裁定。

第二十四条 人民法院受理减刑、假释案件，应当审查执行机关是否移送下列材料：

（一）减刑或者假释建议书；

（二）终审法院的裁判文书、执行通知书、历次减刑裁定书的复制件；

（三）罪犯确有悔改或者立功、重大立功表现的具体事实的书面证明材料；

（四）罪犯评审鉴定表、奖惩审批表等；

（五）其他根据案件的审理需要移送的材料。

提请假释的，应当附有社区矫正机构关于罪犯假释后对所居住社区影响的调查评估报告。

人民检察院对提请减刑、假释案件提出的检察意见，应当一并移送受理减刑、假释案件的人民法院。

经审查，如果前三款规定的材料齐备的，应当立案；材料不齐备的，应当通知提请减刑、假释的执行机关补送。

第二十五条 人民法院审理减刑、假释案件，应当一律予以公示。公示地点为罪犯服刑场所的公共区域。有条件的地方，应面向社会公示，接受社会监督。公示应当包括下列内容：

（一）罪犯的姓名；

（二）原判认定的罪名和刑期；

（三）罪犯历次减刑情况；

(四) 执行机关的减刑、假释建议和依据;

(五) 公示期限;

(六) 意见反馈方式等。

第二十六条 人民法院审理减刑、假释案件,可以采用书面审理的方式。但下列案件,应当开庭审理:

(一) 因罪犯有重大立功表现提请减刑的;

(二) 提请减刑的起始时间、间隔时间或者减刑幅度不符合一般规定的;

(三) 在社会上有重大影响或社会关注度高的;

(四) 公示期间收到投诉意见的;

(五) 人民检察院有异议的;

(六) 人民法院认为有开庭审理必要的。

第二十七条 在人民法院作出减刑、假释裁定前,执行机关书面提请撤回减刑、假释建议的,是否准许,由人民法院决定。

第二十八条 减刑、假释的裁定,应当在裁定作出之日起七日内送达有关执行机关、人民检察院以及罪犯本人。

第二十九条 人民法院发现本院或者下级人民法院已经生效的减刑、假释裁定确有错误,应当依法重新组成合议庭进行审理并作出裁定。

❷ 最高人民法院《关于〈中华人民共和国刑法修正案(八)〉时间效力问题的解释》(2011年5月1日 法释〔2011〕9号)(节录)①

为正确适用《中华人民共和国刑法修正案(八)》,根据刑法有关规定,现就人民法院2011年5月1日以后审理的刑事案件,具体适用刑法的有关问题规定如下:

第七条 2011年4月30日以前犯罪,被判处无期徒刑的罪犯,减刑以后或者假释前实际执行的刑期,适用修正前刑法第七十八条第二款、第八十一条第一款的规定。

❸ 最高人民法院《关于贯彻宽严相济刑事政策的若干意见》(2010年2月8日 法发〔2010〕9号)(节录)②

34. 对于危害国家安全犯罪、故意危害公共安全犯罪、严重暴力犯罪、涉众型经济犯罪等严重犯罪;恐怖组织犯罪、邪教组织犯罪、黑恶势力犯罪等有组织犯罪的领导者、组织者和骨干分子;毒品犯罪再犯的严重犯罪者;确有执行能力而拒不依法积极主动缴付财产执行财产刑或确有履行能力而不积极主动履行附带民事赔偿责任的,在依法减刑、假释时,应当从严掌握。对累犯减刑时,应当从严掌握。拒不交代真实身份或对减刑、假释材料弄虚作假,不符合减刑、假释条件的,不得减刑、假释。

对于因犯故意杀人、爆炸、抢劫、强奸、绑架等暴力犯罪,致人死亡或严重残疾而被判处死刑缓期二年执行或无期徒刑的罪犯,要严格控制减刑的频度和每次减刑的幅度,要保证其相对较长的实际服刑期限,维护公平正义,确保改造效果。

---

① 对其解读见:《刑事审判参考》2011年第4辑总第81辑,第118~129页。
② 对其解读见:《刑事法律文件解读》2010年第3辑总第57辑,第49~65页。

对于未成年犯、老年犯、残疾罪犯、过失犯、中止犯、胁从犯、积极主动缴付财产执行财产刑或履行民事赔偿责任的罪犯、因防卫过当或避险过当而判处徒刑的罪犯以及其他主观恶性不深、人身危险性不大的罪犯,在依法减刑、假释时,应当根据悔改表现予以从宽掌握。对认罪服法,遵守监规,积极参加学习、劳动,确有悔改表现的,依法予以减刑,减刑的幅度可以适当放宽,间隔的时间可以相应缩短。符合刑法第八十一条第一款规定的假释条件的,应当依法多适用假释。

④ 最高人民法院《关于审理未成年人刑事案件具体应用法律若干问题的解释》(2006年1月23日 法释〔2006〕1号)(节录)[①]

第十八条 对未成年罪犯的减刑、假释,在掌握标准上可以比照成年罪犯依法适度放宽。

未成年罪犯能认罪服法,遵守监规,积极参加学习、劳动的,即可视为"确有悔改表现"予以减刑,其减刑的幅度可以适当放宽,间隔的时间可以相应缩短。符合刑法第八十一条第一款规定的,可以假释。

未成年罪犯在服刑期间已经成年的,对其减刑、假释可以适用上述规定。

⑤ 最高人民法院《关于办理减刑、假释案件具体应用法律若干问题的规定》(1997年10月29日 法释〔1997〕6号)[②]

第一条 根据刑法第七十八条第一款的规定,被判处管制、拘役、有期徒刑、无期徒刑的犯罪分子,在执行期间,如果认真遵守监规,接受教育改造,确有悔改表现的,或者有立功表现的,可以减刑;有重大立功表现的,应当减刑。

(一)"确有悔改表现"是指同时具备以下四个方面情形:认罪服法;认真遵守监规,接受教育改造;积极参加政治、文化、技术学习;积极参加劳动,完成生产任务。

对罪犯在刑罚执行期间提出申诉的,要依法保护其申诉权利。对罪犯申诉应当具体情况具体分析,不应当一概认为是不认罪服法。

(二)"立功表现"是指具有下列情形之一的:

1. 检举、揭发监内外犯罪活动,或者提供重要的破案线索,经查证属实的;2. 阻止他人犯罪活动的;3. 在生产、科研中进行技术革新,成绩突出的;4. 在抢险救灾或者排除重大事故中表现积极的;5. 有其他有利于国家和社会的突出事迹的。

(三)"重大立功表现"是指具有刑法第七十八条规定的应当减刑的六种表现之一的情形。

第二条 对有期徒刑罪犯在刑罚执行期间,符合减刑条件的减刑幅度为:如果确有悔改表现的,或者有立功表现的,一般一次减刑不超过一年有期徒刑;如果确有悔改表现并有立功表现,或者有重大立功表现的,一般一次减刑不超过两年有期徒刑。被判处十年以上有期徒刑的罪犯,如果悔改表现突出的,或者有立功表现的,一次减刑不得超过两年有

[①] 对其解读见:《刑事审判参考》2006年第1辑总第48辑,第87~91页以及2006年第2辑总第49辑,第61~77页。

[②] 对其解读见:《解读最高人民法院司法解释·刑事、行政卷(1997~2002)》,第22~32页。

期徒刑；如果悔改表现突出并有立功表现，或者有重大立功表现的，一次减刑不得超过三年有期徒刑。

第三条 有期徒刑罪犯的减刑起始时间和间隔时间为：被判处五年以上有期徒刑的罪犯，一般在执行一年半以上方可减刑；两次减刑之间一般应当间隔一年以上。被判处十年以上有期徒刑的罪犯，一次减二年至三年有期徒刑之后，再减刑时，其间隔时间一般不得少于二年。被判处不满五年有期徒刑的罪犯，可以比照上述规定，适当缩短起始和间隔时间。

确有重大立功表现的，可以不受上述减刑起始和间隔时间的限制。

第四条 在有期徒刑罪犯减刑时，对附加剥夺政治权利的刑期可以酌减。酌减后剥夺政治权利的期限，最短不得少于一年。

第五条 对判处拘役或者三年以下有期徒刑、宣告缓刑的犯罪分子，一般不适用减刑。

如果在缓刑考验期间有重大立功表现的，可以参照刑法第七十八条的规定，予以减刑，同时相应地缩减其缓刑考验期限。减刑后实际执行的刑期不能少于原判刑期的二分之一，相应缩减的缓刑考验期限不能低于减刑后实际执行的刑期。判处拘役的缓刑考验期限不能少于两个月，判处有期徒刑的缓刑考验期限不能少于一年。

第六条 无期徒刑罪犯在执行期间，如果确有悔改表现的，或者有立功表现的，服刑二年以后，可以减刑。减刑幅度为：对确有悔改表现的，或者有立功表现的，一般可以减为十八年以上二十年以下有期徒刑；对有重大立功表现的，可以减为十三年以上十八年以下有期徒刑。

第七条 无期徒刑罪犯在刑罚执行期间又犯罪，被判处有期徒刑以下刑罚的，自新罪判决确定之日起一般在两年之内不予减刑；对新罪判处无期徒刑的，减刑的起始时间要适当延长。

第八条 被判处无期徒刑的罪犯减刑后，实际执行的刑期不能少于十年，其起始时间应当自无期徒刑判决确定之日起计算。

❻ 最高人民法院研究室《关于原判有期徒刑的罪犯被裁定减刑后又经再审改判为无期徒刑应如何确定执行刑期问题的答复》（1995年12月25日）

经研究，答复如下：一、原判处有期徒刑已被裁定判刑的罪犯经再审改判为无期徒刑，再审法院应当将改判的判决书副本送达作出减刑裁定的人民法院，由该院依法裁定撤销原减刑裁定。如果犯罪在改判后符合无期徒刑减刑条件，应当重新依法报请减刑。二、再审改判无期徒刑的执行期间从再审判决确定之日起算，对改判前已执行的刑期，应在对无期徒刑裁定减刑时，折抵为无期徒刑已实际执行的刑期。

❼ 最高人民法院研究室《关于原判无期徒刑的罪犯经减刑后又改判应如何处理减刑问题的电话答复》（1992年1月20日）

你庭1月4日电话请示中所提到，对原判无期徒刑的罪犯，经两次减刑后，现法院拟将原判改判，对减刑应如何处理的问题，经研究，我们认为，对上述问题，请你们按照我院1989年法〔研〕复〔1989〕2号《关于对无期徒刑犯减刑后又改判，原减刑裁定应否撤销问题的批复》的规定办理，我院1964年（64）法研字第16号《关于劳改犯减刑后又改判应如何确定执行刑期问题的批复》不再适用。

8 最高人民法院研究室《关于有期徒刑犯减刑后又改判的原减刑裁定撤销后应如何办理减刑手续问题的电话答复》（1990年4月5日）

经研究，答复如下：被判处有期徒刑的罪犯在服刑期间依法减刑后，原审人民法院发现原判决确有错误，应当按照审判监督程序给予改判，对已执行的刑期在改判后的刑期中予以折抵，并将改判的判决书送达罪犯所在的劳改执行机关和作出原减刑裁定的人民法院，由作出原减刑裁定的人民法院撤销原减刑裁定。然后，由有关的劳改机关和人民法院依照刑法第七十一条的规定，并参照最高人民法院、最高人民检察院、司法部、公安部1980年12月26日《关于罪犯减刑、假释和又犯罪等案件的管辖和处理程序问题的通知》，重新考虑是否减刑及办理有关手续。

9 最高人民法院姜兴长副院长《在全国法院减刑、假释工作座谈会上的讲话》（2005年11月23日）（节录）①

一、1998年以来减刑、假释工作的回顾；二、提高认识，统一思想，确保刑罚的正确执行；三、当前应当注意的若干问题：（一）关于减刑的比例问题；（二）关于"以分折刑"的问题；（三）关于财产刑执行情况与减刑、假释的关系问题；（四）关于审理方式问题；（五）关于能否将"省级劳改积极分子"视为"重大立功"。

学理观点·典型案例　　索引与要旨

1 《刑法修正案（八）》解读，载《刑事审判参考》2011年第4辑总第81辑，第83~117页以及《公检法办案指南》2011年第3辑总第135辑，第13~121页。

2 《什么情况下可以减刑》，专家顾问组，载《最新刑事法律文件解读》2005年第11辑总第11辑，第127~131页。

3 《对减刑、假释案件执行原判刑期二分之一以上的"起始时间"应当如何理解》，载《最新刑事法律文件解读》2004年第11辑，第72页。

4 《关于减刑、假释工作的调查报告》，载《刑事审判要览》2003年第5辑总第5辑，第113~121页。

5 王汉斌《关于〈中华人民共和国（修订草案）〉的说明》（1997年3月6日）

核心提示 ➡ 关于减刑和假释

要旨 ➡ 刑法第七十一条规定："被判处管制、拘役、有期徒刑、无期徒刑的犯罪分子，在执行期间，如果确有悔改或者立功表现，可以减刑。"第七十三条规定："被判处有期徒刑的犯罪分子，执行原判刑期二分之一以上，被判处无期徒刑的犯罪分子，实际执行十年以上，如果确有悔改表现，不致再危害社会，可以假释。如果有特殊情节，可以不受上述执行刑期的限制。"在实际执行中，由于对"确有悔改"没有明确的界限，较难掌握，随意性比较大，并且没有严格的程序，容易出现流弊，存在问题较多。同时还应当维护人民

---

① 对其解读见：《公检法办案指南》2006年第3辑总第75辑，第173~185页以及《刑事审判参考》2005年第5辑总第46辑，第147~161页。

法院判决执行的严肃性，不能轻易减刑、假释，特别是对以暴力严重危害社会的犯罪分子及累犯，不宜适用假释。草案针对实践中的问题，对减刑、假释的条件作了更具体的规定。并且规定："对累犯以及因杀人、爆炸、抢劫、强奸、绑架等暴力性犯罪被判处十年以上有期徒刑和无期徒刑的犯罪分子，不得假释。"同时明确规定了减刑、假释的程序：对于可以减刑、假释的犯罪分子，由执行机关向中级以上人民法院提出减刑、假释建议书。由人民法院组成合议庭进行审理，对确有悔改或者立功事实的，裁定予以减刑、假释。非经法定程序，不得减刑、假释。

第79条　减刑的程序

对于犯罪分子的减刑，由执行机关向中级以上人民法院提出减刑建议书。人民法院应当组成合议庭进行审理，对确有悔改或者立功事实的，裁定予以减刑。非经法定程序不得减刑。

关联规范 ➡ 完全整理

江苏省高级人民法院《关于减刑、假释案件定案工作的暂行规定》（2009年12月1日苏高法审委〔2009〕43号）[①]

第80条　无期徒刑减刑的刑期计算

无期徒刑减为有期徒刑的刑期，从裁定减刑之日起计算。

第七节　假　　释

第81条 修正案（八）第16条　假释的适用条件

被判处有期徒刑的犯罪分子，执行原判刑期二分之一以上，被判处无期徒刑的犯罪分子，实际执行十年以上，如果认真遵守监规，接受教育改造，确有悔改表现，假释后不致再危害社会的，可以假释。如果有特殊情况，经最高人民法院核准，可以不受上述执行刑期的限制。

对累犯以及因杀人、爆炸、抢劫、强奸、绑架等暴力性犯罪被判处十年以上有期徒刑、无期徒刑的犯罪分子，不得假释。

中华人民共和国刑法修正案（八）（第十一届全国人民代表大会常务委员会第十九次会议2011年2月25日通过，中华人民共和国主席令第四十一号公布，自2011年5月1日起施行。）

十六、将刑法第八十一条修改为："被判处有期徒刑的犯罪分子，执行原判刑期二分之一以上，被判处无期徒刑的犯罪分子，实际执行十三年以上，如

[①]　对其解读见：《刑事法律文件解读》2009年第12辑总第54辑，第66～74页。

果认真遵守监规，接受教育改造，确有悔改表现，没有再犯罪的危险的，可以假释。如果有特殊情况，经最高人民法院核准，可以不受上述执行刑期的限制。

对累犯以及因故意杀人、强奸、抢劫、绑架、放火、爆炸、投放危险物质或者有组织的暴力性犯罪被判处十年以上有期徒刑、无期徒刑的犯罪分子，不得假释。

对犯罪分子决定假释时，应当考虑其假释后对所居住社区的影响。"

关联规范 ➡ 完全整理

❶ 最高人民法院《关于办理减刑、假释案件具体应用法律若干问题的规定》（2012年1月17日　法释〔2012〕2号）（节录）①

第十五条　办理假释案件，判断"没有再犯罪的危险"，除符合刑法第八十一条规定的情形外，还应根据犯罪的具体情节、原判刑罚情况，在刑罚执行中的一贯表现，罪犯的年龄、身体状况、性格特征，假释后生活来源以及监管条件等因素综合考虑。

第十六条　被假释的罪犯，除有特殊情形，一般不得减刑，其假释考验期也不能缩短。

第十七条　罪犯减刑后又假释的间隔时间，一般为一年；对一次减二年或者三年有期徒刑后，又适用假释的，其间隔时间不得少于二年。

第十八条　对判处有期徒刑的罪犯减刑、假释，执行原判刑期二分之一以上的起始时间，应当从判决执行之日起计算，判决执行以前先行羁押的，羁押一日折抵刑期一日。

第十九条　未成年罪犯的减刑、假释，可以比照成年罪犯依法适当从宽。

未成年罪犯能认罪悔罪，遵守法律法规及监规，积极参加学习、劳动的，应视为确有悔改表现，减刑的幅度可以适当放宽，起始时间、间隔时间可以相应缩短。符合刑法第八十一条第一款规定的，可以假释。

前两款所称未成年罪犯，是指减刑时不满十八周岁的罪犯。

第二十条　老年、身体残疾（不含自伤致残）、患严重疾病罪犯的减刑、假释，应当主要注重悔罪的实际表现。

基本丧失劳动能力、生活难以自理的老年、身体残疾、患严重疾病的罪犯，能够认真遵守法律法规及监规，接受教育改造，应视为确有悔改表现，减刑的幅度可以适当放宽，起始时间、间隔时间可以相应缩短。假释后生活确有着落的，除法律和本解释规定不得假释的情形外，可以依法假释。

对身体残疾罪犯和患严重疾病罪犯进行减刑、假释，其残疾、疾病程度应由法定鉴定机构依法作出认定。

第二十一条　对死刑缓期执行罪犯减为无期徒刑或者有期徒刑后，符合刑法第八十一条第一款和本规定第九条第二款、第十八条规定的，可以假释。

---

① 对其解读见：《公检法办案指南》2012年第5辑总第149辑，第101~128页。

第二十二条 罪犯减刑后又假释的间隔时间,一般为一年;对一次减去二年有期徒刑后,决定假释的,间隔时间不能少于二年。

罪犯减刑后余刑不足二年,决定假释的,可以适当缩短间隔时间。

第二十三条 人民法院按照审判监督程序重新审理的案件,维持原判决、裁定的,原减刑、假释裁定效力不变;改变原判决、裁定的,应由刑罚执行机关依照再审裁判情况和原减刑、假释情况,提请有管辖权的人民法院重新作出减刑、假释裁定。

第二十四条 人民法院受理减刑、假释案件,应当审查执行机关是否移送下列材料:

(一)减刑或者假释建议书;

(二)终审法院的裁判文书、执行通知书、历次减刑裁定书的复制件;

(三)罪犯确有悔改或者立功、重大立功表现的具体事实的书面证明材料;

(四)罪犯评审鉴定表、奖惩审批表等;

(五)其他根据案件的审理需要移送的材料。

提请假释的,应当附有社区矫正机构关于罪犯假释后对所居住社区影响的调查评估报告。

人民检察院对提请减刑、假释案件提出的检察意见,应当一并移送受理减刑、假释案件的人民法院。

经审查,如果前三款规定的材料齐备的,应当立案;材料不齐备的,应当通知提请减刑、假释的执行机关补送。

第二十五条 人民法院审理减刑、假释案件,应当一律予以公示。公示地点为罪犯服刑场所的公共区域。有条件的地方,应面向社会公示,接受社会监督。公示应当包括下列内容:

(一)罪犯的姓名;

(二)原判认定的罪名和刑期;

(三)罪犯历次减刑情况;

(四)执行机关的减刑、假释建议和依据;

(五)公示期限;

(六)意见反馈方式等。

第二十六条 人民法院审理减刑、假释案件,可以采用书面审理的方式。但下列案件,应当开庭审理:

(一)因罪犯有重大立功表现提请减刑的;

(二)提请减刑的起始时间、间隔时间或者减刑幅度不符合一般规定的;

(三)在社会上有重大影响或社会关注度高的;

(四)公示期间收到投诉意见的;

(五)人民检察院有异议的;

(六)人民法院认为有开庭审理必要的。

第二十七条 在人民法院作出减刑、假释裁定前,执行机关书面提请撤回减刑、假释建议的,是否准许,由人民法院决定。

第二十八条 减刑、假释的裁定，应当在裁定作出之日起七日内送达有关执行机关、人民检察院以及罪犯本人。

第二十九条 人民法院发现本院或者下级人民法院已经生效的减刑、假释裁定确有错误，应当依法重新组成合议庭进行审理并作出裁定。

❷ 最高人民法院《关于〈中华人民共和国刑法修正案（八）〉时间效力问题的解释》（2011年5月1日 法释〔2011〕9号）（节录）①

为正确适用《中华人民共和国刑法修正案（八）》，根据刑法有关规定，现就人民法院2011年5月1日以后审理的刑事案件，具体适用刑法的有关问题规定如下：

第七条 2011年4月30日以前犯罪，被判处无期徒刑的罪犯，减刑以后或者假释前实际执行的刑期，适用修正前刑法第七十八条第二款、第八十一条第一款的规定。

第八条 2011年4月30日以前犯罪，因具有累犯情节或者系故意杀人、强奸、抢劫、绑架、放火、爆炸、投放危险物质或者有组织的暴力性犯罪并被判处十年以上有期徒刑、无期徒刑的犯罪分子，2011年5月1日以后仍在服刑的，能否假释，适用修正前刑法第八十一条第二款的规定；2011年4月30日以前犯罪，因其他暴力性犯罪被判处十年以上有期徒刑、无期徒刑的犯罪分子，2011年5月1日以后仍在服刑的，能否假释，适用修正后刑法第八十一条第二款、第三款的规定。

❸ 最高人民法院《关于贯彻宽严相济刑事政策的若干意见》（2010年2月8日 法发〔2010〕9号）（节录）②

34. 对于危害国家安全犯罪、故意危害公共安全犯罪、严重暴力犯罪、涉众型经济犯罪等严重犯罪；恐怖组织犯罪、邪教组织犯罪、黑恶势力犯罪等有组织犯罪的领导者、组织者和骨干分子；毒品犯罪再犯的严重犯罪者；确有执行能力而拒不依法积极主动缴付财产执行财产刑或确有履行能力而不积极主动履行附带民事赔偿责任的，在依法减刑、假释时，应当从严掌握。对累犯减刑时，应当从严掌握。拒不交代真实身份或对减刑、假释材料弄虚作假，不符合减刑、假释条件的，不得减刑、假释。

对于因犯故意杀人、爆炸、抢劫、强奸、绑架等暴力犯罪，致人死亡或严重残疾而被判处死刑缓期二年执行或无期徒刑的罪犯，要严格控制减刑的频度和每次减刑的幅度，要保证其相对较长的实际服刑期限，维护公平正义，确保改造效果。

对于未成年犯、老年犯、残疾罪犯、过失犯、中止犯、胁从犯、积极主动缴付财产执行财产刑或履行民事赔偿责任的罪犯、因防卫过当或避险过当而判处徒刑的罪犯以及其他主观恶性不深、人身危险性不大的罪犯，在依法减刑、假释时，应当根据悔改表现予以从宽掌握。对认罪服法，遵守监规，积极参加学习、劳动，确有悔改表现的，依法予以减刑，减刑的幅度可以适当放宽，间隔的时间可以相应缩短。符合刑法第八十一条第一款规定的假释条件的，应当依法多适用假释。

❹ 最高人民法院《关于审理未成年人刑事案件具体应用法律若干问题的解释》

---

① 对其解读见：《刑事审判参考》2011年第4辑总第81辑，第118~129页。
② 对其解读见：《刑事法律文件解读》2010年第3辑总第57辑，第49~65页。

（2006年1月23日　法释〔2006〕1号）（节录）①

第十八条　对未成年罪犯的减刑、假释，在掌握标准上可以比照成年罪犯依法适度放宽。

未成年罪犯能认罪服法，遵守监规，积极参加学习、劳动的，即可视为"确有悔改表现"予以减刑，其减刑的幅度可以适当放宽，间隔的时间可以相应缩短。符合刑法第八十一条第一款规定的，可以假释。

未成年罪犯在服刑期间已经成年的，对其减刑、假释可以适用上述规定。

5 最高人民法院《关于适用刑法时间效力规定若干问题的解释》（1997年9月25日 法释〔1997〕5号）（节录）②

第七条　1997年9月30日以前犯罪，1997年10月1日以后仍在服刑的犯罪分子，因特殊情况，需要不受执行刑期限制假释的，适用刑法第八十一条第一款的规定，报经最高人民法院核准。

6 最高人民法院《关于办理假释案件几个问题的意见（试行）》（1993年4月10日 法〔1993〕28号）

一、关于对家庭有特殊困难的罪犯的假释问题；二、关于未成年罪犯的假释问题；三、关于老、残罪犯的假释问题；四、关于执行原判有期徒刑二分之一以上的起始时间的计算问题；五、关于有期徒刑罪犯的假释考验期限问题；六、关于对在看守所服刑的罪犯的假释问题；七、关于罪犯减刑后又假释的间隔时间问题；八、关于罪犯在假释考验期限内实施犯罪行为的处理问题。

7 最高人民检察院《关于被判处管制剥夺政治权利和宣告缓刑、假释的犯罪分子能否担任中外合资合作经营企业领导职务问题的答复》（1991年9月25日　高检研发〔1991〕4号）

最高人民法院、最高人民检察院、公安部、劳动人事部（86）高检会（三）字第2号《关于被判处管制、剥夺政治权利和宣告缓刑、假释的犯罪分子能否外出经商等问题的通知》第三条所规定的不能担任领导职务的原则，可适用于中外合资、中外合作企业（包括我方与港、澳、台客商合资、合作企业）。

8 最高人民法院、最高人民检察院、公安部、劳动人事部《关于被判处管制、剥夺政治权利和宣告缓刑、假释的犯罪公子能否外出经商等问题的通知》（1986年11月8日（86）高检会（三）字第2号）

一、对被判处管制、剥夺政治权利和宣告缓刑、假释的犯罪分子，公安机关和有关单位要依法对其实行经常性的监督改造或考察。被管制、假释的犯罪分子，不能外出经商；被剥夺政治权利和宣告缓刑的犯罪分子，按现行规定，属于允许经商范围之内的，如外出经商，需事先经公安机关允许。

---

①　对其解读见：《刑事审判参考》2006年第1辑总第48辑，第87~91页以及2006年第2辑总第49辑，第61~77页。

②　对其解读见：《解读最高人民法院司法解释·刑事、行政卷（1997~2002）》，第3~7页。

二、犯罪分子在被管制、剥夺政治权利、缓刑、假释期间，若原所在单位确有特殊情况不能安排工作的，在不影响对其实行监督考察的情况下，经工商管理部门批准，可以在常住户口所在地自谋生计；家在农村的，亦可就地从事或承包一些农副业生产。

三、犯罪分子在被管制、剥夺政治权利、缓刑、假释期间，不能担任国营或集体企事业单位的领导职务。

⑨ 最高人民法院副院长《在全国法院减刑、假释工作座谈会上的讲话（节录）》（2005年11月23日）①

⑩ 江苏省高级人民法院《关于减刑、假释案件定案工作的暂行规定》（2009年12月1日 苏高法审委〔2009〕43号）②

学理观点·典型案例 ➡ 索引与要旨

❶《刑法修正案（八）》解读，载《刑事审判参考》2011年第4辑总第81辑，第83~117页以及《公检法办案指南》2011年第3辑总第135辑，第13~121页。

❷《关于减刑、假释工作的调查报告》，载《刑事审判要览》2003年第5辑总第5辑，第113~121页。

❸ 王汉斌《关于〈中华人民共和国（修订草案）〉的说明》（1997年3月6日）

核心提示 ➡ 关于减刑和假释

要旨 ➡ 刑法第71条规定："被判处管制、拘役、有期徒刑、无期徒刑的犯罪分子，在执行期间，如果确有悔改或者立功表现，可以减刑。"第73条规定："被判处有期徒刑的犯罪分子，执行原判刑期二分之一以上，被判处无期徒刑的犯罪分子，实际执行十年以上，如果确有悔改表现，不致再危害社会，可以假释。如果有特殊情节，可以不受上述执行刑期的限制。"在实际执行中，由于对"确有悔改"没有明确的界限，较难掌握，随意性比较大，并且没有严格的程序，容易出现流弊，存在问题较多。同时还应当维护人民法院判决执行的严肃性，不能轻易减刑、假释，特别是对以暴力严重危害社会的犯罪分子及累犯，不宜适用假释。草案针对实践中的问题，对减刑、假释的条件作了更具体的规定。并且规定："对累犯以及因杀人、爆炸、抢劫、强奸、绑架等暴力性犯罪被判处十年以上有期徒刑和无期徒刑的犯罪分子，不得假释。"同时明确规定了减刑、假释的程序：对于可以减刑、假释的犯罪分子，由执行机关向中级以上人民法院提出减刑、假释建议书。由人民法院组成合议庭进行审理，对确有悔改或者立功事实的，裁定予以减刑、假释。非经法定程序，不得减刑、假释。

第82条 假释的程序

对于犯罪分子的假释，依照本法第七十九条规定的程序进行。非经法定程

---

① 对其解读见：《公检法办案指南》2006年第3辑总第75辑，第173~185页以及《刑事审判参考》2005年第5辑总第46辑，第147~161页。

② 对其解读见：《刑事法律文件解读》2009年第12辑总第54辑，第66~74页。

序不得假释。

关联规范 ➡ 完全整理

❶《中华人民共和国刑法》（1980年1月1日）第79条

对于犯罪分子的减刑，由执行机关向中级以上人民法院提出减刑建议书。人民法院应当组成合议庭进行审理，对确有悔改或者立功事实的，裁定予以减刑。非经法定程序不得减刑。

❷ 最高人民法院《关于办理减刑、假释案件具体应用法律若干问题的规定》（1991年10月10日　法（刑二）发〔1991〕28号）

❸《全国法院减刑、假释工作座谈会纪要》（1989年2月14日　法（办）发〔1989〕3号）

第83条　假释的考验期限

有期徒刑的假释考验期限，为没有执行完毕的刑期；无期徒刑的假释考验期限为十年。

假释考验期限，从假释之日起计算。

第84条　假释的考察

被宣告假释的犯罪分子，应当遵守下列规定：

（一）遵守法律、行政法规，服从监督；

（二）按照监督机关的规定报告自己的活动情况；

（三）遵守监督机关关于会客的规定；

（四）离开所居住的市、县或者迁居，应当报经监督机关批准。

关联规范 ➡ 完全整理

公安部《公安机关对被管制、剥夺政治权利、缓刑、假释、保外就医罪犯的监督管理规定》（1995年2月21日　公安部令第23号）

第85条　修正案（八）第17条　假释执行机关、执行完毕

被假释的犯罪分子，在假释考验期限内，由公安机关予以监督，如果没有本法第八十六条规定的情形，假释考验期满，就认为原判刑罚已经执行完毕，并公开予以宣告。

中华人民共和国刑法修正案（八）（第十一届全国人民代表大会常务委员会第十九次会议2011年2月25日通过，中华人民共和国主席令第四十一号公布，自2011年5月1日起施行。）

十七、将刑法第八十五条修改为："对假释的犯罪分子，在假释考验期限

内，依法实行社区矫正，如果没有本法第八十六条规定的情形，假释考验期满，就认为原判刑罚已经执行完毕，并公开予以宣告。"

关联规范 ▶ 完全整理

《刑法修正案（八）》解读①

第 86 条 修正案（八）第 18 条 假释的撤销

被假释的犯罪分子，在假释考验期限内犯新罪，应当撤销假释，依照本法第七十一条的规定实行数罪并罚。

在假释考验期限内，发现被假释的犯罪分子在判决宣告以前还有其他罪没有判决的，应当撤销假释，依照本法第七十条的规定实行数罪并罚。

被假释的犯罪分子，在假释考验期限内，有违反法律、行政法规或者国务院公安部门有关假释的监督管理规定的行为，尚未构成新的犯罪的，应当依照法定程序撤销假释，收监执行未执行完毕的刑罚。

中华人民共和国刑法修正案（八）（第十一届全国人民代表大会常务委员会第十九次会议 2011 年 2 月 25 日通过，中华人民共和国主席令第四十一号公布，自 2011 年 5 月 1 日起施行。）

十八、将刑法第八十六条第三款修改为："被假释的犯罪分子，在假释考验期限内，有违反法律、行政法规或者国务院有关部门关于假释的监督管理规定的行为，尚未构成新的犯罪的，应当依照法定程序撤销假释，收监执行未执行完毕的刑罚。"

关联规范 ▶ 完全整理

❶ 最高人民法院《关于适用刑法时间效力规定若干问题的解释》（1997 年 9 月 25 日法释〔1997〕5 号）（节录）②

第九条　1997 年 9 月 30 日以前被假释的犯罪分子，在 1997 年 10 月 1 日以后的假释考验期内，又犯新罪、被发现漏罪或者违反法律、行政法规或者国务院公安部门有关假释的监督管理规定的，适用刑法第八十六条的规定，撤销假释。

第十条　按照审判监督程序重新审判的案件，适用行为时的法律。

❷ 最高人民法院《关于办理假释案件几个问题的意见（试行）》（1993 年 4 月 10 日法〔1993〕28 号）（节录）

八、关于罪犯在假释考验期限内实施犯罪行为的处理问题

---

① 对其解读见：《刑事审判参考》2011 年第 4 辑总第 81 辑，第 83～117 页以及《公检法办案指南》2011 年第 3 辑总第 135 辑，第 13～121 页。

② 对其解读见：《解读最高人民法院司法解释·刑事、行政卷（1997～2002）》，第 3～7 页。

被假释的犯罪分子在考验期限内犯新罪，是指实施具有一定社会危害性，触犯刑律，应受刑罚处罚的行为，其中包括情节轻微的犯罪行为。假释犯在假释考验期限内实施犯罪行为，原裁定假释的人民法院应依照审判监督程序，撤销假释，如果所犯新罪免除处罚的，收监执行自假释之日起尚未执行完毕的刑期；如果所犯新罪须判处刑罚的，由审判新罪的人民法院在判决新罪时，将原宣告的假释撤销，依照刑法第七十五条的规定，决定执行的刑罚。

❸ 最高人民法院《关于人民法院审判严重刑事犯罪案件中具体应用法律的若干问题的答复（三）》（1985年8月21日）（节录）

三十六、问：被判处拘役、有期徒刑宣告缓刑的犯罪分子，在缓刑考验期限内再犯新罪，而在缓刑考验期满后才被发现，对这样的犯罪分子是否应当撤销缓刑，把前罪和后罪所判处的刑罚，按照刑法第六十四条的规定实行数罪并罚？这种做法是否也适用于同样情况的被假释的犯罪分子？（北京）答：根据我国刑法第七十条的规定，对被宣告缓刑的犯罪分子不再执行原判的刑罚，是以罪犯在缓刑考验期限内不再犯新罪为条件的；如果罪犯在缓刑考验期限内再犯新罪，就应当撤销缓刑，把前罪和后罪所判处的刑罚，依照刑法第六十四条的规定，决定执行的刑罚。即使是在缓刑考验期满后，才发现该罪犯在缓刑考验期限内所犯的新罪，如未超过追诉时效期限的，也应当按照刑法第七十条的有关规定执行。

对于被假释的犯罪分子，如果在假释考验期满后，才发现该罪犯在假释考验期限内又犯新罪，对尚未超过追诉时效期限的，也应当依照刑法第七十五条的有关规定，撤销假释，把前罪没有执行的刑罚和后罪所判处的刑罚，按照刑法第六十四条的规定，决定执行的刑罚。

❹ 北京公检法司《关于对社区服刑罪犯撤销缓刑、撤销假释、决定收监执行工作的规定（执行）》（2009年7月1日 京高法〔2008〕210号）①

学理观点·典型案例 ➡ 索引与要旨

❶《刑法修正案（八）》解读，载《刑事审判参考》2011年第4辑总第81辑，第83~117页以及《公检法办案指南》2011年第3辑总第135辑，第13~121页。

❷《假释考验期满后发现犯罪分子在假释期间有违法犯罪行为的如何处理》，载《刑事审判参考》2004年第6辑总第41辑，第169~171页。

❸《丁立军强奸、抢劫、盗窃案》，载《刑事审判参考》2002年第5辑总第28辑，第37~42页。

核心提示 ➡ 在假释考验期间直至期满后连续实施犯罪是否应撤销假释并构成累犯？

要旨 ➡ 1. 被告人在假释考验期间直至期满后连续犯罪的，应撤销假释，数罪并罚。2. 本案不能作为累犯处理。作为连续犯，对其进行处罚时，从整体上考虑其社会危害性应较为妥当，也不宜分为假释期满前后两个阶段再按两种罪分别定罪量刑。

---

① 对其解读见：《刑事法律文件解读》2009年第5辑总第47辑，第65~90页。

第八节 时 效

第 87 条 追诉时效期限

犯罪经过下列期限不再追诉：

（一）法定最高刑为不满五年有期徒刑的，经过五年；

（二）法定最高刑为五年以上不满十年有期徒刑的，经过十年；

（三）法定最高刑为十年以上有期徒刑的，经过十五年；

（四）法定最高刑为无期徒刑、死刑的，经过二十年。如果二十年以后认为必须追诉的，须报请最高人民检察院核准。

关 联 规 范 ▶ 完全整理

❶ 最高人民法院《关于适用刑法时间效力规定若干问题的解释》（1997 年 9 月 25 日法释〔1997〕5 号）（节录）①

第一条　对于行为人 1997 年 9 月 30 日以前实施的犯罪行为，在人民检察院、公安机关、国家安全机关立案侦查或者在人民法院受理案件以后，行为人逃避侦查或者审判，超过追诉期限或者被害人在追诉期限内提出控告，人民法院、人民检察院、公安机关应当立案而不予立案，超过追诉期限的，是否追究行为人的刑事责任，适用修订前的刑法第七十七条的规定。

❷ 最高人民法院、最高人民检察院《关于不再追诉去台人员在中华人民共和国成立后当地人民政权建立前的犯罪行为的公告》（1989 年 9 月 7 日　高检会（研）字第 12 号）（节录）

二、去台人员在中华人民共和国成立后、犯罪地地方人民政权建立前犯有罪行，并连续或继续到当地人民政权建立后的，追诉期限从犯罪行为终了之日起计算。凡符合《中华人民共和国刑法》第七十六条规定的，不再追诉。其中法定最高刑为无期徒刑、死刑的，经过二十年，也不再追诉。如果认为必须追诉的，由最高人民检察院核准。

❸ 最高人民法院、最高人民检察院《关于不再追诉去台人员在中华人民共和国成立前的犯罪行为的公告》（1988 年 3 月 14 日）

台湾同胞来祖国大陆探亲、旅游的日益增多。这对于促进海峡两岸的"三通"和实现祖国和平统一大业将起到积极的作用。为此，对去台人员在中华人民共和国成立前在大陆犯有罪行的，根据《中华人民共和国刑法》第七十六条关于对犯罪追诉时效的规定的精神，决定对其当时所犯罪行不再追诉。

来祖国大陆的台湾同胞应遵守国家的法律，其探亲、旅游、贸易、投资等正当活动，

---

① 对其解读见：《解读最高人民法院司法解释·刑事、行政卷（1997~2002）》，第 3~7 页。

均受法律保护。

第88条 追诉时效终止

在人民检察院、公安机关、国家安全机关立案侦查或者在人民法院受理案件以后，逃避侦查或者审判的，不受追诉期限的限制。

被害人在追诉期限内提出控告，人民法院、人民检察院、公安机关应当立案而不予立案的，不受追诉期限的限制。

关联规范 ➡ 完全整理

❶ 最高人民法院《关于适用刑法时间效力规定若干问题的解释》（1997年9月25日 法释〔1997〕5号）（节录）①

第一条 对于行为人1997年9月30日以前实施的犯罪行为，在人民检察院、公安机关、国家安全机关立案侦查或者在人民法院受理案件以后，行为人逃避侦查或者审判，超过追诉期限或者被害人在追诉期限内提出控告，人民法院、人民检察院、公安机关应当立案而不予立案，超过追诉期限的，是否追究行为人的刑事责任，适用修订前的刑法第七十七条的规定。

❷ 最高人民检察院《关于刑法第七十七条有关采取强制措施的规定应如何适用的批复》（1992年4月9日 高检发研字〔1992〕4号）

经研究，现批复如下：刑法第七十七条有关在人民法院、人民检察院、公安机关采取强制措施以后，逃避侦查或者审判的，不受追诉期限的限制的规定，既适用于已经执行强制措施后逃避侦查或者审判的，也适用于人民法院、人民检察院、公安机关决定（批准）采取强制措施后，由于犯罪分子逃避而无法执行，以及犯罪分子在逃，经决定（批准）逮捕并发布通缉令后拒不到案的。人民检察院对符合上述情况的犯罪分子，应当依法追诉。

学理观点·典型案例 ➡ 索引与要旨

❶《如何理解"逃避侦查或者审判"》，金林、于铁林、于勇著，载《检察日报》2006年7月18日第4432期

要旨 ➡ 《刑法》第88条第1款规定："在人民检察院、公安机关、国家安全机关立案侦查或者在人民法院受理案件以后，逃避侦查或者审判的，不受追诉期限的限制。"在实践中，存在未发现犯罪嫌疑人以事立案或者虽有明确犯罪嫌疑人而立案，但嫌疑人却并非真正犯罪行为人的情形。那么，如果在刑法第87条所规定的追诉期限后才发现犯罪嫌疑人或者真正的犯罪嫌疑人，该犯罪是否因超过期限而不受追诉？

对此，有人认为，该款明确规定立案侦查或受理案件与逃避侦查或者审判两者同时具备时，才不受追诉期限限制，如果没有查明犯罪嫌疑人，就没有"逃避侦查或者审判"的主体，因此对上述两种情形中的犯罪嫌疑人，因犯罪已经超过追诉期限就不应再追究其刑

---

① 对其解读见：《解读最高人民法院司法解释·刑事、行政卷（1997~2002）》，第3~7页。

事责任。笔者认为，这种看法过于武断。虽然人民检察院、公安机关、国家安全机关或者人民法院没有确认犯罪嫌疑人，但是这并不等于犯罪行为人没有逃避侦查或者审判的故意，因而即使在以事立案的情况下仍有可能出现犯罪嫌疑人刻意逃避侦查或者审判的情况。

也有人认为，犯罪嫌疑人如果知道或者应当知道其行为是犯罪行为的，而且不主动归案，就是"逃避侦查或者审判"，就不受追诉期限的限制。笔者认为，这种看法虽然考虑到了犯罪嫌疑人的主观认识，但是却将该款规定的两个条件割裂开来，即仅仅将犯罪行为人的主观认识限定为对犯罪行为性质的认识，而没有将犯罪行为人对司法机关侦查或者审判活动如何认识予以考虑，是不妥当的。

从该款的立法意义看，规定犯罪行为的追诉期限主要有以下考虑：对犯罪行为不能无限期追究，否则不利于社会关系的稳定，因此对追诉行为采取了"立案侦查"或者"受理案件"等条件限制。笔者认为，首先，该款没有限定"逃避侦查或者审判的"必须是犯罪嫌疑人，在很多案件中，立案时并不知道犯罪嫌疑人是谁，因而逃避侦查并不需要有侦查机关已确定该犯罪嫌疑人这一前提。大多数犯罪分子在作案时或作案后均会采取隐蔽、伪造现场或其他不易被发觉的手段以免被发现，未被司法机关列为犯罪嫌疑人的也可能实施逃避侦查的行为。其次，"逃避侦查或者审判"显然包含了犯罪行为人的主观认识在其中：如果其不知道司法机关已经立案侦查或者受理案件，当然其逃避行为在主观上就没有妨碍司法机关行为的故意，其犯罪须受追诉期限的限制，即超过一定期限对该犯罪就不再追究；如果其知道的话，则反映出其较大的主观恶性，该行为又加大司法成本，因而应"不受追诉期限的限制"。最后，如果该款的"立案侦查"限定为发现了犯罪嫌疑人，那对该犯罪嫌疑人一般会采取逮捕等强制措施，而对于已经被逮捕或取保候审等的犯罪嫌疑人属在逃犯，其不需要适用诉讼时效的规定，因此，如果将该款的"立案侦查"限定为发现了犯罪嫌疑人，则该款规定失去了意义。

综上，笔者认为，在人民检察院、公安机关、国家安全机关立案侦查或者在人民法院受理案件以后，虽然司法机关尚未查明犯罪嫌疑人，但犯罪行为人知道或者应当知道司法机关已经立案侦查或者受理该案件，而其未主动归案的，就是"逃避侦查或者审判"，对其犯罪就不应受追诉期限的限制。当然，犯罪行为人是否知道或者应当知道司法机关已经立案侦查或者受理该案件，除了行为人的供述，还需要结合行为人的其他行为来判断：如司法人员就此案向其做过调查，或者调查他人时其在场，无正当理由突然外出、失去联系等。

❷《起诉环节才过追诉时效的案件该如何处理》，载《最新刑事法律文件解读》2006年第7辑总第19辑，第138~139页。

要旨➡立案侦查（旧刑法规定"采取强制措施后"）或者在人民法院受理案件以后，逃避侦查或者审判的，不受追诉时效的限制。如何理解此规定？公安机关（或者其他侦查机关、部门）立案侦查后，如果犯罪嫌疑人不"逃避侦查"是否就受追诉时效的限制？我们的回答是否定的。我们认为，立案侦查或者在人民法院受理案件的，表明司法机关对其犯罪事实开始追究。此时，追诉时效已停止计算，以后的诉讼环节，就不存在追诉时限限制。上述《刑法》第88条，只是强调了开始追诉后，不得逃避侦查或者审判，但并不能反过来说，不逃避侦查或者审判，就要将追诉时效继续计算。

❸《江某故意伤害他人，十年后被抓捕，是否超过追诉期案》，载《最新刑事法律文件解读》2005 年第 9 辑总第 9 辑，第 120～126 页。

核心提示 ➡ 行为人 1997 年 9 月 30 日以前实施的犯罪行为，被害人在追诉期限内提出控告，是否不受诉讼时效限制？

第 89 条　追诉时效的起算、中断

追诉期限从犯罪之日起计算；犯罪行为有连续或者继续状态的，从犯罪行为终了之日起计算。

在追诉期限以内又犯罪的，前罪追诉的期限从犯后罪之日起计算。

关　联　规　范　　➡ 完全整理

❶《全国法院审理经济犯罪案件工作座谈会纪要》（2003 年 11 月 13 日　法〔2003〕167 号）（节录）①

六、（二）关于玩忽职守罪的追诉时效问题；（三）关于国有公司、企业人员渎职犯罪的法律适用问题。

❷ 最高人民法院《关于挪用公款犯罪如何计算追诉期限问题的批复》（2003 年 9 月 22 日　法释〔2003〕16 号）②

根据刑法第八十九条、第三百八十四条的规定，挪用公款归个人使用，进行非法活动的，或者挪用公款数额较大、进行营利活动的，犯罪的追诉期限从挪用行为实施完毕之日起计算；挪用公款数额较大、超过三个月未还的，犯罪的追诉期限从挪用公款罪成立之日起计算。挪用公款行为有连续状态的，犯罪的追诉期限应当从最后一次挪用行为实施完毕之日或者犯罪成立之日起计算。

❸ 最高人民检察院《关于对跨越修订刑法施行日期的继续犯罪、连续犯罪以及其他同种数罪应如何具体适用刑法问题的批复》（1998 年 12 月 2 日　高检发释字〔1998〕6 号）③

对于开始于 1997 年 9 月 30 日以前，继续或者连续到 1997 年 10 月 1 日以后的行为，以及在 1997 年 10 月 1 日前后分别实施的同种类数罪，如果原刑法和修订刑法都认为是犯罪并且应当追诉，按照下列原则决定如何适用法律：一、对于开始于 1997 年 9 月 30 日以前，继续到 1997 年 10 月 1 日以后终了的继续犯罪，应当适用修订刑法一并进行追诉。

二、对于开始于 1997 年 9 月 30 日以前，连续到 1997 年 10 月 1 日以后的连续犯罪，或者在 1997 年 10 月 1 日前后分别实施的同种类数罪，其中罪名、构成要件、情节以及法定刑均没有变化的，应当适用修订刑法，一并进行追诉；罪名、构成要件、情节以及法定刑

---

① 对其解读见：《刑事审判参考》2004 年第 4 辑总第 39 辑，第 178～199 页。
② 对其解读见：《刑事审判参考》2004 年第 1 辑总第 36 辑，第 124～127 页。
③ 对其解读见：《解读最高人民检察院司法解释》，第 4～7 页。

已经变化的，也应当适用修订刑法，一并进行追诉，但是修订刑法比原刑法所规定的构成要件和情节较为严格，或者法定刑较重的，在提起公诉时应当提出酌情从轻处理意见。

学理观点·典型案例 ▶ 索引与要旨

❶《沈安荣行贿案》江苏省射阳县人民法院，载国家法规数据库《人民法院案例选》2006年第2辑总第56辑。

要旨➡在追诉期限内又犯罪的，前罪追诉的期限从犯后罪之日起重新计算。后罪本身是否已超过追诉期限，对前罪追诉期限的计算和认定没有影响。但已过追诉期的后罪不再一并追究。

一审：江苏省射阳县人民法院〔2005〕射刑初字第268号（2006年3月24日）；二审：江苏省盐城市中级人民法院〔2006〕盐刑二终字第37号（2006年4月25日）。

射阳县人民法院审理后认为，被告人沈安荣为谋取不正当利益，给予国家工作人员王福以财物，其行为已构成行贿罪，应予处罚。公诉机关指控的事实和罪名成立，予以支持。被告人沈安荣的辩护人提出行贿行为发生在1995年，已超过追诉期，不应再追究其刑事责任的辩护意见，经查，被告人沈安荣所犯行贿罪的法定刑为5年以下有期徒刑或者拘役，其追诉期限应为10年，而被告人沈安荣在1998年5月、1999年10月实施了对公司、企业人员行贿的犯罪行为，故其行贿罪的追诉期限应从犯后罪之日（即1999年10月）起计算，其对公司、企业人员行贿罪本身超过追诉期限的事实亦不影响对其行贿罪追诉期限的重新计算，故辩护人的该辩护意见不能成立，不予采纳。被告人沈安荣案发前主动交代了向王福行贿的事实，应认定其自首，依法从轻处罚，被告人及辩护人就此提出的辩护意见成立。依照刑法第389条第1款、第390条、第87条第（2）项、第89条、第99条、第67条第1款、第42条、第72条第1款、第73条第1、3款之规定，判决如下：被告人沈安荣犯行贿罪，判处拘役三个月，缓刑六个月。

一审宣判后，被告人沈安荣不服，提出上诉。上诉人沈安荣及其辩护人提出如下上诉理由和辩护意见：（1）1995年行贿1万元的法定刑为5年以下有期徒刑或者拘役，追诉时效期为5年，且1999年沈安荣对公司、企业人员行贿已超过追诉期限，对被告人沈安荣的行贿行为不能适用时效中断制度进行追诉。（2）原判决量刑畸重，要求免除处罚。

盐城市中级人民法院经二审审理后认为，上诉人沈安荣为谋取不正当利益，给予国家工作人员以财物，其行为已构成行贿罪。原判决认定事实清楚，证据确凿充分，适用法律正确，量刑适当，审判程序合法。关于沈安荣及其辩护人就本案时效问题提出的上诉理由和辩护意见，经查，根据刑法第390条第1款、第99条的规定，沈安荣行贿的法定最高刑为五年，根据刑法第87条第（2）项规定，其追诉期限应当经过十年；沈安荣于1999年10月又对公司、企业人员行贿，该行为已具备刑法规定的犯罪构成要件，根据刑法第89条第2款的规定，该行为当然地产生对其行贿罪追诉时效的中断，即其行贿罪的追诉期限应当从1999年10月起重新计算，已经经过的时效期间归于消失。故上诉人沈安荣及其辩护人的该上诉理由和辩护意见均不能成立，不予采纳。关于沈安荣及其辩护人提出的量刑畸重的上诉理由和辩护意见，经查，原判决对上诉人沈安荣因对张新建行贿被审查时主动交代向王福行贿事实的行为认定为自首,并已作出从轻处罚,故沈安荣及其辩护人关于原判决量刑畸重,要求免处的请求不予采纳。据此,依照《中华人民共和国刑事诉讼法》第189条第(1)项之规定,裁定如下:驳回上诉,维持原判。

本案的争议焦点在于被告人沈安荣于1995年4月向王福行贿的犯罪行为的追诉时效应如何确定,一种意见认为,该行为在五年有期徒刑以下量刑,追诉时效为五年,追诉期截止到2004年10月,所以本案已超过追诉时效。另一种意见认为,该行为的法定最高刑为五年有期徒刑,追诉时效为十年,追诉期截止到2009年10月,所以本案未超过追诉时效。

我们认为第二种意见是正确的,本案未超出追诉时效。理由如下:

一、本案适用的法律和量刑幅度

沈某向王某行贿的时间是1995年4月,案发当时适用于行贿罪的法律是全国人大常委会1988年1月21日颁布实施的《关于惩治贪污贿赂罪的补充规定》,该《补充规定》第8条规定"对犯行贿罪的,处五年以下有期徒刑或者拘役",这一量刑幅度与现行《刑法》第390条对行贿罪的量刑幅度的规定是一致的。根据刑法溯及力的从旧兼从轻原则,对本案沈某向王某行贿的行为应适用《补充规定》,量刑幅度为"五年以下有期徒刑或者拘役"。

二、本案量刑幅度的法定最高刑为五年有期徒刑,包括五年在内

《补充规定》载明"根据《中华人民共和国刑法》和《全国人民代表大会常务委员会关于严惩严重破坏经济的罪犯的决定》中关于惩治贪污罪贿赂罪的规定,作如下补充规定……"《决定》也载明"对《中华人民共和国刑法》的一些有关条款作相应的补充和修改"。可见《决定》是对《刑法》的补充,《补充规定》又是对《刑法》和《决定》的补充,既然是"补充",就必须遵循被补充者的基本精神和规定,所以《补充规定》中没有规定的内容仍应适用1979年《刑法》和《决定》中的有关规定,《决定》中没有规定的内容仍应适用1979年《刑法》中的有关规定。关于刑期起止是否包括本数的问题,《补充规定》和《决定》均未作规定,应当适用1979年《刑法》。该《刑法》第88条规定"本法所说的以上、以下、以内,都连本数在内",所以对沈某的量刑幅度"五年以下有期徒刑或者拘役"也应当包括五年有期徒刑在内,法定最高刑为五年有期徒刑。

三、本案仍在追诉期内

1979年《刑法》第76条和现行《刑法》第87条对追诉时效均规定"犯罪经过下列期限不再追诉:(一)法定最高刑为不满五年有期徒刑的,经过五年;(二)法定最高刑为五年以上(笔者注:'五年以上'包括五年在内)不满十年有期徒刑的,经过十年……"即法定最高刑不满五年的追诉时效为五年,法定最高刑达五年的就要按十年追诉时效计算。本案对沈某量刑的法定最高刑为五年有期徒刑,应按第(2)项的规定确定追诉时效为十年。沈某向王某的行贿时间是1995年4月,但之后沈某又有其他犯罪行为,最后一次犯罪时间是1999年10月,尽管后罪构成对公司、企业人员行贿罪,按《刑法》第164条的规定处三年以下有期徒刑或拘役,已超过追诉时效,但根据"在追诉期限以内又犯罪的,前罪追诉的期限从犯后罪之日起计算"的规定,因沈某在十年的追诉期内又犯罪,对其向王某行贿的犯罪行为应从1999年10月起计算追诉时效,截止到2009年10月。

综上所述,本案中沈其于1995年4月向王某行贿的犯罪行为未超过追诉时效,仍应追

究其刑事责任。

❷《孙全昌、孙惠昌被控故意伤害因超过追诉期限终止审理案》，载《人民法院案例选》2006年第1辑总第55辑。

要旨➡不属于《刑法》第88条规定的不受追诉期限限制的情形的，人民法院审查追诉期限是否届满，应当以法院立案审查或者审理的时间是否超过追诉时效为准。

❸《王钟麓受贿、滥用职权案浙江省杭州市中级人民法院刑事判决书》，载《刑事审判参考》2004年第6辑总第41辑，第199~225页。

核心提示➡滥用职权的追诉时限如何起算？

❹《南昌洙、南昌男盗窃案》，载《刑事审判参考》2003年第6辑总第35辑，第49~54页。

核心提示➡如何理解"犯罪行为有连续状态的"？

要旨➡连续犯必须具备四个要件：数个行为必须出于同一或概括的犯罪故意；须存在数个独立的同一性质的犯罪行为；数行为之间，具有连续性；数行为触犯现一罪名。数个犯罪行为之间是否存在连续性，时间先后只是一个外在的判断因素，关键的因素在于行为人所实施的数个犯罪行为是否基于同一或某一概括的犯罪故意，也就是说，行为人所实施的数个犯罪行为之间是否具有主观故意上的连续关系。在连续犯中，行为人在开始实施第一个犯罪行为时，即有连续实施数个犯罪行为的犯罪意图，或者是为完成一个预定的犯罪计划，或者是为实现一个总的目标，或者是预见到了总的犯罪后果。这是连续犯与同种数罪的主要区别所在。本案被告前后两个行为，间隔5年，很难认定具有主观上的连续故意。

❺《张某某抢劫、李某某盗窃案》，载《刑事审判参考》2003年第3辑总第32辑，第34~38页。

核心提示➡1997年以前立案侦查，且同案犯已判刑，对其他未采取强制措施的在逃同案犯，是否应追诉？

要旨➡本案发生在1988年，公安抓获张某良，但张某某、李某某却逃跑直到1999年投案；其间虽未撤案，但不能对二被告采取任何强制措施；对二被告不能适用79刑法，张某某应在10年以上量刑，未过追诉时效，而李某某已过时效，对李某某应终止审理。

❻《新旧刑法交替的法律适用与时效计算》，载《刑事审判要览》2003年第5辑总第5辑，第159~160页。

❼《陆飞荣玩忽职守案》，载《刑事审判参考》2002年第4辑总第27辑，第67~76页。

核心提示➡新刑法生效之前实施的滥用职权行为的法律适用

❽《朱晓志交通肇事案》，载《刑事审判参考》2002年第3辑总第26辑，第1~6页。

要旨➡超过1979年刑法规定的追诉时效但根据新刑法又应当追诉的应终止审理。

❾《沈某挪用资金案》，载《刑事审判参考》2002年第2辑总第25辑，第59~63页。

要旨 ➡ 追诉时效也应适用从旧兼从轻原则。

❿《林世元等受贿、玩忽职守案》，载《刑事审判参考》2000年第1辑总第6辑，第35~45页以及《刑事审判案例》，第626~632页。

核心提示 ➡ 行为人在刑法修订前玩忽职守、在刑法修订实施以后发生危害结果的行为如何适用法律？

第五章 其他规定

第 90 条 民族自治地方的变通、补充规定

民族自治地方不能全部适用本法规定的，可以由自治区或者省的人民代表大会根据当地民族的政治、经济、文化的特点和本法规定的基本原则，制定变通或者补充的规定，报请全国人民代表大会常务委员会批准施行。

第 91 条 公共财产

本法所称公共财产，是指下列财产：

（一）国有财产；

（二）劳动群众集体所有的财产；

（三）用于扶贫和其他公益事业的社会捐助或者专项基金的财产。

在国家机关、国有公司、企业、集体企业和人民团体管理、使用或者运输中的私人财产，以公共财产论。

学理观点·典型案例 ➡ 索引与要旨

❶《郭如鳌、张俊琴、赵茹贪污、挪用公款案》，载《刑事审判参考》2006 年第 1 辑总第 48 辑，第 41~57 页。

核心提示 ➡ 国有公司证券营业部违规自营炒股盈利款的性质

要旨 ➡ 中经信公司是国有公司，中经信内蒙营业部系其分支机构。对其自营炒股盈利款的性质，可从以下三个方面理解：一是从盈利款的来源看，该盈利款是营业部违规自营炒股所得。被告人以单位名义筹措资金进行炒股，虽然自营炒股违反了国家规定，但并不因此改变盈利款属于营业部所有的性质。二是从炒股所用的资金看。所透支的代理股民证券交易的资金虽然在量上占主要部分，并且最终的所有权上属于股民个人所有，但是，根据刑法第九十一条第二款的规定，该股民资金亦应认定为公共财产。其孳息即炒股盈利款显然属于公共财产。三是从最终归属看。营业部不仅假借他人名义和以个人名义非法从事证券自营业务，还通过虚增客户资金账户上资金的方式，非法从事融资交易，其盈利款当属证券法第一百九十一条和第一百八十六条规定的非法所得，应当予以没收，上缴国库。但在没有依法对其非法经营行为进行处理前，该盈利款暂由营业部管理，仍然属于公共财产。

❷《李祖清等被控贪污案》，载《刑事审判参考》2005 年第 6 辑总第 47 辑，第 64~75 页。

核心提示➡单位违法收取的费用是否属于国有资产？

要旨➡国有资产的范围，一般认为，广义的国有资产分为经营性资产、行政事业性资产和资源性资产。狭义的国有资产就是指经营性的国有资产，即国家作为出资者在企业依法拥有的资本及其收益。1993年《国家国有资产管理局国有资产产权界定和产权纠纷处理暂行办法》第二条对"国有资产"作了明确定义，即国有资本是指国家依法取得和认定的，或者国家以各种形式对企业投资和投资收益、国家向行政事业单位拨款等形成的财产。1999年8月最高人民检察院《关于人民检察院直接受理立案侦查案件立案标准的规定（试行）》附则部分对国有资产界定为："国家依法取得和认定的，或者国家以各种形式对企业投资和投资收益、国家向行政事业单位拨款等形成的资产。"可见，私分国有资产罪中的国有资产，是指广义的国有资产。根据上述规定，国有资产主要有三大类：一是国家依法取得和认定的国资产；二是国家以各种形式对国有公司、企业投资形成的财产和投资收益；三是国家向行政事业单位拨款等形成的财产。其中第一类主要指：国家依法赋予各行政管理机关强制机关强制收取的各种税费；国家通过刑事处罚、行政处罚等取得的财产；国家通过强制征收取得的其他财产。

根据上述规定，行政事业单位违反行政法规，滥用职权而乱收费、乱摊派、乱罚款所得的款项，应认定为国有资产，构成私分国有资产罪的犯罪对象。刑法上的财产，更多强调的是财产的经济价值性，而非合法性。即便是不受民法保护或者为相关行政法规所明文禁止的财物，如赌资、赃物、违禁品等，只要具有一定的经济价值，并且与刑法的基本保护精神不相违背，则同样可以成为财产犯罪的对象，并应当受到刑法的保护。

❸《叶文言、叶文语等盗窃案》，载《刑事审判参考》2005年第2辑总第43辑，第37~44页。

核心提示➡窃取被交通管理部门扣押的自己所有的车辆后进行索赔的行为如何定性？

要旨➡本人所有的财物在他人合法占有、控制期间，能够成为自己盗窃的对象。当然，本人所有的财物在他人合法占有、控制期间，能够成为自己盗窃的对象，并不意味着行为人秘密窃取他人占有的自己的财物的行为都构成盗窃罪。是否构成盗窃罪，还要结合行为人的主观目的而定。如果行为人秘密窃取他人保管之下的本人财物，只是为了与他人开个玩笑或逃避处罚，或者不愿将自己的财物继续置于他人占有、控制之下，并无借此索赔之意的，因其主观上没有非法占有的故意，不以盗窃罪论处。

❹《尚荣多等贪污案》，载《刑事审判参考》2004年第4辑总第39辑，第54~61页。

要旨➡国有单位非法持有的财产，也应视为公共财产。

原商专招生工作中违反规定收取的"点招费"，在行政主管部门作出处置之前应认定为公共财产，被告人截留、私分"点招费"的行为，具备贪污罪的对象要件。我们认为：第一，财产犯罪的对象范围不以合法所有或者持有的财物为限，不能以本案中"点招费"的收取违反了国家有关规定，不属于合法收入为由，将其排除在刑法保护之外。第二，公共财产的认定，关键不在于某一财产在法律上的最终所有可能性关系，而是行为当时该财产的占有、持有及与之相对应的责任关系。对此，刑法第91条第2款作了明确规定。我们认为，不管基于合法还是非法事由，在行为当时处于国有单位占有、持有状态下的私人财产，均应认定为公共财产。

5 《赖忠、苏绍俊、李海等故意伤害案》，载《刑事审判参考》2004 年第 3 辑总第 38 辑，第 106~110 页。

核心提示 ➡ 因参与非法行为而损失的财产再以非法手段夺回，该财产是否国家财产并受刑法保护？

要旨 ➡ 被告人主观认为，被害人采用作弊手段进行赌博，故其赢得的赌资不属于被害人，仍应属于自己。我们认为：虽然赌资是赃款，依法应予没收，上缴国库，归国家所有。但是，在赌博行为未被公安机关发觉、查处之前，还不能视为国家财产。如对被告人定抢劫，容易使人误解，以为赌博赢得的钱，同样会受到法律的保护，与我国法律规定赌博违法相悖（当然如果不是赌博行为当事人抢回自己输掉的赌资，而是其他的人抢劫即所为的"黑吃黑"，则是另一回事）。

6 《江世田等妨害公务案》，载《刑事审判参考》2002 年第 5 辑总第 28 辑，第 53~58 页。

核心提示 ➡ 聚众以暴力手段抢回被依法查扣的制假设备应如何定罪？

要旨 ➡ 1. 本案构成妨害公务罪。2. 本案不构成抢劫罪或聚众哄抢罪。其一，判断职务行为是否执行完毕，应根据职务行为的具体执行状况和内容，从整体上把握，而不宜将具有一体性和连续性的公务执行活动分割开来判断。本案中，联合打假队从查扣设备到案发时的返回途中，应视为执行职务过程中，非执行完毕。被告人从得知制假设备被查扣到聚众中途拦截执行公务车辆夺回制假设备，其目的直接指向于对抗打假执法的公务活动。其二，联合打假队依法查扣被告人的制假设备，是一种执法强制措施，被告人的行为是对抗执法强制措施，不是为了"不法占有公私财产"。其三，被告人欲强行夺回的制假设备，是犯罪工具，虽属不法财产，但毕竟为被告人自有。抢回自有财产与强占他人所有或公有财物显然不同，被告人不具有非法占有目的。

7 《丁某介绍贿赂、诈骗案法律问题研究》，载《刑事审判要览》，第 205~211 页。

核心提示 ➡ 如何区分非法扣押与未依法扣押？对非法扣押的物品可否以非法手段取回？未依法扣押的物品能否依据刑法第 91 条视为公共财产？

要旨 ➡ 应当将紧急情况下的未依法扣押视为正当扣押，并依据刑法第 91 条的规定将被扣押物品视为公共财产。

第 92 条 私人财产

本法所称公民私人所有的财产，是指下列财产：

（一）公民的合法收入、储蓄、房屋和其他生活资料；

（二）依法归个人、家庭所有的生产资料；

（三）个体户和私营企业的合法财产；

（四）依法归个人所有的股份、股票、债券和其他财产。

学理观点·典型案例 ➡ 索引与要旨

《詹伟东、詹伟京盗窃案》，载《刑事审判参考》2009年第1辑总第66辑，第54~61页。

要旨 ➡ 纺织品出口配额具有"财物"属性，能够成为财产犯罪的对象。

第93条 国家工作人员

本法所称国家工作人员，是指国家机关中从事公务的人员。

国有公司、企业、事业单位、人民团体中从事公务的人员和国家机关、国有公司、企业、事业单位委派到非国有公司、企业、事业单位、社会团体从事公务的人员，以及其他依照法律从事公务的人员，以国家工作人员论。

关联规范 ➡ 完全整理

❶《关于修改部分法律的决定》主席令第十八号（2009年8月27日）（节录）

二、对下列法律和法律解释中关于"征用"的规定作出修改：（一）将下列法律和法律解释中的"征用"修改为"征收、征用"。

12.《中华人民共和国刑法》第三百八十一条、第四百一十条。

13. 全国人民代表大会常务委员会关于《中华人民共和国刑法》第九十三条条二款的解释。

❷ 人大常委会《关于〈中华人民共和国刑法〉第九十三条第二款的解释》（2000年4月29日）①

全国人民代表大会常务委员会讨论了村民委员会等村基层组织人员在从事哪些工作时属于刑法第九十三条第二款规定的"其他依照法律从事公务的人员"，解释如下：

村民委员会等村基层组织人员协助人民政府从事下列行政管理工作，属于刑法第九十三条第二款规定的"其他依照法律从事公务的人员"：

（一）救灾、抢险、防汛、优抚、扶贫、移民、救济款物的管理；（二）社会捐助公益事业款物的管理；（三）国有土地的经营和管理；（四）土地征收、征用补偿费用的管理；（2009.08.27全国人大常委会《关于修改部分法律的决定》修改该条，将"征用"修改为"征收、征用"）（五）代征、代缴税款；（六）有关计划生育、户籍、征兵工作；（七）协助人民政府从事的其他行政管理工作。

村民委员会等村基层组织人员从事前款规定的公务，利用职务上的便利，非法占有公共财物、挪用公款、索取他人财物或者非法收受他人财物，构成犯罪的，适用刑法第三百八十二条和第三百八十三条贪污罪、第三百八十四条挪用公款罪、第三百八十五条和第三百八十六条受贿罪的规定。

---

① 对其解读见：《刑事审判参考》2000年第4辑总第9辑，第80页。

第一编　总则　第五章　其他规定

❸ 全国人大法工委《关于如何理解和执行法律若干问题的解答（四）》（1990年11月13日）（节录）

15. 村民小组长能否成为报复陷害罪的主体？问：乡镇村民小组长能否成为报复陷害罪的主体？（最高检研究室，1990年9月12日）答：刑法第一百四十六条规定的报复陷害罪的犯罪主体只限于国家工作人员。根据村民委员会组织法的规定，村民委员会是村民自我管理、自我教育、自我服务的基层群众性自治组织。村民小组长不属于刑法规定的国家工作人员（村委会组成人员也不是国家工作人员）。因此，村民小组长不能成为报复陷害罪的主体。其打击报复他人的行为，构成犯罪的，应按照行为的性质定罪。

❹ 最高人民法院《关于被告人王文光、郭旭辉挪用公款一案请示的批复》（2008年12月1日　〔2008〕刑他字第52号）（节录）

一、关于被告人王文光的身份问题

在国有控股和参股企业中，国家出资企业有权利和义务任免或建议任免有关人员的职务，以实现对国有资产的管理。此类人员虽然任免形式不尽一致，但均应认为系受国有单位委派在前述企业中从事公务的人员。

被告人王文光任中国银行任丘支行行长一职，系由中国银行沧州分行党委研究并报请中国银行河北省分行党委同意，由中国银行沧州分行党委决定聘任。被告人王文光任职的性质是受委派从事公务。

❺ 最高人民检察院《关于渎职侵权犯罪案件立案标准的规定》（2006年7月27日高检发释字〔2006〕2号）（节录）①

（三）本规定中的"国家机关工作人员"，是指在国家机关中从事公务的人员，包括在各级国家权力机关、行政机关、司法机关和军事机关中从事公务的人员。在依照法律、法规规定行使国家行政管理职权的组织中从事公务的人员，或者在受国家机关委托代表国家行使职权的组织中从事公务的人员，或者虽未列入国家机关人员编制但在国家机关中从事公务的人员，在代表国家机关行使职权时，视为国家机关工作人员。在乡（镇）以上中国共产党机关、人民政协机关中从事公务的人员，视为国家机关工作人员。

❻ 最高人民法院《关于在国有资本控股、参股的股份有限公司中从事管理工作的人员利用职务便利非法占有本公司财物如何定罪问题的批复》（2001年5月23日　法释〔2001〕17号）②

在国有资本控股、参股的股份有限公司中从事管理工作的人员，除受国家机关、国有公司、企业、事业单位委派从事公务的以外，不属于国家工作人员。对其利用职务上的便利，将本单位财物非法占为己有，数额较大的，应当依照刑法第二百七十一条第一款的规定，以职务侵占罪定罪处罚。

❼ 最高人民检察院《关于属工人编制的乡（镇）工商所所长能否依照刑法第三百九十

---

① 对其解读见：《刑事审判参考》2006年第4辑总第51辑，第117~164页。
② 对其解读见：《刑事审判参考》第8辑总第19辑，第78~83页。

七条的规定追究刑事责任问题的批复》（2000年10月31日　高检发研字〔2000〕23号）

经研究，批复如下：根据刑法第93条第2款的规定，经人事部门任命，但为工人编制的乡（镇）工商所所长，依法履行工商行政管理职责时，属其他依照法律从事公务的人员，应以国家机关工作人员论。如果玩忽职守，致使公共财产、国家和人民利益遭受重大损失，可适用刑法第397条的规定，以玩忽职守罪追究刑事责任。

❽ 最高人民检察院《关于合同制民警能否成为玩忽职守罪主体问题的批复》（2000年10月9日　高检发研字〔2000〕20号）①

根据刑法第93条第2款的规定，合同制民警在依法执行公务期间，属其他依照法律从事公务的人员，应以国家机关工作人员论。对合同制民警在依法执行公务活动中的玩忽职守行为，符合刑法第397条规定的玩忽职守罪构成条件的，依法以玩忽职守罪追究刑事责任。

❾ 最高人民检察院《对〈关于中国保险监督管理委员会主体认定的请示〉的答复》（2000年10月8日　高检发研字〔2000〕15号）

对于中国保险监督管理委员会可参照对国家机关的办法进行管理。据此，中国保险监督管理委员会干部应视同国家机关工作人员。

❿ 最高人民检察院《全国人民代表大会常务委员会关于〈中华人民共和国刑法〉第九十三条第二款的解释的时间效力的批复》，载《刑事审判参考》2000年第5辑总第10辑，第64页。（2000年6月29日　高检发研字〔2000〕15号）②

《全国人民代表大会常务委员会关于〈中华人民共和国刑法〉第九十三条第二款的解释》是对刑法第九十三条第二款关于"其他依照法律从事公务的人员"规定的进一步明确，并不是对刑法的修改。因此，该《解释》的效力适用于修订刑法的施行日期，其溯及力适用修订刑法第12条的规定。

⓫ 最高人民检察院关于贯彻执行《全国人民代表大会常务委员会关于〈中华人民共和国刑法〉第九十三条第二款的解释》的通知③

一、各级检察机关要认真学习《解释》和刑法的有关规定，深刻领会《解释》的精神，充分认识检察机关依法查处村民委员会等村基层组织人员贪污、受贿、挪用公款犯罪案件对于维护农村社会稳定、惩治腐败、保障农村经济发展的重要意义。

二、根据《解释》，检察机关对村民委员会等村基层组织人员协助人民政府从事《解释》所规定的行政管理工作中发生的利用职务上的便利，非法占有公共财物、挪用公款、索取他人财物或者非法收受他人财物，构成犯罪的案件，应直接受理，分别适用刑法第三百八十二条、第三百八十三条、第三百八十四条和第三百八十五条、第三百八十六条的规定，以涉嫌贪污罪、挪用公款罪、受贿罪立案侦查。

三、各级检察机关在依法查处村民委员会等村基层组织人员贪污、受贿、挪用公款犯

---

① 对其解读见：《解读最高人民检察院司法解释》，第406~409页。
② 对其解读见：《解读最高人民检察院司法解释》，第32~34页。
③ 对其解读见：《解读最高人民检察院司法解释》，第24~31页。

罪案件过程中，要根据《解释》和其他有关法律的规定，严格把握界限，准确认定村民委员会等村基层组织人员的职务活动是否属于协助人民政府从事《解释》所规定的行政管理工作，并正确把握刑法第三百八十二条、第三百八十三条贪污罪、第三百八十四条挪用公款罪和第三百八十五条、第三百八十六条受贿罪的构成要件。对村民委员会等村基层组织人员从事属于村民自治范围的经营、管理活动不能适用《解释》的规定。

四、各级检察机关在依法查处村民委员会等村基层组织人员涉嫌贪污、受贿、挪用公款犯罪案件过程中，要注意维护农村社会的稳定，注重办案的法律效果与社会效果的统一。对疑难、复杂、社会影响大的案件，下级检察机关要及时向上级检察机关请示。上级检察机关要认真及时研究，加强指导，以准确适用法律，保证办案质量。

五、各省级检察院对执行《解释》和本通知过程中遇到的新情况、新问题，要及时报告最高人民检察院。

⑫ 最高人民法院《关于农村合作基金会从业人员犯罪如何定性问题的批复》（2000年5月12日　法释〔2000〕10号）①

农村合作基金会从业人员，除具有金融机构现职工作人员身份的以外，不属于金融机构工作人员，对其实施的犯罪行为，应当依照刑法的有关规定定罪处罚。

⑬ 最高人民检察院《关于镇财政所所长是否适用国家机关工作人员的批复》（2000年5月4日　高检发研字〔2000〕9号）②

经研究，批复如下：对于属行政执法事业单位的镇财政所中按国家机关在编干部管理的工作人员，在履行政府行政公务活动中，滥用职权或玩忽职守构成犯罪的，应以国家机关工作人员论。

⑭ 最高人民检察院《对〈关于中国证监会主体认定的请示〉的答复函》（2000年4月20日　高检发法字〔2000〕7号）③

你院京检字〔2000〕41号《关于中国证监会主体认定的请示》收悉，经我院发函向中央机构编制委员会办公室查询核定，中央机构编制委员会办公室已作出正式复函，答复如下："中国证券监督管理委员会为国务院直属事业单位，是全国证券期货市场的主管部门。其主要职责是统一管理证券期货市场，按规定对证券期货监管机构实行垂直领导，所以，它是具有行政职责的事业单位。据此，北京证券监督管理委员会干部应视同为国家机关工作人员。"请你们按中编办答复意见办。

⑮ 最高人民法院《关于对受委托管理、经营国有财产人员挪用国有资金行为如何定罪问题的批复》（2000年2月24日　法释〔2000〕5号）④

---

① 对其解读见：《刑事审判参考》2000年第4辑总第9辑，第85页以及《解读最高人民法院司法解释·刑事、行政卷（1997~2002）》，第15~17页。
② 对其解读见：《解读最高人民检察院司法解释》，第404~405页。
③ 对其解读见：《解读最高人民检察院司法解释》，第399~402页。
④ 对其解读见：《刑事审判参考》2000年第3辑总第8辑，第89页以及《解读最高人民法院司法解释·刑事、行政卷（1997~2002）》，第211~212页。

对于受国家机关、国有公司、企业、事业单位、人民团体委托,管理、经营国有财产的非国家工作人员,利用职务上的便利,挪用国有资金归个人使用构成犯罪的,应当依照刑法第二百七十二条第一款的规定定罪处罚。

⓰《全国部分法院经济犯罪案件审判工作座谈会研讨综述——"经济犯罪案件中的法律适用问题"》,载《刑事审判参考》2004年第6辑总第41辑,第146~168页。

二、关于国有控股、参股的股份有限公司中"国有公司人员"的认定

刑法第165条至第169条分别规定了"非法经营同类营业罪"等五个罪名。刑法规定上述犯罪的目的旨在通过对国有公司、企业、事业单位人员渎职行为的犯罪化,实现对国有资产的突出保护。然而,由于缺乏统一的认定标准,作为前述各罪犯罪主体之一的"国有公司人员"的范围,尤其是受国有公司、企业委派到国有控股、参股的股份有限公司、企业从事公务的人员,究竟能否认定为"国有公司人员",在司法实践中殊难把握,影响了执法的统一性,由此成为本次座谈会的重点议题之一。

(一)"国有公司人员"的范围界定

关于"国有公司人员"的范围界定,与会代表经过广泛讨论,主要形成以下两点意见:

(1)与会代表一致认为,"国有公司人员"的认定,首先离不开对"国有公司"概念的准确把握。国有公司仅指国有独资公司或两个以上国有投资主体出资成立的有限责任公司以及其他全部股份属于国家所有的股份公司。因此,"国有公司人员"首先应当包括在上述公司中从事公务的人员。

(2)多数代表认为,"国有公司人员"并不完全等同于国有公司的工作人员,尽管国有控股、参股的股份有限公司不属于国有企业的范畴,但受国有公司、企业委派到国有控股、参股的股份有限公司、企业从事公务的人员,也应视为"国有公司人员"。最高人民法院于2001年所作的《关于在国有资本控股、参股的股份有限公司中从事管理工作的人员利用职务便利非法占有本公司财物如何定罪问题的批复》也反映了这一精神。有关论者认为,随着现代企业制度的逐步建立和完善,国有全资公司、企业已经越来越少,代之而起的将是越来越多的混合所有制公司、企业。在党的十六届三中全会上,中共中央提出了关于完善社会主义市场经济体制若干问题的决定。决定指出:今后国企改革的方向是继续实行规范的公司制改革,实现投资主体多元化,发展混合所有制经济。国家鼓励国内民间资本和外资参与国有企业改革、发展股份制经济。因此,随着经济社会化市场化趋势的发展,各类资本交叉持股、相互融合的现象不可避免。我们始终强调要不断加强对民营主体、民营资本的保护力度,但并不意味着对国有资本保护的削弱。将受国有公司、企业委派到国有控股、参股的股份有限公司、企业从事公务的人员视为"国有公司人员",有利于加强对股份制企业中国有资产的监管,加大对国有资产的保护力度。论者还进一步指出,受国有公司、企业委派到国有控股、参股的股份有限公司、企业从事公务的人员具有双重身份,负有双重职责。一方面对任职公司的财产行使监督、管理职能,属于任职公司的工作人员;另一方面受国有股东委派代表国家对任职公司中的国有资产行使监督、管理职权,也属于国家工作人员。上述人员在工作中严重失职或滥用职权,致使其任职公司、企业的利益遭

受严重损失，事实上也必然导致作为股东的国有公司、企业的利益遭受重大损失，致使国家利益遭受严重损失。对上述人员认定为国有公司工作人员，对其渎职行为依法追究刑事责任，既符合刑法第三章国有公司人员渎职犯罪的构成要件，也符合刑法对国有资产予以突出保护的立法意图。

对于上述第二点意见，也有部分代表提出质疑，主要基于如下几点理由：

（1）刑法第93条关于"委派"的规定带有鲜明的计划经济时代色彩，和《公司法》的有关规定以及现代企业制度的要求格格不入。根据《公司法》规定，除了国有独资公司可以由国家委派管理人员之外，其他股份制公司和有限责任公司的管理人员都是由公司自主决定和聘用的。因此，无论是国有控股公司还是参股公司，国有股东可以提名、建议和推荐自己信任的人员参与公司管理，但必须符合《公司法》的规定，经过公司内部程序的确认而无权直接委派。

（2）国有股东将资产投入之后，财产所有权即转化为股权。所有的股东也结成一个利益共同体，一荣俱荣，一损俱损，股权有大小，但任何股东都无特权。国有股东推荐的人选经过股东会或董事会的选举和聘用后，其原有身份即发生了根本性变化，其行使职权的来源不再是原来的国有公司、企业，其任职体现的是公司决策机构的整体意志，也是全体投资人共同意志的反映，他们已不再是国有股东利益的唯一代表，而是代表公司的整体利益。因此，对上述人员不能认定为国家工作人员，只能认为属于其所任职公司的工作人员。现行刑法要求在国有控股、参股的股份有限公司中人为地进行国家工作人员和非国家工作人员的划分，不仅容易导致公司管理层为了不同股东的利益而互相对立，而且构成了对公司自主经营、自主管理权的直接破坏，不利于现代企业制度的建立。

（3）上述第二种意见片面强调对股份制企业中国有资产的突出保护，凸显了国有资本与民营资本的不平等地位，有失公允。而且，与修正后的宪法所规定的国家依法保护公民私有财产权的精神相悖。

代表们认为，现行刑法的有关规定暴露了对民营企业和民营资本保护的不足，作为上层建筑的法律制度应该适时地反映社会经济现象的变化，体现对各种不同所有制主体的平等保护，因此，上述问题的根本解决只能有待于立法的不断更新与完善。

🔢17 **《全国法院审理经济犯罪案件工作座谈会纪要》（2003年11月13日 法〔2003〕167号）（节录）**①

一、关于贪污贿赂犯罪和渎职犯罪的主体

（一）国家机关工作人员的认定

刑法中所称的国家机关工作人员，是指在国家机关中从事公务的人员，包括在各级国家权力机关、行政机关、司法机关和军事机关中从事公务的人员；

根据有关立法解释的规定，在依照法律、法规规定行使国家行政管理职权的组织中从事公务的人员，或者在受国家机关委托代表国家行使职权的组织中从事公务的人员，或者虽未列入国家机关人员编制但在国家机关中从事公务的人员，视为国家机关工作人员。在

---

① 对其解读见：《刑事审判参考》2004年第4辑总第39辑，第178~199页。

乡（镇）以上中国共产党机关、人民政协机关中从事公务的人员，司法实践中也应当视为国家机关工作人员；

（二）国家机关、国有公司、企业、事业单位委派到非国有公司、企业、事业单位、社会团体从事公务的人员的认定

所谓委派，即委任、派遣，其形式多种多样，如任命、指派、提名、批准等。不论被委派的人身份如何，只要是接受国家机关、国有公司、企业、事业单位委派，代表国家机关、国有公司、企业、事业单位在非国有公司、企业、事业单位、社会团体中从事组织、领导、监督、管理等工作，都可以认定为国家机关、国有公司、企业、事业单位委派到非国有公司、企业、事业单位、社会团体从事公务的人员——如国家机关、国有公司、企业、事业单位委派在国有控股或者参股的股份有限公司从事组织、领导、监督、管理等工作的人员，应当以国家工作人员论。国有公司、企业改制为股份有限公司后，原国有公司、企业的工作人员和股份有限公司新任命的人员中，除代表国有投资主体行使监督、管理职权的人外，不以国家工作人员论。

（三）"其他依照法律从事公务的人员"的认定

刑法第九十三条第二款规定的"其他依照法律从事公务的人员"应当具有两个特征：一是在特定条件下行使国家管理职能；二是依照法律规定从事公务。具体包括：（1）依法履行职责的各级人民代表大会代表；（2）依法履行审判职责的人民陪审员；（3）协助乡镇人民政府、街道办事处从事行政管理工作的村民委员会、居民委员会等农村和城市基层组织人员；（4）其他由法律授权从事公务的人员。

（四）关于"从事公务"的理解

从事公务，是指代表国家机关、国有公司、企事业单位、人民团体等履行组织、领导、监督、管理等职责。公务主要表现为与职权相联系的公共事务以及监督、管理国有财产的职务活动。如国家机关工作人员依法履行职责，国有公司的董事、经理、监事、会计、出纳人员等管理、监督国有财产等活动，属于从事公务。那些不具备职权内容的劳务活动、技术服务工作，如售货员、售票员等所从事的工作，一般不认为是公务。

⑱《准确理解和适用刑事法律惩治贪污贿赂和渎职犯罪》——全国法院审理经济犯罪案件工作座谈会讨论办理贪污贿赂和渎职刑事案件适用法律问题意见综述

⑲ 最高人民检察院研究室《关于国家机关、国有公司、企业委派到非国有公司、企业从事公务但尚未依照规定程序获取该单位职务的人员是否适用刑法第九十三条第二款问题的答复》（2004年11月3日）①

⑳ 最高人民检察院研究室《关于集体性质的乡镇卫生院院长利用职务之便收受他人财物的行为如何适用法律问题的答复》（2003年4月2日 〔2003〕高检研发第9号）②

经研究，答复如下：经过乡镇政府或者主管行政机关任命的乡镇卫生院院长，在依法从事本区域卫生工作的管理与业务技术指导，承担医疗预防保健服务工作等公务活动时，

---

① 对其解读见：《最新刑事法律文件解读》2005年第1辑。
② 对其解读见：《刑事司法指南》2004年第1辑总第17辑，第132~136页。

第一编　总则　第五章　其他规定

属于刑法第九十三条第二款规定的其他依照法律从事公务的人员。对其利用职务上的便利，索取他人财物的，或者非法收受他人财物，为他人谋取利益的，应当依照刑法第三百八十五条、第三百八十六条的规定，以受贿罪追究刑事责任。

㉑ 最高人民检察院研究室《关于佛教协会工作人员能否构成受贿罪的批复》（2003年1月13日　〔2003〕高检研发第2号）

经研究，答复如下：佛教协会属于社会团体，其工作人员除符合刑法第九十三条第二款的规定属于受委托从事公务的人员外，既不属于国家工作人员，也不属于公司、企业人员。根据刑法的规定，对非受委托从事公务的佛教协会的工作人员利用职务之便收受他人财物，为他人谋取利益的行为，不能按受贿罪或者公司、企业人员受贿罪追究刑事责任。

㉒ 最高人民法院研究室《关于国家工作人员在农村合作基金会兼职从事管理工作如何认定身份问题的答复》（2000年6月29日）

国家工作人员自行到农村合作基金会兼职从事管理工作的，因其兼职工作与国家工作人员身份无关，应认定为农村合作基金会一般从业人员；国家机关、国有公司、企业、事业单位委派到农村合作基金会兼职从事管理工作的人员，以国家工作人员论。

㉓ 最高人民法院研究室《关于乡镇村民小组组长能否成为报复陷害罪主体问题的复函》（1990年10月12日）

最高人民检察院研究室：关于你室提出的乡镇村民小组组长能否成为报复陷害罪主体的问题，经研究，同意你室的意见。

附一：最高人民检察院研究室关于乡镇村民小组组长能否成为报复陷害罪主体的函（1990年10月3日）

最高人民法院研究室：甘肃省人民检察院向我院请示：乡镇村民小组组长能否成为报复陷害罪的主体。对此，我们认为，根据有关法律规定，村民小组组长不属于村民委员会的组成人员，不是国家工作人员，因此，不能成为报复陷害罪的主体。现征求你室意见，请复。

㉔ 浙江公检法《关于村民委员会等村基层组织人员利用职权实施犯罪适用法律若干问题的解答》（2005年7月27日　浙检会〔研〕〔2005〕7号）①

一、问：如何界定村基层组织人员的活动属于协助人民政府从事行政管理工作？

答：认定村基层组织人员协助人民政府从事行政管理工作，应当注意把握以下几点：第一，协助的事项必须是政府事务，而不是村集体事务；第二，协助的事项必须具有行政管理性质，属于政府行政管理职责范围；第三，政府就该事项对村基层组织有委托或授权。

二、问：村基层组织人员对政府统一组织的对口帮扶单位捐助款物的管理是否属于协助人民政府从事"社会捐助公益事业款物的管理"？

答：属于协助人民政府从事"社会捐助公益事业款物的管理"。

---

① 对其解读见：《最新刑事法律文件解读》2005年第10辑总第10辑，第97~99页以及2006年第2辑总第14辑，第111~114页。

三、问：村基层组织人员侵吞、挪用土地征用补偿费用的行为，如何定性？

答：村基层组织人员采取虚报土地数、人口数等手段侵吞土地征用补偿费用的行为，应认定为贪污罪。

土地征用补偿费用发放到村，村集体尚未提留前，村基层组织人员对土地征用补偿费用的侵吞、挪用行为，应认定为贪污罪或挪用公款罪。

土地征用补偿费用发放到村，村集体按规定提留后，村基层组织人员侵吞、挪用应当发放给农户的资金，以贪污罪或挪用公款罪认定；侵吞、挪用村集体提留的资金，以职务侵占罪或挪用资金罪认定。

四、问：当土地征用补偿费用与村集体资金混在同一账户时，村基层组织人员利用职务上的便利进行侵吞、挪用的，如何定性？

答：有证据证实行为人主观意图明确指向土地补偿费用的，侵吞、挪用的资金在土地征用补偿费用数额内的，以贪污、挪用公款罪认定；超过的部分认定为职务侵占罪、挪用资金罪。

没有证据能够证实行为人主观意图指向土地补偿费用的，以职务侵占或挪用资金罪认定；超过村集体资金、属于土地征用补偿费用的部分，以贪污罪或挪用公款罪认定。

贪污、挪用土地征用补偿费用的数额与侵占、挪用集体资金的数额均未达到构罪标准，但总额达到职务侵占罪、挪用资金罪构罪标准的，以职务侵占罪、挪用资金罪认定。

五、问：村经济合作社干部在管理村集体经济事务过程中收受他人贿赂的行为如何定性？

答：按照《浙江省村经济合作社组织条例》的规定，村经济合作社是以行政村为单位设置的农村集体经济经营管理组织。否认村经济合作社是否取得工商登记，只有在管理村集体经济事务过程中，村经济合作社干部利用职务上的便利，索取或非法收受他人财物，为他人谋取利益，数额较大的，应以公司企业人员受贿罪依法追究刑事责任。

六、问：村委会等村基层组织能否构成单位犯罪主体？

答：村委会等村基层组织以单位名义实施的为本单位谋取非法利益的行为，法律规定为单位犯罪的，以单位犯罪追究刑事责任。

25 上海市高级人民法院《刑法总则适用问题解答（试行）》，载《最新刑事法律文件解读》2005年第2辑总第2辑，第70～78页。（节录）

十四、如何理解、认定刑法中有关范畴？

（一）国家机关工作人员的认定

国家机关工作人员，主要指在国家机关中从事公务的人员。对此，我国宪法已经作了明文规定。但在司法实践中，以下几种人员也应认定为国家机关工作人员：一是受国家机关聘用、委托，实际履行行政管理职能，即从事公务的非在编人员；二是在乡级以上中国共产党机关或者人民政协机关中从事公务的人员；三是在具有行政管理职能的国有事业单位、人民团体（如证监会、保监会、各级工、青、妇机关等）中从事公务的人员。

（二）准国家工作人员的认定

准国家工作人员，是指在国有公司、企业、事业单位中从事公务的人员；国家机关、国有公司、企业、事业单位委派到非国有公司、企业、事业单位、社会团体从事公务的人员。其中，"委派"是指受上述国有单位的派遣，代表国有单位在非国有单位中行使一定的组织、领导、监督或管理职责。委派的形式是多样的，如任命、指派、推荐、提名等。非国有单位将所接受的"委派人员"安排到下属单位从事一定的管理职责，其劳动人事关系仍由国有单位管理或予以保留的，不影响对其国有单位委派人员的认定。

在具体认定中，有必要注意两点：（1）无论被委派的人是否具有干部身份，也不论是委派单位的原有职工，还是为了委派而从社会上招聘的人员，都可以成为国有单位委派人员。（2）应注意把国有单位委派人员与刑法第382条第2款规定的受委托管理、经营国有财产的人员区别开来。"委派"实际上是派遣某人作为代表到另一单位履行职责，被委派者担任一定的职务，在授权范围内独立从事公务，由此使委派与接收两个单位间发生固定的联系。"委托"则是一个单位将一定的事务交给某人管理，被委托者往往要以委托者的名义在委托的权限内进行活动，而且其活动结果一般由委托者承担责任。

（三）从事公务的人员的认定

从事公务是刑法上国家工作人员的本质特征，指在国家机关、国有公司、企业、事业单位、人民团体等单位中，以及被上述国有单位委派到非国有单位中履行一定的组织、领导、监督和管理的职责。单从国有公司、企业层面看，从事公务的人员具体包括两种类型：一是在上述单位中担负组织、领导、监督和管理职责的人员。如厂长、经理、董事、监事等；二是具体负责某项工作，具有管理职责的人员，以对单位财物的合理使用、保值、增值具有一定的管理支配权限为特征。如上述单位中的会计员、保管员、采购员等。对于上述单位中仅仅对单位财物具有临时性保管义务的收银员、售货员等，因其属于从事劳务或服务性劳务的人员，应与从事公务的人员相区别。

在司法实践中，有些单位人员的职务分工不尽明确，如一人身兼会计、出纳等多项职责；有些人员的职务相同，但权限大小有别。在认定是否从事公务时，这些复杂情况不可一概而论，而需具体斟酌，即根据从事公务的基本特征，以所担负的职责是否具有管理性质为标准，实事求是地认定是从事公务的人员还是从事劳务的人员。对于有些公务与劳务性质确实难以分清的岗位或职责，宜按照刑法上的谦抑原则，作出对被告人有利的认定。

㉖ 浙江省高级人民法院刑一庭、刑二庭《关于执行刑法若干问题的具体意见（三）》（2000年12月27日 浙高法刑〔2000〕3号）（节录）

1. 全国人大常委会《关于〈中华人民共和国刑法〉第九十三条第二款的解释》中"村民委员会等村基层组织人员"包括村党支部、村经联社、经济合作社、农工商联合企业等掌管村经济活动的组织人员，不包括村民小组长。

学理观点·典型案例 ➡ **索引与要旨**

❶《钱银元贪污、职务侵占案》，载《刑事审判参考》2010年第4辑总第75辑，第87~93页。

核心提示 ➡ 以村集体土地需要办理国有土地使用权证为由，增收租地单位土地租金，是否属于村基层组织人员协助人民政府从事"国有土地的经营和管理"?

❷《李万、唐自成受贿案》,载《刑事审判参考》2010 年第 1 辑总第 72 辑,第 81~88 页。

核心提示➡国有媒体的记者能否构成受贿罪的主体?

❸《张留群受贿案》,载《刑事审判参考》2009 年第 6 辑总第 71 辑,第 62~68 页。

核心提示➡村民小组组长依法从事公务的认定

❹《廖常伦贪污、受贿案》,载《刑事审判参考》2009 年第 6 辑总第 71 辑,第 54~61 页。

要旨➡村民小组组长在特定情形下属于"其他依照法律从事公务的人员"。

❺《高某挪用公款、贪污、侵占、受贿案》,载《刑事法律文件解读》2009 年第 11 辑总第 53 辑,第 116~122 页。

要旨➡村委会干部侵犯财产犯罪多元性分析。

❻《马华平挪用公款案》,载《刑事审判参考》2008 年第 5 辑总第 64 辑,第 54~59 页。

核心提示➡国有企业改制过程中,原国企中国家工作人员的主体身份如何认定?

❼《陈焕林等挪用资金、贪污案》,载《刑事审判参考》2007 年第 4 辑总第 57 辑,第 56~63 页。

核心提示➡无法区分村民委员会人员利用职务之便挪用款项性质的如何定罪处罚?

要旨➡村民委员会等村基层组织人员协助人民政府从事有关法律规定的行政管理工作,属于"其他依照法律从事公务的人员",以国家工作人员论。

本案中,被告人陈焕林身为村民委员会主任,其经手向潮安县彩塘镇民政办公室领取民政部门发给该村的在伍军人补助款和烈属补助款的职务行为,符合全国人大常委会立法解释第一项规定的情形,应当属于协助人民政府从事行政管理工作,因而应当以国家工作人员论,该在伍军人补助款和烈属补助款作为国家财政拨款理应属于公款,因而被告人陈焕林非法侵吞该款的行为构成贪污罪。

❽《顾荣忠挪用公款、贪污案》,载《刑事审判参考》2007 年第 3 辑总第 56 辑,第 49~55 页。

核心提示➡由国有公司负责人口头提名、非国有公司聘任的管理人员能否以国家工作人员论?

要旨➡受国有公司委派到非国有公司从事组织、领导、管理等工作的人员应以国家工作人员论。

这里的"委派"在形式上可以不拘一格,如任命、指派、提名、推荐、认可、同意、批准等均可,无论是书面委任文件还是口头提名,只要是有证据证明属上述委派形式之一即可,这是与我国现阶段有关国家工作人员身份来源变动多样性的实际情况相符的。

从事公务是以国家工作人员论的实质特征,即必须代表国家机关、国有公司、企业、事业单位在非国有公司、企业、事业单位、社会团体中从事组织、领导、监督、管理活动,亦即具有国有单位的直接代表性和从事工作内容的公务性。

由以上《纪要》规定的精神可以看出，对于受委派从事公务的国家工作人员的认定上更强调的是从事公务，即代表国有单位行使组织、领导、监督、管理等职权活动，而不再是单纯关注国家工作人员的身份形式，只要真正地代表国有单位行使了相关职务活动就应以国家工作人员论。

⑨《论受委派、受委托从事公务的人员》，载《最新刑事法律文件解读》2007 年第 4 辑总第 28 辑，第 167~185 页。

⑩《关于受委派、受委托从事公务的人员的理解与适用》，载《刑事司法指南》2007 年第 4 辑总第 32 辑，第 1~20 页。

⑪《方俊受贿案》，载《刑事审判参考》2006 年第 4 辑总第 51 辑，第 45~52 页。

核心提示 ➡ 国有事业单位聘用的合同制管理人员是否属于国家工作人员？

要旨 ➡ 只要在国有事业单位中从事公务，无论是否属于正式在编人员，均应认定为国家工作人员。

⑫《刘某挪用公款案》，载《刑事审判参考》2006 年第 4 辑总第 51 辑，第 38~44 页。

要旨 ➡ 国有公司长期聘用的管理人员属于刑法第九十三条第二款规定的国有公司中从事公务的人员。

⑬《曹军受贿案》，载《刑事审判参考》2005 年第 1 辑总第 42 辑，第 62~71 页。

核心提示 ➡ 对于依照公司法规定产生的公司负责人能否认定为受国有单位委派从事公务的人员？

投资主体委派有限公司经理与股东选（推）举公司执行董事兼经理是两个不同的程序，不能因为有限公司经理须经过股东会的选举程序而否认其受国有单位委派从事公务的性质。不能因其投资行为的违法性而否定曹军系国有企业委派到非国有公司中从事公务的性质。

⑭《公检法办案指南》2005 年第 1 辑总第 61 辑。

核心提示 ➡ 国家机关工作人员、准国家工作人员、从事公务人员的认定

⑮《江仲生等贪污案》，载《刑事审判参考》2004 年第 4 辑总第 39 辑，第 44~53 页。

核心提示 ➡ 公司的管理人员由股东会、董事会直接选举、决议产生，是否足以影响国家工作人员的认定？

要旨 ➡ 委派的内涵及外延，可以从两个方面的特征来加以理解和把握：一是形式特征，委派在形式上可以不拘一格，如任命、指派、提名、推荐、认可、同意、批准等均无不可；二是实质特征，须从事组织、领导、监督、管理等公务活动，亦即具有国有单位的直接代表性。对此，应注意三点：第一，具有决定性意义的是从事公务即代表国有单位行使组织、领导、监督、管理等职务活动，而不再是国家工作人员的身份。第二，是否代表国有单位从事公务的具体认定，应更多地关注于实际情况的考察，而不是只看

有无委派手续。在诸如国有公司、企业改制为股份有限公司的特定情形中，即使国有公司、企业的工作人员因各种原因未及获得任何形式的委派手续，但仍代表国有投资主体从事公务活动的，同样应以国家工作人员论。第三，具有直接代表性。一些特殊行业的非公有制经济单位中，其高层的管理决策层往往由党政主管部门委派、批准并进行统一管理，属于委派。

❶⓰ 《如何准确认定受委派从事公务人员》，载《刑事审判参考》2004 年第 2 辑总第 37 辑，第 198～201 页。

❶⓱ 《刑法实务若干问题研究》，载《刑事审判参考》2004 年第 1 辑总第 36 辑，第 128～142 页。

核心提示➡对村基层组织人员从事 7 项行政管理以外的工作，利用职务上的便利，侵吞、挪用资金或者收受、索取贿赂应否和如何定罪处罚的问题

❶⓲ 《国有公司采购员是否属于从事公务人员》，载《经济犯罪审判指导》2004 年第 3 辑总第 7 辑，第 111～112 页。

要旨➡该问题，不宜采用司法解释或答复的办法"一揽子"解决。

❶⓳ 《如何准确认定受委派从事公务人员》，载《经济犯罪审判指导》2004 年第 2 辑总第 6 辑，第 77～79 页。

❷⓴ 《关于国家工作人员的认定》，载《刑事司法指南》2004 年第 1 辑总第 21 辑，第 11～16 页。

要旨➡1. 关于国家机关工作人员的认定；2. 关于受委派从事公务人员的认定；3. 关于其他依照法律从事公务人员的认定；4. 关于"从事公务"的理解。

㉑ 《胡启能贪污案》，载《刑事审判参考》2003 年第 6 辑总第 35 辑，第 64～77 页。

核心提示➡形式上由事业单位行文任命，但实质是国家机关同意的，是否国家工作人员？

要旨➡被告形式上由重庆市供销合作总社（事业单位）行文任命，但实质上系受中共重庆市委财贸政治部委派，故应认定为受国家机关委派在非国有公司从事公务的人员。胡任职曾经历三次委派，前二次是机关，后一次是事业单位行文任命。但实质上：1. 决定权仍属市委财贸政治部；2. 虽事业编制，但其原全民制身份、待遇未变；3. 不属于"二次委派"。

㉒ 《张珍贵、黄文章职务侵占案》，载《刑事审判参考》2003 年第 6 辑总第 35 辑，第 55～63 页。

核心提示➡受委托管理经营国有财产人员的认定

要旨➡首先，受委托管理、经营国有财产不同于国有单位对其内部工作人员的任命、聘任或者委派。其次，受委托管理、经营国有财产也不同于国有单位非国家工作人员从事的不具有公务性质的生产、服务等劳务活动。本案财产系国有财产，但其从事工作不具有公务性，不是国家工作人员；本案张珍贵所从事的门岗工作，属于劳务活动，不具有管理、经营性质，因而不属于受委托管理、经营国有财产的人。

㉓《严先贪污案》，载《经济犯罪审判指导与参考》2003年总第2辑，第73页。

核心提示➡如何正确认定"受委派从事公务"？

㉔《在全国法院审理经济犯罪案件工作座谈会上的讲话》，刘家琛，最高人民法院刑二庭《经济犯罪审判指导》2003年第1辑总第1辑，第113~131页。

要旨➡要特别注意划清以下界限：一是把国家机关工作人员与刑法第九十三条第二款规定的准国家工作人员区别开来；二是把国有公司、企业中依法从事公务的人员与国家控股、参股的股份有限公司中的管理人员区别开来；三是严格"从事公务"与劳务活动的界限。

㉕《宾四春、郭利、戴自立贪污案》，载《刑事审判参考》2001年第10辑总第21辑，第35~40页。

核心提示➡如何认定村民委员会等村基层组织成员为依照法律从事公务的人员？

要旨➡1. 村民委员会等村基层组织成员在协助人民政府从事行政管理工作时，属于刑法第九十三条第二款规定的"其他依照法律从事公务的人员"；2. 村党支部成员在协助人民政府履行《解释》规定的七类行政管理工作时，也属于"其他依照法律从事公务的人员"。

㉖《杨有才帮助犯罪分子逃避处罚案》，载《刑事审判参考》2001年第9辑总第20辑，第22~29页。

核心提示➡参与案件侦查工作的公安机关借用人员是否属司法工作人员？

要旨➡被告既是负有查禁犯罪活动职责的国家机关工作人员，也是司法工作工作人员；本案被告人虽为公安机关借用人员，不具有国家干部身份，但却在公安机关中受委派从事着国家公务，当然是国家机关工作人员，完全可以成为渎职罪的主体。被告人参与了传唤、抓捕、押解、审讯等工作，本案侦查工作中的主要职责被告人均有参与，应当认定为司法工作人员。

㉗王汉斌《关于〈中华人民共和国（修订草案）〉的说明》（1997年3月6日）

要旨➡关于贪污贿赂罪。关于国家工作人员的范围，有些同志主张应只限于国家机关工作人员。考虑到国有公司、企业的管理人员经手管理着国家财产，以权谋私、损公肥私、化公为私的现象比较严重，草案原则上维持刑法规定的国家工作人员的范围，规定："本法所称国家工作人员，是指国家机关中从事公务的人员。""国有公司、企业、事业单位、人民团体中从事公务的人员和国家机关、国有公司、企业、事业单位委派到非国有公司、企业、事业单位、社会团体从事公务的人员，以及其他依照法律从事公务的人员，以国家工作人员论。"

第94条 司法工作人员

本法所称司法工作人员，是指有侦查、检察、审判、监管职责的工作人员。

关 联 规 范   ⟹ 完全整理

❶ 最高人民检察院《关于企业事业单位的公安机构在机构改革过程中其工作人员能否构成渎职侵权犯罪主体问题的批复》（2002年4月24日　高检发释字〔2002〕3号）①

企业事业单位的公安机构在机构改革过程中虽尚未列入公安机关建制，其工作人员在行使侦查职责时，实施渎职侵权行为的，可以成为渎职侵权犯罪的主体。

❷ 最高人民检察院《关于工人等非监管机关在编监管人员私放在押人员行为和失职致使在押人员脱逃行为适用法律问题的解释》（2001年3月2日）②

为依法办理私放在押人员犯罪案件和失职致使在押人员脱逃犯罪案件，对工人等非监管机关在编监管人员私放在押人员行为和失职致使在押人员脱逃行为如何适用法律问题解释如下：工人等非监管机关在编监管人员在被监管机关聘用受委托履行监管职责的过程中私放在押人员的，应当依照刑法第四百条第一款的规定，以私放在押人员罪追究刑事责任；由于严重不负责任，致使在押人员脱逃，造成严重后果的，应当依照刑法第四百条第二款的规定，以失职致使在押人员脱逃罪追究刑事责任。

❸ 最高人民法院《关于未被公安机关正式录用的人员、狱医能否构成失职致使在押人员脱逃罪主体问题的批复》（2000年9月22日　法释〔2000〕28号）③

对于未被公安机关正式录用，受委托履行监管职责的人员，由于严重不负责任，致使在押人员脱逃，造成严重后果的，应当依照刑法第四百条第二款的规定定罪处罚。

不负监管职责的狱医，不构成失职致使在押人员脱逃罪的主体。但是受委派承担了监管职责的狱医，由于严重不负责任，致使在押人员脱逃，造成严重后果的，应当依照刑法第四百条第二款的规定定罪处罚。

❹ 最高人民检察院《关于联防队员能否构成刑讯逼供罪的犯罪主体的批复》（1990年11月7日）

治安联防队员是群众性的治安、保卫组织，企业、事业单位及基层组织聘用的联防队员不属国家工作人员，因此不能成为刑讯逼供罪的主体。其使用肉刑或变相肉刑逼取口供致人伤残，需要追究刑事责任的，应以故意伤害罪批捕起诉。

❺ 人大法工委、最高人民法院、最高人民检察院、司法部《关于劳教工作干警适用刑法关于司法工作人员规定的通知》（1986年7月10日　法工委发文〔1986〕32号）

近几年，有些司法机关在处理劳教工作干警体罚虐待劳教人员的犯罪案件时，对劳教工作干警是否适用刑法关于司法工作人员的规定有不同认识，影响对案件的处理。根据实

---

① 对其解读见：《刑事司法指南》2002年第4辑总第12辑，第67页。
② 对其解读见：《解读最高人民检察院司法解释》，第416～419页。
③ 对其解读见：《刑事审判参考》2000年第6辑总第11辑，第50～94页以及《解读最高人民法院司法解释·刑事、行政卷（1997～2002）》，第332～334页。

际情况和需要，经研究认为：劳教工作干警担负着对劳教人员的管理、教育、改造工作，可适用刑法关于司法工作人员的规定。劳教工作干警违反监管法规，体罚虐待劳教人员，情节严重的，依照《刑法》第一百八十九条的规定处理。

过去对这类案件以经作过处理，与本通知规定不符的，不再变更。

❻ 最高人民检察院研究室《就劳教干警私放劳教人员，构成犯罪的，如何定罪处刑问题征求法制工作委员会刑法室意见》（1988年1月13日）

法制工作委员会刑法室研究后认为：1. 劳教干警私放劳教人员，有受贿行为构成犯罪的，按受贿罪处理。2. 劳教干警玩忽职守而私放劳教人员，造成严重后果的，按刑法第一百八十七条玩忽职守罪处理。3. 劳教干警私放劳教人员，不属于上述情况的，建议根据具体情况或者适用类推，比照刑法第一百八十八条（徇私舞弊）、第一百九十条（私放罪犯）的规定定罪判刑，或者给予纪律处分。

学理观点·典型案例 ▶ 索引与要旨

《杨有才帮助犯罪分子逃避处罚案》，载《刑事审判参考》2001年第9辑总第20辑，第22～29页。

核心提示 ➡ 参与案件侦查工作的公安机关借用人员是否属司法工作人员？

要旨 ➡ 被告既是负有查禁犯罪活动职责的国家机关工作人员，也是司法工作人员；本案被告人虽为公安机关借用人员，不具有国家干部身份，但却在公安机关中受委派从事着国家公务，当然是国家机关工作人员，完全可以成为渎职罪的主体。被告人参与了传唤、抓捕、押解、审讯等工作，本案侦查工作中的主要职责被告人均有参与，应当认定为司法工作人员。

第95条 重伤

本法所称重伤，是指有下列情形之一的伤害：

（一）使人肢体残废或者毁人容貌的；
（二）使人丧失听觉、视觉或者其他器官机能的；
（三）其他对于人身健康有重大伤害的。

关联规范 ▶ 完全整理

❶ 司法部《人体损伤程度鉴定标准》（2004年4月14日）

本标准根据《中华人民共和国刑法》、《中华人民共和国刑事诉讼法》、《中华人民共和国民法通则》、《中华人民共和国民事诉讼法》和《中华人民共和国治安管理处罚条例》等有关规定，运用医学及法医学的理论和技术，结合检案实践经验，在归纳、衔接原《人体重伤鉴定标准》、《人体轻伤鉴定标准（试行）》和《人体轻微伤的鉴定》条款内容的基础上进行补充、调整并划分等级而制定，为人体损伤程度评定提供科学依据和统一标准。

本标准参考了世界卫生组织《国际功能、残疾和健康分类》（ICF）的国际分类，以及美国、英国、日本等国家残疾分级原则和基准。

本标准参考的有关标准有：司法部、最高人民法院、最高人民检察院和公安部制定的《人体重伤鉴定标准》，最高人民法院、最高人民检察院、公安部和司法部制定的《人体轻伤鉴定标准（试行）》，中华人民共和国公安部制定的《中华人民共和国公共安全行业标准人体轻微伤的鉴定》，中华人民共和国国家标准《职工工伤与职业病致残程度鉴定》和中华人民共和国国家标准《道路交通事故受伤人员伤残程度评定》，中华人民共和国国家标准《事故伤害损失工作日标准》，中国残疾人联合会制定的《中国实用残疾人评定标准（试用）》等。

本标准的附录是标准的附录。

本标准由司法部提出。

本标准的起草单位：中华人民共和国司法部司法鉴定科学技术研究所。参加起草单位：中华人民共和国最高人民法院司法鉴定中心、中华人民共和国最高人民检察院检察科学信息研究中心、中华人民共和国公安部物证鉴定中心、四川大学基础医学和法医学院以及上海市高级人民法院法医技术室、山东省人民检察院技术处、南华大学医学院等。

本标准主要起草人：吴军、朱广友、范利华、刘爱阳、张力、周伟、舒永康、邓振华、肖明松、邱胜冬、邹志虹、熊平等。

1. 范围

本标准规定了人体损伤程度评定的原则、方法、内容和等级划分。

本标准适用于《中华人民共和国刑法》规定的"故意伤害他人身体的"、"致人重伤的"、（含"造成严重残疾的"）和《中华人民共和国治安管理处罚条例》规定的"造成轻微伤害的"损伤程度评定。

2. 引用标准

下列标准所包含的条文，通过在本标准中引用而构成为本标准的条文。本标准出版时，所示版本均为有效。所有标准都会被修订，使用本标准时应引用下列标准的最新版本。

GB/T15499~1995 事故伤害损失工作日标准

GB/T16180~1996 职工工伤与职业病致残程度鉴定

GB/T18667~2002 道路交通事故受伤人员伤残评定

3. 总则

3.1 根据《中华人民共和国刑法》、《中华人民共和国刑事诉讼法》、《中华人民共和国民法通则》、《中华人民共和国民事诉讼法》和《中华人民共和国治安管理处罚条例》的有关规定，运用医学及法医学的理论与技术，结合检案实践经验，在归纳、衔接原《人体重伤鉴定标准》、《人体轻伤鉴定标准（试行）》和《人体轻微伤的鉴定》条款内容的基础上，进行补充、调整，为人体损伤程度评定提供科学的鉴定依据和统一的等级划分标准。本标准按照各部位解剖学损伤和功能损害顺序分述编排。

3.2 人体损伤是指身体结构完整性遭受破坏或者功能（包括生理功能、心理功能）出现的差异或者丧失。本标准将人体损伤程度分为重伤、轻伤、轻微伤三等。

3.2.1 重伤是指使人肢体残废或者容貌毁损；丧失听觉、视觉或者其他器官功能；其他对于人身健康有重大伤害的损伤。

3.2.2 轻伤是指使人肢体或者容貌中度损害；听觉、视觉或者其他器官功能部分障碍；其他对于人身健康有中度伤害的损伤。

3.2.3 轻微伤是指使人肢体或者容貌轻微损害；听觉、视觉或者其他器官功能轻微或者短暂障碍；其他对于人身健康有轻微伤害的损伤。

3.3 按照损伤严重程度由重至轻依次分为重伤一级、重伤二级、重伤三级；轻伤一级、轻伤二级、轻伤三级；轻微伤一级、轻微伤二级，共八级。

3.4 损伤程度评定

3.4.1 应当遵循实事求是的原则，坚持以致伤因素对人体直接造成的原发性损伤及由损伤引起的并发症或者后遗症为依据，全面分析，综合评定。

3.4.1.1 对于以原发性损伤及其并发症作为评定依据的，评定时应以损伤当时伤情为主，结合损伤的后果或者结局为辅，综合评定。

3.4.1.2 对于以容貌损害或者器官（脑、听器、视器等）、肢体功能损害作为评定依据的，评定时应以损伤的后果或者结局为主，结合损伤当时的伤情为辅，综合评定。

3.4.2 损伤与既往伤、病并存

3.4.2.1 对于损伤与既往伤、病并存，应当综合分析损伤在导致现存后果中的作用，将损伤在导致现存后果中的作用分为完全作用、主要作用、相等作用、次要作用、轻微作用和没有作用。

3.4.2.2 对于对称性器官、四肢的一侧健康器官与对侧非健康器官并存，在一侧健康器官遭受损伤，在对其进行损伤程度评定时，应说明由此而产生的对人体健康损害的加重，以及损伤程度较双侧健康器官中的一侧遭受损伤的后果相对加重；在一侧非健康器官遭受损伤，在对其进行损伤程度评定时，应说明由此而产生的对人体健康损害的加重，以及损伤程度较双侧健康器官中的一侧遭受损伤的后果相对减轻；双侧器官同时遭受损伤，按上述原则进行评定并说明。

3.4.3 对于2处（种类）以上的损伤应当分别进行损伤程度评定，并说明由此而产生的对人体健康损害的加重作用。

3.5 损伤程度评定时机

3.5.1 应当参照本标准的具体条文规定，视损伤程度评定主要依据的不同情况，结合司法实践分别进行评定。

3.5.2 凡是以原发性损伤为主要评定依据的，原则上在3个月以内进行。

3.5.3 凡是以容貌损害或者器官（脑、听器、视器等）、肢体功能损害为主要评定依据的，须观察、检测损伤后果或者结局的，一般在损伤后3个月至6个月以内进行；凡是疑难、复杂、一时不能确定损伤程度的，可以在治疗终结或者状态稳定后6个月以内进行。

3.5.4 对于涉及容貌损害或者功能损害未到损伤程度评定时机的，在特殊情况下可以根据原发性损伤及其并发症直接对照标准做出预检意见（结论）并对有可能出现的后遗症加以说明；必要时可待到损伤程度评定时机时进行复检，做出鉴定结论。

3.6 鉴定人条件

3.6.1 鉴定人应当由具有相应专业的法医学鉴定资格的人员担任；也可由司法机关指派、聘请的副主任医师以上的人员担任。

3.7 鉴定人权利

3.7.1 有权要求委托方提供鉴定所需材料。

3.7.2 有权了解与鉴定有关的案情，查阅案卷，调阅病历，勘查现场等。

3.7.3 有权向当事人询问与鉴定有关的问题。

3.7.4 有权依照医学原则对被鉴定人进行身体检查和进行必要的特殊仪器检查等。

3.7.5 有权因专门知识的限制或者鉴定材料的不足而拒绝鉴定。

3.8 鉴定人义务

3.8.1 遵守操作规程，全面、细致、科学、客观地进行检验并作记录。

3.8.2 正确及时地作出鉴定结论，解答委托机关提出的与鉴定有关的问题。

3.8.3 依法回避，依法出庭参加诉讼，保守案件秘密和个人隐私。

3.8.4 妥善保管委托鉴定的有关材料。

4. 颅脑、脊髓及周围神经损伤

4.1 重伤一级

4.1.1 原发性脑干损伤持续性昏迷状态伴去大脑强直

4.1.2 继发性脑干损害持续性昏迷状态伴去大脑强直，或者伴去皮质状态

4.1.3 损伤遗留四肢瘫（三肢以上肌力2级以下）

4.1.4 损伤遗留截瘫（肌力2级以下）伴排便及排尿功能障碍

4.1.5 损伤遗留非肢体瘫的重度运动障碍

4.1.6 颅脑损伤致智力障碍，智商评估参考值在20以下，日常生活完全依赖，社会功能损害（极重度），言语功能丧失，持续6个月

4.2 重伤二级

4.2.1 原发性脑干损伤或者继发性脑干损害持续性昏迷状态

4.2.2 损伤遗留四肢瘫，肌力4级以下

4.2.3 损伤遗留两肢或者三肢瘫，肌力3级以下

4.2.4 损伤遗留单肢瘫，肌力2级以下

4.2.5 损伤遗留双手大部分肌瘫，肌力2级以下

4.2.6 损伤遗留双足全肌瘫，肌力2级以下

4.2.7 损伤遗留非肢体瘫的中度运动障碍

4.2.8 特殊皮质功能障碍出现完全感受性（感觉性）失语或者混合性失语

4.2.9 颅脑损伤致智力障碍，智商评估参考值在（21~34）之间，日常生活明显依赖，社会功能损害（重度），言语功能严重受损，不能进行有效的语言交流，持续6个月

4.2.10 颅脑损伤致精神病性障碍，精神病性症状致使经常出现危险或者冲动行为，对自身或者他人人身安全构成严重威胁，社会功能损害（重度），持续6个月

4.2.11 损伤遗留排便和排尿功能障碍（重度）

4.2.12 外伤性晚期癫痫，经规范药物治疗1年，仍难以控制发作

4.2.13 损伤遗留平衡功能障碍，睁眼行走困难，不能并足站立

4.3 重伤三级

4.3.1 头皮撕脱伤面积75cm^{2}以上，完全离体

4.3.2 开放性颅骨骨折伴硬脑膜破裂

4.3.3 颅底骨折伴脑脊液漏持续4周以上，或者伴伤侧面瘫，或者伴伤侧听觉障碍

4.3.4 脑挫（裂）伤伴有神经系统症状和阳性体征

4.3.5 第Ⅱ～Ⅻ脑神经损伤引起相应神经功能严重障碍，经6个月不恢复（本标准另有规定的除外）

4.3.6 颅内出血出现脑受压症状和阳性体征

4.3.7 颅脑损伤后3周内影像学显示：幕上血肿量达30ml（颞区血肿量达20ml），或者幕下血肿量达10ml

4.3.8 慢性颅内血肿有手术适应证

4.3.9 外伤性脑蛛网膜下腔出血伴有神经系统症状和阳性体征

4.3.10 重要周围神经干不完全损伤伴有客观体征的灼性神经痛

4.3.11 损伤遗留单肢瘫，肌力4级以下

4.3.12 损伤遗留一手大部分肌瘫，肌力3级以下

4.3.13 损伤遗留双手大部分肌瘫，肌力4级以下

4.3.14 损伤遗留一足全肌瘫，肌力3级以下

4.3.15 损伤遗留双足全肌瘫，肌力4级以下

4.3.16 损伤遗留非肢体瘫的轻度运动障碍

4.3.17 特殊皮质功能障碍出现完全表达性（运动性）失语、完全性失用、失写、失读或者失认

4.3.18 颅脑损伤致智力障碍，智商评估参考值在（35～49）之间，日常生活需要帮助，社会功能损害（中度），持续6个月

4.3.19 颅脑损伤致精神病性障碍，精神病性症状明显，日常生活需要帮助，社会功能损害（中度），持续6个月

4.3.20 颅脑损伤致记忆障碍，记忆商数评估参考值在35分以下，日常生活需要帮助，社会功能损害（中度），持续6个月

4.3.21 外伤性晚期癫痫，经规范药物治疗1年，能控制发作

4.3.22 外伤性颅内静脉窦血栓形成

4.3.23 外伤后脑脓肿

4.3.24 外伤后脑积水有手术适应证

4.3.25 外伤性硬脑膜下积液伴有神经系统症状和阳性体征

4.3.26 外伤性颅内动脉瘤有手术适应证

4.3.27 外伤性脑梗死伴有神经系统症状和阳性体征

4.3.28 外伤性颈动脉海绵窦瘘

4.3.29 外伤后下丘脑综合征

4.3.30 外伤性尿崩症

4.3.31 损伤遗留排便或者排尿功能障碍（重度），或者遗留排便和排尿功能障碍（轻度）

4.4 轻伤一级

4.4.1 头皮血肿继发感染，或者有手术适应证

4.4.2 头皮锐器创，创口累计长度20cm以上

4.4.3 头皮钝器创，创口累计长度16cm以上

4.4.4 头皮锐器创、钝器创兼有的创口累计长度18cm以上

4.4.5 头皮撕脱伤面积50cm^{2}以上

4.4.6 外伤性头皮缺损面积24cm^{2}以上

4.4.7 颅盖骨凹陷性、粉碎性骨折，凹陷深度1cm以上

4.4.8 慢性颅内血肿

4.4.9 臂丛上干、下干或者束损伤

4.4.10 上臂高位正中神经、尺神经断裂

4.4.11 高位坐骨神经断裂

4.4.12 特殊皮质功能障碍出现非完全性失语

4.4.13 颅脑损伤致智力障碍，智商评估参考值在（50~69）之间，日常生活基本自理，社会功能损害（轻度），对言语的理解和使用能力受到损害

4.4.14 颅脑损伤致记忆障碍，记忆商数评估参考值在（36~49）分之间，日常生活基本能自理，社会功能损害（轻度），持续6个月

4.4.15 颅脑损伤致人格改变，社会功能损害（中度），不能继续从事职业劳动，经常出现危险和冲动行为，持续6个月

4.4.16 外伤后脑积水

4.4.17 外伤性颅内动脉瘤

4.4.18 外伤性脑梗死

4.4.19 外伤后颅内低压综合征

4.4.20 损伤遗留排便或者排尿功能障碍（轻度）

4.5 轻伤二级

4.5.1 帽状腱膜下血肿蔓延整个头皮

4.5.2 头皮锐器创，创口累计长度14cm以上

4.5.3 头皮钝器创，创口累计长度11cm以上

4.5.4 头皮锐器创、钝器创兼有的创口累计长度12.5cm以上

4.5.5 头皮撕脱伤面积35cm^{2}以上

4.5.6 外伤性头皮缺损面积15cm^{2}以上

4.5.7 颅盖骨凹陷性骨折

4.5.8 颅盖骨粉碎性骨折

4.5.9 颅底骨折

4.5.10 脑挫（裂）伤

4.5.11 颅内出血

4.5.12 外伤性脑蛛网膜下腔出血

4.5.13 脊髓挫（裂）伤、出血

4.5.14 桡神经深支断裂

4.5.15 低位正中神经断裂

4.5.16 低位尺神经断裂

4.5.17 腋神经断裂

4.5.18 特殊皮质功能障碍出现非完全性失用、失写、失读或者失认

4.5.19 颅脑损伤致边缘智力，智商评估参考值在（70~86）之间，日常生活或者社会功能受损

4.5.20 颅脑损伤致记忆障碍，记忆商数在（50~69）分之间，日常生活或者社会功能受损，持续6个月

4.5.21 外伤性硬脑膜下积液

4.6 轻伤三级

4.6.1 帽状腱膜下血肿，或者骨膜下血肿

4.6.2 头皮锐器创，创口累计长度8cm以上

4.6.3 头皮钝器创，创口累计长度6cm以上

4.6.4 头皮锐器创、钝器创兼有的创口累计长度7cm以上

4.6.5 头皮撕脱伤面积15cm^{2}以上

4.6.6 外伤性头皮缺损面积8cm^{2}以上

4.6.7 颅盖骨线性骨折，或者外伤性颅缝分离0.2cm以上

4.6.8 前庭神经损伤出现眩晕，平衡功能障碍

4.6.9 第Ⅱ~Ⅻ脑神经损伤，引起相应的神经功能障碍（本标准另有规定的除外）

4.6.10 损伤致双侧嗅觉功能丧失

4.6.11 颅脑损伤致人格改变，社会功能损害（轻度），情绪不稳，易激惹，不能保持正常人际关系，持续6个月

4.6.12 颅脑损伤出现短暂的意识障碍，清醒后表现为木僵、假性痴呆、缄默等症状，社会功能损害（重度），持续6个月

4.6.13 肢体单一重要周围神经（桡、正中、尺、胫、腓总神经）不完全损伤

4.7 轻微伤一级

4.7.1 头皮擦伤面积40cm^{2}以上

4.7.2 头皮下血肿累计面积20cm^{2}以上

4.7.3 头皮创，创口累计长度4cm以上

4.7.4 头皮撕脱伤

4.7.5 外伤性头皮缺损

4.7.6 头部损伤出现短暂的意识障碍

4.7.7 颅脑损伤后神经症样综合征，日常生活或者社会功能受损

4.7.8 损伤致嗅觉功能障碍

4.7.9 外伤影响脊髓功能，短期内完全恢复

4.7.10 肢体周围神经损伤

4.8 轻微伤二级

4.8.1 头皮擦伤面积 $5cm^2$ 以上

4.8.2 头皮下血肿

4.8.3 头皮创

❷ 最高人民法院、最高人民检察院、司法部、公安部《人体重伤鉴定标准》（1990年7月1日 司法〔1990〕070号）

第一章 总　　则

第一条 本标准依照《中华人民共和国刑法》第八十五条规定，以医学和法医学的理论和技术为基础，结合我国法医检案的实践经验，为重伤的鉴定提供科学依据和统一标准。

第二条 重伤是指使人肢体残废、毁人容貌、丧失听觉、丧失视觉、丧失其他器官功能或者其他对于人身健康有重大伤害的损伤。

第三条 评定损伤程度，必须坚持实事求是的原则，具体伤情，具体分析。

损伤程度包括损伤当时原发生病变、与损伤有直接联系的并发症，以及损伤引起的后遗症。

鉴定时，应依据人体损伤当时的伤情及其损伤的后果或者结局，全面分析，综合评定。

第四条 鉴定损伤程度的鉴定人，应当由法医师或者具有法医学鉴定资格的人员担任，也可以由司法机关委托、聘请的主治医师以上人员担任。鉴定时，鉴定人有权了解与损伤有关的案情、调阅案卷和病历、勘验现场，有关单位有责任予以配合。鉴定人应当遵守有关法律规定，保守案件秘密。

第五条 损伤程度的鉴定，应当在判决前完成。

第二章　肢体残废

第六条 肢体残废是指由各种致伤因素致使肢体缺失或者肢体虽然完整但已丧失功能。

第七条 肢体缺失是指下列情形之一：

（一）任何一手拇指缺失超过指间关节；

（二）一手除拇指外，任何三指缺失均超过近侧指间关节，或者两手除拇指外，任何四指缺失均超过近侧指间关节；

（三）缺失任何两指及其相连的掌骨；

（四）缺失一足百分之五十或者足跟百分之五十；

（五）缺失一足第一趾和其余任何二趾，或者一足除第一趾外，缺失四趾；

（六）两足缺失五个以上的足趾；

（七）缺失任何一足第一趾及其相连的跖骨；

（八）一足除第一趾外，缺失任何三趾及其相连的跖骨；

第八条 肢体虽然完整，但是已丧失功能，是指下列情形之一：

（一）肩关节强直畸形或者关节运动活动度丧失达百分之五十（1）；

（二）肘关节活动限制在伸直位，活动度小于90度或者限制在功能位，活动度小于10度；

（三）肱骨骨折并发假关节、畸形愈合严重影响上肢功能；

（四）前臂骨折畸形愈合强直在旋前位或者旋后位；

（五）前臂骨折致使腕和掌或者手指功能严重障碍；

（六）前臂软组织损伤致使腕和掌或者手指功能严重障碍；

（七）腕关节强直、挛缩畸形或者关节运动活动度丧失达百分之五十；

（八）掌指骨骨折影响一手功能，不能对指和握物（2）；

（九）一手拇指挛缩畸形，不能对指和握物；

（十）一手除拇指外，其余任何三指挛缩畸形，不能对指和握物；

（十一）髋关节强直、挛缩畸形或者关节运动活动度丧失达百分之五十；

（十二）膝关节强直、挛缩畸形屈曲超过30度或者关节运动活动度丧失达百分之五十；

（十三）任何一侧膝关节十字韧带损伤造成旋转不稳定，其功能严重障碍；

（十四）踝关节强直、挛缩畸形或者关节运动活动度丧失达百分之五十；

（十五）股骨干骨折并发假关节、畸形愈合缩短超过5cm、成角畸形超过30度或者严重旋转畸形；

（十六）股骨颈骨折不愈合、股骨头坏死或者畸形愈合严重影响下肢功能；

（十七）胫腓骨骨折并发假关节、畸形愈合缩短超过5cm、成角畸形超过30度或者严重旋转畸形；

（十八）四肢长骨（肱骨、桡骨、尺骨、股骨、胫腓骨）开放性、闭合性骨折并发慢性骨髓炎；

（十九）肢体软组织疤痕挛缩，影响大关节运动功能，活动度丧失达百分之五十；

（二十）肢体重要神经（臂丛及其重要分支、腰骶丛及其重要分支）损伤，严重影响肢体运动功能；

（二十一）肢体重要血管损伤，引起血液循环障碍，严重影响肢体功能。

第三章 容貌毁损

第九条 毁人容貌是指毁损他人面容（3），致使容貌显著变形、丑陋或者功能障碍。

第十条 眼部毁损是指下列情形之一：

（一）一侧眼球缺失或萎缩；

（二）任何一侧眼睑下垂完全覆盖瞳孔；

（三）眼睑损伤显著影响面容；

（四）一侧眼部损伤致成鼻泪管全部断裂、内眦韧带断裂影响面容；

（五）一侧眼眶骨折显著塌陷。

第十一条 耳廓毁损是指下列情形之一：

（一）一侧耳廓缺损达百分之五十或者两侧耳廓缺损总面积超过一耳百分之六十；

（二）耳廓损伤致使显著变形。

第十二条 鼻缺损、塌陷或者歪曲致使显著变形。

第十三条 口唇损伤显著影响面容。

第十四条 颧骨损伤致使张口度（上下切牙切缘间距）小于1.5cm；颧骨骨折错位愈合致使面容显著变形。

第十五条 上、下颌骨和颞颌关节毁损是指下列情形之一：

（一）上、下颌骨骨折致使面容显著变形；

（二）牙齿脱落或者折断共七个以上；

（三）颞颌关节损伤致使张口度小于1.5厘米或者下颌骨腱侧向伤侧偏斜，致使面下部显著不对称。

第十六条 其他容貌毁损是指下列情形之一：

（一）面部损伤留有明显块状疤痕，单块面积大于4平方厘米，两块面积大于7平方厘米，三块以上总面积大于9平方厘米或者留有明显条状疤痕，单条长于5cm，两条累计长度长于8cm、三条以上累计总长度长于10cm，致使眼睑、鼻、口唇、面颊等部位容貌毁损或者功能障碍。

（二）面神经损伤造成一侧大部面肌瘫痪，形成眼睑闭合不全，口角歪斜；

（三）面部损伤留有片状细小疤痕、明显色素沉着或者明显色素减退，范围达面部面积百分之三十。

（四）面颈部深二度以上烧、烫伤后导致疤痕挛缩显著影响面容或者颈部活动严重障碍。

第四章 丧失听觉（4）

第十七条 损伤后，一耳语音听力减退在91分贝以上。

第十八条 损伤后，两耳语音听力减退在60分贝以上。

第五章 丧失视觉（5）

第十九条 各种损伤致使视觉丧失是指下列情形之一：

（一）损伤后，一眼盲；

（二）损伤后，两眼低视力，其中一眼低视力为2级。

第二十条 眼损伤或者颅脑损伤致使视野缺损。（视野半径小于10度）

第六章 丧失其他器官功能

第二十一条 丧失其他器官功能是指丧失听觉、视觉之外的其他器官的功能或者功能严重障碍。条文另有规定的，依照规定。

第二十二条　眼损伤或者颅脑损伤后引起不能恢复的复视，影响工作和生活。

第二十三条　上、下颌骨骨折或者口腔内组织、器官损伤（如舌损伤等）致使语言、咀嚼或者吞咽能力明显障碍。

第二十四条　喉损伤后引起不能恢复的失音、严重嘶哑。

第二十五条　咽、食管损伤留有疤痕性狭窄导致吞咽困难。

第二十六条　鼻、咽、喉损伤留有疤痕性狭窄导致呼吸困难（6）。

第二十七条　女性两侧乳房损伤丧失哺乳能力。

第二十八条　肾损伤并发肾性高血压、肾功能严重障碍。

第二十九条　输尿管损伤留有狭窄致使肾积水、肾功能严重障碍。

第三十条　尿道损伤留有尿道狭窄引起排尿困难、肾功能严重障碍。

第三十一条　肛管损伤致使严重大便失禁或者肛管严重狭窄。

第三十二条　骨盆骨折致使骨盆腔内器官功能严重障碍。

第三十三条　子宫、附件损伤后期并发内生殖器萎缩或者影响内生殖器发育。

第三十四条　阴道损伤累及周围器官造成瘘管或者形成疤痕致其功能严重障碍。

第三十五条　阴茎损伤后引起阴茎缺损、严重畸形致其功能严重障碍。

第三十六条　睾丸或者输精管损伤丧失生殖能力。

第七章　其他对于人体健康的重大损伤

第三十七条　其他对于人体健康的重大损伤是指上述几种重伤之外的在受伤当时危及生命或者在损伤过程中能够引起威胁生命的并发症，以及其他严重影响人体健康的损伤。

第一节　颅脑损伤

第三十八条　头皮撕脱伤范围达头皮面积百分之二十五并伴有失血性休克；头皮损伤致使头皮丧失生存能力，范围达头皮面积百分之二十五。

第三十九条　颅盖骨折（如线形、凹陷、粉碎等）伴有脑实质及血管损伤，出现脑受压症状和体征；硬脑膜破裂。

第四十条　开放性颅脑损伤。

第四十一条　颅底骨折伴有面、听神经损伤或者脑脊液漏长期不愈。

第四十二条　颅脑损伤当时出现昏迷（30分钟以上）和神经系统体征，如单瘫、偏瘫、失语等。

第四十三条　颅脑损伤，经脑CT扫描显示脑挫伤，但是必须伴有神经系统症状和体征。

第四十四条　颅脑损伤致成硬脑膜外血肿、硬脑膜下血肿或者脑内血肿。

第四十五条　外伤性蛛网膜下腔出血伴有神经系统症状和体征。

第四十六条　颅脑损伤引起颅内感染，如脑膜炎、脑脓肿等。

第四十七条　颅脑损伤除嗅神经之外引起其他脑神经不易恢复的损伤。

第四十八条　颅脑损伤引起外伤性癫痫。

第四十九条　颅脑损伤导致严重器质性精神障碍。

第五十条　颅脑损伤致使神经系统实质性损害引起的症状与病征，如颈内动脉——海绵窦瘘、下丘脑垂体功能障碍等。

第二节　颈部损伤

第五十一条　咽喉、气管、颈部、口腔底部及其邻近组织的损伤引起呼吸困难。

第五十二条　颈部损伤引起一侧颈动脉、椎动脉血栓形成、颈动静脉瘘或者假性动脉瘤。

第五十三条　颈部损伤累及臂丛，严重影响上肢功能；颈部损伤累及胸膜顶部致成气胸引起呼吸困难。

第五十四条　甲状腺损伤伴有喉返神经损伤致其功能严重障碍。

第五十五条　胸导管损伤。

第五十六条　咽、食管损伤引起局部脓肿、纵隔炎或者败血症。

第五十七条　颈部损伤导致异物存留在颈深部，影响相应组织、器官功能。

第三节　胸部损伤

第五十八条　胸部损伤引起血胸或者气胸，并发生呼吸困难。

第五十九条　肋骨骨折致使呼吸困难。

第六十条　胸骨骨折致使呼吸困难。

第六十一条　胸部损伤致成纵隔气肿、呼吸窘迫综合征或者气管、支气管破裂。

第六十二条　气管、食管损伤致成纵隔炎、纵隔脓肿、纵隔气肿、血气胸或者脓胸。

第六十三条　心脏损伤；胸部大血管损伤。

第六十四条　胸部损伤致成脓胸、肺脓肿、肺不张、支气管胸膜瘘、食管胸膜瘘或者支气管食管瘘。

第六十五条　胸部的严重挤压致使血液循环障碍、呼吸运动障碍、颅内出血。

第六十六条　女性一侧乳房缺失。

第四节　腹部损伤

第六十七条　胃、肠、胆道系统穿孔、破裂。

第六十八条　肝、脾、胰等器官破裂；因损伤致使这些器官形成血肿、脓肿。

第六十九条　肾破裂；尿外渗须手术治疗（包含肾动脉栓塞术）。

第七十条　输尿管损伤致使尿外渗。

第七十一条　腹部损伤致成腹膜炎、败血症、肠梗阻或者肠瘘等。

第七十二条　腹部损伤致使腹腔积血，须手术治疗。

第五节　骨盆部损伤

第七十三条　骨盆骨折严重变形。

第七十四条　尿道破裂、断裂须行手术修补。

第七十五条　膀胱破裂。

第七十六条　阴囊撕脱伤范围达阴囊皮肤面积百分之五十；两侧睾丸缺失。

第七十七条　损伤引起子宫或者附件穿孔、破裂。

第七十八条　孕妇损伤引起早产、死胎、胎盘早期剥离、流产并发失血性休克或者严重感染。

第七十九条　幼女外阴或者阴道严重损伤。

第六节　脊柱和脊髓损伤

第八十条　脊柱骨折或者脱位，伴有脊髓损伤或者多根脊神经损伤。

第八十一条　脊髓实质性损伤影响脊髓功能，如肢体活动功能、性功能或者大小便严重障碍。

第七节　其他损伤

第八十二条　烧、烫伤。

（一）成人烧、烫伤总面积（一度烧、烫伤面积不计算在内，下同）在百分之三十以上或者三度在百分之十以上；儿童总面积在百分之十以上或者三度在百分之五以上。

烧、烫伤面积低于上述程度但有下列情形之一：

1. 出现休克；

2. 吸入有毒气体中毒；

3. 严重呼吸道烧伤；

4. 伴有并发症导致严重后果；

5. 其他类似上列情形的。

（二）特殊部位（如面、手、会阴等）的深二度烧、烫伤，严重影响外形和功能，参照本标准有关条文。

第八十三条　冻伤出现耳、鼻、手、足等部位坏死及功能严重障碍，参照本标准有关条文。

第八十四条　电击损伤伴有严重并发症或者遗留功能障碍，参照本标准有关条文。

第八十五条　物理、化学或者生物等致伤因素引起损伤，致使器官功能严重障碍，参照本标准有关条文。

第八十六条　损伤导致异物存留在脑、心、肺等重要器官内。

第八十七条　损伤引起创伤性休克、失血性休克或者感染性休克。

第八十八条　皮下组织出血范围达全身体表面积百分之三十；肌肉及深部组织出血，伴有并发症或者遗留严重功能障碍。

第八十九条　损伤引起脂肪栓塞综合征。

第九十条　损伤引起挤压综合征。

第九十一条　各种原因引起呼吸障碍，出现窒息征象并伴有并发症或者遗留功能障碍。

第八章　附　　则

第九十二条　符合《中华人民共和国刑法》第八十五条的损伤，本标准未作规定的，可比照本标准相应的条文作出鉴定。

前款规定的鉴定应由地（市）级以上法医学鉴定机构作出或者予以复核。

第九十三条　三处（种）以上损伤均接近本标准有关条文的规定，可视具体情况，综合评定为重伤或者不评定为重伤。

第九十四条　本标准所说有以上、以下都连本数在内。

第九十五条　本标准仅适用于《中华人民共和国刑法》规定的重伤的法医学鉴定。

第九十六条　本标准自1990年7月1日起施行。1986年发布的《人体重伤鉴定标准（试行）》同时废止。

本标准施行前，已作出鉴定尚未判决的，仍适用1986年发布的《人体重伤鉴定标准（试行）》。

附件：《人体重伤鉴定标准》说明

（1）鉴定关节运动活动度，应从被检关节的整体功能判定，可参照临床常用的正常人体关节活动度值进行综合分析后做出。检查时，须了解该关节过去的功能状态，并与腱侧关节运动活动度比对。

（2）对指活动是指拇指的指腹与其余各指的指腹相对合的动作。

（3）面容的范围是指前额发际下，两耳根前与下颌下缘之间的区域，包括额部、眶部、鼻部、口唇部、颏部、颧部、颊部、肋腺咬肌部和耳廓。

（4）鉴定听力减退的方法：

①听力检查宜用纯音听力计以气导为标准，听力级单位为分贝（db），一般采用500、1000和2000赫兹三个频率的平均值。这一平均值相当于生活语音的听力阈值。

②听力减退在25分贝以下的，应属于听力正常。

③损伤后，两耳听力减退按如下方法计算：

（较好耳的听力减退×5＋较差耳的听力减退×1）÷6。如计算结果，听力减退在60分贝以上就属于重伤。

④老年性听力损伤修正，按60岁开始，每年递减0.5分贝。

⑤有关听力检查，鉴定人认为必要时，可选择适当的方法（如声阻抗、耳蜗电图、听觉脑干诱发电位等）进行测定。

（5）鉴定视力障碍方法：

①凡损伤眼裸视或加用镜片（包括接触镜、针孔镜等）远距视力可达到正常视力范围（0.8以上）或者接近正常视力范围（0.4~0.8）的都不作视力障碍论。视力障碍（0.3以下）者分级见下表：

级别		视力障碍	
		低视力及盲目分级标准	
		最好矫正视力	
		最好视力低于	最低视力等于或优于
低视力	1	0.3	0.1
	2	0.1	0.05（三米指数）
盲目	3	0.05	0.02（一米指数）
	4	0.02	光感
	5	无光感	

如中心视力好而视野缩小，以注视点为中心，视野半径小于10°而大于5°者为3级；如半径小于5°者为4级。

评定视力障碍，应以"远距视力"为标准，参考"近距视力"。

②中心视力检查法：用通用标准视力表检查远距视力和近距视力。对颅脑损伤者，应作中心暗点、生理盲点和视野检查。对有复视的更应详细检查，分析复视性质与程度。

③有关视力检查，鉴定人认为必要时，可选择适当的方法（如视觉电生理）进行测定。

（6）呼吸困难是由于通气的需要量超过呼吸器官的通气能力所引起。症状：自觉气短、空气不够用、胸闷不适。体征：呼吸频率增快，幅度加深或变浅，或者伴有周期节律异常，鼻翼扇动，紫绀等。实验室检查：

①动脉血液气体分析，动脉血氧分压可在 8.0kPa 性（60mmHG）以下；

②胸部 X 线检查；

③肺功能测验。

诊断呼吸困难，必须同时伴有症状和体征。实验室检查以资参考。

3 最高人民法院、最高人民检察院、司法部、公安部《人体轻伤鉴定标准（试行）》（1990年6月20日 法（司）发〔1990〕6号）

第一章 总 则

第一条 本标准根据《中华人民共和国刑法》有关规定，以医学和法医学的理论与技术为基础，结合法医检案的实践经验制定，为轻伤鉴定提供依据。

第二条 轻伤是指物理、化学及生物等各种外界因素作用于人体，造成组织、器官结构的一定程度的损害或者部分功能障碍，尚未构成重伤又不属轻微害的损伤。

第三条 鉴定损伤程度，应该以外界因素对人体直接造成的原发性损害及后果为依据，包括损伤当时的伤情、损伤后引起的并发症和后遗症等，全面分析，综合评定。

第四条 鉴定人应当由法医师或者具有法医学鉴定资格的人员担任；也可以由司法机关聘请或者委托的主治医师以上人员担任。

鉴定人有权了解案情、调阅案卷、病历和勘验现场，有关单位有责任予以配合。

鉴定人必须坚持实事求是的原则，应用科学的检测方法，保守案件秘密，遵守有关法律规定。

第二章 头颈部损伤

第五条 帽状腱膜下血肿

头皮撕脱伤面积达20平方厘米（儿童达10平方厘米）；头皮外伤性缺损面积达10平方厘米（儿童达5平方厘米）。

第六条 头皮锐器创口累计长度达8厘米，儿童达6厘米；钝器创口累计长度达6厘米，儿童达4厘米。

第七条 颅骨单纯性骨折。

第八条 头部损伤确证出现短暂的意识障碍和近事遗忘。

第九条 眼损伤

（一）眼睑损伤影响面容或者功能的；

（二）眶部单纯性骨折；

（三）泪器部分损伤及功能障碍；

（四）眼球部分结构损伤，影响面容或者功能的；

（五）损伤致视力减退，两眼矫正视力减退至 0.7 以下（较伤前视力下降 0.2 以上），单眼矫正视力减退至 0.5 以下（较伤前视力下降 0.3 以上）；原单眼为低视力者，伤后视力减退 1 个级别。

视野轻度缺损；

（六）外伤性斜视。

第十条 鼻损伤

（一）鼻骨粉碎性骨折，或者鼻骨线形骨折伴有明显移位的；

（二）鼻损伤明显影响鼻外形或者功能的。

第十一条 耳损伤

（一）耳廓损伤致明显变形；一侧耳廓缺损达一耳的 10%，或者两侧耳廓缺损累计达一耳的 15%；

（二）外伤性鼓膜穿孔；

（三）外耳道损伤致外耳道狭窄；

（四）耳损伤造成一耳听力减退达 41 分贝，两耳听力减退达 30 分贝。

第十二条 口腔损伤

（一）口唇损伤影响面容、发音或者进食；

（二）牙齿脱落或者折断 2 枚以上；

（三）口腔组织、器官损伤，影响语言、咀嚼或者吞咽功能的；

（四）涎腺损伤伴有功能障碍。

第十三条 颧骨骨折或者上、下颌骨骨折；颞下颌关节损伤致张口度（上下切牙切缘间距）小于 3 厘米。

第十四条 面部软组织单个创口长度达 3.5 厘米（儿童达 3 厘米），或者创口累计长度达 5 厘米（儿童达 4 厘米）或者颌面部穿透创。

第十五条 面部损伤后留有明显瘢痕，单条长 3 厘米或者累计长度达 4 厘米；单块面积 2 平方厘米或者累计面积达 3 平方厘米；影响面容的色素改变 6 平方厘米。

第十六条 面神经损伤致使部分面肌瘫痪影响面容及功能的。

第十七条 颈部软组织单个创口长度达 5 厘米或者累计创口长度达 8 厘米。

未达到上款规定但有运动功能障碍的。

第十八条 颈部损伤出现窒息征象的。

第十九条 颈部损伤伤及甲状腺、咽喉、气管或者食管的。

第三章 肢体损伤

第二十条 肢体软组织挫伤占体表总面积 6% 以上。

第二十一条 肢体皮肤及皮下组织单个创口长度达 10 厘米（儿童达 8 厘米）或者创口

累计总长度达15厘米（儿童达12厘米）；伤及感觉神经、血管、肌腱影响功能的。

第二十二条　皮肤外伤性缺损须植皮的。

第二十三条　手损伤

（一）1节指骨（不含第2至5指末节）粉碎性骨折或者2节指骨线形骨折；

（二）缺失半个指节；

（三）损伤后出现轻度挛缩、畸形、关节活动受限或者侧方不稳；

（四）舟骨骨折、月骨脱位或者掌骨完全性骨折。

第二十四条　足损伤

（一）2节趾骨骨折；

（二）缺失1个趾节；

（三）庶骨2节骨折；跗骨、距骨、跟骨骨折；踝关节骨折或者庶跗关节脱位。撕脱骨折除外。

第二十五条　四肢长骨骨折；膑骨骨折。

第二十六条　肢体大关节脱位、关节韧带部分撕裂、半月板损伤或者肢体软组织损伤后瘢痕挛缩致关节功能障碍。

躯干部和会阴部损伤

第二十七条　躯干部软组织挫伤比照第二十条。

第二十八条　躯干部创口比照第二十一条。

第二十九条　躯干部穿透创未伤及内脏器官或者重要血管、神经的。

第三十条　胸部损伤引起气胸、血胸或者较大面积的单纯性皮下气肿，未出现呼吸困难。

第三十一条　胸部受挤压，出现窒息征象。

第三十二条　肩胛骨、锁骨或者胸骨骨折；胸锁关节或者肩锁关节脱位.

第三十三条　肋骨骨折（一处单纯性肋骨线形骨折除外）。

第三十四条　女性乳房损伤导致一侧乳房明显变形或者部分缺失；一侧乳房乳腺导管损伤。

第三十五条　腹部闭合性损伤确证胃、肠、肝、脾或者胰挫伤。

第三十六条　外伤性血尿（显微镜检查红细胞＞10/高倍视野）持续时间超过二周。

第三十七条　会阴部软组织挫伤达10平方厘米（儿童酌减）或者血肿二周内不能完全吸收的。

第三十八条　阴茎挫伤致排尿困难；阴茎部分缺损、畸形；阴囊撕脱伤、阴囊血肿、鞘膜积血；一侧睾丸脱位、扭转或者萎缩。

第三十九条　会阴、阴囊创口长度达2厘米；阴茎创口长度达1厘米。

第四十条　外伤性肛裂、肛瘘或者肛管狭窄。

第四十一条　阴道撕裂伤、子宫或者附件损伤。

第四十二条　损伤致孕妇难产流产。

第四十三条　外伤性脊柱骨折或者脱位；外伤性椎间盘突出；外伤影响脊髓功能，短期内能恢复的。

第四十四条 骨盆骨折。

第五章 其他损伤

第四十五条 烧、烫伤

（一）烧烫伤占体表面积浅二度5%以上（儿童3%以上）；深二度2%以上（儿童1%以上）；三度0.1%以上。

（二）头、手、会阴部二度以上烧烫伤，影响外形、容貌或者活动功能的。

（三）呼吸道烧烫伤。

第四十六条 冻伤比照本标准相关条文。

第四十七条 电烧伤当时伴有意识障碍或者全身抽搐。

第四十八条 损伤致异物存留深部软组织内。

第四十九条 各种损伤出血出现休克前期症状体征的。

第五十条 多部位软组织挫伤比照第二十条。

第五十一条 多部位软组织创伤比照第二十一条。

第五十二条 其他物理性、化学性、生物性损伤，致人体组织、器官结构轻度损害或者部分功能障碍的比照本标准相关条文。

第六章 附　　则

第五十三条 多种损伤均未达本标准的，不能简单相加作为轻伤。若有三种（类）损伤均接近本标准的，可视具体情况，综合评定。

第五十四条 本标准所定各种数据冠有"以上"或者"以下"的均含本数。

第五十五条 本标准适用于《中华人民共和国刑法》规定的伤害他人身体健康的法医学鉴定。

第五十六条 本标准自1990年7月1日起试行。

❹ **山东省公检法司关于《人体轻微伤鉴定标准（试行）》的通知**（2004年12月14日）

第一条 轻微伤是指外界各种因素作用于人体、造成人体某些组织、器官的轻微损害或短暂的功能障碍、危害，恢复后不留有后遗症的损伤。

第二条 鉴定人应当由公安或者司法机关指派的法医担任。设有法医门诊的市、县所聘任的兼职法医，须在公、检、法专职法医指导监督下进行工作。其出具的法医学鉴定书具有法律效力。

第三条 鉴定人进行鉴定时，有权了解有关案情、现场勘验情况和调阅病历档案。鉴定必须坚持实事求是的科学原则，应根据损伤当时的情况并结合损伤的后果做出评定。

第二章 头、面、颈部损伤

第四条 头皮擦伤、挫伤、小的头皮血肿，经加压包扎后能吸收自愈的。

第五条 头皮裂伤在三处以下，其创口累计锐器创总长度在8cm（儿童6cm）以下，钝器创在6cm（儿童4cm）以下，创底无骨膜损伤的。

第六条 头部损伤当时无意识障碍和近事遗忘，以后虽有主诉症状，但临床神经系统检查无客观体征的。

第七条 颌面部较小范围的擦、挫伤、愈后不遗留明显瘢痕及色素也不影响面容的。

第八条 颌面部软组织非贯通性裂创，单个创口长度不超过3.5cm（儿童不超过3cm），或者累计创口长度不超过5cm（儿童不超过4cm）。

第九条 面部一至浅二度烧伤、灼烧，占面部面积20%以下，愈后不留明显色素改变而影响面容的。

第十条 眼睑挫伤，表浅裂创长度1.5cm以下，愈后不影响面容及功能的。

第十一条 不影响视力的眼损伤；眼外伤致结合膜下出血，能自行吸收的。

第十二条 单纯性无明显移位的鼻骨骨折，愈后不影响功能并无畸形的。

第十三条 牙脱落或折断一枚。

第十四条 能自行愈合的涎腺或其导管损伤，愈后无功能障碍的。

第十五条 能自行愈合的口腔粘膜及舌损伤，愈后无功能障碍的。

第十六条 耳廓小血肿或撕裂伤，愈后无明显外形改变的。

第十七条 耳损伤无明显听力减退的；鼓膜充血而未穿孔的。

第十八条 能经手法复位的颞、下颌关节脱位。

第十九条 颈部皮肤、皮下组织锐器创、挫裂伤，单个创口不超过5cm，累计不超过8cm，愈后无功能障碍的。

第二十条 颈部皮肤挫伤，占颈部面积的20%以下，愈后无功能影响及并发症的。

第三章 躯干部损伤

第二十一条 躯干部皮肤擦伤范围占体表面积6%以下，愈后不留明显疤痕或影响功能的。

第二十二条 躯干部皮肤及皮下组织单个创口长度在10cm（儿童8cm以下），累计长度在15cm（儿童12cm）以下。

第二十三条 单纯性一处肋骨线形骨折。

第二十四条 外伤性镜检血尿、红细胞在一视野少于10个，经治疗在两周内自行消失。

第二十五条 单纯阴囊皮肤、粘膜挫裂伤长度在2cm以下，形成囊内血肿，直径在1cm以下，能自行吸收的。

第二十六条 单纯性阴茎皮肤、粘膜锐器创、挫裂创，长度在1cm以下。

第二十七条 女性外阴部单纯性裂创，长度在2cm以下；较小的血肿，能自行吸收不留后遗症的。

第二十八条 脊柱韧带捩伤，无明显并发症及后遗症的。

第四章 四肢损伤

第二十九条 肢体皮肤擦伤范围占体表面积6%以下。

第三十条 肢体皮肤、皮下组织裂创，累计总长度在15cm（儿童12cm）以下，单个创口长度在10cm（儿童8cm）以下。

第三十一条 肢体关节、韧带扭伤，经治疗可痊愈，无明显并发症及后遗症者。

第三十二条 肩、肘、指、趾关节脱位，无明显并发症及后遗症。

第三十三条 手指或脚趾一节单纯性线状骨折，2～5指末节，其中一节粉碎性骨折。

第三十四条 单根腓骨不完全线形骨折。

第三十五条 手指一枚、脚趾二枚指（趾）甲脱落，新生甲无畸形。

第五章 其他损伤

第三十六条 浅Ⅱ度灼伤、占成人体表面积（面部、会阴部除外）在5%以下，儿童在3%以下。深Ⅱ度、成人2%以下，儿童1%以下。

第三十七条 三处以下不需要大切口即能摘除的软组织浅层残留异物（面部、会阴、手部除外），术后不至影响功能的。

第三十八条 一度局部冻伤，不遗留后遗症或造成功能障碍的。

第三十九条 损伤引起出血、失血量估计占全身总血量的3%以下。

第四十条 其他轻微的物理性、化学性、生物性损伤，对人体损害轻微不造成后遗症的。

第六章 附 则

第四十一条 本标准所说的以下、不超过，不包括本数在内。

第四十二条 本鉴定标准仅适用《中华人民共和国治安管理处罚条例》、《中华人民共和国刑法》规定的法医学鉴定。

第四十三条 若有两种以上轻微伤均接近于轻伤标准的，应视具体情况综合评定。

❺ 山东省公检法对《人体轻伤鉴定标准（试行）》与《人体重伤鉴定标准》有关条款的解读（2002年9月28日公布 2002年10月1日实施）（2002年9月28日）

第一部分 基本规定

1.《人体轻伤鉴定标准（试行）》或《人体重伤鉴定标准》（以下合称《鉴定标准》）的各条款适用于健康人体的损伤程度评定，伤病并存（在原有病理基础上发生损伤）的，一般不适用《鉴定标准》评定损伤程度，只作因果关系的评定。能够确证暴力强度、致伤方式足以致正常人出现同样后果的，仍应根据《鉴定标准》中有关条款评定其损伤程度。

2.《鉴定标准》中的损伤，是指器质性损伤。非器质性损伤（如反映性精神病、癔病等）不适用《鉴定标准》评定损伤程度，只作因果关系的评定。

3. 评定损伤程度应以损伤直接造成的后果或结局为依据。对因医疗因素（如延误治疗、诊治失误、消极治疗等）而致明显加重损伤后果的，一般不宜依据最终出现的结果评定损伤程度。

4. 治疗情况应以我省县级以上医院现有平均的正常诊疗水平为准，特殊治疗（如美容、整形手术）、康复治疗、择期的二期手术的治疗结果，一般不作为评定损伤程度的标准。

5. 对于影响面容的损伤、致肢体或组织器官功能障碍的损伤，应根据治疗后的结局评定损伤程度，鉴定时限以医疗终结或损伤 3 个月为宜。对危及生命的损伤，伤后即可作出鉴定（有专门规定的除外）。组织器官（如肢体、耳廓）损伤当时完全离断或仅有少量皮肤相连，经再植成活的，应根据损伤当时情况进行鉴定。

6. 《鉴定标准》中的创口、创面是指深达皮下组织，愈后余留疤痕者，疤痕较相应损伤缩小的比率，锐器损伤应在百分之二十之内，钝器损伤应在百分之十五之内。异物包括自体异物与外界异物。

7. 《鉴定标准》中的骨折不包括骨质砍痕、单纯骨皮质翘起、单纯颅骨外线状骨折等；手术治疗不包括一般的清创缝合术。

8. 依据各种体表损伤（包括皮下出血、淤血、创口、创面以及疤痕等）评定损伤程度的，须有附加比例尺的彩色照片。

9. 关节活动丧失程度，一般应以健侧关节对照情况为准。关节活动丧失的百分比是指受伤关节各方向活动度的总和与正常关节各方向活动度的总和的百分比。

10. 鉴定依据的 B 超、CT、MR 等影像学检查须有图片资料。

11. 《鉴定标准》中的儿童是指年龄未满十二周岁的，幼女是指未满十四周岁的女性。

12. 遇有《人体重伤鉴定标准》第九十二条、第九十三条，《人体轻伤鉴定标准（试行）》第五十二条、第五十三条规定的情形的，必须提交地市级法医鉴定机构进行鉴定或者复核鉴定，并报省级鉴定机构备案，以利于全省掌握标准的平衡统一。

13. 县（市、区）级鉴定机构出具重伤鉴定的，必须经市级鉴定机构进行审核与其联合出具鉴定。

14. 对于损伤当时的伤情确已达到轻伤以上程度，但医疗尚未终结，未到鉴定时限，尚无法确定是否构成重伤的，因处理案件需要，可以先出具轻伤的伤情检验报告书，待条件具备时再出具正式鉴定书。

15. 各级鉴定机构的损伤程度鉴定应当由具备鉴定资格的法医承担，并由两名以上鉴定人共同出具鉴定书。临床医生不能单独出具损伤程度鉴定书。

16. 全省涉及适用《鉴定标准》鉴定损伤程度的案件，均应以本《理解与适用》为准，与其抵触的鉴定一般不能作为证据使用。

17. 本《理解与适用》由省法院、省检察院、省公安厅负责解释。

18. 本《理解与适用》自二〇〇二年十月一日起施行。此前已作出鉴定的，不适用本《理解与适用》。

第二部分 《人体轻伤鉴定标准（试行）》及有关条款的理解与适用

第一章 总 则

第一条 本标准根据《中华人民共和国刑法》有关规定，以医学和法医学的理论与技术为基础，结合法医检案的实践经验制定，为轻伤鉴定提供依据。

第二条 轻伤是指物理、化学及生物等各种外界因素作用于人体，造成组织、器官结构的一定程度的损害或者部分功能障碍，尚未构成重伤又不属于轻微伤害的损伤。

第三条 鉴定损伤程度，应该以外界因素对人体直接造成的原发性损伤及后果为依据，包括损伤当时的伤情、损伤后引起的并发症和后遗症等，全面分析，综合评定。

第四条 鉴定人应当由法医师或者具有法医学鉴定资格的人员担任；也可以由司法机关聘请或者委托的主治医师以上人员担任。

鉴定人有权了解案情、调阅案卷、病历和勘查现场，有关单位有责任予以配合。

鉴定人必须坚持实事求是的原则，应用科学的检测方法，保守案件秘密，遵守有关法律规定。

第二章 头颈部损伤

第五条 帽状腱膜下血肿：

头皮撕脱伤面积达20平方厘米（儿童达10平方厘米）；头皮外伤缺损面积达10平方厘米（儿童达5平方厘米）。

【帽状腱膜下血肿是指帽状腱膜下弥漫性出血（出血范围一般宜掌握在75平方厘米），不能与头皮血肿、头皮肿胀混淆。】

第六条 头皮锐器创口累计长度达8厘米，儿童达6厘米；钝器创口累计达6厘米，儿童达4厘米。

【1. 钝器创与锐器创并存（同一个加害人的同一个伤害行为造成）的，按照锐器：钝器＝8∶6（儿童6∶4）比例换算成一种后，再根据本条评定。

2. 钝器创创面的创缘长度累计达6厘米以上，锐器创创面的创缘长度累计达8厘米以上，参照本条评定。

3. 对因脱发等原因致发际界限不明确的，其界限以眉上8厘米、眉外5厘米、耳屏前2厘米、耳根上缘上方2厘米耳根后缘后方2厘米、耳垂下方4厘米，按正常发际的一般分布特点作出的圆滑连线进行界定。】

第七条 颅骨单纯性骨折。

【本条是指颅骨完全性骨折。鉴定时应特别注意颅骨骨缝与骨折线的鉴别。】

第八条 头部损伤确证出现短暂的意识障碍和近事遗忘。

【1. 适用本条时必须同时具有：（1）确认头部有明显的钝性暴力损伤（头部皮肿胀、挫裂创等）；（2）意识障碍与近事遗忘（特别是逆行性遗忘）同时存在，临床上有呕吐、颅内压增高的症状体征；（3）经调查，确认受伤当时有昏迷倒地的情况。

第一编　总则　第五章　其他规定

2. CT、MR等检查证实有脑挫伤、颅内出血、外伤性脑梗塞、外伤性脑萎缩、外伤性硬膜下积液、外伤性脑积水等，但无神经系统体征的，参照本条评定。】

第九条　眼损伤

【眼损伤影响功能应成为永久性损害。】

（一）眼睑损伤影响面容或者功能的；

【1. 本款是指治疗后留有明显的条状疤痕达1厘米以上，或遗留睑内翻、睑外翻、睑裂变小或睑闭合不全（闭目平视时角膜纵轴暴露三分之一以上）。

2. 损伤致眉毛永久性缺损，一侧眉毛缺损达三分之一或两侧眉毛缺损达一侧眉毛的二分之一的，参照本款评定。】

（二）眶部单纯性骨折；

【骨折应依据X线片、CT片或手术所见等评定。】

（三）泪器部分损伤及功能障碍；

【泪器损伤必须伴有泪器的功能障碍，如溢泪、眼睛干燥等。】

（四）眼球部分机构损伤，影响面容或者功能的；

【1. 本款是指：外伤性散瞳致瞳孔直径达0.6厘米以上，且对光反射消失或明显迟钝；虹膜根部断离达周径的四分之一以上；晶状体脱位（含半脱位）；角膜白斑（中央性白斑直径达0.2厘米、周边性白斑直径达0.4厘米）；晶状体轻度浑浊或中央性白斑、周边性局限性白斑直径达0.1厘米；玻璃体出现絮状混浊；视网膜损伤（裂孔、变性）、视神经萎缩等。单纯视网膜震荡不适用本条。

2. 损伤致眼球后退达0.1厘米以上的，参照本款评定。】

（五）损伤致视力减退，两眼矫正视力减退至0.7以下（较伤前视力下降0.2以上），单眼矫正视力减退至0.5以下（较伤前视力下降0.3以上）；原单眼为低视力者，伤后视力减退一个级别。

视野轻度缺损；

【1. 视功能（视力、视野等）情况应以治疗终结、伤情稳定后的视功能为准（视力以矫正视力为准），鉴定时限在伤后三个月以上。认定外伤所致的视功能障碍，有关病变情况必须与损伤程度及病程相吻合，且有以下三项中的一项：（1）眼球结构器质性改变；（2）视神经及视觉传导通路的外伤性改变；（3）视觉中枢外伤性改变。

2. 本款中的轻伤前视力下降0.2或0.3以上，分别适用于伤前视力已低于0.7或0.5的。

3. 视野轻度缺损是指：视野向心性缩小致单眼视野半径小于50度的或双眼视野半径均小于55度的，单眼视野象限性缺损达一个以上象限的。

视野半径是指各方向视野半径的平均值。视野检查以白视野为准，认定视野缺损须经两次以上视野计检查且结果基本一致。下同。

4. 颅脑损伤等造成视野缺损未构成重伤的，参照本款评定。

5. 损伤致眼球运动功能障碍，单眼活动减少百分之十五，双眼活动减少达一眼的百分之二十以上的，参照本款评定。】

眼球活动是指眼球各方向转动范围的总和。下同。】

（五）外伤性斜视

【本条指斜视达 15 度以上。】

第十条　鼻损伤

（一）鼻骨粉碎性骨折，或者鼻骨线形骨折伴有明显移位的；

【鼻骨线形骨有明显移位，是指复位前经 X 线片或 CT 片等证实，骨折断端分离或重叠均在 0.2 厘米以上或成角 20 度以上。】

（二）鼻损伤明显影响鼻外形或者功能的。

【本款明显影响鼻外形是指：一侧鼻翼缺失二分之一、两侧鼻翼缺失均超过三分之一或鼻尖缺失四分之一；鼻局部凹陷或隆起达 0.3 厘米以上、长径达 0.5 厘米以上；鼻根部塌陷；鼻尖或鼻梁偏离面部中线 0.3 厘米以上。】

第十一条　耳损伤

（一）耳廓损伤致明显变形；一侧耳廓缺损达一耳的百分之十，或者两侧耳廓缺损达一耳的百分之十五；

【1. 本款一般是指医疗终结后的结局。耳廓明显变形是指单耳耳廓变形面积达百分之十五以上或双耳耳廓变形面积达一耳耳廓的百分之十五以上。耳廓缺损面积按坐标纸法测量。

2. 单耳耳廓缩小达百分之十以上或双耳耳廓缩小达一耳耳廓的百分之十五以上的，参照本款评定。

3. 耳廓单面创，前面创口参照面部创口、背面创口参照头部创口评定。耳廓前面与背面以耳轮缘为界划分。耳廓全层撕裂或穿通伤创口长度达 1.5 厘米以上的，参照本款评定。】

（二）外伤性鼓膜穿孔；

【须两次以上检查有外伤性鼓膜穿孔特征且位置基本相同，鉴定时复查鼓膜确有疤痕或穿孔者。】

（三）外耳道损伤致外耳道狭窄；

【外耳道狭窄是指单耳耳道横断面直径缩小三分之一以上，或双耳耳道横断面直径缩小达一耳的二分之一以上。】

（三）耳损伤造成一耳听力减退达 41 分贝，两耳听力减退达 30 分贝。

【1. 本款的听力是指语音听力。听力下降须有证据确证头面部有可影响听力的损伤，并经客观方法检测，排除伪装及癔病性聋。听力应以伤后三个月以上的检查结果为准，须排除伤前存在听力下降。

2. 鉴定听力减退的方法参照《人体重伤鉴定标准》说明的有关规定。】

第十二条　口腔损伤

（一）口唇损伤影响面容、发音或者进食；

【本款指医疗终结后的结局。影响面容的，参照面部损伤的有关条款评定。影响发音指发音含混不清，但语言内容尚能分辨的。影响进食的指尚能进食固体实物的。】

(二) 牙齿脱落或者折断 2 枚以上；

【1. 牙齿折断是指牙冠二分之一折断或暴露髓腔；牙齿外伤性松动达三度无法保留，需手术拔除者，视为脱落。

2. 患有较重牙周病者或伤前已有牙齿松动者不适用本款。】

(三) 口腔组织、器官损伤，影响语言、咀嚼或者吞咽功能的；

【本款是指医疗终结后的结局。影响语言、咀嚼或者吞咽功能的，参照本条 (一) 款。】

(四) 涎腺损伤伴有功能障碍。

第十三条 颧骨骨折或者上、下颌骨骨折；颞下颌关节损伤致张口度（上下切牙切缘间距）小于 3 厘米。

【儿童张口度较同龄儿童平均张口度小三分之一以上的，参照本条评定。】

第十四条 面部软组织单个创口长度达 3.5 厘米（儿童达 3 厘米），或者创口累计长度达 5 厘米（儿童）或者颌面部穿透创。

【1. 颌面部穿透创创口须在 0.5 厘米（儿童达 0.4 厘米）以上。

2. 口唇全层撕裂伤超过唇红缘 0.5 厘米以上的，颌面部创面单块创缘长度达 3.5 厘米创缘长度累计 5 厘米的，参照本条评定。】

第十五条 面部损伤后留有明显瘢痕，单条长 3 厘米或者累计长度达 4 厘米；单块面积 2 平方厘米或者累计面积达 3 平方厘米；影响面容的色素改变 6 平方厘米。

第十六条 面神经损伤致使部分面肌瘫痪影响面容及功能的。

【影响面容是指眼睑闭合不全（闭目平视时，角膜纵轴暴露三分之一以上）或口角歪斜致口唇中线偏离面部中线 0.3 厘米以上等。】

第十七条 颈部软组织单个创口长度达 5 厘米或累计创口长度达 8 厘米。

未达到本款规定但有运动功能障碍的。

【颈部创面单块创缘长度达 5 厘米或者创缘长度累计达 8 厘米的，盲管创、穿通创创口与创腔深度之和达到本条规定的创口长度的，参照本条评定。】

第十八条 颈部损伤出现窒息征象的。

【其他原因引起呼吸障碍，出现窒息征象但不伴有并发症、未遗留功能障碍的，参照本条评定。】

第十九条 颈部损伤伤及甲状腺、咽喉、气管或者食管的。

第三章 肢体损伤

第二十条 肢体软组织挫伤占表面积百分之六以上。

第二十一条 肢体皮肤及皮下组织单个创口长度达 10 厘米（儿童达 8 厘米）或者创口累计总长度达 15 厘米（儿童达 12 厘米）；伤及感觉神经、血管、肌腱影响功能的。

【1. 盲管创、穿通创创口长度与创腔深度之和达到本条规定的创口长度的，伤及运动神经未达到重伤程度的，单个创面的创缘长度或多个创面累计长度分别达到本条有关创口长度的规定时，参照本条评定。

2. 仅累及末梢神经不适用本条。】

第二十二条　皮肤外伤性缺损须植皮的。

【指不植皮会导致创面难以愈合或愈合后遗留功能障碍的。】

第二十三条　手损伤

（一）1节指骨（不含第2至5指末节）粉碎性骨折或者2节指骨线形骨折；

【1节指骨非粉碎性骨折但畸形愈合（成角达30度以上，或重叠达0.3厘米以上）的、骨折不愈合的或并发骨髓炎的，参照本款评定。】

（二）缺失半个指节；

【1. 缺失半个指节指末节指骨缺失达半节以上。

2. 指腹完全缺失或手指末节斜行缺失超过甲床根部的，参照本款评定。

3. 双手2个以上手指缺失达三分之一骨性指节以上的，损伤当时致3个以上手指缺失二分之一以上，3个以上指甲完全脱失的，参照本款评定。】

（三）损伤后出现轻度挛缩、畸形、关节活动受限或者侧方不稳；

【本款的挛缩、畸形、关节活动受限指致1个关节活动度完全丧失，3个关节活动度丧失均达百分之五十以上，3个关节活动度丧失均达百分之三十以上。侧方不稳必须是影响手指功能的。】

（三）舟骨骨折、月骨脱位或者掌骨完全性骨折。

第二十四条　足损伤

（一）2节趾骨骨折；

（二）缺失1个趾节；

【1. 趾节缺失以趾骨为准。

2. 2个以上足趾均缺失半个趾节以上或损伤当时缺失小趾以外的3个趾甲，参照本款评定。】

（三）跖骨2节以上骨折；跗骨、距骨、跟骨骨折；踝关节骨折或者跖外的3个趾甲，撕脱骨折除外。

【跖骨骨折畸形愈合、延迟愈合或不愈合、损伤致创伤性关节炎等，影响足负重、行走等功能的，足部骨折、踝部非长骨骨折并发骨髓炎的，参照本款评定。】

第二十五条　四肢长骨骨折；髌骨骨折。

【病理性骨折及不影响功能的撕脱性骨折不适用本条。】

第二十六条　肢体大关节脱位、关节韧带部分撕裂、半月板损伤或者肢体软组织损伤后瘢痕挛缩致关节功能障碍。

【1. 大关节是指肩、肘、腕、髋、膝、踝关节。

2. 本条所列损伤均指医疗终结后遗留功能障碍。有习惯性关节脱位的不适用本条。

3. 损伤致创伤性关节炎造成关节功能障碍的，参照本条评定。】

第四章　躯干部和会阴部损伤

第二十七条　躯干部软组织挫伤比照第二十条。

第二十八条　躯干部创口比照第二十一条。

第二十九条　躯干部穿透创未伤及内脏器官或者重要血管、神经的。

第三十条　胸部损伤引起气胸、血胸或者较大面积的单纯性皮下气肿，未出现呼吸困难。

【较大面积的单纯性皮下气肿一般宜掌握在300平方厘米以上。】

第三十一条　胸部受挤压，出现窒息征象。

第三十二条　肩胛骨、锁骨或者胸骨骨折；胸锁关节或者肩锁关节脱位。

第三十三条　肋骨骨折（一处单纯性肋骨线形骨折除外）。

【单纯性骨折指无并发症、后遗症，线形骨折指无移位的完全性骨折。2处以上肋软骨骨折或2处以上肋软骨与肋骨交界处骨折参照本条评定。】

第三十四条　女性乳房损伤导致一侧乳房明显变形或者部分缺失；一侧乳房乳腺导管损伤。

【1. 一侧乳房部分缺失应在六分之一以上，或一侧乳头缺失二分之一以上；明显变形指形态改变范围达乳房五分之一以上等。

2. 两侧乳房部分缺失达一侧乳房的四分之一以上，两侧乳房形态改变范围达一侧乳房四分之一的，参照本条评定。】

第三十五条　腹部闭合性损伤确证胃、肠、肝、脾或者胰损伤。

【本条是指保守治疗可痊愈的。确诊时，除临床症状体征外，必须有腹腔镜、B超、CT或MR等检查证实。】

第三十六条　外伤性血尿（显微镜检查红细胞＞10/高倍视野）持续时间超过两周。

【1. 原则上不单纯以此条定轻伤。

2. 确证泌尿系统脏器有器质性损伤，不需要手术治疗的，参照本条评定。】

第三十七条　会阴部软组织挫伤达10平方厘米（儿童酌减）或者血肿二周内不能完全吸收的。

【1. 会阴部是指广义会阴范围。

2. 儿童会阴部软组织挫伤达6平方厘米以上的，参照本条评定。】

第三十八条　阴茎挫伤致排尿困难；阴茎部分缺损、畸形、阴囊撕脱伤、阴囊血肿、鞘膜积血；一侧睾丸脱位、扭转或者萎缩。

【1. 本条排尿困难是指损伤后不能自主排尿的。阴茎缺失应达龟头的五分之一以上（非勃起状态下测量）。

2. 睾丸、精索、附睾积血，一侧睾丸缺失，参照本条评定。】

第三十九条　会阴、阴囊创口长度达2厘米；阴茎创口长度达1厘米。

【1. 应在阴囊松弛状态、阴茎非勃起状态下测量。

2. 阴囊开放性损伤及睾丸的，阴茎贯通创或盲管创创口大于0.3厘米、长度达0.7厘米的，参照本条评定。】

第四十条　外伤性肛裂、肛瘘或者肛管狭窄。

【1. 肛裂应达肌层。肛管狭窄指肛管虽然较正常狭窄，但尚不需要药物或器械辅助排

便的。

2. 损伤致轻度大便失禁（仅稀便出现失禁）的，参照本条评定。】

第四十一条　阴道撕裂伤，子宫或者附件损伤。

【1. 撕裂伤应达深肌层。子宫或者附件损伤须经B超、CT、MR等影像学检查证实。

2. 阴道锐器创达深肌层、长度在厘米（幼女为0.5厘米）以上的，参照本条评定。】

第四十二条　损伤致孕妇难产流产。

【1. 适用本条须确证妊娠，临床检见排出物有胚胎组织（如绒毛组织），腰、腹等部位必须有足以激惹子宫引起宫缩的外伤，难免流产应发生在损伤后三天内。有习惯性流产的不适用本条。

2. 孕妇损伤引起早产、死胎、胎盘早期剥离、流产，但未出现失学性休克或者严重感染的，参照本条评定。】

第四十三条　外伤性脊柱骨折或者脱位；外伤性脊椎盘突出；外伤影响脊髓功能的，短期内能恢复的。

【1. 脊髓功能48小时内恢复的不适用本条。

2. 依据"外伤性椎间盘突出"鉴定轻伤时，必须同时具备：（1）确证相应部位受到直接或间接暴力的作用；（2）确证外伤前相应无椎间盘突出的症状体征，伤后即时出现相应部位严重疼痛及椎间盘突出的其他症状体征；（3）必须有CT或MR等影像检查证实有椎间盘突出，而且相应椎体骨质无退行性改变。否则只可进行伤病关系评定。】

第四十四条　骨盆骨折。

第五章　其他损伤

第四十五条　烧、烫伤

【以损伤当时的面积为准】

（一）烧烫伤占体表面积

浅Ⅱ度5%以上（儿童3%以上）；

浅Ⅱ度2%以上（儿童1%以上）；

Ⅲ度0.1%以上。

【1. 儿童Ⅲ度0.05%以上，参照本款评定。

2. 作用面积较小的致伤物多次作用致烧烫伤，浅Ⅱ度面积累计达20平方厘米以上（儿童达15厘米以上），或深Ⅱ度以上面积累计达12平方厘米以上（儿童达7厘米以上）的，参照本款评定。

3. 电警棍电击致皮肤损伤达40处以上的，参照本款评定。】

（二）头、手、会阴部Ⅱ度以上烧烫伤，影响外形、容貌或者活动功能的。

6 江西省公检法司关于执行《人体损伤分级鉴定标准（试行）》若干问题的暂行规定（1999年9月25日）

为了统一法医技术人员的认识，提高法医鉴定质量，现对执行《人体损伤分级鉴定标准（试行）》的若干问题作以下暂行规定：

第一编 总则 第五章 其他规定

第一条 第十三条第（三）项"颅底骨折伴有脑脊液漏长期不愈"规定的"长期不愈"，是指脑脊液漏 4 周以上或并发感染。

第二条 第十三条第（五）项规定的"颅脑损伤致硬脑膜外血肿、硬脑膜下血肿或者脑内血肿伴有严重的神经系统症状和明显体征，须行开颅手术治疗"，是指以下两种情形之一：（1）出现血肿并伴有严重的神经系统症状和明显体征并行开颅手术；（2）血肿量达幕上 20 毫升以上或幕下 10 毫升以上并行开颅手术。

第三条 删去第十三条第（七）项"颅脑损伤引起外伤性癫痫（每月两次以上）"。

第四条 第十四条第（九）项规定的"颅脑损伤引起外伤性癫痫"，其外伤性癫痫诊断一定要有导致癫痫形成的损伤病理基础，及相关检查确诊癫痫。

第五条 第十三条第（二十二）项规定的"明显条状疤痕"，是指隆起或凹陷，宽度 0.2cm 以上的疤痕。其他条款中此情况同理。

第六条 第十四条第（四）项规定的"面、听神经损伤"，是指 3 个月内不能恢复的面、听神经损伤。

第七条 第十四条第（六）项"颅脑损伤致成硬脑膜外血肿、硬脑膜下血肿或者脑内血肿"规定的血肿，是指以下两种情形之一：（1）出现血肿并伴有神经系统症状和体征；（2）血肿量达幕上 20 毫升以下或幕下 10 毫升以上。

第八条 第十四条第（二十一）项"一侧耳廓缺损达百分之五十或者两侧耳廓缺损总面积达一耳百分之六十"规定的"耳廓缺损面积"，应运用坐标进行测量计算。

第九条 第十四条第（二十八）项"牙齿脱落或者折断共七枚以上"规定的"折断"，是指牙齿折断 1/2 以上。

第十条 第十五条第（三）项规定的"颅骨单纯性骨折"，应以影像学检查为依据。

第十一条 第十六条第（三）项"头部损伤确证出现短暂的意识障碍和近事遗忘"及第（八）项"外耳道损伤致外耳道狭窄"应从业掌握。

第十二条 第三章凡提及"严重功能障碍"的项目，是指功能丧失达 50% 以上。如第二十条第（十一）、（十七）、（十八）项、第二十一条第（十四）、（二十七）项。

第十三条 关节活动丧失度必须进行测量、计算，计算方法以该关节各项活动功能丧失度的和再除以该关节功能项数。如左腕关节损害，其掌屈 40 度，背伸 35 度，桡偏 10 度，尺偏 15 度；而其健侧（右侧）分别为 80 度，70 度，25 度，30 度。左腕关节功能丧失度为〔(80～40)/80 + (70～35)/70 + (25～10)/25 + (30～15)/30〕÷ 4 × 100% = 52.5%。

第十四条 第二十一条第（二十七）项"肢体重要神经损伤，严重影响肢体运动功能"。对其功能影响程度的认定，比照本级别中手损伤或关节功能丧失度的条款执行。

第十五条 第二十二条第（二）项"肢体皮肤及皮下组织创伤并伤及感觉神经、血管、肌腱影响功能的"规定的"影响功能"是指影响肢体活动功能。

第十六条 第二十二条第（五）项"拇指缺失半个指节或者其余各指缺失任何两个指节"规定的指节缺失，评定时应以 X 光片所示指骨缺失程度为依据。

第十七条 执行第二十三条第（一）项"肢体软组织挫伤占体表总面积 6% 以上"

时，除文字记录外，必须附有比例尺的损伤照片。

第十八条 刺创的，可以测量的刺创深度作为创口的长度，刺创长度与深度不能累计。

第十九条 第二十四条第（六）项规定的"撕脱骨折"，是指足部的撕脱骨折。

第二十条 第二十七条第（十）项"肝、脾、胰等器官破裂；……"规定的"器官破裂"，是指上述器官的真性破裂。

第二十一条 第二十八条第（一）、（二）、（三）项中规定的"呼吸困难"的把握，是指符合下列四项中三项以上者：（1）自觉气短、空气不够用、胸闷不适；（2）呼吸频率≥28次/分；（3）呼吸幅度加深或变浅；（4）出现周期性节律异常，鼻翼扇动，紫绀等。

第二十二条 第二十八条第（十）项"肝、脾、胰等器官因损伤致使这些器官形成血肿"所规定的"血肿"，必须经CT确诊或手术治疗。

第二十三条 删去第二十八条第（十一）项"肾破裂"。

第二十四条 肾挫伤、肺挫伤可比照第二十九条第（八）项"腹部闭合性损伤确证胃、肠、肝、脾或者胰挫伤"执行，但必须经CT确诊。

第二十五条 一侧睾丸缺、脱位、扭转或萎缩者可比照第二十九条第（九）项"阴茎挫伤致排尿困难；阴茎部分缺损、畸形；阴囊撕脱伤、阴囊血肿、鞘膜积血"执行。

第二十六条 第二十九条第（十三）项"损伤致孕妇难免流产"规定的"损伤"，是指暴力直接作用于相关部位导致的损伤。

第二十七条 第二十九条第（十四）项"外伤性脊柱骨折或者脱位；外伤性椎间盘突出"规定的"脊柱骨折"，包括棘突、横突等脊柱各部位的骨折。

第二十八条 第三十条第（五）项"肋骨骨折（一处单纯性肋骨线形骨折除外）"规定的"单纯性肋骨线性骨折"，是指无错位的肋骨线性骨折。

第二十九条 第三十条第（七）项"外伤性血尿持续时间超过二周"应从严掌握。

第三十条 睾丸挫伤者比照第三十一条第（八）项执行。

第三十一条 执行第三十一条第（八）项"会阴部软组织挫伤达10平方厘米（儿童酌减）或者二周内不能完成吸收的"时，除文字记录外，必须附有比例尺的损失照片。

第三十二条 第三十五条第（二）项规定的"损伤引起创伤性休克、失血性休克或者感染性休克"，是指休克抑制期。符合下列五项中四项以上者可以评定：（1）表情淡漠或意识模糊；（2）面色苍白，四肢湿冷；（3）收缩压≤12kPa（90mmHg），脉压差≤2.67kPa（20mmHg）；（4）休克指数≤［脉率/收缩期血压（以mmHg计算）］≥1.5，脉率≥110次/分；（5）尿量≤25ml/小时。

第三十三条 凡涉及视力、听力、肢体运动功能障碍或容貌毁损的，评定损伤程度的时机，一般在损伤3个月后进行。

第三十四条 不同程度损伤的医疗费用标准调整如下：重伤甲级、重伤乙级、轻伤甲级：视具体情况而定；轻伤乙级：1000元以内酌定；轻微伤甲级：800元以内酌定；轻微伤乙级：500元以内酌定；轻微伤丙级：200元以内酌定。

鉴定人在限定医疗费用时，必须具体伤情具体分析，从严掌握。如确因治疗损伤需要，伤者医疗费用超出"医疗费用标准"的规定，鉴定人可以在审查病历、文书、收据的基础上，重新评定医疗费用。

第三十五条 本标准自公布之日起施行。

第 96 条 违反国家规定

本法所称违反国家规定，是指违反全国人民代表大会及其常务委员会制定的法律和决定，国务院制定的行政法规、规定的行政措施、发布的决定和命令。

学理观点·典型案例 ➡ 索引与要旨

《关于如何理解刑法第九十六条中"违反国家规定"的含义以及国务院各部委发布的有关规范性文件是否属于其中的"国家规定"的表现形式的问题——2003年"问题征答"解答》，载《刑事司法指南》2004年第2辑总第18辑，第196～199页。

第 97 条 首要分子

本法所称首要分子，是指在犯罪集团或者聚众犯罪中起组织、策划、指挥作用的犯罪分子。

第 98 条 告诉才处理

本法所称告诉才处理，是指被害人告诉才处理。如果被害人因受强制、威吓无法告诉的，人民检察院和被害人的近亲属也可以告诉。

第 99 条 以上、以下、以内概念的理解

本法所称以上、以下、以内，包括本数。

学理观点·典型案例 ➡ 索引与要旨

❶ 上海市高级人民法院《刑法总则适用问题解答（试行）》，载《最新刑事法律文件解读》2005年第2辑总第2辑，第70～78页。（节录）

九、怎样对刑法中"以上"、"以下"的含义予以补正解释？

刑法第99条明文规定，"本法所称以上、以下、以内，包括本数"。在下列两种情况下，应当注意对此立法解释作出补正解释：一是刑法第63条第1款关于减轻处罚的规定，此处"应当在法定刑以下判处刑罚"，不应包括本数，是指低于法定刑幅度中的最低刑处罚。否则，减轻处罚与从轻处罚就会交叉重合，从而有违立法精神。二是刑法第69条关于数罪并罚的规定，即对于有期自由刑的并罚，应采用限制加重原则，"应当在总和刑期以下，数刑中最高刑期以上，酌情决定执行的刑期"。其中的"以上"、"以下"也不应包括本数。举例而言，某犯因三罪分别被判处3年、5年、8年有期徒刑，如果这里的总和刑期"以下"包括本数，则对于该犯可以决定执行有期徒刑16年。这一处刑结果等于适用并科原则；如果这里的数刑中最高刑期"以上"包括本数，则该犯可能仅被判处8年有期徒刑，从而与采用吸收原则无异。根据我国刑法规定，吸收原则只适用于死

刑、无期徒刑与有期自由刑的并罚；并科原则主要适用于主刑与附加刑以及不同种附加刑的并罚。如果对于举例中的多个有期徒刑采用并科原则，就没有体现法定的"限制"精神；而采用吸收原则，又无法体现"加重"的立法原意。故在适用限制加重原则予以并罚时，"以上"、"以下"也不应包括本数。

❷《刑罚适用及其相关问题》，载《公检法办案指南》2005年第1辑。

核心提示 ➡ 怎样对刑法中"以上"、"以下"的含义进行补正解释？

要旨 ➡ 第63条第1款的"以下"、69条限制加重原则"以上、以下"均不包含本数。

第100条 修正案（八）第19条　前科报告制度

依法受过刑事处罚的人，在入伍、就业的时候，应当如实向有关单位报告自己曾受过刑事处罚，不得隐瞒。

中华人民共和国刑法修正案（八）（第十一届全国人民代表大会常务委员会第十九次会议2011年2月25日通过，中华人民共和国主席令第四十一号公布，自2011年5月1日起施行。）

十九、在刑法第一百条中增加一款作为第二款："犯罪的时候不满十八周岁被判处五年有期徒刑以下刑罚的人，免除前款规定的报告义务。"

关 联 规 范 ➡ **完全整理**

《刑法修正案（八）》解读，载《刑事审判参考》2011年第4辑总第81辑，第83~117页以及《公检法办案指南》2011年第3辑总第135辑，第13~121页。

第101条　本法总则的效力

本法总则适用于其他有刑罚规定的法律，但是其他法律有特别规定的除外。

第二编 分　　则

第一章　危害国家安全罪

第 102 条　背叛国家罪

勾结外国，危害中华人民共和国的主权、领土完整和安全的，处无期徒刑或者十年以上有期徒刑。

与境外机构、组织、个人相勾结，犯前款罪的，依照前款的规定处罚。

关联规范 ▶ 完全整理

《中华人民共和国刑法》（1980 年 1 月 1 日）第 113 条

本章上述危害国家安全罪行中，除第一百零三条第二款、第一百零五条、第一百零七条、第一百零九条外，对国家和人民危害特别严重、情节特别恶劣的，可以判处死刑。

犯本章之罪的，可以并处没收财产。

学理观点·典型案例 ▶ 索引与要旨

《危害国家安全罪重要罪名解读》，载《刑事司法指南》2011 年第 4 辑总第 48 辑，第 1~33 页。

第 103 条　第 1 款分裂国家罪　第 2 款煽动分裂国家罪

组织、策划、实施分裂国家、破坏国家统一的，对首要分子或者罪行重大的，处无期徒刑或者十年以上有期徒刑；对积极参加的，处三年以上十年以下有期徒刑；对其他参加的，处三年以下有期徒刑、拘役、管制或者剥夺政治权利。

煽动分裂国家、破坏国家统一的，处五年以下有期徒刑、拘役、管制或者剥夺政治权利；首要分子或者罪行重大的，处五年以上有期徒刑。

关联规范 ⟹ 完全整理

❶ 人大常委会《关于维护互联网安全的决定》（2000年12月28日）（节录）①

二、为了维护国家安全和社会稳定，对有下列行为之一，构成犯罪的，依照刑法有关规定追究刑事责任：（一）利用互联网造谣、诽谤或者发表、传播其他有害信息，煽动颠覆国家政权、推翻社会主义制度，或者煽动分裂国家、破坏国家统一。

❷《中华人民共和国刑法》（1980年1月1日）第106条

与境外机构、组织、个人相勾结，实施本章第一百零三条、第一百零四条、第一百零五条规定之罪的，依照各该条的规定从重处罚。

❸《中华人民共和国刑法》（1980年1月1日）第113条

本章上述危害国家安全罪行中，除第一百零三条第二款、第一百零五条、第一百零七条、第一百零九条外，对国家和人民危害特别严重、情节特别恶劣的，可以判处死刑。

犯本章之罪的，可以并处没收财产。

❹ 最高人民法院、最高人民检察院《关于办理妨害预防、控制突发传染病疫情等灾害的刑事案件具体应用法律若干问题的解释》（2003年5月15日 法释〔2003〕8号）（节录）②

第十条（第二款）利用突发传染病疫情等灾害，制造、传播谣言，煽动分裂国家、破坏国家统一，或者煽动颠覆国家政权、推翻社会主义制度的，依照刑法第一百零三条第二款、第一百零五条第二款的规定，以煽动分裂国家罪或者煽动颠覆国家政权罪定罪处罚。

第十七条 人民法院、人民检察院办理有关妨害预防、控制突发传染病疫情等灾害的刑事案件，对于有自首、立功等悔罪表现的，依法从轻、减轻、免除处罚或者依法作出不起诉决定。

第十八条 本解释所称"突发传染病疫情等灾害"，是指突然发生，造成或者可能造成社会公众健康严重损害的重大传染病疫情、群体性不明原因疾病以及其他严重影响公众健康的灾害。

❺ 最高人民法院、最高人民检察院《关于办理组织和利用邪教组织犯罪案件具体应用法律若干问题的解释（二）》（2001年6月11日 法释〔2001〕19号）（节录）③

第二条 制作、传播邪教宣传品，煽动分裂国家、破坏国家统一，或者煽动颠覆国家政权、推翻社会主义制度的，依照刑法第一百零三条第二款、第一百零五条第二款的

---

① 对其解读见：《刑事审判参考》2001年第4辑总第15辑，第52～58页。

② 对其解读见：《刑事审判参考》2003年第3辑总第32辑，第160～164，188～197页以及《"非典"防治时期相关犯罪的司法适用研究》，载《刑事司法指南》2003年第2辑总第14辑，第55～109页。

③ 对其解读见：《刑事审判参考》2001年第7辑总第18辑，第59～62，73～78页以及2001年第9辑总第20辑，第49～57页。

规定,以煽动分裂国家罪或者煽动颠覆国家政权罪定罪处罚。

第四条 制作、传播的邪教宣传品具有煽动分裂国家、破坏国家统一,煽动颠覆国家政权、推翻社会主义制度,侮辱、诽谤他人,严重危害社会秩序和国家利益,或者破坏国家法律、行政法规实施等内容,其行为同时触犯刑法第一百零三条第二款、第一百零五条第二款、第二百四十六条、第三百条第一款等规定的,依照处罚较重的规定定罪处罚。

⑥ 最高人民法院、最高人民检察院《关于办理组织和利用邪教组织犯罪案件具体应用法律若干问题的解释》(1999年10月30日 法释〔1999〕18号)(节录)①

第七条 组织和利用邪教组织,组织、策划、实施、煽动分裂国家、破坏国家统一或者颠覆国家政权、推翻社会主义制度的,分别依照刑法第一百零三条、第一百零五条、第一百一十三条的规定定罪处罚。

⑦ 最高人民法院《关于审理非法出版物刑事案件具体应用法律若干问题的解释》(1998年12月23日 法释〔1998〕30号)(节录)②

为依法惩治非法出版物犯罪活动,根据刑法的有关规定,现对审理非法出版物刑事案件具体应用法律的若干问题解释如下:

第一条 明知出版物中载有煽动分裂国家、破坏国家统一或者煽动颠覆国家政权、推翻社会主义制度的内容,而予以出版、印刷、复制、发行、传播的,依照刑法第一百零三条第二款或者第一百零五条第二款的规定,以煽动分裂国家罪或者煽动颠覆国家政权罪定罪处罚。

学理观点·典型案例 ➡ 索引与要旨

❶《泽戈、罗让旦真煽动分裂国家上诉案》(〔1999〕川刑一终字第341号),四川省高级人民法院

要旨 ➡ 行为人将有关达赖喇嘛和西藏独立的书籍借给他人阅看,导致他人犯煽动分裂国家罪,但行为人无煽动分裂国家的故意,不构成犯罪。

❷《煽动分裂国家罪的认定与处理》,载《刑事司法指南》2002年第1辑总第9辑,第120~130页。

要旨 ➡ 一、煽动分裂国家罪的特点和司法认定:1.煽动分裂国家罪的特点;2.煽动分裂国家罪的司法认定;

二、煽动分裂国家罪与非罪的界限;

三、煽动分裂国家罪与分裂国家罪的界限;

四、刑法中几种煽动型犯罪的界限:1.煽动分裂国家罪与煽动颠覆国家政权罪的区

---

① 对其解读见:《刑事审判参考合订本·第一卷》,第327~329,363~369页以及《解读最高人民法院司法解释刑事、行政卷(1997~2002)》,第239~242页。

② 对其解读见:《刑事审判参考合订本·第一卷》第277,356页以及《解读最高人民法院司法解释刑事、行政卷(1997~2002)》,第124~133页。

别；2. 煽动分裂国家罪与煽动民族仇恨、民族歧视罪的界限；3. 煽动分裂国家罪与煽动暴力抗拒法律实施罪的界限；

五、煽动分裂国家罪的刑事责任。

❸ 王汉斌《关于〈中华人民共和国（修订草案）〉的说明》（1997年3月6日）

要旨 ➡ 关于完备刑事法律条文问题（三）现在有些地方有人煽动民族仇恨，破坏民族团结。参考有关国际公约的规定，草案增加规定："煽动民族仇恨、民族歧视，情节严重的，处三年以下有期徒刑、拘役、管制或者剥夺政治权利；情节特别严重的，处三年以上十年以下有期徒刑。"对于利用民族问题，煽动分裂国家、破坏国家统一的，仍然适用危害国家安全罪的有关规定定罪处罚。

第104条 武装叛乱、暴乱罪

组织、策划、实施武装叛乱或者武装暴乱的，对首要分子或者罪行重大的，处无期徒刑或者十年以上有期徒刑；对积极参加的，处三年以上十年以下有期徒刑；对其他参加的，处三年以下有期徒刑、拘役、管制或者剥夺政治权利。

策动、胁迫、勾引、收买国家机关工作人员、武装部队人员、人民警察、民兵进行武装叛乱或者武装暴乱的，依照前款的规定从重处罚。

关 联 规 范 ➡ 完全整理

❶《中华人民共和国刑法》（1980年1月1日）与境外机构、组织、个人相勾结，实施本章第一百零三条、第一百零四条、第一百零五条规定之罪的，依照各该条的规定从重处罚。

❷《中华人民共和国刑法》（1980年1月1日）本章上述危害国家安全罪行中，除第一百零三条第二款、第一百零五条、第一百零七条、第一百零九条外，对国家和人民危害特别严重、情节特别恶劣的，可以判处死刑。

犯本章之罪的，可以并处没收财产。

学理观点·典型案例 ➡ 索引与要旨

《危害国家安全罪重要罪名解读》，载《刑事司法指南》2011年第4辑总第48辑，第1~33页。

第105条 第1款颠覆国家政权罪 第2款煽动颠覆国家政权罪

组织、策划、实施颠覆国家政权、推翻社会主义制度的，对首要分子或者罪行重大的，处无期徒刑或者十年以上有期徒刑；对积极参加的，处三年以上十年以下有期徒刑；对其他参加的，处三年以下有期徒刑、拘役、管制或者剥夺政治权利。

以造谣、诽谤或者其他方式煽动颠覆国家政权、推翻社会主义制度的，处五年以下有期徒刑、拘役、管制或者剥夺政治权利；首要分子或者罪行重大的，处五年以上有期徒刑。

关 联 规 范 ▶ 完全整理

❶《中华人民共和国刑法》（1980年1月1日）

与境外机构、组织、个人相勾结，实施本章第一百零三条、第一百零四条、第一百零五条规定之罪的，依照各该条的规定从重处罚。

❷《中华人民共和国刑法》（1980年1月1日）

犯本章之罪的，可以并处没收财产。

❸ 人大常委会《关于维护互联网安全的决定》（2000年12月28日）（节录）①

二、为了维护国家安全和社会稳定，对有下列行为之一，构成犯罪的，依照刑法有关规定追究刑事责任：（一）利用互联网造谣、诽谤或者发表、传播其他有害信息，煽动颠覆国家政权、推翻社会主义制度，或者煽动分裂国家、破坏国家统一。

❹ 最高人民法院、最高人民检察院《关于办理妨害预防、控制突发传染病疫情等灾害的刑事案件具体应用法律若干问题的解释》（2003年5月15日 法释〔2003〕8号）（节录）②

第十条（第二款）利用突发传染病疫情等灾害，制造、传播谣言，煽动分裂国家、破坏国家统一，或者煽动颠覆国家政权、推翻社会主义制度的，依照刑法第一百零三条第二款、第一百零五条第二款的规定，以煽动分裂国家罪或者煽动颠覆国家政权罪定罪处罚。

第十七条 人民法院、人民检察院办理有关妨害预防、控制突发传染病疫情等灾害的刑事案件，对于有自首、立功等悔罪表现的，依法从轻、减轻、免除处罚或者依法作出不起诉决定。

第十八条 本解释所称"突发传染病疫情等灾害"，是指突然发生，造成或者可能造成社会公众健康严重损害的重大传染病疫情、群体性不明原因疾病以及其他严重影响公众健康的灾害。

❺ 最高人民法院、最高人民检察院《关于办理组织和利用邪教组织犯罪案件具体应用法律若干问题的解释（二）》（2001年6月11日 法释〔2001〕19号）（节录）③

第二条 制作、传播邪教宣传品，煽动分裂国家、破坏国家统一，或者煽动颠覆国家

---

① 对其解读见：《刑事审判参考》2001年第4辑总第15辑，第52~58页。
② 对其解读见：《刑事审判参考》2003年第3辑总第32辑，第160~164，188~197页以及《"非典"防治时期相关犯罪的司法适用研究》，载《刑事司法指南》2003年第2辑总第14辑，第55~109页。
③ 对其解读见：《刑事审判参考》2001年第7辑总第18辑，第59~62，73~78页以及2001年第9辑总第20辑，第49~57页。

政权、推翻社会主义制度的，依照刑法第一百零三条第二款、第一百零五条第二款的规定，以煽动分裂国家罪或者煽动颠覆国家政权罪定罪处罚。

第四条 制作、传播的邪教宣传品具有煽动分裂国家、破坏国家统一，煽动颠覆国家政权、推翻社会主义制度，侮辱、诽谤他人，严重危害社会秩序和国家利益，或者破坏国家法律、行政法规实施等内容，其行为同时触犯刑法第一百零三条第二款、第一百零五条第二款、第二百四十六条、第三百条第一款等规定的，依照处罚较重的规定定罪处罚。

❻ 最高人民法院、最高人民检察院《关于办理组织和利用邪教组织犯罪案件具体应用法律若干问题的解释》（1999年10月30日　法释〔1999〕18号）（节录）①

第七条 组织和利用邪教组织，组织、策划、实施、煽动分裂国家、破坏国家统一或者颠覆国家政权、推翻社会主义制度的，分别依照刑法第一百零三条、第一百零五条、第一百一十三条的规定定罪处罚。

❼ 最高人民法院《关于审理非法出版物刑事案件具体应用法律若干问题的解释》（1998年12月23日　法释〔1998〕30号）（节录）②

第一条 明知出版物中载有煽动分裂国家、破坏国家统一或者煽动颠覆国家政权、推翻社会主义制度的内容，而予以出版、印刷、复制、发行、传播的，依照刑法第一百零三条第二款或者第一百零五条第二款的规定，以煽动分裂国家罪或者煽动颠覆国家政权罪定罪处罚。

学理观点·典型案例　　索引与要旨

❶《黄金秋颠覆国家政权案》〔2004〕常刑一初字第015号，常州市中级人民法院
　　要旨➡公民在行使结社自由权、言论自由权时，实施了颠覆国家政权的活动，危害国家安全的，其行为构成颠覆国家政权罪。

❷《黄琦煽动颠覆国家政权案》〔2001〕成刑初字第49号，成都市中级人民法院
　　要旨➡通过互联网散布传播有关"民运"、"六·四"等方面的文章，采取造谣、诽谤的方式煽动颠覆国家政权、推翻我国社会主义制度，已构成煽动颠覆国家政权罪。

❸《杨洪林煽动颠覆国家政权上诉案》〔2002〕晋刑二终字第83号，山西省高级人民法院
　　要旨➡为使他人受到刑事追究而以他人名义散布煽动颠覆国家政权性质的攻击性言论的，不以煽动颠覆国家政权罪论处，应认定为诬告陷害罪。

❹《巴敦煽动颠覆国家政权案》〔2001〕哈刑初字第20号，哈密地区中级人民法院
　　核心提示➡与境外人勾结，向多人进行思想宣传

---

① 对其解读见：《刑事审判参考合订本·第一卷》，第327~329,363~369页以及《解读最高人民法院司法解释刑事、行政卷（1997~2002）》，第239~242页。

② 对其解读见：《刑事审判参考合订本·第一卷》，第277,356页以及《解读最高人民法院司法解释刑事、行政卷（1997~2002）》，第124~133页。

5 《煽动分裂国家罪的认定与处理》，载《刑事司法指南》2002年第1辑总第9辑，第120~130页。

核心提示 ➡ 刑法中几种煽动型犯罪的界限：煽动分裂国家罪与煽动颠覆国家政权罪的区别

6 《刘某某煽动颠覆国家政权案》，载《刑事审判参考》2001年第9辑总第20辑，第1~8页。

核心提示 ➡ 对利用互联网煽动颠覆国家政权的案件如何审查判断证据？

7 《孔峻凌颠覆国家政权案》〔2001〕襄中刑初字第122号，襄樊市中级人民法院

要旨 ➡ 本罪属于行为犯，行为人积极写信与境外机构联络，实施了策划推翻国家政权的具体行为，即符合颠覆国家政权罪的构成要件。

8 《岳正中煽动颠覆国家政权案》〔2000〕一中刑初字第60号，天津市第一中级人民法院

要旨 ➡ 为嫁祸于他人，以他人名义投寄反动信件行为的认定，应认定为诬告陷害罪。

第106条 危害国家犯罪的从重情节

与境外机构、组织、个人相勾结，实施本章第一百零三条、第一百零四条、第一百零五条规定之罪的，依照各该条的规定从重处罚。

第107条 资助危害国家安全犯罪活动罪

境内外机构、组织或者个人资助境内组织或者个人实施本章第一百零二条、第一百零三条、第一百零四条、第一百零五条规定之罪的，对直接责任人员，处五年以下有期徒刑、拘役、管制或者剥夺政治权利；情节严重的，处五年以上有期徒刑。

中华人民共和国刑法修正案（八）（第十一届全国人民代表大会常务委员会第十九次会议2011年2月25日通过，中华人民共和国主席令第四十一号公布，自2011年5月1日起施行。）

二十、将刑法第一百零七条修改为："境内外机构、组织或者个人资助实施本章第一百零二条、第一百零三条、第一百零四条、第一百零五条规定之罪的，对直接责任人员，处五年以下有期徒刑、拘役、管制或者剥夺政治权利；情节严重的，处五年以上有期徒刑。"

关联规范 ➡ 完全整理

1 《中华人民共和国刑法》（1980年1月1日）第102条

勾结外国，危害中华人民共和国的主权、领土完整和安全的，处无期徒刑或者十年以上有期徒刑。

与境外机构、组织、个人相勾结，犯前款罪的，依照前款的规定处罚。

2 《中华人民共和国刑法》（1980年1月1日）第103条第1款、第2款

组织、策划、实施分裂国家、破坏国家统一的，对首要分子或者罪行重大的，处无期徒刑或者十年以上有期徒刑；对积极参加的，处三年以上十年以下有期徒刑；对其他参加的，处三年以下有期徒刑、拘役、管制或者剥夺政治权利。

煽动分裂国家、破坏国家统一的，处五年以下有期徒刑、拘役、管制或者剥夺政治权利；首要分子或者罪行重大的，处五年以上有期徒刑。

❸《中华人民共和国刑法》（1980年1月1日）第104条

组织、策划、实施武装叛乱或者武装暴乱的，对首要分子或者罪行重大的，处无期徒刑或者十年以上有期徒刑；对积极参加的，处三年以上十年以下有期徒刑；对其他参加的，处三年以下有期徒刑、拘役、管制或者剥夺政治权利。

策动、胁迫、勾引、收买国家机关工作人员、武装部队人员、人民警察、民兵进行武装叛乱或者武装暴乱的，依照前款的规定从重处罚。

❹《中华人民共和国刑法》（1980年1月1日）第105条第1款、第2款

组织、策划、实施颠覆国家政权、推翻社会主义制度的，对首要分子或者罪行重大的，处无期徒刑或者十年以上有期徒刑；对积极参加的，处三年以上十年以下有期徒刑；对其他参加的，处三年以下有期徒刑、拘役、管制或者剥夺政治权利。

以造谣、诽谤或者其他方式煽动颠覆国家政权、推翻社会主义制度的，处五年以下有期徒刑、拘役、管制或者剥夺政治权利；首要分子或者罪行重大的，处五年以上有期徒刑。

❺《中华人民共和国刑法》（1980年1月1日）第113条第2款

犯本章之罪的，可以并处没收财产。

❻《刑法修正案（八）》[①]

学理观点·典型案例 ➡ 索引与要旨

《危害国家安全罪重要罪名解读》，载《刑事司法指南》2011年第4集总第48辑，第1~33页。

第108条 投敌叛变罪

投敌叛变的，处三年以上十年以下有期徒刑；情节严重或者带领武装部队人员、人民警察、民兵投敌叛变的，处十年以上有期徒刑或者无期徒刑。

关联规范 ➡ 完全整理

《中华人民共和国刑法》（1980年1月1日）第113条

本章上述危害国家安全罪行中，除第一百零三条第二款、第一百零五条、第一百零七条、第一百零九条外，对国家和人民危害特别严重、情节特别恶劣的，可以判处死刑。

---

① 对其解读见：《刑事审判参考》2011年第4辑总第81辑，第83~117页以及《公检法办案指南》2011年第3辑总第135辑，第13~121页。

犯本章之罪的，可以并处没收财产。

第 109 条　叛逃罪

国家机关工作人员在履行公务期间，擅离岗位，叛逃境外或者在境外叛逃，危害中华人民共和国国家安全的，处五年以下有期徒刑、拘役、管制或者剥夺政治权利；情节严重的，处五年以上十年以下有期徒刑。

掌握国家秘密的国家工作人员犯前款罪的，依照前款的规定从重处罚。

中华人民共和国刑法修正案（八）（第十一届全国人民代表大会常务委员会第十九次会议 2011 年 2 月 25 日通过，中华人民共和国主席令第四十一号公布，自 2011 年 5 月 1 日起施行。）

二十一、将刑法第一百零九条修改为："国家机关工作人员在履行公务期间，擅离岗位，叛逃境外或者在境外叛逃的，处五年以下有期徒刑、拘役、管制或者剥夺政治权利；情节严重的，处五年以上十年以下有期徒刑。

掌握国家秘密的国家工作人员叛逃境外或者在境外叛逃的，依照前款的规定从重处罚。"

关联规范 ▶ 完全整理

❶《中华人民共和国刑法》（1980 年 1 月 1 日）第 113 条第 2 款

犯本章之罪的，可以并处没收财产。

❷ 最高人民法院《关于审理为境外窃取、刺探、收买、非法提供国家秘密、情报案件具体应用法律若干问题的解释》（2001 年 1 月 22 日　法释〔2001〕4 号）（节录）①

第一条　刑法第一百一十一条规定的"国家秘密"，是指《中华人民共和国保守国家秘密法》第二条、第八条以及《中华人民共和国保守国家秘密法实施办法》第四条确定的事项。

刑法第一百一十一条规定的"情报"，是指关系国家安全和利益、尚未公开或者依照有关规定不应公开的事项。

学理观点·典型案例 ▶ 索引与要旨

❶《刑法修正案（八）》解读，载《刑事审判参考》2011 年第 4 辑总第 81 辑，第 83～117 页以及《公检法办案指南》2011 年第 3 辑总第 135 辑，第 13～121 页。

❷《李宝安等故意泄露国家秘密案》，载《刑事审判参考》2003 年第 4 辑总第 33 辑，第 53～59 页。

核心提示 ➡ 国家秘密的含义

---

① 对其解读见：《刑事审判参考》2001 年第 3 辑总第 14 辑，第 60～65 页。

要旨 ➡ 《中华人民共和国保守国家秘密法》第二条规定:"国家秘密是关系国家的安全和利益,依照法定程序确定,在一定时间内只限一定范围的人员知悉的事项。"第十条规定:"国家秘密的范围及其密级的具体范围,由国家保密工作部门分别会同外交、公安、国家安全和其他中央有关机关规定。"

❸《于萍故意泄露国家秘密案》,载《刑事审判参考》2002年第5辑总第28辑,第83~88页。

核心提示 ➡ 如何认定国家秘密?

要旨 ➡ 检察部门的保密规定并不适用于辩护律师。法院的保密规定不包括"讯问笔录"、"询问笔录"。检察部门的保密规定虽将二笔录规定为"庭审前",但该规定与刑事诉讼法第二十六条第二款相背离。犯罪事实材料一经起诉并移至法院,即告失密。本案主体身份不符,也不具备主观犯意。

第110条 间谍罪

有下列间谍行为之一,危害国家安全的,处十年以上有期徒刑或者无期徒刑;情节较轻的,处三年以上十年以下有期徒刑:

(一)参加间谍组织或者接受间谍组织及其代理人的任务的;

(二)为敌人指示轰击目标的。

关联规范 ➡ 完全整理

❶《中华人民共和国刑法》(1980年1月1日)第113条

本章上述危害国家安全罪行中,除第一百零三条第二款、第一百零五条、第一百零七条、第一百零九条外,对国家和人民危害特别严重、情节特别恶劣的,可以判处死刑。

犯本章之罪的,可以并处没收财产。

❷《中华人民共和国国家安全法》(1993年2月22日 主席令第六十八号)(节录)

第二十三条 境外机构、组织、个人实施或者指使、资助他人实施,或者境内组织、个人与境外机构、组织、个人相勾结实施危害中华人民共和国国家安全的行为,构成犯罪的,依法追究刑事责任。

第二十四条 犯间谍罪自首或者有立功表现的,可以从轻、减轻或者免除处罚;有重大立功表现的,给予奖励。

第二十五条 在境外受胁迫或者受诱骗参加敌对组织,从事危害中华人民共和国国家安全的活动,及时向中华人民共和国驻外机构如实说明情况的,或者入境后直接或者通过所在组织及时向国家安全机关或者公安机关如实说明情况的,不予追究。

❸最高人民检察院转发《国务院批转公安部关于坚决打击向国民党特务机关写信挂钩的犯罪分子》的通知(1981年9月14日 〔81〕高检发(办)34号)(节录)

二、对于向敌特通讯联络地址写信挂钩,已经或阴谋勾结国民党特务机关进行破坏活动,有下列反革命行为的,应按刑法第二编分则第一章反革命罪,依法处理:(一)向敌特机关提供情报的(适用刑法第九十七条第一项);(三)要求参加特务组织,请领任务,有潜伏、破坏活动的（适用刑法第九十七条第三项）。

❹ 广东省四家《关于处理向国民党特务机关写信挂钩案件的若干规定》（1985 年 1 月 1 日）（节录）

一、向国民党特务机关（含敌特通讯联络地址，下同）写信挂钩，具有下列行为之一的，属反革命罪，应予惩处：

（一）用明写或密写方法，要求参加特务组织、请派任务，敌特机关已通过电台、信函、派人潜入等方式，授予了代号。头衔，指派了任务的；或敌特机关虽未给予代号、任务，本人亦未着手进行破坏活动，但根据其写信的内容并经调查证实，不是出于骗钱骗物的经济目的，而是出于敌视人民民主专政的政权和社会主义制度，决心参加敌特组织而与敌特机关联络的，适用刑法第九十七条第三项，定特务、间谍罪。

（二）向敌特机关提供党和国家有关政治、经济、军事等情报（含内部文件、保密资料）的；或信中虽未提供情报，但表示要提供情报，在投寄挂钩信前后，确有搜集、刺探、窃取情报行为（含利用职务之便，非法窃取了某些国家机密），并着手准备向敌特机关提供的，适用刑法第九十七条第一项，定间谍罪。

学理观点·典型案例 ➡ 索引与要旨

❶《危害国家安全罪重要罪名解读》，载《刑事司法指南》2011 年第 4 辑总第 48 辑，第 1~33 页。

❷《于文恭等间谍上诉案》〔2008〕陕刑一终字第 94 号，陕西省高级人民法院
核心提示 ➡ 参加间谍组织或者接受间谍组织及其代理人任务

❸《论间谍罪的行为方式》，载《最新刑事法律文件解读》2006 年第 11 辑总第 23 辑，第 108~121 页。
要旨 ➡ 1. 新刑法对间谍行为的修改；2. 间谍行为的特征；3. 间谍行为与相关行为的比较；4. 间谍行为与其他涉密犯罪行为之辨析

❹《王梅平间谍、抢劫案》〔2001〕舟刑初字第 40 号，舟山市中级人民法院
要旨 ➡ 接受间谍组织代理人的任务，搜集、提供我国军事机密情报。

第 111 条　为境外窃取、刺探、收买、非法提供国家秘密、情报罪

为境外的机构、组织、人员窃取、刺探、收买、非法提供国家秘密或者情报的，处五年以上十年以下有期徒刑；情节特别严重的，处十年以上有期徒刑或者无期徒刑；情节较轻的，处五年以下有期徒刑、拘役、管制或者剥夺政治权利。

关联规范 ➡ 完全整理

❶《中华人民共和国刑法》（1980 年 1 月 1 日）第 113 条
本章上述危害国家安全罪行中，除第一百零三条第二款、第一百零五条、第一百零七

条、第一百零九条外，对国家和人民危害特别严重、情节特别恶劣的，可以判处死刑。

犯本章之罪的，可以并处没收财产。

❷ 人大常委会《关于维护互联网安全的决定》（2000年12月28日）（节录）①

❸ 最高人民法院、最高人民检察院《关于办理组织和利用邪教组织犯罪案件具体应用法律若干问题的解释（二）》（2001年6月11日 法释〔2001〕19号）（节录）②

第八条 邪教组织人员为境外窃取、刺探、收买、非法提供国家秘密、情报的，以窃取、刺探、收买方法非法获取国家秘密的，非法持有国家绝密、机密文件、资料、物品拒不说明来源与用途的，或者泄露国家秘密情节严重的，分别依照刑法第一百一十一条为境外窃取、刺探、收买、非法提供国家秘密、情报罪，第二百八十二条第一款非法获取国家秘密罪，第二百八十二条第二款非法持有国家绝密、机密文件、资料、物品罪，第三百九十八条故意泄露国家秘密罪、过失泄露国家秘密罪的规定定罪处罚。

❹ 最高人民法院《关于审理为境外窃取、刺探、收买、非法提供国家秘密、情报案件具体应用法律若干问题的解释》（2001年1月22日 法释〔2001〕4号）（节录）③

第一条 刑法第一百一十一条规定的"国家秘密"，是指《中华人民共和国保守国家秘密法》第二条、第八条以及《中华人民共和国保守国家秘密法实施办法》第四条确定的事项。

刑法第一百一十一条规定的"情报"，是指关系国家安全和利益、尚未公开或者依照有关规定不应公开的事项。

对为境外机构、组织、人员窃取、刺探、收买、非法提供国家秘密之外的情报的行为，以为境外窃取、刺探、收买、非法提供情报罪定罪处罚。

第二条 为境外窃取、刺探、收买、非法提供国家秘密或者情报，具有下列情形之一的，属于"情节特别严重"，处十年以上有期徒刑、无期徒刑，可以并处没收财产：

（一）为境外窃取、刺探、收买、非法提供绝密级国家秘密的；

（二）为境外窃取、刺探、收买、非法提供三项以上机密级国家秘密的；

（三）为境外窃取、刺探、收买、非法提供国家秘密或者情报，对国家安全和利益造成其他特别严重损害的。

实施前款行为，对国家和人民危害特别严重、情节特别恶劣的，可以判处死刑，并处没收财产。

第三条 为境外窃取、刺探、收买、非法提供国家秘密或者情报，具有下列情形之一的，处五年以上十年以下有期徒刑，可以并处没收财产：

（一）为境外窃取、刺探、收买、非法提供机密级国家秘密的；

（二）为境外窃取、刺探、收买、非法提供三项以上秘密级国家秘密的；

---

① 对其解读见：《刑事审判参考》2001年第4辑总第15辑，第52~58页。
② 对其解读见：《刑事审判参考》2001年第7辑总第18辑，第59~62、73~78页以及2001年第9辑总第20辑，第49~57页。
③ 对其解读见：《刑事审判参考》2001年第3辑总第14辑，第60~65页。

（三）为境外窃取、刺探、收买、非法提供国家秘密或者情报，对国家安全和利益造成其他严重损害的。

第四条 为境外窃取、刺探、收买、非法提供秘密级国家秘密或者情报，属于"情节较轻"，处五年以下有期徒刑、拘役、管制或者剥夺政治权利，可以并处没收财产。

第五条 行为人知道或者应当知道没有标明密级的事项关系国家安全和利益，而为境外窃取、刺探、收买、非法提供的，依照刑法第一百一十一条的规定以为境外窃取、刺探、收买、非法提供国家秘密罪定罪处罚。

第六条 通过互联网将国家秘密或者情报非法发送给境外的机构、组织、个人的，依照刑法第一百一十一条的规定定罪处罚；将国家秘密通过互联网予以发布，情节严重的，依照刑法第三百九十八条的规定定罪处罚。

第七条 审理为境外窃取、刺探、收买、非法提供国家秘密案件，需要对有关事项是否属于国家秘密以及属于何种密级进行鉴定的，由国家保密工作部门或者省、自治区、直辖市保密工作部门鉴定。

二、为了维护国家安全和社会稳定，对有下列行为之一，构成犯罪的，依照刑法有关规定追究刑事责任：（二）通过互联网窃取、泄露国家秘密、情报或者军事秘密。

5 最高人民检察院转发《国务院批转公安部关于坚决打击向国民党特务机关写信挂钩的犯罪分子》的通知（1981年9月14日 〔81〕高检发（办）34号）（节录）

二、对于向敌特通讯联络地址写信挂钩，已经或阴谋勾结国民党特务机关进行破坏活动，有下列反革命行为的，应按刑法第二编分则第一章反革命罪，依法处理：（一）向敌特机关提供情报的（适用刑法第九十七条第一项）；（三）要求参加特务组织，请领任务，有潜伏、破坏活动的（适用刑法第九十七条第三项）。

6 广东省四家《关于处理向国民党特务机关写信挂钩案件的若干规定》（1985年1月1日）（节录）

一、向国民党特务机关（含敌特通讯联络地址，下同）写信挂钩，具有下列行为之一的，属反革命罪，应予惩处：

（一）用明写或密写方法，要求参加特务组织、请派任务，敌特机关已通过电台、信函、派人潜入等方式，授予了代号。头衔，指派了任务的；或敌特机关虽未给予代号、任务，本人亦未着手进行破坏活动，但根据其写信的内容并经调查证实，不是出于骗钱骗物的经济目的，而是出于敌视人民民主专政的政权和社会主义制度，决心参加敌特组织而与敌特机关联络的，适用刑法第九十七条第三项，定特务、间谍罪。

学理观点·典型案例 ➡ **索引与要旨**

1《刘风钢、徐列阳、张胜其为境外刺探、非法提供国家情报案》〔2004〕杭刑初字第39号，杭州市中级人民法院

要旨 ➡ 国家保密局是"国家秘密"的法定鉴定机关，鉴于"秘密"与"情报"有相同的性质，故司法机关委托保密部门进行鉴定并无不当。

❷《付健为境外窃取、非法提供国家秘密、情报案》，载《最高人民法院公报》2003年第5辑总第76辑。

要旨 ➡ 利用职务便利，窃取、搜集国家秘密及相关情报，并提供给境外情报机构的，构成本罪。

❸《李宝安等故意泄露国家秘密案》，载《刑事审判参考》2003年第4辑总第33辑，第53~59页。

核心提示 ➡ 国家秘密的含义

《中华人民共和国保守国家秘密法》第二条规定："国家秘密是关系国家的安全和利益，依照法定程序确定，在一定时间内只限一定范围的人员知悉的事项。"第十条规定："国家秘密的范围及其密级的具体范围，由国家保密工作部门分别会同外交、公安、国家安全和其他中央有关机关规定。"

❹《于萍故意泄露国家秘密案》，载《刑事审判参考》2002年第5辑总第28辑，第83~88页。

核心提示 ➡ 如何认定国家秘密？

要旨 ➡ 检察部门的保密规定并不适用于辩护律师。法院的保密规定不包括"讯问笔录"、"询问笔录"。检察部门的保密规定虽将二笔录规定为"庭审前"，但该规定与刑事诉讼法第26条第2款相背离。犯罪事实材料一经起诉并移至法院，即告失密。本案主体身份不符，也不具备主观犯意。

❺《刘培兴等间谍上诉案》〔1999〕闽刑终字第479号，福州市中级人民法院

要旨 ➡ 为牟利，明知为台湾间谍机关提供的资料为国家秘密、情报，而采取窃取、收买的手段将我国军事秘密、情报提供给台湾间谍机关。

❻《魏金宝等间谍、为境外非法提供国家秘密情报上诉案》〔1999〕闽刑终字第444号，福州市中级人民法院

核心提示 ➡ 提供我军内教材、军内资料的认定

第112条 资敌罪

战时供给敌人武器装备、军用物资资敌的，处十年以上有期徒刑或者无期徒刑；情节较轻的，处三年以上十年以下有期徒刑。

关 联 规 范 ➡ 完全整理

《中华人民共和国刑法》（1980年1月1日）第113条

本章上述危害国家安全罪行中，除第一百零三条第二款、第一百零五条、第一百零七条、第一百零九条外，对国家和人民危害特别严重、情节特别恶劣的，可以判处死刑。

犯本章之罪的，可以并处没收财产。

第113条 危害国家安全的死刑、财产刑

本章上述危害国家安全罪行中，除第一百零三条第二款、第一百零五条、

第一百零七条、第一百零九条外,对国家和人民危害特别严重、情节特别恶劣的,可以判处死刑。

犯本章之罪的,可以并处没收财产。

关 联 规 范 ▶ 完全整理

最高人民法院、最高人民检察院《关于办理组织和利用邪教组织犯罪案件具体应用法律若干问题的解释》(1999年10月30日 法释〔1999〕18号)(节录)①

第七条 组织和利用邪教组织,组织、策划、实施、煽动分裂国家、破坏国家统一或者颠覆国家政权、推翻社会主义制度的,分别依照刑法第一百零三条、第一百零五条、第一百一十三条的规定定罪处罚。

---

① 对其解读见:《刑事审判参考合订本·第一卷》,第327~329,363~369页以及《解读最高人民法院司法解释刑事、行政卷(1997~2002)》,第239~242页。

第二章 危害公共安全罪

第 114 条　修正案（三）第 1 条　放火罪　决水罪　爆炸罪　以危险方法危害公共安全罪　投放危险物质罪

放火、决水、爆炸、投毒或者以其他危险方法破坏工厂、矿场、油田、港口、河流、水源、仓库、住宅、森林、农场、谷物、牧场、重要管道、公共建筑物或者其他公私财产，危害公共安全，尚未造成严重后果的，处三年以上十年以下有期徒刑。

中华人民共和国刑法修正案（三）（2001 年 12 月 29 日第九届全国人民代表大会常务委员会第二十五次会议通过，2001 年 12 月 29 日中华人民共和国主席令第六十四号公布，自公布之日起施行。）

一、将刑法第一百一十四条修改为："放火、决水、爆炸以及投放毒害性、放射性、传染病病原体等物质或者以其他危险方法危害公共安全，尚未造成严重后果的，处三年以上十年以下有期徒刑。"

关联规范　　完全整理

❶《刑法修正案（三）》（2001 年 12 月 29 日　主席令第六十四号）（节录）[①]

二、修改刑法第一百一十四条和第一百一十五条，将"投放毒害性、放射性、传染病病原体等物质"写入条文，使条文规定更加明确。

❷ 最高人民法院、最高人民检察院《关于办理妨害预防、控制突发传染病疫情等灾害的刑事案件具体应用法律若干问题的解释》（2003 年 5 月 15 日　法释〔2003〕8 号）（节录）[②]

第一条　故意传播突发传染病病原体，危害公共安全的，依照刑法第一百一十四条、第一百一十五条第一款的规定，按照以危险方法危害公共安全罪定罪处罚。

患有突发传染病或者疑似突发传染病而拒绝接受检疫、强制隔离或者治疗，过失造成传染病传播，情节严重，危害公共安全的，依照刑法第一百一十五条第二款的规定，按照过失以危险方法危害公共安全罪定罪处罚。

[①]　对其解读见：《刑事审判参考》2002 年第 1 辑总第 24 辑，第 98～100，176～184 页。

[②]　对其解读见：《刑事审判参考》2003 年第 3 辑总第 32 辑，第 160～164，188～197 页以及《"非典"防治时期相关犯罪的司法适用研究》，载《刑事司法指南》2003 年第 2 辑总第 14 辑，第 55～109 页。

❸ 最高人民法院、最高人民检察院《关于执行〈中华人民共和国刑法〉确定罪名的补充规定》（2002年3月15日　法释〔2002〕7号）（节录）①

❹ 最高人民法院、最高人民检察院《关于办理组织和利用邪教组织犯罪案件具体应用法律若干问题的解释（二）》（2001年6月11日　法释〔2001〕19号）（节录）②

第十条　邪教组织人员以自焚、自爆或者其他危险方法危害公共安全的，分别依照刑法第一百一十四条、第一百一十五条第一款以危险方法危害公共安全罪等规定定罪处罚。

❺ 最高人民法院《关于审理破坏野生动物资源刑事案件具体应用法律若干问题的解释》（2000年12月11日　法释〔2000〕37号）（节录）③

第七条　使用爆炸、投毒、设置电网等危险方法破坏野生动物资源，构成非法猎捕、杀害珍贵、濒危野生动物罪或者非法狩猎罪，同时构成刑法第一百一十四条或者第一百一十五条规定之罪的，依照处罚较重的规定定罪处罚。

❻ 最高人民法院、最高人民检察院《关于办理反革命暴乱和政治动乱中犯罪案件具体应用法律的若干问题的意见》（1989年8月1日）（节录）

二、关于其他刑事犯罪案件的定罪问题：不具有反革命目的，实施下列行为之一的，依照刑法有关条款定罪。

1. 故意提供火源、助燃物品、投掷火种焚烧军警车辆和其他机动车辆、各种建筑物、军用物资或者其他公私财产的，依照刑法第105条、第106条定放火罪。

❼ 林业局、公安部《关于森林和陆生野生动物刑事案件管辖及立案标准》（2001年5月9日）（节录）

二、（六）放火案：凡故意放火造成森林或者其他林木火灾的都应当立案；过火有林地面积2公顷以上为重大案件；过火有林地面积10公顷以上，或者致人重伤、死亡的，为特别重大案件。

学理观点·典型案例　➡️ 索引与要旨

❶《最高人民法院公布四起危害食品安全犯罪典型案例》，载《公检法办案指南》2011年第12辑总第144辑，第160~164页。

核心提示 ➡ 将盐酸克仑特罗（瘦肉精）饲养生猪并销售

❷《贺某某等三人以危险方法危害公共安全案》，载《公检法办案指南》2011年第3辑总第135辑，第180~185页。

核心提示 ➡ 蓄意"碰瓷"致同伙死亡应如何定罪处罚？

❸《薛某、王某、张某重大环境污染事故案》，载《最新刑事法律文件解读》2010年

---

① 对其解读见：《刑事审判参考》2002年第3辑总第26辑，第171~177页。
② 对其解读见：《刑事审判参考》2001年第7辑总第18辑，第59~62，73~78页以及2001年第9辑总第20辑，第49~57页。
③ 对其解读见：《刑事审判参考》2001年第2辑总第13辑，第78~84页。

第 7 辑总第 61 辑，第 94~100 页。

核心提示 ➡ 重大环境污染事故罪与投放危险物质罪的区别

❹《以爆炸方式抢劫，因提前爆炸致车毁人亡的罪名确定》，载《公检法办案指南》2010 年第 12 辑总第 132 辑，第 156~161 页。

❺《故意制造交通事故行为的定性问题》，载《公检法办案指南》2010 年第 7 辑总第 127 辑，第 161~169 页。

❻《李跃等以危险方法危害公共安全案》，载《刑事审判参考》2009 年第 6 辑总第 71 辑，第 9~16 页。

核心提示 ➡ 在城市主干路采用故意驾驶机动车撞击他人车辆制造交通事故的手段勒索钱财的行为如何定罪？

❼《从周某放火案看对证据分层次的审查判断和运用》，载《刑事司法指南》2009 年第 1 辑总第 37 辑，第 85~95 页。

❽《王桂平以危险方法危害公共安全、销售伪劣产品、虚报注册资本案》，载《刑事审判参考》2008 年第 5 辑总第 64 辑，第 1~7 页。

要旨 ➡ 向药品生产企业销售假冒的药品辅料的行为构成以危险方法危害公共安全罪。

❾《胡某、冯某盗窃窨井盖案》，载《刑事法律文件解读》2008 年第 3 辑总第 33 辑，第 92~96 页。

核心提示 ➡ 盗窃窨井盖行为如何定性？

❿《驾车"碰瓷"案件的司法认定——兼论具体危险犯的可罚性判断》，载《公检法办案指南》2008 年第 4 辑总第 100 辑，第 143~154 页。

⓫《祝久平以危险方法危害公共安全案》，载《刑事审判参考》2004 年第 5 辑总第 40 辑，第 40~47 页。

核心提示 ➡ 人民法院认定事实与指控事实一致的，能否直接将指控的轻罪名变更为重罪名？如何正确区分寻衅滋事罪和以危险方法危害公共安全罪？

要旨 ➡ 1. 如何正确区分寻衅滋事罪和以危险方法危害公共安全罪；2. 法院认定事实与指控事实一致的，可以变更指控罪名；3. 法院增加罪名或者由轻罪名变为重罪名的，须经一定的程序予以变更。

⓬《从生活事实中发现法》，载《刑事审判要览》2004 年第 2 辑总第 8 辑，第 34~48 页。

要旨 ➡ 绝大多数放火行为，都有直接点燃对象的动作。但是，不能认为这就是放火的真实含义。法官可能遇到以不作为形式放火的案件，也可能遇到虽然表现为作为但没有直接点燃对象这一动作的放火案件。所以，法官不得不再定义放火："放火是故意引起火灾的行为，火灾是在时间上或者空间上失去控制的火的燃烧。"

⓭《叶润生故意杀人案》，载《最高人民法院判例释解·刑事卷》。

核心提示 ➡ 驾车撞向特定对象致其轻伤但连带致无辜群众一死二伤的行为如何定性？

第 115 条　第 2 款　修正案（三）第 2 条　失火罪　过失爆炸罪　过失投放危险物质罪　过失以危险方法危害公共安全罪　过失投放危险物质罪

放火、决水、爆炸、投毒或者以其他危险方法致人重伤、死亡或者使公私财产遭受重大损失的，处十年以上有期徒刑、无期徒刑或者死刑。

过失犯前款罪的，处三年以上七年以下有期徒刑；情节较轻的，处三年以下有期徒刑或者拘役。

中华人民共和国刑法修正案（三）（2001 年 12 月 29 日第九届全国人民代表大会常务委员会第二十五次会议通过，2001 年 12 月 29 日中华人民共和国主席令第六十四号公布，自公布之日起施行。）

二、将刑法第一百一十五条第一款修改为："放火、决水、爆炸以及投放毒害性、放射性、传染病病原体等物质或者以其他危险方法致人重伤、死亡或者使公私财产遭受重大损失的，处十年以上有期徒刑、无期徒刑或者死刑。"

关联规范　⟹　完全整理

❶《刑法修正案（三）》（2001 年 12 月 29 日　主席令第六十四号）（节录）①

二、修改刑法第一百一十四条和第一百一十五条，将"投放毒害性、放射性、传染病病原体等物质"写入条文，使条文规定更加明确。

❷ 最高人民法院《关于醉酒驾车犯罪法律适用问题的意见》（2009 年 9 月 11 日　法发〔2009〕17 号）②

为依法严肃处理醉酒驾车犯罪案件，统一法律适用标准，充分发挥刑罚惩治和预防犯罪的功能，有效遏制酒后和醉酒驾车犯罪的多发。高发态势，切实维护广大人民群众的生命健康安全，有必要对醉酒驾车犯罪法律适用问题作出统一规范。

一、准确适用法律，依法严惩醉酒驾车犯罪

刑法规定，醉酒的人犯罪，应当负刑事责任，行为人明知酒后驾车违法，醉酒驾车会危害公共安全，却无视法律醉酒驾车，特别是在肇事后继续驾车冲撞，造成重大伤亡，说明行为人主观上对持续发生的危害结果持放任态度，且有危害公共安全的故意。对此类醉酒驾车造成重大伤亡的，应依法以危险方法危害公共安全罪定罪。

2009 年 9 月 8 日公布的两起醉酒驾车犯罪案件中，被告人黎景全和被告人孙伟铭都是在严重醉酒状态下驾车肇事，连续冲撞，造成重大伤亡。其中，黎景全驾车肇事后，不顾伤者及劝阻他的众多村民的安危，继续驾车行驶，致 2 人死亡，2 人轻伤；孙伟铭长期无证驾驶，多次违反交通法规，在醉酒驾车与其他车辆追尾后，为逃逸继续驾车越限速行驶，先后与 4 辆正常行驶的轿车相撞，造成 4 人死亡 1 人重伤，被告人黎景全和被告人孙伟铭

---

① 对其解读见：《刑事审判参考》2002 年第 1 辑总第 24 辑，第 98～100，176～184 页。
② 对其解读见：《刑事审判参考》2009 年第 6 辑总第 71 辑，第 120～128 页。

在醉酒驾车发生交通事故后，继续驾车冲撞行驶，其主观上对他人伤亡的危害结果明显持放任态度，具有危害公共安全的故意。二被告人的行为均已构成以危险方法危害公共安全罪。

二、贯彻宽严相济刑事政策，适当裁量刑罚

根据刑法第一百一十五条第一款的规定，醉酒驾车，放任危害结果发生，造成重大伤亡事故，构成以危险方法危害公共安全罪的，应处以十年以上有期徒刑、无期徒刑或者死刑。具体决定对被告人的刑罚时，要综合考虑此类犯罪的性质、被告人的犯罪情节、危害后果及其主观恶性、人身危险性。一般情况下，醉酒驾车构成本罪的，行为人在主观上并不希望、也不追求危害结果的发生，属于间接故意犯罪，行为的主观恶性与以制造事端为目的而恶意驾车撞人并造成重大伤亡后果的直接故意犯罪有所不同，因此，在决定刑罚时，也应当有所区别。此外，醉酒状态下驾车，行为人的辨认和控制能力实际有所减弱，量刑时也应酌情考虑。

被告人黎景全和被告人孙伟铭醉酒驾车犯罪案件，依法没有适用死刑，而是分别判处无期徒刑，主要考虑到二被告人均系间接故意犯罪，与直接故意犯罪相比，主观恶性不是很深，人身危险性不是很大；犯罪时驾驶车辆的控制能力有所减弱；归案后认罪、悔罪态度较好，积极赔偿被害方的经济损失，一定程度上获得了被害方的谅解。广东省高级人民法院和四川省高级人民法院的终审裁判对二被告人的量刑是适当的。

三、统一法律适用，充分发挥司法审判职能作用

为依法严肃处理醉酒驾车犯罪案件，遏制酒后和醉酒驾车对公共安全造成的严重危害，警示、教育潜在违规驾驶人员，今后，对醉酒驾车，放任危害结果的发生，造成重大伤亡的，一律按照本意见规定，并参照附发的典型案例，依法以危险方法危害公共安全罪定罪量刑。

为维护生效裁判的既判力，稳定社会关系，对于此前已经处理过的将特定情形的醉酒驾车认定为交通肇事罪的案件，应维持终审裁判，不再变动。本意见执行中有何情况和问题，请及时层报最高人民法院。

❸ 最高人民检察院、公安部《关于公安机关管辖的刑事案件立案追诉标准的规定（一）》（2008年6月25日 公通字〔2008〕36号）（节录）

第一条 过失引起火灾，涉嫌下列情形之一的，应予立案追诉：（一）导致死亡一人以上，或者重伤三人以上的；（二）造成公共财产或者他人财产直接经济损失五十万元以上的；（三）造成十户以上家庭的房屋以及其他基本生活资料烧毁的；（四）造成森林火灾，过火有林地面积二公顷以上，或者过火疏林地、灌木林地、未成林地、苗圃地面积四公顷以上的；（五）其他造成严重后果的情形。

本条和本规定第十五条规定的"有林地"、"疏林地"、"灌木林地"、"未成林地"、"苗圃地"，按照国家林业主管部门的有关规定确定。

❹ 最高人民法院、最高人民检察院《关于办理妨害预防、控制突发传染病疫情等灾害的刑事案件具体应用法律若干问题的解释》（2003年5月15日 法释〔2003〕8号）

第二编 分则 第二章 危害公共安全罪

(节录)①

第一条 故意传播突发传染病病原体，危害公共安全的，依照刑法第一百一十四条、第一百一十五条第一款的规定，按照以危险方法危害公共安全罪定罪处罚。

患有突发传染病或者疑似突发传染病而拒绝接受检疫、强制隔离或者治疗，过失造成传染病传播，情节严重，危害公共安全的，依照刑法第一百一十五条第二款的规定，按照过失以危险方法危害公共安全罪定罪处罚。

5 最高人民法院、最高人民检察院《关于执行〈中华人民共和国刑法〉确定罪名的补充规定》（2002年3月15日 法释〔2002〕7号）②

6 最高人民法院、最高人民检察院《关于办理组织和利用邪教组织犯罪案件具体应用法律若干问题的解释（二）》（2001年6月11日 法释〔2001〕19号）（节录）③

第十条 邪教组织人员以自焚、自爆或者其他危险方法危害公共安全的，分别依照刑法第一百一十四条、第一百一十五条第一款以危险方法危害公共安全罪等规定定罪处罚。

7 最高人民法院《关于审理非法进口废物刑事案件适用法律若干问题的解释》（1996年7月31日 法发〔1996〕24号）（节录）

一、(第三款) 个人走私危险废物，又因贮存、运输、利用、处罚危险废物危害公共安全的，以走私罪和刑法第一百零五条或者第一百零六条规定的危害公共安全罪数罪并罚；企业事业单位、机关团体实施上述行为，危害公共安全造成严重后果的，对其直接负责的主管人员和其他直接责任人员以走私罪和刑法第一百零六条规定的危害公共安全罪数罪并罚。

四、明知是国家禁止进口的废物或国家限制进口的废物而非法倒卖，情节严重的，依照刑法关于投机倒把罪的规定定罪处罚。

因倒卖危险废物致人重伤、死亡或者使公私财产遭受重大损失的，依照刑法第一百零六条规定的危害公共安全罪定罪处罚。

企业事业单位、机关团体实施前两款行为构成犯罪的，对其直接负责的主管人员和其他直接责任人员分别依照刑法关于投机倒把罪或者危害公共安全罪的有关规定定罪处罚。

8 林业局、公安部《关于森林和陆生野生动物刑事案件管辖及立案标准》（2001年5月9日）（节录）

二、(六) 放火案：凡故意放火造成森林或者其他林木火灾的都应当立案；过火有林地面积2公顷以上为重大案件；过火有林地面积10公顷以上，或者致人重伤、死亡的，为特别重大案件。

---

① 对其解读见：《刑事审判参考》2003年第3辑总第32辑，第160~164、188~197页以及《"非典"防治时期相关犯罪的司法适用研究》，载《刑事司法指南》2003年第2辑总第14辑，第55~109页。

② 对其解读见：《刑事审判参考》2002年第3辑总第26辑，第171~177页。

③ 对其解读见：《刑事审判参考》2001年第7辑总第18辑，第59~62、73~78页以及2001年第9辑总第20辑，第49~57页。

（七）失火案失火造成森林火灾，过火有林地面积2公顷以上，或者致人重伤、死亡的应当立案；过火有林地面积为10公顷以上，或者致人死亡、重伤5人以上的为重大案件；过火有林地面积为50公顷以上，或者死亡2人以上的，为特别重大案件。

❾ 福建省公检法《关于修订福建省森林失火案件数额标准和重申执行福建省故意毁坏林木案件数额标准的意见》（2010年4月9日 闽高法〔2010〕174号）

一、过失引起森林火灾，具有下列情形之一的，适用《中华人民共和国刑法》第一百一十五条第二款失火罪中"情节较轻"：

（一）过火有林地面积二公顷（30亩）以上不满十四公顷（210亩）的；（二）过火疏林地、灌木林地、未成林地、苗圃地面积四公顷（60亩）以上不满二十八公顷（420亩）的；（三）造成林木直接经济损失5万元以上不满35万元的；（四）造成死亡一人，或者重伤三人以上六人以下的。

二、过失引起森林火灾，具有下列情形之一的，适用《中华人民共和国刑法》第一百一十五条第二款的规定，处三年以上七年以下有期徒刑：

（一）过火有林地面积十四公顷（210亩）以上的；（二）过火疏林地、灌木林地、未成林地、苗圃地面积二十八公顷（420亩）以上的；（三）造成林木直接经济损失35万元以上的；（四）造成死亡二人以上，或者重伤六人以上的。

三、过失引起森林火灾，同时过火有林地和疏林地、灌木林地、未成林地、苗圃地的，以过火有林地一公顷（15亩）折算为过火疏林地、灌木林地、未成林地、苗圃地二公顷（30亩），或者以过火疏林地、灌木林地、未成林地、苗圃地面积一公顷（15亩）折算为过火有林地面积零点五公顷（7.5亩）的标准换算，以换算后的面积分别适用第一条第（一）、（二）项和第二条第（一）、（二）项。

❿ 上海市高级人民法院刑庭、上海市检公诉处《关于进一步规范部分常见刑事案件级别管辖的意见》（2004年8月13日）（节录）

二、对具备下列情形，同时又不具有其他足以判处十五年有期徒刑以下刑罚的法定从轻、减轻情节的案件，各中级人民法院应当予以受理。

1. 放火罪、决水罪、爆炸罪、投放危险物质罪、以危险方法危害公共安全罪（刑法第115条第1款）

（1）死亡1人以上；（2）重伤3人以上；（3）公私财产遭受直接经济损失100万元以上。

⓫ 浙江省公检法《关于办理失火犯罪和消防责任事故犯罪案件有关问题的通知》（2001年2月9日）（节录）

第一条 根据《刑法》第115条之规定，由于行为人的过失引起火灾，致他人重伤、死亡或公共及他人财产遭受重大损失的，应追究刑事责任。

（一）具有下列情形之一的，处三年以下有期徒刑或拘役：

1. 死亡1人以上的；2. 重伤3人以上的；3. 生活资料基本损失的受灾户30户以上的；4. 直接财产损失30万元以上的；5. 烧毁森林100亩以上或特种用途林10亩以上的；6. 烧毁国家一级保护珍贵树木或百年以上古树名木3棵以上，或烧毁国家二级保护珍贵树木10

棵以上的；7. 火灾事故造成的单项损害后果虽未达到上列单项标准，但同时具有两项以上情形，且数量或数额接近单项标准的。

（二）具有下列情形之一的，处三年以上七年以下有期徒刑：

1. 死亡3人以上的；2. 重伤10人以上的；3. 生活资料基本损失的受灾户50户以上的；4. 直接财产损失60万元以上的；5. 烧毁森林200亩以上或特种用途林20亩以上的；6. 烧毁国家一级保护珍贵树木或百年以上古树名木6棵以上，或烧毁国家二级保护珍贵树木20棵以上的；7. 火灾事故造成的单项损害后果虽未达到上列标准，但同时具有两项以上情形，且数量或数额接近单项标准的。

⑫ 福建省公检法《关于执行〈关于办理盗伐、滥伐林木等破坏森林资源犯罪案件适用法律问题座谈纪要〉失火罪中"情节较轻"问题的意见》（2000年4月7日 闽高法〔2000〕92号）

一九九八年六月十日，福建省高级人民法院、省人民检察院、省公安厅制定的《关于办理盗伐、滥伐森林等破坏森林资源犯罪案件适用法律问题座谈纪要》，对打击破坏森林资源和野生动物资源犯罪活动提供了量刑的参考标准。但是，在执行过程中，各地反映关于失火罪中"情节较轻的"如何适用法律问题不够明确。为此经研究决定：失火罪中关于"情节较轻的"应为过失烧毁森林面积50亩以上100亩以下或者造成林木损失价值4000元以上8000元以下的。本《意见》自下发之日起执行。

⑬ 江苏省公检法《关于失火罪和消防责任事故罪追究刑事责任标准的意见》（1999年12月1日 苏公厅〔1999〕434号）（节录）

一、实施刑法第115条第2款规定之行为，具有下列情形之一的，属情节较轻，应处三年以下有期徒刑或者拘役：

（一）导致死亡1人以上，或者重伤3人以上的；（二）造成直接财产损失20万元以上的；（三）受灾20户以上的；（四）重伤1人以上不足3人、财产损失10万元以上不足20万元、受灾10户以上不足20户，但造成其他严重后果的。

具有下列情形之一的，应处三年以上七年以下有期徒刑：

（一）导致死亡3人以上的；（二）导致重伤10人以上，或者死亡、重伤10人以上的；（三）造成直接财产损失30万元以上的；（四）受灾30户以上的。

⑭ 山东省公检法《关于办理失火和消防责任事故案件具体应用法律若干问题的意见》（1999年 鲁高法发〔1999〕30号）（节录）

一、行为人过失引起火灾，造成下列后果之一的，依照刑法第一百一十五条第二款的规定，以失火罪定罪处罚：

1. 死亡1人或重伤3人以上（含本数，下同）的；2. 直接财产损失30万元以上的；3. 居民受灾10户以上的；4. 重伤1人，同时直接财产损失20万元或居民受灾5户以上的；重伤2人，同时直接财产损失10万元或居民受灾3户以上的。

过失引起火灾，造成的后果未超过上述标准本数，且在失火后能够及时报警，积极采取措施，抢救遇险人员和财物，最大限度地减少了火灾损失，并积极赔偿他人经济损失，以及具有其他从轻情节的，可以认定为"情节较轻"。

学理观点·典型案例 ▶ 索引与要旨

❶《曾巩义、陈月容非法狩猎案》，载《刑事审判参考》2010 年第 1 辑总第 72 辑，第 47~52 页。

核心提示 ➡ 私拉电网非法狩猎并危及公共安全的，应当如何处理？

❷《醉酒驾车连续冲撞行为的定罪与量刑》，载《公检法办案指南》2010 年第 3 辑总第 123 辑，第 167~175 页。

❸《高某、刘某、李某失火案》，载《刑事法律文件解读》2009 年第 12 辑总第 54 辑，第 108~110 页。

核心提示 ➡ 已明示注意防火是否构成失火罪？

❹《李跃等以危险方法危害公共安全案》，载《刑事审判参考》2009 年第 6 辑总第 71 辑，第 9~16 页。

核心提示 ➡ 在城市主干路采用故意驾驶机动车撞击他人车辆制造交通事故的手段勒索钱财的行为如何定罪？

❺《孙伟铭以危险方法危害公共安全案》，载《刑事审判参考》2009 年第 6 辑总第 71 辑，第 1~8 页。

核心提示 ➡ 醉酒驾车连续冲撞致多人伤亡的，如何定罪处罚？

❻《段义和爆炸、受贿、巨额财产来源不明，陈志、陈常兵爆炸上诉案》，载《最高人民法院公报》2008 年第 3 辑总第 104 辑。

要旨 ➡ 爆炸行为虽然指向特定的对象，但行为人预见其爆炸行为会危害公共安全而实施，危害公共安全的，应以爆炸罪论处。

❼《王桂平以危险方法危害公共安全、销售伪劣产品、虚报注册资本案》，载《刑事审判参考》2008 年第 5 辑总第 64 辑，第 1~7 页。

要旨 ➡ 向药品生产企业销售假冒的药品辅料的行为构成以危险方法危害公共安全罪。

❽《驾车"碰瓷"案件的司法认定——兼论具体危险犯的可罚性判断》，载《公检法办案指南》2008 年第 4 辑总第 100 辑，第 143~154 页。

❾《古计明、方振华投放危险物质案》，载《刑事审判参考》2005 年第 5 辑总第 46 辑，第 1~7 页。

核心提示 ➡ 利用铱射线工业探伤机对人照射的行为如何定罪？

要旨 ➡ 在危害公共安全罪中，没有造成一人以上死亡或多人以上重伤的，一般可不判处死刑立即执行。192 铱源是铱元素的放射性同位素，属于中毒组放射性核素，在没有屏蔽的情况下，对人或动物会产生严重辐射危害。从犯罪侵害的客体和客观方面看，被告人犯罪的对象是刘春利（致其重伤），但其将工业探伤机旋置在军区医院办公室内，当其开机照射被害人刘春利时，不可避免地将照射与被害人刘春利相邻办公室的工作人员及到医院就诊的病人，致 13 人轻伤、16 人轻微伤，被告人的犯罪行为侵害了社会的公共安全，即不特定多数人的生命健康，正常的生活、生产、工作的安全和重大公私财产的安全。

核辐射损伤确有远后效应和遗传效应两大显著特点。对被辐射的群体而言，远后效应和遗传效应必然在某些人身上出现。但对于被辐射的某个人而言，远后效应和遗传效应未必会出现。这既与被照射的剂量有关，也与个体身体差异有关。就现在的医疗水平而言，放射性损伤可以引起致畸、致癌、致突变等远后效应，尚无法对此进行确切评价。另外，我们现行适用的《人体重伤鉴定标准》、《人体轻微伤鉴定标准》没有将放射性造成的器官损伤列入其中，只有原则性规定，尚不能解决本案的重伤、轻伤标准问题。对被害人之所以鉴定为重伤，专家组主要是根据放射性专家的鉴定意见及相关医院的病历，被害人刘春利染色体畸变数多，且变化大，其多系统受损：造血系统、凝血系统、微循环、免疫系统、生殖系统等，同时专家注明：该疾病远后效应潜在危险要比其他类型放射病严重，尤其是今后发生再生障碍性贫血、白血病或恶性肿瘤等可能性比较大，应该长期密切随访。故认定为重伤。白血病、癌症等疾病现在尚不能攻克，但也不是都不能治愈，随着整个社会迅猛发展，科学技术的进步，医疗水平也将逐步提高，因被辐射所引起的白血病、癌症等疾病被治愈或将成为可能。刑法修正案（三）第二条与刑法第二百三十二条刑期顺序不同，关于故意杀人罪的量刑是从重往轻，不应首选死刑立即执行。鉴于本案目前尚无人死亡；放射性损伤可以引起致畸、致癌、致突变等远后效应，目前医学科学水平尚无法对此进行确切评价，量刑应留有余地。

⑩《陈美娟投放危险物质案》，载《刑事审判参考》2004 年第 1 辑总第 36 辑，第 1 ~ 10 页。

核心提示 ➡ 介入因素与刑法因果关系的认定

要旨 ➡ 1. 被害人自身患有糖尿病，并不能成为否认被告人的投毒行为与其死亡结果之间存在刑法上的因果关系的事由。2. 医院抢救被害人过程中所存在的诊治失误这一介入因素，并不足以切断被告人的投毒行为与被害人死亡结果之间的因果关系。本案，被害人因投毒行为所诱发的是一种较为罕见的疾病，往往很难正确诊断。这说明，医院在抢救被害人的过程中，出现诊治错误，是较难避免的。被害人中毒症状不明显，加大了准确诊断的难度。当地镇医院水平有限，遇见该罕见病例，出现失误，难以避免。该介入情况对死亡结果发生的作用力较小，被告人的投毒行为具有导致被害人死亡的较大可能性，因此存在刑法上的因果关系。

⑪《叶朝红等放火案》，载《刑事审判参考》2003 年第 3 辑总第 32 辑，第 7 ~ 12 页。

核心提示 ➡ 以盗窃为目的放火烧毁货物列车的行为应如何定罪？

要旨 ➡ 1. 放火手段盗窃，主观上能预见到后果，当点火导致向车外蔓延时，逃离，放任结果发生。对结果非过失，故不是失火；2. 是否危害安全，是区分放火与故意毁坏财物的关键；本案从具体环境分析来看危害安全，故不定毁坏财物；3. 主观目的是放火而非破坏交通工具；二罪竞合，但这一竞合的特殊性在于二罪法定刑完全相同；应依据主观目的，一般来说放火破坏交通工具，应积极追求交通工具损坏的结果，主观上应是直接故意；本案目的是盗窃，结果是放任，不具备直接故意特征。放火与破坏交通工具不存在一般法条与特殊法条的竞合关系，故不适用破坏交通工具。

⑫《李品华、潘才庆、潘才军诈骗案》，载《刑事审判参考》2002 年第 6 辑总第 29

辑，第 25~32 页。

核心提示 ➡ 故意制造交通事故骗取赔偿款的行为是否构成以危险方法危害公共安全罪？

要旨 ➡ 1. 不属于通过威胁或要挟方法，致使被害人基于恐惧心理而被迫交付财物，不是敲诈勒索；被害人对交通事故系被告故意所为不知情，不存在被要挟前提，被告人无需要挟且未要挟，被害人认为过错在己，赔偿理所应当，对交警调解无异议。2. 被害对象虽不特定，但每次车辆均是经选择的一辆，以小车擦货车，真正危险是在被告人，对公共安全最多只是间接故意，对间接故意，一般只在发生后果才追究；本案被告人凭借其车技，使自己车辆造成轻微损伤，无论从主观、客观，均不构成危害公共安全。3. 本案事故并非被害人过失，而是被告人故意所为，致使被害人及交警均误认为事故系被害人所为，并据此要被害人赔偿；虽是经第三方完成，但当事人一方明知对方当事人欺诈的诉讼诈骗行为具有质的不同。

⑬《陆某某、张某某以危险方法危害公共安全、交通肇事案》，载《刑事审判参考》2002 年第 5 辑总第 28 辑，第 1~9 页。

核心提示 ➡ 公交车司机擅离驾驶岗位与乘客斗殴引发交通事故如何定罪？

要旨 ➡ 1. 交通肇事主观是过失；危害安全是故意；从客观情况判断其主观，当时任何有常识的人均应当预见到公共安全问题；从互殴到肇事有 35 秒，完全可控制却不控制，从当时交通情况，缺乏"过于自信"的根据和条件；2. 若殴打引发司机失去控制，符合故意伤害或危害安全；若殴打引发司机擅离职守，主观上是过失，审判认定过失是对的，但应定过失危害公共安全。因其只是乘客，其殴打不属于通常意义上交通规则所要规范的对象和范围。

⑭《王新生等放火案》，载《刑事审判参考》2002 年第 1 辑总第 24 辑，第 1~8 页。

核心提示 ➡ 以诈骗保险金为目的放火烧毁投保汽车的行为如何定罪？

要旨 ➡ 被告放火行为的地点是车站，放火时周围停有十多辆其他汽车，邻近是家属楼，加油站，客观上足以危及公共安全，主观上放任，符合放火罪构成要件。由于其不具备保险诈骗罪主体资格，故不构成保险诈骗。被告人只实施了一个犯罪行为，谈不上牵连犯。

⑮《温俊海燃放爆竹致人死亡案》，载《人民法院案例选》2002 年第 2 辑总第 40 辑。

要旨 ➡ 采取了正确的方法燃放爆竹，但因爆竹质量问题致使被害人死亡系意外事件。

⑯《赖贵勇爆炸案》，载《刑事审判参考》2001 年第 11 辑总第 22 辑，第 1~4 页。

核心提示 ➡ 以报复特定人为目的而实施的不计危害后果的爆炸行为如何定性？

要旨 ➡ 本案属于法条竞合犯，被告人基于一个杀人的故意而实施了爆炸行为，同时却触犯了爆炸罪、故意杀人罪两项罪名。应当坚持特别法优于普通法、复杂法优于简单法、重法优于轻法的原则定爆炸罪。

⑰《方金惠投毒案》，载《刑事审判参考》2001 年第 5 辑总第 16 辑，第 1~4 页。

核心提示 ➡ 对特定被害人投放毒物致死致伤多人行为如何定性及对犯罪外国人能否附

加剥夺政治权利?

要旨 ➡ 在实践中,当某人投放毒物目的在于剥夺特定人生命的故意而不危及公共安全的,应认定为故意杀人罪。本案中,被告人数次投放毒药均是在被害人家中,非公共场所;毒药投在被害人所用的食具、茶具、药煲内,非公共所用器具内。尽管实际上有多人误食、误饮了被告人投有毒药的食物、饮品,但这些被害人并非是被告人追求杀害的不特定对象,故定故意杀人。外国人不享有政治权利,不存在剥夺问题,不能附加剥夺政治权利。

⑱《于光平爆炸案》,载《刑事审判参考合订本·第一卷》,第 1~4 页。

核心提示 ➡ 危害后果严重但受害人有明显过错的案件如何适用刑罚?

⑲《李某等投毒案》,载《刑事审判参考合订本·第一卷》,第 5~10 页。

核心提示 ➡ 毒死耕牛后再出售有毒牛肉的案件应如何定性?

要旨 ➡ 1. 本案应适用旧法以破坏集体生产罪定。2. 破坏集体生产罪不能吸收销售有毒牛肉的行为,应与销售有毒食品罪数罪并罚。

⑳《王征宇故意杀人案》,载《刑事审判参考合订本·第一卷》,第 86~89 页。

核心提示 ➡ 驾车致人死亡的行为如何定罪?

要旨 ➡ 以危险方法危害公共安全罪与故意杀人罪、交通肇事致人死亡的区别

第 116 条 破坏交通工具罪

破坏火车、汽车、电车、船只、航空器,足以使火车、汽车、电车、船只、航空器发生倾覆、毁坏危险,尚未造成严重后果的,处三年以上十年以下有期徒刑。

关 联 规 范 ➡ **完全整理**

四川公检法《关于办理盗窃、破坏高速铁路设备设施案件适用法律若干问题的意见(试行)》(2009 年 9 月 24 日 川高法〔2009〕487 号)①

学理观点·典型案例 ➡ **索引与要旨**

❶《叶朝红等放火案》,载《刑事审判参考》2003 年第 3 辑总第 32 辑,第 7~12 页。

核心提示 ➡ 以盗窃为目的放火烧毁货物列车的行为应如何定罪?

要旨 ➡ 主观目的是放火而非破坏交通工具;二罪竞合,但这一竞合的特殊性在于二罪法定刑完全相同;应依据主观目的,一般来说放火破坏交通工具,应积极追求交通工具损坏的结果,主观上应是直接故意;本案目的是盗窃,结果是放任,不具备直接故意特征。放火与破坏交通工具不存在一般法条与特殊法条的竞合关系,故不适用破坏交通工具。

❷《杨政锋利用交通工具故意杀人案》,载《刑事审判参考》2000 年第 2 辑总第 7 辑,第 20~25 页以及《刑事审判案例》,第 346~349 页。

---

① 对其解读见:《刑事法律文件解读》2009 年第 12 辑总第 54 辑,第 51~65 页。

核心提示 ➡ 驾车故意挤占车道致使追赶车辆车毁人亡的行为如何定性？

要旨 ➡ 应当从其行为，进而从其主观故意分析其犯罪所侵犯的客体。被告人的行为对象是特定的，行为的危害后果也是特定的，故不能以破坏交通工具罪定罪处罚。

第117条　破坏交通设施罪

破坏轨道、桥梁、隧道、公路、机场、航道、灯塔、标志或者进行其他破坏活动，足以使火车、汽车、电车、船只、航空器发生倾覆、毁坏危险，尚未造成严重后果的，处三年以上十年以下有期徒刑。

关 联 规 范 ➡ 完全整理

❶《中华人民共和国治安管理处罚法》（2006年3月1日　主席令第三十八号）（节录）

第三十三条　有下列行为之一的，处十日以上十五日以下拘留：（一）盗窃、损毁油气管道设施、电力电信设施、广播电视设施、水利防汛工程设施，或者水文监测、测量、气象测报、环境监测、地质监测、地震监测等公共设施的。

❷ 四川公检法《关于办理盗窃、破坏高速铁路设备设施案件适用法律若干问题的意见（试行）》（2009年9月24日　川高法〔2009〕487号）①

学理观点·典型案例 ➡ 索引与要旨

❶《王廷明破坏交通设施上诉案》〔2008〕连刑一终字第0089号，连云港市中级人民法院

要旨 ➡ 盗窃4个路名牌不构成犯罪。但盗窃十字路口标志牌、限速标志牌、限重标志牌等交通设备，破坏公路标志，构成本罪。

❷《王仁兴破坏交通设施案》，载《刑事审判参考》2004年第3辑总第38辑，第82~87页。

要旨 ➡ 不履行因避险行为引起的作为义务可构成不作为犯罪。

❸《彭定安破坏电力设备案》，载《刑事审判参考》2003年第1辑总第30辑，第1~4页。

核心提示 ➡ 铁路电气化接触网回流线是否属于交通设施？

要旨 ➡ 铁路电气化接触网回流线与交通设施不同，盗割可能会造成牵引车失去动力而停车，但本身不会造成倾覆、毁坏的危险，虽是交通设施的辅助设施，但具有独立的属性；属于广义交通设施中的附属电力设备，本案系盗窃与破坏电力设备的想象竞合，择一重罪处罚。

---

①　对其解读见：《刑事法律文件解读》2009年第12辑总第54辑，第51~65页。

第 118 条　破坏电力设备罪　破坏易燃易爆设备罪

破坏电力、燃气或者其他易燃易爆设备，危害公共安全，尚未造成严重后果的，处三年以上十年以下有期徒刑。

关联规范 ⟹ 完全整理

❶《中华人民共和国治安管理处罚法》（2006 年 3 月 1 日　主席令第三十八号）（节录）

第三十三条　有下列行为之一的，处十日以上十五日以下拘留：（一）盗窃、损毁油气管道设施、电力电信设施、广播电视设施、水利防汛工程设施，或者水文监测、测量、气象测报、环境监测、地质监测、地震监测等公共设施的；

❷ 最高人民法院、最高人民检察院《关于办理盗窃油气、破坏油气设备等刑事案件具体应用法律若干问题的解释》（2007 年 1 月 19 日　法释〔2007〕3 号）①

为维护油气的生产、运输安全，依法惩治盗窃油气、破坏油气设备等犯罪，根据刑法有关规定，现就办理这类刑事案件具体应用法律的若干问题解释如下：

第一条　在实施盗窃油气等行为过程中，采用切割、打孔、撬砸、拆卸、开关等手段破坏正在使用的油气设备的，属于刑法第一百一十八条规定的"破坏燃气或者其他易燃易爆设备"的行为；危害公共安全，尚未造成严重后果的，依照刑法第一百一十八条的规定定罪处罚。

第二条　实施本解释第一条规定的行为，具有下列情形之一的，属于刑法第一百一十九条第一款规定的"造成严重后果"，依照刑法第一百一十九条第一款的规定定罪处罚：

（一）造成一人以上死亡、三人以上重伤或者十人以上轻伤的；（二）造成井喷或者重大环境污染事故的；（三）造成直接经济损失数额在五十万元以上的；（四）造成其他严重后果的。

第三条　盗窃油气或者正在使用的油气设备，构成犯罪，但未危害公共安全的，依照刑法第二百六十四条的规定，以盗窃罪定罪处罚。

盗窃油气，数额巨大但尚未运离现场的，以盗窃未遂定罪处罚。

为他人盗窃油气而偷开油气井、油气管道等油气设备阀门排放油气或者提供其他帮助的，以盗窃罪的共犯定罪处罚。

第四条　盗窃油气同时构成盗窃罪和破坏易燃易爆设备罪的，依照刑法处罚较重的规定定罪处罚。

第五条　明知是盗窃犯罪所得的油气或者油气设备，而予以窝藏、转移、收购、加工、代为销售或者以其他方法掩饰、隐瞒的，依照刑法第三百一十二条的规定定罪处罚。

实施前款规定的犯罪行为，事前通谋的，以盗窃犯罪的共犯定罪处罚。

第六条　违反矿产资源法的规定，非法开采或者破坏性开采石油、天然气资源的，依照刑法第三百四十三条以及《最高人民法院关于审理非法采矿、破坏性采矿刑事案件具体

---

① 对其解读见：《刑事审判参考》2007 年第 1 辑总第 54 辑，第 94~103 页。

应用法律若干问题的解释》的规定追究刑事责任。

第七条　国家机关工作人员滥用职权或者玩忽职守，实施下列行为之一，致使公共财产、国家和人民利益遭受重大损失的，依照刑法第三百九十七条的规定，以滥用职权罪或者玩忽职守罪定罪处罚：

（一）超越职权范围，批准发放石油、天然气勘查、开采、加工、经营等许可证的；（二）违反国家规定，给不符合法定条件的单位、个人发放石油、天然气勘查、开采、加工、经营等许可证的；（三）违反《石油天然气管道保护条例》等国家规定，在油气设备安全保护范围内批准建设项目的；（四）对发现或者经举报查实的未经依法批准、许可擅自从事石油、天然气勘查、开采、加工、经营等违法活动不予查封、取缔的。

第八条　本解释所称的"油气"，是指石油、天然气。其中，石油包括原油、成品油；天然气包括煤层气。

本解释所称"油气设备"，是指用于石油、天然气生产、储存、运输等易燃易爆设备。

3 最高人民法院《关于对采用破坏性手段盗窃正在使用的油田输油管道中油品的行为如何适用法律问题的批复》（2002年4月8日　法释〔2002〕10号）①

4 最高人民法院《关于审理盗窃案件具体应用法律若干问题的解释》（1998年3月17日　法释〔1998〕4号）（节录）②

第十二条　审理盗窃案件，应当注意区分盗窃罪与其他犯罪的界限：

（二）盗窃使用中的电力设备，同时构成盗窃罪和破坏电力设备罪的，择一重罪处罚。

5 公安部《关于严厉打击盗窃、破坏铁路、油田、电力、通讯等器材设备的犯罪活动的通告》（1993年12月25日）（节录）

一、严禁盗窃、破坏铁路、油田、电力、通讯等器材设备。凡是盗窃使用中的铁路、油田、电力、通讯器材设备的，按照破坏交通、易燃易爆、电力、通讯设备罪论处。

二、严禁非法收购铁路、油田、电力、通讯等器材设备。违者，由公安机关依法追缴，并根据情节轻重，责令停业整顿、吊销特种行业许可证，直至取缔，可以并处一万元以下罚款；构成犯罪的，依法追究刑事责任。

三、凡有盗窃、破坏和非法收购铁路、油田、电力、通讯等器材设备行为的，必须立即停止非法活动，向公安机关投案自首，争取从宽处理。自通告发布之日起，凡主动投案自首的，可依法从轻、减轻或者免除处罚；拒不自首或继续进行违法犯罪活动的，坚决依法从重惩处。

6 上海市高级人民法院《关于办理破坏电力设备犯罪案件的若干意见》（2006年3月1日）

一、破坏电力设备，是指行为人破坏正在使用中的电力设备，足以危害公共安全的行为。有下列情形之一的，属于破坏电力设备的行为：（一）非法拆卸电力设备的；（二）非法断割输电导线、电力电缆的；（三）焚烧、撞击或者爆炸电力设备的；（四）放置异物破

---

① 对其解读见：《刑事审判参考》2002年第3辑总第26辑，第134~135，167~170页。
② 对其解读见：《解读最高人民法院司法解释·刑事、行政卷（1997~2002）》，第198~208页。

坏电力设备或者堵塞电力设备主要部位的;(五)采取其他方法破坏电力设备的。

五、有下列收购电力设备行为之一的,以共犯论处:

(一)在盗窃电力设备过程中帮助搬运的;(二)提供盗窃电力设备犯罪工具并予以收购的;(三)明知收购的电力设备来源是犯罪所得,仍提出继续收购要求并收购的。

六、明知是犯罪所得的电力设备而予以窝藏、转移、收购或者代为销售的,依照《刑法》第三百一十二条的规定从重处罚。

七、正在使用的电力设备是指电力设备经过验收后,已投入使用或者交付使用。已经使用的电力设备处于检修、调试、备用或因故暂停使用的,应认定为正在使用的电力设备。

电力设备的具体种类,依据国务院《电力设施保护条例》保护范围的规定确定。

正在使用的油田输油管道,属于刑法规定的"易燃易爆设备"。行为人采用破坏性手段盗窃正在使用的油田输油管道中的油品,构成破坏易燃易爆设备罪、盗窃罪等犯罪的,依照处罚较重的规定定罪处罚。

7 重庆市公检法《关于严厉打击破坏电力设备违法犯罪活动的意见》(2001年8月16日 渝高法〔2001〕123号)(节录)

四、凡破坏电力设备,危害公共安全,尚未造成严重后果,具有下列行为之一的,依照《中华人民共和国刑法》第一百一十八条规定处罚。

1. 非法拆卸国家规定的重点要害单位和部门的电力设备的;

2. 盗割国家规定的重点要害单位和部门的输电导线、电力电缆和变压器、输电线杆塔等电力设备的;

3. 采用放火、撞击、设置异物、实施爆炸等方式破坏电力设备的;

4. 以其他方法破坏电力设备的。

六、本《意见》所称电力设备是指发电厂、变电站内外各种专用设施;水力发电厂使用的有关设施;架空线路的有关设施;电力电缆线路的有关设施;电力线路上的变压器等有关设施;电力高度设施。

七、本《意见》所称要害单位和部门是指党政军首脑机关、国防尖端、重点建设工程、重要科研、重要动力、广播电视、通讯枢纽、重要仓库等单位和部门。

八、本《意见》所称直接经济损失包括电量损失以及更换设备配件、材料、人工和运输等费用。电量损失计算方法:损失电量折价=断电时线路负荷×断电时间×当时执行电价。

设备损失修复时间是指损坏停止开始至设备重新投入运行或修复后能转入备用为止。

破坏电力设备造成的危害后果、事故、损失情况,由电力部门向司法机关提供证据。

学理观点·典型案例 ➡ 索引与要旨

❶《夏洪生抢劫、破坏电力设备案》,载《刑事审判参考》2010年第5辑总第76辑,第1~10页。

要旨➡ 以破坏性手段盗窃变压器内铜芯时,计算数额不以财物毁损或被害人损失作为依据,应以铜芯数额计算。

❷《杨辉、石磊等破坏电力设备案》,载《刑事审判参考》2009年第5辑总第70辑,

第 1~10 页。

要旨 → 盗窃电力设备过程中，以暴力手段控制无抓捕意图的过往群众的不构成抢劫罪。盗窃电力设备过程中，为抗拒抓捕而当场使用暴力或者以暴力相威胁的，可以转化为抢劫罪。

③《盗窃使用中的电力设备犯罪的法律适用及存在问题的思考》，载《刑事法律文件解读》2009 年第 5 辑总第 47 辑，第 98~109 页。

④《冯留民破坏电力设备、盗窃案》，载《刑事审判参考》2008 年第 5 辑总第 64 辑，第 8~13 页。

核心提示 → 如何把握该罪的"危害公共安全"？

要旨 → 结合司法解释看破坏电力设备罪与盗窃罪的竞合。

⑤《李某过失损坏电力设备案》，载《最新刑事法律文件解读》。

核心提示 → 私自拆除停用的高压线路是否构成犯罪？

⑥《彭定安破坏电力设备案》，载《刑事审判参考》2003 年第 1 辑总第 30 辑，第 1~4 页。

核心提示 → 盗割铁路电气化接触网回流线的行为如何定性？

要旨 → 铁路电气化接触网回流线与交通设施不同，盗割可能会造成牵引车失去动力而停车，但本身不会造成倾覆、毁坏的危险，虽是交通设施的辅助设施，但具有独立的属性；属于广义交通设施中的附属电力设备，本案系盗窃与破坏电力设备的想象竞合，择一重罪处罚。

第 119 条　第 1 款　破坏交通工具罪　破坏交通设施罪　破坏电力设备罪　破坏易燃易爆设备罪　第 2 款　过失损坏交通工具罪　过失损坏交通设施罪　过失损坏电力设备罪　过失损坏易燃易爆设备罪

破坏交通工具、交通设施、电力设备、燃气设备、易燃易爆设备，造成严重后果的，处十年以上有期徒刑、无期徒刑或者死刑。

过失犯前款罪的，处三年以上七年以下有期徒刑；情节较轻的，处三年以下有期徒刑或者拘役。

关联规范 → 完全整理

❶ 最高人民法院《关于审理破坏电力设备刑事案件具体应用法律若干问题的解释》（2007 年 8 月 15 日　法释〔2007〕15 号）（节录）①

第一条　破坏电力设备，具有下列情形之一的，属于刑法第一百一十九条第一款规定的"造成严重后果"，以破坏电力设备罪判处十年以上有期徒刑、无期徒刑或者死刑：

---

① 对其解读见：《刑事审判参考》2007 年第 5 辑总第 58 辑，第 72~81 页以及《条文说明》，载《最新刑事法律文件解读》2007 年第 5 辑总第 29 辑，第 74~76 页。

（一）造成一人以上死亡、三人以上重伤或者十人以上轻伤的；
（二）造成一万以上用户电力供应中断六小时以上，致使生产、生活受到严重影响的；
（三）造成直接经济损失一百万元以上的；
（四）造成其他危害公共安全严重后果的。

第二条　过失损坏电力设备，造成本解释第一条规定的严重后果的，依照刑法第一百一十九条第二款的规定，以过失损坏电力设备罪判处三年以上七年以下有期徒刑；情节较轻的，处三年以下有期徒刑或者拘役。

第三条　盗窃电力设备，危害公共安全，但不构成盗窃罪的，以破坏电力设备罪定罪处罚；同时构成盗窃罪和破坏电力设备罪的，依照刑法处罚较重的规定定罪处罚。

盗窃电力设备，没有危及公共安全，但应当追究刑事责任的，可以根据案件的不同情况，按照盗窃罪等犯罪处理。

第四条　本解释所称电力设备，是指处于运行、应急等使用中的电力设备；已经通电使用，只是由于枯水季节或电力不足等原因暂停使用的电力设备；已经交付使用但尚未通电的电力设备。不包括尚未安装完毕，或者已经安装完毕但尚未交付使用的电力设备。

本解释中直接经济损失的计算范围，包括电量损失金额，被毁损设备材料的购置、更换、修复费用，以及因停电给用户造成的直接经济损失等。

❷ 最高人民法院、最高人民检察院《关于办理盗窃油气、破坏油气设备等刑事案件具体应用法律若干问题的解释》（2007年1月19日　法释〔2007〕3号）（节录）①

第二条　实施本解释第一条规定的行为，具有下列情形之一的，属于刑法第一百一十九条第一款规定的"造成严重后果"，依照刑法第一百一十九条第一款的规定定罪处罚：

（一）造成一人以上死亡、三人以上重伤或者十人以上轻伤的；（二）造成井喷或者重大环境污染事故的；（三）造成直接经济损失数额在五十万元以上的；（四）造成其他严重后果的。

❸ 最高人民法院《关于对采用破坏性手段盗窃正在使用的油田输油管道中油品的行为如何适用法律问题的批复》（2002年4月8日　法释〔2002〕10号）（节录）②

正在使用的油田输油管道，属于刑法规定的"易燃易爆设备"。行为人采用破坏性手段盗窃正在使用的油田输油管道中的油品，构成破坏易燃易爆设备罪、盗窃罪等犯罪的，依照处罚较重的规定定罪处罚。

❹ 最高人民法院《关于审理盗窃案件具体应用法律若干问题的解释》（1998年3月17日　法释〔1998〕4号③

❺ 四川公检法《关于办理盗窃、破坏高速铁路设备设施案件适用法律若干问题的意见（试行）》（2009年9月24日　川高法〔2009〕487号）④

---

① 对其解读见：《刑事审判参考》2007年第1辑总第54辑，第94～103页。
② 对其解读见：《刑事审判参考》2002年第3辑总第26辑，第134～135，167～170页。
③ 对其解读见：《解读最高人民法院司法解释·刑事、行政卷（1997～2002）》，第198～208页。
④ 对其解读见：《刑事法律文件解读》2009年第12辑总第54辑，第51～65页。

❻ 上海市高级人民法院关于办理破坏电力设备犯罪案件的若干意见（2006年3月1日）（节录）

一、破坏电力设备，是指行为人破坏正在使用中的电力设备，足以危害公共安全的行为。有下列情形之一的，属于破坏电力设备的行为：（一）非法拆卸电力设备的；（二）非法断割输电导线、电力电缆的；（三）焚烧、撞击或者爆炸电力设备的；（四）放置异物破坏电力设备或者堵塞电力设备主要部位的；（五）采取其他方法破坏电力设备的。

五、有下列收购电力设备行为之一的，以共犯论处：

（一）在盗窃电力设备过程中帮助搬运的；（二）提供盗窃电力设备犯罪工具并予以收购的；（三）明知收购的电力设备来源是犯罪所得，仍提出继续收购要求并收购的。

七、正在使用的电力设备是指电力设备经过验收后，已投入使用或者交付使用。已经使用的电力设备处于检修、调试、备用或因故暂停使用的，应认定为正在使用的电力设备。

电力设备的具体种类，依据国务院《电力设施保护条例》保护范围的规定确定。

❼ 重庆市公检法关于严厉打击破坏电力设备违法犯罪活动的意见（2001年8月16日 渝高法〔2001〕123号）

六、本《意见》所称电力设备是指发电厂、变电站内外各种专用设施；水力发电厂使用的有关设施；架空线路的有关设施；电力电缆线路的有关设施；电力线路上的变压器等有关设施；电力高度设施。

学理观点·典型案例 ▶ 索引与要旨

❶《刘某破坏电力设备案》，载《刑事法律文件解读》2009年第10辑总第52辑，第116～119页。

核心提示➡破坏电力设备致同案人死亡是否属于"造成严重后果"？

❷《李某过失损坏电力设备案》，载《最新刑事法律文件解读》2005年第3辑总第3辑。

核心提示➡私自拆除停用的高压线路是否构成犯罪？

❸《采用在油田的输油管线上钻孔的方式盗窃原油，数额特别巨大的，是否属于"造成严重后果"，应当如何处理》，载《刑事审判指导》2004年第1辑总第1辑，第172～173页。

第120条 组织、领导、参加恐怖组织罪

组织、领导和积极参加恐怖活动组织的，处三年以上十年以下有期徒刑；其他参加的，处三年以下有期徒刑、拘役或者管制。

犯前款罪并实施杀人、爆炸、绑架等犯罪的，依照数罪并罚的规定处罚。

中华人民共和国刑法修正案（三）（2001年12月29日第九届全国人民代表大会常务委员会第二十五次会议通过，2001年12月29日中华人民共和国主席令第六十四号公布，自公布之日起施行。）

三、将刑法第一百二十条第一款修改为:"组织、领导恐怖活动组织的,处十年以上有期徒刑或者无期徒刑;积极参加的,处三年以上十年以下有期徒刑;其他参加的,处三年以下有期徒刑、拘役、管制或者剥夺政治权利。"

关联规范 ➡ 完全整理

❶《刑法修正案(三)》(2001年12月29日 主席令第六十四号)(节录)①

三、提高了组织、领导恐怖组织罪的刑罚。

❷ 人大常委会《关于加强反恐怖工作有关问题的决定》(2011年10月29日)

一、国家反对一切形式的恐怖主义,坚决依法取缔恐怖活动组织,严密防范、严厉惩治恐怖活动。

二、恐怖活动是指以制造社会恐慌、危害公共安全或者胁迫国家机关、国际组织为目的,采取暴力、破坏、恐吓等手段,造成或者意图造成人员伤亡、重大财产损失、公共设施损坏、社会秩序混乱等严重社会危害的行为,以及煽动、资助或者以其他方式协助实施上述活动的行为。

恐怖活动组织是指为实施恐怖活动而组成的犯罪集团。

恐怖活动人员是指组织、策划、实施恐怖活动的人和恐怖活动组织的成员。

三、国家反恐怖工作领导机构统一领导和指挥全国反恐怖工作。

公安机关、国家安全机关和人民检察院、人民法院、司法行政机关以及其他有关国家机关,应当各司其职、密切配合,依法做好反恐怖工作。

中国人民解放军、中国人民武装警察部队和民兵组织依照法律、行政法规、军事法规以及国务院、中央军事委员会的命令,防范和打击恐怖活动。

四、恐怖活动组织及恐怖活动人员名单,由国家反恐怖工作领导机构根据本决定第二条的规定认定、调整。

恐怖活动组织及恐怖活动人员名单,由国务院公安部门公布。

五、国务院公安部门公布恐怖活动组织及恐怖活动人员名单时,应当同时决定对涉及有关恐怖活动组织及恐怖活动人员的资金或者其他资产予以冻结。

金融机构和特定非金融机构对于涉及国务院公安部门公布的恐怖活动组织及恐怖活动人员的资金或者其他资产,应当立即予以冻结,并按照规定及时向国务院公安部门、国家安全部门和国务院反洗钱行政主管部门报告。

六、中华人民共和国根据缔结或者参加的国际条约,或者按照平等互惠原则,开展反恐怖国际合作。

七、认定恐怖活动组织及恐怖活动人员名单的具体办法,由国务院制定;冻结涉及恐怖活动资产的具体办法,由国务院反洗钱行政主管部门会同国务院公安部门、国家安全部门制定。

---

① 对其解读见:《刑事审判参考》2002年第1辑总第24辑,第98~100,176~184页。

八、本决定自公布之日起施行。

❸ 最高人民法院《关于贯彻宽严相济刑事政策的若干意见》（2010年2月8日　法发〔2010〕9号）（节录）①

7.贯彻宽严相济刑事政策，必须毫不动摇地坚持依法严惩严重刑事犯罪的方针。对于危害国家安全犯罪、恐怖组织犯罪、邪教组织犯罪、黑社会性质组织犯罪、恶势力犯罪、故意危害公共安全犯罪等严重危害国家政权稳固和社会治安的犯罪，故意杀人、故意伤害致人死亡、强奸、绑架、拐卖妇女儿童、抢劫、重大抢夺、重大盗窃等严重暴力犯罪和严重影响人民群众安全感的犯罪，走私、贩卖、运输、制造毒品等毒害人民健康的犯罪，要作为严惩的重点，依法从重处罚。尤其对于极端仇视国家和社会，以不特定人为侵害对象，所犯罪行特别严重的犯罪分子，该重判的要坚决依法重判，该判处死刑的要坚决依法判处死刑。

❹ 最高人民法院、最高人民检察院《关于执行〈中华人民共和国刑法〉确定罪名的补充规定》（2002年3月15日　法释〔2002〕7号）②

学理观点·典型案例 ➡ 索引与要旨

❶《王炳章组织、领导恐怖组织、间谍案》〔2003〕深中法刑一初字第41号，深圳市中级人民法院

要旨➡ 散播和推行其暴力恐怖主张，积极发展组织成员，策划、实施暴力恐怖行为，筹建恐怖训练基地，构成组织、领导恐怖组织罪。

❷ 王汉斌《关于〈中华人民共和国（修订草案）〉的说明》

要旨➡ 十一、关于完备刑事法律条文问题。（二）现在有些地方已经出现有组织进行恐怖活动的犯罪，危害很大。为了有力地打击这种犯罪，草案增加规定："组织、领导和积极参加恐怖活动组织的，处三年以上十年以下有期徒刑；其他参加的，处三年以下有期徒刑、拘役或者管制。""犯前款罪并实施杀人、爆炸、绑架等犯罪的，依照数罪并罚的规定处罚。"

第120条之一　修正案（三）第4条　资助恐怖活动罪

资助恐怖活动组织或者实施恐怖活动的个人的，处五年以下有期徒刑、拘役、管制或者剥夺政治权利，并处罚金；情节严重的，处五年以上有期徒刑，并处罚金或者没收财产。

单位犯前款罪的，对单位判处罚金，并对其直接负责的主管人员和其他直接责任人员，依照前款的规定处罚。

---

① 对其解读见：《刑事法律文件解读》2010年第3辑总第57辑，第49~65页。
② 对其解读见：《刑事审判参考》2002年第3辑总第26辑，第171~177页。

关联规范 完全整理

❶《刑法修正案（三）》（2001年12月29日 主席令第六十四号）（节录）①

三、将资助活动组织或者实施恐怖活动的个人的行为新增规定为犯罪。

❷ 人大常委会《关于加强反恐怖工作有关问题的决定》（2011年10月29日）（节录）

四、恐怖活动组织及恐怖活动人员名单，由国家反恐怖工作领导机构根据本决定第二条的规定认定、调整。

恐怖活动组织及恐怖活动人员名单，由国务院公安部门公布。

五、国务院公安部门公布恐怖活动组织及恐怖活动人员名单时，应当同时决定对涉及有关恐怖活动组织及恐怖活动人员的资金或者其他资产予以冻结。

金融机构和特定非金融机构对于涉及国务院公安部门公布的恐怖活动组织及恐怖活动人员的资金或者其他资产，应当立即予以冻结，并按照规定及时向国务院公安部门、国家安全部门和国务院反洗钱行政主管部门报告。

六、中华人民共和国根据缔结或者参加的国际条约，或者按照平等互惠原则，开展反恐怖国际合作。

七、认定恐怖活动组织及恐怖活动人员名单的具体办法，由国务院制定；冻结涉及恐怖活动资产的具体办法，由国务院反洗钱行政主管部门会同国务院公安部门、国家安全部门制定。

❸ 全国人大常委会《关于批准〈制止向恐怖主义提供资助的国际公约〉的决定》（2006年2月28日）

❹ 最高人民检察院、公安部《关于公安机关管辖的刑事案件立案追诉标准的规定（二）》（2010年5月7日 公通字〔2010〕23号）（节录）②

第一条 资助恐怖活动组织或者实施恐怖活动的个人的，应予立案追诉。

本条规定的"资助"，是指为恐怖活动组织或者实施恐怖活动的个人筹集、提供经费、物资或者提供场所以及其他物质便利的行为。"实施恐怖活动的个人"，包括预谋实施、准备实施和实际实施恐怖活动的个人。

第九十条 本规定中的立案追诉标准，除法律、司法解释、本规定中另有规定的以外，适用于相应的单位犯罪。

❺ 最高人民法院《关于贯彻宽严相济刑事政策的若干意见》（2010年2月8日 法发〔2010〕9号）（节录）③

7.贯彻宽严相济刑事政策，必须毫不动摇地坚持依法严惩严重刑事犯罪的方针。对于危害国家安全犯罪、恐怖组织犯罪、邪教组织犯罪、黑社会性质组织犯罪、恶势力犯罪、故意

---

① 对其解读见：《刑事审判参考》2002年第1辑总第24辑，第98~100、176~184页。
② 对其解读见：《刑事审判参考》2010年第4辑总第75辑，第97、127、158页。
③ 对其解读见：《刑事法律文件解读》2010年第3辑总第57辑，第49~65页。

危害公共安全犯罪等严重危害国家政权稳固和社会治安的犯罪，故意杀人、故意伤害致人死亡、强奸、绑架、拐卖妇女儿童、抢劫、重大抢夺、重大盗窃等严重暴力犯罪和严重影响人民群众安全感的犯罪，走私、贩卖、运输、制造毒品等毒害人民健康的犯罪，要作为严惩的重点，依法从重处罚。尤其对于极端仇视国家和社会，以不特定人为侵害对象，所犯罪行特别严重的犯罪分子，该重判的要坚决依法重判，该判处死刑的要坚决依法判处死刑。

❻ 最高人民法院《关于审理洗钱等刑事案件具体应用法律若干问题的解释》（2009年9月21日 法释〔2009〕15号）（节录）①

第五条 刑法第一百二十条之一规定的"资助"，是指为恐怖活动组织或者实施恐怖活动的个人筹集、提供经费、物资或者提供场所以及其他物质便利的行为。

刑法第一百二十条之一规定的"实施恐怖活动的个人"，包括预谋实施、准备实施和实际实施恐怖活动的个人。

❼ 最高人民法院、最高人民检察院《关于执行〈中华人民共和国刑法〉确定罪名的补充规定》（2002年3月15日 法释〔2002〕7号）②

第121条 劫持航空器罪

以暴力、胁迫或者其他方法劫持航空器的，处十年以上有期徒刑或者无期徒刑；致人重伤、死亡或者使航空器遭受严重破坏的，处死刑。

第122条 劫持船只、汽车罪

以暴力、胁迫或者其他方法劫持船只、汽车的，处五年以上十年以下有期徒刑；造成严重后果的，处十年以上有期徒刑或者无期徒刑。

学理观点·典型案例 ➡ 索引与要旨

《李永文故意杀人、劫持汽车、妨害公务，宋哲故意杀人、妨害公务，张鹏威妨害公务吉林省长春市中级人民法院刑事判决书》〔1999〕长刑初字第137号，载《刑事审判参考》2002年第1辑总第24辑，第224~234页。

要旨 ➡ 实施杀人犯罪后，为逃避追捕，持枪胁迫司机，劫持正在运行的汽车，其行为构成劫持汽车罪。

第123条 暴力危及飞行安全罪

对飞行中的航空器上的人员使用暴力，危及飞行安全，尚未造成严重后果的，处五年以下有期徒刑或者拘役；造成严重后果的，处五年以上有期徒刑。

第124条 第1款 破坏广播电视设施、公用电信设施罪 第2款 过失损坏广播电视设施、公用电信设施罪

---

① 对其解读见：《刑事审判参考》2010年第1辑总第72辑，第111~134页。
② 对其解读见：《刑事审判参考》2002年第3辑总第26辑，第171~177页。

破坏广播电视设施、公用电信设施，危害公共安全的，处三年以上七年以下有期徒刑；造成严重后果的，处七年以上有期徒刑。

过失犯前款罪的，处三年以上七年以下有期徒刑；情节较轻的，处三年以下有期徒刑或者拘役。

关联规范 ➡ 完全整理

❶ 最高人民法院《关于审理破坏广播电视设施等刑事案件具体应用法律若干问题的解释》（2011年6月13日　法释〔2011〕13号）①

2011年5月23日由最高人民法院审判委员会第1523次会议通过，现予公布，自2011年6月13日起施行。

为依法惩治破坏广播电视设施等犯罪活动，维护广播电视设施运行安全，根据刑法有关规定，现就审理这类刑事案件具体应用法律的若干问题解释如下：

第一条　采取拆卸、毁坏设备，剪割缆线，删除、修改、增加广播电视设备系统中存储、处理、传输的数据和应用程序，非法占用频率等手段，破坏正在使用的广播电视设施，具有下列情形之一的，依照刑法第一百二十四条第一款的规定，以破坏广播电视设施罪处三年以上七年以下有期徒刑：

（一）造成救灾、抢险、防汛和灾害预警等重大公共信息无法发布的；

（二）造成县级、地市（设区的市）级广播电视台中直接关系节目播出的设施无法使用，信号无法播出的；

（三）造成省级以上广播电视传输网内的设施无法使用，地市（设区的市）级广播电视传输网内的设施无法使用三小时以上，县级广播电视传输网内的设施无法使用十二小时以上，信号无法传输的；

（四）其他危害公共安全的情形。

第二条　实施本解释第一条规定的行为，具有下列情形之一的，应当认定为刑法第一百二十四条第一款规定的"造成严重后果"，以破坏广播电视设施罪处七年以上有期徒刑：

（一）造成救灾、抢险、防汛和灾害预警等重大公共信息无法发布，因此贻误排除险情或者疏导群众，致使一人以上死亡、三人以上重伤或者财产损失五十万元以上，或者引起严重社会恐慌、社会秩序混乱的；

（二）造成省级以上广播电视台中直接关系节目播出的设施无法使用，信号无法播出的；

（三）造成省级以上广播电视传输网内的设施无法使用三小时以上，地市（设区的市）级广播电视传输网内的设施无法使用十二小时以上，县级广播电视传输网内的设施无法使用四十八小时以上，信号无法传输的；

（四）造成其他严重后果的。

---

① 对其解读见：《公检法办案指南》2011年第7辑总第139辑，第53～61页。

第三条　过失损坏正在使用的广播电视设施，造成本解释第二条规定的严重后果的，依照刑法第一百二十四条第二款的规定，以过失损坏广播电视设施罪处三年以上七年以下有期徒刑；情节较轻的，处三年以下有期徒刑或者拘役。

过失损坏广播电视设施构成犯罪，但能主动向有关部门报告，积极赔偿损失或者修复被损坏设施的，可以酌情从宽处罚。

第四条　建设、施工单位的管理人员、施工人员，在建设、施工过程中，违反广播电视设施保护规定，故意或者过失毁坏正在使用的广播电视设施，构成犯罪的，以破坏广播电视设施罪或者过失损坏广播电视设施罪定罪处罚。其定罪量刑标准适用本解释第一至三条的规定。

第五条　盗窃正在使用的广播电视设施，尚未构成盗窃罪，但具有本解释第一条、第二条规定情形的，以破坏广播电视设施罪定罪处罚；同时构成盗窃罪和破坏广播电视设施罪的，依照处罚较重的规定定罪处罚。

第六条　破坏正在使用的广播电视设施未危及公共安全，或者故意毁坏尚未投入使用的广播电视设施，造成财物损失数额较大或者有其他严重情节的，以故意毁坏财物罪定罪处罚。

第七条　实施破坏广播电视设施犯罪，并利用广播电视设施实施煽动分裂国家、煽动颠覆国家政权、煽动民族仇恨、民族歧视或者宣扬邪教等行为，同时构成其他犯罪的，依照处罚较重的规定定罪处罚。

第八条　本解释所称广播电视台中直接关系节目播出的设施、广播电视传输网内的设施，参照国家广播电视行政主管部门和其他相关部门的有关规定确定。

❷ 最高人民法院《关于审理危害军事通信刑事案件具体应用法律若干问题的解释》（2007年6月26日　法释〔2007〕13号）（节录）①

第六条　破坏、过失损坏军事通信，并造成公用电信设施损毁，危害公共安全，同时构成刑法第一百二十四条和第三百六十九条规定的犯罪的，依照处罚较重的规定定罪处罚。

盗窃军事通信线路、设备，不构成盗窃罪，但破坏军事通信的，依照刑法第三百六十九条第一款的规定定罪处罚；同时构成刑法第一百二十四条、第二百六十四条和第三百六十九条第一款规定的犯罪的，依照处罚较重的规定定罪处罚。

违反国家规定，侵入国防建设、尖端科学技术领域的军事通信计算机信息系统，尚未对军事通信造成破坏的，依照刑法第二百八十五条的规定定罪处罚；对军事通信造成破坏，同时构成刑法第二百八十五条、第二百八十六条、第三百六十九条第一款规定的犯罪的，依照处罚较重的规定定罪处罚。

违反国家规定，擅自设置、使用无线电台、站，或者擅自占用频率，经责令停止使用后拒不停止使用，干扰无线电通讯正常进行，构成犯罪的，依照刑法第二百八十八条的规定定罪处罚；造成军事通信中断或者严重障碍，同时构成刑法第二百八十八条、第三百六

---

① 对其解读见：《刑事审判参考》2007年第4辑总第57辑，第72~80页以及《最新刑事法律文件解读》2007年第5辑总第29辑，第77~84页。

十九条第一款规定的犯罪的,依照处罚较重的规定定罪处罚。

❸ 最高人民法院《关于审理破坏公用电信设施刑事案件具体应用法律若干问题的解释》(2004年12月30日　法释〔2004〕21号)①

第一条　采用截断通信线路、损毁通信设备或者删除、修改、增加电信网计算机信息系统中存储、处理或者传输的数据和应用程序等手段,故意破坏正在使用的公用电信设施,具有下列情形之一的,属于刑法第一百二十四条规定的"危害公共安全",依照刑法第一百二十四条第一款规定,以破坏公用电信设施罪处三年以上七年以下有期徒刑:

(一)造成火警、匪警、医疗急救、交通事故报警、救灾、抢险、防汛等通信中断或者严重障碍,并因此贻误救助、救治、救灾、抢险等,致使人员死亡一人、重伤三人以上或者造成财产损失三十万元以上的;(二)造成二千以上不满一万用户通信中断一小时以上,或者一万以上用户通信中断不满一小时的;(三)在一个本地网范围内,网间通信全阻、关口局至某一局向全部中断或网间某一业务全部中断不满二小时或者直接影响范围不满五万(用户×小时)的;(四)造成网间通信严重障碍,一日内累计二小时以上不满十二小时的;(五)其他危害公共安全的情形。

第二条　实施本解释第一条规定的行为,具有下列情形之一的,属于刑法第一百二十四条第一款规定的"严重后果",以破坏公用电信设施罪处七年以上有期徒刑:

(一)造成火警、匪警、医疗急救、交通事故报警、救灾、抢险、防汛等通信中断或者严重障碍,并因此贻误救助、救治、救灾、抢险等,致使人员死亡二人以上、重伤六人以上或者造成财产损失六十万元以上的;(二)造成一万以上用户通信中断一小时以上的;(三)在一个本地网范围内,网间通信全阻、关口局至某一局向全部中断或网间某一业务全部中断二小时以上或者直接影响范围五万(用户×小时)以上的;(四)造成网间通信严重障碍,一日内累计十二小时以上的;(五)造成其他严重后果的。

第三条　故意破坏正在使用的公用电信设施尚未危害公共安全,或者故意毁坏尚未投入使用的公用电信设施,造成财物损失,构成犯罪的,依照刑法第二百七十五条规定,以故意毁坏财物罪定罪处罚。

盗窃公用电信设施价值数额不大,但是构成危害公共安全犯罪的,依照刑法第一百二十四条的规定定罪处罚;盗窃公用电信设施同时构成盗窃罪和破坏公用电信设施罪的,依照处罚较重的规定定罪处罚。

第四条　指使、组织、教唆他人实施本解释规定的故意犯罪行为的,按照共犯定罪处罚。

第五条　本解释中规定的公用电信设施的范围、用户数、通信中断和严重障碍的标准和时间长度,依据国家电信行业主管部门的有关规定确定。

❹ 最高人民法院、最高人民检察院《关于办理组织和利用邪教组织犯罪案件具体应用法律若干问题的解答》(2002年5月20日　法发〔2002〕7号)

十五、问:对利用广播电视设施、公用电信设施制作、传播邪教组织信息的,如何

---

① 对其解读见:《刑事审判参考》2004年第6辑总第41辑,第75~76,135~145页。

处理？

答：对利用广播电视设施、公用电信设施制作、传播邪教组织信息的，应分别情形处理：为传播邪教组织信息破坏广播电视设施、公用电信设施，危害公共安全的，依照刑法第一百二十四条的规定，以破坏广播电视设施、公用电信设施罪定罪处罚；利用广播电视设施、公用电信设施制作、传播邪教组织的信息，同时造成广播电视设施、公用电信设施破坏，危害公共安全的，依照刑法第一百二十四条、第三百条第一款的规定，以破坏广播电视设施、公用电信设施罪，利用邪教组织破坏法律实施罪数罪并罚；对利用广播电视设施、公用电信设施制作、传播邪教组织信息，未对广播电视设施、公用电信设施造成破坏的，依照刑法第三百条第一款的规定，以利用邪教组织破坏法律实施罪定罪处罚。

5 最高人民法院《关于审理盗窃案件具体应用法律若干问题的解释》（1998年3月17日　法释〔1998〕4号）（节录）①

第十二条　审理盗窃案件，应当注意区分盗窃罪与其他犯罪的界限：（一）盗窃广播电视设施、公用电信设施价值数额不大，但是构成危害公共安全犯罪的，依照刑法第一百二十四条的规定定罪处罚；盗窃广播电视设施、公用电信设施同时构成盗窃罪和破坏广播电视设施、公用电信设施罪的，择一重罪处罚。

6 最高人民法院研究室《关于如何计算正在使用中的通讯线路价值问题的电话答复》（1992年11月17日）

经研究，答复如下：盗窃数额是指行为人主观上意图通过盗窃行为占有，并在客观上已实际造成的公私财物的直接损失数额。犯罪分子盗窃正在使用中的通讯线路，线路（如铜线）本身的价值可以认定为盗窃数额。由于盗窃这些通讯线路使电报、电话中断因而造成的经济损失，应视为盗窃或者破坏通讯设备所引起的后果，可以盗窃罪或者破坏通讯设备罪从重处罚。

7 四川省公检法《关于办理盗窃、破坏公用电信设施案件若干问题的意见（试行）》（2008年12月16日　川高法〔2008〕622号）②

学理观点·典型案例 ➡ 索引与要旨

1《周润君、刘伟明、梁振兴等利用邪教组织破坏法律实施案、破坏广播电视设施案　吉林省高级人民法院刑事裁定书》〔2002〕吉刑终字第435号，载《刑事审判参考》2002年第5辑总28辑，第211~220页。

要旨➡被告人的行为破坏了国家法律的实施，危害了公共安全。

第125条　修正案（三）第5条　非法制造、买卖、运输、邮寄、储存枪支、弹药、爆炸物罪　非法制造、买卖、运输、储存危险物质罪

---

① 对其解读见：《解读最高人民法院司法解释·刑事、行政卷（1997~2002）》，第198~208页。
② 对其解读见：《刑事法律文件解读》2009年第7辑总第49辑，第55~60页。

非法制造、买卖、运输、邮寄、储存枪支、弹药、爆炸物的,处三年以上十年以下有期徒刑;情节严重的,处十年以上有期徒刑、无期徒刑或者死刑。

非法买卖、运输核材料的,依照前款的规定处罚。

单位犯前两款罪的,对单位判处罚金,并对其直接负责的主管人员和其他直接责任人员,依照第一款的规定处罚。

中华人民共和国刑法修正案(三)(2001年12月29日第九届全国人民代表大会常务委员会第二十五次会议通过,2001年12月29日中华人民共和国主席令第六十四号公布,自公布之日起施行。)

五、将刑法第一百二十五条第二款修改为:"非法制造、买卖、运输、储存毒害性、放射性、传染病病原体等物质,危害公共安全的,依照前款的规定处罚。"

关联规范 ⟹ 完全整理

❶《刑法修正案(三)》(2001年12月29日 主席令第六十四号)[①]

❷《中华人民共和国治安管理处罚法》(2006年3月1日 主席令第三十八号)(节录)

第三十条 违反国家规定,制造、买卖、储存、运输、邮寄、携带、使用、提供、处置爆炸性、毒害性、放射性、腐蚀性物质或者传染病病原体等危险物质的,处十日以上十五日以下拘留;情节较轻的,处五日以上十日以下拘留。

第三十二条 非法携带枪支、弹药或者弩、匕首等国家规定的管制器具的,处五日以下拘留,可以并处五百元以下罚款;情节较轻的,处警告或者二百元以下罚款。

非法携带枪支、弹药或者弩、匕首等国家规定的管制器具进入公共场所或者公共交通工具的,处五日以上十日以下拘留,可以并处五百元以下罚款。

❸ 最高人民法院《关于审理非法制造、买卖、运输枪支、弹药、爆炸物等刑事案件具体应用法律若干问题的解释》(2001年5月16日 法释〔2001〕15号)(节录)

第一条 个人或者单位非法制造、买卖、运输、邮寄、储存枪支、弹药、爆炸物,具有下列情形之一的,依照刑法第一百二十五条第一款的规定,以非法制造、买卖、运输、邮寄、储存枪支、弹药、爆炸物罪定罪处罚:

(一)非法制造、买卖、运输、邮寄、储存军用枪支一支以上的;

(二)非法制造、买卖、运输、邮寄、储存以火药为动力发射枪弹的非军用枪支一支以上或者以压缩气体等为动力的其他非军用枪支二支以上的;

(三)非法制造、买卖、运输、邮寄、储存军用子弹十发以上、气枪铅弹五百发以上

---

① 对其解读见:《刑事审判参考》2002年第1辑总第24辑,第98~100,176~184页。

或者其他非军用子弹一百发以上的；

（四）非法制造、买卖、运输、邮寄、储存手榴弹一枚以上的；

（五）非法制造、买卖、运输、邮寄、储存爆炸装置的；

（六）非法制造、买卖、运输、邮寄、储存炸药、发射药、黑火药一千克以上或者烟火药三千克以上，雷管三十枚以上或者导火索、导爆索三十米以上的；

（七）具有生产爆炸物品资格的单位不按照规定的品种制造，或者具有销售、使用爆炸物品资格的单位超过限额买卖炸药、发射药、黑火药十千克以上或者烟火药三十千克以上，雷管三百枚以上或者导火索、导爆索三百米以上的；

（八）多次非法制造、买卖、运输、邮寄、储存弹药、爆炸物的；

（九）虽未达到上述最低数量标准，但具有造成严重后果等其他恶劣情节的。

介绍买卖枪支、弹药、爆炸物的，以买卖枪支、弹药、爆炸物罪的共犯论处。

第二条　非法制造、买卖、运输、邮寄、储存枪支、弹药、爆炸物，具有下列情形之一的，属于刑法第一百二十五条第一款规定的"情节严重"：

（一）非法制造、买卖、运输、邮寄、储存枪支、弹药、爆炸物的数量达到本解释第一条第（一）、（二）、（三）、（六）、（七）项规定的最低数量标准五倍以上的；

（二）非法制造、买卖、运输、邮寄、储存手榴弹三枚以上的；

（三）非法制造、买卖、运输、邮寄、储存爆炸装置，危害严重的；

（四）达到本解释第一条规定的最低数量标准，并具有造成严重后果等其他恶劣情节的。

４ 最高人民法院《关于修改〈最高人民法院关于审理非法制造、买卖、运输枪支、弹药、爆炸物等刑事案件具体应用法律若干问题的解释〉的决定》（2009年11月9日　法释〔2009〕18号）

一、将《解释》第八条第一款修改为："刑法第一百二十五条第一款规定的非法储存，是指明知是他人非法制造、买卖、运输、邮寄的枪支、弹药而为其存放的行为，或者非法存放爆炸物的行为。"

二、增加一条，作为《解释》第九条："因筑路、建房、打井、整修宅基地和土地等正常生产、生活需要，或者因从事合法的生产经营活动而非法制造、买卖、运输、邮寄、储存爆炸物，数量达到本《解释》第一条规定标准，没有造成严重社会危害，并确有悔改表现的，可依法从轻处罚；情节轻微的，可以免除处罚。

具有前款情形，数量虽达到本《解释》第二条规定标准的，也可以不认定为刑法第一百二十五条第一款规定的情节严重。

在公共场所、居民区等人员集中区域非法制造、买卖、运输、邮寄、储存爆炸物，或者因非法制造、买卖、运输、邮寄、储存爆炸物三年内受到两次以上行政处罚又实施上述行为，数量达到本《解释》规定标准的，不适用前两款量刑的规定。"

三、将《解释》原第九条变更为第十条。

根据本《决定》，将《解释》作相应修改并对条文顺序作相应调整后，重新公布。

５ 最高人民检察院、公安部《关于公安机关管辖的刑事案件立案追诉标准的规定

第二编 分则 第二章 危害公共安全罪

(一)》(2008年6月25日 公通字〔2008〕36号)(节录)

第二条 非法制造、买卖、运输、储存毒害性、放射性、传染病病原体等物质,危害公共安全,涉嫌下列情形之一的,应予立案追诉:(一)造成人员重伤或者死亡的;(二)造成直接经济损失十万元以上的;(三)非法制造、买卖、运输、储存毒鼠强、氟乙酰胺、氟乙酰钠、毒鼠硅、甘氟原粉、原液、制剂五十克以上,或者饵料二千克以上的;(四)造成急性中毒、放射性疾病或者造成传染病流行、暴发的;(五)造成严重环境污染的;(六)造成毒害性、放射性、传染病病原体等危险物质丢失、被盗、被抢或者被他人利用进行违法犯罪活动的;(七)其他危害公共安全的情形。

6 公安部关于印发《仿真枪认定标准》的通知(2008年2月22日)

为切实加强对仿真枪的管理,根据《中华人民共和国枪支管理法》和《枪支致伤力的法庭科学鉴定判据》(GA/T718-2007)以及《国家玩具安全技术规范》(GB/T6675-2003)的有关规定,公安部制定了《仿真枪认定标准》,现印发给你们,请遵照执行。

仿真枪的认定工作由地级或者县级以上公安机关负责,对能够发射弹丸需要进行鉴定的,由县级以上公安机关刑事技术部门负责按照《枪支致伤力的法庭科学鉴定判据》,参照《公安机关涉案枪支弹药性能鉴定工作规定》(公通字〔2001〕68号),从其所发射弹丸的能量进行鉴定是否属于枪支。当事人或办案机关对仿真枪的认定提出异议的,由上一级公安机关重新认定。

2001年12月《公安部关于认定仿真枪有关问题的通知》(公通字〔2001〕90号)同时废止。

仿真枪认定标准

一、凡符合以下条件之一的,可以认定为仿真枪:

1. 符合《中华人民共和国枪支管理法》规定的枪支构成要件,所发射金属弹丸或其他物质的枪口比动能小于1.8焦耳/平方厘米(不含本数)、大于0.16焦耳/平方厘米(不含本数)的;

2. 具备枪支外形特征,并且具有与制式枪支材质和功能相似的枪管、枪机、机匣或者击发等机构之一的;

3. 外形、颜色与制式枪支相同或者近似,并且外形长度尺寸介于相应制式枪支全枪长度尺寸的二分之一与一倍之间的。

二、枪口比动能的计算,按照《枪支致伤力的法庭科学鉴定判据》规定的计算方法执行。

三、术语解释

1. 制式枪支:国内制造的制式枪支是指已完成定型试验,并且经军队或国家有关主管部门批准投入装备、使用(含外贸出口)的各类枪支。国外制造的制式枪支是指制造商已完成定型试验,并且装备、使用或投入市场销售的各类枪支。

2. 全枪长:是指从枪管口部至枪托或枪机框(适用于无枪托的枪支)底部的长度。

7 公安部《关于对以气体等为动力发射金属弹丸或者其他物质的仿真枪认定问题的批复》(2006年10月11日 公复字〔2006〕5号)

依据《中华人民共和国枪支管理法》第四十六条的规定，利用气瓶、弹簧、电机等形成压缩气体为动力、发射金属弹丸或者其他物质并具有杀伤力的"仿真枪"，具备制式气枪的本质特征，应认定为枪支，并按气枪进行管制处理。对非法制造、买卖、运输、储存、邮寄、持有、携带和走私此类枪支的，应当依照《中华人民共和国枪支管理法》、《中华人民共和国刑法》、《中华人民共和国治安管理处罚法》的有关规定，追究当事人的法律责任。对不具有杀伤力但符合仿真枪认定规定的，应认定为仿真枪；对非法制造、销售此类仿真枪的，应当依照《中华人民共和国枪支管理法》的有关规定，予以处罚。

8 最高人民法院、最高人民检察院《关于办理非法制造、买卖、运输、储存毒鼠强等禁用剧毒化学品刑事案件具体应用法律若干问题的解释》（2003年10月1日 法释〔2003〕14号）①

第一条 非法制造、买卖、运输、储存毒鼠强等禁用剧毒化学品，危害公共安全，具有下列情形之一的，依照刑法第一百二十五条的规定，以非法制造、买卖、运输、储存危险物质罪，处三年以上十年以下有期徒刑：

（一）非法制造、买卖、运输、储存原粉、原液、制剂50克以上，或者饵料2千克以上的；

（二）在非法制造、买卖、运输、储存过程中致人重伤、死亡或者造成公私财产损失10万元以上的。

第二条 非法制造、买卖、运输、储存毒鼠强等禁用剧毒化学品，具有下列情形之一的，属于刑法第一百二十五条规定的"情节严重"，处十年以上有期徒刑、无期徒刑或者死刑：

（一）非法制造、买卖、运输、储存原粉、原液、制剂500克以上，或者饵料20千克以上的；

（二）在非法制造、买卖、运输、储存过程中致3人以上重伤、死亡，或者造成公私财产损失20万元以上的；

（三）非法制造、买卖、运输、储存原粉、原药、制剂50克以上不满500克，或者饵料2千克以上不满20千克，并具有其他严重情节的。

第三条 单位非法制造、买卖、运输、储存毒鼠强等禁用剧毒化学品的，依照本解释第一条、第二条规定的定罪量刑标准执行。

第四条 对非法制造、买卖、运输、储存毒鼠强等禁用剧毒化学品行为负有查处职责的国家机关工作人员，滥用职权或者玩忽职守，致使公共财产、国家和人民利益遭受重大损失的，依照本条追究刑事责任。

第五条 本解释施行以前，确因生产、生活需要而非法制造、买卖、运输、储存毒鼠强等禁用剧毒化学品饵料自用，没有造成严重社会危害的，可以依照刑法第十三条的规定，不作为犯罪处理。

本解释施行以后，确因生产、生活需要而非法制造、买卖、运输、储存毒鼠强等禁用

---

① 对其解读见：《刑事审判参考》2003年第5辑总第34辑，第175～177，183～187页。

剧毒化学品饵料自用，构成犯罪，但没有造成严重社会危害，经教育确有悔改表现的，可以依法从轻、减轻或者免除处罚。

第六条 本解释所称"毒鼠强等禁用剧毒化学品"，是指国家明令禁止的毒鼠强、氟乙酰胺、氟乙酸钠、毒鼠硅、甘氟。

附表：

序号	通用名称	中文名称		英文名称		分子式	CAS 号
		化学名	别名	化学名	别名		
1	毒鼠强	2,6-二硫-1,3,5,7-四氮三环〔3,3,1,1,3,7〕癸烷-2,2,6,6-四氧化物	四亚甲基二砜四胺	2,6-dithia-1,3,5,7-tetratricyclo〔3,3,1,1,3,7〕decane-2,2,6,6-tetraoxide	Tetramine	$C_4H_9N_4O_4S_2$	80-12-6
2	氟乙酰胺	氟乙酰胺	敌蚜胺	Fluoroacetamide	Fluorakil 100	C_2H_4FNO	640-19-7
3	氟乙酸钠	氟乙酸钠	一氟乙酸钠	Sodium monofluoroacetate	Compound 1080	$C_2H_2FNaO_2$	62-74-8
4	毒鼠硅	1-(对氯苯基)-2,8,9-三氧-5-氮-1-硅双环〔3,3,3〕十二烷	氯硅宁、硅灭鼠	1-(p-chloropenyl)-2,8,9-trioxo-5 nitrogen-1-silicon-dicyclo〔3,3,3〕undencane	RS-150, silatrane	$Cl_2H_6ClNO_3Si$	29025-67-0
5	甘氟	1,3-二氟内醇-2 和 1-氯-3 醇-2 混合物	伏鼠酸、氟丙鼠甘伏	1,3-difluoirhydrine of glycerin and 2-chlorofluorohydrine of glycerin	Glyfuor Gliftor	$C_3H_6F_2O$ C_3H_6ClFO	

❾ **最高人民法院《关于 97 刑法实施后发生的非法买卖枪支案件，审理时新的司法解释尚未作出，是否可以参照 1995 年 9 月 20 日的最高人民法院〈关于办理非法制造、买卖、运输非军用枪支、弹药刑事案件适用法律问题的解释〉的规定审理案件请示的复函》**（2003 年 7 月 29 日）

原审被告人侯磊非法买卖枪支的行为发生在修订后的《刑法》实施以后，而该案审理时最高人民法院《关于办理非法制造、买卖、运输非军用枪支、弹药刑事案件适用法律问题的解释》尚未颁布，因此，依照我院法发〔1997〕3 号《关于认真学习宣传贯彻修订的〈中华人民共和国刑法〉的通知》的精神，该案应参照 1995 年 9 月 20 日的最高人民法院《关于办理非法制造、买卖、运输非军用枪支、弹药刑事案件适用法律问题的解释》的规定办理。

⑩ 最高人民法院、最高人民检察院《关于执行〈中华人民共和国刑法〉确定罪名的补充规定》（2002年3月15日 法释〔2002〕7号）（节录）①

⑪ 公安部《关于禁止保安服务公司经营各类枪支的通知》（1994年4月29日）（节录）

一、严禁保安服务公司经营、销售、使用钢珠枪、催泪枪、电击枪等仿真手枪和能发射钢珠弹的钢笔式、火机式、警棍式等多功能自卫器及管制刀具、警服、军服。各地公安机关对此必须严肃对待，抓紧进行检查，凡发现其非法经营上述物品的，一定要坚决予以查禁和收缴。二、对继续违反规定，有禁不止的保安服务公司，要撤销公司经理的职务，并依照最高人民法院《关于办理非法制造、买卖、运输、私藏钢珠枪犯罪案件适用法律问题的通知》（法发〔1993〕43号），追究刑事责任。

⑫ 公安部《关于贩卖枪支零部件定性问题的批复》（1994年1月1日 公复字〔1994〕1号）

经研究，现批复如下：根据我国法律、法规等有关枪支管理的规定，任何单位和个人不是非法制造、买卖、运输、持有以及修理或装配枪支；即使是报废的枪支，也要严格按照有关规定销毁。因此，对非法购买枪支主要零部件情节严重的，均应适用刑法第一百一十二条的规定定性处理；如果行为人明知他人购买枪支零部件系用于组装枪支，而仍向其出售的，则应以制造枪支的共犯论处。

⑬ 最高人民检察院研究室《关于非法制造、买卖、运输、储存以火药为动力发射弹药的大口径武器的行为如何适用法律问题的答复》（2004年11月3日）（节录）②

河北省人民检察院法律政策研究室：你室《关于私自制造大口径以火药为动力发射弹药的武器应如何认定的请示》收悉。经研究，答复如下：对于非法制造、买卖、运输、储存以火药为动力发射弹药的大口径武器的行为，应当依照刑法第一百二十五条第一款的规定，以非法制造、买卖、运输、储存枪支罪追究刑事责任。此复。

⑭ 江苏省公检法《关于办理涉枪涉爆、聚众斗殴案件具体应用法律若干问题的意见》（2002年10月25日）

一、办理涉枪、涉爆案件的有关问题

（一）关于《解释》的适用

1. 关于对烟花爆竹的认定问题

应严格依照刑法及《解释》的规定认定爆炸物的范围和种类。对于为非法生产烟花爆竹而制造、买卖、运输、储存烟火药、黑火药的，或者从烟花爆竹中提取黑火药、烟火药非法作为他用的，可以认定为刑法所规定的爆炸物。

对于因非法制造、买卖、运输、储存烟花爆竹等行为造成严重后果而触犯其他罪名的，以危险物品肇事罪、重大责任事故罪等定罪处罚。

---

① 对其解读见：《刑事审判参考》2002年第3辑总第26辑，第171~177页。
② 对其解读见：《最新刑事法律文件解读》2005年第1辑总第1辑。

2. 关于对经鉴定失去效能的枪支、弹药、爆炸物的认定问题

对经鉴定失去效能的枪支、弹药、爆炸物是否认定为刑法所规定的枪支、弹药、爆炸物，对此，要根据枪支、弹药、爆炸物危险性程度的具体情况具体分析，同时严格掌握。对枪支、弹药不堪使用又不能自行修复以及爆炸物经鉴定不能使用，确实没有实际危害性的，可以不予认定为刑法所规定的枪支、弹药、爆炸物。

3. 关于对猎枪使用的铁砂弹丸的认定问题

对于违反有关法律法规，制造、买卖、运输等专门作为猎枪使用的金属弹丸，可以认定为刑法所规定的弹药；对于在其他正常生产、生活过程中所产生或涉及的可以被猎枪使用的铁砂弹丸，可以不认定为刑法所规定的弹药。

4. 关于对"拒不交出"的界定

《解释》规定："私藏"是指依法配备、配置枪支、弹药的人员，在配备、配置枪支、弹药的条件消除后，违反枪支管理法律、法规的规定，私自藏匿所配备、配置的枪支、弹药且拒不交出的行为。

认定"拒不交出"应当按照主客观相结合的原则，即主观上明知行为的违法性又不愿意交出，客观上至案发时没有交出的行为。

（二）关于《通知》的适用

1. 关于对"生产、生活需要"的界定问题

对"生产、生活需要"的界定，要从行为人涉枪、涉爆的行为目的来考察，对行为人主观方面为维持正常的生产、生活需要，自己没有使用枪支、弹药、爆炸物实施危害社会的行为，也没有被别人用于实施其他违法犯罪活动的，可以认定其行为是"生产、生活需要"。在司法实践中，下列几种情况可以认定是"生产、生活需要"：

（1）为开山采矿、生产烟花爆竹等需要非法制造、购买爆炸物的；

（2）为狩猎、保护生产、生活资料、设施等需要非法制造、购买枪支的；

（3）其他确因生产、生活所需而非法制造、买卖、运输少量枪支、弹药、爆炸物的。

2. 关于对符合《通知》规定，情节严重的涉枪、涉爆行为的法律适用问题

根据《通知》规定，对符合《通知》第一条规定的行为依照刑法第十三条的规定，视为情节显著轻微，可以不作为犯罪处理。但是，对于多次实施，或者非法制造、买卖、运输枪支、弹药、爆炸物的数量达到《解释》规定的"情节严重"标准，或者所涉枪支、弹药、爆炸物的威力较大（如制式、军用、自动、先进、大杀伤力），依照《通知》第1条的规定，也可以认定为犯罪，从轻或免除处罚；具备上述情形，适用《通知》第2条规定时，也可以不予免除或者从轻处罚。

3. 关于对符合《通知》第二条规定的行为能否适用减轻处罚问题

《通知》第2条没有规定减轻处罚，根据《刑法》第63条的精神，符合《通知》第2条规定的行为只能免除或从轻处罚，但对具备法定减轻处罚情节的，可以依法减轻处罚。

学理观点·典型案例 ➡ 索引与要旨

1 《吴芝桥非法制造、买卖枪支、弹药案》，载《刑事审判参考》2010 年第 4 辑总第

75 辑，第 1~8 页。

核心提示 ➡ 如何认定非法制造、买卖枪支、弹药罪的"情节严重"？如何适用死刑？

❷《关于非法买卖烟花爆竹制品法律适用的几个问题——析黄立娟、张凤法非法买卖爆炸物罪案》，载《刑事司法指南》2008 年第 4 辑总第 36 辑，第 205~213 页。

❸《庄木根、刘平平、郑斌非法买卖枪支、贩卖毒品案》，载《刑事审判参考》2007 年第 6 辑总第 59 辑，第 1~7 页。

核心提示 ➡ 非法买卖枪支时以毒品冲抵部分价款行为如何定性？

要旨 ➡ 一、以毒品冲抵部分买卖枪支价款的行为构成贩卖毒品罪。

二、贩卖毒品行为与非法买卖枪支行为之间不存在牵连关系，应予数罪并罚。

❹《非法制造、买卖、运输、邮寄、储存枪支、弹药、爆炸物罪释疑》，载《最新刑事法律文件解读》2007 年第 4 辑总第 28 辑，第 208~229 页。

❺《军用子弹的认定——徐光全等十六人非法买卖枪支案抗诉案例评析》，载《刑事司法指南》2007 年第 1 辑总第 29 辑，第 141~154 页。

❻《行为人私自存放爆炸物行为的定性探析》，载《公检法办案指南》2007 年第 2 辑总第 86 辑，第 160~168 页。

❼《孔德明非法携带危险物品危及公共安全案》，载《刑事审判参考》2005 年第 6 辑总第 47 辑，第 1~4 页。

核心提示 ➡ 如何区分非法运输、储存爆炸物罪和非法携带危险物品危及公共安全罪？如何区分携带与运输？

要旨 ➡ 非法存放他人合法手段领取的爆炸物，不构成非法储存爆炸物罪

❽《吴传贵等非法制造、买卖爆炸物案》，载《刑事审判参考》2005 年第 5 辑总第 46 辑，第 19~25 页。

核心提示 ➡ 非法制造、买卖大量炸药，炸药在买方存储中发生爆炸的，应当如何量刑？

要旨 ➡ 引出了如何准确理解《通知》规定的"行为人确因生产、生活所需而非法制造、买卖爆炸物"和《解释》规定的"造成严重后果"，并据此如何理解准确量刑的问题。《通知》这一规定实际上在《解释》确定的追究刑事责任的数量标准中划出了一部分，即对于确因生产、生活所需而非法制造、买卖爆炸物的案件，在确定刑罚时，不以数量为标准，而且确立了对这种情况的免除和从轻处罚的精神。本案中，炸药是在制造完毕，卖出以后，在购买人存储中发生爆炸的，这种情况不同于典型的刑法意义上的直接的因果关系，即非法制造炸药的行为与炸药发生爆炸这一后果之间的距离比典型的因果关系之间的距离远，相应地，行为人承担这一后果的刑事责任也应当轻。

❾《徐钦朋非法买卖爆炸物案》，载《刑事审判参考》2005 年第 5 辑总第 46 辑，第 15~18 页。

核心提示 ➡ 确因生产、生活所需非法买卖爆炸物的，应当如何适用刑罚？

要旨 ➡ 根据本案的具体情况，可以在法定刑以下判处刑罚。判三缓四。

⑩《朱香海、左正红等非法买卖枪支、贪污案》，载《刑事审判参考》2005 年第 1 辑总第 42 辑，第 1~13 页。

核心提示 ➡ 对于 1997 年刑法施行以后、司法解释颁布施行以前实施的非法买卖枪支犯罪，是参照执行原有的司法解释还是适用新公布施行的司法解释？

⑪《沈志明、曾小芳危险物品肇事，黄伟、何金义窝藏案江西省萍乡市中级人民法院刑事判决书》，载《刑事审判参考》2002 年第 1 辑总第 24 辑，第 235~248 页。

核心提示 ➡ 《爆炸物品安全生产许可证》和《营业执照》过期未换新证，在生产烟花爆竹过程中发生爆炸致多人死亡应如何定性？

要旨 ➡ 《刑法》第 125 条所规定的"爆炸物"是指军用或民用的具有爆破性，有较强的爆破力和杀伤力的物品，而烟花爆竹虽属爆炸性物品，但其本质上是娱乐性用品，不是《刑法》意义上的"爆炸物"。辩护人提出构成危险物品肇事罪的辩护意见，予以采纳。

⑫《张君等抢劫、杀人犯罪集团案》，载《刑事审判参考》2001 年第 7 辑总第 18 辑，第 13~38 页。

要旨 ➡ 行为人"监守自盗"其所保管的弹药并卖给他人应认定为盗窃弹药罪。

⑬《尹开华、李彬非法买卖爆炸物案》，载《最新刑事法律文件解读》2005 年第 10 辑总第 10 辑，第 106~110 页。

要旨 ➡ 非法买卖爆炸物用于生产且未造成任何危害后果不属情节严重。

⑭《持有型犯罪研究》，载《刑事司法指南》2005 年第 2 辑总第 22 辑，第 68~123 页。

要旨 ➡ 一、论刑法上的持有：1. 持有的概念；2. 持有是行为；3. 持有的归属。

二、持有型犯罪概述：1. 持有型犯罪的概念；2. 持有型犯罪的范围；3. 持有型犯罪的分类。

三、持有型犯罪立法：1. 持有型犯罪的立法根据；2. 持有型犯罪的立法价值。

四、持有型犯罪司法：1. 持有型犯罪的司法根据；2. 持有型犯罪的司法处理。

第 126 条　违规制造、销售枪支罪

依法被指定、确定的枪支制造企业、销售企业，违反枪支管理规定，有下列行为之一的，对单位判处罚金，并对其直接负责的主管人员和其他直接责任人员，处五年以下有期徒刑；情节严重的，处五年以上十年以下有期徒刑；情节特别严重的，处十年以上有期徒刑或者无期徒刑：

（一）以非法销售为目的，超过限额或者不按照规定的品种制造、配售枪支的；

（二）以非法销售为目的，制造无号、重号、假号的枪支的；

（三）非法销售枪支或者在境内销售为出口制造的枪支的。

关 联 规 范　　⟹　完全整理

❶ 最高人民法院《关于审理非法制造、买卖、运输枪支、弹药、爆炸物等刑事案件具体应用法律若干问题的解释》（2001年5月16日　法释〔2001〕15号）①

第三条　依法被指定或者确定的枪支制造、销售企业，实施刑法第一百二十六条规定的行为，具有下列情形之一的，以违规制造、销售枪支罪定罪处罚：

（一）违规制造枪支五支以上的；（二）违规销售枪支二支以上的；（三）虽未达到上述最低数量标准，但具有造成严重后果等其他恶劣情节的。

具有下列情形之一的，属于刑法第一百二十六条规定的"情节严重"：

（一）违规制造枪支二十支以上的；（二）违规销售枪支十支以上的；（三）达到本条第一款规定的最低数量标准，并具有造成严重后果等其他恶劣情节的。

具有下列情形之一的，属于刑法第一百二十六条规定的"情节特别严重"：

（一）违规制造枪支五十支以上的；（二）违规销售枪支三十支以上的；（三）达到本条第二款规定的最低数量标准，并具有造成严重后果等其他恶劣情节的。

第七条　非法制造、买卖、运输、邮寄、储存、盗窃、抢夺、持有、私藏、携带成套枪支散件的，以相应数量的枪支计；非成套枪支散件以每三十件为一成套枪支散件计。

❷ 最高人民检察院、公安部《关于公安机关管辖的刑事案件立案追诉标准的规定（一）》（2008年6月25日　公通字〔2008〕36号）（节录）

第三条　依法被指定、确定的枪支制造企业、销售企业，违反枪支管理规定，以非法销售为目的，超过限额或者不按照规定的品种制造、配售枪支，或者以非法销售为目的，制造无号、重号、假号的枪支，或者非法销售枪支或者在境内销售为出口制造的枪支，涉嫌下列情形之一的，应予立案追诉：（一）违规制造枪支五支以上的；（二）违规销售枪支二支以上的；（三）虽未达到上述数量标准，但具有造成严重后果等其他恶劣情节的。

本条和本规定第四条、第七条规定的"枪支"，包括枪支散件。成套枪支散件，以相应数量的枪支计；非成套枪支散件，以每三十件为一成套枪支散件计。

第一百条　本规定中的立案追诉标准，除法律、司法解释另有规定的以外，适用于相关的单位犯罪。

❸ 最高人民法院《关于审理非法制造、买卖、运输枪支、弹药、爆炸物等刑事案件具体应用法律若干问题的解释》（2001年9月17日　法〔2001〕129号）（节录）②

因生产、生活需要且未造成严重后果的不同处理方式。

---

① 对其解读见：《刑事审判参考》2001年第6辑总第17辑，第30~35，77~80页；2001年第7辑总第18辑，第64~72页。

② 对其解读见：《刑事审判参考》2001年第11辑总第22辑，第57~58，68~70页。

学理观点·典型案例 —— 索引与要旨

《目的犯的法理研究》，载《刑事审判要览》2004年第3辑总第9辑，第36~55页。

第127条 第1、2款 盗窃、抢夺枪支、弹药、爆炸物 修正案（三）第6条第1、2款 盗窃、抢夺枪支、弹药、爆炸物、危险物质罪

盗窃、抢夺枪支、弹药、爆炸物的，处三年以上十年以下有期徒刑；情节严重的，处十年以上有期徒刑、无期徒刑或者死刑。

抢劫枪支、弹药、爆炸物或者盗窃、抢夺国家机关、军警人员、民兵的枪支、弹药、爆炸物的，处十年以上有期徒刑、无期徒刑或者死刑。

中华人民共和国刑法修正案（三）（2001年12月29日第九届全国人民代表大会常务委员会第二十五次会议通过，2001年12月29日中华人民共和国主席令第六十四号公布，自公布之日起施行。）

六、将刑法第一百二十七条修改为："盗窃、抢夺枪支、弹药、爆炸物的，或者盗窃、抢夺毒害性、放射性、传染病病原体等物质，危害公共安全的，处三年以上十年以下有期徒刑；情节严重的，处十年以上有期徒刑、无期徒刑或者死刑。

"抢劫枪支、弹药、爆炸物的，或者抢劫毒害性、放射性、传染病病原体等物质，危害公共安全的，或者盗窃、抢夺国家机关、军警人员、民兵的枪支、弹药、爆炸物的，处十年以上有期徒刑、无期徒刑或者死刑。"

关联规范 —— 完全整理

❶《刑法修正案（三）》（2001年12月29日 主席令第六十四号）（节录）①

❷ 最高人民法院《关于修改〈最高人民法院关于审理非法制造、买卖、运输枪支、弹药、爆炸物等刑事案件具体应用法律若干问题的解释〉的决定》（2009年11月9日 法释〔2009〕18号）②

❸ 最高人民法院《关于审理非法制造、买卖、运输枪支、弹药、爆炸物等刑事案件具体应用法律若干问题的解释》（2001年5月16日 法释〔2001〕15号）（节录）

第四条 盗窃、抢夺枪支、弹药、爆炸物，具有下列情形之一的，依照刑法第一百二十七条第一款的规定，以盗窃、抢夺枪支、弹药、爆炸物罪定罪处罚：

（一）盗窃、抢夺以火药为动力的发射枪弹非军用枪支一支以上或者以压缩气体等为

---

① 对其解读见：《刑事审判参考》2002年第1辑总第24辑，第98~100，176~184页。
② 对其解读见：《刑事审判参考》2009年第6辑总第71辑，第91~97页。

动力的其他非军用枪支二支以上的；

（二）盗窃、抢夺军用子弹十发以上、气枪铅弹五百发以上或者其他非军用子弹一百发以上的；

（三）盗窃、抢夺爆炸装置的；

（四）盗窃、抢夺炸药、发射药、黑火药一千克以上或者烟火药三千克以上、雷管三十枚以上或者导火索、导爆索三十米以上的；

（五）虽未达到上述最低数量标准，但具有造成严重后果等其他恶劣情节的。

具有下列情形之一的，属于刑法第一百二十七条第一款规定的"情节严重"：

（一）盗窃、抢夺枪支、弹药、爆炸物的数量达到本条第一款规定的最低数量标准五倍以上的；

（二）盗窃、抢夺军用枪支的；

（三）盗窃、抢夺手榴弹的；

（四）盗窃、抢夺爆炸装置，危害严重的；

（五）达到本条第一款规定的最低数量标准，并具有造成严重后果等其他恶劣情节的。

第七条　非法制造、买卖、运输、邮寄、储存、盗窃、抢夺、持有、私藏、携带成套枪支散件的，以相应数量的枪支计；非成套枪支散件以每三十件为一成套枪支散件计。

4 最高人民法院、最高人民检察院《关于执行〈中华人民共和国刑法〉确定罪名的补充规定》（2002年3月15日　法释〔2002〕7号）①

学理观点·典型案例　➡️ 索引与要旨

1《抢夺他人少量财物后，为抗拒民警抓捕而抢夺枪支的行为应如何认定？疑案征求意见》，载《刑事审判参考》2010年第5辑总76辑，第183~188页。

2《张君等抢劫、杀人犯罪集团案》，载《刑事审判参考》2001年第7辑总第18辑，第13~38页。

要旨 ➡ 行为人"监守自盗"其所保管的弹药并卖给他人应认定为盗窃弹药罪。

3《犯罪主体和受案法院决定本案适用特别规定》，载《陈亮盗窃武器装备、盗窃案》以及《最新刑事法律文件解读》2006年第3辑总第15辑，第134~136页。

4《朱某、邓某等人使用暴力从拘留所脱逃案》，载《最新刑事法律文件解读》。

核心提示 ➡ 妨害公务与抢劫枪支竞合

第128条　第1款　非法持有、私藏枪支、弹药罪　第2、3款　非法出租、出借枪支罪

违反枪支管理规定，非法持有、私藏枪支、弹药的，处三年以下有期徒刑、拘役或者管制；情节严重的，处三年以上七年以下有期徒刑。

---

① 对其解读见：《刑事审判参考》2002年第3辑总第26辑，第171~177页。

依法配备公务用枪的人员,非法出租、出借枪支的,依照前款的规定处罚。

依法配置枪支的人员,非法出租、出借枪支,造成严重后果的,依照第一款的规定处罚。

单位犯第二款、第三款罪的,对单位判处罚金,并对其直接负责的主管人员和其他直接责任人员,依照第一款的规定处罚。

关联规范 ➡ 完全整理

❶《中华人民共和国治安管理处罚法》(2006年3月1日 主席令第三十八号)(节录)

第三十二条 非法携带枪支、弹药或者弩、匕首等国家规定的管制器具的,处五日以下拘留,可以并处五百元以下罚款;情节较轻的,处警告或者二百元以下罚款。

非法携带枪支、弹药或者弩、匕首等国家规定的管制器具进入公共场所或者公共交通工具的,处五日以上十日以下拘留,可以并处五百元以下罚款。

❷ 最高人民法院《关于修改〈最高人民法院关于审理非法制造、买卖、运输枪支、弹药、爆炸物等刑事案件具体应用法律若干问题的解释〉的决定》(2009年11月9日 法释〔2009〕18号)(节录)①

❸ 最高人民法院《关于审理非法制造、买卖、运输枪支、弹药、爆炸物等刑事案件具体应用法律若干问题的解释》(2001年5月16日 法释〔2001〕15号)

第五条 具有下列情形之一的,依照刑法第一百二十八条第一款的规定,以非法持有、私藏枪支、弹药罪定罪处罚:

(一)非法持有、私藏军用枪支一支的;

(二)非法持有、私藏以火药为动力发射枪弹的非军用枪支一支或者以压缩气体等为动力的其他非军用枪支二支以上的;

(三)非法持有、私藏军用子弹二十发以上,气枪铅弹一千发以上或者其他非军用子弹二百发以上的;

(四)非法持有、私藏手榴弹一枚以上的;

(五)非法持有、私藏的弹药造成人员伤亡、财产损失的。

具有下列情形之一的,属于刑法第一百二十八条第一款规定的"情节严重":

(一)非法持有、私藏军用枪支二支以上的;

(二)非法持有、私藏以火药为动力发射枪弹的非军用枪支二支以上或者以压缩气体等为动力的其他非军用枪支五支以上的;

(三)非法持有、私藏军用子弹一百发以上,气枪铅弹五千发以上或者其他非军用子弹一千发以上的;

---

① 对其解读见:《刑事审判参考》2009年第6辑总第71辑,第91~97页。

（四）非法持有、私藏手榴弹三枚以上的；

（五）达到本条第一款规定的最低数量标准，并具有造成严重后果等其他恶劣情节的。

第七条 非法制造、买卖、运输、邮寄、储存、盗窃、抢夺、持有、私藏、携带成套枪支散件的，以相应数量的枪支计；非成套枪支散件以每三十件为一成套枪支散件计。

❹ 最高人民检察院、公安部《关于公安机关管辖的刑事案件立案追诉标准的规定（一）》（2008年6月25日 公通字〔2008〕36号）（节录）

第三条 本条和本规定第四条、第七条规定的"枪支"，包括枪支散件。成套枪支散件，以相应数量的枪支计；非成套枪支散件，以每三十件为一成套枪支散件计。

第四条 违反枪支管理规定，非法持有、私藏枪支、弹药，涉嫌下列情形之一的，应予立案追诉：（一）非法持有、私藏军用枪支一支以上的；（二）非法持有、私藏以火药为动力发射枪弹的非军用枪支一支以上，或者以压缩气体等为动力的其他非军用枪支二支以上的；（三）非法持有、私藏军用子弹二十发以上、气枪铅弹一千发以上或者其他非军用子弹二百发以上的；（四）非法持有、私藏手榴弹、炸弹、地雷、手雷等具有杀伤性弹药一枚以上的；（五）非法持有、私藏的弹药造成人员伤亡、财产损失的。

本条规定的"非法持有"，是指不符合配备、配置枪支、弹药条件的人员，擅自持有枪支、弹药的行为；"私藏"，是指依法配备、配置枪支、弹药的人员，在配备、配置枪支、弹药的条件消除后，私自藏匿所配备、配置的枪支、弹药且拒不交出的行为。

第五条 依法配备公务用枪的人员或单位，非法将枪支出租、出借给未取得公务用枪配备资格的人员或单位，或者将公务用枪用作借债质押物的，应予立案追诉。

依法配备公务用枪的人员或单位，非法将枪支出租、出借给具有公务用枪配备资格的人员或单位，以及依法配置民用枪支的人员或单位，非法出租、出借民用枪支，涉嫌下列情形之一的，应予立案追诉：（一）造成人员轻伤以上伤亡事故的；（二）造成枪支丢失、被盗、被抢的；（三）枪支被他人利用进行违法犯罪活动的；（四）其他造成严重后果的情形。

第一百条 本规定中的立案追诉标准，除法律、司法解释另有规定的以外，适用于相关的单位犯罪。

❺ 最高人民检察院《关于将公务用枪用作借债质押的行为如何适用法律问题的批复》（1998年11月3日 高检发释字〔1998〕4号）①

依法配备公务用枪的人员，违反法律规定，将公务用枪用作借债质押物，使枪支处于非依法持枪人的控制、使用之下，严重危害公共安全，是刑法第一百二十八条第二款所规定的非法出借枪支行为的一种形式，应以非法出借枪支罪追究刑事责任；对接受枪支质押的人员，构成犯罪的，根据刑法第一百二十八条第一款的规定，应以非法持有枪支罪追究其刑事责任。

❻ 公安部《关于禁止保安服务公司经营各类枪支的通知》（1994年4月29日）

一、严禁保安服务公司经营、销售、使用钢珠枪、催泪枪、电击枪等仿真手枪和能发

---

① 对其解读见：《解读最高人民检察院司法解释》，第261~263页。

射钢珠弹的钢笔式、火机式、警棍式等多功能自卫器及管制刀具、警服、军服。各地公安机关对此必须严肃对待，抓紧进行检查，凡发现其非法经营上述物品的，一定要坚决予以查禁和收缴。二、对继续违反规定，有禁不止的保安服务公司，要撤销公司经理的职务，并依照最高人民法院《关于办理非法制造、买卖、运输、私藏钢珠枪犯罪案件适用法律问题的通知》（法发〔1993〕43号），追究刑事责任。

❼ 中国人民解放军军事法院印发《关于审理军人违反职责罪案件中几个具体问题的处理意见》的通知（1988年10月19日 〔1988〕军法发字第34号）（节录）

二、军职人员确实不知他人借用枪支、弹药是为实施犯罪，私自将自己保管、使用的枪支、弹药借给他人，致使公共财产、国家和人民利益遭受重大损失的，以《刑法》第一百八十七条规定的玩忽职守罪论处；如果在值班、值勤等执行职务时，擅自将自己使用、保管的枪支、弹药借给他人，因而造成严重后果的，以《条例》第五条规定的玩忽职守罪论处。

如果明知他人借用枪支、弹药是为了实施犯罪，仍将枪支、弹药借给他人的，以共同犯罪论处。

学理观点·典型案例 ➡ 索引与要旨

❶《叶燕兵非法持有枪支案》，载《刑事审判参考》2010年第5辑总第76辑，第11~16页。

要旨 ➡ 邀约非法持枪者携枪帮忙构成非法持有枪支罪的共犯。

❷《郭继东私藏枪支弹药宣告无罪案》，载《刑事审判参考》2005年第5辑总第46辑，第8~14页。

核心提示 ➡ 如何理解私藏枪支弹药罪中"配备、配置枪支的条件消除"？

要旨 ➡ 被告人在被刑事拘留前，尚未脱离依法使用枪支、弹药的公安刑警岗位，其配备枪支、弹药的条件亦未消除，其在需要合法使用枪支弹药的任务完成后，包括备警状态结束后，未将枪支、弹药及时入库，是一般的违反枪支管理法律、法规的行为，不属于刑法意义上的私藏枪支、弹药行为，无罪。配备枪支条件的消除应当是指出现法律、法规规定的情形，经相关部门审查，取消其配枪资格，收回其持枪证件。

❸《李永宾徇私枉法、接送不合格兵员案》，载《刑事审判参考》2003年第2辑总第31辑，第65~72页。

核心提示 ➡ 有配枪资格但私藏枪支应如何认定？

要旨 ➡ 在被告人住宅内，查获来源不明的手枪一支。本院认为：被告人身为县公安局局长，违反枪支管理法规，私藏枪支，其行为已构成私藏枪支罪。

❹《姜方平非法持有枪支、故意伤害案》，载《刑事审判参考》2003年第1辑总第30辑，第11~18页。

核心提示 ➡ 如何区分私藏枪支罪与非法持有枪支罪？

要旨 ➡ 私藏的主体是特殊主体，即先前具有配枪的资格，而持有主体是一般主体；两者区别还在于，根据最高人民法院相关解释的精神，私藏如事后能主动交出或经教育后即主动交出，一般不定罪，而持有无论是否主动交出均构成本罪。

❺《姜杰受贿案》，载《刑事审判参考》2002年第6辑总第29辑，第58~61页。

核心提示 ➡ 私藏弹药后，因未找到而未及时交出，但有向有关领导如实报告的行为如何定性？

要旨 ➡ 被告曾向有关领导说明、汇报过家中存有子弹一事，主观上不具有私自藏匿弹药的故意，子弹未交出系因一时未找到，客观上不存在拒不交出的行为，故不定。

❻《曹成金故意杀人案》，载《刑事审判参考》2001年第10辑总第21辑，第13~17页。

核心提示 ➡ 非法持枪在公众场所随意开枪未造成死、伤后果，如何定罪处罚？

要旨 ➡ 被告人非法携带枪支、弹药进入公共场所，且不计后果，非法开枪，虽未造成他人死、伤的严重后果，亦应认定为"情节严重"。

❼《持有型犯罪研究》，载《刑事司法指南》2005年第2辑总第22辑，第68~123页。

要旨 ➡ 一、论刑法上的持有：1. 持有的概念；2. 持有是行为；3. 持有的归属。

二、持有型犯罪概述：1. 持有型犯罪的概念；2. 持有型犯罪的范围；3. 持有型犯罪的分类。

三、持有型犯罪立法：1. 持有型犯罪的立法根据；2. 持有型犯罪的立法价值。

四、持有型犯罪司法：1. 持有型犯罪的司法根据；2. 持有型犯罪的司法处理。

第129条　丢失枪支不报罪

依法配备公务用枪的人员，丢失枪支不及时报告，造成严重后果的，处三年以下有期徒刑或者拘役。

关 联 规 范 ➡ 完全整理

最高人民检察院、公安部《关于公安机关管辖的刑事案件立案追诉标准的规定（一）》（2008年6月25日　公通字〔2008〕36号）（节录）

第六条　依法配备公务用枪的人员，丢失枪支不及时报告，涉嫌下列情形之一的，应予立案追诉：（一）丢失的枪支被他人使用造成人员轻伤以上伤亡事故的；（二）丢失的枪支被他人利用进行违法犯罪活动的；（三）其他造成严重后果的情形。

第130条　非法携带枪支、弹药、管制刀具、危险物品危及公共安全罪

非法携带枪支、弹药、管制刀具或者爆炸性、易燃性、放射性、毒害性、腐蚀性物品，进入公共场所或者公共交通工具，危及公共安全，情节严重的，处三年以下有期徒刑、拘役或者管制。

第二编 分则 第二章 危害公共安全罪

关 联 规 范 ➡ 完全整理

❶《中华人民共和国治安管理处罚法》（2006年3月1日 主席令第三十八号）（节录）

第三十二条 非法携带枪支、弹药或者弩、匕首等国家规定的管制器具的，处五日以下拘留，可以并处五百元以下罚款；情节较轻的，处警告或者二百元以下罚款。

非法携带枪支、弹药或者弩、匕首等国家规定的管制器具进入公共场所或者公共交通工具的，处五日以上十日以下拘留，可以并处五百元以下罚款。

❷《〈中华人民共和国铁路法〉中刑事罚则若干问题的解释》（1993年10月11日 法发〔1993〕28号）（节录）

二、对携带炸药、雷管或者非法携带枪支子弹、管制刀具进站上车的行为，如何追究刑事责任？

（三）《铁路法》中所称"进站上车"是指进入铁路车站或者乘上客货列车。

❸ 最高人民法院《关于修改〈最高人民法院关于审理非法制造、买卖、运输枪支、弹药、爆炸物等刑事案件具体应用法律若干问题的解释〉的决定》（2009年11月9日 法释〔2009〕18号）①

❹ 最高人民法院《关于审理非法制造、买卖、运输枪支、弹药、爆炸物等刑事案件具体应用法律若干问题的解释》（2001年5月16日 法释〔2001〕15号）（节录）

第六条 非法携带枪支、弹药、爆炸物进入公共场所或者公共交通工具，危及公共安全，具有下列情形之一的，属于刑法第一百三十条规定的"情节严重"：

（一）携带枪支或者手榴弹的；（二）携带爆炸装置的；（三）携带炸药、发射药、黑火药五百克以上或者烟火药一千克以上、雷管二十枚以上或者导火索、导爆索二十米以上的；（四）携带的弹药、爆炸物在公共场所或者公共交通工具上发生爆炸或者燃烧，尚未造成严重后果的；（五）具有其他严重情节的。

行为人非法携带本条第一款第（三）项规定的爆炸物进入公共场所或者公共交通工具，虽未达到上述数量标准，但拒不交出的，依照刑法第一百三十条的规定定罪处罚；携带的数量达到最低数量标准，能够主动、全部交出的，可不以犯罪论处。

第七条 非法制造、买卖、运输、邮寄、储存、盗窃、抢夺、持有、私藏、携带成套枪支散件的，以相应数量的枪支计；非成套枪支散件以每三十件为一成套枪支散件计。

❺ 最高人民检察院、公安部《关于公安机关管辖的刑事案件立案追诉标准的规定（一）》（2008年6月25日 公通字〔2008〕36号）（节录）

第七条 非法携带枪支、弹药、管制刀具或者爆炸性、易燃性、放射性、毒害性、腐蚀性物品，进入公共场所或者公共交通工具，危及公共安全，涉嫌下列情形之一的，应予立案追诉：（一）携带枪支一支以上或者手榴弹、炸弹、地雷、手雷等具有杀伤性弹药一

---

① 对其解读见：《刑事审判参考》2009年第6辑总第71辑，第91~97页。

枚以上的；（二）携带爆炸装置一套以上的；（三）携带炸药、发射药、黑火药五百克以上或者烟火药一千克以上，雷管二十枚以上或者导火索、导爆索二十米以上，或者虽未达到上述数量标准，但拒不交出的；（四）携带的弹药、爆炸物在公共场所或者公共交通工具上发生爆炸或者燃烧，尚未造成严重后果的；（五）携带管制刀具二十把以上，或者虽未达到上述数量标准，但拒不交出，或者用来进行违法活动尚未构成其他犯罪的；（六）携带的爆炸性、易燃性、放射性、毒害性、腐蚀性物品在公共场所或者公共交通工具上发生泄漏、遗洒，尚未造成严重后果的；（七）其他情节严重的情形。

第三条 本条和本规定第四条、第七条规定的"枪支"，包括枪支散件。成套枪支散件，以相应数量的枪支计；非成套枪支散件，以每三十件为一成套枪支散件计。

❻ 公安部《关于管制刀具范围的批复》（1994年5月20日　公复字〔1994〕4号）

我们认为，无弹簧但有自锁装置的单刃、双刃刀和形似匕首但长度超过匕首的单刃、双刃刀（如仿"东洋武士刀"）等，符合1983年《暂行规定》第二条"以及其他相类似的单刃、双刃、三棱尖刀"的规定，属于管制刀具的范围，应按《暂行规定》的有关规定严格管制。

❼ 公安部《对部分刀具实行管制的暂行规定》（1983年3月12日　〔83〕公发（治）31号）（节录）

第二条 本规定所管制的刀具是：匕首、三棱刀（包括机械加工用的三棱刮刀）、带有自锁装置的弹簧刀（跳刀）以及其他相类似的单刃、双刃、三棱尖刀。

第九条 严禁任何单位和个人非法制造、销售和贩卖匕首、三棱刀、弹簧刀等属于管制范围内的各种刀具。严禁非法携带上述刀具进入车站、码头、机场、公园、商场、影剧院、展览馆或其他公共场所和乘坐火车、汽车、轮船、飞机。

第十一条 《特种刀具生产许可证》、《匕首佩带证》和《特种刀具购买证》，样式由公安部统一规定，各省、市、自治区公安厅、局统一印制。

第十二条 少数民族由于生活习惯需要佩带的刀具，由民族自治地区制订办法管理。少数民族使用的藏刀、腰刀、靴刀等，只准在民族自治地方（自治区、自治州、自治县）销售。

学理观点·典型案例　➡ 索引与要旨

❶《持有型犯罪研究》，载《刑事司法指南》2005年第2辑总第22辑，第68~123页。

要旨 ➡ 一、论刑法上的持有：1.持有的概念；2.持有是行为；3.持有的归属。

二、持有型犯罪概述：1.持有型犯罪的概念；2.持有型犯罪的范围；3.持有型犯罪的分类。

三、持有型犯罪立法：1.持有型犯罪的立法根据；2.持有型犯罪的立法价值。

四、持有型犯罪司法：1.持有型犯罪的司法根据；2.持有型犯罪的司法处理。

第 131 条　重大飞行事故罪

航空人员违反规章制度，致使发生重大飞行事故，造成严重后果的，处三年以下有期徒刑或者拘役；造成飞机坠毁或者人员死亡的，处三年以上七年以下有期徒刑。

关　联　规　范　　完全整理

❶《中华人民共和国民用航空法》（1996 年 3 月 1 日　主席令第五十六号）（节录）

第三十九条　本法所称航空人员，是指下列从事民用航空活动的空勤人员和地面人员：（一）空勤人员，包括驾驶员、领航员、飞行机械人员、飞行通信员、乘务员；（二）地面人员，包括民用航空器维修人员、空中交通管制员、飞行签派员、航空电台通信员。

❷ 公安部《关于对重大飞行事故刑事案件管辖问题的批复》（2011 年 5 月 4 日　公复字〔2011〕2 号）①

重大飞行事故刑事案件由犯罪结果发生地机场公安机关管辖。犯罪结果发生地未设机场公安机关或者不在机场公安机关管辖范围内的，由地方公安机关管辖，有关机场公安机关予以协助。

第 132 条　铁路运营安全事故罪

铁路职工违反规章制度，致使发生铁路运营安全事故，造成严重后果的，处三年以下有期徒刑或者拘役；造成特别严重后果的，处三年以上七年以下有期徒刑。

关　联　规　范　　完全整理

《中华人民共和国铁路法》（1991 年 5 月 1 日　主席令第三十二号）（节录）

第二条　本法所称铁路，包括国家铁路、地方铁路、专用铁路和铁路专用线。国家铁路是指由国务院铁路主管部门管理的铁路。地方铁路是指由地方人民政府管理的铁路。专用铁路是指由企业或者其他单位管理，专为本企业或者本单位内部提供运输服务的铁路。铁路专用线是指由企业或者其他单位管理的与国家铁路或者其他铁路线路接轨的岔线。

第 133 条　交通肇事罪

违反交通运输管理法规，因而发生重大事故，致人重伤、死亡或者使公私财产遭受重大损失的，处三年以下有期徒刑或者拘役；交通运输肇事后逃逸或者有其他特别恶劣情节的，处三年以上七年以下有期徒刑；因逃逸致人死亡的，处七年以上有期徒刑。

---

① 对其解读见：《公检法办案指南》2011 年第 8 辑总第 140 辑，第 56~58 页。

关联规范 ➡ 完全整理

❶ 最高人民法院《人民法院量刑指导意见（试行）》（2010 年 9 月 13 日 法发〔2010〕36 号）（节录）

四、常见犯罪的量刑

（一）交通肇事罪

1. 构成交通肇事罪的，可以根据下列不同情形在相应的幅度内确定量刑起点：

（1）致人重伤、死亡或者使公私财产遭受重大损失的，可以在六个月至二年有期徒刑幅度内确定量刑起点。

（2）交通肇事后逃逸或者有其他特别恶劣情节的，可以在三年至四年有期徒刑幅度内确定量刑起点。

（3）因逃逸致一人死亡的，可以在七年至八年有期徒刑幅度内确定量刑起点。

2. 在量刑起点的基础上，可以根据责任程度、致人重伤、死亡的人数或者财产损失的数额以及逃逸等其他影响犯罪构成的犯罪事实增加刑罚量，确定基准刑。

❷ 最高人民法院《关于醉酒驾车犯罪法律适用问题的意见》（2009 年 9 月 11 日 法发〔2009〕17 号）①

为依法严肃处理醉酒驾车犯罪案件，统一法律适用标准，充分发挥刑罚惩治和预防犯罪的功能，有效遏制酒后和醉酒驾车犯罪的多发、高发态势，切实维护广大人民群众的生命健康安全，有必要对醉酒驾车犯罪法律适用问题作出统一规范。

一、准确适用法律，依法严惩醉酒驾车犯罪

刑法规定，醉酒的人犯罪，应当负刑事责任，行为人明知酒后驾车违法、醉酒驾车会危害公共安全，却无视法律醉酒驾车，特别是在肇事后继续驾车冲撞，造成重大伤亡，说明行为人主观上对持续发生的危害结果持放任态度，具有危害公共安全的故意。对此类醉酒驾车造成重大伤亡的，应依法以危险方法危害公共安全罪定罪。

2009 年 9 月 8 日公布的两起醉酒驾车犯罪案件中，被告人黎景全和孙伟铭都是在严重醉酒状态下驾车肇事，连续冲撞，造成重大伤亡。其中，黎景全驾车肇事后，不顾伤者及劝阻他的众多村民的安危，继续驾车行驶，致 2 人死亡，2 人轻伤；孙伟铭长期无证驾驶，多次违反交通法规，在醉酒驾车与其他车辆追尾后，为逃逸继续驾车超限速行驶，先后与 4 辆正常行驶的轿车相撞，造成 4 人死亡 1 人重伤，被告人黎景全和孙伟铭在醉酒驾车发生交通事故后，继续驾车冲撞行驶，其主观上对他人伤亡的危害结果明显持放任态度，具有危害公共安全的故意。二被告人的行为均已构成以危险方法危害公共安全罪。

二、贯彻宽严相济刑事政策，适当裁量刑罚

根据刑法第一百一十五条第一款的规定，醉酒驾车，放任危害结果发生，造成重大伤亡事故，构成以危险方法危害公共安全罪的，应处以十年以上有期徒刑、无期徒刑或者死刑。具体决定对被告人的刑罚时，要综合考虑此类犯罪的性质、被告人的犯罪情节。危害

---

① 对其解读见：《刑事审判参考》2009 年第 6 辑总第 71 辑，第 120～128 页。

后果及其主观恶性、人身危险性。一般情况下,醉酒驾车构成本罪的,行为人在主观上并不希望、也不追求危害结果的发生,属于间接故意犯罪,行为的主观恶性与以制造事端为目的而恶意驾车撞人并造成重大伤亡后果的直接故意犯罪有所不同,因此,在决定刑罚时,也应当有所区别。此外,醉酒状态下驾车,行为人的辨认和控制能力实际有所减弱,量刑时也应酌情考虑。

被告人黎景全和孙伟铭醉酒驾车犯罪案件,依法没有适用死刑,而是分别判处无期徒刑,主要考虑到二被告人均系间接故意犯罪,与直接故意犯罪相比,主观恶性不是很深,人身危险性不是很大;犯罪时驾驶车辆的控制能力有所减弱;归案后认罪、悔罪态度较好,积极赔偿被害方的经济损失,一定程度上获得了被害方的谅解。广东省高级人民法院和四川省高级人民法院的终审裁判对二被告人的量刑是适当的。

三、统一法律适用,充分发挥司法审判职能作用

为依法严肃处理醉酒驾车犯罪案件,遏制酒后和醉酒驾车对公共安全造成的严重危害,警示、教育潜在违规驾驶人员,今后,对醉酒驾车,放任危害结果的发生,造成重大伤亡的,一律按照本意见规定,并参照附发的典型案例,依法以危险方法危害公共安全罪定罪量刑。

为维护生效裁判的既判力,稳定社会关系,对于此前已经处理过的将特定情形的醉酒驾车认定为交通肇事罪的案件,应维持终审裁判,不再变动。本意见执行中有何情况和问题,请及时层报最高人民法院。

3 最高人民法院《关于审理交通肇事刑事案件具体应用法律若干问题的解释》(2000年11月21日 法释〔2000〕33号)[①]

第一条 从事交通运输人员或者非交通运输人员,违反交通运输管理法规发生重大交通事故,在分清事故责任的基础上,对于构成犯罪的,依照刑法第一百三十三条的规定定罪处罚。

第二条 交通肇事具有下列情形之一的,处三年以下有期徒刑或者拘役:

(一)死亡一人或者重伤三人以上,负事故全部或者主要责任的;

(二)死亡三人以上,负事故同等责任的;

(三)造成公共财产或者他人财产直接损失,负事故全部或者主要责任,无能力赔偿数额在三十万元以上的。

交通肇事致一人以上重伤,负事故全部或者主要责任,并具有下列情形之一的,以交通肇事罪定罪处罚:

(一)酒后、吸食毒品后驾驶机动车辆的;

(二)无驾驶资格驾驶机动车辆的;

(三)明知安全装置不全或者安全机件失灵的机动车辆而驾驶的;

(四)明知是无牌证或者已报废的机动车辆而驾驶的;

(五)严重超载驾驶的;

---

① 对其解读见:《刑事审判参考》2001第1辑总第12辑,第36~38,75~80页。

（六）为逃避法律追究逃离事故现场的。

第三条 "交通运输肇事后逃逸"，是指行为人具有本解释第二条第一款规定和第二款第（一）项至（五）项规定的情形之一，在发生交通事故后，为逃避法律追究而逃跑的行为。

第四条 交通肇事具有下列情形之一的，属于"有其他特别恶劣情节"，处三年以上七年以下有期徒刑：

（一）死亡二人以上或者重伤五人以上，负事故全部或者主要责任的；

（二）死亡六人以上，负事故同等责任的；

（三）造成公共财产或者他人财产直接损失，负事故全部或者主要责任，无能力赔偿数额在六十万元以上的。

第五条 "因逃逸致人死亡"，是指行为人在交通肇事后为逃避法律追究而逃跑，致使被害人因得不到救助而死亡的情形。

交通肇事后，单位主管人员、机动车辆所有人、承包人或者乘车人指使肇事人逃逸，致使被害人因得不到救助而死亡的，以交通肇事罪的共犯论处。

第六条 行为人在交通肇事后为逃避法律追究，将被害人带离事故现场后隐藏或者遗弃，致使被害人无法得到救助而死亡或者严重残疾的，应当分别依照刑法第二百三十二条、第二百三十四条第二款的规定，以故意杀人罪或者故意伤害罪定罪处罚。

第七条 单位主管人员、机动车辆所有人或者机动车辆承包人指使、强令他人违章驾驶造成重大交通事故，具有本解释第二条规定情形之一的，以交通肇事罪定罪处罚。

第八条 在实行公共交通管理的范围内发生重大交通事故的，依照刑法第一百三十三条和本解释的有关规定办理。

在公共交通管理的范围外，驾驶机动车辆或者使用其他交通工具致人伤亡或者致使公共财产或者他人财产遭受重大损失，构成犯罪的，分别依照刑法第一百三十四条、第一百三十五条、第二百三十三条等规定定罪处罚。

第九条 各省、自治区、直辖市高级人民法院可以根据本地实际情况，在三十万元至六十万元、六十万元至一百万元的幅度内，确定本地区执行本解释第二条第一款第（三）项、第四条第（三）项的起点数额标准，并报最高人民法院备案。

4 最高人民法院《全国法院维护农村稳定刑事审判工作座谈会纪要》（1999年10月27日 法〔1999〕217号）

（五）关于刑事附带民事诉讼问题。关于赔偿责任的分担：共同致害人应当承担连带赔偿责任；在学校等单位内部发生犯罪造成受害人损失，在管理上有过错责任的学校等单位有赔偿责任，但不承担连带赔偿责任；交通肇事犯罪的车辆所有人（单位）在犯罪分子无赔偿能力的情况下，承担代为赔偿或者垫付的责任。

5 最高人民法院、公安部《关于处理道路交通事故案件有关问题的通知》（1992年12月1日 法发〔1992〕39号）（节录）

八、人民法院审理交通肇事的刑事案件时，应当严格依照刑法和一百一十三条的规定，以及最高人民法院、最高人民检院1987年8月21日《关于严格依法处理道路交通肇事案件的通知》（法（研）发〔1987〕21号）办理。对于造成交通事故构成交通肇事罪的，必须依法追究刑事责任，并根据犯罪情节，分别适用刑法第一百一十三条的不同量刑档次定罪量刑。适用缓刑必须符合法定条件，防止滥用。

九、人民法院审理交通肇事的刑事案件，应当对案件事实、证据进行认真审查、核实，只要求做到"两个基本"，即案件的基本事实清楚，基本证据确实充分，不要纠缠不影响定罪量刑的枝节问题。

❻ 公安部《关于修订道路交通事故等级划分标准的通知》（1991年12月2日 公通字〔1991〕113号）（节录）

三、在事故统计中，公安部《关于做好交通管理统计工作的通知》中规定的统计范围不变动。死亡仍以事故发生后7天内死亡为限；重伤，按司法部、最高人民法院、最高人民检察院、公安部发布的《人体重伤鉴定标准》执行；轻伤，按最高人民法院、最高人民检察院、公安部、司法部发布的《人体轻伤鉴定标准（试行）》执行；财产损失，是指道路交通事故造成的车辆、财产直接损失折款，不含现场抢救（险）、人身伤亡善后处理的费用，也不含停工、停产、停业等所造成的财产间接损失。

在事故处理中，死亡不以事故发生后7天内死亡的为限；重伤、轻伤同样按上述标准确定；财产损失，还应包括现场抢救（险）、人身伤亡善后处理的费用，但不包括停工、停产、停业等所造成的财产间接损失。

❼ 最高人民法院、最高人民检察院《关于严格依法处理道路交通肇事案件的通知》（1987年8月21日）（节录）

三、外国人、无国籍人发生的道路交通事故，未构成交通肇事罪的，由公安机关处理；构成交通肇事罪的，应当依照我国法律追究刑事责任。享有外交特权和豁免权的外国人发生的道路交通事故，通过外交途径解决。

❽ 中国人民解放军军事法院印发《关于审理军人违反职责罪案件中几个具体问题的处理意见》的通知（1988年10月19日 〔1988〕军法发字第34号）

四、关于军职人员驾驶军用装备车辆肇事的，是定交通肇事罪还是定武器装备肇事罪的问题

军职人员驾驶军用装备车辆，违反武器装备使用规定和操作规程，情节严重，因而发生重大责任事故，致人重伤、死亡或者造成其他严重后果的，即使同时违反交通运输规章制度，也应当依照《条例》第三条的规定，以武器装备肇事罪论处；如果仅因违反交通运输规章制度而发生重大事故，致人重伤、死亡或者使公私财产遭受重大损失的，则依照《刑法》第一百一十三条的规定，以交通肇事罪论处。

❾ 最高人民法院研究室《关于遇害者下落不明的水上交通肇事案件应如何适用法律问题的电话答复》（1992年10月30日）

经研究，同意你院的倾向性意见，即在水上交通肇事案件中，如有遇害者下落不明的，不能推定其已经死亡，而应根据被告人的行为造成被害人下落不明的案件事实，依照刑法定罪处刑，民事诉讼应另行提起，并经过宣告失踪人死亡程序后，根据法律和事实处理赔偿等民事纠纷。

⑩ 上海、北京、广东、湖北、江苏高级人民法院《〈人民法院量刑指导意见（试行）〉实施细则（试行）》（2010年10月1日）

⑪ 江苏省公检法《关于办理交通肇事刑事案件适用法律若干问题的意见（试行）》（2011年3月15日　苏高法〔2011〕135号）（节录）

一、关于定罪的有关问题

1. 交通肇事仅造成公共财产或者他人财产直接损失，行为人负事故全部或者主要责任，无能力赔偿数额在45万元以上的应当立案，无能力赔偿数额在80万元以上的应认定为情节特别恶劣。

2. 酒后驾驶机动车辆是指饮酒后血液酒精浓度超过0.2mg/ml时驾驶机动车。

行为人故意逃避酒精含量检测，但有其他相关证据证明行为人饮酒的，可以认定行为人酒后驾驶机动车辆。

3. 无驾驶资格是指无证驾驶，或者驾驶证超过有效期，或者与所持驾驶证载明的准驾车型不符，或者驾驶证被吊销、被暂扣、被扣留、扣押期间，或者驾驶证被撤销、注销或者公告驾驶证作废的。

4. 严重超载指营运类机动车载人超过额定载员总数20%以上、非营运类机动车载人超过额定载员总数50%以上，或者载货超过核定载质量的50%以上的。城市公交车超载标准另行遵照国家相关规定。

5. 发生造成他人死亡或者重伤的交通事故，可能需要追究肇事者刑事责任的，公安机关应当在作出交通事故认定前立案侦查。发现不应当追究刑事责任的，应当撤销案件。

二、关于交通肇事犯罪几种情形的处理

6. 行为人肇事后指使、利诱他人冒名顶替，对行为人以交通肇事罪从重处罚，构成逃逸的，依法从重处罚；冒名顶替者情节严重的，以包庇罪依法惩处。

7. 行为人明知酒后驾车违法、醉酒驾车会危害公共安全，却无视法律醉酒驾车，特别是在肇事后继续驾车冲撞，造成重大伤亡的，应依照《最高人民法院关于醉酒驾车犯罪法律适用问题的意见》，以以危险方法危害公共安全罪定罪处罚。

8. 行为人出于寻求刺激或者赌博竞技等目的，驾驶机动车在道路、广场、校区等地方高速行驶，造成重大伤亡后果的，依法以以危险方法危害公共安全罪定罪处罚。

9. 公共交通管理范围的道路是指公路、城市道路和虽在单位管辖范围内但允许社会机动车通行的地方，包括广场、公共停车场等用于公众通行的地方。

事故发生地是否属于公共交通管理范围难以认定时，一般应当根据行为人犯罪行为所侵犯的客体对其定罪处罚。

三、关于交通肇事后逃逸情节的认定

10. 交通肇事后逃逸，是指行为人明知发生交通事故后，为了逃避法律追究而逃跑的行为。

11. 交通肇事致一人以上重伤，负事故全部或者主要责任，行为人具有《解释》第2条第二款第（一）至第（五）项中一项或一项以上情形，同时又具有第（六）项情形的，应当在三年以下有期徒刑、拘役幅度内从重处罚。

交通肇事致一人以上重伤，仅因行为人逃逸认定其对交通事故负全部或者主要责任，对其定罪处罚的，应当处三年有期徒刑以下刑罚。

12. 交通肇事行为人明知发生交通事故，驾驶车辆或者弃车逃离事故现场的行为一般应当认定为逃逸。具有下列情形之一的，一般应当认定为交通肇事后逃逸：

（1）虽将被害人送至医院，但未报案或者无故离开医院，或者向被害人、被害人亲属、医务人员谎报虚假的身份信息和联系方式后离开医院的；

（2）交通事故发生后，对相关事宜未能协商达成一致，或虽经协商但给付的赔偿费用明显不足，行为人未留下本人有效信息，而强行离开现场的；

（3）交通事故发生后，行为人未及时向当地公安机关报警，离开现场后向异地县（市）的公安机关报警的；

（4）其他依法应当认定为交通肇事后逃逸的情形。

13. 有下列情形之一的，一般不予认定为交通肇事后逃逸：

（1）行为人驾车驶离现场，有充分证据证明其不知道或不能发现事故发生的；

（2）行为人为及时抢救被害人而离开现场，并及时报警并接受调查的；

（3）行为人将被害人送到医院后，确因筹措医疗费用需暂时离开医院，并经被害人、被害人亲属或医务人员同意，或者留下本人有效信息，在合理时间内及时返回的；

（4）行为人因本人伤重需要到医院救治原因离开现场，无法及时报案的；

（5）有证据证明行为人因可能受到人身伤害而被迫离开事故现场，并及时报案接受调查的；

（6）行为人在被司法机关采取强制措施后逃跑的；

（7）行为人虽未被司法机关采取强制措施，但已被公安机关询问、调查并如实交代个人情况和行为事实后逃跑的。

四、关于自首情节的认定

14. 交通事故发生后，行为人本人主动报警或委托他人报警，未离开现场，如实供述犯罪事实的，构成自首。

行为人已经知道他人报警而主动停留在现场等候处理，如实供述犯罪事实的，可以自首论。

15. 行为人因救护被害人而没有及时报警，在公安民警到达事故现场或医院后，自动如实供述交通肇事基本事实，接受司法机关处理的，可以自首论。

16. 交通肇事后逃逸，行为人主动或委托他人向司法机关或者其他相关部门投案，如实供述犯罪事实的，构成自首。但此种情况下对自首的认定，不影响对行为人交通肇事后逃逸的认定。

17. 人民法院认定行为人构成自首后，应当根据最高人民法院《关于处理自首和立功若干具体问题的意见》的相关规定，对其决定是否从轻、减轻处罚及其幅度大小。

五、关于交通肇事犯罪案件事故责任的认定

18. 公安机关交通管理部门依据《道路交通安全法实施条例》第九十二条规定，认定行为人交通事故责任的，应当根据现场勘查、调查情况、当事人陈述、证人证言等证据，在认真审查其他当事人有无过错及过错大小的前提下作出结论。

在审判过程中当事人对上述结论的证明效力提出质疑的，人民法院应要求质疑者提供相应的证据；质疑者没有提供证据的，人民法院应结合案中其他证据确认结论的证明效力。

19. 人民法院、人民检察院应当认真审查交通事故认定书记载的关于事故现场勘验、检查、调查情况和有关检验、鉴定结论，以及交通事故的基本事实、成因和当事人的责任认定是否准确。

20. 人民法院、人民检察院在审查事故认定书时，如存在技术性疑问，可以要求公安机关交通管理部门作出书面说明或者技术性解释，公安机关交通管理部门应当积极配合。确有必要的，人民法院在开庭前应当通知作出事故认定的公安机关交通管理部门指派民警出庭作证。

人民法院、人民检察院如发现事故认定书存在问题或者作出事故认定的依据不够充分或者认定结论确有不当的，可以要求公安机关交通管理部门重新作出事故认定书，但已经过交通事故认定复核程序的除外。

经过上述工作，人民法院、人民检察院仍对事故认定书存有疑问的，可以通过上级人民法院、人民检察院商请同级公安机关交通管理部门对事故认定书进行审查，同级公安机关交通管理部门应当予以配合，并按照公安机关相关内部规定实施执法监督，提出相应意见。

21. 人民法院经审查后有充分理由认为交通事故认定书存在重大错误，可以对认定书的证明效力不予确认，但应当在判决书中详细说明不予确认的理由。

六、关于交通肇事犯罪的缓刑适用

22. 对行为人适用缓刑应当严格把握刑法关于缓刑适用的限制性条件，同时行为人一般应具备肇事后能积极履行救助义务、主动报警、接受调查、积极赔偿损失等悔罪表现。

23. 行为人积极赔偿被害人经济损失的，是重要酌定从轻情节，人民法院应当将此情节与行为人犯罪情节、后果及行为人悔罪表现等因素综合考虑后决定对其是否适用缓刑。

24. 行为人具有下列情形之一，一般不得适用缓刑：

（1）交通肇事后逃逸，未主动投案的；

（2）不积极主动赔偿或者未尽力赔偿被害方经济损失的；

（3）醉酒驾车（即行为人血液酒精浓度超过 0.8mg/ml）或者飙车的；

（4）行为人具有多次严重危及交通安全的违法行为；多次违反交通运输管理法规被行政拘留；或者曾因交通肇事犯罪被刑事处罚的；

（5）其他不得适用缓刑的情形。

七、关于人民法院、人民检察院、公安机关的相互协调

25. 公安机关在结案报告中，应当根据收到的证据，对犯罪嫌疑人是否具有投案自首、抢救伤员、减少事故损失等法定或者酌定的从轻、减轻情节，或者具有逃逸、不积极救助和因肇事者原因致使事故损失扩大及交通事故社会影响恶劣等法定或者酌定从重情节

予以载明，同时将犯罪嫌疑人案发前的交通违法记录随卷移送。检察机关审查起诉时应当注重对上述材料的审查、收集和移送。

26. 人民法院在作出生效判决后的七日内，应当将刑事裁判文书送达负事故处理的公安机关交通管理部门。

27. 本意见自下发之日起执行。如在执行过程中发现问题，请及时向相应上级机关反映。如与新的法律、司法解释的规定不一致的，按法律、司法解释的规定执行。

⑫《福建省高级人民法院〈人民法院量刑指导意见（试行）〉实施细则（试行）》（2010年9月30日 闽高法发〔2010〕21号）（节录）

四、常见罪名的量刑 （一）交通肇事罪

1. 构成交通肇事罪的，根据下列不同情形在相应的法定刑幅度内确定量刑起点：

（1）具有下列情形之一的，可以在六个月至一年六个月有期徒刑幅度内确定量刑起点：致死亡一人或者重伤三人，负事故全部或者主要责任的；致死亡三人，负事故同等责任的；造成公共财产或者他人财产直接损失，负事故全部或者主要责任，无能力赔偿数额30万元的；致一人重伤，负事故全部或者主要责任，并具有《最高人民法院关于审理交通肇事刑事案件具体应用法律若干问题的解释》第二条第二款规定的情形之一的。

（2）交通肇事后逃逸或者有其他特别恶劣情节的，可以在三年至四年有期徒刑幅度内确定量刑起点。

（3）因逃逸致一人死亡的，可以在七年至八年有期徒刑幅度内确定量刑起点。

2. 在量刑起点的基础上，可以根据责任程度、致人重伤、死亡或者财产损失的后果、逃逸等其他影响犯罪构成的犯罪事实增加刑罚量，确定基准刑。

（1）负事故全部或者主要责任的；每增加一人轻伤，可以增加一个月至三个月的刑期；每增加一人重伤，可以增加四个月至六个月的刑期；每增加一人死亡，可以增加六个月至一年的刑期；每增加一级残疾，可以增加一个月至三个月的刑期；造成公共财产和他人财产直接损失的，无能力赔偿的数额每增加10万元，可以增加二个月至四个月的刑期。

（2）负事故同等责任，每增加一人轻伤，可以增加一个月至二个月的刑期；每增加一人重伤，可以增加二个月至四个月的刑期；每增加一人死亡，可以增加三个月至六个月的刑期；每增加一级残疾，可以增加一个月至二个月的刑期。

（3）逃逸致人死亡的，每增加一人死亡，可以增加二年至三年的刑期。

（4）法定刑为三年有期徒刑以下刑罚的，每增加一种，依据《最高人民法院关于审理交通肇事刑事案件具体应用法律若干问题的解释》第二条第一款、第二款第（一）至（五）项规定的情形，可以增加一个月至三个月的刑期。

（5）法定刑为三年以上七年以下有期徒刑的，每增加一种，依据《最高人民法院关于审理交通肇事刑事案件具体应用法律若干问题的解释》第三条、第四条规定的情形，可以增加六个月至一年的刑期。

⑬ 浙江省高级人民法院《浙江省〈人民法院量刑指导意见（试行）〉实施细则》（2010年9月29日 浙高法〔2010〕280号）（节录）

（一）交通肇事罪

1. 构成交通肇事罪的，可以根据下列不同情形在相应的幅度内确定量刑起点：

（1）致人重伤、死亡或者使公私财产遭受重大损失的，可以在一年至一年六个月有期徒刑幅度内确定量刑起点。

（2）交通肇事后逃逸或者有其他特别恶劣情节的，可以在三年至四年有期徒刑幅度内确定量刑起点。

（3）因逃逸致一人死亡的，可以在七年至八年有期徒刑幅度内确定量刑起点。

2. 在量刑起点的基础上，可以根据责任程度、致人重伤、死亡的人数或者财产损失的数额以及逃逸等其他影响犯罪构成的犯罪事实增加刑罚量，确定基准刑：

（1）每增加一人重伤的，可以增加三个月至六个月刑期；

（2）每增加一人死亡的，可以增加六个月至一年刑期。

3. 有下列情形之一的，可以增加基准刑的20%以下：

（1）酒后、吸食毒品后驾驶机动车辆的；

（2）出于追逐竞驶、寻求刺激等动机，在道路上超速行驶50%以上的；

（3）在斑马线上致行人死亡一人或者重伤三人以上的；

（4）无驾驶资格驾驶机动车辆的；

（5）明知是无牌证或者已报废的机动车而驾驶的；

（6）明知是安全设施、机件不符合技术标准等有安全隐患的机动车、非法改装的机动车而驾驶的；

（7）严重超载驾驶的；

（8）造成恶劣社会影响的。

14 福建省公检法《联席会议纪要》（2010年3月26日 闽检会〔2010〕2号）（节录）

八、关于伤残等级鉴定标准的适用问题。交通肇事犯罪致人受伤，并造成身体残疾的，伤残等级评定的适用标准为《道路交通受伤人员伤残评定》。故意伤害等其他犯罪行为致人受伤，并造成身体残疾的，伤残等级评定的适用标准为《职工工伤与职业病致残程度鉴定分级》。

15 浙江省高级人民法院《关于审理交通肇事刑事案件的若干意见》（2009年8月21日 浙高法〔2009〕282号）（节录）①

一、关于缓刑的适用

要坚持宽严相济的刑事政策。对后果不是特别严重，赔偿积极，符合适用缓刑条件的被告人可以适用缓刑，同时又要避免出现适用缓刑过多过滥的情况。

下列情形，一律不适用缓刑：

（1）醉酒驾驶机动车致死亡一人或者重伤三人以上的；

（2）有出于追逐取乐、竞技、寻求刺激等动机，在道路上超速行驶50%以上情节的；

---

① 对其解读见：《刑事法律文件解读》2009年第9辑总第51辑，第43~52页。

（3）致死亡一人或者重伤三人以上后逃逸的；
（4）斑马线上致行人死亡一人或者重伤三人以上的；
（5）具有《最高人民法院关于审理交通肇事刑事案件具体应用法律若干问题的解释》第四条规定的"其他特别恶劣情节"的；
（6）造成恶劣社会影响的。

下列情形，一般不适用缓刑：
（1）酒后、吸食毒品后驾驶机动车致死亡一人或者重伤三人以上的；
（2）无驾驶资格的人驾驶机动车致死亡一人或者重伤三人以上的；
（3）曾因违反交通安全法律法规被追究刑事责任或者受到过吊销机动车驾驶证、拘留行政处罚的；
（4）交通肇事后让人顶替的；
（5）明知是无牌证的机动车、已报废的机动车、安全设施、机件不符合技术标准等有安全隐患的机动车、非法改装的机动车而驾驶，或者严重超载等，致死亡一人或者重伤三人以上的。

二、关于自首的认定

交通肇事后报警并保护事故现场，是道路交通安全法规定的被告人交通肇事后必须履行的义务。人民法院依法不应将交通肇事后报警并在肇事现场等候处理的行为重复评价为自动投案，从而认定被告人自首。

交通肇事逃逸后向有关机关投案，并如实供述犯罪事实的，可以认定自首，依法在三年以上七年以下有期徒刑的幅度内从轻处罚，一般不予减轻处罚。对于有致死亡一人或者重伤三人以上情节的，不适用缓刑。

三、关于人身损害赔偿与量刑

交通肇事致人死亡或者重伤案件民事部分的及时足额赔偿，有利于安抚被害人或者被害人亲属。因此，对民事赔偿积极，取得被害人或者被害人亲属谅解的，一般应该在量刑时有所体现，酌情予以从轻处罚，以最大限度地化解矛盾，促进和谐。但要防止产生"以钱抵刑"的负面影响，对那些犯罪情节恶劣、影响极坏、造成后果特别严重的被告人，从轻幅度要小一些，甚至可以不予从轻处罚。

对于基本未赔偿的，或者隐匿财产逃避赔偿的，要酌情从重处罚。人民法院应当加强交通肇事刑事附带民事赔偿案件的执行力度，并对符合司法救助条件的被害人或者被害人亲属给予司法救助。

四、关于无能力赔偿数额的确定

交通肇事造成公共财产或者他人财产直接损失，负事故全部或者主要责任，无能力赔偿数额在四十万元以上的，构成交通肇事罪，处三年以下有期徒刑或者拘役；造成公共财产或者他人财产直接损失，负事故全部或者主要责任，无能力赔偿数额在八十万元以上的，属交通肇事罪"有其他特别恶劣情节"，处三年以上七年以下有期徒刑。

⓴ 福建省公检法、司法厅《关于适用缓刑若干问题的意见（试行）》（2008年9月

16 日　闽高法〔2008〕278 号）（节录）①

四、（一）交通肇事罪

交通肇事罪属过失犯罪，但系危害公共安全的多发性犯罪，要从犯罪情节、后果、犯罪后悔罪、赔偿态度等方面考虑是否适用缓刑。

交通肇事犯罪具有下列情形之一，符合法律规定缓刑条件的，一般可以适用缓刑：(1) 依法应当判处三年有期徒刑以下刑罚，认罪态度较好，能够赔偿，或者取得被害方谅解的；(2) 根据犯罪情节，法定刑在三年有期徒刑以上，具有法定从轻、减轻情节，且认罪态度好，能积极赔偿，得到被害方谅解的；(3) 其他符合缓刑条件的。

对于具有最高人民法院《关于审理交通肇事刑事案件具体应用法律若干问题的解释》第四条规定的"其他特别恶劣情形"，又具有第二条第二款规定的六种情形之一的，或肇事后既未赔偿又未取得被害方谅解的，或者肇事后逃逸的，一般不适用缓刑。

❶ 沈阳市中院《关于审理交通肇事刑事附带民事诉讼案件的指导意见》（2008 年 8 月 7 日）②

❶ 《中共厦门市委政法委员会文件》（2005 年 6 月 4 日　厦委政〔2005〕39 号）（节录）

会议纪要如下：从即日起至 9 月 30 日，进入刑事诉讼程序的人身伤害案件伤残等级鉴定，由市公安局依据国家技术监督局发布的《职工工伤与职业病致死程度鉴定》规定的标准，做出鉴定结论；对进入刑事诉讼程序的交通肇事案件的伤残等级鉴定，由厦门市道路交通事故伤残评定中心负责鉴定。

学理观点·典型案例　　索引与要旨

❶ 《俞耀交通肇事案》，载《刑事审判参考》2011 年第 2 辑总第 79 辑，第 1~8 页。

核心提示 ➡ 交通肇事逃逸后以贿买的方式指使他人冒名顶罪、作伪证的行为，如何定性？

❷ 《五问酒架肇事逃逸自首与量刑》，载《公检法办案指南》2011 年第 2 辑总第 134 辑，第 152~155 页。

❸ 《廖揆彬等交通肇事罪上诉案》，载《人民法院案例选》2010 年第 10 辑。

要旨 ➡ 盗窃罪同案犯在盗窃后运输赃物过程中因交通事故死亡的，应认定为交通肇事罪的被害人。

❹ 《交通肇事罪自首的司法认定》，载《刑事司法指南》2010 年第 4 辑总第 44 辑，第 10~38 页。

❺ 《"酒驾肇事"案件的刑法对策》，载《刑事司法指南》2010 年第 2 辑总第 42 辑，第 1~25 页。

---

① 对其解读见：《刑事法律文件解读》2009 年第 10 辑总第 52 辑，第 77~88 页。
② 对其解读见：《刑事法律文件解读》2009 年第 11 辑总第 41 辑，第 40~55 页。

❻《张某交通肇事案》，载《最新刑事法律文件解读》2010 年第 5 辑总第 59 辑，第 120～122 页。

要旨 ➡ 擅自改变机动车结构引发交通事故肇事司机承担全部责任。

❼《交通肇事后没有逃逸的能够成立自首》，载《刑事法律文件解读》2010 年第 4 辑总第 58 辑，第 98～104 页。

❽《胡斌交通肇事案》，载《刑事审判参考》2009 年第 6 辑总第 71 辑，第 17～21 页。

核心提示 ➡ 超速驾车撞死人行道内行人的如何定罪量刑？

❾《孙伟铭以危险方法危害公共安全案》，载《刑事审判参考》2009 年第 6 辑总第 71 辑，第 1～8 页。

核心提示 ➡ 醉酒驾车连续冲撞致多人伤亡的，如何定罪处罚？

❿《陈全安交通肇事上诉案》，载《人民法院案例选》2008 年第 3 辑总第 65 辑。

要旨 ➡ 上诉人在路边停靠等人，他人酒后驾车追尾致事故发生，上诉人逃逸，交警部门认定上诉人负主要责任，但无法证明该逃逸行为与事故有因果关系，不构成本罪。

⓫《颜招权交通肇事案》广东省广州市中级人民法院〔2008〕穗中法刑一终字第 38 号

核心提示 ➡ 没有酒精测试能否认定酒后驾驶？交通肇事后找人顶替能否认定为妨害作证？

要旨 ➡ "为逃避法律追究逃离事故现场"的行为是定罪情节，不能作为从重情节或其他犯罪事实再次予以评价。

关于原判认定上诉人颜招权酒后驾驶的意见，经查，原判认定上诉人颜招权酒后驾驶的证据有颜招权的供述及证人黄怡坚（颜招权的顶替者）的证言。但由于颜招权在交通肇事后让黄怡坚顶替作为驾驶员，导致交警部门没有对颜招权进行酒精测试。在本案交通事故责任的认定上，一审法院的民事判决认定由于颜招权找人顶替，导致颜招权不能作酒精测试，故由颜招权承担证据灭失的责任，颜招权应承担全部责任。一审法院的民事判决对酒后驾驶也没有认定，只是根据归责原则，由颜招权承担证据灭失的不利后果。所以，在刑事证明标准上，酒后驾驶作为交通肇事罪的构成要件之一，不能仅依据言词证据认定，须有交警部门的酒精测试书证证据。故，根据本案的证据情况，原判认定上诉人颜招权酒后驾驶依据不足。

关于原判认定上诉人颜招权肇事后找人顶替为妨害作证罪的意见，经查，上诉人颜招权在肇事后并没有逃离案发现场，在现场让家人拿钱送医院救治被害人，也参与了一定的抢救行为，但其让他人顶替作为肇事者行为的实质是为逃避法律追究而让他人（黄怡坚）将其置换出肇事现场，可以认定颜招权构成"为逃避法律追究逃离事故现场"的情节。从本案的犯罪构成上看，上诉人颜招权致被害人一人重伤；承担事故全部责任；有为逃避法律追究逃离事故现场的情节。根据《最高人民法院关于审理交通肇事刑事案件具体应用法律若干问题的解释》第二条第二款第（六）项，上诉人颜招权构成交通肇事罪，其"为逃避法律追究逃离事故现场"的行为是定罪情节，根据上述解释的第三条规定，该情节不能作为从重情节或其他犯罪事实再次予以评价。原判将上诉人颜招权肇事后找人顶替认定为交通肇事后逃逸，又认定该顶替行为为妨害作证罪不当，属于一事两次评价。

⑫《刑事交通肇事"逃逸"的司法认定》，载《刑事法律文件解读》2008年第4辑总第34辑，第77~88页。

⑬《交通肇事案件中对交通事故认定书的审查判断》，载《刑事法律文件解读》2008年第3辑总第33辑，第77~80页。

⑭《韩正连故意杀人案》，载《刑事审判参考》2007年第3辑总第56辑，第1~5页。

核心提示 ➡ 如何认定交通肇事转化为故意杀人的主观故意？

要旨 ➡ 被告人韩正连明知隐藏被撞伤的被害人可能没有死亡，但为了逃避法律追究，置被害人死活于不顾而逃逸，造成被害人死亡的严重后果，可以认定其具有放任被害人死亡的主观故意。

⑮《再析交通肇事后"因逃逸致人死亡"》，载《最新刑事法律文件解读》2007年第4辑总第28辑，第230~246页。

⑯《交通肇事后"因逃逸致人死亡"研究》，载《最新刑事法律文件解读》2007年第4辑总第28辑，第247~285页。

⑰《交通肇事逃逸的逻辑结构与考察要素》，载《刑事司法指南》2007年第4辑总第32辑，第193~206页。

⑱《孙贤玉交通肇事案》，载《刑事审判参考》2006年第6辑总第53辑，第1~6页。

核心提示 ➡ 交通肇事逃离现场又投案自首的行为能否认定"肇事逃逸"？

要旨 ➡ 被告人孙贤玉在交通肇事后虽然实施了"拨打电话报警，并将被害人张某某扶至路边"的救助行为，但其离开肇事现场后并未立即投案，属于交通肇事后"为逃避法律追究而逃跑"。法院判决认定孙贤玉属于交通肇事后逃逸是正确的。

⑲《交通肇事罪疑难问题研究》，载《刑事司法指南》2006年第3辑总第27辑，第33~58页。

⑳《冯广山交通肇事案》，载《人民法院案例选》2006年第4辑总第58辑。

要旨 ➡ 行为人肇事后逃逸，但被害人在他人救助下及时送医院救治，后因伤势过重抢救无效死亡，不应认定为逃逸。

㉑《李金宝交通肇事上诉案》，载《人民法院案例选》2006年第2辑总第56辑。

核心提示 ➡ 离开案发现场是否应认定为交通肇事后逃逸？

要旨 ➡ 该案交警大队交通事故责任认定，上诉人负该交通事故的全部责任。裁判：认定肇事人是否具有"逃逸"情节，关键在于肇事人离开现场后是否同时具备"积极履行救助义务"和"立即投案"两个行为。本案事故发生后上诉人离开现场打122报警电话，并主动给付丧葬费，履行了积极救助义务。上诉人报警后因怕被害人报复未回现场而直接到

第二编 分则 第二章 危害公共安全罪

交通部门投案，属于立即投案，其并没有逃避法律追究的主观意图，故其行为不构成交通肇事后逃逸。

㉒《刘凯交通肇事上诉案》〔2006〕昆刑终字第149号，昆明市中级人民法院

要旨 ➡ 交通事故后，乘车人和车主指使肇事人实施逃逸，被害人已得到及时救助但因伤势重抢救无效死亡，乘车人和车主不应认定为共犯。

㉓《高知先、乔永杰教育设施重大安全事故上诉案》，载《最高人民法院公报》2005年第1辑总第99辑。

要旨 ➡ 明知属于教育设施的车辆存在安全隐患，仍继续投入使用，发生重大交通事故，在不能证明是其指使、强令驾驶员违章驾驶的情况下，不能以交通肇事罪定罪处罚。

㉔《钱竹平交通肇事案》，载《刑事审判参考》2005年第3辑总第44辑，第15~21页。

核心提示 ➡ 交通肇事逃逸致人死亡的司法认定

要旨 ➡ 经查，上诉人钱竹平在发生交通事故后，仅看到被害人背部有皮肤擦伤，看不出有其他受伤，且伤者当时能够讲话、在他人搀扶之下能够行走，上诉人认为被害人不需要抢救治疗及保护现场而驾车离开。上诉人钱竹平交通肇事后驾车离开现场的行为，虽然没有履行法定义务，但其主观上没有为逃避法律追究而逃跑的故意，上诉人的行为不属于交通肇事后逃逸。钱竹平在看到被害人受伤后并没有逃避法律追究的故意，只是由于其主观上认识的错误（被害人没有大的伤害，更不会死亡），才驾车离开现场。

㉕《卢胜贵交通肇事案》，载《最新刑事法律文件解读》第116页。

要旨 ➡ 被告在交通肇事后默许他人顶替自己承担肇事责任，自己当着巡警面离开现场，并在近一个月时间里编造谎言、隐瞒事实真相，是否属逃逸行为？

㉖《付忠涛驾驶林肯车肇事故意杀人案刑事附带民事裁定书》〔2005〕吉刑终字第124号，载《最新刑事法律文件解读》2005年版。

核心提示 ➡ 无证驾车将横穿路人撞倒拖带致死如何定性？

㉗《祝久平以危险方法危害公共安全案》，载《刑事审判参考》2004年第5辑总第40辑，第40~47页。

核心提示 ➡ 如何正确区分寻衅滋事罪和以危险方法危害公共安全罪？

要旨 ➡ 被告人殴打正在驾驶的公交车司机，并与司机争抢公交车变速杆的操控权，被告人应当明知且完全有能力明知其正在实施的危险行为会导致上述危险状态的发生，但为达到与司机争强斗胜的目的却放任这一危险状态的发生。

㉘《宋计划交通肇事案》，载《刑事审判参考》2004年第5辑总第40辑，第1~14页。

要旨 ➡ 审理被害人因犯罪行为致死的附带民事诉讼案件，应判处死亡赔偿金。

㉙《王作春交通肇事案》，载《刑事审判指导》2004年第1辑总第1辑。

核心提示 ➡ 被告人肇事后逃逸，而被害人被现场群众立即送往急救中心经抢救无效死亡，是否认定交通肇事后逃逸？

㉚《宋良虎、殷海军故意杀人案》，载《刑事审判指导》2004年第1辑总第1辑。

核心提示➡在居民小区内的道路上撞伤行人后遗弃被害人,致被害人死亡的,应当如何定性?

㉛《交通肇事罪研究——以交通事故责任认定为视角》,载《刑事审判要览》2004年第4辑总第10辑,第63~89页。

㉜《论刑法适用中法律解释的确定性——由一起刑事案件引发的对法律解释的思考》,载《刑事审判要览》2004年第4辑总第10辑,第90~105页。

要旨➡人民法院从交通肇事罪的构成要件以及处理交通肇事的一般原则、惯例出发认定过失犯罪。

㉝《李满英过失致人死亡案》,载《刑事审判参考》2003年第3辑总第32辑,第29~33页。

核心提示➡如何认定公共交通管理范围内?驾驶交通工具在非公共交通范围内撞人死亡的应如何定罪?

要旨➡《最高人民法院关于审理交通肇事刑事案件具体应用法律若干问题的解释》第八条所规定的"公共交通管理范围内",应当是指纳入公安交通管理机关管理范围内的道路。一般而言,机关、企事业单位、厂矿、学校、封闭的住宅小区等内部道路均不属于公共交通管理范围。

原则上讲,一般应首先考虑过失致人死亡,除非该行为还触犯其他罪名;如在工厂等单位内部,在生产作业中,应以重大责任事故追究;或非生产作业仍应以过失致人死亡;或交通工具不符合劳动安全规定,经提出后,仍不采取措施的,应以重大劳动安全事故追究相关责任人责任,如不符合该情况,仍应定过失致人死亡。

㉞《倪庆国交通肇事案》,载《刑事审判参考》2003年第1辑总第30辑,第5~10页。

核心提示➡如何把握"交通肇事后将被害人带离事故现场后遗弃,致使被害人无法得到救助而死亡"?

㉟《林雪博等交通肇事案》,载《人民法院案例选》2003年第3辑总第45辑。

要旨➡指使他人冒充肇事司机,构成妨害作证罪,应同交通肇事罪数罪并罚。

㊱《李学斌交通肇事、李贵嵘包庇案》,载《刑事审判要览》2003年第5辑总第5辑,第188~191页。

核心提示➡被雇佣司机将机动车交给无证者驾驶,造成交通事故后又顶替包庇应如何定性?无牌证车辆肇事后,车主是否应负刑事责任?

㊲《交通肇事逃逸问题研究》,载《刑事司法指南》2003年第3辑总第15辑,第109~132页。

要旨➡1. 交通运输肇事后逃逸问题研究;2. 逃逸致人死亡问题研究。

㊳《陆某某、张某某以危险方法危害公共安全、交通肇事案》,载《刑事审判参考》2002年第5辑总第28辑,第1~9页。

核心提示➡公交车司机离驾驶岗位与乘客斗殴引发交通事故如何定罪?

㊴《周立杰交通肇事案》,载《刑事审判参考》2002年第3辑总第26辑,第7~

12 页。

核心提示➡如何认定逃逸？

要旨➡首先应构成交通肇事基本犯；其次，必须基于为逃避法律追究为目的而逃跑；最后，被告人离开事故现场时，并不确知其已肇事，本案认定逃逸值得商榷。

㊵《刑法适用疑难争议问题两人谈》，载《刑事司法指南》2002 年第 2 辑总第 10 辑，第 50～131 页。

要旨➡交通肇事罪认定疑难问题。

㊶《我国刑法中自首制度司法适用若干问题研究》，载《刑事司法指南》2002 年第 1 辑总第 9 辑，第 1～22 页。

要旨➡特殊犯罪中自首的认定：1. 巨额财产来源不明罪中自首的认定；2. 交通肇事罪中自首的认定。

㊷《梁应金、周守金交通肇事案》，载《刑事审判参考》2001 年第 2 辑总第 13 辑，第 1～6 页。

核心提示➡交通工具的单位主管人员能否构成交通肇事罪？

㊸《刘海交通肇事案》，载《刑事审判参考合订本·第一卷》，第 11～16 页。

核心提示➡雇主应否对雇员非职务行为的损害结果负连带赔偿责任？

㊹《王征宇故意杀人案》，载《刑事审判参考合订本·第一卷》，第 86～89 页。

核心提示➡驾车致人死亡的行为如何定罪？以危险方法危害公共安全罪与故意杀人罪、交通肇事致人死亡的区别

㊺《叶润生故意杀人案》，载《最高人民法院判例释解·刑事卷》，第 111 页。

核心提示➡驾车撞向特定对象致其轻伤但连带致无辜群众一死二伤的行为如何定性？

第 133 条之一　修正案（八）第 22 条　危险驾驶罪

中华人民共和国刑法修正案（八）（第十一届全国人民代表大会常务委员会第十九次会议 2011 年 2 月 25 日通过，中华人民共和国主席令第四十一号公布，自 2011 年 5 月 1 日起施行。）

二十二、在刑法第一百三十三条后增加一条，作为第一百三十三条之一："在道路上驾驶机动车追逐竞驶，情节恶劣的，或者在道路上醉酒驾驶机动车的，处拘役，并处罚金。

有前款行为，同时构成其他犯罪的，依照处罚较重的规定定罪处罚。"

关　联　规　范　➡　完全整理

❶ 人大常委会《关于修改〈中华人民共和国道路交通安全法〉的决定》（2011 年 5 月 1 日　主席令第四十七号）

第十一届全国人民代表大会常务委员会第二十次会议决定对《中华人民共和国道路交

通安全法》作如下修改：

一、将第九十一条修改为："饮酒后驾驶机动车的，处暂扣六个月机动车驾驶证，并处一千元以上二千元以下罚款。因饮酒后驾驶机动车被处罚，再次饮酒后驾驶机动车的，处十日以下拘留，并处一千元以上二千元以下罚款，吊销机动车驾驶证。

"醉酒驾驶机动车的，由公安机关交通管理部门约束至酒醒，吊销机动车驾驶证，依法追究刑事责任；五年内不得重新取得机动车驾驶证。"

"饮酒后驾驶营运机动车的，处十五日拘留，并处五千元罚款，吊销机动车驾驶证，五年内不得重新取得机动车驾驶证。"

"醉酒驾驶营运机动车的，由公安机关交通管理部门约束至酒醒，吊销机动车驾驶证，依法追究刑事责任；十年内不得重新取得机动车驾驶证，重新取得机动车驾驶证后，不得驾驶营运机动车。"

"饮酒后或者醉酒驾驶机动车发生重大交通事故，构成犯罪的，依法追究刑事责任，并由公安机关交通管理部门吊销机动车驾驶证，终生不得重新取得机动车驾驶证。"

❷ 公安部《关于公安机关办理醉酒驾驶机动车犯罪案件的指导意见》（2011年9月16日 公交管〔2011〕190号）

一、进一步规范现场调查

1. 严格血样提取条件。交通民警要严格按照《交通警察道路执勤执法工作规范》的要求检查酒后驾驶机动车行为，检查中发现机动车驾驶人有酒后驾驶机动车嫌疑的，立即进行呼气酒精测试，对涉嫌醉酒驾驶机动车、当事人对呼气酒精测试结果有异议，或者拒绝配合呼气酒精测试等方法测试以及涉嫌饮酒后、醉酒驾驶机动车发生交通事故的，应当立即提取血样检验血液酒精含量。

2. 及时固定犯罪证据。对查获醉酒驾驶机动车嫌疑人的经过、呼气酒精测试和提取血样过程应当及时制作现场调查记录；有条件的，还应当通过拍照或者录音、录像等方式记录；现场有见证人的，应当及时收集证人证言。发现当事人涉嫌饮酒后或者醉酒驾驶机动车的，依法扣留机动车驾驶证，对当事人驾驶的机动车，需要作为证据的，可以依法扣押。

3. 完善醒酒约束措施。当事人在醉酒状态下，应当先采取保护性约束措施，并进行人身安全检查，由2名以上交通民警或者1名交通民警带领2名以上交通协管员将当事人带至醒酒约束场所，约束至酒醒。对行为举止失控的当事人，可以使用约束带或者警绳，但不得使用手铐、脚镣等警械。醒酒约束场所应当配备醒酒设施和安全防护设施。约束过程中，要加强监护，确认当事人酒醒后，要立即解除约束，并进行询问。

4. 改进执勤检查方式。交通民警在道路上检查酒后驾驶机动车时，应当采取有效措施科学组织疏导交通，根据车流量合理控制拦车数量。车流量较大时，应当采取减少检查车辆数量或者暂时停止拦截等方式，确保现场安全有序。要求驾驶人接受呼气酒精测试时，应当使用规范用语，严格按照工作规程操作，每测试一人更换一次新的吹嘴。当事人违反测试要求的，应当当场重新测试。

二、进一步规范办案期限

5. 规范血样提取送检。交通民警对当事人血样提取过程应当全程监控,保证收集证据合法、有效。提取的血样要当场登记封装,并立即送县级以上公安机关检验鉴定机构或者经公安机关认可的其他具备资格的检验鉴定机构进行血液酒精含量检验。因特殊原因不能立即送检的,应当按照规范低温保存,经上级公安机关交通管理部门负责人批准,可以在3日内送检。

6. 提高检验鉴定效率。要加快血液酒精检验鉴定机构建设,加强检验鉴定技术人员的培养。市、县公安机关尚未建立检验鉴定机构的,要尽快建立具有血液酒精检验职能的检验鉴定机构,并建立24小时值班制度。要切实提高血液酒精检验鉴定效率,对送检的血样,检验鉴定机构应当在3日内出具检验报告。当事人对检验结果有异议的,应当告知其在接到检验报告后3日内提出重新检验申请。

7. 严格办案时限。要建立醉酒驾驶机动车案件快侦快办工作制度,加强内部办案协作,严格办案时限要求。为提高办案效率,对现场发现的饮酒后或者醉酒驾驶机动车的嫌疑人,尚未立刑事案件的,可以口头传唤其到指定地点接受调查;有条件的,对当事人可以现场调查询问;对犯罪嫌疑人采取强制措施的,应当及时进行讯问;对案件事实清楚、证据确实充分的,应当在查获犯罪嫌疑人之日起7日内侦查终结案件并移送人民检察院审查起诉;情况特殊的,经县级公安机关负责人批准,可以适当延长办案时限。

三、进一步规范立案侦查

8. 从严掌握立案标准。经检验驾驶人血液酒精含量达到醉酒驾驶机动车标准的,一律以涉嫌危险驾驶罪立案侦查;未达到醉酒驾驶机动车标准的,按照道路交通安全法有关规定给予行政处罚。当事人被查获后,为逃避法律追究,在呼气酒精测试或者提取血样前又饮酒,经检验其血液酒精含量达到醉酒驾驶机动车标准的,应当立案侦查。当事人经呼气酒精测试达到醉酒驾驶机动车标准,在提取血样前脱逃的,应当以呼气酒精含量为依据立案侦查。

9. 全面客观收集证据。对已经立案的醉酒驾驶机动车案件,应当全面、客观地收集、调取犯罪证据材料,并严格审查、核实。要及时检查、核实车辆和人员基本情况及机动车驾驶人违法犯罪信息,详细记录现场查获醉酒驾驶机动车的过程、人员车辆基本特征以及现场采取呼气酒精测试、实施强制措施、提取血样、口头传唤、固定证据等情况。讯问犯罪嫌疑人时,应当对犯罪嫌疑人是否有罪以及情节轻重等情况作重点讯问,并听取无罪辩解。要及时收集能够证明犯罪嫌疑人是否醉酒驾驶机动车的证人证言、视听资料等其他证据材料。

10. 规范强制措施适用。要根据案件实际情况,对涉嫌醉酒驾驶机动车的犯罪嫌疑人依法合理适用拘传、取保候审、监视居住、拘留等强制措施,确保办案工作顺利进行。对犯罪嫌疑人企图自杀或者逃跑、在逃的,或者不讲真实姓名、住址,身份不明的,以及确需对犯罪嫌疑人实施羁押的,可以依法采取拘留措施。拘留期限内未能查清犯罪事实的,应当依法办理取保候审或者监视居住手续。发现不应当追究犯罪嫌疑人刑事责任或者强制措施期限届满的,应当及时解除强制措施。

11. 做好办案衔接。案件侦查终结后,对醉酒驾驶机动车犯罪事实清楚,证据确实、充分的,应当在案件移送人民检察院审查起诉前,依法吊销犯罪嫌疑人的机动车驾驶证。对其他道路交通违法行为应当依法给予行政处罚。案件移送审查起诉后,要及时了解掌握案件起诉和判决情况,收到法院的判决书或者有关的司法建议函后,应当及时归档。对检察机关决定不起诉或者法院判决无罪但醉酒驾驶机动车事实清楚、证据确实、充分的,应当依法给予行政处罚。

12. 加强执法办案管理。要进一步明确办案要求,细化呼气酒精测试、血样提取和保管、立案撤案、强制措施适用、物品扣押等重点环节的办案标准和办案流程。要严格落实案件审核制度,进一步规范案件审核范围、审核内容和审核标准,对与案件质量有关的事项必须经法制员和法制部门审核把关,确保案件质量。要提高办案工作信息化水平,大力推行网上办案,严格办案信息网上录入的标准和时限,逐步实现案件受理、立案、侦查、制作法律文书、法制审核、审批等全过程网上运行,加强网上监控和考核,杜绝"人情案"、"关系案"。

四、进一步规范安全防护措施

13. 配备执法装备。交通民警在道路上检查酒后驾驶机动车时,必须配齐呼气酒精含量检测仪、约束带、警绳、摄像机、照相机、执法记录仪、反光指挥棒、停车示意牌等装备。执勤车辆还应配备灭火器材、急救包等急救装备,根据需要可以配备简易破拆工具、拦车破胎器、测速仪等装备。

14. 完善查处程序。交通民警在道路上检查酒后驾驶机动车时,应当根据道路条件和交通状况,合理选择安全、不妨碍车辆通行的地点进行,检查工作要由2名以上交通民警进行。要保证民警人身安全,明确民警检查动作和查处规程,落实安全防护措施,防止发生民警受伤害案件。

❸ 最高人民法院、最高人民检察院《关于执行〈中华人民共和国刑法〉确定罪名的补充规定(五)》(2011年4月27日 法释〔2011〕10号)①

❹ 《山西省公安机关办理醉酒驾驶刑事案件若干规定(试行)》(2011年11月24日 晋公通字〔2011〕71号)

各市公安局:

第一章 总 则

第一条 为规范公安机关办理醉酒驾驶刑事案件程序,保障公安机关依法履行职责,提高办案效率,确保办案质量,根据《中华人民共和国刑法修正案(八)》和《公安机关办理刑事案件程序规定》等有关规定,结合我省实际,制定本规定。

第二条 本规定适用于我省公安机关及其人民警察办理醉酒驾驶刑事案件。

醉酒驾驶刑事案件是指机动车驾驶人在道路上醉酒驾驶机动车涉嫌危险驾驶罪的案件。机动车驾驶人在道路上醉酒驾驶机动车涉嫌以危险方法危害公共安全罪、交通肇事罪

---

① 对其解读见:《刑事审判参考》2011年第4辑总第81辑,第151~157页。

等，依照有关法律规定办理。

第三条 交通警察在道路上检查酒后驾驶机动车时，应当根据道路条件和交通状况，合理选择安全、不妨碍车辆通行的地点进行，并采取有效措施科学组织疏导交通，根据车流量合理控制拦车数量。车流量较大时，应当采取减少检查车辆数量或者暂时停止拦截等方式，确保现场安全有序。检查工作、办理案件要由两名以上交通警察进行。

第二章 管 辖

第四条 醉酒驾驶刑事案件由犯罪地的县级公安机关交通管理部门管辖，行使侦查犯罪的职责。未设立县级公安机关交通管理部门的，由设区市公安机关交通管理部门管辖。

第五条 几个公安机关交通管理部门都有权管辖的，由最初受理的公安机关交通管理部门管辖。

第六条 必要时，上级公安机关交通管理部门可以直接办理或组织、指挥、参与处理下级公安机关交通管理部门管辖的案件，或者指定下级公安机关交通管理部门限时将案件移送其他下级公安机关交通管理部门办理。

第七条 现役军人醉酒驾驶涉嫌危险驾驶罪案件的管辖分工，按照《公安机关办理刑事案件程序规定》和《办理军队和地方互涉刑事案件规定》办理。

涉嫌醉酒驾驶人员自称是现役军人的，在其真实身份确认前，由公安机关交通管理部门管辖。

第八条 外国人醉酒驾驶涉嫌危险驾驶罪案件的管辖分工，按照有关规定办理。

第三章 查 处

第九条 交通警察在道路执勤执法中发现机动车驾驶人有酒后驾驶嫌疑的，应当对其进行呼气酒精测试。呼气酒精测试应当打印书面测试结果，由涉嫌醉酒驾驶嫌疑人（以下简称涉案人）签名、交通警察签名或者盖章。涉案人对测试结果有异议或者拒绝签名的，交通警察应当在书面测试结果上注明。

第十条 对现场经呼气酒精测试发现醉酒驾驶嫌疑的，应当实施扣留机动车驾驶证及检测体内酒精含量行政强制措施，并开具行政强制措施凭证。

第十一条 交通警察发现涉案人具有以下情形之一的，应当及时提取血样，检验体内酒精含量：（一）呼气酒精测试结果达到醉酒驾驶标准的；（二）对呼气酒精测试结果有异议的；（三）拒绝配合呼气酒精测试等方法测试的；（四）涉嫌饮酒、醉酒驾驶发生交通事故的。

体内血液酒精含量检验鉴定结论与呼气酒精测试结果不一致的，应当以血液酒精含量检验鉴定结论为准。

第十二条 提取血样应当按照下列程序实施：

（一）由交通警察通知涉案人家属或涉案人要求通知的其他人。因涉案人拒绝等原因无法通知的，可以不予通知，但应当在笔录中注明；

（二）由交通警察将涉案人带至县级以上医疗机构或者具备资格的检验鉴定机构抽血，

必要时，可以由上述机构派出人员抽血。交通警察应当对抽血过程全程监控，保证收集证据合法、有效；

（三）提取血样应由专业人员按要求进行，并提取两份血样备份，且不应采用醇类药品对皮肤进行消毒；

（四）提取的血样中应添加抗凝剂，分别使用洁净、干燥的容器封装，并注明涉案人姓名、抽血时间，分别装入密封袋，一份备案，一份送检。密封袋的密封材料上注明涉案人姓名、提取时间、血样用途。由涉案人签名、捺指印、交通警察和专业抽血人员签名或者盖章。有见证人在场的，应当由见证人签名或者盖章并注明见证人身份情况。涉案人、专业抽血人员或者见证人拒绝签名、捺指印或盖章的，交通警察应当注明；

（五）填写《当事人血样提取登记表》，写明抽血原因、抽血时间、抽血地点、被抽血人姓名等情况，并由交通警察、抽血人员签名或者盖章；

（六）备案的血样应当交办案部门证据保管室保存。血样送检前，应当低温保存；

（七）对酒后行为失控或者拒绝配合抽血检验的，可以使用约束带或者警绳等约束性警械。

第十三条 对现场发现涉嫌醉酒驾驶的涉案人，交通警察经出示工作证件，可以口头传唤到指定地点接受调查。

公安机关交通管理部门应当将传唤的原因和依据告知被传唤人。对无正当理由不接受传唤或者逃避传唤的涉案人，可以强制传唤。

第十四条 公安机关交通管理部门应当及时将传唤原因和处所通过电话、手机短信、传真等方式通知被传唤人家属。

公安机关交通管理部门传唤涉案人时，其家属在场的，应当当场将传唤原因和处所口头告知其家属，并在询问笔录中注明。

被传唤人拒不提供家属联系方式或者有其他无法通知的情形的，可以不予通知，但应当在询问笔录中注明。

第十五条 对被口头传唤的涉案人，公安机关交通管理部门应当及时询问查证，并制作《询问笔录》，载《询问笔录》中应注明涉案人到案经过、到案时间和离开时间。

第十六条 涉案人在醉酒状态下，交通警察应当先采取保护性约束措施，并进行人身安全检查，将涉案人带至醒酒约束场所，约束至酒醒。对行为举止失控的醉酒涉案人，可以使用约束带或警绳，但是不得使用手铐、脚镣等警械。

第十七条 交通警察在道路上查处涉嫌醉酒驾驶违法行为时，应当开启执法记录仪进行全程记录并通过现场拍照或者摄像等手段及时记录查获经过，照片或者录像应当反映以下内容：（一）涉案人停车接受交通警察检查的过程；（二）有涉案人面貌特征的驾车情形；（三）所驾机动车号牌、车型、颜色等基本特征；（四）涉案人接受呼气酒精检测的过程；（五）涉案人接受提取血样的过程；（六）能够反映查处过程的其他内容。

第四章 检验鉴定

第十八条 提取的血样应现场登记封存，在二十四小时内，由交通警察送至县级以上公安机关刑事技术部门或者经省级公安机关鉴定机构登记管理部门审核认可的具备资质的司法检验鉴定机构进行检验鉴定。因特殊原因不能立即送检的，应当按照规范低温保存，经上一级公安机关交通管理部门负责人批准，可以在三日内送检。

第十九条 办案部门应当在收到血液酒精含量《检验鉴定报告书》之日起三日内，制作《鉴定结论通知书》，并将《鉴定结论通知书》送达涉案人。

涉案人应在《鉴定结论通知书》附卷联签名并注明送达时间。

第二十条 涉案人对鉴定结论有异议的，应当在办案部门送达《鉴定结论通知书》之日起三日内书面提出重新检验鉴定申请。

第二十一条 涉案人申请重新检验鉴定的，办案部门应制作《呈请重新检验鉴定报告书》，报县级以上公安机关负责人批准。

经批准重新检验鉴定的，应当将备份血样报送经省级公安机关鉴定机构登记管理部门审核认可的其他具备资质的司法检验鉴定机构进行检验鉴定。重新鉴定以一次为限。

不批准重新检验鉴定的，应当告知申请的涉案人，并在《鉴定结论通知书》附卷联注明申请人、申请事项和不批准的理由。

第五章 受案、立案

第二十二条 被查获或扭送、报案、控告、举报涉嫌醉酒驾驶的涉案人，应进行呼气酒精测试。涉案人被查获后，为逃避法律追究，在呼气酒精测试或者提取血样前又饮酒，经检验其血液酒精含量达到醉酒驾驶标准的，应当立案侦查。涉案人经呼气酒精测试达到醉酒驾驶标准，但在提取血样前脱逃的，以呼气酒精含量为依据立案侦查。

第二十三条 经血液酒精含量检验鉴定，涉案人血液酒精含量达到醉酒标准的，公安机关交通管理部门应当填写《接受刑事案件登记表》，并制作《呈请立案报告书》，报县级以上公安机关负责人批准，以涉嫌危险驾驶罪予以立案侦查，并制作《立案决定书》。

第六章 侦 查

第二十四条 交通警察现场查获涉嫌醉酒驾驶的，应当制作《查获经过》。《查获经过》应当载明以下内容：（一）查获犯罪嫌疑人的时间、地点及查获过程；（二）犯罪嫌疑人基本情况及机动车的车型、号牌、颜色等基本特征；（三）现场采取行政强制措施、呼气酒精测试、抽血、口头传唤、固定证据等处置情况；（四）其他能够证明案件事实的有关情况。《查获经过》应客观、真实记录现场查获情况，并由查获犯罪嫌疑人的交通警察签名或者盖章。

第二十五条 对立案侦查的犯罪嫌疑人传唤讯问的，办案部门应制作《呈请传唤报告书》，并附有关材料，报县级以上公安机关负责人批准后，立即制作《传唤通知书》，执行传唤。

传唤持续时间不得超过十二小时。不得以连续传唤的形式变相拘禁犯罪嫌疑人。

第二十六条 讯问醉酒驾驶犯罪嫌疑人，侦查人员不得少于二人，并制作《讯问笔录》。讯问开始时，应当表明执法身份。

第二十七条　第一次讯问，应当问明犯罪嫌疑人的姓名、别名、曾用名、绰号、性别、出生年月日、户籍所在地、暂住地、籍贯、出生地、民族、职业、文化程度、家庭情况、社会经历、是否受过刑事处罚或者行政处理等情况。并向犯罪嫌疑人宣读《犯罪嫌疑人诉讼权利义务告知书》或者交其阅读，告知其享有的权利和承担的义务；问明其是否申请回避、聘请律师，并在《讯问笔录》中注明。

第二十八条　讯问醉酒驾驶犯罪嫌疑人时，应当首先讯问犯罪嫌疑人是否有犯罪行为，让其陈述有罪的情节或者无罪的辩解，然后向他提出问题。讯问应当问明以下内容：（一）犯罪嫌疑人取得机动车驾驶证情况；（二）犯罪嫌疑人驾驶机动车基本情况；（三）犯罪嫌疑人被查获的时间、地点及过程；（四）醉酒驾驶的事实、动机、目的等情况；（五）犯罪嫌疑人饮酒的时间、地点、酒的种类和数量以及有无见证人等情况；（六）其他与犯罪事实有关的情况。

第二十九条　讯问时应当认真听取犯罪嫌疑人的供述和辩解。对犯罪嫌疑人供述的犯罪事实、申辩和反证，应当认真核查，依法处理。

第三十条　对能够证明犯罪嫌疑人醉酒驾驶的证人，应当进行询问，询问时，侦查人员不得少于二人，并制作《询问笔录》。询问开始时，应当表明执法身份。

第三十一条　询问应当问明证人与犯罪嫌疑人之间关系等情况。告知其享有的权利和应承担的义务，并在《询问笔录》中注明。

询问时，应当首先让证人对了解的案件情况进行陈述，然后进行提问。

第三十二条　侦查过程中，对犯罪嫌疑人驾驶的机动车，需要作为证据的，可以依法扣押。办案部门应当制作《呈请扣押报告书》，经县级以上公安机关负责人批准实施扣押。扣押时应开列《扣押物品、文件清单》。扣押的机动车应当按照规定妥善保管。与案件无关的物品、文件，不得扣押。

经查明确实与案件无关或者不需要继续扣押的，应当在三日内解除扣押，退还机动车所有人。解除扣押应制作《呈请解除扣押报告书》，报县级以上公安机关负责人批准。发还扣押的机动车应由领取人在《发还物品、文件清单》上签名或者盖章。

第三十三条　交通警察应当及时查验机动车驾驶证、行驶证、机动车号牌、检验合格标志、保险标志等牌证、机动车和驾驶人违法信息以及驾驶人身份和机动车信息，并复印查询结果存档。

第七章　强制措施

第三十四条　对涉嫌醉酒驾驶的犯罪嫌疑人可以适用拘传、取保候审、监视居住、拘留等强制措施。

第三十五条　根据案件情况需要或对经传唤没有正当理由不到案的醉酒驾驶犯罪嫌疑人，办案部门应制作《呈请拘传报告书》，报县级以上公安机关负责人批准后，制作《拘传证》执行。

拘传犯罪嫌疑人应当出示《拘传证》，并责令其在《拘传证》上签名（盖章）、捺指印。

犯罪嫌疑人到案后，应当责令其在《拘传证》上填写到案时间。讯问结束后，应当由其在《拘传证》上填写讯问结束时间。犯罪嫌疑人拒绝填写的，侦查人员应当在《拘传证》上注明。

拘传持续的时间不得超过十二小时。

第三十六条 对已立案侦查的醉酒驾驶犯罪嫌疑人，符合取保候审的，办案部门应当制作《呈请取保候审报告书》，报县级以上公安机关负责人批准后执行。

第三十七条 发现不应当追究犯罪嫌疑人刑事责任或者取保候审期限届满的，应当及时解除取保候审。办案部门应制作《呈请解除取保候审报告书》，报县级以上公安机关负责人批准，制作《解除取保候审决定书》、《解除取保候审通知书》，并将《解除取保候审通知书》送达被取保候审人、保证人。采取缴纳保证金方式取保候审的，依法退还保证金。

第八章 侦查终结

第三十八条 侦查终结的醉酒驾驶刑事案件，应当同时符合以下条件：

（一）检验鉴定结论确定犯罪嫌疑人血液酒精含量达到醉酒标准；（二）相关证据能证明犯罪嫌疑人在道路上醉酒驾驶的；（三）法律手续完备，相关文书齐全。

第三十九条 办案单位的法制部门或法制员负责对案件证据标准、办案程序、法律手续、犯罪事实等方面进行审核。

经法制部门或法制员审查，案件事实清楚、证据确凿、法律手续完备，可进入案件侦查终结程序；案件证据不充分、事实不清、法律手续不完备的，可要求补充侦查；无法证明犯罪事实的，可建议撤销案件。

第四十条 对于犯罪事实清楚，证据确实、充分，犯罪性质和罪名认定正确，法律手续完备的醉酒驾驶刑事案件，办案部门应当制作《呈请侦查终结报告书》，经县级以上公安机关负责人批准，在三日内制作《起诉意见书》，连同案卷材料、证据，一并移送同级人民检察院审查决定。

第四十一条 对已经立案的醉酒驾驶刑事案件，公安机关经过侦查发现具有以下情形之一的，应当撤销案件：

（一）检验鉴定结论确定犯罪嫌疑人血液酒精含量未达到醉酒标准；（二）无法证明犯罪嫌疑人在道路上驾驶机动车的；（三）其他依法不追究刑事责任的。

撤销案件的，办案部门应当制作《呈请撤销案件报告书》，报县级以上公安机关负责人批准，制作《撤销案件决定书》送达犯罪嫌疑人。

案件撤销后，对犯罪嫌疑人需要行政处罚或者其他行政处理的，转为行政案件办理。

第四十二条 对能够证明犯罪嫌疑人醉酒驾驶的，办案部门应当将证据材料和扣押的机动车驾驶证一并报送设区市公安机关交通管理部门，由设区市公安机关交通管理部门依法吊销其机动车驾驶证。

第四十三条 公安机关交通管理部门在办理醉酒驾驶刑事案件过程中，经司法机关审结，且公安机关交通管理部门已对犯罪嫌疑人的道路交通违法行为行政处罚完毕的，应当予以结案。

第四十四条 侦查终结后，应当将全部案卷材料加以整理，按要求分为诉讼卷（正卷）和侦查工作卷（副卷）立卷：

（一）诉讼卷包括诉讼所需的各种法律文书以及检验鉴定材料和获取的证据材料；

（二）侦查工作卷包括各种内部呈请审批文书、案件侦查过程中的汇报提纲、工作记录、查获经过等材料。不需移交的相关案卷材料，单独制卷保存。

第四十五条 公安机关应当将有关立案情况及犯罪嫌疑人、涉案物品、案件及其他涉案信息分类及时录入执法办案信息系统。

第九章 附 则

第四十六条 本规定中下列用语的含义："醉酒驾驶标准"，是指按照《车辆驾驶人员血液、呼气酒精含量阈值与检验》（GB19522-2010）规定，机动车驾驶人血液酒精含量或者呼气酒精含量换算成血液酒精含量大于或等于八十毫克百毫升。

第四十七条 本规定自公布之日起执行。

5 厦门市中级人民法院、市检察院、市公安局《关于依法处理醉酒驾车的意见》（2011年7月29日 厦公综〔2011〕251号）

一、关于强制措施适用问题

按照《刑法修正案（八）》第二十二条的规定，醉酒驾车构成危险驾驶罪，其法定刑是拘役、罚金。因此，根据《刑事诉讼法》第六十条关于逮捕条件的规定，对涉嫌危险驾驶罪的人，除可能同时构成交通肇事罪或者其他较重罪行外，依法不宜采取逮捕强制措施，应当采取取保候审、监视居住等措施。因此，对醉酒驾车犯罪嫌疑人采取取保候审或监视居住强制措施的，由办案机关按照《刑事诉讼法》及有关法律法规依法办理。

为确保执法安全和降低执法成本，对醉酒驾车的犯罪嫌疑人，可采取缴纳保证金方式取保候审；无法缴纳保证金的，采取保证人保证方式，并可将涉案车辆作为证据扣押至判决生效后由侦查机关予以移交或发还。

二、关于诉讼程序适用问题

鉴于醉酒驾车案件依法不适用逮捕，为依法、有效、及时惩处醉酒驾车案件，公、检、法机关应密切配合，实行"快速侦结、快速起诉、快速审判"的工作机制。在侦查环节，公安机关应在较短时间内侦查终结；在审查起诉环节，检察机关应适用轻罪案件快速审理机制；在审判环节，审判机关对符合《刑事诉讼法》第一百七十四条关于简易程序办理规定的，可依法适用简易程序。特别是对极个别既不提出保证人又无法缴纳保证金的外地籍犯罪嫌疑人，在被采取刑事拘留的四日内，检察机关原则上应提起公诉，审判机关原则上应在刑事拘留期满前作出判决；遇法定节假日刑事拘留期满及判决生效前，审判机关依法作出变更强制措施决定后，交由侦查机关执行。

三、关于量刑适用法律问题

（一）鉴于醉酒驾车违法犯罪对人民群众的生命安全和财产安全有很大的危害性，且《刑法修正案（八）》实施以来，对醉酒驾车追究刑事责任问题已成为当前社会各界关注的焦点。因此，法院在对被告人量刑时应慎用缓刑。为确保司法公平公正，依照《刑法修正案（八）》第二十二条第二款"有前款行为，同时构成其他犯罪的，依照处罚较重的规定定罪处罚"的法律规定，检察机关、审判机关对因醉酒驾车构成交通肇事罪、或发生交通事故后逃逸的、或者构成其他较重罪的案件，一般不适用不起诉、缓刑；罚金的标准一般不低于《道路交通法》第九十一条关于饮酒后驾驶机动车、营运机动车罚款标准；具有悔罪态度好，积极赔偿，取得当事人谅解等情形的，可适用缓刑。

（二）具有以下情形之一的，依法从重处罚：

1. 在查处酒驾现场拒不配合检查的；
2. 在查处酒驾现场故意喝酒的；
3. 违反《刑事诉讼法》第五十六条取保候审规定的犯罪嫌疑人、被告人。

四、关于在查处酒驾过程中相关行为的定性等问题

（一）对驾驶人在查处酒驾现场故意喝酒或者逃离现场后即时投案或即时被抓获的，以现场测得的酒精含量确定其是否构成危险驾驶罪，但有证据证明其无醉酒驾车情形的除外。

（二）对驾驶人在查处酒驾现场故意锁住车门拒不下车配合检查的，公安机关可采取不伤害驾驶人人身安全的方式强行打开车门，控制驾驶人。

（三）对于在查处酒驾过程中，涉案人员实施锁住车门、现场故意喝酒、或者强行闯关、殴打执法人员等阻碍执法的行为，如触犯《中华人民共和国刑法》相关规定，涉嫌构成妨害公务罪或者其他犯罪的，公、检、法机关应依法严厉打击，从重处罚，以维护法律尊严，确保执法干警的人身安全。如尚未构成犯罪，则依照《中华人民共和国治安管理处罚法》等法律法规，从重处罚。

以上意见，自下发之日起施行。由全市公、检、法部门紧密结合执法实际，准确把握，但不得在法律文书中援引。今后本文件如与新颁布的法律法规有冲突，文件中有关条文即废止。

6 上海市公安局关于贯彻实施《刑法修正案（八）》和《关于修改〈道路交通安全法〉的决定》的意见（试行）（2011 年 5 月 23 日）

为贯彻实施《刑法修正案（八）》和《关于修改〈道路交通安全法〉的决定》，规范本市公安机关办理相关刑事、行政案件，结合本市公安道路交通执法实践，提出如下指导性意见：

一、案件管辖

（一）在道路上驾驶机动车追逐竞驶，情节恶劣的，以及在道路上醉酒驾驶机动车（以下分别简称追逐竞驶、醉酒驾驶）刑事案件由犯罪行为发生地的公安分（县）局、市局直属分局、公安处（局）管辖。公安分（县）局、市局直属分局、公安处（局）可以根据本单位实际确定案件管辖部门。

（二）交警总队高架支队管辖范围内的城市快速道路上发生的追逐竞驶、醉酒驾驶刑事案件由交警总队高架支队管辖，以长宁公安分局名义立案侦查。

（三）公安分（县）局、市局直属分局之间对管辖有争议的，由交警总队以市局名义

指定管辖。公安分（县）局、市局直属分局与交警总队高架支队对管辖有争议的，由市局法制办以市局名义指定管辖。

二、强制措施

（一）已立案侦查的追逐竞驶、醉酒驾驶刑事案件，除犯罪嫌疑人企图逃跑或不讲真实姓名、住址，身份不明等情形外，一般不采取刑事拘留强制措施。

（二）需要传唤违法嫌疑人接受调查的，经公安派出所或者县级以上公安机关办案部门负责人批准，使用传唤证传唤。对现场发现的违法嫌疑人，人民警察经出示工作证件，可以口头传唤，并在讯问笔录中注明违法嫌疑人到案经过、到案时间和离开时间。对无正当理由不接受传唤或者逃避传唤的，可以强制传唤。

（三）对需要拘传的犯罪嫌疑人，或者经过传唤没有正当理由不到案的犯罪嫌疑人，经县级以上公安机关负责人批准，可以使用拘传证拘传。

三、证据收集

（一）办理醉酒驾驶刑事案件，应当由县级以上公安机关刑事技术部门或者其他具备资格的检验鉴定机构出具犯罪嫌疑人血液酒精浓度含量的鉴定材料。

属于饮酒的酒精含量值为 0.2mg/ml 以上（含本数）未达到 0.8mg/ml 的，属于醉酒的酒精含量值为 0.8mg/ml 以上（含本数）的。

（二）对已由公安机关核准登记上牌的机动车，依据登记证书和机动车行驶证等认定车辆的属性；对有合法来源凭证但未经登记上牌的机动车，依据产品合格证书、国家工信部机动车产品公告规定的品名、型号确定车辆属性。不符合上述情形的，应当委托具有相应资质的鉴定机构出具车辆属性鉴定材料。

（三）对营运机动车的使用性质，应当依据车辆登记管理部门登记信息予以认定。

（四）对在道路上追逐竞驶的违法犯罪行为，应当利用交通、治安技术监控或者其他摄录像设备，收集、固定证据。

四、处罚适用

（一）饮酒后驾驶机动车的，处暂扣 6 个月机动车驾驶证，并处 1000 元罚款。因饮酒后驾驶机动车被处罚后再犯的，处 10 日以下拘留，并处 2000 元罚款，吊销机动车驾驶证。

饮酒后驾驶营运机动车的，处 15 日拘留，并处 5000 元罚款，吊销机动车驾驶证，5 年内不得重新取得机动车驾驶证。

醉酒驾驶机动车的，由公安机关交通管理部门约束至酒醒，除依法追究刑事责任外，吊销机动车驾驶证，5 年内不得重新取得机动车驾驶证。

醉酒驾驶营运机动车的，由公安机关交通管理部门约束至酒醒，除依法追究刑事责任外，吊销机动车驾驶证，10 年内不得重新取得机动车驾驶证，重新取得机动车驾驶证后，不得驾驶营运机动车。

饮酒后或者醉酒驾驶机动车发生重大交通事故，构成犯罪的，吊销机动车驾驶证，终生不得重新取得机动车驾驶证。

（二）伪造、变造或者使用伪造、变造的机动车登记证书、号牌、行驶证、驾驶证的，由公安机关交通管理部门予以收缴，扣留该机动车，处 15 日以下拘留，并处 5000 元罚款；

构成犯罪的，依法追究刑事责任。

伪造、变造或者使用伪造、变造的检验合格标志、保险标志的，由公安机关交通管理部门予以收缴，扣留该机动车，处10日以下拘留，并处2000元罚款；构成犯罪的，依法追究刑事责任。

使用其他车辆的机动车登记证书、号牌、行驶证、检验合格标志、保险标志的，由公安机关交通管理部门予以收缴，扣留该机动车，处3000元罚款。

（三）饮酒后驾驶机动车且有未取得机动车驾驶证驾驶机动车、超过规定时速、违反禁令标志等其他交通违法行为的，应当分别裁决，合并执行。涉及不同处罚主体的，应当分别制作《行政处罚决定书》。

（四）追逐竞驶、醉酒驾驶且有未取得机动车驾驶证驾驶机动车、超过规定时速、违反禁令标志等其他交通违法行为的，除依法追究刑事责任外，还应当按照本条第（三）项规定予以行政处罚。

学理观点·典型案例 ➡ 索引与要旨

❶《醉酒驾车犯罪的立法协调与法律适用研究》，载《刑事司法指南》2011年第3辑总第47辑，第1~15页。

❷《刑法修正案（八）》解读，载《刑事审判参考》2011年第4辑总第81辑，第83~117页以及《公检法办案指南》2011年第3辑总第135辑，第13~121页。

❸《五问酒架肇事逃逸自首与量刑》，载《公检法办案指南》2011年第2辑总第134辑，第152~155页。

❹《"酒驾肇事"案件的刑法对策》，载《刑事司法指南》2010年第2辑总第42辑，第1~25页。

❺《孙伟铭以危险方法危害公共安全案》，载《刑事审判参考》2009年第6辑总第71辑，第1~8页。

核心提示 ➡ 醉酒驾车连续冲撞致多人伤亡的，如何定罪处罚？

❻《颜招权交通肇事案》广东省广州市中级人民法院〔2008〕穗中法刑一终字第38号

核心提示 ➡ 没有酒精测试能否认定酒后驾驶？

第134条 修正案（六）第1条第2款　重大责任事故罪　强令违章冒险作业罪

工厂、矿山、林场、建筑企业或者其他企业、事业单位的职工，由于不服管理、违反规章制度，或者强令工人违章冒险作业，因而发生重大伤亡事故或者造成其他严重后果的，处三年以下有期徒刑或者拘役；情节特别恶劣的，处三年以上七年以下有期徒刑。

中华人民共和国刑法修正案（六）（中华人民共和国第十届全国人民代表

大会常务委员会第二十二次会议于2006年6月29日通过，现予公布，自公布之日起施行。）

一、将刑法第一百三十四条修改为："在生产、作业中违反有关安全管理的规定，因而发生重大伤亡事故或者造成其他严重后果的，处三年以下有期徒刑或者拘役；情节特别恶劣的，处三年以上七年以下有期徒刑。

强令他人违章冒险作业，因而发生重大伤亡事故或者造成其他严重后果的，处五年以下有期徒刑或者拘役；情节特别恶劣的，处五年以上有期徒刑。"

关联规范 ➡ 完全整理

❶《刑法修正案（六）》（2006年6月29日 主席令第五十一号）①

❷ 最高人民法院《关于进一步加强危害生产安全刑事案件审判工作的意见》（2011年12月30日 法发〔2011〕20号）（节录）

二、危害生产安全刑事案件审判工作的原则

3. 严格依法，从严惩处。对严重危害生产安全犯罪，尤其是相关职务犯罪，必须始终坚持严格依法、从严惩处。对于人民群众广泛关注、社会反映强烈的案件要及时审结，回应人民群众关切，维护社会和谐稳定。

4. 区分责任，均衡量刑。危害生产安全犯罪，往往涉案人员较多，犯罪主体复杂，既包括直接从事生产、作业的人员，也包括对生产、作业负有组织、指挥或者管理职责的负责人、管理人员、实际控制人、投资人等，有的还涉及国家机关工作人员渎职犯罪。对相关责任人的处理，要根据事故原因、危害后果、主体职责、过错大小等因素，综合考虑全案，正确划分责任，做到罪责刑相适应。

5. 主体平等，确保公正。审理危害生产安全刑事案件，对于所有责任主体，都必须严格落实法律面前人人平等的刑法原则，确保刑罚适用公正，确保裁判效果良好。

三、正确确定责任

6. 审理危害生产安全刑事案件，政府或相关职能部门依法对事故原因、损失大小、责任划分作出的调查认定，经庭审质证后，结合其他证据，可作为责任认定的依据。

7. 认定相关人员是否违反有关安全管理规定，应当根据相关法律、行政法规，参照地方性法规、规章及国家标准、行业标准，必要时可参考公认的惯例和生产经营单位制定的安全生产规章制度、操作规程。

8. 多个原因行为导致生产安全事故发生的，在区分直接原因与间接原因的同时，应当根据原因行为在引发事故中所具作用的大小，分清主要原因与次要原因，确认主要责任和次要责任，合理确定罪责。

一般情况下，对生产、作业负有组织、指挥或者管理职责的负责人、管理人员、实际

---

① 对其解读见：《刑事审判参考》2006年第4辑总第51辑，第53~104页。

控制人、投资人，违反有关安全生产管理规定，对重大生产安全事故的发生起决定性、关键性作用的，应当承担主要责任。

对于直接从事生产、作业的人员违反安全管理规定，发生重大生产安全事故的，要综合考虑行为人的从业资格、从业时间、接受安全生产教育培训情况、现场条件、是否受到他人强令作业、生产经营单位执行安全生产规章制度的情况等因素认定责任，不能将直接责任简单等同于主要责任。

对于负有安全生产管理、监督职责的工作人员，应根据其岗位职责、履职依据、履职时间等，综合考察工作职责、监管条件、履职能力、履职情况等，合理确定罪责。

四、准确适用法律

9. 严格把握危害生产安全犯罪与以其他危险方法危害公共安全罪的界限，不应将生产经营中违章违规的故意不加区别地视为对危害后果发生的故意。

10. 以行贿方式逃避安全生产监督管理，或者非法、违法生产、作业，导致发生重大生产安全事故，构成数罪的，依照数罪并罚的规定处罚。

违反安全生产管理规定，非法采矿、破坏性采矿或排放、倾倒、处置有害物质严重污染环境，造成重大伤亡事故或者其他严重后果，同时构成危害生产安全犯罪和破坏环境资源保护犯罪的，依照数罪并罚的规定处罚。

11. 安全事故发生后，负有报告职责的国家工作人员不报或者谎报事故情况，贻误事故抢救，情节严重，构成不报、谎报安全事故罪，同时构成职务犯罪或其他危害生产安全犯罪的，依照数罪并罚的规定处罚。

12. 非矿山生产安全事故中，认定"直接负责的主管人员和其他直接责任人员"、"负有报告职责的人员"的主体资格，认定构成"重大伤亡事故或者其他严重后果"、"情节特别恶劣"，不报、谎报事故情况，贻误事故抢救，"情节严重"、"情节特别严重"等，可参照最高人民法院、最高人民检察院《关于办理危害矿山生产安全刑事案件具体应用法律若干问题的解释》的相关规定。

五、准确把握宽严相济刑事政策

13. 审理危害生产安全刑事案件，应综合考虑生产安全事故所造成的伤亡人数、经济损失、环境污染、社会影响、事故原因与被告人职责的关联程度、被告人主观过错大小、事故发生后被告人的施救表现、履行赔偿责任情况等，正确适用刑罚，确保裁判法律效果和社会效果相统一。

14. 造成《关于办理危害矿山生产安全刑事案件具体应用法律若干问题的解释》第四条规定的"重大伤亡事故或者其他严重后果"，同时具有下列情形之一的，也可以认定为刑法第一百三十四条、第一百三十五条规定的"情节特别恶劣"：

（一）非法、违法生产的；

（二）无基本劳动安全设施或未向生产、作业人员提供必要的劳动防护用品，生产、作业人员劳动安全无保障的；

（三）曾因安全生产设施或者安全生产条件不符合国家规定，被监督管理部门处罚或责令改正，一年内再次违规生产致使发生重大生产安全事故的；

（四）关闭、故意破坏必要安全警示设备的；

（五）已发现事故隐患，未采取有效措施，导致发生重大事故的；

（六）事故发生后不积极抢救人员，或者毁灭、伪造、隐藏影响事故调查的证据，或者转移财产逃避责任的；

（七）其他特别恶劣的情节。

15. 相关犯罪中，具有以下情形之一的，依法从重处罚：

（一）国家工作人员违反规定投资入股生产经营企业，构成危害生产安全犯罪的；

（二）贪污贿赂行为与事故发生存在关联性的；

（三）国家工作人员的职务犯罪与事故存在直接因果关系的；

（四）以行贿方式逃避安全生产监督管理，或者非法、违法生产、作业的；

（五）生产安全事故发生后，负有报告职责的国家工作人员不报或者谎报事故情况，贻误事故抢救，尚未构成不报、谎报安全事故罪的；

（六）事故发生后，采取转移、藏匿、毁灭遇难人员尸体，或者毁灭、伪造、隐藏影响事故调查的证据，或者转移财产，逃避责任的；

（七）曾因安全生产设施或者安全生产条件不符合国家规定，被监督管理部门处罚或责令改正，一年内再次违规生产致使发生重大生产安全事故的。

16. 对于事故发生后，积极施救，努力挽回事故损失，有效避免损失扩大；积极配合调查，赔偿受害人损失的，可依法从宽处罚。

六、依法正确适用缓刑和减刑、假释

17. 对于危害后果较轻，在责任事故中不负主要责任，符合法律有关缓刑适用条件的，可以依法适用缓刑，但应注意根据案件具体情况，区别对待，严格控制，避免适用不当造成的负面影响。

18. 对于具有下列情形的被告人，原则上不适用缓刑：

（一）具有本意见第14条、第15条所规定的情形的；

（二）数罪并罚的。

19. 宣告缓刑，可以根据犯罪情况，同时禁止犯罪分子在缓刑考验期限内从事与安全生产有关的特定活动。

20. 办理与危害生产安全犯罪相关的减刑、假释案件，要严格执行刑法、刑事诉讼法和有关司法解释规定。是否决定减刑、假释，既要看罪犯服刑期间的悔改表现，还要充分考虑原判认定的犯罪事实、性质、情节、社会危害程度等情况。

七、加强组织领导，注意协调配合

21. 对于重大、敏感案件，合议庭成员要充分做好庭审前期准备工作，全面、客观掌握案情，确保案件开庭审理稳妥顺利、依法公正。

22. 审理危害生产安全刑事案件，涉及专业技术问题的，应有相关权威部门出具的咨询意见或者司法鉴定意见；可以依法邀请具有相关专业知识的人民陪审员参加合议庭。

23. 对于审判工作中发现的安全生产事故背后的渎职、贪污贿赂等违法犯罪线索，应当依法移送有关部门处理。对于情节轻微，免予刑事处罚的被告人，人民法院可建议有关

24. 被告人具有国家工作人员身份的，案件审结后，人民法院应当及时将生效的裁判文书送达行政监察机关和其他相关部门。

25. 对于造成重大伤亡后果的案件，要充分运用财产保全等法定措施，切实维护被害人依法获得赔偿的权利。对于被告人没有赔偿能力的案件，应当依靠地方党委和政府做好善后安抚工作。

26. 积极参与安全生产综合治理工作。对于审判中发现的安全生产管理方面的突出问题，应当发出司法建议，促使有关部门强化安全生产意识和制度建设，完善事故预防机制，杜绝同类事故发生。

27. 重视做好宣传工作。对于社会关注的典型案件，要重视做好审判情况的宣传报道，规范裁判信息发布，及时回应社会的关切，充分发挥重大、典型案件的教育警示作用。

28. 各级人民法院要在依法履行审判职责的同时，及时总结审判经验，深入开展调查研究，推动审判工作水平不断提高。上级法院要以辖区内发生的重大生产安全责任事故案件为重点，加强对下级法院危害生产安全刑事案件审判工作的监督和指导，适时检查此类案件的审判情况，提出有针对性的指导意见。

❸ 最高人民法院《关于贯彻宽严相济刑事政策的若干意见》（2010年2月8日 法发〔2010〕9号）（节录）①

8. 对于国家工作人员贪污贿赂、滥用职权、失职渎职的严重犯罪，黑恶势力犯罪、重大安全责任事故、制售伪劣食品药品所涉及的国家工作人员职务犯罪，发生在社会保障、征地拆迁、灾后重建、企业改制、医疗、教育、就业等领域严重损害群众利益、社会影响恶劣、群众反映强烈的国家工作人员职务犯罪，发生在经济社会建设重点领域、重点行业的严重商业贿赂犯罪等，要依法从严惩处。

32. 对于过失犯罪，如安全责任事故犯罪等，主要应当根据犯罪造成危害后果的严重程度、被告人主观罪过的大小以及被告人案发后的表现等，综合掌握处罚的宽严尺度。对于过失犯罪后积极抢救、挽回损失或者有效防止损失进一步扩大的，要依法从宽。对于造成的危害后果虽然不是特别严重，但情节特别恶劣或案发后故意隐瞒案情，甚至逃逸，给及时查明事故原因和迅速组织抢救造成贻误的，则要依法从重处罚。

❹ 最高人民检察院、公安部《关于公安机关管辖的刑事案件立案追诉标准的规定（一）》（2008年6月25日 公通字〔2008〕36号）（节录）

第八条 在生产、作业中违反有关安全管理的规定，涉嫌下列情形之一的，应予立案追诉：（一）造成死亡一人以上，或者重伤三人以上的；（二）造成直接经济损失五十万元以上的；（三）发生矿山生产安全事故，造成直接经济损失一百万元以上的；（四）其他造成严重后果的情形。

第九条 强令他人违章冒险作业，涉嫌下列情形之一的，应予立案追诉：（一）造成死亡一人以上，或者重伤三人以上的；（二）造成直接经济损失五十万元以上的；（三）发生

---

① 对其解读见：《刑事法律文件解读》2010年第3辑总第57辑，第49~65页。

矿山生产安全事故,造成直接经济损失一百万元以上的;(四)其他造成严重后果的情形。

5 最高人民法院、最高人民检察院《关于执行〈中华人民共和国刑法〉确定罪名的补充规定(三)》(2007年10月25日 法释〔2007〕16号)①

6 最高人民法院、最高人民检察院《关于办理危害矿山生产安全刑事案件具体应用法律若干问题的解释》(2007年2月28日 法释〔2007〕5号)(节录)②

第一条 刑法第一百三十四条第一款规定的犯罪主体,包括对矿山生产、作业负有组织、指挥或者管理职责的负责人、管理人员、实际控制人、投资人等人员,以及直接从事矿山生产、作业的人员。

第二条 刑法第一百三十四条第二款规定的犯罪主体,包括对矿山生产、作业负有组织、指挥或者管理职责的负责人、管理人员、实际控制人、投资人等人员。

第四条 发生矿山生产安全事故,具有下列情形之一的,应当认定为刑法第一百三十四条、第一百三十五条规定的"重大伤亡事故或者其他严重后果":

(一)造成死亡一人以上,或者重伤三人以上的;(二)造成直接经济损失一百万元以上的;(三)造成其他严重后果的情形。

具有下列情形之一的,应当认定为刑法第一百三十四条、第一百三十五条规定的"情节特别恶劣":

(一)造成死亡三人以上,或者重伤十人以上的;(二)造成直接经济损失三百万元以上的;(三)其他特别恶劣的情节。

第八条 在采矿许可证被依法暂扣期间擅自开采的,视为刑法第三百四十三条第一款规定的"未取得采矿许可证擅自采矿"。

违反矿产资源法的规定,非法采矿或者采取破坏性的开采方法开采矿产资源,造成重大伤亡事故或者其他严重后果,同时构成刑法第三百四十三条规定的犯罪和刑法第一百三十四条或者第一百三十五条规定的犯罪的,依照数罪并罚的规定处罚。

第十一条 国家工作人员违反规定投资入股矿山生产经营,构成本解释涉及的有关犯罪的,作为从重情节依法处罚。

第十二条 危害矿山生产安全构成犯罪的人,在矿山生产安全事故发生后,积极组织、参与事故抢救的,可以酌情从轻处罚。

7 最高人民法院《关于审理交通肇事刑事案件具体应用法律若干问题的解释》(2000年11月21日 法释〔2000〕33号)(节录)③

第八条 在实行公共交通管理的范围内发生重大交通事故的,依照刑法第一百三十三条和本解释的有关规定办理。

在公共交通管理的范围外,驾驶机动车辆或者使用其他交通工具致人伤亡或者致使公共财产或者他人财产遭受重大损失,构成犯罪的,分别依照刑法第一百三十四条、第一百

---

① 对其解读见:《刑事审判参考》2008年第1辑总第60辑,第60~71页。
② 对其解读见:《刑事审判参考》2007年第2辑总第55辑,第61~79页。
③ 对其解读见:《刑事审判参考》2001年第1辑总第12辑,第36~38、75~80页。

三十五条、第二百三十三条等规定定罪处罚。

❽ 最高人民检察院《人民检察院直接受理的侵犯公民民主权利、人身权利和渎职案件立案标准的规定》（1989年11月30日 〔89〕高检发（法）字第41号）

❾ 最高人民检察院《关于在押犯能否构成重大责任事故罪主体的批复》（1989年4月3日 高检监发字〔1989〕第1号）

经研究，并征求最高人民法院和司法部同意，答复如下：同意你院检察委员会研究的意见。刑法第一百一十四条规定的犯罪主体是指工厂、矿山、林场、建筑企业或者其他企业、事业单位的职工。最高人民法院、最高人民检察院一九八六年六月二十一日《关于刑法第一百一十四条关于重大责任事故罪主体的适用范围的联合通知》中也明确指出："刑法第一百一十四条关于重大责任事故罪的犯罪主体，既包括国营和集体的工厂、矿山、林场、建筑企业或其他企业、事业单位的职工；也包括群众合作经营组织或个体经营户的从业人员。"上述规定适用于劳改企业。在押罪犯是劳改企业中直接从事生产的人员，可以构成重大责任事故罪的主体。

❿ 最高人民检察院《关于无照施工经营者能否构成重大责任事故罪主体的批复》（1988年3月16日 高检二发字〔1988〕第10号）

根据最高人民法院、最高人民检察院〔86〕高检会（二）字第10号文和最高人民检察院二发字（1987）第36号文关于刑法第114条的犯罪主体的解释，无照施工经营者在施工过程中强令从业人员违章冒险作业，造成重大伤亡事故的，可以构成重大责任事故罪的犯罪主体。

⓫ 最高人民检察院《关于〈关于无证开采的小煤矿矿主是否构成重大责任事故犯罪主体的请示〉的复函》（1987年7月10日 高检二发字〔1987〕第36号）

经研究，并征求最高人民法院的意见，我们认为：无证开采的小煤矿从业人员亦属于刑法第一百一十四条犯罪主体所包括的个体经营户的从业人员之中。如其行为符合刑法第一百一十四条规定的犯罪构成，因而造成严重后果的，应按刑法第一百一十四条的规定追究其刑事责任。

⓬ 最高人民法院、最高人民检察院《关于刑法第一百一十四条规定的犯罪主体的适用范围的联合通知》（1986年6月21日 〔86〕高检会（二）字第10号）

近来，有些国营和集体企业、事业单位，以及群众合作经营组织和个体经营户，由于忽视安全生产而不断发生人员伤亡和财产损失的重大责任事故。为了确保人身安全，减少经济损失，除有关部门切实加强安全生产教育外，对于重大责任事故一定要认真查处，情节严重，触犯刑律，已构成犯罪的，必须依法追究刑事责任。

刑法第一百一十四条关于重大责任事故罪的犯罪主体，既包括国营和集体的工厂、矿山、林场、建筑企业或其他企业、事业单位的职工；也包括群众合作经营组织或个体经营户的从业人员。对于群众合作经营组织和个体经营户的主管负责人，在管理工作中玩忽职守，致使发生重大伤亡事故，造成严重后果的，也应按刑法第一百一十四条的规定，追究刑事责任。

⓭ 最高人民检察院《关于检察院直接受理的法纪检察案件立案标准的规定（试行）》（1986年3月24日 〔86〕高检发（二）字第4号）（节录）

三、重大责任事故案和玩忽职守案中所说的"直接经济损失"，是指由于事故而造成的建筑、设备、产品等的毁坏、损失（即全部或部分丧失价值或使用价值），以及因人员伤亡而支付的医疗、丧葬、抚恤等费用。

⓮ 最高人民法院研究室《关于对重大责任事故和玩忽职守案件造成经济损失需追究刑事责任的数额标准应否做出规定问题的电话答复》（1987年10月20日）

经研究，答复如下：一、重大责任事故和玩忽职守这两类案件的案情往往比较复杂，二者造成经济损失的数额标准只是定罪量刑的重要依据之一，不宜以此作为定罪的唯一依据。在实践中，因重大责任事故和玩忽职守所造成的严重损失，既有经济损失、人身伤亡，也有的还造成政治上的不良影响。其中，有些是不能仅仅用经济数额来衡量的。在审理这两类案件时，应当根据每个案件的情况作具体分析，认定是否构成犯罪。

二、虽然玩忽职守和重大责任事故案件你省检察机关的立案数额标准不同于法院判刑的标准，但法院不宜以此为理由拒绝收案。法院是否收案以及如何判处，要根据具体案情，认真研究，慎重决定。

⓯ 《安徽省监狱劳教所重大事故领导责任追究办法》，载《最新刑事法律文件解读》（2005年3月29日）

学理观点·典型案例 ➡ 索引与要旨

❶ 《尚知国等重大劳动安全事故案》，载《刑事审判参考》2008年第5辑总第64辑，第14~23页。

核心提示 ➡ 重大劳动安全事故罪与重大责任事故罪出现竞合时应如何处理？

❷ 《过失犯罪中负管理和监督职责者责任认定若干问题探讨》，载《刑事司法指南》2007年第4辑总第32辑，第101~116页。

❸ 《安全责任事故犯罪司法认定中的几个问题》，载《刑事司法指南》2004年第1辑总第17辑，第1~64页。

要旨 ➡ 重大责任事故罪司法认定中的问题：1. 重大责任事故罪的罪过形式问题；2. 重大责任事故罪客观要件中有关要素的把握。

❹ 《李满英过失致人死亡案》，载《刑事审判参考》2003年第3辑总第32辑，第29~33页。

核心提示 ➡ 驾驶交通工具在非公共交通范围内撞人死亡的应如何定罪？

要旨 ➡ 原则上讲，一般应首先考虑过失致人死亡，除非该行为还触犯其他罪名；如在工厂等单位内部，在生产作业中，应以重大责任事故追究；或非生产作业仍应以过失致人死亡；或交通工具不符合劳动安全规定，经提出后，仍不采取措施的，应以重大劳动安全事故追究相关责任人责任，如不符合该情况，仍应定过失致人死亡。

❺ 《新旧刑法交替的法律适用与时效计算》，载《刑事审判要览》2003年第5辑总第

5 辑，第 159~160 页。

要旨 ▶ 对于像重大责任事故这样的结果犯，也就是说其追诉期限应从结果出现之日起算。

第 135 条　重大劳动安全事故罪

工厂、矿山、林场、建筑企业或者其他企业、事业单位的劳动安全设施不符合国家规定，经有关部门或者单位职工提出后，对事故隐患仍不采取措施，因而发生重大伤亡事故或者造成其他严重后果的，对直接责任人员，处三年以下有期徒刑或者拘役；情节特别恶劣的，处三年以上七年以下有期徒刑。

中华人民共和国刑法修正案（六）（中华人民共和国第十届全国人民代表大会常务委员会第二十二次会议于 2006 年 6 月 29 日通过，现予公布，自公布之日起施行。）

二、将刑法第一百三十五条修改为："安全生产设施或者安全生产条件不符合国家规定，因而发生重大伤亡事故或者造成其他严重后果的，对直接负责的主管人员和其他直接责任人员，处三年以下有期徒刑或者拘役；情节特别恶劣的，处三年以上七年以下有期徒刑。"

关 联 规 范 ▶ 完全整理

❶《刑法修正案（六）》（2006 年 6 月 29 日　主席令第五十一号）①

❷ 最高人民法院《关于进一步加强危害生产安全刑事案件审判工作的意见》（2011 年 12 月 30 日　法发〔2011〕20 号）

❸ 最高人民法院《关于贯彻宽严相济刑事政策的若干意见》（2010 年 2 月 8 日　法发〔2010〕9 号）（节录）②

8. 对于国家工作人员贪污贿赂、滥用职权、失职渎职的严重犯罪，黑恶势力犯罪、重大安全责任事故、制售伪劣食品药品所涉及的国家工作人员职务犯罪，发生在社会保障、征地拆迁、灾后重建、企业改制、医疗、教育、就业等领域严重损害群众利益、社会影响恶劣、群众反映强烈的国家工作人员职务犯罪，发生在经济社会建设重点领域、重点行业的严重商业贿赂犯罪等，要依法从严惩处。

32. 对于过失犯罪，如安全责任事故犯罪等，主要应当根据犯罪造成危害后果的严重程度、被告人主观罪过的大小以及被告人案发后的表现等，综合掌握处罚的宽严尺度。对于过失犯罪后积极抢救、挽回损失或者有效防止损失进一步扩大的，要依法从宽。对于造成的危害后果虽然不是特别严重，但情节特别恶劣或案发后故意隐瞒案情，甚至逃逸，给及时查明事故原因和迅速组织抢救造成贻误的，则要依法从重处罚。

---

① 对其解读见：《刑事审判参考》2006 年第 4 辑总第 51 辑，第 53~104 页。
② 对其解读见：《刑事法律文件解读》2010 年第 3 辑总第 57 辑，第 49~65 页。

❹ 最高人民检察院、公安部《关于公安机关管辖的刑事案件立案追诉标准的规定（一）》（2008年6月25日 公通字〔2008〕36号）（节录）

第十条 安全生产设施或者安全生产条件不符合国家规定，涉嫌下列情形之一的，应予立案追诉：（一）造成死亡一人以上，或者重伤三人以上的；（二）造成直接经济损失五十万元以上的；（三）发生矿山生产安全事故，造成直接经济损失一百万元以上的；（四）其他造成严重后果的情形。

❺ 最高人民法院、最高人民检察院《关于办理危害矿山生产安全刑事案件具体应用法律若干问题的解释》（2007年2月28日 法释〔2007〕5号）（节录）①

第三条 刑法第一百三十五条规定的"直接负责的主管人员和其他直接责任人员"，是指对矿山安全生产设施或者安全生产条件不符合国家规定负有直接责任的矿山生产经营单位负责人、管理人员、实际控制人、投资人，以及对安全生产设施或者安全生产条件负有管理、维护职责的电工、瓦斯检查工等人员。

第四条 发生矿山生产安全事故，具有下列情形之一的，应当认定为刑法第一百三十四条、第一百三十五条规定的"重大伤亡事故或者其他严重后果"：（一）造成死亡一人以上，或者重伤三人以上的；（二）造成直接经济损失一百万元以上的；（三）造成其他严重后果的情形。

具有下列情形之一的，应当认定为刑法第一百三十四条、第一百三十五条规定的"情节特别恶劣"：（一）造成死亡三人以上，或者重伤十人以上的；（二）造成直接经济损失三百万元以上的；（三）其他特别恶劣的情节。

第八条 在采矿许可证被依法暂扣期间擅自开采的，视为刑法第三百四十三条第一款规定的"未取得采矿许可证擅自采矿"。

违反矿产资源法的规定，非法采矿或者采取破坏性的开采方法开采矿产资源，造成重大伤亡事故或者其他严重后果，同时构成刑法第三百四十三条规定的犯罪和刑法第一百三十四条或者第一百三十五条规定的犯罪的，依照数罪并罚的规定处罚。

第十一条 国家工作人员违反规定投资入股矿山生产经营，构成本解释涉及的有关犯罪的，作为从重情节依法处罚。

第十二条 危害矿山生产安全构成犯罪的人，在矿山生产安全事故发生后，积极组织、参与事故抢救的，可以酌情从轻处罚。

❻ 最高人民法院《关于审理交通肇事刑事案件具体应用法律若干问题的解释》（2000年11月21日 法释〔2000〕33号）（节录）②

第八条 在实行公共交通管理的范围内发生重大交通事故的，依照刑法第一百三十三条和本解释的有关规定办理。

在公共交通管理的范围外，驾驶机动车辆或者使用其他交通工具致人伤亡或者致使公共财产或者他人财产遭受重大损失，构成犯罪的，分别依照刑法第一百三十四条、第一百

---

① 对其解读见：《刑事审判参考》2007年第2辑总第55辑，第61~79页。
② 对其解读见：《刑事审判参考》2001年第1辑总第12辑，第36~38，75~80页。

三十五条、第二百三十三条等规定定罪处罚。

❼ 最高人民检察院《关于正确认定和处理玩忽职守罪的若干意见（试行）》（1987年8月30日〔87〕高检发（二）字第18号）（节录）

注：1. 重大损失的标准中的数额，含本数在内。2. 关于三玩忽职守罪的犯罪行为中（一）项第7条所讲的"必要的安全生产条件"，是指禁止独眼井开采，禁止自然通风、禁止井下明火明电照明、明火明电放炮、明刀闸等，应具有抗瓦斯爆炸等重大灾害的能力。

学理观点·典型案例 ▶ 索引与要旨

❶《尚知国等重大劳动安全事故案》，载《刑事审判参考》2008年第5辑总第64辑，第14~23页。

核心提示 ▶ 重大劳动安全事故罪与重大责任事故罪出现竞合时应如何处理？

要旨 ▶ 矿山投资人对矿山的劳动安全工作负有直接管理责任，即使其并未参与实际管理，因其疏于管理致使矿难发生的，仍构成本罪。

❷《林沛章等重大劳动安全事故案》〔2006〕刑字第136号，厦门市海沧区人民法院

要旨 ▶ 厂矿的劳动安全设施不符合国家规定，经有关部门提出后，仍不采取措施，因而发生重大伤亡事故的，构成本罪。

❸《过失犯罪中负管理和监督职责者责任认定若干问题探讨》，载《刑事司法指南》2007年第4辑总第32辑，第101~116页。

❹《李满英过失致人死亡案》，载《刑事审判参考》2003年第3辑总第32辑，第29~33页。

核心提示 ▶ 驾驶交通工具在非公共交通范围内撞人死亡的应如何定罪？

要旨 ▶ 一般应首先考虑过失致人死亡，除非该行为还触犯其他罪名；如在工厂等单位内部，在生产作业中，应以重大责任事故追究；或非生产作业仍应以过失致人死亡；或交通工具不符合劳动安全规定，经提出后，仍不采取措施的，应以重大劳动安全事故追究相关责任人责任，如不符合该情况，仍应定过失致人死亡。

❺《安全责任事故犯罪司法认定中的几个问题》，载《刑事司法指南》2004年第1辑总第17辑，第1~64页。

要旨 ▶ 重大劳动安全事故罪司法认定中的问题：1. 如何理解本罪中"劳动安全设施不符合国家规定"要素的含义；2. 如何理解本罪中"提出"要素的含义；3. 如何理解"对事故隐患仍不采取措施"要素的含义。

第135条之一　修正案（六）第3条　大型群众性活动重大安全事故罪

举办大型群众性活动违反安全管理规定，因而发生重大伤亡事故或者造成其他严重后果的，对直接负责的主管人员和其他直接责任人员，处三年以下有期徒刑或者拘役；情节特别恶劣的，处三年以上七年以下有期徒刑。

关联规范 ➡ 完全整理

❶《刑法修正案（六）》（2006年6月29日 主席令第五十一号）①

❷ 最高人民法院《关于贯彻宽严相济刑事政策的若干意见》（2010年2月8日 法发〔2010〕9号）（节录）②

8. 对于国家工作人员贪污贿赂、滥用职权、失职渎职的严重犯罪，黑恶势力犯罪、重大安全责任事故、制售伪劣食品药品所涉及的国家工作人员职务犯罪，发生在社会保障、征地拆迁、灾后重建、企业改制、医疗、教育、就业等领域严重损害群众利益、社会影响恶劣、群众反映强烈的国家工作人员职务犯罪，发生在经济社会建设重点领域、重点行业的严重商业贿赂犯罪等，要依法从严惩处。

32. 对于过失犯罪，如安全责任事故犯罪等，主要应当根据犯罪造成危害后果的严重程度、被告人主观罪过的大小以及被告人案发后的表现等，综合掌握处罚的宽严尺度。对于过失犯罪后积极抢救、挽回损失或者有效防止损失进一步扩大的，要依法从宽。对于造成的危害后果虽然不是特别严重，但情节特别恶劣或案发后故意隐瞒案情，甚至逃逸，给及时查明事故原因和迅速组织抢救造成贻误的，则要依法从重处罚。

❸ 最高人民检察院、公安部《关于公安机关管辖的刑事案件立案追诉标准的规定（一）》（2008年6月25日 公通字〔2008〕36号）（节录）

第十一条 举办大型群众性活动违反安全管理规定，涉嫌下列情形之一的，应予立案追诉：（一）造成死亡一人以上，或者重伤三人以上的；（二）造成直接经济损失五十万元以上的；（三）其他造成严重后果的情形。

❹ 最高人民法院、最高人民检察院《关于执行〈中华人民共和国刑法〉确定罪名的补充规定（三）》（2007年10月25日 法释〔2007〕16号）（节录）③

学理观点·典型案例 ➡ 索引与要旨

❶《安全责任事故犯罪司法认定中的几个问题》，载《刑事司法指南》2004年第1辑总第17辑，第1~64页。

要旨 ➡ 重大劳动安全事故罪司法认定中的问题：1. 如何理解本罪中"劳动安全设施不符合国家规定"要素的含义；2. 如何理解本罪中"提出"要素的含义；3. 如何理解"对事故隐患仍不采取措施"要素的含义。

第136条 危险物品肇事罪

违反爆炸性、易燃性、放射性、毒害性、腐蚀性物品的管理规定，在生产、储存、运输、使用中发生重大事故，造成严重后果的，处三年以下有期徒

---

① 对其解读见：《刑事审判参考》2006年第4辑总第51辑，第53~104页。
② 对其解读见：《刑事法律文件解读》2010年第3辑总第57辑，第49~65页。
③ 对其解读见：《刑事审判参考》2008年第1辑总第60辑，第60~71页。

刑或者拘役；后果特别严重的，处三年以上七年以下有期徒刑。

关联规范 ➡ 完全整理

❶ 最高人民法院《关于进一步加强危害生产安全刑事案件审判工作的意见》（2011年12月30日　法发〔2011〕20号）

❷ 最高人民检察院、公安部《关于公安机关管辖的刑事案件立案追诉标准的规定（一）》（2008年6月25日　公通字〔2008〕36号）

第十二条　违反爆炸性、易燃性、放射性、毒害性、腐蚀性物品的管理规定，在生产、储存、运输、使用中发生重大事故，涉嫌下列情形之一的，应予立案追诉：1. 造成死亡一人以上，或者重伤三人以上；2. 造成直接经济损失五十万元以上的；3. 其他造成严重后果的情形。

❸ 最高人民法院《〈中华人民共和国铁路法〉中刑事罚则若干问题的解释》（1993年10月11日　法发〔1993〕28号）（节录）

一、怎样理解《中华人民共和国铁路法》第六十条第一款的有关规定？

《中华人民共和国铁路法》（以下简称《铁路法》）第六十条第一款规定："违反本法规定，携带危险品进站上车或者以非危险品品名托运危险品，导致发生重大事故的，依照刑法第一百一十五条的规定追究刑事责任。企业事业单位、国家机关、社团团体犯本款罪的，处以罚金，对其主管人员和直接责任人员依法追究刑事责任。"

（一）本款规定所称的"危险品"，是指具有爆炸、易燃、放射、毒害、腐蚀等性质，在运输、装卸和储存，保管过程中，容易造成人身伤亡和财产毁损而需要特别防护的物品，其具体范围，按国务院及国务院主管部门的规定认定。

（二）本款规定所称的"重大事故"，是指因非法携带上述危险品而发生爆炸、燃烧、泄露事件，致人重伤1人以上；致人轻伤3人以上；造成直接经济损失1万元以上；或者造成暂时中断铁路行车等严重后果的。行为人实施本款规定的犯罪，致人死亡或者其它特别严重后果的，属于刑法第一百一十五条所规定的"后果特别严重"，从重处罚。

二、对携带炸药、雷管或者非法携带枪支子弹、管制刀具进站上车的行为，如何追究刑事责任？

学理观点·典型案例 ➡ 索引与要旨

❶《朱平书、刘超危险物品肇事案》，载《人民法院案例选》2006年第3辑总第57辑。

要旨➡ 对危险物品的装卸负有管理职责的人员，违反有关管理规定，造成运输车辆超载，因而发生重大事故的，应按危险物品肇事罪追究刑事责任。

❷《沈志明、曾小芳危险物品肇事，黄伟、何金义窝藏案江西省萍乡市中级人民法院刑事判决书》，载《刑事审判参考》2002年第1辑总第24辑，第235~248页。

核心提示➡《爆炸物品安全生产许可证》和《营业执照》过期未换新证，在生产烟花爆竹过程中发生爆炸致多人死亡应如何定性?

要旨➡《刑法》第125条所规定的"爆炸物"是指军用或民用的具有爆破性、有较强的爆破力和杀伤力的物品中,而烟花爆竹虽属爆炸性物品,但其本质上是娱乐性用品,不是《刑法》意义上的"爆炸物"。辩护人提出构成危险物品肇事罪的辩护意见,予以采纳。

❸《宋根强、马建国、宋振江危险物品肇事案》,载《人民法院案例选》2002年第4辑总第42辑。

要旨➡ 明知运输物品是危险物品,却违反规定,以非危险物品品名进行替换并办理托运,发生重大事故的,构成危险物品肇事罪。

❹《安全责任事故犯罪司法认定中的几个问题》,载《刑事司法指南》2004年第1辑总第17辑,第1~64页。

要旨➡ 危险物品肇事罪司法认定中的问题:1. 危险物品肇事罪的主体范围;2. 危险物品肇事罪中"生产、储存、运输、使用"的含义;3. 危险物品肇事罪与重大劳动安全事故罪的界限。

第137条　工程重大安全事故罪

建设单位、设计单位、施工单位、工程监理单位违反国家规定,降低工程质量标准,造成重大安全事故的,对直接责任人员,处五年以下有期徒刑或者拘役,并处罚金;后果特别严重的,处五年以上十年以下有期徒刑,并处罚金。

关联规范 ➡ 完全整理

❶《中华人民共和国刑法》(1980年1月1日)第96条　对违反国家规定概念的界定

本法所称违反国家规定,是指违反全国人民代表大会及其常务委员会制定的法律和决定,国务院制定的行政法规、规定的行政措施、发布的决定和命令。

❷ 最高人民法院《关于进一步加强危害生产安全刑事案件审判工作的意见》(2011年12月30日　法发〔2011〕20号)

❸ 最高人民检察院、公安部《关于公安机关管辖的刑事案件立案追诉标准的规定(一)》(2008年6月25日　公通字〔2008〕36号)(节录)

第十三条　建设单位、设计单位、施工单位、工程监理单位违反国家规定,降低工程质量标准,涉嫌下列情形之一的,应予立案追诉:(一)造成死亡一人以上,或者重伤三人以上;(二)造成直接经济损失五十万元以上的;(三)其他造成严重后果的情形。

学理观点·典型案例 ➡ 索引与要旨

❶《赵祥忠工程重大安全事故案》,载《刑事审判参考》2000年第1辑总第6辑,第1~5页以及《刑事审判案例》,第674~677页。

核心提示 ➡ 工程监理单位的含义是什么？人民法院可否变更起诉罪名定罪处刑？

要旨 ➡ 1. 工程质量监督站属于工程监理单位。2. 人民法院在公诉机关指控的犯罪事实没有变化的情况下，有权改变起诉罪名定罪处罚。

❷《安全责任事故犯罪司法认定中的几个问题》，载《刑事司法指南》2004 年第 1 辑总第 17 辑，第 1~64 页。

要旨 ➡ 工程重大安全事故罪司法认定中的问题：1. 工程重大安全事故罪的主体范围；2. 工程重大安全事故罪罪过形式的认定；3. 工程重大安全事故罪客观要件中"降低工程质量标准"的含义。

第 138 条　教育设施重大安全事故罪

明知校舍或者教育教学设施有危险，而不采取措施或者不及时报告，致使发生重大伤亡事故的，对直接责任人员，处三年以下有期徒刑或者拘役；后果特别严重的，处三年以上七年以下有期徒刑。

关 联 规 范 ➡ **完全整理**

❶ 最高人民法院《关于进一步加强危害生产安全刑事案件审判工作的意见》（2011 年 12 月 30 日　法发〔2011〕20 号）

❷ 最高人民检察院、公安部《关于公安机关管辖的刑事案件立案追诉标准的规定（一）》（2008 年 6 月 25 日　公通字〔2008〕36 号）（节录）

第十四条　明知校舍或者教育教学设施有危险，而不采取措施或者不及时报告，涉嫌下列情形之一的，应予立案追诉：（一）造成死亡一人以上、重伤三人以上或者轻伤十人以上的；（二）其他致使发生重大伤亡事故的情形。

学理观点・典型案例 ➡ **索引与要旨**

❶《高知先、乔永杰教育设施重大安全事故上诉案》，载《最高人民法院公报》2005 年第 1 辑总第 99 辑。

要旨 ➡ 明知属于教育设施的车辆，存在安全隐患，仍继续投入使用，发生重大交通事故，在不能证明是其指使、强令驾驶员违章驾驶的情况下，不能以交通肇事罪定罪处罚。

❷《安全责任事故犯罪司法认定中的几个问题》，载《刑事司法指南》2004 年第 1 辑总第 17 辑，第 1~64 页。

要旨 ➡ 教育设施重大安全事故罪司法认定中的问题：1. 如何认定本罪的主体范围；2. 如何理解本罪中的"明知校舍、教育教学设施有危险"；3. 如何认定本罪的罪过形式；4. 本罪中"不采取措施或者不及时报告"的含义；5. 本罪中"校舍或者教育教学设施"范围的确定。

第 139 条　消防责任事故罪

违反消防管理法规，经消防监督机构通知采取改正措施而拒绝执行，造成严重后果的，对直接责任人员，处三年以下有期徒刑或者拘役；后果特别严重的，处三年以上七年以下有期徒刑。

关联规范 ▶ 完全整理

❶ 最高人民法院《关于进一步加强危害生产安全刑事案件审判工作的意见》（2011年12月30日 法发〔2011〕20号）

❷ 最高人民检察院、公安部《关于公安机关管辖的刑事案件立案追诉标准的规定（一）》（2008年6月25日 公通字〔2008〕36号）（节录）

第一条 本条和本规定第十五条规定的"有林地"、"疏林地"、"灌木林地"、"未成林地"、"苗圃地"，按照国家林业主管部门的有关规定确定。

第十五条 违反消防管理法规，经消防监督机构通知采取改正措施而拒绝执行，涉嫌下列情形之一的，应予立案追诉：（一）造成死亡一人以上，或者重伤三人以上；（二）造成直接经济损失五十万元以上的；（三）造成森林火灾，过火有林地面积二公顷以上，或者过火疏林地、灌木林地、未成林地、苗圃地面积四公顷以上的；（四）其他造成严重后果的情形。

❸ 浙江省公检法《关于办理失火犯罪和消防责任事故犯罪案件有关问题的通知》（2001年2月9日）（节录）

第二条 根据《刑法》第139条之规定，违反消防管理法规，经公安消防监督机构通知采取改正措施而拒绝执行，以致发生火灾，造成他人伤亡或公共及他人财产重大损失的，应对直接责任人员追究刑事责任。

（一）具有下列情形之一的，处三年以下有期徒刑或拘役：

1. 死亡1人以上的；2. 重伤3人以上的；3. 生活资料基本损失的受灾户30户以上的；4. 直接财产损失30万元以上的；5. 火灾事故造成的单项损害后果虽未达到上列单项标准，但同时具有两项以上情形，且数量或数额接近单项标准的。

（二）具有下列情形之一的，处三年以上七年以下有期徒刑：

1. 死亡3人以上的；2. 重伤10人以上的；3. 生活资料基本损失的受灾户50户以上的；4. 直接财产损失60万元以上的；5. 火灾事故造成的单项损害后果虽未达到上列单项标准，但同时具有两项以上情形，且数量或数额接近单项标准的。

❹ 江苏省公检法《关于失火罪和消防责任事故罪追究刑事责任标准的意见》（1999年12月1日 苏公厅〔1999〕434号）（节录）

二、实施刑法第139条规定之行为，具有下列情形之一的，属后果严重，应处三年以下有期徒刑或拘役：（一）导致死亡1人以上，或者重伤3人以上的；（二）造成直接财产损失20万元以上的；（三）受灾20户以上的；（四）人员伤亡、直接经济损失、受灾户虽不足规定数额，但情节严重或者造成其他严重后果的，或者经公安消防机构两次通知采取改正措施仍拒绝执行并导致发生火灾的。

具有下列情形之一的，属后果特别严重，应处三年以上七年以下有期徒刑：（一）导致死亡3人以上的；（二）导致重伤10人以上，或者死亡、重伤10人以上的；（三）造成直接财产损失30万元以上的；（四）受灾30户以上的。

三、人体重伤标准按最高人民法院、最高人民检察院、司法部、公安部《人体重伤鉴定标准》（1990年3月29日）执行。直接财产损失，以公安消防机构核定的数额为准。

四、本意见中"以上"、"以下"均包括本数。

5 山东省公检法《关于办理失火和消防责任事故案件具体应用法律若干问题的意见》（1999年　鲁高法发〔1999〕30号）（节录）

二、违反消防管理法规，经公安消防机构通知采取改正措施而拒绝执行，发生火灾，造成以下严重后果之一的，应依照刑法第一百三十九条的规定，以消防责任事故罪定罪处罚：

1. 死亡1人或重伤3人以上的；2. 直接财产损失30万元以上的；3. 居民受灾10户以上的；4. 重伤1人，同时直接财产损失20万元或居民受灾5户以上的；重伤2人，同时直接财产损失10万元或居民受灾3户以上的。

造成下列后果之一的，应认定为"后果特别严重的"：

1. 死亡3人或重伤10人以上的；2. 死亡2人并重伤5人以上的；3. 死亡1人并重伤8人以上的；4. 直接财产损失100万元以上的；5. 居民受灾30户以上的；6. 死亡2人或重伤8人，同时直接财产损失50万元或居民受灾15户以上的；7. 死亡1人或重伤5人，同时直接财产损失80万元或居民受灾20户以上的。

学理观点·典型案例　索引与要旨

1《王华伟、孙志军消防责任事故抗诉案》〔2004〕徐刑一终字第97号，徐州市中级人民法院

要旨➡本罪的直接责任，是负有消防安全义务的人经消防监督机构通知采取改正措施而拒不执行的责任，而非消防部门对引起火灾后果的原因所认定的责任。虽然公安消防部门认定王华伟对本案的消防事故负间接责任，但其仍具有主体资格。

2《安全责任事故犯罪司法认定中的几个问题》，载《刑事司法指南》2004年第1辑总第17辑，第1~64页。

要旨➡消防责任事故罪司法认定中的问题：1. 如何理解本罪中的"通知"；2. 如何理解本罪中的"拒绝执行"。

第139条之一　修正案（六）第4条　不报、谎报安全事故罪

在安全事故发生后，负有报告职责的人员不报或者谎报事故情况，贻误事故抢救，情节严重的，处三年以下有期徒刑或者拘役；情节特别严重的，处三年以上七年以下有期徒刑。

关联规范 ➡ 完全整理

❶《刑法修正案（六）》（2006年6月29日 主席令第五十一号）①

❷ 最高人民法院《关于贯彻宽严相济刑事政策的若干意见》（2010年2月8日 法发〔2010〕9号）（节录）②

8. 对于国家工作人员贪污贿赂、滥用职权、失职渎职的严重犯罪，黑恶势力犯罪、重大安全责任事故、制售伪劣食品药品所涉及的国家工作人员职务犯罪，发生在社会保障、征地拆迁、灾后重建、企业改制、医疗、教育、就业等领域严重损害群众利益、社会影响恶劣、群众反映强烈的国家工作人员职务犯罪，发生在经济社会建设重点领域、重点行业的严重商业贿赂犯罪等，要依法从严惩处。

❸ 最高人民法院、最高人民检察院《关于执行〈中华人民共和国刑法〉确定罪名的补充规定（三）》（2007年10月25日 法释〔2007〕16号）③

❹ 最高人民法院、最高人民检察院《关于办理危害矿山生产安全刑事案件具体应用法律若干问题的解释》（2007年2月28日 法释〔2007〕5号）（节录）④

第五条 刑法第一百三十九条之一规定的"负有报告职责的人员"，是指矿山生产经营单位的负责人、实际控制人、负责生产经营管理的投资人以及其他负有报告职责的人员。

第六条 在矿山生产安全事故发生后，负有报告职责的人员不报或者谎报事故情况，贻误事故抢救，具有下列情形之一的，应当认定为刑法第一百三十九条之一规定的"情节严重"：

（一）导致事故后果扩大，增加死亡一人以上，或者增加重伤三人以上，或者增加直接经济损失一百万元以上的；

（二）实施下列行为之一，致使不能及时有效开展事故抢救的：

1. 决定不报、谎报事故情况或者指使、串通有关人员不报、谎报事故情况的；2. 在事故抢救期间擅离职守或者逃匿的；3. 伪造、破坏事故现场，或者转移、藏匿、毁灭遇难人员尸体，或者转移、藏匿受伤人员的；4. 毁灭、伪造、隐匿与事故有关的图纸、记录、计算机数据等资料以及其他证据的；

（三）其他严重的情节。

具有下列情形之一的，应当认定为刑法第一百三十九条之一规定的"情节特别严重"：

（一）导致事故后果扩大，增加死亡三人以上，或者增加重伤十人以上，或者增加直接经济损失三百万元以上的；

（二）采用暴力、胁迫、命令等方式阻止他人报告事故情况导致事故后果扩大的；

（三）其他特别严重的情节。

---

① 对其解读见：《刑事审判参考》2006年第4辑总第51辑，第53～104页。
② 对其解读见：《刑事法律文件解读》2010年第3辑总第57辑，第49～65页。
③ 对其解读见：《刑事审判参考》2008年第1辑总第60辑，第60～71页。
④ 对其解读见：《刑事审判参考》2007年第2辑总第55辑，第61～79页。

第七条 在矿山生产安全事故发生后,实施本解释第六条规定的相关行为,帮助负有报告职责的人员不报或者谎报事故情况,贻误事故抢救的,对组织者或者积极参加者,依照刑法第一百三十九条之一的规定,以共犯论处。

第十一条 国家工作人员违反规定投资入股矿山生产经营,构成本解释涉及的有关犯罪的,作为从重情节依法处罚。

第十二条 危害矿山生产安全构成犯罪的人,在矿山生产安全事故发生后,积极组织、参与事故抢救的,可以酌情从轻处罚。

学理观点·典型案例 ▶ 索引与要旨

❶《不报、谎报安全事故罪立法的研析》,载《刑事法律文件解读》2007年第6辑总第30辑,第135~145页。

❷《安全责任事故犯罪司法认定中的几个问题》,载《刑事司法指南》2004年第1辑总第17辑,第1~64页。

第三章　破坏社会主义市场经济秩序罪

第一节　生产、销售伪劣商品罪

第140条　生产、销售伪劣产品罪

生产者、销售者在产品中掺杂、掺假，以假充真，以次充好或者以不合格产品冒充合格产品，销售金额五万元以上不满二十万元的，处二年以下有期徒刑或者拘役，并处或者单处销售金额百分之五十以上二倍以下罚金；销售金额二十万元以上不满五十万元的，处二年以上七年以下有期徒刑，并处销售金额百分之五十以上二倍以下罚金；销售金额五十万元以上不满二百万元的，处七年以上有期徒刑，并处销售金额百分之五十以上二倍以下罚金；销售金额二百万元以上的，处十五年有期徒刑或者无期徒刑，并处销售金额百分之五十以上二倍以下罚金或者没收财产。

关联规范　⟹　完全整理

❶《中华人民共和国刑法》（1980年1月1日）第149条　生产、销售伪劣商品罪法条竞合情况的处理

生产、销售本节第一百四十一条至第一百四十八条所列产品，不构成各该条规定的犯罪，但是销售金额在五万元以上的，依照本节第一百四十条的规定定罪处罚。

生产、销售本节第一百四十一条至第一百四十八条所列产品，构成各该条规定的犯罪，同时又构成本节第一百四十条规定之罪的，依照处罚较重的规定定罪处罚。

❷《中华人民共和国刑法》（1980年1月1日）第150条　单位犯本节之罪的处罚

单位犯本节第一百四十条至第一百四十八条规定之罪的，对单位判处罚金，并对其直接负责的主管人员和其他直接责任人员，依照各该条的规定处罚。

❸最高人民法院、最高人民检察院《办理非法生产、销售烟草专卖品等刑事案件具体应用法律若干问题的解释》（2010年3月26日　法释〔2010〕7号）①

第一条　生产、销售伪劣卷烟、雪茄烟等烟草专卖品，销售金额在五万元以上的，依照刑法第一百四十条的规定，以生产、销售伪劣产品罪定罪处罚。

---

① 对其解读见：《刑事审判参考》2010年第5辑总第76辑，第78~91页。

未经卷烟、雪茄烟等烟草专卖品注册商标所有人许可，在卷烟、雪茄烟等烟草专卖品上使用与其注册商标相同的商标，情节严重的，依照刑法第二百一十三条的规定，以假冒注册商标罪定罪处罚。

销售明知是假冒他人注册商标的卷烟、雪茄烟等烟草专卖品，销售金额较大的，依照刑法第二百一十四条的规定，以销售假冒注册商标的商品罪定罪处罚。

伪造、擅自制造他人卷烟、雪茄烟注册商标标识或者销售伪造、擅自制造的卷烟、雪茄烟注册商标标识，情节严重的，依照刑法第二百一十五条的规定，以非法制造、销售非法制造的注册商标标识罪定罪处罚。

违反国家烟草专卖管理法律法规，未经烟草专卖行政主管部门许可，无烟草专卖生产企业许可证、烟草专卖批发企业许可证、特种烟草专卖经营企业许可证、烟草专卖零售许可证等许可证明，非法经营烟草专卖品，情节严重的，依照刑法第二百二十五条的规定，以非法经营罪定罪处罚。

第二条 伪劣卷烟、雪茄烟等烟草专卖品尚未销售，货值金额达到刑法第一百四十条规定的销售金额定罪起点数额标准的三倍以上的，或者销售金额未达到五万元，但与未销售货值金额合计达到十五万元以上的，以生产、销售伪劣产品罪（未遂）定罪处罚。

销售金额和未销售货值金额分别达到不同的法定刑幅度或者均达到同一法定刑幅度的，在处罚较重的法定刑幅度内酌情从重处罚。

查获的未销售的伪劣卷烟、雪茄烟，能够查清销售价格的，按照实际销售价格计算。无法查清实际销售价格，有品牌的，按照该品牌卷烟、雪茄烟的查获地省级烟草专卖行政主管部门出具的零售价格计算；无品牌的，按照查获地省级烟草专卖行政主管部门出具的上年度卷烟平均零售价格计算。

第三条 非法经营烟草专卖品，具有下列情形之一的，应当认定为刑法第二百二十五条规定的"情节严重"：

（一）非法经营数额在五万元以上的，或者违法所得数额在二万元以上的；

（二）非法经营卷烟二十万支以上的；

（三）曾因非法经营烟草专卖品三年内受过二次以上行政处罚，又非法经营烟草专卖品且数额在三万元以上的。

具有下列情形之一的，应当认定为刑法第二百二十五条规定的"情节特别严重"：

（一）非法经营数额在二十五万元以上，或者违法所得数额在十万元以上的；

（二）非法经营卷烟一百万支以上的。

第四条 非法经营烟草专卖品，能够查清销售或者购买价格的，按照其销售或者购买的价格计算非法经营数额。无法查清销售或者购买价格的，按照下列方法计算非法经营数额：

（一）查获的卷烟、雪茄烟的价格，有品牌的，按照该品牌卷烟、雪茄烟的查获地省级烟草专卖行政主管部门出具的零售价格计算；无品牌的，按照查获地省级烟草专卖行政主管部门出具的上年度卷烟平均零售价格计算。

（二）查获的复烤烟叶、烟叶的价格按照查获地省级烟草专卖行政主管部门出具的上年度烤烟调拨平均基准价格计算。

（三）烟丝的价格按照第（二）项规定价格计算标准的一点五倍计算。

（四）卷烟辅料的价格，有品牌的，按照该品牌辅料的查获地省级烟草专卖行政主管部门出具的价格计算；无品牌的，按照查获地省级烟草专卖行政主管部门出具的上年度烟草行业生产卷烟所需该类卷烟辅料的平均价格计算。

（五）非法生产、销售、购买烟草专用机械的价格按照国务院烟草专卖行政主管部门下发的全国烟草专用机械产品指导价格目录进行计算；目录中没有该烟草专用机械的，按照省级以上烟草专卖行政主管部门出具的目录中同类烟草专用机械的平均价格计算。

第五条 行为人实施非法生产、销售烟草专卖品犯罪，同时构成生产、销售伪劣产品罪、侵犯知识产权犯罪、非法经营罪的，依照处罚较重的规定定罪处罚。

第六条 明知他人实施本解释第一条所列犯罪，而为其提供贷款、资金、账号、发票、证明、许可证件，或者提供生产、经营场所、设备、运输、仓储、保管、邮寄、代理进出口等便利条件，或者提供生产技术、卷烟配方的，应当按照共犯追究刑事责任。

第七条 办理非法生产、销售烟草专卖品等刑事案件，需要对伪劣烟草专卖品鉴定的，应当委托国务院产品质量监督管理部门和省、自治区、直辖市人民政府产品质量监督管理部门指定的烟草质量检测机构进行。

第八条 以暴力、威胁方法阻碍烟草专卖执法人员依法执行职务，构成犯罪的，以妨害公务罪追究刑事责任。

煽动群众暴力抗拒烟草专卖法律实施，构成犯罪的，以煽动暴力抗拒法律实施罪追究刑事责任。

第九条 本解释所称"烟草专卖品"，是指卷烟、雪茄烟、烟丝、复烤烟叶、烟叶、卷烟纸、滤嘴棒、烟用丝束、烟草专用机械。

本解释所称"卷烟辅料"，是指卷烟纸、滤嘴棒、烟用丝束。

本解释所称"烟草专用机械"，是指由国务院烟草专卖行政主管部门烟草专用机械名录所公布的，在卷烟、雪茄烟、烟丝、复烤烟叶、烟叶、卷烟纸、滤嘴棒、烟用丝束的生产加工过程中，能够完成一项或者多项特定加工工序，可以独立操作的机械设备。

本解释所称"同类烟草专用机械"，是指在卷烟、雪茄烟、烟丝、复烤烟叶、烟叶、卷烟纸、滤嘴棒、烟用丝束的生产加工过程中，能够完成相同加工工序的机械设备。

第十条 以前发布的有关规定与本解释不一致的，以本解释为准。

❹ 最高人民检察院、公安部《关于公安机关管辖的刑事案件立案追诉标准的规定（一）》（2008年6月25日 公通字〔2008〕36号）（节录）

第十六条 生产者、销售者在产品中掺杂、掺假，以假充真，以次充好或者以不合格产品冒充合格产品，涉嫌下列情形之一的，应予立案追诉：（一）伪劣产品销售金额五万元以上的；（二）伪劣产品尚未销售，货值金额十五万元以上的；（三）伪劣产品销售金额不满五万元，但将已销售金额乘以三倍后，与尚未销售的伪劣产品货值金额合计十五万元以上的。

本条规定的"在产品中掺杂、掺假"，是指在产品中掺入杂质或者异物，致使产品质量不符合国家法律、法规或者产品明示质量标准规定的质量要求,降低、失去应有使用性能的行为;"以假充真",是指以不具有某种使用性能的产品冒充具有该种使用性能的产品的行为;"以次充好",是指以低等级、低档次产品冒充高等级、高档次产品,或者以残次、废旧零配件组合、拼装后冒充正品或者新产品的行为;"不合格产品",是指不符合《中华人民共和国产品质量法》第二十六条第二款规定的质量要求的产品。

对本条规定的上述行为难以确定的,应当委托法律、行政法规规定的产品质量检验机构进行鉴定。本条规定的"销售金额",是指生产者、销售者出售伪劣产品后所得和应得的全部违法收入;"货值金额",以违法生产、销售的伪劣产品的标价计算;没有标价的,按照同类合格产品的市场中间价格计算。货值金额难以确定的,按照《扣押、追缴、没收物品估价管理办法》的规定,委托估价机构进行确定。

5 最高人民法院、最高人民检察院《关于办理妨害预防、控制突发传染病疫情等灾害的刑事案件具体应用法律若干问题的解释》(2003年5月15日 法释〔2003〕8号)(节录)①

第二条 在预防、控制突发传染病疫情等灾害期间,生产、销售伪劣的防治、防护产品、物资,或者生产、销售用于防治传染病的假药、劣药,构成犯罪的,分别依照刑法第一百四十条、第一百四十一条、第一百四十二条的规定,以生产、销售伪劣产品罪,生产、销售假药罪或者生产、销售劣药罪定罪,依法从重处罚。

6 最高人民检察院《关于办理非法经营食盐刑事案件具体应用法律若干问题的解释》(2002年9月13日 高检发释字〔2002〕6号)(节录)②

第四条 以非碘盐充当碘盐或者以工业用盐等非食盐充当食盐进行非法经营,同时构成非法经营罪和生产、销售伪劣产品罪、生产、销售不符合卫生标准的食品罪、生产、销售有毒、有害食品罪等其他犯罪的,依照处罚较重的规定追究刑事责任。

7 最高人民法院《关于审理生产、销售伪劣商品刑事案件有关鉴定问题的通知》(2001年5月21日 法〔2001〕70号)③

1. 对于是否属于"以假充真"、"以次充好"、"以不合格产品冒充合格产品"是难以确定的,应当根据两高《关于办理生产、销售伪劣商品刑事案件具体应用法律若干问题的解释》,由公诉机关委托法律、行政法规规定的产品质量检验机构进行鉴定。2. 生产、销售假药犯罪案件和不符合卫生标准的食品犯罪案件,均需有"省级以上药品监督管理部门设置或者确定的药品检验机构"和"省级以上卫生行政部门确定的机构"出具的鉴定结论。3. 涉及多罪名的,择重罪。

8 最高人民法院、最高人民检察院《关于办理生产、销售伪劣商品刑事案件具体应用法律若干问题的解释》(2001年4月18日 法释〔2001〕10号)④

---

① 对其解读见:《刑事审判参考》2003年第3辑总第32辑,第160~164,188~197页。
② 对其解读见:《解读最高人民检察院司法解释》,第316~319页。
③ 对其解读见:《解读最高人民法院司法解释·刑事、行政卷(1997~2002)》,第160~167页。
④ 对其解读见:《刑事审判参考》2001年第5辑总第16辑,第52~56,59~68页。

第一条 刑法第一百四十条规定的"在产品中掺杂、掺假",是指在产品中掺入杂质或者异物,致使产品质量不符合国家法律、法规或者产品明示质量标准规定的质量要求,降低、失去应有使用性能的行为。

刑法第一百四十条规定的"以假充真",是指以不具有某种使用性能的产品冒充具有该种使用性能的产品的行为。

刑法第一百四十条规定的"以次充好",是指以低等级、低档次产品冒充高等级、高档次产品,或者以残次、废旧零配件组合、拼装后冒充正品或者新产品的行为。

刑法第一百四十条规定的"不合格产品",是指不符合《中华人民共和国产品质量法》第二十六条第二款规定的质量要求的产品。(附《中华人民共和国产品质量法》第二十六条 生产者应当对其生产的产品质量负责。

产品质量应当符合下列要求:

(一)不存在危及人身、财产安全的不合理的危险,有保障人体健康和人身、财产安全的国家标准、行业标准的,应当符合该标准;

(二)具备产品应当具备的使用性能,但是,对产品存在使用性能的瑕疵作出说明的除外;

(三)符合在产品或者其包装上注明采用的产品标准,符合以产品说明、实物样品等方式表明的质量状况。)

对本条规定的上述行为难以确定的,应当委托法律、行政法规规定的产品质量检验机构进行鉴定。

第二条 刑法第一百四十条、第一百四十九条规定的"销售金额",是指生产者、销售者出售伪劣产品后所得和应得的全部违法收入。

伪劣产品尚未销售,货值金额达到刑法第一百四十条规定的销售金额三倍以上的,以生产、销售伪劣产品罪(未遂)定罪处罚。

货值金额以违法生产、销售的伪劣产品的标价计算;没有标价的,按照同类合格产品的市场中间价格计算。货值金额难以确定的,按照国家计划委员会、最高人民法院、最高人民检察院、公安部1997年4月22日联合发布的《扣押、追缴、没收物品估价管理办法》的规定,委托指定的估价机构确定。

多次实施生产、销售伪劣产品行为,未经处理的,伪劣产品的销售金额或者货值金额累计计算。

第九条 知道或者应当知道他人实施生产、销售伪劣商品犯罪,而为其提供贷款、资金、账号、发票、证明、许可证件,或者提供生产、经营场所或者运输、仓储、保管、邮寄等便利条件,或者提供制假生产技术的,以生产、销售伪劣商品犯罪的共犯论处。

第十条 实施生产、销售伪劣商品犯罪,同时构成侵犯知识产权、非法经营等其他犯罪的,依照处罚较重的规定定罪处罚。

第十一条 实施刑法第一百四十四条至第一百四十八条规定的犯罪,又以暴力、威胁方法抗拒查处,构成其他犯罪的,依照数罪并罚的规定处罚。

第十二条 国家机关工作人员参与生产、销售伪劣商品犯罪的,从重处罚。

9 福建省公检法《福建省2008年度第1次公检法联席会议纪要》（2008年6月2日 闽公综〔2008〕314号）（节录）

六、针对近期在打击生产、销售伪劣商品犯罪中存在的在认定伪劣假烟时，没有出具烟草鉴定部门鉴定以及把查扣的伪劣物品全部处理、没有保留部分物证，造成需要重新鉴定的案件无检材可用的问题，会议明确，在认定伪劣假烟时，必须出具烟草鉴定部门的鉴定；对查扣的伪劣商品，处理时必须保留少量物证。

10 福建省公检法、烟草专卖局《关于办理烟草专卖品等案件适用法律若干问题的座谈纪要》（2007年4月26日 闽公综〔2007〕234号）

一、关于一罪与数罪的认定问题

生产、销售假冒伪劣烟草制品等犯罪行为同时构成生产、销售伪劣产品罪，非法制造、销售非法制造的注册商标标识罪，销售假冒注册商标的商品罪，非法经营罪等罪名的，依照处罚较重的规定定罪处罚。

二、关于卷烟制假生产、销售、运输、储存环节主从犯的认定问题

在卷烟制假生产、销售、运输、储存环节中，查获的涉案人员交代雇主真实情况并经查证属实的，对其本人一般可以认定为从犯。行为人拒不交代雇主或虽有交代，但经查证不属实或无法查证又拒不交代雇主真实情况且有犯罪中起积极作用的，对其本人一般不认定为从犯。

三、关于非法生产、使用、运输、储存烟草专用机械行为的定罪处罚问题

1. 未经烟草专卖行政主管部门许可，非法运输、储存烟草专用机械及其专用零部件的，以非法经营罪定罪处罚。

2. 非法使用烟草专用机械生产假冒伪劣烟草制品，或者非法购买烟草专用机械准备生产假冒伪劣烟草制品的，以非法经营罪或者生产、销售伪劣产品罪择一重罪定罪处罚。

3. 非法生产、拼装、销售、安装调试烟草专用机械的，按照最高人民法院、最高人民检察院、公安部、国家烟草专卖局《关于办理假冒伪劣烟草制品等刑事案件适用法律问题座谈会纪要》第一条的规定执行。

四、关于生产无注册品牌烟草制品行为的定罪处罚问题

对生产在我国无注册品牌烟草制品的行为，达到刑事追诉标准的，以非法经营罪定罪处罚。

五、关于伪造、擅自制造或销售伪造、擅自制造的注册商标标识

1. 伪造、擅自制造烟草制品注册商标标识或者销售伪造、擅自制造的烟草制品注册商标标识的，依照《最高人民法院、最高人民检察院关于办理侵犯知识产权刑事案件具体应用法律若干问题的解释》第三条规定定罪处罚。该条所规定的"件"，是指标有完整商标图样的一份标识。

2. 查获未经所有人许可印制烟草制品注册商标标识，但尚未印制成品的，如果其主要图案或文字已印制，且数量达到2万件的，以非法制造注册商标标识罪（未遂）定罪处罚。

六、关于非法经营烟草专卖品行为的定罪处罚问题

1. 未经烟草专卖行政主管部门许可，非法生产、买卖烟丝、烟叶、卷烟纸、滤嘴棒、

烟用丝束等烟草专卖品，具有最高人民法院、最高人民检察院、公安部、国家烟草专卖局《关于办理假冒伪劣烟草制品等刑事案件适用法律问题座谈会议纪要》第三条规定情形之一的，适用刑法第二百二十五条之规定，以非法经营罪定罪处罚。

2. 在制假现场查获的卷烟、雪茄烟、烟丝、复烤烟叶、烟叶、卷烟纸、滤嘴棒、烟用丝束、烟草薄片等应分别计价，合并计算数额，达到刑事追诉标准的，以非法经营罪定罪处罚。

3. 受他人委托非法从事加工、运输、储存烟草专卖品的，以共犯论处。

七、关于未缴获实物的案件应如何把握的问题

对于未缴获实物的烟草专卖品案件，犯罪嫌疑人（被告人）的供述与证人证言、书证、鉴定结论等其他证据之间能够相互印证，依法应当追究刑事责任的，对该犯罪嫌疑人（被告人）供述的事实可予以认定。

八、关于适用劳动教养的问题

行为人从事假冒伪劣烟草制品、烟草专卖品违法犯罪活动，尚不够刑事处罚的，按照国务院《劳动教养试行办法》和公安部《公安机关办理劳动教养案件规定》、《关于进一步加强和改进劳动教养审批工作的通知》、《关于进一步加强和改进劳动教养审批工作的实施意见》的规定，予以劳动教养。

九、关于涉案运输车辆的处理问题

对非法从事烟草专卖品犯罪活动的运输车辆，属于被告个人（被告单位）所有的，依法应予没收。

十、关于烟草专卖品、烟草制品范围的确定问题

根据《中华人民共和国烟草专卖法》、《中华人民共和国烟草专卖法实施条例》、国家经贸委《烟草专卖品准运证管理办法》规定，烟草专卖品是指卷烟、雪茄烟、烟丝、复烤烟叶、烟叶（包括烟草薄片和烟梗）、卷烟纸、滤嘴棒、烟用丝束、烟草专用机械。烟草制品是指卷烟、雪茄烟、烟丝、复烤烟叶。卷烟包括散支烟和成品烟。

11 上海市公检法司《关于办理生产、销售伪劣产品刑事案件中如何认定"以不合格产品冒充合格产品"的意见》（2006年4月12日 沪检发〔2006〕90号）

为依法惩处生产、销售伪劣产品的犯罪活动，维护社会主义市场经济秩序，根据刑法和最高人民法院、最高人民检察院2001年4月10日《关于办理生产、销售伪劣商品刑事案件具体应用法律若干问题的解释》（法释〔2001〕10号）的有关规定，现就办理生产、销售伪劣产品刑事案件中，如何认定"以不合格产品冒充合格产品"问题提出如下意见：

关于"以不合格产品冒充合格产品"的认定问题，应当根据产品质量检验机构出具"该产品系不合格产品"的鉴定结论结合司法机关的审查予以认定。产品质量检验机构出具鉴定结论时，应当同时提供出具鉴定结论的参数依据或理由。司法机关根据该鉴定结论的参数依据或理由进行审查。如"不合格产品"的鉴定结论是针对产品的内在质量而言的，则可认为该"不合格产品"系伪劣产品；如鉴定结论仅针对产品的外在包装的，一般不能认为该"不合格产品"系伪劣产品。

12 安徽省公检法、烟草专卖局《关于办理违反烟草专卖管理刑事案件适用法律若干问题的意见》（2004年7月26日）（节录）

九、关于单位犯罪与个人犯罪问题

单位犯本《意见》第二条至第七条规定之罪，对单位判处罚，对其直接负责的主管人员和其他直接责任人员，依照各条的规定定罪处罚。

有下列情形之一的，应认定为个人犯罪：

（1）个人为进行违法犯罪活动而设立的公司、企业、事业单实施犯罪的；

（2）公司、企业、事业单位设立后，以实施犯罪为主要活动的；

（3）盗用单位名义实施犯罪，违法所得由实施犯罪的个人私分的；

（4）个人承包、租赁、挂靠经营的企业；

（5）国家、集体没有实际出资、没有参与经营、分配的企业；

（6）采用虚报注册资本等欺诈手段取得公司登记，或者虚假出资，或者抽逃出资的企业；

（7）被工商行政管理部门吊销《营业执照》后，仍在违法经营的企业。

13《关于办理假冒伪劣烟草制品等刑事案件适用法律问题座谈会纪要》（2003年12月23日）①

一、关于生产、销售伪劣烟草制品行为适用法律问题

（一）关于生产伪劣烟草制品尚未销售或者尚未完全销售行为定罪量刑问题

根据刑法第一百四十条的规定，生产、销售伪劣烟草制品，销售金额在五万元以上的，构成生产、销售伪劣产品罪。

根据《最高人民法院、最高人民检察院关于办理生产、销售伪劣商品刑事案件具体应用法律若干问题的解释》的有关规定，销售金额是指生产者、销售者出售伪劣烟草制品后所得和应得的全部违法收入。伪劣烟草制品尚未销售，货值金额达到刑法第一百四十条规定的销售金额三倍（十五万元）以上的，以生产、销售伪劣产品罪（未遂）定罪处罚。货值金额以违法生产、销售的伪劣产品的标价计算；没有标价的，按照同类合格产品的市场中间价格计算。货值金额难以确定的，按照国家计划委员会、最高人民法院、最高人民检察院、公安部1997年4月22日联合发布的《扣押、追缴、没收物品估价管理办法》的规定，委托指定的估价机构确定。

伪劣烟草制品尚未销售，货值金额分别达到十五万元以上不满二十万元、二十万元以上不满五十万元、五十万元以上不满二百万元、二百万元以上的，分别依照刑法第一百四十条规定的各量刑档次定罪处罚。

伪劣烟草制品的销售金额不满五万元，但与尚未销售的伪劣烟草制品的货值金额合计达到十五万元以上的，以生产、销售伪劣产品罪（未遂）定罪处罚。

生产伪劣烟草制品尚未销售，无法计算货值金额，有下列情形之一的，以生产、销售伪劣产品罪（未遂）定罪处罚：1. 生产伪劣烟用烟丝数量在1000公斤以上的；2. 生产伪

---

① 对其解读见：《最新刑事法律文件解读》2005年第8辑总第8辑，第15~21页。

劣烟用烟叶数量在1500公斤以上的。

（二）关于非法生产、拼装、销售烟草专用机械行为定罪处罚问题

非法生产、拼装、销售烟草专用机械行为，依照刑法第一百四十条的规定，以生产、销售伪劣产品罪追究刑事责任。

二、关于销售明知是假冒烟用注册商标的烟草制品行为中的"明知"问题

根据刑法第二百一十四条的规定，销售明知是假冒烟用注册商标的烟草制品，销售金额较大的，构成销售假冒注册商标的商品罪。

"明知"，是指知道或应当知道。有下列情形之一的，可以认定为"明知"：1. 以明显低于市场价格进货的；2. 以明显低于市场价格销售的；3. 销售假冒烟用注册商标的烟草制品被发现后转移、销毁物证或者提供虚假证明、虚假情况的；4. 其他可以认定为明知的情形。

三、关于非法经营烟草制品行为适用法律问题

未经烟草专卖行政主管部门许可，无生产许可证、批发许可证、零售许可证，而生产、批发、零售烟草制品，具有下列情形之一的，依照刑法第二百二十五条的规定定罪处罚：1. 个人非法经营数额在五万元以上的，或者违法所得数额在一万元以上的；2. 单位非法经营数额在五十万元以上的，或者违法所得数额在十万元以上的；3. 曾因非法经营烟草制品行为受过二次以上行政处罚又非法经营的，非法经营数额在二万元以上的。

四、关于共犯问题

知道或者应当知道他人实施本《纪要》第一条至第三条规定的犯罪行为，仍实施下列行为之一的，应认定为共犯，依法追究刑事责任：1. 直接参与生产、销售假冒伪劣烟草制品或者销售假冒烟用注册商标的烟草制品或者直接参与非法经营烟草制品并在其中起主要作用的；2. 提供房屋、场地、设备、车辆、贷款、资金、账号、发票、证明、技术等设施和条件，用于帮助生产、销售、储存、运输假冒伪劣烟草制品、非法经营烟草制品的；3. 运输假冒伪劣烟草制品的。

上述人员中有检举他人犯罪经查证属实，或者提供重要线索，有立功表现的，可以从轻或减轻处罚；有重大立功表现的，可以减轻或者免除处罚。

五、国家机关工作人员参与实施本《纪要》第一条至第三条规定的犯罪行为的处罚问题

根据《最高人民法院、最高人民检察院关于办理生产、销售伪劣商品刑事案件具体应用法律若干问题的解释》的规定，国家机关工作人员参与实施本《纪要》第一条至第三条规定的犯罪行为的，从重处罚。

六、关于一罪与数罪问题

行为人的犯罪行为同时构成生产、销售伪劣产品罪、销售假冒注册商标的商品罪、非法经营罪等罪的，依照处罚较重的规定定罪处罚。

七、关于窝藏、转移非法制售的烟草制品行为的定罪处罚问题

明知是非法制售的烟草制品而予以窝藏、转移的，依照刑法第三百一十二条的规定，以窝藏、转移赃物罪定罪处罚。

窝藏、转移非法制售的烟草制品，事前与犯罪分子通谋的，以共同犯罪论处。

八、关于以暴力、威胁方法阻碍烟草专卖执法人员依法执行职务行为的定罪处罚问题

以暴力、威胁方法阻碍烟草专卖执法人员依法执行职务的，依照刑法第二百七十七条的规定，以妨害公务罪定罪处罚。

九、关于煽动群众暴力抗拒烟草专卖法律实施行为的定罪处罚问题

煽动群众暴力抗拒烟草专卖法律实施的，依照刑法第二百七十八条的规定，以煽动暴力抗拒法律实施罪定罪处罚。

十、关于鉴定问题

假冒伪劣烟草制品的鉴定工作，由国家烟草专卖行政主管部门授权的省级以上烟草产品质量监督检验机构，按照国家烟草专卖局制定的假冒伪劣卷烟鉴别检验管理办法和假冒伪劣卷烟鉴别检验规程等有关规定进行。

假冒伪劣烟草专用机械的鉴定由国家质量监督部门，或其委托的国家烟草质量监督检验中心，根据烟草行业的有关技术标准进行。

十一、关于烟草制品、卷烟的范围

本《纪要》所称烟草制品指卷烟、雪茄烟、烟丝、复烤烟叶、烟叶、卷烟纸、滤嘴棒、烟用丝束。

本《纪要》所称卷烟包括散支烟和成品烟。

⑭ 浙江省高级人民法院刑一庭、刑二庭《关于执行刑法若干问题的具体意见（三）》（2000 年 12 月 27 日　浙高法刑公安部〔2000〕3 号）（节录）

6. 已生产、销售伪劣商品犯罪与诈骗罪之间一般存在法条竞合关系，对于生产、销售伪劣商品骗取钱财的，应按特别法即生产、销售伪劣商品犯罪的有关规定定罪处罚。

⑮ 福建省公检法《关于依法从重从快打击制售假冒香烟犯罪的意见》（2000 年 2 月 12 日　闽公通〔2000〕46 号）

为了依法从重从快打击制售假冒香烟犯罪活动，维护社会主义市场经济秩序，促进我省经济持续、健康、快速发展，根据《中华人民共和国刑法》、《中华人民共和国刑事诉讼法》有关规定，特制定以下意见，请认真贯彻执行。

一、制售假冒香烟犯罪触犯刑法中的罪名包括假冒注册商标罪，销售假冒注册商标的商品罪，非法制造、销售非法制造的注册商标标识罪，生产销售伪劣产品罪，非法经营罪等。

二、打击制售假冒香烟犯罪是为我省经济建设创造良好法制环境，提供有效司法保障的重要措施之一。各级公安机关、检察院、法院必须统一思想、提高认识，采取有效的措施，坚决依法从重从快惩处制售假冒香烟犯罪活动。

三、各级公安机关、检察院、法院在办理制售假冒香烟犯罪案件过程中，必须"各负其责，密切配合"，依照《中华人民共和国刑事诉讼法》有关规定，做到快侦、快捕、快诉、快审、快判。对于犯罪事实基本清楚，证据基本充分，应当依法及时审判。具有下列情形之一的，应视为事实基本清楚，证据基本充分：（1）当场人赃俱获，且生产、销售假冒香烟金额在五万元以上的。（2）虽未查获假冒香烟，但犯罪嫌疑人供述的犯罪事实，包

括作案的时间、地点、制造、销售假冒香烟的数量,假冒的商标品牌,销售金额等与证人证言基本能相互印证,确证其事实存在。(3)虽未查获假冒香烟,犯罪嫌疑人也不供认,但有确实充分的证据证实其生产、销售假冒香烟犯罪的时间、地点、生产、销售数量、销售金额及有关的犯罪嫌疑人。

四、销售金额应包括已销售假烟的金额及欲销售假烟的金额,案值以物价、烟草专卖部门联合确定的相同品牌香烟批发价为计价标准,包括已完成卷接但未包装的产品,及其涉案人员坦白交代并经其他证据证实的本制假机器累计制假的产品,假烟数量以烟草部门的鉴定为依据。

五、非法生产假冒香烟机器设备情节严重的,以非法经营罪依法惩处。

六、房主、采购人员、销售人员、运输人员、制造假冒香烟的技术人员主观上明知他人正在实施制售假冒香烟犯罪仍为其提供帮助,以共同犯罪处理;参与制售活动的工人,屡教不改,被查获三次以上,以共同犯罪的从犯处理。

对制售假冒香烟犯罪活动知情不报,并为其作伪证或者窝藏、转移、收购、代销,构成犯罪的,依法严肃处理。

七、对以上所述涉假案件均应并处财产刑。

八、参与制售假冒香烟犯罪分子有检举揭发他人犯罪查证属实的;或者提供重要线索,有立功表现的,可以从轻、减轻或免除处罚。

九、参与制售假冒香烟犯罪的业主,未被有关部门发现即自行销毁有关成品或半成品,经查证属实以犯罪中止论,应当减轻或免除处罚。

十、对于参与制售假冒香烟活动尚不够刑事处罚的违法分子,可予以劳动教养。

十一、对司法工作人员在打击制售假冒香烟工作中徇私舞弊、玩忽职守,情节严重的,坚决依法从重从严惩处。

严禁国家工作人员及其配偶、子女参与制售假冒香烟,严禁为制售假冒香烟提供场所、充当保护伞。一经发现参与制售假烟犯罪的,坚决按有关规定处理;情节严重构成犯罪的,依法追究刑事责任。

学理观点·典型案例 ➡ 索引与要旨

❶《"染色馒头"案的定罪量刑问题》,载《公检法办案指南》2012年第3辑总第147辑,第169~178页。

❷《涉假冒伪劣烟草专卖品犯罪的罪数认定》,载《刑事审判参考》2011年第2辑总第79辑,第203~216页。

❸《最高人民法院公布四起危害食品安全犯罪典型案例》,载《公检法办案指南》2011年第12辑总第144辑,第160~164页。

核心提示 ➡ 销售含三聚氰胺的奶粉;销售添加"柠檬黄"的玉米面馒头

❹ 最高人民法院《发布六起侵犯知识产权和制售假冒伪劣商品典型案例》,载《公检法办案指南》2011年第1辑总第133辑,第170~175页。

核心提示 ➡ 以出口普通货物名义向境外销售外国品牌假烟

❺《施卫东等人假冒注册商标、非法经营、销售伪劣产品、非法制造注册商标标识案》，载《刑事法律文件解读》2010 年第 4 辑总第 58 辑，第 105~116 页。

核心提示 ➡ 正确处理假冒注册商标罪、非法经营罪、销售伪劣产品罪和非法制造注册商标标识罪，准确认定未销售伪劣产品的金额

❻《张某某等 6 人非法经营、销售伪劣品牌卷烟案》，载《公检法办案指南》2006 年第 11 辑总第 83 辑，178~183 页。

核心提示 ➡ 销售伪劣产品罪与销售假冒注册商标的商品罪、非法经营罪之界定

要旨 ➡ 1. 租赁他人《烟草专卖零售许可证》销售卷烟的行为性质系无证经营行为。2. 无证销售真品卷烟的行为性质应当按照非法经营罪认定。3. 无证销售伪劣卷烟的行为性质系想象竞合。4. 尚未销售的真品卷烟和伪劣卷烟数额的认定。

❼《假冒伪劣烟草制品刑事案件的法律适用问题》，载《刑事审判参考》2005 年第 1 辑总第 42 辑，第 168~172 页。

要旨 ➡ 没有相应的烟草专卖许可证或者准运证，从事烟草制品的生产、销售、运输业务，构成非法经营罪。

一、关于生产、销售假烟行为的定性。1. 生产、销售假烟的行为通常同时构成生产、销售伪劣产品罪、假冒注册商标罪或者销售假冒注册商标的商品罪、非法经营罪，应当依照处罚较重的刑法规定定罪处罚。在比较法定刑时，应当结合具体犯罪行为应当适用的法定刑幅度进行比较。例如，对于没有烟草专卖零售许可证而销售十几种假冒伪劣卷烟，销售金额为 5 万元的，以非法经营罪定罪处罚，才符合《伪劣商品案件解释》第十条的规定。没有相应的烟草专卖许可证或者准运证，从事烟草制品的生产、销售、运输业务，扰乱市场秩序，情节严重的，构成非法经营罪。2. 对于生产、销售假烟的犯罪行为，在没有证据证实假烟属于刑法第一百四十条规定的"伪劣产品"的情况下，不能以生产、销售伪劣产品罪定罪处罚。

二、关于生产、销售伪劣烟用烟丝、烟用烟叶以及非法生产、拼装、销售烟草专用机械行为的定性。就非法生产、拼装、销售烟草专用机械来说，能否构成生产、销售伪劣产品罪，还需对机械是否属于伪劣产品进行鉴定。然而，烟用烟丝、烟用烟叶和烟草专用机械属于烟草专卖品，对于未经许可而生产（拼装也属于生产）、销售，情节严重的，可以按照非法经营罪定罪处罚。

❽《普通法条、特别法条的确定与适用》，载《刑事司法指南》2004 年第 2 辑总第 18 辑，第 1~36 页。

要旨 ➡ 1. 普通法条与特别法条概述；2. 特别关系的确定；3. 特别法条适用前提；4. 特别法条内容不周全的处理。

❾《生产、销售伪劣商品犯罪法律适用问题》，载《刑事审判参考》2003 年第 4 辑总第 33 辑，第 141~153 页。

要旨 ➡ 1. 伪劣商品的认定：如果行为人生产伪劣产品不是为了交换，而是为了自用，

则不构成生产伪劣商品犯罪。2. 认真做好审理生产、销售伪劣商品犯罪案件产品质量等相关鉴定工作。3. 正确认定生产、销售伪劣产品的未遂。4. 关于非法生产、销售、使用"瘦肉精"行为如何处罚问题。5. 生产、销售伪劣商品犯罪定罪量刑标准问题。6. 准确认定生产、销售伪劣商品犯罪的共同犯罪。7. 生产、销售伪劣商品犯罪中的竞合问题。

10《鞠春香、张志明等生产、销售伪劣产品案》，载《刑事审判参考》2002年第2辑总第25辑，第1~10页。

要旨 ➡ 如何区分生产、销售伪劣产品罪与生产、销售假药罪？实施销售行为的从犯能否因主犯实施生产、销售行为而认定为共同生产、销售行为？关于认定"销售金额"的几个问题。

11《胡廷蛟、唐洪文等生产、销售伪劣产品案》，载《刑事审判参考》2001年第12辑总第23辑第12~14页。

核心提示 ➡ 与非法经营、假冒注册商标的竞合选择

要旨 ➡ 在非法经营食盐过程中生产、销售伪劣产品与假冒注册商标行为，不实行数罪并罚。对于这种基于一个犯罪意图，实施一个行为，同时触犯数个不同罪名的刑法理论上的想象竞合犯。根据最高人民法院和最高人民检察院《关于办理生产、销售伪劣商品刑事案件具体应用法律若干问题的解释》第十条规定，对于生产、销售伪劣产品"销售金额较大"、假冒注册商标"情节严重"而言，本案法定刑较重。

12《韩俊杰、付安生、韩军生产伪劣产品案》2001年第12辑总第23辑，第1~8页。

核心提示 ➡ 仅有伪劣产品的加工生产行为，但没有销售行为的，应以生产伪劣产品罪，还是生产、销售伪劣产品罪定罪？

要旨 ➡ 为他人加工伪劣产品的行为构成生产、销售伪劣产品犯罪；本案在罪名上应以生产、销售伪劣产品罪定罪处罚，不宜定生产伪劣产品罪。

13《陈建明等销售伪劣产品案》，载《刑事审判参考》2001年第8辑总第19辑，第1~9页。

核心提示 ➡ 销售假冒他人注册商标产品的行为应如何定性？帮助运输伪劣产品的行为如何定性？

要旨 ➡ 1. 销售假冒注册商标的产品的，应按产品质量是否合格定性。销售质量合格的假冒注册商标的商品，应当以销售假冒注册商标的商品罪定罪处罚；销售质量不合格的假冒注册商标的商品，则应按法条竞合的原则处理。2. 被告人受雇于他人运输伪劣产品的行为，构成销售伪劣产品罪的共犯。刑法上的帮助犯并不要求行为人必须具备实行犯的特定身份，也不要求行为人直接实施实行行为。只要行为人明知实行犯实施犯罪行为仍帮助其实施，就构成共同犯罪，承担相应的刑事责任。

14 福建漳州市中级人民法院〔2001〕刑字第246号

核心提示 ➡ 非法购买烟草专用机械如何定性？

要旨 ➡ 上诉人张传雄未经许可，非法购买国家行政法规规定专营的烟草生产专用机

械，价值人民币 46.104 万元，用于生产假冒商标香烟进行销售，其行为已构成非法经营罪。

🔵15 《王洪成生产、销售伪劣产品案》，载《刑事审判参考合订本·第一卷》，第 17～23 页。

核心提示 ➡ 对于生产、销售不具有生产者、销售者所许诺的使用性能的新产品的行为如何定性？

第 141 条　生产、销售假药罪

生产、销售假药，足以严重危害人体健康的，处三年以下有期徒刑或者拘役，并处或者单处销售金额百分之五十以上二倍以下罚金；对人体健康造成严重危害的，处三年以上十年以下有期徒刑，并处销售金额百分之五十以上二倍以下罚金；致人死亡或者对人体健康造成特别严重危害的，处十年以上有期徒刑、无期徒刑或者死刑，并处销售金额百分之五十以上二倍以下罚金或者没收财产。

本条所称假药，是指依照《中华人民共和国药品管理法》的规定属于假药和按假药处理的药品、非药品。

中华人民共和国刑法修正案（八）（第十一届全国人民代表大会常务委员会第十九次会议 2011 年 2 月 25 日通过，中华人民共和国主席令第四十一号公布，自 2011 年 5 月 1 日起施行。）

二十三、将刑法第一百四十一条第一款修改为："生产、销售假药的，处三年以下有期徒刑或者拘役，并处罚金；对人体健康造成严重危害或者有其他严重情节的，处三年以上十年以下有期徒刑，并处罚金；致人死亡或者有其他特别严重情节的，处十年以上有期徒刑、无期徒刑或者死刑，并处罚金或者没收财产。"

关 联 规 范 ➡ **完全整理**

🔵1 《中华人民共和国刑法》（1980 年 1 月 1 日）第 149 条　生产、销售伪劣商品罪法条竞合情况的处理

生产、销售本节第一百四十一条至第一百四十八条所列产品，不构成各该条规定的犯罪，但是销售金额在五万元以上的，依照本节第一百四十条的规定定罪处罚。

生产、销售本节第一百四十一条至第一百四十八条所列产品，构成各该条规定的犯罪，同时又构成本节第一百四十条规定之罪的，依照处罚较重的规定定罪处罚。

🔵2 《中华人民共和国刑法》（1980 年 1 月 1 日）第 150 条　单位犯本节之罪的处罚

单位犯本节第一百四十条至第一百四十八条规定之罪的，对单位判处罚金，并对其直接负责的主管人员和其他直接责任人员，依照各该条的规定处罚。

❸ 最高人民法院《关于贯彻宽严相济刑事政策的若干意见》（2010年2月8日　法发〔2010〕9号）（节录）①

9. 当前和今后一段时期，对于集资诈骗、贷款诈骗、制贩假币以及扰乱、操纵证券、期货市场等严重危害金融秩序的犯罪，生产、销售假药、劣药、有毒有害食品等严重危害食品药品安全的犯罪，走私等严重侵害国家经济利益的犯罪，造成严重后果的重大安全责任事故犯罪，重大环境污染、非法采矿、盗伐林木等各种严重破坏环境资源的犯罪等，要依法从严惩处，维护国家的经济秩序，保护广大人民群众的生命健康安全。

❹ 最高人民法院、最高人民检察院《关于办理生产、销售假药、劣药刑事案件具体应用法律若干问题的解释》（2009年5月13日　法释〔2009〕9号）②

第一条　生产、销售的假药具有下列情形之一的，应当认定为刑法第一百四十一条规定的"足以严重危害人体健康"：（一）依照国家药品标准不应含有有毒有害物质而含有，或者含有的有毒有害物质超过国家药品标准规定的；（二）属于麻醉药品、精神药品、医疗用毒性药品、放射性药品、避孕药品、血液制品或者疫苗的；（三）以孕产妇、婴幼儿、儿童或者危重病人为主要使用对象的；（四）属于注射剂药品、急救药品的；（五）没有或者伪造药品生产许可证或者批准文号，且属于处方药的；（六）其他足以严重危害人体健康的情形。

对前款第（一）项、第（六）项规定的情形难以确定的，可以委托省级以上药品监督管理部门设置或者确定的药品检验机构检验。司法机关根据检验结论，结合假药标明的适应病症、对人体健康可能造成的危害程度等情况认定。

第二条　生产、销售的假药被使用后，造成轻伤以上伤害，或者轻度残疾、中度残疾，或者器官组织损伤导致一般功能障碍或者严重功能障碍，或者有其他严重危害人体健康情形的，应当认定为刑法第一百四十一条规定的"对人体健康造成严重危害"。

生产、销售的假药被使用后，造成重度残疾、三人以上重伤、三人以上中度残疾或者器官组织损伤导致严重功能障碍、十人以上轻伤、五人以上轻度残疾或者器官组织损伤导致一般功能障碍，或者有其他特别严重危害人体健康情形的，应当认定为刑法第一百四十一条规定的"对人体健康造成特别严重危害"。

第三条　生产、销售的劣药被使用后，造成轻伤以上伤害，或者轻度残疾、中度残疾，或者器官组织损伤导致一般功能障碍或者严重功能障碍，或者有其他严重危害人体健康情形的，应当认定为刑法第一百四十二条规定的"对人体健康造成严重危害"。

生产、销售的劣药被使用后，致人死亡、重度残疾、三人以上重伤、三人以上中度残疾或者器官组织损伤导致严重功能障碍、十人以上轻伤、五人以上轻度残疾或者器官组织损伤导致一般功能障碍，或者有其他特别严重危害人体健康情形的，应当认定为刑法第一百四十二条规定的"后果特别严重"。

第四条　医疗机构知道或者应当知道是假药而使用或者销售，符合本解释第一条或者

---

① 对其解读见：《刑事法律文件解读》2010年第3辑总第57辑，第49~65页。
② 对其解读见：《刑事审判参考》2009年第4辑总第69辑，第92~106页。

第二条规定标准的,以销售假药罪追究刑事责任。

医疗机构知道或者应当知道是劣药而使用或者销售,符合本解释第三条规定标准的,以销售劣药罪追究刑事责任。

第五条 知道或者应当知道他人生产、销售假药、劣药,而有下列情形之一的,以生产、销售假药罪或者生产、销售劣药罪等犯罪的共犯论处:(一)提供资金、贷款、账号、发票、证明、许可证件的;(二)提供生产、经营场所、设备或者运输、仓储、保管、邮寄等便利条件的;(三)提供生产技术,或者提供原料、辅料、包装材料的;(四)提供广告等宣传的。

第六条 实施生产、销售假药、劣药犯罪,同时构成生产、销售伪劣产品、侵犯知识产权、非法经营、非法行医、非法采供血等犯罪的,依照处罚较重的规定定罪处罚。

第七条 在自然灾害、事故灾难、公共卫生事件、社会安全事件等突发事件发生时期,生产、销售用于应对突发事件药品的假药、劣药的,依法从重处罚。

第八条 最高人民法院、最高人民检察院以前发布的司法解释、规范性文件与本解释不一致的,以本解释为准。

5 最高人民检察院、公安部《关于公安机关管辖的刑事案件立案追诉标准的规定(一)》(2008年6月25日 公通字〔2008〕36号)(节录)

第十七条 生产(包括配制)、销售假药,涉嫌下列情形之一的,应予立案追诉:(一)含有超标准的有毒有害物质的;(二)不含所标明的有效成份,可能贻误诊治的;(三)所标明的适应症或者功能主治超出规定范围,可能造成贻误诊治的;(四)缺乏所标明的急救必需的有效成份的;(五)其他足以严重危害人体健康或者对人体健康造成严重危害的情形。

本条规定的"假药",是指依照《中华人民共和国药品管理法》的规定属于假药和按假药处理的药品、非药品。

第一百条 本规定中的立案追诉标准,除法律、司法解释另有规定的以外,适用于相关的单位犯罪。

6 最高人民法院《关于依法惩处生产、销售伪劣食品、药品等严重破坏市场经济秩序犯罪的通知》(2004年6月21日)

7 最高人民法院、最高人民检察院《关于办理妨害预防、控制突发传染病疫情等灾害的刑事案件具体应用法律若干问题的解释》(2003年5月15日 法释〔2003〕8号)(节录)①

第二条 在预防、控制突发传染病疫情等灾害期间,生产、销售伪劣的防治、防护产品、物资,或者生产、销售用于防治传染病的假药、劣药,构成犯罪的,分别依照刑法第一百四十条、第一百四十一条、第一百四十二条的规定,以生产、销售伪劣产品罪,生产、销售假药罪或者生产、销售劣药罪定罪,依法从重处罚。

---

① 对其解读见:《刑事审判参考》2003年第3辑总第32辑,第160~164,188~197页。

❽ 最高人民法院《关于审理生产、销售伪劣商品刑事案件有关鉴定问题的通知》（2001年5月21日　法〔2001〕70号）①

1. 对于是否属于"以假充真"、"以次充好"、"以不合格产品冒充合格产品"是难以确定的，应当根据最高人民法院和最高人民检察院《关于办理生产、销售伪劣商品刑事案件具体应用法律若干问题的解释》，由公诉机关委托法律、行政法规规定的产品质量检验机构进行鉴定。2. 生产、销售假药犯罪案件和不符合卫生标准的食品犯罪案件，均需有"省级以上药品监督管理部门设置或者确定的药品检验机构"和"省级以上卫生行政部门确定的机构"出具的鉴定结论。3. 涉及多罪名的，择重罪。

学理观点·典型案例　　➡ 索引与要旨

❶《刑法修正案（八）》解读，载《刑事审判参考》2011年第4辑总第81辑，第83~117页以及《公检法办案指南》2011年第3辑总第135辑，第13~121页。

❷《王桂平以危险方法危害公共安全、销售伪劣产品、虚报注册资本案》，载《刑事审判参考》2008年第5辑总第64辑，第1~7页。

要旨 ➡ 向药品生产企业销售假冒的药品辅料的行为构成以危险方法危害公共安全罪。

❸《孟广超医疗事故案》，载《刑事审判参考》2007年第1辑总第54辑，第52~59页

核心提示 ➡ 具有执业资格的医生根据民间验方、偏方制成药物诊疗，造成就诊人死亡的行为如何定性？

要旨 ➡ 1. 具有执业资格的医生在诊疗过程中，出于医治病患的目的，根据民间验方、偏方制成药物，用于诊疗的行为一般不构成生产、销售假药罪。2. 具有执业资格的医生在诊疗过程中，出于医治病患的目的，使用民间验方、偏方致人伤亡的行为，符合刑法第三百三十五条规定的可以医疗事故罪定罪处罚。

❹《个体医生用自配药囊致患者死亡该如何定性》，载《公检法办案指南》2005年第2辑总第62辑。

❺《鞠春香、张志明等生产、销售伪劣产品案》，载《刑事审判参考》2002年第2辑总25，第1~10页。

要旨 ➡ 如何区分生产、销售伪劣产品罪与生产、销售假药罪？关于认定"销售金额"的几个问题。

❻《熊漓斌等生产、销售假药案》，载《刑事审判参考》2001年第7辑总第18辑，第8~12页。

核心提示 ➡ 生产、销售假药进行诈骗的行为如何认定？如何认定"足以严重危害人体健康"？

要旨 ➡ 本案被告人将假药销售给被害人，骗取被害人的钱财，确有以假充真的诈骗行

---

① 对其解读见：《解读最高人民法院司法解释·刑事、行政卷（1997~2002）》，第160~167页。

为存在。诈骗行为在本案中是作为一种销售方式而存在的。生产、销售假药罪是以是否足以严重危害人体健康作为本罪的标准，而诈骗则以数额为标准，也就是说，只要生产销售的假药足以严重危害人体健康，不管行为人是否实施了以假药骗取钱财的行为，就应当认定为生产、销售假药罪，而不应认定为诈骗罪。

第142条 生产、销售劣药罪

生产、销售劣药，对人体健康造成严重危害的，处三年以上十年以下有期徒刑，并处销售金额百分之五十以上二倍以下罚金；后果特别严重的，处十年以上有期徒刑或者无期徒刑，并处销售金额百分之五十以上二倍以下罚金或者没收财产。

本条所称劣药，是指依照《中华人民共和国药品管理法》的规定属于劣药的药品。

关 联 规 范 ➡ 完全整理

❶《中华人民共和国刑法》（1980年1月1日）第149条 生产、销售伪劣商品罪法条竞合情况的处理

生产、销售本节第一百四十一条至第一百四十八条所列产品，不构成各该条规定的犯罪，但是销售金额在五万元以上的，依照本节第一百四十条的规定定罪处罚。

生产、销售本节第一百四十一条至第一百四十八条所列产品，构成各该条规定的犯罪，同时又构成本节第一百四十条规定之罪的，依照处罚较重的规定定罪处罚。

❷《中华人民共和国刑法》（1980年1月1日）第150条 单位犯本节之罪的处罚

单位犯本节第一百四十条至第一百四十八条规定之罪的，对单位判处罚金，并对其直接负责的主管人员和其他直接责任人员，依照各该条的规定处罚。

❸ 最高人民法院、最高人民检察院《关于办理生产、销售假药、劣药刑事案件具体应用法律若干问题的解释》（2009年5月13日 法释〔2009〕9号）（节录）①

第三条 生产、销售的劣药被使用后，造成轻伤以上伤害，或者轻度残疾、中度残疾，或者器官组织损伤导致一般功能障碍或者严重功能障碍，或者有其他严重危害人体健康情形的，应当认定为刑法第一百四十二条规定的"对人体健康造成严重危害"。

生产、销售的劣药被使用后，致人死亡、重度残疾、三人以上重伤、三人以上中度残疾或者器官组织损伤导致严重功能障碍、十人以上轻伤、五人以上轻度残疾或者器官组织损伤导致一般功能障碍，或者有其他特别严重危害人体健康情形的，应当认定为刑法第一百四十二条规定的"后果特别严重"。

第四条 医疗机构知道或者应当知道是假药而使用或者销售，符合本解释第一条或者第二条规定标准的，以销售假药罪追究刑事责任。

---

① 对其解读见：《刑事审判参考》2009年第4辑总第69辑，第92~106页。

医疗机构知道或者应当知道是劣药而使用或者销售，符合本解释第三条规定标准的，以销售劣药罪追究刑事责任。

第五条 知道或者应当知道他人生产、销售假药、劣药，而有下列情形之一的，以生产、销售假药罪或者生产、销售劣药罪等犯罪的共犯论处：

（一）提供资金、贷款、账号、发票、证明、许可证件的；

（二）提供生产、经营场所、设备或者运输、仓储、保管、邮寄等便利条件的；

（三）提供生产技术，或者提供原料、辅料、包装材料的；

（四）提供广告等宣传的。

第六条 实施生产、销售假药、劣药犯罪，同时构成生产、销售伪劣产品、侵犯知识产权、非法经营、非法行医、非法采供血等犯罪的，依照处罚较重的规定定罪处罚。

第七条 在自然灾害、事故灾难、公共卫生事件、社会安全事件等突发事件发生时期，生产、销售用于应对突发事件药品的假药、劣药的，依法从重处罚。

第八条 最高人民法院、最高人民检察院以前发布的司法解释、规范性文件与本解释不一致的，以本解释为准。

❹ 最高人民检察院、公安部《关于公安机关管辖的刑事案件立案追诉标准的规定（一）》（2008年6月25日 公通字〔2008〕36号）（节录）

第十八条 生产（包括配制）、销售劣药，涉嫌下列情形之一的，应予立案追诉：（一）造成人员轻伤、重伤或者死亡的；（二）其他对人体健康造成严重危害的情形。

本条规定的劣药，是指依照《中华人民共和国药品管理法》的规定，药品成份的含量不符合国家药品标准的药品和按劣药论处的药品。

第一百条 本规定中的立案追诉标准，除法律、司法解释另有规定的以外，适用于相关的单位犯罪。

❺ 最高人民法院、最高人民检察院《关于办理妨害预防、控制突发传染病疫情等灾害的刑事案件具体应用法律若干问题的解释》（2003年5月15日 法释〔2003〕8号）（节录）①

第二条 在预防、控制突发传染病疫情等灾害期间，生产、销售伪劣的防治、防护产品、物资，或者生产、销售用于防治传染病的假药、劣药，构成犯罪的，分别依照刑法第一百四十条、第一百四十一条、第一百四十二条的规定，以生产、销售伪劣产品罪，生产、销售假药罪或者生产、销售劣药罪定罪，依法从重处罚。

❻ 最高人民法院《关于审理生产、销售伪劣商品刑事案件有关鉴定问题的通知》（2001年5月21日 法〔2001〕70号）（节录）②

对于是否属于"以假充真"、"以次充好"、"以不合格产品冒充合格产品"是难以确定

---

① 对其解读见：《刑事审判参考》2003年第3辑总第32辑，第160～164、188～197页以及《"非典"防治时期相关犯罪的司法适用研究》，载《刑事司法指南》2003年第2辑总第14辑，第55～109页。

② 对其解读见：《解读最高人民法院司法解释·刑事、行政卷（1997～2002）》，第160～167页。

的，应当根据两高《关于办理生产、销售伪劣商品刑事案件具体应用法律若干问题的解释》，由公诉机关委托法律、行政法规规定的产品质量检验机构进行鉴定。2. 生产、销售假药犯罪案件和不符合卫生标准的食品犯罪案件，均需有"省级以上药品监督管理部门设置或者确定的药品检验机构"和"省级以上卫生行政部门确定的机构"出具的鉴定结论。3. 涉及多罪名的，择重罪。

第143条　修正案（八）第24条　生产、销售不符合安全标准的食品罪

生产、销售不符合卫生标准的食品，足以造成严重食物中毒事故或者其他严重食源性疾患的，处三年以下有期徒刑或者拘役，并处或者单处销售金额百分之五十以上二倍以下罚金；对人体健康造成严重危害的，处三年以上七年以下有期徒刑，并处销售金额百分之五十以上二倍以下罚金；后果特别严重的，处七年以上有期徒刑或者无期徒刑，并处销售金额百分之五十以上二倍以下罚金或者没收财产。

中华人民共和国刑法修正案（八）（第十一届全国人民代表大会常务委员会第十九次会议2011年2月25日通过，中华人民共和国主席令第四十一号公布，自2011年5月1日起施行。）

二十四、将刑法第一百四十三条修改为："生产、销售不符合食品安全标准的食品，足以造成严重食物中毒事故或者其他严重食源性疾病的，处三年以下有期徒刑或者拘役，并处罚金；对人体健康造成严重危害或者有其他严重情节的，处三年以上七年以下有期徒刑，并处罚金；后果特别严重的，处七年以上有期徒刑或者无期徒刑，并处罚金或者没收财产。"

关联规范 ➡ 完全整理

❶《中华人民共和国刑法》（1980年1月1日）第149条　生产、销售伪劣商品罪法条竞合情况的处理

生产、销售本节第一百四十一条至第一百四十八条所列产品，不构成各该条规定的犯罪，但是销售金额在五万元以上的，依照本节第一百四十条的规定定罪处罚。

生产、销售本节第一百四十一条至第一百四十八条所列产品，构成各该条规定的犯罪，同时又构成本节第一百四十条规定之罪的，依照处罚较重的规定定罪处罚。

❷《中华人民共和国刑法》（1980年1月1日）第150条　单位犯本节之罪的处罚

单位犯本节第一百四十条至第一百四十八条规定之罪的，对单位判处罚金，并对其直接负责的主管人员和其他直接责任人员，依照各该条的规定处罚。

❸ 最高人民法院、最高人民检察院《关于执行〈中华人民共和国刑法〉确定罪名的

补充规定（五）》（2011 年 4 月 27 日　法释〔2011〕10 号）（节录）①

❹ 最高人民检察院、公安部《关于公安机关管辖的刑事案件立案追诉标准的规定（一）》（2008 年 6 月 25 日　公通字〔2008〕36 号）（节录）

第十九条　生产、销售不符合卫生标准的食品，涉嫌下列情形之一的，应予立案追诉：

（一）含有可能导致严重食物中毒事故或者其他严重食源性疾患的超标准的有害细菌的；

（二）含有可能导致严重食物中毒事故或者其他严重食源性疾患的超标准的其他污染物的。

本条规定的"不符合卫生标准的食品"，由省级以上卫生行政部门确定的机构进行鉴定。

第一百条　本规定中的立案追诉标准，除法律、司法解释另有规定的以外，适用于相关的单位犯罪。

❺ 最高人民检察院《关于办理非法经营食盐刑事案件具体应用法律若干问题的解释》（2002 年 9 月 13 日　高检发释字〔2002〕6 号）（节录）②

第四条　以非碘盐充当碘盐或者以工业用盐等非食盐充当食盐进行非法经营，同时构成非法经营罪和生产、销售伪劣产品罪、生产、销售不符合卫生标准的食品罪、生产、销售有毒、有害食品罪等其他犯罪的，依照处罚较重的规定追究刑事责任。

❻ 最高人民法院《关于审理生产、销售伪劣商品刑事案件有关鉴定问题的通知》（2001 年 5 月 21 日　法〔2001〕70 号）（节录）③

1. 对于是否属于"以假充真"、"以次充好"、"以不合格产品冒充合格产品"难以确定的，应当根据两高《关于办理生产、销售伪劣商品刑事案件具体应用法律若干问题的解释》，由公诉机关委托法律、行政法规规定的产品质量检验机构进行鉴定。2. 生产、销售假药犯罪案件和不符合卫生标准的食品犯罪案件，均需有"省级以上药品监督管理部门设置或者确定的药品检验机构"和"省级以上卫生行政部门确定的机构"出具的鉴定结论。3. 涉及多罪名的，择重罪。

❼ 最高人民法院、最高人民检察院《关于办理生产、销售伪劣商品刑事案件具体应用法律若干问题的解释》（2001 年 4 月 18 日　法释〔2001〕10 号）（节录）④

第四条　经省级以上卫生行政部门确定的机构鉴定，食品中含有可能导致严重食物中毒事故或者其他严重食源性疾患的超标准的有害细菌或者其他污染物的，应认定为刑法第一百四十三条规定的"足以造成严重食物中毒事故或者其他严重食源性疾患"。

生产、销售不符合卫生标准的食品被食用后，造成轻伤、重伤或者其他严重后果的，应认定为"对人体健康造成严重危害"。

生产、销售不符合卫生标准的食品被食用后，致人死亡、严重残疾、三人以上重伤、十人以上轻伤或者造成其他特别严重后果的。应认定为"后果特别严重"。

---

① 对其解读见：《刑事审判参考》2011 年第 4 辑总第 81 辑，第 151～157 页。
② 对其解读见：《解读最高人民检察院司法解释》，第 316～319 页。
③ 对其解读见：《解读最高人民法院司法解释·刑事、行政卷（1997～2002）》，第 160～167 页。
④ 对其解读见：《刑事审判参考》2001 年第 5 辑总第 16 辑，第 52～56，59～68 页。

学理观点·典型案例 ➡ 索引与要旨

❶《"染色馒头"案的定罪量刑问题》，载《公检法办案指南》2012 年第 3 辑总第 147 辑，第 169～178 页。

❷《刑法修正案（八）》解读，载《刑事审判参考》2011 年第 4 辑总第 81 辑，第 83～117 页以及《公检法办案指南》2011 年第 3 辑总第 135 辑，第 13～121 页。

❸《俞亚春生产、销售有毒、有害食品案》，载《刑事审判参考》2002 年第 2 辑总第 25 辑，第 11～15 页。

核心提示 ➡ 肉猪是否属于食品？

要旨 ➡ 食品卫生法虽未包括养殖业，但肉猪系广义食品。

❹《林烈群等销售有害食品案》，载《刑事审判参考》2001 年第 4 辑总第 15 辑，第 1～11 页。

要旨 ➡ 以工业用猪油冒充食用猪油予以销售致人死亡的行为应如何定性？

第 144 条　生产、销售有毒、有害食品罪

在生产、销售的食品中掺入有毒、有害的非食品原料的，或者销售明知掺有有毒、有害的非食品原料的食品的，处五年以下有期徒刑或者拘役，并处或者单处销售金额百分之五十以上二倍以下罚金；造成严重食物中毒事故或者其他严重食源性疾患，对人体健康造成严重危害的，处五年以上十年以下有期徒刑，并处销售金额百分之五十以上二倍以下罚金；致人死亡或者对人体健康造成特别严重危害的，依照本法第一百四十一条的规定处罚。

中华人民共和国刑法修正案（八）（第十一届全国人民代表大会常务委员会第十九次会议 2011 年 2 月 25 日通过，中华人民共和国主席令第四十一号公布，自 2011 年 5 月 1 日起施行。）

二十五、将刑法第一百四十四条修改为："在生产、销售的食品中掺入有毒、有害的非食品原料的，或者销售明知掺有有毒、有害的非食品原料的食品的，处五年以下有期徒刑，并处罚金；对人体健康造成严重危害或者有其他严重情节的，处五年以上十年以下有期徒刑，并处罚金；致人死亡或者有其他特别严重情节的，依照本法第一百四十一条的规定处罚。"

关联规范 ➡ 完全整理

❶《中华人民共和国刑法》（1980 年 1 月 1 日）第 149 条　生产、销售伪劣商品罪法条竞合情况的处理

生产、销售本节第一百四十一条至第一百四十八条所列产品，不构成各该条规定的犯罪，但是销售金额在五万元以上的，依照本节第一百四十条的规定定罪处罚。

生产、销售本节第一百四十一条至第一百四十八条所列产品，构成各该条规定的犯罪，同时又构成本节第一百四十条规定之罪的，依照处罚较重的规定定罪处罚。

❷《中华人民共和国刑法》（1980年1月1日） 第150条 单位犯本节之罪的处罚

单位犯本节第一百四十条至第一百四十八条规定之罪的，对单位判处罚金，并对其直接负责的主管人员和其他直接责任人员，依照各该条的规定处罚。

❸ 最高人民法院、最高人民检察院、公安部《关于依法严惩"地沟油"犯罪活动的通知》（2012年1月9日 公通字〔2012〕1号）①

一、依法严惩"地沟油"犯罪，切实维护人民群众食品安全

"地沟油"犯罪，是指用餐厨垃圾、废弃油脂、各类肉及肉制品加工废弃物等非食品原料，生产、加工"食用油"，以及明知是利用"地沟油"生产、加工的油脂而作为食用油销售的行为。"地沟油"犯罪严重危害人民群众身体健康和生命安全，严重影响国家形象，损害党和政府的公信力。各级公安机关、检察机关、人民法院要认真贯彻《刑法修正案（八）》对危害食品安全犯罪从严打击的精神，依法严惩"地沟油"犯罪，坚决打击"地沟油"进入食用领域的各种犯罪行为，坚决保护人民群众切身利益。对于涉及多地区的"地沟油"犯罪案件，各地公安机关、检察机关、人民法院要在案件管辖、调查取证等方面通力合作，形成打击合力，切实维护人民群众食品安全。

二、准确理解法律规定，严格区分犯罪界限

（一）对于利用"地沟油"生产"食用油"的，依照刑法第144条生产有毒、有害食品罪的规定追究刑事责任。

（二）明知是利用"地沟油"生产的"食用油"而予以销售的，依照刑法第144条销售有毒、有害食品罪的规定追究刑事责任。认定是否"明知"，应当结合犯罪嫌疑人、被告人的认知能力，犯罪嫌疑人、被告人及其同案人的供述和辩解，证人证言，产品质量，进货渠道及进货价格、销售渠道及销售价格等主、客观因素予以综合判断。

（三）对于利用"地沟油"生产的"食用油"，已经销售出去没有实物，但是有证据证明系已被查实生产、销售有毒、有害食品犯罪事实的上线提供的，依照刑法第144条销售有毒、有害食品罪的规定追究刑事责任。

（四）虽无法查明"食用油"是否系利用"地沟油"生产、加工，但犯罪嫌疑人、被告人明知该"食用油"来源可疑而予以销售的，应分别情形处理：经鉴定，检出有毒、有害成分的，依照刑法第144条销售有毒、有害食品罪的规定追究刑事责任；属于不符合安全标准的食品的，依照刑法第143条销售不符合安全标准的食品罪追究刑事责任；属于以假充真、以次充好、以不合格产品冒充合格产品或者假冒注册商标，构成犯罪的，依照刑法第140条销售伪劣产品罪或者第213条假冒注册商标罪、第214条销售假冒注册商标的商品罪追究刑事责任。

（五）知道或应当知道他人实施以上第（一）、（二）、（三）款犯罪行为，而为其掏捞、加工、贩运"地沟油"，或者提供贷款、资金、账号、发票、证明、许可证件，或者

---

① 对其解读见：《公检法办案指南》2012年第5辑总第149辑，第162~170页。

提供技术、生产、经营场所、运输、仓储、保管等便利条件的，依照本条第（一）、（二）、（三）款犯罪的共犯论处。

（六）对违反有关规定，掏捞、加工、贩运"地沟油"，没有证据证明用于生产"食用油"的，交由行政部门处理。

（七）对于国家工作人员在食用油安全监管和查处"地沟油"违法犯罪活动中滥用职权、玩忽职守、徇私枉法，构成犯罪的，依照刑法有关规定追究刑事责任。

三、准确把握宽严相济刑事政策在食品安全领域的适用

在对"地沟油"犯罪定罪量刑时，要充分考虑犯罪数额、犯罪分子主观恶性及其犯罪手段、犯罪行为对人民群众生命安全和身体健康的危害、对市场经济秩序的破坏程度、恶劣影响等。对于具有累犯、前科、共同犯罪的主犯、集团犯罪的首要分子等情节，以及犯罪数额巨大、情节恶劣、危害严重，群众反映强烈，给国家和人民利益造成重大损失的犯罪分子，依法严惩，罪当判处死刑的，要坚决依法判处死刑。对在同一条生产销售链上的犯罪分子，要在法定刑幅度内体现严惩源头犯罪的精神，确保生产环节与销售环节量刑的整体平衡。对于明知是"地沟油"而非法销售的公司、企业，要依法从严追究有关单位和直接责任人员的责任。对于具有自首、立功、从犯等法定情节的犯罪分子，可以依法从宽处理。要严格把握适用缓刑、免予刑事处罚的条件。对依法必须适用缓刑的，一般同时宣告禁止令，禁止其在缓刑考验期内从事与食品生产、销售等有关的活动。

❹ 最高人民法院《关于贯彻宽严相济刑事政策的若干意见》（2010年2月8日　法发〔2010〕9号）（节录）①

9. 当前和今后一段时期，对于集资诈骗、贷款诈骗、制贩假币以及扰乱、操纵证券、期货市场等严重危害金融秩序的犯罪，生产、销售假药、劣药、有毒有害食品等严重危害食品药品安全的犯罪，走私等严重侵害国家经济利益的犯罪，造成严重后果的重大安全责任事故犯罪，重大环境污染、非法采矿、盗伐林木等多种严重破坏环境资源的犯罪等，要依法从严惩处，维护国家的经济秩序，保护广大人民群众的生命健康安全。

❺ 最高人民检察院、公安部《关于公安机关管辖的刑事案件立案追诉标准的规定（一）》（2008年6月25日　公通字〔2008〕36号）（节录）

第二十条　在生产、销售的食品中掺入有毒、有害的非食品原料的，或者销售明知掺有有毒、有害的非食品原料的食品的，应予立案追诉。

使用盐酸克仑特罗（俗称"瘦肉精"）等禁止在饲料和动物饮用水中使用的药品或者含有该类药品的饲料养殖供人食用的动物，或者销售明知是使用该类药品或者含有该类药品的饲料养殖的供人食用的动物的，应予立案追诉。

明知是使用盐酸克仑特罗等禁止在饲料和动物饮用水中使用的药品或者含有该类药品的饲料养殖的供人食用的动物，而提供屠宰等加工服务，或者销售其制品的，应予立案追诉。

第一百条　本规定中的立案追诉标准，除法律、司法解释另有规定的以外，适用于相

---

① 对其解读见：《刑事法律文件解读》2010年第3辑总第57辑，第49~65页。

关的单位犯罪。

❻ 最高人民检察院《关于办理非法经营食盐刑事案件具体应用法律若干问题的解释》（2002年9月13日　高检发释字〔2002〕6号）（节录）①

第四条　以非碘盐充当碘盐或者以工业用盐等非食盐充当食盐进行非法经营，同时构成非法经营罪和生产、销售伪劣产品罪、生产、销售不符合卫生标准的食品罪、生产、销售有毒、有害食品罪等其他犯罪的，依照处罚较重的规定追究刑事责任。

❼ 最高人民法院、最高人民检察院《关于办理非法生产、销售、使用禁止在饲料和动物饮用水中使用的药品等刑事案件具体应用法律若干问题的解释》（2002年8月16日　法释〔2002〕26号）②

为依法惩治非法生产、销售、使用盐酸克仑特罗（Clenbuterol Hydrochloride，俗称"瘦肉精"）等禁止在饲料和动物饮用水中使用的药品等犯罪活动，维护社会主义市场经济秩序，保护公民身体健康，根据刑法有关规定，现就办理这类刑事案件具体应用法律的若干问题解释如下：

第一条　未取得药品生产、经营许可证件和批准文号，非法生产、销售盐酸克仑特罗等禁止在饲料和动物饮用水中使用的药品，扰乱药品市场秩序，情节严重的，依照刑法第二百二十五条第（一）项的规定，以非法经营罪追究刑事责任。

第二条　在生产、销售的饲料中添加盐酸克仑特罗等禁止在饲料和动物饮用水中使用的药品，或者销售明知是添加有该类药品的饲料，情节严重的，依照刑法第二百二十五条第（四）项的规定，以非法经营罪追究刑事责任。

第三条　使用盐酸克仑特罗等禁止在饲料和动物饮用水中使用的药品或者含有该类药品的饲料养殖供人食用的动物，或者销售明知是使用该类药品或者含有该类药品的饲料养殖的供人食用的动物的，依照刑法第一百四十四条的规定，以生产、销售有毒、有害食品罪追究刑事责任。

第四条　明知是使用盐酸克仑特罗等禁止在饲料和动物饮用水中使用的药品或者含有该类药品的饲料养殖的供人食用的动物，而提供屠宰等加工服务，或者销售其制品的，依照刑法第一百四十四条的规定，以生产、销售有毒、有害食品罪追究刑事责任。

第五条　实施本解释规定的行为，同时触犯刑法规定的两种以上犯罪的，依照处罚较重的规定追究刑事责任。

第六条　禁止在饲料和动物饮用水中使用的药品，依照国家有关部门公告的禁止在饲料和动物饮用水中使用的药物品种目录确定。

附：农业部、卫生部、国家药品监督管理局公告的《禁止在饲料和动物饮用水中使用的药物品种目录》

农业部、卫生部、国家药品监督管理局公告的《禁止在饲料和动物饮用水中使用的药物品种目录》

---

①　对其解读见：《解读最高人民检察院司法解释》，第316~319页。
②　对其解读见：《刑事审判参考》2002第4辑总第27辑，第143~144页。

一、肾上腺素受体激动剂

1. 盐酸克仑特罗（Clenbuterol Hydrochloride）：中华人民共和国药典（以下简称药典）2000年二部 P.605。β2 肾上腺素受体激动药。

2. 沙丁胺醇（Salbutamol）：药典 2000 年二部 P.316。β2 肾上腺素受体激动药。

3. 硫酸沙丁胺醇（Salbutamol Sulfate）：药典 2000 年二部 P.870。β2 肾上腺素受体激动药。

4. 莱克多巴胺（Ractopamine）：一种 β 兴奋剂，美国食品和药物管理局（FDA）已批准，中国未批准。

5. 盐酸多巴胺（Dopamine Hydrochloride）：药典 2000 年二部 P.591。多巴胺受体激动药。

6. 西巴特罗（Cimaterol）：美国氰胺公司开发的产品，一种 β 兴奋剂，FDA 未批准。

7. 硫酸特布他林（Terbutaline Sulfate）：药典 2000 年二部 P.890。β2 肾上腺受体激动药。

二、性激素

8. 己烯雌酚（Diethylstibestrol）：药典 2000 年二部 P42。雌激素类药。

9. 雌二醇（Estradiol）：药典 2000 年二部 P1005。雌激素类药。

10. 戊酸雌二醇（Estradiol Valerate）：药典 2000 年二部 P.124。雌激素类药。

11. 苯甲酸雌二醇（Estradiol Benzoate）：药典 2000 年二部 P.369。雌激素类药。中华人民共和国兽药典（以下简称兽药典）2000 年一部 P.109。雌激素类药。用于发情不明显动物的催情及胎衣滞留、死胎的排除。

12. 氯烯雌醚（Chlorotrianisene）：药典 2000 年二部 P.919。

13. 炔诺醇（Ethinylestradiol）：药典 2000 年二部 P.422。

14. 炔诺醚（Quinestrol）：药典 2000 年二部 P.424。

15. 醋酸氯地孕酮（Chlormadinone acetate）：药典 2000 年二部 P.1037。

16. 左炔诺孕酮（Levonorgestrel）：药典 2000 年二部 P.107。

17. 炔诺酮（Norethisterone）：药典 2000 年二部 P.420。

18. 绒毛膜促性腺激素（绒促性素）（Chorionie Gonadotrophin）：药典 2000 年二部 P534。促性腺激素药。兽药典 2000 年一部 P.146。激素类药。用于性功能障碍、习惯性流产及卵巢囊肿等。

19. 促卵泡生长激素（尿促性素主要含卵泡刺激 FSHT 和黄体生成素 LH）（Menotropins）：药典 2000 年二部 P.321。促性腺激素类药。

三、蛋白同化激素

20. 碘化酪蛋白（Iodinated Casein）：蛋白同化激素类，为甲状腺素的前驱物质，具有类似甲状腺素的生理作用。

21. 苯丙酸诺龙及苯丙酸诺龙注射液（Nandrolone phenylpropionate）：药典 2000 年二部 P.365。

四、精神药品

22. （盐酸）氯丙嗪（Chlorpromazine Hydrochloride）：药典 2000 年二部 P.676。抗精神

病药。兽药典 2000 年一部 P.177。镇静药。用于强化麻醉以及使动物安静等。

23. 盐酸异丙嗪（Promethazine Hydrochloride）：药典 2000 年二部 P.602。抗组胺药。兽药典 2000 年一部 P.164。抗组胺药。用于变态反应性疾病，如荨麻疹、血清病等。

24. 安定（地西泮）（Diazepam）：药典 2000 年二部 P.214。抗焦虑药、抗惊厥药。兽药典 2000 年一部 P.61。镇静药、抗惊厥药。

25. 苯巴比妥（Phenobarbital）：药典 2000 年二部 P.362。镇静催眠药、抗惊厥药。兽药典 2000 年一部 P.103。巴比妥类药。缓解脑炎、破伤风、士的宁中毒所致的惊厥。

26. 苯巴比妥钠（Phenobarbital Sodium）。兽药典 2000 年一部 P.105。巴比妥类药。缓解脑炎、破伤风、士的宁中毒所致的惊厥。

27. 巴比妥（Barbital）：兽药典 2000 年一部 P.27。中枢抑制和增强解热镇痛。

28. 异戊巴比妥（Amobarbital）：药典 2000 年二部 P.252。催眠药、抗惊厥药。

29. 异戊巴比妥钠（Amobarbital Sodium）：兽药典 2000 年一部 P.82。巴比妥类药。用于小动物的镇静、抗惊厥和麻醉。

30. 利血平（Reserpine）：药典 2000 年二部 P.304。抗高血压药。

31. 艾司唑仑（Estazolam）。

32. 甲丙氨脂（Meprobamate）。

33. 咪达唑仑（Midazolam）。

34. 硝西泮（Nitrazepam）。

35. 奥沙西泮（Oxazepam）。

36. 匹莫林（Pemoline）。

37. 三唑仑（Triazolam）。

38. 唑吡旦（Zolpidem）。

39. 其他国家管制的精神药品。

五、各种抗生素滤渣

40. 抗生素滤渣：该类物质是抗生素类产品生产过程中产生的工业三废，因含有微量抗生素成分，在饲料和饲养过程中使用后对动物有一定的促生长作用。但对养殖业的危害很大，一是容易引起耐药性，二是由于未做安全性试验，存在各种安全隐患。

（食品的概念）解读摘要：涉及罪名主要是非法经营与生产、销售有毒、有害食品罪；"实施本解释规定的行为，同时触犯刑法规定的两种以上犯罪的，依照处罚较重的规定追究刑事责任"。

注意：有人提出，根据我国食品卫生法第五十四条的规定，食品的生产不包括养殖业和种植业，养殖的生猪不应当属于食品，而只有猪肉才属于食品。我们认为，刑法中的概念与其他法律以及行政法规中的概念并非绝对一一对应的关系，有的在内涵和外延上完全一致，有的则有差别，必须具体情况具体分析。例如，刑法中的"单位"概念与其他法律、行政法规中"单位"的概念就有所不同。

第二编 分则 第三章 破坏社会主义市场经济秩序罪

❽ 最高人民法院《关于审理生产、销售伪劣商品刑事案件有关鉴定问题的通知》（2001年5月21日 法〔2001〕70号）（节录）①

1. 对于是否属于"以假充真"、"以次充好"、"以不合格产品冒充合格产品"难以确定的，应当根据两高《关于办理生产、销售伪劣商品刑事案件具体应用法律若干问题的解释》，由公诉机关委托法律、行政法规规定的产品质量检验机构进行鉴定。2. 生产、销售假药犯罪案件和不符合卫生标准的食品犯罪案件，均需有"省级以上药品监督管理部门设置或者确定的药品检验机构"和"省级以上卫生行政部门确定的机构"出具的鉴定结论。3. 涉及多罪名的，择重罪。

❾ 最高人民法院、最高人民检察院《关于办理生产、销售伪劣商品刑事案件具体应用法律若干问题的解释》（2001年4月18日 法释〔2001〕10号）（节录）②

第五条 生产、销售的有毒、有害食品被食用后，造成轻伤、重伤或者其他严重后果的，应认定为刑法第一百四十四条规定的"对人体健康造成严重危害"。

生产、销售的有毒、有害食品被食用后，致人严重残疾、三人以上重伤、十人以上轻伤或者造成其他特别严重后果的，应认定为"对人体健康造成特别严重危害"。

❿ 浙江公检法《关于办理非法生产、销售、使用禁止在饲料和动物饮用水中使用的药品等刑事案件具体问题的意见》（2005年1月19日）（节录）

第三条 使用禁用药品或者含有禁用药品的饲料养殖供人食用的动物，或者销售明知是使用禁用药品饲养的供人食用的动物，依照生产、销售有毒有害食品罪追究刑事责任。但情节显著轻微危害不大的，可不以犯罪论处。

⓫ 上海市高级人民法院关于本市贯彻《最高人民法院、最高人民检察院关于办理非法生产、销售、使用禁止在饲料和动物饮用水中使用的药品等刑事案件具体应用法律若干问题的解释》的意见（2003年5月9日 沪检发〔2003〕90号）（节录）

二、养殖户按照《解释》第三条被追究刑事责任的，向其销售"瘦肉精"等药品的销售者有下列情形之一的，应当以生产、销售有毒、有害食品罪的共犯追究刑事责任：1. 知道或应当知道销售的对象是养殖户的；2. 其他符合共犯条件的。

三、生产、销售有毒、有害食品罪属于行为犯，一经实施即构成犯罪，没有数额、数量等情节的限制。

学理观点·典型案例 ➡ **索引与要旨**

❶《"染色馒头"案的定罪量刑问题》，载《公检法办案指南》2012年第3辑总第147辑，第169~178页。

❷《王岳超等生产、销售有毒、有害食品案》，载《刑事审判参考》2011年第4辑总第81辑，第1~8页。

核心提示 ➡ 生产、销售有毒、有害食品罪与相关罪名的辨析及办理生产、销售有毒、

---

① 对其解读见：《解读最高人民法院司法解释·刑事、行政卷（1997~2002）》，第160~167页。
② 对其解读见：《刑事审判参考》2001年第5辑总第16辑，第52~56，59~68页。

有害食品犯罪案件时对行为人主观"明知"的认定。

❸《刑法修正案（八）》解读，载《刑事审判参考》2011年第4辑总第81辑，第83～117页以及《公检法办案指南》2011年第3辑总第135辑，第13～121页。

❹《生产、销售有毒、有害食品罪若干疑难问题研究》，载《刑事司法指南》2009年第2辑总第38辑，第23～40页。

❺《生产、销售伪劣商品犯罪法律适用问题》，载《刑事审判参考》2003年第4辑总第33辑，第141～153页。

要旨➡ 1.伪劣商品的认定；如果行为人生产伪劣产品不是为了交换，而是为了自用，则不构成生产伪劣商品犯罪。2.认真做好审理生产、销售伪劣商品犯罪案件产品质量等相关鉴定工作。3.正确认定生产、销售伪劣产品的未遂。4.关于非法生产、销售、使用"瘦肉精"行为如何处罚问题。5.生产、销售伪劣商品犯罪定罪量刑标准问题。6.准确认定生产、销售伪劣商品犯罪的共同犯罪。7.生产、销售伪劣商品犯罪中的竞合问题。

❻《俞亚春生产、销售有毒、有害食品案》

核心提示➡ 销售以"瘦肉精"饲养的肉猪致多人中毒应如何定罪处罚？肉猪是否属于食品？

要旨➡ 瘦肉精系有毒的非食品原料，食品卫生法虽未包括养殖业，但肉猪系广义食品。

❼《林烈群等销售有害食品案》，载《刑事审判参考》2001年第4辑总第15辑，第1～11页。

核心提示➡ 以工业用猪油冒充食用猪油予以销售致人死亡的行为应如何定性？生产、销售有毒、有害食品罪与生产、销售不符合卫生标准的食品罪的区别

❽《李某等投毒案》，载《刑事审判参考合订本·第一卷》，第5～10页。

核心提示➡ 毒死耕牛后再出售有毒牛肉的案件应如何定性？

要旨➡ 1.本案应适用旧法以破坏集体生产罪定。2.破坏集体生产罪不能吸收销售有毒牛肉的行为，应与销售有毒食品罪数罪并罚。

❾《唐道友等三人在米线中掺入"吊白块"案》，载《假冒伪劣犯罪判解》，第75页。

核心提示➡ 如何认定生产、销售有毒、有害食品罪的主观故意？

第145条 生产、销售不符合标准的医用器材罪

生产不符合保障人体健康的国家标准、行业标准的医疗器械、医用卫生材料，或者销售明知是不符合保障人体健康的国家标准、行业标准的医疗器械、医用卫生材料，对人体健康造成严重危害的，处五年以下有期徒刑，并处销售金额百分之五十以上二倍以下罚金；后果特别严重的，处五年以上十年以下有期徒刑，并处销售金额百分之五十以上二倍以下罚金，其中情节特别恶劣的，处十年以上有期徒刑或者无期徒刑，并处销售金额百分之五十以上二倍以下罚

金或者没收财产。

中华人民共和国刑法修正案（四）（中华人民共和国第九届全国人民代表大会常务委员会第三十一次会议于2002年12月28日通过，自公布之日起施行。）

一、将刑法第一百四十五条修改为："生产不符合保障人体健康的国家标准、行业标准的医疗器械、医用卫生材料，或者销售明知是不符合保障人体健康的国家标准、行业标准的医疗器械、医用卫生材料，足以严重危害人体健康的，处三年以下有期徒刑或者拘役，并处销售金额百分之五十以上二倍以下罚金；对人体健康造成严重危害的，处三年以上十年以下有期徒刑，并处销售金额百分之五十以上二倍以下罚金；后果特别严重的，处十年以上有期徒刑或者无期徒刑，并处销售金额百分之五十以上二倍以下罚金或者没收财产。"

关联规范 ➡ 完全整理

❶《中华人民共和国刑法》（1980年1月1日）第149条 生产、销售伪劣商品罪法条竞合情况的处理

生产、销售本节第一百四十一条至第一百四十八条所列产品，不构成各该条规定的犯罪，但是销售金额在五万元以上的，依照本节第一百四十条的规定定罪处罚。

生产、销售本节第一百四十一条至第一百四十八条所列产品，构成各该条规定的犯罪，同时又构成本节第一百四十条规定之罪的，依照处罚较重的规定定罪处罚。

❷《中华人民共和国刑法》（1980年1月1日）第150条 单位犯本节之罪的处罚

单位犯本节第一百四十一条至第一百四十八条规定之罪的，对单位判处罚金，并对其直接负责的主管人员和其他直接责任人员，依照各该条的规定处罚。

❸《刑法修正案（四）》（2002年12月28日 主席令第八十三号）（节录）①

将生产、销售不符合卫生标准的医用器材罪的构成要件从"对人体健康造成严重危害的"修改为"足以严重危害人体健康的"。

❹ 最高人民检察院、公安部《关于公安机关管辖的刑事案件立案追诉标准的规定（一）》（2008年6月25日 公通字〔2008〕36号）（节录）

第二十一条 生产不符合保障人体健康的国家标准、行业标准的医疗器械、医用卫生材料，或者销售明知是不符合保障人体健康的国家标准、行业标准的医疗器械、医用卫生材料，涉嫌下列情形之一的，应予立案追诉：（一）进入人体的医疗器械的材料中含有超过标准的有毒有害物质的；（二）进入人体的医疗器械的有效性指标不符合标准要求，导致治疗、替代、调节、补偿功能部分或者全部丧失，可能造成贻误诊治或者人体严重损伤

---

① 对其解读见：《刑事审判参考》2002年第6辑总第29辑，第99~101页，2003年第2辑总第31辑，第184~198页。

的；（三）用于诊断、监护、治疗的有源医疗器械的安全指标不合符强制性标准要求，可能对人体构成伤害或者潜在危害的；（四）用于诊断、监护、治疗的有源医疗器械的主要性能指标不合格，可能造成贻误诊治或者人体严重损伤的；（五）未经批准，擅自增加功能或者适用范围，可能造成贻误诊治或者人体严重损伤的；（六）其他足以严重危害人体健康或者对人体健康造成严重危害的情形。

医疗机构或者个人知道或者应当知道是不符合保障人体健康的国家标准、行业标准的医疗器械、医用卫生材料而购买并有偿使用的，视为本条规定的"销售"。

第一百条 本规定中的立案追诉标准，除法律、司法解释另有规定的以外，适用于相关的单位犯罪。

5 最高人民法院、最高人民检察院《关于办理妨害预防、控制突发传染病疫情等灾害的刑事案件具体应用法律若干问题的解释》（2003年5月15日 法释〔2003〕8号）（节录）①

第三条 在预防、控制突发传染病疫情等灾害期间，生产用于防治传染病的不符合保障人体健康的国家标准、行业标准的医疗器械、医用卫生材料，或者销售明知是用于防治传染病的不符合保障人体健康的国家标准、行业标准的医疗器械、医用卫生材料，不具有防护、救治功能，足以严重危害人体健康的，依照刑法第一百四十五条的规定，以生产、销售不符合标准的医用器材罪定罪，依法从重处罚。

医疗机构或者个人，知道或者应当知道系前款规定的不符合保障人体健康的国家标准、行业标准的医疗器械、医用卫生材料而购买并有偿使用的，以销售不符合标准的医用器材罪定罪，依法从重处罚。

第十七条 人民法院、人民检察院办理有关妨害预防、控制突发传染病疫情等灾害的刑事案件，对于有自首、立功等悔罪表现的，依法从轻、减轻、免除处罚或者依法作出不起诉决定。

第十八条 本解释所称"突发传染病疫情等灾害"，是指突然发生，造成或者可能造成社会公众健康严重损害的重大传染病疫情、群体性不明原因疾病以及其他严重影响公众健康的灾害。

6 最高人民法院《关于审理生产、销售伪劣商品刑事案件有关鉴定问题的通知》（2001年5月21日 法〔2001〕70号）（节录）②

1. 对于是否属于"以假充真"、"以次充好"、"以不合格产品冒充合格产品"难以确定的，应当根据两高《关于办理生产、销售伪劣商品刑事案件具体应用法律若干问题的解释》，由公诉机关委托法律、行政法规规定的产品质量检验机构进行鉴定。2. 生产、销售

---

① 对其解读见：《刑事审判参考》2003年第3辑总第32辑，第160~164，188~197页以及《"非典"防治时期相关犯罪的司法适用研究》，载《刑事司法指南》2003年第2辑总第14辑，第55~109页。

② 对其解读见：《解读最高人民法院司法解释·刑事、行政卷（1997~2002）》，第160~167页。

假药犯罪案件和不符合卫生标准的食品犯罪案件，均需有"省级以上药品监督管理部门设置或者确定的药品检验机构"和"省级以上卫生行政部门确定的机构"出具的鉴定结论。
3. 涉及多罪名的，择重罪。

❼ 最高人民法院、最高人民检察院《关于办理生产、销售伪劣商品刑事案件具体应用法律若干问题的解释》（2001年4月18日　法释〔2001〕10号）（节录）①

第六条　生产、销售不符合标准的医疗器械、医用卫生材料，致人轻伤或者其他严重后果的，应认定为刑法第一百四十五条规定的"对人体健康造成严重危害"。

生产、销售不符合标准的医疗器械、医用卫生材料，造成感染病毒性肝炎等难以治愈的疾病、一人以上重伤、三人以上轻伤或者其他严重后果的，应认定为"后果特别严重"。

生产、销售不符合标准的医疗器械、医用卫生材料，致人死亡、严重残疾、感染艾滋病、三人以上重伤、十人以上轻伤或者造成其他特别严重后果的，应认定为"情节特别恶劣"。

医疗机构或者个人，知道或者应当知道是不符合保障人体健康的国家标准、行业标准的医疗器械、医用卫生材料而购买、使用，对人体健康造成严重危害的，以销售不符合标准的医用器材罪定罪处罚。

没有国家标准、行业标准的医疗器械，注册产品标准可视为"保障人体健康的行业标准"。

第146条　生产、销售不符合安全标准的产品罪

生产不符合保障人身、财产安全的国家标准、行业标准的电器、压力容器、易燃易爆产品或者其他不符合保障人身、财产安全的国家标准、行业标准的产品，或者销售明知是以上不符合保障人身、财产安全的国家标准、行业标准的产品，造成严重后果的，处五年以下有期徒刑，并处销售金额百分之五十以上二倍以下罚金；后果特别严重的，处五年以上有期徒刑，并处销售金额百分之五十以上二倍以下罚金。

关　联　规　范　　➡　完全整理

❶《中华人民共和国刑法》（1980年1月1日）第149条　生产、销售伪劣商品罪法条竞合情况的处理

生产、销售本节第一百四十一条至第一百四十八条所列产品，不构成各该条规定的犯罪，但是销售金额在五万元以上的，依照本节第一百四十条的规定定罪处罚。

生产、销售本节第一百四十一条至第一百四十八条所列产品，构成各该条规定的犯罪，同时又构成本节第一百四十条规定之罪的，依照处罚较重的规定定罪处罚。

❷《中华人民共和国刑法》（1980年1月1日）第150条　单位犯本节之罪的处罚

单位犯本节第一百四十条至第一百四十八条规定之罪的，对单位判处罚金，并对其直接负责的主管人员和其他直接责任人员，依照各该条的规定处罚。

---

① 对其解读见：《刑事审判参考》2001年第5辑总第16辑，第52~56，59~68页。

❸ 最高人民检察院、公安部《关于公安机关管辖的刑事案件立案追诉标准的规定（一）》（2008年6月25日 公通字〔2008〕36号）（节录）

第二十二条 生产不符合保障人身、财产安全的国家标准、行业标准的电器、压力容器、易燃易爆或者其他不符合保障人身、财产安全的国家标准、行业标准的产品，或者销售明知是以上不符合保障人身、财产安全的国家标准、行业标准的产品，涉嫌下列情形之一的，应予立案追诉：（一）造成人员轻上或者死亡的；（二）造成直接经济损失十万元以上的；（三）其他造成严重后果的情形。

第一百条 本规定中的立案追诉标准，除法律、司法解释另有规定的以外，适用于相关的单位犯罪。

❹ 最高人民法院《关于审理生产、销售伪劣商品刑事案件有关鉴定问题的通知》（2001年5月21日 法〔2001〕70号）（节录）①

1. 对于是否属于"以假充真"、"以次充好"、"以不合格产品冒充合格产品"难以确定的，应当根据两高《关于办理生产、销售伪劣商品刑事案件具体应用法律若干问题的解释》，由公诉机关委托法律、行政法规规定的产品质量检验机构进行鉴定。2. 生产、销售假药犯罪案件和不符合卫生标准的食品犯罪案件，均需有"省级以上药品监督管理部门设置或者确定的药品检验机构"和"省级以上卫生行政部门确定的机构"出具的鉴定结论。3. 涉及多罪名的，择重罪。

❺ 最高人民法院、最高人民检察院《关于办理生产、销售伪劣商品刑事案件具体应用法律若干问题的解释》（2001年4月18日 法释〔2001〕10号）（节录）②

第十条 实施生产、销售伪劣商品犯罪，同时构成侵犯知识产权、非法经营等其他犯罪的，依照处罚较重的规定定罪处罚。

第十二条 国家机关工作人员参与生产、销售伪劣商品犯罪的，从重处罚。

❻ 浙江省高级人民法院刑一庭、刑二庭《关于执行刑法若干问题的具体意见（三）》（2000年12月27日 浙高法刑〔2000〕3号）（节录）

13. 刑法第146条生产、销售不符合安全标准的产品罪，造成受害人重伤、死亡、三人以上轻伤或者使公私财产遭受损失5万元以上的，可视为造成严重后果。

学理观点·典型案例 ➡ 索引与要旨

《刘泽均、王远凯等生产、销售不符合安全标准的产品案》，载《刑事审判参考》2000年第2辑总第7辑，第1~7页以及《刑事审判案例》，第187~191页。

核心提示 ➡ 不符合安全标准的产品如何具体界定？

第147条 生产、销售伪劣农药、兽药、化肥、种子罪

生产假农药、假兽药、假化肥，销售明知是假的或者失去使用效能的农

---

① 对其解读见：《解读最高人民法院司法解释·刑事、行政卷（1997~2002）》，第160~167页。
② 对其解读见：《刑事审判参考》2001年第5辑总第16辑，第52~56，59~68页。

药、兽药、化肥、种子，或者生产者、销售者以不合格的农药、兽药、化肥、种子冒充合格的农药、兽药、化肥、种子，使生产遭受较大损失的，处三年以下有期徒刑或者拘役，并处或者单处销售金额百分之五十以上二倍以下罚金；使生产遭受重大损失的，处三年以上七年以下有期徒刑，并处销售金额百分之五十以上二倍以下罚金；使生产遭受特别重大损失的，处七年以上有期徒刑或者无期徒刑，并处销售金额百分之五十以上二倍以下罚金或者没收财产。

关联规范　　完全整理

❶《中华人民共和国刑法》（1980年1月1日）第149条

生产、销售本节第一百四十一条至第一百四十八条所列产品，不构成各该条规定的犯罪，但是销售金额在五万元以上的，依照本节第一百四十条的规定定罪处罚。

生产、销售本节第一百四十一条至第一百四十八条所列产品，构成各该条规定的犯罪，同时又构成本节第一百四十条规定之罪的，依照处罚较重的规定定罪处罚。

❷《中华人民共和国刑法》（1980年1月1日）第150条

单位犯本节第一百四十条至第一百四十八条规定之罪的，对单位判处罚金，并对其直接负责的主管人员和其他直接责任人员，依照各该条的规定处罚。

❸ 最高人民检察院、公安部《关于公安机关管辖的刑事案件立案追诉标准的规定（一）》（2008年6月25日　公通字〔2008〕36号）（节录）

第二十三条　生产假农药、假兽药、假化肥，销售明知是假的或者失去使用效能的农药、兽药、化肥、种子，或者生产者、销售者以不合格的农药、兽药、化肥、种子冒充合格的农药、兽药、化肥、种子，涉嫌下列情形之一的，应予立案追诉：（一）使生产遭受损失二万元以上的；（二）其他使生产遭受较大损失的情形。

第一百条　本规定中的立案追诉标准，除法律、司法解释另有规定的以外，适用于相关的单位犯罪。

❹ 最高人民法院《关于审理生产、销售伪劣商品刑事案件有关鉴定问题的通知》（2001年5月21日　法〔2001〕70号）[①]

1. 对于是否属于"以假充真"、"以次充好"、"以不合格产品冒充合格产品"难以确定的，应当根据两高《关于办理生产、销售伪劣商品刑事案件具体应用法律若干问题的解释》，由公诉机关委托法律、行政法规规定的产品质量检验机构进行鉴定。2. 生产、销售假药犯罪案件和不符合卫生标准的食品犯罪案件，均需有"省级以上药品监督管理部门设置或者确定的药品检验机构"和"省级以上卫生行政部门确定的机构"出具的鉴定结论。3. 涉及多罪名的，择重罪。

---

① 对其解读见：《解读最高人民法院司法解释·刑事、行政卷（1997～2002）》，第160～167页。

5 最高人民法院、最高人民检察院《关于办理生产、销售伪劣商品刑事案件具体应用法律若干问题的解释》（2001年4月18日　法释〔2001〕10号）（节录）①

第七条　刑法第一百四十七条规定的生产、销售伪劣农药、兽药、化肥、种子罪中"使生产遭受较大损失"，一般以二万元为起点；"重大损失"，一般以十万元为起点；"特别重大损失"，一般以五十万元为起点。

第八条　国家机关工作人员徇私舞弊，对生产、销售伪劣商品犯罪不履行法律规定的查处职责，具有下列情形之一的，属于刑法第四百一十四条规定的"情节严重"：（一）放纵生产、销售假药或者有毒、有害食品犯罪行为的；（二）放纵依法可能判处二年有期徒刑以上刑罚的生产、销售、伪劣商品犯罪行为的；（三）对三个以上有生产、销售伪劣商品犯罪行为的单位或者个人不履行追究职责的；（四）致使国家和人民利益遭受重大损失或者造成恶劣影响的。

6 最高人民法院《全国法院维护农村稳定刑事审判工作座谈会纪要》（1999年10月27日　法〔1999〕217号）（节录）

（四）关于破坏农业生产坑农害农案件。对于起诉到法院的坑农害农案件，要及时依法处理。对犯罪分子判处刑罚时，要注意最大可能挽回农民群众的损失。被告人积极赔偿损失的，可以考虑适当从轻处罚。被害人提起刑事自诉的，要分别不同情况处理：受害群众较多的，应依靠当地党委，并与有关政法部门协调，尽量通过公诉程序处理；被害人直接向法院起诉并符合自诉案件立案规定的，应当立案并依法审理。对于生产、销售伪劣农药、兽药、化肥、种子罪所造成的损失数额标准，在最高人民法院作出司法解释前，各高级法院可结合本地具体情况制定参照执行的标准。

7 浙江省高级人民法院刑一庭、刑二庭《关于执行刑法若干问题的具体意见（三）》（2000年12月27日　浙高法刑〔2000〕3号）（节录）

14. 刑法第147条生产、销售伪劣农药、兽药、化肥、种子罪；造成农业失收、减收、牲畜死亡等后果，经济损失5万元以上的，可视为"使生产遭受较大损失"；经济损失10万元以上的，可视为使生产遭受重大损失；经济损失30万元以上；可视为"造成特别重大损失"。

学理观点·典型案例 ➡ 索引与要旨

《李云平销售伪劣种子案》，载《刑事审判参考》2001年第6辑总第17辑，第1～5页。

核心提示 ➡ 生产、销售伪劣种子犯罪的法律适用

要旨 ➡ 以此种品种种子冒充他种品种种子属伪劣种子。

第148条　生产、销售不符合卫生标准的化妆品罪

生产不符合卫生标准的化妆品，或者销售明知是不符合卫生标准的化妆品，造成严重后果的，处三年以下有期徒刑或者拘役，并处或者单处销售金额百分之五十以上二倍以下罚金。

---

① 对其解读见：《刑事审判参考》2001年第5辑总第16辑，第52～56，59～68页。

关联规范 ➡ 完全整理

❶ 《中华人民共和国刑法》（1980年1月1日）第149条

生产、销售本节第一百四十一条至第一百四十八条所列产品，不构成各该条规定的犯罪，但是销售金额在五万元以上的，依照本节第一百四十条的规定定罪处罚。

生产、销售本节第一百四十一条至第一百四十八条所列产品，构成各该条规定的犯罪，同时又构成本节第一百四十条规定之罪的，依照处罚较重的规定定罪处罚。

❷ 《中华人民共和国刑法》（1980年1月1日）第150条

单位犯本节第一百四十一条至第一百四十八条规定之罪的，对单位判处罚金，并对其直接负责的主管人员和其他直接责任人员，依照各该条的规定处罚。

❸ 最高人民检察院、公安部《关于公安机关管辖的刑事案件立案追诉标准的规定（一）》（2008年6月25日 公通字〔2008〕36号）（节录）

第二十四条 生产不符合卫生标准的化妆品，或者销售明知是不符合卫生标准的化妆品，涉嫌下列情形之一的，应予立案追诉：（一）造成他人容貌毁损或者皮肤严重损伤的；（二）造成他人器官组织损伤导致严重功能障碍的；（三）致使他人精神失常或者自杀、自残造成重伤、死亡的；（四）其他造成严重后果的情形。

第一百条 本规定中的立案追诉标准，除法律、司法解释另有规定的以外，适用于相关的单位犯罪。

❹ 最高人民法院《关于审理生产、销售伪劣商品刑事案件有关鉴定问题的通知》（2001年5月21日 法〔2001〕70号）①

1. 对于是否属于"以假充真"、"以次充好"、"以不合格产品冒充合格产品"难以确定的，应当根据两高《关于办理生产、销售伪劣商品刑事案件具体应用法律若干问题的解释》，由公诉机关委托法律、行政法规规定的产品质量检验机构进行鉴定。2. 生产、销售假药犯罪案件和不符合卫生标准的食品犯罪案件，均需有"省级以上药品监督管理部门设置或者确定的药品检验机构"和"省级以上卫生行政部门确定的机构"出具的鉴定结论。3. 涉及多罪名的，择重罪。

❺ 最高人民法院、最高人民检察院《关于办理生产、销售伪劣商品刑事案件具体应用法律若干问题的解释》（2001年4月18日 法释〔2001〕10号）（节录）②

第十条 实施生产、销售伪劣商品犯罪，同时构成侵犯知识产权、非法经营等其他犯罪的，依照处罚较重的规定定罪处罚。

第十二条 国家机关工作人员参与生产、销售伪劣商品犯罪的，从重处罚。

❻ 浙江省高级人民法院刑一庭、刑二庭《关于执行刑法若干问题的具体意见（三）》（2000年12月27日 浙高法刑〔2000〕3号）（节录）

---

① 对其解读见：《解读最高人民法院司法解释·刑事、行政卷（1997~2002）》，第160~167页。
② 对其解读见：《刑事审判参考》2001年第5辑总第16辑，第52~56，59~68页。

15. 刑法第148条生产、销售不符合卫生标准的化妆品罪；造成被害人容貌毁损、皮肤严重损伤或者造成被害人精神失常、自杀等严重后果的，可视为"造成严重后果"。

第149条 生产、销售伪劣商品罪的法条竞合

生产、销售本节第一百四十一条至第一百四十八条所列产品，不构成各该条规定的犯罪，但是销售金额在五万元以上的，依照本节第一百四十条的规定定罪处罚。

生产、销售本节第一百四十一条至第一百四十八条所列产品，构成各该条规定的犯罪，同时又构成本节第一百四十条规定之罪的，依照处罚较重的规定定罪处罚。

关 联 规 范 ➡ 完全整理

最高人民法院、最高人民检察院《关于办理生产、销售伪劣商品刑事案件具体应用法律若干问题的解释》（2001年4月18日 法释〔2001〕10号）（节录）①

第二条 刑法第一百四十条、第一百四十九条规定的"销售金额"，是指生产者、销售者出售伪劣产品后所得和应得的全部违法收入。

伪劣产品尚未销售，货值金额达到刑法第一百四十条规定的销售金额三倍以上的，以生产、销售伪劣产品罪（未遂）定罪处罚。

学理观点·典型案例 ➡ 索引与要旨

《普通法条、特别法条的确定与适用》，载《刑事司法指南》2004年第2辑总第18辑，第1~36页。

要旨➡ 1. 普通法条与特别法条概述；2. 特别关系的确定；3. 特别法条适用前提；4. 特别法条内容不周全的处理。

第150条 单位犯本节之罪的处罚

单位犯本节第一百四十条至第一百四十八条规定之罪的，对单位判处罚金，并对其直接负责的主管人员和其他直接责任人员，依照各该条的规定处罚。

关 联 规 范 ➡ 完全整理

最高人民检察院、公安部《关于公安机关管辖的刑事案件立案追诉标准的规定（一）》（2008年6月25日 公通字〔2008〕36号）（节录）

第一百条 本规定中的立案追诉标准，除法律、司法解释另有规定的以外，适用于相关的单位犯罪。

---

① 对其解读见：《刑事审判参考》2001年第5辑总第16辑，第52~56，59~68页。

第二节 走 私 罪

第151条 第1款 走私武器、弹药罪 走私核材料罪 走私假币罪 第2款 走私文物罪 走私贵重金属罪 走私珍贵动物、珍贵动物制品罪 修正案（七）第1条 走私国家禁止进出口的货物、物品罪

走私武器、弹药、核材料或者伪造的货币的，处七年以上有期徒刑，并处罚金或者没收财产；情节较轻的，处三年以上七年以下有期徒刑，并处罚金。

走私国家禁止出口的文物、黄金、白银和其他贵重金属或者国家禁止进出口的珍贵动物及其制品的，处五年以上有期徒刑，并处罚金；情节较轻的，处五年以下有期徒刑，并处罚金。

走私国家禁止进出口的珍稀植物及其制品的，处五年以下有期徒刑，并处或者单处罚金；情节严重的，处五年以上有期徒刑，并处罚金。

犯第一款、第二款罪，情节特别严重的，处无期徒刑或者死刑，并处没收财产。

单位犯本条规定之罪的，对单位判处罚金，并对其直接负责的主管人员和其他直接责任人员，依照本条各款的规定处罚。

中华人民共和国刑法修正案（七）（2009年2月28日第十一届全国人民代表大会常务委员会第七次会议通过）

一、将刑法第一百五十一条第三款修改为："走私珍稀植物及其制品等国家禁止进出口的其他货物、物品的，处五年以下有期徒刑或者拘役，并处或者单处罚金；情节严重的，处五年以上有期徒刑，并处罚金。"

中华人民共和国刑法修正案（八）（第十一届全国人民代表大会常务委员会第十九次会议2011年2月25日通过，中华人民共和国主席令第四十一号公布，自2011年5月1日起施行。）

二十六、将刑法第一百五十一条修改为："走私武器、弹药、核材料或者伪造的货币的，处七年以上有期徒刑，并处罚金或者没收财产；情节特别严重的，处无期徒刑或者死刑，并处没收财产；情节较轻的，处三年以上七年以下有期徒刑，并处罚金。

走私国家禁止出口的文物、黄金、白银和其他贵重金属或者国家禁止进出口的珍贵动物及其制品的，处五年以上十年以下有期徒刑，并处罚金；情节特别严重的，处十年以上有期徒刑或者无期徒刑，并处没收财产；情节较轻的，处五年以下有期徒刑，并处罚金。

走私珍稀植物及其制品等国家禁止进出口的其他货物、物品的，处五年以下有期徒刑或者拘役，并处或者单处罚金；情节严重的，处五年以上有期徒刑，并处罚金。

单位犯本条规定之罪的，对单位判处罚金，并对其直接负责的主管人员和其他直接责任人员，依照本条各款的规定处罚。"

关 联 规 范 ➡ 完全整理

❶《中华人民共和国刑法》（1980年1月1日）第155条

下列行为，以走私罪论处，依照本节的有关规定处罚：（一）直接向走私人非法收购国家禁止进口物品的，或者直接向走私人非法收购走私进口的其他货物、物品，数额较大的；（二）在内海、领海、界河、界湖运输、收购、贩卖国家禁止进出口物品的，或者运输、收购、贩卖国家限制进出口货物、物品，数额较大，没有合法证明的。

❷《中华人民共和国刑法》（1980年1月1日）第156条

与走私罪犯通谋，为其提供贷款、资金、账号、发票、证明，或者为其提供运输、保管、邮寄或者其他方便的，以走私罪的共犯论处。

❸《中华人民共和国刑法》（1980年1月1日）第157条

武装掩护走私的，依照本法第一百五十一条第一款、第四款的规定从重处罚。

以暴力、威胁方法抗拒缉私的，以走私罪和本法第二百七十七条规定的阻碍国家机关工作人员依法执行职务罪，依照数罪并罚的规定处罚。

❹《濒危野生动植物种国际贸易公约》（1973年3月3日）

❺ 人大常委会《关于〈中华人民共和国刑法〉有关文物的规定适用于具有科学价值的古脊椎动物化石、古人类化石的解释》（2005年12月29日）①

全国人民代表大会常务委员会根据司法实践中遇到的情况，讨论了关于走私、盗窃、损毁、倒卖或者非法转让具有科学价值的古脊椎动物化石、古人类化石的行为适用刑法有关规定的问题，解释如下：刑法有关文物的规定，适用于具有科学价值的古脊椎动物化石、古人类化石。

❻ 全国人大常委会法制工作委员会函（2004年6月9日　法工委刑发〔2004〕20号）

海关总署缉私局：你局5月10日来函（缉私函字〔2004〕382号），收悉，经研究，现答复如下：刑法第一百五十一条规定的走私国家禁止进出口的珍贵动物、珍稀植物及其制品的行为，是指走私未经国家有关部门批准，并取得相应进出口证明的珍贵动物、珍稀植物及其制品的行为。

❼ 最高人民检察院、公安部《关于公安机关管辖的刑事案件立案追诉标准的规定（二）》（2010年5月7日　公通字〔2010〕23号）（节录）②

---

① 对其解读见：《刑事审判参考》2006年第2辑总第49辑，第57~60页。
② 对其解读见：《刑事审判参考》2010年第4辑总第75辑，第127~158页。

第二条　走私伪造的货币，总面额在二千元以上或者币量在二百张（枚）以上的，应予立案追诉。

第九十条　本规定中的立案追诉标准，除法律、司法解释、本规定中另有规定的以外，适用于相应的单位犯罪。

❽ 最高人民法院、最高人民检察院《关于执行〈中华人民共和国刑法〉确定罪名的补充规定（四）》（2009年10月16日　法释〔2009〕13号）（节录）①

❾ 最高人民法院《关于审理走私刑事案件具体应用法律若干问题的解释（二）》（2006年11月16日　法释〔2006〕9号）②

为依法惩治走私犯罪活动，根据刑法和刑法修正案（四）的规定，现就人民法院审理走私刑事案件具体应用法律的若干问题补充解释如下：

第一条　走私各种口径在六十毫米以下常规炮弹、手榴弹或者枪榴弹等分别或者合计不满五枚的，属于刑法第一百五十一条第一款规定的"情节较轻"，以走私弹药罪处三年以上七年以下有期徒刑，并处罚金。

走私各种口径在六十毫米以下常规炮弹、手榴弹或者枪榴弹等分别或者合计达到五枚以上不满十枚，或者走私各种口径超过六十毫米以上常规炮弹合计不满五枚的，依照刑法第一百五十一条第一款规定，以走私弹药罪判处七年以上有期徒刑，并处罚金或者没收财产。

走私本条第二款规定的各种弹药，数量超过该款规定的数量标准，或者走私具有巨大杀伤力的非常规炮弹一枚以上的，属于刑法第一百五十一条第四款规定的"情节特别严重"，以走私弹药罪判处无期徒刑或者死刑，并处没收财产。

第二条　走私各种弹药的弹头、弹壳、构成犯罪的，依照刑法第一百五十一条第一款规定，以走私弹药罪定罪处罚。

走私报废或者无法组装并使用的各种弹药的弹头、弹壳，构成犯罪的，以走私普通货物、物品罪定罪处罚；经国家有关技术部门鉴定为废物的，以走私废物罪定罪处罚。

对走私的各种弹药的弹头、弹壳是否属于"报废或者无法组装并使用的"，可由国家有关技术部门进行鉴定。

第三条　走私各种炮弹、手榴弹、枪榴弹的弹头、弹壳的定罪量刑数量标准，按照本第一条规定的定罪量刑标准的五倍执行。

走私军用子弹、非军用子弹的弹头、弹壳的定罪量刑数量标准，按照最高人民法院法释〔2000〕30号《关于审理走私刑事案件具体应用法律若干问题的解释》第一条规定的关于走私军用子弹或者非军用子弹的定罪量刑数量标准的五倍执行。

第四条　实施本解释第一条、第二条规定的走私犯罪行为，符合最高人民法院法释〔2000〕30号《关于审理走私刑事案件具体应用法律若干问题的解释》第一条的第一款第（三）项、第二款第（三）项、第三款第（三）项和第（四）项规定的相应情形的，按照该解释的有关规定的处罚原则处罚。

---

① 对其解读见：《刑事审判参考》2009年第6辑总第71辑，第72~82页。
② 对其解读见：《刑事审判参考》2006年第6辑总第53辑，第71~77页。

第五条 对在走私的普通货物、物品或者废物中藏匿刑法第一百五十一条、第一百五十二条、第三百四十七条、第三百五十条规定的货物、物品，构成犯罪的，以实际走私的货物、物品定罪处罚；构成数罪的，实施数罪并罚。

第十条 本解释施行后，最高人民法院法释〔2000〕30号《关于审理走私刑事案件具体应用法律若干问题的解释》中有关走私固体废物犯罪的规定不再执行。

❿ 最高人民检察院、公安部《关于经济犯罪案件追诉标准的规定》（2001年4月18日 公发〔2001〕11号）（节录）①

⓫ 最高人民法院、最高人民检察院、海关总署《关于办理走私刑事案件适用法律若干问题的意见》（2002年7月8日 法〔2002〕139号）②

一、关于走私犯罪案件的管辖问题

根据刑事诉讼法的规定，走私犯罪案件由犯罪地的走私犯罪侦查机关立案侦查。走私犯罪案件复杂，环节多，其犯罪地可能涉及多个犯罪行为发生地，包括货物、物品的进口（境）地、出口（境）地、报关地、核销地等。如果发生刑法第一百五十四条、第一百五十五条规定的走私犯罪行为的，走私货物、物品的销售地、运输地、收购地和贩卖地均属于犯罪行为的发生地。对有多个走私犯罪行为发生地的，由最初受理的走私犯罪侦查机关或者由主要犯罪地的走私犯罪侦查机关管辖。对管辖有争议的，由共同的上级走私犯罪侦查机关指定管辖。

对发生在海（水）上的走私犯罪案件由该辖区的走私犯罪侦查机关管辖，但对走私船舶有跨辖区连续追缉情形的，由缉获走私船舶的走私犯罪侦查机关管辖。

人民检察院受理走私犯罪侦查机关提请批准逮捕、移送审查起诉的走私犯罪案件，人民法院审理人民检察院提起公诉的走私犯罪案件，按照《最高人民法院、最高人民检察院、公安部、司法部、海关总署关于走私犯罪侦查机关办理走私犯罪案件适用刑事诉讼程序若干问题的通知》（署侦〔1998〕742号）的有关规定执行。

二、关于电子数据证据的收集、保全问题

走私犯罪侦查机关对于能够证明走私犯罪案件真实情况的电子邮件、电子合同、电子账册、单位内部的电子信息资料等电子数据应当作为刑事证据予以收集、保全。

侦查人员应当对提取、复制电子数据的过程制作有关文字说明，记明案由、对象、内容、提取、复制的时间、地点，电子数据的规格、类别、文件格式等，并由提取、复制电子数据的制作人、电子数据的持有人和能够证明提取、复制过程的见证人签名或者盖章，附所提取、复制的电子数据一并随案移送。

电子数据的持有人不在案或者拒绝签字的，侦查人员应当记明情况；有条件的可将提取、复制有关电子数据的过程拍照或者录像。

三、关于办理走私普通货物、物品刑事案件偷逃应缴税额的核定问题

在办理走私普通货物、物品刑事案件中，对走私行为人涉嫌偷逃应缴税额的核定，应

---

① 对其解读见：《经济犯罪案件追诉标准理解与适用》，载《解读最高人民检察院司法解释》。
② 对其解读见：《刑事审判参考》2002年第4辑总第27辑，第149～170，185～203页。

当由走私犯罪案件管辖地的海关出具《涉嫌走私的货物、物品偷逃税款海关核定证明书》（以下简称《核定证明书》）。海关出具的《核定证明书》，经走私犯罪侦查机关、人民检察院、人民法院审查确认，可以作为办案的依据和定罪量刑的证据。

走私犯罪侦查机关、人民检察院和人民法院对《核定证明书》提出异议或者因核定偷逃税额的事实发生变化，认为需要补充核定或者重新核定的，可以要求原出具《核定证明书》的海关补充核定或者重新核定。

走私犯罪嫌疑人、被告人或者辩护人对《核定证明书》有异议，向走私犯罪侦查机关、人民检察院或者人民法院提出重新核定申请的，经走私犯罪侦查机关、人民检察院或者人民法院同意，可以重新核定。

重新核定应当另行指派专人进行。

四、关于走私犯罪嫌疑人的逮捕条件

对走私犯罪嫌疑人提请逮捕和审查批准逮捕，应当依照刑事诉讼法第六十条规定的逮捕条件来办理。一般按照下列标准掌握：

（一）有证据证明有走私犯罪事实

1. 有证据证明发生了走私犯罪事实

有证据证明发生了走私犯罪事实，须同时满足下列两项条件：

（1）有证据证明发生了违反国家法律、法规，逃避海关监管的行为；

（2）查扣或者有证据证明的走私货物、物品的数量、价值或者偷逃税额达到刑法及相关司法解释规定的起刑点。

2. 有证据证明走私犯罪事实系犯罪嫌疑人实施的

有下列情形之一，可认为走私犯罪事实系犯罪嫌疑人实施的：

（1）现场查获犯罪嫌疑人实施走私犯罪的；

（2）视听资料显示犯罪嫌疑人实施走私犯罪的；

（3）犯罪嫌疑人供认的；

（4）有证人证言指证的；

（5）有同案的犯罪嫌疑人供述的；

（6）其他证据能够证明犯罪嫌疑人实施走私犯罪的。

3. 证明犯罪嫌疑人实施走私犯罪行为的证据已经查证属实的

符合下列证据规格要求之一，属于证明犯罪嫌疑人实施走私犯罪行为的证据已经查证属实的：

（1）现场查获犯罪嫌疑人实施犯罪，有现场勘查笔录、留置盘问记录、海关扣留查问笔录或者海关查验（检查）记录等证据证实的；

（2）犯罪嫌疑人的供述有其他证据能够印证的；

（3）证人证言能够相互印证的；

（4）证人证言或者同案犯供述能够与其他证据相互印证的；

（5）证明犯罪嫌疑人实施走私犯罪的其他证据已经查证属实的。

（二）可能判处有期徒刑以上的刑罚

是指根据刑法第一百五十一条、第一百五十二条、第一百五十三条、第三百四十七条、第三百五十条等规定和《最高人民法院关于审理走私刑事案件具体应用法律若干问题的解释》等有关司法解释的规定，结合已查明的走私犯罪事实，对走私犯罪嫌疑人可能判处有期徒刑以上的刑罚。

（三）采取取保候审、监视居住等方法，尚不足以防止发生社会危险性而有逮捕必要的

主要是指：走私犯罪嫌疑人可能逃跑、自杀、串供、干扰证人作证以及伪造、毁灭证据等妨碍刑事诉讼活动的正常进行的，或者存在行凶报复、继续作案可能的。

五、关于走私犯罪嫌疑人、被告人主观故意的认定问题

行为人明知自己的行为违反国家法律法规，逃避海关监管，偷逃进出境货物、物品的应缴税额，或者逃避国家有关进出境的禁止性管理，并且希望或者放任危害结果发生的，应认定为具有走私的主观故意。

走私主观故意中的"明知"是指行为人知道或者应当知道所从事的行为是走私行为。具有下列情形之一的，可以认定为"明知"，但有证据证明确属被蒙骗的除外：

（一）逃避海关监管，运输、携带、邮寄国家禁止进出境的货物、物品的；

（二）用特制的设备或者运输工具走私货物、物品的；

（三）未经海关同意，在非设关的码头、海（河）岸、陆路边境等地点，运输（驳载）、收购或者贩卖非法进出境货物、物品的；

（四）提供虚假的合同、发票、证明等商业单证委托他人办理通关手续的；

（五）以明显低于货物正常进（出）口的应缴税额委托他人代理进（出）口业务的；

（六）曾因同一种走私行为受过刑事处罚或者行政处罚的；

（七）其他有证据证明的情形。

六、关于行为人对其走私的具体对象不明确的案件的处理问题

走私犯罪嫌疑人主观上具有走私犯罪故意，但对其走私的具体对象不明确的，不影响走私犯罪构成，应当根据实际的走私对象定罪处罚。但是，确有证据证明行为人因受蒙骗而对走私对象发生认识错误的，可以从轻处罚。

七、关于走私珍贵动物制品行为的处罚问题

走私珍贵动物制品的，应当根据刑法第一百五十一条第二、四、五款和《最高人民法院关于审理走私刑事案件具体应用法律若干问题的解释》（以下简称《解释》）第四条的有关规定予以处罚，但同时具有下列情形，情节较轻的，一般不以犯罪论处：

（一）珍贵动物制品购买地允许交易；

（二）入境人员为留作纪念或者作为礼品而携带珍贵动物制品进境，不具有牟利目的的。

同时具有上述两种情形，达到《解释》第四条第三款规定的量刑标准的，一般处五年以下有期徒刑，并处罚金；达到《解释》第四条第四款规定的量刑标准的，一般处五年以上有期徒刑，并处罚金。

八、关于走私旧汽车、切割车等货物、物品的行为的定罪问题

走私刑法第一百五十一条、第一百五十二条、第三百四十七条、第三百五十条规定的货物、物品以外的,已被国家明令禁止进出口的货物、物品,例如旧汽车、切割车、侵犯知识产权的货物、来自疫区的动植物及其产品等,应当依照刑法第一百五十三条的规定,以走私普通货物、物品罪追究刑事责任。

九、关于利用购买的加工贸易登记手册、特定减免税批文等涉税单证进口货物行为的定性处理问题

加工贸易登记手册、特定减免税批文等涉税单证是海关根据国家法律法规以及有关政策性规定,给予特定企业用于保税货物经营管理和减免税优惠待遇的凭证。利用购买的加工贸易登记手册、特定减免税批文等涉税单证进口货物,实质是将一般贸易货物伪报为加工贸易保税货物或者特定减免税货物进口,以达到偷逃应缴税款的目的,应当适用刑法第一百五十三条以上走私普通货物、物品罪定罪处罚。如果行为人与走私分子通谋出售上述涉税单证,或者在出卖批文后又以提供印章、向海关伪报保税货物、特定减免税货物等方式帮助买方办理进口通关手续的,对卖方依照刑法第一百五十六条以走私罪共犯定罪处罚。买卖上述涉税单证情节严重尚未进口货物的,依照刑法第二百八十条的规定定罪处罚。

十、关于在加工贸易活动中骗取海关核销行为的认定问题

在加工贸易经营活动中,以假出口、假结转或者利用虚假单证等方式骗取海关核销,致使保税货物、物品脱离海关监管,造成国家税款流失,情节严重的,依照刑法第一百五十三条的规定,以走私普通货物、物品罪追究刑事责任。但有证据证明因不可抗力原因导致保税货物脱离海关监管,经营人无法办理正常手续而骗取海关核销的,不认定为走私犯罪。

十一、关于伪报价格走私犯罪案件中实际成交价格的认定问题

走私犯罪案件中的伪报价格行为,是指犯罪嫌疑人、被告人在进出口货物、物品时,向海关申报进口或者出口的货物、物品的价格低于或者高于进出口货物的实际成交价格。

对实际成交价格的认定,在无法提取真、伪两套合同、发票等单证的情况下,可以根据犯罪嫌疑人、被告人的付汇渠道、资金流向、会计账册、境内外收发货人的真实交易方式,以及其他能够证明进出口货物实际成交价格的证据材料综合认定。

十二、关于出售走私货物已缴纳的增值税应否从走私偷逃应缴税额中扣除的问题

走私犯罪嫌疑人为出售走私货物而开具增值税专用发票并缴纳增值税,是其走私行为既遂后在流通领域获违法所得的一种手段,属于非法开具增值税专用发票。对走私犯罪嫌疑人因出售走私货物而实际缴纳走私货物增值税的,在核定走私货物偷逃应缴税额时,不应当将其已缴纳的增值税额从其走私偷逃应缴税额中扣除。

十三、关于刑法第一百五十四条规定的"销售牟利"的理解问题

刑法第一百五十四条第(一)、(二)项规定的"销售牟利",是指行为人主观上为了牟取非法利益而擅自销售海关监管的保税货物、特定减免税货物。该种行为是否构成犯罪,应当根据偷逃的应缴税额是否达到刑法第一百五十三条及相关司法解释规定的数额标准予以认定。实际获利与否或者获利多少并不影响其定罪。

十四、关于海上走私犯罪案件如何追究运输人的刑事责任问题

对刑法第一百五十五条第（二）项规定的实施海上走私犯罪行为的运输人、收购人或者贩卖人应当追究刑事责任。对运输人，一般追究运输工具的负责人或者主要责任人的刑事责任，但对于事先通谋的、集资走私的或者使用特殊的走私运输工具从事走私犯罪活动的，可以追究其他参与人员的刑事责任。

十五、关于刑法第一百五十六条规定的"与走私罪犯通谋"的理解问题

通谋是指犯罪行为人之间事先或者事中形成的共同的走私故意。下列情形可以认定为通谋：

（一）对明知他人从事走私活动而同意为其提供贷款、资金、账号、发票、证明、海关单证，提供运输、保管、邮寄或者其他方便的；

（二）多次为同一走私罪分子的走私行为提供前项帮助的。

十六、关于放纵走私罪的认定问题

依照刑法第四百一十一条的规定，负有特定监管义务的海关工作人员徇私舞弊，利用职权，放任、纵容走私犯罪行为，情节严重的，构成放纵走私罪。放纵走私行为，一般是消极的不作为。如果海关工作人员与走私分子通谋，在放纵走私过程中以积极的行为配合走私分子逃避海关监管或者在放纵走私之后分得赃款的，应以共同走私犯罪追究刑事责任。

海关工作人员收受贿赂又放纵走私的，应以受贿罪和放纵走私罪数罪并罚。

十七、关于单位走私犯罪案件诉讼代表人的确定及其相关问题

单位走私犯罪案件的诉讼代表人，应当是单位的法定代表人或者主要负责人。单位的法定代表人或者主要负责人被依法追究刑事责任或者因其他原因无法参与刑事诉讼的，人民检察院应当另行确定被告单位的其他负责人作为诉讼代表人参加诉讼。

接到出庭通知的被告单位的诉讼代表人应当出庭应诉。拒不出庭的，人民法院在必要的时候，可以拘传到庭。

对直接负责的主管人员和其他直接责任人员均无法归案的单位走私犯罪案件，只要单位走私犯罪的事实清楚、证据确实充分，且能够确定诉讼代表人代表单位参与刑事诉讼活动的，可以先行追究该单位的刑事责任。

被告单位没有合适人选作为诉讼代表人出庭的，因不具备追究该单位刑事责任的诉讼条件，可按照单位犯罪的条款先行追究单位犯罪中直接负责的主管人员或者其他直接责任人员的刑事责任。人民法院在对单位犯罪中直接负责的主管人员或者直接责任人员进行判决时，对于扣押、冻结的走私货物、物品、违法所得以及属于犯罪单位所有的走私犯罪工具，应当一并判决予以追缴、没收。

十八、关于单位走私犯罪及其直接负责的主管人员和直接责任人员的认定问题

具备下列特征的，可以认定为单位走私犯罪：（1）以单位的名义实施走私犯罪，即由单位集体研究决定，或者由单位的负责人或者被授权的其他人员决定、同意；（2）为单位谋取不正当利益或者违法所得大部分归单位所有。

依照《最高人民法院关于审理单位犯罪案件具体应用法律有关问题的解释》第二条的规定，个人为进行违法犯罪活动而设立的公司、企业、事业单位实施犯罪的，或者个人设

立公司、企业、事业单位后，以实施犯罪为主要活动的，不以单位犯罪论处。单位是否以实施犯罪为主要活动，应根据单位实施走私行为的次数、频度、持续时间、单位进行合法经营的状况等因素综合考虑认定。

根据单位人员在单位走私犯罪活动中所发挥的不同作用，对其直接负责的主管人员和其他直接责任人员，可以确定为一人或者数人。对于受单位领导指派而积极参与实施走私犯罪行为的人员，如果其行为在走私犯罪的主要环节起重要作用的，可以认定为单位犯罪的直接责任人员。

十九、关于单位走私犯罪后发生分立、合并或者其他资产重组情形以及单位被依法注销、宣告破产等情况下，如何追究刑事责任的问题

单位走私犯罪后，单位发生分立、合并或者其他资产重组情况的，只要承受该单位权利义务的单位存在，应当追究单位走私犯罪的刑事责任。走私单位发生分立、合并或者其他资产重组后，原单位名称发生更改的，仍以原单位（名称）作为被告单位。承受原单位权利义务的单位法定代表人或者负责人为诉讼代表人。

单位走私犯罪后，发生分立、合并或者其他资产重组情形，以及被发生注销、宣告破产等情况的，无论承受该单位权利义务的单位是否存在，均应追究原单位直接负责的主管人员和其他直接责任人员的刑事责任。

人民法院对原走私单位判处罚金的，应当将承受原单位权利义务的单位作为被执行人。罚金超出新单位所承受的财产的，可在执行中予以减除。

二十、关于单位与个人共同走私普通货物、物品案件的处理问题

单位和个人（不包括单位直接负责的主管人员和其他直接责任人员）共同走私的，单位和个人均应对共同走私所偷逃应缴税额负责。

对单位和个人共同走私偷逃应缴税额为5万元以上不满25万元的，应当根据其在案件中所起的作用，区分不同情况做出处理。单位起主要作用的，对单位和个人均不追究刑事责任，由海关予以行政处理；个人起主要作用的，对个人依照刑法有关规定追究刑事责任，对单位由海关予以行政处理。无法认定单位或个人起主要作用的，对个人和单位分别按个人犯罪和单位犯罪的标准处理。

单位和个人共同走私偷逃应缴税额超过25万元且能区分主、从犯的，应当按照刑法关于主、从犯的有关规定，对从犯从轻、减轻处罚或者免除处罚。

二十一、关于单位走私犯罪案件自首的认定问题

在办理单位走私犯罪案件中，对单位集体决定自首的，或者单位直接负责的主管人员自首的，应当认定单位自首。认定单位自首后，如实交代主要犯罪事实的单位负责的其他主管人员和其他直接责任人员，可视为自首，但对拒不交代主要犯罪事实或逃避法律追究的人员，不以自首论。

二十二、关于共同走私犯罪案件如何判处罚金刑问题

审理共同走私犯罪案件时，对各共同犯罪人判处罚金的总额应掌握在共同走私行为偷逃应缴税额的一倍以上五倍以下。

二十三、关于走私货物、物品、走私违法所得以及走私犯罪工具的处理问题

在办理走私犯罪案件过程中，对发现的走私货物、物品、走私违法所得以及属于走私

犯罪分子所有的犯罪工具，走私犯罪侦查机关应当及时追缴，依法予以查扣、冻结。在移送审查起诉时应当将扣押物品文件清单、冻结存款证明文件等材料随案移送，对于扣押的危险品或者鲜活、易腐、易失效、易贬值等不宜长期保存的货物、物品，已经依法先行变卖、拍卖的，应当随案移送变卖、拍卖物品清单及原物的照片或者录像资料；人民检察院在提起公诉时应当将上述扣押物品文件清单、冻结存款证明和变卖、拍卖物品清单一并移送；人民法院在判决走私罪案件时，应当对随案清单、证明文件中载明的款、物审查确认并依法判决予以追缴、没收；海关根据人民法院的判决和海关法的有关规定予以处理，上缴中央国库。

二十四、关于走私货物、物品无法扣押或者不便扣押情况下走私违法所得的追缴问题

在办理走私普通货物、物品犯罪案件中，对于走私货物、物品因流入国内市场或者投入使用，致使走私货物、物品无法扣押或者不便扣押的，应当按照走私货物、物品的进出口完税价格认定违法所得予以追缴；走私货物、物品实际销售价格高于进出口完税价格的，应当按照实际销售价格认定违法所得予以追缴。

⓬ 最高人民法院《关于审理破坏森林资源刑事案件具体应用法律若干问题的解释》（2000 年 12 月 11 日　法释〔2000〕36 号）（节录）[1]

第一条　刑法第三百四十四条规定的"珍贵树木"，包括由省级以上林业主管部门或者其他部门确定的具有重大历史纪念意义、科学研究价值或者年代久远的古树名木，国家禁止、限制出口的珍贵树木以及列入国家重点保护野生植物名录的树木。

⓭ 最高人民法院《关于审理走私刑事案件具体应用法律若干问题的解释》（2000 年 10 月 8 日　法释〔2000〕30 号）[2]

第一条　根据刑法第一百五十一条第一款的规定，具有下列情节之一的，属于走私武器、弹药罪"情节较轻"，处三年以上七年以下有期徒刑，并处罚金：

（一）走私军用子弹十发以上不满五十发的；

（二）走私非军用枪支二支以上不满五支或者非军用子弹一百发以上不满五百发的；

（三）走私武器、弹药虽未达到上述数量标准，但具有走私的武器、弹药被用于实施其他犯罪等恶劣情节的。

走私武器、弹药，具有下列情节之一的，处七年以上有期徒刑，并处罚金或者没收财产：

（一）走私军用枪支一支或者军用子弹五十发以上不满一百发的；

（二）走私非军用枪支五支以上不满十支或者非军用子弹五百发以上不满一千发的；

（三）走私武器、弹药达到本条第一款规定的数量标准，并具有其他恶劣情节的。

具有下列情节之一的，属于走私武器、弹药罪"情节特别严重"，处无期徒刑或者死刑，并处没收财产：

---

[1]　对其解读见：《刑事审判参考》2001 年第 3 辑总第 14 辑，第 55～59 页。

[2]　对其解读见：《刑事审判参考》2000 年第 6 辑总第 11 辑，第 59、103 页以及《解读最高人民法院司法解释·刑事、行政卷（1997～2002）》第 139～154 页。

（一）走私军用枪支二支以上或者军用子弹一百发以上的；
（二）走私非军用枪支十支以上或者非军用子弹一千发以上的；
（三）犯罪集团的首要分子或者使用特种车，走私武器、弹药达到本条第二款规定的数量标准的；
（四）走私武器、弹药达到本条第二款规定的数量标准，并具有其他恶劣情节的。

走私其他武器、弹药的，参照本条各款规定的量刑标准处罚。

走私成套枪支散件的，以走私相应数量的枪支计；走私非成套枪支散件的，以每三十件为一套枪支散件计。

走私管制刀具、仿真枪支构成犯罪的，依照刑法第一百五十三条的规定定罪处罚。

刑法第一百五十一条第一款规定的"武器、弹药"的种类，参照《中华人民共和国海关进口税则》及《中华人民共和国禁止进出境物品表》的有关规定确定。

第二条 刑法第一百五十一条第一款规定的"货币"，是指可在国内市场流通或者兑换的人民币、境外货币。

走私伪造的货币，总面额二千元以上不足二万元或者币量二百张（枚）以上不足二千张（枚）的，属于走私假币罪"情节较轻"，处三年以上七年以下有期徒刑，并处罚金。

走私伪造的货币，具有下列情节之一的，处七年以上有期徒刑，并处罚金或者没收财产：

（一）走私伪造的货币，总面额二万元以上不足二十万元或者币量二千张（枚）以上不足二万张（枚）的；
（二）走私伪造的货币并流入市场，面额达到本条第二款规定的数量标准的。

具有下列情节之一的，属于走私假币罪"情节特别严重"，处无期徒刑或者死刑，并处没收财产：

（一）走私伪造的货币，总面额二十万元以上或者币量二万张（枚）以上的；
（二）走私伪造的货币并流入市场，面额达到本条第三款第（一）项规定的数量标准的；
（三）走私伪造的货币达到本条第三款规定的数量标准，并具有是犯罪集团的首要分子或者使用特种车进行走私等严重情节的。

货币面额以人民币计。走私伪造的境外货币的，其面额以案发时国家外汇管理机关公布的外汇牌价折合人民币计算。

第三条 走私国家禁止出口的三级文物二件以下的，属于走私文物罪"情节较轻"，处五年以下有期徒刑，并处罚金。

走私文物，具有下列情节之一的，处五年以上有期徒刑，并处罚金：

（一）走私国家禁止出口的二级文物二件以下或者三级文物三件以上八件以下的；
（二）走私国家禁止出口的文物达到本条第一款规定的数量标准，并具有造成该文物严重毁损或者无法追回等恶劣情节的。

具有下列情节之一的，属于走私文物罪"情节特别严重"，处无期徒刑或者死刑，并处没收财产：

（一）走私国家禁止出口的一级文物一件以上或者二级文物三件以上或者三级文物九件以上的；

（二）走私国家禁止出口的文物达到本条第二款规定的数量标准，并造成该文物严重毁损或者无法追回的；

（三）走私国家禁止出口的文物达到本条第二款规定的数量标准，并具有是犯罪集团的首要分子或者使用特种车进行走私等严重情节的。

第四条 刑法第一百五十一条第二款规定的"珍贵动物"，是指列入《国家重点保护野生动物名录》中的国家一、二级保护野生动物和列入《濒危野生动植物种国际贸易公约》附录一、附录二中的野生动物以及驯养繁殖的上述物种。

走私国家二级保护动物未达到本解释附表中（一）规定的数量标准或者走私珍贵动物制品价值十万元以下的，属于走私珍贵动物、珍贵动物制品罪"情节较轻"，处五年以下有期徒刑，并处罚金。

走私珍贵动物及其制品，具有下列情节之一的，处五年以上有期徒刑，并处罚金：

（一）走私国家一、二级保护动物达到本解释附表中（一）规定的数量标准的；

（二）走私珍贵动物制品价值十万元以上不满二十万元的；

（三）走私国家一、二级保护动物虽未达到本款规定的数量标准，但具有造成该珍贵动物死亡或者无法追回等恶劣情节的。

具有下列情形之一的，属于走私珍贵动物、珍贵动物制品罪"情节特别严重"，处无期徒刑或者死刑，并处没收财产：

（一）走私国家一、二级保护动物达到本解释附表中（二）规定的数量标准的；

（二）走私珍贵动物制品价值二十万元以上的；

（三）走私国家一、二级保护动物达到本解释附表中（一）规定的数量标准，并造成该珍贵动物死亡或者无法追回的；

（四）走私国家一、二级保护动物达到本解释附表中（一）规定的数量标准，并具有是犯罪集团的首要分子或者使用特种车进行走私等严重情节的。

走私《濒危动植物种国际贸易公约》附录一、附录二中的动物及其制品的，参照本解释附表中规定的同属或者同科动物的定罪量刑标准执行。

第五条 刑法第一百五十二条规定的"其他淫秽物品"，是指除淫秽的影片、录像带、录音带、图片、书刊以外的，通过文字、声音、形象等形式表现淫秽内容的影碟、音碟、电子出版物等物品。

走私淫秽物品达到下列数量之一的，属于走私淫秽物品罪"情节较轻"，处三年以下有期徒刑、拘役或者管制，并处罚金：

（一）走私淫秽录像带、影碟五十盘（张）以上至一百盘（张）的；

（二）走私淫秽录音带、音碟一百盘（张）以上至二百盘（张）的；

（三）走私淫秽扑克、书刊、画册一百副（册）以上至二百副（册）的；

（四）走私淫秽照片、画片五百张以上至一千张的；

（五）走私其他淫秽物品相当于上述数量的。

走私淫秽物品在本条第二款规定的最高数量以上不满最高数量五倍的,处三年以上十年以下有期徒刑,并处罚金。

走私淫秽物品在本条第二款规定的最高数量五倍以上,或者虽不满最高数量五倍,但具有是犯罪集团的首要分子或者使用特种车进行走私等严重情节的,属于走私淫秽物品罪"情节严重",处十年以上有期徒刑或者无期徒刑,并处罚金或者没收财产。

走私非淫秽的影片、影碟、录像带、录音带、音碟、图片、书刊、电子出版物等物品的,依照刑法第一百五十三条的规定定罪处罚。

第六条 刑法第一百五十三条规定的"应缴税额",是指进出口货物、物品应当缴纳的进出口关税和进口环节海关代征税的税额。

走私货物、物品所偷逃的应缴税额,应当以走私行为案发时所适用的税则、税率、汇率和海关审定的完税价格计算,并以海关出具的证明为准。

刑法第一百五十三条第三款规定的"对多次走私未经处理的",是指对多次走私未经行政处罚处理的。

第七条 刑法第一百五十四条规定的"保税货物",是指经海关批准,未办理纳税手续进境,在境内储存、加工、装配后应予复运出境的货物。保税货物包括通过加工贸易、补偿贸易等方式进口的货物,以及在保税仓库、保税工厂、保税区或者免税商店内等储存、加工、寄售的货物。

第八条 刑法第一百五十五条规定的"直接向走私人非法收购走私进口的其他货物、物品,数额较大的",是指明知是走私行为人而向其非法收购走私进口的其他货物、物品,应缴税额为五万元以上的。

直接向走私人非法收购国家禁止进口物品的,或者在内海、领海运输、收购、贩卖国家禁止进出口物品的,应当按照走私物品的种类,分别适用刑法第一百五十一条、第一百五十二条、第三百四十七条的规定定罪处罚。

直接向走私人非法收购走私进口的国家非禁止进口货物、物品,数额较大的,或者在内海、领海运输、收购、贩卖国家限制进出口货物、物品,数额较大,没有合法证明的,应当适用刑法第一百五十三条的规定定罪处罚。

刑法第一百五十五条第二项规定的"内海",包括内河的入海口水域。

第九条 刑法第一百五十五条第(三)项规定的"固体废物",是指国家禁止进口的固体废物和国家限制进口的可用作原料的固体废物。国家限制进口的可用作原料的固体废物的具体种类,按照《国家限制进口的可用作原料的固体废物目录》执行。

走私国家禁止进口的固体废物不满十吨,或者走私国家限制进口的可用作原料的固体废物偷逃应缴税额在五万元以上不满十五万元的,依照刑法第一百五十三条第一款第(三)项规定处罚。

走私国家禁止进口的固体废物十吨以上不满一百吨,或者走私国家限制进口的可用作原料的固体废物偷逃应缴税额十五万元以上不满五十万元的,依照刑法第一百五十三条第一款第(二)项规定处罚。

走私国家禁止进口的固体废物一百吨以上,或者走私国家限制进口的可用作原料的固体废物偷逃应缴税额五十万元以上的,依照刑法第一百五十三条第一款第(一)项规定处罚。

第十条 单位犯刑法第一百五十一条、第一百五十二条规定的各罪以及走私国家禁止进口的固体废物的,对单位判处罚金,并对其直接负责的主管人员和其他直接责任人员,分别依照本解释的有关规定处罚。

单位犯走私普通货物、物品罪以及走私国家限制进口的可用作原料的固体废物的,偷逃应缴税额在二十五万元以上不满七十五万元的,对单位判处罚金,并对其直接负责的主管人员和其他直接责任人员,处三年以下有期徒刑或者拘役;偷逃应缴税额在七十五万元以上不满二百五十万元的,属于情节严重,处三年以上十年以下有期徒刑;偷逃应缴税额在二百五十万元以上的,属于情节特别严重,处十年以上有期徒刑。

附表:

中文名	拉丁文名	级别	(一)	(二)
蜂猴	Nycticebus spp.	I	3	4
熊猴	Macaca assamensis	I	2	3
台湾猴	Macaca cyclopis	I	1	2
豚尾猴	Macaca nemestrina	I	2	3
叶猴(所有种)	Presbytis spp.	I	1	2
金丝猴(所有种)	Rhinopithecus spp.	I	1	0
长臂猿(所有种)	Hylobates spp.	I	1	2
马来熊	Helaretos malayanus	I	2	3
大熊猫	Auluropoda melanoleuca	I	1	0
紫貂	Maries zibellina	I	3	4
貂熊	Gulo gulo	I	2	3
熊狸	Arctictis binturong	I	1	2
云豹	Neofelis nebuiosa	I	1	0
豹	Panthera Pardus	I	1	0
雪豹	Panthera uncia	I	1	0
虎	Panthera tigris	I	1	0
亚洲象	Elephas maximus	I	1	0
蒙古野驴	Equus hemionus	I	2	3
西藏野驴	Equus kiang	I	3	5
野马	Equus przewalskii	I	1	0
野骆驼	Camelus ferus (Bactrianus)	I	1	2
鼷鹿	Tragulus javanicus	I	2	3
黑麂	Muntiacus crinifrons	I	1	2
白唇鹿	Cervus albirostris	I	1	2
坡鹿	Cervus eldi	I	1	2

梅花鹿	Cervus Nippon	I	2	3
豚鹿	Cervus porcinus	I	2	3
麋鹿	Elaphurus davidianus	I	1	2
野牛	Bos gaurus	I	1	2
野牦牛	Bos mutus（Grunniens）	I	2	3
普氏原羚	Procapra przewalskii	I	1	2
藏羚	Pantholops hodgsoni	I	2	3
高鼻羚羊	Saiga tatarica	I	1	0
扭角羚	Budorcas taxicolor	I	1	2
台湾鬣羚	Capricornis crispus	I	2	3
赤斑羚	Naemorhedus cranbrooki	I	2	4
塔尔羊	Hemitragus jemlahicus	I	2	4
北山羊	Capra ibex	I	2	4
河狸	Castor fiber	I	1	2
短尾信天翁	Diomedea albatrus	I	2	4
白腹军舰鸟	Fregata andrewsi	I	2	4
白鹳	Ciconia ciconia	I	2	4
黑鹳	Ciconia nigra	I	2	4
朱鹮	Nipponia Nippon	I	1	0
中华沙秋鸭	Mergus squamatus	I	2	3
金雕	Aquila chrysaetos	I	2	4
白肩雕	Aquila heliaca	I	2	4
玉带海雕	Haliaeetus leucoryphus	I	2	4
白尾海雕	Haliaeetus albcilla	I	2	3
虎头海雕	Haliaeetus pelagicus	I	2	4
拟兀鹫	Pseudogyps bengalensis	I	2	4
胡兀鹫	Gypaetus barbatus	I	2	4
细嘴松鸡	Tetrao parvirostris	I	3	5
斑尾榛鸡	Tetrastes sewerzowi	I	3	5
雉鹑	Tetraophasis obscurus	I	3	5
四川山鹧鸪	Arborophila rufipectus	I	3	5
海南山鹧鸪	Arborophila ardens	I	3	5
黑头角雉	Tragopan melanocephalus	I	2	3
红胸角雉	Tragopan satyra	I	2	4
灰腹角雉	Tragopan blythii	I	2	3
黄腹角雉	Tragopan caboti	I	2	3
虹雉（所有种）	Lophophorus spp.	I	2	4

褐马鸡	Crossoptilon mantchuricum	I	2	3
蓝鹇	Lophura swinhoii	I	2	3
黑颈长尾雉	Syrmaticus humiae	I	2	4
白颈长尾雉	Syrmaticus ewllioti	I	2	4
黑长尾雉	Syrmaticus Mikado	I	2	4
孔雀雉	Polyplectron bicalcaratum	I	2	3
绿孔雀	Pavo muticus	I	2	3
黑颈鹤	Grus nigricollis	I	2	3
白头鹤	Grus monacha	I	2	3
丹顶鹤	Grus japonensis	I	2	3
白鹤	Grus leucogeranus	I	2	3
赤颈鹤	Grus antigone	I	1	2
鸨（所有种）	Otis spp.	I	4	6
遗鸥	Larus relictus	I	2	4
四爪陆龟	Testudo horsfieldi	I	4	8
蜥鳄	Shinisaurus crocodilurus	I	2	4
巨蜥	Varanus salvator	I	2	4
蟒	Python molurus	I	2	4
扬子鳄	Alligator sinensis	I	1	2
中华蚤蠊	Galloisiana sinensis	I	3	6
金斑喙凤蝶	Teinopalpus aureus	I	3	6
短尾猴	Macaca arctoides	II	6	10
猕猴	Macaca mulatta	II	6	10
藏酋猴	Macaca thibetana	II	6	10
穿山甲	Manis pentadactyla	II	8	16
豺	Cuon alpinus	II	4	6
黑熊	Selenarctos thibetanus	II	3	5
棕熊（包括马熊）	Ursus arctos（U. a. pruinosus）	II	3	5
小熊猫	Ailurus fulgens	II	3	5
石貂	Martes foina	II	4	10
黄喉貂	Martes flavigula	II	4	10
斑林狸	Prionodon pardicolor	II	4	8
大灵猫	Viverra zibetha	II	3	5
小灵猫	Viverricula indica	II	4	8
草原斑猫	Felis lybica（Silvestris）	II	4	8
荒漠猫	Felis bieti	II	4	10
丛林猫	Felis chaus	II	4	8

猞猁	Felis lynx	II	2	3
兔狲	Felis manul	II	3	5
金猫	Felis temmincki	II	4	8
渔猫	Felis viverrinus	II	4	8
麝（所有种）	Moschus spp.	II	3	5
河麂	Hydropotes inermis	II	4	8
马鹿（含白臀鹿）	Cervus elaphus (C. e. macneilli)	II	4	6
水鹿	Cervus unicolor	II	3	5
驼鹿	Alces alces	II	3	5
黄羊	Procapra gutturosa	II	8	15
藏原羚	Procapra picticaudata	II	4	8
鹅喉羚	Gazella subgutturosa	II	4	8
鬣羚	Capricornis sumatraensis	II	3	4
斑羚	Naemorhedus goral	II	4	8
岩羊	Pseudois nayaur	II	4	8
盘羊	Ovis ammon	II	3	5
海南兔	Lepus peguensis hainanus	II	6	10
雪兔	Lepus timidus	II	6	10
塔里木兔	Lepus yarkandensis	II	20	40
巨松鼠	Ratufa bicolor	II	6	10
角䴙䴘	Podiceps auritus	II	6	10
赤颈䴙䴘	Podiceps grisegena	II	6	8
鹈鹕（所有种）	Pelecanus spp.	II	4	8
鲣鸟（所有种）	Sula spp.	II	6	10
海鸬鹚	Phalacrocorax pelagicus	II	4	8
黑颈鸬鹚	Phalacrocorax niger	II	4	8
黄嘴白鹭	Egretta eulophotes	II	6	10
岩鹭	Egretta sacra	II	6	20
海南虎斑	Gorsachius magnificus	II	6	10
小苇	Ixbrychus minutus	II	6	10
彩鹮	Ibis leucocephalus	II	6	10
白鹮	Threskiornis aethiopicus	II	4	8
黑鹮	Pseudibis papillosa	II	4	8
彩鹮	Plegadis falcinellus	II	4	8
白琵鹭	Platalea leucorodia	II	4	8
黑脸琵鹭	Platalea minor	II	4	8
红胸黑雁	Branta ruficollis	II	4	8

白额雁	Anser albifrons	II	6	10
天鹅（所有种）	Cygnus spp.	II	6	10
鸳鸯	Aix galericulata	II	6	10
其他鹰类	(Accipitridae)	II	4	8
隼科（所有种）	Falconidae	II	6	10
黑琴鸡	Lyrurus tetrix	II	4	8
柳雷鸟	Lagopus lagopus	II	4	8
岩雷鸟	Lagopus mutus	II	6	10
镰翅鸡	Falcipennis falcipennis	II	3	4
花尾榛鸡	Tetrastes bonasia	II	10	20
雪鸡（所有种）	Tetraogallus spp.	II	10	20
血雉	Ithaginis cruentus	II	4	6
红腹角雉	Tragopan temminckii	II	4	6
藏马鸡	Crossoptilon crossoptilon	II	4	6
蓝马鸡	Crossoptilon aurtum	II	6	10
黑鹇	Lophura leucomelana	II	6	8
白鹇	Lophura nycthemera	II	6	10
原鸡	Gallus gallus	II	6	8
勺鸡	Pucrasia macrolopha	II	6	8
白冠长尾雉	Syrmaticus reevesii	II	4	6
锦鸡（所有种）	Chrysolophus spp.	II	4	8
灰鹤	Grus grus	II	4	8
沙丘鹤	Grus canadensis	II	4	8
白枕鹤	Grus vipio	II	4	8
蓑羽鹤	Anthropoides virgo	II	6	10
长脚秧鸡	Crex crex	II	6	10
姬田鸡	Porzana parva	II	6	10
棕背田鸡	Porzana bicolor	II	6	10
花田鸡	Coturnicops noveboracensis	II	6	10
铜翅水雉	Metopidius indicus	II	6	10
小杓鹬	Numenius borealis	II	8	15
小青脚鹬	Tringa guttifer	II	6	10
灰燕鸻	Glareola lacteal	II	6	10
小鸥	Larus minutus	II	6	10
黑浮鸥	Chlidonias niger	II	6	10
黄嘴河燕鸥	Sterna aurantia	II	6	10
黑嘴端凤头燕鸥	Thalasseus zimmermanni	II	4	8

中文名	学名	级别		
黑腹沙鸡	Pterocles orientalis	II	4	8
绿鸠（所有种）	Treron spp.	II	6	8
黑颏果鸠	Ptilinopus leclancheri	II	6	10
皇鸠（所有种）	Ducula spp.	II	6	10
斑尾林鸽	Columba palumbus	II	6	10
鹃鸠（所有种）	Macropygia spp.	II	6	10
鹦鹉科（所有种）	Psittacidae.	II	6	10
鸦鹃（所有种）	Centropus spp.	II	6	10
鸮形目（所有种）	Strigiformes	II	6	10
灰喉针尾雨燕	Hirundapus cochinchinensis	II	6	10
凤头雨燕	Hemiprocne longipennis	II	6	10
橙胸咬鹃	Harpactes oreskios	II	6	10
蓝耳翠鸟	Alcedo meninting	II	6	10
鹳嘴翠鸟	Pelargopsis capensis	II	6	10
黑胸蜂虎	Merops leschenaulti	II	6	10
绿喉蜂虎	Merops orientalis	II	6	10
犀鸟科（所有种）	Bucertidae	II	4	8
白腹黑啄木鸟	Dryocopus javensis	II	6	10
阔嘴鸟科（所有种）	Eurylaimidae	II	6	10
八色鸫科（所有种）	Pittidae	II	6	10
凹甲陆龟	Manouria impressa	II	6	10
大壁虎	Gekko gecko	II	10	20
虎纹蛙	Rana tigrina	II	100	200
伟铗	Atlasjapyx atlas	II	6	10
尖板曦箭蜓	Heliogomphus retroflexus	II	6	10
宽纹北箭蜓	Ophiogomphus spinicorne	II	6	10
中华缺翅虫	Zorotypus sinensis	II	6	10
墨脱缺翅虫	Zorotypus medoensis	II	6	10
拉步甲	Carabus (Coptolabrus) lafossei	II	6	10
硕步甲	Carabus (Apotopterus) davidi	II	6	10
彩臂金龟（所有种）	Cheirotonus spp.	II	6	10
叉犀金龟	Allomyrina davidis	II	6	10
双尾褐凤蝶	Bhutanitis mansfieldi	II	6	10
三尾褐凤蝶	Bhutanitis thaidina dongchuanensis	II	6	10
中华虎凤蝶	Luehdorfia chinensis huashanensis	II	6	10
阿波罗绢蝶	Parnassius apollo	II	6	10

附：国家限制进口的可用作原料的废物目录

类别	海关商品编码	废物名称
第一类		动物废料
	0506.9010	骨废料
第二类		冶炼渣
	2619.0000	冶炼钢铁所产生的熔渣、浮渣（包括钒渣等），氧化铍及其他废料
第三类		木、木制品废料
	4401.3000	锯末、木废料及碎片，不论是否粘结成圆木段、块、片或类似形状
	4501.9000	软木废料；碎的、粒状的或粉状的软木
第四类		回收（废碎）纸或纸板
	4707.1000	回收（废碎）的未漂白牛皮纸或纸板及回收（废碎）的瓦楞纸或纸板
	4707.2000	回收（废碎）的主要由漂白化学浆制未经本体染色的其他纸和纸板
	4707.3000	回收（废碎）的主要由机构浆制纸或纸板（例如，报纸、杂志及类似印刷品）
	4707.9000	回收（废碎）的其他纸及纸板，包括未分选的
第五类		纺织品废物
	5202.1000	废棉纱线（包括废棉线）
	5202.9900	其他废棉
	5505.1000	合成纤维废料
	5505.2000	人造纤维废料
第六类		贱金属及其制品的废碎料
	7204.1000	铸铁废碎料
	7204.2100	不锈钢废碎料
	7204.2900	其他合金钢废碎料
	7204.3000	镀锡钢铁废碎料
	7204.4100	车、刨、铣、磨、锯、锉、剪、冲加工过程中产生的钢铁废料，不论是否成捆
	7204.4900	未列名钢铁废碎料（含废铁轨、废钢轨等）
	7204.5000	供再熔的碎料钢铁锭（含废机床、废机车、废机车头等）
	7401.1000	铜锍
	7401.2000	沉积铜（泥铜）
	7404.0000	铜废碎料
	7503.0000	镍废碎料

	7602.0000	铝废碎料
	7902.0000	锌废碎料
	8002.0000	锡废碎料
	8103.1000	钽废碎料
第七类		各种废旧五金、电机、电器产品
		废电机
		废电线、电缆
		废五金电器
第八类		废运输设备
	8908.0000	供拆卸的船舶及其他浮动结构体
第九类		特殊需进口的废物
第十类		塑料的废碎料及下脚料
	3915.1000	乙烯聚合物的废碎料及下脚料
	3915.2000	苯乙烯聚合物的废碎料及下脚料
	3915.3000	氯乙烯聚合物的废碎料及下脚料
	3915.9000	其他塑料的废碎料及下脚料

⑭ 最高人民法院《关于办理伪造国家货币、贩运伪造的国家货币、走私伪造的货币犯罪案件具体应用法律的若干问题的解释》（1994年9月8日　法发〔1994〕20号）（节录）

三、关于走私伪造的货币犯罪行为的认定

明知是伪造、变造的货币，而运输、携带、邮寄进出国（边）境的行为，构成全国人大常委会《关于惩治走私罪的补充规定》第一条规定的走私伪造的货币的行为，按走私罪定罪处罚。

直接向走私犯罪分子收买其走私的伪造的货币的，以走私罪论处。

⑮ 最高人民法院、最高人民检察院《关于办理盗窃、盗掘、非法经营和走私文物的案件具体应用法律的若干问题的解释》（1987年11月27日）（节录）

五、走私文物

（一）走私珍贵文物（含一、二、三级）出口，以盗运珍贵文物出口罪论处，适用刑法第一百七十三条；走私不属于珍贵文物的一般文物出口，以走私罪论处，适用刑法第一百一十六条、第一百一十八条，两罪中情节特别严重的，均适用全国人大常委会《决定》第一条第（一）项。

（二）具有下列行为之一的，属于盗运珍贵文物出口罪：1.逃避海关监督，运输、携带、邮寄珍贵文物出口的；2.以走私出口为目的而收购珍贵文物的；3.明知他人走私珍贵文物出口，而向其出卖珍贵文物的，或者为其介绍收购珍贵文物的，或者为其偷运、偷带、偷寄珍贵文物的，或者为其提供中转场所的；4.将珍贵文物私自卖给外国人或者境外居民的。

（四）盗运珍贵文物出口，其珍贵文物可以由文物主管部门估价的，所评定的价格以及犯罪分子非法获利的数额,可供量刑时参考。

(五)单位盗运珍贵文物出口的,可以参照有关规定追究主管人员和直接责任人员的刑事责任。

(六)个人走私不属于珍贵文物的一般文物,其走私数额在5千元以上,或者非法获利数额在1千元以上的,应以走私罪追究刑事责任。

单位走私一般文物,其走私数额在10万元以上,或者非法获利数额在5万元以上的,应以走私罪追究主管人员和直接责任人员的刑事责任,对该单位判处罚金,判处没收走私文物、走私运输工具和违法所得;其走私数额不足10万元,或者非法获利不足5万元,情节严重的,也应以走私罪追究主管人员和直接责任人员的刑事责任,对该单位判处罚金,判处没收走私文物、走私运输工具和违法所得。

(七)对与境外犯罪分子相勾结,盗运珍贵文物出口或者走私一般文物的,应依法从重惩处。

七、文物的鉴定

(一)办理上述各类案件,需要进行文物鉴定时,由省、自治区、直辖市文物主管部门或者经其指定的有条件鉴定的地区、省辖市文物主管部门组织有专门知识的人参加;需要评定文物价格的,也照此处理。

办理上述文物的鉴定或者文物价格的评定,必须有三名以上经文物主管部门指派、经司法机关聘请的文物鉴定人参加,鉴定人应写出鉴定书或者评定书。

(二)在办案中,对文物的鉴定或者文物价格的评定发生争议时,应提请省、自治区、直辖市文物主管部门组织专人复核。如再有争议,应提请国家文物主管部门组织专人复核。

(三)对被告人判处死刑案件的文物鉴定书,应经国家文物主管部门组织专人复核。

16 最高人民法院刑二庭《关于走私暹罗鳄定性问题的答复》(2006年12月15日)

海关总署缉私局:你局送来征求意见的缉私函字〔2006〕1056号《关于请予明确走私暹罗鳄定性问题的函》收悉。经研究,提出如下意见:因暹罗鳄属于《濒危野生动植物种国际贸易公约》附录一所列种物,根据刑法第一百五十一条、《最高人民法院关于审理走私刑事案件具体应用法律若干问题的解释》第四条的规定,暹罗鳄应属于我国刑法保护的"珍贵动物"。走私暹罗鳄的行为,可参照上述司法解释附表中对扬子鳄的规定,依法定性查处。

17 最高人民检察院公诉厅《关于走私暹罗鳄定性问题的回函》(2006年12月7日〔2006〕高检诉发75号)

海关总署缉私局:你局缉私函字〔2006〕1057号《关于请予明确走私暹罗鳄定性问题的函》已收悉。经研究认为,走私暹罗鳄可以构成走私珍贵动物罪。

18 最高人民检察院公诉厅《关于请予明确走私马来西亚闭壳龟定性问题的函》复函(2003年11月28日 〔2003〕高检诉发第104号)

海关总署缉私局:贵局《关于请予明确走私马来西亚闭壳龟定性问题的函》(缉私函〔2003〕6号)收悉。经研究并征求有关部门意见,我厅认为:马来西亚闭壳龟属于刑法保护的"珍贵动物",走私马来西亚闭壳龟的行为属于走私珍贵动物犯罪行为。特此函复。

附：1.农业部《关于对走私马来西亚闭壳龟定性问题的复函》；2.农业部《关于确定野生动物案件中水生野生动物及其产品价值有关问题的通知》。

⑲ 最高人民法院刑二庭《对海关总署缉私局"关于请予明确走私马来西亚闭壳龟定性问题"的答复意见》（2003年10月15日）

海关总署缉私局：你局缉私函〔2003〕6号"海关总署缉私局关于请予明确走私马来西亚闭壳龟定性问题的函"收悉。经研究，提出如下意见：因马来西亚闭壳龟属于《濒危野生动植物种国际贸易公约》附录二所列珍贵物种，根据刑法第一百五十一条、《最高人民法院关于审理走私刑事案件具体应用法律若干问题的解释》第四条的规定，马来西亚闭壳龟属于我国刑法保护的"珍贵动物"，走私马来西亚闭壳龟的行为可参照走私马来西亚闭壳龟的行为可参照上述司法解释附表中对走私凹甲陆龟的规定，依法定性查处。

⑳ 最高人民法院研究室《关于对海关监管现场查获的走私犯罪案件认定既遂、未遂问题的函》（2000年7月30日　法研〔2000〕68号）

经研究，提供以下意见供参考：行为人犯走私罪，在海关监管现场被查获的，应当认定为犯罪既遂。

㉑ 公安部《关于印发〈仿真枪认定标准〉的通知》

㉒ 农业部《关于对走私马来西亚闭壳龟定性问题的复函》（2003年11月14日　农办渔函〔2003〕29号）

最高人民检察院公诉厅：你厅《关于马来西亚闭壳龟定性问题的征求意见函》（〔2003〕高检诉发第98号）收悉。经研究，提出如下意见：一、马来西亚闭壳龟是《濒危野生动植物种国际贸易公约》附录二中的保护物种，按照我国《野生动物保护法》和《水生野生动物利用特许办法》规定，CITES公约附录二中的水生野生动物或者其产品的国内管理，应按国家二级保护水生野生动物和按理推定执行。二、马来西亚闭壳龟属淡水龟科，是水生野生动物，《最高人民法院关于审理破坏野生动物资源刑事案件具体应用法律若干问题的解释》附表中只列出陆生野生动物的立案标准，缺乏破坏水生野生动物资源的立案标准。去年，我部有邀请高法、高检、公安部、海关总署等部门座谈研讨的项目，提出了水生野生动物价值认定标准，发布了《关于确定野生动物案件中水生野生动物及其产品价值有关问题的通知》（农办渔〔2002〕22号）。为此，建议参照此标准对破坏水生野生动物资源的违法行为进行定罪量刑。特此函复。

㉓ 国家林业局《关于发布破坏野生动物资源刑事案件中涉及犀牛角价值标准的通知》（2002年5月28日　林护发〔2002〕130号）

多年来，各地各部门在严厉打击涉及犀牛角的非法贸易活动中，查获了大量非法出售、收购、运输、走私的犀牛角。为确保各执法部门依法查处上述刑事案件，我局依据林业部、财政部、国家物价局《关于发布〈陆生野生动物资源保护管理费收费办法〉的通知》（林护字〔1992〕72号）、《林业部关于在野生动物案件中如何确定国家重点保护野生动物及其产品价值标准的通知》（林策通字〔1996〕8号）、国家林业部、公安部《关于印发森林和陆生野生动物刑事案件管辖及立案标准的通知》（林安发〔2001〕156号）、《最高人民法院关于审理破坏野生动物资源刑事案件具体应用法律若干问题的解释》（法释〔2000〕37号）的有关规定，将破坏野生动物资源刑事案件中涉及犀牛角的价值标准确定为：每千克犀牛角的价值为25万元，实际交易价高于上述价值的按实际交易价执行。

㉔ 国家文物局《关于海关总署"文物鉴定有关问题"来函的复函》（2002年4月30日　文物保函〔2002〕204号）

根据国家《文物出境管理办法》和《关于文物出境鉴定标准的几点意见》等有关法律法规规定，参照我局多年对文物出境鉴定标准的掌握情况，我局认为："暂时一律不出口文物"其意属于"禁止出口文物"，不属于"限制出口文物"。今后，凡文物出境鉴定机构出据的"暂时一律不出口文物"均按"禁止出口文物"处理。

㉕ 林业局、公安部《关于森林和陆生野生动物刑事案件管辖及立案标准》（2001年5月9日）（节录）

二、（五）走私珍稀植物、珍稀植物制品案

走私国家禁止进出口的珍稀植物、珍稀植物制品的应当立案；走私珍稀植物2株以上、珍稀植物制品价值在2万元以上的，为重大案件；走私珍稀植物10株以上、珍稀植物制品价值在10万元以上的，为特别重大案件。

（十一）走私珍贵动物、珍贵动物制品案

走私国家重点保护和《濒危野生动植物种国际贸易公约》附录一、附录二的陆生野生动物及其制品的应当立案；走私国家重点保护的陆生野生动物重大案件和特别重大案件按附表的标准执行。

走私国家重点保护和《濒危野生动植物种国际贸易公约》附录一、附录二的陆生野生动物制品价值10万元以上的，应当立为重大案件；走私国家重点保护和《濒危野生动植物种国际贸易公约》附录一、附录二的陆生野生动物制品价值20万元以上的，应当立为特别重大案件。

㉖ 公安部《关于对走私倒卖金银饰品几个政策问题的批复》（1990年1月20日　公复字〔1990〕3号）（节录）

经与中国人民银行研究，现批复如下：二、对从香港、澳门和沙头角镇等地携带大量黄金饰品入境进行倒卖的，应根据不同情节依法处理。《中华人民共和国金银管理条例》第十二条明确规定"个人出售金银，必须卖给中国人民银行"。《中华人民共和国海关法》第二十八条、第二十九条对个人携带出入境的物品（含黄金制品）作了明确规定。我们认为，对携带大量黄金入境，虽向海关申报登记，但入境后进行倒卖的，应按投机倒把犯罪处理；对以走私为目的，不向海关申报登记将大量黄金制品偷带入境倒卖的，应按走私罪论处。对其中的严重犯罪分子，特别是重大犯罪集团和首犯、主犯及以走私倒卖黄金为常业的犯罪分子，应按照全国人民代表大会常务委员会《关于严惩严重破坏经济的罪犯的决定》的规定依法从严惩处。

㉗ 海关总署缉私局《关于核定网纹蟒胆囊干价值的批复》（2008年1月31日　缉私〔2007〕44号）

厦门海关缉私局：你局《关于网纹蟒胆囊干价值鉴定的请示》（厦关缉私传〔2007〕

593号）收悉。经商国家有关主管部门，现批复如下：关于中国科学院昆明动物研究所对网纹蟒胆囊干的价值核定及法律效力问题，请按照国家濒危物种进出口管理办公室复函〔2008〕濒办法便字第2号执行。特此批复。

附件：国家濒危物种进出口管理办公室复函（2008）濒办法便字第2号

㉘ 海关总署缉私局《关于核定涉案蟒皮价值的批复》（2007年12月24日 缉私〔2007〕460号）

厦门海关缉私局：你局《关于蟒蛇皮切片价值鉴定的请示》（厦关缉私传〔2007〕565号）收悉。经商国家有关主管部门，现批复如下：关于福建闽林司法鉴定中心蟒皮价值核定及法律效力问题，请按照国家濒危物种进出口管理办公室复函〔2007〕濒办法便字第49号执行。特此批复。

附件：国家濒危物种进出口管理办公室复函〔2007〕濒办法便字第49号

㉙ 《国家濒危物种进出口管理办公室复函》（2007年12月18日 〔2007〕濒办法便字第49号）

海关缉私局：贵局"缉私便函〔2007〕215号"函以及福建闽林司法鉴定中心"闽林司鉴中心〔2007〕林鉴字第58号"《司法鉴定书》收悉。经研究，现函复如下：福建闽林司法鉴定中心依据《林业部关于在野生动物案件中如何确定国家重点保护野生动物及其产品价值标准的通知》（林策通字〔1996〕8号）有关规定，对厦门海关缉私局截获的涉嫌走私的7.65千克共计361片蟒蛇皮，核定价值为216000元人民币，我们意见：其法律依据充分，核定方法合理，结论准确，建议有关方面予以认定。

㉚ 《国家濒危物种进出口管理办公室复函》（2007年12月18日 〔2007〕濒办法便字第2号）

海关缉私局：贵局《关于请核定涉案蟒蛇胆干价值的函》（缉私便函〔2007〕237号）以及所附《中国科学昆明动物研究所野生动物司法鉴定中心动物鉴定报告书》（司动鉴定〔2007〕第50号）收悉。有关厦门海关缉私局查获网纹蟒胆干价值核定事宜，现函复如下：

一、依据《最高人民法院关于审理破坏野生动物资源刑事案件具体应用法律若干问题的解释》（法释〔2007〕37号）第十一条有关"珍贵、濒危野生动物制品价值，依照国家野生动物保护主管部门的规定核定"以及《最高人民法院关于审理走私刑事案件具体应用法律若干问题的解释》（法释〔2000〕30号）第四条有关"走私《濒危野生动植物种国际贸易公约》附录一、附录二中的动物及其制品的，参照本解释附表中规定的同属或者同科动物的定罪量刑标准执行"的规定，我们认为，涉案网纹蟒胆干的价值，可参照与其同属或同科动物的价值标准核定。

二、中国科学院昆明动物研究所为厦门海关缉私局出具的"司动鉴字〔2007〕第50号"动物鉴定报告书，对涉案网纹蟒胆干的价值，核定方法合理，结论准确，建议有关方面予以认定。

㉛ 海关总署缉私局《关于陈伟涉嫌走私珍贵动物制品案的批复》（2007年5月14日 缉私研字〔2007〕12号）

厦门海关缉私局：你局《厦门海关缉私局关于提请协助确认象牙制品在几内亚共和国

境内是否允许交易的报告》（厦关缉私传〔2007〕74号）收悉。经研究认为，鉴于本案情节较轻，且当事人提供了相关合法交易的证明，根据《最高人民法院、最高人民检察院、海关总署关于办理走私刑事案件适用法律若干问题的意见》第七条和《公安机关办理刑事案件程序规定》第一百六十八条之规定，此案可以撤销刑事案件，依法转作行政处理。特此批复。二〇〇七年五月十四日。

32 海关总署缉私局《关于明确非涉税案件价格鉴定问题的批复》（2007年4月9日 缉私〔2007〕109号）

厦门海关缉私局：你局《厦门海关缉私局关于非涉税案件价格鉴定问题的请示》（厦关缉私〔2006〕100号）收悉。经商国家发展和改革委员会价格司，现批复如下：

地方各级人民政府价格主管部门设立的价格认证机构是专门从事涉案财产价格鉴定的机构，根据办案机关的委托进行价格鉴定。根据《最高人民法院关于审理走私刑事案件具体应用法律若干问题的解释》（法释〔2000〕30号）的规定，对于需以价值或价格数额作为定罪量刑标准的非涉税走私犯罪案件的涉案物品，你局可以依法委托当地价格主管部门设立的价格认证中心进行估价。特此批复。

附件1：《国家发展和改革委员会价格司关于明确非涉税走私案件中物品价格鉴定问题的复函》

附件2：《海关总署缉私局关于商请明确非涉税走私案件中物品价格鉴定问题的函》

附件3：《厦门海关缉私局关于非涉税案件价格鉴定的请示》

33 国家发展改革委员会价格司《关于明确非涉税案件中物品价格鉴定问题的复函》（2007年3月20日）

经研究，现函复如下：

一、委托机关规定不以价值或价格数额作为量刑等标准的，不需要估价。对此类涉案物品应按原国家计委、最高人民法院、最高人民检察院、公安部联合下发的《扣押、追缴、没收物品估价管理办法》第四条"对于扣押、追缴、没收的珍贵文物，珍贵、濒危动物及其制品，珍稀植物及其制品，毒品、淫秽物品，枪支、弹药等不以价格数额作为定罪量刑标准的，不需要估价"的原则处理。

二、委托机关规定需以价值或价格数额为量刑标准的，需要估价。对此类涉案物品应按《最高人民法院关于审理走私刑事案件具体应用法律若干问题的解释》关于走私珍贵动物制品定罪量刑需以价值为标准的原则处理。

三、上述两个规定，体现了"不以价格数额作为定罪量刑标准的，不需要估价"、"需以价值为标准的，则可以估价"的原则，二者并不矛盾。某一涉案物品是否需要价格鉴定应由委托方决定，各地价格主管部门设立的价格认证中心应该按委托方的要求，依照上述原则和有关规定的程序、方法进行工作。

34 海关总署缉私局《关于商请明确非涉税走私案件中物品价格鉴定问题的函》（2007年1月29日 缉私函〔2007〕4号）

2006年9月，福建省物价局下发了省内物价部门执行的《涉案财产价格鉴定操作规程》，其中第十二条规定："刑事案件中涉及下列财产不需要价格鉴定：（一）珍贵文物；

(二) 珍贵、濒危动物及其制品，珍稀植物及其制品；（三）毒品、淫秽物品、枪支弹药等；（四）其他不以价格数额作为定罪量刑标准的。"厦门海关缉私局认为，根据《最高人民法院关于审理走私刑事案件具体应用法律若干问题的解释》（法释〔2000〕30号），走私珍贵动物制品定罪量刑需以价值为标准，如价格主管部门不出具价格鉴定证书，将直接影响案件的诉讼进程。

目前海关缉私部门办理的珍贵动物制品、珍稀植物制品等非涉税走私案件普遍遇到物品价格鉴定问题。依据刑法和相关司法解释，此类案件追诉和定罪量刑均须确定涉案物品价值。虽然国家林业部门和农业部门对野生动物制品价值认定的原则和标准等下发了文件，但价格鉴定机构未予明确，实践中作法不一，有些地方通过价格事务所出具鉴定证明，有的地方则通过农林科研所等机构出具证明，检法机关经常提出异议。

对国家禁止市场交易流通的违禁品如珍贵动物及其制品、珍稀植物及其制品等，按理不应该以市场价格来鉴定品评，但法律及相关司法解释出于打击走私及其他犯罪活动的需要，又要求司法机关以上述违禁品的价值作为刑罚的定罪量刑标准，福建省物价局的上述规定对缉私执法实践构成一定的障碍。我局认为，凡法律及相关司法解释明确规定以物品价值作为定罪量刑标准的，涉案物品应由当地价格事务所出具价格鉴定证书，此价格鉴定仅作为行政、司法机关办案之用，非市场参考价格。对此，建议贵局对非涉税走私案件物品及其他违禁品的价格鉴定问题进行专门研究，并协调国家林业部门和农业部门等主管部门予以明确。

㉟ 海关总署缉私局《关于走私暹罗鳄案有关法律问题的批复》（2007年1月5日缉私〔2007〕1号）

南宁海关缉私局：你局《关于"2006.02.15"走私暹罗鳄有关法律问题的请示》（南缉〔2006〕267号）收悉。经函商最高人民法院刑二庭、最高人民检察院公诉厅及国家濒危办，现就有关问题批复如下：暹罗鳄属于我国刑法保护的"珍贵动物"，走私暹罗鳄的行为应参照《最高人民法院关于审理走私刑事案件具体应用法律若干问题的解释》（法释〔2000〕30号）附表中对扬子鳄的规定，依法定性查处。特此批复。

附：一、最高人民法院刑二庭关于走私暹罗鳄定性问题的答复；二、最高人民检察院公诉厅关于走私暹罗鳄定性问题的回函〔2006〕高检诉发75号；三、国家濒危办关于对《请予明确暹罗鳄是否为国家禁止进出口珍贵动物问题的函》的复函〔2006〕濒办法便字第41号。

㊱ 国家濒危办对《关于请予明确暹罗鳄是否为国家禁止进出口珍贵动物问题的函》的复函（2006年11月17日 〔2006〕濒办法便字第41号）

一、暹罗鳄是我国缔结的《濒危野生动植物种国际贸易公约》（以下简称《公约》）附录一特种。根据《最高人民法院关于审理走私刑事案件具体应用法律若干问题的解释》（法释〔2000〕30号，以下简称《解释》）第四条第一款的规定，暹罗鳄属于《刑法》第一百五十一条第二款规定的国家禁止进出口的珍贵动物。

二、《解释》第四条第五款规定：走私《公约》附录一、附录二中的动物及其制品的，参照本解释附表中规定的同属或者同科动物的定罪量刑标准执行。由于暹罗鳄在《解释》

附表中只有相对应的同目的国家一级保护野生动物扬子鳄，没有同属或者同科的国家重点保护野生动物，这给依法查处走私暹罗鳄带来一定困难。我们认为，在《解释》尚不十分完善的情况下，为严格执行国际公约和我国有关法律法规的规定，有效遏制和打击走私暹罗鳄违法犯罪活动，可参照《解释》附表中同目的国家一级保护野生动物扬子鳄的定罪量刑标准来调查、起诉和审理走私暹罗鳄案，这符合《解释》的司法本意。

三、考虑到尚有大量非原产于我国的《公约》附录一、附录二动物在《解释》附表中没有同属或者同科甚至同目、同纲的国家重点野生动物，所有国家重点保护水生野生动物也没有纳入《解释》附表中，我们意见：由贵局抓紧商请最高人民法院对《解释》作进一步完善。在完善《解释》时，建议除将国家重点保护水生野生动物纳入《解释》附表中外，还应对走私非原产于我国的《公约》附录一、附录二中的动物及其制品的作出参照《解释》中附表中同属、同科、同目、同纲或者同门的动物的定罪量刑标准执行的规定，这样才可以基本涵盖包括无脊椎动物在内的所有国家禁止进出口的珍贵动物。

37 海关总署缉私局《关于旅客违规携带"土沉香"进境案件相关处理问题的批复》（2006年7月10日 缉私〔2006〕165号）

广州海关缉私局：你局《关于对旅客违规携带"土沉香"进境案件相关处理问题的请示》收悉。经研究，并函商国家濒危物种进出口管理办公室，现批复如下：

一、鉴于"土沉香"既是列入《濒危野生动植物种国际贸易公约》附录二的野生植物，也是列入《国家重点保护野生植物名录》的国家二级保护野生植物，未取得国家濒危物种进出口管理办公室或其办事处核发的《允许进出口证明书》，任何单位和个人不得擅自进出口。据此，无论是在贸易渠道，还是旅检、行邮渠道，"土沉香"均属国家禁止进出口的珍稀植物。

二、根据《海关总署关于对〈广东分署关于旅检渠道旅客违法携带"土沉香"入境案件处理问题的请示〉的批复》精神，关于旅检渠道旅客违法携带"土沉香"入境行政案件具体适用《中华人民共和国海关行政处罚实施条例》对应下列情形分别处理：

（一）携带零星"土沉香"进境未申报的，适用《中华人民共和国海关行政处罚实施条例》第六十二条第一款第（二）项的规定；携带数量较多但主动申报的，责令退运或者予以收缴。

（二）携带"土沉香"进境未向海关申报，但在海关决定查验前主动交出的，适用《中华人民共和国海关行政处罚实施条例》第二十条的规定。

（三）以藏匿、伪装等手段携带"土沉香"进境逃避海关监管的，适用《中华人民共和国海关行政处罚实施条例》第七条第（二）项、第九条第一款第（一）项的规定。

38 海关总署缉私局《关于走私"土沉香"犯罪案件成功判例的通报》（2006年2月24日 缉私〔2006〕55号）

侦、检机关就"土沉香"是否属于《濒危野生动植物种国际贸易公约》保护的珍稀植物产生分歧，深圳市检察院专门就此问题向广东省检察院请示汇报。广东省检察院答复认为，中国参加的《濒危野生动植物种国际贸易公约》附录第42页列明"瑞香科—沉香"所保护的"沉香"实指马来沉香，而非"土沉香"。从而认定："偷带土'沉香'入境的行为不应认定为走私珍稀植物行为,而应认定为走私普通货物的行为。"

深圳海关缉私部门认为,根据《中华人民共和国濒危物种进出口管理办公室公告》(2005年第1号)规定,"沉香"全部种别均已列入《濒危野生动植物种国际贸易公约》(CITES)附录二范围。根据植物学分类,"土沉香"(Sinensis)属于瑞香科(Thymelaceac)"沉香属"(Aquilaria)种别之一,自应为CITES所保护。

在该局的积极推动下,2005年7月上旬,广东省人民检察院和广东分署缉私局、深圳市人民检察院等部门就"土沉香"定性处理问题联合召开了业务研讨会,对走私"土沉香"案件的处理存在的法律疑难作进一步明确:一是对2005年1月13日即《中华人民共和国濒危物种进出口管理办公室公告》(2005年第1号)生效之后携带"土沉香"进出境行为依法定性为走私珍稀植物行为,对此日期之前发生的案件以走私普通货物行为处理;二是商定了走私珍稀植物的立案标准,即对走私"土沉香"1株以上或走私土沉香价值1万元以上的,予以刑事立案;三是为打击少数不法分子的侥幸心理,明确了对2年内3次以上走私"土沉香"的,虽价值不足1万,侦查机关也可检察机关同意后,予以刑事立案。二○○六年二月二十四日

㊴ 中华人民共和国《濒危物种进出口管理办公室便函》(2004年12月30日〔2004〕濒办法便字第51号)

根据《林业部关于在野生动物案件中如何确定国家重点保护野生动物及其产品价值标准的通知》(林策通字〔1996〕8号)的有关规定,此案所查获的107.5千克穿山甲甲片的价值应当依法核定为359050元(以每只穿山甲平均获取0.4千克甲片计,1千克穿山甲甲片的价值标准为3340元),请在办案中予以考虑。此复。

㊵ 海关总署缉私局《关于明确走私眼镜蛇、滑鼠蛇等濒危野生动物量刑标准问题的批复》(2003年2月19日 缉私〔2003〕96号)

批复如下:一、眼镜蛇和滑鼠蛇属《濒危野生动植物种国际贸易公约》(以下简称《公约》)附录二所列物种。根据《刑法》第一百五十二条第二款和《最高人民法院关于审理走私刑事案件具体应用法律若干问题的解释》(法释〔2000〕30号)(以下简称《法释》)第四条第一款的规定,以上两物种均属国家禁止进出口的珍贵动物。

二、依照《国家林业局、公安部关于印发的森林和陆生野生动物刑事案件管辖及立案标准的通知》(林安发〔2001〕156号)的有关规定,走私眼镜蛇和滑鼠蛇的,应当立为刑事案件。

三、依照《刑法》第一百五十二条第二款和《法释》第四条第五款的规定,我们认为走私眼镜蛇和滑鼠蛇的应当追究刑事责任。尽管《法释》附表中无眼镜蛇和滑鼠蛇可参照的同属或者同科动物,走私眼镜蛇和滑鼠蛇的"情节严重"和"情节特别严重"的标准难以掌握,但该案涉案眼镜蛇和滑鼠蛇的数量巨大,已经远远超过了《法释》附表中任何一种动物"情节特别严重"的数量标准。此复。

附件:国家濒管办关于明确走私眼镜蛇、滑鼠蛇等濒危野生动物管理级别问题的函〔2003〕濒办法便字第2号

**㊶ 国家濒管办、海关总署、国家工商总局《关于禁止在出入境口岸隔离区内商店摆

卖珍贵动物和珍稀植物及其制品的通知》（2002年8月19日　濒办字〔2002〕53号）

根据《濒危野生动植物国际贸易公约》（下称《公约》）、《野生动物保护法》、《野生植物保护条例》和《最高人民法院关于审理走私刑事案件具体应用法律若干问题的解释》（法释〔2000〕30号）的有关规定，列入《公约》附录一、附录二中的野生动物和列入《国家重点保护野生动物名录》中的国家一级、二级保护野生动物以及驯养繁殖的上述物种属于国家禁止进出口的珍贵动物，列入《公约》附录一、附录二中的野生植物和列入《国家重点保护野生植物名录》中的国家一级、二级保护野生植物以及人工栽培的列入《公约》附录一、附录二中的野生植物属于国家禁止进出口的珍稀植物，未取得国家濒管办或其办事处核发的《允许进出口证明书》，任何单位或个人不得擅自进出口上述野生动植物及其制品。然而，最近一个时期以来，不少出入境口岸隔离区内的商店都在摆卖国家禁止进出口的珍贵动物、珍稀植物及其制品，特别是象牙制品和含熊胆、象皮、豹骨、羚羊角、麝香、甲片或黄草等成份的中成药，许多国家都截获到在我国出入境口岸隔离区内的商店购买并携带出境的珍贵动物、珍稀植物及其制品，以上行为不仅违反了《公约》和我国有关法律法规的规定，也影响了我国的履约形象。为保护我国的野生动植物资源，切实执行《公约》和我国有关法律法规的规定，特重申严禁在出入境口岸隔离区内的商店摆卖国家禁止进出口的珍贵动物、珍稀植物及其制品，并就有关事宜通知如下：

一、严禁在出入境口岸隔离区内的商店摆卖国家禁止进出口的珍贵动物、珍稀植物及其制品。已经上架摆卖的，有关单位应立即从货架上撤出。凡包装或说明书上标有上述野生动植物及其制品字样的，均按含有该种野生动植物及其制品对待。

二、各有关海关、工商行政管理部门应分别加强对出入境口岸隔离区内的口岸免税店和其他商店的监督管理，国家濒管办各办事处应积极配合海关、工商行政管理部门开展上述监督检查工作。对于检查中发现的非法摆卖国家禁止进出口的珍贵动物、珍稀植物及其制品的，应依法查处。

㊷ 海关总署走私犯罪侦查局《关于走私珍贵动物制品案件如何确定珍贵、濒危野生动物制品价值的批复》（2001年10月16日　侦查函字〔2001〕431号）

经研究认为，你分局侦办的四起案件中，均涉及对珍贵、濒危野生动物制品价值核定的问题，依据《最高人民法院关于审理破坏野生动物资源刑事案件具体应用法律若干问题的解释》（法释〔2000〕37号）第十一条有关规定，珍贵、濒危野生动物制品的价值，应依照国家野生动物保护主管部门的规定核定。故你分局应委托国家濒管办呼和浩特办事处，依据《林业部关于在野生动物案件中如何确定国家重点保护野生动物及其产品价值标准的通知》（林策通字〔1996〕8号）进行核定。对于国家野生动物保护主管部门出具的珍贵、濒危野生动物制品价值证明，应当认定具有法律效力。

㊸ 海关总署走私犯罪侦查局《关于对广州分局〈关于对走私未列入司法解释附表的珍贵动物案如何处理的请示〉的批复》（2001年7月19日　侦法研字〔2001〕58号）

经研究并会商最高人民法院研究室认为，对于现在已发现的走私未列入司法解释附表的水生野生动物案件，应参照《最高人民法院关于审理走私刑事案件具体应用法律若干问题的解释》中所规定的关于走私陆生野生动物的级别、数量、价值标准立案侦查，具体量刑问题由法院解决。

㊹ 海关总署走私犯罪侦查局《关于转发〈国家林业局关于发布破坏野生动物资源刑事案件中涉及走私的象牙及其制品价值标准的通知〉的通知》（2001年7月8日　侦查〔2001〕204号）

现将《国家林业局关于发布破坏野生动物资源刑事案件中涉及走私的象牙及其制品价值标准的通知》转发给你们，请按照规定执行。附件：（林濒发〔2001〕234号）

现将破坏野生动物资源刑事案件中涉及走私的象牙及其制品的价值标准规定如下：一根未加工象牙的价值为25万元；由整根象牙雕刻而成的一件象牙制品，应视为一根象牙，其价值为25万元；由一根象牙切割成数段象牙块或者雕刻成数件象牙制品的，这些象牙块或者象牙制品总合，也应视为一根象牙，其价值为25万元；对于无法确定是否属一根象牙切割或者雕刻成的象牙块或象牙制品，应根据其重量来核定，单价为41667元/千克。按上述价值标准核定的象牙及其制品价格低于实际销售价格的按实际销售价格执行。

凡过去的有关规定与本通知不一致的，按本通知执行。

㊺ 海关总署走私犯罪侦查局《关于对走私国家禁止进境的动植物产品案件如何适用法律问题的批复》（2001年6月17日　侦查〔2001〕191号）

经研究，现对该问题批复如下：根据《中华人民共和国进出境动植物检疫法》第五条的规定，对来自境外疫区的动植物产品禁止进境。对走私国家禁止进境货物、物品的案件，海关法第八十二条明确规定为走私行为，同海关予以行政处罚，构成犯罪的，依法追究刑事责任。根据《中华人民共和国刑法》第一百五十三条的规定，对走私刑法第一百五十一条、第一百五十二条、第三百四十七条所列明的违禁品类走私对象中并不包含来自疫区的动植物产品，对该类动植物产品中涉税的，可依据刑法第一百五十三条的规定，依法计核偷逃税额并追究刑事责任。

进出口货物、物品是否属于涉税货物、物品，应依据海关税则而非国家检验检疫部门的文件。旱獭皮以及其他动植物产品在《中华人民共和国海关进出口税则》中均属于涉税货物、物品；而对于来自境外疫区的动植物产品，在其疫情消除前，又属于国家临时禁止进境物品。对走私该类货物、物品的违法行为的处理，面临着法律的竞合（海关法的处理和刑法的处理），根据法律适用的一般原则，对于法律竞合状态下的违法行为的处理，应当择其重者予以处罚。故你分局应当根据总署下发的《海关总署关于对走私国家禁止进出口货物案件定性和适用法律问题的意见》（署法函〔2001〕58号）第一条的规定，对你关查获的走私旱獭皮案件予以立案侦查。

㊻ 海关总署走私犯罪侦查局《关于涉嫌走私标的物蟒蛇皮价值的复函》（2001年2月7日　侦查函字〔2001〕29号）

关于来函反映的82张蟒蛇干皮的价值，根据"林护字〔1992〕72号"或"林策通字〔1996〕8号"文件相关规定，可按以下公式计算：蟒蛇资源保护管理费×12.5×80%×82＝900×12.5×80%×82＝738000元，即82张涉案蟒蛇干皮的价值为738000元。按上述公式计算的理由如下：一是各种蟒蛇要么是国家一级保护野生动物要么被依法核准为国家一级保护野生动物；二是一条蟒蛇的资源保护管理费为900元；三是蟒蛇皮是蟒蛇的主要利用部分，具有特殊利用价值（生产二胡等乐器）；四是总共有82张蟒蛇干皮。

47 广东省高级人民法院《关于办理破坏社会主义市场经济秩序犯罪案件若干具体问题的指导意见》（2002年7月2日　粤高法〔2002〕87号）（节录）

5. 关于走私犯罪既遂与未遂的问题。对于不同类型的走私案件，其既遂与未遂的界限有所不同，不能认为走私犯罪必须在行为人将私货销售获利方为既遂。在具体案件中，海上走私的，应以是否进入我国领海、内水为既遂与未遂的界限；通关走私的，应以行为人是否向海关作虚假申报为既遂与未遂的界限；绕关走私的，应以是否越过国（边）境为既遂与未遂的界限；《刑法》第154条规定的"后续走私"的情形，应以销售牟利是否成功来区分是否既遂。

48 福建省人民检察院侦查监督处、公诉处，福建省高级人民法院刑二庭，厦门海关缉私局《二〇〇三年第一次联席会议纪要》（2003年4月7日　闽检侦监〔2003〕17号）

1. 与会各方分别介绍了各自当前工作中存在的问题：3. 厦门海关缉私局反映了四个问题，一是对走私珍贵动物的定罪量刑问题，一些珍贵动物属于《频危野生动植物国际贸易公约》中附录一和附录二的品种，但与司法解释附表中的动物既不同属也不同科，对这些动物能否以走私珍贵动物定罪量刑。

2. 与会各方对提出的问题进行了讨论和协商，对下列问题，达成一致意见：4. 关于走私珍贵动物的问题，依照我国《刑法》罪刑法定的原则，要依照我国相关法律和司法解释的规定来办理，未列入上述规定的动物，不宜定为珍贵动物。

49 厦门海关缉私局《关于非涉税案件价格鉴定问题的请示》（2006年12月30日）

海关总署缉私局：近日，福建省物价局印发了《涉案财产价格鉴定操作规程》（闽价认〔2006〕384号），将下列货物、物品列入不需要估价鉴定的项目：1. 珍贵文物；2. 珍贵、濒危动物及其制品，珍稀植物及其制品；3. 毒品、淫秽物品，枪支、弹药等；4. 其他不以价格数额作为定罪量刑标准的。受该规定影响，今后我局侦办的非涉税走私犯罪案件将无法委托地方物价管理部门设立的价格事务所进行价格鉴定。

根据《最高人民法院关于审理走私刑事案件具体应用法律若干问题的解释》（法释〔2000〕30号）及《海关总署关于转发和具体适用〈最高人民法院关于审理走私刑事案件具体应用法律若干问题的解释〉的通知》（署侦〔2001〕9号），对部分非涉税走私案件需要进行相应的价值估定工作。我局应如何处理上述价格鉴定问题？以上问题，请研复。

50《刑法修正案（七）》解读（2009年2月28日）

学理观点·典型案例　➡　**索引与要旨**

①《刑法修正案（八）》，载解读《刑事审判参考》2011年第4辑总第81辑，第83～117页以及《公检法办案指南》2011年第3辑总第135辑，第13～121页。

②《岑张耀等走私珍贵动物、马忠明非法收购珍贵野生动物、赵应明等非法运输珍贵野生动物案》，载《刑事审判参考》2010年第2辑总第73辑，第52～64页。
核心提示 ➡ 具有走私的故意，但对走私的具体对象认识不明确如何定罪处罚？

❸《关于走私罪主观故意及既未遂的认定问题》，载《刑事司法指南》2009 年第 3 辑总第 39 辑，第 17~42 页。

❹《走私犯罪案件涉案财物处理问题研究》，载《刑事司法指南》2009 年第 3 辑总第 39 辑，第 131~139 页。

❺《林永杰、卢志强走私普通货物案》，载《刑事审判参考》2007 年第 1 辑总第 54 辑，第 1~9 页。

核心提示➡走私仿真枪犯罪案件中的有关鉴定和计税依据问题

要旨➡虽然本案走私仿真枪偷逃税额的核定依据为《中华人民共和国海关进出口税则》9304.0000 品目"其他武器"，但不能因此而认定为本案走私的仿真枪是走私武器弹药罪中的"武器"。

❻《走私犯罪案件鉴定结论应用问题研究》，载《刑事司法指南》2008 年第 1 辑总第 33 辑，第 123~129 页。

❼《走私珍贵动物罪不以情节严重为构成要件》，载《最新刑事法律文件解读》2007 年第 2 辑总第 26 辑，第 302~304 页。

❽《蓑口义则走私文物案》，载《刑事审判参考》2006 年第 6 辑总第 53 辑，第 7~18 页。

要旨➡走私古脊椎动物、古人类化石的行为应以走私文物罪定罪处罚，走私古脊椎动物、古人类化石以外的其他古生物化石的行为不能以走私文物罪定罪处罚。

主要问题：1. 如何认定走私古生物化石行为的性质？2. 如何对被认定为走私文物罪的走私古生物化石的行为量刑？3. 形式不符合规定的鉴定结论能否作为定案依据？

❾《对走私假币的行为应如何认定处理》，载《最新刑事法律文件解读》2006 年第 2 辑总第 14 辑，第 126~127 页。

❿《某有色金属公司走私铂金案》，载《最新刑事法律文件解读》2005 年第 2 辑总第 2 辑。

要旨➡鉴定结论不适用从旧兼从轻原则，应以案发时的税率计算。

第 152 条 修正案（四）第 2 条 走私淫秽物品罪 走私废物罪

以牟利或者传播为目的，走私淫秽的影片、录像带、录音带、图片、书刊或者其他淫秽物品的，处三年以上十年以下有期徒刑，并处罚金；情节严重的，处十年以上有期徒刑或者无期徒刑，并处罚金或者没收财产；情节较轻的，处三年以下有期徒刑、拘役或者管制，并处罚金。

单位犯前款罪的，对单位判处罚金，并对其直接负责的主管人员和其他直接责任人员，依照前款的规定处罚。

中华人民共和国刑法修正案（四）（中华人民共和国第九届全国人民代表大会常务委员会第三十一次会议于 2002 年 12 月 28 日通过，自公布之日起施行。）

二、在第一百五十二条中增加一款作为第二款:"逃避海关监管将境外固体废物、液态废物和气态废物运输进境,情节严重的,处五年以下有期徒刑,并处或者单处罚金;情节特别严重的,处五年以上有期徒刑,并处罚金。"

原第二款作为第三款,修改为:"单位犯前两款罪的,对单位判处罚金,并对其直接负责的主管人员和其他直接责任人员,依照前两款的规定处罚。"

五、将刑法第三百三十九条第三款修改为:"以原料利用为名,进口不能用作原料的固体废物、液态废物和气态废物的,依照本法第一百五十二条第二款、第三款的规定定罪处罚。"

关联规范 ▶ 完全整理

❶《中华人民共和国刑法》(1980年1月1日)第155条

下列行为,以走私罪论处,依照节的有关规定处罚:(一)直接向走私人非法收购国家禁止进口物品的,或者直接向走私人非法收购走私进口的其他货物、物品,数额较大的;(二)在内海、领海、界河、界湖运输、收购、贩卖国家禁止进出口物品的,或者运输、收购、贩卖国家限制进出口货物、物品,数额较大,没有合法证明的。

❷《中华人民共和国刑法》(1980年1月1日)第156条

与走私罪犯通谋,为其提供贷款、资金、帐号、发票、证明,或者为其提供运输、保管、邮寄或者其他方便的,以走私罪的共犯论处。

❸《中华人民共和国刑法》(1980年1月1日)第157条

武装掩护走私的,依照本法第一百五十一条第一款、第四款的规定从重处罚。

以暴力、威胁方法抗拒缉私的,以走私罪和本法第二百七十七条规定的阻碍国家机关工作人员依法执行职务罪,依照数罪并罚的规定处罚。

❹《中华人民共和国刑法》(1980年1月1日)第339条第3款

以原料利用为名,进口不能用作原料的固体废物、液态废物和气态废物的,依照本法第一百五十二条第二款、第三款的规定定罪处罚。

❺《刑法修正案(四)》(2002年12月28日 主席令第八十三号)(节录)[①]

对走私境外废物入境的犯罪行为如何处罚在刑法第一百五十二条中作了明确规定。

❻ 全国人大常委会《关于惩治走私、制作、贩卖、传播淫秽物品的犯罪分子的决定》(1990年12月28日 中华人民共和国主席令第三十九号)(节录)

1997年10月1日起施行的修正后的《中华人民共和国刑法》规定本文中有关行政处罚和行政措施的规定继续有效;有关刑事责任的规定已纳入修正后的《刑法》,自修正后的《刑法》施行之日起有关规定废止。

[①] 对其解读见:《刑事审判参考》2002年第6辑总第29辑,第99~101页,2003年第2辑总第31辑,第184~198页。

一、以牟利或者传播为目的,走私淫秽物品的,依照关于惩治走私罪的补充规定处罚。不是为了牟利、传播,携带、邮寄少量淫秽物品进出境的,依照海关法的有关规定处罚。

7 最高人民检察院、公安部《关于公安机关管辖的刑事案件立案追诉标准的规定(一)》(2008年6月25日 公通字〔2008〕36号)(节录)

第二十五条 以牟利或者传播为目的,走私淫秽的影片、录像带、录音带、图片、书刊或者其他通过文字、声音、形象等形式表现淫秽内容的影碟、音碟、电子出版物等物品,涉嫌下列情形之一的,应予立案追诉:(一)走私淫秽录像带、影碟五十盘(张)以上的;(二)走私淫秽录音带、音碟一百盘(张)以上的;(三)走私淫秽扑克、书刊、画册一百副(册)以上的;(四)走私淫秽照片、画片五百张以上的;(五)走私其他淫秽物品相当于上述数量的;(六)走私淫秽物品数量虽未达到本条第(一)项至第(四)项规定标准,但分别达到其中两项以上标准的百分之五十以上的。

第一百条 本规定中的立案追诉标准,除法律、司法解释另有规定的以外,适用于相关的单位犯罪。

8 最高人民法院《最高人民法院关于审理走私刑事案件具体应用法律若干问题的解释(二)》(2006年11月16日 法释〔2006〕9号)(节录)①

第五条 对在走私的普通货物、物品或者废物中藏匿刑法第一百五十一条、第一百五十二条、第三百四十七条、第三百五十条规定的货物、物品,构成犯罪的,以实际走私的货物、物品定罪处罚;构成数罪的,实施数罪并罚。

第六条 逃避海关监管,走私国家禁止进口的废物或者国家限制进口的可用作原料的废物,具有下列情形之一的,属于刑法第一百五十二条第二款规定的"情节严重",以走私废物罪判处五年以下有期徒刑,并处或者单处罚金:

(一)走私国家禁止进口的危险性固体废物、液态废物分别或者合计达到一吨以上不满五吨的;

(二)走私国家禁止进口的非危险性固体废物、液态废物分别或者合计达到五吨以不满二十吨的;

(三)未经许可,走私国家限制进口的可用作原料的固体废物、液态废物分别或者合计达到二十吨以上不满一百吨的;

(四)走私国家禁止进口的废物并造成重大环境污染事故。

第七条 走私国家禁止进口的废物或者国家限制进口的可用作原料的废物数量,超过本解释第六条规定的数量标准,或者达到了规定的数量标准并造成重大环境污染事故,或者虽未达到规定的数量标准但造成重大环境污染事故且后果特别严重的,属于刑法第一百五十二条第二款规定的"情节特别严重",以走私废物罪判处五年以上有期徒刑,并处罚金。

第八条 经许可进口国家限制进口的可用作原料的废物时,偷逃应缴税额,构成犯罪的,应当依照刑法第一百五十三条规定,以走私普通货物罪定罪处罚;既未经许可,又偷

---

① 对其解读见:《刑事审判参考》2006年第6辑总第53辑,第71~77页。

逃应缴税额，同时构成走私废物罪和走私普通货物罪的，应当按照刑法处罚较重的规定定罪处罚。

虽经许可，但超过许可数量进口国家限制进口的可用作原料的废物，超过部分以未经许可论。

第九条 走私置于容器中的气态废物的，参照本解释规定的有关固体废物、液态废物的定罪数量标准和处罚原则处理。

国家限制进口的可用作原料的废物的具体种类，按照国家有关部门规定执行。

第十条 本解释施行后，最高人民法院法释〔2000〕30号《关于审理走私刑事案件具体应用法律若干问题的解释》中有关走私固体废物犯罪的规定不再执行。

❾ 最高人民法院《关于审理走私刑事案件具体应用法律若干问题的解释》（2000年10月8日 法释〔2000〕30号）（节录）①

第五条 刑法第一百五十二条规定的"其他淫秽物品"，是指除淫秽的影片、录像带、录音带、图片、书刊以外的，通过文字、声音、形象等形式表现淫秽内容的影碟、音碟、电子出版物等物品。

走私淫秽物品达到下列数量之一的，属于走私淫秽物品罪"情节较轻"，处三年以下有期徒刑、拘役或者管制，并处罚金：

（一）走私淫秽录像带、影碟五十盘（张）以上至一百盘（张）的；

（二）走私淫秽录音带、音碟一百盘（张）以上至二百盘（张）的；

（三）走私淫秽扑克、书刊、画册一百副（册）以上至二百副（册）的；

（四）走私淫秽照片、画片五百张以上至一千张的；

（五）走私其他淫秽物品相当于上述数量的。

走私淫秽物品在本条第二款规定的最高数量以上不满最高数量五倍的，处三年以上十年以下有期徒刑，并处罚金。

走私淫秽物品在本条第二款规定的最高数量五倍以上，或者虽不满最高数量五倍，但具有是犯罪集团的首要分子或者使用特种车进行走私等严重情节的，属于走私淫秽物品罪"情节严重"，处十年以上有期徒刑或者无期徒刑，并处罚金或者没收财产。

走私非淫秽的影片、影碟、录像带、录音带、音碟、图片、书刊、电子出版物等物品的，依照刑法第一百五十三条的规定定罪处罚。

第八条（第二款） 直接向走私人非法收购国家禁止进口物品的，或者在内海、领海运输、收购、贩卖国家禁止进出口物品的，应当按照走私物品的种类，分别适用刑法第一百五十一条、第一百五十二条、第三百四十七条的规定定罪处罚。

第十条（第一款） 单位犯刑法第一百五十一条、第一百五十二条规定的各罪以及走私国家禁止进口的固体废物的，对单位判处罚金，并对其直接负责的主管人员和其他直接责任人员，分别依照本解释的有关规定处罚。

---

① 对其解读见：《刑事审判参考》2000年第6辑总第11辑，第59，103页以及《解读最高人民法院司法解释·刑事、行政卷（1997～2002）》第139～154页。

⑩ 最高人民法院、最高人民检察院《关于执行〈中华人民共和国刑法〉确定罪名的补充规定（二）》（2003年8月15日　法释〔2003〕12号）（节录）①

走私废物罪与非法处置进口的固体废物罪、擅自进口固体废物罪的用语不一致的问题，是刑法第三百三十九条所规定的犯罪对象，仅限于固体废物，故两罪之间不会出现歧义。

⑪ 最高人民法院研究室《关于对海关监管现场查获的走私犯罪案件认定既遂、未遂问题的函》（2000年7月30日　法研〔2000〕68号）

经研究，提供以下意见供参考：行为人犯走私罪，在海关监管现场被查获的，应当认定为犯罪既遂。

⑫ 最高人民法院研究室《关于对手提电脑内存淫秽图像走私案件如何适用法律问题的复函》（2000年4月27日　法研〔2000〕45号）

经研究，提出如下意见供参考：对于以牟利或者传播为目的，携带内存淫秽图像手提电脑入境的行为应当依照刑法第一百五十二条的规定，以走私淫秽物品罪定罪处罚。对于没有证据证明走私行为人具有牟利或者传播目的的，建议依照海关法的有关规定，对行为人予以行政处罚。

附件：《关于对手提电脑内存淫秽图像走私案件如何认定和适用法律问题的函》（侦查函字〔2000〕62号），

最高人民法院研究室：

深圳海关走私犯罪侦查分局1999年受理并立案侦查六起在罗湖口岸旅检渠道查获的手提电脑内存淫秽图像走私案件，共有淫秽图像6988幅。当地检察机关认为现行法律对该类案件中淫秽图像的定罪数量没有明确的标准，且由于是在入境环节查获，无充分证据证明行为人主观上具有牟利或者传播的目的，故对上述案件涉案犯罪嫌疑人不批准逮捕。2000年1月至4月11日，深圳罗湖海关又查获此类案件九起，并有淫秽图像11473幅，同时存有淫秽电影片段40秒。鉴于此类案件的特殊性，请贵室对此类案件如何认定和适用法律问题予以明确，并请函告我局。

⑬ 海关总署走私犯罪侦查局《关于对拱北分局〈关于"惠外运126"船徐枚中等人涉嫌走私光盘案定性问题的请示〉的批复》（2002年1月31日　侦法研字〔2002〕6号）

经研究认为，徐枚中主观上明知走私的货物是光盘，指挥"惠外运126"船到香港运载走私货物，而实际查获的光盘中包含部分淫秽光盘。就其走私淫秽光盘部分，犯罪嫌疑人只有一个犯罪故意，实施了一个行为，同时触犯了两个罪名，应按"择一重罪处罚"的原则处理。鉴于该案查获的354000张淫秽光盘计核偷逃税款337010元，根据《刑法》和《最高人民法院关于审理走私刑事案件具体应用法律若干问题的解释》的有关规定，该案中犯罪嫌疑人徐枚中在内海、领海指挥运输国家禁止进口的4453000张光盘（含淫秽光盘）的行为应按走私普通货物罪和走私淫秽物品罪两罪定罪。

---

① 对其解读见：《刑事审判参考》2003年第5辑总第34辑，第188~194页以及《刑事司法指南》2003年第3辑总第15辑，第150~158页。

❶4 海关总署《关于严格查禁淫秽物品进出口的实施办法》（1985年6月5日）（节录）

第三条 进出境人员携带或个人邮寄进出口音像制品、印刷品，必须如实向海关申报，接受海关监管。

第四条 以贸易方式进口音像制品、印刷品，应经国务院授权的主管部门审查批准，由收货人或其代理人凭有关部门的证明向海关申报并接受海关监管。

第五条 因工作需要进口的资料中夹杂有淫秽内容的，海关凭中央有关部委和省、自治区、直辖市一级的证明查核放行。

第六条 遗留在进出境运输工具上和进出境人员检查场所的淫秽物品，由海关统一收缴销毁。

第七条 凡携带、邮寄或以货运方式进出口的淫秽物品，无论向海关申报与否，经海关检查发现后，一律予以没收。

第八条 对进出口淫秽物品的当事人，视情节按以下规定处理：（一）对在海关检查前主动交出淫秽物品的，免予罚款；

（二）个人携带或邮寄进出口属于淫秽物品的印刷品、录音带、幻灯片、玩具、用品，以及淫药、淫具，处以一百元以上一千元以下的罚款；

（三）个人携带或邮寄进出口属于淫秽物品的录像带、视盘、影片、电视片，处以五百元以上五千元以下的罚款；

（四）利用货运方式进出口淫秽物品的，处以五千元以上五万元以下的罚款；

（五）对进出口淫秽物品藏匿不报或向海关伪报逃避海关监管构成走私行为的，按上述罚则加倍罚款；

（六）走私淫秽物品情节严重构成犯罪的，除按本条（五）款处以罚款外，送交公安、司法机关依法惩处。

学理观点·典型案例 ➡ 索引与要旨

❶《目的犯的法理研究》，载《刑事审判要览》2004年第3辑总第9辑，第36～55页。

❷《刑事法理论在司法实务中的运用》，载《华东刑事司法评论》2002年第一卷，第133～174页。

要旨 ➡ 在目的上，我们必须证明行为人以营利或者传播为目的而走私淫秽物品的，才能定走私淫秽物品罪。

第153条 走私普通货物、物品罪

走私本法第一百五十一条、第一百五十二条、第三百四十七条规定以外的货物、物品的，根据情节轻重，分别依照下列规定处罚：

（一）走私货物、物品偷逃应缴税额在五十万元以上的，处十年以上有期徒刑或者无期徒刑，并处偷逃应缴税额一倍以上五倍以下罚金或者没收财产；

情节特别严重的，依照本法第一百五十一条第四款的规定处罚。

（二）走私货物、物品偷逃应缴税额在十五万元以上不满五十万元的，处三年以上十年以下有期徒刑，并处偷逃应缴税额一倍以上五倍以下罚金；情节特别严重的，处十年以上有期徒刑或者无期徒刑，并处偷逃应缴税额一倍以上五倍以下罚金或者没收财产。

（三）走私货物、物品偷逃应缴税额在五万元以上不满十五万元的，处三年以下有期徒刑或者拘役，并处偷逃应缴税额一倍以上五倍以下罚金。

单位犯前款罪的，对单位判处罚金，并对其直接负责的主管人员和其他直接责任人员，处三年以下有期徒刑或者拘役；情节严重的，处三年以上十年以下有期徒刑；情节特别严重的，处十年以上有期徒刑。

对多次走私未经处理的，按照累计走私货物、物品的偷逃应缴税额处罚。

中华人民共和国刑法修正案（八）（第十一届全国人民代表大会常务委员会第十九次会议 2011 年 2 月 25 日通过，中华人民共和国主席令第四十一号公布，自 2011 年 5 月 1 日起施行。）

二十七、将刑法第一百五十三条第一款修改为："走私本法第一百五十一条、第一百五十二条、第三百四十七条规定以外的货物、物品的，根据情节轻重，分别依照下列规定处罚：

（一）走私货物、物品偷逃应缴税额较大或者一年内曾因走私被给予二次行政处罚后又走私的，处三年以下有期徒刑或者拘役，并处偷逃应缴税额一倍以上五倍以下罚金。

（二）走私货物、物品偷逃应缴税额巨大或者有其他严重情节的，处三年以上十年以下有期徒刑，并处偷逃应缴税额一倍以上五倍以下罚金。

（三）走私货物、物品偷逃应缴税额特别巨大或者有其他特别严重情节的，处十年以上有期徒刑或者无期徒刑，并处偷逃应缴税额一倍以上五倍以下罚金或者没收财产。"

关　联　规　范　　　完全整理

❶《中华人民共和国刑法》（1980 年 1 月 1 日）第 155 条

下列行为，以走私罪论处，依照本节的有关规定处罚：（一）直接向走私人非法收购国家禁止进口物品的，或者直接向走私人非法收购走私进口的其他货物、物品，数额较大的；（二）在内海、领海、界河、界湖运输、收购、贩卖国家禁止进出口物品的，或者运输、收购、贩卖国家限制进出口货物、物品，数额较大，没有合法证明的。

❷《中华人民共和国刑法》（1980 年 1 月 1 日）第 156 条

与走私罪犯通谋，为其提供贷款、资金、账号、发票、证明，或者为其提供运输、保管、邮寄或者其他方便的，以走私罪的共犯论处。

❸《中华人民共和国刑法》（1980年1月1日）第157条

武装掩护走私的，依照本法第一百五十一条第一款、第四款的规定从重处罚。

以暴力、威胁方法抗拒缉私的，以走私罪和本法第二百七十七条规定的阻碍国家机关工作人员依法执行职务罪，依照数罪并罚的规定处罚。

❹ 最高人民法院《关于审理走私犯罪案件适用法律有关问题的通知》（2011年4月26日 法〔2011〕163号）（节录）

一、《刑法修正案（八）》取消了走私普通货物、物品罪定罪量刑的数额标准，《刑法修正案（八）》施行后，新的司法解释出台前，各地人民法院在审理走私普通货物、物品罪犯罪案件，可参照适用修正前的刑法及《最高人民法院关于审理走私刑事案件具体应用法律若干问题的解释》（法释〔2000〕30号）规定的数额标准。

二、对于一年内曾因走私被给予二次行政处罚后又走私需要追究刑事责任的，具体的定罪量刑标准可由各地人民法院结合案件具体情况和本地实际确定。各地人民法院要依法审慎稳妥把握好案件的法律适用和政策适用，争取社会效果和法律效果的统一。

❺ 最高人民法院、最高人民检察院、海关总署《关于办理走私刑事案件适用法律若干问题的意见》（2002年7月8日 法〔2002〕139号）（节录）①

一、关于走私犯罪案件的管辖问题、二、关于电子数据证据的收集、保全问题、三、关于办理走私普通货物、物品刑事案件偷逃应缴税额的核定问题、四、关于走私犯罪嫌疑人的逮捕条件、

五、关于走私犯罪嫌疑人、被告人主观故意的认定问题

行为人明知自己的行为违反国家法律法规，逃避海关监管，偷逃进出境货物、物品的应缴税额，或者逃避国家有关进出境的禁止性管理，并且希望或者放任危害结果发生的，应认定为具有走私的主观故意。

走私主观故意中的"明知"是指行为人知道或者应当知道所从事的行为是走私行为。具有下列情形之一的，可以认定为"明知"，但有证据证明确属被蒙骗的除外：

（一）逃避海关监管，运输、携带、邮寄国家禁止进出境的货物、物品的；

（二）用特制的设备或者运输工具走私货物、物品的；

（三）未经海关同意，在非设关的码头、海（河）岸、陆路边境等地点，运输（驳载）、收购或者贩卖非法进出境货物、物品的；

（四）提供虚假的合同、发票、证明等商业单证委托他人办理通关手续的；

（五）以明显低于货物正常进（出）口的应缴税额委托他人代理进（出）口业务的；

（六）曾因同一种走私行为受过刑事处罚或者行政处罚的；

（七）其他有证据证明的情形。

六、关于行为人对其走私的具体对象不明确的案件的处理问题

走私犯罪嫌疑人主观上具有走私犯罪故意，但对其走私的具体对象不明确的，不影响

---

① 对其解读见：《刑事审判参考》2002年第4辑总第27辑，第149～170，185～203页。

走私犯罪构成，应当根据实际的走私对象定罪处罚。但是，确有证据证明行为人因受蒙骗而对走私对象发生认识错误的，可以从轻处罚。

八、关于走私旧汽车、切割车等货物、物品的行为的定罪问题

走私刑法第一百五十一条、第一百五十二条、第三百四十七条、第三百五十条规定的货物、物品以外的，已被国家明令禁止进出口的货物、物品，例如旧汽车、切割车、侵犯知识产权的货物、来自疫区的动植物及其产品等，应当依照刑法第一百五十三条的规定，以走私普通货物、物品罪追究刑事责任。

十四、关于海上走私犯罪案件如何追究运输人的刑事责任问题

对刑法第一百五十五条第（二）项规定的实施海上走私犯罪行为的运输人、收购人或者贩卖人应当追究刑事责任。对运输人，一般追究运输工具的负责人或者主要责任人的刑事责任，但对于事先通谋的、集资走私的或者使用特殊的走私运输工具从事走私犯罪活动的，可以追究其他参与人员的刑事责任。

十七、关于单位走私犯罪案件诉讼代表人的确定及其相关问题。十八、关于单位走私犯罪及其直接负责的主管人员和直接责任人员的认定问题。十九、关于单位走私犯罪后发生分立、合并或者其他资产重组情形以及单位被依法注销、宣告破产等情况下，如何追究刑事责任的问题。二十、关于单位与个人共同走私普通货物、物品案件的处理问题。二十一、关于单位走私犯罪案件自首的认定问题。

6 最高人民检察院《关于擅自销售进料加工保税货物的行为法律适用问题的解释》（2000年10月16日　高检发释字〔2000〕3号）①

保税货物是指经海关批准未办理纳税手续进境，在境内储存、加工、装配后复运出境的货物。经海关批准进口的进料加工的货物属于保税货物。未经海关许可并且未补缴应缴税额，擅自将批准进口的进料加工的原材料、零件、制成品、设备等保税货物，在境内销售牟利，偷逃应缴税额在五万元以上的，依照刑法第一百五十四条、第一百五十三条的规定，以走私普通货物、物品罪追究刑事责任。

7 最高人民法院《关于审理走私刑事案件具体应用法律若干问题的解释》（2000年10月8日　法释〔2000〕30号）（节录）②

第六条　刑法第一百五十三条规定的"应缴税额"，是指进出口货物、物品应当缴纳的进出口关税和进口环节海关代征税的税额。

走私货物、物品所偷逃的应缴税额，应当以走私行为案发时所适用的税则、税率、汇率和海关审定的完税价格计算，并以海关出具的证明为准。

刑法第一百五十三条第三款规定的"对多次走私未经处理的"，是指对多次走私未经行政处罚处理的。

第八条（第三款）直接向走私人非法收购走私进口的国家非禁止进口货物、物品，数

---

①　对其解读见：《解读最高人民检察院司法解释》，第264～267页。
②　对其解读见：《刑事审判参考》2000年第6辑总第11辑，第59，103页。《解读最高人民法院司法解释·刑事、行政卷（1997～2002）》，第139～154页。

额较大的，或者在内海、领海运输、收购、贩卖国家限制进出口货物、物品，数额较大，没有合法证明的，应当适用刑法第一百五十三条的规定定罪处罚。

第十条（第二款） 单位犯走私普通货物、物品罪以及走私国家限制进口的可用作原料的固体废物的，偷逃应缴税额在二十五万元以上不满七十五万元的，对单位判处罚金，并对其直接负责的主管人员和其他直接责任人员，处三年以下有期徒刑或者拘役；偷逃应缴税额在七十五万元以上不满二百五十万元的，属于情节严重，处三年以上十年以下有期徒刑；偷逃应缴税额在二百五十万元以上的，属于情节特别严重，处十年以上有期徒刑。

⑧ 最高人民法院《关于审理骗购外汇、非法买卖外汇刑事案件具体应用法律若干问题的解释》（1998年9月1日 法释〔1998〕20号）（节录）①

第一条 以进行走私、逃汇、洗钱、骗税等犯罪活动为目的，使用虚假、无效的凭证、商业单据或者采取其他手段向外汇指定银行骗购外汇的，应当分别按照刑法分则第三章第二节、第一百九十条、第一百九十一条和第二百零四条等规定定罪处罚。

⑨ 最高人民法院《关于在审理经济纠纷案件中涉及经济犯罪嫌疑若干问题的规定》（1998年4月29日 法释〔1998〕7号）（节录）②

第七条 单位直接负责的主管人员和其他直接责任人员，将单位进行走私或其他犯罪活动所得财物以签订经济合同的方法予以销售，买方明知或者应当知道的，如因此造成经济损失，其损失由买方自负。但是，如果买方不知该经济合同的标的物是犯罪行为所得财物而购买的，卖方对买方所造成的经济损失应当承担民事责任。

⑩ 最高人民法院研究室《关于对海关监管现场查获的走私犯罪案件认定既遂、未遂问题的函》（2000年7月30日 法研〔2000〕68号）

经研究，提供以下意见供参考：行为人犯走私罪，在海关监管现场被查获的，应当认定为犯罪既遂。

⑪ 公安部《关于如何理解走私罪中"直接主管人员"和"直接责任人员"的答复》（1994年3月3日 公法〔1994〕27号）

经商最高人民法院研究室同意，现答复如下：所谓"直接负责的主管人员"，是指在企业事业单位、机关、团体中，对本单位实施走私犯罪起决定作用的、负有组织、决策、指挥责任的领导人员。单位的领导人参与单位走私的组织、决策、指挥，或者仅是一般参与，并不是起决定作用的，则不应对单位的走私犯罪负刑事责任。

所谓"直接责任人员"，是指直接实施本单位走私犯罪行为或者虽对本单位走私犯罪负有部分组织责任，但对本单位走私犯罪行为不起决定作用，只是具体执行、积极参与的该单位的部门负责人或者一般工作人员。

对涉及两个或两个以上企事业单位、机关、团体联合走私的，认定"直接负责的主管人员"和"直接责任人员"，按上述原则办理。

---

① 对其解读见：《解读最高人民法院司法解释·刑事、行政卷（1997~2002）》，第118~123页。
② 对其解读见：《解读最高人民法院司法解释·刑事、行政卷（1997~2002）》，第111~117页。

第二编 分则 第三章 破坏社会主义市场经济秩序罪

⑫ 海关总署《关于认定走私行为有关问题的通知》(1988 年 8 月 25 日)

据一些海关报告,《中华人民共和国海关法》和《海关法行政处罚实施细则》公布施行后,对于认定不构成犯罪的走私行为是否"以牟利为目的"为必要条件有不同认识,要求予以明确。

根据 1981 年 6 月 10 日第五届全国人大常委会第十九次会议通过的《关于加强法律解释工作的决议》第三条关于"不属于审判和检察工作中的其他法律、法令如何具体应用的问题,由国务院及主管部门进行解释"的精神,以及《海关法行政处罚实施细则》第三十五条的规定,经请示全国人大法制工作委员会,对上述问题明确如下:"以牟利为目的"不是构成走私行为的必要条件,《海关法行政处罚实施细则》第三条对此已有明确规定。对于违反《海关法》和国家有关法律、法规(规章),逃避海关监管,运输、携带、邮寄国家禁止进出境的物品、国家限制进出口或者依法应当缴纳关税的货物、物品进出境,未构成犯罪的,应依照《海关法》第四十八条和《海关法行政处罚实施细则》第二章的规定处理。

⑬ 广东省高级人民法院、省检察院、海关总署广东分署《加强查办走私犯罪案件工作第八次联席会议纪要》(2009 年 12 月 8 日 粤检会字〔2009〕12 号)(节录)

二、关于团伙走私犯罪案件从犯主观故意的认定问题

走私犯罪案件中,不同的人员所起的作用和地位不同,案件中作为老板(一般是主要受益方,主犯)往往很难独立完成走私,需要借助其他人员(一般为次要受益方,从犯)才能完成,这些人员除了一些为主观故意明显的直接走私责任人员外,还有一些地位重要、作用突出的人员,他们为走私犯罪分子提供相关帮助和便利,但相互间不一定存在直白协商的情况。这些人员经常以"老板没有告诉是走私"或"只是打工,不管老板是否走私"为由进行辩解,否认其明知走私。

联席会议认为,办案人员应综合犯罪嫌疑人的职业经历、参与走私活动的次数、在走私活动中的地位和作用、获取的报酬、抓获时的表现及是否曾因走私活动受过行政处罚等情形予以认定。

⑭ 厦门市中级人民法院、市检察院、厦门海关缉私局《二〇〇七年第一次刑事执法联席会议纪要》(2007 年 7 月 18 日 厦关缉私〔2007〕53 号)

一、关于翻译人员的资质确定问题

对于案件中所涉及的部分小语种语言或者方言,因客观原因导致无法聘请到持有正式翻译证书的翻译人员,办案部门应从以下几方面开展工作,以确定翻译人员是否具备翻译的能力:

(一)对翻译人员进行审查,查明其身份、在华工作学习时间、文化程度、工作单位、从事何种职业等情况,并出具相应书面证明;

(二)告知犯罪嫌疑人所聘请的翻译人员的基本情况及其相应的诉讼权利,由犯罪嫌疑人确认翻译人员与其语言交流是否顺畅、无障碍,是否同意接受其翻译并记录在案;

(三)翻译人员应出具书面声明,说明其与本案没有利害关系,且其熟悉汉语,能用汉语与侦查人员进行正常的沟通、交流,无障碍;

（四）对具有书写能力的犯罪嫌疑人，应让其亲笔书写供词，并由翻译人员翻译成中文。

二、关于走私犯罪案件中涉及的其他犯罪案件的管辖问题

根据现有刑事案件管辖分工的规定，缉私部门侦查走私犯罪案件涉及应由其他机关管辖的犯罪案件或者线索时，如果涉嫌主罪属于缉私部门管辖，由缉私部门为主侦查，相关案件或者线索应及时移交有管辖权的机关处理，并将移送情况通知检察机关；如果涉嫌主罪属于其他机关管辖的，应及时将案件移送有管辖权的机关处理并配合查清走私犯罪的相关事实。

⑮《福建省高级人民法院刑二庭、福建省人民检察院侦查监督处、公诉处、福州海关缉私局《联席会议纪要》（2006年7月19日　福关缉字〔2006〕74号）（节录）

二、与会各方对提出的问题进行了讨论和协商，对下列问题达成一致意见：1. 对打击走私台湾渔业补助用油（"蓝油"）过程中出现的定性和处罚问题，与会各方经讨论后认为，由于"蓝油"目前无法通过商检进行原产地认定，国家也还没有专门出台处理"蓝油"的相关法规，对缉私部门查获的"蓝油"原产地无法认定，可根据具体情况综合全案证据材料进行认定。鉴于"蓝油"走私有数量增多，涉案地向福建省周边扩展的趋势，海关缉私部门应及时将问题上报打私办等部门，提请国家权威部门根据实际打私需要出台"蓝油"检验标准和相应的法律法规明确"买卖、运输、储存蓝油就是非法行为"。

2. 对加工贸易企业伪报品名假出口、假结转或者利用虚假单证等行为在监管现场被查获能否认定走私以及如何适用法律问题，与会各方经讨论后认为，加工贸易企业实施了伪报品名假出口、假结转或者利用虚假单证等行为，虽然还未办理核销或者倒卖，但若没有被海关执法部门查获，保税货物、物品实际上就已经脱离了海关监管，随时可能造成国家税款流失，因此海关在监管现场查获的"加工贸易企业伪报品名假出口、假结转或者利用虚假单证假核销"等案件可以认定为走私行为。

⑯《福建省人民检察院侦查监督处、公诉处，福建省高级人民法院刑二庭，厦门海关缉私局二〇〇三年第一次联席会议纪要》（2003年4月7日　闽检侦监〔2003〕17号）（节录）

二、与会各方对提出的问题进行了讨论和协商，对下列问题，达成一致意见

1. 对一些情节较轻的走私案件，是否有逮捕必要，与会各方同意，办理走私案件要注意处理好打击和保护经济发展的关系，检察院和海关侦查部门双方要多沟通，综合考虑犯罪嫌疑人的主观故意、主观恶性、社会危害性等因素，对能采取取保候审、监视居住等强制措施，不致发生社会危害性的，可依法不采取逮捕强制措施。

5. 关于外国人或台湾人涉嫌走私犯罪案件的犯罪嫌疑人身份确定问题，如案件事实清楚，证据确实充分，可以以确认的有效身份证件来确定，但对犯罪嫌疑人年龄未满18岁的，要在年龄上进行甄别。

⑰海关总署走私犯罪侦查局《关于对将汽车整台套OEM件化整为零报关进口的行为的处理意见》（2002年10月30日　侦法研字〔2002〕92号）

经研究，意见如下：由于目前国家缺少对机电产品事件"化整为零"进口的禁限措

施,同时海关采用根据货物的实际进口状态归类征税、凭证放行的监管方式,因此对于江西富奇汽车有限公司(以下简称"江西富奇")采取"化整为零"的手法,将汽车OEM件分解为零部件分散进口,按实际进口状态如实报关纳税并交验许可证的行为,难以查找其违法之处。在本案中,江西富奇等当事单位虽然客观上具有规避海关对进口汽车主件的管制及偷漏应缴税额的嫌疑,但因其单个进口行为不具有违法性,故本案作为走私犯罪案件处理,在证据认定及法律政策适用上均会面临困难。因此我局认为本案不以走私普通货物、物品罪定性为妥。当事人将零件分批进口后又进行组装的行为如果构成违法,可从非法拼(组)装的角度查处。

18 广东省高级人民法院《关于办理破坏社会主义市场经济秩序犯罪案件若干具体问题的指导意见》(2002年7月2日 粤高法〔2002〕87号)(节录)

一、关于走私犯罪案件

1. 关于走私犯罪的主观故意。走私犯罪的主观故意是指行为人明知自己的行为违反海关法规,逃避海关监管,偷逃进出口货物、物品的应缴税款,或者逃避国家有关货物、物品进出口的禁止性规定而实施上述行为。

"明知"是指已经知道或者应当知道自己的行为违反了海关法规。对于行为人否认有走私故意的案件,应当根据通常的经验、行为人的具体行为等全面审查认定。

2. 有下列情形之一者,可认定行为人有走私的故意,但是有证据证明其确属被蒙骗的除外:

(1) 运输、携带、邮寄国家禁止进出境,或者限制进出境、没有合法证明的货物、物品,逃避海关监管的;

(2) 在车、船上使用带有夹层箱、"暗格"、水下拖箱等特制工具运输、携带货物、物品,逃避海关监管的;

(3) 以明显低于正常进出口价格、税额进行"包税"或者通关交易的;

(4) 从事外贸经营、报关、口岸运输、跨境运输的从业人员在货物进出口业务中故意实施违反海关监管行为的。

5. 关于走私犯罪既遂与未遂的问题。对于不同类型的走私案件,其既遂与未遂的界限有所不同,不能认为走私犯罪必须在行为人将私货销售获利方为既遂。在具体案件中,海上走私的,应以是否进入我国领海、内水为既遂与未遂的界限;通关走私的,应以行为人是否向海关作虚假申报为既遂与未遂的界限;绕关走私的,应以是否越过国(边)境为既遂与未遂的界限;《刑法》第154条规定的"后续走私"的情形,应以销售牟利是否成功来区分是否既遂。

10. 未经合法审批手续而偷运零关税货物入境的行为,没有偷逃应缴的税款,不构成走私罪。

11. 根据最高人民法院《关于审理走私刑事案件具体应用法律若干问题的解释》规定,认定走私货物、物品所偷逃的应缴税额,应当以走私行为案发时所适用的税则、税率、汇率和海关审定的完税价格计算,并以海关出具的证明为准。人民法院在审理具体案件中对海关所出具的证明有疑问的,应当要求海关出具审定完税价格的依据。

⑲ 海关总署走私犯罪侦查局《关于对走私国家禁止进境的动植物产品案件如何适用法律问题的批复》（2001年6月17日 侦查〔2001〕191号）

经研究，现对该问题批复如下：根据《中华人民共和国进出境动植物检疫法》第五条的规定，对来自境外疫区的动植物产品禁止进境。对走私国家禁止进境货物、物品的案件，海关法第八十二条明确规定为走私行为，同海关予以行政处罚，构成犯罪的，依法追究刑事责任。根据《中华人民共和国刑法》第一百五十三条的规定，对走私刑法第一百五十一条、第一百五十二条、第三百四十七条所列明的违禁品类走私对象中并不包含来自疫区的动植物产品，对该类动植物产品中涉税的，可依据刑法第一百五十三条的规定，依法计核偷逃税额并追究刑事责任。

进出口货物、物品是否属于涉税货物、物品，应依据海关税则而非国家检验检疫部门的文件。旱獭皮以及其他动植物产品在《中华人民共和国海关进出口税则》中均属于涉税货物、物品；而对于来自境外疫区的动植物产品，在其疫情消除前，又属于国家临时禁止进境物品。对走私该类货物、物品的违法行为的处理，面临着法律的竞合（海关法的处理和刑法的处理），根据法律适用的一般原则，对于法律竞合状态下的违法行为的处理，应当择其重者予以处罚。故你分局应当根据总署下发的《海关总署关于对走私国家禁止进出口货物案件定性和适用法律问题的意见》（署法函〔2001〕58号）第一条的规定，对你关查获的走私旱獭皮案件予以立案侦查。

⑳《厦门市人民检察院与厦门海关走私犯罪侦查分局办案配合办法》（2001年5月15日 厦检〔2002〕60号）（节录）

第六条 侦查分局应于每月月初向检察院通报上月的重、特大案件的发、立、破情况。

第七条 侦查分局侦办重、特大案件或疑难复杂案件，认为需要检察院审查批捕处席现场、介入侦查或者参加案件讨论的，应当通知检察院审查批捕处派员参加。

三、案件的审查批捕

第十条 对于由多人参与的共同走私犯罪案件或者重、特大案件、疑难复杂的案件，侦查分局在提请检察院批准逮捕前，可以先征求检察院审查批捕处的意见。对于符合逮捕条件的，应及时提请检察院批准逮捕。

第十一条 检察院审查批捕处在审查批捕时，既要严格依法审查，又要充分考虑走私案件涉案人员多、涉及地域广、时间跨度长、案件复杂等特点，对于符合刑事诉讼法第六十条规定的逮捕条件的，应当及时作出批准逮捕的决定。

第十三条 对于批准逮捕的案件，检察院审查批捕处可以从侦查监督的职责出发，立足于法庭举证的具体要求，制作《提供法庭证据通知书》、对侦查分局的下一步侦查工作提出具体建议。

第十三条（编者注：条次重复系原文如此）侦查分局侦查人员在检察院对犯罪嫌疑人批准逮捕后，应当按照检察院制作的《提供法庭证据通知书》的要求收集、固定证据。

第十四条 检察院审查批捕处在不予批准逮捕前，可以将不予批准逮捕的理由事先向侦查分局通报；侦查分局有异议的，应积极和检察院审查批捕处协商沟通，争取达成一致意见。如果意见不能达成一致，双方按刑事诉讼法的有关规定办理，也可以由案件主办单位提交市委政法委研究协调。

第十五条　在案件侦查过程中，侦查分局对已经批准逮捕的犯罪嫌疑人拟变更强制措施的，在案件移送审查起诉前，应当书面征求检察院审查批捕处的意见，并送审查起诉处备案。

㉑ 海关总署走私犯罪侦查局《关于对〈昆明侦查分局查获走私的 196000 片 VCD 光盘的请示报告〉的批复》（1999 年 10 月 18　侦查函〔1999〕60 号）

经研究，根据《刑法》和《刑事诉讼法》的规定，现就所请示的问题批复如下：1. 鉴于《刑法》未把走私盗版光盘归为走私罪，因此不能以走私盗版光盘适用走私罪条款。2. 按照法律法规的规定，你分局所查获的走私光盘目前尚不具备盗版鉴定的法定条件，因此，在与检察机关联系沟通并取得一致意见后，可以走私普通货物、物品罪追究犯罪嫌疑人的法律责任。

学理观点·典型案例 ▷ 索引与要旨

❶《刑法修正案（八）》解读，载《刑事审判参考》2011 年第 4 辑总第 81 辑，第 83～117 页以及《公检法办案指南》2011 年第 3 辑总第 135 辑，第 13～121 页。

❷《广东省反走私综合治理工作规定》，载《刑事法律文件解读》2010 年第 3 辑总第 57 辑，第 105～110 页。

❸《单位走私犯罪主体的司法认定》，载《刑事法律文件解读》2010 年第 1 辑总第 55 辑，第 91～101 页。

❹《出口型走私犯罪若干问题探讨》，载《刑事法律文件解读》2010 年第 1 辑总第 55 辑，第 102～108 页。

要旨 ➡ 1. 出口型走私违法所得的认定和追缴；2."未经处理"情形之界定；3. 挂靠部门实施走私犯罪行为的处理；4. 出口税率政策调整对行为人定罪处罚的影响。

❺《关于走私罪主观故意及既未遂的认定问题》，载《刑事司法指南》2009 年第 3 辑总第 39 辑，第 17～42 页。

❻《走私犯罪案件涉案财物处理问题研究》，载《刑事司法指南》2009 年第 3 辑总第 39 辑，第 131～139 页。

❼《走私犯罪案件鉴定结论应用问题研究》，载《刑事司法指南》2008 年第 1 辑总第 33 辑，第 123～129 页。

❽《张俊等走私普通货物案》，载《刑事审判参考》2007 年第 5 辑总第 58 辑，第 1～10 页。

要旨 ➡ 单位责任人员在实施单位犯罪的同时，其个人又犯与单位犯罪相同之罪的，应数罪并罚。

❾《林永杰、卢志强走私普通货物案》，载《刑事审判参考》2007 年第 1 辑总第 54 辑，第 1～9 页。

核心提示➡走私仿真枪犯罪案件中的有关鉴定和计税依据问题

要旨➡ 1. 仿真枪的鉴定应该以公安部门作出的鉴定结论为准；2. 仿真枪核税依据的认定。法院依据广东省公安厅刑事技术鉴定中心出具的鉴定结论，认定本案走私的枪形物品系仿真枪。

虽然本案走私仿真枪偷逃税额的核定依据为《中华人民共和国海关进出口税则》9304.0000品目"其他武器"，但不能因此而认定为本案走私的仿真枪是走私武器弹药罪中的"武器"。

⑩《江苏阿耳法光学有限公司走私普通货物案》〔2007〕镇刑二初字第2号，江苏省镇江市中级人民法院

要旨➡在买卖双方未进行最终结算的情况下，进口单位应缴税款只能以双方实际成交价格作为依据，即使货物质量有问题，也不能成为进口单位虚报价格、偷逃税款的理由。

⑪《关于特定减免税类走私案件证据问题的几点思考》，载《刑事司法指南》2007年第1辑总第29辑，第88～108页。

⑫《王红梅、王宏斌、陈一平走私普通货物、虚开增值税专用发票案》，载《刑事审判参考》2005年第2辑总第43辑，第1～20页。

要旨➡以单位名义实施走私犯罪，没有证据证实违法所得被实施犯罪的个人占有或者私分的，应当根据有利于被告人的原则，认定为单位走私犯罪。

走私犯罪行为完成后，行为人再以该走私货物让人虚开增值税专用发票以抵扣税款的行为，由于不具有同一犯罪目的，因而不构成牵连犯罪。

基于将走私货物入境的犯罪目的，而向海关人员行贿的行为，与该走私行为，构成牵连犯罪。

⑬《走私普通货物、物品案件公诉证据参考标准》，载《刑事司法指南》2004年第4辑总第20辑，第113～121页。

要旨➡ 1. 走私普通货物、物品罪的概念与分类；2. 走私普通货物、物品罪证据参考标准；3. 本罪在收集、认定证据过程中应该注意的问题。

⑭《上海华源伊龙实业发展公司等走私普通货物案》，载《刑事审判参考》2003年第6辑总第35辑，第7～15页。

核心提示➡擅自将"进料加工"的保税货物在境内销售牟利行为的定性

要旨➡刑法对保税货物在作了列举性规定，但本案系进料加工的保税货物而非列举的来料加工的保税货物，能否追究？我们认为：要追究，二者行为性质和社会危害性相同。

⑮《宋世璋被控走私普通货物案》，载《刑事审判参考》2003年第6辑总第35辑，第1～6页。

要旨➡在代理转口贸易中未如实报关的行为不构成走私罪。

其行为表面上虽采用了不如实报关的手段逃避海关监管，但由于在客观上没有偷逃税款，亦不会给国家造成税收损失，不以走私论。有行政违法，但不构成犯罪。

⑯《走私普通货物、物品罪司法疑难问题的认定》，载《刑事司法指南》2003年第4

辑总第 16 辑，第 1~56 页。

要旨 ➡ 一、走私普通货物、物品罪司法认定中罪与非罪的界限：1. 走私普通货物、物品罪客观行为的认定；2. 后续走私行为的认定；3. 间接走私行为的认定；4. 走私普通货物、物品罪主观故意的认定；5. 如何理解和计算"偷逃应缴税额"；6. 如何理解"多次走私未经处理"。

二、走私普通货物、物品罪单位犯罪的认定：1. 单位走私普通货物、物品构成犯罪的认定；2. 单位走私犯罪后发生分立、合并或者其他资产重组情形以及单位被依法注销、宣告破产等情况下，如何追究单位的刑事责任。

三、走私普通货物、物品罪与相关罪的区分与认定：1. 走私普通货物、物品罪与放纵走私罪的界限；2. 走私普通货物、物品罪与走私特殊物品犯罪的界限；3. 走私普通货物、物品罪与偷税罪的界限。

四、走私普通货物、物品罪共同犯罪的认定：1. 如何认定走私普通货物、物品罪的共同犯罪；2. 如何理解《刑法》第156条的规定；3. 单位与个人共同走私普通货物、物品案件的处理；4. 海上走私共犯的认定与处理。

五、走私普通货物、物品罪一罪与数罪的认定：1. 既走私普通货物、物品又走私其他特定物品情形的处理；2. 单位走私犯罪的主管人员或者直接责任人员又构成个人走私犯罪情形的定罪；3. 抗拒缉私行为的定性；4. 为走私而向海关人员行贿情形的处理。

⑰《陈德福走私普通货物案》，载《刑事审判参考》2002年第1辑总第24辑，第9~15页。

核心提示 ➡ 犯罪单位的自首如何认定？

⑱《林春华等走私普通货物案》，载《刑事审判参考合订本·第一卷》，第32~38页。

要旨 ➡ 以公司名义进行走私，违法所得归个人所有的，是个人犯罪。

⑲《北京太子纺织公司、姚志俊等走私普通货物案》，载《刑事审判参考合订本·第一卷》，第24~31页。

核心提示 ➡ 单位走私犯罪在法律文书中如何表述？新旧刑法关于走私普通货物、物品犯罪规定的区别

⑳《高庆亭、刘贵良走私、放纵走私案》，载《最高人民法院判例释解·刑事卷》，第244页。

核心提示 ➡ 海关人员出于私交帮助走私分子走私事后未得利、分赃的行为如何定性？兼谈走私普通货物、物品罪与放纵走私罪的区别

㉑《林文寮、陈滨走私案》，载《最高人民法院判例释解·刑事卷》，第272页。

核心提示 ➡ 得知走私货物入境后而买私是否构成走私共犯，买私人到走私现场装货但尚未来得及与走私人面谈应如何界定犯罪形态

第154条 走私普通货物、物品罪

下列走私行为，根据本节规定构成犯罪的，依照本法第一百五十三条的规

定定罪处罚：

（一）未经海关许可并且未补缴应缴税额，擅自将批准进口的来料加工、来件装配、补偿贸易的原材料、零件、制成品、设备等保税货物，在境内销售牟利的；

（二）未经海关许可并且未补缴应缴税额，擅自将特定减税、免税进口的货物、物品，在境内销售牟利的。

❶ 最高人民法院、最高人民检察院、海关总署《关于办理走私刑事案件适用法律若干问题的意见》（2002年7月8日　法〔2002〕139号）（节录）①

九、关于利用购买的加工贸易登记手册、特定减免税批文等涉税单证进口货物行为的定性处理问题

加工贸易登记手册、特定减免税批文等涉税单证是海关根据国家法律法规以及有关政策性规定，给予特定企业用于保税货物经营管理和减免税优惠待遇的凭证。利用购买的加工贸易登记手册、特定减免税批文等涉税单证进口货物，实质是将一般贸易货物伪报为加工贸易保税货物或者特定减免税货物进口，以达到偷逃应缴税款的目的，应当适用刑法第一百五十三条以走私普通货物、物品罪定罪处罚。如果行为人与走私分子通谋出售上述涉税单证，或者在出卖批文后又以提供印章、向海关伪报保税货物、特定减免税货物等方式帮助买方办理进口通关手续的，对卖方依照刑法第一百五十六条以走私罪共犯定罪处罚。买卖上述涉税单证情节严重尚未进口货物的，依照刑法第二百八十条的规定定罪处罚。

十、关于在加工贸易活动中骗取海关核销行为的认定问题

在加工贸易经营活动中，以假出口、假结转或者利用虚假单证等方式骗取海关核销，致使保税货物、物品脱离海关监管，造成国家税款流失，情节严重的，依照刑法第一百五十三条的规定，以走私普通货物、物品罪追究刑事责任。但有证据证明因不可抗力原因导致保税货物脱离海关监管，经营人无法办理正常手续而骗取海关核销的，不认定为走私犯罪。

十三、关于刑法第一百五十四条规定的"销售牟利"的理解问题

刑法第一百五十四条第（一）、（二）项规定的"销售牟利"，是指行为人主观上为了牟取非法利益而擅自销售海关监管的保税货物、特定减免税货物。该种行为是否构成犯罪，应当根据偷逃的应缴税额是否达到刑法第一百五十三条及相关司法解释规定的数额标准予以认定。实际获利与否或者获利多少并不影响其定罪。

❷ 最高人民检察院《关于擅自销售进料加工保税货物的行为法律适用问题的解释》（2000年10月16日　高检发释字〔2000〕3号）②

保税货物是指经海关批准未办理纳税手续进境，在境内储存、加工、装配后复运出境的货物。经海关批准进口的进料加工的货物属于保税货物。未经海关许可并且未补缴应缴

---

① 对其解读见：《刑事审判参考》2002年第4辑总第27辑，第149~170、185~203页。
② 对其解读见：《解读最高人民检察院司法解释》，第264~267页。

税额，擅自将批准进口的进料加工的原材料、零件、制成品、设备等保税货物，在境内销售牟利，偷逃应缴税额在五万元以上的，依照刑法第一百五十四条、第一百五十三条的规定，以走私普通货物、物品罪追究刑事责任。

❸ 最高人民法院《关于审理走私刑事案件具体应用法律若干问题的解释》（2000 年 10 月 8 日　法释〔2000〕30 号）（节录）①

第七条　刑法第一百五十四条规定的"保税货物"，是指经海关批准，未办理纳税手续进境，在境内储存、加工、装配后应予复运出境的货物。保税货物包括通过加工贸易、补偿贸易等方式进口的货物，以及在保税仓库、保税工厂、保税区或者免税商店内等储存、加工、寄售的货物。

❹ 最高人民法院研究室《关于对修订后的刑法施行前发生的擅自销售进料加工保税货物案件如何适用法律问题的复函》（2001 年 1 月 31 日　法研〔2001〕11 号）

经研究，我们认为，对于正在办理的修订后的刑法实施前发生的擅自销售进料加工保税货物案件，根据刑法第十二条的规定，应当适用刑法第一百五十四条第（一）项及《最高人民法院关于审理走私刑事案件具体应用法律若干问题的解释》第七条的规定追究刑事责任。

对于行为人于修订后的刑法实施前、后，连续多次擅自销售进料加工保税货物的犯罪行为，应当适用刑法第一百五十四条第（一）项及《最高人民法院关于审理走私刑事案件具体应用法律若干问题的解释》第七条的规定追究刑事责任。

❺ 最高人民检察院侦监厅《关于 1997 年修订刑法施行前擅自销售进料加工保税货物案件如何适用法律问题的意见》（2001 年 1 月 19 日　〔2001〕高检侦监发第 7 号）

经研究，对于 1997 年修订刑法施行前，擅自销售进料加工保税货物案件应当如何适用法律的问题，我们提出以下意见：

一、1979 年刑法关于走私罪的规定，采取"空白罪状"的表述方式，因此认定某种行为是否构成走私罪，需要依照海关法规的规定。1987 年海关法第四十七条第一款第（三）项明确规定："未经海关许可并补缴关税，擅自出售特准进口的保税货物、特定减税或者免税的货物，数额较大的"，是走私罪。1987 年海关法行政处罚实施细则第三条第（四）、（五）项以及 1988 年《全国人大常委会关于惩治走私罪的补充规定》第六条第（1）项也有类似的规定。这其中规定的"保税货物"，应当包括"进料加工保税货物"。

二、对于 1997 年修订刑法施行前，擅自销售进料加工保税货物，依照当时法律法规应当认定为走私罪并且应当追诉的，应根据刑法关于从旧兼从轻原则处理。

三、对于连续多次擅自销售进料加工保税货物的违法行为跨越修订刑法施行日期的案件，应当按照 1998 年 12 月 2 日最高人民检察院《关于对跨越修订刑法施行日期的继续犯罪、连续犯罪以及其他同种数罪应如何具体适用刑法问题的批复》的规定执行。

❻ 广东省高级人民法院、省检察院、海关总署广东分署《加强查办走私犯罪案件工作第八次联席会议纪要》（2009 年 12 月 8 日　粤检会字〔2009〕12 号）（节录）

---

① 对其解读见：《刑事审判参考》2000 年第 6 辑总第 11 辑，第 59，103 页以及《解读最高人民法院司法解释·刑事、行政卷（1997~2002）》，第 139~154 页。

五、关于加工贸易中回购行为走私主观故意的认定问题

回购是加工贸易企业将进口指标提供给他人,在对方用其指标进口料件后,加贸企业向其回购(部分或全部进口货物)的情况。

联席会议认为,对于存在回购情形的加工贸易企业提供指标行为是否有走私的主观故意,应综合考虑以下情形予以认定:(1)提供指标者是否收取指标费;(2)提供指标者是否有假出口情形;(3)是否有在生产中用国内料件顶替生产情形;(4)是否有报高单耗情形;(5)提供指标的数量和回购数量的比例;(6)使用指标是否有内销情形;(7)言词证据反映提供指标时的动机、目的。

❼ 福建省高级人民法院刑二庭、福建省人民检察院侦查监督处、公诉处,福州海关缉私局《联席会议纪要》(2006年7月19日 福关缉私〔2006〕74号)(节录)

二、与会各方对提出的问题进行了讨论和协商,对下列问题达成一致意见:2、对加工贸易企业伪报品名假出口、假结转,或者利用虚假单证等行为在监管现场被查获能否认定走私以及如何适用法律问题,与会各方经讨论后认为,加工贸易企业实施了伪报品名假出口、假结转,或者利用虚假单证等行为,虽然还未办理核销或者倒卖,但若没有被海关等执法部门查获,保税货物、物品实际上就已经脱离了海关监管,随时可能造成国家税款流失,因此海关在监管现场查获的"加工贸易企业伪报品名假出口、假结转,或者利用虚假单证假核销"等案件可以认定为走私行为。

❽ 广东省高级人民法院《关于办理破坏社会主义市场经济秩序犯罪案件若干具体问题的指导意见》(2002年7月2日 粤高法〔2002〕87号)(节录)

5. 关于走私犯罪既遂与未遂的问题。对于不同类型的走私案件,其既遂与未遂的界限有所不同,不能认为走私犯罪必须在行为人将私货销售获利方为既遂。在具体案件中,海上走私的,应以是否进入我国领海、内水为既遂与未遂的界限;通关走私的,应以行为人是否向海关作虚假申报为既遂与未遂的界限;绕关走私的,应以是否越过国(边)境为既遂与未遂的界限;《刑法》第154条规定的"后续走私"的情形,应以销售牟利是否成功来区分是否既遂。

8. 擅自销售保税货物或者特定的减免税货物、偷逃关税的,应当依照《刑法》第154条规定处罚;但是,未销售部分不计算入犯罪数额,不按犯罪处理。

9. 非法买卖进出口货物减免税批文的,依照《刑法》第225条第(二)项规定,按非法经营罪处理。如果在出售批文的同时,提供印章、向海关伪报特定减免税货物、帮助对方办理进口通关手续的,按照《刑法》第154条第(二)项规定,认定双方是共同走私行为。

❾ 海关总署走私犯罪侦查局《关于对特定地区进口"先征后返"税款的自用货物定性问题的意见》(2001年7月8日 侦查函字〔2001〕222号)

经研究,并商总署政法司、关税司后认为,特定区域进口的享受税收"先征后返"政策待遇的自用物资,属于特定减免税货物的性质。对于将"先征后返"自用物资擅自倒卖或挪作他用,偷逃税款超过法定数额的,应依法追究刑事责任,对已偿还的税款作为走私违法所得予以刑事扣押。

⑩ 海关总署走私犯罪侦查局《关于对湛江分局〈关于确定署税〔2001〕126号文进口化肥是何种性质减免的请示〉的批复》（2001年4月11日　侦法研字〔2001〕31号）

经研究，批复如下：署税〔2001〕126号文对国家计划内进口的钾肥和复合肥免征进口环节增值税的规定为国批减免，不属于特定减免性质，中化国际化肥贸易公司和天津瑞丰农业生产资料有限公司的行为客观上并不能产生偷逃应缴税款的危害结果，不应以走私罪追究其刑事责任。

⑪ 海关总署走私犯罪侦查局《关于对利用免税商店经营方式违法进口、销售免税商品定性处理的批复》（2000年10月8日　侦查〔2000〕243号）

按照《海关法》的规定，由海关监管的免税商店（即外汇商品经营单位）所经营的免税进口商品属保税货物。对免税商店及其他单位、个人违反海关规定，进口及销售免税商品的违法行为，应区分为三种情况：

一、免税商店以非法销售为目的进口或以免税商店的名义代他人进口一般贸易货物，逃征逃税，应认定为伪报贸易性质的走私行为。偷逃税额达到5万元以上的，依照《中华人民共和国刑法》第一百五十三条的规定立案侦查。

二、免税商店未经海关验收或者骗取海关验收，擅自向不享受免税待遇的单位、个人非法销售保税进口的免税商品及利用假护照等方式骗取海关核销或尚未向海关核销的，应认定为擅自销售保税货物的走私行为。偷逃税额达到5万元以上的，依照《中华人民共和国刑法》第一百五十四条和《最高人民法院关于审理走私刑事案件具体应用法律若干问题的解释》第七条的规定立案侦查。

三、对非法收购免税指标并倒卖经海关依法验放的免税商品的行为，应该送工商部门处理。

⑫ 海关总署走私犯罪侦查局《关于如何认定伪报贸易性质问题的批复》（2000年9月13日　侦法研字〔2000〕171号）

现就有关问题批复如下：

一、构成走私犯罪的要件是逃避海关监管，伪报贸易性质是走私犯罪嫌疑人逃避海关监管的主要方式之一。

二、《刑法》条文中关于走私罪罪状的表述省略了对"走私"的行为方式、特征的揭示，其原因在于走私罪系法定犯，构成走私犯罪的前提是违反海关行政法规即逃避海关监管，且情节严重的行为。关于逃避海关监管构成走私行为的表现方式，需要依据《海关法》以及相关的海关行政法规的规定予以认定。

三、利用加工贸易手册伪报贸易手册，进行"飞料"走私，是当前走私犯罪活动中一种较为惯用的表现手法，应当予以严厉打击，其他地区的人民法院已有这方面的判例（附后）。请你分局向当场人民法院说明《刑法》与《海关法》在对走私犯罪的认定与处罚方面的法律适用情况，并介绍有关海关监管和贸易方式方面的业务知识，协助检察机关、审判机关作好下步诉讼工作。

⑬ 海关总署走私犯罪侦查局《关于对擅自出售保税区仓储货物行为是否予以立案的

请示的批复》（1999年12月6日　侦查传〔1999〕182号）

根据《保税区海关监管办法》的规定，从保税区进入非保税区的货物，视同进口，应按照进口货物办理手续。如以伪报、瞒报或者其他手法逃避海关监管，将保税区仓储货物转让、销售到非保税区，偷逃税额超过5万元的，应按《刑法》第一百五十三条的规定立案查办。请你局就上述问题加强与检、法两家沟通，以取得共识。

❶ 海关总署走私犯罪侦查局《关于对销售以一般贸易方式进口的自用货物是否逃税等问题的请示的批复》（1999年12月2日　侦查传〔1999〕180号）

关于中国土畜产进出口总公司持沪天化集团油脂化学股份有限公司商品用途为"自用"的《进口货物许可证》，进口棕榈油后销售给其他企业，是否违反海关监管规定、偷逃关税等问题，关税司征管处、政法司贸易管制处和外经贸部许可证管理局的答复是：计划配额项下以一般贸易方式进口的棕榈油，不论商品用途是"自用"还是"销售"，税率没有区别，因此不存在偷逃税问题；目前海关对销售以一般贸易方式进口的"自用"货物的行为，尚未有处罚规定。

学理观点·典型案例　➡ 索引与要旨

❶《加工贸易走私犯罪的司法认定》，载《刑事司法指南》2006年第1辑总第25辑，第108~122页。

要旨 ➡ 一、加工贸易走私犯罪的概念和手法：1. 加工贸易走私犯罪概念；2. 加工贸易走私犯罪手法。

二、加工贸易走私犯罪的构成特征：1. 客体；2. 客观方面；3. 主体；4. 主观方面。

三、认定加工贸易走私犯罪应当注意的几个问题：1. 违规与走私的区别；2. 货物最终去向对加工贸易走私犯罪的认定是否有影响；3. 回购问题；4. 走私进口货物原产地不明时如何适用税率问题。

❷《上海华源伊龙实业发展公司等走私普通货物案》，载《刑事审判参考》2003年第6辑总第35辑，第7~15页。

核心提示 ➡ 擅自将"进料加工"的保税货物在境内销售牟利行为的定性

要旨 ➡ 刑法对保税货物在作了列举性规定，但本案系进料加工的保税货物而非列举的来料加工的保税货物，能否追究？我们认为：要追究，二者行为性质和社会危害性相同。

❸《曹毅走私普通货物、物品案》，载《经济犯罪审判指导与参考》，第1页。

要旨 ➡ 行为人以签订虚假来料加工合同的手段骗取海关核发加工贸易手册，将一般贸易货物伪报为加工贸易的保税货物，无论是否在境内销售，均构成本罪。

第155条　准走私犯罪

下列行为，以走私罪论处，依照本节的有关规定处罚：

（一）直接向走私人非法收购国家禁止进口物品的，或者直接向走私人非法收购走私进口的其他货物、物品，数额较大的；

（二）在内海、领海运输、收购、贩卖国家禁止进出口物品的，或者运

输、收购、贩卖国家限制进出口货物、物品,数额较大,没有合法证明的;

(三)逃避海关监管将境外固体废物运输进境的。

中华人民共和国刑法修正案(四)(中华人民共和国第九届全国人民代表大会常务委员会第三十一次会议于 2002 年 12 月 28 日通过,自公布之日起施行)

三、将刑法第一百五十五条修改为:"下列行为,以走私罪论处,依照本节的有关规定处罚:

(一)直接向走私人非法收购国家禁止进口物品的,或者直接向走私人非法收购走私进口的其他货物、物品,数额较大的;

(二)在内海、领海、界河、界湖运输、收购、贩卖国家禁止进出口物品的,或者运输、收购、贩卖国家限制进出口货物、物品,数额较大,没有合法证明的。"

关联规范 完全整理

❶《中华人民共和国刑法》(1980 年 1 月 1 日)第 156 条

与走私罪犯通谋,为其提供贷款、资金、账号、发票、证明,或者为其提供运输、保管、邮寄或者其他方便的,以走私罪的共犯论处。

❷ 最高人民法院、最高人民检察院、海关总署《关于办理走私刑事案件适用法律若干问题的意见》(2002 年 7 月 8 日 法〔2002〕139 号)(节录)①

十四、关于海上走私犯罪案件如何追究运输人的刑事责任问题

对刑法第一百五十五条第(二)项规定的实施海上走私犯罪行为的运输人、收购人或者贩卖人应当追究刑事责任。对运输人,一般追究运输工具的负责人或者主要责任人的刑事责任,但对于事先通谋的、集资走私的或者使用特殊的走私运输工具从事走私犯罪活动的,可以追究其他参与人员的刑事责任。

❸ 最高人民法院《关于审理走私刑事案件具体应用法律若干问题的解释》(2000 年 10 月 8 日 法释〔2000〕30 号)(节录)②

第八条 刑法第一百五十五条规定的"直接向走私人非法收购走私进口的其他货物、物品,数额较大的",是指明知是走私行为人而向其非法收购走私进口的其他货物、物品,应缴税额为五万元以上的。

直接向走私人非法收购国家禁止进口物品的,或者在内海、领海运输、收购、贩卖国家禁止进出口物品的,应当按照走私物品的种类,分别适用刑法第一百五十一条、第一百

---

① 对其解读见:《刑事审判参考》2002 年第 4 辑总第 27 辑,第 149~170、185~203 页。

② 对其解读见:《刑事审判参考》2000 年第 6 辑总第 11 辑,第 59、103 页以及《解读最高人民法院司法解释·刑事、行政卷(1997~2002)》139~154 页。

五十二条、第三百四十七条的规定定罪处罚。

直接向走私人非法收购走私进口的国家非禁止进口货物、物品，数额较大的，或者在内海、领海运输、收购、贩卖国家限制进出口货物、物品，数额较大，没有合法证明的，应当适用刑法第一百五十三条的规定定罪处罚。

刑法第一百五十五条第二项规定的"内海"，包括内河的入海口水域。

4 最高人民法院《对海关总署关于对涉及侵犯知识产权的两类走私案件适用刑法问题的批复征求意见的函的意见》（2000年6月8日　法函〔2000〕39号）

经研究，同意你署走私犯罪侦查局对吕桂添走私盗版光盘一案适用法律问题的批复和对"瑞纳马奴"船船员走私假冒"白沙"香烟一案适用法律问题的批复中的意见。

5 海关总署《关于对走私国家禁止进出口货物案件定性和适用法律问题的意见》（2001年4月5日　署法函〔2001〕58号）

经研究，现将总署意见答复如下：一、走私《刑法》第一百五十一条、第一百五十二条、第三百四十七条、第三百五十条、第三百五十二条列明品种以外的其他国家禁止进境货物、物品进出境，对其中涉税的并且偷逃应缴税额达到《刑法》第一百五十三条和《最高人民法院关于审理走私刑事案件具体应用法律若干问题的解释》规定数额的，海关均应按照涉嫌"走私普通货物物品罪"将案件移送走私犯罪侦查机关立案侦查。

二、走私《刑法》第一百五十一条、第一百五十二条、第三百四十七条、第三百五十条、第三百五十二条列明品种以外的其他国家禁止进出境货物、物品进出境，没有偷逃应缴税款或者应缴税款没有达到《刑法》第一百五十三条和《最高人民法院关于审理走私刑事案件具体应用法律若干问题的解释》规定数额的，由海关按照《海关法》第八十二条和1987年《海关行政处罚实施条例》第五条的规定给予行政处罚。

6 海关总署《关于对涉及侵犯知识产权的两类走私案件适用刑法问题的批复征求意见的函的意见》（2000年4月13日　署侦〔2000〕183号）（节录）

在由最高人民法院举办的《最高人民法院关于人民法院审理走私罪案件具体应用法律若干问题的解释》的研讨会议上，最高人民法院、最高人民检察院、公安部、海关总署以及全国人大法工委、国务院法制办等有关部门已对走私光碟行为人追究刑事责任所适用的法律问题达成共识，即应当将走私盗版光碟归为走私普通货物、物品罪，适用刑法第一百五十三条定罪处罚。其主要理由：一是走私盗版光盘同时侵犯国家的经济管理秩序和权益人所享有的知识产权，在行为人所触犯的两罪中，走私罪属于重罪，依照重罪吸收轻罪原则，走私罪应为主罪。二是我国知识产权海关保护条例规定，"侵犯受中华人民共和国法律、行政法规保护的知识产权的货物，禁止进出口"。而受中华人民共和国法律、法规保护的知识产权货物须通过权利人向我国海关申请并备案后方取得保护权。目前通过香港水域走私的盗版光碟，侵权对象主要是美国、西欧与香港的影视作品，经查，迄今为止，尚未有任何一家境外影片制作商到中国海关作备案登记。对查获的涉嫌盗版光盘只能按应税货物由海关依据有关估价规则进行计税（进口光碟的综合税率为34.55%），偷逃税额达5万元以上的，以涉嫌走私普通货物、物品罪认定。

与走私盗版光碟案件相类似的是走私假冒品牌香烟案件的处理。近年来，海关连续查获多起假冒国内或国外品牌（如"白沙"，"中华"，"三五"等品牌）香烟的走私案件，亦应按照上述道理将走私假冒品牌香烟按走私普通货物、物品罪追究走私当事人的刑事责任。

❼ 海关总署《关于进一步明确"合法证明"范围的通知》（1997年12月26日 署调〔1997〕1031号）

1989年6月9日，总署根据全国人大常委会《关于加强法律解释工作的决定》第三条和经国务院批准，由总署发布的《中华人民共和国海关法行政处罚实施细则》第三十五条的规定，对《海关法行政处罚实施细则》第四条（二）项中"合法证明"的含义下发了《关于明确"合法证明"的通知》（〔89〕署调字第500号，以下简称《通知》）。各海关认真贯彻执行，对依法查处海上走私案件发挥了重要作用。但是，执行中仍有一些海关多次请示总署，要求对"合法证明"的范围予以进一步明确。为了依法严厉打击海上走私违法活动，维护正常的海上运输秩序，维护正常航行船舶的合法利益，现对《通知》中关于"合法证明"材料进一步明确如下：

一、从事国际航线运输的船舶应有的证件是：（一）船舶国籍证书；（二）船舶载货清单（或提单副本）；（三）国际航行船舶进出口岸许可证（政府部门签发）；

中国籍从事国际航线运输的船舶还应持有：（四）中华人民共和国交通部批准的从事国际海运的批件；（五）船舶进出境（港）海关监管簿。

二、从事国内沿海运输的船舶运输国家禁止或限制进出境货物、物品的应持有的证件是：（一）船舶营业运输证；（二）运单（或联运运单）；（三）船舶载货清单；（四）载运海关监管的转关运输货物的船舶还应持有由海关签发的关封。

三、从事来往港澳运输的小型船舶（指在广东、福建、广西、海南等省区注册的专门从事来往香港和澳门运输的小型船舶）应持有的证件是：（一）运单（或联运运单或提单副本）；（二）船舶载货清单；（三）来往港澳小型船舶进出境（港）海关监管簿；（四）船舶营业运输证。

四、从事海上收购、贩卖国家禁止或限制进出境货物物品的船舶应持有的证件是：（一）国家批准从事海上收购、贩卖活动的批件；（二）收购、贩卖许可证管理商品，应持有货物进出口许可证件；（三）营业执照；（四）商业合同及发票。

上述船舶负责人提供的证件必须真实有效。其中运单（提单副本）、载货清单、海关监管簿，应将所载货物、物品的品名、规格、数量、重量按规定如实填写，否则视为无效单证，即无"合法证明"。

海关在依法检查上述船舶时，虽然当事人提供了上述单证、文件，但海关有证据认为当事人有重大走私嫌疑的，可以带回进行调查。经调查解除嫌疑的，应尽快放行。

❽ 海关总署走私犯罪侦查局《关于对将汽车整台套OEM件化整为零报关进口的行为的处理意见》（2002年10月30日 侦法研字〔2002〕92号）

经研究，意见如下：由于目前国家缺少对机电产品事件"化整为零"进口的禁限措施，同时海关采用根据货物的实际进口状态归类征税、凭证放行的监管方式，因此对于江西富奇汽车有限公司（以下简称"江西富奇"）等采取"化整为零"的手法，将汽车OEM

件分解为零部件分散进口，按实际进口状态如实报关纳税并交验许可证的行为，难以查找其违法之处。在本案中，江西富奇等当事单位虽然客观上具有规避海关对进口汽车主件的管制及偷漏应缴税额的嫌疑，但因其单个进口行为不具有违法性，故本案作为走私犯罪案件处理，在证据认定及法律政策适用上均会面临困难。因此我局认为本案不以走私普通货物、物品罪定性为妥。当事人将零件分批进口后又进行组装的行为如果构成违法，可从非法拼（组）装的角度查处。

❾ 海关总署走私犯罪侦查局《关于青岛分局关于浩海裕贸易有限公司倒卖泥蚶苗应如何定性问题的请示的批复》（2002年1月30日　侦法研〔2002〕5号）

经研究并会商总署政法司、关税司、调查司和农业部渔业局，认为本案所涉及的进口泥蚶种苗应属于国批减免税，而不属于特定减免税，青岛浩海裕贸易有限公司倒卖泥蚶苗的行为不构成走私犯罪。农业部《关于加强从境外引进泥蚶种苗有关问题的通知》（农渔科函〔1998〕008号）规定："申请单位必须是用苗单位，不得从事苗种贩卖。"青岛浩海裕贸易有限公司免税进口的1400余吨泥蚶种苗中，只有6吨自用，其余的以每吨1000元的代理费倒卖牟利，构成违规。按照《海关总署关于继续对进口种子（苗）种畜（禽）鱼种和非赢利性利用野生动植物种源免征进口环节增值税的通知》（署税〔1998〕349号）第四条规定："海关应严格把关……违反规定者除照章补税外，还要依据有关税法进行处罚。"而《海关总署关于"十五"期间进口种子（苗）种畜（禽）鱼种和非赢利性种用野生动植物税收问题的通知》（署税发〔2001〕340号）第四条规定："享受免税进口环节增值税的进口种源……货物进口后海关不再进行监管。"因此，你分局应对青岛浩海裕贸易有限公司2001年1月1日以前倒卖泥蚶苗的行为交海关调查部门处理。对2001年1月1日以后的行为海关不再处罚。

❿ 海关总署走私犯罪侦查局《关于对在内海、领海走私无合法证明的非禁、限货物定处理的批复》（2001年4月28日　侦查〔2001〕118号）

关于在内海（包括江河入海口）、领海查获的运输非禁、限货物无合法证明的行为，能否适用刑法有关规定的问题，经研究认为：根据刑法第一百五十五条第（二）项规定，海上查获的无合法证明的走私案件，不包括"非禁、限货物"。今后查获此类案件，应由海关调查部门按照海关法有关规定处理，不再移交侦查部门。

⓫ 海关总署走私犯罪侦查局《对吕桂添涉嫌走私盗版光盘一案适用法律问题的批复》（2000年6月22日　侦查〔2000〕176号）

经总署研究并征求最高人民法院、最高人民检察院意见，现批复如下：

一、同意你分局对吕桂添涉嫌走私盗版光盘一案适用《刑法》第一百五十五条第（二）项、第一百五十三条之规定，以涉嫌走私普通货物、物品罪追究其刑事责任的意见。

二、将走私的涉嫌盗版的光盘列为国家禁止进口物品，在事实与法律上均依据不足，请你分局向有关部门介绍《中华人民共和国知识产权保护条例》的有关规定。

三、你分局应联系广州海关关税部门解决走私光盘的计税及所偷逃税额问题，并由广州海关出具走私货物、物品偷逃应缴税额证明书，作为证据使用。

四、请你分局联系广东省人民检察院和广东省高级人民法院，在对法律适用取得一致意见的前提下，协调解决本案的起诉和审判问题。

　　附件一：最高人民法院对海关总署关于对涉及侵犯知识产权的两类走私案件适用刑法问题的批复征求意见的函的意见（法函〔2000〕39号）

　　附件二：海关总署关于对涉及侵犯知识产权的两类走私案件适用刑法问题的批复征求意见的函的意见（署侦〔2000〕183号）

❶❷ 海关总署走私犯罪侦查局《关于对"瑞纳马奴"船船员涉嫌走私假冒"白沙"牌香烟一案适用法律问题的批复》（2000年6月22日　侦查〔2000〕177号）

　　经总署研究并征求最高人民法院、最高人民检察院意见，现批复如下：同意你分局关于"瑞纳马奴"船船员涉嫌走私假冒"白沙"牌香烟案件适用刑法第一百五十五条第（二）项、第一百五十三条之规定，以涉嫌走私普通货物、物品罪追究其刑事责任的意见；关于对本案犯罪嫌疑人提请逮捕事项，可联系广东省人民检察院协调解决。

　　附件一：最高人民法院对海关总署关于对涉及侵犯知识产权的两类走私案件适用刑法问题的批复征求意见的函的意见（法函〔2000〕39号）

　　附件二：海关总署关于对涉及侵犯知识产权的两类走私案件适用刑法问题的批复征求意见的函的意见（署侦〔2000〕183号）

❶❸ 海关总署走私犯罪侦查局《关于对〈查获无合法进口证明起重机载运车一案是否适用国发〔1993〕55号文进行处理的请示〉的批复》（1999年12月21日　侦查〔1999〕281号）

　　经对分局报送的《广州海关侦查分局关于查获无合法进口证明起重机载运车一案是否适用国办发〔1993〕55号文进行处理的请示》及有关材料的审查，认为本案所查扣的两辆起重机载运车无合法进口证明难以查清其走私进口环节。经与总署调查局研究，认为本案可依据依据国办发〔1993〕55号文进行处理。请你分局将本案移交调查部门处理。

第156条　以走私罪的共犯论处的行为

　　与走私罪犯通谋，为其提供贷款、资金、账号、发票、证明，或者为其提供运输、保管、邮寄或者其他方便的，以走私罪的共犯论处。

关　联　规　范　▶　完全整理

❶ 最高人民法院、最高人民检察院、海关总署《关于办理走私刑事案件适用法律若干问题的意见》（2002年7月8日　法〔2002〕139号）（节录）[①]

　　十五、关于刑法第一百五十六条规定的"与走私罪犯通谋"的理解问题

　　通谋是指犯罪行为人之间事先或者事中形成的共同的走私故意。下列情形可以认定为通谋：（一）对明知他人从事走私活动而同意为其提供贷款、资金、账号、发票、证明、海关单证，提供运输、保管、邮寄或者其他方便的；（二）多次为同一走私犯罪分子的走私行为提供前项帮助的。

[①]　对其解读见：《刑事审判参考》2002年第4辑总第27辑，第149~170，185~203页。

❷ 最高人民法院《关于审理骗购外汇、非法买卖外汇刑事案件具体应用法律若干问题的解释》（1998年9月1日　法释〔1998〕20号）（节录）①

第一条　以进行走私、逃汇、洗钱、骗税等犯罪活动为目的，使用虚假、无效的凭证、商业单据或者采取其他手段向外汇指定银行骗购外汇的，应当分别按照刑法分则第三章第二节、第一百九十条、第一百九十一条和第二百零四条等规定定罪处罚。

❸ 广东省高级人民法院《关于办理破坏社会主义市场经济秩序犯罪案件若干具体问题的指导意见》（2002年7月2日　粤高法〔2002〕87号）（节录）

4. 关于走私共犯的问题。《刑法》第156条规定的"与走私罪犯通谋"主要适用于没有直接实施犯罪活动而仅为走私犯罪提供方便的帮助犯。明知他人进行走私活动，而为其提供账号、发票、证明、资金、贷款，或者为其运输、保管、邮寄、销售货物，可以视为"通谋"。在进出口货物的委托、代理、居间活动中，明知受委托人无法通过合法途径代理进出口货物而仍然委托其代理进出口的，或者向受委托人提供不真实的合同、发票、证明材料的，亦可适用《刑法》第156条的规定处罚。

对于事先与走私分子密谋、策划、联络，有组织、有分工地实施走私行为的，无论其是否直接参与走私活动，均应按照《刑法》关于共同犯罪的规定，按照其触犯的罪名追究刑事责任。

学理观点·典型案例　　➡ 索引与要旨

❶《刑法中的注意规定与法律拟制及其运用分析》，载《刑事司法指南》2003第3辑总第15辑，第70~108页。

要旨➡ 一、注意规定的概念与特点：注意规定是在刑法已作基本规定的前提下，提示司法人员注意、以免司法人员忽略的规定。这些行为完全符合刑法总则所规定的共同犯罪的成立条件；即使没有设立这些注意规定，对上述行为也应按照共同犯罪论处。

二、法律拟制的概念与特点：法律拟制（或法定拟制）与注意规定不同，其特点是导致将原本不同的行为按照相同的行为处理（包括将原本不符合某种规定的行为也按照该规定处理）。

区分注意规定与法律拟制的另一意义在于，注意规定的内容属"理所当然"，因而可以"推而广之"；而法律拟制的内容并非"理所当然"，只是立法者基于特别理由才将并不符合某种规定的情形（行为）赋予该规定的法律效果，因而对法律拟制的内容不能"推而广之"。

所应注意的是，新刑法增加的一些注意规定事实上或许没有必要性，完全可以删除，但不能仅以缺乏作出注意规定的必要性为由，而将其解释为法律拟制。例如，或许我们可以认为，《刑法》第156条的注意规定完全没有设立的必要性，因而完全可以删除，但我们依然肯定其为注意规定。

---

① 对其解读见：《解读最高人民法院司法解释·刑事、行政卷（1997~2002）》，第118~123页。

第 157 条 走私犯罪的从重处罚、数罪并罚

武装掩护走私的,依照本法第一百五十一条第一款、第四款的规定从重处罚。

以暴力、威胁方法抗拒缉私的,以走私罪和本法第二百七十七条规定的阻碍国家机关工作人员依法执行职务罪,依照数罪并罚的规定处罚。

中华人民共和国刑法修正案(八)(第十一届全国人民代表大会常务委员会第十九次会议 2011 年 2 月 25 日通过,中华人民共和国主席令第四十一号公布,自 2011 年 5 月 1 日起施行。)

二十八、将刑法第一百五十七条第一款修改为:"武装掩护走私的,依照本法第一百五十一条第一款的规定从重处罚。"

关联规范　完全整理

❶《中华人民共和国刑法》(1980 年 1 月 1 日)第 277 条

以暴力、威胁方法阻碍国家机关工作人员依法执行职务的,处三年以下有期徒刑、拘役、管制或者罚金。

以暴力、威胁方法阻碍全国人民代表大会和地方各级人民代表大会代表依法执行代表职务的,依照前款的规定处罚。

在自然灾害和突发事件中,以暴力、威胁方法阻碍红十字会工作人员依法履行职责的,依照第一款的规定处罚。

故意阻碍国家安全机关、公安机关依法执行国家安全工作任务,未使用暴力、威胁方法,造成严重后果的,依照第一款的规定处罚。

❷《刑法修正案(八)》解读,载《刑事审判参考》2011 年第 4 辑总第 81 辑,第 83~117 页以及《公检法办案指南》2011 年第 3 辑总第 135 辑,第 13~121 页。

公检法律师

刑事办案必备

依据集成·主流观点·疑难案例

(实体法分册)

郑智辉／编著

中国检察出版社

目　　录

上　　册

第一编　总　　则

第一章　刑法的任务、基本原则和适用范围 （1）

第 1 条　制定刑法的目的和根据 （1）

第 2 条　刑法的任务 （1）

第 3 条　罪刑法定原则 （1）

第 4 条　适用刑法平等原则 （4）

第 5 条　罪责刑相适应原则 （4）

第 6 条　属地管辖原则 （4）

第 7 条　属人管辖原则 （6）

第 8 条　保护管辖原则 （7）

第 9 条　普遍管辖原则 （7）

第 10 条　外国刑事判决的效力 （8）

第 11 条　外国人的刑事豁免权 （8）

第 12 条　刑法的溯及力 （9）

第二章　犯罪 （18）

第一节　犯罪和刑事责任 （18）

第 13 条　犯罪概念 （18）

第 14 条　故意犯罪 （20）

第 15 条　过失犯罪 （26）

第 16 条　意外事件 （33）

第 17 条　刑事责任年龄 （37）

第 17 条之一　修正案（八）第 1 条　老年人从宽处罚 …………（69）
第 18 条　精神病人、醉酒人的刑事责任 ………………………（70）
第 19 条　聋哑人、盲人的刑事责任 ………………………………（73）
第 20 条　正当防卫 …………………………………………………（74）
第 21 条　紧急避险 …………………………………………………（81）

第二节　犯罪的预备、未遂和中止 ………………………………（82）

第 22 条　犯罪预备 …………………………………………………（82）
第 23 条　犯罪未遂 …………………………………………………（85）
第 24 条　犯罪中止 …………………………………………………（92）

第三节　共同犯罪 …………………………………………………（95）

第 25 条　共同犯罪 …………………………………………………（95）
第 26 条　主犯、犯罪集团 …………………………………………（110）
第 27 条　从犯 ………………………………………………………（113）
第 28 条　胁从犯 ……………………………………………………（114）
第 29 条　教唆犯 ……………………………………………………（114）

第四节　单位犯罪 …………………………………………………（116）

第 30 条　单位犯罪的定义 …………………………………………（116）
第 31 条　单位犯罪的处罚 …………………………………………（137）

第三章　刑罚 ………………………………………………………（139）

第一节　刑罚的种类 ………………………………………………（139）

第 32 条　主刑和附加刑 ……………………………………………（139）
第 33 条　主刑的种类 ………………………………………………（139）
第 34 条　附加刑的种类 ……………………………………………（139）
第 35 条　特别附加刑 ………………………………………………（140）
第 36 条　刑事、民事责任的竞合 …………………………………（140）
第 37 条　刑罚替代处分 ……………………………………………（145）

第二节　管制 ………………………………………………………（149）

第 38 条　修正案（八）第 2 条　管制的期限和执行 ……………（149）

第 39 条 管制犯的义务和权利 …………………………… (158)
第 40 条 管制的解除 …………………………………………… (161)
第 41 条 管制的刑期计算 ……………………………………… (162)

第三节 拘役 ……………………………………………………… (163)

第 42 条 拘役的期限 …………………………………………… (163)
第 43 条 拘役犯的执行及处遇 ………………………………… (163)
第 44 条 拘役的刑期计算 ……………………………………… (163)

第四节 有期徒刑、无期徒刑 …………………………………… (164)

第 45 条 有期徒刑的期限 ……………………………………… (164)
第 46 条 有期、无期徒刑的执行 ……………………………… (164)
第 47 条 有期徒刑的刑期计算 ………………………………… (164)

第五节 死刑 ……………………………………………………… (168)

第 48 条 死刑的适用对象、死缓、核准 ……………………… (168)
第 49 条 修正案（八）第 3 条 不适用死刑的情形 ………… (181)
第 50 条 修正案（八）第 4 条 死缓执行的法律后果 ……… (182)
第 51 条 死缓期间、死缓减为有期徒刑的刑期计算 ………… (185)

第六节 罚金 ……………………………………………………… (186)

第 52 条 罚金数额的确定 ……………………………………… (186)
第 53 条 罚金执行 ……………………………………………… (187)

第七节 剥夺政治权利 …………………………………………… (195)

第 54 条 剥夺政治权利的内容 ………………………………… (195)
第 55 条 剥夺政治权利的期限 ………………………………… (196)
第 56 条 剥夺政治权利的适用对象 …………………………… (197)
第 57 条 剥夺政治权利终身及变更 …………………………… (199)
第 58 条 剥夺政治权利的刑期、处遇 ………………………… (199)

第八节 没收财产 ………………………………………………… (200)

第 59 条 没收财产的范围及限制 ……………………………… (200)

第 60 条　没收财产与正当债务的冲突 ………………………………… (201)

第四章　刑罚的具体运用 …………………………………………… (203)

第一节　量刑 ………………………………………………………… (203)

第 61 条　量刑原则 ……………………………………………………… (203)

第 62 条　从重、从轻情节的适用 …………………………………… (216)

第 63 条　修正案（八）第 5 条　减轻情节的适用 ………………… (217)

第 64 条　追缴、退赔、返还和没收 ………………………………… (220)

第二节　累犯 ………………………………………………………… (225)

第 65 条　修正案（八）第 6 条　一般累犯 ………………………… (225)

第 66 条　修正案（八）第 7 条　危害国家安全累犯 ……………… (229)

第三节　自首和立功 ………………………………………………… (230)

第 67 条　修正案（八）第 8 条　自首 ……………………………… (230)

第 68 条　修正案（八）第 9 条　立功 ……………………………… (257)

第四节　数罪并罚 …………………………………………………… (272)

第 69 条　修正案（八）第 10 条　数罪并罚的原则 ………………… (272)

第 70 条　发现漏罪的并罚原则 ……………………………………… (280)

第 71 条　发现新罪的并罚原则 ……………………………………… (281)

第五节　缓刑 ………………………………………………………… (282)

第 72 条　修正案（八）第 11 条　缓刑及其适用条件 ……………… (282)

第 73 条　缓刑考验期 ………………………………………………… (296)

第 74 条　修正案（八）第 12 条　缓刑的限制条件 ………………… (298)

第 75 条　缓刑考验期内应遵守的规范 ……………………………… (298)

第 76 条　修正案（八）第 13 条　考察机关和缓刑的法律后果 …… (300)

第 77 条　修正案（八）第 14 条　缓刑的撤销 ……………………… (301)

第六节　减刑 ………………………………………………………… (302)

第 78 条　修正案（八）第 15 条　减刑的适用条件 ………………… (302)

第 79 条　减刑的程序 …………………………………………（310）

第 80 条　无期徒刑减刑的刑期计算 …………………………（310）

第七节　假释 ……………………………………………………（310）

第 81 条　修正案（八）第 16 条　假释的适用条件 …………（310）

第 82 条　假释的程序 …………………………………………（315）

第 83 条　假释的考验期限 ……………………………………（316）

第 84 条　假释的考察 …………………………………………（316）

第 85 条　修正案（八）第 17 条　假释执行机关、执行完毕 …（316）

第 86 条　修正案（八）第 18 条　假释的撤销 ………………（317）

第八节　时效 ……………………………………………………（319）

第 87 条　追诉时效期限 ………………………………………（319）

第 88 条　追诉时效终止 ………………………………………（320）

第 89 条　追诉时效的起算、中断 ……………………………（322）

第五章　其他规定 ……………………………………………（327）

第 90 条　民族自治地方的变通、补充规定 …………………（327）

第 91 条　公共财产 ……………………………………………（327）

第 92 条　私人财产 ……………………………………………（329）

第 93 条　国家工作人员 ………………………………………（330）

第 94 条　司法工作人员 ………………………………………（343）

第 95 条　重伤 …………………………………………………（345）

第 96 条　违反国家规定 ………………………………………（375）

第 97 条　首要分子 ……………………………………………（375）

第 98 条　告诉才处理 …………………………………………（375）

第 99 条　以上、以下、以内概念的理解 ……………………（375）

第 100 条　修正案（八）第 19 条　前科报告制度 ……………（376）

第 101 条　本法总则的效力 …………………………………（376）

5

第二编 分 则

第一章 危害国家安全罪 …………………………………………（377）

第 102 条 背叛国家罪 ………………………………………………（377）

第 103 条 第 1 款 分裂国家罪
第 2 款 煽动分裂国家罪 ……………………………（377）

第 104 条 武装叛乱、暴乱罪 ………………………………………（380）

第 105 条 第 1 款 颠覆国家政权罪
第 2 款 煽动颠覆国家政权罪 ………………………（380）

第 106 条 危害国家犯罪的从重情节 ………………………………（383）

第 107 条 资助危害国家安全犯罪活动罪 …………………………（383）

第 108 条 投敌叛变罪 ………………………………………………（384）

第 109 条 叛逃罪 ……………………………………………………（385）

第 110 条 间谍罪 ……………………………………………………（386）

第 111 条 为境外窃取、刺探、收买、非法提供国家秘密、情报罪 …（387）

第 112 条 资敌罪 ……………………………………………………（390）

第 113 条 危害国家安全的死刑、财产刑 …………………………（390）

第二章 危害公共安全罪 ………………………………………（392）

第 114 条 修正案（三）第 1 条 放火罪 决水罪 爆炸罪 以危险方法危害公共安全罪 投放危险物质罪 ……………（392）

第 115 条 第 2 款 修正案（三）第 2 条 失火罪 过失爆炸罪 过失投放危险物质罪 过失以危险方法危害公共安全罪 过失投放危险物质罪 ……………………………………（395）

第 116 条 破坏交通工具罪 …………………………………………（403）

第 117 条 破坏交通设施罪 …………………………………………（404）

第 118 条 破坏电力设备罪 破坏易燃易爆设备罪 ………………（405）

第 119 条 第 1 款 破坏交通工具罪 破坏交通设施罪 破坏电力设备罪 破坏易燃易爆设备罪
第 2 款 过失损坏交通工具罪 过失损坏交通设施罪 过失损坏电力设备罪 过失损坏易燃易爆设备罪 ……（408）

目 录

第120条　组织、领导、参加恐怖组织罪 …………………………… (410)
第120条之一　修正案（三）第4条　资助恐怖活动罪 …………… (412)
第121条　劫持航空器罪 ……………………………………………… (414)
第122条　劫持船只、汽车罪 ………………………………………… (414)
第123条　暴力危及飞行安全罪 ……………………………………… (414)
第124条　第1款　破坏广播电视设施、公用电信设施罪
　　　　　第2款　过失损坏广播电视设施、公用电信设施罪 …… (414)
第125条　修正案（三）第5条　非法制造、买卖、运输、邮寄、
　　　　　储存枪支、弹药、爆炸物罪　非法制造、买卖、运输、
　　　　　储存危险物质罪 …………………………………………… (418)
第126条　违规制造、销售枪支罪 …………………………………… (427)
第127条　第1、2款　盗窃、抢夺枪支、弹药、爆炸物
　　　　　修正案（三）第6条第1、2款　盗窃、抢夺枪支、弹
　　　　　药、爆炸物、危险物质罪 ………………………………… (429)
第128条　第1款　非法持有、私藏枪支、弹药罪
　　　　　第2、3款　非法出租、出借枪支罪 ……………………… (430)
第129条　丢失枪支不报罪 …………………………………………… (434)
第130条　非法携带枪支、弹药、管制刀具、危险物品危及公共安
　　　　　全罪 ………………………………………………………… (434)
第131条　重大飞行事故罪 …………………………………………… (437)
第132条　铁路运营安全事故罪 ……………………………………… (437)
第133条　交通肇事罪 ………………………………………………… (437)
第133条之一　修正案（八）第22条　危险驾驶罪 ………………… (453)
第134条　修正案（六）第1条第2款　重大责任事故罪　强令违章
　　　　　冒险作业罪 ………………………………………………… (465)
第135条　重大劳动安全事故罪 ……………………………………… (473)
第135条之一　修正案（六）第3条　大型群众性活动重大安全事故罪
　　　　　……………………………………………………………… (475)
第136条　危险物品肇事罪 …………………………………………… (476)
第137条　工程重大安全事故罪 ……………………………………… (478)
第138条　教育设施重大安全事故罪 ………………………………… (479)
第139条　消防责任事故罪 …………………………………………… (479)
第139条之一　修正案（六）第4条　不报、谎报安全事故罪 …… (481)

7

第三章　破坏社会主义市场经济秩序罪 ……………………（484）

第一节　生产、销售伪劣商品罪 ………………………………（484）

第 140 条　生产、销售伪劣产品罪 ………………………………（484）

第 141 条　生产、销售假药罪 ……………………………………（497）

第 142 条　生产、销售劣药罪 ……………………………………（501）

第 143 条　修正案（八）第 24 条　生产、销售不符合安全标准的食
　　　　　　品罪 …………………………………………………（503）

第 144 条　生产、销售有毒、有害食品罪 ………………………（505）

第 145 条　生产、销售不符合标准的医用器材罪 ………………（512）

第 146 条　生产、销售不符合安全标准的产品罪 ………………（515）

第 147 条　生产、销售伪劣农药、兽药、化肥、种子罪 ………（516）

第 148 条　生产、销售不符合卫生标准的化妆品罪 ……………（518）

第 149 条　生产、销售伪劣商品罪的法条竞合 …………………（520）

第 150 条　单位犯本节之罪的处罚 ………………………………（520）

第二节　走私罪 …………………………………………………（521）

第 151 条　第 1 款　走私武器、弹药罪　走私核材料罪　走私假币罪
　　　　　　第 2 款　走私文物罪　走私贵重金属罪　走私珍贵动物、
　　　　　　珍贵动物制品罪
　　　　　　修正案（七）第 1 条　走私国家禁止进出口的货物、物
　　　　　　品罪 …………………………………………………（521）

第 152 条　修正案（四）第 2 条　走私淫秽物品罪　走私废物罪 ……（553）

第 153 条　走私普通货物、物品罪 ………………………………（558）

第 154 条　走私普通货物、物品罪 ………………………………（569）

第 155 条　准走私犯罪 ……………………………………………（574）

第 156 条　以走私罪的共犯论处的行为 …………………………（579）

第 157 条　走私犯罪的从重处罚、数罪并罚 ……………………（581）

中　册

第二编　分　则

第三章　破坏社会主义市场经济秩序罪 …………………………（583）

第三节　妨害对公司、企业的管理秩序罪 …………………………（583）

第158条　虚报注册资本罪 ……………………………………………（583）

第159条　虚假出资、抽逃出资罪 ……………………………………（586）

第160条　欺诈发行股票、债券罪 ……………………………………（587）

第161条　修正案（六）第5条　违规披露、不披露重要信息罪 ……（588）

第162条　妨害清算罪 …………………………………………………（590）

第162条之一　修正案第1条　隐匿、故意销毁会计凭证、会计账
　　　　　　　簿、财务会计报告罪 …………………………………（591）

第162条之二　修正案（六）第6条　虚假破产罪 ……………………（593）

第163条　修正案（六）第7条　非国家工作人员受贿罪 ……………（594）

第164条　修正案（六）第8条　对非国家工作人员行贿罪
　　　　　修正案（八）第29条第2款　对外国公职人员、国际公
　　　　　共组织官员行贿罪 …………………………………………（599）

第165条　非法经营同类营业罪 ………………………………………（602）

第166条　为亲友非法牟利罪 …………………………………………（603）

第167条　签订、履行合同失职被骗罪 ………………………………（605）

第168条　修正案第2条　国有公司、企业、事业单位人员失职罪
　　　　　国有公司、企业、事业单位人员滥用职权罪 ……………（607）

第169条　徇私舞弊低价折股、出售国有资产罪 ……………………（611）

第169条之一　修正案（六）第9条　背信损害上市公司利益罪 ……（614）

第四节　破坏金融管理秩序罪 ………………………………………（616）

第170条　伪造货币罪 …………………………………………………（616）

第171条　第1款　出售、购买、运输假币罪
　　　　　第2款　金融工作人员购买假币、以假币换取货币罪 ……（619）

第172条　持有、使用假币罪 …………………………………………（624）

第 173 条　变造货币罪 ………………………………………………（626）
第 174 条　第 1 款　擅自设立金融机构罪
　　　　　　第 2 款　伪造、变造、转让金融机构经营许可证罪
　　　　　　修正案第 3 条　伪造、变造、转让金融机构经营许可证、
　　　　　　批准文件罪 ……………………………………………（627）
第 175 条　高利转贷罪 ………………………………………………（629）
第 175 条之一　修正案（六）第 10 条　骗取贷款、票据承兑、金融
　　　　　　票证罪 ……………………………………………………（630）
第 176 条　非法吸收公众存款罪 ……………………………………（631）
第 177 条　伪造、变造金融票证罪 …………………………………（637）
第 177 条之一　修正案（五）第 1 条第 1 款　妨害信用卡管理罪
　　　　　　修正案（五）第 1 条第 2 款　窃取、收买、非法提供
　　　　　　信用卡信息罪 ……………………………………………（640）
第 178 条　第 1 款　伪造、变造国家有价证券罪
　　　　　　第 2 款　伪造、变造股票、公司、企业债券罪 ………（643）
第 179 条　擅自发行股票、公司、企业债券罪 ……………………（644）
第 180 条　第 4 款　内幕交易、泄露内幕信息罪
　　　　　　修正案（七）第 2 条第 2 款　利用未公开信息交易罪 …（646）
第 181 条　第 1 款　编造并传播证券交易虚假信息罪
　　　　　　第 2 款　诱骗投资者买卖证券罪
　　　　　　修正案第 5 条第 1 款　编造并传播证券、期货交易虚假信
　　　　　　息罪
　　　　　　修正案第 5 条第 2 款　诱骗投资者买卖证券、期货合约罪
　　　　　　　　………………………………………………………（653）
第 182 条　修正案（六）第 11 条　操纵证券、期货市场罪 ………（655）
第 183 条　职务侵占罪　贪污罪 ……………………………………（659）
第 184 条　非国家工作人员受贿罪　受贿罪 ………………………（660）
第 185 条　挪用资金罪　挪用公款罪 ………………………………（661）
第 185 条之一　修正案（六）第 12 条第 1 款　背信运用受托财产罪、
　　　　　　违法运用资金罪 …………………………………………（663）
第 186 条　修正案（六）第 13 条　违法发放贷款罪 ………………（664）
第 187 条　修正案（六）第 14 条　吸收客户资金不入账罪 ………（667）
第 188 条　修正案（六）第 15 条　违规出具金融票证罪 …………（668）

第189条　对违法票据承兑、付款、保证罪 …………………… (670)

《决定》第1条　骗购外汇罪 ………………………………………… (671)

第190条　逃汇罪 ……………………………………………………… (674)

第191条　洗钱罪 ……………………………………………………… (677)

第五节　金融诈骗罪 ……………………………………………… (681)

第192条　集资诈骗罪 ………………………………………………… (681)

第193条　贷款诈骗罪 ………………………………………………… (689)

第194条　第1款　票据诈骗罪
　　　　　第2款　金融凭证诈骗罪 ………………………………… (695)

第195条　信用证诈骗罪 ……………………………………………… (703)

第196条　信用卡诈骗罪 ……………………………………………… (706)

第197条　有价证券诈骗罪 …………………………………………… (714)

第198条　保险诈骗罪 ………………………………………………… (716)

第199条　金融诈骗罪的死刑适用 …………………………………… (719)

第200条　本节的单位犯罪 …………………………………………… (720)

第六节　危害税收征管罪 ………………………………………… (720)

第201条　修正案（七）第3条　逃税罪 …………………………… (720)

第202条　抗税罪 ……………………………………………………… (726)

第203条　逃避追缴欠税罪 …………………………………………… (728)

第204条　第1款　骗取出口退税罪 ………………………………… (728)

第205条　虚开增值税专用发票用于骗取出口退税、抵扣税款发票罪
　　　　　……………………………………………………………… (731)

第205条之一　修正案（八）第33条　虚开发票罪 ……………… (744)

第206条　伪造、出售伪造的增值税专用发票罪 …………………… (746)

第207条　非法出售增值税专用发票罪 ……………………………… (749)

第208条　第1款　非法购买增值税专用发票、购买伪造的增值税专
　　　　　用发票罪 …………………………………………………… (750)

第209条　第1款　非法制造、出售非法制造的用于骗取出口退税、
　　　　　抵扣税款发票罪
　　　　　第2款　非法制造、出售非法制造的发票罪
　　　　　第3款　非法出售用于骗取出口退税、抵扣税款发票罪

11

　　　　　　第4款　非法出售发票罪 …………………………………（752）
第210条　盗窃罪　诈骗罪 ……………………………………………（754）
第210条之一　修正案（八）第35条　持有伪造的发票罪 …………（755）
第211条　本节的单位犯罪 ……………………………………………（756）
第212条　欠缴税款和所骗取的出口退税款的追缴 …………………（756）

第七节　侵犯知识产权罪 ………………………………………………（756）

第213条　假冒注册商标罪 ……………………………………………（756）
第214条　销售假冒注册商标的商品罪 ………………………………（765）
第215条　非法制造、销售非法制造的注册商标标识罪 ……………（772）
第216条　假冒专利罪 …………………………………………………（778）
第217条　侵犯著作权罪 ………………………………………………（781）
第218条　销售侵权复制品罪 …………………………………………（789）
第219条　侵犯商业秘密罪 ……………………………………………（792）
第220条　单位侵犯知识产权罪的处罚 ………………………………（796）

第八节　扰乱市场秩序罪 ………………………………………………（796）

第221条　损害商业信誉、商品声誉罪 ………………………………（796）
第222条　虚假广告罪 …………………………………………………（798）
第223条　串通投标罪 …………………………………………………（800）
第224条　合同诈骗罪 …………………………………………………（801）
第224条之一　修正案（七）第4条　组织、领导传销活动罪 ……（810）
第225条　非法经营罪 …………………………………………………（811）
第226条　强迫交易罪 …………………………………………………（841）
第227条　第1款　伪造、倒卖伪造的有价票证罪
　　　　　　第2款　倒卖车票、船票罪 …………………………………（844）
第228条　非法转让、倒卖土地使用权罪 ……………………………（847）
第229条　第1、2款　提供虚假证明文件罪
　　　　　　第3款　出具证明文件重大失实罪 ……………………（849）
第230条　逃避商检罪 …………………………………………………（850）
第231条　单位犯扰乱市场秩序罪的处罚 ……………………………（851）

第四章 侵犯公民人身权利、民主权利罪 ……………………（852）

第232条 故意杀人罪 …………………………………………（852）

第233条 过失致人死亡罪 ………………………………………（867）

第234条 故意伤害罪 ……………………………………………（871）

第234条之一 修正案（八）第35条 组织出卖人体器官罪 ………（889）

第235条 过失致人重伤罪 ………………………………………（890）

第236条 第1、2款 强奸罪 ……………………………………（890）

第237条 第1款 强制猥亵、侮辱妇女罪
　　　　 第3款 猥亵儿童罪 ……………………………………（902）

第238条 非法拘禁罪 ……………………………………………（905）

第239条 绑架罪 …………………………………………………（913）

第240条 拐卖妇女、儿童罪 ……………………………………（921）

第241条 第1款 收买被拐卖的妇女、儿童罪 ………………（936）

第242条 第2款 聚众阻碍解救被收买的妇女、儿童罪 ………（940）

第243条 诬告陷害罪 ……………………………………………（941）

第244条 修正案（八）第38条 强迫劳动罪 ……………………（943）

第244条之一 修正案（四）第4条 雇用童工从事危重劳动罪 …（944）

第245条 非法搜查罪 非法侵入住宅罪 ………………………（946）

第246条 侮辱罪 诽谤罪 ………………………………………（947）

第247条 刑讯逼供罪 暴力取证罪 ……………………………（951）

第248条 虐待被监管人罪 ………………………………………（954）

第249条 煽动民族仇恨、民族歧视罪 …………………………（956）

第250条 出版歧视、侮辱少数民族作品罪 ……………………（957）

第251条 非法剥夺公民宗教信仰自由罪 侵犯少数民族风俗习惯罪
　　　　 …………………………………………………………（957）

第252条 侵犯通信自由罪 ………………………………………（958）

第253条 第1款 私自开拆、隐匿、毁弃邮件、电报罪 ………（959）

第253条之一 修正案（七）第7条 第1款 出售、非法提供公民
　　　　 个人信息罪
　　　　 第2款 非法获取公民个人信息罪 ……………………（961）

第254条 报复陷害罪 ……………………………………………（964）

第255条 打击报复会计、统计人员罪 …………………………（965）

13

第 256 条　破坏选举罪 …………………………………………… (965)
第 257 条　暴力干涉婚姻自由罪 ………………………………… (966)
第 258 条　重婚罪 ………………………………………………… (967)
第 259 条　第 1 款　破坏军婚罪 ………………………………… (971)
第 260 条　虐待罪 ………………………………………………… (974)
第 261 条　遗弃罪 ………………………………………………… (975)
第 262 条　拐骗儿童罪 …………………………………………… (976)
第 262 条之一　修正案（六）第 17 条　组织残疾人、儿童乞讨罪 …… (978)
第 262 条之二　修正案（七）第 8 条　组织未成年人进行违反治安
　　　　　　　管理活动罪 …………………………………………… (978)

第五章　侵犯财产罪 ……………………………………………… (980)

第 263 条　抢劫罪 ………………………………………………… (980)
第 264 条　盗窃罪 ………………………………………………… (1009)
第 265 条　盗窃罪 ………………………………………………… (1051)
第 266 条　诈骗罪 ………………………………………………… (1052)
第 267 条　第 1 款　抢夺罪 ……………………………………… (1083)
第 268 条　聚众哄抢罪 …………………………………………… (1093)
第 269 条　抢劫罪 ………………………………………………… (1095)
第 270 条　侵占罪 ………………………………………………… (1101)
第 271 条　第 1 款　职务侵占罪 ………………………………… (1107)
第 272 条　第 1 款　挪用资金罪 ………………………………… (1124)
第 273 条　挪用特定款物罪 ……………………………………… (1130)
第 274 条　敲诈勒索罪 …………………………………………… (1132)
第 275 条　故意毁坏财物罪 ……………………………………… (1140)
第 276 条　破坏生产经营罪 ……………………………………… (1144)
第 276 条之一　修正案（八）第 41 条　拒不支付劳动报酬罪 ……… (1145)

目　录

下　册

第二编　分　则

第六章　妨害社会管理秩序罪 ……………………………………（1147）

第一节　扰乱公共秩序罪 …………………………………………（1147）

第277条　妨害公务罪 ………………………………………………（1147）

第278条　煽动暴力抗拒法律实施罪 ………………………………（1155）

第279条　招摇撞骗罪 ………………………………………………（1156）

第280条　第1款　伪造、变造、买卖国家机关公文、证件、印章罪　盗窃、抢夺、毁灭国家机关公文、证件、印章罪第2款　伪造公司、企业、事业单位、人民团体印章罪
第3款　伪造、变造居民身份证罪 ………………………（1158）

第281条　非法生产、买卖警用装备罪 ……………………………（1169）

第282条　第1款　非法获取国家秘密罪
第2款　非法持有国家绝密、机密文件、资料、物品罪
……………………………………………………………（1170）

第283条　非法生产、销售间谍专用器材罪 ………………………（1171）

第284条　非法使用窃听、窃照专用器材罪 ………………………（1171）

第285条　非法侵入计算机信息系统罪
修正案（七）第9条第1、2款　非法获取计算机信息系统数据、非法控制计算机信息系统罪
第3款　提供侵入、非法控制计算机信息系统程序、工具罪 ……………………………………………………………（1171）

第286条　破坏计算机信息系统罪 …………………………………（1175）

第287条　以计算机为工具的犯罪 …………………………………（1180）

第288条　扰乱无线电通讯管理秩序罪 ……………………………（1181）

第289条　故意伤害罪　故意杀人罪　抢劫罪 ……………………（1182）

第290条　第1款　聚众扰乱社会秩序罪
第2款　聚众冲击国家机关罪 …………………………（1183）

第291条　聚众扰乱公共场所秩序、交通秩序罪 …………………（1187）

15

第291条之一　修正案（三）第8条　投放虚假危险物质罪　编造、
　　　　　　故意传播虚假恐怖信息罪 ………………………………（1188）

第292条　第1款　聚众斗殴罪 ……………………………………（1190）

第293条　寻衅滋事罪 ………………………………………………（1202）

第294条　第1款　组织、领导、参加黑社会性质组织罪
　　　　　第2款　入境发展黑社会组织罪
　　　　　第3款　包庇、纵容黑社会性质组织罪 …………………（1212）

第295条　传授犯罪方法罪 …………………………………………（1229）

第296条　非法集会、游行、示威罪 ………………………………（1230）

第297条　非法携带武器、管制刀具、爆炸物参加集会、游行、示
　　　　　威罪 ………………………………………………………（1231）

第298条　破坏集会、游行、示威罪 ………………………………（1231）

第299条　侮辱国旗、国徽罪 ………………………………………（1231）

第300条　第1款　组织、利用会道门、邪教组织、利用迷信破坏法
　　　　　律实施罪
　　　　　第2款　组织、利用会道门、邪教组织、利用迷信致人死
　　　　　亡罪 ………………………………………………………（1232）

第301条　第1款　聚众淫乱罪
　　　　　第2款　引诱未成年人聚众淫乱罪 ………………………（1243）

第302条　盗窃、侮辱尸体罪 ………………………………………（1244）

第303条　修正案（六）第18条第2款　赌博罪、开设赌场罪 ……（1245）

第304条　故意延误投递邮件罪 ……………………………………（1256）

第二节　妨害司法罪 …………………………………………………（1257）

第305条　伪证罪 ……………………………………………………（1257）

第306条　辩护人、诉讼代理人毁灭证据、伪造证据、妨害作证罪…（1258）

第307条　第1款　妨害作证罪
　　　　　第2款　帮助毁灭、伪造证据罪 …………………………（1260）

第308条　打击报复证人罪 …………………………………………（1263）

第309条　扰乱法庭秩序罪 …………………………………………（1263）

第310条　窝藏、包庇罪 ……………………………………………（1263）

第311条　拒绝提供间谍犯罪证据罪 ………………………………（1268）

第312条　修正案（六）第19条　掩饰、隐瞒犯罪所得、犯罪所得

| | | 收益罪 …………………………………………………… | （1268） |

第 313 条　拒不执行判决、裁定罪 …………………………………… （1278）
第 314 条　非法处置查封、扣押、冻结的财产罪 …………………… （1283）
第 315 条　破坏监管秩序罪 …………………………………………… （1285）
第 316 条　第 1 款　脱逃罪
　　　　　第 2 款　劫夺被押解人员罪 ………………………………… （1285）
第 317 条　第 1 款　组织越狱罪
　　　　　第 2 款　暴动越狱罪聚众持械劫狱 ……………………… （1286）

第三节　妨害国（边）境管理罪 ……………………………………… （1287）

第 318 条　组织他人偷越国（边）境罪 ……………………………… （1287）
第 319 条　骗取出境证件罪 …………………………………………… （1291）
第 320 条　提供伪造、变造的出入境证件罪　出售出入境证件罪 …… （1292）
第 321 条　运送他人偷越国（边）境罪 ……………………………… （1294）
第 322 条　偷越国（边）境罪 ………………………………………… （1296）
第 323 条　破坏界碑、界桩罪　破坏永久性测量标志罪 …………… （1298）

第四节　妨害文物管理罪 ……………………………………………… （1298）

第 324 条　第 1 款　故意损毁文物罪
　　　　　第 2 款　故意损毁名胜古迹罪
　　　　　第 3 款　过失损毁文物罪 …………………………………… （1298）
第 325 条　非法向外国人出售、赠送珍贵文物罪 …………………… （1302）
第 326 条　倒卖文物罪 ………………………………………………… （1303）
第 327 条　非法出售、私赠文物藏品罪 ……………………………… （1304）
第 328 条　第 1 款　盗掘古文化遗址、古墓葬罪
　　　　　第 2 款　盗掘古人类化石、古脊椎动物化石罪 …………… （1305）
第 329 条　第 1 款　抢夺、窃取国有档案罪
　　　　　第 2 款　擅自出卖、转让国有档案罪 ……………………… （1308）

第五节　危害公共卫生罪 ……………………………………………… （1308）

第 330 条　妨害传染病防治罪 ………………………………………… （1308）
第 331 条　传染病菌种、毒种扩散罪 ………………………………… （1309）
第 332 条　妨害国境卫生检疫罪 ……………………………………… （1309）

第 333 条　第 1 款　非法组织卖血罪　强迫卖血罪 …………………（1310）
第 334 条　第 1 款　非法采集、供应血液、制作、供应血液制品罪
　　　　　第 2 款　采集、供应血液、制作、供应血液制品事故罪……（1310）
第 335 条　医疗事故罪 ……………………………………………………（1314）
第 336 条　第 1 款　非法行医罪
　　　　　第 2 款　非法进行节育手术罪 ……………………………（1315）
第 337 条　第 1 款　修正案（七）第 11 条　妨害动植物防疫、检疫
　　　　　罪 ……………………………………………………………（1318）

第六节　破坏环境资源保护罪 ……………………………………………（1319）

第 338 条　修正案（八）第 46 条　污染环境罪 ………………………（1319）
第 339 条　第 1 款　非法处置进口的固体废物罪
　　　　　第 2 款　擅自进口固体废物罪
　　　　　第 3 款　走私废物罪 …………………………………………（1325）
第 340 条　非法捕捞水产品罪 ……………………………………………（1326）
第 341 条　第 1 款　非法猎捕、杀害珍贵濒危野生动物罪　非法收
　　　　　购、运输、出售珍贵濒危野生动物、珍贵濒危野生动物
　　　　　制品罪
　　　　　第 2 款　非法狩猎罪 …………………………………………（1327）
第 342 条　修正案（二）　非法占用农用地罪 …………………………（1343）
第 343 条　第 1 款　非法采矿罪
　　　　　第 2 款　破坏性采矿罪 ………………………………………（1346）
第 344 条　修正案（四）第 6 条　非法采伐、毁坏国家重点保护植
　　　　　物罪　非法收购、运输、加工、出售国家重点保护植物、
　　　　　国家重点保护植物制品罪 ……………………………………（1349）
第 345 条　第 1 款　盗伐林木罪
　　　　　第 2 款　滥伐林木罪
　　　　　修正案（四）第 7 条第 3 款　非法收购、运输盗伐、滥
　　　　　伐的林木罪 ……………………………………………………（1365）
第 346 条　本节单位犯罪 …………………………………………………（1375）

第七节　走私、贩卖、运输、制造毒品罪 ………………………………（1375）

第 347 条　走私、贩卖、运输、制造毒品罪 ……………………………（1375）

第348条	非法持有毒品罪 …………………………………………… （1420）
第349条	包庇毒品犯罪分子罪　窝藏、转移、隐瞒毒品、毒赃罪
	……………………………………………………………………… （1426）
第350条	第1款　走私制毒物品罪　非法买卖制毒物品罪 ………… （1427）
第351条	非法种植毒品原植物罪 …………………………………… （1434）
第352条	非法买卖、运输、携带、持有毒品原植物种子、幼苗罪 …… （1436）
第353条	第1款　引诱、教唆、欺骗他人吸毒罪
	第2款　强迫他人吸毒罪 ………………………………… （1437）
第354条	容留他人吸毒罪 …………………………………………… （1438）
第355条	非法提供麻醉药品、精神药品罪 ………………………… （1439）
第356条	毒品再犯 …………………………………………………… （1442）
第357条	毒品的概念及折算规定 …………………………………… （1443）

第八节　组织、强迫、引诱、容留、介绍卖淫罪 ………………………… （1452）

第358条	第1款　组织卖淫罪　强迫卖淫罪
	第3款　协助组织卖淫罪 ………………………………… （1452）
第359条	第1款　引诱、容留、介绍卖淫罪
	第2款　引诱幼女卖淫罪 ………………………………… （1455）
第360条	第1款　传播性病罪
	第2款　嫖宿幼女罪 ……………………………………… （1457）
第361条	相关单位人员涉及本节行为的处理 ……………………… （1459）
第362条	窝藏、包庇罪 ……………………………………………… （1459）

第九节　制作、贩卖、传播淫秽物品罪 …………………………………… （1460）

第363条	第1款　制作、复制、出版、贩卖、传播淫秽物品牟利罪
	第2款　为他人提供书号出版淫秽书刊罪 ……………… （1460）
第364条	第1款　传播淫秽物品罪
	第2款　组织播放淫秽音像制品罪 ……………………… （1471）
第365条	组织淫秽表演罪 …………………………………………… （1475）
第366条	单位犯本节之罪 …………………………………………… （1476）
第367条	淫秽物品的定义 …………………………………………… （1477）

第七章　危害国防利益罪 ……………………………………（1478）

第368条　第1款　阻碍军人执行职务罪
　　　　　第2款　阻碍军事行动罪 ……………………………（1478）

第369条　破坏武器装备、军事设施、军事通信罪
　　　　　修正案（五）第3条第2款　过失损坏武器装备、军事
　　　　　设施、军事通信罪 ……………………………………（1478）

第370条　第1款　故意提供不合格武器装备、军事设施罪
　　　　　第2款　过失提供不合格武器装备、军事设施罪 ……（1481）

第371条　第1款　聚众冲击军事禁区罪
　　　　　第2款　聚众扰乱军事管理区秩序罪 ………………（1482）

第372条　冒充军人招摇撞骗罪 ……………………………………（1482）

第373条　煽动军人逃离部队罪　雇用逃离部队军人罪 ………（1483）

第374条　接送不合格兵员罪 ………………………………………（1484）

第375条　第1款　伪造、变造、买卖武装部队公文、证件、印章罪
　　　　　盗窃、抢夺武装部队公文、证件、印章罪
　　　　　修正案（七）第12条第1、2款　非法生产、买卖武装
　　　　　部队制式服装罪
　　　　　第3款　伪造、盗窃、买卖、非法提供、非法使用武装部
　　　　　队专用标志罪 …………………………………………（1484）

第376条　第1款　战时拒绝、逃避征召、军事训练罪
　　　　　第2款　战时拒绝、逃避服役罪 ……………………（1488）

第377条　战时故意提供虚假敌情罪 ………………………………（1488）

第378条　战时造谣扰乱军心罪 ……………………………………（1489）

第379条　战时窝藏逃离部队军人罪 ………………………………（1489）

第380条　战时拒绝、故意延误军事订货罪 ………………………（1489）

第381条　战时拒绝军事征用罪 ……………………………………（1489）

第八章　贪污贿赂罪 ………………………………………………（1491）

第382条　贪污罪 ……………………………………………………（1491）

第383条　贪污罪的量刑 ……………………………………………（1513）

第384条　挪用公款罪 ………………………………………………（1515）

第385条　受贿罪 ……………………………………………………（1537）

第386条	受贿罪的量刑	(1559)
第387条	单位受贿罪	(1560)
第388条	受贿罪	(1561)
第388条之一	修正案（七）第13条　利用影响力受贿罪	(1562)
第389条	行贿罪	(1563)
第390条	行贿罪	(1565)
第391条	对单位行贿罪	(1567)
第392条	介绍贿赂罪	(1568)
第393条	单位行贿罪	(1569)
第394条	贪污罪	(1571)
第395条	第1款　巨额财产来源不明罪	
	第2款　隐瞒境外存款罪	(1573)
第396条	第1款　私分国有资产罪	
	第2款　私分罚没财物罪	(1576)

第九章　渎职罪 (1580)

第397条	滥用职权罪　玩忽职守罪	(1582)
第398条	故意泄露国家秘密罪　过失泄露国家秘密罪	(1597)
第399条	第1款　徇私枉法罪	
	第2款　民事、行政枉法裁判罪	
	修正案（四）第8条第3款　执行判决、裁定失职罪	
	执行判决、裁定滥用职权罪	(1600)
第399条之一	修正案（六）第20条　枉法仲裁罪	(1605)
第400条	第1款　私放在押人员罪	
	第2款　失职致使在押人员脱逃罪	(1607)
第401条	徇私舞弊减刑、假释、暂予监外执行罪	(1610)
第402条	徇私舞弊不移交刑事案件罪	(1611)
第403条	滥用管理公司、证券职权罪	(1613)
第404条	徇私舞弊不征、少征税款罪	(1614)
第405条	第1款　徇私舞弊发售发票、抵扣税款、出口退税罪	
	第2款　违法提供出口退税凭证罪	(1615)
第406条	国家机关工作人员签订、履行合同失职被骗罪	(1617)
第407条	违法发放林木采伐许可证罪	(1618)

21

| 第 408 条 | 环境监管失职罪 | (1620) |

第 408 条之一　修正案（八）第 49 条　食品监管渎职罪 ………… (1622)

第 409 条　传染病防治失职罪 …………………………………………… (1623)

第 410 条　非法批准征用、占用土地罪　非法低价出让国有土地使用
　　　　　权罪 ………………………………………………………………… (1624)

第 411 条　放纵走私罪 …………………………………………………… (1629)

第 412 条　第 1 款　商检徇私舞弊罪
　　　　　第 2 款　商检失职罪 ………………………………………… (1630)

第 413 条　第 1 款　动植物检疫徇私舞弊罪
　　　　　第 2 款　动植物检疫失职罪 ………………………………… (1631)

第 414 条　放纵制售伪劣商品犯罪行为罪 …………………………… (1633)

第 415 条　办理偷越国（边）境人员出入境证件罪　放行偷越国
　　　　　（边）境人员罪 ………………………………………………… (1634)

第 416 条　第 1 款　不解救被拐卖、绑架妇女、儿童罪
　　　　　第 2 款　阻碍解救被拐卖、绑架妇女、儿童罪 ………… (1635)

第 417 条　帮助犯罪分子逃避处罚罪 ………………………………… (1637)

第 418 条　招收公务员、学生徇私舞弊罪 …………………………… (1639)

第 419 条　失职造成珍贵文物损毁、流失罪 ………………………… (1640)

第十章　军人违反职责罪 ………………………………………………… (1642)

第 420 条　军人违反职责罪的概念 …………………………………… (1642)

第 421 条　战时违抗命令罪 ……………………………………………… (1642)

第 422 条　隐瞒、谎报军情罪　拒传、假传军令罪 ………………… (1642)

第 423 条　投降罪 ………………………………………………………… (1642)

第 424 条　战时临阵脱逃罪 ……………………………………………… (1642)

第 425 条　擅离、玩忽军事职守罪 ……………………………………… (1643)

第 426 条　阻碍执行军事职务罪 ………………………………………… (1643)

第 427 条　指使部属违反职责罪 ………………………………………… (1643)

第 428 条　违令作战消极罪 ……………………………………………… (1643)

第 429 条　拒不救援友邻部队罪 ………………………………………… (1643)

第 430 条　军人叛逃罪 …………………………………………………… (1643)

第 431 条　第 1 款　非法获取军事秘密罪

　　　　　第 2 款　为境外窃取、刺探、收买、非法提供军事秘密罪
　　　　　………………………………………………………………………（1643）
第 432 条　故意泄露军事秘密罪　过失泄露军事秘密罪 …………（1644）
第 433 条　战时造谣惑众罪 ………………………………………（1645）
第 434 条　战时自伤罪 ……………………………………………（1645）
第 435 条　逃离部队罪 ……………………………………………（1645）
第 436 条　武器装备肇事罪 ………………………………………（1645）
第 437 条　擅自改变武器装备编配用途罪 ………………………（1646）
第 438 条　盗窃、抢夺武器装备、军用物资罪 …………………（1646）
第 439 条　非法出卖、转让武器装备罪 …………………………（1646）
第 440 条　遗弃武器装备罪 ………………………………………（1646）
第 441 条　遗失武器装备罪 ………………………………………（1647）
第 442 条　擅自出卖、转让军队房地产罪 ………………………（1647）
第 443 条　虐待部属罪 ……………………………………………（1647）
第 444 条　遗弃伤病军人罪 ………………………………………（1647）
第 445 条　战时拒不救治伤病军人罪 ……………………………（1647）
第 446 条　战时残害居民、掠夺居民财物罪 ……………………（1647）
第 447 条　私放俘虏罪 ……………………………………………（1647）
第 448 条　虐待俘虏罪 ……………………………………………（1647）
第 449 条　战时缓刑制度 …………………………………………（1647）
第 450 条　军人违反职责罪的适用范围 …………………………（1647）
第 451 条　战时的概念 ……………………………………………（1648）
第 452 条　本法自 1997 年 10 月 1 日起施行 ……………………（1648）

附则 …………………………………………………………………（1649）

附件一 ………………………………………………………………（1649）
　附件二 ……………………………………………………………（1649）
《上海市高级人民法院〈人民法院量刑指导意见（试行）〉实施细则
　（试行）》（节录）…………………………………………………（1650）
上海市高级人民法院《未成年人刑事案件量刑指导意见实施细则
　（试行）》（节录）…………………………………………………（1672）
北京市高级人民法院《人民法院量刑指导意见（试行）实施细则
　（试行）》（节录）…………………………………………………（1686）

《广东省高级人民法院〈人民法院量刑指导意见（试行）〉》（节录） ……………………………………………………………………（1698）
湖北省高级人民法院《人民法院量刑指导意见（试行）实施细则》
　（节录） ………………………………………………………（1711）
江苏省高级人民法院《人民法院量刑指导意见（试行）实施细则》
　（节录） ………………………………………………………（1740）

第二编　分　　则

第三章　破坏社会主义市场经济秩序罪

第三节　妨害对公司、企业的管理秩序罪

第158条　虚报注册资本罪

申请公司登记使用虚假证明文件或者采取其他欺诈手段虚报注册资本，欺骗公司登记主管部门，取得公司登记，虚报注册资本数额巨大、后果严重或者有其他严重情节的，处三年以下有期徒刑或者拘役，并处或者单处虚报注册资本金额百分之一以上百分之五以下罚金。

单位犯前款罪的，对单位判处罚金，并对其直接负责的主管人员和其他直接责任人员，处三年以下有期徒刑或者拘役。

关　联　规　范　　　　➡完全整理

❶ 最高人民法院《关于在经济犯罪审判中参照适用最高人民检察院、公安部〈关于公安机关管辖的刑事案件立案追诉标准的规定（二）〉的通知》（2010年6月21日　法发〔2010〕22号）（节录）

一、最高人民法院对相关经济犯罪的定罪量刑标准没有规定的，人民法院在审理经济犯罪案件时，可以参照适用《标准（二）》的规定。二、各级人民法院在参照适用《标准（二）》的过程中，如认为《标准（二）》的有关规定不能适应案件审理需要的，要结合案件具体情况和本地实际，依法审慎稳妥处理好案件的法律适用和政策把握，争取更好的社会效果。

❷ 最高人民检察院、公安部《关于公安机关管辖的刑事案件立案追诉标准的规定（二）》（2010年5月7日　公通字〔2010〕23号）（节录）[①]

第三条　申请公司登记使用虚假证明文件或者采取其他欺诈手段虚报注册资本，欺骗

---

① 对其解读见：《刑事审判参考》2010年第4辑总第75辑，第127~158页。

公司登记主管部门，取得公司登记，涉嫌下列情形之一的，应予立案追诉：

（一）超过法定出资期限，实缴注册资本不足法定注册资本最低限额，有限责任公司虚报数额在三十万元以上并占其应缴出资数额百分之六十以上的，股份有限公司虚报数额在三百万元以上并占其应缴出资数额百分之三十以上的；

（二）超过法定出资期限，实缴注册资本达到法定注册资本最低限额，但仍虚报注册资本，有限责任公司虚报数额在一百万元以上并占其应缴出资数额百分之六十以上的，股份有限公司虚报数额在一千万元以上并占其应缴出资数额百分之三十以上的；

（三）造成投资者或者其他债权人直接经济损失累计数额在十万元以上的；

（四）虽未达到上述数额标准，但具有下列情形之一的：1. 两年内因虚报注册资本受过行政处罚二次以上，又虚报注册资本的；2. 向公司登记主管人员行贿的；3. 为进行违法活动而注册的。

（五）其他后果严重或者有其他严重情节的情形。

第八十八条　本规定中的"虽未达到上述数额标准"，是指接近上述数额标准且已达到该数额的百分之八十以上的。

第九十条　本规定中的立案追诉标准，除法律、司法解释、本规定中另有规定的以外，适用于相应的单位犯罪。

3 福建省公检法《关于部分经济犯罪、渎职犯罪案件数额幅度及情节认定问题的座谈纪要》若干问题的修订意见（2002年10月8日　闽高法〔2005〕243号）（节录）

一、（一）具有下列情形之一的，应认定为虚报注册资本"数额巨大"。

1.2.（编者注：与2001.04.18"公发〔2001〕11号"追诉标准相同，略）；

3. 虚报注册资本虽未达到上述数额标准，但给投资者或者其他债权人造成直接经济损失累计在10万元以上的。

（二）虚报注册资本"后果严重"，是指骗取公司登记，非法经营或者进行其他活动，严重损害债权人利益，扰乱社会主义市场经济。

（三）虚报注册资本的"其他严重情节"，是指伪造法律、行政法规规定需要经有关部门审批的有关部门的批准文件；或者欺骗验资部门，以他人工业产权、非专利技术或土地使用权出资证明；或者多次虚报注册资本的。

三十九、附则：3. 本纪要中"虽未达到上述标准"是指接近该数额标准且已达到该数额的80%以上。

学理观点·典型案例　　索引与要旨

1《虚假出资罪与虚报注册资本罪的区分》，载《刑事审判参考》2010年第5辑总第76辑，第169～177页。

2《公司成立后自有资金超过虚报注册资本额行为的定性问题——析杨某虚报注册资本案》，载《刑事司法指南》2008年第4辑总第36辑，第197～204页。

3《A国海洋国际公司及邓忾虚报注册资本案》，载《最新刑事法律文件解读》2005

年第1辑总第1辑

核心提示 ➡ 虚报注册资本罪与虚假出资罪在本案中的关联关系

④《以虚报注册资本成立的公司名义实施犯罪能否认定为单位》，载《公检法办案指南》总第64辑。

⑤《虚报注册资本罪的构成及认定》，载《刑事司法指南》2005年第3辑总第23辑，第58～79页。

要旨 ➡ 一、虚报注册资本罪的构成要件：1. 虚报注册资本罪的主体；2. 虚报注册资本罪的主观方面；3. 虚报注册资本罪的客观方面；4. 虚报注册资本罪的客体。

二、虚报注册资本罪的构成要件：1. 验资报告内容是真实的，但在领取《营业执照》之前，抽逃出资的认定；2. 由工商代办机构或者其他中介机构办理公司登记注册，虚报注册资本的认定；3. 虚报注册资本中挂名股东、发起人责任的认定；4. 虚报注册资本罪中与伪造、变造、买卖公文、证件、印章犯罪的关系；5. 虚报注册资本罪与中介组织机构及其从业人员的关系。

⑥《李兰香票据诈骗案》，载《刑事审判参考》2004年第4辑总第39辑，第20～26页。

要旨 ➡ 使用虚假证明文件骗取登记的公司，不足以否定公司成立。

⑦《杨斌非法占用农用地、合同诈骗、单位行贿、对单位行贿、伪造金融票证案 辽宁省沈阳市中级人民法院刑事判决书》，载《刑事审判参考》2003第4辑总第33辑，第170～224页。

核心提示 ➡ 如何区分虚假出资罪与虚报注册资本罪？

⑧《薛玉泉虚报注册资本案》，载《刑事审判参考》2001年第10辑总第21辑，第1～6页。

核心提示 ➡ 挪用公款存入临时账户获得虚假银行进账单后，将该进账单供他人虚报注册资本的行为如何定性？

⑨《周云华虚报注册资本案》，载《刑事审判参考》2001年第5辑总第16辑，第6～11页。

核心提示 ➡ 检察机关以自然人犯罪起诉的单位犯罪案件应如何正确处理？

要旨 ➡ 对检察院以自然人犯罪起诉的单位犯罪案件，法院不能直接对检察院未指控的单位进行处罚，对被起诉的自然人，应根据庭审查明的事实，依法按单位犯罪中的直接负责的主管人员或者其他直接责任人员追究刑事责任。

⑩《管桦虚报注册资本案》，载《刑事审判参考》2000年第5辑总第10辑，第1～10页以及《刑事审判案例》，第195～201页。

核心提示 ➡ 虚报注册资本构成犯罪的标准如何掌握？虚报注册资本罪中"公司"的范围如何界定？如何理解"使用虚假证明文件或者采用其他欺诈手段"？

要旨 ➡ 为登记成立有限公司虚报注册资本才能构成犯罪。

第159条　虚假出资、抽逃出资罪

公司发起人、股东违反公司法的规定未交付货币、实物或者未转移财产权，虚假出资，或者在公司成立后又抽逃其出资，数额巨大、后果严重或者有其他严重情节的，处五年以下有期徒刑或者拘役，并处或者单处虚假出资金额或者抽逃出资金额百分之二以上百分之十以下罚金。

单位犯前款罪的，对单位判处罚金，并对其直接负责的主管人员和其他直接责任人员，处五年以下有期徒刑或者拘役。

关联规范　➡ 完全整理

❶ 最高人民检察院、公安部《关于公安机关管辖的刑事案件立案追诉标准的规定（二）》（2010年5月7日　公通字〔2010〕23号）（节录）①

第四条　公司发起人、股东违反公司法的规定未交付货币、实物或者未转移财产权，虚假出资，或者在公司成立后又抽逃其出资，涉嫌下列情形之一的，应予立案追诉：

（一）超过法定出资期限，有限责任公司股东虚假出资数额在三十万元以上并占其应缴出资数额百分之六十以上的，股份有限公司发起人、股东虚假出资数额在三百万元以上并占其应缴出资数额百分之三十以上的。

（二）有限责任公司股东抽逃出资数额在三十万元以上并占其实缴出资数额百分之六十以上的，股份有限公司发起人、股东抽逃出资数额在三百万元以上并占其实缴出资数额百分之三十以上的。

（三）造成公司、股东、债权人的直接经济损失累计数额在十万元以上的。

（四）虽未达到上述数额标准，但具有下列情形之一的：

1. 致使公司资不抵债或者无法正常经营的；

2. 公司发起人、股东合谋虚假出资、抽逃出资的；

3. 两年内因虚假出资、抽逃出资受过行政处罚二次以上，又虚假出资、抽逃出资的；

4. 利用虚假出资、抽逃出资所得资金进行违法活动的。

（五）其他后果严重或者有其他严重情节的情形。

第八十八条　本规定中的"虽未达到上述数额标准"，是指接近上述数额标准且已达到该数额的百分之八十以上的。

第九十条　本规定中的立案追诉标准，除法律、司法解释、本规定中另有规定的以外，适用于相应的单位犯罪。

❷ 福建省公检法《关于部分经济犯罪、渎职犯罪案件数额幅度及情节认定问题的座谈纪要》若干问题的修订意见（2002年10月8日　闽高法〔2005〕243号）（节录）

二、（一）虚假出资、抽逃出资"数额巨大"，是指有限责任公司的股东虚假出资或者抽逃出资占其实际出资额的50%以上；股份有限公司的发起人、股东虚报出资或者抽逃出

---

① 对其解读见：《刑事审判参考》2010年第4辑总第75辑，第127~158页。

资额占其实际出资额的 20% 以上。

（二）虚假出资、抽逃出资"后果严重"，是指具有以下情形之一者：（1）给公司、股东、债权人造成的直接经济损失累计在 10 万元以上的；（2）致使公司资本不抵债或者无法正常经营的。

（三）虚假出资、抽逃出资的"其他严重情节"是指具有以下情形之一者：（1）公司发起人、股东合谋虚假出资、抽逃出资的；（2）利用虚假出资，抽逃出资所得的资金进行违法犯罪活动的；（3）因虚假出资、抽逃出资，受过行政处罚二次以上，又虚假出资，抽逃出资的。

学理观点·典型案例 ➡ 索引与要旨

❶《虚假出资罪与虚报注册资本罪的区分》，载《刑事审判参考》2010 年第 5 辑总第 76 辑，第 169~177 页。

❷《A 国海洋国际公司及邓忾虚报注册资本案》，载《最新刑事法律文件解读》2005 年第 1 辑总第 1 辑。

核心提示 ➡ 虚报注册资本罪与虚假出资罪在本案中的关联关系

❸《杨斌非法占用农用地、合同诈骗、单位行贿、对单位行贿、伪造金融票证案　辽宁省沈阳市中级人民法院　事判决书》，载《刑事审判参考》2003 年第 4 辑总第 33 辑第 170~224 页。

核心提示 ➡ 如何区分虚假出资罪与虚报注册资本罪？

❹《陈孝荣虚假出资、抽逃出资、职务侵占案》，载《最高人民法院判例释解·刑事卷》，第 370 页。

核心提示 ➡ 如何认定虚假出资罪？

第 160 条　欺诈发行股票、债券罪

在招股说明书、认股书、公司、企业债券募集办法中隐瞒重要事实或者编造重大虚假内容，发行股票或者公司、企业债券，数额巨大、后果严重或者有其他严重情节的，处五年以下有期徒刑或者拘役，并处或者单处非法募集资金金额百分之一以上百分之五以下罚金。

单位犯前款罪的，对单位判处罚金，并对其直接负责的主管人员和其他直接责任人员，处五年以下有期徒刑或者拘役。

关联规范 ➡ 完全整理

❶ 最高人民检察院、公安部《关于公安机关管辖的刑事案件立案追诉标准的规定（二）》（2010 年 5 月 7 日　公通字〔2010〕23 号）（节录）①

---

① 对其解读见：《刑事审判参考》2010 年第 4 辑总第 75 辑，第 127~158 页。

第五条　在招股说明书、认股书、公司、企业债券募集办法中隐瞒重要事实或者编造重大虚假内容,发行股票或者公司、企业债券,涉嫌下列情形之一的,应予立案追诉:(一)发行数额在五百万元以上的;(二)伪造、变造国家机关公文、有效证明文件或者相关凭证、单据的;(三)利用募集的资金进行违法活动的;(四)转移或者隐瞒所募集资金的;(五)其他后果严重或者有其他严重情节的情形。

第九十条　本规定中的立案追诉标准,除法律、司法解释、本规定中另有规定的以外,适用于相应的单位犯罪。

❷ 福建省公检法《关于部分经济犯罪、渎职犯罪案件数额幅度及情节认定问题的座谈纪要》若干问题的修订意见（2002年10月8日　闽高法〔2005〕243号）（节录）

三、（一）欺诈发行股票或者债券"数额巨大",是指发行股票或者债券数额达1000万元以上的。

（二）欺诈发行股票或者债券"后果严重",是指具有以下情形之一者:（1）引发众多股民、债权人上访、闹事等不安事端的;（2）因欺诈发行股票造成该股票停牌的;（3）股民、债权人要求清退而不能及时清退的。

（三）欺诈发行股票或者债券的"其他严重情节",是指具有以下情形之一者:（1）拒绝监管部门检查或拒不提供有关账目的;（2）拒不说明筹股、筹集资金去向的;（3）利用非法募集资金从事违法犯罪活动的;（4）伪造政府公文、有效证明文件或者相关凭证、单据的。

第161条　修正案（六）第5条　违规披露、不披露重要信息罪

公司向股东和社会公众提供虚假的或者隐瞒重要事实的财务会计报告,严重损害股东或者其他人利益的,对其直接负责的主管人员和其他直接责任人员,处三年以下有期徒刑或者拘役,并处或者单处二万元以上二十万元以下罚金。

中华人民共和国刑法修正案（六）（中华人民共和国第十届全国人民代表大会常务委员会第二十二次会议于2006年6月29日通过,现予公布,自公布之日起施行。）

五、将刑法第一百六十一条修改为:"依法负有信息披露义务的公司、企业向股东和社会公众提供虚假的或者隐瞒重要事实的财务会计报告,或者对依法应当披露的其他重要信息不按照规定披露,严重损害股东或者其他人利益,或者有其他严重情节的,对其直接负责的主管人员和其他直接责任人员,处三年以下有期徒刑或者拘役,并处或者单处二万元以上二十万元以下罚金。"

关联规范 ⟹ 完全整理

❶《刑法修正案（六）》（2006 年 6 月 29 日　主席令第五十一号）①

❷ 最高人民检察院、公安部《关于公安机关管辖的刑事案件立案追诉标准的规定（二）》（2010 年 5 月 7 日　公通字〔2010〕23 号）（节录）②

第六条　依法负有信息披露义务的公司、企业向股东和社会公众提供虚假的或者隐瞒重要事实的财务会计报告，或者对依法应当披露的其他重要信息不按照规定披露，涉嫌下列情形之一的，应予立案追诉：

（一）造成股东、债权人或者其他人直接经济损失数额累计在五十万元以上的；

（二）虚增或者虚减资产达到当期披露的资产总额百分之三十以上的；

（三）虚增或者虚减利润达到当期披露的利润总额百分之三十以上的；

（四）未按照规定披露的重大诉讼、仲裁、担保、关联交易或者其他重大事项所涉及的数额或者连续十二个月的累计数额占净资产百分之五十以上的；

（五）致使公司发行的股票、公司债券或者国务院依法认定的其他证券被终止上市交易或者多次被暂停上市交易的；

（六）致使不符合发行条件的公司、企业骗取发行核准并且上市交易的；

（七）在公司财务会计报告中将亏损披露为盈利，或者将盈利披露为亏损的；

（八）多次提供虚假的或者隐瞒重要事实的财务会计报告，或者多次对依法应当披露的其他重要信息不按照规定披露的；

（九）其他严重损害股东、债权人或者其他人利益，或者有其他严重情节的情形。

第八十七条　本规定中的"多次"，是指三次以上。

第九十条　本规定中的立案追诉标准，除法律、司法解释、本规定中另有规定的以外，适用于相应的单位犯罪。

❸ 最高人民检察院、公安部《关于经济犯罪案件追诉标准的补充规定》（2008 年 3 月 5 日　高检会〔2008〕2 号）③

❹ 最高人民法院、最高人民检察院《关于执行〈中华人民共和国刑法〉确定罪名的补充规定（三）》（2007 年 10 月 25 日　法释〔2007〕16 号）④

学理观点·典型案例 ⟹ 索引与要旨

❶《解析刑法修正案（六）中的经济犯罪》，载《公检法办案指南》2006 年第 9 辑总第 81 辑，第 131～152 页。

---

① 对其解读见：《刑事审判参考》2006 年第 4 辑总第 51 辑，第 53～104 页。
② 对其解读见：《刑事审判参考》2010 年第 4 辑总第 75 辑，第 127～158 页。
③ 对其解读见：《刑事审判参考》2008 年第 3 辑总第 62 辑，第 73～90 页。
④ 对其解读见：《刑事审判参考》2008 年第 1 辑总第 60 辑，第 60～71 页。

要旨➡刑法修正案（六）的总体特点：1. 扩大刑法的打击范围；2. 细化客观构成要件，删减主观构成要件；3. 将结果犯修改为行为犯；4. 采用兜底条款；5. 加大刑罚处罚力度。

修改了提供虚假财会报告罪：一是重新界定了犯罪主体的范围。二是扩大了犯罪对象的范围。三是扩大了犯罪行为方式：由作为犯修改为既是作为犯，又是不作为犯。四是将结果犯修改为行为犯。

❷《董博等提供虚假财会报告案》，载《刑事审判参考》2004年第2集总第37集，第1~14页。

核心提示➡提供虚假财会报告罪中直接责任人员的认定

要旨➡提供虚假财会报告罪承担刑事责任直接负责的主管人员和其他直接责任人员，既包括对公司财务会计报告的真实性、可靠性负有直接责任的公司董事长、董事、总经理、经理、监事，同时还包括直接参与假财务会计报告制作的工作人员。直接责任人员一般表现为具体编制或者参与编制虚假的或者隐瞒重要事实的财务会计报告的公司财会人员，因为公司的财会报告通常是由财会人员制作完成的，但不以财会人员为限：首先，凡是参与制作虚假报告的以及为直接编制虚假报告人员提供虚假凭证资料的人员均应视为相关责任人员；其次，是否属于需要追究刑事责任的直接责任人员，取决于该人员在犯罪中的地位和作用，而非是否具有财会人员的身份。

❸《杨斌非法占用农用地、合同诈骗、单位行贿、对单位行贿、伪造金融票证案辽宁省沈阳市中级人民法院刑事判决书》，载《刑事审判参考》2003年第4辑总第33辑，第170~224页。

核心提示➡出于提供虚假财会报告的目的采取伪造金融票证等手段造假账应如何定性？

要旨➡按牵连犯原则适用法律，应择一重罪以伪造金融票证罪定罪处罚。

❹《被告人隋元柏等提供虚假财会报告案》，载《山东烟台中级人民法院刑判决书》以及《经济犯罪审判指导与参考》2003年第4辑总第4辑，第199页。

第162条　妨害清算罪

公司、企业进行清算时，隐匿财产，对资产负债表或者财产清单作虚伪记载或者在未清偿债务前分配公司、企业财产，严重损害债权人或者其他人利益的，对其直接负责的主管人员和其他直接责任人员，处五年以下有期徒刑或者拘役，并处或者单处二万元以上二十万元以下罚金。

关　联　规　范　➡完全整理

最高人民检察院、公安部《关于公安机关管辖的刑事案件立案追诉标准的规定（二）》

（2010年5月7日 公通字〔2010〕23号）（节录）①

第七条 公司、企业进行清算时，隐匿财产，对资产负债表或者财产清单作虚伪记载或者在未清偿债务前分配公司、企业财产，涉嫌下列情形之一的，应予立案追诉：（一）隐匿财产价值在五十万元以上的；（二）对资产负债表或者财产清单作虚伪记载涉及金额在五十万元以上的；（三）在未清偿债务前分配公司、企业财产价值在五十万元以上的；（四）造成债权人或者其他人直接经济损失数额累计在十万元以上的；（五）虽未达到上述数额标准，但应清偿的职工的工资、社会保险费用和法定补偿金得不到及时清偿，造成恶劣社会影响的；（六）其他严重损害债权人或者其他人利益的情形。

第八十八条 本规定中的"虽未达到上述数额标准"，是指接近上述数额标准且已达到该数额的百分之八十以上的。

第九十条 本规定中的立案追诉标准，除法律、司法解释、本规定中另有规定的以外，适用于相应的单位犯罪。

学理观点·典型案例 ➡ 索引与要旨

《沈卫国等挪用资金、妨害清算案》，载《刑事审判参考》2003年第6辑总第35辑，第16~26页。

核心提示 ➡ 公司的分支机构能否构成妨害清算罪的主体？

要旨 ➡ 妨害清算罪的具体认定

一、该罪只能由单位实施，三被告以分公司名义实施，代表的是分公司意志，应认定为单位行为，符合主体要件；最高人民法院2001纪要指出分支机构可认定为单位犯罪。

二、被告行为不属于法定妨害清算行为，未造成严重损害债权人或其他人利益之后果，辩解与辩护意见应予采纳，清理小组与清算组并不完全相同，本案清理行为对内不对外，不认定为法律意义上的清算，故不构成妨害清算。

三、无证据证明造成危害利益结果。

第162条之一 修正案第1条 隐匿、故意销毁会计凭证、会计账簿、财务会计报告罪

隐匿或者故意销毁依法应当保存的会计凭证、会计账簿、财务会计报告，情节严重的，处五年以下有期徒刑或者拘役，并处或者单处二万元以上二十万元以下罚金。

单位犯前款罪的，对单位判处罚金，并对其直接负责的主管人员和其他直接责任人员，依照前款的规定处罚。

---

① 对其解读见：《刑事审判参考》2010年第4辑总第75辑，第127~158页。

关联规范 ➡ 完全整理

❶《刑法修正案》（1999年12月25日　主席令第二十七号）（节录）①

❷ 人大法工委《关于对"隐匿、销毁会计凭证、会计账簿、财务会计报告构成犯罪的主体范围"问题的答复意见》（2002年1月14日　法工委复字〔2002〕3号）

经研究，现答复如下：根据全国人大常委会1999年12月25日刑法修正案第一条的规定，任何单位和个人在办理会计事务时对依法应当保存的会计凭证、会计账簿、财务会计报告，进行隐匿、销毁，情节严重的，构成犯罪，应当依法追究其刑事责任。

根据刑事诉讼法第十八条关于刑事案件侦查管辖的规定，除法律规定的特定案件由人民检察院立案侦查以外，其他刑事案件的侦查应由公安机关进行。隐匿、销毁会计凭证、会计账簿、财务会计报告，构成犯罪的，应当由公安机关立案侦查。

❸ 最高人民检察院、公安部《关于公安机关管辖的刑事案件立案追诉标准的规定（二）》（2010年5月7日　公通字〔2010〕23号）（节录）②

第八条　隐匿或者故意销毁依法应当保存的会计凭证、会计账簿、财务会计报告，涉嫌下列情形之一的，应予立案追诉：（一）隐匿、故意销毁的会计凭证、会计账簿、财务会计报告涉及金额在五十万元以上的；（二）依法应当向司法机关、行政机关、有关主管部门等提供而隐匿、故意销毁或者拒不交出会计凭证、会计账簿、财务会计报告的；（三）其他情节严重的情形。

第九十条　本规定中的立案追诉标准，除法律、司法解释、本规定中另有规定的以外，适用于相应的单位犯罪。

❹ 最高人民法院、最高人民检察院《关于执行〈中华人民共和国刑法〉确定罪名的补充规定》（2002年3月15日　法释〔2002〕7号）③

学理观点・典型案例 ➡ 索引与要旨

❶《江苏阿耳法光学有限公司走私普通货物案》〔2007〕镇刑二初字第2号，江苏省镇江市中级人民法院

要旨 ➡ 在买卖双方未进行最终结算的情况下，进口单位应缴税款只能以双方实际成交价格为依据，即使货物质量有问题，也不能成为进口单位虚报价格、偷逃税款的理由。

❷《江山市造纸厂、杨云法销毁会计资料案》，载《最高人民法院公报》2002年第4辑总第78辑。

要旨 ➡ 单位经集体研究同意后，将上年度余额结转到新账簿上，烧毁依法应当保存的

---

① 对其解读见：《刑事审判参考》2000年第6辑总第11辑，第74~76页以及《刑事司法指南》2000年第2辑总第2辑，第122~134页。
② 对其解读见：《刑事审判参考》2010年第4辑总第75辑，第127~158页。
③ 对其解读见：《刑事审判参考》2002年第3辑总第26辑，第171~177页。

上年度财务支出流水账、凭证等会计资料，构成本罪。

第 162 条之二　修正案（六）第 6 条　虚假破产罪

公司、企业通过隐匿财产、承担虚构的债务或者以其他方法转移、处分财产，实施虚假破产，严重损害债权人或者其他人利益的，对其直接负责的主管人员和其他直接责任人员，处五年以下有期徒刑或者拘役，并处或者单处二万元以上二十万元以下罚金。

关联规范 ➡ 完全整理

❶《刑法修正案（六）》（2006 年 6 月 29 日　主席令第五十一号）（节录）①

❷ 最高人民检察院、公安部《关于公安机关管辖的刑事案件立案追诉标准的规定（二）》（2010 年 5 月 7 日　公通字〔2010〕23 号）（节录）②

第九条　公司、企业通过隐匿财产、承担虚构的债务或者以其他方法转移、处分财产，实施虚假破产，涉嫌下列情形之一的，应予立案追诉：（一）隐匿财产价值在五十万元以上的；（二）承担虚构的债务涉及金额在五十万元以上的；（三）以其他方法转移、处分财产价值在五十万元以上的；（四）造成债权人或者其他人直接经济损失数额累计在十万元以上的；（五）虽未达到上述数额标准，但应清偿的职工的工资、社会保险费用和法定补偿金得不到及时清偿，造成恶劣社会影响的；（六）其他严重损害债权人或者其他人利益的情形。

第八十八条　本规定中的"虽未达到上述数额标准"，是指接近上述数额标准且已达到该数额的百分之八十以上的。

第九十条　本规定中的立案追诉标准，除法律、司法解释、本规定中另有规定的以外，适用于相应的单位犯罪。

❸ 最高人民法院、最高人民检察院《关于执行〈中华人民共和国刑法〉确定罪名的补充规定（三）》（2007 年 10 月 25 日　法释〔2007〕16 号）③

学理观点·典型案例 ➡ 索引与要旨

❶《解析刑法修正案（六）中的经济犯罪》，载《公检法办案指南》2006 年第 9 辑总第 81 辑，第 131～152 页。

要旨 ➡ 增设了破产欺诈罪：一是犯罪主体属于单位犯罪。二是犯罪客观要件，采取了列举式与概括式相结合的立法模式。三是采取了双罚制。与刑法第 162 条妨害清算罪之间最主要的区别在于行为发生的时间不同。

---

① 对其解读见：《刑事审判参考》2006 年第 4 辑总第 51 辑，第 53～104 页。
② 对其解读见：《刑事审判参考》2010 年第 4 辑总第 75 辑，第 127～158 页。
③ 对其解读见：《刑事审判参考》2008 年第 1 辑总第 60 辑，第 60～71 页。

第 163 条　修正案（六）第 7 条　非国家工作人员受贿罪

公司、企业的工作人员利用职务上的便利，索取他人财物或者非法收受他人财物，为他人谋取利益，数额较大的，处五年以下有期徒刑或者拘役；数额巨大的，处五年以上有期徒刑，可以并处没收财产。

公司、企业的工作人员在经济往来中，违反国家规定，收受各种名义的回扣、手续费，归个人所有的，依照前款的规定处罚。

国有公司、企业中从事公务的人员和国有公司、企业委派到非国有公司、企业从事公务的人员有前两款行为的，依照本法第三百八十五条、第三百八十六条的规定定罪处罚。

中华人民共和国刑法修正案（六）（中华人民共和国第十届全国人民代表大会常务委员会第二十二次会议于 2006 年 6 月 29 日通过，现予公布，自公布之日起施行。）

七、将刑法第一百六十三条修改为："公司、企业或者其他单位的工作人员利用职务上的便利，索取他人财物或者非法收受他人财物，为他人谋取利益，数额较大的，处五年以下有期徒刑或者拘役；数额巨大的，处五年以上有期徒刑，可以并处没收财产。

公司、企业或者其他单位的工作人员在经济往来中，利用职务上的便利，违反国家规定，收受各种名义的回扣、手续费，归个人所有的，依照前款的规定处罚。

国有公司、企业或者其他国有单位中从事公务的人员和国有公司、企业或者其他国有单位委派到非国有公司、企业以及其他单位从事公务的人员有前两款行为的，依照本法第三百八十五条、第三百八十六条的规定定罪处罚。"

关 联 规 范　　　完全整理

❶《中华人民共和国刑法》（1980 年 1 月 1 日）第 96 条

本法所称违反国家规定，是指违反全国人民代表大会及其常务委员会制定的法律和决定，国务院制定的行政法规、规定的行政措施、发布的决定和命令。

❷《中华人民共和国刑法》（1980 年 1 月 1 日）第 184 条第 1 款

银行或者其他金融机构的工作人员在金融业务活动中索取他人财物或者非法收受他人财物，为他人谋取利益的，或者违反国家规定，收受各种名义的回扣、手续费，归个人所有的，依照本法第一百六十三条的规定定罪处罚。

❸《中华人民共和国刑法》（1980 年 1 月 1 日）第 385 条

国家工作人员利用职务上的便利，索取他人财物的，或者非法收受他人财物，为他人谋取利益的，是受贿罪。

国家工作人员在经济往来中，违反国家规定，收受各种名义的回扣、手续费，归个人所有的，以受贿论处。

❹《中华人民共和国刑法》（1980年1月1日）第386条

对犯受贿罪的，根据受贿所得数额及情节，依照本法第三百八十三条的规定处罚。索贿的从重处罚。

❺《刑法修正案（六）》（2006年6月29日　主席令第五十一号）①

❻最高人民检察院、公安部《关于公安机关管辖的刑事案件立案追诉标准的规定（二）》（2010年5月7日　公通字〔2010〕23号）（节录）②

第十条　公司、企业或者其他单位的工作人员利用职务上的便利，索取他人财物或者非法收受他人财物，为他人谋取利益，或者在经济往来中，利用职务上的便利，违反国家规定，收受各种名义的回扣、手续费，归个人所有，数额在五千元以上的，应予立案追诉。

❼最高人民法院《关于贯彻宽严相济刑事政策的若干意见》（2010年2月8日　法发〔2010〕9号）（节录）③

8. 对于国家工作人员贪污贿赂、滥用职权、失职渎职的严重犯罪，黑恶势力犯罪、重大安全责任事故、制售伪劣食品药品所涉及的国家工作人员职务犯罪，发生在社会保障、征地拆迁、灾后重建、企业改制、医疗、教育、就业等领域严重损害群众利益、社会影响恶劣、群众反映强烈的国家工作人员职务犯罪，发生在经济社会建设重点领域、重点行业的严重商业贿赂犯罪等，要依法从严惩处。

对于国家工作人员职务犯罪和商业贿赂犯罪中性质恶劣、情节严重、涉案范围广、影响面大的，或者案发后隐瞒犯罪事实、毁灭证据、订立攻守同盟、负案潜逃等拒不认罪悔罪的，要坚决依法从严惩处。

对于被告人犯罪所得数额不大，但对国家财产和人民群众利益造成重大损失、社会影响极其恶劣的职务犯罪和商业贿赂犯罪案件，也应依法从严惩处。

❽最高人民法院、最高人民检察院《关于办理商业贿赂刑事案件适用法律若干问题的意见》（2008年11月20日）（节录）④

二、刑法第一百六十三条、第一百六十四条规定的"其他单位"，既包括事业单位、社会团体、村民委员会、居民委员会、村民小组等常设性的组织，也包括为组织体育赛事、文艺演出或者其他正当活动而成立的组委会、筹委会、工程承包队等非常设性的组织。

三、刑法第一百六十三条、第一百六十四条规定的"公司、企业或者其他单位的工作人员"，包括国有公司、企业以及其他国有单位中的非国家工作人员。

四、医疗机构中的国家工作人员，在药品、医疗器械、医用卫生材料等医药产品采购活动中，利用职务上的便利，索取销售方财物，或者非法收受销售方财物，为销售方谋取

---

① 对其解读见：《刑事审判参考》2006年第4辑总第51辑，第53~104页。
② 对其解读见：《刑事审判参考》2010年第4辑总第75辑，第127~158页。
③ 对其解读见：《刑事法律文件解读》2010年第3辑总第57辑，第49~65页。
④ 对其解读见：《刑事审判参考》2009年第1辑总第66辑，第66~84页。

利益，构成犯罪的，依照刑法第三百八十五条的规定，以受贿罪定罪处罚。

医疗机构中的非国家工作人员，有前款行为，数额较大的，依照刑法第一百六十三条的规定，以非国家工作人员受贿罪定罪处罚。

医疗机构中的医务人员，利用开处方的职务便利，以各种名义非法收受药品、医疗器械、医用卫生材料等医药产品销售方财物，为医药产品销售方谋取利益，数额较大的，依照刑法第一百六十三条的规定，以非国家工作人员受贿罪定罪处罚。

五、学校及其他教育机构中的国家工作人员，在教材、教具、校服或者其他物品的采购等活动中，利用职务上的便利，索取销售方财物，或者非法收受销售方财物，为销售方谋取利益，构成犯罪的，依照刑法第三百八十五条的规定，以受贿罪定罪处罚。

学校及其他教育机构中的非国家工作人员，有前款行为，数额较大的，依照刑法第一百六十三条的规定，以非国家工作人员受贿罪定罪处罚。

学校及其他教育机构中的教师，利用教学活动的职务便利，以各种名义非法收受教材、教具、校服或者其他物品销售方财物，为教材、教具、校服或者其他物品销售方谋取利益，数额较大的，依照刑法第一百六十三条的规定，以非国家工作人员受贿罪定罪处罚。

六、依法组建的评标委员会、竞争性谈判采购中谈判小组、询价采购中询价小组的组成人员，在招标、政府采购等事项的评标或者采购活动中，索取他人财物或者非法收受他人财物，为他人谋取利益，数额较大的，依照刑法第一百六十三条的规定，以非国家工作人员受贿罪定罪处罚。

依法组建的评标委员会、竞争性谈判采购中谈判小组、询价采购中询价小组中国家机关或者其他国有单位的代表有前款行为的，依照刑法第三百八十五条的规定，以受贿罪定罪处罚。

七、商业贿赂中的财物，既包括金钱和实物，也包括可以用金钱计算数额的财产性利益，如提供房屋装修，含有金额的会员卡、代币卡（券），旅游费用等。具体数额以实际支付的资费为准。

八、收受银行卡的，不论受贿人是否实际取出或者消费，卡内的存款数额一般应全额认定为受贿数额。使用银行卡透支的，如果由给予银行卡的一方承担还款责任，透支数额也应当认定为受贿数额。

九、在行贿犯罪中，"谋取不正当利益"，是指行贿人谋取违反法律、法规、规章或者政策规定的利益，或者要求对方违反法律、法规、规章、政策、行业规范的规定提供帮助或者方便条件。

在招标投标、政府采购等商业活动中，违背公平原则，给予相关人员财物以谋取竞争优势的，属于"谋取不正当利益"。

十、办理商业贿赂犯罪案件，要注意区分贿赂与馈赠的界限。主要应当结合以下因素全面分析、综合判断：

（1）发生财物往来的背景，如双方是否存在亲友关系及历史上交往的情形和程度；

（2）往来财物的价值；

（3）财物往来的缘由、时机和方式，提供财物方对于接受方有无职务上的请托；

（4）接受方是否利用职务上的便利为提供方谋取利益。

十一、非国家工作人员与国家工作人员通谋，共同收受他人财物，构成共同犯罪的，根据双方利用职务便利的具体情形分别定罪追究刑事责任：

（1）利用国家工作人员的职务便利为他人谋取利益的，以受贿罪追究刑事责任。

（2）利用非国家工作人员的职务便利为他人谋取利益的，以非国家工作人员受贿罪追究刑事责任。

（3）分别利用各自的职务便利为他人谋取利益的，按照主犯的犯罪性质追究刑事责任，不能分清主从犯的，可以受贿罪追究刑事责任。

9 最高人民法院、最高人民检察院《关于执行〈中华人民共和国刑法〉确定罪名的补充规定（三）》（2007年10月25日 法释〔2007〕16号）①

10 最高人民检察院研究室《关于佛教协会工作人员能否构成受贿罪》（2003年1月13日 〔2003〕高检研发第2号）

经研究，答复如下：佛教协会属于社会团体，其工作人员除符合刑法第九十三条第二款的规定属于受委托从事公务的人员外，既不属于国家工作人员，也不属于公司、企业人员。根据刑法的规定，对非受委托从事公务的佛教协会的工作人员利用职务之便收受他人财物，为他人谋取利益的行为，不能按受贿罪或者公司、企业人员受贿罪追究刑事责任。

11 浙江公检法《关于村民委员会等村基层组织人员利用职权实施犯罪适用法律若干问题的解答》（2005年7月27日 浙检会〔研〕〔2005〕7号）（节录）②

五、村经济合作社干部在管理村集体经济事务过程中收受他人贿赂的行为如何定性？
答：按照《浙江省村经济合作社组织条例》的规定，村经济合作社是以行政村为单位设置的农村集体经济经营管理组织。不论村经济合作社是否取得工商登记，只要在管理村集体经济事务过程中，村经济合作社干部利用职务上的便利，索取或非法收受他人财物，为他人谋取利益，数额较大的，应以公司企业人员受贿罪依法追究刑事责任。

12 《关于执行刑法若干问题的具体意见（试行）——99'上海法院刑庭庭长会议纪要》（1999年7月15日）（节录）

根据新刑法颁布前有关司法解释的规定和本市的实际情况，现将部分犯罪的数额标准罗列如下，供参照执行。2.刑法第163条公司、企业人员受贿罪，"数额较大"为1.5万元以上，"数额巨大"为10万元以上。

学理观点·典型案例 ➡️ **索引与要旨**

1 《非国有单位房屋拆迁工作负责人收受财物后隐瞒他人擅自利用单位房产骗取拆迁补偿款的行为是否构成犯罪》，载《张某非国家工作人员受贿案》以及《公检法办案指南》

---

① 对其解读见：《刑事审判参考》2008年第1辑总第60辑，第60~71页。
② 对其解读见：《最新刑事法律文件解读》2005年第10辑总第10辑，第97页；2006年第2辑总第14辑，第111~114页。

2010 年第 11 辑总第 131 辑，第 168~175 页。

❷《商业贿赂犯罪刑法适用疑难问题研究》，载《刑事审判参考》2009 年第 1 辑总第 66 辑，第 173~198 页。

要旨➡一、商业贿赂的范围及数额认定问题：1. 礼券；2. 免费旅游、装修等资助；3. 银行卡；4. 特殊汽车牌照、手机号码；5. 性贿赂。

二、商业贿赂犯罪案件"谋取不正当利益"要件认定问题。

三、医务人员商业贿赂犯罪司法认定问题。

四、商业贿赂共同犯罪的罪名确定问题。

❸《对于司法解释性文件的理解与思考——以〈关于办理商业贿赂刑事案件适用法律若干问题的意见〉为例》，载《刑事审判参考》2009 年第 1 辑总第 66 辑，第 199~208 页。

❹《商业贿赂犯罪刑法适用若干疑难问题》，载《刑事司法指南》2009 年第 3 辑总第 39 辑，第 86~115 页。

❺《"在经济往来中"的商业贿赂犯罪刑法适用情况调查与研究》，载《刑事司法指南》2009 年第 3 辑总第 39 辑，第 116~130 页。

❻《国有医院医生"开单提成"行为如何定性》，载《公检法办案指南》2008 年第 2 辑总第 98 辑，第 166~171 页。

❼《杨志华企业人员受贿案》，载《刑事审判参考》2004 年第 6 辑总第 41 辑，第 1~7 页。

核心提示➡筹建中的企业工作人员利用职务便利为他人谋取利益非法收受、索取财物的能否以企业人员受贿罪定罪处罚？

要旨➡由于刑法第 163 条既没有限定企业的性质，也没有限定企业的存在状态，因此，只要是依法设立的企业，其工作人员利用职务便利实施犯罪活动的，就应当适用刑法关于企业工作人员犯罪的条款。同时，企业的成立需要一个过程，不能将依法设立理解为取得营业执照。实践中，筹建中的公司、企业因管理不规范，更容易出现侵占、受贿、挪用等腐败问题，如不将筹建中的公司、企业认定为刑法意义上的公司、企业，会放纵大量此类犯罪行为。被告人杨志华作为村办企业青园大酒店筹建组的负责人，实际履行了青园大酒店的经营管理权，应当认定为企业工作人员。

❽《李兰香票据诈骗案》，载《刑事审判参考》2004 年第 4 辑总第 39 辑，第 20~26 页。

要旨➡使用虚假证明文件骗取登记的公司，不足以否定公司成立。

❾《刑法中的注意规定与法律拟制及其运用分析》，载《刑事司法指南》2003 第 3 辑总第 15 辑，第 70~108 页。

要旨➡注意规定的概念与特点；注意规定是在刑法已作基本规定的前提下，提示司法人员注意，以免司法人员忽略的规定。如果注意规定指出："对 A 行为应当依甲罪论处"，那么，只有当 A 行为完全符合甲罪的构成要件时，才能将 A 行为认定为甲罪。例如，《刑法》第 163 条第 3 款规定，国家工作人员"有前两款行为的，依照本法第三百八十五条、

第三百八十六条的规定定罪处罚"。显然，只有当国家工作人员的行为完全符合《刑法》第385条所规定的受贿罪的构成要件时，才能以受贿罪论处；如果国家工作人员的行为本身不符合《刑法》第385条的规定，便不得认定为受贿罪。所以，第163条第3款也是注意规定，它不会导致将原本不符合受贿罪构成要件的行为也认定为受贿罪。

⑩《外国（地区）公司代表受贿能否构成公司、企业人员受贿罪》，载《公检法办案指南》2002年第9辑总第33辑。

⑪《解析刑法修正案（六）中的经济犯罪》，载《公检法办案指南》2006年第9辑总第81辑，第131~152页。

第164条 修正案（六）第8条 对非国家工作人员行贿罪 修正案（八）第29条第2款 对外国公职人员、国际公共组织官员行贿罪

为谋取不正当利益，给予公司、企业的工作人员以财物，数额较大的，处三年以下有期徒刑或者拘役；数额巨大的，处三年以上十年以下有期徒刑，并处罚金。

单位犯前款罪的，对单位判处罚金，并对其直接负责的主管人员和其他直接责任人员，依照前款的规定处罚。

行贿人在被追诉前主动交待行贿行为的，可以减轻处罚或者免除处罚。

中华人民共和国刑法修正案（六）（中华人民共和国第十届全国人民代表大会常务委员会第二十二次会议于2006年6月29日通过，现予公布，自公布之日起施行。）

八、将刑法第一百六十四条第一款修改为："为谋取不正当利益，给予公司、企业或者其他单位的工作人员以财物，数额较大的，处三年以下有期徒刑或者拘役；数额巨大的，处三年以上十年以下有期徒刑，并处罚金。"

中华人民共和国刑法修正案（八）（第十一届全国人民代表大会常务委员会第十九次会议2011年2月25日通过，中华人民共和国主席令第四十一号公布，自2011年5月1日起施行。）

二十九、将刑法第一百六十四条修改为："为谋取不正当利益，给予公司、企业或者其他单位的工作人员以财物，数额较大的，处三年以下有期徒刑或者拘役；数额巨大的，处三年以上十年以下有期徒刑，并处罚金。

为谋取不正当商业利益，给予外国公职人员或者国际公共组织官员以财物的，依照前款的规定处罚。

单位犯前两款罪的，对单位判处罚金，并对其直接负责的主管人员和其他直接责任人员，依照第一款的规定处罚。

行贿人在被追诉前主动交待行贿行为的，可以减轻处罚或者免除处罚。"

关 联 规 范 ➡ 完全整理

❶《刑法修正案（六）》（2006年6月29日　主席令第五十一号）①

❷ 最高人民检察院、公安部《关于公安机关管辖的刑事案件立案追诉标准的规定（二）的补充规定》（2011年11月14日）（节录）②

一、在《最高人民检察院公安部关于公安机关管辖的刑事案件立案追诉标准的规定（二）》（以下简称《立案追诉标准（二）》）中增加第十一条之一：[对外国公职人员、国际公共组织官员行贿案（刑法第一百六十四条第二款）]

为谋取不正当商业利益，给予外国公职人员或者国际公共组织官员以财物，个人行贿数额在一万元以上的，单位行贿数额在二十万元以上的，应予立案追诉。

❸ 最高人民法院、最高人民检察院《关于执行〈中华人民共和国刑法〉确定罪名的补充规定（五）》（2011年4月27日　法释〔2011〕10号）（节录）③

❹ 最高人民检察院、公安部《关于公安机关管辖的刑事案件立案追诉标准的规定（二）》（2010年5月7日　公通字〔2010〕23号）（节录）④

第十一条　为谋取不正当利益，给予公司、企业或者其他单位的工作人员以财物，个人行贿数额在一万元以上的，单位行贿数额在二十万元以上的，应予立案追诉。

❺ 最高人民法院、最高人民检察院《关于办理商业贿赂刑事案件适用法律若干问题的意见》（2008年11月20日）（节录）⑤

二、刑法第一百六十三条、第一百六十四条规定的"其他单位"，既包括事业单位、社会团体、村民委员会、居民委员会、村民小组等常设性的组织，也包括为组织体育赛事、文艺演出或者其他正当活动而成立的组委会、筹委会、工程承包队等非常设性的组织。

三、刑法第一百六十三条、第一百六十四条规定的"公司、企业或者其他单位的工作人员"，包括国有公司、企业以及其他国有单位中的非国家工作人员。

七、商业贿赂中的财物，既包括金钱和实物，也包括可以用金钱计算数额的财产性利益，如提供房屋装修、含有金额的会员卡、代币卡（券）、旅游费用等。具体数额以实际支付的资费为准。

八、收受银行卡的，不论受贿人是否实际取出或者消费，卡内的存款数额一般应全额认定为受贿数额。使用银行卡透支的，如果由给予银行卡的一方承担还款责任，透支数额也应当认定为受贿数额。

九、在行贿犯罪中，"谋取不正当利益"，是指行贿人谋取违反法律、法规、规章或者政策规定的利益，或者要求对方违反法律、法规、规章、政策、行业规范的规定提供帮助

---

① 对其解读见：《刑事审判参考》2006年第4辑总第51辑，第53~104页。
② 对其解读见：《刑事司法指南》2012年第1辑总第49辑，第124~130页。
③ 对其解读见：《刑事审判参考》2011年第4辑总第81辑，第151~157页。
④ 对其解读见：《刑事审判参考》2010年第4辑总第75辑，第127~158页。
⑤ 对其解读见：《刑事审判参考》2009年第1辑总第66辑，第66~84页。

或者方便条件。

在招标投标、政府采购等商业活动中,违背公平原则,给予相关人员财物以谋取竞争优势的,属于"谋取不正当利益"。

十、办理商业贿赂犯罪案件,要注意区分贿赂与馈赠的界限。主要应当结合以下因素全面分析、综合判断:

(1)发生财物往来的背景,如双方是否存在亲友关系及历史上交往的情形和程度;(2)往来财物的价值;(3)财物往来的缘由、时机和方式,提供财物方对于接受方有无职务上的请托;(4)接受方是否利用职务上的便利为提供方谋取利益。

❻ 最高人民法院、最高人民检察院《关于执行〈中华人民共和国刑法〉确定罪名的补充规定(三)》(2007年10月25日 法释〔2007〕16号)①

❼ 最高人民法院《关于严厉打击生产和经销假冒伪劣商品的犯罪活动的通知》(1992年8月3日 高法明电〔1992〕7号)(节录)

三、利用给"回扣"、"手续费"等手段推销假冒伪劣商品,是经济来往中的行贿行为,构成犯罪的,应以行贿罪从严惩处。

学理观点·典型案例　➡ 索引与要旨

❶《刑法修正案(八)》解读,载《刑事审判参考》2011年第4辑总第81辑,第83~117页以及《公检法办案指南》2011年第3辑总第135辑,第13~121页。

❷《商业贿赂犯罪刑法适用疑难问题研究》,载《刑事审判参考》2009年第1辑总第66辑,第173~198页。

核心提示 ➡ 商业贿赂犯罪案件"谋取不正当利益"要件认定问题

❸《对于司法解释性文件的理解与思考——以〈关于办理商业贿赂刑事案件适用法律若干问题的意见〉为例》,载《刑事审判参考》2009年第1辑总第66辑,第199~208页。

❹《单位行贿罪司法认定中的若干问题》,载《刑事司法指南》2004年第1辑总第21辑,第89~102页。

要旨 ➡ 一、单位行贿罪的主体是否包括私营企业;

二、"情节严重"是否为单位行贿罪客观行为方式的共同要件;

三、单位行贿罪的特别自首的认定:1.特别自首是否适用于单位行贿罪;2.如何理解"被追诉前"的时间界限;

四、单位行贿罪与相关犯罪的界限:1.单位行贿罪与对公司、企业人员行贿罪的界限;2.单位行贿罪与行贿罪的界限。

❺《解析刑法修正案(六)中的经济犯罪》,载《公检法办案指南》2006年第9辑总第81辑,第131~152页。

---

① 对其解读见:《刑事审判参考》2008年第1辑总第60辑,第60~71页。

第 165 条　非法经营同类营业罪

国有公司、企业的董事、经理利用职务便利，自己经营或者为他人经营与其所任职公司、企业同类的营业，获取非法利益，数额巨大的，处三年以下有期徒刑或者拘役，并处或者单处罚金；数额特别巨大的，处三年以上七年以下有期徒刑，并处罚金。

关　联　规　范　⇒ 完全整理

❶ 最高人民检察院、公安部《关于公安机关管辖的刑事案件立案追诉标准的规定（二）》（2010 年 5 月 7 日　公通字〔2010〕23 号）（节录）①

第十二条　国有公司、企业的董事、经理利用职务便利，自己经营或者为他人经营与其所任职公司、企业同类的营业，获取非法利益，数额在十万元以上的，应予立案追诉。

❷ 最高人民法院《关于如何认定国有控股、参股股份有限公司中的国有公司、企业人员的解释》（2005 年 8 月 1 日　法释〔2005〕10 号）②

为准确认定刑法分则第三章第三节中的国有公司、企业人员，现对国有控股、参股的股份有限公司中的国有公司、企业人员解释如下：国有公司、企业委派到国有控股、参股公司从事公务的人员，以国有公司、企业人员论。

❸《全国部分法院经济犯罪案件审判工作座谈会研讨综述——"经济犯罪案件中的法律适用问题"》（节录）

（一）"国有公司人员"的范围界定　（二）关于损失的计算问题

❹ 福建省公检法《关于部分经济犯罪、渎职犯罪案件数额幅度及情节认定问题的座谈纪要》若干问题的修订意见（2002 年 10 月 8 日　闽高法〔2005〕243 号）（节录）

四、（一）该罪的"数额巨大"，是指非法经营同类营业，获利或转嫁损失达 10 万元以上不满 50 万元。（二）该罪的"数额特别巨大"，是指非法经营同类营业，获利或转嫁损失 50 万元以上。

学理观点·典型案例　⇒ 索引与要旨

❶《曾生根，邹建潮非法经营同类营业上诉案》〔2005〕吉中刑二终字第 10 号，江西省吉安市中级人民法院

要旨➡国家机关工作人员利用职务便利，以个人承包经营的形式经营本单位的同类业务，非法获取利益，构成本罪。

❷《杨文康非法经营同类营业案》，载《刑事审判参考》2002 年第 4 辑总第 27 辑，第 1~6 页。

---

①　对其解读见：《刑事审判参考》2010 年第 4 辑总第 75 辑，第 127~158 页。
②　对其解读见：《刑事审判参考》2005 年第 2 辑总第 43 辑，第 67~70 页。

核心提示 ➡ 非法经营同类营业罪与为亲友非法牟利罪之区分

要旨 ➡ 被告利用职便,将所在公司的业务交由以其亲属名义设立的公司进行经营,就其行为客观方面,应当认定为非法经营同类营业,而非为亲友非法牟利;受害单位系中外合资,非国有企业;被告系副经理,不符合主体要件。

第166条 为亲友非法牟利罪

国有公司、企业、事业单位的工作人员,利用职务便利,有下列情形之一,使国家利益遭受重大损失的,处三年以下有期徒刑或者拘役,并处或者单处罚金;致使国家利益遭受特别重大损失的,处三年以上七年以下有期徒刑,并处罚金:

(一)将本单位的盈利业务交由自己的亲友进行经营的;

(二)以明显高于市场的价格向自己的亲友经营管理的单位采购商品或者以明显低于市场的价格向自己的亲友经营管理的单位销售商品的;

(三)向自己的亲友经营管理的单位采购不合格商品的。

关联规范 ➡ 完全整理

❶ 最高人民检察院、公安部《关于公安机关管辖的刑事案件立案追诉标准的规定(二)》(2010年5月7日 公通字〔2010〕23号)(节录)①

第十三条 国有公司、企业、事业单位的工作人员,利用职务便利,为亲友非法牟利,涉嫌下列情形之一的,应予立案追诉:(一)造成国家直接经济损失数额在十万元以上的;(二)使其亲友非法获利数额在二十万元以上的;(三)造成有关单位破产、停业、停产六个月以上,或者被吊销许可证和营业执照、责令关闭、撤销、解散的;(四)其他致使国家利益遭受重大损失的情形。

❷ 最高人民法院《关于如何认定国有控股、参股股份有限公司中的国有公司、企业人员的解释》(2005年8月1日 法释〔2005〕10号)②

为准确认定刑法分则第三章第三节中的国有公司、企业人员,现对国有控股、参股的股份有限公司中的国有公司、企业人员解释如下:国有公司、企业委派到国有控股、参股公司从事公务的人员,以国有公司、企业人员论。

❸《全国部分法院经济犯罪案件审判工作座谈会研讨综述——"经济犯罪案件中的法律适用问题"》(2004年11月27日)(节录)

(一)"国有公司人员"的范围界定 (二)关于损失的计算问题

❹ 福建省公检法《关于部分经济犯罪、渎职犯罪案件数额幅度及情节认定问题的座谈纪要》若干问题的修订意见(2002年10月8日 闽高法〔2005〕243号)(节录)

---

① 对其解读见:《刑事审判参考》2010年第4辑总第75辑,第127~158页。
② 对其解读见:《刑事审判参考》2005年第2辑总第43辑,第67~70页。

五、（一）该罪的"重大损失"，是指致使国家利益遭受损失达 10 万元以上不满 50 万元。（二）该罪的"特别重大损失"，是指致使国家利益遭受损失达 50 万元以上。

学理观点·典型案例 ➡ 索引与要旨

❶《吴某某的行为为何构成为亲友非法牟利罪》，载《吴某某为亲友非法牟利案》以及《最新刑事法律文件解读》2006 年第 3 辑总第 15 辑，第 125～131 页。

❷《为亲友非法牟利罪中"亲友"的范围应如何界定》，载《最新刑事法律文件解读》2005 年第 12 辑总第 12 辑，第 88 页。

要旨 ➡ 不能拘泥于字面进行理解，这里的"亲友"，应该既包括亲友个人，也包括与亲友有密切利益关系的单位，对于利用职务便利，将本单位的盈利业务交给其亲友投资、管理、控股的单位经营的，也应视为"交由自己的亲友进行经营"。该条第二、三项之所以只规定"亲友经营管理的单位"，主要是考虑到国有单位一般不会直接向公民个人采购或销售大量商品。对第一项规定的"亲友"作相对宽一些的理解，既符合立法精神，也符合当前深入开展反腐败斗争的需要。

❸《杨文康非法经营同类营业案》，载《刑事审判参考》2002 年第 4 辑总第 27 辑，第 1～6 页。

核心提示 ➡ 非法经营同类营业罪与为亲友非法牟利罪之区分

要旨 ➡ 被告利用职务便利，将所在公司的业务交由以其亲属名义设立的公司进行经营，就其行为客观方面，应当认定为非法经营同类营业，而非为亲友非法牟利；受害单位系中外合资，非国有企业；被告系副经理，不符合主体要件。

❹《略论贪污罪与近似职务犯罪的界限》，载《刑事审判要览》2003 年第 6 辑总第 6 辑，第 145～158 页。

要旨 ➡ 一、为亲友非法牟利罪与贪污罪的界限；笔者认为，从立法精神分析，为亲友非法牟利罪的社会危害性程度之所以在总体上明显轻于贪污罪，主要原因有两点：一是为亲友非法牟利罪中的亲友在客观方面必须实施一定的经营行为，付出一定的经营性劳动，这是其获取非法利益的客观基础；相对而言，贪污罪通常表现为利用职务便利直接侵占公共财物，其主客观方面的危害性更大。二是上述国有单位人员利用职务便利为亲友非法牟取的只是基于经营行为产生的利润，尽管经常表现为明显超出市场价格的暴利，但一般说来，利润通常受到市场规律的制约，在一般社会观念上必有一定的数额限度。另一个值得一并研究的问题是，为亲友非法牟利罪中的"亲友"能否成立本罪的共犯？笔者主张严格限制亲友成立本罪共犯的范围，具体包括两层意思：一方面，对亲友一概以为亲友非法牟利罪的共犯论处有违立法精神。如果对本罪必然关联的亲友行为一并定罪处罚，则势必使本罪成为一种新的必要共同犯罪，这显然不是立法旨趣所在，同时也确有不当扩大刑事打击范围之嫌；另一方面，从社会危害性程度着眼，有些亲友在事前对国有单位人员实施犯意发动之教唆行为，在事中实施积极的配合行为，无论是从危害行为发生的原因上考察，还是从非法获利的结果上评判，亲友在本罪实施过程中所起的作用都系主要作用，当然在承担刑事责任上也就难辞其咎。也就是说，当亲友既是造意者，又是积极实行者之时，应当将其认定为亲友非法牟利罪的共犯。

二、国有公司、企业人员（徇私舞弊）滥用职权罪与贪污罪的界限。

三、私分国有资产罪与贪污罪的界限。

第167条　签订、履行合同失职被骗罪

国有公司、企业、事业单位直接负责的主管人员，在签订、履行合同过程中，因严重不负责任被诈骗，致使国家利益遭受重大损失的，处三年以下有期徒刑或者拘役；致使国家利益遭受特别重大损失的，处三年以上七年以下有期徒刑。

全国人民代表大会常务委员会关于惩治骗购外汇、逃汇和非法买卖外汇犯罪的决定（1998年12月29日第九届全国人民代表大会常务委员会第六次会议通过，1998年12月29日中华人民共和国主席令第十四号公布，自公布之日起施行。）

七、金融机构、从事对外贸易经营活动的公司、企业的工作人员严重不负责任，造成大量外汇被骗购或者逃汇，致使国家利益遭受重大损失的，依照刑法第一百六十七条的规定定罪处罚。

关　联　规　范　➡ 完全整理

❶《关于惩治骗购外汇、逃汇和非法买卖外汇犯罪的决定》（1998年12月29日　主席令第十四号）（节录）①

七、金融机构、从事对外贸易经营活动的公司、企业的工作人员严重不负责任，造成大量外汇被骗购或者逃汇，致使国家利益遭受重大损失的，依照刑法第一百六十七条的规定定罪处罚。

八、犯本决定规定之罪，依法被追缴、没收的财物和罚金，一律上缴国库。

❷最高人民检察院、公安部《关于公安机关管辖的刑事案件立案追诉标准的规定（二）》（2010年5月7日　公通字〔2010〕23号）（节录）②

第十四条　国有公司、企业、事业单位直接负责的主管人员，在签订、履行合同过程中，因严重不负责任被诈骗，涉嫌下列情形之一的，应予立案追诉：（一）造成国家直接经济损失数额在五十万元以上的；（二）造成有关单位破产，停业、停产六个月以上，或者被吊销许可证和营业执照、责令关闭、撤销、解散的；（三）其他致使国家利益遭受重大损失的情形。

金融机构、从事对外贸易经营活动的公司、企业的工作人员严重不负责任，造成一百

---

① 对其解读见：《刑事审判参考合订本·第一卷》，第345~350页。
② 对其解读见：《刑事审判参考》2010年第4辑总第75辑，第127~158页。

万美元以上外汇被骗购或者逃汇一千万美元以上的,应予立案追诉。

本条规定的"诈骗",是指对方当事人的行为已经涉嫌诈骗犯罪,不以对方当事人已经被人民法院判决构成诈骗犯罪作为立案追诉的前提。

❸ 最高人民法院《关于如何认定国有控股、参股股份有限公司中的国有公司、企业人员的解释》(2005年8月1日 法释〔2005〕10号)①

为准确认定刑法分则第三章第三节中的国有公司、企业人员,现对国有控股、参股的股份有限公司中的国有公司、企业人员解释如下:国有公司、企业委派到国有控股、参股公司从事公务的人员,以国有公司、企业人员论。

❹《全国部分法院经济犯罪案件审判工作座谈会研讨综述——"经济犯罪案件中的法律适用问题"》(2004年11月27日)(节录)

(二)关于损失的计算问题

❺ 福建省公检法《关于部分经济犯罪、渎职犯罪案件数额幅度及情节认定问题的座谈纪要》若干问题的修订意见(2002年10月8日 闽高法〔2005〕243号)(节录)

六、(一)该罪的"重大损失",是指致使国家利益遭受损失达50万元以上不满100万元。(二)该罪的"特别重大损失",是指致使国家利益遭受损失达100万元以上。

❻ 最高人民法院刑二庭《关于签订、履行合同失职被骗犯罪是否以对方当事人的行为构成诈骗罪为要件的意见》(2001年4月)

关于认定签订、履行合同失职被骗罪和国家机关工作人员签订、履行合同失职罪应当以对方当事人涉嫌诈骗,行为构成犯罪为前提。但司法机关在办理或者审判行为人被指控犯有上述两罪的案件过程中,不能以对方当事人已经被人民法院判决构成诈骗犯罪作为认定本案当事人构成签订、履行合同失职被骗罪或者国家机关工作人员签订、履行合同失职罪的前提。也就是说,司法机关在办理案件过程中,只要认定对方当事人的行为,已经涉嫌构成诈骗犯罪,就可依法认定行为人构成签订、履行合同失职被骗罪或者国家机关工作人员签订、履行合同失职罪,而不需要搁置或者中止审理,直至对方当事人被人民法院审理并判决构成诈骗犯罪。

学理观点·典型案例 ➡ 索引与要旨

❶《高原、梁汉钊信用证诈骗,签订、履行合同失职被骗案》,载《刑事审判参考》2003年第6辑总第35辑,第27~34页。

要旨 ➡ 能否将国有公司的部门经理认定为国有公司的直接负责的主管人员?如何理解签订、履行合同失职被骗罪的客观条件?对偶犯在追究时是否要以前罪已判决有罪为前提?

❷《关于签订、履行合同失职被骗犯罪是否以对方当事人的行为构成诈骗犯罪为要件的意见》,载《刑事审判参考》2001年第4辑总第15辑,第77页。

❸《赵晨签订合同失职被骗案》,载《最高人民法院判例释解·刑事卷》第216页。

---

① 对其解读见:《刑事审判参考》2005年第2辑总第43辑,第67~70页。

核心提示➡受命从事签署、履行工作人员能否认定为主管人员

第168条 修正案第2条 国有公司、企业、事业单位人员失职罪 国有公司、企业、事业单位人员滥用职权罪

国有公司、企业直接负责的主管人员，徇私舞弊，造成国有公司、企业破产或者严重亏损，致使国家利益遭受重大损失的，处三年以下有期徒刑或者拘役。

中华人民共和国刑法修正案（1999年12月25日第九届全国人民代表大会常务委员会第十三次会议通过，1999年12月25日中华人民共和国主席令第二十七号公布施行。）

二、将刑法第一百六十八条修改为："国有公司、企业的工作人员，由于严重不负责任或者滥用职权，造成国有公司、企业破产或者严重损失，致使国家利益遭受重大损失的，处三年以下有期徒刑或者拘役；致使国家利益遭受特别重大损失的，处三年以上七年以下有期徒刑。

国有事业单位的工作人员有前款行为，致使国家利益遭受重大损失的，依照前款的规定处罚。

国有公司、企业、事业单位的工作人员，徇私舞弊，犯前两款罪的，依照第一款的规定从重处罚。"

关联规范 ➡ 完全整理

❶《刑法修正案》（1999年12月25 主席令第二十七号）（节录）[①]

❷最高人民法院、最高人民检察院《关于办理国家出资企业中职务犯罪案件具体应用法律若干问题的意见》（2010年12月2日 法发〔2010〕49号）（节录）[②]

一、关于国家出资企业工作人员在改制过程中隐匿公司、企业财产归个人持股的改制后公司、企业所有的行为的处理

国家工作人员或者受国家机关、国有公司、企业、事业单位、人民团体委托管理、经营国有财产的人员利用职务上的便利，在国家出资企业改制过程中故意通过低估资产、隐瞒债权、虚设债务、虚构产权交易等方式隐匿公司、企业财产，转为本人持有股份的改制后公司、企业所有，应当依法追究刑事责任的，依照刑法第三百八十二条、第三百八十三条的规定，以贪污罪定罪处罚。贪污数额一般应当以所隐匿财产全额计算；改制后公司、企业仍有国有股份的，按股份比例扣除归于国有的部分。

所隐匿财产在改制过程中已为行为人实际控制，或者国家出资企业改制已经完成的，

[①] 对其解读见：《刑事审判参考》2000年第6辑总第11辑，第74~76页以及《刑事司法指南》2000年第2辑总第2辑，第122~134页。

[②] 对其解读见：《刑事审判参考》2010年第6辑总第77辑，第112~142页。

以犯罪既遂处理。

第一款规定以外的人员实施该款行为的，依照刑法第二百七十一条的规定，以职务侵占罪定罪处罚；第一款规定以外的人员与第一款规定的人员共同实施该款行为的，以贪污罪的共犯论处。

在企业改制过程中未采取低估资产、隐瞒债权、虚设债务、虚构产权交易等方式故意隐匿公司、企业财产的，一般不应当认定为贪污；造成国有资产重大损失，依法构成刑法第一百六十八条或者第一百六十九条规定的犯罪的，依照该规定定罪处罚。

四、关于国家工作人员在企业改制过程中的渎职行为的处理

国家出资企业中的国家工作人员在公司、企业改制或者国有资产处置过程中严重不负责任或者滥用职权，致使国家利益遭受重大损失的，依照刑法第一百六十八条的规定，以国有公司、企业人员失职罪或者国有公司、企业人员滥用职权罪定罪处罚。

国家出资企业中的国家工作人员在公司、企业改制或者国有资产处置过程中徇私舞弊，将国有资产低价折股或者低价出售给其本人未持有股份的公司、企业或者其他个人，致使国家利益遭受重大损失的，依照刑法第一百六十九条的规定，以徇私舞弊低价折股、出售国有资产罪定罪处罚。

国家出资企业中的国家工作人员在公司、企业改制或者国有资产处置过程中徇私舞弊，将国有资产低价折股或者低价出售给特定关系人持有股份或者本人实际控制的公司、企业，致使国家利益遭受重大损失的，依照刑法第三百八十二条、第三百八十三条的规定，以贪污罪定罪处罚。贪污数额以国有资产的损失数额计算。

国家出资企业中的国家工作人员因实施第一款、第二款行为收受贿赂，同时又构成刑法第三百八十五条规定之罪的，依照处罚较重的规定定罪处罚。

五、关于改制前后主体身份发生变化的犯罪的处理公司、国有独资企业，以及国有资本控股公司、国有资本参股公司。

是否属于国家出资企业不清楚的，应遵循"谁投资、谁拥有产权"的原则进行界定。企业注册登记中的资金来源与实际出资不符的，应根据实际出资情况确定企业的性质。企业实际出资情况不清楚的，可以综合工商注册、分配形式、经营管理等因素确定企业的性质。

八、关于宽严相济刑事政策的具体贯彻

办理国家出资企业中的职务犯罪案件时，要综合考虑历史条件、企业发展、职工就业、社会稳定等因素，注意具体情况具体分析，严格把握犯罪与一般违规行为的区分界限。对于主观恶意明显、社会危害严重、群众反映强烈的严重犯罪，要坚决依法从严惩处；对于特定历史条件下、为了顺利完成企业改制而实施的违反国家政策法律规定的行为，行为人无主观恶意或者主观恶意不明显，情节较轻，危害不大的，可以不作为犯罪处理。

对于国家出资企业中的职务犯罪，要加大经济上的惩罚力度，充分重视财产刑的适用和执行，最大限度地挽回国家和人民利益遭受的损失。不能退赃的，在决定刑罚时，应当作为重要情节予以考虑。

3 最高人民检察院、公安部《关于公安机关管辖的刑事案件立案追诉标准的规定

(二)》(2010 年 5 月 7 日 公通字〔2010〕23 号)(节录)①

第十五条 国有公司、企业、事业单位的工作人员,严重不负责任,涉嫌下列情形之一的,应予立案追诉:(一)造成国家直接经济损失数额在五十万元以上的;(二)造成有关单位破产、停业、停产一年以上,或者被吊销许可证和营业执照、责令关闭、撤销、解散的;(三)其他致使国家利益遭受重大损失的情形。

第十六条 国有公司、企业、事业单位的工作人员,滥用职权,涉嫌下列情形之一的,应予立案追诉:(一)造成国家直接经济损失数额在三十万元以上的;(二)造成有关单位破产、停业、停产六个月以上,或者被吊销许可证和营业执照、责令关闭、撤销、解散的;(三)其他致使国家利益遭受重大损失的情形。

❹ 最高人民法院《关于如何认定国有控股、参股股份有限公司中的国有公司、企业人员的解释》(2005 年 8 月 1 日 法释〔2005〕10 号)②

为准确认定刑法分则第三章第三节中的国有公司、企业人员,现对国有控股、参股的股份有限公司中的国有公司、企业人员解释如下:国有公司、企业委派到国有控股、参股公司从事公务的人员,以国有公司、企业人员论。

❺《全国部分法院经济犯罪案件审判工作座谈会研讨综述——"经济犯罪案件中的法律适用问题"》(2004 年 11 月 27 日)(节录)

(二)关于损失的计算问题。

❻《全国法院审理经济犯罪案件工作座谈会纪要》(2003 年 11 月 13 日 法〔2003〕167 号)(节录)③

六、(三)关于国有公司、企业人员渎职犯罪的法律适用问题:为了统一刑法的适用,《纪要》根据刑法第 12 条第一款确定的法律适用原则,以及便于司法实务操作,明确:"对于 1999 年 12 月 24 日《中华人民共和国刑法修正案》实施以前发生的国有公司、企业人员渎职行为(不包括徇私舞弊行为),尚未处理或者正在处理的,不能按照刑法修正案追究刑事责任。"

❼ 最高人民法院、最高人民检察院《关于办理妨害预防、控制突发传染病疫情等灾害的刑事案件具体应用法律若干问题的解释》(2003 年 5 月 15 日 法释〔2003〕8 号)(节录)④

国有公司、企业、事业单位的工作人员,在预防、控制传染病疫情等灾害的工作中,由于严重不负责任或者滥用职权,造成国有公司、企业破产或者严重损失,致使国家利益遭受重大损失的,依刑法第一百六十八条的规定,以……定罪处罚。

---

① 对其解读见:《刑事审判参考》2010 年第 4 辑总第 75 辑,第 127~158 页。
② 对其解读见:《刑事审判参考》2005 年第 2 辑总第 43 辑,第 67~70 页。
③ 对其解读见:《刑事审判参考》2004 年第 4 辑总第 39 辑,第 178~199 页。
④ 对其解读见:《刑事审判参考》2003 年第 3 辑总第 32 辑,第 160~164,188~197 页以及《"非典"防治时期相关犯罪的司法适用研究》,载《刑事司法指南》2003 年第 2 辑总第 14 辑,第 55~109 页。

⑧ 最高人民法院、最高人民检察院《关于执行〈中华人民共和国刑法〉确定罪名的补充规定》(2002年3月15日 法释〔2002〕7号)①

⑨ 最高人民法院《关于审理扰乱电信市场管理秩序案件具体应用法律若干问题的解释》(2000年5月24日 法释〔2000〕12号)(节录)②

第六条 国有电信企业的工作人员,由于严重不负责任或者滥用职权,造成国有电信企业破产或者严重损失,致使国家利益遭受重大损失的,依照刑法第一百六十八条的规定定罪处罚。

⑩ 最高人民检察院研究室《关于中国农业发展银行及其分支机构的工作人员法律适用问题的答复》(2002年9月23日 〔2002〕高检研发第16号)

经研究,答复如下:中国农业发展银行及其分支机构的工作人员严重不负责任或滥用职权,构成犯罪的,应当依照刑法第一百六十八条的规定追究刑事责任。

⑪ 福建省公检法《关于部分经济犯罪、渎职犯罪案件数额幅度及情节认定问题的座谈纪要》若干问题的修订意见(2002年10月8日 闽高法〔2005〕243号)(节录)

七、(一) 该罪严重不负责任的"重大损失",是指致使国家利益遭受损失达50万元以上不满100万元的;滥用职权的"重大损失",是指致使国家利益遭受损失达30万元以上不满100万元的。(二) 该罪的"特别重大损失",是指致使国家利益遭受损失达100万元以上。

⑫ 浙江省高级人民法院刑一庭、刑二庭《关于执行刑法若干问题的具体意见(三)》(2000年12月27日 浙高法刑〔2000〕3号)(节录)

7. 国有公司、企业、事业单位工作人员,利用职务便利擅自以私盖公章等形式为他人提供贷款担保,造成单位因承担担保责任而使国家利益遭受重大损失的,依照刑法修正案修正后的刑法第168条定罪处罚;如果行为人是以此为手段以达到非法侵吞财物之目的的,依照主体情况以贪污罪或者职务侵占罪定罪处罚。

学理观点·典型案例 ➡ 索引与要旨

❶《隋国田渎职案》,载《最新刑事法律文件解读》2005年第6辑总第6辑。

核心提示 ➡ 如何理解追诉时效的起算点与行为时的法律之间的差异?

❷《王钟麓受贿、滥用职权案浙江省杭州市中级人民法院刑事判决书》〔2004〕杭刑初字第105号,载《刑事审判参考》2004年第6辑总第41辑,第199~225页。

核心提示 ➡ 滥用职权的追诉时限如何起算?

要旨 ➡ 滥用职权罪是结果犯,危害结果是该罪构成的必备要件,故该罪的追诉时限应从危害结果发生之日起计算。并根据《刑法》第89条的规定,犯罪行为有连续或者继续

---

① 对其解读见:《刑事审判参考》2002年第3辑总第26辑,第171~177页。
② 对其解读见:《刑事审判参考》2000年第4辑总第9辑,第63~90页以及《解读最高人民法院司法解释刑事、行政卷(1997~2002)》,第243~248页。

状态的，从犯罪行为终了之日起计算。在本案中，鸿发苑项目的损失结果经浙江省审计厅于 2003 年 11 月审计认定，截至 2003 年 5 月，已销售部分累计亏损人民币 3078.46 万元。因此，鸿发苑项目的损失结果发生于 2003 年 5 月，应适用 1999 年 12 月 25 日颁布的《刑法修正案》第二条，对被告人以国有公司人员滥用职权罪，对其徇私舞弊情节按第三款的规定，从重处罚。

❸《为他人贷款提供保证担保的行为是否构成挪用公款罪》，载《刑事审判参考》2004 年第 4 辑总第 39 辑，第 212~214 页。

要旨 ➡ 保证担保属于信用担保，在保证担保期间，公款仍在本单位控制、支配之下，公款的占有权、使用权和收益权并未因担保行为而发生改变，为他人贷款提供保证担保的行为不符合挪用公款的基本行为特征，因承担保证责任造成损失，情节严重应定国有公司人员滥用职权罪。如果是质押担保，根据《全国法院审理经济犯罪案件工作座谈会纪要》，以挪用公款罪处罚。

❹《略论贪污罪与近似职务犯罪的界限》，载《刑事审判要览》2003 年第 6 辑总第 6 辑，第 145~158 页。

要旨 ➡ 一、为亲友非法牟利罪与贪污罪的界限。

二、国有公司、企业人员（徇私舞弊）滥用职权罪与贪污罪的界限；对于国家工作人员利用职务便利将国有财产转归自己占有股份的非国有公司非法占有的行为，以贪污罪论处既有构成要素上的冲突，又有处刑上的失调，可以考虑认定国有公司、企业人员滥用职权罪。

三、私分国有资产罪与贪污罪的界限。

❺《关于国有公司、企业、事业单位人员的渎职犯罪行为如何根据刑法第十二条第一款规定适用法律的意见》，载《刑事审判参考》2001 年第 10 辑总第 21 辑，第 94~95 页。

要旨 ➡ 1. 司法机关在 1999 年 12 月 24 日以前已获知案件的基本情况，无论是否立案查处，如被害单位曾报案，有关司法机关根据刑法第十二条第一款的规定，认为不构成犯罪，不予立案，都应当根据刑法第十二条第一款的规定，适用 1997 年刑法，不认定为犯罪。2. 在 1999 年 12 月 24 日以前，司法机关没有掌握案件的基本情况，行为人也没有投案自首的，应当根据刑法第十二条第一款的规定，适用 1979 年刑法或者 1999 年刑法修正案，追究行为人的刑事责任。

❻《准确理解和适用刑事法律惩治贪污贿赂和渎职犯罪——全国法院审理经济犯罪案件工作座谈会讨论办理贪污贿赂和渎职刑事案件适用法律问题意见综述》，载《刑事审判参考》2002 年第 4 辑总第 27 辑，第 211~227 页。

核心提示 ➡ 刑法修正案实施以前发生的国有公司、企业人员渎职行为（不包括徇私舞弊行为），尚未处理或者正在处理的，均不能按照刑法修正案追究刑事责任。

第 169 条　徇私舞弊低价折股、出售国有资产罪

国有公司、企业或者其上级主管部门直接负责的主管人员，徇私舞弊，将国有资产低价折股或者低价出售，致使国家利益遭受重大损失的，处三年以下有期徒刑或者拘役；致使国家利益遭受特别重大损失的，处三年以上七年以下

有期徒刑。

关联规范 ⟹ 完全整理

❶ 最高人民法院、最高人民检察院《关于办理国家出资企业中职务犯罪案件具体应用法律若干问题的意见》（2010年12月2日 法发〔2010〕49号）（节录）①

一、关于国家出资企业工作人员在改制过程中隐匿公司、企业财产归个人持股的改制后公司、企业所有的行为的处理

国家工作人员或者受国家机关、国有公司、企业、事业单位、人民团体委托管理、经营国有财产的人员利用职务上的便利，在国家出资企业改制过程中故意通过低估资产、隐瞒债权、虚设债务、虚构产权交易等方式隐匿公司、企业财产，转为本人持有股份的改制后公司、企业所有，应当依法追究刑事责任的，依照刑法第三百八十二条、第三百八十三条的规定，以贪污罪定罪处罚。贪污数额一般应当以所隐匿财产全额计算；改制后公司、企业仍有国有股份的，按股份比例扣除归为国有的部分。

所隐匿财产在改制过程中已为行为人实际控制，或者国家出资企业改制已经完成的，以犯罪既遂处理。

第一款规定以外的人员实施该款行为的，依照刑法第二百七十一条的规定，以职务侵占罪定罪处罚；第一款规定以外的人员与第一款规定的人员共同实施该款行为的，以贪污罪的共犯论处。

在企业改制过程中未采取低估资产、隐瞒债权、虚设债务、虚构产权交易等方式故意隐匿公司、企业财产的，一般不应当认定为贪污；造成国有资产重大损失，依法构成刑法第一百六十八条或者第一百六十九条规定的犯罪的，依照该规定定罪处罚。

四、关于国家工作人员在企业改制过程中的渎职行为的处理

国家出资企业中的国家工作人员在公司、企业改制或者国有资产处置过程中严重不负责任或者滥用职权，致使国家利益遭受重大损失的，依照刑法第一百六十八条的规定，以国有公司、企业人员失职罪或者国有公司、企业人员滥用职权罪定罪处罚。

国家出资企业中的国家工作人员在公司、企业改制或者国有资产处置过程中徇私舞弊，将国有资产低价折股或者低价出售给其本人未持有股份的公司、企业或者其他个人，致使国家利益遭受重大损失的，依照刑法第一百六十九条的规定，以徇私舞弊低价折股、出售国有资产罪定罪处罚。

国家出资企业中的国家工作人员在公司、企业改制或者国有资产处置过程中徇私舞弊，将国有资产低价折股或者低价出售给特定关系人持有股份或者本人实际控制的公司、企业，致使国家利益遭受重大损失的，依照刑法第三百八十二条、第三百八十三条的规定，以贪污罪定罪处罚。贪污数额以国有资产的损失数额计算。

国家出资企业中的国家工作人员因实施第一款、第二款行为收受贿赂，同时又构成刑

---

① 对其解读见：《刑事审判参考》2010年第6辑总第77辑，第112~142页。

法第三百八十五条规定之罪的，依照处罚较重的规定定罪处罚。

五、关于改制前后主体身份发生变化的犯罪的处理公司、国有独资企业，以及国有资本控股公司、国有资本参股公司。

是否属于国家出资企业不清楚的，应遵循"谁投资、谁拥有产权"的原则进行界定。企业注册登记中的资金来源与实际出资不符的，应根据实际出资情况确定企业的性质。企业实际出资情况不清楚的，可以综合工商注册、分配形式、经营管理等因素确定企业的性质。

八、关于宽严相济刑事政策的具体贯彻

办理国家出资企业中的职务犯罪案件时，要综合考虑历史条件、企业发展、职工就业、社会稳定等因素，注意具体情况具体分析，严格把握犯罪与一般违规行为的区分界限。对于主观恶意明显、社会危害严重、群众反映强烈的严重犯罪，要坚决依法从严惩处；对于特定历史条件下、为了顺利完成企业改制而实施的违反国家政策法律规定的行为，行为人无主观恶意或者主观恶意不明显，情节较轻，危害不大的，可以不作为犯罪处理。

对于国家出资企业中的职务犯罪，要加大经济上的惩罚力度，充分重视财产刑的适用和执行，最大限度地挽回国家和人民利益遭受的损失。不能退赃的，在决定刑罚时，应当作为重要情节予以考虑。

❷ 最高人民检察院、公安部《关于公安机关管辖的刑事案件立案追诉标准的规定（二）》（2010年5月7日　公通字〔2010〕23号）（节录）①

第十七条　国有公司、企业或者其上级主管部门直接负责的主管人员，徇私舞弊，将国有资产低价折股或者低价出售，涉嫌下列情形之一的，应予立案追诉：（一）造成国家直接经济损失数额在三十万元以上的；（二）造成有关单位破产，停业、停产六个月以上，或者被吊销许可证和营业执照、责令关闭、撤销、解散的；（三）其他致使国家利益遭受重大损失的情形。

❸ 最高人民法院《关于如何认定国有控股、参股股份有限公司中的国有公司、企业人员的解释》（2005年8月1日　法释〔2005〕10号）②

为准确认定刑法分则第三章第三节中的国有公司、企业人员，现对国有控股、参股的股份有限公司中的国有公司、企业人员解释如下：国有公司、企业委派到国有控股、参股公司从事公务的人员，以国有公司、企业人员论。

❹《全国部分法院经济犯罪案件审判工作座谈会研讨综述——"经济犯罪案件中的法律适用问题"》（2004年11月27日）（节录）

（二）关于损失的计算问题

❺《全国法院审理经济犯罪案件工作座谈会纪要》（2003年11月13日　法〔2003〕167号）（节录）③

六、（三）关于国有公司、企业人员渎职犯罪的法律适用问题：为了统一刑法的适用，

---

① 对其解读见：《刑事审判参考》2010年第4辑总第75辑，第127~158页。
② 对其解读见：《刑事审判参考》2005年第2辑总第43辑，第67~70页。
③ 对其解读见：《刑事审判参考》2004年第4辑总第39辑，第178~199页。

《纪要》根据刑法第 12 条第一款确定的法律适用原则,以及便于司法实务操作,明确:"对于 1999 年 12 月 24 日《中华人民共和国刑法修正案》实施以前发生的国有公司、企业人员渎职行为(不包括徇私舞弊行为),尚未处理或者正在处理的,不能按照刑法修正案追究刑事责任。"

❻ 福建省公检法《关于部分经济犯罪、渎职犯罪案件数额幅度及情节认定问题的座谈纪要》若干问题的修订意见(2002 年 10 月 8 日 闽高法〔2005〕243 号)(节录)

八、(一)该罪的"重大损失",是指致使国家利益遭受损失达 30 万元以上不满 100 万元。(二)该罪的"特别重大损失",是指致使国家利益遭受损失达 100 万元以上。

第 169 条之一 修正案(六)第 9 条 背信损害上市公司利益罪

上市公司的董事、监事、高级管理人员违背对公司的忠实义务,利用职务便利,操纵上市公司从事下列行为之一,致使上市公司利益遭受重大损失的,处三年以下有期徒刑或者拘役,并处或者单处罚金;致使上市公司利益遭受特别重大损失的,处三年以上七年以下有期徒刑,并处罚金:

(一)无偿向其他单位或者个人提供资金、商品、服务或者其他资产的;

(二)以明显不公平的条件,提供或者接受资金、商品、服务或者其他资产的;

(三)向明显不具有清偿能力的单位或者个人提供资金、商品、服务或者其他资产的;

(四)为明显不具有清偿能力的单位或者个人提供担保,或者无正当理由为其他单位或者个人提供担保的;

(五)无正当理由放弃债权、承担债务的;

(六)采用其他方式损害上市公司利益的。

上市公司的控股股东或者实际控制人,指使上市公司董事、监事、高级管理人员实施前款行为的,依照前款的规定处罚。

犯前款罪的上市公司的控股股东或者实际控制人是单位的,对单位判处罚金,并对其直接负责的主管人员和其他直接责任人员,依照第一款的规定处罚。

关 联 规 范 ▶ 完全整理

❶《刑法修正案(六)》(2006 年 6 月 29 日 主席令第五十一号)①

❷ 最高人民检察院、公安部《关于公安机关管辖的刑事案件立案追诉标准的规定

---

① 对其解读见:《刑事审判参考》2006 年第 4 辑总第 51 辑,第 53~104 页。

(二)》(2010年5月7日　公通字〔2010〕23号)（节录）①

第十八条　上市公司的董事、监事、高级管理人员违背对公司的忠实义务，利用职务便利，操纵上市公司从事损害上市公司利益的行为，以及上市公司的控股股东或者实际控制人，指使上市公司董事、监事、高级管理人员实施损害上市公司利益的行为，涉嫌下列情形之一的，应予立案追诉：（一）无偿向其他单位或者个人提供资金、商品、服务或者其他资产，致使上市公司直接经济损失数额在一百五十万元以上的；（二）以明显不公平的条件，提供或者接受资金、商品、服务或者其他资产，致使上市公司直接经济损失数额在一百五十万元以上的；（三）向明显不具有清偿能力的单位或者个人提供资金、商品、服务或者其他资产，致使上市公司直接经济损失数额在一百五十万元以上的；（四）为明显不具有清偿能力的单位或者个人提供担保，或者无正当理由为其他单位或者个人提供担保，致使上市公司直接经济损失数额在一百五十万元以上的；（五）无正当理由放弃债权、承担债务，致使上市公司直接经济损失数额在一百五十万元以上的；（六）致使公司发行的股票、公司债券或者国务院依法认定的其他证券被终止上市交易或者多次被暂停上市交易的；（七）其他致使上市公司利益遭受重大损失的情形。

第八十七条　本规定中的"多次"，是指三次以上。

第九十条　本规定中的立案追诉标准，除法律、司法解释、本规定中另有规定的以外，适用于相应的单位犯罪。

❸ 最高人民检察院、公安部《关于经济犯罪案件追诉标准的补充规定》（2008年3月5日　高检会〔2008〕2号)②

❹ 最高人民法院、最高人民检察院《关于执行〈中华人民共和国刑法〉确定罪名的补充规定（三）》（2007年10月25日　法释〔2007〕16号)③

❺ 最高人民法院《关于如何认定国有控股、参股股份有限公司中的国有公司、企业人员的解释》（2005年8月1日　法释〔2005〕10号)④

为准确认定刑法分则第三章第三节中的国有公司、企业人员，现对国有控股、参股的股份有限公司中的国有公司、企业人员解释如下：国有公司、企业委派到国有控股、参股公司从事公务的人员，以国有公司、企业人员论。

❻《全国部分法院经济犯罪案件审判工作座谈会研讨综述——"经济犯罪案件中的法律适用问题"》（2004年11月27日)（节录）

（二）关于损失的计算问题。

❼《全国法院审理经济犯罪案件工作座谈会纪要》（2003年11月13日　法〔2003〕167号)（节录）⑤

---

① 对其解读见：《刑事审判参考》2010年第4辑总第75辑，第127~158页。
② 对其解读见：《刑事审判参考》2008年第3辑总第62辑，第73~90页。
③ 对其解读见：《刑事审判参考》2008年第1辑总第60辑，第60~71页。
④ 对其解读见：《刑事审判参考》2005年第2辑总第43辑，第67~70页。
⑤ 对其解读见：《刑事审判参考》2004年第4辑总第39辑，第178~199页。

关于国有公司、企业人员渎职犯罪的法律适用问题：为了统一刑法的适用，《纪要》根据刑法第 12 条第一款确定的法律适用原则，以及便于司法实务操作，明确："对于 1999 年 12 月 24 日《中华人民共和国刑法修正案》实施以前发生的国有公司、企业人员渎职行为（不包括徇私舞弊行为），尚未处理或者正在处理的，不能按照刑法修正案追究刑事责任"。

学理观点·典型案例 ➡ 索引与要旨

《解析刑法修正案（六）中的经济犯罪》，载《公检法办案指南》2006 年第 9 辑总第 81 辑，第 131~152 页。

第四节 破坏金融管理秩序罪

第 170 条 伪造货币罪

伪造货币的，处三年以上十年以下有期徒刑，并处五万元以上五十万元以下罚金；有下列情形之一的，处十年以上有期徒刑、无期徒刑或者死刑，并处五万元以上五十万元以下罚金或者没收财产：

（一）伪造货币集团的首要分子；

（二）伪造货币数额特别巨大的；

（三）有其他特别严重情节的。

关 联 规 范 ➡ 完全整理

❶《中华人民共和国刑法》（1980 年 1 月 1 日）第 171 条第 3 款

伪造货币并出售或者运输伪造的货币的，依照本法第一百七十条的规定定罪从重处罚。

❷ 最高人民法院《关于审理伪造货币等案件具体应用法律若干问题的解释（二）》（2010 年 11 月 3 日 法释〔2010〕14 号）①

第一条 仿照真货币的图案、形状、色彩等特征非法制造假币，冒充真币的行为，应当认定为刑法第一百七十条规定的"伪造货币"。

对真货币采用剪贴、挖补、揭层、涂改、移位、重印等方法加工处理，改变真币形态、价值的行为，应当认定为刑法第一百七十三条规定的"变造货币"。

第二条 同时采用伪造和变造手段，制造真伪拼凑货币的行为，依照刑法第一百七十条的规定，以伪造货币罪定罪处罚。

第三条 以正在流通的境外货币为对象的假币犯罪，依照刑法第一百七十条至第一百七十三条的规定定罪处罚。

---

① 对其解读见：《刑事审判参考》2010 年第 6 辑总第 77 辑，第 78~98 页。

假境外货币犯罪的数额,按照案发当日中国外汇交易中心或者中国人民银行授权机构公布的人民币对该货币的中间价折合成人民币计算。中国外汇交易中心或者中国人民银行授权机构未公布汇率中间价的境外货币,按照案发当日境内银行人民币对该货币的中间价折算成人民币,或者该货币在境内银行、国际外汇市场对美元汇率,与人民币对美元汇率中间价进行套算。

第四条 以中国人民银行发行的普通纪念币和贵金属纪念币为对象的假币犯罪,依照刑法第一百七十条至第一百七十三条的规定定罪处罚。

假普通纪念币犯罪的数额,以面额计算;假贵金属纪念币犯罪的数额,以贵金属纪念币的初始发售价格计算。

第五条 以使用为目的,伪造停止流通的货币,或者使用伪造的停止流通的货币的,依照刑法第二百六十六条的规定,以诈骗罪定罪处罚。

第六条 此前发布的司法解释与本解释不一致的,以本解释为准。

3 最高人民检察院、公安部《关于公安机关管辖的刑事案件立案追诉标准的规定(二)》(2010年5月7日 公通字〔2010〕23号)(节录)①

第十九条 伪造货币,涉嫌下列情形之一的,应予立案追诉:(一)伪造货币,总面额在二千元以上或者币量在二百张(枚)以上的;(二)制造货币版样或者为他人伪造货币提供版样的;(三)其他伪造货币应予追究刑事责任的情形。

本规定中的"货币"是指流通的以下货币:(一)人民币(含普通纪念币、贵金属纪念币)、港元、澳门元、新台币;(二)其他国家及地区的法定货币。

贵金属纪念币的面额以中国人民银行授权中国金币总公司的初始发售价格为准。

4 最高人民法院《关于贯彻宽严相济刑事政策的若干意见》(2010年2月8日 法发〔2010〕9号)(节录)②

9. 当前和今后一段时期,对于集资诈骗、贷款诈骗、制贩假币以及扰乱、操纵证券、期货市场等严重危害金融秩序的犯罪,生产、销售假药、劣药、有毒有害食品等严重危害食品药品安全的犯罪,走私等严重侵害国家经济利益的犯罪,造成严重后果的重大安全责任事故犯罪,重大环境污染、非法采矿、盗伐林木等各种严重破坏环境资源的犯罪等,要依法从严惩处,维护国家的经济秩序,保护广大人民群众的生命健康安全。

5 最高人民法院、最高人民检察院、公安部《关于严厉打击假币犯罪活动的通知》(2009年9月15日 公通字〔2009〕45号)③

6 最高人民法院《关于审理伪造货币等案件具体应用法律若干问题的解释》(2000年9月14日 法释〔2000〕26号)(节录)④

---

① 对其解读见:《刑事审判参考》2010年第4辑总第75辑,第127~158页。
② 对其解读见:《刑事法律文件解读》2010年第3辑总第57辑,第49~65页。
③ 对其解读见:《刑事法律文件解读》2009年第11辑总第53辑,第24~29页。
④ 对其解读见:《刑事审判参考》2000年第6辑总第11辑,第90页以及《解读最高人民法院司法解释·刑事、行政卷(1997~2002)》,第135~138页。

第一条 伪造货币的总面额在二千元以上不满三万元或者币量在二百张（枚）以上不足三千张（枚）的，依照刑法第一百七十条的规定，处三年以上十年以下有期徒刑，并处五万元以上五十万元以下罚金。

伪造货币的总面额在三万元以上的，属于"伪造货币数额特别巨大"。

行为人制造货币版样或者与他人事前通谋，为他人伪造货币提供版样的，依照刑法第一百七十条的规定定罪处罚。

第七条 本解释所称"货币"是指可在国内市场流通或者兑换的人民币和境外货币。

货币面额应当以人民币计算，其他币种以案发时国家外汇管理机关公布的外汇牌价折算成人民币。

❼ 最高人民法院《关于办理伪造国家货币、贩运伪造的国家货币、走私伪造的货币犯罪案件具体应用法律的若干问题的解释》（1994年9月8日　法发〔1994〕20号）（节录）

一、关于伪造国家货币罪的认定

仿照国家货币的图案、形状、色彩等，使用各种办法，非法制造假货币，冒充国家货币的行为，构成《中华人民共和国刑法》第一百二十二条规定的伪造国家货币罪。

对国家货币采用剪贴、挖补、揭层、涂改等方法加工处理，使国家货币改变形态、升值的变造国家货币行为，以伪造国家货币罪论处。

❽ 上海市高级人民法院刑庭、上海市检公诉处《关于进一步规范部分常见刑事案件级别管辖的意见》（2004年8月13日）（节录）

二、对具备下列情形，同时又不具有其他足以判处十五年有期徒刑以下刑罚的法定从轻、减轻情节的案件，各中级人民法院应当予以受理。

2. 伪造货币罪（刑法第170条）

（1）伪造货币总面额30万元以上，或者币量3万张（枚）以上的；

（2）金融、财会人员利用工作之便伪造货币总面额10万元以上，或者币量1万张（枚）以上的。

（3）伪造货币并流入市场总面额2万元以上，或者币量2000张（枚）以上的。

❾ 广东省高级人民法院《关于办理破坏社会主义市场经济秩序犯罪案件若干具体问题的指导意见》（2002年7月2日　粤高法〔2002〕87号）（节录）

12. 关于非法设计、制造或者非法提供、贩卖、运输假币胶版行为的定性问题。根据最高人民法院《全国法院审理金融犯罪案件工作座谈会纪要》（以下简称《纪要》）精神，非法设计、制造假币胶版，或者非法提供、贩卖、运输假币胶版的行为，应当按照伪造货币罪追究刑事责任。处理时不认定犯罪数额，按犯罪情节决定刑罚。

❿ 《全国法院审理金融犯罪案件工作座谈会纪要》（2001年1月21日　法〔2001〕8号）（节录）[1]

---

[1] 对其解读见：《刑事审判参考》2001年第4辑总第15辑，第63～76页。

二、关于破坏金融管理秩序罪

2. 关于假币犯罪

假币犯罪的认定。假币犯罪是一种严重破坏金融管理秩序的犯罪。只要有证据证明行为人实施了出售、购买、运输、使用假币行为,且数额较大,就构成犯罪。伪造货币的,只要实施了伪造行为,不论是否完成全部印制工序,即构成伪造货币罪;对于尚未制造出成品,无法计算伪造、销售假币面额的,或者制造、销售用于伪造货币的版样的,不认定犯罪数额,依据犯罪情节决定刑罚。

制造或者出售伪造的台币行为的处理。对于伪造台币的,应当以伪造货币罪定罪处罚;出售伪造的台币的,应当以出售假币罪定罪处罚。

11 最高人民法院刑一庭对《关于对黄炳光等六名被告人贩运伪造的外汇兑换券一案的请示》的电话答复(1983年3月17日)

上海市高级人民法院:你院沪高刑核字第三十一号《关于对黄炳光等六名被告人贩运伪造的外汇兑换券一案的请示》收悉,答复如下:经商国家外汇管理局认为,兑换券的性质,现在尚无明文规定。从实际使用情况看,兑换券是含有外汇价值的人民币代用券,和人民币一样在国内流通,具有国家货币的职能。经我们研究:对本案黄炳光等六名被告人贩运伪造的外汇兑换券的处理,可直接依照刑法第一百二十二条定罪判刑,不必类推。

学理观点·典型案例 ➡ 索引与要旨

1《对伪造外国货币的行为如何定性处理》,载《最新刑事法律文件解读》2006年第2辑总14辑,第131~133页。

2《缅甸货币能否成为伪造货币罪的对象》,载《刑事审判参考》2004年第2辑总第37辑,第202~205页。

3《伪造货币罪若干疑难问题研究》,载《刑事法判解研究》2004年第4辑总第9辑,第174~185页。

4《杨吉茂伪造货币案》,载《刑事审判参考合订本·第一卷》,第39~44页。

核心提示 ➡ 伪造美元的行为如何适用法律?

要旨 ➡ 伪造不存在的货币,属对象不能犯,不构成犯罪。伪造已不流通的货币仍可构成伪造货币罪。

第171条 第1款 出售、购买、运输假币罪 第2款 金融工作人员购买假币、以假币换取货币罪

出售、购买伪造的货币或者明知是伪造的货币而运输,数额较大的,处三年以下有期徒刑或者拘役,并处二万元以上二十万元以下罚金;数额巨大的,处三年以上十年以下有期徒刑,并处五万元以上五十万元以下罚金;数额特别巨大的,处十年以上有期徒刑或者无期徒刑,并处五万元以上五十万元以下罚金或者没收财产。

银行或者其他金融机构的工作人员购买伪造的货币或者利用职务上的便利，以伪造的货币换取货币的，处三年以上十年以下有期徒刑，并处二万元以上二十万元以下罚金；数额巨大或者有其他严重情节的，处十年以上有期徒刑或者无期徒刑，并处二万元以上二十万元以下罚金或者没收财产；情节较轻的，处三年以下有期徒刑或者拘役，并处或者单处一万元以上十万元以下罚金。

伪造货币并出售或者运输伪造的货币的，依照本法第一百七十条的规定定罪从重处罚。

关联规范 ➡ 完全整理

❶《中华人民共和国刑法》（1980年1月1日）第170条 伪造货币罪

伪造货币的，处三年以上十年以下有期徒刑，并处五万元以上五十万元以下罚金；有下列情形之一的，处十年以上有期徒刑、无期徒刑或者死刑，并处五万元以上五十万元以下罚金或者没收财产：

（一）伪造货币集团的首要分子；

（二）伪造货币数额特别巨大的；

（三）有其他特别严重情节的。

❷ 最高人民法院《关于审理伪造货币等案件具体应用法律若干问题的解释（二）》（2010年11月3日 法释〔2010〕14号）（节录）①

第三条 以正在流通的境外货币为对象的假币犯罪，依照刑法第一百七十条至第一百七十三条的规定定罪处罚。

假境外货币犯罪的数额，按照案发当日中国外汇交易中心或者中国人民银行授权机构公布的人民币对该货币的中间价折合成人民币计算。中国外汇交易中心或者中国人民银行授权机构未公布汇率中间价的境外货币，按照案发当日境内银行人民币对该货币的中间价折算成人民币，或者该货币在境内银行、国际外汇市场对美元汇率，与人民币对美元汇率中间价进行套算。

第四条 以中国人民银行发行的普通纪念币和贵金属纪念币为对象的假币犯罪，依照刑法第一百七十条至第一百七十三条的规定定罪处罚。

假普通纪念币犯罪的数额，以面额计算；假贵金属纪念币犯罪的数额，以贵金属纪念币的初始发售价格计算。

❸ 最高人民检察院、公安部《关于公安机关管辖的刑事案件立案追诉标准的规定（二）》（2010年5月7日 公通字〔2010〕23号）（节录）②

第二十条 出售、购买伪造的货币或者明知是伪造的货币而运输，总面额在四千元以

---

① 对其解读见：《刑事审判参考》2010年第6辑总第77辑，第78~98页。
② 对其解读见：《刑事审判参考》2010年第4辑总第75辑，第127~158页。

上或者币量在四百张（枚）以上的，应予立案追诉。

在出售假币时被抓获的，除现场查获的假币应认定为出售假币的数额外，现场之外在行为人住所或者其他藏匿地查获的假币，也应认定为出售假币的数额。

第二十一条 银行或者其他金融机构的工作人员购买伪造的货币或者利用职务上的便利，以伪造的货币换取货币，总面额在二千元以上或者币量在二百张（枚）以上的，应予立案追诉。

❹ 最高人民法院《关于贯彻宽严相济刑事政策的若干意见》（2010年2月8日　法发〔2010〕9号）（节录）①

9. 当前和今后一段时期，对于集资诈骗、贷款诈骗、制贩假币以及扰乱、操纵证券、期货市场等严重危害金融秩序的犯罪，生产、销售假药、劣药、有毒有害食品等严重危害食品药品安全的犯罪，走私等严重侵害国家经济利益的犯罪，造成严重后果的重大安全责任事故犯罪，重大环境污染、非法采矿、盗伐林木等各种严重破坏环境资源的犯罪等，要依法从严惩处，维护国家的经济秩序，保护广大人民群众的生命健康安全。

❺ 最高人民法院、最高人民检察院、公安部《关于严厉打击假币犯罪活动的通知》（2009年9月15日　公通字〔2009〕45号）②

❻《全国法院审理金融犯罪案件工作座谈会纪要》（2001年1月21日　法〔2001〕8号）（节录）③

二、关于破坏金融管理秩序罪

2. 关于假币犯罪

假币犯罪的认定。假币犯罪是一种严重破坏金融管理秩序的犯罪。只要有证据证明行为人实施了出售、购买、运输、使用假币行为，且数额较大，就构成犯罪。

假币犯罪罪名的确定。假币犯罪案件中犯罪分子实施数个相关行为的，在确定罪名时应把握以下原则：（1）对同一宗假币实施了法律规定为选择性罪名的行为，应根据行为人所实施的数个行为，按相关罪名刑法规定的排列顺序并列确定罪名，数额不累计计算，不实行数罪并罚。（2）对不同宗假币实施法律规定为选择性罪名的行为，并列确定罪名，数额按全部假币面额累计计算，不实行数罪并罚。（3）对同一宗假币实施了刑法没有规定为选择性罪名的数个犯罪行为，择一重罪从重处罚。如伪造货币或者购买假币后使用的，以伪造货币罪或购买假币罪定罪，从重处罚。（4）对不同宗假币实施了刑法没有规定为选择性罪名的数个犯罪行为，分别定罪，数罪并罚。

出售假币被查获部分的处理。在出售假币时被抓获的，除场查获的假币应认定为出售假币的犯罪数额外，现场之外在行为人住所或者其他藏匿地查获的假币，亦应认定为出售假币的犯罪数额。但有证据证实后者是行为人有实施其他假币犯罪的除外。

制造或者出售伪造的台币行为的处理。对于伪造台币的，应当以伪造货币罪定罪处罚；

---

① 对其解读见：《刑事法律文件解读》2010年第3辑总第57辑，第49~65页。
② 对其解读见：《刑事法律文件解读》2009年第11辑总第53辑，第24~29页。
③ 对其解读见：《刑事审判参考》2001年第4辑总第15辑，第63~76页。

出售伪造的台币的，应当以出售假币罪定罪处罚。

❼ 最高人民法院《关于审理伪造货币等案件具体应用法律若干问题的解释》（2000年9月14日　法释〔2000〕26号）（节录）①

第二条　行为人购买假币后使用，构成犯罪的，依照刑法第一百七十一条的规定，以购买假币罪定罪，从重处罚。

行为人出售、运输假币构成犯罪，同时有使用假币行为的，依照刑法第一百七十一条、第一百七十二条的规定，实行数罪并罚。

第三条　出售、购买假币或者明知是假币而运输，总面额在四千元以上不满五万元的，属于"数额较大"；总面额在五万元以上不满二十万元的，属于"数额巨大"；总面额在二十万元以上的，属于"数额特别巨大"，依照刑法第一百七十一条第一款的规定定罪处罚。

第四条　银行或者其他金融机构的工作人员购买假币或者利用职务上的便利，以假币换取货币，总面额在四千元以上不满五万元或者币量在四百张（枚）以上不足五千张（枚）的，处三年以上十年以下有期徒刑，并处二万元以上二十万元以下罚金；总面额在五万元以上或者币量在五千张（枚）以上或者有其他严重情节的，处十年以上有期徒刑或者无期徒刑，并处二万元以上二十万元以下罚金或者没收财产；总面额不满人民币四千元或者币量不足四百张（枚）或者具有其他情节较轻情形的，处三年以下有期徒刑或者拘役，并处或者单处一万元以上十万元以下罚金。

第七条　本解释所称"货币"是指可在国内市场流通或者兑换的人民币和境外货币。

货币面额应当以人民币计算，其他币种以案发时国家外汇管理机关公布的外汇牌价折算成人民币。

❽ 最高人民法院《关于农村合作基金会从业人员犯罪如何定性问题的批复》（2000年5月12日　法释〔2000〕10号）（节录）②

农村合作基金会从业人员，除具有金融机构现职工作人员身份的以外，不属于金融机构工作人员，对其实施的犯罪行为，应当依照刑法的有关规定定罪处罚。

❾ 最高人民法院《关于办理伪造国家货币、贩运伪造的国家货币、走私伪造的货币犯罪案件具体应用法律的若干问题的解释》（1994年9月8日　法发〔1994〕20号）（节录）

二、关于贩运伪造的国家货币罪的认定

明知是伪造的国家货币，而予以买卖、携带或者运输的行为，构成《中华人民共和国刑法》第一百二十二条规定的贩运伪造的国家货币罪。

❿ 上海市高级人民法院刑庭、上海市检公诉处《关于进一步规范部分常见刑事案件级别管辖的意见》（2004年8月13日）（节录）

---

①　对其解读见：《刑事审判参考》2000年第6辑总第11辑，第90页以及《解读最高人民法院司法解释·刑事、行政卷（1997~2002）》，第135~138页。

②　对其解读见：《刑事审判参考》2000年第4辑总第9辑，第85页以及《解读最高人民法院司法解释·刑事、行政卷（1997~2002）》，第15~17页。

二、对具备下列情形,同时又不具有其他足以判处十五年有期徒刑以下刑罚的法定从轻、减轻情节的案件,各中级人民法院应当予以受理。

3. 出售、购买、运输假币罪(刑法第171条)

(1) 出售、购买、运输假币总面额100万元以上,或者币量10万张(枚)以上的;

(2) 金融工作人员购买假币、以假币换取货币,总面额25万元以上,或者币量25000张(枚)以上的。

学理观点·典型案例 ➡ 索引与要旨

❶《出售、购买、运输假币罪疑难问题研究》,载《公检法办案指南》2011年第1辑总第133辑,第159~169页。

❷《刘当购买假币案》,载《刑事法律文件解读》2007年第6辑总第30辑,第288~289页。

核心提示 ➡ 购买假币中夹白纸如何认定涉案金额?

❸《持有、使用假币罪若干问题研究》,载《刑事司法指南》2006年第1辑总第25辑,第92~107页。

要旨 ➡ 持有、使用假币罪与相关犯罪的认定:1. 持有假币罪与运输假币罪的认定;2. 使用假币罪与出售假币罪的认定;3. 使用假币罪与诈骗罪的认定。

❹《张顺发持有、使用假币案》,载《经济犯罪审判指导与参考》2003年第1辑总第1辑,第1页。

要旨 ➡ 购买并使用假币应以购买假币罪从重处罚。

❺《刑法中的注意规定与法律拟制及其运用分析》,载《刑事司法指南》2003年第3辑总第15辑,第70~108页。

要旨 ➡ 刑法分则关于"明知"的规定都属于注意规定。基于这一理由,即使刑法分则没有明文规定"明知"要素,对于犯罪构成的客观要素,行为人主观上也必须明知。例如,《刑法》第171条规定:"出售、购买伪造的货币或者明知是伪造的货币而运输,数额较大,处三年以下有期徒刑或者拘役,并处二万元以上二十万元以下罚金。"表面上看,运输假币时,才需要"明知是伪造的货币";出售、购买假币时,则不需要明知是伪造的货币。但事实上并非如此。在本罪中,行为对象是特定的,属于客观的构成要件要素,行为人对此必须有认识;如果不明知是假币而出售或者购买,就不可能明知自己的行为会发生破坏金融管理秩序的危害结果,就不会存在犯罪故意。《刑法》第171条之所以这样规定,是因为在运输时不明知是假币的可能性较大,所以,为了提醒司法工作人员注意,特别写明"明知伪造的货币而运输"。而出售、购买假币时,一般表现为以少量真货币换取大量假币,或者将大量假币换取少量真货币,行为人通常明知是假币,所以没有必要特别提醒。尽管如此,司法工作人员仍然要查明行为人在出售、购买假币时,是否明知是伪造的货币。例如,不识外币的人基于合理需要购买了大量假外币,但根本不知其购买的是伪造的货币时,不可能认定为购买假币罪。所以,尽管《刑法》第171条未要求出售、购买伪造的货币时必须"明知是伪造的货币",但根据刑法总则关于故意的规定,仍然需要行为人明知是伪造的货币。

❻《张顺安持有、使用假币案》,载《刑事审判参考》2002 年第 4 辑总第 27 辑,第 7~11 页。

核心提示 ➡ 共同使用假币但未参与购买假币的,如何具体适用罪名?

要旨 ➡ 购买假币后持有、使用的行为应以购买假币罪从重处罚。购买假币后使用的假币数额应包括已经使用和准备使用的数额。

第 172 条 持有、使用假币罪

明知是伪造的货币而持有、使用,数额较大的,处三年以下有期徒刑或者拘役,并处或者单处一万元以上十万元以下罚金;数额巨大的,处三年以上十年以下有期徒刑,并处二万元以上二十万元以下罚金;数额特别巨大的,处十年以上有期徒刑,并处五万元以上五十万元以下罚金或者没收财产。

关 联 规 范 ➡ 完全整理

❶ 最高人民法院《关于审理伪造货币等案件具体应用法律若干问题的解释(二)》(2010 年 11 月 3 日 法释〔2010〕14 号)(节录)①

第三条 以正在流通的境外货币为对象的假币犯罪,依照刑法第一百七十条至第一百七十三条的规定定罪处罚。

假境外货币犯罪的数额,按照案发当日中国外汇交易中心或者中国人民银行授权机构公布的人民币对该货币的中间价折合成人民币计算。中国外汇交易中心或者中国人民银行授权机构未公布汇率中间价的境外货币,按照案发当日境内银行人民币对该货币的中间价折算成人民币,或者该货币在境内银行、国际外汇市场对美元汇率,与人民币对美元汇率中间价进行套算。

第四条 以中国人民银行发行的普通纪念币和贵金属纪念币为对象的假币犯罪,依照刑法第一百七十条至第一百七十三条的规定定罪处罚。

假普通纪念币犯罪的数额,以面额计算;假贵金属纪念币犯罪的数额,以贵金属纪念币的初始发售价格计算。

第五条 以使用为目的,伪造停止流通的货币,或者使用伪造的停止流通的货币的,依照刑法第二百六十六条的规定,以诈骗罪定罪处罚。

❷ 最高人民检察院、公安部《关于公安机关管辖的刑事案件立案追诉标准的规定(二)》(2010 年 5 月 7 日 公通字〔2010〕23 号)(节录)②

第二十二条 明知是伪造的货币而持有、使用,总面额在四千元以上或者币量在四百张(枚)以上的,应予立案追诉。

---

① 对其解读见:《刑事审判参考》2010 年第 6 辑总第 77 辑,第 78~98 页。
② 对其解读见:《刑事审判参考》2010 年第 4 辑总第 75 辑,第 127~158 页。

❸ 最高人民法院、最高人民检察院、公安部《关于严厉打击假币犯罪活动的通知》（2009年9月15日 公通字〔2009〕45号）①

❹《全国法院审理金融犯罪案件工作座谈会纪要》（2001年1月21日 法〔2001〕8号）（节录）②

二、关于破坏金融管理秩序罪

2. 关于假币犯罪

明知是伪造货币而持有，数额较大，根据现有证据不能认定行为人是为了进行其他假币犯罪的，以持有假币罪定罪处罚；如果有证据证明其持有的假币已构成其他假币犯罪的，应当以其他假币犯罪定罪处罚。

❺ 最高人民法院《关于审理伪造货币等案件具体应用法律若干问题的解释》（2000年9月14日 法释〔2000〕26号）（节录）③

第二条 行为人购买假币后使用，构成犯罪的，依照刑法第一百七十一条的规定，以购买假币罪定罪，从重处罚。

行为人出售、运输假币构成犯罪，同时有使用假币行为的，依照刑法第一百七十一条、第一百七十二条的规定，实行数罪并罚。

第五条 明知是假币而持有、使用，总面额在四千元以上不满五万元的，属于"数额较大"；总面额在五万元以上不满二十万元的，属于"数额巨大"；总面额在二十万元以上的，属于"数额特别巨大"，依照刑法第一百七十二条的规定定罪处罚。

第七条 本解释所称"货币"是指可在国内市场流通或者兑换的人民币和境外货币。

学理观点·典型案例  索引与要旨

❶《持有、使用假币罪若干问题研究》，载《刑事司法指南》2006年第1辑总第25辑，第92~107页。

要旨➡一、持有、使用假币罪客观行为的理解：1. 持有假币行为；2. 使用假币行为。

二、持有、使用假币罪主观方面的理解。

三、持有、使用假币罪与相关犯罪的认定：1. 持有假币罪与运输假币罪的认定；2. 持有假币罪与出售假币罪的认定；3. 持有假币罪与诈骗罪的认定。

四、持有、使用假币罪特殊形态的认定：1. 犯罪停止形态的认定；2. 共同犯罪形态的认定；3. 罪数形态的认定。

❷《持有型犯罪研究》，载《刑事司法指南》2005年第2辑总第22辑，第68~123页。

---

① 对其解读见：《刑事法律文件解读》2009年第11辑总第53辑，第24~29页。
② 对其解读见：《刑事审判参考》2001年第4辑总第15辑，第63~76页。
③ 对其解读见：《刑事审判参考》2000年第6辑总第11辑，第90页以及《解读最高人民法院司法解释·刑事、行政卷（1997~2002）》，第135~138页。

要旨➡一、论刑法上的持有：1. 持有的概念；2. 持有是行为；3. 持有的归属。

二、持有型犯罪概述：1. 持有型犯罪的概念；2. 持有型犯罪的范围；3. 持有型犯罪的分类。

三、持有型犯罪立法：1. 持有型犯罪的立法根据；2. 持有型犯罪的立法价值。

四、持有型犯罪司法：1. 持有型犯罪的司法根据；2. 持有型犯罪的司法处理。

❸《张顺安持有、使用假币案》，载《刑事审判参考》2002年第4辑总第27辑，第7～11页。

核心提示➡共同使用假币但未参与购买假币的，如何具体适用罪名？

要旨➡购买假币后持有、使用的行为应以购买假币罪从重处罚。购买假币后使用的假币数额应包括已经使用和准备使用的数额。

第173条　变造货币罪

变造货币，数额较大的，处三年以下有期徒刑或者拘役，并处或者单处一万元以上十万元以下罚金；数额巨大的，处三年以上十年以下有期徒刑，并处二万元以上二十万元以下罚金。

关 联 规 范　➡完全整理

❶ 最高人民法院《关于审理伪造货币等案件具体应用法律若干问题的解释（二）》（2010年11月3日　法释〔2010〕14号）（节录）①

第三条　以正在流通的境外货币为对象的假币犯罪，依照刑法第一百七十条至第一百七十三条的规定定罪处罚。

假境外货币犯罪的数额，按照案发当日中国外汇交易中心或者中国人民银行授权机构公布的人民币对该货币的中间价折合成人民币计算。中国外汇交易中心或者中国人民银行授权机构未公布汇率中间价的境外货币，按照案发当日境内银行人民币对该货币的中间价折算成人民币，或者该货币在境内银行、国际外汇市场对美元汇率，与人民币对美元汇率中间价进行套算。

第四条　以中国人民银行发行的普通纪念币和贵金属纪念币为对象的假币犯罪，依照刑法第一百七十条至第一百七十三条的规定定罪处罚。

假普通纪念币犯罪的数额，以面额计算；假贵金属纪念币犯罪的数额，以贵金属纪念币的初始发售价格计算。

❷ 最高人民检察院、公安部《关于公安机关管辖的刑事案件立案追诉标准的规定（二）》（2010年5月7日　公通字〔2010〕23号）（节录）②

第二十三条　变造货币，总面额在二千元以上或者币量在二百张（枚）以上的，应予立案追诉。

---

① 对其解读见：《刑事审判参考》2010年第6辑总第77辑，第78～98页。
② 对其解读见：《刑事审判参考》2010年第4辑总第75辑，第127～158页。

❸ 最高人民法院、最高人民检察院、公安部《关于严厉打击假币犯罪活动的通知》（2009年9月15日　公通字〔2009〕45号）①

❹ 最高人民法院《关于审理伪造货币等案件具体应用法律若干问题的解释》（2000年9月14日　法释〔2000〕26号）（节录）②

第六条　变造货币的总面额在二千元以上不满三万元的，属于"数额较大"；总面额在三万元以上的，属于"数额巨大"，依照刑法第一百七十三条的规定定罪处罚。

第七条　本解释所称"货币"是指可在国内市场流通或者兑换的人民币和境外货币。

货币面额应当以人民币计算，其他币种以案发时国家外汇管理机关公布的外汇牌价折算成人民币。

❺ 最高人民法院《关于办理伪造国家货币、贩运伪造的国家货币、走私伪造的货币犯罪案件具体应用法律的若干问题的解释》（1994年9月8日　法发〔1994〕20号）（节录）

一、关于伪造国家货币罪的认定

仿照国家货币的图案、形状、色彩等，使用各种办法，非法制造假货币，冒充国家货币的行为，构成《中华人民共和国刑法》第一百二十二条规定的伪造国家货币罪。

对国家货币采用剪贴、挖补、揭层、涂改等方法加工处理，使国家货币改变形态、升值的变造国家货币行为，以伪造国家货币罪论处。（编者注：修订刑法已将该行为单独定罪）

第174条　第1款　擅自设立金融机构罪　第2款　伪造、变造、转让金融机构经营许可证罪　修正案第3条　伪造、变造、转让金融机构经营许可证、批准文件罪

未经中国人民银行批准，擅自设立商业银行或者其他金融机构的，处三年以下有期徒刑或者拘役，并处或者单处二万元以上二十万元以下罚金；情节严重的，处三年以上十年以下有期徒刑，并处五万元以上五十万元以下罚金。

伪造、变造、转让商业银行或者其他金融机构经营许可证的，依照前款的规定处罚。

单位犯前两款罪的，对单位判处罚金，并对其直接负责的主管人员和其他直接责任人员，依照第一款的规定处罚。

中华人民共和国刑法修正案（1999年12月25日第九届全国人民代表大会常务委员会第十三次会议通过，1999年12月25日中华人民共和国主席令第二十七号公布施行。）

---

① 对其解读见：《刑事法律文件解读》2009年第11辑总第53辑，第24~29页。

② 对其解读见：《刑事审判参考》2000年第6辑总第11辑，第90页以及《解读最高人民法院司法解释·刑事、行政卷（1997~2002）》，第135~138页。

三、将刑法第一百七十四条修改为:"未经国家有关主管部门批准,擅自设立商业银行、证券交易所、期货交易所、证券公司、期货经纪公司、保险公司或者其他金融机构的,处三年以下有期徒刑或者拘役,并处或者单处二万元以上二十万元以下罚金;情节严重的,处三年以上十年以下有期徒刑,并处五万元以上五十万元以下罚金。

伪造、变造、转让商业银行、证券交易所、期货交易所、证券公司、期货经纪公司、保险公司或者其他金融机构的经营许可证或者批准文件的,依照前款的规定处罚。

单位犯前两款罪的,对单位判处罚金,并对其直接负责的主管人员和其他直接责任人员,依照第一款的规定处罚。"

关联规范 ▶ 完全整理

❶《刑法修正案》(1999年12月25日 主席令第二十七号)①

❷ 最高人民检察院、公安部《关于公安机关管辖的刑事案件立案追诉标准的规定(二)》(2010年5月7日 公通字〔2010〕23号)(节录)②

第二十四条 未经国家有关主管部门批准,擅自设立金融机构,涉嫌下列情形之一的,应予立案追诉:(一)擅自设立商业银行、证券交易所、期货交易所、证券公司、期货公司、保险公司或者其他金融机构的;(二)擅自设立商业银行、证券交易所、期货交易所、证券公司、期货公司、保险公司或者其他金融机构筹备组织的。

第二十五条 伪造、变造、转让商业银行、证券交易所、期货交易所、证券公司、期货公司、保险公司或者其他金融机构的经营许可证或者批准文件的,应予立案追诉。

第九十条 本规定中的立案追诉标准,除法律、司法解释、本规定中另有规定的以外,适用于相应的单位犯罪。

❸ 最高人民法院、最高人民检察院《关于执行〈中华人民共和国刑法〉确定罪名的补充规定》(2002年3月15日 法释〔2002〕7号)(节录)③

❹ 国务院办公厅《关于严厉打击以证券期货投资为名进行违法犯罪活动的通知》(2001年8月31日 国办发〔2001〕64号)(节录)

三、正确适用法律,把握政策界限(一)对超出核准的经营范围,非法从事或变相非法从事证券期货交易活动,非法经营境外期货、外汇期货业务的,以涉嫌非法经营罪立案查处。(二)对未经证券监管部门批准和工商行政管理部门登记注册,擅自设立证券期货

---

① 对其解读见:《刑事审判参考》2000年第6辑总第11辑,第74~76页以及《刑事司法指南》2000年第2辑总第2辑,第122~134页。
② 对其解读见:《刑事审判参考》2010年第4辑总第75辑,第127~158页。
③ 对其解读见:《刑事审判参考》2002年第3辑总第26辑,第171~177页。

机构的，以涉嫌擅自设立金融机构罪立案查处。（三）对以"投资咨询"、"代客理财"等为招牌，以高额回报、赠送礼品、虚假融资、减免手续费、提供"免费午餐"等为诱饵吸纳客户资金，采用内部模拟证券期货交易等手法，非法侵占他人财产的，以涉嫌集资诈骗罪立案查处。（四）非法证券期货经营者对受害人有暴力、威胁、非法拘禁等侵犯公民人身权利的行为，或以暴力、威胁手段阻碍国家机关工作人员依法执行公务，情节严重，构成犯罪的，依法追究刑事责任。

第 175 条　高利转贷罪

以转贷牟利为目的，套取金融机构信贷资金高利转贷他人，违法所得数额较大的，处三年以下有期徒刑或者拘役，并处违法所得一倍以上五倍以下罚金；数额巨大的，处三年以上七年以下有期徒刑，并处违法所得一倍以上五倍以下罚金。

单位犯前款罪的，对单位判处罚金，并对其直接负责的主管人员和其他直接责任人员，处三年以下有期徒刑或者拘役。

关联规范 ➡ 完全整理

❶ 最高人民检察院、公安部《关于公安机关管辖的刑事案件立案追诉标准的规定（二）》（2010年5月7日　公通字〔2010〕23号）（节录）①

第二十六条　以转贷牟利为目的，套取金融机构信贷资金高利转贷他人，涉嫌下列情形之一的，应予立案追诉：（一）高利转贷，违法所得数额在十万元以上的；（二）虽未达到上述数额标准，但两年内因高利转贷受过行政处罚二次以上，又高利转贷的。

第九十条　本规定中的立案追诉标准，除法律、司法解释、本规定中另有规定的以外，适用于相应的单位犯罪。

❷ 福建省公检法《关于部分经济犯罪、渎职犯罪案件数额幅度及情节认定问题的座谈纪要》若干问题的修订意见（2002年10月8日　闽高法〔2005〕243号）（节录）

九、（一）该罪的"数额较大"，是指个人犯罪违法所得达5万元以上不满10万元；单位犯罪违法所得达10万元以上。

❸ 浙江省高级人民法院刑一庭、刑二庭《关于执行刑法若干问题的具体意见（三）》（2000年12月27日　浙高法刑〔2000〕3号）（节录）

16. 刑法第175条高利转贷罪，违法所得3万元以上的；可视为"违法所得数额较大"；违法所得10万元以上的，可视为"违法所得数额巨大"。

学理观点·典型案例 ➡ 索引与要旨

❶ 《姚凯高利转贷案》，载《刑事审判参考》2008年第3辑总第62辑，第1~6页。

---

① 对其解读见：《刑事审判参考》2010年第4辑总第75辑，第127~158页。

核心提示 ➡ 套取银行的承兑汇票是否属于套取银行信贷资金？如何理解和确定"高利"标准？

❷《目的犯的法理研究》，载《刑事审判要览》2004 年第 3 辑总第 9 辑，第 36～55 页。

第 175 条之一　修正案（六）第 10 条　骗取贷款、票据承兑、金融票证罪

以欺骗手段取得银行或者其他金融机构贷款、票据承兑、信用证、保函等，给银行或者其他金融机构造成重大损失或者有其他严重情节的，处三年以下有期徒刑或者拘役，并处或者单处罚金；给银行或者其他金融机构造成特别重大损失或者有其他特别严重情节的，处三年以上七年以下有期徒刑，并处罚金。

单位犯前款罪的，对单位判处罚金，并对其直接负责的主管人员和其他直接责任人员，依照前款的规定处罚。

关联规范　➡ 完全整理

❶ 最高人民检察院、公安部《关于公安机关管辖的刑事案件立案追诉标准的规定（二）》（2010 年 5 月 7 日　公通字〔2010〕23 号）（节录）①

第二十七条　以欺骗手段取得银行或者其他金融机构贷款、票据承兑、信用证、保函等，涉嫌下列情形之一的，应予立案追诉：（一）以欺骗手段取得贷款、票据承兑、信用证、保函等，数额在一百万元以上的；（二）以欺骗手段取得贷款、票据承兑、信用证、保函等，给银行或者其他金融机构造成直接经济损失数额在二十万元以上的；（三）虽未达到上述数额标准，但多次以欺骗手段取得贷款、票据承兑、信用证、保函等的；（四）其他给银行或者其他金融机构造成重大损失或者有其他严重情节的情形。

第八十七条　本规定中的"多次"，是指三次以上。

第八十八条　本规定中的"虽未达到上述数额标准"，是指接近上述数额标准且已达到该数额的百分之八十以上的。

第九十条　本规定中的立案追诉标准，除法律、司法解释、本规定中另有规定的以外，适用于相应的单位犯罪。

❷ 最高人民法院、最高人民检察院《关于执行〈中华人民共和国刑法〉确定罪名的补充规定（三）》（2007 年 10 月 25 日　法释〔2007〕16 号）②

❸《刑法修正案（六）》（2006 年 6 月 29 日　主席令第五十一号）③

---

① 对其解读见：《刑事审判参考》2010 年第 4 辑总第 75 辑，第 127～158 页。
② 对其解读见：《刑事审判参考》2008 年第 1 辑总第 60 辑，第 60～71 页。
③ 对其解读见：《刑事审判参考》2006 年第 4 辑总第 51 辑，第 53～104 页。

❹《解析刑法修正案（六）中的经济犯罪》，载《公检法办案指南》2006年第9辑总第81辑，第131～152页。

学理观点・典型案例 ➡ 索引与要旨

❶《"借新还旧"骗贷行为如何定性》，载《刑事司法指南》2011年第4辑总第48辑，第180～191页。

❷《曹戈合同诈骗案》，载《刑事审判参考》2010年第5辑总第76辑，第17～23页。

核心提示 ➡ 伪造购销合同，通过与金融机构签订承兑合同，将获取的银行资金用于偿还其他个人债务，后因合同到期无力偿还银行债务而逃匿，致使反担保人遭受巨额财产损失的行为，如何定性？

❸《骗取贷款罪的法律适用问题探讨》，载《公检法办案指南》2008年第12辑总第108辑，第133～142页。

❹《目的犯的法理研究》，载《刑事审判要览》2004年第3辑总第9辑，第36～55页。

第176条　非法吸收公众存款罪

非法吸收公众存款或者变相吸收公众存款，扰乱金融秩序的，处三年以下有期徒刑或者拘役，并处或者单处二万元以上二十万元以下罚金；数额巨大或者有其他严重情节的，处三年以上十年以下有期徒刑，并处五万元以上五十万元以下罚金。

单位犯前款罪的，对单位判处罚金，并对其直接负责的主管人员和其他直接责任人员，依照前款的规定处罚。

关联规范 ➡ 完全整理

❶ 最高人民法院《关于非法集资刑事案件性质认定问题的通知》（2011年8月18日法〔2011〕262号）

为依法、准确、及时审理非法集资刑事案件，现就非法集资性质认定的有关问题通知如下：

一、行政部门对于非法集资的性质认定，不是非法集资案件进入刑事程序的必经程序。行政部门未对非法集资作出性质认定的，不影响非法集资刑事案件的审判。

二、人民法院应当依照刑法和《最高人民法院关于审理非法集资刑事案件具体应用法律若干问题的解释》等有关规定认定案件事实的性质，并认定相关行为是否构成犯罪。

三、对于案情复杂、性质认定疑难的案件，人民法院可以在有关部门关于是否符合行业技术标准的行政认定意见的基础上，根据案件事实和法律规定作出性质认定。

四、非法集资刑事案件的审判工作涉及领域广、专业性强，人民法院在审理此类案件当中要注意加强与有关行政主（监）管部门以及公安机关、人民检察院的配合。审判工作中遇到重大问题难以解决的，请及时报告最高人民法院。

❷ 最高人民法院《关于审理非法集资刑事案件具体应用法律若干问题的解释》（2011年1月4日　法释〔2010〕18号）（节录）①

第一条　违反国家金融管理法律规定，向社会公众（包括单位和个人）吸收资金的行为，同时具备下列四个条件的，除刑法另有规定的以外，应当认定为刑法第一百七十六条规定的"非法吸收公众存款或者变相吸收公众存款"：

（一）未经有关部门依法批准或者借用合法经营的形式吸收资金；

（二）通过媒体、推介会、传单、手机短信等途径向社会公开宣传；

（三）承诺在一定期限内以货币、实物、股权等方式还本付息或者给付回报；

（四）向社会公众即社会不特定对象吸收资金。

未向社会公开宣传，在亲友或者单位内部针对特定对象吸收资金的，不属于非法吸收或者变相吸收公众存款。

第二条　实施下列行为之一，符合本解释第一条第一款规定的条件的，应当依照刑法第一百七十六条的规定，以非法吸收公众存款罪定罪处罚：

（一）不具有房产销售的真实内容或者不以房产销售为主要目的，以返本销售、售后包租、约定回购、销售房产份额等方式非法吸收资金的；

（二）以转让林权并代为管护等方式非法吸收资金的；

（三）以代种植（养殖）、租种植（养殖）、联合种植（养殖）等方式非法吸收资金的；

（四）不具有销售商品、提供服务的真实内容或者不以销售商品、提供服务为主要目的，以商品回购、寄存代售等方式非法吸收资金的；

（五）不具有发行股票、债券的真实内容，以虚假转让股权、发售虚构债券等方式非法吸收资金的；

（六）不具有募集基金的真实内容，以假借境外基金、发售虚构基金等方式非法吸收资金的；

（七）不具有销售保险的真实内容，以假冒保险公司、伪造保险单据等方式非法吸收资金的；

（八）以投资入股的方式非法吸收资金的；

（九）以委托理财的方式非法吸收资金的；

（十）利用民间"会"、"社"等组织非法吸收资金的；

（十一）其他非法吸收资金的行为。

第三条　非法吸收或者变相吸收公众存款，具有下列情形之一的，应当依法追究刑事责任：

---

① 对其解读见：《公检法办案指南》2011年第2辑总第134辑，第56～76页以及《刑事审判参考》2011年第2辑总第79辑，第126～131页。

（一）个人非法吸收或者变相吸收公众存款，数额在20万元以上的，单位非法吸收或者变相吸收公众存款，数额在100万元以上的；

（二）个人非法吸收或者变相吸收公众存款对象30人以上的，单位非法吸收或者变相吸收公众存款对象150人以上的；

（三）个人非法吸收或者变相吸收公众存款，给存款人造成直接经济损失数额在10万元以上的，单位非法吸收或者变相吸收公众存款，给存款人造成直接经济损失数额在50万元以上的；

（四）造成恶劣社会影响或者其他严重后果的。

具有下列情形之一的，属于刑法第一百七十六条规定的"数额巨大或者有其他严重情节"：

（一）个人非法吸收或者变相吸收公众存款，数额在100万元以上的，单位非法吸收或者变相吸收公众存款，数额在500万元以上的；

（二）个人非法吸收或者变相吸收公众存款对象100人以上的，单位非法吸收或者变相吸收公众存款对象500人以上的；

（三）个人非法吸收或者变相吸收公众存款，给存款人造成直接经济损失数额在50万元以上的，单位非法吸收或者变相吸收公众存款，给存款人造成直接经济损失数额在250万元以上的；

（四）造成特别恶劣社会影响或者其他特别严重后果的。

非法吸收或者变相吸收公众存款的数额，以行为人所吸收的资金全额计算。案发前后已归还的数额，可以作为量刑情节酌情考虑。

非法吸收或者变相吸收公众存款，主要用于正常的生产经营活动，能够及时清退所吸收资金，可以免予刑事处罚；情节显著轻微的，不作为犯罪处理。

第八条（第二款） 明知他人从事欺诈发行股票、债券，非法吸收公众存款，擅自发行股票、债券，集资诈骗或者组织、领导传销活动等集资犯罪活动，为其提供广告等宣传的，以相关犯罪的共犯论处。

❸ 最高人民检察院、公安部《关于公安机关管辖的刑事案件立案追诉标准的规定（二）》（2010年5月7日 公通字〔2010〕23号）（节录）①

第二十八条 非法吸收公众存款或者变相吸收公众存款，扰乱金融秩序，涉嫌下列情形之一的，应予立案追诉：（一）个人非法吸收或者变相吸收公众存款数额在二十万元以上的，单位非法吸收或者变相吸收公众存款数额在一百万元以上的；（二）个人非法吸收或者变相吸收公众存款三十户以上的，单位非法吸收或者变相吸收公众存款一百五十户以上的；（三）个人非法吸收或者变相吸收公众存款给存款人造成直接经济损失数额在十万元以上的，单位非法吸收或者变相吸收公众存款给存款人造成直接经济损失数额在五十万元以上的；（四）造成恶劣社会影响的；（五）其他扰乱金融秩序情节严重的情形。

第九十条 本规定中的立案追诉标准，除法律、司法解释、本规定中另有规定的以外，

---

① 对其解读见：《刑事审判参考》2010年第4辑总第75辑，第127~158页。

适用于相应的单位犯罪。

❹ 国务院《非法金融机构和非法金融业务活动取缔办法》（1998年7月13日　国务院令第二百四十七号）（节录）

第三条　本办法所称非法金融机构，是指未经中国人民银行批准，擅自设立从事或者主要从事吸收存款、发放贷款、办理结算、票据贴现、资金拆借、信托投资、金融租赁、融资担保、外汇买卖等金融业务活动的机构。

非法金融机构的筹备组织，视为非法金融机构。

第四条　本办法所称非法金融业务活动，是指未经中国人民银行批准，擅自从事的下列活动：

（一）非法吸收公众存款或者变相吸收公众存款；

（二）未经依法批准，以任何名义向社会不特定对象进行的非法集资；

（三）非法发放贷款、办理结算、票据贴现、资金拆借、信托投资、金融租赁、融资担保、外汇买卖；

（四）中国人民银行认定的其他非法金融业务活动。

前款所称非法吸收公众存款，是指未经中国人民银行批准，向社会不特定对象吸收资金，出具凭证，承诺在一定期限内还本付息的活动；所称变相吸收公众存款，是指未经中国人民银行批准，不以吸收公众存款的名义，向社会不特定对象吸收资金，但承诺履行的义务与吸收公众存款性质相同的活动。

第五条　未经中国人民银行依法批准，任何单位和个人不得擅自设立金融机构或者擅自从事金融业务活动。

对非法金融机构和非法金融业务活动，工商行政管理机关不予办理登记。

对非法金融机构和非法金融业务活动，金融机构不予开立账户、办理结算和提供贷款。

❺《全国法院审理金融犯罪案件工作座谈会纪要》（2001年1月21日　法〔2001〕8号）（节录）①

二、（二）关于破坏金融管理秩序罪

1. 非金融机构非法从事金融活动案件的处理

1998年7月13日，国务院发布了《非法金融机构和非法金融业务活动取缔办法》。1998年8月11日，国务院办公厅转发了中国人民银行整顿乱集资、乱批设金融机构和乱办金融业务实施方案，对整顿金融"三乱"工作的政策措施等问题作出了规定。各地根据整顿金融"三乱"工作实施方案的规定，对于未经中国人民银行批准，但是根据地方政府或有关部门文件设立并从事或变相从事金融业务的各类基金会、互助会、储金会等机构和组织，由各地人民政府和各有关部门限期进行清理整顿。超过实施方案规定期限继续从事非法金融业务活动的，依法予以取缔；情节严重、构成犯罪的，依法追究刑事责任。因此，上述非法从事金融活动的机构和组织只要在实施方案规定期限之前停止非法金融业务活动的，对有关单位和责任人员，不应以擅自设立金融机构罪处理；对其以前从事的非法金融

---

① 对其解读见：《刑事审判参考》2001年第4辑总第15辑，第63~76页。

活动,一般也不作犯罪处理;这些机构和组织的人员利用职务实施的个人犯罪,如贪污罪、职务侵占罪、挪用公款罪、挪用资金罪等,应当根据具体案情分别依法定罪处罚。

4. 破坏金融管理秩序相关犯罪数额和情节的认定

为正确执行刑法,在其他有关的司法解释出台之前,对假币犯罪以外的破坏金融管理秩序犯罪的数额和情节,可参照以下标准掌握:

关于非法吸收公众存款罪。非法吸收或者变相吸收公众存款的,要从非法吸收公众存款的数额、范围以及给存款人造成的损失等方面来判定扰乱金融秩序造成危害的程序。根据司法实践,具有下列情形之一的,可以按非法吸收公众存款罪定罪处罚:(1)个人非法吸收或者变相吸收公众存款20万元以上的,单位非法吸收或者变相吸收公众存款100万元以上的;(2)个人非法吸收或者变相吸收公众存款30户以上的,单位非法吸收或者变相吸收公众存款150户以上的;(3)个人非法吸收或者变相吸收公众存款给存款人造成损失10万元以上的,单位非法吸收或者变相吸收公众存款给存款人造成损失50万元以上的,或者造成其他严重后果的。个人非法吸收或者变相吸收公众存款100万元以上,单位非法吸收或者变相吸收公众存款500万元以上的,可以认定为"数额巨大"。

❻ 浙江省公检法《关于当前办理集资类刑事案件适用法律若干问题的会议纪要》(2008年12月2日 浙高法〔2008〕352号)

一、未经依法批准,以承诺还本分红或者付息的方法,向社会不特定对象吸收资金,用于发放贷款、办理结算、票据贴现、资金拆借、信托投资、金融租赁、融资担保、外汇买卖、证券期货等非法营利活动的,应当依法按照非法吸收公众存款定性处理;行为人具有非法占有目的的,应当依法按照集资诈骗等处理。

二、为生产经营所需,以承诺还本分红或者付息的方法,向相对固定的人员(一定范围内的人员如职工、亲友等)筹集资金,主要用于合法的生产经营活动,因经营亏损或者资金周转困难而未能及时兑付本息引发纠纷的,应当作为民间借贷纠纷处理。对此类案件,不能仅仅因为借款人或借款单位负责人出走,就认定为非法吸收公众存款犯罪或者集资诈骗犯罪。

三、以生产经营所需为由,以承诺还本分红或者付息的方法,向相对固定的人员筹集资金,部分用于合法的生产经营活动,部分用于违法犯罪行为,违法使用资金的行为触犯刑法的,依据其触犯的罪名定罪处罚。

四、为生产经营所需,以承诺还本分红或者付息的方法,向社会不特定对象筹集资金,主要用于合法的生产经营活动,因经营亏损或者资金周转困难而未能及时兑付本息引发纠纷的,一般可不作为非法吸收公众存款犯罪案件处理。但对于其中后果严重,严重影响社会稳定的,应当按非法吸收公众存款犯罪处理。

五、以生产经营或者投资所需为幌子,以承诺还本分红或者付息的方法,向社会不特定对象吸收资金,非法占有资金的,按照集资诈骗犯罪处理。

六、司法机关应当依法妥善处理涉及众多被害人的犯罪案件,积极配合地方党委和政府做好善后工作,尽量将犯罪造成的不良后果降到最低限度,确保社会稳定。要注意及时扣押、冻结、追缴赃款赃物和违法所得,及时将非法集资款返还被害人。但对于超出本金部分的利息，不予保护。对扣押、冻结、追缴在案的赃款赃物、违法所得，应当按照尚未归还的被害人集资本金按比例分配归还。对办案过程中发现有关部门和单位在资金管理中存在的漏洞和隐患，要及时提出司法建议，以做到防患于未然。

❼ 福建省公检法《关于部分经济犯罪、渎职犯罪案件数额幅度及情节认定问题的座谈纪要》若干问题的修订意见（2002年10月8日 闽高法〔2005〕243号）（节录）

十、（一）具有下列情形之一的，可以按非法吸收公众存款罪定罪处罚：（1）个人非法吸收或者变相吸收公众存款20万元以上的，单位非法吸收或变相吸收公众存款100万元以上的；（2）个人非法吸收或者变相吸收公众存款30户以上的，单位非法吸收或者变相吸收公众存款100户以上的；（3）个人非法吸收或者变相吸收公众存款给存款人造成损失10万元以上的，单位非法吸收或者变相吸收公众存款给存款人造成损失达50万元以上的，或者造成其他严重后果的。

（二）该罪的"数额巨大"，是指个人非法吸收公众存款达100万元以上；单位非法吸收公众存款达500万元以上，或者非法吸收公众存款造成损失达100万元以上。

（三）该罪的"其他严重情节"，是指个人非法吸收或者变相吸收公众存款100户以上的，单位非法吸收或者变相吸收公众存款500户以上的；或者非法吸收公众存款到期后未能归还达30万元以上；或者导致众多人财产遭受损失，严重影响当地社会稳定；或者吸收公众存款用于违法犯罪活动等。

学理观点·典型案例 ▶ 索引与要旨

❶《金融犯罪认定四题（上）》，张明楷，《刑事司法指南》2012年第1辑总第49辑，第1~21页。

要旨 ➡ 是否归还本息与成立非法吸收公众存款的关系？

❷《惠庆祥等非法吸收公众存款案》，载《刑事审判参考》2008年第3辑总第62辑，第7~16页。

要旨 ➡ 如何认定非法变相吸收公众存款？如何区分合法民间借贷与非法吸收公众存款？

❸《黄克胜非法吸收公众存款抗诉案》〔2007〕二中刑终字第1677号，北京市第二中级人民法院

要旨 ➡ 借款对象具有特定性，且所借款项用于生产经营的，不构成非法吸收公众存款罪。

❹《非法吸收公众存款的认定及立法完善》，载《基于孙大午非法吸收公众存款案的思考》以及《最新刑事法律文件解读》2007年第3辑总第27辑，第248~269页。

❺《"沃顿案"司法认定疑难问题探析——兼论非法吸收公众存款罪与非法经营罪之区别》，载《刑事司法指南》2007年第1辑总第29辑，第130~140页。

❻《关于防范和打击非法集资、非法从事金融业务、传销等违法犯罪活动的几个问题》，载《公检法办案指南》2007年第8辑总第92辑，第160~170页。

❼《证券机构承诺保本支付固定收益委托理财行为的刑事责任认定问题》，载《刑事司法指南》2006 年第 1 辑总第 25 辑，第 134~141 页。

要旨➡ 1. 承诺保本支付固定收益委托理财行为是否属于非法吸收公众存款的性质；2. 如何理解非法吸收公众存款罪的构成要件；3. 承诺保本支付固定收益委托理财行为的犯罪数额认定问题。

❽《田亚平诈骗案》，载《刑事审判参考》2004 年第 3 辑总第 38 辑，第 122~126 页。

核心提示➡ 银行出纳员用自制《高额利率定单》，对外虚构单位内部有高额利率存款的事实，将吸存的亲朋好友的现金占为己有的行为如何定性？

要旨➡ 1. 被告人吸收资金的对象固然众多，但经查均是其亲朋好友，是向特定的多数人吸收资金，而不是"向社会不特定对象吸收资金"，不属于吸收或变相吸收公众存款，因此，不符合非法吸收公众存款罪客观方面的要件，不构成非法吸收公众存款罪。2. 被告人的行为构成诈骗罪。

❾《析金融机构非法吸收公众存款案》，载《刑事司法指南》2003 年总第 13 辑。

核心提示➡ 非法吸收公众存款罪主体分析

要旨➡ 具有吸存款主体资格的金融机构非法吸收公众存款的社会危害性相对较小；相关法律法规没有将具有吸收存款主体资格的金融机构非法吸收公众存款的行为规定为犯罪行为；不具有刑事可罚性。

❿《高远非法吸收公众存款案》，载《刑事审判参考》2000 年第 3 辑总第 8 辑，第 1~7 页以及《刑事审判案例》，第 214~218 页。

核心提示➡ 利用经济互助会非法集资的行为如何定性？

要旨➡ 1. 被告人的行为构成非法吸收公众存款罪；2. 对被告人的行为应适用全国人大常委会《关于惩治破坏金融秩序犯罪的决定》定罪处罚。

第 177 条 伪造、变造金融票证罪

有下列情形之一，伪造、变造金融票证的，处五年以下有期徒刑或者拘役，并处或者单处二万元以上二十万元以下罚金；情节严重的，处五年以上十年以下有期徒刑，并处五万元以上五十万元以下罚金；情节特别严重的，处十年以上有期徒刑或者无期徒刑，并处五万元以上五十万元以下罚金或者没收财产：

（一）伪造、变造汇票、本票、支票的；

（二）伪造、变造委托收款凭证、汇款凭证、银行存单等其他银行结算凭证的；

（三）伪造、变造信用证或者附随的单据、文件的；

（四）伪造信用卡的。

单位犯前款罪的，对单位判处罚金，并对其直接负责的主管人员和其他直接责任人员，依照前款的规定处罚。

关 联 规 范 ▶ 完全整理

❶《中华人民共和国票据法》（1996年1月1日 主席令第二十二号）（节录）

第一百零二条 有下列票据欺诈行为之一的，依法追究刑事责任：（一）伪造、变造票据的；（二）故意使用伪造、变造的票据的；（三）签发空头支票或者故意签发与其预留的本名签名样式或者印鉴不符的支票，骗取财物的；（四）签发无可靠资金来源的汇票、本票，骗取资金的；（五）汇票、本票的出票人在出票时作虚假记载，骗取财物的；（六）冒用他人的票据，或者故意使用过期或者作废的票据，骗取财物的；（七）付款人同出票人、持票人恶意串通，实施前六项所列行为之一的。

❷ 人大常委会《关于〈中华人民共和国刑法〉有关信用卡规定的解释》（2004年12月29日）（节录）①

全国人民代表大会常务委员会根据司法实践中遇到的情况，讨论了刑法规定的"信用卡"的含义问题，解释如下：刑法规定的"信用卡"，是指由商业银行或者其他金融机构发行的具有消费支付、信用贷款、转账结算、存取现金等全部功能或者部分功能的电子支付卡。

❸ 最高人民检察院、公安部《关于公安机关管辖的刑事案件立案追诉标准的规定（二）》（2010年5月7日 公通字〔2010〕23号）（节录）②

第二十九条 伪造、变造金融票证，涉嫌下列情形之一的，应予立案追诉：（一）伪造、变造汇票、本票、支票，或者伪造、变造委托收款凭证、汇款凭证、银行存单等其他银行结算凭证，或者伪造、变造信用证或者附随的单据、文件，总面额在一万元以上或者数量在十张以上的；（二）伪造信用卡一张以上，或者伪造空白信用卡十张以上的。

第九十条 本规定中的立案追诉标准，除法律、司法解释、本规定中另有规定的以外，适用于相应的单位犯罪。

❹ 最高人民法院、最高人民检察院《关于办理妨害信用卡管理刑事案件具体应用法律若干问题的解释》（2009年12月16日 法释〔2009〕19号）（节录）③

第一条 复制他人信用卡、将他人信用卡信息资料写入磁条介质、芯片或者以其他方法伪造信用卡1张以上的，应当认定为刑法第一百七十七条第一款第（四）项规定的"伪造信用卡"，以伪造金融票证罪定罪处罚。

伪造空白信用卡10张以上的，应当认定为刑法第一百七十七条第一款第（四）项规定的"伪造信用卡"，以伪造金融票证罪定罪处罚。

伪造信用卡，有下列情形之一的，应当认定为刑法第一百七十七条规定的"情节严重"：

（一）伪造信用卡5张以上不满25张的；

---

① 对其解读见：《刑事审判参考》2004年第6辑总第41辑，第118~120页。
② 对其解读见：《刑事审判参考》2010年第4辑总第75辑，第127~158页。
③ 对其解读见：《刑事审判参考》2010年第1辑总第72辑，第94~110页。

（二）伪造的信用卡内存款余额、透支额度单独或者合计数额在 20 万元以上不满 100 万元的；

（三）伪造空白信用卡 50 张以上不满 250 张的；

（四）其他情节严重的情形。

伪造信用卡，有下列情形之一的，应当认定为刑法第一百七十七条规定的"情节特别严重"：

（一）伪造信用卡 25 张以上的；

（二）伪造的信用卡内存款余额、透支额度单独或者合计数额在 100 万元以上的；

（三）伪造空白信用卡 250 张以上的；

（四）其他情节特别严重的情形。

本条所称"信用卡内存款余额、透支额度"，以信用卡被伪造后发卡行记录的最高存款余额、可透支额度计算。

第八条 单位犯本解释第一条、第七条规定的犯罪的，定罪量刑标准依照各该条的规定执行。

5 公安部经侦局《关于银行现金缴款单和进账单是否属于银行结算凭证的批复》（2009 年 3 月 31 日 公经金融〔2009〕96 号）

河南省公安厅经侦总队：你总队《关于对银行现金缴款单和进账单性质认定的请示》（豫公经〔2009〕7 号）收悉。经研究，并根据中国人民银行前期就此问题的相关复函，银行现金缴款单、进账单均属于《刑法》第一百七十七条所指的银行结算凭证。此复。

6 福建省公检法《关于部分经济犯罪、渎职犯罪案件数额幅度及情节认定问题的座谈纪要》若干问题的修订意见（2002 年 10 月 8 日 闽高法〔2005〕243 号）（节录）

十一、（一）该罪的"情节严重"，是指伪造、变造金融票证面额在 1 万元以上或者数量在 10 张以上；或者伪造、变造金融票证使公私财产遭受损失达 5 万元以上的情形。

（二）该罪的"情节特别严重"，是指伪造、变造金融票证数量大或者次数多，或者导致公私财产遭受损失达 20 万元以上的情形。

学理观点·典型案例 ➡ 索引与要旨

1《李兰香票据诈骗案》，载《刑事审判参考》2004 年第 4 辑总第 39 辑，第 20~26 页。

核心提示 ➡ 利用管理他人印章等便利条件冒用他人名义开具支票，是冒用还是伪造？

要旨 ➡ 没有代理权或者超越代理权以及利用所保管的出票权利人的印章开具票据并使用行为的具体认定，在理论和实务上均存在一定的分歧，本案即属于此种情形。我们之所以将此种情形认定为使用伪造支票行为，其主要理由是，冒用他人支票以真实、有效的支票既已存在为前提，是一种单纯的使用行为。而利用管理他人印章等便利条件冒用他人名义开具并使用支票，实际上包含着一个出票行为，尽管该出票行为具有表面上的真实性，但因未经权利人授权，非权利人的意志所为，根本上是一个伪造支票的行为，即假冒他人名义伪造票据，因而也是无效的。

❷《田亚平诈骗案》，载《刑事审判参考》2004 年第 3 辑总第 38 辑，第 122~126 页。

核心提示➡银行出纳员用自制《高额利率定单》，对外虚构单位内部有高额利率存款的事实，将吸存的亲朋好友的现金占为己有的行为如何定性？

要旨➡1. 被告人私自制作的虚假单据，银行并不存在这样的定单格式，故此定单不属于伪造或变造的银行存单，更谈不上使用伪造、变造的银行存单问题。所以，被告人的行为不构成金融凭证诈骗罪。2. 被告人的行为构成诈骗罪。

❸《周大伟票据诈骗（未遂）案》，载《刑事审判参考》2004 年第 1 辑总第 36 辑，第 11~16 页。

核心提示➡盗取空白现金支票伪造后使用的应如何定性？伪造金融票证罪与票据诈骗未遂法定刑相同时，如何区分轻重？

❹《杨斌非法占用农用地、合同诈骗、单位行贿、对单位行贿、伪造金融票证案辽宁省沈阳市中级人民法院刑事判决书》，载《刑事审判参考》2003 年第 4 辑总第 33 辑，第 170~224 页。

核心提示➡出于提供虚假财会报告的目的采取伪造金融票证等手段造假账应如何定性？

要旨➡按牵连犯原则适用法律，应择一重罪以伪造金融票证罪定罪处罚。

❺《如何正确认定"其他银行结算凭证"》，载《经济犯罪审判指导》2003 年第 4 辑总第 4 辑，第 177~178 页。

❻《关于对居间贩卖假金融票证行为如何适用法律问题的意见》，载《刑事审判参考》2002 年第 4 辑总第 27 辑，第 204 页。

要旨➡以伪造、变造金融票证或者票据诈骗（金融凭证诈骗罪）的共犯论处。

❼《王昌和变造金融票证案》，载《刑事审判参考》2000 年第 5 辑总第 10 辑，第 11~14 页。

核心提示➡涂改、变造存折后再进行金融凭证诈骗的行为如何定性？

第 177 条之一 修正案（五）第 1 条第 1 款 妨害信用卡管理罪 修正案（五）第 1 条第 2 款 窃取、收买、非法提供信用卡信息罪

有下列情形之一，妨害信用卡管理的，处三年以下有期徒刑或者拘役，并处或者单处一万元以上十万元以下罚金；数量巨大或者有其他严重情节的，处三年以上十年以下有期徒刑，并处二万元以上二十万元以下罚金：

（一）明知是伪造的信用卡而持有、运输的，或者明知是伪造的空白信用卡而持有、运输，数量较大的；

（二）非法持有他人信用卡，数量较大的；

（三）使用虚假的身份证明骗领信用卡的；

（四）出售、购买、为他人提供伪造的信用卡或者以虚假的身份证明骗领的信用卡的。

窃取、收买或者非法提供他人信用卡信息资料的，依照前款规定处罚。

银行或者其他金融机构的工作人员利用职务上的便利，犯第二款罪的，从重处罚。

关联规范 ➡ 完全整理

❶《刑法修正案（五）》（2005年2月28日　主席令第三十二号）（节录）①

❷ 人大常委会《关于〈中华人民共和国刑法〉有关信用卡规定的解释》（2004年12月29日）（节录）②

全国人民代表大会常务委员会根据司法实践中遇到的情况，讨论了刑法规定的"信用卡"的含义问题，解释如下：刑法规定的"信用卡"，是指由商业银行或者其他金融机构发行的具有消费支付、信用贷款、转账结算、存取现金等全部功能或者部分功能的电子支付卡。

❸ 最高人民检察院、公安部《关于公安机关管辖的刑事案件立案追诉标准的规定（二）》（2010年5月7日　公通字〔2010〕23号）（节录）③

第三十条　妨害信用卡管理，涉嫌下列情形之一的，应予立案追诉：（一）明知是伪造的信用卡而持有、运输的；（二）明知是伪造的空白信用卡而持有、运输，数量累计在十张以上的；（三）非法持有他人信用卡，数量累计在五张以上的；（四）使用虚假的身份证明骗领信用卡的；（五）出售、购买、为他人提供伪造的信用卡或者以虚假的身份证明骗领的信用卡的。

违背他人意愿，使用其居民身份证、军官证、士兵证、港澳居民往来内地通行证、台湾居民来往大陆通行证、护照等身份证明申领信用卡的，或者使用伪造、变造的身份证明申领信用卡的，应当认定为"使用虚假的身份证明骗领信用卡"。

第三十一条　窃取、收买或者非法提供他人信用卡信息资料，足以伪造可进行交易的信用卡，或者足以使他人以信用卡持卡人名义进行交易，涉及信用卡一张以上的，应予立案追诉。

❹ 最高人民法院、最高人民检察院《关于办理妨害信用卡管理刑事案件具体应用法律若干问题的解释》（2009年12月16日　法释〔2009〕19号）（节录）④

第二条　明知是伪造的空白信用卡而持有、运输10张以上不满100张的，应当认定为刑法第一百七十七条之一第一款第（一）项规定的"数量较大"；非法持有他人信用卡5张以上不满50张的，应当认定为刑法第一百七十七条之一第一款第（二）项规定的"数

---

① 对其解读见：《刑事审判参考》2004年第6辑总第41辑，第73～74，121～134页以及《最新刑事法律文件解读》2005年第3辑总第3辑。
② 对其解读见：《刑事审判参考》2004年第6辑总第41辑，第118～120页。
③ 对其解读见：《刑事审判参考》2010年第4辑总第75辑，第127～158页。
④ 对其解读见：《刑事审判参考》2010年第1辑总第72辑，第94～110页。

量较大"。

有下列情形之一的，应当认定为刑法第一百七十七条之一第一款规定的"数量巨大"：

（一）明知是伪造的信用卡而持有、运输10张以上的；

（二）明知是伪造的空白信用卡而持有、运输100张以上的；

（三）非法持有他人信用卡50张以上的；

（四）使用虚假的身份证明骗领信用卡10张以上的；

（五）出售、购买、为他人提供伪造的信用卡或者以虚假的身份证明骗领的信用卡10张以上的。

违背他人意愿，使用其居民身份证、军官证、士兵证、港澳居民往来内地通行证、台湾居民来往大陆通行证、护照等身份证明申领信用卡的，或者使用伪造、变造的身份证明申领信用卡的，应当认定为刑法第一百七十七条之一第一款第（三）项规定的"使用虚假的身份证明骗领信用卡"。

第三条 窃取、收买、非法提供他人信用卡信息资料，足以伪造可进行交易的信用卡，或者足以使他人以信用卡持卡人名义进行交易，涉及信用卡1张以上不满5张的，依照刑法第一百七十七条之一第二款的规定，以窃取、收买、非法提供信用卡信息罪定罪处罚；涉及信用卡5张以上的，应当认定为刑法第一百七十七条之一第一款规定的"数量巨大"。

5 最高人民法院、最高人民检察院《关于执行〈中华人民共和国刑法〉确定罪名的补充规定（三）》（2007年10月25日 法释〔2007〕16号）（节录）①

6 最高人民法院《关于农村合作基金会从业人员犯罪如何定性问题的批复》（2000年5月12日 法释〔2000〕10号）（节录）②

农村合作基金会从业人员，除具有金融机构现职工作人员身份的以外，不属于金融机构工作人员，对其实施的犯罪行为，应当依照刑法的有关规定定罪处罚。

7 福建省公检法《关于办理虚假信息诈骗案件若干问题的意见》（2007年8月2日 闽公综〔2007〕449号）（节录）

二、（六）行为人非法持有非本人身份证开具的信用卡，并向他人出售、提供三张以上信用卡，属情节严重，以妨害信用卡管理罪追究其刑事责任。

学理观点·典型案例 ——➤ 索引与要旨

1 《张炯、李培骏妨害信用卡管理案》，载《刑事审判参考》2006年第2辑总第49辑，第1~7页。

核心提示 ➤ 刑法修正案（五）第一条的适用及如何确定罪名？

要旨 ➤ 罪名应由司法解释确定，审判时司法解释未及确定的，应当根据准确、简明的

---

① 对其解读见：《刑事审判参考》2008年第1辑总第60辑，第60~71页。

② 对其解读见：《刑事审判参考》2000年第4辑总第9辑，第85页以及《解读最高人民法院司法解释·刑事、行政卷（1997~2002）》，第15~17页。

原则确定罪名。今后司法解释确定的罪名与该罪名不一致的,以司法解释为准。

❷《妨害信用卡管理犯罪若干问题研究》,载《公检法办案指南》2006 年第 9 辑总第 81 辑,第 113~130 页。

要旨➡️一、对妨害信用卡管理犯罪对象的理解:1. 本罪对象是否包括外国信用卡(应当包含);2. 本罪信用卡范围的界定。

二、对妨害信用卡管理罪四种行为方式的理解:1."明知是伪造的信用卡而持有、运输的,或者明知是伪造的空白信用卡而持有、运输,数量较大的":(1)"持有"的理解;(2)"运输"的理解;(3)数量标准的理解和适用(10 张);(4)本行为对象是否包括变造的信用卡。2."非法持有他人信用卡,数量较大的":(1)主观故意的认定;(2)"非法持有"的界定;(3)"他人信用卡"范围的界定;(4)数量标准的认定。3."使用虚假的身份证明骗领信用卡的":(1)骗领手段的理解;(2)盗用他人真实身份办理信用卡的认定;(3)发卡行工作人员明知他人使用虚假身份证明骗领信用卡仍予以发卡的行为的认定;(4)数量标准的认定。4."出售、购买、为他人提供伪造的信用卡或者以虚假的身份证明骗领的信用卡的":(1)主观故意的认定;(2)"出售"与"购买"对向行为的认定;(3)"提供"与"接受"对向行为的认定;(4)行为对象的认定。

三、窃取、收买、非法提供信用卡信息资料罪:1. 本罪犯罪对象的认定;2. 本罪主体的认定;3. 客观行为方式的认定;4. 妨害信用卡管理犯罪罪名的确定;5. 妨害信用卡管理罪中量刑情节的认定;6. 妨害信用卡管理犯罪与相关罪名的界限及处罚:(1)妨害信用卡管理罪与伪造、变造金融票证罪;(2)伪造金融票证罪与窃取、收买、非法提供信用卡信息资料罪;(3)妨害信用卡管理罪与信用卡诈骗罪;(4)盗窃信用卡行为与后续行为的认定;(5)行为人伪造居民身份证后又使用该身份证骗领信用卡,或者将使用伪造身份证骗领的信用卡用于诈骗犯罪的认定;(6)《刑法修正案(五)》第 1 条第 3 项与第 4 项复合行为的认定。7. 信用卡鉴定主体的确定。

第 178 条 第 1 款 伪造、变造国家有价证券罪 第 2 款 伪造、变造股票、公司、企业债券罪

伪造、变造国库券或者国家发行的其他有价证券,数额较大的,处三年以下有期徒刑或者拘役,并处或者单处二万元以上二十万元以下罚金;数额巨大的,处三年以上十年以下有期徒刑,并处五万元以上五十万元以下罚金;数额特别巨大的,处十年以上有期徒刑或者无期徒刑,并处五万元以上五十万元以下罚金或者没收财产。

伪造、变造股票或者公司、企业债券,数额较大的,处三年以下有期徒刑或者拘役,并处或者单处一万元以上十万元以下罚金;数额巨大的,处三年以上十年以下有期徒刑,并处二万元以上二十万元以下罚金。

单位犯前两款罪的,对单位判处罚金,并对其直接负责的主管人员和其他直接责任人员,依照前两款的规定处罚。

关联规范 ➡ 完全整理

❶ 最高人民检察院、公安部《关于公安机关管辖的刑事案件立案追诉标准的规定（二）》（2010年5月7日 公通字〔2010〕23号）（节录）①

第三十二条 伪造、变造国库券或者国家发行的其他有价证券，总面额在二千元以上的，应予立案追诉。

第三十三条 伪造、变造股票或者公司、企业债券，总面额在五千元以上的，应予立案追诉。

第九十条 本规定中的立案追诉标准，除法律、司法解释、本规定中另有规定的以外，适用于相应的单位犯罪。

❷ 福建省公检法《关于部分经济犯罪、渎职犯罪案件数额幅度及情节认定问题的座谈纪要》若干问题的修订意见（2002年10月8日 闽高法〔2005〕243号）（节录）

十二、（一）该罪的"数额较大"，为国库券或国家发行的其他有价证券面值在2000元以上不满3万元；公司、企业股票、债券等其他有价证券面值在5000元以上不满5万元。

（二）该罪的"数额巨大"，为国库券或国家发行的其他有价证券面值在3万元以上不满20万元；公司、企业股票、债券等其他有价证券面值以5万元以上不满30万元。

（三）该罪的"数额特别巨大"，为国库券或国家发行的其他有价证券面值在20万元以上。

学理观点·典型案例 ➡ 索引与要旨

《章杨盗窃案》，载《刑事审判参考》2000年第1辑总第6辑，第30~34页以及《刑事审判案例》，第447~450页。

核心提示➡ 窃取并变造已付讫的国库券再骗兑的行为如何定罪？

要旨➡ 1.盖有"付讫"章的国库券不再具有有价证券的特征。2.被告人将盗窃的国库券变造后再骗兑的行为系伪造国家有价证券与诈骗牵连，定诈骗。

第179条 擅自发行股票、公司、企业债券罪

未经国家有关主管部门批准，擅自发行股票或者公司、企业债券，数额巨大、后果严重或者有其他严重情节的，处五年以下有期徒刑或者拘役，并处或者单处非法募集资金金额百分之一以上百分之五以下罚金。

单位犯前款罪的，对单位判处罚金，并对其直接负责的主管人员和其他直接责任人员，处五年以下有期徒刑或者拘役。

---

① 对其解读见：《刑事审判参考》2010年第4辑总第75辑，第127~158页。

关 联 规 范 ▶ 完全整理

❶ 最高人民法院《关于审理非法集资刑事案件具体应用法律若干问题的解释》（2011年1月4日 法释〔2010〕18号）（节录）①

第六条 未经国家有关主管部门批准，向社会不特定对象发行、以转让股权等方式变相发行股票或者公司、企业债券，或者向特定对象发行、变相发行股票或者公司、企业债券累计超过200人的，应当认定为刑法第一百七十九条规定的"擅自发行股票、公司、企业债券"。构成犯罪的，以擅自发行股票、公司、企业债券罪定罪处罚。

第八条 （第二款）明知他人从事欺诈发行股票、债券，非法吸收公众存款，擅自发行股票、债券，集资诈骗或者组织、领导传销活动等集资犯罪活动，为其提供广告等宣传的，以相关犯罪的共犯论处。

❷ 最高人民检察院、公安部《关于公安机关管辖的刑事案件立案追诉标准的规定（二）》（2010年5月7日 公通字〔2010〕23号）（节录）②

第三十四条 未经国家有关主管部门批准，擅自发行股票或者公司、企业债券，涉嫌下列情形之一的，应予立案追诉：（一）发行数额在五十万元以上的；（二）虽未达到上述数额标准，但擅自发行致使三十人以上的投资者购买了股票或者公司、企业债券的；（三）不能及时清偿或者清退的；（四）其他后果严重或者有其他严重情节的情形。

第八十八条 本规定中的"虽未达到上述数额标准"，是指接近上述数额标准且已达到该数额的百分之八十以上的。

第九十条 本规定中的立案追诉标准，除法律、司法解释、本规定中另有规定的以外，适用于相应的单位犯罪。

❸ 福建省公检法《关于部分经济犯罪、渎职犯罪案件数额幅度及情节认定问题的座谈纪要》若干问题的修订意见（2002年10月8日 闽高法〔2005〕243号）（节录）

十三、（一）擅自发行股票、公司、企业债券"数额巨大"，是指发行股票或者债券数额达50万元以上的。（二）擅自发行股票、公司、企业债券"后果严重"，是指具有以下情形之一者：（1）引发众多股民、债权人上访、闹事等不安定事端的；（2）因欺诈发行股票造成该股票停牌的；（3）股民、债权人要求清退而不能及时清退的。（三）欺诈发行股票或者债券的"其他严重情节"，是指具有以下情形之一者：（1）拒绝监管部门检查或拒不提供有关账目的；（2）拒不说明筹股、筹集资金去向的；（3）利用非法募集资金从事违法犯罪活动的。

学理观点·典型案例 ▶ 索引与要旨

《集资诈骗还是擅自发行股票？》，载《王可集资诈骗、虚报注册资本，董欣集资诈骗

---

① 对其解读见：《公检法办案指南》2011年第2辑总第134辑，第56~76页以及《刑事审判参考》2011年第2辑总第79辑，第126~131页。

② 对其解读见：《刑事审判参考》2010年第4辑总第75辑，第127~158页。

案判决书》以及《刑事审判参考》2010年第2辑总第73辑，第147~206页。

第180条　第4款　内幕交易、泄露内幕信息罪　修正案（七）第2条第2款　利用未公开信息交易罪

证券交易内幕信息的知情人员或者非法获取证券交易内幕信息的人员，在涉及证券的发行、交易或者其他对证券的价格有重大影响的信息尚未公开前，买入或者卖出该证券，或者泄露该信息，情节严重的，处五年以下有期徒刑或者拘役，并处或者单处违法所得一倍以上五倍以下罚金；情节特别严重的，处五年以上十年以下有期徒刑，并处违法所得一倍以上五倍以下罚金。

单位犯前款罪的，对单位判处罚金，并对其直接负责的主管人员和其他直接责任人员，处五年以下有期徒刑或者拘役。

内幕信息的范围，依照法律、行政法规的规定确定。

知情人员的范围，依照法律、行政法规的规定确定。

中华人民共和国刑法修正案（1999年12月25日第九届全国人民代表大会常务委员会第十三次会议通过，1999年12月25日中华人民共和国主席令第二十七号公布施行。）

四、将刑法第一百八十条修改为："证券、期货交易内幕信息的知情人员或者非法获取证券、期货交易内幕信息的人员，在涉及证券的发行、证券、期货交易或者其他对证券、期货交易价格有重大影响的信息尚未公开前，买入或者卖出该证券，或者从事与该内幕信息有关的期货交易，或者泄露该信息，情节严重的，处五年以下有期徒刑或者拘役，并处或者单处违法所得一倍以上五倍以下罚金；情节特别严重的，处五年以上十年以下有期徒刑，并处违法所得一倍以上五倍以下罚金。

单位犯前款罪的，对单位判处罚金，并对其直接负责的主管人员和其他直接责任人员，处五年以下有期徒刑或者拘役。

内幕信息、知情人员的范围，依照法律、行政法规的规定确定。"

刑法修正案（七）（2009年2月28日第十一届全国人民代表大会常务委员会第七次会议通过。）

二、将刑法第一百八十条第一款修改为："证券、期货交易内幕信息的知情人员或者非法获取证券、期货交易内幕信息的人员，在涉及证券的发行，证券、期货交易或者其他对证券、期货交易价格有重大影响的信息尚未公开前，买入或者卖出该证券，或者从事与该内幕信息有关的期货交易，或者泄露该信息，或者明示、暗示他人从事上述交易活动，情节严重的，处五年以下有期徒刑或者拘役，并处或者单处违法所得一倍以上五倍以下罚金；情节特别严重的，处五年以上十年以下有期徒刑，并处违法所得一倍以上五倍以下罚金。"

增加一款作为第四款:"证券交易所、期货交易所、证券公司、期货经纪公司、基金管理公司、商业银行、保险公司等金融机构的从业人员以及有关监管部门或者行业协会的工作人员,利用因职务便利获取的内幕信息以外的其他未公开的信息,违反规定,从事与该信息相关的证券、期货交易活动,或者明示、暗示他人从事相关交易活动,情节严重的,依照第一款的规定处罚。"

关 联 规 范 ➡ 完全整理

❶《中华人民共和国证券法》(2005 年 10 月 27 日 主席令第四十三号)(节录)

第七十三条 禁止证券交易内幕信息的知情人和非法获取内幕信息的人利用内幕信息从事证券交易活动。

第七十四条 证券交易内幕信息的知情人包括:

(一)发行人的董事、监事、高级管理人员;

(二)持有公司百分之五以上股份的股东及其董事、监事、高级管理人员,公司的实际控制人及其董事、监事、高级管理人员;

(三)发行人控股的公司及其董事、监事、高级管理人员;

(四)由于所任公司职务可以获取公司有关内幕信息的人员;

(五)证券监督管理机构工作人员以及由于法定职责对证券的发行、交易进行管理的其他人员;

(六)保荐人、承销的证券公司、证券交易所、证券登记结算机构、证券服务机构的有关人员;

(七)国务院证券监督管理机构规定的其他人。

第七十五条 证券交易活动中,涉及公司的经营、财务或者对该公司证券的市场价格有重大影响的尚未公开的信息,为内幕信息。

下列信息皆属内幕信息:

(一)本法第六十七条第二款所列重大事件;

(二)公司分配股利或者增资的计划;

(三)公司股权结构的重大变化;

(四)公司债务担保的重大变更;

(五)公司营业用主要资产的抵押、出售或者报废一次超过该资产的百分之三十;

(六)公司的董事、监事、高级管理人员的行为可能依法承担重大损害赔偿责任;

(七)上市公司收购的有关方案;

(八)国务院证券监督管理机构认定的对证券交易价格有显著影响的其他重要信息。

第七十六条 证券交易内幕信息的知情人和非法获取内幕信息的人,在内幕信息公开前,不得买卖该公司的证券,或者泄露该信息,或者建议他人买卖该证券。

持有或者通过协议、其他安排与他人共同持有公司百分之五以上股份的自然人、法人、其他组织收购上市公司的股份,本法另有规定的,适用其规定。

内幕交易行为给投资者造成损失的，行为人应当依法承担赔偿责任。

第七十七条 禁止任何人以下列手段操纵证券市场：

（一）单独或者通过合谋，集中资金优势、持股优势或者利用信息优势联合或者连续买卖，操纵证券交易价格或者证券交易量；

（二）与他人串通，以事先约定的时间、价格和方式相互进行证券交易，影响证券交易价格或者证券交易量；

（三）在自己实际控制的账户之间进行证券交易，影响证券交易价格或者证券交易量；

（四）以其他手段操纵证券市场。

操纵证券市场行为给投资者造成损失的，行为人应当依法承担赔偿责任。

第七十八条 禁止国家工作人员、传播媒介从业人员和有关人员编造、传播虚假信息，扰乱证券市场。

禁止证券交易所、证券公司、证券登记结算机构、证券服务机构及其从业人员，证券业协会、证券监督管理机构及其工作人员，在证券交易活动中作出虚假陈述或者信息误导。

各种传播媒介传播证券市场信息必须真实、客观，禁止误导。

❷《刑法修正案》（1999年12月25 主席令第二十七号）①

❸最高人民法院、最高人民检察院《关于办理内幕交易、泄露内幕信息刑事案件具体应用法律若干问题的解释》（2012年6月1日 法释〔2012〕6号）

第一条 下列人员应当认定为刑法第一百八十条第一款规定的"证券、期货交易内幕信息的知情人员"：

（一）证券法第七十四条规定的人员；

（二）期货交易管理条例第八十五条第十二项规定的人员。

第二条 具有下列行为的人员应当认定为刑法第一百八十条第一款规定的"非法获取证券、期货交易内幕信息的人员"：

（一）利用窃取、骗取、套取、窃听、利诱、刺探或者私下交易等手段获取内幕信息的；

（二）内幕信息知情人员的近亲属或者其他与内幕信息知情人员关系密切的人员，在内幕信息敏感期内，从事或者明示、暗示他人从事，或者泄露内幕信息导致他人从事与该内幕信息有关的证券、期货交易，相关交易行为明显异常，且无正当理由或者正当信息来源的；

（三）在内幕信息敏感期内，与内幕信息知情人员联络、接触，从事或者明示、暗示他人从事，或者泄露内幕信息导致他人从事与该内幕信息有关的证券、期货交易，相关交易行为明显异常，且无正当理由或者正当信息来源的。

第三条 本解释第二条第二项、第三项规定的"相关交易行为明显异常"，要综合以下情形，从时间吻合程度、交易背离程度和利益关联程度等方面予以认定：

---

① 对其解读见：《刑事审判参考》2000年第6辑总第11辑，第74~76页以及《刑事司法指南》2000年第2辑总第2辑，第122~134页。

（一）开户、销户、激活资金账户或者指定交易（托管）、撤销指定交易（转托管）的时间与该内幕信息形成、变化、公开时间基本一致的；

（二）资金变化与该内幕信息形成、变化、公开时间基本一致的；

（三）买入或者卖出与内幕信息有关的证券、期货合约时间与内幕信息的形成、变化和公开时间基本一致的；

（四）买入或者卖出与内幕信息有关的证券、期货合约时间与获悉内幕信息的时间基本一致的；

（五）买入或者卖出证券、期货合约行为明显与平时交易习惯不同的；

（六）买入或者卖出证券、期货合约行为，或者集中持有证券、期货合约行为与该证券、期货公开信息反映的基本面明显背离的；

（七）账户交易资金进出与该内幕信息知情人员或者非法获取人员有关联或者利害关系的；

（八）其他交易行为明显异常情形。

第四条 具有下列情形之一的，不属于刑法第一百八十条第一款规定的从事与内幕信息有关的证券、期货交易：

（一）持有或者通过协议、其他安排与他人共同持有上市公司百分之五以上股份的自然人、法人或者其他组织收购该上市公司股份的；

（二）按照事先订立的书面合同、指令、计划从事相关证券、期货交易的；

（三）依据已被他人披露的信息而交易的；

（四）交易具有其他正当理由或者正当信息来源的。

第五条 本解释所称"内幕信息敏感期"是指内幕信息自形成至公开的期间。

证券法第六十七条第二款所列"重大事件"的发生时间，第七十五条规定的"计划"、"方案"以及期货交易管理条例，第八十五条第十一项规定的"政策"、"决定"等的形成时间，应当认定为内幕信息的形成之时。

影响内幕信息形成的动议、筹划、决策或者执行人员，其动议、筹划、决策或者执行初始时间，应当认定为内幕信息的形成之时。

内幕信息的公开，是指内幕信息在国务院证券、期货监督管理机构指定的报刊、网站等媒体披露。

第六条 在内幕信息敏感期内从事或者明示、暗示他人从事或者泄露内幕信息导致他人从事与该内幕信息有关的证券、期货交易，具有下列情形之一的，应当认定为刑法第一百八十条第一款规定的"情节严重"：

（一）证券交易成交额在五十万元以上的；

（二）期货交易占用保证金数额在三十万元以上的；

（三）获利或者避免损失数额在十五万元以上的；

（四）三次以上的；

（五）具有其他严重情节的。

第七条 在内幕信息敏感期内从事或者明示、暗示他人从事或者泄露内幕信息导致他

人从事与该内幕信息有关的证券、期货交易,具有下列情形之一的,应当认定为刑法第一百八十条第一款规定的"情节特别严重":

(一)证券交易成交额在二百五十万元以上的;

(二)期货交易占用保证金数额在一百五十万元以上的;

(三)获利或者避免损失数额在七十五万元以上的;

(四)具有其他特别严重情节的。

第八条 二次以上实施内幕交易或者泄露内幕信息行为,未经行政处理或者刑事处理的,应当对相关交易数额依法累计计算。

第九条 同一案件中,成交额、占用保证金额、获利或者避免损失额分别构成情节严重、情节特别严重的,按照处罚较重的数额定罪处罚。

构成共同犯罪的,按照共同犯罪行为人的成交总额、占用保证金总额、获利或者避免损失总额定罪处罚,但判处各被告人罚金的总额应掌握在获利或者避免损失总额的一倍以上五倍以下。

第十条 刑法第一百八十条第一款规定的"违法所得",是指通过内幕交易行为所获利益或者避免的损失。

内幕信息的泄露人员或者内幕交易的明示、暗示人员未实际从事内幕交易的,其罚金数额按照因泄露而获悉内幕信息人员或者被明示、暗示人员从事内幕交易的违法所得计算。

第十一条 单位实施刑法第一百八十条第一款规定的行为,具有本解释第六条规定情形之一的,按照刑法第一百八十条第二款的规定定罪处罚。

4 **最高人民检察院、公安部《关于公安机关管辖的刑事案件立案追诉标准的规定(二)》(2010年5月7日 公通字〔2010〕23号)(节录)**①

第三十五条 证券、期货交易内幕信息的知情人员、单位或者非法获取证券、期货交易内幕信息的人员、单位,在涉及证券的发行,证券、期货交易或者其他对证券、期货交易价格有重大影响的信息尚未公开前,买入或者卖出该证券,或者从事与该内幕信息有关的期货交易,或者泄露该信息,或者明示、暗示他人从事上述交易活动,涉嫌下列情形之一的,应予立案追诉:(一)证券交易成交额累计在五十万元以上的;(二)期货交易占用保证金数额累计在三十万元以上的;(三)获利或者避免损失数额累计在十五万元以上的;(四)多次进行内幕交易、泄露内幕信息的;(五)其他情节严重的情形。

第三十六条 证券交易所、期货交易所、证券公司、期货公司、基金管理公司、商业银行、保险公司等金融机构的从业人员以及有关监管部门或者行业协会的工作人员,利用因职务便利获取的内幕信息以外的其他未公开的信息,违反规定,从事与该信息相关的证券、期货交易活动,或者明示、暗示他人从事相关交易活动,涉嫌下列情形之一的,应予立案追诉:(一)证券交易成交额累计在五十万元以上的;(二)期货交易占用保证金数额累计在三十万元以上的;(三)获利或者避免损失数额累计在十五万元以上的;(四)多次利用内幕信息以外的其他未公开信息进行交易活动的;(五)其他情节严重的情形。

---

① 对其解读见:《刑事审判参考》2010年第4辑总第75辑,第127~158页。

第八十七条　本规定中的"多次"，是指三次以上。

第九十条　本规定中的立案追诉标准，除法律、司法解释、本规定中另有规定的以外，适用于相应的单位犯罪。

5 最高人民法院、最高人民检察院《关于执行〈中华人民共和国刑法〉确定罪名的补充规定（四）》（2009年10月16日　法释〔2009〕13号）①

6 最高人民检察院、公安部《关于经济犯罪案件追诉标准的补充规定》（2008年3月5日　高检会〔2008〕2号）②

7 最高人民法院、最高人民检察院《关于执行〈中华人民共和国刑法〉确定罪名的补充规定》（2002年3月15日　法释〔2002〕7号）③

8 国务院证券委《股票发行与交易管理暂行条例》（1993年4月22日　国务院令第一百一十二号）

第九章　附　则

第八十一条　本条例下列用语的含义：

（一）"股票"是指股份有限公司发行的、表示其股东按其持有的股份享受权益和承担义务的可转让的书面凭证。

"簿记券式股票"是指发行人按照证监会规定的统一格式制作的、记载股东权益的书面名册。

"实物券式股票"是指发行人在证监会指定的印制机构统一印制的书面股票。

（二）"发行在外的普通股"是指公司库存以外的普通股。

（三）"公开发行"是指发行人通过证券经营机构向发行人以外的社会公众就发行人的股票作出的要约邀请、要约或者销售行为。

（四）"承销"是指证券经营机构依照协议包销或者代销发行人所发行股票的行为。

（五）"承销机构"是指以包销或者代销方式为发行人销售股票的证券经营机构。

（六）"包销"是指承销机构在发行期结束后将未售出的股票全部买下的承销方式。

（七）"代销"是指承销机构代理发售股票，在发行期结束后，将未售出的股票全部退还给发行人或者包销人的承销方式。

（八）"公布"是指将本条例规定应当予以披露的文件刊载在证监会指定的报刊上的行为。

（九）"公开"是指将本条例规定应当予以披露的文件备置于发行人及其证券承销机构的营业地和证监会，供投资人查阅的行为。

（十）"要约"是指向特定人或者非特定人发出购买或者销售某种股票的口头的或者书

---

① 对其解读见：《刑事审判参考》2009年第6辑总第71辑，第72~82页。
② 对其解读见：《刑事审判参考》2008年第3辑总第62辑，第73~90页。
③ 对其解读见：《刑事审判参考》2002年第3辑总第26辑，第171~177页。

面的意思表示。

（十一）"要约邀请"是指建议他人向自己发出要约的意思表示。

（十二）"预受"是指受要约人同意接受要约的初步意思表示，在要约期满前不构成承诺。

（十三）"上市公司"是指其股票获准在证券交易场所交易的股份有限公司。

（十四）"内幕人员"是指任何由于持有发行人的股票，或者在发行人或者与发行人有密切联系的企业中担任董事、监事、高级管理人员，或者由于其会员地位、管理地位、监督地位和职业地位，或者作为雇员、专业顾问履行职务，能够接触或者获取内幕信息的人员。

（十五）"内幕信息"是指有关发行人、证券经营机构、有收购意图的法人、证券监督管理机构、证券业自律性管理组织以及与其有密切联系的人员所知悉的尚未公开的可能影响股票市场价格的重大信息。

（十六）"证券交易场所"是指经批准设立的、进行证券交易的证券交易所和证券交易报价系统。

（十七）"证券业管理人员"是指证券管理部门和证券业自律性管理组织的工作人员。

（十八）"证券业从业人员"是指从事证券发行、交易及其他相关业务的机构的工作人员。

第八十二条　证券经营机构和证券交易所的管理规定，另行制定。

公司内部职工持股不适用本条例。

第八十三条　本条例由证券委负责解释。

学理观点·典型案例　索引与要旨

❶《内幕交易罪司法认定探究》，载《公检法办案指南》2012年第1辑总第145辑，第153~164页。

❷《李启红等内幕交易、泄露内幕信息案》，载《刑事审判参考》2011年第6辑总第83辑，第1~9页。

核心提示➡ 如何确定内幕信息价格敏感期？建议他人买卖与内幕信息有关的证券行为如何定性？

❸《内幕交易、泄露内幕信息罪内幕信息和犯罪主体的认定》，载《刑事司法指南》2008年第2辑总第34辑，第203~211页。

❹《证券、期货犯罪法律适用若干疑难问题研究》，载《公检法办案指南》2008年第10辑总第106辑，第125~140页。

❺《合同谈判属于合同订立的一部分，谈判重大合同的信息属于内幕信息；用套取、刺探手段获取内幕信息，属于非法获取内幕信息》，载《公检法办案指南》2008年第9辑总第105辑，第177~185页。

6 《关于〈中华人民共和国（修订草案）〉的说明》

要旨➡ 为了维护证券交易秩序，打击证券欺诈等犯罪行为，增加了内幕交易、操纵证券交易价格、编造并传播虚假信息等犯罪的规定。

7 《刑法修正案（七）》解读，载《刑事审判参考》2009年第3辑总第68辑，第66~118页。

第181条 第1款 编造并传播证券交易虚假信息罪 第2款 诱骗投资者买卖证券罪 修正案第5条第1款 编造并传播证券、期货交易虚假信息罪 修正案第5条第2款 诱骗投资者买卖证券、期货合约罪

编造并且传播影响证券交易的虚假信息，扰乱证券交易市场，造成严重后果的，处五年以下有期徒刑或者拘役，并处或者单处一万元以上十万元以下罚金。

证券交易所、证券公司的从业人员，证券业协会或者证券管理部门的工作人员，故意提供虚假信息或者伪造、变造、销毁交易记录，诱骗投资者买卖证券，造成严重后果的，处五年以下有期徒刑或者拘役，并处或者单处一万元以上十万元以下罚金；情节特别恶劣的，处五年以上十年以下有期徒刑，并处二万元以上二十万元以下罚金。

单位犯前两款罪的，对单位判处罚金，并对其直接负责的主管人员和其他直接责任人员，处五年以下有期徒刑或者拘役。

中华人民共和国刑法修正案（1999年12月25日第九届全国人民代表大会常务委员会第十三次会议通过，1999年12月25日中华人民共和国主席令第二十七号公布施行。）

五、将刑法第一百八十一条修改为："编造并且传播影响证券、期货交易的虚假信息，扰乱证券、期货交易市场，造成严重后果的，处五年以下有期徒刑或者拘役，并处或者单处一万元以上十万元以下罚金。

证券交易所、期货交易所、证券公司、期货经纪公司的从业人员，证券业协会、期货业协会或者证券期货监督管理部门的工作人员，故意提供虚假信息或者伪造、变造、销毁交易记录，诱骗投资者买卖证券、期货合约，造成严重后果的，处五年以下有期徒刑或者拘役，并处或者单处一万元以上十万元以下罚金；情节特别恶劣的，处五年以上十年以下有期徒刑，并处二万元以上二十万元以下罚金。

单位犯前两款罪的，对单位判处罚金，并对其直接负责的主管人员和其他直接责任人员，处五年以下有期徒刑或者拘役。"

关联规范 ➡ 完全整理

❶《刑法修正案》(1999年12月25日 主席令第二十七号)①

❷ 人大常委会《关于维护互联网安全的决定》(2000年12月28日)(节录)②

三、为了维护社会主义市场经济秩序和社会管理秩序，对有下列行为之一，构成犯罪的，依照刑法有关规定追究刑事责任：（四）利用互联网编造并传播影响证券、期货交易或者其他扰乱金融秩序的虚假信息。

❸ 最高人民检察院、公安部《关于公安机关管辖的刑事案件立案追诉标准的规定（二）》(2010年5月7日 公通字〔2010〕23号)(节录)③

第三十七条 编造并且传播影响证券、期货交易的虚假信息，扰乱证券、期货交易市场，涉嫌下列情形之一的，应予立案追诉：（一）获利或者避免损失数额累计在五万元以上的；（二）造成投资者直接经济损失数额在五万元以上的；（三）致使交易价格和交易量异常波动的；（四）虽未达到上述数额标准，但多次编造并且传播影响证券、期货交易的虚假信息的；（五）其他造成严重后果的情形。

第三十八条 证券交易所、期货交易所、证券公司、期货公司的从业人员，证券业协会、期货业协会或者证券期货监督管理部门的工作人员，故意提供虚假信息或者伪造、变造、销毁交易记录，诱骗投资者买卖证券、期货合约，涉嫌下列情形之一的，应予立案追诉：（一）获利或者避免损失数额累计在五万元以上的；（二）造成投资者直接经济损失数额在五万元以上的；（三）致使交易价格和交易量异常波动的；（四）其他造成严重后果的情形。

第八十七条 本规定中的"多次"，是指三次以上。

第八十八条 本规定中的"虽未达到上述数额标准"，是指接近上述数额标准且已达到该数额的百分之八十以上的。

第九十条 本规定中的立案追诉标准，除法律、司法解释、本规定中另有规定的以外，适用于相应的单位犯罪。

❹ 最高人民法院、最高人民检察院《关于执行〈中华人民共和国刑法〉确定罪名的补充规定》(2002年3月15日 法释〔2002〕7号)④

学理观点·典型案例 ➡ 索引与要旨

❶《关于〈中华人民共和国（修订草案）〉的说明》

要旨➡ 为了维护证券交易秩序，打击证券欺诈等犯罪行为，增加了内幕交易、操纵证

---

① 对其解读见：《刑事审判参考》2000年第6辑总第11辑，第74~76页以及《刑事司法指南》2000年第2辑总第2辑，第122~134页。
② 对其解读见：《刑事审判参考》2001年第4辑总第15辑，第52~58页。
③ 对其解读见：《刑事审判参考》2010年第4辑总第75辑，第127~158页。
④ 对其解读见：《刑事审判参考》2002年第3辑总第26辑，第171~177页。

券交易价格、编造并传播虚假信息等犯罪的规定。

第 182 条　修正案（六）第 11 条　操纵证券、期货市场罪

有下列情形之一，操纵证券交易价格，获取不正当利益或者转嫁风险，情节严重的，处五年以下有期徒刑或者拘役，并处或者单处违法所得一倍以上五倍以下罚金：

（一）单独或者合谋，集中资金优势、持股优势或者利用信息优势联合或者连续买卖，操纵证券交易价格的；

（二）与他人串通，以事先约定的时间、价格和方式相互进行证券交易或者相互买卖并不持有的证券，影响证券交易价格或者证券交易量的；

（三）以自己为交易对象，进行不转移证券所有权的自买自卖，影响证券交易价格或者证券交易量的；

（四）以其他方法操纵证券交易价格的。

单位犯前款罪的，对单位判处罚金，并对其直接负责的主管人员和其他直接责任人员，处五年以下有期徒刑或者拘役。

中华人民共和国刑法修正案（1999 年 12 月 25 日第九届全国人民代表大会常务委员会第十三次会议通过，1999 年 12 月 25 日中华人民共和国主席令第二十七号公布施行。）

六、将刑法第一百八十二条修改为："有下列情形之一，操纵证券、期货交易价格，获取不正当利益或者转嫁风险，情节严重的，处五年以下有期徒刑或者拘役，并处或者单处违法所得一倍以上五倍以下罚金：

（一）单独或者合谋，集中资金优势、持股或者持仓优势或者利用信息优势联合或者连续买卖，操纵证券、期货交易价格的；

（二）与他人串通，以事先约定的时间、价格和方式相互进行证券、期货交易，或者相互买卖并不持有的证券，影响证券、期货交易价格或者证券、期货交易量的；

（三）以自己为交易对象，进行不转移证券所有权的自买自卖，或者以自己为交易对象，自买自卖期货合约，影响证券、期货交易价格或者证券、期货交易量的；

（四）以其他方法操纵证券、期货交易价格的。

单位犯前款罪的，对单位判处罚金，并对其直接负责的主管人员和其他直接责任人员，处五年以下有期徒刑或者拘役。"

中华人民共和国刑法修正案（六）（中华人民共和国第十届全国人民代表大会常务委员会第二十二次会议于 2006 年 6 月 29 日通过，现予公布，自公布之日起施行。）

十一、将刑法第一百八十二条修改为:"有下列情形之一,操纵证券、期货市场,情节严重的,处五年以下有期徒刑或者拘役,并处或者单处罚金;情节特别严重的,处五年以上十年以下有期徒刑,并处罚金:

(一)单独或者合谋,集中资金优势、持股或者持仓优势或者利用信息优势联合或者连续买卖,操纵证券、期货交易价格或者证券、期货交易量的;

(二)与他人串通,以事先约定的时间、价格和方式相互进行证券、期货交易,影响证券、期货交易价格或者证券、期货交易量的;

(三)在自己实际控制的账户之间进行证券交易,或者以自己为交易对象,自买自卖期货合约,影响证券、期货交易价格或者证券、期货交易量的;

(四)以其他方法操纵证券、期货市场的。

单位犯前款罪的,对单位判处罚金,并对其直接负责的主管人员和其他直接责任人员,依照前款的规定处罚。"

关联规范 完全整理

❶《刑法修正案(六)》(2006年6月29日　主席令第五十一号)①

❷《刑法修正案》(1999年12月25年　主席令第二十七号)(节录)②

❸最高人民检察院、公安部《关于公安机关管辖的刑事案件立案追诉标准的规定(二)》(2010年5月7日　公通字〔2010〕23号)(节录)③

第三十九条　操纵证券、期货市场,涉嫌下列情形之一的,应予立案追诉:

(一)单独或者合谋,持有或者实际控制证券的流通股份数达到该证券的实际流通股份总量百分之三十以上,且在该证券连续二十个交易日内联合或者连续买卖股份数累计达到该证券同期总成交量百分之三十以上的;

(二)单独或者合谋,持有或者实际控制期货合约的数量超过期货交易所业务规则限定的持仓量百分之五十以上,且在该期货合约连续二十个交易日内联合或者连续买卖期货合约数累计达到该期货合约同期总成交量百分之三十以上的;

(三)与他人串通,以事先约定的时间、价格和方式相互进行证券或者期货合约交易,且在该证券或者期货合约连续二十个交易日内成交量累计达到该证券或者期货合约同期总成交量百分之二十以上的;

(四)在自己实际控制的账户之间进行证券交易,或者以自己为交易对象,自买自卖期货合约,且在该证券或者期货合约连续二十个交易日内成交量累计达到该证券或者期货

---

① 对其解读见:《刑事审判参考》2006年第4辑总第51辑,第53~104页。
② 对其解读见:《刑事审判参考》2000年第6辑总第11辑,第74~76页以及《刑事司法指南》2000年第2辑总第2辑,第122~134页。
③ 对其解读见:《刑事审判参考》2010年第4辑总第75辑,第127~158页。

合约同期总成交量百分之二十以上的;

（五）单独或者合谋，当日连续申报买入或者卖出同一证券、期货合约并在成交前撤回申报，撤回申报量占当日该种证券总申报量或者该种期货合约总申报量百分之五十以上的;

（六）上市公司及其董事、监事、高级管理人员、实际控制人、控股股东或者其他关联人单独或者合谋，利用信息优势，操纵该公司证券交易价格或者证券交易量的;

（七）证券公司、证券投资咨询机构、专业中介机构或者从业人员，违背有关从业禁止的规定，买卖或者持有相关证券，通过对证券或者其发行人、上市公司公开作出评价、预测或者投资建议，在该证券的交易中谋取利益，情节严重的;

（八）其他情节严重的情形。

第九十条 本规定中的立案追诉标准，除法律、司法解释、本规定中另有规定的以外，适用于相应的单位犯罪。

4 最高人民法院《关于贯彻宽严相济刑事政策的若干意见》（2010年2月8日 法发〔2010〕9号）（节录）①

9. 当前和今后一段时期，对于集资诈骗、贷款诈骗、制贩假币以及扰乱、操纵证券、期货市场等严重危害金融秩序的犯罪，生产、销售假药、劣药、有毒有害食品等严重危害食品药品安全的犯罪，走私等严重侵害国家经济利益的犯罪，造成严重后果的重大安全责任事故犯罪，重大环境污染、非法采矿、盗伐林木等各种严重破坏环境资源的犯罪等，要依法从严惩处，维护国家的经济秩序，保护广大人民群众的生命健康安全。

5 最高人民检察院、公安部《关于经济犯罪案件追诉标准的补充规定》（2008年3月5日 高检会〔2008〕2号）②

6 最高人民法院、最高人民检察院《关于执行〈中华人民共和国刑法〉确定罪名的补充规定（三）》（2007年10月25日 法释〔2007〕16号）③

7 最高人民法院、最高人民检察院《关于执行〈中华人民共和国刑法〉确定罪名的补充规定》（2002年3月15日 法释〔2002〕7号）（节录）④

学理观点·典型案例 ➡ **索引与要旨**

1 《证券、期货犯罪法律适用若干疑难问题研究》，载《公检法办案指南》2008年第10辑总第106辑，第125～140页。

2 《证券类犯罪案件侦查起诉相关问题探析》，载《刑事司法指南》2007年第1辑总第29辑，第62～75页。

---

① 对其解读见：《刑事法律文件解读》2010年第3辑总第57辑，第49～65页。
② 对其解读见：《刑事审判参考》2008年第3辑总第62辑，第73～90页。
③ 对其解读见：《刑事审判参考》2008年第1辑总第60辑，第60～71页。
④ 对其解读见：《刑事审判参考》2002年第3辑总第26辑，第171～177页。

❸《钱炳良盗窃案》，载《刑事审判参考》2004年第6辑总第41辑，第38~49页。

核心提示➡盗买盗卖股票案件的盗窃数额如何认定？

要旨➡非法控制他人股票账户，与自己的股票账户进行相对委托证券买卖，影响证券交易价格和交易量的行为，不构成操纵证券交易价格罪；盗买盗卖股票行为在客观上会影响所盗买盗卖股票的交易价格和交易量，但并不具备刑法规定的操纵特征。诚然，被告人所进行的每一次非法交易都会像正常的证券交易一样或多或少地影响证券交易价格，但绝没有达到"操纵"程度。

❹《严峻故意毁坏财物案上海市第二中级人民法院刑事裁定书》〔2004〕沪二中刑终字第208号，载《刑事审判参考》2004年第3辑总第38辑，第215~220页。

核心提示➡非法操作他人股票应如何定性？

要旨➡因操纵证券交易价格罪被取保候审。本院认为：一、关于严峻主观上是否具有犯罪故意的问题。严峻曾多次供认，其明知股票交易有风险，但为了提高自己操作股票的技能，即使造成他人股票账户内资金的亏损也与自己无关，其在主观上系一种放任态度。

二、关于严峻在客观上是否实施了毁坏他人财物行为的问题。上诉人在操作过程中尽管也有少部分盈利，但在客观上还是造成10名客户股票市值的损失。

三、关于犯罪金额的依据。根据《证券交易成交报告单》汇总得出的股票交易亏损额，经查属实，可以作为认定依据。同时，一审法院根据案发日股票市值的平均价计算10名客户股票亏损金额，且仅仅以严峻个人的直接行为而造成的损失为认定标准，也完全符合法律规定。

❺《上海华亚实业发展公司、丁福根等操纵证券交易价格案北京市第二中级人民法院刑事判决书》，载《刑事审判参考》2004年第2辑总第37辑，第206~245页。

核心提示➡操纵证券交易价格罪的认定

❻《上海华亚、李芸等操纵证券交易价格上诉案》，载《最高人民法院公报》2003年第4辑总第84辑。

要旨➡采用虚设大量股东账户，发布虚假信息，集中资金，联合或连续买卖一只股票等手段，操纵证券交易价格，情节严重的，构成本罪。

❼《全国首例操纵证券交易价格罪案研究》，载《华东刑事司法评论》2002年第一卷，第192~206页。

❽《赵喆操纵证券交易价格案》，载《刑事审判参考》2000年第2辑总第7辑，第8~14页以及《刑事审判案例》，第219~223页。

核心提示➡非法侵入计算机信息系统抬高股票价格获利的行为如何处理？

❾《析中科创业操纵证券交易价格案》，载《刑事司法指南》总第15辑。

核心提示➡操纵证券交易价格罪的认定与处罚

❿《赵哲操纵证券交易价格案》，载《最高人民法院判例释解·刑事卷》，第224页。

核心提示➡通过破坏计算机信息系统操纵证券价格的行为如何定性？

⓫《关于〈中华人民共和国（修订草案）〉的说明》

要旨➡为了维护证券交易秩序,打击证券欺诈等犯罪行为,增加了内幕交易、操纵证券交易价格、编造并传播虚假信息等犯罪的规定。

12 《解析刑法修正案(六)中的经济犯罪》,载《公检法办案指南》2006 年第 9 辑总第 81 辑,第 131~152 页。

第 183 条　职务侵占罪　贪污罪

保险公司的工作人员利用职务上的便利,故意编造未曾发生的保险事故进行虚假理赔,骗取保险金归自己所有的,依照本法第二百七十一条的规定定罪处罚。

国有保险公司工作人员和国有保险公司委派到非国有保险公司从事公务的人员有前款行为的,依照本法第三百八十二条、第三百八十三条的规定定罪处罚。

关联规范　➡完全整理

1 《中华人民共和国刑法》(1980 年 1 月 1 日)第 271 条　职务侵占罪

公司、企业或者其他单位的人员,利用职务上的便利,将本单位财物非法占为己有,数额较大的,处五年以下有期徒刑或者拘役;数额巨大的,处五年以上有期徒刑,可以并处没收财产。

国有公司、企业或者其他国有单位中从事公务的人员和国有公司、企业或者其他国有单位委派到非国有公司、企业以及其他单位从事公务的人员有前款行为的,依照本法第三百八十二条、第三百八十三条的规定定罪处罚。

2 《中华人民共和国刑法》(1980 年 1 月 1 日)第 382 条　贪污罪

国家工作人员利用职务上的便利,侵吞、窃取、骗取或者以其他手段非法占有公共财物的,是贪污罪。

受国家机关、国有公司、企业、事业单位、人民团体委托管理、经营国有财产的人员,利用职务上的便利,侵吞、窃取、骗取或者以其他手段非法占有国有财物的,以贪污论。

与前两款所列人员勾结,伙同贪污的,以共犯论处。

3 《中华人民共和国刑法》(1980 年 1 月 1 日)第 383 条　贪污罪

对犯贪污罪的,根据情节轻重,分别依照下列规定处罚:

(一)个人贪污数额在十万元以上的,处十年以上有期徒刑或者无期徒刑,可以并处没收财产;情节特别严重的,处死刑,并处没收财产。(二)个人贪污数额在五万元以上不满十万元的,处五年以上有期徒刑,可以并处没收财产;情节特别严重的,处无期徒刑,并处没收财产。(三)个人贪污数额在五千元以上不满五万元的,处一年以上七年以下有期徒刑;情节严重的,处七年以上十年以下有期徒刑。个人贪污数额在五千元以上不满一万元,犯罪后有悔改表现、积极退赃的,可以减轻处罚或者免予刑事处罚,由其所在单位或者上级主管机关给予行政处分。(四)个人贪污数额不满五千元,情节较重的,处二年以下有期徒刑或者拘役；情节较轻的，由其所在单位或者上级主管机关酌情给予行政处分。

对多次贪污未经处理的，按照累计贪污数额处罚。

学理观点·典型案例 ➡ 索引与要旨

《刑法中的注意规定与法律拟制及其运用分析》，载《刑事司法指南》2003 年第 3 辑总第 15 辑，第 70~108 页。

要旨 ➡ 注意规定与法律拟制的区分意义与区分方法。区分注意规定与法律拟制的基本意义，在于明确规定是否修正或补充了相关规定或基本规定，是否导致将不同的行为等同视之。换言之，将某种规定视为法律拟制还是注意规定，会导致适用条件的不同，因而形成不同的认定结论。

某条款的内容与基本条款的内容是否相同？如果相同，原则上应解释为注意规定；否则，具有解释为法律拟制的可能性。例如，《刑法》第 183 条第 1 款所表述的内容，与《刑法》第 271 条所规定的职务侵占罪的罪状内容相同，故应认为，该款属于注意规定。第 183 条第 2 款表述的内容，与《刑法》第 382 条所规定的贪污罪的罪状内容相同，故能认定，该款属于注意规定。

第 184 条　非国家工作人员受贿罪　受贿罪

银行或者其他金融机构的工作人员在金融业务活动中索取他人财物或者非法收受他人财物，为他人谋取利益的，或者违反国家规定，收受各种名义的回扣、手续费，归个人所有的，依照本法第一百六十三条的规定定罪处罚。

国有金融机构工作人员和国有金融机构委派到非国有金融机构从事公务的人员有前款行为的，依照本法第三百八十五条、第三百八十六条的规定定罪处罚。

关联规范 ➡ 完全整理

❶《中华人民共和国刑法》（1980 年 1 月 1 日）第 96 条　对违反国家规定概念的界定

本法所称违反国家规定，是指违反全国人民代表大会及其常务委员会制定的法律和决定，国务院制定的行政法规、规定的行政措施、发布的决定和命令。

❷《中华人民共和国刑法》（1980 年 1 月 1 日）第 163 条第 1 款　非国家工作人员受贿罪

公司、企业或者其他单位的工作人员利用职务上的便利，索取他人财物或者非法收受他人财物，为他人谋取利益，数额较大的，处五年以下有期徒刑或者拘役；数额巨大的，处五年以上有期徒刑，可以并处没收财产。

❸《中华人民共和国刑法》（1980 年 1 月 1 日）第 385 条　受贿罪

国家工作人员利用职务上的便利，索取他人财物的，或者非法收受他人财物，为他人谋取利益的,是受贿罪。

国家工作人员在经济往来中,违反国家规定,收受各种名义的回扣、手续费,归个人所有的,以受贿论处。

4《中华人民共和国刑法》(1980年1月1日)第386条　受贿罪

对犯受贿罪的,根据受贿所得数额及情节,依照本法第三百八十三条的规定处罚。索贿的从重处罚。

5 最高人民法院《关于农村合作基金会从业人员犯罪如何定性问题的批复》(2000年5月12日　法释〔2000〕10号)①

农村合作基金会从业人员,除具有金融机构现职工作人员身份的以外,不属于金融机构工作人员,对其实施的犯罪行为,应当依照刑法的有关规定定罪处罚。

学理观点・典型案例　➡ 索引与要旨

《刑法中的注意规定与法律拟制及其运用分析》,载《刑事司法指南》2003第3辑总第15辑,第70~108页。

要旨➡注意规定与法律拟制的区分意义与区分方法。区分注意规定与法律拟制的基本意义,在于明确该规定是否修正或补充了相关规定或基本规定,是否导致将不同的行为等同视之。换言之,将某种规定视为法律拟制还是注意规定,会导致适用条件的不同,因而形成不同的认定结论。

注意规定常常只具有提示性,或者虽有具体内容但没有在基本规定之外增添特殊内容;而法律拟制则增添了特殊内容。例如,《刑法》第184条第1款,该规定虽有具体内容,但并未在《刑法》第163条规定的内容之外增添任何特殊内容,也属于注意规定。

第185条　挪用资金罪　挪用公款罪

银行或者其他金融机构的工作人员利用职务上的便利,挪用本单位或者客户资金的,依照本法第二百七十二条的规定定罪处罚。

国有金融机构工作人员和国有金融机构委派到非国有金融机构从事公务的人员有前款行为的,依照本法第三百八十四条的规定定罪处罚。

中华人民共和国刑法修正案(1999年12月25日第九届全国人民代表大会常务委员会第十三次会议通过,1999年12月25日中华人民共和国主席令第二十七号公布施行。)

七、将刑法第一百八十五条修改为:"商业银行、证券交易所、期货交易所、证券公司、期货经纪公司、保险公司或者其他金融机构的工作人员利用职务上的便利,挪用本单位或者客户资金的,依照本法第二百七十二条的规定定

---

① 对其解读见:《刑事审判参考》2000年第4辑总第9辑,第85页以及《解读最高人民法院司法解释・刑事、行政卷(1997~2002)》,第15~17页。

罪处罚。

"国有商业银行、证券交易所、期货交易所、证券公司、期货经纪公司、保险公司或者其他国有金融机构的工作人员和国有商业银行、证券交易所、期货交易所、证券公司、期货经纪公司、保险公司或者其他国有金融机构委派到前款规定中的非国有机构从事公务的人员有前款行为的，依照本法第三百八十四条的规定定罪处罚。"

关联规范 ➡ 完全整理

❶《中华人民共和国刑法》（1980年1月1日）第272条 挪用资金罪

公司、企业或者其他单位的工作人员，利用职务上的便利，挪用本单位资金归个人使用或者借贷给他人，数额较大、超过三个月未还的，或者虽未超过三个月，但数额较大、进行营利活动的，或者进行非法活动的，处三年以下有期徒刑或者拘役；挪用本单位资金数额巨大的，或者数额较大不退还的，处三年以上十年以下有期徒刑。

国有公司、企业或者其他国有单位中从事公务的人员和国有公司、企业或者其他国有单位委派到非国有公司、企业以及其他单位从事公务的人员有前款行为的，依照本法第三百八十四条的规定定罪处罚。

❷《中华人民共和国刑法》（1980年1月1日）第384条 挪用公款罪

国家工作人员利用职务上的便利，挪用公款归个人使用，进行非法活动的，或者挪用公款数额较大、进行营利活动的，或者挪用公款数额较大、超过三个月未还的，是挪用公款罪，处五年以下有期徒刑或者拘役；情节严重的，处五年以上有期徒刑。挪用公款数额巨大不退还的，处十年以上有期徒刑或者无期徒刑。

挪用用于救灾、抢险、防汛、优抚、扶贫、移民、救济款物归个人使用的，从重处罚。

❸《刑法修正案》（1999年12月25日 主席令第二十七号）①

❹ 最高人民法院、最高人民检察院《关于执行〈中华人民共和国刑法〉确定罪名的补充规定》（2002年3月15日 法释〔2002〕7号）②

❺ 最高人民法院《关于农村合作基金会从业人员犯罪如何定性问题的批复》（2000年5月12日 法释〔2000〕10号）③

农村合作基金会从业人员，除具有金融机构现职工作人员身份的以外，不属于金融机构工作人员，对其实施的犯罪行为，应当依照刑法的有关规定定罪处罚。

---

① 对其解读见：《刑事审判参考》2000年第6辑总第11辑，第74～76页以及《刑事司法指南》2000年第2辑总第2辑，第122～134页。

② 对其解读见：《刑事审判参考》2002年第3辑总第26辑，第171～177页。

③ 对其解读见：《刑事审判参考》2000年第4辑总第9辑，第85页以及《解读最高人民法院司法解释·刑事、行政卷（1997～2002）》，第15～17页。

第二编　分则　第三章　破坏社会主义市场经济秩序罪

学理观点·典型案例　➡ 索引与要旨

❶《罗某某挪用资金案》，载《刑事法律文件解读》2010 年第 2 辑总第 56 辑，第 118～119 页。

核心提示 ➡ 在客户的资金账户下炒股，未将客户资金挪出，能否认定挪用资金？兼论刑法第一百八十五条的适用

❷《刑法中的注意规定与法律拟制及其运用分析》，载《刑事司法指南》2003 年第 3 辑总第 15 辑，第 70～108 页。

要旨 ➡ 注意规定的概念与特点：注意规定是在刑法已作基本规定的前提下，提示司法人员注意、以免司法人员忽略的规定。

第 185 条之一　修正案（六）第 12 条第 1 款　背信运用受托财产罪、违法运用资金罪

商业银行、证券交易所、期货交易所、证券公司、期货经纪公司、保险公司或者其他金融机构，违背受托义务，擅自运用客户资金或者其他委托、信托的财产，情节严重的，对单位判处罚金，并对其直接负责的主管人员和其他直接责任人员，处三年以下有期徒刑或者拘役，并处三万元以上三十万元以下罚金；情节特别严重的，处三年以上十年以下有期徒刑，并处五万元以上五十万元以下罚金。

社会保障基金管理机构、住房公积金管理机构等公众资金管理机构，以及保险公司、保险资产管理公司、证券投资基金管理公司，违反国家规定运用资金的，对其直接负责的主管人员和其他直接责任人员，依照前款的规定处罚。

关　联　规　范　➡ 完全整理

❶《刑法修正案（六）》（2006 年 6 月 29 日　主席令第五十一号）①

❷《刑法修正案》（1999 年 12 月 25 日　主席令第二十七号）（节录）②

❸ 最高人民检察院、公安部《关于公安机关管辖的刑事案件立案追诉标准的规定（二）》（2010 年 5 月 7 日　公通字〔2010〕23 号）（节录）③

第四十条　商业银行、证券交易所、期货交易所、证券公司、期货公司、保险公司或者其他金融机构，违背受托义务，擅自运用客户资金或者其他委托、信托的财产，涉嫌下

---

① 对其解读见：《刑事审判参考》2006 年第 4 辑总第 51 辑，第 53～104 页。
② 对其解读见：《刑事审判参考》2000 年第 6 辑总第 11 辑，第 74～76 页以及《刑事司法指南》2000 年第 2 辑总第 2 辑，第 122～134 页。
③ 对其解读见：《刑事审判参考》2010 年第 4 辑总第 75 辑，第 127～158 页。

列情形之一的，应予立案追诉：（一）擅自运用客户资金或者其他委托、信托的财产数额在三十万元以上的；（二）虽未达到上述数额标准，但多次擅自运用客户资金或者其他委托、信托的财产，或者擅自运用多个客户资金或者其他委托、信托的财产的；（三）其他情节严重的情形。

第四十一条 社会保障基金管理机构、住房公积金管理机构等公众资金管理机构，以及保险公司、保险资产管理公司、证券投资基金管理公司，违反国家规定运用资金，涉嫌下列情形之一的，应予立案追诉：（一）违反国家规定运用资金数额在三十万元以上的；（二）虽未达到上述数额标准，但多次违反国家规定运用资金的；（三）其他情节严重的情形。

第八十七条 本规定中的"多次"，是指三次以上。

第八十八条 本规定中的"虽未达到上述数额标准"，是指接近上述数额标准且已达到该数额的百分之八十以上的。

4 最高人民检察院、公安部《关于经济犯罪案件追诉标准的补充规定》（2008 年 3 月 5 日 高检会〔2008〕2 号）①

5 最高人民法院、最高人民检察院《关于执行〈中华人民共和国刑法〉确定罪名的补充规定（三）》（2007 年 10 月 25 日 法释〔2007〕16 号）②

学理观点·典型案例　　➡ 索引与要旨

《解析刑法修正案（六）中的经济犯罪》，载《公检法办案指南》2006 年第 9 辑总第 81 辑，第 131～152 页。

第 186 条　修正案（六）第 13 条　违法发放贷款罪

银行或者其他金融机构的工作人员违反法律、行政法规规定，向关系人发放信用贷款或者发放担保贷款的条件优于其他借款人同类贷款的条件，造成较大损失的，处五年以下有期徒刑或者拘役，并处一万元以上十万元以下罚金；造成重大损失的，处五年以上有期徒刑，并处二万元以上二十万元以下罚金。

银行或者其他金融机构的工作人员违反法律、行政法规规定，向关系人以外的其他人发放贷款，造成重大损失的，处五年以下有期徒刑或者拘役，并处一万元以上十万元以下罚金；造成特别重大损失的，处五年以上有期徒刑，并处二万元以上二十万元以下罚金。

单位犯前两款罪的，对单位判处罚金，并对其直接负责的主管人员和其他直接责任人员，依照前两款的规定处罚。

关系人的范围，依照《中华人民共和国商业银行法》和有关金融法规确定。

---

① 对其解读见：《刑事审判参考》2008 年第 3 辑总第 62 辑，第 73～90 页。
② 对其解读见：《刑事审判参考》2008 年第 1 辑总第 60 辑，第 60～71 页。

中华人民共和国刑法修正案（六）（中华人民共和国第十届全国人民代表大会常务委员会第二十二次会议于 2006 年 6 月 29 日通过，现予公布，自公布之日起施行。）

十三、将刑法第一百八十六条第一款、第二款修改为："银行或者其他金融机构的工作人员违反国家规定发放贷款，数额巨大或者造成重大损失的，处五年以下有期徒刑或者拘役，并处一万元以上十万元以下罚金；数额特别巨大或者造成特别重大损失的，处五年以上有期徒刑，并处二万元以上二十万元以下罚金。

银行或者其他金融机构的工作人员违反国家规定，向关系人发放贷款的，依照前款的规定从重处罚。"

关 联 规 范　　➡ 完全整理

❶《中华人民共和国刑法》（1980 年 1 月 1 日）第 96 条　对违反国家规定概念的界定

本法所称违反国家规定，是指违反全国人民代表大会及其常务委员会制定的法律和决定，国务院制定的行政法规、规定的行政措施、发布的决定和命令。

❷《刑法修正案（六）》（2006 年 6 月 29 日　主席令第五十一号）①

❸ 最高人民检察院、公安部《关于公安机关管辖的刑事案件立案追诉标准的规定（二）》（2010 年 5 月 7 日　公通字〔2010〕23 号）（节录）②

第四十二条　银行或者其他金融机构及其工作人员违反国家规定发放贷款，涉嫌下列情形之一的，应予立案追诉：（一）违法发放贷款，数额在一百万元以上的；（二）违法发放贷款，造成直接经济损失数额在二十万元以上的。

第九十条　本规定中的立案追诉标准，除法律、司法解释、本规定中另有规定的以外，适用于相应的单位犯罪。

❹ 最高人民法院、最高人民检察院《关于执行〈中华人民共和国刑法〉确定罪名的补充规定（三）》（2007 年 10 月 25 日　法释〔2007〕16 号）③

❺《全国法院审理金融犯罪案件工作座谈会纪要》（2001 年 1 月 21 日　法〔2001〕8 号）（节录）④

二、（二）关于破坏金融管理秩序罪 4. 破坏金融管理秩序相关犯罪数额和情节的认定

为正确执行刑法，在其他有关的司法解释出台之前，对假币犯罪以外的破坏金融管理

---

①　对其解读见：《刑事审判参考》2006 年第 4 辑总第 51 辑，第 53～104 页。
②　对其解读见：《刑事审判参考》2010 年第 4 辑总第 75 辑，第 127～158 页。
③　对其解读见：《刑事审判参考》2008 年第 1 辑总第 60 辑，第 60～71 页。
④　对其解读见：《刑事审判参考》2001 年第 4 辑总第 15 辑，第 63～76 页。

秩序犯罪的数额和情节，可参照以下标准掌握：

关于违法向关系人发放贷款罪。银行或者其他金融机构工作人员违反法律、行政法规规定，向关系人发放信用贷款或者发放担保贷款的条件优于其他借款人同类贷款条件，造成10万～30万元以上损失的，可以认定为"造成较大损失"；造成50万～100万元以上损失的，可以认定为"造成重大损失"。

关于违法发放贷款罪。银行或者其他金融机构工作人员违反法律、行政法规规定，向关系人以外的其他人发放贷款，造成50万～100万元以上损失的，可以认定为"造成重大损失"；造成300万～500万元以上损失的，可以认定为"造成特别重大损失"。

对于单位实施违法发放贷款和用账外客户资金非法拆借、发放贷款造成损失构成犯罪的数额标准，可按个人实施上述犯罪的数额标准的二至四倍掌握。

6 最高人民法院《关于农村合作基金会从业人员犯罪如何定性问题的批复》（2000年5月12日　法释〔2000〕10号）①

农村合作基金会从业人员，除具有金融机构现职工作人员身份的以外，不属于金融机构工作人员，对其实施的犯罪行为，应当依照刑法的有关规定定罪处罚。

7 福建省公检法《关于部分经济犯罪、渎职犯罪案件数额幅度及情节认定问题的座谈纪要》若干问题的修订意见（2002年10月8日　闽高法〔2005〕243号）（节录）

十四、违法向关系人发放贷款罪：（一）该罪的"较大损失"，是指个人向关系人违法发放贷款，造成直接经济损失在10万元以上不满50万元；单位违法向关系人发放贷款，造成直接经济损失在30万元以上不满150万元。（二）该罪的"重大损失"，是指个人违法向关系人发放贷款，造成直接经济损失在50万元以上；单位违法向关系人发放贷款，造成直接经济损失在150万元以上。

十五、违法发放贷款罪：（一）该罪的"重大损失"，是指个人违法向关系人以外的其他人发放贷款，造成直接经济损失在50万元以上不满300万元；单位违法向关系人以外的其他人发放贷款，造成直接经济损失在100万元以上不满1000万元。（二）该罪的"特别重大损失"，是指个人违法向关系人以外的其他人发放贷款，造成直接经济损失在300万元以上；单位违法向关系人以外的其他人发放贷款，造成直接经济损失1000万元以上。

学理观点·典型案例　➡ 索引与要旨

1 《违法发放贷款罪与挪用公款罪（或者挪用资金罪）的区别是什么》，载《最新刑事法律文件解读》2006年第3辑总第15辑，第119～120页。

2 《马汝方等贷款诈骗、违法发放贷款、挪用资金案》，载《刑事审判参考》2004年第4辑总第39辑，第1～10页。

要旨 ➡ 违法发放贷款的判例。

---

① 对其解读见：《刑事审判参考》2000年第4辑总第9辑，第85页以及《解读最高人民法院司法解释·刑事、行政卷（1997～2002）》，第15～17页。

❸《解析刑法修正案（六）中的经济犯罪》，载《公检法办案指南》2006 年第 9 辑总第 81 辑，第 131~152 页。

第 187 条　修正案（六）第 14 条　吸收客户资金不入账罪

银行或者其他金融机构的工作人员以牟利为目的，采取吸收客户资金不入账的方式，将资金用于非法拆借、发放贷款，造成重大损失的，处五年以下有期徒刑或者拘役，并处二万元以上二十万元以下罚金；造成特别重大损失的，处五年以上有期徒刑，并处五万元以上五十万元以下罚金。

单位犯前款罪的，对单位判处罚金，并对其直接负责的主管人员和其他直接责任人员，依照前款的规定处罚。

中华人民共和国刑法修正案（六）（中华人民共和国第十届全国人民代表大会常务委员会第二十二次会议于 2006 年 6 月 29 日通过，现予公布，自公布之日起施行。）

十四、将刑法第一百八十七条第一款修改为："银行或者其他金融机构的工作人员吸收客户资金不入账，数额巨大或者造成重大损失的，处五年以下有期徒刑或者拘役，并处二万元以上二十万元以下罚金；数额特别巨大或者造成特别重大损失的，处五年以上有期徒刑，并处五万元以上五十万元以下罚金。"

关　联　规　范　　　➡ 完全整理

❶《刑法修正案（六）》（2006 年 6 月 29 日　主席令第五十一号）①

❷ 最高人民检察院、公安部《关于公安机关管辖的刑事案件立案追诉标准的规定（二）》（2010 年 5 月 7 日　公通字〔2010〕23 号）（节录）②

第四十三条　银行或者其他金融机构及其工作人员吸收客户资金不入账，涉嫌下列情形之一的，应予立案追诉：（一）吸收客户资金不入账，数额在一百万元以上的；（二）吸收客户资金不入账，造成直接经济损失数额在二十万元以上的。

第九十条　本规定中的立案追诉标准，除法律、司法解释、本规定中另有规定的以外，适用于相应的单位犯罪。

❸ 最高人民法院、最高人民检察院《关于执行〈中华人民共和国刑法〉确定罪名的补充规定（三）》（2007 年 10 月 25 日　法释〔2007〕16 号）③

❹《全国法院审理金融犯罪案件工作座谈会纪要》（2001 年 1 月 21 日　法〔2001〕8 号）（节录）④

---

① 对其解读见：《刑事审判参考》2006 年第 4 辑总第 51 辑，第 53~104 页。
② 对其解读见：《刑事审判参考》2010 年第 4 辑总第 75 辑，第 127~158 页。
③ 对其解读见：《刑事审判参考》2008 年第 1 辑总第 60 辑，第 60~71 页。
④ 对其解读见：《刑事审判参考》2001 年第 4 辑总第 15 辑，第 63~76 页。

❺ 最高人民法院《关于农村合作基金会从业人员犯罪如何定性问题的批复》（2000年5月12日　法释〔2000〕10号）①

农村合作基金会从业人员，除具有金融机构现职工作人员身份的以外，不属于金融机构工作人员，对其实施的犯罪行为，应当依照刑法的有关规定定罪处罚。

❻ 福建省公检法《关于部分经济犯罪、渎职犯罪案件数额幅度及情节认定问题的座谈纪要》若干问题的修订意见（2002年10月8日　闽高法〔2005〕243号）（节录）

十六、（一）该罪的"重大损失"，是指个人用账外客户资金非法拆借、发放贷款，造成直接经济损失在50万元以上不满300万元；单位用账外客户资金非法拆借、发放贷款，造成直接经济损失在100万元以上不满1000万元。

（二）该罪的"特别重大损失"，是指个人用账外客户资金非法拆借、发放贷款，造成直接经济损失在300万元以上；单位用账外客户资金非法拆借、发放贷款，造成直接经济损失在1000万元以上。

学理观点·典型案例　　索引与要旨

❶《梅昌林挪用公款案》，载《最新刑事法律文件解读》2005年第3辑总第3辑。
核心提示 ➡ 挪用公款罪与用账外客户资金非法拆借、发放贷款罪的区别

❷《被告人朱玉平挪用公款案》，载《经济犯罪审判指导》2004年第3辑总第7辑。
核心提示 ➡ 正确区分挪用公款罪与用账外客户资金非法发放贷款罪

❸《刑法修订实施前银行工作人员吸收资金不入账非法拆借、发放贷款的行为如何定性》，载《刑事审判参考》2001年第2辑总第13辑，第87~92页。

❹《解析刑法修正案（六）中的经济犯罪》，载《公检法办案指南》2006年第9辑总第81辑，第131~152页。

第188条　修正案（六）第15条　违规出具金融票证罪

银行或者其他金融机构的工作人员违反规定，为他人出具信用证或者其他保函、票据、存单、资信证明，造成较大损失的，处五年以下有期徒刑或者拘役；造成重大损失的，处五年以上有期徒刑。

单位犯前款罪的，对单位判处罚金，并对其直接负责的主管人员和其他直接责任人员，依照前款的规定处罚。

中华人民共和国刑法修正案（六）（中华人民共和国第十届全国人民代表大会常务委员会第二十二次会议于2006年6月29日通过，现予公布，自公布之日起施行。）

十五、将刑法第一百八十八条第一款修改为："银行或者其他金融机构的

---

① 对其解读见：《刑事审判参考》2000年第4辑总第9辑，第85页以及《解读最高人民法院司法解释·刑事、行政卷（1997~2002）》，第15~17页。

工作人员违反规定,为他人出具信用证或者其他保函、票据、存单、资信证明,情节严重的,处五年以下有期徒刑或者拘役;情节特别严重的,处五年以上有期徒刑。"

关联规范 ➡ 完全整理

❶《刑法修正案(六)》(2006年6月29日 主席令第五十一号)①

❷ 最高人民检察院、公安部《关于公安机关管辖的刑事案件立案追诉标准的规定(二)》(2010年5月7日 公通字〔2010〕23号)(节录)②

第四十四条 银行或者其他金融机构及其工作人员违反规定,为他人出具信用证或者其他保函、票据、存单、资信证明,涉嫌下列情形之一的,应予立案追诉:(一)违反规定为他人出具信用证或者其他保函、票据、存单、资信证明,数额在一百万元以上的;(二)违反规定为他人出具信用证或者其他保函、票据、存单、资信证明,造成直接经济损失数额在二十万元以上的;(三)多次违规出具信用证或者其他保函、票据、存单、资信证明的;(四)接受贿赂违规出具信用证或者其他保函、票据、存单、资信证明的;(五)其他情节严重的情形。

第八十七条 本规定中的"多次",是指三次以上。

第九十条 本规定中的立案追诉标准,除法律、司法解释、本规定中另有规定的以外,适用于相应的单位犯罪。

❸ 最高人民法院、最高人民检察院《关于执行〈中华人民共和国刑法〉确定罪名的补充规定(三)》(2007年10月25日 法释〔2007〕16号)③

❹ 最高人民法院《关于农村合作基金会从业人员犯罪如何定性问题的批复》(2000年5月12日 法释〔2000〕10号)④

农村合作基金会从业人员,除具有金融机构现职工作人员身份的以外,不属于金融机构工作人员,对其实施的犯罪行为,应当依照刑法的有关规定定罪处罚。

❺ 福建省公检法《关于部分经济犯罪、渎职犯罪案件数额幅度及情节认定问题的座谈纪要》若干问题的修订意见(2002年10月8日 闽高法〔2005〕243号)(节录)

十七、(一)该罪的"较大损失",是指个人违反规定为他人出具金融票证,造成直接经济损失在10万元以上不满20万元;单位违反规定为他人出具金融票证,造成直接经济损失在30万元以上不满200万元。

(二)该罪的"重大损失",是指个人违反规定为他人出具金融票证,造成直接经济损

---

① 对其解读见:《刑事审判参考》2006年第4辑总第51辑,第53~104页。
② 对其解读见:《刑事审判参考》2010年第4辑总第75辑,第127~158页。
③ 对其解读见:《刑事审判参考》2008年第1辑总第60辑,第60~71页。
④ 对其解读见:《刑事审判参考》2000年第4辑总第9辑,第85页以及《解读最高人民法院司法解释·刑事、行政卷(1997~2002)》,第15~17页。

失在20万元以上；单位违反规定为他人出具金融票证，造成直接经济损失在200万元以上。

学理观点·典型案例 ➡ 索引与要旨

❶《沈世英非法出具金融票证案》，载《最新刑事法律文件解读》2007年第1辑总第25辑，第240~242页。

❷《解析刑法修正案（六）中的经济犯罪》，载《公检法办案指南》2006年第9辑总第81辑，第131~152页。

第189条　对违法票据承兑、付款、保证罪

银行或者其他金融机构的工作人员在票据业务中，对违反票据法规定的票据予以承兑、付款或者保证，造成重大损失的，处五年以下有期徒刑或者拘役；造成特别重大损失的，处五年以上有期徒刑。

单位犯前款罪的，对单位判处罚金，并对其直接负责的主管人员和其他直接责任人员，依照前款的规定处罚。

关　联　规　范 ➡ 完全整理

❶ 最高人民检察院、公安部《关于公安机关管辖的刑事案件立案追诉标准的规定（二）》（2010年5月7日　公通字〔2010〕23号）（节录）①

第四十五条　银行或者其他金融机构及其工作人员在票据业务中，对违反票据法规定的票据予以承兑、付款或者保证，造成直接经济损失数额在二十万元以上的，应予立案追诉。

第九十条　本规定中的立案追诉标准，除法律、司法解释、本规定中另有规定的以外，适用于相应的单位犯罪。

❷ 最高人民法院《关于农村合作基金会从业人员犯罪如何定性问题的批复》（2000年5月12日　法释〔2000〕10号）②

农村合作基金会从业人员，除具有金融机构现职工作人员身份的以外，不属于金融机构工作人员，对其实施的犯罪行为，应当依照刑法的有关规定定罪处罚。

❸ 福建省公检法《关于部分经济犯罪、渎职犯罪案件数额幅度及情节认定问题的座谈纪要》若干问题的修订意见（2002年10月8日　闽高法〔2005〕243号）（节录）

十八、（一）该罪的"重大损失"，是指个人对违反票据法规定的票据予以承兑、付款、保证，造成直接经济损失在50万元以上不满200万元；单位对违反票据法规定的票据予承兑、付款、保证，造成直接经济损失在100万元以上不满500万元。（二）该罪的"特

---

① 对其解读见：《刑事审判参考》2010年第4辑总第75辑，第127~158页。
② 对其解读见：《刑事审判参考》2000年第4辑总第9辑，第85页以及《解读最高人民法院司法解释·刑事、行政卷（1997~2002）》，第15~17页。

别重大损失",是指个人对违反票据法规定的票据予以承兑、付款、保证,造成直接经济损失在 200 万元以上;单位对违反票据法规定的票据予承兑、付款、保证,造成直接经济损失在 500 万元以上。

《决定》第 1 条　骗购外汇罪

全国人民代表大会常务委员会关于惩治骗购外汇、逃汇和非法买卖外汇犯罪的决定(1998 年 12 月 29 日第九届全国人民代表大会常务委员会第六次会议通过,1998 年 12 月 29 日中华人民共和国主席令第十四号公布,自公布之日起施行。)

一、有下列情形之一,骗购外汇,数额较大的,处五年以下有期徒刑或者拘役,并处骗购外汇数额百分之五以上百分之三十以下罚金;数额巨大或者有其他严重情节的,处五年以上十年以下有期徒刑,并处骗购外汇数额百分之五以上百分之三十以下罚金;数额特别巨大或者有其他特别严重情节的,处十年以上有期徒刑或者无期徒刑,并处骗购外汇数额百分之五以上百分之三十以下罚金或者没收财产:

(一)使用伪造、变造的海关签发的报关单、进口证明、外汇管理部门核准件等凭证和单据的;

(二)重复使用海关签发的报关单、进口证明、外汇管理部门核准件等凭证和单据的;

(三)以其他方式骗购外汇的。

伪造、变造海关签发的报关单、进口证明、外汇管理部门核准件等凭证和单据,并用于骗购外汇的,依照前款的规定从重处罚。

明知用于骗购外汇而提供人民币资金的,以共犯论处。

单位犯前三款罪的,对单位依照第一款的规定判处罚金,并对其直接负责的主管人员和其他直接责任人员,处五年以下有期徒刑或者拘役;数额巨大或者有其他严重情节的,处五年以上十年以下有期徒刑;数额特别巨大或者有其他特别严重情节的,处十年以上有期徒刑或者无期徒刑。

五、海关、外汇管理部门以及金融机构、从事对外贸易经营活动的公司、企业或者其他单位的工作人员与骗购外汇或者逃汇的行为人通谋,为其提供购买外汇的有关凭证或者其他便利的,或者明知是伪造、变造的凭证和单据而售汇、付汇的,以共犯论,依照本决定从重处罚。

❶《关于惩治骗购外汇、逃汇和非法买卖外汇犯罪的决定》(1998 年 12 月 29 日　主席令第十四号)①

❷ 最高人民检察院、公安部《关于公安机关管辖的刑事案件立案追诉标准的规定

---

① 对其解读见:《刑事审判参考合订本·第一卷》,第 345~350 页。

(二)》(2010年5月7日 公通字〔2010〕23号)(节录)①

第四十七条 骗购外汇,数额在五十万美元以上的,应予立案追诉。

第九十条 本规定中的立案追诉标准,除法律、司法解释、本规定中另有规定的以外,适用于相应的单位犯罪。

❸ 最高人民法院、最高人民检察院《关于执行〈中华人民共和国刑法〉确定罪名的补充规定》(2002年3月15日 法释〔2002〕7号)②

❹ 最高人民检察院、公安部《关于经济犯罪案件追诉标准的规定》(2001年4月18日 公发〔2001〕11号)③

❺ 最高人民法院、最高人民检察院、公安部《办理骗汇、逃汇犯罪案件联席会议纪要》(1999年6月7日 公通字〔1999〕39号),载《刑事审判参考合订本·第一卷》,第331页。(节录)④

会议纪要如下:二、全国人大常委会《关于惩治骗购外汇、逃汇和非法买卖外汇犯罪的决定》(以下简称《决定》)公布施行后发生的犯罪行为,应当依照《决定》办理;对于《决定》公布施行前发生的公布后尚未处理或者正在处理的行为,依照修订后的刑法第十二条第一款规定的原则办理。

最高人民法院1998年8月28日发布的《关于审理骗购外汇、非法买卖外汇刑事案件具体应用法律若干问题的解释》(以下简称《解释》),是对具体应用修订后的刑法有关问题的司法解释,适用于依照修订后的刑法判处的案件。各执法部门对于《解释》应当准确理解,严格执行。

《解释》第四条所称"居间介绍骗购外汇",是指收取他人人民币,以虚假购汇凭证委托外贸公司、企业骗购外汇,获取非法收益的行为。

四、公安机关侦查骗汇、逃汇犯罪案件,要及时全面收集和固定犯罪证据,抓紧缉捕犯罪分子。人民检察院和人民法院对正在办理的骗汇、逃汇犯罪案件,只要基本犯罪事实清楚,基本证据确实充分,应当及时依法起诉、审判。主犯在逃或者骗购外汇所需人民币资金的来源无法彻底查清,但证明在案的其他犯罪嫌疑人实施犯罪的基本证据确实充分的,为在法定时限内结案,可以对在案的其他犯罪嫌疑人先行处理。对于已收集到外汇指定银行汇出凭证和境外收汇银行收款凭证等证据,能够证明所骗购外汇确已汇至港澳台地区或国外的,应视为骗购外汇既遂。

五、坚持"惩办与宽大相结合"的政策。对骗购外汇共同犯罪的主犯,或者参与伪造、变造购汇凭证的骗汇人员,以及与骗购外汇的犯罪分子相勾结的国家工作人员,要从严惩处。对具有自首、立功或者其他法定从轻、减轻情节的,依法从轻、减轻处理。

---

① 对其解读见:《刑事审判参考》2010年第4辑总第75辑,第127~158页。
② 对其解读见:《刑事审判参考》2002年第3辑总第26辑,第171~177页。
③ 对其解读见:《经济犯罪案件追诉标准理解与适用》,载《解读最高人民检察院司法解释》,2010年5月废止,略。
④ 对其解读见:《解读最高人民检察院司法解释》,第308~311页。

第二编 分则 第三章 破坏社会主义市场经济秩序罪

❻ 最高人民法院《关于审理骗购外汇、非法买卖外汇刑事案件具体应用法律若干问题的解释》(1998年9月1日 法释〔1998〕20号)①

第一条 以进行走私、逃汇、洗钱、骗税等犯罪活动为目的,使用虚假、无效的凭证、商业单据或者采取其他手段向外汇指定银行骗购外汇的,应当分别按照刑法分则第三章第二节、第一百九十条、第一百九十一条和第二百零四条等规定定罪处罚。

非国有公司、企业或者其他单位,与国有公司、企业或者其他国有单位勾结逃汇的,以逃汇罪的共犯处罚。

第二条 伪造、变造、买卖海关签发的报关单、进口证明、外汇管理机关的核准件等凭证或者购买伪造、变造的上述凭证的,按照刑法第二百八十条第一款的规定定罪处罚。

第五条 海关、银行、外汇管理机关工作人员与骗购外汇的行为人通谋,为其提供购买外汇的有关凭证,或者明知是伪造、变造的凭证和商业单据而出售外汇,构成犯罪的,按照刑法的有关规定从重处罚。

第六条 实施本解释规定的行为,同时触犯二个以上罪名的,择一重罪从重处罚。

第七条 根据刑法第六十四条规定,骗购外汇、非法买卖外汇的,其违法所得予以追缴,用于骗购外汇、非法买卖外汇的资金予以没收,上缴国库。

第八条 骗购、非法买卖不同币种的外汇的,以案发时国家外汇管理机关制定的统一折算率折合后依照本解释处罚。

❼ 人行、外汇局、外经部、海关总署、工商局、公安部《关于加强反骗汇工作的通知》(1997年12月31日 银发〔1997〕第557号)(节录)

一、外经贸部门进一步加强对外贸公司代理业务的规范管理,代理业务必须由代理单位签订进口合同、办理制单、购汇、付汇及报关手续,并对所办单据的真实性负责,坚决消除"四自三不见"现象(即自带客户、自带货源、自带汇票、自行报关;不见进口产品、不见供货货主、不见外商)。

四、外汇管理部门要加大打击利用假报关单骗汇案件的力度,对于利用假报关单骗购外汇的单位,应及时按国家外汇管理有关规定进行处罚,同时加强对其日后的购汇监管。对于确认已有骗汇行为的公司,外汇管理部门要将其列入"由外汇局审核真实性的企业名单",定期通知银行和海关,以加强各部门对其共同监管。此类公司的购汇须事先经外汇管理部门审核其购汇的真实性方能到银行办理购汇。

❽ 福建省公检法《关于部分经济犯罪、渎职犯罪案件数额幅度及情节认定问题的座谈纪要》若干问题的修订意见(2002年10月8日 闽高法〔2005〕243号)(节录)

二十、(一)该罪的"数额较大",是指骗取外汇折合达到50万以上不满200万美元。(二)该罪的"数额巨大",是指骗取外汇折合达到200万以上不满1000万美元;"其他严重情节",是指骗取外汇达到数额较大,并给国家造成直接经济损失达100万美元以上,或者造成严重政治影响的。(三)该罪的"数额特别巨大",是指骗取外汇折合达1000万美元以上;"其他特别严重情节",是指骗取外汇达到数额巨大,并给国家造成直接经济损失

---

① 对其解读见:《解读最高人民法院司法解释·刑事、行政卷(1997~2002)》,第118~123页。

达 500 万美元以上，或者造成严重政治影响的。

学理观点·典型案例 ➡ 索引与要旨

❶《刑法实务若干问题研究》，载《刑事审判参考》2004 年第 1 辑总第 36 辑，第 128~142 页。

要旨 ➡ 在刑事司法文书中如何正确援引涉及刑法修正的法律条文的问题：凡刑法分则条文没有规定，而《决定》作了补充规定的，应当直接援引《决定》的有关规定。

❷《王建军等非法经营案》，载《刑事审判参考合订本·第一卷》，第 64~75 页。

核心提示 ➡ 对有关骗汇犯罪的司法解释和人大《决定》公布之前的骗购外汇的行为如何适用法律？

要旨 ➡ 一、骗购外汇罪的主体包括个人。1998 年 8 月 28 日最高人民法院《关于审理骗购外汇、非法买卖外汇案件具体应用法律若干问题的解释》的意图在于：一是骗购外汇的行为是非法经营行为；二是鉴于这类犯罪主要是单位所为，因此明确规定单位可构成本罪。由于非法经营罪，既可以由单位构成，也可以由个人构成，因此个人骗购外汇行为，构成本罪。

二、骗购外汇罪与非法经营罪的轻重比较。1998 年 12 月 29 日《关于惩治骗购外汇、逃汇和非法买卖外汇犯罪的决定》，增加了新罪名——骗购外汇罪，该罪的最高刑为无期徒刑。根据刑法第十二条第一款的规定，被告人骗购外汇的犯罪行为，发生于 1997 年 9 月至 1998 年 5 月，而在审理该案时，《决定》已经公布实施。骗购外汇罪的法定最高刑比非法经营罪的法定最高刑（十五年）重，因此仍应适用刑法，不适用《决定》。

❸《刘振杰等非法经营案》，载《刑事审判参考合订本·第一卷》，第 76~85 页。

核心提示 ➡ 倒卖骗购的外汇额度行为如何定罪？

要旨 ➡ 1. 骗购外汇罪的立法渊源；2. 适用问题同〔第 34 号〕判例。

第 190 条 逃汇罪

国有公司、企业或者其他国有单位，违反国家规定，擅自将外汇存放境外，或者将境内的外汇非法转移到境外，情节严重的，对单位判处罚金，并对其直接负责的主管人员和其他直接责任人员，处五年以下有期徒刑或者拘役。

全国人民代表大会常务委员会关于惩治骗购外汇、逃汇和非法买卖外汇犯罪的决定（1998 年 12 月 29 日第九届全国人民代表大会常务委员会第六次会议通过，1998 年 12 月 29 日中华人民共和国主席令第十四号公布，自公布之日起施行。）

三、将刑法第一百九十条修改为：公司、企业或者其他单位，违反国家规定，擅自将外汇存放境外，或者将境内的外汇非法转移到境外，数额较大的，对单位判处逃汇数额百分之五以上百分之三十以下罚金，并对其直接负责的主管人员和其他直接责任人员处五年以下有期徒刑或者拘役；数额巨大或者有其他严重情节的，对单位判处逃汇数额百分之五以上百分之三十以下罚金，并对其直接负责的主管人员和其他直接责任人员处五年以上有期徒刑。

关联规范 ➡ 完全整理

❶ 《中华人民共和国刑法》（1980年1月1日）第96条　对违反国家规定概念的界定

本法所称违反国家规定，是指违反全国人民代表大会及其常务委员会制定的法律和决定，国务院制定的行政法规、规定的行政措施、发布的决定和命令。

❷ 《关于惩治骗购外汇、逃汇和非法买卖外汇犯罪的决定》（1998年12月29日　主席令第十四号）（节录）①

❸ 最高人民检察院、公安部《关于公安机关管辖的刑事案件立案追诉标准的规定（二）》（2010年5月7日　公通字〔2010〕23号）（节录）②

第四十六条　公司、企业或者其他单位，违反国家规定，擅自将外汇存放境外，或者将境内的外汇非法转移到境外，单笔在二百万美元以上或者累计数额在五百万美元以上的，应予立案追诉。

❹ 最高人民法院、最高人民检察院、公安部《办理骗汇、逃汇犯罪案件联席会议纪要》（1999年6月7日　公通字〔1999〕39号）（节录）③

会议纪要如下：四、公安机关侦查骗汇、逃汇犯罪案件，要及时全面收集和固定犯罪证据，抓紧缉捕犯罪分子。人民检察院和人民法院对正在办理的骗汇、逃汇犯罪案件，只要基本犯罪事实清楚，基本证据确实充分，应当及时依法起诉、审判。主犯在逃或者骗购外汇所需人民币资金的来源无法彻底查清，但证明在案的其他犯罪嫌疑人实施犯罪的基本证据确实充分的，为在法定时限内结案，可以对在案的其他犯罪嫌疑人先行处理。对于已收集到外汇指定银行汇出凭证和境外收汇银行收款凭证等证据，能够证明所骗购外汇确已汇至港澳台地区或国外的，应视为骗购外汇既遂。

五、坚持"惩办与宽大相结合"的政策。对骗购外汇共同犯罪的主犯，或者参与伪造、变造购汇凭证的骗汇人员，以及与骗购外汇的犯罪分子相勾结的国家工作人员，要从严惩处。对具有自首、立功或者其他法定从轻、减轻情节的，依法从轻、减轻处理。

❺ 最高人民检察院《关于认真贯彻执行〈全国人大常委会关于惩治骗购外汇、逃汇和非法买卖外汇犯罪的决定〉的通知》（1999年1月21日　高检会〔1999〕3号）（节录）

二、《决定》新增设了骗汇罪，扩大了逃汇罪的犯罪主体范围，对于其他破坏外汇管理秩序的犯罪行为如何定罪处罚作了进一步明确。各级人民检察院要严格依照《决定》的规定，做好各项检察工作。要重视对单位骗汇、逃汇和非法买卖外汇犯罪的检察工作，注

---

① 对其解读见：《刑事审判参考合订本·第一卷》，第345~350页。
② 对其解读见：《刑事审判参考》2010年第4辑总第75辑，第127~158页。
③ 对其解读见：《解读最高人民检察院司法解释》，第308~311页。

意追究单位直接负责的主管人员和其他直接责任人员的刑事责任。要与公安机关、人民法院密切配合,积极参加打击骗汇犯罪专项斗争,坚持对重大骗汇、逃汇和非法买卖外汇案件的侦查适时介入,快批捕、快起诉,配合人民法院快审判。要督促和协助公安机关加大追逃力度,尽快缉拿逃犯。对全国重点骗汇大案,只要基本犯罪事实清楚,基本证据确实充分,就应当及时提起公诉。要依法运用刑事诉讼法赋予的立案监督、侦查监督、审判监督手段,监督有关部门严格执法,坚决纠正和防止有案不立、有罪不究、以罚代刑、久侦不结、重罪轻判的现象。对于海关、外汇管理部门的工作人员严重不负责任,造成大量外汇被骗购或者逃汇,致使国家利益遭受重大损失的,要依法坚决查办。

三、对于《决定》公布施行后发生的犯罪行为,应当依照《决定》办理;对于《决定》公布施行前发生的行为,按照刑法第十二条规定的原则办理。

❻ 最高人民法院《关于审理骗购外汇、非法买卖外汇刑事案件具体应用法律若干问题的解释》(1998年9月1日 法释〔1998〕20号)①

第一条 以进行走私、逃汇、洗钱、骗税等犯罪活动为目的,使用虚假、无效的凭证、商业单据或者采取其他手段向外汇指定银行骗购外汇的,应当分别按照刑法分则第三章第二节、第一百九十条、第一百九十一条和第二百零四条等规定定罪处罚。

非国有公司、企业或者其他单位,与国有公司、企业或者其他国有单位勾结逃汇的,以逃汇罪的共犯处罚。

第二条 伪造、变造、买卖海关签发的报关单、进口证明、外汇管理机关的核准件等凭证或者购买伪造、变造的上述凭证的,按照刑法第二百八十条第一款的规定定罪处罚。

第三条 在外汇指定银行和中国外汇交易中心及其分中心以外买卖外汇,扰乱金融市场秩序,具有下列情形之一的,按照刑法第二百二十五条第(三)项的规定定罪处罚:

(一)非法买卖外汇二十万美元以上的;(二)违法所得五万元人民币以上的。

第四条 公司、企业或者其他单位,违反有关外贸代理业务的规定,采用非法手段、或者明知是伪造、变造的凭证、商业单据,为他人向外汇指定银行骗购外汇,数额在五百万美元以上或者违法所得五十万元人民币以上的,按照刑法第二百二十五条第(三)项的规定定罪处罚。

居间介绍骗购外汇一百万美元以上或者违法所得十万元人民币以上的,按照刑法第二百二十五条第(三)项的规定定罪处罚。

第五条 海关、银行、外汇管理机关工作人员与骗购外汇的行为人通谋,为其提供购买外汇的有关凭证,或者明知是伪造、变造的凭证和商业单据而出售外汇,构成犯罪的,按照刑法的有关规定从重处罚。

第六条 实施本解释规定的行为,同时触犯二个以上罪名的,择一重罪从重处罚。

第七条 根据刑法第六十四条规定,骗购外汇、非法买卖外汇的,其违法所得予以追缴,用于骗购外汇、非法买卖外汇的资金予以没收,上缴国库。

第八条 骗购、非法买卖不同币种的外汇的,以案发时国家外汇管理机关制定的统一

---

① 对其解读见:《解读最高人民法院司法解释·刑事、行政卷(1997~2002)》,第118~123页。

折算率折合后依照本解释处罚。

❼ 福建省公检法《关于部分经济犯罪、渎职犯罪案件数额幅度及情节认定问题的座谈纪要》若干问题的修订意见（2002年10月8日 闽高法〔2005〕243号）（节录）

十九、（一）该罪的"数额较大"，为偷逃外汇达500万以上不满2000万美元。（二）该罪的"数额巨大"，为偷逃外汇达2000万美元以上的。（三）该罪的"其他严重情节"，是指偷逃外汇数额虽未达2000万美元，但具有下列情形之一的：（1）以伪造文件、编造虚假理由欺骗主管部门、银行等恶劣手段调出外汇的；（2）因逃汇受过外汇管理机关处罚后，屡教不改，又继续逃汇的；（3）给国家造成500万美元以上的重大经济损失或者恶劣政治影响的。

第191条 洗钱罪

明知是毒品犯罪、黑社会性质的组织犯罪、走私犯罪的违法所得及其产生的收益，为掩饰、隐瞒其来源和性质，有下列行为之一的，没收实施以上犯罪的违法所得及其产生的收益，处五年以下有期徒刑或者拘役，并处或者单处洗钱数额百分之五以上百分之二十以下罚金；情节严重的，处五年以上十年以下有期徒刑，并处洗钱数额百分之五以上百分之二十以下罚金：

（一）提供资金账户的；
（二）协助将财产转换为现金或者金融票据的；
（三）通过转账或者其他结算方式协助资金转移的；
（四）协助将资金汇往境外的；
（五）以其他方法掩饰、隐瞒犯罪的违法所得及其收益的性质和来源的。

单位犯前款罪的，对单位判处罚金，并对其直接负责的主管人员和其他直接责任人员，处五年以下有期徒刑或者拘役。

中华人民共和国刑法修正案（三）（2001年12月29日第九届全国人民代表大会常务委员会第二十五次会议通过，2001年12月29日中华人民共和国主席令第六十四号公布，自公布之日起施行。）

七、将刑法第一百九十一条修改为："明知是毒品犯罪、黑社会性质的组织犯罪、恐怖活动犯罪、走私犯罪的违法所得及其产生的收益，为掩饰、隐瞒其来源和性质，有下列行为之一的，没收实施以上犯罪的违法所得及其产生的收益，处五年以下有期徒刑或者拘役，并处或者单处洗钱数额百分之五以上百分之二十以下罚金；情节严重的，处五年以上十年以下有期徒刑，并处洗钱数额百分之五以上百分之二十以下罚金：（一）提供资金账户的；（二）协助将财产转换为现金或者金融票据的；（三）通过转账或者其他结算方式协助资金转移的；（四）协助将资金汇往境外的；（五）以其他方法掩饰、隐瞒犯罪的违法所得及其收益的来源和性质的。

单位犯前款罪的，对单位判处罚金，并对其直接负责的主管人员和其他直接责任人员，处五年以下有期徒刑或者拘役；情节严重的，处五年以上十年以下有期徒刑。"

中华人民共和国刑法修正案（六）（中华人民共和国第十届全国人民代表大会常务委员会第二十二次会议于 2006 年 6 月 29 日通过，现予公布，自公布之日起施行。）

十六、将刑法第一百九十一条第一款修改为："明知是毒品犯罪、黑社会性质的组织犯罪、恐怖活动犯罪、走私犯罪、贪污贿赂犯罪、破坏金融管理秩序犯罪、金融诈骗犯罪的所得及其产生的收益，为掩饰、隐瞒其来源和性质，有下列行为之一的，没收实施以上犯罪的所得及其产生的收益，处五年以下有期徒刑或者拘役，并处或者单处洗钱数额百分之五以上百分之二十以下罚金；情节严重的，处五年以上十年以下有期徒刑，并处洗钱数额百分之五以上百分之二十以下罚金：

（一）提供资金账户的；
（二）协助将财产转换为现金、金融票据、有价证券的；
（三）通过转账或者其他结算方式协助资金转移的；
（四）协助将资金汇往境外的；
（五）以其他方法掩饰、隐瞒犯罪所得及其收益的来源和性质的。"

❶《刑法修正案（六）》（2006 年 6 月 29 日　主席令第五十一号）①
❷《刑法修正案（三）》（2001 年 12 月 29 日　主席令第六十四号）②
❸ 最高人民检察院、公安部《关于公安机关管辖的刑事案件立案追诉标准的规定（二）》（2010 年 5 月 7 日　公通字〔2010〕23 号）（节录）③

第四十八条　明知是毒品犯罪、黑社会性质的组织犯罪、恐怖活动犯罪、走私犯罪、贪污贿赂犯罪、破坏金融管理秩序犯罪、金融诈骗犯罪的所得及其产生的收益，为掩饰、隐瞒其来源和性质，涉嫌下列情形之一的，应予立案追诉：（一）提供资金账户的；（二）协助将财产转换为现金、金融票据、有价证券的；（三）通过转账或者其他结算方式协助资金转移的；（四）协助将资金汇往境外的；（五）以其他方法掩饰、隐瞒犯罪所得及其收益的来源和性质的。

第九十条　本规定中的立案追诉标准，除法律、司法解释、本规定中另有规定的以外，

---

① 对其解读见：《刑事审判参考》2006 年第 4 辑总第 51 辑，第 53～104 页。
② 对其解读见：《刑事审判参考》2002 年第 1 辑总第 24 辑，第 98～100，176～184 页。
③ 对其解读见：《刑事审判参考》2010 年第 4 辑总第 75 辑，第 127～158 页。

适用于相应的单位犯罪。

❹ 最高人民法院《关于审理洗钱等刑事案件具体应用法律若干问题的解释》（2009年9月21日　法释〔2009〕15号）①

第一条　刑法第一百九十一条、第三百一十二条规定的"明知"，应当结合被告人的认知能力，接触他人犯罪所得及其收益的情况，犯罪所得及其收益的种类、数额，犯罪所得及其收益的转换、转移方式以及被告人的供述等主、客观因素进行认定。

具有下列情形之一的，可以认定被告人明知系犯罪所得及其收益，但有证据证明确实不知道的除外：

（一）知道他人从事犯罪活动，协助转换或者转移财物的；

（二）没有正当理由，通过非法途径协助转换或者转移财物的；

（三）没有正当理由，以明显低于市场的价格收购财物的；

（四）没有正当理由，协助转换或者转移财物，收取明显高于市场的"手续费"的；

（五）没有正当理由，协助他人将巨额现金散存于多个银行账户或者在不同银行账户之间频繁划转的；

（六）协助近亲属或者其他关系密切的人转换或者转移与其职业或者财产状况明显不符的财物的；

（七）其他可以认定行为人明知的情形。

被告人将刑法第一百九十一条规定的某一上游犯罪的犯罪所得及其收益误认为刑法第一百九十一条规定的上游犯罪范围内的其他犯罪所得及其收益的，不影响刑法第一百九十一条规定的"明知"的认定。

第二条　具有下列情形之一的，可以认定为刑法第一百九十一条第一款第（五）项规定的"以其他方法掩饰、隐瞒犯罪所得及其收益的来源和性质"：

（一）通过典当、租赁、买卖、投资等方式，协助转移、转换犯罪所得及其收益的；

（二）通过与商场、饭店、娱乐场所等现金密集型场所的经营收入相混合的方式，协助转移、转换犯罪所得及其收益的；

（三）通过虚构交易、虚设债权债务、虚假担保、虚报收入等方式，协助将犯罪所得及其收益转换为"合法"财物的；

（四）通过买卖彩票、奖券等方式，协助转换犯罪所得及其收益的；

（五）通过赌博方式，协助将犯罪所得及其收益转换为赌博收益的；

（六）协助将犯罪所得及其收益携带、运输或者邮寄出入境的；

（七）通过前述规定以外的方式协助转移、转换犯罪所得及其收益的。

第三条　明知是犯罪所得及其产生的收益而予以掩饰、隐瞒，构成刑法第三百一十二条规定的犯罪，同时又构成刑法第一百九十一条或者第三百四十九条规定的犯罪的，依照处罚较重的规定定罪处罚。

第四条　刑法第一百九十一条、第三百一十二条、第三百四十九条规定的犯罪，应当

---

① 对其解读见：《刑事审判参考》2010年第1辑总第72辑，第111～134页。

以上游犯罪事实成立为认定前提。上游犯罪尚未依法裁判，但查证属实的，不影响刑法第一百九十一条、第三百一十二条、第三百四十九条规定的犯罪的审判。

上游犯罪事实可以确认，因行为人死亡等原因依法不予追究刑事责任的，不影响刑法第一百九十一条、第三百一十二条、第三百四十九条规定的犯罪的认定。

上游犯罪事实可以确认，依法以其他罪名定罪处罚的，不影响刑法第一百九十一条、第三百一十二条、第三百四十九条规定的犯罪的认定。

本条所称"上游犯罪"，是指产生刑法第一百九十一条、第三百一十二条、第三百四十九条规定的犯罪所得及其收益的各种犯罪行为。

5 最高人民法院、最高人民检察院《关于执行〈中华人民共和国刑法〉确定罪名的补充规定》（2002年3月15日　法释〔2002〕7号）①

6 最高人民法院《关于审理骗购外汇、非法买卖外汇刑事案件具体应用法律若干问题的解释》（1998年9月1日　法释〔1998〕20号）（节录）②

第一条　以进行走私、逃汇、洗钱、骗税等犯罪活动为目的，使用虚假、无效的凭证、商业单据或者采取其他手段向外汇指定银行骗购外汇的，应当分别按照刑法分则第三章第二节、第一百九十条、第一百九十一条和第二百零四条等规定定罪处罚。

学理观点·典型案例　➡ 索引与要旨

1 《李启红等内幕交易、泄露内幕信息案》，载《刑事审判参考》2011年第6辑总第83辑，第1～9页。

核心提示 ➡ 如何区分洗钱罪与掩饰、隐瞒犯罪所得罪？

2 《潘儒民、祝素贞、李大明、龚媛洗钱案》，载《刑事审判参考》2008年第1辑总第60辑，第1～9页

核心提示 ➡ 上游犯罪行为人尚未定罪判刑的如何认定洗钱罪

要旨 ➡ 1.上游犯罪行为人虽未定罪判刑，洗钱行为的证据确实、充分的，可以认定洗钱罪。2.是否通谋，是区分上游犯罪共犯与洗钱罪的关键。3.洗钱罪与掩饰、隐瞒犯罪所得、犯罪所得收益罪的区别。

3 《汪照洗钱案》，载《刑事审判参考》2004年第2辑总第37辑，第15～21页。

核心提示 ➡ 洗钱罪主观明知要件、主体要件的理解与认定？洗钱罪与隐瞒毒赃罪的区别是什么？

要旨 ➡ 洗钱罪与隐瞒毒赃罪的根本区别在于前者所隐瞒的系毒赃的非法性质和来源，后者所隐瞒的系毒赃本身，被告人协助实施的投资及虚构经营亏损等活动，意在将毒赃的非法性质和来源予以合法化。

4 王汉斌《关于〈中华人民共和国（修订草案）〉的说明》

---

① 对其解读见：《刑事审判参考》2002年第3辑总第26辑，第171～177页。
② 对其解读见：《解读最高人民法院司法解释·刑事、行政卷（1997～2002）》，第118～123页。

要旨 ➡ 很多国家的刑法对洗钱的犯罪行为作了规定，我国关于禁毒的决定中也对洗钱作了规定。目前，洗钱犯罪时有发生，并已不限于毒品犯罪。因此，草案对明知是毒品犯罪、黑社会性质的组织犯罪、走私犯罪的违法所得及其产生的收益，为掩饰、隐瞒其来源和性质而进行洗钱的行为规定了刑罚。

5《解析刑法修正案（六）中的经济犯罪》，载《公检法办案指南》2006年第9辑总第81辑，第131~152页。

第五节　金融诈骗罪

第192条　集资诈骗罪

以非法占有为目的，使用诈骗方法非法集资，数额较大的，处五年以下有期徒刑或者拘役，并处二万元以上二十万元以下罚金；数额巨大或者有其他严重情节的，处五年以上十年以下有期徒刑，并处五万元以上五十万元以下罚金；数额特别巨大或者有其他特别严重情节的，处十年以上有期徒刑或者无期徒刑，并处五万元以上五十万元以下罚金或者没收财产。

关 联 规 范 ➡ 完全整理

1《中华人民共和国刑法》（1980年1月1日）**第199条　金融诈骗罪的死刑适用**

犯本节第一百九十二条、第一百九十四条、第一百九十五条规定之罪，数额特别巨大并且给国家和人民利益造成特别重大损失的，处无期徒刑或者死刑，并处没收财产。

2《中华人民共和国刑法》（1980年1月1日）**第200条　本节的单位犯罪**

单位犯本节第一百九十二条、第一百九十四条、第一百九十五条规定之罪的，对单位判处罚金，并对其直接负责的主管人员和其他直接责任人员，处五年以下有期徒刑或者拘役；数额巨大或者有其他严重情节的，处五年以上十年以下有期徒刑；数额特别巨大或者有其他特别严重情节的，处十年以上有期徒刑或者无期徒刑。

3《中华人民共和国刑法》（1980年1月1日）**第287条　以计算机为工具的犯罪**

利用计算机实施金融诈骗、盗窃、贪污、挪用公款、窃取国家秘密或者其他犯罪的，依照本法有关规定定罪处罚。

4 最高人民法院《关于非法集资刑事案件性质认定问题的通知》（2011年8月18日法〔2011〕262号）

为依法、准确、及时审理非法集资刑事案件，现就非法集资性质认定的有关问题通知如下：

一、行政部门对于非法集资的性质认定，不是非法集资案件进入刑事程序的必经程序。行政部门未对非法集资作出性质认定的，不影响非法集资刑事案件的审判。

二、人民法院应当依照刑法和《最高人民法院关于审理非法集资刑事案件具体应用法律若干问题的解释》等有关规定认定案件事实的性质，并认定相关行为是否构成犯罪。

三、对于案情复杂、性质认定疑难的案件，人民法院可以在有关部门关于是否符合行业技术标准的行政认定意见的基础上，根据案件事实和法律规定作出性质认定。

四、非法集资刑事案件的审判工作涉及领域广、专业性强，人民法院在审理此类案件当中要注意加强与有关行政主（监）管部门以及公安机关、人民检察院的配合。审判工作中遇到重大问题难以解决的，请及时报告最高人民法院。

❺ 最高人民法院《关于审理非法集资刑事案件具体应用法律若干问题的解释》（2011年1月4日　法释〔2010〕18号）（节录）①

第一条　违反国家金融管理法律规定，向社会公众（包括单位和个人）吸收资金的行为，同时具备下列四个条件的，除刑法另有规定的以外，应当认定为刑法第一百七十六条规定的"非法吸收公众存款或者变相吸收公众存款"：

（一）未经有关部门依法批准或者借用合法经营的形式吸收资金；

（二）通过媒体、推介会、传单、手机短信等途径向社会公开宣传；

（三）承诺在一定期限内以货币、实物、股权等方式还本付息或者给付回报；

（四）向社会公众即社会不特定对象吸收资金。

未向社会公开宣传，在亲友或者单位内部针对特定对象吸收资金的，不属于非法吸收或者变相吸收公众存款。

第二条　实施下列行为之一，符合本解释第一条第一款规定的条件的，应当依照刑法第一百七十六条的规定，以非法吸收公众存款罪定罪处罚：

（一）不具有房产销售的真实内容或者不以房产销售为主要目的，以返本销售、售后包租、约定回购、销售房产份额等方式非法吸收资金的；

（二）以转让林权并代为管护等方式非法吸收资金的；

（三）以代种植（养殖）、租种植（养殖）、联合种植（养殖）等方式非法吸收资金的；

（四）不具有销售商品、提供服务的真实内容或者不以销售商品、提供服务为主要目的，以商品回购、寄存代售等方式非法吸收资金的；

（五）不具有发行股票、债券的真实内容，以虚假转让股权、发售虚构债券等方式非法吸收资金的；

（六）不具有募集基金的真实内容，以假借境外基金、发售虚构基金等方式非法吸收资金的；

（七）不具有销售保险的真实内容，以假冒保险公司、伪造保险单据等方式非法吸收资金的；

（八）以投资入股的方式非法吸收资金的；

（九）以委托理财的方式非法吸收资金的；

---

①　对其解读见：《公检法办案指南》2011年第2辑总第134辑，第56~76页以及《刑事审判参考》2011年第2辑总第79辑，第126~131页。

（十）利用民间"会"、"社"等组织非法吸收资金的；

（十一）其他非法吸收资金的行为。

第四条 以非法占有为目的，使用诈骗方法实施本解释第二条规定所列行为的，应当依照刑法第一百九十二条的规定，以集资诈骗罪定罪处罚。

使用诈骗方法非法集资，具有下列情形之一的，可以认定为"以非法占有为目的"：

（一）集资后不用于生产经营活动或者用于生产经营活动与筹集资金规模明显不成比例，致使集资款不能返还的；

（二）肆意挥霍集资款，致使集资款不能返还的；

（三）携带集资款逃匿的；

（四）将集资款用于违法犯罪活动的；

（五）抽逃、转移资金、隐匿财产，逃避返还资金的；

（六）隐匿、销毁账目，或者搞假破产、假倒闭，逃避返还资金的；

（七）拒不交代资金去向，逃避返还资金的；

（八）其他可以认定非法占有目的的情形。

集资诈骗罪中的非法占有目的，应当区分情形进行具体认定。行为人部分非法集资行为具有非法占有目的的，对该部分非法集资行为所涉集资款以集资诈骗罪定罪处罚；非法集资共同犯罪中部分行为人具有非法占有目的，其他行为人没有非法占有集资款的共同故意和行为的，对具有非法占有目的的行为人以集资诈骗罪定罪处罚。

第五条 个人进行集资诈骗，数额在10万元以上的，应当认定为"数额较大"；数额在30万元以上的，应当认定为"数额巨大"；数额在100万元以上的，应当认定为"数额特别巨大"。

单位进行集资诈骗，数额在50万元以上的，应当认定为"数额较大"；数额在150万元以上的，应当认定为"数额巨大"；数额在500万元以上的，应当认定为"数额特别巨大"。

集资诈骗的数额以行为人实际骗取的数额计算，案发前已归还的数额应予扣除。行为人为实施集资诈骗活动而支付的广告费、中介费、手续费、回扣，或者用于行贿、赠与等费用，不予扣除。行为人为实施集资诈骗活动而支付的利息，除本金未归还可予折抵本金以外，应当计入诈骗数额。

第八条（第二款） 明知他人从事欺诈发行股票、债券，非法吸收公众存款，擅自发行股票、债券，集资诈骗或者组织、领导传销活动等集资犯罪活动，为其提供广告等宣传的，以相关犯罪的共犯论处。

6 最高人民检察院、公安部《关于公安机关管辖的刑事案件立案追诉标准的规定（二）》（2010年5月7日 公通字〔2010〕23号）（节录）①

第四十九条 以非法占有为目的，使用诈骗方法非法集资，涉嫌下列情形之一的，应予立案追诉：（一）个人集资诈骗，数额在十万元以上的；（二）单位集资诈骗，数额在五

---

① 对其解读见：《刑事审判参考》2010年第4辑总第75辑，第127~158页。

十万元以上的。

7 最高人民法院《关于贯彻宽严相济刑事政策的若干意见》(2010年2月8日 法发〔2010〕9号)(节录)①

9. 当前和今后一段时期,对于集资诈骗、贷款诈骗、制贩假币以及扰乱、操纵证券、期货市场等严重危害金融秩序的犯罪,生产、销售假药、劣药、有毒有害食品等严重危害食品药品安全的犯罪,走私等严重侵害国家经济利益的犯罪,造成严重后果的重大安全责任事故犯罪,重大环境污染、非法采矿、盗伐林木等各种严重破坏环境资源的犯罪等,要依法从严惩处,维护国家的经济秩序,保护广大人民群众的生命健康安全。

8 《全国部分法院经济犯罪案件审判工作座谈会研讨综述——"经济犯罪案件中的法律适用问题"》(2004年11月27日)(节录)

五、关于诈骗犯罪的认定:座谈会还重点讨论了诈骗犯罪案件适用法律的若干问题,涉及犯罪主观方面的认定,票据诈骗、金融凭证诈骗等具体诈骗犯罪的认定,诉讼诈骗行为的性质认定等多个方面。

(一)"以非法占有为目的"的认定是会议讨论的核心问题。

与会代表一致认为,作为以公私财物为犯罪对象的金融诈骗罪和合同诈骗罪,是从传统诈骗罪中分离出来的新罪名,都具有侵犯公私财产所有权的性质,构成犯罪必须具有非法占有目的。是否具有非法占有目的,既是诈骗犯罪的必要构成要件,也是区分诈骗犯罪与民事纠纷的重要界限,还是区分诈骗犯罪与其他犯罪(如依次诈骗罪与非法吸收公众存款罪)的主要依据。虽然刑法没有明确规定票据诈骗罪、金融凭证诈骗罪、信用证诈骗罪、信用卡诈骗罪(恶意透支除外)、有价证券诈骗罪和保险诈骗罪应当以非法占有为目的,但正如以非法占有为目的是诈骗罪的当然构成要件,刑法第266条没有也不需要作出特别规定一样,从立法技术考虑,刑法也不需要规定票据诈骗罪、信用证诈骗罪等金融诈骗犯罪应当具有非法占有目的。人民法院在审理各类诈骗犯罪案件过程中,除了审查行为人的客观行为和危害后果外,还必须认真查明行为人主观上是否具有非法占有目的。与会代表争论的焦点在于"非法占有目的"应如何认定,主要有以下两种观点:

第一种观点认为,刑法明确规定合同诈骗罪、集资诈骗罪、贷款诈骗罪和恶意透支型的信用卡诈骗罪必须"以非法占有为目的",是为了与一般的合同欺诈、非法吸收公众存款、贷款欺诈、善意透支行为区别开来。其他金融诈骗犯罪,刑法具体列举的诈骗行为的种种表现,本身就说明行为人具有非法占有目的,不需要再特别规定"以非法占有为目的"。司法实践中,对于法条中没有规定"以非法占有为目的"的金融诈骗犯罪,只要行为人实施了刑法条文规定的客观行为,除有相反证据外,可以推定行为人具备了"以非法占有为目的"的要件。对于法条强调"以非法占有为目的"的诈骗犯罪,除需要证明行为人具有刑法规定的诈骗方法外,还应有相应的证据证明行为人的非法占有目的。

第二种观点认为,最高人民法院2001年印发的《全国法院审理金融犯罪案件工作座谈会纪要》(以下简称《纪要》)明确,"在司法实践中,认定是否具有非法占有目的,应当

---

① 对其解读见:《刑事法律文件解读》2010年第3辑总第57辑,第49~65页。

坚持主客观相一致的原则，既要避免单纯根据损失结果客观归罪，也不能仅凭被告人自己的供述，而应当根据案件具体情况具体分析"，并具体规定，"根据司法实践，对于行为人通过诈骗的方法非法获取资金，造成数额圈套资金不能归还，并具有下列情形之一的，可以认定为具有非法占有的目的：（1）明知没有归还能力而大量骗取资金的；（2）非法获取资金后逃跑的；（3）肆意挥霍骗取资金的；（4）使用骗取的资金进行违法犯罪活动的；（5）抽逃、转移资金、隐藏财产，以逃避返还资金的；（6）隐匿、销毁账目，或者搞假破产、假倒闭，以逃避返还资金的；（7）其他非法占有资金、拒不返还的行为"。这是认定金融诈骗罪中"非法占有目的"应当坚持的基本原则。

但是，在根据资金用途判断行为人是否具有非法占有目的时，应结合全案，分析行为人资金用途的主要方面：对于行为人使用诈骗的方法获取资金后，将资金用于非经营性开支，或者任意挥霍，或者将资金用于明知必然亏损的经营活动，致使资金不能偿还的，可以认定行为人具有非法占有的目的；对于行为人将骗取的资金用于高风险的投资项目，如炒股、炒期货、开发房地产等活动，造成资金客观上无法归还的，不能简单地据此认定行为人具有非法占有的目的；对于行为人取得资金后，部分用于非法活动，部分用于合法经营，绝大部分资金用于合法经营，到期不能归还资金主要是由于经营不善、市场风险等原因造成的，不宜以金融诈骗罪处罚。

（二）关于非法占有目的产生的时间问题

多数与会代表认为，在诈骗犯罪中，行为人的非法占有目的一般产生于其非法控制公私财物之前。但在有些情况下，行为人在合法控制他人财物之后，采用虚构事实或者隐瞒真相的方法，使被害人自愿放弃财物，从而非法占有公私财物，也符合诈骗犯罪的构成特征，应当以诈骗犯罪的有关刑法规定定罪处罚。因此，非法占有目的可以产生于合法控制他人财物过程中，或者合法控制他人财物之后。例如，行为人在借用被害人的财物之后，采用欺骗手段，使被害人自愿放弃财物，数额较大的，可构成刑法第二百六十六条规定的诈骗罪；而行为人在履行合同过程中，在对方当事人交付财物或者款项之后，采用虚构事实或者隐瞒真相的方法，拒不支付货款或者交付货物，或者不偿还资金，则可构成刑法第二百二十四条规定的合同诈骗罪。再如，行为人在贷款过程中没有非法占有目的，也没有采用欺骗手段，但在获得贷款后，采用假破产、假倒闭等欺骗方法，逃避返还贷款，以达到非法占有贷款的目的，可构成刑法第一百九十三条规定的贷款诈骗罪。但是，对于行为人在合法控制他人财物之后，没有采用虚构事实或者隐瞒真相等欺骗手段非法占有公私财物的行为，不能以诈骗犯罪论处。

少数代表认为，诈骗犯罪的非法占有目的只能产生于非法占有公私财物之前。行为人基于合法事由占有他人财物，进而产生非法占有目的，如编造被骗、被窃或遗失等事由而拒不退还的，更符合侵占罪的特征，上述观点关于诈骗罪的定性值得商榷。

❾ 国务院办公厅《关于严厉打击以证券期货投资为名进行违法犯罪活动的通知》（2001年8月31日　国办发〔2001〕64号）（节录）

三、（一）对超出核准的经营范围，非法从事或变相非法从事证券期货交易活动，非法经营境外期货、外汇期货业务的，以涉嫌非法经营罪立案查处。（二）对未经证券监管部门批准和工商行政管理部门登记注册，擅自设立证券期货机构的，以涉嫌擅自设立金融机构罪立案查处。（三）对以"投资咨询"、"代客理财"等为招牌，以高额回报、赠送礼品、虚假融资、减免手续费、提供"免费午餐"等为诱饵吸纳客户资金，采用内部模拟证券期货交易等手法，非法侵占他人财产的，以涉嫌集资诈骗罪立案查处。（四）非法证券期货经营者对受害人有暴力、威胁、非法拘禁等侵犯公民人身权利的行为，或以暴力、威胁手段阻碍国家机关工作人员依法执行公务，情节严重，构成犯罪的，依法追究刑事责任。

❿《全国法院审理金融犯罪案件工作座谈会纪要》（2001年1月21日 法〔2001〕8号）（节录）①

三、关于金融诈骗罪：1. 金融诈骗罪中非法占有目的的认定；2. 贷款诈骗罪的认定和处理；3. 集资诈骗罪的认定和处理：集资诈骗罪和欺诈发行股票、债券罪、非法吸收公众存款罪在客观上均表现为向社会公众非法募集资金。区别的关键在于行为人是否具有非法占有的目的。对于以非法占有为目的而非法集资，或者在非法集资过程中产生了非法占有他人资金的故意，均构成集资诈骗罪。但是，在处理具体案件时要注意以下两点：一是不能仅凭较大数额的非法集资款不能返还的结果，推定行为人具有非法占有的目的；二是行为人将大部分资金用于投资或生产经营活动，而将少量资金用于个人消费或挥霍的，不应仅以此便认定具有非法占有的目的。4. 金融诈骗犯罪定罪量刑的数额标准和犯罪数额的计算。四、死刑的适用。五、财产刑的适用。

⓫浙江省公检法《关于当前办理集资类刑事案件适用法律若干问题的会议纪要》（2008年12月2日 浙高法〔2008〕352号）

一、未经依法批准，以承诺还本分红或者付息的方法，向社会不特定对象吸收资金，用于发放贷款、办理结算、票据贴现、资金拆借、信托投资、金融租赁、融资担保、外汇买卖、证券期货等非法营利活动的，应当依法按照非法吸收公众存款定性处理；行为人具有非法占有目的的，应当依法按照集资诈骗等处理。

二、为生产经营所需，以承诺还本分红或者付息的方法，向相对固定的人员（一定范围内的人员如职工、亲友等）筹集资金，主要用于合法的生产经营活动，因经营亏损或者资金周转困难而未能及时兑付本息引发纠纷的，应当作为民间借贷纠纷处理。对此类案件，不能仅仅因为借款人或借款单位负责人出走，就认定为非法吸收公众存款犯罪或者集资诈骗犯罪。

三、以生产经营所需为由，以承诺还本分红或者付息的方法，向相对固定的人员筹集资金，部分用于合法的生产经营活动，部分用于违法犯罪行为，违法使用资金的行为触犯刑法的，依据其触犯的罪名定罪处罚。

四、为生产经营所需，以承诺还本分红或者付息的方法，向社会不特定对象筹集资金，主要用于合法的生产经营活动，因经营亏损或者资金周转困难而未能及时兑付本息引发纠纷的，一般可不作为非法吸收公众存款犯罪案件处理。但对于其中后果严重，严重影响社会稳定的，应当按非法吸收公众存款犯罪处理。

五、以生产经营或者投资所需为幌子，以承诺还本分红或者付息的方法，向社会不特

---

① 对其解读见：《刑事审判参考》2001年第4辑总第15辑，第63~76页。

定对象吸收资金，非法占有资金的，按照集资诈骗犯罪处理。

六、司法机关应当依法妥善处理涉及众多被害人的犯罪案件，积极配合地方党委和政府做好善后工作，尽量将犯罪造成的不良后果降到最低限度，确保社会稳定。要注意及时扣押、冻结、追缴赃款赃物和违法所得，及时将非法集资款返还被害人。但对于超出本金部分的利息，不予保护。对扣押、冻结、追缴在案的赃款赃物、违法所得，应当按照尚未归还的被害人集资本金按比例分配归还。对办案过程中发现有关部门和单位在资金管理中存在的漏洞和隐患，要及时提出司法建议，以做到防患于未然。

⑫ 上海市高级人民法院刑庭、上海市检公诉处《关于进一步规范部分常见刑事案件级别管辖的意见》（2004年8月13日）（节录）

二、对具备下列情形，同时又不具有其他足以判处十五年有期徒刑以下刑罚的法定从轻、减轻情节的案件，各中级人民法院应当予以受理。

4. 集资诈骗罪（刑法第192条、第200条）

（1）个人集资诈骗500万元以上；

（2）个人集资诈骗虽未达到上述标准，但侦查终结前无法追回的数额在250万元以上的；

（3）单位集资诈骗2500万元以上；

（4）单位集资诈骗虽未达到上述标准，但侦查终结前无法追回的数额在1250万元以上的。

⑬ 福建省公检法《关于部分经济犯罪、渎职犯罪案件数额幅度及情节认定问题的座谈纪要》若干问题的修订意见（2002年10月8日 闽高法〔2005〕243号）（节录）

二十一、2. 集资诈骗案罪的"数额较大"为个人集资诈骗10万元以上不满50万元；单位集资诈骗50万元以上不满300万元。

学理观点·典型案例 ➡ 索引与要旨

❶《集资诈骗还是擅自发行股票？》，载《王可集资诈骗，虚报注册资本，董欣集资诈骗案判决书》以及《刑事审判参考》2010年第2辑总第73辑，第147~206页。

❷《东某集资诈骗案》，载《最新刑事法律文件解读》2010年第7辑总第61辑，第101~103页。

核心提示 ➡ 该传销行为是构成非法经营罪还是集资诈骗罪？

❸《最新刑事法律文件解读》2010年第6辑总第60辑，第60~62页。

核心提示 ➡ 最高人民法院公布四起集资诈骗典型案件

❹《许官成、许冠卿、马茹梅集资诈骗案》，载《最高人民法院公报》2009年第10辑总第156辑。

要旨 ➡ 骗取巨额集资款后，将该笔款项投入开发、研制产品的比例极小，根本无法通过正常经营偿还前期非法募集的本金及约定利息，且又将该款项用于个人挥霍，构成本罪。

❺《集资诈骗罪司法认定问题研究》，载《刑事司法指南》2009年第4辑总第40辑，

第 43~61 页。

❻《集资诈骗犯罪案件证据收集应当注意的几个问题》，载《刑事司法指南》2008 年第 4 辑总第 36 辑，第 155~176 页。

❼《集资诈骗罪司法认定中几个问题的探讨》，载《刑事司法指南》2007 年第 4 辑总第 32 辑，第 38~50 页。

❽《关于防范和打击非法集资、非法从事金融业务、传销等违法犯罪活动的几个问题》，载《公检法办案指南》2007 年第 8 辑总第 92 辑，第 160~170 页。

❾《向不特定公众出售非上市公司股权（股票）行为如何定性——潘某等人集资诈骗、非法经营案案例分析》，载《公检法办案指南》2007 年第 1 辑总第 85 辑，第 155~169 页。

❿《徐继兰、徐继峰集资诈骗案》，载《最高人民法院公报》2003 年第 6 辑总第 77 辑。

要旨 ➡ 以虚假融资和虚假股票交易为手段，募集并骗取他人资金，构成本罪。

⓫《袁鹰、欧阳湘、李巍集资诈骗案》，载《刑事审判参考》2002 年第 2 辑总第 25 辑，第 22~24 页。

核心提示 ➡ 非法传销与集资诈骗的区别

⓬《河南省三星实业公司集资诈骗案》，载《刑事审判参考》2000 年第 5 辑总第 10 辑，第 15~24 页以及《刑事审判案例》，第 65~71 页。

核心提示 ➡ 犯罪后单位被注销如何追究相关人员的刑事责任

要旨 ➡ 1. 三星公司以非法占有为目的，使用诈骗方法非法集资的行为，构成集资诈骗罪；2. 三星公司被依法注销后，其诉讼能力已经丧失，但不能因此免除有关责任人员的刑事责任；3. 被告人在案发前辞职离开三星公司不属于犯罪中止。

⓭《高远非法吸收公众存款案》，载《刑事审判参考》2000 年第 3 辑总第 8 辑，第 1~7 页以及《刑事审判案例》，第 214~218 页。

核心提示 ➡ 利用经济互助会非法集资的行为如何定性？集资诈骗与非法吸收公众存款的区别

要旨 ➡ 1. 被告人的行为构成非法吸收公众存款罪；2. 对被告人的行为应适用全国人大常委会《关于惩治破坏金融秩序犯罪的决定》定罪处罚。

⓮《王维平集资诈骗案》，载《最新刑事法律文件解读》2006 年第 7 辑总第 19 辑，第 120~125 页。

核心提示 ➡ "标会"案件中非法占有目的的司法推定？集资诈骗罪与非法吸收公众存款罪的区别

要旨 ➡ 犯罪目的不同是集资诈骗罪与非法吸收公众存款罪最根本的区别所在。集资诈骗罪犯罪目的在于将非法募集的资金占为己有，而非法吸收公众存款罪的犯罪目的一般则是通过非法吸收存款进行营利活动，并无非法占有的目的。

《全国法院审理金融犯罪案件工作座谈会纪要》提出的第（1）种情形，在主观上要求行为人"明知已无归还能力",客观上要求行为人"大量非法骗取资金",是从主客观相结合上提出的标准。那么王维平是否如其辩解有在"参会"中营利的目的呢?从理论上分析,按"标会"运作的原理"参会"是有可能获取高额尾息的,但前提是必须在后期以低标甚至不出标收取会款。如果会头抢在前面出高标收取会款,那么"标会"运作到结束,其不但不能获得高额尾息,还要形成巨大亏损,对此,王维平作为会头当然应是明知的。如前分析,王维平在非法集资后期为隐瞒亏空真相、弥补亏空,不断大量地出高标收取会款,出现无法返还的后果显然是必然的,根本谈不上营利(当然我们也不能断然否认其非法集资初期可能因主观认识原因有通过"参会"营利的目的,这在量刑时可以适当考虑从轻)。所以在本案中王维平所谓通过"参会"营利的说法显然是空中楼阁,不管从事实还是理论上均不能成立。

15《金融诈骗罪的非法占有目的及其认定》,载《刑事司法指南》2005 年第 3 辑总第 23 辑,第 1~34 页。

16《尹生华诈骗案》,载《经济犯罪审判指导》2004 年第 3 辑总第 7 辑。

核心提示 ➡ 如何认识集资诈骗罪的客观要件?

要旨 ➡ 未经有权机关批准,以非法占有为目的,以诈骗方法向社会上不特定的多数人公开、广泛地募集资金的行为,属于"非法向社会公众募集资金",是集资诈骗罪区别于诈骗罪的重要特征之一,数额较大,构成集资诈骗罪。

17《邓玉等集资诈骗案》,载《经济犯罪审判指导》。

要旨 ➡ 利用证券黑市骗取公众资金构成集资诈骗罪。

18《金融诈骗犯罪中数额的认定与适用》,载《刑事司法指南》2004 年第 3 辑总第 19 辑,第 61~67 页。

要旨 ➡ 一、金融诈骗个人犯罪中数额的认定与适用:1. 金融诈骗犯罪既遂时数额的认定与适用;2. 金融诈骗犯罪预备、未遂、中止时数额的认定与适用。

二、金融诈骗共同犯罪中数额的认定与适用。

19《目的犯的法理研究》,载《刑事审判要览》2004 年第 3 辑总第 9 辑,第 36~55 页。

20《关于诈骗犯罪非法占有目的的理解与认定》,载《经济犯罪审判指导》2003 年第 4 辑总第 4 辑,第 81~101 页。

要旨 ➡ 一、诈骗犯罪的司法困境。

二、非法占有目的的理解。

三、非法占有目的的司法认定要素:1. 合同诈骗罪之非法占有目的的认定要素;2. 金融诈骗罪之非法占有目的的认定要素。

四、非法占有目的的司法认定方法:1. 运用刑事推定方法之必要;2. 刑事推定方法之合理运用。

第 193 条 贷款诈骗罪

有下列情形之一,以非法占有为目的,诈骗银行或者其他金融机构的贷款，数额较大的，处五年以下有期徒刑或者拘役，并处二万元以上二十万元以下罚金；数额巨大或者有其他严重情节的，处五年以上十年以下有期徒刑，并处五万元以上五十万元以下罚金；数额特别巨大或者有其他特别严重情节的，处十年以上有期徒刑或者无期徒刑，并处五万元以上五十万元以下罚金或者没收财产：

（一）编造引进资金、项目等虚假理由的；
（二）使用虚假的经济合同的；
（三）使用虚假的证明文件的；
（四）使用虚假的产权证明作担保或者超出抵押物价值重复担保的；
（五）以其他方法诈骗贷款的。

关 联 规 范 —— 完全整理

❶《中华人民共和国刑法》（1980年1月1日）第287条 以计算机为工具的犯罪

利用计算机实施金融诈骗、盗窃、贪污、挪用公款、窃取国家秘密或者其他犯罪的，依照本法有关规定定罪处罚。

❷《刑法修正案（六）》（2006年6月29日 主席令第五十一号）（节录）①

九、将以欺骗手段取得银行或者其他金融机构贷款、票据承兑、信用证、保函等行为增加规定为犯罪

❸ 最高人民检察院、公安部《关于公安机关管辖的刑事案件立案追诉标准的规定（二）》（2010年5月7日 公通字〔2010〕23号）（节录）②

第五十条 以非法占有为目的，诈骗银行或者其他金融机构的贷款，数额在二万元以上的，应予立案追诉。

❹ 最高人民法院《关于贯彻宽严相济刑事政策的若干意见》（2010年2月8日 法发〔2010〕9号）（节录）③

9.当前和今后一段时期，对于集资诈骗、贷款诈骗、制贩假币以及扰乱、操纵证券、期货市场等严重危害金融秩序的犯罪，生产、销售假药、劣药、有毒有害食品等严重危害食品药品安全的犯罪，走私等严重侵害国家经济利益的犯罪，造成严重后果的重大安全责任事故犯罪，重大环境污染、非法采矿、盗伐林木等各种严重破坏环境资源的犯罪等，要依法从严惩处，维护国家的经济秩序，保护广大人民群众的生命健康安全。

❺《全国部分法院经济犯罪案件审判工作座谈会研讨综述——"经济犯罪案件中的法律适用问题"》（2004年11月27日）（节录）

---

① 对其解读见：《刑事审判参考》2006年第4辑总第51辑，第53~104页。
② 对其解读见：《刑事审判参考》2010年第4辑总第75辑，第127~158页。
③ 对其解读见：《刑事法律文件解读》2010年第3辑总第57辑，第49~65页。

四、金融机构工作人员与外部人员勾结骗取本单位资金行为的定性：（一）银行或其他金融机构的国家工作人员与外部人员内外勾结行为的定性；（二）银行或其他金融机构的非国家工作人员与外部人员内外勾结行为的定性。

五、关于诈骗犯罪的认定：（一）"以非法占有为目的"的认定是会议讨论的核心问题；（二）关于非法占有目的产生的时间问题；（三）关于票据诈骗罪中的法律适用问题；（四）关于利用口头合同进行诈骗的能否以合同诈骗罪定罪处罚的问题；（五）关于诉讼诈骗行为能否以诈骗罪定罪处罚的问题。

❻《全国法院审理金融犯罪案件工作座谈会纪要》（2001年1月21日　法〔2001〕8号）（节录）①

三、关于金融诈骗罪：

1. 金融诈骗罪中非法占有目的的认定；

2. 贷款诈骗罪的认定和处理。贷款诈骗犯罪是目前案发较多的金融诈骗犯罪之一。审理贷款诈骗犯罪案件，应当注意以下两个问题：

一是单位不能构成贷款诈骗罪。根据刑法第三十条和第一百九十三条的规定，单位不构成贷款诈骗罪。对于单位实施的贷款诈骗行为，不能以贷款诈骗罪定罪处罚，也不能以贷款诈骗罪追究直接负责的主管人员和其他直接责任人员的刑事责任。但是，在司法实践中，对于单位十分明显地以非法占有为目的，利用签订、履行借款合同诈骗银行或其他金融机构贷款符合刑法第二百二十四条规定的合同诈骗罪构成要件的，应当以合同诈骗罪定罪处罚。

二是要严格区分贷款诈骗与贷款纠纷的界限。对于合法取得贷款后，没有按规定的用途使用贷款，到期没有归还贷款的，不能以贷款诈骗罪定罪处罚；对于确有证据证明行为人不具有非法占有的目的，因不具备贷款的条件而采取了欺骗手段获取贷款，案发时有能力履行还款义务，或者案发时不能归还贷款是因为意志以外的原因，如因经营不善、被骗、市场风险等，不应以贷款诈骗罪定罪处罚。

4. 金融诈骗犯罪定罪量刑的数额标准和犯罪数额的计算。

四、死刑的适用。

五、财产刑的适用。

❼ 最高人民法院《关于审理诈骗案件具体应用法律的若干问题的解释》（1996年12月16日　法发〔1996〕32号）（节录）

四、根据《决定》第十条规定，以非法占有为目的，诈骗银行或者其他金融机构的贷款，数额较大的，构成贷款诈骗罪。

《决定》第十条规定的"其他严重情节"是指：（1）为骗取贷款，向银行或者金融机构的工作人员行贿，数额较大的；（2）挥霍贷款，或者用贷款进行违法活动，致使贷款到期无法偿还的；（3）隐匿贷款去向，贷款期限届满后，拒不偿还的；（4）提供虚假的担保申请贷款，贷款期限届满后，拒不偿还的；（5）假冒他人名义申请贷款，贷款期限届满后，拒不偿还的。

---

① 对其解读见：《刑事审判参考》2001年第4辑总第15辑，第63~76页。

《决定》第十条规定的"其他特别严重情节"是指：(1) 为骗取贷款，向银行或者金融机构的工作人员行贿，数额巨大的；(2) 携带贷款逃跑的；(3) 使用贷款进行犯罪活动的。

个人进行贷款诈骗数额在1万元以上的，属于"数额较大"；个人进行贷款诈骗数额在5万元以上的，属于"数额巨大"；个人进行贷款诈骗数额在20万元以上的，属于"数额特别巨大"。

❽ **厦门市中级人民法院、厦门市人民检察院《厦门市几类多发性刑事案件管辖标准暂行规定》(2008年2月21日　厦检会〔2008〕2号)(节录)**

三、贷款诈骗罪

诈骗数额达150万元以上的，由市人民检察院起诉、市中级人民法院审判。

❾ **2005年上海市高级人民法院《刑法总则适用问题解答(试行)》(节录)**

单位实施贷款诈骗危害严重的，可以(单位)合同诈骗罪论处。

❿ **上海市高级人民法院刑庭、上海市检公诉处《关于进一步规范部分常见刑事案件级别管辖的意见》(2004年8月13日)(节录)**

二、对具备下列情形，同时又不具有其他足以判处十五年有期徒刑以下刑罚的法定从轻、减轻情节的案件，各中级人民法院应当予以受理。

5. 贷款诈骗罪(刑法第193条)

(1) 贷款诈骗500万元以上；

(2) 贷款诈骗虽未达到上述标准，但侦查终结前无法追回的数额在250万元以上的。

⓫ **《关于执行刑法若干问题的具体意见(试行)——99'上海法院刑庭庭长会议纪要》(1999年7月15日)(节录)**

四、关于罪刑法定原则的适用问题：因有些刑法条款对某些行为的性质规定得不够明确，如果该行为完全符合相邻犯罪的全部构成要件的，可依此相邻犯罪定罪处刑，以充分发挥刑法的社会保护功能。如果不是符合相邻犯罪的全部构成要件，则不能定罪，以避免事实上的类推定罪。

1. 单位实施贷款诈骗危害严重的，可以合同诈骗罪论处。

附：根据新刑法颁布前有关司法解释的规定和本市的实际情况，现将部分犯罪的数额标准罗列如下，供参照执行。

6. 刑法第193条贷款诈骗罪，以1万元为"数额较大"的起点；以5万元为"数额巨大"的起点；以20万元为"数额特别巨大"的起点。

学理观点·典型案例　➡ 索引与要旨

❶《金融犯罪认定四题(上)》，载《刑事司法指南》2012年第1辑总第49辑，第1~21页。

核心提示 ➡ 贷款诈骗罪的主体认定

❷《"非法占有目的的产生时间"之概念在刑事审判中的应用》，载《刑事法律文件解读》2009年第11辑总第53辑，第96~105页。

❸《金融诈骗罪的共犯问题》，载《刑事司法指南》2008年第1辑总第33辑，第1~27页。

❹《秦文虚报注册资本、合同诈骗案》，载《刑事审判参考》2005年第4辑总第45辑，第1~9页。

核心提示 ➡ 骗取他人担保申请贷款的是贷款诈骗还是合同诈骗？

要旨 ➡ 被告人以欺骗手段获得东航江苏公司的真实担保后取得贷款，放贷银行在担保前提下放贷，并无不当，被告人的诈骗对象仍是东航江苏公司，故为合同诈骗。行为人虚构事实骗取银行与担保人的信任，非法占有钱款后，银行可依据担保合同从担保人处获取担保，而担保人则是银行债务的实际承担者，受侵害的往往是担保人。即使担保人因某种原因如破产等情况导致无法偿还担保，银行的债权无法实现从而权益受到实际侵害，但只要担保人与银行之间所订立的担保合同具有法律效力，银行与担保人之间就成立债权、债务关系，法律关系的最终落脚点和行为侵害对象就应认定是担保人而非银行。当然，如果行为人提供虚假担保或者重复担保，骗取银行或者其他金融机构贷款的，则符合贷款诈骗罪的构成要件。

❺《金融诈骗罪的非法占有目的及其认定》，载《刑事司法指南》2005年第3辑总第23辑，第1~34页。

❻《张福顺贷款诈骗案》，载《刑事审判参考》2004年第4辑总第39辑，第11~19页。

核心提示 ➡ 贷款诈骗罪与贷款民事欺诈行为的区分

要旨 ➡ 利用欺诈手段取得款物用于炒股、炒期货等高风险经营活动，造成资金客观上无法归还，如行为人无非法占有目的，也不能以金融诈骗犯罪处罚。

从贷款用途看，被告人无挥霍、恶意处分或者携款潜逃的行为，而是用于经营活动和购买工厂。对于行为人利用欺诈手段取得款物后用于经营活动，即使是高风险的经营活动，如炒股、炒期货、开发房地产等活动，造成资金客观上无法归还的，如果无其他证明行为人有非法占有目的的事实，也不能以金融诈骗罪犯罪处罚。因此，一、二审法院经过重审宣告被告人无罪是正确的。

❼《马汝方等贷款诈骗、违法发放贷款、挪用资金案》，载《刑事审判参考》2004年第4辑总第39辑，第1~10页。

核心提示 ➡ 单位与自然人共同实施贷款诈骗行为的罪名适用

要旨 ➡ 本案中单位与自然人共同诈骗银行贷款的行为，符合刑法对合同诈骗罪的规定，应以合同诈骗罪进行定罪处罚。从犯罪人马凤仙的角度，本案应认定为贷款诈骗罪，从犯罪单位明华公司的角度，则应以合同诈骗罪定罪处罚。所以，本案确实存在一个罪名的具体适用问题。对此，我们认为，可以参照《最高人民法院关于审理贪污、职务侵占案件如何认定共同犯罪几个问题的解释》的有关精神，根据全面评价的法律适用原则，结合主犯的犯罪性质来加以具体确定。本案明华公司是主犯，故全案定合同诈骗。

❽《目的犯的法理研究》，载《刑事审判要览》2004年第3辑总第9辑，第36~

55 页。

❾《如何理解诈骗犯罪中的非法占有目的——由郭某贷款诈骗宣告无罪案引发的思考》，载《刑事法判解研究》2004 年第 4 辑总第 9 辑，第 113~129 页。

❿《金融诈骗犯罪中数额的认定与适用》，载《刑事司法指南》2004 年第 3 辑总第 19 辑，第 61~67 页。

要旨➡一、金融诈骗个人犯罪中数额的认定与适用：1. 金融诈骗犯罪既遂时数额的认定与适用；2. 金融诈骗犯罪预备、未遂、中止时数额的认定与适用。

二、金融诈骗共同犯罪中数额的认定与适用。

⓫《关于诈骗犯罪非法占有目的的理解与认定》，载《经济犯罪审判指导》2003 年第 4 辑总第 4 辑，第 81~101 页。

要旨➡一、诈骗犯罪的司法困境。

二、非法占有目的的理解。

三、非法占有目的的司法认定要素：金融诈骗罪之非法占有目的的认定要素。

四、非法占有目的的司法认定方法：1. 运用刑事推定方法之必要；2. 刑事推定方法之合理运用。

⓬《潘勇、王伟职务侵占、虚报注册资本、贷款诈骗案》，载《刑事审判参考》2002 年第 4 辑总第 27 辑，第 34~41 页。

核心提示➡以非法侵占物进行抵押贷款、逾期不还贷行为的定性

要旨➡被告在贷款中提供了"真实的"抵押担保，虽隐瞒了抵押物的非法性质，但银行方并不会因之受实际损失，根据刑法禁止重复评价的原则，不应也不宜在追究其职务侵占的刑事责任的同时，再行追究其贷款诈骗的刑事责任。首先因手续真实合法，银行可依抵押权对抗所有权并优先受偿，而黄河公司只能以侵权之债要求潘赔偿；其次，是被告的财物处理行为，若为骗贷而侵占车用作抵押贷款，则是牵连，择重罪。

⓭《俞辉合同诈骗案》，载《刑事审判参考》2002 年第 2 辑总第 25 辑，第 32~40 页。

核心提示➡骗取银行巨额贷款用于高风险的期货炒作和以新贷还前贷，能否认定行为人具有"非法占有目的"？刑法修订后审理的实施于刑法修订前的单位贷款诈骗案件如何处理？

⓮《陈玉泉、邹臻荣贷款诈骗案》，载《刑事审判参考》2001 年第 5 辑总第 16 辑，第 12~17 页。

核心提示➡对 1997 年刑法施行前单位实施的贷款诈骗行为应如何处理？

⓯《吴晓丽贷款诈骗案》，载《刑事审判参考》2001 年第 4 辑总第 15 辑，第 12~17 页。

核心提示➡如何区分贷款诈骗与贷款纠纷？

⓰《郭建升被控贷款诈骗案》，载《刑事审判参考》2001 年第 3 辑总第 14 辑，第 1~9 页。

核心提示 ➡ 贷款诈骗中的以非法占有为目的应如何把握？

要旨 ➡ 虽用虚假手段贷款，但用于企业经营，故不具备非法占有目的。

⑰《朱成芳金融凭证诈骗、贷款诈骗案》，载《刑事审判参考合订本·第一卷》，第51～57页。

核心提示 ➡ 使用伪造的银行存单作抵押骗取贷款行为之定性研究

要旨 ➡ 不存在牵连关系，该两罪交互竞合，实际上是想象竞合在法律上的确认，因而已转化为法条竞合，依重法优于轻法的原则，对本案被告应以金融凭证诈骗定。

第194条　第1款　票据诈骗罪　第2款　金融凭证诈骗罪

有下列情形之一，进行金融票据诈骗活动，数额较大的，处五年以下有期徒刑或者拘役，并处二万元以上二十万元以下罚金；数额巨大或者有其他严重情节的，处五年以上十年以下有期徒刑，并处五万元以上五十万元以下罚金；数额特别巨大或者有其他特别严重情节的，处十年以上有期徒刑或者无期徒刑，并处五万元以上五十万元以下罚金或者没收财产：

（一）明知是伪造、变造的汇票、本票、支票而使用的；

（二）明知是作废的汇票、本票、支票而使用的；

（三）冒用他人的汇票、本票、支票的；

（四）签发空头支票或者与其预留印鉴不符的支票，骗取财物的；

（五）汇票、本票的出票人签发无资金保证的汇票、本票或者在出票时作虚假记载，骗取财物的。

使用伪造、变造的委托收款凭证、汇款凭证、银行存单等其他银行结算凭证的，依照前款的规定处罚。

关　联　规　范　➡　完全整理

❶《中华人民共和国刑法》（1980年1月1日）第199条　金融诈骗罪的死刑适用

犯本节第一百九十二条、第一百九十四条、第一百九十五条规定之罪，数额特别巨大并且给国家和人民利益造成特别重大损失的，处无期徒刑或者死刑，并处没收财产。

❷《中华人民共和国刑法》（1980年1月1日）第200条　本节的单位犯罪

单位犯本节第一百九十二条、第一百九十四条、第一百九十五条规定之罪的，对单位判处罚金，并对其直接负责的主管人员和其他直接责任人员，处五年以下有期徒刑或者拘役；数额巨大或者有其他严重情节的，处五年以上十年以下有期徒刑；数额特别巨大或者有其他特别严重情节的，处十年以上有期徒刑或者无期徒刑。

❸《中华人民共和国刑法》（1980年1月1日）第287条　以计算机为工具的犯罪

利用计算机实施金融诈骗、盗窃、贪污、挪用公款、窃取国家秘密或者其他犯罪的，依照本法有关规定定罪处罚。

❹《中华人民共和国票据法》(1996年1月1日 主席令第二十二号)(节录)

第一百零二条 有下列票据欺诈行为之一的,依法追究刑事责任:(一)伪造、变造票据的;(二)故意使用伪造、变造的票据的;(三)签发空头支票或者故意签发与其预留的本名签名式样或者印鉴不符的支票,骗取财物的;(四)签发无可靠资金来源的汇票、本票,骗取资金的;(五)汇票、本票的出票人在出票时作虚假记载,骗取财物的;(六)冒用他人的票据,或者故意使用过期或者作废的票据,骗取财物的;(七)付款人同出票人、持票人恶意串通,实施前六项所列行为之一的。

❺最高人民检察院、公安部《关于公安机关管辖的刑事案件立案追诉标准的规定(二)》(2010年5月7日 公通字〔2010〕23号)(节录)①

第五十一条 进行金融票据诈骗活动,涉嫌下列情形之一的,应予立案追诉:(一)个人进行金融票据诈骗,数额在一万元以上的;(二)单位进行金融票据诈骗,数额在十万元以上的。

第五十二条 使用伪造、变造的委托收款凭证、汇款凭证、银行存单等其他银行结算凭证进行诈骗活动,涉嫌下列情形之一的,应予立案追诉:(一)个人进行金融凭证诈骗,数额在一万元以上的;(二)单位进行金融凭证诈骗,数额在十万元以上的。

❻《全国部分法院经济犯罪案件审判工作座谈会研讨综述——"经济犯罪案件中的法律适用问题"》,载《刑事审判参考》2004年第6辑总第41辑,第146~168页。(节录)

四、金融机构工作人员与外部人员勾结骗取本单位资金行为的定性:(一)银行或其他金融机构的国家工作人员与外部人员内外勾结行为的定性;(二)银行或其他金融机构的非国家工作人员与外部人员内外勾结行为的定性。

五、关于诈骗犯罪的认定:(一)"以非法占有为目的"的认定是会议讨论的核心问题;(二)关于非法占有目的产生的时间问题;(三)关于票据诈骗罪中的法律适用问题;(四)关于利用口头合同进行诈骗的能否以合同诈骗罪定罪处罚的问题;(五)关于诉讼诈骗行为能否以诈骗罪定罪处罚的问题。

❼《全国法院审理金融犯罪案件工作座谈会纪要》(2001年1月21日 法〔2001〕8号)(节录)②

三、关于金融诈骗罪:1.金融诈骗罪中非法占有目的的认定:金融诈骗犯罪都是以非法占有为目的的犯罪。在司法实践中,认定是否具有非法占有为目的,应当坚持主客观相一致的原则,既要避免单根据损失结果客观归罪,也不能仅凭被告人自己的供述,而应当根据案件具体情况具体分析。但是,在处理具体案件的时候,对于有证据证明行为人不具有非法占有目的的,不能单纯以财产不能归还就按金融诈骗罪处理。2.贷款诈骗罪的认定和处理;3.集资诈骗罪的认定和处理;4.金融诈骗犯罪定罪量刑的数额标准和犯罪数额的计算。

四、死刑的适用。

五、财产刑的适用。

---

① 对其解读见:《刑事审判参考》2010年第4辑总第75辑,第127~158页。
② 对其解读见:《刑事审判参考》2001年第4辑总第15辑,第63~76页。

❽ 厦门市中级人民法院、厦门市人民检察院《厦门市几类多发性刑事案件管辖标准暂行规定》（2008年2月21日 厦检会〔2008〕2号）（节录）

四、票据诈骗、金融凭证诈骗罪

个人诈骗数额达100万元以上，单位诈骗数额达500万元以上的，由市人民检察院起诉、市中级人民法院审判。

❾ 上海市高级人民法院刑庭、上海市检公诉处《关于进一步规范部分常见刑事案件级别管辖的意见》（2004年8月13日）（节录）

二、对具备下列情形，同时又不具有其他足以判处十五年有期徒刑以下刑罚的法定从轻、减轻情节的案件，各中级人民法院应当予以受理。

6. 票据诈骗罪、金融凭证诈骗罪（刑法第194、200条）

（1）个人进行票据、金融凭证诈骗500万元以上；

（2）个人进行票据、金融凭证诈骗虽未达到上述标准，但侦查终结前无法追回的数额在250万元以上的；

（3）单位进行票据、金融凭证诈骗2500万元以上；

（4）单位进行票据、金融凭证诈骗虽未达到上述标准，但侦查终结前无法追回的数额在1250万元以上的。

❿ 广东省高级人民法院《关于办理破坏社会主义市场经济秩序犯罪案件若干具体问题的指导意见》（2002年7月2日 粤高法〔2002〕87号）（节录）

14. 关于《刑法》第194条规定的票据诈骗罪和金融凭证诈骗罪的认定。行为人在实施一宗诈骗行为中，既使用了支票、汇票、本票等票据，又使用了其他银行结算凭证的，视其以何种票据、凭证为主，在票据诈骗罪和金融凭证诈骗罪中择一重罪处罚，不实行数罪并罚；如果在不同宗诈骗行为中，分别使用了支票、汇票、本票等票据和其他银行结算凭证的，则应分别认定票据诈骗罪和金融凭证诈骗罪，数罪并罚。

⓫《关于执行刑法若干问题的具体意见（试行）——99'上海法院刑庭庭长会议纪要》（1999年7月15日）（节录）

二、关于有身份者与无身份者共同犯罪的定罪问题

有身份者与无身份者共同犯罪且发生法条竞合（即分别依各自的身份定罪即触犯不同的罪名）时，应遵循下列原则定罪：一是作为共同犯罪，除法律有特别规定的以外，对各名共同犯罪人应当体现定罪的一致性；二是在发生了法条竞合的情况下，应按照特别法优于普通法或者重法优于轻法的原则选择应当适用的法条。据此，上述有身份者与无身份者共同犯罪的情况可区分三种情形分别定罪：1. 无身份者与有身份者相勾结，利用有身份者的职务便利共同实行犯罪的，应当以有身份者所触犯之罪认定共同犯罪的性质；对无身份者以该种职务犯罪的共犯论处。但是，如果无身份者的实行行为所触犯之罪显然重于有身份者的实行行为所触犯之罪的，除非法律有特别规定，应当按照重法优于轻法的原则，以无身份者的行为定性。（例如，外部人员与金融机构中的非国家工作人员相勾结，以制造假票据或金融凭证等方法，骗取金融机构的巨款的，因按不同身份可以分别认定票据诈骗罪或金融凭证诈骗罪与职务侵占罪，但前两罪的法定刑明显重于后罪，故应以重罪论处。）

九、关于票据诈骗罪认定中的有关问题

行为人分别实施了票据诈骗罪与金融凭证诈骗罪的,应当实行数罪并罚;如果行为人用金融凭证诈骗所得款物全部归还了先行的票据诈骗款物的,应当认定实际没有归还的金融凭证诈骗数额,并以金融凭证诈骗罪论处;反之,情况亦然。

如果行为人分别实施了票据诈骗、金融凭证诈骗或合同诈骗等多种诈骗行为,单独而论都不够定罪起刑点标准,应当累计诈骗数额,然后以法定刑较轻的一种诈骗罪定罪处刑。

附:根据新刑法颁布前有关司法解释的规定和本市的实际情况,现将部分犯罪的数额标准罗列如下,供参照执行。

7. 刑法第194条票据诈骗罪,个人以5000元、单位以10万元为"数额较大"的起点;个人以5万元、单位以30万元为"数额较大"的起点;个人以10万元、单位以100万元为"数额特别巨大"的起点。

学理观点·典型案例 ➡ 索引与要旨

❶《张平票据诈骗案》,载《刑事审判参考》2010年第6辑总第77辑,第1~10页。

核心提示 ➡ 盗窃银行承兑汇票并使用,骗取数额较大财物的行为,是构成盗窃罪还是票据诈骗罪?

❷《假冒权利人在现金支票上偷盖印章、记载相关事项并提现的行为如何定性——岑某票据诈骗》,载《公检法办案指南》2009年第12辑总第120辑,第153~160页。

❸《金融诈骗罪的共犯问题》,载《刑事司法指南》2008年第1辑总第33辑,第1~27页。

❹《李路军金融凭证诈骗案》,载《刑事审判参考》2007年第1辑总第54辑,第18~24页。

核心提示 ➡ 金融机构工作人员利用工作之便,以换折方式支取储户资金的行为如何定性?

要旨 ➡ 金融机构工作人员利用工作之便,以偷换储户存折的方式支取存款的行为,构成金融凭证诈骗罪。

❺《张北海等人贷款诈骗、金融凭证诈骗案》,载《刑事审判参考》2007年第1辑总第54辑,第10~17页。

核心提示 ➡ 伪造企业网上银行转账授权书骗取资金的行为如何定罪处罚?

要旨 ➡ 网上银行企业客户账户查询、转账书属于金融凭证,由此,被告人张北海、陈超、胡英华伪造网上银行转账授权书骗取资金的行为,应构成金融凭证诈骗罪。

❻《盗窃空白支票、偷盖印鉴后换取财物的行为的定性》,载《刑事司法指南》2007年第2辑总第30辑,第180~188页。

❼《王世清票据诈骗、刘耀挪用资金案》,载《刑事审判参考》2006年第2辑总第49辑,第8~16页。

核心提示 ➡ 勾结银行工作人员使用已贴现的真实票据质押贷款的行为如何处理?

要旨➡ 1. 被告人王世清没有利用贷款合同或者质押合同"骗取对方当事人财物",其以非法占有为目的,使用已经贴现的真实票据质押贷款,不构成合同诈骗罪。2. 以非法占有为目的,使用已经贴现的真实票据质押贷款的行为,属于刑法第 194 条第 1 款第 3 项规定的"冒用他人的汇票"进行诈骗活动,应当以票据诈骗罪定罪处罚。

⑧《戴增利票据诈骗案》,载《最新刑事法律文件解读》总第 6 辑。

要旨➡ 缺少共同犯意不能认定为金融诈骗罪共犯。

⑨《金融诈骗罪的非法占有目的及其认定》,载《刑事司法指南》2005 年第 3 辑总第 23 辑,第 1~34 页。

要旨➡ 非法占有目的的:必要性、特殊性、时间性、具体认定。

⑩《李兰香票据诈骗案》,载《刑事审判参考》2004 年第 4 辑总第 39 辑,第 20~26 页。

核心提示➡ 利用保管他公司工商登记、经营证章的便利条件,以他公司名义申领、签发支票并非法占有他公司财物行为的如何定性?利用管理他人印章等便利条件冒用他人名义开具支票,是冒用还是伪造?

要旨➡ 被告人李兰香利用保管深圳市萨普泰技术有限公司工商登记、经营证章的便利条件,以该公司名义申领、签发支票并非法占有该公司财物行为,应以侵占罪还是票据诈骗罪定罪处罚。有人认为应定侵占或职务侵占。我们认为,首先,本案不存在对物进行保管的前提。作为财产犯罪的侵占罪,不同于侵犯经济秩序犯罪,其所侵占的对象应当是具体的财产或者财产凭证。本案中,不能以对于公司有关证章的保管的认定,来替代对于公司具体财产的保管的认定。实际上,公司的注册资金也无须任何人具体保管。其次,被告人不是基于对物的保管关系实现对物的直接侵占。其主要是通过骗领、签发、使用支票行为实际取得公司资金的,这与侵占罪通过拒不退还或者拒不交出合法持有物的取得他人财物方式是完全不同的。最后,由于被告人的身份不是新公司的成员,完成委托事项后仅是临时持有公司有关证章,而无权使用这些证章,对公司的财物不享有任何经营、管理权利,不能认定公司财物由其保管。因此,该行为既不属于侵占也不属于职务侵占。本案同时触犯伪造金融票证罪和票据诈骗罪两个罪名,按牵连犯的原则以票据诈骗罪处理。

冒用他人支票以真实、有效的支票既已存在为前提,是一种单纯的使用行为。而利用管理他人印章等便利条件冒用他人名义开具并使用支票,实际上包含着一个出票行为,尽管该出票行为具有表面上的真实性,但因未经权利人授权,非权利人的意志所为,根本上是一个伪造支票的行为,即假冒他人名义伪造票据,因而也是无效的。

⑪《张福顺贷款诈骗案》,载《刑事审判参考》2004 年第 4 辑总第 39 辑,第 11~19 页。

要旨➡ 利用欺诈手段取得款物用于炒股、炒期货等高风险经营活动,造成资金客观上无法归还,如行为人无非法占有目的,也不能以金融诈骗犯罪处罚。

⑫《田亚平诈骗案》,载《刑事审判参考》2004 年第 3 辑总第 38 辑,第 122~126 页。

核心提示➡ 银行出纳员用自制《高额利率定单》,对外虚构单位内部有高额利率存款的事实，将吸存的亲朋好友的现金占为己有的行为如何定性？

要旨 ➡ 1. 被告人私自制作的虚假单据，银行并不存在这样的定单格式，故此定单不属于伪造或变造的银行存单，更谈不上使用伪造、变造的银行存单问题。所以，被告人的行为不构成金融凭证诈骗罪。2. 被告人行为构成诈骗罪。

13《周大伟票据诈骗（未遂）案》，载《刑事审判参考》2004 年第 1 辑总第 36 辑，第 11~16 页。

核心提示 ➡ 盗取空白现金支票伪造后使用的应如何定性？伪造金融票证罪与票据诈骗未遂法定刑相同时，如何区分轻重？

14《票据诈骗罪中如何认定行为人的"明知"》，载《经济犯罪审判指导》2004 年第 2 辑总第 6 辑，第 66~69 页。

15《孙青岩、王军票据诈骗案》，载《经济犯罪审判指导》2004 年第 1 辑总 5 辑。

核心提示 ➡ 如何认定票据诈骗罪的"明知"？

16《金融诈骗犯罪中数额的认定与适用》，载《刑事司法指南》2004 年第 3 辑总第 19 辑，第 61~67 页。

要旨 ➡ 一、金融诈骗个人犯罪中数额的认定与适用：1. 金融诈骗犯罪既遂时数额的认定与适用；2. 金融诈骗犯罪预备、未遂、中止时数额的认定与适用。

二、金融诈骗共同犯罪中数额的认定与适用。

17《票据诈骗罪若干问题研究》，载《刑事审判要览》2004 年第 2 辑总第 8 辑，第 97~112 页。

要旨 ➡ 一、关于非法占有目的：1. 票据诈骗罪是目的犯，非法占有目的是必备构成要件；2. 非法占有不包括非法占用。非法占有是基于不法所有意图，不打算归还；而非法占用是基于临时借用目的，有归还的打算，而这也是诈骗型财产犯罪与挪用型财产犯罪最根本的区别，反映了行为人的不同主观恶性和行为的不同客观危害。将非法占用纳入到票据诈骗罪目的中，混淆了刑事票据诈骗犯罪与民事票据骗借的界限，不可取。3."明知"的认定。票据诈骗罪主观要件中的"明知"只能是行为人"已经知道"。当然，就"明知"的程度，不仅包括确切知道还包括明知可能性。这里的明知可能性是指行为人对其使用的票据的真实程度存有怀疑，即知道票据可能是虚假的。但这决不意味着间接故意可以构成本罪，因为区分直接故意与间接故意的主要标准不在于行为人的认识因素而在于行为人对其行为危害结果的意志态度。在行为人对票据存疑的情况下，明知可能是虚假票据，会发生或者遭拒付或者兑现票据价值两种结果，仍决意使用其显然更希望后一种结果的发生，完全符合直接故意的心理特征。

对明知的内容而言，控方只需证明行为人对自己行为使用的票据非法性质具备认识因素即可，因为依据一般社会经济生活常识，按照正常人标准，就可以推定其认识到自己行为的欺诈性质可能给他人造成经济损失，也就具备了主观上的可归责性。如行为人自己伪造票据进行诈骗，当然其具有"明知"；行为人从单位盗得票据，伪造印鉴进行提现，也"明知"无疑；行为人在提示承兑、请求付款时因票据非法遭拒后又使用的，应认定为

第二编 分则 第三章 破坏社会主义市场经济秩序罪

"明知";票据变造粗糙拙劣,一般人都可识破的,可认定具有"明知"。

二、关于冒用他人票据:实践中,只要行为人冒充票据权利人或授权人使用了他人票据就构成票据诈骗罪规定的第三种行为方式,而无论是真实有效的票据还是虚假、非法的票据。

三、关于连续实施诈骗行为同时涉及票据诈骗与其他诈骗罪名的处理。

四、关于票据诈骗罪的共犯。

五、关于既遂、未遂的标准:从犯罪既遂意义上讲,票据诈骗罪是结果犯,其既遂与未遂的标准应当是行为人是否实际取得财物。如将款划出至一朋友任职公司账户,意图将款继续转账进入其个人实际控制的公司,由于该款仍在倒账的过程中,行为人尚未取得对该款的实际控制,仍应认定为未遂。

六、关于犯罪数额:在犯罪未遂的情况下,由于行为人人没有实际获取财物,应当以其意图骗取的财物数额为准;在犯罪既遂的情况下,应当以行为人实际获取的财物数额为准。

七、关联犯罪的区分。

八、关于死刑适用问题。

⑱《张兴志金融凭证诈骗上诉案》,载《人民法院案例选》2003年第3辑总第45辑。

要旨➡伪造邮政汇票、邮政汇款通知单等汇款凭证并使用,骗取公式钱财,数额特别巨大的,构成金融凭证诈骗罪。

⑲《如何正确认定"其他银行结算凭证"》,载《经济犯罪审判指导与参考》2003年第4辑总第4辑。

⑳《关于诈骗犯罪非法占有目的的理解与认定》,载《经济犯罪审判指导》2003年第4辑总第4辑,第81~101页。

要旨➡一、诈骗犯罪的司法困境。

二、非法占有目的的理解。

三、非法占有目的的司法认定要素:金融诈骗罪之非法占有目的的认定要素。

四、非法占有目的的司法认定方法:1.运用刑事推定方法之必要;2.刑事推定方法之合理运用。

㉑《刘玉法票据诈骗案》,载《经济犯罪审判指导与参考》2003年第3辑总第3辑,第1页。

核心提示➡以虚假杜撰支付合同货款骗取财物行为的法律适用

㉒《王樟成票据诈骗案最高人民法院刑事判决书》,载《经济犯罪审判指导与参考》2003年第1辑总第1辑。

要旨➡以冒用他人汇票及使用伪造的转账支票为主要手段骗取资金的行为构成票据诈骗罪。

㉓《金融凭证诈骗罪若干疑难问题研究》,载《刑事审判要览》2003年第6辑总第6辑,第44~52页。

要旨➡一、金融凭证的范围,从语意上讲,"等"字有两种含义。一种意义是概括前面列举的事项，另一种意义是指省略了与前面列举事项性质一样的事项。如果是第一种意义的话，那么刑法第 194 条第 2 款应该是这样规定："使用伪造、变造的委托收款凭证、汇款凭证、银行存单等三种其他银行结算凭证的"，但是刑法第 194 条第 2 款没有这样规定。因此，从目前刑法第 194 条第 2 款规定看，"等"字应该是第二种意义。笔者认为，凡是具有支付功能，能进入银行结算业务，由国家统一规定并为银行金融机构所接受的结算凭证，均是银行结算凭证，从拨款凭证和银行进账单的性质、功能看，能进入银行结算业务并为金融机构所接受。因此，从拨款凭证和银行进账单的功能与性质看，是完全符合其他银行结算凭证的。

二、主观上是否必须具有非法占有目的。

三、关于本罪的行为方式问题。刑法第 194 条第 2 款只规定了两种行为方式，即伪造与变造金融凭证进行诈骗。笔者认为，从性质上讲，使用作废的银行结算凭证或冒用他人的结算凭证的行为进行诈骗，与伪造、变造银行结算凭证是一样的，按理应以金融凭证诈骗罪定罪。但是，依照金融凭证诈骗罪定罪找不到相应的法律依据，因此只能依照普通诈骗罪进行处罚。当然，如果行为人在作废的银行结算凭证上进行涂改或添加有关内容，而后进行诈骗，这种行为事实上是一种伪造银行凭证的行为，应按金融凭证诈骗罪定罪。

四、关于金融凭证诈骗罪与普通诈骗罪、合同诈骗罪、贷款诈骗罪、票据诈骗罪的区别问题。

㉔《关于对居间贩卖假金融票证行为如何适用法律问题的意见》，载《刑事审判参考》2002 年第 4 辑总第 27 辑，第 204 页。

要旨 ➡ 以伪造、变造金融票证或者票据诈骗（金融凭证诈骗罪）的共犯论处。

㉕《刘岗、王小军、庄志德金融凭证诈骗案》，载《刑事审判参考》2002 年第 2 辑总第 25 辑，第 25~31 页。

核心提示 ➡ 犯罪故意内容不一致的能否构成共同犯罪？

要旨 ➡ 1. 构成共同犯罪各共同犯罪人应当具有的犯罪故意；2. 变造银行存单并使用的，应以金融凭证诈骗罪定罪处罚，不实行数罪并罚。

㉖《张汶玲、陈丽华金融凭证诈骗抗诉案》，载《人民法院案例选》2002 年第 3 辑总第 41 辑。

㉗《麻琳、姜保林等 8 人金融票据诈骗、贷款诈骗、行贿上诉案》，载《最高人民法院公报》2001 年第 4 辑总第 63 辑。

要旨 ➡ 为诈骗成立公司，并以公司名义高息引诱存款，采取伪刻印章或在存款户保证书上添加存款户同意以存款抵押委托贷款给公司使用的方法骗取贷款，该行为不属于单位犯罪。

㉘《张奇金融凭证诈骗案》，载《最高人民法院公报》2001 年第 1 辑总第 59 辑。

核心提示 ➡ 伪造银行信汇凭证

㉙《姚建林票据诈骗案》，载《刑事审判参考》2001 年第 12 辑总第 23 辑，第 15~20 页。

核心提示➡票据诈骗罪是否以非法占有为目的的犯罪？

要旨➡具有非法占有目的是票据诈骗罪的必要构成要件。

㉚《与银行工作人员勾结使用虚假金融凭证骗取储户资金的行为如何定性》，载《刑事审判参考》2001年第10辑总第21辑，第96~101页。

要旨➡被告人钟某使用虚假定期存单，串通银行分理处主任林某，由熟悉银行业务的吕某协同骗取被害储户某典当行500万元，案发时无法归还。被告人吕某、林某对该500万元具有挪用公款的共同故意，而钟某非法占有典当行500万元的主观故意超出了三人预谋的挪用公款的共同故意，由于吕某、林某对钟某的行为发生认识错误，双方不能构成共同犯罪，而应该分别定罪。吕某、林某构成挪用公款罪的共犯，而钟某单独构成金融凭证诈骗罪。

㉛《季某票据诈骗、合同诈骗案》，载《刑事审判参考》2001年第4辑总第15辑，第18~24页。

核心提示➡骗取货物后以空头支票付款的行为如何定罪？

要旨➡1.骗取货物与使用空头支票付款的先后不应影响票据诈骗的成立；2.合同诈骗与票据诈骗竞合，选特别法条，定票据诈骗；3.其他罪行定合同诈骗。

㉜《王昌和变造金融票证案》，载《刑事审判参考》2000年第5辑总第10辑，第11~14页。

核心提示➡涂改、变造存折后再进行金融凭证诈骗的行为如何定性？

㉝《朱成芳金融凭证诈骗、贷款诈骗案》，载《刑事审判参考合订本·第一卷》，第51~57页。

核心提示➡使用伪造的银行存单作抵押骗取贷款行为之定性研究

要旨➡不存在牵连关系，该两罪交互竞合，实际上是想象竞合在法律上的确认，因而已转化为法条竞合，依重法优于轻法的原则，对本案被告应以金融凭证诈骗定。

㉞《曹娅莎金融凭证诈骗案》，载《刑事审判参考合订本·第一卷》，第45~50页。

核心提示➡使用变造的金融凭证进行诈骗的行为如何适用法律？

要旨➡骗取存款单位的银行汇票后，利用银行工作人员的渎职行为，将款从银行转出的，不影响诈骗犯罪的成立。

第195条 信用证诈骗罪

有下列情形之一，进行信用证诈骗活动的，处五年以下有期徒刑或者拘役，并处二万元以上二十万元以下罚金；数额巨大或者有其他严重情节的，处五年以上十年以下有期徒刑，并处五万元以上五十万元以下罚金；数额特别巨大或者有其他特别严重情节的，处十年以上有期徒刑或者无期徒刑，并处五万元以上五十万元以下罚金或者没收财产：

（一）使用伪造、变造的信用证或者附随的单据、文件的；

（二）使用作废的信用证的；

（三）骗取信用证的；
（四）以其他方法进行信用证诈骗活动的。

关联规范 ➡ 完全整理

❶《中华人民共和国刑法》（1980年1月1日）第199条　金融诈骗罪的死刑适用

犯本节第一百九十二条、第一百九十四条、第一百九十五条规定之罪，数额特别巨大并且给国家和人民利益造成特别重大损失的，处无期徒刑或者死刑，并处没收财产。

❷《中华人民共和国刑法》（1980年1月1日）第200条　单位犯罪

单位犯本节第一百九十二条、第一百九十四条、第一百九十五条规定之罪的，对单位判处罚金，并对其直接负责的主管人员和其他直接责任人员，处五年以下有期徒刑或者拘役；数额巨大或者有其他严重情节的，处五年以上十年以下有期徒刑；数额特别巨大或者有其他特别严重情节的，处十年以上有期徒刑或者无期徒刑。

❸《中华人民共和国刑法》（1980年1月1日）第287条　以计算机为工具的犯罪

利用计算机实施金融诈骗、盗窃、贪污、挪用公款、窃取国家秘密或者其他犯罪的，依照本法有关规定定罪处罚。

❹ 最高人民检察院、公安部《关于公安机关管辖的刑事案件立案追诉标准的规定（二）》（2010年5月7日　公通字〔2010〕23号）（节录）①

第五十三条　进行信用证诈骗活动，涉嫌下列情形之一的，应予立案追诉：（一）使用伪造、变造的信用证或者附随的单据、文件的；（二）使用作废的信用证的；（三）骗取信用证的；（四）以其他方法进行信用证诈骗活动的。

❺《全国部分法院经济犯罪案件审判工作座谈会研讨综述——"经济犯罪案件中的法律适用问题"》（2004年11月27日）（节录）

四、金融机构工作人员与外部人员勾结套取本单位资金行为的定性：（一）银行或其他金融机构的国家工作人员与外部人员内外勾结行为的定性；（二）银行或其他金融机构的非国家工作人员与外部人员内外勾结行为的定性。

五、关于诈骗犯罪的认定：（一）"以非法占有为目的"的认定是会议讨论的核心问题；（二）关于非法占有目的产生的时间问题；（三）关于票据诈骗罪中的法律适用问题；（四）关于利用口头合同进行诈骗的能否以合同诈骗罪定罪处罚的问题；（五）关于诉讼诈骗行为能否以诈骗罪定罪处罚的问题。

❻《全国法院审理金融犯罪案件工作座谈会纪要》（2001年1月21日　法〔2001〕8号）（节录）②

三、关于金融诈骗罪：1. 金融诈骗罪中非法占有目的的认定：金融诈骗犯罪都是以非法占有为目的的犯罪。在司法实践中，认定是否具有非法占有为目的，应当坚持主客观相

---

① 对其解读见：《刑事审判参考》2010年第4辑总第75辑，第127~158页。
② 对其解读见：《刑事审判参考》2001年第4辑总第15辑，第63~76页。

一致的原则,既要避免单纯根据损失结果客观归罪,也不能仅凭被告人自己的供述,而应当根据案件具体情况具体分析。根据司法实践,对于行为人通过诈骗的方法非法获取资金,造成数额较大资金不能归还,并具有下列情形之一的,可以认定为具有非法占有的目的:(1)明知没有归还能力而大量骗取资金的;(2)非法获取资金后逃跑的;(3)肆意挥霍骗取资金的;(4)使用骗取的资金进行违法犯罪活动的;(5)抽逃、转移资金、隐匿财产,以逃避返还资金的;(6)隐匿、销毁账目,或者搞假破产、假倒闭,以逃避返还资金的;(7)其他非法占有资金、拒不返还的行为。但是,在处理具体案件的时候,对于有证据证明行为人不具有非法占有目的的,不能单纯以财产不能归还就按金融诈骗罪处罚。4.金融诈骗犯罪定罪量刑的数额标准和犯罪数额的计算。

四、死刑的适用。

五、财产刑的适用。

❼ 厦门市中级人民法院、厦门市人民检察院《厦门市几类多发性刑事案件管辖标准暂行规定》(2008年2月21日 厦检会〔2008〕2号)(节录)

五、信用证诈骗罪

个人诈骗数额达200万元以上,单位诈骗数额达1000万元以上的,由市人民检察院起诉、市中级人民法院审判。

❽ 上海市高级人民法院刑庭、上海市检公诉处《关于进一步规范部分常见刑事案件级别管辖的意见》(2004年8月13日)(节录)

二、对具备下列情形,同时又不具有其他足以判处十五年有期徒刑以下刑罚的法定从轻、减轻情节的案件,各中级人民法院应当予以受理。

7.信用证诈骗罪(刑法第195、200条)

(1)个人信用证诈骗500万元以上;

(2)个人信用证诈骗虽未达到上述标准,但侦查终结前无法追回的数额在250万元以上的;

(3)单位信用证诈骗2500万元以上的;

(4)单位信用证诈骗虽未达到上述标准,但侦查终结前无法追回的数额在1250万元以上的。

❾《关于执行刑法若干问题的具体意见(试行)——99'上海法院刑庭庭长会议纪要》(1999年7月15日)(节录)

附:根据新刑法颁布前有关司法解释的规定和本市的实际情况,现将部分犯罪的数额标准罗列如下,供参照执行。

8.刑法第195条信用证诈骗罪,个人以10万元、单位以50万元为"数额巨大"的起点;个人以50万元、单位以250万元为"数额特别巨大"的起点。

学理观点·典型案例 ▶ 索引与要旨

❶《信用证诈骗罪若干问题探析》,载《公检法办案指南》2008年第2辑总第98辑,第141~154页。

❷《信用证诈骗罪司法适用问题研究》，载《刑事法律文件解读》2007 年第 6 辑总第 30 辑，第 120~134 页。

❸《金融诈骗罪的非法占有目的及其认定》，载《刑事司法指南》2005 年第 3 辑总第 23 辑，第 1~34 页。

要旨➡非法占有目的的：必要性、特殊性、时间性、具体认定。

❹《论信用证诈骗罪的本质——对张某信用证诈骗案的法理分析》，载《刑事法判解研究》2004 年第 4 辑总第 9 辑，第 50~58 页。

❺《金融诈骗犯罪中数额的认定与适用》，载《刑事司法指南》2004 年第 3 辑总第 19 辑，第 61~67 页。

要旨➡一、金融诈骗个人犯罪中数额的认定与适用：1. 金融诈骗犯罪既遂时数额的认定与适用；2. 金融诈骗犯罪预备、未遂、中止时数额的认定与适用。

二、金融诈骗共同犯罪中数额的认定与适用。

❻《高原、梁汉钊信用证诈骗，签订、履行合同失职被骗案》，载《刑事审判参考》2003 年第 6 辑总第 35 辑，第 27~34 页。

核心提示➡骗取巨额资金用于经营，并全部损失，能否认定信用证诈骗？

要旨➡一、二审均认为，被告人以非法占有为目的，采用与他人签订虚假的货物进口合同，使用伪造的信用证附随单据将信用证项下资金贴现的手段，骗取巨额资金，用于公司的经营活动，其行为已构成信用证诈骗罪。且犯罪数额特别巨大，造成国有资产巨额损失，属情节特别严重。

❼《关于诈骗犯罪非法占有目的的理解与认定》，载最高人民法院刑二庭《经济犯罪审判指导》2003 年第 4 辑总第 4 辑，第 81~101 页。

要旨➡一、诈骗犯罪的司法困境。

二、非法占有目的的理解。

三、非法占有目的的司法认定要素：金融诈骗罪之非法占有目的的认定要素。

四、非法占有目的的司法认定方法：1. 运用刑事推定方法之必要；2. 刑事推定方法之合理运用。

第 196 条　信用卡诈骗罪

有下列情形之一，进行信用卡诈骗活动，数额较大的，处五年以下有期徒刑或者拘役，并处二万元以上二十万元以下罚金；数额巨大或者有其他严重情节的，处五年以上十年以下有期徒刑，并处五万元以上五十万元以下罚金；数额特别巨大或者有其他特别严重情节的，处十年以上有期徒刑或者无期徒刑，并处五万元以上五十万元以下罚金或者没收财产：

（一）使用伪造的信用卡的；

（二）使用作废的信用卡的；

（三）冒用他人信用卡的；

（四）恶意透支的。

前款所称恶意透支，是指持卡人以非法占有为目的，超过规定限额或者规定期限透支，并且经发卡银行催收后仍不归还的行为。

盗窃信用卡并使用的，依照本法第二百六十四条的规定定罪处罚。

中华人民共和国刑法修正案（五）（2005年2月28日第十届全国人民代表大会常务委员会第十四次会议通过，2005年2月28日中华人民共和国主席令第三十二号公布施行。）

二、将刑法第一百九十六条修改为："有下列情形之一，进行信用卡诈骗活动，数额较大的，处五年以下有期徒刑或者拘役，并处二万元以上二十万元以下罚金；数额巨大或者有其他严重情节的，处五年以上十年以下有期徒刑，并处五万元以上五十万元以下罚金；数额特别巨大或者有其他特别严重情节的，处十年以上有期徒刑或者无期徒刑，并处五万元以上五十万元以下罚金或者没收财产：

（一）使用伪造的信用卡，或者使用以虚假的身份证明骗领的信用卡的；

（二）使用作废的信用卡的；

（三）冒用他人信用卡的；

（四）恶意透支的。

前款所称恶意透支，是指持卡人以非法占有为目的，超过规定限额或者规定期限透支，并且经发卡银行催收后仍不归还的行为。

盗窃信用卡并使用的，依照本法第二百六十四条的规定定罪处罚。"

关 联 规 范　　完全整理

❶《刑法修正案（五）》（2005年2月28日　主席令第三十二号）[①]

❷ 人大常委会《关于〈中华人民共和国刑法〉有关信用卡规定的解释》（2004年12月29日）[②]

全国人民代表大会常务委员会根据司法实践中遇到的情况，讨论了刑法规定的"信用卡"的含义问题，解释如下：刑法规定的"信用卡"，是指由商业银行或者其他金融机构发行的具有消费支付、信用贷款、转账结算、存取现金等全部功能或者部分功能的电子支付卡。

❸ 最高人民法院、最高人民检察院、公安部《关于信用卡诈骗犯罪管辖有关问题的

[①] 对其解读见：《刑事审判参考》2004年第6辑总第41辑，第73~74，121~134页以及《最新刑事法律文件解读》2005年第3辑总第3辑。

[②] 对其解读见：《刑事审判参考》2004年第6辑总第41辑，第118~120页。

通知》（2011年8月28日　公通字〔2011〕29号）

近年来，信用卡诈骗流窜作案逐年增多，受害人在甲地申领的信用卡，被犯罪嫌疑人在乙地盗取了信用卡信息，并在丙地被提现或消费。犯罪嫌疑人企图通过空间的转换逃避刑事打击。为及时有效打击此类犯罪，现就有关案件管辖问题通知如下：

对以窃取、收买等手段非法获取他人信用卡信息资料后在异地使用的信用卡诈骗犯罪案件，持卡人信用卡申领地的公安机关、人民检察院、人民法院可以依法立案侦查、起诉、审判。

4 最高人民检察院、公安部《关于公安机关管辖的刑事案件立案追诉标准的规定（二）》（2010年5月7日　公通字〔2010〕23号）（节录）①

第五十四条　进行信用卡诈骗活动，涉嫌下列情形之一的，应予立案追诉：（一）使用伪造的信用卡，或者使用以虚假的身份证明骗领的信用卡，或者使用作废的信用卡，或者冒用他人信用卡，进行诈骗活动，数额在五千元以上的；（二）恶意透支，数额在一万元以上的。

本条规定的"恶意透支"，是指持卡人以非法占有为目的，超过规定限额或者规定期限透支，并且经发卡银行两次催收后超过三个月仍不归还的。

恶意透支，数额在一万元以上不满十万元的，在公安机关立案前已偿还全部透支款息，情节显著轻微的，可以依法不追究刑事责任。

5 最高人民法院、最高人民检察院《关于办理妨害信用卡管理刑事案件具体应用法律若干问题的解释》（2009年12月16日　法释〔2009〕19号）（节录）②

第五条　使用伪造的信用卡、以虚假的身份证明骗领的信用卡、作废的信用卡或者冒用他人信用卡，进行信用卡诈骗活动，数额在5000元以上不满5万元的，应当认定为刑法第一百九十六条规定的"数额较大"；数额在5万元以上不满50万元的，应当认定为刑法第一百九十六条规定的"数额巨大"；数额在50万元以上的，应当认定为刑法第一百九十六条规定的"数额特别巨大"。

刑法第一百九十六条第一款第（三）项所称"冒用他人信用卡"，包括以下情形：

（一）拾得他人信用卡并使用的；

（二）骗取他人信用卡并使用的；

（三）窃取、收买、骗取或者以其他非法方式获取他人信用卡信息资料，并通过互联网、通讯终端等使用的；

（四）其他冒用他人信用卡的情形。

第六条　持卡人以非法占有为目的，超过规定限额或者规定期限透支，并且经发卡银行两次催收后超过3个月仍不归还的，应当认定为刑法第一百九十六条规定的"恶意透支"。

有以下情形之一的，应当认定为刑法第一百九十六条第二款规定的"以非法占有为目

---

① 对其解读见：《刑事审判参考》2010年第4辑总第75辑，第127~158页。
② 对其解读见：《刑事审判参考》2010年第1辑总第72辑，第94~110页。

的":

(一) 明知没有还款能力而大量透支，无法归还的；
(二) 肆意挥霍透支的资金，无法归还的；
(三) 透支后逃匿、改变联系方式，逃避银行催收的；
(四) 抽逃、转移资金，隐匿财产，逃避还款的；
(五) 使用透支的资金进行违法犯罪活动的；
(六) 其他非法占有资金，拒不归还的行为。

恶意透支，数额在 1 万元以上不满 10 万元的，应当认定为刑法第一百九十六条规定的"数额较大"；数额在 10 万元以上不满 100 万元的，应当认定为刑法第一百九十六条规定的"数额巨大"；数额在 100 万元以上的，应当认定为刑法第一百九十六条规定的"数额特别巨大"。

恶意透支的数额，是指在第一款规定的条件下持卡人拒不归还的数额或者尚未归还的数额。不包括复利、滞纳金、手续费等发卡银行收取的费用。

恶意透支应当追究刑事责任，但在公安机关立案后人民法院判决宣告前已偿还全部透支款息的，可以从轻处罚，情节轻微的，可以免除处罚。恶意透支数额较大，在公安机关立案前已偿还全部透支款息，情节显著轻微的，可以依法不追究刑事责任。

第七条 违反国家规定，使用销售点终端机具（POS 机）等方法，以虚构交易、虚开价格、现金退货等方式向信用卡持卡人直接支付现金，情节严重的，应当依据刑法第二百二十五条的规定，以非法经营罪定罪处罚。

实施前款行为，数额在 100 万元以上的，或者造成金融机构资金 20 万元以上逾期未还的，或者造成金融机构经济损失 10 万元以上的，应当认定为刑法第二百二十五条规定的"情节严重"；数额在 500 万元以上的，或者造成金融机构资金 100 万元以上逾期未还的，或者造成金融机构经济损失 50 万元以上的，应当认定为刑法第二百二十五条规定的"情节特别严重"。

持卡人以非法占有为目的，采用上述方式恶意透支，应当追究刑事责任的，依照刑法第一百九十六条的规定，以信用卡诈骗罪定罪处罚。

第八条 单位犯本解释第一条、第七条规定的犯罪的，定罪量刑标准依照各该条的规定执行。

❻ 最高人民检察院《关于拾得他人信用卡并在自动柜员机（ATM 机）上使用的行为如何定性问题的批复》（2008 年 2 月 19 日　高检发释字〔2008〕1 号）①

经研究，批复如下：拾得他人信用卡并在自动柜员机（ATM 机）上使用的行为，属于刑法第一百九十六条第一款第（三）项规定的"冒用他人信用卡"的情形，构成犯罪的，以信用卡诈骗罪追究刑事责任。此复。

❼ 最高人民法院《关于银行储蓄卡密码被泄露导致存款被他人骗取引起的储蓄合同纠纷应否作为民事案件受理问题的批复》（2005 年 7 月 25 日　法释〔2005〕7 号）

---

① 对其解读见：《刑事审判参考》2008 年第 3 辑总第 62 辑，第 93~100 页。

经研究，答复如下：因银行储蓄卡密码被泄露，他人伪造银行储蓄卡骗取存款人银行存款，存款人依其与银行订立的储蓄合同提起民事诉讼的，人民法院应当依法受理。

❽《全国部分法院经济犯罪案件审判工作座谈会研讨综述——"经济犯罪案件中的法律适用问题"》（2004年11月27日）（节录）

四、金融机构工作人员与外部人员勾结骗取本单位资金行为的定性：（一）银行或其他金融机构的国家工作人员与外部人员内外勾结行为的定性；（二）银行或其他金融机构的非国家工作人员与外部人员内外勾结行为的定性。

五、关于诈骗犯罪的认定：（一）"以非法占有为目的"的认定是会议讨论的核心问题；（二）关于非法占有目的产生的时间问题；（三）关于票据诈骗罪中的法律适用问题；（四）关于利用口头合同进行诈骗的能否以合同诈骗罪定罪处罚的问题；（五）关于诉讼诈骗行为能否以诈骗罪定罪处罚的问题。

❾《全国法院审理金融犯罪案件工作座谈会纪要》（2001年1月21日 法〔2001〕8号）（节录）①

三、关于金融诈骗罪：1. 金融诈骗罪中非法占有目的的认定：金融诈骗犯罪都是以非法占有为目的的犯罪。在司法实践中，认定是否具有非法占有为目的，应当坚持主客观相一致的原则，既要避免单纯根据损失结果客观归罪，也不能仅凭被告人自己的供述，而应当根据案件具体情况具体分析。根据司法实践，对于行为人通过诈骗的方法非法获取资金，造成数额较大资金不能归还，并具有下列情形之一的，可以认定为具有非法占有的目的：(1) 明知没有归还能力而大量骗取资金的；(2) 非法获取资金后逃跑的；(3) 肆意挥霍骗取资金的；(4) 使用骗取的资金进行违法犯罪活动的；(5) 抽逃、转移资金、隐匿财产，以逃避返还资金的；(6) 隐匿、销毁账目，或者搞假破产、假倒闭，以逃避返还资金的；(7) 其他非法占有资金、拒不返还的行为。但是，在处理具体案件的时候，对于有证据证明行为人不具有非法占有目的的，不能单纯以财产不能归还就按金融诈骗罪处罚。

4. 金融诈骗犯罪定罪量刑的数额标准和犯罪数额的计算。

四、死刑的适用。

五、财产刑的适用。

❿最高人民法院《关于审理盗窃案件具体应用法律若干问题的解释》（1998年3月17日 法释〔1998〕4号）（节录）②

第十条 根据刑法第一百九十六条第三款的规定，盗窃信用卡并使用的，以盗窃罪定罪处罚。其盗窃数额应当根据行为人盗窃信用卡后使用的数额认定。

⓫厦门市中级人民法院、厦门市人民检察院《厦门市几类多发性刑事案件管辖标准暂行规定》（2008年2月21日 厦检会〔2008〕2号）（节录）

要旨 ➡ 六、信用卡诈骗罪

诈骗数额达100万元以上，由市人民检察院起诉、市中级人民法院审判。

---

① 对其解读见：《刑事审判参考》2001年第4辑总第15辑，第63～76页。
② 对其解读见：《解读最高人民法院司法解释·刑事、行政卷（1997～2002）》，第198～208页。

⑫ 浙江省人民检察院《诈骗类犯罪案件专题研讨会会议纪要》（2005 年 12 月 24 日 检诉〔2005〕20 号）（节录）

九、关于使用信用卡犯罪的几种情形

⑬ 上海市高级人民法院刑庭、上海市检公诉处《关于进一步规范部分常见刑事案件级别管辖的意见》（2004 年 8 月 13 日）（节录）

二、对具备下列情形，同时又不具有其他足以判处十五年有期徒刑以下刑罚的法定从轻、减轻情节的案件，各中级人民法院应当予以受理。

8. 信用卡诈骗罪（刑法第 196 条）（1）信用卡诈骗 200 万元以上；（2）信用卡诈骗虽未达到上述标准，但侦查终结前无法追回的数额在 100 万元以上的。

⑭ 浙江省高级人民法院刑一庭、刑二庭《关于执行刑法若干问题的具体意见（三）》（2000 年 12 月 27 日 浙高法刑〔2000〕3 号）（节录）

8. 银行工作人员或者特约商户工作人员利用职务之便，盗划顾客的信用卡窃取资金的，按照行为人的主体身份，以贪污罪或者职务侵占罪定罪处罚。

9. 盗窃信用卡并使用的，盗窃数额按照行为人实际的消费数额或获利数额认定。

学理观点·典型案例 ➡ 索引与要旨

❶《金融犯罪认定四题（上）》，载《刑事司法指南》2012 年第 1 辑总第 49 辑，第 1~21 页。

要旨 ➡ 是否归还本息与认定恶意透支的关系

❷《信用卡诈骗案件若干疑难问题探讨》，载《公检法办案指南》2011 年第 4 辑总第 136 辑，第 180~185 页。

❸《浅析信用卡诈骗罪中冒用信用卡的含义》，载《公检法办案指南》2010 年第 9 辑总第 129 辑，第 136~145 页。

❹《赵某某盗窃案》，载《公检法办案指南》2010 年第 9 辑总第 129 辑，第 170~176 页。

要旨 ➡ 判断事实上的"代为保管"应从行为人的身份、具体时空条件、主观目的、物品的性质等方面综合判断。

❺《信用卡诈骗罪若干问题的司法认定》，载《公检法办案指南》2010 第 5 辑总第 125 辑，第 156~163 页。

要旨 ➡ 1. 利用网络实施的信用卡诈骗行为；2. 有偿为他人非法套现、代办信用卡及"养卡"行为；3. 利用电话转账、手机短信进行的信用卡诈骗行为。

❻《纪礼明等信用卡诈骗案》，载《人民法院案例选》2009 年第 2 辑总第 68 辑。

要旨 ➡ 冒用他人名义多次刷卡套现或消费，因银行发现涉嫌欺诈交易而未予实际支付应认定为信用卡诈骗未遂。

❼《金星等人信用卡诈骗上诉案》，载《人民法院案例选》2009 年第 1 辑总第 67 辑。

要旨➡在网上窃取他人的信用卡资料，然后伪造信用卡，或将他人卡注销，重新申领借记卡。

⑧《张国涛信用卡诈骗案》，载《刑事审判参考》2008年第1辑总第60辑，第10~15页。

核心提示➡如何认定信用卡诈骗罪中的信用卡范围？

⑨《非法获得信用卡并使用的行为性质分析》，载《刑事司法指南》2007年第1辑总第29辑，第1~49页。

⑩《侵占他人遗忘的银行卡并使用应如何定罪》，载《公检法办案指南》2007年第11辑总第95辑，第171~176页。

⑪《论冒领存款纠纷案件的处理及责任认定》，载《公检法办案指南》2007年第10辑总第94辑，第118~132页。

⑫《冯安华、张高祥挪用公款案》，载《刑事审判参考》2005年第4辑总第45辑，第23~28页。

要旨➡利用多张他人信用卡违规透支本单位资金的行为构成挪用公款罪。

⑬《利用借记卡诈骗如何处理》，载《最新刑事法律文件解读》2005年第11辑总第11辑，第123~125页。

⑭《金融诈骗罪的非法占有目的及其认定》，载《刑事司法指南》2005年第3辑总第23辑，第1~34页。

要旨➡非法占有目的的：必要性、特殊性、时间性、具体认定。

⑮《黄飞信用卡诈骗案》，载《经济犯罪审判指导》2004年第1辑总第5辑以及《最新刑事法律文件解读》，第96~100页。

要旨➡捡拾他人银行借记卡冒用取款构成信用卡诈骗罪。

⑯《金融诈骗犯罪中数额的认定与适用》，载《刑事司法指南》2004年第3辑总第19辑，第61~67页。

要旨➡一、金融诈骗个人犯罪中数额的认定与适用：1. 金融诈骗犯罪既遂时数额的认定与适用；2. 金融诈骗犯罪预备、未遂、中止时数额的认定与适用。

二、金融诈骗共同犯罪中数额的认定与适用。

⑰《认定信用卡诈骗罪若干问题研究》，载《刑事司法指南》2004年第3辑总第19辑，第1~26页。

要旨➡一、关于"信用卡"范围的刑法界定：1. 问题的产生；2. 信用卡一词的使用历史；3. 两种不同解释形式判断；4. 两种不同解释的实质判断；5. 法律体系内的合理解释；6. 结论。

二、"恶意透支"认定中的若干问题：1. 恶意透支与善意透支的界限；2. 恶意透支之信用卡诈骗罪的认定；3. "经发卡银行催收后仍不归还"是否属于恶意透支信用卡诈骗罪的必要条件；4. 恶意透支者是否必须是合法持卡人——骗领信用卡者恶意透支行为的定性；5. 案发后恶意透支者归还全部透支本息的处理。

三、信用卡诈骗罪认定中其他问题的研讨：1. 是否存在使用"变造"的信用卡的行为；2. 盗划信用卡的行为如何定性；3. 盗窃信用卡但未使用的行为如何定性。

⑱《目的犯的法理研究》，载《刑事审判要览》2004 年第 3 辑总第 9 辑，第 36 ~ 55 页。

⑲《王其道等金融凭证诈骗案》，载《经济犯罪审判指导与参考》2003 年第 3 辑总第 3 辑，第 6 页。

要旨➡ 伪造借记卡骗取银行钱款构成金融凭证诈骗罪。

⑳《涉假型信用卡诈骗行为疑难问题探讨》，载《刑事司法指南》2003 年第 4 辑总第 16 辑，第 57 ~ 75 页。

要旨➡ 一、涉假型信用卡诈骗行为概论。

二、使用伪造的信用卡。

三、使用作废的信用卡。

四、冒用他人的信用卡。

五、使用伪造、作废的信用卡及冒用信用卡司法疑难问题分析：1. 变造信用卡的行为如何定性；2. 使用作废的信用卡的主体是否仅限于持卡人；3. 使用非法复制的他人信用卡如何定性；4. 变造信用卡如何定性；5. 对"使用"的理解；6. 伪造信用卡并使用的行为定性。

㉑《刑法中的注意规定与法律拟制及其运用分析》，载《刑事司法指南》2003 年第 3 辑总第 15 辑，第 70 ~ 108 页。

要旨➡ 法律拟制的概念与特点：法律拟制（或法定拟制）与注意规定不同，其特点是导致将原本不同的行为按照相同的行为处理（包括将原本不符合某种规定的行为也按照该规定处理）。

《刑法》第 196 条第 1 款规定了信用卡诈骗罪，该罪包括使用伪造的信用卡、使用作废的信用卡、冒用他人的信用卡与恶意透支行为。第 2 款规定："盗窃信用卡并使用的，依照本法第二百六十四条的规定定罪处罚。"对此，我们首先应当明确以下几点：第一，这里的信用卡仅限于他人的真实有效的信用卡，如果盗窃伪造或作废的信用卡并使用的，应认定为信用卡诈骗罪；第二，由于我国一般没有将信用卡本身评价为财物，盗窃了他人真实有效的信用卡但并不使用的行为，目前还难以成立盗窃罪，也不能构成信用卡诈骗罪；第三，行为人盗窃他人信用卡后并使用的行为，就使用信用卡的行为而言（不包括在自动取款机上使用的行为），应属于冒用他人信用卡，理应成立信用卡诈骗罪。但是，《刑法》第 196 条第 2 款明文规定对盗窃信用卡并使用的，应按盗窃罪定罪处罚；或者说，该款规定将部分信用卡诈骗行为认定为盗窃罪。这说明，该规定属于法律拟制，而非注意规定。即盗窃信用卡并使用的行为，原本符合信用卡诈骗罪的构成要件，但刑法仍然赋予其盗窃罪的法律后果。设立该法律拟制的理由主要是：行为人通常是在盗窃现金等财物的时候同时盗窃信用卡；如果行为人并不使用所盗窃的信用卡，则被害人记载于信用卡上的财产不会受到损失，故不宜将记载于信用卡上的财产数额认定为盗窃数额；但是，如果行为人使用所盗窃的信用卡，则将所使用的数额与所盗窃的其他财物累计为盗窃数额。正因为本款属于法律拟制，而且这种拟制规定也便于司法机关处理盗窃信用卡的案件，所以，不能认为本款规定与第1款相矛盾。正因为本款属于法律拟制，而非注意规定，因此，不能将本规定"推而广之"。例如，行为人骗得他人信用卡之后又使用的，不能认定为诈骗罪，而应认定为信用卡诈骗罪；如果抢劫信用卡并使用的，应认定为信用卡诈骗罪；如果抢劫信用卡的同时抢劫了其他财物，并使用抢劫所得的信用卡的，应将抢劫罪与信用卡诈骗罪实行并罚；行为人盗窃信用卡并使用且"透支"的，应按盗窃罪与信用卡诈骗罪（属于"冒用他人信用卡"而非"恶意透支"）实行数罪并罚（因为"透支"部分侵犯了新的法益）。

㉒《关于诈骗犯罪非法占有目的的理解与认定》，载《经济犯罪审判指导》2003年第4辑总第4辑，第81~101页。

要旨 ➡ 一、诈骗犯罪的司法困境。

二、非法占有目的的理解。

三、非法占有目的的司法认定要素：金融诈骗罪之非法占有目的的认定要素。

四、非法占有目的的司法认定方法：1. 运用刑事推定方法之必要；2. 刑事推定方法之合理运用。

第197条　有价证券诈骗罪

使用伪造、变造的国库券或者国家发行的其他有价证券，进行诈骗活动，数额较大的，处五年以下有期徒刑或者拘役，并处二万元以上二十万元以下罚金；数额巨大或者有其他严重情节的，处五年以上十年以下有期徒刑，并处五万元以上五十万元以下罚金；数额特别巨大或者有其他特别严重情节的，处十年以上有期徒刑或者无期徒刑，并处五万元以上五十万元以下罚金或者没收财产。

关联规范 ➡ 完全整理

❶《中华人民共和国刑法》（1980年1月1日）第287条　以计算机为工具的犯罪

利用计算机实施金融诈骗、盗窃、贪污、挪用公款、窃取国家秘密或者其他犯罪的，依照本法有关规定定罪处罚。

❷ 最高人民检察院、公安部《关于公安机关管辖的刑事案件立案追诉标准的规定（二）》（2010年5月7日　公通字〔2010〕23号）（节录）[①]

第五十五条　使用伪造、变造的国库券或者国家发行的其他有价证券进行诈骗活动，数额在一万元以上的，应予立案追诉。

第五十六条　进行保险诈骗活动，涉嫌下列情形之一的，应予立案追诉：（一）个人进行保险诈骗，数额在一万元以上的；（二）单位进行保险诈骗，数额在五万元以上的。

❸《全国部分法院经济犯罪案件审判工作座谈会研讨综述——"经济犯罪案件中的法律适用问题"》（2004年11月27日）（节录）

---

① 对其解读见：《刑事审判参考》2010年第4辑总第75辑，第127~158页。

五、关于诈骗犯罪的认定（一）"以非法占有为目的"的认定是会议讨论的核心问题。（二）关于非法占有目的产生的时间问题。

⑤《全国法院审理金融犯罪案件工作座谈会纪要》（2001年1月21日　法〔2001〕8号）（节录）①

三、关于金融诈骗罪：1. 金融诈骗罪中非法占有目的的认定：金融诈骗犯罪都是以非法占有为目的的犯罪。在司法实践中，认定是否具有非法占有目的，应当坚持主客观相一致的原则，既要避免单纯根据损失结果客观归罪，也不能仅凭被告人自己的供述，而应当根据案件具体情况具体分析。根据司法实践，对于行为人通过诈骗的方法非法获取资金，造成数额较大资金不能归还，并具有下列情形之一的，可以认定为具有非法占有的目的：（1）明知没有归还能力而大量骗取资金的；（2）非法获取资金后逃跑的；（3）肆意挥霍骗取资金的；（4）使用骗取的资金进行违法犯罪活动的；（5）抽逃、转移资金、隐匿财产，以逃避返还资金的；（6）隐匿、销毁账目，或者搞假破产、假倒闭，以逃避返还资金的；（7）其他非法占有资金、拒不返还的行为。但是，在处理具体案件的时候，对于有证据证明行为人不具有非法占有目的的，不能单纯以财产不能归还就按金融诈骗罪处罚。

4. 金融诈骗犯罪定罪量刑的数额标准和犯罪数额的计算。

四、死刑的适用。

五、财产刑的适用。

⑥ 福建省公检法《关于部分经济犯罪、渎职犯罪案件数额幅度及情节认定问题的座谈纪要》若干问题的修订意见（2002年10月8日　闽高法〔2005〕243号）（节录）

二十一、3. 有价证券诈骗罪的"数额较大"为使用伪造、变造的有价证券面值达5000元以上不满5万元；"数额巨大"为使用伪造、变造的有价证券面值达5万元以上不满10万元；"数额特别巨大"为使用伪造、变造的有价证券面值达10万元以上。

| 学理观点·典型案例 | ➡ 索引与要旨 |

❶《金融诈骗罪的非法占有目的及其认定》，载《刑事司法指南》2005年第3辑总第23辑，第1~34页。

要旨➡ 非法占有目的：必要性、特殊性、时间性、具体认定。

❷《金融诈骗犯罪中数额的认定与适用》，载《刑事司法指南》2004年第3辑总第19辑，第61~67页。

要旨➡ 一、金融诈骗个人犯罪中数额的认定与适用：1. 金融诈骗犯罪既遂时数额的认定与适用；2. 金融诈骗犯罪预备、未遂、中止时数额的认定与适用。

二、金融诈骗共同犯罪中数额的认定与适用。

❸《关于诈骗犯罪非法占有目的的理解与认定》，载《经济犯罪审判指导》2003年第

---

① 对其解读见：《刑事审判参考》2001年第4辑总第15辑，第63~76页。

4 辑总第 4 辑，第 81～101 页。

要旨 ➡ 一、诈骗犯罪的司法困境。

二、非法占有目的的理解。

三、非法占有目的的司法认定要素：融诈骗罪之非法占有目的的认定要素。

四、非法占有目的的司法认定方法：1. 运用刑事推定方法之必要；2. 刑事推定方法之合理运用。

第 198 条 保险诈骗罪

有下列情形之一，进行保险诈骗活动，数额较大的，处五年以下有期徒刑或者拘役，并处一万元以上十万元以下罚金；数额巨大或者有其他严重情节的，处五年以上十年以下有期徒刑，并处二万元以上二十万元以下罚金；数额特别巨大或者有其他特别严重情节的，处十年以上有期徒刑，并处二万元以上二十万元以下罚金或者没收财产：

（一）投保人故意虚构保险标的，骗取保险金的；

（二）投保人、被保险人或者受益人对发生的保险事故编造虚假的原因或者夸大损失的程度，骗取保险金的；

（三）投保人、被保险人或者受益人编造未曾发生的保险事故，骗取保险金的；

（四）投保人、被保险人故意造成财产损失的保险事故，骗取保险金的；

（五）投保人、受益人故意造成被保险人死亡、伤残或者疾病，骗取保险金的。

有前款第四项、第五项所列行为，同时构成其他犯罪的，依照数罪并罚的规定处罚。

单位犯第一款罪的，对单位判处罚金，并对其直接负责的主管人员和其他直接责任人员，处五年以下有期徒刑或者拘役；数额巨大或者有其他严重情节的，处五年以上十年以下有期徒刑；数额特别巨大或者有其他特别严重情节的，处十年以上有期徒刑。

保险事故的鉴定人、证明人、财产评估人故意提供虚假的证明文件，为他人诈骗提供条件的，以保险诈骗的共犯论处。

关联规范 ➡ 完全整理

1《中华人民共和国刑法》（1980 年 1 月 1 日）第 287 条　以计算机为工具的犯罪

利用计算机实施金融诈骗、盗窃、贪污、挪用公款、窃取国家秘密或者其他犯罪的，依照本法有关规定定罪处罚。

2《全国部分法院经济犯罪案件审判工作座谈会研讨综述——"经济犯罪案件中的法

律适用问题"》（2004年11月27日）（节录）

四、金融机构工作人员与外部人员勾结骗取本单位资金行为的定性：（一）银行或其他金融机构的国家工作人员与外部人员内外勾结行为的定性；（二）银行或其他金融机构的非国家工作人员与外部人员内外勾结行为的定性。

五、关于诈骗犯罪的认定：（一）"以非法占有为目的"的认定是会议讨论的核心问题。（二）关于非法占有目的产生的时间问题。

3《全国法院审理金融犯罪案件工作座谈会纪要》（2001年1月21日　法〔2001〕8号）（节录）[1]

三、关于金融诈骗：1. 金融诈骗罪中非法占有目的的认定；4. 金融诈骗犯罪定罪量刑的数额标准和犯罪数额的计算。

四、死刑的适用。

五、财产刑的适用。

4 最高人民检察院《关于保险诈骗未遂能否按犯罪处理问题的答复》（1998年11月27日　〔1998〕高检研发第20号）[2]

经研究，并经高检院领导同意，答复如下：行为人已经着手实施保险诈骗行为，但由于其意志以外的原因未能获得保险赔偿的，是诈骗未遂，情节严重的，应依法追究刑事责任。

5 公安部经侦局《关于对一起保险诈骗案件有关问题的批复》（2009年9月14日公经金融〔2009〕248号）

经认真研究后，现批复如下：1998年11月27日最高人民检察院《关于保险诈骗未遂能否按犯罪处理问题的答复》中指出："行为人已经着手实施保险诈骗行为，但由于其意志以外的原因未能获得保险赔偿的，是诈骗未遂，情节严重的，应依法追究刑事责任。"但目前对"情节严重"尚无具体司法解释。本案中，张某隐瞒其妻子已患癌症的事实，向中国人寿保险开封分公司和中国太平人寿保险开封分公司共投保43万元，并在其妻死亡后申请理赔，其行为已涉嫌保险诈骗罪，根据最高人民检察院、公安部《关于经济犯罪案件追诉标准的规定》第48条规定，应予追诉。此复。

学理观点・典型案例　　索引与要旨

1《徐开雷保险诈骗案》，载《刑事审判参考》2008年第2辑总第61辑，第1~7页。

要旨➡被保险车辆的实际所有人利用挂靠单位的名义实施保险诈骗行为的，构成保险诈骗罪。

2《论保险诈骗罪的立法完善》，载《刑事法律文件解读》2007年第6辑总第30辑，第207~225页。

---

① 对其解读见：《刑事审判参考》2001年第4辑总第15辑，第63~76页。
② 对其解读见：《解读最高人民检察院司法解释》，第310~312页。

❸《保险诈骗罪共同犯罪定性研究》，载《刑事司法指南》2006年第2辑总第26辑，第99~120页。

❹《吕瑶山等保险诈骗上诉案》〔2006〕泉刑终字第796号，泉州市中级人民法院

要旨➡医生明知他人为实施保险理赔，在自己不清楚被保险人的死亡原因的情况下，仍为他人开具疾病证明书用于保险理赔，对骗保行为起到事实的帮助作用，应以保险诈骗罪的共犯论处。

❺《金融诈骗罪的非法占有目的及其认定》，载《刑事司法指南》2005年第3辑总第23辑，第1~34页。

要旨➡非法占有目的的：必要性、特殊性、时间性、具体认定。

❻《曾劲青、黄剑新保险诈骗案》，载《刑事审判参考》2004年第3辑总第38辑，第88~100页。

核心提示➡保险诈骗罪主体、犯罪形态的认定

要旨➡保险诈骗行为虽然未遂但情节严重的，也应当定罪处罚

❼《保险诈骗罪若干问题研究——兼评2002年〈保险法〉第138条》，载《经济犯罪审判指导》2004年第3辑总第7辑，第82~110页。

要旨➡1. 保险诈骗罪的刑事立法及评价；2. 保险诈骗罪行为要件的认定；3. 保险诈骗罪主体要件的认定；4. 保险诈骗罪主观要件的认定；5. 保险诈骗罪修正形态的认定；6. 保险诈骗罪与他罪的界限。

❽《金融诈骗犯罪中数额的认定与适用》，载《刑事司法指南》2004年第3辑总第19辑，第61~67页。

要旨➡1. 金融诈骗个人犯罪中数额的认定与适用：（1）金融诈骗犯罪既遂时数额的认定与适用；（2）金融诈骗犯罪预备、未遂、中止时数额的认定与适用；2. 金融诈骗共同犯罪中数额的认定与适用。

❾《关于诈骗犯罪非法占有目的的理解与认定》，载《经济犯罪审判指导》2003年第4辑总第4辑，第81~101页。

要旨➡1. 诈骗犯罪的司法困境；2. 非法占有目的的理解。3. 非法占有目的的司法认定要素：金融诈骗罪之非法占有目的的认定要素。4. 非法占有目的的司法认定方法：（1）运用刑事推定方法之必要；（2）刑事推定方法之合理运用。

❿《刑法中的注意规定与法律拟制及其运用分析》，载《刑事司法指南》2003第3辑总第15辑，第70~108页。

要旨➡注意规定与法律拟制的区分意义与区分方法。区分注意规定与法律拟制的基本意义，在于明确该规定是否修正或补充了相关规定或基本规定，是否导致将不同的行为等同视之。换言之，将某种规定视为法律拟制还是注意规定，会导致适用条件的不同，因而形成不同的认定结论。

如果有必要作出注意规定的，可能是注意规定。例如，《刑法》第198条第4款规定的行为，原本符合保险诈骗的共同犯罪的成立条件，但立法者为了防止司法工作人员将为保

险诈骗提供虚假证明文件的行为认定为提供虚假证明文件罪,所以设立注意规定,提醒司法工作人员将该行为认定为保险诈骗罪的共犯。

⑪《王志峰、王志生故意杀人、保险诈骗案》,载《刑事审判参考》2002 年第 5 辑总第 28 辑,第 10~15 页。

核心提示 ➡ 为骗取保险金而抢劫、杀人的应如何定罪?

要旨 ➡ 被告行为可两方面定性,一方面故意杀人,一方面保险诈骗预备;根据想象竞合,应定故意杀人、抢劫;本案尚未申请赔付,保险诈骗尚未着手,是预备,非未遂;被害人并非被保险人,故不依保险诈骗数罪并罚。

⑫《王新生等放火案》,载《刑事审判参考》2002 年第 1 辑总第 24 辑,第 1~8 页。

核心提示 ➡ 以诈骗保险金为目的放火烧毁投保汽车的行为如何定罪?

第 199 条 金融诈骗罪的死刑适用

犯本节第一百九十二条、第一百九十四条、第一百九十五条规定之罪,数额特别巨大并且给国家和人民利益造成特别重大损失的,处无期徒刑或者死刑,并处没收财产。

中华人民共和国刑法修正案(八)(第十一届全国人民代表大会常务委员会第十九次会议 2011 年 2 月 25 日通过,中华人民共和国主席令第四十一号公布,自 2011 年 5 月 1 日起施行。)

三十、将刑法第一百九十九条修改为:"犯本节第一百九十二条规定之罪,数额特别巨大并且给国家和人民利益造成特别重大损失的,处无期徒刑或者死刑,并处没收财产。"

关 联 规 范 ➡ **完全整理**

❶《刑法修正案(八)》(2011 年 2 月 25 日)(节录)①

❷《全国法院审理金融犯罪案件工作座谈会纪要》(2001 年 1 月 21 日 法〔2001〕8 号)②

4. 金融诈骗犯罪定罪量刑的数额标准和犯罪数额的计算。

四、死刑的适用。

五、财产刑的适用。

学理观点·典型案例 ➡ **索引与要旨**

《金融犯罪认定四题(上)》,载《刑事司法指南》2012 年第 1 辑总第 49 辑,第 1~

---

① 对其解读见:《刑事审判参考》2011 年第 4 辑总第 81 辑,第 83~117 页以及《公检法办案指南》2011 年第 3 辑总第 135 辑,第 13~121 页。

② 对其解读见:《刑事审判参考》2001 年第 4 辑总第 15 辑,第 63~76 页。

21页。

第200条　本节的单位犯罪

单位犯本节第一百九十二条、第一百九十四条、第一百九十五条规定之罪的，对单位判处罚金，并对其直接负责的主管人员和其他直接责任人员，处五年以下有期徒刑或者拘役；数额巨大或者有其他严重情节的，处五年以上十年以下有期徒刑；数额特别巨大或者有其他特别严重情节的，处十年以上有期徒刑或者无期徒刑。

中华人民共和国刑法修正案（八）（第十一届全国人民代表大会常务委员会第十九次会议2011年2月25日通过，中华人民共和国主席令第四十一号公布，自2011年5月1日起施行。）

三十一、将刑法第二百条修改为："单位犯本节第一百九十二条、第一百九十四条、第一百九十五条规定之罪的，对单位判处罚金，并对其直接负责的主管人员和其他直接责任人员，处五年以下有期徒刑或者拘役，可以并处罚金；数额巨大或者有其他严重情节的，处五年以上十年以下有期徒刑，并处罚金；数额特别巨大或者有其他特别严重情节的，处十年以上有期徒刑或者无期徒刑，并处罚金。"

关 联 规 范　　➡　完全整理

人大《刑法修正案（八）》（2011年2月25日）（节录）①

第六节　危害税收征管罪

第201条　修正案（七）第3条　逃税罪

纳税人采取伪造、变造、隐匿、擅自销毁账簿、记帐凭证，在账簿上多列支出或者不列、少列收入，经税务机关通知申报而拒不申报或者进行虚假的纳税申报的手段，不缴或者少缴应纳税款，偷税数额占应纳税额的百分之十以上不满百分之三十并且偷税数额在一万元以上不满十万元的，或者因偷税被税务机关给予二次行政处罚又偷税的，处三年以下有期徒刑或者拘役，并处偷税数额一倍以上五倍以下罚金；偷税数额占应纳税额的百分之三十以上并且偷税数额在十万元以上的，处三年以上七年以下有期徒刑，并处偷税数额一倍以上五倍以下罚金。

---

① 对其解读见：《刑事审判参考》2011年第4辑总第81辑，第83～117页以及《公检法办案指南》2011年第3辑总第135辑，第13～121页。

扣缴义务人采取前款所列手段，不缴或者少缴已扣、已收税款，数额占应缴税额的百分之十以上并且数额在一万元以上的，依照前款的规定处罚。

对多次犯有前两款行为，未经处理的，按照累计数额计算。

刑法修正案（七）（2009年2月28日第十一届全国人民代表大会常务委员会第七次会议通过。）

三、将刑法第二百零一条修改为："纳税人采取欺骗、隐瞒手段进行虚假纳税申报或者不申报，逃避缴纳税款数额较大并且占应纳税额百分之十以上的，处三年以下有期徒刑或者拘役，并处罚金；数额巨大并且占应纳税额百分之三十以上的，处三年以上七年以下有期徒刑，并处罚金。

扣缴义务人采取前款所列手段，不缴或者少缴已扣、已收税款，数额较大的，依照前款的规定处罚。

对多次实施前两款行为，未经处理的，按照累计数额计算。

有第一款行为，经税务机关依法下达追缴通知后，补缴应纳税款，缴纳滞纳金，已受行政处罚的，不予追究刑事责任；但是，五年内因逃避缴纳税款受过刑事处罚或者被税务机关给予二次以上行政处罚的除外。"

关联规范　　完全整理

❶《中华人民共和国刑法》（1980年1月1日）第204条第1款　骗取出口退税罪

以假报出口或者其他欺骗手段，骗取国家出口退税款，数额较大的，处五年以下有期徒刑或者拘役，并处骗取税款一倍以上五倍以下罚金；数额巨大或者有其他严重情节的，处五年以上十年以下有期徒刑，并处骗取税款一倍以上五倍以下罚金；数额特别巨大或者有其他特别严重情节的，处十年以上有期徒刑或者无期徒刑，并处骗取税款一倍以上五倍以下罚金或者没收财产。

纳税人缴纳税款后，采取前款规定的欺骗方法，骗取所缴纳的税款的，依照本法第二百零一条的规定定罪处罚；骗取税款超过所缴纳的税款部分，依照前款的规定处罚。

❷《中华人民共和国刑法》（1980年1月1日）第211条　本节的单位犯罪

单位犯本节第二百零一条、第二百零三条、第二百零四条、第二百零七条、第二百零八条、第二百零九条规定之罪的，对单位判处罚金，并对其直接负责的主管人员和其他直接责任人员，依照各该条的规定处罚。

❸《中华人民共和国刑法》（1980年1月1日）第212条　欠缴税款和所骗取的出口退税款的追缴

犯本节第二百零一条至第二百零五条规定之罪，被判处罚金、没收财产的，在执行前，应当先由税务机关追缴税款和所骗取的出口退税款。

❹《刑法修正案（七）》（2009年2月28日）①

❺ 最高人民法院、最高人民检察院《关于办理妨害武装部队制式服装、车辆号牌管理秩序等刑事案件具体应用法律若干问题的解释》（2011年8月1日　法释〔2011〕16号）（节录）②

第六条　实施刑法第三百七十五条规定的犯罪行为，同时又构成逃税、诈骗、冒充军人招摇撞骗等犯罪的，依照处罚较重的规定定罪处罚。

❻ 最高人民检察院、公安部《关于公安机关管辖的刑事案件立案追诉标准的规定（二）》（2010年5月7日　公通字〔2010〕23号）（节录）③

第五十七条　逃避缴纳税款，涉嫌下列情形之一的，应予立案追诉：

（一）纳税人采取欺骗、隐瞒手段进行虚假纳税申报或者不申报，逃避缴纳税款，数额在五万元以上并且占各税种应纳税总额百分之十以上，经税务机关依法下达追缴通知后，不补缴应纳税款、不缴纳滞纳金或者不接受行政处罚的；

（二）纳税人五年内因逃避缴纳税款受过刑事处罚或者被税务机关给予二次以上行政处罚，又逃避缴纳税款，数额在五万元以上并且占各税种应纳税总额百分之十以上的；

（三）扣缴义务人采取欺骗、隐瞒手段，不缴或者少缴已扣、已收税款，数额在五万元以上的。

纳税人在公安机关立案后再补缴应纳税款、缴纳滞纳金或者接受行政处罚的，不影响刑事责任的追究。

第九十条　本规定中的立案追诉标准，除法律、司法解释、本规定中另有规定的以外，适用于相应的单位犯罪。

❼ 最高人民法院、最高人民检察院《关于执行〈中华人民共和国刑法〉确定罪名的补充规定（四）》（2009年10月16日　法释〔2009〕13号）④

❽ 最高人民法院《关于审理偷税抗税刑事案件具体应用法律若干问题的解释》（2002年11月7日　法释〔2002〕33号）⑤

第一条　纳税人实施下列行为之一，不缴或者少缴应纳税款，偷税数额占应纳税额的百分之十以上且偷税数额在一万元以上的，依照刑法第二百零一条第一款的规定定罪处罚：

（一）伪造、变造、隐匿、擅自销毁账簿、记账凭证；（二）在账簿上多列支出或者不列、少列收入；（三）经税务机关通知申报而拒不申报纳税；（四）进行虚假纳税申报；（五）缴纳税款后，以假报出口或者其他欺骗手段，骗取所缴纳的税款。

扣缴义务人实施前款行为之一，不缴或者少缴已扣、已收税款，数额在一万元以上且

---

① 对其解读见：《刑事审判参考》2009年第3辑总第68辑，第66～118页以及草案及其说明《刑事法律文件解读》2008年第9辑总第39辑，第84～90页。
② 对其解读见：《公检法办案指南》2011年第12辑总第144辑，第69～80页。
③ 对其解读见：《刑事审判参考》2010年第4辑总第75辑，第127～158页。
④ 对其解读见：《刑事审判参考》2009年第6辑总第71辑，第72～82页。
⑤ 对其解读见：《刑事审判参考》2002年第6辑总第29辑，第127～130，166～172页。

占应缴税额百分之十以上的，依照刑法第二百零一条第一款的规定定罪处罚。扣缴义务人书面承诺代纳税人支付税款的，应当认定扣缴义务人"已扣、已收税款"。

实施本条第一款、第二款规定的行为，偷税数额在五万元以下，纳税人或者扣缴义务人在公安机关立案侦查以前已经足额补缴应纳税款和滞纳金，犯罪情节轻微，不需要判处刑罚的，可以免予刑事处罚。

第二条 纳税人伪造、变造、隐匿、擅自销毁用于记账的发票等原始凭证的行为，应当认定为刑法第二百零一条第一款规定的伪造、变造、隐匿、擅自销毁记账凭证的行为。

具有下列情形之一的，应当认定为刑法第二百零一条第一款规定的"经税务机关通知申报"：

（一）纳税人、扣缴义务人已经依法办理税务登记或者扣缴税款登记的；（二）依法不需要办理税务登记的纳税人，经税务机关依法书面通知其申报的；（三）尚未依法办理税务登记、扣缴税款登记的纳税人、扣缴义务人，经税务机关依法书面通知其申报的。

刑法第二百零一条第一款规定的"虚假的纳税申报"，是指纳税人或者扣缴义务人向税务机关报送虚假的纳税申报表、财务报表、代扣代缴、代收代缴税款报告表或者其他纳税申报资料，如提供虚假申请，编造减税、免税、抵税、先征收后退还税款等虚假资料等。

刑法第二百零一条第三款规定的"未经处理"，是指纳税人或者扣缴义务人在五年内多次实施偷税行为，但每次偷税数额均未达到刑法第二百零一条规定的构成犯罪的数额标准，且未受行政处罚的情形。

纳税人、扣缴义务人因同一偷税犯罪行为受到行政处罚，又被移送起诉的，人民法院应当依法受理。依法定罪并判处罚金的，行政罚款折抵罚金。

第三条 偷税数额，是指在确定的纳税期间，不缴或者少缴各税种税款的总额。

偷税数额占应纳税额的百分比，是指一个纳税年度中的各税种偷税总额与该纳税年度应纳税总额的比例。不按纳税年度确定纳税期的其他纳税人，偷税数额占应纳税额的百分比，按照行为人最后一次偷税行为发生之日前一年中各税种偷税总额与该年纳税总额的比例确定。纳税义务存续期间不足一个纳税年度的，偷税数额占应纳税额的百分比，按照各税种偷税总额与实际发生纳税义务期间应当缴纳税款总额的比例确定。

偷税行为跨越若干个纳税年度，只要其中一个纳税年度的偷税数额及百分比达到刑法第二百零一条第一款规定的标准，即构成偷税罪。各纳税年度的偷税数额应当累计计算，偷税百分比应当按照最高的百分比确定。

第四条 两年内因偷税受过二次行政处罚，又偷税且数额在一万元以上的，应当以偷税罪定罪处罚。

❾ 最高人民法院《关于审理非法生产、买卖武装部队车辆号牌等刑事案件具体应用法律若干问题的解释》（2002年4月17日　法释〔2002〕9号）①

第三条 使用伪造、变造、盗窃的武装部队车辆号牌，不缴或者少缴应纳的车辆购置税、车辆使用税等税款，偷税数额占应纳税额的百分之十以上，且偷税数额在一万元以上

---

① 对其解读见：《刑事审判参考》2002年第3辑总第26辑，第131～133，161～166页。

的，依照刑法第二百零一条第一款的规定定罪处罚。

使用伪造、变造、盗窃的武装部队车辆号牌，骗免养路费、通行费等各种规费，数额较大的，依照刑法第二百六十六条的规定定罪处罚。

❿ 最高人民法院、最高人民检察院《关于办理偷税、抗税刑事案件具体应用法律的若干问题的解释》（1992年5月1日　法发〔1992〕12号　高检会〔1992〕5号）（节录）

一、负有纳税义务的单位和个人（简称纳税人），违反税收法律、法规，采用欺骗、隐瞒等手段，少缴或者不缴应纳税款，逃避履行纳税义务，情节严重的，以偷税罪对直接责任人员追究刑事责任。偷税通常采用的手段有：伪造、涂改、隐匿、销毁账册、票据、凭证；转移资金、财产、账户；不报或者谎报应税项目、数量、所得额、收入额；虚增成本、多报费用、减少利润；虚构事实骗取减税、免税等。

二、纳税人违反税收法律、法规，采取公开对抗或者其他手段，抗拒履行纳税义务，情节严重的，以抗税罪对直接责任人员追究刑事责任。抗税通常采用的手段有：拒绝按照税收法律、法规缴纳税款、滞纳金；以各种借口拖延不缴或者抵制缴纳税款；拒绝按照法定手续办理税务登记、纳税申报和提供纳税资料；拒绝接受税务机关依法进行的税务检查；冲击、打砸税务机关，殴打、污辱税务人员（包括税务助征员、代征员）等。

三、负有代征代缴税款义务的单位和个人（简称代征人）、负有代扣代缴、代收代缴税款义务的单位和个人（简称扣缴义务人），有上述第一、二条所列行为之一的，以偷税罪、抗税罪追究刑事责任。

四、偷税罪、抗税罪的"直接责任人员"，是指偷税、抗税单位中对该罪负有直接责任的法定代表人、主管人员和其他直接参与人员，以及偷税、抗税的个人。

九、同一纳税人同时偷、抗二种以上税的，只要其中一种达到上列构成犯罪标准的，所偷、抗其他税种的数额应当一并计入偷税、抗税的总额。

十、与纳税人、代征人、扣缴义务人勾结，为偷税犯罪提供账号、发票、证明，或者以其他手段共同实施偷税罪的，以偷税共犯论处。

唆使、煽动纳税人、代征人、扣缴义务人抗税，或者以其他手段共同实施抗税罪的，以抗税共犯论处。

税务人员犯前两款罪的，从重处罚。

十一、对同一税款，既犯偷税罪，又犯抗税罪的，实行数罪并罚。

因暴力抗税实施伤害、杀人行为的，按伤害罪、杀人罪定罪处罚，或者根据案情实行数罪并罚。

十二、人民法院、人民检察院在办理偷税、抗税案件中，如果发现纳税人登记的经济性质（包括所有制性质和分配形式）与实际不符的，应当根据查明的情况，按其实际的经济性质依法处理。

十三、以营利为目的，倒卖发票，情节严重的，以投机倒把罪论处。

⓫ 公安部《关于如何理解刑法第二百零一条规定的"应纳税额"问题的批复》（1999年11月23日　公复字〔1999〕4号）

《刑法》第二百零一条规定的"应纳税额"是指某一法定纳税期限或者税务机关依法

核定的纳税期间内应纳税额的总和。偷税行为涉及两个以上税种的，只要其中一个税种的偷税数额、比例达到法定标准的，即构成偷税罪，其他税种的偷税数额累计计算。

⑫ 国税局《关于纳税人取得虚开的增值税专用发票处理问题的通知》（2000年11月6日　国税发〔2000〕182号）

⑬ 国税局《关于纳税人取得虚开的增值税专用发票处理问题的通知》（1997年8月8日　国税发〔1997〕134号）

现对有关问题进一步明确如下：有下列情形之一的，无论购货方（受票方）与销售方是否进行了实际的交易，增值税专用发票所注明的数量、金额与实际交易是否相符，购货方向税务机关申请抵扣进项税款或者出口退税的，对其均应按偷税或者骗取出口退税处理。

一、购货方取得的增值税专用发票所注明的销售方名称、印章与其进行实际交易的销售方不符的，即134号文件第二条规定的"购货方从销售方取得第三方开具的专用发票"的情况。

二、购货方取得的增值税专用发票为销售方所在省（自治区、直辖市和计划单列市）以外地区的，即134号文件第二条规定的"从销货地以外的地区取得专用发票"的情况。

三、其他有证据表明购货方明知取得的增值税专用发票系销售方以非法手段获得的，即134号文件第一条规定的"受票方利用他人虚开的专用发票，向税务机关申报抵扣税款进行偷税"的情况。

⑭ 上海市高级人民法院《关于虚开"全国联运行业货运统一发票"案件法律适用问题的解答（试行）》（2004年1月6日）（节录）

二、关于对非法开具联运发票相关人员的处理问题

开票人以收取开票费为目的，非法为个体水运人员虚开联运发票的行为，其结果或是导致个体水运人员逃避纳税义务，或是导致受票人骗取国家税款，两者必居其一。对于此类案件的涉案人员，应当根据不同情况，分别适用法律定罪处罚：

2. 个体水运人员与受票人发生实际运输业务后，通过支付开票费让开票人为受票人非法开具联运发票的，由于受票人是在支付运费后申报抵扣税款，不能认定受票人骗取国家税款。但个体水运人员主观上有逃避纳税义务的故意，且通过非法开具联运发票逃避缴纳营业税、印花税、城建税，其行为应当适用刑法第201条以偷税罪论处。

学理观点·典型案例　➡ 索引与要旨

❶《从刑法修正案（七）看立法导向》，载《刑事法律文件解读》2009年第4辑总第46辑，第119~122页。

❷《樟树市大京九加油城、黄春发等偷税案》，载《刑事审判参考》2007年第4辑总第57辑，第1~9页。

要旨 ➡ 行为人购进货物时应当取得增值税专用发票而未索要，销售货物后没有按照增值税征管规定纳税，从而偷逃应纳税款的，在计算偷税数额时，应当减除按照增值税征管规定可以申报抵扣的税额。

❸《对偷税、漏税和避税行为应当如何处理》，载《最新刑事法律文件解读》2006年第2辑总第14辑，第127~129页。

❹《厦门市湖里区宏祺印刷厂、叶主闽偷税案》〔2005〕思刑初字第291号，厦门市思明区人民法院

要旨➡纳税人或者扣缴义务人的偷税行为发生在其偷税犯罪的五年以外的，不属于未经处理的情形，依法不予追究刑事责任。

❺《跨越修订刑法偷税行为如何适用法律》，载《经济犯罪审判指导》2004年第4辑总第8辑，第109~110页。

❻《关于一般纳税人将其在小规模纳税人期间与一般纳税人之间发生的购货业务，填开增值税专用发票，用于申报抵扣税款的行为如何定性的处理意见》，载《经济犯罪审判指导》2003年第3辑总第3辑，第97~99页。

❼《依法惩处骗取出口退税、偷税、抗税犯罪活动，为经济发展提供有力司法保障》，载《经济犯罪审判指导》2003年第1辑总第1辑，第132~137页。

❽《北京匡达制药厂偷税案》，载《刑事审判参考》2003年第4辑总第33辑，第1~6页。

核心提示➡如何认定单位犯罪直接负责的主管人员？

要旨➡未参与策划、组织、实施单位犯罪行为的单位法定代表人，能否因单位犯罪追究其刑事责任。"直接负责的主管人员"，应从两方面把握：一是直接负责的主管人员是在单位中实际行使管理职权的负责人员；二是对单位具体犯罪行为负有主管责任。本案不能证明该法人王某某具有决定、批准、授意、指挥、组织企业人员采用"打白条"的形式，在账册上不列或少列收入偷逃税款的行为，且相关证据证明系该厂总经理授意所为，故无罪。

❾《无证经营者能否构成偷税罪的主体》，载《刑事审判参考》2002年第4辑总第27辑，第205~206页。

要旨➡可以成为偷税罪的主体。

❿《芦才兴虚开抵扣税款发票案》，载《刑事审判参考》2001年第6辑总第17辑，第6~12页。

核心提示➡虚开可以用于抵扣税款的发票冲减营业额偷逃税款的行为如何定性？

要旨➡ 1. 被告人挂靠与承租的公司属于交通运输企业，无申报抵扣税款资格，其为自己和其他交通运输企业开具的运输发票不能用于抵扣税款。2. 被告人通过虚开运输发票，虚增营业开支，冲减营业数额，以偷逃应纳税款的行为，构成偷税罪。

第202条　抗税罪

以暴力、威胁方法拒不缴纳税款的，处三年以下有期徒刑或者拘役，并处拒缴税款一倍以上五倍以下罚金；情节严重的，处三年以上七年以下有期徒刑，并处拒缴税款一倍以上五倍以下罚金。

第二编 分则 第三章 破坏社会主义市场经济秩序罪

关联规范 ▶ 完全整理

❶《中华人民共和国刑法》(1980年1月1日) 第212条 欠缴税款和所骗取的出口退税款的追缴

犯本节第二百零一条至第二百零五条规定之罪，被判处罚金、没收财产的，在执行前，应当先由税务机关追缴税款和所骗取的出口退税款。

❷ 最高人民检察院、公安部《关于公安机关管辖的刑事案件立案追诉标准的规定(二)》(2010年5月7日 公通字〔2010〕23号)(节录)①

第五十八条 以暴力、威胁方法拒不缴纳税款，涉嫌下列情形之一的，应予立案追诉：1. 造成税务工作人员轻微伤以上的；2. 以给税务工作人员及其亲友的生命、健康、财产等造成损害为威胁，抗拒缴纳税款的；3. 聚众抗拒缴纳税款的；4. 以其他暴力、威胁方法拒不缴纳税款的。

❸ 最高人民法院《关于审理偷税抗税刑事案件具体应用法律若干问题的解释》(2002年11月7日 法释〔2002〕33号)(节录)②

第五条 实施抗税行为具有下列情形之一的，属于刑法第二百零二条规定的"情节严重"：(一)聚众抗税的首要分子；(二)抗税数额在十万元以上的；(三)多次抗税的；(四)故意伤害致人轻伤的；(五)具有其他严重情节。

第六条 实施抗税行为致人重伤、死亡，构成故意伤害罪、故意杀人罪的，分别依照刑法第二百三十四条第二款、第二百三十二条的规定定罪处罚。

与纳税人或者扣缴义务人共同实施抗税行为的，以抗税罪的共犯依法处罚。

❹ 最高人民法院、最高人民检察院《关于办理偷税、抗税刑事案件具体应用法律的若干问题的解释》(1992年5月1日 法发〔1992〕12号 高检会〔1992〕5号)

学理观点·典型案例 ▶ 索引与要旨

❶《依法惩处骗取出口退税、偷税、抗税犯罪活动，为经济发展提供有力司法保障》，载《经济犯罪审判指导》2003年第1辑总第1辑，第132～137页。

❷《认定抗税罪的若干问题》，载《刑事司法指南》2000年第3辑总第3辑，第72～93页。

要旨 ▶ 1. 依法负有代扣、扣缴义务的人，在履行代扣、代收职责时，受到纳税人以暴力、威胁方法阻碍，行为人能否构成抗税罪；2. 错征的税款是否为抗税罪的对象；3. 抗税罪的抗税行为的认定；4. 如何认识抗税罪暴力、威胁的内容、形式和程度；5. 抗税罪主体的认定；6. 抗税罪与非罪的界限；7. 抗税罪与容易混淆罪的界限；8. 暴力抗税致人重伤或死亡的法律适用；9. 抗税罪的处罚原则。

---

① 对其解读见：《刑事审判参考》2010年第4辑总第75辑，第127～158页。
② 对其解读见：《刑事审判参考》2002年第6辑总第29辑，第127～130，166～172页。

第 203 条　逃避追缴欠税罪

纳税人欠缴应纳税款，采取转移或者隐匿财产的手段，致使税务机关无法追缴欠缴的税款，数额在一万元以上不满十万元的，处三年以下有期徒刑或者拘役，并处或者单处欠缴税款一倍以上五倍以下罚金；数额在十万元以上的，处三年以上七年以下有期徒刑，并处欠缴税款一倍以上五倍以下罚金。

关 联 规 范　完全整理

❶《中华人民共和国刑法》（1980 年 1 月 1 日）第 211 条　单位犯罪

单位犯本节第二百零一条、第二百零三条、第二百零四条、第二百零七条、第二百零八条、第二百零九条规定之罪的，对单位判处罚金，并对其直接负责的主管人员和其他直接责任人员，依照各该条的规定处罚。

❷《中华人民共和国刑法》（1980 年 1 月 1 日）第 212 条　欠缴税款和所骗取的出口退税款的追缴

犯本节第二百零一条至第二百零五条规定之罪，被判处罚金、没收财产的，在执行前，应当先由税务机关追缴税款和所骗取的出口退税款。

❸ 最高人民检察院、公安部《关于公安机关管辖的刑事案件立案追诉标准的规定（二）》（2010 年 5 月 7 日　公通字〔2010〕23 号）（节录）①

第五十九条　纳税人欠缴应纳税款，采取转移或者隐匿财产的手段，致使税务机关无法追缴欠缴的税款，数额在一万元以上的，应予立案追诉。

第九十条　本规定中的立案追诉标准，除法律、司法解释、本规定中另有规定的以外，适用于相应的单位犯罪。

第 204 条　第 1 款　骗取出口退税罪

以假报出口或者其他欺骗手段，骗取国家出口退税款，数额较大的，处五年以下有期徒刑或者拘役，并处骗取税款一倍以上五倍以下罚金；数额巨大或者有其他严重情节的，处五年以上十年以下有期徒刑，并处骗取税款一倍以上五倍以下罚金；数额特别巨大或者有其他特别严重情节的，处十年以上有期徒刑或者无期徒刑，并处骗取税款一倍以上五倍以下罚金或者没收财产。

纳税人缴纳税款后，采取前款规定的欺骗方法，骗取所缴纳的税款的，依照本法第二百零一条的规定定罪处罚；骗取税款超过所缴纳的税款部分，依照前款的规定处罚。

---

① 对其解读见：《刑事审判参考》2010 年第 4 辑总第 75 辑，第 127～158 页。

第二编　分则　第三章　破坏社会主义市场经济秩序罪

关联规范　⇒　完全整理

❶《中华人民共和国刑法》（1980年1月1日）第211条　单位犯罪

单位犯本节第二百零一条、第二百零三条、第二百零四条、第二百零七条、第二百零八条、第二百零九条规定之罪的，对单位判处罚金，并对其直接负责的主管人员和其他直接责任人员，依照各该条的规定处罚。

❷《中华人民共和国刑法》（1980年1月1日）第212条　欠缴税款和所骗取的出口退税款的追缴

犯本节第二百零一条至第二百零五条规定之罪，被判处罚金、没收财产的，在执行前，应当先由税务机关追缴税款和所骗取的出口退税款。

❸ 最高人民检察院、公安部《关于公安机关管辖的刑事案件立案追诉标准的规定（二）》（2010年5月7日　公通字〔2010〕23号）（节录）①

第六十条　以假报出口或者其他欺骗手段，骗取国家出口退税款，数额在五万元以上的，应予立案追诉。

第九十条　本规定中的立案追诉标准，除法律、司法解释、本规定中另有规定的以外，适用于相应的单位犯罪。

❹ 最高人民法院《关于审理骗取出口退税刑事案件具体应用法律若干问题的解释》（2002年9月23日　法释〔2002〕30号）②

第一条　刑法第二百零四条规定的"假报出口"，是指以虚构已税货物出口事实为目的，具有下列情形之一的行为：

（一）伪造或者签订虚假的买卖合同；（二）以伪造、变造或者其他非法手段取得出口货物报关单、出口收汇核销单、出口货物专用缴款书等有关出口退税单据、凭证；（三）虚开、伪造、非法购买增值税专用发票或者其他可以用于出口退税的发票；（四）其他虚构已税货物出口事实的行为。

第二条　具有下列情形之一的，应当认定为刑法第二百零四条规定的"其他欺骗手段"：

（一）骗取出口货物退税资格的；（二）将未纳税或者免税货物作为已税货物出口的；（三）虽有货物出口，但虚构该出口货物的品名、数量、单价等要素，骗取未实际纳税部分出口退税款的；（四）以其他手段骗取出口退税款的。

第三条　骗取国家出口退税款5万元以上的，为刑法第二百零四条规定的"数额较大"；骗取国家出口退税款50万元以上的，为刑法第二百零四条规定的"数额巨大"；骗取国家出口退税款250万元以上的，为刑法第二百零四条规定的"数额特别巨大"。

第四条　具有下列情形之一的，属于刑法第二百零四条规定的"其他严重情节"：

（一）造成国家税款损失30万元以上并且在第一审判决宣告前无法追回的；（二）因骗取国家出口退税行为受过行政处罚，两年内又骗取国家出口退税款数额在30万元以上

---

① 对其解读见：《刑事审判参考》2010年第4辑总第75辑，第127~158页。
② 对其解读见：《刑事审判参考》2002年第6辑总第29辑，第159~165页。

的；（三）情节严重的其他情形。

第五条　具有下列情形之一的，属于刑法第二百零四条规定的"其他特别严重情节"：（一）造成国家税款损失150万元以上并且在第一审判决宣告前无法追回的；（二）因骗取国家出口退税行为受过行政处罚，两年内又骗取国家出口退税款数额在150万元以上的；（三）情节特别严重的其他情形。

第六条　有进出口经营权的公司、企业，明知他人意欲骗取国家出口退税款，仍违反国家有关进出口经营的规定，允许他人自带客户、自带货源、自带汇票并自行报关，骗取国家出口退税款的，依照刑法第二百零四条第一款、第二百一十一条的规定定罪处罚。

第七条　实施骗取国家出口退税行为，没有实际取得出口退税款的，可以比照既遂犯从轻或者减轻处罚。

第八条　国家工作人员参与实施骗取出口退税犯罪活动的，依照刑法第二百零四条第一款的规定从重处罚。

第九条　实施骗取出口退税犯罪，同时构成虚开增值税专用发票罪等其他犯罪的，依照刑法处罚较重的规定定罪处罚。

5 最高人民法院《关于审理骗购外汇、非法买卖外汇刑事案件具体应用法律若干问题的解释》（1998年9月1日　法释〔1998〕20号）（节录）①

第一条　以进行走私、逃汇、洗钱、骗税等犯罪活动为目的，使用虚假、无效的凭证、商业单据或者采取其他手段向外汇指定银行骗购外汇的，应当分别按照刑法分则第三章第二节、第一百九十条、第一百九十一条和第二百零四条等规定定罪处罚。

非国有公司、企业或者其他单位，与国有公司、企业或者其他国有单位勾结逃汇的，以逃汇罪的共犯处罚。

第五条　海关、银行、外汇管理机关工作人员与骗购外汇的行为人通谋，为其提供购买外汇的有关凭证，或者明知是伪造、变造的凭证和商业单据而出售外汇，构成犯罪的，按照刑法的有关规定从重处罚。

第六条　实施本解释规定的行为，同时触犯二个以上罪名的，择一重罪从重处罚。

6 最高人民法院《关于适用〈全国人民代表大会常务委员会关于惩治虚开、伪造和非法出售增值税专用发票犯罪的决定〉的若干问题的解释》（法发〔1996〕30号）

7 上海市高级人民法院刑庭、上海市检公诉处《关于进一步规范部分常见刑事案件级别管辖的意见》（2004年8月13日）（节录）

二、对具备下列情形，同时又不具有其他足以判处十五年有期徒刑以下刑罚的法定从轻、减轻情节的案件，各中级人民法院应当予以受理。

9. 骗取出口退税罪（刑法第204条）

（1）个人骗取出口退税数额300万元以上的；

（2）单位骗取出口退税数额1500万元以上的。

---

① 对其解读见：《解读最高人民法院司法解释·刑事、行政卷（1997～2002）》，第118～123页。

❽ 国税局《关于纳税人取得虚开的增值税专用发票处理问题的通知》（2000 年 11 月 6 日　国税发〔2000〕182 号），载《刑事审判参考》2001 年第 2 辑总第 13 辑，第 69 页。

❾ 国税局《关于纳税人取得虚开的增值税专用发票处理问题的通知》（1997 年 8 月 8 日　国税发〔1997〕134 号）

现对有关问题进一步明确如下：有下列情形之一的，无论购货方（受票方）与销售方是否进行了实际的交易，增值税专用发票所注明的数量、金额与实际交易是否相符，购货方向税务机关申请抵扣进项税款或者出口退税的，对其均应按偷税或者骗取出口退税处理。

一、购货方取得的增值税专用发票所注明的销售方名称、印章与其进行实际交易的销售方不符的，即 134 号文件第二条规定的"购货方从销售方取得第三方开具的专用发票"的情况。

二、购货方取得的增值税专用发票为销售方所在省（自治区、直辖市和计划单列市）以外地区的，即 134 号文件第二条规定的"从销货地以外的地区取得专用发票"的情况。

三、其他有证据表明购货方明知取得的增值税专用发票系销售方以非法手段获得的，即 134 号文件第一条规定的"受票方利用他人虚开的专用发票，向税务机关申报抵扣税款进行偷税"的情况。

学理观点·典型案例　　索引与要旨

❶《杨康林、曹培强等骗取出口退税案》，载《刑事审判参考》2005 年第 1 辑总第 42 辑，第 14~25 页。

核心提示 ➡ 如何认定明知他人具有骗取国家出口退税款的主观故意？

❷《中国包装进出口陕西公司、侯万万骗取出口退税案》，载《刑事审判参考》2004 年第 2 辑总第 37 辑，第 22~29 页。

核心提示 ➡ "明知他人意欲骗取出口退税款"的司法认定

❸《依法惩处骗取出口退税、偷税、抗税犯罪活动，为经济发展提供有力司法保障》，载《经济犯罪审判指导》2003 年第 1 辑总第 1 辑，第 132~137 页。

第 205 条　虚开增值税专用发票用于骗取出口退税、抵扣税款发票罪

虚开增值税专用发票或者虚开用于骗取出口退税、抵扣税款的其他发票的，处三年以下有期徒刑或者拘役，并处二万元以上二十万元以下罚金；虚开的税款数额较大或者有其他严重情节的，处三年以上十年以下有期徒刑，并处五万元以上五十万元以下罚金；虚开的税款数额巨大或者有其他特别严重情节的，处十年以上有期徒刑或者无期徒刑，并处五万元以上五十万元以下罚金或者没收财产。

有前款行为骗取国家税款，数额特别巨大，情节特别严重，给国家利益造成特别重大损失的，处无期徒刑或者死刑，并处没收财产。

单位犯本条规定之罪的，对单位判处罚金，并对其直接负责的主管人员和其他直接责任人员，处三年以下有期徒刑或者拘役；虚开的税款数额较大或者有其他严重情节的，处三年以上十年以下有期徒刑；虚开的税款数额巨大或者有其他特别严重情节的，处十年以上有期徒刑或者无期徒刑。

虚开增值税专用发票或者虚开用于骗取出口退税、抵扣税款的其他发票，是指有为他人虚开、为自己虚开、让他人为自己虚开、介绍他人虚开行为之一的。

中华人民共和国刑法修正案（八）（第十一届全国人民代表大会常务委员会第十九次会议2011年2月25日通过，中华人民共和国主席令第四十一号公布，自2011年5月1日起施行。）

三十二、删去刑法第二百零五条第二款。

关联规范 ⟹ 完全整理

❶《中华人民共和国刑法》（1980年1月1日）第212条 欠缴税款和所骗取的出口退税款的追缴

犯本节第二百零一条至第二百零五条规定之罪，被判处罚金、没收财产的，在执行前，应当先由税务机关追缴税款和所骗取的出口退税款。

❷《中华人民共和国刑法》（1980年1月1日）第208条第2款

非法购买增值税专用发票或者购买伪造的增值税专用发票又虚开或者出售的，分别依照本法第二百零五条、第二百零六条、第二百零七条的规定定罪处罚。

❸ 最高人民法院、最高人民检察院、公安部《关于严厉打击发票违法犯罪活动的通知》（2010年6月1日 公通字〔2010〕28号）

发票犯罪案件由犯罪地的公安机关管辖。发票犯罪案件中的犯罪地，包括伪造地、非法制造地、出售地、购买地，也包括运输假发票的途经地。几个公安机关都有管辖权的，由最初受理的公安机关管辖。必要时，可以由主要犯罪地的公安机关管辖。如果由犯罪嫌疑人居住地的公安机关管辖更为适宜的，可以由犯罪嫌疑人居住地的公安机关管辖。发票犯罪案件中的犯罪嫌疑人居住地，包括犯罪嫌疑人经常居住地、户籍所在地，也包括其临时居住地。对管辖有争议或者情况特殊的，可以由共同的上级公安机关指定管辖。如需人民检察院、人民法院指定管辖的，公安机关要及时提出相关建议。经审查需要指定管辖的，人民检察院、人民法院要依法指定管辖。普通发票的真伪鉴定，参照国家税务总局《关于普通发票真伪鉴定问题的通知》（国税函〔2008〕948号）的规定执行。

❹ 最高人民检察院、公安部《关于公安机关管辖的刑事案件立案追诉标准的规定（二）》（2010年5月7日 公通字〔2010〕23号）（节录）①

第六十一条 虚开增值税专用发票或者虚开用于骗取出口退税、抵扣税款的其他发票，

---

① 对其解读见：《刑事审判参考》2010年第4辑总第75辑，第127~158页。

虚开的税款数额在一万元以上或者致使国家税款被骗数额在五千元以上的，应予立案追诉。

第九十条 本规定中的立案追诉标准，除法律、司法解释、本规定中另有规定的以外，适用于相应的单位犯罪。

❺《全国部分法院经济犯罪案件审判工作座谈会研讨综述——"经济犯罪案件中的法律适用问题"》（2004年11月27日）（节录）

三、关于虚开增值税专用发票犯罪的认定

关于虚开增值税专用发票犯罪，本次座谈会讨论的问题涉及虚开增值税专用发票行为的认定、犯罪的认定、犯罪数额的认定以及虚开增值税专用发票犯罪与其他犯罪的界限等几个方面。其中争议较大，且最为核心的问题主要有两个：一是虚开增值税专用发票犯罪的认定问题。二是损失数额的认定问题。

（一）虚开增值税专用发票犯罪的认定

虚开增值税专用发票犯罪的定罪标准问题，是大家讨论最为热烈，也是虚开增值税专用发票犯罪认定中最为核心的关键问题。问题的焦点集中于两个方面：

第一，虚开增值税专用发票犯罪的客体。与会代表认为，正确认定虚开增值税专用发票犯罪的客体是最终确认该罪定罪标准的关键。对此，倾向性观点认为，该罪侵犯的是复杂客体，一是增值税专用发票管理秩序，二是国家税收征管制度，二者缺一不可。其中，根据刑法第三章第六节的规定，国家税收征管制度应当属于主要客体。因此，如果虚开行为仅仅破坏了增值税专用发票管理秩序，但未实际危及国家正常的税收活动，只能属于一般的行政违法行为。

第二，虚开增值税专用发票犯罪的性质。对此，主要存在行为犯、目的犯还是结果犯之争。对于结果犯的观点，大家基本持否定态度，因此，问题的焦点最终归结为行为犯和目的犯之争。

一种观点认为，根据刑法第205条的规定，并未将行为人具有偷、逃税目的作为虚开增值税专用发票犯罪构成的必要要件，因此，只要行为人着手实施犯罪并达到法律要求的程度就是完成了犯罪行为。至于行为人有无偷逃税的目的，以及行为人有无实际骗取、抵扣税款，并不影响犯罪的认定。由此可见，该罪属于行为犯而不属于目的犯。

另一种观点同意上述观点的结论性意见，但同时认为，刑法将虚开增值税专用发票规定为犯罪，主要是为了惩治那些为自己或为他人偷逃、骗取税款虚开增值税专用发票行为。对于确有证据证实行为人主观上不具有偷骗税目的，客观上也不会造成国家税款流失的虚开增值税专用发票行为，不应以虚开增值税专用发票犯罪论处，构成诸如"提供虚假财会报告罪"等其他犯罪的，应以其他犯罪定罪处罚。

第三种观点则认为，行为犯是故意犯罪的一种既遂形态，属于犯罪停止形态理论范畴体系，目的犯是故意犯罪的一种类型，属于罪过形式理论范畴体系，因此，行为犯和目的犯并非一对逻辑上的全异关系的概念，而是属于交叉关系，两者并行不悖。虚开增值税专用发票罪既是行为犯，也是目的犯。尽管刑法第205条并未将其规定为目的犯，但刑法将其规定为危害税收征管罪，具有偷骗税款的目的应当是该罪的应有之义。正如有的金融诈骗犯罪，刑法并未明确规定行为人必须具有非法占有的目的，但并不妨碍对其进行目的犯的认定一样。质言之，虚开增值税专用发票犯罪的客体问题与性质认定问题属于一个问题的两个方面，侵犯国家税收征管制度的客体要求客观上决定了该罪的目的犯性质。

尽管上述第二、三两种观点对虚开增值税专用发票犯罪性质的认识有异，但得出的结论一致，都认为行为人主观上不具有偷、骗税目的，客观上也不会造成国家税款流失的虚开行为不应以虚开增值税专用发票犯罪论处。因此，持上述两种观点的论者认为，对于实践中下列几种虚开行为，一般不宜认定为虚开增值税专用发票犯罪：

（1）为虚增营业额、扩大销售收入或者制造虚假繁荣，相互对开或环开增值税专用发票的行为；（2）在货物销售过程中，一般纳税人为夸大销售业绩，虚增货物的销售环节，虚开进项增值税专用发票和销项增值税专用发票，但依法缴纳增值税并未造成国家税款损失的行为；（3）为夸大企业经济实力，通过虚开进项增值税专用发票虚增企业的固定资产，但并未利用增值税专用发票抵扣税款，国家税款亦未受到损失的行为。

（二）损失数额的认定

刑法关于损失数额的规定，有的属于定罪数额，直接关系到罪的成立，有的属于量刑数额，影响量刑的轻重。在虚开增值税专用发票犯罪中，损失数额的性质属于后一类型，主要与行为人的量刑有关，尤其是直接影响到对行为人能否判处无期徒刑、死刑的问题，因此备受代表们的关注。在讨论过程中，争议的焦点集中于损失计算的截止时间问题。

对此，多数代表倾向认为：作为量刑数额的损失数额，其时间的划定应当不同于定罪数额。后者一般可以案发时、立案时、或者侦查终结时为准。前者则不然，如挪用公款数额巨大不退还，是以一审宣判前作为时间计算标准的。因为虚开增值税专用发票犯罪的最高刑是死刑，因此，审判机关应本着实事求是的态度，从有利于被告的原则出发，损失计算的截止时间还可以适当延伸。基于以上认识，代表们指出，骗取国家税款并且在法院判决之前仍无法追回的，应认定为给国家利益造成损失，法院判决之前追回的被骗税款，应当从损失数额中扣除。一审判决以后，二审或复核生效裁判作出之前追回的被骗税款，也应从一审认定的损失数额中扣除，并以扣除后的损失数额作为最终量刑的基础。

也有部分代表指出，按照上述方法认定损失数额，势必造成如下结果：在终审判决作出之前，损失数额的认定始终处于不确定的变动状态，一审、二审法院据以定案的事实依据不同，必然导致案件改判率的上升，影响法院判决的严肃性和公信力。此外，上述方法还会带来侦查机关追赃不力的负面影响，因为追回的税款越多，被告人的处罚就越轻。因此建议损失数额的认定最好以侦查终结时为准，个别代表还提出了以立案时或一审判决时作为损失数额计算时间的建议。

对于上述代表提出的质疑，持第一种观点的论者表示认同，但认为此乃追求司法公正的代价，从价值权衡的角度看，上述方法仍然不失为一个相对较好的选择。

6 最高人民法院《关于审理骗取出口退税刑事案件具体应用法律若干问题的解释》（2002年9月23日　法释〔2002〕30号）①

实施骗取出口退税犯罪，同时构成虚开增值税专用发票罪等其他犯罪的，依照刑法处

---

① 对其解读见：《刑事审判参考》2002年第6辑总第29辑，第159~165页。

罚较重的规定定罪处罚。

❼ 最高人民法院《关于适用〈全国人民代表大会常务委员会关于惩治虚开、伪造和非法出售增值税专用发票犯罪的决定〉的若干问题的解释》（1996年10月17日　法发〔1996〕30号）

一、根据《决定》第一条规定，虚开增值税专用发票的，构成虚开增值税专用发票罪。

具有下列行为之一的，属于"虚开增值税专用发票"：（1）没有货物购销或者没有提供或接受应税劳务而为他人、为自己、让他人为自己、介绍他人开具增值税专用发票；（2）有货物购销或者提供或接受了应税劳务但为他人、为自己、让他人为自己、介绍他人开具数量或者金额不实的增值税专用发票；（3）进行了实际经营活动，但让他人为自己代开增值税专用发票。

虚开税款数额1万元以上的或者虚开增值税专用发票致使国家税款被骗取5000元以上的，应当依法定罪处罚。

虚开税款数额10万元以上的，属于"虚开的税款数额较大"；具有下列情形之一的，属于"有其他严重情节"：（1）因虚开增值税专用发票致使国家税款被骗取5万元以上的；（2）具有其他严重情节的。

虚开税款数额50万元以上的，属于"虚开的税款数额巨大"；具有下列情形之一的，属于"有其他特别严重情节"：（1）因虚开增值税专用发票致使国家税款被骗取30万元以上的；（2）虚开的税款数额接近巨大并有其他严重情节的；（3）具有其他特别严重情节的。

利用虚开的增值税专用发票实际抵扣税款或者骗取出口退税100万元以上的，属于"骗取国家税款数额特别巨大"。造成国家税款损失50万元以上并且在侦查终结前仍无法追回的，属于"给国家利益造成特别重大损失"。利用虚开的增值税专用发票骗取国家税款数额特别巨大、给国家利益造成特别重大损失，为"情节特别严重"的基本内容。

虚开增值税专用发票犯罪分子与骗取税款犯罪分子均应当对虚开的税款数额和实际骗取的国家税款数额承担刑事责任。

利用虚开的增值税专用发票抵扣税款或者骗取出口退税的，应当依照《决定》第一条的规定定罪处罚；以其他手段骗取国家税款的，仍应依照《全国人民代表大会常务委员会关于惩治偷税、抗税犯罪的补充规定》的有关规定定罪处罚。

二、根据《决定》第二条规定，伪造或者出售伪造的增值税专用发票的，构成伪造、出售伪造的增值税专用发票罪。

伪造或者出售伪造的增值税专用发票25份以上或者票面额（百元版以每份100元，千元版以每份1000元，万元版以每份1万元计算，以此类推。下同）累计10万元以上的应当依法定罪处罚。

伪造或者出售伪造的增值税专用发票100份以上或者票面额累计50万元以上的，属于"数量较大"；具有下列情形之一的，属于"有其他严重情节"：（1）违法所得数额在1万元以上的；（2）伪造并出售伪造的增值税专用发票60份以上或者票面额累计30万元以上的；(3) 造成严重后果或者具有其他严重情节的。

伪造或者出售伪造的增值税专用发票500份以上或者票面额累计250万元以上的，属于"数量巨大"；具有下列情形之一的，属于"有其他特别严重情节"：(1) 违法所得数额在5万元以上的；(2) 伪造并出售伪造的增值税专用发票300份以上或者票面额累计200万元以上的；(3) 伪造或者出售伪造的增值税专用发票接近"数量巨大"并有其他严重情节的；(4) 造成特别严重后果或者具有其他特别严重情节的。

伪造并出售伪造的增值税专用发票1000份以上或者票面额累计1000万元以上的，属于"伪造并出售伪造的增值税专用发票数量特别巨大"；具有下列情形之一的，属于"情节特别严重"：(1) 违法所得数额在5万元以上的；(2) 因伪造、出售伪造的增值税专用发票致使国家税款被骗取100万元以上的；(3) 给国家税款造成实际损失50万元以上的；(4) 具有其他特别严重情节的。对于伪造并出售伪造的增值税专用发票数量达到特别巨大，又具有特别严重情节，严重破坏经济秩序的，应当依照《决定》第二条第二款的规定处罚。

伪造并出售同一宗增值税专用发票的，数量或者票面额不重复计算。

变造增值税专用发票的，按照伪造增值税专用发票行为处理。

三、根据《决定》第三条规定，非法出售增值税专用发票的，构成非法出售增值税专用发票罪。

非法出售增值税专用发票案件的定罪量刑数量标准按照本解释第二条第二、三、四款的规定执行。

四、根据《决定》第四条规定，非法购买增值税专用发票或者购买伪造的增值税专用发票的，构成非法购买增值税专用发票、伪造的增值税专用发票罪。

非法购买增值税专用发票或者购买伪造的增值税专用发票25份以上或者票面额累计10万元以上的，应当依法定罪处罚。

非法购买真、伪两种增值税专用发票的，数量累计计算，不实行数罪并罚。

五、根据《决定》第五条规定，虚开用于骗取出口退税、抵扣税款的其他发票的，构成虚开专用发票罪，依照《决定》第一条的规定处罚。

"用于骗取出口退税、抵扣税款的其他发票"是指可以用于申请出口退税、抵扣税款的非增值税专用发票，如运输发票、废旧物品收购发票、农业产品收购发票等。

六、根据《决定》第六条规定，伪造、擅自制造或者出售伪造、擅自制造的可以用于骗取出口退税、抵扣税款的其他发票的，构成非法制造专用发票罪或出售非法制造的专用发票罪。

伪造、擅自制造或者出售伪造、擅自制造的可以用于骗取出口退税、抵扣税款的其他发票50份以上的，应当依法定罪处罚；伪造、擅自制造或者出售伪造、擅自制造的可以用于骗取出口退税、抵扣税款的其他发票200份以上的，属于"数量巨大"；伪造、擅自制造或者出售伪造、擅自制造的可以用于骗取出口退税、抵扣税款的其他发票1000份以上的，属于"数量特别巨大"。

七、盗窃增值税专用发票或者可以用于骗取出口退税、抵扣税款的其他发票25份以上，或者其他发票 50 份以上的；诈骗增值税专用发票或者可以用于骗取出口退税、抵扣税款的其他发票 50 份以上，或者其他发票 100 份以上的，依照刑法第一百五十一条的规定处罚。

盗窃增值税专用发票或者可以用于骗取出口退税、抵扣税款的其他发票 250 份以上，或者其他发票 500 份以上的；诈骗增值税专用发票或者可以用于骗取出口退税、抵扣税款的其他发票 500 份以上，或者其他发票 1000 份以上的，依照刑法第一百五十二条的规定处罚。

盗窃增值税专用发票或者其他发票情节特别严重的，依照《全国人民代表大会常务委员会关于严惩严重破坏经济的罪犯的决定》第一条第（一）项的规定处罚。

盗窃、诈骗增值税专用发票或者其他发票后，又实施《决定》规定的虚开、出售等犯罪的，按照其中的重罪定罪处罚，不实行数罪并罚。

❽ 最高人民法院《关于对为他人代开增值税专用发票的行为如何定性问题的答复》（1996 年 6 月 7 日　法函〔1996〕98 号）

经研究，答复如下：根据《全国人民代表大会常务委员会关于惩治虚开、伪造和非法出售增值税专用发票犯罪的决定》（以下简称《决定》）第一条的规定，"虚开增值税专用发票"包括自己未进行实际经营活动但为他人经营活动代开增值税专用发票的行为。对为他人代开增值税专用发票的行为构成犯罪的，应当依照《决定》第一条的规定依法追究刑事责任。

❾ 最高人民法院、最高人民检察院《关于办理伪造、倒卖、盗窃发票刑事案件适用法律的规定》（1994 年 6 月 3 日）（节录）

一、以营利为目的，非法印制（复制）、倒卖发票（含假发票）或者非法制造、倒卖发票防伪专用品，情节严重的，以投机倒把罪追究刑事责任。

三、以营利为目的，伪造、变造增值税专用发票的，依照刑法第一百二十四条的规定，以伪造税票罪追究刑事责任。

五、单位实施本规定第一、二条所列的行为，数量（数额）达到第一条第二款第 1、2 项和第二条规定的 5 倍以上，或者具有其他特别严重情节的，对直接负责的主管人员和其他直接责任人员，依法追究刑事责任。

❿ 最高人民检察院研究室《关于税务机关工作人员通过企业以"高开低征"的方法代开增值税专用发票的行为如何适用法律问题的答复》（2004 年 3 月 17 日）①

经研究，答复如下：税务机关及其工作人员将不具备条件的小规模纳税人虚报为一般纳税人，并让其采用"高开低征"的方法为他人代开增值税专用发票的行为，属于虚开增值税专用发票。对于造成国家税款损失，构成犯罪的，应当依照刑法第二百零五条的规定追究刑事责任。

⓫ 厦门市中级人民法院、厦门市人民检察院《厦门市几类多发性刑事案件管辖标准

---

① 对其解读见：《刑事司法指南》2004 年第 2 辑总第 18 辑，第 161～166 页。

暂行规定》（2008年2月21日　厦检会〔2008〕2号）（节录）

九、虚开增值税专用发票罪

个人虚开税额达200万元以上，单位虚开税额达1000万元以上的，或者个人虚开税额达100万元以上200万元以下、单位虚开税额达500万元以上1000万元以下，同时具有下列情节之一的，由市人民检察院起诉、市中级人民法院审判：

（一）利用虚开的增值税专用发票实际抵扣税款或者骗取出口退税100万元以上的，或者造成国家税款损失50万元以上并在侦查终结前仍无法追回的；

（二）具有其他特别严重情节的。

12 上海市高级人民法院《关于办理虚开抵扣税款发票刑事案件适用法律问题的解答》（2006年7月25日）

一、关于抵扣税款发票的范围问题

根据十届全国人大常委会2005年12月29日第19次会议通过的《关于〈中华人民共和国刑法〉有关出口退税、抵扣税款的其他发票规定的解释》、财政部和国家税务总局〔94〕财税字第012号《关于运输费用和废旧物资准予抵扣进项税额问题的通知》、国家税务总局国税发〔2004〕148号《关于增值税一般纳税人取得海关进口增值税专用缴款书抵扣进项税额问题的通知》、国家税务总局国税发〔2004〕108号《关于进一步加强税收征管工作的若干意见》的有关规定，抵扣税款发票是指除增值税专用发票以外的，具有抵扣税款功能的收付款凭证或者完税凭证，包括一般纳税人因支付货物运输费用、收购废旧物资、收购农副产品和进口货物缴纳进口环节增值税所取得或开具的凭证。

根据国家税务总局国税函〔2004〕557号《关于使用公路、内河货物运输业统一发票有关问题的通知》和国税函〔2004〕1033号《关于印发新版〈全国联运行业货运统一发票〉式样的通知》的规定，增值税一般纳税人因支付货物运输费用所取得的凭证，自2004年7月1日和2004年10月31日起，统一为《公路、内河货物运输业统一发票》和《全国联运行业货运统一发票》（简称《货运发票》和《联运发票》）。据此，自上述两日期起，《货运发票》和《联运发票》以外的其他公路、内河运输费用凭证，不再具有抵扣税款发票的性质。上述两日期前开具的公路、内河运输费用凭证，除旧版《全国联运行业货运统一发票》仍视为抵扣税款发票外，其他与运输有关的发票是否抵扣税款发票，应当依据开票单位的主管税务机关（下均同）出具的、确认涉案发票是否抵扣税款发票的书面结论作出认定。无税务机关书面结论的，不做抵扣税款发票认定。

除货物运输费用凭证外，其余涉案与收购废旧物资、收购农副产品、进口货物缴纳进口环节增值税等有关的凭证是否可以认定为抵扣税款发票，也应当执行上述规定。

二、关于虚开抵扣税款发票行为的性质问题

根据国务院发布的《中华人民共和国营业税暂行条例》、财政部、国家税务总局〔94〕财税字第012号《关于运输费用和废旧物资准予抵扣进项税额的通知》和1998年7月1日发布执行的《关于调整增值税运输费用扣除率的通知》的规定，货物运输服务从业者负有按照《货运发票》或《联运发票》所列运输费用金额3%的比例缴纳营业税的纳税义务，委托货物运输的增值税一般纳税人（下称受票人）享有按照《货运发票》或《联运发票》

所列运输费用金额7%的比例,向税务机关申报抵扣进项增值税的权利。上述规定表明,《货运发票》或《联运发票》与《增值税专用发票》具有相同的抵扣进项增值税功能,虚开《货运发票》或《联运发票》行为同样危害了国家的增值税征管秩序和安全,与虚开《增值税专用发票》行为具有同质的社会危害性。因此,凡符合《中华人民共和国刑法》第二百零五条规定的虚开抵扣税款发票罪犯罪构成要件的行为,应当以虚开抵扣税款发票罪追究刑事责任,其虚开的税款数额,在前述财政部、国家税务总局发布的《关于调整增值税运输费用扣除率的通知》执行期间,按票列运输费用的7%计算认定。

虚开收购废旧物资、收购农副产品和进口货物缴纳进口环节增值税凭证的行为,凡经税务机关书面结论确定虚开的凭证系抵扣税款发票,同时又符合虚开抵扣税款发票罪的犯罪构成要件的,也应当以虚开抵扣税款发票罪追究刑事责任,其虚开的税款数额应当以税务机关的核定为依据认定。

三、关于运输企业非法为其他运输从业者代开《货运发票》或《联运发票》犯罪案件的处理问题

根据国家税务总局国税发〔2003〕121号《关于加强运输业税收征收管理的通知》附件2《运输发票增值税抵扣管理试行办法》第三条的规定,除运输单位提供运输劳务自行开具的运输发票、运输单位主管地方税务局及省级地方税务局委托的中介机构为运输单位和个人代开的运输发票准予抵扣增值税外,其他单位代运输单位和个人开具的运输发票一律不能抵扣。因此,运输企业以收取开票费为目的,非法为其他运输从业者代开《货运发票》或《联运发票》的行为,不仅导致其他运输从业者逃避纳税义务,在其他运输从业者实际未提供运输劳务的情况下,还会造成受票人使用虚开的《货运发票》或《联运发票》申报抵扣进项增值税款,骗取国家税款的严重后果,具有较大的社会危害性。对于此类案件的涉案人员,应当根据不同情况,分别适用法律定罪处罚:

1. 其他运输从业者提供运输劳务后,以支付低于应纳税额的开票费的方式,让运输企业为受票人代开《货运发票》或《联运发票》的,该运输从业者具有通过运输企业非法代开《货运发票》或《联运发票》逃避营业税缴纳义务的主观故意,开票的运输企业具有纵容该运输从业者逃避纳税义务的主观故意,其行为均具有偷逃国家税款的性质,构成犯罪的,应当适用刑法第二百零一条的规定以偷税罪论处。偷税数额的认定,应当以税务机关的鉴定结论为依据。涉案的受票人因实际支付了运输费用,其使用开票运输企业非法代开的《货运发票》或《联运发票》申报抵扣进项增值税款的行为,即使违反了前述《运输发票增值税抵扣管理试行办法》第三条的规定,也不应当以犯罪论处。

2. 受票人以骗取国家税款为目的,通过其他运输从业者让运输企业为自己虚开《货运发票》或《联运发票》,或者虚开金额高于其实际支付运输费数额的《货运发票》或《联运发票》,其行为构成犯罪的,应当适用刑法第二百零五条的规定以虚开抵扣税款发票罪论处。受票人高开运输费部分涉及的虚开税款数额,应当以税务机关的鉴定结论为依据认定。涉案的开票运输企业和其他运输从业者应当以受票人虚开抵扣税款发票犯罪的共犯论处。

3. 运输企业以收取开票费为目的,非法为其他运输从业者代开《货运发票》或《联运

发票》，但因要求的其他运输从业者下落不明、或者主体消亡而不能排除该其他运输从业者实际未提供运输劳务的案件，运输企业代开《货运发票》、《联运发票》行为构成犯罪的，也应当适用刑法第二百零五条的规定以虚开抵扣税款发票罪论处，虚开税款数额的认定，按照本解答"二"的规定执行。但第二百零五条第二款的适用，必须以查明骗取国家税款和实际造成国家税款损失数额事实为前提。除适用第二百零五条第二款外，对被告人量刑时应当酌情从轻处罚，同时具有法定可以减轻处罚情节的，一般应当予以减轻处罚。这样规定法律适用是基于下列四方面的考虑：一是根据财政部1993年12月23日发布的《中华人民共和国发票管理办法》第二十条、第二十五条和第二十六条，及国家税务总局国税发〔1993〕157号《中华人民共和国发票管理办法实施细则》第三十三条的规定，发票仅限于领购单位和个人因销售商品、提供劳务及从事其他经营活动而收取款项时向付款人开具，任何单位和个人不得为他人代开。运输企业为其他运输从业者代开《货运发票》或《联运发票》的行为违反了上述发票管理办法的规定，将他人的运输劳务、或者根本未发生的运输劳务虚假开列为本单位提供的运输劳务，其行为本质上就是一种不实的虚开抵扣税款发票的行为，危害了国家的抵扣税款发票管理制度；二是运输企业为其他运输从业者代开《货运发票》或《联运发票》，具有为谋取非法的开票费利益而不计其他运输从业者和受票人偷逃国家税款、骗取国家税款的主观故意，其行为处于虚开《货运发票》或《联运发票》逃避、骗取国家税款类犯罪活动的源头地位，社会危害性较大，有必要从严规制以虚开抵扣税款发票罪论处；三是在要求的其他运输从业者下落不明、或者主体消亡的情况下，排除其他运输从业者实际提供运输劳务，证据上存有瑕疵，理应适当从轻、或者减轻处罚进行调适；四是适用第二百零五条第二款的法定要件，是受票人使用虚开的抵扣税款发票骗取税款100万元以上、实际造成国家税款损失50万元以上。要求的其他运输从业者下落不明、或者主体消亡的虚开抵扣税款发票犯罪案件不可能查明这样的法定要件事实，故而应当排除在适用的范围之外。

四、关于本解答的适用范围问题

本解答自下发之日起执行，下发之前已判决生效的有关案件，不适用本解答的规定。2004年1月6日下发的沪高法刑二〔2004〕1号《关于虚开"全国联运行业货运统一发票"案件法律适用问题的解答（试行）》自本解答执行之日起废止。

13 厦门市政法委文件《会议纪要》（2004年1月7日 厦委政〔2004〕02号）

纪要如下：一、厦门金丽盛公司涉嫌虚开增值税专用发票案，犯罪事实清楚、证据确实充分，应依法追究其刑事责任，维护法律的严肃性。二、虚开增值税专用发票与走私普通货物均是涉税犯罪。在处罚上，单位犯罪与自然人犯罪应有所区别，可参照其他类型单位犯罪的数额标准来确定，一般掌握在自然人犯罪数额标准的5倍。此案同意按市中级人民法院党组请求的第二条意见。今后同类案件可参照上述意见依法处理。

14 国税局《关于纳税人善意取得虚开的增值税专用发票处理问题的通知》（2000年11月16日 国税发〔2000〕187号）

近接一些地区反映，在购货方（受票方）不知道取得的增值税专用发票（以下简称专用发票）是销售方虚开的情况下，对购货方应当如何处理的问题不够明确。经研究，现明确如下：购货方与销售方存在真实的交易，销售方使用的是其所在省（自治区、直辖市和计划单列市）的专用发票，专用发票注明的销售方名称、印章、货物数量、金额及税额等全部内容与实际相符，且没有证据表明购货方知道销售方提供的专用发票是以非法手段获得的，对购货方不以偷税或者骗取出口退税论处。但应按有关规定不予抵扣进项税款或者不予出口退税；购货方已经抵扣的进项税款或者取得的出口退税，应依法追缴。

购货方能够重新从销售方取得防伪税控系统开出的合法、有效专用发票的，或者取得手工开出的合法、有效专用发票且取得了销售方所在地税务机关已经或者正在依法对销售方虚开专用发票行为进行查处证明的，购货方所在地税务机关应依法准予抵扣进项税款或者出口退税。

如有证据表明购货方在进项税款得到抵扣、或者获得出口退税前知道该专用发票是销售方以非法手段获得的，对购货方应按《国家税务总局关于纳税人取得虚开的增值税专用发票处理问题的通知》（国税发〔1997〕134号）和《国家税务总局关于〈国家税务总局关于纳税人取得虚开的增值税专用发票处理问题的通知〉的补充通知》（国税发〔2000〕182号）规定处理。

⑮ 国税局《关于纳税人取得虚开的增值税专用发票处理问题的通知》（2000年11月6日　国税发〔2000〕182号）

⑯ 国税局《关于纳税人取得虚开的增值税专用发票处理问题的通知》（1997年8月8日　国税发〔1997〕134号）

现对有关问题进一步明确如下：有下列情形之一的，无论购货方（受票方）与销售方是否进行了实际的交易，增值税专用发票所注明的数量、金额与实际交易是否相符，购货方向税务机关申请抵扣进项税款或者出口退税的，对其均应按偷税或者骗取出口退税处理。

一、购货方取得的增值税专用发票所注明的销售方名称、印章与其进行实际交易的销售方不符，即134号文件第二条规定的"购货方从销售方取得第三方开具的专用发票"的情况。

二、购货方取得的增值税专用发票为销售方所在省（自治区、直辖市和计划单列市）以外地区的，即134号文件第二条规定的"从销货地以外的地区取得专用发票"的情况。

三、其他有证据表明购货方明知取得的增值税专用发票系销售方以非法手段获得的，即134号文件第一条规定的"受票方利用他人虚开的专用发票，向税务机关申报抵扣税款进行偷税"的情况。

⑰ 浙江省高级人民法院刑二庭《全省法院经济犯罪疑难问题研讨会纪要（二）》（2006年6月29日　浙高法刑二〔2006〕1号）（节录）

三、数量或数额未达到追诉标准但非法获利数额巨大的发票犯罪的处理

虚开增值税专用发票或者用于骗取出口退税、抵扣税款的其他发票，伪造或者出售伪造的增值税专用发票，非法出售增值税专用发票，发票份数或者票面数额未达到追诉标准，但非法获利数额巨大的，可以根据刑法第二百零五条、第二百零六条、第二百零七条的规定定罪处罚。

⑱ 上海市高级人民法院刑庭、上海市检公诉处《关于进一步规范部分常见刑事案件

级别管辖的意见》（2004年8月13日）（节录）

二、对具备下列情形，同时又不具有其他足以判处十五年有期徒刑以下刑罚的法定从轻、减轻情节的案件，各中级人民法院应当予以受理。

10. 虚开增值税专用发票罪、虚开用于骗取出口退税、抵扣税款发票罪（刑法第205条）

（1）个人虚开税款200万元以上，且造成国家税款损失100万元以上；

（2）单位虚开税款2500万元以上，且造成国家税款损失500万元以上。

⑲ 上海市高级人民法院刑庭、市检察院公诉处《刑事法律适用问题解答》（2002年4月1日）（节录）

9. 如何掌握虚开增值税专用发票罪与非罪的界限

答：虚开增值税专用发票罪是整顿规范市场经济秩序中应予重点打击的犯罪。这一犯罪的基本特征是，行为人明知自己的虚开或者非法抵扣行为会造成国家税款的流失，仍然实施虚开或者非法抵扣的行为。不具备这一主客观事实特征，不能认定本罪。因此，对于行为人购买他人货物，或者接受应税劳务服务以后，如实支付货物价款或劳务费，并向开票人交付增值税，但接受的发票是销售人让第三人代开的内容真实，却属虚开的增值税专用发票的，只要没有证据证实购货人明知销售人提供了非法开具的增值税专用发票的，即应认定接受发票的行为属于善意取得性质，不构成虚开增值税专用发票罪的共犯。

10. 如果掌握虚开增值税专用发票罪与他罪的界限

答：虚开增值税专用发票罪往往与非法出售、非法购买增值税专用发票等罪相互关联。对于行为人将空白的增值税专用发票提供给他人虚开，然后按他人虚开发票上的价税总额按比例提取好处费的，应当以虚开增值税专用发票罪的共犯论处。如果行为人与他人谈定价格后，将空白的增值税专用发票出售给他人用于虚开牟利的，应当依法认定非法出售增值税专用发票罪。

对于行为人非法购买增值税专用发票，或者伪造的增值税专用发票以后，准备用于虚开即被查获的，应当依法认定非法购买增值税专用发票罪，或者非法购买伪造的增值税专用发票罪。如果行为人已经将部分发票用于虚开的，则应将非法购买行为与虚开行为分别触犯之罪的相应法定刑轻重予以比较，然后择一重罪处断。

11. 虚开增值税专用发票罪的数额如何认定

答：正确认定虚开增值税专用发票的犯罪数额，是对犯罪分子准确裁量刑罚的重要基础。目前需要统一认识的问题是：（1）对于行为人向他人虚开销项增值税专用发票以后，为了掩盖向他人虚开的事实，又让他人为自己或者自己为自己虚开进项增值税专用发票的行为，应以销项或进项中数额较大的一项作为"虚开的税款数额"。不能把销项与进项发票上的税款数额累计相加。因为，为掩盖虚开销项增值税专用发票的行为而实施的虚开进项增值税专用发票的行为，并不会造成新的国家税款损失。如果把虚开的进项与销项数额累计相加，则必然发生对一个造成国家税款损失的数额，给予重复计算，从而违反刑法上禁止重复评价原则。（2）对于行为人既实施为他人虚开销项增值税专用发票的行为，又实施为自己或让他人为自己虚开进项增值税专用发票的行为，二者没有关联，虚开的目的都是为了非法抵扣从事正常生产经营活动应当向国家缴纳的税款数额的，应将所虚开的销项与进项税款累计相加，一并作为"虚开的税款数额"认定。（3）对于行为人在领取增值税专用发票时，按票面金额的一定比例已预交的增值税，应当从造成国家税款损失的数额中扣除，以体现刑法公平原则的要求。

学理观点·典型案例 ➡ 索引与要旨

❶《刑法修正案（八）》解读，载《刑事审判参考》2011年第4辑总第81辑，第83~117页以及《公检法办案指南》2011年第3辑总第135辑，第13~121页。

❷《如何认定虚开增值税专用发票犯罪》，载《公检法办案指南》2007年第6辑总第90辑，第139~146页。

❸《虚开增值税专用发票、用于骗取出口退税、抵扣税款发票犯罪法律适用的若干问题》，载《刑事审判参考》2006年第2辑总第49辑，第138~152页。

要旨 ➡ 1. 虚开增值税专用发票是否目的犯；2. 虚开增值税专用发票犯罪数额的认定和计算；3. 废旧物资经营中虚开增值税专用发票和废旧物资收购统一发票的行为如何处理；4. 利用虚开的海关代征增值税专用缴款书抵扣税款的行为如何处理；5. 虚开货物运输发票的行为如何定性。

❹《邓冬蓉非法出售虚开增值税专用发票案》，载《刑事审判参考》2005年第2辑总第43辑，第21~27页。

要旨 ➡ 对于非法出售增值税专用发票的份数和票面额分别达到不同量刑档次的应适用处罚较重的规定。

❺《王红梅、王宏斌、陈一平走私普通货物、虚开增值税专用发票案》，载《刑事审判参考》2005年第2辑总第43辑，第1~20页。

要旨 ➡ 走私犯罪行为完成后，行为人再以该走私货物让人虚开增值税专用发票以抵扣税款的行为，由于不具有同一犯罪目的，因而不构成牵连犯罪。

❻《董博等提供虚假财会报告案》，载《刑事审判参考》2004年第2辑总第37辑，第1~14页。

要旨 ➡ 虽有虚开增值税专用发票的行为，但未骗取税款，不构成虚开增值税专用发票罪。

虽有虚开行为，但虚开的动机和目的是提供虚假财会报告，且所虚开的增值税专用发票没有流向社会，没有骗取税款，只是提供虚假财务会计报告的犯罪手段。

❼《普宁市流沙经济发展公司等单位虚开增值税专用发票案》，载《刑事审判参考》2003年第2辑总第31辑，第19~34页。

核心提示 ➡ 单位共同虚开增值税专用发票的犯罪中，单位之间、单位中的自然人之间可否区分主从犯？

❽《吴彩森、郭家春等虚开增值税专用发票案》，载《刑事审判参考》2003年第2辑总第31辑，第1~18页。

核心提示 ➡ 税务机关利用代管监开增值税"高开低征"的行为如何定性？单位犯罪中

其他直接责任人员如何认定？

⑨《单位共同犯罪司法认定若干问题探讨》，载《经济犯罪审判指导》2003 年第 3 辑总第 3 辑，第 59~69 页。

要旨➡单位共同犯罪认定中一个值得特别讨论的问题：从司法实践情况看，虚开增值税专用发票案中的开票人通常是个人（含名为单位实为个人者），受票人通常是单位，势必产生开票人与受票人能否成立自然人与单位组合的共同犯罪？与此相关的一个问题是，如果开票与受票系他人居间介绍而成，那么居间介绍者是与开票人成立自然人共同犯罪，还是与受票人成立单位共同犯罪，抑或单独成立虚开增值税专用发票罪？

⑩《关于一般纳税人将其在小规模纳税人期间与一般纳税人之间发生的购货业务，填开增值税专用发票，用于申报抵扣税款的行为如何定性的处理意见》，载《经济犯罪审判指导》2003 年第 3 辑总第 3 辑，第 97~99 页。

⑪《在全国法院审理经济犯罪案件工作座谈会上的讲话》，载《经济犯罪审判指导》，2003 年第 1 辑总第 1 辑，第 113~131 页。

要旨➡根据立法原意，应当具备偷骗税款的目的。被告人虽然实施了虚开增值税专用发票的行为，但主观上不具有偷骗税款的目的，亦未实际造成国家税收损失的，与虚开增值税专用发票罪的社会危害性具有本质区别，不能以犯罪论处。

⑫《刘国良虚开增值税专用发票案》，载《经济犯罪审判指导与参考》2003 年第 1 辑总第 1 辑，第 19 页。

核心提示➡虚开增值税发票犯罪数额及损失认定

⑬《何涛虚开增值税专用发票案》，载《刑事审判参考》2001 年第 8 辑总第 19 辑，第 10~18 页

核心提示➡虚开增值税专用发票给国家造成的经济损失如何计算？

要旨➡1. 对于既虚开销项增值税专用发票，又虚开进项增值税专用发票的行为，如何计算给国家造成的损失？2. 已向国家缴纳的税款应从给国家利益造成的损失中扣除。

⑭《芦才兴虚开抵扣税款发票案》，载《刑事审判参考》2001 年第 6 辑总第 17 辑，第 6~12 页。

核心提示➡虚开用于抵扣税款发票罪的成立条件是什么？虚开可以用于抵扣税款的发票冲减营业额偷逃税款的行为如何定性？

⑮《张贞练虚开增值税专用发票案》，载《刑事审判参考》2001 年第 3 辑总第 14 辑，第 10~16 页。

核心提示➡单位犯罪与自然人犯罪的区别如何界定？

⑯《朱奕骥投机倒把案》，载《刑事审判参考合订本·第一卷》，第 58~63 页。

核心提示➡承包经理虚开增值税专用发票是否构成单位犯罪？

第 205 条之一　修正案（八）第 33 条　虚开发票罪

中华人民共和国刑法修正案（八）（第十一届全国人民代表大会常务委员

会第十九次会议 2011 年 2 月 25 日通过，中华人民共和国主席令第四十一号公布，自 2011 年 5 月 1 日起施行。）

三十三、在刑法第二百零五条后增加一条，作为第二百零五条之一："虚开本法第二百零五条规定以外的其他发票，情节严重的，处二年以下有期徒刑、拘役或者管制，并处罚金；情节特别严重的，处二年以上七年以下有期徒刑，并处罚金。

单位犯前款罪的，对单位判处罚金，并对其直接负责的主管人员和其他直接责任人员，依照前款的规定处罚。"

关联规范 ⟹ 完全整理

❶ 《刑法修正案（八）》（2011 年 2 月 25 日）①

❷ 最高人民检察院、公安部《关于公安机关管辖的刑事案件立案追诉标准的规定（二）的补充规定》（2011 年 11 月 14 日）（节录）②

二、在《立案追诉标准（二）》中增加第六十一条之一：〔虚开发票案（刑法第二百零五条之一）〕虚开刑法第二百零五条规定以外的其他发票，涉嫌下列情形之一的，应予立案追诉：

（一）虚开发票一百份以上或者虚开金额累计在四十万元以上的；

（二）虽未达到上述数额标准，但五年内因虚开发票行为受过行政处罚二次以上，又虚开发票的；

（三）其他情节严重的情形。

❸ 最高人民法院、最高人民检察院《关于执行〈中华人民共和国刑法〉确定罪名的补充规定（五）》（2011 年 4 月 27 日 法释〔2011〕10 号）③

❹ 重庆市高级人民法院、重庆市人民检察院、重庆市公安局关于办理普通发票犯罪案件的若干规定（参考）（2000 年 2 月 19 日 渝高法发〔2000〕16 号）

一、本规定所称普通发票，是指除增值税专用发票以外的其他发票。

二、伪造、擅自制造或者出售伪造、擅自制造的可以用于抵扣增值税款的普通发票 50 份以上，应当依法定罪；伪造、擅自制造或者出售伪造、擅自制造的可以用于抵扣增值税款的普通发票 250 份以上属于"数量巨大"；伪造、擅自制造或者出售伪造、擅自制造的可以用于抵扣增值税款的普通发票 1000 份以上属于"数量特别巨大"。

三、伪造、擅自制造或者出售伪造、擅自制造的前条规定以外的普通发票 250 份以上，或者票面累计金额 10 万元以上应当依法定罪处罚；伪造、擅自制造或者出售伪造、擅自制

---

① 对其解读见：《刑事审判参考》2011 年第 4 辑总第 81 辑，第 83~117 页以及《公检法办案指南》2011 年第 3 辑总第 135 辑，第 13~121 页。

② 对其解读见：《刑事司法指南》2012 年第 1 辑总第 49 辑，第 124~130 页。

③ 对其解读见：《刑事审判参考》2011 年第 4 辑总第 81 辑，第 151~157 页。

造的前条规定以外的普通发票1250份以上，或者票面累计金额50万元以上，属于"情节严重"的情形之一。

四、出售伪造、擅自制造的普通发票无论成交与否及成交数量多少，其携带的全部发票或住地、藏匿地查获的有证据证明系犯罪嫌疑人准备出售的发票均应计为犯罪数量。

五、曾因非法制造、出售非法制造的普通发票受过刑事处罚或者两次以上行政处罚，又进行此类违法活动被查获，犯罪数额接近以上定罪标准的，应定罪处罚。

六、非法出售普通发票的，依照第二至第五条的规定处罚。

七、伪造并出售同一宗普通发票的，数量或者票面额不得重复计算。

变造普通发票的，按照伪造普通发票的行为处理。

第206条　伪造、出售伪造的增值税专用发票罪

伪造或者出售伪造的增值税专用发票的，处三年以下有期徒刑、拘役或者管制，并处二万元以上二十万元以下罚金；数量较大或者有其他严重情节的，处三年以上十年以下有期徒刑，并处五万元以上五十万元以下罚金；数量巨大或者有其他特别严重情节的，处十年以上有期徒刑或者无期徒刑，并处五万元以上五十万元以下罚金或者没收财产。

伪造并出售伪造的增值税专用发票，数量特别巨大，情节特别严重，严重破坏经济秩序的，处无期徒刑或者死刑，并处没收财产。

单位犯本条规定之罪的，对单位判处罚金，并对其直接负责的主管人员和其他直接责任人员，处三年以下有期徒刑、拘役或者管制；数量较大或者有其他严重情节的，处三年以上十年以下有期徒刑；数量巨大或者有其他特别严重情节的，处十年以上有期徒刑或者无期徒刑。

中华人民共和国刑法修正案（八）（第十一届全国人民代表大会常务委员会第十九次会议2011年2月25日通过，中华人民共和国主席令第四十一号公布，自2011年5月1日起施行。）

三十四、删去刑法第二百零六条第二款。

关联规范　　完全整理

❶《中华人民共和国刑法》（1980年1月1日）第208条第2款

非法购买增值税专用发票或者购买伪造的增值税专用发票又虚开或者出售的，分别依照本法第二百零五条、第二百零六条、第二百零七条的规定定罪处罚。

❷ 最高人民法院、最高人民检察院、公安部《关于严厉打击发票违法犯罪活动的通知》（2010年6月1日　公通字〔2010〕28号）

发票犯罪案件由犯罪地的公安机关管辖。发票犯罪案件中的犯罪地，包括伪造地、非法制造地、出售地、购买地，也包括运输假发票的途经地。几个公安机关都有管辖权的，由最初受理的公安机关管辖。必要时，可以由主要犯罪地的公安机关管辖。如果由犯罪嫌

疑人居住地的公安机关管辖更为适宜的，可以由犯罪嫌疑人居住地的公安机关管辖。发票犯罪案件中的犯罪嫌疑人居住地，包括犯罪嫌疑人经常居住地、户籍所在地，也包括其临时居住地。对管辖有争议或者情况特殊的，可以由共同的上级公安机关指定管辖。如需人民检察院、人民法院指定管辖的，公安机关要及时提出相关建议。经审查需要指定管辖的，人民检察院、人民法院要依法指定管辖。普通发票的真伪鉴定，参照国家税务总局《关于普通发票真伪鉴定问题的通知》（国税函〔2008〕948号）的规定执行。

❸ 最高人民检察院、公安部《关于公安机关管辖的刑事案件立案追诉标准的规定（二）》（2010年5月7日 公通字〔2010〕23号）（节录）①

第六十二条 伪造或者出售伪造的增值税专用发票二十五份以上或者票面额累计在十万元以上的，应予立案追诉。

第九十条 本规定中的立案追诉标准，除法律、司法解释、本规定中另有规定的以外，适用于相应的单位犯罪。

❹ 最高人民法院《关于适用〈全国人民代表大会常务委员会关于惩治虚开、伪造和非法出售增值税专用发票犯罪的决定〉的若干问题的解释》（1996年10月17日 法发〔1996〕30号）（节录）

二、根据《决定》第二条规定，伪造或者出售伪造的增值税专用发票的，构成伪造、出售伪造的增值税专用发票罪。

伪造或者出售伪造的增值税专用发票25份以上或者票面额（百元版以每份100元，千元版以每份1000元，万元版以每份1万元计算，以此类推。下同）累计10万元以上的应当依法定罪处罚。

伪造或者出售伪造的增值税专用发票100份以上或者票面额累计50万元以上的，属于"数量较大"；具有下列情形之一的，属于"有其他严重情节"：（1）违法所得数额在1万元以上的；（2）伪造并出售伪造的增值税专用发票60份以上或者票面额累计30万元以上的；（3）造成严重后果或者具有其他严重情节的。

伪造或者出售伪造的增值税专用发票500份以上或者票面额累计250万元以上的，属于"数量巨大"；具有下列情形之一的，属于"有其他特别严重情节"：（1）违法所得数额在5万元以上的；（2）伪造并出售伪造的增值税专用发票300份以上或者票面额累计200万元以上的；（3）伪造或者出售伪造的增值税专用发票接近"数量巨大"并有其他严重情节的；（4）造成特别严重后果或者具有其他特别严重情节的。

伪造并出售伪造的增值税专用发票1000份以上或者票面额累计1000万元以上的，属于"伪造并出售伪造的增值税专用发票数量特别巨大"；具有下列情形之一的，属于"情节特别严重"：（1）违法所得数额在5万元以上的；（2）因伪造、出售伪造的增值税专用发票致使国家税款被骗取100万元以上的；（3）给国家税款造成实际损失50万元以上的；（4）具有其他特别严重情节的。对于伪造并出售伪造的增值税专用发票数量达到特别巨大，又具有特别严重情节，严重破坏经济秩序的，应当依照《决定》第二条第二款的规定

---

① 对其解读见：《刑事审判参考》2010年第4辑总第75辑，第127~158页。

处罚。

伪造并出售同一宗增值税专用发票的，数量或者票面额不重复计算。

变造增值税专用发票的，按照伪造增值税专用发票行为处理。

❺ 最高人民法院、最高人民检察院《关于办理伪造、倒卖、盗窃发票刑事案件适用法律的规定》（1994年6月3日）（节录）

一、以营利为目的，非法印制（复制）、倒卖发票（含假发票）或者非法制造、倒卖发票防伪专用品，情节严重的，以投机倒把罪追究刑事责任。

三、以营利为目的，伪造、变造增值税专用发票的，依照刑法第一百二十四条的规定，以伪造税票罪追究刑事责任。

五、单位实施本规定第一、二条所列的行为，数量（数额）达到第一条第二款第1、2项和第二条规定的5倍以上，或者具有其他特别严重情节的，对直接负责的主管人员和其他直接责任人员，依法追究刑事责任。

❻ 浙江省高级人民法院刑二庭《全省法院经济犯罪疑难问题研讨会纪要（二）》（2006年6月29日 浙高法刑二〔2006〕1号）（节录）

三、数量或数额未达到追诉标准但非法获利数额巨大的发票犯罪的处理

虚开增值税专用发票或者用于骗取出口退税、抵扣税款的其他发票，伪造或者出售伪造的增值税专用发票，非法出售增值税专用发票，发票份数或者票面数额未达到追诉标准，但非法获利数额巨大的，可以根据刑法第二百零五条、第二百零六条、第二百零七条的规定定罪处罚。

❼ 上海市高级人民法院刑庭、上海市检公诉处《关于进一步规范部分常见刑事案件级别管辖的意见》（2004年8月13日）（节录）

二、对具备下列情形，同时又不具有其他足以判处十五年有期徒刑以下刑罚的法定从轻、减轻情节的案件，各中级人民法院应当予以受理。

11. 伪造、出售伪造的增值税专用发票罪（刑法第206条）

（1）伪造并出售伪造的增值税专用发票1000份以上或者票面额累计1000万元以上；

（2）违法所得5万元以上；

（3）致国家税款被骗100万元以上；

（4）给国家税款造成实际损失50万元以上；

（5）单位犯罪为前述标准的五倍。

学理观点·典型案例 ▶ 索引与要旨

❶《刑法修正案（八）》解读，载《刑事审判参考》2011年第4辑总第81辑，第83~117页以及《公检法办案指南》2011年第3辑总第135辑，第13~121页。

❷《曾珠玉等伪造增值税专用发票案》，载《刑事审判参考》2003年第4辑总第33辑，第7~19页。

核心提示 ➡ 大量购买伪造的增值税专用发票，查获时仅出售部分的行为如何定罪处

罚？出售伪造增值税专用发票以及普通发票的印刷模版等印制工具的行为如何定罪处罚？

要旨 一、刑法第208条第2款规定的基本含义是，购买的手段行为与虚开、出售的目的行为均单独成立犯罪从而形成牵连犯罪的情况下，应以目的行为的罪名定罪处罚；对购买又出售，如果购买与出售均成立犯罪，应以出售定罪处罚，只有购买的尚未出售，或出售行为未达到追究的数额标准时，才考虑行为的想象竞合与吸收关系，定购买伪造的增值税专用发票罪；二、出售用于伪造的模版等印制工具，成立伪造增值税、非法制造发票的共犯。制造、销售工具，其危害性比发票更大，不能以刑法未规定印制工具而不以犯罪处罚，制造、销售印制工具，其本质是为伪造发票提供条件，参照最高人民法院伪造货币解释，及金融犯罪纪要，应以伪造增值税专用发票（普通发票）罪处罚。

第207条 非法出售增值税专用发票罪

非法出售增值税专用发票的，处三年以下有期徒刑、拘役或者管制，并处二万元以上二十万元以下罚金；数量较大的，处三年以上十年以下有期徒刑，并处五万元以上五十万元以下罚金；数量巨大的，处十年以上有期徒刑或者无期徒刑，并处五万元以上五十万元以下罚金或者没收财产。

关联规范 ➡ 完全整理

❶ 《中华人民共和国刑法》（1980年1月1日）第208条 第2款

非法购买增值税专用发票或者购买伪造的增值税专用发票又虚开或者出售的，分别依照本法第二百零五条、第二百零六条、第二百零七条的规定定罪处罚。

❷ 《中华人民共和国刑法》（1980年1月1日）第211条 单位犯罪

单位犯本节第二百零一条、第二百零三条、第二百零四条、第二百零七条、第二百零八条、第二百零九条规定之罪的，对单位判处罚金，并对其直接负责的主管人员和其他直接责任人员，依照各该条的规定处罚。

❸ 最高人民法院、最高人民检察院、公安部《关于严厉打击发票违法犯罪活动的通知》（2010年6月1日 公通字〔2010〕28号）

发票犯罪案件由犯罪地的公安机关管辖。发票犯罪案件中的犯罪地，包括伪造地、非法制造地、出售地、购买地，也包括运输假发票的途经地。几个公安机关都有管辖权的，由最初受理的公安机关管辖。必要时，可以由主要犯罪地的公安机关管辖。如果由犯罪嫌疑人居住地的公安机关管辖更为适宜的，可以由犯罪嫌疑人居住地的公安机关管辖。发票犯罪案件中的犯罪嫌疑人居住地，包括犯罪嫌疑人经常居住地、户籍所在地，也包括其临时居住地。对管辖有争议或者情况特殊的，可以由共同的上级公安机关指定管辖。如需人民检察院、人民法院指定管辖的，公安机关要及时提出相关建议。经审查需要指定管辖的，人民检察院、人民法院要依法指定管辖。普通发票的真伪鉴定，参照国家税务总局《关于普通发票真伪鉴定问题的通知》（国税函〔2008〕948号）的规定执行。

❹ 最高人民检察院、公安部《关于公安机关管辖的刑事案件立案追诉标准的规定

（二）》（2010 年 5 月 7 日　公通字〔2010〕23 号）（节录）①

第六十三条　非法出售增值税专用发票二十五份以上或者票面额累计在十万元以上的，应予立案追诉。

第九十条　本规定中的立案追诉标准，除法律、司法解释、本规定中另有规定的以外，适用于相应的单位犯罪。

5 最高人民法院《关于适用〈全国人民代表大会常务委员会关于惩治虚开、伪造和非法出售增值税专用发票犯罪的决定〉的若干问题的解释》（1996 年 10 月 17 日　法发〔1996〕30 号）（节录）

三、根据《决定》第三条规定，非法出售增值税专用发票的，构成非法出售增值税专用发票罪。

非法出售增值税专用发票案件的定罪量刑数量标准按照本解释第二条第二、三、四款的规定执行。

七、（第四款）盗窃、诈骗增值税专用发票或者其他发票后，又实施《决定》规定的虚开、出售等犯罪的，按照其中的重罪定罪处罚，不实行数罪并罚。

6 浙江省高级人民法院刑二庭《全省法院经济犯罪疑难问题研讨会纪要（二）》（2006 年 6 月 29 日　浙高法刑二〔2006〕1 号）（节录）

三、数量或数额未达到追诉标准但非法获利数额巨大的发票犯罪的处理

虚开增值税专用发票或者用于骗取出口退税、抵扣税款的其他发票，伪造或者出售伪造的增值税专用发票，非法出售增值税专用发票，发票份数或者票面数额未达到追诉标准，但非法获利数额巨大的，可以根据刑法第二百零五条、第二百零六条、第二百零七条的规定定罪处罚。

第 208 条　第 1 款　非法购买增值税专用发票、购买伪造的增值税专用发票罪

非法购买增值税专用发票或者购买伪造的增值税专用发票的，处五年以下有期徒刑或者拘役，并处或者单处二万元以上二十万元以下罚金。

非法购买增值税专用发票或者购买伪造的增值税专用发票又虚开或者出售的，分别依照本法第二百零五条、第二百零六条、第二百零七条的规定定罪处罚。

关 联 规 范　　　　⇒ 完全整理

1《中华人民共和国刑法》（1980 年 1 月 1 日）第 211 条　单位犯罪

单位犯本节第二百零一条、第二百零三条、第二百零四条、第二百零七条、第二百零八条、第二百零九条规定之罪的，对单位判处罚金，并对其直接负责的主管人员和其他直

---

① 对其解读见：《刑事审判参考》2010 年第 4 辑总第 75 辑，第 127～158 页。

接责任人员，依照各该条的规定处罚。

❷ 最高人民法院、最高人民检察院、公安部《关于严厉打击发票违法犯罪活动的通知》（2010年6月1日　公通字〔2010〕28号）

发票犯罪案件由犯罪地的公安机关管辖。发票犯罪案件中的犯罪地，包括伪造地、非法制造地、出售地、购买地，也包括运输假发票的途经地。几个公安机关都有管辖权的，由最初受理的公安机关管辖。必要时，可以由主要犯罪地的公安机关管辖。如果由犯罪嫌疑人居住地的公安机关管辖更为适宜的，可以由犯罪嫌疑人居住地的公安机关管辖。发票犯罪案件中的犯罪嫌疑人居住地，包括犯罪嫌疑人经常居住地、户籍所在地，也包括其临时居住地。对管辖有争议或者情况特殊的，可以由共同的上级公安机关指定管辖。如需人民检察院、人民法院指定管辖的，公安机关要及时提出相关建议。经审查需要指定管辖的，人民检察院、人民法院要依法指定管辖。普通发票的真伪鉴定，参照国家税务总局《关于普通发票真伪鉴定问题的通知》（国税函〔2008〕948号）的规定执行。

❸ 最高人民检察院、公安部《关于公安机关管辖的刑事案件立案追诉标准的规定（二）》（2010年5月7日　公通字〔2010〕23号）（节录）①

第六十四条　非法购买增值税专用发票或者购买伪造的增值税专用发票二十五份以上或者票面额累计在十万元以上的，应予立案追诉。

第九十条　本规定中的立案追诉标准，除法律、司法解释、本规定中另有规定的以外，适用于相应的单位犯罪。

❹ 最高人民检察院、公安部《关于经济犯罪案件追诉标准的规定》（2001年4月18日　公发〔2001〕11号）

❺ 最高人民法院《关于适用〈全国人民代表大会常务委员会关于惩治虚开、伪造和非法出售增值税专用发票犯罪的决定〉的若干问题的解释》（1996年10月17日　法发〔1996〕30号）（节录）

四、根据《决定》第四条规定，非法购买增值税专用发票或者购买伪造的增值税专用发票的，构成非法购买增值税专用发票、伪造的增值税专用发票罪。

非法购买增值税专用发票或者购买伪造的增值税专用发票25份以上或者票面额累计10万元以上的，应当依法定罪处罚。

非法购买真、伪两种增值税专用发票的，数量累计计算，不实行数罪并罚。

❻ 最高人民法院、最高人民检察院《关于办理伪造、倒卖、盗窃发票刑事案件适用法律的规定》（1994年6月3日）（节录）

一、以营利为目的，非法印制（复制）、倒卖发票（含假发票）或者非法制造、倒卖发票防伪专用品，情节严重的，以投机倒把罪追究刑事责任。

三、以营利为目的，伪造、变造增值税专用发票的，依照刑法第一百二十四条的规定，以伪造税票罪追究刑事责任。

---

①　对其解读见：《刑事审判参考》2010年第4辑总第75辑，第127~158页。

五、单位实施本规定第一、二条所列的行为，数量（数额）达到第一条第二款第1、2项和第二条规定的5倍以上，或者具有其他特别严重情节的，对直接负责的主管人员和其他直接责任人员，依法追究刑事责任。

学理观点·典型案例 ▶ 索引与要旨

《曾珠玉等伪造增值税专用发票案》，载《刑事审判参考》2003年第4辑总第33辑，第7~19页。

核心提示 ▶ 大量购买伪造的增值税专用发票，查获时仅出售部分的行为如何定罪处罚？

要旨 ▶ 刑法第208条第2款规定的基本含义是，购买的手段行为与虚开、出售的目的行为均单独成立犯罪从而形成牵连犯罪的情况下，应以目的行为的罪名定罪处罚；对购买又出售，如果购买与出售均成立犯罪，应以出售定罪处罚，只有购买的尚未出售，或出售行为未达到追究的数额标准时，才考虑行为的想象竞合与吸收关系，定购买伪造的增值税专用发票罪。

第209条 第1款 非法制造、出售非法制造的用于骗取出口退税、抵扣税款发票罪 第2款 非法制造、出售非法制造的发票罪 第3款 非法出售用于骗取出口退税、抵扣税款发票罪 第4款 非法出售发票罪

伪造、擅自制造或者出售伪造、擅自制造的可以用于骗取出口退税、抵扣税款的其他发票的，处三年以下有期徒刑、拘役或者管制，并处二万元以上二十万元以下罚金；数量巨大的，处三年以上七年以下有期徒刑，并处五万元以上五十万元以下罚金；数量特别巨大的，处七年以上有期徒刑，并处五万元以上五十万元以下罚金或者没收财产。

伪造、擅自制造或者出售伪造、擅自制造的前款规定以外的其他发票的，处二年以下有期徒刑、拘役或者管制，并处或者单处一万元以上五万元以下罚金；情节严重的，处二年以上七年以下有期徒刑，并处五万元以上五十万元以下罚金。

非法出售可以用于骗取出口退税、抵扣税款的其他发票的，依照第一款的规定处罚。

非法出售第三款规定以外的其他发票的，依照第二款的规定处罚。

关联规范 ▶ 完全整理

❶《中华人民共和国刑法》（1980年1月1日）第211条 单位犯罪

单位犯本节第二百零一条、第二百零三条、第二百零四条、第二百零七条、第二百零八条、第二百零九条规定之罪的，对单位判处罚金，并对其直接负责的主管人员和其他直接责任人员，依照各该条的规定处罚。

❷ 人大常委会《关于〈中华人民共和国刑法〉有关出口退税、抵扣税款的其他发票规定的解释》（2005 年 12 月 29 日）①

刑法规定的"出口退税、抵扣税款的其他发票"，是指除增值税专用发票以外的，具有出口退税、抵扣税款功能的收付款凭证或者完税凭证。

❸ 最高人民法院、最高人民检察院、公安部《关于严厉打击发票违法犯罪活动的通知》（2010 年 6 月 1 日　公通字〔2010〕28 号）

发票犯罪案件由犯罪地的公安机关管辖。发票犯罪案件中的犯罪地，包括伪造地、非法制造地、出售地、购买地，也包括运输假发票的途经地。几个公安机关都有管辖权的，由最初受理的公安机关管辖。必要时，可以由主要犯罪地的公安机关管辖。如果由犯罪嫌疑人居住地的公安机关管辖更为适宜的，可以由犯罪嫌疑人居住地的公安机关管辖。发票犯罪案件中的犯罪嫌疑人居住地，包括犯罪嫌疑人经常居住地、户籍所在地，也包括其临时居住地。对管辖有争议或者情况特殊的，可以由共同的上级公安机关指定管辖。如需人民检察院、人民法院指定管辖的，公安机关要及时提出相关建议。经审查需要指定管辖的，人民检察院、人民法院要依法指定管辖。普通发票的真伪鉴定，参照国家税务总局《关于普通发票真伪鉴定问题的通知》（国税函〔2008〕948 号）的规定执行。

❹ 最高人民检察院、公安部《关于公安机关管辖的刑事案件立案追诉标准的规定（二）》（2010 年 5 月 7 日　公通字〔2010〕23 号）（节录）②

第六十五条　伪造、擅自制造或者出售伪造、擅自制造的可以用于骗取出口退税、抵扣税款的非增值税专用发票五十份以上或者票面额累计在二十万元以上的，应予立案追诉。

第六十六条　伪造、擅自制造或者出售伪造、擅自制造的不具有骗取出口退税、抵扣税款功能的普通发票一百份以上或者票面额累计在四十万元以上的，应予立案追诉。

第六十七条　非法出售可以用于骗取出口退税、抵扣税款的非增值税专用发票五十份以上或者票面额累计在二十万元以上的，应予立案追诉。

第六十八条　非法出售普通发票一百份以上或者票面额累计在四十万元以上的，应予立案追诉。

第九十条　本规定中的立案追诉标准，除法律、司法解释、本规定中另有规定的以外，适用于相应的单位犯罪。

❺ 最高人民法院、最高人民检察院、公安部、工商局《关于依法查处盗窃、抢劫机动车案件的规定》（1998 年 5 月 8 日　公通字〔1998〕31 号）（节录）③

六、非法出售机动车有关发票的，或者伪造、擅自制造或者出售伪造、擅自制造的机动车有关发票的，依照《刑法》第二百零九条的规定处罚。

❻ 最高人民法院《关于适用〈全国人民代表大会常务委员会关于惩治虚开、伪造和

---

①　对其解读见：《刑事审判参考》2006 年第 2 辑总第 49 辑，第 52～55 页。
②　对其解读见：《刑事审判参考》2010 年第 4 辑总第 75 辑，第 127～158 页。
③　对其解读见：《解读最高人民检察院司法解释》，第 343～347 页。

非法出售增值税专用发票犯罪的决定〉的若干问题的解释》（1996年10月17日　法发〔1996〕30号）（节录）

五、根据《决定》第五条规定，虚开用于骗取出口退税、抵扣税款的其他发票的，构成虚开专用发票罪，依照《决定》第一条的规定处罚。

"用于骗取出口退税、抵扣税款的其他发票"是指可以用于申请出口退税、抵扣税款的非增值税专用发票，如运输发票、废旧物品收购发票、农业产品收购发票等。

六、根据《决定》第六条规定，伪造、擅自制造或者出售伪造、擅自制造的可以用于骗取出口退税、抵扣税款的其他发票的，构成非法制造专用发票罪或出售非法制造的专用发票罪。

伪造、擅自制造或者出售伪造、擅自制造的可以用于骗取出口退税、抵扣税款的其他发票50份以上的，应当依法定罪处罚；伪造、擅自制造或者出售伪造、擅自制造的可以用于骗取出口退税、抵扣税款的其他发票200份以上的，属于"数量巨大"；伪造、擅自制造或者出售伪造、擅自制造的可以用于骗取出口退税、抵扣税款的其他发票1000份以上的，属于"数量特别巨大"。

七、（第四款）盗窃、诈骗增值税专用发票或者其他发票后，又实施《决定》规定的虚开、出售等犯罪的，按照其中的重罪定罪处罚，不实行数罪并罚。

7 浙江省高级人民法院刑一庭、刑二庭《关于执行刑法若干问题的具体意见（三）》（2000年12月27日　浙高法刑〔2000〕3号）（节录）

17. 刑法第209条第二款非法制造、出售非法制造的发票罪，伪造、擅自制造或者出售伪造、擅自制造的发票1000份以上或者非法获利1000元以上的，应当定罪处罚；伪造、擅自制造或者出售伪造、擅自制造的发票5000份以上或者非法获利5000元以上的，以视为"情节严重"的情形之一。

学理观点·典型案例　索引与要旨

1 《虚开用于结算货款的普通发票并收取手续费的行为如何处理》，载《公检法办案指南》2007年第3辑总第87辑，第149~151页。

2 《曾珠玉等伪造增值税专用发票案》，载《刑事审判参考》2003年第4辑总第33辑，第7~19页。

核心提示 ➡ 出售伪造增值税专用发票以及普通发票的印刷模版等印制工具的行为如何定罪处罚？

要旨 ➡ 出售用于伪造的模版等印制工具，成立伪造增值税、非法制造发票的共犯。制造、销售工具，其危害性比发票更大，不能以刑法未规定印制工具而不以犯罪处罚，制造、销售印制工具，其本质是为伪造发票提供条件，参照最高人民法院伪造货币解释，及金融犯罪纪要，应以伪造增值税专用发票（普通发票）罪处罚。

第210条　盗窃罪　诈骗罪

盗窃增值税专用发票或者可以用于骗取出口退税、抵扣税款的其他发票的，依照本法第二百六十四条的规定定罪处罚。

使用欺骗手段骗取增值税专用发票或者可以用于骗取出口退税、抵扣税款的其他发票的，依照本法第二百六十六条的规定定罪处罚。

关联规范　　完全整理

❶ 最高人民法院《关于审理盗窃案件具体应用法律若干问题的解释》（1998 年 3 月 17 日　法释〔1998〕4 号）（节录）①

第十一条　根据刑法第二百一十条第一款的规定，盗窃增值税专用发票或者可以用于骗取出口退税、抵扣税款的其他发票的，以盗窃罪定罪处罚。盗窃上述发票数量在二十五份以上的，为"数额较大"；数量在二百五十份以上的，为"数额巨大"；数量在二千五百份以上的，为"数额特别巨大"。

❷《关于执行刑法若干问题的具体意见（试行）——99'上海法院刑庭庭长会议纪要》（1999 年 7 月 15 日）（节录）

附：根据新刑法颁布前有关司法解释的规定和本市的实际情况，现将部分犯罪的数额标准罗列如下，供参照执行。

16. 诈骗增值税专用发票或者可以用于骗取出口退税、抵扣税款的其他发票 50 份以上，属于诈骗"数额较大"；诈骗 500 份以上，属于诈骗"数额巨大"。

第 210 条之一　修正案（八）第 35 条　持有伪造的发票罪

中华人民共和国刑法修正案（八）（第十一届全国人民代表大会常务委员会第十九次会议 2011 年 2 月 25 日通过，中华人民共和国主席令第四十一号公布，自 2011 年 5 月 1 日起施行。）

三十五、在刑法第二百一十条后增加一条，作为第二百一十条之一："明知是伪造的发票而持有，数量较大的，处二年以下有期徒刑、拘役或者管制，并处罚金；数量巨大的，处二年以上七年以下有期徒刑，并处罚金。

单位犯前款罪的，对单位判处罚金，并对其直接负责的主管人员和其他直接责任人员，依照前款的规定处罚。"

关联规范　　完全整理

❶《刑法修正案（八）》（2011 年 2 月 25 日）②

❷ 最高人民检察院、公安部《关于公安机关管辖的刑事案件立案追诉标准的规定

---

① 对其解读见：《解读最高人民法院司法解释·刑事、行政卷（1997~2002）》，第 198~208 页。
② 对其解读见：《刑事审判参考》2011 年第 4 辑总第 81 辑，第 83~117 页以及《公检法办案指南》2011 年第 3 辑总第 135 辑，第 13~121 页。

(二)的补充规定》(2011年11月14日)(节录)①

三、在《立案追诉标准(二)》中增加第六十八条之一:〔持有伪造的发票案(刑法第二百一十条之一)〕明知是伪造的发票而持有,具有下列情形之一的,应予立案追诉:

(一)持有伪造的增值税专用发票五十份以上或者票面额累计在二十万元以上的,应予立案追诉;

(二)持有伪造的可以用于骗取出口退税、抵扣税款的其他发票一百份以上或者票面额累计在四十万元以上的,应予立案追诉;

(三)持有伪造的第(一)项、第(二)项规定以外的其他发票二百份以上或者票面额累计在八十万元以上的,应予立案追诉。

3 最高人民法院、最高人民检察院《关于执行〈中华人民共和国刑法〉确定罪名的补充规定(五)》(2011年4月27日 法释〔2011〕10号)②

第211条 本节的单位犯罪

单位犯本节第二百零一条、第二百零三条、第二百零四条、第二百零七条、第二百零八条、第二百零九条规定之罪的,对单位判处罚金,并对其直接负责的主管人员和其他直接责任人员,依照各该条的规定处罚。

第212条 欠缴税款和所骗取的出口退税款的追缴

犯本节第二百零一条至第二百零五条规定之罪,被判处罚金、没收财产的,在执行前,应当先由税务机关追缴税款和所骗取的出口退税款。

第七节 侵犯知识产权罪

第213条 假冒注册商标罪

未经注册商标所有人许可,在同一种商品上使用与其注册商标相同的商标,情节严重的,处三年以下有期徒刑或者拘役,并处或者单处罚金;情节特别严重的,处三年以上七年以下有期徒刑,并处罚金。

关 联 规 范 ➡ 完全整理

1《中华人民共和国刑法》(1980年1月1日) 第220条 单位侵犯知识产权罪的处罚

单位犯本节第二百一十三条至第二百一十九条规定之罪的,对单位判处罚金,并对其直接负责的主管人员和其他直接责任人员,依照本节各该条的规定处罚。

---

① 对其解读见:《刑事司法指南》2012年第1辑总第49辑,第124~130页。
② 对其解读见:《刑事审判参考》2011年第4辑总第81辑,第151~157页。

❷ 最高人民法院、最高人民检察院、公安部、司法部《关于办理侵犯知识产权刑事案件适用法律若干问题的意见》（2011年1月12日 法发〔2011〕3号）（节录）①

一、关于侵犯知识产权犯罪案件的管辖问题

侵犯知识产权犯罪案件由犯罪地公安机关立案侦查。必要时，可以由犯罪嫌疑人居住地公安机关立案侦查。侵犯知识产权犯罪案件的犯罪地，包括侵权产品制造地、储存地、运输地、销售地，传播侵权作品、销售侵权产品的网站服务器所在地、网络接入地、网站建立者或者管理者所在地，侵权作品上传者所在地，权利人受到实际侵害的犯罪结果发生地。对有多个侵犯知识产权犯罪地的，由最初受理的公安机关或者主要犯罪地公安机关管辖。多个侵犯知识产权犯罪地的公安机关对管辖有争议的，由共同的上级公安机关指定管辖，需要提请批准逮捕、移送审查起诉、提起公诉的，由该公安机关所在地的同级人民检察院、人民法院受理。

对于不同犯罪嫌疑人、犯罪团伙跨地区实施的涉及同一批侵权产品的制造、储存、运输、销售等侵犯知识产权犯罪行为，符合并案处理要求的，有关公安机关可以一并立案侦查，需要提请批准逮捕、移送审查起诉、提起公诉的，由该公安机关所在地的同级人民检察院、人民法院受理。

二、关于办理侵犯知识产权刑事案件中行政执法部门收集、调取证据的效力问题

行政执法部门依法收集、调取、制作的物证、书证、视听资料、检验报告、鉴定结论、勘验笔录、现场笔录，经公安机关、人民检察院审查，人民法院庭审质证确认，可以作为刑事证据使用。

行政执法部门制作的证人证言、当事人陈述等调查笔录，公安机关认为有必要作为刑事证据使用的，应当依法重新收集、制作。

三、关于办理侵犯知识产权刑事案件的抽样取证问题和委托鉴定问题

公安机关在办理侵犯知识产权刑事案件时，可以根据工作需要抽样取证，或者商请同级行政执法部门、有关检验机构协助抽样取证。法律、法规对抽样机构或者抽样方法有规定的，应当委托规定的机构并按照规定方法抽取样品。

公安机关、人民检察院、人民法院在办理侵犯知识产权刑事案件时，对于需要鉴定的事项，应当委托国家认可的有鉴定资质的鉴定机构进行鉴定。

公安机关、人民检察院、人民法院应当对鉴定结论进行审查，听取权利人、犯罪嫌疑人、被告人对鉴定结论的意见，可以要求鉴定机构作出相应说明。

四、关于侵犯知识产权犯罪自诉案件的证据收集问题

人民法院依法受理侵犯知识产权刑事自诉案件，对于当事人因客观原因不能取得的证据，在提起自诉时能够提供有关线索，申请人民法院调取的，人民法院应当依法调取。

五、关于刑法第二百一十三条规定的"同一种商品"的认定问题

名称相同的商品以及名称不同但指同一事物的商品，可以认定为"同一种商品"。"名称"是指国家工商行政管理总局商标局在商标注册工作中对商品使用的名称，通常即《商

---

① 对其解读见：《刑事审判参考》2011年第1辑总第78辑，第138~165页。

标注册用商品和服务国际分类》中规定的商品名称。"名称不同但指同一事物的商品"是指在功能、用途、主要原料、消费对象、销售渠道等方面相同或者基本相同,相关公众一般认为是同一种事物的商品。

认定"同一种商品",应当在权利人注册商标核定使用的商品和行为人实际生产销售的商品之间进行比较。

六、关于刑法第二百一十三条规定的"与其注册商标相同的商标"的认定问题

具有下列情形之一,可以认定为"与其注册商标相同的商标":

(一)改变注册商标的字体、字母大小写或者文字横竖排列,与注册商标之间仅有细微差别的;

(二)改变注册商标的文字、字母、数字等之间的间距,不影响体现注册商标显著特征的;

(三)改变注册商标颜色的;

(四)其他与注册商标在视觉上基本无差别、足以对公众产生误导的商标。

七、关于尚未附着或者尚未全部附着假冒注册商标标识的侵权产品价值是否计入非法经营数额的问题

在计算制造、储存、运输和未销售的假冒注册商标侵权产品价值时,对于已经制作完成但尚未附着(含加贴)或者尚未全部附着(含加贴)假冒注册商标标识的产品,如果有确实、充分证据证明该产品将假冒他人注册商标,其价值计入非法经营数额。

十四、关于多次实施侵犯知识产权行为累计计算数额问题

依照《最高人民法院、最高人民检察院关于办理侵犯知识产权刑事案件具体应用法律若干问题的解释》第十二条第二款的规定,多次实施侵犯知识产权行为,未经行政处理或者刑事处罚的,非法经营数额、违法所得数额或者销售金额累计计算。

二年内多次实施侵犯知识产权违法行为,未经行政处理,累计数额构成犯罪的,应当依法定罪处罚。实施侵犯知识产权犯罪行为的追诉期限,适用刑法的有关规定,不受前述二年的限制。

十五、关于为他人实施侵犯知识产权犯罪提供原材料、机械设备等行为的定性问题

明知他人实施侵犯知识产权犯罪,而为其提供生产、制造侵权产品的主要原材料、辅助材料、半成品、包装材料、机械设备、标签标识、生产技术、配方等帮助,或者提供互联网接入、服务器托管、网络存储空间、通讯传输通道、代收费、费用结算等服务的,以侵犯知识产权犯罪的共犯论处。

十六、关于侵犯知识产权犯罪竞合的处理问题

行为人实施侵犯知识产权犯罪,同时构成生产、销售伪劣商品犯罪的,依照侵犯知识产权犯罪与生产、销售伪劣商品犯罪中处罚较重的规定定罪处罚。

❸ 最高人民检察院、公安部《关于公安机关管辖的刑事案件立案追诉标准的规定(二)》(2010年5月7日 公通字〔2010〕23号)(节录)①

---

① 对其解读见:《刑事审判参考》2010年第4辑总第75辑,第127~158页。

第二编 分则 第三章 破坏社会主义市场经济秩序罪

第六十九条 未经注册商标所有人许可,在同一种商品上使用与其注册商标相同的商标,涉嫌下列情形之一的,应予立案追诉:(一)非法经营数额在五万元以上或者违法所得数额在三万元以上的;(二)假冒两种以上注册商标,非法经营数额在三万元以上或者违法所得数额在二万元以上的;(三)其他情节严重的情形。

第九十条 本规定中的立案追诉标准,除法律、司法解释、本规定中另有规定的以外,适用于相应的单位犯罪。

4 最高人民法院、最高人民检察院《办理非法生产、销售烟草专卖品等刑事案件具体应用法律若干问题的解释》(2010年3月26日 法释〔2010〕7号)(节录)①

第一条 生产、销售伪劣卷烟、雪茄烟等烟草专卖品,销售金额在五万元以上的,依照刑法第一百四十条的规定,以生产、销售伪劣产品罪定罪处罚。

未经卷烟、雪茄烟等烟草专卖品注册商标所有人许可,在卷烟、雪茄烟等烟草专卖品上使用与其注册商标相同的商标,情节严重的,依照刑法第二百一十三条的规定,以假冒注册商标罪定罪处罚。

第五条 行为人实施非法生产、销售烟草专卖品犯罪,同时构成生产、销售伪劣产品罪、侵犯知识产权犯罪、非法经营罪的,依照处罚较重的规定定罪处罚。

第六条 明知他人实施本解释第一条所列犯罪,而为其提供贷款、资金、账号、发票、证明、许可证件,或者提供生产、经营场所、设备、运输、仓储、保管、邮寄、代理进出口等便利条件,或者提供生产技术、卷烟配方的,应当按照共犯追究刑事责任。

5 最高人民法院、最高人民检察院《关于办理侵犯知识产权刑事案件具体应用法律若干问题的解释(二)》(2007年4月5日 法释〔2007〕6号)(节录)②

第三条 侵犯知识产权犯罪,符合刑法规定的缓刑条件的,依法适用缓刑。有下列情形之一的,一般不适用缓刑:

(一)因侵犯知识产权被刑事处罚或者行政处罚后,再次侵犯知识产权构成犯罪的;(二)不具有悔罪表现的;(三)拒不交出违法所得的;(四)其他不宜适用缓刑的情形。

第四条 对于侵犯知识产权犯罪的,人民法院应当综合考虑犯罪的违法所得、非法经营数额、给权利人造成的损失、社会危害性等情节,依法判处罚金。罚金数额一般在违法所得的一倍以上五倍以下,或者按照非法经营数额的50%以上一倍以下确定。

第五条 被害人有证据证明的侵犯知识产权刑事案件,直接向人民法院起诉的,人民法院应当依法受理;严重危害社会秩序和国家利益的侵犯知识产权刑事案件,由人民检察院依法提起公诉。

第六条 单位实施刑法第二百一十三条至第二百一十九条规定的行为,按照《最高人民法院、最高人民检察院关于办理侵犯知识产权刑事案件具体应用法律若干问题的解释》和本解释规定的相应个人犯罪的定罪量刑标准定罪处罚。

6 最高人民法院《关于审理不正当竞争民事案件应用法律若干问题的解释》(2007

---

① 对其解读见:《刑事审判参考》2010年第5辑总第76辑,第78~91页。
② 对其解读见:《刑事审判参考》2007年第3辑总第56辑,第58~69页。

年2月1日　法释〔2007〕2号）（节录）

❼ 最高人民法院、最高人民检察院《关于办理侵犯知识产权刑事案件具体应用法律若干问题的解释》（2004年12月22日　法释〔2004〕19号）①

第一条　未经注册商标所有人许可，在同一种商品上使用与其注册商标相同的商标，具有下列情形之一的，属于刑法第二百一十三条规定的"情节严重"，应当以假冒注册商标罪判处三年以下有期徒刑或者拘役，并处或者单处罚金：

（一）非法经营数额在五万元以上或者违法所得数额在三万元以上的；

（二）假冒两种以上注册商标，非法经营数额在三万元以上或者违法所得数额在二万元以上的；

（三）其他情节严重的情形。

具有下列情形之一的，属于刑法第二百一十三条规定的"情节特别严重"，应当以假冒注册商标罪判处三年以上七年以下有期徒刑，并处罚金：

（一）非法经营数额在二十五万元以上或者违法所得数额在十五万元以上的；

（二）假冒两种以上注册商标，非法经营数额在十五万元以上或者违法所得数额在十万元以上的；

（三）其他情节特别严重的情形。

第二条　销售明知是假冒注册商标的商品，销售金额在五万元以上的，属于刑法第二百一十四条规定的"数额较大"，应当以销售假冒注册商标的商品罪判处三年以下有期徒刑或者拘役，并处或者单处罚金。

销售金额在二十五万元以上的，属于刑法第二百一十四条规定的"数额巨大"，应当以销售假冒注册商标的商品罪判处三年以上七年以下有期徒刑，并处罚金。

第三条　伪造、擅自制造他人注册商标标识或者销售伪造、擅自制造的注册商标标识，具有下列情形之一的，属于刑法第二百一十五条规定的"情节严重"，应当以非法制造、销售非法制造的注册商标标识罪判处三年以下有期徒刑、拘役或者管制，并处或者单处罚金：

（一）伪造、擅自制造或者销售伪造、擅自制造的注册商标标识数量在二万件以上，或者非法经营数额在五万元以上，或者违法所得数额在三万元以上的；

（二）伪造、擅自制造或者销售伪造、擅自制造两种以上注册商标标识数量在一万件以上，或者非法经营数额在三万元以上，或者违法所得数额在二万元以上的；

（三）其他情节严重的情形。

具有下列情形之一的，属于刑法第二百一十五条规定的"情节特别严重"，应当以非法制造、销售非法制造的注册商标标识罪判处三年以上七年以下有期徒刑，并处罚金：

（一）伪造、擅自制造或者销售伪造、擅自制造的注册商标标识数量在十万件以上，或者非法经营数额在二十五万元以上，或者违法所得数额在十五万元以上的；

---

① 对其解读见：《刑事审判参考》2004年第4辑总第39辑，第129~134，200~211页以及《贯彻知识产权刑事司法解释，加大知识产权司法保护力度——在知识产权刑事司法解释新闻发布会上的讲话》，载《刑事审判要览》2004年第4辑总第10辑，第1~5页。

(二) 伪造、擅自制造或者销售伪造、擅自制造两种以上注册商标标识数量在五万件以上，或者非法经营数额在十五万元以上，或者违法所得数额在十万元以上的；

(三) 其他情节特别严重的情形。

第四条 假冒他人专利，具有下列情形之一的，属于刑法第二百一十六条规定的"情节严重"，应当以假冒专利罪判处三年以下有期徒刑或者拘役，并处或者单处罚金：

(一) 非法经营数额在二十万元以上或者违法所得数额在十万元以上的；

(二) 给专利权人造成直接经济损失五十万元以上的；

(三) 假冒两项以上他人专利，非法经营数额在十万元以上或者违法所得数额在五万元以上的；

(四) 其他情节严重的情形。

第五条 以营利为目的，实施刑法第二百一十七条规定的侵犯著作权行为之一，违法所得数额在3万元以上的，属于"违法所得数额较大"；具有下列情形之一的，属于"有其他严重情节"，应当以侵犯著作权罪判处三年以下有期徒刑或拘役，并处或者单处罚金：

(一) 非法经营数额在5万元以上；

(二) 未经著作权人许可，复制发行其文字作品、音乐、电影、电视、录像作品、计算机软件及其他作品，复制品数量合计在1000张（份）以上；

(三) 其他严重情节的情形。

以营利为目的，实施刑法第二百一十七条规定的侵犯著作权行为之一，违法所得数额在15万元以上的，属于"违法所得数额巨大"；具有下列情形之一的，属于"有其他特别严重情节"，应当以侵犯著作权罪判处三年以上七年以下有期徒刑，并处罚金：

(一) 非法经营数额在25万元以上；

(二) 未经著作权人许可，复制发行其文字作品、音乐、电影、电视、录像作品、计算机软件及其他作品，复制品数量合计在5000张（份）以上；

(三) 其他特别严重情节的情形。

第六条 以营利为目的，实施刑法第二百一十八条规定的行为，违法所得数额在十万元以上的，属于"违法所得数额巨大"，应当以销售侵权复制品罪判处三年以下有期徒刑或者拘役，并处或者单处罚金。

第七条 实施刑法第二百一十九条规定的行为之一，给商业秘密的权利人造成损失数额在五十万元以上的，属于"给商业秘密的权利人造成重大损失"，应当以侵犯商业秘密罪判处三年以下有期徒刑或者拘役，并处或者单处罚金。

给商业秘密的权利人造成损失数额在二百五十万元以上的，属于刑法第二百一十九条规定的"造成特别严重后果"，应当以侵犯商业秘密罪判处三年以上七年以下有期徒刑，并处罚金。

第八条 刑法第二百一十三条规定的"相同的商标"，是指与被假冒的注册商标完全相同，或者与被假冒的注册商标在视觉上基本无差别、足以对公众产生误导的商标。

刑法第二百一十三条规定的"使用"，是指将注册商标或者假冒的注册商标用于商品、商品包装或者容器以及产品说明书、商品交易文书，或者将注册商标或者假冒的注册商标用于广告宣传、展览以及其他商业活动等行为。

第九条 刑法第二百一十四条规定的"销售金额",是指销售假冒注册商标的商品后所得和应得的全部违法收入。

具有下列情形之一的,应当认定为属于刑法第二百一十四条规定的"明知":

(一)知道自己销售的商品上的注册商标被涂改、调换或者覆盖的;

(二)因销售假冒注册商标的商品受到过行政处罚或者承担过民事责任、又销售同一种假冒注册商标的商品的;

(三)伪造、涂改商标注册人授权文件或者知道该文件被伪造、涂改的;

(四)其他知道或者应当知道是假冒注册商标的商品的情形。

第十条 实施下列行为之一的,属于刑法第二百一十六条规定的"假冒他人专利"的行为:

(一)未经许可,在其制造或者销售的产品、产品的包装上标注他人专利号的;

(二)未经许可,在广告或者其他宣传材料中使用他人的专利号,使人将所涉及的技术误认为是他人专利技术的;

(三)未经许可,在合同中使用他人的专利号,使人将合同涉及的技术误认为是他人专利技术的;

(四)伪造或者变造他人的专利证书、专利文件或者专利申请文件的。

第十一条 以刊登收费广告等方式直接或间接收取费用的情形,属于刑法第二百一十七条规定的"以营利为目的"。

刑法第二百一十七条规定的"未经著作权人许可",是指没有得到著作权人授权或者伪造、涂改著作权人授权许可文件或者超出授权许可范围的情形。

通过信息网络向公众传播他人文字作品、音乐、电影、电视、录像作品、计算机软件及其他作品的行为,应当视为刑法第二百一十七条规定的"复制发行"。

第十二条 本解释所称"非法经营数额",是指行为人在实施侵犯知识产权行为过程中,制造、储存、运输、销售侵权产品的价值。已销售的侵权产品的价值,按照实际销售的价格计算。制造、储存、运输和未销售的侵权产品的价值,按照标价或者已经查清的侵权产品的实际销售平均价格计算。侵权产品没有标价或者无法查清其实际销售价格的,按照被侵权产品的市场中间价格计算。

多次实施侵犯知识产权行为,未经行政处理或者刑事处罚的,非法经营数额、违法所得数额或者销售金额累计计算。

本解释第三条所规定的"件",是指标有完整商标图样的一份标识。

第十三条 实施刑法第二百一十三条规定的假冒注册商标犯罪,又销售该假冒注册商标的商品,构成犯罪的,应当依照刑法第二百一十三条的规定,以假冒注册商标罪定罪处罚。

实施刑法第二百一十三条规定的假冒注册商标犯罪,又销售明知是他人的假冒注册商标的商品,构成犯罪的,应当实行数罪并罚。

第十四条 实施刑法第二百一十七条规定的侵犯著作权犯罪,又销售该侵权复制品,构成犯罪的,应当依照刑法第二百一十七条的规定,以侵犯著作权罪定罪处罚。

实施刑法第二百一十七条规定的侵犯著作权犯罪,又销售明知是他人的侵权复制品,构成犯罪的,应当实行数罪并罚。

第十五条 单位实施刑法第二百一十三条至第二百一十九条规定的行为,按照本解释规定的相应个人犯罪的定罪量刑标准的三倍定罪量刑。

第十六条 明知他人实施侵犯知识产权犯罪,而为其提供贷款、资金、账号、发票、证明、许可证件,或者提供生产、经营场所或者运输、储存、代理进出口等便利条件、帮助的,以侵犯知识产权犯罪的共犯论处。

第十七条 以前发布的有关侵犯知识产权犯罪的司法解释,与本解释相抵触的,自本解释施行后不再适用。

❽《关于办理假冒伪劣烟草制品等刑事案件适用法律问题座谈会纪要》(2003年12月23日 高检会〔2003〕4号)(节录)①

六、关于一罪与数罪问题:行为人的犯罪行为同时构成生产、销售伪劣产品罪、销售假冒注册商标的商品罪、非法经营罪等罪的,依照处罚较重的规定定罪处罚。

❾ 最高人民法院、最高人民检察院《关于办理生产、销售伪劣商品刑事案件具体应用法律若干问题的解释》(2001年4月18日 法释〔2001〕10号)(节录)②

第十条 实施生产、销售伪劣商品犯罪,同时构成侵犯知识产权、非法经营等其他犯罪的,依照处罚较重的规定定罪处罚。

❿ 最高人民法院刑二庭《关于集体商标是否属于我国刑法的保护范围问题的复函》(2009年4月10日 〔2009〕刑二函字第28号)

经研究,答复如下:

一、我国《商标法》第三条规定:"经商标局核准注册的商标为注册商标,包括商品商标、服务商标和集体商标、证明商标;商标注册人享有商标专用权,受法律保护。"因此,刑法第二百一十三条至二百一十五条所规定的"注册商标"应当涵盖"集体商标"。

二、商标标识中注明了自己的注册商标的同时,又使用了他人注册为集体商标的地理名称,可以认定为刑法规定的"相同的商标"。根据贵局提供的材料,山西省清徐县溢美源醋业有限公司在其生产的食用醋的商标上用大号字体在显著位置上清晰地标明"镇江香(陈)醋",说明其已经使用了与江苏省镇江市醋业协会所注册的"镇江香(陈)醋"集体商标相同的商标。而且,山西省清徐县溢美源醋业有限公司还在其商标标识上注明了江苏省镇江市丹阳市某香醋厂的厂名厂址和QS标志,也说明其实施假冒注册"镇江香(陈)醋"集体商标的行为。

综上,山西省清徐县溢美源醋业有限公司的行为涉嫌触犯刑法第二百一十三条至二百一十五条的规定。以上意见,供参考。

⓫ 福建省公检法《关于部分经济犯罪、渎职犯罪案件数额幅度及情节认定问题的座

---

① 对其解读见:《最新刑事法律文件解读》2005年第8辑总第8辑,第15~21页。
② 对其解读见:《刑事审判参考》2001年第5辑总第16辑,第52~56,59~68页。

谈纪要》若干问题的修订意见（2002年10月8日　闽高法〔2005〕243号）（节录）

二十二、（一）该罪的"情节严重"，是指个人假冒他人注册商标，违法所得数额在3万元以上不满10万元的，或者违法经营数额在10万元以上；单位假冒他人注册商标，违法所得在5万元以上不满50万元，或者违法经营数额在50万元以上，或者虽未获利，但假冒国家驰名商标的或者行为已造成恶劣的社会影响、国际影响的。

（二）该罪的"情节特别严重"，是指个人假冒他人注册商标，违法所得在10万元以上；单位假冒他人注册商标，违法所得在50万元以上；或者给商标所有人造成直接经济损失达50万元以上；或者在国际上造成特别恶劣的影响，损害了国家的声誉。

三十九、附则：4. 自诉案件，可按本标准下限以下执行。

经研究，答复如下：全国人民代表大会常务委员会《关于惩治生产、销售伪劣商品犯罪的决定》规定的"违法所得数额"，是指生产、销售伪劣产品获利的数额。

学理观点·典型案例　　索引与要旨

❶《关于假冒注册商标罪、假冒专利罪、侵犯著作权罪司法认定问题的研究》，载《刑事审判参考》2011年第1辑总第78辑，第166～203页。

❷《孙国强等假冒注册商标案》，载《刑事审判参考》2011年第1辑总第78辑，第89～95页。

核心提示➡如何认定假冒注册商标罪中的同一种商品？

❸《发布五件侵犯知识产权和制售假冒伪劣商品典型案例》，载《公检法办案指南》2011年第7辑总第139辑，第161～163页。

要旨➡1. 在打火机配件上用激光印制图文标识；2. 假冒注册商标与假冒专利设计的竞合。

❹《施卫东等人假冒注册商标、非法经营、销售伪劣产品、非法制造注册商标标识案》，载《刑事法律文件解读》2010年第4辑总第58辑，第105～116页。

要旨➡正确处理假冒注册商标罪、非法经营罪、销售伪劣产品罪和非法制造注册商标标识罪，准确认定未销售伪劣产品的金额。

❺《侵犯商标权犯罪认定中的几个问题》，载《刑事司法指南》2007年第2辑总第30辑，第50～76页。

❻《商标犯罪法律适用新问题研究》，载《公检法办案指南》2007年第12辑总第96辑，第133～145页。

❼《朱某某等四人假冒某某公司注册商标案评析》，载《公检法办案指南》2007年第5辑总第89辑，第173～178页。

❽《关于假冒注册商标罪中"与其注册商标相同的商标"的认定》，载《刑事司法指南》2006年第3辑总第27辑，第89～99页。

❾《最新刑事法律文件解读》，2006年第10辑总第22辑，第135～137页。

要旨➡如何正确认定侵犯知识产权犯罪的数额？

⑩《黄桂彬、梁志兴犯假冒注册商标罪上诉案刑事判决书》，载《最新刑事法律文件解读》2005 年第 4 辑总第 4 辑。

⑪《侵犯知识产权犯罪法律适用问题》，载《刑事审判参考》2003 年第 4 辑总第 33 辑，第 154~165 页。

要旨 ➡ 一、知识产权民事侵权行为与犯罪行为的界限。1. 关于商标侵权犯罪；2. 关于专利侵权犯罪；3. 关于侵犯著作权的犯罪；4. 关于侵犯商业秘密罪。

二、关于侵犯知识产权罪的定罪量刑标准：1. 参照执行最高人民法院发布的司法解释性文件（如纪要）、最高人民法院针对 1979 年刑法和 1997 年刑法已经明令废止的全国人大常委会的有关决定和补充规定所作的司法解释。2. 参照执行刑法分则或者司法解释中最相类似的标准。3. 参考执行立案标准。

三、侵权产品的价值认定问题。

四、对情节犯定罪处刑应考虑的因素。

⑫《关于侵犯知识产权犯罪案件审判工作的调研》，载《经济犯罪审判指导》2003 年第 1 辑总第 1 辑，第 260~267 页。

⑬《某塑胶软管有限公司假冒注册商标案》，载《刑事司法指南》2003 年第 4 辑总第 16 辑。

要旨 ➡ 该罪认定的几个问题：1. "同一商品"；2. "相同商标"；3. "经注册商标所有人许可"的判断标准；4. "情节严重"的认定。

⑭《胡廷蛟、唐洪文等生产、销售伪劣产品案》，载《刑事审判参考》2001 年第 12 辑总第 23 辑，第 12~14 页。

核心提示 ➡ 生产、销售伪劣产品与假冒注册商标、非法经营的竞合选择

要旨 ➡ 在非法经营食盐过程中生产、销售伪劣产品与假冒注册商标行为，不实行数罪并罚。对于这种基于一个犯罪意图，实施一个行为，同时触犯数个不同罪名的刑法理论上的想象竞合犯。根据最高人民法院和最高人民检察院《关于办理生产、销售伪劣商品刑事案件具体应用法律若干问题的解释》第十条规定，择重。

⑮《王化新、唐文涛非法制造注册商标标识案》，载《刑事审判参考》2001 年第 6 辑总第 17 辑，第 13~16 页。

核心提示 ➡ 如何认定非法制造注册商标标识罪？假冒注册商标罪与非法制造注册商标标识罪的区分

⑯《段修民制造假烟案》，载《假冒伪劣犯罪判解》，第 91 页。

核心提示 ➡ 假冒注册商标中的"情节"如何认定？

⑰《邹文清非法使用他人"邦迪"注册商标案》，载《假冒伪劣犯罪判解》，第 96 页。

要旨 ➡ 非法使用他人注册商标的数量也是认定是否构成假冒注册商标罪的重要情节之一。

第 214 条　销售假冒注册商标的商品罪

销售明知是假冒注册商标的商品，销售金额数额较大的，处三年以下有期

徒刑或者拘役，并处或者单处罚金；销售金额数额巨大的，处三年以上七年以下有期徒刑，并处罚金。

关联规范 ➡ 完全整理

❶《中华人民共和国刑法》（1980年1月1日）第220条　单位侵犯知识产权罪的处罚

单位犯本节第二百一十三条至第二百一十九条规定之罪的，对单位判处罚金，并对其直接负责的主管人员和其他直接责任人员，依照本节各该条的规定处罚。

❷ 最高人民法院、最高人民检察院、公安部、司法部《关于办理侵犯知识产权刑事案件适用法律若干问题的意见》（2011年1月12日　法发〔2011〕3号）（节录）①

七、关于尚未附着或者尚未全部附着假冒注册商标标识的侵权产品价值是否计入非法经营数额的问题

在计算制造、储存、运输和未销售的假冒注册商标侵权产品价值时，对于已经制作完成但尚未附着（含加贴）或者尚未全部附着（含加贴）假冒注册商标标识的产品，如果有确实、充分证据证明该产品将假冒他人注册商标，其价值计入非法经营数额。

八、关于销售假冒注册商标的商品犯罪案件中尚未销售或者部分销售情形的定罪量刑问题

销售明知是假冒注册商标的商品，具有下列情形之一的，依照刑法第二百一十四条的规定，以销售假冒注册商标的商品罪（未遂）定罪处罚：

（一）假冒注册商标的商品尚未销售，货值金额在十五万元以上的；

（二）假冒注册商标的商品部分销售，已销售金额不满五万元，但与尚未销售的假冒注册商标的商品的货值金额合计在十五万元以上的。

假冒注册商标的商品尚未销售，货值金额分别达到十五万元以上不满二十五万元、二十五万元以上的，分别依照刑法第二百一十四条规定的各法定刑幅度定罪处罚。

销售金额和未销售货值金额分别达到不同的法定刑幅度或者均达到同一法定刑幅度的，在处罚较重的法定刑或者同一法定刑幅度内酌情从重处罚。

十四、关于多次实施侵犯知识产权行为累计计算数额问题

依照《最高人民法院、最高人民检察院关于办理侵犯知识产权刑事案件具体应用法律若干问题的解释》第十二条第二款的规定，多次实施侵犯知识产权行为，未经行政处理或者刑事处罚的，非法经营数额、违法所得数额或者销售金额累计计算。

二年内多次实施侵犯知识产权违法行为，未经行政处理，累计数额构成犯罪的，应当依法定罪处罚。实施侵犯知识产权犯罪行为的追诉期限，适用刑法的有关规定，不受前述二年的限制。

十五、关于为他人实施侵犯知识产权犯罪提供原材料、机械设备等行为的定性问题

---

① 对其解读见：《刑事审判参考》2011年第1辑总第78辑，第138~165页。

明知他人实施侵犯知识产权犯罪，而为其提供生产、制造侵权产品的主要原材料、辅助材料、半成品、包装材料、机械设备、标签标识、生产技术、配方等帮助，或者提供互联网接入、服务器托管、网络存储空间、通讯传输通道、代收费、费用结算等服务的，以侵犯知识产权犯罪的共犯论处。

十六、关于侵犯知识产权犯罪竞合的处理问题

行为人实施侵犯知识产权犯罪，同时构成生产、销售伪劣商品犯罪的，依照侵犯知识产权犯罪与生产、销售伪劣商品犯罪中处罚较重的规定定罪处罚。

❸ 最高人民检察院、公安部《关于公安机关管辖的刑事案件立案追诉标准的规定（二）》（2010 年 5 月 7 日　公通字〔2010〕23 号）（节录）①

第七十条　销售明知是假冒注册商标的商品，涉嫌下列情形之一的，应予立案追诉：（一）销售金额在五万元以上的；（二）尚未销售，货值金额在十五万元以上的；（三）销售金额不满五万元，但已销售金额与尚未销售的货值金额合计在十五万元以上的。

第九十条　本规定中的立案追诉标准，除法律、司法解释、本规定中另有规定的以外，适用于相应的单位犯罪。

❹ 最高人民法院、最高人民检察院《办理非法生产、销售烟草专卖品等刑事案件具体应用法律若干问题的解释》（2010 年 3 月 26 日　法释〔2010〕7 号）（节录）②

第一条　生产、销售伪劣卷烟、雪茄烟等烟草专卖品，销售金额在五万元以上的，依照刑法第一百四十条的规定，以生产、销售伪劣产品罪定罪处罚。

销售明知是假冒他人注册商标的卷烟、雪茄烟等烟草专卖品，销售金额较大的，依照刑法第二百一十四条的规定，以销售假冒注册商标的商品罪定罪处罚。

第五条　行为人实施非法生产、销售烟草专卖品犯罪，同时构成生产、销售伪劣产品罪、侵犯知识产权犯罪、非法经营罪的，依照处罚较重的规定定罪处罚。

第六条　明知他人实施本解释第一条所列犯罪，而为其提供贷款、资金、账号、发票、证明、许可证件，或者提供生产、经营场所、设备、运输、仓储、保管、邮寄、代理进出口等便利条件，或者提供生产技术、卷烟配方的，应当按照共犯追究刑事责任。

❺ 最高人民法院、最高人民检察院《关于办理侵犯知识产权刑事案件具体应用法律若干问题的解释（二）》（2007 年 4 月 5 日　法释〔2007〕6 号）（节录）③

第三条　侵犯知识产权犯罪，符合刑法规定的缓刑条件的，依法适用缓刑。有下列情形之一的，一般不适用缓刑：

（一）因侵犯知识产权被刑事处罚或者行政处罚后，再次侵犯知识产权构成犯罪的；（二）不具有悔罪表现的；（三）拒不交出违法所得的；（四）其他不宜适用缓刑的情形。

第四条　对于侵犯知识产权犯罪的，人民法院应当综合考虑犯罪的违法所得、非法经营数额、给权利人造成的损失、社会危害性等情节，依法判处罚金。罚金数额一般在违法

---

① 对其解读见：《刑事审判参考》2010 年第 4 辑总第 75 辑，第 127~158 页。
② 对其解读见：《刑事审判参考》2010 年第 5 辑总第 76 辑，第 78~91 页。
③ 对其解读见：《刑事审判参考》2007 年第 3 辑总第 56 辑，第 58~69 页。

所得的一倍以上五倍以下，或者按照非法经营数额的 50% 以上一倍以下确定。

第五条 被害人有证据证明的侵犯知识产权刑事案件，直接向人民法院起诉的，人民法院应当依法受理；严重危害社会秩序和国家利益的侵犯知识产权刑事案件，由人民检察院依法提起公诉。

第六条 单位实施刑法第二百一十三条至第二百一十九条规定的行为，按照《最高人民法院、最高人民检察院关于办理侵犯知识产权刑事案件具体应用法律若干问题的解释》和本解释规定的相应个人犯罪的定罪量刑标准定罪处罚。

❻ 最高人民法院、最高人民检察院《关于办理侵犯知识产权刑事案件具体应用法律若干问题的解释》（2004 年 12 月 22 日　法释〔2004〕19 号）（节录）①

第二条 销售明知是假冒注册商标的商品，销售金额在五万元以上的，属于刑法第二百一十四条规定的"数额较大"，应当以销售假冒注册商标的商品罪判处三年以下有期徒刑或者拘役，并处或者单处罚金。

销售金额在二十五万元以上的，属于刑法第二百一十四条规定的"数额巨大"，应当以销售假冒注册商标的商品罪判处三年以上七年以下有期徒刑，并处罚金。

第九条 刑法第二百一十四条规定的"销售金额"，是指销售假冒注册商标的商品后所得和应得的全部违法收入。

具有下列情形之一的，应当认定为属于刑法第二百一十四条规定的"明知"：

（一）知道自己销售的商品上的注册商标被涂改、调换或者覆盖的；

（二）因销售假冒注册商标的商品受到过行政处罚或者承担过民事责任、又销售同一种假冒注册商标的商品的；

（三）伪造、涂改商标注册人授权文件或者知道该文件被伪造、涂改的；

（四）其他知道或者应当知道是假冒注册商标的商品的情形。

第十五条 单位实施刑法第二百一十三条至第二百一十九条规定的行为，按照本解释规定的相应个人犯罪的定罪量刑标准的三倍定罪量刑。

❼《关于办理假冒伪劣烟草制品等刑事案件适用法律问题座谈会纪要》（2003 年 12 月 23 日　高检会〔2003〕4 号）（节录）②

二、关于销售明知是假冒烟用注册商标的烟草制品行为中的"明知"问题

根据刑法第二百一十四条的规定，销售明知是假冒烟用注册商标的烟草制品，销售金额较大的，构成销售假冒注册商标的商品罪。

"明知"，是指知道或应当知道。有下列情形之一的，可以认定为"明知"：1. 以明显低于市场价格进货的；2. 以明显低于市场价格销售的；3. 销售假冒烟用注册商标的烟草制品被发现后转移、销毁物证或者提供虚假证明、虚假情况的；4. 其他可以认定为明知的

---

① 对其解读见：《刑事审判参考》2004 年第 4 辑总第 39 辑，第 129～134，200～211 页以及《贯彻知识产权刑事司法解释，加大知识产权司法保护力度——在知识产权刑事司法解释新闻发布会上的讲话》，载《刑事审判要览》2004 年第 4 辑总第 10 辑，第 1～5 页。

② 对其解读见：《最新刑事法律文件解读》2005 年第 8 辑总第 8 辑，第 15～21 页。

情形。

四、关于共犯问题

知道或者应当知道他人实施本《纪要》第一条至第三条规定的犯罪行为，仍实施下列行为之一的，应认定为共犯，依法追究刑事责任：

1. 直接参与生产、销售假冒伪劣烟草制品或者销售假冒烟用注册商标的烟草制品或者直接参与非法经营烟草制品并在其中起主要作用的；

2. 提供房屋、场地、设备、车辆、贷款、资金、账号、发票、证明、技术等设施和条件，用于帮助生产、销售、储存、运输假冒伪劣烟草制品、非法经营烟草制品的；

3. 运输假冒伪劣烟草制品的。

上述人员中有检举他人犯罪经查证属实，或者提供重要线索，有立功表现的，可以从轻或减轻处罚；有重大立功表现的，可以减轻或者免除处罚。

五、国家机关工作人员参与实施本《纪要》第一条至第三条规定的犯罪行为的处罚问题

根据《最高人民法院、最高人民检察院关于办理生产、销售伪劣商品刑事案件具体应用法律若干问题的解释》的规定，国家机关工作人员参与实施本《纪要》第一条至第三条规定的犯罪行为的，从重处罚。

六、关于一罪与数罪问题

行为人的犯罪行为同时构成生产、销售伪劣产品罪、销售假冒注册商标的商品罪、非法经营罪等罪的，依照处罚较重的规定定罪处罚。

❽ 最高人民法院刑二庭《关于集体商标是否属于我国刑法的保护范围问题的复函》（2009年4月10日〔2009〕刑二函字第28号）

经研究，答复如下：

一、我国《商标法》第三条规定："经商标局核准注册的商标为注册商标，包括商品商标、服务商标和集体商标、证明商标；商标注册人享有商标专用权，受法律保护。"因此，刑法第二百一十三条至二百一十五条所规定的"注册商标"应当涵盖"集体商标"。

二、商标标识中注明了自己的注册商标的同时，又使用了他人注册为集体商标的地理名称，可以认定为刑法规定的"相同的商标"。根据贵局提供的材料，山西省清徐县溢美源醋业有限公司在其生产的食用醋的商标上用大号字体在显著位置上清晰地标明"镇江香（陈）醋"，说明其已经使用了与江苏省镇江市醋业协会所注册的"镇江香（陈）醋"集体商标相同的商标。而且，山西省清徐县溢美源醋业有限公司还在其商标标识上注明了江苏省镇江市丹阳市某香醋厂的厂名厂址和QS标志，也说明其实施假冒注册"镇江香（陈）醋"集体商标的行为。

综上，山西省清徐县溢美源醋业有限公司的行为涉嫌触犯刑法第二百一十三条至二百一十五条的规定。以上意见，供参考。

❾ 福建省公检法、烟草专卖局《关于办理烟草专卖品等案件适用法律若干问题的座谈纪要》（2007年4月26日　闽公综〔2007〕234号）（节录）

一、关于一罪与数罪的认定问题

生产、销售假冒伪劣烟草制品等犯罪行为同时构成生产、销售伪劣产品罪，非法制造、销售非法制造的注册商标标识罪，销售假冒注册商标的商品罪，非法经营罪等罪名的，依照处罚较重的规定定罪处罚。

❿ 福建省公检法《关于部分经济犯罪、渎职犯罪案件数额幅度及情节认定问题的座谈纪要》若干问题的修订意见（2002年10月8日　闽高法〔2005〕243号）（节录）

二十三、（一）该罪的"数额较大"，是指个人销售明知是假冒注册商标的商品，销售金额在10万元以上不满30万元，或者违法所得数额在3万元以上不满10万元；单位销售明知是假冒注册商标的商品，销售金额在50万元以上不满300万元，或者违法所得在5万元以上不满50万元。

（二）该罪的"数额巨大"，是指个人销售明知是假冒注册商标的商品，销售金额在30万元以上，或者违法所得数额在10万元以上；单位销售明知是假冒注册商标的商品，销售金额在300万元以上，或者违法所得在50万元以上。

三十九、附则：4. 自诉案件，可按本标准下限以下执行。

⓫ 最高人民法院、最高人民检察院《关于办理生产、销售伪劣商品刑事案件具体应用法律若干问题的解释》（2001年4月18日　法释〔2001〕10号）（节录）①

第十条　实施生产、销售伪劣商品犯罪，同时构成侵犯知识产权、非法经营等其他犯罪的，依照处罚较重的规定定罪处罚。

学理观点·典型案例 ➡ 索引与要旨

❶《侵犯知识产权犯罪数额探析》，载《刑事审判参考》2011年第5辑总第82辑，第113~123页。

❷《试论"以假充真"和"以假卖假"行为在定罪和销售金额认定上的区分》，载《刑事审判参考》2011年第1辑总第78辑，第204~212页。

❸《田龙泉、胡智慧销售假冒注册商标的商品案》，载《刑事审判参考》2011年第1辑总第78辑，第96~105页。

核心提示 ➡ 如何结合证据准确认定实际销售平均价格？

❹《邱进特等销售假冒注册商标的商品案》，载《刑事审判参考》2011年第1辑总第78辑，第106~110页。

核心提示 ➡ "售假公司"能否成为单位犯罪的主体？

❺《杨昌君销售假冒注册商标的商品案》，载《刑事审判参考》2011年第1辑总第78辑，第111~117页。

核心提示 ➡ 如何区分销售假冒注册商标的商品罪与销售伪劣产品罪？如何认定"以假卖假"尚未销售情形下假冒注册商标商品的销售金额、非法经营数额和犯罪停止形态？

---

① 对其解读见：《刑事审判参考》2001年第5辑总第16辑，第52~56，59~68页。

❻ 最高人民法院《发布六起侵犯知识产权和制售假冒伪劣商品典型案例》，载《公检法办案指南》2011 年第 1 辑总第 133 辑，第 170~175 页。

❼《刘某销售假冒注册商标的商品案》，载《刑事审判参考》2009 年第 5 辑总第 70 辑，第 11~16 页。

核心提示 ➡ 如何区分销售金额和货值金额？销售假冒注册商标的商品未遂的应依何标准进行处罚？

❽ 杨永胜销售假冒注册商标的商品案，载《刑事审判参考》2007 年第 5 辑总第 58 辑，第 11~17 页。

核心提示 ➡ 销售假冒注册商标的商品未遂的是否作为犯罪处理？

❾《侵犯商标权犯罪认定中的几个问题》，载《刑事司法指南》2007 年第 2 辑总第 30 辑，第 50~76 页。

❿《商标犯罪法律适用新问题研究》，载《公检法办案指南》2007 年第 12 辑总第 96 辑，第 133~145 页。

⓫《最新刑事法律文件解读》，载 2006 年第 10 辑总第 22 辑，第 135~137 页。

核心提示 ➡ 如何正确认定侵犯知识产权犯罪的数额？

⓬《假冒伪劣烟草制品刑事案件的法律适用问题》，载《刑事审判参考》2005 年第 1 辑总第 42 辑，第 168~172 页。

要旨 ➡ 没有相应的烟草专卖许可证或者准运证，从事烟草制品的生产、销售、运输业务，构成非法经营罪。1. 生产、销售假烟的行为通常同时构成生产、销售伪劣产品罪、假冒注册商标罪或者销售假冒注册商标的商品罪、非法经营罪，应当依照处罚较重的刑法规定定罪处罚。2. 对于生产、销售假烟的犯罪行为，在没有证据证实假烟属于刑法第一百四十条规定的"伪劣产品"的情况下，不能以生产、销售伪劣产品罪定罪处罚。该罪不包括只假不劣的产品。

⓭《侵犯知识产权犯罪法律适用问题》，载《刑事审判参考》2003 年第 4 辑总第 33 辑，第 154~165 页。

要旨 ➡ 一、知识产权民事侵权行为与犯罪行为的界限：1. 关于商标侵权犯罪。2. 关于专利侵权犯罪。3. 关于侵犯著作权的犯罪。4. 关于侵犯商业秘密罪。

二、关于侵犯知识产权罪的定罪量刑标准：1. 参照执行最高人民法院发布的司法解释性文件（如纪要）、最高人民法院针对 1979 年刑法和 1997 年刑法已经明令废止的全国人大常委会的有关决定和补充规定所作的司法解释。2. 参照执行刑法分则或者司法解释中最相类似的标准。3. 参考执行立案标准。

三、侵权产品的价值认定问题。

四、对情节犯定罪处刑应考虑的因素。

⓮《关于侵犯知识产权犯罪案件审判工作的调研》，载《经济犯罪审判指导》2003 年第 1 辑总第 1 辑，第 260~267 页。

⓯《朱某销售假冒注册商标的商品案》，载《刑事审判参考》2001 年第 10 辑总第 21

辑，第 7~12 页。

要旨 ➡ 以销售为目的购进假冒注册商标的商品，尚未销售就被查获的，可按照销售假冒注册商标的商品罪（未遂）追究刑事责任。

⓰《陈建明等销售伪劣产品案》，载《刑事审判参考》2001 年第 8 辑总第 19 辑，第 1~9 页。

核心提示 ➡ 销售假冒他人注册商标产品的行为应如何定性？

要旨 ➡ 销售假冒注册商标的产品的，应按产品质量是否合格定性。销售质量合格的假冒注册商标的商品，应当以销售假冒注册商标的商品罪定罪处罚；销售质量不合格的假冒注册商标的商品，则应按法条竞合的原则处理。

⓱《戴恩辉销售假冒注册商标的商品案》，载《刑事审判参考》2000 年第 3 辑总第 8 辑，第 8~12 页以及《刑事审判案例》，第 274~277 页。

核心提示 ➡ 销售假冒注册商标的商品罪的认定标准

⓲《范井虎、贺香莲等销售假烟案》，载《假冒伪劣犯罪判解》，第 104 页。

要旨 ➡ 对于销售非伪劣假冒卷烟，销售金额较大的，应当以销售假冒注册商标的商品罪定罪处罚。

⓳《朱某销售假冒"中华"牌卷烟案》，载《假冒伪劣犯罪判解》，第 112 页。

要旨 ➡ 假冒注册商标的商品尚未销售就被查获的能否以销售假冒注册商标的商品罪追究刑事责任。

第 215 条　非法制造、销售非法制造的注册商标标识罪

伪造、擅自制造他人注册商标标识或者销售伪造、擅自制造的注册商标标识，情节严重的，处三年以下有期徒刑、拘役或者管制，并处或者单处罚金；情节特别严重的，处三年以上七年以下有期徒刑，并处罚金。

关　联　规　范 ➡ 完全整理

❶《中华人民共和国刑法》（1980 年 1 月 1 日）第 220 条　单位侵犯知识产权罪的处罚

单位犯本节第二百一十三条至第二百一十九条规定之罪的，对单位判处罚金，并对其直接负责的主管人员和其他直接责任人员，依照本节各该条的规定处罚。

❷ 最高人民法院、最高人民检察院、公安部、司法部《关于办理侵犯知识产权刑事案件适用法律若干问题的意见》（2011 年 1 月 12 日　法发〔2011〕3 号）（节录）①

九、关于销售他人非法制造的注册商标标识犯罪案件中尚未销售或者部分销售情形的定罪问题

销售他人伪造、擅自制造的注册商标标识，具有下列情形之一的，依照刑法第二百一

---

① 对其解读见：《刑事审判参考》2011 年第 1 辑总第 78 辑，第 138~165 页。

十五条的规定,以销售非法制造的注册商标标识罪(未遂)定罪处罚:

(一) 尚未销售他人伪造、擅自制造的注册商标标识数量在六万件以上的;

(二) 尚未销售他人伪造、擅自制造的两种以上注册商标标识数量在三万件以上的;

(三) 部分销售他人伪造、擅自制造的注册商标标识,已销售标识数量不满二万件,但与尚未销售标识数量合计在六万件以上的;

(四) 部分销售他人伪造、擅自制造的两种以上注册商标标识,已销售标识数量不满一万件,但与尚未销售标识数量合计在三万件以上的。

十四、关于多次实施侵犯知识产权行为累计计算数额问题

依照《最高人民法院、最高人民检察院关于办理侵犯知识产权刑事案件具体应用法律若干问题的解释》第十二条第二款的规定,多次实施侵犯知识产权行为,未经行政处理或者刑事处罚的,非法经营数额、违法所得数额或者销售金额累计计算。

二年内多次实施侵犯知识产权违法行为,未经行政处理,累计数额构成犯罪的,应当依法定罪处罚。实施侵犯知识产权犯罪行为的追诉期限,适用刑法的有关规定,不受前述二年的限制。

十五、关于为他人实施侵犯知识产权犯罪提供原材料、机械设备等行为的定性问题

明知他人实施侵犯知识产权犯罪,而为其提供生产、制造侵权产品的主要原材料、辅助材料、半成品、包装材料、机械设备、标签标识、生产技术、配方等帮助,或者提供互联网接入、服务器托管、网络存储空间、通讯传输通道、代收费、费用结算等服务的,以侵犯知识产权犯罪的共犯论处。

十六、关于侵犯知识产权犯罪竞合的处理问题

行为人实施侵犯知识产权犯罪,同时构成生产、销售伪劣商品犯罪的,依照侵犯知识产权犯罪与生产、销售伪劣商品犯罪中处罚较重的规定定罪处罚。

3 最高人民检察院、公安部《关于公安机关管辖的刑事案件立案追诉标准的规定(二)》(2010年5月7日 公通字〔2010〕23号)(节录)①

第七十一条 伪造、擅自制造他人注册商标标识或者销售伪造、擅自制造的注册商标标识,涉嫌下列情形之一的,应予立案追诉:(一)伪造、擅自制造或者销售伪造、擅自制造的注册商标标识数量在二件以上,或者非法经营数额在五万元以上,或者违法所得数额在三万元以上的;(二)伪造、擅自制造或者销售伪造、擅自制造两种以上注册商标标识数量在一件以上,或者非法经营数额在三万元以上,或者违法所得数额在二万元以上的;(三)其他情节严重的情形。

第九十条 本规定中的立案追诉标准,除法律、司法解释、本规定中另有规定的以外,适用于相应的单位犯罪。

4 最高人民法院、最高人民检察院《办理非法生产、销售烟草专卖品等刑事案件具体应用法律若干问题的解释》(2010年3月26日 法释〔2010〕7号)(节录)②

---

① 对其解读见:《刑事审判参考》2010年第4辑总第75辑,第127~158页。
② 对其解读见:《刑事审判参考》2010年第5辑总第76辑,第78~91页。

第一条 生产、销售伪劣卷烟、雪茄烟等烟草专卖品，销售金额在五万元以上的，依照刑法第一百四十条的规定，以生产、销售伪劣产品罪定罪处罚。

伪造、擅自制造他人卷烟、雪茄烟注册商标标识或者销售伪造、擅自制造的卷烟、雪茄烟注册商标标识，情节严重，依照刑法第二百一十五条的规定，以非法制造、销售非法制造的注册商标标识罪定罪处罚。

第五条 行为人实施非法生产、销售烟草专卖品犯罪，同时构成生产、销售伪劣产品罪、侵犯知识产权犯罪、非法经营罪的，依照处罚较重的规定定罪处罚。

5 最高人民法院、最高人民检察院《关于办理侵犯知识产权刑事案件具体应用法律若干问题的解释（二）》（2007年4月5日 法释〔2007〕6号）（节录）①

第三条 侵犯知识产权犯罪，符合刑法规定的缓刑条件的，依法适用缓刑。有下列情形之一的，一般不适用缓刑：

（一）因侵犯知识产权被刑事处罚或者行政处罚后，再次侵犯知识产权构成犯罪的；（二）不具有悔罪表现的；（三）拒不交出违法所得的；（四）其他不宜适用缓刑的情形。

第四条 对于侵犯知识产权犯罪，人民法院应当综合考虑犯罪的违法所得、非法经营数额、给权利人造成的损失、社会危害性等情节，依法判处罚金。罚金数额一般在违法所得的一倍以上五倍以下，或者按照非法经营数额的50%以上一倍以下确定。

第五条 被害人有证据证明的侵犯知识产权刑事案件，直接向人民法院起诉的，人民法院应当依法受理；严重危害社会秩序和国家利益的侵犯知识产权刑事案件，由人民检察院依法提起公诉。

第六条 单位实施刑法第二百一十三条至第二百一十九条规定的行为，按照《最高人民法院、最高人民检察院关于办理侵犯知识产权刑事案件具体应用法律若干问题的解释》和本解释规定的相应个人犯罪的定罪量刑标准定罪处罚。

6 最高人民法院、最高人民检察院《关于办理侵犯知识产权刑事案件具体应用法律若干问题的解释》（2004年12月22日 法释〔2004〕19号）（节录）②

第三条 伪造、擅自制造他人注册商标标识或者销售伪造、擅自制造的注册商标标识，具有下列情形之一的，属于刑法第二百一十五条规定的"情节严重"，应当以非法制造、销售非法制造的注册商标标识罪判处三年以下有期徒刑、拘役或者管制，并处或者单处罚金：

（一）伪造、擅自制造或者销售伪造、擅自制造的注册商标标识数量在二万件以上，或者非法经营数额在五万元以上，或者违法所得数额在三万元以上的；

（二）伪造、擅自制造或者销售伪造、擅自制造两种以上注册商标标识数量在一万件以上，或者非法经营数额在三万元以上，或者违法所得数额在二万元以上的；

---

① 对其解读见：《刑事审判参考》2007年第3辑总第56辑，第58~69页。
② 对其解读见：《刑事审判参考》2004年第4辑总第39辑，第129~134，200~211页以及《贯彻知识产权刑事司法解释，加大知识产权司法保护力度——在知识产权刑事司法解释新闻发布会上的讲话》，载《刑事审判要览》2004年第4辑总第10辑，第1~5页。

(三) 其他情节严重的情形。

具有下列情形之一的,属于刑法第二百一十五条规定的"情节特别严重",应当以非法制造、销售非法制造的注册商标标识罪判处三年以上七年以下有期徒刑,并处罚金:

(一) 伪造、擅自制造或者销售伪造、擅自制造的注册商标标识数量在十万件以上,或者非法经营数额在二十五万元以上,或者违法所得数额在十五万元以上的;

(二) 伪造、擅自制造或者销售伪造、擅自制造两种以上注册商标标识数量在五万件以上,或者非法经营数额在十五万元以上,或者违法所得数额在十万元以上的;

(三) 其他情节特别严重的情形。

第十二条 本解释所称"非法经营数额",是指行为人在实施侵犯知识产权行为过程中,制造、储存、运输、销售侵权产品的价值。已销售的侵权产品的价值,按照实际销售的价格计算。制造、储存、运输和未销售的侵权产品的价值,按照标价或者已经查清的侵权产品的实际销售平均价格计算。侵权产品没有标价或者无法查清其实际销售价格的,按照被侵权产品的市场中间价格计算。

多次实施侵犯知识产权行为,未经行政处理或者刑事处罚的,非法经营数额、违法所得数额或者销售金额累计计算。

本解释第三条所规定的"件",是指标有完整商标图样的一份标识。

第十五条 单位实施刑法第二百一十三条至第二百一十九条规定的行为,按照本解释规定的相应个人犯罪的定罪量刑标准的三倍定罪量刑。

❼ 最高人民法院、最高人民检察院《关于办理生产、销售伪劣商品刑事案件具体应用法律若干问题的解释》(2001年4月18日 法释〔2001〕10号)(节录)①

第十条 实施生产、销售伪劣商品犯罪,同时构成侵犯知识产权、非法经营等其他犯罪的,依照处罚较重的规定定罪处罚。

❽ 最高人民法院刑二庭《关于集体商标是否属于我国刑法的保护范围问题的复函》(2009年4月10日 〔2009〕刑二函字第28号)

经研究,答复如下:

一、我国《商标法》第三条规定:"经商标局核准注册的商标为注册商标,包括商品商标、服务商标和集体商标、证明商标;商标注册人享有商标专用权,受法律保护。"因此,刑法第二百一十三条至二百一十五条所规定的"注册商标"应当涵盖"集体商标"。

二、商标标识中注明了自己的注册商标的同时,又使用了他人注册为集体商标的地理名称,可以认定为刑法规定的"相同的商标"。根据贵局提供的材料,山西省清徐县溢美源醋业有限公司在其生产的食用醋的商标上用大号字体在显著位置上清晰地标明"镇江香(陈)醋",说明其已经使用了与江苏省镇江市醋业协会所注册的"镇江香(陈)醋"集体商标相同的商标。而且,山西省清徐县溢美源醋业有限公司还在其商标标识上注明了江苏省镇江市丹阳市某香醋厂的厂名厂址和QS标志,也说明其实施假冒注册"镇江香(陈)醋"集体商标的行为。

---

① 对其解读见:《刑事审判参考》2001年第5辑总第16辑,第52~56,59~68页。

综上，山西省清徐县溢美源醋业有限公司的行为涉嫌触犯刑法第二百一十三条至二百一十五条的规定。以上意见，供参考。

❾ 福建省公检法、烟草专卖局《关于办理烟草专卖品等案件适用法律若干问题的座谈纪要》（2007年4月26日　闽公综〔2007〕234号）（节录）

一、关于一罪与数罪的认定问题

生产、销售假冒伪劣烟草制品等犯罪行为同时构成生产、销售伪劣产品罪，非法制造、销售非法制造的注册商标标识罪，销售假冒注册商标的商品罪，非法经营罪等罪名的，依照处罚较重的规定定罪处罚。

五、关于伪造、擅自制造或销售伪造、擅自制造的注册商标标识

1. 伪造、擅自制造烟草制品注册商标标识或者销售伪造、擅自制造的烟草制品注册商标标识的，依照《最高人民法院、最高人民检察院关于办理侵犯知识产权刑事案件具体应用法律若干问题的解释》第三条规定定罪处罚。该条所规定的"件"，是指标有完整商标图样的一份标识。

2. 查获未经所有人许可印制烟草制品注册商标标识，但尚未印制成品的，如果其主要图案或文字已印制，且数量达到2万件的，以非法制造注册商标标识罪（未遂）定罪处罚。

❿ 福建省公检法《关于部分经济犯罪、渎职犯罪案件数额幅度及情节认定问题的座谈纪要》若干问题的修订意见（2002年10月8日　闽高法〔2005〕243号）（节录）

二十四、1. 个人伪造、擅自制造他人注册商标标识或者销售伪造、擅自制造的注册商标标识，违法所得数额在2万元以上满10万元，或者非法经营数额在20万元以上满50万元；2. 单位伪造、擅自制造他人注册商标标识，违法所得在5万元以上不满50万元，或者非法经营数额在20万元以上不满200万元；3. 非法制造、销售非法制造的注册商标标识，虽未达到但接近上述规定数额，伪造、擅自制造他人注册商标标识或者销售伪造、擅自制造的注册商标标识在2万件（套）以上的；或者利用贿赂等非法手段推销伪造、擅自制造的他人注册的商标标识的。

（二）具有以下情形之一，即为该罪的"情节特别严重"：

1. 个人伪造、擅自制造他人注册商标标识或者销售伪造、擅自制造的注册商标标识，违法所得数额在10万元以上，或者非法经营数额在50万元以上；2. 单位伪造、擅自制造他人注册商标标识，违法所得在50万元以上，或者非法经营数额在200万元以上；3. 非法制造、销售非法制造的注册商标标识，虽未达到上述规定数额，但伪造、擅自制造他人注册商标标识或者销售伪造、擅自制造的注册商标标识在10万件（套）以上的。

三十九、附则：3. 本纪要中"虽未达到上述标准"是指接近该数额标准且已达到该数额的80%以上；4. 自诉案件，可按本标准下限以下执行。

第二编　分则　第三章　破坏社会主义市场经济秩序罪

学理观点·典型案例　　索引与要旨

❶《侵犯知识产权犯罪数额探析》，载《刑事审判参考》2011 年第 5 辑总第 82 辑，第 113～123 页。

❷《王学保非法制造注册商标标识案》，载《刑事审判参考》2011 年第 1 辑总第 78 辑，第 118～123 页。

核心提示 ➡ 将回收的空旧酒瓶、包装物与购买的假冒注册商标标识进行组装的行为，如何定性？

❸《施卫东等人假冒注册商标、非法经营、销售伪劣产品、非法制造注册商标标识案》，载《刑事法律文件解读》2010 年第 4 辑总第 58 辑，第 105～116 页。

要旨 ➡ 正确处理假冒注册商标罪、非法经营罪、销售伪劣产品罪和非法制造注册商标标识罪，准确认定未销售伪劣产品的金额。

❹《非法制造注册商标标识罪是否存在犯罪未遂》，载《刑事法律文件解读》2009 年第 8 辑总第 50 辑，第 120 页。

❺《侵犯商标权犯罪认定中的几个问题》，载《刑事司法指南》2007 年第 2 辑总第 30 辑，第 50～76 页。

❻《最新刑事法律文件解读》2006 年第 10 辑总第 22 辑，第 135～137 页。

核心提示 ➡ 如何正确认定侵犯知识产权犯罪的数额？

❼《侵犯知识产权犯罪法律适用问题》，载《刑事审判参考》2003 年第 4 辑总第 33 辑，第 154～165 页。

要旨 ➡ 一、知识产权民事侵权行为与犯罪行为的界限。1. 关于商标侵权犯罪；2. 关于专利侵权犯罪；3. 关于侵犯著作权的犯罪；4. 关于侵犯商业秘密罪。

二、关于侵犯知识产权罪的定罪量刑标准：1. 参照执行最高人民法院发布的司法解释性文件（如纪要）、最高人民法院针对 1979 年刑法和 1997 年刑法已经明令废止的全国人大常委会的有关决定和补充规定所作的司法解释；2. 参照执行刑法分则或者司法解释中最相类似的标准；3. 参考执行立案标准。

三、侵权产品的价值认定问题。

四、对情节犯定罪处刑应考虑的因素。

❽《关于侵犯知识产权犯罪案件审判工作的调研》，载《经济犯罪审判指导》2003 年第 1 辑总第 1 辑，第 260～267 页。

❾《王化新、唐文涛非法制造注册商标标识案》，载《刑事审判参考》2001 年第 6 辑总第 17 辑，第 13～16 页。

核心提示 ➡ 如何认定非法制造注册商标标识罪？假冒注册商标罪与非法制造注册商标标识罪的区分

❿《姚伟林、刘宗培、庄晓华非法制造注册商标标识案》，载《刑事审判参考》2000 年第 4 辑总第 8 辑，第 8～15 页以及《刑事审判案例》，第 128～133 页。

777

核心提示 ➡ 如何认定非法制造注册商标标识罪主观方面的明知？

要旨 ➡ "明知"是故意犯罪主观方面的认识要素，认定是否"明知"，不能仅看被告人承认与否，应当根据案件的事实和证据综合判定。

⑪《王学富、何庆平等生产、销售牙膏软管案》，载《假冒伪劣犯罪判解》，第119页。

核心提示 ➡ 非法制造、销售非法制造的注册商标标识罪的定罪处罚标准如何掌握？

⑫《胡逢年、李世澎生产、销售假冒外国药品案》，载《假冒伪劣犯罪判解》，第132页。

核心提示 ➡ 未取得人用药品商标印制资格而承印人用药品商标的是否构成犯罪？

要旨 ➡ 单位犯本节第213条至第219条规定之罪的，对单位判处罚金，并对其直接负责的主管人员和其他直接责任人员，依照本节各该条的规定处罚。

第216条　假冒专利罪

假冒他人专利，情节严重的，处三年以下有期徒刑或者拘役，并处或者单处罚金。

关联规范　➡ 完全整理

❶《中华人民共和国刑法》（1980年1月1日）第220条　单位侵犯知识产权罪的处罚

❷ 最高人民检察院、公安部《关于公安机关管辖的刑事案件立案追诉标准的规定（二）》（2010年5月7日　公通字〔2010〕23号）（节录）①

第七十二条　假冒他人专利，涉嫌下列情形之一的，应予立案追诉：（一）非法经营数额在二十万元以上或者违法所得数额在十万元以上的；（二）给专利权人造成直接经济损失在五十万元以上的；（三）假冒两项以上他人专利，非法经营数额在十万元以上或者违法所得数额在五万元以上的；（四）其他情节严重的情形。

第九十条　本规定中的立案追诉标准，除法律、司法解释、本规定中另有规定的以外，适用于相应的单位犯罪。

❸ 最高人民法院、最高人民检察院《关于办理侵犯知识产权刑事案件具体应用法律若干问题的解释（二）》（2007年4月5日　法释〔2007〕6号）（节录）②

第三条　侵犯知识产权犯罪，符合刑法规定的缓刑条件的，依法适用缓刑。有下列情形之一的，一般不适用缓刑：
（一）因侵犯知识产权被刑事处罚或者行政处罚后，再次侵犯知识产权构成犯罪的；
（二）不具有悔罪表现的；（三）拒不交出违法所得的；（四）其他不宜适用缓刑的情形。

---

① 对其解读见：《刑事审判参考》2010年第4辑总第75辑，第127~158页。
② 对其解读见：《刑事审判参考》2007年第3辑总第56辑，第58~69页。

第四条 对于侵犯知识产权犯罪的，人民法院应当综合考虑犯罪的违法所得、非法经营数额、给权利人造成的损失、社会危害性等情节，依法判处罚金。罚金数额一般在违法所得的一倍以上五倍以下，或者按照非法经营数额的50%以上一倍以下确定。

第五条 被害人有证据证明的侵犯知识产权刑事案件，直接向人民法院起诉的，人民法院应当依法受理；严重危害社会秩序和国家利益的侵犯知识产权刑事案件，由人民检察院依法提起公诉。

第六条 单位实施刑法第二百一十三条至第二百一十九条规定的行为，按照《最高人民法院、最高人民检察院关于办理侵犯知识产权刑事案件具体应用法律若干问题的解释》和本解释规定的相应个人犯罪的定罪量刑标准定罪处罚。

4 最高人民法院、最高人民检察院《关于办理侵犯知识产权刑事案件具体应用法律若干问题的解释》（2004年12月22日 法释〔2004〕19号）（节录）①

第四条 假冒他人专利，具有下列情形之一的，属于刑法第二百一十六条规定的"情节严重"，应当以假冒专利罪判处三年以下有期徒刑或者拘役，并处或者单处罚金：

（一）非法经营数额在二十万元以上或者违法所得数额在十万元以上的；

（二）给专利权人造成直接经济损失五十万元以上的；

（三）假冒两项以上他人专利，非法经营数额在十万元以上或者违法所得数额在五万元以上的；

（四）其他情节严重的情形。

第十条 实施下列行为之一的，属于刑法第二百一十六条规定的"假冒他人专利"的行为：

（一）未经许可，在其制造或者销售的产品、产品的包装上标注他人专利号的；

（二）未经许可，在广告或者其他宣传材料中使用他人的专利号，使人将所涉及的技术误认为是他人专利技术的；

（三）未经许可，在合同中使用他人的专利号，使人将合同涉及的技术误认为是他人专利技术的；

（四）伪造或者变造他人的专利证书、专利文件或者专利申请文件的。

第十二条 本解释所称"非法经营数额"，是指行为人在实施侵犯知识产权行为过程中，制造、储存、运输、销售侵权产品的价值。已销售的侵权产品的价值，按照实际销售的价格计算。制造、储存、运输和未销售的侵权产品的价值，按照标价或者已经查清的侵权产品的实际销售平均价格计算。侵权产品没有标价或者无法查清其实际销售价格的，按照被侵权产品的市场中间价格计算。

多次实施侵犯知识产权行为，未经行政处理或者刑事处罚的，非法经营数额、违法所得数额或者销售金额累计计算。

本解释第三条所规定的"件"，是指标有完整商标图样的一份标识。

---

① 对其解读见：《刑事审判参考》2004年第4辑总第39辑，第129~134，200~211页以及《贯彻知识产权刑事司法解释，加大知识产权司法保护力度——在知识产权刑事司法解释新闻发布会上的讲话》，载《刑事审判要览》2004年第4辑总第10辑，第1~5页。

第十五条　单位实施刑法第二百一十三条至第二百一十九条规定的行为,按照本解释规定的相应个人犯罪的定罪量刑标准的三倍定罪量刑。

❺ 最高人民法院、最高人民检察院《关于办理生产、销售伪劣商品刑事案件具体应用法律若干问题的解释》（2001年4月18日　法释〔2001〕10号）（节录）①

第十条　实施生产、销售伪劣商品犯罪,同时构成侵犯知识产权、非法经营等其他犯罪的,依照处罚较重的规定定罪处罚。

❻ 福建省公检法《关于部分经济犯罪、渎职犯罪案件数额幅度及情节认定问题的座谈纪要》若干问题的修订意见（2002年10月8日　闽高法〔2005〕243号）（节录）

二十五、该罪的"情节严重"指行为人违法获利达10万元以上;或者给专利权人造成直接经济损失达50万元以上;或虽未达到上述标准,但因假冒他人专利,受过行政处罚二次以上,又假冒他人专利。

三十九、附则:3.本纪要中"虽未达到上述标准"是指接近该数额标准且已达到该数额的80%以上;4.自诉案件,可按本标准下限以下执行。

学理观点·典型案例　　➡ 索引与要旨

❶《侵犯知识产权犯罪数额探析》,载《刑事审判参考》2011年第5辑总第82辑,第113~123页。

❷《关于假冒注册商标罪、假冒专利罪、侵犯著作权罪司法认定问题的研究》,载《刑事审判参考》2011年第1辑总第78辑,第166~203页。

❸《最新刑事法律文件解读》,2006年第10辑总第22辑,第135~137页。

核心提示 ➡ 如何正确认定侵犯知识产权犯罪的数额?

❹《侵犯知识产权犯罪法律适用问题》,载《刑事审判参考》2003年第4辑总第33辑,第154~165页。

要旨 ➡ 一、知识产权民事侵权行为与犯罪行为的界限。1.关于商标侵权犯罪;2.关于专利侵权犯罪;3.关于侵犯著作权的犯罪;4.关于侵犯商业秘密罪。

二、关于侵犯知识产权罪的定罪量刑标准:1.参照执行最高人民法院发布的司法解释性文件（如纪要）、最高人民法院针对1979年刑法和1997年刑法已经明令废止的全国人大常委会的有关决定和补充规定所作的司法解释。2.参照执行刑法分则或者司法解释中最相类似的标准。3.参考执行立案标准。

三、侵权产品的价值认定问题。

四、对情节犯定罪处刑应考虑的因素。

❺《关于侵犯知识产权犯罪案件审判工作的调研》,载《经济犯罪审判指导》2003年第1辑总第1辑,第260~267页。

---

① 对其解读见:《刑事审判参考》2001年第5辑总第16辑,第52~56,59~68页。

第217条 侵犯著作权罪

以营利为目的,有下列侵犯著作权情形之一,违法所得数额较大或者有其他严重情节的,处三年以下有期徒刑或者拘役,并处或者单处罚金;违法所得数额巨大或者有其他特别严重情节的,处三年以上七年以下有期徒刑,并处罚金:

(一)未经著作权人许可,复制发行其文字作品、音乐、电影、电视、录像作品、计算机软件及其他作品的;

(二)出版他人享有专有出版权的图书的;

(三)未经录音录像制作者许可,复制发行其制作的录音录像的;

(四)制作、出售假冒他人署名的美术作品的。

关联规范 ➡ 完全整理

❶《中华人民共和国刑法》(1980年1月1日)第220条 单位侵犯知识产权罪的处罚

单位犯本节第二百一十三条至第二百一十九条规定之罪的,对单位判处罚金,并对其直接负责的主管人员和其他直接责任人员,依照本节各该条的规定处罚。

❷ 人大常委会《关于维护互联网安全的决定》(2000年12月28日)(节录)①

三、为了维护社会主义市场经济秩序和社会管理秩序,对有下列行为之一,构成犯罪的,依照刑法有关规定追究刑事责任:(三)利用互联网侵犯他人知识产权;

❸ 最高人民法院、最高人民检察院、公安部、司法部《关于办理侵犯知识产权刑事案件适用法律若干问题的意见》(2011年1月12日 法发〔2011〕3号)(节录)②

十、关于侵犯著作权犯罪案件"以营利为目的"的认定问题

除销售外,具有下列情形之一的,可以认定为"以营利为目的":

(一)以在他人作品中刊登收费广告、捆绑第三方作品等方式直接或者间接收取费用的;

(二)通过信息网络传播他人作品,或者利用他人上传的侵权作品,在网站或者网页上提供刊登收费广告服务,直接或者间接收取费用的;

(三)以会员制方式通过信息网络传播他人作品,收取会员注册费或者其他费用的;

(四)其他利用他人作品牟利的情形。

十一、关于侵犯著作权犯罪案件"未经著作权人许可"的认定问题

"未经著作权人许可"一般应当依据著作权人或者其授权的代理人、著作权集体管理组织、国家著作权行政管理部门指定的著作权认证机构出具的涉案作品版权认证文书,或者证明出版者、复制发行者伪造、涂改授权许可文件或者超出授权许可范围的证据,结合

---

① 对其解读见:《刑事审判参考》2001年第4辑总第15辑,第52~58页。
② 对其解读见:《刑事审判参考》2011年第1辑总第78辑,第138~165页。

其他证据综合予以认定。

在涉案作品种类众多且权利人分散的案件中，上述证据确实难以一一取得，但有证据证明涉案复制品系非法出版、复制发行的，且出版者、复制发行者不能提供获得著作权人许可的相关证明材料的，可以认定为"未经著作权人许可"。但是，有证据证明权利人放弃权利、涉案作品的著作权不受我国著作权法保护，或者著作权保护期限已经届满的除外。

十二、关于刑法第二百一十七条规定的"发行"的认定及相关问题

"发行"，包括总发行、批发、零售、通过信息网络传播以及出租、展销等活动。

非法出版、复制、发行他人作品，侵犯著作权构成犯罪的，按照侵犯著作权罪定罪处罚，不认定为非法经营罪等其他犯罪。

十三、关于通过信息网络传播侵权作品行为的定罪处罚标准问题

以营利为目的，未经著作权人许可，通过信息网络向公众传播他人文字作品、音乐、电影、电视、美术、摄影、录像作品、录音录像制品、计算机软件及其他作品，具有下列情形之一的，属于刑法第二百一十七条规定的"其他严重情节"：

（一）非法经营数额在五万元以上的；

（二）传播他人作品的数量合计在五百件（部）以上的；

（三）传播他人作品的实际被点击数达到五万次以上的；

（四）以会员制方式传播他人作品，注册会员达到一千人以上的；

（五）数额或者数量虽未达到第（一）项至第（四）项规定标准，但分别达到其中两项以上标准一半以上的；

（六）其他严重情节的情形。

实施前款规定的行为，数额或者数量达到前款第（一）项至第（五）项规定标准五倍以上的，属于刑法第二百一十七条规定的"其他特别严重情节"。

十四、关于多次实施侵犯知识产权行为累计计算数额问题

依照《最高人民法院、最高人民检察院关于办理侵犯知识产权刑事案件具体应用法律若干问题的解释》第十二条第二款的规定，多次实施侵犯知识产权行为，未经行政处理或者刑事处罚的，非法经营数额、违法所得数额或者销售金额累计计算。

二年内多次实施侵犯知识产权违法行为，未经行政处理，累计数额构成犯罪的，应当依法定罪处罚。实施侵犯知识产权犯罪行为的追诉期限，适用刑法的有关规定，不受前述二年的限制。

十五、关于为他人实施侵犯知识产权犯罪提供原材料、机械设备等行为的定性问题

明知他人实施侵犯知识产权犯罪，而为其提供生产、制造侵权产品的主要原材料、辅助材料、半成品、包装材料、机械设备、标签标识、生产技术、配方等帮助，或者提供互联网接入、服务器托管、网络存储空间、通讯传输通道、代收费、费用结算等服务的，以侵犯知识产权犯罪的共犯论处。

十六、关于侵犯知识产权犯罪竞合的处理问题

行为人实施侵犯知识产权犯罪，同时构成生产、销售伪劣商品犯罪的，依照侵犯知识产权犯罪与生产、销售伪劣商品犯罪中处罚较重的规定定罪处罚。

❹ 最高人民检察院、公安部《关于公安机关管辖的刑事案件立案追诉标准的规定（一）》（2008年6月25日　公通字〔2008〕36号）

第二十六条　以营利为目的，未经著作权人许可，复制发行其文字作品、音乐、电影、电视、录像作品、计算机软件及其他作品，或者出版他人享有专有出版权的图书，或者未经录音、录像制作者许可，复制发行其制作的录音、录像，或者制作、出售假冒他人署名的美术作品，涉嫌下列情形之一的，应予立案追诉：（一）违法所得数额三万元以上的；（二）非法经营数额五万元以上的；（三）未经著作权人许可，复制发行其文字作品、音乐、电影、电视、录像作品、计算机软件及其他作品，复制品数量合计五百张（份）以上的；（四）未经录音录像制作者许可，复制发行其制作的录音录像制品，复制品数量合计五百张（份）以上的；（五）其他情节严重的情形。

以刊登收费广告等方式直接或者间接收取费用的情形，属于本条规定的"以营利为目的"。

本条规定的"未经著作权人许可"，是指没有得到著作权人授权或者伪造、涂改著作权人授权许可文件或者超出授权许可范围的情形。

本条规定的"复制发行"，包括复制、发行或者既复制又发行的行为。

通过信息网络向公众传播他人文字作品、音乐、电影、电视、录像作品、计算机软件及其他作品，或者通过信息网络传播他人制作的录音录像制品的行为，应当视为本条规定的"复制发行"。

侵权产品的持有人通过广告、征订等方式推销侵权产品的，属于本条规定的"发行"。

本条规定的"非法经营数额"，是指行为人在实施侵犯知识产权行为过程中，制造、储存、运输、销售侵权产品的价值。已销售的侵权产品的价值，按照实际销售的价格计算。制造、储存、运输和未销售的侵权产品的价值，按照标价或者已经查清的侵权产品的实际销售平均价格计算。侵权产品没有标价或者无法查清其实际销售价格的，按照被侵权产品的市场中间价格计算。

第一百条　本规定中的立案追诉标准，除法律、司法解释另有规定的以外，适用于相关的单位犯罪。

❺ 最高人民法院、最高人民检察院《关于办理侵犯知识产权刑事案件具体应用法律若干问题的解释（二）》（2007年4月5日　法释〔2007〕6号）①

第一条　以营利为目的，未经著作权人许可，复制发行其文字作品、音乐、电影、电视、录像作品、计算机软件及其他作品，复制品数量合计在五百张（份）以上的，属于刑法第二百一十七条规定的"有其他严重情节"；复制品数量在二千五百张（份）以上的，属于刑法第二百一十七条规定的"有其他特别严重情节"。

第二条　刑法第二百一十七条侵犯著作权罪中的"复制发行"，包括复制、发行或者既复制又发行的行为。

侵权产品的持有人通过广告、征订等方式推销侵权产品的，属于刑法第二百一十七条

---

① 对其解读见：《刑事审判参考》2007年第3辑总第56辑，第58~69页。

规定的"发行"。

非法出版、复制、发行他人作品，侵犯著作权构成犯罪的，按照侵犯著作权罪定罪处罚。

第三条 侵犯知识产权犯罪，符合刑法规定的缓刑条件的，依法适用缓刑。有下列情形之一的，一般不适用缓刑：

（一）因侵犯知识产权被刑事处罚或者行政处罚后，再次侵犯知识产权构成犯罪的；（二）不具有悔罪表现的；（三）拒不交出违法所得的；（四）其他不宜适用缓刑的情形。

第四条 对于侵犯知识产权犯罪的，人民法院应当综合考虑犯罪的违法所得、非法经营数额、给权利人造成的损失、社会危害性等情节，依法判处罚金。罚金数额一般在违法所得的一倍以上五倍以下，或者按照非法经营数额的50%以上一倍以下确定。

第五条 被害人有证据证明的侵犯知识产权刑事案件，直接向人民法院起诉的，人民法院应当依法受理；严重危害社会秩序和国家利益的侵犯知识产权刑事案件，由人民检察院依法提起公诉。

第六条 单位实施刑法第二百一十三条至第二百一十九条规定的行为，按照《最高人民法院、最高人民检察院关于办理侵犯知识产权刑事案件具体应用法律若干问题的解释》和本解释规定的相应个人犯罪的定罪量刑标准定罪处罚。

第七条 以前发布的司法解释与本解释不一致的，以本解释为准。

⑥ 最高人民法院、最高人民检察院《关于办理侵犯著作权刑事案件中涉及录音录像制品有关问题的批复》（2005年10月18日　法释〔2005〕12号）①

以营利为目的，未经录音录像制作者许可，复制发行其制作的录音录像制品的行为，复制品的数量标准分别适用《最高人民法院、最高人民检察院关于办理侵犯知识产权刑事案件具体应用法律若干问题的解释》第五条第一款第（二）项、第二款第（二）项的规定。

未经录音录像制作者许可，通过信息网络传播其制作的录音录像制品的行为，应当视为刑法第二百一十七条第（三）项规定的"复制发行"。

⑦ 最高人民法院、最高人民检察院《关于办理侵犯知识产权刑事案件具体应用法律若干问题的解释》（2004年12月22日　有效法释〔2004〕19号）（节录）②

第五条 以营利为目的，实施刑法第二百一十七条规定的侵犯著作权行为之一，违法所得数额在3万元以上的，属于"违法所得数额较大"；具有下列情形之一的，属于"有其他严重情节"，应当以侵犯著作权罪判处三年以下有期徒刑或拘役，并处或者单处罚金：

（一）非法经营数额在5万元以上；

（二）未经著作权人许可，复制发行其文字作品、音乐、电影、电视、录像作品、计算机软件及其他作品，复制品数量合计在1000张（份）以上；

---

① 对其解读见：《刑事审判参考》2005年第4辑总第45辑，第39~43页。
② 对其解读见：《刑事审判参考》2004年第4辑总第39辑，第129~134，200~211页以及《贯彻知识产权刑事司法解释，加大知识产权司法保护力度——在知识产权刑事司法解释新闻发布会上的讲话》，载《刑事审判要览》2004年第4辑总第10辑，第1~5页。

(三) 其他严重情节的情形。

以营利为目的,实施刑法第二百一十七条规定的侵犯著作权行为之一,违法所得数额在15万元以上的,属于"违法所得数额巨大";具有下列情形之一的,属于"有其他特别严重情节",应当以侵犯著作权罪判处三年以上七年以下有期徒刑,并处罚金:

(一) 非法经营数额在25万元以上;

(二) 未经著作权人许可,复制发行其文字作品、音乐、电影、电视、录像作品、计算机软件及其他作品,复制品数量合计在5000张(份)以上;

(三) 其他特别严重情节的情形。

第十一条 以刊登收费广告等方式直接或间接收取费用的情形,属于刑法第二百一十七条规定的"以营利为目的"。

刑法第二百一十七条规定的"未经著作权人许可",是指没有得到著作权人授权或者伪造、涂改著作权人授权许可文件或者超出授权许可范围的情形。

通过信息网络向公众传播他人文字作品、音乐、电影、电视、录像作品、计算机软件及其他作品的行为,应当视为刑法第二百一十七条规定的"复制发行"。

第十四条 实施刑法第二百一十七条规定的侵犯著作权犯罪,又销售该侵权复制品,构成犯罪的,应当依照刑法第二百一十七条的规定,以侵犯著作权罪定罪处罚。

第十五条 单位实施刑法第二百一十三条至第二百一十九条规定的行为,按照本解释规定的相应个人犯罪的定罪量刑标准的3倍定罪量刑。

实施刑法第二百一十七条规定的侵犯著作权犯罪,又销售明知是他人的侵权复制品,构成犯罪的,应当实行数罪并罚。

❽ 最高人民法院、最高人民检察院《关于办理生产、销售伪劣商品刑事案件具体应用法律若干问题的解释》(2001年4月18日 法释〔2001〕10号)(节录)①

第十条 实施生产、销售伪劣商品犯罪,同时构成侵犯知识产权、非法经营等其他犯罪的,依照处罚较重的规定定罪处罚。

❾ 最高人民检察院、国家科学技术委员会《关于办理科技活动中经济犯罪案件的意见》(1994年6月17日 高检会〔1994〕26号)(节录)

五、对假冒他人专利,情节严重的,比照《全国人大常委会关于惩治假冒注册商标犯罪的补充规定》追究刑事责任。对非法窃取技术秘密,情节严重的,以盗窃罪追究刑事责任。

上述技术秘密,是指不为公众所知悉,具有实用性、能为拥有者带来经济利益或竞争优势,并为拥有者采取保密措施的技术信息、计算机软件和其他非专利技术成果。

❿ 上海市高级人民法院刑二庭、市检公诉处《关于贩卖盗版光盘案件如何适用法律的意见(试行)》(2006年1月16日)(节录)

一、贩卖盗版光盘行为的定性

根据最高人民法院、最高人民检察院《关于办理侵犯著作权刑事案件中涉及录音录像制品有关问题的批复》精神,对于贩卖盗版光盘的行为应当依照刑法第218条的规定,以

---

① 对其解读见:《刑事审判参考》2001年第5辑总第16辑,第52~56,59~68页。

销售侵权复制品罪定罪处罚；如果行为人同时具有复制盗版光盘行为的，应当依照刑法第217条的规定，以侵犯著作权罪定罪处罚。

二、贩卖盗版光盘行为既遂的认定

根据刑法和有关司法解释的规定，结合我市司法实践的具体情况，对于销售盗版光盘违法所得达到10万元以上，或者已出售盗版光盘达1.5万张以上的，可以销售侵权复制品罪既遂追究刑事责任，但有证据证明违法所得明显不足10万元的除外。

三、贩卖盗版光盘行为未遂的认定

根据刑法和有关司法解释的规定，以及惩治销售侵权复制品犯罪的实际需要，对于销售盗版光盘违法所得未达到10万元或者违法所得无法查清，但有证据证明已销售与待销售的盗版光盘数量之和达到3万张以上的，或者查获的盗版光盘数量达到3万张以上的，可以销售侵权复制品罪（未遂）定罪处罚，对于行为人已售出的盗版光盘数量，可以作为酌定从重处罚情节考虑。

学理观点·典型案例 ➡ 索引与要旨

❶《关于假冒注册商标罪、假冒专利罪、侵犯著作权罪司法认定问题的研究》，载《刑事审判参考》2011年第1辑总第78辑，第166~203页。

❷《凌永超侵犯著作权、贩卖淫秽物品牟利案》，载《刑事审判参考》2011年第1辑总第78辑，第124~130页。

核心提示 ➡ 贩卖普通侵权盗版光碟的行为应如何定罪处罚？

❸《张顺等人侵犯著作权案》，载《刑事审判参考》2011年第1辑总第78辑，第130~137页。

核心提示 ➡ 销售他人享有出版权的图书是否构成侵犯著作权罪？

❹最高人民法院《发布五件侵犯知识产权和制售假冒伪劣商品典型案例》，载《公检法办案指南》2011年第7辑总第139辑，第161~163页。

要旨 ➡ 1. 印制盗版地图；2. 复制盗版书籍未销售。

❺最高人民法院《发布六起侵犯知识产权和制售假冒伪劣商品典型案例》，载《公检法办案指南》2011年第1辑总第133辑，第170~175页。

要旨 ➡ 以营利为目的，将他人享有著作权的音乐作品上传网络，提供试听。

❻《何某侵犯著作权案》，载《刑事法律文件解读》2009年第11辑总第53辑，第113~115页。

核心提示 ➡ 复制游戏程序用于经营网络私服的性质认定

❼《闫少东等侵犯著作权上诉案》，载《人民法院案例选》2009年第1辑总第67辑。

要旨 ➡ 为从事侵犯他人著作权而投入资金或财物，相关资金或财物有违法性，应当视作侵犯著作权行为的一部分而予以处理，不应从违法所得中予以扣除。

❽《谈文明等非法经营案》，载《刑事审判参考》2008年第1辑总第60辑，第16~25页。

核心提示 ➡ 擅自制作网络游戏外挂出售牟利构成犯罪的应当如何适用法律？

要旨 ➡ 1. 擅自制作网游外挂出售牟利，侵犯的是网络游戏权利人著作修改权而不是复制发行权，不构成侵犯著作权罪。2. 擅自制作网游外挂出售牟利，既属于没有相应资质而从事出版活动的非法经营行为，也属于违反规定出版非法互联网出版物的非法经营行为。

⑨《王一辉、金珂、汤明职务侵占案》，载《刑事审判参考》2007 年第 5 辑总第 58 辑，第 48～61 页。

核心提示 ➡ 利用职务便利盗卖单位游戏"武器装备"的行为如何定罪处罚？

要旨 ➡ 1. 虚拟财产可以成为刑法保护的对象。2. 利用职务便利盗卖游戏"武器装备"的行为构成职务侵占罪。

⑩《刑法第 217 条和第 218 条与 TRIPs 协议的一致性问题初探》，载《刑事司法指南》2007 年第 3 辑总第 31 辑，第 72～78 页。

⑪《谭慧渊、蒋菊香侵犯著作权案》，载《刑事审判参考》2006 年第 6 辑总第 53 辑，第 19～29 页。

核心提示 ➡ 对于司法解释是否需要适用从旧兼从轻原则？

⑫《最新刑事法律文件解读》2006 年第 10 辑总第 22 辑，第 135～137 页。

核心提示 ➡ 如何正确认定侵犯知识产权犯罪的数额？

⑬《目的犯的法理研究》，载《刑事审判要览》2004 年第 3 辑总第 9 辑，第 36～55 页。

⑭《孟祥国、李桂英、金利杰侵犯著作权案》，载《刑事审判参考》2003 年第 4 辑总第 33 辑，第 20～25 页。

核心提示 ➡ 以营利为目的出版他人享有专有出版权图书的行为能否以非法经营罪定罪处罚？

⑮《侵犯知识产权犯罪法律适用问题》，载《刑事审判参考》2003 年第 4 辑总第 33 辑，第 154～165 页。

要旨 ➡ 一、知识产权民事侵权行为与犯罪行为的界限：1. 关于商标侵权犯罪；2. 关于专利侵权犯罪；3. 关于侵犯著作权的犯罪；4. 关于侵犯商业秘密罪。

二、关于侵犯知识产权罪的定罪量刑标准：1. 参照执行最高人民法院发布的司法解释性文件（如纪要）、最高人民法院针对 1979 年刑法和 1997 年刑法已经明令废止的全国人大常委会的有关决定和补充规定所作的司法解释；2. 参照执行刑法分则或者司法解释中最相类似的标准；3. 参考执行立案标准。

三、侵权产品的价值认定问题。

四、对情节犯定罪处刑应考虑的因素。

⑯《被告人李渭渭、哈翎侵犯著作权案》，载《经济犯罪审判指导与参考》2003 年第 2 辑总第 2 辑，第 20 页。

核心提示 ➡ 盗版非法经营数额的认定标准

❶❼《关于侵犯知识产权犯罪案件审判工作的调研》,载《经济犯罪审判指导》2003年第1辑总第1辑,第260~267页。

❶❽《认定侵犯著作权罪若干问题研究》,载《刑事司法指南》2002年第1辑总第9辑,第27~72页。

要旨 ➡ 一、关于著作权及本罪犯罪对象的理解:1.著作权的含义;2.构成本罪犯罪对象的条件。

二、如何认定"未经著作权人许可,复制发行其文字作品、音乐、电影、电视、录像作品、计算机软件及其他作品的"侵犯著作权行为:1.作品的著作权人的范围;2.著作权的归属原则;3.著作权的期限;4."未经著作权人许可"中"许可"的具体情况;5."复制发行"的含义;6.作为犯罪对象的文字作品、音乐等作品的含义。

三、如何认定"出版他人享有专有出版权的图书的"侵犯著作权行为:1."出版"的含义;2."专有出版权"的含义;3.作为犯罪对象的"图书"的含义。

四、如何认定"未经录音录像制作者许可,复制发行其制作的录音录像的"侵犯著作权行为:1."录音录像制作者"的含义及"录像制品"与"录像作品"区别;2."复制发行"的含义及相关问题的处理。

五、如何认定"制作、出售假冒他人署名的美术作品的"侵犯著作权行为:1.作为犯罪对象的"美术作品"的含义和种类;2."制作、出售假冒他人署名的"行为的具体方式;3.关于制作、出售假冒他人署名的美术作品侵犯的是否是著作权以及侵犯的是著作权中的哪一项权利的争论。

六、认定侵犯著作权罪应当注意的其他问题:1.要正确区分侵犯著作权罪罪与非罪的界限;2.要正确区分侵犯著作权罪与其他犯罪的界限;3.要正确区分侵犯著作权罪一罪与数罪的界限。

❶❾《舒亚眉、陈宝华侵犯著作权案》,载《刑事审判参考》2001年第12辑总第23辑,第21~27页。

核心提示 ➡ 侵犯著作权罪如何认定?

要旨 ➡ 侵犯著作权等知识产权犯罪的刑事案件可由被害人提起自诉,也可由检察院提起公诉。

侵犯著作权等知识产权犯罪作为自诉案件,必须同时具备人民检察院没有提起公诉、被害人有证据证明、对被告人可能判处三年有期徒刑以下刑罚,且不属于严重危害社会秩序和国家利益的条件。

❷⓿《王安涛侵犯著作权案》,载《刑事审判参考》2001年第8辑总第19辑,第19~24页。

核心提示 ➡ 未经许可将非法获得的计算机软件修改后出售牟利的行为如何定性?

要旨 ➡ 首先,虽然该软件既未发表,亦未向软件登记管理机构办理软件著作权登记,天利公司作为天丽鸟软件的开发者,仍然依法享有软件著作权。任何单位和个人未经著作权人天利公司许可,对其软件进行修改、复制发行的行为,均侵犯了天利公司软件著作权。

其次,被告人并未对天丽鸟软件作实质性的改进,仅将其源代码稍作修改后,便更名为泓瀚软件。该软件所包含的智力创造仍是天利公司独自的劳动成果,不具有某一方面的独创性和原创性,不是新的作品,因此,在实质上仍是原作品的复制。

第218条 销售侵权复制品罪

以营利为目的,销售明知是本法第二百一十七条规定的侵权复制品,违法所得数额巨大的,处三年以下有期徒刑或者拘役,并处或者单处罚金。

关 联 规 范 ▶ 完全整理

❶《中华人民共和国刑法》(1980年1月1日)第220条 单位侵犯知识产权罪的处罚

单位犯本节第二百一十三条至第二百一十九条规定之罪的,对单位判处罚金,并对其直接负责的主管人员和其他直接责任人员,依照本节各该条的规定处罚。

❷ 最高人民检察院、公安部《关于公安机关管辖的刑事案件立案追诉标准的规定(一)》(2008年6月25日 公通字〔2008〕36号)(节录)

第二十七条 以营利为目的,销售明知是刑法第二百一十七条规定的侵权复制品,涉嫌下列情形之一的,应予立案追诉:(一)违法所得数额十万元以上的;(二)违法所得数额虽未达到上述数额标准,但尚未销售的侵权复制品货值金额达到三十万元以上的。

第一百条 本规定中的立案追诉标准,除法律、司法解释另有规定的以外,适用于相关的单位犯罪。

❸ 最高人民法院、最高人民检察院《关于办理侵犯知识产权刑事案件具体应用法律若干问题的解释(二)》(2007年4月5日 法释〔2007〕6号)(节录)[1]

第三条 侵犯知识产权犯罪,符合刑法规定的缓刑条件的,依法适用缓刑。有下列情形之一的,一般不适用缓刑:(一)因侵犯知识产权被刑事处罚或者行政处罚后,再次侵犯知识产权构成犯罪的;(二)不具有悔罪表现的;(三)拒不交出违法所得的;(四)其他不宜适用缓刑的情形。

第四条 对于侵犯知识产权犯罪的,人民法院应当综合考虑犯罪的违法所得、非法经营数额、给权利人造成的损失、社会危害性等情节,依法判处罚金。罚金数额一般在违法所得的一倍以上五倍以下,或者按照非法经营数额的50%以上一倍以下确定。

第五条 被害人有证据证明的侵犯知识产权刑事案件,直接向人民法院起诉的,人民法院应当依法受理;严重危害社会秩序和国家利益的侵犯知识产权刑事案件,由人民检察院依法提起公诉。

第六条 单位实施刑法第二百一十三条至第二百一十九条规定的行为,按照《最高人民法院、最高人民检察院关于办理侵犯知识产权刑事案件具体应用法律若干问题的解释》和本解释规定的相应个人犯罪的定罪量刑标准定罪处罚。

---

[1] 对其解读见:《刑事审判参考》2007年第3辑总第56辑,第58~69页。

❹ 最高人民法院、最高人民检察院《关于办理侵犯知识产权刑事案件具体应用法律若干问题的解释》（2004年12月22日　法释〔2004〕19号）（节录）①

第六条　以营利为目的，实施刑法第二百一十八条规定的行为，违法所得数额在十万元以上的，属于"违法所得数额巨大"，应当以销售侵权复制品罪判处三年以下有期徒刑或者拘役，并处或者单处罚金。

第十一条　以刊登收费广告等方式直接或者间接收取费用的情形，属于刑法第二百一十七条规定的"以营利为目的"。

刑法第二百一十七条规定的"未经著作权人许可"，是指没有得到著作权人授权或者伪造、涂改著作权人授权许可文件或者超出授权许可范围的情形。

通过信息网络向公众传播他人文字作品、音乐、电影、电视、录像作品、计算机软件及其他作品的行为，应当视为刑法第二百一十七条规定的"复制发行"。

第十二条　本解释所称"非法经营数额"，是指行为人在实施侵犯知识产权行为过程中，制造、储存、运输、销售侵权产品的价值。已销售的侵权产品的价值，按照实际销售的价格计算。制造、储存、运输和未销售的侵权产品的价值，按照标价或者已经查清的侵权产品的实际销售平均价格计算。侵权产品没有标价或者无法查清其实际销售价格的，按照被侵权产品的市场中间价格计算。

多次实施侵犯知识产权行为，未经行政处理或者刑事处罚的，非法经营数额、违法所得数额或者销售金额累计计算。

本解释第三条所规定的"件"，是指标有完整商标图样的一份标识。

第十四条　实施刑法第二百一十七条规定的侵犯著作权犯罪，又销售该侵权复制品，构成犯罪的，应当依照刑法第二百一十七条的规定，以侵犯著作权罪定罪处罚。

实施刑法第二百一十七条规定的侵犯著作权犯罪，又销售明知是他人的侵权复制品，构成犯罪的，应当实行数罪并罚。

第十五条　单位实施刑法第二百一十三条至第二百一十九条规定的行为，按照本解释规定的相应个人犯罪的定罪量刑标准的三倍定罪量刑。

第十六条　明知他人实施侵犯知识产权犯罪，而为其提供贷款、资金、账号、发票、证明、许可证件，或者提供生产、经营场所或者运输、储存、代理进出口等便利条件、帮助的，以侵犯知识产权犯罪的共犯论处。

❺ 最高人民法院、最高人民检察院《关于办理生产、销售伪劣商品刑事案件具体应用法律若干问题的解释》（2001年4月18日　法释〔2001〕10号）（节录）②

第十条　实施生产、销售伪劣商品犯罪，同时构成侵犯知识产权、非法经营等其他犯罪的，依照处罚较重的规定定罪处罚。

---

① 对其解读见：《刑事审判参考》2004年第4辑总第39辑，第129~134，200~211页以及《贯彻知识产权刑事司法解释，加大知识产权司法保护力度——在知识产权刑事司法解释新闻发布会上的讲话》，载《刑事审判要览》2004年第4辑总第10辑，第1~5页。

② 对其解读见：《刑事审判参考》2001年第5辑总第16辑，第52~56，59~68页。

❻ 上海市高级人民法院刑二庭、市检公诉处《关于贩卖盗版光盘案件如何适用法律的意见（试行）》（2006年1月16日）

一、贩卖盗版光盘行为的定性

根据最高人民法院、最高人民检察院《关于办理侵犯著作权刑事案件中涉及录音录像制品有关问题的批复》精神，对于贩卖盗版光盘的行为应当依照刑法第218条的规定，以销售侵权复制品罪定罪处罚；如果行为人同时具有复制盗版光盘行为的，应当依照刑法第217条的规定，以侵犯著作权罪定罪处罚。

二、贩卖盗版光盘行为既遂的认定

根据刑法和有关司法解释的规定，结合我市司法实践的具体情况，对于销售盗版光盘违法所得达到10万元以上，或者已出售盗版光盘达1.5万张以上的，可以销售侵权复制品罪既遂追究刑事责任，但有证据证明违法所得明显不足10万元的除外。

三、贩卖盗版光盘行为未遂的认定

根据刑法和有关司法解释的规定，以及惩治销售侵权复制品犯罪的实际需要，对于销售盗版光盘违法所得未达到10万元或者违法所得无法查清，但有证据证明已销售与待销售的盗版光盘数量之和达到3万张以上的，或者查获的盗版光盘数量达到3万张以上的，可以销售侵权复制品罪（未遂）定罪处罚，对于行为人已售出的盗版光盘数量，可以作为酌定从重处罚情节考虑。

学理观点·典型案例 ➡ 索引与要旨

❶《刑法第217条和第218条与TRIPs协议的一致性问题初探》，载《刑事司法指南》2007年第3辑总第31辑，第72~78页。

❷《最新刑事法律文件解读》2006年第10辑总第22辑，第135~137页。

核心提示 ➡ 如何正确认定侵犯知识产权犯罪的数额？

❸《顾然地等销售侵权复制品案》，载《最高人民法院公报》2005年第9辑总第107辑。

要旨 ➡ 在未取得经营录音制品的许可证的情况下，销售侵权音像复制品，同时触犯了销售侵权复制品和非法经营，依据特殊法优于一般法，应认定销售侵权复制品罪。

❹《目的犯的法理研究》，载《刑事审判要览》2004年第3辑总第9辑，第36~55页。

❺《侵犯知识产权犯罪法律适用问题》，载《刑事审判参考》2003年第4辑总第33辑，第154~165页。

要旨 ➡ 一、知识产权民事侵权行为与犯罪行为的界限：1. 关于商标侵权犯罪；2. 关于专利侵权犯罪；3. 关于侵犯著作权的犯罪；4. 关于侵犯商业秘密罪。

二、关于侵犯知识产权罪的定罪量刑标准：1. 参照执行最高人民法院发布的司法解释性文件（如纪要）、最高人民法院针对1979年刑法和1997年刑法已经明令废止的全国人大常委会的有关决定和补充规定所作的司法解释。2. 参照执行刑法分则或者司法解释中最相类似的标准。3. 参考执行立案标准。

三、侵权产品的价值认定问题。

四、对情节犯定罪处刑应考虑的因素。

⑥《关于侵犯知识产权犯罪案件审判工作的调研》，载《经济犯罪审判指导》2003年第1辑总第1辑，第260~267页。

第219条 侵犯商业秘密罪

有下列侵犯商业秘密行为之一，给商业秘密的权利人造成重大损失的，处三年以下有期徒刑或者拘役，并处或者单处罚金；造成特别严重后果的，处三年以上七年以下有期徒刑，并处罚金：

（一）以盗窃、利诱、胁迫或者其他不正当手段获取权利人的商业秘密的；

（二）披露、使用或者允许他人使用以前项手段获取的权利人的商业秘密的；

（三）违反约定或者违反权利人有关保守商业秘密的要求，披露、使用或者允许他人使用其所掌握的商业秘密的。

明知或者应知前款所列行为，获取、使用或者披露他人的商业秘密的，以侵犯商业秘密论。

本条所称商业秘密，是指不为公众所知悉，能为权利人带来经济利益，具有实用性并经权利人采取保密措施的技术信息和经营信息。

本条所称权利人，是指商业秘密的所有人和经商业秘密所有人许可的商业秘密使用人。

关联规范 ——> 完全整理

❶《中华人民共和国刑法》（1980年1月1日）第220条 单位侵犯知识产权罪的处罚

单位犯本节第二百一十三条至第二百一十九条规定之罪的，对单位判处罚金，并对其直接负责的主管人员和其他直接责任人员，依照本节各该条的规定处罚。

❷ 最高人民检察院、公安部《关于公安机关管辖的刑事案件立案追诉标准的规定（二）》（2010年5月7日 公通字〔2010〕23号）（节录）①

第七十三条 侵犯商业秘密，涉嫌下列情形之一的，应予立案追诉：（一）给商业秘密权利人造成损失数额在五十万元以上的；（二）因侵犯商业秘密违法所得数额在五十万元以上的；（三）致使商业秘密权利人破产的；（四）其他给商业秘密权利人造成重大损失

---

① 对其解读见：《刑事审判参考》2010年第4辑总第75辑，第127~158页。

的情形。

第九十条 本规定中的立案追诉标准，除法律、司法解释、本规定中另有规定的以外，适用于相应的单位犯罪。

③ 最高人民法院、最高人民检察院《关于办理侵犯知识产权刑事案件具体应用法律若干问题的解释（二）》（2007 年 4 月 5 日　法释〔2007〕6 号）（节录）①

第三条 侵犯知识产权犯罪，符合刑法规定的缓刑条件的，依法适用缓刑。有下列情形之一的，一般不适用缓刑：（一）因侵犯知识产权被刑事处罚或者行政处罚后，再次侵犯知识产权构成犯罪的；（二）不具有悔罪表现的；（三）拒不交出违法所得的；（四）其他不宜适用缓刑的情形。

第四条 对于侵犯知识产权犯罪的，人民法院应当综合考虑犯罪的违法所得、非法经营数额、给权利人造成的损失、社会危害性等情节，依法判处罚金。罚金数额一般在违法所得的一倍以上五倍以下，或者按照非法经营数额的 50% 以上一倍以下确定。

第五条 被害人有证据证明的侵犯知识产权刑事案件，直接向人民法院起诉的，人民法院应当依法受理；严重危害社会秩序和国家利益的侵犯知识产权刑事案件，由人民检察院依法提起公诉。

第六条 单位实施刑法第二百一十三条至第二百一十九条规定的行为，按照《最高人民法院、最高人民检察院关于办理侵犯知识产权刑事案件具体应用法律若干问题的解释》和本解释规定的相应个人犯罪的定罪量刑标准定罪处罚。

④ 最高人民法院《关于审理不正当竞争民事案件应用法律若干问题的解释》（2007 年 2 月 1 日　法释〔2007〕2 号）

⑤ 最高人民法院、最高人民检察院《关于办理侵犯知识产权刑事案件具体应用法律若干问题的解释》（2004 年 12 月 22 日　法释〔2004〕19 号）（节录）②

第七条 实施刑法第二百一十九条规定的行为之一，给商业秘密的权利人造成损失数额在五十万元以上的，属于"给商业秘密的权利人造成重大损失"，应当以侵犯商业秘密罪判处三年以下有期徒刑或者拘役，并处或者单处罚金。

给商业秘密的权利人造成损失数额在二百五十万元以上的，属于刑法第二百一十九条规定的"造成特别严重后果"，应当以侵犯商业秘密罪判处三年以上七年以下有期徒刑，并处罚金。

第十五条 单位实施刑法第二百一十三条至第二百一十九条规定的行为，按照本解释规定的相应个人犯罪的定罪量刑标准的三倍定罪量刑。

第十六条 明知他人实施侵犯知识产权犯罪，而为其提供贷款、资金、账号、发票、证明、许可证件，或者提供生产、经营场所或者运输、储存、代理进出口等便利条件、帮

---

① 对其解读见：《刑事审判参考》2007 年第 3 辑总第 56 辑，第 58～69 页。
② 对其解读见：《刑事审判参考》2004 年第 4 辑总第 39 辑，第 129～134，200～211 页以及《贯彻知识产权刑事司法解释，加大知识产权司法保护力度——在知识产权刑事司法解释新闻发布会上的讲话》，载《刑事审判要览》2004 年第 4 辑总第 10 辑，第 1～5 页。

助的，以侵犯知识产权犯罪的共犯论处。

第十七条 以前发布的有关侵犯知识产权犯罪的司法解释，与本解释相抵触的，自本解释施行后不再适用。

7 最高人民法院、最高人民检察院《关于办理生产、销售伪劣商品刑事案件具体应用法律若干问题的解释》（2001年4月18日　法释〔2001〕10号）（节录）①

第十条 实施生产、销售伪劣商品犯罪，同时构成侵犯知识产权、非法经营等其他犯罪的，依照处罚较重的规定定罪处罚。

8 最高人民法院《关于审理盗窃案件具体应用法律若干问题的解释》（1998年3月17日　法释〔1998〕4号）（节录）②

第十二条 审理盗窃案件，应当注意区分盗窃罪与其他犯罪的界限：（六）盗窃技术成果等商业秘密的，按照刑法第二百一十九条的规定定罪处罚。

9 最高人民法院《关于审理生产、销售伪劣产品刑事案件如何认定"违法所得数额"的批复》（1995年7月5日　法复〔1995〕3号）

经研究，答复如下：全国人民代表大会常务委员会《关于惩治生产、销售伪劣商品罪的决定》规定的"违法所得数额"，是指生产、销售伪劣产品获利的数额。

10 最高人民法院研究室《关于利用职务上的便利条件窃取技术资料转让获利是否构成犯罪问题的电话答复》（1992年5月19日）

同意你院意见，即科技人员参与单位科研项目，在未取得研制单位同意的情况下，擅自以个人设计的名义与其他单位签订技术转让协议，获取转让费的，可以作为民事侵权行为处理。

学理观点·典型案例　➡ 索引与要旨

1《侵犯商业秘密的损失数额如何认定》，载《刑事审判参考》2011年第1辑总第78辑，第213~221页。

2《杨俊杰、周智平侵犯商业秘密案》，载《刑事审判参考》2010年第2辑总第73辑，第1~10页。

要旨 ➡ 自诉案件中如何认定侵犯商业秘密罪的主要构成要件：1. 技术信息秘密性的认定；2. 如何认定侵犯商业秘密商业秘密的行为；3. 如何认定重大损失。

3《程稚瀚盗窃案》，载《刑事审判参考》2010年第1辑总第72辑，第38~46页。

核心提示 ➡ 在移动公司数据库中将已充值的充值卡修改数据后将其明文密码出售的行为如何定性？

4 最高人民法院《发布六起侵犯知识产权和制售假冒伪劣商品典型案例》，载《公检法办案指南》2011年第1辑总第133辑，第170~175页。

---

① 对其解读见：《刑事审判参考》2001年第5辑总第16辑，第52~56，59~68页。
② 对其解读见：《解读最高人民法院司法解释·刑事、行政卷（1997~2002）》，第198~208页。

核心提示 ➡ 违反保守商业秘密要求，盗窃、披露、使用其所掌握的商业秘密

5《李宁侵犯商业秘密案》，载《刑事审判参考》2009年第1辑总第66辑，第1~7页。

核心提示 ➡ 如何认定侵犯商业秘密罪中的经营信息与重大损失？

6《王一辉、金珂、汤明职务侵占案》，载《刑事审判参考》2007年第5辑总第58辑，第48~61页。

核心提示 ➡ 利用职务便利盗卖单位游戏"武器装备"的行为如何定罪处罚？

要旨 ➡ 被告人王一辉掌握的游戏服务器6000端口和修改的数据代码虽然是技术信息，但生成的高级游戏"武器装备"本身必须依赖特定游戏环境才具有使用价值，一旦离开游戏环境就毫无价值可言，也即单纯获取该信息并不能直接运用于生产经营，从而直接产生经济利益或带来竞争优势，也不能为最终形成直接服务于生产经营的技术奠定基础或提供阶段性成果，从而为权利人带来潜在的经济利益或竞争优势，因此不具备商业秘密的特性，故三被告人的行为不构成侵犯商业秘密罪。

7《马长根、袁永林等侵犯商业秘密案浙江省绍兴县人民法院刑事判决书》，载《刑事审判参考》2006年第1辑总第48辑，第158~181页。

核心提示 ➡ 原理性描述的技术信息及配件供应商的经营信息能否成为商业秘密的范畴？如何认定侵犯商业秘密的直接经济损失和计算方法？

要旨 ➡ 1.兰亭公司的技术信息及经营信息是否属于商业秘密的范畴。2.兰亭公司涉案的技术信息与经营信息是否符合商业秘密的构成特征。

8《最新刑事法律文件解读》2006年第10辑总第22辑，第135~137页。

核心提示 ➡ 如何正确认定侵犯知识产权犯罪的数额？

9《侵犯商业秘密犯罪若干问题分析》，载《刑事司法指南》2006年第4辑总第28辑，第1~11页。

10《侵犯商业秘密罪中"给权利人造成重大损失"之认定——对一起侵犯商业秘密案之探讨》，载《刑事法判解研究》2005年第1辑总第10辑，第74~87页。

11《从"莫兆军案"看"客观真实观"的缺陷——对一起侵犯商业秘密案之探讨》，载《刑事法判解研究》2005年第1辑总第10辑，第105~118页。

12《周德隆等侵犯商业秘密案》，载《最新刑事法律文件解读（试刊）》，第101页。

核心提示 ➡ 如何理解商业秘密及保密义务？

13《周德隆等侵犯商业秘密案》，载《经济犯罪审判指导》总第7辑。

核心提示 ➡ 如何认定侵犯商业秘密罪的保密措施？

14《关于"侵犯商业秘密罪中的直接经济损失的计算问题"——2003年"问题征答"解答》，载《刑事司法指南》2004年第2辑总第18辑，第196~199页。

15《侵犯知识产权犯罪法律适用问题》，载《刑事审判参考》2003年第4辑总第33辑，第154~165页。

要旨➡ 1. 知识产权民事侵权行为与犯罪行为的界限：关于侵犯商业秘密罪；2. 关于侵犯知识产权罪的定罪量刑标准；3. 侵权产品的价值认定问题；4. 对情节犯定罪处刑应考虑的因素。

16《项军、孙晓斌侵犯商业秘密案》，载《刑事审判参考》2003年第2辑总第31辑，第35~43页。

核心提示➡ 非法披露计算机软件源代码的行为属于侵犯商业秘密。

17《关于侵犯知识产权犯罪案件审判工作的调研》，载《经济犯罪审判指导》2003年第1辑总第1辑，第260~267页。

18《昌达公司侵犯商业秘密案》，载《刑事审判参考》2000年第4辑总第9辑，第16~25页以及《刑事审判案例》，第295~301页。

核心提示➡ 侵犯商业秘密罪所造成的经济损失数额如何认定？

19《杨吉钊非法获取计算机软件案》，载《假冒伪劣犯罪判解》，第172页。

核心提示➡ 如何认定商业秘密？

20《滕州市光明实业公司等侵犯商业秘密案》，载《最高人民法院判例释解·刑事卷》，第260页。

核心提示➡ 如何认定商业秘密？

21 王汉斌《关于〈中华人民共和国（修订草案）〉的说明》

要旨➡ 十一（七）此外，草案还增加了侵犯商业秘密，违反国家安全标准、降低建筑质量，非法扣押、拘禁人质强迫还债，以限制人身自由的方法强迫他人劳动，非法采集、供应血液，对证人打击报复等定罪处刑的规定。

第220条 单位侵犯知识产权罪的处罚

单位犯本节第二百一十三条至第二百一十九条规定之罪的，对单位判处罚金，并对其直接负责的主管人员和其他直接责任人员，依照本节各该条的规定处罚。

第八节 扰乱市场秩序罪

第221条 损害商业信誉、商品声誉罪

捏造并散布虚伪事实，损害他人的商业信誉、商品声誉，给他人造成重大损失或者有其他严重情节的，处二年以下有期徒刑或者拘役，并处或者单处罚金。

1《中华人民共和国刑法》（1980年1月1日）第231条 单位犯扰乱市场秩序罪的处罚规定

单位犯本节第二百二十一条至第二百三十条规定之罪的，对单位判处罚金，并对其直接负责的主管人员和其他直接责任人员，依照本节各该条的规定处罚。

❷ 人大常委会《关于维护互联网安全的决定》（2000 年 12 月 28 日）（节录）①

三、为了维护社会主义市场经济秩序和社会管理秩序，对有下列行为之一，构成犯罪的，依照刑法有关规定追究刑事责任：（二）利用互联网损害他人商业信誉和商品声誉。

❸ 最高人民检察院、公安部《关于公安机关管辖的刑事案件立案追诉标准的规定（二）》（2010 年 5 月 7 日　公通字〔2010〕23 号）（节录）②

第七十四条　捏造并散布虚伪事实，损害他人的商业信誉、商品声誉，涉嫌下列情形之一的，应予立案追诉：（一）给他人造成直接经济损失数额在五十万元以上的；（二）虽未达到上述数额标准，但具有下列情形之一的：1. 利用互联网或者其他媒体公开损害他人商业信誉、商品声誉的；2. 造成公司、企业等单位停业、停产六个月以上，或者破产的。（三）其他给他人造成重大损失或者有其他严重情节的情形。

第八十八条　本规定中的"虽未达到上述数额标准"，是指接近上述数额标准且已达到该数额的百分之八十以上的。

第九十条　本规定中的立案追诉标准，除法律、司法解释、本规定中另有规定的以外，适用于相应的单位犯罪。

❹ 福建省公检法《关于部分经济犯罪、渎职犯罪案件数额幅度及情节认定问题的座谈纪要》若干问题的修订意见（2002 年 10 月 8 日　闽高法〔2005〕243 号）（节录）

二十六、（一）该罪的"重大损失"，是指行为人给他人造成直接经济损失达 50 万元以上。（二）该罪的"其他严重情节"，是指行为人多次损害他人商业信誉和商品信誉；或者给他人造成直接经济损失虽未达到 50 万元，但造成重大社会影响，严重损害他人正常生活经营的；或者损害他人商业信誉和商品信誉的手段特别恶劣的情形。

学理观点·典型案例 ➡ 索引与要旨

❶《訾北佳损害商品声誉案》，载《刑事审判参考》2010 年第 1 辑总第 72 辑，第 7~14 页。

要旨 ➡ 如何认定损害商品声誉罪中的"他人"？如何区分商业信誉与声誉？如何认定该罪的主观故意？

❷《王宗达损害商业信誉、商品声誉案》，载《刑事审判参考》2001 年第 2 辑总第 13 辑，第 7~14 页。

核心提示 ➡ 损害商业信誉、商品声誉罪中的"重大损失"如何认定？"捏造"在诬告陷害罪与损害商业信誉、商品声誉罪中的不同含义

要旨 ➡ 1. "捏造并散布虚伪的事实"是损害商业信誉、商品声誉的方法和手段。我们认为，对刑法条文中的关于"捏造"的理解，应考虑具体罪名罪状中规定的犯罪构成之间的相互关系，作出不同的界定。例如，刑法第二百四十三条诬告陷害罪中的"捏造事实"，

---

① 对其解读见：《刑事审判参考》2001 年第 4 辑总第 15 辑，第 52~58 页。
② 对其解读见：《刑事审判参考》2010 年第 4 辑总第 75 辑，第 127~158 页。

就应当限定为仅指凭空虚构整个犯罪事实的行为。如果不是凭空捏造整个犯罪事实，而是对真实的事实作了部分夸大，或者将一般违法行为当作犯罪告发，就不应当以该罪论处。刑法既要保障无辜的人不受刑事追究，又要保障公民依法享有的检举控告权利，所以有必要对诬告陷害罪中的捏造行为作出严格的适当的限制。但是，损害商业信誉、商品声誉罪的"捏造虚伪事实"则既可包括无中生有，凭空编造全部虚假事实的情形，也包括添油加醋、恶意歪曲、夸大事实或编造部分虚假事实的情形。因为，无论是捏造整个虚假的事实，还是捏造部分虚假的事实，只要加以散布，都可以损害他人商业信誉和商品声誉，给竞争对手造成经济损失，达到不正当竞争的目的。2. 损害商业信誉、商品声誉罪中的"重大损失"，一般是直接经济损失，但间接经济损失也是应当考虑的量刑情节。3. 损害商业信誉、商品声誉罪是选择性罪名。

❸《陈恩等损害商品声誉案》，载《经济犯罪审判指导与参考》2003 年第 4 辑总第 4 辑，第 11 页。

要旨➡ 捏造并散布虚伪情况损害他人商品声誉构成犯罪。

第 222 条　虚假广告罪

广告主、广告经营者、广告发布者违反国家规定，利用广告对商品或者服务作虚假宣传，情节严重的，处二年以下有期徒刑或者拘役，并处或者单处罚金。

关 联 规 范　➡ 完全整理

❶《中华人民共和国刑法》（1980 年 1 月 1 日）第 96 条　对违反国家规定概念的界定

本法所称违反国家规定，是指违反全国人民代表大会及其常务委员会制定的法律和决定，国务院制定的行政法规、规定的行政措施、发布的决定和命令。

❷《中华人民共和国刑法》（1980 年 1 月 1 日）第 231 条　单位犯扰乱市场秩序罪的处罚规定

单位犯本节第二百二十一条至第二百三十条规定之罪的，对单位判处罚金，并对其直接负责的主管人员和其他直接责任人员，依照本节各该条的规定处罚。

❸ 人大常委会《关于维护互联网安全的决定》（2000 年 12 月 28 日）（节录）①

三、为了维护社会主义市场经济秩序和社会管理秩序，对有下列行为之一，构成犯罪的，依照刑法有关规定追究刑事责任：（一）利用互联网销售伪劣产品或者对商品、服务作虚假宣传。

❹ 最高人民法院《关于审理非法集资刑事案件具体应用法律若干问题的解释》

---

① 对其解读见：《刑事审判参考》2001 年第 4 辑总第 15 辑，第 52~58 页。

(2011年1月4日 法释〔2010〕18号)(节录)①

第八条 广告经营者、广告发布者违反国家规定,利用广告为非法集资活动相关的商品或者服务作假宣传,具有下列情形之一的,依照刑法第二百二十二条的规定,以虚假广告罪定罪处罚:

(一) 违法所得数额在10万元以上的;

(二) 造成严重危害后果或者恶劣社会影响的;

(三) 二年内利用广告作虚假宣传,受过行政处罚二次以上的;

(四) 其他情节严重的情形。

明知他人从事欺诈发行股票、债券,非法吸收公众存款,擅自发行股票、债券,集资诈骗或者组织、领导传销活动等集资犯罪活动,为其提供广告等宣传的,以相关犯罪的共犯论处。

5 最高人民检察院、公安部《关于公安机关管辖的刑事案件立案追诉标准的规定(二)》(2010年5月7日 公通字〔2010〕23号)(节录)②

第七十五条 广告主、广告经营者、广告发布者违反国家规定,利用广告对商品或者服务作虚假宣传,涉嫌下列情形之一的,应予立案追诉:(一)违法所得数额在十万元以上的;(二)给单个消费者造成直接经济损失数额在五万元以上的,或者给多个消费者造成直接经济损失数额累计在二十万元以上的;(三)假借预防、控制突发事件的名义,利用广告作虚假宣传,致使多人上当受骗,违法所得数额在三万元以上的;(四)虽未达到上述数额标准,但两年内因利用广告作虚假宣传,受过行政处罚二次以上,又利用广告作虚假宣传的;(五)造成人身伤残的;(六)其他情节严重的情形。

第八十八条 本规定中的"虽未达到上述数额标准",是指接近上述数额标准且已达到该数额的百分之八十以上的。

第九十条 本规定中的立案追诉标准,除法律、司法解释、本规定中另有规定的以外,适用于相应的单位犯罪。

6 最高人民法院、最高人民检察院《关于办理妨害预防、控制突发传染病疫情等灾害的刑事案件具体应用法律若干问题的解释》(2003年5月15日 法释〔2003〕8号)(节录)③

第五条 广告主、广告经营者、广告发布者违反国家规定,假借预防、控制突发传染病疫情等灾害的名义,利用广告对所推销的商品或者服务作虚假宣传,致使多人上当受骗,违法所得数额较大或者有其他严重情节的,依照刑法第二百二十二条的规定,以虚假广告

---

① 对其解读见:《公检法办案指南》2011年第2辑总第134辑,第56~76页以及《刑事审判参考》2011年第2辑总第79辑,第126~131页。

② 对其解读见:《刑事审判参考》2010年第4辑总第75辑,第127~158页。

③ 对其解读见:《刑事审判参考》2003年第3辑总第32辑,第160~164,188~197页以及《"非典"防治时期相关犯罪的司法适用研究》,载《刑事司法指南》2003年第2辑总第14辑,第55~109页。

罪定罪处罚。

❼ 福建省公检法《关于部分经济犯罪、渎职犯罪案件数额幅度及情节认定问题的座谈纪要》若干问题的修订意见（2002年10月8日　闽高法〔2005〕243号）（节录）

二十七、该罪的"情节严重"，是指行为人违法所得数额达到10万元以上的；或者行为给消费者造成直接经济损失达50万元以上；或者给社会或国家造成重大恶劣影响等情形之一的。

学理观点·典型案例 ➡ 索引与要旨

《吕元春虚假广告案》，载《经济犯罪审判指导》2004年第1辑。

- 要旨 ➡ 发布虚假广告情节严重的构成犯罪。

第223条　串通投标罪

投标人相互串通投标报价，损害招标人或者其他投标人利益，情节严重的，处三年以下有期徒刑或者拘役，并处或者单处罚金。

投标人与招标人串通投标，损害国家、集体、公民的合法利益的，依照前款的规定处罚。

关联规范 ➡ 完全整理

❶《中华人民共和国刑法》（1980年1月1日）第231条　单位犯扰乱市场秩序罪的处罚规定

单位犯本节第二百二十一条至第二百三十条规定之罪的，对单位判处罚金，并对其直接负责的主管人员和其他直接责任人员，依照本节各该条的规定处罚。

❷ 最高人民检察院、公安部《关于公安机关管辖的刑事案件立案追诉标准的规定（二）》（2010年5月7日　公通字〔2010〕23号）（节录）①

第七十六条　投标人相互串通投标报价，或者投标人与招标人串通投标，涉嫌下列情形之一的，应予立案追诉：（一）损害招标人、投标人或者国家、集体、公民的合法利益，造成直接经济损失数额在五十万元以上的；（二）违法所得数额在十万元以上的；（三）中标项目金额在二百万元以上的；（四）采取威胁、欺骗或者贿赂等非法手段的；（五）虽未达到上述数额标准，但两年内因串通投标，受过行政处罚二次以上，又串通投标的；（六）其他情节严重的情形。

第八十八条　本规定中的"虽未达到上述数额标准"，是指接近上述数额标准且已达到该数额的百分之八十以上的。

第九十条　本规定中的立案追诉标准，除法律、司法解释、本规定中另有规定的以外，适用于相应的单位犯罪。

---

① 对其解读见：《刑事审判参考》2010年第4辑总第75辑，第127~158页。

学理观点·典型案例 ➡ 索引与要旨

❶《没有投标资格的自然人能否成为串通投标罪的犯罪主体，串通投标罪的严重情节是什么?》，载《公检法办案指南》2008 年第 12 辑总第 108 辑，第 154~161 页。

❷《认定串通投标罪的若干问题》，载《刑事司法指南》2007 年第 3 辑总第 31 辑，第 50~71 页。

第 224 条　合同诈骗罪

有下列情形之一，以非法占有为目的，在签订、履行合同过程中，骗取对方当事人财物，数额较大的，处三年以下有期徒刑或者拘役，并处或者单处罚金；数额巨大或者有其他严重情节的，处三年以上十年以下有期徒刑，并处罚金；数额特别巨大或者有其他特别严重情节的，处十年以上有期徒刑或者无期徒刑，并处罚金或者没收财产：

（一）以虚构的单位或者冒用他人名义签订合同的；

（二）以伪造、变造、作废的票据或者其他虚假的产权证明作担保的；

（三）没有实际履行能力，以先履行小额合同或者部分履行合同的方法，诱骗对方当事人继续签订和履行合同的；

（四）收受对方当事人给付的货物、货款、预付款或者担保财产后逃匿的；

（五）以其他方法骗取对方当事人财物的。

关联规范 ➡ 完全整理

❶《中华人民共和国刑法》（1980 年 1 月 1 日）第 231 条　单位犯扰乱市场秩序罪的处罚规定

单位犯本节第二百二十一条至第二百三十条规定之罪的，对单位判处罚金，并对其直接负责的主管人员和其他直接责任人员，依照本节各该条的规定处罚。

❷ 最高人民检察院、公安部《关于公安机关管辖的刑事案件立案追诉标准的规定（二）》（2010 年 5 月 7 日　公通字〔2010〕23 号）（节录）①

第七十七条　以非法占有为目的，在签订、履行合同过程中，骗取对方当事人财物，数额在二万元以上的，应予立案追诉。

第九十条　本规定中的立案追诉标准，除法律、司法解释、本规定中另有规定的以外，适用于相应的单位犯罪。

❸《全国部分法院经济犯罪案件审判工作座谈会研讨综述——"经济犯罪案件中的法

---

① 对其解读见：《刑事审判参考》2010 年第 4 辑总第 75 辑，第 127~158 页。

律适用问题"》(2004年11月27日)(节录)

五、关于诈骗犯罪的认定：(一)"以非法占有为目的"的认定是会议讨论的核心问题；(二)关于非法占有目的产生的时间问题；(四)关于利用口头合同进行诈骗的能否以合同诈骗罪定罪处罚的问题。

❹《全国法院审理金融犯罪案件工作座谈会纪要》(2001年1月21日　法〔2001〕8号)(节录)①

三、关于金融诈骗罪：1. 金融诈骗罪中非法占有目的的认定；2. 贷款诈骗罪的认定和处理。贷款诈骗犯罪是目前案发较多的金融诈骗犯罪之一。审理贷款诈骗犯罪案件，应当注意以下两个问题：

一是单位不能构成贷款诈骗罪。根据刑法第三十条和第一百九十三条的规定，单位不构成贷款诈骗罪。对于单位实施的贷款诈骗行为，不能以贷款诈骗罪定罪处罚，也不能以贷款诈骗罪追究直接负责的主管人员和其他直接责任人员的刑事责任。但是，在司法实践中，对于单位十分明显地以非法占有为目的，利用签订、履行借款合同诈骗银行或其他金融机构贷款符合刑法第二百二十四条规定的合同诈骗罪构成要件的，应当以合同诈骗罪定罪处罚。

二是要严格区分贷款诈骗与贷款纠纷的界限。对于合法取得贷款后，没有按规定的用途使用贷款，到期没有归还贷款的，不能以贷款诈骗罪定罪处罚；对于确有证据证明行为人不具有非法占有的目的，因不具备贷款的条件而采取了欺骗手段获取贷款，案发时有能力履行还贷义务，或者案发时不能归还贷款是因为意志以外的原因，如因经营不善、被骗、市场风险等，不应以贷款诈骗罪定罪处罚。

❺最高人民法院《关于在审理经济纠纷案件中涉及经济犯罪嫌疑若干问题的规定》(1998年4月29日　法释〔1998〕7号)(节录)②

第二条　单位直接负责的主管人员和其他直接责任人员，以为单位骗取财物为目的，采取欺骗手段对外签订经济合同，骗取的财物被该单位占有、使用或处分构成犯罪的，除依法追究有关人员的刑事责任，责令该单位返还骗取的财物外，如给被害人造成经济损失的，单位应当承担赔偿责任。

第三条　单位直接负责的主管人员和其他直接责任人员，以该单位的名义对外签订经济合同，将取得的财物部分或全部占为己有构成犯罪的，除依法追究行为人的刑事责任外，该单位对行为人因签订、履行该经济合同造成的后果，依法应当承担民事责任。

第四条　个人借用单位的业务介绍信、合同专用章或者盖有公章的空白合同书，以出借单位名义签订经济合同，骗取财物归个人占有、使用、处分或者进行其他犯罪活动，给对方造成经济损失构成犯罪的，除依法追究借用人的刑事责任外，出借业务介绍信、合同专用章或者盖有公章的空白合同书的单位，依法应当承担赔偿责任。但是，有证据证明被害人明知签订合同对方当事人是借用行为的，仍与之签订合同的除外。

---

① 对其解读见：《刑事审判参考》2001年第4辑总第15辑，第63~76页。
② 对其解读见：《解读最高人民法院司法解释·刑事、行政卷（1997~2002）》，第111~117页。

第二编　分则　第三章　破坏社会主义市场经济秩序罪

第五条　行为人盗窃、盗用单位的公章、业务介绍信、盖有公章的空白合同书，或者私刻单位的公章签订经济合同，骗取财物归个人占有、使用、处分或者进行其他犯罪活动构成犯罪的，单位对行为人该犯罪行为所造成的经济损失不承担民事责任。

行为人私刻单位公章或者擅自使用单位公章、业务介绍信、盖有公章的空白合同书以签订经济合同的方法进行的犯罪行为，单位有明显过错，且该过错行为与被害人的经济损失之间具有因果关系的，单位对该犯罪行为所造成的经济损失，依法应当承担赔偿责任。

第六条　企业承包、租赁经营合同期满后，企业按规定办理了企业法定代表人的变更登记，而企业法人未采取有效措施收回其公章、业务介绍信、盖有公章的空白合同书，或者没有及时采取措施通知相对人，致原企业承包人、租赁人得以用原承包、租赁企业的名义签订经济合同，骗取财物占为己有构成犯罪的，该企业对被害人的经济损失，依法应当承担赔偿责任。但是，原承包人、承租人利用擅自保留的公章、业务介绍信、盖有公章的空白合同书以原承包、租赁企业的名义签订经济合同，骗取财物占为己有构成犯罪的，企业一般不承担民事责任。

单位聘用的人员被解聘后，或者受单位委托保管公章的人员被解除委托后，单位未及时收回其公章，行为人擅自利用保留的原单位公章签订经济合同，骗取财物占为己有构成犯罪，如给被害人造成经济损失的，单位应当承担赔偿责任。

❻ 厦门市中级人民法院、厦门市人民检察院《厦门市几类多发性刑事案件管辖标准暂行规定》（2008年2月21日　厦检会〔2008〕2号）（节录）

七、合同诈骗罪

个人诈骗数额达150万元以上，单位诈骗数额达500万元以上的，或者个人诈骗数额达100万元以上150万元以下，单位诈骗数额达300万元以上500万元以下且具有本规定第八条所列七种情形之一的，由市人民检察院起诉、市中级人民法院审判。

❼ 浙江省人民检察院《诈骗类犯罪案件专题研讨会会议纪要》（2005年12月24日　检诉〔2005〕20号）

一、关于诈骗类犯罪的客观构成要件；二、关于"以非法占有为目的"的认定；七、关于合同诈骗罪之"合同"的理解。

❽ 上海市高级人民法院刑庭、上海市检公诉处《关于进一步规范部分常见刑事案件级别管辖的意见》（2004年8月13日）（节录）

二、对具备下列情形，同时又不具有其他足以判处十五年有期徒刑以下刑罚的法定从轻、减轻情节的案件，各中级人民法院应当予以受理。

12. 合同诈骗罪（刑法第224、231条）

（1）个人骗取公私财物500万元以上；

（2）个人骗取公私财物虽未达到上述标准，但侦查终结前无法追回的数额在250万元以上的；

（3）单位骗取公私财物2500万元以上；

（4）单位骗取公私财物虽未达到上述标准，但侦查终结前无法追回的数额在1250万元以上。

❾ 福建省公检法《关于部分经济犯罪、渎职犯罪案件数额幅度及情节认定问题的座谈纪要》若干问题的修订意见（2002年10月8日　闽高法〔2005〕243号）（节录）

二十一、1. 合同诈骗罪的个人诈骗"数额较大"为1万元以上不满5万元；"数额巨大"为5万元以上不满50万元；"数额特别巨大"为50万元以上。单位诈骗"数额较大"为10万元以上不满50万元；"数额巨大"为50万元以上不满200万元；"数额特别巨大"为200万元以上。

学理观点·典型案例 ▶ 索引与要旨

❶《杨永承合同诈骗案》，载《刑事审判参考》2011年第4辑总第81辑，第9~13页。

核心提示 ➡ 以公司代理人的身份，通过骗取方式将收取的公司货款据为己有，是构成诈骗罪、职务侵占罪还是挪用资金罪？

❷《刘恺基合同诈骗案》，载《刑事审判参考》2010年第5辑总第76辑，第24~29页。

核心提示 ➡ 如何认定合同诈骗犯罪中行为人具有非法占有目的？

❸《曹戈合同诈骗案》，载《刑事审判参考》2010年第5辑总第76辑，第17~23页。

核心提示 ➡ 伪造购销合同，通过与金融机构签订承兑合同，将获取的银行资金用于偿还其他个人债务，后因合同到期无力偿还银行债务而逃匿，致使反担保人遭受巨额财产损失的行为，如何定性？

❹《濮某、孙某合同诈骗案》，载《刑事法律文件解读》2009年第12辑总第54辑，第100~105页。

核心提示 ➡ 以租用为名将租赁物转租收取租费行为的认定

❺《"非法占有目的的产生时间"之概念在刑事审判中的应用》，载《刑事法律文件解读》2009年第11辑总第53辑，第96~105页。

❻《沈容焕合同诈骗案》，载《刑事审判参考》2009年第5辑总第70辑，第24~33页。

核心提示 ➡ 涉外刑事案件中境外证据的审查与认定；境外公司在我国境内犯罪的，我国是否有管辖权？单位犯罪案件，检察机关只起诉单位中责任人员的，应如何处理？

❼《谭某合同诈骗案》，载《刑事审判参考》2009年第5辑总第70辑，第17~23页。

核心提示 ➡ 业务员冒用公司名义与他人签订合同违规收取货款的行为如何定性？

❽《余志华诈骗案》，载《刑事审判参考》2008年第3辑总第62辑，第54~58页。

要旨 ➡ 将租赁来的汽车典当不予退还的行为构成诈骗罪。1. 被告人将租赁来的汽车典当不予退还的行为构成诈骗罪。需要指出的是，被告人两次都是通过口头合同将车辆骗来后进行典当，进而非法占有典当后的钱款，受骗的真正被害方是汽车所有人而非典当公司，汽车所有人和被告人之间达成的口头协议并非基于生产经营目的，而是基于驾驶使用，所以被告人的犯罪行为侵犯的并非是汽车租赁这一市场秩序，而是被害人的财产所有权。因此，本案不构成合同诈骗罪。2. 被告人连续典当租来的汽车，是连续实施数个独立的诈骗行为，为同种数罪。

⑨《虞秀强职务侵占案》，载《刑事审判参考》2008 年第 2 辑总第 61 辑，第 36～43 页。

核心提示➡ 利用代理公司业务的职务之便将签订合同所得之财物占为己有的，应如何定性？

要旨➡ 1. 被告人虞秀强侵占的是本单位财物而非合同相对人财物。2. 被告人虞秀强擅自支配 35 吨货物并占有其变现后的部分金钱，是利用了其代理公司业务的职务之便。3. 被告人虞秀强在签订、履行合同过程中，并没有实施明显的诈骗行为。

⑩《林拥荣合同诈骗上诉案》，载《人民法院案例选》2008 年第 4 辑总第 66 辑。

要旨➡ 骗取他人轿车并用于抵押给第三人，骗取第三人借款，骗取的轿车和借款均应计算在诈骗数额内。

⑪《郑英厦合同诈骗、虚报注册资本案》，载《刑事法律文件解读》2008 年第 3 辑总第 33 辑，第 97～101 页。

核心提示➡ 如何区分合同诈骗罪与合同民事纠纷，以及非法占有目的的产生时间？

⑫《刑民交叉案件适用法律问题再思考》，载《刑事法律文件解读》2008 年第 2 辑总第 32 辑，第 72～79 页。

⑬《刍议办理合同诈骗案件的若干疑难问题》，载《公检法办案指南》2008 年第 4 辑总第 100 辑，第 125～132 页。

⑭《合同诈骗还是民事纠纷——标的物真实存在时如何来认定合同诈骗的主观故意》，载《公检法办案指南》2008 年第 4 辑总第 100 辑，第 155～159 页。

⑮《宗爽合同诈骗案》，载《刑事审判参考》2007 年第 5 辑总第 58 辑，第 18～25 页。

核心提示➡ 以签订出国《聘请顾问协议书》为名骗取他人钱财的行为如何定性？

要旨➡ 以签订出国《聘请顾问协议书》的名义骗取他人钱款的行为，构成合同诈骗罪。

⑯《罗扬非法处置查封的财产案》，载《刑事审判参考》2007 年第 1 辑总第 54 辑，第 42～51 页。

核心提示➡ 明知房产被依法查封而隐瞒事实将房产卖与他人并收取预付款的行为如何定性？

要旨➡ 没有非法占有目的，单纯骗用他人财物的行为不构成合同诈骗罪。

⑰《王贺军合同诈骗案》，载《刑事审判参考》2006 年第 4 辑总第 51 辑，第 20～25 页。

核心提示➡ 以签订虚假的工程施工合同为诱饵骗取钱财的行为是诈骗罪还是合同诈骗罪？

要旨➡上诉人王贺军假冒国家工作人员,虚构工程项目和能揽到工程项目的事实,以许诺给他人承包虚假的工程项目为诱饵,骗取他人财物,其行为构成诈骗罪,诈骗数额巨大,原审将王贺军的行为认定为合同诈骗罪不当。

⑱《王光合同诈骗上诉案》,载《人民法院案例选》2006 年第 1 辑总第 55 辑。

核心提示➡骗租车辆抵押借款,如何认定被害人与犯罪数额?

⑲《合同诈骗罪若干问题手探析》,载《刑事司法指南》2006 年第 1 辑总第 25 辑,第 123~133 页。

要旨➡1. 关于合同诈骗罪中"合同"范围和形式的界定;2. 合同诈骗数额认定中存在的问题:(1)合同约定的标的物价格高于市场价格时,诈骗数额如何认定;(2)利用租赁合同进行诈骗时,诈骗数额如何认定;3. 在审查合同诈骗罪中,存在已经生效的民事判决如何处理;4. 在合同诈骗罪与其他诈骗罪出现法条竞合时,如何认定。

⑳《秦文虚报注册资本、合同诈骗案》,载《刑事审判参考》2005 年第 4 辑总第 45 辑,第 1~9 页。

核心提示➡骗取他人担保申请贷款的是贷款诈骗还是合同诈骗?

要旨➡被告人以欺骗手段获得东航江苏公司的真实担保后取得贷款,放贷银行在担保前提下放贷,并无不当,被告人的诈骗对象仍是东航江苏公司,故为合同诈骗。法律关系的最终落脚点和行为侵害对象就应认定是担保人而非银行。当然,如果行为人提供虚假担保或者重复担保,骗取银行或者其他金融机构贷款的,则符合贷款诈骗罪的构成要件。

㉑《宋德明合同诈骗案》,载《刑事审判参考》2004 年第 4 辑总第 39 辑,第 27~30 页。

核心提示➡如何理解合同诈骗罪中的"合同",可否包括口头合同?

要旨➡在有证据证明确实存在合同关系的情况下,不应拘泥于合同的形式,即便是口头合同,只要发生在生产经营领域,侵犯了市场秩序的,同样应以合同诈骗追究。当然,在日常生活中利用口头合同进行诈骗的,因不具有合同诈骗的双重侵犯客体,则不能以合同诈骗罪处罚。

㉒《马汝方等贷款诈骗、违法发放贷款、挪用资金案》,载《刑事审判参考》2004 年第 4 辑总第 39 辑,第 1~10 页。

核心提示➡单位与自然人共同实施贷款诈骗行为的罪名适用

要旨➡本案中单位与自然人共同诈骗银行贷款的行为,符合刑法对合同诈骗罪的规定,应以合同诈骗罪进行定罪处罚。参照《最高人民法院关于审理贪污、职务侵占案件如何认定共同犯罪几个问题的解释》的有关精神,根据全面评价的法律适用原则,结合主犯的犯罪性质来加以具体确定。本案明华公司是主犯,故全案定合同诈骗。

㉓《刑法实务若干问题研究》,载《刑事审判参考》2004 年第 1 辑总第 36 辑,第 128~142 页。

核心提示➡合同诈骗罪与普通诈骗罪的界限问题

㉔《关于"合同诈骗罪中的'合同'的含义是什么?是否包括行政合同"的问题——

2003年"问题征答"解答》，载《刑事司法指南》2004年第2辑总第18辑，第196~199页。

㉕《目的犯的法理研究》，载《刑事审判要览》2004年第3辑总第9辑，第36~55页。

㉖《论合同诈骗罪的本质及其界限问题——陈斌"合同诈骗"案》，载《刑事法判解研究》2004年第4辑总第9辑，第59~79页。

㉗《黄志奋合同诈骗案》，载《刑事审判参考》2003年第6辑总第35辑，第35~42页。

核心提示 ➡ 如何认定诈骗犯罪中的非法占有目的，特别是改变款项用途用于期货等高风险经营活动的主观故意判断？

要旨 ➡ 注册资金未实际缴纳，无可供归还的自有资金；用于非经营性开支，不存在取得收益的可能性；在约定的高报酬下，归还几近不可能。

㉘《关于诈骗犯罪非法占有目的的理解与认定》，载《经济犯罪审判指导》2003年第4辑总第4辑，第81~101页。

要旨 ➡ 1. 诈骗犯罪的司法困境；2. 非法占有目的的理解；3. 非法占有目的的司法认定要素：（1）合同诈骗罪之非法占有目的的认定要素；（2）金融诈骗罪之非法占有目的的认定要素；4. 非法占有目的的司法认定方法：（1）运用刑事推定方法之必要；（2）刑事推定方法之合理运用。

㉙《刘玉法票据诈骗案》，载《经济犯罪审判指导与参考》2003年第3辑总第3辑，第1页。

核心提示 ➡ 以虚假杜撰支付合同货款骗取财物行为的法律适用

㉚《吴联大合同诈骗宣告无罪案》，载《经济犯罪审判指导与参考》2003年第2辑总第2辑，第34页。

核心提示 ➡ 正确区分民事欺诈行为与合同诈骗犯罪

㉛《程庆合同诈骗案》，载《刑事审判参考》2002年第6辑总第29辑，第1~9页。

核心提示 ➡ 通过欺骗手段兼并企业后恶意处分企业财产的行为如何定性？

要旨 ➡ 首先，被告不具备履行兼并合同的能力（设立空壳公司，无任何经济实力，也没任何市场信誉，不具备兼并企业和条件），与对方当事人签订兼并协议，属于刑法第224条规定"以其他方法骗取对方当事人财物"。其次，被告具有非法占有目的，钱款大部分转移并据为己有，后又携款潜逃，并更名企图外逃出境，具有非法占有目的。

㉜《刘国芳等诈骗案》，载《刑事审判参考》2002年第3辑总第26辑，第64~71页。

核心提示 ➡ 虽有虚构主体建立合同关系行为，但并非直接将合同作为骗取财物手段如何定性？为获取回扣以虚假身份证办入网并使用移动电话拨打声讯台造成电信资费损失如何定罪？

要旨 ➡ 有观点认为应以合同诈骗罪定性，从民法理论上看，任何购买、使用手机卡的行为实际上都是与电信公司发生了用户付费、电信部门提供通信服务的合同关系，该合同不是即时结清合同，而是需要双方在较长时间内发行的合同。本案被告人指使他人持假身份证购买手机卡并使用，也属于以虚构主体与电信公司签订合同。但从合同诈骗罪单独立法的原意来看，该罪所指合同应为书面的、典型的经济合同，且该合同为犯罪分子直接用于骗取财物的手段。购买、使用移动电话卡进行诈骗通常并不需要有书面合同，也不需要利用合同进行诈骗，自然也就不以合同诈骗罪认定。根据最高人民法院2000年5月《关于扰乱电信市场管理秩序案件具体应用法律若干问题的解释》第9条解释，可定诈骗，本案审在解释前，依诈骗本质特征定；本案犯罪对象为通信服务，非法占有电信资费，拨打后就完成，属既遂。

33《俞辉合同诈骗案》，载《刑事审判参考》2002年第2辑总第25辑，第32～40页。

核心提示 ➡ 骗取银行巨额贷款用于高风险的期货炒作和以新贷还前贷，能否认定具有非法占有目的？

要旨 ➡ 被告人在本单位因经营状况逆转而发生资金周转困难，没有偿还能力的情况下，不顾亏损的现实，多次签订虚假合同从银行取得130笔贷款，总金额高达1.4亿多元，用于炒卖高风险的期货和以新贷还旧贷，最终造成1760余万元的损失。符合该情形。

34《袁鹰、欧阳湘、李巍集资诈骗案》，载《刑事审判参考》2002年第2辑总第25辑，第22～24页。

核心提示 ➡ 非法传销过程中携传销款潜逃的行为如何处理？

要旨 ➡ 对于非法传销过程中携款潜逃的行为，由于有买卖货物的行为，是在非法经营活动中进行诈骗活动，没有侵犯金融管理秩序，主要侵犯的是传销参与者的财产权和市场经济秩序，因此应以诈骗罪或者合同诈骗罪定罪处罚。

35《合同诈骗犯罪中担保人的刑事责任》，载《华东刑事司法评论》2002年第一卷，第91～99页。

36《赵岩合同诈骗案》 北京市高级人民法院〔2002〕高刑终字第81号

核心提示 ➡ 双方公司合法签订合同之后，因一方业务员将对方所付的保证金卷走而不能履行合同的，是否构成合同诈骗罪？

要旨 ➡ 佳信公司的任命书证实，赵岩于1997年8月10日被任命为该公司副总经理。赵岩为贪取非法利益，在其明知无法履行合同的情况下，虚构发包工程的事实，骗取晨世公司的信任，又未经佳信公司的许可，以佳信公司的名义与晨世公司签订装修工程合同及补充协议书，在收取该公司工程保证金人民币200万元后，即将该款非法占有，其行为已构成合同诈骗罪。

37《蔡林芬、邱来发合同诈骗上诉案》，载《人民法院案例选》2002年第3辑总第41辑。

要旨 ➡ 在签订、履行商品房预售合同的过程中的重复抵押和重复销售。

38《马方太诈骗案》，载《刑事审判参考》2001年第8辑总第19辑，第100～109页。

要旨➡介绍引进技术和参与签订合同过程中虽有不诚实表现，但无充分证据证明其非法占有目的只能认定无罪。

㊴《陈玉泉、邹臻荣贷款诈骗案》，载《刑事审判参考》2001 年第 5 辑总第 16 辑，第 12 ~ 15 页。

核心提示➡对 1997 年刑法施行前单位实施的贷款诈骗行为应如何处理？

㊵《季某票据诈骗、合同诈骗案》，载《刑事审判参考》2001 年第 4 辑总第 15 辑，第 18 ~ 24 页。

核心提示➡骗取货物后以空头支票付款的行为如何定罪？

要旨➡1. 骗取货物与使用空头支票付款的先后不应影响票据诈骗的成立；2. 合同诈骗与票据诈骗竞合，选特别法条，定票据诈骗；3. 其他罪行定合同诈骗。

㊶《冯国忠合同诈骗案》北京市高级人民法院〔2001〕高刑终字第 628 号

核心提示➡与被害公司达成借用轿车做一天赛车展示口头协议，并未如约返还汽车，而以分期付款买车为名，将轿车非法占有的，是构成合同诈骗罪，还是侵占罪？

要旨➡被告人与一汽大众公司达成借用轿车作一天赛车展示口头协议。后其并未如约返还汽车，而以分期付款买车为名，将车占有，与其他公司签订了购销轿车的合同，采取欺骗的手段，未按约定支付货款，一审法院判决其构成合同诈骗罪，二审法院维持。

㊷《张君合同诈骗案》北京市高级人民法院〔2001〕年高刑终字第 00163 号

核心提示➡冒用其受聘单位名义，与其他公司签订虚假合同骗人钱财的，是否构成合同诈骗罪？

要旨➡被告人在受聘担任某公司项目部经理期间，冒用该项目部的名义，使用假合同专用章，与被害公司签订合同，骗取对方钱款的。一审法院判决其构成合同诈骗罪，二审法院维持。

㊸《龙鹏武、龙雄武诈骗案》，载《刑事审判参考》2000 年第 2 辑总第 7 辑，第 37 ~ 43 页以及《刑事审判案例》，第 457 ~ 461 页。

核心提示➡利用欺骗方法兼并后又利用职务便利将被兼并单位财物占为己有的行为如何定性？

要旨➡其非法占有目的产生在被告人使用欺骗的手段获得经营、管理公司、企业财物的职务之前，因此不能定职务侵占，其行为构成合同诈骗罪，但因其行为在 1997 年之前，根据从旧兼从轻的原则，对本案应适用 1979 年刑法以诈骗罪定罪处罚。

㊹《合同诈骗罪的认定与处罚》，载《刑事司法指南》2000 年第 3 辑总第 3 辑，第 109 ~ 129 页。

要旨➡1. 合同诈骗罪中"合同"的含义；2. 如何理解合同诈骗罪中的"其他方法"；3. 如何界定合同诈骗罪的主体、区别个人实施和单位实施的合同诈骗罪；4. 怎样认定合同诈骗罪的非法占有目的；5. 如何处理合同诈骗罪与其他诈骗犯罪的竞合；6. 如何处理连续诈骗行为同时涉及数种诈骗罪名。

㊺《蒋红光合同诈骗案》上海市第二中级人民法院〔2000〕沪二中刑终字第 632 号

核心提示 ➡ 代表公司与他人签订手续合法的合同，但没有组织货源，也没有落实货物的运输，而后拒不履行合同，是一般的经济合同纠纷还是合同诈骗？

要旨 ➡ 被告以上海金城实业公司名义与他公司签订了钢锭购销合同，虚假约定由其公司提供钢锭。被告人收到运输费后，购买了"现金收讫"的全国联运行业货运统一发票，谎称运费已全部付给了鞍山联运公司。后不履行合同。一审法院判决其构成合同诈骗罪，二审法院维持。

㊻《蓝海诈骗案》，载《刑事审判参考合订本·第一卷》，第117~120页。

核心提示 ➡ 以传真方式进行经济合同诈骗案件如何确定审判管辖？

㊼《关于〈中华人民共和国（修订草案）〉的说明》

要旨 ➡ 关于投机倒把罪刑法关于投机倒把罪的规定比较笼统，界限不太清楚，造成执行的随意性。这次修改，根据社会主义市场经济发展的要求，对需要规定的犯罪行为，尽量分解作出具体规定。草案根据十几年来按投机倒把罪追究刑事责任的具体行为作出规定，有些已在生产、销售伪劣商品罪、破坏金融管理秩序罪中作了规定，这次修订，在扰乱市场秩序罪中增加了对合同诈骗、非法经营专营专卖物品、买卖进出口许可证等犯罪行为的规定。不再笼统规定投机倒把罪，这样有利于避免执法的随意性。

第224条之一　修正案（七）第4条　组织、领导传销活动罪

刑法修正案（七）（2009年2月28日第十一届全国人民代表大会常务委员会第七次会议通过）

四、在刑法第二百二十四条后增加一条，作为第二百二十四条之一："组织、领导以推销商品、提供服务等经营活动为名，要求参加者以缴纳费用或者购买商品、服务等方式获得加入资格，并按照一定顺序组成层级，直接或者间接以发展人员的数量作为计酬或者返利依据，引诱、胁迫参加者继续发展他人参加，骗取财物，扰乱经济社会秩序的传销活动的，处五年以下有期徒刑或者拘役，并处罚金；情节严重的，处五年以上有期徒刑，并处罚金。"

关　联　规　范 ➡ 完全整理

❶《刑法修正案（七）》（2009年2月28日）①

❷ 最高人民检察院、公安部《关于公安机关管辖的刑事案件立案追诉标准的规定（二）》（2010年5月　公通字〔2010〕23号）（节录）②

第七十八条　组织、领导以推销商品、提供服务等经营活动为名，要求参加者以缴纳费用或者购买商品、服务等方式获得加入资格，并按照一定顺序组成层级，直接或者间接

---

① 对其解读见：《刑事审判参考》2009年第3辑总第68辑，第66~118页以及草案及其说明《刑事法律文件解读》2008年第9辑总第39辑，第84~90页。
② 对其解读见：《刑事审判参考》2010年第4辑总第75辑，第127~158页。

以发展人员的数量作为计酬或者返利依据，引诱、胁迫参加者继续发展他人参加，骗取财物，扰乱经济社会秩序的传销活动，涉嫌组织、领导的传销活动人员在三十人以上且层级在三级以上的，对组织者、领导者，应予立案追诉。

本条所指的传销活动的组织者、领导者，是指在传销活动中起组织、领导作用的发起人、决策人、操纵人，以及在传销活动中担负策划、指挥、布置、协调等重要职责，或者在传销活动实施中起到关键作用的人员。

❸ 最高人民法院、最高人民检察院《关于执行〈中华人民共和国刑法〉确定罪名的补充规定（四）》（2009年10月16日　法释〔2009〕13号）①

学理观点·典型案例 ➡ **索引与要旨**

❶《危甫才组织、领导传销活动案》，载《刑事审判参考》2011年第4辑总第81辑，第14~19页。

　　核心提示 ➡ 如何认定组织、领导传销活动罪？

❷《论组织、领导传销活动罪的几个问题》，载《刑事司法指南》2009年第3辑总第39辑，第64~85页。

第225条　非法经营罪

违反国家规定，有下列非法经营行为之一，扰乱市场秩序，情节严重的，处五年以下有期徒刑或者拘役，并处或者单处违法所得一倍以上五倍以下罚金；情节特别严重的，处五年以上有期徒刑，并处违法所得一倍以上五倍以下罚金或者没收财产：

（一）未经许可经营法律、行政法规规定的专营、专卖物品或者其他限制买卖的物品的；

（二）买卖进出口许可证、进出口原产地证明以及其他法律、行政法规规定的经营许可证或者批准文件的；

（三）其他严重扰乱市场秩序的非法经营行为。

全国人民代表大会常务委员会关于惩治骗购外汇、逃汇和非法买卖外汇犯罪的决定（1998年12月29日第九届全国人民代表大会常务委员会第六次会议通过，1998年12月29日中华人民共和国主席令第十四号公布，自公布之日起施行）

四、在国家规定的交易场所以外非法买卖外汇，扰乱市场秩序，情节严重的，依照刑法第二百二十五条的规定定罪处罚。

单位犯前款罪的，依照刑法第二百三十一条的规定处罚。

---

①　对其解读见：《刑事审判参考》2009年第6辑总第71辑，第72~82页。

中华人民共和国刑法修正案（1999年12月25日第九届全国人民代表大会常务委员会第十三次会议通过，1999年12月25日中华人民共和国主席令第二十七号公布施行）

八、刑法第二百二十五条增加一项，作为第三项："未经国家有关主管部门批准，非法经营证券、期货或者保险业务的；"原第三项改为第四项。

刑法修正案（七）（2009年2月28日第十一届全国人民代表大会常务委员会第七次会议通过）

五、将刑法第二百二十五条第三项修改为："未经国家有关主管部门批准非法经营证券、期货、保险业务的，或者非法从事资金支付结算业务的。"

关联规范 ➡ 完全整理

❶《中华人民共和国刑法》（1980年1月1日）第96条　对违反国家规定概念的界定

本法所称违反国家规定，是指违反全国人民代表大会及其常务委员会制定的法律和决定，国务院制定的行政法规、规定的行政措施、发布的决定和命令。

❷《中华人民共和国刑法》（1980年1月1日）第231条　单位犯扰乱市场秩序罪的处罚规定

单位犯本节第二百二十一条至第二百三十条规定之罪的，对单位判处罚金，并对其直接负责的主管人员和其他直接责任人员，依照本节各该条的规定处罚。

❸《刑法修正案（七）》（2009年2月28日）①

❹《中华人民共和国证券法》（2005年10月27日　主席令第四十三号）

第一百九十六条　非法开设证券交易场所的，由县级以上人民政府予以取缔，没收违法所得，并处以违法所得一倍以上五倍以下的罚款；没有违法所得或者违法所得不足十万元的，处以十万元以上五十万元以下的罚款。对直接负责的主管人员和其他直接责任人员给予警告，并处以三万元以上三十万元以下的罚款。

第一百九十七条　未经批准，擅自设立证券公司或者非法经营证券业务的，由证券监督管理机构予以取缔，没收违法所得，并处以违法所得一倍以上五倍以下的罚款；没有违法所得或者违法所得不足三十万元的，处以三十万元以上六十万元以下的罚款。对直接负责的主管人员和其他直接责任人员给予警告，并处以三万元以上三十万元以下的罚款。

❺《刑法修正案》（1999年12月25日　主席令第二十七号）②

---

① 对其解读见：《刑事审判参考》2009年第3辑总第68辑，第66～118页以及草案及其说明《刑事法律文件解读》2008年第9辑总第39辑，第84～90页。

② 对其解读见：《刑事审判参考》2000年第6辑总第11辑，第74～76页以及《刑事司法指南》2000年第2辑总第2辑，第122～134页。

❻《关于惩治骗购外汇、逃汇和非法买卖外汇犯罪的决定》（1998年12月29日 主席令第十四号）（节录）①

四、在国家规定的交易场所以外非法买卖外汇，扰乱市场秩序，情节严重的，依照刑法第二百二十五条的规定定罪处罚。

单位犯前款罪的，依照刑法第二百三十一条的规定处罚。

五、海关、外汇管理部门以及金融机构、从事对外贸易经营活动的公司、企业或者其他单位的工作人员与骗购外汇或者逃汇的行为人通谋，为其提供购买外汇的有关凭证或者其他便利的，或者明知是伪造、变造的凭证和单据而售汇、付汇的，以共犯论，依照本决定从重处罚。

八、犯本决定规定之罪，依法被追缴、没收的财物和罚金，一律上缴国库。

❼最高人民法院《关于审理非法集资刑事案件具体应用法律若干问题的解释》（2011年1月4日 法释〔2010〕18号）（节录）②

第七条 违反国家规定，未经依法核准擅自发行基金份额募集基金，情节严重的，依照刑法第二百二十五条的规定，以非法经营罪定罪处罚。

第八条（第二款）明知他人从事欺诈发行股票、债券，非法吸收公众存款，擅自发行股票、债券，集资诈骗或者组织、领导传销活动等集资犯罪活动，为其提供广告等宣传的，以相关犯罪的共犯论处。

❽最高人民检察院、公安部《关于公安机关管辖的刑事案件立案追诉标准的规定（二）》（2010年5月7日 公通字〔2010〕23号）（节录）③

第七十九条 违反国家规定，进行非法经营活动，扰乱市场秩序，涉嫌下列情形之一的，应予立案追诉：

（一）违反国家有关盐业管理规定，非法生产、储运、销售食盐，扰乱市场秩序，具有下列情形之一的：

1. 非法经营食盐数量在二十吨以上的；

2. 曾因非法经营食盐行为受过二次以上行政处罚又非法经营食盐，数量在十吨以上的。

（二）违反国家烟草专卖管理法律法规，未经烟草专卖行政主管部门许可，无烟草专卖生产企业许可证、烟草专卖批发企业许可证、特种烟草专卖经营企业许可证、烟草专卖零售许可证等许可证明，非法经营烟草专卖品，具有下列情形之一的：

1. 非法经营数额在五万元以上，或者违法所得数额在二万元以上的；

2. 非法经营卷烟二十万支以上的；

3. 曾因非法经营烟草专卖品三年内受过二次以上行政处罚，又非法经营烟草专卖品且

---

① 对其解读见：《刑事审判参考合订本·第一卷》，第345~350页。
② 对其解读见：《公检法办案指南》2011年第2辑总第134辑，第56~76页以及《刑事审判参考》2011年第2辑总第79辑，第126~131页。
③ 对其解读见：《刑事审判参考》2010年第4辑总第75辑，第127~158页。

数额在三万元以上的。

（三）未经国家有关主管部门批准，非法经营证券、期货、保险业务，或者非法从事资金支付结算业务，具有下列情形之一的：

1. 非法经营证券、期货、保险业务，数额在三十万元以上的；

2. 非法从事资金支付结算业务，数额在二百万元以上的；

3. 违反国家规定，使用销售点终端机具（POS机）等方法，以虚构交易、虚开价格、现金退货等方式向信用卡持卡人直接支付现金，数额在一百万元以上的，或者造成金融机构资金二十万元以上逾期未还的，或者造成金融机构经济损失十万元以上的；

4. 违法所得数额在五万元以上的。

（四）非法经营外汇，具有下列情形之一的：

1. 在外汇指定银行和中国外汇交易中心及其分中心以外买卖外汇，数额在二十万美元以上的，或者违法所得数额在五万元以上的；

2. 公司、企业或者其他单位违反有关外贸代理业务的规定，采用非法手段，或者明知是伪造、变造的凭证、商业单据，为他人向外汇指定银行骗购外汇，数额在五百万美元以上或者违法所得数额在五十万元以上的；

3. 居间介绍骗购外汇，数额在一百万美元以上或者违法所得数额在十万元以上的。

（五）出版、印刷、复制、发行严重危害社会秩序和扰乱市场秩序的非法出版物，具有下列情形之一的：

1. 个人非法经营数额在五万元以上的，单位非法经营数额在十五万元以上的；

2. 个人违法所得数额在二万元以上的，单位违法所得数额在五万元以上的；

3. 个人非法经营报纸五千份或者期刊五千本或者图书二千册或者音像制品、电子出版物五百张（盒）以上的，单位非法经营报纸一万五千份或者期刊一万五千本或者图书五千册或者音像制品、电子出版物一千五百张（盒）以上的；

4. 虽未达到上述数额标准，但具有下列情形之一的：

（1）两年内因出版、印刷、复制、发行非法出版物受过行政处罚二次以上的，又出版、印刷、复制、发行非法出版物的；

（2）因出版、印刷、复制、发行非法出版物造成恶劣社会影响或者其他严重后果的。

（六）非法从事出版物的出版、印刷、复制、发行业务，严重扰乱市场秩序，具有下列情形之一的：

1. 个人非法经营数额在十五万元以上的，单位非法经营数额在五十万元以上的；

2. 个人违法所得数额在五万元以上的，单位违法所得数额在十五万元以上的；

3. 个人非法经营报纸一万五千份或者期刊一万五千本或者图书五千册或者音像制品、电子出版物一千五百张（盒）以上的，单位非法经营报纸五万份或者期刊五万本或者图书一万五千册或者音像制品、电子出版物五千张（盒）以上的；

4. 虽未达到上述数额标准，两年内因非法从事出版物的出版、印刷、复制、发行业务受过行政处罚二次以上的，又非法从事出版物的出版、印刷、复制、发行业务的。

（七）采取租用国际专线、私设转接设备或者其他方法，擅自经营国际电信业务或者涉港澳台电信业务进行营利活动，扰乱电信市场管理秩序，具有下列情形之一的：

1. 经营去话业务数额在一百万元以上的；

2. 经营来话业务造成电信资费损失数额在一百万元以上的；

3. 虽未达到上述数额标准，但具有下列情形之一的：

（1）两年内因非法经营国际电信业务或者涉港澳台电信业务行为受过行政处罚二次以上，又非法经营国际电信业务或者涉港澳台电信业务的；

（2）因非法经营国际电信业务或者涉港澳台电信业务行为造成其他严重后果的。

（八）从事其他非法经营活动，具有下列情形之一的：

1. 个人非法经营数额在五万元以上，或者违法所得数额在一万元以上的；

2. 单位非法经营数额在五十万元以上，或者违法所得数额在十万元以上的；

3. 虽未达到上述数额标准，但两年内因同种非法经营行为受过二次以上行政处罚，又进行同种非法经营行为的；

4. 其他情节严重的情形。

第八十八条 本规定中的"虽未达到上述数额标准"，是指接近上述数额标准且已达到该数额的百分之八十以上的。

第九十条 本规定中的立案追诉标准，除法律、司法解释、本规定中另有规定的以外，适用于相应的单位犯罪。

❾ 最高人民法院、最高人民检察院《办理非法生产、销售烟草专卖品等刑事案件具体应用法律若干问题的解释》（2010年3月26日　法释〔2010〕7号）①

第一条　生产、销售伪劣卷烟、雪茄烟等烟草专卖品，销售金额在五万元以上的，依照刑法第一百四十条的规定，以生产、销售伪劣产品罪定罪处罚。

未经卷烟、雪茄烟等烟草专卖品注册商标所有人许可，在卷烟、雪茄烟等烟草专卖品上使用与其注册商标相同的商标，情节严重的，依照刑法第二百一十三条的规定，以假冒注册商标罪定罪处罚。

销售明知是假冒他人注册商标的卷烟、雪茄烟等烟草专卖品，销售金额较大的，依照刑法第二百一十四条的规定，以销售假冒注册商标的商品罪定罪处罚。

伪造、擅自制造他人卷烟、雪茄烟注册商标标识或者销售伪造、擅自制造的卷烟、雪茄烟注册商标标识，情节严重的，依照刑法第二百一十五条的规定，以非法制造、销售非法制造的注册商标标识罪定罪处罚。

违反国家烟草专卖管理法律法规，未经烟草专卖行政主管部门许可，无烟草专卖生产企业许可证、烟草专卖批发企业许可证、特种烟草专卖经营企业许可证、烟草专卖零售许可证等许可证明，非法经营烟草专卖品，情节严重的，依照刑法第二百二十五条的规定，以非法经营罪定罪处罚。

第二条　伪劣卷烟、雪茄烟等烟草专卖品尚未销售，货值金额达到刑法第一百四十条规定的销售金额定罪起点数额标准的三倍以上的，或者销售金额未达到五万元，但与未销

---

① 对其解读见：《刑事审判参考》2010年第5辑总第76辑，第78~91页。

售货值金额合计达到十五万元以上的，以生产、销售伪劣产品罪（未遂）定罪处罚。

销售金额和未销售货值金额分别达到不同的法定刑幅度或者均达到同一法定刑幅度的，在处罚较重的法定刑幅度内酌情从重处罚。

查获的未销售的伪劣卷烟、雪茄烟，能够查清销售价格的，按照实际销售价格计算。无法查清实际销售价格，有品牌的，按照该品牌卷烟、雪茄烟的查获地省级烟草专卖行政主管部门出具的零售价格计算；无品牌的，按照查获地省级烟草专卖行政主管部门出具的上年度卷烟平均零售价格计算。

第三条 非法经营烟草专卖品，具有下列情形之一的，应当认定为刑法第二百二十五条规定的"情节严重"：

（一）非法经营数额在五万元以上的，或者违法所得数额在二万元以上的；

（二）非法经营卷烟二十万支以上的；

（三）曾因非法经营烟草专卖品三年内受过二次以上行政处罚，又非法经营烟草专卖品且数额在三万元以上的。

具有下列情形之一的，应当认定为刑法第二百二十五条规定的"情节特别严重"：

（一）非法经营数额在二十五万元以上，或者违法所得数额在十万元以上的；

（二）非法经营卷烟一百万支以上的。

第四条 非法经营烟草专卖品，能够查清销售或者购买价格的，按照其销售或者购买的价格计算非法经营数额。无法查清销售或者购买价格的，按照下列方法计算非法经营数额：

（一）查获的卷烟、雪茄烟的价格，有品牌的，按照该品牌卷烟、雪茄烟的查获地省级烟草专卖行政主管部门出具的零售价格计算；无品牌的，按照查获地省级烟草专卖行政主管部门出具的上年度卷烟平均零售价格计算；

（二）查获的复烤烟叶、烟叶的价格按照查获地省级烟草专卖行政主管部门出具的上年度烤烟调拨平均基准价格计算；

（三）烟丝的价格按照第（二）项规定价格计算标准的一点五倍计算；

（四）卷烟辅料的价格，有品牌的，按照该品牌辅料的查获地省级烟草专卖行政主管部门出具的价格计算；无品牌的，按照查获地省级烟草专卖行政主管部门出具的上年度烟草行业生产卷烟所需该类卷烟辅料的平均价格计算；

（五）非法生产、销售、购买烟草专用机械的价格按照国务院烟草专卖行政主管部门下发的全国烟草专用机械产品指导价格目录进行计算；目录中没有该烟草专用机械的，按照省级以上烟草专卖行政主管部门出具的目录中同类烟草专用机械的平均价格计算。

第五条 行为人实施非法生产、销售烟草专卖品犯罪，同时构成生产、销售伪劣产品罪、侵犯知识产权犯罪、非法经营罪的，依照处罚较重的规定定罪处罚。

第六条 明知他人实施本解释第一条所列犯罪，而为其提供贷款、资金、账号、发票、证明、许可证件，或者提供生产、经营场所、设备、运输、仓储、保管、邮寄、代理进出口等便利条件，或者提供生产技术、卷烟配方的，应当按照共犯追究刑事责任。

❿ 最高人民法院、最高人民检察院《关于办理妨害信用卡管理刑事案件具体应用法

律若干问题的解释》(2009 年 12 月 16 日　法释〔2009〕19 号)（节录)①

第七条　违反国家规定，使用销售点终端机具（POS机）等方法，以虚构交易、虚开价格、现金退货等方式向信用卡持卡人直接支付现金，情节严重的，应当依据刑法第二百二十五条的规定，以非法经营罪定罪处罚。

实施前款行为，数额在 100 万元以上的，或者造成金融机构资金 20 万元以上逾期未还的，或者造成金融机构经济损失 10 万元以上的，应当认定为刑法第二百二十五条规定的"情节严重"；数额在 500 万元以上的，或者造成金融机构资金 100 万元以上逾期未还的，或者造成金融机构经济损失 50 万元以上的，应当认定为刑法第二百二十五条规定的"情节特别严重"。

持卡人以非法占有为目的，采用上述方式恶意透支，应当追究刑事责任的，依照刑法第一百九十六条的规定，以信用卡诈骗罪定罪处罚。

第八条　单位犯本解释第一条、第七条规定的犯罪的，定罪量刑标准依照各该条的规定执行。

11 最高人民法院、最高人民检察院、公安部、证监会《关于整治非法证券活动有关问题的通知》(2008 年 1 月 2 日　证监发〔2008〕1 号)（节录)②

二、明确法律政策界限，依法打击非法证券活动

（一）关于公司及其股东向社会公众擅自转让股票行为的性质认定。《证券法》第十条第三款规定："非公开发行证券，不得采用广告、公开劝诱和变相公开方式。"国办发 99 号文规定："严禁任何公司股东自行或委托他人以公开方式向社会公众转让股票。向特定对象转让股票，未依法报经证监会核准的，转让后，公司股东累计不得超过 200 人。"公司、公司股东违反上述规定，擅自向社会公众转让股票，应当追究其擅自发行股票的责任。公司与其股东合谋，实施上述行为的，公司与其股东共同承担责任。

（二）关于擅自发行证券的责任追究。未经依法核准，擅自发行证券，涉嫌犯罪的，依照《刑法》第一百七十九条之规定，以擅自发行股票、公司、企业债券罪追究刑事责任。未经依法核准，以发行证券为幌子，实施非法证券活动，涉嫌犯罪的，依照《刑法》第一百七十六条、第一百九十二条等规定，以非法吸收公众存款罪、集资诈骗罪等罪名追究刑事责任。未构成犯罪的，依照《证券法》和有关法律的规定给予行政处罚。

（三）关于非法经营证券业务的责任追究。任何单位和个人经营证券业务，必须经证监会批准。未经批准的，属于非法经营证券业务，应予以取缔；涉嫌犯罪的，依照《刑法》第二百二十五条之规定，以非法经营罪追究刑事责任。对于中介机构非法代理买卖非上市公司股票，涉嫌犯罪的，应当依照《刑法》第二百二十五条之规定，以非法经营罪追究刑事责任；所代理的非上市公司涉嫌擅自发行股票，构成犯罪的，应当依照《刑法》第一百七十九条之规定，以擅自发行股票罪追究刑事责任。非上市公司和中介机构共谋擅自发行股票，构成犯罪的，以擅自发行股票罪的共犯论处。未构成犯罪的，依照《证券法》

---

① 对其解读见：《刑事审判参考》2010 年第 1 辑总第 72 辑，第 94~110 页。
② 对其解读见：《刑事法律文件解读》2008 年第 1 辑总第 31 辑，第 75~82 页。

和有关法律的规定给予行政处罚。

（四）关于非法证券活动性质的认定。非法证券活动是否涉嫌犯罪，由公安机关、司法机关认定。公安机关、司法机关认为需要有关行政主管机关进行性质认定的，行政主管机关应当出具认定意见。对因案情复杂、意见分歧，需要进行协调的，协调小组应当根据办案部门的要求，组织有关单位进行研究解决。

（五）关于修订后的《证券法》与修订前的《证券法》中针对擅自发行股票和非法经营证券业务规定的衔接。修订后的《证券法》与修订前的《证券法》针对擅自发行股票和非法经营证券业务的规定是一致的，是相互衔接的，因此在修订后的《证券法》实施之前发生的擅自发行股票和非法经营证券业务行为，也应予以追究。

（六）关于非法证券活动受害人的救济途径。根据1998年3月25日《国务院办公厅转发证监会关于清理整顿场外非法股票交易方案的通知》（国办发〔1998〕10号）的规定，最高人民法院于1998年12月4日发布了《关于中止审理、中止执行涉及场外非法股票交易经济纠纷案件的通知》（法〔1998〕145号），目的是为配合国家当时解决STAQ、NET交易系统发生的问题，而非针对目前非法证券活动所产生的纠纷。如果非法证券活动构成犯罪，被害人应当通过公安、司法机关刑事追赃程序追偿；如果非法证券活动仅是一般违法行为而没有构成犯罪，当事人符合民事诉讼法规定的起诉条件的，可以通过民事诉讼程序请求赔偿。

12 最高人民法院、最高人民检察院《关于办理赌博刑事案件具体应用法律若干问题的解释》（2005年5月13日　法释〔2005〕3号）（节录）①

第六条　未经国家批准擅自发行、销售彩票，构成犯罪的，依照刑法第二百二十五条第（四）项的规定，以非法经营罪定罪处罚。

13 最高人民法院、最高人民检察院、公安部《关于依法开展打击淫秽色情网站专项行动有关工作的通知》（2004年7月16日　公通字〔2004〕53号）（节录）

二、对于违反国家规定，擅自设立互联网上网服务营业场所，或者擅自从事互联网上网服务经营活动，情节严重，构成犯罪的，以非法经营罪追究刑事责任。三、淫秽色情网站所在地公安机关和淫秽色情网站制作、维护人居住地公安机关发现淫秽色情网站后均应立即依法立案侦查，全力侦破利用淫秽色情网站犯罪案件，抓捕犯罪嫌疑人。

14 《关于办理假冒伪劣烟草制品等刑事案件适用法律问题座谈会纪要》（2003年12月23日）（节录）②

三、关于非法经营烟草制品行为适用法律问题。四、关于共犯问题。

15 最高人民法院、最高人民检察院《关于办理妨害预防、控制突发传染病疫情等灾害的刑事案件具体应用法律若干问题的解释》（2003年5月15日　法释〔2003〕8号）

---

① 对其解读见：《刑事审判参考》2005年第2辑总第43辑，第52～65页。
② 对其解读见：《最新刑事法律文件解读》2005年第8辑，第15～21页。

(节录)①

第六条 违反国家在预防、控制突发传染病疫情等灾害期间有关市场经营、价格管理等规定,哄抬物价、牟取暴利,严重扰乱市场秩序,违法所得数额较大或者有其他严重情节的,依照刑法第二百二十五条第(四)项的规定,以非法经营罪定罪,依法从重处罚。

16 最高人民法院、最高人民检察院、公安部《办理非法经营国际电信业务犯罪案件联席会议纪要》(2003年4月22日 公通字〔2002〕29号)(节录)②

二、《解释》第一条规定:"违反国家规定,采取租用国际专线、私设转接设备或者其他方法,擅自经营国际电信业务或者涉港澳台电信业务进行营利活动,扰乱电信市场管理秩序,情节严重的,依照刑法第二百二十五条第(四)项的规定,以非法经营罪定罪处罚。"对于未取得国际电信业务(含涉港澳台电信业务,下同)经营许可证而经营,或被终止国际电信业务经营资格后继续经营,应认定为"擅自经营国际电信业务或者涉港澳台电信业务";情节严重的,应按上述规定以非法经营罪追究刑事责任。

《解释》第一条所称"其他方法",是指在边境地区私自架设跨境通信线路;利用互联网跨境传送IP话音并设立转接设备,将国际话务转接至我境内公用电话网或转接至其他国家或地区;在境内以租用、托管、代维等方式设立转接平台;私自设置国际通信出入口等方法。

三、获得国际电信业务经营许可的经营者(含涉港澳台电信业务经营者)明知他人非法从事国际电信业务,仍违反国家规定,采取出租、合作、授权等手段,为他人提供经营和技术条件,利用现有设备或另设国际话务转接设备并从中营利,情节严重的,应以非法经营罪的共犯追究刑事责任。

17 最高人民检察院《关于办理非法经营食盐刑事案件具体应用法律若干问题的解释》(2002年9月13日 高检发释字〔2002〕6号)③

第一条 违反国家有关盐业管理规定,非法生产、储运、销售食盐,扰乱市场秩序,情节严重的,应当依照刑法第二百二十五条的规定,以非法经营罪追究刑事责任。

第二条 非法经营食盐,具有下列情形之一的,应当依法追究刑事责任:(一)非法经营食盐数量在二十吨以上的;(二)曾因非法经营食盐行为受过二次以上行政处罚又非法经营食盐,数量在十吨以上的。

第三条 非法经营食盐行为未经处理的,其非法经营的数量累计计算;行为人非法经营行为是否盈利,不影响犯罪的构成。

第四条 以非碘盐充当碘盐或者以工业用盐等非食盐充当食盐进行非法经营,同时构成非法经营罪和生产、销售伪劣产品罪、生产、销售不符合卫生标准的食品罪、生产、销

---

① 对其解读见:《刑事审判参考》2003年第3辑总第32辑,第160~164,188~197页以及《"非典"防治时期相关犯罪的司法适用研究》,载《刑事司法指南》2003年第2辑总第14辑,第55~109页。
② 对其解读见:《刑事审判参考》2003年第3辑总第32辑,第165~167页。
③ 对其解读见:《解读最高人民检察院司法解释》,第316~319页。

售有毒、有害食品罪等其他犯罪的，依照处罚较重的规定追究刑事责任。

第五条 以暴力、威胁方法阻碍行政执法人员依法行使盐业管理职务的，依照刑法第二百七十七条的规定，以妨害公务罪追究刑事责任；其非法经营行为已构成犯罪的，依照数罪并罚的规定追究刑事责任。

⑱ 最高人民法院、最高人民检察院《关于办理非法生产、销售、使用禁止在饲料和动物饮用水中使用的药品等刑事案件具体应用法律若干问题的解释》（2002年8月15日 法释〔2002〕26号）（节录）①

为依法惩治非法生产、销售、使用盐酸克仑特罗（Clenbuterol Hydrochloride，俗称"瘦肉精"）等禁止在饲料和动物饮用水中使用的药品等犯罪活动，维护社会主义市场经济秩序，保护公民身体健康，根据刑法有关规定，现就办理这类刑事案件具体应用法律的若干问题解释如下：

第一条 未取得药品生产、经营许可证件和批准文号，非法生产、销售盐酸克仑特罗等禁止在饲料和动物饮用水中使用的药品，扰乱药品市场秩序，情节严重的，依照刑法第二百二十五条第（一）项的规定，以非法经营罪追究刑事责任。

第二条 在生产、销售的饲料中添加盐酸克仑特罗等禁止在饲料和动物饮用水中使用的药品，或者销售明知是添加有该类药品的饲料，情节严重的，依照刑法第二百二十五条第（四）项的规定，以非法经营罪追究刑事责任。

第五条 实施本解释规定的行为，同时触犯刑法规定的两种以上犯罪的，依照处罚较重的规定追究刑事责任。

⑲ 最高人民检察院《关于非法经营国际或港澳台地区电信业务行为法律适用问题的批复》（2002年2月11日 高检发释字〔2002〕1号）②

你院《关于如何适用刑法第二百二十五条第（四）项规定的请示》（闽检〔2000〕65号）收悉。经研究，批复如下：违反《中华人民共和国电信条例》规定，采取租用电信国际专线、私设转接设备或者其他方法，擅自经营国际或者香港特别行政区、澳门特别行政区和台湾地区电信业务进行营利活动，扰乱电信市场管理秩序，情节严重的，应当依照《刑法》第二百二十五条第（四）项的规定，以非法经营罪追究刑事责任。

⑳ 林业局、公安部《关于森林和陆生野生动物刑事案件管辖及立案标准》（2001年5月9日）（节录）

一、（十四）非法经营案件中，买卖《允许进口证明书》，载《允许出口证明书》，载《允许再出口证明书》、进出口原产地证明及国家机关批准的其他关于林业和陆生野生动物的经营许可证明文件的案件（第二百二十五条第二项）；

二、（十二）盗窃、抢夺、抢劫案、窝藏、转移、收购、销售赃物案、破坏生产经营案、聚众哄抢案、非法经营案、伪造变造买卖国家机关公文、证件案，执行相应的立案标准。

---

① 对其解读见：《刑事审判参考》2002年第4辑总第27辑，第143~144页。
② 对其解读见：《解读最高人民检察院司法解释》，第313~315页。

㉑ 最高人民法院、最高人民检察院《关于办理生产、销售伪劣商品刑事案件具体应用法律若干问题的解释》（2001 年 4 月 18 日　法释〔2001〕10 号）（节录）①

第十条　实施生产、销售伪劣商品犯罪，同时构成侵犯知识产权、非法经营等其他犯罪的，依照处罚较重的规定定罪处罚。

㉒ 最高人民法院《关于情节严重的传销或者变相传销行为如何定性问题的批复》（2001 年 4 月 18 日　法释〔2001〕11 号）②

对于 1998 年 4 月 18 日国务院《关于禁止传销经营活动的通知》发布以后，仍然从事传销或者变相传销活动，扰乱市场秩序，情节严重的，应当依照刑法第二百二十五条第（四）项的规定，以非法经营罪定罪处罚。

实施上述犯罪，同时构成刑法规定的其他犯罪的，依照处罚较重的规定定罪处罚。

㉓ 最高人民法院《关于审理破坏野生动物资源刑事案件具体应用法律若干问题的解释》（2000 年 12 月 11 日　法释〔2000〕37 号）（节录）③

第九条　伪造、变造、买卖国家机关颁发的野生动物允许进出口证明书、特许猎捕证、狩猎证、驯养繁殖许可证等公文、证件构成犯罪的，依照刑法第二百八十条第一款的规定以伪造、变造、买卖国家机关公文、证件罪定罪处罚。

实施上述行为构成犯罪，同时构成刑法第二百二十五条第二项规定的非法经营罪的，依照处罚较重的规定定罪处罚。

㉔ 最高人民法院《关于审理破坏森林资源刑事案件具体应用法律若干问题的解释》（2000 年 12 月 11 日　法释〔2000〕36 号）④

对于伪造、变造、买卖林木采伐许可证、木材运输证件，森林、林木、林地权属证书，占用或者征用林地审核同意书、育林基金等缴费收据以及其他国家机关批准的林业证件构成犯罪的，依照刑法第二百八十条第一款的规定，以伪造、变造、买卖国家机关公文、证件罪定罪处罚。对于买卖允许进出口证明书等经营许可证明，同时触犯刑法第二百二十五条、第二百八十条规定之罪的，依照处罚较重的规定定罪处罚。

㉕ 最高人民法院《关于审理扰乱电信市场管理秩序案件具体应用法律若干问题的解释》（2000 年 5 月 24 日　法释〔2000〕12 号）⑤

第一条　违反国家规定，采取租用国际专线、私设转接设备或者其他方法，擅自经营国际电信业务或者涉港澳台电信业务进行营利活动，扰乱电信市场管理秩序，情节严重的，依照刑法第二百二十五条第（四）项的规定，以非法经营罪定罪处罚。

第二条　实施本解释第一条规定的行为，具有下列情形之一的，属于非法经营行为

---

①　对其解读见：《刑事审判参考》2001 年第 5 辑总第 16 辑，第 52～56，59～68 页。
②　对其解读见：《解读最高人民法院司法解释・刑事、行政卷（1997～2002）》，第 168～169 页。
③　对其解读见：《刑事审判参考》2001 年第 2 辑总第 13 辑，第 78～84 页。
④　对其解读见：《刑事审判参考》2001 年第 3 辑总第 14 辑，第 55～59 页。
⑤　对其解读见：《刑事审判参考》2000 第 4 辑总第 9 辑，第 63～90 页以及《解读最高人民法院司法解释刑事、行政卷（1997～2002）》，第 243～248 页。

"情节严重"：（一）经营去话业务数额在一百万元以上的；（二）经营来话业务造成电信资费损失数额在一百万元以上的。

具有下列情形之一的，属于非法经营行为"情节特别严重"：（一）经营去话业务数额在五百万元以上的；（二）经营来话业务造成电信资费损失数额在五百万元以上的。

第三条 实施本解释第一条规定的行为，经营数额或者造成电信资费损失数额接近非法经营行为"情节严重"、"情节特别严重"的数额起点标准，并具有下列情形之一的，可以分别认定为非法经营行为"情节严重"、"情节特别严重"：（一）两年内因非法经营国际电信业务或者涉港澳台电信业务行为受过行政处罚两次以上的；（二）因非法经营国际电信业务或者涉港澳台电信业务行为造成其他严重后果的。

第四条 单位实施本解释第一条规定的行为构成犯罪的，对单位判处罚金，并对其直接负责的主管人员和其他直接责任人员，依照本解释第二条、第三条的规定处罚。

第五条 违反国家规定，擅自设置、使用无线电台（站），或者擅自占用频率，非法经营国际电信业务或者涉港澳台电信业务进行营利活动，同时构成非法经营罪和刑法第二百八十八条规定的扰乱无线电通讯管理秩序罪的，依照处罚较重的规定定罪处罚。

第六条 国有电信企业的工作人员，由于严重不负责任或者滥用职权，造成国有电信企业破产或者严重损失，致使国家利益遭受重大损失的，依照刑法第一百六十八条的规定定罪处罚。

第七条 将电信卡非法充值后使用，造成电信资费损失数额较大的，依照刑法第二百六十四条的规定，以盗窃罪定罪处罚。

第八条 盗用他人公共信息网络上网账号、密码上网，造成他人电信资费损失数额较大的，依照刑法第二百六十四条的规定，以盗窃罪定罪处罚。

第九条 以虚假、冒用的身份证件办理入网手续并使用移动电话，造成电信资费损失数额较大的，依照刑法第二百六十六条的规定，以诈骗罪定罪处罚。

第十条 本解释所称"经营去话业务数额"，是指以行为人非法经营国际电信业务或者涉港澳台电信业务的总时长（分钟数）乘以行为人每分钟收取的用户使用费所得的数额。

本解释所称"电信资费损失数额"，是指以行为人非法经营国际电信业务或者涉港澳台电信业务的总时长（分钟数）乘以在合法电信业务中我国应当得到的每分钟国际结算价格所得的数额。

26 最高人民法院、最高人民检察院、公安部《办理骗汇、逃汇犯罪案件联席会议纪要》（1999年6月7日 公通字〔1999〕39号）（节录）①

会议纪要如下：二、《解释》第四条规定："公司、企业或者其他单位，违反有关外贸代理业务的规定，采用非法手段、或者明知是伪造、变造的凭证、商业单据，为他人向外汇指定银行骗购外汇，数额在五百万美元以上或者违法所得五十万元人民币以上的，按照刑法第二百二十五条第（三）项的规定定罪处罚；居间介绍骗购外汇一百万美元以上或者

---

① 对其解读见：《解读最高人民检察院司法解释》，第308~311页。

违法所得十万元人民币以上的,按照刑法第二百二十五条第(三)项的规定定罪处罚。"

上述所称"采用非法手段",是指有国家批准的进出口经营权的外贸代理企业在经营代理进口业务时,不按国家经济主管部门有关规定履行职责,放任被代理方自带客户、自带货源、自带汇票、自行报关,在不见进口产品、不见供货货主、不见外商的情况下代理进口业务,或者采取法律、行政法规和部门规章禁止的其他手段代理进口业务。

认定《解释》第四条所称的"明知",要结合案件的具体情节予以综合考虑,不能仅仅因为行为人不供述就不予认定。报关行为先于签订外贸代理协议的,或者委托方提供的购汇凭证明显与真实凭证、商业单据不符的,应当认定为明知。

27 最高人民法院《关于审理非法出版物刑事案件具体应用法律若干问题的解释》(1998年12月23日 法释〔1998〕30号)(节录)①

第十一条 违反国家规定,出版、印刷、复制、发行本解释第一条至第十条规定以外的其他严重危害社会秩序和扰乱市场秩序的非法出版物,情节严重的,依照刑法第二百二十五条第(三)项的规定,以非法经营罪定罪处罚。

第十二条 个人实施本解释第十一条规定的行为,具有下列情形之一的,属于非法经营行为"情节严重":(一)经营数额在五万元至十万元以上的;(二)违法所得数额在二万元至三万元以上的;(三)经营报纸五千份或者期刊五千本或者图书二千册或者音像制品、电子出版物五百张(盒)以上的。

具有下列情形之一的,属于非法经营行为"情节特别严重":(一)经营数额在十五万元至三十万元以上的;(二)违法所得数额在五万元至十万元以上的;(三)经营报纸一万五千份或者期刊一万五千本或者图书五千册或者音像制品、电子出版物一千五百张(盒)以上的。

第十三条 单位实施本解释第十一条规定的行为,具有下列情形之一的,属于非法经营行为"情节严重":(一)经营数额在十五万元至三十万元以上的;(二)违法所得数额在五万元至十万元以上的;(三)经营报纸一万五千份或者期刊一万五千本或者图书五千册或者音像制品、电子出版物一千五百张(盒)以上的。

具有下列情形之一的,属于非法经营行为"情节特别严重":(一)经营数额在五十万元至一百万元以上的;(二)违法所得数额在十五万元至三十万元以上的;(三)经营报纸五万份或者期刊五万本或者图书一万五千册或者音像制品、电子出版物五千张(盒)以上的。

第十四条 实施本解释第十一条规定的行为,经营数额、违法所得数额或者经营数量接近非法经营行为"情节严重"、"情节特别严重"的数额、数量起点标准,并具有下列情形之一的,可以认定为非法经营行为"情节严重"、"情节特别严重":(一)两年内因出版、印刷、复制、发行非法出版物受过行政处罚两次以上的;(二)因出版、印刷、复制、发行非法出版物造成恶劣社会影响或者其他严重后果的。

---

① 对其解读见:《刑事审判参考合订本·第一卷》,第277~356页以及《解读最高人民法院司法解释刑事、行政卷(1997~2002)》,第124~133页。

第十五条 非法从事出版物的出版、印刷、复制、发行业务,严重扰乱市场秩序,情节特别严重,构成犯罪的,可以依照刑法第二百二十五条第(三)项的规定,以非法经营罪定罪处罚。

第十六条 出版单位与他人事前通谋,向其出售、出租或者以其他形式转让该出版单位的名称、书号、刊号、版号,他人实施本解释第二条、第四条、第八条、第九条、第十条、第十一条规定的行为,构成犯罪的,对该出版单位应当以共犯论处。

第十七条 本解释所称"经营数额",是指非法出版物的定价数额乘以行为人经营的非法出版物数量所得的数额。

本解释所称"违法所得数额",是指获利数额。

非法出版物没有定价或者以境外货币定价的,其单价数额应当按照行为人实际出售的价格认定。

❷❽ 最高人民法院《关于审理骗购外汇、非法买卖外汇刑事案件具体应用法律若干问题的解释》(1998年9月1日　法释〔1998〕20号)(节录)①

第三条 在外汇指定银行和中国外汇交易中心及其分中心以外买卖外汇,扰乱金融市场秩序,具有下列情形之一的,按照刑法第二百二十五条第(三)项的规定定罪处罚:(一)非法买卖外汇二十万美元以上的;(二)违法所得五万元人民币以上的。

第四条 公司、企业或者其他单位,违反有关外贸代理业务的规定,采用非法手段或者明知是伪造、变造的凭证、商业单据,为他人向外汇指定银行骗购外汇,数额在五百万美元以上或者违法所得五十万元人民币以上的,按照刑法第二百二十五条第(三)项的规定定罪处罚。

居间介绍骗购外汇一百万美元以上或者违法所得十万元人民币以上的,按照刑法第二百二十五条第(三)项的规定定罪处罚。

❷❾ 国务院《非法金融机构和非法金融业务活动取缔办法》(1998年7月13日　国务院令第247号)(节录)

第三条 本办法所称非法金融机构,是指未经中国人民银行批准,擅自设立从事或者主要从事吸收存款、发放贷款、办理结算、票据贴现、资金拆借、信托投资、金融租赁、融资担保、外汇买卖等金融业务活动的机构。

非法金融机构的筹备组织,视为非法金融机构。

第四条 本办法所称非法金融业务活动,是指未经中国人民银行批准,擅自从事的下列活动:

(一)非法吸收公众存款或者变相吸收公众存款;

(二)未经依法批准,以任何名义向社会不特定对象进行的非法集资;

(三)非法发放贷款、办理结算、票据贴现、资金拆借、信托投资、金融租赁、融资担保、外汇买卖;

(四)中国人民银行认定的其他非法金融业务活动。

---

① 对其解读见:《解读最高人民法院司法解释·刑事、行政卷(1997~2002)》,第118~123页。

前款所称非法吸收公众存款，是指未经中国人民银行批准，向社会不特定对象吸收资金，出具凭证，承诺在一定期限内还本付息的活动；所称变相吸收公众存款，是指未经中国人民银行批准，不以吸收公众存款的名义，向社会不特定对象吸收资金，但承诺履行的义务与吸收公众存款性质相同的活动。

第五条 未经中国人民银行依法批准，任何单位和个人不得擅自设立金融机构或者擅自从事金融业务活动。

对非法金融机构和非法金融业务活动，工商行政管理机关不予办理登记。

对非法金融机构和非法金融业务活动，金融机构不予开立账户、办理结算和提供贷款。

30 证监会、外汇局、工商局、公安部《关于严厉查处非法外汇期货和外汇按金交易活动的通知》（1994年10月28日　证监发字〔1994〕165号）

近两年来，一些单位未经中国证监会和国家外汇管理局批准，也未在国家工商行政管理局登记注册，擅自从事外汇期货和外汇按金交易，有的境内单位和个人与境外不法分子相勾结，以期货咨询及培训为名，私自在境内非法经营外汇期货和外汇按金交易；有的以误导下单、私下对冲、对赌、吃点等欺诈手段，骗取客户资金；有的大量进行逃汇套汇活动，甚至卷走客户保证金潜逃。这些非法交易活动，不仅扰乱了金融管理秩序，造成了外汇流失，而且引起了大量经济纠纷，举报、投诉事件不断增加。为了稳定社会秩序和金融秩序，根据国务院办公厅国办发〔1994〕69号文件精神，现就有关问题通知如下：

一、凡未经中国证监会和国家外汇管理局批准，且未在国家工商行政管理局登记注册的金融机构、期货经纪公司及其他机构擅自开展外汇期货和外汇按金交易，属于违法行为；客户（单位和个人）委托未经批准登记的机构进行外汇期货和外汇按金交易，无论以外币或人民币作保证金也属违法行为。依据《违反外汇管理处罚施行细则》（以下简称《施行细则》）的规定，组织和参与这种交易，属于私自经营外汇业务和私自买卖外汇，构成扰乱金融行为。

未经批准，擅自从事外汇期货和外汇按金交易的双方不受法律保护。

二、各金融机构、期货经纪公司及其它机构从事外汇期货和外汇按金交易，必须经中国证监会和国家外汇管理局批准。各地超越权限擅自批准的，一律无效。未经批准，任何单位一律不得经营外汇期货和外汇按金交易。

三、各地期货监管部门应会同当地外汇管理、工商行政管理和公安等部门，在地方政府大力支持下，迅速采取措施，对非法外汇期货和外汇按金交易活动严肃查处，坚决取缔。

对从事非法外汇期货和外汇按金交易的经营机构，应责令其自本通知下发之日起，一律不得接受新客户和新订单，对于尚未平仓合约，可在交割日前平仓或在交割日进行实物交割。各地要严格防止违法人员携款潜逃。对于以欺诈手段骗取客户资金的，除没收其非法所得外，由外汇管理部门按《施行细则》予以罚款，构成犯罪的，依法追究刑事责任。凡以经营商品期货、外汇信息、投资咨询为名，实际进行外汇期货和外汇按金交易活动的机构，工商行政管理机关应视情节轻重，依法给予罚款、没收非法所得、吊销营业执照等处罚。

31 公安部《关于对走私倒卖金银饰品几个政策问题的批复》（1990年1月20日　公复字〔1990〕3号）（节录）

经与中国人民银行研究，现批复如下：一、对有经营黄金制品权的单位和商店，以营利为目的，收购个人携带入境或转手的黄金制品加价倒卖的问题，《中华人民共和国金银管理条例》（国发〔1983〕95号）第八条明确规定"金银的收购，统一由中国人民银行办理。除经中国人民银行许可、委托的以外，任何单位和个人不得收购金银"。你省旅游服务公司金店和贵阳市百货大楼工艺首饰柜违反国家规定，非法从个人手中大量收购黄金制品进行倒卖，从中牟取暴利，数额特别巨大，其行为已构成投机倒把犯罪，应按最高人民法院、最高人民检察院、公安部、司法部《关于严厉打击倒卖走私黄金犯罪活动的通知》（〔87〕公发24号）的规定处理。即："国家机关、企事业单位非法进行倒买倒卖、走私黄金二千克以上的，应追究其主管人员和直接责任人的刑事责任，如果主管人员和直接责任人员中饱私囊、情节严重的，应数罪并罚。"

三、凡有黄金制品经营权的单位间相互买卖，加价销售或采取代销的形式销售金银制品的，必须经人民银行同意；对其货物来源渠道合法，经营中没有严重违犯国家法律规定的行为，应视为合法经营。

32 国家外汇管理局《关于对地下钱庄和网络炒汇等非法买卖外汇活动处罚情况的通报》，载《刑事法律文件解读》2010年第12辑总第66辑，第67～68页。

33 公安部经济犯罪侦查局《关于南京某某公司从事非法票据贴现业务认定意见的批复》（2009年11月27日　公经金融〔2009〕315号）

江苏省公安厅经侦总队：你总队《关于对南京某某贸易有限公司经营银行承兑汇票贴现业务的行为如何定性的请示》（苏公经〔2009〕451号）收悉，经我局认真研究，并征求中国银行业监督管理委员会意见，现批复如下：犯罪嫌疑人王某等人注册成立多家空壳公司，并雇人寻找需要贴现票据的企业，通过伪造购销合同和增值税发票等，以上述空壳公司的名义通过银行为企业进行票据贴现，收取手续费的行为，数额巨大，严重扰乱正常的票据管理秩序，可以认定为刑法修正案（七）第五条规定的"非法从事资金支付结算业务"的活动。

34 公安部关于顾增亮等人有关行为认定意见的批复（2009年4月13日　公经反洗钱〔2009〕188号）

上海市公安局经侦总队：你总队《关于对利用企业银行基本账户提供支票套现服务行为的性质认定请示》（沪公经〔2008〕63号）收悉。经征求中国银行业监督管理委员会政策法规部意见，现批复如下：

犯罪嫌疑人顾增亮等人为获取非法利益，注册成立空壳公司并在银行开立基本账户，在无任何实际贸易背景的情况下，专门从事为他人提供支票套现服务并收取手续费，非法获利数额巨大，其行为严重扰乱正常的金融管理秩序，根据《非法金融机构和非法金融业务活动取缔办法》（国务院令第二百四十七号）第四条第四项的规定，顾增亮等犯罪嫌疑人的行为可以认定为其他非法金融业务活动。

35 最高人民检察院研究室《关于1998年4月18日以前的传销或者变相传销行为如何处理的答复》(2003年3月21日)

经研究，答复如下：对1998年4月18日国务院发布《关于禁止传销经营活动的通知》以前的传销或者变相传销行为，不宜以非法经营罪追究刑事责任。行为人在传销或者变相传销活动中实施销售假冒伪劣产品、诈骗、非法集资、虚报注册资本、偷税等行为，构成犯罪，应当依照刑法的相关规定追究刑事责任。

36 最高人民检察院研究室《关于非法经营行为界定有关问题的复函》(2002年10月25日〔2002〕高检研发第24号)

一、关于经营违法音像制品行为的处理问题。对于经营违法音像制品行为，构成犯罪的，应当根据案件的具体情况，分别依照最高人民法院《关于审理非法出版物刑事案件具体应用法律若干问题的解释》和最高人民检察院、公安部《关于经济犯罪案件追诉标准的规定》等相关规定办理。

二、关于非法经营行为的界定问题，同意你部的意见，即：只要行为人明知是违法音像制品而进行经营即属于非法经营行为，其是否具有音像制品合法经营资格并不影响非法经营行为的认定；非法经营行为包括一系列环节，经营者购进违法音像制品并存放于仓库等场所的行为属于经营行为的中间环节，对此也可以认定为是非法经营行为。

37 国务院办公厅《关于严厉打击以证券期货投资为名进行违法犯罪活动的通知》(2001年8月31日 国办发〔2001〕64号)(节录)

三、正确适用法律，把握政策界限 (一)对超出核准的经营范围，非法从事或变相非法从事证券期货交易活动，非法经营境外期货、外汇期货业务的，以涉嫌非法经营罪立案查处。(二)对未经证券监管部门批准和工商行政管理部门登记注册，擅自设立证券期货机构的，以涉嫌擅自设立金融机构罪立案查处。(三)对以"投资咨询"、"代客理财"等为招牌，以高额回报、赠送礼品、虚假融资、减免手续费、提供"免费午餐"等为诱饵吸纳客户资金，采用内部模拟证券期货交易等手法，非法侵占他人财产的，以涉嫌集资诈骗罪立案查处。(四)非法证券期货经营者对受害人有暴力、威胁、非法拘禁等侵犯公民人身权利的行为，或以暴力、威胁手段阻碍国家机关工作人员依法执行公务，情节严重，构成犯罪的，依法追究刑事责任。(五)对以证券期货投资为名进行违法犯罪活动的机构，由证券监管部门、工商行政管理部门依法取缔、吊销营业执照。

38 公安部法制局《对〈关于对将已经仪器识别为不中奖的彩票出售的行为如何定性处理的请示〉的答复》(2000年5月23日 公法〔2000〕83号)

经研究，并征求最高人民法院、最高人民检察院的意见，现答复如下：行为人采用欺骗方法使发行彩票的工作人员回收已被识别为不中奖的彩票，数额较大的，应当依照刑法第二百六十六条的规定，以诈骗罪追究刑事责任；行为人与发行彩票的工作人员共谋，发行彩票的工作人员明知是已被识别为不中奖的彩票而回收并向社会公众出售，且数额较大的，对行为人和发行彩票的工作人员，应当以共同犯罪依照刑法第二百六十六条的规定追究刑事责任；尚不构成犯罪的，依照《治安管理处罚条例》第二十三条的有关规定予以处罚。

㊴ 最高人民法院办公厅转发国家商检局、公安部《关于严厉打击不法分子伪造变造买卖商检单证行为的通知》的通知（1988年1月1日 法办〔1988〕2号）

现将国家商检局、公安部《关于严厉打击不法分子伪造、变造、买卖商检单证行为的通知》转发给你们，请在审判工作中参照。一、伪造、变造、盗窃、买卖商检单证（包括商检机构对外签发的各种商检证书和对内签发的合格检定单、放行单、检验结果单、进口机动车辆初检报告表、委托检验结果单等）及冒充商检人员招摇撞骗是违法行为，情节轻微尚未触犯刑律的，依照商检有关法规的规定，由商检机构处以罚款，或由主管部门给予行政处分；已构成犯罪的，由司法机关依照《中华人民共和国刑法》第一百六十七条及第一百六十六条规定惩处，利用伪造、变造的商检单证，投机倒把、走私等构成犯罪的，按《刑法》有关条款惩处。

㊵ 北京市公检法《关于办理侦探公司讨债公司违法犯罪案件工作会议纪要》（2008年12月25日）

为依法惩处侦探公司、讨债公司（以下简称"两类公司"）调查个人隐私、代人追讨债务等违法犯罪活动，保护公民、法人和其他组织的合法权益，维护社会生活、经济和法律秩序，近日，北京市公安局、北京市人民检察院、北京市高级人民法院召开会议，对办理"两类公司"违法犯罪案件的法律适用原则、工作要求、工作机制提出指导性意见和具体要求。会议纪要如下：

近年来，随着社会经济的发展，各种民间债务和纠纷大量增多。在经济利益的驱使下，一些不法分子以社会、商务、法律事务调查、咨询等名义登记注册"两类公司"，借助企业经营的形式，从事法律禁止的调查个人隐私、代人追讨债务活动。"两类公司"在牟利经营中，通常非法使用窃听、窃照、跟踪、定位等专用设备，实施监视、围堵、纠缠、滋扰、威胁、恐吓等软暴力或者暴力违法犯罪活动，同时触犯或者诱发多种其他犯罪，严重干扰公民、法人和其他组织的生产、工作和生活秩序。部分"两类公司"拉拢勾结国家机关及通讯、金融、交通、传媒广告等社会公共职能部门工作人员，非法获取个人隐私、经营信息和相关技术支持，假借私权利有偿救济之名，侵蚀国家机关和社会公共职能部门的公权力。"两类公司"之间相互串连、共享资源，正向着产业化、网络化、联盟化的方向蔓延，逐渐演变成"机构设置完整、核心权力集中、内部约束严格、外部形式合法"的违法犯罪组织，应依法惩处。

一、关于办理"两类公司"案件的法律适用原则

"两类公司"是经营牟利的恶势力边缘组织，利用企业经营形式从事有组织违法犯罪，成为触犯和诱发多种犯罪的温床，严重破坏社会生活、经济和法律秩序，具有现实和潜在的社会危害性。办理"两类公司"违法犯罪案件，是继续深入开展打黑除恶专项斗争的重要组成部分，各级公检法机关要站在构建和谐社会首善之区、维护首都社会稳定大局的政治高度，坚持贯彻以下法律适用原则。

（一）以非法经营罪惩处犯罪单位及直接负责的主管人员、其他直接责任人员，依法打击犯罪组织及经济依托的原则。"两类公司"以企业经营的形式对外从事活动，企业涉案人员在履行职务中使用多种非法手段进行违法犯罪活动，侵犯了公民人身财产权利、市场经济

秩序、社会管理秩序以及国家机关、社会公共职能部门的工作秩序和廉洁管理制度等多类客体，整体性质是以单位犯非法经营罪为基础的有组织违法犯罪。仅惩处非法手段行为构成的犯罪，存在上述非法手段隐蔽性强、不易发现取证、难以定性处理等法律障碍，并且只能处理具体实施行为人，无法有效地打击各种违法犯罪背后依托的犯罪组织和经济实力。因此，能否依法有效地打击"两类公司"的犯罪组织及经济依托，彻底铲除"两类公司"继续滋生和死灰复燃的条件，是打击"两类公司"能否取得实效的重要内容和标志之一。

各级公检法机关要在依法查清全案事实的基础上，对于"两类公司"非法经营，情节严重的，应当依照《刑法》第二百二十五条第（四）项"其他严重扰乱市场秩序的非法经营行为"的规定，以非法经营罪追究"两类公司"单位及直接负责的主管人员、其他直接责任人员的刑事责任，并处或者单处违法所得一倍以上五倍以下罚金，依法没收犯罪工具和违法所得。

（二）在非法经营中同时触犯或者诱发其他犯罪的，依法实行数罪并罚的原则。各级公检法机关依法追究"两类公司"单位及直接负责的主管人员、其他直接责任人员犯非法经营罪时，对于企业内、外涉案人员同时触犯或者诱发非法使用窃听、窃照专用器材，非法侵入住宅，侮辱，诽谤，敲诈勒索，非法拘禁，非法持有、私藏枪支、弹药，伪造、变造、买卖国家机关公文、证件、印章，寻衅滋事，聚众斗殴，故意伤害，聚众扰乱社会秩序，聚众扰乱公共场所秩序、交通秩序，受贿、行贿等其他犯罪的，依法追究刑事责任。对于构成非法经营罪，又触犯或者诱发其他犯罪的，依法实行数罪并罚；对于不构成非法经营罪，但是触犯或者诱发其他犯罪的，依法处罚其他犯罪；对于仅有违法行为的，依法处劳动教养、行政拘留或其他行政处罚。

对于非法经营罪，刑法规定有财产刑，要依法加大财产刑处罚力度，并依法追缴、没收、退赔违法所得的一切财物，没收违禁品和供犯罪所用的本人财物；对于触犯或者诱发的上述其他犯罪，刑法没有规定财产刑，要依法加大追缴、没收、退赔的力度。

㊶ 福建省公检法《福建省 2008 年度第一次公检法联席会议纪要》（2008 年 6 月 2 日 闽公综〔2008〕314 号）

六、针对近期在打击生产、销售伪劣商品犯罪中存在的在认定伪劣假烟时，没有出具烟草鉴定部门鉴定以及把查扣的伪劣物品全部处理、没有保留部分物证，造成需要重新鉴定的案件无检材可用的问题，会议明确，在认定伪劣假烟时，必须出具烟草鉴定部门的鉴定；对查扣的伪劣商品，处理时必须保留少量物证。

㊷ 福建省公检法、烟草专卖局《关于办理烟草专卖品等案件适用法律若干问题的座谈纪要》（2007 年 4 月 26 日 闽公综〔2007〕234 号）（节录）

三、关于非法生产、使用、运输、储存烟草专用机械行为的定罪处罚问题

1. 未经烟草专卖行政主管部门许可，非法运输、储存烟草专用机械及其专用零部件的，以非法经营罪定罪处罚。

2. 非法使用烟草专用机械生产假冒伪劣烟草制品，或者非法购买烟草专用机械准备生产假冒伪劣烟草制品的，以非法经营罪或者生产、销售伪劣产品罪择一重罪定罪处罚。

3. 非法生产、拼装、销售、安装调试烟草专用机械的，按照最高人民法院、最高人民

检察院、公安部、国家烟草专卖局《关于办理假冒伪劣烟草制品等刑事案件适用法律问题座谈会纪要》第一条的规定执行。

四、关于生产无注册品牌烟草制品行为的定罪处罚问题

对生产在我国无注册品牌烟草制品的行为，达到刑事追诉标准的，以非法经营罪定罪处罚。

六、关于非法经营烟草专卖品行为的定罪处罚问题

1. 未经烟草专卖行政主管部门许可，非法生产、买卖烟丝、烟叶、卷烟纸、滤嘴棒、烟用丝束等烟草专卖品，具有最高人民法院、最高人民检察院、公安部、国家烟草专卖局《关于办理假冒伪劣烟草制品等刑事案件适用法律问题座谈会议纪要》第三条规定情形之一的，适用刑法第二百二十五条之规定，以非法经营罪定罪处罚。

2. 在制假现场查获的卷烟、雪茄烟、烟丝、复烤烟叶、烟叶、卷烟纸、滤嘴棒、烟用丝束、烟草薄片等应分别计价，合并计算数额，达到刑事追诉标准的，以非法经营罪定罪处罚。

3. 受他人委托非法从事加工、运输、储存烟草专卖品的，以共犯论处。

43 福建省公检法《关于当前办理利用"六合彩"进行违法犯罪案件座谈会纪要》（2005年8月22日 闽高法〔2005〕238号）

一、利用"六合彩"进行违法犯罪活动，主是表现为利用香港"六合彩"揽注猜码，从中牟利，具备赌博和非法经营的特征，应当根据具体犯罪行为和数额，充分考虑犯罪构成要件，依法定罪量刑。

二、利用"六合彩"进行非法揽注犯罪牟利，达到非法经营定罪标准的，以该罪定罪处罚；未达到非法经营定罪标准，但达到司法解释规定的赌博罪标准的，以赌博罪定罪处罚。

三、司法解释规定了赌博的定罪标准，原我省的《意见》规定不一致的，应按司法解释规定的标准定罪处罚。

四、根据原我省的《意见》达到定罪标准并已移送起诉或起诉的，但依照司法解释未达到赌博罪、非法经营罪标准，且不构成其它犯罪的，可撤诉后由公安部门依法处理。

44 厦门市公检法《关于查处利用"六合彩"进行违法犯罪活动适用法律问题的意见》（2005年6月21日 厦检会〔2005〕65号）

最高人民法院、最高人民检察院《关于办理赌博刑事案件具体应用法律若干问题的解释》（以下称解释）颁布实施后，为依法惩治赌博犯罪活动，促进禁赌专项行动提供了法律依据。但我市政法各部门在司法实践中对《解释》的理解与运用存在分歧，为统一执法思想，正确适用法律，严厉打击利用"六合彩"进行违法犯罪活动，结合实际，经研究提出如下处理意见：

一、关于《解释》的时间效力问题

2001年12月17日起施行的《最高人民法院、最高人民检察院关于适用刑事司法解释时间效力问题的规定》（高检发释〔2005〕）对此已作出明确规定，应按此规定执行。

二、关于利用"六合彩"进行违法犯罪活动的定性问题

对利用"六合彩"进行违法犯罪的应按照竞合犯的原则，择一重罪处罚。一般情况

下，涉案数额累计达到 5 万元以上的（含本数），以非法经营罪定性；涉案数额累计在 5 万元以下，符合《解释》中赌博罪的定罪标准的，以赌博罪定性。

㊺ 浙江公检法《关于办理非法生产、销售、使用禁止在饮料和动物饮用水中使用的药品等刑事案件具体问题的意见》(2005 年 1 月 19 日)

第一条 未取得药品生产、经营许可证和批准文号，非法生产、销售禁用药品，扰乱市场秩序，有下列情形之一的，属于"情节严重"，依照刑法第二百二十五条第（一）项的规定，以非法经营罪追究刑事责任：（一）盐酸克仑特罗等肾上腺素受体激动剂 500 克以上或者其稀释剂 2500 克以上；（二）其他禁用药品的非法经营数额 5 万元以上或者违法所得 1 万元以上；（三）数量或数额接近上述规定标准，在二年内因非法生产、销售禁用药品受过行政处罚的；（四）造成人员中毒或者其他严重后果的。

第二条 在生产、销售的饲料中添加禁用药品，或者销售明知是添加有禁用药品的饲料，有下列情形之一的，属于"情节严重"，依照刑法第二百二十五条第（四）项的规定，以非法经营罪追究刑事责任：（一）非法经营数额 5 万元以上或者违法所得 1 万元以上；（二）数额接近上述规定标准，在二年内因非法生产、销售含有禁用药品的饲料受过行政处罚的；（三）造成人员中毒或者其他严重后果的。

第三条 使用禁用药品或者含有禁用药品的饲料养殖供人食用的动物，或者销售明知是使用禁用药品饲养的供人食用的动物，依照生产、销售有毒有害食品罪追究刑事责任。但情节显著轻微危害不大的，可不以犯罪论处。

第四条 本《意见》自下发之日起施行。

㊻ 福建省公检法《关于部分经济犯罪、渎职犯罪案件数额幅度及情节认定问题的座谈纪要》若干问题的修订意见（2002 年 10 月 8 日 闽高法〔2005〕243 号）(节录)

二十八、除非法经营电信、外汇、证券、期货、保险或出版物外，其他非常经营活动的情节标准如下：

（一）"情节严重"，是指个人或单位进行非法经营，具有以下情形之一的：

1. 个人非法经营数额在 5 万元以上不满 50 万元，或者非法经营获利数额在 1 万元以上不满 10 万元；

2. 单位非法经营数额在 50 万元以上不满 500 万元，或者非法经营获利数额在 10 万元以上不满 100 万元；

3. 个人非法经营数额在 2 万元以上，或者单位非法数额在 20 万元以上，并具有下列情形之一的，也为情节严重。

（1）多次进行非法经营活动，经行政处罚仍不悔改的；（2）利用职权进行非法经营活动，影响极坏的；（3）哄抬物价，严重扰乱市场的；（4）非法经营影响国计民生的重要生产、生活资料的。

（二）"情节特别严重"，是指个人或单位进行非法经营，具有下列情形之一的：

1. 个人非法经营数额在 50 万元以上，或者非法经营获利数额在 10 万元以上；2. 单位非法经营数额在 500 万元以上，或者非法经营获利数额在 100 万元以上；3. 个人或者单位的非法经营，严重扰乱了市场秩序，或者造成恶劣的社会影响的。

㊼ 广东省高级人民法院《关于办理破坏社会主义市场经济秩序犯罪案件若干具体问题的指导意见》（2002年7月2日　粤高法〔2002〕87号）（节录）

9. 非法买卖进出口货物减免税批文的，依照《刑法》第225条第（二）项规定，按非法经营罪处理。如果在出售批文的同时，提供印章、向海关伪报特定减免税货物、帮助对方办理进口通关手续的，按照《刑法》第154条第（二）项规定，认定双方是共同走私行为。

㊽ 上海市高级人民法院刑庭、市检察院公诉处《刑事法律适用问题解答》（2002年4月1日）

7. 认定非法经营罪应注意哪些问题

答：非法经营罪是1997年修订后刑法规定的一个新罪名。从定罪方面看，目前要注意两个问题：一是构成本罪的行为，除了具有未经许可、无证经营的特征外，还应当注意经营对象的特殊性。也就是说，如果行为人非法经营的不是国家有关机关或部门规定应当专营专卖或限制流通的物品，一般宜作为违法行为认定。例如，对于私下买卖内容上既不淫秽、又不反动的碟片或光盘的行为，不能仅仅因为无证经营数量较大、非法获利较多，就认定为非法经营罪。如果这类行为的社会危害性确实达到严重程度，且符合其他犯罪构成的，应以其他犯罪依法追究刑事责任。二是对于非法经营行为，在考虑认定本罪时，一般应以相关的法律、行政法规所明确规定的刑事罚则为依据。不能把非法经营罪当作新的"口袋罪"扩张适用。

8. 单位犯非法经营罪如何处罚

答：单位犯非法经营罪的，对于直接负责的主管人员和其他直接责任人员除依法判处自由刑外，还应并处违法所得一倍以上五倍以下的罚金。在确定罚金数额时，可分以下几种情况判处：一是能够查清个人违法所得数额的，判处个人违法所得一至五倍的罚金（不能少于一千元）；二是单位非法经营亏损、个人确实没有违法所得的，根据个人的犯罪情节及缴纳能力，依照最高人民法院《关于适用财产刑若干问题的规定》，酌情并处不少于一千元的罚金；三是违法所得名义上归单位占有，实际被个人以各种名目任意挥霍，或者有迹象表明个人从中获利的，可以考虑以名义上归单位的违法所得为基数判处罚金。总之，应当兼顾两个方面：一是对于严重破坏市场经济秩序的犯罪，一定要依法判处财产刑，决不能让犯罪分子在经济上占到便宜。二是在经济上制裁犯罪时，也应当注意体现刑法的公正性，不能把本应由单位承担的刑罚，转嫁或者同时判给个人承担。

㊾ 《关于进一步加强卫星电视广播地面接收设施管理的意见》（2002年3月24日广发外字〔2002〕254号）（节录）

三、加强卫星电视广播地面接收设施安装和使用的管理

国务院广电主管部门负责卫星电视广播地面接收设施安装和使用的管理。

（一）进一步严格卫星电视广播地面接收设施安装和使用审批制度。

1. 严格执行卫星电视广播地面接收设施安装、使用的许可证管理制度。未持有《卫星电视广播地面接收设施安装许可证》的生产、销售、施工单位，不得从事安装卫星电视广播地面接收设施的业务；未持有《设立卫星电视广播地面接收设施接收卫星传送的电视节

目许可证》的单位和个人，不得设立和使用卫星电视广播地面接收设施。

（二）健全和完善卫星电视广播地面接收设施安装、使用的日常监管制度，加大执法力度。

四、加强卫星电视广播地面接收设施进出口的管理

国务院外经贸主管部门和海关总署负责卫星电视广播地面接收设施进出口的管理。

（一）实行卫星地面接收设施进口审批制度。

1. 通过贸易渠道进口卫星电视广播地面接收设施，必须持国务院广电主管部门开具的证明，到国务院外经贸主管部门办理审批手续，海关凭外经贸主管部门的批准文件放行。不能提供上述批件的，一律不予放行。

2. 对采用瞒报、虚报及其他不符合有关规定进口卫星电视广播地面接收设施的单位，国务院外经贸主管部门可在发现之日起1至3年内不接受其进口机电产品申请，并视情节轻重暂停或取消其对外贸易经营许可。

3. 禁止任何个人携带、邮寄卫星电视广播地面接收设施（包括天线、高频头、接收机、编码器、解码器、解压及接收一体化装置）入境。

五、加大对违法犯罪行为的打击力度

公安机关对拒绝、阻碍有关部门依法执行公务的，坚决依法予以查处；对非法生产、销售、进口、安装、使用卫星电视广播地面接收设施构成犯罪的，依法追究刑事责任。

50 福建省公检法《关于办理诈骗等案件掌握数额标准等问题的座谈会纪要》（2000年8月8日 闽高法〔2000〕148）（节录）

九、刑法第363条规定的制作、贩卖、传播淫秽物品犯罪以及经营非法出版物依照刑法第225条非法经营罪定罪处罚的，数额（数量）标准以最高人民法院《关于审理非法出版物刑事案件具体应用法律若干问题的解释》第八条、第十条、第十二条、第十三条中规定的最低数额（数量）为准。

51 福建省公检法《关于依法从重从快打击制售假冒香烟犯罪的意见》（2000年2月12日 闽公通〔2000〕46号）

52 福建省公检法《福建省第四次公检法刑事办案联席会议纪要》（1997年9月26日）（节录）

（二）关于办理非法买卖外汇案件有关问题：在侦办非法买卖外汇案件中，已有交易双方其中一方认罪供述及相应的银行账户交易记录的原始凭证等其他证据相印证即可基本认定非法交易的事实。公安机关立案侦查后依法通过秘密手段取得的录像及录音经过转换可作为证据使用。涉及境外交易的，依法取得的相关境外警方协查材料可作为佐证。

学理观点·典型案例 ▶ 索引与要旨

1 《涉众型经济犯罪中的主从犯的认定》，载《公检法办案指南》2012年第2辑总第146辑，第147~154页。

要旨 ➡ 1. 非法经营犯罪中如何确定"业务员"的刑事责任问题；2. 非法经营犯罪中区分主从犯及犯罪数额的认定问题。

❷《刘溪、聂明湛、原维达非法经营案》，载《刑事审判参考》2011 年第 5 辑总第 82 辑，第 23~31 页。

要旨 ➡ 以现货投资名义非法代理境外黄金合约买卖的行为，如何定性？

❸《梁俊涛非法经营》，载《刑事审判参考》2011 年第 1 辑总第 78 辑，第 1~9 页。

核心提示 ➡ 如何认定非法出版物？对于制售有严重政治问题的非法出版物行为应如何定性？

❹《未取得成品油经营许可证的情况下销售柴油应如何定性》，载《公检法办案指南》2011 年第 11 辑总第 143 辑，第 144~148 页。

❺《薛洽煌非法经营联邦止咳露案》，载《刑事审判参考》2010 年第 4 辑总第 75 辑，第 9~15 页。

核心提示 ➡ 非法经营药品犯罪案件中情节特别严重的认定

❻《介绍客户进行境外黄金期货交易的行为如何定性》，载《刑事司法指南》2010 年第 4 辑总第 44 辑，第 194~204 页。

❼《析刘某非法经营案》，载《刑事司法指南》2010 年第 2 辑总第 42 辑，第 220~230 页。

核心提示 ➡ 重大自然灾害下违背市场管理制度经营行为之定性研究

❽《东某集资诈骗案》，载《最新刑事法律文件解读》2010 年第 7 辑总第 61 辑，第 101~103 页。

核心提示 ➡ 该传销行为是构成非法经营罪还是集资诈骗罪？

❾《施卫东等人假冒注册商标、非法经营、销售伪劣产品、非法制造注册商标标识案》，载《刑事法律文件解读》2010 年第 4 辑总第 58 辑，第 105~116 页。

核心提示 ➡ 正确处理假冒注册商标罪、非法经营罪、销售伪劣产品罪和非法制造注册商标标识罪，准确认定未销售伪劣产品的金额

❿《程稚瀚盗窃案》，载《刑事审判参考》2010 年第 1 辑总第 72 辑，第 38~46 页。

核心提示 ➡ 在移动公司数据库中将已充值的充值卡修改数据后将其明文密码出售的行为如何定性？

⓫《宁波利百代投资咨询有限公司、陈宗玮、王文泽、郑淳中非法经营上诉案》，载《最高人民法院公报》2009 年第 1 辑总第 147 辑。

要旨 ➡ 为非法经营证券业务而设立单位，且单位成立后以非法经营证券业务为主要活动，认定为自然人犯罪。

上诉人为从事非上市股份有限公司代理销售业务，注册成立原审被告单位，指使其公司业务员向不特定社会群众推销该非上市股份有限公司的股票，超出被告核准登记的经营范围。

⑫《周新桥等非法经营案》，载《刑事审判参考》2009 年第 4 辑总第 69 辑，第 1～8 页。

核心提示 ➡ 刑法修正案颁布实施前未经国家有关主管部门批准，非法经营期货业务的行为是否构成非法经营罪？

⑬《武汉同济药业有限公司等四单位及孙伟民等人贩卖、运输、制造、转移毒品案》，载《刑事审判参考》2009 年第 2 辑总第 67 辑，第 1～13 页。

要旨 ➡ 不明知他人购买咖啡因是用于贩卖给吸毒人员的情况下，违规大量出售咖啡因的行为构成非法经营罪。

⑭《私自设障向过往车辆收费的行为是否构成非法经营罪》，载《刑事审判参考》2009 年第 1 辑总第 66 辑，第 209～211 页。

⑮《对于司法解释性文件的理解与思考——以〈关于办理商业贿赂刑事案件适用法律若干问题的意见〉为例》，载《刑事审判参考》2009 年第 1 辑总第 66 辑，第 199～208 页。

再举非法经营罪为例，刑法第二百二十五条第（四）项"其他严重扰乱市场秩序的非法经营行为"的兜底条款规定，亦属于"堵截构成要件"，如何认定该"堵截构成要件"？无证销售盗版光盘的犯罪行为是否属于"其他严重扰乱市场秩序的非法经营行为"，究竟应定销售侵权复制品罪还是非法经营罪？考查刑法第二百二十五条的规定可知，这里"其他"的内涵和外延不能任意扩大，该条前三项规定的"专营、专卖物品"、"进出口许可证"、"证券、期货、保险业务"等，已经表明了非法经营罪犯罪对象在国家经济、社会生活中的重要性质。根据同类解释规则，对于并列规定的第（四）项的内容，应当理解为是指非法经营与其他三项的内容具有同一性的关系国计民生的其他重要物品或业务。最高人民法院近年来颁布的有关司法解释，也一直遵循和体现了上述立法精神和宗旨。如最高人民法院先后所作出司法解释规定，对于非法买卖外汇、擅自经营国际电信业务、非法买卖食盐等行为，情节严重的，应当以非法经营罪定罪处罚。由此可以得出结论，并非所有未经行政许可、违规从事经营活动、非法获利数额较大的行为，都应纳入非法经营罪的治罪范围。否则，不问非法经营对象的性质如何，把诸如违规开设旅馆、饭店、花店等非法经营行为都作为犯罪处理，势必不当扩大非法经营罪的治罪范围，严重滋生"口袋罪"的弊害。就盗版光盘而言，显然不具有关系国计民生的物品属性，因此，无证销售盗版光盘的犯罪行为，不宜解释为刑法第二百二十五条规定的"其他严重扰乱市场秩序的非法经营行为"，当然不能认定构成非法经营罪，不属于非法经营罪与销售侵权复制品罪的竞合，只能认定构成销售侵权复制品罪。

⑯《陈宗纬、王文泽、郑淳中非法经营案》，载《刑事审判参考》2008 年第 3 辑总第 62 辑，第 17～24 页。

要旨 ➡ 超越经营范围向社会公众代理转让非上市股份有限公司的股权构成非法经营罪。

⑰《谈文明等非法经营案》，载《刑事审判参考》2008 年第 1 辑总第 60 辑，第 16～25 页。

核心提示 ➡ 擅自制作网络游戏外挂出售牟利构成犯罪的应当如何适用法律？

要旨 ➡ 1. 擅自制作网游外挂出售牟利，侵犯的是网络游戏权利人著作修改权而不是复制发行权，不构成侵犯著作权罪。2. 擅自制作网游外挂出售牟利，既属于没有相应资质而从事出版活动的非法经营行为，也属于违反规定出版非法互联网出版物的非法经营行为。

⑱《陈宗纬、王文泽、郑淳中非法经营案》，载《刑事法律文件解读》2008 年第 6 辑总第 36 辑，第 120～123 页。

核心提示 ➡ 超越经营范围向社会公众代理转让非上市股份有限公司的股权是否构成犯罪？

⑲《超越经营范围向社会公众代理转让非上市股份有限公司的股权是否构成犯罪》，载《公检法办案指南》2008 年第 10 辑总第 106 辑，第 141～148 页。

⑳《非法出售未上市公司股权（股票）行为探讨》，载《公检法办案指南》2008 年第 7 辑总第 103 辑，第 138～150 页。

㉑《古展群等非法经营案》，载《刑事审判参考》2007 年第 4 辑总第 57 辑，第 10～17 页。

核心提示 ➡ 如何认定非法买卖、运输盐酸氯胺酮注射液行为的性质？

旨示 ➡ 1. 案发时盐酸氯胺酮注射液并未被规定为毒品，非法买卖、运输盐酸氯胺酮注射液的行为不构成贩卖、运输毒品罪。2. 案发时盐酸氯胺酮注射液不是制毒物品，非法买卖盐酸氯胺酮注射液的行为不构成非法买卖制毒物品罪。3. 本案案发时盐酸氯胺酮注射液还款规定的专营、专卖物品，非法买卖盐酸氯胺酮注射液的行为应以非法经营罪定罪处罚。

㉒《王一辉、金珂、汤明职务侵占案》，载《刑事审判参考》2007 年第 5 辑总第 58 辑，第 48～61 页。

核心提示 ➡ 利用职务便利盗卖单位游戏"武器装备"的行为如何定罪处罚？

要旨 ➡ 本案所涉网络游戏"武器装备"并不属于专营、专卖物品或者限制买卖的物品，也没有相关法律、法规对经营买卖该类物品作出限制性规定，故三被告人的行为不构成非法经营罪。

㉓《"沃顿案"司法认定疑难问题探析——兼论非法吸收公众存款罪与非法经营罪之区别》，载《刑事司法指南》2007 年第 1 辑总第 29 辑，第 130～140 页。

㉔《关于防范和打击非法集资、非法从事金融业务、传销等违法犯罪活动的几个问题》，载《公检法办案指南》2007 年第 8 辑总第 92 辑，第 160～170 页。

㉕《向不特定公众出售非上市公司股权（股票）行为如何定性——潘某等人集资诈骗、非法经营案案例分析》，载《公检法办案指南》2007 年第 1 辑总第 85 辑，第 155～169 页。

㉖《郭金元、肖东梅非法经营案》，载《刑事审判参考》2006 年第 1 辑总第 48 辑，第 1～10 页。

核心提示 ➡ 被行政处罚过的非法经营数额应否计入犯罪数额？

要旨 ➡ 依照我国刑法和行政处罚法的相关规定，业经行政处罚过的非法经营数额应否计入犯罪数额，再予以追究刑事责任，不能一概而论。对于行政机关未超越职权范围予以行政处罚的非法经营数额，不得累计计算作犯罪数额。对于行政机关超越职权范围"以罚代刑"处置的非法经营数额，应当作为未经处理的犯罪数额予以重新计算。构成犯罪的，追究刑事责任；多次非法经营的，犯罪数额累计计算。

㉗《方坤等非法经营上诉案》〔2006〕沪一中刑终字第464号，上海市第一中级人民法院

核心提示 ➡ 股权凭证虽未上市，但从根本性质上应认定为股票，未经许可，从事非上市公司股权交易中介业务

㉘《阮海全等非法经营案》〔2006〕昌刑初字第337号，北京市昌平区人民法院

核心提示 ➡ 非法买卖报废出租车

㉙《非法经营罪研究》，载《刑事司法指南》2006年第2辑总第26辑，第46~98页。

㉚《张某某等6人非法经营、销售伪劣品牌卷烟案》，载《公检法办案指南》2006年第11辑总第83辑，178~183页。

核心提示 ➡ 销售伪劣产品罪与销售假冒注册商标的商品罪、非法经营罪之界定

要旨 ➡ 1. 租赁他人《烟草专卖零售许可证》销售卷烟的行为性质；系无证经营行为。2. 无证销售真品卷烟的行为性质；应当按照非法经营罪认定。3. 无证销售伪劣卷烟的行为性质；系想像竞合。4. 尚未销售的真品卷烟和伪劣卷烟数额的认定。

㉛《假冒伪劣烟草制品刑事案件的法律适用问题》，载《刑事审判参考》2005年第1辑总第42辑，第168~172页。

要旨 ➡ 没有相应的烟草专卖许可证或者准运证，从事烟草制品的生产、销售、运输业务，构成非法经营罪。

一、关于生产、销售假烟行为的定性：1. 生产、销售假烟的行为通常同时构成生产、销售伪劣产品罪、假冒注册商标罪或者销售假冒注册商标的商品罪、非法经营罪，应当依照处罚较重的刑法规定定罪处罚。在比较法定刑时，应当结合具体犯罪行为应当适用的法定刑幅度进行比较。例如，对于没有烟草专卖零售许可证而销售十几种假冒伪劣卷烟，销售金额为5万元的，以非法经营罪定罪处罚，才符合《伪劣商品案件解释》第十条的规定。没有相应的烟草专卖许可证或者准运证，从事烟草制品的生产、销售、运输业务，扰乱市场秩序，情节严重的，构成非法经营罪。2. 对于生产、销售假烟的犯罪行为，在没有证据证实假烟属于刑法第一百四十条规定的"伪劣产品"的情况下，不能以生产、销售伪劣产品罪定罪处罚。

二、关于生产、销售伪劣烟用烟丝、烟用烟叶以及非法生产、拼装、销售烟草专用机械行为的定性。就非法生产、拼装、销售烟草专用机械来说，能否构成生产、销售伪劣产品罪，还需对机械是否属于伪劣产品进行鉴定。然而，烟用烟丝、烟用烟叶和烟草专用机械属于烟草专卖品，对于未经许可而生产（拼装也属于生产）、销售，情节严重的，可以

按照非法经营罪定罪处罚。

㉜《高国华非法经营案》，载《刑事审判参考》2005 年第 1 辑总第 42 辑，第 29～31 页。

核心提示 ➡ 非法从事外汇按金交易的行为如何处理？

要旨 ➡ 1. 外汇按金（保证金）交易是我国法律禁止的一种"在国家规定的交易场所以外非法买卖外汇"行为；2. 非法从事外汇按金交易，扰乱市场秩序，情节严重的，应当以非法经营罪处罚；3. 没有交付交易现金，亦没有实际占有非法获利款，均不影响非法经营罪的成立。

㉝《于润龙非法经营案（从旧兼从轻原则）》，载《人民法院案例选》2005 年第 4 辑总第 54 辑。

核心提示 ➡ 未经许可买卖黄金的刑事责任

要旨 ➡ 上诉人于润龙收售黄金的行为发生在 2002 年 8 月至 9 月间，即国务院国发〔2003〕5 号文件发布前，按照当时的法律，构成非法经营罪，但在一审法院审理时，国务院发布了国发〔2003〕5 号文件，取消了中国人民银行关于黄金管理的收售许可审批，导致《刑法》第二百二十五条第一项所依据的行政法规——《中华人民共和国金银管理条例》发生了变化，其行为按照现在的法律，不存在"违反国家规定"或"未经许可经营法律、行政法规规定的专营、专卖物品或其他限制买卖的物品"的性质，不符合非法经营罪的构成要件，其行为不构成非法经营罪。

㉞《再审刘涌案判决书》，载《最新刑事法律文件解读》2005 年第 6 辑总第 6 辑，第 91 页。

要旨 ➡ 违反专卖规定，异地购进香烟批发销售的行为构成非法经营。

㉟《杨永明、孙承贵等诈骗案（陕西宝马彩票案）刑事判决书》，载《最新刑事法律文件解读》2005 年第 6 辑总第 6 辑，第 103 页、第 114～116 页。

核心提示 ➡ 骗取相对特定的对象的财物应如何定性？

㊱《董忠汉等非法经营案》，载《人民法院案例选》2004 年刑事专辑总第 47 辑。

核心提示 ➡ 非法收购、出售国家一级保护野生植物红豆杉树皮应如何定性？

㊲《江宁非法经营案》，载《人民法院案例选》2004 年刑事专辑总第 47 辑。

核心提示 ➡ 无证无照贩卖药品

㊳《龚学飞非法经营案》，载《经济犯罪审判指导》2004 年第 4 辑总第 8 辑。

要旨 ➡ 利用互联网发布足球博彩信息牟利情节严重构成非法经营罪。

㊴《孟祥国、李桂英、金利杰侵犯著作权案》，载《刑事审判参考》2003 年第 4 辑总第 33 辑，第 20～25 页。

核心提示 ➡ 以营利为目的出版他人享有专有出版权图书的行为能否以非法经营罪定罪处罚？

要旨 ➡ 我们认为，以非法出版物为犯罪对象的非法经营罪与侵犯著作权罪之间属于普通法条与特别法条之间的法条竞合关系。特别法条优于普通法条，当立法机关认为适用特别法条不能对某一行为作出全面、恰当的评价时，在立法中特别规定普通法条与特别法条发生竞合的需要适用普通法条，如149条第2款。就本案而言，225是普通法条，217是特别法条，未作特别规定，应用特别法条。

㊵《李柏庭非法经营案》，载《刑事审判参考》2003年第2辑总第31辑，第46~50页。

核心提示 ➡ 如何区分有奖销售与以变相传销方式实施的非法经营罪？

要旨 ➡ 1.实质是变相传销。2.是否具有非法占有目的，是区分以传销方式实施的非法经营（非法牟利）和诈骗的根本标准。3.非法经营是行政犯，它以违反国家相关规定作为前提条件。

㊶《对1998年4月17日以前实施传销或者变相传销行为如何处理》，载《刑事审判参考》2003年第2辑总第31辑，第208~209页。

㊷《徐国庆等非法经营案》，载《经济犯罪审判指导与参考》2003年第3辑总第3辑，第23页。

要旨 ➡ 非法经营国际电信来话业务构成非法经营罪。

㊸《毛建军、陆文忠、马红国非法经营案》，载《经济犯罪审判指导与参考》2003年第1辑总第1辑，第39页。

要旨 ➡ 非法收购、出售红豆杉树皮情节严重构成非法经营罪。

㊹《李渭渭、哈翎盗印〈辞海〉案》，载《假冒伪劣犯罪判解》，第148页。

核心提示 ➡ 如何认定非法出版物的非法经营额标准？

㊺《江宁无证销售药品案》，载《假冒伪劣犯罪判解》，第193页。

核心提示 ➡ 在《中华人民共和国药品管理法》修订前未经许可贩卖药品的行为是否构成犯罪？

㊻《非法经营罪的法律适用》，载《刑事审判要览》2003年第5辑总第5辑，第38~55页。

㊼《高秋生、林适应等非法经营案》，载《刑事审判参考》2002年第6辑总第29辑，第12~16页。

核心提示 ➡ 运输假冒台湾产香烟的行为如何定性？

要旨 ➡ 1.非法经营假冒台湾产香烟，情节严重的，构成非法经营罪。台湾地区所产香烟在我国内地并未获许流通，但香烟属于我国法律规定的专营、专卖物品，因此，系非法经营。该香烟未在国内市场流通，亦没有同类合格产品的市场价格可参考估价，而非法经营罪并不要求价格数额作为定罪量刑的唯一标准，故辩护人提出的要求价值鉴定的意见无法律根据，一、二审法院以运输假冒香烟的数量认定被告人的犯罪情节是正确的。2.明知是假冒台湾产香烟而为他人运输，构成非法经营罪的共犯。无准运证运输香烟，《烟草专卖法》虽然没有规定对此种行为要追究刑事责任，但不能据此简单地认定本案不构成非法经营。对于明知他人系进行违法犯罪活动而为其提供运输服务的其他非法运输行为，根据刑法总则共同犯罪的有关规定，应成立共同犯罪，运输者系相关犯罪活动的帮助犯或被告犯。3. 未经许可已实施运载经营假冒烟草制品，被公安干警当场抓获，其违反国家规定，在流通领域进行运输的非法经营行为即属既遂。

48《袁鹰、欧阳湘、李巍集资诈骗案》，载《刑事审判参考》2002年第2辑总第25辑，第22~24页。

核心提示 ➡ 非法传销过程中携传销款潜逃的行为如何处理？

要旨 ➡ 对于非法传销过程中携款潜逃的行为，由于有买卖货物的行为，是在非法经营活动中进行诈骗活动，没有侵犯金融管理秩序，主要侵犯的是传销参与者的财产权和市场经济秩序，因此应以诈骗罪或者合同诈骗罪定罪处罚。

49《王庆诈骗案》，载《刑事审判参考》2002年第1辑总第24辑，第72~78页。

核心提示 ➡ 骗购电信卡贩卖给他人使用造成电信资费巨大损失的行为如何定性？

要旨 ➡ 辩护人认为应定非法经营。但判决认为辩护意见无法律依据。

50《刘振平非法经营上诉案》，载《最高人民法院公报》2001年第6辑总第65辑。

要旨 ➡ 利用伪造、变造的海关凭证和商业单据骗购外汇，获取巨额代理费。

51《胡廷蛟、唐洪文等生产、销售伪劣产品案》，载《刑事审判参考》2001年第12辑总第23辑，第12~14页。

核心提示 ➡ 如何认定非法经营专营、专卖物品扰乱市场秩序"情节严重"？

52 福建漳州市中级人民法院〔2001〕刑字第246号

核心提示 ➡ 非法购买烟草专用机械如何定性？

要旨 ➡ 上诉人张传雄未经许可，非法购买国家行政法规规定专营的烟草生产专用机械，价值人民币46.104万元，用于生产假冒商标香烟进行销售，其行为已构成非法经营罪。

53《王作武非法经营案》，载《刑事审判参考》2000年第5辑总第10辑，第25~30页以及《刑事审判案例》，第330~331页。

核心提示 ➡ 印刷、发行宣扬邪教内容出版物的行为如何适用法律？

要旨 ➡ 被告人非法印刷、发行宣扬法轮功邪教的书籍、图片及非法经销宣扬法轮功邪教的音像制品的行为，发生在我国政府明令取缔法轮功邪教组织之前，不应以组织、利用邪教组织破坏法律实施罪定罪处罚，而应以非法经营罪定罪处罚。

54《王建军等非法经营案》，载《刑事审判参考合订本·第一卷》，第64~75页。

核心提示 ➡ 对有关骗汇犯罪的司法解释和人大《决定》公布之前的骗购外汇的行为如何适用法律？

要旨 ➡ 1. 以单位名义实施犯罪，违法所得归个人的，属个人犯罪。2. 骗购外汇罪的主体包括个人。1998年8月28日最高人民法院《关于审理骗购外汇、非法买卖外汇案件具体应用法律若干问题的解释》的意图在于：一是骗购外汇的行为是非法经营行为；二是鉴于这类犯罪主要是单位所为，因此明确规定单位可构成本罪。由于非法经营罪，既可以由单位构成，也可以由个人构成，因此个人骗购外汇行为，构成本罪。3. 骗购外汇罪与非法经营罪的轻重比较。1998年12月29日《关于惩治骗购外汇、逃汇和非法买卖外汇犯罪的决定》，增加了新罪名——骗购外汇罪，该罪的最高刑为无期徒刑。根据刑法第十二条第一款的规定，被告人骗购外汇的犯罪行为，发生于1997年9月至1998年5月，而在审理该案时，《决定》已经公布实施。骗购外汇罪的法定最高刑比非法经营罪的法定最高刑（十五年）重，因此仍应适用刑法，不适用《决定》。

55《刘振杰等非法经营案》，载《刑事审判参考合订本·第一卷》，第76~85页。
核心提示 ➡ 倒卖骗购的外汇额度行为如何定罪？
要旨 ➡ 1. 骗购外汇罪的立法渊源；2. 适用问题同〔第34号〕判例。

56《江宁无证销售药品案》，载《假冒伪劣犯罪判解》，第193页。
核心提示 ➡ 在《中华人民共和国药品管理法》修订前未经许可贩卖药品的行为是否构成犯罪？

57 王汉斌《关于〈中华人民共和国（修订草案）〉的说明》
要旨 ➡ 关于投机倒把罪。刑法关于投机倒把罪的规定比较笼统，界限不太清楚，造成执行的随意性。这次修改，根据社会主义市场经济发展的要求，对需要规定的犯罪行为，尽量分解作出具体规定。草案根据十几年来按投机倒把罪追究刑事责任的具体行为作出规定，有些已在生产、销售伪劣商品罪、破坏金融管理秩序罪中作了规定，这次修订，在扰乱市场秩序罪中增加了对合同诈骗、非法经营专营专卖物品、买卖进出口许可证等犯罪行为的规定。不再笼统规定投机倒把罪，这样有利于避免执法的随意性。

第226条 强迫交易罪

以暴力、威胁手段强买强卖商品、强迫他人提供服务或者强迫他人接受服务，情节严重的，处三年以下有期徒刑或者拘役，并处或者单处罚金。

中华人民共和国刑法修正案（八）（第十一届全国人民代表大会常务委员会第十九次会议2011年2月25日通过，中华人民共和国主席令第四十一号公布，自2011年5月1日起施行。）

三十六、将刑法第二百二十六条修改为："以暴力、威胁手段，实施下列行为之一，情节严重的，处三年以下有期徒刑或者拘役，并处或者单处罚金；情节特别严重的，处三年以上七年以下有期徒刑，并处罚金：

（一）强买强卖商品的；
（二）强迫他人提供或者接受服务的；
（三）强迫他人参与或者退出投标、拍卖的；
（四）强迫他人转让或者收购公司、企业的股份、债券或者其他资产的；
（五）强迫他人参与或者退出特定的经营活动的。"

关 联 规 范 ➡ **完全整理**

1《中华人民共和国刑法》（1980年1月1日）第231条 单位犯扰乱市场秩序罪的处罚规定

单位犯本节第二百二十一条至第二百三十条规定之罪的，对单位判处罚金，并对其直接负责的主管人员和其他直接责任人员，依照本节各该条的规定处罚。

❷ 最高人民检察院、公安部《关于公安机关管辖的刑事案件立案追诉标准的规定（一）》（2008年6月25日　公通字〔2008〕36号）（节录）

第二十八条　以暴力、威胁手段强买强卖商品、强迫他人提供服务或者强迫他人接受服务，涉嫌下列情形之一的，应予立案追诉：（一）造成被害人轻微伤或者其他严重后果的；（二）造成直接经济损失二千元以上的；（三）强迫交易三次以上或者强迫三人以上交易的；（四）强迫交易数额一万元以上，或者违法所得数额二千元以上的；（五）强迫他人购买伪劣商品数额五千元以上，或者违法所得数额一千元以上的；（六）其他情节严重的情形。

第一百条　本规定中的立案追诉标准，除法律、司法解释另有规定的以外，适用于相关的单位犯罪。

❸ 最高人民法院《关于审理抢劫、抢夺刑事案件适用法律若干问题的意见》（2005年6月8日　法发〔2005〕8号）（节录）①

九、2. 以暴力、胁迫手段索取超出正常交易价钱、费用的钱财的行为定性：从事正常商品买卖、交易或者劳动服务的人，以暴力、胁迫手段迫使他人交出与合理价钱、费用相差不大钱物，情节严重的，以强迫交易罪定罪处罚；以非法占有为目的，以买卖、交易、服务为幌子采用暴力、胁迫手段迫使他人交出与合理价钱、费用相差悬殊的钱物的，以抢劫罪定罪处刑。在具体认定时，既要考虑超出合理价钱、费用的绝对数额，还要考虑超出合理价钱、费用的比例，加以综合判断。

❹ 厦门市人民检察院《征地拆迁过程中可能涉及的主要刑事犯罪法律适用及参考证据规格》（检察业务〔2005〕004号）（节录）

十、2. 罪名说明：强迫交易罪，是指违反国家市场管理法规，以暴力、威胁手段强买强卖商品，强迫他人提供服务或者强迫他人接受服务，情节严重的行为。根据法条规定，行为人采取暴力、威胁方法强买强卖商品或者强迫他人提供服务或者接受服务的强迫交易行为，要构成本罪，必须以"情节严重"为条件。所谓"情节严重"，可以理解为：（1）非法获利数额较大的；（2）多次强迫交易的；（3）社会影响恶劣的；（4）给被害人及家庭引起较为严重后果的；（5）强迫交易严重扰乱市场的；（6）二人以上共同实施强迫交易的。情节没有达到严重程度，强迫交易的行为仅属一般违法行为，应由有关机关给予行政处罚。行为人强迫他人与自己进行诸如国家禁止或者限制买卖的物品、行为的交易，属想象竞合犯或者牵连犯，应择重罪从重处罚。这时，是否构成他罪，自然应以他罪的定罪情节予以认定。

3. 司法实践中应注意的问题：行为人采用暴力相威胁，就所造成的后果而言，应以轻伤或者过失重伤为限。如果故意造成他人重伤以及致人死亡的，则应以故意伤害罪、故意

---

① 对其解读见：《刑事审判参考》2005年第1辑总第42辑，第93～98页以及2005年第2辑总第43辑，第71～92页。

第二编 分则 第三章 破坏社会主义市场经济秩序罪

杀人罪、过失致人死亡罪论处。如果针对财物使用暴力，造成他人财物毁坏，数额较大或者具有其他严重情节的，应以故意毁坏财物罪定罪处罚。

学理观点·典型案例 ➡ 索引与要旨

❶《刑法修正案（八）》解读，载《刑事审判参考》2011 年第 4 辑总第 81 辑，第 83~117 页以及《公检法办案指南》2011 年第 3 辑总第 135 辑，第 13~121 页。

❷《陈惠忠等抢劫案》，载《刑事审判参考》2011 年第 5 辑总第 82 辑，第 50~54 页。

核心提示 ➡ "吊模宰客"行为如何定性？

❸《李洪生强迫交易案》，载《刑事审判参考》2009 年第 1 辑总第 66 辑，第 8~13 页。

要旨 ➡ 使用暴力强行向他人当场"借款"并致人轻伤的应认定为抢劫。

❹《强行卖唱并索要钱财的如何处理》，载《刑事审判参考》2008 年第 6 辑总第 65 辑，第 155~163 页。

❺《先由酒托女诱骗消费再使用暴力收款的行为如何定性》，载《公检法办案指南》2008 年第 10 辑总第 106 辑，第 167~170 页。

❻《朱波伟、雷秀平强迫交易案》，载《最高人民法院公报》2006 年第 4 辑总第 114 辑。

要旨 ➡ 出租车司机以言语威胁、强行搜身，索取与合理价格相差悬殊的高额费用，并退还部分财物。

❼《宋东亮、陈二永强迫交易、故意伤害案》，载《刑事审判参考》2004 年第 1 辑总第 36 辑，第 17~21 页。

核心提示 ➡ 共同强迫交易过程中，一人突然持刀重伤他人，对其他参与共同强迫交易的被告人应如何定罪处罚？

❽《郑小平、邹小虎抢劫案》，载《刑事审判参考》2001 年第 6 辑总第 17 辑，第 17~23 页。

核心提示 ➡ 以暴力、威胁手段强迫他人提供贷款的行为如何定性？

要旨 ➡ 不能证实行为人具有非法占有他人财物的目的，就不能以抢劫或敲诈勒索定；强迫提供金融服务。

❾《孙殿臣强迫交易案》〔2000〕满刑初字判决书

要旨 ➡ 被告人孙殿臣无视国法，在违背被害人意志的情况下，采用摔酒瓶、拳头击打等手段，以不合理的价格向两名俄罗斯乘客强行索要出租汽车服务费，强行索要的价格明显超出合理的价格，破坏了市场交易秩序，情节严重，其行为已构成强迫交易罪。

❿《黄梅娇强迫交易案》〔2000〕永刑初字判决书

要旨 ➡ 被告人黄梅娇为图私利，在其开设的酒家，强迫旅客消费，对不从者则以暴力殴打，经法医鉴定，李玉清、胡洁的损伤程度分别为轻微伤甲级和轻微伤乙级，情节严重，已构成强迫交易罪。

第227条 第1款 伪造、倒卖伪造的有价票证罪 第2款 倒卖车票、船票罪

伪造或者倒卖伪造的车票、船票、邮票或者其他有价票证，数额较大的，处二年以下有期徒刑、拘役或者管制，并处或者单处票证价额一倍以上五倍以下罚金；数额巨大的，处二年以上七年以下有期徒刑，并处票证价额一倍以上五倍以下罚金。

倒卖车票、船票，情节严重的，处三年以下有期徒刑、拘役或者管制，并处或者单处票证价额一倍以上五倍以下罚金。

关联规范 ➡ 完全整理

❶《中华人民共和国刑法》（1980年1月1日）第231条 单位犯扰乱市场秩序罪的处罚规定

单位犯本节第二百二十一条至第二百三十条规定之罪的，对单位判处罚金，并对其直接负责的主管人员和其他直接责任人员，依照本节各该条的规定处罚。

❷公安部《关于倒卖伪造变造火车票案件管辖问题的批复》（2010年8月31日 公复字〔2010〕2号）

铁道部公安局：你局《关于对倒卖、伪造、变造火车票案件管辖问题的请示》（公法〔2009〕12号）收悉。现批复如下：一、对于倒卖、伪造、变造火车票案件，由最初受理案件的铁路或者地方公安机关管辖。必要时，可以移送主要违法行为发生地、主要犯罪地的铁路或者地方公安机关管辖。二、铁路和地方公安机关在查办倒卖、伪造、变造火车票案件时，应当互相配合。管辖不明确的，由有关公安机关协商确定管辖；对管辖有争议或者情况特殊的，由共同的上一级公安机关指定管辖。

❸最高人民检察院、公安部《关于公安机关管辖的刑事案件立案追诉标准的规定（一）》（2008年6月25日 公通字〔2008〕36号）（节录）

第二十九条 伪造或者倒卖伪造的车票、船票、邮票或者其他有价票证，涉嫌下列情形之一的，应予立案追诉：（一）车票、船票票面数额累计二千元以上，或者数量累计五十张以上的；（二）邮票票面数额累计五千元以上，或者数量累计一千枚以上的；（三）其他有价票证价额累计五千元以上，或者数量累计一百张以上的；（四）非法获利累计一千元以上的；（五）其他数额较大的情形。

第三十条 倒卖车票、船票或者倒卖车票坐席、卧铺签字号以及订购车票、船票凭证，涉嫌下列情形之一的，应予立案追诉：（一）票面数额累计五千元以上的；（二）非法获利累计二千元以上的；（三）其他情节严重的情形。

第一百条 本规定中的立案追诉标准，除法律、司法解释另有规定的以外，适用于相关的单位犯罪。

❹《关于依法查处代售代办铁路客票非法加价和倒卖铁路客票违法犯罪活动的通知》(2006年1月27日 铁办函〔2006〕81号)(节录)

三、有下列行为之一的,属于倒卖铁路客票的违法犯罪行为,由公安机关依法给予治安管理处罚;构成犯罪的,依法追究刑事责任。1. 铁路客票代办单位囤积车票,加价出售的。2. 不具备代办铁路客票资格的单位和个人,为他人代办铁路客票并非法加价牟利的。3. 铁路客票售票点、代售点、代办单位,明知是倒卖铁路客票的不法单位或个人而向其提供车票的。4. 个人以营利为目的,买进铁路客票后又高于买进价卖出,或变相加价,从中渔利的。

❺ 最高人民检察院研究室《关于非法制作、出售、使用IC电话卡行为如何适用法律问题的答复》(2003年4月2日 〔2003〕高检研发第10号)(节录)①

非法制作或者出售非法制作的IC电话卡,数额较大的,应当依照刑法第二百二十七条第一款的规定,以伪造、倒卖伪造的有价票证罪追究刑事责任,犯罪数额可以根据销售数额认定;明知是非法制作的IC电话卡而使用或者购买并使用,造成电信资费损失数额较大的,应当依照刑法第二百六十四条的规定,以盗窃罪追究刑事责任。

❻ 最高人民法院《关于对变造、倒卖变造邮票行为如何适用法律问题的解释》(2000年12月8日 法释〔2000〕41号)(节录)②

为了正确适用刑法,现对审理变造、倒卖变造邮票案件如何适用法律问题解释如下:对变造或者倒卖变造的邮票数额较大的,应当依照刑法第二百二十七条第一款的规定定罪处罚。

❼ 最高人民法院《关于审理倒卖车票刑事案件有关问题的解释》(1999年9月14日 法释〔1999〕17号)(节录)③

第一条 高价、变相加价倒卖车票或者倒卖坐席、卧铺签字号及订购车票凭证,票面数额在五千元以上,或者非法获利数额在二千元以上的,构成刑法第二百二十七条第二款规定的"倒卖车票情节严重"。

第二条 对于铁路职工倒卖车票或者与其他人员勾结倒卖车票;组织倒卖车票的首要分子;曾因倒卖车票受过治安处罚两次以上或者被劳动教养一次以上,两年内又倒卖车票,构成倒卖车票罪的,依法从重处罚。

❾ 最高人民法院、最高人民检察院《关于依法惩处倒卖飞机票犯罪活动的通知》(1988年7月6日 〔88〕高检会(研)字第10号)

一、以营利为目的,加价、变相加价倒卖飞机票,或倒卖购买飞机票的合同书、介绍信、证件以及中国民航(以下简称民航)、中国联合航空公司(以下简称联航)等航空公

---

① 对其解读见:《刑事司法指南》2004年第1辑总第17辑,第141~144页。
② 对其解读见:《刑事审判参考》2001年第1辑总第12辑,第60页以及《刑事审判参考》2001年第5辑总第16辑,第69~70页。
③ 对其解读见:《解读最高人民法院司法解释·刑事、行政卷(1997~2002)》,第133~134页。

845

司的有效订座凭证，情节严重的，以投机倒把罪论处。

二、民航、联航等航空公司的工作人员，或与民航、联航等航空公司有购（订）票合同关系的单位的购（订）票人员，利用售票或购（订）票的便利，与倒卖飞机票的犯罪分子内外勾结，进行倒卖活动，情节严重的，以投机倒把的共同犯罪论处。

❿ 最高人民法院、最高人民检察院、公安部《对于惩处倒卖车、船票的犯罪分子如何适用法律条款的问题的批复》（1986年3月18日　法（研）发〔1987〕7号）

经研究，答复如下：一、对于请示的第一个问题，以营利为目的，伪造车、船票，或者用涂改、挖补等方法变造车、船票，构成犯罪的，同意适用刑法第一百二十四条，定为伪造车、船票罪，并应依照刑法规定的档次，根据犯罪情节分别处刑。至于伪造、变造车、船票的"次数"、"时间"、"数量"等问题，要具体案件具体分析，在审理过程中，可作为犯罪情节予以考虑。

二、对于请示的第二个问题，高价、变相加价倒卖车、船票，以及倒卖坐签、卧签号和已过期的车、船票，情节严重的，同意适用刑法第一百一十七条，定为投机倒把罪。至于倒卖车、船票，投机倒把非法获利数额多少元可作为起刑点，因这是特殊问题，可由你省根据实际情况自行确定。

三、请示的第三、四、五个问题，即：霸占售票窗口，强行发放自制的编队序号，迫使旅客购买序号，寻衅滋事，殴打旅客，破坏公共秩序，使营业无法进行，情节恶劣的，均可适用刑法第一百六十条，定为流氓罪。

四、同意请示的第六个问题所提的意见。对于多次倒卖车、船票，屡教不改，尚不够刑事处罚的，或者有一般倒卖车、船票等违法行为的人，由公安部门收容劳动教养或予以治安处罚。

学理观点·典型案例　➡ 索引与要旨

❶《裘某倒卖伪造有价票证案》，载《刑事法律文件解读》2008年第9辑总第39辑，第117～119页。

　　核心提示 ➡ 倒卖伪造的"欢乐中国行"演唱会入场券如何定性？

❷《如何认定王珂伪造、倒卖伪造的有价票证案》，载《刑事审判参考》2007年第1辑总第54辑，第25～34页。

　　核心提示 ➡ "其他有价票证"

　　要旨 ➡ 1. 刑法第二百二十七条规定的"其他有价票证"，不要求具备与所列举的"车票、船票、邮票"完全相同的特征，铁路乘车证及相关证件应认定为有价票证。2. 无票面价额的有价票证的犯罪数额和"票证价额"的计算，应根据具体情况具体认定，本案从有利于被告人的角度出发，按照持伪造铁路乘车证及其他票证乘车者乘车免票的价额计算"票证价额"是准确的。

❸《倒卖车票案件法律适用若干问题探讨》，载《公检法办案指南》2007年第6辑总第90辑，第147～155页。

❹《刘建场、李向华倒卖车票案》，载《刑事审判参考》2006 年第 1 辑总第 48 辑，第 11~14 页。

核心提示 ➡ 以出售牟利为目的购买大量车票尚未售出的行为如何处理？

要旨 ➡ 我们认为，以出售牟利为目的购买车票的行为符合倒卖车票罪的客观特征，情节严重的，应认定齐备倒卖车票罪的犯罪构成要件，以犯罪既遂处理，但在量刑上应当有所区别。

❺《刘双喜伪造、倒卖伪造的有价票证案》，载《人民法院案例选》2004 年第 3 辑总第 41 辑。

核心提示 ➡ 非法制作并贩卖铁路全年定期乘车证

❻《董佳、岑炯等伪造有价票证、职务侵占案》，载《刑事审判参考》2002 年第 6 辑总第 29 辑，第 17~23 页。

核心提示 ➡ 以假充真侵占门票收入的行为如何定性？

要旨 ➡ 79 刑法是列明式 5 种，而 97 刑法是例示式，还包括其他票证；票证应理解为国家机关、企业、公司、事业单位依法印制，并向公众发放、销售，具有一定票面金额，可以在一定范围内流通或者使用，能够证明持票人享有要求发票人或者受票人支付一定数额财物或提供特定服务的权利，或能够证明其已履行了相关法律义务的书面凭证；观光券符合上述特征（略），应认定有价票证。

❼《赵志钢伪造有价票证案》，载《刑事审判参考》2002 年第 2 辑总第 25 辑，第 41~44 页。

要旨 ➡ 伪造洗澡票行为如何定性是经当地物价部门核定并在当地社会上流通使用，具有确定金额的一种书面凭证。

第 228 条　非法转让、倒卖土地使用权罪

以牟利为目的，违反土地管理法规，非法转让、倒卖土地使用权，情节严重的，处三年以下有期徒刑或者拘役，并处或者单处非法转让、倒卖土地使用权价额百分之五以上百分之二十以下罚金；情节特别严重的，处三年以上七年以下有期徒刑，并处非法转让、倒卖土地使用权价额百分之五以上百分之二十以下罚金。

关　联　规　范 ━━▶ 完全整理

❶《中华人民共和国刑法》（1980 年 1 月 1 日）第 231 条　单位犯扰乱市场秩序罪的处罚规定

单位犯本节第二百二十一条至第二百三十条规定之罪的，对单位判处罚金，并对其直接负责的主管人员和其他直接责任人员，依照本节各该条的规定处罚。

❷人大常委会《关于中华人民共和国刑法第二百二十八条、第三百四十二条、第四

百一十条的解释》（2001年8月31日）（节录）①

刑法第二百二十八条、第三百四十二条、第四百一十条规定的"违反土地管理法规"，是指违反土地管理法、森林法、草原法等法律以及有关行政法规中关于土地管理的规定。

刑法第四百一十条规定的"非法批准征用、占用土地"，是指非法批准征用、占用耕地、林地等农用地以及其他土地。

❸ 最高人民检察院、公安部《关于公安机关管辖的刑事案件立案追诉标准的规定（二）》（2010年5月7日　公通字〔2010〕23号）（节录）②

第八十条　以牟利为目的，违反土地管理法规，非法转让、倒卖土地使用权，涉嫌下列情形之一的，应予立案追诉：（一）非法转让、倒卖基本农田五亩以上的；（二）非法转让、倒卖基本农田以外的耕地十亩以上的；（三）非法转让、倒卖其他土地二十亩以上的；（四）违法所得数额在五十万元以上的；（五）虽未达到上述数额标准，但因非法转让、倒卖土地使用权受过行政处罚，又非法转让、倒卖土地的；（六）其他情节严重的情形。

第八十八条　本规定中的"虽未达到上述数额标准"，是指接近上述数额标准且已达到该数额的百分之八十以上的。

第九十条　本规定中的立案追诉标准，除法律、司法解释、本规定中另有规定的以外，适用于相应的单位犯罪。

❹ 最高人民法院《关于审理破坏土地资源刑事案件具体应用法律若干问题的解释》（2000年6月22日　法释〔2000〕14号）③

第一条　以牟利为目的，违反土地管理法规，非法转让、倒卖土地使用权，具有下列情形之一的，属于非法转让、倒卖土地使用权"情节严重"，依照刑法第二百二十八条的规定，以非法转让、倒卖土地使用权罪定罪处罚：（一）非法转让、倒卖基本农田五亩以上的；（二）非法转让、倒卖基本农田以外的耕地十亩以上的；（三）非法转让、倒卖其他土地二十亩以上的；（四）非法获利五十万元以上的；（五）非法转让、倒卖土地接近上述数量标准并具有其他恶劣情节的，如曾因非法转让、倒卖土地使用权受过行政处罚或者造成严重后果等。

第二条　实施第一条规定的行为，具有下列情形之一的，属于非法转让、倒卖土地使用权"情节特别严重"：（一）非法转让、倒卖基本农田十亩以上的；（二）非法转让、倒卖基本农田以外的耕地二十亩以上的；（三）非法转让、倒卖其他土地四十亩以上的；（四）非法获利一百万元以上的；（五）非法转让、倒卖土地接近上述数量标准并具有其他恶劣情节的，如造成严重后果等。

第八条　单位犯非法转让、倒卖土地使用权罪、非法占有耕地罪的定罪量刑标准，依照本解释第一条、第二条、第三条的规定执行。

---

① 对其解读见：《刑事审判参考》2001年第10辑总第21辑，第41～42、88～93页。
② 对其解读见：《刑事审判参考》2010年第4辑总第75辑，第127～158页。
③ 对其解读见：《刑事审判参考》2000年第4辑总第9辑，第69页；总第10辑，第85页以及《解读最高人民法院司法解释·刑事、行政卷（1997～2002）》，第256～259页。

第九条 多次实施本解释规定的行为依法应当追诉的，或者一年内多次实施本解释规定的行为未经处理的，按照累计的数量、数额处罚。

学理观点·典型案例 ▶ 索引与要旨

❶《目的犯的法理研究》，载《刑事审判要览》2004 年第 3 辑总第 9 辑，第 36 ~ 55 页。

❷《关于〈中华人民共和国（修订草案）〉的说明》

要旨 ▶ 有些全国人大常委会委员和有关部门提出，土地是国家的重要自然资源，对于破坏土地资源的行为应当追究刑事责任。因此，草案对"以牟利为目的，违反土地管理法规，非法转让、倒卖土地使用权"，"违反土地管理法规，非法占用耕地改作他用，数量较大，造成耕地大量毁坏的"，以及"国家机关工作人员徇私舞弊，违反土地管理法规，滥用职权，非法批准征用、占用土地，或者非法低价出让国有土地使用权"的，增加了追究刑事责任的规定。

第 229 条　第 1、2 款　提供虚假证明文件罪　第 3 款　出具证明文件重大失实罪

承担资产评估、验资、验证、会计、审计、法律服务等职责的中介组织的人员故意提供虚假证明文件，情节严重的，处五年以下有期徒刑或者拘役，并处罚金。

前款规定的人员，索取他人财物或者非法收受他人财物，犯前款罪的，处五年以上十年以下有期徒刑，并处罚金。

第一款规定的人员，严重不负责任，出具的证明文件有重大失实，造成严重后果的，处三年以下有期徒刑或者拘役，并处或者单处罚金。

关联规范 ▶ 完全整理

❶《中华人民共和国刑法》（1980 年 1 月 1 日）第 231 条　单位犯扰乱市场秩序罪的处罚规定

单位犯本节第二百二十一条至第二百三十条规定之罪的，对单位判处罚金，并对其直接负责的主管人员和其他直接责任人员，依照本节各该条的规定处罚。

❷最高人民检察院、公安部《关于公安机关管辖的刑事案件立案追诉标准的规定（二）》（2010 年 5 月 7 日　公通字〔2010〕23 号）（节录）①

第八十一条　承担资产评估、验资、验证、会计、审计、法律服务等职责的中介组织的人员故意提供虚假证明文件，涉嫌下列情形之一的，应予立案追诉：（一）给国家、公众或者其他投资者造成直接经济损失数额在五十万元以上的。（二）违法所得数额在十万

---

① 对其解读见：《刑事审判参考》2010 年第 4 辑总第 75 辑，第 127 ~ 158 页。

元以上的。（三）虚假证明文件虚构数额在一百万元且占实际数额百分之三十以上的。（四）虽未达到上述数额标准，但具有下列情形之一的：1. 在提供虚假证明文件过程中索取或者非法接受他人财物的；2. 两年内因提供虚假证明文件，受过行政处罚二次以上，又提供虚假证明文件的。（五）其他情节严重的情形。

第八十二条　承担资产评估、验资、验证、会计、审计、法律服务等职责的中介组织的人员严重不负责任，出具的证明文件有重大失实，涉嫌下列情形之一的，应予立案追诉：（一）给国家、公众或者其他投资者造成直接经济损失数额在一百万元以上的；（二）其他造成严重后果的情形。

❸ 最高人民法院、最高人民检察院《关于办理妨害信用卡管理刑事案件具体应用法律若干问题的解释》（2009 年 12 月 16 日　法释〔2009〕19 号）（节录）①

第四条　为信用卡申请人制作、提供虚假的财产状况、收入、职务等资信证明材料，涉及伪造、变造、买卖国家机关公文、证件、印章，或者涉及伪造公司、企业、事业单位、人民团体印章，应当追究刑事责任的，依照刑法第二百八十条的规定，分别以伪造、变造、买卖国家机关公文、证件、印章罪和伪造公司、企业、事业单位、人民团体印章罪定罪处罚。

承担资产评估、验资、验证、会计、审计、法律服务等职责的中介组织或其人员，为信用卡申请人提供虚假的财产状况、收入、职务等资信证明材料，应当追究刑事责任的，依照刑法第二百二十九条的规定，分别以提供虚假证明文件罪和出具证明文件重大失实罪定罪处罚。

❹ 最高人民检察院《关于公证员出具公证书有重大失实行为如何适用法律问题的批复》（2009 年 1 月 15 日　高检发释字〔2009〕1 号）②

《中华人民共和国公证法》施行以后，公证员在履行公证职责过程中，严重不负责任，出具的公证书有重大失实，造成严重后果的，依照刑法第二百二十九条第三款的规定，以出具证明文件重大失实罪追究刑事责任。此复。

学理观点·典型案例　➡ 索引与要旨

❶《漳州天正公司、康勇杰等 4 人证明文件重大失实与提供证明文件虚假案》，载《刑事法律文件解读》2008 年第 2 辑总第 32 辑，第 109～115 页。

核心提示 ➡ 如何认定被告人出具提供的资产评估证明文件构成重大失实与虚假？

❷《董博等提供虚假财会报告案》，载《刑事审判参考》2004 年第 2 辑总第 37 辑，第 1～14 页。

核心提示 ➡ 提供虚假证明文件罪与出具证明文件重大失实罪的区别

要旨 ➡ 提供虚假证明文件与出具证明文件重大失实的不同之处主要在于主观方面，前者是故意行为，后者属于过失行为。

第 230 条　逃避商检罪

违反进出口商品检验法的规定，逃避商品检验，将必须经商检机构检验的进口商品未报经检验而擅自销售、使用，或者将必须经商检机构检验的出口商

---

① 对其解读见：《刑事审判参考》2010 年第 1 辑总第 72 辑，第 94～110 页。
② 对其解读见：《刑事法律文件解读》2009 年第 5 辑总第 47 辑，第 57～64 页。

品未报经检验合格而擅自出口，情节严重的，处三年以下有期徒刑或者拘役，并处或者单处罚金。

关联规范 ▶ 完全整理

❶《中华人民共和国刑法》（1980年1月1日）第231条 单位犯扰乱市场秩序罪的处罚规定

单位犯本节第二百二十一条至第二百三十条规定之罪的，对单位判处罚金，并对其直接负责的主管人员和其他直接责任人员，依照本节各该条的规定处罚。

❷ 最高人民检察院、公安部《关于公安机关管辖的刑事案件立案追诉标准的规定（二）》（2010年5月7日 公通字〔2010〕23号）（节录）①

第八十三条 违反进出口商品检验法的规定，逃避商品检验，将必须经商检机构检验的进口商品未报经检验而擅自销售、使用，或者将必须经商检机构检验的出口商品未报经检验合格而擅自出口，涉嫌下列情形之一的，应予立案追诉：（一）给国家、单位或者个人造成直接经济损失数额在五十万元以上的；（二）逃避商检的进出口货物货值金额在三百万元以上的；（三）导致病疫流行、灾害事故的；（四）多次逃避商检的；（五）引起国际经济贸易纠纷，严重影响国家对外贸易关系，或者严重损害国家声誉的；（六）其他情节严重的情形。

第九十条 本规定中的立案追诉标准，除法律、司法解释、本规定中另有规定的以外，适用于相应的单位犯罪。

第231条 单位犯扰乱市场秩序罪的处罚

单位犯本节第二百二十一条至第二百三十条规定之罪的，对单位判处罚金，并对其直接负责的主管人员和其他直接责任人员，依照本节各该条的规定处罚。

关联规范 ▶ 完全整理

最高人民检察院、公安部《关于公安机关管辖的刑事案件立案追诉标准的规定（一）》（2008年6月25日 公通字〔2008〕36号）

第一百条 本规定中的立案追诉标准，除法律、司法解释另有规定的以外，适用于相关的单位犯罪。

---

① 对其解读见：《刑事审判参考》2010年第4辑总第75辑，第127～158页。

第四章 侵犯公民人身权利、民主权利罪

第232条 故意杀人罪

故意杀人的,处死刑、无期徒刑或者十年以上有期徒刑;情节较轻的,处三年以上十年以下有期徒刑。

关 联 规 范 ⟹ **完全整理**

❶《中华人民共和国刑法》(1980年1月1日) 第238条 非法拘禁罪

非法拘禁他人或者以其他方法非法剥夺他人人身自由的,处三年以下有期徒刑、拘役、管制或者剥夺政治权利。具有殴打、侮辱情节的,从重处罚。

犯前款罪,致人重伤的,处三年以上十年以下有期徒刑;致人死亡的,处十年以上有期徒刑。使用暴力致人伤残、死亡的,依照本法第二百三十四条、第二百三十二条的规定定罪处罚。

为索取债务非法扣押、拘禁他人的,依照前两款的规定处罚。

国家机关工作人员利用职权犯前三款罪的,依照前三款的规定从重处罚。

❷《中华人民共和国刑法》(1980年1月1日) 第247条 刑讯逼供罪 暴力取证罪

司法工作人员对犯罪嫌疑人、被告人实行刑讯逼供或者使用暴力逼取证人证言的,处三年以下有期徒刑或者拘役。致人伤残、死亡的,依照本法第二百三十四条、第二百三十二条的规定定罪从重处罚。

❸《中华人民共和国刑法》(1980年1月1日) 第248条 虐待被监管人罪

监狱、拘留所、看守所等监管机构的监管人员对被监管人进行殴打或者体罚虐待,情节严重的,处三年以下有期徒刑或者拘役;情节特别严重的,处三年以上十年以下有期徒刑。致人伤残、死亡的,依照本法第二百三十四条、第二百三十二条的规定定罪从重处罚。

监管人员指使被监管人殴打或者体罚虐待其他被监管人的,依照前款的规定处罚。

❹《中华人民共和国刑法》(1980年1月1日) 第289条

聚众"打砸抢",致人伤残、死亡的,依照本法第二百三十四条、第二百三十二条的规定定罪处罚。毁坏或者抢走公私财物的,除判令退赔外,对首要分子,依照本法第二百六十三条的规定定罪处罚。

❺《中华人民共和国刑法》(1980年1月1日) 第292条第2款

聚众斗殴,致人重伤、死亡的,依照本法第二百三十四条、第二百三十二条的规定定罪处罚。

❻《中华人民共和国未成年人保护法》(1991年9月4日)(节录)

第五十二条 溺婴的,依照刑法第一百三十二条的规定追究刑事责任。

❼ 最高人民法院《关于贯彻宽严相济刑事政策的若干意见》(2010年2月8日 法发〔2010〕9号)(节录)①

7. 贯彻宽严相济刑事政策,必须毫不动摇地坚持依法严惩严重刑事犯罪的方针。对于危害国家安全犯罪、恐怖组织犯罪、邪教组织犯罪、黑社会性质组织犯罪、恶势力犯罪、故意危害公共安全犯罪等严重危害国家政权稳固和社会治安的犯罪,故意杀人、故意伤害致人死亡、强奸、绑架、拐卖妇女儿童、抢劫、重大抢夺、重大盗窃等严重暴力犯罪和严重影响人民群众安全感的犯罪,走私、贩卖、运输、制造毒品等毒害人民健康的犯罪,要作为严惩的重点,依法从重处罚。尤其对于极端仇视国家和社会,以不特定人为侵害对象,所犯罪行特别严重的犯罪分子,该重判的要坚决依法重判,该判处死刑的要坚决依法判处死刑。

❽ 最高人民法院《关于审理未成年人刑事案件具体应用法律若干问题的解释》(2006年1月23日 法释〔2006〕1号)(节录)②

第十条 已满十四周岁不满十六周岁的人盗窃、诈骗、抢夺他人财物,为窝藏赃物、抗拒抓捕或者毁灭罪证,当场使用暴力,故意伤害致人重伤或者死亡,或者故意杀人的,应当分别以故意伤害罪或者故意杀人罪处罚。

❾ 最高人民法院《关于审理抢劫、抢夺刑事案件适用法律若干问题的意见》(2005年6月8日 法发〔2005〕8号)(节录)③

八、关于抢劫罪数的认定:行为人实施伤害、强奸等犯罪行为,在被害人未失去知觉,利用被害人不能反抗、不敢反抗的处境,临时起意劫取他人财物的,应以此前所实施的具体犯罪与抢劫罪实行数罪并罚;在被害人失去知觉或者没有发觉的情形下,以及实施故意杀人犯罪行为之后,临时起意拿走他人财物的,应以此前所实施的具体犯罪与盗窃罪实行数罪并罚。

❿《全国部分法院经济犯罪案件审判工作座谈会研讨综述——"经济犯罪案件中的法律适用问题"》(2004年11月27日)(节录)④

(五)抢劫、抢夺罪数的认定

罪数的认定主要涉及三个方面的内容:第一,多数代表认为,行为人实施伤害、强奸等犯罪行为,在被害人未失去知觉,利用被害人不能反抗、不敢反抗的处境,临时起意劫取他人财物的,应以此前所实施的具体犯罪与抢劫罪实施数罪并罚;在被害人失去知觉或

---

① 对其解读见:《刑事法律文件解读》2010年第3辑总第57辑,第49~65页。
② 对其解读见:《刑事审判参考》2006年第1辑总第48辑,第87~91页以及2006年第2辑总第49辑,第61~77页。
③ 对其解读见:《刑事审判参考》2005年第1辑总第42辑,第93~98页以及2005年第2辑总第43辑,第71~92页。
④ 对其解读见:《刑事审判参考》2004年第6辑总第41辑,第146~168页。

者没有发觉的情况下，以及实施故意杀人犯罪行为之后，临时起意拿走他人财物的，应以此前所实施的具体犯罪与盗窃罪实行数罪并罚。

第三，驾驶机动车、非机动车夺取他人财物致人伤害或死亡的行为定性。对于在抢夺过程中过失造成被害人重伤、死亡，构成过失致人重伤罪、过失致人死亡罪等犯罪的，最高人民法院在相关抢夺罪的司法解释中已经作出明确规定，即依照处罚较重的规定定罪处罚。但解释并未涉及抢夺过程中出于放任故意导致他人受伤或死亡情况的处理。对此，在讨论过程中，一种倾向性的意见认为，上述情况同时侵犯了他人的人身权利和财产权利，符合抢劫罪的双重客体标准，因此，只要有证据证明行为人主观上对伤亡后果是故意的，应以抢劫罪定罪处罚。

不过也有人提出反对意见，认为上述情况不符合抢劫罪的基本特征，尽管其侵犯了两个不同的客体，但却并非并存于同一犯罪之中，而是分属于两个不同的罪名。支持后一种观点的人认为，抢劫罪的暴力是指出对被害人的身体施以打击和强制借以排除被害人的反抗，从而劫取他人财物的行为。因此，抢劫罪的暴力必须有意识地施加于被害人的人身，即直接对被害人的人身造成侵害、使其处于无力反抗、不能反抗的境地。如果针对的是被害人的财物，并无意图使被害人丧失反抗能力，即使在行为实施过程中造成了人身伤害，亦不能以抢劫罪论处。行为人驾驶机动车、非机动车强行夺取他人财物，如果已经意识到自己的行为可能致人伤害或死亡，仍然放任这种结果的发生，又构成故意伤害罪或故意杀人罪的，属于想象竞合，应以一重罪从重处罚。

⑪ 最高人民法院、最高人民检察院《关于办理妨害预防、控制突发传染病疫情等灾害的刑事案件具体应用法律若干问题的解释》（2003年5月15日　法释〔2003〕8号）（节录）①

第九条　在预防、控制突发传染病疫情等灾害期间，聚众"打砸抢"，致人伤残、死亡的，依照刑法第二百八十九条、第二百三十四条、第二百三十二条的规定，以故意伤害罪或者故意杀人罪定罪，依法从重处罚。对毁坏或者抢走公私财物的首要分子，依照刑法第二百八十九条、第二百六十三条的规定，以抢劫罪定罪，依法从重处罚。

⑫ 最高人民法院《关于审理偷税抗税刑事案件具体应用法律若干问题的解释》（2002年11月4日　法释〔2002〕33号）（节录）②

⑬ 最高人民法院、最高人民检察院《关于办理组织和利用邪教组织犯罪案件具体应用法律若干问题的解释（二）》（2001年6月11日　法释〔2001〕19号）（节录）③

第九条　组织和利用邪教组织制造、散布迷信邪说，指使、胁迫其成员或者其他人实

---

① 对其解读见：《刑事审判参考》2003年第3辑总第32辑，第160~164，188~197页以及《"非典"防治时期相关犯罪的司法适用研究》，载《刑事司法指南》2003年第2辑总第14辑，第55~109页。
② 对其解读见：《刑事审判参考》2002年第6辑总第29辑，第127~130，166~172页。
③ 对其解读见：《刑事审判参考》2001年第7辑总第18辑，第59~62，73~78页以及2001年第9辑总第20辑，第49~57页。

施自杀、自伤行为的,分别依照刑法第二百三十二条、第二百三十四条的规定,以故意杀人罪或者故意伤害罪定罪处罚。

⑭ 最高人民法院《关于抢劫过程中故意杀人案件如何定罪处罚的批复》(2001年5月26日　法释〔2001〕16号)①

行为人为劫取财物而预谋故意杀人,或者在劫取财物过程中,为制服被害人反抗而故意杀人的,以抢劫罪定罪处罚。

行为人实施抢劫后,为灭口而故意杀人的,以抢劫罪和故意杀人罪定罪,实行数罪并罚。

⑮ 最高人民法院《关于审理交通肇事刑事案件具体应用法律若干问题的解释》(2000年11月21日　法释〔2000〕33号)(节录)②

第六条　行为人在交通肇事后为逃避法律追究,将被害人带离事故现场后隐藏或者遗弃,致使被害人无法得到救助而死亡或者严重残疾的,应当分别依照刑法第二百三十二条、第二百三十四条第二款的规定,以故意杀人罪或者故意伤害罪定罪处罚。

⑯ 最高人民法院、最高人民检察院《关于办理组织和利用邪教组织犯罪案件具体应用法律若干问题的解释》(1999年10月30日　法释〔1999〕18号)(节录)③

第四条　组织和利用邪教组织制造、散布迷信邪说,指使、胁迫其成员或者其他人实施自杀、自伤行为的,分别依照刑法第二百三十二条、第二百三十四条的规定,以故意杀人罪或者故意伤害罪定罪处罚。

⑰ 最高人民法院《全国法院维护农村稳定刑事审判工作座谈会纪要》(1999年10月27日　法〔1999〕217号)(节录)④

二(一)关于故意杀人、故意伤害案件

要准确把握故意杀人犯罪适用死刑的标准。对故意杀人犯罪是否判处死刑,不仅要看是否造成了被害人死亡结果,还要综合考虑案件的全部情况。对于因婚姻家庭、邻里纠纷等民间矛盾激化引发的故意杀人犯罪,适用死刑一定要十分慎重,应当与发生在社会上的严重危害社会治安的其他故意杀人犯罪案件有所区别。对于被害人一方有明显过错或对矛盾激化负有直接责任,或者被告人有法定从轻处罚情节的,一般不应判处死刑立即执行。

要注意严格区分故意杀人罪与故意伤害罪的界限。在直接故意杀人与间接故意杀人案件中,犯罪人的主观恶性程度是不同的,在处刑上也应有所区别。间接故意杀人与故意伤害致人死亡,虽然都造成了死亡的后果,但行为人故意的性质和内容是截然不同的。不注意区分犯罪的性质和故意的内容,只要有死亡后果就判处死刑的做法是错误的,这在今后

---

① 对其解读见:《刑事审判参考》2001年第8辑总第19辑,第73~77页。
② 对其解读见:《刑事审判参考》2001年第1辑总第12辑,第36~38、75~80页。
③ 对其解读见:《刑事审判参考合订本·第一卷》,第327~329、363~369页以及《解读最高人民法院司法解释·刑事、行政卷(1997~2002)》,第239~242页。
④ 对其解读见:《刑事审判参考合订本·第一卷》,第283~291页以及《当前刑事审判实践中适用法律应当注意的问题》,载《刑事司法指南》2000年第3辑总第3辑,第51~71页。

的工作中，应当予以纠正。对于故意伤害致人死亡，手段特别残忍，情节特别恶劣的，才可以判处死刑。

⑱ 最高人民法院、最高人民检察院《关于当前办理流氓案件中具体应用法律的若干问题的解答》（1984年11月2日 〔84〕法研字第13号）（节录）

三、怎样区分流氓罪和与其相近似的其他犯罪的界限？

2. 群众中因民事纠纷而互相斗殴甚至结伙械斗，不应按流氓罪处理。其中犯故意伤害罪（包括轻伤、重伤）、故意杀人罪或故意毁坏公私财物等罪的，是什么罪就定什么罪。

⑲ 上海市《关于重大故意杀人、故意伤害、抢劫和毒品犯罪案件基本证据及其规格的意见》（2006年7月31日）

⑳ 上海市高级人民法院刑庭、上海市检公诉处《关于进一步规范部分常见刑事案件级别管辖的意见》（2004年8月13日）（节录）

二、对具备下列情形，同时又不具有其他足以判处十五年有期徒刑以下刑罚的法定从轻、减轻情节的案件，各中级人民法院应当予以受理。

13. 故意杀人罪（刑法第232条）

（1）致人死亡；

（2）虽未致人死亡但造成严重残疾或以残忍手段致人重伤的。

第六条 实施抗税行为致人重伤、死亡，构成故意伤害罪、故意杀人罪的，分别依照刑法第二百三十四条第二款、第二百三十二条的规定定罪处罚。

㉑ 上海市高级人民法院刑庭《关于聚众斗殴、寻衅滋事造成他人重伤、死亡结果的定罪问题》①

学理观点·典型案例 ▶ 索引与要旨

❶《"相约自杀"死刑案件证据的特点及审查判断》，载《刑事司法指南》2011年第1辑总第45辑，第92~102页。

❷《朱某故意杀人、盗窃案》，载《刑事审判参考》2010年第6辑总第77辑，第20~27页。

核心提示 ➡ 如何把握刑事案件的证明标准？

❸《陈乃东故意杀人案》，载《刑事审判参考》2010年第6辑总第77辑，第10~19页。

核心提示 ➡ 对"零口供"案件如何运用间接证据定案？

❹《姚国英故意杀人案》，载《刑事审判参考》2010年第5辑总第76辑，第30~36页。

---

① 对其解读见：《华东刑事司法评论》2002年第一卷，第236页。

第二编 分则 第四章 侵犯公民人身权利、民主权利罪

要旨➡因长期遭受虐待和家庭暴力而杀夫应认定为"情节较轻",可以适用缓刑。

5《侯卫春故意杀人案》,载《刑事审判参考》2010年第2辑总第73辑,第11~16页。

核心提示➡在故意杀人犯罪中醉酒状态能否作为酌定从轻处罚情节?

要旨➡1. 醉酒的人犯罪,应当承担刑事责任,但一般情况下应严格控制死刑的适用;需要特别说明的是,对于那些预谋犯罪而故意酒后杀人即借酒行凶的犯罪分子,由于主观恶性深,犯罪情节恶劣,不属于因醉酒而酌情考虑的范畴,仍应依法从严惩处。2. 综合衡量本案各量刑情节,并考虑被告人醉酒杀人的实际情况,对其可不判处死刑立即执行。

6《张东生故意杀人案》,载《刑事审判参考》2010年第1辑总第72辑,第15~19页。

要旨➡具备自首条件,其亲属不配合抓捕的不影响自首的成立。

7《吴金义故意杀人案》,载《刑事审判参考》2009年第5辑总第70辑,第34~39页。

核心提示➡物证提取不全或来源不清案件的证据审查

8《卜玉华、郭臣故意杀人、抢劫案》,载《刑事审判参考》2009年第4辑总第69辑,第15~23页。

核心提示➡共同抢劫中故意杀人案件的认定和处理

9《刘宝利故意杀人案》,载《刑事审判参考》2009年第3辑总第68辑,第13~18页。

核心提示➡如何认定被害人过错?

10《胡忠、胡学飞、童峰峰故意杀人案》,载《刑事审判参考》2009年第3辑总第68辑,第6~12页。

核心提示➡如何确定雇凶者与受雇者的罪责?如何判定受雇者的行为是否过限,以及对实行过限行为造成的后果如何确定刑事责任?

11《房国忠故意杀人案》,载《刑事审判参考》2009年第3辑总第68辑,第1~5页。

核心提示➡醉酒状态下实施犯罪,量刑时可否酌情考虑导致行为人醉酒的原因?

12《陈金权故意杀人案》,载《刑事审判参考》2009年第1辑总第66辑,第28~35页。

要旨➡故意杀人案件如果符合自诉案件的受理条件,可以由人民法院直接受理。

13《印证证明模式在办理疑难故意杀人案中的运用》,载《刑事司法指南》2009年第1辑总第37辑,第76~84页。

14《杨飞故意杀人案》,载《刑事审判参考》2008年第6辑总第65辑,第7~16页。

核心提示➡对于被告人拒不认罪且无目击证人的案件,如何运用间接证据定案?

⑮《张俊杰故意杀人案》，载《刑事审判参考》2008年第6辑总第65辑，第1~6页。

要旨 ➡ 同事间纠纷引发的杀人案件应慎用死刑。

⑯《赵东波、赵军故意杀人、抢劫案》，载《刑事审判参考》2008年第5辑总第64辑，第24~28页。

要旨 ➡ 预谋并实施抢劫及杀人灭口行为的应以抢劫罪与故意杀人罪实行并罚。

⑰《肖明明故意杀人案》，载《刑事审判参考》2008年第3辑总第62辑，第25~30页。

核心提示 ➡ 在盗窃过程中为灭口杀害被害人的应如何定性？

⑱《颜克于等故意杀人案》，载《刑事审判参考》2008年第1辑总第60辑，第34~40页。

核心提示 ➡ "见死不救"能否构成犯罪？

要旨 ➡ 颜克于等被告人的"见死不救"属于不作为犯罪，构成故意杀人罪。理由如下：1. 颜克于等被告人先前殴打、追赶周家龙的行为，在法律上产生其对周家龙处于危险状态时的救助义务。（1）先行行为必须是行为人本人所实施的行为。（2）先行行为必须实际造成他人的危险状态存在。2. 颜克于等被告人的不作为与周家龙死亡结果之间具有刑法上的因果关系。3. 颜克于等被告人对周家龙的死亡后果持放任态度。4. 颜克于等被告人的"见死不救"，应评价为故意杀人情节较轻。

⑲《吴江故意杀人案》，载《刑事审判参考》2008年第1辑总第60辑，第26~33页。

核心提示 ➡ 如何处理因恋爱矛盾激化引发的故意杀人犯罪？

要旨 ➡ 1. 正确理解"民间矛盾"的含义，慎重把握适用死刑的标准。2. 对因恋爱矛盾激化引发的故意杀人案件，可以参照因婚姻家庭矛盾激化引发的故意杀人案件予以处理。

⑳《杜益忠故意伤害致人死亡案》，载《刑事审判参考》2007年第5辑总第58辑，第35~39页。

核心提示 ➡ 共同故意伤害致人死亡案件中，被告人如实供认公安机关没有掌握的其致人死亡的关键情节，是否可以酌情从轻处罚？

㉑《吕升艺故意杀人案》，载《刑事审判参考》2007年第5辑总第58辑，第26~34页。

核心提示 ➡ 持刀捅刺被害人死亡的行为应如何定性？

要旨 ➡ 要正确认定行为人的故意内容是杀人还是伤害，通常可从几个方面综合考虑：1. 犯罪工具的杀伤力。2. 打击部位的要害性。3. 犯罪行为的次数。4. 侵害行为的实施力度。5. 侵害行为实施时的态度。6. 案发起因及背景情况。

㉒《蒋勇、李刚过失致人死亡案》，载《刑事审判参考》2007年第4辑总第57辑，第27~32页。

第二编 分则 第四章 侵犯公民人身权利、民主权利罪

核心提示➡ 如何区分共同间接故意杀人与过失致人死亡？

㉓《韩正连故意杀人案》，载《刑事审判参考》2007年第3辑总第56辑，第1～5页。

核心提示➡ 如何认定交通肇事转化为故意杀人的主观故意？

㉔《彭崧故意杀人案》，载《刑事审判参考》2007年第2辑总第55辑，第1～5页。

核心提示➡ 被告人吸食毒品后影响其控制、辨别能力实施犯罪行为的，是否要承担刑事责任？

要旨➡ 吸毒是国家法律所禁止的行为，被告人彭崧在以前已因吸毒产生过幻觉的情况下，再次吸毒而引发本案，其对自己吸毒后的杀人行为应当依法承担刑事责任

㉕《对事出有因而犯罪问题的理解——析刘某某故意杀人案》，载《刑事司法指南》2007年第3辑总第31辑，第192～197页。

㉖《陈卫国、余建华故意杀人案》，载《刑事审判参考》2006年第5辑总第52辑，第1～4页。

核心提示➡ 对明显超出共同犯罪故意内容的过限行为应如何确定罪责？

㉗《魏建军抢劫、放火案》，载《刑事审判参考》2006年第4辑总第51辑，第9～14页。

核心提示➡ 抢劫过程中致人重伤、昏迷，又放火毁灭罪证致人窒息死亡的，是抢劫致人死亡还是故意杀人？

要旨➡ 1. 因果关系错误中的事前故意不影响故意犯罪既遂的成立。2. 抢劫过程中使用暴力致人昏迷，误认为被害人已经死亡，为毁灭罪证又实施放火行为造成被害人窒息死亡，因为放火时没有故意杀人的主观故意，其行为不构成故意杀人罪，应以抢劫罪定罪处罚。

㉘《于爱银、戴永阳故意杀人案》，载《刑事审判参考》2006年第2辑总第49辑，第17～25页。

核心提示➡ 受杀人犯指使将小孩带离现场能否构成共犯？

要旨➡ 先参与去买安眠药（未果），又听从于爱银指使将小孩带出屋外，致使便利了于爱银具体实施杀人的行为得以完成，二人的杀人共同故意由此形成并得到实现。

㉙《王建辉、王小强等故意杀人、抢劫案》，载《刑事审判参考》2006年第1辑总第48辑，第15～22页。

核心提示➡ 对共同故意杀人致人死亡的多名主犯如何区别量刑？在二审期间，上级公诉机关提出不同于下级公诉机关的意见，法院如何处理？

要旨➡ 从本案的事实来看，被害人的死亡是由混同行为造成的，是指挥者、抬人者和压盐包者三种行为的共同结果，在导致被害人死亡结果方面，上述三者的行为缺一不可。所以凡是积极实施上述三种行为的参与者均属共同犯罪中的主犯，应对被害人的死亡承担全部刑事责任。但也并不意味着所有主犯都要处以极刑。

在二审期间，上级公诉机关提出不同于下级公诉机关的公诉意见，应当以上级公诉机

关的意见为最后意见。

㉚《陈其官故意杀人案》〔2006〕启刑初字第 46 号，启东市人民法院。

核心提示 ➡ 敬老院工作人员遗弃被救助人致其死亡如何定性？

㉛《夏锡仁故意杀人案》，载《人民法院案例选》2006 年第 1 辑总第 55 辑。

核心提示 ➡ 相约自杀，帮助具有自杀意图的人自杀后，打消自杀念头如何定性？

㉜《关于重大故意杀人、故意伤害、抢劫和毒品犯罪案件基本证据及其规格的意见》①

㉝《故意杀人、抢劫罪指控证明要求及证据参考标准（试行）》，载《最新刑事法律文件解读》2006 年第 10 辑总第 22 辑，第 65~86 页。

㉞《以避险手段保护较大合法权益的主观心态是成立紧急避险的关键要件》，载《最新刑事法律文件解读》2006 年第 4 辑总第 16 辑，第 126~130 页。

㉟《王斌余故意杀人案 宁夏回族自治区高级人民法院刑事裁定书》，载《刑事审判参考》2005 年第 5 辑总第 46 辑，第 169~177 页。

核心提示 ➡ 打工者杀死拖欠工资的雇主且自首，但杀死多人的是否应判处死刑立即执行？

要旨 ➡ 本案虽然发生在王斌余向吴新国索要生活费的过程中，但王斌余既已投诉，并与亚泰公司达成协议，理应按照协议解决问题，且并非生活无着。对于事出有因、被害方有过错的案件，一般情况下，对被告人可以从轻处罚，但并非不论情节、后果一律从轻处罚。王斌余无视他人生命权利，不听其弟劝阻，持刀连续捅刺五人，危害无辜；特别严重的是，王斌余在追杀吴新国未果返回现场后，又对已倒在血泊中的被害人连续补刺，前后共刺杀被害人 48 刀，并欲置被害人于死地，造成四人当场死亡，一人重伤。王斌余杀人手段极其残忍，情节特别恶劣，犯罪后果极其严重，虽具有可以从轻处罚情节，但不足以从轻处罚。

㊱《贾淑芳故意杀人案》，载《刑事审判参考》2005 年第 5 辑总第 46 辑，第 26~29 页。

核心提示 ➡ 在被害方有明显过错的杀人案件中对被告人一般不应判处死刑立即执行。

要旨 ➡ 考虑到上诉人经常遭受其夫殴打、虐待的事实，以及案发时高永亮当着上诉人的面公然将女青年带回家中非法同居，而被害人在本案起因上均有明显过错的因素，对上诉人判处死刑可不立即执行。

㊲《官其明故意杀人案》，载《刑事审判参考》2005 年第 3 辑总第 44 辑，第 33~41 页。

核心提示 ➡ 如何判定行为人的犯罪故意？被害人基于恋爱自由而提出分手能否成立过错，兼谈如何认定刑事被害人的过错？

---

① 对其解读见：《最新刑事法律文件解读》2006 年第 10 辑总第 22 辑，第 48~64 页。

第二编 分则 第四章 侵犯公民人身权利、民主权利罪

要旨 ➡ 刑事案件中被害人的过错，即为被害人作出的，与被告人所实施的犯罪行为的发生有着直接或间接关系应受非难的行为。它具有以下特征：1. 被害人过错首先是被害人的一种主观心理状态，包括故意和过失。2. 被害人过错表现为被害人主观意志支配下的客观外在行为。3. 被害人过错是法律和道德对被害人行为的否定评价。4. 被害人的过错与被告人实施相应的犯罪行为具有密切的联系。

38《王某故意杀人案》，载《刑事审判参考》2005 年第 3 辑总第 44 辑，第 22～32 页。

核心提示 ➡ 刑事诉讼法第 162 条第 3 项中的"证据不足"应当如何理解？

要旨 ➡ 1. 只有证明犯罪构成要件的证据缺失，才属于刑事诉讼法第 162 条第 3 项规定的"证据不足"。2. 证明主要案件事实的直接证据未查证属实，间接证据难以形成锁链的，属于证明犯罪构成要件的证据不足。（1）直接证据查证属实的，犯罪构成要件证据即属充分，可以认定被告人有罪。（2）没有直接证据，或虽有直接证据但未查证属实，间接证据又难以形成锁链的，属于证明犯罪构成要件的证据不足。

39《王海滨、傅剑平故意杀人案》，载《最新刑事法律文件解读》。

核心提示 ➡ 如何把握共同犯罪中的过限行为？

40《付忠涛驾驶林肯车肇事故意杀人案刑事附带民事裁定书》〔2005〕吉刑终字第 124 号，载《最新刑事法律文件解读》2005 年第 4 辑总第 4 辑。

核心提示 ➡ 无证驾车将横穿路人撞倒拖带致死如何定性？

41《明知会发生伤害、死亡的结果却故意放任这两种危害结果的发生从而导致出现重伤后死亡结果的是构成故意伤害罪还是构成故意杀人罪》，载《公检法办案指南》2005 年第 4 辑总第 64 辑。

42《析佘祥林故意杀人案》，载《刑事司法指南》2005 年第 2 辑总第 22 辑。

核心提示 ➡ 指控故意杀人罪的证据标准是什么？

43《李华故意杀人案刑事判决书》，载《刑事审判参考》2004 年第 5 辑总第 40 辑，第 181～188 页。

核心提示 ➡ 被害人曾有过错，且被告人自尊心受到被害人伤害能否认定因义愤而杀人？

要旨 ➡ 关于被害人是否存在明显过错并对矛盾激化是否负有直接责任的辩护意见，本院认为，被害人有外遇的事实，在婚姻道德上确有一定的过错，但与被告人杀人犯意的产生并无直接联系；对于双方矛盾的激化，从两人的婚变过程来看，引起双方感情的裂痕，被害人与被害人各自均有主、客观方面的原因，故将矛盾激化的直接责任完全归咎于被害人，与两人婚姻状况的现实和案件发生的起因不完全相符。关于被告人是否基于义愤而杀人的辩护意见，即使被告人确因自尊心受到被害人的严重伤害，也不能以"义愤"来概括促使其实施犯罪行为的诱因，故辩护人提出被告人杀人基于义愤的辩护观点，与本案的客观事实和公众对社会道德的评价标准不符。

44《宋良虎、殷海军故意杀人案》，载《刑事审判指导》2004 年第 1 辑总第 1 辑。

核心提示 ➡ 在居民小区内的道路上撞伤行人后遗弃被害人，致被害人死亡的，应如何定性？

㊺《冉国成故意杀人、冉儒超、冉鸿雁包庇案》，载《刑事审判参考》2003年第4辑总第33辑，第26~33页。

核心提示 ➡ 如何理解和认定事前通谋的共同犯罪？事前明知是否等于事先通谋，事前明知并且事后包庇的行为，是否构成共同犯罪？

要旨 ➡ 一、共犯应犯意沟通，若行为人仅认识到自己实施，未认识到其他人配合，或行为人虽认识到他人实施，但自己未以行为或言语表示参与，则二者因缺乏意思联络而不是共犯；本案，冉国成事先说要"搞"被害人，冉儒超认识到冉国成将实施侵害。但冉儒超未表态，不能推定同意并支持；不能推定默许；未回应，故非事前通谋。当晚，冉儒超看到冉国成带刀，但问意图时，冉国成搪塞，故不能推定冉儒超知道冉国成真实意图；冉国成实施杀人时，冉儒超只是叫冉鸿雁和罗军去看一下，未参与杀人，或以行为、言语提供帮助，不存在事中通谋，因此不构成共犯。

二、根据牵连犯，择重包庇。

三、刑法以各犯罪人在犯罪中所起的作用为标准，划分为主犯、从犯等，因此，从逻辑上讲，凡共犯均可区分主、从。

㊻《杨安等故意伤害案》，载《刑事审判参考》2003年第1辑总第30辑，第39~48页。

核心提示 ➡ 寻衅滋事随意殴打他人致人重伤、死亡的应如何定罪？故意伤害他人致死，参与殴打人员是否均应对死亡后果负责？

要旨 ➡ 数行为人在寻衅滋事的共同故意支配下共同实施了随意殴打他人的行为，在能够查明确系其中一人或几人的行为直接造成被害人重伤或死亡的情况下，对这些人应当以故意伤害罪或故意杀人罪来论处，是没有任何疑问的。但对其他参与共同殴打的人，是否一律以故意伤害罪或故意杀人罪来论处，则不宜一概而论。理由在于：对各共同参与随意殴打他人的人而言，参与共同殴打行为本身，仅表明他们具有明确的共同寻衅滋事的故意，尚不能充分肯定他们就一定具有共同伤害的故意。关键是要看各行为人之间在共同殴打过程中所形成的临时共同故意中是否包含伤害的内容以及他们各自的行为与被害人的重伤、死亡是否具有相当的因果关系。如果这两方面条件满足，就应当以故意伤害罪或故意杀人罪的共犯论处，反之，就只应以寻衅滋事罪论处。在共同随意殴打他人过程中，如能明显排除某人的殴打行为与被害人的死亡没有因果关系，则不能要其对被害人的死亡后果承担刑事责任。如被害人的死因系头部损伤，而参与共同殴打的某一被告人仅踢了被害人下肢一两脚等。

㊼《李林故意杀人案》，载《刑事审判参考》2003年第1辑总第30辑，第19~25页。

核心提示 ➡ 二审法院能否采纳出庭支持抗诉的检察人员超出抗诉书范围提出的抗诉意见。

要旨 ➡ 1. 抗诉书是承载抗诉意见与理由的正式法律文书，被告在二审审判前先悉抗诉书是其依法行使辩护权的重要保障。2. 出庭人员代表检察机关出席法庭，必须反映检察机关意见，故应当依据抗诉书发表抗诉意见，不得改变、超越范围。发表新意见，超越范围，搞突然袭击，被告无法就事实证据适用法律作充分辩护，会限制、侵犯辩护权，可能影响公正审判。3. 对出庭抗诉人员超抗诉书范围提出的抗诉意见不应采纳，即便是有利的也不应采纳。如不影响辩护权，也只能吸收。

48《刑事审判参考》2003 年第 1 辑总第 30 辑，第 172~174 页。

核心提示 ⇨ 为劫取财物而预谋故意杀人，但仅致人轻伤且劫取财物数额不大的应如何定罪处罚？

要旨 ⇨ 不应简单机械地套用《批复》的规定以抢劫罪定罪处罚，而应当按照对牵连犯"择一重罪处罚"的原则，以故意杀人罪（未遂）定罪处罚。

49《王志峰、王志生故意杀人、保险诈骗案》，载《刑事审判参考》2002 年第 5 辑总第 28 辑，第 10~15 页。

核心提示 ⇨ 为骗取保险金而抢劫、杀人的应如何定罪？

要旨 ⇨ 被告行为可两方面定性：一方面故意杀人，另一方面保险诈骗预备；根据想象竞合，应定故意杀人、抢劫；本案尚未申请赔付，保险诈骗尚未着手，是预备，非未遂；被害人并非被保险人，故不依保险诈骗数罪并罚。

50《田磊等绑架案》，载《刑事审判参考》2002 年第 3 辑总第 26 辑，第 33~39 页以及《田磊等绑架案》，载《最新刑事法律文件解读》2005 年第 4 辑总第 4 辑。

要旨 ⇨ 为索取债务劫持他人并致人死亡的行为如何定性？对刑法第 238 条规定的"暴力"如何理解？

51《李春林故意杀人、盗窃案》，载《刑事审判参考》2002 年第 2 辑总第 25 辑，第 45~49 页。

核心提示 ⇨ 为逃避债务故意杀人后又拿走被害人财物的行为如何定性？

要旨 ⇨ 一、虽然被告人将债权人杀害是为了逃避债务，目的是非法占有债权人的 2 万元转包费，但这种占有方式并不是刑法意义上的当场劫取财物。从当场劫取财物这一抢劫犯罪的客观特征来看，这里的"财物"须具有即时取得、可转移的特点，当场不能取得、不能转移的财物一般不能成为抢劫罪的犯罪对象。以逃避债为目的的故意杀人，仅可以使原有的债权债务关系归于消灭，且从犯罪故意来看，抢劫一般应先产生非法占有的目的才抢，而本案已实际占有财物，不需要通过故意杀人去劫取，故不定抢劫罪，定故意杀人罪。二、非法占有故意产生于杀人后，不存在牵连与吸收关系，系盗窃。

52《计永欣故意杀人案》，载《刑事审判参考》2002 年第 1 辑总第 24 辑，第 22~27 页。

核心提示 ⇨ 故意杀人后又取走被害人财物的如何定性？

要旨 ⇨ 应定盗窃与杀人并罚，但不告不理，不宜增罪名。

53《阿古敦故意杀人案》，载《刑事审判参考》2002 年第 1 辑总第 24 辑，第 16~21 页。

核心提示➡对限制刑事责任能力的精神病人应如何处罚？

要旨➡虽然刑法第18条第3款规定的是“可以”而不是“应当”从轻或者减轻，但应当理解为在一般情况下都应该予以从轻或者减轻处罚。

(54)《李永文故意杀人、劫持汽车、妨害公务，宋哲故意杀人、妨害公务，张鹏威妨害公务吉林省长春市中级人民法院刑事判决书》，载《刑事审判参考》2002年第1辑总第24辑，第224～234页。

核心提示➡枪击腹部致死是故意伤害还是故意杀人？

要旨➡辩护人提出被告人只有伤害的故意，而且开枪所射击的部位也是下腹部，应定故意伤害罪。本院认为，被告人作为运钞车的押运员因与公交车司机发生矛盾，驾驶运钞车拦截公交车，阻塞交通是妨害社会秩序行为，并非执行公务。在交通民警劝阻时，三人一起强行将交通民警推上车，此行为已单独构成妨害公务犯罪。此后，被告人枪击交通民警是独立的犯罪行为，不能将此前的妨害公务犯罪吸收。交通民警拦截运钞车是为了解救被强行推上车的执勤交通民警，处理问题中欲拔下车钥匙虽有不妥，但并未对运钞车的安全构成威胁，不能以此作为被告人开枪杀人的理由和减轻处罚的条件。被告人虽然持枪击中的是被害人的腹部，但从被告人犯罪时所持的凶器、连续向被害人射击的表现及造成一死一重伤的严重后果上看，均足以证明被告人对被害人的死亡表现出积极追求的态度，且持杀伤力强的“五四”式手枪在人群中射击，也威胁到在场群众的生命安全。因此，可以认定被告人李永文主观上有剥夺他人生命的故意，客观上实施了剥夺他人生命的行为，构成故意杀人罪。

(55)《未取得行医资格在救治病人期间认为病人已死亡而拒绝“120”救护应如何定性》，载《公检法办案指南》2002年第9辑总第33辑。

(56)《曹成金故意杀人案》，载《刑事审判参考》2001年第10辑总第21辑，第13～17页。

核心提示➡间接故意犯罪是否存在未遂形态？

要旨➡间接故意犯罪不存在未遂形态，被告人的行为不构成故意杀人罪（未遂）或者故意伤害罪（未遂）。从案件起因看，被告人与郑林等人没有利害关系，事先不存在非法剥夺他人生命或伤害他人的直接故意；其掏枪时，现有证据只能证实是为了吓唬他人，不能证明是为了实施故意杀人或者伤害行为。本案中郑林乘被告人不备，扑上去抢夺被告人的枪支，被告人急忙中对着郑林小腿内侧的地面扣动扳机，子弹打破了郑林的长裤，并在郑林的左膝内侧留下表皮擦伤。在争夺枪支的过程中，被告人突然对郑开枪，此行为具有突发性，是一种不计后果的行为，在主观上应认定为一种间接故意，即对其行为可能造成他人或死亡或受伤或者无任何物质损害结果，都是行为人放任心理所包含的内容，并非单纯地希望发生危害结果。正因为在间接故意中，行为人对危害结果的发生与否持一种放任态度，当法律上的危害结果发生时，则已成立犯罪既遂，如造成被害人死亡的，应以故意杀人罪定罪处罚；造成被害人受伤（轻伤以上）的，应以故意伤害罪定罪处罚；而没有造成人员伤亡，也是行为人这种放任心理所包含的，而不是什么意志以外的原因所致，无所谓“得逞”与否，犯罪未遂也就无从谈起了。放任应以结果论，不存在未遂。情节严重，应定非法持有枪支、弹药罪。

57《梁小红故意杀人案》，载《刑事审判参考》2001 年第 5 辑总第 16 辑，第 22~27 页。

核心提示 ➡ 对杀人后为掩盖罪行而写信勒索钱财并恐吓他人的行为应如何定性？

要旨 ➡ 被告人为转移公安机关的侦查视线，掩盖罪行而书写勒索信，不具有非法占有他人财物的故意，其行为不构成绑架罪与敲诈勒索罪。被告人出于杀害被害人的故意而实施了勒颈部、捂嘴等杀人行为。在被害人昏迷后，被告人将被害人丢弃于水沟中，并不是杀人行为的中止，而是他在主观上认为被害人已死亡的情况下实施的抛"尸"行为，并不改变其杀人性质。

58《王彬故意杀人案》，载《刑事审判参考》2001 年第 5 辑总第 16 辑，第 18~21 页。

核心提示 ➡ 对在盗取自己被公安机关依法查扣的机动车的过程中致人伤亡的行为应如何定性？

要旨 ➡ 被告人从公安交通管理机关院内将自己已被查扣的车辆秘密开走的行为不同于盗窃。本案中，由于被告人主观上不具有非法占有的目的，客观上未实施盗窃、诈骗、抢夺行为，其行为也就不存在转化为抢劫的问题。从主观上看，被告人意图排除被害人妨碍自己盗取车辆，不具有杀人动机，亦无希望或放任被害人死亡后果发生的故意，但其对自己的行为将产生伤害被害人的后果是明知且希望的，故构成故意伤害。

59《方金惠投毒案》，载《刑事审判参考》2001 年第 5 辑总第 16 辑，第 1~4 页。

核心提示 ➡ 对特定被害人投放毒物致死致伤多人行为如何定性？

要旨 ➡ 在实践中，当某人投放毒物目的在于剥夺特定人生命的故意而不危及公共安全的，应认定为故意杀人罪。本案中，被告人数次投放毒药均是在被害人家中，非公共场所；毒药投在被害人所用的食具、茶具、药煲内，非公共所用器具内。尽管实际上有多人误食、误饮了被告人投放有毒食物、饮品，但这些被害人并非被告人追求杀害的不特定对象，故定故意杀人罪。

60《利用不满 14 周岁的人投毒杀人的行为如何定性》，载《刑事审判参考》2001 年第 5 辑总第 16 辑，第 74~76 页。

要旨 ➡ 被告人并非是教唆犯，不能直接援引有关教唆犯的条款来处理，而应按故意杀人行为定罪处罚。该行为也不符合传播犯罪方法罪的特征。

61《王斌故意杀人案》，载《刑事审判参考》2001 年第 1 辑总第 12 辑，第 1~6 页。

核心提示 ➡ 到公安机关报假案与自动投案的区别应如何把握？

62《故意杀人罪侦破指南》，载《刑事司法指南》2000 年第 3 辑总第 3 辑，第 129~148 页。

要旨 ➡ 1. 故意杀人罪的概念与特征；2. 正确认定故意杀人罪应当注意的几个问题；3. 故意杀人犯罪的常见作案手段；4. 故意杀人案件的主要侦破方法；5. 故意杀人案件的取证要点；6. 故意杀人案件的讯问要点。

63 《闫留普、黄芬故意杀人案》，载《刑事审判参考》2000 年第 3 辑总第 8 辑以及《刑事审判案例》，第 84~86 页。

核心提示 ➡ 被告人同时具备多种法定从轻、减轻、免除处罚情节和其他酌定情节的如何量刑？

64 《杨政锋利用交通工具故意杀人案》，载《刑事审判参考》2000 年第 2 辑总第 7 辑，第 20~25 页以及《刑事审判案例》，第 346~349 页。

核心提示 ➡ 驾车故意挤占车道致使追赶车辆车毁人亡的行为如何定性？

要旨 ➡ 应当从其行为，进而从其主观故意分析其犯罪所侵犯的客体。被告人的行为对象是特定的，行为的危害后果也是特定的，故不能以破坏交通工具罪定罪处罚。

65 《李典故意杀人案》，载《刑事审判参考》2000 年第 2 辑总第 7 辑，第 15~19 页以及《刑事审判案例》，第 5~8 页。

核心提示 ➡ 限制责任能力的精神病人犯故意杀人罪如何处罚？

要旨 ➡ 1997 年刑法规定的对限制责任能力的精神病人的处刑比 1979 年刑法轻。

66 《刘加奎故意杀人案》，载《刑事审判参考》2000 年第 1 辑总第 6 辑以及《刑事审判案例》，第 100~103 页。

核心提示 ➡ 因民间矛盾激化引发且被害人有一定过错的案件如何适用死刑？

67 《罗登祥抢劫、故意杀人、脱逃（未遂）案》，载《刑事审判参考合订本·第一卷》，第 112~116 页。

核心提示 ➡ 对在抢劫过程中杀人（致人死亡）案件应如何定罪处刑？

68 《宋有福、许朝相故意杀人案》，载《刑事审判参考合订本·第一卷》，第 95~99 页。

核心提示 ➡ 农村邻里纠纷引发的故意不明确的侵犯人身权利案件应如何定性？

要旨 ➡ 从被告人宋有福纠集被告人许朝相要"教训教训"被害人的目的来看，其主观故意确实不十分明确，也就是说不能认定为预谋杀人。但当被告人许朝相刺中被害人一剑以后，即逃离现场，对被害人死亡结果的发生采取了放任态度，这种结果实际也在二被告人预谋持剑"教训"的犯意之中，二人构成共犯，系间接故意杀人。

69 《王勇故意杀人案》，载《刑事审判参考》1999 年第 3 辑以及《刑事审判参考合订本·第 1 卷》，第 90~94 页。

核心提示 ➡ 被害人有严重过错的杀人案件应如何处理？

70 《王征宇故意杀人案》，载《刑事审判参考合订本·第一卷》，第 86~89 页。

核心提示 ➡ 驾车致人死亡的行为如何定罪？以危险方法危害公共安全罪与故意杀人罪、交通肇事致人死亡的区别。

71 《叶润生故意杀人案》，载《最高人民法院判例释解·刑事卷》，第 111 页。

核心提示 ➡ 驾车撞向特定对象致其轻伤但连带致无辜群众一死二伤应如何定性？

72 《全国部分法院经济犯罪案件审判工作座谈会研讨综述——"经济犯罪案件中的

法律适用问题"》，（2004年11月27日）（节录）。①

核心提示 ➡ 抢劫、抢夺罪数的认定。

要旨 ➡ 罪数的认定主要涉及三个方面的内容：

驾驶机动车、非机动车夺取他人财物致人伤害或死亡的行为定性。对于在抢夺过程中过失造成被害人重伤、死亡，构成过失致人重伤罪、过失致人死亡罪等犯罪的，最高人民法院在相关抢夺罪的司法解释中已经作出明确规定，即依照处罚较重的规定定罪处罚。但解释并未涉及抢夺过程中出于放任故意导致他人受伤或死亡情况的处理。对此，在讨论过程中，一种倾向性的意见认为，上述情况同时侵犯了他人的人身权利和财产权利，符合抢劫罪的双重客体标准，因此，只要有证据证明行为人主观上对伤亡后果是故意的，应以抢劫罪定罪处罚。

不过也有人提出反对意见，认为上述情况不符合抢劫罪的基本特征，尽管其侵犯了两个不同的客体，但却并非并存于同一犯罪之中，而是分属于两个不同的罪名。支持后一种观点的人认为，抢劫罪的暴力是指出于对被害人的身体施以打击和强制借以排除被害人的反抗，从而劫掠他人财物的行为。因此，抢劫罪的暴力必须有意识地施加于被害人的人身，即直接对被害人的人身造成侵害、使其处于无力反抗、不能反抗的境地。如果针对的是被害人的财物，并无意图使被害人丧失反抗能力，即使在行为实施过程中造成了人身伤害，亦不能以抢劫罪论处。行为人驾驶机动车、非机动车强行夺取他人财物，如果已经意识到自己的行为可能致人伤害或死亡，仍然放任这种结果的发生，又构成故意伤害罪或故意杀人罪的，属于想象竞合，应以一重罪从重处罚。

第233条　过失致人死亡罪

过失致人死亡的，处三年以上七年以下有期徒刑；情节较轻的，处三年以下有期徒刑。本法另有规定的，依照规定。

关　联　规　范 ➡ 完全整理

❶ 最高人民法院《关于审理抢夺刑事案件具体应用法律若干问题的解释》（2002年7月20日　法释〔2002〕18号）（节录）②

第五条　实施抢夺公私财物行为，构成抢夺罪，同时造成被害人重伤、死亡等后果，构成过失致人重伤罪、过失致人死亡罪等犯罪的，依照处罚较重的规定定罪处罚。

❷ 最高人民法院《关于审理交通肇事刑事案件具体应用法律若干问题的解释》（2000年11月21日　法释〔2000〕33号）（节录）③

第八条　在实行公共交通管理的范围内发生重大交通事故的，依照刑法第一百三十三条和本解释的有关规定办理。

---

① 对其解读见：《刑事审判参考》2004年第6辑总第41辑，第146~168页。
② 对其解读见：《刑事审判参考》2002年第4辑总第27辑，第139~141，177~184页。
③ 对其解读见：《刑事审判参考》2001年第1辑总第12辑，第36~38，75~80页。

在公共交通管理的范围外，驾驶机动车辆或者使用其他交通工具致人伤亡或者致使公共财产或者他人财产遭受重大损失，构成犯罪的，分别依照刑法第一百三十四条、第一百三十五条、第二百三十三条等规定定罪处罚。

学理观点·典型案例 ➡ 索引与要旨

❶《杨春过失致人死亡案》，载《刑事审判参考》2010年第4辑总第75辑，第31～36页。

核心提示 ➡ 因琐事与被害人争执，驾车离开，被害人抓住车挡板，行为人低速行驶仍致被害人摔落并碾压致死应如何定性？如何区分过失致人死亡罪与故意伤害罪？

❷《曲龙民等过失致人死亡案》〔2009〕二中刑终字第402号，北京市第二中级人民法院。

核心提示 ➡ 出租存在安全隐患的房屋致他人死亡如何定性？

❸《蒋勇、李刚过失致人死亡案》，载《刑事审判参考》2007年第4辑总第57辑，第27～32页。

核心提示 ➡ 如何区分共同间接故意杀人与过失致人死亡？

要旨 ➡ 1. 被告人蒋勇、李刚没有放任被害人死亡的共同故意，不构成共同间接故意杀人罪；2. 被告人蒋勇、李刚的行为构成过失致人死亡罪：首先，被告人蒋勇与李刚之间存在相互信赖的关系，其行为与被害人徐维勤死亡之间有承继性的因果关系。其次，蒋勇、李刚虽然各自的行为方式不同，但是他们的罪过形态是相同的。他们在主观上并不希望危害结果的发生，客观上均过于轻信自己和另一方一定的节制性行为可以避免，终因没有采取有效的避免措施而发生了致人死亡的结果，均属于过于自信的过失。本案实际上是一起比较典型的共同过失犯罪案件，按照我国现行刑法规定，不能以共同犯罪论处，只能对他们分别定罪处罚。

❹《韩宜过失致人死亡案》，载《刑事审判参考》2007年第3辑总第56辑，第6～14页。

要旨 ➡ 无充分证据证实伤害行为与伤害后果有因果关系的，不能认定成立故意伤害罪。

本案无充分证据证实被害人头部伤害系被告人韩宜所致，故不能认定被告人犯故意伤害罪，只能认定被告人韩宜有伤害被害人肩、背部的行为，不能认定韩宜实施了伤害被害人头部的行为；而韩宜用凳子砸打被害人肩、背部的行为，与被害人的死亡后果无直接的因果关系。

❺《刘旭过失致人死亡案》，载《人民法院案例选》2007年第1辑总第59辑。

要旨 ➡ 因交通问题与被害人发生口角，并动手推了被害人肩部，用腿踢了被害人腿部，在派出所解决纠纷时，被害人因胸闷不适到医院就诊，后经抢救无效死亡。经鉴定死者因患冠状粥样硬化性心脏病，致急性心力衰竭死亡。

❻《杨熙过失致人死亡案》，载《人民法院案例选》2005年第1辑总第51辑。

要旨➡在被害人饮酒过量欲休息时,又强迫其过量饮酒,致使被害人酒精中毒死亡。

❼《李宁、王昌兵过失致人死亡案》,载《刑事审判参考》2005年第6辑总第47辑,第12~18页。

核心提示➡为敲诈勒索而非法拘禁被害人并殴打致其跳水逃跑,被告人劝阻未果后自行离开,被害人溺水而亡的案件应如何定性?

要旨➡被告人殴打被害人,致使被害人跳水摆脱。被告人在被害人跳水之后,未进一步实施加害行为,而是调转车头用车灯照射水面,劝被害人上岸。见被害人趟水前行不肯返回时,被告人因水性也不好,不敢下水。后被告人为消除被害人的顾虑促使其上岸,遂开车离开湖堤。由此可见,被告人既不希望也不放任被害人死亡结果的发生。被告人离开现场的目的是让被害人消除疑虑,尽快脱离危险之地,并非置被害人于水中而不顾。被告人对被害人可能会出现的后果是有所预见的,但轻信被害人在其离开后会返回岸上。因此,被告人对被害人可能出现的死亡后果是持一种过于自信的过失心态。

❽《朱家平过失致人死亡案》,载《刑事审判参考》2005年第3辑总第44辑,第49~52页。

核心提示➡如何区分疏忽大意的过失与意外事件?

要旨➡二者区分的关键是判断行为人是否应当预见、能够预见。

❾《王刚强、王鹏飞过失致人死亡案》,载《刑事审判参考》2005年第3辑总第44辑,第42~48页。

核心提示➡交通运输管理站工作人员在稽查路费过程中追赶逃费车辆致人身亡的应如何定罪?

要旨➡1.被告人王刚强、王鹏飞在执行公务中超越职权造成他人伤亡的行为构成了犯罪。2.该行为构成了滥用职权罪而不构成过失致人死亡罪。

❿《王之兰过失致人死亡案》,载《刑事审判参考》2003年第5辑总第34辑,第20~23页。

核心提示➡在未领取《医疗机构执业许可证》的乡村卫生室工作的乡村医生行医致人死亡的应如何定性?

要旨➡由于至案发时,未制定相关规定规范乡村医生的行医资格,考虑到乡村卫生室从事诊治的历史延续性及乡村资格行医的明文规定的特殊性,认定被告无非法行医的主观故意;被告不具备医务人员的主体资格,不符合医疗事故主体特征;被告作为行医近三十年的乡村医生,已预见到不重复皮试可能死亡,轻信镇卫生院刚做完皮试能够避免,以致死亡。报告表明,注射不同厂出产的青霉素致死,其行为有因果关系。

⓫《李满英过失致人死亡案》,载《刑事审判参考》2003年第3辑总第32辑,第29~33页。

核心提示➡驾驶交通工具在非公共交通范围内撞人死亡的应如何定罪?

要旨➡应首先考虑过失致人死亡,除非该行为还触犯其他罪名;如在工厂等单位内部,在生产作业中,应以重大责任事故追究;或非生产作业仍应以过失致人死亡;或交通工具不符合劳动安全规定，经提出后，仍不采取措施的，应以重大劳动安全事故追究相关责任人责任，如不符合该情况，仍应定过失致人死亡。

⑫《罗靖故意伤害案》，载《刑事审判参考》2003年第1辑总第30辑，第49~55页。

核心提示➔以掌推他人致其头部碰撞造成死亡应如何定罪量刑？

要旨➔ 1. 被告的掌推行为属于故意伤害行为；2. 被告掌推行为与被害死亡结果之间具有刑法上的因果关系；3. 故意伤害致死可以表现为复杂罪过形式，即行为人具有伤害的故意和致人死亡的过失两种罪过形式；本案被告与被害关系很好，被告人打被害人不可能希望或放任死亡，但应预见而未预见，对死亡是过失。被告人在推打被害人时具有伤害的故意，但对因此导致死亡是过失的，在这种复杂罪过形式中，虽然故意罪过所引起的危害结果轻于过失罪过引起的危害结果，但综合构成来看，故意罪过是主要的，过失罪过是次要的，因此，定故意伤害致死。

⑬《穆志祥被控过失致人死亡案》，载《刑事审判参考》2002年第5辑总第28辑，第31~36页。

核心提示➔致人死亡无罪过，违法行为与危害结果之间没有因果关系的不构成犯罪

要旨➔ 1. 被告人对被害人触电死亡的后果主观上没有过失。被告无义务，不可能且没有预见其在李家附近停车，车顶会恰巧碰上李家私自拉接的不符合安全用电对地高度要求且未采取任何绝缘措施的裸露电线接头处，既非自信亦非疏忽。2. 被告人私自改装车辆的违法行为与被害人触电死亡的后果没有刑法上的因果关系。不是直接原因，无因果关系，属于刑法上的意外事件。

⑭《王长友过失致人死亡案》，载《刑事审判参考》2001年第9辑总第20辑，第9~13页。

核心提示➔假想防卫如何认定及处理？

要旨➔假想防卫多发生在两种场合：一是发生在根本不存在不法侵害的场合，如夜间误认为来访的客人为强盗而实行的防卫；二是在对不法侵害实行正当防卫的过程中，对在场的与不法侵害无关的人实行防卫，如某人正反击他人对其不法侵害时，对突然介入的与不法侵害无关的人，疑为帮凶而实行的"防卫"。假想防卫虽然是故意的行为，但这种故意是建立在对客观事实错误认识基础上的，自以为是在对不法侵害实行正当防卫。行为人不仅没有认识到其行为会发生危害社会的后果，而且认为自己的行为是合法正当的，而犯罪故意则是以行为人明知自己的行为会发生危害社会的后果为前提的。因此，假想防卫的故意只有心理学上的意义，而不是刑法上的犯罪故意。因此，假想防卫是不可能存在故意犯罪的，仅成立疏忽大意的过失。

⑮《李建贵故意伤害案》，载《最高人民法院判例释解·刑事卷》，第95页。

核心提示➔为制止其兄酗酒闹事气愤之下将砖头扔向其兄不料砸中头部，扶回家次日死亡，该行为如何定性？能否在法定刑下减轻处罚？

第 234 条　故意伤害罪

故意伤害他人身体的，处三年以下有期徒刑、拘役或者管制。

犯前款罪，致人重伤的，处三年以上十年以下有期徒刑；致人死亡或者以特别残忍手段致人重伤造成严重残疾的，处十年以上有期徒刑、无期徒刑或者死刑。本法另有规定的，依照规定。

关 联 规 范　⟶ 完全整理

❶《中华人民共和国刑法》（1980 年 1 月 1 日） 第 238 条　非法拘禁罪

非法拘禁他人或者以其他方法非法剥夺他人人身自由的，处三年以下有期徒刑、拘役、管制或者剥夺政治权利。具有殴打、侮辱情节的，从重处罚。

犯前款罪，致人重伤的，处三年以上十年以下有期徒刑；致人死亡的，处十年以上有期徒刑。使用暴力致人伤残、死亡的，依照本法第二百三十四条、第二百三十二条的规定定罪处罚。

为索取债务非法扣押、拘禁他人的，依照前两款的规定处罚。

国家机关工作人员利用职权犯前三款罪的，依照前三款的规定从重处罚。

❷《中华人民共和国刑法》（1980 年 1 月 1 日） 第 247 条　刑讯逼供罪　暴力取证罪

司法工作人员对犯罪嫌疑人、被告人实行刑讯逼供或者使用暴力逼取证人证言的，处三年以下有期徒刑或者拘役。致人伤残、死亡的，依照本法第二百三十四条、第二百三十二条的规定定罪从重处罚。

❸《中华人民共和国刑法》（1980 年 1 月 1 日） 第 248 条　虐待被监管人罪

监狱、拘留所、看守所等监管机构的监管人员对被监管人进行殴打或者体罚虐待，情节严重的，处三年以下有期徒刑或者拘役；情节特别严重的，处三年以上十年以下有期徒刑。致人伤残、死亡的，依照本法第二百三十四条、第二百三十二条的规定定罪从重处罚。

监管人员指使被监管人殴打或者体罚虐待其他被监管人的，依照前款的规定处罚。

❹《中华人民共和国刑法》（1980 年 1 月 1 日） 第 289 条

聚众"打砸抢"，致人伤残、死亡的，依照本法第二百三十四条、第二百三十二条的规定定罪处罚。毁坏或者抢走公私财物的，除判令退赔外，对首要分子，依照本法第二百六十三条的规定定罪处罚。

❺《中华人民共和国刑法》（1980 年 1 月 1 日） 第 292 条第 2 款

聚众斗殴，致人重伤、死亡的，依照本法第二百三十四条、第二百三十二条的规定定罪处罚。

❻《中华人民共和国刑法》（1980 年 1 月 1 日） 第 333 条第 1 款　非法组织卖血罪　强迫卖血罪

非法组织他人出卖血液的，处五年以下有期徒刑，并处罚金；以暴力、威胁方法强迫他人出卖血液的，处五年以上十年以下有期徒刑，并处罚金。

有前款行为,对他人造成伤害的,依照本法第二百三十四条的规定定罪处罚。

❼《中华人民共和国治安管理处罚条例》(1986年9月5日 主席令第四十三号)(节录)

有下列侵犯他人人身权利行为之一,尚不够刑事处罚的,处十五日以下拘留、二百元以下罚款或者警告:

(一)殴打他人,造成轻微伤害的。

❽ 最高人民检察院《关于办理当事人达成和解的轻微刑事案件的若干意见》(2011年1月19日 高检发研字〔2011〕2号)①

❾ 最高人民法院《人民法院量刑指导意见(试行)》(2010年9月13日 法发〔2010〕36号)(节录)

四、常见犯罪的量刑

(二)故意伤害罪

1. 构成故意伤害罪的,可以根据下列不同情形在相应的幅度内确定量刑起点:

(1)故意伤害致一人轻伤的,可以在六个月至一年六个月有期徒刑幅度内确定量刑起点。

(2)故意伤害致一人重伤的,可以在三年至四年有期徒刑幅度内确定量刑起点。

(3)以特别残忍手段故意伤害致一人重伤,造成六级严重残疾的,可以在十年至十二年有期徒刑幅度内确定量刑起点。依法应当判处无期徒刑以上刑罚的除外。

(4)故意伤害致一人死亡的,可以在十年至十五年有期徒刑幅度内确定量刑起点。依法应当判处无期徒刑以上刑罚的除外。

2. 在量刑起点的基础上,可以根据伤亡后果、伤残等级、手段的残忍程度等其他影响犯罪构成的犯罪事实增加刑罚量,确定基准刑。

3. 雇用他人实施伤害行为的,可以增加基准刑的20%以下。

4. 有下列情节之一的,可以减少基准刑的20%以下:

(1)因婚姻家庭、邻里纠纷等民间矛盾激化引发的;

(2)因被害人的过错引发犯罪或对矛盾激化引发犯罪负有责任的;

(3)犯罪后积极抢救被害人的。

❿ 最高人民法院《关于贯彻宽严相济刑事政策的若干意见》(2010年2月8日 法发〔2010〕9号)(节录)②

7. 贯彻宽严相济刑事政策,必须毫不动摇地坚持依法严惩严重刑事犯罪的方针。对于危害国家安全犯罪、恐怖组织犯罪、邪教组织犯罪、黑社会性质组织犯罪、恶势力犯罪、故意危害公共安全犯罪等严重危害国家政权稳固和社会治安的犯罪,故意杀人、故意伤害致人死亡、强奸、绑架、拐卖妇女儿童、抢劫、重大抢夺、重大盗窃等严重暴力犯罪和严

---

① 对其解读见:《公检法办案指南》2011年第5辑总第137辑,第153~168页。
② 对其解读见:《刑事法律文件解读》2010年第3辑总第57辑,第49~57,58~65页。

重影响人民群众安全感的犯罪，走私、贩卖、运输、制造毒品等毒害人民健康的犯罪，要作为严惩的重点，依法从重处罚。尤其对于极端仇视国家和社会，以不特定人为侵害对象，所犯罪行特别严重的犯罪分子，该重判的要坚决依法重判，该判处死刑的要坚决依法判处死刑。

⑪ 最高人民法院《关于审理未成年人刑事案件具体应用法律若干问题的解释》（2006 年 1 月 23 日　法释〔2006〕1 号）（节录）①

第十条　已满十四周岁不满十六周岁的人盗窃、诈骗、抢夺他人财物，为窝藏赃物、抗拒抓捕或者毁灭罪证，当场使用暴力，故意伤害致人重伤或者死亡，或者故意杀人的，应当分别以故意伤害罪或者故意杀人罪处罚。

⑫ 最高人民法院《关于审理抢劫、抢夺刑事案件适用法律若干问题的意见》（2005 年 6 月 8 日　法发〔2005〕8 号）（节录）②

八、关于抢劫罪数的认定：行为人实施伤害、强奸等犯罪行为，在被害人未失去知觉，利用被害人不能反抗、不敢反抗的处境，临时起意劫掠他人财物的，应以此前所实施的具体犯罪与抢劫罪实行数罪并罚；在被害人失去知觉或者没有发觉的情形下，以及实施故意杀人犯罪行为之后，临时起意拿走他人财物的，应以此前所实施的具体犯罪与盗窃罪实行数罪并罚。

九、抢劫罪与故意伤害罪的界限：行为人为索取债务，使用暴力、暴力威胁等手段的，一般不以抢劫罪定罪处罚。构成故意伤害等其他犯罪的，依照刑法第二百三十四条等规定处罚。

⑬ 《全国部分法院经济犯罪案件审判工作座谈会研讨综述——"经济犯罪案件中的法律适用问题"》（2004 年 11 月 27 日）（节录）③

（五）抢劫、抢夺罪数的认定

罪数的认定主要涉及三个方面的内容：第一，多数代表认为，行为人实施伤害、强奸等犯罪行为，在被害人未失去知觉，利用被害人不能反抗、不敢反抗的处境，临时起意劫掠他人财物的，应以此前所实施的具体犯罪与抢劫罪实施数罪并罚；在被害人失去知觉或者没有发觉的情况下，以及实施故意杀人犯罪行为之后，临时起意拿走他人财物的，应以此前所实施的具体犯罪与盗窃罪实行数罪并罚。

第三，驾驶机动车、非机动车夺取他人财物致人伤害或死亡的行为定性。对于在抢夺过程中过失造成被害人重伤、死亡，构成过失致人重伤罪、过失致人死亡罪等犯罪的，最高人民法院在相关抢夺罪的的司法解释中已经作出明确规定，即依照处罚较重的规定定罪处罚。但解释并未涉及抢夺过程中出于放任故意导致他人受伤或死亡情况的处理。对此，在讨论过程中，一种倾向性的意见认为，上述情况同时侵犯了他人的人身权利和财产权利，

---

① 对其解读见：《刑事审判参考》2006 年第 1 辑总第 48 辑，第 87～91 页以及 2006 年第 2 辑总第 49 辑，第 61～77 页。

② 对其解读见：《刑事审判参考》2005 年第 1 辑总第 42 辑，第 93～98 页以及 2005 年第 2 辑总第 43 辑，第 71～92 页。

③ 对其解读见：《刑事审判参考》2004 年第 6 辑总第 41 辑，第 146～168 页。

符合抢劫罪的双重客体标准,因此,只要有证据证明行为人主观上对伤亡后果是故意的,应以抢劫罪定罪处罚。

不过也有人提出反对意见,认为上述情况不符合抢劫罪的基本特征,尽管其侵犯了两个不同的客体,但却并非并存于同一犯罪之中,而是分属于两个不同的罪名。支持后一种观点的人认为,抢劫罪的暴力是指出对被害人的身体施以打击和强制借以排除被害人的反抗,从而劫掠他人财物的行为。因此,抢劫罪的暴力必须有意识地施加于被害人的人身,即直接对被害人的人身造成侵害、使其处于无力反抗、不能反抗的境地。如果针对的是被害人的财物,并无意图使被害人丧失反抗能力,即使在行为实施过程中造成了人身伤害,亦不能以抢劫罪论处。行为人驾驶机动车、非机动车强行夺取他人财物,如果已经意识到自己的行为可能致人伤害或死亡,仍然放任这种结果的发生,又构成故意伤害罪或故意杀人罪的,属于想象竞合,应以一重罪从重处罚。

14 司法部《人体损伤程度鉴定标准》(2004年4月14日)

15 最高人民法院、最高人民检察院《关于办理妨害预防、控制突发传染病疫情等灾害的刑事案件具体应用法律若干问题的解释》(2003年5月15日 法释〔2003〕8号)(节录)①

第九条 在预防、控制突发传染病疫情等灾害期间,聚众"打砸抢",致人伤残、死亡的,依照刑法第二百八十九条、第二百三十四条、第二百三十二条的规定,以故意伤害罪或者故意杀人罪定罪,依法从重处罚。对毁坏或者抢走公私财物的首要分子,依照刑法第二百八十九条、第二百六十三条的规定,以抢劫罪定罪,依法从重处罚。

16 最高人民法院《关于审理偷税抗税刑事案件具体应用法律若干问题的解释》(2002年11月4日 法释〔2002〕33号)(节录)②

第六条 实施抗税行为致人重伤、死亡,构成故意伤害罪、故意杀人罪的,分别依照刑法第二百三十四条第二款、第二百三十二条的规定定罪处罚。

17 最高人民法院、最高人民检察院《关于办理组织和利用邪教组织犯罪案件具体应用法律若干问题的解释(二)》(2001年6月11日 法释〔2001〕19号)(节录)③

第九条 组织和利用邪教组织制造、散布迷信邪说,指使、胁迫其成员或者其他人实施自杀、自伤行为的,分别依照刑法第二百三十二条、第二百三十四条的规定,以故意杀人罪或者故意伤害罪定罪处罚。

18 最高人民法院《关于审理交通肇事刑事案件具体应用法律若干问题的解释》

---

① 对其解读见:《刑事审判参考》2003年第3辑总第32辑,第160~164,188~197页以及《"非典"防治时期相关犯罪的司法适用研究》,载《刑事司法指南》2003年第2辑总第14辑,第55~109页。

② 对其解读见:《刑事审判参考》2002年第6辑总第29辑,第127~130,166~172页。

③ 对其解读见:《刑事审判参考》2001年第7辑总第18辑,第59~62,73~78页以及2001年第9辑总第20辑,第49~57页。

（2000年11月21日　法释〔2000〕33号）（节录）①

第六条　行为人在交通肇事后为逃避法律追究，将被害人带离事故现场后隐藏或者遗弃，致使被害人无法得到救助而死亡或者严重残疾的，应当分别依照刑法第二百三十二条、第二百三十四条第二款的规定，以故意杀人罪或者故意伤害罪定罪处罚。

❶❾ 公安部《关于打击拐卖妇女儿童犯罪适用法律和政策有关问题的意见》（2000年3月24日　公通字〔2000〕25号）（节录）

二、关于拐卖妇女、儿童犯罪：

（四）对拐卖过程中奸淫被拐卖妇女的；诱骗、强迫被拐卖的妇女卖淫或者将被拐卖的妇女卖给他人迫使其卖淫的；以出卖为目的使用暴力、胁迫、麻醉等方法绑架妇女、儿童的；以出卖为目的，偷盗婴幼儿的；造成被拐卖的妇女、儿童或者其亲属重伤、死亡或者其他严重后果的，均以拐卖妇女、儿童罪立案侦查。

三、关于收买被拐卖的妇女、儿童犯罪：

（二）收买被拐卖的妇女、儿童，并有下列犯罪行为的，同时以收买被拐卖的妇女、儿童罪和下列罪名立案侦查：

4. 非法剥夺、限制被拐卖的妇女、儿童人身自由的，或者对其实施伤害、侮辱、猥亵等犯罪行为的，以非法拘禁罪，或者伤害罪、侮辱罪、强制猥亵妇女罪、猥亵儿童罪等犯罪立案侦查。

（四）凡是帮助买主实施强奸、伤害、非法拘禁被拐卖的妇女、儿童等犯罪行为的，应当分别以强奸罪、伤害罪、非法拘禁罪等犯罪的共犯立案侦查。

❷⓿ 最高人民法院、最高人民检察院《关于办理组织和利用邪教组织犯罪案件具体应用法律若干问题的解释》（1999年10月30日　法释〔1999〕18号）（节录）②

第四条　组织和利用邪教组织制造、散布迷信邪说，指使、胁迫其成员或者其他人实施自杀、自伤行为的，分别依照刑法第二百三十二条、第二百三十四条的规定，以故意杀人罪或者故意伤害罪定罪处罚。

❷❶ 最高人民法院《全国法院维护农村稳定刑事审判工作座谈会纪要》（1999年10月27日　法〔1999〕217号）（节录）③

二

（一）关于故意杀人、故意伤害案件

要注意严格区分故意杀人罪与故意伤害罪的界限。在直接故意杀人与间接故意杀人案件中，犯罪人的主观恶性程度是不同的，在处刑上也应有所区别。间接故意杀人与故意伤害致人死亡，虽然都造成了死亡的后果，但行为人故意的性质和内容是截然不同的。不注

---

①　对其解读见：《刑事审判参考》2001年第1辑总第12辑，第36~38，75~80页。
②　对其解读见：《刑事审判参考合订本·第一卷》，第327~329，363~369页以及《解读最高人民法院司法解释·刑事、行政卷（1997~2002）》，第239~242页。
③　对其解读见：《刑事审判参考合订本·第一卷》，第283~291页以及《当前刑事审判实践中适用法律应当注意的问题》，载《刑事司法指南》2000年第3辑总第3辑，第51~71页。

意区分犯罪的性质和故意的内容，只要有死亡后果就判处死刑的做法是错误的，这在今后的工作中，应当予以纠正。对于故意伤害致人死亡，手段特别残忍，情节特别恶劣的，才可以判处死刑。

要准确把握故意伤害致人重伤造成"严重残疾"的标准。参照1996年国家技术监督局颁布的《职工工伤与职业病致残程度鉴定标准》（以下简称"工伤标准"），刑法第二百三十四条第二款规定的"严重残疾"是指下列情形之一：被害人身体器官大部缺损、器官明显畸形、身体器官有中等功能障碍、造成严重并发症等。残疾程度可以分为一般残疾（十至七级）、严重残疾（六至三级）、特别严重残疾（二至一级），六级以上视为"严重残疾"。在有关司法解释出台前，可统一参照"工伤标准"确定残疾等级。实践中，并不是只要达到"严重残疾"就判处死刑，还要根据伤害致人"严重残疾"的具体情况，综合考虑犯罪情节和危害后果来决定刑罚。故意伤害致人重伤造成严重残疾，只有犯罪手段特别残忍，后果特别严重，才能考虑适用死刑（包括死刑，缓期二年执行）。

㉒ 最高人民法院《关于对故意伤害、盗窃等严重破坏社会秩序的犯罪分子能否附加剥夺政治权利问题的批复》（1998年1月13日　法释〔1997〕11号）（节录）①

对故意伤害、盗窃等其他严重破坏社会秩序的犯罪，犯罪分子主观恶性较深、犯罪情节恶劣、罪行严重的，也可以依法附加剥夺政治权利。

㉓ 最高人民检察院《关于联防队员能否构成刑讯逼供罪的犯罪主体的批复》（1990年11月7日）（节录）

治安联防队员是群众性的治安、保卫组织，企业、事业单位及基层组织聘用的联防队员不属国家工作人员，因此不能成为刑讯逼供罪的主体。其使用肉刑或变相肉刑逼取口供致人伤残，需要追究刑事责任的，应以故意伤害罪批捕起诉。

㉔ 最高人民法院、最高人民检察院、司法部、公安部《人体轻伤鉴定标准（试行）》（1990年6月20日　法（司）发〔1990〕6号）

㉕ 最高人民法院、最高人民检察院、司法部、公安部《人体重伤鉴定标准》（1990年3月29日　司法〔1990〕070号）

㉖ 最高人民法院、最高人民检察院《关于当前办理流氓案件中具体应用法律的若干问题的解答》（1984年11月2日　〔84〕法研字第13号）（节录）

三、怎样区分流氓罪和与其相近似的其他犯罪的界限？

2. 群众中因民事纠纷而互相斗殴甚至结伙械斗，不应按流氓罪处理。其中犯故意伤害罪（包括轻伤、重伤）、故意杀人罪或故意毁坏公私财物等罪的，是什么罪就定什么罪。

㉗ 最高人民法院、最高人民检察院、公安部《关于依法惩处利用摘除节育环进行违法犯罪活动的分子的联合通知》（1983年12月10日）（节录）

二、以牟利为目的，私自为育龄妇女摘除节育环，方法粗野，伤害妇女身体的，依照刑法规定的伤害罪惩处。

---

① 对其解读见：《解读最高人民法院司法解释·刑事、行政卷（1997～2002）》，第57～58页。

㉘ 上海、北京、广东、湖北、江苏高级人民法院《〈人民法院量刑指导意见（试行）〉实施细则（试行）》（2010年10月1日）

㉙《福建省高级人民法院〈人民法院量刑指导意见（试行）〉实施细则（试行）》（2010年9月30日　闽高法发〔2010〕21号）（节录）

四、常见罪名的量刑

（二）故意伤害罪

1. 构成故意伤害罪的，根据下列不同情形在相应的幅度内确定量刑起点：

（1）致一人轻伤的，可以在六个月至一年六个月有期徒刑幅度内确定量刑起点。

（2）致一人重伤的，可以在三年至四年有期徒刑幅度内确定量刑起点。

（3）以特别残忍手段故意伤害致一人重伤，造成六级严重残疾的，可以在十年至十二年有期徒刑幅度内确定量刑起点。依法应当判处无期徒刑以上刑罚的除外。

（4）故意伤害致一人死亡的，可以在十年至十五年有期徒刑幅度内确定量刑起点。依法应当判处无期徒刑以上刑罚的除外。

2. 在量刑起点的基础上，根据伤亡后果、伤残等级等犯罪事实增加相应的刑罚量，确定基准刑：

（1）每增加轻微伤一人的，可以增加一个月至三个月的刑期；

（2）每增加轻伤一人的，可以增加三个月至六个月的刑期；

（3）每增加重伤一人的，可以增加一年至二年的刑期；

（4）每增加伤残等级一级的，可以增加二个月至六个月的刑期。

3. 有下列情节之一的，可以增加基准刑的20%以下：

（1）持枪支、管制刀具或者其他凶器伤害他人的；

（2）雇佣他人实施伤害行为的；

（3）恶意报复他人而实施伤害的；

（4）在校园内或校门口对学校师生实施伤害的。

4. 有下列情节之一的，可以减少基准刑的20%以下：

（1）因婚姻家庭、邻里纠纷等民间矛盾激化引发的；

（2）犯罪后积极抢救被害人的；

（3）被害人的伤情存在一果多因情况的。

㉚ 浙江省高级人民法院《浙江省〈人民法院量刑指导意见（试行）〉实施细则》（2010年9月29日　浙高法〔2010〕280号）（节录）

（二）故意伤害罪

1. 构成故意伤害罪的，可以根据下列不同情形在相应的幅度内确定量刑起点：

（1）故意伤害致一人轻伤的，可以在一年至一年六个月有期徒刑幅度内确定量刑起点。

（2）故意伤害致一人重伤的，可以在三年至四年有期徒刑幅度内确定量刑起点。

（3）以特别残忍手段故意伤害致一人重伤，造成六级严重残疾的，除依法应当判处无期徒刑以上的刑罚以外，可以在十年至十二年有期徒刑幅度内确定量刑起点。

（4）故意伤害致一人死亡的，除依法应当判处无期徒刑以上的刑罚以外，可以在十年至十五年有期徒刑幅度内确定量刑起点。

2. 在量刑起点的基础上，可以根据伤亡后果、伤残等级、手段的残忍程度等其他影响犯罪构成的犯罪事实增加刑罚量，确定基准刑：

（1）每增加一人轻伤的，可以增加六个月至九个月刑期；

（2）每增加一人重伤的，每增加一年六个月至二年六个月刑期。

3. 有下列情节之一的，可以增加基准刑的20%以下：

（1）持枪支、管制刀具等凶器伤害他人的；

（2）伤害他人身体要害部位的；

（3）预谋伤害他人的；

（4）雇佣他人或者受人雇佣实施伤害行为的。

4. 有下列情节之一的，可以减少基准刑的20%以下：

（1）因婚姻家庭、邻里纠纷等民间矛盾激化引发的；

（2）因义愤故意伤害他人的；

（3）因被害人的过错引发犯罪或者对矛盾激化引发犯罪负有责任的；

（4）犯罪后积极抢救被害人的。

㉛ 福建省公检法《联席会议纪要》（2010年3月26日　闽检会〔2010〕2号）（节录）

八、关于伤残等级鉴定标准的适用问题。交通肇事犯罪致人受伤，并造成身体残疾的，伤残等级评定的适用标准为《道路交通受伤人员伤残评定》。故意伤害等其他犯罪行为致人受伤，并造成身体残疾的，伤残等级评定的适用标准为《职工工伤与职业病致残程度鉴定分级》。

㉜ 厦门市中级人民法院、厦门市人民检察院《厦门市几类多发性刑事案件管辖标准暂行规定》（2008年2月21日　厦检会〔2008〕2号）（节录）

十、故意伤害罪

故意伤害他人致人死亡的，一般由市人民检察院起诉、市中级人民法院审判。具有正当防卫、防卫过当、紧急避险、避险过当、犯罪后自首又有重大立功表现等法定从轻、减轻、免除处罚或不构成犯罪等情节的，由市人民检察院确定是否交由区人民检察院审查起诉；区人民法院认为管辖不当的，报市中级人民法院审查决定。

重伤6级以上为严重残疾。故意伤害致人严重残疾，同时手段特别残忍的，由市人民检察院起诉、市中级人民法院审判。

㉝ 厦门市湖里区人民检察院、湖里公安分局《关于贯彻宽严相济刑事司法政策的实施办法（试行）的通知》（2007年7月20日　厦湖检〔2007〕46号）（节录）

第九条　下列轻伤害案件，在查明事实、分清责任的基础上，公安机关可以依法调解处理：（一）初犯、偶犯，客观方面表现为突发的、偶然的，且情节显著轻微；（二）犯罪嫌疑人未满十八周岁，且情节轻微的；（三）情节轻微，未造成恶劣影响的；（四）行为人的侵害行为系由被害人的事前过错行为引起的；（五）其他适用调解处理更易化解矛盾的。

第十条 有下列情形之一的轻伤害案件,不适用调解处理:(一)雇凶伤害他人的;(二)寻衅滋事的;(三)涉及黑社会组织的;(四)聚众斗殴的;(五)累犯;(六)多次伤害他人身体的;(七)其他不宜调解处理的。

第十一条 对上述轻伤害案件,当事人自行和解的,或者经调解达成调解协议并履行完毕的,公安机关可以撤销案件;移送人民检察院审查起诉后,当事人自行和解的,人民检察院可以建议公安机关撤销案件,或者作出不起诉决定。

㉞ 上海市《关于重大故意杀人、故意伤害、抢劫和毒品犯罪案件基本证据及其规格的意见》(2006年7月31日)

㉟ 上海市《关于重大故意杀人、故意伤害、抢劫和毒品犯罪案件基本证据及其规格的意见》①

㊱ 《中共厦门市委政法委员会文件》(2005年6月4日 厦委政〔2005〕39号)

从即日起至9月30日,进入刑事诉讼程序的人身伤害案件伤残等级鉴定,由市公安局依据国家技术监督局发布的《职工工作与职业病致死程度鉴定》规定的标准,做出鉴定结论;对进入刑事诉讼程序的交通肇事案件的伤残等级鉴定,由厦门市道路交通事故伤残评定中心负责鉴定;对进入诉讼程序的非刑事案件的伤残等级鉴定、书证类鉴定,应由法院或其他国家机关出具委托,在符合程序的情况下,由市检察院负责鉴定;非诉讼的鉴定业务,由当事人自行到有资质的外地鉴定机构进行鉴定。

㊲ 安徽省公检法《关于当前办理轻伤犯罪案件适用法律若干问题的意见》(2005年7月20日)②

㊳ 山东省公检法司关于《人体轻微伤鉴定标准(试行)》的通知(2004年12月14日)

㊴ 上海市高级人民法院刑庭、上海市检公诉处《关于进一步规范部分常见刑事案件级别管辖的意见》(2004年8月13日)(节录)

二、对具备下列情形,同时又不具有其他足以判处十五年有期徒刑以下刑罚的法定从轻、减轻情节的案件,各中级人民法院应当予以受理。

14. 故意伤害罪(刑法第234条)

(1)致一人死亡;

(2)致一人重伤,情节严重或者以特别残忍手段致人重伤并造成严重残疾的;

(3)致二人以上重伤,影响恶劣的。

㊵ 厦门市集美区政法委《关于办理故意伤害(轻伤)案件的会议纪要》(2004年7月1日)

一、故意伤害(轻伤)案件属于刑诉法第一百七十条第二项规定的"被害人有证据证明的轻微刑事案件",属可自诉刑事案件。

---

① 对其解读见:《最新刑事法律文件解读》2006年第10辑总第22辑,第48~64页。
② 对其解读见:《最新刑事法律文件解读》2005年第11辑总第11辑,第116~122页。

二、受理案件后，公安机关应当开展初步调查工作，及时收集和固定证据。对不属于自己管辖的，应当移送有管辖权的机关；情况紧急的应当采取紧急措施后再行移送，不得以任何理由推诿、拒绝。

公安机关经初步调查后认为没有犯罪事实或者犯罪情节显著轻微不需要追究刑事责任或者其他依法不追究刑事责任情形的，不予立案。

三、被害人验伤后，公安机关认为被害人的伤势有可能构成轻伤以上的，应当在七日内对其损伤程序做出刑事科学技术初步鉴定，并将该初步鉴定结论告知被害人。

对于被害人的伤势明显轻微的或经鉴定不构成轻伤以上的，将该案列为治安案件处理。

四、被害人的伤势构成轻伤且事实清楚、证据充分，无须侦查的，公安机关应当告知被害人可以依法向有管辖权的人民法院直接起诉追究犯罪嫌疑人的刑事责任，但被害人坚持要求公安机关查处的，公安机关应当立案侦查。

被害人在向公安机关提出控告之前已向人民法院提起刑事自诉的，公安机关不予立案。

对于案件事实不清，需要依法进行调查取证的，公安机关应当立案侦查。

五、轻伤害案件具有下列情况之一的，公安机关应当及时立案侦查：1. 被害人在初查时表示不作刑事自诉，要求公安机关立案侦查的；2. 对持管制器械等实施伤害行为，情节恶劣、性质严重，影响较大，不宜由被害人刑事自诉的；3. 侵害人有逃跑、继续危害社会可能，或侵害人无正当职业、无固定居所又无担保人的外地流动人员。

六、经公安机关立案侦查的轻伤害案件，一般应按公诉程序进行。但具有下列情形之一的，公安机关可以撤销案件：1. 轻伤害案件当事人双方系邻里、亲属、同事之间关系，或双方当事人都有过错，且情节轻微，被害人要求刑事自诉的；2. 符合刑事诉讼法第十五条第（一）项规定的；3. 因民间纠纷引起，且情节轻微，双方当事人已经和解，并就民事赔偿问题达成协议，且已履行损害赔偿义务，危害不大，被害人表示谅解，并同意不追究侵害人刑事责任而向公安机关提出撤销控告的。

七、公安机关未受理前当事人双方已经达成和解的轻伤害案件，公安机关不再立案侦查，但对因寻衅滋事、聚众斗殴、持械行凶、扰乱社会秩序等造成轻伤害后果的案件，应当严格按照公诉程序办理，不能因为双方当事人自行和解而影响案件的侦查。

八、公安机关办理轻伤害案件，不适用调解程序。一方或双方当事人请求公安机关出面调解的，公安机关不予准许；双方自行达成和解的，不影响公安机关追究犯罪嫌疑人的刑事责任。在案件侦查过程中，当事人自行和解的，和解协议由双方当事人自愿达成并自行制作，或由村（居）调解委员会、乡镇（街道）民事纠纷调处中心或基层人民调解组织解决处理。和解协议不违反法律规定的，可以准许，但公安机关及办案民警不应在和解、调处协议书上签名、盖章。

九、凡事实清楚，证据充分，符合刑事自诉的轻伤害案件，被害人向人民法院起诉的，人民法院应当依法受理、立案、审判。

人民法院审理自诉案件，依照法律的有关规定办理。

十、人民法院依法受理轻伤自诉案件后，认为证据不足并移送公安机关的，公安机关应当立案侦查。法院未移送的，公安机关不予受理。

十一、被害人表示将自诉追究犯罪嫌疑人的刑事责任，不需要公安机关处理，要求撤回控告的，必须以书面形式提出申请。

被害人自诉的，公安机关应当向其提供验伤通知书及损伤鉴定报告复印件。对其他材料，被害人不得进行查阅和复制。辩护人或委托代理人要求查阅和复制的，按法律规定办理。

十二、公安机关在侦查过程中，认为对犯罪嫌疑人有逮捕必要的，应依法提请人民检察院批准逮捕；对采取取保候审、监视居住等强制措施不致发生社会危险性的，可以采取取保候审、监视居住后移送人民检察院审查起诉。对公安机关已立案，但可不进入公诉程序的，公安机关应在三日内向人民检察院报备。

十三、人民检察院受理公安机关审查起诉的轻伤害案件，对符合本纪要第七条第三项情形的，人民检察院也可依照刑事诉讼法第一百四十二条第二款规定，作不起诉处理。

㊶ 浙江省公检法《关于当前办理轻伤犯罪案件适用法律若干问题的意见》（2004年5月24日）①

㊷ 山东省公检法对《人体轻伤鉴定标准（试行）》与《人体重伤鉴定标准》有关条款的解读（2002年9月28日）

㊸ 上海市高级人民法院刑庭《关于聚众斗殴、寻衅滋事造成他人重伤、死亡结果的定罪问题》②

㊹ 广东省公检法《关于对故意伤害致人重伤可能判处十年有期徒刑以上刑罚案件有关问题的通知》（2000年1月12日）

一、刑法第二百三十四条第二款中"以特别残忍手段致人重伤造成严重残疾"包含三个方面内容：（1）伤害的手段特别残忍；（2）伤害的程度是重伤；（3）被伤害人伤愈、医疗终结后遗留有严重残疾不可恢复。

审判实践中，犯罪人的行为及后果必须同时具备以上三方面的条件，才能认定为"以特别残忍手段致人重伤造成严重残疾"。

二、对法条中"特别残忍手段"、"严重残疾"，可根据具体案情具体分析、认定。"特别残忍手段"是指挖眼球、切断手、脚筋或神经、用强酸强碱等化学性物品毁人容貌以及其他暴虐、凶残手段等。"严重残疾"是指被害人肢体、器官中的一项大部缺损、严重变形，肢体、器官有中等功能障碍、造成严重并发症等。根据最高人民法院的意见，伤残等级评定应参照1996年国家技术监督局颁布的《职工工伤与职业病致残程度鉴定标准》（以下简称为"工伤标准"）评定为六级至一级伤残的，为严重残疾，其中一级、二级为特别严重残疾。

三、对致人重伤造成残疾的案件，公安机关在侦查中，应参照"工伤标准"的规定，对被害人作出伤残等级评定。

四、人民检察院在审查起诉阶段，应严格把握"以特别残忍手段致人重伤造成严重残

---

① 对其解读见：《最新刑事法律文件解读》2005年第5辑总第5辑，第58~67页。
② 对其解读见：《华东刑事司法评论》2002年第1卷，第236页。

疾"三个方面的条件,准确确定级别管辖。对未作伤残等级评定的,可要求公安机关补充评定,也可自行指派或聘请有关部门作出伤残等级评定。

五、人民法院在审判中,对以特别残忍手段致人重伤造成严重残疾的,应严格按照三个必备条件准确量刑。对于未作伤残等级评定或对原评定结论有异议的,人民法院可要求检察机关或公安机关补充有关评定材料,也可以自行指派或聘请有关部门作出伤残等级评定。

六、对以特别残忍手段致人重伤造成六级至一级伤残的,依法判处十年以上有期徒刑、无期徒刑或者死刑。刑法另有规定的,依照规定。

七、对故意伤害致人重伤造成严重残疾须判处死刑的,要根据故意伤害致人"严重残疾"的具体情况,综合考虑犯罪情节和危害后果来决定刑罚。只有犯罪手段特别残忍,后果特别严重的,才能考虑适用死刑(含缓期二年执行)。

学理观点·典型案例 ➡ 索引与要旨

❶《陈亚军故意伤害案》,载《刑事审判参考》2010 年第 6 辑总第 77 辑,第 27~34 页。

要旨 ➡ 直接言词证据为孤证,其他间接证据不能形成完整证据链的,应依法作出无罪判决。

❷《焦祥根、焦祥林故意杀人案》,载《刑事审判参考》2010 年第 4 辑总第 75 辑,第 16~23 页。

核心提示 ➡ 如何理解间接正犯与片面共犯?

要旨 ➡ 以欺骗手段诱使他人产生犯意,并创造犯罪条件,构成共同犯罪。

❸《龙世成、吴正跃故意杀人、抢劫案》,载《刑事审判参考》2010 年第 4 辑总第 75 辑,第 24~30 页。

核心提示 ➡ 共同抢劫杀人致一人死亡案件,如何准确区分主犯之间的罪责?

❹《闫子洲故意伤害案》,载《刑事审判参考》2010 年第 1 辑总第 72 辑,第 27~31 页。

核心提示 ➡ 将正在实施盗窃的犯罪分子追打致死的行为如何量刑?

❺《纠集团伙殴打他人,是寻衅滋事还是故意伤害》,载《公检法办案指南》2010 年第 4 辑总第 124 辑,第 178~181 页。

❻《张化故意伤害案》,载《刑事审判参考》2009 年第 4 辑总第 69 辑,第 32~39 页。

核心提示 ➡ 聚众斗殴致人死亡的应如何定罪?

❼《陈玲、程刚故意伤害案》,载《刑事审判参考》2009 年第 4 辑总第 69 辑,第 24~31 页。

核心提示 ➡ 父母为教育孩子而将孩子殴打致死的如何定罪量刑?如何把握虐待罪?

❽《索和平故意伤害案》,载《刑事审判参考》2009 年第 1 辑总第 66 辑,第 36~41 页。

核心提示➡ 故意伤害致死尊亲属的如何量刑?

⑨《超越适当范围的自救行为应承担刑事责任》,载《公检法办案指南》2009年第10辑总第118辑,第173~179页。

⑩《被害人因患疾病被侵害致死案件的定性与定量分析》,载《公检法办案指南》2009年第5辑总第113辑,第134~143页。

⑪《程文岗等故意伤害案》,载《刑事审判参考》2008年第6辑总第65辑,第17~23页。

核心提示➡ 共同犯罪案件中附带民事诉讼原告人与部分被告人达成调解协议的如何处理?

⑫《王立刚故意伤害案》,载《刑事审判参考》2008年第5辑总第64辑,第29~35页。

核心提示➡ 如何区分故意伤害罪与寻衅滋事罪、聚众斗殴罪?

⑬《非直接致伤之故意伤害案的认定》,载《公检法办案指南》2008年第9辑总第105辑,第166~176页。

⑭《吕升艺故意杀人案》,载《刑事审判参考》2007年第5辑总第58辑,第26~34页。

核心提示➡ 持刀捅刺被害人死亡的行为应如何定性?

要旨➡ 要正确认定行为人的故意内容是杀人还是伤害,可从以下几个方面综合考虑:1. 犯罪工具的杀伤力。2. 打击部位的要害性。3. 犯罪行为的次数。4. 侵害行为的实施力度。5. 侵害行为实施时的态度。6. 案发起因及背景情况。总之,对于行为人主观上是伤害故意还是杀人故意,应当综合考虑上述几个因素,并结合具体案情全面分析才能准确认定。

⑮《韩宜过失致人死亡案》,载《刑事审判参考》2007年第3辑总第56辑,第6~14页。

核心提示➡ 无充分证据证实伤害行为与伤害后果有因果关系的,不能认定成立故意伤害罪?

要旨➡ 根据现有证据,只能认定被告人韩宜有伤害被害人肩、背部的行为,不能认定韩宜实施了伤害被害人头部的行为;而韩宜用凳子砸打被害人肩、背部的行为,与被害人的死亡后果无直接的因果关系。

⑯《李明故意伤害案》,载《刑事审判参考》2007年第2辑总第55辑,第13~20页。

核心提示➡ 为预防不法侵害而携带防范性工具能否阻却正当防卫的成立?

要旨➡ 互殴与正当防卫的界限:李明的防卫行为过当,依照刑法的规定,构成故意伤害罪,但是应当减轻处罚。

⑰《赵金明等故意伤害案》,载《刑事审判参考》2007年第2辑总第55辑,第21~26页。

核心提示➡持刀追砍致使他人泅水逃避导致溺水死亡的如何定罪？
要旨➡ 1. 被告人赵金明等人主观上具有伤害的故意；2. 被告人赵金明等人持刀追砍的行为与被害人溺水死亡之间具有刑法意义上的因果关系。

⑱《杨某某故意伤害案》，载《刑事审判参考》2007年第2辑总第55辑，第6~12页。

要旨➡ 明知先行行为会引发危害后果而不予以防止的行为构成故意犯罪。1. 明知其先行行为可能引发严重危害后果，能采取而不采取积极有效措施予以防止，其行为系不作为犯罪。2. 被告人杨某某对被害人的伤害后果持放任态度，系间接故意犯罪。

⑲《以抢劫掩饰实施伤害行为的定性》，载《刑事司法指南》2007年第4辑总第32辑，第186~192页。

⑳《张勇故意伤害案》，载《刑事审判参考》2006年第6辑总第53辑，第30~35页。

核心提示➡ 刑事附带民事诉讼案件民事部分的诉讼时效如何计算？
要旨➡ 附带民事诉讼案件的时效应当遵从刑事诉讼追诉时效。

㉑《蔡世祥故意伤害案》，载《刑事审判参考》2006年第5辑总第52辑，第11~15页。

核心提示➡ 虐待过程中又实施故意伤害行为致人死亡的如何定罪？
要旨➡ 1. 虐待罪与故意伤害罪之间不存在法条竞合关系；2. 虐待过程中又实施故意伤害行为的如何定罪。

㉒《王兴佰、韩涛、王永央故意伤害案》，载《刑事审判参考》2006年第5辑总第52辑，第5~10页。

核心提示➡ 共同故意伤害犯罪中如何判定实行过限行为？

㉓《张德军故意伤害案》，载《刑事审判参考》2006年第4辑总第51辑，第1~8页。

核心提示➡ 见义勇为引发他人伤亡的如何处理？
要旨➡ 鉴于见义勇为行为人的行为都是在紧急情况下做出的，往往来不及全面考虑和仔细斟酌，很可能出现诸如假想防卫、假想避险、防卫过当、避险过当等情形，从而损害他人不应损害的合法权益。所以，在处理此类案件时，要注意兼顾鼓励见义勇为和保护个人权益两者之间的平衡，合法合理、切合实际地界定各方责任。

㉔《洪志宁故意伤害案》，载《刑事审判参考》2006年第2辑总第49辑，第26~31页。

核心提示➡ 被害人被打后追赶被告人，追出几步后诱发心脏病致死如何定性？兼谈故意伤害行为导致被害人心脏病发作猝死的如何量刑？故意伤害致人死亡与过失致人死亡的区别？
要旨➡ 如果被告人不对被害人进行击打，就可能不会诱发被害人冠心病发作，猝死的结果也就可能不会发生。因此，认为被告人的行为不构成犯罪，既没有法理依据，也没有

第二编 分则 第四章 侵犯公民人身权利、民主权利罪

法律依据。故意伤害致人死亡与过失致人死亡之间的根本区别在于,故意伤害致死虽然无杀人的故意,但有伤害的故意,而过失杀人既无杀人的故意,也无伤害的故意。

㉕《乌斯曼江、吐尔逊故意伤害案》,载《刑事审判参考》2005年第3辑总第44辑,第53~58页。

核心提示 ➡ 没有共同犯罪故意不构成共同犯罪;有伤害故意及行为,但无证据证明是否造成实际伤害及伤害程度,能否认定故意伤害?

要旨 ➡ 被告人吐尔逊在案发当日早上,曾因被害人拿着鸡腿让其吃很生气而对被害人拳打脚踢,但从当日晚上被害人又与被告人乌斯曼江一起喝酒的情形看,被告人吐尔逊的伤害行为并没有对被害人的身体造成严重的伤害。至于次日被害人让被告人乌斯曼江殴打后瘫躺在床上又被被告人踹了一脚,但并没有证据证实是被告人吐尔逊的行为导致了被害人死亡结果的发生。因此,被告人吐尔逊的行为不能达到刑法关于犯罪构成的社会危害性及其程度这一客观标准的要求,根据刑法关于犯罪构成的社会危害性原则,应认定被告人吐尔逊的行为不构成犯罪。

㉖《潘儒岭故意伤害案》,载《刑事审判参考》2004年第5辑总第40辑,第28~35页。

要旨 ➡ 人民法院应如何处理公诉转自诉案件?

㉗《赵泉华被控故意伤害案》,载《刑事审判参考》2004年第3辑总第38辑,第101~105页。

核心提示 ➡ 对实施非法侵入住宅的行为人是否可以实行正当防卫?

要旨 ➡ 他人强行踢开被告人家上锁的房门闯入其家,被告人为制止不法侵害而持械挥击,致一人轻伤,一人轻微伤,正当防卫仅致不法侵害人轻伤的不负刑事责任。

㉘《曾劲青、黄剑新保险诈骗案》,载《刑事审判参考》2004年第3辑总第38辑,第88~100页。

核心提示 ➡ 行为人叫他人砍断自己双脚致重伤,二者的刑事责任问题

要旨 ➡ 应被害人邀请而实施的杀、伤残被害人或帮助杀、伤被害人的行为,如实施安乐死、杀死被害人、伤残被害人、帮助自杀、自残等,因不具有法定的排除犯罪性行为的属性,本质上仍然是犯罪行为,行为人仍应负刑事责任。

㉙《宋东亮、陈二永强迫交易、故意伤害案》,载《刑事审判参考》2004年第1辑总第36辑,第17~21页。

要旨 ➡ 共同强迫交易过程中,一人突然持刀重伤他人,对其他参与共同强迫交易的被告人应如何定罪处罚宋东亮既不知陈二永携带刀具参加强迫交易行为,期间也不能预见陈二永在实施强迫交易的行为过程中,会突然拿出随身携带的水果刀刺被害人,且宋东亮在陈二永持刀刺被害人的时候,站在一旁没有同时加害被害人。陈二永持刀重伤被害人的后果,超出了与宋东亮在实施强迫交易犯罪活动中所形成的共同犯罪故意。

㉚《夏候青辉等故意伤害案》,载《刑事审判参考》2004年第1辑总第36辑,第22~26页。

核心提示➡ 刑法修订前发生，刑法修订后交付审判的故意伤害致人重伤造成"植物人"的案件，应如何适用刑罚？重伤致"植物人"是否故意伤害致死？

要旨➡ 1. 对刑法修订前发生的故意伤害致人重伤造成"植物人"状态的行为，应认定为属于"情节恶劣"。情节是多种多样的，后果当然是情节之一。2. 本案行为人致人重伤虽造成特别严重后果，但并不应属于"以特别残忍手段致人重伤造成严重残疾"的情形。手段残忍，从实践来看，如用锐器、剧烈腐蚀物毁容，挖眼、割耳鼻，砍手足等残损身体行为。不能以后果反推情节，本案仅当头一棒，不能认定为残忍。无论按照何种死亡标准，对本案被害人的"植物人"状态，均不能认定为已死亡。故不定故意伤害致人死亡罪。

31《刘涌组织、领导黑社会性质组织案刑事判决书》，载《刑事审判参考》2004年第1辑总第36辑，第143~175页。

要旨➡ 故意伤害已经公安机关调解不应追究刑事责任的辩解不予采纳。

32《按公诉程序提起的轻伤害案件，被害人是否有权决定追究或不追究被告人的刑事责任》，载《最新刑事法律文件解读》2004年第11辑（试刊），第74页。

33《轻伤案件当事人和解后，检察机关又提起刑事诉讼的，法院能否受理》，载《最新刑事法律文件解读》2004年第11辑（试刊），第75页。

34《王雪玲故意伤害案》，载《刑事审判参考》2003年第5辑总第34辑，第8~12页。

要旨➡ 法庭获取的新证据未经庭审质证不得作为定罪的根据。

35《李小龙等被控故意伤害案》，载《刑事审判参考》2003年第5辑总第34辑，第13~19页。

核心提示➡ 特殊防卫的条件以及对"行凶"的正确理解？

要旨➡ 本案被告方首先被不法侵害，防卫反击时，被害人又找来木棒、钢筋、菜刀等，足以严重危及他人重大人身安全的凶器欲进一步加害被告方，使被告方的重大人身安全处于现实的、急迫的、严重的危险下，应当认定为行凶。李小龙系特殊防卫，其他被告没有明显超过必要限度，也未造成重大损害，系正当防卫。

36《乔燕琴等故意伤害案刑事判决书》，载《刑事审判参考》2003年第5辑总第34辑，第204~234页。

核心提示➡ 没有指使或直接殴打行为的能否认定为故意伤害共犯？

要旨➡ 乔志军、胡金艳同意或默许将孙志刚调室殴打，明显与乔燕琴有伤害的犯罪合意，且协助调室，故即使没有进一步指使或直接殴打的行为，也已经构成故意伤害罪的共犯。

37《罗靖故意伤害案》，载《刑事审判参考》2003年第1辑总第30辑，第49~55页。

核心提示➡ 以掌推他人致其头部碰撞造成死亡应如何定罪量刑？

要旨➡ 1. 被告人的掌推行为属于故意伤害行为；2. 被告掌推行为与被害死亡结果之

间具有刑法上的因果关系；3. 故意伤害致死可以表现为复杂罪过形式，即行为人具有伤害的故意和致人死亡的过失两种罪过形式；但综合构成来看，故意罪过是主要的，过失罪过是次要的，因此，定故意伤害致死。

㊳《杨安等故意伤害案》，载《刑事审判参考》2003 年第 1 辑总第 30 辑，第 39~48 页。

核心提示 ➡ 寻衅滋事随意殴打他人致人重伤、死亡的应如何定罪？故意伤害他人致死，参与殴打人员是否均应对死亡后果负责？

要旨 ➡ 在共同随意殴打他人过程中，如能明显排除某人的殴打行为与被害人的死亡没有因果关系，则不能要其对被害人的死亡后果承担刑事责任。

㊴《胡咏平故意伤害案》，载《刑事审判参考》2003 年第 1 辑总第 30 辑，第 33~38 页。

核心提示 ➡ 当人身安全受到威胁后便准备防卫工具是否影响到防卫性质的认定？

要旨 ➡ 不属于针对侵害尚未着手的事先防卫。被告人系在受轻微侵害时，行为过限。

㊵《伤害案件认定中的疑难争议问题研讨》，载《刑事司法指南》2003 年第 1 辑总第 13 辑，第 1~60 页。

要旨 ➡ 一、故意伤害罪认定中的疑难争议问题：1. 故意伤害罪与非罪；2. 重伤与轻伤的界限；3. 故意伤害罪与故意杀人罪的界限；4. 故意伤害罪与包含伤害内容的其他犯罪的界限；5. 故意伤害罪与非法行医罪、非法进行节育手术罪的界限；6. 故意伤害后不予抢救致人死亡的行为的定性；7. 故意伤害罪是否存在未遂。

二、过失致人重伤罪认定中的疑难争议问题：1. 过失致人重伤罪与过失致人死亡罪的区别；2. 过失致人重伤罪与过失引起他人重伤的其他犯罪的界限；3. 过失致人重伤罪与故意伤害罪的区别。

三、伤害犯罪认定中的其他疑难争议问题：1. 伤害犯罪与其他暴力犯罪的界限；2. 伤害犯罪与"致人重伤"、"致人伤残"犯罪的界限。

㊶《吴学友故意伤害案》，载《刑事审判参考》2002 年第 5 辑总第 28 辑，第 25~30 页。

核心提示 ➡ 被雇佣人实施的行为未达到犯罪的程度又超出授意范围，对雇佣人如何定罪处罚？

要旨 ➡ 1. 被雇佣人所实施的被雇佣的行为虽未达到犯罪程度，对雇佣人一般也应追究刑事责任。2. 对被雇佣人超出雇佣范围实施的他种罪行，雇佣人不承担刑事责任。

㊷《黄土保等故意伤害案》，载《刑事审判参考》2002 年第 5 辑总第 28 辑，第 16~24 页。

核心提示 ➡ 如何认定教唆犯的犯罪中止？

㊸《吴德桥绑架案》，载《刑事审判参考》2002 年第 3 辑总第 26 辑，第 51~56 页。

核心提示 ➡ 在绑架中对被绑架人实施伤害致人重伤的应如何定罪量刑？

要旨 ➡ 1. 刑法第 239 条规定致人死亡或杀害的处死刑；杀害强调的是结果，而非只要有杀的行为，不管杀害的结果如何，本案未杀死，故不判死刑。2. 该条款是量刑条款，并未排斥择重罪或数罪并罚；应区分情况，有条件地数罪并罚，如果伤害手段特别残忍致人重伤且造成残疾，或杀害未遂但手段特别恶劣、后果特别严重、论罪应处死刑的，应数罪并罚。

44《田磊等绑架案》，载《刑事审判参考》2002年第3辑总第26辑，第33~39页。

核心提示 ➡ 为索取债务劫持他人并致人死亡的行为如何定性？

45《王逸故意伤害案》，载《刑事审判参考》2002年第3辑总第26辑，第13~18页。

核心提示 ➡ 多份鉴定结论互相矛盾的应如何审查采信？

46《李永文故意杀人、劫持汽车、妨害公务，宋哲故意杀人刑事判决书》，载《刑事审判参考》2002年第1辑总第24辑，第224~234页。

核心提示 ➡ 枪击腹部致死是故意伤害还是故意杀人？

要旨 ➡ 被告人虽然持枪击中的是被害人的腹部，但从被告人犯罪时所持的凶器、连续向被害人射击的表现及造成一死一重伤的严重后果上看，均足以证明被告人对被害人的死亡表现出积极追求的态度，且持杀伤力强的"五四"式手枪在人群中射击，也威胁到在场群众的生命安全。因此，可以认定被告人李永文主观上有剥夺他人生命的故意，客观上实施了剥夺他人生命的行为，构成故意杀人罪。

47《刑事法理论在司法实务中的运用》，载《华东刑事司法评论》2002年第1卷，第133~174页。

要旨 ➡ 共同伤害案件，就涉及因果联系的推定认定。如某一人的伤害结果造成以后，是不是所有被告人都应对此伤害负刑事责任，这是司法中的一个难题。

48《张建国故意伤害案》，载《刑事审判参考》2001年第11辑总第22辑，第5~9页。

核心提示 ➡ 互殴停止后又为制止他方突然袭击而防卫的行为是否属于正当防卫？

49《苏良才故意伤害案》，载《刑事审判参考》2001年第10辑总第21辑，第18~21页。

核心提示 ➡ 互殴中的故意伤害行为是否具有防卫性质？

要旨 ➡ 本案中，被告人第一次被被害人叫出门时，与被害人产生争执，被被害人同伙踢了一脚。事后被告人不能冷静处理，而心怀不满，回到宿舍向同学要了一把折叠式水果刀，并张开刀刃藏于裤袋内出门，说明此时被告人主观上已产生斗殴的故意。在被害人的言语挑衅下，被告人声言"打就打"，并在斗殴中持刀刺死帮助其兄斗殴的被害人。被告人并非不愿斗殴，退避不予还手，在无路可退的情况下，被迫进行自卫反击，且对方手中并未持有任何凶器。显然，被告人的行为是为了逞能，目的在于显示自己不惧怕对方，甚至故意侵犯他人的人身权利，是一种有目的的直接故意犯罪行为，不是防卫过当。

50《李小平等人故意伤害案》，载《刑事审判参考》2001年第7辑总第18辑，第1~7页。

核心提示 ➡ 对不具有法定减轻处罚情节的犯罪分子如何适用刑罚？

(51)《王彬故意杀人案》，载《刑事审判参考》2001 年第 5 辑总第 16 辑，第 18 ~ 21 页。

核心提示➠对在盗取自己被公安机关依法查扣的机动车辆的过程中致人伤亡的行为应如何定性？

要旨➠由于被告人主观上不具有非法占有的目的，客观上未实施盗窃、诈骗、抢夺行为，其行为也就不存在转化为抢劫的问题。从主观上看，被告人意图排除被害人妨碍自己盗取车辆，不具有杀人动机，亦无希望或放任被害人死亡后果发生的故意，但其对自己的行为将产生伤害被害人的后果是明知且希望的，故构成故意伤害。

(52)《蒋志华故意伤害案》，载《刑事审判参考》2001 年第 3 辑总第 14 辑，第 17 ~ 23 页。

核心提示➠使用暴力手段向债务人的亲属索要欠款致人伤害如何定性？

要旨➠虽为不合法债务，但不具备非法占有目的，故不是抢劫。

(53)《于景森故意伤害案》，载《刑事审判参考合订本·第一卷》，第 100 ~ 104 页。

核心提示➠刑事附带民诉案件的范围、当事人以及民事赔偿的范围、数额应如何确定？

(54)《李建贵故意伤害案》，载《最高人民法院判例释解·刑事卷》，第 95 页。

核心提示➠为制止其兄酗酒闹事气愤之下将砖头扔向其兄不料砸中头部，扶回家次日死亡，该行为如何定性，能否在法定刑下减轻处罚？

(55)《叶润生故意杀人案》，载《最高人民法院判例释解·刑事卷》，第 111 页。

核心提示➠驾车撞向特定对象致其轻伤，但连带致无辜群众一死二伤的行为如何定性？

(56)《贺南军故意伤害案》，载《最高人民法院判例释解·刑事卷》，第 162 页。

核心提示➠为逃跑将执法人员从车上蹬踢坠地致死如何定性？

第 234 条之一　修正案（八）第 35 条　组织出卖人体器官罪

中华人民共和国刑法修正案（八）（第十一届全国人民代表大会常务委员会第十九次会议 2011 年 2 月 25 日通过，中华人民共和国主席令第四十一号公布，自 2011 年 5 月 1 日起施行。）

三十七、在刑法第二百三十四条后增加一条，作为第二百三十四条之一：“组织他人出卖人体器官的，处五年以下有期徒刑，并处罚金；情节严重的，处五年以上有期徒刑，并处罚金或者没收财产。

未经本人同意摘取其器官，或者摘取不满十八周岁的人的器官，或者强迫、欺骗他人捐献器官的，依照本法第二百三十四条、第二百三十二条的规定定罪处罚。

违背本人生前意愿摘取其尸体器官，或者本人生前未表示同意，违反国家规定，违背其近亲属意愿摘取其尸体器官的，依照本法第三百零二条的规定定罪处罚。"

关联规范 → 完全整理

❶ 最高人民法院、最高人民检察院《关于执行〈中华人民共和国刑法〉确定罪名的补充规定（五）》（2011年4月27日　法释〔2011〕10号）①

❷《刑法修正案（八）》（2011年2月25日）②

第235条　过失致人重伤罪

过失伤害他人致人重伤的，处三年以下有期徒刑或者拘役。本法另有规定的，依照规定。

关联规范 → 完全整理

❶ 最高人民法院《关于审理抢夺刑事案件具体应用法律若干问题的解释》（2002年7月20日　法释〔2002〕18号）（节录）③

第五条　实施抢夺公私财物行为，构成抢夺罪，同时造成被害人重伤、死亡等后果，构成过失致人重伤罪、过失致人死亡罪等犯罪的，依照处罚较重的规定定罪处罚。

❷ 最高人民法院《关于15岁的未成年人过失致人重伤是否应负刑事责任的批复》（1990年6月4日　法（研）复〔1990〕5号）（节录）

经研究，我们认为刑法第十四条第二款规定的"已满十四岁不满十六岁的人，犯杀人、重伤……罪，应当负刑事责任"，这里说的"重伤"是指故意伤害他人身体造成重伤。15岁的未成年人过失致人重伤的行为，不应当负刑事责任，但应责令他的家长或者监护人加以管教；在必要时也可由政府收容教养。涉及民事赔偿的问题，按有关民事法律规定处理。

第236条　第1、2款　强奸罪

以暴力、胁迫或者其他手段强奸妇女的，处三年以上十年以下有期徒刑。

奸淫不满十四周岁的幼女的，以强奸论，从重处罚。

强奸妇女、奸淫幼女，有下列情形之一的，处十年以上有期徒刑、无期徒刑或者死刑：

（一）强奸妇女、奸淫幼女情节恶劣的；

（二）强奸妇女、奸淫幼女多人的；

---

① 对其解读见：《刑事审判参考》2011年第4辑总第81辑，第151～157页。

② 对其解读见：《刑事审判参考》2011年第4辑总第81辑，第83～117页以及《公检法办案指南》2011年第3辑总第135辑，第13～121页。

③ 对其解读见：《刑事审判参考》2002年第4辑总第27辑，第139～141，177～184页。

（三）在公共场所当众强奸妇女的；

（四）二人以上轮奸的；

（五）致使被害人重伤、死亡或者造成其他严重后果的。

关联规范 完全整理

❶《中华人民共和国刑法》（1980年1月1日）第241条第1款 收买被拐卖的妇女、儿童罪

收买被拐卖的妇女、儿童的，处三年以下有期徒刑、拘役或者管制。

收买被拐卖的妇女，强行与其发生性关系的，依照本法第二百三十六条的规定定罪处罚。

收买被拐卖的妇女、儿童，非法剥夺、限制其人身自由或者有伤害、侮辱等犯罪行为的，依照本法的有关规定定罪处罚。

收买被拐卖的妇女、儿童，并有第二款、第三款规定的犯罪行为的，依照数罪并罚的规定处罚。

收买被拐卖的妇女、儿童又出卖的，依照本法第二百四十条的规定定罪处罚。

收买被拐卖的妇女、儿童，按照被买妇女的意愿，不阻碍其返回原居住地的，对被买儿童没有虐待行为，不阻碍对其进行解救的，可以不追究刑事责任。

❷《中华人民共和国刑法》（1980年1月1日）第259条第1款 破坏军婚罪

明知是现役军人的配偶而与之同居或者结婚的，处三年以下有期徒刑或者拘役。

利用职权、从属关系，以胁迫手段奸淫现役军人的妻子的，依照本法第二百三十六条的规定定罪处罚。

❸《中华人民共和国刑法》（1980年1月1日）第300条第3款

组织和利用会道门、邪教组织或者利用迷信奸淫妇女、诈骗财物的，分别依照本法第二百三十六条、第二百六十六条的规定定罪处罚。

❹《中华人民共和国残疾人保障法》（1990年12月28日 主席令第三十六号）（节录）

第五十二条 奸淫因智力残疾或者精神残疾不能辨认自己行为的残疾人的，以强奸论，依照刑法第一百三十九条的规定追究刑事责任。

❺ 最高人民法院《人民法院量刑指导意见（试行）》（2010年9月13日 法发〔2010〕36号）（节录）

四、常见犯罪的量刑

（三）强奸罪

1. 构成强奸罪的，可以根据下列不同情形在相应的幅度内确定量刑起点：

（1）强奸妇女、奸淫幼女一人一次的，可以在三年至五年有期徒刑幅度内确定量刑起点。

（2）有下列情形之一的，可以在十年至十二年有期徒刑幅度内确定量刑起点：强奸妇女、奸淫幼女情节恶劣的；强奸妇女、奸淫幼女三人的；在公共场所当众强奸妇女的；二

人以上轮奸妇女的；强奸致被害人重伤或者造成其他严重后果的。依法应当判处无期徒刑以上刑罚的除外。

2. 在量刑起点的基础上，可以根据强奸人数、次数、致人伤亡后果等其他影响犯罪构成的犯罪事实增加刑罚量，确定基准刑。

6 最高人民法院《关于贯彻宽严相济刑事政策的若干意见》（2010年2月8日 法发〔2010〕9号）（节录）①

7. 贯彻宽严相济刑事政策，必须毫不动摇地坚持依法严惩严重刑事犯罪的方针。对于危害国家安全犯罪、恐怖组织犯罪、邪教组织犯罪、黑社会性质组织犯罪、恶势力犯罪、故意危害公共安全犯罪等严重危害国家政权稳固和社会治安的犯罪，故意杀人、故意伤害致人死亡、强奸、绑架、拐卖妇女儿童、抢劫、重大抢夺、重大盗窃等严重暴力犯罪和严重影响人民群众安全感的犯罪，走私、贩卖、运输、制造毒品等毒害人民健康的犯罪，要作为严惩的重点，依法从重处罚。尤其对于极端仇视国家和社会，以不特定人为侵害对象，所犯罪行特别严重的犯罪分子，该重判的要坚决依法重判，该判处死刑的要坚决依法判处死刑。

7 最高人民法院《关于审理未成年人刑事案件具体应用法律若干问题的解释》（2006年1月23日 法释〔2006〕1号）（节录）②

第六条 已满十四周岁不满十六周岁的人偶尔与幼女发生性行为，情节轻微、未造成严重后果的，不认为是犯罪。

8 最高人民法院《关于审理抢劫、抢夺刑事案件适用法律若干问题的意见》（2005年6月8日 法发〔2005〕8号）（节录）③

八、关于抢劫罪数的认定：行为人实施伤害、强奸等犯罪行为，在被害人未失去知觉，利用被害人不能反抗、不敢反抗的处境，临时起意劫取他人财物的，应以此前所实施的具体犯罪与抢劫罪实行数罪并罚；在被害人失去知觉或者没有发觉的情形下，以及实施故意杀人犯罪行为之后，临时起意拿走他人财物的，应以此前所实施的具体犯罪与盗窃罪实行数罪并罚。

9 《全国部分法院经济犯罪案件审判工作座谈会研讨综述——"经济犯罪案件中的法律适用问题"》（2004年11月27日）④

（五）抢劫、抢夺罪数的认定：罪数的认定主要涉及三个方面的内容：第一，多数代表认为，行为人实施伤害、强奸等犯罪行为，在被害人未失去知觉，利用被害人不能反抗、不敢反抗的处境，临时起意劫取他人财物的，应以此前所实施的具体犯罪与抢劫罪实施数

---

① 对其解读见：《刑事法律文件解读》2010年第3辑总第57辑，第49~65页。
② 对其解读见：《刑事审判参考》2006年第1辑总第48辑，第87~91页以及2006年第2辑总第49辑，第61~77页。
③ 对其解读见：《刑事审判参考》2005年第1辑总第42辑，第93~98页以及2005年第2辑总第43辑，第71~92页。
④ 对其解读见：《刑事审判参考》2004年第6辑总第41辑，第146~168页。

罪并罚；在被害人失去知觉或者没有发觉的情况下，以及实施故意杀人犯罪行为之后，临时起意拿走他人财物的，应以此前所实施的具体犯罪与盗窃罪实行数罪并罚。

❿ 公安部《关于打击拐卖妇女儿童犯罪适用法律和政策有关问题的意见》（2000年3月24日 公通字〔2000〕25号）（节录）

二、关于拐卖妇女、儿童犯罪

（四）对拐卖过程中奸淫被拐卖妇女的；诱骗、强迫被拐卖的妇女卖淫或者将被拐卖的妇女卖给他人迫使其卖淫的；以出卖为目的使用暴力、胁迫、麻醉等方法绑架妇女、儿童的；以出卖为目的，偷盗婴幼儿的；造成被拐卖的妇女、儿童或者其亲属重伤、死亡或者其他严重后果的，均以拐卖妇女、儿童罪立案侦查。

三、关于收买被拐卖的妇女、儿童犯罪

（二）收买被拐卖的妇女、儿童，并有下列犯罪行为的，同时以收买被拐卖的妇女、儿童罪和下列罪名立案侦查：1. 违背被拐卖妇女的意志，强行与其发生性关系的，以强奸罪立案侦查。2. 明知收买的妇女是精神病患者（间歇性精神病患者在发病期间）或者痴呆者（程度严重的）而与其发生性关系的，以强奸罪立案侦查。3. 与收买的不满十四周岁的幼女发生性关系的，不论被害人是否同意，均以奸淫幼女罪立案侦查。

四、凡是帮助买主实施强奸、伤害、非法拘禁被拐卖的妇女、儿童等犯罪行为的，应当分别以强奸罪、伤害罪、非法拘禁罪等犯罪的共犯立案侦查。

⓫ 最高人民法院《关于审理强奸案件有关问题的解释》（2000年2月24日 法释〔2000〕4号）（节录）①

对于已满14周岁不满16周岁的人，与幼女发生性关系构成犯罪的，依照刑法第十七条、第二百三十六条第二款的规定，以强奸罪定罪处罚；对于与幼女发生性关系，情节轻微、尚未造成严重后果的，不认为是犯罪。

对于行为人既实施了强奸妇女行为又实施了奸淫幼女行为的，依照刑法第二百三十六条的规定，以强奸罪从重处罚。

⓬ 最高人民法院、最高人民检察院《关于办理组织和利用邪教组织犯罪案件具体应用法律若干问题的解释》（1999年10月30日 法释〔1999〕18号）（节录）②

第五条 组织和利用邪教组织，以迷信邪说引诱、胁迫、欺骗或者其他手段，奸淫妇女、幼女的，依照刑法第二百三十六条的规定，以强奸罪或者奸淫幼女罪定罪处罚。

⓭ 最高人民法院研究室《关于已满14岁不满16岁的人犯强奸罪是否应负刑事责任问题的电话答复》（1984年11月14日）

甘肃省高级人民法院研究室：

你室1984年11月8日"关于已满14岁不满16岁的人犯有强奸罪，是否应负刑事责

---

① 对其解读见：《刑事审判参考》2000年第2辑总第7辑，第83~90页以及《解读最高人民法院司法解释·刑事、行政卷（1997~2002）》，第194~195页。

② 对其解读见：《刑事审判参考合订本·第一卷》，第327~329、363~369页以及《解读最高人民法院司法解释·刑事、行政卷（1997~2002）》，第239~242页。

任的电话请示"已悉。经研究，我们认为：我国刑法第十四条第二款规定："已满十四岁不满十六岁的人，犯杀人、重伤、抢劫、放火、惯窃罪或者其他严重破坏社会秩序罪，应当负刑事责任。"此条虽未明确提出犯强奸罪，应负刑事责任，但根据中共中央31号文件精神，杀人、强奸、抢劫、爆炸等属于严重危害社会治安的犯罪，是依法从重从快打击的对象。不过应该注意，按照我国刑法第一百三十九条的规定，强奸罪分为一般情节和从重情节，该条第二、三、四款规定的是从重情节，应予从重处罚。因此，凡已满14岁不满16岁的人犯强奸罪，是否都应负刑事责任，不宜一概而论，应从情节、手段、对社会危害性等方面来具体、全面地分析。如果属于刑法第一百三十九条第二、三、四款规定的情况，应依法追究刑事责任，但在量刑时应将被告人的法定从轻情节一并考虑。

14 最高人民法院、最高人民检察院《关于当前办理强奸案件中具体应用法律的若干问题的解答》（1984年4月26日 〔1984〕法研字第7号）

一、怎样认定强奸罪？

强奸罪是指以暴力、胁迫或者其他手段，违背妇女的意志，强行与其发生性交的行为。

明知妇女是精神病患者或痴呆者（程度严重的）而与其发生性行为的，不管犯罪分子采取什么手段，都应以强奸罪论处。与间歇性精神病患者在未发病期间发生性行为，妇女本人同意的，不构成强奸罪。

在认定是否违背妇女意志时，不能以被害妇女作风好坏来划分。强行与作风不好的妇女发生性行为的，也应定强奸罪。

认定强奸罪不能以被害妇女有无反抗表示作为必要条件。对妇女未作反抗表示、或者反抗表示不明显的，要具体分析，精心区别。

二、如何认定强奸罪中的暴力、胁迫和其他手段？

"暴力手段"，是指犯罪分子直接对被害妇女采用殴打、捆绑、卡脖子、按倒等危害人身安全或者人身自由，使妇女不能抗拒的手段。

"胁迫手段"，是指犯罪分子对被害妇女威胁、恫吓，达到精神上的强制的手段。如扬言行凶报复、揭发隐私、加害亲属等相威胁，利用迷信进行恐吓、欺骗，利用教养关系、从属关系、职权以及孤立无援的环境条件，进行挟制、迫害等，迫使妇女忍辱屈从，不敢抗拒。

有教养关系、从属关系和利用职权与妇女发生性行为的，不能都视为强奸。行为人利用其与被害妇女之间特定的关系，迫使就范，如养（生）父以虐待、克扣生活费迫使养（生）女容忍其奸淫的；或者行为人利用职权，乘人之危，奸淫妇女的，都构成强奸罪。行为人利用职权引诱女方，女方基于互相利用与之发生性行为的，不定为强奸罪。对于一贯利用职权奸淫妇女多人，情节恶劣的，可以流氓罪判处。

"其他手段"，是指犯罪分子用暴力、胁迫以外的手段，使被害妇女无法抗拒。例如，利用妇女患重病、熟睡之机，进行奸淫；以醉酒、药物麻醉以及利用或者假冒治病等方法对妇女进行奸淫。

三、办理强奸案件要严格分清哪些罪与非罪、此罪与彼罪的界限？

（一）把强奸同未婚男女在恋爱过程中自愿发生的不正当性行为加以区别。有的未婚男子以"恋爱"为名，玩弄女性，奸淫多名未婚妇女，情节严重，影响恶劣的，可以流氓罪论处。

（二）把强奸同通奸加以区别。要注意的是：1. 有的妇女与人通奸，一旦翻脸，关系恶化，或者事情暴露后，怕丢面子，或者为推卸责任、嫁祸于人等情况，把通奸说成强奸的，不能定为强奸罪。

在办案中，对于所谓半推半就的问题，要对双方平时的关系如何，性行为是在什么环境和情况下发生的，事情发生后女方的态度怎样，又在什么情况下告发等事实和情节，认真审查清楚，作全面的分析，不是确系违背妇女意志的，一般不宜按强奸罪论处。如果确系违背妇女意志的，以强奸罪惩处。

2. 第一次性行为违背妇女的意志，但事后并未告发，后来女方又多次自愿与该男子发生性行为的，一般不宜以强奸罪论处。

3. 犯罪分子强奸妇女后，对被害妇女实施精神上的威胁，迫使其继续忍辱屈从的，应以强奸罪论处。

4. 男女双方先是通奸，后来女方不愿继续通奸，而男方纠缠不休，并以暴力或以败坏名誉等进行胁迫，强行与女方发生性行为的，以强奸罪论处。

（三）把轮奸同男女流氓之间乱搞两性关系加以区别。有的流氓集团在作案时，既有男女流氓之间的乱搞，又挟持女青年进行强奸的，后者应定强奸罪。

（四）把强奸未遂同流氓行为、流氓罪加以区别。

强奸"致人重伤、死亡"，是指因强奸妇女、奸淫幼女导致被害人性器官严重损伤，或者造成其他严重伤害，甚至当场死亡或者经治疗无效死亡的。

四、在办案中怎样应用刑法第一百三十九条第三款的规定？

从司法实践中看，强奸罪中"情节特别严重"的，一般有下面几种：

（一）强奸妇女、奸淫幼女手段残酷的；（二）强奸妇女、奸淫幼女多人或者多次的；（三）轮奸妇女尤其是轮奸幼女的首要分子；（四）因强奸妇女或者奸淫幼女引起被害人自杀、精神失常以及其他严重后果的；（五）在公共场所劫持并强奸妇女的；（六）多次利用淫秽物品、跳黑灯舞等手段引诱女青年，进行强奸，在社会上造成很坏影响，极大危害的。

强奸"致人重伤、死亡"，是指因强奸妇女、奸淫幼女导致被害人性器官严重损伤，或者造成其他严重伤害，甚至当场死亡或者经治疗无效死亡的。

对于强奸犯出于报复、灭口等动机，在实施强奸的过程中，杀死或者伤害被害妇女、幼女的，应分别定为强奸罪、故意杀人罪或者故意伤害罪，按数罪并罚惩处。

五、在办案中怎样应用刑法第一百三十九条第四款的规定？

轮奸是强奸罪中一种严重的犯罪形式，应从重处罚。

轮奸妇女，按第一款的法定刑从重处罚。

轮奸幼女或者轮奸妇女具有第三款规定的情节的，按第三款的法定刑从重处罚。

六、怎样认定奸淫幼女罪？

奸淫幼女罪，是指与不满14周岁的幼女发生性的行为，其特征是：

（一）被害幼女的年龄必须是不满14周岁；（二）一般地说，不论行为人采用什么手段，也不问幼女是否同意，只要与幼女发生了性的行为，就构成犯罪；（三）只要双方生殖器接触，即应视为奸淫既遂。

对奸淫幼女的，按第一款的法定刑从重处罚；具有第三款规定的情节的，按该款的法定刑从重处罚。

14岁以上不满16岁的男少年，同不满14岁的幼女发生性的行为，情节显著轻微，危害不大的，依照刑法第十条的规定，不认为是奸淫幼女罪，责成家长和学校严加管教。

七、对妇女教唆或帮助男子强奸的如何处罚？

妇女教唆或帮助男子实施强奸犯罪的，是共同犯罪，应当按照她在强奸犯罪活动中所起的作用，分别定为教唆犯或从犯，依照刑法有关条款论处。

15 最高人民法院、最高人民检察院、公安部《关于依法惩处利用摘除节育环进行违法犯罪活动的分子的联合通知》（1983年12月10日）（节录）

三、对于借摘除节育环，强行奸淫妇女的，依照刑法规定的强奸罪惩处。

16 最高人民法院《关于执行刑法中若干问题的初步经验总结》（1983年11月）（节录）

（二）1. 在审判实践中，对于行为人未实施暴力、胁迫行为，妇女也无明显的反抗，而发生了性交行为，事后女方告发的，应当着重分析双方关系如何，他们的行为是在什么环境发生的，发生多久，在什么情况下告发的，行为人是否采取了暴力、胁迫手段，以判明是否违背了妇女意志，从而确定案件的性质。

3. 对于同生活淫乱的妇女发生性交行为的，如果行为确实是采取暴力、胁迫等手段，违背妇女意志的，应当以强奸罪论处。

4. 根据审判实践，对违背妇女意志的，采取暴力手段抢婚的，应按照刑法第一百七十九条以暴力干涉婚姻自由罪论处；对把女方抢去以后，采取暴力手段，强行发生性交行为的，以强奸罪论处；对少数地区沿袭落后的风俗习惯而抢婚的，应进行教育劝止，一般不宜作为犯罪处理。

17 最高人民检察院《关于在办理强奸案件中是否可以检查处女膜问题的批复》（1983年7月27日　（81）高检刑函第137号）

安徽省人民检察院：

你院一九八一年六月三十日皖检刑字（81）第108号函，"关于在办理强奸案件中可否检查处女膜问题的请示报告"收悉。关于这个问题，一九六五年三月十一日最高人民法院、最高人民检察院、公安部"转发湖南省政法三机关关于不准检查处女膜的通知"中明确指出："今后，办理流氓强奸案件时，不准对被害人进行处女膜的检查，也不准用检查处女膜的结论作为证据。"一九七九年五月二十二日中央卫生部转发湖南省劳动、卫生、高等教育局、湖南省妇女联合会"关于不准检查女青年处女膜的通知"中也明确指出："凡是在招工、招生、征兵、吸收国家干部或处理两性关系案件时，一律不准检查未婚女青年处女膜。"我们认为以上规定是正确的。办案的实践证明：处女膜的状况不能作为认定或否定强奸罪行的依据，检查的结果常常是弊多利少。因此，在办理强奸案件时，仍应按以上通知执行。特此批复。

⑱ 上海、北京、广东、湖北、江苏高级人民法院《〈人民法院量刑指导意见（试行）〉实施细则（试行）》（2010 年 10 月 1 日）

⑲ 《福建省高级人民法院〈人民法院量刑指导意见（试行）〉实施细则（试行）》（2010 年 9 月 30 日　闽高法发〔2010〕21 号）（节录）

四、常见罪名的量刑

（三）强奸罪

1. 构成强奸罪的，根据下列不同情形在相应的幅度内确定量刑起点：

（1）强奸妇女、奸淫幼女一人一次，可以在三年至五年有期徒刑幅度内确定量刑起点；

（2）有下列情形之一的，可以在十年至十二年有期徒刑幅度内确定量刑起点：强奸妇女、奸淫幼女三人的，在公共场所当众强奸妇女、奸淫幼女的，二人以上轮奸的，强奸致被害人重伤或者造成其他严重后果的。依法应当判处无期徒刑以上刑罚的除外。

2. 在量刑起点的基础上，根据强奸人数、次数、致人伤亡后果、作案手段等犯罪事实增加刑罚量，确定基准刑：

（1）强奸妇女、奸淫幼女每增加一人，可以增加二年至三年的刑期；

（2）强奸同一妇女、奸淫同一幼女的，每增加一次，可以增加六个月至一年的刑期；

（3）致人轻微伤的，可以增加一个月至三个月的刑期；

（4）致人轻伤的，可以增加三个月至六个月的刑期；

（5）每增加一人重伤的，可以增加一年至二年的刑期；

（6）每增加伤残等级一级，可以增加二个月六个月的刑期；

（7）造成被害人精神失常、自杀等其他严重后果的，可以增加一年至二年的刑期；

（8）持枪支、管制刀具等凶器或者采取非法拘禁、虐待等手段作案的，可以增加六个月至一年的刑期。

3. 有下列情形之一的，可增加基准刑的 20% 以下：

（1）强奸怀孕的妇女或未成年少女的；

（2）强奸无性防卫能力妇女的；

（3）利用教养、监护、亲属关系强奸的；

（4）强奸致被害人怀孕的。

⑳ 浙江省高级人民法院《浙江省〈人民法院量刑指导意见（试行）〉实施细则》（2010 年 9 月 29 日　浙高法〔2010〕280 号）（节录）

（三）强奸罪

1. 构成强奸罪的，可以根据下列不同情形在相应的幅度内确定量刑起点：

（1）强奸妇女一人一次的，可以在三年六个月至四年六个月有期徒刑幅度内确定量刑起点。

（2）有下列情形之一的，可以在十年至十二年有期徒刑幅度内确定量刑起点：强奸妇女情节恶劣的；强奸妇女三人以上的；在公共场所当众强奸妇女的；二人以上轮奸妇女的；强奸致被害人重伤或者造成其他严重后果的。依法应当判处无期徒刑以上刑罚的除外。

2. 在量刑起点的基础上，可以根据强奸人数、次数、致人伤亡后果等其他影响犯罪构

成的犯罪事实增加刑罚量,确定基准刑:

(1) 每造成一人轻微伤的,可以增加三个月至九个月刑期;

(2) 每造成一人轻伤的,可以增加一年至二年刑期。

3. 奸淫幼女或者多次强奸未成年在校学生的,可以增加基准刑的20%~50%。

㉑ 厦门市中级人民法院《未成年人刑事案件审判工作细则》(2008年1月4日 厦中法发〔2008〕1号)(节录)

第三十三条 已满十四周岁不满十六周岁的人偶尔与幼女发生性行为,具备下列条件,属于"情节轻微、未造成严重后果",可不认为是犯罪:1. 与十二周岁以上的幼女发生性行为;2. 只与一名幼女偶尔发生一、二次性行为;3. 出于恋爱或者好奇等原因;4. 未使用暴力、麻醉、威胁或者欺骗等手段,双方系自愿发生性行为;5. 未造成幼女怀孕、轻微伤以上或者严重精神损害后果。

㉒ 上海市高级人民法院刑庭、上海市检公诉处《关于进一步规范部分常见刑事案件级别管辖的意见》(2004年8月13日)(节录)

二、对具备下列情形,同时又不具有其他足以判处十五年有期徒刑以下刑罚的法定从轻、减轻情节的案件,各中级人民法院应当予以受理。

15. 强奸罪(刑法第236条)

(1) 具有下列情形之一的:1)强奸妇女、奸淫幼女五人以上的;2)在公共场所当众强奸妇女的;3)三人以上轮奸的;4)致被害人重伤、死亡或者造成其他严重后果的。

(2) 虽不具有上述情形之一,但强奸妇女、奸淫幼女手段残忍或造成特别恶劣社会影响的。

学理观点·典型案例　➡ 索引与要旨

❶《刘正波、刘海平强奸案》,载《刑事审判参考》2010年第6辑总第77辑,第42~50页。

要旨 ➡ 欠缺犯意联络和协同行为的同时犯罪,不能认定为共同犯罪。

❷《林明龙强奸案》,载《刑事审判参考》2010年第4辑总第75辑,第37~42页。

核心提示 ➡ 在死刑案件中,被告人家属积极赔偿,取得被害方谅解,能否作为应当型从轻处罚情节?

❸《王志坚抢劫、强奸、盗窃案》,载《刑事审判参考》2010年第2辑总第73辑,第30~35页。

核心提示 ➡ 如何评价抢劫过程中所实施的强奸犯罪?

❹《冯支洋等嫖宿幼女案》,载《刑事审判参考》2009年第6辑总第71辑,第22~29页。

核心提示 ➡ 对嫖宿幼女罪如何审查认定?

❺《强奸罪间接正犯实证分析》,载《公检法办案指南》2009年第6辑总第114辑,第156~164页。

第二编 分则 第四章 侵犯公民人身权利、民主权利罪

❻《正确认识和处理犯罪之间的关系》，载《刑事司法指南》2009年第4辑总第40辑，第1~42页。

核心提示 ➡ 嫖宿幼女罪与奸淫幼女罪的关系如何？

❼《陆振泉强奸案》，载《刑事审判参考》2008年第6辑总第65辑，第24~30页。

核心提示 ➡ 如何认定强奸致被害人重伤、死亡或者造成其他严重后果？

❽《谭荣财、罗进东强奸、抢劫、盗窃案》，载《刑事审判参考》2008年第4辑总第63辑，第1~9页。

核心提示 ➡ 强迫他人性交、猥亵供其观看的行为如何定性？

要旨 ➡ 1. 行为人虽然没有亲自实施强奸、猥亵妇女的行为，但其强迫他人实施上述行为的，其属于间接实行犯，应当按照实行正犯来处理。2. 蒙某某在生命受到现实威胁的情况下，被迫与他人性交的行为，系紧急避险行为，不构成犯罪。3. 为寻求精神刺激，在同一时间内强迫他人对同一犯罪对象实施性交和猥亵行为供其观看的行为，应当按照吸收犯的处理原则，在强奸罪与强制猥亵妇女罪中择一重处罚。

❾《强奸罪司法认定中的两个疑难问题研究——以两起无罪案件的成功抗诉为切入点》，载《刑事司法指南》2008年第4辑总第36辑，第177~190页。

❿《强奸罪中胁迫手段的理解与思考》，载《刑事司法指南》2007年第4辑总第32辑，第51~60页。

⓫《强奸罪若干问题研究》，载《刑事司法指南》2007年第3辑总第31辑，第79~100页。

⓬《张正权等抢劫案》，载《刑事审判参考》2007年第6辑总第59辑，第26~31页。

核心提示 ➡ 如何正确认定犯罪预备？

要旨 ➡ 1. 为实施特定犯罪而准备工具、制造条件的，应当认定为犯罪预备。2. 同一个行为，不能被两个犯罪构成重复评价。基于禁止重复评价原则，如果同一行为既为抢劫犯罪的预备行为，又为强奸犯罪的预备行为时，不能被抢劫、强奸的犯罪构成所同时评价，也就是说，不能同时成立抢劫罪（犯罪预备）和强奸罪（犯罪预备）。

⓭《滕开林、董洪元强奸案》，载《刑事审判参考》2006年第3辑总第50辑，第14~18页。

核心提示 ➡ 通奸后帮助他人强奸是否构成共犯？

要旨 ➡ 1. 被告人董洪元与滕开林的行为构成共同强奸犯罪。董洪元的先期通奸行为与滕开林的后期强迫王某就范发生性关系，均在二被告人的事前共同预谋范围之内。尽管董洪元与王某发生性关系，没有违背王某的意志，但是其通奸行为是后来强奸行为的铺垫，为滕开林随后的强奸行为创造了方便条件，成了滕开林强奸被害人王某的借口。2. 董洪元与滕开林的行为不属于轮奸。

⓮《陈某强奸案》，载《刑事审判参考》2006年第3辑总第50辑，第19~27页。

核心提示 ➡ 如何把握强奸案件"证据确实、充分"的证明标准？

⑮《明知是患精神病的妇女而与之发生性行为应如何处罚?》,载《最新刑事法律文件解读》2006年第11辑总第23辑,第139~140页。

核心提示 ➡ 与精神病并不严重的妇女发生性行为能否构成强奸罪?

要旨 ➡ 对本案进行审查时发现,被害人所患精神病并不严重,因而对犯罪嫌疑人是否按强奸罪处理产生了意见分歧,1984年4月26日发布的《关于当前办理强奸案件中具体应用法律若干问题的解答》至今对办理强奸案件仍具有重要的指导作用。根据《关于当前办理强奸案件中具体应用法律若干问题的解答》的规定,明知妇女是精神病患者或者痴呆者(程度严重的)而与其发生性行为的,不管犯罪分子采取什么手段,都应当以强奸罪论处。这里,"程度严重的"表述是对痴呆者的限制,有的同志认为,对精神病患者也要求程度严重,这是一种误解。由于精神病患者和严重痴呆者是没有意志能力的人,所以,对其性权益的侵犯应当看成是同"违背妇女意志"同样性质的问题。需要指出的是,对于程度并不严重的痴呆者,由于其有一定的自由意志能力,如果发生性关系不违背其意志的,不应以强奸论处。

⑯《兼析李某洋强奸案的中止或未遂形态》,载《公检法办案指南》2006年第11辑总第83辑,第169~178页。

核心提示 ➡ "犯罪分子意志以外的原因"的认定

要旨 ➡ 本案发生的特定环境是在陈某的出租屋内,且院内其他人都已离开,陈某虽进行了反抗,但其反抗并不足以制止李某洋的犯罪行为,客观上存在李某洋将犯罪进行到底,实现其强奸目的的可能。但是,当李某洋听到陈某的劝说后引起内心的动摇,因而自动停止了犯罪。可见,李某洋放弃犯罪的完成是自动的,是出于本意的,其放弃犯罪非不能为,而是不愿为。我们不能因为李某洋自动停止实施犯罪行为的原因中有陈某的抵抗因素,而否认李某洋"自动放弃"这一主观方面。

⑰《叶某设计让袁某强奸无性防卫能力女性案》,载《最新刑事法律文件解读》2005年第10辑总第10辑,第111~115页。

核心提示 ➡ 如何认定强奸罪的片面共犯?

⑱《方某某被逼迫强奸妇女案》,载《最新刑事法律文件解读》2005年第8辑总第8辑,第133~140页。

核心提示 ➡ 在他人持刀威逼的情况下,行为人强行与妇女发生性关系是否应追究刑事责任?

⑲《刑法实务若干问题研究》,载《刑事审判参考》2004年第1辑总第36辑,第128~142页。

核心提示 ➡ 奸淫幼女主观上是否应以行为人明知为要件的问题?

⑳《李尧强奸案》,载《刑事审判参考》2004年第1辑总第36辑,第27~31页。

核心提示 ➡ 与未满刑事责任年龄的人轮奸奸淫同一幼女的是否成立轮奸?

要旨 ➡ 轮奸作为强奸罪中的一种情形,其认定关键,首先是看两个以上的行为人是否在同一段时间内,对同一女性,先后连续、轮流地实施了奸淫行为,并不要求实施轮奸的人之间必须构成强奸共同犯罪。换言之，轮奸仅是一项共同的事实行为，只要行为人具有奸淫的共同认识，并在共同认识的支配下实施了轮流奸淫行为即可，而与是否符合共同犯罪无必然联系。实践中，轮奸人之间通常表现为构成强奸共同犯罪，但也不排除不构成强奸共同犯罪的特殊情形，例如本案。虽然另一参与轮奸人，因不满14周岁，被排除在犯罪主体之外，二人之间不构成强奸共同犯罪。申某虽不负刑事责任，但不能否认其奸淫行为存在。

㉑《唐胜海、杨勇强奸案》，载《刑事审判参考》2004年第1辑总第36辑，第32~3页。

核心提示➡轮奸案中一人强奸既遂一人未遂的应如何处理？如何把握强奸罪的其他手段？被害人事先与被告人共同饮酒是否视为同意发生关系？

要旨➡未遂是犯罪的未完成形态，而轮奸并非独立一罪，只是强奸的一种情形。故轮奸无独立的既未遂问题，只有强奸的既未遂问题。对一人既遂，一人未遂，首先，应对各人以强奸定罪处罚。其次，轮奸是共同实行犯，按照强奸认定既未遂的一般原理，只要实行犯既遂，其共犯无论是帮助、教唆、组织还是共同实行犯，都应按既遂论，但处罚可酌情从轻。

其他手段，包括：1. 采用药物麻醉、醉酒，使其不知或无法抗拒；2. 利用被害人自身处于醉酒、昏迷、熟睡、患重病而不知或无法抗拒；3. 利用无知，假冒治病或以邪教、迷信等骗奸。本案明知被害人已醉酒到无知觉趁机奸淫，故构成强奸罪。饮酒并不能得出同意与二人发生关系。

被害人平常能否喝酒，与本案性行为发生时，被害人是否处于醉酒状态并无关系。被害人当天独自一人与被告人在一起喝酒，并不能得出被害人就是同意与被告人发生性关系。

㉒《论强奸犯罪共犯形态中的特殊问题》，载《刑事审判要览》2004年第3辑总第9辑，第19~24页。

核心提示➡轮奸情节如何认定？

要旨➡从轮奸的本质看，地点的同一不是其本质。只要具备下列条件就构成轮奸：有轮流强行性交的故意；有轮流强行性交的故意；有轮流强行性交的行为；主体为两人以上；侵犯同一女性；轮流强行性交在时间上具有连续性，即间隔较短。如果从犯罪形态的角度看，只存在"轮奸"是否构成强奸罪的既遂、未遂、中止问题，不存在轮奸的既遂、未遂、中止问题。笔者认为，轮奸是事实问题，只有构不构成的问题，如果只有主观上的轮奸故意，而没有客观上的轮流奸淫行为，还不是轮奸行为，还不符合"两人以上轮奸妇女"这一情节。

㉓《曹占宝强奸案》，载《刑事审判参考》2003年第1辑总第30辑，第65~68页。

核心提示➡如何理解强奸"致使被害人重伤、死亡或者造成其他严重后果"？人民法院在公诉案件审理中发现未诉事实的应如何处理？

要旨➡致人自杀，属于造成其他严重后果，应当适用十年以上有期徒刑。

㉔《如何把握犯罪中止的自动性及中止犯的处罚原则——喻某强奸案》，载《刑事审判要览》2003年第5辑总第5辑，第56~68页。

核心提示➡欲强奸他人，遭到被害人极力反抗后实施暴力致被害人轻微伤仍未成功而放弃，是未遂还是中止？

㉕《谢茂强等强奸、奸淫幼女案》，载《刑事审判参考》2002年第3辑总第26辑，第19～27页。

要旨➡ 行为人既实施了强奸妇女又实施了奸淫幼女的行为构成强奸一罪。

㉖《张烨等强奸、强制猥亵妇女案》，载《刑事审判参考》2001年第9辑总第20辑，第14～21页。

核心提示➡ 强奸被害人后发现有经血而停止，一小时后又强制猥亵被害人是否应数罪并罚？

要旨➡ 由于强奸罪构成要件的既遂标准是插入说，而不是性满足说，所以，即使张烨是在中途发现被害人有经血后暂停了奸淫行为，其强奸既遂仍然成立。其随后的强制猥亵行为构成新的犯罪。

㉗《王卫明强奸案》，载《刑事审判参考》2000年第2辑总第7辑，第26～29页以及《刑事审判案例》，第362～364页。

核心提示➡ 丈夫可否成为强奸罪主体？

㉘《强奸罪侦破指南》，载《刑事司法指南》2000年第2辑总第2辑，第103～114页。

要旨➡ 1. 强奸罪的概念与特征；2. 强奸罪的认定；3. 强奸罪的常见作案手段；4. 强奸罪的主要侦破方法；5. 强奸罪的取证要点；6. 强奸罪的讯问要点。

㉙《白俊峰强奸案》，载《刑事审判参考》以及《刑事审判案例》，第359～361页。

核心提示➡ 丈夫强奸妻子的行为应如何定罪？

㉚《高明强奸、寻衅滋事刑事抗诉案》，载《最高人民法院判例释解·刑事卷》，第105页。

核心提示➡ 强奸后又长期多次强迫发生性关系能否视为通奸，致人怀孕是否属后果严重，对饭店服务员强奸是否存在性交易可能？

第237条　第1款　强制猥亵、侮辱妇女罪　第3款　猥亵儿童罪

以暴力、胁迫或者其他方法强制猥亵妇女或者侮辱妇女的，处五年以下有期徒刑或者拘役。

聚众或者在公共场所当众犯前款罪的，处五年以上有期徒刑。

猥亵儿童的，依照前两款的规定从重处罚。

关 联 规 范　➡ 完全整理

❶《中华人民共和国刑法》（1980年1月1日）第241条第1款　收买被拐卖的妇女、儿童罪

收买被拐卖的妇女、儿童的，处三年以下有期徒刑、拘役或者管制。

收买被拐卖的妇女，强行与其发生性关系的，依照本法第二百三十六条的规定定罪

第二编　分则　第四章　侵犯公民人身权利、民主权利罪

处罚。

收买被拐卖的妇女、儿童，非法剥夺、限制其人身自由或者有伤害、侮辱等犯罪行为的，依照本法的有关规定定罪处罚。

收买被拐卖的妇女、儿童，并有第二款、第三款规定的犯罪行为的，依照数罪并罚的规定处罚。

收买被拐卖的妇女、儿童又出卖的，依照本法第二百四十条的规定定罪处罚。

收买被拐卖的妇女、儿童，按照被买妇女的意愿，不阻碍其返回原居住地的，对被买儿童没有虐待行为，不阻碍对其进行解救的，可以不追究刑事责任。

❷ 公安部《关于打击拐卖妇女儿童犯罪适用法律和政策有关问题的意见》（2000年3月24日　公通字〔2000〕25号）（节录）

三、4. 非法剥夺、限制被拐卖的妇女、儿童人身自由的，或者对其实施伤害、侮辱、猥亵等犯罪行为的，以非法拘禁罪，或者伤害罪、侮辱罪、强制猥亵妇女罪、猥亵儿童罪等犯罪立案侦查。

❸ 最高人民法院、最高人民检察院《关于当前办理流氓案件中具体应用法律的若干问题的解答》（1984年11月2日　〔84〕法研字第13号）（节录）

一、怎样认定流氓罪？依据刑法第一百六十条的规定，流氓罪是聚众斗殴，寻衅滋事，侮辱妇女或者进行其他流氓活动，破坏公共秩序，情节恶劣的行为。《全国人民代表大会常务委员会关于严惩严重危害社会治安的犯罪分子的决定》第一条第1项，是对刑法第一百六十条规定的流氓罪中的严重犯罪分子加重处刑的规定。

在刑法上，流氓罪属于妨害社会管理秩序罪。流氓罪行虽然往往使公民的人身或公私财产受到损害，但它的本质特征是公然藐视法纪，以凶残、下流的手段破坏公共秩序，包括破坏公共场所的和社会公共生活的秩序。

刑法中列举的破坏公共秩序的流氓活动，"情节恶劣"的，就构成流氓罪。

侮辱妇女，一般是指用淫秽下流的行为或暴力、胁迫的手段，侮辱、猥亵妇女（包括幼女）。

其他流氓活动，是指上面列举的流氓活动形式所不能包括的流氓犯罪行为。

二、怎样区分流氓罪的罪与非罪的界限？侮辱妇女情节恶劣构成流氓罪的，例如：1. 追逐、堵截妇女造成恶劣影响，或者结伙、持械追逐、堵截妇女的；2. 在公共场所多次偷剪妇女的发辫、衣服，向妇女身上泼洒腐蚀物，涂抹污物，或者在侮辱妇女时造成轻伤的；3. 在公共场所故意向妇女显露生殖器或者用生殖器顶擦妇女身体，屡教不改的；4. 用淫秽行为或暴力、胁迫的手段，侮辱、猥亵妇女多人，或人数虽少，后果严重的，以及在公共场所公开猥亵妇女引起公愤的。

五、2. "携带凶器进行流氓犯罪活动，情节严重的"，或者"进行流氓犯罪活动危害特别严重的"。

流氓罪的聚众斗殴、寻衅滋事、侮辱妇女，都可能发生"携带凶器进行流氓犯罪活动，情节严重"的情况。携带凶器，是指携带匕首、刮刀等治安管制刀具和枪支、铁棍、木棒等足以致人伤亡的器械。对"情节严重"，应具体案件具体分析。携带并使用凶器，

已造成重伤、杀人等严重后果的,应与伤害罪、杀人罪并罚。虽未造成重伤、杀人后果,但情节严重的,如经常携带凶器进行流氓犯罪活动,对群众造成严重威胁的,或者携带并使用凶器,致多人受轻伤的,可以单独按照全国人大常委会上述决定的第一条第1项判处。

"进行流氓犯罪活动危害特别严重的":一般是指横行乡里,称霸一方,进行各种流氓活动,民愤很大的;在集市、车站、码头、公园、影剧院等公共场所,或者闯入机关、学校、厂矿企业、部队营房、公民住宅,以及在公共车辆上大肆进行流氓活动,造成社会严重不安,引起群众强烈义愤的;用野蛮、残酷的手段侮辱、猥亵妇女,后果严重、影响极坏的;对外国人或者勾结外国人进行流氓活动,政治影响极坏的;经常或大量传播淫秽物品,利用淫秽物品教唆青少年犯流氓罪或聚众进行淫乱活动,社会危害性很大的。

4 最高人民法院、最高人民检察院、公安部《关于依法惩处利用摘除节育环进行违法犯罪活动的分子的联合通知》(1983年12月10日)(节录)

一、以牟利为目的,私自为育龄妇女摘除节育环,或者借摘除节育环对妇女进行调戏、侮辱的,可以参照治安管理处罚条例和国务院有关劳动教养的规定,酌情予以行政拘留、罚款,或者收容劳动教养,并没收其非法所得的财物及违法活动用具。

六、借摘除节育环调戏、侮辱妇女,或者进行其他流氓活动,破坏公共秩序,情节严重的,依照刑法规定的流氓罪惩处。

5 《关于执行刑法若干问题的具体意见(试行)——99'上海法院刑庭庭长会议纪要》(1999年7月15日)(节录)

四、关于罪刑法定原则的适用问题:因有些刑法条款对某些行为的性质规定得不够明确,如果该行为完全符合相邻犯罪的全部构成要件的,可依此相邻犯罪定罪处刑,以充分发挥刑法的社会保护功能。如果不是符合相邻犯罪的全部构成要件,则不能定罪,以避免事实上的类推定罪。

4. 猥亵不满6周岁的幼儿的,根据刑法举轻以明重的解释原理,应当认定猥亵儿童罪。

学理观点·典型案例 ➡ 索引与要旨

1 《谭荣财、罗进东强奸、抢劫、盗窃案》,载《刑事审判参考》2008年第4辑总第63辑,第1~9页。

核心提示 ➡ 强迫他人性交、猥亵供其观看的行为如何定性?

要旨 ➡ 1. 行为人虽然没有亲自实施强奸、猥亵妇女的行为,但其强迫他人实施上述行为的,其属于间接实行犯,应当按照实行正犯来处理。2. 为寻求精神刺激,在同一时间内强迫他人对同一犯罪对象实施性交和猥亵行为供其观看的行为,应当按照吸收犯的处理原则,在强奸罪与强制猥亵妇女罪中择一重处罚。

2 《周彩萍等非法拘禁案》,载《刑事审判参考》2002年第3辑总第26辑,第27~32页。

核心提示 ➡ 将被捉奸的妇女赤裸捆绑示众的行为应定侮辱罪;人民法院能否将公诉案

件直接改变为自诉案件的罪名进行判决?

要旨 ➡ 侮辱罪与侮辱妇女罪的区别。

1. 捆绑的非法拘禁行为只是实现侮辱目的的手段,存在牵连关系,应择重选择侮辱。2. 侮辱罪虽然一般是告诉才处理的案件,但严重危害社会秩序和国家利益的,也可以由检察机关提起公诉。就本案而言,检察机关已就被告人的侮辱犯罪事实提起公诉,只是其指控的罪名不妥,因此,法院直接以侮辱罪改判并不违反刑法第246条第2款的规定。3. 侮辱罪与侮辱妇女罪的根本区别在于后罪的行为人具有特殊的行为动机。

❸《张烨等强奸、强制猥亵妇女案》,载《刑事审判参考》2001年第9辑总第20辑,第14~21页。

核心提示 ➡ 强奸被害人后发现有经血而停止,一小时后又强制猥亵被害人是否应数罪并罚

要旨 ➡ 对张烨的行为是否可以作为一个整体的强奸行为来看并不取决于"具有发泄性欲的同一目的"。由于强奸罪构成要件的既遂标准是插入说,而不是性满足说,所以,即使张烨是在中途发现被害人有经血后暂停了奸淫行为,其强奸既遂仍然成立。其随后的强制猥亵行为构成新的犯罪。

❹ 王汉斌《关于〈中华人民共和国刑法(修订草案)〉的说明》(1997年3月6日)(节录)

要旨 ➡ 关于流氓罪刑法第一百六十条规定:"聚众斗殴,寻衅滋事,侮辱妇女或者进行其他流氓活动,破坏公共秩序,情节恶劣的,处七年以下有期徒刑、拘役或者管制。"这一规定比较笼统,实际执行中定为流氓罪的随意性较大。这次修订,将流氓罪分解为四条具体规定:一是侮辱、猥亵妇女的犯罪,二是聚众进行淫乱活动的犯罪,三是聚众斗殴的犯罪,四是寻衅滋事的犯罪。

第238条 非法拘禁罪

非法拘禁他人或者以其他方法非法剥夺他人人身自由的,处三年以下有期徒刑、拘役、管制或者剥夺政治权利。具有殴打、侮辱情节的,从重处罚。

犯前款罪,致人重伤的,处三年以上十年以下有期徒刑;致人死亡的,处十年以上有期徒刑。使用暴力致人伤残、死亡的,依照本法第二百三十四条、第二百三十二条的规定定罪处罚。

为索取债务非法扣押、拘禁他人的,依照前两款的规定处罚。

国家机关工作人员利用职权犯前三款罪的,依照前三款的规定从重处罚。

关 联 规 范 ➡ 完全整理

❶《中华人民共和国刑法》(1980年1月1日)第241条第1款 收买被拐卖的妇女、儿童罪

收买被拐卖的妇女、儿童的,处三年以下有期徒刑、拘役或者管制。

收买被拐卖的妇女，强行与其发生性关系的，依照本法第二百三十六条的规定定罪处罚。

收买被拐卖的妇女、儿童，非法剥夺、限制其人身自由或者有伤害、侮辱等犯罪行为的，依照本法的有关规定定罪处罚。

收买被拐卖的妇女、儿童，并有第二款、第三款规定的犯罪行为的，依照数罪并罚的规定处罚。

收买被拐卖的妇女、儿童又出卖的，依照本法第二百四十条的规定定罪处罚。

收买被拐卖的妇女、儿童，按照被买妇女的意愿，不阻碍其返回原居住地的，对被买儿童没有虐待行为，不阻碍对其进行解救的，可以不追究刑事责任。

❷ **最高人民法院《人民法院量刑指导意见（试行）》（2010年9月13日 法发〔2010〕36号）（节录）**

四、常见犯罪的量刑

（四）非法拘禁罪

1. 构成非法拘禁罪的，可以根据下列不同情形在相应的幅度内确定量刑起点：

（1）未造成伤害后果的，可以在三个月拘役至六个月有期徒刑幅度内确定量刑起点。

（2）致一人重伤的，可以在三年至四年有期徒刑幅度内确定量刑起点。

（3）致一人死亡的，可以在十年至十二年有期徒刑幅度内确定量刑起点。

2. 在量刑起点的基础上，可以根据非法拘禁人数、次数、拘禁时间、致人伤亡后果等其他影响犯罪构成的犯罪事实增加刑罚量，确定基准刑。

3. 有下列情节之一的，可以增加基准刑的20%以下：

（1）具有殴打、侮辱情节的；

（2）国家机关工作人员利用职权非法扣押、拘禁他人的。

4. 为索取合法债务、争取合法权益而非法扣押、拘禁他人的，可以减少基准刑的30%以下。

❸ **最高人民检察院《关于渎职侵权犯罪案件立案标准的规定》（2006年7月27日 高检发释字〔2006〕2号）（节录）**①

（一）国家机关工作人员利用职权实施的非法拘禁案。（第二百三十八条）非法拘禁罪是指以拘禁或者其他方法非法剥夺他人人身自由的行为。国家机关工作人员利用职权非法拘禁，涉嫌下列情形之一的，应予立案：1.非法剥夺他人人身自由24小时以上的；2.非法剥夺他人人身自由，并使用械具或者捆绑等恶劣手段，或者实施殴打、侮辱、虐待行为的；3.非法拘禁，造成被拘禁人轻伤、重伤、死亡的；4.非法拘禁，情节严重，导致被拘禁人自杀、自残造成重伤、死亡，或者精神失常的；5.非法拘禁3人次以上的；6.司法工作人员对明知是没有违法犯罪事实的人而非法拘禁的；7.其他非法拘禁应予追究刑事责任的情形。

❹ **最高人民检察院《关于在检察工作中防止和纠正超期羁押的若干规定》（2003年**

---

① 对其解读见：《刑事审判参考》2006年第4辑总第51辑，第117~164页。

11月24日)（节录）①

造成犯罪嫌疑人、被告人超期羁押的，情节严重，构成犯罪的，依照刑法第三百九十七条关于滥用职权罪、玩忽职守罪的规定追究刑事责任，而不得适用非法拘禁罪的刑法规定。

5 最高人民检察院《人民检察院直接受理立案侦查的渎职侵权重特大案件标准（试行）》（2002年1月1日 高检发〔2001〕13号）（节录）②

三十四、国家机关工作人员利用职权实施的非法拘禁案（一）重大案件：1.致人重伤或者精神失常的；2.明知是人大代表而非法拘禁的，或者明知是无辜的人而非法拘禁的；3.非法拘禁持续时间超过一个月，或者一次非法拘禁十人以上的。（二）特大案件：非法拘禁致人死亡的。

6 最高人民法院《关于对为索取法律不予保护的债务非法拘禁他人行为如何定罪问题的解释》（2000年7月19日 法释〔2000〕19号）（节录）③

为了正确适用刑法，现就为索取高利贷、赌债等法律不予保护的债务，非法拘禁他人行为如何定罪问题解释如下：

行为人为索取高利贷、赌债等法律不予保护的债务，非法扣押、拘禁他人的，依照刑法第二百三十八条的规定定罪处罚。

7 公安部《关于打击拐卖妇女儿童犯罪适用法律和政策有关问题的意见》（2000年3月24日 公通字〔2000〕25号）（节录）

三、关于收买被拐卖的妇女、儿童犯罪（一）收买被拐卖的妇女、儿童的，以收买被拐卖的妇女、儿童罪立案侦查。（二）收买被拐卖的妇女、儿童，并有下列犯罪行为的，同时以收买被拐卖的妇女、儿童罪和下列罪名立案侦查：4.非法剥夺、限制被拐卖的妇女、儿童人身自由的，或者对其实施伤害、侮辱、猥亵等犯罪行为的，以非法拘禁罪，或者伤害罪、侮辱罪、强制猥亵妇女罪、猥亵儿童罪等犯罪立案侦查。（五）收买被拐卖的妇女、儿童，按照被买妇女的意愿，不阻碍其返回原居住地的，对被买儿童没有虐待行为，不阻碍对其进行解救的，可以不追究刑事责任。

8 最高人民检察院《关于严肃查处非法拘禁人大代表犯罪案件的紧急通知》（2000年2月23日 高检发法字〔2000〕第4号）（节录）④

一、要充分认识查办非法拘禁人大代表犯罪案件的重要性。二、要切实加大非法拘禁人大代表犯罪案件的查处力度。三、查办非法拘禁人大代表的犯罪案件过程中，要注意对人大代表的司法保护。一旦发现有非法拘禁人大代表的案件，要先依法释放，再行查处；凡人大代表向检察机关的投诉，都要认真受理，及时查办；要采取措施，依法保护被非法

---

① 对其解读见：《刑事审判参考》2003年第6辑总第35辑，第176~179，198~204页。
② 对其解读见：《解读最高人民检察院司法解释》，第236~253页。
③ 对其解读见：《刑事审判参考》2000年第5辑总第10辑，第91页以及《解读最高人民法院司法解释·刑事、行政卷（1997~2002）》，第196~197页。
④ 对其解读见：《解读最高人民检察院司法解释》，第320~324页。

拘禁的人大代表的人身安全；案件的查处进展情况要及时向人大常委会通报，征询意见。

四、查办非法拘禁人大代表的犯罪案件要紧紧依靠党的领导和人大的支持。

❾ 最高人民检察院《关于查处"人质型"侵犯公民人身权利案件的若干意见》（1990年10月26日 高检发法字〔1990〕1号）

❿ 最高人民检察院《人民检察院直接受理的侵犯公民民主权利、人身权利和渎职案件立案标准的规定》（1989年11月30日 〔89〕高检发（法）字第41号）（节录）

附件：关于《人民检察院直接受理的侵犯公民民主权利、人身权利和渎职案件立案标准的规定》中一些问题的说明

四、刑法第一百四十三条规定的非法拘禁罪是指未经司法机关的批准或决定，擅自采取关押、捆绑、审讯、私设公堂、游街示众等手段，非法剥夺他人人身自由的行为。

该条所说的"非法拘禁致人死亡"，是指在非法拘禁过程中，由于暴力摧残或其他虐待，致使被害人当场死亡或经抢救无效死亡的。

⓫ 最高人民检察院《关于检察院直接受理的法纪检察案件立案标准的规定（试行）》（1986年3月24日 〔86〕高检发（二）字第4号）（节录）

五、刑法第一百四十三条规定的非法拘禁罪是指未经司法机关的批准或决定，擅自采取关押、捆绑、审讯、私设公堂、游街示众等手段，非法剥夺他人人身自由的行为。

该条所说的"非法拘禁致人死亡"，是指在非法拘禁过程中，由于暴力摧残或其他虐待，致使被害人当场死亡或经抢救无效死亡的，以及被害人在非法拘禁期间自杀的。非法拘禁解除后被害人自杀的，要根据具体情节分析认定，一般不宜定为"非法拘禁致人死亡"。

⓬ 最高人民法院、最高人民检察院《关于办理盗伐、滥伐林木案件应用法律的几个问题的解释》（1987年9月5日）（节录）

十（5）在盗伐、滥伐林木过程中，伤害、非法拘禁护林人员或其他有关人员，构成犯罪的，应依法实行数罪并罚。

⓭ 上海、北京、广东、湖北、江苏高级人民法院《〈人民法院量刑指导意见（试行）〉实施细则（试行）》（2010年10月1日）

⓮ 《福建省高级人民法院〈人民法院量刑指导意见（试行）〉实施细则（试行）》（2010年9月30日 闽高法发〔2010〕21号）（节录）

四、常见罪名的量刑

（四）非法拘禁罪

1. 构成非法拘禁罪的，根据下列不同情形在相应的幅度内确定量刑起点：
（1）未造成伤害后果的，可以在三个月拘役至六个月有期徒刑幅度内确定量刑起点。
（2）致一人重伤，可以在三年至四年有期徒刑幅度内确定量刑起点。
（3）致一人死亡，可以在十年至十二年有期徒刑幅度内确定量刑起点。

2. 在量刑起点的基础上，根据非法拘禁人数、次数、拘禁时间、致人伤亡后果等犯罪事实增加刑罚量，确定基准刑。有下列情形之一的，可以增加相应的刑罚量：
（1）非法拘禁每增加一天，可以增加一个月至三个月的刑期；

(2) 非法拘禁每增加一人或者一次，可以增加二个月至四个月的刑期；
(3) 每增加轻微伤一人，可以增加一个月至三个月的刑期；
(4) 每增加轻伤一人，可以增加三个月至六个月的刑期；
(5) 每增加重伤一人，可以增加六个月至一年的刑期；
(6) 每增加死亡一人，可以增加二年至三年的刑期；
(7) 每增加伤残等级一级，可以增加一个月三个月的刑期；
(8) 造成被害人精神失常等其他严重后果的，可以增加一年至二年刑期。

3. 有下列情节之一的，可以增加基准刑的20%以下：
(1) 具有殴打、侮辱情节的；
(2) 国家机关工作人员利用职权非法拘禁他人的；
(3) 因积极参与非法传销而拘禁他人的；
(4) 冒充司法、军警人员实施非法拘禁的。

4. 为索取合法债务、争取合法权益而非法扣押、拘禁他人的，可以减少基准刑的30%以下。

⑮ 浙江省高级人民法院《浙江省〈人民法院量刑指导意见（试行）〉实施细则》（2010年9月29日 浙高法〔2010〕280号）（节录）

（四）非法拘禁罪

1. 构成非法拘禁罪的，可以根据下列不同情形在相应的幅度内确定量刑起点：
(1) 未造成伤害后果的，可以在六个月至一年有期徒刑幅度内确定量刑起点。
(2) 致一人重伤的，可以在三年至四年有期徒刑幅度内确定量刑起点。
(3) 致一人死亡的，可以在十年至十二年有期徒刑幅度内确定量刑起点。

2. 在量刑起点的基础上，可以根据非法拘禁人数、次数、拘禁时间、致人伤亡后果等其他影响犯罪构成的犯罪事实增加刑罚量，确定基准刑。
(1) 每造成一人轻微伤的，可以增加一个月至二个月刑期；
(2) 每造成一人轻伤的，可以增加四个月至六个月刑期；
(3) 每增加一人重伤的，可以增加一年至二年刑期。

⑯《关于执行刑法若干问题的具体意见（试行）——99'上海法院刑庭庭长会议纪要》（1999年7月15日）（节录）

十、关于绑架罪与非法拘禁罪的界限

为了索取合法债务，或者债权债务关系并不明确，但行为人以索取该债务为目的而非法扣押、拘禁他人情节严重的，应当认定非法拘禁罪；对于在索债过程中，以支付"辛苦费"、"生活补偿费"为由，超额索取他人财物数额不大，以绑架罪论处显属过重的，可以非法拘禁罪从重处罚。

如果行为人为了索取非法债务（即由违法犯罪行为所形成的债务）或者数额巨大的超额债务而非法扣押、拘禁他人并向被害人的近亲属或相关人员索取财物的，应当认定绑架罪。

学理观点·典型案例 ➡ 索引与要旨

❶《李彬、袁南京、胡海珍等绑架、非法拘禁、敲诈勒索案》，载《刑事审判参考》2009 年第 4 辑总第 69 辑，第 57~65 页。

核心提示 ➡ 帮人"讨债"参与绑架，与人质谈好"报酬"后将其释放，事后索要"报酬"的如何定罪处罚？

要旨 ➡ 误以为索要债务而实施了帮助他人绑架人质的行为构成非法拘禁罪。

❷《胡经杰、邓明才非法拘禁案》，载《刑事审判参考》2007 年第 2 辑总第 55 辑，第 27~32 页。

核心提示 ➡ 为寻找他人而挟持人质的行为构成何罪？

要旨 ➡ 一、应当严格限制对绑架罪客观行为的理解和认定，以准确体现罪刑相适应的刑法原则。在我国刑法中被科以重刑的绑架罪应当是那种勒索巨额赎金或者其他重大不法要求的绑架类型。所谓"人质"应是民事纠纷的当事人或其亲友，与犯罪分子之间关系比较特定，大多有利害关系或经济往来甚至熟识；非法拘禁"人质"的目的是解决双方既存的民事纠纷，而不是重大的不法要求。

二、本案定性为非法拘禁罪，符合罪刑相适应原则。在整个作案过程中，被告人始终没有明确告知龚某要求对方前来或找到龚某的目的，以及如果对方不能满足自己提出的要求将面临的后果，没有足够理由将胡要求万陪同找龚某归结为犯罪构成要件中的不法要求，更不宜归结为重大不法要求。

❸《非法拘禁罪疑难问题探讨》，载《公检法办案指南》2007 年第 12 辑总第 96 辑，第 145~149 页。

❹《索债型非法拘禁罪的司法认定》，载《公检法办案指南》2007 年第 8 辑总第 92 辑，第 148~159 页。

❺《受蒙骗帮人抢走他人财产的行为应如何认定》，载《公检法办案指南》2007 年第 6 辑总第 90 辑，第 169~173 页。

❻《关于非法拘禁罪的共同犯罪及其转化的若干问题》，载《刑事司法指南》2006 年第 4 辑总第 28 辑，第 196~210 页。

❼《高国华非法经营案》，载《刑事审判参考》2005 年第 1 辑总第 42 辑，第 27~29 页。

核心提示 ➡ 非法拘禁未满 24 小时是否构成犯罪？

要旨 ➡ 福州市中级人民法院经审理认为，被告人为索取非法债务而扣押、剥夺他人人身自由，其行为具有社会危害性，应予以追究刑事责任。辩护人提出根据《关于人民检察院直接受理立案侦查案件标准（试行）》第 3 条第 1 项第 1 款的规定，非法拘禁行为持续时间超过 24 小时的才作为犯罪处理，经查，上述规定是针对国家机关工作人员利用职权实施的侵犯公民人身权利、民主权利的犯罪案件，不能适用于本案。综上，被告人高国华及其辩护人提出的诉辩理由均不能成立，不予采纳。裁定驳回上诉，维持原判。

⑧《田磊等绑架案》，载《最新刑事法律文件解读》

核心提示➡对刑法第238条规定的"暴力"如何理解？

⑨《雷小飞等非法拘禁案》，载《刑事审判参考》2003年第5辑总第34辑，第24~33页。

核心提示➡索要数额高于原债务情况下如何定性？如何看待索债时附加的相关费用？

要旨➡难把握情形一：原债务数额难以确定，双方一比一情况下，即使有证据证明行为人对债务或数额的认识基于错误，也是在索要债务的主观认识之下拘禁，并非勒索财物，应定非法拘禁；情形二，索要数额高于原债务；若大大超过数额，则触犯非法拘禁与绑架，按想象竞合定绑架；若超出数额不大，或虽然超出较大，但超出部分是用于弥补讨债费用或由此带来的其他损失，行为人认为这些费用的损失应由被害人承担，其主要目的仍是索债，而非勒索财物。从主客观相一致及有利于被告的刑法原则来看，仍应定非法拘禁。本案被害人认为被告人仅支付2.8万元，而被告认为损失70万元。雷小飞承诺讨债成功后给另二被告三分之一好处费，索要超出部分系支付讨债费用，故定非法拘禁罪。

⑩《刑法中的注意规定与法律拟制及其运用分析》，载《刑事司法指南》2003年第3辑总第15辑，第70~108页。

要旨➡争议条文的分析。《刑法》第238条第2款规定，前段的致人重伤与致人死亡，显然是非法拘禁罪的结果加重犯，不要求行为人对他人的重伤、死亡具有故意，只要有预见可能性即可。问题是，后段的规定是法律拟制还是注意规定？本文认为，正确的答案是前者而不是后者。

首先，如果认为本规定属于注意规定，则并不存在这种必要性。因为行为人在非法拘禁过程中，故意实施杀人行为的（为了论述方便，下面仅以致人死亡为例），司法机关不可能错误地认定为其他犯罪。其次，存在将本规定解释为法律拟制的理由。新《刑法》重视对公民人身自由的保护，但非法拘禁却是常发犯罪，对非法拘禁罪笼统规定过高的法定性也不合适，于是条文分不同情况规定不同的法定刑，其中，将使用暴力致人死亡的，以故意杀人罪论处。再次，行为人非法拘禁他人后，又使用暴力致他人死亡的，其法益侵害性质与故意杀人罪相同，具有法律拟制的实质依据。最后，该规定的内容与规定故意杀人罪的第232条在内容上存在区别：一方面，本规定没有像第232条那样写明"故意杀人"，另一方面，本规定要求"使用暴力"并"致人死亡"，只有解释为法律拟制，才使本规定具有意义。

正因为本规定属于法律拟制，所以，这里的"暴力"应限于超出了非法拘禁范围的暴力；非法拘禁行为本身也可能表现为暴力，但作为非法拘禁行为内容的暴力导致他人伤残、死亡的，不属于"使用暴力致人伤残、死亡"；只有当非法拘禁行为以外的暴力致人伤残、死亡时，才能认定为故意伤害罪或者故意杀人罪。

⑪《辜正平非法拘禁案》，载《刑事审判参考》2002年第3辑总第26辑，第40~44页。

核心提示➡为逼人还贷款非法关押借款人以外的第三人的行为应如何定性？执行领导或机关集体错误决定的"公务"行为是否应负刑事责任？

要旨➡应定非法拘禁，立法用的是"他人"，并未明确限定为债务人本人。可见"他人"当然可以包括债务人以外而又与债务人具有某种利害关系的人；被告人为逼人还贷非法关押他人，虽然是在该镇党委、政府的清收欠贷的压力下实施，为的也是公共利益，且事先得到该镇党委书记、副书记等人的同意，关押地就设在镇政府大院，但上述行为绝不是所谓的什么"政府行为"或"单位行为"，而是彻头彻尾的个人职务犯罪行为。量刑上有酌情从轻的一面，同样也具有国家机关工作人员利用职权非法拘禁应当依法从重的一面。

⑫《田磊等绑架案》，载《刑事审判参考》2002年第3辑总第26辑，第33~39页。

核心提示➡为索取债务劫持他人并致人死亡的行为如何定性？

⑬《周彩萍等非法拘禁案》，载《刑事审判参考》2002年第3辑总第26辑，第27~32页。

要旨➡非法拘禁未满24小时的理解。11时被捉奸在床，至次日凌晨3时，期间，被捆绑的时间长达2小时。参照《最高人民检察院关于人民检察院直接受理立案侦查案件立案标准的规定（试行）》中有关国家机关工作人员利用职权非法拘禁他人持续时间超过24小时的才予立案的标准，本案中，被告人作为侮辱手段的捆绑行为能否单独构成非法拘禁罪，是有疑问的。

⑭《颜通市等绑架案》，载《刑事审判参考》2002年第1辑总第24辑，第49~56页。

核心提示➡给付定金方违约后，为索回通过民事诉讼可能无法索回的定金而非法扣押对方当事人子女的行为如何定罪？

要旨➡尽管民事法律有关于给付定金的一方违约的，无权要求返还定金的明确规定，以及行为人承诺到期不能付款的情况下，连40000元的预付款也不要的口头约定，因此假如本案被告人通过民事诉讼主张对方当事人返还该75000元，可能会出现得不到法律支持的情形。但被告人方实际上未得到与占有标的物，且该标的物在被告人方未放弃的情况下已被对方转卖他人。这种情形下，被告人方坚持要求对方返还已给付的75000元，也是正常的心理，相反要求被告人准确预见这种要求可能不会被法律所支持，则是不适宜的。

⑮《章浩等绑架、非法拘禁案》，载《刑事审判参考》2002年第1辑总第24辑，第40~48页。

核心提示➡基于索债目的帮助他人实施绑架行为的应如何定罪？

要旨➡绑架既遂后，犯罪处于继续状态时提供帮助行为构成共犯。1. 定非法拘禁。2. 明知他人实施了绑架行为后帮助实施勒索行为的，构成绑架罪的共犯。虽无事前通谋，但因犯罪处于继续状态，帮助实施勒索行为，系承继的共同犯罪，应对整体负责。3. 停止打电话勒索，非中止，但量刑可从轻。

⑯《孟铁保等赌博、绑架、敲诈勒索、故意伤害、非法拘禁案》，载《刑事审判参考》2000年第5辑总第10辑，第31~41页以及《刑事审判案例》，第365~372页。

核心提示➡扣押、拘禁他人强索赌债的行为如何定罪处罚？

要旨➡1. 被告人为索要赌债而非法扣押、拘禁他人的行为，应以非法拘禁罪定罪处罚。2. 被告人等人非法劫持并扣押他人后向被害人家属索要大大超出赌债范围的钱物的行为，已构成绑架罪。

❶⓻《实行过限、转化犯的司法认定及处理》，载《刑事审判参考》2001 年第 11 辑总第 22 辑，第 75～79 页。

核心提示 ➡ 非法拘禁过程中又产生非法占有目的而对被拘禁人家属敲诈勒索财物应如何定性？

要旨 ➡ 行为人从非法把他人拘禁起来时始，至他人恢复人身自由时止，非法拘禁的行为始终是处于持续不断状态的。在非法拘禁行为的持续期间，如行为人改变了单纯的非法拘禁故意，转而以勒索财物为目的，向被拘禁人的亲属财物，则又符合绑架罪的特征，构成绑架罪，而不是敲诈勒索罪。在这种情况下，应根据吸收犯中重罪吸收轻罪的原理，对被告人以绑架罪一罪定罪处罚，而不是以非法拘禁罪和绑架罪实行两罪并罚。

❶⓼《黄永柱非法拘禁案》，载《最高人民法院判例释解·刑事卷》，第 86 页。

要旨 ➡ 为索要上缴的传销出资款而拘禁上线的亲戚构成非法拘禁。

第 239 条　绑架罪

以勒索财物为目的绑架他人的，或者绑架他人作为人质的，处十年以上有期徒刑或者无期徒刑，并处罚金或者没收财产；致使被绑架人死亡或者杀害被绑架人的，处死刑，并处没收财产。

以勒索财物为目的偷盗婴幼儿的，依照前款的规定处罚。

刑法修正案（七）（2009 年 2 月 28 日第十一届全国人民代表大会常务委员会第七次会议通过。）

六、将刑法第二百三十九条修改为："以勒索财物为目的绑架他人的，或者绑架他人作为人质的，处十年以上有期徒刑或者无期徒刑，并处罚金或者没收财产；情节较轻的，处五年以上十年以下有期徒刑，并处罚金。

犯前款罪，致使被绑架人死亡或者杀害被绑架人的，处死刑，并处没收财产。

以勒索财物为目的偷盗婴幼儿的，依照前两款的规定处罚。"

关 联 规 范　➡ 完全整理

❶《刑法修正案（七）》（2009 年 2 月 28 日）[①]

❷ 人大法工委《关于已满十四周岁不满十六周岁的人承担刑事责任范围问题的答复意见》（2002 年 7 月 24 日　法工委复字〔2002〕12 号）[②]

[①]　对其解读见：《刑事审判参考》2009 年第 3 辑总第 68 辑，第 66～118 页以及草案及其说明《刑事法律文件解读》2008 年第 9 辑总第 39 辑，第 84～90 页。

[②]　对其解读见：《解读最高人民检察院司法解释》，第 14～17 页。

最高人民检察院：

关于你单位4月8日来函收悉，经研究，现答复如下：刑法第十七条第二款规定的八种犯罪，是指具体犯罪行为而不是具体罪名。对于刑法第十七条中规定的"犯故意杀人、故意伤害致人重伤或者死亡"，是指只要故意实施了杀人、伤害行为并且造成了致人重伤、死亡后果的，都应负刑事责任。而不是指只有犯故意杀人罪、故意伤害罪的，才负刑事责任。绑架撕票的，不负刑事责任。对司法实践中出现的已满十四周岁不满十六周岁的人绑架人质后杀害被绑架人、拐卖妇女、儿童而故意造成被拐卖妇女、儿童重伤或死亡的行为，依据刑法是应当追究其刑事责任的。

❸ 最高人民法院《关于贯彻宽严相济刑事政策的若干意见》（2010年2月8日 法发〔2010〕9号）（节录）①

7. 贯彻宽严相济刑事政策，必须毫不动摇地坚持依法严惩严重刑事犯罪的方针。对于危害国家安全犯罪、恐怖组织犯罪、邪教组织犯罪、黑社会性质组织犯罪、恶势力犯罪、故意危害公共安全犯罪等严重危害国家政权稳固和社会治安的犯罪，故意杀人、故意伤害致人死亡、强奸、绑架、拐卖妇女儿童、抢劫、重大抢夺、重大盗窃等严重暴力犯罪和严重影响人民群众安全感的犯罪，走私、贩卖、运输、制造毒品等毒害人民健康的犯罪，要作为严惩的重点，依法从重处罚。尤其对于极端仇视国家和社会，以不特定人为侵害对象，所犯罪行特别严重的犯罪分子，该重判的要坚决依法重判，该判处死刑的要坚决依法判处死刑。

❹ 最高人民法院《关于审理抢劫、抢夺刑事案件适用法律若干问题的意见》（2005年6月8日 法发〔2005〕8号）（节录）②

九、3. 抢劫罪与绑架罪的界限：绑架罪是侵害他人人身自由权利的犯罪，其与抢劫罪的区别在于：第一，主观方面不尽相同。抢劫罪中，行为人一般出于非法占有他人财物的故意实施抢劫行为，绑架罪中，行为人既可能为勒索他人财物而实施绑架行为，也可能出于其他非经济目的实施绑架行为；第二，行为手段不尽相同。抢劫罪表现为行为人劫取财物一般应在同一时间、同一地点，具有"当场性"；绑架罪表现为行为人以杀害、伤害等方式向被绑架人的亲属或其他人或单位发出威胁，索取赎金或提出其他非法要求，劫取财物一般不具有"当场性"。

绑架过程中又当场劫取被害人随身携带财物的，同时触犯绑架罪和抢劫罪两罪名，应择一重罪定罪处罚。

❺ 最高人民检察院研究室《关于相对刑事责任年龄的人承担刑事责任范围有关问题的答复》（2003年4月18日 〔2003〕高检研发第13号）

经研究，答复如下：一、相对刑事责任年龄的人实施了刑法第十七条第二款规定的行为，应当追究刑事责任的，其罪名应当根据所触犯的刑法分则具体条文认定。对于绑架后

---

① 对其解读见：《刑事法律文件解读》2010年第3辑总第57辑，第49~65页。
② 对其解读见：《刑事审判参考》2005年第1辑总第42辑，第93~98页以及2005年第2辑总第43辑，第71~92页。

杀害被绑架人的，其罪名应认定为绑架罪。

❻ 最高人民法院研究室《关于对在绑架过程中以暴力、胁迫等手段当场劫取被害人财物的行为如何适用法律问题的答复》（2001年11月8日　法函〔2001〕68号）

答复如下：行为人在绑架过程中，又以暴力、胁迫等手段当场劫取被害人财物，构成犯罪的，择一重罪处罚。

❼ 最高人民法院《关于对为索取法律不予保护的债务非法拘禁他人行为如何定罪问题的解释》（2000年7月19日　法释〔2000〕19号）①

为了正确适用刑法，现就为索取高利贷、赌债等法律不予保护的债务，非法拘禁他人行为如何定罪问题解释如下：

行为人为索取高利贷、赌债等法律不予保护的债务，非法扣押、拘禁他人的，依照刑法第二百三十八条的规定定罪处罚。

❽ 最高人民检察院《关于查处"人质型"侵犯公民人身权利案件的若干意见》（1990年10月26日　高检发法字〔1990〕1号）

❾ 厦门市中级人民法院、厦门市人民检察院《厦门市几类多发性刑事案件管辖标准暂行规定》（2008年2月21日　厦检会〔2008〕2号）（节录）

十一、绑架罪

犯绑架罪未致被绑架人死亡或未杀害被绑架人但具有下列情形之一的，由市人民检察院起诉、市中级人民法院审判：

（一）致被绑架人重伤的；

（二）绑架勒索财物得逞10万元以上或勒索财物100万元以上的；

（三）造成恶劣社会影响或其他严重后果的。

❿ 上海市高级人民法院刑庭、上海市检公诉处《关于进一步规范部分常见刑事案件级别管辖的意见》（2004年8月13日）（节录）

二、对具备下列情形，同时又不具有其他足以判处十五年有期徒刑以下刑罚的法定从轻、减轻情节的案件，各中级人民法院应当予以受理。16.绑架罪（刑法第239条）（1）致使被绑架人死亡或者杀害被绑架人的；（2）在绑架妇女（幼女）过程中，奸淫被绑架妇女（幼女）的；（3）致被绑架人重伤或者造成重大损失的；（4）绑架多人的。

⓫ 《关于执行刑法若干问题的具体意见（试行）——99'上海法院刑庭庭长会议纪要》（1999年7月15日）（节录）

十、关于绑架罪与非法拘禁罪的界限。为了索取合法债务，或者债权债务关系并不明确，但行为人以索取该债务为目的而非法扣押、拘禁他人情节严重的，应当认定非法拘禁罪；对于在索债过程中，以支付"辛苦费"、"生活补偿费"为由，超额索取他人财物数额不大，以绑架罪论处显属过重的，可以非法拘禁罪从重处罚。

---

① 对其解读见：《刑事审判参考》2000年第5辑总第10辑，第91页以及《解读最高人民法院司法解释·刑事、行政卷（1997~2002）》，第196~197页。

如果行为人为了索取非法债务（即由违法犯罪行为所形成的债务）或者数额巨大的超额债务而非法扣押、拘禁他人并向被害人的近亲属或相关人员索取财物的，应当认定绑架罪。

学理观点·典型案例 ➡ 索引与要旨

❶《论绑架罪罪数形态》，载《公检法办案指南》2011 年第 7 辑总第 139 辑，第 152~160 页。

❷《林明龙强奸案》，载《刑事审判参考》2010 年第 4 辑总第 75 辑，第 43~57 页。
核心提示 ➡ 劫持被害人后，要求被害人以勒赎之外的名义向其家属索要财物的行为，如何定性？

❸《唐先柱等人绑架上诉案》，载《人民法院案例选》2010 年第 2 辑。
要旨 ➡ 引诱他人赌博，并作弊赢取他人钱财后，以索要巨额赌债为目的绑架他人。

❹《李彬、袁南京、胡海珍等绑架、非法拘禁、敲诈勒索案》，载《刑事审判参考》2009 年第 4 辑总第 69 辑，第 57~65 页。
核心提示 ➡ 帮人"讨债"参与绑架，与人质谈好"报酬"后将其释放，事后索要"报酬"的如何定罪处罚？绑架过程中，抢劫人质财物的行为如何定性？

❺《白宇良、肖益军绑架案》，载《刑事审判参考》2009 年第 4 辑总第 69 辑，第 48~56 页。
核心提示 ➡ 绑架罪未完成形态的区分；为了实施绑架犯罪而抢劫他人汽车的行为如何定罪？

❻《从刑法修正案（七）看立法导向》，载《刑事法律文件解读》2009 年第 4 辑总第 46 辑，第 119~122 页。

❼《俞志刚绑架案》，载《刑事审判参考》2008 年第 4 辑总第 63 辑，第 10~16 页。
核心提示 ➡ 绑架他人后自动放弃继续犯罪的如何处理？
要旨 ➡ 1. 犯罪分子绑架人质的行为一经完成，就构成犯罪既遂，之后主动放弃继续犯罪并释放人质的行为，属于犯罪既遂后的补救措施。2. 被告人自动放弃获取赎金，将被害人安全送回，对其可经法定程序报最高人民法院核准在法定刑以下判处刑罚。

❽《陈某、孙某、王某抢劫、绑架案》，载《刑事法律文件解读》2008 年第 9 辑总第 39 辑，第 113~116 页。
核心提示 ➡ 为实施绑架犯罪抢劫机动车辆是否属牵连犯？

❾《绑架罪若干疑难问题探讨》，载《刑事司法指南》2008 年第 4 辑总第 36 辑，第 28~41 页。

❿《将他人挟持并敲诈勒索财物财物的行为如何定性》，载《公检法办案指南》2008 年第 6 辑总第 102 辑，第 180~183 页。

⓫《张舒娟敲诈勒索案》，载《刑事审判参考》2007 年第 3 辑总第 56 辑，第 31~35 页。

核心提示 ➡ 利用被害人年幼将其哄骗至外地继而敲诈其家属钱财的能否构成绑架罪？

要旨 ➡ 1. 勒索型绑架罪与诱拐型敲诈勒索罪的区别；2. 被告人的行为构成敲诈勒索罪；被告人张舒娟主观上敲诈勒索财物的犯罪故意非常明显，客观上实施了用戴磊的安全来对其父母进行恐吓，使其产生恐惧心理，试图敲诈戴磊家里8万元的犯罪行为，没有对戴磊进行人身强制，其行为侵害的客体主要应当为戴磊家人的财产权利。

⑫《胡经杰、邓明才非法拘禁案》，载《刑事审判参考》2007年第2辑总第55辑，第27~32页。

核心提示 ➡ 为寻找他人而挟持人质的行为构成何罪？

要旨 ➡ 一、应当严格限制对绑架罪客观行为的理解和认定，以准确体现罪刑相适应的刑法原则。

在我国刑法中被科以重刑的绑架罪应当是那种勒索巨额赎金或者其他重大不法要求的绑架类型。"人质型"非法拘禁罪，即行为人基于某种目的，非法将被害人扣押作为人质，剥夺其人身自由，并胁迫被害人实施一定行为以满足其要求的一种犯罪。其构成特征在于：主观目的是出于解决某种民事纠纷，如经济纠纷、婚姻家庭纠纷等；所谓"人质"应是民事纠纷的当事人或其亲友，与犯罪分子之间关系比较特定，大多有利害关系或经济往来甚至熟识；非法拘禁"人质"的目的是解决双方既存的民事纠纷，而不是重大的不法要求。

二、本案定性为非法拘禁罪，符合罪刑相适应原则。

⑬《蔡克峰绑架上诉案》，载《人民法院案例选》2006年第1辑总第55辑。

核心提示 ➡ 为恢复恋爱关系挟持他人如何定性？

⑭《如何理解绑架罪中规定的"杀害被绑架人"的含义》，载《王某绑架并故意杀害被害人未遂案》，载《最新刑事法律文件解读》2006年第12辑总第24辑，第111~121页。

⑮《林光耀等抢劫案》，载《最新刑事法律文件解读》2005年第11辑总第11辑，第132页。

要旨 ➡ 绑架后勒索被害人本人巨额财物的行为构成抢劫罪。

⑯《杨建中绑架、抢劫案》，载《最新刑事法律文件解读》2005年第7辑总第7辑，第123~127页。

核心提示 ➡ 绑架过程中当场从被害人处劫取财物的行为是否同时构成抢劫罪？

⑰《栾俊林等抢劫、故意杀人、绑架一案》，载《最新刑事法律文件解读》2005年第5辑总第5辑。

核心提示 ➡ 采用绑架手段当场劫得钱财如何定性？

⑱《被告人金明等3人抢劫、绑架案》，载《最新刑事法律文件解读》2005年第3辑总第3辑。

核心提示 ➡ 绑架过程中抢劫少量钱财，杀死被绑架人后仍勒索钱财如何定性？

⑲《王建平绑架案》，载《刑事审判参考》2004年第3辑总第38辑，第111~115页。

核心提示➡杀害被绑架人未遂的，是否属于《刑法》第239条第1款规定的"杀害被绑架人的"情形？

要旨➡我们认为，《刑法》第239条规定的"杀害被绑架人"应当包括杀害被绑架人未遂的情况。贸然断论"杀害"就是仅指"杀死"则未免偏颇。其偏颇之处就在于这种理解将导致对那些绑架并杀害被绑架人未遂，但手段特别残忍、后果特别严重论罪应当判处死刑的情形，则不能直接适用绑架罪的相关条款对其准确定罪量刑。

㉑ 《刑法实务若干问题研究》，载《刑事审判参考》2004年第1辑总第36辑，第128~142页。

核心提示➡已满14周岁不满16周岁的未成年人参与绑架应否负刑事责任？

㉑ 《王团结、潘友利、黄福忠抢劫、敲诈勒索案》，载《刑事审判参考》2004年第1辑总第36辑，第37~45页。

核心提示➡挟持被害人前往其亲友处取钱的行为应如何定罪？

要旨➡本案不存在构成绑架罪的问题，不能因为本案存在挟持、控制被害人的因素就简单地认定为构成绑架罪。对挟持被害人前往其亲友处取钱的行为，是定绑架罪还是定抢劫罪，关键要看被告人是否以被害人被挟持的意思向被害人亲友进行勒索。如果被害人的亲友不知被害人被挟持，而因为其他缘故向被害人支付钱财，或被害人自己借故借钱的，均不能认定被告人构成绑架罪，而应把相应的挟持手段看作被告人为抢劫被害人钱财所实施的一种暴力手段。

㉒ 《目的犯的法理研究》，载《刑事审判要览》2004年第3辑总第9辑，第36~55页。

㉓ 《敲诈勒索系列案件的比较与分析》，载《刑事司法指南》2004年第4辑总第20辑，第61~82页。

要旨➡1. 罪与非罪的认定；2. 敲诈勒索罪与抢劫罪区分；3. 敲诈勒索罪与抢夺罪区分；4. 敲诈勒索与绑架区分。

㉔ 《普通法条、特别法条的确定与适用》，载《刑事司法指南》2004年第2辑总第18辑，第1~36页。

要旨➡1. 普通法条与特别法条概述；2. 特别关系的确定；3. 特别法条适用前提；4. 特别法条内容不周全的处理。

㉕ 《杨保营等抢劫、绑架案》，载《刑事审判参考》2003年第6辑总第35辑，第43~48页。

核心提示➡暴力劫持、拘禁他人之后迫使其本人交出现金行为的定性。

要旨➡1. 被告具有一定的勒索特征，但行为的目的是向被挟人本人索要财物，未曾向第三人索财，不具有勒索绑架的基本特征，不定绑架。2. 抢劫需具备两个当场要件，当场威胁，当场取财；但当场不必拘泥于某一特定时间、空间，但又应以暴力、胁迫等手段行为的自然延伸及取得他人财物所必要为限，避免当场的任意解释。本案，首先，被害人回住处取存折、提现及交钱，始终处于暴力、胁迫之下，符合当场手段要件；其次，被害人行为存在时间、空间跨度，但被告人是在被害人身上无财产的情况下，实施这一系列行为，目的在于劫财，故视为一整体，从而认定为当场取财；最后，暴力手段与取财有因果关系。因果关系以是否强制为基准；强制还包括精神上的强制。精神不能从一般人判断，虽然一般人认为在银行提现时有机会反抗，但不能否认被害人受精神强制。3. 有较长时间的非法拘禁，但非法拘禁与抢劫存在目的与手段的牵连关系，择重罪以抢劫处罚。

㉖《陈宗发故意杀人、敲诈勒索案》，载《刑事审判参考》2003年第5辑总第34辑，第1~7页。

要旨➡ 将被害人杀死后，以被害人被绑架为名，向被害人亲属勒索钱款的行为构成敲诈勒索罪。绑架罪的客观方面特征是行为人实施了以暴力手段绑架他人的行为，并因此而使被害人失去人身自由。本案被告人将被害人杀死之后，以绑架为名勒索钱款的行为，因为被害人死亡，不可能成为绑架罪的被绑架对象，没有被绑架人，这与绑架罪的最基本的特征不相符合。本案应以故意杀人与敲诈勒索（未遂）并罚。

㉗《伤害案件认定中的疑难争议问题研讨》，载《刑事司法指南》2003年第1辑总第13辑，第1~60页。

要旨➡ 一、关于绑架罪构成要件方面的问题：1. 绑架罪客观构成要件的内容；2. 绑架罪主观故意产生的时间；3. 关于绑架罪的主体问题。

二、绑架罪与相关犯罪形态：1. 绑架罪的既遂与未遂；2. 绑架罪的共同犯罪问题；3. 绑架罪的一罪与数罪问题。

三、绑架罪的司法认定：1. 绑架罪与非的界限；2. 绑架罪与非法拘禁罪的区别；3. 绑架罪与抢劫罪的界限。

㉘《吴德桥绑架案》，载《刑事审判参考》2002年第3辑总第26辑，第51~56页。

核心提示➡ 在绑架中对被绑架人实施伤害致人重伤的应如何定罪量刑？

要旨➡ 1.《刑法》第239条规定致人死亡或杀害的处死刑；杀害强调的是结果，而非只要有杀的行为，不管杀害的结果如何，本案未杀死，故不判死刑。2. 该条款是量刑条款，并未排斥择重罪或数罪并罚；应区分情况，有条件的数罪，如伤害手段特别残忍致人重伤且造成残疾，或杀害未遂但手段特别恶劣、后果特别严重、论罪应处死刑的，应数罪并罚。

㉙《程及伟绑架案》，载《刑事审判参考》2002年第3辑总第26辑，第45~50页。

核心提示➡ 特殊情况下如何减轻处罚的适用？

要旨➡ 最高人民法院相关解释，特殊情况一般指涉及国家利益，但也不绝对化，除了罪刑法定外，还要求罪刑相适应。首先，被告人刚满18岁，其舅指责其偷传呼机，产生报复动机，主观恶性不大。其次，未对被害人采取暴力，胁迫，未造成多大危害，系亲戚关系，有悔罪表现。

㉚《田磊等绑架案》，载《刑事审判参考》2002年第3辑总第26辑，第33~39页。

核心提示➡ 为索取债务劫持他人并致人死亡的行为如何定性？

㉛《颜通市等绑架案》，载《刑事审判参考》2002年第1辑总第24辑，第49~

56页。

核心提示 ➡ 给付定金方违约后,为索回民事诉讼中可能无法拿回的定金而非法扣押对方当事人子女的行为如何定罪?

要旨 ➡ 尽管民事法律有关于给付定金的一方违约的,无权要求返还定金的明确规定,以及行为人承诺到期不能付款的情况下,连40000元的预付款也不要的口头约定,因此假如本案被告人通过民事诉讼主张对方当事人返还该75000元,可能会出现得不到法律支持的情形。但被告人方实际上未得到与占有标的物,且该标的物在被告人方未放弃的情况下已被对方转卖他人。这种情形下,被告人方坚持要求对方返还已付的75000元,也是正常的心理,相反要求被告人准确预见这种要求可能不会被法律所支持,则是不适宜的。

㉜ 《章浩等绑架、非法拘禁案》,载《刑事审判参考》2002年第1辑总第24辑,第40~48页。

核心提示 ➡ 基于索债目的的帮助他人实施绑架行为的应如何定罪?

要旨 ➡ 绑架既遂后,犯罪处于继续状态时提供帮助行为构成共犯。1. 定非法拘禁。2. 明知他人实施了绑架行为后帮助实施勒索行为的,构成绑架罪的共犯。虽无事前通谋,但因犯罪处于继续状态,帮助实施勒索行为,系承继的共同犯罪,应对整体负责。3. 停止打电话勒索,非中止,但量刑可从轻。

㉝ 《熊志华绑架案》,载《刑事审判参考》2002年第1辑总第24辑,第34~39页。

核心提示 ➡ 捉奸后暴力殴打被害人,被害人愿以2万元私了时强迫被害人写10万元欠条,被害人以急需钱为由叫朋友送钱给被告人,该行为如何定性?兼谈如何准确区分敲诈勒索与抢劫、绑架的界限

要旨 ➡ 被告人的暴力行为是一时激愤的单纯的伤害行为,而非出于抢劫故意的暴力,绝不能贸然地将此与后面的勒索钱财行为联系在一起。此后,当被害人为了脱身,主动提出愿以2万元私了时,被告人才产生了借机勒索其钱财的故意。这里,一方"主动破财消灾",一方"借机勒索",均属事出有因。被告人勒索钱财,是实实在在的借机要挟,故不是抢劫。尽管被告人勒索既遂的4.5万元虽是由被害人的朋友提供的,但仍是被害人以自己急需用钱为由向朋友借来的。被告人虽有控制被害人人身自由的行为,但被告人不是以其为前提条件向第三人进行勒索的,故不是绑架。

㉞ 《在绑架勒索过程中劫走被绑架人随身携带财物的行为如何定性》,载《刑事审判参考》2002年第1辑总第24辑,第198~202页。

核心提示 ➡ 勒赎型绑架的既遂、未遂与中止

㉟ 《刑法适用疑难争议问题两人谈》,载《刑事司法指南》2002年第2辑总第10辑,第50~131页。

核心提示 ➡ 绑架罪适用中的疑难问题

㊱ 《实行过限、转化犯的司法认定及处理》,载《刑事审判参考》2001年第11辑总第22辑,第75~79页。

核心提示 ➡ 非法拘禁过程中又产生非法占有目的而对被拘禁人家属敲诈勒索财物应如

何定性？

要旨 ➡ 行为人从非法把他人拘禁起来时始，至他人恢复人身自由时止，非法拘禁的行为始终是处于持续不断状态的。在非法拘禁行为的持续期间，如行为人改变了单纯的非法拘禁故意，转而以勒索财物为目的，向被拘禁人的亲属财物，则又符合绑架罪的特征，构成绑架罪，而不是敲诈勒索罪。在这种情况下，应根据吸收犯中重罪吸收轻罪的原理，对被告人以绑架罪一罪定罪处罚，而不是以非法拘禁罪和绑架罪实行两罪并罚。

㊲《周建平等四人抢劫、敲诈勒索案》，载《刑事审判参考》2001 年第 7 辑总第 18 辑，第 39～44 页。

核心提示 ➡ 如何正确区分抢劫与绑架、敲诈勒索的界限？

㊳《梁小红故意杀人案》，载《刑事审判参考》2001 年第 5 辑总第 16 辑，第 22～27 页。

核心提示 ➡ 对杀人后为掩盖罪行而写信勒索钱财并恐吓他人的行为应如何定性？

要旨 ➡ 被告人为转移公安机关的侦查视线，掩盖罪行而书写勒索信，不具有非法占有他人财物的故意，其行为不构成绑架罪与敲诈勒索罪。在被害人昏迷后，被告人将被害人丢弃于水沟中，并不是杀人行为的中止，而是在他主观上认为被害人已死亡的情况下实施的抛 "尸" 行为，并不改变其杀人的性质。

㊴《关于已满 14 周岁不满 16 周岁的人绑架并杀害被绑架人的行为如何适用法律问题的研究意见》，载《刑事审判参考》2001 年第 1 辑总第 12 辑，第 86～88 页。

㊵《孟铁保等赌博、绑架、敲诈勒索、故意伤害、非法拘禁案》，载《刑事审判参考》2000 年第 5 辑总第 10 辑，第 31～41 页以及《刑事审判案例》，第 365～372 页。

要旨 ➡ 非法劫持他人向被害人家属索要大大超出债务范围的钱物的行为构成绑架罪。

第 240 条　拐卖妇女、儿童罪

拐卖妇女、儿童的，处五年以上十年以下有期徒刑，并处罚金；有下列情形之一的，处十年以上有期徒刑或者无期徒刑，并处罚金或者没收财产；情节特别严重的，处死刑，并处没收财产：

（一）拐卖妇女、儿童集团的首要分子；

（二）拐卖妇女、儿童三人以上的；

（三）奸淫被拐卖的妇女的；

（四）诱骗、强迫被拐卖的妇女卖淫或者将被拐卖的妇女卖给他人迫使其卖淫的；

（五）以出卖为目的，使用暴力、胁迫或者麻醉方法绑架妇女、儿童的；

（六）以出卖为目的，偷盗婴幼儿的；

（七）造成被拐卖的妇女、儿童或者其亲属重伤、死亡或者其他严重后果的；

（八）将妇女、儿童卖往境外的。

拐卖妇女、儿童是指以出卖为目的，有拐骗、绑架、收买、贩卖、接送、中转妇女、儿童的行为之一的。

关联规范 ➡ 完全整理

❶《中华人民共和国刑法》（1980年1月1日）第241条第5款

收买被拐卖的妇女、儿童又出卖的，依照本法第二百四十条的规定定罪处罚。

❷ 公安部《关于妥善处置自愿留在现住地生活的被拐外国籍妇女有关问题的批复》（2011年10月27日 公复字〔2011〕4号）

一、对于自愿继续留在现住地生活的成年外国籍妇女，可以尊重本人及与其共同生活的中国公民的意愿。对愿在现住地结婚且符合法定结婚条件，持有合法有效身份证件的外国籍妇女，应当告知其可以依法办理结婚登记手续和在华居留手续。但是，对无合法有效身份证件的外国籍妇女，应当告知其回国补办合法有效身份证件，申办来华签证入境后，才能依法办理结婚登记手续和在华居留手续。对不能回国补办合法有效身份证件的外国籍妇女，应当登记造册，纳入实有人口管理。

对被拐卖时不满十八周岁，现已达到我国法定结婚年龄，本人又愿意与买主继续共同生活的外国籍妇女，可以告知其按上述第一款要求补办结婚登记手续和在华居留手续。

对被拐卖时不满十八周岁，现已满十八周岁但未达到我国法定结婚年龄的外国籍妇女，本人愿意与买主结合的，可以告知其按上述第一款要求办理在华居留手续，待其达到我国法定结婚年龄时，再依法补办结婚登记手续。

对被拐卖的外国籍未成年女性，被解救时仍不满十八周岁的，必须送返其国籍国。

二、被拐卖的外国籍妇女系拐卖犯罪的受害者，在处理上应当区别于"非法入境、非法居留"的外国人，且不得羁押。

❸ 最高人民法院、最高人民检察院、公安部、司法部《关于依法惩治拐卖妇女儿童犯罪的意见》（2010年3月15日 法发〔2010〕7号）（节录）①

一、总体要求 3.正确贯彻政策，保证办案效果。拐卖妇女、儿童犯罪往往涉及多人、多个环节，要根据宽严相济刑事政策和罪责刑相适应的刑法基本原则，综合考虑犯罪分子在共同犯罪中的地位、作用及人身危险性的大小，依法准确量刑。对于犯罪集团的首要分子、组织策划者、多次参与者、拐卖多人者或者具有累犯等从严、从重处罚情节的，必须重点打击，坚决依法严惩。对于罪行严重，依法应当判处重刑乃至死刑的，坚决依法判处。要注重铲除"买方市场"，从源头上遏制拐卖妇女、儿童犯罪。对于收买被拐卖的妇女、儿童，依法应当追究刑事责任的，坚决依法追究。同时，对于具有从宽处罚情节的，要在综合考虑犯罪事实、性质、情节和危害程度的基础上，依法从宽，体现政策，以分化瓦解犯罪，鼓励犯罪人悔过自新。

二、管辖 4.拐卖妇女、儿童犯罪案件依法由犯罪地的司法机关管辖。拐卖妇女、儿童

---

① 对其解读见：《最新刑事法律文件解读》2010年第5辑总第59辑，第28~35页。

犯罪的犯罪地包括拐出地、中转地、拐入地以及拐卖活动的途经地。如果由犯罪嫌疑人、被告人居住地的司法机关管辖更为适宜的，可以由犯罪嫌疑人、被告人居住地的司法机关管辖。

5. 几个地区的司法机关都有权管辖的，一般由最先受理的司法机关管辖。犯罪嫌疑人、被告人或者被拐卖的妇女、儿童人数较多，涉及多个犯罪地的，可以移送主要犯罪地或者主要犯罪嫌疑人、被告人居住地的司法机关管辖。

6. 相对固定的多名犯罪嫌疑人、被告人分别在拐出地、中转地、拐入地实施某一环节的犯罪行为，犯罪所跨地域较广，全案集中管辖有困难的，可以由拐出地、中转地、拐入地的司法机关对不同犯罪分子分别实施的拐出、中转和拐入犯罪行为分别管辖。

7. 对管辖权发生争议的，争议各方应本着有利于迅速查清犯罪事实，及时解救被拐卖的妇女、儿童，以及便于起诉、审判的原则，在法定期间内尽快协商解决；协商不成的，报请共同的上级机关确定管辖。

正在侦查中的案件发生管辖权争议的，在上级机关作出管辖决定前，受案机关不得停止侦查工作。

三、立案 8. 具有下列情形之一，经审查，符合管辖规定的，公安机关应当立即以刑事案件立案，迅速开展侦查工作：

（1）接到拐卖妇女、儿童的报案、控告、举报的；
（2）接到儿童失踪或者已满十四周岁不满十八周岁的妇女失踪报案的；
（3）接到已满十八周岁的妇女失踪，可能被拐卖的报案的；
（4）发现流浪、乞讨的儿童可能系被拐卖的；
（5）发现有收买被拐卖妇女、儿童行为，依法应当追究刑事责任的；
（6）表明可能有拐卖妇女、儿童犯罪事实发生的其他情形。

9. 公安机关在工作中发现犯罪嫌疑人或者被拐卖的妇女、儿童，不论案件是否属于自己管辖，都应当首先采取紧急措施。经审查，属于自己管辖的，依法立案侦查；不属于自己管辖的，及时移送有管辖权的公安机关处理。

10. 人民检察院要加强对拐卖妇女、儿童犯罪案件的立案监督，确保有案必立、有案必查。

四、证据 11. 公安机关应当依照法定程序，全面收集能够证实犯罪嫌疑人有罪或者无罪、犯罪情节轻重的各种证据。

要特别重视收集、固定买卖妇女、儿童犯罪行为交易环节中钱款的存取证明、犯罪嫌疑人的通话清单、乘坐交通工具往来有关地方的票证、被拐卖儿童的DNA鉴定结论、有关监控录像、电子信息等客观性证据。

取证工作应当及时，防止时过境迁，难以弥补。

12. 公安机关应当高度重视并进一步加强DNA数据库的建设和完善。对失踪儿童的父母，或者疑似被拐卖的儿童，应当及时采集血样进行检验，通过全国DNA数据库，为查获犯罪，帮助被拐卖儿童及时回归家庭提供科学依据。

13. 拐卖妇女、儿童犯罪所涉地区的办案单位应当加强协作配合。需要到异地调查取证的，相关司法机关应当密切配合；需要进一步补充查证的，应当积极支持。

五、定性 14. 犯罪嫌疑人、被告人参与拐卖妇女、儿童犯罪活动的多个环节，只有部分环节的犯罪事实查证清楚、证据确实、充分的，可以对该环节的犯罪事实依法予以认定。

15. 以出卖为目的强抢儿童，或者捡拾儿童后予以出卖，符合刑法第二百四十条第二款规定的，应当以拐卖儿童罪论处。

以抚养为目的偷盗婴幼儿或者拐骗儿童，之后予以出卖的，以拐卖儿童罪论处。

16. 以非法获利为目的，出卖亲生子女的，应当以拐卖妇女、儿童罪论处。

17. 要严格区分借送养之名出卖亲生子女与民间送养行为的界限。区分的关键在于行为人是否具有非法获利的目的。应当通过审查将子女"送"人的背景和原因、有无收取钱财及收取钱财的多少、对方是否具有抚养目的及有无抚养能力等事实，综合判断行为人是否具有非法获利的目的。

具有下列情形之一的，可以认定属于出卖亲生子女，应当以拐卖妇女、儿童罪论处：

（1）将生育作为非法获利手段，生育后即出卖子女的；

（2）明知对方不具有抚养目的，或者根本不考虑对方是否具有抚养目的，为收取钱财将子女"送"给他人的；

（3）为收取明显不属于"营养费"、"感谢费"的巨额钱财将子女"送"给他人的；

（4）其他足以反映行为人具有非法获利目的的"送养"行为的。

不是出于非法获利目的，而是迫于生活困难，或者受重男轻女思想影响，私自将没有独立生活能力的子女送给他人抚养，包括收取少量"营养费"、"感谢费"的，属于民间送养行为，不能以拐卖妇女、儿童罪论处。对私自送养导致子女身心健康受到严重损害，或者具有其他恶劣情节，符合遗弃罪特征的，可以遗弃罪论处；情节显著轻微危害不大的，可由公安机关依法予以行政处罚。

18. 将妇女拐卖给有关场所，致使被拐卖的妇女被迫卖淫或者从事其他色情服务的，以拐卖妇女罪论处。

有关场所的经营管理人员事前与拐卖妇女的犯罪人通谋的，对该经营管理人员以拐卖妇女罪的共犯论处；同时构成拐卖妇女罪和组织卖淫罪的，择一重罪论处。

19. 医疗机构、社会福利机构等单位的工作人员以非法获利为目的，将所诊疗、护理、抚养的儿童贩卖给他人的，以拐卖儿童罪论处。

20. 明知是被拐卖的妇女、儿童而收买，具有下列情形之一的，以收买被拐卖的妇女、儿童罪论处；同时构成其他犯罪的，依照数罪并罚的规定处罚：

（1）收买被拐卖的妇女后，违背被收买妇女的意愿，阻碍其返回原居住地的；

（2）阻碍对被收买妇女、儿童进行解救的；

（3）非法剥夺、限制被收买妇女、儿童的人身自由，情节严重，或者对被收买妇女、儿童有强奸、伤害、侮辱、虐待等行为的；

（4）所收买的妇女、儿童被解救后又再次收买，或者收买多名被拐卖的妇女、儿童的；

（5）组织、诱骗、强迫被收买的妇女、儿童从事乞讨、苦役，或者盗窃、传销、卖淫

等违法犯罪活动的;

(6) 造成被收买妇女、儿童或者其亲属重伤、死亡以及其他严重后果的;

(7) 具有其他严重情节的。

被追诉前主动向公安机关报案或者向有关单位反映,愿意让被收买妇女返回原居住地,或者将被收买儿童送回其家庭,或者将被收买妇女、儿童交给公安、民政、妇联等机关、组织,没有其他严重情节的,可以不追究刑事责任。

六、共同犯罪 21. 明知他人拐卖妇女、儿童,仍然向其提供被拐卖妇女、儿童的健康证明、出生证明或者其他帮助的,以拐卖妇女、儿童罪的共犯论处。

明知他人收买被拐卖的妇女、儿童,仍然向其提供被收买妇女、儿童的户籍证明、出生证明或者其他帮助的,以收买被拐卖的妇女、儿童罪的共犯论处,但是,收买人未被追究刑事责任的除外。

认定是否"明知",应当根据证人证言、犯罪嫌疑人、被告人及其同案人供述和辩解,结合提供帮助的人次,以及是否明显违反相关规章制度、工作流程等,予以综合判断。

22. 明知他人系拐卖儿童的"人贩子",仍然利用从事诊疗、福利救助等工作的便利或者了解被拐卖方情况的条件,居间介绍的,以拐卖儿童罪的共犯论处。

23. 对于拐卖妇女、儿童犯罪的共犯,应当根据各被告人在共同犯罪中的分工、地位、作用,参与拐卖的人数、次数,以及分赃数额等,准确区分主从犯。

对于组织、领导、指挥拐卖妇女、儿童的某一个或者某几个犯罪环节,或者积极参与实施拐骗、绑架、收买、贩卖、接送、中转妇女、儿童等犯罪行为,起主要作用的,应当认定为主犯。

对于仅提供被拐卖妇女、儿童信息或者相关证明文件,或者进行居间介绍,起辅助或者次要作用,没有获利或者获利较少的,一般可认定为从犯。

对于各被告人在共同犯罪中的地位、作用区别不明显的,可以不区分主从犯。

七、一罪与数罪 24. 拐卖妇女、儿童,又奸淫被拐卖的妇女、儿童,或者诱骗、强迫被拐卖的妇女、儿童卖淫的,以拐卖妇女、儿童罪处罚。

25. 拐卖妇女、儿童,又对被拐卖的妇女、儿童实施故意杀害、伤害、猥亵、侮辱等行为,构成其他犯罪的,依照数罪并罚的规定处罚。

26. 拐卖妇女、儿童或者收买被拐卖的妇女、儿童,又组织、教唆被拐卖、收买的妇女、儿童进行犯罪的,以拐卖妇女、儿童罪或者收买被拐卖的妇女、儿童罪与其所组织、教唆的罪数罪并罚。

27. 拐卖妇女、儿童或者收买被拐卖的妇女、儿童,又组织、教唆被拐卖、收买的未成年妇女、儿童进行盗窃、诈骗、抢夺、敲诈勒索等违反治安管理活动的,以拐卖妇女、儿童罪或者收买被拐卖的妇女、儿童罪与组织未成年人进行违反治安管理活动罪数罪并罚。

八、刑罚适用 28. 对于拐卖妇女、儿童犯罪集团的首要分子,情节严重的主犯,累犯,偷盗婴幼儿、强抢儿童情节严重,将妇女、儿童卖往境外情节严重,拐卖妇女、儿童多人多次、造成伤亡后果,或者具有其他严重情节的,依法从重处罚;情节特别严重的,依法判处死刑。

拐卖妇女、儿童,并对被拐卖的妇女、儿童实施故意杀害、伤害、猥亵、侮辱等行为,数罪并罚决定执行的刑罚应当依法体现从严。

29. 对于拐卖妇女、儿童的犯罪分子,应当注重依法适用财产刑,并切实加大执行力度,以强化刑罚的特殊预防与一般预防效果。

30. 犯收买被拐卖的妇女、儿童罪,对被收买妇女、儿童实施违法犯罪活动或者将其作为牟利工具的,处罚时应当依法体现从严。

收买被拐卖的妇女、儿童,对被收买妇女、儿童没有实施摧残、虐待行为或者与其已形成稳定的婚姻家庭关系,但仍应依法追究刑事责任的,一般应当从轻处罚;符合缓刑条件的,可以依法适用缓刑。

收买被拐卖的妇女、儿童,犯罪情节轻微的,可以依法免予刑事处罚。

31. 多名家庭成员或者亲友共同参与出卖亲生子女,或者"买人为妻"、"买人为子"构成收买被拐卖的妇女、儿童罪的,一般应当在综合考察犯意起、各行为人在犯罪中所起作用等情节的基础上,依法追究其中罪责较重者的刑事责任。对于其他情节显著轻微危害不大,不认为是犯罪的,依法不追究刑事责任;必要时可以由公安机关予以行政处罚。

32. 具有从犯、自首、立功等法定从宽处罚情节的,依法从轻、减轻或者免除处罚。

对被拐卖的妇女、儿童没有实施摧残、虐待等违法犯罪行为,或者能够协助解救被拐卖的妇女、儿童,或者具有其他酌定从宽处罚情节的,可以依法酌情从轻处罚。

33. 同时具有从严和从宽处罚情节的,要在综合考察拐卖妇女、儿童的手段、拐卖妇女、儿童或者收买被拐卖妇女、儿童的人次、危害后果以及被告人主观恶性、人身危险性等因素的基础上,结合当地此类犯罪发案情况和社会治安状况,决定对被告人总体从严或者从宽处罚。

九、涉外犯罪 34. 要进一步加大对跨国、跨境拐卖妇女、儿童犯罪的打击力度。加强双边或者多边"反拐"国际交流与合作,加强对被跨国、跨境拐卖的妇女、儿童的救助工作。依照我国缔结或者参加的国际条约的规定,积极行使所享有的权利,履行所承担的义务,及时请求或者提供各项司法协助,有效遏制跨国、跨境拐卖妇女、儿童犯罪。

❹ 最高人民法院《关于贯彻宽严相济刑事政策的若干意见》(2010 年 2 月 8 日　法发〔2010〕9 号)(节录)①

7. 贯彻宽严相济刑事政策,必须毫不动摇地坚持依法严惩严重刑事犯罪的方针。对于危害国家安全犯罪、恐怖组织犯罪、邪教组织犯罪、黑社会性质组织犯罪、恶势力犯罪、故意危害公共安全犯罪等严重危害国家政权稳固和社会治安的犯罪,故意杀人、故意伤害致人死亡、强奸、绑架、拐卖妇女儿童、抢劫、重大抢夺、重大盗窃等严重暴力犯罪和严重影响人民群众安全感的犯罪,走私、贩卖、运输、制造毒品等毒害人民健康的犯罪,要作为严惩的重点,依法从重处罚。尤其对于极端仇视国家和社会,以不特定人为侵害对象,所犯罪行特别严重的犯罪分子,该重判的要坚决依法重判,该判处死刑的要坚决依法判处死刑。

---

① 对其解读见:《刑事法律文件解读》2010 年第 3 辑总第 57 辑,第 49~65 页。

第二编　分则　第四章　侵犯公民人身权利、民主权利罪

5 最高人民法院、最高人民检察院《关于执行〈中华人民共和国刑法〉确定罪名的补充规定（二）》（2003年8月15日　法释〔2003〕12号）（节录）①

刑法和刑事司法解释以及刑事司法实践中关于儿童的年龄界限，一直掌握在不满十四周岁。如刑法第二百六十二条规定"拐骗不满十四周岁的未成年人……"两高将罪名确定为"拐骗儿童罪"。

6 公安部《关于打击拐卖妇女儿童犯罪适用法律和政策有关问题的意见》（2000年3月24日　公通字〔2000〕25号）

一、关于立案、管辖问题

（一）对发现的拐卖妇女、儿童案件，拐出地（即妇女、儿童被拐骗地）、拐入地或者中转地公安机关应当立案管辖。两个以上公安机关都有管辖权的，由最先立案的公安机关侦查。必要时，可以由主要犯罪地或者主要犯罪嫌疑人居住地公安机关管辖。有关公安机关不得相互推诿。对管辖有争议的案件，应报请争议双方共同的上一级公安机关指定管辖。

铁路、交通、民航公安机关按照《公安机关办理刑事案件程序规定》第20条的规定立案侦查拐卖妇女、儿童案件。在运输途中查获的拐卖妇女、儿童案件，可以直接移送拐出地公安机关处理。

（二）对于公民报案、控告、举报的与拐卖妇女、儿童有关的犯罪嫌疑人、犯罪线索或者材料，扭送的犯罪嫌疑人，或者犯罪嫌疑人自首的，公安机关都应当接受。对于接受的案件或者发现的犯罪线索，应当迅速进行审查。对于需要采取解救被拐卖的妇女、儿童等紧急措施的，应当先采取紧急措施。

（三）经过审查，认为有犯罪事实，需要追究刑事责任的，应当区别情况，作出如下处理：1.属于本公安机关管辖的案件，应当及时立案侦查。2.属于其他公安机关管辖的案件，应当在二十四小时内移送有管辖权的公安机关办理。3.不属于公安机关管辖的案件，如属于人民检察院管辖的不解救被拐卖、绑架妇女、儿童案和阻碍解救被拐卖、绑架妇女、儿童案等，属于人民法院管辖的重婚案等，应当及时将案件材料和有关证据送交有管辖权的人民检察院、人民法院，并告知报案人、控告人、举报人到人民检察院、人民法院报案、控告、举报或者起诉。

二、关于拐卖妇女、儿童犯罪

（一）要正确认定拐卖妇女、儿童罪。凡是拐卖妇女、儿童的，不论是哪个环节，只要是以出卖为目的，有拐骗、绑架、收买、贩卖、接送、中转妇女、儿童的行为之一的，均以拐卖妇女、儿童罪立案侦查。

（二）在办理拐卖妇女、儿童案件中，不论拐卖人数多少，是否获利，只要实施拐卖妇女、儿童行为的，均应当以拐卖妇女、儿童罪立案侦查。

（三）明知是拐卖妇女、儿童的犯罪分子而事先通谋，为其拐卖行为提供资助或者其他便利条件的，应当以拐卖妇女、儿童罪的共犯立案侦查。

---

① 对其解读见：《刑事审判参考》2003年第5辑总第34辑，第188~194页以及《刑事司法指南》2003年第3辑总第15辑，第150~158页。

（四）对拐卖过程中奸淫被拐卖妇女的；诱骗、强迫被拐卖的妇女卖淫或者将被拐卖的妇女卖给他人迫使其卖淫的；以出卖为目的使用暴力、胁迫、麻醉等方法绑架妇女、儿童的；以出卖为目的，偷盗婴幼儿的；造成被拐卖的妇女、儿童或者其亲属重伤、死亡或者其他严重后果的，均以拐卖妇女、儿童罪立案侦查。

（五）教唆他人实施拐卖妇女、儿童犯罪的，以拐卖妇女、儿童罪的共犯立案侦查。向他人传授拐卖妇女、儿童的犯罪方法的，以传授犯罪方法罪立案侦查。明知是拐卖妇女、儿童的犯罪分子，而在其实施犯罪后为其提供隐藏处所、财物，帮助其逃匿或者作假证明包庇的，以窝藏、包庇罪立案侦查。

（六）出卖亲生子女的，由公安机关依法没收非法所得，并处以罚款；以营利为目的，出卖不满十四周岁子女，情节恶劣的，以拐卖儿童罪立案侦查。

（七）出卖十四周岁以上女性亲属或者其他不满十四周岁亲属的，以拐卖妇女、儿童罪立案侦查。

（八）借收养名义拐卖儿童的，出卖捡拾的儿童的，均以拐卖儿童罪立案侦查。

（九）以勒索财物为目的，偷盗婴幼儿的，以绑架罪立案侦查。

（十）犯组织他人偷越国（边）境罪，对被组织的妇女、儿童有拐卖犯罪行为的，以组织他人偷越国（边）境罪和拐卖妇女、儿童罪立案侦查。

（十一）非以出卖为目的，拐骗不满十四周岁的未成年人脱离家庭或者监护人的，以拐骗儿童罪立案侦查。

（十二）教唆被拐卖、拐骗、收买的未成年人实施盗窃、诈骗等犯罪行为的，应当以盗窃罪、诈骗罪等犯罪的共犯立案侦查。

办案中，要正确区分罪与非罪、此罪与彼罪的界限，特别是拐卖妇女罪与介绍婚姻收取钱物行为、拐卖儿童罪与收养中介行为、拐卖儿童罪与拐骗儿童罪，以及绑架儿童罪与拐卖儿童罪的界限，防止扩大打击面或者放纵犯罪。

三、关于收买被拐卖的妇女、儿童犯罪

（一）收买被拐卖的妇女、儿童的，以收买被拐卖的妇女、儿童罪立案侦查。

（二）收买被拐卖的妇女、儿童，并有下列犯罪行为的，同时以收买被拐卖的妇女、儿童罪和下列罪名立案侦查：1. 违背被拐卖妇女的意志，强行与其发生性关系的，以强奸罪立案侦查。2. 明知收买的妇女是精神病患者（间歇性精神病患者在发病期间）或者痴呆者（程度严重的）而与其发生性关系的，以强奸罪立案侦查。3. 与收买的不满十四周岁的幼女发生性关系的，不论被害人是否同意，均以奸淫幼女罪立案侦查。4. 非法剥夺、限制被拐卖的妇女、儿童人身自由的，或者对其实施伤害、侮辱、猥亵等犯罪行为的，以非法拘禁罪，或者伤害罪、侮辱罪、强制猥亵妇女罪、猥亵儿童罪等犯罪立案侦查。5. 明知被拐卖的妇女是现役军人的妻子而与之同居或者结婚的，以破坏军婚罪立案侦查。

（三）收买被拐卖的妇女、儿童后又出卖的，以拐卖妇女、儿童罪立案侦查。

（四）凡是帮助买主实施强奸、伤害、非法拘禁被拐卖的妇女、儿童等犯罪行为的，应当分别以强奸罪、伤害罪、非法拘禁罪等犯罪的共犯立案侦查。

（五）收买被拐卖的妇女、儿童，按照被买妇女的意愿，不阻碍其返回原居住地的，对被买儿童没有虐待行为，不阻碍对其进行解救的，可以不追究刑事责任。

四、关于自首和立功

（一）要采取多种形式，广泛宣传刑法关于自首、立功等从宽处理的刑事政策。各地可选择一些因主动投案自首或者有立功表现而给予从轻、减轻、免除处罚的典型案件，公开宣传报道，敦促在逃的犯罪分子尽快投案自首，坦白交代罪行，检举、揭发他人的犯罪行为，提供破案线索，争取立功表现。

（二）要做好对犯罪分子家属、亲友的政策宣传工作，动员他们规劝、陪同有拐卖妇女、儿童犯罪行为的亲友投案自首，或者将犯罪嫌疑人送往司法机关投案。对窝藏、包庇犯罪分子、阻碍解救、妨害公务，构成犯罪的，要依法追究刑事责任。

（三）对于投案自首、坦白交代罪行、有立功表现的犯罪嫌疑人，公安机关在移送人民检察院审查起诉时应当依法提出从轻、减轻、免除处罚的意见。

五、关于解救工作

（一）解救妇女、儿童工作由拐入地公安机关负责。对于拐出地公安机关主动派工作组到拐入地进行解救的，也要以拐入地公安机关为主开展工作。对解救的被拐卖妇女，由其户口所在地公安机关负责接回；对解救的被拐卖儿童，由其父母或者其他监护人户口所在地公安机关负责接回。拐出地、拐入地、中转地公安机关应当积极协作配合，坚决杜绝地方保护主义。

（二）要充分依靠当地党委、政府的支持，做好对基层干部和群众的法制宣传和说服教育工作，注意方式、方法，慎用警械、武器，避免激化矛盾，防止出现围攻执法人员、聚众阻碍解救等突发事件。

以暴力、威胁方法阻碍国家机关工作人员解救被收买的妇女、儿童的，以妨害公务罪立案侦查。对聚众阻碍国家机关工作人员解救被收买的妇女、儿童的首要分子，以聚众阻碍解救被收买的妇女、儿童罪立案侦查。其他使用暴力、威胁方法的参与者，以妨害公务罪立案侦查。阻碍解救被收买的妇女、儿童，没有使用暴力、威胁方法的，依照《中华人民共和国治安管理处罚条例》的有关规定处罚。

（三）对于被拐卖的未成年女性、现役军人配偶、受到买主摧残虐待的、被强迫卖淫或从事其他色情服务的妇女，以及本人要求解救的妇女，要立即解救。

对于自愿继续留在现住地生活的成年女性，应当尊重本人意愿，愿在现住地结婚且符合法定结婚条件的，应当依法办理结婚登记手续。被拐卖妇女与买主所生子女的抚养问题，可由双方协商解决或者由人民法院裁决。

（四）对于遭受摧残虐待的、被强迫乞讨或从事违法犯罪活动的，以及本人要求解救的被拐卖儿童，应当立即解救。

对于被解救的儿童，暂时无法查明其父母或者其他监护人的，依法交由民政部门收容抚养。

对于被解救的儿童，如买主对该儿童既没有虐待行为又不阻碍解救，其父母又自愿送养，双方符合收养和送养条件的，可依法办理收养手续。

（五）任何个人或者组织不得向被拐卖的妇女、儿童及其家属索要收买妇女、儿童的费用和生活费用；已经索取的，应当予以返还。

（六）被解救的妇女、儿童户口所在地公安机关应当协助民政等有关部门妥善安置其生产和生活。

六、关于不解救或者阻碍解救被拐卖的妇女、儿童等渎职犯罪

对被拐卖的妇女、儿童负有解救职责的国家机关工作人员不履行解救职责，或者袒护、纵容甚至支持买卖妇女、儿童，为买卖妇女、儿童人员通风报信，或者以其他方法阻碍解救工作的，要依法处理：

（一）对被拐卖的妇女、儿童负有解救职责的公安、司法等国家机关工作人员接到被拐卖的妇女、儿童及其家属的解救要求或者接到其他人的举报，而对被拐卖的妇女、儿童不进行解救的，要交由其主管部门进行党纪、政纪、警纪处分；构成犯罪的，应当以不解救被拐卖妇女、儿童罪移送人民检察院追究刑事责任。

（二）对被拐卖的妇女、儿童负有解救职责的公安、司法等国家机关工作人员利用职务阻碍解救被拐卖的妇女、儿童，构成犯罪的，应当以阻碍解救被拐卖妇女、儿童罪移送人民检察院追究刑事责任。

（三）行政执法人员徇私情、私利，伪造材料，隐瞒情况，弄虚作假，对依法应当移交司法机关追究刑事责任的拐卖妇女、儿童犯罪案件不移交司法机关处理，构成犯罪的，以徇私舞弊不移交刑事案件罪移送人民检察院追究刑事责任。

（四）有查禁拐卖妇女、儿童犯罪活动职责的国家机关工作人员，向拐卖妇女、儿童的犯罪分子通风报信、提供便利，帮助犯罪分子逃避处罚，构成犯罪的，以帮助犯罪分子逃避处罚罪移送人民检察院追究刑事责任。

七、关于严格执法、文明办案

（一）各级公安机关必须严格依照《刑法》、《刑事诉讼法》和《公安机关办理刑事案件程序规定》以及其他有关规定，严格执法，文明办案，防止滥用强制措施、超期羁押，严禁刑讯逼供和以威胁、引诱、欺骗以及其他非法的方法收集证据。

（二）依法保障律师在侦查阶段参与刑事诉讼活动，保障犯罪嫌疑人聘请律师提供法律帮助的权利。对于律师提出会见犯罪嫌疑人的，公安机关应当依法及时安排会见，不得借故阻碍、拖延。

（三）对犯罪分子违法所得的一切财物及其产生的孳息，应当依法追缴。对依法扣押的犯罪工具及犯罪嫌疑人的财物及其孳息，应当妥为保管，不得挪用、毁损和自行处理。对作为证据使用的实物，应当随案移送；对不宜移送的，应当将其清单、照片或者其他证明文件随案移送，待人民法院作出生效判决后，由扣押的公安机关按照人民法院的通知，上缴国库或者返还受害人。

（四）认真做好办案协作工作。需要异地公安机关协助调查、执行强制措施的，要及时向有关地区公安机关提出协作请求。接受请求的公安机关应当及时予以协作配合，并尽快回复。对不履行办案协作职责造成严重后果的，对直接负责的主管人员和其他直接责任人员，应当给予行政处分；构成犯罪的，依法追究刑事责任。对在逃的拐卖妇女、儿童的犯罪分子，有关公安机关应密切配合，及时通缉，追捕归案。

八、关于办理涉外案件

（一）外国人或者无国籍人拐卖外国妇女、儿童到我国境内被查获的，应当适用我国刑法，以拐卖妇女、儿童罪立案侦查。

（二）拐卖妇女犯罪中的"妇女"，既包括具有中国国籍的妇女，也包括具有外国国籍和无国籍的妇女。被拐卖的外国妇女没有身份证明的，不影响对犯罪分子的立案侦查。

（三）对外国人依法作出取保候审、监视居住决定或者执行拘留、逮捕后，由有关省、自治区、直辖市公安厅、局在规定的期限内，将外国人的有关情况、涉嫌犯罪的主要事实、已采取的强制措施及其法律依据，通知该外国人所属国家的驻华使、领馆，同时报告公安部。

（四）对于外国籍犯罪嫌疑人身份无法查明或者其国籍国拒绝提供有关身份证明的，也可以按其自报的姓名依法提请人民检察院批准逮捕、移送审查起诉。

（五）对非法入出我国国境、非法居留的外国人，应当依照《中华人民共和国外国人入境出境管理法》及其实施细则进行处罚；情节严重，构成犯罪的，依法追究刑事责任。

7 最高人民法院、最高人民检察院等《关于打击拐卖妇女儿童犯罪有关问题的通知》（2000年3月20日　公通字〔2000〕26号）①

8 最高人民法院《关于审理拐卖妇女案件适用法律有关问题的解释》（2000年1月25日　法释〔2000〕1号）②

第一条　刑法第二百四十条规定的拐卖妇女罪中的"妇女"，既包括具有中国国籍的妇女，也包括具有外国国籍和无国籍的妇女。被拐卖的外国妇女没有身份证明的，不影响对犯罪分子的定罪处罚。

第二条　外国人或者无国籍人拐卖外国妇女到我国境内被查获的，应当根据刑法第六条的规定，适用我国刑法定罪处罚。

第三条　对于外国籍被告人身份无法查明或者其国籍国拒绝提供有关身份证明，人民检察院根据刑事诉讼法第一百二十八条第二款的规定起诉的案件，人民法院应当依法受理。

9 最高人民法院《全国法院维护农村稳定刑事审判工作座谈会纪要》（1999年10月27日　法〔1999〕217号）（节录）

二（六）关于拐卖妇女、儿童犯罪案件

要从严惩处拐卖妇女、儿童犯罪团伙的首要分子和以拐卖妇女、儿童为常业的"人贩子"。

要严格把握此类案件罪与非罪的界限。对于买卖至亲的案件，要区别对待：以贩卖牟利为目的"收养"子女的，应以拐卖儿童罪处理；对那些迫于生活困难、受重男轻女思想影响而出卖亲生子女或收养子女的，可不作为犯罪处理；对于出卖子女确属情节恶劣的，可按遗弃罪处罚；对于那些确属介绍婚姻，且被介绍的男女双方相互了解对方的基本情况，

---

①　对其解读见：《解读最高人民检察院司法解释》，第331~342页。
②　对其解读见：《刑事审判参考》2000年第1辑总第6辑，第66页以及《解读最高人民法院司法解释·刑事、行政卷（1997~2002）》，第192~193页。

或者确属介绍收养，并经被收养人父母同意的，尽管介绍的人数较多，从中收取财物较多，也不应作犯罪处理。

❿ 最高人民检察院研究室《关于以出卖为目的的倒卖外国妇女的行为是否构成拐卖妇女罪的答复》（1998年12月24日　〔1998〕高检研发第21号）[①]

经研究，现答复如下：刑法第二百四十条明确规定："拐卖妇女、儿童是以出卖为目的，有拐骗、绑架、收买、贩卖、接送、中转妇女、儿童的行为之一的。"其中作为"收买"对象的妇女、儿童并不要求必须是"被拐骗、绑架的妇女、儿童"。因此，以出卖为目的，收买、贩卖外国妇女，从中牟取非法利益的，应以拐卖妇女罪追究刑事责任。但确属为他人介绍婚姻收取介绍费，而非以出卖为目的的，不能追究刑事责任。

⓫ 最高人民法院、最高人民检察院《关于执行〈全国人民代表大会常务委员会关于严惩拐卖、绑架妇女、儿童的犯罪分子的决定〉的若干问题的解答》（1992年12月24日法发〔1992〕41号高检会〔1992〕35号）（节录）

二、怎样认定拐卖妇女、儿童罪

根据《决定》第一条第二款的规定，拐卖妇女、儿童罪，是指以出卖为目的，拐骗、收买、贩卖、接送或者中转妇女、儿童的行为。只要实施其中一种行为的，即构成本罪。

（一）借收养名义拐卖儿童的，以拐卖儿童罪追究刑事责任。

（二）确属通过介绍婚姻、介绍收养儿童索取了财物的，不构成本罪。

（三）拐卖妇女、儿童以外的人口的，依照刑法第一百四十一条和《全国人民代表大会常务委员会关于严惩严重危害社会治安的犯罪分子的决定》第一条第（三）项的规定，以拐卖人口罪定罪处罚。

三、怎样理解《决定》第一条第一款第（三）项关于"奸淫被拐卖的妇女"的规定

《决定》第一条第一款第（三）项所规定的"奸淫被拐卖的妇女的"，是指拐卖妇女的犯罪分子在拐卖过程中，与被害妇女发生性关系的行为。不论行为人是否使用了暴力或者胁迫手段，也不论被害妇女是否有反抗行为，都应当按照该款规定处罚。

四、怎样理解《决定》第一条第一款第（五）项关于"造成被拐卖的妇女、儿童或者其亲属重伤、死亡或者其他严重后果的"规定

《决定》第一条第一款第（五）项所规定的"造成被拐卖的妇女、儿童或者其亲属重伤、死亡或者其他严重后果的"，是指由于犯罪分子拐卖妇女、儿童的行为，直接、间接造成被拐卖的妇女、儿童或者其亲属重伤、死亡或者其他严重后果的。例如，由于犯罪分子采取拘禁、捆绑、虐待等手段，致使被害人重伤、死亡或者造成其他严重后果的；由于犯罪分子的拐卖行为以及拐卖中的侮辱、殴打等行为引起的被害人或者其亲属自杀、精神失常或者其他严重后果的，等等。

对被拐卖的妇女、儿童进行故意杀害、伤害的，应当以故意杀人罪或者故意伤害罪与拐卖妇女、儿童罪实行并罚。

---

① 对其解读见：《解读最高人民检察院司法解释》，第329~330页。

五、如何区分绑架妇女、儿童罪和绑架勒索罪

（一）根据《决定》第二条的规定，绑架妇女、儿童罪，是指以出卖为目的，使用暴力、胁迫或者麻醉方法，劫持妇女、儿童的行为。绑架勒索罪，是指以勒索财物为目的，使用暴力、胁迫或者麻醉方法，劫持他人的行为。两罪的主要区别在于：1. 犯罪目的不同。前者是以出卖为目的，后者则是以勒索财物为目的。2. 犯罪侵犯的客体不同。前者侵犯的是被绑架人的人身权利，后者侵犯的不仅是被绑架人的人身权利，还侵犯了他们的财产权利。3. 犯罪对象不同。前者的绑架对象仅指妇女、儿童，后者则是指包括妇女、儿童在内的一切人。

（二）根据《决定》第二条第二款的规定，以出卖为目的，偷盗婴、幼儿的，以绑架儿童罪定罪，并依照《决定》第二条第一款的规定处罚。

（三）以勒索财物为目的，偷盗婴、幼儿的，以绑架勒索罪定罪，并依照《决定》第二条第一款的规定处罚。

（四）以索债为目的，非法剥夺他人人身自由的，定非法拘禁罪，不能定绑架勒索罪。

六、怎样认定拐卖妇女、儿童罪和绑架妇女、儿童罪中"情节特别严重"的行为

拐卖妇女、儿童罪中的"情节特别严重"，是指《决定》第一条第一款所列六项情形中特别严重的情节。在具体执行中，不应在这六项情形之外扩大范围。

绑架妇女、儿童罪中的"情节特别严重"，主要是指绑架妇女、儿童犯罪集团的首要分子情节特别严重的；绑架手段极其残忍、恶劣的；造成被害人或者其家属重伤、死亡或者其他严重后果情节特别严重的；绑架妇女、儿童多人具有极大社会危害性的，等等。

七、怎样认定收买被拐卖、绑架的妇女、儿童罪

根据《决定》第三条第一款的规定，收买被拐卖、绑架的妇女、儿童，是指不以出卖为目的，收买被拐卖、绑架的妇女、儿童的行为。以出卖为目的，收买被拐卖、绑架的妇女、儿童的，以拐卖妇女、儿童罪论处。

（一）收买人必须明知是被拐卖、绑架的妇女、儿童而予以收买的，才能构成本罪。

（二）共同参与了收买被拐卖、绑架的妇女、儿童犯罪行为的（例如，有些收买行为是全体家庭成员或者亲属朋友共同商量决定的等），对于其中的主犯，应当追究刑事责任；对于其他参与者，如果是情节显著轻微危害不大的，不认为是犯罪，不追究刑事责任。

（三）被买妇女与收买人已成婚，并愿意留在当地共同生活的，对收买人可以视为"按照被买妇女的意愿，不阻碍其返回原居住地"，不追究刑事责任。

八、怎样划分婴儿、幼儿、儿童的年龄界限

《决定》和本《解答》中所说的"儿童"，是指不满14岁的人。其中，不满1岁的为婴儿，1岁以上不满6岁的为幼儿。

12 最高人民法院、最高人民检察院、公安部《关于当前办理拐卖人口案件中具体应用法律的若干问题的解答》（1984年3月31日）

一、怎样认定拐卖人口罪？

拐卖人口罪，是指以营利为目的，用欺骗、利诱、胁迫等手段主要拐卖妇女、儿童的犯罪行为。

合谋、参与拐骗、接送、中转、窝藏、出卖、转卖妇女和儿童等犯罪活动的，分别以一般共同犯罪或犯罪集团成员论处。

二、哪些是拐卖人口罪中"情节严重"的行为？

拐卖人口"情节严重"的犯罪行为主要有下列几种：1. 拐卖妇女、儿童多人或多次的；2. 盗卖婴儿、幼儿的；3. 拐卖不满十四岁的幼女与他人同居的；4. 拐卖现役军人妻子的；5. 拐卖精神病患者或痴呆者的。

三、哪些是拐卖人口罪中"情节特别严重"的行为？

拐卖人口"情节特别严重"的犯罪行为主要有下列几种：1. 拐卖妇女、儿童十五人以上，或者拐卖妇女、儿童八人以上不满十五人手段特别恶劣的；2. 盗卖婴儿、幼儿多人或多次的；3. 劫持、绑架妇女或用药物麻醉妇女后将其出卖，后果严重的；4. 摧残、虐待被拐卖的人致其重伤、死亡或引起其他特别严重后果的。

四、对拐卖人口犯如何处刑？

1. 对拐卖人口集团的首要分子，或者拐卖人口情节特别严重的罪犯，可以在刑法第一百四十一条规定的最高刑以上处刑，即可以判处无期徒刑直至死刑，但不是一律必须判处无期徒刑或死刑。2. 拐卖妇女、儿童的罪犯兼犯有强奸妇女、奸淫幼女、非法拘禁、伤害、强迫妇女卖淫等罪行的，应按刑法有关条款定罪，并按数罪并罚的规定处刑。3. 对拐卖人口情节严重的罪犯，处五年以上十五年以下有期徒刑。4. 对拐卖人口情节一般的罪犯，处五年以下有期徒刑。5. 对拐卖人口案件中具有法定的从重、从轻、减轻、加重处罚情节的罪犯，应当或可以依法从重、从轻、减轻、加重判处刑罚。

五、如何划分拐卖人口罪同某些近似的犯罪、违法行为的界限？

1. 拐骗或者偷走不满十四岁的儿童脱离家庭或监护人，不是出卖牟利的，是拐骗儿童罪，应按刑法第一百八十四条的规定判处。2. 以介绍对象为名，骗取他人财物的；两人以上合谋骗钱，把妇女"卖"给他人为妻，得款后潜逃的，均应以诈骗罪论处。对于妇女被拐骗后，在犯罪分子胁迫或利诱下进行诈骗的，应酌情减轻或免除处罚。3. 为男女婚姻当介绍人，借以索取财物的，属于违法行为，不构成拐卖人口罪。

六、对阻挠解救被害妇女、儿童工作的人应作何处理？

阻挠解救被害妇女、儿童工作，围攻、殴打前往解救的工作人员或亲属的，由有关组织酌情给予批评教育或由公安机关给予治安管理处罚；情节严重，构成妨害公务罪或故意伤害罪的，应依法追究刑事责任。

七、办理拐卖人口案件还须注意哪些问题？

一般来说，还须注意以下一些问题：

1. 要坚决摧毁拐卖人口集团和他们的网点。对于应该抓获的同案犯，要追捕归案，全案处结，对拐卖人口集团的成员，应按各自的罪责区别对待。对集团案件要搞深搞透，防止漏掉同案犯。2. 做好追缴赃款、赃物的工作。对拐卖人口犯不但要依法判刑，还应积极追赃，封锁罪犯的经济命脉。3. 人民法院要协同有关部门妥善处理被拐卖妇女的婚姻问题。对有配偶的妇女被拐卖后重婚的，不以重婚论处。4. 拐卖人口集团的首要分子，在有的情况下，不只是一个人。

学理观点·典型案例 ➡ 索引与要旨

❶《吕锦城、黄高生故意杀人、拐卖儿童案》，载《刑事审判参考》2011年第5辑总第82辑，第32~39页。

要旨 ➡ 拐卖儿童过程中危害被拐卖儿童亲属的行为，如何定性？

❷《在实施拐卖妇女犯罪中将被拐卖妇女的雇主杀害的行为，能否作为拐卖妇女罪的加重情节》，载《刑事审判参考》2008年第4辑总第63辑，第74~79页。

❸《出卖捡拾女婴的行为是否构成拐卖儿童罪》，载《最新刑事法律文件解读》2006年第1辑总第13辑，第125页。

❹《目的犯的法理研究》，载《刑事审判要览》2004年第3辑总第9辑，第36~55页。

❺《李志祥拐卖妇女案》，载《刑事审判参考》2003年第1辑总第30辑，第69~72页。

核心提示 ➡ 应收买的被拐卖妇女要求将其再转卖他人的如何定罪处罚？

要旨 ➡ 依刑法第241条第5款，不并罚，只定拐卖（吸收）；基于权利人自愿的损害行为而成立的排除社会危害性的行为，必须具备以下条件：一是被害人必须对行为人损害的权益具有处分权；二是被害人的自愿同意必须是其真实意图的反映；三是经被害人同意的损害行为必须合乎法律规定和社会公序良俗。财产、劳动、隐私可自由处分，但人身自由、生命健康则不可，如不允许安乐死；本案被害人在某种程度上可视为其真实意图，但其自主选择权受主、客观的限制，且再卖有违社会公序良俗，为法律禁止，故定本罪。量刑可考虑从宽，本案被告人收买后表示愿意送被害人回家，根据刑法第241条第6款可不追究，且考虑到被害人自愿，可免予刑事处罚。

❻《胡从方拐骗儿童案》，载《刑事审判参考》2002年第2辑总第25辑，第55~58页。

核心提示 ➡ 以收养为目的偷盗婴幼儿的行为如何定性？兼谈如何区分拐骗儿童罪和拐卖儿童罪？

要旨 ➡ 对于直接、强行抢走、偷走婴幼儿的所谓"拐骗"儿童犯罪，与司法实践中的拐卖儿童犯罪手段并无差别。区分的关键在于目的。拐卖儿童罪必须以出卖为目的，无此目的就不构成该罪。

❼《张世林拐卖妇女案》，载《刑事审判参考》2000年第6辑总第11辑，第10~15页；《刑事审判案例》，第373~376页。

核心提示 ➡ 拐卖两性人能否构成拐卖妇女罪？

要旨 ➡ 1. 以拐卖妇女为目的的拐卖两性人行为构成拐卖妇女罪，不能犯未遂；2. 应依从旧兼从轻定拐卖人口罪。

第 241 条　第 1 款　收买被拐卖的妇女、儿童罪

收买被拐卖的妇女、儿童的，处三年以下有期徒刑、拘役或者管制。

收买被拐卖的妇女，强行与其发生性关系的，依照本法第二百三十六条的规定定罪处罚。

收买被拐卖的妇女、儿童，非法剥夺、限制其人身自由或者有伤害、侮辱等犯罪行为的，依照本法的有关规定定罪处罚。

收买被拐卖的妇女、儿童，并有第二款、第三款规定的犯罪行为的，依照数罪并罚的规定处罚。

收买被拐卖的妇女、儿童又出卖的，依照本法第二百四十条的规定定罪处罚。

收买被拐卖的妇女、儿童，按照被买妇女的意愿，不阻碍其返回原居住地的，对被买儿童没有虐待行为，不阻碍对其进行解救的，可以不追究刑事责任。

关联规范 ▶ 完全整理

❶《中华人民共和国刑法》（1980 年 1 月 1 日）第 234 条　故意伤害罪

故意伤害他人身体的，处三年以下有期徒刑、拘役或者管制。

犯前款罪，致人重伤的，处三年以上十年以下有期徒刑；致人死亡或者以特别残忍手段致人重伤造成严重残疾的，处十年以上有期徒刑、无期徒刑或者死刑。本法另有规定的，依照规定。

❷《中华人民共和国刑法》（1980 年 1 月 1 日）第 236 条　强奸罪

以暴力、胁迫或者其他手段强奸妇女的，处三年以上十年以下有期徒刑。

奸淫不满十四周岁的幼女的，以强奸论，从重处罚。

强奸妇女、奸淫幼女，有下列情形之一的，处十年以上有期徒刑、无期徒刑或者死刑：

（一）强奸妇女、奸淫幼女情节恶劣的；

（二）强奸妇女、奸淫幼女多人的；

（三）在公共场所当众强奸妇女的；

（四）二人以上轮奸的；

（五）致使被害人重伤、死亡或者造成其他严重后果的。

❸《中华人民共和国刑法》（1980 年 1 月 1 日）第 237 条　强制猥亵、侮辱妇女罪、猥亵儿童罪

以暴力、胁迫或者其他方法强制猥亵妇女或者侮辱妇女的，处五年以下有期徒刑或者拘役。

聚众或者在公共场所当众犯前款罪的，处五年以上有期徒刑。

猥亵儿童的，依照前两款的规定从重处罚。

第二编 分则 第四章 侵犯公民人身权利、民主权利罪

4 《中华人民共和国刑法》（1980 年 1 月 1 日）第 238 条 非法拘禁罪

非法拘禁他人或者以其他方法非法剥夺他人人身自由的，处三年以下有期徒刑、拘役、管制或者剥夺政治权利。具有殴打、侮辱情节的，从重处罚。

犯前款罪，致人重伤的，处三年以上十年以下有期徒刑；致人死亡的，处十年以上有期徒刑。使用暴力致人伤残、死亡的，依照本法第二百三十四条、第二百三十二条的规定定罪处罚。

为索取债务非法扣押、拘禁他人的，依照前两款的规定处罚。

国家机关工作人员利用职权犯前三款罪的，依照前三款的规定从重处罚。

5 《中华人民共和国刑法》（1980 年 1 月 1 日）第 240 条 拐卖妇女、儿童罪

拐卖妇女、儿童的，处五年以上十年以下有期徒刑，并处罚金；有下列情形之一的，处十年以上有期徒刑或者无期徒刑，并处罚金或者没收财产；情节特别严重的，处死刑，并处没收财产：

（一）拐卖妇女、儿童集团的首要分子；

（二）拐卖妇女、儿童三人以上的；

（三）奸淫被拐卖的妇女的；

（四）诱骗、强迫被拐卖的妇女卖淫或者将被拐卖的妇女卖给他人迫使其卖淫的；

（五）以出卖为目的，使用暴力、胁迫或者麻醉方法绑架妇女、儿童的；

（六）以出卖为目的，偷盗婴幼儿的；

（七）造成被拐卖的妇女、儿童或者其亲属重伤、死亡或者其他严重后果的；

（八）将妇女、儿童卖往境外的。

拐卖妇女、儿童是指以出卖为目的，有拐骗、绑架、收买、贩卖、接送、中转妇女、儿童的行为之一的。

6 《中华人民共和国刑法》（1980 年 1 月 1 日）第 246 条 侮辱罪、诽谤罪

以暴力或者其他方法公然侮辱他人或者捏造事实诽谤他人，情节严重的，处三年以下有期徒刑、拘役、管制或者剥夺政治权利。

前款罪，告诉的才处理，但是严重危害社会秩序和国家利益的除外。

7 最高人民法院、最高人民检察院、公安部、司法部《关于依法惩治拐卖妇女儿童犯罪的意见》（2010 年 3 月 15 日 法发〔2010〕7 号）（节录）[①]

20. 明知是被拐卖的妇女、儿童而收买，具有下列情形之一的，以收买被拐卖的妇女、儿童罪论处；同时构成其他犯罪的，依照数罪并罚的规定处罚：

（1）收买被拐卖的妇女后，违背被收买妇女的意愿，阻碍其返回原居住地的；

（2）阻碍对被收买妇女、儿童进行解救的；

（3）非法剥夺、限制被收买妇女、儿童的人身自由，情节严重，或者对被收买妇女、儿童有强奸、伤害、侮辱、虐待等行为的；

---

① 对其解读见：《最新刑事法律文件解读》2010 年第 5 辑总第 59 辑，第 28~35 页。

(4) 所收买的妇女、儿童被解救后又再次收买，或者收买多名被拐卖的妇女、儿童的；

(5) 组织、诱骗、强迫被收买的妇女、儿童从事乞讨、苦役，或者盗窃、传销、卖淫等违法犯罪活动的；

(6) 造成被收买妇女、儿童或者其亲属重伤、死亡以及其他严重后果的；

(7) 具有其他严重情节的。

被追诉前主动向公安机关报案或者向有关单位反映，愿意让被收买妇女返回原居住地，或者将被收买儿童送回其家庭，或者将被收买妇女、儿童交给公安、民政、妇联等机关、组织，没有其他严重情节的，可以不追究刑事责任。

21. 明知他人拐卖妇女、儿童，仍然向其提供被拐卖妇女、儿童的健康证明、出生证明或者其他帮助的，以拐卖妇女、儿童罪的共犯论处。

明知他人收买被拐卖的妇女、儿童，仍然向其提供被收买妇女、儿童的户籍证明、出生证明或者其他帮助的，以收买被拐卖的妇女、儿童罪的共犯论处，但是，收买人未被追究刑事责任的除外。

认定是否"明知"，应当根据证人证言、犯罪嫌疑人、被告人及其同案人供述和辩解，结合提供帮助的人次，以及是否明显违反相关规章制度、工作流程等，予以综合判断。

26. 拐卖妇女、儿童或者收买被拐卖的妇女、儿童，又组织、教唆被拐卖、收买的妇女、儿童进行犯罪的，以拐卖妇女、儿童罪或者收买被拐卖的妇女、儿童罪与其所组织、教唆的罪数罪并罚。

27. 拐卖妇女、儿童或者收买被拐卖的妇女、儿童，又组织、教唆被拐卖、收买的未成年妇女、儿童进行盗窃、诈骗、抢夺、敲诈勒索等违反治安管理活动的，以拐卖妇女、儿童罪或收买被拐卖的妇女、儿童罪与组织未成年人进行违反治安管理活动罪数罪并罚。

30. 犯收买被拐卖的妇女、儿童罪，对被收买妇女、儿童实施违法犯罪活动或者将其作为牟利工具的，处罚时应当依法体现从严。

收买被拐卖的妇女、儿童，对被收买妇女、儿童没有实施摧残、虐待行为或者与其已形成稳定的婚姻家庭关系，但仍应依法追究刑事责任的，一般应当从轻处罚；符合缓刑条件的，可以依法适用缓刑。

收买被拐卖的妇女、儿童，犯罪情节轻微的，可以依法免予刑事处罚。

31. 多名家庭成员或者亲友共同参与出卖亲生子女，或者"买人为妻"、"买人为子"构成收买被拐卖的妇女、儿童罪的，一般应当在综合考察犯意提起、各行为人在犯罪中所起作用等情节的基础上，依法追究其中罪责较重者的刑事责任。对于其他情节显著轻微危害不大，不认为是犯罪的，依法不追究刑事责任；必要时可以由公安机关予以行政处罚。

32. 具有从犯、自首、立功等法定从宽处罚情节的，依法从轻、减轻或者免除处罚。

对被拐卖的妇女、儿童没有实施摧残、虐待等违法犯罪行为，或者能够协助解救被拐卖的妇女、儿童，或者具有其他酌定从宽处罚情节的，可以依法酌情从轻处罚。

33. 同时具有从严和从宽处罚情节的，要在综合考察拐卖妇女、儿童的手段、拐卖妇女、儿童或者收买被拐卖妇女、儿童的人次、危害后果以及被告人主观恶性、人身危险性等因素的基础上，结合当地此类犯罪发案情况和社会治安状况，决定对被告人总体从严或者从宽处罚。

❽ 最高人民法院、最高人民检察院《关于执行〈中华人民共和国刑法〉确定罪名的补充规定（二）》（2003年8月15日　法释〔2003〕12号）（节录）①

刑法和刑事司法解释以及刑事司法实践中关于儿童的年龄界限，一直掌握在不满十四周岁。如刑法第二百六十二条规定"拐骗不满十四周岁的未成年人……"两高将罪名确定为"拐骗儿童罪"。

❾ 公安部《关于打击拐卖妇女儿童犯罪适用法律和政策有关问题的意见》（2000年3月24日　公通字〔2000〕25号）（节录）

三、关于收买被拐卖的妇女、儿童犯罪

（一）收买被拐卖的妇女、儿童的，以收买被拐卖的妇女、儿童罪立案侦查。

（二）收买被拐卖的妇女、儿童，并有下列犯罪行为的，同时以收买被拐卖的妇女、儿童罪和下列罪名立案侦查：

1. 违背被拐卖妇女的意志，强行与其发生性关系的，以强奸罪立案侦查。

2. 明知收买的妇女是精神病患者（间歇性精神病患者在发病期间）或者痴呆者（程度严重的）而与其发生性关系的，以强奸罪立案侦查。

3. 与收买的不满十四周岁的幼女发生性关系的，不论被害人是否同意，均以奸淫幼女罪立案侦查。

4. 非法剥夺、限制被拐卖的妇女、儿童人身自由的，或者对其实施伤害、侮辱、猥亵等犯罪行为的，以非法拘禁罪，或者伤害罪、侮辱罪、强制猥亵妇女罪、猥亵儿童罪等犯罪立案侦查。

5. 明知被拐卖的妇女是现役军人的妻子而与之同居或者结婚的，以破坏军婚罪立案侦查。

（三）收买被拐卖的妇女、儿童后又出卖的，以拐卖妇女、儿童罪立案侦查。

（四）凡是帮助买主实施强奸、伤害、非法拘禁被拐卖的妇女、儿童等犯罪行为的，应当分别以强奸罪、伤害罪、非法拘禁罪等犯罪的共犯立案侦查。

（五）收买被拐卖的妇女、儿童，按照被买妇女的意愿，不阻碍其返回原居住地的，对被买儿童没有虐待行为，不阻碍对其进行解救的，可以不追究刑事责任。

❿ 最高人民法院、最高人民检察院等《关于打击拐卖妇女儿童犯罪有关问题的通知》（2000年3月20日　公通字〔2000〕26号）（节录）②

四、对收买被拐卖的妇女、儿童的，以及阻碍解救被拐卖妇女、儿童构成犯罪的，也要依法惩处。

**⓫ 最高人民法院、最高人民检察院《关于执行〈全国人民代表大会常务委员会关于

---

①　对其解读见：《刑事审判参考》2003年第5辑总第34辑，第188～194页以及《刑事司法指南》2003年第3辑总第15辑，第150～158页。

②　对其解读见：《刑事审判参考》2000年第3辑总第8辑，第78页以及《解读最高人民检察院司法解释》，第331～342页。

严惩拐卖、绑架妇女、儿童的犯罪分子的决定〉的若干问题的解答》（1992年12月24日法发〔1992〕41号）（节录）

七、怎样认定收买被拐卖、绑架的妇女、儿童罪？

根据《决定》第三条第一款的规定，收买被拐卖、绑架的妇女、儿童罪，是指不以出卖为目的，收买被拐卖、绑架的妇女、儿童的行为。以出卖为目的，收买被拐卖、绑架的妇女、儿童的，以拐卖妇女、儿童罪论处。

（一）收买人必须明知是被拐卖、绑架的妇女、儿童而予以收买的，才能构成本罪。

（二）共同参与了收买被拐卖、绑架的妇女、儿童犯罪行为的（例如，有些收买行为是全体家庭成员或者亲属朋友共同商量决定的等），对于其中的主犯，应当追究刑事责任；对于其他参与者，如果是情节显著轻微危害不大的，不认为是犯罪，不追究刑事责任。

（三）被买妇女与收买人已成婚，并愿意留在当地共同生活的，对收买人可以视为"按照被买妇女的意愿，不阻碍其返回原居住地"，不追究刑事责任。

学理观点·典型案例 ➡ 索引与要旨

《刑法中的注意规定与法律拟制及其运用分析》，载《刑事司法指南》2003年第3辑总第15辑，第70~108页。

注意规定与法律拟制的区分意义与区分方法；区分注意规定与法律拟制的基本意义，在于明确该规定是否修正或补充了相关规定或基本规定，是否导致将不同的行为等同视之。换言之，将某种规定视为法律拟制还是注意规定，会导致适用条件的不同，因而形成不同的认定结论。

又如，《刑法》第241条第2款显然属于注意规定，所以，对其中的"强行与其发生性关系"应当完全按照第236条"以暴力、胁迫或者其他手段强奸妇女"来解释，而不能作扩大或者缩小解释。

第242条 第2款 聚众阻碍解救被收买的妇女、儿童罪

以暴力、威胁方法阻碍国家机关工作人员解救被收买的妇女、儿童的，依照本法第二百七十七条的规定定罪处罚。

聚众阻碍国家机关工作人员解救被收买的妇女、儿童的首要分子，处五年以下有期徒刑或者拘役；其他参与者使用暴力、威胁方法的，依照前款的规定处罚。

关联规范 ➡ 完全整理

❶《中华人民共和国刑法》（1980年1月1日）第277条 妨害公务罪

以暴力、威胁方法阻碍国家机关工作人员依法执行职务的，处三年以下有期徒刑、拘役、管制或者罚金。

以暴力、威胁方法阻碍全国人民代表大会和地方各级人民代表大会代表依法执行代表职务的，依照前款的规定处罚。

在自然灾害和突发事件中，以暴力、威胁方法阻碍红十字会工作人员依法履行职责的，

依照第一款的规定处罚。

故意阻碍国家安全机关、公安机关依法执行国家安全工作任务,未使用暴力、威胁方法,造成严重后果的,依照第一款的规定处罚。

❷ **最高人民法院、最高人民检察院《关于执行〈中华人民共和国刑法〉确定罪名的补充规定(二)》(2003年8月15日 法释〔2003〕12号)(节录)**[①]

刑法和刑事司法解释以及刑事司法实践中关于儿童的年龄界限,一直掌握在不满十四周岁。如刑法第二百六十二条规定"拐骗不满十四周岁的未成年人……"两高将罪名确定为"拐骗儿童罪"。

❸ **公安部《关于打击拐卖妇女儿童犯罪适用法律和政策有关问题的意见》(2000年3月24日 公通字〔2000〕25号)(节录)**

五、关于解救工作:(二)要充分依靠当地党委、政府的支持,做好对基层干部和群众的法制宣传和说服教育工作,注意方式、方法,慎用警械、武器,避免激化矛盾,防止出现围攻执法人员、聚众阻碍解救等突发事件。

以暴力、威胁方法阻碍国家机关工作人员解救被收买的妇女、儿童的,以妨害公务罪立案侦查。对聚众阻碍国家机关工作人员解救被收买的妇女、儿童的首要分子,以聚众阻碍解救被收买的妇女、儿童罪立案侦查。其他使用暴力、威胁方法的参与者,以妨害公务罪立案侦查。阻碍解救被收买的妇女、儿童,没有使用暴力、威胁方法的,依照《中华人民共和国治安管理处罚条例》的有关规定处罚。

❹ **最高人民法院、最高人民检察院、公安部《关于当前办理拐卖人口案件中具体应用法律的若干问题的解答》(1984年3月31日)(节录)**

六、对阻挠解救被害妇女、儿童工作的人应作何处理?

阻挠解救被害妇女、儿童工作,围攻、殴打前往解救的工作人员或亲属的,由有关组织酌情给予批评教育或由公安机关给予治安管理处罚;情节严重,构成妨害公务或故意伤害罪的,应依法追究刑事责任。

第243条 诬告陷害罪

捏造事实诬告陷害他人,意图使他人受刑事追究,情节严重的,处三年以下有期徒刑、拘役或者管制;造成严重后果的,处三年以上十年以下有期徒刑。

国家机关工作人员犯前款罪的,从重处罚。

不是有意诬陷,而是错告,或者检举失实的,不适用前两款的规定。

❶ **最高人民检察院《关于保护公民举报权利的规定》(1991年5月13日 高检发〔1991〕21号)(节录)**

第九条 公民应据实举报。凡捏造事实、制造伪证,利用举报诬告陷害他人构成犯罪

[①] 对其解读见:《刑事审判参考》2003年第5辑总第34辑,第188~194页以及《刑事司法指南》2003年第3辑总第15辑,第150~158页。

的，依法追究刑事责任。

由于对事实了解不全面而发生误告、错告等检举失实的，不适用前款规定。

❷ 最高人民检察院《人民检察院直接受理的侵犯公民民主权利、人身权利和渎职案件立案标准的规定》（1989年11月30日 〔89〕高检发（法）字第41号）（节录）

三、诬告陷害案（刑法第一百三十八条）故意捏造他人（包括犯人）的犯罪事实，向国家机关告发或行使足以引起司法机关追究的方法，意图使他人受到刑事处罚，具有下列行为之一的，应予立案：

1. 为陷害他人，故意捏造足以使他人受到刑事追究的犯罪事实，并由本人或者指使他人向国家机关告发的；

2. 为陷害他人，故意捏造足以使他人受到刑事追究的犯罪事实，虽不是直接向国家机关告发，但采取的方法足以引起司法机关追究的。

附件：关于《人民检察院直接受理的侵犯公民民主权利、人身权利和渎职案件立案标准的规定》中一些问题的说明

五、《立案标准》第三条第一款所说的"向国家机关告发"，是指向国家各级权力机关、各级行政机关、各级司法机关告发，也包括向所在单位或组织、报社或有关人员告发。

学理观点·典型案例 ➡ 索引与要旨

❶《杨洪林煽动颠覆国家政权上诉案》，2002年7月2日〔2002〕晋刑二终字第83号，山西省高级人民法院。

要旨 ➡ 为使他人受到刑事追究而以他人名义散布煽动颠覆国家政权性质的攻击性言论的，不以煽动颠覆国家政权罪论处，应认定为诬告陷害罪。

❷《诬告陷害罪论析》，载《刑事司法指南》2002年第1辑总第9辑，第98～119页。

要旨 ➡ 一、关于诬告陷害罪的犯罪客体；

二、关于诬告陷害罪的行为方式：1. 行为人必须"捏造犯罪事实"；2. 行为人必须有"告发"行为；3. 特定的犯罪对象是构成本罪的必备条件之一；

三、关于诬告陷害罪的犯罪目的：1. 诬告陷害罪犯罪目的的立法模式及评析；2. 对我国刑法诬告陷害罪犯罪目的的规定的分析和适用；

四、关于诬告陷害罪"情节严重"与"造成严重后果"的理解；

五、诬告陷害罪与诽谤罪的界限认定：1. 犯罪客体不同；2. 客观要件不同；3. 犯罪目的不同；4. 案件性质不同；

六、诬告陷害罪犯罪着手及相关问题的认定。

❸《岳正中煽动颠覆国家政权案》〔2000〕一中刑初字第60号，天津市第一中级人民法院。

要旨 ➡ 为嫁祸于他人，以他人名义投寄反动信件行为的认定，应认定为诬告陷害罪

❹《金某伪证案》，载《刑事审判参考》2001年第4辑总第15辑，第34～39页。

核心提示 ➡ 被害人在向司法机关报案时故意夸大犯罪事实并指使他人作伪证的行为如何定罪处罚？

要旨 ➡ 伪证罪是特殊主体实施的犯罪，即只能由证人、鉴定人、记录人、翻译人构成。证人不包括被害人，故本案不定伪证罪；被害人是受到犯罪行为侵害的当事人，在整个诉讼过程中，由于受到各方面因素的影响，其陈述往往带有浓厚的感情色彩，而且由于案件的处理结果与其有直接的利害关系，因而被害人的陈述有可能夸大事实的情况，影响其反映事实的真实性。但只要不是无中生有，不是意图使他人无罪于有罪，就不应当以诬告陷害罪追究刑事责任。因此，对诬告陷害中的"捏造事实"，应当作严格的限定，不能作扩大解释。本案中被告人将他人偷盗 5000 元的事实借题发挥为被盗 65200 元，扩大他人犯罪事实为重罪，不属于诬告陷害罪中的"捏造事实"，其行为不构成诬告陷害罪。

⑤ 《王宗达损害商业信誉、商品声誉案》，载《刑事审判参考》2001 年第 2 辑总第 13 辑，第 7~14 页。

核心提示 ➡ "捏造"在诬告陷害罪与损害商业信誉、商品声誉罪中的不同含义

要旨 ➡ 对刑法条文中的关于"捏造"的理解，应考虑具体罪名罪状中规定的犯罪构成之间的相互关系，做出不同的界定。例如，刑法第二百四十三条诬告陷害罪中的"捏造事实"，就应当限定为仅指凭空构整个犯罪事实的行为。如果不是凭空捏造整个犯罪事实，而是对真实的事实做了部分夸大，或者将一般违法行为当作犯罪告发，就不应当以该罪论处。刑法既要保障无辜的人不受刑事追究，又要保障公民依法享有的检举控告权利，所以有必要对诬告陷害罪中的捏造行为做出严格的适当的限制。但是，损害商业信誉、商品声誉罪的"捏造虚伪事实"则既可包括无中生有，凭空编造全部虚假事实的情形，也包括添油加醋，恶意歪曲、夸大事实或编造部分虚假事实的情形。因为，无论是捏造整个虚假的事实，还是捏造部分虚假的事实，只要加以散布，都可以损害他人商业信誉和商品声誉，给竞争对手造成经济损失，达到不正当竞争的目的。

⑥ 《兰成仕、李兆斌窃取国有档案案》，载《最高人民法院判例释解·刑事卷》，第 311 页。

核心提示 ➡ 为诬告陷害领导而窃取国有档案行为如何定性？

第 244 条　修正案（八）第 38 条　强迫劳动罪

用人单位违反劳动管理法规，以限制人身自由方法强迫职工劳动，情节严重的，对直接责任人员，处三年以下有期徒刑或者拘役，并处或者单处罚金。

中华人民共和国刑法修正案（八）（第十一届全国人民代表大会常务委员会第十九次会议 2011 年 2 月 25 日通过，中华人民共和国主席令第四十一号公布，自 2011 年 5 月 1 日起施行。）

三十八、将刑法第二百四十四条修改为："以暴力、威胁或者限制人身自由的方法强迫他人劳动的，处三年以下有期徒刑或者拘役，并处罚金；情节严重的，处三年以上十年以下有期徒刑，并处罚金。

明知他人实施前款行为，为其招募、运送人员或者有其他协助强迫他人劳

动行为的，依照前款的规定处罚。

单位犯前两款罪的，对单位判处罚金，并对其直接负责的主管人员和其他直接责任人员，依照第一款的规定处罚。"

关联规范 ▶ 完全整理

最高人民检察院、公安部《关于公安机关管辖的刑事案件立案追诉标准的规定（一）》（2008年6月25日 公通字〔2008〕36号）（节录）

第三十一条 用人单位违反劳动管理法规，以限制人身自由方法强迫职工劳动，涉嫌下列情形之一的，应予立案追诉：（一）强迫他人劳动，造成人员伤亡或者患职业病的；（二）采用殴打、胁迫、扣发工资、扣留身份证件等手段限制人身自由，强迫他人劳动的；（三）强迫妇女从事井下劳动、国家规定的第四级体力劳动强度的劳动或者其他禁忌从事的劳动，或者强迫处于经期、孕期和哺乳期妇女从事国家规定的第三级体力劳动强度以上的劳动或者其他禁忌从事的劳动的；（四）强迫已满十六周岁未满十八周岁的未成年人从事国家规定的第四级体力劳动强度的劳动，或者从事高空、井下劳动，或者在爆炸性、易燃性、放射性、毒害性等危险环境下从事劳动的；（五）其他情节严重的情形。

学理观点·典型案例 ▶ 索引与要旨

❶ 最高人民法院、最高人民检察院《关于执行〈中华人民共和国刑法〉确定罪名的补充规定（五）》（2011年4月27日 法释〔2011〕10号）①

❷ 人大《刑法修正案（八）》（2011年2月25日）②

❸ 王汉斌《关于〈中华人民共和国刑法（修订草案）〉的说明》（1997年3月6日）（节录）

十一（七）此外，草案还增加了侵犯商业秘密，违反国家安全标准、降低建筑质量，非法扣押、拘禁人质强迫还债，以限制人身自由的方法强迫他人劳动，非法采集、供应血液，对证人打击报复等定罪处刑的规定。

第244条之一 修正案（四）第4条 雇用童工从事危重劳动罪

违反劳动管理法规，雇用未满十六周岁的未成年人从事超强度体力劳动的，或者从事高空、井下作业的，或者在爆炸性、易燃性、放射性、毒害性等危险环境下从事劳动，情节严重的，对直接责任人员，处三年以下有期徒刑或者拘役，并处罚金；情节特别严重的，处三年以上七年以下有期徒刑，并处罚金。

有前款行为，造成事故，又构成其他犯罪的，依照数罪并罚的规定处罚。

---

① 对其解读见：《刑事审判参考》2011年第4辑总第81辑，第151~157页。
② 对其解读见：《刑事审判参考》2011年第4辑总第81辑，第83~117页以及《公检法办案指南》2011年第3辑总第135辑，第13~121页。

第二编 分则 第四章 侵犯公民人身权利、民主权利罪

关联规范 ⟹ **完全整理**

❶《刑法修正案（四）》（2002年12月28日 主席令第八十三号）①

❷ 最高人民检察院、公安部《关于公安机关管辖的刑事案件立案追诉标准的规定（一）》（2008年6月25日 公通字〔2008〕36号）（节录）

第三十二条 违反劳动管理法规，雇用未满十六周岁的未成年人从事国家规定的第四级体力劳动强度的劳动，或者从事高空、井下劳动，或者在爆炸性、易燃性、放射性、毒害性等危险环境下从事劳动，涉嫌下列情形之一的，应予立案追诉：（一）造成未满十六周岁的未成年人伤亡或者对其身体健康造成严重危害的；（二）雇用未满十六周岁的未成年人三人以上的；（三）以强迫、欺骗等手段雇用未满十六周岁的未成年人从事危重劳动的；（四）其他情节严重的情形。

❸ 最高人民法院、最高人民检察院《关于执行〈中华人民共和国刑法〉确定罪名的补充规定（二）》（2003年8月15日 法释〔2003〕12号）（节录）②

刑法和刑事司法解释以及刑事司法实践中关于儿童的年龄界限，一直掌握在不满十四周岁。如刑法第二百六十二条规定"拐骗不满十四周岁的未成年人……"两高将罪名确定为"拐骗儿童罪"。儿童与童工的概念区别。

❹ 国务院《禁止使用童工规定》（2002年10月1日 国务院令第364号）（节录）

第二条 国家机关、社会团体、企业、事业单位、民办非企业单位或者个体工商户（以下统称用人单位）均不得招用不满16周岁的未成年人（招用不满16周岁的未成年人，以下统称使用童工）。

禁止任何单位或者个人为不满16周岁的未成年人介绍就业。

禁止不满16周岁的未成年人开业从事个体经营活动。

第十一条 拐骗童工，强迫童工劳动，使用童工从事高空、井下、放射性、高毒、易燃易爆以及国家规定的第四级体力劳动强度的劳动，使用不满14周岁的童工，或者造成童工死亡或者严重伤残的，依照刑法关于拐卖儿童罪、强迫劳动罪或者其他罪的规定，依法追究刑事责任。

第十三条 文艺、体育单位经未成年人的父母或者其他监护人同意，可以招用不满16周岁的专业文艺工作者、运动员。用人单位应当保障被招用的不满16周岁的未成年人的身心健康，保障其接受义务教育的权利。文艺、体育单位招用不满16周岁的专业文艺工作者、运动员的办法，由国务院劳动保障行政部门会同国务院文化、体育行政部门制定。

学校、其他教育机构以及职业培训机构按照国家有关规定组织不满16周岁的未成年人进行不影响其人身安全和身心健康的教育实践劳动、职业技能培训劳动，不属于使用童工。

---

① 对其解读见：《刑事审判参考》2002年第6辑总第29辑，第99～101页以及2003年第2辑总第31辑，第184～198页。

② 对其解读见：《刑事审判参考》2003年第5辑总第34辑，第188～194页以及《刑事司法指南》2003年第3辑总第15辑，第150～158页。

第十四条　本规定自 2002 年 12 月 1 日起施行。1991 年 4 月 15 日国务院发布的《禁止使用童工规定》同时废止。

第 245 条　非法搜查罪　非法侵入住宅罪

非法搜查他人身体、住宅，或者非法侵入他人住宅的，处三年以下有期徒刑或者拘役。

司法工作人员滥用职权，犯前款罪的，从重处罚。

关 联 规 范　➡ 完全整理

❶ 最高人民检察院《关于渎职侵权犯罪案件立案标准的规定》（2006 年 7 月 27 日高检发释字〔2006〕2 号）（节录）①

（二）国家机关工作人员利用职权实施的非法搜查案（第二百四十五条）非法搜查罪是指非法搜查他人身体、住宅的行为。国家机关工作人员利用职权非法搜查，涉嫌下列情形之一的，应予立案：1. 非法搜查他人身体、住宅，并实施殴打、侮辱等行为的；2. 非法搜查，情节严重，导致被搜查人或者其近亲属自杀、自残造成重伤、死亡，或者精神失常的；3. 非法搜查，造成财物严重损坏的；4. 非法搜查 3 人（户）次以上的；5. 司法工作人员对明知是与涉嫌犯罪无关的人身、住宅非法搜查的；6. 其他非法搜查应予追究刑事责任的情形。

❷ 最高人民检察院《人民检察院直接受理立案侦查的渎职侵权重特大案件标准（试行）》（2002 年 1 月 1 日　高检发〔2001〕13 号）（节录）②

三十五、国家机关工作人员利用职权实施的非法搜查案（一）重大案件：1. 五次以上或者一次对五人（户）以上非法搜查的；2. 引起被搜查人精神失常的。（二）特大案件：1. 七次以上或者一次对七人（户）以上非法搜查的；2. 引起被搜查人自杀的。

❸ 浙江省高级人民法院刑二庭《全省法院经济犯罪疑难问题研讨会纪要（二）》（2006 年 6 月 29 日　浙高法刑二〔2006〕1 号）（节录）

四、入户盗窃构不成盗窃罪时能否以非法侵入住宅罪追究行为人的刑事责任

入户盗窃未窃得财物或窃得财物数额未达较大标准，不构成盗窃罪时，对行为人非法侵入他人住宅的行为一般不作为犯罪处理。但是，如果有严重影响他人正常生活等严重情节的，可以非法侵入住宅罪追究行为人的刑事责任。如行为人的行为构成故意毁坏财物罪的，则定故意毁坏财物罪。

学理观点 · 典型案例　➡ 索引与要旨

❶《毛君、徐杰非法侵入住宅案》，载《刑事审判参考》2009 年第 1 辑总第 66 辑，第 48～53 页。

---

① 对其解读见：《刑事审判参考》2006 年第 4 辑总第 51 辑，第 117～164 页。
② 对其解读见：《解读最高人民检察院司法解释》，第 236～253 页。

要旨 ➡ 入户盗窃财物数额未达到盗窃罪定罪标准，严重妨碍他人的居住与生活安宁的，可以按非法侵入住宅罪定罪处罚。

②《罗付兴非法侵入住宅案》，载《人民法院案例选》2009年第3辑总第69辑。

要旨 ➡ 采用翻阳台手段入户盗窃，被害人因受惊吓跌落床下致轻伤，构成非法侵入住宅罪。

③《非法侵入住宅罪若干问题研究》，载《刑事司法指南》2007年第2辑总第30辑，第77~95页。

④《宋辉非法侵入住宅案》，载《人民法院案例选》2006年第1辑总第55辑。

要旨 ➡ 为恢复恋爱关系强行侵入他人住宅，以喝药自尽威胁他人，且持刀致他人轻微伤，构成非法侵入住宅罪。

⑤《顾振军非法侵入住宅案》，载《人民法院案例选》2005年第2辑总第52辑。

核心提示 ➡ 强行将死者尸体摆放在他人家中如何定性？

⑥《林平、任海洋非法搜查案》〔2004〕越刑字第697号，绍兴市越城区人民法院

核心提示 ➡ 为查找失窃的财物，采用推、打等暴力手段非法对他人的身体进行搜查

⑦《刑事法理论在司法实务中的运用》，载《华东刑事司法评论》2002年第一卷，第133~174页。

要旨 ➡ 入户盗窃数额不构成犯罪，可考虑定非法侵入住宅罪。

第246条　侮辱罪　诽谤罪

以暴力或者其他方法公然侮辱他人或者捏造事实诽谤他人，情节严重的，处三年以下有期徒刑、拘役、管制或者剥夺政治权利。

前款罪，告诉的才处理，但是严重危害社会秩序和国家利益的除外。

关联规范 ➡ 完全整理

① 人大常委会《关于维护互联网安全的决定》（2000年12月28日）（节录）①

四、为了保护个人、法人和其他组织的人身、财产等合法权利，对有下列行为之一，构成犯罪的，依照刑法有关规定追究刑事责任：（一）利用互联网侮辱他人或者捏造事实诽谤他人。

② 最高人民检察院《关于严格依法办理诽谤刑事案件有关问题的通知》（2010年8月23日　高检发侦监字〔2010〕18号）

一、要准确把握诽谤案件罪与非罪的界限

随着我国经济社会和民主法制建设的发展，人民群众民主意识、监督意识、维权意识不断增强，特别是网络媒体的日益普及与发展，公众表达意见的渠道更加广泛，人们通过

---

① 对其解读见：《刑事审判参考》2001年第4辑总第15辑，第52~58页。

一定形式和渠道对涉及公共利益的事项进行议论更加快捷,其中包括对一些领导干部的公开评论、批评、指责。在这些现象之中,绝大多数属于行使言论自由权利、民主权利、进行舆论监督,个别的可能涉嫌侵犯他人名誉权。这就需要检察机关在办案中认真研究和正确区分正当批评与侵犯名誉权、批评失实与恶意捏造事实进行诽谤之间的法律界限,依法、审慎地作出处理决定。对于公安机关提请批捕、移送审查起诉的诽谤案件,检察机关要全面审查案件事实、证据,严格依照法定条件区分罪与非罪的界限,特别是不能把群众对个别领导干部工作能力、工作作风、工作效果的批评、指责乃至过激言论认定为诽谤犯罪,依法保护公民的言论自由和批评建议权。

二、要严格区分诽谤案件自诉与公诉的界限

根据刑法第246条第2款的规定,诽谤犯罪案件原则上属于告诉才处理的自诉案件,只有严重危害社会秩序和国家利益的情形,才属于公诉案件。人民检察院对于公安机关提请批捕或者移送审查起诉的诽谤案件,不仅要审查是否涉嫌诽谤犯罪,更要严格审查是否属于可以公诉的情形。经审查认为涉嫌犯罪的诽谤行为没有严重危害社会秩序和国家利益,依法应当适用自诉程序的,对于提请批准逮捕的案件,应当退回公安机关或者依法作出不批准逮捕的决定,并向公安机关说明理由;对于移送审查起诉的案件,应当退回公安机关,并向公安机关说明理由。

三、建立批捕、起诉诽谤犯罪案件报上一级人民检察院审批的制度

为严格依法办理诽谤刑事案件,确保办案质量和效果,从本通知下发之日起,今后一段时间内,实行批捕、起诉诽谤犯罪案件报上一级人民检察院审批制度,地方各级人民检察院对公安机关提请批捕的诽谤犯罪案件,经审查认为不构成犯罪,或者不属于公诉案件,或者没有逮捕必要的,应当依法作出不批准逮捕的决定,或者退回公安机关。认为涉嫌诽谤犯罪且属于公诉情形并有逮捕必要,拟作出批准逮捕决定的,应当在审查逮捕期限届满三日前,将《审查逮捕案件意见书》连同相关证据材料报上一级人民检察院审批,上一级人民检察院应当及时审查,并在审查逮捕期限内作出同意或者不同意批准逮捕的批复。办理案件的人民检察院根据上一级人民检察院的批复,依法作出批准逮捕或者不批准逮捕的决定,或者退回公安机关。

对于公安机关移送审查起诉的诽谤犯罪案件,办案的人民检察院经审查认为符合起诉条件,拟决定提起公诉的,应当在审查起诉届满十日前,将请示报告及相关证据材料报上一级人民检察院审批,并根据上一级人民检察院的批复,依法作出提起公诉或不起诉的决定,或者退回公安机关。

四、要严格落实协调案件的报告制度

有关部门对诽谤案件进行协调时,检察人员要本着对党和人民负责,对案件事实和证据负责,对法律负责的精神,坚持原则,依据事实、证据和法律发表意见。意见不被采纳的,要及时向上一级人民检察院报告。明知案件不符合批捕、起诉条件而不提出意见或者经协调后不及时向上级人民检察院报告,错误批捕、起诉的,要按照"谁决定谁负责,谁办案谁负责"的原则,严肃追究有关人员的执法过错责任。

❸ 最高人民法院《关于贯彻宽严相济刑事政策的若干意见》(2010年2月8日　法

发〔2010〕9号）(节录)①

40. 对于刑事自诉案件，要尽可能多做化解矛盾的调解工作，促进双方自行和解。对于经过司法机关做工作，被告人认罪悔过，愿意赔偿被害人损失，取得被害人谅解，从而达成和解协议的，可以由自诉人撤回起诉，或者对被告人依法从轻或免予刑事处罚。对于可公诉也可自诉的刑事案件，检察机关提起公诉的，人民法院应当依法进行审理，依法定罪处罚。对民间纠纷引发的轻伤害等轻微刑事案件，诉至法院后当事人自行和解的，应当予以准许并记录在案。人民法院也可以在不违反法律规定的前提下，对此类案件尝试做一些促进和解的工作。

4 最高人民法院、最高人民检察院《关于办理组织和利用邪教组织犯罪案件具体应用法律若干问题的解释（二）》（2001年6月11日　法释〔2001〕19号）(节录)②

第四条　制作、传播的邪教宣传品具有煽动分裂国家、破坏国家统一，煽动颠覆国家政权、推翻社会主义制度，侮辱、诽谤他人，严重危害社会秩序和国家利益，或者破坏国家法律、行政法规实施等内容，其行为同时触犯刑法第一百零三条第二款、第一百零五条第二款、第二百四十六条、第三百条第一款等规定的，依照处罚较重的规定定罪处罚。

5 公安部《关于严格依法办理侮辱诽谤案件的通知》（2009年4月3日　公通字〔2009〕16号）(节录)

一、切实提高对严格依法办理侮辱、诽谤案件重要意义的认识。一些地方公安机关不能正确办理侮辱、诽谤案件，直接原因是对有关法律理解不当、定性不准，深层次的原因是对新形势下人民内部矛盾缺乏清醒的认识。各级公安机关要清醒地认识到，随着国家民主法制建设的不断推进，人民群众的法制意识和政治参与意识不断增强，一些群众从不同角度提出批评、建议，是行使民主权利的表现。部分群众对一些社会消极现象发牢骚、吐怨气，甚至发表一些偏激言论，在所难免。如果将群众的批评、牢骚以及一些偏激言论视作侮辱、诽谤，使用刑罚或治安处罚的方式解决，不仅于法无据，而且可能激化矛盾，甚至被别有用心的人利用，借机攻击我国的社会制度和司法制度，影响党和政府的形象。各级公安机关要从维护社会和谐稳定的大局出发，深刻认识严格准确、依法办理好侮辱、诽谤案件的重要意义，始终坚持党的事业至上、人民利益至上、宪法法律至上，按照"最大限度地增加和谐因素，最大限度地减少不和谐因素"的要求，切实做到严格、公正、文明执法，努力化解矛盾，避免因执法不当而引发新的不安定因素。

二、准确把握侮辱、诽谤公诉案件的管辖范围及基本要件。根据《刑法》第二百四十六条的规定，侮辱、诽谤案件一般属于自诉案件，应当由公民个人自行向人民法院提起诉讼，只有在侮辱、诽谤行为"严重危害社会秩序和国家利益"时，公安机关才能按照公诉程序立案侦查。公安机关在依照公诉程序办理侮辱、诽谤刑事案件时，必须准确把握犯罪构成要件。对于不具备"严重危害社会秩序和国家利益"这一基本要件的，公安机关不得

---

① 对其解读见：《刑事法律文件解读》2010年第3辑总第57辑，第49~65页。
② 对其解读见：《刑事审判参考》2001年第7辑总第18辑，第59~62、73~78页以及2001年第9辑总第20辑，第49~57页。

作为公诉案件管辖。对于具有下列情形之一的侮辱、诽谤行为，应当认定为"严重危害社会秩序和国家利益"，以侮辱罪、诽谤罪立案侦查，作为公诉案件办理：（一）因侮辱、诽谤行为导致群体性事件，严重影响社会秩序的；（二）因侮辱、诽谤外交使节、来访的外国国家元首、政府首脑等人员，造成恶劣国际影响的；（三）因侮辱、诽谤行为给国家利益造成严重危害的其他情形。公安机关在接到公民对侮辱、诽谤行为的报案、控告或者举报后，首先要认真审查，判明是否属于公安机关管辖。对于符合上述情形，但通过公诉可能对国家利益和国家形象造成更大损害的，可以通过其他方式予以处理。对于经过审查认为不属于上述情形但涉嫌犯罪的侮辱、诽谤案件，公安机关应当问明情况，制作笔录，并将案件材料移交有管辖权的人民法院，同时向当事人说明此类案件依照法律规定属于自诉案件，不属公安机关管辖，告知其到人民法院自行提起诉讼。公安机关在立案前的审查过程中，不得对有关人员和财产采取强制性措施。对于不构成犯罪但违反《治安管理处罚法》的，要通过治安调解，最大限度地化解矛盾和纠纷；对于调解不成的，应依法给予治安管理处罚。公安机关在办理侮辱、诽谤案件时，要深入细致，辨法析理，努力争取让违法犯罪行为人和被侵害人心悦诚服地接受处理结果，化消极因素为积极因素，取得法律效果和社会效果的统一。

三、切实加强对办理侮辱、诽谤案件的执法监督。对于侮辱、诽谤案件，公安机关经过审查，认为具有严重危害社会秩序和国家利益的情形，需要追究刑事责任的，应当报经上一级公安机关同意后立案侦查；立案后需要采取强制措施的，应当在采取强制措施前报经上一级公安机关同意。对于可能引起较大社会影响的侮辱、诽谤治安案件，在作出行政拘留处罚决定前，应当报经上一级公安机关同意。对于不按照规定报告上级公安机关，或者不服从上级公安机关命令，违反规定对应当自诉的和不构成犯罪的侮辱、诽谤案件立案侦查的，要严肃追究有关责任人员和主管人员的相应责任。

6 公安部《关于打击拐卖妇女儿童犯罪适用法律和政策有关问题的意见》（2000年3月24日　公通字〔2000〕25号）（节录）

三、4. 非法剥夺、限制被拐卖的妇女、儿童人身自由的，或者对其实施伤害、侮辱、猥亵等犯罪行为的，以非法拘禁罪，或者伤害罪、侮辱罪、强制猥亵妇女罪、猥亵儿童罪等犯罪立案侦查。

7 最高人民法院《关于审理非法出版物刑事案件具体应用法律若干问题的解释》（1998年12月23日　法释（1998）30号）（节录）[1]

第六条　在出版物中公然侮辱他人或者捏造事实诽谤他人，情节严重的，依照刑法第二百四十六条的规定，分别以侮辱罪或者诽谤罪定罪处罚。

---

[1]　对其解读见：《刑事审判参考合订本·第一卷》，第277～356页以及《解读最高人民法院司法解释·刑事、行政卷（1997～2002）》，第124～133页。

学理观点·典型案例 ——— 索引与要旨

❶《段会芬等侮辱上诉案》〔2006〕玉中刑终字第48号，玉溪市中级人民法院。

要旨 ➡ 被告人与被害人因小瓜被偷一事多次争吵，相互谩骂撕扯，致使一方因不堪谩骂言词而自杀身亡，鉴于客观方面未实施公然贬损被害人人格行为，不构成侮辱罪。

❷《笪开福侮辱上诉案》，载《人民法院案例选》2005年第4辑总第54辑。

要旨 ➡ 挖掘他人祖坟公然贬低他人人格。

❸《周彩萍等非法拘禁案》，载《刑事审判参考》2002年第3辑总第26辑，第27~32页。

核心提示 ➡ 人民法院能否将公诉案件直接改变为自诉案件的罪名进行判决？

要旨 ➡ 将被捉奸的妇女赤裸捆绑示众的行为应定侮辱罪。

侮辱罪与侮辱妇女罪的区别：1.捆绑的非法拘禁行为只是实现侮辱目的的手段，存在牵连关系，应择重选择侮辱。2.侮辱罪虽然一般是告诉才处理的案件，但严重危害社会秩序和国家利益的，也可以由检察机关提起公诉。就本案而言，检察机关已就被告人的侮辱犯罪事实提起公诉，只是其指控的罪名不妥，因此，法院直接以侮辱罪改判并不违反刑法第二百四十六条第二款的规定。3.侮辱罪与侮辱妇女罪的根本区别在于后罪的行为人具有特殊的行为动机。

❹《诬告陷害罪论析》，载《刑事司法指南》2002年第1辑总第9辑，第98~119页。

诬告陷害罪与诽谤罪的界限认定：1.客体不同；2.客观要件不同；3.目的不同；4.案件性质不同。

第247条 刑讯逼供罪 暴力取证罪

司法工作人员对犯罪嫌疑人、被告人实行刑讯逼供或者使用暴力逼取证人证言的，处三年以下有期徒刑或者拘役。致人伤残、死亡的，依照本法第二百三十四条、第二百三十二条的规定定罪从重处罚。

关 联 规 范 ——— 完全整理

❶《中华人民共和国刑法》（1980年1月1日）第232条 故意杀人罪

故意杀人的，处死刑、无期徒刑或者十年以上有期徒刑；情节较轻的，处三年以上十年以下有期徒刑。

❷《中华人民共和国刑法》（1980年1月1日）第234条 故意伤害罪

故意伤害他人身体的，处三年以下有期徒刑、拘役或者管制。犯前款罪，致人重伤的，处三年以上十年以下有期徒刑；致人死亡或者以特别残忍手段致人重伤造成严重残疾的，处十年以上有期徒刑、无期徒刑或者死刑。本法另有规定的，依照规定。

❸最高人民检察院《关于渎职侵权犯罪案件立案标准的规定》（2006年7月27日

高检发释字〔2006〕2号（节录）①

（三）刑讯逼供案　刑讯逼供罪是指司法工作人员对犯罪嫌疑人、被告人使用肉刑或者变相肉刑逼取口供的行为。涉嫌下列情形之一的，应予立案：

1. 以殴打、捆绑、违法使用械具等恶劣手段逼取口供的；2. 以较长时间冻、饿、晒、烤等手段逼取口供，严重损害犯罪嫌疑人、被告人身体健康的；3. 刑讯逼供造成犯罪嫌疑人、被告人轻伤、重伤、死亡的；4. 刑讯逼供，情节严重，导致犯罪嫌疑人、被告人自杀、自残造成重伤、死亡，或者精神失常的；5. 刑讯逼供，造成错案的；6. 刑讯逼供3人次以上的；7. 纵容、授意、指使、强迫他人刑讯逼供，具有上述情形之一的；8. 其他刑讯逼供应予追究刑事责任的情形。

（四）暴力取证案　暴力取证罪是指司法工作人员以暴力逼取证人证言的行为。涉嫌下列情形之一的，应予立案：

1. 以殴打、捆绑、违法使用械具等恶劣手段逼取证人证言的；2. 暴力取证造成证人轻伤、重伤、死亡的；3. 暴力取证，情节严重，导致证人自杀、自残造成重伤、死亡，或者精神失常的；4. 暴力取证，造成错案的；5. 暴力取证3人次以上的；6. 纵容、授意、指使、强迫他人暴力取证，具有上述情形之一的；7. 其他暴力取证应予追究刑事责任的情形。

4 最高人民检察院《人民检察院直接受理立案侦查的渎职侵权重特大案件标准（试行）》（2002年1月1日　高检发〔2001〕13号）（节录）②

三十六、刑讯逼供案（一）重大案件：1. 致人重伤或者精神失常的；2. 五次以上或者对五人以上刑讯逼供的；3. 造成冤、假、错案的。（二）特大案件：1. 致人死亡的；2. 七次以上或者对七人以上刑讯逼供的；3. 致使无辜的人被判处十年以上有期徒刑、无期徒刑、死刑的。

三十七、暴力取证案（一）重大案件：1. 致人重伤或者精神失常的；2. 五次以上或者对五人以上暴力取证的。（二）特大案件：1. 致人死亡的；2. 七次以上或者对七人以上暴力取证的。

5 最高人民检察院《关于办理徇私舞弊犯罪案件适用法律若干问题的解释》（1996年6月4日　高检发研字〔1996〕4号）（节录）

六、犯徇私舞弊罪并有受贿、刑讯逼供等行为构成犯罪的，应当依法按数罪并罚原则追究刑事责任。

6 最高人民检察院《关于联防队员能否构成刑讯逼供罪的犯罪主体的批复》（1990年11月7日）

治安联防队员是群众性的治安、保卫组织，企业、事业单位及基层组织聘用的联防队员不属国家工作人员，因此不能成为刑讯逼供罪的主体。其使用肉刑或变相肉刑逼取口供致人伤残，需要追究刑事责任的，应以故意伤害罪批捕起诉。

---

① 对其解读见：《刑事审判参考》2006年第4辑总第51辑，第117～164页。
② 对其解读见：《解读最高人民检察院司法解释》，第236～253页。

第二编　分则　第四章　侵犯公民人身权利、民主权利罪

❼ 最高人民检察院《人民检察院直接受理的侵犯公民民主权利、人身权利和渎职案件立案标准的规定》（1989年11月30日　〔89〕高检发（法）字第41号）（节录）

附件：关于《人民检察院直接受理的侵犯公民民主权利、人身权利和渎职案件立案标准的规定》中一些问题的说明

三、刑法第一百三十六条规定刑讯逼供案的犯罪主体是国家工作人员，在司法实践中，主要是指公安、安全、检察、法院的工作人员，企业、事业单位的保卫干部，以及受国家机关委托协助办理刑事案件的人员。

该条所说的"人犯"，是指犯罪嫌疑人和正在侦查、起诉、审判过程中的刑事被告人。为达到取得证据和口供的目的，对证人、无辜群众和其他人员使用肉刑或变相肉刑，符合刑讯逼供罪立案标准之规定的，亦应以刑讯逼供定罪。

该条所说的"以肉刑致人伤残的，以伤害罪从重论处"，应理解为以刑讯逼供定罪，按故意伤害罪的有关条款处罚；刑讯逼供致人死亡的，亦以刑讯逼供定罪，按故意伤害致人死亡的条款处罚。

"刑讯逼供致人死亡"，是指由于暴力摧残或其他虐待，致使被害人当场死亡或经抢救无效死亡的。

❽ 最高人民检察院《关于检察院直接受理的法纪检察案件立案标准的规定（试行）》（1986年3月24日　〔86〕高检发（二）字第4号）（节录）

四、（第四款）"刑讯逼供致人死亡"，是指由于暴力摧残或其他虐待，致使被害人当场死亡或经抢救无效死亡的。因刑讯逼供而导致被害人自杀的，要根据具体情节分析认定，一般不宜定为"刑讯逼供致人死亡"。

学理观点·典型案例　　索引与要旨

❶《赵宏生刑讯逼供案》，载《人民法院案例选》2007年第2辑总第60辑。
核心提示➡派出所民警对治安案件以刑侦的方式逼取口供如何定性？

❷《如何理解刑讯逼供罪中"致人伤残、死亡"》，载《最新刑事法律文件解读》2006年第2辑总第14辑，第129~131页。

❸《刑法中的注意规定与法律拟制及其运用分析》，载《刑事司法指南》2003年第3辑总第15辑，第70~108页。
要旨➡只要刑讯逼供行为、暴力取证行为、虐待被监管人的行为，致人伤残、死亡的，即使没有伤害的故意与杀人的故意，也应认定为故意伤害罪、故意杀人罪。

❹《析李绍岭等三人刑讯逼供案》，载《刑事司法指南》2002年第4辑总第12辑。
核心提示➡刑讯逼供案件中共同犯罪如何认定？

❺《周建忠暴力取证案》，载《刑事审判参考》2001年第1辑总第24辑，第57~61页。
核心提示➡暴力迫使证人在询问笔录上签名按手印并致人轻伤的行为如何定性？
要旨➡暴力取证的"致人伤残"应理解为致人重伤、残疾才能转化。1.暴力迫使证

人在询问笔录上签名按手印是暴力取证的一种表现形式；2. 暴力取证致人轻伤的，仍应以暴力取证罪定罪处罚，不应按故意伤害罪论处。

第248条　虐待被监管人罪

监狱、拘留所、看守所等监管机构的监管人员对被监管人进行殴打或者体罚虐待，情节严重的，处三年以下有期徒刑或者拘役；情节特别严重的，处三年以上十年以下有期徒刑。致人伤残、死亡的，依照本法第二百三十四条、第二百三十二条的规定定罪从重处罚。

监管人员指使被监管人殴打或者体罚虐待其他被监管人的，依照前款的规定处罚。

关联规范　➡　完全整理

❶《中华人民共和国刑法》（1980年1月1日）第232条　故意杀人罪

故意杀人的，处死刑、无期徒刑或者十年以上有期徒刑；情节较轻的，处三年以上十年以下有期徒刑。

❷《中华人民共和国刑法》（1980年1月1日）第234条　故意伤害罪

故意伤害他人身体的，处三年以下有期徒刑、拘役或者管制。犯前款罪，致人重伤的，处三年以上十年以下有期徒刑；致人死亡或者以特别残忍手段致人重伤造成严重残疾的，处十年以上有期徒刑、无期徒刑或者死刑。本法另有规定的，依照规定。

❸ 人大法工委、最高人民法院、最高人民检察院、司法部《关于劳教工作干警适用刑法关于司法工作人员规定的通知》（1986年7月10日　法工委发文〔1986〕32号）

近几年，有些司法机关在处理劳教工作干警体罚虐待劳教人员的犯罪案件时，对劳教工作干警是否适用刑法关于司法工作人员的规定有不同认识，影响对案件的处理。根据实际情况和需要，经研究认为：劳教工作干警担负着对劳教人员的管理、教育、改造工作，可适用刑法关于司法工作人员的规定。劳教工作干警违反监管法规，体罚虐待劳教人员，情节严重的，依照《刑法》第一百八十九条的规定处理。

过去对这类案件已经作过处理，与本通知规定不符的，不再变更。

❹ 最高人民检察院《关于渎职侵权犯罪案件立案标准的规定》（2006年7月27日 高检发释字〔2006〕2号）（节录）①

（五）虐待被监管人罪是指监狱、拘留所、看守所、拘役所、劳教所等监管机构的监管人员对被监管人进行殴打或者体罚虐待，情节严重的行为。涉嫌下列情形之一的，应予立案：

1. 以殴打、捆绑、违法使用械具等恶劣手段虐待被监管人的；2. 以较长时间冻、饿、晒、烤等手段虐待被监管人，严重损害其身体健康的；3. 虐待造成被监管人轻伤、重伤

---

① 对其解读见：《刑事审判参考》2006年第4辑总第51辑，第117~164页。

死亡的；4. 虐待被监管人，情节严重，导致被监管人自杀、自残造成重伤、死亡，或者精神失常的；5. 殴打或者体罚虐待3人次以上的；6. 指使被监管人殴打、体罚虐待其他被监管人，具有上述情形之一的；7. 其他情节严重的情形。

5 最高人民检察院《人民检察院直接受理立案侦查的渎职侵权重特大案件标准（试行）》（2002年1月1日 高检发〔2001〕13号）（节录）①

三十八、虐待被监管人案（一）重大案件：1. 致使被监管人重伤或者精神失常的；2. 对被监管人五人以上或五次以上实施虐待的。（二）特大案件：1. 致使被监管人死亡的；2. 对被监管人七人以上或七次以上实施虐待的。

6 最高人民检察院《关于受监管机关正式聘用或委托履行监管职务的人员能否成为体罚虐待人犯罪和私放罪犯罪主体的批复》（1994年1月10日 高检发研字〔1994〕1号）

经研究，我们认为，根据刑法第84条和第189条、第190条的规定，受监管机关正式聘用或委托实际履行监管职务的人员是有监管人犯职务的人员。上述人员违反监管法规，体罚、虐待被监管人犯，情节严重的，或者私放犯的，应分别以体罚、虐待人犯罪或私放罪犯罪追究刑事责任。

7 公安部《关于看守所使用戒具问题的通知》（1991年6月7日）

关于看守所使用戒具问题，过去由于没有明确具体的规定，各地做法不一，有的自制、滥用戒具，以致造成人犯伤残甚至死亡，在人犯亲属和人民群众中造成很坏的影响，损害了公安机关的声誉。为了正确使用戒具，根据《中华人民共和国看守所条例》第17条的规定，现就有关问题通知如下：

一、要依照规定使用统一制式的手铐、脚镣和警绳，其他戒具一律禁止使用。戒具的制式标准由公安部另行制定。手铐的最大重量不得超过0.5公斤，脚镣的最大重量不得超过5公斤。

二、戒具只能用于制止和消除人犯实施暴力、脱逃、自杀和破坏监管秩序的行为，严禁以戒具作为刑讯和体罚的手段。

对有下列情况之一的人犯，可以使用戒具：

（一）经法院一审判处死刑的，或二审维持原判等待复核的；

（二）有明显迹象表明可能行凶、暴动、脱逃、自杀的，或已发生这类行为需要防止其继续实施这类行为的；

（三）严重闹监，非使用戒具不足以制止的；

（四）被押解、提讯、出庭受审或者出所就医等途中，需要戴戒具的。

三、使用戒具要经看守所所长批准；在紧急情况下看守人员可以先行使用戒具，然后报告所长。

四、给人犯戴戒具时应当松紧适度，既要保证安全，又要避免致伤、致残人犯。

严格禁止给人犯戴双铐、背铐、双镣。

---

① 对其解读见：《解读最高人民检察院司法解释》，第236~253页。

五、戴手铐、脚镣的时间不得超过 15 天（已判处死刑的除外）。特殊情况下，经主管公安处、局长批准，戴戒具的时间可以适当延长，看守所干警要加强对戴戒具的人犯教育，在其危险性消除时，应当立即解除戒具。

六、各级公安机关对所属看守所使用戒具的情况，要经常进行检查监督。对使用不符合规定的戒具或者滥用戒具的，要及时纠正，严肃处理；滥用戒具造成严重后果的，对有关责任人，要分别情节轻重，给予行政纪律处分；构成犯罪的，要依法追究刑事责任。

七、人民检察院发现看守所对人犯使用戒具有违法现象，通知看守所予以纠正时，看守所应当及时纠正，并将纠正的情况通报人民检察院。

学理观点·典型案例 ➡ 索引与要旨

❶《最新刑事法律文件解读》2006 年第 10 辑总第 22 辑，第 137~139 页。

核心提示 ➡ 虐待被监管人罪的犯罪对象包括哪些？

❷《刑法中的注意规定与法律拟制及其运用分析》，载《刑事司法指南》2003 年第 3 辑总第 15 辑，第 70~108 页。

要旨 ➡ 只要刑讯逼供行为、暴力取证行为、虐待被监管人的行为致人伤残、死亡的，即使没有伤害的故意与杀人的故意，也应认定为故意伤害罪、故意杀人罪。

第 249 条　煽动民族仇恨、民族歧视罪

煽动民族仇恨、民族歧视，情节严重的，处三年以下有期徒刑、拘役、管制或者剥夺政治权利；情节特别严重的，处三年以上十年以下有期徒刑。

关联规范 ➡ 完全整理

人大常委会《关于维护互联网安全的决定》（2000 年 12 月 28 日）（节录）①

二、为了维护国家安全和社会稳定，对有下列行为之一，构成犯罪的，依照刑法有关规定追究刑事责任：（三）利用互联网煽动民族仇恨、民族歧视，破坏民族团结。

学理观点·典型案例 ➡ 索引与要旨

❶《孙元河煽动民族仇恨、民族歧视案》〔2004〕石刑初字第 81 号，北京市石景山区人民法院。

核心提示 ➡ 因仇视其他民族，向多家单位及个人邮寄有歧视、侮辱、诋毁其他宗教和民族内容的信件如何定性？

❷《煽动分裂国家罪的认定与处理》，载《刑事司法指南》2002 年第 1 辑总第 9 辑，第 120~130 页。

要旨 ➡ 刑法中几种煽动型犯罪的界限：煽动分裂国家罪与煽动民族仇恨、民族歧视罪

---

① 对其解读见：《刑事审判参考》2001 年第 4 辑总第 15 辑，第 52~58 页。

的界限。

❸ 王汉斌《关于〈中华人民共和国刑法（修订草案）〉的说明》（1997 年 3 月 6 日）（节录）

要旨 ➡ 十一、关于完备刑事法律条文问题（三）现在有些地方有人煽动民族仇恨，破坏民族团结。参考有关国际公约的规定，草案增加规定："煽动民族仇恨、民族歧视，情节严重的，处三年以下有期徒刑、拘役、管制或者剥夺政治权利；情节特别严重的，处三年以上十年以下有期徒刑。"对于利用民族问题，煽动分裂国家、破坏国家统一的，仍然适用危害国家安全罪的有关规定定罪处罚。

第 250 条　出版歧视、侮辱少数民族作品罪

在出版物中刊载歧视、侮辱少数民族的内容，情节恶劣，造成严重后果的，对直接责任人员，处三年以下有期徒刑、拘役或者管制。

关 联 规 范 ➡ 完全整理

最高人民法院《关于审理非法出版物刑事案件具体应用法律若干问题的解释》（1998 年 12 月 23 日　法释〔1998〕30 号）（节录）[①]

第七条　出版刊载歧视、侮辱少数民族内容的作品，情节恶劣，造成严重后果的，依照刑法第二百五十条的规定，以出版歧视、侮辱少数民族作品罪定罪处罚。

第 251 条　非法剥夺公民宗教信仰自由罪　侵犯少数民族风俗习惯罪

国家机关工作人员非法剥夺公民的宗教信仰自由和侵犯少数民族风俗习惯，情节严重的，处二年以下有期徒刑或者拘役。

关 联 规 范 ➡ 完全整理

最高人民检察院《人民检察院直接受理的侵犯公民民主权利、人身权利和渎职案件立案标准的规定》（1989 年 11 月 30 日　〔89〕高检发（法）字第 41 号）（节录）

八、非法剥夺公民宗教信仰自由和侵犯少数民族风俗习惯案（刑法第一百四十七条）国家工作人员非法剥夺他人正当的宗教信仰自由，或以强制手段非法干涉、破坏少数民族的风俗习惯，具有下列情形之一的，应予立案：1. 采取强制手段，干涉他人正当的宗教活动或者强迫教徒退教、强迫公民信教或信某一教派，情节恶劣，后果严重，影响很坏的；2. 非法封闭或捣毁合法宗教场所及其宗教设施的；3. 强迫少数民族改变风俗习惯或非法干涉、破坏少数民族风俗习惯，引起民族纠纷的；4. 非法剥夺他人宗教信仰自由和侵犯少数民族风俗习惯，造成其他严重后果的。

[①] 对其解读见：《刑事审判参考合订本·第一卷》，第 277～356 页以及《解读最高人民法院司法解释·刑事、行政卷（1997～2002）》，第 124～133 页。

第 252 条　侵犯通信自由罪

隐匿、毁弃或者非法开拆他人信件，侵犯公民通信自由权利，情节严重的，处一年以下有期徒刑或者拘役。

关联规范　　➡ 完全整理

❶ 人大常委会《关于维护互联网安全的决定》（2000 年 12 月 28 日）（节录）①

四、为了保护个人、法人和其他组织的人身、财产等合法权利，对有下列行为之一，构成犯罪的，依照刑法有关规定追究刑事责任：（二）非法截获、篡改、删除他人电子邮件或者其他数据资料，侵犯公民通信自由和通信秘密。

❷ 最高人民检察院《人民检察院直接受理的侵犯公民民主权利、人身权利和渎职案件立案标准的规定》（1989 年 11 月 30 日　〔89〕高检发（法）字第 41 号）（节录）

十、侵犯公民通信自由案（刑法第一百四十九条）隐匿、毁弃或者非法开拆他人信件，侵犯公民通信自由权利，具有下列情形之一的，应予立案：1. 隐匿、毁弃或者非法开拆他人信件，次数较多或数量较大的；2. 隐匿、毁弃或者非法开拆他人信件，致使他人工作、生活受到严重妨害或身体、精神受到严重损害的；3. 非法开拆他人信件，涂改信中内容，或者张扬他人隐私、侮辱他人人格、破坏他人名誉的；4. 隐匿、毁弃或者非法开拆他人信件，造成其他严重后果的。

附件：关于《人民检察院直接受理的侵犯公民民主权利、人身权利和渎职案件立案标准的规定》中一些问题的说明

七、侵犯公民通信自由，非法开拆或者隐匿、毁弃他人信件，并从中窃取财物的，根据不同情节分别予以处理：

非邮电工作人员非法开拆他人信件，侵犯公民通信自由权利，情节严重，并从中窃取少量财物，或者窃取汇票、汇款支票，骗取汇兑款数额不大的，依照刑法关于侵犯公民通信自由罪的规定，从重处罚。

非邮电工作人员非法开拆他人信件，侵犯公民通信自由权利，情节严重，并从中窃取财物数额较大的，应按照重罪吸收轻罪的原则，依照刑法关于盗窃罪的规定从重处罚。

非邮电工作人员非法开拆他人信件，侵犯公民通信自由权利，情节严重，并从中窃取汇票或汇款支票，冒名骗取汇兑款数额较大的，应依照刑法关于侵犯公民通信自由罪和诈骗罪的规定，依法实行数罪并罚。

❸ 最高人民检察院《关于非邮电工作人员非法开拆他人信件并从中窃取财物案件定性问题的批复》（1989 年 9 月 15 日　高检法发字〔1989〕第 2 号）

经研究并商最高人民法院同意，现批复如下：

一、非邮电工作人员非法开拆他人信件，侵犯公民通信自由权利，情节严重，并从中窃取少量财物，或者窃取汇票、汇款支票，骗取汇兑款数额不大的，依照刑法关于侵犯公

---

① 对其解读见：《刑事审判参考》2001 年第 4 辑总第 15 辑，第 52～58 页。

民通信自由罪的规定，从重处罚。

二、非邮电工作人员非法开拆他人信件，侵犯公民通信自由权利，情节严重，并从中窃取财物数额较大的，应按照重罪吸收轻罪的原则，依照刑法关于盗窃罪的规定从重处罚。

三、非邮电工作人员非法开拆他人信件，侵犯公民通信自由权利，情节严重，并从中窃取汇票或汇款支票，冒名骗取汇兑款数额较大的，应依照刑法关于侵犯公民通信自由罪和诈骗罪的规定，依法实行数罪并罚。

学理观点·典型案例 ▶ 索引与要旨

《曾智峰、杨医男侵犯通信自由案》，载《人民法院案例选》2007年第1辑总第59辑。

要旨 ▶ 篡改他人QQ号的原密码并出售，达130个，获利6万余元，构成侵犯通信自由罪。

第253条 第1款 私自开拆、隐匿、毁弃邮件、电报罪

邮政工作人员私自开拆或者隐匿、毁弃邮件、电报的，处二年以下有期徒刑或者拘役。

犯前款罪而窃取财物的，依照本法第二百六十四条的规定定罪从重处罚。

关 联 规 范 ▶ 完全整理

❶《中华人民共和国刑法》（1980年1月1日） 第264条 盗窃罪

盗窃公私财物，数额较大或者多次盗窃的，处三年以下有期徒刑、拘役或者管制，并处或者单处罚金；数额巨大或者有其他严重情节的，处三年以上十年以下有期徒刑，并处罚金；数额特别巨大或者有其他特别严重情节的，处十年以上有期徒刑或者无期徒刑，并处罚金或者没收财产；有下列情形之一的，处无期徒刑或者死刑，并处没收财产：

（一）盗窃金融机构，数额特别巨大的；

（二）盗窃珍贵文物，情节严重的。

❷ 最高人民检察院、邮电部《关于查处邮电工作人员渎职案件的暂行规定》（1990年6月20日 〔1990〕高检会（法）字第12号）（节录）

第三条 邮电工作人员渎职案件，主要是指利用职务之便，侵犯公民的通信自由权利，泄露通信秘密，贪污用户财物，收受贿赂，玩忽职守等案件。凡具有下列行为之一者，邮电公安保卫部门应立案查处；需要追究刑事责任的，由检察机关立案查处：（一）邮电工作人员私自开拆、隐匿或者毁弃邮件、电报，以及隐匿或者毁弃报刊数量较多的；（二）邮电工作人员窃取邮件，或者从中窃取财物的；（三）邮电工作人员贪污邮电应收款、用户汇兑款、储蓄存款、报刊款以及其他款项的；（四）邮电工作人员利用通信工具，传递非法信息，从中收受贿赂的；（五）邮电工作人员玩忽职守，收寄禁寄物品，致使发生火灾、爆炸、中毒等危及邮件或人身安全的；（六）邮电工作人员窃取通信秘密或者泄露通信秘密的；（七）邮电工作人员玩忽职守造成机要邮件丢失、被盗的；（八）邮电工作人员玩忽职守，造成通信中断等危害后果，或者造成其他重大损失的。

第四条 邮电工作人员渎职案件的立案、查处，必须重视对邮电通信的破坏所造成的危害后果，不能仅以数量和直接经济损失多少为依据。

❸ 最高人民检察院《人民检察院直接受理的侵犯公民民主权利、人身权利和渎职案件立案标准的规定》（1989年11月30日 〔89〕高检发（法）字第41号）（节录）

十六、妨害邮电通讯案（刑法第一百九十一条）邮电工作人员利用职务上的便利，私自开拆或者隐匿、毁弃他人邮件、电报，具有下列情形之一的，应予立案：1. 私拆或者隐匿、毁弃邮件、电报，次数较多或数量较大的；2. 私拆或者隐匿、毁弃邮件，从中窃取财物的；3. 私拆或者隐匿、毁弃邮件、电报，给国家、集体利益以及公民合法权益造成严重后果的；4. 私拆或者隐匿、毁弃邮件、电报，造成其他危害后果的。

附件：关于《人民检察院直接受理的侵犯公民民主权利、人身权利和渎职案件立案标准的规定》中一些问题的说明

九、刑法第一百九十一条所说的"邮件"，是指邮电部门传递过程中的函件（包括信函、明信片、印刷品、盲人读物四种）和包件，传递中的报纸杂志和汇票也视为"邮件"。

❹ 最高人民法院、最高人民检察院、公安部、邮电部《关于加强查处破坏邮政通信案件工作的通知》（1983年11月17日有效）（节录）

邮电工作人员破坏邮政通信的案件，情节恶劣、后果严重、已经构成犯罪的，由司法机关依法追究刑事责任，从严惩处；情节显著轻微、危害不大，不需要追究刑事责任的，由邮电主管部门予以行政处分，或者由公安机关依照《治安管理处罚条例》有关条款予以处罚。对于包庇纵容犯罪的有关人员，必须严肃处理；属于触犯《刑法》的，要依法追究刑事责任。

二、关于查处破坏邮政通信案件工作中需要注意的几个问题

1. 私拆、隐匿、毁弃邮件、电报等破坏邮政通信的案件，是违法犯罪行为。因此，对这种案件的定性、处理或量刑，必须重视对邮政通信的破坏所造成的社会危害后果，不能仅以数量多少来处理。

2. 邮电工作人员利用职务上的便利，从邮件中窃取财物，情节恶劣、后果严重的，应依照《刑法》第一百九十一条第二款的规定从重处罚。

3. 邮电工作人员由于玩忽职守，致使公共财产、国家和人民利益遭受重大损失的，应依照《刑法》第一百八十七条的规定予以处罚。

学理观点·典型案例　　索引与要旨

《刑法中的注意规定与法律拟制及其运用分析》，载《刑事司法指南》2003年第3辑总第15辑，第70~108页。

要旨 ➡ 四、争议条文的分析。即使旧《刑法》第191条没有第2款的规定，对该行为也就认定为贪污罪。所以旧《刑法》第191条第2款的规定属于注意规定。但新《刑法》第253条将该罪规定在侵犯公民人身权利、民主权利罪一章中，而且条文中没有明文规定必须"利用职务上的便利"，同时将旧《刑法》中的"依照……贪污罪从重处罚"改为依照盗窃罪定罪处罚。如果认为，邮政工作人员私自开拆、隐匿、毁弃邮件、电报并窃取财

物的行为，原本符合贪污罪（编者注：按照近年来的司法实践及相关纪要，通常认为邮政工作人员所进行的是劳务行为，其所利用的职便系劳务之便）的构成要件，那么，《刑法》第253条第2款的规定，当然属于法律拟制。对此，解释者可以设想许多答案：……第三，本罪不需要利用职务上的便利，但不排除行为人利用职务上的便利；行为人窃取财物的行为没有利用职务上的便利时，符合盗窃罪的构成要件。此时，第2款属于注意规定；行为人窃取财物的行为利用了职务上的便利时，符合贪污罪的构成要件时，应当认定为贪污罪，否则会造成处罚的不公平，所以，第2款属于注意规定……从刑法的正义性考察，上述第三和第五种解释具有合理性。

第253条之一　修正案（七）第7条　第1款　出售、非法提供公民个人信息罪　第2款　非法获取公民个人信息罪

刑法修正案（七）（2009年2月28日第十一届全国人民代表大会常务委员会第七次会议通过）

七、在刑法第二百五十三条后增加一条，作为第二百五十三条之一："国家机关或者金融、电信、交通、教育、医疗等单位的工作人员，违反国家规定，将本单位在履行职责或者提供服务过程中获得的公民个人信息，出售或者非法提供给他人，情节严重的，处三年以下有期徒刑或者拘役，并处或者单处罚金。

窃取或者以其他方法非法获取上述信息，情节严重的，依照前款的规定处罚。

单位犯前两款罪的，对单位判处罚金，并对其直接负责的主管人员和其他直接责任人员，依照各该款的规定处罚。"

关　联　规　范　　　➡　完全整理

❶《中华人民共和国刑法》（1980年1月1日）第96条　对违反国家规定概念的界定

本法所称违反国家规定，是指违反全国人民代表大会及其常务委员会制定的法律和决定，国务院制定的行政法规、规定的行政措施、发布的决定和命令。

❷《刑法修正案（七）》（2009年2月28日）①

❸ 最高人民法院、最高人民检察院《关于办理危害计算机信息系统安全刑事案件应用法律若干问题的解释》（2011年9月1日　法释〔2011〕19号）（节录）②

第一条　非法获取计算机信息系统数据或者非法控制计算机信息系统，具有下列情形

---

① 对其解读见：《刑事审判参考》2009年第3辑总第68辑，第66~118页以及草案及其说明《刑事法律文件解读》2008年第9辑总第39辑，第84~90页。

② 对其解读见：《刑事审判参考》2011年第6辑总第83辑，第80~103页。

之一的，应当认定为刑法第二百八十五条第二款规定的"情节严重"：

（一）获取支付结算、证券交易、期货交易等网络金融服务的身份认证信息十组以上的；

（二）获取第（一）项以外的身份认证信息五百组以上的；

（三）非法控制计算机信息系统二十台以上的；

（四）违法所得五千元以上或者造成经济损失一万元以上的；

（五）其他情节严重的情形。

❹ 最高人民法院、最高人民检察院《关于执行〈中华人民共和国刑法〉确定罪名的补充规定（四）》（2009年10月16日　法释〔2009〕13号）[①]

❺ 北京市公检法《关于办理侦探公司讨债公司违法犯罪案件工作会议纪要》（2008年12月25日）

为依法惩处侦探公司、讨债公司（以下简称"两类公司"）调查个人隐私、代人追讨债务等违法犯罪活动，保护公民、法人和其他组织的合法权益，维护社会生活、经济和法律秩序，近日，北京市公安局、北京市人民检察院、北京市高级人民法院召开会议，对办理"两类公司"违法犯罪案件的法律适用原则、工作要求、工作机制提出指导性意见和具体要求。会议纪要如下：

近年来，随着社会经济的发展，各种民间债务和纠纷大量增多。在经济利益的驱使下，一些不法分子以社会、商务、法律事务调查、咨询等名义登记注册"两类公司"，借助企业经营的形式，从事法律禁止的调查个人隐私、代人追讨债务活动。"两类公司"在牟利经营中，通常非法使用窃听、窃照、跟踪、定位等专用设备，实施监视、围堵、纠缠、滋扰、威胁、恐吓等软暴力或者暴力违法犯罪活动，同时触犯或者诱发多种其他犯罪，严重干扰公民、法人和其他组织的生产、工作和生活秩序。部分"两类公司"拉拢勾结国家机关及通讯、金融、交通、传媒广告等社会公共职能部门工作人员，非法获取个人隐私、经营信息和相关技术支持，假借私权利有偿救济之名，侵蚀国家机关和社会公共职能部门的公权力。"两类公司"之间相互串通、共享资源，正向着产业化、网络化、联盟化的方向蔓延，逐渐演变成"机构设置完整、核心权力集中、内部约束严格、外部形式合法"的违法犯罪组织，应依法惩处。

一、关于办理"两类公司"案件的法律适用原则

"两类公司"是经营牟利的恶势力边缘组织，利用企业经营形式从事有组织违法犯罪，成为触犯和诱发多种犯罪的温床，严重破坏社会生活、经济和法律秩序，具有现实和潜在的社会危害性。办理"两类公司"违法犯罪案件，是继续深入开展打黑除恶专项斗争的重要组成部分，各级公检法机关要站在构建和谐社会首善之区、维护首都社会稳定大局的政治高度，坚持贯彻以下法律适用原则：

（一）以非法经营罪惩处犯罪单位及直接负责的主管人员、其他直接责任人员，依法打击犯罪组织及经济依托的原则。"两类公司"以企业经营的形式对外从事活动，企业涉

[①] 对其解读见：《刑事审判参考》2009年第6辑总第71辑，第72~82页。

第二编 分则 第四章 侵犯公民人身权利、民主权利罪

案人员在履行职务中使用多种非法手段进行违法犯罪活动，侵犯了公民人身财产权利、市场经济秩序、社会管理秩序以及国家机关、社会公共职能部门的工作秩序和廉洁管理制度等多类客体，整体性质是以单位犯非法经营罪为基础的有组织违法犯罪。仅惩处非法手段行为构成的犯罪，存在上述非法手段隐蔽性强、不易发现取证、难以定性处理等法律障碍，并且只能处理具体实施行为人，无法有效地打击各种违法犯罪背后依托的犯罪组织和经济实力。因此，能否依法有效地打击"两类公司"的犯罪组织及经济依托，彻底铲除"两类公司"继续滋生和死灰复燃的条件，是打击"两类公司"能否取得实效的重要内容和标志之一。

各级公检法机关要在依法查清全案事实的基础上，对于"两类公司"非法经营，情节严重的，应当依照《刑法》第二百二十五条第（四）项"其他严重扰乱市场秩序的非法经营行为"的规定，以非法经营罪追究"两类公司"单位及直接负责的主管人员、其他直接责任人员的刑事责任，并处或者单处违法所得一倍以上五倍以下罚金，依法没收犯罪工具和违法所得。

（二）在非法经营中同时触犯或者诱发其他犯罪的，依法实行数罪并罚的原则。各级公检法机关依法追究"两类公司"单位及直接负责的主管人员、其他直接责任人员犯非法经营罪时，对于企业内、外涉案人员同时触犯或诱发非法使用窃听、窃照专用器材，非法侵入住宅，侮辱，诽谤，敲诈勒索，非法拘禁，非法持有、私藏枪支、弹药，伪造、变造、买卖国家机关公文、证件、印章，寻衅滋事，聚众斗殴，故意伤害，聚众扰乱社会秩序，聚众扰乱公共场所秩序、交通秩序，受贿、行贿等其他犯罪的，依法追究刑事责任。对于构成非法经营罪，又触犯或者诱发其他犯罪的，依法实行数罪并罚；对于不构成非法经营罪，但是触犯或者诱发其他犯罪的，依法处罚其他犯罪；对于仅有违法行为的，依法处劳动教养、行政拘留或其他行政处罚。

对于非法经营罪，刑法规定有财产刑，要依法加大财产刑处罚力度，并依法追缴、没收、退赔违法所得的一切财物，没收违禁品和供犯罪所用的本人财物；对于触犯或者诱发的上述其他犯罪，刑法没有规定财产刑，要依法加大追缴、没收、退赔的力度。

学理观点·典型案例 ➡ 索引与要旨

❶《谢新冲出售公民个人信息案》，载《刑事审判参考》2011年第6辑总第83辑，第49~55页。

　　核心提示 ➡ 手机定位属于刑法保护的"公民个人信息"

❷《周娟等非法获取公民个人信息案》，载《刑事审判参考》2011年第4辑总第81辑，第26~32页。

　　核心提示 ➡ 非法获取大量公民个人信息的行为，如何定罪量刑？

❸《周建平非法获取公民个人信息案》，载《刑事审判参考》2010年第2辑总第73辑，第25~29页。

　　核心提示 ➡ 非法购买公民电话通话清单后又出售牟利的，如何定罪处罚？

第 254 条　报复陷害罪

国家机关工作人员滥用职权、假公济私，对控告人、申诉人、批评人、举报人实行报复陷害的，处二年以下有期徒刑或者拘役；情节严重的，处二年以上七年以下有期徒刑。

关　联　规　范　⟹　完全整理

❶ 全国人大法工委《关于如何理解和执行法律若干问题的解答（四）》（1990 年 11 月 13 日）（节录）

15. 村民小组长能否成为报复陷害罪的主体？问：乡镇村民小组长能否成为报复陷害罪的主体？（最高检研究室，1990 年 9 月 12 日）答：刑法第一百四十六条规定的报复陷害罪的犯罪主体只限于国家工作人员。根据村民委员会组织法的规定，村民委员会是村民自我管理、自我教育、自我服务的基层群众性自治组织。村民小组长不属于刑法规定的国家工作人员（村委会组成人员也不是国家工作人员）。因此，村民小组长不能成为报复陷害罪的主体。其打击报复他人的行为，构成犯罪的，应按照行为的性质定罪。

❷ 最高人民检察院《关于渎职侵权犯罪案件立案标准的规定》（2006 年 7 月 27 日　高检发释字〔2006〕2 号）（节录）①

（六）报复陷害罪是指国家机关工作人员滥用职权、假公济私，对控告人、申诉人、批评人、举报人实行报复陷害的行为。涉嫌下列情形之一的，应予立案：1. 报复陷害，情节严重，导致控告人、申诉人、批评人、举报人或者其近亲属自杀、自残造成重伤、死亡，或者精神失常的；2. 致使控告人、申诉人、批评人、举报人或者其近亲属的其他合法权利受到严重损害的；3. 其他报复陷害应予追究刑事责任的情形。

❸ 最高人民检察院《人民检察院直接受理立案侦查的渎职侵权重特大案件标准（试行）》（2002 年 1 月 1 日　高检发〔2001〕13 号）（节录）②

三十九、报复陷害案　（一）重大案件：1. 致人精神失常的；2. 致人其他合法权益受到损害，后果严重的。（二）特大案件：1. 致人自杀死亡的；2. 后果特别严重，影响特别恶劣的。

❹ 最高人民检察院《关于保护公民举报权利的规定》（1991 年 5 月 13 日　高检发〔1991〕21 号）（节录）

第七条　对打击报复举报人的案件应认真受理，经调查确属打击报复的，视情节轻重，区别性质，分别做出处理：

1. 国家工作人员滥用职权、假公济私，对举报人实行报复陷害构成犯罪的，应依法立案侦查，追究责任人的刑事责任。

2. 以各种形式打击报复举报人不构成犯罪的，应向其所在单位的上一级主管部门提出

---

① 对其解读见：《刑事审判参考》2006 年第 4 辑总第 51 辑，第 117～164 页。
② 对其解读见：《解读最高人民检察院司法解释》，第 236～253 页。

检察建议，严肃处理。

第八条 确因受打击报复而造成人身伤害及名誉、财产、经济损失的，举报人可依法要求赔偿，或向人民法院起诉，请求损害赔偿。

第 255 条 打击报复会计、统计人员罪

公司、企业、事业单位、机关、团体的领导人，对依法履行职责、抵制违反会计法、统计法行为的会计、统计人员实行打击报复，情节恶劣的，处三年以下有期徒刑或者拘役。

第 256 条 破坏选举罪

在选举各级人民代表大会代表和国家机关领导人员时，以暴力、威胁、欺骗、贿赂、伪造选举文件、虚报选举票数等手段破坏选举或者妨害选民和代表自由行使选举权和被选举权，情节严重的，处三年以下有期徒刑、拘役或者剥夺政治权利。

关 联 规 范 ▶ 完全整理

❶ 最高人民检察院《关于渎职侵权犯罪案件立案标准的规定》（2006 年 7 月 27 日高检发释字〔2006〕2 号）（节录）①

（七）国家机关工作人员利用职权实施的破坏选举案。破坏选举罪是指在选举各级人民代表大会代表和国家机关领导人员时，以暴力、威胁、欺骗、贿赂、伪造选举文件、虚报选举票数或者编造选举结果等手段破坏选举或者妨害选民和代表自由行使选举权和被选举权，情节严重的行为。国家机关工作人员利用职权破坏选举，涉嫌下列情形之一的，应予立案：

1. 以暴力、威胁、欺骗、贿赂等手段，妨害选民、各级人民代表大会代表自由行使选举权和被选举权，致使选举无法正常进行，或者选举无效，或者选举结果不真实的；
2. 以暴力破坏选举场所或者选举设备，致使选举无法正常进行的；
3. 伪造选民证、选票等选举文件，虚报选举票数，产生不真实的选举结果或者强行宣布合法选举无效、非法选举有效的；
4. 聚众冲击选举场所或者故意扰乱选举场所秩序，使选举工作无法进行的；
5. 其他情节严重的情形。

❷ 最高人民检察院《人民检察院直接受理立案侦查的渎职侵权重特大案件标准（试行）》（2002 年 1 月 1 日 高检发〔2001〕13 号）（节录）②

四十、国家机关工作人员利用职权实施的破坏选举案：（一）重大案件：1. 导致乡镇级选举无法进行或者选举无效的；2. 实施破坏选举行为，取得县级领导职务或者人大代表

---

① 对其解读见：《刑事审判参考》2006 年第 4 辑总第 51 辑，第 117～164 页。
② 对其解读见：《解读最高人民检察院司法解释》，第 236～253 页。

资格的。(二) 特大案件：1. 导致县级以上选举无法进行或者选举无效的；2. 实施破坏选举行为，取得市级以上领导职务或者人大代表资格的。

❸ 公安部《关于破坏村民委员会选举如何处理有关问题的批复》（2001年12月31日 公法〔2001〕299号）

现批复如下：二、由于村民委员会是群众性自治组织，对扰乱选举会场秩序的，不宜按照《治安管理处罚条例》第十九条的规定予以治安处罚。《刑法》第二百五十六条的"选举"是指选举各级人民代表大会代表和国家机关领导人员，对破坏村民委员会选举，情节严重的，也不宜依照《刑法》第二百五十六条规定的破坏选举罪立案侦查。三、对无理取闹，在选举时实施殴打他人、故意毁坏公私财物等违法行为，对构成犯罪的，应当根据其行为的性质、情节，依照《刑法》的相应条款立案侦查。

学理观点·典型案例 ➡ 索引与要旨

《破坏村委会选举的行为能否定罪处罚》，载《最新刑事法律文件解读》。
核心提示 ➡ 法无明文规定不为罪

第257条 暴力干涉婚姻自由罪

以暴力干涉他人婚姻自由的，处二年以下有期徒刑或者拘役。
犯前款罪，致使被害人死亡的，处二年以上七年以下有期徒刑。
第一款罪，告诉的才处理。

关 联 规 范 ➡ 完全整理

最高人民法院《关于贯彻宽严相济刑事政策的若干意见》（2010年2月8日 法发〔2010〕9号）（节录）①

40. 对于刑事自诉案件，要尽可能多做化解矛盾的调解工作，促进双方自行和解。对于经过司法机关做工作，被告人认罪悔过，愿意赔偿被害人损失，取得被害人谅解，从而达成和解协议的，可以由自诉人撤回起诉，或者对被告人依法从轻或免予刑事处罚。对于可公诉也可自诉的刑事案件，检察机关提起公诉的，人民法院应当依法进行审理，依法定罪处罚。对民间纠纷引发的轻伤害等轻微刑事案件，诉至法院后当事人自行和解的，应当予以准许并记录在案。人民法院也可以在不违反法律规定的前提下，对此类案件尝试做一些促进和解的工作。

学理观点·典型案例 ➡ 索引与要旨

❶《肉孜暴力干涉婚姻自由案》，载《人民法院案例选》2006年第3辑总第57辑。
核心提示 ➡ 明知他人不同意与其结婚，仍强行将他人带至外地，强迫其同意与之结婚

---

① 对其解读见：《刑事法律文件解读》2010年第3辑总第57辑，第49～65页。

❷《刑事法理论在司法实务中的运用》，载《华东刑事司法评论》2002 年第 1 卷，第 133~174 页。

要旨➡ 夫妻一方使用暴力干涉对方与自己离婚，情节严重的也可以构成。

第 258 条　重婚罪

有配偶而重婚的，或者明知他人有配偶而与之结婚的，处二年以下有期徒刑或者拘役。

关　联　规　范➡**完全整理**

❶ 最高人民检察院《关于〈婚姻登记管理条例〉施行后发生的以夫妻名义非法同居的重婚案件是否以重婚罪定罪处罚的批复》（1994 年 12 月 14 日　法复〔1994〕10 号）

四川省高级人民法院：

你院川高法〔1994〕135 号《〈婚姻登记管理条例〉施行前后发生的事实上的重婚关系是否按重婚罪处理的请示》收悉。经研究，答复如下：新的《婚姻登记管理条例》（1994 年 4 月 12 日国务院批准，1994 年 2 月 1 日民政部发布）发布施行后，有配偶的人与他人以夫妻名义同居生活的，或者明知他人有配偶而与之以夫妻名义同居生活的，仍应按重婚罪定罪处罚。

❷ 最高人民法院研究室《关于重婚案件中受骗的一方当事人能否作为被害人向法院提起诉讼问题的电话答复》（1992 年 11 月 7 日）

经研究，答复如下：基本同意你院的第二种意见，即重婚案件中的被害人，既包括重婚者在原合法婚姻关系中的配偶，也包括后来受欺骗而与重婚者结婚的人。鉴于受骗一方当事人在主观上不具有重婚的故意，因此，根据你院《请示》中介绍的案情，陈若容可以作为本案的被害人。根据最高人民法院、最高人民检察院 1983 年 7 月 26 日《关于重婚案件管辖问题的通知》（【失效】2010.12.22）中关于"由被害人提出控告的重婚案件……由人民法院直接受理"的规定，陈若容可以作为自诉人，直接向人民法院提起诉讼。

❸ 最高人民检察院《关于人民检察院受理、查处重婚案件有关问题的通知》（1990 年 6 月 18 日　高检控申发字〔1990〕第 5 号）

现通知如下：一、高检院决定将被害人不控告，而由人民群众、社会团体或有关单位提出控告的重婚案件移交控告申诉检察部门受理查处和决定是否起诉，是客观形势和检察业务工作发展的需要，各级人民检察院要重视这项工作。

二、人民检察院受理的重婚案件，是指被害人不控告而由其他公民、社会团体或有关单位提出控告，人民法院尚未受理的重婚案件，各地要严格掌握受案范围。

三、人民检察院在办理重婚案件中，要严格按照国家的法律和政策，根据最高人民检察院、最高人民法院的有关规定，正确区分罪与非罪的界限。对于犯罪事实清楚、证据充分的案件，及时作出起诉或者免予起诉的决定。

四、重婚案件属不需要侦查的轻微刑事案件，对被告人采取强制措施要慎重，应严格执行刑事诉讼法规定。

4 最高人民检察院《关于检察院直接受理的法纪检察案件立案标准的规定（试行）》（1986年3月24日 〔86〕高检发（二）字第4号）（节录）

十一、重婚案（刑法第一百八十条）重婚罪，是指有配偶而又与他人结婚的，或者明知他人有配偶而与之结婚的行为。

具有下列情形之一的，应予立案：1. 本人有配偶而又与他人结婚的；2. 本人虽无配偶，但明知他人有配偶而与之结婚的。

关于《人民检察院直接受理的法纪检察案件立案标准的规定（试行）》中一些问题的说明

九、刑法第一百八十条规定的重婚案件，根据最高人民法院、最高人民检察院、公安部有关通知的精神，法纪检察部门只受理"被害人不控告，而由人民群众、社会团体或有关单位提出控告"需要公诉的案件，其余重婚案件都由人民法院直接受理。

重婚案查处的重点，应当是那些道德败坏、品质恶劣、喜新厌旧、影响极坏或者出于封建落后思想，为了传宗接代而重婚的案件。由于以下几种情况而重婚的，可以认为不构成重婚罪：1. 对主动解除或经劝说、批评教育后解除非法婚姻关系的；2. 因自然灾害、被拐卖或者其他客观原因而流落外地，为生活所迫而与他人结婚的；3. 因强迫、包办婚姻或因遭受虐待，与原配偶没有感情，无法继续维持夫妻生活而外逃，由于生活无着，又与他人结婚的；4. 因配偶长期外出下落不明，造成家庭生活严重困难，又与他人结婚的。

对认为不构成重婚罪，但需要对离婚、子女、财产等进行调解或裁定、判决的案件，应依法移送人民法院处理。

根据宪法、婚姻法有关规定的精神和司法实践，各自治区和少数民族集居较多的省，可根据本地的实际情况和少数民族的婚姻、风俗习惯，对重婚罪的立案标准作出相应的变通规定，但须报最高人民检察院备案。

5 最高人民法院、最高人民检察院、公安部《关于当前办理拐卖人口案件中具体应用法律的若干问题的解答》（1984年3月31日）（节录）

七、办理拐卖人口案件还须注意哪些问题？一般来说，还须注意以下一些问题：3. 人民法院要协同有关部门妥善处理被拐卖妇女的婚姻问题。对于有配偶的妇女被拐卖后重婚的，不以重婚论处。

6 最高人民法院、最高人民检察院、公安部《关于重婚案件管辖问题的通知》（1983年7月26日）

关于重婚案件的管辖分工，1979年12月15日最高人民法院、最高人民检察院和公安部联合发出的《关于执行刑事诉讼法规定的案件管辖范围的通知》，依照刑事诉讼法第十三条的规定，曾将重婚案件列为不需要进行侦查的轻微的刑事案件，规定由人民法院直接受理。但近几年来，各地不断发现有些重婚案件的被害人（指犯重婚罪者的配偶，下同）由于各种原因而不提出控告。对于这种没有原告的重婚案件，人民法院无法受理，也无法依照刑事诉讼法规定的程序和制度进行审判，致使这些犯重婚罪者逍遥法外，逃避了法律的制裁。这不仅有损法制的威严，影响新婚姻法的贯彻实施；而且败坏社会的道德风尚，不利于建设社会主义精神文明。现为了及时依法处理这类重婚案件，特对重婚案件的管辖分工作如下补充规定：

（一）对于由被害人提出控告的重婚案件，仍按 1979 年 12 月 15 日发出的《关于执行刑事诉讼法规定的案件管辖范围的通告》的规定执行，由人民法院直接受理。

（二）对于被害人不控告，而由人民群众、社会团体或有关单位提出控告的重婚案件，由人民检察院审查决定应否对该案件提起公诉或者免予起诉。对免予起诉的重婚案件，可以建议被告人所在单位给予被告人行政处分，并责令其立即解除非法的婚姻关系。

（三）公安机关发现有配偶的人与他人非法姘居的，应责令其立即结束非法姘居，并具结悔过；屡教不改的，可交由其所在单位给予行政处分，或者由公安机关酌情予以治安处罚；情节恶劣的，交由劳动教养机关实行劳动教养。

（四）对于被害人或者人民群众、社会团体和有关单位就重婚案件提出的控告或检举，公安机关、人民检察院、人民法院都应当接受。不属于自己管辖的，应当移送主管机关处理。

7 最高人民法院《关于如何认定重婚行为问题的批复》（1958 年 1 月 27 日）（节录）

北京市高级人民法院：

你院 1957 年 9 月 10 日（57）京高法研字第 01801 号关于如何认定重婚行为问题的请示收悉。我们认为，重婚是有配偶的人再与第三者建立夫妻关系。有配偶的人和第三者如已举行结婚仪式，这固然足以构成重婚；即使没有举行结婚仪式，而两人确是以夫妻关系同居的，也足以构成重婚。例如，两个相互间是以夫妻身份相对待，对外也以夫妻自居的，即应认为是重婚。如果现在还有有配偶的人而娶"妾"的话，当然也应认为是重婚；反之，如两人虽然同居，但明明只是临时姘居关系，彼此以"姘头"相对待，随时可以自由拆散，或者在约定时期届满后即结束姘居关系的，则只能认为是单纯非法同居，不能认为是重婚。例如，有配偶的男方到外地处理事务，与原来相识的女方相遇，在逗留该地的短期内，以通奸关系同居，离开该地后，就彼此不相闻，在同居期间亦彼此了解只是临时姘居，这种同居就只能认为是临时非法同居，不能认为是重婚。至于某一具体案件是否构成重婚，抑或仅是单纯非法同居，这要根据具体案情认定，即如你院所举案例，判决认为是重婚，按照上述看法，也并不错误。我院去年 4 月 15 日法研字第 7023 号函复昆明铁路运输法院关于重婚问题的一点，只是要提醒他们：不要把任何非法同居都认为是重婚。另外，非法同居虽不一定都构成重婚，但在法律没有规定以前，我们的看法是，有的还可以认为构成妨害婚姻家庭罪。

以上意见，是我们批复甘肃省高级人民法院和昆明铁路运输法院时的看法，仍希你院结合实际经验，再行研究。

8 最高人民法院《关于离婚案件的一方当事人在上诉期间与第三者结婚是否违法和人民法院主持成立的调解可否提起上诉两个问题的批复》〔57〕法研字第 3580 号（1957 年 2 月 21 日）

江西省高级人民法院：

你院本年一月二十八日（57）研字第 9 号报告收悉。兹就所提问题答复如下：

（一）离婚案件的一方当事人，在提起上诉的期间内（即自当事人接到判决书的次日起十天内）与第三者另行结婚，这种结婚行为是非法的，也是无效的。上诉审人民法院判决准予离婚后，如果他（她）仍愿和该第三者结婚，应当再依法向婚姻登记机关办理结婚登记手续。至于他（她）在上诉期间内和第三者结婚的行为算不算是重婚犯罪行为，要不要给予刑事处分，须根据具体情况研究确定，不能一概而论。

（二）由人民法院主持成立的调解，是在双方当事人自愿的基础上对所争执的权利和利益达成的协议，不发生不服调解而提起上诉的问题。如果当事人一方事后翻悔，原来进行调解的人民法院经审查后，如认为原调解确有错误，可以参照人民法院组织法第十二条第一款规定的审判监督程序处理（查阅"各级人民法院民事案件审判程序总结"第26页）；如认为原调解并无错误而无须重新处理时，当事人还可以向上级人民法院申诉。原来进行调解的人民法院也可以将当事人翻悔的情况报送上级人民法院审查处理，并通知当事人。

❾ 广东省公检法司《关于处理婚姻关系中违法犯罪行为及财产等问题的意见》（2000年5月30日）（节录）

一、关于重婚

第一条 根据《刑法》第二百五十八条及有关司法解释规定，重婚是指一方有配偶又与他人登记结婚或者他人以夫妻名义共同生活；以及明知他人有配偶又与之登记结婚，或者以夫妻名义共同生活的行为。

第二条 有以下情形之一的，应视为以夫妻名义共同生活：

1. 有配偶的人与他人举行结婚仪式的；

2. 有配偶的人虽未与他人举行结婚仪式，但以夫妻相称或者对外以夫妻自居的。

第三条 根据《刑事诉讼法》第十八条、第八十四条、第一百七十条的规定，人民法院可直接受理人民检察院没有提起公诉，而被害人有证据证明的重婚自诉案件。

第四条 被害人向人民法院控告他人重婚的，人民法院应当依法予以受理，受理后经审查，认为有以下情形之一的，应当将案件移交公安机关处理：

1. 被害人仅对重婚的一方起诉，而不愿起诉另一方，人民法院认为应一并追究刑事责任的；

2. 被害人起诉后又撤诉，人民法院认为应追究刑事责任的；

3. 被害人起诉证据不足或者无证据的。

第五条 人民法院、人民检察院在办理其他案件过程中，发现有重婚行为属公安机关管辖的，应当及时将有关证据移交公安机关处理。

第六条 公安机关接到重婚犯罪的举报后，应及时调查、收集证据，对构成犯罪的应移送检察机关提起公诉。

第七条 检察机关应积极配合公安机关对重婚案件的侦查工作，对公安机关移送起诉的重婚案件，应及时作出处理。

学理观点·典型案例　　➡ 索引与要旨

❶《王艳重婚案》，载《刑事审判参考》2006年第6辑总第53辑，第36~41页。

核心提示 ➡ 恶意申请宣告配偶死亡后与他人结婚的行为构成重婚罪。

要旨 ➡ 1. 恶意申请致配偶被宣告死亡的，申请人与被申请人的婚姻关系实质上并未消灭。2. 被告人王艳的行为应受刑事追究。3. 被告人王艳的行为符合重婚罪的构成要件。

❷《自诉人王群诉被告人夏明阳重婚案》，载《刑事审判要览》2003年第5辑总第5辑，第174~183页。

❸《陈越、邵某重婚案》，载《刑事审判参考》2001年第11辑总第22辑，第24~29页。

核心提示 ➡ 自行调查重婚犯罪而受的物质损失应否获得附带民事赔偿？

要旨 ➡ 不在附带民诉范围内，但根据婚姻法，可提起附带民诉。

❹《方伍峰重婚案》，载《刑事审判参考合订本第一卷》，第108~111页。

核心提示 ➡ "事实婚姻"能否成为重婚罪的构成要件？

第259条 第1款 破坏军婚罪

明知是现役军人的配偶而与之同居或者结婚的，处三年以下有期徒刑或者拘役。

利用职权、从属关系，以胁迫手段奸淫现役军人的妻子的，依照本法第二百三十六条的规定定罪处罚。

关联规范 ➡ 完全整理

❶《中华人民共和国刑法》（1980年1月1日）第236条 强奸罪

以暴力、胁迫或者其他手段强奸妇女的，处三年以上十年以下有期徒刑。

奸淫不满十四周岁的幼女的，以强奸论，从重处罚。

强奸妇女、奸淫幼女，有下列情形之一的，处十年以上有期徒刑、无期徒刑或者死刑：

（一）强奸妇女、奸淫幼女情节恶劣的；

（二）强奸妇女、奸淫幼女多人的；

（三）在公共场所当众强奸妇女的；

（四）二人以上轮奸的；

（五）致使被害人重伤、死亡或者造成其他严重后果的。

❷ 公安部《关于打击拐卖妇女儿童犯罪适用法律和政策有关问题的意见》（2000年3月24日 公通字〔2000〕25号）（节录）

三、关于收买被拐卖的妇女、儿童犯罪（二）收买被拐卖的妇女、儿童，并有下列犯罪行为的，同时以收买被拐卖的妇女、儿童罪和下列罪名立案侦查：5. 明知被拐卖的妇女是现役军人的妻子而与之同居或者结婚的，以破坏军婚罪立案侦查。

❸ 最高人民法院印发《关于破坏军人婚姻罪的四个案例》的通知（1985年7月18日 法（研）发〔1685〕16号）

4 最高人民法院《关于执行刑法中若干问题的初步经验总结》（1981 年 11 月）（节录）

十七、关于破坏军人婚姻罪的问题

根据刑法第一百八十一条的规定，破坏军人婚姻罪是指明知是现役军人的配偶而与之同居或者结婚的行为。

构成破坏军人婚姻罪必须具备下述条件：（一）行为人主观上必须具有直接的故意。即行为人明知对方是现役军人的配偶而与之同居或者结婚的。如果行为人并不知道对方是现役军人的配偶，而与之同居或者结婚的，则不能以破坏军人婚姻罪论处。

（二）行为人客观上必须具有与现役军人的配偶而与之同居或者结婚的行为。如果行为人与现役军人的配偶仅有不正当的两性关系，而没有与现役军人的配偶同居或者结婚的行为，则不能以破坏军人婚姻罪论处。

1. 所谓"现役军人"，是指正在中国人民解放军或者人民武装警察部队服兵役的军人，包括有军籍的指挥人员、战斗人员和技术人员，而不包括退役军人、转业军人、残废军人和军事机关没有军籍的工作人员以及被判刑正在执行刑罚期间而仍保留军籍的犯人。

2. 所谓现役军人的"配偶"，是指与现役军人已经结合为夫妻关系的人，包括已登记结婚的人和虽未发行婚姻登记手段但已以夫妻关系共同生活的人，而不包括与军人仅订有"婚约"关系或者仅有恋爱关系的人。

3. 所谓与现役军人的配偶"结婚"，是指与军人配偶采取欺骗手段向政府登记结婚的行为。

4. 所谓与现役军人的配偶"同居"，是指行为人明知是现役军人的配偶而以夫妻关系公开地共同生活；或者虽未公开，但长期共同生活而成为事实上的夫妻关系的行为。

5 最高人民法院《关于处理破坏军婚案件两个问题的批复》（1964 年 7 月 24 日）

上海市高级人民法院：

你院〔64〕沪高法批字第 82 号报告，对"中央批转最高人民法院党组关于处理破坏军人婚姻案件的意见的报告"第二条第（一）、（二）两项提出的两个问题，经我们研究后答复如下：

一、该报告第二条第（一）项指出 3 种一般的破坏军人婚姻的情况，可以免予刑事处分，采取批评教育、训诫等办法处理。如果犯错误的人是党员、团员或干部，建议党、团、行政组织酌予处分。其中"军人本人不愿意追究的"这种情况，是指军人妻子虽有过通奸行为，但军人本人不愿意追究，可免予刑事处分。所谓不愿意追究，也包括军人在案件作其他适当处理后，并不坚持要求给予刑事处分这一情形在内。至于对这项规定是否可以反过来理解，即虽有过通奸行为，但军人要求追究的，可给予刑事处分。我们认为，不能作这样的理解，对军人要求追究的，是否给予刑事处分，仍应按照该报告第二条所规定的总的精神和结合案件的具体情况而定。

二、该报告第二条第（二）项中"利用职权威胁、利诱成奸的"，是指利用职权威胁成奸或利用职权利诱成奸，二者有其一，即可适用这项规定。这里所说的利用职权利诱成奸，则指利用职权以政治上物质上的利益相引诱，而达到成奸的目的。例如，许以入党入因，提职提级，给予某种荣誉，或者慷公家之慨，不应奖励而奖励，不应记工分而记工分，不应多发供应票证而多发，等等。所有这些，都是与利用职权相联系的。

三、报告所附李××破坏军婚一案，经查阅原卷，看不出被告有利用职权威胁或利诱的情节。但被告事前不听军人警告，与军属通奸被发觉后，又企图串通军属隐瞒罪行，没有悔改表现，这些情节是严重的，如果影响恶劣，也可以考虑判一点刑。由于在报告和原卷中看不出该案造成的影响，因此，究竟需不需要判刑，请你们研究决定。此复

附：上海市高级人民法院关于李××破坏军人婚姻案件涉及两个政策问题的请示

(64) 沪高法机字第82号

最高人民法院：

我们在审核虹口区人民法院报批的李××破坏军人婚姻案件（另附案例）时，对中央批转最高人民法院党组《关于处理破坏军人婚姻案件的意见的报告》中，有两条政策理解无把握，请示如下：

第一，规定第二条第一项提到："军人本人不愿意追究的，可以免予刑事处分，采取批评教育、训诫等办法处理。"可否理解为：如果军人要求追究，可以依法给予刑事处分。

第二，规定第二条第二项，"对于与军属通奸，屡教不改，影响恶劣的；利用职权威胁、利诱成奸的；或者明知为军人未婚妻子而与之结婚、姘居的，都应给予刑事处分。"其中"利用职权威胁、利诱成奸的"是指利用职权威胁和利诱成奸的，才能给予刑事处分，还是指利用职权威胁成奸，或者利用职权利诱成奸，只要两种手段中有其一，即应给予刑事处分。

基于对上述政策的理解无把握，我们在讨论李××破坏军人婚姻案件中，也有两种不同的处理意见。一种认为，李××利用职权利诱军属王××成奸，而且成奸前不听军人警告，事发后，又企图串通王××隐瞒罪行，军人张××和部队组织上都提出要求严加惩处，可以判处李××短期徒刑（最多不超过一年）；另一种意见认为，李××虽系利用职权引诱军属通奸，但属一般性质，可以不判徒刑，给予党纪和行政处分。

学理观点·典型案例 ➡ 索引与要旨

《刑法中的注意规定与法律拟制及其运用分析》，载《刑事司法指南》2003年第3辑总第15辑，第70~108页。

要旨 ➡ 例如，《刑法》第259条第2款，如果认为，本条属于法律拟制，即只要利用职权、从属关系奸淫现役军人的妻子，即使不符合强奸罪的构成要件，也应以强奸罪论处，那么，其理由何在？但解释者找不出理由；即使牵强地找出"现役军人的妻子需要特殊保护"的理由，也不会得到国民的认可。所以，本规定属于注意规定，因此，只有当行为完全符合《刑法》第236条规定的强奸罪的构成要件时，才能适用《刑法》第236条。换言之，行为人以暴力、胁迫或者其他手段，违反现役军人妻子的意志，强行与之发生性交、迫使现役军人妻子长期忍辱从奸的，应认定为强奸罪。行为人虽然利用了职权或者从属关系，而没有进行胁迫的，不能认定为强奸罪。

第260条 虐待罪

虐待家庭成员，情节恶劣的，处二年以下有期徒刑、拘役或者管制。

犯前款罪，致使被害人重伤、死亡的，处二年以上七年以下有期徒刑。

第一款罪，告诉的才处理。

关联规范 ➡ 完全整理

❶ 最高人民法院《关于贯彻宽严相济刑事政策的若干意见》（2010年2月8日 法发〔2010〕9号）（节录）①

40. 对于刑事自诉案件，要尽可能多做化解矛盾的调解工作，促进双方自行和解。对于经过司法机关做工作，被告人认罪悔过，愿意赔偿被害人损失，取得被害人谅解，从而达成和解协议的，可以由自诉人撤回起诉，或者对被告人依法从轻或免予刑事处罚。对于可公诉也可自诉的刑事案件，检察机关提起公诉的，人民法院应当依法进行审理，依法定罪处罚。对民间纠纷引发的轻伤害等轻微刑事案件，诉至法院后当事人自行和解的，应当予以准许并记录在案。人民法院也可以在不违反法律规定的前提下，对此类案件尝试做一些促进和解的工作。

❷ 广东省公检法司《关于处理婚姻关系中违法犯罪行为及财产等问题的意见》（2000年5月30日）（节录）

第十条 有非法婚姻行为的过错，以殴打、拘禁、捆绑等方式虐待配偶或子女的，视下列情节给予处理：

1. 虐待情节较轻的，受虐待人要求公安机关处理的，依照《治安管理处罚条例》第二十二条第（四）项的规定处罚；

2. 虐待情节恶劣的，受虐待人可以向人民法院提起刑事自诉。如果被害人要求公安机关处理的，公安机关认为有犯罪事实的，应当告知被害人向人民法院起诉，必要时可立案侦查；

3. 虐待配偶或子女致使被害人重伤、死亡的，由公安机关立案侦查。

学理观点·典型案例 ➡ 索引与要旨

❶《陈玲、程刚故意伤害案》，载《刑事审判参考》2009年第4辑总第69辑，第24～31页。

要旨 ➡ 父母为教育孩子而将孩子殴打致死的如何定罪量刑？如何把握虐待罪？

❷《蔡世祥故意伤害案》，载《刑事审判参考》2006年第5辑总第52辑，第11～15页。

核心提示 ➡ 虐待过程中又实施故意伤害行为致人死亡的如何定罪？

要旨 ➡ 裁判理由：1. 虐待罪与故意伤害罪之间不存在法条竞合关系；2. 虐待过程中

---

① 对其解读见：《刑事法律文件解读》2010年第3辑总第57辑，第49～65页。

又实施故意伤害行为的如何定罪?

第 261 条　遗弃罪

对于年老、年幼、患病或者其他没有独立生活能力的人,负有扶养义务而拒绝扶养,情节恶劣的,处五年以下有期徒刑、拘役或者管制。

关联规范　　　完全整理

❶ 最高人民法院、最高人民检察院、公安部、司法部《关于依法惩治拐卖妇女儿童犯罪的意见》(2010 年 3 月 15 日　法发〔2010〕7 号)(节录)①

17. 要严格区分借送养之名出卖亲生子女与民间送养行为的界限。区分的关键在于行为人是否具有非法获利的目的。应当通过审查将子女"送"人的背景和原因、有无收取钱财及收取钱财的多少、对方是否具有抚养目的及有无抚养能力等事实,综合判断行为人是否具有非法获利的目的。

具有下列情形之一的,可以认定属于出卖亲生子女,应当以拐卖妇女、儿童罪论处:

(1) 将生育作为非法获利手段,生育后即出卖子女的;

(2) 明知对方不具有抚养目的,或者根本不考虑对方是否具有抚养目的,为收取钱财将子女"送"给他人的;

(3) 为收取明显不属于"营养费"、"感谢费"的巨额钱财将子女"送"给他人的;

(4) 其他足以反映行为人具有非法获利目的的"送养"行为的。

不是出于非法获利目的,而是迫于生活困难,或者受重男轻女思想影响,私自将没有独立生活能力的子女送给他人抚养,包括收取少量"营养费"、"感谢费"的,属于民间送养行为,不能以拐卖妇女、儿童罪论处。对私自送养导致子女身心健康受到严重损害,或者具有其他恶劣情节,符合遗弃罪特征的,可以遗弃罪论处;情节显著轻微危害不大的,可由公安机关依法予以行政处罚。

❷ 最高人民法院、最高人民检察院等《关于打击拐卖妇女儿童犯罪有关问题的通知》(2000 年 3 月 20 日　公通字〔2000〕26 号)

六、公安、民政、妇联等有关部门和组织应当密切配合,做好被解救妇女、儿童的善后安置工作。任何单位和个人不得歧视被拐卖的妇女、儿童。对被解救回的未成年人,其父母及其他监护人应当接收并认真履行抚养义务。拒绝接收,拒不履行抚养义务,构成犯罪的,以遗弃罪追究刑事责任。

❸ 最高人民法院《全国法院维护农村稳定刑事审判工作座谈会纪要》(1999 年 10 月 27 日　法〔1999〕217 号)(节录)②

(六) 关于拐卖妇女、儿童犯罪案件:要严格把握此类案件罪与非罪的界限。对于买

---

① 对其解读见:《最新刑事法律文件解读》2010 年第 5 辑总第 59 辑,第 28~35 页。

② 对其解读见:《刑事审判参考合订本·第一卷》,第 283~291 页以及《当前刑事审判实践中适用法律应当注意的问题》,载《刑事司法指南》2000 年第 3 辑总第 3 辑,第 51~71 页。

卖至亲的案件，要区别对待：以贩卖牟利为目的"收养"子女的，应以拐卖儿童罪处理；对那些迫于生活困难、受重男轻女思想影响而出卖亲生子女或收养子女的，可不作为犯罪处理；对于出卖子女确属情节恶劣的，可按遗弃罪处罚。

❹ 最高人民法院《关于继母与生父离婚后仍有权要求已与其形成扶养关系的继子女履行赡养义务的批复》(1986年3月21日 〔1986〕民他字第9号)

经我们研究认为：王淑梅与李春景姐弟五人之间，既存在继母与继子女间的姻亲关系，又存在由于长期共同生活而形成的抚养关系。尽管继母王淑梅与生父李明心离婚，婚姻关系消失，但王淑梅与李春景姐弟等人之间已经形成的抚养关系不能消失。因此，有负担能力的李春景姐弟等人，对曾经长期抚养教育过他们的年老体弱、生活困难的王淑梅应尽赡养扶助的义务。

❺ 最高人民法院《关于兄妹间扶养问题的批复》(1985年2月16日 法（民）复〔1985〕8号)

江苏省高级人民法院：

你院1984年9月30日关于程秀珍诉程心钊抚养一案的请示报告收悉。

程秀珍自1958年患精神病以后，即丧失劳动能力。因她无直系亲属，其生活全部依靠其兄长程心钊、程心慈及侄子女供给抚养，直至1981年程心慈去世。据此，本院同意你院关于程秀珍应继续由程心钊抚养，并从刘凤秀及其子女所继承的程心慈遗产中，分出一部分，作为程秀珍的生活费的意见。处理时请尽量采用调解方式解决，并根据实际情况，安排好程秀珍今后的生活。

❻ 最高人民法院《关于对年老、无子女的人能否按照婚姻法第二十三条类推判决有负担能力的兄弟姐妹承担扶养义务的复函》(1981年9月1日 〔81〕民他字第21号)

上海市高级人民法院：

你院（81）沪高民督字第54号"关于对年老、无子女的人，能否按照婚姻法第二十三条类推，判决有负担能力的兄弟姐妹承担扶养义务的请示报告"收悉。经研究，基本同意你院的意见。李某某过去对其弟妹尽过扶助义务，现年老、丧失劳动能力，又无子女赡养，参照婚姻法有关规定的精神，根据权利义务一致的原则，其弟、妹对李某某应承担扶养义务，但不宜用"类推"的提法。在处理中，要依靠李的弟、妹等所在单位组织，对其进行思想教育。并主要根据他们的经济条件，争取调解解决。

第262条 拐骗儿童罪

拐骗不满十四周岁的未成年人，脱离家庭或者监护人的，处五年以下有期徒刑或者拘役。

关 联 规 范 ▶ 完全整理

❶ 最高人民法院、最高人民检察院《关于执行〈中华人民共和国刑法〉确定罪名的

第二编　分则　第四章　侵犯公民人身权利、民主权利罪

补充规定（二）》（2003年8月15日　法释〔2003〕12号）（节录）①

刑法和刑事司法解释以及刑事司法实践中关于儿童的年龄界限，一直掌握在不满十四周岁。如刑法第二百六十二条规定"拐骗不满十四周岁的未成年人……"两高将罪名确定为"拐骗儿童罪"。

❷ 公安部《关于打击拐卖妇女儿童犯罪适用法律和政策有关问题的意见》（2000年3月24日　公通字〔2000〕25号）（节录）

二、（十一）非以出卖为目的，拐骗不满十四周岁的未成年人脱离家庭或者监护人的，以拐骗儿童罪立案侦查。

❸ 最高人民法院、最高人民检察院等《关于打击拐卖妇女儿童犯罪有关问题的通知》（2000年3月20日　公通字〔2000〕26号）②

❹ 最高人民法院《全国法院维护农村稳定刑事审判工作座谈会纪要》（1999年10月27日　法〔1999〕217号）③

二（六）关于拐卖妇女、儿童犯罪案件

要从严惩处拐卖妇女、儿童犯罪团伙的首要分子和以拐卖妇女、儿童为常业的"人贩子"。

要严格把握此类案件罪与非罪的界限。对于买卖至亲的案件，要区别对待：以贩卖牟利为目的"收养"子女的，应以拐卖儿童罪处理；对那些迫于生活困难、受重男轻女思想影响而出卖亲生子女或收养子女的，可不作为犯罪处理；对于出卖子女确属情节恶劣的，可按遗弃罪处罚；对于那些确属介绍婚姻，且被介绍的男女双方相互了解对方的基本情况，或者确属介绍收养，并经被收养人父母同意的，尽管介绍的人数较多，从中收取财物较多，也不应作犯罪处理。

❺ 最高人民法院《关于拐卖人口案件中婴儿、幼儿、儿童年龄界限如何划分问题的批复》（1989年7月7日　法（研）复〔1989〕5号）

经研究，现答复如下：最高人民法院、最高人民检察院、公安部1984年3月31日《关于当前办理拐卖人口案件中具体应用法律的若干问题的解答》中，关于婴儿、幼儿、儿童的年龄划分，应以不满一岁的为婴儿，一岁以上不满六岁的为幼儿，六岁以上不满十四岁的为儿童。在办理奸淫幼女案件中，幼女的年龄按刑法第139条的规定执行，不满十四岁的均为幼女。

❻ 最高人民法院、最高人民检察院、公安部《关于当前办理拐卖人口案件中具体应用法律的若干问题的解答》（1984年3月31日）（节录）

五、如何划分拐卖人口罪同某些近似的犯罪、违法行为的界限？1. 拐骗或者偷走不满

---

① 对其解读见：《刑事审判参考》2003年第5辑总第34辑，第188～194页以及《刑事司法指南》2003年第3辑总第15辑，第150～158页。
② 对其解读见：《解读最高人民检察院司法解释》，第331～342页。
③ 对其解读见：《刑事审判参考合订本·第一卷》，第283～291页以及《当前刑事审判实践中适用法律应当注意的问题》，载《刑事司法指南》2000年第3辑总第3辑，第51～71页。

十四岁的儿童脱离家庭或监护人，不是出卖牟利的，是拐骗儿童罪，应按刑法第一百八十四条的规定判处。

学理观点·典型案例 ▶ 索引与要旨

《胡从方拐骗儿童案》，载《刑事审判参考》2002年第2辑总第25辑，第55~58页。

核心提示 ➡ 以收养为目的偷盗婴幼儿的行为如何定性？兼谈如何区分拐骗儿童罪和拐卖儿童罪？

要旨 ➡ 对于直接、强行抢走、偷走婴幼儿的所谓"拐骗"儿童犯罪，与司法实践中的拐卖儿童犯罪手段并无差别。区分的关键在于目的。拐卖儿童罪必须以出卖为目的，无此目的就不构成该罪。

第262条之一　修正案（六）第17条　组织残疾人、儿童乞讨罪

以暴力、胁迫手段组织残疾人或者不满十四周岁的未成年人乞讨的，处三年以下有期徒刑或者拘役，并处罚金；情节严重的，处三年以上七年以下有期徒刑，并处罚金。

关联规范 ▶ 完全整理

❶《刑法修正案（六）》（2006年6月29日　主席令第五十一号）①

❷最高人民法院、最高人民检察院《关于执行〈中华人民共和国刑法〉确定罪名的补充规定（三）》（2007年10月25日　法释〔2007〕16号）②

学理观点·典型案例 ▶ 索引与要旨

❶《组织残疾人、儿童乞讨罪手写板探析》，载《刑事法律文件解读》2008年第7、8辑总第37、38辑，第177~180页。

❷《组织残疾人、儿童乞讨罪若干问题研究》，载《刑事司法指南》2007年第4辑总第32辑，第61~76页。

第262条之二　修正案（七）第8条　组织未成年人进行违反治安管理活动罪

刑法修正案（七）（2009年2月28日第十一届全国人民代表大会常务委员会第七次会议通过）

八、在刑法第二百六十二条之一后增加一条，作为第二百六十二条之二："组织未成年人进行盗窃、诈骗、抢夺、敲诈勒索等违反治安管理活动的，处

---

① 对其解读见：《刑事审判参考》2006年第4辑总第51辑，第53~104页。
② 对其解读见：《刑事审判参考》2008年第1辑总第60辑，第60~71页。

三年以下有期徒刑或者拘役，并处罚金；情节严重的，处三年以上七年以下有期徒刑，并处罚金。"

关 联 规 范 ➡ 完全整理

❶ 《刑法修正案（七）》（2009 年 2 月 28 日）①

❷ 最高人民法院、最高人民检察院《关于执行〈中华人民共和国刑法〉确定罪名的补充规定（四）》（2009 年 10 月 16 日　法释〔2009〕13 号）②

---

① 对其解读见：《刑事审判参考》2009 年第 3 辑总第 68 辑，第 66～118 页。草案及其说明《刑事法律文件解读》2008 年第 9 辑总第 39 辑，第 84～90 页。
② 对其解读见：《刑事审判参考》2009 年第 6 辑总第 71 辑，第 72～82 页。

第五章 侵犯财产罪

第 263 条 抢劫罪

以暴力、胁迫或者其他方法抢劫公私财物的,处三年以上十年以下有期徒刑,并处罚金;有下列情形之一的,处十年以上有期徒刑、无期徒刑或者死刑,并处罚金或者没收财产:

(一)入户抢劫的;
(二)在公共交通工具上抢劫的;
(三)抢劫银行或者其他金融机构的;
(四)多次抢劫或者抢劫数额巨大的;
(五)抢劫致人重伤、死亡的;
(六)冒充军警人员抢劫的;
(七)持枪抢劫的;
(八)抢劫军用物资或者抢险、救灾、救济物资的。

关 联 规 范 ➡ **完全整理**

❶《中华人民共和国刑法》(1980 年 1 月 1 日) 第 267 条 抢夺罪

抢夺公私财物,数额较大的,处三年以下有期徒刑、拘役或者管制,并处或者单处罚金;数额巨大或者有其他严重情节的,处三年以上十年以下有期徒刑,并处罚金;数额特别巨大或者有其他特别严重情节的,处十年以上有期徒刑或者无期徒刑,并处罚金或者没收财产。

携带凶器抢夺的,依照本法第二百六十三条的规定定罪处罚。

❷《中华人民共和国刑法》(1980 年 1 月 1 日) 第 269 条 抢劫罪

犯盗窃、诈骗、抢夺罪,为窝藏赃物、抗拒抓捕或者毁灭罪证而当场使用暴力或者以暴力相威胁的,依照本法第二百六十三条的规定定罪处罚。

❸《中华人民共和国刑法》(1980 年 1 月 1 日) 第 289 条

聚众"打砸抢",致人伤残、死亡的,依照本法第二百三十四条、第二百三十二条的规定定罪处罚。毁坏或者抢走公私财物的,除判令退赔外,对首要分子,依照本法第二百六十三条的规定定罪处罚。

❹ 最高人民法院《人民法院量刑指导意见(试行)》(2010 年 9 月 13 日 法发

〔2010〕36 号）（节录）

四、常见犯罪的量刑

（五）抢劫罪

1. 构成抢劫罪的，可以根据下列不同情形在相应的幅度内确定量刑起点：

（1）抢劫一次的，可以在三年至五年有期徒刑幅度内确定量刑起点。

（2）有下列情形之一的，可以在十年至十二年有期徒刑幅度内确定量刑起点：入户抢劫的；在公共交通工具上抢劫的；抢劫银行或者其他金融机构的；抢劫三次或者抢劫数额达到数额巨大起点的；抢劫致一人重伤，没有造成残疾的；冒充军警人员抢劫的；持枪抢劫的；抢劫军用物资或者抢险、救灾、救济物资的。

2. 在量刑起点的基础上，可以根据抢劫致人伤亡的后果、次数、数额、手段等其他影响犯罪构成的犯罪事实增加刑罚量，确定基准刑。

❺ 最高人民法院《关于贯彻宽严相济刑事政策的若干意见》（2010 年 2 月 8 日　法发〔2010〕9 号）（节录）①

7. 贯彻宽严相济刑事政策，必须毫不动摇地坚持依法严惩严重刑事犯罪的方针。对于危害国家安全犯罪、恐怖组织犯罪、邪教组织犯罪、黑社会性质组织犯罪、恶势力犯罪、故意危害公共安全犯罪等严重危害国家政权稳固和社会治安的犯罪，故意杀人、故意伤害致人死亡、强奸、绑架、拐卖妇女儿童、抢劫、重大抢夺、重大盗窃等严重暴力犯罪和严重影响人民群众安全感的犯罪，走私、贩卖、运输、制造毒品等毒害人民健康的犯罪，要作为严惩的重点，依法从重处罚。尤其对于极端仇视国家和社会，以不特定人为侵害对象，所犯罪行特别严重的犯罪分子，该重判的要坚决依法重判，该判处死刑的要坚决依法判处死刑。

❻ 最高人民法院《全国部分法院审理毒品犯罪案件工作座谈会纪要》（2008 年 12 月 23 日）②

盗窃、抢夺、抢劫毒品的，应当分别以盗窃罪、抢夺罪或者抢劫罪定罪，但不计犯罪数额，根据情节轻重予以定罪量刑。盗窃、抢夺、抢劫毒品后又实施其他毒品犯罪的，对盗窃罪、抢夺罪、抢劫罪和所犯的具体毒品犯罪分别定罪，依法数罪并罚。

❼ 最高人民法院、最高人民检察院《关于办理与盗窃、抢劫、诈骗、抢夺机动车相关刑事案件具体应用法律若干问题的解释》（2007 年 5 月 9 日　法释〔2007〕11 号）（节录）③

第四条　实施本解释第一条、第二条、第三条第一款或者第三款规定的行为，事前与盗窃、抢劫、诈骗、抢夺机动车的犯罪分子通谋的，以盗窃罪、抢劫罪、诈骗罪、抢夺罪的共犯论处。

第五条　对跨地区实施的涉及同一机动车的盗窃、抢劫、诈骗、抢夺以及掩饰、隐瞒

---

① 对其解读见：《刑事法律文件解读》2010 年第 3 辑总第 57 辑，第 49~65 页。
② 对其解读见：《刑事审判参考》2008 年第 6 辑总第 65 辑，第 71~92 页。
③ 对其解读见：《刑事审判参考》2007 年第 3 辑总第 56 辑，第 73~81 页。

犯罪所得、犯罪所得收益行为，有关公安机关可以依照法律和有关规定一并立案侦查，需要提请批准逮捕、移送审查起诉、提起公诉的，由该公安机关所在地的同级人民检察院、人民法院受理。

❽ 最高人民法院《关于审理未成年人刑事案件具体应用法律若干问题的解释》（2006年1月23日　法释〔2006〕1号）（节录）①

第七条　已满十四周岁不满十六周岁的人使用轻微暴力或者威胁，强行索要其他未成年人随身携带的生活、学习用品或者钱财数量不大，且未造成被害人轻微伤以上或者不敢正常到校学习、生活等危害后果的，不认为是犯罪。

已满十六周岁不满十八周岁的人具有前款规定情形的，一般也不认为是犯罪。

第八条　已满十六周岁不满十八周岁的人出于以大欺小、以强凌弱或者寻求精神刺激，随意殴打其他未成年人、多次对其他未成年人强拿硬要或者任意损毁公私财物，扰乱学校及其他公共场所秩序，情节严重的，以寻衅滋事罪定罪处罚。

第十条第二款　已满十六周岁不满十八周岁的人犯盗窃、诈骗、抢夺罪，为窝藏赃物、抗拒抓捕或者毁灭罪证而当场使用暴力或者以暴力相威胁的，应当依照刑法第二百六十九条的规定定罪处罚；情节轻微的，可不以抢劫罪定罪处罚。

❾ 最高人民法院《关于审理抢劫、抢夺刑事案件适用法律若干问题的意见》（2005年6月8日　法发〔2005〕8号）②

一、关于"入户抢劫"的认定

根据《抢劫解释》第一条规定，认定"入户抢劫"时，应当注意以下三个问题：一是"户"的范围。"户"在这里是指住所，其特征表现为供他人家庭生活和与外界相对隔离两个方面，前者为功能特征，后者为场所特征。一般情况下，集体宿舍、旅店宾馆、临时搭建工棚等不应认定为"户"，但在特定情况下，如果确实具有上述两个特征的，也可以认定为"户"。二是"入户"目的的非法性。进入他人住所须以实施抢劫等犯罪为目的。抢劫行为虽然发生在户内，但行为人不以实施抢劫等犯罪为目的进入他人住所，而是在户内临时起意实施抢劫的，不属于"入户抢劫"。三是暴力或者暴力胁迫行为必须发生在户内。入户实施盗窃被发现，行为人为窝藏赃物、抗拒抓捕或者毁灭罪证而当场使用暴力或者以暴力相威胁的，如果暴力或者暴力胁迫行为发生在户内，可以认定为"入户抢劫"；如果发生在户外，不能认定为"入户抢劫"。

二、关于"在公共交通工具上抢劫"的认定

公共交通工具承载的旅客具有不特定多数人的特点。根据《抢劫解释》第二条规定，"在公共交通工具上抢劫"主要是指在从事旅客运输的各种公共汽车、大、中型出租车、火车、船只、飞机等正在运营中的机动公共交通工具上对旅客、司售、乘务人员实施的抢劫。在未运营中的大、中型公共交通工具上针对司售、乘务人员抢劫的，或者在小型出租车上抢劫的，不属于"在公共交通工具上抢劫"。

---

① 对其解读见：《刑事审判参考》2006年第1辑总第48辑，第87~91页。
② 对其解读见：《刑事审判参考》2005年第1辑总第42辑，第93~98页。

三、关于"多次抢劫"的认定

刑法第二百六十三条第（四）项中的"多次抢劫"是指抢劫三次以上。

对于"多次"的认定，应以行为人实施的每一次抢劫行为均已构成犯罪为前提，综合考虑犯罪故意的产生、犯罪行为实施的时间、地点等因素，客观分析、认定。对于行为人基于一个犯意实施犯罪的，如在同一地点同时对在场的多人实施抢劫的；或基于同一犯意在同一地点实施连续抢劫犯罪的，如在同一地点连续地对途经此地的多人进行抢劫的；或在一次犯罪中对一栋居民楼房中的几户居民连续实施入户抢劫的，一般应认定为一次犯罪。

四、关于"携带凶器抢夺"的认定

《抢劫解释》第六条规定，"携带凶器抢夺"，是指行为人随身携带枪支、爆炸物、管制刀具等国家禁止个人携带的器械进行抢夺或者为了实施犯罪而携带其他器械进行抢夺的行为。行为人随身携带国家禁止个人携带的器械以外的其他器械抢夺，但有证据证明该器械确实不是为了实施犯罪准备的，不以抢劫罪定罪；行为人将随身携带凶器有意加以显示、能为被害人察觉到的，直接适用刑法第二百六十三条的规定定罪处罚；行为人携带凶器抢夺后，在逃跑过程中为窝藏赃物、抗拒抓捕或者毁灭罪证而当场使用暴力或者以暴力相威胁的，适用刑法第二百六十七条第二款的规定定罪处罚。

五、关于转化抢劫的认定

行为人实施盗窃、诈骗、抢夺行为，未达到"数额较大"，为窝藏赃物、抗拒抓捕或者毁灭罪证当场使用暴力或者以暴力相威胁，情节较轻、危害不大的，一般不以犯罪论处；但具有下列情节之一的，可依照刑法第二百六十九条的规定，以抢劫罪定罪处罚：

（1）盗窃、诈骗、抢夺接近"数额较大"标准的；

（2）入户或在公共交通工具上盗窃、诈骗、抢夺后在户外或交通工具外实施上述行为的；

（3）使用暴力致人轻微伤以上后果的；

（4）使用凶器或以凶器相威胁的；

（5）具有其他严重情节的。

六、关于抢劫犯罪数额的计算

抢劫信用卡后使用、消费的，其实际使用、消费的数额为抢劫数额；抢劫信用卡后未实际使用、消费的，不计数额，根据情节轻重量刑。所抢信用卡数额巨大，但未实际使用、消费或者实际使用、消费的数额未达到巨大标准的，不适用"抢劫数额巨大"的法定刑。

为抢劫其他财物，劫取机动车辆当作犯罪工具或者逃跑工具使用的，被劫取机动车辆的价值计入抢劫数额；为实施抢劫以外的其他犯罪劫取机动车辆的，以抢劫罪和实施的其他犯罪实行数罪并罚。

抢劫存折、机动车辆的数额计算，参照执行《关于审理盗窃案件具体应用法律若干问题的解释》的相关规定。

七、关于抢劫特定财物行为的定性

以毒品、假币、淫秽物品等违禁品为对象，实施抢劫的，以抢劫罪定罪；抢劫的违禁品数量作为量刑情节予以考虑。抢劫违禁品后又以违禁品实施其他犯罪的，应以抢劫罪与具体实施的其他犯罪实行数罪并罚。

抢劫赌资、犯罪所得的赃款赃物的，以抢劫罪定罪，但行为人仅以其所输赌资或所赢赌债为抢劫对象，一般不以抢劫罪定罪处罚。构成其他犯罪的，依照刑法的相关规定处罚。

为个人使用，以暴力、胁迫等手段取得家庭成员或近亲属财产的，一般不以抢劫罪定罪处罚，构成其他犯罪的，依照刑法的相关规定处理；教唆或者伙同他人采取暴力、胁迫等手段劫取家庭成员或近亲属财产的，可以抢劫罪定罪处罚。

八、关于抢劫罪数的认定

行为人实施伤害、强奸等犯罪行为，在被害人未失去知觉，利用被害人不能反抗、不敢反抗的处境，临时起意劫取他人财物的，应以此前所实施的具体犯罪与抢劫罪实行数罪并罚；在被害人失去知觉或者没有发觉的情形下，以及实施故意杀人犯罪行为之后，临时起意拿走他人财物的，应以此前所实施的具体犯罪与盗窃罪实行数罪并罚。

九、关于抢劫罪与相似犯罪的界限

1. 冒充正在执行公务的人民警察、联防人员，以抓卖淫嫖娼、赌博等违法行为为名非法占有财物的行为定性

行为人冒充正在执行公务的人民警察"抓赌"、"抓嫖"，没收赌资或者罚款的行为，构成犯罪的，以招摇撞骗罪从重处罚；在实施上述行为中使用暴力或者暴力威胁的，以抢劫罪定罪处罚。行为人冒充治安联防队员"抓赌"、"抓嫖"、没收赌资或者罚款的行为，构成犯罪的，以敲诈勒索罪定罪处罚；在实施上述行为中使用暴力或暴力威胁的，以抢劫罪定罪处罚。

2. 以暴力、胁迫手段索取超出正常交易价钱、费用的钱财的行为定性

从事正常商品买卖、交易或者劳动服务的人，以暴力、胁迫手段迫使他人交出与合理价钱、费用相差不大钱物，情节严重的，以强迫交易罪定罪处罚；以非法占有为目的，以买卖、交易、服务为幌子采用暴力、胁迫手段迫使他人交出与合理价钱、费用相差悬殊的钱物的，以抢劫罪定罪处刑。在具体认定时，既要考虑超出合理价钱、费用的绝对数额，还要考虑超出合理价钱、费用的比例，加以综合判断。

3. 抢劫罪与绑架罪的界限

绑架罪是侵害他人人身自由权利的犯罪，其与抢劫罪的区别在于：第一，主观方面不尽相同。抢劫罪中，行为人一般出于非法占有他人财物的故意实施抢劫行为，绑架罪中，行为人既可能为勒索他人财物而实施绑架行为，也可能出于其他非经济目的实施绑架行为；第二，行为手段不尽相同。抢劫罪表现为行为人劫取财物一般应在同一时间、同一地点，具有"当场性"；绑架罪表现为行为人以杀害、伤害等方式向被绑架人的亲属或其他人或单位发出威胁，索取赎金或提出其他非法要求，劫取财物一般不具有"当场性"。

绑架过程中又当场劫取被害人随身携带财物的，同时触犯绑架罪和抢劫罪两罪名，应择一重罪定罪处罚。

4. 抢劫罪与寻衅滋事罪的界限

寻衅滋事罪是严重扰乱社会秩序的犯罪，行为人实施寻衅滋事的行为时，客观上也可

能表现为强拿硬要公私财物的特征。这种强拿硬要的行为与抢劫罪的区别在于：前者行为人主观上还具有逞强好胜和通过强拿硬要来填补其精神空虚等目的，后者行为人一般只具有非法占有他人财物的目的；前者行为人客观上一般不以严重侵犯他人人身权利的方法强拿硬要财物，而后者行为人则以暴力、胁迫等方式作为劫取他人财物的手段。司法实践中，对于未成年人使用或威胁使用轻微暴力强抢少量财物的行为，一般不宜以抢劫罪定罪处罚。其行为符合寻衅滋事罪特征的，可以寻衅滋事罪定罪处罚。

5. 抢劫罪与故意伤害罪的界限

行为人为索取债务，使用暴力、暴力威胁等手段的，一般不以抢劫罪定罪处罚。构成故意伤害等其他犯罪的，依照刑法第二百三十四条等规定处罚。

十、抢劫罪的既遂、未遂的认定

抢劫罪侵犯的是复杂客体，既侵犯财产权利又侵犯人身权利，具备劫取财物或者造成他人轻伤以上后果两者之一的，均属抢劫既遂；既未劫取财物，又未造成他人人身伤害后果的，属抢劫未遂。据此，刑法第二百六十三条规定的八种处罚情节中除"抢劫致人重伤、死亡的"这一结果加重情节之外，其余七种处罚情节同样存在既遂、未遂问题，其中属抢劫未遂的，应当根据刑法关于加重情节的法定刑规定，结合未遂犯的处理原则量刑。

十一、驾驶机动车、非机动车夺取他人财物行为的定性

对于驾驶机动车、非机动车（以下简称"驾驶车辆"）夺取他人财物的，一般以抢夺罪从重处罚。但具有下列情形之一，应当以抢劫罪定罪处罚：

（1）驾驶车辆，逼挤、撞击或强行逼倒他人以排除他人反抗，乘机夺取财物的；

（2）驾驶车辆强抢财物时，因被害人不放手而采取强拉硬拽方法劫取财物的；

（3）行为人明知其驾驶车辆强行夺取他人财物的手段会造成他人伤亡的后果，仍然强行夺取并放任造成财物持有人轻伤以上后果的。

❿《全国部分法院经济犯罪案件审判工作座谈会研讨综述——"经济犯罪案件中的法律适用问题"》（2004年11月27日）（节录）①

一、关于抢劫、抢夺犯罪的认定和处罚

（一）关于"入户抢劫"的认定

多数与会者认为，刑罚适用应当体现罪刑相适应原则，刑罚的量应当与行为的社会危害性相当。因此，对"入户抢劫"的认定应当从严把握，不能简单地理解为"在户内抢劫"。

"入户抢劫"一般应当满足三个条件：

一是"户"的范围应有所限定。户一般是指住所，其特征表现为供他人家庭生活和与外界相对隔离两个方面，前者为功能特征，后者为场所特征；

二是"入户"目的具有非法性。即"入户"必须具有进入他人住所的非法侵入性，须以实施抢劫等犯罪为目的。抢劫行为虽然发生在户内，但行为人不以实施抢劫等非法侵害为目的而进入他人住所，而是临时起意实施抢劫的，不属于"入户抢劫"。如卖淫女将嫖

---

① 对其解读见：《刑事审判参考》2004年第6辑总第41辑，第146~168页。

客带入家中嫖宿，后者在嫖宿过程中临时起意实施抢劫的，只能认定为一般抢劫罪，而不能认定为"入户抢劫"。此外，非法入户行为具有多样性特征，多数情况下表现出明显的暴力侵入性，如撬门、破窗等，但采用秘密潜入、欺骗等手段而入户，甚至是应被害人之邀而入户，只要行为人入户前即具抢劫等非法侵害目的，都属于非法入户；

三是暴力或暴力胁迫行为必须发生在"户内"。

针对上述第二个条件，也有论者认为，入户目的非法性的表述外延失之宽泛，实际操作中容易产生歧义。如行为人以实施伤害、强奸等其他犯罪为目的而强行进入他人户内，在前罪行为实施过程中或实施完毕后又临时起意对被害人实施抢劫的，尽管其入户目的具有非法性，但却不宜认定为"入户抢劫"。因此，建议将第二个条件直接修正为"为了实施抢劫而入户"，以免产生不必要的歧义。还有少数意见认为，"临时起意"在审判实践中殊难把握，证据上难以认定，因此第二个条件操作难度大，只要抢劫行为符合第一、三两个条件，即可认定为"入户抢劫"。

（二）"在公共交通工具上抢劫"的认定

和"入户抢劫"一样，"在公共交通工具上抢劫"属于抢劫罪法定加重构成情节，抢劫地点的特殊性共同决定了二者异于一般抢劫的较重的社会危害性，从而直接导致刑罚配置量的增加。

鉴于上述共性特征，大多数与会代表认为，对于"在公共交通工具上抢劫"的认定理应遵循与"入户抢劫"相同的原则，实践中应当从严把握。公共交通工具承载的旅客应当具有不特定多数人的特点，因此，"在公共交通工具上抢劫"主要是指在从事旅客运输的各种公共汽车、火车、船只、飞机等正在运营中的公共交通工具上对旅客、司售、乘务人员实施的抢劫。在未运营中的大、中型公共交通工具上针对司售、乘务人员抢劫的，或者在小型出租车上抢劫的，不属于"在公共交通工具上抢劫"。基于对上述特点的理解，有论者进一步指出，拦截正在运行的单位班车、郊游的校车进而实施抢劫的，也应视为"在公共交通工具上抢劫"，而在公共交通工具的起点站或终点站实施抢劫的，则不宜认定。

另有论者认为，对于"在公共交通工具上抢劫"的认定，除了应当具备上述特点以外，还应同时具备公然性特征，即公然蔑视众多人的存在，对不特定多数人的人身财产安全构成现实或潜在的威胁。因此，对于在火车等公共交通工具上采用对人体并无实际危害的轻微麻醉方法，致使被害人一时性地产生意识障碍，陷入难以事实上支配自己财物的状态，乘机取走其少量财物的抢劫行为，尽管地点发生在公共交通工具上，但其行为不符合公然性特征，社会危害性也不大，不宜认定为"在公共交通工具上抢劫"。法官在量刑时不必拘泥于法条的字面含义，可以根据罪刑相适应的原则，对刑法的规定适当作出合目的性的限制解释。否则，如果按照情节加重犯处理则会出现明显的罪刑失当现象，偏离司法公正的轨道。

对于在飞行中的航空器上使用暴力实施抢劫犯罪，同时危及公共安全的，有人提出，对于这种观念上的竞合现象，最好应该明确"从一重罪处断"的处理原则，以消除歧义。

（三）关于"转化抢劫"的认定

关于"转化抢劫"的认定，与会代表一致认为：行为人实施盗窃、诈骗、抢夺行为，未达到"数额较大"的标准,为窝藏赃物、抗拒抓捕或者毁灭罪证当场使用暴力或者以暴力相威胁,情节较轻、危害不大的,一般不以犯罪论处。但转化型抢劫犯罪的构成并不以其前期行为构成犯罪为必要要件,即使盗窃、诈骗、抢夺行为未达"数额较大"标准,只要符合特定的条件,使得行为的社会危害性程度增加,足以纳入刑法评价的范围,即可认定为犯罪,刑法理论和实务界对此已经达成共识。这些特定条件如:(1)盗窃、诈骗、抢夺接近"数额较大"标准;(2)使用暴力致人轻微伤以上后果的;(3)使用凶器或以凶器相威胁,等等。

与会代表重点围绕下列问题展开了激烈的讨论。即行为人"入户"或"在公共交通工具上"实施盗窃、诈骗、抢夺行为,尚未构成犯罪,为窝藏赃物、抗拒抓捕或者毁灭罪证当场使用暴力或者以暴力相威胁的,情节较轻、危害不大的,应当如何处罚?

一种意见认为,上述情形已经构成"入户抢劫"或"在公共交通工具上抢劫",无论行为人实施的盗窃、诈骗、抢夺行为是否构成犯罪,依法一律判处十年以上有期徒刑、无期徒刑或者死刑,并处罚金或者没收财产。

另一种意见对此表示异议,认为上述情形只需按照符合基本犯罪构成的基准型抢劫罪处理即可,不应认定为抢劫罪的情节加重犯。主要基于三个方面的理由:一是有悖"罪刑相适应原则"。上述行为的社会危害性程度与普通抢劫罪相当,判处十年以上有期徒刑、无期徒刑或者死刑,并处罚金或者没收财产,量刑畸重;二是违反"禁止重复评价"原则。行为人的前期行为尚未构成犯罪,其为窝藏赃物、抗拒抓捕或者毁灭罪证当场使用暴力或者以暴力相威胁,情节较轻、危害也不大,其实施的整体行为原本不必进行犯罪评价,但由于行为发生地点的特殊性增加了其行为的社会危害性程度,所以最终导致刑法的适用,可见上述两个地点要素是作为定罪情节使用的,正如抢劫信用卡数额巨大但未实际使用、消费,或者实际使用、消费的数额未达巨大标准,不适用"抢劫数额巨大"的法定刑一样,"数额巨大"实质也是作为定罪情节使用的。如果对于行为人的行为不仅进行犯罪评价,而且按照抢劫罪情节加重犯处理,实质而论,上述两个地点要素则不适当地同时充当了定罪情节和加重构成情节的角色,违反了"禁止重复评价"原则,不适当地加重了被告人的刑罚负担;三是不符合情节加重犯的理论构成。情节加重犯一般是指某罪的罪行达到情节严重或在基准程度罪的基础上具备某些严重情节,从而使造成的客观损失和表现出的主观恶性超出基准程度罪,并因此依法适用加重程度罪刑单位的犯罪形态。据此,某具体危害事实如果只具备情节严重或是严重情节的特殊规定,而不具有该罪的规定性,该具体危害事实不能成立情节加重犯,跨越基准量刑单位而直接适用加重程度量刑单位是不适当的。

(四)"多次抢劫"的认定

"多次抢劫"属于刑法第263条规定的八种情形之一,是本次座谈会争议的焦点问题之一。多数代表呼吁最高人民法院应该尽快制定司法解释,对"多次抢劫"概念的内涵与外延作出明确界定。其理由集中体现在两个方面:

一是体现罪刑相适应原则的必然要求。司法实践对于"多次"的传统认定标准是"三人次"以上,但机械把握经常容易引发量刑畸重现象。如中学生为了一些零花钱而抢劫放学回家的低年级同学,抢的钱不多,暴力程度也很轻,如打一耳光、踢一脚,只是前后抢了3个人,就在十年以上量刑,罪刑明显不相适应。有些法院为了避免上述结果的发生,往往采取一些变通做法,试图弱化刑法的否定性评价程度,将其行为性质定性为敲诈勒索或者寻衅滋事,或者对未成年人大幅度适用减轻处罚,却又可能招致检察机关的抗诉,处于二难境地。为此,必须尽快制定司法解释,提高"多次抢劫"的认定标准,厘清抢劫罪与敲诈勒索、寻衅滋事等近似罪名的界限。

二是"多次抢劫"应与刑法上的"重复侵害行为"划清界限。有论者指出,刑法上的"重复侵害行为"不应作为"多次抢劫"行为认定。其意指的"重复侵害行为"是指在一个特定的时间、空间,行为人基于一个概括的故意,连续反复实施了多个相同行为的犯罪或违法形态,一般属于包括的一罪的范畴。如上例中的学生抢劫行为即属此类。而"多次"之所以被作为抢劫罪的加重构成情节,关键在于行为次数的多少表征了行为的社会危害性程度以及行为人的人身危险性程度,"重复侵害行为"则并不具有上述功能,将此类行为认定为"多数抢劫",明显属于对立法本旨的误读,无法真正体现"罪刑相适应"的刑法原则。

(五)抢劫、抢夺罪数的认定

罪数的认定主要涉及三个方面的内容:第一,多数代表认为,行为人实施伤害、强奸等犯罪行为,在被害人未失去知觉,利用被害人不能反抗、不敢反抗的处境,临时起意劫取他人财物的,应以此前所实施的具体犯罪与抢劫罪实施数罪并罚;在被害人失去知觉或者没有发觉的情况下,以及实施故意杀人犯罪行为之后,临时起意拿走他人财物的,应以此前所实施的具体犯罪与盗窃罪实行数罪并罚。

第二,绑架过程中实施抢劫行为的处罚。与会代表对此形成两种不同的意见。一种意见认为,绑架过程中又当场劫取被害人随身携带财物的,同时触犯了绑架罪和抢劫罪两个罪名,属于异种数罪,应当数罪并罚。另一种意见认为,行为人在绑架过程中实施的暴力或暴力威胁行为,一方面被评价为绑架罪的犯罪构成要件,同时又在抢劫罪的认定中发生作用,如果数罪并罚,对同一行为有重复评价之嫌,因此,本着有利于被告的原则,应择一重罪定罪处罚。

第三,驾驶机动车、非机动车夺取他人财物致人伤害或死亡的行为定性。对于在抢夺过程中过失造成被害人重伤、死亡,构成过失致人重伤罪、过失致人死亡罪等犯罪的,最高人民法院在相关抢夺罪的的司法解释中已经作出明确规定,即依照处罚较重的规定定罪处罚。但解释并未涉及抢夺过程中出于放任故意导致他人受伤或死亡情况的处理。对此,在讨论过程中,一种倾向性的意见认为,上述情况同时侵犯了他人的人身权利和财产权利,符合抢劫罪的双重客体标准,因此,只要有证据证明行为人主观上对伤亡后果是故意的,应以抢劫罪定罪处罚。不过也有人提出反对意见,认为上述情况不符合抢劫罪的基本特征,尽管其侵犯了两个不同的客体,但却并非并存于同一犯罪之中,而是分属于两个不同的罪名。支持后一种观点的人认为,抢劫罪的暴力是指出对被害人的身体施以打击和强制借以排除被害人的反抗,从而劫取他人财物的行为。因此,抢劫罪的暴力必须有意识地施加于被害人的人身,即直接对被害人的人身造成侵害、使其处于无力反抗、不能反抗的境地。

如果针对的是被害人的财物,并无意图使被害人丧失反抗能力,即使在行为实施过程中造成了人身伤害,亦不能以抢劫罪论处。行为人驾驶机动车、非机动车强行夺取他人财物,如果已经意识到自己的行为可能致人伤害或死亡,仍然放任这种结果的发生,又构成故意伤害罪或故意杀人罪的,属于想象竞合,应以一重罪从重处罚。

(六) 抢劫罪停止形态的认定

关于抢劫罪的停止形态,代表们重点讨论了既遂、未遂的认定问题。尽管存在少数分歧意见,但与会代表绝大多数认同以下观点:抢劫罪侵犯的是复杂客体,既侵犯财产权利又侵犯人身权利,具备劫取财物或者造成他人轻伤以上后果两者之一的,均属抢劫既遂;既未劫取财物,又未造成他人人身伤害后果的,属抢劫未遂。据此,刑法第 263 条规定的八种处罚情节中除"抢劫致人重伤、死亡的"这一加重结果之外,其余七种处罚情节同样存在既遂、未遂问题,其中属抢劫未遂的,应当根据刑法关于加重情节的法定刑规定,结合未遂犯的处理原则量刑。也有个别代表认为,应当降低抢劫既遂的认定标准。因为抢劫罪的典型构成特征并不在于暴力的结果而应在于暴力本身,因此,只要具备劫取财物或者造成他人轻微伤以上后果两者之一的,即可认定为抢劫既遂。

除了上述主要问题以外,与会代表还讨论了"携带凶器进行抢夺的问题","抢劫犯罪数额的计算问题","抢劫赌资等特定财物行为的定性问题","抢劫罪与相似犯罪的界限问题"等,并就上述问题达成了广泛的共识。

11 最高人民法院、最高人民检察院《关于办理妨害预防、控制突发传染病疫情等灾害的刑事案件具体应用法律若干问题的解释》(2003 年 5 月 15 日 法释〔2003〕8 号)(节录)①

第九条 在预防、控制突发传染病疫情等灾害期间抢劫的从重处罚规定。

12 最高人民法院研究室《关于对在绑架过程中以暴力、胁迫等手段当场劫取被害人财物的行为如何适用法律问题的答复》(2001 年 11 月 8 日 法函〔2001〕68 号)

答复如下:行为人在绑架过程中,又以暴力、胁迫等手段当场劫取被害人财物,构成犯罪的,择一重罪处罚。

13 最高人民法院《关于抢劫过程中故意杀人案件如何定罪处罚的批复》(2001 年 5 月 26 日 法释〔2001〕16 号)②

行为人为劫取财物而预谋故意杀人,或者在劫取财物过程中,为制服被害人反抗而故意杀人的,以抢劫罪定罪处罚。

行为人实施抢劫后,为灭口而故意杀人的,以抢劫罪和故意杀人罪定罪,实行数罪并罚。

14 最高人民法院《关于审理抢劫案件具体应用法律若干问题的解释》(2000 年 11 月

---

① 对其解读见:《刑事审判参考》2003 年第 3 辑总第 32 辑,第 160~164、188~197 页以及《"非典"防治时期相关犯罪的司法适用研究》,载《刑事司法指南》2003 年第 2 辑总第 14 辑,第 55~109 页。

② 对其解读见:《刑事审判参考》2001 年第 8 辑总第 19 辑,第 73~77 页。

28日 法释〔2000〕35号）[①]

第一条 刑法第二百六十三条第（一）项规定的"入户抢劫"，是指为实施抢劫行为而进入他人生活的与外界相对隔离的住所，包括封闭的院落、牧民的帐篷、渔民作为家庭生活场所的渔船、为生活租用的房屋等进行抢劫的行为。

对于入户盗窃，因被发现而当场使用暴力或者以暴力相威胁的行为，应当认定为入户抢劫。

第二条 刑法第二百六十三条第（二）项规定的"在公共交通工具上抢劫"，既包括在从事旅客运输的各种公共汽车、大、中型出租车、火车、船只、飞机等正在运营中的机动公共交通工具上对旅客、司售、乘务人员实施的抢劫，也包括对运行途中的机动公共交通工具加以拦截后，对公共交通工具上的人员实施的抢劫。

第三条 刑法第二百六十三条第（三）项规定的"抢劫银行或者其他金融机构"，是指抢劫银行或者其他金融机构的经营资金、有价证券和客户的资金等。

抢劫正在使用中的银行或者其他金融机构的运钞车的，视为"抢劫银行或者其他金融机构"。

第四条 刑法第二百六十三条第（四）项规定的"抢劫数额巨大"的认定标准，参照各地确定的盗窃罪数额巨大的认定标准执行。

第五条 刑法第二百六十三条第（七）项规定的"持枪抢劫"，是指行为人使用枪支或者向被害人显示持有、佩带的枪支进行抢劫的行为。"枪支"的概念和范围，适用《中华人民共和国枪支管理法》的规定。

第六条 刑法第二百六十七条第二款规定的"携带凶器抢夺"，是指行为人随身携带枪支、爆炸物、管制刀具等国家禁止个人携带的器械进行抢夺或者为了实施犯罪而携带其他器械进行抢夺的行为。

15 上海、北京、广东、湖北、江苏高级人民法院《〈人民法院量刑指导意见（试行）〉实施细则（试行）》（2010年10月1日）

16 福建省高级人民法院《〈人民法院量刑指导意见（试行）〉实施细则（试行）》（2010年9月30日　闽高法发〔2010〕21号）（节录）

四、常见罪名的量刑

（五）抢劫罪

1. 构成抢劫罪的，根据下列不同情形在相应的幅度内确定量刑起点：

（1）抢劫一次的，可以在三年至五年有期徒刑幅度内确定量刑起点。

（2）有下列情形之一的，可以在十年至十二年有期徒刑幅度内确定量刑起点：入户抢劫的；在公共交通工具上抢劫的抢劫银行或者其他金融机构的；抢劫三次或者抢劫数额达到数额巨大起点的；抢劫致一人重伤，未造成残疾的；冒充军警人员抢劫的；持枪抢劫的；抢劫军用物资或者抢险、救灾、救济物资的。依法需要判处无期徒刑的除外。

2. 在量刑起点的基础上，根据抢劫的次数、数额、手段、后果等犯罪事实增加刑罚

[①] 对其解读见：《刑事审判参考》2001年第1辑总第12辑，第39~40, 83~85页。

量，确定基准刑。有下列情形之一的，可以增加相应的刑罚量：

（1）每增加轻微伤一人，可以增加三个月至六个月的刑期；

（2）每增加轻伤一人，可以增加六个月至一年的刑期；

（3）每增加重伤一人，可以增加一年至二年的刑期；

（4）每增加伤残等级一级，可以增加二个月至六个月的刑期；

（5）每增加抢劫一次，可以增加六个月至三年的刑期；

（6）抢劫数额未达到数额巨大的，每增加 1000 元，可以增加二个月的刑期；抢劫数额达到数额巨大的，每增加 10000 元。可以增加二个月的刑期；

（7）每增加本罪名第 1 条第（2）项规定的情形之一的，可以增加一年至二年的刑期。

3. 有下列情节之一的，可以增加基准刑的 20% 以下：

（1）持管制刀具等抢劫的；

（2）流窜作案的。

4. 有下列情形之一的，可以减少基准刑的 20% 以下：

（1）教唆或伙同他人抢劫家庭成员或者近亲属财物的；

（2）确因生活所迫、学习、治病急需而抢劫的。

17 浙江省高级人民法院《浙江省〈人民法院量刑指导意见（试行）〉实施细则》（2010 年 9 月 29 日 浙高法〔2010〕280 号）

（五）抢劫罪

1. 构成抢劫罪的，可以根据下列不同情形在相应的幅度内确定量刑起点：

（1）抢劫一次的，可以在三年六个月至四年六个月有期徒刑幅度内确定量刑起点。

（2）有下列情形之一的，可以在十年至十二年有期徒刑幅度内确定量刑起点：入户抢劫的；在公共交通工具上抢劫的；抢劫银行或者其他金融机构的；抢劫三次以上或者抢劫数额达到数额巨大起点的；抢劫致一人重伤，没有造成残疾的；冒充军警人员抢劫的；持枪抢劫的；抢劫军用物资或者抢险、救灾、救济物资的。

2. 在量刑起点的基础上，可以根据抢劫致人伤亡的后果、次数、数额、手段等其他影响犯罪构成的犯罪事实增加刑罚量，确定基准刑：

（1）每造成一人轻微伤的，可以增加三个月至六个月刑期；

（2）每造成一人轻伤的，可以增加一年至一年六个月刑期；

（3）每增加一人重伤的，可以增加一年六个月至三年刑期。

3. 有下列情形之一的，可以增加基准刑的 20% 以下：

（1）持械抢劫的（持枪抢劫除外）；

（2）流窜作案或者结伙抢劫的。

18 福建省公检法、司法厅《关于适用缓刑若干问题的意见（试行）》（2008 年 9 月 16 日 闽高法〔2008〕278 号）（节录）[①]

---

① 对其解读见：《刑事法律文件解读》2009 年第 10 辑总第 52 辑，第 77~88 页。

（八）抢劫罪、抢夺罪

抢劫、抢夺犯罪是严重危害社会治安的暴力性犯罪，社会危害性大，应慎用缓刑。

对具有下列情形之一，符合法律规定缓刑条件，能够落实考察、监管措施的，可以适用缓刑：（1）犯罪手段一般，系初次作案，没有造成被害人人身损害后果的；（2）确系共同犯罪中情节较轻的从犯、胁从犯的；（3）其他符合缓刑条件的。

⑲ 厦门市中级人民法院、厦门市人民检察院《厦门市几类多发性刑事案件管辖标准暂行规定》（2008年2月21日　厦检会〔2008〕2号）（节录）

一、抢劫罪

犯抢劫罪具有下列情形之一的，由市人民检察院起诉、市中级人民法院审判：

（一）具有《刑法》第二百六十三条规定的第（三）、（五）、（七）、（八）项情形之一的。

（二）具有《刑法》第二百六十三条规定的第（四）项情形，抢劫10次以上或者抢劫数额达10万元以上的。

（三）具有《刑法》第二百六十三条规定的第（一）、（二）、（六）项情形并具有下列情节之一的：

1. 具有其中一项情形且累计三次以上；

2. 同时具有二项以上情形且累计三次以上或者数额达2万元以上的；

（四）具有其他从重情节并造成严重后果的。

⑳ 厦门市中级人民法院《未成年人刑事案件审判工作细则》（2008年1月4日　厦中法发〔2008〕1号）（节录）

第三十四条　已满十四周岁不满十六周岁的人使用轻微暴力或者威胁，强行索要其他未成年人随身携带的生活、学习用品或者钱财的，具备下列条件可不认为是犯罪：1. 对未成年的在校生强行索要；2. 未持刀或者其他凶器等对被害人实施暴力；3. 索要其他未成年人随身携带的生活、学习用品或者少量钱财，数额在人民币500元以下；4. 未造成被害人轻微伤以上或者不敢正常到校学习或者参与社会活动等危害后果。

已满十六周岁不满十八周岁的人实施上述行为是否认定为犯罪，应结合实施强索行为人的一贯表现、强索现象是否严重、对正常的校园秩序造成的社会影响，实施强索行为的时间、地点、对象、动机、手段、态度等多种因素酌定。

㉑ 上海市《关于重大故意杀人、故意伤害、抢劫和毒品犯罪案件基本证据及其规格的意见》（2006年7月31日）

㉒ 浙江省高级人民法院刑二庭《全省法院经济犯罪疑难问题研讨会纪要（二）》（2006年6月29日　浙高法刑二〔2006〕1号）（节录）

十、未完成形态抢劫次数的认定

犯罪未遂虽属于未完成形态，但已直接侵害犯罪客体，在认定多次抢劫时，应计入抢劫次数，但可视案情对行为人予以从轻或减轻处罚。对实践中存在的行为人选定目标进行多次踩点后实施犯罪的，应只认定为一次犯罪。

第二编　分则　第五章　侵犯财产罪

㉓ 上海市高级人民法院刑庭、上海市检公诉处《关于进一步规范部分常见刑事案件级别管辖的意见》（2004 年 8 月 13 日）（节录）

二、对具备下列情形，同时又不具有其他足以判处十五年有期徒刑以下刑罚的法定从轻、减轻情节的案件，各中级人民法院应当予以受理。17. 抢劫罪（刑法第 263 条）（1）入户或者在公共交通工具上抢劫三次以上的；（2）抢劫银行或其他金融机构的；（3）冒充军警人员抢劫，造成恶劣社会影响的；（4）持枪抢劫，造成恶劣社会影响的；（5）抢劫军用物资或者抢险、救灾、救济物资数额巨大的；（6）抢劫致人死亡的；（7）抢劫致二人以上重伤，或者重伤致残的；（8）抢劫五次以上且情节恶劣或者抢劫十万以上的；（9）同时具备刑法第 263 条规定的两种以上加重情节的。

㉔ 浙江省公检法《关于抢劫、盗窃、诈骗、抢夺借据、欠条等借款凭证是否构成犯罪的意见》（2002 年 1 月 9 日）

经研究认为，债务人以消灭债务为目的，抢劫、盗窃、诈骗、抢夺合法、有效的借据、欠条等借款凭证，并且该借款凭证是确认债权债务关系存在的唯一证明的，可以抢劫罪、盗窃罪、诈骗罪、抢夺罪论处。债务人以外的人在债务人的教唆之下实施或者帮助债务人实施抢劫、盗窃、诈骗、抢夺借据、欠条等借款凭证，并且明知债务人是为了消灭债务的，以抢劫罪、盗窃罪、诈骗罪、抢夺罪的共犯论处。

㉕ 广东省公检法《关于办理抢劫、抢夺案件适用法律问题的意见》（2001 年 9 月 13 日）（节录）

一、关于抢劫犯罪的定性根据刑法第二百六十三条的规定，抢劫罪是指以非法占有为目的，采用暴力、胁迫或其他侵犯他人人身的方法强行夺取或迫使他人交付财物的行为。

行为人具有如下情形之一的，应认定为抢劫：

（一）夺取公私财物时，实施了暴力、胁迫或者其他侵犯被害人人身的方法的；

（二）夺取公私财物后，使用暴力或以暴力相威胁抗拒抓捕的；

（三）共同夺取公私财物后，犯罪嫌疑人为掩护同案其他犯罪嫌疑人携赃逃跑而使用暴力或以暴力相威胁的；

（四）利用行驶的机动车辆强行夺取公私财物，足以危及被害人人身安全的。

㉖ 《关于执行刑法若干问题的具体意见（试行）——99'上海法院刑庭庭长会议纪要》（1999 年 7 月 15 日）（节录）

八、关于抢劫罪的法律适用问题

2. 所谓"在公共交通工具上抢劫"，是指在正在营运中的可供公众（即不特定多数人）乘坐的飞机、火车、轮船、公共汽车和出租车上或将其拦截后实施抢劫。对公共交通工具的认定，一般可分三种情况掌握：①在正在从事公共运输的交通工具上（无论是否办理了正规的营运手续）或拦截挂有从事公共运输正规标识的车辆实施抢劫的，应当认定在公共交通工具上抢劫；②拦截明显有多人乘坐的大中型客车（如拦截单位的集体旅游车辆）实施抢劫的，尽管车辆上没有公共营运标识，仍应以在公共交通工具上抢劫论处；③故意乘坐或拦截非法从事公共营运的出租车，专门抢劫司机财物的，应以普通情节的抢劫罪认定，如果对停靠在车站、码头处于候客状态的公共交通工具的司机、驾驶员实施抢劫的，也应以普通情节的抢劫罪认定。

3. 对于入室盗窃被发现后，用力挣脱、抗拒户主的抓捕没有给户主造成人身伤害的或仅以轻微暴力相威胁抗拒抓捕的，或者在逃离住户后对户主或抓捕者实施暴力的，不应认定为"入户"抢劫；对于抢劫罪的情节加重犯，能够区分出预备、未遂或中止形态的，应予认定。

学理观点·典型案例　　索引与要旨

❶《陈惠忠等抢劫案》，载《刑事审判参考》2011年第5辑总第82辑，第50~54页。

核心提示 ➡ "吊模宰客"行为如何定性？

❷《张校抢劫案》，载《刑事审判参考》2011年第2辑总第79辑，第40~48页。

核心提示 ➡ 医院抢救中的失误能否中断抢劫行为与被害人死亡结果之间的因果关系？

❸《未成年人抢劫罪疑难问题研究》，载《刑事司法指南》2011年第4辑总第48辑，第61~80页。

❹《"入户抢劫"若干问题探讨》，载《刑事司法指南》2011年第4辑总第48辑，第81~90页。

❺《"入户抢劫"若干问题研究》，载《刑事司法指南》2011年第1辑总第45辑，第11~31页。

❻《"误把铂金当锡块"对所窃物品的性质存在重大认识错误应如何处罚——张某某盗窃案》，载《公检法办案指南》2011年第6辑总第138辑，第176~180页。

❼《夏洪生抢劫、破坏电力设备案》，载《刑事审判参考》2010年第5辑总第76辑，第1~10页。

核心提示 ➡ 抢劫财物后又捅刺被害人，是否应以抢劫与故意杀人并罚？

要旨 ➡ 为逃匿而劫取但事后予以焚毁的机动车辆应当计入抢劫数额。

❽《林明龙强奸案》，载《刑事审判参考》2010年第4辑总第75辑，第43~57页。

核心提示 ➡ 劫持被害人后，要求被害人以勒赎之外的名义向其家属索要财物的行为，如何定性？

❾《龙世成、吴正跃故意杀人、抢劫案》，载《刑事审判参考》2010年第4辑总第75辑，第24~30页。

核心提示 ➡ 共同抢劫杀人致一人死亡案件，如何准确区分主犯之间的罪责？

❿《王志坚抢劫、强奸、盗窃案》，载《刑事审判参考》2010年第2辑总第73辑，第30~35页。

核心提示 ➡ 如何抢劫犯罪案件中加重情节的认定？

要旨 ➡ 1. 如何认定抢劫犯罪中的"入户"、"冒充警察"等加重情节？进入建筑工地或工人宿舍能否认定为"入户"；冒充保安能否认定为冒充警察；2. 如何评价抢劫过程中所实施的强奸犯罪；3. 如何把握抢劫罪的死刑量刑原则。

⑪《刑事法律文件解读》2010 年第 12 辑总第 66 辑，第 93～96 页。

核心提示 ➡ 伤害非抢劫对象的在场第三人可否视为抢劫当然行为，取财在先，伤害行为在后的定性问题？

⑫《何某某抢夺案》，载《最新刑事法律文件解读》2010 年第 6 辑总第 60 辑，第 120～122 页。

核心提示 ➡ 仅以非法剥夺他人生命的言语威胁是否属于严重的暴力威胁行为？

⑬《王建军等人敲诈勒索案》，载《刑事法律文件解读》2010 年第 3 辑总第 57 辑，第 117～122 页。

核心提示 ➡ 酒中掺麻醉药强行劝酒，又设置赌局让被害人输钱写借条及扣押车辆，索取他人数额巨大的钱财的行为，应如何定性？如何认定并区分抢劫罪、诈骗罪与敲诈勒索罪？

⑭《以爆炸方式抢劫，因提前爆炸致车毁人亡的罪名确定》，载《公检法办案指南》2010 年第 12 辑总第 132 辑，第 156～161 页。

⑮《持刀入户索财时被害人持刀护财，行为人拿走半瓶可乐的行为应如何认定》，载《公检法办案指南》2010 年第 7 辑总第 127 辑，第 179～185 页。

⑯《张某抢劫案》，载《公检法办案指南》2010 年第 1 辑总第 121 辑，第 172～177 页。

要旨 ➡ 以抢劫为目的对被害人实施暴力但未能取得财物，后在路边拾得被害人逃跑中甩落财物的，是抢劫未遂。

⑰《龚文彬等抢劫、贩卖毒品案》，载《刑事审判参考》2009 年第 5 辑总第 70 辑，第 46～53 页。

核心提示 ➡ 诈骗未得逞后以暴力手段取得财物的如何定性？

要旨 ➡ 从行为人的主观方面区别转化型抢劫罪与抢劫罪。为保护抢劫得来的财物而当场对被害人实施暴力的，无须单独认定为故意伤害或故意杀人罪。

⑱《虞正策强奸、抢劫案》，载《刑事审判参考》2009 年第 5 辑总第 70 辑，第 40～45 页。

核心提示 ➡ 在入户强奸过程中临时起意劫取财物的，能否认定为"入户抢劫"？如何认定"抢劫致人死亡"？

⑲《李彬、袁南京、胡海珍等绑架、非法拘禁、敲诈勒索案》，载《刑事审判参考》2009 年第 4 辑总第 69 辑，第 57～65 页。

核心提示 ➡ 绑架过程中，抢劫人质财物的行为如何定性？

⑳《白宇良、肖益军绑架案》，载《刑事审判参考》2009 年第 4 辑总第 69 辑，第 48～56 页。

核心提示 ➡ 为了实施绑架犯罪而抢劫他人汽车的行为如何定罪？

㉑《卜玉华、郭臣故意杀人、抢劫案》，载《刑事审判参考》2009 年第 4 辑总第 69 辑，第 15 ~ 23 页。

要旨➡共同抢劫中故意杀人案件的认定和处理。

㉒《李洪生强迫交易案》，载《刑事审判参考》2009 年第 1 辑总第 66 辑，第 8 ~ 13 页。

要旨➡使用暴力强行向他人当场"借款"并致人轻伤的应认定为抢劫。

㉓《王某抢劫案》，载《刑事法律文件解读》2009 年第 12 辑总第 54 辑，第 106 ~ 107 页。

核心提示➡收款证明是否属于刑法界定的财产？

㉔《本案是抢劫既遂还是未遂》，载《刑事法律文件解读》2009 年第 5 辑总第 47 辑，第 121 ~ 122 页。

核心提示➡未能当场劫得财物，追赶被害人过程中拾得被害人掉落的财物应如何认定？

㉕《张建忠抢劫案》，载《刑事法律文件解读》2009 年第 1、2 辑总第 43、44 辑，第 207 ~ 213 页。

核心提示➡何为优秀裁判文书及点评？

㉖《抢劫罪与敲诈勒索罪本质特征的认定问题》，载《刑事司法指南》2009 年第 2 辑总第 38 辑，第 211 ~ 221 页。

㉗《抢劫罪与敲诈勒索罪的司法认定》，载《公检法办案指南》2009 年第 3 辑总第 111 辑，第 155 ~ 164 页。

㉘《张彪寻衅滋事案》，载《刑事审判参考》2008 年第 6 辑总第 65 辑，第 45 ~ 50 页。

核心提示➡以轻微暴力强索硬要他人财物的行为如何定性？

㉙《赵东波、赵军故意杀人、抢劫案》，载《刑事审判参考》2008 年第 5 辑总第 64 辑，第 24 ~ 28 页。

要旨➡预谋并实施抢劫及杀人灭口行为的应以抢劫罪与故意杀人罪实行并罚。

㉚《侯吉辉、匡家荣、何德权抢劫案》，载《刑事审判参考》2008 年第 3 辑总第 62 辑，第 31 ~ 43 页。

核心提示➡在明知他人抢劫的情况下，于暴力行为结束后参与共同搜取被害人财物的行为如何定罪量刑？

㉛《肖明明故意杀人案》，载《刑事审判参考》2008 年第 3 辑总第 62 辑，第 25 ~ 30 页。

要旨➡"对于入户盗窃，因被发现而当场使用暴力或者以暴力相威胁的行为，应当认定为入户抢劫"不应机械理解。

㉜《王建利等抢劫案》，载《刑事审判参考》2008 年第 2 辑总第 61 辑，第 23 ~

27页。

核心提示➡对抢劫国家二级以上文物的应如何量刑？

要旨➡参照盗窃罪相关司法解释，抢劫国家二级以上文物与抢劫"数额巨大"作同样的法律评价。

㉝《弓喜抢劫案》，载《刑事审判参考》2008年第2辑总第61辑，第16~22页。

核心提示➡在意图抢劫他人数额巨大财物的过程中致人轻伤，但未抢得财物的，是否认定为"抢劫数额巨大"？

要旨➡没有实际抢得数额巨大财物的，不认定"抢劫数额巨大"，符合有关司法解释规定的精神。

㉞《王国全抢劫案》，载《刑事审判参考》2008年第1辑总第60辑，第46~53页。

核心提示➡如何认定抢劫致人死亡？

要旨➡一、正确界定抢劫行为与被害人死亡结果之间的关系是认定抢劫致人死亡的关键。抢劫致人死亡只要求抢劫行为与死亡结果具有紧密联系即可，即使介入第三方的行为，只要不足以改变抢劫行为系造成被害人死亡最主要因素的认定，就属于抢劫致人死亡。

二、正确界定抢劫行为人对被害人死亡结果的罪过范围，是认定抢劫致人死亡的重要因素。

㉟《赵军等故意杀人、抢劫案》，载《刑事法律文件解读》2008年第12辑总第42辑，第108~112页。

核心提示➡预谋抢劫和杀人灭口并实施的行为应如何定性？

㊱《徐振涛等抢劫赌资非法拘禁案》，载《刑事法律文件解读》2008年第3辑总第33辑，第113~116页。

核心提示➡抢劫赌资赌债案件的司法界定与处罚原则是什么？

㊲《李某入室抢劫案》，载《刑事法律文件解读》2008年第3辑总第33辑，第117~121页。

核心提示➡入室抢劫放弃财物行为如何认定？

㊳《张正权等抢劫案》，载《刑事审判参考》2007年第6辑总第59辑，第26~31页。

核心提示➡如何正确认定犯罪预备？

要旨➡同一个行为，不能被两个犯罪构成重复评价。基于禁止重复评价原则，如果同一行为既为抢劫犯罪的预备行为，又为强奸犯罪的预备行为时，不能被抢劫、强奸的犯罪构成所同时评价，也就是说不能同时成立抢劫罪（犯罪预备）和强奸罪（犯罪预备）。

㊴《韩维等抢劫案》，载《刑事审判参考》2007年第6辑总第59辑，第19~25页。

核心提示➡非法进入他人共同租住的房屋抢劫是否属于"入户抢劫"？

要旨➡共同租住的房屋只要是供家庭生活且与外界相对隔离的，就应当认定为刑法意义上的"户"。就本案而言，四被告人进入并实施抢劫的场所是被害人何亚东、张和平合租的房屋，二人并非一家人，除了房屋中共用部分外，他们的卧室是各自分开的，他们中任何一人的卧室对于另一人来说是相对独立的空间，在这个空间内，各自享有私生活的自由，不受他人的干扰，二人共租的房屋相对于他人和外界也同样具有隐私性和排他性，虽然二人不具有家庭成员关系，但合租的房屋系供生活所用，具有私人住所的特点，应当属于刑法意义上的"户"。值得注意的是，不具有家庭成员身份的人共同租用的住所，如果每一个承租人相对于其他人都没有相对独立的空间，该房屋应属于群体共同休息和活动的公共场所，就不能认定为刑法意义上的"户"。

㊵《吕升艺故意杀人案》，载《刑事审判参考》2007年第5辑总第58辑，第26~34页。

核心提示 ➡ 杀害被害人之后搜走被害人财物的行为应如何定性？

要旨 ➡ 被告人吕升艺临时起意劫取被害人财物时，没有使用暴力或其他胁迫手段，又无证据表明当时被害人尚有知觉，应将其劫取被害人财物的行为认定为盗窃行为。由于其窃取的手机价值未达到盗窃罪的数额标准，故其行为不构成盗窃罪。

㊶《粟君才等抢劫、非法持有枪支案》，载《刑事审判参考》2007年第2辑总第55辑，第33~40页。

要旨 ➡ 为抢劫而携带枪支，抢劫中未使用枪支的，不是持枪抢劫。

㊷《王忠强等抢劫上诉案》，载《人民法院案例选》2007年第4辑总第62辑。

要旨 ➡ 以被车碰头为借口敲诈出租车司机钱物未果，采用殴打、威胁的方式当场劫取司机身上的财物。

㊸《以抢劫掩饰实施伤害行为的定性》，载《刑事司法指南》2007年第4辑总第32辑，第186~192页。

㊹《在抢劫过程中声称"自己是派出所的"是否属于"冒充军警人员抢劫"》，载《公检法办案指南》2007年第7辑总第91辑，第170~172页。

㊺《受蒙骗帮人抢走他人财产的行为应如何认定》，载《公检法办案指南》2007年第6辑总第90辑，第169~173页。

㊻《魏建军抢劫、放火案》，载《刑事审判参考》2006年第4辑总第51辑，第9~14页。

核心提示 ➡ 抢劫过程中致人重伤昏迷，又放火毁灭罪证致人窒息死亡的，是抢劫致人死亡还是故意杀人？

要旨 ➡ 1.因果关系错误中的事前故意不影响故意犯罪既遂的成立。2.抢劫过程中使用暴力致人昏迷，误认为被害人已经死亡，为毁灭罪证又实施放火行为造成被害人窒息死亡的，因为放火时没有故意杀人的主观故意，其行为不构成故意杀人罪，应以抢劫罪定罪处罚。被告人为毁灭罪证而实施的放火行为，符合放火罪的犯罪构成要件，还构成了放火罪，法院以抢劫罪和放火罪进行并罚是正确的。

㊼《李政、侍鹏抢劫案》，载《刑事审判参考》2006年第2辑总第49辑，第40~45页。

要旨 ➡ 针对特定的被害人在公共交通工具上实施抢劫属于"在公共交通工具上抢劫"。

被告人以拉客为名将被害人带上只有驾驶员一人的长途客车,并对被害人施以拳脚和语言威胁,逼迫被害人先后拿出人民币计250元。该行为同样会使驾驶员感到受威胁(不以行为人实际威胁驾驶员以及驾驶员实际产生恐惧感为前提),影响驾驶员的驾驶安全;同时,法律并没有将公共交通工具的驾驶员排除在不特定多数人之外,被害人以及驾驶员在长途客车封闭的环境中形成了不特定多数人群体。因此,仍属于"在公共交通工具上抢劫"。

48《张文光抢劫上诉案》,载《人民法院案例选》2006年第4辑总第58辑。

要旨 ➡ 为毁证灭债,采用暴力手段强行取回出具的借条及用作抵押的房产证,致人重伤,构成抢劫罪。

49《张宜同抢劫案》,载《人民法院案例选》2006年第3辑总第57辑。

要旨 ➡ 暴力抢劫现金后,写"借条"给被害人,但"出借"行为并不是被害人的真实意思表示,构成抢劫罪。

50《关于重大故意杀人、故意伤害、抢劫和毒品犯罪案件基本证据及其规格的意见》①

51《刘某强奸妇女后并拿走被害人手机案》,载《最新刑事法律文件解读》2006年第11辑总第23辑,第132~136页。

要旨 ➡ 从一起强奸抢劫案谈禁止重复评价原则的适用。

本案中,被害人被持刀威胁而强奸在先,其人身权利和性权利受到暴力侵犯。而犯罪分子是否已经就此停止犯罪行为,是否还会对被害人实施其他犯罪行为,被害人无从知晓。作为神志清醒,具备正常责任能力的成年女性来说,把危险降到最低是最为明智的选择。因此,被害人眼看犯罪分子拿走自己的手机而不反抗,非为自愿,而是不敢,这是理所当然的"精神被强制"的情形。

52《谈敲诈勒索罪与抢劫罪的界限》,载《最新刑事法律文件解读》2006年第8辑总第20辑,第119~123页。

要旨 ➡ 抢劫罪与敲诈勒索罪最容易发生混淆的就是"当场使用暴力手段,当场取财"和"以当场使用暴力相威胁,当场取财"的情况。在这两种情况下,两罪的真正区别就在于暴力指向的对象不同。抢劫罪的暴力及威胁指向的是人身,敲诈勒索罪的暴力及威胁必须排除人身。

53《在学生公寓盗窃过程中当场实施暴力抗拒抓捕的行为如何认定》,载《公检法办案指南》2006年第10辑总第82辑,第173~179页。

要旨 ➡ 转化型抢劫罪既、未遂形态的认定应和普通抢劫罪形态的认定标准一致。

54《抢劫刑事案件疑难问题的实务解析》,载《刑事司法指南》2006年第1辑总第25辑,第1~48页。

---

① 对其解读见:《最新刑事法律文件解读》2006年第10辑总第22辑,第48~64页。

要旨➡一、抢劫罪的概念和犯罪对象：1. 抢劫罪的概念；2. 抢劫罪的犯罪对象；二、几种特殊的抢劫行为的性质认定：1. 参赌者抢劫赌资行为的性质认定；2. 人民警察、治安联防队员设置圈套诱骗他人参赌后又前去"抓赌"的行为应当如何定性；3. 以暴力手段劫取有关国家机关扣押的财物是否构成抢劫罪；4. 抢劫家庭成员或者近亲属的财产是否构成抢劫罪；5. 债务人对债权人实施暴力或者以当场实施暴力相威胁，迫使债权人取消债务的，能否认定抢劫罪；

三、关于抢劫罪犯罪手段的几个问题：1. 行为人实施伤害、强奸等犯罪时使用暴力使得被害人不能反抗，然后劫取财物的，该种暴力能否理解为"作为抢劫手段的暴力"；2. 如何认识作为抢劫手段的暴力的程度；3. 抢劫罪的暴力是否包括直接故意杀人；4. 如何理解作为抢劫手段的"胁迫"；

四、关于抢劫罪的从重处罚情节：1. 关于"入户抢劫"的认定；2. 关于"在交通工具上抢劫"的认定；3. 关于"多次抢劫"的认定；4. 关于"冒充军警人员抢劫"的认定；5. 关于"持枪抢劫"的认定；

五、抢劫罪与抢夺罪的界限：1. 关于"飞车抢夺"的定性；2. 关于"携带凶器抢夺"的定性；

六、关于转化型抢劫的认定：1. 转化型抢劫的数额问题；2. 转化型抢劫与抢劫罪加重情节的适用问题；3. 转化型抢劫的刑事责任问题；4. 转化型抢劫的犯罪对象问题；

七、抢劫罪既遂与未遂的区分。

55《林华明等敲诈勒索案》，载《刑事审判参考》2005年第3辑总第44辑，第67~70页。

核心提示➡如何正确区分抢劫罪与敲诈勒索罪？

要旨➡在本案中，我们认为区分抢劫罪与敲诈勒索罪主要看被害人交出财物的心理状态。从事发原因、案件的发展过程和被害人与被告人是同厂工友关系等情节分析，被害人并非是因为被被告人打了两巴掌被迫交出财物的，而是因为被告人掌握了其在单位盗窃皮带的事实，害怕他们告发被单位除名才被迫交出财物的，即被告人主要是以要挟手段非法占有被害人财物，其行为符合敲诈勒索罪的特征。

56《姜继红、成盛等抢劫、盗窃案》，载《刑事审判参考》2005年第2辑总第43辑，第28~36页。

核心提示➡连续抢劫多人的是否属于"多次抢劫"？

57《夏鹏飞、汪宣峰抢劫、敲诈勒索、盗窃案》，载《刑事审判参考》2005年第1辑总第42辑，第37~45页。

核心提示➡先劫取钱财而后购买相机并用以拍摄裸照作为要挟以敲诈钱款，是否是牵连犯？

要旨➡暴力劫财始发在户外，持续至户内，仍应认定为入户抢劫。

本案不属于牵连犯，应以抢劫罪和敲诈勒索罪对被告人施行并罚。本案中，被告人夏鹏飞、汪宣峰两人在主观上可能有共同认识，即以劫取的钱财购买照相机而作为拍摄裸照的工具，似乎以此作为敲诈勒索的手段，但客观上劫取钱财的手段并不能直接使二人达到敲诈更多钱财的目的,两者之间缺乏内在的联系。

㊿《抢劫罪情节加重犯的认定思路与方法》,载《刑事审判参考》2005年第1辑总第42辑,第173页。

要旨➡ 1. 入户抢劫:有些抢劫行为发生的场所特征模棱两可,户的特征并不典型,如侵入户主尚未入住、正在装修的私人住宅,固定值班人员长期居住的单位门卫室,以及在即将或正在关门的前店后宅式房屋等场所抢劫装修工人,值班人员或商铺店主的财物,对于此类非典型或有争议的"入户"劫财行为,笔者主张一般不宜认定为入户抢劫。2. 公共交通工具;对于实践中发生的小型出租车上或者没有乘客的大、中型公共交通工具上抢劫司售人员财物的行为,不宜认定"在公共交通工具上抢劫"。相反,对于实际承载了多数乘客,但没有取得营运证照的"黑车"上或者隶属学校等单位的大、中型客车上实施抢劫的行为,则应当认定。本罪中的交通工具的公共性,决定了其运行区间应当具有一定的社会性,即以运行在城镇、乡村等社会公共道路上的交通工具为限。3. 多次抢劫。

㊾《林光耀等抢劫案》,载《最新刑事法律文件解读》2005年第11辑总第11辑,第132页。

要旨➡ 绑架后勒索被害人本人巨额财物的行为构成抢劫罪。

⓺⓪《陈爱军等抢劫过程中嫌钱少而放弃案》,载《最新刑事法律文件解读》2005年第8辑总第8辑,第141~144页。

核心提示➡ 抢劫作案时嫌钱少未拿钱而放弃,是中止还是未遂?

⓺①《杨建中绑架、抢劫案》,载《最新刑事法律文件解读》2005年第7辑总第7辑,第123~127页。

核心提示➡ 绑架过程中当场从被害人处劫取财物的行为是否同时构成抢劫罪?

⓺②《栾俊林等抢劫、故意杀人、绑架一案》,载《最新刑事法律文件解读》2005年第5辑总第5辑。

核心提示➡ 采用绑架的手段当场劫得钱财定绑架还是抢劫?

⓺③《雷某与刘某婚姻解除后的抢劫罪与非罪案》,载《最新刑事法律文件解读》2005年第1辑。

核心提示➡ 离婚后双方仍关系密切因琐事导致过激行为应如何认定?

⓺④《论"入户抢劫"的司法认定》,载《刑事司法指南》2005年第4辑总第24辑,第1~26页。

要旨➡ 1. "前店后院"式场所等特定场所是否属于"户";2. "户"是否仅限于被害人的"户";3. "入户抢劫"主观评价的内容;4. "入户抢劫"目的的非法性内容:(1)"入户盗窃"转化为"入户抢劫"是否以行为人在入户之前具有抢劫的概括故意为前提;(2)"入户盗窃"是否以行为人在入户之前具有盗窃的故意为前提;(3)"入户盗窃"尚未得手或者未达"数额较大"标准的可否转化为"入户抢劫";(4)入户诈骗、抢夺可否转化为"入户抢劫";(5)抢劫、盗窃等犯罪之外的其他非法性目的可否成为"入户抢劫"的目的非法性内容。

⑥⑤《王跃军、张晓勇抢劫、盗窃案》，载《刑事审判参考》2004年第6辑总第41辑，第20~29页。

核心提示 ➡ "飞车行抢"刑事案件如何定性？

要旨 ➡ 飞车行抢刑事案件的定性，应根据案件的实际情况，具体问题具体分析。1. 对于并未造成人员伤亡的案件，考虑到行为人主观心态的不确定性和客观上直接针对的是财物，如果行为人抢取财物数额较大的，应以抢夺罪论处；2. 对于造成被害人伤亡后果的案件，应结合行为人的作案手段、作案环境、作案对象等情况具体分析行为人的主观罪过，分别定性。如果行为人对于伤亡后果的主观罪过是故意（包括直接故意和间接故意），应以抢劫罪定罪处罚。如果行为人对于伤亡后果的主观罪过是过失，则分两种情况处理。在抢取财物达到数额较大标准时，致人轻伤的，认定为"其他严重情节"，致人重伤或者死亡的，则认定为"其他特别严重情节"，以抢夺罪定罪处罚。在抢取财物未达到"数额较大"标准时，我们认为，对于抢夺罪的情节加重犯，应该以抢夺数额达到"数额较大"的定罪处罚为前提，因此，如果仅仅过失造成了被害人轻伤以下的伤害，那么可以对行为人处以治安行政处罚，但难以定罪处罚。如果过失造成了被害人重伤或者死亡，可以过失致人重伤或者过失致人死亡罪定罪处罚。

⑥⑥《穆文军抢劫案》，载《刑事审判参考》2004年第6辑总第41辑，第14~19页。

要旨 ➡ 在盗窃过程中使用暴力的直接适用刑法第263条以抢劫罪定罪处罚。抢劫后为抗拒抓捕而当场使用暴力故意伤害他人的行为，不实行数罪并罚。

⑥⑦《穆文军抢劫案》，载《刑事审判参考》2004年第6辑总第41辑，第8~13页。

核心提示 ➡ 在公共交通工具上盗窃未遂的情况下，为抗拒抓捕当场使用暴力，是否应当认定为"在公共交通工具上抢劫"？

⑥⑧《杨廷祥等抢劫案》，载《刑事审判参考》2004年第4辑总第39辑，第31~38页。

核心提示 ➡ 在个体家庭旅馆针对旅馆经营者实施的抢劫是否构成"入户抢劫"？

要旨 ➡ 对第二起粮贸招待所抢劫其他客人的行为不属于入户抢劫，意见是一致的。但对第三起进入被害人家庭开办的旅馆，对被害人及其家人实施抢劫能否认定入户，存在争议。我们认为：第一，根本上而言，个体家庭是旅馆而非"户"；第二，具体到旅馆主人的居住场所，在本案中也不应认定为"户"。一方面，被害人的居住场所具有开放性，客人可以随时到这里办理住宿等事务；另一方面，该居住场所的功能是不固定，可以随时变换，而且这种功能上的不确定性，不存在时间段的限制，因而在具体功能上不具有区分性，不宜认定为"户"。

⑥⑨《赖忠、苏绍俊、李海等故意伤害案》，载《刑事审判参考》2004年第3辑总第38辑，第106~110页。

核心提示 ➡ 抢回赌资致人轻伤的行为如何定性？

要旨 ➡ 被告人主观认为，被害人采用作弊手段进行赌博，故其赢得的赌资不属于被害人，仍应属于自己。我们认为：虽然赌资是赃款，依法应予没收，上缴国库，归国家所有。

但是，在赌博行为未被公安机关发觉、查处之前，还不能视为国家财产。如对被告人定抢劫罪，容易使人误解，以为赌博赢得的钱，同样会受到法律的保护，与我国法律规定赌博违法相悖。

(70)《刘群、李国才抢劫、诈骗、盗窃案》，载《刑事审判参考》2004年第2辑总第37辑，第37~46页。

要旨➡预谋抢劫，按约定到指定地点，因未找到合适的作案对象而抢劫未逞，其行为构成抢劫预备。

(71)《陆剑钢等抢劫案》，载《刑事审判参考》2004年第2辑总第37辑，第30~36页。

核心提示➡进入设局赌博的居民住所抢劫参赌人员是否入户抢劫？入户抢劫中“户”的理解与认定。

要旨➡虽系家庭生活场所，但又属于聚众非法赌博的场所，但因抢劫对象系参赌人员而非家庭成员，也未危及户内财物，故不认定入户抢劫。

(72)《王团结、潘友利、黄福忠抢劫、敲诈勒索案》，载《刑事审判参考》2004年第1辑总第36辑。

核心提示➡挟持被害人前往其亲友处取钱的行为应如何定罪？如何看待牵连或吸收关系？

要旨➡对挟持被害人前往其亲友处取钱的行为，是定绑架罪还是定抢劫罪，关键要看被告人是否以被害人被挟持的意思向被害人亲友进行勒索。如果被害人的亲友不知被害人被挟持，而因为其他缘故向被害人支付钱财，或被害人自己借故借钱的，均不能认定被告人构成绑架罪，而应把相应的挟持手段看作被告人为抢劫被害人钱财所实施的一种暴力手段。三被告人第3阶段行为虽亦是抢劫行为的延续，但可独立构成敲诈勒索，应予以数罪并罚。

(73)《罗维权等抢劫案》〔2004〕云刑初字第1376号，广州市白云区人民法院。

要旨➡驾驶非法营运的中巴汽车，以搭客为名，欺骗乘客上车后实施抢劫，不属于“在公共交通工具上抢劫”。

(74)《王杰等人抢劫案》，载《经济犯罪审判指导》第8辑。

要旨➡受害人有严重过错恶意拖欠工资、债务，行为人在抢回工资时临时起意抢劫财产，应如何处罚？兼谈如何认定刑法第63条第2款“特殊情况”？

(75)《石志刚、于国伟、王功生等敲诈勒索、故意伤害案》，载《经济犯罪审判指导》2004年第4辑总第8辑。

要旨➡对特定对象使用暴力、威胁索要钱财的行为可构成敲诈勒索罪。

(76)《魏培明等抢劫案》，载《经济犯罪审判指导》。

要旨➡抢劫正在营业的商住两用场所不属于入户抢劫。

(77)《冯伟、张同方抢劫案》，载《经济犯罪审判指导》。

要旨➡未直接实施暴力也可构成共同抢劫。

⑱《南广杰抢劫案》，载《经济犯罪审判指导》2004 年第 2 辑。

要旨➡入户抢劫也存在犯罪中止形态。

⑲《陈帮蓉涉嫌抢劫宣告无罪案》，载《经济犯罪审判指导》2004 年第 1 辑总第 5 辑，第 22～26 页。

要旨➡债权人非法讨债不应以侵犯财产罪定罪处罚。

⑳《抢劫罪加重犯未遂形态研究》，载《刑事审判要览》2004 年第 4 辑总第 10 辑，第 149～159 页。

要旨➡1. 情节加重犯未遂形态存在的争议；2. 情节加重犯未遂形态存在的理论依据；3. 抢劫罪加重犯未遂形态认定；笔者认为，刑法所列举的八种情形除"多次抢劫"情形以外，其他七种加重情形都存在未遂的犯罪未完成形态。

㉑《侵犯财产罪的疑难问题》，载《刑事审判要览》2004 年第 1 辑总第 7 辑，第 14～42 页。

要旨➡1. 如何认识侵犯财产罪的客体；2. 如何理解"以非法占有为目的"；3. 如何处理抢劫罪中的疑难问题；4. 如何认定"携带凶器抢夺"；5. 如何区分盗窃罪与诈骗罪；6. 如何解释侵占罪的客观要素；7. 如何区别盗窃罪与侵占罪。

㉒《敲诈勒索系列案件的比较与分析》，载《刑事司法指南》2004 年第 4 辑总第 20 辑，第 61～82 页。

要旨➡1. 罪与非罪的认定；2. 敲诈勒索罪与抢劫罪区分；3. 敲诈勒索罪与抢夺罪区分；4. 敲诈勒索与绑架区分。

㉓《杨保营等抢劫、绑架案》，载《刑事审判参考》2003 年第 6 辑总第 35 辑，第 43～48 页。

核心提示➡暴力劫持、拘禁他人之后迫使其本人交出现金的行为如何定性？如何看待抢劫的"当场"？

要旨➡被告具有一定的勒索特征，但行为的目的是向被挟持人本人索要财物，未曾向第三人索财，不具有勒索绑架的基本特征，不定绑架；抢劫需具备两个当场要件，当场威胁，当场取财；但当场不必拘泥于某一特定时间、空间，但又应以暴力、胁迫等手段行为的自然延伸及取得他人财物所必要为限，避免当场的任意解释。本案，首先，被害人回住处取存折、提现及交钱，始终处于暴力、胁迫之下，符合当场手段要件；其次，被害人行为存在时间、空间跨度，但被告人是在被害人身上无财产的情况下，实施这一系列行为，目的在于劫财，故视为一整体，从而认定为当场取财；最后，暴力手段与取财有因果关系。因果关系以是否强制为基准；强制还包括精神上的强制。精神不能从一般人判断，虽然一般人认为在银行提现时有机会反抗，但不能否认被害人受精神强制。

㉔《刑事审判参考》2003 年第 1 辑总第 30 辑，第 172～174 页。

核心提示➡为劫取财物而预谋故意杀人但仅致人轻伤且劫取财物数额不大的应如何定罪处罚？

要旨➡不应简单机械地套用《批复》的规定以抢劫罪定罪处罚，而应当按照对牵连犯

"择一重罪处罚"的原则,以故意杀人罪(未遂)定罪处罚。

85《张月新寻衅滋事案》,载《经济犯罪审判指导与参考》,第27页。
要旨➡ 正确区分抢劫罪与寻衅滋事罪。

86《夏春明抢劫案》,载《经济犯罪审判指导与参考》2003年第2辑,第54页。
核心提示➡ 未抢得财物不等于抢劫未遂

87《雷新国抢劫案》,载《经济犯罪审判指导与参考》。
要旨➡ 以借钱为名劫取他人财物构成抢劫罪。

88《邓银宇抢劫案》,载《经济犯罪审判指导与参考》,第63页。
要旨➡ 在户内发生抢劫并不都是入户抢劫。

89《如何认定"入户抢劫"》,载《经济犯罪审判指导》2003年第1辑总第1辑,第254~256页。

90《被告人被被害人骗至第三人家中取钱是否构成入户抢劫》,载《刑事审判要览》2003年第5辑总第5辑,第184~187页。

91《江世田等妨害公务案》,载《刑事审判参考》2002年第5辑总第28辑,第53~58页。
核心提示➡ 聚众以暴力手段抢回被依法查扣的制假设备应如何定罪?
要旨➡ 1.本案构成妨害公务罪。2.本案不构成抢劫罪或聚众哄抢罪。

92《亢红昌抢夺案》,载《刑事审判参考》2002年第5辑总第28辑,第43~46页。
要旨➡ 无故殴打他人后临时起意趁机夺财的行为构成抢夺罪。

93《曾贤勇抢劫案》,载《刑事审判参考》2002年第4辑总第27辑,第20~26页。
核心提示➡ 携带凶器在银行营业大厅抢夺储户现金行为的法律适用
要旨➡ 1.虽未显示,仍应定抢劫;2.客户的资金应指已存入银行的资金,故不定抢银行;3.应定未遂,被告并未实际控制财物,故未遂,一、二审认定既遂有误;未使用暴力、未遂,不宜判死刑。

94《郭玉林等抢劫案》,载《刑事审判参考》2002年第4辑总第27辑,第12~19页。
要旨➡ 共同抢劫中,部分行为人引起的致人重伤、死亡后果,其余未在现场的行为人应承担致人死亡后果的刑事责任。虽未实施,但因抢劫系双重客体,对其他共同犯罪人所致使的被害人死亡后果并未超出其主观认识范围,故同样应承担致人死亡后果的刑事责任。

95《扎西达娃等抢劫案》,载《刑事审判参考》2002年第3辑总第26辑,第57~63页。
核心提示➡ 对罪刑极其严重的未成年犯罪人能否判处无期徒刑?
要旨➡ 1.根据最高人民法院相关解释,定抢劫一罪;2.(可判与不可判均有一定道理)故对罪行严重的除另有从重情节外,一般可不判处无期徒刑。

96《李春林故意杀人、盗窃案》,载《刑事审判参考》2002年第2辑总第25辑,第

45~49 页。

核心提示 ➡ 为逃避债务故意杀人后又拿走被害人财物的行为如何定性？

要旨 ➡ 抢劫罪的犯罪对象——"公私财物"的客观特征。

一、虽然被告人将债权人杀害是为了逃避债务，目的是非法占有债权人的 2 万元转包费，但这种占有方式并不是刑法意义上的当场劫取财物。从当场劫取财物这一抢劫犯罪的客观特征来看，这里的"财物"须具有即时取得、可转移的特点，当场不能取得、不能转移的财物一般不能成为抢劫罪的犯罪对象。以逃避债务为目的的故意杀人，仅可以使原有的债权债务关系归于消灭，且从犯罪故意来看，抢劫一般应先产生非法占有的目的才抢，而本案已实际占有财物，不需要通过故意杀人去劫取，故不定抢劫，定故意杀人。二、非法占有故意产生于杀人后，不存在牵连与吸收关系，系盗窃。

97《邹代明抢劫案》，载《刑事审判参考》2002 年第 1 辑总第 24 辑，第 62~66 页。

核心提示 ➡ 设置机关将他人禁闭起来以得逞劫财目的的行为如何定性？

要旨 ➡ 被害人未失去夺回自己财物的能力，但因身处机关中无法抗拒，因此不是抢夺。被害人将钱交给被告人清点时，两人同处一房间内，被告人尚未按照原来的约定将美元付给被害人，交易尚未完成，被害人可以随时停止交易，要回属于自己的财物，故并未对其财物失去控制。违背自愿，故非诈骗。

98《熊志华绑架案》，载《刑事审判参考》2002 年第 1 辑总第 24 辑，第 34~39 页。

核心提示 ➡ 捉奸后暴力殴打被害人，被害人愿以 2 万元私了时强迫被害人写 10 万元欠条，被害人以急需钱为由叫朋友送钱给被告人，该行为如何定性？兼谈如何准确区分敲诈勒索与抢劫、绑架的界限

要旨 ➡ 被告人的暴力行为是一时激愤的单纯的伤害行为，而非出于抢劫故意的暴力，绝不能贸然地将此与后面的勒索钱财行为联系在一起。此后，当被害人为了脱身，主动提出愿以 2 万元私了时，被告人才产生了借机勒索其钱财的故意。这里，一方"主动破财消灾"，另一方"借机勒索"，均属事出有因。被告人勒索钱财，是实实在在的借机要挟，故不是抢劫。

99《计永欣故意杀人案》，载《刑事审判参考》2002 年第 1 辑总第 24 辑，第 22~27 页。

核心提示 ➡ 故意杀人后又取走被害人财物的如何定性？

要旨 ➡ 应定盗窃与杀人并罚，但不告不理，不宜增罪名。

100《在绑架勒索过程中劫走被绑架人随身携带财物的行为如何定性》，载《刑事审判参考》2002 年第 1 辑总第 24 辑，第 198~202 页。

要旨 ➡ 1. 勒赎型绑架罪的既遂标准问题；2. 在绑架中又实施劫取被绑架人随身携带财物的行为是否应数罪并罚问题。

101《抢劫案件公诉证据参考标准》，载《刑事司法指南》2002 年第 3 辑总第 11 辑，第 130~140 页。

要旨 ➡ 关于犯罪主体、主观方面、客观方面、客体方面的证据。

102 《何木生抢劫案》，载《刑事审判参考》2001年第12辑总第23辑，第28~33页。

核心提示 ➡ 被害人被暴力威胁后，出外借钱交给被告人行为如何定性，如何理解"当场"，兼谈敲诈勒索与抢劫之区分？被害人叫被告人入内，能否认定入户抢劫？

要旨 ➡ 本案自被告人实施暴力威胁行为到被害人外出借款并交给被告人是一个自然的连贯过程，期间并未中断，故认定其为即时、当场取得是正确的。被告人拦下被害人时，即明示了索要钱财的目的。被害人在知悉该目的的情况下，叫他们"有什么事到家里去好好说"，虽然其作出这一意思表示之前，被告人一伙中的人踢了他一脚，显非情愿，似不能否定被告人闯入被害人住宅的非法性，但被告人与被害人的女儿确曾相熟，也常到其家中。综合全案，对被告人等人宜排除其入户非法性，既然只有入户之形式特征，而不具有非法入户之实质内容，本案没有认定被告人构成"入户抢劫"是正确的。

103 《黄斌等抢劫（预备）案》，载《刑事审判参考》2001年第11辑总第22辑，第10~15页。

核心提示 ➡ 如何判断着手以及犯罪预备应如何认定及处理？

要旨 ➡ 司法实践中，判断是否"着手"，还是应根据具体案件的具体情况，结合刑法条文的有关规定，具体分析、认定。具体到抢劫案件而言，由于抢劫罪的成立，必须以行为人已实施了暴力、威胁等法定的犯罪方法为要件，因此，只有行为人已开始实施上述特定的方法行为，才能视为犯罪着手。本案中，两被告人虽с欲抢劫的对象同在一车，并具有随时实行抢劫犯罪的条件和可能，但自始至终尚未开始实施暴力、威胁方法行为，仍停留在预备阶段。虽是预备，但离着手仅一步之遥，且所犯系重罪，社会危害性程度相当大，仍应追究其刑事责任。

104 《张书海等抢劫、非法持有枪支、弹药、帮助毁灭证据、窝藏、转移赃物、非法买卖枪支案河南省高级人民法院刑事裁定书》，载《刑事审判参考》2001年第11辑总第22辑，第96~112页。

核心提示 ➡ 预备抢劫因故最终未参加同伙的抢劫应如何认定？如何认定共同抢劫的主犯？

要旨 ➡ 被告人张云志携带上述工具多次到被害人家附近伺机作案，均因被害人家人多未能着手实施抢劫。张云志离开郑州返回叶县。后张书海再次纠集了张云志等人，并指使张云志带着张小马到被害人附近踩点，3人又多次携带作案工具到被害人家附近伺机作案，仍因被害人家人多未能着手实施抢劫，张云志再次离开郑州。1996年11月27日晚，张书海、张小马实施了抢劫。关于上诉人张云志的辩解，经查，被告人先后两次从原籍来到郑州，伙同张书海、张小马多次携带刀子、尼龙绳等作案工具窜到被害人家附近伺机抢劫作案，均因被害人家里人多等原因而未着手实施抢劫，虽然其最终未参加1996年11月27日的抢劫作案，但亦未有证据证明其已放弃抢劫犯罪的意图，故其犯罪形态属犯罪预备而不是犯罪中止。由于其犯罪性质严重，社会危害大，原审法院依法对其作出了减轻处罚的判决，并无不当。故其辩解理由不能成立。

105 《明安华抢劫案》，载《刑事审判参考》2001年第10辑总第21辑，第22~

27 页。

核心提示➡ 子女进入父母居室内抢劫的能否认定为入户抢劫？

要旨➡ 1. 抢劫共有财产，可以抢劫定罪处罚；2. 一般不应当认定入户抢劫。

106 《金义祥抢劫案》，载《刑事审判参考》2001 年第 8 辑总第 19 辑，第 25~32 页。

核心提示➡ 抢劫致人重伤应如何量刑？

107 《周建平等四人抢劫、敲诈勒索案》，载《刑事审判参考》2001 年第 7 辑总第 18 辑，第 39~44 页。

核心提示➡ 如何正确区分抢劫与绑架、敲诈勒索的界限？

108 《张君等抢劫、杀人犯罪集团案》，载《刑事审判参考》2001 年第 7 辑总第 18 辑，第 13~38 页。

要旨➡ 抢劫后为逃跑而杀死司机劫取出租车作为交通工具系抢劫。

109 《郑小平、邹小虎抢劫案》，载《刑事审判参考》2001 年第 6 辑总第 17 辑，第 17~23 页。

核心提示➡ 以暴力、威胁手段强迫他人提供贷款的行为如何定性？

要旨➡ 不能证实行为人具有非法占有他人财物的目的，就不能以抢劫或敲诈勒索定罪；强迫提供金融服务，系强迫交易。

110 《刘汉福抢劫案》，载《刑事审判参考》2001 年第 4 辑总第 15 辑，第 25~33 页。

核心提示➡ 丈夫伙同他人抢劫夫妻共同财产的行为如何定性？

要旨➡ 被告人刘汉福伙同他人抢走夫妻共同财产的行为，构成抢劫罪；刘汉福及其他被告人应当对所抢劫的夫妻共同财产 10 万元全额负刑事责任。

111 《戚道云抢劫案》，载《刑事审判参考》2001 年第 3 辑总第 14 辑，第 30~35 页。

核心提示➡ 为消灭债务采用暴力、胁迫手段抢回欠款凭证的行为如何定性？

要旨➡ 欠条系财产权利凭证。债务已消灭是既遂。

112 《包胜芹等故意伤害、抢劫案》，载《刑事审判参考》2001 年第 3 辑总第 14 辑，第 24~29 页。

核心提示➡ 教唆他人抢劫自己与妻子的共同财产是否构成抢劫罪？

113 《蒋志华故意伤害案》，载《刑事审判参考》2001 年第 3 辑总第 14 辑，第 17~23 页。

核心提示➡ 使用暴力手段向债务人的亲属索要欠款致人伤害如何定性？

要旨➡ 虽为不合法债务，但不具备非法占有目的，故不是抢劫。

114 《关于在小型出租车上抢劫能否认定为"在公共交通工具上抢劫"的问题》，载《刑事审判参考》2001 年第 2 辑总第 13 辑，第 85 页。

115 《庄保金抢劫案》，载《刑事审判参考》2000 年第 3 辑总第 8 辑，第 18～23 页以及《刑事审判案例》，第 116～120 页。

要旨➡入室盗窃被事主发觉，当场使用暴力构成入户抢劫。

116 《罗登祥抢劫、故意杀人、脱逃（未遂）案》，载《刑事审判参考合订本第一卷》，第 112～116 页。

核心提示➡对在抢劫过程中杀人（致人死亡）案件应如何定罪处刑？

第 264 条 盗窃罪

盗窃公私财物，数额较大或者多次盗窃的，处三年以下有期徒刑、拘役或者管制，并处或者单处罚金；数额巨大或者有其他严重情节的，处三年以上十年以下有期徒刑，并处罚金；数额特别巨大或者有其他特别严重情节的，处十年以上有期徒刑或者无期徒刑，并处罚金或者没收财产；有下列情形之一的，处无期徒刑或者死刑，并处没收财产：

（一）盗窃金融机构，数额特别巨大的；

（二）盗窃珍贵文物，情节严重的。

中华人民共和国刑法修正案（八）（第十一届全国人民代表大会常务委员会第十九次会议 2011 年 2 月 25 日通过，中华人民共和国主席令第四十一号公布，自 2011 年 5 月 1 日起施行。）

三十九、将刑法第二百六十四条修改为："盗窃公私财物，数额较大的，或者多次盗窃、入户盗窃、携带凶器盗窃、扒窃的，处三年以下有期徒刑、拘役或者管制，并处或者单处罚金；数额巨大或者有其他严重情节的，处三年以上十年以下有期徒刑，并处罚金；数额特别巨大或者有其他特别严重情节的，处十年以上有期徒刑或者无期徒刑，并处罚金或者没收财产。"

关联规范 ➡ 完全整理

❶ 《中华人民共和国刑法》（1980 年 1 月 1 日）第 196 条第 3 款

盗窃信用卡并使用的，依照本法第二百六十四条的规定定罪处罚。

❷ 《中华人民共和国刑法》（1980 年 1 月 1 日）第 210 条 盗窃罪、诈骗罪

盗窃增值税专用发票或者可以用于骗取出口退税、抵扣税款的其他发票的，依照本法第二百六十四条的规定定罪处罚。

使用欺骗手段骗取增值税专用发票或者可以用于骗取出口退税、抵扣税款的其他发票的，依照本法第二百六十六条的规定定罪处罚。

❸ 《中华人民共和国刑法》（1980 年 1 月 1 日）第 253 条 私自开拆、隐匿、毁弃邮件、电报罪

邮政工作人员私自开拆或者隐匿、毁弃邮件、电报的，处二年以下有期徒刑或者拘役。

犯前款罪而窃取财物的，依照本法第二百六十四条的规定定罪从重处罚。

❹ 《中华人民共和国刑法》（1980年1月1日）第265条 盗窃罪

以牟利为目的，盗接他人通信线路、复制他人电信码号或者明知是盗接、复制的电信设备、设施而使用的，依照本法第二百六十四条的规定定罪处罚。

❺ 《中华人民共和国刑法》（1980年1月1日）第269条 抢劫罪

犯盗窃、诈骗、抢夺罪，为窝藏赃物、抗拒抓捕或者毁灭罪证而当场使用暴力或者以暴力相威胁的，依照本法第二百六十三条的规定定罪处罚。

❻ 《中华人民共和国刑法》（1980年1月1日）第287条 以计算机为工具的犯罪

利用计算机实施金融诈骗、盗窃、贪污、挪用公款、窃取国家秘密或者其他犯罪的，依照本法有关规定定罪处罚。

❼ 人大常委会《关于〈中华人民共和国刑法〉有关文物的规定适用于具有科学价值的古脊椎动物化石、古人类化石的解释》（2005年12月29日）（节录）①

全国人民代表大会常务委员会根据司法实践中遇到的情况，讨论了关于走私、盗窃、损毁、倒卖或者非法转让具有科学价值的古脊椎动物化石、古人类化石的行为适用刑法有关规定的问题，解释如下：刑法有关文物的规定，适用于具有科学价值的古脊椎动物化石、古人类化石。

❽ 全国人大常委会《关于维护互联网安全的决定》（2000年12月28日）（节录）②

四、（三）利用互联网进行盗窃、诈骗、敲诈勒索。解读摘要："利用互联网进行盗窃、诈骗、敲诈勒索"，主要是指行为人利用计算机网络系统或者产品加密等技术上的漏洞，利用解密、修改指令等破坏手段，擅自侵入银行计算机服务网络，将他人银行账号上的存款转到自己名下，或者利用电子商务（如订电子合同、网上拍卖、网上招聘、网上购物、网上租赁等）进行诈骗，或者以在线发布张扬他人隐私或毁损他人荣誉的主页、电子邮件等方式相威胁，勒索他人财物的行为。

❾ 最高人民法院《人民法院量刑指导意见（试行）》（2010年9月3日 法发〔2010〕36号）（节录）

四、常见犯罪的量刑

（六）盗窃罪

1. 构成盗窃罪的，可以根据下列不同情形在相应的幅度内确定量刑起点：

（1）达到数额较大起点的，或者一年内入户盗窃或者在公共场所扒窃三次的，可以在三个月拘役至六个月有期徒刑幅度内确定量刑起点。

（2）达到数额巨大起点或者有其他严重情节的，可以在三年至四年有期徒刑幅度内确定量刑起点。

（3）达到数额特别巨大起点或者有其他特别严重情节的，可以在十年至十二年有期徒

---

① 对其解读见：《刑事审判参考》2006年第2辑总第49辑，第57~60页。
② 对其解读见：《刑事审判参考》2001年第4辑总第15辑，第52~58页。

刑幅度内确定量刑起点。

2. 在量刑起点的基础上，可以根据盗窃数额、次数、手段等其他影响犯罪构成的犯罪事实增加刑罚量，确定基准刑。

3. 盗窃近亲属财物的，可以减少基准刑的50%以下。不作犯罪处理的除外。

❿ 最高人民法院《关于贯彻宽严相济刑事政策的若干意见》（2010年2月8日　法发〔2010〕9号）（节录）①

7. 贯彻宽严相济刑事政策，必须毫不动摇地坚持依法严惩严重刑事犯罪的方针。对于危害国家安全犯罪、恐怖组织犯罪、邪教组织犯罪、黑社会性质组织犯罪、恶势力犯罪、故意危害公共安全犯罪等严重危害国家政权稳固和社会治安的犯罪，故意杀人、故意伤害致人死亡、强奸、绑架、拐卖妇女儿童、抢劫、重大抢夺、重大盗窃等严重暴力犯罪和严重影响人民群众安全感的犯罪，走私、贩卖、运输、制造毒品等毒害人民健康的犯罪，要作为严惩的重点，依法从重处罚。尤其对于极端仇视国家和社会，以不特定人为侵害对象，所犯罪行特别严重的犯罪分子，该重判的要坚决依法重判，该处死刑的要坚决依法判处死刑。

⓫ 最高人民法院《全国部分法院审理毒品犯罪案件工作座谈会纪要》（2008年12月23日）（节录）②

盗窃、抢夺、抢劫毒品的，应当分别以盗窃罪、抢夺罪或者抢劫罪定罪，但不计犯罪数额，根据情节轻重予以定罪量刑。盗窃、抢夺、抢劫毒品后又实施其他毒品犯罪的，对盗窃罪、抢夺罪、抢劫罪和所犯的具体毒品犯罪分别定罪，依法数罪并罚。

⓬ 最高人民法院《关于审理破坏电力设备刑事案件具体应用法律若干问题的解释》（2007年8月15日　法释〔2007〕15号）（节录）③

第三条　盗窃电力设备，危害公共安全，但不构成盗窃罪的，以破坏电力设备罪定罪处罚；同时构成盗窃罪和破坏电力设备罪的，依照刑法处罚较重的规定定罪处罚。

盗窃电力设备，没有危及公共安全，但应当追究刑事责任的，可以根据案件的不同情况，按照盗窃罪等犯罪处理。

⓭ 最高人民法院《关于审理危害军事通信刑事案件具体应用法律若干问题的解释》（2007年6月26日　法释〔2007〕13号）（节录）④

第六条　破坏、过失损坏军事通信，并造成公用电信设施损毁，危害公共安全，同时构成刑法第一百二十四条和第三百六十九条规定的犯罪的，依照处罚较重的规定定罪处罚。

盗窃军事通信线路、设备，不构成盗窃罪，但破坏军事通信的，依照刑法第三百六十九条第一款的规定定罪处罚；同时构成刑法第一百二十四条、第二百六十四条和第三百六十九条第一款规定的犯罪的，依照处罚较重的规定定罪处罚。

---

① 对其解读见：《刑事法律文件解读》2010年第3辑总第57辑，第49~65页。
② 对其解读见：《刑事审判参考》2008年第6辑总第65辑，第71~92页。
③ 对其解读见：《刑事审判参考》2007年第5辑总第58辑，第72~81页。
④ 对其解读见：《刑事审判参考》2007年第4辑总第57辑，第72~80页以及《最新刑事法律文件解读》2007年第5辑总第29辑，第77~84页。

⓮ 最高人民法院、最高人民检察院《关于办理与盗窃、抢劫、诈骗、抢夺机动车相关刑事案件具体应用法律若干问题的解释》（2007年5月9日　法释〔2007〕11号）（节录）①

第四条　实施本解释第一条、第二条、第三条第一款或者第三款规定的行为，事前与盗窃、抢劫、诈骗、抢夺机动车的犯罪分子通谋的，以盗窃罪、抢劫罪、诈骗罪、抢夺罪的共犯论处。

⓯ 最高人民法院、最高人民检察院《关于办理盗窃油气、破坏油气设备等刑事案件具体应用法律若干问题的解释》（2007年1月19日　法释〔2007〕3号）（节录）②

第三条　盗窃油气或者正在使用的油气设备，构成犯罪，但未危害公共安全的，依照刑法第二百六十四条的规定，以盗窃罪定罪处罚。

盗窃油气，数额巨大但尚未运离现场的，以盗窃罪未遂定罪处罚。

为他人盗窃油气而偷开油气井、油气管道等油气设备阀门排放油气或者提供其他帮助的，以盗窃罪的共犯定罪处罚。

第四条　盗窃油气同时构成盗窃罪和破坏易燃易爆设备罪的，依照刑法处罚较重的规定定罪处罚。

⓰ 最高人民法院《关于审理未成年人刑事案件具体应用法律若干问题的解释》（2006年1月23日　法释〔2006〕1号）（节录）③

第九条　已满十六周岁不满十八周岁的人实施盗窃行为未超过三次，盗窃数额虽已达到"数额较大"标准，但案发后能如实供述全部盗窃事实并积极退赃，且具有下列情形之一的，可以认定为"情节显著轻微危害不大"，不认为是犯罪：（一）系又聋又哑的人或者盲人；（二）在共同盗窃中起次要或者辅助作用，或者被胁迫；（三）具有其他轻微情节的。

已满十六周岁不满十八周岁的人盗窃未遂或者中止的，可不认为是犯罪。

已满十六周岁不满十八周岁的人盗窃自己家庭或者近亲属财物，或者盗窃其他亲属财物但其他亲属要求不予追究的，可不按犯罪处理。

⓱ 最高人民法院《关于审理破坏公用电信设施刑事案件具体应用法律若干问题的解释》（2004年12月30日　法释〔2004〕21号）（节录）④

第三条（第二款）　盗窃公用电信设施价值数额不大，但是构成危害公共安全犯罪的，依照刑法第一百二十四条的规定定罪处罚；盗窃公用电信设施同时构成盗窃罪和破坏公用电信设施罪的，依照处罚较重的规定定罪处罚。

⓲ 最高人民检察院研究室《关于非法制作、出售、使用IC电话卡行为如何适用法

---

① 对其解读见：《刑事审判参考》2007年第3辑总第56辑，第73~81页。
② 对其解读见：《刑事审判参考》2007年第1辑总第54辑，第94~103页。
③ 对其解读见：《刑事审判参考》2006年第1辑总第48辑，第87~91页以及2006年第2辑总第49辑，第61~77页。
④ 对其解读见：《刑事审判参考》2004年第6辑总第41辑，第75~76，135~145页。

律问题的答复》(2003 年 4 月 2 日 〔2003〕高检研发第 10 号)

非法制作或者出售非法制作的 IC 电话卡，数额较大的，应当依照刑法第二百二十七条第一款的规定，以伪造、倒卖伪造的有价票证罪追究刑事责任，犯罪数额可以根据销售数额认定；明知是非法制作的 IC 电话卡而使用或者购买并使用，造成电信资费损失数额较大的，应当依照刑法第二百六十四条的规定，以盗窃罪追究刑事责任。

⑲ 最高人民检察院《关于单位有关人员组织实施盗窃行为如何适用法律问题的批复》(2002 年 8 月 13 日 高检发释字〔2002〕5 号)[①]

单位有关人员为谋取单位利益组织实施盗窃行为，情节严重的，应当依照刑法第二百六十四条的规定以盗窃罪追究直接责任人员的刑事责任。

⑳ 最高人民法院《关于对采用破坏性手段盗窃正在使用的油田输油管道中油品的行为如何适用法律问题的批复》(2002 年 4 月 8 日 法释〔2002〕10 号)[②]

正在使用的油田输油管道，属于刑法规定的"易燃易爆设备"。行为人采用破坏性手段盗窃正在使用的油田输油管道中的油品，构成破坏易燃易爆设备罪、盗窃罪等犯罪的，依照处罚较重的规定定罪处罚。

㉑ 最高人民法院《关于审理破坏森林资源刑事案件具体应用法律若干问题的解释》(2000 年 12 月 11 日 法释〔2000〕36 号)(节录)[③]

九、将国家、集体、他人所有并已经伐倒的树木窃为己有，以及偷砍他人房前屋后、自留地种植的零星树木，数额较大的，以盗窃罪定罪处罚。十五、非法实施采种、采脂、挖笋、掘根、剥树皮等行为，牟取经济利益数额较大的，以盗窃罪定罪处罚。同时构成其他犯罪的，依照处罚较重的规定定罪处罚。

㉒ 最高人民法院《关于审理扰乱电信市场管理秩序案件具体应用法律若干问题的解释》(2000 年 5 月 24 日 法释〔2000〕12 号)(节录)[④]

第七条 将电信卡非法充值后使用，造成电信资费损失数额较大的，依照刑法第二百六十四条的规定，以盗窃罪定罪处罚。

第八条 盗用他人公共信息网络上网账号、密码上网，造成他人电信资费损失数额较大的，依照刑法第二百六十四条的规定，以盗窃罪定罪处罚。

㉓ 公安部《关于打击拐卖妇女儿童犯罪适用法律和政策有关问题的意见》(2000 年 3 月 24 日 公通字〔2000〕25 号)(节录)

二、关于拐卖妇女、儿童犯罪（十二）教唆被拐卖、拐骗、收买的未成年人实施盗窃、诈骗等犯罪行为的，应当以盗窃罪、诈骗罪等犯罪的共犯立案侦查。

㉔ 最高人民法院《全国法院维护农村稳定刑事审判工作座谈会纪要》(1999 年 10 月

---

① 对其解读见：《解读最高人民检察院司法解释》，第 355~357 页。
② 对其解读见：《刑事审判参考》2002 年第 3 辑总第 26 辑，第 134~135，167~170 页。
③ 对其解读见：《刑事审判参考》2001 年第 3 辑总第 14 辑，第 55~59 页。
④ 对其解读见：《刑事审判参考》2000 年第 4 辑总第 9 辑，第 63~90 页以及《解读最高人民法院司法解释·刑事、行政卷（1997~2002）》，第 243~248 页。

27日　法〔1999〕217号）（节录）

（二）关于盗窃案件：要重点打击的是：盗窃农业生产资料和承包经营的山林、果林、渔塘产品等严重影响和破坏农村经济发展的犯罪；盗窃农民生活资料，严重影响农民生活和社会稳定的犯罪；结伙盗窃、盗窃集团和盗、运、销一条龙的犯罪；盗窃铁路、油田、重点工程物资的犯罪等。

对于盗窃集团的首要分子、盗窃惯犯、累犯，盗窃活动造成特别严重后果的，要依法从严惩处。对于盗窃牛、马、骡、拖拉机等生产经营工具或者生产资料的，应当依法从重处罚。对盗窃犯罪的初犯、未成年犯或者因生活困难而实施盗窃犯罪，或积极退赃、赔偿损失的，应当注意体现政策上，酌情从轻处罚。其中，具备判处管制、单处罚金或者宣告缓刑条件的，应区分不同情况尽可能适用管制、罚金或者缓刑。

㉕ 最高人民法院、最高人民检察院、公安部《关于铁路运输过程中盗窃罪数额认定标准问题的规定》（1999年2月4日　公发〔1999〕4号）①

结合铁路运输的治安状况和盗窃案件特点，现对铁路运输过程中盗窃罪数额认定标准规定如下：一、个人盗窃公私财物"数额较大"，以一千元为起点；二、个人盗窃公私财物"数额巨大"，以一万元为起点；三、个人盗窃公私财物"数额特别巨大"，以六万元为起点。

㉖ 最高人民法院、最高人民检察院、公安部、工商局《关于依法查处盗窃、抢劫机动车案件的规定》（1998年5月8日　公通字〔1998〕31号）（节录）②

四、本规定第二条和第三条中的行为人事先与盗窃、抢劫机动车辆的犯罪分子通谋的，分别以盗窃、抢劫罪的共犯论处。

㉗ 最高人民法院、最高人民检察院、公安部《关于盗窃罪数额认定标准问题的规定》（1998年3月26日　法发〔1998〕3号）③

㉘ 最高人民法院《关于审理盗窃案件具体应用法律若干问题的解释》（1998年3月17日　法释〔1998〕4号）④

第一条　根据刑法第二百六十四条的规定，以非法占有为目的，秘密窃取公私财物数额较大或者多次盗窃公私财物的行为，构成盗窃罪。

（一）盗窃数额，是指行为人窃取的公私财物的数额。

（二）盗窃未遂，情节严重，如以数额巨大的财物或者国家珍贵文物等为盗窃目标的，应当定罪处罚。

（三）盗窃的公私财物，包括电力、煤气、天然气等。

（四）偷拿自己家的财物或者近亲属的财物，一般可不按犯罪处理；对确有追究刑事责任必要的，处罚时也应与在社会上作案的有所区别。

---

① 对其解读见：《解读最高人民检察院司法解释》，第352~354页。
② 对其解读见：《解读最高人民检察院司法解释》，第343~347页。
③ 对其解读见：《解读最高人民检察院司法解释》，第348~351页。
④ 对其解读见：《解读最高人民法院司法解释·刑事、行政卷（1997~2002）》，第198~208页。

第二编 分则 第五章 侵犯财产罪

第二条 刑法第二百六十五条规定的"以牟利为目的",是指为了出售、出租、自用、转让等谋取经济利益的行为。

第三条 盗窃公私财物"数额较大"、"数额巨大"、"数额特别巨大"的标准如下:

(一)个人盗窃公私财物价值人民币五百元至二千元以上的,为"数额较大"。

(二)个人盗窃公私财物价值人民币五千元至二万元以上的,为"数额巨大"。

(三)个人盗窃公私财物价值人民币三万元至十万元以上的,为"数额特别巨大"。

各省、自治区、直辖市高级人民法院可根据本地区经济发展状况,并考虑社会治安状况,在前款规定的数额幅度内,分别确定本地区执行的"数额较大"、"数额巨大"、"数额特别巨大"的标准。

第四条 对于一年内入户盗窃或者在公共场所扒窃三次以上的,应当认定为"多次盗窃",以盗窃罪定罪处罚。

第五条 被盗物品的数额,按照下列方法计算:

(一)被盗物品的价格,应当以被盗物品价格的有效证明确定。对于不能确定的,应当区别情况,根据作案当时、当地的同类物品的价格,并按照下列核价方法,以人民币分别计算:

1. 流通领域的商品,按市场零售价的中等价格计算;属于国家定价的,按国家定价计算;属于国家指导价的,按指导价的最高限内计算。

2. 生产领域的产品,成品按本项之1规定的方法计算;半成品比照成品价格折算。

3. 单位和公民的生产资料、生活资料等物品,原则上按购进价计算,但作案当时市场价高于原购进价的,按当时市场价的中等价格计算。

4. 农副产品,按农贸市场同类产品的中等价格计算。大牲畜,按交易市场同类同等大牲畜的中等价格计算。

5. 进出口货物、物品,按本项之1规定的方法计算。

6. 金、银、珠宝等制作的工艺品,按国有商店零售价格计算;国有商店没有出售的,按国家主管部门核定的价格计算。黄金、白银按国家定价计算。

7. 外币,按被盗当日国家外汇管理局公布的外汇卖出价计算。

8. 不属于馆藏三级以上的一般文物,包括古玩、古书画等,按国有文物商店的一般零售价计算,或者按国家文物主管部门核定的价格计算。

9. 以牟利为目的,盗接他人通信线路、复制他人电信码号的,盗窃数额按当地邮电部门规定的电话初装费、移动电话入网费计算;销赃数额高于电话初装费、移动电话入网费的,盗窃数额按销赃数额计算。移动电话的销赃数额,按减去裸机成本价格计算。

10. 明知是盗接他人通信线路、复制他人电信码号的电信设备、设施而使用的,盗窃数额按合法用户为其支付的电话费计算。盗窃数额无法直接确认的,应当以合法用户的电信设备、设施被盗接、复制后的月缴费额减去被复制前6个月的平均电话费推算;合法用户使用电信设备、设施不足6个月的,按实际使用的月平均电话费推算。

11. 盗接他人通信线路后自己使用的,盗窃数额按本项之10的规定计算;复制他人电信码号后自己使用的,盗窃数额按本项之9、10规定的盗窃数额累计计算。

（二）有价支付凭证、有价证券、有价票证，按下列方法计算：

1. 不记名、不挂失的有价支付凭证、有价证券、有价票证，不论能否即时兑现，均按票面数额和案发时应得的孳息、奖金或者奖品等可得收益一并计算。股票按被盗当日证券交易所公布的该种股票成交的平均价格计算。

2. 记名的有价支付凭证、有价证券、有价票证，如果票面价值已定并能即时兑现的，如活期存折、已到期的定期存折和已填上金额的支票，以及不需证明手续即可提取货物的提货单等，按票面数额和案发时应得的利息或者可提货物的价值计算。如果票面价值未定，但已经兑现的，按实际兑现的财物价值计算；尚未兑现的，可作为定罪量刑的情节。

不能即时兑现的记名有价支付凭证、有价证券、有价票证或者能即时兑现的有价支付凭证、有价证券、有价票证已被销毁、丢弃，而失主可以通过挂失、补领、补办手续等方式避免实际损失的，票面数额不作为定罪量刑的标准，但可作为定罪量刑的情节。

（三）邮票、纪念币等收藏品、纪念品，按国家有关部门核定的价格计算。

（四）同种类的大宗被盗物品，失主以多种价格购进，能够分清的，分别计算；难以分清的，应当按此类物品的中等价格计算。

（五）被盗物品已被销赃、挥霍、丢弃、毁坏的，无法追缴或者几经转手，最初形态被破坏的，应当根据失主、证人的陈述、证言和提供的有效凭证以及被告人的供述，按本条第（一）项规定的核价方法，确定原被盗物品的价值。

（六）失主以明显低于被盗当时、当地市场零售价购进的物品，应当按本条第（一）项规定的核价方法计算。

（七）销赃数额高于按本解释计算的盗窃数额的，盗窃数额按销赃数额计算。

（八）盗窃违禁品，按盗窃罪处理的，不计数额，根据情节轻重量刑。

（九）被盗物品价格不明或者价格难以确定的，应当按国家计划委员会、最高人民法院、最高人民检察院、公安部《扣押、追缴、没收物品估价管理办法》的规定，委托指定的估价机构估价。

（十）对已陈旧、残损或者使用过的被盗物品，应当结合作案当时、当地同类物品的价格和被盗时的残旧程度，按本条第（九）项的规定办理。

（十一）残次品，按主管部门核定的价格计算；废品，按物资回收利用部门的收购价格计算；假、劣物品，有价值的，按本条第（九）项的规定办理，以实际价值计算。

（十二）多次盗窃构成犯罪，依法应当追诉的，或者最后一次盗窃构成犯罪，前次盗窃行为在一年以内的，应当累计其盗窃数额。

（十三）盗窃行为给失主造成的损失大于盗窃数额的，损失数额可作为量刑的情节。

第六条 审理盗窃案件，应当根据案件的具体情形认定盗窃罪的情节：

（一）盗窃公私财物接近"数额较大"的起点，具有下列情形之一的，可以追究刑事责任：

1. 以破坏性手段盗窃造成公私财产损失的；
2. 盗窃残疾人、孤寡老人或者丧失劳动能力人的财物的；
3. 造成严重后果或者具有其他恶劣情节的。

(二) 盗窃公私财物虽已达到"数额较大"的起点, 但情节轻微, 并具有下列情形之一的, 可不作为犯罪处理:

1. 已满十六周岁不满十八周岁的未成年人作案的;
2. 全部退赃、退赔的;
3. 主动投案的;
4. 被胁迫参加盗窃活动, 没有分赃或者获赃较少的;
5. 其他情节轻微、危害不大的。

(三) 盗窃数额达到"数额较大"或者"数额巨大"的起点, 并具有下列情形之一的, 可以分别认定为"其他严重情节"或者"其他特别严重情节":

1. 犯罪集团的首要分子或者共同犯罪中情节严重的主犯;
2. 盗窃金融机构的;
3. 流窜作案危害严重的;
4. 累犯;
5. 导致被害人死亡、精神失常或者其他严重后果的;
6. 盗窃救灾、抢险、防汛、优抚、扶贫、移民、救济、医疗款物, 造成严重后果的;
7. 盗窃生产资料, 严重影响生产的;
8. 造成其他重大损失的。

第七条 审理共同盗窃犯罪案件, 应当根据案件的具体情形对各被告人分别作出处理:

(一) 对犯罪集团的首要分子, 应当按集团盗窃的总数额处罚。

(二) 对共同犯罪中的其他主犯, 应当按照其所参与的或者组织、指挥的共同盗窃的数额处罚。

(三) 对共同犯罪中的从犯, 应当按照其所参与的共同盗窃的数额确定量刑幅度, 并依照刑法第二十七条第二款的规定, 从轻、减轻处罚或者免除处罚。

第八条 刑法第二百六十四条规定的"盗窃金融机构", 是指盗窃金融机构的经营资金、有价证券和客户的资金等, 如储户的存款、债券、其他款物, 企业的结算资金、股票, 不包括盗窃金融机构的办公用品、交通工具等财物的行为。

第九条 盗窃国家三级文物的, 处三年以下有期徒刑、拘役或者管制, 并处或者单处罚金; 盗窃国家二级文物的, 处三年以上十年以下有期徒刑, 并处罚金; 盗窃国家一级文物的, 处十年以上有期徒刑或者无期徒刑, 并处罚金或者没收财产。

一案中盗窃三级以上不同等级文物的, 按照所盗文物中高级别文物的量刑幅度处罚; 一案中盗窃同级文物三件以上的, 按照盗窃高一级文物的量刑幅度处罚。

刑法第二百六十四条规定的"盗窃珍贵文物, 情节严重", 主要是指盗窃国家一级文物后造成损毁、流失, 无法追回; 盗窃国家二级文物三件以上或者盗窃国家一级文物一件以上, 并具有本解释第六条第(三)项第1.3.4.8目规定情形之一的行为。

第十条 根据刑法第一百九十六条第三款的规定, 盗窃信用卡并使用的, 以盗窃罪定罪处罚。其盗窃数额应当根据行为人盗窃信用卡后使用的数额认定。

第十一条 根据刑法第二百一十条第一款的规定, 盗窃增值税专用发票或者可以用于骗取出口退税、抵扣税款的其他发票的，以盗窃罪定罪处罚。盗窃上述发票数量在二十五份以上的，为"数额较大"；数量在二百五十份以上的，为"数额巨大"；数量在二千五百份以上的，为"数额特别巨大"。

第十二条　审理盗窃案件，应当注意区分盗窃罪与其他犯罪的界限：

（一）盗窃广播电视设施、公用电信设施价值数额不大，但是构成危害公共安全犯罪的，依照刑法第一百二十四条的规定定罪处罚；盗窃广播电视设施、公用电信设施同时构成盗窃罪和破坏广播电视设施、公用电信设施罪的，择一重罪处罚。

（二）盗窃使用中的电力设备，同时构成盗窃罪和破坏电力设备罪的，择一重罪处罚。

（三）为盗窃其他财物，盗窃机动车辆当犯罪工具使用的，被盗机动车辆的价值计入盗窃数额；为实施其他犯罪盗窃机动车辆的，以盗窃罪和所实施的其他犯罪实行数罪并罚。为实施其他犯罪，偷开机动车辆当犯罪工具使用后，将偷开的机动车辆送回原处或者停放到原处附近，车辆未丢失的，按照其所实施的犯罪从重处罚。

（四）为练习开车、游乐等目的，多次偷开机动车辆，并将机动车辆丢失的，以盗窃罪定罪处罚；在偷开机动车辆过程中发生交通肇事构成犯罪，又构成其他罪的，应当以交通肇事罪和其他罪实行数罪并罚；偷开机动车辆造成车辆损坏的，按照刑法第二百七十五条的规定定罪处罚；偶尔偷开机动车辆，情节轻微的，可以不认为是犯罪。

（五）实施盗窃犯罪，造成公私财物损毁的，以盗窃罪从重处罚；又构成其他犯罪的，择一重罪从重处罚；盗窃公私财物未构成盗窃罪，但因采用破坏性手段造成公私财物损毁数额较大的，以故意毁坏财物罪定罪处罚。盗窃后，为掩盖盗窃罪行或者报复等，故意破坏公私财物构成犯罪的，应当以盗窃罪和构成的其他罪实行数罪并罚。

（六）盗窃技术成果等商业秘密的，按照刑法第二百一十九条的规定定罪处罚。

第十三条　对于依法应当判处罚金刑的盗窃犯罪分子，应当在一千元以上盗窃数额的二倍以下判处罚金；对于依法应当判处罚金刑，但没有盗窃数额或者无法计算盗窃数额的犯罪分子，应当在一千元以上十万元以下判处罚金。

㉙ 最高人民法院《关于对故意伤害、盗窃等严重破坏社会秩序的犯罪分子能否附加剥夺政治权利问题的批复》（1998年1月13日　法释〔1997〕11号）①

根据刑法第五十六条规定，对于故意杀人、强奸、放火、爆炸、投毒、抢劫等严重破坏社会秩序的犯罪分子，可以附加剥夺政治权利。对故意伤害、盗窃等其他严重破坏社会秩序的犯罪，犯罪分子主观恶性较深、犯罪情节恶劣、罪行严重的，也可以依法附加剥夺政治权利。

㉚ 最高人民法院《关于适用〈全国人民代表大会常务委员会关于惩治虚开、伪造和非法出售增值税专用发票犯罪的决定〉的若干问题的解释》（1996年10月17日　法发〔1996〕30号）（节录）

七、盗窃增值税专用发票或者可以用于骗取出口退税、抵扣税款的其他发票25份以上，或者其他发票50份以上的；诈骗增值税专用发票或者可以用于骗取出口退税、抵扣税

---

① 对其解读见：《解读最高人民法院司法解释·刑事、行政卷（1997~2002）》，第57~58页。

款的其他发票50份以上,或者其他发票100份以上的,依照刑法第一百五十一条的规定处罚。

盗窃增值税专用发票或者可以用于骗取出口退税、抵扣税款的其他发票250份以上,或者其他发票500份以上的;诈骗增值税专用发票或者可以用于骗取出口退税、抵扣税款的其他发票500份以上,或者其他发票1000份以上的,依照刑法第一百五十二条的规定处罚。

盗窃增值税专用发票或者其他发票情节特别严重的,依照《全国人民代表大会常务委员会关于严惩严重破坏经济的罪犯的决定》第一条第(一)项的规定处罚。

盗窃、诈骗增值税专用发票或者其他发票后,又实施《决定》规定的虚开、出售等犯罪的,按照其中的重罪定罪处罚,不实行数罪并罚。

㉛ 公安部《关于对拨打境外色情电话定性处理的批复》(1996年2月14日)

对盗用他人或单位电话拨打境外色情电话的以盗窃论处,构成犯罪的,依照1992年12月11日最高人民法院、最高人民检察院《关于办理盗窃案件具体应用法律的若干问题的解释》第一条第四项的规定按盗窃罪追究刑事责任;不构成犯罪的,依照《治安管理处罚条例》第二十三条的规定处罚。对聚众拨打收听境外色情电话,录制并传播色情电话内容,教唆他人拨打色情电话,传播色情电话号码的,以传播淫秽物品论处,情节较轻的,依照《治安管理处罚条例》进行处罚;情节严重,构成犯罪的,依法追究刑事责任。对使用自己的电话打境外色情电话,尚不需要处罚的,由公安机关予以训诫或者所在单位、街道给予批评教育。

㉜ 最高人民检察院《关于单位盗窃行为如何处理问题的批复》(1996年1月23日 高检发研字〔1996〕1号)

经研究,并征求有关部门的意见,批复如下:单位组织实施盗窃,获取财物归单位所有,数额巨大、影响恶劣的,应对其直接负责的主管人员和其他主要的直接责任人员按盗窃罪依法批捕、起诉。此复。

㉝ 公安部《关于严厉打击盗窃、破坏铁路、油田、电力、通讯等器材设备的犯罪活动的通告》(1993年12月25日)

一、严禁盗窃、破坏铁路、油田、电力、通讯等器材设备。凡是盗窃使用中的铁路、油田、电力、通讯器材设备的,按照破坏交通、易燃易爆、电力、通讯设备罪论处。二、严禁非法收购铁路、油田、电力、通讯等器材设备。违者,由公安机关依法追缴,并根据情节轻重,责令停业整顿、吊销特种行业许可证,直至取缔,可以并处一万元以下罚款;构成犯罪的,依法追究刑事责任。三、凡有盗窃、破坏和非法收购铁路、油田、电力、通讯等器材设备行为的,必须立即停止非法活动,向公安机关投案自首,争取从宽处理。自通告发布之日起,凡主动投案自首的,可依法从轻、减轻或者免除处罚;拒不自首或继续进行违法犯罪活动的,坚决依法从重惩处。

㉞ 最高人民法院研究室《关于如何计算正在使用中的通讯线路价值问题的电话答复》(1992年11月17日)

经研究,答复如下:盗窃数额是指行为人主观上意图通过盗窃行为占有,并在客观上已实际造成的公私财物的直接损失数额。犯罪分子盗窃正在使用中的通讯线路，线路（如铜线）本身的价值可以认定为盗窃数额。由于盗窃这些通讯线路使电报、电话中断因而造成的经济损失，应视为盗窃或者破坏通讯设备所引起的后果，可以盗窃罪或者破坏通讯设备罪从重处罚。

㉟ 最高人民法院《关于两次盗窃同一辆汽车如何认定盗窃数额的电话答复》（1991年11月16日）①

应以一辆汽车的价十四万元认定盗窃数额。第一次盗窃行为，在处刑时可作为重处罚的情节来考虑。

㊱ 最高人民法院研究室《关于盗用他人长话账号如何定性问题的复函》（1991年9月14日）

公安部法制司：你司8月16日函询我们对盗用他人长话账号行为的定性意见。经研究，我们认为，这类案件一般来说符合盗窃罪的特证。但是，由于这类案件情况比较复杂，是否都追究刑事责任，还要具体案件具体分析。以上意见，供参考。

㊲ 最高人民法院、最高人民检察院、公安部《关于严厉打击盗窃破坏国防通讯线路设备犯罪活动的通知》（1991年6月20日 公通字〔1991〕43号）（节录）

三、要依法从重从快处罚盗窃破坏国防通讯线路设备的犯罪分子，坚决克服处理偏轻的现象。公安机关对抓获的犯罪分子要抓紧审结移送检察院，不得以罚代刑。检察院、法院要认真执行最高人民法院、最高人民检察院1990年7月10日《关于依法严惩盗窃破坏通讯设备犯罪的规定》，对盗窃通讯设备虽然价值数额不大，但危害公共安全已构成破坏通讯设备罪的，或者盗窃通讯设备价值数额较大并构成破坏通讯设备罪的，依照刑法第一百一十一条的规定定罪处刑。对盗窃通讯设备价值数额巨大，或者情节特别严重的，依照刑法第一百五十二条或者《全国人民代表大会常务委员会关于严惩严重破坏经济的罪犯的决定》第一条第（一）项的规定，以盗窃罪从重判处。对群众性哄抢盗割事件，要坚持教育大多数，惩办为首者的政策，但对哄抢的物资必须收缴。

㊳ 最高人民法院《关于办理共同盗窃犯罪案件如何适用法律问题的意见》（1991年4月12日 法（研）发〔1991〕11号）

在共同盗窃犯罪中，各共犯基于共同的犯罪故意，实施共同的犯罪行为，应对共同盗窃犯罪行为所造成的危害后果负责。

一、对盗窃集团的首要分子，应按照集团盗窃的总数额依法处罚。

二、对其他共同盗窃犯罪的主犯，应按照参与共同盗窃的总数额依法处罚。

三、对共同盗窃犯罪中的从犯，应按照参与共同盗窃的总数额，适用刑法第一百五十一条或者第一百五十二条；具体量刑时，应根据犯罪分子在共同盗窃中的地位、作用和非法所得数额等情节，根据刑法第二十四条第二款的规定，比照主犯从轻、减轻处罚或者免除处罚。

---

① 对其解读见：《新刑法罪名司法解释适用全书》，第554页。

共同盗窃数额巨大,根据从犯的具体犯罪情节,需要减轻处罚的,应根据刑法第五十九条第一款的规定,在法定刑以下判处刑罚;共同盗窃数额较大,从犯的犯罪情节轻微不需要判处刑罚的,可以根据刑法第三十二条的规定分别处理。

四、共同盗窃犯罪后,犯罪分子具有自首、立功、未成年等法定从轻、减轻或者免除处罚情节的,可以或者应当依法从轻、减轻处罚或者免除处罚;具有坦白或者积极退赃等情节的,也可以酌情适当从轻处罚。

❸❾ 最高人民法院、最高人民检察院、公安部、司法部《关于办理流窜犯罪案件中一些问题的意见的通知》(1989年12月13日)(节录)

3. 流窜犯因盗窃或扒窃被抓获后,赃款赃物虽未查获,但其供述的事实、情节与被害人的陈述(包括报案登记)、同案人的供述相一致的,或者其供述与被害人的陈述(包括报案登记)和其他间接证据相一致的,应予认定。

4. 被查获的流窜犯供述的盗窃或扒窃事实、情节与缴获的赃款赃物、同案人的供述相一致,或者被告人的供述与缴获的赃款赃物和其他间接证据相一致,如果找不到被害人和报案登记的,也应予以认定。

5. 流窜犯在盗窃或扒窃时被当场抓获,除缴获当次作案的赃款赃物外,还从其身上或其临时落脚点搜获的其他数额较大的款物,被告人否认系作案所得,但不能说明其合法来源的,只要这些款物在名称、品种、特征、数量等方面均与被害人的陈述或报案登记、同案人的供述相吻合,亦应认定为赃款赃物。

6. 流窜犯作案虽未被当场抓获,但同案人的供述,被害人的陈述、其他间接证据能相互吻合,确能证实其作案的时间、地点、情节、手段、次数和作案所得的赃款赃物数额的,也应予以认定。

四、关于认定流窜犯罪赃款赃物的数额起点

在办理流窜盗窃或者扒窃案件时,既要看其作案所得的数额,又应看其作案的手段、情节及社会危害程度。对那些抓获时作案所得的款物数额虽略低于当地非流窜犯罪的同类案件的数额标准,但情节恶劣、构成犯罪的,也要依法定罪判刑;对多次作案,属惯犯、累犯的,亦应依法从重惩处。

❹⓿ 最高人民检察院《关于非邮电工作人员非法开拆他人信件并从中窃取财物案件定性问题的批复》(1989年9月15日 高检法发字〔1989〕第2号)

经研究并商最高人民法院同意,现批复如下:

一、非邮电工作人员非法开拆他人信件,侵犯公民通信自由权利,情节严重,并从中窃取少量财物,或者窃取汇票、汇款支票,骗取汇兑款数额不大的,依照刑法关于侵犯公民通信自由罪的规定,从重处罚。

二、非邮电工作人员非法开拆他人信件,侵犯公民通信自由权利,情节严重,并从中窃取财物数额较大的,应按照重罪吸收轻罪的原则,依照刑法关于盗窃罪的规定从重处罚。

三、非邮电工作人员非法开拆他人信件,侵犯公民通信自由权利,情节严重,并从中窃取汇票或汇款支票,冒名骗取汇兑款数额较大的,应依照刑法关于侵犯公民通信自由罪和诈骗罪的规定,依法实行数罪并罚。

㊵ 最高人民检察院《关于盗窃中国工商银行发行的金融债券是否应按票面数额计算的批复》(1986年12月1日　高检研发字〔1986〕第14号)(节录)

经我们与最高人民法院协商认为，中国工商银行发行的金融债券是一种有价证券，此种金融债券还本付息的期限为一年。虽然一年期满以前不能提前兑现，但此种债券不记名，不挂失。盗窃金融债券分子未被捉获前，就无法阻止其获得债券的本金和利息。因此，同意你们提出的意见。即盗窃工商银行发行的金融债券，应按票面数额计算盗窃数额。未兑现的，可作为量刑时予以考虑的情节。

㊷ 最高人民法院、最高人民检察院《关于当前办理经济犯罪案件中具体应用法律的若干问题的解答(试行)》(1985年7月8日　〔85〕高检会(研)字3号)(节录)

一、(一) 关于贪污罪与内部职工的盗窃罪的区别问题

利用职务上的便利盗窃公共财物(即监守自盗)构成的贪污罪，与内部职工的盗窃罪，有时不易区别。区别这两种罪的关键在于是否利用职务上的便利。

利用职务上的便利，是指国家工作人员、集体经济组织工作人员或者前述其他受委托从事公务的人员，利用其职务上主管、管理、经手公共财物的便利条件。例如，出纳员利用其职务上保管现金的便利，盗窃由其保管的公款，是贪污罪；如果出纳员仅是利用对本单位情况熟悉的条件，盗窃由其他国家工作人员保管的公共财物，则应是盗窃罪。售货员利用其受国营商店委托经管货物的售货款的便利，盗窃由其经管的货物或售货款，是贪污罪；如果他仅是利用对商店情况熟悉的条件，盗窃由其他售货员经管的货物或售货款，则是盗窃罪。

(二) 关于内外勾结进行贪污或者盗窃活动的共同犯罪案件如何定罪的问题

内外勾结进行贪污或者盗窃活动的共同犯罪(包括一般共同犯罪和集团犯罪)，应按其共同犯罪的基本特征定罪。共同犯罪的基本特征一般是由主犯犯罪的基本特征决定的。

如果共同犯罪中主犯犯罪的基本特征是盗窃，同案犯中的国家工作人员不论是否利用职务上的便利，应以盗窃罪的共犯论处。例如，社会上的盗窃罪犯某甲、某乙为主犯，企业内仓库保管员某丙、值夜班的工人某丁共同为某甲、某乙充当内线，于夜间引甲、乙潜入仓库盗窃国家财物，四人分赃。甲、乙、丁均定盗窃罪，丙虽是国家工作人员，在参与盗窃活动时也曾利用其仓库保管员职务上的便利，但因他在共同犯罪中起次要或辅助的作用，仍以盗窃罪的共犯论处。

㊸ 最高人民检察院《关于在办理盗窃案件中如何理解和处理盗窃"自家"或"近亲属"财物问题的批复》(1985年3月21日)

经与最高人民法院共同研究，基本同意你们对"近亲属"和"自己家里"的理解以及对这类案件的处理意见。按照《刑事诉讼法》第五十八条第五项之规定，"近亲属"是指夫、妻、父、母、子、女、同胞兄弟姐妹。偷窃近亲属的财物，应包括偷窃已分居生活的近亲属的财物；偷窃自己家里的财物，既包括偷窃共同生活的近亲属的财物，也包括偷窃共同生活的其他非近亲属的财物。对此类案件，一般可不按犯罪处理；对确有追究刑事责任必要的，在处理时也应同在社会上作案的有所区别。

㊹ 最高人民法院、最高人民检察院《关于当前办理盗窃案件中具体应用法律的若干

第二编　分则　第五章　侵犯财产罪

问题的解答》（1984年11月2日）（节录）

一、如何认定盗窃罪？盗窃罪是指以非法占有为目的，秘密地窃取数额较大的公私财物的行为。认定此罪，需要注意的是：

（一）盗窃公私财物数额较大，是构成盗窃罪的重要条件，盗窃活动的具体情节，也是定罪的根据之一。对于有些小偷小摸行为的，或者本人因受灾生活困难，偶尔偷窃财物的，或者被胁迫参加盗窃活动，没有分赃或获赃甚微的，可以不作为盗窃罪处理，必要时，由主管机关予以适当处罚。

（二）对于潜入银行金库、博物馆等处作案，以盗窃巨额现款、金银或珍宝、文物为目标，即使未遂，也应定罪并适当处罚。

四、如何看待盗窃案件的情节？

（一）按照我国刑法第五十七条规定的精神，处理盗窃案件时，不仅应当根据盗窃财物数额大小，还应当根据犯罪的其他具体情节，如作案的原因、地点、目标、手段、次数、后果，同时考虑犯罪分子的过去情况、认罪态度、退赃表现等，进行全面分析，正确量刑。

（二）处理具体案件时，要注意具体分析，区别对待。如要把青少年外流游荡中偶尔偷摸少量财物的，同流窜犯加以区别；要把偷窃自己家里或近亲属的，同在社会上作案的加以区别；要把知情买赃自用的，同销赃罪、窝赃罪加以区别；要把偶尔失足的，同多次盗窃的加以区别；要把一般盗窃，同惯窃、重大盗窃加以区别，等等。

（三）对于共同盗窃犯，应按照个人参与盗窃和分赃数额，及其在犯罪中的地位与作用，依法分别处罚。对主犯依法从重处罚。对盗窃集团的首要分子，应按照集团共同故意盗窃总额依法处罚。

六、如何认定盗窃案件的"情节特别严重"以及如何适用无期徒刑或者死刑？

（一）依照我国刑法第一百五十二条和全国人大常委会有关补充和修改的决定，对盗窃或者惯窃"情节特别严重的，处十年以上有期徒刑、无期徒刑或者死刑，可以并处没收财产"。

"情节特别严重"是指既盗窃财物数额特别巨大，同时，又有其他特别严重的情节。后者，例如，重大盗窃集团的首要分子；盗窃银行金库、国家珍贵文物、救灾救济款物的；盗窃急需的生产资料，严重妨害生产建设或者造成其他严重损失的；盗窃生活、医疗急需款物，造成严重后果的；盗窃外国人、华侨、港澳同胞财物，引起外事交涉或者造成恶劣政治影响的，等等。

七、如何划分盗窃罪同与其相近似的其他犯罪、违法行为的界限？

（一）如果偷割明知是使用中的线路上的电线的，应定为破坏电力设备罪或者破坏通讯设备罪。如果盗窃库存的或者废置的线路上的电线的，则应定为盗窃罪。

（二）出于盗窃的目的，毒死或炸死较大数量的鱼，将其偷走，未引起其他严重后果的，应定为盗窃罪。如果不顾人畜安危，而向饮用的池塘中投放大量剧毒药物，或者向堤坝、其他公共设施附近的水库中投掷大量炸药，严重危害公共安全，致人重伤、死亡或者使公私财产遭受重大损失的，应当定为投毒罪或者爆炸罪。如果为了偷鱼或挟私报复，而向鱼塘内投放大量剧毒药物，严重污染水质，毒死整塘的鱼，使集体的或个人承包的养鱼生产遭到严重破坏，损失惨重的，应当定为破坏集体生产罪。同时，还应查清毒药或者炸药的来源，研究是否构成违反危险品管理规定肇事罪或者非法制造、买卖、盗窃弹药、爆炸物罪。如果也犯有后列罪的，可以按照其中的一重罪从重惩处。

（三）违反保护森林法规，秘密地盗伐森林或者其他林木，情节严重的，构成盗伐林木罪。如果不是盗伐生长中的林木，而是盗窃已经采伐下来的木料的，则构成了盗窃罪。

（四）盗掘墓葬，窃取了较大数额的财物，情节严重的，应以盗窃罪论处。窃取了少量财物或情节显著轻微的，由公安机关酌予治安处罚。

（五）对盗窃珍贵文物的，如果仅属窃取，应定为盗窃罪。如果因盗窃而破坏珍贵文物、名胜古迹的，可以按照盗窃罪或者破坏珍贵文物或名胜古迹罪中的一重罪从重惩处。如果盗运珍贵文物出口的，则应定为盗运珍贵文物出口罪。

（六）对偷开汽车的，如果以非法占有为目的，变卖或者留用的，应定为盗窃罪。如果为了进行其他犯罪活动，偷开汽车当犯罪工具使用，可以按他实施的犯罪处治。如果偷开汽车中确因过失撞死、撞伤了人或者撞坏了车辆的，应按交通肇事论处。如果为了游乐，多人多次偷开汽车，并将汽车遗弃，严重扰乱工作、生产秩序，造成严重损失的，对首要分子可以按扰乱社会秩序罪论处。如果偶尔偷开汽车，情节轻微，可以不认为是犯罪，而责令赔偿损失，或者由公安机关予以治安处罚。

㊺ 最高人民法院《关于执行刑法中若干问题的初步经验总结》（1983年11月）（节录）

十四、关于盗窃罪的问题：（四）有关盗窃罪的其他问题：1. 企业、事业单位和其他集体所有制的单位，有组织地盗窃公私财物归单位所有；构成犯罪的，对直接责任人员按盗窃罪追究刑事责任。

㊻ 最高人民法院《关于失主向罪犯追索被盗被骗财物应如何处理的问题的复函》（1974年6月29日）

内蒙古自治区高级人民法院：

你院（74）法办研字第19号函已收阅。乌兰察布盟中级人民法院提出盗窃犯、诈骗犯将赃款赃物挥霍掉，判刑时已无法追缴，刑满释放后，失主仍向他们追索被盗、被骗财物，应如何处理的问题，经我们研究后，同意你院对此问题提出的处理意见。此复。

附：关于失主向罪犯追索被盗被骗财物应如何处理问题的请示

最高人民法院：

我区乌兰察布盟中级人民法院向我院请示：盗窃犯、诈骗犯在被捕前已将赃款、赃物挥霍浪费，无法追究，依法判处了徒刑。现刑满释放后，被盗、被骗的人向其追索赔偿损失，为此发生争执。对这类问题应如何处理不明确，也未找到有关规定。我们认为，罪犯已判刑处理，刑满释放后，不应再令其赔偿受害人的损失。但如在处理时，应予追缴而未追缴的赃款、赃物，现在仍在被告手中的，应退还原主。

㊼ 上海、北京、广东、湖北、江苏高级人民法院《〈人民法院量刑指导意见（试行）〉实施细则（试行）》（2010年10月1日）

㊽ 《福建省高级人民法院〈人民法院量刑指导意见（试行）〉实施细则（试行）》

（2010年9月30日　闽高法发〔2010〕21号）（节录）

四、常见罪名的量刑

（六）盗窃罪

1. 构成盗窃罪的，根据下列不同情形在相应的法定刑幅度内确定量刑起点：

（1）盗窃数额较大（1500元，经济发达地区2000元）或者一年内入户盗窃或者在公共场所扒窃三次以上的，可以在三个月拘役至六个月有期徒刑幅度内确定量刑起点；情节轻微，依法不作为犯罪处理的除外。

（2）盗窃数额巨大（15000元，经济发达地区20000元）或者有其他严重情节的，可以在三年至三年六个月有期徒刑幅度内确定量刑起点。

（3）盗窃数额特别巨大（90000元）或者有其他特别严重情节的，可以在十年至十一年有期徒刑幅度内确定量刑起点。依法应当判处无期徒刑以上刑罚的除外。

（4）盗窃国家三级文物一件的，量刑起点为有期徒刑一年；盗窃国家三级文物三件或者二级文物一件的，可以在三年至三年六个月有期徒刑幅度内确定量刑起点；盗窃国家二级文物三件或者一级文物一件的，可以在十年至十一年有期徒刑幅度内确定量刑起点。

2. 在量刑起点的基础上，根据盗窃数额、次数、手段等犯罪事实增加刑罚量，确定基准刑：

（1）盗窃数额较大的，数额每增加450元（经济发达地区600元），可以增加一个月的刑期；

（2）盗窃数额巨大的，数额每增加1000元，可以增加一个月的刑期；

（3）盗窃数额特别巨大的，数额每增加20000元，可以增加一个月的刑期；

（4）一年内入户盗窃或者在公共场所扒窃三次以上的，盗窃次数每增加一次，可以增加一个月的刑期。

（5）每增加《最高人民法院关于审理盗窃案件具体应用法律若干问题的解释》第六条第（三）项规定的"其他严重情节"或者"其他特别严重情节"的情形之一的，可以增加三个月至六个月的刑期。

（6）被盗物品价值无法确定的，可以增加六个月以下的刑期。

3. 有下列情节之一的，可以增加基准刑的20%以下：

（1）多次盗窃的，已作为定罪事实的情节不重复适用；

（2）入户盗窃的，已作为定罪事实的情节不重复适用；

（3）以破坏性手段盗窃的。

4. 案发前自动将赃物放回原处或归还被害人的，可以减少基准刑的30%以下；盗窃近亲属财物的，可以减少基准刑的50%以下，不作为犯罪处理的除外。

㊾ 浙江省高级人民法院《浙江省〈人民法院量刑指导意见（试行）〉实施细则》
（2010年9月29日　浙高法〔2010〕280号）（节录）

（六）盗窃罪

3. 夜间入户盗窃或者携带凶器盗窃的，可以增加基准刑的20%～80%。

4. 有下列情形之一的，可以增加基准刑的20%以下：

（1）采取破坏性手段盗窃造成公私财产损失的；

（2）流窜作案的；

（3）盗窃生产资料的；

（4）为吸毒、赌博等违法犯罪活动而盗窃的。

5. 有下列情形之一的，可以减少基准刑的50%以下：

（1）归案前自动将赃物放回原处或者归还被害人的；

（2）盗窃近亲属财物的，不作犯罪处理的除外。

50 四川公检法《关于办理盗窃、破坏高速铁路设备设施案件适用法律若干问题的意见（试行）》（2009年9月24日 川高法〔2009〕487号）①

51 福建省公检法、司法厅《关于适用缓刑若干问题的意见（试行）》（2008年9月16日 闽高法〔2008〕278号）（节录）②

（六）盗窃罪、诈骗罪、敲诈勒索罪

盗窃、诈骗、敲诈勒索犯罪属多发性侵财犯罪，应从犯罪分子的主观恶性、犯罪数额、手段和后果，认罪态度和退赃情况，以及监管条件等方面考虑是否适用缓刑，区别对待。

对具有下列情形之一，符合法律规定缓刑条件的，可以适用缓刑：（1）偶犯，犯罪数额较大，能积极配合司法机关追回或者积极退回赃款赃物的；（2）初次作案，犯罪数额巨大，但具有法定从轻或者减轻处罚情节的；（3）因生活所迫而实施犯罪，数额较大或刚刚达到数额巨大标准的，但能积极配合司法机关追回或退回赃款赃物的。

52 厦门市中级人民法院、厦门市人民检察院《厦门市几类多发性刑事案件管辖标准暂行规定》（2008年2月21日 厦检会〔2008〕2号）（节录）

二、盗窃罪

犯抢劫罪同时具有下列情形之一的，由市人民检察院起诉、市中级人民法院审判：

（一）具有《刑法》第二百六十四条所列第（一）、（二）项情形的；

（二）盗窃数额达100万元以上的；

（三）盗窃数额达50万元以上100万元以下且具有下列情形之一的：

1. 入户盗窃10起以上或累计盗窃30起以上的；

2. 累犯；

3. 导致被害人死亡、精神失常或者其他严重后果的；

4. 盗窃救灾、抢险、防汛、优抚、扶贫、移民、救济、医疗款物，造成严重后果的；

5. 造成50万元以上无法追回或其他重大损失等严重后果的。

（四）盗窃数额达9万元以上，且入户盗窃次数达30起以上或累计盗窃50起以上的。

53 厦门市中级人民法院《未成年人刑事案件审判工作细则》（2008年1月4日 厦中法发〔2008〕1号）（节录）

---

① 对其解读见：《刑事法律文件解读》2009年第12辑总第54辑，第51~65页。

② 对其解读见：《最新刑事法律文件解读》2009年第10辑总第52辑，第77~88页。

第三十五条 已满十六周岁不满十八周岁的人实施盗窃行为"情节显著轻微危害不大",不认为是犯罪,应同时具备"盗窃行为未超过三次"、"盗窃数额虽已达到数额较大标准,但案发后能如实供述全部盗窃事实并积极退赃",且具有"系又聋又哑的人或者盲人"、"在共同盗窃中起次要或者辅助作用,或者被胁迫"、"其他轻微情节"情形之一。

已满十六周岁不满十八周岁的人盗窃未遂或者中止的,一般情况下不认为是犯罪,但盗窃数额特别巨大或盗窃金融机构及盗窃珍贵文物等情形除外。

54 上海市高级人民法院《盗窃罪量刑指南(试行)》(2007年7月1日 沪高法〔2007〕197号)①

第一条 盗窃公私财物"数额较大"、"数额巨大"、"数额特别巨大"的标准如下:

(一)盗窃公私财物价值2000元以上不满2万元,入户盗窃财物价值1000元以上不满1万元,或者扒窃财物价值800元以上不满8000元,为"数额较大"。

(二)盗窃公私财物价值2万元以上不满10万元,入户盗窃财物价值1万元以上不满5万元,或者扒窃财物价值8000元以上不满4万元,为"数额巨大"。

(三)盗窃公私财物价值10万元以上的,入户盗窃财物价值5万元以上,或者扒窃财物价值4万元以上的,为"数额特别巨大"。

第二条 盗窃公私财物价值1500元以上,入户盗窃财物价值800元以上,或者扒窃财物价值600元以上,同时具有下列情节的,应当追究刑事责任:

(一)以破坏性手段盗窃造成公私财产损失的;

(二)盗窃残疾人、孤寡老人或者丧失劳动能力人的财物的;

(三)在劳动教养、服刑期间盗窃的;

(四)在缓刑、假释考验期限内或者监外执行期间盗窃的;

(五)教唆未成年人盗窃的;

(六)因盗窃受到刑事处罚(或免予刑事处罚)后两年内又盗窃的;

(七)造成严重后果或者具有其他恶劣情节的。

第三条 盗窃未遂的量刑标准如下:

(一)对于以数额巨大的公私财物为盗窃目标的未遂犯,可以适用盗窃数额较大对应的法定刑幅度量刑;对于以数额特别巨大的公私财物为盗窃目标的未遂犯,可以适用盗窃数额巨大对应的法定刑幅度量刑。

(二)对于以金融机构数额较大的财物为盗窃目标的未遂犯,可以适用盗窃数额较大对应的法定刑幅度量刑;对于以金融机构数额巨大的财物为盗窃目标的未遂犯,可以适用盗窃数额巨大对应的法定刑幅度量刑;对于以金融机构数额特别巨大的财物为盗窃目标的未遂犯,可以适用盗窃数额特别巨大对应的法定刑幅度量刑。

(三)对于以国家二级文物为盗窃目标的未遂犯,可以参照盗窃国家三级文物的既遂犯量刑;对于以国家一级文物为盗窃目标的未遂犯,可以参照盗窃国家二级文物的既遂犯量刑。

---

① 对其解读见:《最新刑事法律文件解读》2007年第5辑总第29辑,第92~108页。

第四条 盗窃公私财物价值1.6万元以上，入户盗窃财物价值8000元以上，扒窃财物价值6000元以上；盗窃公私财物价值8万元以上，入户盗窃财物价值4万元以上，扒窃财物价值3万元以上，并具有下列情节之一的，可以分别认定"其他严重情节"和"其他特别严重情节"：

（一）犯罪集团的首要分子或者共同犯罪中情节严重的主犯；

（二）盗窃金融机构的；

（三）流窜作案危害严重的；

（四）导致被害人死亡、精神失常或者其他严重后果的；

（五）盗窃救灾、抢险、防汛、优抚、扶贫、移民、救济、医疗款物，造成严重后果的；

（六）盗窃生产资料，严重影响生产的；

（七）造成其他重大损失的。

第五条 盗窃公私财物价值1.6万元以上不满2万元，入户盗窃财物价值8000元以上不满1万元，扒窃财物价值6000元以上不满8000元；盗窃公私财物价值8万元以上不满10万元，入户盗窃财物价值4万元以上不满5万元，扒窃财物价值3万元以上不满4万元，且具有累犯情节的，可以分别判处三年以上五年以下有期徒刑，十年以上十五年以下有期徒刑。

第六条 盗窃违禁品的量刑标准如下：

（一）盗窃毒品、淫秽物品等违禁品，按盗窃罪处理的，根据情节轻重量刑。对于盗窃鸦片200克以上不满500克、海洛因10克以上不满40克或者其他毒品数量较大的，或者盗窃淫秽录像带、光盘30盘以上，淫秽书刊50本以上，淫秽扑克牌或者其他淫秽物品60件以上的，可以作为追究刑事责任的起点标准。

（二）盗窃毒品、淫秽物品情节特别严重的，可以处十年以上有期徒刑或者无期徒刑。

（三）盗窃毒品、淫秽物品等违禁品未遂的，一般不以犯罪论处。

第七条 盗窃文物的量刑标准如下：

（一）盗窃国家三级文物的，处三年以下有期徒刑、拘役、管制，并处或者单处罚金；盗窃国家二级文物的，处三年以上十年以下有期徒刑，并处罚金；盗窃国家一级文物的，处十年以上有期徒刑或者无期徒刑，并处罚金或者没收财产。

（二）在对盗窃文物犯罪量刑时，一案中盗窃三级以上不同等级文物的，按照所盗文物中高级别文物的量刑幅度处罚；一案中盗窃同级文物三件以上的，按照盗窃高一级文物的量刑幅度处罚。

第八条 盗窃增值税专用发票等的量刑标准如下：

（一）盗窃增值税专用发票或者可以用于骗取出口退税、抵扣税款的其他发票25份以上不满250份的，处三年以下有期徒刑、拘役、管制，并处或者单处罚金。

（二）盗窃增值税专用发票或者可以用于骗取出口退税、抵扣税款的其他发票250份以上不满2500份的，处三年以上十年以下有期徒刑，并处罚金。

（三）盗窃增值税专用发票或者可以用于骗取出口退税、抵扣税款的其他发票2500份以上的，处十年以上有期徒刑或无期徒刑，并处罚金或者没收财产。

第九条 盗窃公私财物价值2000元以上不满1.1万元、入户盗窃财物价值1000元以上不满5500元、扒窃财物价值800元以上不满4400元的，一般可以判处一年六个月以下有期徒刑、拘役、管制，并处或者单处罚金。

第十条 盗窃公私财物价值1.1万元以上不满2万元、入户盗窃财物价值5500元以上不满1万元、扒窃财物价值4400元以上不满8000元的，一般可以判处一年六个月以上三年以下有期徒刑，并处罚金。

第十一条 盗窃公私财物价值2万元以上不满6.8万元、入户盗窃财物价值1万元以上不满3.4万元、扒窃财物价值8000元以上不满2.7万元的，一般可以判处三年以上七年以下有期徒刑，并处罚金。

第十二条 盗窃公私财物价值6.8万元以上不满10万元、入户盗窃财物价值3.4万元以上不满5万元、扒窃财物价值2.7万元以上不满4万元的，一般可以判处七年以上十年以下有期徒刑，并处罚金。

第十三条 盗窃公私财物价值10万元以上不满150万元、入户盗窃财物价值5万元以上不满80万元、扒窃财物价值4万元以上不满60万元的，一般可以判处十年以上有期徒刑，并处罚金或者没收财产。

第十四条 盗窃公私财物价值150万元以上、入户盗窃财物价值80万元以上、扒窃财物价值60万元以上的，可以判处无期徒刑，并处没收财产。

第十五条 对于下列盗窃行为，处无期徒刑或者死刑，并处没收财产：

（一）盗窃金融机构的经营资金、有价证券或客户的资金等，数额特别巨大的；

（二）盗窃国家一级文物后造成毁损、流失，无法追回的；

（三）盗窃国家一级文物一件以上或者二级文物三件以上，并具有下列情形之一的：

1. 犯罪集团的首要分子或者共同犯罪中情节严重的主犯；

2. 流窜作案危害严重的；

3. 累犯；

4. 造成其他重大损失的。

第十六条 行为人具有自首、立功等情节，同时具有下列情节之一的，一般应当减轻处罚：

（一）全额退赃的；

（二）初犯、偶犯且认罪态度好的。

第十七条 行为人为未成年人、又聋又哑、盲人，或具有从犯等情节，同时具有下列情节之一的，一般应当减轻或免除处罚：

（一）全额退赃的；

（二）初犯、偶犯且认罪态度好的。

第十八条 对于应当并处罚金的盗窃犯罪分子，一般并处违法所得或者所盗窃财物价值百分之五十以上二倍以下的罚金；确无缴纳能力的，可以判处违法所得或者所盗窃财物价值百分之十以上的罚金，但成年犯最低不能少于1000元，未成年犯最低不能少于

500 元。

对于共同盗窃犯罪，应当根据各共犯人在共同犯罪中所处的地位和所起的作用判处罚金，罚金总额一般不得超过共同违法所得或者所盗窃财物价值的二倍。

第十九条　对于盗窃公私财物价值 2500 元以上不满 2 万元、入户盗窃财物价值 1250 元以上不满 1 万元、扒窃财物价值 1000 元以上不满 8000 元的犯罪分子，全额退赃并具有下列情形之一，且具备缴纳罚金的能力，适用单处罚金不致再危害社会的，可以依法单处违法所得或所盗财物价值一至二倍的罚金：

（一）初犯或者偶犯；

（二）有自首或者立功情节的；

（三）犯罪时已满十六周岁不满十八周岁的；

（四）犯罪预备、中止或者未遂的；

（五）被胁迫参加犯罪的；

（六）其他可以依法单处罚金的情形。

第二十条　本指南设定的各个量刑档次的相应数额标准，并非盗窃罪量刑的唯一依据。具体案件出现规定以外的其他量刑情节、足以影响刑罚轻重的，应当进行综合评价，依法判处罪刑相当的刑罚。

55 浙江省高级人民法院刑二庭《全省法院经济犯罪疑难问题研讨会纪要（二）》（2006 年 6 月 29 日　浙高法刑二〔2006〕1 号）（节录）

四、入户盗窃构不成盗窃罪时能否以非法侵入住宅罪追究行为人的刑事责任

入户盗窃未窃得财物或窃得财物数额未达较大标准，不构成盗窃罪时，对行为人非法侵入他人住宅的行为一般不作为犯罪处理。但是，如果有严重影响他人正常生活等严重情节的，可以非法侵入住宅罪追究行为人的刑事责任。如行为人的行为构成故意毁坏财物罪的，则定故意毁坏财物罪。

六、取得他人信用卡资料通过网上银行转账方式占有他人存款行为的定性

行为人通过欺骗或其他方式取得他人信用卡卡号和密码等信息资料，再利用该卡号和密码通过网上银行转账的方式占有他人账户内数额较大的存款，其本质系秘密窃取他人财物，可以盗窃罪定罪处罚。

七、入户盗窃次数的认定

行为人连续对同一幢楼的几家住户实施盗窃，虽然出于同一或概括的犯罪故意且在时间上有连续性，但由于户的相对隔离性，根据社会一般观念，不宜认定为在同一地点作案，应以户为单位认定盗窃次数。

56《深圳市保护电力设施和打击窃电行为暂行办法》，载《最新刑事法律文件解读》总第 8 辑，第 59～67 页。（2005 年 4 月 30 日）

57《内蒙古自治区预防和查处窃电行为条例》，载《最新刑事法律文件解读》2005 年第 5 辑总第 8 辑，70～75 页。（2005 年 3 月 31 日）

58 上海市政法委《关于办理机场库区偷盗空运物资案件的定性会议纪要》（2005 年 3 月 15 日）

会议认为，是利用工作条件便利还是利用职务上的便利是划分盗窃罪和职务侵占罪的重要标准。搬运工人在搬过程中偷盗本人正在搬运的空运物资是一种利用了搬运工作中能短时间接触财物这中工作条件上的便利（非职务上的便利），秘密窃取财物的行为。因此，这种行为的主要特征符合刑法第二百六十四条盗窃罪的构成要件，应当按照有关司法解释规定追究行为人相应的刑事责任。

(59) 四川省公检法《关于办理盗窃电能违法犯罪案件有关问题的意见》（2004年12月15日）

一、电能是一种商品。盗窃电能是指行为人以非法占有电能为目的，采取以下手段之一不计量或者少计量用电的行为：

（一）在供电企业的供电设施上，擅自接线用电的；

（二）绕越供电企业的用电计量装置用电的；

（三）伪造，擅自开启法定的或者授权的计量检定机构加封的用电计量装置用电的；

（四）故意损坏供电企业的用电计量装置用电的；

（五）故意使供电企业的用电计量装置不准或失效的；

（六）采用其他方法窃电的。

二、窃电量的确认：

（一）窃电量应由供电企业提供认定依据。行为人对供电企业认定的窃电量有异议的，可以申请电力行政管理部门复核。

（二）窃电量按下列方法确定：

1. 在供电企业的供电设施上，擅自接线用电的，所窃电量按私接设备额定容量（千伏安视同千瓦）乘以实际使用时间计算确定；

2. 以其他行为窃电的，所窃电量按计费电能表标定的电流值（对装有限流器的，按限流器整定电流值）所指的容量（千伏安视同千瓦）乘以窃用时间计算确定；

3. 窃电量无法查明时，可参照以下方法确定：

（1）按同属性单位正常用电的单位产品耗电量和窃电单位的产品产量相乘计算用电量，加上其他辅助用电后抄见电量对比的差额；

（2）在总表上窃电，按分表电量及正常损耗与总表抄见电量的差额计算；

（3）按前两年相应月份平均用电量与窃电后抄见电量的差额，并根据实际用电变化确定。

4. 窃电时间无法查明的，窃电日数以180日计算。每日窃电时间：电力用户按12小时计算，照明用户按6小时计算。

三、窃电金额按窃电量乘以窃电期间所执行的电价计算。

四、盗窃电能数额较大构成盗窃罪的，依照《中华人民共和国刑法》第264条的规定处罚。

认定盗窃电能犯罪的数额标准经换算后按照盗窃有形财产的数额标准执行。即“数额较大”在农村以700元为标准，城市以1000元为标准；“数额巨大”在农村以7000元为标准，城市以10000元为标准；“数额特别巨大”以50000元为标准。

五、电力企业的职工利用职务上的便利进行窃电，非法占用电能，数额较大的，依照

《中华人民共和国刑法》第271条的规定以职务侵占罪定罪处罚。

六、电力企业职工为他人窃电提供条件或帮助的,以共犯论处。

七、电力管理部门或国有电力企业从事公务的人员,利用职务上的便利窃电的,依照《中华人民共和国刑法》第382条、第383条的规定以贪污罪定罪处罚。

八、单位窃电的,除由电力行政管理部门追赔电费损失外,依照有关法律规定追究其法律责任。

⑩ 上海市高级人民法院刑庭、上海市检公诉处《关于进一步规范部分常见刑事案件级别管辖的意见》(2004年8月13日)(节录)

二、对具备下列情形,同时又不具有其他足以判处十五年有期徒刑以下刑罚的法定从轻、减轻情节的案件,各中级人民法院应当予以受理。18.盗窃罪(刑法第264条)(1)盗窃150万元以上;(2)盗窃金融机构的资金、有价证券和客户资金,数额特别巨大的(10万元以上);(3)盗窃国家一级文物后造成毁损、流失,无法追回的;(4)盗窃一级文物1件以上或者二级文物3件以上,并具有以下情节之一的:1)犯罪集团的首要分子或共同犯罪中情节严重的主犯;2)流窜作案危害严重;3)累犯;4)造成其他重大损失的。

⑪ 浙江省公检法《关于抢劫、盗窃、诈骗、抢夺借据、欠条等借款凭证是否构成犯罪的意见》(2002年1月9日)

经研究认为,债务人以消灭债务为目的,抢劫、盗窃、诈骗、抢夺合法、有效的借据、欠条等借款凭证,并且该借款凭证是确认债权债务关系存在的唯一证明的,可以抢劫罪、盗窃罪、诈骗罪、抢夺罪论处。债务人以外的人在债务人的教唆之下实施或者帮助债务人实施抢劫、盗窃、诈骗、抢夺借据、欠条等借款凭证,并且明知债务人是为了消灭债务的,以抢劫罪、盗窃罪、诈骗罪、抢夺罪的共犯论处。

⑫ 厦门市政法委《关于"9·29"专案若干问题的协调纪要》(2002年12月13日厦委政〔2002〕61号)(节录)

四、关于本案中盗窃行为的定罪问题。对于犯罪嫌疑人交代的盗窃事实没有相应的赃物在案,无法确定数额的,只要能够证明一年内扒窃三次以上的,即以盗窃罪认定。

五、关于如何确定涉案财物的价值问题。对没有实物的价格确定,以手机市场中准价为参考,定罪量刑时,以盗窃次数为主、以盗窃数量为辅。

⑬ 林业局、公安部《关于森林和陆生野生动物刑事案件管辖及立案标准》(2001年5月9日)(节录)

一、(十六)盗窃案件中,盗窃国家、集体、他人所有并已经伐倒的树木、偷砍他人房前屋后、自留地种植的零星树木,以谋取经济利益为目的非法实施采种、采脂、挖笋、掘根、剥树皮等以及盗窃国家重点保护陆生野生动物或其制品的案件(第二百六十四条);未建立森林公安机关的地方,上述案件由地方公安机关负责查处。

⑭ 河北省《打击盗窃电能违法行为若干规定》(2001年11月7日)(节录)

第二条 窃电是一种盗窃行为,是指以非法占有为目的,采用秘密或其他手段不计量或少计量电能的行为。有下列行为之一的,为窃电行为:(一)擅自在供电企业的供电设施上接线用电的；（二）绕越供电企业的用电计量装置用电的；（三）伪造或开启法定的或者授权的计量检定机构加封的用电计量装置封印用电的；（四）故意毁坏供电企业用电计量装置的；（五）故意使供电企业的用电计量装置计量不准或失效的；（六）采用其他方法窃电的。

第三条　全省各级司法机关、行政执法部门处理窃电案件，对窃电设备容量、日窃电时间、窃电日数和窃电金额按以下原则确认：

（一）凡实施窃电行为所用的电气设备均确认为窃电设备。窃电设备容量按设备铭牌标定的额定容量（千伏安视同千瓦）确定；对无铭牌的设备容量按实际测定确认。（二）日窃电时间按实际查明的日窃电时间确认。（三）窃电日数以能够查明的实际窃电日数确认。（四）窃电金额以窃电设备容量、日窃电时间、窃电日数及当地当时电力销售价格和其他符合国家政策的费用分别计算后合并确认。

第四条　对窃电日数、日窃电时间无法查明的，按照《供电营业规则》第一百零三条确认，窃电时间至少以180天计算；每日窃电时间，照明用户按6小时计算；电力用户按12小时计算。

对上述确认有争议的，可申请发案地电力企业的上一级电力行政管理部门进行鉴定。

65 浙江省高级人民法院刑一庭、刑二庭《关于执行刑法若干问题的具体意见（三）》（2000年12月27日）（节录）

8. 银行工作人员或者特约商户工作人员利用职务之便，盗划顾客的信用卡窃取资金的，按照行为人的主体身份，以贪污罪或者职务侵占罪定罪处罚。

9. 盗窃信用卡并使用的，盗窃数额按照行为人实际的消费数额或获利数额认定。

66 福建省高级人民法院、福建省人民检察院、福建省公安厅《办理盗窃案件适用法律问题座谈纪要》（1997年9月26日）

一、关于盗窃数额起刑标准问题

1. 个人盗窃公私财物"数额较大"的标准。福州市辖区和福清市、长乐市、连江县；厦门市辖区；泉州市辖区、石狮市、晋江市、南安市；漳州市辖区、龙海市、漳浦县、东山县；莆田市辖区、浦田县；三明市辖区、永安市；南平市辖区；龙岩市辖区为二千元；其他地区为一千五百元。

2. 个人盗窃公私财物"数额巨大"的标准。前条规定"数额较大"标准为二千元的地区为二万元，其他地区为一万五千元。

3. 个人盗窃公私财物"数额特别巨大"的标准均为九万元。

二、刑法第二百六十条中规定的"多次盗窃"问题

会议认为，对于在一年内入户盗窃或者扒窃3次以上的，应当认定为"多次盗窃"，以盗窃罪定罪处罚。

三、关于盗窃犯罪的情节问题

会议认为：（一）盗窃公私财物接近"数额较大"的起点标准，并具有下列情节之一的，也可追究刑事责任：

1. 以破坏性手段盗窃并造成公私财产损失的；2. 盗窃盲、聋、哑等残疾人、孤老或者

丧失劳动能力人的财物的；3. 因盗窃造成严重后果或者具有其他恶劣情节的。

（二）盗窃公私财物刚刚达到"数额较大"的起点标准，但情节轻微，并具有下列情节之一的，可不作为犯罪处理：

1. 已满16岁不满18岁的未成年人作案情节轻微的；2. 全部退赃、退赔的；3. 主动投案的；4. 被胁迫参加盗窃活动，没有分赃或者获赃较少的；5. 其他情节轻微、危害不大的。

（三）盗窃数额达到"数额较大"标准，同时又具有下列情形之一的，可以认定为具有"其他严重情节"：

1. 盗窃集团的首要分子或者共同盗窃犯罪中情节严重的主犯；2. 盗窃金融机构的；3. 流窜作案危害严重的；4. 盗窃生产资料，影响生产或者造成其他严重损失的；5. 盗窃救灾、抢险、防汛、优抚、扶贫、移民、救济、医疗款物，造成严重后果的；6. 累犯；7. 导致被害人死亡，精神失常或者其他严重后果的；8. 造成重大损失的。

对于"盗窃金融机构，数额特别巨大"并具有上列第1.3.6.8项情形之一的，可以判处死刑。

四、关于盗窃国家文物犯罪的量刑问题

会议认为，对盗窃国家三级文物的，处三年以下有期徒刑、拘役或管制；盗窃国家二级文物的，处三年以上十年以下有期徒刑，盗窃国家一级文物的，处十年以上有期徒刑或者无期徒刑。

一案中盗窃三级以上各级文物的，可以按照盗窃高级别的文物的量刑幅度处罚；一案中盗窃同级文物3件以上的，可以按盗窃高一级的量刑幅度处罚。

刑法第二百六十四条规定的"盗窃珍贵文物，情节严重"是指盗窃国家一级文物造成毁损、流失，无法追回；盗窃国家二级文物3件以上或者盗窃国家一级文物1件以上，并具有上述"其他特别严重情节"第1.3.6.8项规定情形之一的，可以判处死刑。

五、关于盗窃信用卡问题

会议认为，根据刑法第一百条第三款的规定，盗窃信用卡并使用的，以盗窃罪定罪处罚。其盗窃数额应当根据行为人盗窃信用卡后使用的数额认定。如果行为人使用盗窃的信用卡给合法持有人造成的损失大于行为人使用的数额的，其盗窃数额应当以行为人实际使用的数额认定，由此给合法持卡人造成的损失数额不计入盗窃数额，可以作为量刑节情予以考虑。

六、关于盗窃增值税等专用发票问题

会议认为，根据刑法第二百一十条第一款的规定，盗窃增值税专用发票或者可以用于骗取出口退税的其他发票的，以盗窃罪定罪处罚。盗窃上述发票数量在25份以上的，属于"数额较大"；数量在250份以上的，属"数额巨大"；数量在2500份以上，属于"数额特别巨大"。

七、关于办理盗窃案件适用罚金刑问题

对于依法应当判处罚金的盗窃犯罪分子，应当在其盗窃数额的2倍以下一千元以上判处罚金。

第二编　分则　第五章　侵犯财产罪

学理观点·典型案例　➡　索引与要旨

❶ 人大《刑法修正案（八）》（2011年2月25日）①

❷《李春旺盗窃案》，载《刑事审判参考》2010年第6辑总第77辑，第65~70页。

核心提示 ➡ 在地方指导性意见对"入户盗窃"和普通盗窃设置不同定罪量刑标准的前提下，入户盗窃信用卡后使用的数额应否一并计入"入户盗窃"数额？

❸《张平票据诈骗案》，载《刑事审判参考》2010年第6辑总第77辑，第1~10页。

要旨 ➡ 盗窃银行承兑汇票并使用，骗取数额较大财物的行为，是构成盗窃罪还是票据诈骗罪？

❹《夏洪生抢劫、破坏电力设备案》，载《刑事审判参考》2010年第5辑总第76辑，第1~10页。

核心提示 ➡ 以破坏性手段盗窃变压器内铜芯时，计算数额不以财物毁损或被害人损失作为依据，应以铜芯数额计算

❺《李志良等人盗窃案》，载《刑事法律文件解读》2010年第4辑总第58辑，第117~122页。

核心提示 ➡ "处分"视角下盗窃罪与诈骗罪的界分

❻《朱某等人侵占财产案》，载《刑事法律文件解读》2010年第1辑总第55辑，第120~122页。

核心提示 ➡ 如何看待盗窃过程中的职务便利因素？

❼《"利用职务上的便利"与"利用工作上的便利"的区分》，载《公检法办案指南》2010年第12辑总第132辑，第162~166页。

核心提示 ➡ 搬运工刘某盗窃抗诉案

❽《赵某某盗窃案》，载《公检法办案指南》2010年第9辑总第129辑，第170~176页。

要旨 ➡ 判断事实上的"代为保管"应从行为人的身份、具体时空条件、主观目的、物品的性质等方面综合判断。

❾《郝卫东盗窃案》，载《刑事审判参考》2010年第2辑总第73辑，第44~51页。

核心提示 ➡ 盗窃数额特别巨大，能否认定"情节轻微，不需要判处刑罚"？

要旨 ➡ 1.数额犯的情节如何把握；2.非近亲属的旁系血亲等特殊情况如何把握？

❿《多次盗窃数额累计问题探讨》，载《刑事审判参考》2010年第1辑总第72辑，第222~233页。

⓫《程稚瀚盗窃案》，载《刑事审判参考》2010年第1辑总第72辑，第38~46页。

---

① 对其解读见：《刑事审判参考》2011年第4辑总第81辑，第83~117页以及《公检法办案指南》2011年第3辑总第135辑，第13~121页。

1035

核心提示 ➡ 在移动公司数据库中将已充值的充值卡修改数据后将其明文密码出售的行为如何定性？

要旨 ➡ 充值卡明文密码可以成为盗窃犯罪的对象。

⑫《财产罪非法占有目的比较研究》，载《刑事司法指南》2010年第1辑总第41辑，第1~36页。

⑬《从多次盗窃数额累计谈法条信息解读的完整性》，载《公检法办案指南》2010年第1辑总第121辑，第141~151页。

⑭《王微、方继民诈骗案》，载《刑事审判参考》2009年第6辑总第71辑，第36~41页。

核心提示 ➡ 将他人手机号码非法过户后转让获取钱财行为如何定性？

要旨 ➡ 1. 单纯的手机号码没有价值，因而没有财物属性；2. 手机号码非法过户后进行转让才是实现获利的关键；3. 该行为符合诈骗罪的构成。

⑮《杨飞侵占案》，载《刑事审判参考》2009年第5辑总第70辑，第60~65页。

核心提示 ➡ 盗窃亲属数额巨大的财物，是否应追究刑事责任？

⑯《杨聪慧、马文明盗窃机动车号牌案》，载《刑事审判参考》2009年第5辑总第70辑，第54~59页。

核心提示 ➡ 以勒索钱财为目的盗窃机动车号牌的如何定罪处罚？

⑰《如何认定多次盗窃》，载《刑事审判参考》2009年第4辑总第69辑，第144~150页。

要旨 ➡ 1. 连续行为是否都是多次盗窃。2. 受过行政处罚的扒窃行为能否计入盗窃次数。3. 盗窃未完成形态是否影响盗窃次数的计量。

⑱《林燕盗窃案》，载《刑事审判参考》2009年第3辑总第68辑，第19~25页。

核心提示 ➡ 保姆盗窃主人财物后藏于房间是否构成盗窃既遂？

⑲《詹伟东、詹伟京盗窃案》，载《刑事审判参考》2009年第1辑总第66辑，第54~61页。

核心提示 ➡ 通过纺织品网上交易平台窃取并转让他人的纺织品出口配额牟利的行为如何定罪？

⑳《毛君、徐杰非法侵入住宅案》，载《刑事审判参考》2009年第1辑总第66辑，第48~53页。

要旨 ➡ 入户盗窃财物数额未达到盗窃罪定罪标准，严重妨碍他人的居住与生活安宁的，可以按非法侵入住宅罪定罪处罚。

㉑《论盗窃罪、侵占罪、诈骗罪之间的关系》，载《刑事司法指南》2009年第1辑总第37辑，第1~40页。

㉒《如何正确评价既骗又盗的行为》，载《公检法办案指南》2009年第11辑总第119辑，第173~180页。

㉓《许霆盗窃案犯罪构成及特殊情况之分析》，载《公检法办案指南》2009 年第 2 辑总第 110 辑，第 176~186 页。

㉔《刘宏职务侵占案》，载《刑事审判参考》2008 年第 6 辑总第 65 辑，第 38~44 页。

核心提示➡用工合同到期后没有续签合同的情况下，原单位工作人员是否符合职务侵占罪的主体要件？

要旨➡虽无独立管理权，但单独利用共同管理权窃取本单位财物的也应认定为利用职务便利。

㉕《范军盗窃案》，载《刑事审判参考》2008 年第 5 辑总第 64 辑，第 36~44 页。

核心提示➡偷配单位保险柜钥匙秘密窃取赔偿损失资金，留言表明日后归还的行为如何定性？

㉖《冯留民破坏电力设备、盗窃案》，载《刑事审判参考》2008 年第 5 辑总第 64 辑，第 8~13 页。

要旨➡结合司法解释看破坏电力设备罪与盗窃罪的竞合。

㉗《朱影盗窃案》，载《刑事审判参考》2008 年第 3 辑总第 62 辑，第 44~48 页。

核心提示➡"调包"行为如何认定？对以盗窃与诈骗相互交织的手段非法占有他人财物的行为如何定性？

要旨➡主要是看行为人非法取得他人财物的决定性手段是秘密窃取还是欺骗而得。本案，首先，本案被害人没有处分财产的意思和行为。其次，被告人非法取得财物主要是以调包的秘密窃取手段来实现的。

㉘《侯吉辉、匡家荣、何德权抢劫案》，载《刑事审判参考》2008 年第 3 辑总第 62 辑，第 31~43 页。

要旨➡行为人在事先无通谋，但明知他人抢劫的情况下，于其暴力行为致被害人死亡后参与共同搜取被害人财物的，应以抢劫罪共犯论处。

㉙《马俊、陈小灵等盗窃、隐瞒犯罪所得案》，载《刑事审判参考》2008 年第 2 辑总第 61 辑，第 28~35 页。

要旨➡在盗窃实行犯不知情的情况下，与销赃人事先约定、事后出资收购赃物的行为不构成盗窃共犯。

㉚《邢文浩、戴立根、李根福盗窃上诉案》，载《人民司法案例》2010 年第 2 辑。

要旨➡单位盗窃电，应以盗窃追究相关负责人员刑事责任。

㉛《董磊等盗窃案》，载《人民法院案例选》2008 年第 3 辑总第 65 辑。

核心提示➡下班后重返工作现场，盗取在工作期间所保管使用的财物如何定性？

㉜《许霆盗窃案》，载《刑事法律文件解读》2008 年第 10 辑总第 40 辑，第 58~67 页。

核心提示➡利用自动柜员机系统故障恶意取款的行为如何定罪量刑？

㉝《浅议罪状描述方式对许霆案定罪的影响》，载《刑事法律文件解读》第 10 辑总第 40 辑，第 68～71 页。

㉞《关于审理许霆盗窃案的总结与反思》，载《刑事法律文件解读》2008 年第 10 辑总第 40 辑，第 68～71 页。

㉟《从许霆案看媒体审判》，载《刑事法律文件解读》2008 年第 10 辑总第 40 辑，第 77～83 页。

㊱《关于许霆案件的法理问题思考》，载《刑事法律文件解读》2008 年第 10 辑总第 40 辑，第 84～113 页。

㊲《许霆案折射的刑法问题》，载《刑事法律文件解读》2008 年第 10 辑总第 40 辑，第 114～122 页。

核心提示➡科学定罪与艺术量刑。

㊳《宋某盗窃案》，载《刑事法律文件解读》2008 年第 5 辑总第 35 辑，第 112～115 页。

核心提示➡对未实行终了的盗窃金融机构财物行为的处罚。

㊴《韩维等抢劫案》，载《刑事审判参考》2007 年第 6 辑总第 59 辑，第 19～25 页。

核心提示➡非法进入他人共同租住的房屋抢劫是否属于"入户抢劫"？

要旨➡共同租住的房屋只要是供家庭生活且与外界相对隔离的，就应当认定为刑法意义上的"户"。

㊵《陈建伍盗窃案》，载《刑事审判参考》2007 年第 5 辑总第 58 辑，第 40～47 页。

要旨➡在实施盗窃单位财物行为过程中没有利用职务便利的，其行为不构成职务侵占罪。

盗窃邮政局金库中存放的邮政储汇款是否构成盗窃金融机构？

一、在实施盗窃单位财物行为过程中没有利用职务便利的，其行为不构成职务侵占罪。1. 邮政局的经警队长的职责是负责邮政局的相关工作人员及财物的安全保卫工作，其职责范围内不具备对邮政储蓄资金的管理、主管、经手的权力，其对邮政储蓄资金没有支配、决定、处置或者实际控制权。2. 邮政局的经警队长没有持有金库钥匙的权力。3. 邮政局的经警队长没有擅自打开邮政局金库和各金柜门的权力。

二、盗窃存放在邮政局金库中的邮政储蓄款的行为，属于盗窃金融机构。

㊶《吕升艺故意杀人案》，载《刑事审判参考》2007 年第 5 辑总第 58 辑，第 26～34 页。

核心提示➡杀害被害人之后搜走被害人财物的行为应如何定性？

要旨➡被告人吕升艺临时起意劫取被害人财物时，没有使用暴力或其他胁迫手段，又无证据表明当时被害人尚有知觉，应将其劫取被害人财物的行为认定为盗窃行为。由于其窃取的手机价值未达到盗窃罪的数额标准，故其行为不构成盗窃罪。

㊷《贺豫松职务侵占案》，载《刑事审判参考》2007 年第 4 辑总第 57 辑，第 43～

47 页。

核心提示 ➡ 临时搬运工窃取铁路托运物资构成盗窃罪还是职务侵占罪？

要旨 ➡ 是否构成职务侵占罪，关键在于公司、企业和其他单位的工作人员非法占有单位财物是否利用了职务上的便利，而非行为人在单位中的"身份"。本案中，被告人贺豫松作为中铁快运股份有限公司郑州站营业部招聘的委外装卸工，虽未与铁路公司依法签订劳动合同，却长期在火车站任装卸工，两者之间存在"事实劳动关系"，依法应认定为单位工作人员，当然可以成为职务侵占罪的犯罪主体。

本案中，被告人贺豫松系火车站行包房装卸工，其在车站行包房的职责是根据行李员方向清单进行清点与接车，对列车所卸入库的货物装卸办理交接手续等，其对中转的货物具有一定的管理权和经手权。被告人贺豫松的盗窃行为，就是利用其当班管理、经手这些财物的职务之便，在自己负责的中转货物的库区对其管理、经手的货物实施掏芯手段将财物非法占为己有，完全可以认定为利用了职务上的便利而窃取单位财产，从而构成职务侵占罪。

43 《周建龙盗窃案》，载《刑事审判参考》2007 年第 2 辑总第 55 辑，第 41 ~ 49 页。

核心提示 ➡ 对于盗窃罪如何适用累犯情节进行加重处罚？

44 《张超群、张克银盗窃案》，载《刑事审判参考》2007 年第 1 辑总第 54 辑，第 35 ~ 41 页。

核心提示 ➡ 窃取他人挖掘机电脑主板后向被害人索取钱财的行为如何定罪处罚？

要旨 ➡ 一、被告人张超群、张克银共同秘密窃取电脑主板后向被害人索取钱财的犯罪行为构成牵连犯。本案中，盗窃行为属于手段行为，打电话要挟索财属于目的行为，分别触犯了盗窃罪和敲诈勒索罪两个不同罪名。

二、对牵连犯罪，除法律明文规定外，其处理原则是从一重罪定罪处罚。适用盗窃罪处罚比适用敲诈勒索罪处罚重，以盗窃罪定罪处罚是正确的。

45 《李路军金融凭证诈骗案》，载《刑事审判参考》2007 年第 1 辑总第 54 辑，第 18 ~ 24 页。

核心提示 ➡ 金融机构工作人员利用工作之便，以换折方式支取储户资金的行为如何定性？

要旨 ➡ 金融机构工作人员利用工作之便，以偷换储户存折的方式支取存款的行为，构成金融凭证诈骗罪。

46 《刑事法律文件解读》2007 年第 6 辑总第 30 辑，第 292 ~ 293 页。

要旨 ➡ 先偷盗后敲诈是否构成数罪并罚？

47 《刑事法律文件解读》2007 年第 6 辑总第 30 辑，第 294 ~ 295 页。

核心提示 ➡ 通信公司职员利用系统漏洞使手机无限充值如何定性？

48 《盗窃罪数额认定的三个疑难问题研究：重复盗窃、二次盗窃、数次的既遂与未遂》，载《公检法办案指南》2007 年第 9 辑总第 93 辑，第 161 ~ 166 页。

49 《先骗取他人银行卡密码后盗窃银行卡提取现金的行为如何定性》，载《公检法办案指南》2007 年第 9 辑总第 93 辑，第 181 ~ 184 页。

(50)《窃取“人民币产品”应当如何定罪》，载《公检法办案指南》2007年第6辑总第90辑，第174~178页。

(51)《运用单一指纹鉴定认定盗窃案件的几点思考》，载《公检法办案指南》2007年第4辑总第88辑，第154~161页。

(52)《孟动、何立康盗窃案》，载《刑事审判参考》2006年第6辑总第53辑，第42~49页。

核心提示➡如何认定网络盗窃中电子证据效力和盗窃数额？

要旨➡1. 网络盗窃中电子证据效力的认定；2. 本案盗窃数额的认定；以电磁记录为载体表现出来的虚拟物品，理论上将其称为虚拟财产。其主要是网络游戏玩家通过申请游戏账号、购买游戏点卡、在线升级等手段获利的货币、武器、装备等。衡量本案中被害单位被窃Q币和游戏点卡的价格，主要有：(1) 运营商腾讯公司和网易公司在线销售价格；(2) 玩家之间的离线交易价格；(3) 被害单位与运营商腾讯公司和网易公司的合同价；(4) 被告人销赃价格。我们认为，应以第三种价格作为计算被盗Q币和游戏点卡价值的标准。

(53)《张泽容、屈自强盗窃案》，载《刑事审判参考》2006年第5辑总第52辑，第22~28页。

核心提示➡盗窃定期存单从银行冒名取款的行为如何定性？

要旨➡1. 张泽容的行为应定性为盗窃罪而非诈骗罪。2. 屈自强明知是盗窃来的存单而帮助取款并分赃，应定盗窃罪而非窝藏赃物罪或诈骗罪。

(54)《陆惠忠、刘敏非法处置扣押的财产案》，载《刑事审判参考》2006年第4辑总第51辑，第26~32页。

核心提示➡窃取本人被司法机关扣押财物的行为如何处理？

要旨➡主观上没有非法占有目的，不构成盗窃罪。

(55)《韦国权盗窃案》，载《刑事审判参考》2006年第3辑总第50辑，第28~35页。

核心提示➡暗自开走他人忘记锁闭的汽车的行为如何处理？

要旨➡1. 以非法占有为目的，偷开走他人忘记锁闭的汽车，具有较大的社会危害性，应当由刑法予以调整。2. 驾驶人忘记锁闭的汽车不是遗忘物，被告人的行为不构成侵占罪。3. 被告人以非法占有为目的，偷开他人忘记关窗锁门的汽车开车的行为，符合盗窃罪的构成特征，应当以盗窃罪定罪处罚。

(56)《刘某是否系“代为保管他人财物者”兼谈侵占与盗窃罪的界限》，载《公检法办案指南》2006年第9辑总第81辑，第176页。

核心提示➡合租房内，被害人与被告商议后将钱藏于被告人床与墙夹缝处，被告趁无人将钱取走如何定性？

(57)《车主将汽车卖出，双方也办理了过户手续，但买主未支付全部车款，车主将卖出汽车又开走，是盗窃还是民事纠纷》，载《公检法办案指南》2006年第2辑总第74辑，第174~176页。

要旨➡假如当晚被告人因被害人没有向自己支付剩余车款，“窃走”该汽车后，不是在被害人报案后才向被害人告知,而是在将汽车开走后立即对被害人讲明事情真相,因双方之间存在合法的债权债务关系,可以认为被告人采用的是"私法"救济手段,既然双方之间属于普通民事法律关系,那么,被告人的行为显然不构成盗窃罪。但本案中被告人是在被害人向公安机关报案后才主动和被害人联系的,而此时,他的盗窃犯罪已完成。

58《周玮盗窃案》〔2006〕北刑初字第167号,无锡市北塘区人民法院。
要旨➡通过黑客木马程序获取游戏点卡账号和密码,采用将账号和密码告诉网友,由网友自行充值,行为人应对全部数额负责。

59《程稚瀚盗窃上诉案》〔2006〕高刑终字第440号,北京市高级人民法院。
核心提示➡非法侵入移动公司充值中心修改数据,将已充值的充值卡重置为未充值状态,使不具有经济价值的充值卡重新注入资金具有充值功能,对外公开销售。

60《颜亿民盗窃上诉案》〔2006〕穗中法刑二终字第68号,广州市中级人民法院。
核心提示➡盗取他人网络游戏装备如何定性?

61《孟动、何立康盗窃上诉案》,上海市黄浦区人民法院。
核心提示➡窃取Q币和游戏点卡后在网上低价抛售如何定性?

62《从一起个案看盗窃罪的既未遂及与相关罪的区别》,载《刑事审判参考》2005年第5辑总第46辑,第162~168页。
要旨➡张某潜入朋友李某家中窃得电视机一台,在抱出门口时,恰被回家的李某之妻发现并质问,对此张某谎称是李某因欠其债让其来搬的。李某之妻不信,要求张某等李某回来后再说。张某便从口袋里拿出事先伪造的借条塞到李某之妻手中,趁李某之妻将信将疑之际把电视机抱走。

盗窃罪的既未遂标准,最具代表性、最流行、最为大家所接受的主要是失控说和控制说。控制说站在犯罪是否得逞的立场认为:应以盗窃犯是否已获得对被盗财产的实际控制为标准。控制说基本上是通说,也更符合我国刑法关于犯罪既遂的一般规定。判断所谓取得"实际控制"仍是个极为复杂棘手的问题。总结司法实践,结合社会一般经验和常识,一般有以下几种考虑因素及常见判断类型:

其一应考虑被害人对物的控制权范围的问题。例如盗窃工厂的财物,工厂的权利范围就是整个厂区,在工厂内盗窃工人的个人财物,工人的权利范围就是本人的衣柜、工具箱等。一般情况而言,盗窃分子将财产盗离被害人权利控制范围,也就标志着控制并非法占有了财物,构成既遂。但是,由于控制范围的复杂性,也就决定了既未遂的复杂性,实践中应加以区别对待。至于在无人监控或特定控制区的室外,将财产移离原处即为既遂。

其二应考虑被盗对象的特点。被盗财物的性质、质量、体积、形状等不同,盗窃分子行窃时控制其财产的难易程度就会不同,因而认定既未遂的标准也可能不同。例如盗窃货币,一般只要窃离原处,即为既遂。一般来讲,如果是不能随身携带之物,应以窃出控制范围外为既遂,如果是轻便容易随身携带之物,应以将财物移离原处隐藏于身或随身携带的包内为既遂。如行为人将车间或办公室贵重轻便之物放到自己的包内,或隐藏于室内或室外他人不知之处,使原财产所有人失去控制而置于自己控制之下,盗窃分子已经实际上对该财产享有支配、处分权，即构成既遂。常见的类型有：

一、扒窃的既未遂。一般认为，只要行为人一把被盗财物从原控制人的衣袋或提包中窃取出来，就意味着原控制人对财物的控制丧失，同时盗窃行为人获得对所窃财物的控制，为既遂。

二、入户盗窃的既未遂。由于物主对户内财物具有实际的控制权，一般认为只有盗窃行为人将所窃财物带出户外，方成立既遂。当然也存在例外：如是货币到手即为既遂；如果是雇用工人因其有权利自由出入主人的房间，所以乘人不备，窃取财物置于自己支配之下，虽然没有将财物带出屋外，同样可以成立盗窃罪既遂。另外，还要根据房屋的具体情况判断何谓屋外，如果是城市的公共楼房，屋内自然是指自家所能控制的门内，而门外的楼道自然不属其可控制的范围，因此这种房间的屋外自然是指门外。而在广大农村，每户住宅除了有房屋以外，还有一个自家的小院，所以带有院子的房屋的"屋外"一般应指院子的外边。

三、店中盗窃的既未遂。商店在正常营业的情况下，其门口是允许任何人自由出入的，故商店对财物的合法控制范围不能以门口为标准。柜台销售的，物主对财物的合法控制范围以柜台为限。超市型的商店，顾客可以在超市允许的范围内随便拿取商品，但是这个区域都有一个警戒线，行为人一旦把财物窃出这个警戒线，就可以认为行为人已经控制了所窃取的财物，成立盗窃既遂，无需带出商店的门口。但是如果是商店的非营业时间，则商店对其财物的控制范围就为整个商店的区域，这种情况下，盗窃行为人只有把财物窃出商店，才标志着行为人已经实际控制了所窃财物而构成既遂。

四、企事业单位等有人管理区域内的盗窃既未遂。从原则上讲，盗窃行为人避开管理人的警戒，把所盗财物带出被管理人有权利控制的区域即为既遂。但是因为警戒管理有严有松，这当然会影响盗窃的既未遂，并且被盗对象的形状有大有小，这也同样会影响到盗窃的既未遂。例如，盗窃行为人在一家工厂里盗窃工厂的财物，如果财物体积小便于藏在身上，一般来讲当行为人将财物藏在身上时就已经既遂。但是这还要根据工厂的警戒和管理的具体状况而定，如果工厂的性质比较特殊，出入门口都要经过严格检查，这种情况下，盗窃行为人在厂内窃取的财物虽然已经藏于身上，但是在没出门口之前，仍不能认为已经取得实际控制。另外，即使是工厂的门口并非严格检查，比如搜身，但是如果行为人盗窃的是体积较大无法藏于身上的财物，那么这种无法藏身的财物仍然是门口检查的范围，未出厂之前仍不能认定既遂。类似的盗窃还有很多，例如发生在博物馆、展览馆内的盗窃。

五、有价证券的既未遂。有价证券一般可分为两种，一种是不记名或不挂失有价证券，如国库券、无记名股票等。其特点是义务人只对证券持有人负责给付义务，也就是"认券不认人"。这种证券其实可以视为货币，窃取了证券，也应意味着非法占有了证券上所记载的一定数额的财产，所以盗窃不记名、不挂失的有价证券的既未遂标准与盗窃货币类似，到手即为既遂。第二种有价证券是记名或可挂失的有价证券，如记名银行存单、汇款单、汇票、本票、支票等，其特点是义务人根据证券向证券指定的人负责给付金钱的义务，也就是"既认券又认人"，如果行为人要进一步非法占有证券所记载的财产，就必须以权利人的身份去支取财物。所以，盗窃行为人在冒名领取时被人发觉或在行为人冒领以前义务人挂失或窃得有价证券后马上被人抓获等，应构成未遂。

六、盗窃运输中货物的既未遂。在运输工具如铁路、汽车上作案的，一般应以货物脱离运输工具时作为既遂。在停留的运输工具内行窃，如有人监视、警戒的，脱离了监视、警戒区才能控制财产，因而应以盗窃分子将财产窃离监视、警戒区为既遂；没有监视、警戒的，以窃离运输工具为既遂。

最后，需要特别指出的是，只要对被盗财物取得了实际控制即为既遂，至于控制时间长短不是影响盗窃既未遂的因素。例如，盗窃分子进入商店盗窃，刚走出店门即被店主发现，就擒，人赃俱获。按控制说，控制时间无长短要求，盗窃分子盗窃财物已经走出店外，理应是既遂。

回到本案，李某的盗窃行为，显然属于上面所讲的入户（室）盗窃，并已经将被盗财物盗出了物主的可控区域，完成了自己对该财物的实际控制，即使被物主当场发觉，也已构成盗窃既遂，其为携带赃物脱身逃跑（无论是携带赃物与否）而采取的欺诈性手段，不独立构成诈骗罪。

构成诈骗罪必须具备以下几个要素：1. 行为人采用了欺诈手段。2. 受害人因此发生了错误认识。3. 受害人基于错误认识而实施了处分财产的行为。4. 行为人因受害人的财产处分行为而获得相应利益。第三点中的处分财产便是实质性行为，是诈骗罪区别于盗窃罪的关键。这里需要把握两点：一是受害人作出处分行为是意在失去占有的行为。二是受害人失去占有的财物是经过了受害人的处分的。如顾客在商店里试衣服，顾客穿上衣服后，借口上厕所趁机逃跑。虽然售货员允许顾客带着试穿的衣服暂时地离开，但这并不是对财物失去占有的一种处分，所以不构成诈骗罪而构成盗窃罪。又如顾客在仓库取货时偷偷把不属于自己的货物放进取货的箱子里带出仓库。这里仓管员虽然同意顾客把箱子带出，但并没有对失去的被顾客偷偷装进箱子的货物进行处分，所以不构成诈骗罪，而构成盗窃罪。甚至在形形色色的"调包案"中（行为人经常以某种借口要看一下受害人的财物，调包后再还给被害人），因为受害人交给行为人财物的行为称不上处分行为，根本没有转移占有的意思，所以也有观点主张构成盗窃罪而非诈骗罪。观点正误姑且不论，但提醒我们把握诈骗罪的实质要件十分重要。

本案中，李某之妻没有对被盗财物实施过处分行为，该财物当时既不在其实际控制之下（在行为人手中，已实际脱离被害人占有而且这种脱离是因盗窃行为所事先形成），而且其对行为人的谎言和出示的借条也是半信半疑，根本谈不上处分或交付财物，所以无独立成立诈骗罪之余地。

盗窃罪的隐蔽性与抢夺罪的公然性所针对的对象自然是相对于物主而言。如在公共场所扒窃，虽然周围的人都看到行为人的盗窃行为，但只要不被财物所有人发觉就行。这时行为人构成的是盗窃罪而非抢夺罪。相反，如果行为人尾随被害人到一条无人的小巷，当着被害人的面抢了财物就逃，行为人构成的是抢夺罪。本案中，张某取得财物的方式是秘密窃取的，尽管当场即被回家的女主人发觉且质疑，但是该财物的控制权已发生转移，不存在再一次对同一物公然强行拿走的问题，因而也无抢夺罪构成的可能。值得注意的是，无论是秘密窃取还是公然夺取，其前提都是相对于物主对财物的实际控制权而言的，至于夺的具体方式则可能是多种多样的。如长途客运司机在中午停下来吃午饭的时候，等所有乘客刚下车，就加大油门把装有乘客旅行包的车开走，构成的就可以是抢夺罪，因为乘客对车内的自有物具有控制权。同样道理，如果认为本案中电视机的控制权没有转移，则趁人半信半疑之际，强行抱走的行为，就可能是抢夺罪而非盗窃罪。

63《叶文言、叶文语等盗窃案》，载《刑事审判参考》2005年第2辑总第43辑，第37~44页。

核心提示➡窃取被交通管理部门扣押的自己所有的车辆后进行索赔的行为如何定性？

要旨➡秘密窃取他人占有的本人财物而后索赔的行为只构成盗窃罪一罪。行为人获得赔偿的数额应当认定为盗窃数额。

64《胡某执行领导指示为单位窃电案》，载《最新刑事法律文件解读》2005年第9辑总第9辑，第109~115页。

核心提示➡对于单位组织实施《刑法》分则没有规定为单位犯罪的危害社会行为，能否定罪处罚？

要旨➡应当区别不同的案件性质分别处理：对于单位以谋取经济利益为目的组织实施的图利性危害社会行为，是否需要通过刑罚干预，立法者已在《刑法》分则中予以明确，如生产、销售伪劣商品等。《刑法》分则没有规定单位盗窃、诈骗等其他图利性危害社会行为构成单位犯罪，不应是立法的疏漏（即使是立法疏漏，不按照犯罪处理，也是罪刑法定原则的应有代价），而是由于这种危害社会行为通过民事、行政手段解决同样能达到保护公私财物的目的，无须《刑法》的调整。因此，对于单位组织实施《刑法》分则没有规定单位犯罪的盗窃、诈骗等图利性案件，在立法没有作出相应的修改以前，既不能追究单位的刑事责任，也不能直接追究单位中直接负责的主管人员和其他直接责任人员的刑事责任。

65《西湖硬币案》，载《最新刑事法律文件解读》

核心提示➡在景点秘密捞取游客所抛硬币是否构成盗窃罪？

66《龙某秘密窃取自己被法院扣押汽车案》，载《最新刑事法律文件解读》2005年第2辑总第2辑。

核心提示➡秘密窃取自己被司法机关、行政机关扣押的财物行为应如何定性？

67《刘某指使员工窃电案》，载《最新刑事法律文件解读》。

核心提示➡对单位盗窃能否按自然人盗窃处理？

68《王某利用他人盗得的存折提取现金构成销售赃物罪案》，载《最新刑事法律文件解读》2005年第1辑总第1辑。

核心提示➡将他人盗窃的存折提取现金的行为是销售赃物还是盗窃？

69《以重复使用同一张电信卡的方式造成电信资费损失的行为是否构成盗窃》，载《公检法办案指南》2005年第7辑总第67辑。

70《"不平等"中的平等性思考——关于贪污罪和盗窃罪的起刑数额和行政处分适用

第二编 分则 第五章 侵犯财产罪

问题》，载《刑事法判解研究》2005 年第 1 辑总第 10 辑，第 177~183 页。

71《钱炳良盗窃案》，载《刑事审判参考》2004 年第 6 辑总第 41 辑，第 38~49 页。
核心提示➡盗买盗卖股票案件的盗窃数额如何认定？
要旨➡一、该行为构成盗窃罪。1. 非法控制他人股票账户，与自己的股票账户进行相对委托证券买卖，影响证券交易价格和交易量的行为，不构成操纵证券交易价格罪；2. 窃取他人股票账户的账号和密码后，在被害人不知情的情况下进行股票相对买卖的行为，不符合诈骗罪的构成特征，不能以诈骗罪定罪处罚；3. 由于钱炳良非法占有盗买盗卖股票的获利款，直接来源于被害人的财产损失，这种盗窃手段与直接非法占有被害人的财产在本质上是相同的，应定盗窃。
二、以被告人的获利数额作为盗买盗卖股票案的盗窃数额，较为合理。

72《沈某某盗窃案》，载《刑事审判参考》2004 年第 5 辑总第 40 辑，第 15~23 页。
核心提示➡对所盗物品的价值有重大认识错误的应如何处理？
要旨➡1. 被告人的行为构成盗窃罪；被告人出于何种动机拿走手表、拿走手表是个人保有、抛弃或赠送他人等，均属于对所盗物品的事后处分行为，不影响对非法占有目的的认定。2. 被告人对所盗手表价值存在重大认识错误。其所认识的数额远远低于实际数额，不能让其对行为所不能认识的财物数额承担犯罪的责任。3. 情节轻微，可免予刑事处罚。

73《刘群、李国才抢劫、诈骗、盗窃案》，载《刑事审判参考》2004 年第 2 辑总第 37 辑，第 37~46 页。
要旨➡将所有权属于亲属的财产私自送与他人，可不按犯罪处理。检察院指控盗窃，法院认为：被告人将所有权属于其母亲的汽车私自送与他人，依法可不按犯罪处理。

74《王团结、潘友利、黄福忠抢劫、敲诈勒索案》，载《刑事审判参考》2004 年第 1 辑总第 36 辑，第 37~45 页。
核心提示➡盗窃他人皮箱后发现有毒品并非法持有的行为如何定性？
要旨➡当某一行为是另一犯罪行为实施的结果时，该行为与犯罪行为之间存在原因和结果的关系，是原因行为与结果行为的牵连，如盗窃他人的皮箱后，发现其中有毒品而加以藏匿，非法持有毒品是结果行为，盗窃他人皮箱是原因行为。这两类情况均构成牵连关系，应认定为牵连犯。

75《周大伟票据诈骗（未遂）案》，载《刑事审判参考》2004 年第 1 辑总第 36 辑，第 11~16 页。
核心提示➡盗取空白现金支票伪造后使用的应如何定性？
要旨➡被告人先后产生过两个犯意或目的，即盗窃钱物的故意和利用所窃得的空白现金支票诈骗财物的故意。被告人先前所实施的盗窃未遂行为与其他行为明显不具有同一的犯罪目的指向，因而不具有牵连意图。被告盗窃所指目标为一私营小厂的会计室，不大可能涉及巨大财物，因此，对其盗窃财物未遂行为不予定罪处罚应是可以的。

76《刑法实务若干问题研究》，载《刑事审判参考》2004 年第 1 辑总第 36 辑，第

1045

128～142 页。

要旨⇒单位盗窃如何适用法律问题？

77《浦平波盗窃案》，载《经济犯罪审判指导》。

核心提示⇒盗窃罪的既遂与未遂应该以行为人是否已对财物具有实际支配力为标准？

要旨⇒非法侵入证券交易机构计算机资金管理系统虚增个人账户资金构成盗窃罪。

78《采用在油田的输油管线上钻孔的方式盗窃原油，数额特别巨大，是否属于"造成严重后果"，应当如何处理》，载《刑事审判指导》2004 年第 1 辑总第 1 辑，第 172～173 页。

79《审理盗窃电能、燃气、自来水等犯罪案件的两点做法》，载《经济犯罪审判指导》2004 年第 2 辑总第 6 辑，第 130～131 页。

要旨⇒一、证据取得的程序问题，应当委托中立的鉴定机构进行鉴定；二、盗窃时间的计算问题。

80《审理扒窃共同犯罪案件有关证据判断标准实务问题探讨》，载《刑事审判要览》2004 年第 3 辑总第 9 辑，第 19～24 页。

81《从生活事实中发现法》，载《刑事审判要览》2004 年第 2 辑总第 8 辑，第 34～48 页。

要旨⇒法官必须再次进行限制解释："只有主观上意欲盗窃数额较大财物，客观上也能够盗窃数额较大的财物时，才能认定为盗窃罪。"

82《侵犯财产罪的疑难问题》，载《刑事审判要览》2004 年第 1 辑总第 7 辑，第 14～42 页。

要旨⇒1. 如何认识侵犯财产罪的客体；2. 如何理解"以非法占有为目的"；3. 如何处理抢劫罪中的疑难问题；4. 如何认定"携带凶器抢劫"；5. 如何区分盗窃罪与诈骗罪；6. 如何解释侵占罪的客观要素；7. 如何区别盗窃罪与侵占罪。

83《以高金有案为视角》，载《刑事司法指南》2004 年第 2 辑。

核心提示⇒内外勾结窃取银行现金行为之定性研究

84《事实推定在盗窃无形物犯罪中的司法适用——任某某盗窃案》，载《刑事法判解研究》2004 年第 4 辑总第 9 辑，第 80～91 页。

85《张珍贵、黄文章职务侵占案》，载《刑事审判参考》2003 年第 6 辑总第 35 辑，第 55～63 页。

核心提示⇒职务侵占罪的利用职务便利是否包括劳务？

要旨⇒职务侵占罪中的利用职务便利，是指行为人利用主管、管理、经营、经手本单位财物之职的便利条件，这里的职务不限于经营、管理活动，同时还包括劳务活动。黄文章窃取货物出场单及张珍贵将门岗室的货物出场单及货物出区登记表偷出销毁的行为，所利用的是工作中形成的对环境及人员较为熟悉的方便条件，不属于职务便利。但张珍贵利用门卫之职，与黄文章合谋把货柜偷运出验货场的行为，虽然利用的是从事劳务的便利，但仍属职务便利。辩护人不恰当地将职务理解为管理性的公务，缩小了职务的范围，不符合法律。应当认定张珍贵利用了职务便利。

86《李生跃盗掘古文化遗址案》，载《刑事审判参考》2003年第5辑总第34辑，第54~59页。

核心提示 ➡ 盗割寺内壁刻头像的行为应如何定罪？

要旨 ➡ 一、古文物遗址应作广义理解，应包括石窟寺、石刻、古建筑、地下城等；刑法与相关行政管理法规所要规制的目的不同，有时二者使用同一术语，但在含义上却有所不同，或者说需要作出不同的解释，也是常见现象，如刑法中的伪劣商品不同于产品质量管理法中所称的伪劣商品，前者是广义的，后者是狭义的；本案文物保护法用的是狭义，而刑法含义是广义的。

二、盗掘既包括挖地下的，也包括将一部分从其整体中挖掘、割下的行为；不能理解为仅向下挖。

三、虽对损毁有放任故意并客观造成后果，但其直接故意并非损毁文物。即使系一行为触犯二罪名，也应择重罪即本罪；盗窃文物一般指可移动文物，将不可移动文物的一部分凿割下来的行为属于盗掘。被盗凿下来的头像，是否具有独立的文物价值，能否看作独立文物，没有鉴定，若认定盗窃文物，无法量刑。

87《程剑诈骗案》，载《刑事审判参考》2003年第4辑总第33辑，第41~45页。

核心提示 ➡ 猜配捡拾存折密码非法提取他人存款行为的定性。

要旨 ➡ 一、不定诈骗。1. 侵占的本质特征在于将合法持有的他人财物非法占有，被害人设有密码，并未失去对存款的控制，被告并未取得合法支配权；2. 存折系遗失物而非遗忘物；3. 经讯问后，马上退赃，与侵占的"拒不交出"不符；4. 此外，需要补充说明的是，侵占罪属于亲告罪，即使被告人构成侵占罪，二审法院也不得变更罪名径行下判。

二、应定诈骗。1. 窃取的不知情是指财物所有人、保管人无察觉（至少行为人主观这样认为），诈骗的不知情，是基于错误认识不知情；2. 财物转移，盗窃是行为人单方面完成，而诈骗是所有人、保管人错误处分、交付的结果；3. 猜配密码是一种无形偷盗密码行为，但只是取得存款的手段行为，密码本身无价值，不具备独立意义；而本案程剑支取存款，是凭借银行的信任通过银行的交付得以实现的，银行对于存款的交付是基于错误判断，这种错误判断，是程剑隐瞒真相冒用他人名义以致银行不明真相误认为其具有取款合法资格的结果，属于冒用诈骗。

88《林通职务侵占案》，载《刑事审判参考》2003年第3辑总第32辑，第49~52页。

核心提示 ➡ 名义职务与实际职务不一致的应当如何判断是否利用了职便？

要旨 ➡ 一、合同工符合职务侵占主体特征；

二、职务范围，名义职务是押钞员，但证据显示该社把押钞员与出纳的某些职责归于一人。虽然违章，但责任在于信用社，林具有受单位委托兼有出纳、负责现金出入库等职责；

三、林利用了职便，1. 保管金库和保险柜钥匙的职便；2. 可以进出金库的职便。

89《赵某盗窃案》，载《刑事审判参考》2003年第3辑总第32辑，第49~52页。

核心提示➡ 如何区分盗窃罪和职务侵占罪？

要旨➡ 本案关键在于是否利用职便；被告人利用看管钥匙之机配制了钥匙伺机作案，不妨可以认为利用了职便，但具体实施盗窃的时机是选择了他人值班之时，并不是其本人直接经手、管理的财物，应定盗窃。

⑨⓪《刑法上的财产占有概念》，载《刑事审判要览》2003年第6辑总第6辑，第24~43页。

要旨➡ 一、刑法上占有概念的学说对立：1. 刑法占有的含义；2. 外国及我国台湾地区"刑法"对占有概念的界定；3. 我国大陆学者对刑法占有概念的界定及我国刑法应当选取的立场；

二、刑法与民法上占有概念的比较：1. 民法与刑法上占有概念的区别；2. 刑法与民法占有概念差异分析；

三、刑法中几种特殊占有状况的认定：1. 存在上下、主从关系的占有；2. 共同占有；3. 对包装物的占有；4. 对死者财产的占有；5. 对不动产占有；6. 遗忘物与财产占有。

⑨①《惩治窃电有关刑事法律问题研究》，载《刑事审判要览》2003年第6辑总第6辑，第120~132页。

要旨➡ 1. 窃电现况与反窃电刑事立法；2. 单位窃电问题；3. 电力工作人员窃电定性问题；4. 窃电价值认定问题。

⑨②《龚俊盗窃案》，载《经济犯罪审判指导与参考》，第32页。

核心提示➡ 盗窃财产凭证既遂与未遂的认定。

⑨③《吴湘宾盗窃案》，载《经济犯罪审判指导与参考》2003年第2辑总第2辑，第58页。

要旨➡ 非法占有不属于自己经管的财物不构成职务侵占罪。

⑨④《薛佩军等盗窃案》，载《刑事审判参考》2002年第4辑总第27辑，第27~33页。

核心提示➡ 盗窃毒品后非法持有的行为如何定性及如何计算数额？

要旨➡ 以非法持有毒品罪逮捕。被告人得知他人有毒品，以非法占有为目的，盗窃毒品，抓获后毒品被起获。一、二审均判处盗窃罪。考虑到"情节严重"的弹性较大，具体认定起来较为困难，实践中掌握的标准也不尽一致，最高人民法院2000年《全国法院审理毒品犯罪工作座谈会纪要》规定："认定盗窃毒品犯罪数额，可以参照当地毒品非法交易的价格。"本案毒品数量特别巨大，即使参照当地毒品黑市交易价格计算，其参考数额亦属特别巨大。

⑨⑤《刘国芳等诈骗案》，载《刑事审判参考》2002年第3辑总第26辑，第64~71页。

核心提示➡ 为获取回扣以虚假身份证办入网并使用移动电话拨打国际声讯台造成电信资费损失如何定罪？

要旨➡ 根据最高人民法院2000年5月《关于扰乱电信市场管理秩序案件具体应用法

律若干问题的解释》第9条解释,可定诈骗,本案审理在解释前,依诈骗本质特征定;本案犯罪对象为通讯服务,非法占有电信资费,拨打后就完成,属既遂。

96《李春林故意杀人、盗窃案》,载《刑事审判参考》2002年第2辑总第25辑,第45~49页。

核心提示 ➡ 为逃避债务故意杀人后又拿走被害人财物的行为如何定性?

要旨 ➡ 非法占有故意产生于杀人后,不存在牵连与吸收关系,系盗窃。

97《王庆诈骗案》,载《刑事审判参考》2002年第1辑总第24辑,第72~78页。

核心提示 ➡ 骗购电信卡贩卖给他人使用造成电信资费巨大损失的行为如何定性?

98《罗忠兰盗窃案》,载《刑事审判参考》2002年第1辑总第24辑,第67~71页。

核心提示 ➡ 如何理解物主的实际持有、控制?如何正确区分盗窃罪与侵占罪?

要旨 ➡ 歌舞厅的包厢虽属公共娱乐场所,但系专人经营管理,具有空间上的封闭性和使用上的独占性,与人人皆可自由往来的广场、道路、海滩等公共场所有所区别。如同旅馆的客房一样,消费者在使用包厢期间,该包厢原则上即由消费者暂时控制,消费者对存放在包厢内的自有物品具有实际的控制权。在消费者独占使用包厢期间,即使消费者因故临时离开,其对放在包厢内的随身携带的物品仍具有实际的控制权。期间任何人进入该独占空间以非法占有目的取走消费者存放在此的财物的行为,均属盗窃行为。当消费者正式结账离开包厢后,包厢内的一切物品包括消费者遗留的物品,又复归经营者的控制之下,经营者对消费者遗留的物品负有清点、保管、退还的义务。如经营者对消费者的遗留物拒不退还,属侵占行为。但经营者之外的其他人如以非法占有为目的擅自进入该包厢取走消费者遗留财物的,则仍属盗窃行为,而非侵占行为。

99《计永欣故意杀人案》,载《刑事审判参考》2002年第1辑总第24辑,第22~27页。

核心提示 ➡ 故意杀人后又取走被害人财物的如何定性?

要旨 ➡ 应定盗窃与杀人并罚,但不告不理,不宜增罪名。

100《盗窃案件公诉证据参考标准》,载《刑事司法指南》2002年第3辑总第11辑,第1~76页。

要旨 ➡ 1.盗窃对象的界定;2."秘密"与"窃取"的认定;3.单位能否构成盗窃罪;4.如何理解"非法占有"目的;5.如何认定盗窃数额;6.如何理解盗窃情节;7.盗窃罪与近似犯罪的区分;8.盗窃未遂的认定;9.盗窃罪共同犯罪数额的认定;10.盗窃罪的想象竞合与法条竞合。

101《盗窃案件公诉证据参考标准》,载《刑事司法指南》2002年第2辑总第10辑,第132~138页。

102《析何某盗窃案》,载《刑事司法指南》2002年第2辑总第10辑。

核心提示 ➡ 利用计算机系统故障恶意逾额取款案

103《刑事法理论在司法实务中的运用》,载《华东刑事司法评论》2002年第1卷,第133~174页。

要旨➡入户盗窃数额不构成犯罪，可考虑定非法侵入住宅罪。

104《陈家鸣等盗窃、销赃案》，载《刑事审判参考》2001年第11辑总第22辑，第16～23页。

核心提示➡如何认定事先通谋的盗窃共犯？

要旨➡行为人仅知道某人可能要盗窃，但事前未与其形成意思联络，事后与之共谋销赃的，或者虽与盗窃犯有事前意思联络，但事后未再实施销赃等行为的，均不能构成盗窃共犯。"事先"的本质在于本罪未完成之前。"通谋"的本质在于双方已形成了意思联络或沟通，而意思联络或沟通的方式，既可以是相互明示的，也可以是默示的、双方心照不宣。

105《康金东盗窃案》，载《刑事审判参考》2001年第10辑总第21辑，第28～34页。

核心提示➡骗得财物保管权后秘密窃取代为保管的财物的应如何认定？

要旨➡不具备主体资格，故不定贪污；没有主管、管理、经手、经营金刚石的职责，不构成职务侵占；其非法占有故意产生于其取得代为保管金刚石之前，其代为保管不过是为其实施秘密窃取行为创造便利条件。

106《王彬故意杀人案》，载《刑事审判参考》2001年第5辑总第16辑，第18～21页。

核心提示➡对在盗取自己被公安机关依法查扣的机动车的过程中致人伤亡的行为应如何定性？

要旨➡被告人从公安交通管理机关院内将自己已被查扣的车辆秘密开走的行为不同于盗窃。本案中，由于被告人主观上不具有非法占有的目的，客观上未实施盗窃、诈骗、抢夺行为，其行为也就不存在转化为抢劫的问题。

107《孔庆湖盗窃案》，载《刑事审判参考》2001年第5辑总第16辑，第28～33页。

核心提示➡窃取他人股票账户号码和密码后秘密使用他人账上资金高价买入朋友抛卖的股票从中获利的行为应如何定性？

要旨➡被告人窃取他人股票账户和交易密码后，在他人毫不知情的情况下，以他人名义，秘密通过电话委托股票交易的形式，买进其朋友卖出的股票，更符合"秘密窃取"的特征，应认定为盗窃罪，而不是诈骗罪。本案中的盗窃数额应按被告人及其朋友在股票交易中所获的差价数额认定，被害人被盗用的资金数额及其损失数额可作为量刑情节予以考虑。

108《文某被控盗窃案》，载《刑事审判参考》2001年第2辑总第13辑，第24～29页。

核心提示➡处理家庭成员和近亲属之间偷窃案件应当注意的刑事政策

109《郝景文、郝景龙盗窃案》，载《刑事审判参考》2000年第3辑总第8辑，第24～30页以及《刑事审判案例》，第442～446页。

核心提示 ➡ 利用计算机盗划银行资金再到储蓄所取款的行为如何定性？

要旨 ➡ 1. 被告人将银行资金划入个人存款账户后，已经非法取得了该款的所有权，到储蓄所支取现金只是盗窃行为的自然延续；2. 银行职员向储户兑付储蓄金额现金的行为不是被诈骗；3. 被告人秘密窃取银行现金的行为构成盗窃罪。诚然，就被告人存单内多出的其非法划入的款项来讲，银行工作人员不可能知道这是被告人盗划，由此认为这确实属于被告人的款项，已包含有被诈骗的因素。但行为人先已完成的盗窃行为，使后来形式上的骗成为在正常情况下不可能被察觉的行为，"诈骗"也就不再成为影响案件性质的关键。如同行为人在行李寄存处先寄放一纸箱，然后秘密偷窃他人钱物并放到自己箱内，然后取走自己的箱子。对于失主，被盗是明显的，而寄存处实质是被盗在先。

⑩ 《高金有盗窃案》，载《刑事审判参考》2000 年第 2 辑总第 7 辑，第 30～36 页以及《刑事审判案例》，第 437～441 页。

核心提示 ➡ 外部人员与银行工作人员勾结窃取银行现金的行为如何定性？

要旨 ➡ 并未完全以他人的职便实施全部犯罪，不能仅以行为人利用职便为实施犯罪作了必要准备这一部分行为定性。

⑪ 《赵喆操纵证券交易价格案》，载《刑事审判参考》2000 年第 2 辑总第 7 辑，第 8～14 页以及《刑事审判案例》，第 219～223 页。

核心提示 ➡ 非法侵入计算机信息系统抬高股票价格获利的行为如何处理？

⑫ 《章杨盗窃案》，载《刑事审判参考》2000 年第 1 辑总第 6 辑，第 30～34 页以及《刑事审判案例》，第 447～450 页。

核心提示 ➡ 窃取并变造已付讫的国库券再骗兑的行为如何定罪？

要旨 ➡ 盖有"付讫"章的国库券不再具有有价证券的特征；被告人将盗窃的国库券变造后再骗兑的行为系伪造有价证券与诈骗牵连，定诈骗。

⑬ 《杨某诈骗案》，载《公检法办案指南》2000 年 10 月。

核心提示 ➡ 盗窃手段与诈骗行为交叉时的定性问题

⑭ 《田嘉伟等 4 人盗窃案》，载《最高人民法院判例释解·刑事卷》，第 327 页。

核心提示 ➡ 非法复制他人移动电话号码并使用的行为如何适用法律？

⑮ 《周宏贪污案》，载《最高人民法院判例释解·刑事卷》，第 362 页。

核心提示 ➡ 停薪留职期间是否具有国家工作人员身份，受托公款私存并将存折交给单位后又到银行以挂失名义将钱取走是贪污还是盗窃？

第 265 条　盗窃罪

以牟利为目的，盗接他人通信线路、复制他人电信码号或者明知是盗接、复制的电信设备、设施而使用的，依照本法第二百六十四条的规定定罪处罚。

关联规范 ▶ 完全整理

最高人民法院《关于审理盗窃案件具体应用法律若干问题的解释》（1998年3月17日法释〔1998〕4号）（节录）[①]

第二条 刑法第二百六十五条规定的"以牟利为目的"，是指为了出售、出租、自用、转让等谋取经济利益的行为。

第五条 被盗物品的数额，按照下列方法计算：

（一）被盗物品的价格，应当以被盗物品价格的有效证明确定。对于不能确定的，应当区别情况，根据作案当时、当地的同类物品的价格，并按照下列核价方法，以人民币分别计算：

9. 以牟利为目的，盗接他人通信线路、复制他人电信码号的，盗窃数额按当地邮电部门规定的电话初装费、移动电话入网费计算；销赃数额高于电话初装费、移动电话入网费的，盗窃数额按销赃数额计算。移动电话的销赃数额，按减去裸机成本价格计算。

10. 明知是盗接他人通信线路、复制他人电信码号的电信设备、设施而使用的，盗窃数额按合法用户为其支付的电话费计算。盗窃数额无法直接确认的，应当以合法用户的电信设备、设施被盗接、复制后的月缴费额减去被复制前6个月的平均电话费推算；合法用户使用电信设备、设施不足6个月的，按实际使用的月平均电话费推算。

11. 盗接他人通信线路后自己使用的，盗窃数额按本项之10的规定计算；复制他人电信码号后自己使用的，盗窃数额按本项之9、10规定的盗窃数额累计计算。

学理观点·典型案例 ▶ 索引与要旨

❶《目的犯的法理研究》，载《刑事审判要览》2004年第3辑总第9辑，第36~55页。

❷《刑法中的注意规定与法律拟制及其运用分析》，载《刑事司法指南》2003第3辑总第15辑，第70~108页。

四、争议条文的分析。《刑法》第265条规定，我国司法实践事实上也将无体物作为盗窃罪的对象。如司法解释认为"盗窃的公私财物，包括电力"。既然刑法中的"财物"包含无体物甚至在某些情况下包含财产上的利益，既然无体物也可能被盗窃，因而也需要刑法保护，那么，《刑法》第265条就不得法律拟制，而是注意规定。因此，对于实践中所发生的盗窃其他无体物的行为，理当认定为盗窃罪，而不能以法无明文规定为由宣告无罪。

第266条 诈骗罪

诈骗公私财物，数额较大的，处三年以下有期徒刑、拘役或者管制，并处或者单处罚金；数额巨大或者有其他严重情节的，处三年以上十年以下有期徒

[①] 对其解读见：《解读最高人民法院司法解释·刑事、行政卷（1997~2002）》，第198~208页。

刑，并处罚金；数额特别巨大或者有其他特别严重情节的，处十年以上有期徒刑或者无期徒刑，并处罚金或者没收财产。本法另有规定的，依照规定。

关 联 规 范　　　　完全整理

❶《中华人民共和国刑法》（1980 年 1 月 1 日）第 210 条　盗窃罪、诈骗罪

盗窃增值税专用发票或者可以用于骗取出口退税、抵扣税款的其他发票的，依照本法第二百六十四条的规定定罪处罚。

使用欺骗手段骗取增值税专用发票或者可以用于骗取出口退税、抵扣税款的其他发票的，依照本法第二百六十六条的规定定罪处罚。

❷《中华人民共和国刑法》（1980 年 1 月 1 日）第 269 条　抢劫罪

犯盗窃、诈骗、抢夺罪，为窝藏赃物、抗拒抓捕或者毁灭罪证而当场使用暴力或者以暴力相威胁的，依照本法第二百六十三条的规定定罪处罚。

❸《中华人民共和国刑法》（1980 年 1 月 1 日）第 287 条　以计算机为工具的犯罪

利用计算机实施金融诈骗、盗窃、贪污、挪用公款、窃取国家秘密或者其他犯罪的，依照本法有关规定定罪处罚。

❹《中华人民共和国刑法》（1980 年 1 月 1 日）第 300 条第 3 款

组织和利用会道门、邪教组织或者利用迷信奸淫妇女、诈骗财物的，分别依照本法第二百三十六条、第二百六十六条的规定定罪处罚。

❺全国人大常委会《关于维护互联网安全的决定》（2000 年 12 月 28 日）（节录）[①]

四、（三）利用互联网进行盗窃、诈骗、敲诈勒索。解读摘要："利用互联网进行盗窃、诈骗、敲诈勒索"，主要是指行为人利用计算机网络系统或者产品加密等技术上的漏洞，利用解密、修改指令等破坏手段，擅自侵入银行计算机服务网络，将他人银行账号上的存款转到自己名下，或者利用电子商务（如订电子合同、网上拍卖、网上招聘、网上购物、网上租赁等）进行诈骗，或者以在线发布张扬他人隐私或毁损他人荣誉的主页、电子邮件等方式相威胁，勒索他人财物的行为。

❻最高人民法院、最高人民检察院《关于办理妨害武装部队制式服装、车辆号牌管理秩序等刑事案件具体应用法律若干问题的解释》（2011 年 8 月 1 日　法释〔2011〕16 号）（节录）[②]

第六条　实施刑法第三百七十五条规定的犯罪行为，同时又构成逃税、诈骗、冒充军人招摇撞骗等犯罪的，依照处罚较重的规定定罪处罚。

❼最高人民法院、最高人民检察院、公安部等五部委《关于办理流动性团伙性跨区域性犯罪案件有关问题的意见》（2011 年 4 月 11 日　公通字〔2011〕14 号）

[①]　对其解读见：《刑事审判参考》2001 年第 4 辑总第 15 辑，第 52～58 页。
[②]　对其解读见：《公检法办案指南》2011 年第 12 辑总第 144 辑，第 69～80 页。

第一条 流动性、团伙性、跨区域性犯罪案件，由犯罪地的公安机关、人民检察院、人民法院管辖。如果由犯罪嫌疑人、被告人居住地的公安机关、人民检察院、人民法院管辖更为适宜的，可以由犯罪嫌疑人、被告人居住地的公安机关、人民检察院、人民法院管辖。犯罪地包括犯罪行为发生地和犯罪结果发生地。犯罪嫌疑人、被告人居住地包括经常居住地、户籍所在地。

前款中所称"犯罪行为发生地"包括被害人接到诈骗、敲诈勒索电话、短信息、电子邮件、信件、传真等犯罪信息的地方，以及犯罪行为持续发生的开始地、流转地、结束地；"犯罪结果发生地"包括被害人向犯罪嫌疑人、被告人指定的账户转账或存款的地方，以及犯罪所得的实际取得地、藏匿地、转移地、使用地、销售地。

第二条 几个公安机关都有权管辖的案件，由最初受理的公安机关管辖。对管辖有争议的，应当本着有利于查清犯罪事实，有利于诉讼的原则，协商解决。经协商无法达成一致的，报共同的上级公安机关指定管辖。

第三条 有下列情形之一的，主办地公安机关可以依照法律和有关规定对全部人员和全部案件一并立案侦查，需要提请批准逮捕、移送审查起诉、提起公诉的，由该公安机关所在地的同级人民检察院、人民法院受理：

（一）一人在两个以上县级行政区域作案的；

（二）一人在一地利用电话、网络、信件等通讯工具和媒介以非接触性的方式作案，涉及两个以上县级行政区域的被害人的；

（三）两人以上结伙在两个以上县级行政区域共同作案的；

（四）两人以上结伙在一地利用电话、网络、信件等通讯工具和媒介以非接触性的方式作案，涉及两个以上县级行政区域的被害人的；

（五）三人以上时分时合，交叉结伙在两个以上县级行政区域作案的；

（六）跨区域实施的涉及同一犯罪对象的盗窃、抢劫、抢夺、诈骗、敲诈勒索以及掩饰、隐瞒犯罪所得、犯罪所得收益行为的。

第四条 人民检察院对公安机关移送审查起诉的案件，人民法院对于已进入审判程序的案件，当事人、法定代理人、诉讼代理人、辩护人提出管辖异议，或者办案单位发现没有管辖权的，受案的人民检察院、人民法院经审查，可以报请与有管辖权的人民检察院、人民法院共同的上级人民检察院、人民法院指定管辖。

8 最高人民法院、最高人民检察院《关于办理诈骗刑事案件具体应用法律若干问题的解释》（2011年4月8日　法释〔2011〕7号）①

第一条 诈骗公私财物价值三千元至一万元以上、三万元至十万元以上、五十万元以上的，应当分别认定为刑法第二百六十六条规定的"数额较大"、"数额巨大"、"数额特别巨大"。

各省、自治区、直辖市高级人民法院、人民检察院可以结合本地区经济社会发展状况，

---

① 对其解读见：《公检法办案指南》2011年第5辑总第137辑，第39~68页以及《刑事审判参考》2011年第4辑总第81辑，第130~149页。

在前款规定的数额幅度内,共同研究确定本地区执行的具体数额标准,报最高人民法院、最高人民检察院备案。

第二条 诈骗公私财物达到本解释第一条规定的数额标准,具有下列情形之一的,可以依照刑法第二百六十六条的规定酌情从严惩处:

(一)通过发送短信、拨打电话或者利用互联网、广播电视、报刊杂志等发布虚假信息,对不特定多数人实施诈骗的;

(二)诈骗救灾、抢险、防汛、优抚、扶贫、移民、救济、医疗款物的;

(三)以赈灾募捐名义实施诈骗的;

(四)诈骗残疾人、老年人或者丧失劳动能力人的财物的;

(五)造成被害人自杀、精神失常或者其他严重后果的。

诈骗数额接近本解释第一条规定的"数额巨大"、"数额特别巨大"的标准,并具有前款规定的情形之一或者属于诈骗集团首要分子的,应当分别认定为刑法第二百六十六条规定的"其他严重情节"、"其他特别严重情节"。

第三条 诈骗公私财物虽已达到本解释第一条规定的"数额较大"的标准,但具有下列情形之一,且行为人认罪、悔罪的,可以根据刑法第三十七条、刑事诉讼法第一百四十二条的规定不起诉或者免予刑事处罚:

(一)具有法定从宽处罚情节的;

(二)一审宣判前全部退赃、退赔的;

(三)没有参与分赃或者获赃较少且不是主犯的;

(四)被害人谅解的;

(五)其他情节轻微、危害不大的。

第四条 诈骗近亲属的财物,近亲属谅解的,一般可不按犯罪处理。

诈骗近亲属的财物,确有追究刑事责任必要的,具体处理也应酌情从宽。

第五条 诈骗未遂,以数额巨大的财物为诈骗目标的,或者具有其他严重情节的,应当定罪处罚。

利用发送短信、拨打电话、互联网等电信技术手段对不特定多数人实施诈骗,诈骗数额难以查证,但具有下列情形之一的,应当认定为刑法第二百六十六条规定的"其他严重情节",以诈骗罪(未遂)定罪处罚:

(一)发送诈骗信息五千条以上的;

(二)拨打诈骗电话五百人次以上的;

(三)诈骗手段恶劣、危害严重的。

实施前款规定行为,数量达到前款(一)、(二)项规定标准十倍以上的,或者诈骗手段特别恶劣、危害特别严重的,应当认定为刑法第二百六十六条规定的"其他特别严重情节",以诈骗罪(未遂)定罪处罚。

第六条 诈骗既有既遂,又有未遂,分别达到不同量刑幅度的,依照处罚较重的规定处罚;达到同一量刑幅度的,以诈骗罪既遂处罚。

第七条 明知他人实施诈骗犯罪,为其提供信用卡、手机卡、通讯工具、通讯传输通道、网络技术支持、费用结算等帮助的，以共同犯罪论处。

第八条 冒充国家机关工作人员进行诈骗，同时构成诈骗罪和招摇撞骗罪的，依照处罚较重的规定定罪处罚。

第九条 案发后查封、扣押、冻结在案的诈骗财物及其孳息，权属明确的，应当发还被害人；权属不明确的，可按被骗款物占查封、扣押、冻结在案的财物及其孳息总额的比例发还被害人，但已获退赔的应予扣除。

第十条 行为人已将诈骗财物用于清偿债务或者转让给他人，具有下列情形之一的，应当依法追缴：

（一）对方明知是诈骗财物而收取的；

（二）对方无偿取得诈骗财物的；

（三）对方以明显低于市场的价格取得诈骗财物的；

（四）对方取得诈骗财物系源于非法债务或者违法犯罪活动的。

他人善意取得诈骗财物的，不予追缴。

第十一条 以前发布的司法解释与本解释不一致的，以本解释为准。

⑨ 最高人民法院《关于审理伪造货币等案件具体应用法律若干问题的解释（二）》（2010年11月3日 法释〔2010〕14号）（节录）①

第五条 以使用为目的，伪造停止流通的货币，或者使用伪造的停止流通的货币的，依照刑法第二百六十六条的规定，以诈骗罪定罪处罚。

⑩ 最高人民法院《人民法院量刑指导意见（试行）》（2010年9月13日 法发〔2010〕36号）（节录）

四、常见犯罪的量刑

（七）诈骗罪

1. 构成诈骗罪的，可以根据下列不同情形在相应的幅度内确定量刑起点：

（1）达到数额较大起点的，可以在三个月拘役至六个月有期徒刑幅度内确定量刑起点。

（2）达到数额巨大起点或者有其他严重情节的，可以在三年至四年有期徒刑幅度内确定量刑起点。

（3）达到数额特别巨大起点或者有其他特别严重情节的，可以在十年至十二年有期徒刑幅度内确定量刑起点。依法应当判处无期徒刑的除外。

2. 在量刑起点的基础上，可以根据诈骗数额等其他影响犯罪构成的犯罪事实增加刑罚量，确定基准刑。

⑪ 最高人民法院《关于被告人王文光、郭旭辉挪用公款一案请示的批复》（2008年12月1日 〔2008〕刑他字第52号）（节录）

二、关于涉案资金的追缴问题

---

① 对其解读见：《刑事审判参考》2010年第6辑总第77辑，第78~98页。

参照最高人民法院1996年12月16日印发的《关于审理诈骗案件具体应用法律的若干问题的解释》第十一条的规定，有关单位占用本案中挪用的公款，如认定为善意占有，则不能缴。但是，前述司法解释已失去效力。同时，上述规定对取得的情形未予必要区分亦值得研究。构成善意取得的条件之一是有偿取得，而有偿取得又分为完全发生于犯罪后的（包括支付资金购得赃物，或出售物品所得为赃款）和偿付行为发生于犯罪之前的（如犯罪人以犯罪所得偿付犯罪前所负债务）。对后种有偿取得认定为善意占有，事实上会导致不平等现象发生，即以犯罪受害方承受损失为代价去维护债权人原本不能经正常途径实现的债权。因此，对本案涉案资金是否追缴，请你们会同有关方面商议后作出合理的决定。

⑫ 最高人民法院、最高人民检察院《关于办理与盗窃、抢劫、诈骗、抢夺机动车相关刑事案件具体应用法律若干问题的解释》（2007年5月9日　法释〔2007〕11号）（节录）①

第四条　实施本解释第一条、第二条、第三条第一款或者第三款规定的行为，事前与盗窃、抢劫、诈骗、抢夺机动车的犯罪分子通谋的，以盗窃罪、抢劫罪、诈骗罪、抢夺罪的共犯论处。

⑬《全国部分法院经济犯罪案件审判工作座谈会研讨综述——"经济犯罪案件中的法律适用问题"》（2004年11月27日）（节录）②

五、关于诈骗犯罪的认定：（一）"以非法占有为目的"的认定是会议讨论的核心问题；（二）关于非法占有目的产生的时间问题；（四）关于利用口头合同进行诈骗的能否以合同诈骗罪定罪处罚的问题；（五）关于诉讼诈骗行为能否以诈骗罪定罪处罚的问题。

⑭ 最高人民法院、最高人民检察院《关于办理妨害预防、控制突发传染病疫情等灾害的刑事案件具体应用法律若干问题的解释》（2003年5月15日　法释〔2003〕8号）（节录）③

第七条　在预防、控制突发传染病疫情等灾害期间，假借研制、生产或者销售用于预防、控制突发传染病疫情等灾害用品的名义，诈骗公私财物数额较大的，依照刑法有关诈骗罪的规定定罪，依法从重处罚。

⑮ 最高人民检察院研究室《关于通过伪造证据骗取法院民事裁判占有他人财物的行为如何适用法律问题的答复》（2002年10月24日）④

经研究答复如下：以非法占有为目的，通过伪造证据骗取法院民事裁判占有他人财物的行为所侵害的主要是人民法院正常的审判活动可以由人民法院依照民事诉讼法的有关规

---

① 对其解读见：《刑事审判参考》2007年第3辑总第56辑，第73~81页。
② 对其解读见：《刑事审判参考》2004年第6辑总第41辑，第146~168页。
③ 对其解读见：《刑事审判参考》2003年第3辑总第32辑，第160~164，188~197页以及《"非典"防治时期相关犯罪的司法适用研究》，载《刑事司法指南》2003年第2辑总第14辑，第55~109页。
④ 对其解读见：《解读最高人民检察院司法解释》，第358~360页以及《刑事法判解研究》2004年第4辑总第9辑，第23~31页。

定作出处理，不宜以诈骗罪追究行为人的刑事责任。如果行为人伪造证据时，实施了伪造公司、企业、事业单位、人民团体印章的行为，构成犯罪的，应当依照刑法第二百八十条第二款的规定，以伪造公司、企业、事业单位、人民团体印章罪追究刑事责任；如果行为人有指使他人作伪证行为，构成犯罪的，应当依照刑法第三百零七条第一款的规定，以妨害作证罪追究刑事责任。

⑯ 最高人民法院《关于审理非法生产、买卖武装部队车辆号牌等刑事案件具体应用法律若干问题的解释》（2002年4月17日　法释〔2002〕9号）（节录）①

第三条　使用伪造、变造、盗窃的武装部队车辆号牌，不缴或者少缴应纳的车辆购置税、车辆使用税等税款，偷税数额占应纳税额的百分之十以上，且偷税数额在一万元以上的，依照刑法第二百零一条第一款的规定定罪处罚。

使用伪造、变造、盗窃的武装部队车辆号牌，骗免养路费、通行费等各种规费，数额较大的，依照刑法第二百六十六条的规定定罪处罚。

⑰ 公安部《关于受害人居住地公安机关可否对诈骗犯罪案件立案侦查问题的批复》（2000年10月16日　公复字〔2000〕10号）

现批复如下：《公安机关办理刑事案件程序规定》第十五条规定："刑事案件由犯罪地的公安机关管辖。如果由犯罪嫌疑人居住地的公安机关管辖更为适宜的，可以由犯罪嫌疑人居住地的公安机关管辖。"根据《中华人民共和国刑法》第六条第三款的规定，犯罪地包括犯罪行为地和犯罪结果地。根据上述规定，犯罪行为地、犯罪结果地以及犯罪嫌疑人居住地的公安机关可以依法对属于公安机关管辖的刑事案件立案侦查。诈骗犯罪案件的犯罪结果地是指犯罪嫌疑人实际取得财产地。因此，除诈骗行为地、犯罪嫌疑人实际取得财产的结果发生地和犯罪嫌疑人居住地外，其他地方公安机关不能对诈骗犯罪案件立案侦查，但对于公民扭送、报案、控告、举报或者犯罪嫌疑人自首的，都应当立即受理，经审查认为有犯罪事实的，移送有管辖权的公安机关处理。

⑱ 最高人民法院《关于审理扰乱电信市场管理秩序案件具体应用法律若干问题的解释》（2000年5月24日　法释〔2000〕12号）（节录）②

第九条　以虚假、冒用的身份证件办理入网手续并使用移动电话，造成电信资费损失数额较大的，依照刑法第二百六十六条的规定，以诈骗罪定罪处罚。

⑲ 公安部《关于打击拐卖妇女儿童犯罪适用法律和政策有关问题的意见》（2000年3月24日　公通字〔2000〕25号）（节录）

二、关于拐卖妇女、儿童犯罪（十二）教唆被拐卖、拐骗、收买的未成年人实施盗窃、诈骗等犯罪行为的，应当以盗窃罪、诈骗罪等犯罪的共犯立案侦查。

**⑳ 最高人民法院、最高人民检察院《关于办理组织和利用邪教组织犯罪案件具体应

---

① 对其解读见：《刑事审判参考》2002年第3辑总第26辑，第131~133、161~166页。
② 对其解读见：《刑事审判参考》2000年第4辑总第9辑，第63~90页以及《解读最高人民法院司法解释·刑事、行政卷（1997~2002）》，第243~248页。

用法律若干问题的解释》（1999 年 10 月 30 日　法释〔1999〕18 号）（节录）①

第六条　组织和利用邪教组织以各种欺骗手段，收取他人财物的，依照刑法第二百六十六条的规定，以诈骗罪定罪处罚。

㉑ 最高人民法院、最高人民检察院、公安部、工商局《关于依法查处盗窃、抢劫机动车案件的规定》（1998 年 5 月 8 日　公通字〔1998〕31 号）（节录）②

十八、本规定自公布之日起执行。对侵占、抢夺、诈骗机动车案件的查处参照本规定的原则办理。本规定公布后尚未办结的案件，适用本规定。

㉒ 最高人民法院《关于审理诈骗案件具体应用法律的若干问题的解释》（1996 年 12 月 16 日　法发〔1996〕32 号）

一、根据《刑法》第一百五十一条和第一百五十二条的规定，诈骗公私财物数额较大的，构成诈骗罪。

个人诈骗公私财物 2 千元以上的，属于"数额较大"；个人诈骗公私财物 3 万元以上的，属于"数额巨大"。

个人诈骗公私财物 20 万元以上的，属于诈骗数额特别巨大。诈骗数额特别巨大是认定诈骗犯罪"情节特别严重"的一个重要内容，但不是唯一情节。诈骗数额在 10 万元以上，又具有下列情形之一的，也应认定为"情节特别严重"：

（1）诈骗集团的首要分子或者共同诈骗犯罪中情节严重的主犯；（2）惯犯或者流窜作案危害严重的；（3）诈骗法人、其他组织或者个人急需的生产资料，严重影响生产或者造成其他严重损失的；（4）诈骗救灾、抢险、防汛、优抚、救济、医疗款物，造成严重后果的；（5）挥霍诈骗的财物，致使诈骗的财物无法返还的；（6）使用诈骗的财物进行违法犯罪活动的；（7）曾因诈骗受过刑事处罚的；（8）导致被害人死亡、精神失常或者其他严重后果的；（9）具有其他严重情节的。

单位直接负责的主管人员和其他直接责任人员以单位名义实施诈骗行为，诈骗所得归单位所有，数额在 5 万元至 10 万元以上的，应当依照《刑法》第一百五十一条的规定追究上述人员的刑事责任；数额在 20 万元至 30 万元以上的，依照《刑法》第一百五十二条的规定追究上述人员的刑事责任。

对共同诈骗犯罪，应当以行为人参与共同诈骗的数额认定其犯罪数额，并结合行为人在共同犯罪中的地位、作用和非法所得数额等情节依法处罚。

已经着手实行诈骗行为，只是由于行为人意志以外的原因而未获取财物的，是诈骗未遂。诈骗未遂，情节严重的，也应当定罪并依法处罚。

各省、自治区、直辖市高级人民法院可根据本地区经济发展状况，并考虑社会治安状况，在"2 千元至 4 千元"、"3 万元至 5 万元"的幅度内，分别确定本地区执行的个人诈骗"数额较大"、"数额巨大"，以及单位实施诈骗，追究有关人员刑事责任，参照本条第

---

① 对其解读见：《刑事审判参考合订本·第一卷》，第 327~329、363~369 页以及《解读最高人民法院司法解释·刑事、行政卷（1997~2002）》，第 239~242 页。

② 对其解读见：《解读最高人民检察院司法解释》，第 343~347 页。

四款规定的数额,确定适用《刑法》第一百五十一条或者第一百五十二条的具体数额标准,并报最高人民法院备案。

九、对于多次进行诈骗,并以后次诈骗财物归还前次诈骗财物,在计算诈骗数额时,应当将案发前已经归还的数额扣除,按实际未归还的数额认定,量刑时可将多次行骗的数额作为从重情节予以考虑。

十、行为人进行诈骗犯罪活动,案发后扣押、冻结在案的财物及其孳息,如果权属明确的,应当发还给被害人;如果权属不明确的,可按被害人被骗款物占扣押、冻结在案的财物及其孳息总额的比例发还被害人;如果能够确定扣押、冻结在案的财物及其孳息不属于已查明的被害人所有,但又无法发还未查明被害人的,应当依法上缴国库。

十一、行为人将诈骗财物已用于归还个人欠款、货款或者其他经济活动的,如果对方明知是诈骗财物而收取,属恶意取得,应当一律予以追缴;如确属善意取得,则不再追缴。

㉓ 最高人民检察院研究室《关于共同诈骗犯罪案件以哪个数额作为量刑标准问题的批复》(1993年5月17日)①

经研究,原则上同意你院的倾向性意见,即诈骗犯罪定罪处刑的数额应是行为人实施诈骗行为已骗到手的公、私财物的数额,在共同诈骗犯罪案件中,对诈骗集团的首要分子应以该集团实施诈骗犯罪已骗取的公、私财物的总数额作为定罪量刑的标准;对其他共同犯罪中的主犯、从犯,应以其参与共同诈骗犯罪已骗取的公、私财物的数额作为定罪量刑的标准;对其他共同犯罪中的主犯、从犯,应以其参与共同诈骗已骗取的公、私财物的数额作为定罪量刑的标准,同时,参考其在共同诈骗犯罪活动中的地位、作用及参与诈骗尚未骗到手的数额和分赃数额等情节依法处罚。

㉔ 最高人民法院研究室《关于对诈骗后抵债的赃款能否判决追缴问题的电话答复》(1992年8月26日)

经研究,我们认为,犯罪分子以诈骗手段,非法骗取的赃款,即使用以抵债归还了债权人的,也应依法予以追缴。追缴赃款赃物的方式法律规定有多种,判决追缴只是其中一种。根据最高人民法院、最高人民检察院、公安部、财政部1965年12月1日(65)法研字第40号《关于没收和处理赃款赃物若干问题的暂行规定》(编者注:该规定于2010.12.22失效)第三条关于"检察院、公安机关依法移送人民法院判处案件的赃款赃物,应该随案移送,由人民法院在判决时一并作出决定"的规定,人民法院对需要追缴的赃款赃物,通过判决予以追缴符合法律规定的原则。赃款赃物的追缴并不限于犯罪分子本人,对犯罪分子转移、隐匿、抵债的,均应顺着赃款赃物的流向,一追到底,即使是享有债权的人善意取得的赃款,也应追缴。刑法并不要求善意取得赃款的债权人一定要参加刑事诉讼,不参加诉讼不影响判令其退出取得的赃款。

另外,华联奎副院长在年初高级法院院长会议上关于协助执行的讲话,不只是针对民事、经济纠纷案件的执行讲的,也应当包括刑事案件中的财产部分的执行在内。

㉕ 最高人民检察院研究室《关于申付强诈骗案如何认定诈骗数额问题的电话答复》

---

① 对其解读见:《新刑法罪名司法解释适用全书》,第561页。

（1991年4月23日）

经研究，答复如下：同意你院的倾向性意见。即在具体认定诈骗犯罪数额时，应把案发前已被追回的被骗款额扣除，按最后实际诈骗所得数额计算。但在处罚时，对于这种情况应当作为从重情节予以考虑。

㉖ 最高人民法院、最高人民检察院、公安部《关于当前办理拐卖人口案件中具体应用法律的若干问题的解答》（1984年3月31日）（节录）

五、如何划分拐卖人口罪同某些近似的犯罪、违法行为的界限？2.以介绍对象为名，骗取他人财物的；两人以上合谋骗钱，把妇女"卖"给他人为妻，得款后潜逃的，均应以诈骗罪论处。对于妇女被拐骗后，在犯罪分子胁迫或利诱下进行诈骗的，应酌情减轻或免除处罚。

㉗ 最高人民法院、最高人民检察院、公安部《关于依法惩处利用摘除节育环进行违法犯罪活动的分子的联合通知》（1983年12月10日）（节录）

五、以造谣、欺骗手段私自为育龄妇女摘除节育环，骗取大量财物的，依照刑法规定的诈骗罪惩处。

㉘ 最高人民法院《关于失主向罪犯追索被盗被骗财物应如何处理的问题的复函》（1974年6月29日）

内蒙古自治区高级人民法院：

你院（74）法办研字第19号函已收阅。乌兰察布盟中级人民法院提出盗窃犯、诈骗犯将赃款赃物挥霍掉，判刑时已无法追缴，刑满释放后，失主仍向他们追索被盗、被骗物，应如何处理的问题，经我们研究后，同意你院对此问题提出的处理意见。此复。

附：关于失主向罪犯追索被盗被骗财物应如何处理问题的请示

最高人民法院：

我区乌兰察布盟中级人民法院向我院请示：盗窃犯、诈骗犯在被捕前已将赃款、赃物挥霍浪费，无法追究，依法判处了徒刑。现刑满释放后，被盗、被骗的人向其追索赔偿损失，为此发生争执。对这类问题应如何处理不明确，也未找到有关规定。我们认为，罪犯已判刑处理，刑满释放后，不应再令其赔偿受害人的损失。但如处理时，应予追缴而未追缴的赃款、赃物，现在仍在被告手中的，应退还原主。

㉙ 公安部法制局《对〈关于对将已经仪器识别为不中奖的彩票出售的行为如何定性处理的请示〉的答复》（2000年5月23日　公法〔2000〕83号）

经研究，并征求最高人民法院、最高人民检察院的意见，现答复如下：行为人采用欺骗方法使发行彩票的工作人员回收已被识别为不中奖的彩票，数额较大的，应当依照刑法第二百六十六条的规定，以诈骗罪追究刑事责任；行为人与发行彩票的工作人员共谋，发行彩票的工作人员明知是已被识别为不中奖的彩票而回收并向社会公众出售，且数额较大的，对行为人和发行彩票的工作人员，应当以共同犯罪依照刑法第二百六十六条的规定追究刑事责任；尚不构成犯罪的，依照《治安管理处罚条例》第二十三条的有关规定予以处罚。

㉚ 上海、北京、广东、湖北、江苏高级人民法院《〈人民法院量刑指导意见（试行）〉实施细则（试行）》（2010年10月1日）

㉛ 福建省高级人民法院《〈人民法院量刑指导意见（试行）〉实施细则（试行）》（2010年9月30日 闽高法发〔2010〕21号）（节录）

四、常见罪名的量刑

（七）诈骗罪

1. 构成诈骗罪的，根据下列不同情形在相应幅度内确定量刑起点：

（1）达到数额较大3000元起点或诈骗未遂情节严重的，量刑起点为拘役三个月至有期徒刑六个月。

（2）达到数额巨大40000元起点或者有其他严重情节的，量刑起点为有期徒刑三年至三年六个月。

（3）达到数额特别巨大20万元起点或者有其他特别严重情节的，量刑起点为有期徒刑十年至十一年。依法应当判处无期徒刑的除外。

2. 在量刑起点的基础上，根据诈骗数额增加刑罚量，确定基准刑：

（1）诈骗数额较大的，数额每增加1500元，增加一个月刑期；

（2）诈骗数额巨大的，数额每增加2000元，增加一个月刑期；

（3）诈骗数额特别巨大或者认定为"情节特别严重"的，数额每增加10万元，增加三至六个月刑期。

3. 根据诈骗手段、次数、后果等其他犯罪事实，具有下列情形之一的，可以增加基准刑的20%以下；每再增加一种情形，可以再增加基准刑的10%以下：

（1）诈骗集团的首要分子或者共同犯罪中情节严重的主犯；

（2）多次诈骗或者流窜作案的；

（3）以向国家工作人员行贿为名诈骗的；

（4）利用网络、短信方式诈骗的；

（5）使用诈骗财物进行违法犯罪活动的；

（6）诈骗单位或个人财物，严重影响他人生产生活或者造成其他严重后果的。

4. 有下列情形之一的，可减少基准刑的20%以下：

（1）因生活困难、学习、治病所需而诈骗的；

（2）诈骗亲属财物的。

㉜ 浙江省高级人民法院《浙江省〈人民法院量刑指导意见（试行）〉实施细则》（2010年9月29日 浙高法〔2010〕280号）（节录）

（七）诈骗罪

3. 有下列情形之一的，可以增加基准刑的20%以下：

（1）惯犯或者流窜作案，危害严重的；

（2）挥霍诈骗的财物，致使诈骗的财物无法返还的；

（3）导致被害人死亡、精神失常或者其他严重后果的。

4. 有下列情形之一的，可以减少基准刑的50%以下：

(1) 归案前自动将赃物归还被害人的;
(2) 诈骗近亲属财物的。

33 浙江省高级人民法院、省检察院《关于办理虚假诉讼刑事案件具体适用法律的指导意见》(2010 年 7 月 7 日　浙高法〔2010〕207 号)①

一、虚假诉讼犯罪是指为了骗取人民法院裁判文书,恶意串通,虚构事实,伪造证据,向人民法院提起民事诉讼构成犯罪的行为。

人民法院裁判文书包括判决书、调解书、裁定书、决定书。

二、为了提起虚假诉讼,或者在虚假诉讼过程中,指使他人提供虚假的物证、书证、陈述、证言、鉴定结论等伪证,或者受指使参与伪造证据,分别按照刑法第三百零七条妨害作证罪,帮助毁灭、伪造证据罪处理。

三、在虚构事实、伪造证据过程中,伪造、变造、买卖或者盗窃、抢夺、毁灭国家机关公文、证件、印章的,或者伪造公司、企业、事业单位、人民团体印章的,或者伪造、变造居民身份证的,分别按照刑法第二百八十条伪造、变造、买卖国家机关公文、证件、印章罪,盗窃、抢夺、毁灭国家机关公文、证件、印章罪,伪造公司、企业、事业单位、人民团体印章罪,伪造、变造居民身份证罪处理。

四、为逃避人民法院生效裁判文书的执行,进行虚假诉讼,套取、转移财产的,按照刑法第三百一十三条拒不执行判决、裁定罪处理。

五、为转移自有财产、多分共同财产,或者逃避共同债务,进行虚假诉讼的,按照本意见第二、三条的规定处理。

六、以非法占有为目的,进行虚假诉讼,骗取公私财物的,按照刑法第二百六十六条诈骗罪处理。

七、公司、企业或者其他单位的人员利用职务便利,进行虚假诉讼,侵吞本单位财产的,按照刑法第二百七十一条第一款职务侵占罪处理。

八、国家工作人员利用职务便利,进行虚假诉讼,侵吞公款的,或者国有公司、企业或者其他国有单位中从事公务的人员和国有公司、企业或者其他国有单位委派到非国有公司、企业以及其他单位从事公务的人员利用职务便利,进行虚假诉讼,侵吞本单位财产的,按照刑法三百八十二条、三百八十三条贪污罪处理。

九、行为人实施虚假诉讼犯罪活动,同时触犯两个或者两个以上罪名的,依法实行数罪并罚或者按处罚较重的罪名定罪处罚。

34 福建省公检法《联席会议纪要》(2010 年 3 月 26 日　闽检会〔2010〕2 号)

一、关于跨区犯罪案件的管辖问题。伴随着经济社会的发展步伐,跨区犯罪活动愈发突出,主要表现为异地犯罪、流窜犯罪、犯罪行为地和结果地分属不同地区的犯罪,跨区域的集团犯罪以及信息诈骗犯罪、网络经济犯罪等新型犯罪为确保及时有效打击犯罪,上级公安机关可对跨区犯罪指定管辖,并将《指定管辖决定书》抄送办案单位同级检察院、法院备案。对确有管辖争议的案件,应本着有利于依法打击犯罪、保障人民群众生命财产

---

① 对其解读见:《刑事法律文件解读》2010 年第 7 辑总第 61 辑,第 74~78 页。

安全以及公检法共同协商原则，及时提请上级公、检、法部门协调解决。

二、关于特情人员规范管理问题。侦查机关应加强对特情人员的规范管理，并对特情人员建档记录。对特情人员提供的证据，应按规定由县级以上侦查机关出具公函，说明原始材料的来源和相关内容。法院、检察院对特情人员提供的证据存在异议的，侦查机关应及时作出说明。特殊情况下，需要对相关问题进行补充侦查的，可由法院、检察院提供询问提纲，由侦查机关向特情人员制作询问笔录查清相关问题。

三、关于刑事侦查与侦查监督工作互涉问题。《福建省人民检察院、福建省公安厅刑事侦查与侦查监督工作互涉问题的规定》（闽检会〔2001〕6号），要求人民检察院和公安机关在刑事侦查与侦查监督工作中要建立联席会议制度，县（市、区）级每月如下一次，设区市及省级每季度召开一次，以互通情况、协调工作、统一执法思想，并对一些需要引起双方共同注意的问题及时进行研究解决。对个别急需解决的问题，可随时召开联席会议协调解决。同时，县（市、区）级公安机关应在每月中旬将上月各类刑事案件发案、受案、立案、破案、销案的统计报表抄送同级人民检察院；县（市、区）级人民检察院应在每月中旬将上月批捕、不批捕、立案监督、纠正违法等侦查监督情况的统计报表抄送同级公安机关。

四、关于规范律师对延期审理的申请问题。对在法庭审理刑事案件的过程中，律师多次申请延期审理的，应当严格根据刑事诉讼法律的相关规定办理，既要充分保障当事人的诉讼权利，又要防止律师滥用延期审理的申请权，严格依法控制延期审理的审批次数，避免影响案件诉讼效率和质量。

五、关于死刑二审案件裁判文书送达问题。死刑二审案件的裁判文书委托下级法院宣判的，下级法院应在宣判后三日内将裁判文书及时送达省检察院公诉部门。

六、关于毒品犯罪案件的毒品鉴定及保管问题。（1）随着新型毒品的不断蔓延和打击毒品犯罪工作力度的加大，大宗毒品案件不断增多，个案缴毒数也不断增大。公安机关对缴获的毒品可疑物一般应当逐包逐件提取样品送检。对同一宗毒品犯罪活动缴获的分装形态相同的分包毒品，在犯罪嫌疑人供认属同批次毒品的情况下，可按照下列标准随机累进抽取送检：10包以内的逐包提取送检，10包至100包的增加抽取总包数的5%提取送检。（2）公安机关对缴获的毒品应加强管理，规范保存。裁决生效前和涉案罪犯被执行死刑前，公安机关应当留存送检的毒品样品。（3）各地应严格依照刑事法律和相关司法解释，采取针对性强的措施，及时有效地严厉打击零星贩卖毒品犯罪，防止毒品消费市场扩张。

七、关于公诉案件转为自诉案件的流程规范问题。法院经审理认为，公诉案件应适用自诉案件程序处理的，应及时协调检察机关撤回起诉，若有分歧意见应提请上一级机关协商确实。检察机关撤回起诉的案件，应退回侦查机关撤案并告知被害人提起自诉的权利。

八、关于伤残等级鉴定标准的适用问题。交通肇事犯罪致人受伤，并造成身体残疾的，伤残等级评定的适用标准为《道路交通受伤人员伤残评定》。故意伤害等其他犯罪行为致人受伤，并造成身体残疾的，伤残等级评定的适用标准为《职工工伤与职业病致残程度鉴定分级》。

九、关于故意毁坏公私财物行为的刑事追诉标准问题。2008年5月，最高人民检察院、公安部制定出台《关于公安机关管辖的刑事案件立案追诉标准的规定》（公通字〔2008〕36号）第三十三条规定"故意毁坏公私财物，涉嫌下列情况之一的，应予立案追诉：（一）造成公私财物损失五千元以上的；（二）毁坏公私财物三次以上的；（三）纠集三人以上公然毁坏公私财物的；（四）其他情节严重的情形。"而2000年8月9日，省公检法三家共同出台《关于办理诈骗等案件掌握数额标准等问题的座谈会纪要》（闽高法〔2000〕148号）第八项"刑法第275条规定的故意毁坏财物罪，数额标准确定为：故意毁坏财物价值一万元以上不满五万元的属数额较大；故意毁坏财物价值五万元以上的属数额巨大"。鉴于福建省情况，会议议定在我省范围内，故意毁坏财物罪仍以闽高法〔2000〕148号《会议纪要》确定的标准为追诉标准。

㉟ 福建省公检法、司法厅《关于适用缓刑若干问题的意见（试行）》（2008年9月16日　闽高法〔2008〕278号）（节录）①

（六）盗窃罪、诈骗罪、敲诈勒索罪

盗窃、诈骗、敲诈勒索犯罪属多发性侵财犯罪，应从犯罪分子的主观恶性、犯罪数额、手段和后果，认罪态度和退赃情况，以及监管条件等方面考虑是否适用缓刑，区别对待。

对具有下列情形之一，符合法律规定缓刑条件的，可以适用缓刑：（1）偶犯，犯罪数额较大，能积极配合司法机关追回或者积极退回赃款赃物的；（2）初次作案，犯罪数额巨大，但具有法定从轻或者减轻处罚情节的；（3）因生活所迫而实施犯罪，数额较大或刚刚达到数额巨大标准的，但能积极配合司法机关追回或退回赃款赃物的。

㊱ 厦门市中级人民法院、厦门市人民检察院《厦门市几类多发性刑事案件管辖标准暂行规定》（2008年2月21日　厦检会〔2008〕2号）（节录）

八、诈骗罪

诈骗数额达100万元以上，或者诈骗数额达50万元以上100万元以下且具有下列情形之一的，由市人民检察院起诉、市中级人民法院审判：

（一）诈骗集团的首要分子或者共同诈骗犯罪中情节严重的主犯；

（二）诈骗救灾、抢险、防汛、优抚、救济、医疗款物，造成严重后果的；

（三）挥霍诈骗财物，致使诈骗的财物无法返还的；

（四）使用诈骗的财物进行违法犯罪活动的；

（五）累犯；

（六）导致被害人死亡、精神失常或者其他严重后果的；

（七）具有其他严重情节的。

㊲ 福建省公检法《关于办理虚假信息诈骗案件若干问题的意见》（2007年8月2日　闽公综〔2007〕449号）

一、对虚假信息诈骗违法犯罪行为的定性的处理原则

利用虚假信息实施诈骗的犯罪特征：第一，利用互联网、电话等通信工具，或通过投

---

① 对其解读见：《刑事法律文件解读》2009年第10辑总第52辑，第77～88页。

寄信件、张贴广告、报刊登文等方式针对不特定的多数人散发虚假信息；第二，实施上述诈骗犯罪过程中，行为人不与被害人发生直接接触；第三，骗取公私财物数额较大以上。

办理中要坚持打防并举、标本兼治、重在治本的综合治理原则：

（一）从事虚假信息诈骗活动，构成犯罪的，依法定罪处刑。

（二）对不够刑事处罚的，应视情予以治安处罚或者劳动教养等。

（三）广泛发动、组织群众，实行群防群治；通讯运营商、银行等相关行业要担负起技术防范和对用户进行防范诈骗宣传的职能责任。

二、办理虚假信息诈骗案件的法律适用

（一）个人诈骗公私财物价值人民币2千元以上的"数额较大"；达3万元以上的为"数额巨大"；达20万元以上的属于"数额特别巨大"。

（二）有证据证明行为人供认其拥有的银行账户是专门接受虚假信息诈骗钱款的，账户内款项来源虽未查到被害人或只查证到部分被害人，该账户内的金额可认定为诈骗数额。

（三）诈骗未遂，但情节严重的，应当定罪处罚。

（四）行为人明知他人使用信用卡用于虚假信息诈骗，仍向其提供信用卡的，以诈骗共犯追究刑事责任。

（五）行为人明知其所制件的刮刮卡、中奖券等宣传品系用于虚假信息诈骗，仍予以制作的，以诈骗共犯追究刑事责任。

（六）行为人非法持有非本人身份证开具的信用卡，并向他人出售、提供三张以上信用卡，属情节严重，以妨害信用卡管理罪追究其刑事责任。

（七）个人诈骗公私财物价值人民币达10万元以上，且系犯罪集团首犯，共同犯罪情节严重的共犯，以及具有流窜作案危害严重和曾因诈骗犯罪受过刑事处罚等情形之一的，属于"情节特别严重"。

（八）冒充党政、司法机关工作人员进行诈骗活动，干扰行政、司法工作，影响党政、司法机关形象的，一般认定为具有"其他严重情节"。

（九）虚假信息诈骗案件查处过程中，查获、扣押的其他资金、财物，证据上欠缺不足以认定为诈骗数额，但同时具备以下情形的，具有同案犯口供、证人证言、书证、物证等间接证据材料佐证是用于犯罪活动的，依法没收并上缴国库。

1. 所持存折、信用卡不是行为人本人身份证所开立的，且对开户人的基本情况及其关系无法说明的；

2. 汇入相关款项的时间和行为人实施诈骗系同一时段，且汇入金额数量、名目等符合该起虚假信息诈骗特征的；

3. 有证据证明实施诈骗行为时段内，该存折、信用卡由行为人本人持有和使用，本人又说不清其款项来源的合法性。

（十）鉴于办理虚假信息诈骗犯罪案件的复杂性，对于证据有所欠缺，但已基本事实清楚、基本证据确凿，认为经过进一步侦查能够取得定罪所必需的证据、确有逮捕必要的重大案件的犯罪嫌疑人，经过人民检察院批准逮捕，并向侦查机关发出补充侦查提纲。侦查机关在侦查羁押限内应当补充有关证据。侦查机关在侦查羁押期限届满时，仍未能取得定罪所必需的充足证据的，人民检察院应当及时撤销批准逮捕决定。

三、办理虚假信息诈骗案件中涉及境外证据的收集及采纳

（一）依法提取的境外银行开具的犯罪嫌疑人持有的信用卡资金交易明细单据，并与涉嫌的犯罪事实有关联的，可采纳为证明犯罪嫌疑人诈骗数额的诉讼证据。

（二）因被害人在台湾不便直接取证的，公安机关可根据掌握的被害人的联系方式，通过公布的报案电话联系在台被害人，通知其按公布的地址邮寄报案材料和通过中国公证员协会寄送个人身份公证材料；或者公安机关通过合法渠道委托台湾警方查证被害人他人身份等情况，经审查属实后，公安机关同时应出具联系该渠道协助取证工作的"情况说明"。上述证据材料可采纳为诉讼证据。

四、其他问题处理中应把握的一般原则

（一）虚假信息诈骗行为构成犯罪的，依法并处或单处罚金；对诈骗数额特别巨大或者有其他特别严重情节的，可并处罚金或没收个人财产，注意在经济上给予犯罪分子严厉的打击。

（二）审理减刑、假释案件时，对裁定、判决中有继续追缴赃款和判处罚金的罪犯的处理，按原相关的会议纪要精神掌握。

（三）国家工作人员参与虚假信息诈骗违法犯罪活动的，依法予以从重处罚。

38 浙江省高级人民法院刑二庭《全省法院经济犯罪疑难问题研讨会纪要（二）》（2006年6月29日 浙高法刑二〔2006〕1号）（节录）

八、骗得他人汽车后又以诈骗方式变现的数额的计算

行为人采用诈骗方式非法占有他人汽车后，又以伪造行驶证等证件典当、出卖等方式变现的，其数额不累计计算。

39 浙江省人民检察院《诈骗类犯罪案件专题研讨会会议纪要》（2005年12月24日 检诉〔2005〕20号）

为进一步加强全省检察机关诈骗类犯罪案件的审查工作，正确理解和适用刑法对诈骗犯罪的有关规定，更加准确有力地依法打击各种诈骗犯罪，省院公诉处于2005年10月24日至26日在金华组织召开了庭审观摩及诈骗类犯罪案件专题研讨会。省高级人民法院刑二庭、省院研究室等代表也应邀参加了研讨。经征求省高级人民法院刑二庭意见，现将会议纪要如下，供各地在执法办案中参考：

一、关于诈骗类犯罪的客观构成要件

诈骗类犯罪客观方面的逻辑结构表现为：行为人的欺诈行为—被害人的错误认识—被害人"自愿"交付—行为人取得财物—被害人遭受损失。

被害人的错误认识包括两种情形，一种情形是使事先并无错误认识的被害人产生错误认识，另一种情形是使事先已经产生错误认识的被害人继续陷入或者进一步产生错误认识。就后一种情形而言，一般要求行为人实施使被害人延续或者加剧错误认识的积极的欺诈行为。如行为人并未积极促成被害人产生或者继续产生错误认识，而仅仅是消极地利用被害人既存的错误认识取得财物的，因缺少诈骗犯罪构成逻辑结构中"欺诈行为"的必要一环，一般不应当认定为诈骗犯罪。

被害人的财物交付行为一般是基于错误认识而实施的，如果行为人采取欺诈手段后并未使被害人产生错误认识，而被害人则基于怜悯或者同情等原因而自愿交付财物的，一般也不能认定为诈骗。

行为人根据被害人的财物处分行为而取得该财物，在被害人的财物处分行为和行为人的财物取得事实之间具有直接的因果关系，这是鉴别判断诈骗犯罪与盗窃罪、抢劫罪等毗邻财产犯罪的原则界限。

二、关于"以非法占有为目的"的认定

1. "以非法占有为目的"的地位

金融诈骗和合同诈骗都是从传统诈骗中分离出来的新罪名，其与诈骗罪在犯罪构成客观方面存在差异，即特殊类型诈骗犯罪存在一个特定的犯罪媒介或者平台（如票据诈骗犯罪以票据为媒介，贷款诈骗犯罪以信贷为平台），但构成犯罪的主观方面不管相关条文是否明文规定，以非法占有为目的都是成立犯罪的必备主观要件。最高人民法院2001年印发的《全国法院审理金融犯罪案件工作座谈会纪要》也明确指出，金融诈骗都是以非法占有为目的的犯罪。我们在审查该类金融诈骗和合同诈骗案件中，除了审查行为人客观行为和危害后果外，还必须认真查明行为人主观上是否具有"非法占有为目的"。

2. 关于非法占有目的的产生时间

对于传统的诈骗罪来说，被害人"自愿"交付财物后，诈骗犯罪即完成，行为人的非法占有目的一般产生于其非法控制公私财物之前。但有的情况下，行为人先占有了被害人的财物，然后使用欺骗方法，使被害人自愿放弃财物，从而非法占有他人财产，也可以构成诈骗罪。

在合同诈骗中，非法占有目的既可以产生在合同签订前，也可以产生在合同履行过程中。是否具有非法占有的目的，是合同诈骗罪与和合同经济纠纷的本质区别。认定行为人是否"以非法占有为目的"，应当结合行为人签订合同时的履约能力和担保真伪，履行合同中有无实际履约行动、对标的物的处置情况、未履行合同的原因以及事后行为人的态度等方面综合判定。

3. "以非法占有为目的"的认定方法

"以非法占有为目的"作为行为人的主观心理活动具有潜隐性和动态性，在司法实践中，有两种认定方法：一是直接证明，即根据行为人的自身供述内容加以证明。但由于行为人有避重就轻、逃避惩处的心理，往往不会主动供述其行为是以非法占有为目的，实践中直接证明方法并不能得到普遍运用。另一种是通过查明的相关事实，借由刑事逻辑学中通常采用的刑事推定的方法。

《全国法院审理金融犯罪案件座谈会纪要》（以下简称《纪要》）对金融诈骗犯罪"以非法占有为目的"的认定确定了若干操作规则，这些操作规则，属于事实上的推定，在司法实践中具有重要的参考价值。鉴于目前我国刑事推定技术研究尚未成熟，刑事推定作业缺乏科学的操作规则，有关问题需要通过司法实践不断加以总结提升。关于推定，应当强调三点：（1）基础事实真实原则。即据以推定的基础事实必须是可以借由证据加以证明的客观事实。（2）具有高度盖然性原则。作为推定的基础事实和待证事实之间应当有紧密常态联系，具有高度盖然性，缺乏高度盖然性共存关系的两个事实是不能推定的。(3) 可辩驳原则。刑事推定所产生结论的效力具有可辩驳性。被告人提出确切事实足以使推定结论产生"真伪难辨"的（不必要求推翻或者否定推定结论），推定即不能成立。在具体办案过程中，应当全面收集对被告人有利和不利的证据，避免作出片面推定。

4. 合同诈骗罪"以非法占有为目的"的认定

是否具有非法占有的目的，是合同诈骗罪与和合同经济纠纷的本质区别。在判断行为人有无非法占有目的时，要结合个案综合判定，一般主要应考虑以下几方面的因素：

一是行为人的履约能力。应区分不同的情况作出不同的认定。应认定为合同诈骗犯罪之情形有：有完全履约能力，但行为人自始至终无任何履约行为，而以欺骗手段让对方当事人单方履行合同，占有对方财物；有完全履约能力，但行为人只履行一部分，其部分履行意在诱使相对人继续履行，从而占有对方财物；有部分履约能力，但行为人自始至终无任何履约行为，而以欺骗手段让对方当事人单方履行合同，占有对方财物；有部分履约能力和履约行为，行为人的履约行为本意不在承担合同义务，而在于诱使相对人继续履行合同，从而占有对方财物；签订合同时无履约能力，之后仍无此种能力，而依然蒙蔽对方，占有对方财物的。

签订合同时无履行能力，但事后经过各种努力，具备了履约能力，并且有积极的履约行为，则无论合同最后是否得以完全履行等情形，均只构成民事欺诈。

二是行为人的履约行为。虽然在构成合同诈骗罪与构成民事欺诈的场合，行为人所签订的合同都是欺诈性合同，但是合同诈骗的行为具有无偿占有他人财物的故意，因而通常都不会有履行合同的行为，即使有部分履约行为，往往也是以此诱骗对方当事人，意图占有对方财物。而民事欺诈的行为人获取不法利益的同时，一般还会承担合同约定的义务，而且其不法利益的取得，多是通过履行一定的合同义务而获得的。所以，考察行为人是否履行了一定的合同义务，也可以作为区分合同诈骗罪与民事欺诈行为的界限之一。当然，"实际存在的履行行为，必须是真实的履行合同义务的行为，而不是虚假的行为"。履行行为是否真实，应当结合上述履约能力的不同情形来判断。

实践中，还须注意以下两种情况下对行为性质的认定：①行为人在签订合同时并无非法占有相对人财物的目的，签订合同后也采取了积极履约的行为，但是在尚未履行完毕时，由于主客观条件发生变化，行为人产生了非法占有对方财物的意图，将对方财物占为己有。此种情况下，行为人的部分履行行为虽然是积极的、真实的，但是由于其非法占有的犯意产生在履行合同的过程中，其先前的积极履行行为已经不能对抗其后来行为的刑事违法性，因而应构成合同诈骗罪。②行为人在取得相对人财物后，不履行合同，迫于对方追讨，又与他人签订合同骗取财物，用以抵充前一合同的债务。以后又用相同手法循环补缺，订立一连串假合同，以便使自己始终非法占有一定数额的他人财物。这种"拆东墙补西墙"的连环诈骗，表面上看似乎是行为人履行了合同，但行为人的真实意图是通过对每个相对方财物逐次分别短期占有，来实现对利益的相对较长时间的占有，并以个别债务形式上的偿还来掩盖整体和实质上的合同不履行。所以，这种连环诈骗行为不能认为是履约行为，而应认定为合同诈骗罪。

三是行为人对取得财物的处置情况。当行为人没有履行合同的原因难以说明或者部分履行合同的行为是否真实难以断定时,可根据其对他人财物的处置情况认定其主观上是否有"非法占有"的目的:①如果行为人将取得的财物全部或部分用以挥霍,或者从事非法活动、偿还他人债务、携款逃匿等,应认定行为人有"非法占有"之故意。②如果行为人将取得的财物全部或大部分用于合同的履行,即使客观上未能完全履行合同之全部义务,不宜以合同诈骗罪论处。③如果行为人将取得的财物用于自己合法的经营活动,要综合认定。

四是行为人事后的态度。"行为人的事后态度,也是区分行为人在主观上有无诈骗故意的重要标志。"给对方当事人造成损失后,如果行为人不主动采取补救措施,而是百般推脱责任,或者以"拆东墙补西墙"的办法还债,或者逃匿的,一般应认为行为人有诈骗的故意。

总之,上述这些因素都不能孤立地用以认定行为人是否有"非法占有"的目的,而应在坚持主客观相统一原则的前提下,结合案件各种事实进行综合考量,罪与非罪,需要综合整个案件中可资推定的客观事实后才可认定。

三、关于连环诈骗数额的认定

所谓连环诈骗,是指诈骗行为人连续诈骗,以后一次诈骗所得的财物偿还前一次诈骗所得的行为。对于此类诈骗案件,应按其最后一次行骗使被害人实际支付的数额,加上前几次所骗得尚未偿还的数额来计算。对前几次诈骗已经偿还的累计数额,可作为量刑的一个重要情节来考虑。

四、关于欺盗、欺夺结合案件的定性判断

欺盗、欺夺结合,指行为人以欺诈手段骗取被害人信任诱使其在物理意义上交出财物后又以秘密窃取或者公然夺取的手段取得财物的行为,即所谓如假装购买香烟而趁商家不注意之际以假烟调换真烟、谎称借打手机而趁机主不留神之机逃离,等等。对于此类行为,应当根据前述诈骗犯罪构成逻辑结构的分析加以判断。诈骗罪的构成,要求被害人交付财物和行为人取得财物之间具有直接的因果关系,即行为人取得财物所有权乃是直接根据被害人的处分意思和处分行为而为的。上述一类案件中,尽管被害人实施了物理意义上的交付行为,但此种交付不具有转移所有权或者让渡财物的意思,不能视为处分行为,行为人并非直接根据此种交付行为取得财物而是借由秘密窃取或者公然夺取手段取得财物,故而应当认定为盗窃或者抢夺罪。

五、关于骗取他人抛弃财物后予以拾取行为的定性

行为人采取欺诈手段诱使他人产生错误认识从而抛弃财物后加以拾取的,一般不宜认定为盗窃犯罪,更不应认定为侵占(遗忘物)罪,一般应当认定为诈骗罪。

六、盗窃记名有价证券后支取财物的行为应如何认定的问题

记名有价证券中所记载的财物是一种特殊性质的财物——虽然财物不是由证券的权利人实际占有,但证券的权利人某种程度上控制证券中记载的财物。同时,证券中记载的财物又被银行等部门实际管理支配,在这些部门的管理权限内发生的责任和损失,自然不能由证券权利人负责。因此,当行为人盗窃了记名的有价证券后,在还没有得到证券中记载

的财物时，盗窃行为尚未完成。此时，（1）如果该种有价证券可以即时兑现，如活期存折，金融机构一般只认存折不认人，冒领支取的行为人不用任何证明手续即可兑现，并且被骗的单位不负任何责任，所以虽然冒名本身也是诈骗，但银行并不是因为这种诈骗而将财物交付，此种情形一般不能认定诈骗罪。（2）如果有价证券不能即时兑现，金融机构在支付财物时，有义务查验支取人的身份，如未到期的定期存折，则行为人的支取行为不仅仅是先前盗窃行为的继续，同时也是对金融机构的诈骗。金融机构把财物交付不仅仅是因为存折的出现，同时也是受了行为人的诈骗，一般也要在自己的义务范围内承担经济责任。所以，行为人的支取行为与先前的盗窃行为构成盗窃罪，同时，支取行为也构成诈骗罪，属于牵连犯，应择一重罪定罪处罚。

七、关于合同诈骗罪之"合同"的理解

1. 合同诈骗罪的合同主要是指体现市场交易行为的合同。主流观点认为，1997年刑法将合同诈骗从诈骗罪中分离出来，并置于刑法第三章"破坏社会主义市场经济秩序罪"中的第八节"扰乱市场秩序罪"一节内，主要是为了保护市场秩序。因此，合同诈骗罪中的合同应是进行市场交易的一种法律行为。并不是所有利用上述合同进行诈骗的行为均构成合同诈骗罪，在具体的案件中，应考虑利用合同诈骗是否扰乱了市场经济秩序，如果行为人利用合同形式进行诈骗不致扰乱市场经济秩序，则不应构成合同诈骗。合同诈骗罪中合同的范围除包括买卖合同、加工承揽合同、仓储合同、建设工程合同等债权合同外，也应包括抵押合同、质押合同、国有土地使用权出让合同等物权合同，以及合伙合同、联营合同、承包合同等；而行政法上的行政合同、劳动法上的劳动合同以及有关身份关系的合同不属于合同诈骗罪中的合同的范围。利用行政合同、人身合同实施诈骗犯罪的，可以考虑认定为传统诈骗犯罪或其他罪名。

2. 从形式来看，合同诈骗罪中的合同一般指书面合同（包括合同书、信件和数据电文如电报、电传、传真、电子数据交换和电子邮件等可以有形地表现所载内容的形式），也包括口头合同。但口头合同一般限于生产、销售领域，且必须具备合同法规定的要件。对于在日常生活中，利用口头合同进行诈骗的，一般可不以合同诈骗定罪，构成其他犯罪的，可以其他犯罪认定。

八、关于金融机构工作人员诈骗本单位贷款的认定

1. 金融机构工作人员如果利用职务之便，用冒名贷款等方式骗取本单位贷款，意图非法占有，应以贪污罪或职务侵占罪处罚。

2. 金融机构工作人员如果利用职务之便，出于挪用的目的骗取本单位贷款，应以挪用公款罪或挪用资金罪处罚。

九、关于使用信用卡犯罪的几种情形

1. 拾得他人信用卡并使用的，可根据信用卡使用方式的不同，而分别处理。

（1）在使用信用卡时，银行或相关单位根据规定必须查验身份证明的，行为人使用了伪造、冒用他人身份证明的方式，骗取资金或进行消费的，一般可以信用卡诈骗定性。

（2）在使用信用卡时，不需要查验身份证明，只需凭密码消费或提现，行为人通过破译、窃取方式取得密码而使用的，一般可以盗窃定性。

2. 盗窃作废信用卡并使用的，应以信用卡诈骗论处。

㊵ 上海市高级人民法院刑庭、上海市检公诉处《关于进一步规范部分常见刑事案件级别管辖的意见》（2004年8月13日）（节录）

二、对具备下列情形，同时又不具有其他足以判处十五年有期徒刑以下刑罚的法定从轻、减轻情节的案件，各中级人民法院应当予以受理。

19. 诈骗罪（刑法第266条）（1）个人诈骗公私财物200万以上；（2）诈骗公私财物100万元以上，并具有以下情节之一的：1）集团的首要分子或情节严重的主犯；2）流窜作案危害严重；3）诈骗公司、企业和个人的急需生产资料，严重影响生产或造成其他严重损失；4）诈骗救灾、抢险、防汛、优抚、移民、医疗款物造成严重后果；5）进行违法犯罪活动；6）受过诈骗刑事处罚；7）导致被害人死亡、精神失常或者其他严重后果的；8）诈骗后挥霍，导致财产无法返还。

㊶ 浙江省公检法《关于抢劫、盗窃、诈骗、抢夺借据、欠条等借款凭证是否构成犯罪的意见》（2002年1月9日）

经研究认为，债务人以消灭债务为目的，抢劫、盗窃、诈骗、抢夺合法、有效的借据、欠条等借款凭证，并且该借款凭证是确认债权债务关系存在的唯一证明的，可以抢劫罪、盗窃罪、诈骗罪、抢夺罪论处。债务人以外的人在债务人的教唆之下实施或者帮助债务人实施抢劫、盗窃、诈骗、抢夺借据、欠条等借款凭证，并且明知债务人是为了消灭债务的，以抢劫罪、盗窃罪、诈骗罪、抢夺罪的共犯论处。

㊷ 浙江省高级人民法院刑一庭、刑二庭《关于执行刑法若干问题的具体意见（三）》（2000年12月27日 浙高法刑〔2000〕3号）（节录）

6. 已生产、销售伪劣商品犯罪与诈骗罪之间一般存在法条竞合关系，对于生产、销售伪劣商品骗取钱财的，应按特别法条即生产、销售伪劣商品犯罪的有关规定定罪处罚。

㊸ 福建公检法《关于办理诈骗等案件掌握数额标准等问题的座谈会纪要》（2000年8月8日 闽高法〔2000〕148号）（节录）

个人诈骗公私财物价值三千元以上不满四万元的属"数额较大"；个人诈骗公私财物价值四万元以上不满二十万元的属"数额巨大"；"数额特别巨大"的标准，"其他严重情节"及"其他特别严重情节"的认定以1996年12月16日最高人民法院《关于审理诈骗案件具体应用法律若干问题的解释》规定为准。

㊹《关于执行刑法若干问题的具体意见（试行）——99'上海法院刑庭庭长会议纪要》（1999年7月15日）（节录）

附：根据新刑法颁布前有关司法解释的规定和本市的实际情况，现将部分犯罪的数额标准罗列如下，供参照执行。16. 诈骗增值税专用发票或者可以用于骗取出口退税、抵扣税款的其他发票50份以上，属于诈骗"数额较大"；诈骗500份以上，属于诈骗"数额巨大"。

㊺ 上海市公检法司《关于本市认定诈骗犯罪案件具体数额标准的意见》（1997年4月24日）（节录）

个人诈骗公私财物在 4 千元以上的,属于"数额较大";个人诈骗公私财物在 5 万元以上的,属于"数额巨大"。

个人诈骗公私财物在 2 千元以上不满 4 千元,并有诈骗前科或引起自杀、重伤、死亡等严重后果的,也应依法追究刑事责任。

单位诈骗公私财物在 10 万元以上的,属于"数额较大";单位诈骗公私财物在 30 万元以上的,属于"数额巨大"。

学理观点·典型案例 ——> 索引与要旨

❶《涉众型经济犯罪中的主从犯的认定》,载《公检法办案指南》2012 年第 2 辑总第 146 辑,第 147~154 页。

要旨 ➡ 一、团伙诈骗犯罪集团中"部门负责人"的主从犯认定问题;二、团伙诈骗犯罪中仅实施银行提款的共同犯罪人的主从犯认定问题。

❷《张航军等诈骗案》,载《刑事审判参考》2010 年第 5 辑总第 76 辑,第 50~59 页。

核心提示 ➡ 利用异地刷卡消费反馈时差,要求银行工作人员将款项存入指定贷记卡,当同伙在异地将该贷记卡上的款项刷卡消费完毕,又谎称存款出错,要求撤销该项存款的行为,如何定罪?

❸《代海业盗窃案》,载《刑事审判参考》2010 年第 5 辑总第 76 辑,第 43~49 页。

要旨 ➡ 利用手机群发诈骗短信,后因逃避侦查丢弃银行卡而未取出卡内他人所汇款项,应认定为未遂。

❹《关于诉讼欺诈行为定性的法理分析》,载《刑事审判参考》2010 年第 2 辑总第 73 辑,第 136~146 页。

❺《李志良等人盗窃案》,载《刑事法律文件解读》2010 年第 4 辑总第 58 辑,第 117~122 页。

核心提示 ➡ "处分"视角下盗窃罪与诈骗罪的界分

❻《张净诈骗案》,载《最新刑事法律文件解读》2010 年第 7 辑总第 61 辑,第 104~110 页。

核心提示 ➡ 诉讼诈骗行为性质认定评析

❼《王建军等人敲诈勒索案》,载《刑事法律文件解读》2010 年第 3 辑总第 57 辑,第 117~122 页。

核心提示 ➡ 酒中掺麻醉药强行劝酒,又设置赌局让被害人输钱写借条及扣押车辆,索取他人数额巨大的钱财的行为,应如何定性?如何认定并区分抢劫罪、诈骗罪与敲诈勒索罪?

❽《财产罪非法占有目的比较研究》,载《刑事司法指南》2010 年第 1 辑总第 41 辑,第 1~36 页。

⑨《欺诈与窃取行为交织的财产犯罪定性研究——兼谈对"被害人自愿交付财物"的理解》，载《公检法办案指南》2010年第11辑总第131辑，第148~157页。

⑩《李某某诈骗案》，载《公检法办案指南》2010年第9辑总第129辑，第165~169页。

要旨➡个人保险代理人从事保险业务不是职务行为。

⑪《故意制造交通事故行为的定性问题》，载《公检法办案指南》2010年第7辑总第127辑，第161~169页。

⑫《王微、方继民诈骗案》，载《刑事审判参考》2009年第6辑总第71辑，第36~41页。

核心提示➡将他人手机号码非法过户后转让获取钱财行为如何定性？

要旨➡1.单纯的手机号码没有价值，因而没有财物属性；2.手机号码非法过户后进行转让才是实现获利的关键；3.该行为符合诈骗罪的构成。

⑬《沈容焕合同诈骗案》，载《刑事审判参考》2009年第5辑总第70辑，第24~33页。

核心提示➡涉外刑事案件中境外证据的审查与认定

⑭《施问泼、肖明亮诈骗案》，载《刑事法律文件解读》2009年第5辑总第47辑，第110~113页。

核心提示➡诱骗他人参赌后实施诈赌骗人钱财的行为如何定性？

⑮《"非法占有目的的产生时间"之概念在刑事审判中的应用》，载《刑事法律文件解读》2009年第11辑总第53辑，第96~105页。

⑯《如何正确评价既骗又盗的行为》，载《公检法办案指南》2009年第11辑总第119辑，第173~180页。

⑰《余志华诈骗案》，载《刑事审判参考》2008年第3辑总第62辑，第54~58页。

要旨➡将租赁来的汽车典当不予退还的行为构成诈骗罪。1.被告人将租赁来的汽车典当不予退还的行为构成诈骗罪。需要指出的是，被告人两次都是通过口头合同将车辆骗来后进行典当，进而非法占有典当后的钱款，受骗的真正被害方是汽车所有人而非典当公司，汽车所有人和被告人之间达成的口头协议并非基于生产经营目的，而是基于驾驶使用，所以被告人的犯罪行为侵犯的并非汽车租赁这一市场秩序，而是被告人的财产所有权。因此，本案不构成合同诈骗罪。2.被告人连续典当租来的汽车，是连续实施数个独立的诈骗行为，为同种数罪。3.在车主追索下，被告人既已赎取前车归还车主，则只以未赎取汽车的金额计算犯罪数额，之前的诈骗行为作为量刑情节考虑。

⑱《朱影盗窃案》，载《刑事审判参考》2008年第3辑总第62辑，第44~48页。

核心提示➡"调包"行为如何认定？对以盗窃与诈骗相互交织的手段非法占有他人财物的行为如何定性？

要旨➡主要是看行为人非法取得他人财物的决定性手段是秘密窃取还是欺骗而得。本案，首先，本案被害人没有处分财产的意思和行为。其次，被告人非法取得财物主要是以掉包的秘密窃取手段来实现的。

⑲《试论诈骗罪中的处分行为》，载《刑事司法指南》2008年第4辑总第36辑，第42～59页。

⑳《被害人自愿交付行为的定性分析》，载《刑事司法指南》2008年第1辑总第33辑，第142～150页。

㉑《李某诈骗案——个人保险代理人骗取投保客户资料、假冒他人名义办理退保手续获取保险金的行为应如何定性》，载《公检法办案指南》2008年第7辑总第103辑，第161～165页。

㉒《王一辉、金珂、汤明职务侵占案》，载《刑事审判参考》2007年第5辑总第58辑，第48～61页。

核心提示➡利用职务便利盗卖单位游戏"武器装备"的行为如何定罪处罚？

要旨➡1.虚拟财产可以成为刑法保护的对象。2.利用职务便利盗卖游戏"武器、装备"的行为构成职务侵占罪。从犯罪对象看，成立诈骗罪应当以被害人受骗支付对价所购买的物品完全虚假或大部虚假（与被害人主观认识不一致）为前提，而本案被告人非法生成的"武器、装备"从外观形象到内在功能都是真实的，对于玩家而言并不存在使用上的任何瑕疵。玩家之所以遭受财产损失，主要是因为被害单位发现"武器、装备"被盗并查明赃物去向后，实施了收回赃物的行为。事实上，许多销赃行为大多隐瞒赃物的真实来源，对购买者具有一定的欺骗性，并不单独认定诈骗罪，所以本案三被告人的行为亦不构成诈骗罪。

㉓《宗爽合同诈骗案》，载《刑事审判参考》2007年第5辑总第58辑，第18～25页。

核心提示➡以签订出国"聘请顾问协议书"为名骗取他人钱财的行为如何定性？

要旨➡以签订出国"聘请顾问协议书"的名义骗取他人钱款的行为，构成合同诈骗罪。诈骗罪与合同诈骗罪主要有以下区别：第一，犯罪客体不同。第二，犯罪主体不同。第三，犯罪手段不同。"聘请顾问协议书"，表面上像一个咨询性质的协议，具有技术服务性质，但根据其提供的所谓服务内容，实质上是一个代办出国签证性质的委托代理合同。这种委托代理合同，具有一定的代理服务内容并体现了一定市场经济活动性质，利用这种合同实施的诈骗犯罪严重扰乱民正常的代办出国签证的市场秩序，因此应认定为与经济活动有关的合同。

㉔《黄艺等诈骗案》，载《刑事审判参考》2007年第4辑总第57辑，第33～42页。

核心提示➡设置圈套诱人参赌，以打假牌的方式"赢取"他人钱财的行为构成赌博罪还是诈骗罪？

要旨➡以非法占有他人财产为目的，设置圈套诱人参赌并以欺诈手段控制赌局的输赢结果，从而骗取他人财物的，应以诈骗罪定罪处罚。从整个行为过程看，五被告人通过只赢不输的所谓赌博形式非法占有他人钱财，赌博行为只是达到非法占有他人钱财目的的手段，其不仅设置圈套诱使他人参赌，而且使用欺诈手段控制输赢结果，骗取特定被害人的信任使其"自愿"依赌博规则，认赌服输交付巨额钱财，应当属于一种以赌博为名实施的诈骗犯罪，完全符合诈骗罪的犯罪构成，故应以诈骗罪定罪处罚。

㉕《刑事法律文件解读》2007年第6辑总第30辑，第290~291页。

核心提示➡拾得寄存牌取走行李如何定性？

㉖《张泽容、屈自强盗窃案》，载《刑事审判参考》2006年第5辑总第52辑，第22~28页。

核心提示➡盗窃定期存单从银行冒名取款的行为如何定性？

要旨➡1. 张泽容的行为应定性为盗窃罪而非诈骗罪。2. 屈自强明知是盗窃来的存单而帮助取款并分赃，应定盗窃罪而非窝藏赃物罪或诈骗罪。

㉗《王贺军合同诈骗案》，载《刑事审判参考》2006年第4辑总第51辑，第20~25页。

核心提示➡以签订虚假的工程施工合同为诱饵骗取钱财的行为是诈骗罪还是合同诈骗罪？

要旨➡王贺军假冒国家工作人员，虚构工程项目和能揽到工程项目的事实，以许诺给他人承包虚假的工程项目为诱饵，骗取他人财物，其行为构成诈骗罪，诈骗数额巨大，原审将王贺军的行为认定为合同诈骗罪不当。1. 诈骗罪与合同诈骗罪的区分。2. 没有利用签订、履行合同的手段骗取他人财物的，不构成合同诈骗罪。

㉘《魏某某将不属于自己所有的房屋卖给他人，骗取房款诈骗案》，载《最新刑事法律文件解读》2006年第1辑总第13辑，第128~133页。

要旨➡虚构事实买卖共有房屋，占有他人钱财构成诈骗犯罪。

㉙《持有、使用假币罪若干问题研究》，载《刑事司法指南》2006年第1辑总第25辑，第92~107页。

要旨➡持有、使用假币罪与相关犯罪的认定：1. 持有假币罪与运输假币罪的认定；2. 使用假币罪与出售假币罪的认定；3. 使用假币罪与诈骗罪的认定。

㉚《从一起个案看盗窃罪的既未遂及与相关罪的区别》，载《刑事审判参考》2005年第5辑总第46辑，第162~168页。

受害人基于错误认识而实施了处分财产的行为是诈骗罪区别于盗窃罪的关键。构成诈骗罪必须具备以下几个要素：1. 行为人采用了欺诈手段。2. 受害人因此发生了错误认识。3. 受害人基于错误认识而实施了处分财产的行为。4. 行为人因受害人的财产处分行为而获得相应利益。第三点中的处分财产便是实质性行为，是诈骗罪区别于盗窃罪的关键。这里需要把握两点：一是受害人作出处分行为是意在失去占有的行为。二是受害人失去占有的财物是经过了受害人的处分的。如顾客在商店里试衣服，顾客穿上衣服后，借口上厕所乘机逃跑。虽然售货员允许顾客带着试穿的衣服暂时地离开，但这并不是对财物失去占有的一种处分，所以不构成诈骗罪而构成盗窃罪。又如顾客在仓库取货时偷偷把不属于自己的货物放进取货的箱子里带出仓库。这里仓管员虽然同意顾客把箱子带出，但并没有对失去的被顾客偷偷装进箱子的货物进行处分，所以不构成诈骗罪，而构成盗窃罪。甚至在形形色色的"调包案"中（行为人经常以某种借口要看一下受害人的财物，调包后再还给被害人），因为受害人交给行为人财物的行为称不上处分行为，根本没有转移占有的意思，所以也有观点主张构成盗窃罪而非诈骗罪。观点正误姑且不论，但提醒我们把握诈骗罪的实质要件十分重要。

㉛《李洁以未交付房产作抵押诈骗案》，载《最新刑事法律文件解读》2005年第8辑总第8辑，第145~149页。

核心提示 ➡ 以尚未实际占有的房产作抵押、筹集购房款的行为应如何定性？

㉜《杨永明、孙承贵等诈骗案（陕西宝马彩票案）刑事判决书》，载《最新刑事法律文件解读》2005年第6辑总第6辑，第103页、第114~116页。

核心提示 ➡ 骗取相对特定的对象的财物应如何定性？

㉝《以重复使用一张电信卡方式造成电信资费损失的行为是否构成盗窃》，载《公检法办案指南》。

㉞《析吴玉龙、林宗献诈骗案》，载《刑事司法指南》2005年第2辑总第22辑。

核心提示 ➡ 诈骗罪与赌博罪之界定

要旨 ➡ 利用规则的偶然性系赌博，以欺诈手段使人必输无赢系诈骗。

㉟《宋德明合同诈骗案》，载《刑事审判参考》2004年第4辑总第39辑，第27~30页。

核心提示 ➡ 如何理解合同诈骗罪中的"合同"，可否包括口头合同？

要旨 ➡ 第一，关于合同类型。必须体现一定的市场秩序。不应以典型的"经济合同"为限，同时，不能认为凡是行为人利用了合同法所规定的合同进行诈骗，均将构成合同诈骗罪，与市场秩序无关以及主要不受市场调整的各种"合同"、"协议"，如不具有交易性质的赠予合同，以及婚姻、监护、收养、抚养等有关身份关系的协议，主要受劳动法、行政法调整的劳动合同、行政合同等，通常情况下不应视为合同诈骗罪中的合同。第二，关于合同形式。在有证据证明确实存在合同关系的情况下，不应拘泥于合同的形式，即便是口头合同，只要发生在生产经营领域，侵犯了市场秩序的，同样应以合同诈骗追究。当然，在日常生活中利用口头合同进行诈骗的，因不具有合同诈骗的双重侵犯客体，则不能以合同诈骗罪处罚。

㊱《田亚平诈骗案》，载《刑事审判参考》2004年第3辑总第38辑，第122~126页。

核心提示 ➡ 银行出纳员用自制"高额利率定单"，对外虚构单位内部有高额利率存款的事实，将吸存的亲朋好友的现金占为己有的行为如何定性？

㊲《周兆均被控非法行医案》，载《刑事审判参考》2004年第1辑，第36页，第46~57页。

核心提示 ➡ 非法行医罪与诈骗罪的区别

要旨 ➡ 非法行医罪与诈骗罪在实践中都有诈骗他人骗取财物的事实，但前者是以为人看病的方式收取钱财，而后者则多以与看病无关的其他欺骗方式，如以花言巧语骗财。如果行为人以跳大神、念咒语等与看病诊疗毫不相干的方式收敛钱财，则应以诈骗罪定罪处罚。

38《刑法实务若干问题研究》，载《刑事审判参考》2004 年第 1 辑总第 36 辑，第 128～142 页。

要旨 ➡ 合同诈骗罪与普通诈骗罪的界限问题。

39《丁某介绍贿赂、诈骗案法律问题研究》，载《刑事审判要览》2004 年总第 10 辑，第 205～211 页。

核心提示 ➡ 对伪造借据、骗取已被公安机关控制的赃款行为定性问题研究

要旨 ➡ 对于非法扣押，行为人即使采取欺骗手段取回物品，不应以犯罪论处。

40《侵犯财产罪的疑难问题》，载《刑事审判要览》2004 年第 1 辑总第 7 辑，第 14～42 页。

要旨 ➡ 1. 如何认识侵犯财产罪的客体；2. 如何理解"以非法占有为目的"；3. 如何处理抢劫罪中的疑难问题；4. 如何认定"携带凶器抢夺"；5. 如何区分盗窃罪与诈骗罪；6. 如何解释侵占罪的客观要素；7. 如何区别盗窃罪与侵占罪。

41《诈骗行为客观构成的理解与认定》，载《经济犯罪审判指导》2004 年第 2 辑总第 6 辑，第 70～76 页。

要旨 ➡ 成立诈骗，需存在行为人取得财产与他人财产损失直接对等关系。诈骗不仅仅是对具体物的侵害，更意味着对一定价值利益的侵害，易言之，行为人所取得的利益与相对方受到的损失需是表里一致的，两者应当具有同质性。比如，将一幅画的赝品冒充真品出卖，但只是按赝品本身的价格出卖，未给对方造成实质财产损失的，即不应认定为诈骗，不得以对方如知道是赝品则不会购买为由认定为诈骗。

42《邓玉等集资诈骗案》，载《经济犯罪审判指导》。

要旨 ➡ 利用证券黑市骗取公众资金构成集资诈骗罪。

43《黄志奋合同诈骗案》，载《刑事审判参考》2003 年第 6 辑总第 35 辑，第 35～42 页。

核心提示 ➡ 如何认定诈骗犯罪中的非法占有目的，特别是改变款项用途用于期货等高风险经营活动的主观故意判断？

要旨 ➡ 欺骗所得 192 万元，用于开支的 50 余万元系非法占有，用于投资期货交易不是非法占有。非法占有：1. 国债回购不属经营范围，但不能认为无履约能力，因当时回购无需特定资格，形式上的经营资格与实际的履行能力是不同概念，能否支付 14% 收益，不能排除黄主观判断失误；2. 改变用途，是民事违约行为，解释所谓的违法犯罪活动指的是行为本身的违法性，不宜延伸到主体资格的违法性（超越经营范围）；3. 投资期货系亏损。50 万元认定理由：注册资金未实际缴纳，无可供归还的自有资金；用于非经营性开支，不存在取得收益的可能性；在约定的高报酬下，归还几近不可能。

44《陈宗发故意杀人、敲诈勒索案》，载《刑事审判参考》2003 年第 5 辑总第 34 辑，第 1～7 页。

要旨 ⇒ 将被害人杀死后,以被害人被绑架为名,向被害人亲属勒索钱款的行为构成敲诈勒索罪。

诈骗犯罪的被害人是"自愿"地交出其掌有的财物的,其被骗而交出财物的当时是"自愿"的,这是诈骗罪同抢劫、盗窃、敲诈勒索相区别的一个主要特征。本案被害人亲属在当时的特定的环境条件下,尽管其完全可能相信被告人虚构的被害人被绑架的事实,但其绝不会"自愿"地向被告人交出钱款,如果向被告人交出被索要的钱款,那也只能是在精神上受到胁迫,出于无奈才交出的。本案应以故意杀人与敲诈勒索(未遂)并罚。

㊺《梁其珍招摇撞骗案》,载《刑事审判参考》2003 年第 5 辑总第 34 辑,第 34～42 页。

核心提示 ⇒ 法条竞合及其法律适用原则,招摇撞骗罪与诈骗罪的区分

㊻《程剑诈骗案》,载《刑事审判参考》2003 年第 4 辑总第 33 辑,第 41～45 页。

要旨 ⇒ 一、猜配捡拾存折密码非法提取他人存款行为的定性。1. 侵占的本质特征在于将合法持有的他人财物非法占有,被害人设有密码,并未失去对存款的控制,被告并未取得合法支配权;2. 存折系遗失物而非遗忘物;3. 经讯问后,马上退赃,与侵占的"拒不交出"不符;4. 此外,需要补充说明的是,侵占罪属于亲告罪,即使被告人构成侵占罪,二审法院也不得变更罪名径行下判。

二、应定诈骗。1. 窃取的不知情是指财物所有人、保管人无察觉(至少行为人主观这样认为),诈骗的不知情,是基于错误认识不知情;2. 财物转移,盗窃是行为人单方面完成,而诈骗是所有人、保管人错误处分、交付的结果;3. 猜配密码是一种无形偷盗密码行为,但只是取得存款的手段行为,密码本身无价值,不具备独立意义;而本案程剑支取存款,是凭借银行的信任通过银行的交付得以实现的,银行对于存款的交付是基于错误判断,这种错误判断,是程剑隐瞒真相冒用他人名义以致银行不明真相误认为其具有取款合法资格的结果,属于冒用诈骗。

㊼《李柏庭非法经营案》,载《刑事审判参考》2003 年第 2 辑总第 31 辑,第 46～50 页。

要旨 ⇒ 被取保候审后携款潜逃能否认定具有非法占有故意被告被取保候审后携款潜逃,是畏罪潜逃,非占有后潜逃,仅对量刑影响。

㊽《关于诈骗犯罪非法占有目的的理解与认定》,载《经济犯罪审判指导》2003 年第 4 辑总第 4 辑,第 81～101 页。

要旨 ⇒ 一、诈骗犯罪的司法困境;

二、非法占有目的的理解;

三、非法占有目的的司法认定要素:1. 合同诈骗罪之非法占有目的的认定要素;2. 金融诈骗罪之非法占有目的的认定要素;

四、非法占有目的的司法认定方法:1. 运用刑事推定方法之必要;2. 刑事推定方法之合理运用。

㊾《石秋月诈骗》，载《经济犯罪审判指导与参考》。

要旨➡以签订劳务合同为名骗取他人财物构成诈骗。

㊿《李品华、潘才庆、潘才军诈骗案》，载《刑事审判参考》2002年第6辑总第29辑，第25～32页。

核心提示➡故意制造交通事故骗取赔偿款的行为如何定性？

要旨➡1. 不属于通过威胁或要挟方法，致使被害人基于恐惧心理而被迫交付财物，不是敲诈勒索；被害人对交通事故系被告故意所为不知情，不存在被要挟前提，被告人无须要挟且未要挟，被害人认为过错在己，赔偿理所应当，对交警调解无异议。2. 被害对象虽不特定，但每次车辆均是经选择的一辆，以小车擦货车，真正危险是在被告人，对公共安全最多只是间接故意，对间接故意，一般只在发生后果才追究；本案被告人凭借其车技，使自己车辆造成轻微损伤，无论从主观、客观，均不构成危害公共安全。3. 本案事故并非被害人过失，而是被告人故意所为，致使被害人及交警均误认为事故系被害人所为，并据此要被害人赔偿；虽是经第三方完成，但当事人一方明知对方当事人欺诈的诉讼诈骗行为具有质的不同。

(51)《刘国芳等诈骗案》，载《刑事审判参考》2002年第3辑总第26辑，第64～71页。

核心提示➡虽有虚构主体建立合同关系行为，但并非直接将合同作为骗取财物手段如何定性？为获取回扣以虚假身份证入网并使用移动电话拨打声讯台造成电信资费损失如何定罪？

要旨➡购买、使用移动电话卡进行诈骗通常并不需要有书面合同，也不需要利用合同进行诈骗，自然也就不以合同诈骗罪认定。从量刑角度看，诈骗罪与合同诈骗罪的法定刑相同，以诈骗罪论处，也无轻纵或不利被告人之虞。

根据最高人民法院2000年5月《关于扰乱电信市场管理秩序案件具体应用法律若干问题的解释》第9条解释，可定诈骗，本案审理在解释前，依诈骗本质特征定；本案犯罪对象为通讯服务，非法占有电信资费，拨打后就完成，属既遂。

(52)《袁鹰、欧阳湘、李巍集资诈骗案》，载《刑事审判参考》2002年第2辑总第25辑，第22～24页。

核心提示➡非法传销过程中携传销款潜逃的行为如何处理？

要旨➡对于非法传销过程中携款潜逃的行为，由于有买卖货物的行为，是在非法经营活动中进行诈骗活动，没有侵犯金融管理秩序，主要侵犯的是传销参与者的财产权和市场经济秩序，因此应以诈骗罪或者合同诈骗罪定罪处罚。

(53)《李志远招摇撞骗、诈骗案》，载《刑事审判参考》2002年第1辑总第24辑，第79～86页。

核心提示➡诈骗罪与招摇撞骗罪的区别；冒充国家机关工作人员骗取财物的同时又骗取其他非法利益的如何定罪处罚？

要旨➡冒充国家机关工作人员以骗取他人信任，非法占有他人数额较大的财物的行为，既符合诈骗罪的犯罪构成，又符合招摇撞骗罪的犯罪构成，这种情况属于法条竞合。本案被告人冒充国家机关工作人员多次行骗，既骗财又骗色以及其他非法利益，由于是基于一个概括故意支配下的连续性行为仍可以一罪论处。

(54)《王庆诈骗案》，载《刑事审判参考》2002年第1辑总第24辑，第72~78页。

核心提示➡骗购电信卡贩卖给他人使用造成电信资费巨大损失的行为如何定性？

(55)《邹代明抢劫案》，载《刑事审判参考》2002年第1辑总第24辑，第62~66页。

核心提示➡设置机关将他人禁闭起来以得逞劫财目的的行为如何定性？

要旨➡被害人未失去夺回自己财物的能力，但因身处机关中无法抗拒，因此不是抢夺。被害人将钱交给被告人清点时，两人同处一房间内，被告人尚未按照原来的约定将美元付给被害人，交易尚未完成，被害人可以随时停止交易，要回属于自己的财物，故并未对其财物失去控制。违背自愿，故非诈骗。

(56)《析何某盗窃案》，载《刑事司法指南》2002年第2辑总第10辑。

核心提示➡利用计算机系统故障恶意逾额取款案

(57)《何起明诈骗案》，载《刑事审判参考》2001年第12辑总第23辑，第27~34页。

核心提示➡抢走财物后哄骗被害人不追赶的行为如何定性？

要旨➡抢夺虽已经完成，但被害人未呼喊、追赶、报警是因为被告人虚构事实，被害人丧失财物是因其受骗上当而自愿交出。

(58)《康金东盗窃案》，载《刑事审判参考》2001年第10辑总第21辑，第28~34页。

核心提示➡骗得财物保管权后秘密窃取代为保管的财物的应如何认定？

要旨➡不具备主体资格，故不定贪污；没有主管、管理、经手、经营金刚石的职责，不构成职务侵占；其非法占有故意产生于其取得代为保管金刚石之前，其代为保管不过是为其实施秘密窃取行为创造便利条件。

(59)《马方太诈骗案刑事判决书》，载《刑事审判参考》2001年第8辑总第19辑，第100~109页。

要旨➡介绍引进技术和参与签订合同过程中虽有不诚实表现，但无充分证据证明其非法占有目的只能认定无罪。

(60)《熊漓斌等生产、销售假药案》，载《刑事审判参考》2001年第7辑总第18辑，第8~12页。

核心提示➡生产、销售假药进行诈骗的行为如何认定？

要旨➡本案被告人将假药销售给被害人，骗取被害人的钱财，确有以假充真的诈骗行为存在。诈骗行为在本案中是作为一种销售方式而存在的。生产、销售假药罪是以是否足以严重危害人体健康作为本罪的标准，而诈骗则以数额为标准，也就是说，只要生产销售的假药足以严重危害人体健康，不管行为人是否实施了以假药骗取钱财的行为，就应当认定为生产、销售假药罪，而不应认定为诈骗罪。

(61)《龙鹏武、龙雄武诈骗案》，载《刑事审判参考》2000年第2辑总第7辑，第37~43页以及《刑事审判案例》，第457~461页。

核心提示➡利用欺骗方法兼并后又利用职务便利将被兼并单位财物占为己有的行为如何定性？

要旨➡其非法占有目的产生在被告人使用欺骗的手段获得经营、管理公司、企业财物的职务之前，因此不能定职务侵占，其行为构成合同诈骗罪，但因其行为在1997年之前，根据从旧兼从轻的原则，对本案应适用1979年刑法以诈骗罪定罪处罚。

62《章杨盗窃案》，载《刑事审判参考》2000年第1辑总第6辑，第30~34页以及《刑事审判案例》，第447~450页。

核心提示➡窃取并变造已付讫的国库券再骗兑的行为如何定罪？

要旨➡1. 盖有"付讫"章的国库券不再具有有价证券的特征；2. 被告人将盗窃的国库券变造后再骗兑的行为系伪造有价证券与诈骗牵连，定诈骗。

63《郝景文、郝景龙盗窃案》，载《刑事审判参考》2000年第3辑总第8辑，第24~30页以及《刑事审判案例》，第442~446页。

核心提示➡利用计算机盗划银行资金再到储蓄所取款的行为如何定性？

要旨➡1. 被告人将银行资金划入个人存款账户后，已经非法取得了该款的所有权，到储蓄所支取现金只是盗窃行为的自然延续；2. 银行职员向储户兑付储蓄金额现金的行为不是被诈骗；3. 被告人秘密窃取银行现金的行为构成盗窃罪。诚然，就被告人存单内多出的其非法划入的款项来讲，银行工作人员不可能知道这是被告人盗划，由此认为这确实属于被告人的款项，已包含有被诈骗的因素。但行为人先已完成的盗窃行为，使后来形式上的骗成为在正常情况下不可能被察觉的行为，"诈骗"也就不再成为影响案件性质的关键。如同行为人在行李寄存处先寄放一纸箱，然后秘密偷窃他人钱物并放到自己箱内，然后取走自己的箱子。对于失主，被盗是明显的，而寄存处实质是被盗在先。

64《杨某诈骗案》，载《公检法办案指南》2000年第10辑。

核心提示➡盗窃手段与诈骗行为交叉时的定性问题

65《诈骗罪及其司法认定中的几个问题》，载《刑事司法指南》2000年第3辑总第3辑，第94~108页。

要旨➡一、诈骗罪的概念界定。

二、诈骗罪构成要件的分析：1. 诈骗罪的犯罪客体是公私财物所有权；2. 诈骗罪的客观方面表现为行为人采用虚构事实或隐瞒真相的手段骗取公私财物；3. 诈骗罪中涉及的人员有行为人、行为相对人、被害人和"受益人"；4. 诈骗罪的主观方面是直接故意，且具有使"受益人"非法占有公私财物的目的。

三、诈骗罪与盗窃罪的区别。

66《蓝海诈骗案》，载《刑事审判参考合订本·第一卷》，第117~120页。

核心提示➡以传真方式进行经济合同诈骗案件如何确定审判管辖？

67《林密诈骗案》，载《最高人民法院判例释解·刑事卷》，第358页。

核心提示➡如何认定以借贷名义进行的诈骗犯罪？

第267条　第1款　抢夺罪

抢夺公私财物，数额较大的，处三年以下有期徒刑、拘役或者管制，并处或者单处罚金；数额巨大或者有其他严重情节的，处三年以上十年以下有期徒刑，并处罚金；数额特别巨大或者有其他特别严重情节的，处十年以上有期徒刑或者无期徒刑，并处罚金或者没收财产。

携带凶器抢夺的，依照本法第二百六十三条的规定定罪处罚。

关联规范 ➡ 完全整理

❶《中华人民共和国刑法》（1980年1月1日）第263条　抢劫罪

以暴力、胁迫或者其他方法抢劫公私财物的，处三年以上十年以下有期徒刑，并处罚金；有下列情形之一的，处十年以上有期徒刑、无期徒刑或者死刑，并处罚金或者没收财产：

（一）入户抢劫的；

（二）在公共交通工具上抢劫的；

（三）抢劫银行或者其他金融机构的；

（四）多次抢劫或者抢劫数额巨大的；

（五）抢劫致人重伤、死亡的；

（六）冒充军警人员抢劫的；

（七）持枪抢劫的；

（八）抢劫军用物资或者抢险、救灾、救济物资的。

❷《中华人民共和国刑法》（1980年1月1日）第269条　抢劫罪

犯盗窃、诈骗、抢夺罪，为窝藏赃物、抗拒抓捕或者毁灭罪证而当场使用暴力或者以暴力相威胁的，依照本法第二百六十三条的规定定罪处罚。

❸最高人民法院《人民法院量刑指导意见（试行）》（2010年9月13日　法发〔2010〕36号）（节录）

四、常见犯罪的量刑

（八）抢夺罪

1. 构成抢夺罪的，可以根据下列不同情形在相应的幅度内确定量刑起点：

（1）达到数额较大起点的，可以在三个月拘役至一年有期徒刑幅度内确定量刑起点。

（2）达到数额巨大起点或者有其他严重情节的，可以在三年至四年有期徒刑幅度内确定量刑起点。

（3）达到数额特别巨大起点或者有其他特别严重情节的，可以在十年至十二年有期徒刑幅度内确定量刑起点。依法应当判处无期徒刑的除外。

2. 在量刑起点的基础上，可以根据抢夺数额等其他影响犯罪构成的犯罪事实增加刑罚量，确定基准刑。

**❹最高人民法院《全国部分法院审理毒品犯罪案件工作座谈会纪要》（2008年12月

23日)(节录)①

盗窃、抢夺、抢劫毒品的,应当分别以盗窃罪、抢夺罪或者抢劫罪定罪,但不计犯罪数额,根据情节轻重予以定罪量刑。盗窃、抢夺、抢劫毒品后又实施其他毒品犯罪的,对盗窃罪、抢夺罪、抢劫罪和所犯的具体毒品犯罪分别定罪,依法数罪并罚。

❺ 最高人民法院、最高人民检察院《关于办理与盗窃、抢劫、诈骗、抢夺机动车相关刑事案件具体应用法律若干问题的解释》(法释〔2007〕11号)(节录)②

第四条 实施本解释第一条、第二条、第三条第一款或者第三款规定的行为,事前与盗窃、抢劫、诈骗、抢夺机动车的犯罪分子通谋的,以盗窃罪、抢劫罪、诈骗罪、抢夺罪的共犯论处。

❻ 最高人民法院《关于审理抢劫、抢夺刑事案件适用法律若干问题的意见》(2005年6月8日 法发〔2005〕8号)(节录)③

四、关于"携带凶器抢夺"的认定

《抢劫解释》第六条规定,"携带凶器抢夺",是指行为人随身携带枪支、爆炸物、管制刀具等国家禁止个人携带的器械进行抢夺或者为了实施犯罪而携带其他器械进行抢夺的行为。行为人随身携带国家禁止个人携带的器械以外的其他器械抢夺,但有证据证明该器械确实不是为了实施犯罪准备的,不以抢劫罪定罪;行为人将随身携带凶器有意加以显示、能为被害人察觉到的,直接适用刑法第二百六十三条的规定定罪处罚;行为人携带凶器抢夺后,在逃跑过程中为窝藏赃物、抗拒抓捕或者毁灭罪证而当场使用暴力或者以暴力相威胁的,适用刑法第二百六十七条第二款的规定定罪处罚。

十一、驾驶机动车、非机动车夺取他人财物行为的定性

对于驾驶机动车、非机动车(以下简称"驾驶车辆")夺取他人财物的,一般以抢夺罪从重处罚。但具有下列情形之一,应当以抢劫罪定罪处罚:

(1)驾驶车辆,逼挤、撞击或强行逼倒他人以排除他人反抗,趁机夺取财物的;

(2)驾驶车辆强抢财物时,因被害人不放手而采取强拉硬拽方法劫取财物的;

(3)行为人明知其驾驶车辆强行夺取他人财物的手段会造成他人伤亡的后果,仍然强行夺取并放任造成财物持有人轻伤以上后果的。

❼《全国部分法院经济犯罪案件审判工作座谈会研讨综述——"经济犯罪案件中的法律适用问题"》(2004年11月27日)(节录)④

(五)抢劫、抢夺罪数的认定

第三,驾驶机动车、非机动车夺取他人财物致人伤害或死亡的行为定性。对于在抢夺过程中过失造成被害人重伤、死亡,构成过失致人重伤罪、过失致人死亡罪等犯罪的,最高

---

① 对其解读见:《刑事审判参考》2008年第6辑总第65辑,第71~92页。
② 对其解读见:《刑事审判参考》2007年第3辑总第56辑,第73~81页。
③ 对其解读见:《刑事审判参考》2005年第1辑总第42辑,第93~98页以及2005年第2辑总第43辑,第71~92页。
④ 对其解读见:《刑事审判参考》2004年第6辑总第41辑,第146~168页。

人民法院在相关抢夺罪的司法解释中已经作出明确规定，即依照处罚较重的规定定罪处罚。但解释并未涉及抢夺过程中出于放任故意导致他人受伤或死亡情况的处理。对此，在讨论过程中，一种倾向性的意见认为，上述情况同时侵犯了他人的人身权利和财产权利，符合抢劫罪的双重客体标准，因此，只要有证据证明行为人主观上对伤亡后果是故意的，应以抢劫罪定罪处罚。不过也有人提出反对意见，认为上述情况不符合抢劫罪的基本特征，尽管其侵犯了两个不同的客体，但却并非并存于同一犯罪之中，而是分属于两个不同的罪名。

支持后一种观点的人认为，抢劫罪的暴力是指出对被害人的身体施以打击和强制借以排除被害人的反抗，从而劫取他人财物的行为。因此，抢劫罪的暴力必须有意识地施加于被害人的人身，即直接对被害人的人身造成侵害、使其处于无力反抗、不能反抗的境地。如果针对的是被害人的财物，并无意图使被害人丧失反抗能力，即使在行为实施过程中造成了人身伤害，亦不能以抢劫罪论处。行为人驾驶机动车、非机动车强行夺取他人财物，如果已经意识到自己的行为可能致人伤害或死亡，仍然放任这种结果的发生，又构成故意伤害罪或故意杀人罪的，属于想象竞合，应以一重罪从重处罚。

❽ 最高人民法院、最高人民检察院、公安部《关于依法严厉打击抢劫抢夺等多发性犯罪有关问题的通知》（2002年7月30日　公通字〔2002〕41号）（节录）

二、充分运用法律武器，加强协作配合，依法严厉打击抢劫、抢夺等多发性犯罪

人民检察院对于公安机关提请批准逮捕和移送审查起诉的案件，符合逮捕、起诉条件的，应当及时予以批准逮捕和提起公诉；人民法院对人民检察院提起公诉的案件，要坚持"两个基本"的原则，及时审判。在办案过程中，各地公安机关、人民检察院、人民法院要加强沟通协调，通力合作，形成打击合力。

❾ 最高人民法院《关于审理抢夺刑事案件具体应用法律若干问题的解释》（2002年7月20日　法释〔2002〕18号）①

第一条　抢夺公私财物"数额较大"、"数额巨大"、"数额特别巨大"的标准如下：

（一）抢夺公私财物价值人民币五百元至二千元以上的，为"数额较大"；

（二）抢夺公私财物价值人民币五千元至二万元以上的，为"数额巨大"；

（三）抢夺公私财物价值人民币三万元至十万元以上的，为"数额特别巨大"。

第二条　抢夺公私财物达到本解释第一条第（一）项规定的"数额较大"的标准，具有下列情形之一的，可以依照刑法第二百六十七条第一款的规定，以抢夺罪从重处罚：

（一）抢夺残疾人、老年人、不满十四周岁未成年人的财物的；

（二）抢夺救灾、抢险、防汛、优抚、扶贫、移民、救济等款物的；

（三）一年内抢夺三次以上的；

（四）利用行驶的机动车辆抢夺的。

抢夺公私财物，未经行政处罚处理，依法应当追诉的，抢夺数额累计计算。

第三条　抢夺公私财物虽然达到本解释第一条第（一）项规定的"数额较大"的标准，但具有下列情形之一的，可以视为刑法第三十七条规定的"犯罪情节轻微不需要判处

---

① 对其解读见：《刑事审判参考》2002年第4辑总第27辑，第139~141，177~184页。

刑罚",免予刑事处罚:

(一)已满十六周岁不满十八周岁的未成年人作案,属于初犯或者被教唆犯罪的;

(二)主动投案、全部退赃或者退赔的;

(三)被胁迫参加抢夺,没有分赃或者获赃较少的;

(四)其他情节轻微,危害不大的。

第四条 抢夺公私财物,数额接近本解释第一条第(二)项、第(三)项规定的"数额巨大"、"数额特别巨大"的标准,并具有本解释第二条规定的情形之一的,可以分别认定为"其他严重情节"或者"其他特别严重情节"。

第五条 实施抢夺公私财物行为,构成抢夺罪,同时造成被害人重伤、死亡等后果,构成过失致人重伤罪、过失致人死亡罪等犯罪的,依照处罚较重的规定定罪处罚。

❿ 最高人民法院《关于审理抢劫案件具体应用法律若干问题的解释》(2000年11月28日 法释〔2000〕35号)(节录)①

第六条 刑法第二百六十七条第二款规定的"携带凶器抢夺",是指行为人随身携带枪支、爆炸物、管制刀具等国家禁止个人携带的器械进行抢夺或者为了实施犯罪而携带其他器械进行抢夺的行为。

⓫ 最高人民法院、最高人民检察院、公安部、工商局《关于依法查处盗窃、抢劫机动车案件的规定》(1998年5月8日 公通字〔1998〕31号)(节录)②

十八、本规定自公布之日起执行。对侵占、抢夺、诈骗机动车案件的查处参照本规定的原则办理。本规定公布后尚未办结的案件,适用本规定。

⓬ 上海、北京、广东、湖北、江苏高级人民法院《〈人民法院量刑指导意见(试行)〉实施细则(试行)》(2010年10月1日)

⓭ 《福建省高级人民法院〈人民法院量刑指导意见(试行)〉实施细则(试行)》(2010年9月30日 闽高法发〔2010〕21号)(节录)

四、常见罪名的量刑

(八)抢夺罪

1. 构成抢夺罪的,根据下列不同情形在相应的幅度内确定量刑起点:

(1)数额达到较大1000元起点的,可以在三个月拘役至六个月有期徒刑幅度内确定量刑起点;

(2)数额达到巨大10000元起点或者有其他严重情节的,或者数额达到巨大起点80%,并具有《最高人民法院关于审理抢夺刑事案件具体应用法律若干问题的解释》第四条规定情形的,可以在三年至四年有期徒刑幅度内确定量刑起点;

(3)数额达到特别巨大50000元起点或者有其他特别严重情节的,或者数额达到特别巨大起点80%,并具有《最高人民法院关于审理抢夺刑事案件具体应用法律若干问题的解

---

① 对其解读见:《刑事审判参考》2001年第1辑总第12辑,第39~40,83~85页。
② 对其解读见:《解读最高人民检察院司法解释》,第343~347页。

释》第四条规定情形的,可以在十年至十一年有期徒刑幅度内确定量刑起点。依法应当判处无期徒刑的除外。

2. 在量刑起点的基础上,可以根据抢夺数额、次数、致人伤害后果等其他犯罪事实增加刑罚量,确定基准刑:

(1) 抢夺数额较大的,数额每增加 300 元,可以增加一个月的刑期;

(2) 抢夺数额巨大或者"有其他严重情节"的,数额每增加 500 元,可以增加一个月的刑期;

(3) 抢劫数额特别巨大或者"有其他特别严重情节"的,数额每增加 5000 元,可以增加一个月的刑期;

(4) 因抢夺致轻微伤一人,可以增加一个月至三个月的刑期;

(5) 因抢夺致轻伤一人,可以增加三个月至六个月的刑期;

(6) 抢夺次数每增加一次,可以增加三个月至六个月的刑期。

3. 具有下列两种情形以上的,每增加一种情形,可以增加基准刑的 20% 以下。已作为加重处罚条件的情节不重复适用:

(1) 抢夺残疾人、老年人、不满十四周岁未成年人的财物的;

(2) 一年内抢夺三次以上的;

(3) 利用行驶的机动车辆抢夺的。

4. 确因生活、治病急需而抢夺的,减少基准刑的 20% 以下。

14 浙江省高级人民法院《浙江省〈人民法院量刑指导意见(试行)〉实施细则》(2010 年 9 月 29 日 浙高法〔2010〕280 号)(节录)

(八)抢夺罪

1. 构成抢夺罪的,可以根据下列不同情形在相应的幅度内确定量刑起点:

(1) 达到数额较大起点的,可以在六个月至一年有期徒刑幅度内确定量刑起点。

(2) 达到数额巨大起点或者有其他严重情节的,可以在三年至四年有期徒刑幅度内确定量刑起点。

(3) 达到数额特别巨大起点或者有其他特别严重情节的,可以在十年至十二年有期徒刑幅度内确定量刑起点。依法应当判处无期徒刑的除外。

2. 在量刑起点的基础上,可以根据抢夺数额等其他影响犯罪构成的犯罪事实增加刑罚量,确定基准刑。

3. 有下列情形之一的,可以增加基准刑的 20% 以下:

(1) 造成被害人轻微伤的;

(2) 一年内抢夺三次以上的;

(3) 驾驶机动车辆实施抢夺的。

15 福建省公检法、司法厅《关于适用缓刑若干问题的意见(试行)》(2008 年 9 月 16 日 闽高法〔2008〕278 号)(节录)①

---

① 对其解读见:《刑事法律文件解读》2009 年第 10 辑总第 52 辑,第 77~88 页。

（八）抢劫罪、抢夺罪；抢劫、抢夺犯罪是严重危害社会治安的暴力性犯罪，社会危害性大，应慎用缓刑。

对具有下列情形之一，符合法律规定缓刑条件，能够落实考察、监管措施的，可以适用缓刑：（1）犯罪手段一般，系初次作案，没有造成被害人人身损害后果的；（2）确系共同犯罪中情节较轻的从犯、胁从犯的；（3）其他符合缓刑条件的。

16 浙江省高级人民法院刑二庭《全省法院经济犯罪疑难问题研讨会纪要（二）》（2006年6月29日　浙高法刑二〔2006〕1号）（节录）

五、以购物为名骗得商品后再逃离的行为定性

以购物看样为名从商店营业员处得到商品后，不顾营业员喝止、追赶，公然携带商品逃离营业员的控制范围，应以抢夺论处。

17 上海市院关于本市执行《最高人民法院〈关于审理抢夺刑事案件具体应用法律若干问题的解释〉》若干问题的意见（2002年10月30日）

一、"飞车"行抢构成抢夺犯罪的，"数额较大"的起点为人民币八百元；"数额巨大"的起点为人民币八千元；"数额特别巨大"的起点为人民币五万元。

二、对于上述规定以外的抢夺行为，构成抢夺罪的，依照《刑法》第二百六十七条的规定处罚。"数额较大"的起点为人民币一千元；"数额巨大"的起点为人民币一万元；"数额特别巨大"的起点为人民币十万元。

18 浙江省公检法《关于抢劫、盗窃、诈骗、抢夺借据、欠条等借款凭证是否构成犯罪的意见》（2002年1月9日）

经研究认为，债务人以消灭债务为目的，抢劫、盗窃、诈骗、抢夺合法、有效的借据、欠条等借款凭证，并且该借款凭证是确认债权债务关系存在的唯一证明的，可以抢劫罪、盗窃罪、诈骗罪、抢夺罪论处。债务人以外的人在债务人的教唆之下实施或者帮助债务人实施抢劫、盗窃、诈骗、抢夺借据、欠条等借款凭证，并且明知债务人是为了消灭债务的，以抢劫罪、盗窃罪、诈骗罪、抢夺罪的共犯论处。

19 广东省公检法《关于办理抢劫、抢夺案件适用法律问题的意见》（2001年9月13日）（节录）

二、关于抢夺犯罪的定性根据刑法第二百六十七条的规定，抢夺罪是指以非法占有为目的，公然夺取数额较大的公私财物，但未使用暴力、胁迫或其他侵犯他人人身权利方法的行为。

抢夺公私财物"数额较大"、"数额巨大"、"数额特别巨大"的认定标准，参照《关于确定盗窃案件数额标准问题的通知》（粤高法〔1998〕11号）确定的盗窃罪数额较大、数额巨大、数额特别巨大的标准执行。

具有下列情形之一的，应视为刑法第二百六十七条规定的"有其他严重情节"：

（一）多次实施抢夺行为的；

（二）因抢夺致被害人伤亡或者精神失常的；

（三）抢夺孕妇、携带婴儿的妇女、残疾人、老年人或者丧失劳动能力人的财物的；

（四）胁迫、引诱、教唆未成年人或残疾人实施抢夺行为的；

(五) 造成其他重大损失的。

❷⓿ 福建省公检法《关于办理诈骗等案件掌握数额标准等问题的座谈会纪要》(2000年8月8日 闽高法〔2000〕148)(节录)

二、刑法第267条规定的抢夺罪,数额标准确定为:

抢夺公私财物价值一千元以上不满一万元的属"数额较大";

抢夺公私财物价值一万元以上不满五万元的属"数额巨大";

抢夺公私财物价值五万元以上的属"数额特别巨大"。

抢夺公私财物价值虽未达到"数额较大"起点,但具有下列情形之一的,可以追究刑事责任:1. 抢夺盲、聋、哑等残疾人、孤老或者丧失劳动力的财物的;2. 抢夺救灾、抢险、防汛、优抚、扶贫、移民、救济、医疗款物的;3. 多次抢夺的;4. 具有其他严重情节或者造成严重后果的。

❷❶《关于执行刑法若干问题的具体意见(试行)——99'上海法院刑庭庭长会议纪要》(1999年7月15日)(节录)

八、关于抢劫罪的法律适用问题:1. 刑法第267条第2款规定,携带凶器抢夺的,以抢劫罪论处。这里的"凶器"应当作严格的限制性解释,即通常指枪支、爆炸物、管制工具等明显可以用于杀伤人体的器械,以及常规用途不在于侵害人体亦有明显的杀伤力,并为行为人显然用作抢夺后盾的物件,如菜刀、木棒、铁棒等;其他用于日常生活的物件,如裤腰带、领带、茶杯等,尽管行为人用作抢夺后盾,仍以不认定为携带凶器为妥。

行为人携带凶器实施抢夺行为的,一般情况下都应依法认定抢劫罪。但在下列两种情况下,应当认定为抢夺罪:一是行为人没有显露凶器,根据抢夺当时的情况,行为人也不可能使用凶器的;(如凶器藏在带锁的拎包或密码箱中等)二是有确凿证据证实行为人所携带的器械并非用作抢夺的后盾,也未对被害人形成精神强制的(如瓜农在途中临时见财起意实施抢夺行为,虽然其随身带有刀具,但并未显露或打算使用该刀具的,等等)。

关联规范 ▶ 完全整理

❶《郭学周故意伤害、抢夺案》,载《刑事审判参考》2011年第2辑总第79辑,第18~26页。

核心提示 ➡ 实施故意伤害行为,被害人逃离后,行为人临时起意取走被害人遗留在现场的财物,如何定性?

❷《析金某敲诈勒索案》,载《刑事司法指南》2010年第2辑总第42辑,第211~219页。

核心提示 ➡ 抢夺后,行为人收取被害人主动提出的"赎金"后不予归还所抢财物的行为如何定性?

❸《王某抢夺案》,载《最新刑事法律文件解读》2010年第5辑总第59辑,第117~119页。

核心提示 ➡ 抢夺他人存折后索取密码取款是敲诈勒索罪还是抢夺罪?

❹《如何理解与认定携带凶器抢夺》，载《公检法办案指南》2007 年第 3 辑总第 87 辑，第 152~160 页。

❺《抢劫刑事案件疑难问题的实务解析》，载《刑事司法指南》2006 年第 1 辑总第 25 辑，第 1~48 页。

要旨➡抢劫罪与抢夺罪的界限：1. 关于"飞车抢夺"的定性；2. 关于"携带凶器抢夺"的定性。

❻《从一起个案看盗窃罪的既未遂及与相关罪的区别》，载《刑事审判参考》2005 年第 5 辑总第 46 辑，第 162~168 页。

要旨➡盗窃罪的秘密性与抢夺罪的公然性所针对的对象是相对于物主而言。

本案中，张某取得财物的方式是秘密窃取的，尽管当场即被回家的女主人发觉且质疑，但是该财物的控制权已发生转移，不存在再一次对同一物公然强行拿走的问题，因而也无抢夺罪构成的可能。值得注意的是，无论是秘密窃取还是公然夺取，其前提都是相对于物主对财物的实际控制权而言，至于夺的具体方式则可能是多种多样的。如长途客运司机在中午停下来吃午饭的时候，等所有乘客刚下车，就加大油门把装有乘客旅行包的车开走，构成的就可以是抢夺罪，因为乘客对车内的自有物具有控制权。同样道理，如果认为本案中电视机的控制权没有转移，则趁人半信半疑之际，强行抱走的行为，就可能是抢夺罪而非盗窃罪。

❼《从生活事实中发现法》，载《刑事审判要览》2004 年第 2 辑总第 8 辑，第 34~48 页。

要旨➡行为人在没有任何第三者可能看到的情况下抢夺被害人的财物。根据正义理念、刑法目的性与具体妥当性，法官会认为这种行为成立抢夺罪。法官必须取消抢夺中："乘人不备"的条件。尽管某法官办了 1000 起抢夺案件都是抢了就跑，没有一起例外，但他不能说"法律规定的抢夺必须是抢了就跑，不跑就不是抢夺"。

❽《侵犯财产罪的疑难问题》，载《刑事审判要览》2004 年第 1 辑总第 7 辑，第 14~42 页。

1. 如何认识侵犯财产罪的客体；2. 如何理解"以非法占有为目的"；3. 如何处理抢劫罪中的疑难问题；4. 如何认定"携带凶器抢夺"；5. 如何区分盗窃罪与诈骗罪；6. 如何解释侵占罪的客观要素；7. 如何区别盗窃罪与侵占罪。

❾《敲诈勒索系列案件的比较与分析》，载《刑事司法指南》2004 年第 4 辑总第 20 辑，第 61~82 页。

要旨➡1. 罪与非罪的认定；2. 敲诈勒索罪与抢劫罪区分；3. 敲诈勒索罪与抢夺罪区分；4. 敲诈勒索与绑架区分。

❿《王跃军、张晓勇抢劫、盗窃案》，载《刑事审判参考》2004 年第 6 辑总第 41 辑，第 20~29 页。

核心提示➡"飞车行抢"刑事案件如何定性？

要旨➡飞车行抢刑事案件的定性，应根据案件的实际情况，具体问题具体分析。1. 对于并未造成人员伤亡的案件,考虑到行为人主观心态的不确定性和客观上直接针对的是财物,如果行为人抢取财物数额较大的,应以抢夺罪论处;2. 对于造成被害人伤亡后果的案件,应结合行为人的作案手段、作案环境、作案对象等情况具体分析行为人的主观罪过,分别定性。如果行为人对于伤亡后果的主观罪过是故意(包括直接故意和间接故意),应以抢劫罪定罪处罚。如果行为人对于伤亡后果的主观罪过是过失,则分两种情况处理。在抢取财物达到数额较大标准时,致人轻伤的,认定为"其他严重情节",致人重伤或者死亡的,则认定为"其他特别严重情节",以抢夺罪定罪处罚。在抢取财物未达到"数额较大"标准时,我们认为,对于抢夺罪的情节加重犯,应该以抢夺数额达到"数额较大"的定罪处罚为前提,因此,如果仅仅过失造成了被害人轻伤以下的伤害,那么可以对行为人处以治安行政处罚,但难以定罪处罚。如果过失造成了被害人重伤或者死亡,可以过失致人重伤或者过失致人死亡罪定罪处罚。

⑪《李永新等抢劫、抢夺案》,载《经济犯罪审判指导与参考》,第 47 页。

核心提示 ➡ "飞车行抢"行为如何定性处罚?

⑫《奚林抢夺案》,载《经济犯罪审判指导与参考》2003 年第 1 辑总第 1 辑,第 67 页。

要旨 ➡ 以购物为名乘人不备公然夺取手机的行为构成抢夺罪。

⑬《飞车行抢致人死亡应如何定性》,载《经济犯罪审判指导》2003 年第 1 辑总第 1 辑,第 250~253 页。

⑭《刑法中的注意规定与法律拟制及其运用分析》,载《刑事司法指南》2003 年第 3 辑总第 15 辑,第 70~108 页。

要旨 ➡ 争议条文的分析。根据《刑法》第 267 条第 2 款,笔者认为,本规定属于法律拟制,而非注意规定。即只要行为人携带凶器抢夺的,就以抢劫罪论处,而不要求行为人使用暴力、胁迫或者其他方法。首先,虽然刑法同时规定了抢劫罪与抢夺罪,但对于这两个犯罪的区别,在理论上没有特别的争议,在实践上不存在难以分辨的现象,刑法完全没有必要设置注意规定。其次,刑法所规定的是"携带"凶器抢夺,携带凶器与使用凶器具有原则区别;易言之,携带凶器抢夺原本并不符合《刑法》第 263 条规定的抢劫罪的构成要件。如果没有《刑法》第 267 条第 2 款的规定,司法机关对携带凶器抢夺的行为,只能认定为抢夺罪。在这种情况下,刑法仍然规定对携带凶器抢夺的行为以抢劫罪论处,就说明本款属于法律拟制,而非注意规定。之所以设立该规定,是因为抢夺行为虽然是乘人不备夺取他人财物,但被害人当场就会发现被抢夺的事实(否则便属于盗窃),而且在通常情况下会要求行为人返还自己的财物;而行为人携带凶器抢夺的行为,客观上为自己抗拒抓捕、窝藏赃物创造了便利条件,再加上行为人主观上具有使用凶器的意识,使用凶器的盖然性非常高,从而导致其行为的危害程度与抢劫罪没有实质区别。联系盗窃罪来考虑,也能说明这一点。刑法修订草案曾规定,对于携带凶器盗窃的,以抢劫罪论处。但这一方案遭到了反对并被删除。因为即使行为人携带凶器盗窃,甚至具有及时使用凶器的意识,但由于盗窃行为通常是秘密的,较少遭受被害人的反抗,较少面临被害人夺回财物的状态,故使用凶器的可能性小。既然如此,将携带凶器盗窃的行为认定为抢劫罪就不具有合理性,可见，主观上具有使用凶器的意识，客观上使用凶器的盖然性高，因而导致携带凶器抢夺的行为与抢劫罪的危害程度没有明显差异。但是，携带凶器抢夺的行为，并不符合《刑法》第263条所规定的抢劫罪的构成要件，故需要设置第267条第2款的规定。再者，这种规定可以解决一些疑难问题。例如，行为人为了抢劫而携带凶器，但在现场只实施了抢夺行为，这一规定便解决了上述问题。

由于《刑法》第267条第2款属于法律拟制，故只能按照"携带凶器抢夺"的文字表述解释其含义，确定其构成要件，而不能按照抢劫罪的规定解决该款规定的内容。

所谓携带，是指在从事日常生活的住宅或者居室以外的场所，将某种物品带在身上或者置于身边附近，将其置于现实的支配之下的行为。携带是持有的一种表现形式。持有只要求是一种事实上的支配，而不要求行为人可以时时刻刻地现实上予以支配；携带则是一种现实上的支配，行为人随时可以使用自己所携带的物品。手持凶器、怀中藏着的凶器、将凶器置于衣服口袋、将凶器置于随身的手提包等容器中的行为无疑属于携带凶器。此外，使随从者实施这些行为的，也属于携带凶器。例如，甲使乙手持凶器与自己同行，即使由甲亲手抢夺丙的财物，也应认定为甲的行为是携带凶器抢夺（以乙在现场为前提，但不以乙与甲具有共同故意为前提）。携带行为通常可能出现两种情况：一是行为人事先准备好了凶器，出门后一直携带，然后伺机抢夺；二是行为人在抢夺之前于现场或现场附近获得凶器（如捡起路边的铁棒等），然后乘机抢夺。

本文认为，携带凶器应具有随时可能使用或当场能够及时使用的特点，即具有随时使用的可能性。但是，不要求行为人显示凶器（将凶器暴露在身体外部），也不要求行为人向被害人暗示自己携带着凶器。因为从用语来看，携带（物品）一词并不具有显示、暗示物品的含义；从构成要件符合性方面来看，显示或暗示自己携带凶器进行抢夺的行为，本身"可能"完全符合普通抢劫罪的构成要件；从实质上看，这种行为比（编者注：未携带凶器）扬言进行暴力威胁的抢劫行为，在危害程度上有过之而无不及。如果将携带凶器抢夺限定为必须显示或者暗示自己携带着凶器而抢夺，《刑法》第267条第2款就丧失了法律拟制的意义。再者，抢夺行为表现为乘人不备而夺取财物，既然是"乘人不备"，通常也就没有显示或者暗示凶器的现象。基于同样的理由，携带凶器更不要求行为人使用所携带的凶器。如果行为人使用所携带的凶器强取他人财物，则完全符合抢劫罪的构成要件，应直接适用《刑法》第263条的规定；行为人在携带凶器而又没有使用凶器的情况下抢夺他人财物的，才应适用第267条第2款的规定。所谓没有使用凶器，应包括两种情况：一是没有针对被害人使用凶器实施暴力；二是没有使用凶器进行胁迫。如果行为人携带凶器并直接针对财物使用凶器进而抢夺的，则仍应适用《刑法》第267条第2款。例如，行为人携带管制刀具尾随他人，乘他人不注意时，使用管制刀具将他人背着的背包带割断，取得他人背包及其中财物的，应适用《刑法》第267条第2款，而不能直接适用《刑法》第263条的规定。

携带凶器也是一种主客观统一的行为。由于性质上的凶器属于违禁品，故携带者通常具有使用的意识，不会产生认定上的困难。而用法上的凶器是可能用于杀伤他人的物品，如果行为人已经使用所携带的菜刀、铁棒、石块等杀伤他人或者威胁他人，这些物品肯定属于凶器。但如上所述，在携带凶器抢夺的场合，行为人并没有使用所携带的物品；要认定行为人所携带的物品属于凶器，还得从主观方面加以认定，即要求行为人具有准备使用的意识。准备使用的意识应当包括两种情况：一是行为人在抢夺前为了使用而携带该物品。二是行为人出于其他目的携带可能用于杀伤他人的物品，在现场意识到自己所携带的凶器进而实施抢夺行为。反之，如果行为人并不是为了违法犯罪而携带某种物品，实施抢夺时也没有准备使用的意识，则不宜适用《刑法》第267条第2款。

⑮《亢红昌抢夺案》，载《刑事审判参考》2002年第5辑总第28辑，第43~46页。
要旨 ➡ 无故殴打他人后临时起意乘机夺财的行为构成抢夺罪。

⑯《邹代明抢劫案》，载《刑事审判参考》2002年第1辑总第24辑，第62~66页。
核心提示 ➡ 设置机关将他人禁闭起来以得逞劫财目的的行为如何定性？
要旨 ➡ 被害人未失去夺回自己财物的能力，但因身处机关中无法抗拒，因此不是抢夺。

⑰《何起明诈骗案》，载《刑事审判参考》2001年第12辑总第23辑，第27~34页。
核心提示 ➡ 抢走财物后哄骗被害人不追赶的行为如何定性？
要旨 ➡ 抢夺虽已经完成，但被害人未呼喊、追赶、报警是因为被告人虚构事实，被害人丧失财物是因其受骗上当而自愿交出。

第268条 聚众哄抢罪

聚众哄抢公私财物，数额较大或者有其他严重情节的，对首要分子和积极参加的，处三年以下有期徒刑、拘役或者管制，并处罚金；数额巨大或者有其他特别严重情节的，处三年以上十年以下有期徒刑，并处罚金。

关 联 规 范 ➡ 完全整理

❶ 最高人民法院《关于审理破坏森林资源刑事案件具体应用法律若干问题的解释》（2000年12月11日 法释〔2000〕36号）（节录）①

第十四条 聚众哄抢林木五立方米以上的，属于聚众哄抢"数额较大"；聚众哄抢林木二十立方米以上的，属于聚众哄抢"数额巨大"，对首要分子和积极参加者依照刑法第二百六十八条的规定，定罪处罚。

❷ 厦门市人民检察院《征地拆迁过程中可能涉及的主要刑事犯罪法律适用及参考证据规格》（2005年7月 检察业务〔2005〕004号）（节录）

《朱孝清在全国检察机关第二次侦查监督工作会议上的讲话》指出："……群体性事件往往参与者的合理诉求与不合法的手段交织，多数人的合理诉求与少数人的无理取闹交织，群众的自发行为与别有用心的插手、利用交织，一般性的聚集活动与极少数坏人打、砸、抢等暴力活动交织，问题十分复杂。必须正确区分两类不同性质的矛盾，坚持分化、瓦解

---

① 对其解读见：《刑事审判参考》2001年第3辑总第14辑，第55~59页。

和打击少数、教育团结多数的原则。对极少数插手群体性事件，策划、组织、指挥闹事的故对分子，以及借机打砸抢的犯罪分子，要适时依法严厉打击；对一般参与者，要立足于教育，不要轻易逮捕。……"

九、聚众哄抢罪：罪名说明：聚众哄抢罪，是指以非法占有为目的，聚集多人，哄抢滋扰，公然抢走公私财物，数额较大或者情节严重的行为。

"其他严重情节"，通常是指参与哄抢人数较多；哄抢数额不大，但次数较多的；社会影响很坏；等等。

关于本罪的重罪情节：本罪的重罪情节包括两种情况，一是"数额巨大"。二是有"其他特别严重情节"。"其他特别严重情节"，根据司法实践的经验，可以理解为下列之一的情形：（1）哄抢重要军事物资的；（2）哄抢抢险、救灾、救济、优抚等特定物资，造成严重后果的；（3）哄抢珍贵出土文物的；（4）由于哄抢行为造成大中型企业停产、停业的；（5）哄抢导致被害人精神失常、自杀的；（6）造成其他重大损失的。

司法实践中应注意的问题：司法实践中要注意区分本罪与抢夺罪的界限。两罪在主观方面均是以非法占有为目的，在客观方面都是采取非暴力的公然抢夺行为，有许多相似之处。两者的主要区别表现在：一是行为表现不同。本罪主要表现为"聚众"和"哄抢"上，一哄而上，以哄促抢；抢夺罪主要表现为公然夺取，一夺就跑。二是承担刑事责任的主体不同。本罪承担刑事责任的不是所有参加哄抢的人，只限于聚众哄抢的首要分子和积极参加者，而抢夺罪承担刑事责任的主体没有限制，凡是参与犯罪活动的人都应依法追究刑事责任。

❸ 福建公检法《关于办理诈骗等案件掌握数额标准等问题的座谈会纪要》（2000年8月8日　闽高法〔2000〕148号）（节录）

三、刑法第268条规定的聚众哄抢罪，数额标准确定为：

聚众哄抢财物价值一万元以上不满五万元的属"数额较大"；

聚众哄抢财物价值五万元以上的属"数额巨大"。

聚众哄抢财物价值虽未达到"数额较大"起点，但具有下列情形之一的，可以追究刑事责任：1. 聚众哄抢救灾、抢险、防汛、优抚、扶贫、移民、救济、医疗款物的；2. 多次聚众哄抢财物的；3. 具有其他恶劣情节或者造成严重后果的。

学理观点·典型案例 ➡ **索引与要旨**

《江世田等妨害公务案》，载《刑事审判参考》2002年第5辑总第28辑，第53～58页。

核心提示 ➡ 聚众以暴力手段抢回被依法查扣的制假设备应如何定罪？

要旨 ➡ 1. 本案构成妨害公务罪。2. 本案不构成抢劫罪或聚众哄抢罪。其一，判断职务行为是否执行完毕，应根据职务行为的具体执行状况和内容，从整体上把握，而不宜将具有一体性和连续性的公务执行活动分割开来判断。本案中，联合打假队从查扣设备到案发时的返回途中，应视为执行职务过程中，非执行完毕。被告人从得知制假设备被查扣到聚众中途拦截执行公务车辆夺回制假设备，其目的直接指向于对抗打假执法的公务活动。

其二，联合打假队依法查扣被告人的制假设备，是一种执法强制措施，被告人的行为是对抗执法强制措施，不是为了"不法占有公私财产"。其三，被告人欲强行夺回的制假设备，是犯罪工具，虽属不法财产，但毕竟为被告人自有。抢回自有财产与强占他人所有或公有财物显然不同，被告人不具有非法占有目的。

第 269 条　抢劫罪

犯盗窃、诈骗、抢夺罪，为窝藏赃物、抗拒抓捕或者毁灭罪证而当场使用暴力或者以暴力相威胁的，依照本法第二百六十三条的规定定罪处罚。

关 联 规 范　　完全整理

❶ 《中华人民共和国刑法》（1980 年 1 月 1 日）第 263 条　抢劫罪

以暴力、胁迫或者其他方法抢劫公私财物的，处三年以上十年以下有期徒刑，并处罚金；有下列情形之一的，处十年以上有期徒刑、无期徒刑或者死刑，并处罚金或者没收财产：

（一）入户抢劫的；

（二）在公共交通工具上抢劫的；

（三）抢劫银行或者其他金融机构的；

（四）多次抢劫或者抢劫数额巨大的；

（五）抢劫致人重伤、死亡的；

（六）冒充军警人员抢劫的；

（七）持枪抢劫的；

（八）抢劫军用物资或者抢险、救灾、救济物资的。

❷ 最高人民法院《关于审理未成年人刑事案件具体应用法律若干问题的解释》（2006 年 1 月 23 日　法释〔2006〕1 号）（节录）①

第十条　已满十四周岁不满十六周岁的人盗窃、诈骗、抢夺他人财物，为窝藏赃物、抗拒抓捕或者毁灭罪证，当场使用暴力，故意伤害致人重伤或者死亡，或者故意杀人的，应当分别以故意伤害罪或者故意杀人罪处罚。

已满十六周岁不满十八周岁的人犯盗窃、诈骗、抢夺罪，为窝藏赃物、抗拒抓捕或者毁灭罪证而当场使用暴力或者以暴力相威胁的，应当依照刑法第二百六十九条的规定定罪处罚；情节轻微的，可以不以抢劫罪定罪处罚。

❸ 最高人民法院《关于审理抢劫、抢夺刑事案件适用法律若干问题的意见》（2005 年 6 月 8 日　法发〔2005〕8 号）（节录）②

---

① 对其解读见：《刑事审判参考》2006 年第 1 辑总第 48 辑，第 87～91 页以及 2006 年第 2 辑总第 49 辑，第 61～77 页。

② 对其解读见：《刑事审判参考》2005 年第 1 辑总第 42 辑，第 93～98 页以及 2005 年第 2 辑总第 43 辑，第 71～92 页。

五、行为人实施盗窃、诈骗、抢夺行为，未达到"数额较大"，为窝藏赃物、抗拒抓捕或者毁灭罪证当场使用暴力或者以暴力相威胁，情节较轻、危害不大的，一般不以犯罪论处；但具有下列情节之一的，可依照刑法第二百六十九条的规定，以抢劫罪定罪处罚：

（1）盗窃、诈骗、抢夺接近"数额较大"标准的；

（2）入户或在公共交通工具上盗窃、诈骗、抢夺后在户外或交通工具外实施上述行为的；

（3）使用暴力致人轻微伤以上后果的；

（4）使用凶器或以凶器相威胁的；

（5）具有其他严重情节的。

❹《全国部分法院经济犯罪案件审判工作座谈会研讨综述——"经济犯罪案件中的法律适用问题"》（2004年11月27日）（节录）[①]

（三）关于"转化抢劫"的认定

关于"转化抢劫"的认定，与会代表一致认为：行为人实施盗窃、诈骗、抢夺行为，未达到"数额较大"的标准，为窝藏赃物、抗拒抓捕或者毁灭罪证当场使用暴力或者以暴力相威胁，情节较轻、危害不大的，一般不以犯罪论处。但转化型抢劫犯罪的构成并不以其前期行为构成犯罪为必要要件，即使盗窃、诈骗、抢夺行为未达"数额较大"标准，只要符合特定的条件，使得行为的社会危害性程度增加，足以纳入刑法评价的范围，即可认定为犯罪，刑法理论和实务界对此已经达成共识。这些特定条件如：（1）盗窃、诈骗、抢夺接近"数额较大"标准；（2）使用暴力致人轻微伤以上后果的；（3）使用凶器或以凶器相威胁，等等。

与会代表重点围绕下列问题展开了激烈的讨论。即行为人"入户"或"在公共交通工具上"实施盗窃、诈骗、抢夺行为，尚未构成犯罪，为窝藏赃物、抗拒抓捕或者毁灭罪证当场使用暴力或者以暴力相威胁的，情节较轻、危害不大的，应当如何处罚？

一种意见认为，上述情形已经构成"入户抢劫"或"在公共交通工具上抢劫"，无论行为人实施的盗窃、诈骗、抢夺行为是否构成犯罪，依法一律判处十年以上有期徒刑、无期徒刑或者死刑，并处罚金或者没收财产。

另一种意见对此表示异议，认为上述情形只需按照符合基本犯罪构成的基准型抢劫罪处理即可，不应认定为抢劫罪的情节加重犯。主要基于三个方面的理由：一是有悖"罪刑相适应原则"。上述行为的社会危害性程度与普通抢劫罪相当，判处十年以上有期徒刑、无期徒刑或者死刑，并处罚金或者没收财产，量刑畸重。二是违反"禁止重复评价"原则。行为人的前期行为尚未构成犯罪，其窝藏赃物、抗拒抓捕或者毁灭罪证当场使用暴力或者以暴力相威胁，情节较轻、危害也不大，其实施的整体行为原本不必进行犯罪评价，但由于行为发生地点的特殊性增加了其行为的社会危害性程度，所以最终导致刑法的适用，可见上述两个地点要素是作为定罪情节使用的，正如抢劫信用卡数额巨大但未实际使用、消费，或者实际使用、消费的数额未达巨大标准，不适用"抢劫数额巨大"的法定刑一

[①] 对其解读见：《刑事审判参考》2004年第6辑总第41辑，第146~168页。

样,"数额巨大"实质也是作为定罪情节使用的。如果对于行为人的行为不仅进行犯罪评价,而且按照抢劫罪情节加重犯处理,实质而论,上述两个地点要素则不适当地同时充当了定罪情节和加重构成情节的角色,违反了"禁止重复评价"原则,不适当地加重了被告人的刑罚负担。三是不符合情节加重犯的理论构成。情节加重犯一般是指某罪的罪行达到情节严重或在基准程度罪的基础上具备某些严重情节,从而使造成的客观损失和表现出的主观恶性超出基准程度罪,并因此依法适用加重程度罪刑单位的犯罪形态。据此,某具体危害事实如果只具备情节严重或是严重情节的特殊规定,而不具有该罪的规定性,该具体危害事实不能成立情节加重犯,跨越基准量刑单位而直接适用加重程度量刑单位是不适当的。

5 最高人民检察院研究室《关于相对刑事责任年龄的人承担刑事责任范围有关问题的答复》(2003年4月18日 〔2003〕高检研发第13号)(节录)

二、相对刑事责任年龄的人实施了刑法第二百六十九条规定的行为的,应当依照刑法第二百六十三条的规定,以抢劫罪追究刑事责任。但对情节显著轻微,危害不大的,可根据刑法第十三条的规定,不予追究刑事责任。

6 最高人民法院《关于审理抢劫案件具体应用法律若干问题的解释》(2000年11月28日 法释〔2000〕35号)(节录)①

第一条第二款 对于入户盗窃,因被发现而当场使用暴力或者以暴力相威胁的行为,应当认定为入户抢劫。

7 厦门市中级人民法院《未成年人刑事案件审判工作细则》(2008年1月4日 厦中法发〔2008〕1号)(节录)

第三十六条 已满十四周岁不满十六周岁的人盗窃、诈骗、抢夺他人财物,为窝藏赃物、抗拒抓捕或者毁灭罪证,当场使用暴力,故意伤害致人重伤或者死亡,或者故意杀人的,不论何种情况,均不适用刑法第二百六十九条规定转化为抢劫罪。

已满十四周岁不满十六周岁的人盗窃、诈骗、抢夺他人财物,为窝藏赃物、抗拒抓捕或者毁灭罪证,使用暴力、威胁行为致人重伤或死亡,或者故意杀人的,应分别以故意伤害罪或者故意杀人罪定罪处罚。

已满十四周岁不满十六周岁的人盗窃、诈骗、抢夺他人财物,为窝藏赃物、抗拒抓捕或者毁灭罪证,使用暴力、威胁行为致人轻伤以下的,不构成犯罪。

8 浙江省高级人民法院刑二庭《全省法院经济犯罪疑难问题研讨会纪要(二)》(2006年6月29日 浙高法刑二〔2006〕1号)(节录)

十一、转化型抢劫中不同年龄段行为人的定罪

《最高人民法院关于审理未成年人犯罪案件具体应用法律若干问题的解释》第十条第一款规定,已满十四周岁不满十六周岁的人盗窃、诈骗、抢夺他人财物,为窝藏赃物、抗拒抓捕或者毁灭罪证,当场使用暴力,故意伤害致人重伤或者死亡,或者故意杀人的,应

---

① 对其解读见:《刑事审判参考》2001年第1辑总第12辑,第39~40,83~85页。

当分别以故意伤害罪或者故意杀人罪定罪处罚。已满十六周岁的人与已满十四周岁不满十六周岁的人共同实施这种行为的，对已满十六周岁的人的行为以转化型抢劫定罪处罚。

❾ 广东省公检法《关于办理抢劫、抢夺案件适用法律问题的意见》（2001年9月13日）（节录）

三、办理"双抢"案件应注意的问题：

（一）在办理"双抢"案件时，遇到下列情况之一的，一般应当依法定罪处罚。

（三）犯罪嫌疑人在实施盗窃、诈骗、抢夺行为过程中，为窝藏赃物、抗拒抓捕或毁灭证据而当场使用暴力或者以暴力相威胁，不论其行为既遂未遂、所得财物数额大小，均应依照刑法第二百六十九条的规定，以抢劫罪论处。

❿ 《关于执行刑法若干问题的具体意见（试行）——99'上海法院刑庭庭长会议纪要》（1999年7月15日）（节录）

八、关于抢劫罪的法律适用问题

3. 对于入室盗窃被发现后，用力挣脱、抗拒户主的抓捕没有给户主造成人身伤害的或仅以轻微暴力相威胁抗拒抓捕的，或者在逃离住户后对户主或抓捕者实施暴力的，不应认定为"入户"抢劫。

学理观点·典型案例　➡ 索引与要旨

❶《陈万学抢劫、刘永等人盗窃案》，载《刑事审判参考》2011年第6辑总第83辑，第42~48页。

核心提示 ➡ 共同盗窃犯罪中转化型抢劫罪的认定

❷《杨飞飞、徐某抢劫案》，载《刑事审判参考》2011年第2辑总第79辑，第55~59页。

核心提示 ➡ 转化型抢劫犯罪是否存在未遂？

❸《事后抢劫的共犯》，载《刑事司法指南》2011年第2辑总第46辑，第1~27页。

❹《刘兴明等抢劫、盗窃案》，载《刑事审判参考》2010年第6辑总第77辑，第59~64页。

核心提示 ➡ 盗窃后持枪抗拒抓捕的行为能否认定为"持枪抢劫"？

❺《抢夺他人少量财物后，为抗拒民警抓捕而抢夺枪支的行为应如何认定？疑案征求意见》，载《刑事审判参考》2010年第5辑总第76辑，第183~188页。

❻《龚文彬等抢劫、贩卖毒品案》，载《刑事审判参考》2009年第5辑总第70辑，第46~53页。

核心提示 ➡ 诈骗未得逞后以暴力手段取得财物的如何定性？从行为人的主观方面区别转化型抢劫罪与抢劫罪？

要旨 ➡ 为保护抢劫得来的财物而当场对被害人实施暴力的，无须单独认定为故意伤害或故意杀人罪。

第二编 分则 第五章 侵犯财产罪

❼《杨辉、石磊等破坏电力设备案》，载《刑事审判参考》2009年第5辑总第70辑，第1~10页。

要旨 ➡ 盗窃电力设备过程中，以暴力手段控制无抓捕意图的过往群众的不构成抢劫罪。盗窃电力设备过程中，为抗拒抓捕而当场使用暴力或者以暴力相威胁的，可以转化为抢劫罪。

❽《谷贵成抢劫案》，载《刑事审判参考》2007年第3辑总第56辑，第15~23页。

核心提示 ➡ 如何把握转化抢劫犯罪既遂未遂的区分标准？

要旨 ➡ 1. 转化抢劫同样存在未遂状态。2. 认定转化抢劫既未遂的标准应当与一般抢劫既未遂的标准相同，即以是否抢得财物或造成他人轻伤以上伤害后果为准。

❾《转化型抢劫罪构成要件解析》，载《刑事司法指南》2006年第3辑总第27辑，第59~88页。

❿《浅析"转化型"抢劫罪的转化条件》，载《最新刑事法律文件解读》2006年第7辑总第19辑，第133~137页。

要旨 ➡ "当场"一是指实施盗窃、诈骗、抢夺行为的现场，二是指在盗窃、诈骗、抢夺行为现场或刚一离开该现场就被人及时发觉而立即追捕过程中的场所，也就是犯罪现场的延伸，这里的延伸从时间上是在追捕过程中，不应中断。

"使用暴力或者以暴力相威胁"，是指犯罪分子对抓捕他的人实施足以危及身体健康或者生命安全的行为，或者以将要实施这种行为相威胁。暴力、威胁的程度，应当以抓捕人不敢或者不能抓捕为条件。如果没有伤害的意图，只是为了摆脱抓捕，而推推撞撞，可以不认为是使用暴力。

⓫《在学生公寓盗窃过程中当场实施暴力抗拒抓捕的行为如何认定》，载《公检法办案指南》2006年第10辑总第82辑，第173~179页。

核心提示 ➡ 转化型抢劫罪既、未遂形态的认定应和普通抢劫罪形态的认定标准一致

⓬《抢劫刑事案件疑难问题的实务解析》，载《刑事司法指南》2006年第1辑总第25辑，第1~48页。

要旨 ➡ 关于转化型抢劫的认定：1. 转化型抢劫的数额问题；2. 转化型抢劫与抢劫罪加重情节的适用问题；3. 转化型抢劫的刑事责任问题；4. 转化型抢劫的犯罪对象问题。

⓭《穆文军在列车上盗窃抗拒抓捕案》，载《最新刑事法律文件解读》2005年第10辑总第10辑，第116~121页。

要旨 ➡ 盗窃未遂后为抗拒抓捕而当场使用暴力构成抢劫罪既遂。

⓮《穆文军抢劫案》，载《刑事审判参考》2004年第6辑总第41辑，第14~19页。

要旨 ➡ 在盗窃过程中使用暴力的直接适用刑法第263条以抢劫罪定罪处罚。

⓯《穆文军抢劫案》，载《刑事审判参考》2004年第6辑总第41辑，第8~13页。

核心提示 ➡ 盗窃未遂为抗拒抓捕而当场使用暴力能否构成抢劫罪？在公共交通工具上盗窃未遂的情况下，为抗拒抓捕当场使用暴力，是否应当认定为"在公共交通工具上抢劫"？

要旨 ➡ 只要行为人在实施盗窃行为过程中,为窝藏赃物、抗拒抓捕或者毁灭罪证而当场使用暴力或者以暴力相威胁的,就应当以抢劫罪定罪处罚,盗窃是否既遂不影响抢劫罪的成立。

⑯《贺喜民抢劫案》,载《刑事审判参考》2004 年第 3 辑总第 38 辑,第 116~121 页。

核心提示 ➡ 盗窃后离开现场后的过程中使用暴力是否视为"当场"?转化型抢劫罪之"当场"使用暴力,应如何理解和把握?

要旨 ➡ 即便是已离开犯盗窃等罪的现场,只要其后的暴力或以暴力相威胁行为是在相隔短暂的时空范围内实施的,只要一般的社会观念认为行为人先前的盗窃等行为在该时空范围内仍处于继续状态,则也应认定行为人的行为符合转化型抢劫罪的"当场"要件。

⑰《冯伟、张同方抢劫案》,载《经济犯罪审判指导》2004 年第 3 辑总第 3 辑。

要旨 ➡ 事先提供凶器给同伙,同伙实施盗窃时抗拒抓捕而行凶,行为人虽未直接实施暴力也可构成共同抢劫。

⑱《转化型抢劫罪的定罪与量刑》,载《刑事审判要览》2004 年第 4 辑总第 10 辑,第 146~148 页。

要旨 ➡ 1. 转化型抢劫罪的转化条件是定罪量刑的关键;2. 转化型抢劫罪因加重情节能否导致法定刑升格;3. 情节加重犯是否存在犯罪既遂、未遂的问题。

⑲《张某某抢劫、李某某盗窃案》,载《刑事审判参考》2003 年第 3 辑总第 32 辑,第 34~38 页。

核心提示 ➡ 盗窃共犯中部分共犯因抗拒抓捕当场实施暴力转化为抢劫,其他共犯是否也转化?

要旨 ➡ 对部分未当场使用暴力或威胁的,要看其是否同意其他共犯的行为;如同意,则转化,如不同意,则不转;本案,李某某未使用暴力及暴力相威胁,也没有对张某使用暴力表示认同的意思表示,不具备共同犯罪的要件,故不转化。

⑳《刑法中的注意规定与法律拟制及其运用分析》,载《刑事司法指南》2003 年第 3 辑总第 15 辑,第 70~108 页。

要旨 ➡ 注意规定与法律拟制的区分意义与区分方法;区分注意规定与法律拟制的基本意义,在于明确该规定是否修正或补充了相关规定或基本规定,是否导致将不同的行为等同视之。换言之,将某种规定视为法律拟制还是注意规定,会导致适用条件的不同,因而形成不同的认定结论。

注意规定常常只具有提示性,或者虽有具体内容但没有在基本规定之外增添特殊内容;而法律拟制则增添了特殊内容。例如,《刑法》第 184 条第 1 款,该规定虽有具体内容,但并未在《刑法》第 163 条规定的内容之外增添任何特殊内容,也属于注意规定。相反,《刑法》第 267 条第 2 款、第 269 条、第 289 条,都在《刑法》第 263 条所规定的抢劫罪的罪状之外增添了特殊内容,使原本不符合抢劫罪构成要件的行为也成立抢劫罪,因而属于法律拟制。

㉑《姜金福抢劫案》,载《刑事审判参考》2002年第5辑总第28辑,第47~52页。

要旨 ➡ 不满16周岁的人犯抢夺罪为抗拒抓捕当场实施暴力致人轻伤的应以转化型抢劫罪处理。

㉒《在公共交通工具上犯诈骗罪后为抗拒扭送当场实施暴力的行为如何定罪处罚》,载《刑事审判参考》2002年第1辑总第24辑,第194~197页。

要旨 ➡ 诈骗3000余元后拒捕。司法解释规定"入户盗窃,因被发现而当场使用暴力或者以暴力相威胁的行为,应当认定为入户抢劫",那么,在公共交通工具上盗窃或诈骗,因被发现而当场使用暴力或者以暴力相威胁的行为,依同理,亦应认定为"在公共交通工具上抢劫"。

㉓《实行过限、转化犯的司法认定及处理》,载《刑事审判参考》2001年第11辑总第22辑,第75~79页。

要旨 ➡ 转化犯是指行为人在实施某一较轻的犯罪时,由于连带的行为又触犯另一较重的犯罪,依法仅以较重的犯罪论处的情形。转化犯存在两个行为,涉及两种犯罪,似乎构成两罪,但法律规定仅以转化的重罪定罪处罚。

㉔《王彬故意杀人案》,载《刑事审判参考》2001年第5辑总第16辑,第18~21页。

核心提示 ➡ 对在盗取自己被公安机关依法查扣的机动车辆的过程中致人伤亡的行为应如何定性?

要旨 ➡ 被告人主观上不具有非法占有的目的,客观上未实施盗窃、诈骗、抢夺行为,其行为也就不存在转化为抢劫的问题。

㉕《王国清等抢劫、故意伤害、盗窃案》,载《刑事审判参考》2001年第2辑总第13辑,第15~23页。

核心提示 ➡ 转化型抢劫罪的法律适用

第270条 侵占罪

将代为保管的他人财物非法占为己有,数额较大,拒不退还的,处二年以下有期徒刑、拘役或者罚金;数额巨大或者有其他严重情节的,处二年以上五年以下有期徒刑,并处罚金。

将他人的遗忘物或者埋藏物非法占为己有,数额较大,拒不交出的,依照前款的规定处罚。

本条罪,告诉的才处理。

关联规范 ➡ 完全整理

❶ 最高人民法院《关于贯彻宽严相济刑事政策的若干意见》(2010年2月8日 法

发〔2010〕9号）（节录）①

40. 对于刑事自诉案件，要尽可能多做化解矛盾的调解工作，促进双方自行和解。对于经过司法机关做工作，被告人认罪悔过，愿意赔偿被害人损失，取得被害人谅解，从而达成和解协议的，可以由自诉人撤回起诉，或者对被告人依法从轻或免予刑事处罚。对于可公诉、也可自诉的刑事案件，检察机关提起公诉的，人民法院应当依法进行审理，依法定罪处罚。对民间纠纷引发的轻伤害等轻微刑事案件，诉至法院后当事人自行和解的，应当予以准许并记录在案。人民法院也可以在不违反法律规定的前提下，对此类案件尝试做一些促进和解的工作。

❷ 最高人民法院、最高人民检察院、公安部、工商局《关于依法查处盗窃、抢劫机动车案件的规定》（1998年5月8日　公通字〔1998〕31号）（节录）②

十八、本规定自公布之日起执行。对侵占、抢夺、诈骗机动车案件的查处参照本规定的原则办理。本规定公布后尚未办结的案件，适用本规定。

❸ 福建省公检法《联席会议纪要》（2010年3月26日　闽检会〔2010〕2号）（节录）

七、关于公诉案件转为自诉案件的流程规范问题。法院经审理认为，公诉案件应适用自诉案件程序处理的，应及时协调检察机关撤回起诉，若有分歧意见应提请上一级机关协商确认。检察机关撤回起诉的案件，应退回侦查机关撤案并告知被害人提起自诉的权利。

❹ 浙江省高级人民法院刑二庭《全省法院经济犯罪疑难问题研讨会纪要（二）》（2006年6月29日　浙高法刑二〔2006〕1号）（节录）

摘要：九、将代为保管的他人财物私自出卖行为的定性

行为人代为保管他人财物，后将财物私自出卖，可推定其拒不退还，可以侵占罪追究行为人的刑事责任。但是，行为人出卖财物的行为构成其他犯罪的，应以较重的犯罪追究其刑事责任，不应数罪并罚。

❺ 福建公检法《关于办理诈骗等案件掌握数额标准等问题的座谈会纪要》（2000年8月8日　闽高法〔2000〕148号）（节录）

四、刑法第270条规定的侵占财物罪，数额标准确定为：侵占财物价值一万元以上不满五万元的属"数额较大"；侵占财物价值五万元以上的属"数额巨大"。

❻《关于执行刑法若干问题的具体意见（试行）——99'上海法院刑庭庭长会议纪要》（1999年7月15日）（节录）

七、关于侵占罪的认定问题

侵占罪的行为特征主要有三个：①以合法持有他人财物为前提，具体包括两种情形：一是受托代管他人财物；二是拾得或挖掘出他人的遗忘物或埋藏物而持有；②非法占有他人财物；主要表现为两种情况：一是实施处分行为；二是采用欺骗手段变更持有为所有关

---

① 对其解读见：《刑事法律文件解读》2010年第3辑总第57辑，第49~65页。
② 对其解读见：《解读最高人民检察院司法解释》，第343~347页。

系；③在法院立案前经权利人要求而拒不退还；或经有关国家机关要求而拒不交出；据此：

1. 日常生活中发生的个体承运人在没有货主押运或跟车的场合于运输途中将托运物品部分或全部变卖、侵吞的行为，以前通常以盗窃定罪，现在应当认定侵占罪。

2. 如果行为人拾得他人遗忘的有效金融凭证或提货单证、能够随时提取现金或财物（即见票即付、付款人或发货人无须审查持票人的身份真伪）的，其提取行为应视为侵占罪中的非法占有行为，若行为人进一步实施了拒不交出行为的，应当认定侵占罪；如果行为人拾得的不是能够随时支取财物的有效票证，而是进一步借助假冒、伪造等欺骗手段使付款人或发货人受骗上当才提取财物的，则应当以相应的诈骗犯罪论处。

3. 侵占罪的犯罪对象通常是公民的私有财物；但是在公民携带、保管中的国有、单位财物也可以成为本罪的犯罪对象。

学理观点·典型案例 ——> 索引与要旨

❶《杨飞侵占案》，载《刑事审判参考》2009年第5辑总第70辑，第60~65页。
核心提示➡如何理解和认定侵占罪中的"代为保管他人财物"？

❷《刘珍水侵占案》，载《刑事审判参考》2009年第4辑总第69辑，第72~78页。
要旨➡涉众型刑事自诉案件可以进行合并审理。

❸《姚乃君等非法行医案》，载《刑事审判参考》2009年第3辑总第68辑，第48~53页。
要旨➡对罪证不足的刑事附带民事自诉案件可不经开庭审理直接驳回起诉。

❹《李富盗窃案》，载《刑事审判参考》2009年第3辑总第68辑，第26~33页。
核心提示➡开庭审理后发现检察机关起诉的案件系自诉案件的应当如何处理？
要旨➡错拿他人货物拒不退还，构成侵占罪。

❺《"非法占有目的的产生时间"之概念在刑事审判中的应用》，载《刑事法律文件解读》2009年第11辑总第53辑，第96~105页。

❻《论盗窃罪、侵占罪、诈骗罪之间的关系》，载《刑事司法指南》2009年第1辑总第37辑，第1~40页。

❼《刑事法律文件解读》2007年第6辑总第30辑，第290~291页。
核心提示➡拾得寄存牌取走行李如何定性？

❽《刘某是否系"代为保管他人财物者"兼谈侵占与盗窃的界限》，载《公检法办案指南》2006年第9辑总第81辑，第176页。
核心提示➡合租房内，被害人与被告商议后将钱藏于被告人床与墙夹缝处，被告趁无人将钱取走如何定性？
要旨➡第一，犯罪对象不同。盗窃的对象是行为人在犯罪前并不持有的他人财物；侵占的对象是行为人在犯罪前已经持有的他人财物，包括代为保管的他人财物、遗忘物或者埋藏物。持有应是行为人在法律上或事实上对他人之物的控制状态，即他人的财物在行为人自己的实际控制范围内。就侵占罪与盗窃罪的区分而言，如果他人财物在行为人产生非法占有目的之前或之时已经在自己的控制范围之内，行为人将其非法占为己有而拒不退还或交出的，就可以成立侵占罪；反之，如果他人财物在行为人产生非法占有目的之前或之时处于行为人的控制范围之外，行为人采用秘密的方法将之非法占为己有的，就可以成立盗窃罪。被害人基于对被告人的信任与依赖将钱藏于被告人床与墙的夹缝处，双方对财产的放置有一个默契，被告人得到了被害人概括的交代，又有被害人主动将钱藏于被告人的房间内——控制范围内的相应行为，从民事关系上说是双方同意了。而对侵占罪的"代为保管"区分为三种情形：明示行为人代为保管、默示行为人代为保管、先行原因形成的代为保管。默示行为人代为保管，是指行为人虽然未得到书面的、口头的等明示方式授权代为保管，但是行为人得到了他人概括的交代或含有默示代为保管他人财物的具体行为，即构成默示行为人代为保管关系，因此笔者认为被告人对钱的控制是合法的。在合租房屋内，每个人根据其住宿的位置形成了特定的控制范围，即隐私空间或秘密空间，被告人的床及床所在的空间范围当然成为其控制范围，因此说钱完全处于被告人控制范围内。第二，犯罪故意的内容和产生的时间不同。第三，犯罪的客观方面不同。

⑨《张建忠侵占案》，载《刑事审判参考》2004年第5辑总第40辑，第36～39页。

核心提示 ➡ 雇员利用职务之便将个体工商户的财产非法占为己有的如何定性？

要旨 ➡ 1. 个体工商户的雇员不属于职务侵占罪的主体。个体工商户是特殊民事主体，不具备单位的组织性特点。2. 个体工商户雇员将代为保管的户主财产占为己有，数额较大，拒不退还的，构成侵占罪。

⑩《李兰香票据诈骗案》，载《刑事审判参考》2004年第4辑总第39辑，第20～26页。

核心提示 ➡ 利用保管他公司工商登记、经营证章的便利条件以他公司名义申领、签发支票并非法占有他公司财物行为的定性。

要旨 ➡ 首先，不能以对于公司有关证章的保管的认定，来替代对于公司具体财产的保管的认定。其次，被告人不是基于对物的保管关系实现对物的直接侵占。其主要是通过骗领、签发、使用支票行为实际取得公司资金的，这与侵占罪通过拒不退还或者拒不交出合法持有物的取得他人财物方式是完全不同的。最后，由于被告人的身份不是新公司的成员，完成委托事项后仅是临时持有公司有关证章，而无权使用这些证章，对公司的财物不享有任何经营、管理权利，不能认定公司财物由其保管。因此，该行为既不属于侵占也不属于职务侵占。本案同时触犯伪造金融票证罪和票据诈骗罪两个罪名，按牵连犯的原则以票据诈骗罪处理。

⑪《侵犯财产罪的疑难问题》，载《刑事审判要览》2004年第1辑总第7辑，第14～42页。

要旨 ➡ 1. 如何认识侵犯财产罪的客体；2. 如何理解"以非法占有为目的"；3. 如何处理抢劫罪中的疑难问题；4. 如何认定"携带凶器抢夺"；5. 如何区分盗窃罪与诈骗罪；6. 如何解释侵占罪的客观要素；7. 如何区别盗窃罪与侵占罪：盗窃罪的对象必须是他人占有的财物，对于自己占有的他人财物不可能成立盗窃罪。（1）只要是在他人的事实支配领域内的财物，即使他人没有现实地握有或监视，也属于他人占有。例如，他人住宅内、车

第二编　分则　第五章　侵犯财产罪

内的财物，即使他人完全忘记其存在，也属于他人占有的财物。再如，游人向公园水池内投掷的硬币，属于公园管理者占有的财物。行为人取走这些财物的，成立盗窃而非侵占。又如，甲搬家后尚未退房，让好友乙为其打扫室内卫生。乙在打扫卧室时，从地上拾到一张工商银行的牡丹灵通卡。乙未将此卡交给甲某，并于4日后到某工商银行的自动取款机上分3次取出2000余元（乙以前陪同甲取款时知道了密码）。甲曾问过乙是否见过此卡，乙称未见过。后甲报案查获乙。甲虽然搬家，但因为未退房而继续控制着该房屋，既然如此，该房屋内的一切财物（包括牡丹灵通卡）仍然由甲占有，故乙的行为成立盗窃罪。(2) 虽然处于他人支配领域之外，但存在可推知由他人事实上支配的状态时，也属于他人占有的财物。例如，他人门前停放的自行车，即使没有上锁，也应认定为他人占有。再如，挂在他人门上、窗户上的任何财物，都由他人占有。以非法占有目的取得这些财物的，应认定为盗窃罪，而非侵占罪。(3) 主人饲养的、具有回到原则能力或习性的宠物，不管宠物处于何处，都应认定为主人占有。行为人非法取得该宠物的，成立盗窃罪。(4) 即使原占有者丧失了占有，但当该财物转移为建筑物的管理者或者第三者占有时，也应认定为他人占有的财物。例如，乘客遗忘在出租车内的财物，属于出租车司机占有，虽然相对于乘客而言属于遗忘物，但相对于出租车司机而言，则是其占有的财物。所以，第三者从出租车内取走该财物的行为，应认定为盗窃罪。从主观上说，占有只要求他人对其事实上支配的财物具有概括的、抽象的支配意识，既包括明确的支配意识，也包括潜在的支配意识。占有意思对事实的支配的认定起补充作用。例如，处于不特定人通行的道路上的钱包，一般来说属于脱离他人占有的财物；但如果他人不慎从阳台上将钱包掉在该道路上后，一直看守着该钱包时，该钱包仍然由他人占有。行为人拿走该钱包的，属于盗窃。在判断财物由谁占有、是否遗忘物时，还要通过考察财物的形状、体积、价值、通常的存放状态等，得出合理结论。例如，一辆新轿车，一般来说，无论停放在何处，也无论是否锁门，都不能认定为遗忘物，而应认定为他人占有的财物。一辆停在马路边的自行车，即使没有上锁，一般也应认定为他人占有的财物，不能认定为遗忘物。而马路上的一个钱包，一般会被认为是遗忘物；但如果钱包所有者就在旁边注视着钱包，则仍然由所有者占有。

对财物占有的判断，存在以下几个疑难问题：

①当数人共同管理某种财物，而且存在上下主从关系时，下位者是否也占有该财物？这关系到下位者的犯罪行为性质。例如，私营商店的店主与店员共同管理商店的财物，店员是否占有商店的财物？如持肯定回答，则店员取走该财物的行为不可能构成盗窃罪，只能成立侵占罪或职务侵占罪；如持否定回答，则店员取走该财物的行为可能成立盗窃罪。应当认为，在这种情况下，刑法上的占有通常属于上位者（店主），而不属于下位者（店员）。即使下位者事实上所有财物，或者事实上支配财物，也只不过是单纯的监视者或者占有辅助者。因此，下位者基于不法所有的目的取走财物的，成立盗窃罪。但是，如果上位者与下位者具有高度的信赖关系，下位者被授予某种程度的处分权时，就应承认下位者的占有，下位者任意处分财物，应不构成盗窃罪，而构成侵占罪或者职务侵占罪。

②行为人受他人委托占有某种封缄的包装物时，是否同时占有封缄物的内容（财物）？如B将手提箱（箱内有贵重金属）上锁后委托A保管时，A是否占有其中的贵重金属？区

1105

别说认为，手提箱整体由 A 占有，但其中的贵重金属由 B 占有。A 不法所有手提箱整体的，成立侵占罪；取出手提箱中的贵重金属的，成立盗窃罪。修正区别说认为，手提箱整体由 A 占有，但其中的贵重金属由 A 与 B 共同占有。因此，B 不法所有手提箱整体的，成立侵占罪；不法取得其中的贵重金属的，成立盗窃罪与侵占罪的竞合，按盗窃罪论处。非区别说认为，手提箱整体与其中的贵重金属没有区别，性质相同；其中有人认为均由 A 占有，有人认为均由 B 占有。本文赞成区别说。表面上看，区别说有自相矛盾之嫌，即不法取得贵重金属的仅成立较重的盗窃罪，而不法所有手提箱整体的反而成立较轻的侵占罪。但事实上并非如此。因为即使 A 不法所有手提箱整体，但只要没有打开手提箱，B 对手提箱中贵重金属的占有仍然没有受到侵害；如果 A 不法所有手提箱整体，并打开手提箱进而不法取得其中的贵重金属，当然应认定为盗窃罪。实际，刑法第 253 条第 2 款的规定，也间接说明封缄物的内容仍然由委托人占有。

③关于死者的占有性质，也直接关系到行为的性质。死者的占有主要有三种情况：A. 行为人以不法所有他人财物的意思杀害他人后，当场取得他人财物；B. 行为人出于其他目的杀害他人后，产生不法所有他人财物的意思，取得死者的财物；C. 无关的第三者从死者身上取得财物。对于情况 A，应认定为抢劫罪。在国外争论较大的是后两种情况。解决的方法有两种：一是将遗忘物作实质意义的解释，从而将上述两种行为认定为侵占罪。但将死者身上或身边的财物解释为遗忘物，能否被国民接受，还值得研究。二是肯定死者的占有，对上述行为认定为盗窃罪。这种解释容易被国民接受，但是既然财物的占有者已经死亡，他就不可能在客观上继续支配财物，也不可能有支配财物的意思。所以，肯定死者的占有也存在疑问。尽管如此，笔者仍然倾向于肯定死者的占有，将上述后两种行为认定为盗窃罪。当然，如果无关的第三者在他人死亡相当长时间后，才从死者身上取得财物的，则有认定为侵占罪的可能性。

最后需要说明的是，某些财物，本来由他人占有，但行为人可能误认为遗忘物。这是事实认识错误问题，不是财物本身的性质问题。对此类案件，应根据主客观相统一的原则来认定。

⑫《侵占罪认定中的关键问题》，载《刑事司法指南》2004 年第 2 辑总第 18 辑，第 37~55 页。

要旨 ➡ 1. 作为侵占对象的代为保管物、遗忘物：（1）代为保管的他人财物；（2）遗忘物及其扩大解释；2. 占有的归属与侵占罪、盗窃罪的区别：（1）占有的含义；（2）占有物的具体确定；（3）包装物、内容物的占有归属；3. 侵占行为：（1）非法占为己有；（2）拒不退还、拒不交出；（3）"非法占为己有"与"拒不退还"、"拒不交出"之间关系。

⑬《程剑诈骗案》，载《刑事审判参考》2003 年第 4 辑总第 33 辑，第 41~45 页。
核心提示 ➡ 捡拾存折猜配密码后非法提取他人存款行为的定性？
要旨 ➡ 1. 侵占的本质特征在于将合法持有的他人财物非法占有，被害人设有密码，并未失去对存款的控制，被告并未取得合法支配权。2. 存折系遗失物而非遗忘物；应定诈骗。3. 猜配密码是一种无形偷盗密码行为，但只是取得存款的手段行为，密码本身无价值，不具备独立意义；而本案程剑支取存款，是凭借银行的信任通过银行的交付得以实现的，银行对于存款的交付是基于错误判断，这种错误判断，是程剑隐瞒真相冒用他人名义以致银行不明真相误认为其具有取款合法资格的结果，属于冒用诈骗。

⓮《刑法上的财产占有概念》，载《刑事审判要览》2003年第6辑总第6辑，第24~43页。

要旨 ➡ 1. 刑法上占有概念的学说对立：(1) 刑法占有的含义；(2) 外国及我国台湾地区"刑法"对占有概念的界定；(3) 我国大陆学者对刑法占有概念的界定及我国刑法应当选取的立场。2. 刑法与民法上占有概念的比较：(1) 民法与刑法上占有概念的区别；(2) 刑法与民法占有概念差异分析。3. 刑法中几种特殊占有状况的认定：(1) 存在上下、主从关系的占有；(2) 共同占有；(3) 对包装物的占有；(4) 对死者财产的占有；(5) 对不动产占有；(6) 遗忘物与财产占有。

⓯《罗忠兰盗窃案》，载《刑事审判参考》2002年第1辑总第24辑，第67~71页。
核心提示 ➡ 如何理解物主的实际持有、控制？如何正确区分盗窃罪与侵占罪？
要旨 ➡ 歌舞厅的包厢虽属公共娱乐场所，但系专人经营管理，具有空间上的封闭性和使用上的独占性，与人人皆可自由往来的广场、道路、海滩等公共场所有所区别。如同旅馆的客房一样，消费者在使用包厢期间，该包厢原则上即由消费者暂时控制，消费者对存放在包厢内的自有物品具有实际的控制权。在消费者独占使用包厢期间，即使消费者因故临时离开，其对放在包厢内的随身携带的物品仍具有实际的控制权。期间任何人进入该独占空间以非法占有目的取走消费者存放在此的财物的行为，均属盗窃行为。当消费者正式结账离开包厢后，包厢内的一切物品包括消费者遗留的物品，又复归经营者的控制之下，经营者对消费者遗留的物品负有清点、保管、退还的义务。如经营者对消费者的遗留物拒不退还，属侵占行为。但经营者之外的其他人如以非法占有为目的擅自进入该包厢取走消费者遗留财物的，则仍属盗窃行为，而非侵占行为。

⓰《康金东盗窃案》，载《刑事审判参考》2001年第10辑总第21辑，第28~34页。
核心提示 ➡ 骗得财物保管权后秘密窃取代为保管的财物的应如何认定？
要旨 ➡ 不具备主体资格，故不定贪污；没有主管、管理、经手、经营金刚石的职责，不构成职务侵占；其非法占有故意产生于其取得代为保管金刚石之前，其代为保管不过是为其实施秘密窃取行为创造便利条件。

第271条　第1款　职务侵占罪

公司、企业或者其他单位的人员，利用职务上的便利，将本单位财物非法占为己有，数额较大的，处五年以下有期徒刑或者拘役；数额巨大的，处五年以上有期徒刑，可以并处没收财产。

国有公司、企业或者其他国有单位中从事公务的人员和国有公司、企业或者其他国有单位委派到非国有公司、企业以及其他单位从事公务的人员有前款行为的，依照本法第三百八十二条、第三百八十三条的规定定罪处罚。

关联规范　➡ 完全整理

❶《中华人民共和国刑法》（1980年1月1日）第183条　职务侵占罪　贪污罪

保险公司的工作人员利用职务上的便利，故意编造未曾发生的保险事故进行虚假理赔，骗取保险金归自己所有的，依照本法第二百七十一条的规定定罪处罚。

国有保险公司工作人员和国有保险公司委派到非国有保险公司从事公务的人员有前款行为的，依照本法第三百八十二条、第三百八十三条的规定定罪处罚。

❷《中华人民共和国刑法》（1980年1月1日）第382条　贪污罪

国家工作人员利用职务上的便利，侵吞、窃取、骗取或者以其他手段非法占有公共财物的，是贪污罪。

受国家机关、国有公司、企业、事业单位、人民团体委托管理、经营国有财产的人员，利用职务上的便利，侵吞、窃取、骗取或者以其他手段非法占有国有财物的，以贪污论。

与前两款所列人员勾结，伙同贪污的，以共犯论处。

❸《中华人民共和国刑法》（1980年1月1日）第383条　贪污罪

对犯贪污罪的，根据情节轻重，分别依照下列规定处罚：

（一）个人贪污数额在十万元以上的，处十年以上有期徒刑或者无期徒刑，可以并处没收财产；情节特别严重的，处死刑，并处没收财产。

（二）个人贪污数额在五万元以上不满十万元的，处五年以上有期徒刑，可以并处没收财产；情节特别严重的，处无期徒刑，并处没收财产。

（三）个人贪污数额在五千元以上不满五万元的，处一年以上七年以下有期徒刑；情节严重的，处七年以上十年以下有期徒刑。个人贪污数额在五千元以上不满一万元，犯罪后有悔改表现、积极退赃的，可以减轻处罚或者免予刑事处罚，由其所在单位或者上级主管机关给予行政处分。

（四）个人贪污数额不满五千元，情节较重的，处二年以下有期徒刑或者拘役；情节较轻的，由其所在单位或者上级主管机关酌情给予行政处分。

对多次贪污未经处理的，按照累计贪污数额处罚。

❹ 最高人民法院、最高人民检察院《关于办理国家出资企业中职务犯罪案件具体应用法律若干问题的意见》（2010年12月2日　法发〔2010〕49号）（节录）①

一、关于国家出资企业工作人员在改制过程中隐匿公司、企业财产归个人持股的改制后公司、企业所有的行为的处理

国家工作人员或者受国家机关、国有公司、企业、事业单位、人民团体委托管理、经营国有财产的人员利用职务上的便利，在国家出资企业改制过程中故意通过低估资产、隐瞒债权、虚设债务、虚构产权交易等方式隐匿公司、企业财产，转为本人持有股份的改制后公司、企业所有，应当依法追究刑事责任的，依照刑法第三百八十二条、第三百八十三

---

① 对其解读见：《刑事审判参考》2010年第6辑总第77辑，第112～142页。

条的规定,以贪污罪定罪处罚。贪污数额一般应当以所隐匿财产全额计算;改制后公司、企业仍有国有股份的,按股份比例扣除归于国有的部分。

所隐匿财产在改制过程中已为行为人实际控制,或者国家出资企业改制已经完成的,以犯罪既遂处理。

第一款规定以外的人员实施该款行为的,依照刑法第二百七十一条的规定,以职务侵占罪定罪处罚;第一款规定以外的人员与第一款规定的人员共同实施该款行为的,以贪污罪的共犯论处。

在企业改制过程中未采取低估资产、隐瞒债权、虚设债务、虚构产权交易等方式故意隐匿公司、企业财产的,一般不应当认定为贪污;造成国有资产重大损失,依法构成刑法第一百六十八条或者第一百六十九条规定的犯罪的,依照该规定定罪处罚。

行为人在改制前的国家出资企业持有股份的,不影响挪用数额的认定,但量刑时应当酌情考虑。

有关主管部门批准或者按照有关政策规定,国家出资企业的工作人员为购买改制公司、企业股份实施前款行为的,可以视具体情况不作为犯罪处理。

五、关于改制前后主体身份发生变化的犯罪的处理公司、国有独资企业,以及国有资本控股公司、国有资本参股公司。

是否属于国家出资企业不清楚的,应遵循"谁投资、谁拥有产权"的原则进行界定。企业注册登记中的资金来源与实际出资不符的,应根据实际出资情况确定企业的性质。企业实际出资情况不清楚的,可以综合工商注册、分配形式、经营管理等因素确定企业的性质。

八、关于宽严相济刑事政策的具体贯彻

办理国家出资企业中的职务犯罪案件时,要综合考虑历史条件、企业发展、职工就业、社会稳定等因素,注意具体情况具体分析,严格把握犯罪与一般违规行为的区分界限。对于主观恶意明显、社会危害严重、群众反映强烈的严重犯罪,要坚决依法从严惩处;对于特定历史条件下、为了顺利完成企业改制而实施的违反国家政策法律规定的行为,行为人无主观恶意或者主观恶意不明显,情节较轻,危害不大的,可以不作为犯罪处理。

对于国家出资企业中的职务犯罪,要加大经济上的惩罚力度,充分重视财产刑的适用和执行,最大限度地挽回国家和人民利益遭受的损失。不能退赃的,在决定刑罚时,应当作为重要情节予以考虑。

5 最高人民法院《人民法院量刑指导意见(试行)》(2010年9月13日　法发〔2010〕36号)(节录)

四、常见犯罪的量刑

(九) 职务侵占罪

1. 构成职务侵占罪的,可以根据下列不同情形在相应的幅度内确定量刑起点:

(1) 达到数额较大起点的,可以在三个月拘役至一年有期徒刑幅度内确定量刑起点。

(2) 达到数额巨大起点的,可以在五年至六年有期徒刑幅度内确定量刑起点。

2. 在量刑起点的基础上,可以根据职务侵占数额等其他影响犯罪构成的犯罪事实增加刑罚量，确定基准刑。

❻ 最高人民检察院、公安部《关于公安机关管辖的刑事案件立案追诉标准的规定（二）》（2010年5月7日　公通字〔2010〕23号）（节录）①

第八十四条　公司、企业或者其他单位的人员，利用职务上的便利，将本单位财物非法占为己有，数额在五千元至一万元以上的，应予立案追诉。

❼ 最高人民法院、最高人民检察院、公安部《关于开展集中打击赌博违法犯罪活动专项行动有关工作的通知》（2005年1月10日　公通字〔2005〕2号）（节录）②

"对实施贪污、挪用公款、职务侵占、挪用单位资金、挪用特定款物、受贿等犯罪，并将犯罪所得的款物、用于赌博的，分别依照刑法有关规定从重处罚；同时构成赌博罪的，应依照刑法规定实行数罪并罚。"

❽《全国部分法院经济犯罪案件审判工作座谈会研讨综述——"经济犯罪案件中的法律适用问题"》（2004年11月27日）（节录）③

四、金融机构工作人员与外部人员勾结骗取本单位资金行为的定性

（一）银行或其他金融机构的国家工作人员与外部人员内外勾结行为的定性

上述问题的处理主要涉及刑法的共犯和身份理论问题，即非身份者与身份犯共同犯罪时，应当如何处理。

一种观点认为，应当区分两种情况分别作出不同的处理：一是银行或其他金融机构的国家工作人员与外部人员勾结，以非法占有为目的，利用本人职务便利，骗取本单位资金共同占有的，对国家工作人员应以贪污罪定罪处罚，对外部人员，依照刑法第382条第3款的规定，以贪污罪共犯论处；二是对于前述国家工作人员明知外部人员有非法占有目的，仍利用职务便利，为其骗取本单位资金提供帮助，本人未占有赃款的，二者均以金融诈骗罪定罪处罚。

另一种观点认为，上述观点以国家工作人员是否实际占有赃款作为区分此罪与彼罪的界限，缺乏法律和理论依据。根据刑法理论的基本观点，不具有特定身份的人与具有特定身份的人共同实施身份犯罪时，不论作用大小，皆构成身份犯的共犯。这是因为，此类犯罪的完成，离不开身份犯的特定身份，身份犯通常起决定作用。此外，刑法第382条第3款也作出明确规定，对于非国家工作人员与国家工作人员勾结，伙同贪污的，以贪污罪共犯论处。因此，对于银行或其他金融机构的国家工作人员与外部人员勾结，利用本人职务便利，骗取本单位资金的，不管有无参与分赃，只要双方具有共同犯罪故意，即应按贪污罪的共同犯罪处理。上述两种情况均应按贪污罪的共同犯罪定罪处罚。

第二种观点得到了多数人的赞同。

第三种观点认为，对于银行或其他金融机构的国家工作人员与外部人员勾结，以非法占有为目的，利用本人职务便利，共同骗取本单位资金，同时构成贪污罪和金融诈骗罪，

---

① 对其解读见：《刑事审判参考》2010年第4辑总第75辑，第127~158页。
② 对其解读见：《最新刑事法律文件解读》2005年第2辑总第2辑，第54页。
③ 对其解读见：《刑事审判参考》2004年第6辑总第41辑，第146~168页。

属于法条竞合关系,应当从一重罪处罚。

(二) 银行或其他金融机构的非国家工作人员与外部人员内外勾结行为的定性

持上述第一、三两种观点的代表认为:对于银行或其他金融机构的非国家工作人员与外部人员勾结,以非法占有为目的,利用本人职务便利,共同骗取本单位资金,同时构成职务侵占罪和金融诈骗罪,属于法条竞合关系,应当从一重罪处罚。

持上述第二种观点的代表认为:该问题与前面第一个问题异其形而同其质,因此,二者在处理方法上应当一致,上述情况理应按照职务侵占罪的共同犯罪处理。第一种观点对本质相同的前后两个问题适用不同的处理方法,势必导致理论与实践的混乱。论者还对前述第一、三两种观点提及的法条竞合问题进行了反驳,并提出如下几点理由:第一,不具备法条竞合的条件。法条竞合是指同一犯罪由于法条的错综规定,导致数个相互关联的法条竞相适用的情况。而银行或其他金融机构的工作人员与外部人员勾结,以非法占有为目的,利用本人职务便利,共同骗取本单位资金的监守自盗行为,属于典型的职务犯罪,而金融诈骗罪一般并不具有职务因素,因此,对于上述行为人的行为,只需按照贪污罪或职务侵占罪的共同犯罪定罪处罚即可,不存在所谓的法条竞合问题。第二,如将上述情况理解为法条竞合,依此类推,在银行或其他金融机构的非国家工作人员个人实施监守自盗的犯罪行为时,亦存在职务侵占罪和盗窃罪或者相关金融诈骗犯罪的法条竞合关系,如按照从一重罪原则处理,由于职务侵占罪的法定刑相对较低,因此几乎没有被适用的可能,势将导致立法的虚无。

上述观点由于涉及刑事理论与司法实践中的一系列问题,争议较大,会议没有形成倾向性意见,还有待于进一步探讨。

❾ 最高人民法院、最高人民检察院《关于办理妨害预防、控制突发传染病疫情等灾害的刑事案件具体应用法律若干问题的解释》(2003年5月15日 法释〔2003〕8号)(节录)①

第十四条 贪污、侵占用于预防、控制突发传染病疫情等灾害的款物或者挪用归个人使用,构成犯罪的,分别依照刑法第三百八十二条、第三百八十三条、第二百七十一条、第三百八十四条、第二百七十二条的规定,以贪污罪、侵占罪、挪用公款罪、挪用资金罪定罪,依法从重处罚。

❿ 最高人民法院《关于在国有资本控股、参股的股份有限公司中从事管理工作的人员利用职务便利非法占有本公司财物如何定罪问题的批复》(2001年5月23日 法释〔2001〕17号)

在国有资本控股、参股的股份有限公司中从事管理工作的人员,除受国家机关、国有公司、企业、事业单位委派从事公务的以外,不属于国家工作人员。对其利用职务上的便利,将本单位财物非法占为己有,数额较大的,应当依照刑法第二百七十一条第一款的规

---

① 对其解读见:《刑事审判参考》2003年第3辑总第32辑,第160~164,188~197页以及《"非典"防治时期相关犯罪的司法适用研究》,载《刑事司法指南》2003年第2辑总第14辑,第55~109页。

定,以职务侵占罪定罪处罚。

⓫《最高人民检察院研究室〈关于非国家工作人员涉嫌职务犯罪案件管辖问题的意见〉》（2001年4月10日）

公安部经济犯罪侦查局：你局《关于征求对案件管辖权问题意见的函》（公经〔2001〕248号）收悉。经研究,提出以下意见,供参考：

鉴于职务犯罪案件的特殊性,对于非国家工作人员涉嫌职务犯罪案件的侦查管辖问题,原则上以犯罪嫌疑人工作单位所在地的公安机关管辖为宜,如果由犯罪行为实施地或者犯罪嫌疑人居住地的公安机关管辖更为适宜的,也可以由犯罪行为实施地或者犯罪嫌疑人居住地的公安机关管辖。

附1：山东省公安厅经侦总队关于沂源县公安局对傅维宜职务侵占案有无管辖权的请示

公安部二局：1999年11月,山东省淄博市沂源县东风汽车配件有限公司向沂源县公安局报案称,1999年3月,该公司驻青岛办事处业务员傅维宜（青岛市四方区人）利用职务之便,私自将该公司存放于青岛市四方区河西仓库的一批天然橡胶卖掉,并将其中5万元货款占为己有,要求沂源县公安局立案侦查,按照《刑事诉讼法》、公安部《公安机关办理刑事案件程序规定》和最高人民法院《关于执行〈刑事诉讼法〉若干问题的解释》（法释〔1998〕23号）的规定,刑事案件当由犯罪地、犯罪嫌疑人居住地公安机关管辖；以非法占有为目的的财产犯罪,犯罪地包括犯罪行为地和犯罪嫌疑人实际取得财产的犯罪结果发生地,本案中犯罪嫌疑人傅维宜居住地、犯罪地、实际取得财产的犯罪结果发生地均在青岛市。为此特请示,沂源县公安局对此案有无管辖权,公司、企业设在外省、市、县没有独立法人资格的销售部、营业点、办事处等派出机构人员涉嫌职务侵占犯罪的,由何地公安机关管辖?

附2：公安部经侦局关于傅维宜职务侵占案管辖权问题请示的批复

你总队《关于沂源县公安局对傅维宜职务侵占案有无管辖权的请示》收悉。根据我局与最高人民检察院法律政策研究室就非国家工作人员职务犯罪案件管辖问题达成的一致意见。我们认为犯罪嫌疑人工作单位所在地沂源县的公安机关对傅维宜一案有管辖权。

⓬《全国法院审理金融犯罪案件工作座谈会纪要》（2001年1月21日 法〔2001〕8号）（节录）①

二、（二）关于破坏金融管理秩序罪

1. 非金融机构非法从事金融活动案件的处理

1998年7月13日,国务院发布了《非法金融机构和非法金融业务活动取缔办法》。1998年8月11日,国务院办公厅转发了中国人民银行整顿乱集资、乱批设金融机构和乱办金融业务实施方案,对整顿金融"三乱"工作的政策措施等问题做出了规定。各地根据整顿金融"三乱"工作实施方案的规定,对于未经中国人民银行批准,但是根据地方政府或有关部门文件设立并从事或变相从事金融业务的各类基金会、互助会、储金会等机构和

---

① 对其解读见：《刑事审判参考》2001年第4辑总第15辑,第63~76页。

第二编　分则　第五章　侵犯财产罪

组织，由各地人民政府和各有关部门限期进行清理整顿。超过实施方案规定期限继续从事非法金融业务活动的，依法予以取缔；情节严重、构成犯罪的，依法追究刑事责任。因此，上述非法从事金融活动的机构和组织只要在实施方案规定期限之前停止非法金融业务活动的，对有关单位和责任人员，不应以擅自设立金融机构罪处理；对其以前从事的非法金融活动，一般也不作犯罪处理；这些机构和组织的人员利用职务实施的个人犯罪，如贪污罪、职务侵占罪、挪用公款罪、挪用资金罪等，应当根据具体案情分别依法定罪处罚。

3. 用账外客户资金非法拆借、发放贷款行为的认定和处罚

银行或者其他金融机构及其工作人员以牟利为目的，采取吸收客户资金不入账的方式，将客户资金用于非法拆借、发放贷款，造成重大损失的，构成用账外客户资金非法拆借、发放贷款罪。以牟利为目的，是指金融机构及其工作人员为本单位或者个人牟利，不具有这种目的，不构成该罪。这里的"牟利"，一般是指谋取用账外客户资金非法拆借、发放贷款所产生的非法收益，如利息、差价等。对于用款人为取得贷款而支付的回扣、手续费等，应根据具体情况分别处理：银行或者其他金融机构用账外客户资金非法拆借、发放贷款，收取的回扣、手续费等，应认定为"牟利"；银行或者其他金融机构的工作人员利用职务上的便利，用账外客户资金非法拆借、发放贷款，收取回扣、手续费等，数额较小的，以"牟利"论处；银行或者其他金融机构的工作人员将用款人支付给单位的回扣、手续费秘密占为己有，数额较大的，以贪污罪定罪处罚；银行或者其他金融机构的工作人员利用职务便利，用账外客户资金非法拆借、发放贷款，索取用款人的财物，或者非法收受其他财物，或者收取回扣、手续费等，数额较大的，以受贿罪定罪处罚。吸收客户资金不入账，是指不记入金融机构的法定存款账目，以逃避国家金融监管，至于是否记入法定账目以外设立的账目，不影响该罪成立。

审理银行或者其他金融机构及其工作人员用账外客户资金非法拆借、发放贷款案件，要注意将用账外客户资金非法拆借、发放贷款的行为与挪用公款罪和挪用资金罪区别开来。对于利用职务上的便利，挪用已经记入金融机构法定存款账户的客户资金归个人使用的，或者吸收客户资金不入账，却给客户开具银行存单，客户也认为将款已存入银行，该款却被行为人以个人名义借贷给他人的，均应认定为挪用公款罪或者挪用资金罪。

13 最高人民法院《关于审理贪污、职务侵占案件如何认定共同犯罪问题的解释》（2000年6月30日　法释〔2000〕15号）①

第一条　行为人与国家工作人员勾结，利用国家工作人员的职务便利，共同侵吞、窃取、骗取或者以其他手段非法占有公共财物的，以贪污罪共犯论处。

第二条　行为人与公司、企业或者其他单位的人员勾结，利用公司、企业或者其他单位人员的职务便利，共同将该单位财物非法占为己有，数额较大的，以职务侵占罪共犯论处。

第三条　公司、企业或者其他单位中，不具有国家工作人员身份的人与国家工作人员勾结，分别利用各自的职务便利，共同将本单位财物非法占为己有的，按照主犯的犯罪性

---

① 对其解读见：《刑事审判参考》2000年第5辑总第10辑，第88页。

1113

质定罪。

⓮ 最高人民法院《全国法院维护农村稳定刑事审判工作座谈会纪要》（1999年10月27日　法〔1999〕217号）①

三（三）关于村委会和村党支部成员利用职务便利侵吞集体财产犯罪的定性问题：为了保证案件的及时审理，在没有司法解释规定之前，对于已起诉到法院的这类案件，原则上以职务侵占罪定罪处罚。

⓯ 最高人民法院《关于村民小组组长利用职务便利非法占有公共财物行为如何定性问题的批复》（1999年7月3日　法释〔1999〕12号）（节录）②

对村民小组组长利用职务上的便利，将村民小组集体财产非法占为己有，数额较大的行为，应当依照刑法第二百七十一条第一款的规定，以职务侵占罪定罪处罚。

⓰ 最高人民法院《关于在审理经济纠纷案件中涉及经济犯罪嫌疑若干问题的规定》（法释〔1998〕7号　1998年4月29日）（节录）③

第三条　单位直接负责的主管人员和其他直接责任人员，以该单位的名义对外签订经济合同，将取得的财物部分或全部占为己有构成犯罪的，除依法追究行为人的刑事责任外，该单位对行为人因签订、履行该经济合同造成的后果，依法应当承担民事责任。

⓱ 上海、北京、广东、湖北、江苏高级人民法院《〈人民法院量刑指导意见（试行）〉实施细则（试行）》（2010年10月1日）

⓲《福建省高级人民法院〈人民法院量刑指导意见（试行）〉实施细则（试行）》（2010年10月1日　闽高法发〔2010〕21号）（节录）

四、常见罪名的量刑

（九）职务侵占罪

1. 构成职务侵占罪的，根据下列不同情形在相应的幅度内确定量刑起点：

（1）职务侵占达到数额较大起点10000元的，可以在六个月至一年有期徒刑幅度内确定量刑起点；

（2）职务侵占达到数额巨大起点100000元的，可以在五年至六年有期徒刑幅度内确定量刑起点。

2. 在量刑起点的基础上，根据职务侵占数额、次数等犯罪事实增加刑罚量，确定基准刑：

（1）侵占数额较大，数额每增加2000元的，可以增加一个月刑期；

（2）侵占数额巨大，数额每增加20000元的，可以增加一个月刑期。

3. 有下列情形之一的，可以增加基准刑的20%：

（1）利用职务之便侵占用于预防、控制突发传染病疫情等灾害款物的；

---

① 《刑事审判参考合订本·第一卷》，第283~291页以及《当前刑事审判实践中适用法律应当注意的问题》，载《刑事司法指南》2000年第3辑总第3辑，第51~71页。

② 对其解读见：《刑事审判参考合订本·第1卷》，第282页、361页以及《解读最高人民法院司法解释·刑事、行政卷（1997~2002）》，第209~210页。

③ 对其解读见：《解读最高人民法院司法解释·刑事、行政卷（1997~2002）》，第111~117页。

(2) 利用职务之便侵占生产资料,严重影响生产的;
(3) 多次职务侵占的。

4. 因生活困难、治病等急需而实施职务侵占的,可以减少基准刑的20%以下。

⑲ 浙江省高级人民法院《浙江省〈人民法院量刑指导意见(试行)〉实施细则》(2010年9月29日 浙高法〔2010〕280号)(节录)

(九) 职务侵占罪

1. 构成职务侵占罪的,可以根据下列不同情形在相应的幅度内确定量刑起点:

(1) 达到数额较大起点的,可以在六个月至一年有期徒刑幅度内确定量刑起点。

(2) 达到数额巨大起点的,可以在五年至六年有期徒刑幅度内确定量刑起点。

2. 在量刑起点的基础上,可以根据职务侵占数额等其他影响犯罪构成的犯罪事实增加刑罚量,确定基准刑。

⑳ 浙江省公检法《关于村民委员会等村基层组织人员利用职权实施犯罪适用法律若干问题的解答》(2005年7月27日 浙检会〔研〕〔2005〕7号)(节录)①

三、问:村基层组织人员侵吞、挪用土地征用补偿费用的行为,如何定性?答:村基层组织人员采取虚报土地数、人口数等手段侵吞土地征用补偿费用的行为,应认定为贪污罪。

土地征用补偿费用发放到村,村集体尚未提留前,村基层组织人员对土地征用补偿费用的侵吞、挪用行为,应认定为贪污罪或挪用公款罪。

土地征用补偿费用发放到村,村集体按规定提留后,村基层组织人员侵吞、挪用应当发放给农户的资金,以贪污罪或挪用公款罪认定;侵吞、挪用村集体提留的资金,以职务侵占罪或挪用资金罪认定。

四、问:当土地征用补偿费用与村集体资金混在同一账户时,村基层组织人员利用职务上的便利进行侵吞、挪用的,如何定性?答:有证据证实行为人主观意图明确指向土地补偿费用的,侵吞、挪用的资金在土地征用补偿费用数额内的,以贪污、挪用公款罪认定;超过的部分认定为职务侵占罪、挪用资金罪。

没有证据能够证实行为人主观意图指向土地补偿费用的,以职务侵占或挪用资金罪认定;超过村集体资金、属于土地征用补偿费用的部分,以贪污罪或挪用公款罪认定。

贪污、挪用土地征用补偿费用的数额与侵占、挪用集体资金的数额均未达到构罪标准,但总额达到职务侵占罪、挪用资金罪构罪标准的,以职务侵占罪、挪用资金罪认定。

㉑ 上海市政法委《关于办理机场库区偷盗空运物资案件的定性会议纪要》(2005年3月15日)

会议认为,是利用工作条件便利还是利用职务上的便利是划分盗窃罪和职务侵占罪的重要标准。搬运工人在搬运过程中偷盗本人正在搬运的空运物资是一种利用了搬运工作中能短时间接触财物这种工作条件上的便利(非职务上的便利),秘密窃取财物的行为。因

---

① 对其解读见:《最新刑事法律文件解读》2005年第10辑总第10辑,第97~99页以及2006年第2辑总第14辑,第111~114页。

此，这种行为的主要特征符合刑法第二百六十四条盗窃罪的构成要件，应当按照有关司法解释规定追究行为人相应的刑事责任。

㉒ 浙江省高级人民法院刑一庭、刑二庭《关于执行刑法若干问题的具体意见（三）》（2000年12月27日）（节录）

7. 国有公司、企业、事业单位工作人员，利用职务便利擅自以私盖公章等形式为他人提供贷款担保，造成单位因承担担保责任而使国家利益遭受重大损失的，依照刑法修正案修正后的刑法第168条定罪处罚；如果行为人是以此为手段以达到非法侵吞财物之目的的，依照主体情况以贪污罪或者职务侵占罪定罪处罚。

8. 银行工作人员或者特约商户工作人员利用职务之便，盗划顾客的信用卡窃取资金的，按照行为人的主体身份，以贪污罪或者职务侵占罪定罪处罚。

㉓ 福建公检法《关于办理诈骗等案件掌握数额标准等问题的座谈会纪要》（2000年8月8日 闽高法〔2000〕148号）（节录）

五、刑法第271条规定的职务侵占罪，数额标准确定为：利用职务便利侵占财物价值一万元以上不满十万元的属"数额较大"；利用职务便利侵占财物价值十万元以上的属"数额巨大"。

㉔《关于执行刑法若干问题的具体意见（试行）——99'上海法院刑庭庭长会议纪要》（1999年7月15日）（节录）

六、关于贪污罪与职务侵占罪的界限与数额认定问题

1. 贪污罪与职务侵占罪的界限主要由三个方面的因素来决定：一是主体身份；二是所利用的职务便利的范围；三是所在单位的性质；根据刑法的规定，具体可分四种情况分别认定：

（1）国家机关工作人员利用职权便利（即对单位财物的管理支配权，下同）或经手管理、暂时保管公共财物的便利条件，非法占有（即采用侵吞、窃取、骗取等方法攫取，下同）公共财物的，以贪污罪论处；不具有国家工作人员身份的工勤人员利用经手管理、暂时保管公共财物的便利条件，非法占有公共财物的，以职务侵占罪论处。

（2）国有公司、企事业单位或人民团体中从事公务的人员（即对公共财物具有管理支配权的领导者、管理者、监督者，如厂长、经理、会计、出纳、仓库保管员、采购员），利用职权便利非法占有公共财物的，以贪污罪论处；其他从事劳务（含服务性劳务）的人员（即单位的普通职工，如营业员、收银员、售票员等）利用经手管理、暂时保管公共财物的便利条件非法占有公共财物的，以职务侵占罪论处。

（3）非国有公司、企事业单位或社会团体的人员，无论是领导者、管理者利用职权便利，还是普通职工利用经手管理、暂时保管单位财物的便利条件，非法占有单位财物的，都应认定职务侵占罪；但是，其中受国家机关、国有公司、企事业单位或人民团体委派，在上述非国有单位从事公务的人员，利用职权便利非法占有公共财物的，仍应以贪污罪论处。

（4）国有财产的承包者、租赁者（即刑法第382条第二款所称受委托经营、管理国有财产的人员）利用职权便利非法占有国有财产的，以贪污罪论处。

2. 关于贪污、职务侵占、受贿罪的数额认定问题

（1）根据刑法第 26 条第四款的规定，刑法第 383 条所称"个人贪污数额"应当是指个人参与贪污犯罪的数额。因为刑法已经删除了二人以上贪污按个人所得数额追究刑事责任的特别规定，故个人贪污所得数额不能再作为确定量刑档次的基本依据，而只能作为法定刑幅度确定后的具体量刑情节考虑。

（2）行为人以非法占有为目的，利用职务之便侵吞、窃取、骗取单位财物，使之脱离被害单位控制而为行为人所支配的，即构成贪污罪或职务侵占罪的既遂；行为人在犯贪污、职务侵占、受贿等经济犯罪既遂以后，将赃款用于业务开支或者个人挥霍，不影响贪污、职务侵占或受贿罪的数额认定，不能将用于业务活动或公共用途的款项从中扣除，但赃款使用情况可以作为量刑情节考虑。

（3）贪污、职务侵占罪数额的认定，应以被害单位失控而为行为人所支配的数额为准。至于行为人在将公款转归个人控制过程中因金融流转而损失的数额，不影响犯罪数额的计算，但行为人实际使用、处分公款的数额，可以作为量刑情节考虑。

附：根据新刑法颁布前有关司法解释的规定和本市的实际情况，现将部分犯罪的数额标准罗列如下，供参照执行。

19. 刑法第 271 条职务侵占罪，以 1.5 万元为"数额较大"的起点；以 10 万元为"数额巨大"的起点。

学理观点·典型案例 ➡ 索引与要旨

❶《杨永承合同诈骗案》，载《刑事审判参考》2011 年第 4 辑总第 81 辑，第 9 ~ 13 页。

核心提示 ➡ 以公司代理人的身份，通过骗取方式将收取的公司货款据为己有，是构成诈骗罪、职务侵占罪还是挪用资金罪？

❷《窃取型职务侵占罪的法律适用问题研究》，载《公检法办案指南》2011 年第 9 辑总第 141 辑，第 149 ~ 155 页。

❸《将公司支付给中介人的中介费予以侵吞，侵害的是公司财产所有权》，载《包剑骏职务侵占案判决书》以及《刑事审判参考》2010 年第 2 辑总第 73 辑，第 211 ~ 221 页。

❹《"利用职务上的便利"与"利用工作上的便利"的区分》，载《公检法办案指南》2010 年第 12 辑总第 132 辑，第 162 ~ 166 页。

核心提示 ➡ 搬运工刘某盗窃抗诉案

❺《朱某等人侵占财产案》，载《刑事法律文件解读》2010 年第 1 辑总第 55 辑，第 120 ~ 122 页。

核心提示 ➡ 如何看待盗窃过程中的职务便利因素？

❻《李某某诈骗案》，载《公检法办案指南》2010 年第 9 辑总第 129 辑，第 165 ~ 169 页。

要旨 ➡ 个人保险代理人从事保险业务不是职务行为。

⑦《胡某诈骗案》，载《刑事法律文件解读》2009年第12辑总第54辑，第97～99页。

核心提示 ➡ 以"职务便利"为视角分析诈骗罪与职务侵占罪的区别？

⑧《谭某合同诈骗案》，载《刑事审判参考》2009年第5辑总第70辑，第17～23页。

核心提示 ➡ 业务员冒用公司名义与他人签订合同违规收取货款的行为如何定性？

⑨《汪之华等职务侵占案》，载《刑事法律文件解读》2009年第6辑总第48辑，第111～119页。

核心提示 ➡ 涉及公房资产的职务侵占罪如何认定及犯罪数额的计算？

⑩《非法占有个人存款账户中的公司资金应如何定性》，载《公检法办案指南》2009年第7辑总第115辑，第182～186页。

⑪《刘宏职务侵占案》，载《刑事审判参考》2008年第6辑总第65辑，第38～44页。

核心提示 ➡ 用工合同到期后没有续签合同的情况下，原单位工作人员是否符合职务侵占罪的主体要件？

要旨 ➡ 虽无独立管理权，但单独利用共同管理权窃取本单位财物的也应认定为利用职务便利。

⑫《范军盗窃案》，载《刑事审判参考》2008年第5辑总第64辑，第36～44页。

核心提示 ➡ 偷配单位保险柜钥匙秘密窃取赔偿损失资金，留言表明日后归还的行为如何定性？

⑬《集体企业改制为国有企业期间发生的侵占公共财物行为如何定性》，载《刑事审判参考》2008年第2辑总第61辑，第173～177页。

⑭《虞秀强职务侵占案》，载《刑事审判参考》2008年第2辑总第61辑，第36～43页。

核心提示 ➡ 利用代理公司业务的职务之便将签订合同所得之财物占为己有的，应如何定性？

要旨 ➡ 1. 被告人侵占的是本单位财物而非合同相对人财物。2. 被告人擅自支配35吨货物并占有其变现后的部分金钱，是利用了其代理公司业务的职务之便。

⑮《鲍敏颖等职务侵占上诉案》，载《人民法院案例选》2008年第3辑总第65辑。

核心提示 ➡ 利用担任化妆品专柜营业员的职务便利，侵吞其保管的化妆品赠品，由他人予以销赃。

⑯《贺某窃取托运物品》，载《刑事法律文件解读》2008年第2辑总第32辑，第105～109页。

核心提示 ➡ 临时装卸工窃取托运物品定何罪？

⑰《职务侵占罪中"利用职务便利"之解释》，载《公检法办案指南》2008年第10

辑总第 106 辑，第 149~176 页。

⑱《李某诈骗案——个人保险代理人骗取投保客户资料、假冒他人名义办理退保手续获取保险金的行为应如何定性》，载《公检法办案指南》2008 年第 7 辑总第 103 辑，第 161~165 页。

⑲《网络虚拟财产属于刑法意义上的公私财物》，载《公检法办案指南》2008 年第 6 辑总第 102 辑，第 177~179 页。

⑳《关于处理保险营销犯罪的几个程序问题》，载《公检法办案指南》2008 年第 5 辑总第 101 辑，第 159~163 页。

㉑《王一辉、金珂、汤明职务侵占案》，载《刑事审判参考》2007 年第 5 辑总第 58 辑，第 48~61 页。

核心提示➡利用职务便利盗卖单位游戏"武器装备"的行为如何定罪处罚？

要旨➡1. 虚拟财产可以成为刑法保护的对象。2. 利用职务便利盗卖游戏"武器、装备"的行为构成职务侵占罪。

㉒《陈建伍盗窃案》，载《刑事审判参考》2007 年第 5 辑总第 58 辑，第 40~47 页。

要旨➡在实施盗窃单位财物行为过程中没有利用职务便利的，其行为不构成职务侵占罪。

盗窃邮政局金库中存放的邮政储汇款是否构成盗窃金融机构？

1. 邮政局的经警队长的职责是负责邮政局的相关工作人员及财物的安全保卫工作，其职责范围内不具备对邮政储蓄资金的管理、主管、经手的权力，其对邮政储蓄资金没有支配、决定、处置或者实际控制权。邮政局的经警队长的工作性质不能与邮政储蓄资金直接接触，其直接接触邮政储蓄资金的行为，与其经警队长的职责无关。2. 邮政局的经警队长没有持有金库钥匙的权力。陈建伍利用邮政局出纳员对他身份的信任，骗出金库钥匙，私自配制并持有金库钥匙的行为，与其经警队长的职务无关。3. 邮政局的经警队长没有擅自打开邮政局金库和各金柜的权力。从陈建伍替同事值班负责看守金库，用电钻切割开一、二层金柜的门，用办公室的斧子砸开四个密码箱，盗走邮政储蓄资金的系列行为看，也与其经警队长职务无关。综上，本案被告人陈建伍在实施犯罪行为过程中，仅仅利用了他人对其身份的信任以及其因任经警熟悉作案环境的便利条件，而上述条件均不属于其职务之便利，因此其行为构成盗窃罪，而不构成职务侵占罪。

㉓《贺豫松职务侵占案》，载《刑事审判参考》2007 年第 4 辑总第 57 辑，第 43~47 页。

核心提示➡临时搬运工窃取铁路托运物资构成盗窃罪还是职务侵占罪？

要旨➡是否构成职务侵占罪，关键在于公司、企业和其他单位的工作人员非法占有单位财物（包括单位管理、使用、运输中的其他单位财产和私人财产）是否利用了职务上的便利，而非行为人在单位中的"身份"。本案中，被告人贺豫松作为中铁快运股份有限公司郑州站营业部招聘的委外装卸工，虽未与铁路公司依法签订劳动合同，却长期在火车站任装卸工，两者之间存在"事实劳动关系"，依法应认定为单位工作人员，当然可以成为职务侵占罪的犯罪主体。

我们认为，职务侵占罪中的"利用职务上的便利"可理解为单位人员利用主管、管理、经手单位财物的便利条件。所谓主管，一般是指对单位财物有调拨、安排、使用、决定的权力。所谓管理，是指具有决定、办理、处置某一事务的权力，并由此权力而对人事、财物产生一定的制约和影响。所谓经手，应是指因工作需要在一定时间内控制单位的财物，包括因工作需要合法持有单位财物的便利，而不包括因工作关系熟悉作案环境，容易接近单位财物等方便条件。

本案中，被告人贺豫松系火车站行包房装卸工，其在车站行包房的职责是根据行李员方向清单进行清点与接车，对列车所卸入库的货物装卸办理交接手续等，其对中转的货物具有一定的管理权和经手权。被告人贺豫松的盗窃行为，就是利用其当班管理、经手这些财物的职务之便，在自己负责的中转货物的库区对其管理、经手的货物实施掏芯手段将财物非法占为己有，完全可以认定为利用了职务上的便利而窃取单位财产，从而构成职务侵占罪。

㉔《刑事法律文件解读》2007年第6辑总第30辑，第294～295页。

核心提示➡ 通信公司职员利用系统漏洞使手机无限充值如何定性？

㉕《刘必仲挪用资金案》，载《刑事审判参考》2006年第1辑总第48辑，第30～40页以及《最新刑事法律文件解读》2006年第2辑总第14辑，第134～142页。

核心提示➡ 彩票销售人员不交纳投注金购买彩票并且事后无力偿付购买彩票款的行为如何定性？

要旨➡ 第一，被告人作为福利彩票投注站的承包经营人员，属刑法第272条第1款规定的"其他单位人员"。第二，彩票销售人员利用职务上的便利，不交纳投注金购买彩票，类似于证券、期货公司工作人员利用职务上的便利，挪用本单位资金或者客户资金用于炒股、购买期货等高风险投资，事后无力偿付购买彩票款是挪用后不退还的具体表现。

㉖《谢万棠职务侵占上诉案》〔2006〕江中法刑二终字第100号，江门市中级人民法院。

核心提示➡ 利用担任村委会主任、村党支部书记职务之便，采取虚增村利润从而虚增村干部计提奖励工资基数的方式，虚增村干部奖励工资额

㉗《丁钦宇挪用资金案》，载《刑事审判参考》2005年第1辑总第42辑，第46～50页。

核心提示➡ 村民委员会是否属于"其他单位"，"其他单位"的含义

要旨➡ 刑法第272条第1款规定的"其他单位"，范围非常广泛，既包括非国有事业单位，也包括其他依法成立的非国有社会组织、群众团体。村民委员会作为村民自我管理、自我教育、自我服务的基层群众性的自治组织，是经县级人民政府批准设立、不需要登记的社会团体，当然属于刑法第272条第1款规定的"其他单位"。

㉘《论非法人企业不宜纳入职务侵占罪的调整范畴》，载《刑事法判解研究》2005年第1辑总第10辑，第159～164页。

第二编 分则 第五章 侵犯财产罪

㉙《杨志华企业人员受贿案》，载《刑事审判参考》2004年第6辑总第41辑，第1~7页。

核心提示 ➡ 尚未领取《营业执照》，筹建中的公司、企业能否认定刑法意义上的公司、企业？

㉚《张建忠侵占案》，载《刑事审判参考》2004年第5辑总第40辑，第36~39页。

核心提示 ➡ 雇员利用职务之便将个体工商户的财产非法占为己有的如何定性？

要旨 ➡ 1.个体工商户的雇员不属于职务侵占罪的主体。个体工商户是特殊的民事主体，不具备单位的组织性特点。2.个体工商户雇员将代为保管的户主财产占为己有，数额较大，拒不退还的，构成侵占罪。

㉛《孙静故意毁坏财物案》，载《刑事审判参考》2004年第4辑总第39辑，第39~43页。

核心提示 ➡ 非法占有与毁坏行为的区分？

要旨 ➡ 并未占有牛奶和遵从作为食品或商品的牛奶和本来用途加以利用或处分，既未供自己或他人饮用，也未变卖牛奶占有货款，而是让其母亲将牛奶倒掉和让邻居拉去喂猪，这与通常意义上的以实现财物的价值和使用价值为目的的非法占有具有本质区别。

㉜《李兰香票据诈骗案》，载《刑事审判参考》2004年第4辑总第39辑，第20~26页。

要旨 ➡ 利用保管他公司工商登记、经营证章的便利条件，以他公司名义申领、签发支票并非法占有他公司财物行为的定性。

首先，不能以对于公司有关证章的保管的认定，来替代对于公司具体财产的保管的认定。实际上，公司的注册资金也无须任何人具体保管。其次，被告人不是基于对物的保管关系实现对物的直接侵占。其主要是通过骗领、签发、使用支票行为实际取得公司资金的，这与侵占罪通过拒不退还或者拒不交出合法持有物的取得他人财物方式是完全不同的。最后，由于被告人的身份不是新公司的成员，完成委托事项后仅是临时持有公司有关证章，而无权使用这些证章，对公司的财物不享有任何经营、管理权利，不能认定公司财物由其保管。因此，该行为既不属于侵占也不属于职务侵占。本案同时触犯伪造金融票证罪和票据诈骗两个罪名，按牵连犯的原则以票据诈骗罪处理。

㉝《尚荣多等贪污案》，载《刑事审判参考》2004年第4辑总第39辑，第54~61页。

要旨 ➡ 非法持有的财产，未在有关部门查处之前，也应受到刑法的保护。

㉞《向灵、刘永超挪用资金、职务侵占案》，载《刑事审判参考》2004年第2辑总第37辑，第47~53页。

核心提示 ➡ 挪用资金罪与职务侵占罪的区别

㉟《张伟、黄超军职务侵占案》，载《经济犯罪审判指导》2004年第4辑总第8辑。

要旨 ➡ 利用从事劳务的便利窃取本单位财物构成职务侵占罪。

㊱《张珍贵、黄文章职务侵占案》，载《刑事审判参考》2003年第6辑总第35辑，

1121

第 55~63 页。

核心提示➡受委托管理经营国有财产人员的认定；职务侵占罪的利用职务便利是否包括劳务？

要旨➡本案张珍贵所从事的门岗工作，属于劳务活动，不具有管理、经营性质，因而不属于受委托管理、经营国有财产的人。职务侵占罪中的利用职务便利，是指行为人利用主管、管理、经营、经手本单位财物之职的便利条件，这里的职务不限于经营、管理活动，同时还包括劳务活动。

㊲《林通职务侵占案》，载《刑事审判参考》2003 年第 3 辑总第 32 辑，第 49~52 页。

核心提示➡名义职务与实际职务不一致的应当如何判断是否利用了职便？

要旨➡一、合同工符合职务侵占主体特征。

二、职务范围，名义职务是押钞员，但证据显示该社把押钞员与出纳的某些职责归于一人。虽然违章，但责任在于信用社，林具有受单位委托兼有出纳、负责现金出入库等职责。

三、林利用了职便，1. 保管金库和保险柜钥匙的职便；2. 可以进出金库的职便。

㊳《赵某盗窃案》，载《刑事审判参考》2003 年第 3 辑总第 32 辑，第 49~52 页。

核心提示➡如何区分盗窃罪和职务侵占罪？

要旨➡本案关键在于是否利用职便；被告人利用看管钥匙之机配制了钥匙伺机作案，不妨可以认为利用了职便，但具体实施盗窃的时机是选择了他人值班之时，并不是其本人直接经手、管理的财物，应定盗窃。

㊴《于庆伟职务侵占案》，载《刑事审判参考》2003 年第 2 辑总第 31 辑，第 51~56 页。

核心提示➡先利用职便将托运货物截留后又虚假托运掩盖罪行应如何定性？单位的临时工能否构成职务侵占罪？

要旨➡本案是基于业务员合法取得控制权，并利用职务便利占有。刑法 271 条第 1 款职务侵占，未对单位工作人员成分进行划分，并未将临时工排除在主体之外，是否有职便应以其岗位和担负工作有无主管、管理或经手财物的职责。本案利用职便，采用虚构事实、隐瞒真相的方法将临时经手的单位财物非法占有，是本罪。

㊵《周建等职务侵占案》，载《经济犯罪审判指导与参考》。

要旨➡司机非法占有运送的财物构成职务侵占罪。

㊶《吴湘宾盗窃案》，载《经济犯罪审判指导与参考》2003 年第 2 辑总第 2 辑，第 58 页。

要旨➡非法占有不属于自己经管的财物不构成职务侵占罪。

㊷《司箐华职务侵占案》，载《经济犯罪审判指导与参考》，第 79 页。

要旨➡劳务人员不能成为贪污罪主体。

㊸《董佳、岑炯等伪造有价票证、职务侵占案》，载《刑事审判参考》2002 年第 6 辑总第 29 辑，第 17~23 页。

核心提示➡利用职便，通过向游客出售假观光券侵吞售票单位钱款的行为如何定性？

要旨➡本案表面上直接侵占的是游客的钱款，实质上属于公司应得的门票收入。被告分别利用售票员与检票员的职便。

㊹《潘勇、王伟职务侵占、虚报注册资本、贷款诈骗案》，载《刑事审判参考》2002年第4辑总第27辑，第34~41页。

要旨➡因单位拖欠工资及报销费用，而利用职便侵占单位财物的不构成职务侵占罪。

㊺《沈健职务侵占案》，载《人民法院案例选》2004年刑事专辑总第47辑。

核心提示➡银行实习生利用实习便利侵占客户存款的行为如何认定？

㊻《康金东盗窃案》，载《刑事审判参考》2001年第10辑总第21辑，第28~34页。

核心提示➡骗得财物保管权后秘密窃取代为保管的财物的应如何认定？

要旨➡不具备主体资格，故不定贪污；没有主管、管理、经手、经营金刚石的职责，不构成职务侵占；其非法占有故意产生于其取得代为保管金刚石之前，其代为保管不过是为其实施秘密窃取行为创造便利条件。

㊼《龙鹏武、龙雄武诈骗案》，载《刑事审判参考》2000年第2辑总第7辑，第37~43页以及《刑事审判案例》，第457~461页。

核心提示➡利用欺骗方法兼并后又利用职务便利将被兼并单位财物占为己有的行为如何定性？

要旨➡其非法占有目的产生在被告人使用欺骗的手段获得经营、管理公司、企业财物的职务之前，因此不能定职务侵占，其行为构成合同诈骗罪，但因其行为在1997年之前，根据从旧兼从轻的原则，对本案应适用1979年刑法以诈骗罪定罪处罚。

㊽《苟兴良等贪污、受贿案》，载《刑事审判参考合订本·第一卷》，第170~175页。

核心提示➡具有两种不同特定身份的人共同实施侵吞企业财产、收受财物的行为应如何定罪处罚？

㊾《陈贵杰等贪污案》，载《刑事审判参考合订本·第一卷》，第165~169页。

核心提示➡银行临时工与外部人员勾结监守自盗应如何定罪？

㊿《汪美坤、李云田等侵占、盗窃案》，载《刑事审判参考合订本·第一卷》，第132~135页。

核心提示➡企业聘用的合同工人勾结外部人员，利用工作上的便利，盗窃企业财物如何定性？

㉛《罗辉、王凌云侵占案》，载《刑事审判参考合订本·第一卷》，第125~131页。

核心提示➡公司职员利用职务之便，内外勾结骗取公司代管的客户保证金的行为，应如何适用法律？

㉜《周宏贪污案》，载《最高人民法院判例释解·刑事卷》，第362页。

核心提示➡停薪留职期间是否具有国家工作人员身份，受托公款私存并将存折交给单位后又到银行以挂失名义将钱取走是贪污还是盗窃？

第 272 条　第 1 款　挪用资金罪

公司、企业或者其他单位的工作人员，利用职务上的便利，挪用本单位资金归个人使用或者借贷给他人，数额较大、超过三个月未还的，或者虽未超过三个月，但数额较大、进行营利活动的，或者进行非法活动的，处三年以下有期徒刑或者拘役；挪用本单位资金数额巨大的，或者数额较大不退还的，处三年以上十年以下有期徒刑。

国有公司、企业或者其他国有单位中从事公务的人员和国有公司、企业或者其他国有单位委派到非国有公司、企业以及其他单位从事公务的人员有前款行为的，依照本法第三百八十四条的规定定罪处罚。

关联规范　➡ 完全整理

❶《中华人民共和国刑法》（1980 年 1 月 1 日）第 185 条　挪用资金罪、挪用公款罪

商业银行、证券交易所、期货交易所、证券公司、期货经纪公司、保险公司或者其他金融机构的工作人员利用职务上的便利，挪用本单位或者客户资金的，依照本法第二百七十二条的规定定罪处罚。

国有商业银行、证券交易所、期货交易所、证券公司、期货经纪公司、保险公司或者其他国有金融机构的工作人员和国有商业银行、证券交易所、期货交易所、证券公司、期货经纪公司、保险公司或者其他国有金融机构委派到前款规定中的非国有机构从事公务的人员有前款行为的，依照本法第三百八十四条的规定定罪处罚。

❷《中华人民共和国刑法》（1980 年 1 月 1 日）第 384 条　挪用公款罪

国家工作人员利用职务上的便利，挪用公款归个人使用，进行非法活动的，或者挪用公款数额较大、进行营利活动的，或者挪用公款数额较大、超过三个月未还的，是挪用公款罪，处五年以下有期徒刑或者拘役；情节严重的，处五年以上有期徒刑。挪用公款数额巨大不退还的，处十年以上有期徒刑或者无期徒刑。

挪用用于救灾、抢险、防汛、优抚、扶贫、移民、救济款物归个人使用的，从重处罚。

❸《刑法修正案》（1999 年 12 月 25 日　主席令 27 号）（节录）①

❹ 最高人民法院、最高人民检察院《关于办理国家出资企业中职务犯罪案件具体应用法律若干问题的意见》（2010 年 12 月 2 日　法发〔2010〕49 号）（节录）

三、关于国家出资企业工作人员使用改制公司、企业的资金担保个人贷款，用于购买改制公司、企业股份的行为的处理

国家出资企业的工作人员在公司、企业改制过程中为购买公司、企业股份，利用职务上的便利，将公司、企业的资金或者金额凭证、有价证券等用于个人贷款担保的，依照刑

---
① 对其解读见：《刑事审判参考》2000 年第 6 辑总第 11 辑，第 74~76 页以及《刑事司法指南》2000 年第 2 辑总第 2 辑，第 122~134 页。

法第二百七十二条或者第三百八十四条的规定，以挪用资金罪或者挪用公款罪定罪处罚。

行为人在改制前的国家出资企业持有股份的，不影响挪用数额的认定，但量刑时应当酌情考虑。

有关主管部门批准或者按照有关政策规定，国家出资企业的工作人员为购买改制公司、企业股份实施前款行为的，可以视具体情况不作为犯罪处理。

五、关于改制前后主体身份发生变化的犯罪的处理公司、国有独资企业，以及国有资本控股公司、国有资本参股公司

是否属于国家出资企业不清楚的，应遵循"谁投资，谁拥有产权"的原则进行界定。企业注册登记中的资金来源与实际出资不符的，应根据实际出资情况确定企业的性质。企业实际出资情况不清楚的，可以综合工商注册、分配形式、经营管理等因素确定企业的性质。

八、关于宽严相济刑事政策的具体贯彻

办理国家出资企业中的职务犯罪案件时，要综合考虑历史条件、企业发展、职工就业、社会稳定等因素，注意具体情况具体分析，严格把握犯罪与一般违规行为的区分界限。对于主观恶意明显、社会危害严重、群众反映强烈的严重犯罪，要坚决依法从严惩处；对于特定历史条件下，为了顺利完成企业改制而实施的违反国家政策法律规定的行为，行为人无主观恶意或者主观恶意不明显，情节较轻，危害不大的，可以不作为犯罪处理。

对于国家出资企业中的职务犯罪，要加大经济上的惩罚力度，充分重视财产刑的适用和执行，最大限度地挽回国家和人民利益遭受的损失。不能退赃的，在决定刑罚时，应当作为重要情节予以考虑。

5 最高人民检察院、公安部《关于公安机关管辖的刑事案件立案追诉标准的规定（二）》（2010年5月7日 公通字〔2010〕23号）（节录）①

第八十五条 公司、企业或者其他单位的工作人员，利用职务上的便利，挪用本单位资金归个人使用或者借贷给他人，涉嫌下列情形之一的，应予立案追诉：（一）挪用本单位资金数额在一万元至三万元以上，超过三个月未还的；（二）挪用本单位资金数额在一万元至三万元以上，进行营利活动的；（三）挪用本单位资金数额在五千元至二万元以上，进行非法活动的。

具有下列情形之一的，属于本条规定的"归个人使用"：（一）将本单位资金供本人、亲友或者其他自然人使用的；（二）以个人名义将本单位资金供其他单位使用的；（三）个人决定以单位名义将本单位资金供其他单位使用，谋取个人利益的。

6 最高人民法院、最高人民检察院、公安部《关于开展集中打击赌博违法犯罪活动专项行动有关工作的通知》（2005年1月10日 公通字〔2005〕2号）（节录）②

对实施贪污、挪用公款、职务侵占、挪用单位资金、挪用特定款物、受贿等犯罪，并将犯罪所得的款物、用于赌博的，分别依照刑法有关规定从重处罚；同时构成赌博罪的，

---

① 对其解读见：《刑事审判参考》2010年第4辑总第75辑，第127~158页。
② 对其解读见：《最新刑事法律文件解读》2005年第2辑总第2辑，第54页。

应依照刑法规定实行数罪并罚。

❼ 最高人民法院《关于挪用公款犯罪如何计算追诉期限问题的批复》（2003 年 9 月 22 日　法释〔2003〕16 号）①

根据刑法第八十九条、第三百八十四条的规定，挪用公款归个人使用，进行非法活动的，或者挪用公款数额较大、进行营利活动的，犯罪的追诉期限从挪用行为实施完毕之日起计算；挪用公款数额较大、超过三个月未还的，犯罪的追诉期限从挪用公款罪成立之日起计算。挪用公款行为有连续状态的，犯罪的追诉期限应当从最后一次挪用行为实施完毕之日或者犯罪成立之日起计算。

❽ 最高人民法院、最高人民检察院《关于办理妨害预防、控制突发传染病疫情等灾害的刑事案件具体应用法律若干问题的解释》（2003 年 5 月 15 日　法释〔2003〕8 号）（节录）②

第十四条　贪污、侵占用于预防、控制突发传染病疫情等灾害的款物或者挪用归个人使用，构成犯罪的，分别依照刑法第三百八十二条、第三百八十三条、第二百七十一条、第三百八十四条、第二百七十二条的规定，以贪污罪、侵占罪、挪用公款罪、挪用资金罪定罪，依法从重处罚。

❾ 公安部《关于村民小组组长以本组资金为他人担保贷款如何定性处理问题的批复》（2001 年 4 月 26 日　公法〔2001〕83 号）

现批复如下：村民小组组长利用职务上的便利，擅自将村民小组的集体财产为他人担保贷款，并以集体财产承担担保责任的，属于挪用资金归个人使用的行为。构成犯罪的，应当依照刑法第二百七十二条第一款的规定，以挪用资金罪追究行为人的刑事责任。

❿ 《全国法院审理金融犯罪案件工作座谈会纪要》（2001 年 1 月 21 日　法〔2001〕8 号）（节录）③

二、（二）关于破坏金融管理秩序罪

1. 非金融机构非法从事金融活动案件的处理

1998 年 7 月 13 日，国务院发布了《非法金融机构和非法金融业务活动取缔办法》。1998 年 8 月 11 日，国务院办公厅转发了中国人民银行整顿乱集资、乱批设金融机构和乱办金融业务实施方案，对整顿金融"三乱"工作的政策措施等问题做出了规定。各地根据整顿金融"三乱"工作实施方案的规定，对于未经中国人民银行批准，但是根据地方政府或有关部门文件设立并从事或变相从事金融业务的各类基金会、互助会、储金会等机构和组织，由各地人民政府和各有关部门限期进行清理整顿。超过实施方案规定期限继续从事非法金融业务活动的，依法予以取缔；情节严重、构成犯罪的，依法追究刑事责任。因此，

---

① 对其解读见：《刑事审判参考》2004 年第 1 辑总第 36 辑，第 124~127 页。
② 对其解读见：《刑事审判参考》2003 年第 3 辑总第 32 辑，第 160~164，188~197 页以及《"非典"防治时期相关犯罪的司法适用研究》，载《刑事司法指南》2003 年第 2 辑总第 14 辑，第 55~109 页。
③ 对其解读见：《刑事审判参考》2001 年第 4 辑总第 15 辑，第 63~76 页。

上述非法从事金融活动的机构和组织只要在实施方案规定期限之前停止非法金融业务活动的，对有关单位和责任人员，不应以擅自设立金融机构罪处理；对其以前从事的非法金融活动，一般也不作犯罪处理；这些机构和组织的人员利用职务实施的个人犯罪，如贪污罪、职务侵占罪、挪用公款罪、挪用资金罪等，应当根据具体案情分别依法定罪处罚。

3. 用账外客户资金非法拆借、发放贷款行为的认定和处罚

银行或者其他金融机构及其工作人员以牟利为目的，采取吸收客户资金不入账的方式，将客户资金用于非法拆借、发放贷款，造成重大损失的，构成用账外客户资金非法拆借、发放贷款罪。以牟利为目的，是指金融机构及其工作人员为本单位或者个人牟利，不具有这种目的，不构成该罪。这里的"牟利"，一般是指谋取用账外客户资金非法拆借、发放贷款所产生的非法收益，如利息、差价等。对于用款人为取得贷款而支付的回扣、手续费等，应根据具体情况分别处理：银行或者其他金融机构用账外客户资金非法拆借、发放贷款，收取的回扣、手续费等，应认定为"牟利"；银行或者其他金融机构的工作人员利用职务上的便利，用账外客户资金非法拆借、发放贷款，收取回扣、手续费等，数额较小的，以"牟利"论处；银行或者其他金融机构的工作人员将用款人支付给单位的回扣、手续费秘密占为己有，数额较大的，以贪污罪定罪处罚；银行或者其他金融机构的工作人员利用职务便利，用账外客户资金非法拆借、发放贷款，索取用款人的财物，或者非法收受其他财物，或者收取回扣、手续费等，数额较大的，以受贿罪定罪处罚。吸收客户资金不入账，是指不记入金融机构的法定存款账目，以逃避国家金融监管，至于是否记入法定账目以外设立的账目，不影响该罪成立。

审理银行或者其他金融机构及其工作人员用账外客户资金非法拆借、发放贷款案件，要注意将用账外客户资金非法拆借、发放贷款的行为与挪用公款罪和挪用资金罪区别开来。对于利用职务上的便利，挪用已经记入金融机构法定存款账户的客户资金归个人使用的，或者吸收客户资金不入账，却给客户开具银行存单，客户也认为将款已存入银行，该款却被行为人以个人名义借贷给他人的，均应认定为挪用公款罪或者挪用资金罪。

⑪ 最高人民检察院《关于挪用尚未注册成立公司资金的行为适用法律问题的批复》（2000年10月9日　高检发研字〔2000〕19号）①

经研究，批复如下：筹建公司的工作人员在公司登记注册前，利用职务上的便利，挪用准备设立的公司在银行开设的临时账户上的资金，归个人使用或者借贷给他人，数额较大、超过三个月未还的，或者虽未超过三个月，但数额较大、进行营利活动的，或者进行非法活动的，应当根据刑法第二百七十二条的规定，追究刑事责任。

⑫ 最高人民法院《关于如何理解刑法第二百七十二条规定的"挪用本单位资金归个人使用或者借贷给他人"问题的批复》（2000年7月27日　法释〔2000〕22号）②

---

①　对其解读见：《刑事审判参考》2001年第3辑总第14辑，第54页以及《解读最高人民检察院司法解释》，第361~364页。

②　对其解读见：《刑事审判参考》2000年第5辑总第10辑，第56、95页以及《解读最高人民法院司法解释·刑事、行政卷（1997~2002）》，第215~217页。

公司、企业或者其他单位的非国家工作人员，利用职务上的便利，挪用本单位资金归本人或者其他自然人使用，或者挪用人以个人名义将所挪用的资金借给其他自然人和单位，构成犯罪的，应当依照刑法第二百七十二条第一款的规定定罪处罚。

⑬ 最高人民法院《关于对受委托管理、经营国有财产人员挪用国有资金行为如何定罪问题的批复》（2000年2月24日　法释〔2000〕5号）①

对于受国家机关、国有公司、企业、事业单位、人民团体委托，管理、经营国有财产的非国家工作人员，利用职务上的便利，挪用国有资金归个人使用构成犯罪的，应当依照刑法第二百七十二条第一款的规定定罪处罚。

⑭ 浙江公检法《关于村民委员会等村基层组织人员利用职权实施犯罪适用法律若干问题的解答》（2005年7月27日　浙检会〔研〕〔2005〕7号）（节录）②

三、问：村基层组织人员侵吞、挪用土地征用补偿费用的行为，如何定性？答：村基层组织人员采取虚报土地数、人口数等手段侵吞土地征用补偿费用的行为，应认定为贪污罪。

土地征用补偿费用发放到村，村集体尚未提留前，村基层组织人员对土地征用补偿费用的侵吞、挪用行为，应认定为贪污罪或挪用公款罪。

土地征用补偿费用发放到村，村集体按规定提留后，村基层组织人员侵吞、挪用应当发放给农户的资金，以贪污罪或挪用公款罪认定；侵吞、挪用村集体提留的资金，以职务侵占罪或挪用资金罪认定。

四、问：当土地征用补偿费用与村集体资金混在同一账户时，村基层组织人员利用职务上的便利进行侵吞、挪用的，如何定性？答：有证据证实行为人主观意图明确指向土地补偿费用的，侵吞、挪用的资金在土地征用补偿费用数额内的，以贪污、挪用公款罪认定；超过的部分认定为职务侵占罪、挪用资金罪。

没有证据能够证实行为人主观意图指向土地补偿费用的，以职务侵占或挪用资金罪认定；超过村集体资金、属于土地征用补偿费用的部分，以贪污罪或挪用公款罪认定。

贪污、挪用土地征用补偿费用的数额与侵占、挪用集体资金的数额均未达到构罪标准，但总额达到职务侵占罪、挪用资金罪构罪标准的，以职务侵占罪、挪用资金罪认定。

⑮ 福建公检法《关于办理诈骗等案件掌握数额标准等问题的座谈会纪要》（2000年8月8日　闽高法〔2000〕148号）（节录）

六、刑法第272条规定的挪用资金罪，数额标准确定为：挪用单位资金二万元以上不满十五万元的属"数额较大"；挪用单位资金十五万元以上的属"数额巨大"。

但是，挪用单位资金用于非法活动的，一万元以上不满十万元的属"数额较大"，十万元以上的属"数额巨大"。

---

① 对其解读见：《刑事审判参考》2000年第3辑总第8辑，第89页以及《解读最高人民法院司法解释·刑事、行政卷（1997~2002）》，第211~212页。

② 对其解读见：《最新刑事法律文件解读》2005年第10辑总第10辑，第97~99页以及2006年第2辑总第14辑，第111~114页。

学理观点・典型案例 ➡ 索引与要旨

❶《谭某合同诈骗案》,载《刑事审判参考》2009 年第 5 辑总第 70 辑,第 17~23 页。

核心提示 ➡ 业务员冒用公司名义与他人签订合同违规收取货款的行为如何定性?

❷《范军盗窃案》,载《刑事审判参考》2008 年第 5 辑总第 64 辑,第 36~44 页。

核心提示 ➡ 偷配单位保险柜钥匙秘密窃取资金,留言表明日后归还的行为如何定性?

❸《陈焕林等挪用资金、贪污案》,载《刑事审判参考》2007 年第 4 辑总第 57 辑,第 56~63 页。

核心提示 ➡ 无法区分村民委员会人员利用职务之便挪用款项性质的如何定罪处罚?

要旨 ➡ 无法区分被挪用的款项性质的,以挪用资金罪追究村民委员会等村基层组织人员的刑事责任。

❹《刘必仲挪用资金案》,载《刑事审判参考》2006 年第 1 辑总第 48 辑,第 30~40 页以及《最新刑事法律文件解读》2006 年第 2 辑总第 14 辑,第 134~142 页。

核心提示 ➡ 彩票销售人员不交纳投注金购买彩票并且事后无力偿付购买彩票款的行为如何定性?

要旨 ➡ 被告人作为受委托管理、经营国有财产的人员,利用承包经营福利彩票投注站、销售福利彩票的职务便利,不交纳投注金购买彩票的行为,与直接挪用福利彩票投注站的资金购买彩票,在性质上是相同的,可视为挪用本单位资金购买彩票。彩票销售人员利用职务上的便利,不交纳投注金购买彩票,类似于证券、期货公司工作人员利用职务上的便利,挪用本单位资金或者客户资金用于炒股、购买期货等高风险投资,事后无力偿付购买彩票款是挪用后不退还的具体表现。

❺《试论在刑事审判中以"参照"方式适用法律》,载《最新刑事法律文件解读》2006 年第 11 辑总第 23 辑,第 122~131 页。

核心提示 ➡ 挪用资金罪是否可参照挪用公款罪司法解释的规定?

要旨 ➡ 在量刑时,某法院认为,虽然最高人民法院《关于审理挪用公款案件具体应用法律若干问题的解释》第 2 条第 2 项规定了"在案发前部分或者全部归还本息的,可以从轻处罚;情节轻微的,可以免除处罚";而挪用资金罪却没有相应的司法解释。鉴于挪用公款罪法定刑比挪用资金罪重,某法院参照挪用公款罪司法解释的规定,以挪用资金罪对具有自首和退赃情节的刘某某作出了免予刑事处罚的判决。

❻《对挪用资金罪"归个人使用"和"借贷给他人"的考量》,载《最新刑事法律文件解读》2006 年第 3 辑总第 15 辑,第 137~142 页。

❼《多次挪用资金行为的定罪量刑问题——以案例为视角》,载《公检法办案指南》总第 76 辑,第 145~153 页。

❽《丁钦宇挪用资金案》,载《刑事审判参考》2005 年第 1 辑总第 42 辑,第 46~50 页。

核心提示➡村民委员会成员利用职务上的便利，个人借用村集体资金或者将村集体资金借给他人使用的，能否以挪用公款罪追究刑事责任？村民委员会是否属于"其他单位"，"其他单位"的含义？

要旨➡捕、诉均认定挪用公款罪，一、二审均认定被告人身为农村基层组织的工作人员，利用职务之便，挪用农村集体资金用于营利活动且不退还，构成挪用资金罪。理由：根据2000年4月29日《关于〈中华人民共和国刑法〉第九十三条第二款的解释》，村民委员会成员只有在协助人民政府执行公务过程中利用职务上的便利实施犯罪活动的，才可以适用刑法关于国家工作人员的规定。

刑法第272条第1款规定的"其他单位"，范围非常广泛，既包括非国有事业单位，也包括其他依法成立的非国有社会组织、群众团体。村民委员会作为村民自我管理、自我教育、自我服务的基层群众性的自治组织，是经县级人民政府批准设立、不需要登记的社会团体，当然属于刑法第272条第1款规定的"其他单位"。

⑨《罪名变更与被害人诉讼权利的保护——张某挪用资金案》，载《刑事法判解研究》第1辑总第10辑，第88~92页。

⑩《杨志华企业人员受贿案》，载《刑事审判参考》2004年第6辑总第41辑，第1~7页。

核心提示➡尚未领取《营业执照》，筹建中的公司、企业能否认定刑法意义上的公司、企业？

⑪《尚荣多等贪污案》，载《刑事审判参考》2004年第4辑总第39辑，第54~61页。

要旨➡非法持有的财产，未在有关部门查处之前，也应受到刑法的保护。

⑫《向灵、刘永超挪用资金、职务侵占案》，载《刑事审判参考》2004年第2辑总第37辑，第47~53页。

核心提示➡挪用资金罪与职务侵占罪的区别

⑬《黄桂文挪用资金案》，载《经济犯罪审判指导》2004年第2辑总第6辑。

要旨➡将虚假出售房产按揭贷款提供给对方用于营利活动构成挪用资金。

⑭《刘国平挪用资金案》，载《最高人民法院公报》2004年第8辑总第94辑。

要旨➡法定代表人挪用性质不明的资金，无法认定行为人对公司资金享有什么权利，不构成挪用资金罪。

⑮《沈某挪用资金案》，载《刑事审判参考》2002年第2辑总第25辑，第59~63页。

要旨➡追诉时效也应适用从旧兼从轻原则。

第273条 挪用特定款物罪

挪用用于救灾、抢险、防汛、优抚、扶贫、移民、救济款物，情节严重，致使国家和人民群众利益遭受重大损害的，对直接责任人员，处三年以下有期徒刑或者拘役；情节特别严重的，处三年以上七年以下有期徒刑。

关 联 规 范　　⟹　完全整理

❶ 最高人民检察院、公安部《关于公安机关管辖的刑事案件立案追诉标准的规定（二）》（2010年5月7日　公通字〔2010〕23号）（节录）[①]

第八十六条　挪用用于救灾、抢险、防汛、优抚、扶贫、移民、救济款物，涉嫌下列情形之一的，应予立案追诉：（一）挪用特定款物数额在五千元以上的；（二）造成国家和人民群众直接经济损失数额在五万元以上的；（三）虽未达到上述数额标准，但多次挪用特定款物的，或者造成人民群众的生产、生活严重困难的；（四）严重损害国家声誉，或者造成恶劣社会影响的；（五）其他致使国家和人民群众利益遭受重大损害的情形。

第八十七条　本规定中的"多次"，是指三次以上。

第八十八条　本规定中的"虽未达到上述数额标准"，是指接近上述数额标准且已达到该数额的百分之八十以上的。

❷ 最高人民法院、最高人民检察院、公安部《关于开展集中打击赌博违法犯罪活动专项行动有关工作的通知》（2005年1月10日　公通字〔2005〕2号）（节录）[②]

"对实施贪污、挪用公款、职务侵占、挪用单位资金、挪用特定款物、受贿等犯罪，并将犯罪所得的款物、用于赌博的，分别依照刑法有关规定从重处罚；同时构成赌博罪的，应依照刑法规定实行数罪并罚。"

❸ 最高人民法院、最高人民检察院《关于办理妨害预防、控制突发传染病疫情等灾害的刑事案件具体应用法律若干问题的解释》（2003年5月15日　法释〔2003〕8号）（节录）[③]

第十四条（第二款）　挪用用于预防、控制突发传染病疫情等灾害的救灾、优抚、救济等款物，构成犯罪的，对直接责任人员，依照刑法第二百七十三条的规定，以挪用特定款物罪定罪处罚。

❹ 最高人民检察院《关于挪用失业保险基金和下岗职工基本生活保障资金的行为适用法律问题的批复》（2003年1月30日　高检发释字〔2003〕1号）[④]

挪用失业保险基金和下岗职工基本生活保障资金属于挪用救济款物。挪用失业保险基金和下岗职工基本生活保障资金，情节严重，致使国家和人民群众利益遭受重大损害的，对直接责任人员，应当依照刑法第二百七十三条的规定，以挪用特定款物罪追究刑事责任；

[①] 对其解读见：《刑事审判参考》2010年第4辑总第75辑，第127~158页。

[②] 对其解读见：《最新刑事法律文件解读》2005年第2辑总第2辑，第54页。

[③] 对其解读见：《刑事审判参考》2003年第3辑总第32辑，第160~164，188~197页以及《"非典"防治时期相关犯罪的司法适用研究》，载《刑事司法指南》2003年第2辑总第14辑，第55~109页。

[④] 对其解读见：《经济犯罪审判指导》2003年第2辑总第2辑，第194~200页。

国家工作人员利用职务上的便利，挪用失业保险基金和下岗职工基本生活保障资金归个人使用，构成犯罪的，应当依照刑法第三百八十四条的规定，以挪用公款罪追究刑事责任。

❺ 最高人民法院《关于审理挪用公款案件具体应用法律若干问题的解释》（1998年5月9日　法释〔1998〕9号）（节录）①

第三条（第四款）　挪用救灾、抢险、防汛、优抚、扶贫、移民、救济款物归个人使用的数额标准，参照挪用公款归个人使用进行非法活动的数额标准。

第274条　敲诈勒索罪

敲诈勒索公私财物，数额较大的，处三年以下有期徒刑、拘役或者管制；数额巨大或者有其他严重情节的，处三年以上十年以下有期徒刑。

中华人民共和国刑法修正案（八）（第十一届全国人民代表大会常务委员会第十九次会议2011年2月25日通过，中华人民共和国主席令第四十一号公布，自2011年5月1日起施行。）

四十、将刑法第二百七十四条修改为："敲诈勒索公私财物，数额较大或者多次敲诈勒索的，处三年以下有期徒刑、拘役或者管制，并处或者单处罚金；数额巨大或者有其他严重情节的，处三年以上十年以下有期徒刑，并处罚金；数额特别巨大或者有其他特别严重情节的，处十年以上有期徒刑，并处罚金。"

关联规范　➡ 完全整理

❶ 人大常委会《关于维护互联网安全的决定》（2000年12月28日）（节录）②

四、（三）利用互联网进行盗窃、诈骗、敲诈勒索。

❷ 最高人民法院、最高人民检察院、公安部等五部委《关于办理流动性团伙性跨区域性犯罪案件有关问题的意见》（2011年4月11日　公通字〔2011〕14号）（节录）

第一条　流动性、团伙性、跨区域性犯罪案件，由犯罪地的公安机关、人民检察院、人民法院管辖。如果由犯罪嫌疑人、被告人居住地的公安机关、人民检察院、人民法院管辖更为适宜的，可以由犯罪嫌疑人、被告人居住地的公安机关、人民检察院、人民法院管辖。犯罪地包括犯罪行为发生地和犯罪结果发生地。犯罪嫌疑人、被告人居住地包括经常居住地、户籍所在地。

前款中所称"犯罪行为发生地"包括被害人接到诈骗、敲诈勒索电话、短信息、电子邮件、信件、传真等犯罪信息的地方，以及犯罪行为持续发生的开始地、流转地、结束地；"犯罪结果发生地"包括被害人向犯罪嫌疑人、被告人指定的账户转账或存款的地方，以及犯罪所得的实际取得地、藏匿地、转移地、使用地、销售地。

---

① 对其解读见：《解读最高人民法院司法解释·刑事、行政卷（1997～2002）》，第318～324页。
② 对其解读见：《刑事审判参考》2001年第4辑总第15辑，第52～58页。

第二编　分则　第五章　侵犯财产罪

第二条　几个公安机关都有权管辖的案件，由最初受理的公安机关管辖。对管辖有争议的，应当本着有利于查清犯罪事实，有利于诉讼的原则，协商解决。经协商无法达成一致的，报共同的上级公安机关指定管辖。

第三条　有下列情形之一的，主办地公安机关可以依照法律和有关规定对全部人员和全部案件一并立案侦查，需要提请批准逮捕、移送审查起诉、提起公诉的，由该公安机关所在地的同级人民检察院、人民法院受理：

（一）一人在两个以上县级行政区域作案的；

（二）一人在一地利用电话、网络、信件等通讯工具和媒介以非接触性的方式作案，涉及两个以上县级行政区域的被害人的；

（三）两人以上结伙在两个以上县级行政区域共同作案的；

（四）两人以上结伙在一地利用电话、网络、信件等通讯工具和媒介以非接触性的方式作案，涉及两个以上县级行政区域的被害人的；

（五）三人以上时分时合，交叉结伙在两个以上县级行政区域作案的；

（六）跨区域实施的涉同一犯罪对象的盗窃、抢劫、抢夺、诈骗、敲诈勒索以及掩饰、隐瞒犯罪所得、犯罪所得收益行为的。

第四条　人民检察院对公安机关移送审查起诉的案件，人民法院对于已进入审判程序的案件，当事人、法定代理人、诉讼代理人、辩护人提出管辖异议，或者办案单位发现没有管辖权的，受案的人民检察院、人民法院经审查，可以报请与有管辖权的人民检察院、人民法院共同的上级人民检察院、人民法院指定管辖。

③ 最高人民法院《人民法院量刑指导意见（试行）》（2010年9月13日　法发〔2010〕36号）（节录）

四、常见犯罪的量刑

（十）敲诈勒索罪

1. 构成敲诈勒索罪的，可以根据下列不同情形在相应的幅度内确定量刑起点：

（1）达到数额较大起点的，可以在三个月拘役至六个月有期徒刑幅度内确定量刑起点。

（2）达到数额巨大起点或者有其他严重情节的，可以在三年至四年有期徒刑幅度内确定量刑起点。

2. 在量刑起点的基础上，可以根据敲诈勒索数额、手段等其他影响犯罪构成的犯罪事实增加刑罚量，确定基准刑。

④ 最高人民法院《关于审理抢劫、抢夺刑事案件适用法律若干问题的意见》（2005年6月8日　法发〔2005〕8号）（节录）[1]

九、关于抢劫罪与相似犯罪的界限：1. 冒充正在执行公务的人民警察、联防人员，以抓卖淫嫖娼、赌博等违法行为为名非法占有财物的行为定性：行为人冒充正在执行公务的

---

[1] 对其解读见：《刑事审判参考》2005年第1辑总第42辑，第93~98页以及2005年第2辑总第43辑，第71~92页。

人民警察"抓赌"、"抓嫖"、没收赌资或者罚款的行为，构成犯罪的，以招摇撞骗罪从重处罚；在实施上述行为中使用暴力或暴力威胁的，以抢劫罪定罪处罚。行为人冒充治安联防队员"抓赌"、"抓嫖"、没收赌资或者罚款的行为，构成犯罪的，以敲诈勒索罪定罪处罚；在实施上述行为中使用暴力或者暴力威胁的，以抢劫罪定罪处罚。

5 最高人民法院《关于敲诈勒索罪数额认定标准问题的规定》（2000年5月18日法释〔2000〕11号）①

一、敲诈勒索公私财物"数额较大"，以1千元至3千元为起点；

二、敲诈勒索公私财物"数额巨大"，以1万元至3万元为起点。

6 上海、北京、广东、湖北、江苏高级人民法院《〈人民法院量刑指导意见（试行）〉实施细则（试行）》（2010年10月1日）

7 福建省高级人民法院《〈人民法院量刑指导意见（试行）〉实施细则（试行）》（2010年9月30日 闽高法发〔2010〕21号）（节录）

四、常见罪名的量刑

（十）敲诈勒索罪

1. 构成敲诈勒索罪的，根据下列不同情形在相应的幅度内确定量刑起点：

（1）敲诈数额达到较大1000元起点的，可以在三个月拘役至六个月有期徒刑幅度内确定量刑起点；

（2）敲诈数额达到巨大10000元起点或者有其他严重情节的，可以在三年至四年有期徒刑幅度内确定量刑起点。

2. 在量刑起点的基础上，根据敲诈勒索数额、次数、手段、致人伤害后果等犯罪事实增加刑罚量，确定基准刑：

（1）敲诈勒索数额较大，数额每增加300元，可以增加一个月刑期；

（2）敲诈勒索数额巨大，数额每增加3000元，可以增加一个月刑期。

3. 有下列情节之一的，可增加基准刑的20%以下：

（1）多次敲诈勒索的；

（2）冒充国家机关工作人员敲诈勒索的。

4. 因婚姻、邻里纠纷等民间矛盾引发的，可以减少基准刑的30%以下。

8 浙江省高级人民法院《浙江省〈人民法院量刑指导意见（试行）〉实施细则》（2010年9月29日 浙高法〔2010〕280号）（节录）

（十）敲诈勒索罪

1. 构成敲诈勒索罪的，可以根据下列不同情形在相应的幅度内确定量刑起点：

（1）达到数额较大起点的，可以在六个月至一年有期徒刑幅度内确定量刑起点。

（2）达到数额巨大起点或者有其他严重情节的，可以在三年至四年有期徒刑幅度内确定量刑起点。

---

① 对其解读见：《解读最高人民法院司法解释·刑事、行政卷（1997~2002）》，第213~214页。

2. 在量刑起点的基础上，可以根据敲诈勒索数额、手段等其他影响犯罪构成的犯罪事实增加刑罚量，确定基准刑：

（1）每造成一人轻微伤的，可以增加三个月至六个月刑期；

（2）每造成一人轻伤的，可以增加六个月至一年刑期。

3. 有下列情节之一的，可以增加基准刑的20%以下：

（1）以非法手段获取他人隐私勒索他人财物的；

（2）以危险方法制造事端进行敲诈勒索的；

（3）冒充国家机关工作人员敲诈勒索的；

（4）手段恶劣，造成被害人精神失常或者其他严重后果的。

❾ 福建省公检法、司法厅《关于适用缓刑若干问题的意见（试行）》（2008年9月16日　闽高法〔2008〕278号）（节录）①

（六）盗窃罪、诈骗罪、敲诈勒索罪

盗窃、诈骗、敲诈勒索犯罪属多发性侵财犯罪，应从犯罪分子的主观恶性，犯罪数额、手段和后果，认罪态度和退赃情况，以及监管条件等方面考虑是否适用缓刑，区别对待。

对具有下列情形之一，符合法律规定缓刑条件的，可以适用缓刑：（1）偶犯，犯罪数额较大，能积极配合司法机关追回或者积极退回赃款赃物的；（2）初次作案，犯罪数额巨大，但具有法定从轻或者减轻处罚情节的；（3）因生活所迫而实施犯罪，数额较大或刚刚达到数额巨大标准的，但能积极配合司法机关追回或退回赃款赃物的。

❿ 厦门市中级人民法院《未成年人刑事案件审判工作细则》（2008年1月4日　厦中法发〔2008〕1号）（节录）

第三十四条　已满十四周岁不满十六周岁的人使用轻微暴力或者威胁，强行索要其他未成年人随身携带的生活、学习用品或者钱财的，具备下列条件可不认为是犯罪：1. 对未成年的在校生强行索要；2. 未持刀或者其他凶器等对被害人实施暴力；3. 索要其他未成年人随身携带的生活、学习用品或者少量钱财，数额在人民币500元以下；4. 未造成被害人轻微伤以上或者不敢正常到校学习或者参与社会活动等危害后果。

已满十六周岁不满十八周岁的人实施上述行为是否认定为犯罪，应结合实施强索行为人的一贯表现、强索现象是否严重、对正常的校园秩序造成的社会影响，实施强索行为的时间、地点、对象、动机、手段、态度等多种因素酌定。

⓫ 浙江省高级人民法院刑二庭《全省法院经济犯罪疑难问题研讨会纪要（二）》（2006年6月29日　浙高法刑二〔2006〕1号）（节录）

十二、提出的敲诈勒索数额没有全部获取时的犯罪数额的认定

行为人敲诈他人并提出明确的敲诈数额，但因意志外原因而只取得部分钱财，未取得全部钱财时，犯罪数额应全额认定，未取得的部分可作为量刑情节予以考虑。行为人在敲诈勒索的实行过程中，逐渐明确敲诈数额的，以最后确定的数额作为犯罪数额。

---

① 对其解读见：《刑事法律文件解读》2009年第10辑总第52辑，第77~88页。

⑫ 福建公检法《关于办理诈骗等案件掌握数额标准等问题的座谈会纪要》（2000年8月8日 闽高法〔2000〕148号）（节录）

敲诈勒索财物价值1千元以上不满1万元的属"数额较大"；价值1万元以上的属"数额巨大"。

学理观点·典型案例 ➡ 索引与要旨

❶《刑法修正案（八）》（2011年2月25日）①

❷《析金某敲诈勒索案》，载《刑事司法指南》2010年第2辑总第42辑，第211~219页。

要旨 ➡ 抢夺后，行为人收取被害人主动提出的"赎金"后不予归还所抢财物的行为定性。

❸《王某抢夺案》，载《最新刑事法律文件解读》2010年第5辑总第59辑，第117~119页。

核心提示 ➡ 抢夺他人存折后索取密码取款是敲诈勒索罪还是抢夺罪？

❹《王建军等人敲诈勒索案》，载《刑事法律文件解读》2010年第3辑总第57辑，第117~122页。

核心提示 ➡ 酒中掺麻醉药强行劝酒，又设置赌局让被害人输钱写借条及扣押车辆，索取他人数额巨大的钱财的行为，应如何定性？如何认定并区分抢劫罪、诈骗罪与敲诈勒索罪？

❺《故意制造交通事故行为的定性问题》，载《公检法办案指南》2010年第7辑总第127辑，第161~169页。

❻《谢家海等敲诈勒索案》，载《最高人民法院公报》2009年第10辑总第156辑。

要旨 ➡ 采取轻微的暴力殴打行为，对准备持刀作案的被害人进行控制，以报警为要挟，勒索财物。

❼《李跃等以危险方法危害公共安全案》，载《刑事审判参考》2009年第6辑总第71辑，第9~16页。

核心提示 ➡ 在城市主干路采用故意驾驶机动车撞击他人车辆制造交通事故的手段勒索钱财的行为如何定罪？

❽《杨聪慧、马文明盗窃机动车号牌案》，载《刑事审判参考》2009年第5辑总第70辑，第54~59页。

核心提示 ➡ 以勒索钱财为目的盗窃机动车号牌的如何定罪处罚？

❾《李彬、袁南京、胡海珍等绑架、非法拘禁、敲诈勒索案》，载《刑事审判参考》

---

① 对其解读见：《刑事审判参考》2011年第4辑总第81辑，第83~117页以及《公检法办案指南》2011年第3辑总第135辑，第13~121页。

2009 年第 4 辑总第 69 辑，第 57~65 页。

核心提示➡帮人"讨债"参与绑架，与人质谈好"报酬"后将其释放，事后索要"报酬"的如何定罪处罚？

⑩《抢劫罪与敲诈勒索罪本质特征的认定问题》，载《刑事司法指南》2009 年第 2 辑总第 38 辑，第 211~221 页。

⑪《抢劫罪与敲诈勒索罪的司法认定》，载《公检法办案指南》2009 年第 3 辑总第 111 辑，第 155~164 页。

⑫《夏某理等人敲诈勒索案》，载《刑事审判参考》2008 年第 5 辑总第 64 辑，第 45~53 页。

核心提示➡拆迁户以举报开发商违法行为为手段索取巨额补偿款是否构成敲诈勒索罪？

⑬《将他人挟持并敲诈勒索财物财物的行为如何定性》，载《公检法办案指南》2008 年第 6 辑总第 102 辑，第 180~183 页。

⑭《张舒娟敲诈勒索案》，载《刑事审判参考》2007 年第 3 辑总第 56 辑，第 31~35 页。

核心提示➡利用被害人年幼将其哄骗至外地继而敲诈其家属钱财的能否构成绑架罪？

要旨➡没有对戴磊进行人身强制，其行为侵害的客体主要应当为戴磊家人的财产权利。

⑮《张超群、张克银盗窃案》，载《刑事审判参考》2007 年第 1 辑总第 54 辑，第 35~41 页。

核心提示➡窃取他人挖掘机电脑主板后向被害人索取钱财的行为如何定罪处罚？

要旨➡被告人张超群、张克银共同秘密窃取电脑主板后向被害人索取钱财的犯罪行为构成牵连犯。被告人实施盗窃行为是为实施敲诈勒索行为创造条件，盗窃行为和敲诈勒索行为都是围绕一个最终犯罪目的——勒索钱财，因而手段行为和目的行为之间具有牵连关系，而且被告人对两个犯罪行为之间的牵连关系有明确的认知，因此成立牵连犯。

⑯《刑事法律文件解读》2007 年第 6 辑总第 30 辑，第 292~293 页。

要旨➡先偷盗后敲诈是否构成数罪并罚？

⑰《林华明等敲诈勒索案》，载《刑事审判参考》2005 年第 3 辑总第 44 辑，第 67~70 页。

核心提示➡正确区分抢劫罪与敲诈勒索罪

要旨➡被害人并非是因为被被告人打了两巴掌被迫交出财物的，而是因为被告人掌握了其在单位盗窃皮带的事实，害怕他们告发被单位除名才被迫交出财物，即被告人主要是以要挟手段非法占有被害人财物，其行为符合敲诈勒索罪的特征。

⑱《夏鹏飞、汪宣峰抢劫、敲诈勒索、盗窃案》，载《刑事审判参考》2005 年第 1 辑总第 42 辑，第 37~45 页。

核心提示➡先劫取钱财而后购买相机并用以拍摄裸照作为要挟以敲诈钱款，是否牵连犯？

要旨➡被告人夏鹏飞、汪宣峰两人在主观上可能有以下认识，即以劫取的钱财购买照相机而作为拍摄裸照的工具，似乎以此作为敲诈勒索的手段，但客观上劫取钱财的手段并不能直接使二人达到敲诈更多钱财的目的，两者之间缺乏内在的联系。

⑲《石志刚、于国伟、王功生等敲诈勒索、故意伤害案》，载《经济犯罪审判指导》2004年第4辑总第8辑。

要旨➡对特定对象使用暴力、威胁索要钱财的行为可构成敲诈勒索罪。

⑳《敲诈勒索系列案件的比较与分析》，载《刑事司法指南》2004年第4辑总第20辑，第61~82页。

要旨➡1. 罪与非罪的认定；2. 敲诈勒索罪与抢劫罪区分；3. 敲诈勒索罪与抢夺罪区分；4. 敲诈勒索与绑架区分。

㉑《陈宗发故意杀人、敲诈勒索案》，载《刑事审判参考》2003年第5辑总第34辑，第1~7页。

要旨➡将被害人杀死后，以被害人被绑架为名，向被害人亲属勒索钱款的行为构成敲诈勒索罪，敲诈勒索罪的特征及既遂、未遂问题

使被害人受到精神强制，是本质特征。侵犯财产的犯罪，首先应当考虑以财物的交付或取得作为认定既遂与未遂的标准。

㉒《李宝良故意伤害、敲诈勒索案》，载《经济犯罪审判指导与参考》2003年第4辑总第4辑，第28页。

要旨➡伪称货主吓唬买赃人并非非法占有赃物构成敲诈勒索。

㉓《刑法中的注意规定与法律拟制及其运用分析》，载《刑事司法指南》2003年第3辑总第15辑，第70~108页。

要旨➡而法律拟制只能适用于具有拟制规定的情形，不得适用于没有拟制规定的情形。例如，《刑法》第269条只是规定，对于犯盗窃罪、诈骗罪、抢夺罪，出于特定目的，当场使用暴力或者以暴力相威胁的，赋予抢劫罪的法律效果；因此，对于犯敲诈勒索罪、聚众哄抢罪，出于特定目的，当场使用暴力或者以暴力相威胁的，不得比照《刑法》第269条认定为抢劫罪。

㉔《李品华、潘才庆、潘才军诈骗案》，载《刑事审判参考》2002年第6辑总第29辑，第25~32页。

核心提示➡故意制造交通事故骗取赔偿款的行为如何定性？

要旨➡1. 不属于通过威胁或要挟方法，致使被害人基于恐惧心理而被迫交付财物，不是敲诈勒索；被害人对交通事故系被告故意所为不知情，不存在被要挟前提，被告人无需要挟且未要挟，被害人认为过错在己，赔偿理所应当，对交警调解无异议。2. 被害对象虽不特定，但每次车辆均是经选择的一辆，以小车擦货车，真正危险是在被告人，对公共安全最多只是间接故意，对间接故意，一般只在发生后果才追究；本案被告人凭借其车技，使自己车辆造成轻微损伤，无论从主观、客观，均不构成危害公共安全。3. 本案事故并非

被害人过失,而是被告人故意所为,致使被害人及交警均误认为事故系被害人所为,并据此要被害人赔偿;虽是经第三方完成,但当事人一方明知对方当事人欺诈的诉讼诈骗行为具有质的不同。

㉕《金建平编造虚假恐怖信息案》,载《刑事审判参考》2002年第5辑总第28辑,第59~63页。

核心提示 ➡ 为实施编造虚假恐怖信息罪而敲诈公安机关的行为应如何定性?

要旨 ➡ 本案的敲诈行为只是手段,包括报账户,只是使看上去更真实些,其本人无非法占有目的,不可能拿到如此巨大的钱款,故不定敲诈勒索。

㉖《熊志华绑架案》,载《刑事审判参考》2002年第1辑总第24辑,第34~39页。

核心提示 ➡ 捉奸后暴力殴打被害人,被害人愿以2万元私了时强迫被害人写10万元欠条,被害人以急需钱为由叫朋友送钱给被告人,该行为如何定性?兼谈如何准确区分敲诈勒索与抢劫、绑架的界限?

要旨 ➡ 被告人的暴力行为是一时激愤的单纯的伤害行为,而非出于抢劫故意的暴力,绝不能贸然地将此与后面的勒索钱财行为联系在一起。此后,当被害人为了脱身,主动提出愿以2万元私了时,被告人才产生了借机勒索其钱财的故意。这里,一方"主动破财消灾",一方"借机勒索",均属事出有因。被告人勒索钱财,是实实在在的借机要挟,故不是抢劫。

㉗《何木生抢劫案》,载《刑事审判参考》2001年第12辑总第23辑,第28~33页。

核心提示 ➡ 被害人被暴力威胁后,出外借钱交给被告人行为如何定性?如何理解"当场"?兼谈敲诈勒索与抢劫之区分?

要旨 ➡ 从被害人完全按照被害人的要求去筹款并即时地将所筹款交给被告人,可以认定这种强制是自始至终存在的,更何况被害人的妻女仍然处于被告人的直接和现实的暴力胁迫之下。

㉘《刑事审判参考》2001年第12辑总第23辑,第79~82页。

核心提示 ➡ 冒充警察以"抓赌"、"抓嫖"为名非法获取他人财物没有使用暴力或者使用暴力不明显的行为如何定性?

要旨 ➡ 行为过程中若直接使用暴力或者明显的胁迫手段,定抢劫是无疑问的,但若暴力不明显,则应认真分析。抢劫罪的"胁迫"手段,是指以当场即时实施暴力相威胁,实行精神强制,使被害人产生恐惧而不敢抗拒。本案中,被告人所采取的要将被害人带到派出所审查的威胁手段,对于被害人来说,如果行为人是真的警察,这不能算作是"威胁"或者"胁迫"。若是假警察,则明显带有威胁或者胁迫的性质。但是,与当场可能实施的暴力、胁迫相比较,其威胁程度稍轻,紧迫性稍缓,被害人要想躲避,还有一定的回旋余地。因此应该是要挟而非成立抢劫罪所要求的"胁迫"。胁迫与要挟对被害人的恐惧感来说,还是有一定区别的。另外,三被告人多次作案,其暴力特征均并不明显。所实施的一定程度的殴打和搜身行为,主要不是针对被害人的人身安全,而是要强化其要挟的力度,以便能更顺利地从被害人处获取财物,如果据此认定被告人的行为构成抢劫罪,不符合本案的本质特征,当然也就不能适用"冒充军警人员抢劫"的情节。在行为人冒充警察以"抓赌"、"抓嫖"为名获取财物的情况下,被害人肯定不愿交出财物,行为人实际上必须

1139

以"权势"或者将其不法行为曝光等手段相要挟、逼迫，这更符合敲诈勒索罪利用他人的"短处"强索钱财的特征。对其行为应以敲诈勒索罪处理。

㉙《实行过限、转化犯的司法认定及处理》，载《刑事审判参考》2001 年第 11 辑总第 22 辑，第 75～79 页。

核心提示 ➡ 非法拘禁过程中又产生非法占有目的而对被拘禁人家属敲诈勒索财物应如何定性？

要旨 ➡ 行为人从非法把他人拘禁起来时始，至他人恢复人身自由时止，非法拘禁的行为始终是处于持续不断状态的。在非法拘禁行为的持续期间，如行为人改变了单纯的非法拘禁故意，转而以勒索财物为目的，向被拘禁人的亲属财物，则又符合绑架罪的特征，构成绑架罪，而不是敲诈勒索罪。在这种情况下，应根据吸收犯中重罪吸收轻罪的原理，对被告人以绑架罪一罪定罪处罚，而不是以非法拘禁罪和绑架罪实行两罪并罚。

㉚《周建平等四人抢劫、敲诈勒索案》，载《刑事审判参考》2001 年第 7 辑总第 18 辑，第 39～44 页。

核心提示 ➡ 如何正确区分抢劫与绑架、敲诈勒索的界限？

㉛《梁小红故意杀人案》，载《刑事审判参考》2001 年第 5 辑总第 16 辑，第 22～27 页。

核心提示 ➡ 对杀人后为掩盖罪行而写信勒索钱财并恐吓他人的行为应如何定性？

要旨 ➡ 被告人为转移公安机关的侦查视线，掩盖罪行而书写勒索信，不具有非法占有他人财物的故意，其行为不构成绑架罪与敲诈勒索罪。

第 275 条　故意毁坏财物罪

故意毁坏公私财物，数额较大或者有其他严重情节的，处三年以下有期徒刑、拘役或者罚金；数额巨大或者有其他特别严重情节的，处三年以上七年以下有期徒刑。

关　联　规　范 ➡ **完全整理**

❶ 最高人民检察院、公安部《关于公安机关管辖的刑事案件立案追诉标准的规定（一）》（2008 年 6 月 25 日　公通字〔2008〕36 号）（节录）

第三十三条　故意毁坏公私财物，涉嫌下列情形之一的，应予立案追诉：（一）造成公私财物损失五千元以上的；（二）毁坏公私财物三次以上的；（三）纠集三人以上公然毁坏公私财物的；（四）其他情节严重的情形。

❷ 最高人民法院《关于审理破坏公用电信设施刑事案件具体应用法律若干问题的解释》（2004 年 12 月 30 日　法释〔2004〕21 号）（节录）①

第三条　故意破坏正在使用的公用电信设施尚未危害公共安全，或者故意毁坏尚未投

---

① 对其解读见：《刑事审判参考》2004 年第 6 辑总第 41 辑，第 75～76，135～145 页。

入使用的公用电信设施,造成财物损失,构成犯罪的,依照刑法第二百七十五条规定,以故意毁坏财物罪定罪处罚。

盗窃公用电信设施价值数额不大,但是构成危害公共安全犯罪的,依照刑法第一百二十四条的规定定罪处罚;盗窃公用电信设施同时构成盗窃罪和破坏公用电信设施罪的,依照处罚较重的规定定罪处罚。

❸ 最高人民法院《关于审理盗窃案件具体应用法律若干问题的解释》(1998 年 3 月 17 日 法释〔1998〕4 号)(节录)①

第十二条 审理盗窃案件,应当注意区分盗窃罪与其他犯罪的界限:

(四)为练习开车、游乐等目的,多次偷开机动车辆,并将机动车辆丢失的,以盗窃罪定罪处罚;在偷开机动车辆过程中发生交通肇事构成犯罪,又构成其他罪的,应当以交通肇事罪和其他罪实行数罪并罚;偷开机动车辆造成车辆损坏的,按照刑法第二百七十五条的规定定罪处罚;偶尔偷开机动车辆,情节轻微的,可以不认为是犯罪。

(五)实施盗窃犯罪,造成公私财物损毁的,以盗窃罪从重处罚;又构成其他犯罪的,择一重罪从重处罚;盗窃公私财物未构成盗窃罪,但因采用破坏性手段造成公私财物损毁数额较大的,以故意毁坏财物罪定罪处罚。盗窃后,为掩盖盗窃罪行或者报复等,故意破坏公私财物构成犯罪的,应当以盗窃罪和构成的其他罪实行数罪并罚。

❹ 福建省公检法《关于修订福建省森林失火案件数额标准和重申执行福建省故意毁坏林木案件数额标准的意见》(2010 年 4 月 9 日 闽高法〔2010〕174 号)(节录)

四、故意毁坏林木案件的数额标准,仍按照 2001 年 12 月 30 日,闽高法〔2001〕395 号《福建省高级人民法院、福建省人民检察院、福建省公安厅关于修订故意毁坏财物(林木)案件数额标准的意见》执行。

❺ 福建省公检法《联席会议纪要》(2010 年 3 月 26 日 闽检会〔2010〕2 号)(节录)

九、关于故意毁坏公私财物行为的刑事追诉标准问题。2008 年 5 月,最高人民检察院、公安部制定出台《关于公安机关管辖的刑事案件立案追诉标准的规定》(公通字〔2008〕36 号)第三十三条规定"故意毁坏公私财物,涉嫌下列情况之一的,应予立案追诉:(一)造成公私财物损失五千元以上的;(二)毁坏公私财物三次以上的;(三)纠集三人以上公然毁坏公私财物的;(四)其他情节严重的情形。"而 2000 年 8 月 9 日,省公检法三家共同出台《关于办理诈骗等案件掌握数额标准等问题的座谈会纪要》(闽高法〔2000〕148 号)第八项"刑法第 275 条规定的故意毁坏财物罪,数额标准确定为:故意毁坏财物价值一万元以上不满五万元的属数额较大;故意毁坏财物价值五万元以上的属数额巨大"。鉴于福建省情况,会议议定在我省范围内,故意毁坏财物罪仍以闽高法〔2000〕148 号《会议纪要》确定的标准为追诉标准。

❻ 厦门市人民检察院《征地拆迁过程中可能涉及的主要刑事犯罪法律适用及参考证

---

① 对其解读见:《解读最高人民法院司法解释·刑事、行政卷(1997~2002)》,第 198~208 页。

据规格》（2005年7月　检察业务〔2005〕004号）（节录）

八、故意毁坏财物罪，是指故意毁灭或者损坏公私财物，数额较大或者情节严重的行为。

关于本罪的定罪情节：法条规定，故意毁坏财物的行为构成犯罪须具备"数额较大或者有其他严重情节"的条件。"其他严重情节"可以理解为下列之一的情形：（1）毁坏国家重要机构的重要物资的；（2）毁坏救灾、抢险、防汛、优抚、扶贫、移民、救济、医疗物资，引起较为严重后果的；（3）故意毁坏他人生产资料，严重影响生产的；（4）动机非常卑劣，例如，报复他人或嫁祸于人的；（5）具有其他恶劣情节的。

关于本罪的重罪情节：根据法条规定，毁坏公私财物"数额巨大或者有其他特别严重情节"的，是本罪的重罪情节。"其他特别严重情节"可以理解为下列之一的情形：（1）因故意毁坏他人财物造成被害人生活困难，流离失所甚至精神失常的；（2）毁坏救灾、抢险、防汛、优抚、扶贫、移民、救济、医疗物资，引起救灾受阻等特别严重后果的；（3）毁坏他人重要的生产资料，严重影响生产经营的；（4）用极其恶劣残忍的手段毁坏公私财物的；（5）造成特别重大损失的。

司法实践中应注意的问题：（1）本罪与破坏交通工具罪、破坏交通设施罪、破坏电力设备罪、破坏易燃易爆设备罪等危害公共安全罪及本章中的破坏生产经营罪等，存在法条竞合关系，应当按照法条竞合适用法条的一般原则，即特别法优于普通法的原则处理。（2）寻衅滋事罪也可能表现为损毁公私财物，与本罪的区别主要在于：本罪是出于报复、嫉妒等动机而故意毁坏公私财物，而寻衅滋事罪中的损毁公私财物行为，则是出于精神空虚、寻求精神刺激，满足自己畸形变态欲望的动机。而且，本罪的犯罪对象是特定的，寻衅滋事罪的犯罪对象却是不特定的，行为人往往没有明确的目标，损毁公私财物带有随意性。如果行为人寻衅滋事，毁坏公私财物数额巨大或者情节特别严重的，属于一个行为触犯两个罪名的想象竞合犯形态，应当择一重罪定罪处罚。

❼ 浙江省公检法《关于办理森林资源刑事案件若干问题的通知》（2002年1月14日）（节录）

第四条　在生产、施工等活动中，违反森林管理法律法规，毁坏生长中的林木30立方米或幼树1500株以上的，或者有其他严重情节的，依照刑法第二百七十五条规定，处三年以下有期徒刑、拘役或者罚金。

达到前款所规定的数量，并且有其他严重情节的，或者毁坏林木60立方米或幼树3000株以上的，依照刑法第二百七十五条规定，处三年以上七年以下有期徒刑。

❽ 福建公检法《关于办理诈骗等案件掌握数额标准等问题的座谈会纪要》（2000年8月8日　闽高法〔2000〕148号）（节录）

八、刑法第275条规定的故意毁坏财物罪，数额标准确定为：故意毁坏财物价值一万元以上不满五万元的属"数额较大"；故意毁坏公私财物价值五万元以上的属"数额巨大"。

学理观点·典型案例 ▶ 索引与要旨

❶《故意毁坏财物罪若干问题研究》，载《刑事法律文件解读》2009年第9辑总第51辑，第43~44，45~52页。

❷《李焕强故意毁坏财物案》，载《最高人民法院公报》2007年第4辑总第126辑。

核心提示 ▶ 偷开车辆造成损坏

❸《周某等人炸毁他人祖坟案——"该案是侮辱罪还是毁坏财物罪——兼谈不起诉后的重新起诉问题"》，载《最新刑事法律文件解读》2006年第6辑总第18辑，第103~107页。

要旨 ▶ 尽管《刑法》第92条关于"公民私人所有财产"的规定，没有明确列举出"坟墓"属于私人财物，这是因为坟墓与我们常见的财物不同，其他的财物可能进入市场再进行交换，坟墓却不可能再流转。但是，故意毁坏财物罪的侵害对象，包括各种公私财物，即一切具有交换价值和使用价值的生产资料和生活资料，这是被认可的观点。在本案中，墓碑和祭床是王某用来祭祀祖母的，墓碑和祭床对王某来说，具有特殊的使用价值，寄托着他对死去亲人的怀念，是他的精神生活资料。同时，该坟墓是被害人花了个人大量人力、物力、财力修筑起来的，从这个角度出发，我们可以发现，虽然坟墓不可能再进入市场进行交易，但并不表明坟墓就没有交换价值，因为被害人最终把炸毁的坟墓修筑起来，是通过市场上购买白灰、水泥并花了工费还原坟墓的原样的，这些白灰、水泥和工费总的交换价值就是坟墓的交换价值，坟墓可能通过其他的物质的交换价值来体现自己的交换价值，这表明坟墓是具有交换价值的，这也为我们提供了一个很好的计算毁坏财物的数额的方法。

❹《孙静故意毁坏财物案》，载《刑事审判参考》2004年第4辑总第39辑，第39~43页。

核心提示 ▶ 非法占有与毁坏行为如何区分？

要旨 ▶ 并未占有牛奶和遵从作为食品或商品的牛奶和本来用途加以利用或处分，既未供自己或他人饮用，也未变卖牛奶占有货款，而是让其母亲将牛奶倒掉和让邻居拉去喂猪，这与通常意义上的以实现财物的价值和使用价值为目的的非法占有具有本质区别。

❺《严峻故意毁坏财物案上海市第二中级人民法院刑事裁定书》〔2004〕沪二中刑终字第208号，载《刑事审判参考》2004年第3辑总第38辑，第215~220页。

核心提示 ▶ 非法操作他人股票应如何定性？

要旨 ▶ 上诉人在操作过程中尽管也有少部分盈利，但在客观上还是造成10名客户股票市值的损失。关于犯罪金额的依据，根据《证券交易成交报告单》汇总得出的股票交易亏损额，经查属实，可以作为认定依据。同时，一审法院根据案发日股票市值的平均价计算10名客户股票亏损金额，且仅仅以严峻个人的直接行为而造成的损失为认定标准，也完全符合法律规定。

❻《从生活事实中发现法》，载《刑事审判要览》2004年第2辑总第8辑，第34~

48 页。

要旨 ▶ 法官可能将"毁坏"解释为:"导致财物的效用减少或者丧失的一切行为。"之所以认为将他人的戒指扔入大海与毁坏他人财物相对应,是因为刑法规定故意毁坏财物罪的目的在于保护他人财产,保护的方式是禁止毁坏他人财物;而将他人的戒指扔入大海的行为本质,是毁坏了他人财产。

❼ 《叶朝红等放火案》,载《刑事审判参考》2003 年第 3 辑总第 32 辑,第 7~12 页。

核心提示 ▶ 以盗窃为目的放火烧毁货物列车的行为应如何定罪?

要旨 ▶ 是否危害安全,是区分放火与故意毁坏财物的关键;本案从具体环境分析来看危害安全,故不定毁坏财物。

❽ 《擅自买卖他人股票造成损失的行为如何定性——朱建勇故意毁坏财物案研究》,载《刑事审判要览》2003 年第 5 辑总第 5 辑,第 161~173 页。

❾ 《孔庆湖盗窃案》,载《刑事审判参考》2001 年第 5 辑总第 16 辑,第 28~33 页。

核心提示 ▶ 窃取他人股票账户号码和密码后秘密使用他人账上资金高价买入朋友抛卖的股票从中获利的行为应如何定性?

要旨 ▶ 被告人窃取他人股票账户和交易密码后,在他人毫不知情的情况下,以他人名义,秘密通过电话委托股票交易的形式,买进其朋友卖出的股票,更符合"秘密窃取"的特征,应认定为盗窃罪,而不是诈骗罪。本案中的盗窃数额应按被告人及其朋友在股票交易中所获的差价数额认定,被害人被盗用的资金数额及其损失数额可作为量刑情节予以考虑。

第 276 条 破坏生产经营罪

由于泄愤报复或者其他个人目的,毁坏机器设备、残害耕畜或者以其他方法破坏生产经营的,处三年以下有期徒刑、拘役或者管制;情节严重的,处三年以上七年以下有期徒刑。

关 联 规 范 ▶ 完全整理

❶ 最高人民检察院、公安部《关于公安机关管辖的刑事案件立案追诉标准的规定(一)》(2008 年 6 月 25 日 公通字〔2008〕36 号)(节录)

第三十四条 由于泄愤报复或者其他个人目的,毁坏机器设备、残害耕畜或者以其他方法破坏生产经营,涉嫌下列情形之一的,应予立案追诉:(一)造成公私财物损失五千元以上的;(二)破坏生产经营三次以上的;(三)纠集三人以上公然破坏生产经营的;(四)其他破坏生产经营应予追究刑事责任的情形。

❷ 林业局、公安部《关于森林和陆生野生动物刑事案件管辖及立案标准》(2001 年 5 月 9 日)(节录)

(九)破坏生产经营案件中,故意毁坏用于造林、育林、护林和木材生产的机械设备或者以其他方法破坏林业生产经营的案件。

❸ 浙江省公检法《关于办理森林资源刑事案件若干问题的通知》（2002年1月14日）（节录）

第三条 因泄愤报复或其他个人目的，毁坏生长中林木20立方米或幼树1000株以上的，或者达到该数量百分之八十以上，并且有其他严重情节的，依照刑法第二百七十六条规定，处三年以下有期徒刑、拘役或者罚金。

达到前款所规定的数量，并且有其他严重情节的，或者毁坏林木30立方米或幼树1500株以上的，依照刑法第二百七十六条规定，处三年以上七年以下有期徒刑。

❹ 浙江省高级人民法院刑一庭、刑二庭《关于执行刑法若干问题的具体意见（三）》（2000年12月27日）（节录）

19. 刑法第276条破坏生产经营罪，造成直接财产损失2000元以上的，应当定罪处罚；情节严重，一般是指破坏生产经营造成直接财产损失2万元以上，破坏重要机器设备造成严重后果，或者犯罪动机卑劣、手段恶劣造成极坏的社会影响的等情形。

学理观点·典型案例 ➡ 索引与要旨

❶《刘俊破坏破坏生产经营案》，载《刑事审判参考》2011年第6辑总第83辑，第10~14页。

核心提示 ➡ 非国有公司工作人员出于个人升职目的，以低于公司限价价格销售公司产品，造成公司重大损失的行为，如何定性？

❷《破坏生产经营罪若干问题研究》，载《刑事法律文件解读》2009年第3辑总第45辑，第111~116页。

❸《目的犯的法理研究》，载《刑事审判要览》2004年第3辑总第9辑，第36~55页。

❹《李某等投毒案》，载《刑事审判参考合订本第一卷》，第5~10页。

核心提示 ➡ 毒死耕牛后再出售有毒牛肉的案件应如何定性？

第276条之一 修正案（八）第41条 拒不支付劳动报酬罪

中华人民共和国刑法修正案（八）（第十一届全国人民代表大会常务委员会第十九次会议2011年2月25日通过，中华人民共和国主席令第四十一号公布，自2011年5月1日起施行。）

四十一、在刑法第二百七十六条后增加一条，作为第二百七十六条之一："以转移财产、逃匿等方法逃避支付劳动者的劳动报酬或者有能力支付而不支付劳动者的劳动报酬，数额较大，经政府有关部门责令支付仍不支付的，处三年以下有期徒刑或者拘役，并处或者单处罚金；造成严重后果的，处三年以上七年以下有期徒刑，并处罚金。

单位犯前款罪的，对单位判处罚金，并对其直接负责的主管人员和其他直接责任人员,依照前款的规定处罚。

有前两款行为,尚未造成严重后果,在提起公诉前支付劳动者的劳动报酬,并依法承担相应赔偿责任的,可以减轻或者免除处罚。"

关 联 规 范 ➡ 完全整理

❶《刑法修正案(八)》(**2011 年 2 月 25 日**)①

❷ 最高人民法院、最高人民检察院《关于执行〈中华人民共和国刑法〉确定罪名的补充规定(五)》(**2011 年 4 月 27 日 法释〔2011〕10 号**)②

---

① 对其解读见:《刑事审判参考》2011 年第 4 辑总第 81 辑,第 83～117 页以及《公检法办案指南》2011 年第 3 辑总第 135 辑,第 13～121 页。

② 对其解读见:《刑事审判参考》2011 年第 4 辑总第 81 辑,第 151～157 页。

公检法律师

刑事办案必备

依据集成·主流观点·疑难案例

(实体法分册)

下

郑智辉／编著

★ ★ ★

中国检察出版社

目　　录

上　　册

第一编　总　　则

第一章　刑法的任务、基本原则和适用范围 ……………………（1）

第 1 条　制定刑法的目的和根据 ……………………………（1）
第 2 条　刑法的任务 …………………………………………（1）
第 3 条　罪刑法定原则 ………………………………………（1）
第 4 条　适用刑法平等原则 …………………………………（4）
第 5 条　罪责刑相适应原则 …………………………………（4）
第 6 条　属地管辖原则 ………………………………………（4）
第 7 条　属人管辖原则 ………………………………………（6）
第 8 条　保护管辖原则 ………………………………………（7）
第 9 条　普遍管辖原则 ………………………………………（7）
第 10 条　外国刑事判决的效力 ………………………………（8）
第 11 条　外国人的刑事豁免权 ………………………………（8）
第 12 条　刑法的溯及力 ………………………………………（9）

第二章　犯罪 ……………………………………………………（18）

第一节　犯罪和刑事责任 ……………………………………（18）
第 13 条　犯罪概念 ……………………………………………（18）
第 14 条　故意犯罪 ……………………………………………（20）
第 15 条　过失犯罪 ……………………………………………（26）
第 16 条　意外事件 ……………………………………………（33）
第 17 条　刑事责任年龄 ………………………………………（37）

第17条之一　修正案（八）第1条　老年人从宽处罚 …………（69）
第18条　精神病人、醉酒人的刑事责任 ………………………（70）
第19条　聋哑人、盲人的刑事责任 ……………………………（73）
第20条　正当防卫 ………………………………………………（74）
第21条　紧急避险 ………………………………………………（81）

第二节　犯罪的预备、未遂和中止 …………………………………（82）

第22条　犯罪预备 ………………………………………………（82）
第23条　犯罪未遂 ………………………………………………（85）
第24条　犯罪中止 ………………………………………………（92）

第三节　共同犯罪 ……………………………………………………（95）

第25条　共同犯罪 ………………………………………………（95）
第26条　主犯、犯罪集团 ………………………………………（110）
第27条　从犯 ……………………………………………………（113）
第28条　胁从犯 …………………………………………………（114）
第29条　教唆犯 …………………………………………………（114）

第四节　单位犯罪 ……………………………………………………（116）

第30条　单位犯罪的定义 ………………………………………（116）
第31条　单位犯罪的处罚 ………………………………………（137）

第三章　刑罚 …………………………………………………………（139）

第一节　刑罚的种类 …………………………………………………（139）

第32条　主刑和附加刑 …………………………………………（139）
第33条　主刑的种类 ……………………………………………（139）
第34条　附加刑的种类 …………………………………………（139）
第35条　特别附加刑 ……………………………………………（140）
第36条　刑事、民事责任的竞合 ………………………………（140）
第37条　刑罚替代处分 …………………………………………（145）

第二节　管制 …………………………………………………………（149）

第38条　修正案（八）第2条　管制的期限和执行 ……………（149）

- 第39条 管制犯的义务和权利 …………………………………… (158)
- 第40条 管制的解除 ……………………………………………… (161)
- 第41条 管制的刑期计算 ………………………………………… (162)

第三节 拘役 …………………………………………………… (163)

- 第42条 拘役的期限 ……………………………………………… (163)
- 第43条 拘役犯的执行及处遇 …………………………………… (163)
- 第44条 拘役的刑期计算 ………………………………………… (163)

第四节 有期徒刑、无期徒刑 ……………………………………… (164)

- 第45条 有期徒刑的期限 ………………………………………… (164)
- 第46条 有期、无期徒刑的执行 ………………………………… (164)
- 第47条 有期徒刑的刑期计算 …………………………………… (164)

第五节 死刑 …………………………………………………… (168)

- 第48条 死刑的适用对象、死缓、核准 ………………………… (168)
- 第49条 修正案（八）第3条 不适用死刑的情形 …………… (181)
- 第50条 修正案（八）第4条 死缓执行的法律后果 ………… (182)
- 第51条 死缓期间、死缓减为有期徒刑的刑期计算 …………… (185)

第六节 罚金 …………………………………………………… (186)

- 第52条 罚金数额的确定 ………………………………………… (186)
- 第53条 罚金执行 ………………………………………………… (187)

第七节 剥夺政治权利 ……………………………………………… (195)

- 第54条 剥夺政治权利的内容 …………………………………… (195)
- 第55条 剥夺政治权利的期限 …………………………………… (196)
- 第56条 剥夺政治权利的适用对象 ……………………………… (197)
- 第57条 剥夺政治权利终身及变更 ……………………………… (199)
- 第58条 剥夺政治权利的刑期、处遇 …………………………… (199)

第八节 没收财产 …………………………………………………… (200)

- 第59条 没收财产的范围及限制 ………………………………… (200)

第 60 条　没收财产与正当债务的冲突 …………………………………… (201)

第四章　刑罚的具体运用 …………………………………………………… (203)

第一节　量刑 ………………………………………………………………… (203)

第 61 条　量刑原则 ………………………………………………………… (203)
第 62 条　从重、从轻情节的适用 ………………………………………… (216)
第 63 条　修正案（八）第 5 条　减轻情节的适用 ……………………… (217)
第 64 条　追缴、退赔、返还和没收 ……………………………………… (220)

第二节　累犯 ………………………………………………………………… (225)

第 65 条　修正案（八）第 6 条　一般累犯 ……………………………… (225)
第 66 条　修正案（八）第 7 条　危害国家安全累犯 …………………… (229)

第三节　自首和立功 ………………………………………………………… (230)

第 67 条　修正案（八）第 8 条　自首 …………………………………… (230)
第 68 条　修正案（八）第 9 条　立功 …………………………………… (257)

第四节　数罪并罚 …………………………………………………………… (272)

第 69 条　修正案（八）第 10 条　数罪并罚的原则 …………………… (272)
第 70 条　发现漏罪的并罚原则 …………………………………………… (280)
第 71 条　发现新罪的并罚原则 …………………………………………… (281)

第五节　缓刑 ………………………………………………………………… (282)

第 72 条　修正案（八）第 11 条　缓刑及其适用条件 ………………… (282)
第 73 条　缓刑考验期 ……………………………………………………… (296)
第 74 条　修正案（八）第 12 条　缓刑的限制条件 …………………… (298)
第 75 条　缓刑考验期内应遵守的规范 …………………………………… (298)
第 76 条　修正案（八）第 13 条　考察机关和缓刑的法律后果 ……… (300)
第 77 条　修正案（八）第 14 条　缓刑的撤销 ………………………… (301)

第六节　减刑 ………………………………………………………………… (302)

第 78 条　修正案（八）第 15 条　减刑的适用条件 …………………… (302)

第 79 条　减刑的程序 …………………………………………………（310）
第 80 条　无期徒刑减刑的刑期计算 …………………………………（310）

第七节　假释 ……………………………………………………………（310）

第 81 条　修正案（八）第 16 条　假释的适用条件 …………………（310）
第 82 条　假释的程序 …………………………………………………（315）
第 83 条　假释的考验期限 ……………………………………………（316）
第 84 条　假释的考察 …………………………………………………（316）
第 85 条　修正案（八）第 17 条　假释执行机关、执行完毕 ………（316）
第 86 条　修正案（八）第 18 条　假释的撤销 ………………………（317）

第八节　时效 ……………………………………………………………（319）

第 87 条　追诉时效期限 ………………………………………………（319）
第 88 条　追诉时效终止 ………………………………………………（320）
第 89 条　追诉时效的起算、中断 ……………………………………（322）

第五章　其他规定 ……………………………………………………（327）

第 90 条　民族自治地方的变通、补充规定 …………………………（327）
第 91 条　公共财产 ……………………………………………………（327）
第 92 条　私人财产 ……………………………………………………（329）
第 93 条　国家工作人员 ………………………………………………（330）
第 94 条　司法工作人员 ………………………………………………（343）
第 95 条　重伤 …………………………………………………………（345）
第 96 条　违反国家规定 ………………………………………………（375）
第 97 条　首要分子 ……………………………………………………（375）
第 98 条　告诉才处理 …………………………………………………（375）
第 99 条　以上、以下、以内概念的理解 ……………………………（375）
第 100 条　修正案（八）第 19 条　前科报告制度 …………………（376）
第 101 条　本法总则的效力 …………………………………………（376）

第二编 分 则

第一章 危害国家安全罪 ……………………………………………（377）

第 102 条　背叛国家罪 ………………………………………………（377）
第 103 条　第 1 款　分裂国家罪
　　　　　第 2 款　煽动分裂国家罪 ……………………………（377）
第 104 条　武装叛乱、暴乱罪 ………………………………………（380）
第 105 条　第 1 款　颠覆国家政权罪
　　　　　第 2 款　煽动颠覆国家政权罪 ………………………（380）
第 106 条　危害国家犯罪的从重情节 ………………………………（383）
第 107 条　资助危害国家安全犯罪活动罪 …………………………（383）
第 108 条　投敌叛变罪 ………………………………………………（384）
第 109 条　叛逃罪 ……………………………………………………（385）
第 110 条　间谍罪 ……………………………………………………（386）
第 111 条　为境外窃取、刺探、收买、非法提供国家秘密、情报罪 …（387）
第 112 条　资敌罪 ……………………………………………………（390）
第 113 条　危害国家安全的死刑、财产刑 …………………………（390）

第二章 危害公共安全罪 ……………………………………………（392）

第 114 条　修正案（三）第 1 条　放火罪　决水罪　爆炸罪　以危
　　　　　险方法危害公共安全罪　投放危险物质罪 ……………（392）
第 115 条　第 2 款　修正案（三）第 2 条　失火罪　过失爆炸罪　过
　　　　　失投放危险物质罪　过失以危险方法危害公共安全罪　过
　　　　　失投放危险物质罪 …………………………………………（395）
第 116 条　破坏交通工具罪 …………………………………………（403）
第 117 条　破坏交通设施罪 …………………………………………（404）
第 118 条　破坏电力设备罪　破坏易燃易爆设备罪 ………………（405）
第 119 条　第 1 款　破坏交通工具罪　破坏交通设施罪　破坏电力设
　　　　　备罪　破坏易燃易爆设备罪
　　　　　第 2 款　过失损坏交通工具罪　过失损坏交通设施罪　过
　　　　　失损坏电力设备罪　过失损坏易燃易爆设备罪 …………（408）

第120条　组织、领导、参加恐怖组织罪 …………………………（410）
第120条之一　修正案（三）第4条　资助恐怖活动罪 …………（412）
第121条　劫持航空器罪 ……………………………………………（414）
第122条　劫持船只、汽车罪 ………………………………………（414）
第123条　暴力危及飞行安全罪 ……………………………………（414）
第124条　第1款　破坏广播电视设施、公用电信设施罪
　　　　　第2款　过失损坏广播电视设施、公用电信设施罪 ……（414）
第125条　修正案（三）第5条　非法制造、买卖、运输、邮寄、储存枪支、弹药、爆炸物罪　非法制造、买卖、运输、储存危险物质罪 …………………………………………（418）
第126条　违规制造、销售枪支罪 …………………………………（427）
第127条　第1、2款　盗窃、抢夺枪支、弹药、爆炸物
　　　　　修正案（三）第6条第1、2款　盗窃、抢夺枪支、弹药、爆炸物、危险物质罪 ……………………………（429）
第128条　第1款　非法持有、私藏枪支、弹药罪
　　　　　第2、3款　非法出租、出借枪支罪 ……………………（430）
第129条　丢失枪支不报罪 …………………………………………（434）
第130条　非法携带枪支、弹药、管制刀具、危险物品危及公共安全罪 …………………………………………………………（434）
第131条　重大飞行事故罪 …………………………………………（437）
第132条　铁路运营安全事故罪 ……………………………………（437）
第133条　交通肇事罪 ………………………………………………（437）
第133条之一　修正案（八）第22条　危险驾驶罪 ………………（453）
第134条　修正案（六）第1条第2款　重大责任事故罪　强令违章冒险作业罪 ………………………………………………（465）
第135条　重大劳动安全事故罪 ……………………………………（473）
第135条之一　修正案（六）第3条　大型群众性活动重大安全事故罪 ……………………………………………………………（475）
第136条　危险物品肇事罪 …………………………………………（476）
第137条　工程重大安全事故罪 ……………………………………（478）
第138条　教育设施重大安全事故罪 ………………………………（479）
第139条　消防责任事故罪 …………………………………………（479）
第139条之一　修正案（六）第4条　不报、谎报安全事故罪 ……（481）

第三章 破坏社会主义市场经济秩序罪 …………………… (484)

第一节 生产、销售伪劣商品罪 ………………………… (484)

第 140 条　生产、销售伪劣产品罪 ………………………… (484)

第 141 条　生产、销售假药罪 ……………………………… (497)

第 142 条　生产、销售劣药罪 ……………………………… (501)

第 143 条　修正案（八）第 24 条　生产、销售不符合安全标准的食品罪 ………………………………………………………… (503)

第 144 条　生产、销售有毒、有害食品罪 ………………… (505)

第 145 条　生产、销售不符合标准的医用器材罪 ………… (512)

第 146 条　生产、销售不符合安全标准的产品罪 ………… (515)

第 147 条　生产、销售伪劣农药、兽药、化肥、种子罪 … (516)

第 148 条　生产、销售不符合卫生标准的化妆品罪 ……… (518)

第 149 条　生产、销售伪劣商品罪的法条竞合 …………… (520)

第 150 条　单位犯本节之罪的处罚 ………………………… (520)

第二节　走私罪 …………………………………………… (521)

第 151 条　第 1 款　走私武器、弹药罪　走私核材料罪　走私假币罪
　　　　　第 2 款　走私文物罪　走私贵重金属罪　走私珍贵动物、珍贵动物制品罪
　　　　　修正案（七）第 1 条　走私国家禁止进出口的货物、物品罪 ……………………………………………………… (521)

第 152 条　修正案（四）第 2 条　走私淫秽物品罪　走私废物罪 …… (553)

第 153 条　走私普通货物、物品罪 ………………………… (558)

第 154 条　走私普通货物、物品罪 ………………………… (569)

第 155 条　准走私犯罪 ……………………………………… (574)

第 156 条　以走私罪的共犯论处的行为 …………………… (579)

第 157 条　走私犯罪的从重处罚、数罪并罚 ……………… (581)

中　　册

第二编　分　　则

第三章　破坏社会主义市场经济秩序罪 ……………………（583）

第三节　妨害对公司、企业的管理秩序罪 ……………………（583）

第 158 条　虚报注册资本罪 …………………………………………（583）

第 159 条　虚假出资、抽逃出资罪 …………………………………（586）

第 160 条　欺诈发行股票、债券罪 …………………………………（587）

第 161 条　修正案（六）第 5 条　违规披露、不披露重要信息罪 …（588）

第 162 条　妨害清算罪 ………………………………………………（590）

第 162 条之一　修正案第 1 条　隐匿、故意销毁会计凭证、会计账
　　　　　　　簿、财务会计报告罪 ………………………………（591）

第 162 条之二　修正案（六）第 6 条　虚假破产罪 ………………（593）

第 163 条　修正案（六）第 7 条　非国家工作人员受贿罪 ………（594）

第 164 条　修正案（六）第 8 条　对非国家工作人员行贿罪
　　　　　修正案（八）第 29 条第 2 款　对外国公职人员、国际公
　　　　　共组织官员行贿罪 …………………………………………（599）

第 165 条　非法经营同类营业罪 ……………………………………（602）

第 166 条　为亲友非法牟利罪 ………………………………………（603）

第 167 条　签订、履行合同失职被骗罪 ……………………………（605）

第 168 条　修正案第 2 条　国有公司、企业、事业单位人员失职罪
　　　　　国有公司、企业、事业单位人员滥用职权罪 …………（607）

第 169 条　徇私舞弊低价折股、出售国有资产罪 …………………（611）

第 169 条之一　修正案（六）第 9 条　背信损害上市公司利益罪 …（614）

第四节　破坏金融管理秩序罪 ………………………………………（616）

第 170 条　伪造货币罪 ………………………………………………（616）

第 171 条　第 1 款　出售、购买、运输假币罪
　　　　　第 2 款　金融工作人员购买假币、以假币换取货币罪 …（619）

第 172 条　持有、使用假币罪 ………………………………………（624）

第 173 条　变造货币罪 …………………………………………（626）
第 174 条　第 1 款　擅自设立金融机构罪
　　　　　第 2 款　伪造、变造、转让金融机构经营许可证罪
　　　　　修正案第 3 条　伪造、变造、转让金融机构经营许可证、
　　　　　批准文件罪 ………………………………………（627）
第 175 条　高利转贷罪 ………………………………………（629）
第 175 条之一　修正案（六）第 10 条　骗取贷款、票据承兑、金融
　　　　　　　票证罪 ………………………………………（630）
第 176 条　非法吸收公众存款罪 ……………………………（631）
第 177 条　伪造、变造金融票证罪 …………………………（637）
第 177 条之一　修正案（五）第 1 条第 1 款　妨害信用卡管理罪
　　　　　　　修正案（五）第 1 条第 2 款　窃取、收买、非法提供
　　　　　　　信用卡信息罪 ………………………………（640）
第 178 条　第 1 款　伪造、变造国家有价证券罪
　　　　　第 2 款　伪造、变造股票、公司、企业债券罪 …（643）
第 179 条　擅自发行股票、公司、企业债券罪 ……………（644）
第 180 条　第 4 款　内幕交易、泄露内幕信息罪
　　　　　修正案（七）第 2 条第 2 款　利用未公开信息交易罪 ……（646）
第 181 条　第 1 款　编造并传播证券交易虚假信息罪
　　　　　第 2 款　诱骗投资者买卖证券罪
　　　　　修正案第 5 条第 1 款　编造并传播证券、期货交易虚假信
　　　　　息罪
　　　　　修正案第 5 条第 2 款　诱骗投资者买卖证券、期货合约罪
　　　　　…………………………………………………………（653）
第 182 条　修正案（六）第 11 条　操纵证券、期货市场罪 …（655）
第 183 条　职务侵占罪　贪污罪 ……………………………（659）
第 184 条　非国家工作人员受贿罪　受贿罪 ………………（660）
第 185 条　挪用资金罪　挪用公款罪 ………………………（661）
第 185 条之一　修正案（六）第 12 条第 1 款　背信运用受托财产罪、
　　　　　　　违法运用资金罪 ……………………………（663）
第 186 条　修正案（六）第 13 条　违法发放贷款罪 ………（664）
第 187 条　修正案（六）第 14 条　吸收客户资金不入账罪 …（667）
第 188 条　修正案（六）第 15 条　违规出具金融票证罪 …（668）

第 189 条　对违法票据承兑、付款、保证罪 …………………………（670）

《决定》第 1 条　骗购外汇罪 ………………………………………（671）

第 190 条　逃汇罪 ……………………………………………………（674）

第 191 条　洗钱罪 ……………………………………………………（677）

第五节　金融诈骗罪 ……………………………………………………（681）

第 192 条　集资诈骗罪 ………………………………………………（681）

第 193 条　贷款诈骗罪 ………………………………………………（689）

第 194 条　第 1 款　票据诈骗罪
　　　　　第 2 款　金融凭证诈骗罪 ………………………………（695）

第 195 条　信用证诈骗罪 ……………………………………………（703）

第 196 条　信用卡诈骗罪 ……………………………………………（706）

第 197 条　有价证券诈骗罪 …………………………………………（714）

第 198 条　保险诈骗罪 ………………………………………………（716）

第 199 条　金融诈骗罪的死刑适用 …………………………………（719）

第 200 条　本节的单位犯罪 …………………………………………（720）

第六节　危害税收征管罪 ………………………………………………（720）

第 201 条　修正案（七）第 3 条　逃税罪 …………………………（720）

第 202 条　抗税罪 ……………………………………………………（726）

第 203 条　逃避追缴欠税罪 …………………………………………（728）

第 204 条　第 1 款　骗取出口退税罪 ………………………………（728）

第 205 条　虚开增值税专用发票用于骗取出口退税、抵扣税款发票罪
　　　　　……………………………………………………………（731）

第 205 条之一　修正案（八）第 33 条　虚开发票罪 ………………（744）

第 206 条　伪造、出售伪造的增值税专用发票罪 …………………（746）

第 207 条　非法出售增值税专用发票罪 ……………………………（749）

第 208 条　第 1 款　非法购买增值税专用发票、购买伪造的增值税专
　　　　　用发票罪 …………………………………………………（750）

第 209 条　第 1 款　非法制造、出售非法制造的用于骗取出口退税、
　　　　　抵扣税款发票罪
　　　　　第 2 款　非法制造、出售非法制造的发票罪
　　　　　第 3 款　非法出售用于骗取出口退税、抵扣税款发票罪

11

第 4 款　非法出售发票罪 …………………………………（752）
第 210 条　盗窃罪　诈骗罪 ………………………………………（754）
第 210 条之一　修正案（八）第 35 条　持有伪造的发票罪 ………（755）
第 211 条　本节的单位犯罪 ………………………………………（756）
第 212 条　欠缴税款和所骗取的出口退税款的追缴 ……………（756）

第七节　侵犯知识产权罪 ………………………………………（756）

第 213 条　假冒注册商标罪 ………………………………………（756）
第 214 条　销售假冒注册商标的商品罪 …………………………（765）
第 215 条　非法制造、销售非法制造的注册商标标识罪 ………（772）
第 216 条　假冒专利罪 ……………………………………………（778）
第 217 条　侵犯著作权罪 …………………………………………（781）
第 218 条　销售侵权复制品罪 ……………………………………（789）
第 219 条　侵犯商业秘密罪 ………………………………………（792）
第 220 条　单位侵犯知识产权罪的处罚 …………………………（796）

第八节　扰乱市场秩序罪 ………………………………………（796）

第 221 条　损害商业信誉、商品声誉罪 …………………………（796）
第 222 条　虚假广告罪 ……………………………………………（798）
第 223 条　串通投标罪 ……………………………………………（800）
第 224 条　合同诈骗罪 ……………………………………………（801）
第 224 条之一　修正案（七）第 4 条　组织、领导传销活动罪 ……（810）
第 225 条　非法经营罪 ……………………………………………（811）
第 226 条　强迫交易罪 ……………………………………………（841）
第 227 条　第 1 款　伪造、倒卖伪造的有价票证罪
　　　　　第 2 款　倒卖车票、船票罪 ……………………………（844）
第 228 条　非法转让、倒卖土地使用权罪 ………………………（847）
第 229 条　第 1、2 款　提供虚假证明文件罪
　　　　　第 3 款　出具证明文件重大失实罪 …………………（849）
第 230 条　逃避商检罪 ……………………………………………（850）
第 231 条　单位犯扰乱市场秩序罪的处罚 ………………………（851）

第四章　侵犯公民人身权利、民主权利罪 (852)

- 第232条　故意杀人罪 (852)
- 第233条　过失致人死亡罪 (867)
- 第234条　故意伤害罪 (871)
- 第234条之一　修正案（八）第35条　组织出卖人体器官罪 (889)
- 第235条　过失致人重伤罪 (890)
- 第236条　第1、2款　强奸罪 (890)
- 第237条　第1款　强制猥亵、侮辱妇女罪
  　　　　 第3款　猥亵儿童罪 (902)
- 第238条　非法拘禁罪 (905)
- 第239条　绑架罪 (913)
- 第240条　拐卖妇女、儿童罪 (921)
- 第241条　第1款　收买被拐卖的妇女、儿童罪 (936)
- 第242条　第2款　聚众阻碍解救被收买的妇女、儿童罪 (940)
- 第243条　诬告陷害罪 (941)
- 第244条　修正案（八）第38条　强迫劳动罪 (943)
- 第244条之一　修正案（四）第4条　雇用童工从事危重劳动罪 (944)
- 第245条　非法搜查罪　非法侵入住宅罪 (946)
- 第246条　侮辱罪　诽谤罪 (947)
- 第247条　刑讯逼供罪　暴力取证罪 (951)
- 第248条　虐待被监管人罪 (954)
- 第249条　煽动民族仇恨、民族歧视罪 (956)
- 第250条　出版歧视、侮辱少数民族作品罪 (957)
- 第251条　非法剥夺公民宗教信仰自由罪　侵犯少数民族风俗习惯罪 (957)
- 第252条　侵犯通信自由罪 (958)
- 第253条　第1款　私自开拆、隐匿、毁弃邮件、电报罪 (959)
- 第253条之一　修正案（七）第7条　第1款　出售、非法提供公民个人信息罪
  　　　　 第2款　非法获取公民个人信息罪 (961)
- 第254条　报复陷害罪 (964)
- 第255条　打击报复会计、统计人员罪 (965)

第256条　破坏选举罪 …………………………………………………（965）
第257条　暴力干涉婚姻自由罪 …………………………………………（966）
第258条　重婚罪 …………………………………………………………（967）
第259条　第1款　破坏军婚罪 …………………………………………（971）
第260条　虐待罪 …………………………………………………………（974）
第261条　遗弃罪 …………………………………………………………（975）
第262条　拐骗儿童罪 ……………………………………………………（976）
第262条之一　修正案（六）第17条　组织残疾人、儿童乞讨罪 ……（978）
第262条之二　修正案（七）第8条　组织未成年人进行违反治安
　　　　　　　管理活动罪 ………………………………………………（978）

第五章　侵犯财产罪 ……………………………………………………（980）

第263条　抢劫罪 …………………………………………………………（980）
第264条　盗窃罪 …………………………………………………………（1009）
第265条　盗窃罪 …………………………………………………………（1051）
第266条　诈骗罪 …………………………………………………………（1052）
第267条　第1款　抢夺罪 ………………………………………………（1083）
第268条　聚众哄抢罪 ……………………………………………………（1093）
第269条　抢劫罪 …………………………………………………………（1095）
第270条　侵占罪 …………………………………………………………（1101）
第271条　第1款　职务侵占罪 …………………………………………（1107）
第272条　第1款　挪用资金罪 …………………………………………（1124）
第273条　挪用特定款物罪 ………………………………………………（1130）
第274条　敲诈勒索罪 ……………………………………………………（1132）
第275条　故意毁坏财物罪 ………………………………………………（1140）
第276条　破坏生产经营罪 ………………………………………………（1144）
第276条之一　修正案（八）第41条　拒不支付劳动报酬罪 …………（1145）

下　册

第二编　分　则

第六章　妨害社会管理秩序罪 …………………………………… （1147）

第一节　扰乱公共秩序罪 ………………………………………… （1147）

第277条　妨害公务罪 ………………………………………… （1147）

第278条　煽动暴力抗拒法律实施罪 ………………………… （1155）

第279条　招摇撞骗罪 ………………………………………… （1156）

第280条　第1款　伪造、变造、买卖国家机关公文、证件、印章罪　盗窃、抢夺、毁灭国家机关公文、证件、印章罪第2款　伪造公司、企业、事业单位、人民团体印章罪

第3款　伪造、变造居民身份证罪 ………………… （1158）

第281条　非法生产、买卖警用装备罪 ……………………… （1169）

第282条　第1款　非法获取国家秘密罪

第2款　非法持有国家绝密、机密文件、资料、物品罪

……………………………………………………… （1170）

第283条　非法生产、销售间谍专用器材罪 ………………… （1171）

第284条　非法使用窃听、窃照专用器材罪 ………………… （1171）

第285条　非法侵入计算机信息系统罪

修正案（七）第9条第1、2款　非法获取计算机信息系统数据、非法控制计算机信息系统罪

第3款　提供侵入、非法控制计算机信息系统程序、工具罪 ……………………………………………………… （1171）

第286条　破坏计算机信息系统罪 …………………………… （1175）

第287条　以计算机为工具的犯罪 …………………………… （1180）

第288条　扰乱无线电通讯管理秩序罪 ……………………… （1181）

第289条　故意伤害罪　故意杀人罪　抢劫罪 ……………… （1182）

第290条　第1款　聚众扰乱社会秩序罪

第2款　聚众冲击国家机关罪 ………………………… （1183）

第291条　聚众扰乱公共场所秩序、交通秩序罪 …………… （1187）

第 291 条之一　修正案（三）第 8 条　投放虚假危险物质罪　编造、
　　　　　　故意传播虚假恐怖信息罪 ……………………………………（1188）
第 292 条　第 1 款　聚众斗殴罪 ……………………………………………（1190）
第 293 条　寻衅滋事罪 ………………………………………………………（1202）
第 294 条　第 1 款　组织、领导、参加黑社会性质组织罪
　　　　　　第 2 款　入境发展黑社会组织罪
　　　　　　第 3 款　包庇、纵容黑社会性质组织罪 ……………………（1212）
第 295 条　传授犯罪方法罪 …………………………………………………（1229）
第 296 条　非法集会、游行、示威罪 ………………………………………（1230）
第 297 条　非法携带武器、管制刀具、爆炸物参加集会、游行、示
　　　　　　威罪 ……………………………………………………………（1231）
第 298 条　破坏集会、游行、示威罪 ………………………………………（1231）
第 299 条　侮辱国旗、国徽罪 ………………………………………………（1231）
第 300 条　第 1 款　组织、利用会道门、邪教组织、利用迷信破坏法
　　　　　　律实施罪
　　　　　　第 2 款　组织、利用会道门、邪教组织、利用迷信致人死
　　　　　　亡罪 ……………………………………………………………（1232）
第 301 条　第 1 款　聚众淫乱罪
　　　　　　第 2 款　引诱未成年人聚众淫乱罪 ……………………………（1243）
第 302 条　盗窃、侮辱尸体罪 ………………………………………………（1244）
第 303 条　修正案（六）第 18 条第 2 款　赌博罪、开设赌场罪 ………（1245）
第 304 条　故意延误投递邮件罪 ……………………………………………（1256）

第二节　妨害司法罪 ……………………………………………………………（1257）

第 305 条　伪证罪 ……………………………………………………………（1257）
第 306 条　辩护人、诉讼代理人毁灭证据、伪造证据、妨害作证罪 ……（1258）
第 307 条　第 1 款　妨害作证罪
　　　　　　第 2 款　帮助毁灭、伪造证据罪 ………………………………（1260）
第 308 条　打击报复证人罪 …………………………………………………（1263）
第 309 条　扰乱法庭秩序罪 …………………………………………………（1263）
第 310 条　窝藏、包庇罪 ……………………………………………………（1263）
第 311 条　拒绝提供间谍犯罪证据罪 ………………………………………（1268）
第 312 条　修正案（六）第 19 条　掩饰、隐瞒犯罪所得、犯罪所得

	收益罪 …………………………………………………	(1268)
第313条	拒不执行判决、裁定罪 …………………………………	(1278)
第314条	非法处置查封、扣押、冻结的财产罪 …………………	(1283)
第315条	破坏监管秩序罪 …………………………………………	(1285)
第316条	第1款 脱逃罪	
	第2款 劫夺被押解人员罪 ………………………	(1285)
第317条	第1款 组织越狱罪	
	第2款 暴动越狱罪聚众持械劫狱 ………………	(1286)

第三节 妨害国（边）境管理罪 ……………………………………… (1287)

第318条 组织他人偷越国（边）境罪 ………………………… (1287)
第319条 骗取出境证件罪 ………………………………………… (1291)
第320条 提供伪造、变造的出入境证件罪 出售出入境证件罪 … (1292)
第321条 运送他人偷越国（边）境罪 ………………………… (1294)
第322条 偷越国（边）境罪 …………………………………… (1296)
第323条 破坏界碑、界桩罪 破坏永久性测量标志罪 ……… (1298)

第四节 妨害文物管理罪 ……………………………………………… (1298)

第324条 第1款 故意损毁文物罪
　　　　第2款 故意损毁名胜古迹罪
　　　　第3款 过失损毁文物罪 ………………………… (1298)
第325条 非法向外国人出售、赠送珍贵文物罪 ……………… (1302)
第326条 倒卖文物罪 …………………………………………… (1303)
第327条 非法出售、私赠文物藏品罪 ………………………… (1304)
第328条 第1款 盗掘古文化遗址、古墓葬罪
　　　　第2款 盗掘古人类化石、古脊椎动物化石罪 … (1305)
第329条 第1款 抢夺、窃取国有档案罪
　　　　第2款 擅自出卖、转让国有档案罪 …………… (1308)

第五节 危害公共卫生罪 ……………………………………………… (1308)

第330条 妨害传染病防治罪 …………………………………… (1308)
第331条 传染病菌种、毒种扩散罪 …………………………… (1309)
第332条 妨害国境卫生检疫罪 ………………………………… (1309)

第333条　第1款　非法组织卖血罪　强迫卖血罪 …………………（1310）
第334条　第1款　非法采集、供应血液、制作、供应血液制品罪
　　　　　第2款　采集、供应血液、制作、供应血液制品事故罪……（1310）
第335条　医疗事故罪 ………………………………………………………（1314）
第336条　第1款　非法行医罪
　　　　　第2款　非法进行节育手术罪 ………………………………（1315）
第337条　第1款　修正案（七）第11条　妨害动植物防疫、检疫
　　　　　罪 ……………………………………………………………（1318）

第六节　破坏环境资源保护罪 ……………………………………………（1319）

第338条　修正案（八）第46条　污染环境罪 ………………………（1319）
第339条　第1款　非法处置进口的固体废物罪
　　　　　第2款　擅自进口固体废物罪
　　　　　第3款　走私废物罪 ………………………………………（1325）
第340条　非法捕捞水产品罪 ………………………………………………（1326）
第341条　第1款　非法猎捕、杀害珍贵濒危野生动物罪　非法收
　　　　　购、运输、出售珍贵濒危野生动物、珍贵濒危野生动物
　　　　　制品罪
　　　　　第2款　非法狩猎罪 ………………………………………（1327）
第342条　修正案（二）　非法占用农用地罪 …………………………（1343）
第343条　第1款　非法采矿罪
　　　　　第2款　破坏性采矿罪 ……………………………………（1346）
第344条　修正案（四）第6条　非法采伐、毁坏国家重点保护植
　　　　　物罪　非法收购、运输、加工、出售国家重点保护植物、
　　　　　国家重点保护植物制品罪 …………………………………（1349）
第345条　第1款　盗伐林木罪
　　　　　第2款　滥伐林木罪
　　　　　修正案（四）第7条第3款　非法收购、运输盗伐、滥
　　　　　伐的林木罪 …………………………………………………（1365）
第346条　本节单位犯罪 ……………………………………………………（1375）

第七节　走私、贩卖、运输、制造毒品罪 ……………………………（1375）

第347条　走私、贩卖、运输、制造毒品罪 …………………………（1375）

第 348 条　非法持有毒品罪 …………………………………………（1420）
第 349 条　包庇毒品犯罪分子罪　窝藏、转移、隐瞒毒品、毒赃罪
　　　　　　………………………………………………………………（1426）
第 350 条　第 1 款　走私制毒物品罪　非法买卖制毒物品罪 ………（1427）
第 351 条　非法种植毒品原植物罪 ……………………………………（1434）
第 352 条　非法买卖、运输、携带、持有毒品原植物种子、幼苗罪 ……（1436）
第 353 条　第 1 款　引诱、教唆、欺骗他人吸毒罪
　　　　　　第 2 款　强迫他人吸毒罪 ………………………………（1437）
第 354 条　容留他人吸毒罪 ……………………………………………（1438）
第 355 条　非法提供麻醉药品、精神药品罪 …………………………（1439）
第 356 条　毒品再犯 ……………………………………………………（1442）
第 357 条　毒品的概念及折算规定 ……………………………………（1443）

第八节　组织、强迫、引诱、容留、介绍卖淫罪 ……………………（1452）

第 358 条　第 1 款　组织卖淫罪　强迫卖淫罪
　　　　　　第 3 款　协助组织卖淫罪 ………………………………（1452）
第 359 条　第 1 款　引诱、容留、介绍卖淫罪
　　　　　　第 2 款　引诱幼女卖淫罪 ………………………………（1455）
第 360 条　第 1 款　传播性病罪
　　　　　　第 2 款　嫖宿幼女罪 ………………………………………（1457）
第 361 条　相关单位人员涉及本节行为的处理 ………………………（1459）
第 362 条　窝藏、包庇罪 ………………………………………………（1459）

第九节　制作、贩卖、传播淫秽物品罪 ………………………………（1460）

第 363 条　第 1 款　制作、复制、出版、贩卖、传播淫秽物品牟利罪
　　　　　　第 2 款　为他人提供书号出版淫秽书刊罪 ……………（1460）
第 364 条　第 1 款　传播淫秽物品罪
　　　　　　第 2 款　组织播放淫秽音像制品罪 ……………………（1471）
第 365 条　组织淫秽表演罪 ……………………………………………（1475）
第 366 条　单位犯本节之罪 ……………………………………………（1476）
第 367 条　淫秽物品的定义 ……………………………………………（1477）

第七章　危害国防利益罪 ……………………………………（1478）

第 368 条　第 1 款　阻碍军人执行职务罪
　　　　　　第 2 款　阻碍军事行动罪 ………………………………（1478）

第 369 条　破坏武器装备、军事设施、军事通信罪
　　　　　　修正案（五）第 3 条第 2 款　过失损坏武器装备、军事
　　　　　　设施、军事通信罪 ………………………………………（1478）

第 370 条　第 1 款　故意提供不合格武器装备、军事设施罪
　　　　　　第 2 款　过失提供不合格武器装备、军事设施罪 ………（1481）

第 371 条　第 1 款　聚众冲击军事禁区罪
　　　　　　第 2 款　聚众扰乱军事管理区秩序罪 ……………………（1482）

第 372 条　冒充军人招摇撞骗罪 ……………………………………（1482）

第 373 条　煽动军人逃离部队罪　雇用逃离部队军人罪 …………（1483）

第 374 条　接送不合格兵员罪 ………………………………………（1484）

第 375 条　第 1 款　伪造、变造、买卖武装部队公文、证件、印章罪
　　　　　　盗窃、抢夺武装部队公文、证件、印章罪
　　　　　　修正案（七）第 12 条第 1、2 款　非法生产、买卖武装
　　　　　　部队制式服装罪
　　　　　　第 3 款　伪造、盗窃、买卖、非法提供、非法使用武装部
　　　　　　队专用标志罪 ……………………………………………（1484）

第 376 条　第 1 款　战时拒绝、逃避征召、军事训练罪
　　　　　　第 2 款　战时拒绝、逃避服役罪 …………………………（1488）

第 377 条　战时故意提供虚假敌情罪 ………………………………（1488）

第 378 条　战时造谣扰乱军心罪 ……………………………………（1489）

第 379 条　战时窝藏逃离部队军人罪 ………………………………（1489）

第 380 条　战时拒绝、故意延误军事订货罪 ………………………（1489）

第 381 条　战时拒绝军事征用罪 ……………………………………（1489）

第八章　贪污贿赂罪 …………………………………………（1491）

第 382 条　贪污罪 ……………………………………………………（1491）

第 383 条　贪污罪的量刑 ……………………………………………（1513）

第 384 条　挪用公款罪 ………………………………………………（1515）

第 385 条　受贿罪 ……………………………………………………（1537）

第 386 条　受贿罪的量刑 …………………………………………… (1559)
第 387 条　单位受贿罪 ……………………………………………… (1560)
第 388 条　受贿罪 …………………………………………………… (1561)
第 388 条之一　修正案（七）第 13 条　利用影响力受贿罪 …… (1562)
第 389 条　行贿罪 …………………………………………………… (1563)
第 390 条　行贿罪 …………………………………………………… (1565)
第 391 条　对单位行贿罪 …………………………………………… (1567)
第 392 条　介绍贿赂罪 ……………………………………………… (1568)
第 393 条　单位行贿罪 ……………………………………………… (1569)
第 394 条　贪污罪 …………………………………………………… (1571)
第 395 条　第 1 款　巨额财产来源不明罪
　　　　　第 2 款　隐瞒境外存款罪 ……………………………… (1573)
第 396 条　第 1 款　私分国有资产罪
　　　　　第 2 款　私分罚没财物罪 ……………………………… (1576)

第九章　渎职罪 ……………………………………………………… (1580)

第 397 条　滥用职权罪　玩忽职守罪 ……………………………… (1582)
第 398 条　故意泄露国家秘密罪　过失泄露国家秘密罪 ………… (1597)
第 399 条　第 1 款　徇私枉法罪
　　　　　第 2 款　民事、行政枉法裁判罪
　　　　　修正案（四）第 8 条第 3 款　执行判决、裁定失职罪
　　　　　执行判决、裁定滥用职权罪 …………………………… (1600)
第 399 条之一　修正案（六）第 20 条　枉法仲裁罪 …………… (1605)
第 400 条　第 1 款　私放在押人员罪
　　　　　第 2 款　失职致使在押人员脱逃罪 …………………… (1607)
第 401 条　徇私舞弊减刑、假释、暂予监外执行罪 ……………… (1610)
第 402 条　徇私舞弊不移交刑事案件罪 …………………………… (1611)
第 403 条　滥用管理公司、证券职权罪 …………………………… (1613)
第 404 条　徇私舞弊不征、少征税款罪 …………………………… (1614)
第 405 条　第 1 款　徇私舞弊发售发票、抵扣税款、出口退税罪
　　　　　第 2 款　违法提供出口退税凭证罪 ………………… (1615)
第 406 条　国家机关工作人员签订、履行合同失职被骗罪 ……… (1617)
第 407 条　违法发放林木采伐许可证罪 …………………………… (1618)

第 408 条　环境监管失职罪 ································· (1620)

第 408 条之一　修正案（八）第 49 条　食品监管渎职罪 ········ (1622)

第 409 条　传染病防治失职罪 ······························· (1623)

第 410 条　非法批准征用、占用土地罪　非法低价出让国有土地使用
权罪 ··· (1624)

第 411 条　放纵走私罪 ····································· (1629)

第 412 条　第 1 款　商检徇私舞弊罪
第 2 款　商检失职罪 ···························· (1630)

第 413 条　第 1 款　动植物检疫徇私舞弊罪
第 2 款　动植物检疫失职罪 ······················ (1631)

第 414 条　放纵制售伪劣商品犯罪行为罪 ····················· (1633)

第 415 条　办理偷越国（边）境人员出入境证件罪　放行偷越国
（边）境人员罪 ································· (1634)

第 416 条　第 1 款　不解救被拐卖、绑架妇女、儿童罪
第 2 款　阻碍解救被拐卖、绑架妇女、儿童罪 ······ (1635)

第 417 条　帮助犯罪分子逃避处罚罪 ························· (1637)

第 418 条　招收公务员、学生徇私舞弊罪 ····················· (1639)

第 419 条　失职造成珍贵文物损毁、流失罪 ··················· (1640)

第十章　军人违反职责罪 ······································· (1642)

第 420 条　军人违反职责罪的概念 ··························· (1642)

第 421 条　战时违抗命令罪 ································· (1642)

第 422 条　隐瞒、谎报军情罪　拒传、假传军令罪 ············· (1642)

第 423 条　投降罪 ··· (1642)

第 424 条　战时临阵脱逃罪 ································· (1642)

第 425 条　擅离、玩忽军事职守罪 ··························· (1643)

第 426 条　阻碍执行军事职务罪 ····························· (1643)

第 427 条　指使部属违反职责罪 ····························· (1643)

第 428 条　违令作战消极罪 ································· (1643)

第 429 条　拒不救援友邻部队罪 ····························· (1643)

第 430 条　军人叛逃罪 ····································· (1643)

第 431 条　第 1 款　非法获取军事秘密罪

　　　　第 2 款　为境外窃取、刺探、收买、非法提供军事秘密罪
　　　　……………………………………………………………………………（1643）
第 432 条　故意泄露军事秘密罪　过失泄露军事秘密罪 ………（1644）
第 433 条　战时造谣惑众罪 ……………………………………（1645）
第 434 条　战时自伤罪 …………………………………………（1645）
第 435 条　逃离部队罪 …………………………………………（1645）
第 436 条　武器装备肇事罪 ……………………………………（1645）
第 437 条　擅自改变武器装备编配用途罪 ……………………（1646）
第 438 条　盗窃、抢夺武器装备、军用物资罪 ………………（1646）
第 439 条　非法出卖、转让武器装备罪 ………………………（1646）
第 440 条　遗弃武器装备罪 ……………………………………（1646）
第 441 条　遗失武器装备罪 ……………………………………（1647）
第 442 条　擅自出卖、转让军队房地产罪 ……………………（1647）
第 443 条　虐待部属罪 …………………………………………（1647）
第 444 条　遗弃伤病军人罪 ……………………………………（1647）
第 445 条　战时拒不救治伤病军人罪 …………………………（1647）
第 446 条　战时残害居民、掠夺居民财物罪 …………………（1647）
第 447 条　私放俘虏罪 …………………………………………（1647）
第 448 条　虐待俘虏罪 …………………………………………（1647）
第 449 条　战时缓刑制度 ………………………………………（1647）
第 450 条　军人违反职责罪的适用范围 ………………………（1647）
第 451 条　战时的概念 …………………………………………（1648）
第 452 条　本法自 1997 年 10 月 1 日起施行 …………………（1648）

附则 ……………………………………………………………………（1649）

附件一 …………………………………………………………………（1649）
附件二 …………………………………………………………………（1649）
《上海市高级人民法院〈人民法院量刑指导意见（试行）〉实施细则
　　（试行）》（节录） ………………………………………………（1650）
上海市高级人民法院《未成年人刑事案件量刑指导意见实施细则
　　（试行）》（节录） ………………………………………………（1672）
北京市高级人民法院《人民法院量刑指导意见（试行）实施细则
　　（试行）》（节录） ………………………………………………（1686）

《广东省高级人民法院〈人民法院量刑指导意见（试行）〉》（节录）
 ··（1698）
湖北省高级人民法院《人民法院量刑指导意见（试行）实施细则》
（节录） ···（1711）
江苏省高级人民法院《人民法院量刑指导意见（试行）实施细则》
（节录） ···（1740）

第二编 分 则

第六章 妨害社会管理秩序罪

第一节 扰乱公共秩序罪

第277条 妨害公务罪

以暴力、威胁方法阻碍国家机关工作人员依法执行职务的,处三年以下有期徒刑、拘役、管制或者罚金。

以暴力、威胁方法阻碍全国人民代表大会和地方各级人民代表大会代表依法执行代表职务的,依照前款的规定处罚。

在自然灾害和突发事件中,以暴力、威胁方法阻碍红十字会工作人员依法履行职责的,依照第一款的规定处罚。

故意阻碍国家安全机关、公安机关依法执行国家安全工作任务,未使用暴力、威胁方法,造成严重后果的,依照第一款的规定处罚。

关联规范 ➡ **完全整理**

❶《中华人民共和国刑法》(1980年1月1日)第242条 聚众阻碍解救被收买的妇女、儿童罪

以暴力、威胁方法阻碍国家机关工作人员解救被收买的妇女、儿童的,依照本法第二百七十七条的规定定罪处罚。

聚众阻碍国家机关工作人员解救被收买的妇女、儿童的首要分子,处五年以下有期徒刑或者拘役;其他参与者使用暴力、威胁方法的,依照前款的规定处罚。

❷ 全国人大常委会《关于〈中华人民共和国刑法〉第三百一十三条的解释》(2002年8月29日)①

---

① 对其解读见:《刑事审判参考》2002年第5辑总第28辑,第89~90,156~168页以及2002年第6辑总第29辑,第137~150页。

❸ 最高人民法院《人民法院量刑指导意见（试行）》（2010年9月13日　法发〔2010〕36号）（节录）

四、常见犯罪的量刑（十一）妨害公务罪

1. 构成妨害公务罪的，可以在三个月拘役至一年有期徒刑幅度内确定量刑起点。

2. 在量刑起点的基础上，可以根据妨害公务的手段、造成的后果等其他影响犯罪构成的犯罪事实增加刑罚量，确定基准刑。

3. 煽动群众阻碍依法执行职务、履行职责的，可以增加基准刑的20%以下。

4. 因执行公务行为不规范而导致妨害公务犯罪的，可以减少基准刑的20%以下。

❹ 最高人民法院、最高人民检察院《办理非法生产、销售烟草专卖品等刑事案件具体应用法律若干问题的解释》（2010年3月26日　法释〔2010〕7号）（节录）①

第八条　以暴力、威胁方法阻碍烟草专卖执法人员依法执行职务，构成犯罪的，以妨害公务罪追究刑事责任。

煽动群众暴力抗拒烟草专卖法律实施，构成犯罪的，以煽动暴力抗拒法律实施罪追究刑事责任。

❺ 最高人民法院、最高人民检察院、公安部《关于依法严肃查处拒不执行判决、裁定和暴力抗拒法院执行犯罪行为有关问题的通知》（2007年8月30日　法发〔2007〕29号）（节录）

二、对下列暴力抗拒执行的行为，依照刑法第二百七十七条的规定，以妨害公务罪论处：（一）聚众哄闹、冲击执行现场，围困、扣押、殴打执行人员，致使执行工作无法进行的；（二）毁损、抢夺执行案件材料、执行公务车辆和其他执行器械、执行人员服装以及执行公务证件，造成严重后果的；（三）其他以暴力、威胁方法妨害或者抗拒执行，致使执行工作无法进行的。

三、负有执行人民法院判决、裁定义务的单位直接负责的主管人员和其他直接责任人员，为了本单位的利益实施本《通知》第一条、第二条所列行为之一的，对该主管人员和其他直接责任人员，依照刑法第三百一十三条和第二百七十七条的规定，分别以拒不执行判决、裁定和妨害公务罪论处。

六、以暴力、威胁方法妨害或者抗拒执行的，公安机关接到报警后，应当立即出警，依法处置。

❻ 最高人民法院、最高人民检察院《关于办理危害矿山生产安全刑事案件具体应用法律若干问题的解释》（2007年2月28日　法释〔2007〕5号）（节录）②

第十条　以暴力、威胁方法阻碍矿山安全生产监督管理的，依照刑法第二百七十七条的规定，以妨害公务罪定罪处罚。

❼《关于办理假冒伪劣烟草制品等刑事案件适用法律问题座谈会纪要》（2003年12

---

① 对其解读见：《刑事审判参考》2010年第5辑总第76辑，第78~91页。
② 对其解读见：《刑事审判参考》2007年第2辑总第55辑，第61~79页。

月 23 日)(节录)①

八、关于以暴力、威胁方法阻碍烟草专卖执法人员依法执行职务行为的定罪处罚问题：以暴力、威胁方法阻碍烟草专卖执法人员依法执行职务的，依照刑法第二百七十七条的规定，以妨害公务罪定罪处罚。

❽ 最高人民法院、最高人民检察院《关于办理妨害预防、控制突发传染病疫情等灾害的刑事案件具体应用法律若干问题的解释》(2003 年 5 月 15 日　法释〔2003〕8 号)(节录)②

第八条　以暴力、威胁方法阻碍国家机关工作人员、红十字会工作人员依法履行为防治突发传染病疫情等灾害而采取的防疫、检疫、强制隔离、隔离治疗等预防、控制措施的，依照刑法第二百七十七条第一款、第三款的规定，以妨害公务罪定罪处罚。

❾ 最高人民检察院《关于办理非法经营食盐刑事案件具体应用法律若干问题的解释》(2002 年 9 月 13 日　高检发释字〔2002〕6 号)(节录)③

第五条　以暴力、威胁方法阻碍行政执法人员依法行使盐业管理职务的，依照刑法第二百七十七条的规定，以妨害公务罪追究刑事责任；其非法经营行为已构成犯罪的，依照数罪并罚的规定追究刑事责任。

❿ 国务院办公厅《关于严厉打击以证券期货投资为名进行违法犯罪活动的通知》(2001 年 8 月 31 日　国办发〔2001〕64 号)(节录)

三、正确适用法律，把握政策界限　(四)非法证券期货经营者对受害人有暴力、威胁、非法拘禁等侵犯公民人身权利的行为，或以暴力、威胁手段阻碍国家机关工作人员依法执行公务，情节严重，构成犯罪的，依法追究刑事责任。

⓫ 最高人民法院、最高人民检察院《关于办理组织和利用邪教组织犯罪案件具体应用法律若干问题的解释(二)》(2001 年 6 月 11 日　法释〔2001〕19 号)(节录)④

第七条　邪教组织人员以暴力、威胁方法阻碍国家机关工作人员依法执行职务的，依照刑法第二百七十七条第一款的规定，以妨害公务罪定罪处罚。其行为同时触犯刑法其他规定的，依照处罚较重的规定定罪处罚。

⓬ 最高人民法院、最高人民检察院《关于办理生产、销售伪劣商品刑事案件具体应用法律若干问题的解释》(2001 年 4 月 18 日　法释〔2001〕10 号)(节录)⑤

第十一条　实施刑法第一百四十条至第一百四十八条规定的犯罪，又以暴力、威胁方

---

① 对其解读见：《最新刑事法律文件解读》2005 年第 8 辑总第 8 辑，第 15~21 页。
② 对其解读见：《刑事审判参考》2003 年第 3 辑总第 32 辑，第 160~164，188~197 页以及《"非典"防治时期相关犯罪的司法适用研究》，载《刑事司法指南》2003 年第 2 辑总第 14 辑，第 55~109 页。
③ 对其解读见：《解读最高人民检察院司法解释》，第 316~319 页。
④ 对其解读见：《刑事审判参考》2001 年第 7 辑总第 18 辑，第 59~62，73~78 页以及 2001 年第 9 辑总第 20 辑，第 49~57 页。
⑤ 对其解读见：《刑事审判参考》2001 年第 5 辑总第 16 辑，第 52~56，59~68 页。

法抗拒查处，构成其他犯罪的，依照数罪并罚的规定处罚。

⑬ 最高人民法院《关于审理破坏野生动物资源刑事案件具体应用法律若干问题的解释》（2000年12月11日　法释〔2000〕37号）（节录）①

第八条　实施刑法第三百四十一条规定的犯罪，又以暴力、威胁方法抗拒查处，构成其他犯罪的，依照数罪并罚的规定处罚。

⑭ 最高人民检察院《关于以暴力威胁方法阻碍事业编制人员依法执行行政执法职务是否可对侵害人以妨害公务罪论处的批复》（2000年4月24日　高检发释字〔2000〕2号）②

对于以暴力、威胁方法阻碍国有事业单位人员依照法律、行政法规的规定执行行政执法职务的，或者以暴力、威胁方法阻碍国家机关中受委托从事行政执法活动的事业编制人员执行行政执法职务的，可以对侵害人以妨害公务罪追究刑事责任。

⑮ 公安部《关于打击拐卖妇女儿童犯罪适用法律和政策有关问题的意见》（2000年3月24日　公通字〔2000〕25号）（节录）

五、关于解救工作：（二）要充分依靠当地党委、政府的支持，做好对基层干部和群众的法制宣传和说服教育工作，注意方式、方法，慎用警械、武器，避免激化矛盾，防止出现围攻执法人员、聚众阻碍解救等突发事件。

以暴力、威胁方法阻碍国家机关工作人员解救被收买的妇女、儿童的，以妨害公务罪立案侦查。对聚众阻碍国家机关工作人员解救被收买的妇女、儿童的首要分子，以聚众阻碍解救被收买的妇女、儿童罪立案侦查。其他使用暴力、威胁方法的参与者，以妨害公务罪立案侦查。阻碍解救被收买的妇女、儿童，没有使用暴力、威胁方法的，依照《中华人民共和国治安管理处罚条例》的有关规定处罚。

⑯ 国家无线电管理委员会、公安部《关于坚决取缔私设电台并查处有关人员的通知》（1995年2月16日　国无管〔1995〕6号）

根据《中华人民共和国无线电管理条例》和有关法律规定，对私设电台，一经发现应立即取缔和查处，绝不能姑息迁就。在无委执行《条例》取缔私设电台，查处有关人员的过程中，对拒绝、阻碍依法执行公务的，由公安机关依照《治安管理处罚条例》予以处罚；构成犯罪的，依法追究刑事责任。

⑰ 国家计委、最高人民检察院、公安部《关于依法惩处妨碍物价检查人员执行公务的违法犯罪活动的通知》（1994年5月21日　计价检〔1994〕600号）（节录）

二、各地物价部门要与当地公安、检察机关加强配合，密切协作，建立情况通报制度。各级公安、检察机关要严格执法，依法办案。对妨碍物价检查人员依法执行公务，构成违反治安管理行为的案件，公安机关要依照《治安管理处罚条例》的有关规定处罚；对以暴

---

① 对其解读见：《刑事审判参考》2001年第2辑总第13辑，第78～84页。
② 对其解读见：《解读最高人民检察院司法解释》，第365～367页以及《刑事司法指南》2000年第3辑总第3辑，第184～187页。

力、威胁方法阻碍物价检查人员依法执行公务构成犯罪的案件，只要基本事实清楚，基本证据确凿，公安机关要及时移送审查批捕、移送审查起诉，检察机关要有及时批捕、起诉，依法追究犯罪分子的刑事责任。

⑱ 最高人民检察院《关于护林护水等人员在护林护水时受到不法侵害，对不法侵害者是否以妨害公务罪论处问题的答复》（1988年3月10日　高检研发字〔1988〕第3号）

经研究，并征求最高人民法院的意见后，现答复如下：《刑法》第八十三条规定的"国家工作人员"，不包括护林护水等受委托从事公务的人员。他人以暴力、威胁方法阻碍护林护水等人员执行任务的，不宜以妨害公务罪论处，其中致人受伤、死亡的，可按相应的罪名处罚；尚未构成犯罪的，可由公安机关按照《治安管理处罚条例》处罚。

⑲ 上海、北京、广东、湖北、江苏高级人民法院《〈人民法院量刑指导意见（试行）〉实施细则（试行）》（2010年10月1日）

⑳ 福建省高级人民法院《〈人民法院量刑指导意见（试行）〉实施细则（试行）》（2010年9月30日　闽高法发〔2010〕21号）（节录）

四、常见罪名的量刑

（十一）妨害公务罪

1. 构成妨害公务罪的，量刑起点为三个月拘役至一年有期徒刑。

2. 在量刑起点的基础上，根据妨害公务的手段、后果等犯罪事实，增加相应的刑罚量：

（1）每增加一人轻微伤，可以增加一个月至三个月刑期；

（2）每增加一人轻伤，可以增加三个月至六个月刑期；

（3）造成执法机关财物损失数额较大的，可以增加三个月至六个月刑期；

（4）持械妨害公务或手段特别恶劣的，可以增加三个月至六个月刑期。

3. 有下列情节之一的，可以增加基准刑的20%以下，再增加一种情形的，可以再增加10%以下：

（1）煽动群众妨害公务的；

（2）多次妨害公务的；

（3）造成其他严重后果的。

4. 因执行公务行为不规范而导致妨害公务犯罪的，可以减少基准刑的20%以下。

㉑ 浙江省高级人民法院《浙江省〈人民法院量刑指导意见（试行）〉实施细则》（2010年9月29日　浙高法〔2010〕280号）（节录）

（十一）妨害公务罪

1. 构成妨害公务罪的，可以在六个月至一年有期徒刑幅度内确定量刑起点。

2. 在量刑起点的基础上，可以根据妨害公务的手段、造成的后果等其他影响犯罪构成的犯罪事实增加刑罚量，确定基准刑：

（1）每造成一人轻微伤的，可以增加二个月至三个月刑期；

（2）每造成一人轻伤的，可以增加三个月至六个月刑期。

3. 有下列情形之一的，可以增加基准刑的20%以下：

（1）煽动群众阻碍依法执行职务、履行职责的；

（2）造成财产损失数额较大的。

4. 因执行公务行为不规范而导致妨害公务犯罪的，可以减少基准刑的 20% 以下。

㉒ 厦门市人民检察院《征地拆迁过程中可能涉及的主要刑事犯罪法律适用及参考证据规格》（2005 年 7 月　检察业务〔2005〕004 号）

《朱孝清在全国检察机关第二次侦查监督工作会议上的讲话》指出："……群体性事件往往参与者的合理诉求与不合法的手段交织，多数人的合理诉求与少数人的无理取闹交织，群众的自发行为与别有用心的插手、利用交织，一般性的聚集活动与极少数坏人打、砸、抢等暴力活动交织，问题十分复杂。必须正确区分两类不同性质的矛盾，坚持分化、瓦解和打击少数、教育团结多数的原则。对极少数插手群体性事件，策划、组织、指挥闹事的敌对分子，以及借机打砸抢的犯罪分子，要适时依法严厉打击；对一般参与者，要立足于教育，不要轻易逮捕。……"

一、妨害公务罪

罪名说明：妨害公务罪，是指以暴力、威胁方法，阻碍国家机关工作人员、各级人大代表、红十字会工作人员依法执行职务、履行职责的行为，或者阻碍国家安全机关、公安机关依法执行国家安全工作任务，造成严重后果的行为。

（1）主体是一般主体，凡达到刑事责任年龄且具备刑事责任能力的自然人均能构成本罪；本罪无单位犯罪。

（2）侵犯的客体是国家机关的管理活动。应以国家机关工作人员依法执行职务为前提，不是个人行为，要注意执法的主体资格和依法职务行为。

（3）主观方面只能是故意。主观上应明知国家机关工作人员依法执行职务，如果行为人不知是国家机关工作人员而实施了阻碍行为，则不构成本罪。注意国家机关工作人员依法执行公务前有否出示证件、相关行政执法部门有无着制服等情节。

（4）客观方面表现为以暴力、威胁的方法，阻碍国家机关工作人员依法执行公务；暴力是指实施殴打、冲砸、强行留置等行为。威胁是指公然以杀害、伤害、毁坏财产或者损害名誉等相要挟。本罪的行为所直接指向的对象，既可以是依法正在执行公务的国家机关工作人员，也可以是其所携带的文件物品以及执行公务所需要的工作场所。行为必须是发生在国家机关工作人员执行公务之时。如果执行公务完毕或者尚未执行公务而对之实施暴力或者威胁，则不构成本罪。

如果使用暴力或威胁没有达到一定的强度，情节显著轻微；或者只是为了挣脱而冲撞或无意伤及执法人员，为维护稳定、构建和谐社会，不宜认定为妨害公务罪。

司法实践中应注意的问题：

（1）本罪与其他犯罪广泛存在牵连犯的情形。如以暴力方法阻碍执行公务，致犯罪对象重伤、死亡的，属牵连犯，应当"从一重处断"，即以故意杀人罪、故意伤害罪定罪处罚。对于有的牵连犯情形，刑法分则相关法条作出了不同于传统理论观点的处罚原则。刑法分则中有特别规定的，必须严格依照规定办理；刑法分则中没有特别规定的，则仍然应当按照"从一重处断"的原则处理。

（2）本罪与第 313 条规定的拒不执行判决、裁定罪等罪名，存在法条竞合关系，办理具体案件时,应当按照法条竞合适用法条的一般原则,即特别法优于普通法的原则,以拒不执行判决、裁定罪处理。(编者注:与相关人大解释抵触,不宜适用)

(3) 本罪的犯罪对象不能包括某些受委托从事公务的人员,诸如治安联防队员等。

(4) 执行公务的活动,必须具有合法性。如果仅是国家机关工作人员执行职务的手续在形式上有细枝末节缺陷的,不属于违法执行职务,行为人以暴力、威胁方法阻碍的仍可以构成犯罪。但如果是极少数国家机关工作人员,在执行公务过程中,假公济私、滥用职权、违法乱纪,损害群众的利益,引起公愤,群众对之进行抵制、斗争的,应当引导,不宜定罪。

(5) 要注意由于群众对国家工作人员依法宣布的某项政策、决定、措施不理解,有意见,向国家工作人员提出质问,要求说明、解释、答复,由于情绪偏激、态度不冷静、方法不得当而形成的对国家工作人员的围攻、顶撞行为,虽然常伴有威胁性语言和类似暴力的推搡、拉扯行为,在客观上妨害了公务,一般也不宜定罪。

㉓ 上海市公检法司《关于本市办理妨害人民警察依法执行职务违法犯罪案件的意见》(2004年11月23日 沪公发〔2004〕487号)

一、人民警察依法执行职务,是指人民警察依照《中华人民共和国人民警察法》等法律、法规和规章,在职权范围内履行职责的行为。

二、人民警察依法执行职务时,应当做到严格执法、公正执法、文明执法。

三、使用下列暴力、威胁方法阻碍人民警察依法执行职务的,以妨害公务罪追究刑事责任:

(一) 殴打人民警察致轻微伤的;

(二) 殴打人民警察,造成群众围观、交通阻塞等恶劣影响的;

(三) 毁坏警用装备、配备或者公安机关办公设施,阻碍人民警察执法或者扰乱公安机关办公秩序的;

(四) 为了逃避检查、处罚,驾驶机动车辆强行拖、撞人民警察,或者使用非机动车拖、撞人民警察致轻微伤的;

(五) 使用刀具、棍棒等,阻碍人民警察执法的;

(六) 公然以杀害、伤害、毁坏名誉等言语相威胁,阻碍人民警察执法,造成群众围观、交通阻塞等恶劣影响的;

(七) 以其他暴力、威胁方法阻碍人民警察依法执行职务的。

暴力抗拒人民警察执法,致人民警察轻伤、重伤、死亡的,以故意伤害罪或者故意杀人罪追究其刑事责任。

毁坏警用装备、配备或公安机关办公设施,阻碍人民警察执法或者扰乱公安机关办公秩序,同时构成其他犯罪的,择一重罪从重处罚。

为了逃避检查、处罚,驾驶机动车辆强行拖、撞人民警察,或者使用非机动车拖、撞人民警察致轻微伤,同时构成故意伤害罪(未遂)或者故意杀人罪(未遂)的,择一重罪从重处罚。

四、除刑法第269条规定外,实施其他犯罪时以暴力、威胁方法抗拒阻碍人民警察执法，未造成人民警察轻伤、重伤或者死亡的，应当以妨害公务罪与前罪实行数罪并罚；造成人民警察轻伤、重伤或者死亡的，应当以故意伤害罪或者故意杀人罪与前罪实行数罪并罚。

五、拒绝、阻碍人民警察执行职务，尚不够刑事处罚的，依法对其予以收容劳动教养或者治安处罚。

六、本意见所称的人民警察包括公安机关、国家安全机关、监狱、劳动教养管理机关的人民警察和人民法院、人民检察院的司法警察。

学理观点·典型案例 ➡ 索引与要旨

❶《周洪宝妨害公务案》，载《刑事审判参考》2011 年第 5 辑总第 82 辑，第 55～60 页。

核心提示 ➡ 以投掷点燃汽油瓶的方式阻碍城管队员依法执行职务的行为，如何定罪处罚？

❷《冒充警察索要钱财后，在公安机关使用暴力报复警察阻止其吸烟的行为应如何定性》，载《公检法办案指南》2007 年第 2 辑总第 86 辑，第 169～177 页。

❸《朱荣根、朱梅华等妨害公务案》，载《刑事审判参考》2004 年第 3 辑总第 38 辑，第 127～131 页。

核心提示 ➡ 以暴力、威胁方法妨害或者抗拒人民法院执行判决、裁定的应如何定罪？

要旨 ➡ 应适用 2002 年 8 月 29 日全国人大常委会作出的《关于刑法第三百一十三条的解释》。

❹《江世田等妨害公务案》，载《刑事审判参考》2002 年第 5 辑总第 28 辑，第 53～58 页。

核心提示 ➡ 聚众以暴力手段抢回被依法查扣的制假设备应如何定罪？

要旨 ➡ 本案构成妨害公务罪。1. 判断职务行为是否执行完毕，应根据职务行为的具体执行状况和内容，从整体上把握，而不宜将具有一体性和连续性的公务执行活动分割开来判断。本案中，联合打假队从查扣设备到案发时的返回途中，应视为执行职务过程中，非执行完毕。被告人从得知制假设备被查到聚众中途拦截执行公务车辆夺回制假设备，其目的直接指向于对抗打假执法的公务活动。2. 联合打假队依法查扣被告人的制假设备，是一种执法强制措施，被告人的行为是对抗执法强制措施，不是为了"不法占有公私财产"。3. 被告人欲强行夺回的制假设备，是犯罪工具，虽属不法财产，但毕竟为被告人自有。抢回自有财产与强占他人所有或公有财物显然不同，被告人不具有非法占有目的。

❺《何木生抢劫案》，载《刑事审判参考》2001 年第 12 辑总第 23 辑，第 28～33 页。

核心提示 ➡ 被告人持钢管拒捕并将民警打成轻微伤是否构成妨害公务罪？

要旨 ➡ 民警张鸿斌等三人在执行公务时，发现被告人在某温泉接待室内，民警王清平大喊一声"何木生"，何木生遂拿起一根钢管，朝堵在门口的张鸿斌的额头打去，致其轻微伤乙级。法院认为：被告人使用暴力手段阻碍国家机关工作人员依法执行职务，其行为已构成妨害公务罪。

❻《事后证明行政裁决不合法是否必然导致国家工作人员失去执行公务的合法性》，载《最新刑事法律文件解读》2006年第6辑总第18辑，第137~139页。

要旨 ➡ 妨害公务罪侵害的对象是依法正在执行职务的国家工作人员，而不是行政行为。虽然事后法院撤销了政府决定，被告人可以获得赔偿，但法律没有赋予公民自行对抗政府行为的权利。该案构成妨害公务罪，但在量刑时应充分考虑政府行政行为被撤销的因素，给予被告人从轻处罚。

❼《朱某、邓某等人使用暴力从拘留所脱逃案》，载《最新刑事法律文件解读》2005年第6辑总第6辑。

核心提示 ➡ 未履行拘留手续的行政拘留人员共同使用暴力从羁押场逃跑的行为如何定性？程序不合法的公务能否成为妨害公务的对象？

❽《论刑法适用中法律解释的确定性——由一起刑事案件引发的对法律解释的思考》，载《刑事审判要览》2004年第4辑总第10辑，第90~105页。

要旨 ➡ 公诉机关，根据行为性质的实质，指出了该案符合"妨害公务罪"性质；辩护律师，从对被告人当时主观心理活动的推测，以及警官驾驶过程中因过失导致事故发生的解释，阐明了被告人无罪的理由；人民法院，从交通肇事罪的构成要件，以及处理交通肇事的一般原则、惯例出发认定过失犯罪；学理方面，则是站在对法律规定的一般性解释出发，判断该案违法，有责的本质属性。

第278条 煽动暴力抗拒法律实施罪

煽动群众暴力抗拒国家法律、行政法规实施的，处三年以下有期徒刑、拘役、管制或者剥夺政治权利；造成严重后果的，处三年以上七年以下有期徒刑。

关联规范 ➡ 完全整理

❶ 最高人民法院、最高人民检察院《办理非法生产、销售烟草专卖品等刑事案件具体应用法律若干问题的解释》（2010年3月26日 法释〔2010〕7号）（节录）①

第八条 以暴力、威胁方法阻碍烟草专卖执法人员依法执行职务，构成犯罪的，以妨害公务罪追究刑事责任。

煽动群众暴力抗拒烟草专卖法律实施，构成犯罪的，以煽动暴力抗拒法律实施罪追究刑事责任。

❷《关于办理假冒伪劣烟草制品等刑事案件适用法律问题座谈会纪要》（2003年12月23日）（节录）②

九、关于煽动群众暴力抗拒烟草专卖法律实施行为的定罪处罚问题

煽动群众暴力抗拒烟草专卖法律实施的，依照刑法第二百七十八条的规定，以煽动暴

---

① 对其解读见：《刑事审判参考》2010年第5辑总76辑，第78~91页。
② 对其解读见：《最新刑事法律文件解读》2005年第8辑总第8辑，第15~21页。

力抗拒法律实施罪定罪处罚。

❸ 厦门市人民检察院《征地拆迁过程中可能涉及的主要刑事犯罪法律适用及参考证据规格》（2005年7月　检察业务〔2005〕004号）（节录）

二、煽动暴力抗拒法律实施罪　罪名说明：煽动暴力抗拒法律实施罪，是指用语言、文字等方式公然煽惑、鼓动群众以暴力或者其他强制性手段抗拒国家法律、行政法规实施的行为。

关于本罪的定罪情节：根据法条对罪状的描述，本罪属行为犯。行为人只要实施了煽动行为，就应当以本罪定罪处罚。至于群众是否听信，是否造成了实际危害后果，不影响本罪的成立。但是，煽动行为情节显著轻微危害不大的，根据刑法第13条"但书"的规定，可以不作犯罪论处。

关于本罪的重罪情节：根据法条规定，煽动暴力抗拒法律实施"造成严重后果的"，是本罪的重罪情节。所谓"严重后果"，在司法解释出台之前，我们认为可以理解为下列情形之一的：（1）被煽动的对象听信煽动实施暴力行为严重妨碍法律、法规实施的；（2）被煽动的对象听信煽动的人数众多（10人以上）；（3）煽动暴力抗拒法律、法规实施造成公私财产直接损失巨大的；（4）煽动暴力抗拒法律、法规实施，导致社会动荡不安的；（5）造成其他严重后果的。

司法实践中应注意的问题：（1）出于激起民族仇恨、民族歧视的目的，实施煽动暴力抗拒法律、法规行为的，应当按想象竞合犯的处罚原则处理，即以煽动民族仇恨、民族歧视罪定罪处罚。（2）行为人实施了煽动群众暴力抗拒法律、法规的行为，进而又组织、参加以暴力、威胁方法阻碍国家机关工作人员依法执行职务的犯罪活动的，应当以本罪和妨害公务罪实行并罚。（3）行为人出于对基层干部抓计划生育等工作中的过火行为的不满，煽动群众暴力抗拒基层干部的过火行为的，应当具体情况具体分析，一般不宜作犯罪处理；必须作犯罪处理的，由于这种行为的直接目的不是抗拒法律、法规的实施，可以以妨害公务罪（教唆）处理。

学理观点·典型案例 ➡ 索引与要旨

《煽动分裂国家罪的认定与处理》，载《刑事司法指南》2002年第1辑总第9辑，第120～130页。

核心提示 ➡ 刑法中几种煽动型犯罪的界限：煽动分裂国家罪与煽动暴力抗拒法律实施罪的界限。

第279条　招摇撞骗罪

冒充国家机关工作人员招摇撞骗的，处三年以下有期徒刑、拘役、管制或者剥夺政治权利；情节严重的，处三年以上十年以下有期徒刑。

冒充人民警察招摇撞骗的，依照前款的规定从重处罚。

第二编　分则　第六章　妨害社会管理秩序罪

关联规范 ➡ 完全整理

❶ 最高人民法院《关于审理抢劫、抢夺刑事案件适用法律若干问题的意见》（2005年6月8日　法发〔2005〕8号）（节录）①

九、关于抢劫罪与相似犯罪的界限：1. 冒充正在执行公务的人民警察、联防人员，以抓卖淫嫖娼、赌博等违法行为为名非法占有财物的行为定性：行为人冒充正在执行公务的人民警察"抓赌"、"抓嫖"，没收赌资或者罚款的行为，构成犯罪的，以招摇撞骗罪从重处罚；在实施上述行为中使用暴力或者暴力威胁的，以抢劫罪定罪处罚。行为人冒充治安联防队员"抓赌"、"抓嫖"、没收赌资或者罚款的行为，构成犯罪的，以敲诈勒索罪定罪处罚；在实施上述行为中使用暴力或者暴力威胁的，以抢劫罪定罪处罚。

❷ 最高人民法院《关于审理非法生产、买卖武装部队车辆号牌等刑事案件具体应用法律若干问题的解释》（2002年4月17日　法释〔2002〕9号）（节录）②

第四条　冒充军人使用伪造、变造、盗窃的武装部队车辆号牌，造成恶劣影响的，依照刑法第三百七十二条的规定定罪处罚。

❸ 最高人民法院办公厅转发国家商检局、公安部《关于严厉打击不法分子伪造变造买卖商检单证行为的通知》的通知（1988年1月1日　法办〔1988〕2号）

现将国家商检局、公安部《关于严厉打击不法分子伪造、变造、买卖商检单证行为的通知》转发给你们，请在审判工作中参照。四、各地司法机关、商检机构密切配合。对伪造、变造、买卖商检单证，冒充商检人员招摇撞骗以及商检人员玩忽职守的违法犯罪活动，由司法机关及时立案、审理。

学理观点·典型案例 ➡ 索引与要旨

❶《冒充警察索要钱财后，在公安机关使用暴力报复警察阻止其吸烟的行为应如何定性》，载《公检法办案指南》2007年第2辑总第86辑，第169～177页。

❷《普通法条、特别法条的确定与适用》，载《刑事司法指南》2004年第2辑总第18辑，第1～36页。

要旨 ➡ 1. 普通法条与特别法条概述；2. 特别关系的确定；3. 特别法条适用前提；4. 特别法条内容不周全的处理。

❸《梁其珍招摇撞骗案》，载《刑事审判参考》2003年第5辑总第34辑，第34～42页。

核心提示 ➡ 法条竞合及其法律适用原则，招摇撞骗罪与诈骗罪的区分

❹《李志远招摇撞骗、诈骗案》，载《刑事审判参考》2002年第1辑总第24辑，第

---

① 对其解读见：《刑事审判参考》2005年第1辑总第42辑，第93～98页以及2005年第2辑总第43辑，第71～92页。

② 对其解读见：《刑事审判参考》2002年第3辑总第26辑，第131～133，161～166页。

79～86页。

核心提示 ➡ 诈骗罪与招摇撞骗罪的区别；冒充国家机关工作人员骗取财物的同时又骗取其他非法利益的如何定罪处罚？

要旨 ➡ 冒充国家机关工作人员以骗取他人信任，非法占有他人数额较大的财物的行为，既符合诈骗罪的犯罪构成，又符合招摇撞骗罪的犯罪构成，这种情况属于法条竞合。本案被告人冒充国家机关工作人员多次行骗，既骗财又骗色以及其他非法利益，由于是基于一个概括故意支配下的连续性行为仍可以一罪论处。

5《刑事审判参考》2001年第12辑总第23辑，第79～82页。

核心提示 ➡ 冒充警察以"抓赌"、"抓嫖"为名非法获取他人财物没有使用暴力或者使用暴力不明显的行为如何定性？

要旨 ➡ 而招摇撞骗罪的落脚点在于"骗"，一般是指利用人们的信任去骗取他人的合法利益，以达到非法占有的目的。对于利用国家机关工作人员的身份向非法行为人勒索其非法财物等不正当利益，虽属"招摇"，但尚不是"撞骗"。故不宜以"招摇撞骗"认定。招摇撞骗的实质是利用被害人对国家机关工作人员的信任，骗取非法利益。在行为人冒充警察以"抓赌"、"抓嫖"为名获取财物的情况下，被害人肯定不愿交出财物，行为人实际上必须以"权势"或者将其不法行为曝光等手段相要挟、逼迫，这更符合敲诈勒索罪利用他人的"短处"强索钱财的特征。对其行为应以敲诈勒索罪处理。本案中，被告人的行为虽有"骗"的成分，但主要是以国家机关工作人员的身份进行要挟，否则，无法达到"骗"财的目的。

6《刘柏平招摇撞骗案》四川省广安市广安区人民法院〔1999〕广安刑初字第89号

核心提示 ➡ 冒充派出所联防队员拦车罚款和帮其女友家打架，用手铐铐人，是否构成招摇撞骗罪？

要旨 ➡ 被告人身穿治安秋服，伙同黄和全（已判刑）窜至广安区悦来镇岔路口，冒充悦来派出所联防队员，拦截过往车辆处罚款。法院认定其为一般违法行为，判决其无罪。

第280条 第1款 伪造、变造、买卖国家机关公文、证件、印章罪 盗窃、抢夺、毁灭国家机关公文、证件、印章罪 第2款 伪造公司、企业、事业单位、人民团体印章罪 第3款 伪造、变造居民身份证罪

伪造、变造、买卖或者盗窃、抢夺、毁灭国家机关的公文、证件、印章的，处三年以下有期徒刑、拘役、管制或者剥夺政治权利；情节严重的，处三年以上十年以下有期徒刑。

伪造公司、企业、事业单位、人民团体的印章的，处三年以下有期徒刑、拘役、管制或者剥夺政治权利。

伪造、变造居民身份证的，处三年以下有期徒刑、拘役、管制或者剥夺政治权利；情节严重的，处三年以上七年以下有期徒刑。

全国人民代表大会常务委员会关于惩治骗购外汇、逃汇和非法买卖外汇犯

罪的决定（1998年12月29日第九届全国人民代表大会常务委员会第六次会议通过，1998年12月29日中华人民共和国主席令第十四号公布，自公布之日起施行）：

二、买卖伪造、变造的海关签发的报关单、进口证明、外汇管理部门核准件等凭证和单据或者国家机关的其他公文、证件、印章的，依照刑法第二百八十条的规定定罪处罚。

关联规范　➡ 完全整理

❶ 最高人民法院、最高人民检察院《关于办理妨害信用卡管理刑事案件具体应用法律若干问题的解释》（2009年12月16日　法释〔2009〕19号）（节录）①

第四条　为信用卡申请人制作、提供虚假的财产状况、收入、职务等资信证明材料，涉及伪造、变造、买卖国家机关公文、证件、印章，或者涉及伪造公司、企业、事业单位、人民团体印章，应当追究刑事责任的，依照刑法第二百八十条的规定，分别以伪造、变造、买卖国家机关公文、证件、印章罪和伪造公司、企业、事业单位、人民团体印章罪定罪处罚。

承担资产评估、验资、验证、会计、审计、法律服务等职责的中介组织或其人员，为信用卡申请人提供虚假的财产状况、收入、职务等资信证明材料，应当追究刑事责任的，依照刑法第二百二十九条的规定，分别以提供虚假证明文件罪和出具证明文件重大失实罪定罪处罚。

❷ 最高人民法院研究室《关于伪造、变造、买卖民用机动车号牌行为能否以伪造、变造、买卖国家机关证件罪定罪处罚问题的请示》的答复（2009年1月1日）

最近，广东省委政法委要求我院就伪造、变造、买卖民用机动车号牌的行为能否以伪造、变造、买卖国家机关证件罪定罪处罚的问题提出处理意见。我院审判委员会研究时有两种不同意见。多数意见认为不应以伪造、变造、买卖国家机关证件罪定罪处罚。少数意见认为机动车号牌属于国家机关证件，对于伪造、变造、买卖民用机动车号牌且情节严重的行为，可以伪造、变造、买卖国家机关证件罪追究刑事责任。经请示，最高人民法院研究室作出答复，同意我院审委会多数人意见，伪造、变造、买卖民用机动车号牌行为不能以伪造、变造、买卖国家机关证件罪定罪处罚。最高人民法院研究室答复全文如下：

"你院粤高法〔2009〕108号《关于伪造、变造、买卖民用机动车号牌行为能否以伪造、变造、买卖国家机关证件罪定罪处罚问题的请示》收悉。经研究，答复如下：

同意你院审委会讨论中的多数人意见，伪造、变造、买卖民用机动车号牌行为不能以伪造、变造、买卖国家机关证件罪定罪处罚。你院所请示问题的关键在于能否将机动车号牌认定为国家机关证件，从当前我国刑法的规定看，不能将机动车号牌认定为国家机关证件。理由在于：

---

① 对其解读见：《刑事审判参考》2010年第1辑总第72辑，第94～110页。

一、刑法第280条第1款规定了伪造、变造、买卖国家机关公文、证件、印章罪，第281条规定了非法生产、买卖警用装备罪，将警用车辆号牌归属于警察专用标志，属于警用装备的范围。从这一点分析，证件与车辆号牌不具有同一性。如果具有同一性，刑法第280条中的证件就包括了警用车辆号牌，也就没有必要在第281条中单独明确列举警用车辆号牌了。同样的道理适用于刑法375条的规定（刑法第375条第1款规定了伪造、变造、买卖武装部队公文、证件、印章罪，盗窃、抢夺武装部队公文、证件、印章罪，第2款规定了非法生产、买卖军用标志罪，而军用标志包括武装部队车辆号牌）。刑法规定非法生产、买卖警用装备罪和非法生产、买卖军用标志罪，明确对警用车辆号牌和军用车辆号牌进行保护，目的在于维护警用、军用标志性物品的专用权，而不是将警用和军用车辆号牌作为国家机关证件来保护。如果将机动车号牌认定为证件，那么非法买卖警用机动车号牌的行为，是认定为非法买卖国家机关证件罪还是非法买卖警用装备罪？这会导致刑法适用的混乱。

二、从刑罚处罚上看，如果将机动车号牌认定为国家机关证件，那么非法买卖的机动车号牌如果分别属于人民警察车辆号牌、武装部队车辆号牌、普通机动车号牌，同样一个行为就会得到不同的处理结果：对于前两者，根据刑法第281条、第375条第2款的规定，情节严重的，分别构成非法买卖警用装备罪、非法买卖军用标志罪，法定刑为三年以下有期徒刑、拘役或者管制，并处或者单处罚金。对于非法买卖民用机动车号牌，根据刑法第280条第1款的规定，不论情节是否严重，均构成买卖国家机关证件罪，情节一般的，处三年以下有期徒刑、拘役、管制或者剥夺政治权利；情节严重的，处三年以上十年以下有期徒刑。可见，将机动车号牌认定为证件，将使对非法买卖普通机动车号牌的刑罚处罚重于对非法买卖人民警察、武装部队车辆号牌的刑罚处罚，这显失公平，也有悖立法本意。"

❸ 最高人民法院、最高人民检察院《关于办理与盗窃、抢劫、诈骗、抢夺机动车相关刑事案件具体应用法律若干问题的解释》（2007年5月9日 法释〔2007〕11号）（节录）①

第二条 伪造、变造、买卖机动车行驶证、登记证书，累计三本以上的，依照刑法第二百八十条第一款的规定，以伪造、变造、买卖国家机关证件罪定罪，处三年以下有期徒刑、拘役、管制或者剥夺政治权利。

伪造、变造、买卖机动车行驶证、登记证书，累计达到第一款规定数量标准五倍以上的，属于刑法第二百八十条第一款规定中的"情节严重"，处三年以上十年以下有期徒刑。

第四条 实施本解释第一条、第二条、第三条第一款或者第三款规定的行为，事前与盗窃、抢劫、诈骗、抢夺机动车的犯罪分子通谋的，以盗窃罪、抢劫罪、诈骗罪、抢夺罪的共犯论处。

❹《全国部分法院经济犯罪案件审判工作座谈会研讨综述——"经济犯罪案件中的法律适用问题"》（2004年11月27日）（节录）②

---

① 对其解读见：《刑事审判参考》2007年第3辑总第56辑，第73~81页。
② 对其解读见：《刑事审判参考》2004年第6辑总第41辑，第146~168页。

五、关于诈骗犯罪的认定（五）关于诉讼诈骗行为能否以诈骗罪定罪处罚的问题

诉讼诈骗是指行为人以提起民事诉讼为手段，通过伪造证据或者提供虚假证据欺骗法院，使法院作出错误判决，并依据该判决骗取公私财物或者免除自己的债务。与会代表倾向性认为，虽然诉讼诈骗的行为人具有非法占有的目的，也使用了欺骗手段，但诉讼诈骗案件中被骗的对象是法院，遭受财产损失的另一方当事人并非自愿交出财物，不符合诈骗罪的构成特征。将诉讼诈骗行为以诈骗罪定罪处罚，意味着法院是诈骗的工具，但由于人民法院审判民事案件，依据"证据优势"原则认定案件事实，诉讼诈骗行为能够得逞，主要是对方当事人举证不力的结果，法院不应当对当事人的过错承担责任。诉讼诈骗行为侵害的客体主要是人民法院的正常审判活动。因此，在刑法未规定新的罪名的情况下，根据诉讼诈骗案件的行为特征，以妨害司法的相应罪名定罪处罚为宜：如果行为人伪造证据时，实施了伪造公司、企业、事业单位、人民团体印章的行为，构成犯罪的，应当依照刑法第二百八十条第二款的规定，以伪造公司、企业、事业单位、人民团体印章罪追究刑事责任；如果行为人有指使他人作伪证行为，构成犯罪的，应当依照刑法第三百零七条第一款的规定，以妨害作证罪追究刑事责任。

5 最高人民法院研究室《关于对行为人通过伪造国家机关公文、证件担任国家工作人员职务并利用职务上的便利侵占本单位财物、收受贿赂、挪用本单位资金等行为如何适用法律问题的答复》（2004年3月30日　法研〔2004〕38号）

经研究，答复如下：行为人通过伪造国家机关公文、证件担任国家工作人员职务以后，又利用职务上的便利实施侵占本单位财物、收受贿赂、挪用本单位资金等行为，构成犯罪的，应当分别以伪造国家机关公文、证件罪和相应的贪污罪、受贿罪、挪用公款罪等追究刑事责任，实行数罪并罚。

6 最高人民检察院研究室《关于伪造、变造、买卖政府设立的临时性机构的公文、证件、印章行为如何适用法律问题的答复》（2003年6月3日　〔2003〕高检研发第17号）

经研究，答复如下：伪造、变造、买卖各级人民政府设立的行使行政管理权的临时性机构的公文、证件、印章行为，构成犯罪的，应当依照刑法第二百八十条第一款的规定，以伪造、变造、买卖国家机关公文、证件、印章罪追究刑事责任。

7 最高人民检察院研究室《关于通过伪造证据骗取法院民事裁判占有他人财物的行为如何适用法律问题的答复》（2002年10月24日）①

经研究答复如下：以非法占有为目的，通过伪造证据骗取法院民事裁判占有他人财物的行为所侵害的主要是人民法院正常的审判活动可以由人民法院依照民事诉讼法的有关规定作出处理，不宜以诈骗罪追究行为人的刑事责任。如果行为人伪造证据时，实施了伪造公司、企业、事业单位、人民团体印章的行为，构成犯罪的，应当依照刑法第二百八十条第二款的规定，以伪造公司、企业、事业单位、人民团体印章罪追究刑事责任；如果行为

---

① 对其解读见：《解读最高人民检察院司法解释》，第358~360页以及《刑事法判解研究》2004年第4辑总第9辑，第23~31页。

人有指使他人作伪证行为，构成犯罪的应当依照刑法第三百零七条第一款的规定，以妨害作证罪追究刑事责任。

❽ 最高人民检察院研究室《关于买卖尚未加盖印章的空白〈边境证〉行为如何适用法律问题的答复》（2002年9月25日　〔2002〕高检研发第19号）①

经研究，答复如下：对买卖尚未加盖发证机关的行政印章或者通行专用章印鉴的空白《中华人民共和国边境管理区通行证》的行为，不宜以买卖国家机关证件罪追究刑事责任。国家机关工作人员实施上述行为，构成犯罪的，可以按滥用职权等相关犯罪依法追究刑事责任。

❾ 最高人民法院、最高人民检察院、海关总署《关于办理走私刑事案件适用法律若干问题的意见》（2002年7月8日　法〔2002〕139号）（节录）②

九、买卖加工贸易登记手册、特定减免税批文等涉税单证情节严重尚未进口货物的，依照刑法第二百八十条的规定定罪处罚。

❿ 最高人民法院、最高人民检察院《关于办理伪造、贩卖伪造的高等院校学历、学位证明刑事案件如何适用法律问题的解释》（2001年7月5日　法释〔2001〕22号）

为依法惩处伪造、贩卖伪造的高等院校学历、学位证明的犯罪活动，现就办理这类案件适用法律的有关问题解释如下：对于伪造高等院校印章制作学历、学位证明的行为，应当依照刑法第二百八十条第二款的规定，以伪造事业单位印章罪定罪处罚。

明知是伪造高等院校印章制作的学历、学位证明而贩卖的，以伪造事业单位印章罪的共犯论处。

⓫ 林业局、公安部《关于森林和陆生野生动物刑事案件管辖及立案标准》（2001年5月9日）（节录）

一、（十五）伪造、变造、买卖国家机关公文、证件案件中，伪造、变造、买卖林木和陆生野生动物允许进出口证明书、进出口原产地证明、狩猎证、特许猎捕证、驯养繁殖许可证、林木采伐许可证、木材运输证明、森林、林木、林地权属证书、征用或者占用林地审核同意书、育林基金等缴费收据以及由国家机关批准的其他关于林业和陆生野生动物公文、证件的案件（第二百八十条第一、二款）；

二、（十二）盗窃、抢夺、抢劫案、窝藏、转移、收购、销售赃物案、破坏生产经营案、聚众哄抢案、非法经营案、伪造变造买卖国家机关公文、证件案，执行相应的立案标准。

⓬ 最高人民法院《关于审理破坏野生动物资源刑事案件具体应用法律若干问题的解释》（2000年12月11日　法释〔2000〕37号）（节录）③

第九条　伪造、变造、买卖国家机关颁发的野生动物允许进出口证明书、特许猎捕证、狩猎证、驯养繁殖许可证等公文、证件构成犯罪的，依照刑法第二百八十条第一款的规定

---

① 对其解读见：《解读最高人民检察院司法解释》，第370～373页。
② 对其解读见：《刑事审判参考》2002年第4辑总第27辑，第149～170，185～203页。
③ 对其解读见：《刑事审判参考》2001年第2辑总第13辑，第78～84页。

以伪造、变造、买卖国家机关公文、证件罪定罪处罚。

实施上述行为构成犯罪，同时构成刑法第二百二十五条第二项规定的非法经营罪的，依照处罚较重的规定定罪处罚。

❸ 最高人民法院《关于审理破坏森林资源刑事案件具体应用法律若干问题的解释》（2000 年 12 月 11 日　法释〔2000〕36 号）（节录）①

第十三条　对于伪造、变造、买卖林木采伐许可证、木材运输证件，森林、林木、林地权属证书，占用或者征用林地审核同意书、育林基金等缴费收据以及其他国家机关批准的林业证件构成犯罪的，依照刑法第二百八十条第一款的规定，以伪造、变造、买卖国家机关公文、证件罪定罪处罚。

对于买卖允许进出口证明书等经营许可证明，同时触犯刑法第二百二十五条、第二百八十条规定之罪的，依照处罚较重的规定定罪处罚。

❹ 最高人民检察院研究室《关于买卖伪造的国家机关证件行为是否构成犯罪的问题的答复》（1999 年 6 月 21 日　〔1999〕高检研发第 5 号）②

对于买卖伪造的国家机关证件的行为，依法应当追究责任的，可适用刑法第二百八十条第一款的规定，以买卖国家机关证件罪追究刑事责任。

❺《关于惩治骗购外汇、逃汇和非法买卖外汇犯罪的决定》（1998 年 12 月 29 日　主席令第 14 号）③

❻ 最高人民法院《关于审理骗购外汇、非法买卖外汇刑事案件具体应用法律若干问题的解释》（1998 年 9 月 1 日　法释〔1998〕20 号）（节录）④

第二条　伪造、变造、买卖海关签发的报关单、进口证明、外汇管理机关的核准件等凭证或者购买伪造、变造的上述凭证，按照刑法第二百八十条第一款的规定定罪处罚。

第五条　海关、银行、外汇管理机关工作人员与骗购外汇的行为人通谋，为其提供购买外汇的有关凭证，或者明知是伪造、变造的凭证和商业单据而出售外汇，构成犯罪的，按照刑法的有关规定从重处罚。

第六条　实施本解释规定的行为，同时触犯二个以上罪名的，择一重罪从重处罚。

❼ 最高人民法院、最高人民检察院、公安部、工商局《关于依法查处盗窃、抢劫机动车案件的规定》（1998 年 5 月 8 日　公通字〔1998〕31 号）（节录）⑤

七、伪造、变造、买卖机动车牌证及机动车入户、过户、验证的有关证明文件的，依照《刑法》第二百八十条第一款的规定处罚。

❽ 最高人民法院《关于在审理经济纠纷案件中涉及经济犯罪嫌疑若干问题的规定》

---

① 对其解读见：《刑事审判参考》2001 年第 3 辑总第 14 辑，第 55～59 页。
② 对其解读见：《解读最高人民检察院司法解释》，第 368～369 页。
③ 对其解读见：《刑事审判参考合订本·第一卷》，第 345～350 页。
④ 对其解读见：《解读最高人民法院司法解释·刑事、行政卷（1997～2002）》，第 118～123 页。
⑤ 对其解读见：《解读最高人民检察院司法解释》，第 343～347 页。

(1998年4月29日 法释〔1998〕7号)（节录）①

第五条 行为人盗窃、盗用单位的公章、业务介绍信、盖有公章的空白合同书，或者私刻单位的公章签订经济合同，骗取财物归个人占有、使用、处分或者进行其他犯罪活动构成犯罪的，单位对行为人该犯罪行为所造成的经济损失不承担民事责任。

行为人私刻单位公章或者擅自使用单位公章、业务介绍信、盖有公章的空白合同书以签订经济合同的方法进行的犯罪行为，单位有明显过错，且该过错行为与被害人的经济损失之间具有因果关系的，单位对该犯罪行为所造成的经济损失，依法应当承担赔偿责任。

第六条 企业承包、租赁经营合同期满后，企业按规定办理了企业法定代表人的变更登记，而企业法人未采取有效措施收回其公章、业务介绍信、盖有公章的空白合同书，或者没有及时采取措施通知相对人，致原企业承包人、租赁人得以用原承包、租赁企业的名义签订经济合同，骗取财物占为己有构成犯罪的，该企业对被害人的经济损失，依法应当承担赔偿责任。但是，原承包人、承租人利用擅自保留的公章、业务介绍信、盖有公章的空白合同书以原承包、租赁企业的名义签订经济合同，骗取财物占为己有构成犯罪的，企业一般不承担民事责任。

单位聘用的人员被解聘后，或者受单位委托保管公章的人员被解除委托后，单位未及时收回其公章，行为人擅自利用保留的原单位公章签订经济合同，骗取财物占为己有构成犯罪，如给被害人造成经济损失的，单位应当承担赔偿责任。

⑲ 公安部《关于加强刻字业治安管理打击伪造印章犯罪活动的通告》（1993年10月27日）

对违章违法经营刻字业务的单位和个人，公安机关视情节轻重，除没收非法所得外，可处五千元以下罚款、停业整顿、吊销特种行业许可证等处理；构成犯罪的，依法追究刑事责任。

⑳ 最高人民法院、最高人民检察院《关于盗伐滥伐林木案件几个问题的解答》（1991年10月17日 法（研）发〔1991〕31号）（节录）

五、答：以营利为目的，伪造、倒卖林木采伐许可证或者采伐指标、运输木材的各种票证，情节严重的，依照刑法第一百二十条以伪造或者倒卖计划供应票证罪追究刑事责任。认定"情节严重"或者"情节特别严重"，可以伪造或者倒卖票证的面额结合牟利的数额和造成实际的危害为根据。具体数额标准，请你们作出规定。

伪造税票，包括育林基金、更改资金、林政费、更新造林费等票据的，应当依照刑法第一百二十四条伪造税票罪的规定惩处。

对于无证贩卖木材同时又伪造计划供应票证和税票的，应择一重罪处罚。

国家机关、企业事业单位、集体组织倒卖林木采伐许可证或者采伐指标、木材经营指标，情节特别严重的，依照刑法第一百二十条第一款伪造或者倒卖计划供应票证罪的规定追究主管人员和其他直接责任人员的刑事责任。

㉑ 最高人民法院办公厅转发国家商检局、公安部《关于严厉打击不法分子伪造变造

---

① 对其解读见：《解读最高人民法院司法解释·刑事、行政卷（1997~2002）》，第111~117页。

第二编 分则 第六章 妨害社会管理秩序罪

买卖商检单证行为的通知》的通知（1988年1月1日 法办〔1988〕2号）

现将国家商检局、公安部《关于严厉打击不法分子伪造、变造、买卖商检单证行为的通知》转发给你们，请在审判工作中参照。一、伪造、变造、盗窃、买卖商检单证（包括商检机构对外签发的各种商检证书和对内签发的合格检定单、放行单、检验结果单、进口机动车辆初检报告表、委托检验结果单等）及冒充商检人员招摇撞骗是违法行为，情节轻微尚未触犯刑律的，依照商检有关法规的规定，由商检机构处以罚款，或由主管部门给予行政处分；已构成犯罪的，由司法机关依照《中华人民共和国刑法》第一百六十七条及第一百六十六条规定惩处，利用伪造、变造的商检单证，投机倒把、走私等构成犯罪的，按《刑法》有关条款惩处。

22 浙江省高级人民法院、省检察院《关于办理虚假诉讼刑事案件具体适用法律的指导意见》（2010年7月7日 浙高法〔2010〕207号）①

23 厦门市公检法《关于打击假证件、假印章类违法犯罪活动的若干意见》（2005年3月16日 厦检会〔2005〕02号）

各区人民法院、检察院、公安分局：

近年来，我市乱写乱贴办理各类假证件、假印章问题突出，严重影响了市容，破坏了环境，人民群众反映强烈。为坚决遏制此类违法犯罪行为，决定在全市开展一场依法打击伪造、变造、买卖假证件、假印章类违法犯罪专项活动，推进"建设平安厦门，争创全国文明城"工作。根据《中华人民共和国刑法》第280条和最高人民法院、最高人民检察院《关于办理伪造、贩卖伪造的高等院校学历、学位证明案件如何适用法律问题的解释》等规定，经研究形成如下意见：

一、基本要求：公、检、法机关作为打击犯罪的职能部门，应充分认识当前开展打击假证件、假印章类违法犯罪专项活动的重要性和紧迫性，充分发挥各自职能作用，本着基本事实清楚，基本证据充分的原则，互相支持、互相配合、依法快捕快诉、快审快判，务必在短期内取得明显成效。

二、打击重点：立足查大案、挖窝点、追源头、抓主犯；重点打击伪造、变造、买卖国家机关公文、证件、印章、伪造、变造居民身份证；伪造高校文凭等犯罪行为。

三、案件管辖：按属地管辖的原则，同时为切实加大打击力度，对特殊案件可由公安、检察机关与中级人民法院商定后指定管辖。

四、关于使用特殊侦查手段的原则：

（一）对诉讼意义上被害人的假证件、假印章类犯罪案件可使用特殊侦查手段，即公安机关侦查人员或特聘工作人员可化装成买主的身份进行侦查，但必须是有证据证明侦查对象本来就有明确的犯意，严禁用高额利益引诱犯意，严禁用多数量引诱犯意。

（二）使用特殊侦查手段的主体必须是侦查人员或者是公安机关特聘的工作人员。侦查机关应加强对特聘工作人员的审批和管理，严禁未经批准私自采用此种侦查手段。公安机关特聘的工作人员的身份应由市公安局职能部门予以确认，人民检察院、人民法院应对

---

① 对其解读见：《刑事法律文件解读》2010年第7辑总第61辑，第74~78页。

身份确认情况进行必要的审查。

（三）通过特殊侦查手段侦查的案件，对侦查对象的犯意应采用拍照、摄像等符合刑事诉讼法的证据规格方式固定，没有条件的，可以两人以上的侦查人员作证；侦查人员或公安机关特聘的工作人员所收集的证据应有假证件、假印章等物证在案；对侦查人员或公安机关特聘的工作人员侦破的案件，应形成笔录，并出具情况说明。对两人或两人以上侦查人员、公安机关特聘的工作人员现场抓获犯罪嫌疑人的，可不要求一同到场的侦查人员作为证人制作笔录，但必须出具现场抓获情况说明。

五、关于假证件、假印章类犯罪的定罪标准

（一）对有确实证据（包括物证）证明存在批量制作、贩卖故意的，通过特殊侦查手段抓捕的，一般应定罪处罚。

（二）对于伪造、变造、买卖国家机关公文、证件、印章，伪造公司、企业、事业单位、人民团体印章，伪造或者明知是伪造高等院校印章制作的学历、学位证明而贩卖的，伪造、变造居民身份证，数量在1份或1枚以上的（含本数），一般应定罪处罚。

（三）对查获批量、空白的假证件、假印章认定为假证件、假印章；假证件；假印章如需鉴定的，可由本市相应主管部门出具鉴定证明。

（四）对假证件、假印章犯罪案件中的从犯以及具有其他从轻处罚情节的，应当注意区分罪与非罪，对情节显著轻微的可不作为犯罪处理；对唆使他人制作假证件、假印章的行为，应依法处理。

（五）因伪造、变造、买卖公文、证件、印章等受过行政拘留以上行政处罚，两年内又有《刑法》第280条及最高人民法院、最高人民检察院《关于办理伪造、贩卖伪造的高等院校学历、学位证明案件如何适用法律问题的解释》规定之行为的，在量刑上应作为从重情节考虑。

六、对于假证件、假印章类犯罪案件"情节严重"的掌握

（一）伪造、变造、买卖国家机关公文、证件、印章或者伪造、变造居民身份证三次以上或者数量达十份（枚）以上的；

（二）上列行为严重损害国家机关的声誉或造成重大经济损失等严重后果的；

（三）其他情节严重的情形。

24 上海市公检法司《关于本市办理妨害公文、证件、印章、居民身份证刑事案件标准的意见》（2004年12月28日　沪公发〔2004〕534号）

一、伪造、变造、买卖国家机关公文、证件、印章罪

（一）具有下列情形之一的，属应处"三年以下有期徒刑、拘役、管制或者剥夺政治权利"的起点标准：1. 伪造、变造、买卖国家机关公文、证件、印章1件以上的；2. 伪造、变造、买卖国家机关公文、证件、印章未遂，但数量达5件以上或者造成恶劣社会影响的。

（二）具有下列情形之一的，属"情节严重"：1. 伪造、变造、买卖国家机关公文、证件、印章10件以上的；2. 伪造、变造、买卖国家机关公文、证件、印章不满10件，但造成特别严重后果的；3. 具有其他严重情节的。

二、伪造公司、企业、事业单位、人民团体印章罪

具有下列情形之一的，属本罪的起点标准：1. 伪造公司、企业、事业单位、人民团体

印章 2 件以上，或者虽不满 2 件但造成严重后果的；2. 伪造公司、企业、事业单位、人民团体印章未遂，但数量达 5 件以上或者造成恶劣社会影响的。

三、伪造、变造居民身份证罪

（一）具有下列情形之一的，属应处"三年以下有期徒刑、拘役、管制或者剥夺政治权利"的起点标准：1. 伪造、变造居民身份证 3 件以上不满 30 件的；2. 伪造、变造居民身份证未遂，但数量达 10 件以上或者造成恶劣社会影响的。

（二）具有下列情形之一的，属"情节严重"：1. 伪造、变造居民身份证 30 件以上的；2. 伪造、变造居民身份证不满 30 件，但造成特别严重后果或者恶劣社会影响的；3. 具有其他严重情节的。

㉕ 江苏省公检法《关于办理买卖伪造、变造的机动车驾驶证案件的意见》（2002 年 8 月 5 日　苏检会〔2002〕4 号）

为了维护社会管理秩序，保障国家机关正常管理活动，根据刑法第二百八十条的规定，结合本省实际，现对办理买卖伪造、变造的机动车驾驶证行为提出如下适用法律意见：买卖伪造、变造的《中华人民共和国机动车驾驶证》的，按照《中华人民共和国刑法》第二百八十条第一款的规定，以买卖国家机关证件罪定罪处罚。

㉖ 江苏省公检法《关于自行车牌照应认定为国家机关证件的讨论纪要》（1999 年 11 月 3 日　苏检会〔1999〕第 4 号）（节录）

所谓国家机关证件，是指国家机关制作、颁发的，用以证明身份、职务、权利义务关系或其他有关事实的凭证。它有两个基本特征：一是国家机关在其职权范围内依法制作、颁发；二是用来证明身份、职务、权利义务关系或者其它有关事实。

《中华人民共和国道路交通管理条例》第 19 条规定："车辆必须经过车辆管理机关检验合格，领取牌照、行驶证，方可行驶。"第 3 条又规定："本条例所称车辆，是指在道路上行驶的下列机动车和非机动车：……（二）非机动车是指自行车、三轮车、人力车、畜力车、残疾人专用车。"公安部《关于加强自行车治安管理和启用分合式牌照工作的通知》（公通字〔1997〕68 号）中规定，"凡在中华人民共和国境内行驶的自行车，必须换领或申领新的自行车牌照，并安装在车体前端中部明显部位。自行车牌照式样由省级公安机关在规定的 5 种式样中任选一种，并报公安部治安局备案。具体制发方式、时间、步骤由各省、自治区、直辖市公安厅、局自定。"以上法规规定了：一、自行车牌照是由国家机关——公安机关制发的，二、它是一种公安机关在道路交通管理活动中制发的，用以证明自行车已经车辆管理机关检验合格、准予上路行驶的凭证，反映了国家（公安机关为代表）与自行车所有人在道路交通管理活动中管理与被管理的权利义务关系。另外，1998 年 5 月 8 日最高人民法院、最高人民检察院、公安部、国家工商行政管理局《关于依法查处盗窃、抢劫机动车案件的规定》（公通字〔1998〕31 号）第七条规定："伪造、变造、买卖机动车牌照及机动车入户、验证的有关证明文件的，依照《刑法》第 280 条第一款的规定处罚。"该司法解释已将机动车牌照认定为国家机关证件，自行车牌照也完全符合国家机关证件的基本特征，因此，参照公通字〔1998〕31 号文件的精神，自行车牌照应认定为国家机关证件。

学理观点·典型案例 ➡ 索引与要旨

❶《杨聪慧、马文明盗窃机动车号牌案》，载《刑事审判参考》2009年第5辑总第70辑，第54~59页。

要旨 ➡ 机动车号牌不属于国家机关证件。

❷《盗窃并销售手机进网许可标志的行为，应认定为买卖国家机关证件罪》，载《公检法办案指南》2009年第4辑总第112辑，第168~174页。

❸《伪造公司、企业印章罪实务研究》，载《公检法办案指南》2008年第8辑总第104辑，第162~170页。

❹《方红生挪用公款案》，载《公检法办案指南》2006年第1辑总第73辑，第165~170页。

核心提示 ➡ 中学是否能认定为事业单位？

要旨 ➡ "事业单位"是指国家为了社会公益目的，由国家机关举办或者其他组织利用国有资产举办的，从事教育、科技、文化、卫生等活动的社会服务组织。本案中，被告人所供职的河间市第五中学正是"国家为了社会……卫生等活动的社会服务组织"，属刑法意义上的"事业单位"。

❺《李翠茹伪造国家机关证件案》〔2006〕海法刑初字第1409号，北京市海淀区人民法院。

要旨 ➡ 伪造大学英语四级考试证书构成伪造国家机关证件罪。

❻《伪造、变造居民身份证罪适用中的疑难问题》，载《刑事法判解研究》2005年第1辑总第10辑，第165~176页。

❼《张美华伪造居民身份证抗诉案》，载《最高人民法院公报》2004年第12辑总第98辑。

要旨 ➡ 因遗失居民身份证而无法申请补办，遂以真实个人信息伪造居民身份证办理正常的银行卡取款业务，情节显著轻微。

❽《李兰香票据诈骗案》，载《刑事审判参考》2004年第4辑总第39辑，第20~26页。

核心提示 ➡ 利用管理他人印章等便利条件冒用他人名义开具支票，是冒用还是伪造？

要旨 ➡ 冒用他人支票以真实、有效的支票既已存在为前提，是一种单纯的使用行为。而利用管理他人印章等便利条件冒用他人名义开具并使用支票，实际上包含着一个出票行为，尽管该出票行为具有表面上的真实性，但因未经权利人授权，非权利人的意志所为，根本上是一个伪造支票的行为，即假冒他人名义伪造票据，因而也是无效的。

❾《王刚、钱晶伪造国家公文案》，载《刑事审判指导》2004年第2辑总第2辑。

核心提示 ➡ 印制空白《中国公民自费出国旅游团队名单表》应如何定性？

❿《张某某伪造身份证因情节显著轻微被宣告无罪案》，载《最新刑事法律文件解

读》2004 年第 11 辑，第 110~113 页。

核心提示 ➡ 遗失身份证后以本人照片及相关真实身份资料让他人伪造身份证应如何定罪处罚？

⑪《伪造公司、企业、事业单位、人民团体印章罪若干问题研究》，载《刑事司法指南》2004 年第 3 辑总第 19 辑，第 27~60 页。

要旨 ➡ 1. 本罪的客体；2. 本罪的犯罪对象：(1) 本罪"印章"的界定；(2) 事业单位、人民团体的内涵；(3) 其他相关问题；3. 本罪的犯罪行为；4. 本罪的主观方面；5. 本罪与伪造、变造、买卖国家机关公文、证件、印章罪的区分；6. 本罪的罪数问题；7. 本罪的共同犯罪问题；8. 本罪的处罚。

⑫《普通法条、特别法条的确定与适用》，载《刑事司法指南》2004 年第 2 辑总第 18 辑，第 1~36 页。

要旨 ➡ 1. 普通法条与特别法条概述；2. 特别关系的确定；3. 特别法条适用前提；4. 特别法条内容不周全的处理。

⑬《王一民、石香娥伪造国家机关证件案》，载《刑事审判参考》2001 年第 5 辑总第 16 辑，第 34~36 页。

核心提示 ➡ 对 1997 年刑法施行前伪造医院证明的行为应如何适用法律？

要旨 ➡ 偷盖真实印章不能认定为伪造印章。根据 1979 年刑法，伪造医院证件的行为构成伪造证件罪，但根据 1997 年刑法，伪造医院证件即伪造事业单位证件的行为不构成犯罪。被告人并没有伪造印章，被告人只是在空白证明书上偷盖了真实印章，再由被告人在盖好了印章的空白证明书上模仿医生的笔迹填写了结扎证明，被告人的行为是伪造了结扎证明，并不是伪造印章。

⑭《戚福全伪造、买卖国家机关证件、印章案》〔2000〕鹿刑初字第 114 号，河南省鹿邑县人民法院。

要旨 ➡ 伪造结婚证、离婚证属于构成伪造国家机关证件罪。

⑮《刘乃强伪造国家机关证件、伪造居民身份证案》〔2000〕海刑初字第 580 号，北京市海淀区人民法院。

核心提示 ➡ 伪造驾驶证是否构成伪造国家机关证件罪？

要旨 ➡ 被告人持伪造的居民身份证 2 张和伪造的中华人民共和国机动车驾驶证 1 张，准备交给买主时被民警当场抓获。法院以伪造国家机关证件罪、伪造居民身份证罪判处被告人有期徒刑一年。

第 281 条 非法生产、买卖警用装备罪

非法生产、买卖人民警察制式服装、车辆号牌等专用标志、警械，情节严重的，处三年以下有期徒刑、拘役或者管制，并处或者单处罚金。

单位犯前款罪的，对单位判处罚金，并对其直接负责的主管人员和其他直接责任人员，依照前款的规定处罚。

关联规范 → 完全整理

最高人民检察院、公安部《关于公安机关管辖的刑事案件立案追诉标准的规定（一）》（2008年6月25日　公通字〔2008〕36号）（节录）

第三十五条　非法生产、买卖人民警察制式服装、车辆号牌等专用标志、警械，涉嫌下列情形之一的，应予立案追诉：（一）成套制式服装三十套以上，或者非成套制式服装一百件以上的；（二）手铐、脚镣、警用抓捕网、警用催泪喷射器、警灯、警报器单种或者合计十件以上的；（三）警棍五十根以上的；（四）警衔、警号、胸章、臂章、帽徽等警用标志单种或者合计一百件以上的；（五）警用号牌、省级以上公安机关专段民用车辆号牌一副以上，或者其他公安机关专段民用车辆号牌三副以上的；（六）非法经营数额五千元以上，或者非法获利一千元以上的；（七）被他人利用进行违法犯罪活动的；（八）其他情节严重的情形。

第一百条　本规定中的立案追诉标准，除法律、司法解释另有规定的以外，适用于相关的单位犯罪。

第282条　第1款　非法获取国家秘密罪　第2款　非法持有国家绝密、机密文件、资料、物品罪

以窃取、刺探、收买方法，非法获取国家秘密的，处三年以下有期徒刑、拘役、管制或者剥夺政治权利；情节严重的，处三年以上七年以下有期徒刑。

非法持有属于国家绝密、机密的文件、资料或者其他物品，拒不说明来源与用途的，处三年以下有期徒刑、拘役或者管制。

关联规范 → 完全整理

❶《中华人民共和国刑法》（1980年1月1日）**第287条　以计算机为工具的犯罪**

利用计算机实施金融诈骗、盗窃、贪污、挪用公款、窃取国家秘密或者其他犯罪的，依照本法有关规定定罪处罚。

❷ 全国人大常委会《关于维护互联网安全的决定》（2000年12月28日）（节录）①

一、为了保障互联网的运行安全，对有下列行为之一，构成犯罪的，依照刑法有关规定追究刑事责任：（一）侵入国家事务、国防建设、尖端科学技术领域的计算机信息系统；

二、为了维护国家安全和社会稳定，对有下列行为之一，构成犯罪的，依照刑法有关规定追究刑事责任：（二）通过互联网窃取、泄露国家秘密、情报或者军事秘密。

❸ 最高人民法院、最高人民检察院《关于办理组织和利用邪教组织犯罪案件具体应用法律若干问题的解释（二）》（2001年6月11日　法释〔2001〕19号）（节录）②

---

① 对其解读见：《刑事审判参考》2001年第4辑总第15辑，第52～58页。
② 对其解读见：《刑事审判参考》2001年第7辑总第18辑，第59～62、73～78页以及2001年第9辑总第20辑，第49～57页。

第八条　邪教组织人员为境外窃取、刺探、收买、非法提供国家秘密、情报的，以窃取、刺探、收买方法非法获取国家秘密的，非法持有国家绝密、机密文件、资料、物品拒不说明来源与用途的，或者泄露国家秘密情节严重的，分别依照刑法第一百一十一条为境外窃取、刺探、收买、非法提供国家秘密、情报罪，第二百八十二条第一款非法获取国家秘密罪，第二百八十二条第二款非法持有国家绝密、机密文件、资料、物品罪，第三百九十八条故意泄露国家秘密罪、过失泄露国家秘密罪的规定定罪处罚。

❹ 最高人民法院《关于审理为境外窃取、刺探、收买、非法提供国家秘密、情报案件具体应用法律若干问题的解释》（2001 年 1 月 22 日　法释〔2001〕4 号）（节录）①

第一条　刑法第一百一十一条规定的"国家秘密"，是指《中华人民共和国保守国家秘密法》第二条、第八条以及《中华人民共和国保守国家秘密法实施办法》第四条确定的事项。

刑法第一百一十一条规定的"情报"，是指关系国家安全和利益、尚未公开或者依照有关规定不应公开的事项。

学理观点·典型案例 ➡ **索引与要旨**

❶《持有型犯罪研究》，载《刑事司法指南》2005 年第 2 辑总第 22 辑，第 68 ~ 123 页。

要旨 ➡ 1. 论刑法上的持有：（1）持有的概念；（2）持有的行为；（3）持有的归属；2. 持有型犯罪概述：（1）持有型犯罪的概念；（2）持有型犯罪的范围；（3）持有型犯罪的分类；3. 持有型犯罪立法：（1）持有型犯罪的立法根据；（2）持有型犯罪的立法价值；4. 持有型犯罪司法：（1）持有型犯罪的司法根据；（2）持有型犯罪的司法处理。

❷《兰成仕、李兆斌窃取国有档案案》，载《最高人民法院判例释解·刑事卷》，第 311 页。

核心提示 ➡ 为诬告陷害领导而窃取国有档案行为如何定性？

第 283 条　非法生产、销售间谍专用器材罪

非法生产、销售窃听、窃照等专用间谍器材的，处三年以下有期徒刑、拘役或者管制。

第 284 条　非法使用窃听、窃照专用器材罪

非法使用窃听、窃照专用器材，造成严重后果的，处二年以下有期徒刑、拘役或者管制。

第 285 条　非法侵入计算机信息系统罪　修正案（七）第 9 条第 1、2 款　非法获取计算机信息系统数据、非法控制计算机信息系统罪　第 3 款　提供

---

① 对其解读见：《刑事审判参考》2001 年第 3 辑总第 14 辑，第 60 ~ 65 页。

侵入、非法控制计算机信息系统程序、工具罪

违反国家规定，侵入国家事务、国防建设、尖端科学技术领域的计算机信息系统的，处三年以下有期徒刑或者拘役。

刑法修正案（七）（2009年2月28日第十一届全国人民代表大会常务委员会第七次会议通过）

九、在刑法第二百八十五条中增加两款作为第二款、第三款："违反国家规定，侵入前款规定以外的计算机信息系统或者采用其他技术手段，获取该计算机信息系统中存储、处理或者传输的数据，或者对该计算机信息系统实施非法控制，情节严重的，处三年以下有期徒刑或者拘役，并处或者单处罚金；情节特别严重的，处三年以上七年以下有期徒刑，并处罚金。

提供专门用于侵入、非法控制计算机信息系统的程序、工具，或者明知他人实施侵入、非法控制计算机信息系统的违法犯罪行为而为其提供程序、工具，情节严重的，依照前款的规定处罚。"

关 联 规 范 ➡ 完全整理

❶《中华人民共和国刑法》（1980年1月1日）第96条　对违反国家规定概念的界定

本法所称违反国家规定，是指违反全国人民代表大会及其常务委员会制定的法律和决定，国务院制定的行政法规、规定的行政措施、发布的决定和命令。

❷《刑法修正案（七）》（2009年2月28日）①

❸ 全国人大常委会《关于维护互联网安全的决定》（2000年12月2日）（节录）②

一、为了保障互联网的运行安全，对有下列行为之一，构成犯罪的，依照刑法有关规定追究刑事责任：

（一）侵入国家事务、国防建设、尖端科学技术领域的计算机信息系统；

（二）故意制作、传播计算机病毒等破坏性程序，攻击计算机系统及通信网络，致使计算机系统及通信网络遭受损害；

（三）违反国家规定，擅自中断计算机网络或者通信服务，造成计算机网络或者通信系统不能正常运行。

四、为了保护个人、法人和其他组织的人身、财产等合法权利，对有下列行为之一，构成犯罪的，依照刑法有关规定追究刑事责任：（二）非法截获、篡改、删除他人电子邮

---

① 对其解读见：《刑事审判参考》2009年第3辑总第68辑，第66~118页以及草案及其说明《刑事法律文件解读》2008年第9辑总第39辑，第84~90页。

② 对其解读见：《刑事审判参考》2001年第4辑总第15辑，第52~58页。

件或者其他数据资料，侵犯公民通信自由和通信秘密。

❹ 最高人民法院、最高人民检察院《关于办理危害计算机信息系统安全刑事案件应用法律若干问题的解释》（2011年9月1日　法释〔2011〕19号）①

第一条　非法获取计算机信息系统数据或者非法控制计算机信息系统，具有下列情形之一的，应当认定为刑法第二百八十五条第二款规定的"情节严重"：

（一）获取支付结算、证券交易、期货交易等网络金融服务的身份认证信息十组以上的；

（二）获取第（一）项以外的身份认证信息五百组以上的；

（三）非法控制计算机信息系统二十台以上的；

（四）违法所得五千元以上或者造成经济损失一万元以上的；

（五）其他情节严重的情形。

实施前款规定行为，具有下列情形之一的，应当认定为刑法第二百八十五条第二款规定的"情节特别严重"：

（一）数量或者数额达到前款第（一）项至第（四）项规定标准五倍以上的；

（二）其他情节特别严重的情形。

明知是他人非法控制的计算机信息系统，而对该计算机信息系统的控制权加以利用的，依照前两款的规定定罪处罚。

第二条　具有下列情形之一的程序、工具，应当认定为刑法第二百八十五条第三款规定的"专门用于侵入、非法控制计算机信息系统的程序、工具"：

（一）具有避开或者突破计算机信息系统安全保护措施，未经授权或者超越授权获取计算机信息系统数据的功能的；

（二）具有避开或者突破计算机信息系统安全保护措施，未经授权或者超越授权对计算机信息系统实施控制的功能的；

（三）其他专门设计用于侵入、非法控制计算机信息系统、非法获取计算机信息系统数据的程序、工具。

第三条　提供侵入、非法控制计算机信息系统的程序、工具，具有下列情形之一的，应当认定为刑法第二百八十五条第三款规定的"情节严重"：

（一）提供能够用于非法获取支付结算、证券交易、期货交易等网络金融服务身份认证信息的专门性程序、工具五人次以上的；

（二）提供第（一）项以外的专门用于侵入、非法控制计算机信息系统的程序、工具二十人次以上的；

（三）明知他人实施非法获取支付结算、证券交易、期货交易等网络金融服务身份认证信息的违法犯罪行为而为其提供程序、工具五人次以上的；

（四）明知他人实施第（三）项以外的侵入、非法控制计算机信息系统的违法犯罪行为而为其提供程序、工具二十人次以上的；

---

① 对其解读见：《刑事审判参考》2011年第6辑总第83辑，第80~103页。

（五）违法所得五千元以上或者造成经济损失一万元以上的；

（六）其他情节严重的情形。

实施前款规定行为，具有下列情形之一的，应当认定为提供侵入、非法控制计算机信息系统的程序、工具"情节特别严重"：

（一）数量或者数额达到前款第（一）项至第（五）项规定标准五倍以上的；

（二）其他情节特别严重的情形。

第七条 明知是非法获取计算机信息系统数据犯罪所获取的数据、非法控制计算机信息系统犯罪所获取的计算机信息系统控制权，而予以转移、收购、代为销售或者以其他方法掩饰、隐瞒，违法所得五千元以上的，应当依照刑法第三百一十二条第一款的规定，以掩饰、隐瞒犯罪所得罪定罪处罚。

实施前款规定行为，违法所得五万元以上的，应当认定为刑法第三百一十二条第一款规定的"情节严重"。

单位实施第一款规定行为的，定罪量刑标准依照第一款、第二款的规定执行。

第八条 以单位名义或者单位形式实施危害计算机信息系统安全犯罪，达到本解释规定的定罪量刑标准的，应当依照刑法第二百八十五条、第二百八十六条的规定追究直接负责的主管人员和其他直接责任人员的刑事责任。

第九条 明知他人实施刑法第二百八十五条、第二百八十六条规定的行为，具有下列情形之一的，应当认定为共同犯罪，依照刑法第二百八十五条、第二百八十六条的规定处罚：

（一）为其提供用于破坏计算机信息系统功能、数据或者应用程序的程序、工具，违法所得五千元以上或者提供十人次以上的；

（二）为其提供互联网接入、服务器托管、网络存储空间、通讯传输通道、费用结算、交易服务、广告服务、技术培训、技术支持等帮助，违法所得五千元以上的；

（三）通过委托推广软件、投放广告等方式向其提供资金五千元以上的。

实施前款规定行为，数量或者数额达到前款规定标准五倍以上的，应当认定为刑法第二百八十五条、第二百八十六条规定的"情节特别严重"或者"后果特别严重"。

第十条 对于是否属于刑法第二百八十五条、第二百八十六条规定的"国家事务、国防建设、尖端科学技术领域的计算机信息系统"、"专门用于侵入、非法控制计算机信息系统的程序、工具"、"计算机病毒等破坏性程序"难以确定的，应当委托省级以上负责计算机信息系统安全保护管理工作的部门检验。司法机关根据检验结论，并结合案件具体情况认定。

第十一条 本解释所称"计算机信息系统"和"计算机系统"，是指具备自动处理数据功能的系统，包括计算机、网络设备、通信设备、自动化控制设备等。

本解释所称"身份认证信息"，是指用于确认用户在计算机信息系统上操作权限的数据，包括账号、口令、密码、数字证书等。

本解释所称"经济损失"，包括危害计算机信息系统犯罪行为给用户直接造成的经济损失，以及用户为恢复数据、功能而支出的必要费用。

❺ 最高人民法院、最高人民检察院《关于执行〈中华人民共和国刑法〉确定罪名的补充规定（四）》（2009年10月16日 法释〔2009〕13号）①

❻ 最高人民法院《关于审理危害军事通信刑事案件具体应用法律若干问题的解释》（2007年6月26日 法释〔2007〕13号）（节录）②

第六条 破坏、过失损坏军事通信，并造成公用电信设施损毁，危害公共安全，同时构成刑法第一百二十四条和第三百六十九条规定的犯罪的，依照处罚较重的规定定罪处罚。

盗窃军事通信线路、设备，不构成盗窃罪，但破坏军事通信的，依照刑法第三百六十九条第一款的规定定罪处罚；同时构成刑法第一百二十四条、第二百六十四条和第三百六十九条第一款规定的犯罪的，依照处罚较重的规定定罪处罚。

违反国家规定，侵入国防建设、尖端科学技术领域的军事通信计算机信息系统，尚未对军事通信造成破坏的，依照刑法第二百八十五条的规定定罪处罚；对军事通信造成破坏，同时构成刑法第二百八十五条、第二百八十六条、第三百六十九条第一款规定的犯罪的，依照处罚较重的规定定罪处罚。

违反国家规定，擅自设置、使用无线电台、站，或者擅自占用频率，经责令停止使用后拒不停止使用，干扰无线电通讯正常进行，构成犯罪的，依照刑法第二百八十八条的规定定罪处罚；造成军事通信中断或者严重障碍，同时构成刑法第二百八十八条、第三百六十九条第一款规定的犯罪的，依照处罚较重的规定定罪处罚。

学理观点·典型案例 ➡ 索引与要旨

❶《孟动、何立康盗窃案》，载《刑事审判参考》2006年第6辑总第53辑，第42~49页。

核心提示 ➡ 如何认定网络盗窃中电子证据效力？

❷《赵喆操纵证券交易价格案》，载《刑事审判参考》2000年第2辑总第7辑，第8~14页以及《刑事审判案例》，第219~223页。

核心提示 ➡ 非法侵入计算机信息系统抬高股票价格获利的行为如何处理？

❸ 王汉斌《关于〈中华人民共和国刑法（修订草案）〉的说明》（1997年3月6日）

要旨 ➡ 针对计算机犯罪日趋严重的情况，增加了对违反国家规定，侵入国家事务、国防建设、尖端科学技术等重要领域的计算机信息系统，故意制作、传播计算机病毒等破坏性程序等犯罪的规定。同时规定，利用计算机实施金融诈骗、盗窃、贪污、挪用公款、窃取国家秘密或者其他犯罪的，依照本法有关规定定罪处罚。

第286条 破坏计算机信息系统罪

违反国家规定，对计算机信息系统功能进行删除、修改、增加、干扰，造

---

① 对其解读见：《刑事审判参考》2009年第6辑总第71辑，第72~82页。
② 对其解读见：《刑事审判参考》2007年第4辑总第57辑，第72~80页以及《最新刑事法律文件解读》2007年第5辑总第29辑，第77~84页。

成计算机信息系统不能正常运行，后果严重的，处五年以下有期徒刑或者拘役；后果特别严重的，处五年以上有期徒刑。

违反国家规定，对计算机信息系统中存储、处理或者传输的数据和应用程序进行删除、修改、增加的操作，后果严重的，依照前款的规定处罚。

故意制作、传播计算机病毒等破坏性程序，影响计算机系统正常运行，后果严重的，依照第一款的规定处罚。

关 联 规 范 ▶ 完全整理

❶《中华人民共和国刑法》（1980年1月1日）第96条 对违反国家规定概念的界定

本法所称违反国家规定，是指违反全国人民代表大会及其常务委员会制定的法律和决定，国务院制定的行政法规、规定的行政措施、发布的决定和命令。

❷ 全国人大常委会《关于维护互联网安全的决定》（2000年12月28日）（节录）①

一、为了保障互联网的运行安全，对有下列行为之一，构成犯罪的，依照刑法有关规定追究刑事责任：

（一）侵入国家事务、国防建设、尖端科学技术领域的计算机信息系统；

（二）故意制作、传播计算机病毒等破坏性程序，攻击计算机系统及通信网络，致使计算机系统及通信网络遭受损害；

（三）违反国家规定，擅自中断计算机网络或者通信服务，造成计算机网络或者通信系统不能正常运行。

四、为了保护个人、法人和其他组织的人身、财产等合法权利，对有下列行为之一，构成犯罪的，依照刑法有关规定追究刑事责任：（二）非法截获、篡改、删除他人电子邮件或者其他数据资料，侵犯公民通信自由和通信秘密。

❸ 最高人民法院、最高人民检察院《关于办理危害计算机信息系统安全刑事案件应用法律若干问题的解释》（2011年9月1日 法释〔2011〕19号）（节录）②

第四条 破坏计算机信息系统功能、数据或者应用程序，具有下列情形之一的，应当认定为刑法第二百八十六条第一款和第二款规定的"后果严重"：

（一）造成十台以上计算机信息系统的主要软件或者硬件不能正常运行的；

（二）对二十台以上计算机信息系统中存储、处理或者传输的数据进行删除、修改、增加操作的；

（三）违法所得五千元以上或者造成经济损失一万元以上的；

（四）造成为一百台以上计算机信息系统提供域名解析、身份认证、计费等基础服务或者为一万以上用户提供服务的计算机信息系统不能正常运行累计一小时以上的；

---

① 对其解读见：《刑事审判参考》2001年第4辑总第15辑，第52～58页。
② 对其解读见：《刑事审判参考》2011年第6辑总第83辑，第80～103页。

（五）造成其他严重后果的。

实施前款规定行为，具有下列情形之一的，应当认定为破坏计算机信息系统"后果特别严重"：

（一）数量或者数额达到前款第（一）项至第（三）项规定标准五倍以上的；

（二）造成为五百台以上计算机信息系统提供域名解析、身份认证、计费等基础服务或者为五万以上用户提供服务的计算机信息系统不能正常运行累计一小时以上的；

（三）破坏国家机关或者金融、电信、交通、教育、医疗、能源等领域提供公共服务的计算机信息系统的功能、数据或者应用程序，致使生产、生活受到严重影响或者造成恶劣社会影响的；

（四）造成其他特别严重后果的。

第五条 具有下列情形之一的程序，应当认定为刑法第二百八十六条第三款规定的"计算机病毒等破坏性程序"：

（一）能够通过网络、存储介质、文件等媒介，将自身的部分、全部或者变种进行复制、传播，并破坏计算机系统功能、数据或者应用程序的；

（二）能够在预先设定条件下自动触发，并破坏计算机系统功能、数据或者应用程序的；

（三）其他专门设计用于破坏计算机系统功能、数据或者应用程序的程序。

第六条 故意制作、传播计算机病毒等破坏性程序，影响计算机系统正常运行，具有下列情形之一的，应当认定为刑法第二百八十六条第三款规定的"后果严重"：

（一）制作、提供、传输第五条第（一）项规定的程序，导致该程序通过网络、存储介质、文件等媒介传播的；

（二）造成二十台以上计算机系统被植入第五条第（二）、（三）项规定的程序的；

（三）提供计算机病毒等破坏性程序十人次以上的；

（四）违法所得五千元以上或者造成经济损失一万元以上的；

（五）造成其他严重后果的。

实施前款规定行为，具有下列情形之一的，应当认定为破坏计算机信息系统"后果特别严重"：

（一）制作、提供、传输第五条第（一）项规定的程序，导致该程序通过网络、存储介质、文件等媒介传播，致使生产、生活受到严重影响或者造成恶劣社会影响的；

（二）数量或者数额达到前款第（二）项至第（四）项规定标准五倍以上的；

（三）造成其他特别严重后果的。

第七条 明知是非法获取计算机信息系统数据犯罪所获取的数据、非法控制计算机信息系统犯罪所获取的计算机信息系统控制权，而予以转移、收购、代为销售或者以其他方法掩饰、隐瞒，违法所得五千元以上的，应当依照刑法第三百一十二条第一款的规定，以掩饰、隐瞒犯罪所得罪定罪处罚。

实施前款规定行为，违法所得五万元以上的，应当认定为刑法第三百一十二条第一款规定的"情节严重"。

单位实施第一款规定行为的，定罪量刑标准依照第一款、第二款的规定执行。

第八条 以单位名义或者单位形式实施危害计算机信息系统安全犯罪，达到本解释规定的定罪量刑标准的，应当依照刑法第二百八十五条、第二百八十六条的规定追究直接负责的主管人员和其他直接责任人员的刑事责任。

第九条 明知他人实施刑法第二百八十五条、第二百八十六条规定的行为，具有下列情形之一的，应当认定为共同犯罪，依照刑法第二百八十五条、第二百八十六条的规定处罚：

（一）为其提供用于破坏计算机信息系统功能、数据或者应用程序的程序、工具，违法所得五千元以上或者提供十人次以上的；

（二）为其提供互联网接入、服务器托管、网络存储空间、通讯传输通道、费用结算、交易服务、广告服务、技术培训、技术支持等帮助，违法所得五千元以上的；

（三）通过委托推广软件、投放广告等方式向其提供资金五千元以上的。

实施前款规定行为，数量或者数额达到前款规定标准五倍以上的，应当认定为刑法第二百八十五条、第二百八十六条规定的"情节特别严重"或者"后果特别严重"。

第十条 对于是否属于刑法第二百八十五条、第二百八十六条规定的"国家事务、国防建设、尖端科学技术领域的计算机信息系统"、"专门用于侵入、非法控制计算机信息系统的程序、工具"、"计算机病毒等破坏性程序"难以确定的，应当委托省级以上负责计算机信息系统安全保护管理工作的部门检验。司法机关根据检验结论，并结合案件具体情况认定。

第十一条 本解释所称"计算机信息系统"和"计算机系统"，是指具备自动处理数据功能的系统，包括计算机、网络设备、通信设备、自动化控制设备等。

本解释所称"身份认证信息"，是指用于确认用户在计算机信息系统上操作权限的数据，包括账号、口令、密码、数字证书等。

本解释所称"经济损失"，包括危害计算机信息系统犯罪行为给用户直接造成的经济损失，以及用户为恢复数据、功能而支出的必要费用。

❹ 最高人民法院《关于审理危害军事通信刑事案件具体应用法律若干问题的解释》（2007年6月26日 法释〔2007〕13号）（节录）[①]

第六条 破坏、过失损坏军事通信，并造成公用电信设施损毁，危害公共安全，同时构成刑法第一百二十四条和第三百六十九条规定的犯罪的，依照处罚较重的规定定罪处罚。

盗窃军事通信线路、设备，不构成盗窃罪，但破坏军事通信的，依照刑法第三百六十九条第一款的规定定罪处罚；同时构成刑法第一百二十四条、第二百六十四条和第三百六十九条第一款规定的犯罪的，依照处罚较重的规定定罪处罚。

违反国家规定，侵入国防建设、尖端科学技术领域的军事通信计算机信息系统，尚未对军事通信造成破坏的，依照刑法第二百八十五条的规定定罪处罚；对军事通信造成破坏，

---

① 对其解读见：《刑事审判参考》2007年第4辑总第57辑，第72~80页以及《最新刑事法律文件解读》2007年第5辑总第29辑，第77~84页。

同时构成刑法第二百八十五条、第二百八十六条、第三百六十九条第一款规定的犯罪的，依照处罚较重的规定定罪处罚。

违反国家规定，擅自设置、使用无线电台、站，或者擅自占用频率，经责令停止使用后拒不停止使用，干扰无线电通讯正常进行，构成犯罪的，依照刑法第二百八十八条的规定定罪处罚；造成军事通信中断或者严重障碍，同时构成刑法第二百八十八条、第三百六十九条第一款规定的犯罪的，依照处罚较重的规定定罪处罚。

❺ 浙江省公检法《关于办理利用计算机信息网络制作复制贩卖传播淫秽物品等刑事案件具体应用法律若干问题的意见》（2004年8月13日　浙公通字〔2004〕107号）（节录）

第五条　在互联网上利用破坏性程序、恶意代码等方式对计算机信息系统中储存、处理或者传输的数据和应用程序进行删除、修改、增加的操作以强制他人链接淫秽站点，不以牟利为目的的，属于刑法第二百八十六条的"后果严重"情形，按破坏计算机信息系统罪论处；以牟利为目的且强制他人链接淫秽站点数量（数额）达到本意见第二条、第三条规定的"情节严重"、"情节特别严重"标准的，按破坏计算机信息系统罪或制作、复制、传播淫秽物品牟利罪择一重罪论处。

学理观点·典型案例 ➡ 索引与要旨

❶《破坏计算机信息系统罪若干问题研究》，载《公检法办案指南》2010年第6辑总第126辑，第148~159页。

❷《马志松等破坏计算机信息系统上诉案》，载《最高人民法院公报》2009年第12辑总第148辑。

核心提示 ➡ 以干扰技术手段劫持互联网运营商的公共域名服务器，在域名服务器中添加指令，在大量个人计算机中植入木马

❸《王一辉、金珂、汤明职务侵占案》，载《刑事审判参考》2007年第5辑总第58辑，第48~61页。

核心提示 ➡ 利用职务便利盗卖单位游戏"武器装备"的行为如何定罪处罚？

要旨 ➡ 1.虚拟财产可以成为刑法保护的对象。2.利用职务便利盗卖游戏"武器、装备"的行为可构成职务侵占罪。三被告人通过修改游戏服务器端目标文件，为自己的游戏角色创造游戏"武器、装备"，确实影响了正常的游戏运营秩序，对运营商造成了经济损失，但尚未导致游戏系统无法运营，难以认定构成破坏计算机信息系统罪所要求的严重后果，因而不能成立破坏计算机信息系统罪。

❹《欧阳俊曦破坏计算机信息系统上诉案》〔2007〕穗中法刑一终字第310号，广州市中级人民法院。

核心提示 ➡ 故意制作、发布破坏性的特定的计算机指令，造成被感染的计算机存储资料被销毁、变更、删除

❺《孟动、何立康盗窃案》，载《刑事审判参考》2006年第6辑总第53辑，第42~49页。

核心提示➡ 如何认定网络盗窃中电子证据效力？

6 《吕薛文破坏计算机信息系统案》，载《刑事审判参考》2000 年第 4 辑总第 9 辑，第 26~33 页以及《刑事审判案例》，第 487~491 页。

核心提示➡ 如何认定破坏计算机系统罪？

7 王汉斌《关于〈中华人民共和国刑法（修订草案）〉的说明》（1997 年 3 月 6 日）

要旨➡ 针对计算机犯罪日趋严重的情况，增加了对违反国家规定，侵入国家事务、国防建设、尖端科学技术等重要领域的计算机信息系统，故意制作、传播计算机病毒等破坏性程序等犯罪的规定。同时规定，利用计算机实施金融诈骗、盗窃、贪污、挪用公款、窃取国家秘密或者其他犯罪的，依照本法有关规定定罪处罚。

第 287 条　以计算机为工具的犯罪

利用计算机实施金融诈骗、盗窃、贪污、挪用公款、窃取国家秘密或者其他犯罪的，依照本法有关规定定罪处罚。

关　联　规　范 ➡ 完全整理

最高人民法院《关于审理为境外窃取、刺探、收买、非法提供国家秘密、情报案件具体应用法律若干问题的解释》（2001 年 1 月 22 日　法释〔2001〕4 号）（节录）①

第一条　刑法第一百一十一条规定的"国家秘密"，是指《中华人民共和国保守国家秘密法》第二条、第八条以及《中华人民共和国保守国家秘密法实施办法》第四条确定的事项。

刑法第一百一十一条规定的"情报"，是指关系国家安全和利益、尚未公开或者依照有关规定不应公开的事项。

学理观点·典型案例 ➡ 索引与要旨

《刑法中的注意规定与法律拟制及其运用分析》，载《刑事司法指南》2003 第 3 辑总第 15 辑，第 70~108 页。

要旨➡ 注意规定的概念与特点；注意规定是在刑法已作基本规定的前提下，提示司法人员注意、以免司法人员忽略的规定。例如，《刑法》第 285 条与第 286 条分别规定了非法侵入计算机信息系统罪与破坏计算机信息系统罪；而第 287 条规定，利用计算机实施金融诈骗、盗窃、贪污、挪用公款、窃取国家秘密或者其他犯罪的，依照该法的有关规定定罪处罚。此条即属注意规定，一方面它旨在引起司法人员的注意，对上述利用计算机实施的各种犯罪，应当按照有关金融诈骗、盗窃、贪污、挪用公款等罪的规定（基本规定）定罪处罚；另一方面，即使没有这一规定，对上述利用计算机实施的各种犯罪，也应当依照刑法的相关基本规定定罪处罚。可见，注意规定并没有对基本规定做出任何修正与补充。换

---

① 对其解读见：《刑事审判参考》2001 年第 3 辑总第 14 辑，第 60~65 页。

言之，《刑法》第287条的规定，并没有对金融诈骗、盗窃、贪污、挪用公款、窃取国家秘密等罪的构成要件增设特别内容或者减少某种要素。

第288条　扰乱无线电通讯管理秩序罪

违反国家规定，擅自设置、使用无线电台（站），或者擅自占用频率，经责令停止使用后拒不停止使用，干扰无线电通讯正常进行，造成严重后果的，处三年以下有期徒刑、拘役或者管制，并处或者单处罚金。

单位犯前款罪的，对单位判处罚金，并对其直接负责的主管人员和其他直接责任人员，依照前款的规定处罚。

关 联 规 范　⟹　完全整理

❶《中华人民共和国刑法》（1980年1月1日）第96条　对违反国家规定概念的界定

本法所称违反国家规定，是指违反全国人民代表大会及其常务委员会制定的法律和决定，国务院制定的行政法规、规定的行政措施、发布的决定和命令。

❷《中华人民共和国治安管理处罚法》（2006年3月1日　主席令第三十八号）（节录）

第二十八条　违反国家规定，故意干扰无线电业务正常进行的，或者对正常运行的无线电台（站）产生有害干扰，经有关主管部门指出后，拒不采取有效措施消除的，处五日以上十日以下拘留；情节严重的，处十日以上十五日以下拘留。

❸ 最高人民法院《关于审理危害军事通信刑事案件具体应用法律若干问题的解释》（2007年6月26日　法释〔2007〕13号）（节录）①

第六条　破坏、过失损坏军事通信，并造成公用电信设施毁损，危害公共安全，同时构成刑法第一百二十四条和第三百六十九条规定的犯罪的，依照处罚较重的规定定罪处罚。

盗窃军事通信线路、设备，不构成盗窃罪，但破坏军事通信的，依照刑法第三百六十九条第一款的规定定罪处罚；同时构成刑法第一百二十四条、第二百六十四条和第三百六十九条第一款规定的犯罪的，依照处罚较重的规定定罪处罚。

违反国家规定，侵入国防建设、尖端科学技术领域的军事通信计算机信息系统，尚未对军事通信造成破坏的，依照刑法第二百八十五条的规定定罪处罚；对军事通信造成破坏，同时构成刑法第二百八十五条、第二百八十六条、第三百六十九条第一款规定的犯罪的，依照处罚较重的规定定罪处罚。

违反国家规定，擅自设置、使用无线电台、站，或者擅自占用频率，经责令停止使用后拒不停止使用，干扰无线电通讯正常进行，构成犯罪的，依照刑法第二百八十八条的规

---

① 对其解读见：《刑事审判参考》2007年第4辑总第57辑，第72~80页以及《最新刑事法律文件解读》2007年第5辑总第29辑，第77~84页。

定定罪处罚；造成军事通信中断或者严重障碍，同时构成刑法第二百八十八条、第三百六十九条第一款规定的犯罪的，依照处罚较重的规定定罪处罚。

❹ 最高人民法院《关于审理扰乱电信市场管理秩序案件具体应用法律若干问题的解释》（2000年5月24日　法释〔2000〕12号）（节录）①

第五条　违反国家规定，擅自设置、使用无线电台（站），或者擅自占用频率，非法经营国际电信业务或者涉港澳台电信业务进行营利活动，同时构成非法经营罪和刑法第二百八十八条规定的扰乱无线电通讯管理秩序罪的，依照处罚较重的规定定罪处罚。

❺ 国家无线电管理委员会、公安部《关于坚决取缔私设电台并查处有关人员的通知》（1995年2月16日　国无管〔1995〕6号）

根据《中华人民共和国无线电管理条例》和有关法律规定，对私设电台，一经发现应立即取缔和查处，决不能姑息迁就。在无委执行《条例》取缔私设电台，查处有关人员的过程中，对拒绝、阻碍依法执行公务的，由公安机关依照《治安管理处罚条例》予以处罚；构成犯罪的，依法追究刑事责任。

第289条　故意伤害罪　故意杀人罪　抢劫罪

聚众"打砸抢"，致人伤残、死亡的，依照本法第二百三十四条、第二百三十二条的规定定罪处罚。毁坏或者抢走公私财物的，除判令退赔外，对首要分子，依照本法第二百六十三条的规定定罪处罚。

关　联　规　范　▶完全整理

❶ 最高人民法院、最高人民检察院《关于办理妨害预防、控制突发传染病疫情等灾害的刑事案件具体应用法律若干问题的解释》（2003年5月15日　法释〔2003〕8号）（节录）②

第九条　在预防、控制突发传染病疫情等灾害期间，聚众"打砸抢"，致人伤残、死亡的，依照刑法第二百八十九条、第二百三十四条、第二百三十二条的规定，以故意伤害罪或者故意杀人罪定罪，依法从重处罚。对毁坏或者抢走公私财物的首要分子，依照刑法第二百八十九条、第二百六十三条的规定，以抢劫罪定罪，依法从重处罚。

❷ 最高人民法院、最高人民检察院《关于办理反革命暴乱和政治动乱中犯罪案件具体应用法律的若干问题的意见》（1989年8月1日）（节录）

二、关于其他刑事犯罪案件的定罪问题

不具有反革命目的，实施下列行为之一的，依照刑法有关条款定罪。

---

①　对其解读见：《刑事审判参考》2000第4辑总第9辑，第63~90页以及《解读最高人民法院司法解释·刑事、行政卷（1997~2002）》，第243~248页。

②　对其解读见：《刑事审判参考》2003年第3辑总第32辑，第160~164，188~197页以及《"非典"防治时期相关犯罪的司法适用研究》，载《刑事司法指南》2003年第2辑总第14辑，第55~109页。

6. 打砸、破坏军警车辆的，依照刑法第137条"打砸抢"的规定，毁灭公私财物的首要分子，以刑法第150条抢劫罪论处。

7. 打砸治安岗亭、商店等公共建设、设施，或者毁坏、抢走公私财物的，依照刑法第137条"打砸抢"的规定，毁坏或者抢走公私财物的首要分子，以刑法第150条抢劫罪论处。

8. 哄抢军警物资、器材的，依照刑法第150条定抢劫罪。

学理观点·典型案例　　➡ 索引与要旨

《刑法中的注意规定与法律拟制及其运用分析》，载《刑事司法指南》2003年第3辑总第15辑，第70~108页。

要旨 ➡ 二、法律拟制的概念与特点；法律拟制（或法定拟制）与注意规定不同，其特点是导致将原本不同的行为按照相同的行为处理（包括将原本不符合某种规定的行为也按照该规定处理）。

第289条的内容既包括注意规定，也包括法律拟制。首先，对于在聚众"打砸抢"过程中抢走公私财物的行为，依照抢劫罪定罪处罚，应属于注意规定，因为该行为原本完全符合抢劫罪的构成要件。其次，在聚众"打砸抢"过程中毁坏公私财物的行为，依照抢劫罪定罪处罚，则属于法律拟制。因为毁坏行为与抢劫行为在主观与客观方面都存在重大差别，换言之，毁坏行为原本并不符合抢劫罪的构成要件，但《刑法》第289条规定却赋予其抢劫罪的法律后果，这是典型的法律拟制。最后，对于聚众"打砸抢"，致人伤残、死亡的行为，也应理解为法律拟制，即聚众"打砸抢"致人伤残或者死亡的，即使没有伤害或者杀人的故意，也应认定为故意伤害罪或者故意杀人罪。或许有人认为，聚众"打砸抢"的行为人都至少具有伤害的故意，因而对以故意伤害罪论处的情形而言，属于注意规定。但笔者认为难以得出这种结论。事实上，聚众"打砸抢"的行为人完全可能在砸毁财物的过程中过失致人伤残，但对此也应认定为故意伤害罪，因而仍然属于法律拟制。至于行为人具有伤害与杀人的故意，进而实施伤害与杀人行为，致人伤残、死亡的，可以直接认定为故意伤害罪与故意杀人罪。

三、注意规定与法律拟制的区分意义与区分方法；区分注意规定与法律拟制的基本意义，在于明确该规定是否修正或补充了相关规定或基本规定，是否导致将不同的行为等同视之。换言之，将某种规定视为法律拟制还是注意规定，会导致适用条件的不同，因而形成不同的认定结论。

例如，前述《刑法》第289条的规定属于法律拟制，司法工作人员应按该条用语的客观含义进行解释和适用。因聚众"打砸抢"毁坏公私财物的，对首要分子应以抢劫罪定罪处罚。但"毁坏"公私财物，显然是指行为导致公私财物的使用价值丧失或者减少，既不可能以非法占有目的毁坏财物，也不可能将这里的"毁坏"公私财物解释为以非法占有为目的转移公私财物。因此，不可能比照抢劫罪的主客观要件解释《刑法》第289条的"毁坏"公私财物。

第290条　第1款　聚众扰乱社会秩序罪　第2款　聚众冲击国家机关罪

聚众扰乱社会秩序，情节严重，致使工作、生产、营业和教学、科研无法进行，造成严重损失的，对首要分子，处三年以上七年以下有期徒刑；对其他积极参加的，处三年以下有期徒刑、拘役、管制或者剥夺政治权利。

聚众冲击国家机关，致使国家机关工作无法进行，造成严重损失的，对首要分子，处五年以上十年以下有期徒刑；对其他积极参加的，处五年以下有期徒刑、拘役、管制或者剥夺政治权利。

关联规范 ➡ 完全整理

❶ 最高人民法院、最高人民检察院《关于办理反革命暴乱和政治动乱中犯罪案件具体应用法律的若干问题的意见》（1989年8月1日）

二、关于其他刑事犯罪案件的定罪问题

不具有反革命目的，实施下列行为之一的，依照刑法有关条款定罪。

9. 组织、指挥或者带头冲击党政机关和重点厂矿企业的，依照刑法第158条定扰乱社会秩序罪。

❷ 厦门市人民检察院《征地拆迁过程中可能涉及的主要刑事犯罪法律适用及参考证据规格》（2005年7月 检察业务〔2005〕004号）（节录）

《朱孝清在全国检察机关第二次侦查监督工作会议上的讲话》指出："……群体性事件往往参与者的合理诉求与不合法的手段交织，多数人的合理诉求与少数人的无理取闹交织，群众的自发行为与别有用心的插手、利用交织，一般性的聚集活动与极少数坏人打、砸、抢等暴力活动交织，问题十分复杂。必须正确区分两类不同性质的矛盾，坚持分化、瓦解和打击少数、教育团结多数的原则。对极少数插手群体性事件，策划、组织、指挥闹事的敌对分子，以及借机打砸抢的犯罪分子，要适时依法严厉打击；对一般参与者，要立足于教育，不要轻易逮捕……"

三、聚众扰乱社会秩序罪 罪名说明：聚众扰乱社会秩序罪，是指组织、策划、指挥或者积极参加聚众扰乱企业、事业单位、社会团体的正常活动，情节严重，致使工作、生产、营业和教学、科研无法进行，造成严重损失的行为。

关于本罪的定罪情节：根据法条规定，聚众扰乱社会秩序行为的"情节严重"，是本罪构成的必备要件。"情节严重"的具体表现是"致使工作、生产、营业和教学、科研无法进行，造成严重损失"。行为人的行为虽然致使企业、事业单位、社会团体的工作、生产、营业和教学、科研无法进行，但尚未造成严重损失的，不能以犯罪论处，应由公安机关依照《治安管理处罚条例》第19条第1项的规定，予以拘留、罚款或者警告。"严重损失"既包括直接经济损失，也包括间接经济损失，还包括社会利益、政治利益的损失。"直接经济损失"是指与扰乱行为有直接因果关系而造成的财产损毁、减少的实际价值。"间接经济损失"是指由扰乱行为引起和牵连的其他经济损失，包括失去的在正常情况下可获得的物质利益和为恢复正常的管理活动或者挽回所造成的损失所支付的各种费用等。"社会利益、政治利益损失"是指扰乱行为致使以社会利益、政治利益为宗旨的社会组织（政党、工会、妇联、学校等）无法工作而造成的不能精确计算的损失，对于这类损失是否一般可从扰乱行为的手段、持续时间的长短、因无法工作直接延误的工作事项的重要程度、损失是否可以弥补等方面把握。例如聚集人数特别众多，围攻、殴打工作人员多人，毁损一定财物的；占据办公场所，封锁通道等持续相当长时间，拒不退出，致使有关单位长期工作瘫痪的；由于扰乱行为，致使学校的教学计划无法完成，影响多人学业；致使重大科研活动不能按期开展或者无法继续，造成重大损失的；致使政党、人民团体的重大会议不能如期举行或中止等。

关于本罪的轻罪情节：本罪一般只处理起组织、策划、指挥作用的首要分子。对于"其他积极参加的"人员，法条规定处以低于基本罪的刑罚。"其他积极参加的"人员的范围，可以从行为人在扰乱社会秩序活动中的表现、地位和作用等方面掌握。一般来说，具有下列情形之一的，可视为"积极参加的"人员：(1) 积极主动地参加了犯罪活动中的大多数活动的分子；(2) 在实施犯罪行为中特别卖力，直接造成严重损失的分子；(3) 经教育制止，仍然负隅顽抗的分子；(4) 在聚众扰乱社会秩序犯罪活动中，具有其他严重情节的分子。

司法实践中应注意的问题：(1) 行为人在实施扰乱社会秩序的犯罪过程中，如果其犯罪方法（手段）或者犯罪结果又触犯了其他罪名的（如故意毁坏公私财物）应当按照处理牵连犯的原则，择一重罪处罚。

(2) 行为人在聚众扰乱社会秩序时，趁机盗窃公私财物、杀人、放火等，或者以暴力方法阻碍国家机关工作人员依法执行职务的，应当实行数罪并罚。

(3) 行为人在聚众扰乱社会秩序的同时扰乱公共场所秩序、破坏交通秩序的（有些企事业单位、社会团体所在地靠近车站、码头、商场、公园、影剧院、展览会、运动场等公共场所），应当认定为一个行为触犯数个罪名（本罪和聚众扰乱公共场所秩序、交通秩序罪）的想象竞合犯形态，择一重罪处罚。

(4) 几个行为人虽然同时进行犯罪活动，但没有相互联系、勾结，没有共同故意的，不属于共同犯罪，应当分别追究其刑事责任，不能笼统以一案办理。

四、聚众冲击国家机关罪　罪名说明：聚众冲击国家机关罪，是指纠集多人强行包围、堵塞、冲入国家机关，致使国家机关及其工作人员行使管理职权、执行职务的活动被迫中断或者停止，造成严重损失的行为。

关于本罪的定罪情节：根据法条规定，"致使国家机关工作无法进行，造成严重损失的"，是本罪构成的必备要件。界定"严重损失"，应当从物质利益损失和政治、社会利益损失两方面衡量。在司法解释出台之前，我们认为可以理解为下列情形之一：(1) 造成直接经济损失1万元以上的；(2) 致使具有重大政治意义、社会意义的工作计划、会议活动等无法进行，严重危害国家和人民利益的；(3) 聚集人数特别众多、持续时间较长的；(4) 手段严重的，如有打砸抢行为的；(5) 造成恶劣影响或负面影响长期无法消除的。

所谓"聚众冲击"是指在首要分子纠集下，多人强行冲闯国家机关门禁；包围国家机关驻地；用石块、杂物投掷、袭击；切断电源、水源、电话线等；堵塞通道，阻止国家工作人员出入；强占办公室、会议室，辱骂、追打工作人员；毁损公共财物、毁弃文件、材料；强行侵入、占据办公场所拒不退出等。

所谓"其他积极参加的",在司法解释出台之前,我们认为可以理解为下列人员:(1) 领头冲击国家机关的人员;(2) 在冲击国家机关的过程中,直接造成严重损失的人员;(3) 经教育制止,仍然负隅顽抗的人员;(4) 事前通谋,为聚众冲击国家机关的首要分子提供隐藏处所、财物,帮助其逃匿或者作假证明包庇的人员;(5) 在聚众冲击国家机关的犯罪活动中,具有其他严重情节的人员。

司法实践中应注意的问题:1. 行为人聚众冲击国家机关造成严重损失,同时致使在同一处所办公的非国家机关无法正常工作,造成严重损失的,属于一个行为触犯两个罪名(聚众冲击国家机关罪和聚众扰乱社会秩序罪)的想象竞合犯形态,应择一重罪即以聚众冲击国家机关罪定罪处罚。

2. 行为人在聚众冲击国家机关的过程中,趁机抢劫、盗窃公共财物的;或者杀伤国家机关工作人员的;或者纵火、失火的等,应以聚众冲击国家机关罪和相关罪名按数罪并罚的原则处理。

学理观点·典型案例 ➡ 索引与要旨

❶《任正斌、王朝秀聚众冲击国家机关案》,载《人民法院案例选》2007年第4辑总第62辑。

核心提示 ➡ 因亲属交通事故死亡赔偿金未执行,为发泄对法院执行工作的不满,纠集多人闹事,侵犯国家审判机关正常工作秩序

❷《扰乱公共秩序的聚众犯罪研究》,载《刑事司法指南》2010年第2辑总第42辑,第26~47页。

❸《陈先贵聚众扰乱社会秩序案》,载《刑事审判参考》2000年第3辑总第8辑,第31~35页以及《刑事审判案例》,第1~4页。

核心提示 ➡ 我国公民在我国领域外犯罪如何适用我国法律追究刑事责任?

❹《胡永林扰乱社会秩序宣告无罪案》〔1999〕浙法刑再终字第15号,浙江省高级人民法院。

核心提示 ➡ 为维护村集体利益的因素,伙同他人擅自组织村民选举村民委员会,是否构成扰乱社会秩序罪?

要旨 ➡ 被告人伙同他人以选举法定代表人参加诉讼为名,多次聚集多人在家中商量非法选举新的村委会。其行为是违法的。一审、二审法院判决其构成扰乱社会秩序罪。但原审上诉人胡永林进行非法选举的主观动机不恶劣,确有为维护村集体利益的因素;胡的非法选举行为虽给村民的生产、生活造成一定的影响,但没有致使村民的生产、生活无法进行,国家和社会遭受严重损失,尚未达到扰乱社会秩序情节严重的程度,尚不构成犯罪。再审改判无罪。

❺《郝义栓、郝义爽、郝六身、张清贤、杨兰金聚众扰乱社会秩序案》〔1999〕唐刑初字第051号,河南唐河县人民法院。

核心提示 ➡ 成立非法组织并纠集群众聚集阻碍村委会工作是否构成聚众扰乱社会秩

序罪？

要旨 ➡ 被告人为达到要回属村委集体所有的竹园，非法成立"村管会"，召集近百名群众聚集村委，并限期村委搬家，致使村委无法正常工作。法院以聚众扰乱社会秩序罪判处各被告人有期徒刑6个月至3年。

第291条　聚众扰乱公共场所秩序、交通秩序罪

聚众扰乱车站、码头、民用航空站、商场、公园、影剧院、展览会、运动场或者其他公共场所秩序，聚众堵塞交通或者破坏交通秩序，抗拒、阻碍国家治安管理工作人员依法执行职务，情节严重的，对首要分子，处五年以下有期徒刑、拘役或者管制。

关　联　规　范 ➡ 完全整理

❶ 最高人民法院、最高人民检察院《关于办理反革命暴乱和政治动乱中犯罪案件具体应用法律的若干问题的意见》（1989年8月1日）（节录）

二、关于其他刑事犯罪案件的定罪问题

不具有反革命目的，实施下列行为之一的，依照刑法有关条款定罪。

10. 组织、煽动或者带头设置路障、堵塞交通、围堵军警车辆、火车或其他机动车辆的，依照刑法第159条定聚众扰乱交通秩序罪。

❷ 厦门市人民检察院《征地拆迁过程中可能涉及的主要刑事犯罪法律适用及参考证据规格》（2005年7月　检察业务〔2005〕004号）（节录）

《朱孝清在全国检察机关第二次侦查监督工作会议上的讲话》指出："……群体性事件往往参与者的合理诉求与不合法的手段交织，多数人的合理诉求与少数人的无理取闹交织，群众的自发行为与别有用心的插手、利用交织，一般性的聚集活动与极少数坏人打、砸、抢等暴力活动交织，问题十分复杂。必须正确区分两类不同性质的矛盾，坚持分化、瓦解和打击少数、教育团结多数的原则。对极少数插手群体性事件，策划、组织、指挥闹事的敌对分子，以及借机打砸抢的犯罪分子，要适时依法严厉打击；对一般参与者，要立足于教育，不要轻易逮捕。……"

五、聚众扰乱公共场所秩序、交通秩序罪　罪名说明：聚众扰乱公共场所秩序、交通秩序罪，是指聚众扰乱公共场所秩序、聚众阻塞交通或者破坏交通秩序，并且抗拒、阻碍国家治安管理工作人员依法执行职务，情节严重的行为。

本罪的成立须以"情节严重"为必备要件。所谓"情节严重"，在司法解释出台之前，可以理解为下列情形之一：（1）聚众扰乱公共场所秩序、交通秩序，致使正常的公共活动无法进行或者中断、交通堵塞在24小时以上的；（2）在重大庆典活动日聚众扰乱公共场所秩序、交通秩序，造成恶劣影响的；（3）聚集人数特别多，扰乱范围特别大的；（4）聚众扰乱公共场所秩序、交通秩序，造成公私财物毁坏数额较大，或者轻伤3人以上的；（5）具有其他严重情节的。

司法实践中应注意的问题：（1）本罪的客观方面包含有抗拒、阻碍国家治安管理工作

人员依法执行职务的行为，即抗拒、阻碍治安民警、交通民警以及其他依法执行治安管理职务的工作人员依法维护公共场所秩序或者交通秩序的行为。法条中虽然没有明示这种抗拒、阻碍行为须以暴力、威胁方法实施，但是由于本罪的成立须以"情节严重"为必备条件，因此，行为人在聚众扰乱公共场所秩序、聚众堵塞交通或者破坏交通秩序的过程中，以暴力、威胁方法抗拒、阻碍治安民警、交通民警或者国家机关工作人员依法执行职务的，仍应当以本罪定罪处罚。(2) 行为人聚众扰乱公共场所秩序、交通秩序情节严重，同时扰乱企事业单位、社会团体的正常活动，致使其工作、生产、营业和教学、科研无法进行，造成严重损失的，如果由同一行为所致，应当按照想象竞合犯处理，择一重罪即以聚众扰乱社会秩序罪定罪处罚；如果由多次行为所致，且各次行为互不联系的，则应当以本罪和聚众扰乱社会秩序罪，按数罪并罚的规定处罚。

学理观点·典型案例 ➡ 索引与要旨

❶ 《扰乱公共秩序的聚众犯罪研究》，载《刑事司法指南》2010 年第 2 辑总第 42 辑，第 26~47 页。

❷ 《金建平编造虚假恐怖信息案》，载《刑事审判参考》2002 年第 5 辑总第 28 辑，第 59~63 页。

核心提示 ➡ 编造虚假恐怖信息罪的法律适用；向特定的公安机关散布虚假恐怖信息的行为如何确定罪名？

要旨 ➡ 行为在修正案前，本应适用以危险方法危害公共安全，但根据从旧兼从轻的原则而适用修正案。

被告人拨打恐怖电话的对象是特定的公安机关，并未向公众传播，尚未造成大范围的社会公众恐慌，被告人的行为属于编造虚假的恐怖信息，尚未达到向社会散布的程度，故对被告人应依法认定为编造虚假恐怖信息罪。假如本案被告人是针对不特定的单位或公众传播，则应以编造、故意传播虚假恐怖信息罪处罚。应当注意的是，本案的敲诈行为只是手段，包括报账户，只是使看上去更真实些，其本人无非法占有目的，不可能拿到如此巨大的钱款，故不定敲诈勒索罪。

❸ 《杨国栋投放虚假危险物质案》，载《刑事审判参考》2002 年第 5 辑总第 28 辑，第 59~63 页。

核心提示 ➡ 在公共场所用锥子扎人造成恐怖气氛的能否构成投放虚假危险物质罪？

要旨 ➡ 明知或应知社会上"扎针"传闻；在特定背景、场合、方式，具有特别危害性，故定寻衅滋事。

第 291 条之一 修正案（三）第 8 条 投放虚假危险物质罪 编造、故意传播虚假恐怖信息罪

投放虚假的爆炸性、毒害性、放射性、传染病病原体等物质，或者编造爆炸威胁、生化威胁、放射威胁等恐怖信息，或者明知是编造的恐怖信息而故意传播，严重扰乱社会秩序的，处五年以下有期徒刑、拘役或者管制；造成严重

后果的，处五年以上有期徒刑。

关联规范 ➡ 完全整理

❶《刑法修正案（三）》（2001年12月29日 主席令第六十四号）①

❷《中华人民共和国治安管理处罚法》（2006年3月1日 主席令第三十八号）（节录）

第二十五条 有下列行为之一的，处五日以上十日以下拘留，可以并处五百元以下罚款；情节较轻的，处五日以下拘留或者五百元以下罚款：（一）散布谣言，谎报险情、疫情、警情或者以其他方法故意扰乱公共秩序的；（二）投放虚假的爆炸性、毒害性、放射性、腐蚀性物质或者传染病病原体等危险物质扰乱公共秩序的；（三）扬言实施放火、爆炸、投放危险物质扰乱公共秩序的。

❸最高人民法院、最高人民检察院《关于办理妨害预防、控制突发传染病疫情等灾害的刑事案件具体应用法律若干问题的解释》（2003年5月15日 法释〔2003〕8号）（节录）②

第十条 编造与突发传染病疫情等灾害有关的恐怖信息，或者明知是编造的此类恐怖信息而故意传播，严重扰乱社会秩序的，依照刑法第二百九十一条之一的规定，以编造、故意传播虚假恐怖信息罪定罪处罚。

❹最高人民法院、最高人民检察院《关于执行〈中华人民共和国刑法〉确定罪名的补充规定》（2002年3月15日 法释〔2002〕7号）③

学理观点·典型案例 ➡ 索引与要旨

❶《贾志攀编造、故意传播虚假恐怖信息案》，载《刑事审判参考》2009年第3辑总第68辑，第34~39页。

核心提示 ➡ 虚假地震信息能否认定为虚假恐怖信息？

❷《刘长春编造、故意传播虚假恐怖信息案》〔2008〕通川刑初字第147号，四川省达州市通川区人民法院。

核心提示 ➡ 故意将防震公告内容篡改为虚假恐怖信息，并以政府职能部门的名义向社会传播。

❸《李俊文编造虚假恐怖信息案》〔2007〕二中刑终字第237号，天津市第二中级人民法院。

---

① 对其解读见：《刑事审判参考》2002年第1辑总第24辑，第98~100，176~184页。
② 对其解读见：《刑事审判参考》2003年第3辑总第32辑，第160~164，188~197页以及"非典"防治时期相关犯罪的司法适用研究》，载《刑事司法指南》2003年第2辑总第14辑，第55~109页。
③ 对其解读见：《刑事审判参考》2002年第3辑总第26辑，第171~177页。

核心提示 ➡ 为扰乱同业者的正常经营，编造爆炸信息拨打 110 报警电话，致使警方动用大量警力疏散人员、排爆，封锁现场近 3 个小时

❹《恐怖主义犯罪相关术语的界定》，载《最新刑事法律文件解读》2007 年第 2 辑总第 26 辑，第 161~195 页。

❺《完善我国的核恐怖主义犯罪立法》，载《最新刑事法律文件解读》2007 年第 2 辑总第 26 辑，第 196~215 页。

❻《黄旭、李雁编造虚假恐怖信息案》，载《刑事审判参考》2006 年第 3 辑总第 50 辑，第 36~42 页。

核心提示 ➡ 编造他人患非典型肺炎的虚假事实，是否属于"恐怖信息"，兼论恐怖信息的含义？如何理解第 291 条之一的"编造"与"传播"，编造并传播虚假恐怖信息，如何确定罪名？如何认定编造、故意传播虚假恐怖信息罪的犯罪后果及处罚？

要旨 ➡ 1. 所谓恐怖信息，是指足以使社会公众产生恐慌心理，致使工作、生产、营业、教学和科研活动无法正常进行，引起社会秩序混乱的信息。因此，只要足以使社会公众产生恐惧并可能在一定范围内引起公众恐慌，严重扰乱社会秩序的虚假信息，都可以认定为刑法第 291 条之一规定的"恐怖信息"。2. 适用上具有特殊性。对于编造虚假恐怖信息并故意传播所编造的虚假恐怖信息行为，认定为编造虚假恐怖信息罪即可，无须重复地认定成编造、故意传播虚假恐怖信息罪。这里的"传播"，实际上有着确定的含义，即传播他人编造的虚假恐怖信息，即虚假恐怖信息的传播者不是编造者，如果编造者将所编造的虚假恐怖信息予以传播，如前所述，定编造虚假恐怖信息罪即可。3. 此罪非行为犯，是结果犯。

❼《袁才彦编造虚假恐怖信息案》，载《刑事审判参考》2005 年第 6 辑总第 47 辑，第 27~33 页。

核心提示 ➡ 以编造爆炸威胁等恐怖信息的方式向有关单位进行敲诈勒索的，如何定罪处罚？

要旨 ➡ 行为人只实施了打电话一个行为，该行为具有多重属性，触犯了两个罪名，符合想象符合犯的特征，应按该行为所触犯的罪名中的一个重罪论处。

❽《成旭东编造虚假恐怖信息案》〔2004〕通中刑一终字第 92 号，南通市中级人民法院。

核心提示 ➡ 为图报复，拨打 110 报警称如不为其处理相关纠纷就要引爆某大酒店，造成一定社会恐慌

第 292 条　第 1 款　聚众斗殴罪

聚众斗殴的，对首要分子和其他积极参加的，处三年以下有期徒刑、拘役或者管制；有下列情形之一的，对首要分子和其他积极参加的，处三年以上十年以下有期徒刑：

（一）多次聚众斗殴的；

（二）聚众斗殴人数多，规模大，社会影响恶劣的；

（三）在公共场所或者交通要道聚众斗殴，造成社会秩序严重混乱的；

（四）持械聚众斗殴的。

聚众斗殴，致人重伤、死亡的，依照本法第二百三十四条、第二百三十二条的规定定罪处罚。

关联规范　　完全整理

❶ 最高人民法院《人民法院量刑指导意见（试行）》（2010年9月13日　法发〔2010〕36号）（节录）

四、常见犯罪的量刑（十二）聚众斗殴罪

1. 构成聚众斗殴罪的，可以根据下列不同情形在相应的幅度内确定量刑起点：

（1）犯罪情节一般的，可以在六个月至一年六个月有期徒刑幅度内确定量刑起点。

（2）有下列情形之一的，可以在三年至四年有期徒刑幅度内确定量刑起点：聚众斗殴3次的；聚众斗殴人数多，规模大，社会影响恶劣的；在公共场所或者交通要道聚众斗殴，造成社会秩序严重混乱的；持械聚众斗殴的。

2. 在量刑起点的基础上，可以根据聚众斗殴人数、次数、手段等其他影响犯罪构成的犯罪事实增加刑罚量，确定基准刑。

3. 组织未成年人聚众斗殴的，可以增加基准刑的20%以下。

❷ 最高人民检察院、公安部《关于公安机关管辖的刑事案件立案追诉标准的规定（一）》（2008年6月25日　公通字〔2008〕36号）（节录）

第三十六条　组织、策划、指挥或者积极参加聚众斗殴的，应予立案追诉。

❸ 最高人民法院《全国法院维护农村稳定刑事审判工作座谈会纪要》（1999年10月27日　法〔1999〕217号）（节录）

（五）关于村民群体械斗案件：处理此类案件要十分注意政策界限。案件经审理并提出处理意见后，要征求当地党委和有关部门的意见。既要严格依法办事，又要做好耐心细致的解释工作，把处理案件与根治械斗发生的原因结合起来，防止发生意外和出现新的矛盾冲突。

要查清事实，分清责任，正确适用刑罚。处理的重点应是械斗的组织者、策划者和实施犯罪的骨干分子。一般来说，械斗的组织者和策划者，应对组织、策划的犯罪承担全部责任；直接实施犯罪行为的，应对其实施的犯罪行为负责。要注意缩小打击面，扩大教育面。对积极参与犯罪的从犯，应当依法从轻或者减轻处罚。其中符合缓刑条件的，应当适用缓刑；对被煽动、欺骗、裹挟而参与械斗，情节较轻，经教育确有悔改表现的，可不按犯罪处理。

要注意做好被害人的工作。对因参与械斗而受伤的被害人，也应指出其行为的违法性质；对因受害造成生产、生活上困难的，要协助有关部门解决好，努力依法做好善后工作，消除对立情绪，根除伺机再度报复的潜在隐患。

❹ 最高人民法院、最高人民检察院《关于当前办理流氓案件中具体应用法律的若干问题的解答》（1984年11月2日 〔84〕法研字第13号）

一、怎样认定流氓罪？依据刑法第一百六十条的规定，流氓罪是聚众斗殴，寻衅滋事，侮辱妇女或者进行其他流氓活动，破坏公共秩序，情节恶劣的行为。《全国人民代表大会常务委员会关于严惩严重危害社会治安的犯罪分子的决定》第一条第1项，是对刑法第一百六十条规定的流氓罪中的严重犯罪分子加重处刑的规定。

在刑法上，流氓罪属于妨害社会管理秩序罪。流氓罪行虽然往往使公民的人身或公私财产受到损害，但它的本质特征是公然蔑视法纪，以凶残、下流的手段破坏公共秩序，包括破坏公共场所的和社会公共生活的秩序。

刑法中列举的破坏公共秩序的流氓活动，"情节恶劣"的，就构成流氓罪。

二、怎样区分流氓罪的罪与非罪的界限？

区分流氓罪的罪与非罪的界限，主要在于把流氓罪同一般流氓违法行为严格加以区别，而情节是否恶劣，是区分流氓罪的罪与非罪界限的关键。

聚众斗殴情节恶劣构成流氓罪的，如1. 多次聚众斗殴的；2. 聚众斗殴次数虽少，但人数多，规模大，社会影响恶劣的；3. 在公共场所或交通要道聚众斗殴，造成社会秩序严重混乱的；4. 持械聚众斗殴的；5. 聚众斗殴造成人身伤亡或其他严重后果的。

三、怎样区分流氓罪和与其相近似的其他犯罪的界限？

2. 群众中因民事纠纷而互相斗殴甚至结伙械斗，不应按流氓罪处理。其中犯故意伤害罪（包括轻伤、重伤）、故意杀人罪或故意毁坏公私财物等罪的，是什么罪就定什么罪。

❺ 上海、北京、广东、湖北、江苏高级人民法院《〈人民法院量刑指导意见（试行）〉实施细则（试行）》（2010年10月1日）

❻ 福建省高级人民法院《〈人民法院量刑指导意见（试行）〉实施细则（试行）》（2010年9月30日 闽高法发〔2010〕21号）（节录）

四、常见罪名的量刑（十二）聚众斗殴罪

1. 构成聚众斗殴罪的，根据下列不同情形在相应的幅度内确定量刑起点：

（1）犯罪情节一般的，可以在六个月至一年六个月有期徒刑幅度内确定量刑起点；

（2）有下列情形之一的，可以在三年至四年有期徒刑幅度内确定量刑起点：聚众斗殴三次的；聚众斗殴人数多、规模大、社会影响恶劣的；在公共场所或者交通要道聚众斗殴，造成社会秩序混乱的；持械聚众斗殴的。

2. 在量刑起点的基础上，根据聚众斗殴次数、手段、后果等犯罪事实增加刑罚量，确定基准刑。

（1）每增加聚众斗殴一次，可以增加六个月至一年的刑期；

（2）每增加轻微伤一人的，可以增加一个月至三个月的刑期；

（3）每增加轻伤一人的，可以增加三个月至六个月的刑期；

（4）每增加刑法第二百九十二条第一款规定的（2）至（4）项情形之一的，可以增加六个月至一年六个月的刑期。

3. 有下列情节之一的，可以增加基准刑的20%以下：

(1) 组织未成年人聚众斗殴的;
(2) 为争抢工程、建材等而引发聚众斗殴的;
(3) 具有其他恶劣情节或严重后果的。

4. 有下列情节之一的,可以减少基准刑的 20% 以下:
(1) 因对方寻衅而引起聚众斗殴的;
(2) 因婚姻家庭、邻里纠纷等民间矛盾引发的。

7 浙江省高级人民法院《浙江省〈人民法院量刑指导意见(试行)〉实施细则》(2010 年 9 月 29 日 浙高法〔2010〕280 号)(节录)

(十二) 聚众斗殴罪

1. 构成聚众斗殴罪的,可以根据下列不同情形在相应的幅度内确定量刑起点:
(1) 犯罪情节一般的,可以在一年至一年六个月有期徒刑幅度内确定量刑起点。

8 上海市高级人民法院《关于办理聚众斗殴犯罪案件的若干意见》(2006 年 9 月 5 日)(节录)

一、聚众斗殴罪的犯罪构成

(二) 聚众斗殴罪的主体

本罪的主体是指聚众斗殴的首要分子和积极参加者。

"首要分子",是指聚众斗殴的组织者、策划者、指挥者。"积极参加者",是指除首要分子以外其他在斗殴中发挥重要作用或者直接致死、致伤他人者。在幕后起组织、策划、指挥作用或者在聚众及准备斗殴中行为积极并起重要作用的,不论其是否直接参加斗殴,均应分别认定为首要分子或积极参加者。

对于首要分子,应对其组织、策划、指挥的全部犯罪进行处罚;对于积极参加者,应按照其参与的犯罪进行处罚。

尾随、被胁迫参与斗殴,且在聚众斗殴过程中作用不大,情节显著轻微的,不构成本罪。

(三) "聚众"的认定

本罪中的"聚众"是指实施斗殴而聚集 3 人或 3 人以上的行为。"聚众"方式既包括有预谋的纠集行为,也包括临时纠集行为;既包括在首要分子策划下,明示的纠集行为,也包括首要分子对他人的纠集行为不阻止的默认行为。"3 人或 3 人以上"既包括首要分子、积极参加者,也包括其他一般参加者。

聚众斗殴罪可以由单方构成。如甲方出于报复他人、争霸一方等不法动机而纠集 3 人或 3 人以上与出于相同动机的乙方进行斗殴,乙方人数即使不满 3 人,对甲方亦可以聚众斗殴罪认定。

鉴于乙方不足 3 人,不符合"聚众"要件,不应以本罪论处,构成其他犯罪的,依法处理。

(四) "斗殴"的认定

本罪中的"斗殴",一般是指双方出于不法动机而相互进行攻击、厮打等加害对方身体的行为。仅因一方聚众伤害他人,由此造成被害人伤亡,构成犯罪的,一般应以故意伤害罪或故意杀人罪认定；构成其他犯罪的，依法追究刑事责任。

二、聚众斗殴罪的犯罪形态

本罪属于行为犯，且系复合型犯罪。行为人为斗殴而实施聚众行为，属于已经着手进行犯罪。"聚众"后，因故最终没有实施斗殴行为，对首要分子和积极参加者可以聚众斗殴罪（未遂）认定。但是否要追究刑事责任，还应综合考虑案件的起因、情节和社会影响等因素。行为人已经实施聚众斗殴行为的，即构成犯罪既遂，是否造成伤亡后果，不影响既遂的成立。

三、聚众斗殴罪的加重情节

（一）关于"多次聚众斗殴"的认定

"多次聚众斗殴"是指聚众斗殴3次或者3次以上。

对于"多次"的认定，应以行为人实施的每一次聚众斗殴行为均已构成犯罪为前提。如果行为人在一次斗殴中发生短暂中断后，又继续斗殴，应认定为一次。

（二）"人数多，规模大，社会影响恶劣"的认定

"人数多，规模大，社会影响恶劣"，一般是指斗殴双方人数合计10人以上，斗殴时间较长或斗殴手段凶残等严重危害社会治安的情形。

（三）"在公共场所或者交通要道聚众斗殴，造成社会秩序严重混乱"的认定

该情节是指在人群聚集的场所或者车辆、行人频繁通行的道路上聚众斗殴时间较长，造成公共场所秩序严重混乱，交通严重堵塞等。

（四）"持械斗殴"的认定

"持械"是指参加聚众斗殴的人员使用器械或者为斗殴携带器械但实际未使用的情形。这里的"器械"是指各种枪支、刀具、棍棒、砖块等足以致人伤亡的工具。该情形包括事先准备器械并持器械参与斗殴，也包括在实施过程中临时获得器械并持器械进行斗殴。参与预谋持械聚众斗殴，或者明知本方人员为斗殴而持械，即使本人未使用或携带器械，构成本罪的，也均应以持械斗殴认定。

在聚众斗殴中，一方持械而另一方未持械的，对持械一方以持械斗殴认定，对未持械一方则不应认定。

四、聚众斗殴罪的转化

（一）聚众斗殴罪转化的前提

聚众斗殴的转化犯是指行为人在聚众斗殴的过程中，致人重伤或死亡的，对行为人不以聚众斗殴罪而是以故意伤害罪或故意杀人罪定罪处罚的情况。构成聚众斗殴罪的转化犯，须具备以下四个条件：

1. 行为人的行为构成聚众斗殴罪。

2. 发生了"重伤、死亡"的危害结果。

3. "重伤、死亡"的危害结果是在聚众斗殴过程中发生。如果聚众斗殴的行为已经结束，行为人又故意重伤他人或者致他人死亡，应当直接认定故意伤害罪或者故意杀人罪；先行的聚众斗殴构成犯罪，应当追究刑事责任的，予以数罪并罚。

4. 行为人主观上出于故意。如果行为人出于过失，不能适用转化犯的规定。

(二) 聚众斗殴转化犯的认定

1. 聚众斗殴的首要分子事前预谋实施斗殴，并对斗殴过程中可能致人重伤或者死亡有概括性故意，或者在斗殴过程中，明知本方人员的行为有可能致人重伤或者死亡，仍持默认、不加制止等放任态度，则不论其是否直接实施伤害或者杀人的行为，都应对造成重伤或者死亡的结果承担刑事责任。

2. 首要分子或者其他积极参加者在聚众斗殴过程中，共同故意加害他人，致人重伤或者死亡的，均应共同承担故意伤害罪或者故意杀人罪的刑事责任。

3. 聚众斗殴的积极参加者对斗殴过程中可能发生致人重伤或者死亡的后果均有概括性认识，又相互配合，共同加害他人致人重伤或者死亡的，即使能够查清造成伤亡后果的直接责任人，仍应认定为故意伤害或故意杀人的共同犯罪。但应根据各共同加害人参与聚众斗殴的地位、作用、程度等情节以及致人重伤、死亡后果的原因力大小，分别裁量刑罚。

4. 在聚众斗殴中，各行为人共同加害他人，致该人重伤或者死亡，但难以查清致人重伤或者死亡的直接责任人的，根据共同犯罪理论，所有参与共同加害的行为人均应按照故意伤害罪或者故意杀人罪追究刑事责任。但在裁量刑罚时，应根据各加害人参与聚众斗殴的程度、作用等情节，酌情适用刑罚。

5. 聚众斗殴中，伤及无辜，致人轻伤的，以聚众斗殴罪论处；致无辜群众重伤、死亡的，以故意伤害罪或故意杀人罪酌情从重处罚。

(三) 对认定聚众斗殴转化犯的限制

1. 在聚众斗殴过程中，行为人的加害强度明显超出了共同故意的范围并造成他人重伤、死亡后果的，这种情况属于共同犯罪的实行过限，对此，应由实行过限者单独承担故意伤害罪或故意杀人罪的刑事责任，其他加害人只对预谋实施的聚众斗殴罪承担刑事责任。

实行过限的情况通常表现为两种：（1）共同实行犯明显超出了组织、策划、指挥者的故意范围。（2）在共同实行斗殴行为中，某人的加害强度明显超出共同犯罪的故意范围和犯罪目的。

2. 在聚众斗殴过程中，虽然造成重伤或者死亡的后果，如果缺乏证据证明有直接行为人或者共同加害人，一般可对参加聚众斗殴的行为人以聚众斗殴罪认定，并对双方主犯酌情从重处罚。如仅有证据证实被害人的伤亡后果系对方人员造成，但缺乏证据证明直接行为人或者共同加害人，一般可仅对造成他人伤亡后果的一方的主犯，酌情从重处罚。

3. 在多人参与的一对一或分散进行的聚众斗殴案件中，如果各行为人事前没有预谋分工，在斗殴过程中，各行为人始终针对各自固定的对象进行斗殴，相互之间没有协调配合的，各行为人只对自己的加害行为承担刑事责任，造成他人重伤或者死亡后果的，以故意伤害罪或者故意杀人罪认定。对其他积极参与聚众斗殴的人，以聚众斗殴罪认定。

❾ 厦门市人民检察院《征地拆迁过程中可能涉及的主要刑事犯罪法律适用及参考证据规格》（2005 年 7 月　检察业务〔2005〕004 号）（节录）

《朱孝清在全国检察机关第二次侦查监督工作会议上的讲话》指出："……群体性事件往往参与者的合理诉求与不合法的手段交织，多数人的合理诉求与少数人的无理取闹交织，群众的自发行为与别有用心的插手、利用交织，一般性的聚集活动与极少数坏人打、砸、抢等暴力活动交织，问题十分复杂。必须正确区分两类不同性质的矛盾，坚持分化、瓦解和打击少数、教育团结多数的原则。对极少数插手群体性事件，策划、组织、指挥闹事的敌对分子，以及借机打砸抢的犯罪分子，要适时依法严厉打击；对一般参与者，要立足于教育，不要轻易逮捕。……"

六、聚众斗殴罪名说明：聚众斗殴罪，是指出于争霸一方，报复他人或者寻求刺激等公然蔑视国家法纪和社会公德的犯罪动机，纠集多人成帮结伙地互相进行斗殴的行为。

关于本罪的定罪情节：（1）本罪的主体是一般主体。根据法条规定，本罪的主体是首要分子和其他积极参加的分子，即聚众斗殴中起组织、策划、指挥作用和实施斗殴中起重要作用的犯罪分子。对于被煽动、欺骗、裹挟而参与斗殴的一般人员，应当由公安机关依照《治安管理处罚条例》第19条第4项的规定予以行政处罚。

（2）侵犯的客体是公共秩序。公共秩序是指在社会公共生活中人们应当共同遵守的公共生活规则及秩序。

（3）主观方面是故意。行为人的动机一般是出于哥们义气，帮伙利益高于一切，无视国家法纪和社会公德，为了一点小事报私仇，或者为了在某一区域打出威风、称王称霸。本罪是一种聚众性的犯罪，各个行为人之间主观上有共同的故意联系，但对于危害结果，有的主观上有直接故意，有的主观上则是间接故意。

（4）客观方面表现为行为人实施了聚众斗殴的行为。聚众斗殴是指出于私仇、争霸或者其他不正当目的而纠集多人成帮结伙地殴斗。

关于本罪的重罪情节：法条列举了构成本罪重罪的四种情节：1."多次聚众斗殴的"可以理解为在实施本罪的基本罪的追诉期限内（即五年内）聚众斗殴3次或3次以上且每次聚众斗殴行为都能单独构成犯罪的情形。这里的"多次"，不应包括已受刑事处罚的聚众斗殴行为。否则，违背了"禁止重复评价"的原则，显失公平、合理。

2."聚众斗殴人数多，规模大，社会影响恶劣的"。可以理解为成帮结伙斗殴，少则数十人，多则上百人，大规模地打群架，在群众中造成很坏影响的情形。

3."在公共场所或者交通要道聚众斗殴，造成社会秩序严重混乱的"。对此，可以理解为在集市、车站、码头、影剧院等公共场所，或者车辆、行人频繁通行的道路上聚众斗殴，造成公共场所秩序和交通秩序严重混乱的情形。

4."持械聚众斗殴的"。可以理解为组织、指挥或者自己携带棍棒、刀具以及各种枪支武器进行斗殴的情形。

司法实践中应注意的问题：本罪是从1979年刑法所规定的"流氓罪"分解而来的。其本质特征是公然蔑视法纪，以凶残的手段破坏公共秩序。因此，对于农村中因水利、山林等纠纷而引起的宗族与宗族之间、村组与村组之间的村民群体械斗行为，一般不宜按本罪处理。构成其他犯罪的，依照刑法规定的有关罪名定罪处罚（如伤害、杀人、毁坏财物等）。

⑩ 江苏省公检法《关于办理涉枪涉爆、聚众斗殴案件具体应用法律若干问题的意见》（2002年10月25日）（节录）

二、办理聚众斗殴案件的有关问题

(一) 关于聚众斗殴罪的认定

聚众斗殴一般是指拉帮结伙,人数达3人以上,斗殴双方均有聚众斗殴故意的互相殴斗的行为,要注意区分罪与非罪的界限。聚众斗殴通常表现为出于私仇、争霸或其他动机而成帮结伙地斗殴,往往造成严重后果,对于群众中因民事纠纷引发的互相斗殴甚至结伙械斗,后果不严重的以及其他情节显著轻微的斗殴行为,不应以犯罪处理。

聚众斗殴不仅要有聚众的行为,而且要有斗殴的行为。斗殴是指行为人主观上有与另一方互殴的故意,客观上实施了殴斗的行为。要注意区分聚众斗殴罪与共同伤害罪之间的界限,防止将多人共同实施的伤害行为简单地以聚众斗殴处理:

1. 双方均有互殴的故意,斗殴时一方达3人以上,一方不到3人的,对双方均可以认定为聚众斗殴。

2. 一方有互殴的故意,并纠集3人以上,实施了针对对方多人或其中不特定一人的殴斗行为,而对方没有互殴故意的,对有互殴故意的一方可以认定为聚众斗殴。

3. 一方有互殴的故意,纠集3人以上对另一方进行殴斗,另一方开始没有互殴的故意,但在事态发展过程中产生斗殴故意并纠集多人以上进行互殴的,对双方均可以认定为聚众斗殴。但要注意区分聚众斗殴与正当防卫的界限。

(二) 关于聚众斗殴致人重伤、死亡情形的法律适用

聚众斗殴致人重伤、死亡的,在适用《刑法》第234条和第232条时,要结合案件具体情况,对照故意伤害和故意杀人两个罪名的具体犯罪构成来认定,不能简单地以结果定罪。行为人具有杀人故意,实施了杀人行为,即使仅造成被害人重伤的,也可以依照《刑法》第232条定罪处罚;行为人仅具有伤害故意,造成被害人死亡的,应依照《刑法》第234条定罪处罚。行为人对杀人和伤害后果均有预见,并持放任态度的,也可以以结果定罪。

在办理有致人重伤、死亡情形的案件时,要注意区分聚众斗殴致人重伤、死亡与故意杀人、故意伤害罪的界限。对于在斗殴中明显实施故意杀人或伤害等行为而同时触犯《刑法》第292条和《刑法》第234条或《刑法》第232条等规定的,可以从一重罪论处。

(三) 关于聚众斗殴中首要分子、积极参加者刑事责任的确定

1. 关于聚众斗殴中其他积极参加者致人重伤、死亡,首要分子在组织、指挥犯罪过程中重伤、杀人故意不明显,对首要分子的定罪问题

聚众斗殴中其他积极参加者致人重伤、死亡,首要分子在组织、指挥犯罪过程中虽然重伤、杀人故意不明显,其也要对其他积极参加者致人重伤、死亡的后果承担责任,对首要分子应当适用《刑法》第234条或第232条转化定罪。聚众斗殴中,部分积极参加者转化定罪,部分积极参加者没有转化定罪的,对首要分子按照重罪吸收轻罪的原则定罪处罚,不实行数罪并罚。

对于首要分子在组织、指挥犯罪过程中明确要求其他积极参加者不能造成他人伤亡的,对首要分子可不以其他积极参加者致人重伤、死亡的后果进行转化定罪,而以聚众斗殴罪从重处罚。

2. 关于聚众斗殴中部分积极参加者致人重伤、死亡,对其他积极参加者的定罪问题

聚众斗殴中部分积极参加者致人重伤、死亡，其他积极参加者对被害人有共同加害行为的，应当认定为共同犯罪中相互配合、支持的行为，对其他积极参加者也一并适用《刑法》第234条或第232条转化定罪；其他积极参加者的行为与重伤、死亡的结果之间无关联的，不能转化定罪。

3. 关于聚众斗殴犯罪中积极参加者的主、从犯问题

聚众斗殴犯罪中，对于能够分清积极参加者的主、次作用的，应当对积极参加者确定主、从犯及应当承担相应的罪责。

4. 关于聚众斗殴中，首要分子对不是由其纠集而自愿、主动参与斗殴并造成严重后果的积极参加者的责任承担问题。

聚众斗殴过程中，参加者不是首要分子纠集，而系参加者自愿、主动参与斗殴并造成严重后果的，如首要分子明知又未阻止的，首要分子应当对此积极参加者的行为所造成的后果承担罪责。

本意见自下发之日起执行。

⑪ 上海市高级人民法院刑庭《关于聚众斗殴、寻衅滋事造成他人重伤、死亡结果的定罪问题》

聚众斗殴、寻衅滋事造成他人重伤、死亡结果时，对严重结果是由共同加害人负责还是由直接造成伤亡后果者单独负责，可分五种情况分别处理：

1. 在共同对相同对象实施的加害行为中，某人或某几个人的行为强度明显超出了共同故意的范围并造成他人重伤、死亡后果的，这种情况属于共同犯罪的实行过限，对此，应由实行过限者单独承担故意伤害罪或故意杀人罪的刑事责任，其他加害人只对预谋实施的聚众斗殴罪或者寻衅滋事罪承担刑事责任。在聚众斗殴和寻衅滋事犯罪中，实行过限的情况通常表现为两种：（1）共同实行犯明显超出了教唆、纠集者的故意范围（如某人纠集多人去"教训"他人，讲明不要造成他人严重伤残或死亡，结果实行犯直接致人死亡的，此时实行犯的行为就是实行过限，应单独对死亡结果承担刑事责任）。

2. 各加害人之间没有犯意联络，但相继或同时对同一对象实施侵害行为的，各自的加害行为属于同时犯，因其不成立共同犯罪，应各自对自己的行为及其后果负责。造成他人重伤、死亡者，应依法单独承担故意伤害罪或故意杀人罪的刑事责任。没有造成他人伤害后果者，不负刑事责任（如甲乙两人见朋友丁与丙推搡，甲即冲上前击丙面部一拳，乙也跟着冲上前刺丙胸部一刀，致丙死亡。因甲乙并无犯意联系，乙的行为属于片面共犯，故乙应单独承担故意杀人罪的刑事责任）。

3. 在多人参与的一对一或分散进行的寻衅滋事、聚众斗殴案件中，如果加害人的行为始终针对各自固定的对象实施，相互之间没有协调配合的，各加害人只对自己的加害行为及其结果负责。如果有人造成他人重伤或者死亡后果的，除加害人外，首要分子（即本次犯罪活动的组织、策划、指挥者）也要对此严重后果一并承担故意伤害罪或故意杀人罪的刑事责任；其他参与寻衅滋事或聚众斗殴的人，应依法承担寻衅滋事罪或聚众斗殴罪的刑事责任。

4. 各共同加害人对发生他人重伤、死亡后果均有概括性认识，客观上其行为之间存在

相互协调配合，并对重伤、死亡后果的发生具有因果关系的，尽管能够查清死伤后果由谁的加害行为直接造成，仍应全案认定为故意伤害罪或故意杀人罪。但对于各共同加害人的行为，可依据各自对造成他人重伤、死亡后果的原因力大小，分别裁量刑罚。如果共同加害人既造成他人重伤又造成他人死亡后果的，因其出于聚众斗殴的一个概括性犯意，对重伤、死亡后果均在预料之中，是行为人在一个故意支配下实施的不同程度的加害行为，应采用重度行为吸收轻度行为的方法，只认定故意杀人罪一罪，无须实行数罪并罚。

5. 对于共同加害他人造成重伤、死亡后果，但难以查清由谁的行为直接造成严重后果的，所有证据证明参与了直接加害行为的人应共同对此严重后果负责，但在裁量刑罚时，应根据各加害人实施的不同行为分别酌情从轻判处刑罚。如果发生死亡后果，综合全案难以认定加害人具有杀人故意的，可以故意伤害（致人死亡）罪论处；如果参与了直接加害行为的人也难以查清或确定，则应由本次聚众斗殴或寻衅滋事犯罪活动的纠集者、策划者或指挥者对此严重后果承担刑事责任。

12 江苏省公检法《关于办理聚众斗殴等几类犯罪案件适用法律若干问题的讨论纪要》

一、关于聚众斗殴罪：（一）如何理解"聚众"：聚众就是拉帮结伙，人数达到3人以上。对斗殴双方均有聚众斗殴故意的，只要一方达到3人以上，对双方均应认定聚众斗殴。但对没有聚众斗殴故意的一方，不应认定聚众斗殴。

斗殴一方或者双方人员已纠集，在途中或者斗殴现场，因公安机关查获、制止等原因而斗殴未遂的，可以聚众斗殴罪（未遂）处罚。

（二）如何认定聚众斗殴的首要分子和其他积极参加者：聚众斗殴的首要分子是指聚众斗殴的组织者、策划者、纠集者、指挥者；积极参加者是指在聚众斗殴中发挥主要作用或者在斗殴中直接致死、致伤他人者。在幕后起组织、策划、指挥作用或者在聚众及准备斗殴中行为积极并起重要作用的，不论其是否直接实施斗殴行为，应认定为首要分子或者积极参加者。

（三）如何理解聚众斗殴中"人数多，规模大，社会影响恶劣"："人数多，规模大，社会影响恶劣"是指参加聚众斗殴的人数达十人以上或者斗殴场所涉及多处或者斗殴持续时间较长或者聚众斗殴行为在当地造成恶劣影响、民愤较大的情形。

（四）如何掌握社会秩序严重混乱的程度："造成社会秩序严重混乱"是指生活、工作、学习、教育、科研等秩序遭到破坏，造成学校停课，商店、厂矿停业、停工，交通严重阻塞，公共秩序严重混乱等。

（五）如何理解"持械聚众斗殴"："持械"是指在聚众斗殴中使用器械或携带器械且主观上有使用的企图但实际未使用的。这里的"器械"包括：治安管制刀具以及枪支、棍棒等足以致人死亡的工具。

参与预谋持械聚众斗殴的，构成聚众斗殴罪的，应认定为持械聚众斗殴。

（六）聚众斗殴中，致人重伤、死亡的，应如何定罪量刑的问题

聚众斗殴中致人重伤、死亡，对首要分子和明确的直接责任人，应以故意伤害罪或者故意杀人罪定罪处罚。对没有致他人重伤、死亡故意的积极参加者，按聚众斗殴罪定罪

处罚。

聚众斗殴中，难以分清致人重伤、死亡的直接责任人的，应对首要分子和共同加害人按故意伤害罪或故意杀人罪定罪处罚。

参加聚众斗殴多起，对其中一起或数起中致人重伤、死亡的，按故意伤害罪或故意杀人罪，对其他未造成重伤、死亡后果的，按聚众斗殴定罪，实行数罪并罚。

学理观点·典型案例 ➡ 索引与要旨

❶《聚众斗殴转化犯罪若干问题的探讨》，载《刑事审判参考》2011 年第 5 辑总第 82 辑，第 105～112 页。

❷《施某某等 17 人聚众斗殴案》，载《公检法办案指南》2011 年第 3 辑总第 135 辑，第 165～167 页。

要旨 ➡ 并非为了私仇或争霸一方，且造成的财产损失及人员伤害均属轻微，并未造成严重后果，且达成和解协议，可不起诉。

❸《张化故意伤害案》，载《刑事审判参考》2009 年第 4 辑总第 69 辑，第 32～39 页。

核心提示 ➡ 聚众斗殴致人死亡的应如何定罪？

❹《王乾坤故意杀人案》，载《刑事审判参考》2009 年第 1 辑总第 66 辑，第 14～21 页。

核心提示 ➡ 聚众斗殴既致人死亡又致人轻伤的，如何定罪处罚？聚众斗殴的转化问题

❺《王立刚故意伤害案》，载《刑事审判参考》2008 年第 5 辑总第 64 辑，第 29～35 页。

核心提示 ➡ 如何区分故意伤害罪与寻衅滋事罪、聚众斗殴罪？

❻《聚众斗殴罪的若干司法疑难问题研究》，载《公检法办案指南》2008 年第 1 辑总第 97 辑，第 125～145 页。

❼《聚众斗殴致人重伤、死亡竞合时刑法适用》，载《顾俊、刘道义等聚众斗殴、故意杀人案》，载《最新刑事法律文件解读》2007 年第 3 辑总第 27 辑，第 213～247 页。

❽《聚众斗殴罪"着手"的司法认定》，载《刑事司法指南》2007 年第 4 辑总第 32 辑，第 77～86 页。

❾《共同犯罪人如何承担加重结果的刑事责任——兼论持械斗殴行为的定性》，载《公检法办案指南》2007 年第 10 辑总第 94 辑，第 175～181 页。

❿《倪以刚等聚众斗殴案》，载《刑事审判参考》2005 年第 3 辑总第 44 辑，第 71～84 页。

核心提示 ➡ 如何把握聚众斗殴罪的犯罪构成及转化要件？

要旨 ➡ 1. 单方有聚众斗殴故意的也可以构成聚众斗殴罪。2. 聚众斗殴向故意伤害的转化。3. "次"的认定。在时间、地点、针对的对象上均有不同，虽然是故意支配，但在

行为上不是持续而是连续，在两地均可以独立地构成聚众斗殴犯罪，故应认定为两次。

⑪《聚众斗殴罪若干实务问题研究》，载《刑事司法指南》2005年第4辑总第24辑，第27~48页。

要旨➡ 一、聚众斗殴罪的含义：1."聚众"的含义；2."斗殴"的含义；

二、对首要分子和其他积极参加者的认定：1.对首要分子的认定；2.对其他积极参加者的认定；

三、对聚众斗殴罪若干派生犯罪构成的理解：1.对多次聚众斗殴的理解；2.对聚众斗殴人数多，规模大，社会影响恶劣的理解；3.对在公共场所或者交通要道聚众斗殴，造成社会秩序严重混乱的理解；4.对持械聚众斗殴的理解；

四、对聚众斗殴罪若干修正犯罪构成的理解：1.聚众斗殴罪是否存在未遂；2.聚众斗殴罪主从犯的认定；

五、对聚众斗殴转化犯的理解：1.转化定性的标准；2.转化犯范围的界定；

六、两种特殊聚众斗殴的责任认定：1.误伤同伙的责任认定；2.被致重伤、死亡一方的责任认定；

七、此罪与彼罪的界限：1.聚众斗殴罪与故意伤害罪、故意杀人罪的区别；2.聚众斗殴罪与寻衅滋事罪的区别；3.聚众斗殴罪与聚众扰乱社会秩序罪的区别；

八、对聚众斗殴罪的立法思考：1.进一步完善对聚众斗殴罪首要分子处罚的法律适用；2.进一步完善罪刑相适应原则在聚众斗殴罪中的运用。

⑫《刑法中的注意规定与法律拟制及其运用分析》，载《刑事司法指南》2003年第3辑总第15辑，第70~108页。

要旨➡ 第292条第2款，本文初步认为，本款属于法律拟制。《刑法》第292条第1款的情节加重犯中，并没有规定聚众斗殴致人重伤、死亡的结果加重犯。如果认为本款属于注意规定，那么，便形成了一个不公平"空当"：聚众斗殴中故意杀人的，按故意杀人罪论处；聚众斗殴行为人过失造成死亡结果的，由于不符合第292条第1款的情节加重犯的条件，只能适用基本犯的法定刑（3年以下有期徒刑、拘役或者管制）；虽然能够同时认定该行为触犯了过失致人死亡罪，但由于只有一个行为，结局只能按触犯的重罪（过失致人死亡罪）定罪处罚。这便形成明显的不公平现象：多次聚众斗殴、持械聚众斗殴等行为，即使没有造成人员轻伤，也应判处3年以上10年以下有期徒刑，而聚众斗殴致人死亡时，只要对死亡没有故意，反而只能按过失致人死亡罪论处，最高刑为7年有期徒刑。或许人们可以提出补救方案：对聚众斗殴致人重伤、死亡的，以故意伤害（重伤、致死）罪论处。这样解释的结局，在处刑上与将第292条第2款解释为法律拟制的结局是相同的，但是，这显得与刑法分则条文对暴力犯罪的情节加重犯规定中都包含致人重伤、死亡的立法例不协调。依本文之见，《刑法》第292条第1款之所以没有在情节加重犯中规定致人重伤、死亡的情形，就是考虑到有第2款的拟制规定。

当然，鉴于聚众斗殴的特殊性，根据首要分子承担刑事责任的原则，只应对直接造成重伤、死亡的斗殴者和首要分子认定为故意伤害罪、故意杀人罪，对其他参与者依然认定为聚众斗殴罪；在不能查明死亡原因的情况下，也不宜将所有的斗殴者认定为故意伤害罪、故意杀人罪，但对首要分子可以故意伤害罪、故意杀人罪论处。如果不作这种限制，那么，在一人死亡的情况下，斗殴双方的所有参加者都成立故意杀人罪，这有悖于刑法的谦抑性。

13 《关于〈中华人民共和国（修订草案）〉的说明》（1997年3月6日）（节录）

要旨➡关于流氓罪。刑法第160条规定："聚众斗殴，寻衅滋事，侮辱妇女或者进行其他流氓活动，破坏公共秩序，情节恶劣的，处七年以下有期徒刑、拘役或者管制。"这一规定比较笼统，实际执行中定为流氓罪的随意性较大。这次修订，将流氓罪分解为四条具体规定：一是侮辱、猥亵妇女的犯罪，二是聚众进行淫乱活动的犯罪，三是聚众斗殴的犯罪，四是寻衅滋事的犯罪。

第293条 寻衅滋事罪

有下列寻衅滋事行为之一，破坏社会秩序的，处五年以下有期徒刑、拘役或者管制：

（一）随意殴打他人，情节恶劣的；

（二）追逐、拦截、辱骂他人，情节恶劣的；

（三）强拿硬要或者任意损毁、占用公私财物，情节严重的；

（四）在公共场所起哄闹事，造成公共场所秩序严重混乱的。

中华人民共和国刑法修正案（八）（第十一届全国人民代表大会常务委员会第十九次会议2011年2月25日通过，中华人民共和国主席令第四十一号公布，自2011年5月1日起施行。）

四十二、将刑法第二百九十三条修改为："有下列寻衅滋事行为之一，破坏社会秩序的，处五年以下有期徒刑、拘役或者管制：

（一）随意殴打他人，情节恶劣的；

（二）追逐、拦截、辱骂、恐吓他人，情节恶劣的；

（三）强拿硬要或者任意损毁、占用公私财物，情节严重的；

（四）在公共场所起哄闹事，造成公共场所秩序严重混乱的。

纠集他人多次实施前款行为，严重破坏社会秩序的，处五年以上十年以下有期徒刑，可以并处罚金。"

关 联 规 范 ➡ 完全整理

1 最高人民法院《人民法院量刑指导意见（试行）》（2010年9月13日 法发〔2010〕36号）（节录）

四、常见犯罪的量刑（十三）寻衅滋事罪

1. 构成寻衅滋事罪的，可以在三个月拘役至一年有期徒刑幅度内确定量刑起点。

2. 在量刑起点的基础上，可以根据寻衅滋事次数、伤害后果、强拿硬要他人财物或任意损毁、占用公私财物数额等其他影响犯罪构成的犯罪事实增加刑罚量，确定基准刑。

❷ 最高人民检察院、公安部《关于公安机关管辖的刑事案件立案追诉标准的规定（一）》（2008年6月25日　公通字〔2008〕36号）（节录）

第三十七条　寻衅滋事，破坏社会秩序，涉嫌下列情形之一的，应予立案追诉：（一）随意殴打他人造成他人身体伤害、持械随意殴打他人或者具有其他恶劣情节的；（二）追逐、拦截、辱骂他人，严重影响他人正常工作、生产、生活，或者造成他人精神失常、自杀或者具有其他恶劣情节的；（三）强拿硬要或者任意损毁、占用公私财物价值二千元以上，强拿硬要或者任意损毁、占用公私财物三次以上或者具有其他严重情节的；（四）在公共场所起哄闹事，造成公共场所秩序严重混乱的。

❸ 最高人民法院《关于审理未成年人刑事案件具体应用法律若干问题的解释》（2006年1月23日　法释〔2006〕1号）（节录）①

第八条　已满十六周岁不满十八周岁的人出于以大欺小，以强凌弱或者寻求精神刺激，随意殴打其他未成年人、多次对其他未成年人强拿硬要或者任意损毁公私财物，扰乱学校及其他公共场所秩序，情节严重的，以寻衅滋事罪定罪处罚。

❹ 最高人民法院《关于审理抢劫、抢夺刑事案件适用法律若干问题的意见》（2005年6月8日　法发〔2005〕8号）（节录）②

九、4. 抢劫罪与寻衅滋事罪的界限：寻衅滋事罪是严重扰乱社会秩序的犯罪，行为人实施寻衅滋事的行为时，客观上也可能表现为强拿硬要公私财物的特征。这种强拿硬要的行为与抢劫罪的区别在于：前者行为人主观上还具有逞强好胜和通过强拿硬要来填补其精神空虚等目的，后者行为人一般只具有非法占有他人财物的目的；前者行为人客观上一般不以严重侵犯他人人身权利的方法强拿硬要财物，而后者行为人则以暴力、胁迫等方式作为劫取他人财物的手段。司法实践中，对于未成年人使用或威胁使用轻微暴力强抢少量财物的行为，一般不宜以抢劫罪定罪处罚。其行为符合寻衅滋事罪特征的，可以寻衅滋事罪定罪处罚。

❺ 最高人民法院、最高人民检察院《关于办理妨害预防、控制突发传染病疫情等灾害的刑事案件具体应用法律若干问题的解释》（2003年5月15日　法释〔2003〕8号）（节录）③

第十一条　在预防、控制突发传染病疫情等灾害期间，强拿硬要或者任意损毁、占用公私财物情节严重，或者在公共场所起哄闹事，造成公共场所秩序严重混乱的，依照刑法

---

① 对其解读见：《刑事审判参考》2006年第1辑总第48辑，第87~91页以及2006年第2辑总第49辑，第61~77页。

② 对其解读见：《刑事审判参考》2005年第1辑总第42辑，第93~98页以及2005年第2辑总第43辑，第71~92页。

③ 对其解读见：《刑事审判参考》2003年第3辑总第32辑，第160~164，188~197页以及《"非典"防治时期相关犯罪的司法适用研究》，载《刑事司法指南》2003年第2辑总第14辑，第55~109页。

第二百九十三条的规定,以寻衅滋事罪定罪,依法从重处罚。

❻ 最高人民法院、最高人民检察院《关于办理反革命暴乱和政治动乱中犯罪案件具体应用法律的若干问题的意见》(1989年8月1日)(节录)

二、关于其他刑事犯罪案件的定罪问题

不具有反革命目的,实施下列行为之一的,依照刑法有关条款定罪。

11. 肆意殴打军警人员、维持秩序的干部群众,或者向军警人员、维持秩序的干部群众和各种车辆投掷砖、石、瓶等物,情节恶劣的,依照刑法第160条定流氓罪。

❼ 最高人民法院、最高人民检察院、公安部《对于惩处倒卖车、船票的犯罪分子如何适用法律条款的问题的批复》法(研)发〔1987〕7号 (1986年3月18日)

经研究,答复如下:三、请示的第三、四、五个问题,即霸占售票窗口,强行发放自制的编队序号,迫使旅客购买序号,寻衅滋事,殴打旅客,破坏公共秩序,使营业无法进行,情节恶劣的,均可适用刑法第一百六十条,定为流氓罪。

❽ 最高人民法院、最高人民检察院《关于当前办理流氓案件中具体应用法律的若干问题的解答》(1984年11月2日 〔84〕法研字第13号)

一、怎样认定流氓罪?

依据刑法第一百六十条的规定,流氓罪是聚众斗殴,寻衅滋事,侮辱妇女或者进行其他流氓活动,破坏公共秩序,情节恶劣的行为。《全国人民代表大会常务委员会关于严惩严重危害社会治安的犯罪分子的决定》第一条第1项,是对刑法第一百六十条规定的流氓罪中的严重犯罪分子加重处刑的规定。

在刑法上,流氓罪属于妨害社会管理秩序罪。流氓罪行虽然往往使公民的人身或公私财产受到损害,但它的本质特征是公然蔑视法纪,以凶残、下流的手段破坏公共秩序,包括破坏公共场所和社会公共生活的秩序。

刑法中列举的破坏公共秩序的流氓活动,"情节恶劣"的,就构成流氓罪。

聚众斗殴,一般是指出于私仇、争霸或其他流氓动机而成帮结伙的斗殴,往往造成严重后果。

寻衅滋事,一般是指在公共场所肆意挑衅,无事生非,进行破坏骚扰。

侮辱妇女,一般是指用淫秽下流的行为或暴力、胁迫的手段,侮辱、猥亵妇女(包括幼女)。

其他流氓活动,是指上面列举的流氓活动形式所不能包括的流氓犯罪行为。

二、怎样区分流氓罪的罪与非罪的界限?

区分流氓罪的罪与非罪的界限,主要在于把流氓罪同一般流氓违法行为严格加以区别,而情节是否恶劣,是区分流氓罪的罪与非罪界限的关键。

聚众斗殴情节恶劣构成流氓罪的,例如:

1. 多次聚众斗殴的;
2. 聚众斗殴次数虽少,但人数多、规模大,社会影响恶劣的;
3. 在公共场所或交通要道聚众斗殴,造成社会秩序严重混乱的;
4. 持械聚众斗殴的;

5. 聚众斗殴造成人身伤亡或其他严重后果的。

寻衅滋事情节恶劣构成流氓罪的,例如:

1. 以打人取乐,随意殴打群众,或多次向人身、车辆、住宅抛投石块、污物等,造成后果,引起公愤的;

2. 在城乡市场强拿硬要,欺行霸市,扰乱正常贸易活动,引起公愤的;

3. 在公共场所起哄闹事,造成公共场所秩序严重混乱的;

4. 结伙哄抢、哄拿或任意毁坏公私财物,情节严重的。

侮辱妇女情节恶劣构成流氓罪的,例如:

1. 追逐、堵截妇女造成恶劣影响,或者结伙、持械追逐、堵截妇女的;

2. 在公共场所多次偷剪妇女的发辫、衣服,向妇女身上泼洒腐蚀物,涂抹污物,或者在侮辱妇女时造成轻伤的;

3. 在公共场所故意向妇女显露生殖器或者用生殖器顶擦妇女身体,屡教不改的;

4. 用淫秽行为或暴力、胁迫的手段,侮辱、猥亵妇女多人,或人数虽少,后果严重的,以及在公共场所公开猥亵妇女引起公愤的。

其他流氓活动情节恶劣构成流氓罪的,例如:

1. 利用淫秽物品教唆、引诱青少年进行流氓犯罪活动的,或者在社会上经常传播淫秽物品,危害严重的;

2. 聚众进行淫乱活动(包括聚众奸宿)危害严重的主犯、教唆犯和其他流氓成性、屡教不改者;

3. 不以营利为目的,引诱、容留妇女卖淫,情节严重的;

4. 以玩弄女性为目的,采取诱骗等手段奸淫妇女多人的;或者虽奸淫妇女人数较少,但造成严重后果的;

5. 勾引男性青少年多人,或者勾引外国人,与之搞两性关系,在社会上影响很坏或造成严重后果的;

6. 鸡奸幼童的;强行鸡奸少年的;或者以暴力、胁迫等手段,多次鸡奸,情节严重的。

凡构成流氓罪的,应依法予以刑事处分。对不构成流氓罪但有一般流氓违法行为的,或者犯流氓罪情节轻微,不需要追究刑事责任的,可分情况,由主管部门予以治安管理处罚、劳动教养或者作其他处理。

三、怎样区分流氓罪和与其相近似的其他犯罪的界限?

1. 流氓罪与强奸罪的区别,另见《关于当前审理强奸案件中具体应用法律的若干问题的解答》。

2. 群众中因民事纠纷而互相斗殴甚至结伙械斗,不应按流氓罪处理。其中犯故意伤害罪(包括轻伤、重伤)、故意杀人罪,或故意毁坏公私财物等的,是什么罪就定什么罪。

3. 流氓罪与扰乱社会秩序罪和聚众扰乱公共场所、交通秩序罪有区别。煽惑群众扰乱社会秩序,情节严重的,分别构成扰乱社会秩序罪(刑法第一百五十八条)和聚众扰乱公共场所秩序、交通秩序罪(刑法第一百五十九条)。这两种罪,依法只对首要分子追究刑事责任。

四、对兼犯其他罪行的流氓罪犯应如何定罪和处罚？

流氓罪犯兼犯杀人、重伤、抢劫、强奸和引诱、容留、强迫妇女卖淫，制作、贩卖淫书、淫画等罪行的，应按数罪并罚惩处。

有的罪犯作案中的数个行为，不宜分别独立定罪，可按其中的主要的罪行从重处罚。例如：在聚众斗殴或寻衅滋事中造成他人轻伤，抢夺或毁坏少量财物的，就以流氓罪处罚。因小事寻衅而故意杀人的，就以杀人罪处罚。

五、对《全国人民代表大会常务委员会关于严惩严重危害社会治安的犯罪分子的决定》第一条第一项，在办案中如何具体应用？

1. 关于流氓犯罪集团的首要分子，请参照最高人民法院、最高人民检察院、公安部1984年5月26日下发的高检发（研）12号《关于怎样认定和处理流氓集团的意见》执行。

2. "携带凶器进行流氓犯罪活动，情节严重的"，或者"进行流氓犯罪活动危害特别严重的"。

流氓罪的聚众斗殴、寻衅滋事、侮辱妇女，都可能发生"携带凶器进行流氓犯罪活动，情节严重"的情况。携带凶器，是指携带匕首、刮刀等治安管制刀具和枪支、铁棍、木棒等足以致人伤亡的器械。对"情节严重"，应具体案件具体分析。携带并使用凶器，已造成重伤、杀人等严重后果的，应与伤害罪、杀人罪并罚。虽未造成重伤、杀人后果，但情节严重的，如经常携带凶器进行流氓犯罪活动，对群众造成严重威胁的，或者携带并使用凶器，致多人受轻伤的，可以单独按照全国人大常委会上述决定的第一条第一项判处。

"进行流氓犯罪活动危害特别严重的"：一般是指横行乡里，称霸一方，进行各种流氓活动，民愤很大的；在集市、车站、码头、公园、影剧院等公共场所，或者闯入机关、学校、厂矿企业、部队营房、公民住宅，以及在公共车辆上大肆进行流氓活动，造成社会严重不安，引起群众强烈义愤的；用野蛮、残酷的手段侮辱、猥亵妇女，后果严重、影响极坏的；对外国人或者勾结外国人进行流氓活动，政治影响极坏的；经常或大量传播淫秽物品，利用淫秽物品教唆青少年犯流氓罪或聚众进行淫乱活动，社会危害性很大的。

根据全国人大常委会关于严惩严重危害社会治安的犯罪分子的决定第一条第一项的规定，对上述两种严重的流氓犯罪分子，都可以按照不同罪行，分别判处七年以上有期徒刑、无期徒刑，直至判处死刑。这个量刑幅度较宽，在判决时应根据具体案情区别对待，正确处刑，判处死刑的，要严格掌握。

❾ 上海、北京、广东、湖北、江苏高级人民法院《〈人民法院量刑指导意见（试行）〉实施细则（试行）》（2010年10月1日）

❿ 福建省高级人民法院《〈人民法院量刑指导意见（试行）〉实施细则（试行）》（2010年9月30日 闽高法发〔2010〕21号）（节录）

四、常见罪名的量刑（十三）寻衅滋事罪

1. 构成寻衅滋事犯罪的，可以在三个月拘役至一年有期徒刑幅度内确定量刑起点。

2. 在确定量刑起点的基础上，根据寻衅滋事次数、伤害后果、强拿硬要他人财物或任

意毁损、占用公私财物数额等犯罪事实增加刑罚量,确定基准刑:

(1) 每增加一人轻微伤,可以增加一个月至三个月的刑期;

(2) 每增加一人轻伤,可以增加三个月至六个月的刑期;

(3) 强拿硬要他人财物或任意毁损、占用公私财物数额达到 2000 元,每增加 2000 元,可以增加一个月至三个月的刑期;

(4) 每增加刑法第 293 条规定的寻衅滋事行为之一的,可以增加一个月至三个月的刑期;

(5) 持械寻衅滋事的,可以增加三个月至六个月的刑期;

(6) 严重影响社会秩序的,可以增加六个月至一年的刑期。

⑪ 浙江省高级人民法院《浙江省〈人民法院量刑指导意见(试行)〉实施细则》(2010 年 9 月 29 日 浙高法〔2010〕280 号)(节录)

(十三) 寻衅滋事罪

1. 构成寻衅滋事罪的,可以在六个月至一年半有期徒刑幅度内确定量刑起点。

⑫ 厦门市人民检察院《征地拆迁过程中可能涉及的主要刑事犯罪法律适用及参考证据规定》(2005 年 7 月 检察业务〔2005〕004 号)

寻衅滋事罪,是指出于显示威风,报复社会,或者开心取乐,寻求精神刺激等不健康的目的,在公共场所肆意挑衅,无事生非,进行破坏骚扰,严重危害公共秩序的行为。

法条规定,寻衅滋事行为构成犯罪须以"情节恶劣"、"情节严重"、"造成公共场所秩序严重混乱"为必备条件。对于不具备上述条件的一般寻衅滋事行为,只能由公安机关依照《治安管理处罚条例》第 19 条第 4 项的规定给予治安处罚。

寻衅滋事罪客观方面有四种行为方式,对于"情节恶劣"、"情节严重"、"造成公共场所秩序严重混乱"含义的一般理解如下:

(1) "随意殴打他人,情节恶劣的。""情节恶劣",可以理解为下列情形之一的:随意殴打他人手段残忍的;殴打他人造成伤害的;多次无故殴打他人激起民愤的;具有其他恶劣情节的。

(2) "追逐、拦截、辱骂他人,情节恶劣的。"这里的"情节恶劣",可以理解为下列情形之一的:无故经常性地追逐、拦截、辱骂他人的;多次结伙、携带凶器追逐、拦截他人的;在重大集会、国家举行的全国性考试等场合追逐、拦截、辱骂他人,造成恶劣影响的;追逐、拦截、辱骂他人,造成他人人身伤害,精神失常的;具有其他恶劣情节的。

(3) "强拿硬要或者任意损毁、占用公私财物,情节严重的。"这里的"情节严重",可以理解为下列情形之一的:强拿硬要或者任意损毁、占用公私财物数额较大的"数额较大"可考虑以一万元为起点标准;多次强拿硬要或者任意损毁、占用公私财物,引起公愤的;结伙作案造成恶劣社会影响的;具有其他严重情节的。

(4) "在公共场所起哄闹事,造成公共场所秩序严重混乱的。""造成公共场所秩序严重混乱",可以理解为下列情形之一的:在公共场所起哄闹事,引起群众恐慌,致使公共场所的正常活动无法继续进行的;在公共场所起哄闹事,使正在进行的具有重大政治意义、社会意义的活动受到严重干扰,造成恶劣政治影响的;在公共场所起哄闹事,致使群众四散奔逃，造成人员伤亡或者公私财产严重损失的；造成其他严重后果的。

3. 司法实践中应注意的问题：

（1）行为人连续实施了法定的四种情形的寻衅滋事行为，分开看没有达到"情节恶劣"、"情节严重"、"造成公共场所秩序严重混乱"的程度，不能认定构成犯罪；但是从行为人的整个行为来看，即从案件的整体事实情况（包括行为的方式和手段；行为的直接危害结果和间接不良后果；时间和地点；行为人的一贯表现等）来看，是严重扰乱了公共秩序的，应当予以定罪处罚。

（2）寻衅滋事活动中的行凶伤人、抢掠财物、毁坏财物、侮辱人格等行为，同故意伤害罪、抢劫罪、故意毁坏财物罪、侮辱罪等，在客观上的表现可能完全相同，要区分是寻衅滋事罪还是上述其他犯罪，关键是看行为人实施行为时的主观特征。行为人在公共场所行凶伤人、抢掠财物、毁坏财物、辱骂他人，是出于显示威风，报复社会，或者开心取乐，寻求精神刺激等不健康目的的，应当以寻衅滋事罪定罪处罚。行为人实施上述行为时是出于个人利害冲突，蓄谋损害他人身体健康、贬低他人人格、名誉的目的，或者出于贪利、报私仇的目的的，则应当以其他相应的罪名定罪处罚。

❸ 上海市高级人民法院刑庭《关于聚众斗殴、寻衅滋事造成他人重伤、死亡结果的定罪问题》，载《华东刑事司法评论》2002年第1卷，第236页。

聚众斗殴、寻衅滋事造成他人重伤、死亡结果时，对严重结果是由共同加害人负责还是由直接造成伤亡后果者单独负责，可分五种情况分别处理：

1. 在共同对相同对象实施的加害行为中，某人或某几个人的行为强度明显超出了共同故意的范围并造成他人重伤、死亡后果的，这种情况属于共同犯罪的实行过限，对此，应由实行过限者单独承担故意伤害罪或故意杀人罪的刑事责任，其他加害人只对预谋实施的聚众斗殴罪或者寻衅滋事罪承担刑事责任。在聚众斗殴和寻衅滋事犯罪中，实行过限的情况通常表现为：共同实行犯明显超出了教唆、纠集者的故意范围（如某人纠集多人去"教训"他人，讲明不要造成他人严重伤残或死亡，结果实行犯直接致人死亡，此时实行犯的行为就是实行过限，应单独对死亡结果承担刑事责任）。

2. 各加害人之间没有犯意联络，但相继或同时对同一对象实施侵害行为的，各自的加害行为属于同时犯，因其不成立共同犯罪，应各自对自己的行为及其后果负责。造成他人重伤、死亡者，应依法单独承担故意伤害罪或故意杀人罪的刑事责任。没有造成他人伤害后果者，不负刑事责任（如甲乙两人见朋友丁与丙推搡，甲即冲上前击丙面部一拳，乙也跟着冲上前刺丙胸部一刀，致丙死亡。因甲乙并无犯意联系，乙的行为属于片面共犯，故乙应单独承担故意杀人罪的刑事责任）。

3. 在多人参与的一对一或分散进行的寻衅滋事、聚众斗殴案件中，如果加害人的行为始终针对各自固定的对象实施，相互之间没有协调配合的，各加害人只对自己的加害行为及其结果负责。如果有人造成他人重伤或者死亡后果的，除加害人外，首要分子（即本次犯罪活动的组织、策划、指挥者）也要对此严重后果一并承担故意伤害罪或故意杀人罪的刑事责任；其他参与寻衅滋事或聚众斗殴的人，应依法承担寻衅滋事罪或聚众斗殴罪的刑事责任。

4. 各共同加害人对发生他人重伤、死亡后果均有概括性认识，客观上其行为之间存在相互协调配合、并对重伤、死亡后果的发生具有因果关系的，尽管能够查清死伤后果由谁的加害行为直接造成，仍应全案认定为故意伤害罪或故意杀人罪。但对于各共同加害人的行为，可依据各自对造成他人重伤、死亡后果的原因力大小，分别裁量刑罚。如果共同加害人既造成他人重伤、又造成他人死亡后果的，因其出于聚众斗殴的一个概括性犯意，对重伤、死亡后果均在预料之中，是行为人在一个故意支配下实施的不同程度的加害行为，应采用重度行为吸收轻度行为的方法，只认定故意杀人罪一罪，无须实行数罪并罚。

5. 对于共同加害他人造成重伤、死亡后果，但难以查清由谁的行为直接造成严重后果的，所有有证据证明参与了直接加害行为的人应共同对此严重后果负责，但在裁量刑罚时，应根据各加害人实施的不同行为分别酌情从轻判处刑罚。如果发生死亡后果，综合全案难以认定加害人具有杀人故意的，可以故意伤害（致人死亡）罪论处；如果参与了直接加害行为的人也难以查清或确定，则应由本次聚众斗殴或寻衅滋事犯罪活动的纠集者、策划者或指挥者对此严重后果承担刑事责任。

⑭ 浙江省公检法《关于办理寻衅滋事案件适用法律若干问题的意见》（2001 年 7 月 27 日）（节录）①

一、有下列情形之一，破坏社会秩序的，属于刑法第二百九十三条中的"情节恶劣"或"情节严重"，应以寻衅滋事罪论处：1. 在两年内实施 3 次以上寻衅滋事行为的；2. 随意殴打他人造成 1 人以上轻伤或 3 人以上轻微伤的；3. 追逐、拦截、辱骂他人，致使他人无法正常生活、工作，或者造成他人精神失常、自杀等严重后果的；4. 强拿硬要公私财物价值人民币 1000 元以上、任意损毁公私财物 2000 元以上或者任意占有公私财物 1 万元以上的。

二、非法插手民间纠纷，殴打他人的，以随意殴打他人论；强行收取各种形式的保护费，或者非法插手民间纠纷，以强迫手段索赔、讨债，从中牟利的，以强拿硬要论。

⑮ 江苏省公检法《关于办理聚众斗殴等几类犯罪案件适用法律若干问题的讨论纪要》，载《华东刑事司法评论》2002 年第 1 卷，第 231 页。

二、关于寻衅滋事罪：

（一）寻衅滋事罪犯罪情节的认定

1. 殴打他人，有下列情形之一的，属情节恶劣：（1）随意持械殴打他人的；（2）随意殴打他人手段残忍，造成被害人轻伤等后果的；（3）随意殴打多人、多次或者以未成年人为殴打对象或者以打人取乐引起公愤的；（4）随意殴打他人，引起被害人自杀等严重后果的；（5）多次向他人抛投石块、污物，引起公愤的；（6）随意殴打他人屡教不改的；（7）其他恶劣情节。

2. 追逐、拦截、辱骂他人，有下列情形之一的，属情节恶劣：（1）多次追逐、拦截、辱骂他人的；（2）拦截他人造成一定范围的群众人心不安，影响工作、生活、教学秩序的；（3）当众辱骂他人并产生恶劣影响的；（4）使用机动车辆追逐、拦截他人情节严重

---

① 对其解读见：载《华东刑事司法评论》2002 年第 1 卷，第 230 页。

的；（5）因追逐、拦截、辱骂他人造成被害人自杀等严重后果的；（6）追逐、拦截、辱骂他人屡教不改的；（7）其他恶劣情节。

3. 强拿硬要或者任意损毁、占用公私财物，有下列情形之一的，属情节严重：（1）强拿硬要他人财物或者任意损毁、占用公私财物价值达1000元左右的；（2）在城乡市场强拿硬要他人财物，扰乱正常经营秩序，引起公愤、造成恶劣影响的；（3）多次以恐吓、威胁、要挟手段"调解"或者受人雇佣插手民间纠纷，造成严重后果的；（4）主动或受他人雇佣，使用暴力或者多次以暴力等手段相威胁讨债的；（5）多次在营业场所消费，无正当理由拒不付款，情形恶劣的；（6）多人结伙多次强拿硬要他人财物或者多人结伙多次任意损毁、占用公私财物的；（7）因任意损毁、占有公私财物，致使停工、停产，造成直接经济损失达10000元左右的（8）强拿硬要他人财物，以未成年人或学生为主要侵害对象，情形恶劣的；（9）强拿硬要他人财物屡教不改的；（10）其他严重情节。

4. 有下列情形之一的，属在公共场所起哄闹事，造成公共场所秩序严重混乱：（1）在公共场所横冲直撞、制造事端或故意制造危险信号引起人群惊恐、逃离等或者严重影响生产、经营活动的；（2）故意制造障碍导致交通严重堵塞的；（3）多人结伙窜入街、巷、居民住宅区，高速驾驶机动车互相追逐，或者以其他方法故意制造噪音扰民，造成人心不安、引起公愤的；（4）因起哄闹事，造成他人伤亡或者公私财物遭受重大损失的；（5）其他造成公共场所秩序严重混乱的情形。

（二）寻衅滋事，致人重伤、死亡的，如何定罪量刑

寻衅滋事中直接致人重伤、死亡，构成犯罪的，分别按寻衅滋事罪和故意伤害罪或者故意杀人罪定罪，实行数罪并罚。

（三）办理寻衅滋事案件须注意的问题

查办寻衅滋事案件，要注意证据材料的收集。这类犯罪一般都有个形成和发展的过程，往往具有违法犯罪时间长、作案次数多等特点，要全面客观地收集证据，综合分析正确定性，不能把犯罪分子的一贯行为割裂开来。认定寻衅滋事情节是否恶劣，既要看到行为人的行为对被害人的人身和财产所造成的直接损害，更要看到行为人对公共秩序所造成的危害和恶劣的社会影响，尤其要注意听取当地群众的意见和要求。对犯罪分子实施的"威胁"手段，既包括行为人以将实施暴力或自残方式来威胁，也包括行为人以实际形成的"地痞"、"恶霸"等恶名相威胁，对被害人实行精神强制，使被害人产生恐惧，不敢抗拒。

学理观点·典型案例 ➡️ 索引与要旨

❶《刑法修正案（八）》（2011年2月25日）[①]

❷《纠集团伙殴打他人，是寻衅滋事还是故意伤害》，载《公检法办案指南》2010年第4辑总第124辑，第178~181页。

[①] 对其解读见：《刑事审判参考》2011年第4辑总第81辑，第83~117页以及《公检法办案指南》2011年第3辑总第135辑，第13~121页。

❸《同伙寻衅滋事致人死亡，未直接实施具体加害行为的参与者如何定罪》，载《公检法办案指南》2010 年第 3 辑总第 123 辑，第 176～184 页。

❹《正确认识和处理犯罪之间的关系》，载《刑事司法指南》2009 年第 4 辑总第 40 辑，第 1～42 页。

核心提示 ➡ 寻衅滋事罪与相关犯罪的关系

要旨 ➡ 1. 随意殴打类型与故意伤害罪；2. 辱骂他人类型与侮辱等罪；3. 强拿硬要类型与敲诈勒索、抢劫罪；4. 强拿硬要、任意占用与聚众哄抢；5. 任意损毁财物类型与故意毁坏财物；6. 起哄闹事类型与聚众扰乱公共场所秩序、交通秩序。

❺《论寻衅滋事罪的性质、特征及相近罪名之界限——强行向"洗头房"推销避孕案解析》，载《刑事司法指南》2009 年第 3 辑总第 39 辑，第 175～184 页。

❻《区分不同罪名关键在于把握其核心区别——张甲等人寻衅滋事案》，载《公检法办案指南》2009 年第 9 辑总第 117 辑，第 162～167 页。

❼《强行卖唱并索要钱财的如何处理》，载《刑事审判参考》2008 年第 6 辑总第 65 辑，第 155～163 页。

❽《张彪寻衅滋事案》，载《刑事审判参考》2008 年第 6 辑总第 65 辑，第 45～50 页。

核心提示 ➡ 以轻微暴力强索硬要他人财物的行为如何定性？

❾《王立刚故意伤害案》，载《刑事审判参考》2008 年第 5 辑总第 64 辑，第 29～35 页。

核心提示 ➡ 如何区分故意伤害罪与寻衅滋事罪、聚众斗殴罪？

❿《黄某勇等五人寻衅滋事案》，载《刑事法律文件解读》2008 年第 5 辑总第 35 辑，第 116～119 页。

核心提示 ➡ 故意伤害与寻衅滋事的界分

⓫《岳玉继寻衅滋事案》，载《人民法院案例选》2007 年第 4 辑总第 62 辑。

要旨 ➡ 两次殴打被害人致轻微伤，又在深夜将被害人拉至陌生地点丢弃，构成本罪。

⓬《张月新寻衅滋事案》，载《经济犯罪审判指导与参考》，第 27 页。

核心提示 ➡ 正确区分抢劫罪与寻衅滋事罪

⓭《杨国栋投放虚假危险物质案》，载《刑事审判参考》2002 年第 5 辑总第 28 辑，第 59～63 页。

核心提示 ➡ 在公共场所用锥子扎人造成恐怖气氛的能否构成投放虚假危险物质罪？

要旨 ➡ 不明知或应知社会上"扎针"传闻；在特定背景、场合、方式，具有特别危害性，故定寻衅滋事。

⓮ 王汉斌《关于〈中华人民共和国（修订草案）〉的说明》（1997 年 3 月 6 日）

要旨 ➡ 关于流氓罪：刑法第一百六十条规定："聚众斗殴，寻衅滋事，侮辱妇女或者进行其他流氓活动，破坏公共秩序，情节恶劣的，处七年以下有期徒刑、拘役或者管制。"

这一规定比较笼统，实际执行中定为流氓罪的随意性较大。这次修订，将流氓罪分解为四条具体规定：一是侮辱、猥亵妇女的犯罪，二是聚众进行淫乱活动的犯罪，三是聚众斗殴的犯罪，四是寻衅滋事的犯罪。

第 294 条　第 1 款　组织、领导、参加黑社会性质组织罪　第 2 款　入境发展黑社会组织罪　第 3 款　包庇、纵容黑社会性质组织罪

组织、领导和积极参加以暴力、威胁或者其他手段，有组织地进行违法犯罪活动，称霸一方，为非作恶，欺压、残害群众，严重破坏经济、社会生活秩序的黑社会性质的组织的，处三年以上十年以下有期徒刑；其他参加的，处三年以下有期徒刑、拘役、管制或者剥夺政治权利。

境外的黑社会组织的人员到中华人民共和国境内发展组织成员的，处三年以上十年以下有期徒刑。

犯前两款罪又有其他犯罪行为的，依照数罪并罚的规定处罚。

国家机关工作人员包庇黑社会性质的组织，或者纵容黑社会性质的组织进行违法犯罪活动的，处三年以下有期徒刑、拘役或者剥夺政治权利；情节严重的，处三年以上十年以下有期徒刑。

中华人民共和国刑法修正案（八）（第十一届全国人民代表大会常务委员会第十九次会议 2011 年 2 月 25 日通过，中华人民共和国主席令第四十一号公布，自 2011 年 5 月 1 日起施行。）

四十三、将刑法第二百九十四条修改为："组织、领导黑社会性质的组织的，处七年以上有期徒刑，并处没收财产；积极参加的，处三年以上七年以下有期徒刑，可以并处罚金或者没收财产；其他参加的，处三年以下有期徒刑、拘役、管制或者剥夺政治权利，可以并处罚金。

境外的黑社会组织的人员到中华人民共和国境内发展组织成员的，处三年以上十年以下有期徒刑。

国家机关工作人员包庇黑社会性质的组织，或者纵容黑社会性质的组织进行违法犯罪活动的，处五年以下有期徒刑；情节严重的，处五年以上有期徒刑。

犯前三款罪又有其他犯罪行为的，依照数罪并罚的规定处罚。

黑社会性质的组织应当同时具备以下特征：

（一）形成较稳定的犯罪组织，人数较多，有明确的组织者、领导者，骨干成员基本固定；

（二）有组织地通过违法犯罪活动或者其他手段获取经济利益，具有一定的经济实力，以支持该组织的活动；

（三）以暴力、威胁或者其他手段，有组织地多次进行违法犯罪活动，为

非作恶，欺压、残害群众；

（四）通过实施违法犯罪活动，或者利用国家工作人员的包庇或者纵容，称霸一方，在一定区域或者行业内，形成非法控制或者重大影响，严重破坏经济、社会生活秩序。"

关 联 规 范 ➡ 完全整理

❶ 全国人大常委会《关于刑法第二百九十四条第一款的解释》（2002年4月28日）（节录）①

刑法第二百九十四条第一款规定的"黑社会性质的组织"应当同时具备以下特征：

（一）形成较稳定的犯罪组织，人数较多，有明确的组织者、领导者，骨干成员基本固定；

（二）有组织地通过违法犯罪活动或者其他手段获取经济利益，具有一定的经济实力，以支持该组织的活动；

（三）以暴力、威胁或者其他手段，有组织地多次进行违法犯罪活动，为非作恶，欺压、残害群众；

（四）通过实施违法犯罪活动，或者利用国家工作人员的包庇或者纵容，称霸一方，在一定区域或者行业内，形成非法控制或者重大影响，严重破坏经济、社会生活秩序。

❷ 最高人民法院《关于贯彻宽严相济刑事政策的若干意见》（2010年2月8日 法发〔2010〕9号）（节录）②

7. 贯彻宽严相济刑事政策，必须毫不动摇地坚持依法严惩严重刑事犯罪的方针。对于危害国家安全犯罪、恐怖组织犯罪、邪教组织犯罪、黑社会性质组织犯罪、恶势力犯罪、故意危害公共安全犯罪等严重危害国家政权稳固和社会治安的犯罪，故意杀人、故意伤害致人死亡、强奸、绑架、拐卖妇女儿童、抢劫、重大抢夺、重大盗窃等严重暴力犯罪和严重影响人民群众安全感的犯罪，走私、贩卖、运输、制造毒品等毒害人民健康的犯罪，要作为严惩的重点，依法从重处罚。尤其对于极端仇视国家和社会，以不特定人为侵害对象，所犯罪行特别严重的犯罪分子，该重判的要坚决依法重判，该判处死刑的要坚决依法判处死刑。

8. 对于国家工作人员贪污贿赂、滥用职权、失职渎职的严重犯罪，黑恶势力犯罪、重大安全责任事故、制售伪劣食品药品所涉及的国家工作人员职务犯罪，发生在社会保障、征地拆迁、灾后重建、企业改制、医疗、教育、就业等领域严重损害群众利益、社会影响恶劣、群众反映强烈的国家工作人员职务犯罪，发生在经济社会建设重点领域、重点行业

---

① 对其解读见：《刑事审判参考》2002年第3辑总第26辑，第155~161页和《刑事审判参考》2002年第4辑总第27辑，第160~170页以及《全国人大常委会关于"黑社会性质的组织"和"挪用公款归个人使用"的立法解释简介》，载《刑事司法指南》2002年第2辑总第10辑，第155页。

② 对其解读见：《刑事法律文件解读》2010年第3辑总第57辑，第49~65页。

的严重商业贿赂犯罪等,要依法从严惩处。

3 最高人民法院、最高人民检察院、公安部《办理黑社会性质组织犯罪案件座谈会纪要》（2009年7月15日）（节录）①

其次,要严格坚持法定标准,切实贯彻落实宽严相济的刑事政策。各级人民法院、人民检察院和公安机关要严格依照刑法、刑事诉讼法及有关法律解释的规定办理案件,确保认定的事实清楚,据以定案的证据确实、充分,黑社会性质组织的认定准确无误。既要防止将已构成黑社会性质组织犯罪的案件"降格"处理,也不能因为强调严厉打击而将不构成此类犯罪的共同犯罪案件"拔高"认定。要严格贯彻落实宽严相济的刑事政策,对黑社会性质组织的组织者、领导者及其他骨干成员要依法从严惩处;对犯罪情节较轻的其他参加人员以及初犯、偶犯、未成年犯,要依法从轻、减轻处罚,以分化、瓦解犯罪分子,减少社会对抗、促进社会和谐,取得法律效果和社会效果的统一。

第三,要充分发挥各自的职能作用,密切配合,相互支持,有效形成打击合力。各级人民法院、人民检察院和公安机关要积极总结和交流工作经验,不断统一执法思想,共同加强长效机制建设。为了及时、有效地打击黑社会性质组织犯罪,公安机关在办案中要紧紧围绕法律规定的黑社会性质组织的"四个特征",严格按照刑事诉讼法及有关规定全面收集、固定证据,严禁刑讯逼供、滥用强制措施和超期羁押,对重要犯罪嫌疑人的审讯以及重要取证活动要全程录音、录像。人民检察院不仅要把好批捕、起诉关,还要加强对看守所监管活动的检查监督,防止串供、翻供、订立攻守同盟、搞假立功等情况的发生。人民法院要严格审查事实、证据,不断强化程序意识全面提高审判工作质量和效率。

第四,要严惩"保护伞",采取多种措施深入推进打黑除恶工作。黑社会性质组织之所以能在一些地方坐大成势,与个别国家工作人员的包庇、纵容有着直接关系。各级人民法院、人民检察院和公安机关要把查处"保护伞"与办理涉黑案件有机地结合起来,与反腐败工作紧密地结合起来,与纪检、监察部门做好衔接配合,加大打击力度,确保实现"除恶务尽"的目标。打击黑社会性质组织犯罪是一项复杂的系统工程,各级人民法院、人民检察院和公安机关在办理好案件的同时,还要通过积极参与社会治安综合治理、加强法制宣传、广泛发动群众等多种手段,从源头上有效防控此类犯罪。

二、会议认为,自1997年刑法增设黑社会性质组织犯罪的规定以来,全国人大常委会、最高人民法院分别作出了《关于〈中华人民共和国刑法〉第二百九十四条第一款的解释》（以下简称《立法解释》）、《关于审理黑社会性质组织犯罪的案件具体应用法律若干问题的解释》（以下简称《司法解释》）,对于指导司法实践发挥了重要作用。但由于黑社会性质组织犯罪的构成要件和所涉及的法律关系较为复杂,在办案过程中对法律规定的理解还不尽相同。为了进一步统一司法标准,会议就实践中争议较大的问题进行了深入研讨,并取得了一致意见:

（一）关于黑社会性质组织的认定

黑社会性质组织必须同时具备《立法解释》中规定的"组织特征"、"经济特征"、

---

① 对其解读见:《刑事法律文件解读》2010年第2辑总第56辑,第89~88,90~91页。

"行为特征"和"危害性特征"。由于实践中许多黑社会性质组织并非这"四个特征"都很明显,因此,在具体认定时,应根据立法本意,认真审查、分析黑社会性质组织"四个特征"相互间的内在联系,准确评价涉案犯罪组织所造成的社会危害,确保不枉不纵。

1. 关于组织特征。黑社会性质组织不仅有明确的组织者、领导者,骨干成员基本固定,而且组织结构较为稳定,并有比较明确的层级和职责分工。

当前,一些黑社会性质组织为了增强隐蔽性,往往采取各种手段制造"人员频繁更替、组织结构松散"的假象。因此,在办案时,要特别注意审查组织者、领导者,以及对组织运行、活动起着突出作用的积极参加者等骨干成员是否基本固定、联系是否紧密,不要被其组织形式的表象所左右。

关于组织者、领导者、积极参加者和其他参加者的认定。组织者、领导者,是指黑社会性质组织的发起者、创建者,或者在组织中实际处于领导地位,对整个组织及其运行、活动起着决策、指挥、协调、管理作用的犯罪分子,既包括通过一定形式产生的有明确职务、称谓的组织者、领导者,也包括在黑社会性质组织中被公认的事实上的组织者、领导者;积极参加者,是指接受黑社会性质组织的领导和管理,多次积极参与黑社会性质组织的违法犯罪活动,或者积极参与较严重的黑社会性质组织的犯罪活动且作用突出,以及其他在组织中起重要作用的犯罪分子,如具体主管黑社会性质组织的财务、人员管理等事项的犯罪分子;其他参加者,是指除上述组织成员之外,其他接受黑社会性质组织的领导和管理的犯罪分子。根据《司法解释》第三条第二款的规定,对于参加黑社会性质的组织,没有实施其他违法犯罪活动的,或者受蒙蔽、胁迫参加黑社会性质的组织,情节轻微的,可以不作为犯罪处理。

关于黑社会性质组织成员的主观明知问题。在认定黑社会性质组织的成员时,并不要求其主观上认为自己参加的是黑社会性质组织,只要其知道或者应当知道该组织具有一定规模,且是以实施违法犯罪为主要活动的,即可认定。

对于黑社会性质组织存在时间、成员人数及组织纪律等问题的把握。黑社会性质组织一般在短时间内难以形成,而且成员人数较多,但鉴于普通犯罪集团、"恶势力"团伙向黑社会性质组织发展是一个渐进的过程,没有明显的性质转变的节点,故对黑社会性质组织存在时间、成员人数问题不宜作出"一刀切"的规定。对于那些已存在一定时间,且成员人数较多的犯罪组织,在定性时要根据其是否已具备一定的经济实力,是否已在一定区域或行业内形成非法控制或重大影响等情况综合分析判断。此外,在通常情况下,黑社会性质组织为了维护自身的安全和稳定,一般会有一些约定俗成的纪律、规约,有些甚至还有明确的规定。因此,具有一定的组织纪律、活动规约,也是认定黑社会性质组织特征时的重要参考依据。

2. 关于经济特征。一定的经济实力是黑社会性质组织坐大成势,称霸一方的基础。由于不同地区的经济发展水平、不同行业的利润空间均存在很大差异,加之黑社会性质组织存在、发展的时间也各有不同,因此,在办案时不能一般地要求黑社会性质组织所具有的经济实力必须达到特定规模或特定数额。此外,黑社会性质组织的敛财方式也具有多样性。实践中,黑社会性质组织不仅会通过实施赌博、敲诈、贩毒等违法犯罪活动攫取经济利益，而且还往往会通过开办公司、企业等方式"以商养黑"、"以黑护商"。因此，无论其财产是通过非法手段聚敛，还是通过合法的方式获取，只要将其中部分或全部用于违法犯罪活动或者维系犯罪组织的生存、发展即可。

"用于违法犯罪活动或者维系犯罪组织的生存、发展"，一般是指购买作案工具、提供作案经费，为受伤、死亡的组织成员提供医疗费、丧葬费，为组织成员及其家属提供工资、奖励、福利、生活费用，为组织寻求非法保护以及其他与实施有组织的违法犯罪活动有关的费用支出等。

3. 关于行为特征。暴力性、胁迫性和有组织性是黑社会性质组织行为方式的主要特征，但有时也会采取一些"其他手段"。

根据司法实践经验，《立法解释》中规定的"其他手段"主要包括：以暴力、威胁为基础，在利用组织势力和影响已对他人形成心理强制或威慑的情况下，进行所谓的"谈判"、"协商"、"调解"；滋扰、哄闹、聚众等其他干扰、破坏正常经济、社会生活秩序的非暴力手段。

"黑社会性质组织实施的违法犯罪活动"主要包括以下情形：由组织者、领导者直接组织、策划、指挥、参与实施的违法犯罪活动；由组织成员以组织名义实施，并得到组织者、领导者认可或者默许的违法犯罪活动；多名组织成员为逞强争霸、插手纠纷、报复他人、替人行凶、非法敛财而共同实施，并得到组织者、领导者认可或者默许的违法犯罪活动；组织成员为组织争夺势力范围、排除竞争对手、确立强势地位、谋取经济利益、维护非法权威或者按照组织的纪律、惯例、共同遵守的约定而实施的违法犯罪活动；由黑社会性质组织实施的其他违法犯罪活动。

会议认为，在办案时还应准确理解《立法解释》中关于"多次进行违法犯罪活动"的规定。黑社会性质组织实施犯罪活动过程中，往往伴随着大量的违法活动，对此均应作为黑社会性质组织的违法犯罪事实予以认定。但如果仅实施了违法活动，而没有实施犯罪活动的，则不能认定为黑社会性质组织。此外，"多次进行违法犯罪活动"只是认定黑社会性质组织的必要条件之一，最终能否认定为黑社会性质组织，还要结合危害性特征来加以判断。即使有些案件中的违法犯罪活动已符合"多次"的标准，但根据其性质和严重程度，尚不足以形成非法控制或重大影响的，也不能认定为黑社会性质组织。

4. 关于危害性特征。称霸一方，在一定区域或者行业内，形成非法控制或者重大影响，从而严重破坏经济、社会生活秩序，是黑社会性质组织的本质特征，也是黑社会性质组织区别于一般犯罪集团的关键所在。

对于"一定区域"的理解和把握。区域的大小具有相对性，且黑社会性质组织非法控制和影响的对象并不是区域本身，而是在一定区域中生活的人，以及该区域内的经济、社会生活秩序。因此，不能简单地要求"一定区域"必须达到某一特定的空间范围，而应当根据具体案情，并结合黑社会性质组织对经济、社会生活秩序的危害程度加以综合分析判断。

对于"一定行业"的理解和把握。黑社会性质组织所控制和影响的行业，既包括合法行业，也包括黄、赌、毒等非法行业。这些行业一般涉及生产、流通、交换、消费等一个或多个市场环节。

通过实施违法犯罪活动，或者利用国家工作人员的包庇、纵容，称霸一方，并具有以下情形之一的，可认定为"在一定区域或者行业内，形成非法控制或者重大影响，严重破坏经济、社会生活秩序"：对在一定区域内生活或者在一定行业内从事生产、经营的群众形成心理强制、威慑，致使合法利益受损的群众不敢举报、控告的；对一定行业的生产、经营形成垄断，或者对涉及一定行业的准入、经营、竞争等经济活动形成重要影响的；插手民间纠纷、经济纠纷，在相关区域或者行业内造成严重影响的；干扰、破坏他人正常生产、经营、生活，并在相关区域或者行业内造成严重影响的；干扰、破坏公司、企业、事业单位及社会团体的正常生产、经营、工作秩序，在相关区域、行业内造成严重影响，或者致使其不能正常生产、经营、工作的；多次干扰、破坏国家机关、行业管理部门以及村委会、居委会等基层群众自治组织的工作秩序，或者致使上述单位、组织的职能不能正常行使的；利用组织的势力、影响，使组织成员获取政治地位，或者在党政机关、基层群众自治组织中担任一定职务的；其他形成非法控制或者重大影响，严重破坏经济、社会生活秩序的情形。

(二) 关于办理黑社会性质组织犯罪案件的其他问题

1. 关于包庇、纵容黑社会性质组织罪主观要件的认定。本罪主观方面要求必须是出于故意，过失不能构成本罪。会议认为，只要行为人知道或者应当知道是从事违法犯罪活动的组织，仍对该组织及其成员予以包庇，或者纵容其实施违法犯罪活动，即可认定本罪。至于行为人是否明知该组织系黑社会性质组织，不影响本罪的成立。

2. 关于黑社会性质组织成员的刑事责任。对黑社会性质组织的组织者、领导者，应根据法律规定和本纪要中关于"黑社会性质组织实施的违法犯罪活动"的规定按照该组织所犯的全部罪行承担刑事责任。组织者、领导者对于具体犯罪所承担的刑事责任，应当根据其在该起犯罪中的具体地位、作用来确定。对黑社会性质组织中的积极参加者和其他参加者，应按照其所参与的犯罪，根据其在具体犯罪中的地位和作用，依照罪责刑相适应的原则，确定应承担的刑事责任。

3. 关于涉黑犯罪财物及其收益的认定和处置。在办案时，要依法运用查封、扣押、冻结、追缴、没收等手段，彻底摧毁黑社会性质组织的经济基础防止其死灰复燃。对于涉黑犯罪财物及其收益以及犯罪工具，均应按照刑法第六十四条和《司法解释》第七条的规定予以追缴、没收。黑社会性质组织及其成员通过犯罪活动聚敛的财物及其收益，是指在黑社会性质组织的形成、发展过程中，该组织及组织成员通过违法犯罪活动或其他不正当手段聚敛的全部财物、财产性权益及其孳息、收益。在办案工作中，应认真审查涉案财产的来源、性质，对被告人及其他单位、个人的合法财产应依法予以保护。

4. 关于认定黑社会性质组织犯罪的证据要求。办理涉黑案件同样应当坚持案件"事实清楚，证据确实、充分"的法定证明标准。但应当注意的是"事实清楚"是指能够对定罪量刑产生影响的事实必须清楚，而不是指整个案件的所有事实和情节都要一一查证属实；"证据确实、充分"是指能够据以定罪量刑的证据确实、充分，而不是指案件中所涉全部问题的证据都要达到确实、充分的程度。对此，一定要准确理解和把握，不要纠缠那些不影响定罪量刑的枝节问题。比如，在可以认定某犯罪组织已将所获经济利益部分用于组织活动的情况下，即使此部分款项的具体数额难以全部查实，也不影响定案。

5. 关于黑社会性质组织成员的立功问题。积极参加者、其他参加者配合司法机关查办案件，有提供线索、帮助收集证据或者其他协助行为，并对侦破黑社会性质组织犯罪案件起到一定作用的，即使依法不能认定立功，一般也应酌情对其从轻处罚。组织者、领导者检举揭发与该黑社会性质组织及其违法犯罪活动有关联的其他犯罪线索即使依法构成立功或者重大立功，在量刑时也应从严掌握。

6. 关于对"恶势力"团伙的认定和处理。"恶势力"是黑社会性质组织的雏形，有的最终发展成了黑社会性质组织。因此，及时严惩"恶势力"团伙犯罪，是遏制黑社会性质组织滋生、防止违法犯罪活动造成更大社会危害的有效途径。

会议认为，"恶势力"是指经常纠集在一起，以暴力、威胁或其他手段，在一定区域或者行业内多次实施违法犯罪活动，为非作恶，扰乱经济、社会生活秩序，造成较为恶劣的社会影响，但尚未形成黑社会性质组织的犯罪团伙。"恶势力"一般是三人以上，纠集者、骨干成员相对固定，违法犯罪活动一般表现为敲诈勒索、强迫交易、欺行霸市、聚众斗殴、寻衅滋事、非法拘禁、故意伤害、抢劫、抢夺或者黄、赌、毒等。各级人民法院、人民检察院和公安机关在办案时应根据本纪要的精神，结合组织化程度的高低、经济实力的强弱、有无追求和实现对社会的非法控制等特征，对黑社会性质组织与"恶势力"团伙加以正确区分。同时，还要本着实事求是的态度，正确理解和把握"打早打小"方针。在准确查明"恶势力"团伙具体违法犯罪事实的基础上，构成什么罪，就按什么罪处理，并充分运用刑法总则关于共同犯罪的规定，依法惩处。对符合犯罪集团特征的，要按照犯罪集团处理，以切实加大对"恶势力"团伙依法惩处的力度。

7. 关于视听资料的收集、使用。公安机关在侦查时要特别重视对涉黑犯罪视听资料的收集。对于那些能够证明涉案犯罪组织具备黑社会性质组织的"四个特征"及其实施的具体违法犯罪活动的录音、录像资料，要及时提取、固定、移送。通过特殊侦查措施获取的视听资料，在移送审查起诉时，公安机关对证据的来源、提取经过应予说明。

8. 庭审时应注意的有关问题。为确保庭审效果，人民法院在开庭审理涉黑案件之前，应认真做好庭审预案。法庭调查时，除必须传唤共同被告人同时到庭质证外，对各被告人应当分别讯问，以防止被告人当庭串供或者不敢如实供述、作证。对于诉讼参与人、旁听人员破坏法庭秩序、干扰法庭审理的，法庭应按照刑事诉讼法及有关司法解释的规定及时作出处理。构成犯罪的，应当依法追究刑事责任。

❹ 最高人民检察院《关于认真贯彻执行全国人大常委会〈关于刑法第二百九十四条第一款的解释〉和〈关于刑法第三百八十四条第一款的解释〉的通知》（2002年5月13日高检发研字〔2002〕11号）（节录）①

二、要正确适用法律，积极发挥检察职能作用。根据《解释》的规定，黑社会性质组织是否有国家工作人员充当"保护伞"，即是否要有国家工作人员参与犯罪或者为犯罪活

---

① 对其解读见：《解读最高人民检察院司法解释》，第254~260页。

动提供非法保护,不影响黑社会性质组织的认定,对于同时具备《解释》规定的黑社会性质组织四个特征的案件,应依法予以严惩,以体现"打早打小"的立法精神。同时,对于确有"保护伞"的案件,也要坚决一查到底,绝不姑息。(略)

❺ 最高人民法院《关于审理黑社会性质组织犯罪的案件具体应用法律若干问题的解释》(2000年12月10日 法释〔2000〕42号)①

为依法惩治黑社会性质组织的犯罪活动,根据刑法有关规定,现就审理黑社会性质组织的犯罪案件具体应用法律的若干问题解释如下:

第一条 刑法第二百九十四条规定的"黑社会性质的组织",一般应具备以下特征:

(一)组织结构比较紧密,人数较多,有比较明确的组织者、领导者,骨干成员基本固定,有较为严格的组织纪律;

(二)通过违法犯罪活动或者其他手段获取经济利益,具有一定的经济实力;

(三)通过贿赂、威胁等手段,引诱、逼迫国家工作人员参加黑社会性质组织活动,或者为其提供非法保护;

(四)在一定区域或者行业范围内,以暴力、威胁、滋扰等手段,大肆进行敲诈勒索、欺行霸市、聚众斗殴、寻衅滋事、故意伤害等违法犯罪活动,严重破坏经济、社会生活秩序。

第二条 刑法第二百九十四条第二款规定的"发展组织成员",是指将境内、外人员吸收为该黑社会组织成员的行为。对黑社会组织成员进行内部调整等行为,可视为"发展组织成员"。

港、澳、台黑社会组织到内地发展组织成员的,适用刑法第二百九十四条第二款的规定定罪处罚。

第三条 组织、领导、参加黑社会性质的组织又有其他犯罪行为的,根据刑法第二百九十四条第三款的规定,依照数罪并罚的规定处罚;对于黑社会性质组织的组织者、领导者,应当按照其所组织、领导的黑社会性质组织所犯的全部罪行处罚;对于黑社会性质组织的参加者,应当按照其所参与的犯罪处罚。

对于参加黑社会性质的组织,没有实施其他违法犯罪活动的,或者受蒙蔽、胁迫参加黑社会性质的组织,情节轻微的,可以不作为犯罪处理。

第四条 国家机关工作人员组织、领导、参加黑社会性质组织的,从重处罚。

第五条 刑法第二百九十四条第四款规定的"包庇",是指国家机关工作人员为使黑社会性质组织及其成员逃避查禁,而通风报信、隐匿、毁灭、伪造证据,阻止他人作证、检举揭发,指使他人作伪证,帮助逃匿,或者阻挠其他国家机关工作人员依法查禁等行为。

刑法第二百九十四条第四款规定的"纵容",是指国家机关工作人员不依法履行职责,放纵黑社会性质组织进行违法犯罪活动的行为。

第六条 国家机关工作人员包庇、纵容黑社会性质的组织,有下列情形之一的,属于刑法第二百九十四条第四款规定的"情节严重":

---

① 对其解读见:《刑事审判参考》总第13辑,第73~77页。

（一）包庇、纵容黑社会性质组织跨境实施违法犯罪活动的；（二）包庇、纵容境外黑社会组织在境内实施违法犯罪活动的；（三）多次实施包庇、纵容行为的；（四）致使某一区域或者行业的经济、社会生活秩序遭受黑社会性质组织特别严重破坏的；（五）致使黑社会性质组织的组织者、领导者逃匿，或者致使对黑社会性质组织的查禁工作严重受阻的；（六）具有其他严重情节的。

第七条 对黑社会性质组织和组织、领导、参加黑社会性质组织的犯罪分子聚敛的财物及其收益，以及用于犯罪的工具等，应当依法追缴、没收。

6 最高人民法院《全国法院维护农村稳定刑事审判工作座谈会纪要》（1999年10月27日 法〔1999〕217号）（节录）

（三）关于农村恶势力犯罪案件：修订后的刑法将原"流氓罪"分解为若干罪名，分别规定了相应的刑罚，更有利于打击此类犯罪，也便于实践中操作。对实施多种原刑法规定的"流氓"行为，构成犯罪的，应按照修订后刑法的罪名分别定罪量刑，按数罪并罚原则处理。对于团伙成员相对固定，以暴力、威胁手段称霸一方，欺压百姓，采取收取"保护费"、代人强行收债、违规强行承包等手段，公然与政府对抗，应按照黑社会性质组织犯罪处理；其中，又有故意杀人、故意伤害等犯罪行为的，按数罪并罚的规定处罚。

7 福建省公检法《关于办理入境发展黑社会组织犯罪案件若干问题的意见》（2008年6月2日 闽公综〔2008〕308号）

为持续深入开展打黑除恶专项斗争，准确适用《中华人民共和国刑法》第二百九十四条第二款之规定，有效地打击境外黑社会组织对我国的渗透，根据《中华人民共和国刑法》、全国人民代表大会常务委员会《关于〈中华人民共和国刑法〉第二百九十四条第一款的解释》和最高人民法院《关于审理黑社会性质组织犯罪的案件具体应用法律若干问题的解释》以及福建省纪委、省委宣传部、省委政法委、省法院、省检察院、省监察厅、省公安厅、省司法厅《关于建立打黑除恶长效工作机制的意见》（闽委政发〔2007〕16号）的精神，结合本省实际，现就办理入境发展黑社会组织犯罪案件适用法律的问题，提出如下意见：

一、关于入境发展黑社会组织罪的犯罪主体

本罪的犯罪主体是境外的黑社会组织的人员。

境外的黑社会组织的人员，是指中华人民共和国境外的黑社会组织的人员，也包括外国、中国香港、澳门、台湾地区的黑社会组织的人员。

"境外的黑社会组织的人员"，包括境外黑社会组织的所有成员及其委托的人员。"委托的人员"，是指明知境外黑社会组织为发展组织而入境从事受委托事项的非黑社会组织成员的其他人员。

对于境外黑社会组织及其人员的认定标准应当根据我国的法律、司法解释并参照境外当地的法律文件和有关规定。

具备以下情形之一的，可以认定境外黑社会组织及其人员的身份：

（一）有境外司法行政当局提供的相关法律文件证明该黑社会组织及人员身份的；

（二）该人员本人供认其系境外某黑社会组织的人员，有两个以上证人证言能够印证其供述事实的；

（三）该人员本人不承认其系境外某黑社会组织的人员，但有两个以上证人证言证明，并有相关出入境书证、物证及体现其与境外黑社会组织关系的视听资料或者书证、物证印证的。

二、关于入境发展黑社会组织罪的主观方面

本罪的主观方面须是直接故意，其犯罪目的是入境发展黑社会组织。

（一）境外黑社会组织的人员不以入境发展黑社会组织为目的，也未发展我国境内的人员加入其黑社会组织，在我国境内勾结我国境内的人员实施犯罪活动，不以本罪论处。

（二）境外黑社会组织的人员为了躲避当地司法行政当局的打击，逃到我国大陆地区，或者以其他目的到大陆地区，只是进行经商、投资等活动，经商、投资所得也未投入发展黑社会组织的活动，不以本罪论处。

三、关于入境发展黑社会组织罪的客观方面

本罪是行为犯，只要行为人客观上实施了到我国境内发展黑社会组织的行为，即构成本罪。被发展的对象最终是否从事了违法犯罪活动，是否实际上参加了黑社会组织，均不影响本罪的成立。

根据最高人民法院《关于审理黑社会性质组织犯罪的案件具体应用法律若干问题的解释》的规定：“发展组织成员”，是指将境内、外人员吸收为该黑社会组织成员的行为。对黑社会组织成员进行内部调整等行为，可视为"发展组织成员"。港、澳、台黑社会组织到内地发展组织成员的，适用刑法第二百九十四条第二款的规定定罪处罚。

入境发展黑社会组织罪的犯罪对象，也包括我国大陆境内的我国公民和港、澳、台居民、外国公民、无国籍人。到我国境内进行内部调整等活动的黑社会组织的人员也视为本罪的犯罪对象。

（一）有以下情形之一的，可以认定为"入境"：

1. 境外黑社会组织的人员到我国大陆境内发展组织成员的；

2. 境外黑社会组织的人员以发展黑社会组织为目的，进入我国大陆境内将欲发展的人员带出境外的。

（二）境外黑社会组织的人员以发展黑社会组织为目的，有以下情形之一的，可认定为"发展组织成员"：

1. 到我国大陆境内，将境内人员发展为该组织成员的行为，或者将境内人员带到境外发展为该组织成员的行为；

2. 在我国大陆境内以设立堂口、分会、办事处等形式，招收我国大陆境内人员加入的行为；

3. 以投资经营公司、企业等为掩护，招收我国大陆境内人员加入该组织的行为；

4. 到我国大陆境内，以其黑社会组织的模式或类似的形式组建新的黑社会组织的行为；

5. 境外黑社会组织在我国大陆境内对其成员进行内部调整，如职务变迁、岗位调整、组织纲领修改、组织机构合并或拆分、组织选举、进行内部处分等行为，可视为"发展组

织成员";

6. 其他情形。

（三）对于入境发展黑社会组织的犯罪行为，又有其他犯罪行为的，依照数罪并罚的规定处罚。

四、关于入境发展黑社会组织罪与组织、领导、参加黑社会性质组织罪的关系

由于入境发展黑社会组织罪是行为犯，因而，评价入境发展黑社会组织罪不要求有像组织、领导、参加黑社会性质组织罪的支撑性违法犯罪行为。

（一）境外黑社会组织的人员以发展黑社会组织为目的，在我国大陆境内发展组织，并领导该犯罪组织，应当以入境发展黑社会组织罪定罪，并从重处罚。

（二）境外黑社会组织的人员没有发展黑社会组织的目的，在我国大陆境内网罗违法犯罪分子形成黑社会性质组织或者加入当地的黑社会性质组织，应当以组织、领导、参加黑社会性质组织罪定罪处罚。

（三）在我国大陆境内被发展而加入黑社会组织的人员，应当以参加黑社会性质组织罪定罪处罚。

各地、各部门要认真贯彻执行本意见，法律、司法解释有新规定的，按照新规定执行。各地在具体执行中发现新问题，应及时按隶属关系向省高级人民法院、省人民检察院、省公安厅报告。

福建省高级人民法院 福建省人民检察院 福建省公安厅

8 福建公检法《关于办理黑社会性质组织犯罪案件若干问题的意见》（2006年5月8日 闽公综〔2006〕291号）

为持续深入开展打黑除恶专项斗争，稳、准、狠地打击黑社会性质组织犯罪，根据《中华人民共和国刑法》、《全国人民代表大会常务委员会关于〈中华人民共和国刑法〉第二百九十四条第一款的解释》和最高人民法院《关于审理黑社会性质组织犯罪案件具体应用法律若干问题的解释》的精神，结合本省实际，现就办理黑社会性质组织犯罪案件中如何适用法律、法律解释、司法解释的问题，提出如下意见：

一、黑社会性质组织犯罪总体特征的把握：

黑社会性质组织，是指以暴力、威胁或者其他手段，有组织地进行违法犯罪活动，称霸一方，为非作恶，欺压、残害群众，严重破坏经济、社会生活秩序的犯罪组织。根据全国人大常委会《解释》的规定，对于黑社会性质组织犯罪，应同时具备四个特征，即组织特征、经济特征、行为特征、非法控制特征。其中：组织特征、经济特征、行为特征属黑社会性质组织的一般属性，非法控制特征是黑社会性质组织的本质属性。"通过实施违法犯罪活动……形成非法控制或者重大影响"与"利用国家工作人员包庇或者纵容……形成非法控制或者重大影响"为选择性特征，只要具有其中之一且符合前三项特征的，均视为黑社会性质组织。

二、黑社会性质组织的组织特征，一般掌握为：

（一）组织成员人数较多，有明确的组织者、领导者；

（二）有相对稳定的组织关系，是指该犯罪组织是为了在一定的时间内多次实施违法

犯罪而建立起来的，骨干成员基本固定；

（三）有被组织或者成员认可的帮规、纪律或约定俗成的规矩，不要求以成文的组织章程、组织纪律为必要条件。

三、黑社会性质组织的经济特征，一般掌握为：

（一）全国人大常委会《解释》第（二）项规定的获取经济利益的"其他手段"，是指犯罪组织获取经济利益的手段不管是合法手段还是非法手段，只要是将获取的经济利益用于组织活动，均可视为"其他手段"。

（二）"具有一定的经济实力"，可理解为：组织的经济利益用于支持该组织的基本活动或组织成员的部分生活开支，不要求经济实力的具体规模。"经济实力"并不一定是"有组织地通过违法犯罪活动或者其他手段获取"的，可理解为实施违法犯罪活动所投入的经费、财物，它既可能是非法获取的，又可能是组织者、领导者自身积攒的，还可能是通过合法渠道获得的。

（三）获取的经济利益由组织进行管理、分配、使用。

四、黑社会性质组织的行为特征，一般掌握为：

（一）黑社会性质组织实施故意杀人、故意伤害、抢劫、敲诈勒索、欺行霸市、寻衅滋事等"为非作恶，欺压、残害群众"的违法犯罪活动，既包括犯罪行为，也包括违法行为。只要具有"称霸一方、欺压、残害群众"的性质即可。

（二）实施违法犯罪活动的主要手段是暴力或威胁；"其他手段"是指利用黑社会性质组织的影响，实施了与暴力、威胁手段相当的行为，可以对群众造成心理强制。

（三）全国人大常委会《解释》第（三）项规定的"有组织地进行违法犯罪活动"主要表现为：

1. 组织者、领导者直接组织、策划、指挥、教唆、授意、怂恿、指使实施的。

2. 组织成员为组织的利益有预谋地共同实施的。

3. 组织成员为组织的利益按照该组织一贯行为所实施的。

五、黑社会性质组织的非法控制特征，一般掌握为：

（一）"非法控制或者重大影响"主要表现为：

1. 以暴力、威胁或者其他手段造成重大、恶劣社会影响，对群众形成心理强制，破坏社会正常生活秩序。

2. 以暴力、威胁或者其他手段破坏社会正常经济秩序，形成非法垄断或者非法经营秩序。

3. 利用国家机关工作人员的包庇、纵容，帮助形成"保护伞"，称霸一方。

（二）严重破坏社会生活秩序，对社会形成非法控制或者重大影响，主要表现为：

1. 为组织争夺势力范围、确立强势地位而多次或大规模聚众斗殴、寻衅滋事或采用谋杀、报复伤害等手段打击竞争对手，或以杀害、伤害无辜、聚众闹事为组织造势的。

2. 采用暴力、威胁手段或利用组织的强势地位多次代人强立债权、强索债务、非法拘禁、或受人雇佣实施杀人、伤害等违法犯罪行为的。

3. 以提供保护为由，非法行使公共治安管理，在一定范围内长期、多次采用暴力、威胁手段或者利用组织的强势地位,强收保护费、强行罚款、强行干预他人正常生产、经营、生活的。

4. 组织的暴力、威胁或者其他违法犯罪活动在其势力范围内对群众造成心理强制,形成重大社会影响,使群众安全感下降、政府公共管理职能受阻的。

(三) 严重破坏社会经济秩序,对社会形成非法控制或者重大影响,主要表现为:

1. 长期在一定区域的一定行业内采用暴力、威胁或者其他手段欺行霸市、强迫交易、操纵市场、敲诈勒索、寻衅滋事形成非法垄断地位或产生重大影响的。

2. 非法行使行业、市场经济秩序的管理权,强行收费,或采用暴力、威胁或者其他手段对其他市场参与者强行参股、占股、巧立名目强行摊派的。

3. 煽动、组织或强制其他市场参与者采用暴力、威胁或者其他手段抗拒国家对行业、市场进行管理的。

4. 在一定区域内长期操控色情、赌博、高利贷、毒品等非法交易,获取非法经济利益的。

六、办理黑社会性质组织犯罪案件,要注意区分以下情形:

(一) 对于不构成黑社会性质组织的犯罪团伙、犯罪集团,应按照行为人具体所实施的犯罪行为予以定罪处罚。

(二) 黑社会性质组织又构成其他犯罪行为的,应予数罪并罚。对于明知是黑社会性质组织犯罪的违法所得及其产生的收益而为其洗钱的,依照《刑法》第一百九十一条的规定追究刑事责任,并没收违法所得及其产生的收益。

(三) 对黑社会性质组织及其组织成员所获取的经济利益,应视为最高人民法院《解释》所推定的"聚敛的财物及其收益",应按照刑法第六十四条的规定处理。

(四) 事先不知情而受雇于黑社会性质组织成立的公司、企业、社团从事一般工作的,不视为参加黑社会性质组织;受雇后已明知该公司、企业、社团系从事暴力或其他违法犯罪活动的组织,但因受威吓、胁迫等原因继续留用而无违法行为的,不视为参加黑社会性质组织。

(五) 组织成员出于个人的动机和目的,单独或伙同组织成员共同犯罪,未以组织名义或惯例实施,组织在客观上未获取利益的,由实施该行为的人承担罪责,组织的首要分子不承担该部分罪责。

本意见自下发之日起执行。法律、司法解释有新规定的,按新规定执行。各地在执行中有何问题,请及时按隶属关系向省高级人民法院、省人民检察院、省公安厅报告。

福建省高级人民法院、福建省人民检察院、福建省公安厅,二〇〇六年五月八日

❾ 福建省公检法《关于"打黑除恶"专项斗争中有关问题的意见》(2001年4月4日 闽公通〔2001〕94号)

一、关于黑社会性质组织认定问题

黑社会性质组织,是指以暴力、威胁或者其他手段,有组织地进行违法犯罪活动,称霸一方,为非作恶,欺压、残害群众,严重破坏经济、社会生活秩序的违法犯罪组织或集团。

黑社会性质组织犯罪在犯罪形态上属于行为犯,只要行为人实施了组织、领导、参加

的行为就构成犯罪。在黑社会性质组织犯罪中起组织、领导、策划、指挥作用的首要分子，是主犯。通常表现为组建并领导该共同犯罪团伙或犯罪集团，策划犯罪活动、指挥其成员实施具体犯罪，是黑社会性质组织的核心，对犯罪组织的建立、存在和实施犯罪起着主要作用。除首要分子外，其他在黑社会性质组织犯罪中起主要作用的犯罪分子也是主犯。通常表现为在犯罪组织中虽然不是组织者、领导者、指挥者，但在实施犯罪活动中表现得特别积极，是共同犯罪中的"主力"和"骨干"，其犯罪情节特别严重，或者直接造成严重的危害后果。在黑社会性质组织犯罪中起次要或辅助作用的，是从犯。通常表现为：对主犯的犯罪意图和犯罪计划等表示赞成、附和、服从，听从主犯的指挥参与某一方面的犯罪活动，或者为某一犯罪的实施创造有利条件，辅助实行犯罪，罪行较轻或者情节不够严重的犯罪分子。在黑社会性质组织犯罪中因迫于他人的暴力威胁或精神强制，或者被诱骗参加黑社会性质组织犯罪活动的分子，是胁从犯。

二、关于恶势力的认定问题

恶势力，是指以暴力、威胁等手段，在相对固定的区域或行业内，横行乡里，称霸一方，为非作歹，欺压百姓，欺行霸市，伤害群众，敲诈勒索，聚众斗殴等严重扰乱社会公共秩序的纠合性违法犯罪团伙。一般应具备以下特征：

（一）在一定的区域或行业内，横行乡里，称霸一方；

（二）人数在三人以上，属于纠合性违法犯罪团伙；

（三）多次实施欺行霸市，欺压百姓，伤害群众，敲诈勒索，聚众斗殴等多种违法犯罪，严重扰乱社会公共秩序；

（四）作案手段凶狠、残忍。

黑社会性质组织的违法犯罪与恶势力的违法犯罪相比较，两者相同之处：人数较多，以暴力、威胁、滋扰等手段，大肆进行敲诈勒索、欺行霸市、聚众斗殴、寻衅滋事、故意伤害等多种违法犯罪活动，严重扰乱社会秩序。两者不同之处：1.违法犯罪目的。前者主要是为了追求非法的政治、经济利益；后者目的多样性，有的是追求非法的经济利益，有的是通过违法犯罪寻求刺激，满足精神需要。2.组织形式。前者是有组织的犯罪集团，其组织内部有严格的等级制度，成员比较稳定；后者是纠合性违法犯罪团伙，如各种滋扰社会秩序的村霸、市霸、行霸、路霸等。有些恶势力违法犯罪团伙，随着其势力的不断发展壮大，会逐渐演变成黑社会性质组织犯罪。3.主犯、首要分子犯罪的表现方式。前者的主犯、首要分子通常在幕后指挥、操纵，一般不直接作案；而后者的主犯、首要分子则直接参与作案。4.黑社会性质组织大多都具有一定的经济实力，以各种方式拉拢、腐蚀国家工作人员，寻求"保护伞"，犯罪手段狡诈残忍，社会危害性大。

三、关于黑社会性质组织，恶势力的定罪问题。

（一）黑社会性质组织的定罪问题。我国《刑法》专门规定了黑社会性质组织犯罪的条款，在《刑法》第294条中，涉及黑社会性质组织犯罪的有三个罪名。即组织、领导、参加黑社会性质组织罪；入境发展黑社会组织罪；包庇、纵容黑社会性质组织罪。构成组织、领导、参加黑社会性质组织罪的主要特征是：行为人主观方面是故意，即明知是黑社会性质组织而故意组织、领导或参加进行违法犯罪活动。客观方面表现为，实施，组织、领导、参加黑社会性质组织的行为。构成入境发展黑社会组织罪的主要特征是：犯罪主体为特殊主体，即犯罪主体只能是境外的黑社会组织人。行为人主观方面是直接故意，即以入境发展、吸收黑社会组织成员为目的。客观方面表现为，境外的黑社会组织人员到我国境内发展组织成员。构成包庇、纵容黑社会性质组织罪的主要特征是：犯罪主体只能是国家机关工作人员。行为人主观方面是故意。客观方面表现为，对黑社会性质的组织进行包庇、纵容。对构成上述黑社会性质组织犯罪的，应依照《刑法》定罪处罚。对既犯有黑社会性质组织犯罪，又有其他犯罪的，应依法数罪并罚。

（二）对恶势力的定罪问题。恶势力犯罪不是一个法律概念。我国《刑法》也没有规定恶势力犯罪的罪名。因此，对恶势力犯罪的定罪处罚，应根据各种恶势力所实施的犯罪行为，分别定罪处罚，对恶势力犯罪中实施数种犯罪的，应依法数罪并罚。

四、关于黑社会性质的组织、恶势力的处理问题。

在"打黑除恶"专项斗争中，要充分运用刑事处罚、劳动教养和治安处罚等多种法律手段，严厉打击黑社会性质组织、恶势力的违法犯罪活动。

（一）对组织、领导、参加黑社会性质组织，入境发展黑社会组织，包庇、纵容黑社会性质组织和恶势力的犯罪分子，应按照"严打"方针，依法从重从快惩处。

（二）对虽不够刑事处罚，但有严重违法行为，符合劳动教养条件的，应当实行劳动教养。

（三）对违反治安管理处罚条例等法律、法规规定的，给予治安处罚。

（四）对黑社会性质组织或者恶势力的犯罪分子聚敛的财物及其收益，以及用于犯罪的工具等，应当依法追缴、没收。

（五）对有轻微违法行为，悔过态度好，未造成损害后果，或者主动赔偿损失的，以及受蒙蔽、胁迫参加黑社会性质组织或者恶势力，情节显著轻微危害不大的，不作为犯罪处理。

五、关于办理黑社会性质组织与恶势力案件中应注意的几个问题。

（一）在办理黑社会性质组织犯罪案件时，要正确适用《刑法》、《刑事诉讼法》和最高人民法院《关于审理黑社会性质组织犯罪案件具体应用法律若干问题的解释》等有关法律、法规和司法解释，结合黑社会性质组织的犯罪特征，注意全案考虑，综合分析，不能就事论事、孤立办案，造成只追究直接行为人的刑事责任，而使幕后指挥、操纵，或没有直接参与作案的主犯、首要分子等逃避法律的惩处。同时，还要防止将黑社会性质组织的犯罪案件当作一般的刑事案件和治安案件来处理，造成打击不力。

（二）要进一步强化法律意识、证据意识和诉讼意识。要紧紧围绕黑社会性质组织犯罪构成要件，从整体上研究黑社会性质组织所犯的全部罪行，全面收集、提取和适用各种证据，形成证据锁链。在收集证据时，不仅要注意收集证明黑社会性质组织犯罪事实方面的证据，同时还要注意收集证明黑社会性质组织的组织构成"内部分工、经济来源，以及没有直接参与作案的主犯、首要分子幕后指挥、操纵"等方面的证据，以便正确适用《刑法》第294条，确保对黑社会性质组织犯罪的打击力度。

（三）各级公安、检察、法院要互相支持，密切配合。要坚持"基本事实清楚、基本证据确凿"的原则。凡是黑社会性质组织犯罪的案件，都要及时侦查、审查逮捕、审查起诉、审判。要从有利于打击黑社会性质组织犯罪出发，对涉嫌犯数罪的，只要其中有一个犯罪行为符合拘留逮捕条件的，就要依法及时拘留、逮捕。对于主犯在逃一时不能到案，但有证据证明其他成员犯罪的基本事实清楚、基本证据确凿的，就应当及时提请逮捕、移送起诉，依法判决。对有的案件在定性上，或证据认定上存在认识不一，可及时报告当地政法委，或上级公安、检察、法院等部门。

（四）在"打黑除恶"专项斗争中，要注意政策、法律界限。注意严格区分罪与非罪的界限，既要依法严惩黑恶势力违法犯罪分子，防止以罚代刑、降格处理，又要注意防止扩大化。正确区分两类不同性质的矛盾，防止把一般的群众闹事当作黑恶势力来处理。要坚持严格、公正、文明执法，严格按照法律规定的程序和时限办案，不得滥用强制措施，严禁超期羁押和刑讯逼供。

福建省高级人民法院、福建省人民检察院、福建省公安厅，二〇〇一年四月四日

学理观点·典型案例 ➡ 索引与要旨

❶《论黑社会性质组织犯罪的刑事责任》，载《刑事司法指南》2011年第4辑总第48辑，第33~44页。

❷《黑社会性质组织犯罪"四个特征"的认定》，载《刑事司法指南》2011年第1辑总第45辑，第32~57页。

❸《黑社会性质组织及其成员的司法认定与证明》，载《刑事司法指南》2010年第1辑总第41辑，第37~64页。

❹《涉黑犯罪组织"四特征"的理解与运用》，载《刑事法律文件解读》2009年第5辑总第47辑，第91~97页。

❺《黄建德等黑社会性质组织案》，载《刑事法律文件解读》2007年第6辑总第30辑，第282~284页。

核心提示➡该犯罪团伙是否构成黑社会性质组织？

❻《当前办理黑社会性质组织犯罪案件若干问题探讨》，载《刑事司法指南》2007年第4辑总第32辑，第87~100页。

❼《单位演变为"黑社会性质组织"应属个人犯罪》，载《公检法办案指南》2007年第8辑总第92辑，第176~181页。

❽《关于黑社会性质组织的认定和处理的几个问题》，载《公检法办案指南》2007年第7辑总第91辑，第158~161页。

❾《刘涌组织、领导黑社会性质组织案》，载《刑事审判参考》2004年第1辑总第36辑，第143~175页。

❿《黑社会性质组织及黑社会性质组织犯罪若干问题研究》，载《刑事司法指南》第1辑总第17辑，第65~99页。

要旨➡ 1. 关于黑社会性质组织：（1）黑社会性质组织的性质；（2）黑社会性质组织的特征；（3）黑社会性质组织与近似犯罪组织的区分；2. 关于组织、领导、参加黑社会性质组织罪：（1）关于组织黑社会性质组织行为与领导黑社会性质组织行为的区别；（2）关于积极参加黑社会性质组织与参加黑社会性质组织的区别；（3）关于组织、领导、积极参加、参加黑社会性质组织的行为方式互相转换的认定；（4）关于成立形似黑社会性质组织的组织，未实施犯罪行为是否以本罪论处的问题；3. 关于包庇、纵容黑社会性质组织罪：（1）关于包庇、组织黑社会性质组织罪主体；（2）关于包庇、纵容黑社会性质组织罪的主观方面；4. 关于入境发展黑社会性质组织罪。

⓫《张鸿飞、袁启明组织、领导黑社会性质组织案》，中华人民共和国最高人民法院刑事判决书〔2002〕刑复字第81号，载《刑事审判参考》2002年第5辑总第28辑，第193～210页。

⓬《组织、领导、参加黑社会性质组织案件公诉证据参考标准》，载《刑事司法指南》总第12辑，第35～43页。

核心提示➡ 关于犯罪主体、主观方面、客观方面、客体的证据

⓭《容乃胜等组织、领导、参加黑社会性质组织案》，载《刑事审判参考》2001年第12辑总第23辑，第38～51页。

核心提示➡ 黑社会组织成员直接混入国家机关应否认定为"保护伞"，兼谈如何认定"保护伞"问题？组织、领导、参加黑社会性质组织行为的认定

要旨➡ 该罪不以行为人明知所组织、领导或参加的组织是黑社会性质的组织为构成要件。

⓮《张畏组织、领导黑社会性质组织、故意伤害等案》，载《刑事审判参考》2001年第11辑总第22辑，第30～44页。

核心提示➡ 黑社会性质的组织的特征如何把握？

要旨➡《解释》第1条规定的是一般应具备的特征。但此处的"一般"并不意味着认定黑社会性质组织可以缺少其中一个特征，而是指4个特征中的某一特征可能并不典型，或者可能以别的行为方式表现出来。①

⓯《谈谈黑社会性质组织犯罪》，载《刑事审判参考》2001年第5辑总第16辑，第77～86页。

⓰《关于〈中华人民共和国（修订草案）〉的说明》

要旨➡ 关于完备刑事法律条文问题：关于黑社会犯罪。在我国，明显的、典型的黑社会犯罪还没有出现，但带有黑社会性质的犯罪集团已经出现，横行乡里、称霸一方，为非作歹，欺压、残害群众的有组织犯罪时有出现。另外也发现有境外黑社会组织成员入境进行违法活动的，可能会对社会造成严重危害。对于黑社会性质的犯罪，必须坚决打击，一

---

① 编者注：虽然高法《解释》强调"保护伞"的规定与之后人大的解释相抵触而被废除，但该案对其他特征的把握仍具参照价值。

定要消灭在萌芽状态，防止蔓延。只要组织、参加黑社会性质的犯罪组织，不管是否有其他具体犯罪行为都要判刑。因此，草案增加了相应的规定，并对境外的黑社会组织的人员到中华人民共和国境内发展组织成员的，规定了刑罚。

第295条 传授犯罪方法罪

传授犯罪方法的，处五年以下有期徒刑、拘役或者管制；情节严重的，处五年以上有期徒刑；情节特别严重的，处无期徒刑或者死刑。

中华人民共和国刑法修正案（八）（第十一届全国人民代表大会常务委员会第十九次会议2011年2月25日通过，中华人民共和国主席令第四十一号公布，自2011年5月1日起施行。）

四十四、将刑法第二百九十五条修改为："传授犯罪方法的，处五年以下有期徒刑、拘役或者管制；情节严重的，处五年以上十年以下有期徒刑；情节特别严重的，处十年以上有期徒刑或者无期徒刑。"

关 联 规 范 ▶ 完全整理

❶ 公安部《关于打击拐卖妇女儿童犯罪适用法律和政策有关问题的意见》（2000年3月24日 公通字〔2000〕25号）（节录）

二、（五）教唆他人实施拐卖妇女、儿童犯罪的，以拐卖妇女、儿童罪的共犯立案侦查。向他人传授拐卖妇女、儿童的犯罪方法的，以传授犯罪方法罪立案侦查。明知是拐卖妇女、儿童的犯罪分子，而在其实施犯罪后为其提供隐藏处所、财物，帮助其逃匿或者作假证明包庇的，以窝藏、包庇罪立案侦查。

❷ 最高人民法院《关于人民法院审判严重刑事犯罪案件中具体应用法律的若干问题的答复（二）》（1983年12月30日）（节录）

十五、《全国人民代表大会常务委员会关于严惩严重危害社会治安的犯罪分子的决定》第二条新规定的传授犯罪方法罪，是一个独立的罪名。这个罪是故意向他人传授犯罪的方法，属于故意犯罪。由于上述决定中规定惩罚这种罪的量刑幅度很大，因此，在审判实践中，要特别注意掌握打击的重点，对具体案件做具体分析，实行区别对待。第六届全国人民代表大会常务委员会第二次会议上，关于审议几个法律草案的说明中指出："有一些老流氓、惯犯、教唆犯猖狂地传授犯罪方法，教唆青少年犯罪，对社会危害极大。更为恶劣的是，他们在劳动教养或者在服刑劳改期间也进行这类犯罪活动，对这种犯罪不严厉惩处，是不可能搞好社会治安的。"这不仅从立法上说明了惩罚这种犯罪的根据，而且对在审判实践中如何应用这条法律有直接的指导意义。目前，在审判实践中，对这个问题尚须不断总结经验，提高认识，求得深入理解、正确适用全国人民代表大会常务委员会作出的这条决定，办好传授犯罪方法案件。

❸ 四川公检法《关于办理盗窃、破坏高速铁路设备设施案件适用法律若干问题的意

见（试行）》（2009年9月24日 川高法〔2009〕487号）①

学理观点·典型案例 ➡ 索引与要旨

❶《冯庆钊传授犯罪方法案》，载《刑事审判参考》2011年第2辑总第79辑，第60~69页。

核心提示 ➡ 在互联网上散布关于特定犯罪方法的技术知识，能否构成传授犯罪方法罪？

❷《刑法修正案（八）》（2011年2月25日）②

❸《李祥英传授犯罪方法案》，载《刑事审判参考》2010年第5辑总第76辑，第60~65页。

核心提示 ➡ 强迫他人学习犯罪方法后，胁迫其实施犯罪，应如何定性？兼谈本罪认定

❹《利用不满14周岁的人投毒杀人的行为如何定性》，载《刑事审判参考》总第16辑，第74~76页。

要旨 ➡ 有刑事责任能力的人指使、利用未达到刑事责任年龄的人或者精神病人实施犯罪，在刑法理论上称之为"间接正犯"，不属于共同犯罪范畴。因此本案被告人并非教唆犯，不能直接援引有关教唆犯的条款来处理，而应按故意杀人行为定罪处罚。该行为也不符合传播犯罪方法罪的特征。传授犯罪方法罪是指把实施某种犯罪的具体经验和技能故意传授给他人的行为。就传授的内容而言，一般是被传授人先前所不知悉的，需要行为人特别的传授和被传授人的学习才掌握的，如传授怎样扒窃、制造毒品等的具体技能。鼠药可以毒死人，应当是一种常识，同指使他人用刀或用枪杀死被害人没有什么区别，并非传授具体的犯罪方法。另外，传授犯罪方法仅是将某种或某些犯罪方法传授于人，并不包括唆使他人去实施某种犯罪的行为。

第296条 非法集会、游行、示威罪

举行集会、游行、示威，未依照法律规定申请或者申请未获许可，或者未按照主管机关许可的起止时间、地点、路线进行，又拒不服从解散命令，严重破坏社会秩序的，对集会、游行、示威的负责人和直接责任人员，处五年以下有期徒刑、拘役、管制或者剥夺政治权利。

关联规范 ➡ 完全整理

最高人民检察院、公安部《关于公安机关管辖的刑事案件立案追诉标准的规定（一）》

---

① 对其解读见：《刑事法律文件解读》2009年第12辑总第54辑，第51~65页。
② 对其解读见：《刑事审判参考》2011年第4辑总第81辑，第83~117页以及《公检法办案指南》2011年第3辑总第135辑，第13~121页。

(2008年6月25日 公通字〔2008〕36号)(节录)

第三十八条 举行集会、游行、示威,未依照法律规定申请或者申请未获许可,或者未按照主管机关许可的起止时间、地点、路线进行,又拒不服从解散命令,严重破坏社会秩序的,应予立案追诉。

第297条 非法携带武器、管制刀具、爆炸物参加集会、游行、示威罪

违反法律规定,携带武器、管制刀具或者爆炸物参加集会、游行、示威的,处三年以下有期徒刑、拘役、管制或者剥夺政治权利。

关联规范 ▶ 完全整理

最高人民检察院、公安部《关于公安机关管辖的刑事案件立案追诉标准的规定(一)》(2008年6月25日 公通字〔2008〕36号)(节录)

第三十九条 违反法律规定,携带武器、管制刀具或者爆炸物参加集会、游行、示威的,应予立案追诉。

学理观点・典型案例 ▶ 索引与要旨

《持有型犯罪研究》,载《刑事司法指南》2005年第2辑总第22辑,第68~123页。
要旨 ▶ 一、论刑法上的持有:(1)持有的概念;(2)持有的行为;(3)持有的归属;
二、持有型犯罪的概述:(1)持有型犯罪的概念;(2)持有型犯罪的范围;(3)持有型犯罪的分类;
三、持有型犯罪立法:(1)持有型犯罪的立法根据;(2)持有型犯罪的立法价值;
四、持有型犯罪司法:(1)持有型犯罪的司法根据;(2)持有型犯罪的司法处理。

第298条 破坏集会、游行、示威罪

扰乱、冲击或者以其他方法破坏依法举行的集会、游行、示威,造成公共秩序混乱的,处五年以下有期徒刑、拘役、管制或者剥夺政治权利。

关联规范 ▶ 完全整理

最高人民检察院、公安部《关于公安机关管辖的刑事案件立案追诉标准的规定(一)》(2008年6月25日 公通字〔2008〕36号)(节录)

第四十条 扰乱、冲击或者以其他方法破坏依法举行的集会、游行、示威,造成公共秩序严重混乱的,应予立案追诉。

第299条 侮辱国旗、国徽罪

在公众场合故意以焚烧、毁损、涂划、玷污、践踏等方式侮辱中华人民共和国国旗、国徽的,处三年以下有期徒刑、拘役、管制或者剥夺政治权利。

第 300 条　第 1 款　组织、利用会道门、邪教组织、利用迷信破坏法律实施罪　第 2 款　组织、利用会道门、邪教组织、利用迷信致人死亡罪

组织和利用会道门、邪教组织或者利用迷信破坏国家法律、行政法规实施的，处三年以上七年以下有期徒刑；情节特别严重的，处七年以上有期徒刑。

组织和利用会道门、邪教组织或者利用迷信蒙骗他人，致人死亡的，依照前款的规定处罚。

组织和利用会道门、邪教组织或者利用迷信奸淫妇女、诈骗财物的，分别依照本法第二百三十六条、第二百六十六条的规定定罪处罚。

关联规范　完全整理

❶《中华人民共和国刑法》（1980 年 1 月 1 日）第 236 条　强奸罪

以暴力、胁迫或者其他手段强奸妇女的，处三年以上十年以下有期徒刑。

奸淫不满十四周岁的幼女的，以强奸论，从重处罚。

强奸妇女、奸淫幼女，有下列情形之一的，处十年以上有期徒刑、无期徒刑或者死刑：

（一）强奸妇女、奸淫幼女情节恶劣的；

（二）强奸妇女、奸淫幼女多人的；

（三）在公共场所当众强奸妇女的；

（四）二人以上轮奸的；

（五）致使被害人重伤、死亡或者造成其他严重后果的。

❷《中华人民共和国刑法》（1980 年 1 月 1 日）第 266 条　诈骗罪

诈骗公私财物，数额较大的，处三年以下有期徒刑、拘役或者管制，并处或者单处罚金；数额巨大或者有其他严重情节的，处三年以上十年以下有期徒刑，并处罚金；数额特别巨大或者有其他特别严重情节的，处十年以上有期徒刑或者无期徒刑，并处罚金或者没收财产。本法另有规定的，依照规定。

❸ 全国人大常委会《关于维护互联网安全的决定》（2000 年 12 月 28 日）（节录）①

二、为了维护国家安全和社会稳定，对有下列行为之一，构成犯罪的，依照刑法有关规定追究刑事责任：（四）利用互联网组织邪教组织、联络邪教组织成员，破坏国家法律、行政法规实施。

❹ 全国人大常委会《关于取缔邪教组织、防范和惩治邪教活动的决定》（1999 年 10 月 30 日有效）②

为了维护社会稳定，保护人民利益，保障改革开放和社会主义现代化建设的顺利进行，

---

① 对其解读见：《刑事审判参考》2001 年第 4 辑总第 15 辑，第 52～58 页。
② 对其解读见：《刑事审判参考合订本·第一卷》，第 246，343 页。

必须取缔邪教组织、防范和惩治邪教活动。根据宪法和有关法律，作如下决定：

一、坚决依法取缔邪教组织，严厉惩治邪教组织的各种犯罪活动。邪教组织冒用宗教、气功或者其他名义，采用各种手段扰乱社会秩序，危害人民群众生命财产安全和经济发展，必须依法取缔，坚决惩治。人民法院、人民检察院和公安、国家安全、司法行政机关要各司其职，共同做好这项工作。对组织和利用邪教组织破坏国家法律、行政法规实施，聚众闹事，扰乱社会秩序，以迷信邪说蒙骗他人，致人死亡，或者奸淫妇女、诈骗财物等犯罪活动，依法予以严惩。

二、坚持教育与惩罚相结合，团结、教育绝大多数被蒙骗的群众，依法严惩极少数犯罪分子。在依法处理邪教组织的工作中，要把不明真相参与邪教活动人同组织和利用邪教组织进行非法活动、蓄意破坏社会稳定的犯罪分子区别开来。对受蒙骗的群众不予追究。对构成犯罪的组织者、策划者、指挥者和骨干分子，坚决依法追究刑事责任；对于自首或者有立功表现的，可以依法从轻、减轻或者免除处罚。

三、在全体公民中深入持久地开展宪法和法律的宣传教育，普及科学文化知识。依法取缔邪教组织，惩治邪教活动，有利于保护正常的宗教活动和公民的教信仰自由。要使广大人民群众充分认识邪教组织严重危害人类、危害社会的实质，自觉反对和抵制邪教组织的影响，进一步增强法制观念，遵守国家法律。

四、防范和惩治邪教活动，要动员和组织全社会的力量，进行综合治理。各级人民政府和司法机关应当认真落实责任制，把严防邪教组织的滋生和蔓延，防范和惩治邪教活动作为一项重要任务长期坚持下去，维护社会稳定。

❺ 最高人民法院《关于贯彻宽严相济刑事政策的若干意见》（2010年2月8日　法发〔2010〕9号）（节录）①

7. 贯彻宽严相济刑事政策，必须毫不动摇地坚持依法严惩严重刑事犯罪的方针。对于危害国家安全犯罪、恐怖组织犯罪、邪教组织犯罪、黑社会性质组织犯罪、恶势力犯罪、故意危害公共安全犯罪等严重危害国家政权稳固和社会治安的犯罪，故意杀人、故意伤害致人死亡、强奸、绑架、拐卖妇女儿童、抢劫、重大抢夺、重大盗窃等严重暴力犯罪和严重影响人民群众安全感的犯罪，走私、贩卖、运输、制造毒品等毒害人民健康的犯罪，要作为严惩的重点，依法从重处罚。尤其对于极端仇视国家和社会，以不特定人为侵害对象，所犯罪行特别严重的犯罪分子，该重判的要坚决依法重判，该判处死刑的要坚决依法判处死刑。

❻ 最高人民法院、最高人民检察院《关于办理组织和利用邪教组织犯罪案件具体应用法律若干问题的解答》（2002年5月20日　法发〔2002〕7号）②

一、问：怎样认定《解释二》第一条第一款第（六）项规定的"其他制作、传播邪教宣传品，情节严重的"？

答：《解释二》第一条第一款第（六）项规定的"其他制作、传播邪教宣传品，情节

---

① 对其解读见：《刑事法律文件解读》2010年第3辑总第57辑，第49~65页。
② 对其解读见：《刑事审判参考》2002年第3辑总第26辑，第138~145页。

严重的",是指实施该条第一款第（一）项至第（五）项的规定中没有列举的其他制作、传播邪教宣传品情节严重的行为，或者制作、传播该条第一款第（一）项列举的邪教宣传品，虽未达到规定的数量标准，但根据制作、传播邪教宣传品的种类、内容、行为方式、次数、传播范围、社会影响以及行为人的主观恶性等情节综合考虑，必须定罪处罚的情形。如：制作、传播一种邪教宣传品的数量接近《解释二》规定的标准，并具有其他严重情节的；利用互联网以外的计算机网络、广播、电视或者利用手机群发短信息、群发IP录音电话、BP机群呼等形式宣扬邪教、传播邪教信息的；将编辑具有邪教内容的录音带、录像带、计算机硬盘、软盘并用于复制、传播的；制作宣扬邪教的横幅、条幅30条以上或不足30条但具有其他严重情节或者大型横幅、条幅3条以上的；制作、传播两种以上邪教宣传品，每一种邪教宣传品虽未达到《解释二》规定的数量标准，但已造成严重社会危害后果的；制作邪教宣传品的模具、版样、文稿的；为制作、传播邪教宣传品而将其内容进行编辑、拷贝在计算机软盘或者传播包含邪教内容的计算机软盘的；因邪教违法犯罪受过行政处罚（含劳动教养，下同）或刑事处罚之后，又制作、传播邪教宣传品的；国家机关工作人员制作、传播邪教宣传品的，等等。

二、问：《解释二》第一条第二款仅对该条第一款第（一）项规定了"情节特别严重"的标准，未规定其他几项"情节特别严重"的标准。《解释二》第五条、第六条也没有规定何种情形属于"情节特别严重"。对此应如何把握？

答：认定《解释二》第一条第一款第（二）项至第（六）项、第五条、第六条规定的情形是否达到"情节特别严重"，以及如何适用《解释二》第一条第二款关于"或者虽未达到五倍，但造成特别严重社会危害的"，应综合考虑案件的具体情况，如犯罪手段、危害程度、社会影响、行为人的主观恶性等因素加以认定。

对于虽已达到《解释二》第一条第二款规定的数量标准，但其他情节较轻，尚未造成特别严重的社会危害后果的，也可不认定为"情节特别严重"。

三、问：如何确定《解释二》第一条第一款第（一）项规定的邪教宣传品的"份数"？

答：传单、图片、标语、报纸等形式的邪教宣传品，以独立的载体为计算份数的标准。对邮件中装有多份邪教宣传品的，应当根据邮件中所包含的实际份数计算总数。

四、问：制作、传播两种以上的邪教宣传品，对不同种类的邪教宣传品能否换算或累计计算？

答：《解释二》第一条第一款第（一）项中规定的邪教宣传品，传单、图片、标语、报纸属同一种类，书籍、刊物属同一种类，光盘（DVD盘、VCD盘、CD盘等）、录音带、录像带等音像制品属同一种类。

制作、传播两种以上邪教宣传品，同一种类的应当累计计算，不同种类的不能换算，也不能累计计算。

五、问：对于持有、携带邪教宣传品的行为如何定性？

答：为了传播而持有、携带邪教宣传品，且持有、携带的数量达到《解释二》第一条第一款第（一）项规定的数量标准的，根据具体案情，按犯罪预备或未遂论处。

六、问：对于在传播邪教宣传品之前或者传播过程中被当场抓获的，如何处理？

答：对于在传播邪教宣传品之前或者传播过程中被当场抓获的，应当根据不同情况，分别作出处理：查获的邪教宣传品是行为人制作，且已达到《解释二》第一条第一款第（一）项规定的数量标准的，依照刑法第三百条第一款的规定定罪处罚；查获的邪教宣传品不是其制作，而是准备传播，且数量已达到《解释二》第一条第一款（一）项规定标准的，属于刑法第三百条第一款组织、利用邪教组织破坏法律实施罪的犯罪预备；查获的邪教宣传品不是其制作，而是准备传播且已传播出去一部分，即被抓获的，尚未传播出去的数量或者已经传播出去与尚未传播出去的数量累计达到《解释二》第一条第一款第（一）项规定的数量标准的，按照犯罪既遂处理，对没有传播的部分，可以酌定从轻处罚。

七、问：对邮寄的邪教宣传品被截获的，怎么处理？

答：被截获的邮寄邪教宣传品数量达到《解释二》第一条第一款第（一）项规定数量标准的，按犯罪未遂处理。

八、问：在公共场所书写、喷涂邪教内容标语、图画等过程中，当场被制止的，怎么处理？

答：对上述情形，情节严重的，依照《解释二》第一条第一款第（四）项的规定定罪处罚。

九、问：对散发、提供所谓邪教组织人员"被迫害"的材料、信息的行为，如何处理？

答：对于上述行为造成恶劣影响的，依照刑法第三百条第一款的规定定罪处罚。

十、问：对两人以上共同故意制作、传播邪教宣传品的，怎么处理？

答：对两人以上共同故意制作、传播邪教宣传品，达到《解释二》第一条第一款第（一）项规定数量标准的，或接近《解释二》第一条第一款第（一）项规定的数量标准并具有其他严重情节的，应当认定为共同犯罪，根据共同制作、传播邪教宣传品的数量、情节，依法追究行为人的刑事责任。

十一、问：多次制作、传播邪教宣传品未被处理的，能否累计计算其制作、传播的邪教宣传品的数量？

答：多次制作、传播邪教宣传品未被处理，依法应当追诉的，累计计算其制作、传播的邪教宣传品的数量，达到《解释二》第一条第一款第（一）项规定数量标准的，追究其刑事责任。

十二、问：如何确定《解释二》第一条第一款第（二）项规定的DVD、VCD、CD母盘？如何确定制作、传播邪教母盘的行为？

答：《解释二》第一条第一款第（二）项规定的DVD、VCD、CD母盘，是指经编辑并用于复制、传播邪教组织信息的DVD、VCD、CD的原始盘。

对于将邪教宣传品内容进行编排、拼接并刻录为光盘用于复制的，属于制作邪教DVD、VCD、CD母盘的行为；以制作为目的，将邪教DVD、VCD、CD母盘交给他人的，属于传播邪教DVD、VCD、CD母盘的行为。

十三、问：对于以播放录音、呼喊口号等方式宣传邪教的行为如何处理？

答：对于在居民区、公园、学校及其他公共场所，以播放录音、录像、光盘或呼喊口号、讲课、演讲、放气球、抛撒乒乓球等方式宣扬邪教，造成严重社会影响的，按照《解释二》第一条第一款第（四）项的规定定罪处罚。

十四、问：从互联网下载邪教组织信息用于制作、传播邪教宣传品的，应如何处理？

答：从互联网下载邪教组织信息，用于制作、传播邪教宣传品的，适用《解释二》第一条第一款第（三）项的规定定罪处罚。

十五、问：对利用广播电视设施、公用电信设施制作、传播邪教组织信息的，如何处理？

答：对利用广播电视设施、公用电信设施制作、传播邪教组织信息的，应分情形处理：为传播邪教组织信息破坏广播电视设施、公用电信设施，危害公共安全的，依照刑法第一百二十四条的规定，以破坏广播电视设施、公用电信设施罪定罪处罚；利用广播电视设施、公用电信设施制作、传播邪教组织的信息，同时造成广播电视设施、公用电信设施破坏，危害公共安全的，依照刑法第一百二十四条、第三百条第一款的规定，以破坏广播电视设施、公用电信设施罪，利用邪教组织破坏法律实施罪数罪并罚；对利用广播电视设施、公用电信设施制作、传播邪教组织信息，未对广播电视设施、公用电信设施造成破坏的，依照刑法第三百条第一款的规定，以利用邪教组织破坏法律实施罪定罪处罚。

十六、问：对利用信件、电话、互联网等手段恐吓、威胁他人的行为如何处理？

答：对于实施上述行为情节严重的，依照刑法第三百条第一款的规定定罪处罚。同时触犯其他罪名的，依照处刑较重的罪定罪处罚。

十七、问：《解释二》第五条规定的"聚集滋事、公开进行邪教活动"是否也要求"人数达到20人以上"的，才追究刑事责任？怎样掌握该条中的"其他严重情节"？

答：《解释二》第五条规定的"人数达到20人以上"，既是认定"聚众冲击国家机关、新闻机构等单位"的行为构成犯罪的标准，也是认定"聚集滋事、公开进行邪教活动"的行为构成犯罪的标准。

判断是否具有《解释二》第五条所规定的"其他严重情节"，应当综合考虑聚集滋事的时间、地点、行为方式、造成的后果等因素。对于在重要公共场所、监管场所及国家重大节日、重大活动期间聚集滋事，公开进行邪教活动的，即使人数未达到20人，也可以根据案件的具体情况，对于组织者、策划者、指挥者和屡教不改的积极参加者，依照刑法第三百条第一款和《解释二》第五条的规定，以利用邪教组织破坏法律实施罪定罪处罚。

十八、问：如何理解刑法第三百条第一款规定的"组织、利用邪教组织破坏法律实施罪"中的"组织"行为和《解释二》第五条、第六条中规定的"组织"行为？

答：刑法第三百条第一款规定的"组织、利用邪教组织破坏法律实施罪"的"组织"行为，是指发起、组建邪教组织的行为。《解释二》第五条、第六条规定的"组织"行为，是指邪教组织成立或被依法取缔后，组织他人进行邪教活动的行为。

十九、问：对于非法聚集，以公开"练功"等方式进行"护法"、"弘法"等邪教活动的，如何处理？

答：对于实施上述邪教活动的，依照《解释二》第五条或者第六条的规定，追究组织者、策划者、指挥者和屡教不改的积极参加者的刑事责任。

二十、问：如何理解《解释二》第五条、第六条中关于"屡教不改"的规定，这一规定是否要求前后两种行为均是同种行为？

答：《解释二》第五条、第六条中规定的"屡教不改"，是指曾因组织和利用邪教组织从事某种违法犯罪行为受过行政处罚或者刑事处罚，又以相同或者不同的方式进行邪教犯罪活动的情形。

二十一、问：因制作、传播邪教宣传品受过刑事处罚或者行政处罚又制作、传播的，是否不论数量多少，都要根据《解释二》第一条第一款第（五）项的规定定罪处罚？

答：对于上述行为，一般应定罪处刑。但情节轻微，行为人确有悔改表现的，可以不作为犯罪论处。

二十二、问：对于多次非法聚集、滋事，进行邪教活动的，如何处理？

答：对于上述行为，应追究组织者、策划者、指挥者和屡教不改的积极参加者的刑事责任。

二十三、问：对邪教组织人员到天安门广场等有重要影响的场所打横幅、喊口号、非法聚集、滋事的行为，是否均应依照《解释二》第一条第一款第（四）项的规定定罪处罚？

答：对实施上述行为的，应当区别不同情形，依照《解释二》第一条第一款第（四）项、第五条和第六条的规定，追究组织者、策划者、指挥者和屡教不改的积极参加者以及其他情节严重的实施者的刑事责任。

二十四、问：对非邪教组织人员为他人印制邪教宣传品的以及对于为邪教活动提供保管、运输、经费、场地、工具、食宿、接送、采购及其他便利条件的，怎么处理？

答：非邪教组织人员与邪教组织人员通谋，为其印制邪教宣传品，且达到《解释二》第一条第一款第（一）项规定的数量标准的，或者为其从事邪教活动提供保管、运输、经费、场地、工具、食宿、接送、采购等便利条件，情节严重的，以利用邪教组织破坏法律实施罪的共犯论处。

二十五、问：组织和利用邪教组织犯罪的嫌疑人、被告人向司法机关提供线索，对抓获其他组织和利用邪教组织犯罪的嫌疑人（包括同案犯）起了重要作用的，是否属于立功？

答：对上述情形，可以认定为有立功表现。

二十六、问：对于实施《解释二》规定的行为，是否一律要定罪处罚？

答：对于实施《解释二》规定的行为，但情节轻微，行为人确有悔改表现，不致再危害社会的，可以不以犯罪论处。

二十七、问：对犯组织、利用邪教组织破坏法律实施罪的，是否可以附加剥夺政治权利？

答：对上述犯罪分子，情节特别严重的，依照刑法第五十六条第一款的规定，可以附加剥夺政治权利。

二十八、问：邪教组织违法犯罪人员在监管场所抗拒改造，仍继续进行邪教活动的，如何处理？

答：邪教组织违法犯罪人员在监管场所抗拒改造，继续从事邪教活动，构成犯罪的，应当依法追究刑事责任。

7 最高人民法院、最高人民检察院《关于办理组织和利用邪教组织犯罪案件具体应用法律若干问题的解释（二）》（2001年6月11日　法释〔2001〕19号）①

第一条　制作、传播邪教宣传品，宣扬邪教，破坏法律、行政法规实施，具有下列情形之一的，依照刑法第三百条第一款的规定，以组织、利用邪教组织破坏法律实施罪定罪处罚：

（一）制作、传播邪教传单、图片、标语、报纸300份以上，书刊100册以上，光盘100张以上，录音、录像带100盒以上的；

（二）制作、传播宣扬邪教的DVD、VCD、CD母盘的；

（三）利用互联网制作、传播邪教组织信息的；

（四）在公共场所悬挂横幅、条幅，或者以书写、喷涂标语等方式宣扬邪教，造成严重社会影响的；

（五）因制作、传播邪教宣传品受过刑事处罚或者行政处罚又制作、传播的；

（六）其他制作、传播邪教宣传品，情节严重的。

制作、传播邪教宣传品数量达到前款第（一）项规定的标准五倍以上，或者虽未达到五倍，但造成特别严重社会危害的，属于刑法第三百条第一款规定的"情节特别严重"。

第二条　制作、传播邪教宣传品，煽动分裂国家、破坏国家统一，或者煽动颠覆国家政权、推翻社会主义制度的，依照刑法第一百零三条第二款、第一百零五条第二款的规定，以煽动分裂国家罪或者煽动颠覆国家政权罪定罪处罚。

第三条　制作、传播邪教宣传品，公然侮辱他人或者捏造事实诽谤他人的，依照刑法第二百四十六条的规定，以侮辱罪或者诽谤罪定罪处罚。

第四条　制作、传播的邪教宣传品具有煽动分裂国家、破坏国家统一，煽动颠覆国家政权、推翻社会主义制度，侮辱、诽谤他人，严重危害社会秩序和国家利益，或者破坏国家法律、行政法规实施等内容，其行为同时触犯刑法第一百零三条第二款、第一百零五条第二款、第二百四十六条、第三百条第一款等规定的，依照处罚较重的规定定罪处罚。

第五条　邪教组织被取缔后，仍聚集滋事、公开进行邪教活动，或者聚众冲击国家机关、新闻机构等单位，人数达到20人以上的，或者虽未达到20人，但具有其他严重情节的，对于组织者、策划者、指挥者和屡教不改的积极参加者，依照刑法第三百条第一款的规定，以组织、利用邪教组织破坏法律实施罪定罪处罚。

第六条　为组织、策划邪教组织人员聚集滋事、公开进行邪教活动而进行聚会、串联等活动，对于组织者、策划者、指挥者和屡教不改的积极参加者，依照刑法第三百条第一款的规定定罪处罚。

---

①　对其解读见：《刑事审判参考》2001年第7辑总第18辑，第59~62、73~78页，2001年第9辑总第20辑，第49~57页。

第二编 分则 第六章 妨害社会管理秩序罪

第七条 邪教组织人员以暴力、威胁方法阻碍国家机关工作人员依法执行职务的,依照刑法第二百七十七条第一款的规定,以妨害公务罪定罪处罚。其行为同时触犯刑法其他规定的,依照处罚较重的规定定罪处罚。

第八条 邪教组织人员为境外窃取、刺探、收买、非法提供国家秘密、情报的,以窃取、刺探、收买方法非法获取国家秘密的,非法持有国家绝密、机密文件、资料、物品拒不说明来源与用途的,或者泄露国家秘密情节严重的,分别依照刑法第一百一十一条为境外窃取、刺探、收买、非法提供国家秘密、情报罪,第二百八十二条第一款非法获取国家秘密罪,第二百八十二条第二款非法持有国家绝密、机密文件、资料、物品罪,第三百九十八条故意泄露国家秘密罪、过失泄露国家秘密罪的规定定罪处罚。

第九条 组织、策划、煽动、教唆、帮助邪教组织人员自杀、自残的,依照刑法第二百三十二条、第二百三十四条的规定,以故意杀人罪、故意伤害罪定罪处罚。

第十条 邪教组织人员以自焚、自爆或者其他危险方法危害公共安全的,分别依照刑法第一百一十四条、第一百一十五条第一款以危险方法危害公共安全罪等规定定罪处罚。

第十一条 人民检察院审查起诉邪教案件,对于犯罪情节轻微,有悔罪表现,确实不致再危害社会的犯罪嫌疑人,根据刑事诉讼法第一百四十二条第二款的规定,可以作出不起诉决定。

第十二条 人民法院审理邪教案件,对于有悔罪表现,不致再危害社会的被告人,可以依法从轻处罚;依法可以判处管制、拘役或者符合适用缓刑条件的,可以判处管制、拘役或者适用缓刑;对于犯罪情节轻微不需要判处刑罚的,可以免予刑事处罚。

第十三条 本规定下列用语的含义是:

(一)"宣传品",是指传单、标语、喷绘、图片、书籍、报刊、录音带、录像带、光盘及其母盘或者其他有宣传作用的物品。

(二)"制作",是指编写、印制、复制、绘画、出版、录制、摄制、洗印等行为。

(三)"传播",是指散发、张贴、邮寄、上载、播放以及发送电子信息等行为。

❽ 最高人民法院《关于贯彻全国人大常委会〈关于取缔邪教组织、防范和惩治邪教活动的决定〉和"两院"司法解释的通知》(1999年11月5日 法发〔1999〕29号)(节录)

二、依法审理组织和利用邪教组织犯罪案件,明确打击重点。各级人民法院要认真贯彻执行《决定》,按照《解释》的规定要求,严格依法办案,正确适用法律,坚决依法打击"法轮功"等邪教组织的犯罪活动。对于组织和利用邪教组织聚众围攻、冲击国家机关、企事业单位,扰乱国家机关、企事业单位的工作、生产、经营、教学和科研等秩序;非法举行集会、游行、示威,煽动、欺骗、组织其成员或者其他人聚众围攻、冲击、强占、哄闹公共场所及宗教活动场所,扰乱社会秩序;出版、印刷、复制、发行宣扬邪教内容的出版物、印制邪教组织标识的,坚决依照刑法第三百条第一款的规定,以组织、利用邪教组织破坏法律实施罪定罪处罚。对于组织和利用邪教组织制造、散布迷信邪说,蒙骗其成员或者其他人实施绝食、自残、自虐等行为,或者阻止病人进行正常治疗,致人死亡的,坚决依照刑法第三百条第二款的规定,以组织、利用邪教组织致人死亡罪定罪处罚,对造成特别严重后果的,依法从重处罚。对于邪教组织以各种欺骗手段敛取钱财的,依照刑法第三百条第三款和第二百六十六条的规定,以诈骗罪定罪处罚。对于邪教组织和组织、利用邪教组织破坏法律实施的犯罪分子,以各种手段非法聚敛的财物,用于犯罪的工具、宣传品的,应当依法追缴、没收。

三、正确运用法律和政策,严格区分不同性质的矛盾。各级人民法院在审判工作中必须坚持教育与惩罚相结合,团结教育大多数被蒙骗的群众,坚决依法严惩极少数犯罪分子。在依法惩治构成犯罪的组织者、策划者、指挥者和积极参加者的同时,要注意团结大多数,教育大多数,解脱大多数。要把不明真相参与邪教活动的人同组织和利用邪教组织进行非法活动、蓄意破坏社会稳定的犯罪分子区别开来;要把一般"法轮功"练习者同极少数违法犯罪活动的策划者、组织者区别开来;要把正常的宗教信仰、合法的宗教活动同"法轮功"等邪教组织的活动区别开来。重点打击组织和利用邪教组织进行犯罪活动的组织、策划、指挥者和屡教不改的骨干分子。对有自首、立功表现的,可以依法从轻、减轻或者免除处罚;对于受蒙蔽、胁迫参加邪教组织并已退出和不再参加邪教组织活动的人员,不作为犯罪处理。

❾ 最高人民法院、最高人民检察院《关于办理组织和利用邪教组织犯罪案件具体应用法律若干问题的解释》（1999 年 10 月 30 日　法释〔1999〕18 号）①

第一条　刑法第三百条中的"邪教组织",是指冒用宗教、气功或者其他名义建立,神化首要分子,利用制造、散布迷信邪说等手段蛊惑、蒙骗他人,发展、控制成员,危害社会的非法组织。

第二条　组织和利用邪教组织并具有下列情形之一的,依照刑法第三百条第一款的规定定罪处罚:

（一）聚众围攻、冲击国家机关、企业事业单位,扰乱国家机关、企业事业单位的工作、生产、经营、教学和科研秩序的;

（二）非法举行集会、游行、示威,煽动、欺骗、组织其成员或者其他人聚众围攻、冲击、强占、哄闹公共场所及宗教活动场所,扰乱社会秩序的;

（三）抗拒有关部门取缔或者已经被有关部门取缔,又恢复或者另行建立邪教组织,或者继续进行邪教活动的;

（四）煽动、欺骗、组织其成员或者其他人不履行法定义务,情节严重的;

（五）出版、印刷、复制、发行宣扬邪教内容出版物,以及印制邪教组织标识的;

（六）其他破坏国家法律、行政法规实施行为的。

实施前款所列行为,并具有下列情形之一的,属于"情节特别严重":

（一）跨省、自治区、直辖市建立组织机构或者发展成员的;

（二）勾结境外机构、组织、人员进行邪教活动的;

---

①　对其解读见:《刑事审判参考合订本·第一卷》,第 327~329,363~369 页以及《解读最高人民法院司法解释刑事、行政卷（1997~2002）》,第 239~242 页。

（三）出版、印刷、复制、发行宣扬邪教内容出版物以及印制邪教组织标识，数量或者数额巨大的；

（四）煽动、欺骗、组织其成员或者其他人破坏国家法律、行政法规实施，造成严重后果的。

第三条 刑法第三百条第二款规定的组织和利用邪教组织蒙骗他人，致人死亡，是指组织和利用邪教组织制造、散布迷信邪说，蒙骗其成员或者其他人实施绝食、自残、自虐等行为，或者阻止病人进行正常治疗，致人死亡的情形。

具有下列情形之一的，属于"情节特别严重"：

（一）造成3人以上死亡的；

（二）造成死亡人数不满3人，但造成多人重伤的；

（三）曾因邪教活动受过刑事或者行政处罚，又组织和利用邪教组织蒙骗他人，致人死亡的；

（四）造成其他特别严重后果的。

第四条 组织和利用邪教组织制造、散布迷信邪说，指使、胁迫其成员或者其他人实施自杀、自伤行为的，分别依照刑法第二百三十二条、第二百三十四条的规定，以故意杀人罪或者故意伤害罪定罪处罚。

第五条 组织和利用邪教组织，以迷信邪说引诱、胁迫、欺骗或者其他手段，奸淫妇女、幼女的，依照刑法第二百三十六条的规定，以强奸罪或者奸淫幼女罪定罪处罚。

第六条 组织和利用邪教组织以各种欺骗手段，收取他人财物的，依照刑法第二百六十六条的规定，以诈骗罪定罪处罚。

第七条 组织和利用邪教组织，组织、策划、实施、煽动分裂国家、破坏国家统一或者颠覆国家政权、推翻社会主义制度的，分别依照刑法第一百零三条、第一百零五条、第一百一十三条的规定定罪处罚。

第八条 对于邪教组织和组织、利用邪教组织破坏法律实施的犯罪分子，以各种手段非法聚敛的财物，用于犯罪的工具、宣传品等，应当依法追缴、没收。

第九条 对组织和利用邪教组织进行犯罪活动的组织、策划、指挥者和屡教不改的积极参加者，依照刑法和本解释的规定追究刑事责任；对有自首、立功表现的，可以依法从轻、减轻或者免除处罚。

对于受蒙蔽、胁迫参加邪教组织并已退出和不再参加邪教组织活动的人员，不作为犯罪处理。

❿ 福建省检察院《关于加强"法轮功"邪教组织犯罪案件批捕、起诉工作的意见》（2001年2月27日 闽检发办字〔2001〕3号）

各设区的市人民检察院：为进一步加强对"法轮功"邪教组织犯罪案件审查批捕、起诉工作的领导和指导，保证执法效果，根据高检院《关于检察机关认真贯彻江泽民总书记重要指示，严厉打击"法轮功"邪教组织违法犯罪活动的意见》，结合我省的情况，特提出以下意见：

一、坚持在地方党委的领导下，依法开展工作。基层检察院审查批捕、起诉部门要从讲政治的高度来审查涉及"法轮功"的案件,对于重大案件和有争议的案件要报请当地党委、政法委及"6.10"办协调,严格依照法律和中央有关指示精神、高检院部署要求,严肃认真地把好案件的事实关、证据关、适用法律关和程序关,确保办案质量。

二、坚持审查关口前移,掌握工作主动权。要进一步加强与公安机关的沟通、配合,提前介入侦查活动,引导全面收集证据,突出打击重点,全面衡量各种情节,把是否逮捕的问题解决在公安机关报捕前,做到准确定性,不枉不纵。案件起诉前,应就案件的事实、证据、罪名等与法院事先沟通,统一认识,把是否起诉的问题解决在提起公诉前。要根据犯罪不同情节,适用不同的罪名。

三、实行省院内审制度,加强对下业务指导。各基层院凡涉及"法轮功"的案件报捕,三日内要将《提请批准逮捕书》和本院主管检察长的审查意见及相关材料,逐级层报省院审查批捕处。省院批捕处五日内将审查意见书通知有关基层院执行。重大、疑难案件应派专人携卷到省院汇报或由省院派人前往有关基层院参与审理。凡在批捕阶段已报省院内审的案件,审查起诉阶段若事实、证据未发生变化,不必再报省院内审;若事实、证据发生变化,影响对案件处理的,起诉前应再次层报省院内审。

四、结合办案继续做好教育转化工作。必须始终坚持"教育挽救大多数,打击惩治极少数"的方针,对犯罪嫌疑人进行耐心、细致的思想政治工作,促其悔过自新,认罪服法。

五、积极稳妥处理好工作中遇到的问题。对当前审查"法轮功"刑事案件中遇到的各种新情况、新问题,要加强调研,并将情况逐级层报省院。尤其是涉及主观目的是颠覆国家政权、推翻社会主义制度的危害国家安全的案件,务必慎重,从严掌握,由省院报最高人民检察院研究决定。

学理观点·典型案例 ➡ 索引与要旨

❶《周兆均被控非法行医案》,载《刑事审判参考》2004年第1辑第36页,第46~57页。

核心提示 ➡ 非法行医罪与利用迷信致人死亡罪的区别

要旨 ➡ 非法行医罪与诈骗罪在实践中都有诈骗他人骗取财物的事实,但前者是以为人看病的方式收取钱财,而后者则多以与看病无关的其他欺骗方式,如以花言巧语骗财。如果行为人以跳大神、念咒语等与看病诊疗毫不相干的方式收敛钱财,则应以诈骗罪定罪处罚。但是对于利用迷信给人治病致人死亡的,应以利用迷信致人死亡罪定罪处罚。

❷《刑法中的注意规定与法律拟制及其运用分析》,载《刑事司法指南》2003年第3辑总第15辑,第70~108页。

要旨 ➡ 注意规定与法律拟制的区分意义与区分方法;区分注意规定与法律拟制的基本意义,在于明确该规定是否修正或补充了相关规定或基本规定,是否导致将不同的行为等同视之。换言之,将某种规定视为法律拟制还是注意规定,会导致适用条件的不同,因而形成不同的认定结论。

法律拟制虽然是将两种不同的行为赋予相同的法律效果,但之所以能够作出拟制规定，是因为这两种行为在法益侵害上没有明显区别，或者说二者对法益的侵害程度大体相同。否则，法律拟制本身便缺乏合理性，因而被解释为注意规定可能更为妥当。例如，《刑法》第300条第3款，如果将本款解释为法律拟制，即只要行为人组织和利用会道门、邪教组织或者利用迷信与妇女发生性交，即使没有采取暴力、胁迫或者其他强制手段，没有违背妇女意志，也应以强奸罪定罪处罚，那么，就会发现，这种行为与强奸罪的法益侵害性存在重大区别，即上述行为只是侵犯了社会管理秩序，而强奸罪侵犯的是妇女的性的不可侵犯性。因此，宜将上述规定解释为注意规定，即组织和利用会道门、邪教组织或者利用迷信奸淫妇女的行为，只有完全符合强奸罪的构成要件时，才能以强奸罪定罪处罚。

❸《周润君、刘伟明、梁振兴等利用邪教组织破坏法律实施案、破坏广播电视设施案刑事裁定书》，载《刑事审判参考》2002年第5辑总第28辑，第211~220页。

要旨➡被告人的行为破坏了国家法律的实施，危害了公共安全。

❹《王作武非法经营案》，载《刑事审判参考》2000年第5辑总第10辑，第25~30页以及《刑事审判案例》，第330~331页。

核心提示➡印刷、发行宣扬邪教内容出版物的行为如何适用法律？

要旨➡被告人非法印刷、发行宣扬法轮功邪教的书籍、图片及非法经销宣扬"法轮功"邪教的音像制品的行为，发生在我国政府明令取缔法轮功邪教组织之前，不应以组织、利用邪教组织破坏法律实施罪定罪处罚，而应以非法经营罪定罪处罚。

第301条 第1款 聚众淫乱罪 第2款 引诱未成年人聚众淫乱罪

聚众进行淫乱活动的，对首要分子或者多次参加的，处五年以下有期徒刑、拘役或者管制。

引诱未成年人参加聚众淫乱活动的，依照前款的规定从重处罚。

关 联 规 范 ➡ 完全整理

❶最高人民检察院、公安部《关于公安机关管辖的刑事案件立案追诉标准的规定（一）》（2008年6月25日 公通字〔2008〕36号）（节录）

第四十一条 组织、策划、指挥三人以上进行淫乱活动或者参加聚众淫乱活动三次以上的，应予立案追诉。

第四十二条 引诱未成年人参加聚众淫乱活动的，应予立案追诉。

❷最高人民法院、最高人民检察院《关于当前办理流氓案件中具体应用法律的若干问题的解答》（1984年11月2日 〔84〕法研字第13号）（节录）

二、怎样区分流氓罪的罪与非罪的界限？

其他流氓活动情节恶劣构成流氓罪的，例如：2.聚众进行淫乱活动（包括聚众奸宿）危害严重的主犯、教唆犯和其他流氓成性、屡教不改者；

"进行流氓犯罪活动危害特别严重的"：一般是指横行乡里，称霸一方，进行各种流氓活动，民愤很大的；经常或大量传播淫秽物品，利用淫秽物品教唆青少年犯流氓罪或聚众进行淫乱活动，社会危害性很大的。

❸ 江苏省公检法《关于办理聚众斗殴等几类犯罪案件适用法律若干问题的讨论纪要》（节录）

三、关于聚众淫乱罪：聚众淫乱，是指在首要分子的组织、策划、指挥下，多人纠集在一起进行淫乱活动。

（一）"多人"包括三人以上的男性、女性，或男女混合。

（二）"淫乱"是指男女多人在一起进行性行为或变态性行为。

（三）首要分子是指在聚众淫乱活动中起组织、指挥、策划作用的人。"组织"是指安排淫乱的方式，也包括胁迫、诱骗他人参加淫乱活动等；"策划"是指为聚众淫乱活动出谋划策等。只要起到其中一种作用的，就可认定为首要分子。

四、关于引诱未成年人参加聚众淫乱罪：引诱未成年人参加聚众淫乱，是指行为人利用金钱、物质或者其他手段，拉拢、诱惑未成年人参加聚众淫乱活动的行为。无论行为人是否聚众淫乱活动，只要被引诱的未成年人参加聚众淫乱的，即构成此罪。

学理观点·典型案例 ➡ 索引与要旨

❶《非以牟利为目的主持互联网视频聊天室进行"裸聊"的行为如何定性》，载《刑事审判参考》2009年第3辑总第68辑，第212~215页。

❷ 王汉斌《关于〈中华人民共和国（修订草案）〉的说明》（1997年3月6日）（节录）

要旨➡关于流氓罪：刑法第160条规定："聚众斗殴，寻衅滋事，侮辱妇女或者进行其他流氓活动，破坏公共秩序，情节恶劣的，处七年以下有期徒刑、拘役或者管制。"这一规定比较笼统，实际执行中定为流氓罪的随意性较大。这次修订，将流氓罪分解为四条具体规定：一是侮辱、猥亵妇女的犯罪，二是聚众进行淫乱活动的犯罪，三是聚众斗殴的犯罪，四是寻衅滋事的犯罪。

第302条 盗窃、侮辱尸体罪

盗窃、侮辱尸体的，处三年以下有期徒刑、拘役或者管制。

关联规范 ➡ 完全整理

最高人民检察院研究室《关于盗窃骨灰行为如何处理问题的答复》（2002年9月18日〔2002〕高检研发第14号）

经研究，我们认为，"骨灰"不属于刑法第三百零二条规定的"尸体"。对于盗窃骨灰的行为不能以刑法第三百零二条的规定追究刑事责任。

学理观点·典型案例 ➡ 索引与要旨

❶《盗窃、侮辱尸体罪若干问题研究》,载《刑事法律文件解读》2009年第7辑总第49辑,第98~111页。

❷《周思等侮辱尸体上诉案》〔2005〕钦刑一终字第70号,钦州市中级人民法院

核心提示 ➡ 贩卖、转运尸体完成火化指标

❸《李瞎娃盗窃尸体案》河南宜阳县法院

核心提示 ➡ 盗窃尸骨是否构成盗窃尸体罪?

要旨 ➡ 被告人为了给亡父配"阴亲",将他人亡母的尸骨从坟墓中盗出;同时以出卖获利为目的,将三副尸骨从坟墓中盗走。后均被被害人找回埋葬。法院判以盗窃尸体罪。

第303条 修正案(六)第18条第2款 赌博罪、开设赌场罪

以营利为目的,聚众赌博、开设赌场或者以赌博为业的,处三年以下有期徒刑、拘役或者管制,并处罚金。

中华人民共和国刑法修正案(六)(中华人民共和国第十届全国人民代表大会常务委员会第二十二次会议于2006年6月29日通过,现予公布,自公布之日起施行。)

十八、将刑法第三百零三条修改为:"以营利为目的,聚众赌博或者以赌博为业的,处三年以下有期徒刑、拘役或者管制,并处罚金。

开设赌场的,处三年以下有期徒刑、拘役或者管制,并处罚金;情节严重的,处三年以上十年以下有期徒刑,并处罚金。"

关联规范 ➡ 完全整理

❶《刑法修正案(六)》(2006年6月29日 主席令第五十一号)(节录)①

十七、修改了刑法第三百零三条,提高了对开设赌场犯罪行为的刑罚

立法机关经研究认为:目前赌博虽然形式多样,但赌博是其实质,如果具体列举反而可能会在实践中束缚自己的手脚,影响对赌博犯罪的处理打击;对组织他人赌博,可以按照聚众赌博处理;至于国家工作人员用于贪污、受贿、侵占、挪用公款等犯罪所得的钱参加赌博,完全可以根据其实施的具体职务犯罪和赌博罪依照刑法数罪并罚的规定追究刑事责任。考虑到开设赌场吸引他人赌博较一般的聚众赌博危害更大一些,因此,有必要加大对开设赌场的惩处力度,提高刑罚。

《刑法修正案(六)》第十八条规定,将刑法第三百零三条修改为:"……"

在办理赌博案件时应当特别注意区分罪与非罪的界限,准确把握赌博罪的犯罪构成。"以营利为目的"是构成赌博罪的主观要件,是指行为人实施聚众赌博、以赌博为业的行

---

① 对其解读见:《刑事审判参考》2006年第4辑总第51辑,第53~104页。

为，是为了获取数额较大的金钱或者其他财物，而不是为了消遣、娱乐。根据两高《关于办理赌博刑事案件具体应用法律若干问题的解释》（法释〔2005〕3号），聚众赌博或者以赌博为业获利的方式，主要包括以下几种情况：一是抽头渔利，即组织、招引他人赌博，从他人赌博赢取的财物中按照一定比例，抽取费用；二是直接参赌获利；三是组织中国公民赴境外赌博，从中获取回扣、介绍费等。但是，应当特别指出的是，鉴于我国目前民间消遣娱乐的实际状况和习惯，为了避免打击面扩大化，维持和谐稳定的社会秩序，司法解释特别明确规定，对"不以营利为目的，进行带有少量财物输赢的娱乐活动，以及提供棋牌室等娱乐场所只收取正常的场所和服务费用的经营行为等，不以赌博论处。"这一点对准确区分罪与非罪，违法与犯罪的界限十分重要。

传统的"开设赌场"，是指营业性地为赌博提供场所，设定赌博方式，提供赌具、筹码、接受赌客投注的行为。近年来，网络赌博发展迅速。中文赌博网站主要设在境外，在境内设立分级代理。从网站内容及运营方式看，赌博网站与传统赌场很相似，赌博网站的每一级代理，均全权代表赌博网站与赌客发生业务关系。只不过与传统赌场不同的是，网络赌博的赌场设在计算机网络上，投注、资金交割只需轻点鼠标瞬间即可完成，使赌博更加快捷、方便。因此，在计算机网络上建立赌博网站，或者为赌博网站担任代理，接受投注的，属于本条规定的"开设赌场"。由于开设赌场，吸引他人前去赌博，参赌人数多，赌资数额大，赌场收入更加丰厚，社会危害性也较一般的聚众赌博更大。因此，《刑法修正案（六）》将"开设赌场"从原来作为以营利为目的的赌博犯罪行为中分立出来，作为一种特别的犯罪行为规定，并将刑罚从原来的三年有期徒刑提高到十年。

❷ 最高人民法院、最高人民检察院、公安部《关于办理网络赌博犯罪案件适用法律若干问题的意见》（2010年8月31日　公通字〔2010〕40号）[①]

一、关于网上开设赌场犯罪的定罪量刑标准

利用互联网、移动通讯终端等传输赌博视频、数据，组织赌博活动，具有下列情形之一的，属于刑法第三百零三条第二款规定的"开设赌场"行为：

（一）建立赌博网站并接受投注的；

（二）建立赌博网站并提供给他人组织赌博的；

（三）为赌博网站担任代理并接受投注的；

（四）参与赌博网站利润分成的。

实施前款规定的行为，具有下列情形之一的，应当认定为刑法第三百零三条第二款规定的"情节严重"：

（一）抽头渔利数额累计达到3万元以上的；

（二）赌资数额累计达到30万元以上的；

（三）参赌人数累计达到120人以上的；

（四）建立赌博网站后通过提供给他人组织赌博，违法所得数额在3万元以上的；

（五）参与赌博网站利润分成，违法所得数额在3万元以上的；

---

① 对其解读见：《刑事审判参考》2010年第6辑总第77辑，第147～161页。

（六）为赌博网站招募下级代理，由下级代理接受投注的；

（七）招揽未成年人参与网络赌博的；

（八）其他情节严重的情形。

二、关于网上开设赌场共同犯罪的认定和处罚

明知是赌博网站，而为其提供下列服务或者帮助的，属于开设赌场罪的共同犯罪，依照刑法第三百零三条第二款的规定处罚：

（一）为赌博网站提供互联网接入、服务器托管、网络存储空间、通讯传输通道、投放广告、发展会员、软件开发、技术支持等服务，收取服务费数额在2万元以上的；

（二）为赌博网站提供资金支付结算服务，收取服务费数额在1万元以上或者帮助收取赌资20万元以上的；

（三）为10个以上赌博网站投放与网址、赔率等信息有关的广告或者为赌博网站投放广告累计100条以上的。

实施前款规定的行为，数量或者数额达到前款规定标准5倍以上的，应当认定为刑法第三百零三条第二款规定的"情节严重"。

实施本条第一款规定的行为，具有下列情形之一的，应当认定行为人"明知"，但是有证据证明确实不知道的除外：

（一）收到行政主管机关书面等方式的告知后，仍然实施上述行为的；

（二）为赌博网站提供互联网接入、服务器托管、网络存储空间、通讯传输通道、投放广告、软件开发、技术支持、资金支付结算等服务，收取服务费明显异常的；

（三）在执法人员调查时，通过销毁、修改数据、账本等方式故意规避调查或者向犯罪嫌疑人通风报信的；

（四）其他有证据证明行为人明知的。

如果有开设赌场的犯罪嫌疑人尚未到案，但是不影响对已到案共同犯罪嫌疑人、被告人的犯罪事实认定的，可以依法对已到案者定罪处罚。

三、关于网络赌博犯罪的参赌人数、赌资数额和网站代理的认定

赌博网站的会员账号数可以认定为参赌人数，如果查实一个账号多人使用或者多个账号一人使用的，应当按照实际使用的人数计算参赌人数。

赌资数额可以按照在网络上投注或者赢取的点数乘以每一点实际代表的金额认定。

对于将资金直接或间接兑换为虚拟货币、游戏道具等虚拟物品，并用其作为筹码投注的，赌资数额按照购买该虚拟物品所需资金数额或者实际支付资金数额认定。

对于开设赌场犯罪中用于接收、流转赌资的银行账户内的资金，犯罪嫌疑人、被告人不能说明合法来源的，可以认定为赌资。向该银行账户转入、转出资金的银行账户数量可以认定为参赌人数。如果查实一个账户多人使用或多个账户一人使用的，应当按照实际使用的人数计算参赌人数。

有证据证明犯罪嫌疑人在赌博网站上的账号设置有下级账号的，应当认定其为赌博网站的代理。

四、关于网络赌博犯罪案件的管辖

网络赌博犯罪案件的地域管辖,应当坚持以犯罪地管辖为主、被告人居住地管辖为辅的原则。

"犯罪地"包括赌博网站服务器所在地、网络接入地、赌博网站建立者、管理者所在地,以及赌博网站代理人、参赌人实施网络赌博行为地等。

公安机关对侦办跨区域网络赌博犯罪案件的管辖权有争议的,应本着有利于查清犯罪事实、有利于诉讼的原则,认真协商解决。经协商无法达成一致的,报共同的上级公安机关指定管辖。对即将侦查终结的跨省(自治区、直辖市)重大网络赌博案件,必要时可由公安部商最高人民法院和最高人民检察院指定管辖。

为保证及时结案,避免超期羁押,人民检察院对于公安机关提请审查逮捕、移送审查起诉的案件,人民法院对于已进入审判程序的案件,犯罪嫌疑人、被告人及其辩护人提出管辖异议或者办案单位发现没有管辖权的,受案人民检察院、人民法院经审查可以依法报请上级人民检察院、人民法院指定管辖,不再自行移送有管辖权的人民检察院、人民法院。

五、关于电子证据的收集与保全

侦查机关对于能够证明赌博犯罪案件真实情况的网站页面、上网记录、电子邮件、电子合同、电子交易记录、电子账册等电子数据,应当作为刑事证据予以提取、复制、固定。

侦查人员应当对提取、复制、固定电子数据的过程制作相关文字说明,记录案由、对象、内容以及提取、复制、固定的时间、地点、方法,电子数据的规格、类别、文件格式等,并由提取、复制、固定电子数据的制作人、电子数据的持有人签名或者盖章,附所提取、复制、固定的电子数据一并随案移送。

对于电子数据存储在境外的计算机上的,或者侦查机关从赌博网站提取电子数据时犯罪嫌疑人未到案的,或者电子数据的持有人无法签字或者拒绝签字的,应当由能够证明提取、复制、固定过程的见证人签名或者盖章,记明有关情况。必要时,可对提取、复制、固定有关电子数据的过程拍照或者录像。

❸ 最高人民检察院、公安部《关于公安机关管辖的刑事案件立案追诉标准的规定(一)》(2008年6月25日 公通字〔2008〕36号)(节录)

第四十三条 以营利为目的,聚众赌博,涉嫌下列情形之一的,应予立案追诉:(一)组织三人以上赌博,抽头渔利数额累计五千元以上的;(二)组织三人以上赌博,赌资数额累计五万元以上;(三)组织三人以上赌博,参赌人数累计二十人以上的;(四)组织中华人民共和国公民十人以上赴境外赌博,从中收取回扣、介绍费的;(五)其他聚众赌博应予追究刑事责任的情形。

以营利为目的,以赌博为业的,应予立案追诉。

赌博犯罪中用作赌注的款物、换取筹码的款物和通过赌博赢取的款物属于赌资。通过计算机网络实施赌博犯罪的,赌资数额可以按照在计算机网络上投注或者赢取的点数乘以每一点实际代表的金额认定。

第四十四条 开设赌场的,应予立案追诉。

在计算机网络上建立赌博网站,或者为赌博网站担任代理,接受投注的,属于本条规定的"开设赌场"。

4 最高人民法院、最高人民检察院《关于执行〈中华人民共和国刑法〉确定罪名的补充规定（三）》（2007年10月25日　法释〔2007〕16号）①

5 最高人民法院、最高人民检察院《关于办理赌博刑事案件具体应用法律若干问题的解释》（2005年5月13日　法释〔2005〕3号）②

为依法惩治赌博犯罪活动，根据刑法的有关规定，现就办理赌博刑事案件具体应用法律的若干问题解释如下：

第一条 以营利为目的，有下列情形之一的，属于刑法第三百零三条规定的"聚众赌博"：

（一）组织3人以上赌博，抽头渔利数额累计达到5000元以上的；

（二）组织3人以上赌博，赌资数额累计达到5万元以上的；

（三）组织3人以上赌博，参赌人数累计达到20人以上的；

（四）组织中华人民共和国公民10人以上赴境外赌博，从中收取回扣、介绍费的。

第二条 以营利为目的，在计算机网络上建立赌博网站，或者为赌博网站担任代理，接受投注的，属于刑法第三百零三条规定的"开设赌场"。

第三条 中华人民共和国公民在我国领域外周边地区聚众赌博、开设赌场，以吸引中华人民共和国公民为主要客源，构成赌博罪的，可以依照刑法规定追究刑事责任。

第四条 明知他人实施赌博犯罪活动，而为其提供资金、计算机网络、通讯、费用结算等直接帮助的，以赌博罪的共犯论处。

第五条 实施赌博犯罪，有下列情形之一的，依照刑法第三百零三条的规定从重处罚：

（一）具有国家工作人员身份的；

（二）组织国家工作人员赴境外赌博的；

（三）组织未成年人参与赌博，或者开设赌场吸引未成年人参与赌博的。

第六条 未经国家批准擅自发行、销售彩票，构成犯罪的，依照刑法第二百二十五条第（四）项的规定，以非法经营罪定罪处罚。

第七条 通过赌博或者为国家工作人员赌博提供资金的形式实施行贿、受贿行为，构成犯罪的，依照刑法关于贿赂犯罪的规定定罪处罚。

第八条 赌博犯罪中用作赌注的款物、换取筹码的款物和通过赌博赢取的款物属于赌资。通过计算机网络实施赌博犯罪的，赌资数额可以按照在计算机网络上投注或者赢取的点数乘以每一点实际代表的金额认定。

赌资应当依法予以追缴；赌博用具、赌博违法所得以及赌博犯罪分子所有的专门用于赌博的资金、交通工具、通讯工具等，应当依法予以没收。

第九条 不以营利为目的，进行带有少量财物输赢的娱乐活动，以及提供棋牌室等娱乐场所只收取正常的场所和服务费用的经营行为等，不以赌博论处。

---

① 对其解读见：《刑事审判参考》2008年第1辑总第60辑，第60~71页。

② 对其解读见：《刑事审判参考》2005年第2辑总第43辑，第52~65页。

❻ 最高人民法院、最高人民检察院、公安部《关于开展集中打击赌博违法犯罪活动专项行动有关工作的通知》（2005年1月10日　公通字〔2005〕2号）

二、突出打击重点，严格依照法律规定打击赌博违法犯罪活动。

在专项行动中，要按照刑法和有关司法解释的规定，严格依法办案，准确认定赌博犯罪行为，保证办案质量。对以营利为目的聚众赌博、开设赌场的，无论其是否参与赌博，均应以赌博罪追究刑事责任；对以营利为目的以赌博为业的，无论其是否实际营利，也应以赌博罪追究刑事责任。对通过在中国领域内设立办事处、代表处或者散发广告等形式，招揽、组织中国公民赴境外赌博，构成犯罪的，以赌博罪定罪处罚。对具有教唆他人赌博、组织未成年人聚众赌博或者开设赌场吸引未成年人参与赌博以及国家工作人员犯赌博罪等情形的，应当依法从严处理。对实施贪污、挪用公款、职务侵占、挪用单位资金、挪用特定款物、受贿等犯罪，并将犯罪所得的款物用于赌博的，分别依照刑法有关规定从重处罚；同时构成赌博罪的，应依照刑法规定实行数罪并罚。要充分运用没收财产、罚金等财产刑，以及追缴违法所得、没收用于赌博的本人财物和犯罪工具等措施，从经济上制裁犯罪分子，铲除赌博犯罪行为的经济基础。要坚持惩办与宽大相结合的刑事政策，区别对待，宽严相济，最大限度地分化瓦解犯罪分子。对主动投案自首或者有检举、揭发赌博违法犯罪活动等立功表现的，可依法从宽处罚。

要严格区分赌博违法犯罪活动与群众正常文娱活动的界限，对不以营利为目的，进行带有少量财物输赢的娱乐活动，以及提供棋牌室等娱乐场所并只收取固定的场所和服务费用的经营行为等，不得以赌博论处。对参赌且赌资较大的，可由公安机关依法给予治安处罚；符合劳动教养条件的，依法给予劳动教养；违反党纪政纪的，由主管机关予以纪律处分。要严格依法办案，对构成犯罪的，决不姑息手软，严禁以罚代刑，降格处理；对不构成犯罪或者不应当给予行政处理的，不得打击、处理，不得以禁赌为名干扰群众的正常文娱活动。

❼ 最高人民法院《关于对设置圈套诱骗他人参赌又向索还钱财的受骗者施以暴力或暴力威胁的行为应如何定罪问题的批复》（1995年11月6日　法复〔1995〕8号）

"行为人设置圈套诱骗他人参赌获取钱财，属赌博行为，构成犯罪的，应以赌博罪定罪处罚。参赌者识破骗局要求退还所输钱财，设赌者又使用暴力或者以暴力相威胁，拒绝退还的，应以赌博罪从重处罚；致参赌者伤害或者死亡的，应以赌博罪和故意伤害罪或者故意杀人罪，依法实行数罪并罚。"

❽ 公安部《关于严格查禁赌博活动的通知》

"三、对参赌人员要区别不同情况，依法处理。对于大多数偶尔参加赌博，情节轻微的，应以教育为主，在其登记交代清楚赌博活动并揭发其他赌博人员，作出今后不再重犯的保证后，不再追究；对于赌头赌棍和惯赌分子，要从严处理：（一）对屡教不改、恶习较深的惯赌分子，要按照《治安管理处罚条例》给予治安处罚；在城市，有的还可处以劳动教养。（二）对以营利为目的，聚众赌博者，或者以赌博为生活或主要经济来源者，依照《刑法》第一百六十八条的规定处理；对赌博犯罪中的教唆犯，还应依照《刑法》第二十六条的规定处理。（三）对犯有赌博罪，又犯有其他罪行的，应按数罪并罚的原则处罚。在处理赌博人员时，对其非法所得必须全部没收，赌债一律废除。党政干部参加赌博的要从严处罚，并建议其所在单位给予党纪、政纪处分。"

❾ 福建省公检法《关于办理利用电子游戏设施设备赌博案件适用法律若干问题的补充意见》（2012年2月13日　闽公综〔2012〕第105号）

各设区市中级人民法院、人民检察院、公安局，平潭综合实验区公安局：

为有力打击游艺场所利用电子游戏设施设备进行赌博违法犯罪活动，2009年11月，省法院、省检察院、省公安厅依据有关法律法规规定，联合制定下发了《关于办理利用电子游戏设施设备赌博案件适用法律若干问题的意见》（闽公综〔2009〕612号，以下简称《意见》），并于2010年1月正式执行。《意见》对全省办理利用电子游戏设施设备赌博案件发挥了积极的作用，有效打击了这类违法犯罪活动。为进一步规范案件办理工作，现就我省办理利用电子游戏设施设备赌博案件适用法律问题提出以下补充意见：

第一条　凡仅能供单人操作的机型认定为单人机器。利用一台主机通过连线设置多台分机或显示器，并能单独操作，以分机或显示器的数量计量单人机型数量。

同时可供两人以上（含两人）操作的机型认定为多人机型。

第二条　固定场所设置的赌博机单种机型数量达不到立案标准，但总数达到5台（含5台）以上，供不特定人员参赌的，应当以开设赌场罪依法追究场所出资者、经营者、管理者的刑事责任。

第三条　同一出资者、经营者、管理者在不同场所设置赌博机合计数量达到5台（含5台）以上，供不特定人员参赌的，应当以开设赌场罪依法追究刑事责任。

第四条　本补充意见自下发之日起执行。

❿ 福建省公检法《关于办理利用电子游戏设施设备赌博案件适用法律若干问题的意见》（2010年1月1日　闽公综〔2009〕612号）

第一条　本意见所称利用电子游戏设施设备赌博案件，是指设置具有赌博功能的电子游戏机机型、机种、电路板等游戏设施设备，并以现金、有价证券作为奖品，或以回购奖品的方式进行赌博的案件。

第二条　凡具有押分退分、退币、退钢珠等赌博功能的电子游戏机型、机种、电路板等游戏设施设备，均可认定为赌博机。

第三条　以营利为目的的设置赌博机，或明知以赌博机营利，对设置赌博机场所的出资者、经营者、管理者，有下列情形之一的，应以赌博罪依法追究刑事责任：

（一）组织3人以上赌博，抽头渔利数额累计达到5000元以上的；

（二）组织3人以上赌博，赌资数额累计达到5万元以上的；

（三）组织参赌人数累计达到20人以上的；

（四）其他应追究刑事责任的情形。

第四条　以营利为目的，利用固定场所设置单人机型5台、多人机型2台以上赌博机，供不特定人员参赌的，应以开设赌场罪依法追究场所出资者、经营者、管理者的刑事责任。

第五条　明知他人利用赌博机实施赌博犯罪活动，有下列情形之一的，以赌博犯罪的共犯论处：

（一）生产、销售、提供赌博机，并参与经营或分成的；

（二）提供场地、进行现场管理或技术维护等直接帮助的。

第六条　利用赌博机进行赌博的赌资，应包括当场查获的用于赌博的现金、代币、有价证券、回购奖品等实际代表的金额，以及在赌博机上投注或赢取的点数所代表的金额。

第七条　办理利用电子游戏设施设备进行赌博的案件，应对涉赌的电子游戏设施、设备进行拍照录像固定证据，并由办案单位依法对赌博机予以认定，不再另行组织鉴定。

第八条　作为赌具的电子游戏设施设备，必须整机收缴和没收。

第九条　法律法规及司法解释对本意见内容另有规定的，按规定执行。

⑪ 福建省公检法、司法厅《关于适用缓刑若干问题的意见（试行）》（2008年9月16日　闽高法〔2008〕278号）（节录）①

四、（二）赌博罪

赌博犯罪具有下列情形之一，符合法律规定缓刑条件的，可以适用缓刑：（1）聚众赌博，组织参赌人数、抽头渔利数额、赌资数额刚达到或者略超出司法解释规定的定罪标准，积极退出非法所得的；（2）聚众赌博，组织参赌人数、抽头渔利数额、赌资数额虽明显超过司法解释规定的定罪标准，但系初次犯罪，认罪态度好，积极退出非法所得的；（3）其他符合缓刑条件的。

⑫ 福建省公检法《关于当前办理利用"六合彩"进行违法犯罪案件座谈会纪要》（2005年8月22日　闽高法〔2005〕238号）

一、利用"六合彩"进行违法犯罪活动，主是表现为利用香港"六合彩"揽注猜码，从中牟利，具备赌博和非法经营的特征，应当根据具体犯罪行为和数额，充分考虑犯罪构成要件，依法定罪量刑。

二、利用"六合彩"进行非法揽注犯罪牟利，达到非法经营定罪标准的，以该罪定罪处罚；未达到非法经营定罪标准，但达到司法解释规定的赌博罪标准的，以赌博罪定罪处罚。

三、司法解释规定了赌博的定罪标准，原我省的《意见》规定不一致的，应按司法解释规定的标准定罪处罚。

四、根据原我省的《意见》达到定罪标准并已移送起诉或起诉的，但依照司法解释未达到赌博罪、非法经营罪标准，且不构成其它犯罪的，可撤诉后由公安部门依法处理。

⑬ 厦门市公检法关于查处利用"六合彩"进行违法犯罪活动适用法律问题的意见（2005年6月21日　厦检会〔2005〕65号）

最高人民法院、最高人民检察院《关于办理赌博刑事案件具体应用法律若干问题的解释》（以下简称《解释》）颁布实施后，为依法惩治赌博犯罪活动，促进禁赌专项行动提供了法律依据。但我市政法各部门在司法实践中对《解释》的理解与运用存在分歧，为统一执法思想，正确适用法律，严厉打击利用"六合彩"进行违法犯罪活动，结合实际，经研究提出如下处理意见：

---

① 对其解读见：《刑事法律文件解读》2009年第10辑总第52辑，第77~88页。

一、关于《解释》的时间效力问题

2001年12月17日起施行的《最高人民法院、最高人民检察院关于适用刑事司法解释时间效力问题的规定》(高检发释〔2005〕)对此已作出明确规定,应按此规定执行。

二、关于利用"六合彩"进行违法犯罪活动的定性问题

对利用"六合彩"进行违法犯罪的应按照竞合犯的原则,择一重罪处罚。一般情况下,涉案数额累计达到5万元以上的(含本数),以非法经营罪定性;涉案数额累计在5万元以下,符合《解释》中赌博罪的定罪标准的,以赌博罪定性。

⑭ 上海市高级人民法院《关于本市办理赌博犯罪案件适用法律若干问题的意见》(2005年5月16日 沪高法〔2005〕123号)(节录)

四、构成赌博犯罪,必须是以营利为目的,实际上是否获利,不影响认定主观目的。为抽头渔利、收取回扣或介绍费而聚众赌博的;为获取非法收益开设赌场的;以赌博所得为生活或者收入主要来源的,均可认定为"以营利为目的"。

五、明知他人实施赌博犯罪活动,实施下列直接帮助行为的,以赌博罪共犯论处:

(一)明知他人聚众赌博、开设赌场,而为其提供资金、场所、经营管理、计算机网络、通讯等帮助的;

(二)明知他人从事赌博活动,而多次或向多人提供赌资,从中渔利达五千元以上,或者提供赌资达五万元以上,或者具有其他严重情节,且接受赌资者已构成赌博罪的;

(三)实施操盘、配码等与赌博直接相关行为,情节严重的。

行为人虽然参与他人聚众赌博、开设赌场等赌博活动,但非聚众赌博和开设赌场的组织者、经营者,主要从事接送、餐饮服务、望风等辅助活动,从中领取工资报酬且情节轻微的,可不以赌博罪共犯论处,由公安机关予以行政处理;构成其他犯罪的,依法追究刑事责任。

六、未经国家批准擅自发行、销售彩票,构成犯罪的,以非法经营罪定罪处罚。

七、利用互联网实施赌博犯罪的案件,赌博网站服务器所在地,被告人对赌博网站实施经营、管理地、投注行为所在地,均可视为犯罪地。

⑮ 福建省公检法《关于利用"六合彩"进行违法犯罪活动的处理意见》(2001年11月1日 闽高法〔2001〕335号)(节录)

第二条 以营利为目的,组织、招引他人利用"六合彩"进行赌博活动的庄家、赌头,收注金额在一万元以上或非法牟利二千元以上的,依照刑法第三百零三条的规定,以赌博罪定罪处。

收注金额在五千元以上不满一万元或非法牟利一千元以上不满二千元,并具有下列情形之一的,也可追究刑事责任:

1. 接受投注赌博五期以上或接受投注累计达二十人以上的;

2. 具有印制、销售等经营有关宣传"六合彩"报刊材料行为,且非法经营数额在五千元以上不满五万元,或违法所得数额在二千元以上不满二万元,或者经营报刊材料五百份以上不满五千份的;

3. 因利用"六合彩"或其他赌博行为曾被刑事处罚、劳动教养或治安处罚,又利

"六合彩"赌博的。

第三条 帮助庄家、赌头引诱、拉拢、介绍他人参与利用"六合彩"赌博，或实施收注登记、结算等"传销"、"开票"行为，达到第二条规定之定罪标准的，以赌博共犯论处；拒不供认庄家、赌头的，比照庄家、赌头依法从重处罚。

第四条 以营利为目的，为他人利用"六合彩"赌博活动提供场所或其他条件，非法年利三千元以上的，以赌博罪定罪处罚。

第五条 参与利用"六合彩"赌博十五期以上，且投注额累计达二万元以上的，可以赌博罪论处。

曾因赌博被劳动教养或治安拘留二次以上，又参与利用"六合彩"赌博十期以上且投注额累计达一万元的，也可追究刑事责任。

第六条 违反国家规定，印制、销售等经营有关宣传"六合彩"报刊材料的，根据最高人民法院1998年12月11日通过的《关于审理非法出版物刑事案件具体应用法律若干问题的解释》第十一条规定，具有下列情形之一的，依照刑法第二百二十五条第（三）项的规定，以非法经营罪定罪处罚：

1. 经营数额在五万元以上的；2. 违法所得数额在二万元以上的；3. 经营报纸五千份或期刊五千本以上的。

曾因经营有关"六合彩"报刊被行政处罚又实施上述经营行为，经营数额、违法所得数额或者经营数量接近上述标准，也可追究刑事责任。

非法经营"情节特别严重"和单位犯罪的数额、数量标准以最高人民法院《关于审理非法出版物刑事案件具体应用法律若干问题的解释》规定的最低线为准。

第七条 以非法占有为目的，利用"六合彩"收取赌资后潜逃，数额三千元以上的，以诈骗罪定罪处罚。

第八条 擅自设立"彩票"进行销售开奖等非法经营活动的，金额达五万元以上或非法年利一万元以上的，以非法经营罪定罪处罚；未达到上述数额，但符合第二条规定之定罪标准的，以赌博罪定罪处罚。

利用擅自设立的"彩票"进行诈骗活动的，依照诈骗罪的有关规定定罪处罚。

第九条 实施赌博、非法经营、诈骗等二个以上行为，分别构成犯罪的以数罪并罚，引发其他犯罪的，依法从重处罚。

第十条 实施上述第二、三、四、五、六条规定行为，数量、数额尚未达到犯罪最低标准，但符合有关劳动教养规定的，可予以劳动教养；尚不够劳动教养标准的，可据情予以治安处罚。

第十一条 对于利用"六合彩"进行赌博、非法经营或诈骗活动的，非法所得和用于违法犯罪活动的本人财物一律没收；构成赌博罪、非法经营罪、诈骗罪的应当依法并处财产刑。对赌博罪一般可以在收注、投注额二倍以下或非法年利额五倍以下处罚金，但罚金的数额最低不少于一千元。

第十二条 国家工作人员参与利用"六合彩"进行违法犯罪活动的依法从重处罚。

第十三条 利用体育彩票、福利彩票、足球彩票进行外围猜码等其他赌博违法犯罪活动的参照上述规定处理。

16 《厦门市禁止赌博条例》(1996年10月1日)(节录)

第七条　有下列行为之一，尚不够刑事处罚的，依照规定实行劳动教养，可并处三千元以上三万元以下的罚款：(一) 参与赌博，个人参赌的财物在一万元以上的；(二) 因赌博被公安机关处罚后又继续赌博的；(三) 为赌博提供场所、赌具、赌资、交通通讯工具，从中牟利的；(四) 多次为赌博放哨、通风报信、护场的；(五) 教唆、诱骗、胁迫他人赌博的；(六) 在公共场所设局聚赌的；(七) 聚众赌博，有抽利行为的。

第八条　有下列行为之一的，处十五日以下拘留，可并处三千元以下罚款：(一) 参与赌博，个人参赌的财物在一千元以上不满一万元的；(二) 为赌博提供场所、赌具、交通通讯工具的；(三) 为赌博放哨、通风报信、护场的。

第九条　参与赌博，个人参赌的财物不满一千元的，处一千元以下的罚款，或给予批评教育，责令具结悔过。

第二十条　个人参赌的财物数额无法确定时，按参赌财物的价值总额依参赌人数平均计值。

学理观点·典型案例 ➡ 索引与要旨

❶ 《施问泼、肖明亮诈骗案》，载《刑事法律文件解读》2009年第5辑总第47辑，第110~113页。

核心提示 ➡ 诱骗他人参赌后实施诈赌骗人钱财的行为如何定性？

❷ 《黄艺等诈骗案》，载《刑事审判参考》2007年第4辑总第57辑，第33~42页。

核心提示 ➡ 设置圈套诱人参赌，以打假牌的方式"赢取"他人钱财的行为构成赌博罪还是诈骗罪？

要旨 ➡ 五被告人通过只赢不输的所谓赌博形式非法占有他人钱财，赌博行为只是达到非法占有他人钱财目的的手段，其不仅设置圈套诱使他人参赌，而且使用欺诈手段控制输赢结果，骗取特定被害人的信任使其"自愿"依赌博规则，认赌服输交付巨额钱财，应当属于一种以赌博为名实施的诈骗犯罪。

❸ 《关于开设赌场罪的若干实务问题研究》，载《刑事司法指南》2007年第1辑总第29辑，第50~61页。

❹ 《陈宝林等赌博案》，载《刑事审判参考》2005年第3辑总第44辑，第85~91页。

核心提示 ➡ 网络赌博中"开设赌场"的行为及相关共犯的认定；如何区分网络赌博的"开设赌场"与"聚众赌博"？

要旨 ➡ 开设网络赌场的犯罪中不参与"分红"，仅领取工资而实施帮助行为的人应构成赌博罪的共犯。

"聚众赌博"行为与"开设赌场"行为的区别在于行为人是否发展了下级代理人，如果行为人只是充当赌博网站地区代理人的下级代理人，通过提供赌博网站的账户和密码招引赌博客户，没有再发展下级代理人的，其行为就应当认定为"聚众赌博"行为。如果不作此区分，那么在网络赌博中就没有"聚众赌博"行为存在的余地。

❺《黄选良等三人赌博案刑事判决书》，载《最新刑事法律文件解读》
要旨➡ 设置圈套骗取赌资定赌博。

❻《析吴玉龙、林宗献诈骗案》，载《刑事司法指南》2005年第2辑总第22辑。
核心提示➡ 诈骗罪与赌博罪之界定
要旨➡ 利用规则的偶然性系赌博，以欺诈手段使人必输无赢系诈骗。

❼《徐亚非等赌博案》，载《人民法院案例选》2007年刑事专辑总第47辑。
要旨➡ 赌场雇佣人员，分别从事接送赌客、监台、兑换筹码、发牌等关键、重要的非法服务工作，但因其没有伙同他人开设赌场，也没有分配盈利，故不构成赌博罪。

❽《龚学飞非法经营案》，载《经济犯罪审判指导》2004年第4辑总第8辑。
要旨➡ 利用互联网发布足球博彩信息牟利情节严重构成非法经营罪。

❾《目的犯的法理研究》，载《刑事审判要览》2004年第3辑总第9辑，第36~55页。

第304条　故意延误投递邮件罪

邮政工作人员严重不负责任，故意延误投递邮件，致使公共财产、国家和人民利益遭受重大损失的，处二年以下有期徒刑或者拘役。

关联规范　➡ 完全整理

❶ 最高人民检察院、公安部《关于公安机关管辖的刑事案件立案追诉标准的规定（一）》（2008年6月25日　公通字〔2008〕36号）（节录）

第四十五条　邮政工作人员严重不负责任，故意延误投递邮件，涉嫌下列情形之一的，应予立案追诉：（一）造成直接经济损失二万元以上的；（二）延误高校录取通知书或者其他重要邮件投递，致使他人失去高校录取资格或者造成其他无法挽回的重大损失的；（三）严重损害国家声誉或者造成其他恶劣社会影响的；（四）其他致使公共财产、国家和人民利益遭受重大损失的情形。

❷ 最高人民检察院、邮电部《关于查处邮电工作人员渎职案件的暂行规定》（1990年6月20日　〔1990〕高检会（法）字第12号）（节录）

第三条　邮电工作人员渎职案件，主要是指利用职务之便，侵犯公民的通信自由权利，泄露通信秘密，贪污用户财物，收受贿赂，玩忽职守等案件。凡具有下列行为之一者，邮电公安保卫部门应立案查处；需要追究刑事责任的，由检察机关立案查处：（八）邮电工作人员玩忽职守，造成通信中断等危害后果，或者造成其他重大损失的。

第二编　分则　第六章　妨害社会管理秩序罪

第二节　妨害司法罪

第305条　伪证罪

在刑事诉讼中，证人、鉴定人、记录人、翻译人对与案件有重要关系的情节，故意作虚假证明、鉴定、记录、翻译，意图陷害他人或者隐匿罪证的，处三年以下有期徒刑或者拘役；情节严重的，处三年以上七年以下有期徒刑。

关联规范 ➡ **完全整理**

最高人民检察院《人民检察院直接受理的侵犯公民民主权利、人身权利和渎职案件立案标准的规定》（1989年11月30日　〔89〕高检发（法）字第41号）（节录）

伪证案（刑法一百四十八条）在侦查、审判过程中，证人、鉴定人、记录人、翻译人意图陷害他人或为他人隐匿罪证，对与案件有重要关系的情节，故意作虚假的证明、鉴定、记录、翻译，或者是国家工作人员为严重经济犯罪分子销毁、隐匿罪证，制造伪证，具有下列情形之一的，应予立案：1. 伪证行为足以使他人受到刑事处罚或者轻罪重判的；2. 伪证行为足以使犯罪分子逃避刑事处罚或者重罪轻判的；3. 伪证行为造成冤、假、错案的；4. 国家工作人员利用职务之便，为经济犯罪分子销毁罪证或者制造伪证的；5. 由于伪证行为，致使他人自杀或精神失常的；6. 伪证行为造成其他严重后果的。

学理观点·典型案例 ➡ **索引与要旨**

❶《俞耀交通肇事案》，载《刑事审判参考》2011年第2辑总第79辑，第1~8页。
核心提示 ➡ 交通肇事逃逸后以贿买的方式指使他人冒名顶罪、作伪证的行为，如何定性？

❷《贿赂犯罪法律适用问题解答——上海市高级人民法院刑二庭调研报告》，载《刑事审判参考》2010年第4辑总第75辑，第159~161页。
核心提示 ➡ 行贿人如果不供认其行贿行为，对行贿人是否可以伪证罪进行追诉？

❸《最新刑事法律文件解读》2010年第8辑总第62辑，第89~92页。
核心提示 ➡ 审理交通肇事后找人顶罪案件应如何定性？
要旨 ➡ 1. 找人顶罪的行为属"交通运输肇事后逃逸"；2. 冒名顶罪人应根据不同情况分别定罪处理：如果是一般主体，则应定包庇罪；如果是证人、鉴定人、记录人、翻译人冒名顶罪，则应定伪证罪。

❹《蔡某某伪证案》，载《最新刑事法律文件解读》2006年第10辑总第22辑，第123~128页。
要旨 ➡ 明知自己作虚假陈述而实施作虚假陈述的行为才能构成伪证罪。

❺《论伪证罪》，载《刑事司法指南》2004年第1辑总第21辑，第17~65页。

要旨 ➡ 1. 伪证罪构成要件：（1）伪证罪的客体；（2）伪证罪的客观方面；（3）伪证罪的主体特征；（4）伪证罪的主观方面。2. 伪证罪的具体认定：（1）伪证罪的停止形态；（2）伪证罪的共同犯罪问题；（3）伪证罪与相关犯罪的界限。3. 一点探讨——记录人不可成为伪证罪的主体：（1）记录人不可成为伪证罪主体的理由；（2）虚假记录行为的性质。

❻《丁某介绍贿赂、诈骗案法律问题研究》，载《刑事审判要览》2004 年第 4 辑。

要旨 ➡ 伪证罪与诈骗罪的区别

❼《妨害作证罪若干司法疑难问题探讨》，载《刑事司法指南》2004 年第 4 辑总第 20 辑，第 21～60 页。

要旨 ➡ 此罪与彼罪的界限：妨害作证罪与伪证罪的界限。

❽《金某伪证案》，载《刑事审判参考》2001 年第 4 辑总第 15 辑，第 34～39 页。

核心提示 ➡ 被害人在向司法机关报案时故意夸大犯罪事实并指使他人作伪证的行为如何定罪处罚？

要旨 ➡ 伪证罪是特殊主体实施的犯罪，即只能由证人、鉴定人、记录人、翻译人构成。证人不包括被害人，故本案不定伪证罪；被告人出于报复的动机，在自己向公安机关报案并作了虚假陈述的情况下，又指使他人作伪证，以证实其虚假陈述。该行为严重妨害了司法机关的正常诉讼活动，应以妨害作证罪定罪处罚。

第 306 条　辩护人、诉讼代理人毁灭证据、伪造证据、妨害作证罪

在刑事诉讼中，辩护人、诉讼代理人毁灭、伪造证据，帮助当事人毁灭、伪造证据，威胁、引诱证人违背事实改变证言或者作伪证的，处三年以下有期徒刑或者拘役；情节严重的，处三年以上七年以下有期徒刑。

辩护人、诉讼代理人提供、出示、引用的证人证言或者其他证据失实，不是有意伪造的，不属于伪造证据。

关联规范　完全整理

❶《全国部分法院经济犯罪案件审判工作座谈会研讨综述——"经济犯罪案件中的法律适用问题"》（2004 年 11 月 27 日）（节录）①

五、关于诈骗犯罪的认定（五）关于诉讼诈骗行为能否以诈骗罪定罪处罚的问题

诉讼诈骗是指行为人以提起民事诉讼为手段，通过伪造证据或者提供虚假证据欺骗法院，使法院作出错误判决，并依据该判决骗取公私财物或者免除自己的债务。与会代表倾向性认为，虽然诉讼诈骗的行为人具有非法占有的目的，也使用了欺骗手段，但诉讼诈骗案件中被骗的对象是法院，遭受财产损失的另一方当事人并非自愿交出财物，不符合诈骗罪的构成特征。将诉讼诈骗行为以诈骗罪定罪处罚，意味着法院是诈骗的工具，但由于人

---

① 对其解读见：《刑事审判参考》2004 年第 6 辑总第 41 辑，第 146～168 页。

民法院审判民事案件，依据"证据优势"原则认定案件事实，诉讼诈骗行为能够得逞，主要是对方当事人举证不力的结果，法院不应当对当事人的过错承担责任。诉讼诈骗行为侵害的客体主要是人民法院的正常审判活动。因此，在刑法未规定新的罪名的情况下，根据诉讼诈骗案件的行为特征，以妨害司法的相应罪名定罪处罚为宜：如果行为人伪造证据时，实施了伪造公司、企业、事业单位、人民团体印章的行为，构成犯罪的，应当依照刑法第二百八十条第二款的规定，以伪造公司、企业、事业单位、人民团体印章罪追究刑事责任；如果行为人有指使他人作伪证行为，构成犯罪的，应当依照刑法第三百零七条第一款的规定，以妨害作证罪追究刑事责任。

❷ 最高人民检察院研究室《关于通过伪造证据骗取法院民事裁判占有他人财物的行为如何适用法律问题的答复》（2002 年 10 月 24 日）①

经研究答复如下：以非法占有为目的，通过伪造证据骗取法院民事裁判占有他人财物的行为所侵害的主要是人民法院正常的审判活动可以由人民法院依照民事诉讼法的有关规定作出处理，不宜以诈骗罪追究行为人的刑事责任。如果行为人伪造证据时，实施了伪造公司、企业、事业单位、人民团体印章的行为，构成犯罪的，应当依照刑法第二百八十条第二款的规定，以伪造公司、企业、事业单位、人民团体印章罪追究刑事责任；如果行为人有指使他人作伪证行为，构成犯罪的应当依照刑法第三百零七条第一款的规定，以妨害作证罪追究刑事责任。

学理观点·典型案例 ➡ 索引与要旨

❶《肖芳泉辩护人妨害作证案》，载《刑事审判参考》2007 年第 3 辑总第 56 辑，第 36~41 页。

要旨 ➡ 辩护人妨害作证中的"证人"应当包括被害人。

❷《妨害作证罪若干司法疑难问题探讨》，载《刑事司法指南》2004 年第 4 辑总 20 辑，第 21~60 页。

要旨 ➡ 此罪与彼罪的界限：妨害作证罪与辩护人、诉讼代理人毁灭证据、伪造证据、妨害作证罪的界限。

❸《张某妨害作证案》，载《刑事审判参考》2001 年第 1 辑总第 12 辑，第 7~11 页。

核心提示 ➡ 辩护人妨害作证罪的主观故意应如何把握？

❹《刘某犯辩护人妨害作证案》，载《刑事审判参考》2000 年第 3 辑总第 8 辑，第 36~40 页以及《刑事审判案例》，第 516~519 页。

要旨 ➡ 辩护人妨害作证罪是否以发生危害后果为构成要件。

---

① 对其解读见：《解读最高人民检察院司法解释》，第 358~360 页以及《刑事法判解研究》2004 年第 4 辑总第 9 辑，第 23~31 页。

第 307 条　第 1 款　妨害作证罪　第 2 款　帮助毁灭、伪造证据罪

以暴力、威胁、贿买等方法阻止证人作证或者指使他人作伪证的，处三年以下有期徒刑或者拘役；情节严重的，处三年以上七年以下有期徒刑。

帮助当事人毁灭、伪造证据，情节严重的，处三年以下有期徒刑或者拘役。

司法工作人员犯前两款罪的，从重处罚。

关联规范 ➡ 完全整理

❶ 最高人民检察院研究室《关于通过伪造证据骗取法院民事裁判占有他人财物的行为如何适用法律问题的答复》（2002 年 10 月 24 日）①

经研究答复如下：以非法占有为目的，通过伪造证据骗取法院民事裁判占有他人财物的行为所侵害的主要是人民法院正常的审判活动可以由人民法院依照民事诉讼法的有关规定作出处理，不宜以诈骗罪追究行为人的刑事责任。如果行为人伪造证据时，实施了伪造公司、企业、事业单位、人民团体印章的行为，构成犯罪的，应当依照刑法第二百八十条第二款的规定，以伪造公司、企业、事业单位、人民团体印章罪追究刑事责任；如果行为人有指使他人作伪证行为，构成犯罪的应当依照刑法第三百零七条第一款的规定，以妨害作证罪追究刑事责任。

❷ 浙江省高级人民法院、省检察院《关于办理虚假诉讼刑事案件具体适用法律的指导意见》（2010 年 7 月 7 日　浙高法〔2010〕207 号）（节录）②

二、为了提起虚假诉讼，或者在虚假诉讼过程中，指使他人提供虚假的物证、书证、陈述、证言、鉴定意见等伪证，或者受指使参与伪造证据，分别按照刑法第三百零七条妨害作证罪，帮助毁灭、伪造证据罪处理。

学理观点·典型案例 ➡ 索引与要旨

❶《俞耀交通肇事案》，载《刑事审判参考》2011 年第 2 辑总第 79 辑，第 1～8 页。

核心提示➡ 交通肇事逃逸后以贿买的方式指使他人冒名顶罪、作伪证的行为，如何定性？

❷《刑事法律文件解读》2010 年第 12 辑总第 66 辑，第 100～102 页。

核心提示➡ 无证驾驶发生事故指使他人顶包致法院判决保险公司赔偿被害人构成何罪？

❸《全某包庇案》，载《刑事法律文件解读》2010 年第 2 辑总第 56 辑，第 120～122 页。

---

①　对其解读见：《解读最高人民检察院司法解释》，第 358～360 页以及《刑事法判解研究》2004 年第 4 辑总第 9 辑，第 23～31 页。

②　对其解读见：《刑事法律文件解读》2010 年第 7 辑总第 61 辑，第 74～78 页。

核心提示 ➡ 教唆犯罪嫌疑人作虚假供述的行为如何定性？

❹《如何区别妨害司法犯罪行为中的牵连关系与吸收关系——常某帮助毁灭证据、包庇案》，载《公检法办案指南》2010年第2辑总第122辑，第162~167页。

❺《颜招权交通肇事案》广东省广州市中级人民法院〔2008〕穗中法刑一终字第38号

核心提示 ➡ 交通肇事后找人顶替能否认定为妨害作证？

要旨 ➡ 关于原判认定上诉人颜招权肇事后找人顶替为妨害作证罪的意见，经查，上诉人颜招权在肇事后并没有逃离案发现场，在现场让家人拿钱送医院救治被害人，也参与了一定的抢救行为，但其让他人顶替作为肇事者行为的实质是为逃避法律追究而让他人（黄怡坚）将其置换出肇事现场，可以认定颜招权构成"为逃避法律追究逃离事故现场"的情节。从本案的犯罪构成上看，上诉人颜招权致被害人一人重伤；承担事故全部责任；有为逃避法律追究逃离事故现场的情节。根据《最高人民法院关于审理交通肇事刑事案件具体应用法律若干问题的解释》第2条第2款第6项，上诉人颜招权构成交通肇事罪，其"为逃避法律追究逃离事故现场"的行为是定罪情节，根据上述解释的第3条规定，该情节不能作为从重情节或其他犯罪事实再次予以评价。原判将上诉人颜招权肇事后找人顶替认定为交通肇事后逃逸，又认定该顶替行为为妨害作证罪不当，属于一事两次评价。

❻《肖芳泉辩护人妨害作证案》，载《刑事审判参考》2007年第3辑总第56辑，第36~41页。

核心提示 ➡ 辩护人、诉讼代理人妨害作证罪与妨害作证罪的区别

❼《李敬等妨害作证、刘军帮助伪造证据上诉案》〔2007〕穗刑终字第382号，广州市中级人民法院

核心提示 ➡ 以非法占有为目的，指使他人作伪证，并通过伪造的虚假合同等证据骗取法院民事判决，逃避欠款

❽《于爱银、戴永阳故意杀人案》，载《刑事审判参考》2006年第2辑总第49辑，第17~25页。

要旨 ➡ 犯罪分子犯罪后为自己毁灭证据，不宜再认定帮助毁灭证据罪。共同犯罪人相互之间不能成为帮助毁灭证据罪的主体。

❾《帮助毁灭、伪造证据罪和打击报复证人罪若干司法疑难问题探讨》，载《刑事司法指南》2006年第2辑总第26辑，第121~169页。

❿《李泳妨害作证上诉案》，载《人民法院案例选》2005年第2辑总第52辑。

要旨 ➡ 为实现骗取民事裁判，占有他人财物，伪造证据并指使他人作伪证，虽被指使人未答复及作伪证时即案发，尚未提起诉讼，仍应认定为本罪既遂。

⓫《郑某某、李某某包庇、帮助未满14周岁的儿子毁灭杀人证据案》，载《最新刑事法律文件解读》2005年第11辑总第11辑，第138~142页。

核心提示 ➡ 包庇、帮助未满14周岁的人毁灭杀人证据如何定性？

⓬《帮助毁灭、伪造证据罪的罪与非罪》，载《最新刑事法律文件解读》2005年第

10 辑,第 122~131 页。

⑬《"帮助犯罪分子隐匿、隐藏证据行为"理论探微——试析刑法第 307 条第 2 款适用过程中出现的问题及其对策》,载《刑事法判解研究》2005 年第 1 辑总第 10 辑,第 61~73 页。

⑭《妨害作证罪若干司法疑难问题探讨》,载《刑事司法指南》2004 年第 4 辑总第 20 辑,第 21~60 页。

要旨➡ 1. 妨害作证罪的犯罪客体和犯罪对象:(1) 妨害作证罪的犯罪客体;(2) 妨害作证罪的犯罪对象;2. 妨害作证罪的客观方面:(1)"阻止证人作证"的理解;(2)"指使他人作伪证"的理解;(3) 本罪发生的时空范围;3. 妨害作证罪的主体:(1) 犯罪嫌疑人、被告人;(2) 刑事案件中犯罪嫌疑人、被告人的近亲属;(3) 刑事案件的被害人;4. 此罪与彼罪的界限:(1) 妨害作证罪与伪证罪的界限;(2) 妨害作证罪与辩护人、诉讼代理人毁灭证据、伪造证据、妨害作证罪的界限;(3) 妨害作证罪与帮助毁灭、伪造证据罪的界限;(4) 妨害作证罪与包庇罪的界限。

⑮《为犯罪人毁灭罪证的行为是构成帮助毁灭证据罪还是包庇罪》,载《刑事审判参考》2003 年第 5 辑总第 34 辑,第 199~203 页。

要旨➡ 根据修改后的刑法规定,应当说包庇罪应仅限于向司法机关作假证明的行为,而不应包括帮助犯罪的人毁灭罪证、罪迹以及伪造证据的行为。

⑯《林雪博等交通肇事案》,载《人民法院案例选》2003 年第 3 辑总第 45 辑。

要旨➡ 指使他人冒充肇事司机,构成妨害作证罪,应同交通肇事罪数罪并罚。

⑰《李刚等帮助犯罪分子逃避处罚案》,载《刑事审判参考》2002 年第 3 辑总第 26 辑,第 72~77 页。

核心提示➡ 帮助犯罪分子逃避处罚罪与帮助伪造证据罪的区别

⑱《王海峰受贿、伪造证据案》,载《刑事审判参考》2001 年第 6 辑总第 17 辑,第 24~29 页。

核心提示➡ 帮助伪造证据罪的具体判例

要旨➡ 被告人在对方当事人伪造的函件上偷盖了中钢公司的印章,帮助对方当事人伪造证据,从而改变了原有的法律关系,致使人民法院作出了错误的认定,其行为已严重干扰了诉讼活动的正常进行,构成帮助伪造证据罪。

⑲《金某伪证案》,载《刑事审判参考》2001 年第 4 辑总第 15 辑,第 34~39 页。

核心提示➡ 被害人在向司法机关报案时故意夸大犯罪事实并指使他人作伪证的行为如何定罪处罚?

要旨➡ 伪证罪是特殊主体实施的犯罪,即只能由证人、鉴定人、记录人、翻译人构成。证人不包被害人,故本案不定伪证罪;被告人出于报复的动机,在自己向公安机关报案并作了虚假陈述的情况下,又指使他人作伪证,以证实其虚假陈述。该行为严重妨害了司法机关的正常诉讼活动,应以妨害作证罪定罪处罚。

⑳《汪尚尹故意杀人、汪付明帮助毁灭证据案》新疆生产建设兵团农二师中级人民

法院〔2000〕新刑核字第57号

核心提示➡事后帮助杀人凶手掩埋尸体的行为构成帮助毁灭证据罪还是包庇罪？

要旨➡被告一认为丈夫对其在生活上缺乏关心、体贴，在一次争执之后，用钢板斧将其杀死；并请其父（被告二）帮助掩埋尸体。法院以故意杀人罪判处被告一死缓，以帮助毁灭证据罪判处被告二有期徒刑2年6个月。

第308条 打击报复证人罪

对证人进行打击报复的，处三年以下有期徒刑或者拘役；情节严重的，处三年以上七年以下有期徒刑。

学理观点·典型案例 ➡ **索引与要旨**

❶《赵某某、郭丙春、陈金块等打击报复证人案》，载《人民法院案例选》2010年第4辑。

要旨➡共同犯罪人因同案犯当庭指证其犯罪，庭审后殴打被害人致轻伤，构成本罪。

❷《帮助毁灭、伪造证据罪和打击报复证人罪若干司法疑难问题探讨》，载《刑事司法指南》2006年第2辑总第26辑，第121～169页。

第309条 扰乱法庭秩序罪

聚众哄闹、冲击法庭，或者殴打司法工作人员，严重扰乱法庭秩序的，处三年以下有期徒刑、拘役、管制或者罚金。

关联规范 ➡ **完全整理**

❶最高人民法院、最高人民检察院《关于切实保障司法人员依法履行职务的紧急通知》（2005年8月25日 法〔2005〕173号）

依法严肃处理妨碍司法人员依法履行职务的行为。

❷最高人民法院《关于办理严重扰乱法庭秩序案件具体适用法律问题的批复》（1994年9月26日 法复〔1994〕5号）

经研究，答复如下：人民法院对哄闹、冲击法庭，侮辱、诽谤、威胁、殴打审判人员，严重扰乱法庭秩序，构成犯罪的，应依照刑法第一百五十七条的规定，以妨害公务罪定罪量刑。对于这种案件，可以由该法庭合议庭直接审理、判决。如果原审判组织是独任审判的，则应当组成合议庭进行审判。人民法院审理严重扰乱法庭秩序案件，应当依法保障被告人的诉讼权利。

扰乱法庭秩序的行为，情节严重，构成其他犯罪的，应移送公安机关依法追究刑事责任。

第310条 窝藏、包庇罪

明知是犯罪的人而为其提供隐藏处所、财物，帮助其逃匿或者作假证明包庇的，处三年以下有期徒刑、拘役或者管制；情节严重的，处三年以上十年以下有期徒刑。

犯前款罪，事前通谋的，以共同犯罪论处。

关联规范 ➡ 完全整理

❶《中华人民共和国刑法》（1980年1月1日）第362条 窝藏、包庇罪

旅馆业、饮食服务业、文化娱乐业、出租汽车业等单位的人员，在公安机关查处卖淫、嫖娼活动时，为违法犯罪分子通风报信，情节严重的，依照本法第三百一十条的规定定罪处罚。

❷ 全国人大常委会《关于严禁卖淫嫖娼的决定》（1991年9月4日 主席令第五十一号）（节录）

八、旅馆业、饮食服务业、文化娱乐业、出租汽车业等单位的负责人和职工，在公安机关查处卖淫、嫖娼活动时，隐瞒情况或者为违法犯罪分子通风报信的，依照刑法第一百六十二条的规定处罚。

❸ 最高人民法院《关于审理黑社会性质组织犯罪的案件具体应用法律若干问题的解释》（2000年12月10日 法释〔2000〕42号）（节录）①

第五条 刑法第二百九十四条第四款规定的"包庇"，是指国家机关工作人员为使黑社会性质组织及其成员逃避查禁，而通风报信、隐匿、毁灭、伪造证据，阻止他人作证、检举揭发，指使他人作伪证，帮助逃匿，或者阻挠其他国家机关工作人员依法查禁等行为。（编者注：注意与包庇罪的区别）

❹ 公安部《关于打击拐卖妇女儿童犯罪适用法律和政策有关问题的意见》（2000年3月24日 公通字〔2000〕25号）（节录）

二、（五）教唆他人实施拐卖妇女、儿童犯罪的，以拐卖妇女、儿童罪的共犯立案侦查。向他人传授拐卖妇女、儿童的犯罪方法的，以传授犯罪方法罪立案侦查。明知是拐卖妇女、儿童的犯罪分子，而在其实施犯罪后为其提供隐藏处所、财物，帮助其逃匿或者作假证明包庇的，以窝藏、包庇罪立案侦查。

❺ 最高人民法院《关于窝藏、包庇罪中"事前通谋的，以共同犯罪论处"如何理解的请示答复》（1986年1月15日）

经研究我们认为：我国刑法第一百六十二条第三款所说的"事前通谋"，是指窝藏、包庇犯与被窝藏、包庇的犯罪分子，在犯罪活动之前，就谋划或合谋，答应犯罪分子作案后给以窝藏或者包庇的，这和刑法总则规定共犯的主客观要件是一致的。如，反革命分子或其他刑事犯罪分子，在犯罪之前，与行为人进行策划，行为人分工承担窝藏或答应在追究刑事责任时提供虚假证明来掩盖罪行等。因此，如果只是知道作案人员要去实施犯罪，

---

① 对其解读见：《刑事审判参考》总第13辑，第73~77页。

事后予以窝藏、包庇或者事先知道作案人员要去实施犯罪,未去报案,犯罪发生后又窝藏、包庇犯罪分子的,都不应以共同犯罪论处,而单独构成窝藏、包庇罪。

❻ 福建省公检法、司法厅《关于适用缓刑若干问题的意见(试行)》(2008年9月16日 闽高法〔2008〕278号)①

窝藏、包庇犯罪,具有下列情形之一,符合法律规定缓刑条件的,可以适用缓刑:(1)犯罪情节一般,尚未严重妨害司法工作的;(2)窝藏、包庇对象论罪应当判处有期徒刑以下刑罚的,或者窝藏、包庇对象论罪应当判处无期徒刑以上刑罚,但基于亲情关系而窝藏、包庇,尚未严重妨害司法工作的;(3)窝藏、包庇行为实施后,经司法机关教育,能如实供述自己的罪行,并协助司法机关侦破案件的;(4)其他符合缓刑条件的。

学理观点·典型案例 ➡ 索引与要旨

❶《俞耀交通肇事案》,载《刑事审判参考》2011年第2辑总第79辑,第1~8页。

核心提示 ➡ 交通肇事逃逸后以贿买的方式指使他人冒名顶罪、作伪证的行为,如何定性?

❷《最新刑事法律文件解读》2010年第8辑总第62辑,第89~92页。

核心提示 ➡ 审理交通肇事后找人顶罪案件应如何定性?

要旨 ➡ 1.找人顶罪的行为属"交通运输肇事后逃逸";2.冒名顶罪人应根据不同情况分别定罪处理:如果是一般主体,则应定包庇罪;如果是证人、鉴定人、记录人、翻译人冒名顶罪,则应定伪证罪。

❸《全某包庇案》,载《刑事法律文件解读》2010年第2辑总第56辑,第120~122页。

核心提示 ➡ 教唆犯罪嫌疑人作虚假供述的行为如何定性?

❹《如何区别妨害司法犯罪行为中的牵连关系与吸收关系——常某帮助毁灭证据、包庇案》,载《公检法办案指南》2010年第2辑总第122辑,第162~167页。

❺《刘银民帮助毁灭、伪造证据上诉案》,载《人民法院案例选》2005年第3辑总第53辑。

核心提示 ➡ 不满14周岁的人实施杀人,不能视为犯罪的人,其监护人知道杀人行为后不向公安机关报案,反而帮助转移尸体,并不让说明真相,是包庇还是帮助毁灭、伪造证据?

❻《郑某某、李某某包庇、帮助未满14周岁的儿子毁灭杀人证据案》,载《最新刑事法律文件解读》2005年第11辑总第11辑,第138~142页。

核心提示 ➡ 包庇、帮助未满14周岁的人毁灭杀人证据如何定性?

❼《徇私枉法罪中"对明知是有罪的人而故意包庇不使他受追诉"中"有罪的人"

---

① 对其解读见:《刑事法律文件解读》2009年第10辑总第52辑,第77~88页。

如何理解》，载《最新刑事法律文件解读》2005 年第 11 辑总第 11 辑，第 125～126 页。

　　要旨 ➡ 与"犯罪的人"参照理解。

　　⑧《妨害作证罪若干司法疑难问题探讨》，载《刑事司法指南》2004 年第 4 辑总第 20 辑，第 21～60 页。

　　要旨 ➡ 此罪与彼罪的界限：妨害作证罪与包庇罪的界限。

　　⑨《为犯罪人毁灭罪证的行为是构成帮助毁灭证据罪还是包庇罪》，载《刑事审判参考》2003 年第 5 辑总第 34 辑，第 199～203 页。

　　要旨 ➡ 根据修改后的刑法规定，应当说包庇罪应仅限于向司法机关作假证明的行为，而不应包括帮助犯罪的人毁灭罪证、罪迹以及伪造证据的行为。

　　⑩《冉国成故意杀人，冉儒超、冉鸿雁包庇案》，载《刑事审判参考》2003 年第 4 辑总第 33 辑，第 26～33 页。

　　核心提示 ➡ 事前明知是否等于事先通谋，事前明知，并且事后包庇的行为，是否构成共同犯罪？行为人出于包庇的目的，实施了包庇行为和帮助毁灭证据行为，是否应数罪并罚？共同包庇犯罪案件中的共犯可否划分主从犯？

　　要旨 ➡ 1. 共犯应犯意沟通，若行为人仅认识到自己实施，未认识到其他人配合，或行为人虽认识到他人实施，但自己未以行为或言语表示参与，则二者因缺乏意思联络而不是共犯；本案，冉国成事先说要"搞"被害人，冉儒超认识到冉国成将实施侵害。但冉儒超未表态，不能推定同意并支持；不能推定默许；未回应，故非事前通谋。当晚，冉儒超看到其带刀，但问其意时，冉国成搪塞，故不能推定冉儒超知道冉国成真实意图；冉国成实施杀人时，冉儒超只是叫冉鸿雁和罗军去看一下，未参与杀人，或以行为、言语提供帮助，不存在事中通谋；因此不构成共犯。2. 根据牵连犯，择重定包庇；3. 刑法以各犯罪人在犯罪中所起的作用为标准，划分为主犯、从犯等，因此，从逻辑上讲，凡共犯均可区分主、从。

　　⑪《姜方平故意伤害、窝藏案》，载《刑事审判参考》2003 年第 1 辑总第 30 辑，第 26～32 页。

　　要旨 ➡ 被窝藏人主动供述他人窝藏犯罪的不能认定为立功。

　　⑫《李学斌交通肇事、李贵嵘包庇案》，载《刑事审判要览》2003 年第 5 辑总第 5 辑，第 188～191 页。

　　核心提示 ➡ 被雇拥司机将机动车交给无证者驾驶，造成交通事故后又顶替包庇应如何定性？

　　⑬《刑法中的注意规定与法律拟制及其运用分析》，载《刑事司法指南》2003 年第 3 辑总第 15 辑，第 70～108 页。

　　核心提示 ➡ 如何理解"犯罪的人"？

　　要旨 ➡《刑法》第 310 条规定，"明知是犯罪的人而为其……"据此，行为人所窝藏或者包庇的必须是"犯罪的人"。虽然刑法理论上对"犯罪的人"存在不同观点，但应当认为，首先，"犯罪的人"应从一般意义上理解，而不能从"无罪推定"的角度作出解释，易言之，虽然包括严格意义上的"罪犯"，但不是仅指已经被法院作出有罪判决的人。其次，已被公安、司法机关作为犯罪嫌疑人、被告人而成为侦查、起诉对象的人，即使事后被法院认定无罪的，也属于"犯罪的人"。最后，即使暂时没有被司法机关作为犯罪嫌疑人，但确实实施了犯罪行为，因而将被公安、司法机关作为犯罪嫌疑人、被告人而成为侦查、起诉对象的人，同样属于"犯罪的人"。概言之，窝藏、包庇罪不包括对一般违法分子的窝藏、包庇。显而易见，《刑法》第362条的规定的情形，并不一概符合《刑法》第310条规定的构成要件，但第362条仍然将并不符合窝藏、包庇罪构成要件的行为赋予窝藏、包庇罪的法律后果，因而属于法律拟制。

⑭《谢茂强等强奸、奸淫幼女案》，载《刑事审判参考》2002年第3辑总第26辑，第19~27页。

要旨 ➡ 同案犯包庇同案犯不构成包庇罪。不构成包庇，最终目的是自我保护，而非包庇同案犯。

⑮《沈志明、曾小芳等危险物品肇事，黄伟、何金义窝藏案江西省萍乡市中级人民法院刑事判决书》〔2000〕萍刑一初字第14号，载《刑事审判参考》2002年第1辑总第24辑，第235~248页。

核心提示 ➡ 明知生产爆竹发生重大事故的罪犯的下落而拒不交代，并与他人共同藏匿该厂相关账册应如何定性？

要旨 ➡ 被告人彭丽虽然明知被告人沈志明的下落，未向司法机关及时提供，但其并未向司法机关作虚假证明，也未帮助被告人沈志明逃匿，其和被告人黄志一起藏匿的往来账本、《税务登记证》等物并不是被告人沈志明犯罪的罪证。被告人未虚构事实、隐藏罪犯，也未藏匿罪证，其行为不构成包庇罪。二被告人无罪。

⑯《杨有才帮助犯罪分子逃避处罚案》，载《刑事审判参考》2001年第9辑总第20辑，第22~29页。

核心提示 ➡ 如何区分徇私枉法罪、帮助犯罪分子逃避处罚罪和包庇罪？

要旨 ➡ 徇私枉法罪与包庇罪的客观方面都表现为包庇行为，但二者的外延不同。包庇罪的主体作为一般自然人，大部分情况下只能是"作假证明包庇"；而司法工作人员由于其职务便利，除作假证明外，还可采取隐情不报、怠于职责、通风报信等多种手段。

⑰《包庇还是知情不举》，载《刑事审判参考》2001年第9辑总第20辑，第61~65页。

要旨 ➡ 在主观上，包庇罪要求行为人明知包庇的对象是"犯罪的人"。这里强调行为人明知包庇对象是犯罪的人，比如，犯罪的人向行为人讲明，"我杀人了"、"我偷东西了"等。在某些情况下，犯罪的人虽然未向行为人直接讲明自己是犯罪的人，但其行迹可疑，行为人明显看出其实施了违法犯罪行为，也应认定行为人属于"明知"。必须注意的是，这里的假证明是向司法机关所作，向其他机关作假证明不构成包庇罪。包庇罪客观上属于积极的作为犯罪，不作为不构成本罪。在司法实践中，明知是犯罪的人而不向司法机关检举、告发但也未实施积极帮助行为的，属于知情不举，一般不构成犯罪。但是，具有追究犯罪职责的国家工作人员，对犯罪人员和犯罪事实知情而不依法报案或不如实作证，构成犯罪的，可以以玩忽职守、徇私枉法罪追究刑事责任。

❿《魏荣香等故意杀人、抢劫、脱逃、窝藏案》，载《刑事审判参考》2000年第6辑总第11辑，第1~9页以及《刑事审判案例》，第524~529页。

核心提示 ➡ 单人劫狱行为如何定罪？

要旨 ➡ 1. 被告人王招贵将魏荣香从看守所劫出的行为，带有劫夺的性质，但依法不构成聚众持械劫狱罪，亦不构成劫夺被押解人员罪；未聚众不定聚众劫狱，非押解途中不定劫夺被押解人员；2. 被告人王招贵的行为应以窝藏罪定罪处罚：首先，犯罪嫌疑人魏荣香被被告人王招贵从看守所劫出，魏荣香顺从并与之逃离司法监管的行为，构成脱逃罪。其次，被告人王招贵明知魏荣香是犯罪的人而提供财物、隐藏处所，帮助魏荣香逃匿的行为，又构成窝藏罪。我们认为，被告人王招贵帮助魏荣香从看守所脱逃的行为是实现其帮助魏荣香逃匿目的的手段，应以窝藏罪一罪定罪处罚。

第311条　拒绝提供间谍犯罪证据罪

明知他人有间谍犯罪行为，在国家安全机关向其调查有关情况、收集有关证据时，拒绝提供，情节严重的，处三年以下有期徒刑、拘役或者管制。

第312条　修正案（六）第19条　掩饰、隐瞒犯罪所得、犯罪所得收益罪

明知是犯罪所得的赃物而予以窝藏、转移、收购或者代为销售的，处三年以下有期徒刑、拘役或者管制，并处或者单处罚金。

中华人民共和国刑法修正案（六）（中华人民共和国第十届全国人民代表大会常务委员会第二十二次会议于2006年6月29日通过，现予公布，自公布之日起施行。）

十九、将刑法第三百一十二条修改为："明知是犯罪所得及其产生的收益而予以窝藏、转移、收购、代为销售或者以其他方法掩饰、隐瞒的，处三年以下有期徒刑、拘役或者管制，并处或者单处罚金；情节严重的，处三年以上七年以下有期徒刑，并处罚金。"

刑法修正案（七）（2009年2月28日第十一届全国人民代表大会常务委员会第七次会议通过）

十、在刑法第三百一十二条中增加一款作为第二款："单位犯前款罪的，对单位判处罚金，并对其直接负责的主管人员和其他直接责任人员，依照前款的规定处罚。"

第二编　分则　第六章　妨害社会管理秩序罪

关联规范 ⟹ 完全整理

❶《刑法修正案（七）》（2009 年 2 月 28 日）①
❷《刑法修正案（六）》（2006 年 6 月 29 日　主席令第五十一号）（节录）②

十八、修改刑法第三百一十二条，扩大适用范围，以适应打击洗钱犯罪的需要。刑法第三百一十二条规定："明知……"实践中有的部门提出，该条规定的窝藏、转移、收购、销售赃物罪的犯罪对象是否包括赃款不明确。另外，考虑到刑法第一百九十一条对洗钱罪的上游犯罪虽然进行了一些扩大，但根据国际公约的要求，对于掩饰、隐瞒所有犯罪所得的财物及其收益的行为都应当作为犯罪处理，在法律上也应当明确。因此，《刑法修正案（六）》第十九条规定，将刑法第三百一十二条修改为："明知是……"这样，刑法第三百一十二条的适用范围就扩大到了除刑法第一百九十一条规定的上游犯罪以外的所有犯罪。

❸ 最高人民法院、最高人民检察院《关于办理危害计算机信息系统安全刑事案件应用法律若干问题的解释》（2011 年 9 月 1 日　法释〔2011〕19 号）（节录）③

第七条　明知是非法获取计算机信息系统数据犯罪所获取的数据、非法控制计算机信息系统犯罪所获取的计算机信息系统控制权，而予以转移、收购、代为销售或者以其他方法掩饰、隐瞒，违法所得五千元以上的，应当依照刑法第三百一十二条第一款的规定，以掩饰、隐瞒犯罪所得罪定罪处罚。

实施前款规定行为，违法所得五万元以上的，应当认定为刑法第三百一十二条第一款规定的"情节严重"。

单位实施第一款规定行为的，定罪量刑标准依照第一款、第二款的规定执行。

❹ 最高人民法院、最高人民检察院、公安部等五部委《关于办理流动性团伙性跨区域性犯罪案件有关问题的意见》（2011 年 4 月 11 日　公通字〔2011〕14 号）

第一条　流动性、团伙性、跨区域性犯罪案件，由犯罪地的公安机关、人民检察院、人民法院管辖。如果由犯罪嫌疑人、被告人居住地的公安机关、人民检察院、人民法院管辖更为适宜的，可以由犯罪嫌疑人、被告人居住地的公安机关、人民检察院、人民法院管辖。犯罪地包括犯罪行为发生地和犯罪结果发生地。犯罪嫌疑人、被告人居住地包括经常居住地、户籍所在地。

前款中所称"犯罪行为发生地"包括被害人接到诈骗、敲诈勒索电话、短信息、电子邮件、信件、传真等犯罪信息的地方，以及犯罪行为持续发生的开始地、流转地、结束地；"犯罪结果发生地"包括被害人向犯罪嫌疑人、被告人指定的账户转账或存款的地方，以及犯罪所得的实际取得地、藏匿地、转移地、使用地、销售地。

第二条　几个公安机关都有权管辖的案件，由最初受理的公安机关管辖。对管辖有争

---

① 对其解读见：《刑事审判参考》2009 年第 3 辑总第 68 辑，第 66~118 页以及草案及其说明《刑事法律文件解读》2008 年第 9 辑总第 39 辑，第 84~90 页。
② 对其解读见：《刑事审判参考》2006 年第 4 辑总第 51 辑，第 53~104 页。
③ 对其解读见：《刑事审判参考》2011 年第 6 辑总第 83 辑，第 80~103 页。

议的,应当本着有利于查清犯罪事实,有利于诉讼的原则,协商解决。经协商无法达成一致的,报共同的上级公安机关指定管辖。

第三条 有下列情形之一的,主办地公安机关可以依照法律和有关规定对全部人员和全部案件一并立案侦查,需要提请批准逮捕、移送审查起诉、提起公诉的,由该公安机关所在地的同级人民检察院、人民法院受理:

(一)一人在两个以上县级行政区域作案的;

(二)一人在一地利用电话、网络、信件等通讯工具和媒介以非接触性的方式作案,涉及两个以上县级行政区域的被害人的;

(三)两人以上结伙在两个以上县级行政区域共同作案的;

(四)两人以上结伙在一地利用电话、网络、信件等通讯工具和媒介以非接触性的方式作案,涉及两个以上县级行政区域的被害人的;

(五)三人以上时分时合,交叉结伙在两个以上县级行政区域作案的;

(六)跨区域实施的涉及同一犯罪对象的盗窃、抢劫、抢夺、诈骗、敲诈勒索以及掩饰、隐瞒犯罪所得、犯罪所得收益行为的。

第四条 人民检察院对公安机关移送审查起诉的案件,人民法院对于已进入审判程序的案件,当事人、法定代理人、诉讼代理人、辩护人提出管辖异议,或者办案单位发现没有管辖权的,受案的人民检察院、人民法院经审查,可以报请与有管辖权的人民检察院、人民法院共同的上级人民检察院、人民法院指定管辖。

5 最高人民法院《人民法院量刑指导意见(试行)》(2010年9月13日 法发〔2010〕36号)(节录)

四、常见犯罪的量刑 (十四)掩饰、隐瞒犯罪所得、犯罪所得收益罪

1. 构成掩饰、隐瞒犯罪所得、犯罪所得收益罪的,可以根据下列不同情形在相应的幅度内确定量刑起点:

(1)犯罪情节一般的,可以在三个月拘役至六个月有期徒刑幅度内确定量刑起点。

(2)情节严重的,可以在三年至四年有期徒刑幅度内确定量刑起点。

2. 在量刑起点的基础上,可以根据犯罪数额等其他影响犯罪构成的犯罪事实增加刑罚量,确定基准刑。

6 最高人民法院《关于审理洗钱等刑事案件具体应用法律若干问题的解释》(2009年9月21日 法释〔2009〕15号)①

第一条 刑法第一百九十一条、第三百一十二条规定的"明知",应当结合被告人的认知能力、接触他人犯罪所得及其收益的情况、犯罪所得及其收益的种类、数额、犯罪所得及其收益的转换、转移方式以及被告人的供述等主、客观因素进行认定。

具有下列情形之一的,可以认定被告人明知系犯罪所得及其收益,但有证据证明确实不知道的除外:

(一)知道他人从事犯罪活动,协助转换或者转移财物的;

---

① 对其解读见:《刑事审判参考》2010年第1辑总第72辑,第111~134页。

（二）没有正当理由，通过非法途径协助转换或者转移财物的；

（三）没有正当理由，以明显低于市场的价格收购财物的；

（四）没有正当理由，协助转换或者转移财物，收取明显高于市场的"手续费"的；

（五）没有正当理由，协助他人将巨额现金散存于多个银行账户或者在不同银行账户之间频繁划转的；

（六）协助近亲属或者其他关系密切的人转换或者转移与其职业或者财产状况明显不符的财物的；

（七）其他可以认定行为人明知的情形。

被告人将刑法第一百九十一条规定的某一上游犯罪的犯罪所得及其收益误认为刑法第一百九十一条规定的上游犯罪范围内的其他犯罪所得及其收益的，不影响刑法第一百九十一条规定的"明知"的认定。

第二条 具有下列情形之一的，可以认定为刑法第一百九十一条第一款第（五）项规定的"以其他方法掩饰、隐瞒犯罪所得及其收益的来源和性质"：

（一）通过典当、租赁、买卖、投资等方式，协助转移、转换犯罪所得及其收益的；

（二）通过与商场、饭店、娱乐场所等现金密集型场所的经营收入相混合的方式，协助转移、转换犯罪所得及其收益的；

（三）通过虚构交易、虚设债权债务、虚假担保、虚报收入等方式，协助将犯罪所得及其收益转换为"合法"财物的；

（四）通过买卖彩票、奖券等方式，协助转换犯罪所得及其收益的；

（五）通过赌博方式，协助将犯罪所得及其收益转换为赌博收益的；

（六）协助将犯罪所得及其收益携带、运输或者邮寄出入境的；

（七）通过前述规定以外的方式协助转移、转换犯罪所得及其收益的。

第三条 明知是犯罪所得及其产生的收益而予以掩饰、隐瞒，构成刑法第三百一十二条规定的犯罪，同时又构成刑法第一百九十一条或者第三百四十九条规定的犯罪的，依照处罚较重的规定定罪处罚。

第四条 刑法第一百九十一条、第三百一十二条、第三百四十九条规定的犯罪，应当以上游犯罪事实成立为认定前提。上游犯罪尚未依法裁判，但查证属实的，不影响刑法第一百九十一条、第三百一十二条、第三百四十九条规定的犯罪的审判。

上游犯罪事实可以确认，因行为人死亡等原因依法不予追究刑事责任的，不影响刑法第一百九十一条、第三百一十二条、第三百四十九条规定的犯罪的认定。

上游犯罪事实可以确认，依法以其他罪名定罪处罚的，不影响刑法第一百九十一条、第三百一十二条、第三百四十九条规定的犯罪的认定。

本条所称"上游犯罪"，是指产生刑法第一百九十一条、第三百一十二条、第三百四十九条规定的犯罪所得及其收益的各种犯罪行为。

❼ 最高人民法院、最高人民检察院《关于执行〈中华人民共和国刑法〉确定罪名的

补充规定（三）》（2007年10月25日　法释〔2007〕16号）（节录）①

❽ 最高人民法院、最高人民检察院《关于办理与盗窃、抢劫、诈骗、抢夺机动车相关刑事案件具体应用法律若干问题的解释》（2007年5月9日　法释〔2007〕11号）（节录）②

第一条　明知是盗窃、抢劫、诈骗、抢夺的机动车，实施下列行为之一的，依照刑法第三百一十二条的规定，以掩饰、隐瞒犯罪所得、犯罪所得收益罪定罪，处三年以下有期徒刑、拘役或者管制，并处或者单处罚金：

（一）买卖、介绍买卖、典当、拍卖、抵押或者用其抵债的；

（二）拆解、拼装或者组装的；

（三）修改发动机号、车辆识别代号的；

（四）更改车身颜色或者车辆外形的；

（五）提供或者出售机动车来历凭证、整车合格证、号牌以及有关机动车的其他证明和凭证的；

（六）提供或者出售伪造、变造的机动车来历凭证、整车合格证、号牌以及有关机动车的其他证明和凭证的。

实施第一款规定的行为涉及盗窃、抢劫、诈骗、抢夺的机动车五辆以上或者价值总额达到五十万元以上的，属于刑法第三百一十二条规定的"情节严重"，处三年以上七年以下有期徒刑，并处罚金。

第四条　实施本解释第一条、第二条、第三条第一款或者第三款规定的行为，事前与盗窃、抢劫、诈骗、抢夺机动车的犯罪分子通谋的，以盗窃罪、抢劫罪、诈骗罪、抢夺罪的共犯论处。

第五条　对跨地区实施的涉及同一机动车的盗窃、抢劫、诈骗、抢夺以及掩饰、隐瞒犯罪所得、犯罪所得收益行为，有关公安机关可以依照法律有关规定一并立案侦查，需要提请批准逮捕、移送审查起诉、提起公诉的，由该公安机关所在地的同级人民检察院、人民法院受理。

第六条　行为人实施本解释第一条、第三条第三款规定的行为，涉及的机动车有下列情形之一的，应当认定行为人主观上属于上述条款所称"明知"：

（一）没有合法有效的来历凭证；

（二）发动机号、车辆识别代号有明显更改痕迹，没有合法证明的。

❾ 最高人民法院、最高人民检察院《关于办理盗窃油气、破坏油气设备等刑事案件具体应用法律若干问题的解释》（2007年1月19日　法释〔2007〕3号）（节录）③

第五条　明知是盗窃犯罪所得的油气或者油气设备，而予以窝藏、转移、收购、加工、代为销售或者以其他方法掩饰、隐瞒的，依照刑法第三百一十二条的规定定罪处罚。

---

① 对其解读见：《刑事审判参考》2008年第1辑总第60辑，第60~71页。
② 对其解读见：《刑事审判参考》2007年第3辑总第56辑，第73~81页。
③ 对其解读见：《刑事审判参考》2007年第1辑总第54辑，第94~103页。

实施前款规定的犯罪行为，事前通谋的，以盗窃犯罪的共犯定罪处罚。

⑩《关于办理假冒伪劣烟草制品等刑事案件适用法律问题座谈会纪要》（2003年12月23日　高检会〔2003〕4号）

关于窝藏、转移非法制售的烟草制品行为的定罪处罚问题。

明知是非法制售的烟草制品而予以窝藏、转移的，依照刑法第三百一十二条的规定，以窝藏、转移赃物罪定罪处罚。

⑪最高人民法院、最高人民检察院、公安部、工商局《关于依法查处盗窃、抢劫机动车案件的规定》（1998年5月8日　公通字〔1998〕31号）（节录）①

二、明知是盗窃、抢劫所得机动车而予以窝藏、转移、收购或者代为销售的，依照《刑法》第三百一十二条的规定处罚。

对明知是盗窃、抢劫所得机动车而予以拆解、改装、拼装、典当、倒卖的，视为窝藏、转移、收购或者代为销售，依照《刑法》第三百一十二条的规定处罚。

三、国家指定的车辆交易市场、机动车经营企业（含典当、拍卖行）以及从事机动车修理、零部件销售企业的主管人员或者其他直接责任人员，明知是盗窃、抢劫的机动车而予以窝藏、转移、拆解、改装、拼装、收购或者代为销售的，依照《刑法》第三百一十二条的规定处罚。单位组织实施上述行为的，由工商行政管理机关予以处罚。

四、本规定第二条和第三条中的行为人事先与盗窃、抢劫机动车辆的犯罪分子通谋的，分别以盗窃、抢劫罪的共犯论处。

五、机动车交易必须在国家指定的交易市场或合法经营企业进行，其交易凭证经工商行政管理机关验证盖章后办理登记或过户手续，私下交易机动车辆属于违法行为，由工商行政管理机关依法处理。

明知是赃车而购买的，以收购赃物罪定罪处罚。单位的主管人员或者其他直接责任人员明知是赃车购买的，以收购赃物罪定罪处罚。

明知是赃车而介绍买卖的，以收购、销售赃物罪的共犯论处。

十二、对明知是赃车而购买的，应将车辆无偿追缴；对违反国家规定购买车辆，经查证是赃车的，公安机关可以根据《刑事诉讼法》第一百一十条和第一百一十四条规定进行追缴和扣押。对不明知是赃车而购买的，结案后予以退还买主。

十三、对购买赃车后使用非法提供的入户、过户手续或者使用伪造、变造的入户、过户手续为赃车入户、过户的，应当吊销牌证，并将车辆无偿追缴；已将入户、过户车辆变卖的，追缴变卖所得并责令赔偿经济损失。

十七、本规定所称的"明知"，是指知道或者应当知道。有下列情形之一的，可视为应当知道，但有证据证明确属被蒙骗的除外：（一）在非法的机动车交易场所和销售单位购买的；（二）机动车证件手续不全或者明显违反规定的；（三）机动车发动机号或者车架号有更改痕迹，没有合法证明的；（四）以明显低于市场价格购买机动车的。

⑫最高人民法院《关于在审理经济纠纷案件中涉及经济犯罪嫌疑若干问题的规定》

---

① 对其解读见：《解读最高人民检察院司法解释》，第343～347页。

（1998年4月29日　法释〔1998〕7号）（节录）①

第七条　单位直接负责的主管人员和其他直接责任人员，将单位进行走私或其他犯罪活动所得财物以签订经济合同的方法予以销售，买方明知或者应当知道的，如因此造成经济损失，其损失由买方自负。但是，如果买方不知该经济合同的标的物是犯罪行为所得财物而购买的，卖方对买方所造成的经济损失应当承担民事责任。

⑬ 最高人民检察院《关于事先与犯罪分子有通谋，事后对赃物予以窝藏或者代为销售或者收买的，应如何适用法律的问题的批复》（1995年2月13日　高检发研字〔1995〕2号）

经研究，同意你院的意见，即与盗窃、诈骗、抢劫、抢夺、贪污、敲诈勒索等其他犯罪分子事前通谋，事后对犯罪分子所得赃物予以窝藏、代为销售或者收买的，应按犯罪共犯追究刑事责任。事前未通谋，事后明知是犯罪赃物而予以窝藏、代为销售或者收买的，应按窝赃、销赃罪追究刑事责任。

⑭ 最高人民法院、最高人民检察院《关于办理盗窃案件具体应用法律的若干问题的解释》（1992年12月11日　法发〔1992〕43号）（节录）

八、如何认定窝赃、销赃罪？窝赃、销赃罪，是指明知是犯罪所得的赃物而予以窝藏或者代为销售的行为。

（一）认定窝赃、销赃罪的"明知"，不能仅凭被告人的口供，应当根据案件的客观事实予以分析。只要证明被告人知道或者应当知道是犯罪所得的赃物而予以窝藏或者代为销售的，就可以认定。

（二）窝藏，既包括提供藏匿赃物的场所，也包括为罪犯转移赃物；代为销售，既包括把赃物卖给他人，也包括以低价买进、高价卖出的行为。买赃自用，情节严重的，也应按销赃罪定罪处罚。

（三）与盗窃犯罪分子事前通谋，事后对赃物予以窝藏或者代为销售或者收买的，应以盗窃共犯论处。

⑮ 最高人民法院、最高人民检察院、公安部《关于严厉打击盗窃破坏国防通讯线路设备犯罪活动的通知》（1991年6月20日　公通字〔1991〕43号）（节录）

五、加强对废旧金属收购行业的管理，坚决堵塞销赃渠道。对无视国家有关法规，非法收购被盗的通讯线路器材的，只要有证据证明其应当或者能够知道是赃物的，应视为"明知是赃物而购买"，依照《刑法》第一百七十二条规定以销赃罪论处。事前与盗窃通讯线路器材的犯罪分子通谋的，以共同犯罪论处。

⑯ 上海、北京、广东、湖北、江苏高级人民法院《〈人民法院量刑指导意见（试行）〉实施细则（试行）》（2010年10月1日）

⑰ 福建省高级人民法院《〈人民法院量刑指导意见（试行）〉实施细则（试行）》（2010年9月30日　闽高法发〔2010〕21号）（节录）

---

① 对其解读见：《解读最高人民法院司法解释·刑事、行政卷（1997～2002）》，第111～117页。

四、常见罪名的量刑 （十四）掩饰、隐瞒犯罪所得、犯罪所得收益罪

1. 构成掩饰、隐瞒犯罪所得罪，犯罪所得收益罪的，根据下列不同情形在相应的幅度内确定量刑起点：

（1）掩饰、隐瞒犯罪所得数额5000元以上，可以在拘役三个月至六个月有期徒刑幅度内确定量刑起点。

（2）掩饰、隐瞒犯罪所得额达到50万元；掩饰、隐瞒盗窃、抢劫、诈骗、抢夺的机动车达到五辆或者价值总额达到50万元以上的，或者有其他严重情节的，可在三年至四年有期徒刑幅度内确定量刑起点。

2. 在确定量刑起点的基础上，可根据犯罪数额、次数、手段等犯罪事实增加刑罚量，确定基准刑：

（1）情节一般的，每增加15000元，可以增加一个月刑期。

（2）情节严重的，每增加30000元，可以增加一个月刑期。

（3）掩饰、隐瞒盗窃、抢劫、诈骗、抢夺的机动车，每增加一辆，可以增加三个月至六个月刑期。

3. 有下列情形之一的，可以增加基准刑的10%～30%：

（1）以掩饰、隐瞒犯罪所得为业或以营利为目的的；

（2）多次掩饰、隐瞒犯罪所得的。

⑱ 浙江省高级人民法院《浙江省〈人民法院量刑指导意见（试行）〉实施细则》（2010年9月29日　浙高法〔2010〕280号）（节录）

（十四）掩饰、隐瞒犯罪所得、犯罪所得收益罪

3. 为同一犯罪分子多次掩饰、隐瞒同样或者类似犯罪所得的，可以增加基准刑的20%以下。

⑲ 四川公检法《关于办理盗窃、破坏高速铁路设备设施案件适用法律若干问题的意见（试行）》（2009年9月24日　川高法〔2009〕487号）①

⑳ 厦门市政法委《关于"9·29"专案若干问题的协调纪要》（2002年12月13日　厦委政〔2002〕61号）（节录）

三、关于本案中购赃、销赃行为的定性问题。有以下几种定罪：1. 对有证据认定明知是赃物而收购的，以收购赃物定罪；2. 收购赃物，有证据证明事前有通谋的，以盗窃共犯定罪；3. 没有证据证明"明知是赃物而收购的"，但从事旧手机改装、销售的，以非法经营定罪，公安机关在侦查过程中，要围绕此罪的构成要件搜集证据。

㉑ 江苏省公检法《关于办理窝藏、转移、收购、销售赃物罪有关问题的意见》（2001年2月24日）

一、对明知是赃物而予以窝藏、转移、收购或者代为销售的，其数额达到5000元或者有下列严重情节之一的，应当依照刑法第三百一十二条的规定，追究刑事责任：

---

① 对其解读见：《刑事法律文件解读》2009年第12辑总第54辑，第51~65页。

（一）窝藏、转移、收购或者代为销售赃物三次以上，累计数额达到 3000 元；

（二）受过刑事处罚、劳动教养，或者受过二次以上治安处罚，窝藏、转移、收购或者代为销售的赃物数额达到 3000 元的；

（三）其他情节严重的。

二、收购或者代为销售赃物的具体数额高于赃物原数额的，按照收购或者代为销售赃物的具体数额计算；低于赃物原数额的，按照该赃物的原数额计算。

三、对明知是不满十六周岁的人盗窃、诈骗、抢夺、敲诈勒索或者不满十四周岁的人抢劫、贩卖毒品等所得的赃物而窝藏、转移、收购或者代为销售，并符合前两条规定的，应当依照刑法第三百一十二条的规定，追究刑事责任。

学理观点·典型案例 ➡ 索引与要旨

❶《李启红等内幕交易、泄露内幕信息案》，载《刑事审判参考》2011 年第 6 辑总第 83 辑，第 1~9 页。

核心提示 ➡ 如何区分洗钱罪与掩饰、隐瞒犯罪所得罪？

❷《潘儒民、祝素贞、李大明、龚媛洗钱案》，载《刑事审判参考》2008 年第 1 辑总第 60 辑，第 1~9 页。

核心提示 ➡ 上游犯罪行为人尚未定罪判刑的如何认定洗钱罪？

要旨 ➡ 1. 上游犯罪行为人虽未定罪判刑，洗钱行为的证据确实、充分的，可以认定洗钱罪。2. 是否通谋，是区分上游犯罪共犯与洗钱罪的关键。3. 洗钱罪与掩饰、隐瞒犯罪所得、犯罪所得收益罪的区别。

❸《马俊、陈小灵等盗窃、隐瞒犯罪所得案》，载《刑事审判参考》2008 年第 2 辑总第 61 辑，第 28~35 页。

要旨 ➡ 在盗窃实行犯不知情的情况下，与销赃人事先约定、事后出资收购赃物的行为不构成盗窃共犯。

❹《张泽容、屈自强盗窃案》，载《刑事审判参考》2006 年第 5 辑总第 52 辑，第 22~28 页。

要旨 ➡ 明知是盗窃来的存单而帮助取款并分赃，应定盗窃罪共犯而非窝藏赃物罪。

❺《董保卫、李志林等盗窃、收购赃物案》，载《刑事审判参考》2006 年第 1 辑总第 48 辑，第 24~25 页。

要旨 ➡ 收购赃物后再转卖可定收购赃物罪。

❻《如何界定销赃罪中的"明知"问题》，载《最新刑事法律文件解读》2006 年第 10 辑总第 22 辑，第 106~110 页。

❼《王某利用他人盗得的存折提取现金构成销售赃物罪案》，载《最新刑事法律文件解读》2005 年第 1 辑总第 1 辑。

核心提示 ➡ 将他人盗窃的存折提取现金的行为是销售赃物还是盗窃？

❽《赃物类犯罪司法认定中的若干问题》，载《刑事司法指南》2005 年第 1 辑总第

21辑，第113~127页。

要旨 1. 赃物类犯罪主体的认定；2. "明知"的证明：(1) "明知"的程度；(2) "明知"的具体内容；(3) "明知"形成的时间；(4) "明知"的现实性；(5) 关于对"赃物"的认识错误；(6) "明知"的判断基准；3. 赃物类犯罪客观行为的特征：(1) 窝藏；(2) 转移赃物；(3) 收购赃物；(4) 代为销售赃物；(5) 行为的单复与罪数；4. "赃物"的界定：(1) 关于"犯罪所得"的理解；(2) 关于"犯罪所得财物"中"犯罪"的理解；(3) 关于"赃物"性质的界定；5. 定罪数额的计算。

❾《潘楠博帮助犯罪分子逃避处罚、受贿案》，载《刑事审判参考》2005年第4辑总第45辑，第29~36页。

核心提示 对刑法各条文中的"犯罪分子"应如何理解？

要旨 我国刑法条文中有许多关于"犯罪分子"的规定，其指称包括犯罪嫌疑人、刑事被告人或罪犯。如刑法第23条的"犯罪分子"指犯罪嫌疑人；刑法第61条的"犯罪分子"指刑事被告人；刑法第71条的"犯罪分子"指罪犯。由此可见，"犯罪分子"是一个泛指的概念，其含义需要结合具体的条文加以分析。关于帮助犯罪分子逃避处罚罪中的"犯罪分子"，我们认为，不需要以法院已经作出生效刑事判决为必要条件。该罪的"犯罪分子"，只能是正在实行犯罪或者有证据证明涉嫌犯罪的犯罪嫌疑人。

❿《严静收购赃物案》，载《刑事审判参考》2003年第5辑总第34辑，第43~53页。

核心提示 对不明知且被蒙骗的辩解如何综合证据进行判断？

要旨 推定规则在刑事诉讼中的运用，"两罪存疑"案件的处理。

⓫《刑法中的注意规定与法律拟制及其运用分析》，载《刑事司法指南》2003年第3辑总第15辑，第70~108页。

要旨 注意规定的概念与特点；注意规定是在刑法已作基本规定的前提下，提示司法人员注意，以免司法人员忽略的规定。它有两个基本特征：其一，注意规定的设置，并不改变基本规定的内容，只是对相关规定内容的重申；即使不设置注意规定，也存在相应的法律适用根据（按基本规定处理）。其二，注意规定只具有提示性，其表述的内容与基本规定的内容完全相同，因而不会导致将原本不符合相关基本规定的行为按基本规定论处。

对于《刑法》没有设立注意规定，但符合共同犯罪成立条件的行为，也应认定为共同犯罪。例如，《刑法》第312条规定了窝藏、转移、收购、销售赃物罪，却没有就事前通谋以共犯论处设立注意规定；但是，根据刑法总则关于共同犯罪的规定，事前通谋，事后窝藏、转移、收购或者代为销售赃物的，也应按事前所通谋的、实行犯所犯之罪的共犯论处。

例如，《刑法》第312条规定，"明知是犯罪所得的赃物"，才成立赃物犯罪，而在该赃物犯罪中，犯罪所得的赃物属于特定的犯罪对象，由此可以"推而广之"：凡是特定的犯罪对象，都是故意的认识内容，行为人对此必须有认识，否则不成立故意犯罪。之所以能够"推而广之"，是因为注意规定本身只是提醒司法工作人员注意的规定，注意规定之外存在着作为注意规定的基础的相关规定；在此意义上说，人们不是将注意规定推而广之，而是根据作为注意规定的基础的相关规定所作的解释。"明知是犯罪所得的赃物"这一注意规定,是源于《刑法》第 14 条关于故意犯罪的规定;而第 14 条关于故意犯罪的规定,适用于所有的故意犯罪;所以,人们根据第 14 条的规定,也完全可以得出"故意的成立要求行为人认识到符合客观构成要件的事实"的结论。

⑫《廖修元盗窃案》浙江省慈溪市人民法院〔2002〕慈刑初字第 245 号

核心提示 ➡ 连续对同一行为人多次犯罪之所得赃物予以事后窝藏、销售,可否构成共同犯罪?

要旨 ➡ 被告人廖某多次采用断窗栅等方法,盗窃铜沫等,由被告人余某窝藏并代为销售。一审法院分别以盗窃罪和窝藏销售赃物罪判处二被告有期徒刑 6 年、6 个月,各处罚金 5 千元、3 千元。

⑬《陈家鸣等盗窃、销赃案》,载《刑事审判参考》2001 年第 11 辑总第 22 辑,第 16~23 页。

核心提示 ➡ 如何认定事先通谋的盗窃共犯?

要旨 ➡ 行为人仅知道某人可能要盗窃,但事前未与其形成意思联络,事后与之共谋销赃的,或者虽与盗窃犯有事前意思联络,但事后未再实施销赃等行为的,均不能构成盗窃共犯。"事先"的本质在于本罪未完成之前。"通谋"的本质在于双方已形成了意思联络或沟通,而意思联络或沟通的方式,既可以是相互明示的,也可以是默示的、双方心照不宣的。

⑭《窝藏、转移、收购、销售赃物罪的认定与处罚》,载《刑事司法指南》2000 年第 2 辑总第 2 辑,第 1~56 页。

第 313 条 拒不执行判决、裁定罪

对人民法院的判决、裁定有能力执行而拒不执行,情节严重的,处三年以下有期徒刑、拘役或者罚金。

关 联 规 范 ➡ 完全整理

❶ 全国人大常委会《关于〈中华人民共和国刑法〉第三百一十三条的解释》(2002 年 8 月 29 日)①

全国人民代表大会常务委员会讨论了刑法第三百一十三条规定的"对人民法院的判决、裁定有能力执行而拒不执行,情节严重"的含义问题,解释如下:

刑法第三百一十三条规定的"人民法院的判决、裁定",是指人民法院依法作出的具有执行内容并已发生法律效力的判决、裁定。人民法院为依法执行支付令、生效的调解书、仲裁裁决、公证债权文书等所作的裁定属于该条规定的裁定。

---

① 对其解读见:《刑事审判参考》2002 年第 5 辑总第 28 辑,第 89~90、156~168 页以及 2002 年第 6 辑总第 29 辑,第 137~150 页。

第二编 分则 第六章 妨害社会管理秩序罪

下列情形属于刑法第三百一十三条规定的"有能力执行而拒不执行,情节严重"的情形:

(一)被执行人隐藏、转移、故意毁损财产或者无偿转让财产,以明显不合理的低价转让财产,致使判决、裁定无法执行的;

(二)担保人或者被执行人隐藏、转移、故意毁损或者转让已向人民法院提供担保的财产,致使判决、裁定无法执行的;

(三)协助执行义务人接到人民法院协助执行通知书后,拒不协助执行,致使判决、裁定无法执行的;

(四)被执行人、担保人、协助执行义务人与国家机关工作人员通谋,利用国家机关工作人员的职权妨害执行,致使判决、裁定无法执行的;

(五)其他有能力执行而拒不执行,情节严重的情形。

国家机关工作人员有上述第四项行为的,以拒不执行判决、裁定罪的共犯追究刑事责任。国家机关工作人员收受贿赂或者滥用职权,有上述第四项行为的,同时又构成刑法第三百八十五条、第三百九十七条规定之罪的,依照处罚较重的规定定罪处罚。

❷ 最高人民法院、最高人民检察院、公安部《关于依法严肃查处拒不执行判决、裁定和暴力抗拒法院执行犯罪行为有关问题的通知》(2007年8月30日 法发〔2007〕29号)①

一、对下列拒不执行判决、裁定的行为,依照刑法第三百一十三条的规定,以拒不执行判决、裁定罪论处。(一)被执行人隐藏、转移、故意毁损财产或者无偿转让财产,以明显不合理的低价转让财产,致使判决、裁定无法执行的;(二)担保人或者被执行人隐藏、转移、故意毁损或者转让已向人民法院提供担保的财产,致使判决、裁定无法执行的;(三)协助执行义务人接到人民法院协助执行通知书后,拒不协助执行,致使判决、裁定无法执行的;(四)被执行人、担保人、协助执行义务人与国家机关工作人员通谋,利用国家机关工作人员的职权妨害执行,致使判决、裁定无法执行的;(五)其他有能力执行而拒不执行,情节严重的情形。

二、对下列暴力抗拒执行的行为,依照刑法第二百七十七条的规定,以妨害公务罪论处:(一)聚众哄闹、冲击执行现场,围困、扣押、殴打执行人员,致使执行工作无法进行的;(二)毁损、抢夺执行案件材料、执行公务车辆和其他执行器械、执行人员服装以及执行公务证件,造成严重后果的;(三)其他以暴力、威胁方法妨害或者抗拒执行,致使执行工作无法进行的。

三、负有执行人民法院判决、裁定义务的单位直接负责的主管人员和其他直接责任人员,为了本单位的利益实施本《通知》第一条、第二条所列行为之一的,对该主管人员和其他直接责任人员,依照刑法第三百一十三条和第二百七十七条的规定,分别以拒不执行判决、裁定和妨害公务罪论处。

四、国家机关工作人员有本《通知》第一条第四项行为的,以拒不执行判决、裁定罪

---

① 对其解读见:《最新刑事法律文件解读》2007年第5辑总第29辑,第85~88页。

的共犯追究刑事责任。国家机关工作人员收受贿赂或者滥用职权，有本《通知》第一条第四项行为的，同时又构成刑法第三百八十五条、第三百九十七条规定罪的，依照处罚较重的规定定罪处罚。

五、拒不执行判决、裁定案件由犯罪行为发生地的公安机关、人民检察院、人民法院管辖。如果由犯罪嫌疑人、被告人居住地的人民法院管辖更为适宜的，可以由犯罪嫌疑人、被告人居住地的公安机关、人民检察院、人民法院管辖。

六、以暴力、威胁方法妨害或者抗拒执行的，公安机关接到报警后，应当立即出警，依法处置。

七、人民法院在执行判决、裁定过程中，对拒不执行判决、裁定情节严重的人，可以先行司法拘留；拒不执行判决、裁定的行为人涉嫌犯罪的，应当将案件依法移送有管辖权的公安机关立案侦查。

八、人民法院、人民检察院和公安机关在办理拒不执行判决、裁定和妨害公务案件过程中，应当密切配合、加强协作。对于人民法院移送的涉嫌拒不执行判决、裁定罪和妨害公务罪的案件，公安机关应当及时立案侦查，检察机关应当及时提起公诉，人民法院应当及时审判。在办理拒不执行判决、裁定和妨害公务案件过程中，应当根据案件的具体情况，正确区分罪与非罪的界限，认真贯彻"宽严相济"的刑事政策。

九、人民法院认为公安机关应当立案侦查而不立案侦查的，可提请人民检察院予以监督。人民检察院认为需要立案侦查的，应当要求公安机关说明不立案的理由。人民检察院认为公安机关不立案理由不能成立的，应当通知公安机关立案，公安机关接到通知后应当立案。

十、公安机关侦查终结后移送人民检察院审查起诉的拒不执行判决、裁定和妨害公务案件，人民检察院决定不起诉，公安机关认为不起诉决定有错误的，可以要求复议；如果意见不被接受，可向上一级人民检察院提请复核。

❸ 最高人民法院《关于审理拒不执行判决、裁定案件具体应用法律若干问题的解释》（1998年4月25日　法释〔1998〕6号）①

为正确适用刑法第三百一十三条规定，保证人民法院判决、裁定的执行，现就审理拒不执行判决、裁定案件具体应用法律的若干问题解释如下：

第一条　刑法第三百一十三条规定的"人民法院的判决、裁定"，是指人民法院依法作出的，具有执行内容并已经发生法律效力的判决、裁定。

第二条　对人民法院发生法律效力的判决、裁定"有能力执行"，是指根据查实的证据证明，负有执行人民法院判决、裁定义务的人有可供执行的财产或者具有履行特定行为义务的能力。

第三条　负有执行人民法院判决、裁定义务的人具有下列情形之一的，应当认定为拒不执行人民法院判决、裁定的行为"情节严重"：

（一）在人民法院发出执行通知以后，隐藏、转移、变卖、毁损已被依法查封、扣押或者已被清点并责令其保管的财产，转移已被冻结的财产，致使判决、裁定无法执行的；

---

① 对其解读见：《解读最高人民法院司法解释·刑事、行政卷（1997~2002）》，第236~238页。

（二）隐藏、转移、变卖、毁损在执行中向人民法院提供担保的财产，致使判决、裁定无法执行的；

（三）以暴力、威胁方法妨害或者抗拒执行，致使执行工作无法进行的；

（四）聚众哄闹、冲击执行现场，围困、扣押、殴打执行人员，致使执行工作无法进行的；

（五）毁损、抢夺执行案件材料、执行公务车辆和其他执行器械、执行人员服装以及执行公务证件，造成严重后果的；

（六）其他妨害或者抗拒执行造成严重后果的。

第四条 负有执行人民法院判决、裁定义务的单位直接负责的主管人员和其他直接责任人员，为了本单位的利益实施本解释第三条所列行为之一，造成特别严重后果的，对该主管人员和其他直接责任人员依照刑法第三百一十三条的规定，以拒不执行判决、裁定罪定罪处罚。

第五条 与被执行人共同实施本解释第三条第（三）、（四）、（五）、（六）项规定所列行为之一，情节严重的，以拒不执行判决、裁定罪的共犯依法追究刑事责任。

第六条 暴力抗拒人民法院执行判决、裁定，杀害、重伤执行人员的，依照刑法第二百三十二条、第二百三十四条第二款的规定定罪处罚。

第七条 拒不执行判决、裁定案件由犯罪行为发生地的人民法院管辖。

第八条 人民法院在执行判决、裁定过程中，对拒不执行判决、裁定情节严重的人，可以先行司法拘留。认为拒不执行判决、裁定人的行为已构成犯罪的，应当将案件依法移送行为发生地的公安机关立案查处。

人民法院依法对拒不执行判决、裁定的人定罪判刑，先行司法拘留的日期应当折抵刑期。

❹ 厦门市公检法《关于依法办理拒不执行判决裁定刑事案件若干问题的意见》
（2006年4月14日）

为了正确运用《中华人民共和国刑法》第三百一十三条的规定，依法打击拒不执行判决、裁定的犯罪行为，保障人民法院执行工作的顺利开展，维护法律尊严和司法权威，根据《中华人民共和国刑法》、《中华人民共和国刑事诉讼法》、《中华人民共和国民事诉讼法》、全国人大常委会《关于刑法第三百一十三条的解释》和最高人民法院《关于审理拒不执行判决、裁定具体应用法律问题的解释》等规定，结合本市实际，对办理拒不执行判决、裁定刑事案件的有关问题提出如下意见。

一、刑法第三百一十三条规定的"人民法院的判决、裁定"是指人民法院依法作出的具有执行内容并已发生法律效力的判决、裁定。人民法院为依法执行支付令、生效的调解书、仲裁裁决、公证债权文书而制作的裁定以及人民法院准予强制执行行政处罚决定、行政处理决定的裁定属于该条规定的裁定。

二、有能力执行而拒不执行的下列情形，属于全国人大常委会《关于刑法第三百一十三条的解释》（下称立法解释）第二款第五项"其他有能力而拒不执行，情节严重的情形"：

1. 被执行人在人民法院执行通知书或执行裁定送达后二个月内仍拒不交付医疗费、赡养费、扶养费、抚养费的；

2. 被执行人收到执行通知书或执行裁定后，为逃避履行判决、裁定确定的义务，故意隐匿行踪、居所地或者逃往国外、境外的；

3. 被执行人拒收执行通知书或执行裁定后二个月内仍然拒不履行判决、裁定确定的义务，或故意提供虚假地址致使执行通知书、执行裁定无法送达的；

4. 被执行人挥霍财产，致使判决、裁定无法执行的；

5. 被执行人负有拆除违章建筑、迁出房屋、退出土地等义务而拒不执行，造成市级以上重点工程延误或社会影响恶劣的；

6. 被执行人经人民法院拘留或两次以上合法传唤仍拒不执行判决、裁定的；

7. 其他致使判决、裁定无法执行的情形。

三、接到人民法院执行通知书后，被执行人隐藏、转移、挥霍、故意毁损已被人民法院查封、扣押、冻结的财产，情节严重的，依照刑法第三百一十三条的规定定罪处罚。

被执行人在生效法律文书送达后就已隐藏、转移、挥霍、故意毁损财产或者无偿转让财产，以明显不合理的低价转让财产，致使判决、裁定无法执行的，依照刑法第三百一十三条的规定定罪处罚。

四、人民法院在执行判决、裁定过程中，认为拒不执行人民法院判决、裁定人的行为涉嫌犯罪的，应当将案件依法移送犯罪行为发生地的公安机关立案查处。人民法院向公安机关移送的材料包括据以执行的生效判决书或者裁定书和行为人拒不执行人民法院判决、裁定的证据材料。

五、公安机关对人民法院移送的拒不执行判决、裁定的有关材料，应当及时审查。认为有犯罪嫌疑的应当立案侦查；认为不构成犯罪或者不需要追究刑事责任的，应当书面函告人民法院，并退还有关材料。

六、人民法院向公安机关移送行为人拒不执行判决、裁定罪的有关材料的同时，应当报送人民检察院备案。人民检察院依法对拒不执行判决、裁定的刑事案件实行法律监督。对公安机关应当立案而未立案的案件，人民检察院应当要求公安机关说明不立案的理由，人民检察院认为该理由不成立的，应当通知公安机关立案，公安机关接到通知后应当立案。对公安机关移送起诉的案件，人民检察院认为拒不执行判决、裁定的行为已涉嫌犯罪应当判处刑罚的，应当依法提起公诉。

七、在刑事诉讼中，犯罪嫌疑人、被告人自动履行或者协助执行，确有悔过表现的，根据具体情况，公安机关可以撤销案件，人民检察院可以作不起诉处理，人民法院可以减轻、免除处罚。

八、公安机关、人民检察院在办案过程中查扣的款物以及被执行人为履行义务而交付的款物，一律移送人民法院依法处理。

九、本意见自下发之日起实施。

❺ 江西公检法《关于办理拒不执行判决、裁定刑事案件若干问题的意见》[①]

学理观点·典型案例 ➡ 索引与要旨

❶《最高人民法院公布九起反规避执行典型案例》，载《公检法办案指南》2011年第8辑总第140辑，第56~58页。

要旨 ➡ 1. 领取保险理赔款后未支付给受害人，将车辆过户；2. 转移已查封财产并逃匿；3. 变卖房产并转移。

❷《马素英、杨保全拒不执行判决、裁定案》，载《刑事审判参考》2008年第1辑总第60辑，第53~58页。

核心提示 ➡ 如何理解"致使判决、裁定无法执行"？

要旨 ➡ 拒不执行判决、裁定罪所侵犯的法益主要是司法秩序和司法权威，故应当从影响人民法院执行工作的角度来理解"致使判决、裁定无法执行"，而不能从债权人是否最终实现债权角度来分析。

❸《陆惠忠、刘敏非法处置扣押的财产案》，载《刑事审判参考》2006年第4辑总第51辑，第26~32页。

核心提示 ➡ 非法处置查封、扣押、冻结的财产罪与拒不执行判决、裁定罪如何区分？

❹《拒不执行判决、裁定罪客观方面基本内容的确定》，载《刑事法判解研究》2005年第1辑总第10辑，第119~130页。

❺《关于刑法第三百一十三条立法解释问题》，载《刑事审判参考》2004年第3辑总第38辑，第132~136页。

要旨 ➡ 1. 关于"判决、裁定"的范围问题；2. 关于拒执罪主体范围扩大的问题；3. 关于对国家机关工作人员利用职权妨害执行的刑罚问题；4. 关于以暴力、威胁方法妨害或者抗拒执行的法律适用问题；5. 关于对单位拒不执行判决、裁定行为的责任追究问题。6. 关于管辖和先行司法拘留问题。

❻《朱荣根、朱梅华等妨害公务案》，载《刑事审判参考》2004年第3辑总第38辑，第127~131页。

核心提示 ➡ 以暴力、威胁方法妨害或者抗拒人民法院执行判决、裁定的应如何定罪？

要旨 ➡ 应适用2002年8月29日全国人大常委会作出的《关于刑法第三百一十三条的解释》。

❼《如何理解三百一十三条立法解释"所作的裁定"》，载《最新刑事法律文件解读》2004年第11辑，第73页。

第314条 非法处置查封、扣押、冻结的财产罪

隐藏、转移、变卖、故意毁损已被司法机关查封、扣押、冻结的财产，情

[①] 对其解读见：《最新刑事法律文件解读》2006年第7辑总第19辑，第107~119页。

节严重的，处三年以下有期徒刑、拘役或者罚金。

关联规范 ➡ 完全整理

❶ 全国人大常委会《关于〈中华人民共和国刑法〉第三百一十三条的解释》（2002年8月29日）①

❷ 最高人民法院《关于适用财产刑若干问题的规定》（2000年12月19日 法释〔2000〕45号）（节录）②

为正确理解和执行刑法有关财产刑的规定，现就适用财产刑的若干问题规定如下：

第十一条 自判决指定的期限届满第二日起，人民法院对于没有法定减免事由不缴纳罚金的，应当强制其缴纳。

对于隐藏、转移、变卖、损毁已被扣押、冻结财产情节严重的，依照刑法第三百一十四条的规定追究刑事责任。

❸ 浙江省高级人民法院刑一庭、刑二庭《关于执行刑法若干问题的具体意见（三）》（2000年12月27日）（节录）

10. 对人民法院裁定诉讼保全的财产进行非法处置，情节严重的，按刑法第314条非法处置查封、扣押、冻结的财产罪定罪处罚。

学理观点·典型案例 ➡ 索引与要旨

❶《罗扬非法处置查封的财产案》，载《刑事审判参考》2007年第1辑总第54辑，第42~51页。

核心提示 ➡ 明知房产被依法查封而隐瞒事实将房产卖与他人并收取预付款的行为如何定性？

要旨 ➡ 1. 关于非法处置查封、冻结、扣押的财产罪与拒不执行判决、裁定罪的界限 2. 非法处置查封、冻结、扣押的财产罪既遂的认定。

❷《陆惠忠、刘敏非法处置扣押的财产案》，载《刑事审判参考》2006年第4辑总第51辑，第26~32页。

核心提示 ➡ 窃取本人被司法机关扣押财物的行为如何处理？

要旨 ➡ 非法处置查封、扣押、冻结的财产罪与拒不执行判决、裁定罪如何区分。

❸《龙某秘密窃取自己被法院扣押汽车案》，载《最新刑事法律文件解读》2005年第2辑总第2辑。

核心提示 ➡ 秘密窃取自己被司法机关、行政机关扣押的财物行为应如何定性？

---

① 对其解读见：《刑事审判参考》2002年第5辑总第28辑，第89~90、156~168页以及2002年第6辑总第29辑，第137~150页。

② 对其解读见：《刑事审判参考》2001年第3辑总第14辑，第66~72页。

4 《李志强非法处置查封财产案》，载《最高人民法院公报》2001 年第 4 辑总第 72 辑。

要旨 ➡ 擅自出售被法院查封的木材，在公安机关介入侦查后，其亲属将出售款交给公安机关，使判决得以顺利执行，但行为人依然构成本罪。

第 315 条 破坏监管秩序罪

依法被关押的罪犯，有下列破坏监管秩序行为之一，情节严重的，处三年以下有期徒刑：

（一）殴打监管人员的；
（二）组织其他被监管人破坏监管秩序的；
（三）聚众闹事，扰乱正常监管秩序的；
（四）殴打、体罚或者指使他人殴打、体罚其他被监管人的。

学理观点·典型案例 ➡ **索引与要旨**

《张祖月、陈启良破坏监管秩序案》，载《人民法院案例选》2002 年第 4 辑总第 42 辑。
核心提示 ➡ 服刑罪犯，纠合在一起，抗拒改造并殴打监管人员

第 316 条 第 1 款 脱逃罪 第 2 款 劫夺被押解人员罪

依法被关押的罪犯、被告人、犯罪嫌疑人脱逃的，处五年以下有期徒刑或者拘役。

劫夺押解途中的罪犯、被告人、犯罪嫌疑人的，处三年以上七年以下有期徒刑；情节严重的，处七年以上有期徒刑。

关 联 规 范 ➡ **完全整理**

1 最高人民法院《关于未被公安机关正式录用的人员、狱医能否构成失职致使在押人员脱逃罪主体问题的批复》（2000 年 9 月 22 日 法释〔2000〕28 号）[①]

对于未被公安机关正式录用，受委托履行监管职责的人员，由于严重不负责任，致使在押人员脱逃，造成严重后果的，应当依照刑法第四百条第二款的规定定罪处罚。

不负监管职责的狱医，不构成失职致使在押人员脱逃罪的主体。但是受委派承担了监管职责的狱医，由于严重不负责任，致使在押人员脱逃，造成严重后果的，应当依照刑法第四百条第二款的规定定罪处罚。

2 中国人民解放军军事法院印发《关于审理军人违反职责罪案件中几个具体问题的处理意见》的通知（1988 年 10 月 19 日 〔1988〕军法发字第 34 号）（节录）

[①] 对其解读见：《刑事审判参考》2000 年第 6 辑总第 11 辑，第 50~94 页以及《解读最高人民法院司法解释·刑事、行政卷（1997~2002）》，第 332~334 页。

五、关于军人在临时看管期间逃跑的，能否以脱逃罪论处问题

脱逃罪是指被依法逮捕、关押的犯罪分子，从羁押、改造场所或者在押解途中逃走的行为。军队的临时看管仅是一项行政防范措施。因此，军人在此期间逃跑的，不构成脱逃罪。但在查明他确有犯罪行为后，他的逃跑行为可以作为情节在处刑时予以考虑。

❸ 最高人民法院研究室《关于因错判在服刑期"脱逃"后确有犯罪其错判服刑期限可否与后判刑期折抵问题的电话答复》（1983年8月31日）

湖北省高级人民法院：你院1983年8月12日鄂法研字（83）第19号对《因错判在服刑期"脱逃"后确有犯罪其错判服刑期限可否与后判刑期折抵的请示》已收悉。我们同意你院报告中所提出的意见，即对被错判徒刑的在服刑期间"脱逃"的行为，可不以脱逃论罪判刑；但在脱逃期间犯罪的，应依法定罪判刑；对被错判已服刑的日期与后来犯罪所判处的刑期不宜折抵，可在量刑时酌情考虑从轻或减轻处罚。

学理观点·典型案例 ➡ 索引与要旨

❶《脱逃罪的司法认定问题》，载《刑事司法指南》2006年第1辑总第25辑，第49～57页。

要旨 ➡ 1.脱逃罪主体的认定：（1）"依法"的理解；（2）"被关押"的认定；2.脱逃罪主观故意的认定；3.脱逃罪犯罪停止形态的认定：（1）脱逃罪的"着手"；（2）脱逃罪的既遂；（3）脱逃罪的中止；4.脱逃罪的罪数：（1）手段行为与罪数认定；（2）帮助行为与罪数认定。

❷《朱某、邓某等人使用暴力从拘留所脱逃案》，载《最新刑事法律文件解读》2005年第6辑总第6辑。

核心提示 ➡ 主体身份不符合脱逃罪的特征

❸《陈维仁等脱逃案》，载《刑事审判参考》2001年第3辑总第14辑，第36～41页。

核心提示 ➡ 无罪被错捕羁押的人伙同他人共同脱逃是否构成脱逃罪？

要旨 ➡ 若按79刑法，虽不具备犯罪分子的主体身份，但是其他脱逃人的共犯。若按新刑法是真正身份犯。

❹《魏荣香等故意杀人、抢劫、脱逃、窝藏案》，载《刑事审判参考》2000年第6辑总第11辑，第1～9页以及《刑事审判案例》，第524～529页。

核心提示 ➡ 单人劫狱行为如何定罪？

要旨 ➡ 犯罪嫌疑人魏荣香被被告人王招贵从看守所劫出，魏荣香顺从并与之逃离司法监管的行为，构成脱逃罪。我们认为，被告人王招贵帮助魏荣香从看守所脱逃的行为是实现其帮助魏荣香逃匿目的的手段，应以窝藏罪一罪定罪处罚。

第317条　第1款　组织越狱罪　第2款　暴动越狱罪聚众持械劫狱

组织越狱的首要分子和积极参加的，处五年以上有期徒刑；其他参加的，

处五年以下有期徒刑或者拘役。

暴动越狱或者聚众持械劫狱的首要分子和积极参加的,处十年以上有期徒刑或者无期徒刑;情节特别严重的,处死刑;其他参加的,处三年以上十年以下有期徒刑。

第三节　妨害国(边)境管理罪

第318条　组织他人偷越国(边)境罪

组织他人偷越国(边)境的,处二年以上七年以下有期徒刑,并处罚金;有下列情形之一的,处七年以上有期徒刑或者无期徒刑,并处罚金或者没收财产:

(一)组织他人偷越国(边)境集团的首要分子;

(二)多次组织他人偷越国(边)境或者组织他人偷越国(边)境人数众多的;

(三)造成被组织人重伤、死亡的;

(四)剥夺或者限制被组织人人身自由的;

(五)以暴力、威胁方法抗拒检查的;

(六)违法所得数额巨大的;

(七)有其他特别严重情节的。

犯前款罪,对被组织人有杀害、伤害、强奸、拐卖等犯罪行为,或者对检查人员有杀害、伤害等犯罪行为的,依照数罪并罚的规定处罚。

关联规范　　➡　完全整理

❶《中华人民共和国刑法》(1980年1月1日)第232条　故意杀人罪

故意杀人的,处死刑、无期徒刑或者十年以上有期徒刑;情节较轻的,处三年以上十年以下有期徒刑。

❷《中华人民共和国刑法》(1980年1月1日)第234条　故意伤害罪

故意伤害他人身体的,处三年以下有期徒刑、拘役或者管制。犯前款罪,致人重伤的,处三年以上十年以下有期徒刑;致人死亡或者以特别残忍手段致人重伤造成严重残疾的,处十年以上有期徒刑、无期徒刑或者死刑。本法另有规定的,依照规定。

❸《中华人民共和国刑法》(1980年1月1日)第236条　强奸罪

以暴力、胁迫或者其他手段强奸妇女的,处三年以上十年以下有期徒刑。

奸淫不满十四周岁的幼女的,以强奸论,从重处罚。

强奸妇女、奸淫幼女,有下列情形之一的,处十年以上有期徒刑、无期徒刑或者死刑:

(一)强奸妇女、奸淫幼女情节恶劣的;

（二）强奸妇女、奸淫幼女多人的；

（三）在公共场所当众强奸妇女的；

（四）二人以上轮奸的；

（五）致使被害人重伤、死亡或者造成其他严重后果的。

4 《中华人民共和国刑法》（1980年1月1日）第240条　拐卖妇女、儿童罪

拐卖妇女、儿童的，处五年以上十年以下有期徒刑，并处罚金；有下列情形之一的，处十年以上有期徒刑或者无期徒刑，并处罚金或者没收财产；情节特别严重的，处死刑，并处没收财产：

（一）拐卖妇女、儿童集团的首要分子；

（二）拐卖妇女、儿童三人以上的；

（三）奸淫被拐卖的妇女的；

（四）诱骗、强迫被拐卖的妇女卖淫或者将被拐卖的妇女卖给他人迫使其卖淫的；

（五）以出卖为目的，使用暴力、胁迫或者麻醉方法绑架妇女、儿童的；

（六）以出卖为目的，偷盗婴幼儿的；

（七）造成被拐卖的妇女、儿童或者其亲属重伤、死亡或者其他严重后果的；

（八）将妇女、儿童卖往境外的。

拐卖妇女、儿童是指以出卖为目的，有拐骗、绑架、收买、贩卖、接送、中转妇女、儿童的行为之一的。

5 最高人民法院《关于审理组织、运送他人偷越国（边）境等刑事案件适用法律若干问题的解释》（2002年2月6日　法释〔2002〕3号）①

为依法严惩组织、运送他人偷越国（边）境犯罪活动，根据刑法有关规定，现就审理这类案件具体应用法律的若干问题解释如下：

第一条　领导、策划、指挥他人偷越国（边）境或者在首要分子指挥下，实施拉拢、引诱、介绍他人偷越国（边）境等行为的，属于刑法第三百一十八条规定的"组织他人偷越国（边）境"。

第二条　刑法第三百一十八条第（二）项、第三百二十一条第（一）项规定的"人数众多"，一般是指组织、运送他人偷越国（边）境人数在十人以上。

第三条　为组织他人偷越国（边）境使用、骗取出境证件五份以上，或者非法收取办证费三十万元以上的，属于刑法第三百一十九条第一款规定的骗取出境证件罪"情节严重"。

第四条　具有下列情形之一的，属于刑法第三百二十条规定的"情节严重"：

（一）为他人提供伪造、变造的护照、签证等出入境证件五份以上或者出售护照、签证等出入境证件五份以上的；

（二）违法所得三十万元以上的；

（三）有其他严重情节的。

---

① 对其解读见：《解读最高人民法院司法解释·刑事、行政卷（1997~2002）》，第308~312页。

第五条　偷越国（边）境，具有下列情形之一的，属于刑法第三百二十二条规定的"情节严重"：

（一）在境外实施损害国家利益的行为的；

（二）偷越国（边）境三次以上的；

（三）拉拢、引诱他人一起偷越国（边）境的；

（四）因偷越国（边）境被行政处罚后一年内又偷越国（边）境的；

（五）有其他严重情节的。

6 公安部《关于妨害国（边）境管理犯罪案件立案标准及有关问题的通知》（2000年3月31日　公通字〔2000〕30号）（节录）

一、（一）1. 组织他人偷越国（边）境的，应当立案侦查。

2. 组织他人偷越国（边）境，具有下列情形之一的，应当立为重大案件：（1）1次组织20～49人偷越国（边）境的；（2）组织他人偷越国（边）境3～4次的；（3）造成被组织人重伤1～2人的；（4）剥夺或者限制被组织人人身自由的；（5）以暴力、威胁方法抗拒检查的；（6）违法所得人民币5万～20万元的；（7）有其他严重情节的。

3. 组织他人偷越国（边）境，具有下列情形之一的，应当立为特别重大案件：（1）1次组织50人以上偷越国（边）境的；（2）组织他人偷越国（边）境5次以上的；（3）造成被组织人重伤3人以上或者死亡1人以上的；（4）违法所得20万元以上的；（5）有其他特别严重情节的。

在组织、运送他人偷越国（边）境中，对被组织人、被运送人有杀害、伤害、强奸、拐卖等犯罪行为的，或者对检查人员有杀害、伤害等犯罪行为的，应当分别依照杀人、伤害、强奸、拐卖等案件一并立案侦查。

违法所得外币的，应当按当时汇率折合为人民币，单独或者合计计算违法所得数额。以上规定中的"以上"，均包括本数在内。

7 公安部《关于打击拐卖妇女儿童犯罪适用法律和政策有关问题的意见》（2000年3月24日　公通字〔2000〕25号）（节录）

二、（十）犯组织他人偷越国（边）境罪，对被组织的妇女、儿童有拐卖犯罪行为的，以组织他人偷越国（边）境罪和拐卖妇女、儿童罪立案侦查。

8 福建省公检法《福建省2008年度第1次公检法联席会议纪要》（2008年6月2日　闽公综〔2008〕314号）（节录）

一、《刑法》第318条规定，"多次组织他人偷越国（边）境或者组织他人偷越国（边）境人数众多的"、"违法所得数额巨大"作为组织他人偷越国（边）境犯罪的加重情节。但在办理组织他人偷越国（边）境既遂案件中，发现即使犯罪嫌疑人自己交代了多次组织、组织人数众多和非法所得数额巨大的犯罪行为，由于被组织人员已身处国外，案件缺少被组织者口供等证据材料佐证，造成较难确定加重情节。会议明确，只要涉案的几名犯罪嫌疑人在组织次数、组织人数和非法所得的供述比较稳定，能相互印证，且证据客观真实，可以予以认定。

9 福建省公检法《关于办理组织、运送他人私自前往台湾渔船从事劳务案件有关问

题的通知》（2003年5月15日　闽公通〔2003〕159号）

近年来，由于对台渔工劳务合法权益受侵害问题日益突出，劳资纠纷、工伤、凶杀等各类事（案）件时有发生，为切实保护我对台渔工的合法权益，整顿对台渔工劳务合作业务经营秩序，国家对外贸易经济合作部等六部办于2001年12月29日联合下发了《关于全面暂停对台渔工劳务合作业务的通知》，明令全面暂停对台渔工劳务合作业务。但台湾和我省沿海地区一些不法分子为牟取暴利，相互勾结，不顾国家禁令，仍大肆组织、运送他人私自前往台湾渔船从事劳务活动，引发大批沿海群众私自前往台湾渔船从事劳务活动，严重干扰了国家有关政策的贯彻落实。为有效遏制组织、运送他人私自前往台湾渔船从事劳务活动的高发势头，本着重点打击情节严重的组织者、运送者，教育一般渔工劳务人员的原则，结合我省实际，现就办理组织、运送他人私自前往台湾渔船从事劳务案件有关问题，通知如下：

一、组织、运送他人私自前往台湾渔船从事劳务活动，有下列情形之一的，应依照《中华人民共和国刑法》第三百一十八条、三百二十一条规定和最高人民法院《关于审理组织、运送他人偷越国（边）境等刑事案件适用法律若干问题的解释》追究组织者、运送者的刑事责任。

1. 组织、运送他人私自前往台湾渔船从事劳务三次以上，或组织、运送他人私自前往台湾渔船从事劳务累计二十人以上的；

2. 因组织、运送他人私自前往台湾渔船从事劳务被行政处罚后，一年内又组织、运送他人私自前往台湾渔船从事劳务的；

3. 造成被组织人、被运送人重伤、死亡的；

4. 剥夺或者限制被组织人、被运送人人身自由的；

5. 以暴力、威胁方法抗拒检查的；

6. 违法所得十万元以上的。

二、组织、运送他人私自前往台湾渔船从事劳务活动，不构成犯罪的，依据有关法律法规予以行政处罚。

三、对私自前往台湾渔船从事劳务的人员，依据《福建省闽台近洋渔工劳务合作办法》有关规定处罚。

四、本通知自下发之日起执行。今后，如遇国家对台劳务政策调整，通知与之相抵触的，依照国家法律、法规、政策执行。

学理观点·典型案例 ➡ 索引与要旨

❶《组织他人偷越国（边）境犯罪既、未遂形态分析》，载《刑事法律文件解读》2010年第2辑总第56辑，第112~117页。

❷《粮红兵、金光显组织他人偷越国境一案分析》，载《刑事法律文件解读》2009年第8辑总第50辑，第113~119页。

核心提示 ➡ 组织他人偷越国境犯罪既未遂辨析

❸《如何理解和认定组织、运送他人偷越国（边）境案件中的既遂、未遂》，载《最新刑事法律文件解读》2006 年第 3 辑总第 15 辑，第 120~122 页。

❹《兼论行为犯的既遂与未遂》，载《刑事司法指南》总第 21 辑。

要旨 ➡ 组织他人偷越国（边）境罪的既遂与未遂。

❺《孙亚范等组织他人偷越国（边）境案》〔2005〕沈刑（1）终字第 29 号

核心提示 ➡ 先将中国人合法运送到国外后偷渡到第三国行为的定性

要旨 ➡ 被告人以非法牟利为目的，先将王剑川等人合法地转移到埃及，而后再将他们非法偷渡到以色列，构成了组织他人偷越国境罪。本质上来说，数被告人在国内实施的将 16 位中国人首先采用旅游签证的方式合法转移到埃及，这是整个犯罪计划的一部分或者说是为犯罪创造条件的准备阶段，将这种犯罪行为定为发生在中国境内是正确的。

❻《顾国均、王建忠组织他人偷越国境案》，载《刑事审判参考》2004 年第 3 辑总第 38 辑，第 143~152 页。

核心提示 ➡ 以旅游名义骗取出境证件，非法组织他人出境劳务的应如何定性？

核心提示 ➡ 1. 不具备合法出境资格，而以骗得的合法出境证件出境，属于偷越国境行为。2. 以旅游名义骗取出境证件，非法组织他人出境劳务，构成组织他人偷越国（边）境罪。

❼《妨害国（边）境管理犯罪案件审理工作若干问题探析》，载《刑事审判要览》2004 年第 1 辑总第 7 辑，第 67~75 页。

❽《陈心建、陈其纯组织他人偷越国境案》，载《刑事审判指导》2004 年第 1 辑总第 1 辑。

核心提示 ➡ 如何理解和认定组织他人偷越国（边）境罪中的"组织"行为？

第 319 条 骗取出境证件罪

以劳务输出、经贸往来或者其他名义，弄虚作假，骗取护照、签证等出境证件，为组织他人偷越国（边）境使用的，处三年以下有期徒刑，并处罚金；情节严重的，处三年以上十年以下有期徒刑，并处罚金。

单位犯前款罪的，对单位判处罚金，并对其直接负责的主管人员和其他直接责任人员，依照前款的规定处罚。

关 联 规 范 ➡ 完全整理

❶ 最高人民法院《关于审理组织、运送他人偷越国（边）境等刑事案件适用法律若干问题的解释》（2002 年 2 月 6 日 法释〔2002〕3 号）（节录）①

第三条 为组织他人偷越国（边）境使用、骗取出境证件五份以上，或者非法收取办

---

① 对其解读见：《解读最高人民法院司法解释·刑事、行政卷（1997~2002）》，第 308~312 页。

证费三十万元以上的,属于刑法第三百一十九条第一款规定的骗取出境证件罪"情节严重"。

❷ 公安部《关于妨害国(边)境管理犯罪案件立案标准及有关问题的通知》(2000年3月31日 公通字〔2000〕30号)

(二) 1. 以劳务输出、经贸往来或者其他名义弄虚作假,骗取护照、通行证、旅行证、海员证、签证(注)等出境证件(以下简称出境证件),为他人偷越国(边)境使用的,应当立案侦查。

2. 骗取出境证件,具有下列情形之一的,应当立为重大案件:(1)骗取出境证件5~19本(份、个)的;(2)为违法犯罪分子骗取出境证件的;(3)违法所得10~20万元的;(4)有其他严重情节的。

3. 骗取出境证件,具有下列情形之一的,应当立为特别重大案件:(1)骗取出境证件20本(份、个)以上的;(2)违法所得20万元以上的;(3)有其他特别严重情节的。

学理观点·典型案例 ➡ 索引与要旨

❶《顾国均、王建忠组织他人偷越国境案》,载《刑事审判参考》2004年第3辑总第38辑,第143~152页。

核心提示 ➡ 以旅游名义骗取出境证件,非法组织他人出境劳务的应如何定性?

要旨 ➡ 1. 不具备合法出境资格,而以骗得的合法出境证件出境,属于偷越国境行为。2. 以旅游名义骗取出境证件,非法组织他人出境劳务,构成组织他人偷越国(边)境罪。我们认为,组织他人偷越国(边)境与骗取出境证件罪是不同的罪名,二者在犯罪构成上有明显的区别,不存在普通与特殊的关系。本案,虽然从犯罪的发展阶段看,骗取出境证件为组织他人偷越国(边)境的预备行为,但由于两者间手段与目的的关系,使之更符合牵连犯的特征,因此,应以组织他人偷越国(边)境罪论处。

❷《妨害国(边)境管理犯罪案件审理工作若干问题探析》,载《刑事审判要览》2004年第1辑总第7辑,第67~75页。

❸《袁闵钢、包华敏骗取出境证件案》,载《刑事审判参考》2000年第4辑总第9辑,第34~38页以及《刑事审判案例》,第687~690页。

核心提示 ➡ 具有中国国籍同时又持有外国护照的被告人的国籍如何认定?

❹《袁闵钢、包华敏骗取出境证件案》上海第二中级法院

核心提示 ➡ 签证是否属于出入境证件?

要旨 ➡ 被告一单独或伙同被告二,伪造并私刻印章,编造虚假材料,以赴日商务考察的名义骗取签证,为组织他人偷越国境使用,情节严重。一审法院判决起构成骗取出境证件罪,二审法院维持。

第320条 提供伪造、变造的出入境证件罪 出售出入境证件罪

为他人提供伪造、变造的护照、签证等出入境证件,或者出售护照、签证

等出入境证件的，处五年以下有期徒刑，并处罚金；情节严重的，处五年以上有期徒刑，并处罚金。

关 联 规 范　　完全整理

❶ 最高人民法院《关于审理组织、运送他人偷越国（边）境等刑事案件适用法律若干问题的解释》（2002年2月6日　法释〔2002〕3号）（节录）①

第四条　具有下列情形之一的，属于刑法第三百二十条规定的"情节严重"：

（一）为他人提供伪造、变造的护照、签证等出入境证件五份以上或者出售护照、签证等出入境证件五份以上的；

（二）违法所得三十万元以上的；

（三）有其他严重情节的。

❷ 公安部《关于妨害国（边）境管理犯罪案件立案标准及有关问题的通知》（2000年3月31日　公通字〔2000〕30号）（节录）

（三）提供伪造、变造的出入境证件案：1. 为他人提供伪造、变造的护照、通行证、旅行证、海员证、签证（注）等出入境证件（以下简称出入境证件）的，应当立案侦查。

2. 为他人提供伪造、变造的出入境证件，具有下列情形之一的，应当立为重大案件：（1）为他人提供伪造、变造的出入境证件5～19本（份、个）的；（2）为违法犯罪分子提供伪造、变造的出入境证件的；（3）违法所得10～20万元的；（4）有其他严重情节的。

3. 为他人提供伪造、变造的出入境证件，具有下列情形之一的，应当立为特别重大案件：（1）为他人提供伪造、变造的出入境证件20本（份、个）以上的；（2）违法所得20万元以上的；（3）有其他特别严重情节的。

（四）出售出入境证件案

1. 出售出入境证件的，应当立案侦查。

2. 出售出入境证件，具有下列情形之一的，应当立为重大案件：（1）出售出入境证件5～19本（份、个）的；（2）给违法犯罪分子出售出入境证件的；（3）违法所得10～20万元的；（4）有其他严重情节的。

3. 出售出入境证件，具有下列情形之一的，应当立为特别重大案件：（1）出售出入境证件20本（份、个）以上的；（2）违法所得20万元以上的；（3）有其他特别严重情节的。

学理观点·典型案例　　索引与要旨

《妨害国（边）境管理犯罪案件审理工作若干问题探析》，载《刑事审判要览》2004年第1辑总第7辑，第67～75页。

---

① 对其解读见：《解读最高人民法院司法解释·刑事、行政卷（1997～2002）》，第308～312页。

第 321 条 运送他人偷越国（边）境罪

运送他人偷越国（边）境的，处五年以下有期徒刑、拘役或者管制，并处罚金；有下列情形之一的，处五年以上十年以下有期徒刑，并处罚金：

（一）多次实施运送行为或者运送人数众多的；

（二）所使用的船只、车辆等交通工具不具备必要的安全条件，足以造成严重后果的；

（三）违法所得数额巨大的；

（四）有其他特别严重情节的。

在运送他人偷越国（边）境中造成被运送人重伤、死亡，或者以暴力、威胁方法抗拒检查的，处七年以上有期徒刑，并处罚金。

犯前两款罪，对被运送人有杀害、伤害、强奸、拐卖等犯罪行为，或者对检查人员有杀害、伤害等犯罪行为的，依照数罪并罚的规定处罚。

关 联 规 范　　完全整理

❶《中华人民共和国刑法》（1980 年 1 月 1 日）第 232 条　故意杀人罪

故意杀人的，处死刑、无期徒刑或者十年以上有期徒刑；情节较轻的，处三年以上十年以下有期徒刑。

❷《中华人民共和国刑法》（1980 年 1 月 1 日）第 234 条　故意伤害罪

故意伤害他人身体的，处三年以下有期徒刑、拘役或者管制。犯前款罪，致人重伤的，处三年以上十年以下有期徒刑；致人死亡或者以特别残忍手段致人重伤造成严重残疾的，处十年以上有期徒刑、无期徒刑或者死刑。本法另有规定的，依照规定。

❸《中华人民共和国刑法》（1980 年 1 月 1 日）第 236 条　强奸罪

以暴力、胁迫或者其他手段强奸妇女的，处三年以上十年以下有期徒刑。

奸淫不满十四周岁的幼女的，以强奸论，从重处罚。

强奸妇女、奸淫幼女，有下列情形之一的，处十年以上有期徒刑、无期徒刑或者死刑：

（一）强奸妇女、奸淫幼女情节恶劣的；

（二）强奸妇女、奸淫幼女多人的；

（三）在公共场所当众强奸妇女的；

（四）二人以上轮奸的；

（五）致使被害人重伤、死亡或者造成其他严重后果的。

❹《中华人民共和国刑法》（1980 年 1 月 1 日）第 240 条　拐卖妇女、儿童罪

拐卖妇女、儿童的，处五年以上十年以下有期徒刑，并处罚金；有下列情形之一的，处十年以上有期徒刑或者无期徒刑，并处罚金或者没收财产；情节特别严重的，处死刑，并处没收财产：

（一）拐卖妇女、儿童集团的首要分子；

（二）拐卖妇女、儿童三人以上的；
（三）奸淫被拐卖的妇女的；
（四）诱骗、强迫被拐卖的妇女卖淫或者将被拐卖的妇女卖给他人迫使其卖淫的；
（五）以出卖为目的，使用暴力、胁迫或者麻醉方法绑架妇女、儿童的；
（六）以出卖为目的，偷盗婴幼儿的；
（七）造成被拐卖的妇女、儿童或者其亲属重伤、死亡或者其他严重后果的；
（八）将妇女、儿童卖往境外的。

拐卖妇女、儿童是指以出卖为目的，有拐骗、绑架、收买、贩卖、接送、中转妇女、儿童的行为之一的。

5 最高人民法院《关于审理组织、运送他人偷越国（边）境等刑事案件适用法律若干问题的解释》（2002年2月6日 法释〔2002〕3号）（节录）[①]

第二条 刑法第三百一十八条第（二）项、第三百二十一条第（一）项规定的"人数众多"，一般是指组织、运送他人偷越国（边）境人数在十人以上。

6 公安部《关于妨害国（边）境管理犯罪案件立案标准及有关问题的通知》（2000年3月31日 公通字〔2000〕30号）（节录）

（五）1. 运送他人偷越国（边）境，应当立案侦查。

2. 运送他人偷越国（边）境，具有下列情形之一的，应当立为重大案件：（1）1次运送20～49人偷越国（边）境的；（2）运送他人偷越国（边）境3～4次的；（3）使用简陋、破旧、报废、通气状况很差的船只或者车辆等不具备必要安全条件的交通工具运送他人偷越国（边）境，足以造成严重后果的；（4）违法所得5～20万元的；（5）造成被运送人重伤1～2人的；（6）以暴力、威胁方法抗拒检查的；（7）有其他严重情节的。

3. 运送他人偷越国（边）境，具有下列情形之一的，应当立为特别重大案件：（1）1次运送50人以上偷越国（边）境的；（2）运送他人偷越国（边）境5次以上的；（3）造成被运送人重伤3人以上或者死亡1人以上的；（4）违法所得20万元以上的；（5）有其他特别严重情节的。

7 福建省公检法《关于办理组织、运送他人私自前往台湾渔船从事劳务案件有关问题的通知》（2003年5月15日 闽公通〔2003〕159号）

一、组织、运送他人私自前往台湾渔船从事劳务活动，有下列情形之一的，应依照《中华人民共和国刑法》第三百一十八条、三百二十一条规定和最高人民法院《关于审理组织、运送他人偷越国（边）境等刑事案件适用法律若干问题的解释》追究组织者、运送者的刑事责任。

1. 组织、运送他人私自前往台湾渔船从事劳务三次以上，或组织、运送他人私自前往台湾渔船从事劳务累计二十人以上的；

2. 因组织、运送他人私自前往台湾渔船从事劳务被行政处罚后，一年内又组织、运送他人私自前往台湾渔船从事劳务的；

[①] 对其解读见：《解读最高人民法院司法解释·刑事、行政卷（1997～2002）》，第308～312页。

3. 造成被组织人、被运送人重伤、死亡的；
4. 剥夺或者限制被组织人、被运送人人身自由的；
5. 以暴力、威胁方法抗拒检查的；
6. 违法所得十万元以上的。

二、组织、运送他人私自前往台湾渔船从事劳务活动，不构成犯罪的，依据有关法律法规予以行政处罚。

三、对私自前往台湾渔船从事劳务的人员，依据《福建省闽台近洋渔工劳务合作办法》有关规定处罚。

学理观点·典型案例 ▶ 索引与要旨

❶《如何理解和认定组织、运送他人偷越国（边）境案件中的既遂、未遂》，载《最新刑事法律文件解读》2006年第3辑总第15辑，第120~122页。

❷《妨害国（边）境管理犯罪案件审理工作若干问题探析》，载《刑事审判要览》2004年第1辑总第7辑，第67~75页。

第322条 偷越国（边）境罪

违反国（边）境管理法规，偷越国（边）境，情节严重的，处一年以下有期徒刑、拘役或者管制，并处罚金。

关联规范 ▶ 完全整理

❶ 最高人民法院《关于审理组织、运送他人偷越国（边）境等刑事案件适用法律若干问题的解释》 法释〔2002〕3号（节录）①

第五条 偷越国（边）境，具有下列情形之一的，属于刑法第三百二十二条规定的"情节严重"：

（一）在境外实施损害国家利益的行为的；
（二）偷越国（边）境三次以上的；
（三）拉拢、引诱他人一起偷越国（边）境的；
（四）因偷越国（边）境被行政处罚后一年内又偷越国（边）境的；
（五）有其他严重情节的。

❷ 公安部《关于妨害国（边）境管理犯罪案件立案标准及有关问题的通知》（2000年3月31日 公通字〔2000〕30号）（节录）

（六）1. 偷越国（边）境，具有下列情形之一的，应当立案侦查：（1）偷越国（边）境3次以上、屡教不改的；（2）实施违法行为后偷越国（边）境的；（3）在偷越国（边）境时对执法人员施以暴力、威胁手段的；（4）造成重大涉外事件和恶劣影响的；（5）有其他严重情节的。

---

① 对其解读见：《解读最高人民法院司法解释·刑事、行政卷（1997~2002）》，第308~312页。

2. 偷越国（边）境，具有下列情形之一的，应当立为重大案件：（1）为逃避刑罚偷越国（边）境的；（2）以走私、贩毒等犯罪为目的偷越国（边）境的；（3）有其他特别严重情节的。

❸ 最高人民法院、最高人民检察院、公安部《关于对非法越境去台人员的处理意见》（1982年6月30日）（节录）

三、凡是未经办理签证手续，擅自非法越境去台、澎、金、马、敌占岛屿的，应当区别不同情况，分别处理：

（1）进行反革命活动的，应按刑法分则第一章反革命罪有关条文定罪惩处。如策动、勾引、收买国家工作人员、现役军人、人民警察、民兵逃台的，应定为策动投敌叛变罪；为台湾当局窃取、刺探、提供情报的，供给武器军火的，参加特务组织或者接受敌人派遣任务的，应定为特务或资敌罪；进行反革命宣传，煽动他人一起逃台的，或在逃台后公开发表反共反人民言论的，应定为反革命宣传煽动罪。

（2）非法越境逃台，情节严重的，或者以营利为目的，组织、运送他人越境逃台的，应当根据刑法第一百七十六条、第一百七十七条的规定惩处。如果尚有走私、贩毒等其他犯罪行为的，应根据刑法的规定，数罪并罚。

（3）国家工作人员、现役军人、人民警察、民兵或者共产党员非法越境去台的，应当依法从重惩处。

（4）普通公民纯属好逸恶劳，羡慕资本主义生活方式或出于探亲、访友等目的而非法偷渡去台的，一般可不追究刑事责任，但应酌情给予必要的批评教育、训诫或者责令具结悔过。

❹ 最高人民法院《关于偷越国境处理界限的复函》（1956年11月30日）

答复如下：一般居民（包括归国华侨）为了探亲、访友、赶墟、过境耕种或出国谋生，因不明法令或贪图省事而偷越国境者，原则上应从宽处理，不必处刑；对伪造证件而偷越国境者可按其情节轻重予以应得的刑事处分；对于以反革命为目的而偷越国境者，应按惩治反革命条例的规定论处。

❺ 福建省公检法《关于办理组织、运送他人私自前往台湾渔船从事劳务案件有关问题的通知》（2003年5月15日　闽公通〔2003〕159号）（节录）

三、对私自前往台湾渔船从事劳务的人员，依据《福建省闽台近洋渔工劳务合作办法》有关规定处罚。

学理观点·典型案例　➡ 索引与要旨

❶《顾国均、王建忠组织他人偷越国境案》，载《刑事审判参考》2004年第3辑总第38辑，第143～152页。

要旨➡ 以骗得的合法出境证件出境，属偷越国（边）境行为。

❷《妨害国（边）境管理犯罪案件审理工作若干问题探析》，载《刑事审判要览》2004年第1辑总第7辑，第67～75页。

第323条　破坏界碑、界桩罪　破坏永久性测量标志罪

故意破坏国家边境的界碑、界桩或者永久性测量标志的，处三年以下有期徒刑或者拘役。

关联规范　完全整理

公安部《关于妨害国（边）境管理犯罪案件立案标准及有关问题的通知》（2000年3月31日　公通字〔2000〕30号）（节录）

（七）破坏界碑、界桩案

1. 采取盗取、毁坏、拆除、掩埋、移动等手段破坏国家边境的界碑、界桩的，应当立案侦查。

2. 破坏3个以上界碑、界桩的，或者造成严重后果的，应当立为重大案件。

（八）破坏永久性测量标志案

1. 采取盗取、拆毁、损坏、改变、移动、掩埋等手段破坏永久性测量标志，使其失去原有作用的，应当立案侦查。

2. 破坏3个以上永久性测量标志的，或者造成永久性测量标志严重损毁等严重后果的，应当立为重大案件。

第四节　妨害文物管理罪

第324条　第1款　故意损毁文物罪　第2款　故意损毁名胜古迹罪　第3款　过失损毁文物罪

故意损毁国家保护的珍贵文物或者被确定为全国重点文物保护单位、省级文物保护单位的文物的，处三年以下有期徒刑或者拘役，并处或者单处罚金；情节严重的，处三年以上十年以下有期徒刑，并处罚金。

故意损毁国家保护的名胜古迹，情节严重的，处五年以下有期徒刑或者拘役，并处或者单处罚金。

过失损毁国家保护的珍贵文物或者被确定为全国重点文物保护单位、省级文物保护单位的文物，造成严重后果的，处三年以下有期徒刑或者拘役。

关联规范　完全整理

❶ 全国人大常委会《关于〈中华人民共和国刑法〉有关文物的规定适用于具有科学价值的古脊椎动物化石、古人类化石的解释》（2005年12月29日）[①]

全国人民代表大会常务委员会根据司法实践中遇到的情况，讨论了关于走私、盗窃、

[①] 对其解读见：《刑事审判参考》2006年第2辑总第49辑，第57~60页。

损毁、倒卖或者非法转让具有科学价值的古脊椎动物化石、古人类化石的行为适用刑法有关规定的问题，解释如下：刑法有关文物的规定，适用于具有科学价值的古脊椎动物化石、古人类化石。

❷ 最高人民检察院、公安部《关于公安机关管辖的刑事案件立案追诉标准的规定（一）》（2008年6月25日　公通字〔2008〕36号）（节录）

第四十六条　故意损毁国家保护的珍贵文物或者被确定为全国重点文物保护单位、省级文物保护单位的文物的，应予立案追诉。

第四十七条　故意损毁国家保护的名胜古迹，涉嫌下列情形之一的，应予立案追诉：（一）造成国家保护的名胜古迹严重损毁的；（二）损毁国家保护的名胜古迹三次以上或者三处以上，尚未造成严重损毁后果的；（三）损毁手段特别恶劣的；（四）其他情节严重的情形。

第四十八条　过失损毁国家保护的珍贵文物或者被确定为全国重点文物保护单位、省级文物保护单位的文物，涉嫌下列情形之一的，应予立案追诉：（一）造成珍贵文物严重损毁的；（二）造成全国重点文物保护单位、省级文物保护单位的文物严重损毁的；（三）造成珍贵文物损毁三件以上的；（四）其他造成严重后果的情形。

❸ 最高人民法院、最高人民检察院《关于办理盗窃、盗掘、非法经营和走私文物的案件具体应用法律的若干问题的解释》（1987年11月27日）

一、盗窃馆藏文物

（一）博物馆、文物机构和其他文物收藏单位的文物藏品，均属于馆藏文物。按照国家文物主管部门的规定，馆藏一、二级文物均为珍贵文物，三级文物一般也以珍贵文物看待。社会上流散的文物应依照文物主管部门规定的标准定级。

（二）盗窃馆藏文物的，以盗窃罪论处，适用刑法第一百五十一条、第一百五十二条和全国人大常委会《决定》第一条第（一）项的规定。盗窃三级文物的，处五年以下有期徒刑、拘役或者管制；盗窃二级文物的，处五年以上十年以下有期徒刑；盗窃一级文物的，属于"情节特别严重"，处十年以上有期徒刑，其中盗窃多件或者盗窃稀世国宝的，可处无期徒刑或者死刑。

（三）一案中盗窃三级以上各级文物的，可以按照盗窃高级别文物的量刑幅度处罚；一案中盗窃同级文物数量较多，情节严重的，可以按盗窃高一级文物的量刑幅度处罚；情节特别严重的，按照刑法和全国人大常委会《决定》规定的"情节特别严重"的量刑幅度处罚。

（四）盗窃馆藏三级以上文物，其中可以由文物主管部门估价的，所评定的价格可供量刑时参考。

（五）盗窃不属于馆藏三级以上文物的一般文物，可以参照发案当地文物商店的一般零售价格评定其所盗价格，或者由文物主管部门评定其价格。

（六）盗窃私人收藏的文物，可以参照以上有关规定的精神处罚。

二、盗掘古墓葬、古文化遗址

（一）按照国家文物主管部门的规定，清代和清代以前的古墓葬、古遗址，受国家保护；辛亥革命以后，与著名历史事件有关的名人墓葬、遗址和纪念地，也视同古墓葬、古遗址，受国家保护。

（二）依照文物保护法第三十一条的规定，私自挖掘古墓葬、古文化遗址的，以盗窃罪论处。处理这类案件，不以被盗掘的古墓葬、古遗址是否已确定为重点文物保护单位为限，但对于盗掘已被确定为重点文物保护单位的古墓葬、古遗址（包括国家级、省级和县级）的，应从重处罚。

（三）对盗掘中窃取文物和破坏文物的，均应以盗窃罪论处，根据被盗、被毁文物所应评定的级别等情节予以处罚。

（四）盗掘古墓葬、古遗址，以盗窃罪论处的案件，在量刑幅度上，可以参照盗窃馆藏文物的量刑标准，予以处罚。

（五）盗掘古墓葬、古遗址，虽未窃取到文物，但情节严重的，也应以盗窃罪处罚；如在盗掘古墓葬、古遗址时，破坏了经鉴定属于不能移动的珍贵文物，应依法从重处罚。

（六）对于群众性的盗掘古墓葬、古遗址案件，要实行惩办少数、教育多数的原则，区别对待。惩处的重点应当是盗掘集团或者聚众盗掘的首要分子，共同犯罪的主犯，教唆犯，惯犯，累犯，与投机倒把、走私、盗运珍贵文物出口的罪犯有勾结的主要犯罪分子。

（七）任何单位或者个人，对施工、生产中出土的文物进行哄抢或者私分、私留的，对参与人员分别以抢夺罪或者盗窃罪论处；情节显著轻微的，由主管部门予以行政处罚．但文物必须追缴，送文物主管部门。

三、破坏珍贵文物、名胜古迹

（一）故意破坏珍贵文物、名胜古迹的，依照刑法第一百七十四条规定的破坏珍贵文物、名胜古迹罪，处七年以下有期徒刑或者拘役。

（二）破坏珍贵文物、名胜古迹的犯罪行为，同时又触犯其他罪的，应按其中的重罪从重追究刑事责任。

（三）处理破坏珍贵文物、名胜古迹的案件，对于不能移动的珍贵文物、名胜古迹（如古墓葬、古遗址、古建筑、古石刻、革命遗址、革命纪念建筑物、风景名胜区等），不以是否已确定为重点文物保护单位为限；尚未确定的，可由文物主管部门或者其他主管部门根据实际情况评定。

（四）任何单位在进行基本建设或者生产中发现珍贵文物，不听文物主管部门或者其他部门的劝阻，以致破坏珍贵文物，情节严重的，应依照刑法第一百七十四条追究主管人员和直接责任人员的刑事责任。

四、非法经营文物

（一）非法经营（含收购、贩运、转手倒卖）文物，情节严重，构成犯罪的，以投机倒把罪论处，适用刑法第一百一十七条、第一百一十八条和全国人大常委会《决定》第一条第（一）项的规定。非法经营三级文物的，处三年以下有期徒刑或者拘役，可以并处、单处罚金或者没收财产；非法经营二级文物的，处三年以上十年以下有期徒刑，可以并处没收财产；非法经营一级文物的，处十年以上有期徒刑，可以并处没收财产，其中非法经营多件或者非法经营稀世国宝的，属于"情节特别严重"，可处无期徒刑或者死刑，可以并处没收财产。对一案中非法经营三级以上各级文物或者非法经营同级文物多件的，量刑时可参照本《解释》第一条第（三）项的有关规定。

（二）非法经营三级以上文物，其中可以由文物主管部门估价的，所评定的价格以及犯罪分子的非法获利数额，可供量刑时参考。

（三）单位非法经营三级以上文物的，可以参照上述规定，追究主管人员和直接责任人员的刑事责任。

（四）个人非法经营不属于三级以上文物的一般文物，其非法经营数额在5千元以上，或者非法获利数额在1千元以上的，应以投机倒把罪追究刑事责任。

单位非法经营一般文物，其非法经营数额在10万元以上，或者非法获利数额在5万元以上的，应以投机倒把罪追究主管人员和直接责任人员的刑事责任；其非法经营数额不足10万元，或者非法获利数额不足5万元，情节严重的，也应以投机倒把罪追究主管人员和直接责任人员的刑事责任。

五、走私文物

（一）走私珍贵文物（含一、二、三级）出口，以盗运珍贵文物出口罪论处，适用刑法第一百七十三条；走私不属于珍贵文物的一般文物出口，以走私罪论处，适用刑法第一百一十六条、第一百一十八条。两罪中情节特别严重的，均适用全国人大常委会《决定》第一条第（一）项。

（二）具有下列行为之一的，属于盗运珍贵文物出口罪：

1. 逃避海关监督，运输、携带、邮寄珍贵文物出口的；

2. 以走私出口为目的而收购珍贵文物的；

3. 明知他人走私珍贵文物出口，而向其出卖珍贵文物的，或者为其介绍收购珍贵文物的，或者为其偷运、偷带、偷寄珍贵文物的，或者为其提供中转场所的；

4. 将珍贵文物私自卖给外国人或者境外居民的。

（三）关于盗运珍贵文物出口罪的量刑：盗运三级珍贵文物的，处三年以上五年以下有期徒刑，可以并处罚金；盗运二级珍贵文物的，处五年以上十年以下有期徒刑，可以并处罚金；盗运一级珍贵文物的，属于"情节特别严重"，处十年以上有期徒刑，可以并处没收财产，其中盗运多件或者盗运稀世国宝的，可处无期徒刑或者死刑，可以并处没收财产。对一案中盗运各级珍贵文物或者盗运同级珍贵文物多件的，量刑时可参照本《解释》第一条第（三）项的有关规定。

（四）盗运珍贵文物出口，其珍贵文物可以由文物主管部门估价的，所评定的价格以及犯罪分子非法获利的数额，可供量刑时参考。

（五）单位盗运珍贵文物出口的，可以参照有关规定追究主管人员和直接责任人员的刑事责任。

（六）个人走私不属于珍贵文物的一般文物，其走私数额在5千元以上，或者非法获利数额在1千元以上的，应以走私罪追究刑事责任。

单位走私一般文物，其走私数额在10万元以上，或者非法获利数额在5万元以上的，应以走私罪追究主管人员和直接责任人员的刑事责任，对该单位判处罚金，判处没收走私文物、走私运输工具和违法所得；其走私数额不足10万元，或者非法获利不足5万元，情节严重的，也应以走私罪追究主管人员和直接责任人员的刑事责任，对该单位判处罚金，判处没收走私文物、走私运输工具和违法所得。

（七）对与境外犯罪分子相勾结，盗运珍贵文物出口或者走私一般文物的，应依法从重惩处。

六、对国家工作人员的犯罪的处罚

（一）国家工作人员利用职务上的便利或者内外勾结犯本《解释》上述各条所列举之罪，或者贪污、受贿文物构成犯罪的，依法从重处罚。

（二）国家工作人员玩忽职守，致使文物被盗、被毁、流失，造成重大损失的，以玩忽职守罪论处。

七、文物的鉴定

（一）办理上述各类案件，需要进行文物鉴定时，由省、自治区、直辖市文物主管部门或者经其指定的有条件鉴定的地区、省辖市文物主管部门组织有专门知识的人参加；需要评定文物价格的，也照此处理。

办理上述文物的鉴定或者文物价格的评定，必须有三名以上经文物主管部门指派、经司法机关聘请的文物鉴定人参加，鉴定人应写出鉴定书或者评定书。

（二）在办案中，对文物的鉴定或者文物价格的评定发生争议时，应提请省、自治区、直辖市文物主管部门组织专人复核。如再有争议，应提请国家文物主管部门组织专人复核。

（三）对被告人判处死刑案件的文物鉴定书，应经国家文物主管部门组织专人复核。

学理观点·典型案例 ➡ 索引与要旨

❶《蓑口义则走私文物案》，载《刑事审判参考》2006年第6辑总第53辑，第7～18页。

要旨 ➡ 古脊椎动物、古人类化石以外的其他古生物化石不能认定为文物。

核心提示 ➡ 不符合规定的鉴定意见可否作为定案证据？

要旨 ➡ 1.鉴定意见作为一种证据，是否采纳、如何采纳，法官享有审查裁量权。2.文物鉴定是一种比较特殊的鉴定形式，以国家文物鉴定委员会的名义而不是以专家个人名义出具鉴定意见的操作惯例本身也反映出了文物鉴定的特殊性。3.本案中，国家文物局出具的鉴定意见上虽没有鉴定人的签名，但盖有国家文物鉴定委员会的公章，即该鉴定意见是以国家文物鉴定委员会的名义出具，并非以鉴定人的名义出具。法院在能够确认该鉴定意见具有法定证明力的情况下，法院才未仅以形式"不符合"有关司法鉴定意见的要求而排除使用该鉴定意见，应当说是妥当的。

❷《廖衍祥破坏名胜古迹案》福建省上杭县人民法院〔1997〕杭刑初字第36号

核心提示 ➡ 损毁名胜古迹里的一般树木的行为是否为犯罪行为？

要旨 ➡ 被告以树木长大后会影响其房屋为由，采取先钻孔后塞入食盐的方法，使古田会议会址后山的九棵杂树慢慢枯萎。法院以破坏名胜古迹罪判被告拘役三个月，缓期执行四个月。

第325条 非法向外国人出售、赠送珍贵文物罪

违反文物保护法规，将收藏的国家禁止出口的珍贵文物私自出售或者私自赠送给外国人的，处五年以下有期徒刑或者拘役，可以并处罚金。

单位犯前款罪的，对单位判处罚金，并对其直接负责的主管人员和其他直接责任人员，依照前款的规定处罚。

关联规范 ▶ 完全整理

全国人大常委会《关于〈中华人民共和国刑法〉有关文物的规定适用于具有科学价值的古脊椎动物化石、古人类化石的解释》（2005年12月29日）①

全国人民代表大会常务委员会根据司法实践中遇到的情况，讨论了关于走私、盗窃、损毁、倒卖或者非法转让具有科学价值的古脊椎动物化石、古人类化石的行为适用刑法有关规定的问题，解释如下：刑法有关文物的规定，适用于具有科学价值的古脊椎动物化石、古人类化石。

学理观点·典型案例 ▶ 索引与要旨

《蓑口义则走私文物案》，载《刑事审判参考》2006年第6辑总第53辑，第7~18页。
核心提示 ➡ 不符合规定的鉴定意见可否作为定案证据？
要旨 ➡ 古脊椎动物、古人类化石以外的其他古生物化石不能认定为文物。

第326条 倒卖文物罪

以牟利为目的，倒卖国家禁止经营的文物，情节严重的，处五年以下有期徒刑或者拘役，并处罚金；情节特别严重的，处五年以上十年以下有期徒刑，并处罚金。

单位犯前款罪的，对单位判处罚金，并对其直接负责的主管人员和其他直接责任人员，依照前款的规定处罚。

关联规范 ▶ 完全整理

❶ 全国人大常委会《关于〈中华人民共和国刑法〉有关文物的规定适用于具有科学价值的古脊椎动物化石、古人类化石的解释》（2005年12月29日）②

全国人民代表大会常务委员会根据司法实践中遇到的情况，讨论了关于走私、盗窃、损毁、倒卖或者非法转让具有科学价值的古脊椎动物化石、古人类化石的行为适用刑法有关规定的问题，解释如下：刑法有关文物的规定，适用于具有科学价值的古脊椎动物化石、古人类化石。

❷ 最高人民法院、最高人民检察院《关于办理盗窃、盗掘、非法经营和走私文物的案件具体应用法律的若干问题的解释》（1987年11月27日）（节录）

四、非法经营文物（一）非法经营（含收购、贩运、转手倒卖）文物，情节严重，构

---

① 对其解读见：《刑事审判参考》2006年第2辑总49辑，第57~60页。
② 对其解读见：《刑事审判参考》2006年第2辑总49辑，第57~60页。

成犯罪的，以投机倒把罪论处，适用刑法第一百一十七条、第一百一十八条和全国人大常委会《决定》第一条第（一）项的规定。非法经营三级文物的，处三年以下有期徒刑或者拘役，可以并处、单处罚金或者没收财产；非法经营二级文物的，处三年以上十年以下有期徒刑，可以并处没收财产；非法经营一级文物的，处十年以上有期徒刑，可以并处没收财产，其中非法经营多件或者非法经营稀世国宝的，属于"情节特别严重"，可处无期徒刑或者死刑，可以并处没收财产。对一案中非法经营三级以上各级文物或者非法经营同级文物多件的，量刑时可参照本《解释》第一条第（三）项的有关规定。

（二）非法经营三级以上文物，其中可以由文物主管部门估价的，所评定的价格以及犯罪分子的非法获利数额，可供量刑时参考。

（三）单位非法经营三级以上文物的，可以参照上述规定，追究主管人员和直接责任人员的刑事责任。

（四）个人非法经营不属于三级以上文物的一般文物，其非法经营数额在5千元以上，或者非法获利数额在1千元以上的，应以投机倒把罪追究刑事责任。

单位非法经营一般文物，其非法经营数额在10万元以上，或者非法获利数额在5万元以上的，应以投机倒把罪追究主管人员和直接责任人员的刑事责任；其非法经营数额不足10万元，或者非法获利数额不足5万元，情节严重的，也应以投机倒把罪追究主管人员和直接责任人员的刑事责任。

七、文物的鉴定

3 浙江省高级人民法院刑一庭、刑二庭《关于执行刑法若干问题的具体意见（三）》（2000年12月27日）（节录）

20. 刑法第326条倒卖文物罪，"情节严重"一般是指倒卖文物3件以上，造成文物流失无法追回，倒卖国家三级珍贵文物或者违法所得数额在3万元以上等情形；"情节特别严重"一般是指倒卖文物10件以上，倒卖国家一、二级珍贵文物或者违法所得数额在10万元以上等情形。

学理观点·典型案例 ➡ 索引与要旨

《目的犯的法理研究》，载《刑事审判要览》2004年第3辑总第9辑，第36~55页。

第327条 非法出售、私赠文物藏品罪

违反文物保护法规，国有博物馆、图书馆等单位将国家保护的文物藏品出售或者私自送给非国有单位或者个人的，对单位判处罚金，并对其直接负责的主管人员和其他直接责任人员，处三年以下有期徒刑或者拘役。

关联规范 ➡ 完全整理

全国人大常委会《关于〈中华人民共和国刑法〉有关文物的规定适用于具有科学价值

的古脊椎动物化石、古人类化石的解释》（2005年12月29日）①

全国人民代表大会常务委员会根据司法实践中遇到的情况，讨论了关于走私、盗窃、损毁、倒卖或者非法转让具有科学价值的古脊椎动物化石、古人类化石的行为适用刑法有关规定的问题，解释如下：刑法有关文物的规定，适用于具有科学价值的古脊椎动物化石、古人类化石。

学理观点·典型案例 ➡ 索引与要旨

《王必胜、王传富等盗掘古墓葬案》〔2004〕鄂刑二终字第1号，载《最新刑事法律文件解读》2005年第1辑。

核心提示 ➡ 滥用职权；非法出售文物藏品罪、贪污罪、倒卖文物罪；失职造成珍贵文物损毁、流失罪、倒卖文物罪

第328条 第1款 盗掘古文化遗址、古墓葬罪 第2款 盗掘古人类化石、古脊椎动物化石罪

盗掘具有历史、艺术、科学价值的古文化遗址、古墓葬的，处三年以上十年以下有期徒刑，并处罚金；情节较轻的，处三年以下有期徒刑、拘役或者管制，并处罚金；有下列情形之一的，处十年以上有期徒刑、无期徒刑或者死刑，并处罚金或者没收财产：

（一）盗掘确定为全国重点文物保护单位和省级文物保护单位的古文化遗址、古墓葬的；

（二）盗掘古文化遗址、古墓葬集团的首要分子；

（三）多次盗掘古文化遗址、古墓葬的；

（四）盗掘古文化遗址、古墓葬，并盗窃珍贵文物或者造成珍贵文物严重破坏的。

盗掘国家保护的具有科学价值的古人类化石和古脊椎动物化石的，依照前款的规定处罚。

中华人民共和国刑法修正案（八）（第十一届全国人民代表大会常务委员会第十九次会议2011年2月25日通过，中华人民共和国主席令第四十一号公布，自2011年5月1日起施行。）

四十五、将刑法第三百二十八条第一款修改为："盗掘具有历史、艺术、科学价值的古文化遗址、古墓葬的，处三年以上十年以下有期徒刑，并处罚金；情节较轻的，处三年以下有期徒刑、拘役或者管制，并处罚金；有下列情形之一的，处十年以上有期徒刑或者无期徒刑，并处罚金或者没收财产：

---

① 对其解读见：《刑事审判参考》2006年第2辑总第49辑，第57~60页。

（一）盗掘确定为全国重点文物保护单位和省级文物保护单位的古文化遗址、古墓葬的；

（二）盗掘古文化遗址、古墓葬集团的首要分子；

（三）多次盗掘古文化遗址、古墓葬的；

（四）盗掘古文化遗址、古墓葬，并盗窃珍贵文物或者造成珍贵文物严重破坏的。"

关 联 规 范 ⟹ 完全整理

❶ 全国人大常委会《关于〈中华人民共和国刑法〉有关文物的规定适用于具有科学价值的古脊椎动物化石、古人类化石的解释》（2005年12月29日）①

全国人民代表大会常务委员会根据司法实践中遇到的情况，讨论了关于走私、盗窃、损毁、倒卖或者非法转让具有科学价值的古脊椎动物化石、古人类化石的行为适用刑法有关规定的问题，解释如下：刑法有关文物的规定，适用于具有科学价值的古脊椎动物化石、古人类化石。

❷ 最高人民法院、最高人民检察院《关于办理盗窃、盗掘、非法经营和走私文物的案件具体应用法律的若干问题的解释》（1987年11月27日）（节录）

二、盗掘古墓葬、古文化遗址（一）按照国家文物主管部门的规定，清代和清代以前的古墓葬、古遗址，受国家保护；辛亥革命以后，与著名历史事件有关的名人墓葬、遗址和纪念地，也视同古墓葬、古遗址，受国家保护。

（二）依照文物保护法第三十一条的规定，私自挖掘古墓葬、古文化遗址的，以盗窃罪论处。处理这类案件，不以被盗掘的古墓葬、古遗址是否已确定为重点文物保护单位为限，但对于盗掘已被确定为重点文物保护单位的古墓葬、古遗址（包括国家级、省级和县级）的，应从重处罚。

（三）对盗掘中窃取文物和破坏文物的，均应以盗窃罪论处，根据被盗、被毁文物所应评定的级别等情节予以处罚。

（四）盗掘古墓葬、古遗址，以盗窃罪论处的案件，在量刑幅度上，可以参照盗窃馆藏文物的量刑标准，予以处罚。

（五）盗掘古墓葬、古遗址，虽未窃取到文物，但情节严重的，也应以盗窃罪处罚；如在盗掘古墓葬、古遗址时，破坏了经鉴定属于不能移动的珍贵文物，应依法从重处罚。

（六）对于群众性的盗掘古墓葬、古遗址案件，要实行惩办少数、教育多数的原则，区别对待。惩处的重点应当是盗掘集团或者聚众盗掘的首要分子，共同犯罪的主犯，教唆犯、惯犯、累犯，与投机倒把、走私、盗运珍贵文物出口的罪犯有勾结的主要犯罪分子。

（七）任何单位或者个人，对施工、生产中出土的文物进行哄抢或者私分、私留的，对参与人员分别以抢夺罪或者盗窃罪论处；情节显著轻微的，由主管部门予以行政处罚。

---

① 对其解读见：《刑事审判参考》2006年第2辑总第49辑，第57~60页。

但文物必须追缴，送文物主管部门。

七、文物的鉴定

学理观点·典型案例 ➡ 索引与要旨

❶《刑法修正案（八）》（2011年2月25日）①

❷《卞长军等盗掘古墓葬案》，载《刑事审判参考》2009年第3辑总第68辑，第40～47页。

核心提示 ➡ 盗掘古墓葬罪中主观认知的内容和"盗窃珍贵文物"加重处罚情节的适用

❸《闫建胜、刘顺聚盗掘古墓葬案》，载《刑事法律文件解读》2009年第7辑总第49辑，第120～122页。

核心提示 ➡ 盗掘古墓葬罪既遂与未遂标准的界定

❹《孙立平等盗掘古墓葬案》，载《刑事审判参考》2008年第2辑总第61辑，第44～50页。

核心提示 ➡ 如何认定盗掘古墓葬罪中的既遂和多次盗掘？

❺《李生跃盗掘古文化遗址案》，载《刑事法律文件解读》2007年第6辑总第30辑，第258～267页。

核心提示 ➡ 盗窃与盗掘之界分

❻《打捞水下文物应定盗掘古文化遗址罪还是盗窃罪抑或是无罪》，载《陈某盗窃水下文物案》，载《最新刑事法律文件解读》2007年第4辑总第28辑，第286～289页。

❼《蒉口义则走私文物案》，载《刑事审判参考》2006年第6辑总第53辑，第7～18页。

核心提示 ➡ 不符合规定的鉴定意见可否作为定案证据？

要旨 ➡ 古脊椎动物、古人类化石以外的其他古生物化石不能认定为文物。法院在能够确认该鉴定意见具有法定证明力的情况下，法院才未仅以形式"不符合"有关司法鉴定意见的要求而排除使用该鉴定意见，应当说是妥当的。

❽《张某某等4人盗掘古墓葬案》，载《最新刑事法律文件解读》2005年第1辑总第1辑。

要旨 ➡ 盗掘古文化遗址、古墓葬罪的犯罪对象、构成要件及既遂、未遂。

❾《李生跃盗掘古文化遗址案》，载《刑事审判参考》2003年第5辑总第34辑，第54～59页。

核心提示 ➡ 盗割寺内壁刻头像的行为应如何定罪？

要旨 ➡ 1. 古文物遗址应作广义理解，应包括石窟寺、石刻、古建筑、地下城等。2. 盗

---

① 对其解读见：《刑事审判参考》2011年第4辑总第81辑，第83～117页以及《公检法办案指南》2011年第3辑总第135辑，第13～121页。

1307

掘既包括挖地下的，也包括将一部分从其整体中挖掘、割下的行为；不能理解为仅向下挖。

3. 盗窃文物一般指可移动文物，将不可移动文物的一部分凿割下来的行为属于盗掘。

第 329 条　第 1 款　抢夺、窃取国有档案罪　第 2 款　擅自出卖、转让国有档案罪

抢夺、窃取国家所有的档案的，处五年以下有期徒刑或者拘役。

违反档案法的规定，擅自出卖、转让国家所有的档案，情节严重的，处三年以下有期徒刑或者拘役。

有前两款行为，同时又构成本法规定的其他犯罪的，依照处罚较重的规定定罪处罚。

学理观点·典型案例 ➡ 索引与要旨

《兰成仕、李兆斌窃取国有档案案》，载《最高人民法院判例释解·刑事卷》，第311页。

核心提示 ➡ 为诬告陷害领导而窃取国有档案行为如何定性？

第五节　危害公共卫生罪

第 330 条　妨害传染病防治罪

违反传染病防治法的规定，有下列情形之一，引起甲类传染病传播或者有传播严重危险的，处三年以下有期徒刑或者拘役；后果特别严重的，处三年以上七年以下有期徒刑：

（一）供水单位供应的饮用水不符合国家规定的卫生标准的；

（二）拒绝按照卫生防疫机构提出的卫生要求，对传染病病原体污染的污水、污物、粪便进行消毒处理的；

（三）准许或者纵容传染病病人、病原携带者和疑似传染病病人从事国务院卫生行政部门规定禁止从事的易使该传染病扩散的工作的；

（四）拒绝执行卫生防疫机构依照传染病防治法提出的预防、控制措施的。

单位犯前款罪的，对单位判处罚金，并对其直接负责的主管人员和其他直接责任人员，依照前款的规定处罚。

甲类传染病的范围，依照《中华人民共和国传染病防治法》和国务院有关规定确定。

关 联 规 范 ➡ **完全整理**

最高人民检察院、公安部《关于公安机关管辖的刑事案件立案追诉标准的规定（一）》（2008年6月25日 公通字〔2008〕36号）（节录）

第四十九条 违反传染病防治法的规定，引起甲类或者按照甲类管理的传染病传播或者有传播严重危险，涉嫌下列情形之一的，应予立案追诉：（一）供水单位供应的饮用水不符合国家规定的卫生标准的；（二）拒绝按照疾病预防控制机构提出的卫生要求，对传染病病原体污染的污水、污物、粪便进行消毒处理的；（三）准许或者纵容传染病病人、病原携带者和疑似传染病病人从事国务院卫生行政部门规定禁止从事的易使该传染病扩散的工作的；（四）拒绝执行疾病预防控制机构依照传染病防治法提出的预防、控制措施的。

本条和本规定第五十条规定的"甲类传染病"，是指鼠疫、霍乱；"按甲类管理的传染病"，是指乙类传染病中传染性非典型肺炎、炭疽中的肺炭疽、人感染高致病性禽流感以及国务院卫生行政部门根据需要报经国务院批准公布实施的其他需要按甲类管理的乙类传染病和突发原因不明的传染病。

第一百条 本规定中的立案追诉标准，除法律、司法解释另有规定的以外，适用于相关的单位犯罪。

第331条 传染病菌种、毒种扩散罪

从事实验、保藏、携带、运输传染病菌种、毒种的人员，违反国务院卫生行政部门的有关规定，造成传染病菌种、毒种扩散，后果严重的，处三年以下有期徒刑或者拘役；后果特别严重的，处三年以上七年以下有期徒刑。

关 联 规 范 ➡ **完全整理**

最高人民检察院、公安部《关于公安机关管辖的刑事案件立案追诉标准的规定（一）》（2008年6月25日 公通字〔2008〕36号）（节录）

第五十条 从事实验、保藏、携带、运输传染病菌种、毒种的人员，违反国务院卫生行政部门的有关规定，造成传染病菌种、毒种扩散，涉嫌下列情形之一的，应予立案追诉：（一）导致甲类和按甲类管理的传染病传播的；（二）导致乙类、丙类传染病流行、暴发的；（三）造成人员重伤或者死亡的；（四）严重影响正常的生产、生活秩序的；（五）其他造成严重后果的情形。

第332条 妨害国境卫生检疫罪

违反国境卫生检疫规定，引起检疫传染病传播或者有传播严重危险的，处三年以下有期徒刑或者拘役，并处或者单处罚金。

单位犯前款罪的，对单位判处罚金，并对其直接负责的主管人员和其他直接责任人员，依照前款的规定处罚。

关联规范 ➡ 完全整理

最高人民检察院、公安部《关于公安机关管辖的刑事案件立案追诉标准的规定（一）》（2008年6月25日 公通字〔2008〕36号）（节录）

第五十一条 违反国境卫生检疫规定，引起检疫传染病传播或者有传播严重危险的，应予立案追诉。

第一百条 本规定中的立案追诉标准，除法律、司法解释另有规定的以外，适用于相关的单位犯罪。

第333条 第1款 非法组织卖血罪 强迫卖血罪

非法组织他人出卖血液的，处五年以下有期徒刑，并处罚金；以暴力、胁迫方法强迫他人出卖血液的，处五年以上十年以下有期徒刑，并处罚金。

有前款行为，对他人造成伤害的，依照本法第二百三十四条的规定定罪处罚。

关联规范 ➡ 完全整理

❶《中华人民共和国刑法》（1980年1月1日）第234条 故意伤害罪

故意伤害他人身体的，处三年以下有期徒刑、拘役或者管制。犯前款罪，致人重伤的，处三年以上十年以下有期徒刑；致人死亡或者以特别残忍手段致人重伤造成严重残疾的，处十年以上有期徒刑、无期徒刑或者死刑。本法另有规定的，依照规定。

❷最高人民检察院、公安部《关于公安机关管辖的刑事案件立案追诉标准的规定（一）》（2008年6月25日 公通字〔2008〕36号）（节录）

第五十二条 非法组织他人出卖血液，涉嫌下列情形之一的，应予立案追诉：（一）组织卖血三人次以上的；（二）组织卖血非法获利二千元以上的；（三）组织未成年人卖血的；（四）被组织卖血的人的血液含有艾滋病病毒、乙型肝炎病毒、丙型肝炎病毒、梅毒螺旋体等病原微生物的；（五）其他非法组织卖血应予追究刑事责任的情形。

第五十三条 以暴力、胁迫方法强迫他人出卖血液的，应予立案追诉。

第334条 第1款 非法采集、供应血液、制作、供应血液制品罪 第2款 采集、供应血液、制作、供应血液制品事故罪

非法采集、供应血液或者制作、供应血液制品，不符合国家规定的标准，足以危害人体健康的，处五年以下有期徒刑或者拘役，并处罚金；对人体健康造成严重危害的，处五年以上十年以下有期徒刑，并处罚金；造成特别严重后果的，处十年以上有期徒刑或者无期徒刑，并处罚金或者没收财产。

经国家主管部门批准采集、供应血液或者制作、供应血液制品的部门，不依照规定进行检测或者违背其他操作规定，造成危害他人身体健康后果的，对

单位判处罚金，并对其直接负责的主管人员和其他直接责任人员，处五年以下有期徒刑或者拘役。

关联规范 ⟹ 完全整理

❶ 最高人民法院、最高人民检察院《关于办理非法采供血液等刑事案件具体应用法律若干问题的解释》（2008年9月23日　法释〔2008〕12号）①

第一条　对未经国家主管部门批准或者超过批准的业务范围，采集、供应血液或者制作、供应血液制品的，应认定为刑法第三百三十四条第一款规定的"非法采集、供应血液或者制作、供应血液制品"。

第二条　对非法采集、供应血液或者制作、供应血液制品，具有下列情形之一的，应认定为刑法第三百三十四条第一款规定的"不符合国家规定的标准，足以危害人体健康"，处五年以下有期徒刑或者拘役，并处罚金：

（一）采集、供应的血液含有艾滋病病毒、乙型肝炎病毒、丙型肝炎病毒、梅毒螺旋体等病原微生物的；

（二）制作、供应的血液制品含有艾滋病病毒、乙型肝炎病毒、丙型肝炎病毒、梅毒螺旋体等病原微生物，或者将含有上述病原微生物的血液用于制作血液制品的；

（三）使用不符合国家规定的药品、诊断试剂、卫生器材，或者重复使用一次性采血器材采集血液，造成传染病传播危险的；

（四）违反规定对献血者、供血浆者超量、频繁采集血液、血浆，足以危害人体健康的；

（五）其他不符合国家有关采集、供应血液或者制作、供应血液制品的规定标准，足以危害人体健康的。

第三条　对非法采集、供应血液或者制作、供应血液制品，具有下列情形之一的，应认定为刑法第三百三十四条第一款规定的"对人体健康造成严重危害"，处五年以上十年以下有期徒刑，并处罚金：

（一）造成献血者、供血浆者、受血者感染乙型肝炎病毒、丙型肝炎病毒、梅毒螺旋体或者其他经血液传播的病原微生物的；

（二）造成献血者、供血浆者、受血者重度贫血、造血功能障碍或者其他器官组织损伤导致功能障碍等身体严重危害的；

（三）对人体健康造成其他严重危害的。

第四条　对非法采集、供应血液或者制作、供应血液制品，具有下列情形之一的，应认定为刑法第三百三十四条第一款规定的"造成特别严重后果"，处十年以上有期徒刑或者无期徒刑，并处罚金或者没收财产：

（一）因血液传播疾病导致人员死亡或者感染艾滋病病毒的；

---

① 对其解读见：《刑事审判参考》2008年第5辑总第64辑，第65～70页。

(二) 造成五人以上感染乙型肝炎病毒、丙型肝炎病毒、梅毒螺旋体或者其他经血液传播的病原微生物的；

(三) 造成五人以上重度贫血、造血功能障碍或者其他器官组织损伤导致功能障碍等身体严重危害的；

(四) 造成其他特别严重后果的。

第五条 对经国家主管部门批准采集、供应血液或者制作、供应血液制品的部门，具有下列情形之一的，应认定为刑法第三百三十四条第二款规定的"不依照规定进行检测或者违背其他操作规定"：

(一) 血站未用两个企业生产的试剂对艾滋病病毒抗体、乙型肝炎病毒表面抗原、丙型肝炎病毒抗体、梅毒抗体进行两次检测的；

(二) 单采血浆站不依照规定对艾滋病病毒抗体、乙型肝炎病毒表面抗原、丙型肝炎病毒抗体、梅毒抗体进行检测的；

(三) 血液制品生产企业在投料生产前未用主管部门批准和检定合格的试剂进行复检的；

(四) 血站、单采血浆站和血液制品生产企业使用的诊断试剂没有生产单位名称、生产批准文号或者经检定不合格的；

(五) 采供血机构在采集检验标本、采集血液和成分血分离时，使用没有生产单位名称、生产批准文号或者超过有效期的一次性注射器等采血器材的；

(六) 不依照国家规定的标准和要求包装、储存、运输血液、原料血浆的；

(七) 对国家规定检测项目结果呈阳性的血液未及时按照规定予以清除的；

(八) 不具备相应资格的医务人员进行采血、检验操作的；

(九) 对献血者、供血浆者超量、频繁采集血液、血浆的；

(十) 采供血机构采集血液、血浆前，未对献血者或供血浆者进行身份识别，采集冒名顶替者、健康检查不合格者血液、血浆的；

(十一) 血站擅自采集原料血浆，单采血浆站擅自采集临床用血或者向医疗机构供应原料血浆的；

(十二) 重复使用一次性采血器材的；

(十三) 其他不依照规定进行检测或者违背操作规定的。

第六条 对经国家主管部门批准采集、供应血液或者制作、供应血液制品的部门，不依照规定进行检测或者违背其他操作规定，具有下列情形之一的，应认定为刑法第三百三十四条第二款规定的"造成危害他人身体健康后果"，对单位判处罚金，并对其直接负责的主管人员和其他直接责任人员，处五年以下有期徒刑或者拘役：

(一) 造成献血者、供血浆者、受血者感染艾滋病病毒、乙型肝炎病毒、丙型肝炎病毒、梅毒螺旋体或者其他经血液传播的病原微生物的；

(二) 造成献血者、供血浆者、受血者重度贫血、造血功能障碍或者其他器官组织损伤导致功能障碍等身体严重危害的；

(三) 造成其他危害他人身体健康后果的。

第二编　分则　第六章　妨害社会管理秩序罪

第七条　经国家主管部门批准的采供血机构和血液制品生产经营单位,应认定为刑法第三百三十四条第二款规定的"经国家主管部门批准采集、供应血液或者制作、供应血液制品的部门"。

第八条　本解释所称"血液",是指全血、成分血和特殊血液成分。

本解释所称"血液制品",是指各种人血浆蛋白制品。

本解释所称"采供血机构",包括血液中心、中心血站、中心血库、脐带血造血干细胞库和国家卫生行政主管部门根据医学发展需要批准、设置的其他类型血库、单采血浆站。

❷ 最高人民检察院、公安部《关于公安机关管辖的刑事案件立案追诉标准的规定（一）》（2008年6月25日　公通字〔2008〕36号）（节录）

第五十四条　非法采集、供应血液或者制作、供应血液制品,涉嫌下列情形之一的,应予立案追诉：(一) 采集、供应的血液含有艾滋病病毒、乙型肝炎病毒、丙型肝炎病毒、梅毒螺旋体等病原微生物的；(二) 制作、供应的血液制品含有艾滋病病毒、乙型肝炎病毒、丙型肝炎病毒、梅毒螺旋体等病原微生物,或者将含有上述病原微生物的血液用于制作血液制品的；(三) 使用不符合国家规定的药品、诊断试剂、卫生器材,或者重复使用一次性采血器材采集血液,造成传染病传播危险的；(四) 违反规定对献血者、供血浆者超量、频繁采集血液、血浆,足以危害人体健康的；(五) 其他不符合国家有关采集、供应血液或者制作、供应血液制品的规定,足以危害人体健康或者对人体健康造成严重危害的情形。

未经国家主管部门批准或者超过批准的业务范围,采集、供应血液或者制作、供应血液制品的,属于本条规定的"非法采集、供应血液、制作、供应血液制品"。

本条和本规定第五十二条、第五十三条、第五十五条规定的"血液",是指全血、成分血和特殊血液成分。

本条和本规定第五十五条规定的"血液制品",是指各种人血浆蛋白制品。

第五十五条　经国家主管部门批准采集、供应血液或者制作、供应血液制品的部门,不依照规定进行检测或者违背其他操作规定,涉嫌下列情形之一的,应予立案追诉：(一) 造成献血者、供血浆者、受血者感染艾滋病病毒、乙型肝炎病毒、丙型肝炎病毒、梅毒螺旋体或者其他经血液传播的病原微生物的；(二) 造成献血者、供血浆者、受血者重度贫血、造血功能障碍或者其他器官组织损伤导致功能障碍等身体严重危害的；(三) 其他造成危害他人身体健康后果的情形。

经国家主管部门批准的采供血机构和血液制品生产经营单位,属于本条规定的"经国家主管部门批准采集、供应血液或者制作、供应血液制品的部门"。采供血机构包括血液中心、中心血站、脐带血造血干细胞库和国家卫生行政主管部门根据医学发展需要批准、设置的其他类型血库、单采血浆站。

具有下列情形之一的,属于本条规定的"不依照规定进行检测或者违背其他操作规定"：

(一) 血站未用两个企业生产的试剂对艾滋病病毒抗体、乙型肝炎病毒表面抗原、丙型肝炎病毒抗体、梅毒抗体进行两次检测的；

(二) 单采血浆站不依照规定对艾滋病病毒抗体、乙型肝炎病毒表面抗原、丙型肝炎病毒抗体、梅毒抗体进行检测的；

（三）血液制品生产企业在投料生产前未用主管部门批准和检定合格的试剂进行复检的；

（四）血站、单采血浆站和血液制品生产企业使用的诊断试剂没有生产单位名称、生产批准文号或者经检定不合格的；

（五）采供血机构在采集检验样本、采集血液和成分血分离时，使用没有生产单位名称、生产批准文号或者超过有效期的一次性注射器等采血器材的；

（六）不依照国家规定的标准和要求包装、储存、运输血液、原料血浆的；

（七）对国家规定检测项目结果呈阳性的血液未及时按照规定予以清除的；

（八）不具备相应资格的医务人员进行采血、检验操作的；

（九）对献血者、供血浆者超量、频繁采集血液、血浆的；

（十）采供血机构采集血液、血浆前，未对献血者或者供血浆者进行身份识别，采集冒名顶替者、健康检查不合格者血液、血浆的；

（十一）血站擅自采集原料血浆，单采血浆站擅自采集临床用血或者向医疗机构供应原料血浆的；

（十二）重复使用一次性采血器材的；

（十三）其他不依照规定进行检测或者违背操作规定的。

第一百条 本规定中的立案追诉标准，除法律、司法解释另有规定的以外，适用于相关的单位犯罪。

第335条 医疗事故罪

医务人员由于严重不负责任，造成就诊人死亡或者严重损害就诊人身体健康的，处三年以下有期徒刑或者拘役。

关 联 规 范 ▶ 完全整理

最高人民检察院、公安部《关于公安机关管辖的刑事案件立案追诉标准的规定（一）》(2008年6月25日 公通字〔2008〕36号)（节录）

第五十六条 医务人员由于严重不负责任，造成就诊人死亡或者严重损害就诊人身体健康的，应予立案追诉。

具有下列情形之一的，属于本条规定的"严重不负责任"：（一）擅离职守的；（二）无正当理由拒绝对危急就诊人实行必要的医疗救治的；（三）未经批准擅自开展试验性治疗的；（四）严重违反查对、复核制度的；（五）使用未经批准使用的药品、消毒药剂、医疗器械的；（六）严重违反国家法律法规及有明确规定的诊疗技术规范、常规的；（七）其他严重不负责任的情形。

本条规定的"严重损害就诊人身体健康"，是指造成就诊人严重残疾、重伤、感染艾滋病、病毒性肝炎等难以治愈的疾病或者其他严重损害就诊人身体健康的后果。

学理观点·典型案例 —— 索引与要旨

❶《论医疗事故技术鉴定的法律属性》，载《公检法办案指南》2008年第10辑总第106辑，第157~166页。

❷《孟广超医疗事故案》，载《刑事审判参考》2007年第1辑总第54辑，第52~59页。

核心提示 ➡ 具有执业资格的医生根据民间验方、偏方制成药物诊疗，造成就诊人死亡的行为如何定性？

要旨 ➡ 1. 具有执业资格的医生在诊疗过程中，出于医治病患的目的，根据民间验方、偏方制成药物，用于诊疗的行为一般不构成生产、销售假药罪。2. 具有执业资格的医生在诊疗过程中，出于医治病患的目的，使用民间验方、偏方致人伤亡的行为，符合刑法第三百三十五条规定的可以医疗事故罪定罪处罚。

❸《个体医生用自配药囊致患者死亡该如何定性》，载《公检法办案指南》2005年第2辑总第62辑。

❹《周兆均被控非法行医案》，载《刑事审判参考》2004年第1辑，第46~57页。

核心提示 ➡ 非法行医罪与医疗事故罪的区别

要旨 ➡ 非法行医罪与医疗事故罪最大的区别在于主体资格不同。前者是情节犯，后者是结果犯。

第336条 第1款 非法行医罪 第2款 非法进行节育手术罪

未取得医生执业资格的人非法行医，情节严重的，处三年以下有期徒刑、拘役或者管制，并处或者单处罚金；严重损害就诊人身体健康的，处三年以上十年以下有期徒刑，并处罚金；造成就诊人死亡的，处十年以上有期徒刑，并处罚金。

未取得医生执业资格的人擅自为他人进行节育复通手术、假节育手术、终止妊娠手术或者摘取宫内节育器，情节严重的，处三年以下有期徒刑、拘役或者管制，并处或者单处罚金；严重损害就诊人身体健康的，处三年以上十年以下有期徒刑，并处罚金；造成就诊人死亡的，处十年以上有期徒刑，并处罚金。

关联规范 —— 完全整理

❶ 最高人民检察院、公安部《关于公安机关管辖的刑事案件立案追诉标准的规定（一）》（2008年6月25日 公通字〔2008〕36号）（节录）

第五十七条 未取得医生执业资格的人非法行医，涉嫌下列情形之一的，应予立案追诉：（一）造成就诊人轻度残疾、器官组织损伤导致一般功能障碍，或者中度以上残疾、器官组织损伤导致严重功能障碍，或者死亡的；（二）造成甲类传染病传播、流行或者有传播、流行危险的；（三）使用假药、劣药或不符合国家规定标准的卫生材料、医疗器械，足以严重危害人体健康的；（四）非法行医被卫生行政部门行政处罚两次以后，再次非法行医的；（五）其他情节严重的情形。

具有下列情形之一的，属于本条规定的"未取得医生执业资格的人非法行医"：（一）未取得或者以非法手段取得医师资格从事医疗活动的；（二）个人未取得《医疗机构执业许可证》开办医疗机构的；（三）被依法吊销医师执业证书期间从事医疗活动的；（四）未取得乡村医生执业证书，从事乡村医疗活动的；（五）家庭接生员实施家庭接生以外的医疗活动的。

本条规定的"轻度残疾、器官组织损伤导致一般功能障碍"、"中度以上残疾、器官组织损伤导致严重功能障碍"，参照卫生部《医疗事故分级标准（试行）》认定。

第五十八条 未取得医生执业资格的人擅自为他人进行节育复通手术、假节育手术、终止妊娠手术或者摘取宫内节育器，涉嫌下列情形之一的，应予立案追诉：（一）造成就诊人轻伤、重伤、死亡或者感染艾滋病、病毒性肝炎等难以治愈的疾病的；（二）非法进行节育复通手术、假节育手术、终止妊娠手术或者摘取宫内节育器五人次以上的；（三）致使他人超计划生育的；（四）非法进行选择性别的终止妊娠手术的；（五）非法获利累计五千元以上的；（六）其他情节严重的情形。

❷ 最高人民法院《关于审理非法行医刑事案件具体应用法律若干问题的解释》（2008年4月29日　法释〔2008〕5号）①

第一条 具有下列情形之一的，应认定为刑法第三百三十六条第一款规定的"未取得医生执业资格的人非法行医"：

（一）未取得或者以非法手段取得医师资格从事医疗活动的；

（二）个人未取得《医疗机构执业许可证》开办医疗机构的；

（三）被依法吊销医师执业证书期间从事医疗活动的；

（四）未取得乡村医生执业证书，从事乡村医疗活动的；

（五）家庭接生员实施家庭接生以外的医疗行为的。

第二条 具有下列情形之一的，应认定为刑法第三百三十六条第一款规定的"情节严重"：

（一）造成就诊人轻度残疾、器官组织损伤导致一般功能障碍的；

（二）造成甲类传染病传播、流行或者有传播、流行危险的；

（三）使用假药、劣药或不符合国家规定标准的卫生材料、医疗器械，足以严重危害人体健康的；

（四）非法行医被卫生行政部门行政处罚两次以后，再次非法行医的；

（五）其他情节严重的情形。

第三条 具有下列情形之一的，应认定为刑法第三百三十六条第一款规定的"严重损害就诊人身体健康"：

---

① 对其解读见：《刑事审判参考》2008年第2辑总第61辑，第74~81页。

（一）造成就诊人中度以上残疾、器官组织损伤导致严重功能障碍的；

（二）造成三名以上就诊人轻度残疾、器官组织损伤导致一般功能障碍的。

第四条 实施非法行医犯罪，同时构成生产、销售假药罪，生产、销售劣药罪，诈骗罪等其他犯罪的，依照刑法处罚较重的规定定罪处罚。

第五条 本解释所称"轻度残疾、器官组织损伤导致一般功能障碍"、"中度以上残疾、器官组织损伤导致严重功能障碍"，参照卫生部《医疗事故分级标准（试行）》认定。

❸ 最高人民法院、最高人民检察院《关于办理妨害预防、控制突发传染病疫情等灾害的刑事案件具体应用法律若干问题的解释》（2003年5月15日 法释〔2003〕8号）（节录）①

第十二条 未取得医师执业资格非法行医，具有造成突发传染病病人、病原携带者、疑似突发传染病病人贻误诊治或者造成交叉感染等严重情节的，依照刑法第三百三十六条第一款的规定，以非法行医罪定罪，依法从重处罚。

❹ 浙江省高级人民法院刑一庭、刑二庭《关于执行刑法若干问题的具体意见（三）》（2000年12月27日 浙高法刑〔2000〕3号）（节录）

21. 刑法第336条非法行医罪，"情节严重"一般是指屡教不改；长期从事非法行医，使多人身体受到损害或者非法行医骗取钱财4000元以上等情形。

学理观点·典型案例 ➡ 索引与要旨

❶《徐如涵非法进行节育手术案》，载《刑事审判参考》2011年第5辑总第82辑，第61~69页。

核心提示 ➡ 如何认定非法进行节育手术罪中的"严重损害就诊人身体健康"？

❷《姚乃君等非法行医案》，载《刑事审判参考》2009年第3辑总第68辑，第48~53页。

要旨 ➡ 非法行医造成轻伤不构成犯罪。对罪证不足的刑事附带民事自诉案件可不经开庭审理直接驳回起诉。

❸《贺淑华非法行医案》，载《刑事审判参考》2006年第6辑总第53辑，第50~58页。

核心提示 ➡ 产妇在分娩过程中因并发症死亡，非法行医人对其死亡应当承担刑事责任

要旨 ➡ 1. 依据不能认定的基础事实所作出的鉴定意见应不予采信。2. 非法行医造成就诊人死亡的因果关系及刑事责任判断。3. 判决结果与一审相同，但定罪量刑依据的部分事实发生变化的二审案件应当用判决书改判。

❹《熊忠喜非法行医案》，载《人民法院案例选》2006年第4辑总第58辑。

---

① 对其解读见：《刑事审判参考》2003年第3辑总第32辑，第160~164，188~197页以及《"非典"防治时期相关犯罪的司法适用研究》，载《刑事司法指南》2003年第2辑总第14辑，第55~109页。

要旨 ➡ 中医师没有取得相关资格非法行医为产妇接生，是非法行医行为。

5 《未取得医生执业资格的人非法为他人鉴定胎儿性别情节严重的是否构成非法行医罪》，载《公检法办案指南》2005年第8辑总第68辑。

6 《周某某非法行医案》，载《刑事审判参考》2004年第5辑总第40辑，第24～27页。

核心提示 ➡ 患者自愿求医的，能否阻却非法行医罪的成立？

要旨 ➡ 非法行医属于危害公共卫生的犯罪，侵害的是社会法益；任何人对社会法益都没有承诺权限，故患者的承诺是无效的。非法行医行为违反了法秩序，即使非法行医行为取得了患者的同意，也是法律所禁止的。甚至，在行为人已告知被害人其未取得医生执业资格的事实，被害人仍然同意或者请求其为自己医疗，并明确表示自愿承担医疗风险的情况下，由于被害人对公共卫生这一社会法益并无承诺权限，其承诺仍然是无效的，仍然不能因此排除行为人非法行医的犯罪性。

7 《周兆均被控非法行医案》，载《刑事审判参考》2004第1辑，第46～57页。

核心提示 ➡ 如何正确把握非法行医罪的主体要件？

要旨 ➡ 民间医生偶尔为群众治病，并未以此为业，不属于违法犯罪。

1. 刑法的"医生执业资格"与执业医师法中的"执业医师资格"是什么关系；2. 已取得执业医师资格的未向卫生行政部门注册，未取得医师执业资格或医疗执业许可证行医的，是否非法行医；如何理解情节严重。

8 《试论非法行医罪中的非法行医行为》，载《刑事审判要览》2003年第6辑总第6辑，第65～72页。

要旨 ➡ 1. 非法行医罪之"非法行医"；2. 非法行医之"行医"；3. 行医之"医"。

9 《伤害案件认定中的疑难争议问题研讨》，载《刑事司法指南》2003年第1辑总第13辑，第1～60页。

要旨 ➡ 故意伤害罪认定中的疑难争议问题：故意伤害罪与非法行医罪、非法进行节育手术罪的界限。

10 《未取得行医资格在救治病人期间认为病人已死亡而拒绝"120"救护应如何定性》，载《公检法办案指南》2002年第9辑总第33辑。

第337条　第1款　修正案（七）第11条　妨害动植物防疫、检疫罪

违反进出境动植物检疫法的规定，逃避动植物检疫，引起重大动植物疫情的，处三年以下有期徒刑或者拘役，并处或者单处罚金。

单位犯前款罪的，对单位判处罚金，并对其直接负责的主管人员和其他直接责任人员，依照前款的规定处罚。

刑法修正案（七）（2009年2月28日第十一届全国人民代表大会常务委员会第七次会议通过）

十一、将刑法第三百三十七条第一款修改为："违反有关动植物防疫、检

疫的国家规定，引起重大动植物疫情的，或者有引起重大动植物疫情危险，情节严重的，处三年以下有期徒刑或者拘役，并处或者单处罚金。"

关 联 规 范 ➡ 完全整理

❶《刑法修正案（七）》①

❷ 最高人民法院、最高人民检察院《关于执行〈中华人民共和国刑法〉确定罪名的补充规定（四）》（2009年10月16日 法释〔2009〕13号）②

❸ 最高人民检察院、公安部《关于公安机关管辖的刑事案件立案追诉标准的规定（一）》（2008年6月25日 公通字〔2008〕36号）（节录）

第五十九条 违反进出境动植物检疫法的规定，逃避动植物检疫，涉嫌下列情形之一的，应予立案追诉：（一）造成国家规定的《进境动物一、二类传染病、寄生虫病名录》中所列的动物疫病传入或者对农、牧、渔业生产以及人体健康、公共安全造成严重危害的其他动物疫病在国内暴发流行的；（二）造成国家规定的《进境植物检疫性有害生物名录》中所列的有害生物传入或者对农、林业生产、生态环境以及人体健康有严重危害的其他有害生物在国内传播扩散的。

第一百条 本规定中的立案追诉标准，除法律、司法解释另有规定的以外，适用于相关的单位犯罪。

第六节 破坏环境资源保护罪

第338条 修正案（八）第46条 污染环境罪

违反国家规定，向土地、水体、大气排放、倾倒或者处置有放射性的废物、含传染病病原体的废物、有毒物质或者其他危险废物，造成重大环境污染事故，致使公私财产遭受重大损失或者人身伤亡的严重后果的，处三年以下有期徒刑或者拘役，并处或者单处罚金；后果特别严重的，处三年以上七年以下有期徒刑，并处罚金。

中华人民共和国刑法修正案（八）（第十一届全国人民代表大会常务委员会第十九次会议2011年2月25日通过，中华人民共和国主席令第四十一号公布，自2011年5月1日起施行。）

四十六、将刑法第三百三十八条修改为："违反国家规定，排放、倾倒或者处置有放射性的废物、含传染病病原体的废物、有毒物质或者其他有害物

---

① 对其解读见：《刑事审判参考》2009年第3辑总第68辑，第66~118页以及草案及其说明《刑事法律文件解读》2008年第9辑总第39辑，第84~90页。

② 对其解读见：《刑事审判参考》2009年第6辑总第71辑，第72~82页。

质,严重污染环境的,处三年以下有期徒刑或者拘役,并处或者单处罚金;后果特别严重的,处三年以上七年以下有期徒刑,并处罚金。"

关联规范 ➡ 完全整理

❶ 《中华人民共和国刑法》(1980年1月1日)第96条 对违反国家规定概念的界定

本法所称违反国家规定,是指违反全国人民代表大会及其常务委员会制定的法律和决定,国务院制定的行政法规、规定的行政措施、发布的决定和命令。

❷ 《中华人民共和国刑法》(1980年1月1日)第346条 本节单位犯罪

单位犯本节第三百三十八条至第三百四十五条规定之罪的,对单位判处罚金,并对其直接负责的主管人员和其他直接责任人员,依照本节各该条的规定处罚。

❸ 最高人民法院、最高人民检察院《关于执行〈中华人民共和国刑法〉确定罪名的补充规定(五)》(2011年4月27日 法释〔2011〕10号)①

❹ 最高人民法院《关于贯彻宽严相济刑事政策的若干意见》(2010年2月8日 法发〔2010〕9号)(节录)②

9. 当前和今后一段时期,对于集资诈骗、贷款诈骗、制贩假币以及扰乱、操纵证券、期货市场等严重危害金融秩序的犯罪,生产、销售假药、劣药、有毒有害食品等严重危害食品药品安全的犯罪,走私等严重侵害国家经济利益的犯罪,造成严重后果的重大安全责任事故犯罪,重大环境污染、非法采矿、盗伐林木等各种严重破坏环境资源的犯罪等,要依法从严惩处,维护国家的经济秩序,保护广大人民群众的生命健康安全。

❺ 最高人民检察院、公安部《关于公安机关管辖的刑事案件立案追诉标准的规定(一)》(2008年6月25日 公通字〔2008〕36号)(节录)

第六十条 违反国家规定,向土地、水体、大气排放、倾倒或者处置有放射性的废物,含传染病病原体的废物,有毒物质或者其他危险废物,造成重大环境污染事故,涉嫌下列情形之一,应予立案追诉:(一)致使公私财产损失三十万元以上的;(二)致使基本农田、防护林地、特种用途林地五亩以上,其他农用地十亩以上,其他土地二十亩以上基本功能丧失或者遭受永久性破坏的;(三)致使森林或者其他林木死亡五十立方米以上,或者幼树死亡二千五百株以上的;(四)致使一人以上死亡、三人以上重伤、十人以上轻伤,或者一人以上重伤并且五人以上轻伤的;(五)致使传染病发生、流行或者人员中毒达到《国家突发公共卫生事件应急预案》中突发公共卫生事件分级Ⅲ级以上情形,严重危害人体健康的;(六)其他致使公私财产遭受重大损失或者人身伤亡的严重后果的情形。

本条和本规定第六十二条规定的"公私财产损失",包括污染环境直接造成的财产损毁、减少的实际价值,为防止污染扩散以及消除污染而采取的必要的、合理的措施而发生的费用。

---

① 对其解读见:《刑事审判参考》2011年第4辑总第81辑,第151~157页。
② 对其解读见:《刑事法律文件解读》2010年第3辑总第57辑,第49~65页。

第一百条　本规定中的立案追诉标准,除法律、司法解释另有规定的以外,适用于相关的单位犯罪。

6 最高人民法院《关于审理环境污染刑事案件具体应用法律若干问题的解释》(2006年7月21日　法释〔2006〕4号)①

第一条　具有下列情形之一的,属于刑法第三百三十八条、第三百三十九条和第四百零八条规定的"公私财产遭受重大损失":

(一) 致使公私财产损失三十万元以上的;

(二) 致使基本农田、防护林地、特种用途林地五亩以上,其他农用地十亩以上,其他土地二十亩以上基本功能丧失或者遭受永久性破坏的;

(三) 致使森林或者其他林木死亡五十立方米以上,或者幼树死亡二千五百株以上的。

第二条　具有下列情形之一的,属于刑法第三百三十八条、第三百三十九条和第四百零八条规定的"人身伤亡的严重后果"或者"严重危害人体健康":

(一) 致使一人以上死亡、三人以上重伤、十人以上轻伤,或者一人以上重伤并且五人以上轻伤的;

(二) 致使传染病发生、流行或者人员中毒达到《国家突发公共卫生事件应急预案》中突发公共卫生事件分级Ⅲ情形,严重危害人体健康的;

(三) 其他致使"人身伤亡的严重后果"或者"严重危害人体健康"的情形。

第三条　具有下列情形之一的,属于刑法第三百三十八条、第三百三十九条和第四百零八条规定的"后果特别严重":

(一) 致使公私财产损失一百万元以上的;

(二) 致使水源污染、人员疏散转移达到《国家突发公共卫生事件应急预案》中突发环境事件分级Ⅱ以上情形的;

(三) 致使基本农田、防护林地、特种用途林地十五亩以上,其他农用地三十亩以上,其他土地六十亩以上基本功能丧失或者遭受永久性破坏的;

(四) 致使森林或者其他林木死亡一百五十立方米以上,或者幼树死亡七千五百株以上的;

(五) 致使三人以上死亡、十人以上重伤、三十人以上轻伤,或者三人以上重伤并十人以上轻伤的;

(六) 致使传染病发生、流行达到《国家突发公共卫生事件应急预案》中突发公共卫生事件分级Ⅱ以上情形的;

(七) 其他后果特别严重的情形。

第四条　本解释所称"公私财产损失",包括污染环境行为直接造成的财产损毁、减少的实际价值,为防止污染扩大以及消除污染而采取的必要的、合理的措施而发生的费用。

第五条　单位犯刑法第三百三十八条、第三百三十九条规定之罪的,定罪量刑标准依照刑法和本解释的有关规定执行。

---

① 对其解读见:《刑事审判参考》2006年第4辑总第51辑,第108~116页。

附：《国家突发公共卫生事件应急预案》中突发公共卫生事件分级Ⅲ级、Ⅱ级、Ⅰ级情形的规定

突发公共卫生事件分级Ⅲ级中传染病发生、流行或者人员中毒的情形包括：

（1）发生肺鼠疫、肺炭疽病例，一个平均潜伏期内病例数未超过5例，流行范围在一个县（市）行政区域以内；

（2）腺鼠疫发生流行，在一个县（市）行政区域内，一个平均潜伏期内连续发病10例以上，或波及2个以上县（市）；

（3）霍乱在一个县（市）行政区域内发生，1周内发病10～29例，或波及2个以上县（市），或市（地）级以上城市的市区首次发生；

（4）一次食物中毒人数超过100人；

（5）一次发生急性职业中毒10～49人。

突发公共卫生事件分级Ⅱ级中传染病发生、流行的情形包括：

（1）在一个县（市）行政区域内，一个平均潜伏期内（6天）发生5例以上肺鼠疫、肺炭疽病例，或者相关疫情波及2个以上的县（市）；

（2）发生传染性非典型肺炎、人感染高致病性禽流感疑似病例；

（3）腺鼠疫发生流行，在一个市（地）行政区域内，一个平均潜伏期内连续发病20例以上，或流行范围波及2个以上市（地）；

（4）霍乱在一个市（地）行政区域内发生，1周内发病30例以上，或波及2个以上市（地），有扩散趋势。

突发公共卫生事件分级Ⅰ级中传染病发生、流行的情形包括：

（1）肺鼠疫、肺炭疽在大、中城市发生并有扩散趋势，或者肺鼠疫、肺炭疽疫情波及2个以上的省份，并有进一步扩散趋势；

（2）发生传染性非典型肺炎、人感染高致病性禽流感疑似病例，并有扩散趋势。

附：《国家突发环境事件应急预案》中突发环境事件分级Ⅱ级、Ⅰ级情形的规定

突发环境事件分级Ⅱ级中水源污染、人员疏散转移的情形包括：

（1）因环境污染造成重要河流、湖泊、水库及沿海水域大面积污染，或县级以上城镇水源地取水中断；

（2）因环境污染致使当地经济、社会活动受到较大影响，疏散转移群众1万人以上、5万人以下的。

突发环境事件分级Ⅰ级中水源污染、人员疏散转移的情形包括：

（1）因环境污染造成重要城市主要水源地取水中断；

（2）因环境事件需疏散转移群众5万人以上的。

7 最高人民法院、最高人民检察院《关于办理妨害预防、控制突发传染病疫情等灾害的刑事案件具体应用法律若干问题的解释》（2003年5月15日　法释〔2003〕8号）（节录）①

第十三条　违反传染病防治法等国家有关规定，向土地、水体、大气排放、倾倒或者处置含传染病病原体的废物、有毒物质或者其他危险废物，造成突发传染病传播等重大环境污染事故，致使公私财产遭受重大损失或者人身伤亡的严重后果的，依照刑法第三百三十八条的规定，以重大环境污染事故罪定罪处罚。

8 昆明市中级人民法院、市人民检察院、市公安局《关于办理污染环境非法捕捞水产品等刑事案件若干问题的意见（试行）》（2011年6月1日　昆检联发〔2011〕2号）（节录）

二、违反国家规定，排放、倾倒或者处置有放射性的废物、含传染病病原体的废物、有毒物质或者其他有害物质，严重污染环境的，依据刑法第三百三十八条的规定，以污染环境罪定罪处罚。

其他有害物质是指含重金属、氨氮、石油类、氟化物、二氧化硫等会导致环境污染的物质，以及会导致化学需氧量、高锰酸盐指数、粪大肠菌群、总磷、总氮、恶臭等指标超标的物质。

严重污染环境的情形包括：

（一）致使公私财产损失三十万元以上的；

（二）致使基本农田、防护林地、特种用途林地五亩以上，其他农用地十亩以上，其他土地二十亩以上基本功能丧失或者遭受永久性破坏的；

（三）致使森林或者其他林木死亡五十立方米以上，或者幼树伤亡二千五百株以上的；

（四）致使一人以上死亡、三人以上重伤、十人以上轻伤，或者一人以上重伤并且五人以上轻伤的；

（五）致使传染病发生、流行或者人员中毒达到《国家突发公共卫生事件应急预案》中突发公共卫生事件分级Ⅲ级情形，严重危害人体健康的；

（六）其他致使"人身伤亡的严重后果"或者"严重危害人体健康"的；

（七）致使水体、土地、大气受到污染，治理费用所需金额三十万元以上的；

（八）对饮用水源地一级保护区排放、倾倒或者处置物质含重金属超标的；

（九）对饮用水源地一级保护区排放、倾倒或者处置含重金属以外的其他有害物质超标3倍以上的；

（十）对学校、医院、居民住宅区、村庄、其他公共场所排放二氧化硫、氮氧化物等物质超标5倍以上的，以及会导致恶臭等指标超标5倍以上的物质；

---

①　对其解读见：《刑事审判参考》2003年第3辑总第32辑，第160~164，188~197页以及《"非典"防治时期相关犯罪的司法适用研究》，载《刑事司法指南》2003年第2辑总第14辑，第55~109页。

（十一）在一年内因污染环境行为受过两次行政处罚又排放、倾倒或者处置上述污染物的；

（十二）其他情节严重的情形。

三、违反保护水产资源法规，在禁渔区、禁渔期或者使用禁用工具、方法捕捞水产品，情节严重的，依据刑法第三百四十条的规定，以非法捕捞水产品罪定罪处罚。

情节严重的情形包括：

（一）非法捕捞水产品五百公斤以上或者价值五千元以上的；

（二）非法捕捞有重要经济价值的水生动物苗种、怀卵亲体，五十公斤以上或者价值五百元以上的；

（三）组织、指挥非法捕捞水产品的；

（四）在一年内因非法捕捞水产品行为受过二次行政处罚又非法捕捞水产品的；

（五）其他情节严重的情形。

四、违反矿产资源法的规定，未取得采矿许可证擅自采矿，擅自进入国家规划矿区、对国民经济具有重要价值的矿区和他人矿区范围采矿，或者擅自开采国家规定实行保护性开采的特定矿种，情节严重的，依据刑法第三百四十三条的规定，以非法采矿罪定罪处罚。

情节严重的情形包括：

（一）非法采矿造成矿产资源破坏的价值，数额在五万元以上的；

（二）非法采矿致使原有地貌被破坏面积达到二十亩以上的；

（三）在一年内因非法采矿行为受过两次行政处罚又非法采矿的；

（四）其他情节严重的情形。

五、以暴力、威胁方法阻碍环境资源执法人员依法执行职务的，依据《刑法》第二百七十七条的规定，以妨害公务罪定罪处罚。

六、负有环境保护监督管理职责的国家机关工作人员严重不负责任，导致发生重大环境污染事故，致使公私财产遭受重大损失或者造成人身伤亡的严重后果的，依照《刑法》第四百零八条的规定，以环境监管失职罪定罪处罚。

学理观点·典型案例 ➡ 索引与要旨

❶ 人大《刑法修正案（八）》①

❷《薛某、王某、张某重大环境污染事故案》，载《最新刑事法律文件解读》2010年第7辑总第61辑，第94~100页。

核心提示 ➡ 重大环境污染事故罪与投放危险物质罪的区别

❸《吴自柱、王启、姜翠兰重大环境污染事故案》，载《刑事审判参考》2001年第4辑总第15辑，第40~44页。

---

① 对其解读见：《刑事审判参考》2011年第4辑总第81辑，第83~117页以及《公检法办案指南》2011年第3辑总第135辑，第13~121页。

核心提示 ➡ 重大环境污染事故罪的定罪量刑标准如何掌握？

第 339 条　第 1 款　非法处置进口的固体废物罪　第 2 款　擅自进口固体废物罪　第 3 款　走私废物罪

违反国家规定，将境外的固体废物进境倾倒、堆放、处置的，处五年以下有期徒刑或者拘役，并处罚金；造成重大环境污染事故，致使公私财产遭受重大损失或者严重危害人体健康的，处五年以上十年以下有期徒刑，并处罚金；后果特别严重的，处十年以上有期徒刑，并处罚金。

未经国务院有关主管部门许可，擅自进口固体废物用作原料，造成重大环境污染事故，致使公私财产遭受重大损失或者严重危害人体健康的，处五年以下有期徒刑或者拘役，并处罚金；后果特别严重的，处五年以上十年以下有期徒刑，并处罚金。

以原料利用为名，进口不能用作原料的固体废物的，依照本法第一百五十五条的规定定罪处罚。

中华人民共和国刑法修正案（四）（中华人民共和国第九届全国人民代表大会常务委员会第三十一次会议于 2002 年 12 月 28 日通过，自公布之日起施行。）

五、将刑法第三百三十九条第三款修改为："以原料利用为名，进口不能用作原料的固体废物、液态废物和气态废物的，依照本法第一百五十二条第二款、第三款的规定定罪处罚。"

关 联 规 范 ➡ 完全整理

❶《中华人民共和国刑法》（1980 年 1 月 1 日） 第 96 条　对违反国家规定概念的界定

本法所称违反国家规定，是指违反全国人民代表大会及其常务委员会制定的法律和决定，国务院制定的行政法规、规定的行政措施、发布的决定和命令。

❷《中华人民共和国刑法》（1980 年 1 月 1 日） 第 152 条第 2、3 款

逃避海关监管将境外固体废物、液态废物和气态废物运输进境，情节严重的，处五年以下有期徒刑，并处或者单处罚金；情节特别严重的，处五年以上有期徒刑，并处罚金。

单位犯前两款罪的，对单位判处罚金，并对其直接负责的主管人员和其他直接责任人员，依照前两款的规定处罚。

❸《中华人民共和国刑法》（1980 年 1 月 1 日） 第 346 条　本节单位犯罪

单位犯本节第三百三十八条至第三百四十五条规定之罪的，对单位判处罚金，并对其直接负责的主管人员和其他直接责任人员，依照本节各该条的规定处罚。

4 《刑法修正案（四）》（2002年12月28日　主席令第83号）①

5 最高人民检察院、公安部《关于公安机关管辖的刑事案件立案追诉标准的规定（一）》（2000年6月25日　公通字〔2008〕36号）（节录）

第六十一条　违反国家规定，将境外的固体废物进境倾倒、堆放、处置的，应予立案追诉。

第六十二条　未经国务院有关主管部门许可，擅自进口固体废物用作原料，造成重大环境污染事故，涉嫌下列情形之一的，应予立案追诉：（一）致使公私财产损失三十万元以上的；（二）致使基本农田、防护林地、特种用途林地五亩以上，其他农用地十亩以上，其他土地二十亩以上基本功能丧失或者遭受永久性破坏的；（三）致使森林或者其他林木死亡五十立方米以上，或者幼树死亡二千五百株以上的；（四）致使一人以上死亡、三人以上重伤、十人以上轻伤，或者一人以上重伤并且五人以上轻伤的；（五）致使传染病发生、流行或者人员中毒达到《国家突发公共卫生事件应急预案》中突发公共卫生事件分级Ⅲ级以上情形，严重危害人体健康的；（六）其他致使公私财产遭受重大损失或者严重危害人体健康的情形。

第六十条　本条和本规定第六十二条规定的"公私财产损失"，包括污染环境直接造成的财产损毁、减少的实际价值，为防止污染扩散以及消除污染而采取的必要的、合理的措施而发生的费用。

第一百条　本规定中的立案追诉标准，除法律、司法解释另有规定的以外，适用于相关的单位犯罪。

6 最高人民法院《关于审理环境污染刑事案件具体应用法律若干问题的解释》（2006年7月28日　法释〔2006〕4号）②

7 最高人民法院、最高人民检察院《关于执行〈中华人民共和国刑法〉确定罪名的补充规定（二）》（2003年8月15日　法释〔2003〕12号）（节录）③

走私废物罪与非法处置进口的固体废物罪、擅自进口固体废物罪的用语不一致的问题，是刑法第三百三十九条所规定的犯罪对象，仅限于固体废物，故两罪之间不会出现歧义。

第340条　非法捕捞水产品罪

违反保护水产资源法规，在禁渔区、禁渔期或者使用禁用的工具、方法捕捞水产品，情节严重的，处三年以下有期徒刑、拘役、管制或者罚金。

---

①　对其解读见：《刑事审判参考》2002年第6辑总第29辑，第99～101页以及2003年第2辑总第31辑，第184～198页。

②　对其解读见：《刑事审判参考》2006年第4辑总第51辑，第108～116页。

③　对其解读见：《刑事审判参考》2003年第5辑总第34辑，第188～194页以及《刑事司法指南》2003年第3辑总第15辑，第150～158页。

第二编 分则 第六章 妨害社会管理秩序罪

关联规范 ▶ 完全整理

❶《中华人民共和国刑法》(1980年1月1日) 第346条

单位犯本节第三百三十八条至第三百四十五条规定之罪的，对单位判处罚金，并对其直接负责的主管人员和其他直接责任人员，依照本节各该条的规定处罚。

❷ 最高人民检察院、公安部《关于公安机关管辖的刑事案件立案追诉标准的规定(一)》(2008年6月25日 公通字〔2008〕36号)(节录)

第六十三条 违反保护水产资源法规，在禁渔区、禁渔期或者使用禁用的工具、方法捕捞水产品，涉嫌下列情形之一的，应予立案追诉：(一)在内陆水域非法捕捞水产品五百公斤以上或者价值五千元以上的，或者在海洋水域非法捕捞水产品二千公斤以上或者价值二万元以上的；(二)非法捕捞有重要经济价值的水生动物苗种、怀卵亲体或者在水产种质资源保护区内捕捞水产品，在内陆水域五十公斤以上或者价值五百元以上，或者在海洋水域二百公斤以上或者价值二千元以上的；(三)在禁渔区内使用禁用的工具或者禁用的方法捕捞的；(四)在禁渔期内使用禁用的工具或者禁用的方法捕捞的；(五)在公海使用禁用渔具从事捕捞作业，造成严重影响的；(六)其他情节严重的情形。

第一百条 本规定中的立案追诉标准，除法律、司法解释另有规定的以外，适用于相关的单位犯罪。

❸ 昆明市中级人民法院、市人民检察院、市公安局《关于办理污染环境非法捕捞水产品等刑事案件若干问题的意见(试行)》(2011年6月1日 昆检联发〔2011〕2号)(节录)

三、违反保护水产资源法规，在禁渔区、禁渔期或者使用禁用工具、方法捕捞水产品，情节严重的，依据刑法第三百四十条的规定，以非法捕捞水产品罪定罪处罚。

情节严重的情形包括：(一)非法捕捞水产品五百公斤以上或者价值五千元以上的；(二)非法捕捞有重要经济价值的水生动物苗种、怀卵亲体，五十公斤以上或者价值五百元以上的；(三)组织、指挥非法捕捞水产品的；(四)在一年内因非法捕捞水产品行为受过二次行政处罚又非法捕捞水产品的；(五)其他情节严重的情形。

第341条 第1款 非法猎捕、杀害珍贵濒危野生动物罪 非法收购、运输、出售珍贵濒危野生动物、珍贵濒危野生动物制品罪 第2款 非法狩猎罪

非法猎捕、杀害国家重点保护的珍贵、濒危野生动物的，或者非法收购、运输、出售国家重点保护的珍贵、濒危野生动物及其制品的，处五年以下有期徒刑或者拘役，并处罚金；情节严重的，处五年以上十年以下有期徒刑，并处罚金；情节特别严重的，处十年以上有期徒刑，并处罚金或者没收财产。

违反狩猎法规，在禁猎区、禁猎期或者使用禁用的工具、方法进行狩猎，破坏野生动物资源，情节严重的，处三年以下有期徒刑、拘役、管制或者罚金。

关联规范 ⟹ 完全整理

❶《中华人民共和国刑法》（1980年1月1日）**第346条 本节单位犯罪**

单位犯本节第三百三十八条至第三百四十五条规定之罪的，对单位判处罚金，并对其直接负责的主管人员和其他直接责任人员，依照本节各该条的规定处罚。

❷ 濒危野生动植物种国际贸易公约（1973年3月3日）

❸ 最高人民检察院、公安部《关于公安机关管辖的刑事案件立案追诉标准的规定（一）》（2008年6月25日 公通字〔2008〕36号）（节录）

第六十四条 非法猎捕、杀害国家重点保护的珍贵、濒危野生动物的，应予立案追诉。

本条和本规定第六十五条规定的"珍贵、濒危野生动物"，包括列入《国家重点保护野生动物名录》的国家一、二级保护野生动物、列入《濒危野生动植物种国际贸易公约》附录一、附录二的野生动物以及驯养繁殖的上述物种。

第六十五条 非法收购、运输、出售国家重点保护的珍贵、濒危野生动物及其制品的，应予立案追诉。

本条规定的"收购"，包括以营利、自用等为目的的购买行为；"运输"，包括采用携带、邮寄、利用他人、使用交通工具等方法进行运送的行为；"出售"，包括出卖和以营利为目的的加工利用行为。

第六十六条 违反狩猎法规，在禁猎区、禁猎期或者使用禁用的工具、方法进行狩猎，破坏野生动物资源，涉嫌下列情形之一的，应予立案追诉：（一）非法狩猎野生动物二十只以上的；（二）在禁猎区内使用禁用的工具或者禁用的方法狩猎的；（三）在禁猎期内使用禁用的工具或者禁用的方法狩猎的；（四）其他情节严重的情形。

第一百条 本规定中的立案追诉标准，除法律、司法解释另有规定的以外，适用于相关的单位犯罪。

❹《关于严厉打击非法捕捉和经营利用水生野生动物行为的紧急通知》（2003年6月18日 农渔发〔2003〕22号）（节录）

二、自本通知发布之日起，除经批准的科学研究外，禁止捕捉、捕捞、伤害、出售、收购国家重点保护的水生野生动物及其产品。严格禁止食用国家重点保护的水生野生动物。暂停审批发放国家重点保护水生野生动物的《捕捉证》、《驯养繁殖许可证》、《运输证》、《经营利用许可证》。开禁时间由农业部另行通知。

三、各级渔业行政主管部门要按照《野生动物保护法》、《水生野生动物保护实施条例》等法律、法规的规定，会同工商行政管理、海关等部门，组织对驯养、展览、加工、利用水生野生动物单位的持证情况进行全面的检查、清理、整顿。对未经批准从事驯养、展览、加工、利用水生野生动物的，要依法从严处罚；对构成犯罪的，要移交公安机关依法追究刑事责任；对查获的水生野生动物，要及时进行救治或野外放流，妥善处理。

❺《关于适应形势需要做好严禁违法猎捕和经营陆生野生动物工作的通知》（2003年6月10日 林护发〔2003〕99号）（节录）

四、要依法强化经营利用管理，严禁非法经营。各级工商行政管理机关要进一步加强市场监管。一是要对市场进行清理整顿，坚决禁止非法来源的陆生野生动物及产品进入市场；凡是违法专营陆生野生动物及其产品的市场，要限期关闭或引导转营其他商品，不得违法摆卖陆生野生动物及其产品。二是要对各类市场主体进行全面检查和监管，禁止饭店、餐馆等餐饮场所违法出售以陆生野生动物为原料的食品，对走私贩运、违法加工、制作、销售陆生野生动物及其产品的行为要坚决予以查处；对专门经营陆生野生动物或企业名称中有"野味店"等字样的，要限期办理变更登记，逾期不办的依法吊销营业执照；对擅自在店名或牌匾中使用"野味店"等字样的违法违规行为，要从重予以处罚；对未经许可和无照经营陆生野生动物的行为，要坚决予以取缔和查处。三是要加强市场巡查，强化日常监管，特别是要加强对经营陆生野生动物重点地区、贩卖市场、经营店铺的监督管理，及时发现和查处各种违法行为。各部门要大力支持并积极配合工商行政管理机关强化市场监管。

五、要依法支持和规范陆生野生动物驯养繁殖业发展，促进野外资源保护。各级林业行政主管部门，要认真按照《野生动物保护法》的要求，本着积极扶持，规范管理，促进发展的原则，加强陆生野生动物驯养繁殖管理。对驯养繁殖技术成熟的陆生野生动物物种，经省级以上林业行政主管部门组织科学论证，报国家林业局统一公告后，可以从事经营利用性驯养繁殖；对手续齐备、经营规范的驯养繁殖单位和个人，要给予积极的引导、鼓励和扶持。对未经许可擅自驯养繁殖和经营陆生野生动物的，要予以取缔；对目前驯养繁殖技术不过关，以及需要依赖野外资源为种源的，应责令停止经营利用性驯养繁殖及经营行为，并取消其相应物种驯养繁殖资格；要依法强化陆生野生动物驯养繁殖卫生检疫管理，将检疫、卫生防疫作为对驯养繁殖单位审验的一项必备的要求，凡不符合要求的，要限期整改，逾期达不到要求的，不得继续从事驯养繁殖及经营活动。在一些地方陆生野生动物驯养繁殖已成为发展农村经济的一项新兴产业，各地在加强驯养繁殖管理工作中，要注意保护农民的利益和生产积极性，对确有特殊原因未及时办理有关许可手续，或确因经济困难在防疫环节不太完善的，凡能够整改补救的，应要求其整改，并予以必要的帮助。

六、要加强运输管理，严禁非法运输陆生野生动物及其产品行为。各铁路、公路、水路、民航等客货运输单位，都应依法强化运输管理，制止违法运输陆生野生动物行为。因科学研究、文化交流、驯养繁殖种源等需要运输合法猎捕来源的陆生野生动物活体、死体的，或需要运输确系人工驯养繁殖技术成功的人工种群的陆生野生动物活体、死体的，林业行政主管部门须依法核实无误后，方可依法办理运输证明。各运输单位凭省级林业行政主管部门或其授权单位的批准文件和核发的运输证明，并查验检疫证明后，方可受理承运。要加强运输陆生野生动物装运笼箱和产品包装的检查，确保符合运输管理部门的有关要求，防止运输过程中的动物死亡、逃逸及产品的渗漏，控制疫病传播隐患。铁道、交通、民航、邮政和林业行政主管部门要切实加强运输环节的管理，对隐瞒不报和未经核实就开具运输证明以及违法办理运输的，要依法追究其责任。

七、要适应资源保护和预防疫病的要求，加强进出口管理。各海关要依法加强陆生野生动物进出口管理，对不符合规定申报进出口的，不予受理相应的报关申请。对其中业已运抵口岸的，应及时报请出入境检验检疫机构进进检疫检验。对检疫检验不合格的，由出入境检验检疫部门依法处理；对检疫合格的，暂移交当地林业行政主管部门收容或妥善处理。

因科学研究、文化交流等非商业目的或因驯养繁殖种源需要进出口陆生野生动物活体、死体（包括《进出口野生动植物种商品目录》以外的陆生野生动物）的，须凭国内外相关管理机构或外方研究机构出具的证明，按法定程序向林业行政主管部门申报，林业行政主管部门须依法核实无误后方可予以批准，并由濒危物种进出口管理机构核发允许进出口证明书，海关凭允许进出口证明书和检验检疫机构签发的《入/出境货物通关单》办理有关报关验放手续。

对申请出口确系人工驯养繁殖技术成熟并已实现产业化繁殖的人工种群的陆生野生动物活体、死体的，须备齐驯养繁殖证明材料向林业行政主管部门申报，林业行政主管部门须依法核实无误后方可予以批准，并由濒危物种进出口管理机构核发允许出口证明书，同时应注明确系人工驯养繁殖的陆生野生动物，海关凭允许出口证明书和检验检疫机构签发的《入/出境货物通关单》办理有关报关验放手续。对以经营利用为目的进口陆生野生动物活体、死体的，由林业行政主管部门商有关部门研究提出专门管理措施后执行。

❻ 农业部《关于确定野生动物案件中水生野生动物及其产品价值有关问题的通知》（2002年9月25日　农渔发〔2002〕22号）

一、国家一级保护水生野生动物的价值标准，按照该种动物资源保护费的8倍执行。国家二级保护水生野生动物的价值标准，按照该种动物资源保护费的6倍执行。地方重点保护水生野生动物的价值标准，按照该种动物资源保护费的4倍执行。

二、水生野生动物产品的价值标准如下：（一）水生野生动物标本的价值标准按照该种动物价值标准的100%执行。（二）水生野生动物的特殊利用部分和主要部分，其价值标准按照该种动物价值标准的80%执行。（三）第（一）、（二）款规定以外的其他水生野生动物产品的价值标准，有交易价格的，按照该产品的交易价格执行；没有交易价格的，按照该种动物价值标准的5%~20%核定执行。

三、《濒危野生动植物种国际贸易公约》附录所列水生野生动物及其产品的价值标准，国内已有规定的按国内规定执行；国内没有规定的，参照国内同等保护级别的同属或同科保护动物的价值标准从高执行。

四、需要进行水生野生动植物及其产品鉴定的，须经国务院渔业行政主管部门指定的单位进行物种鉴定的价值估算。

❼ 国家林业局《关于发布破坏野生动物资源刑事案件中涉及犀牛角价值标准的通知》（2002年5月28日　林护发〔2002〕130号）

多年来，各地各部门在严厉打击涉及犀牛角的非法贸易活动中，查获了大量非法出售、收购、运输、走私的犀牛角。为确保各执法部门依法查处上述刑事案件，我局依据林业部、财政部、国家物价局《关于发布〈陆生野生动物资源保护管理费收费办法〉的通知》（林护字〔1992〕72号）、《林业部关于在野生动物案件中如何确定国家重点保护野生动物及其产品价值标准的通知》（林策通字〔1996〕8号）、国家林业局、公安部《关于印发森林和陆生野生动物刑事案件管辖及立案标准的通知》（林安发〔2001〕156号）、《最高人民法院关于审理破坏野生动物资源刑事案件具体应用法律若干问题的解释》（法释〔2000〕37 号）的有关规定，将破坏野生动物资源刑事案件中涉及犀牛角的价值标准确定为：每千克犀牛角的价值为 25 万元，实际交易价高于上述价值的按实际交易价执行。

⑧ 国家文物局《关于海关总署"文物鉴定有关问题"来函的复函》（2002 年 4 月 30 日　文物保函〔2002〕204 号）

根据国家《文物出境管理办法》和《关于文物出境鉴定标准的几点意见》等有关法律法规规定，参照我局多年对文物出境鉴定标准的掌握情况，我局认为："暂时一律不出口文物"其意属于"禁止出口文物"，不属于"限制出口文物"。今后，凡文物出境鉴定机构出据的"暂时一律不出口文物"均按"禁止出口文物"处理。

⑨ 海关总署走私犯罪侦查局《关于走私珍贵动物制品案件如何确定珍贵、濒危野生动物制品价值的批复》（2001 年 10 月 16 日　侦查函字〔2001〕431 号）

经研究认为，你分局侦办的四起案件中，均涉及对珍贵、濒危野生动物制品价值核定的问题，依据《最高人民法院关于审理破坏野生动物资源刑事案件具体应用法律若干问题的解释》（法释〔2000〕37 号）第十一条有关规定，珍贵、濒危野生动物制品的价值，应依照国家野生动物保护主管部门的规定核定。故你分局应委托国家濒管办呼和浩特办事处，依据《林业部关于在野生动物案件中如何确定国家重点保护野生动物及其产品价值标准的通知》（林策通字〔1996〕8 号）进行核定。对于国家野生动物保护主管部门出具的珍贵、濒危野生动物制品价值证明，应当认定具有法律效力。

⑩ 海关总署走私犯罪侦查局《关于对广州分局〈关于对走私未列入司法解释附表的珍贵动物案如何处理的请示〉的批复》（2001 年 7 月 19 日　侦法研字〔2001〕58 号）

经研究并会商最高人民法院研究室认为，对于现在已发现的走私未列入司法解释附表的水生野生动物案件，应参照《最高人民法院关于审理走私刑事案件具体应用法律若干问题的解释》中所规定的关于走私陆生野生动物的级别、数量、价值标准立案侦查，具体量刑问题由法院解决。

⑪ 海关总署走私犯罪侦查局《关于转发〈国家林业局关于发布破坏野生动物资源刑事案件中涉及走私的象牙及其制品价值标准的通知〉的通知》（2001 年 7 月 8 日　侦查〔2001〕204 号）

现将《国家林业局关于发布破坏野生动物资源刑事案件中涉及走私的象牙及其制品价值标准的通知》转发给你们，请按照规定执行。附件：（林濒发〔2001〕234 号）现将破坏野生动物资源刑事案件中涉及走私的象牙及其制品的价值标准规定如下：一根未加工象牙的价值为 25 万元；由整根象牙雕刻而成的一件象牙制品，应视为一根象牙，其价值为 25 万元；由一根象牙切割成数段象牙块或者雕刻成数件象牙制品的，这些象牙块或者象牙制品总合，也应视为一根象牙，其价值为 25 万元；对于无法确定是否属一根象牙切割或者雕刻成的象牙块或象牙制品，应根据其重量来核定，单价为 41667 元/千克。按上述价值标准核定的象牙及其制品价格低于实际销售价格的按实际销售价格执行。

凡过去的有关规定与本通知不一致的，按本通知执行。

⑫ 林业局、公安部《关于森林和陆生野生动物刑事案件管辖及立案标准》（2001年5月9日）（节录）

（八）非法猎捕、杀害国家重点保护珍贵、濒危陆生野生动物案

凡非法猎捕、杀害国家重点保护的珍贵、濒危陆生野生动物的应当立案，重大案件、特别重大案件的立案标准详见附表。

（九）非法收购、运输、出售珍贵、濒危陆生野生动物、珍贵、濒危陆生野生动物制品案

非法收购、运输、出售国家重点保护的珍贵、濒危陆生野生动物的应当立案，重大案件、特别重大案件的立案标准见附表。

非法收购、运输、出售国家重点保护的珍贵、濒危陆生野生动物制品的，应当立案；制品价值在10万元以上或者非法获利5万元以上的，为重大案件；制品价值在20万元以上或非法获利10万元以上的，为特别重大案件。

（十）非法狩猎案

违反狩猎法规，在禁猎区、禁猎期或者使用禁用的工具、方法狩猎，具有下列情形之一的，应予立案：

1. 非法狩猎陆生野生动物20只以上的；
2. 在禁猎区或者禁猎期使用禁用的工具、方法狩猎的；
3. 具有其他严重破坏野生动物资源情节的。

违反狩猎法规，在禁猎区、禁猎期或者使用禁用的工具、方法狩猎，非法狩猎陆生野生动物50只以上的，为重大案件；非法狩猎陆生野生动物100只以上或者具有其他恶劣情节的，为特别重大案件。

⑬ 海关总署走私犯罪侦查局《关于涉嫌走私标的物蟒蛇皮价值的复函》（2001年2月7日 侦查函字〔2001〕29号）

昆明侦查分局：你分局《关于核定私货价值的请示》收悉后，总署侦查局就涉嫌走私物蟒蛇皮的价值问题致函国家濒危物种进出口管理办公室，请示予以明确。该办已回函我局，提出了明确意见。现将国家濒危物种进出口管理办公室的回函转给你分局，请参照执行。

附件一：中华人民共和国濒危物种进出口管理办公室便函（〔2001〕涉办法便字第1号）经研究，现函复如下：

关于野生动物案件中确定国家重点保护陆生野生动物或者其产品的价值标准问题，原林业部根据经国务院根据经国务院批准的由林业部、财政部、国家物价局《关于发布〈陆生野生动物资源保护管理费收费办法〉的通知》（林护字〔1992〕72号）和林业部、公安部《关于陆生野生动物刑事案件的管辖及其立案标准的规定》（林安字〔1994〕44号）有关规定，曾以《林业部关于在野生动物案件中如何确定国家重点保护野生动物及其产品价值标准的通知》（林策通字〔1996〕8号）作出了规定。现将上述文件转去，请参考。

关于来函反映的82张蟒蛇干皮的价值，根据"林护字〔1992〕72号"或"林策通字〔1996〕8号"文件相关规定，可按以下公式计算：蟒蛇资源保护管理费×12.5×80%×82

=900×12.5×80%×82=738000 元,即 82 张涉案蟒蛇干皮的价值为 738000 元。按上述公式计算的理由如下：一是各种蟒蛇要么是国家一级保护野生动物要么被依法核准为国家一级保护野生动物；二是一条蟒蛇的资源保护管理费为 900 元；三是蟒蛇皮是蟒蛇的主要利用部分，具有特殊利用价值（生产二胡等乐器）；四是总共有 82 张蟒蛇干皮。

14 最高人民法院《关于审理破坏野生动物资源刑事案件具体应用法律若干问题的解释》（2000 年 12 月 11 日　法释〔2000〕37 号）①

为依法惩处破坏野生动物资源的犯罪活动，根据刑法的有关规定，现就审理这类案件具体应用法律的若干问题解释如下：

第一条　刑法第三百四十一条第一款规定的"珍贵、濒危野生动物"，包括列入国家重点保护野生动物名录的国家一、二级保护野生动物、列入《濒危野生动植物种国际贸易公约》附录一、附录二的野生动物以及驯养繁殖的上述物种。

第二条　刑法第三百四十一条第一款规定的"收购"，包括以营利、自用等为目的的购买行为；"运输"，包括采用携带、邮寄、利用他人、使用交通工具等方法进行运送的行为；"出售"，包括出卖和以营利为目的的加工利用行为。

第三条　非法猎捕、杀害、收购、运输、出售珍贵、濒危野生动物具有下列情形之一的，属于"情节严重"：

（一）达到本解释附表所列相应数量标准的；

（二）非法猎捕、杀害、收购、运输、出售不同种类的珍贵、濒危野生动物，其中两种以上分别达到附表所列"情节严重"数量标准一半以上的。

非法猎捕、杀害、收购、运输、出售珍贵、濒危野生动物具有下列情形之一的，属于"情节特别严重"：

（一）达到本解释附表所列相应数量标准的；

（二）非法猎捕、杀害、收购、运输、出售不同种类的珍贵、濒危野生动物，其中两种以上分别达到附表所列"情节特别严重"数量标准一半以上的。

第四条　非法猎捕、杀害、收购、运输、出售珍贵、濒危野生动物构成犯罪，具有下列情形之一的，可以认定为"情节严重"；非法猎捕、杀害、收购、运输、出售珍贵、濒危野生动物符合本解释第三条第一款的规定，并具有下列情形之一的，可以认定为"情节特别严重"：

（一）犯罪集团的首要分子；（二）严重影响对野生动物的科研、养殖等工作顺利进行的；（三）以武装掩护方法实施犯罪的；（四）使用特种车、军用车等交通工具实施犯罪的；（五）造成其他重大损失的。

第五条　非法收购、运输、出售珍贵、濒危野生动物制品具有下列情形之一的，属于"情节严重"：

（一）价值在十万元以上的；（二）非法获利五万元以上的；（三）具有其他严重情节的。

---

① 对其解读见：《刑事审判参考》2001 年第 2 辑总第 13 辑，第 78~84 页。

非法收购、运输、出售珍贵、濒危野生动物制品具有下列情形之一的，属于"情节特别严重"：

（一）价值在二十万元以上的；（二）非法获利十万元以上的；（三）具有其他特别严重情节的。

第六条　违反狩猎法规，在禁猎区、禁猎期或者使用禁用的工具、方法狩猎，具有下列情形之一的，属于非法狩猎"情节严重"：

（一）非法狩猎野生动物二十只以上的；（二）违反狩猎法规，在禁猎区或者禁猎期使用禁用的工具、方法狩猎的；（三）具有其他严重情节的。

第七条　使用爆炸、投毒、设置电网等危险方法破坏野生动物资源，构成非法猎捕、杀害珍贵、濒危野生动物罪或者非法狩猎罪，同时构成刑法第一百一十四条或者第一百一十五条规定之罪的，依照处罚较重的规定定罪处罚。

第八条　实施刑法第三百四十一条规定的犯罪，又以暴力、威胁方法抗拒查处，构成其他犯罪的，依照数罪并罚的规定处罚。

第九条　伪造、变造、买卖国家机关颁发的野生动物允许进出口证明书、特许猎捕证、狩猎证、驯养繁殖许可证等公文、证件构成犯罪的，依照刑法第二百八十条第一款的规定以伪造、变造、买卖国家机关公文、证件罪定罪处罚。

实施上述行为构成犯罪，同时构成刑法第二百二十五条第二项规定的非法经营罪的，依照处罚较重的规定定罪处罚。

第十条　非法猎捕、杀害、收购、运输、出售《濒危野生动植物种国际贸易公约》附录一、附录二所列的非原产于我国的野生动物"情节严重"、"情节特别严重"的认定标准，参照本解释第三条、第四条以及附表所列与其同属的国家一、二级保护野生动物的认定标准执行；没有与其同属的国家一、二级保护野生动物的，参照与其同科的国家一、二级保护野生动物的认定标准执行。

第十一条　珍贵、濒危野生动物制品的价值，依照国家野生动物保护主管部门的规定核定；核定价值低于实际交易价格的，以实际交易价格认定。

第十二条　单位犯刑法第三百四十一条规定之罪，定罪量刑标准依照本解释的有关规定执行。

附：非法猎捕、杀害、收购、运输、出售珍贵、濒危野生动物刑事案件"情节严重"、"情节特别严重"数量认定标准

中文名	拉丁文名	级别	情节严重	情节特别严重
蜂猴	Nycticebus spp.	I	3	4
熊猴	Macaca assamensis	I	2	3
台湾猴	Macaca cyclopis	I	1	2
豚尾猴	Macaca nemestrina	I	2	3
叶猴（所有种）	Presbytis spp.	I	1	2

续表

中文名	拉丁文名	级别	情节严重	情节特别严重
金丝猴（所有种）	Rhinopithecus spp.	I		1
长臂猿（所有种）	Hylobates spp.	I	1	2
马来熊	Helarctos malayanus	I	2	3
大熊猫	Ailuropoda melanoleuca	I		1
紫貂	Martes zibellina	I	3	4
貂熊	Gulo gulo	I	2	3
熊狸	Arctictis binturong	I	1	2
云豹	Neofelis nebulosa	I		1
豹	Panthera pardus	I		1
雪豹	Panthera uncia	I		1
虎	Panthera tigris	I		1
亚洲象	Elephas maximus	I		1
蒙古野驴	Equus hemionus	I	2	3
西藏野驴	Equus kiang	I	3	5
野马	Equus przewalskii	I		1
野骆驼	Camelus ferus（Bactrianus）	I	1	2
鼷鹿	Tragulus javanicus	I	2	3
黑麂	Muntiacus crinifrons	I	1	2
白唇鹿	Cervus albirostris	I	1	2
坡鹿	Cervus eldi	I	1	2
梅花鹿	Cervus nippon	I	2	3
豚鹿	Cervus porcinus	I	2	3
麋鹿	Elaphurus davidianus	I	1	2
野牛	Bos gaurus	I	1	2
野牦牛	Bos mutus（Grunniens）	I	2	3
普氏原羚	Procapra przewalskii	I	1	2
藏羚	Pantholops hodgsoni	I	2	3
高鼻羚羊	Saiga tatarica	I		1
扭角羚	Budorcas taxicolor	I	1	2
台湾鬣羚	Capricornis crispus	I	2	3
赤斑羚	Naemorhedus cranbrooki	I	2	4

续表

中文名	拉丁文名	级别	情节严重	情节特别严重
塔尔羊	Hemitragus jemlahicus	I	2	4
北山羊	Capra ibex	I	2	4
河狸	Castor fiber	I	1	2
短尾信天翁	Diomedea albatrus	I	2	4
白腹军舰鸟	Fregata andrewsi	I	2	4
白鹳	Ciconia ciconia	I	2	4
黑鹳	Ciconia nigra	I	2	4
朱鹮	Nipponia nippon	I		1
中华沙秋鸭	Mergus squamatus	I	2	3
金雕	Aquila chrysaetos	I	2	4
白肩雕	Aquila heliaca	I	2	4
玉带海雕	Haliaeetus leucoryphus	I	2	4
白尾海雕	Haliaeetus albcilla	I	2	3
虎头海雕	Haliaeetus pelagicus	I	2	4
拟兀鹫	Pseudogyps bengalensis	I	2	4
胡兀鹫	Gypaetus barbatus	I	2	4
细嘴松鸡	Tetrao parvirostris	I	3	5
斑尾榛鸡	Tetrastes sewerzowi	I	3	5
雉鹑	Tetraophasis obscurus	I	3	5
四川山鹧鸪	Arborophila rufipectus	I	3	5
海南山鹧鸪	Arborophila ardens	I	3	5
黑头角雉	Tragopan melanocephalus	I	2	3
红胸角雉	Tragopan satyra	I	2	4
灰腹角雉	Tragopan blythii	I	2	3
黄腹角雉	Tragopan caboti	I	2	3
虹雉（所有种）	Lophophorus spp.	I	2	4
褐马鸡	Crossoptilon mantchuricum	I	2	3
蓝鹇	Lophura swinhoii	I	2	3
黑颈长尾雉	Syrmaticus humiae	I	2	4
白颈长尾雉	Syrmaticus ewllioti	I	2	4
黑长尾雉	Syrmaticus mikado	I	2	4

续表

中文名	拉丁文名	级别	情节严重	情节特别严重
孔雀雉	Polyplectron bicalcaratum	I	2	3
绿孔雀	Pavo muticus	I	2	3
黑颈鹤	Grus nigricollis	I	2	3
白头鹤	Grus monacha	I	2	3
丹顶鹤	Grus japonensis	I	2	3
白鹤	Grus leucogeranus	I	2	3
赤颈鹤	Grus antigone	I	1	2
鸨（所有种）	Otis spp.	I	4	6
遗鸥	Larus relictus	I	2	4
四爪陆龟	Testudo horsfieldi	I	4	8
蜥鳄	Shinisaurus crocodilurus	I	2	4
巨蜥	Varanus salvator	I	2	4
蟒	Python molurus	I	2	4
扬子鳄	Alligator sinensis	I	1	2
中华蚤蠊	Galloisiana sinensis	I	3	6
金斑喙凤蝶	Teinopalpus aureus	I	3	6
短尾猴	Macaca arctoides	II	6	10
猕猴	Macaca mulatta	II	6	10
藏酋猴	Macaca thibetana	II	6	10
穿山甲	Manis pentadactyla	II	8	16
豺	Cuon alpinus	II	4	6
黑熊	Selenarctos thibetanus	II	3	5
棕熊（包括马熊）	Ursus arctos（U. a. pruinosus）	II	3	5
小熊猫	Ailurus fulgens	II	3	5
石貂	Martes foina	II	4	10
黄喉貂	Martes flavigula	II	4	10
斑林狸	Prionodon pardicolor	II	4	8
大灵猫	Viverra zibetha	II	3	5
小灵猫	Viverricula indica	II	4	8
草原斑猫	Felis lybica（Silvestris）	II	4	8
荒漠猫	Felis bieti	II	4	10

续表

中文名	拉丁文名	级别	情节严重	情节特别严重
丛林猫	Felis chaus	II	4	8
猞猁	Felis lynx	II	2	3
兔狲	Felis manul	II	3	5
金猫	Felis temmincki	II	4	8
渔猫	Felis viverrinus	II	4	8
麝（所有种）	Moschus spp.	II	3	5
河麂	Hydropotes inermis	II	4	8
马鹿（含白臀鹿）	Cervus elaphus（C. e. macneilli）	II	4	6
水鹿	Cervus unicolor	II	3	5
驼鹿	Alces alces	II	3	5
黄羊	Procapra gutturosa	II	8	15
藏原羚	Procapra picticaudata	II	4	8
鹅喉羚	Gazella subgutturosa	II	4	8
鬣羚	Capricornis sumatraensis	II	3	4
斑羚	Naemorhedus goral	II	4	8
岩羊	Pseudois nayaur	II	4	8
盘羊	Ovis ammon	II	3	5
海南兔	Lepus peguensis hainanus	II	6	10
雪兔	Lepus timidus	II	6	10
塔里木兔	Lepus yarkandensis	II	20	40
巨松鼠	Ratufa bicolor	II	6	10
角䴙䴘	Podiceps auritus	II	6	10
赤颈䴙䴘	Podiceps grisegena	II	6	8
鹈鹕（所有种）	Pelecanus spp.	II	4	8
鲣鸟（所有种）	Sula spp.	II	6	10
海鸬鹚	Phalacrocorax pelagicus	II	4	8
黑颈鸬鹚	Phalacrocorax niger	II	4	8
黄嘴白鹭	Egretta eulophotes	II	6	10
岩鹭	Egretta sacra	II	6	20
海南虎斑	Gorsachius magnificus	II	6	10
小苇鳽	Ixbrychus minutus	II	6	10

续表

中文名	拉丁文名	级别	情节严重	情节特别严重
彩鹳	Ibis leucocephalus	II	3	4
白鹮	Threskiornis aethiopicus	II	4	8
黑鹮	Pseudibis papillosa	II	4	8
彩鹮	Plegadis falcinellus	II	4	8
白琵鹭	Platalea leucorodia	II	4	8
黑脸琵鹭	Platalea ninor	II	4	8
红胸黑雁	Branta ruficollis	II	4	8
白额雁	Anser albifrons	II	6	10
天鹅（所有种）	Cygnus spp.	II	6	10
鸳鸯	Aix galericulata	II	6	10
其他鹰类	(Accipitridae)	II	4	8
隼科（所有种）	Falconidae	II	6	10
黑琴鸡	Lyrurus tetrix	II	4	8
柳雷鸟	Lagopus lagopus	II	4	8
岩雷鸟	Lagopus mutus	II	6	10
镰翅鸡	Falcipennis falcipennis	II	3	4
花尾榛鸡	Tetrastes bonasia	II	10	20
雪鸡（所有种）	Tetraogallus spp.	II	10	20
血雉	Ithaginis cruentus	II	4	6
红腹角雉	Tragopan temminckii	II	4	6
藏马鸡	Crossoptilon crossoptilon	II	4	6
蓝马鸡	Crossoptilon aurtum	II	4	10
黑鹇	Lophura leucomelana	II	6	8
白鹇	Lophura nycthemera	II	6	10
原鸡	Gallus gallus	II	6	8
勺鸡	Pucrasia macrolopha	II	6	8
白冠长尾雉	Syrmaticus reevesii	II	4	6
锦鸡（所有种）	Chrysolophus spp.	II	4	8
灰鹤	Grus grus	II	4	8
沙丘鹤	Grus canadensis	II	4	8
白枕鹤	Grus vipio	II	4	8

续表

中文名	拉丁文名	级别	情节严重	情节特别严重
蓑羽鹤	Anthropoides virgo	II	6	10
长脚秧鸡	Crex crex	II	6	10
姬田鸡	Porzana parva	II	6	10
棕背田鸡	Porzana bicolor	II	6	10
花田鸡	Coturnicops noveboracensis	II	6	10
铜翅水雉	Metopidius indicus	II	6	10
小杓鹬	Numenius borealis	II	8	15
小青脚鹬	Tringa guttifer	II	6	10
灰燕鸻	Glareola lactea	II	6	10
小鸥	Larus minutus	II	6	10
黑浮鸥	Chlidonias niger	II	6	10
黄嘴河燕鸥	Sterna aurantia	II	6	10
黑嘴端凤头燕鸥	Thalasseus zimmermanni	II	4	8
黑腹沙鸡	Pterocles orientalis	II	4	8
绿鸠（所有种）	Treron spp.	II	6	8
黑颏果鸠	Ptilinopus leclancheri	II	6	10
皇鸠（所有种）	Ducula spp.	II	6	10
斑尾林鸽	Columba palumbus	II	6	10
鹃鸠（所有种）	Macropygia spp.	II	6	10
鹦鹉科（所有种）	Psittacidae.	II	6	10
鸦鹃（所有种）	Centropus spp.	II	6	10
鸮形目（所有种）	Strigiformes	II	6	10
灰喉针尾雨燕	Hirundapus cochinchinensis	II	6	10
凤头雨燕	Hemiprocne longipennis	II	6	10
橙胸咬鹃	Harpactes oreskios	II	6	10
蓝耳翠鸟	Alcedo meninting	II	6	10
鹳嘴翠鸟	Pelargopsis capensis	II	6	10
黑胸蜂虎	Merops leschenaulti	II	6	10
绿喉蜂虎	Merops orientalis	II	6	10
犀鸟科（所有种）	Bucertidae	II	4	8
白腹黑啄木鸟	Dryocopus javensis	II	6	10

续表

中文名	拉丁文名	级别	情节严重	情节特别严重
阔嘴鸟科（所有种）	Eurylaimidae	Ⅱ	6	10
八色鸫科（所有种）	Pittidae	Ⅱ	6	10
凹甲陆龟	Manouria impressa	Ⅱ	6	10
大壁虎	Gekko gecko	Ⅱ	10	20
虎纹蛙	Rana tigrina	Ⅱ	100	200
伟铗	Atlasjapyx atlas	Ⅱ	6	10
尖板曦箭蜓	Heliogomphus retroflexus	Ⅱ	6	10
宽纹北箭蜓	Ophiogomphus spinicorne	Ⅱ	6	10
中华缺翅虫	Zorotypus sinensis	Ⅱ	6	10
墨脱缺翅虫	Zorotypus medoensis	Ⅱ	6	10
拉步甲	Carabus (Coptolabrus) lafossei	Ⅱ	6	10
硕步甲	Carabus (Apotopterus) davidi	Ⅱ	6	10
彩臂金龟（所有种）	Cheirotonus spp.	Ⅱ	6	10
叉犀金龟	Allomyrina davidis	Ⅱ	6	10
双尾褐凤蝶	Bhutanitis mansfieldi	Ⅱ	6	10
三尾褐凤蝶	Bhutanitis thaidina dongchuanensis	Ⅱ	6	10
中华虎凤蝶	Luehdorfia chinensis huashanensis	Ⅱ	6	10
阿波罗绢蝶	Parnassius apollo	Ⅱ	6	10

⑮ 关于在野生动物案件中如何确定国家重点保护野生动物及其产品价值标准的通知
(1996年1月15日　林策通字〔1996〕8号)

一、国家一级保护陆生野生动物的价值标准，按照该种动物资源保护管理费的12.5倍执行；国家二级保护陆生野生动物的价值标准，按照该种动物资源保护管理费的16.7倍执行。

二、国家重点保护陆生野生动物具有特殊利用价值或者导致野生动物死亡的主要部分，其价值标准按照该种动物价值标准的80%予以折算；其他部分，其价值标准按照该种动物价值标准的20%予以折算。

前款所称具有特殊利用价值或者导致野生动物死亡的主要部分，由省、自治区、直辖市陆生野生动物行政主管部门根据实际情况予以确定。

三、国家重点保护陆生野生动物产品（不包括标本）的价值标准，有国家定价的按国家定价执行；无国家定价的按市场价格执行，国家定价低于实际销售价的按实际销售价格执行；既无国家定价又无市场价格的，由案件发生地的省、自治区、直辖市陆生野生动物行政主管部门根据实际情况，参照本通知第一条规定的价值准予以确定，并报林业部备案。

四、国家重点保护陆生野生动物标本的价值标准,按照本通知第一条规定的价值标准适当予以增减,但最大增减幅度不应超过50%。具体标准由省、自治区、直辖市陆生野生动物行政主管部门或者授权的单位根据实际情况予以确定。

16 国家林业部、财政部、国家物价局《陆生野生动物资源保护管理费收费办法》(1993年1月1日 林护字〔1992〕72号)(节录)

三、经批准捕捉、出售、收购、利用国家一级保护野生动物或其产品的,必须向林业部或其授权收购单位缴纳野生动物资源保护管理费;经批准猎捕、出售、收购、利用国家二级保护野生动物或其产品的,必须向省、自治区、直辖市林业行政主管部门或其授权的单位缴纳野生动物资源保护管理费。其收费环节、标准和办法如下:

(一)对批准捕捉、猎捕的国家重点保护野生动物,按《捕捉、猎捕国家重点保护野生动物资源管理费收费标准》向申请捕捉、猎捕者收费。

(二)对批准出售、收购、利用的国家一级保护野生动物或其产品,按其成交额的8%向供货方收费,对受货方不予收费;对批准出售、收购、利用的国家二级保护野生动物或其产品,按其成交额的6%向供货方收费,对受货方不予收费。

(三)依据《陆生野生动物保护实施条例》第三十一条关于"利用野生动物或者其产品举办出国展览等活动的经济收益,主要用于野生动物保护事业"的规定,对批准利用国家重点保护野生动物或其产品在国外举办的表演、展览等活动,按其纯收入的50%向国内承办单位收费。

(四)外国人依法在中国对国家重点保护野生动物进行野外考察研究、拍摄电影、录像或者从事狩猎,由林业部参照国际惯例制定具体收费办法。

(五)对以保护野生动物为目的的科学研究、资源调查以其他特殊情况,需要捕捉、猎捕国家重点保护野生动物的,按分工管理权限,分别经林业部、省级林业行政主管部门批准,可以酌情减免野生动物资源保护管理费。

四、经营利用非国家重点保护野生动物或其产品的收费环节、标准和办法,由省级林业行政主管部门提出,经同级物价、财政部门审定后执行。

17 福建省高院林业审判庭、省检林检处、省森林公安局《林业刑事案件中若干问题的处理意见(二)》(2005年11月8日 闽高法林〔2005〕11号)(节录)

十、非法收购、运输、出售国家林业局林护发〔2003〕121号文所列54种驯养繁殖技术成熟的陆生野生动物,如何处理?

根据《野生动物保护法》等法律法规的规定,驯养繁殖所获的野生动物的收购、运输、出售,必须经野生动物主管部门批准。2003年8月4日,国家林业局下发《国家林业局关于发布商业性经营利用驯养繁殖技术成熟的梅花鹿等54种陆生野生动物名单的通知》(林护发〔2003〕121号),进一步规范了野生动物的利用方式。对非法收购、运输、出售林护发〔2003〕121号文件所列国家重点保护野生动物及其产品的,如经调查取证,证实非法经营的野生动物及其产品系合法驯养繁殖所获的,不构成犯罪,但应按有关法律法规的规定,给予行政处罚;如经调查取证,证实非法经营的野生动物及其制品系来自野外或者非合法驯养繁殖所获的,应按非法收购、运输、出售珍贵、濒危野生动物、珍贵、濒危野生动物制品罪论处。

十一、非法猎捕、杀害、运输、加工、出售《濒危野生动植物种国际贸易公约》附录一、附录二所列物种但在我国属于非国家重点保护的野生动物，应如何处理？

1993年4月14日，林业部《关于核准部分濒危野生动物为国家重点保护野生动物的通知》（林护通字〔1993〕48号）规定将《濒危野生动植物种国际贸易公约》附录一和附录二所列非原产我国的所有野生动物（如犀牛、食蟹猴、袋鼠、鸵鸟、非洲象；斑马等分别核准为国家二级和国家二级保护野生动物）。对这些野生动物及其产品（包括任何可辨认部分或其衍生物）的管理，同原产我国的国家一级和国家二级保护野生动物一样，按照国家现行法律、法规和规章的规定实施管理。《公约》附录一、附录二物种能否相应核准为国家二级、国家二级保护野生动物，应视该物种是否原产中国，即中国是否天然分布有该物种。如舟山眼镜蛇虽列为《公约》附录二物种，但中国有天然分布，因此既便是从国外进口的，亦不能核准为国家二级保护野生动物。舟山眼镜蛇在福建省为省重点保护野生动物，对发生于福建省的相关案件，应当按省重点保护野生动物进行查处。非法猎捕、杀害、运输、加工、出售《濒危野生动植物种国际贸易公约》附录一、附录二所列的物种原产我国且不属于国家重点保护的野生动物，应执行我国的法律法规。

学理观点·典型案例 ➡ 索引与要旨

❶《吴晴兰出售珍贵、濒危野生动物案》，载《刑事审判参考》2010年第1辑总第72辑，第53~58页。

核心提示 ➡ "犯意诱发型"案件如何处理？

❷《曾巩义、陈月容非法狩猎案》，载《刑事审判参考》2010年第1辑总第72辑，第47~52页。

核心提示 ➡ 私拉电网非法狩猎并危及公共安全的，应当如何处理？

❸《达瓦加甫非法出售珍贵、濒危野生动物制品案》，载《刑事审判参考》2008年第6辑总第65辑，第51~56页。

核心提示 ➡ 出售野生动物保护法实施前已持有的雪豹皮如何定罪处罚？

❹《谭某等非法经营野生动物案》，载《最新刑事法律文件解读》2005年第4辑总第4辑。

核心提示 ➡ 警察圈套和行为犯有无既遂、未遂问题

❺《严叶成、周建伟等（罪名同法条）》，载《刑事审判参考》2002年第6辑总第29辑，第33~42页。

核心提示 ➡ 珍贵、濒危野生动物制品的核定价值高于实际交易价格的如何认定价值？
要旨 ➡ 应以核定价值认定，唯一例外是核定价值低于交易价格，才以交易价格认定。

第342条　修正案（二）　非法占用农用地罪

违反土地管理法规，非法占用耕地改作他用，数量较大，造成耕地大量毁

坏的，处五年以下有期徒刑或者拘役，并处或者单处罚金。

中华人民共和国刑法修正案（二）（2001年8月31日第九届全国人民代表大会常务委员会第二十三次会议通过）

为了惩治毁林开垦和乱占滥用林地的犯罪，切实保护森林资源，将刑法第三百四十二条修改为：

"违反土地管理法规，非法占用耕地、林地等农用地，改变被占用土地用途，数量较大，造成耕地、林地等农用地大量毁坏的，处五年以下有期徒刑或者拘役，并处或者单处罚金。"

关联规范 ➡ 完全整理

❶《中华人民共和国刑法》（1980年1月1日）第346条

单位犯本节第三百三十八条至第三百四十五条规定之罪的，对单位判处罚金，并对其直接负责的主管人员和其他直接责任人员，依照本节各该条的规定处罚。

❷《刑法修正案（二）》（2001年8月31日 主席令第56号）①

❸ 全国人大常委会《关于中华人民共和国刑法第二百二十八条、第三百四十二条、第四百一十条的解释》（2001年8月31日）（节录）②

刑法第二百二十八条、第三百四十二条、第四百一十条规定的"违反土地管理法规"，是指违反土地管理法、森林法、草原法等法律以及有关行政法规中关于土地管理的规定。

刑法第四百一十条规定的"非法批准征用、占用土地"，是指非法批准征用、占用耕地、林地等农用地以及其他土地。

❹ 最高人民检察院、公安部《关于公安机关管辖的刑事案件立案追诉标准的规定（一）》（2008年6月25日 公通字〔2008〕36号）（节录）

第六十七条 违反土地管理法规，非法占用耕地、林地等农用地，改变被占用土地用途，造成耕地、林地等农用地大量毁坏，涉嫌下列情形之一的，应予立案追诉：（一）非法占用基本农田五亩以上或者基本农田以外的耕地十亩以上的；（二）非法占用防护林地或者特种用途林地数量单种或者合计五亩以上的；（三）非法占用其他林地十亩以上的；（四）非法占用本款第（二）项、第（三）项规定的林地，其中一项数量达到相应规定的数量标准的百分之五十以上，且两项数量合计达到该项规定的数量标准的；（五）非法占用其他农用地数量较大的情形。

违反土地管理法规，非法占用耕地建窑、建坟、建房、挖沙、采石、采矿、取土、堆放固体废弃物或者进行其他非农业建设，造成耕地种植条件严重毁坏或者严重污染，被毁坏耕地数量达到以上规定的，属于本条规定的"造成耕地大量毁坏"。

---

① 对其解读见：《刑事审判参考》2001年第10辑总第21辑，第41~42，88~93页。
② 对其解读见：《刑事审判参考》2001年第10辑总第21辑，第41~42，88~93页。

违反土地管理法规，非法占用林地，改变被占用林地用途，在非法占用的林地上实施建窑、建坟、建房、挖沙、采石、采矿、取土、种植农作物、堆放或者排泄废弃物等行为或者进行其他非林业生产、建设，造成林地的原有植被或者林业种植条件严重毁坏或者严重污染，被毁坏林地数量达到以上规定的，属于本条规定的"造成林地大量毁坏"。

第一百条　本规定中的立案追诉标准，除法律、司法解释另有规定的以外，适用于相关的单位犯罪。

❺ 最高人民法院《关于审理破坏林地资源刑事案件具体应用法律若干问题的解释》（2005年12月30日　法释〔2005〕15号）（节录）①

第一条　违反土地管理法规，非法占用林地，改变被占用林地用途，在非法占用的林地上实施建窑、建坟、建房、挖沙、采石、采矿、取土、种植农作物、堆放或排泄废弃物等行为或者进行其他非林业生产、建设，造成林地的原有植被或林业种植条件严重毁坏或者严重污染，并具有下列情形之一的，属于《中华人民共和国刑法修正案（二）》规定的"数量较大，造成林地大量毁坏"，应当以非法占用农用地罪判处五年以下有期徒刑或者拘役，并处或者单处罚金：

（一）非法占用并毁坏防护林地、特种用途林地数量分别或者合计达到五亩以上；

（二）非法占用并毁坏其他林地数量达到十亩以上；

（三）非法占用并毁坏本条第（一）项、第（二）项规定的林地，数量分别达到相应规定的数量标准的百分之五十以上；

（四）非法占用并毁坏本条第（一）项、第（二）项规定的林地，其中一项数量达到相应规定的数量标准的百分之五十以上，且两项数量合计达到该项规定的数量标准。

第六条　单位实施破坏林地资源犯罪的，依照本解释规定的相关定罪量刑标准执行。

第七条　多次实施本解释规定的行为依法应当追诉且未经处理的，应当按照累计的数量、数额处罚。

❻ 最高人民法院、最高人民检察院《关于执行〈中华人民共和国刑法〉确定罪名的补充规定》（2002年3月15日　法释〔2002〕7号）②

❼ 最高人民法院《关于审理破坏土地资源刑事案件具体应用法律若干问题的解释》（2000年6月22日　法释〔2000〕14号）（节录）③

第三条　违反土地管理法规，非法占用耕地改作他用，数量较大，造成耕地大量毁坏的，依照刑法第三百四十二条的规定，以非法占用耕地罪定罪处罚：

（一）非法占用耕地"数量较大"，是指非法占用基本农田五亩以上或者非法占用基本农田以外的耕地十亩以上。

---

①　对其解读见：《刑事审判参考》2005年第5辑总第46辑，第130~132页以及2006年第1辑总第48辑，第78~86页。

②　对其解读见：《刑事审判参考》2002年第3辑总第26辑，第171~177页。

③　对其解读见：《刑事审判参考》2000年第4辑总第9辑，总第10辑，第69页，第85页以及《解读最高人民法院司法解释·刑事、行政卷（1997~2002）》，第256~259页。

（二）非法占用耕地"造成耕地大量毁坏"，是指行为人非法占用耕地建窑、建坟、建房、挖沙、采石、采矿、取土、堆放固体废弃物或者进行其他非农业建设，造成基本农田五亩以上或者基本农田以外的耕地十亩以上种植条件严重毁坏或者严重污染。

第八条 单位犯非法转让、倒卖土地使用权罪、非法占有耕地罪的定罪量刑标准，依照本解释第一条、第二条、第三条的规定执行。

第九条 多次实施本解释规定的行为依法应当追诉的，或者一年内多次实施本解释规定的行为未经处理的，按照累计的数量、数额处罚。

学理观点·典型案例 ➡ 索引与要旨

❶《根据与村委会的租地协议使用"荒地"的能否构成非法占用农用地罪》，载《公检法办案指南》2009 年第 8 辑总第 116 辑，第 178～185 页。

❷《廖渭良等非法占用农用地、非法转让土地使用权案》，载《刑事审判参考》2007 年第 3 辑总第 56 辑，第 42～48 页。

核心提示➡非法占用园地、改变园地用途的能否以非法占用农用地罪定罪处罚？

要旨➡ 1. 非法占用园地，擅自改变土地用途，数量较大的构成非法占用农用地罪；2. 单位擅自转让园地使用权并改变用途，情节严重的，应追究单位的刑事责任。

❸ 王汉斌《关于〈中华人民共和国（修订草案）〉的说明》

要旨➡有些全国人大常委会委员和有关部门提出，土地是国家的重要自然资源，对于破坏土地资源的行为应当追究刑事责任。因此，草案对"以牟利为目的，违反土地管理法规，非法转让、倒卖土地使用权"，"违反土地管理法规，非法占用耕地改作他用，数量较大，造成耕地大量毁坏的"，以及"国家机关工作人员徇私舞弊，违反土地管理法规，滥用职权，非法批准征用、占用土地，或者非法低价出让国有土地使用权"的，增加了追究刑事责任的规定。

第 343 条 第 1 款 非法采矿罪 第 2 款 破坏性采矿罪

违反矿产资源法的规定，未取得采矿许可证擅自采矿的，擅自进入国家规划矿区、对国民经济具有重要价值的矿区和他人矿区范围采矿的，擅自开采国家规定实行保护性开采的特定矿种，经责令停止开采后拒不停止开采，造成矿产资源破坏的，处三年以下有期徒刑、拘役或者管制，并处或者单处罚金；造成矿产资源严重破坏的，处三年以上七年以下有期徒刑，并处罚金。

违反矿产资源法的规定，采取破坏性的开采方法开采矿产资源，造成矿产资源严重破坏的，处五年以下有期徒刑或者拘役，并处罚金。

中华人民共和国刑法修正案（八）（第十一届全国人民代表大会常务委员会第十九次会议 2011 年 2 月 25 日通过，中华人民共和国主席令第四十一号公布，自 2011 年 5 月 1 日起施行。）

四十七、将刑法第三百四十三条第一款修改为："违反矿产资源法的规定，未取得采矿许可证擅自采矿，擅自进入国家规划矿区、对国民经济具有重要价值的矿区和他人矿区范围采矿，或者擅自开采国家规定实行保护性开采的特定矿种，情节严重的，处三年以下有期徒刑、拘役或者管制，并处或者单处罚金；情节特别严重的，处三年以上七年以下有期徒刑，并处罚金。"

关 联 规 范 ➡ 完全整理

❶《中华人民共和国刑法》（1980年1月1日）第346条

单位犯本节第三百三十八条至第三百四十五条规定之罪的，对单位判处罚金，并对其直接负责的主管人员和其他直接责任人员，依照本节各该条的规定处罚。

❷ 全国人大《刑法修正案（八）》（2011年2月25日）①

❸ 最高人民法院《关于贯彻宽严相济刑事政策的若干意见》（2010年2月8日　法发〔2010〕9号）（节录）②

9. 当前和今后一段时期，对于集资诈骗、贷款诈骗、制贩假币以及扰乱、操纵证券、期货市场等严重危害金融秩序的犯罪，生产、销售假药、劣药、有毒有害食品等严重危害食品药品安全的犯罪，走私等严重侵害国家经济利益的犯罪，造成严重后果的重大安全责任事故犯罪，重大环境污染、非法采矿、盗伐林木等各种严重破坏环境资源的犯罪等，要依法从严惩处，维护国家的经济秩序，保护广大人民群众的生命健康安全。

❹ 最高人民检察院、公安部《关于公安机关管辖的刑事案件立案追诉标准的规定（一）》（2008年6月25日　公通字〔2008〕36号）（节录）

第六十八条　违反矿产资源法的规定，未取得采矿许可证擅自采矿的，或者擅自进入国家规划矿区、对国民经济具有重要价值的矿区和他人矿区范围采矿的，或者擅自开采国家规定实行保护性开采的特定矿种，经责令停止开采后拒不停止开采，造成矿产资源破坏的价值数额在五万至十万元以上的，应予立案追诉。

具有下列情形之一的，属于本条规定的"未取得采矿许可证擅自采矿"：（一）无采矿许可证开采矿产资源的；（二）采矿许可证被注销、吊销后继续开采矿产资源的；（三）超越采矿许可证规定的矿区范围开采矿产资源的；（四）未按采矿许可证规定的矿种开采矿产资源的（共生、伴生矿种除外）；（五）其他未取得采矿许可证开采矿产资源的情形。

在采矿许可证被依法暂扣期间擅自开采的，视为本条规定的"未取得采矿许可证擅自采矿"。

造成矿产资源破坏的价值数额，由省级以上地质矿产主管部门出具鉴定意见，经查证属实后予以认定。

第六十九条　违反矿产资源法的规定，采取破坏性的开采方法开采矿产资源，造成矿

---

① 对其解读见：《刑事审判参考》2011年第4辑总第81辑，第83~117页以及《公检法办案指南》2011年第3辑总第135辑，第13~121页。

② 对其解读见：《刑事法律文件解读》2010年第3辑总第57辑，第49~65页。

产资源严重破坏，价值在三十万至五十万元以上的，应予立案追诉。

本条规定的"采取破坏性的开采方法开采矿产资源"，是指行为人违反地质矿产主管部门审查批准的矿产资源开发利用方案开采矿产资源，并造成矿产资源严重破坏的行为。

破坏性的开采方法以及造成矿产资源严重破坏的价值数额，由省级以上地质矿产主管部门出具鉴定意见，经查证属实后予以认定。

第一百条 本规定中的立案追诉标准，除法律、司法解释另有规定的以外，适用于相关的单位犯罪。

5 最高人民法院、最高人民检察院《关于办理危害矿山生产安全刑事案件具体应用法律若干问题的解释》（2007年2月28日 法释〔2007〕5号）（节录）①

第八条 在采矿许可证被依法暂扣期间擅自开采的，视为刑法第三百四十三条第一款规定的"未取得采矿许可证擅自采矿"。

违反矿产资源法的规定，非法采矿或者采取破坏性的开采方法开采矿产资源，造成重大伤亡事故或者其他严重后果，同时构成刑法第三百四十三条规定的犯罪和刑法第一百三十四条或者第一百三十五条规定的犯罪的，依照数罪并罚的规定处罚。

6 最高人民法院、最高人民检察院《关于办理盗窃油气、破坏油气设备等刑事案件具体应用法律若干问题的解释》（2007年1月19日 法释〔2007〕3号）（节录）②

第六条 违反矿产资源法的规定，非法开采或者破坏性开采石油、天然气资源的，依照刑法第三百四十三条以及《最高人民法院关于审理非法采矿、破坏性采矿刑事案件具体应用法律若干问题的解释》的规定追究刑事责任。

7 最高人民法院《关于审理非法采矿、破坏性采矿刑事案件具体应用法律若干问题的解释》（2003年5月29日 法释〔2003〕9号）（节录）③

第一条 违反矿产资源法的规定非法采矿，具有下列情形之一，经责令停止开采后拒不停止开采，造成矿产资源破坏的，依照刑法第三百四十三条第一款的规定，以非法采矿罪定罪处罚：

（一）未取得采矿许可证擅自采矿；

（二）擅自进入国家规划矿区、对国民经济具有重要价值的矿区和他人矿区范围采矿；

（三）擅自开采国家规定实行保护性开采的特定矿种。

第二条 具有下列情形之一的，属于本解释第一条第（一）项规定的"未取得采矿许可证擅自采矿"：

（一）无采矿许可证开采矿产资源的；

（二）采矿许可证被注销、吊销后继续开采矿产资源的；

（三）超越采矿许可证规定的矿区范围开采矿产资源的；

（四）未按采矿许可证规定的矿种开采矿产资源的（共生、伴生矿种除外）；

---

① 对其解读见：《刑事审判参考》2007年第2辑总第55辑，第61~79页。
② 对其解读见：《刑事审判参考》2007年第1辑总第54辑，第94~103页。
③ 对其解读见：《刑事审判参考》2003年第4辑总第33辑，第136页。

（五）其他未取得采矿许可证开采矿产资源的情形。

第三条 非法采矿造成矿产资源破坏的价值，数额在5万元以上的，属于刑法第三百四十三条第一款规定的"造成矿产资源破坏"；数额在30万元以上的，属于刑法第三百四十三条第一款规定的"造成矿产资源严重破坏"。

第四条 刑法第三百四十三条第二款规定的破坏性采矿罪中"采取破坏性的开采方法开采矿产资源"，是指行为人违反地质矿产主管部门审查批准的矿产资源开发利用方案开采矿产资源，并造成矿产资源严重破坏的行为。

第五条 破坏性采矿造成矿产资源破坏的价值，数额在30万元以上的，属于刑法第三百四十三条第二款规定的"造成矿产资源严重破坏"。

第六条 破坏性的开采方法以及造成矿产资源破坏或者严重破坏的数额，由省级以上地质矿产主管部门出具鉴定意见，经查证属实后予以认定。

第七条 多次非法采矿或者破坏性采矿构成犯罪，依法应当追诉的，或者一年内多次非法采矿或破坏性采矿未经处理的，造成矿产资源破坏的数额累计计算。

第八条 单位犯非法采矿罪和破坏性采矿罪的定罪量刑标准，按照本解释的有关规定执行。

第九条 各省、自治区、直辖市高级人民法院，可以根据本地区的实际情况，在5万元至10万元、30万元至50万元的幅度内，确定执行本解释第三条、第五条的起点数额标准，并报最高人民法院备案。

⑧ 昆明市中级人民法院、市人民检察院、市公安局《关于办理污染环境非法捕捞水产品等刑事案件若干问题的意见（试行）》（2011年6月1日　昆检联发〔2011〕2号）（节录）

四、违反矿产资源法的规定，未取得采矿许可证擅自采矿，擅自进入国家规划矿区、对国民经济具有重要价值的矿区和他人矿区范围采矿，或者擅自开采国家规定实行保护性开采的特定矿种，情节严重的，依据刑法第三百四十三条的规定，以非法采矿罪定罪处罚。

情节严重的情形包括：（一）非法采矿造成矿产资源破坏的价值，数额在五万元以上的；（二）非法采矿致使原有地貌被破坏面积达到二十亩以上的；（三）在一年内因非法采矿行为受过两次行政处罚又非法采矿的；（四）其他情节严重的情形。

第344条　修正案（四）第6条　非法采伐、毁坏国家重点保护植物罪　非法收购、运输、加工、出售国家重点保护植物、国家重点保护植物制品罪

违反森林法的规定，非法采伐、毁坏珍贵树木的，处三年以下有期徒刑、拘役或者管制，并处罚金；情节严重的，处三年以上七年以下有期徒刑，并处罚金。

中华人民共和国刑法修正案（四）（中华人民共和国第九届全国人民代表大会常务委员会第三十一次会议于2002年12月28日通过，自公布之日起施行。）

六、将刑法第三百四十四条修改为："违反国家规定，非法采伐、毁坏珍

贵树木或者国家重点保护的其他植物的，或者非法收购、运输、加工、出售珍贵树木或者国家重点保护的其他植物及其制品的，处三年以下有期徒刑、拘役或者管制，并处罚金；情节严重的，处三年以上七年以下有期徒刑，并处罚金。"

关联规范 ➡ 完全整理

❶《中华人民共和国刑法》（1980年1月1日）第96条 对违反国家规定概念的界定

本法所称违反国家规定，是指违反全国人民代表大会及其常务委员会制定的法律和决定，国务院制定的行政法规、规定的行政措施、发布的决定和命令。

❷《中华人民共和国刑法》（1980年1月1日）第346条

❸《刑法修正案（四）》（2002年12月28日 主席令第八十三号）（节录）①

单位犯本节第三百三十八条至第三百四十五条规定之罪的，对单位判处罚金，并对其直接负责的主管人员和其他直接责任人员，依照本节各该条的规定处罚。

❹最高人民检察院、公安部《关于公安机关管辖的刑事案件立案追诉标准的规定（一）》（2008年6月25日 公通字〔2008〕36号）（节录）

第七十条 违反国家规定，非法采伐、毁坏珍贵树木或者国家重点保护的其他植物的，应予立案追诉。

本条和本规定第七十一条规定的"珍贵树木或者国家重点保护的其他植物"，包括由省级以上林业主管部门或者其他部门确定的具有重大历史纪念意义、科学研究价值或者年代久远的古树名木，国家禁止、限制出口的珍贵树木以及列入《国家重点保护野生植物名录》的树木或者其他植物。

第七十一条 违反国家规定，非法收购、运输、加工、出售珍贵树木或者国家重点保护的其他植物及其制品的，应予立案追诉。

❺最高人民法院、最高人民检察院《关于执行〈中华人民共和国刑法〉确定罪名的补充规定（二）》（2003年8月15日 法释〔2003〕12号）②

❻林业局、公安部《关于森林和陆生野生动物刑事案件管辖及立案标准》（2001年5月9日）（节录）

二、（四）非法采伐、毁坏珍贵树木案

非法采伐、毁坏珍贵树木的应当立案；采伐珍贵树木2株、2立方米以上或者毁坏珍贵树木致死3株以上的，为重大案件；采伐珍贵树木10株、10立方米以上或者毁坏珍贵

---

① 对其解读见：《刑事审判参考》2002年第6辑总第29辑，第99~101页以及2003年第2辑总第31辑，第184~198页。

② 对其解读见：《刑事审判参考》2003年第5辑总第34辑，第188~194页以及《刑事司法指南》2003年第3辑总第15辑，第150~158页。

树木致死 15 株以上的，为特别重大案件。

❼ 最高人民法院《关于审理破坏森林资源刑事案件具体应用法律若干问题的解释》（2000 年 12 月 11 日　法释〔2000〕36 号）①

第一条　刑法第三百四十四条规定的"珍贵树木"，包括由省级以上林业主管部门或者其他部门确定的具有重大历史纪念意义、科学研究价值或者年代久远的古树名木，国家禁止、限制出口的珍贵树木以及列入国家重点保护野生植物名录的树木。

第二条　具有下列情形之一的，属于非法采伐、毁坏珍贵树木行为"情节严重"：

（一）非法采伐珍贵树木二株以上或者毁坏珍贵树木致使珍贵树木死亡三株以上的；

（二）非法采伐珍贵树木二立方米以上的；

（三）为首组织、策划、指挥非法采伐或者毁坏珍贵树木的；

（四）其他情节严重的情形。

第八条　盗伐、滥伐珍贵树木，同时触犯刑法第三百四十四条、第三百四十五条规定的，依照处罚较重的规定定罪处罚。

第九条　将国家、集体、他人所有并已经伐倒的树木窃为己有，以及偷砍他人房前屋后、自留地种植的零星树木，数额较大的，依照刑法第二百六十四条的规定，以盗窃罪定罪处罚。

第十五条　非法实施采种、采脂、挖笋、掘根、剥树皮等行为，牟取经济利益数额较大的，依照刑法第二百六十四条的规定，以盗窃罪定罪处罚。同时构成其他犯罪的，依照处罚较重的规定定罪处罚。

第十六条　单位犯刑法第三百四十四条、第三百四十五条规定之罪，定罪量刑标准按照本解释的规定执行。

第十七条　本解释规定的林木数量以立木蓄积计算，计算方法为：原木材积除以该树种的出材率。

本解释所称"幼树"，是指胸径五厘米以下的树木。

滥伐林木的数量，应在伐区调查设计允许的误差额以上计算。

❽《国家重点保护野生植物名录（第一批）》（1999 年 8 月 4 日　国家林业局、农业部令第 4 号）

2001 年 8 月 4 日发布的农业部、国家林业局令第 53 号将本文中念珠藻科的发菜保护级别由二级调整为一级。

国务院于 1999 年 8 月 4 日批准了《国家重点保护野生植物名录（第一批）》，现予发布，自发布之日起施行。

注：标"＊"者由农业行政主管部门或渔业行政主管部门主管；未标"＊"者由林业行政主管部门主管。

❾ 福建省公检法、司法厅《关于适用缓刑若干问题的意见（试行）》（2008 年 9 月

---

① 对其解读见：《刑事审判参考》2001 年第 3 辑总第 14 辑，第 55~59 页。

16日　闽高法〔2008〕278号）（节录）①

（四）破坏森林资源、野生动植物资源犯罪

破坏森林资源、野生动植物资源犯罪应从犯罪分子的主观恶性、犯罪数量、危害后果、社会影响等方面考虑是否适用缓刑。

破坏森林资源、野生动植物资源犯罪符合法律规定的缓刑条件，可以适用缓刑。但具有下列情形之一的，一般不适用缓刑：（1）曾因破坏森林资源、野生动植物资源受过行政、刑事处罚的；（2）依法应当判处三年有期徒刑以上刑罚，从轻处罚判处有期徒刑三年的；（3）犯罪造成严重后果，影响恶劣的。

第一百条　本规定中的立案追诉标准，除法律、司法解释另有规定的以外，适用于相关的单位犯罪。

❿ 福建省高院林业审判庭、省检林检处、省森林公安局《林业刑事案件中若干问题的处理意见（二）》（2005年11月8日　闽高法林〔2005〕11号）（节录）

四、非法采伐、毁坏省人民政府批准公布的地方重点保护的珍贵树木，能否按非法采伐、毁坏国家重点保护植物罪认定？

高法《关于审理破坏森林资源刑事案件具体应用法律若干问题的解释》第一条规定：刑法第三百四十四条规定的"珍贵树木"，包括由省级以上林业主管部门或者其他部门确定的具有重大历史纪念意义、科学研究价值或者年代久远的古树名木，国家禁止、限制出口的珍贵树木以及列入国家重点保护野生植物名录的树木。所以，省人民政府批准公布的地方重点保护的珍贵树木，除了属于《解释》中古树名木以外，其他的都不属于《解释》所规定的"珍贵树木"。为此，非法采伐、毁坏省人民政府批准公布的地方重点保护的珍贵树木（除了古树名木外），不构成非法采伐、毁坏国家重点保护植物罪。

五、非法移植国家重点保护野生植物，如何处理？

根据《刑法修正案（四）》立法精神，"非法采伐、毁坏珍贵树木或者国家重点保护的其他植物"中的"采伐"，包含"采伐"、"采挖"、"采集"、"移植"等方式。采伐、采挖、移植国家重点保护的树木（即木本植物）要办理采伐许可证，采集、采挖、移植国家重点保护的野生草本植物、藤本植物和木本植物的部分，要办理采集证。非法采伐、采挖、采集、移植珍贵树木或者国家重点保护的其他植物，应按非法采伐、毁坏国家重点保护植物罪论处。

六、未经批准采挖遗留在山场上的珍贵树木树头的，如何处理？

采挖属于本人所有已枯死珍贵树木的树头（含树桩，下同）不构成犯罪；采挖属于单位或他人所有的已枯死树头且价值数额较大的，应按盗窃罪论处。未经批准擅自采挖属于本人或单位、他人所有已萌芽的树头，应按非法采伐、毁坏国家重点保护植物罪论处。

七、非法收购、运输、加工、出售珍贵树木树头及其他部分的，如何处理？

根据国务院法制办《对国家林业局关于请对〈中华人民共和国野生植物保护条例〉有关问题作出解释的函的复函》（国法函〔2001〕225号）答复：《野生植物保护条例》第二

---

① 对其解读见：《刑事法律文件解读》2009年第10辑总第52辑，第77～88页。

条第二款规定的所保护的野生植物"包括所保护野生植物的皮、根、茎等组成部分"。据此，非法收购、运输、加工、出售珍贵树木树头以及其他部分的，构成非法收购、运输、加工、出售国家重点保护植物罪。

八、非法收购、运输、加工、出售珍贵树木或国家重点保护的其他植物及其制品行为构成犯罪有无数量上的要求？

非法收购、运输、加工、出售珍贵树木或国家重点保护的其他植物及其制品罪属于行为犯，只要实施了非法收购、运输、加工、出售珍贵树木或国家重点保护的其他植物及其制品行为即构成犯罪，依照《刑法》第三百四十四条的规定处罚。

九、受他人委托加工珍贵树木或国家重点保护的其他植物的行为，如何处理？

受他人委托而非法加工并收取加工费的，按非法加工珍贵树木或国家重点保护的其他植物罪论处。委托人委托加工的珍贵树木或国家重点保护的其他植物属于非法收购的，按非法收购珍贵树木或国家重点保护的其他植物罪论处。

11 浙江省公检法《关于办理森林资源刑事案件若干问题的通知》（2002年1月14日）（节录）

第八条 《解释》第一条中的"树木年代久远"是指树龄一百年以上。

中文名	拉丁文名	级别	
		I	II
蕨类植物	Pteridophytes		
观音座莲科	Angiopteridaceae		
法斗观音座莲	Angiopteris sparsisora		II
二回原始观音座莲	Archangiopteris bipinnata		II
亨利原始观音座莲	Archangiopteris henryi		II
铁角蕨科	Aspleniaceae		
对开蕨	Phyllitis japonica		II
蹄盖蕨科	Athyriaceae		
光叶蕨	Cystoathyrium chinense	I	
乌毛蕨科	Blechnaceae		
苏铁蕨	Brainea insignis		II
天星蕨科	Christenseniaceae		
扇蕨	Neocheiropteris palmatopedata		II
中国蕨科	Sinopteridaceae		
中国蕨	Sinopteris grevilleoides		II
裸子植物	Gymnospermae		
天星蕨	Christensenia assamica		II

续表

中名	学名	级别	
		I	II
桫椤科（所有种）	Cyatheaceae spp.		II
蚌壳蕨科（所有种）	Dicksoniaceae spp.		II
鳞毛蕨科	Dryopteridaceae		
单叶贯众	Cyrtomium hemionitis		II
玉龙蕨	Sorolepidium glaciale	I	
七指蕨科	Helminthostachyaceae		
七指蕨	Helminthostachys zeylanica		II
水韭科	Isoetaceae		
*水韭属（所有种）	Isoetes spp.	I	
水蕨科	Parkeriaceae		
*水蕨属（所有种）	Ceratopteris spp.		II
鹿角蕨科	Platyceriaceae		
鹿角蕨	Platycerium wallichii		II
水龙骨科	Polypodiaceae		
三尖杉科	Cephalotaxaceae		
贡山三尖杉	Cephalotaxus lanceolata		II
篦子三尖杉	Cephalotaxus oliveri		II
柏科	Cupressaceae		
翠柏	Calocedrus macrolepis		II
红桧	Chamaecyparis formosensis		II
岷江柏木	Cupressus chengiana		II
巨柏	Cupressus gigantea	I	
福建柏	Fokienia hodginsii		II
朝鲜崖柏	Thuja koraiensis		II
苏铁科	Cycadaceae		
苏铁属（所有种）	Cycas spp.	I	
银杏科	Ginkgoaceae		
银杏	Ginkgo biloba	I	
松科	Pinaceae		
百山祖冷杉	Abies beshanzuensis	I	

续表

中名	学名	级别	
		I	II
秦岭冷杉	Abies chensiensis		II
梵净山冷杉	Abies fanjingshanensis	I	
元宝山冷杉	Abies yuanbaoshanensis	I	
资源冷杉（大院冷杉）	Abies ziyuanensis	I	
银杉	Cathaya argyrophylla	I	
台湾油杉	Keteleeria davidiana var. formosana		II
海南油杉	Keteleeria hainanensis		II
柔毛油杉	Keteleeria pubescens		II
太白红杉	Larix chinensis		II
四川红杉	Larix mastersiana		II
油麦吊云杉	Picea brachytyla var. complanata		II
大果青扦	Picea neoveitchii		II
兴凯赤松	Pinus densiflora var. ussuriensis		II
大别山五针松	Pinus fenzeliana var. dabeshanensis		II
红松	Pinus koraiensis		II
华南五针松（广东松）	Pinus kwangtungensis		II
巧家五针松	Pinus squamata	I	
长白松	Pinus sylvestris var. sylvestriformis	I	
毛枝五针松	Pinus wangii		II
金钱松	Pseudolarix amabilis		II
黄杉属（所有种）	Pseudotsuga spp.		II
红豆杉科	Taxaceae		
台湾穗花杉	Amentotaxus formosana	I	
云南穗花杉	Amentotaxus yunnanensis	I	
白豆杉	Pseudotaxus chienii		II
红豆杉属（所有种）	Taxus spp.	I	
榧属（所有种）	Torreya spp.		II
杉科	Taxodiaceae		
水松	Glyptostrobus pensilis	I	
水杉	Metasequoia glyptostroboides	I	

续表

中名	学名	级别	
		I	II
台湾杉（秃杉）	Taiwania cryptomerioides		II
被子植物	Angiospermae		
芒苞草科	Acanthochlamydaceae		
芒苞草	Acanthochlamys bracteata		II
槭树科	Aceraceae		
梓叶槭	Acer catalpifolium		II
羊角槭	Acer yangjuechi		II
云南金钱槭	Dipteronia dyerana		II
泽泻科	Alismataceae		
*长喙毛茛泽泻	Ranalisma rostratum	I	
*浮叶慈菇	Sagittaria natans		II
夹竹桃科	Apocynaceae		
富宁藤	Parepigynum funingense		II
蛇根木	Rauvolfia serpentina		II
萝摩科	Asclepiadaceae		
驼峰藤	Merrillanthus hainanensis		II
桦木科	Betulaceae		
盐桦	Betula halophila		II
金平桦	Betula jinpingensis		II
普陀鹅耳枥	Carpinus putoensis	I	
天台鹅耳枥	Carpinus tientaiensis		II
天目铁木	Ostrya rehderiana	I	
伯乐树科	Bretschneideraceae		
伯乐树（钟萼木）	Bretschneidera sinensis	I	
花蔺科	Butomaceae		
*拟花蔺	Butomopsis latifolia		II
忍冬科	Caprifoliaceae		
七子花	Heptacodium miconioides		II
石竹科	Caryophyllaceae		
金铁锁	Psammosilene tunicoides		II

续表

中名	学名	级别	
		Ⅰ	Ⅱ
卫矛科	Celastraceae		
膝柄木	Bhesa sinensis	Ⅰ	
十齿花	Dipentodon sinicus		Ⅱ
永瓣藤	Monimopetalum chinense		Ⅱ
连香树科	Cercidiphyllaceae		
连香树	Cercidiphyllum japonicum		Ⅱ
使君子科	Combretaceae		
萼翅藤	Calycopteris floribunda	Ⅰ	
千果榄仁	Terminalia myriocarpa		Ⅱ
菊科	Compositae		
＊画笔菊	Ajaniopsis penicilliformis		Ⅱ
＊革苞菊	Tugarinovia mongolica	Ⅰ	
四数木科	Datiscaceae		
四数木	Tetrameles nudiflora		Ⅱ
龙脑香科	Dipterocarpaceae		
东京龙脑香	Dipterocarpus retusus	Ⅰ	
狭叶坡垒	Hopea chinensis	Ⅰ	
无翼坡垒（铁凌）	Hopea exalata		Ⅱ
坡垒	Hopea hainanensis	Ⅰ	
多毛坡垒	Hopea mollissima	Ⅰ	
望天树	Parashorea chinensis	Ⅰ	
广西青梅	Vatica guangxiensis		Ⅱ
青皮（青梅）	Vatica mangachapoi		Ⅱ
茅膏菜科	Droseraceae		
＊貉藻	Aldrovanda vesiculosa	Ⅰ	
胡颓子科	Elaeagnaceae		
翅果油树	Elaeagnus mollis		Ⅱ
大戟科	Euphorbiaceae		
东京桐	Deutzianthus tonkinensis		Ⅱ
壳斗科	Fagaceae		

续表

中名	学名	级别	
		I	II
华南锥	Castanopsis concinna		II
台湾水青冈	Fagus hayatae		II
三棱栎	Formanodendron doichangensis		II
瓣鳞花科	Frankeniaceae		
＊瓣鳞花	Frankenia pulverulenta		II
龙胆科	Gentianaceae		
＊辐花	Lomatogoniopsis alpina		II
苦苣苔科	Gesneriaceae		
瑶山苣苔	Dayaoshania cotinifolia	I	
单座苣苔	Metabriggsia ovalifolia	I	
秦岭石蝴蝶	Petrocosmea qinlingensis		II
报春苣苔	Primulina tabacum	I	
辐花苣苔	Thamnocharis esquirolii	I	
禾本科	Gramineae		
酸竹	Acidosasa chinensis		II
＊沙芦草	Agropyron mongolicum		II
＊异颖草	Anisachne gracilis		II
＊短芒披碱草	Elymus breviaristatus		II
＊无芒披碱草	Elymus submuticus		II
＊毛披碱草	Elymus villifer		II
＊内蒙古大麦	Hordeum innermongolicum		II
＊药用野生稻	Oryza officinalis		II
＊普通野生稻	Oryza rufipogon		II
＊四川狼尾草	Pennisetum sichuanense		II
＊华山新麦草	Psathyrostachys huashanica	I	
＊三蕊草	Sinochasea trigyna		II
＊拟高粱	Sorghum propinquum		II
＊箭叶大油芒	Spodiopogon sagittifolius		II
＊中华结缕草	Zoysia sinica		II
小二仙草科	Haloragidaceae		

续表

中名	学名	级别	
		I	II
*乌苏里狐尾藻	Myriophyllum ussuriense		II
金缕梅科	Hamamelidaceae		
山铜材	Chunia bucklandioides		II
长柄双花木	Disanthus cercidifolius var. longipes		II
半枫荷	Semiliquidambar cathayensis		II
银缕梅	Shaniodendron subaequalum	I	
四药门花	Tetrathyrium subcordatum		II
水鳖科	Hydrocharitaceae		
*水菜花	Ottelia cordata		II
唇形科	Labiatae		
子宫草	Skapanthus oreophilus		II
樟科	Lauraceae		
油丹	Alseodaphne hainanensis		II
樟树（香樟）	Cinnamomum camphora		II
普陀樟	Cinnamomum japonicum		II
油樟	Cinnamomum longepaniculatum		II
卵叶桂	Cinnamomum rigidissimum		II
润楠	Machilus nanmu		II
舟山新木姜子	Neolitsea sericea		II
闽楠	Phoebe bournei		II
浙江楠	Phoebe chekiangensis		II
楠木	Phoebe zhennan		II
豆科	Leguminosae		
*线苞两型豆	Amphicarpaea linearis		II
黑黄檀（版纳黑檀）	Dalbergia fusca		II
降香（降香檀）	Dalbergia odorifera		II
格木	Erythrophleum fordii		II
山豆根（胡豆莲）	Euchresta japonica		II
绒毛皂荚	Gleditsia japonica var. velutina		II
*野大豆	Glycine soja		II

续表

中名	学名	级别	
		I	II
*烟豆	Glycine tabacina		II
*短绒野大豆	Glycine tomentella		II
花榈木（花梨木）	Ormosia henryi		II
红豆树	Ormosia hosiei		II
缘毛红豆	Ormosia howii		II
紫檀（青龙木）	Pterocarpus indicus		II
油楠（蚌壳树）	Sindora glabra		II
任豆（任木）	Zenia insignis		II
狸藻科	Lentibulariaceae		
*盾鳞狸藻	Utricularia punctata		II
木兰科	Magnoliaceae		
长蕊木兰	Alcimandra cathcardii	I	
地枫皮	Illicium difengpi		II
单性木兰	Kmeria septentrionalis	I	
鹅掌楸	Liriodendron chinense		II
大叶木兰	Magnolia henryi		II
馨香玉兰	Magnolia odoratissima		II
厚朴	Magnolia officinalis		II
凹叶厚朴	Magnolia officinalis subsp. biloba		II
长喙厚朴	Magnolia rostrata		II
圆叶玉兰	Magnolia sinensis		II
西康玉兰	Magnolia wilsonii		II
宝华玉兰	Magnolia zenii		II
香木莲	Manglietia aromatica		II
落叶木莲	Manglietia decidua	I	
大果木莲	Manglietia grandis		II
毛果木莲	Manglietia hebecarpa		II
大叶木莲	Manglietia megaphylla		II
厚叶木莲	Manglietia pachyphylla		II
华盖木	Manglietiastrum sinicum	I	

续表

中名	学名	级别	
		I	II
石碌含笑	Michelia shiluensis		II
峨眉含笑	Michelia wilsonii		II
峨眉拟单性木兰	Parakmeria omeiensis	I	
云南拟单性木兰	Parakmeria yunnanensis		II
合果木	Paramichelia baillonii		II
水青树	Tetracentron sinense		II
楝科	Meliaceae		
粗枝崖摩	Amoora dasyclada		II
红椿	Toona ciliata		II
毛红椿	Toona ciliata var. pubescens		II
防己科	Menispermaceae		
藤枣	Eleutharrhena macrocarpa	I	
肉豆蔻科	Myristicaceae		
海南风吹楠	Horsfieldia hainanensis		II
滇南风吹楠	Horsfieldia tetratepala		II
云南肉豆蔻	Myristica yunnanensis		II
茨藻科	Najadaceae		
*高雄茨藻	Najas browniana		II
*拟纤维茨藻	Najas pseudogracillima		II
睡莲科	Nymphaeaceae		
*莼菜	Brasenia schreberi	I	
*莲	Nelumbo nucifera		II
*贵州萍逢草	Nuphar bornetii		II
*雪白睡莲	Nymphaea candida		II
蓝果树科	Nyssaceae		
喜树（旱莲木）	Camptotheca acuminata		II
珙桐	Davidia involucrata	I	
光叶珙桐	Davidia involucrata var. vilmoriniana	I	
云南蓝果树	Nyssa yunnanensis	I	
金莲木科	Ochnaceae		

续表

中名	学名	级别	
		Ⅰ	Ⅱ
合柱金莲木	Sinia rhodoleuca	Ⅰ	
铁青树科	Olacaceae		
蒜头果	Malania oleifera		Ⅱ
木犀科	Oleaceae		
水曲柳	Fraxinus mandshurica		Ⅱ
棕榈科	Palmae		
董棕	Caryota urens		Ⅱ
小钩叶藤	Plectocomia microstachys		Ⅱ
龙棕	Trachycarpus nana		Ⅱ
罂粟科	Papaveraceae		
＊红花绿绒蒿	Meconopsis punicea		Ⅱ
斜翼科	Plagiopteraceae		
斜翼	Plagiopteron suaveolens		Ⅱ
川苔草科	Podostemaceae		
＊川藻（石蔓）	Terniopsis sessilis		Ⅱ
蓼科	Polygonaceae		
＊金荞麦	Fagopyrum dibotrys		Ⅱ
报春花科	Primulaceae		
＊羽叶点地梅	Pomatosace filicula		Ⅱ
毛茛科	Ranunculaceae		
粉背叶人字果	Dichocarpum hypoglaucum		Ⅱ
独叶草	Kingdonia uniflora	Ⅰ	
马尾树科	Rhoipteleaceae		
马尾树	Rhoiptelea chiliantha		Ⅱ
茜草科	Rubiaceae		
绣球茜	Dunnia sinensis		Ⅱ
香果树	Emmenopterys henryi		Ⅱ
异形玉叶金花	Mussaenda anomala	Ⅰ	
丁茜	Trailliaedoxa gracilis		Ⅱ
芸香科	Rutaceae		

续表

中名	学名	级别 I	级别 II
黄檗（黄菠椤）	Phellodendron amurense		II
川黄檗（黄皮树）	Phellodendron chinense		II
杨柳科	Salicaceae		
钻天柳	Chosenia arbutifolia		II
无患子科	Sapindaceae		
伞花木	Eurycorymbus cavaleriei		II
掌叶木	Handeliodendron bodinieri	I	
山榄科	Sapotaceae		
海南紫荆木	Madhuca hainanensis		II
紫荆木	Madhuca pasquieri		II
虎耳草科	Saxifragaceae		
黄山梅	Kirengeshoma palmata		II
蛛网萼	Platycrater arguta		II
冰沼草科	Scheuchzeriaceae		
*冰沼草	Scheuchzeria palustris		II
玄参科	Scrophulariaceae		
*胡黄连	Neopicrorhiza scrophulariiflora		II
呆白菜（崖白菜）	Triaenophora rupestris		II
茄科	Solanaceae		
*山莨菪	Anisodus tanguticus		II
黑三棱科	Sparganiaceae		
*北方黑三棱	Sparganium hyperboreum		II
梧桐科	Sterculiaceae		
广西火桐	Erythropsis kwangsiensis		II
丹霞梧桐	Firmiana danxiaensis		II
海南梧桐	Firmiana hainanensis		II
蝴蝶树	Heritiera parvifolia		II
平当树	Paradombeya sinensis		II
景东翅子树	Pterospermum kingtungense		II
勐仑翅子树	Pterospermum menglunense		II

续表

中名	学名	级别	
		I	II
安息香科	Styracaceae		
长果安息香	Changiostyrax dolichocarpa		II
秤锤树	Sinojackia xylocarpa		II
瑞香科	Thymelaeaceae		
土沉香	Aquilaria sinensis		II
椴树科	Tiliaceae		
柄翅果	Burretiodendron esquirolii		II
蚬木	Burretiodendron hsienmu		II
滇桐	Craigia yunnanensis		II
海南椴	Hainania trichosperma		II
紫椴	Tilia amurensis		II
菱科	Trapaceae		
*野菱	Trapa incisa		II
榆科	Ulmaceae		
长序榆	Ulmus elongata		II
榉树	Zelkova schneideriana		II
伞形科	Umbelliferae		
*珊瑚菜（北沙参）	Glehnia littoralis		II
马鞭草科	Verbenaceae		
海南石梓（苦梓）	Gmelina hainanensis		II
姜科	Zingiberaceae		
茴香砂仁	Etlingera yunnanense		II
拟豆蔻	Paramomum petaloideum		II
长果姜	Siliquamomum tonkinense		II
蓝藻	Cyonophyta		
念珠藻科	Nostocaceae		
*发菜	Nostoc flagelliforme	I	
真菌	Eumycophyta		
麦角菌科	Clavicipitaceae		
*虫草（冬虫夏草）	Cordyceps sinensis		II

续表

中名	学名	级别	
		I	II
口蘑科（白蘑科）	Tricholomataceae		
松口蘑（松茸）	Tricholoma matsutake		II

学理观点·典型案例 ➡ 索引与要旨

❶《对非法采伐、毁坏国家重点保护植物行为人的主观故意如何认定》，载《最新刑事法律文件解读》2005 年第 2 辑总第 2 辑。

核心提示 ➡ 主观必须明知或应知

❷《董忠汉等非法经营案》，载《人民法院案例选》2004 年刑事专辑总第 47 辑。

核心提示 ➡ 非法收购、出售国家一级保护野生植物红豆杉树皮应如何定性？

❸《毛建军、陆文忠、马红国非法经营案》，载《经济犯罪审判指导与参考》2003 年第 1 辑总第 1 辑，第 39 页。

要旨 ➡ 非法收购、出售红豆杉树皮情节严重构成非法经营罪。

第 345 条　第 1 款　盗伐林木罪　第 2 款　滥伐林木罪　修正案（四）第 7 条第 3 款　非法收购、运输盗伐、滥伐的林木罪

盗伐森林或者其他林木，数量较大的，处三年以下有期徒刑、拘役或者管制，并处或者单处罚金；数量巨大的，处三年以上七年以下有期徒刑，并处罚金；数量特别巨大的，处七年以上有期徒刑，并处罚金。

违反森林法的规定，滥伐森林或者其他林木，数量较大的，处三年以下有期徒刑、拘役或者管制，并处或者单处罚金；数量巨大的，处三年以上七年以下有期徒刑，并处罚金。

以牟利为目的，在林区非法收购明知是盗伐、滥伐的林木，情节严重的，处三年以下有期徒刑、拘役或者管制，并处或者单处罚金；情节特别严重的，处三年以上七年以下有期徒刑，并处罚金。

盗伐、滥伐国家级自然保护区内的森林或者其他林木的，从重处罚。

中华人民共和国刑法修正案（四）（中华人民共和国第九届全国人民代表大会常务委员会第三十一次会议于 2002 年 12 月 28 日通过，自公布之日起施行。）

七、将刑法第三百四十五条修改为："盗伐森林或者其他林木，数量较大的，处三年以下有期徒刑、拘役或者管制，并处或者单处罚金；数量巨大的，处三年以上七年以下有期徒刑,并处罚金;数量特别巨大的,处七年以上有期徒刑,并处罚金。

违反森林法的规定,滥伐森林或者其他林木,数量较大的,处三年以下有期徒刑、拘役或者管制,并处或者单处罚金;数量巨大的,处三年以上七年以下有期徒刑,并处罚金。

非法收购、运输明知是盗伐、滥伐的林木,情节严重的,处三年以下有期徒刑、拘役或者管制,并处或者单处罚金;情节特别严重的,处三年以上七年以下有期徒刑,并处罚金。

盗伐、滥伐国家级自然保护区内的森林或者其他林木的,从重处罚。"

关联规范 ➡ 完全整理

❶《中华人民共和国刑法》(1980年1月1日)第346条

单位犯本节第三百三十八条至第三百四十五条规定之罪的,对单位判处罚金,并对其直接负责的主管人员和其他直接责任人员,依照本节各该条的规定处罚。

❷《刑法修正案(四)》(2002年12月28日 主席令第八十三号)(节录)①

修改了非法收购盗伐、滥伐的林木罪的构成要件,并将运输明知是盗伐、滥伐的林木的行为增加规定为犯罪。

❸ 最高人民法院《关于贯彻宽严相济刑事政策的若干意见》(2010年2月8日 法发〔2010〕9号)(节录)②

9. 当前和今后一段时期,对于集资诈骗、贷款诈骗、制贩假币以及扰乱、操纵证券、期货市场等严重危害金融秩序的犯罪,生产、销售假药、劣药、有毒有害食品等严重危害食品药品安全的犯罪,走私等严重侵害国家经济利益的犯罪,造成严重后果的重大安全责任事故犯罪,重大环境污染、非法采矿、盗伐林木等各种严重破坏环境资源的犯罪等,要依法从严惩处,维护国家的经济秩序,保护广大人民群众的生命健康安全。

❹ 最高人民检察院、公安部《关于公安机关管辖的刑事案件立案追诉标准的规定(一)》(2008年6月25日 公通字〔2008〕36号)(节录)

第七十二条 盗伐森林或者其他林木,涉嫌下列情形之一的,应予立案追诉:(一)盗伐二至五立方米以上的;(二)盗伐幼树一百至二百株以上的。

以非法占有为目的,具有下列情形之一的,属于本条规定的"盗伐森林或者其他林木":(一)擅自砍伐国家、集体、他人所有或者他人承包经营管理的森林或者其他林木的;(二)擅自砍伐本单位或者本人承包经营管理的森林或者其他林木的;(三)在林木采

---

① 对其解读见:《刑事审判参考》2002年第6辑总第29辑,第99~101页以及2003年第2辑总第31辑,第184~198页。

② 对其解读见:《刑事法律文件解读》2010年第3辑总第57辑,第49~65页。

伐许可证规定的地点以外采伐国家、集体、他人所有或者他人承包经营管理的森林或者其他林木的。

本条和本规定第七十三条、第七十四条规定的林木数量以立木蓄积计算，计算方法为：原木材积除以该树种的出材率；"幼树"，是指胸径五厘米以下的树木。

第七十三条 违反森林法的规定，滥伐森林或者其他林木，涉嫌下列情形之一的，应予立案追诉：（一）滥伐十至二十立方米以上的；（二）滥伐幼树五百至一千株以上的。

违反森林法的规定，具有下列情形之一的，属于本条规定的"滥伐森林或者其他林木"：（一）未经林业行政主管部门及法律规定的其他主管部门批准并核发林木采伐许可证，或者虽持有林木采伐许可证，但违反林木采伐许可证规定的时间、数量、树种或者方式，任意采伐本单位所有或者本人所有的森林或者其他林木的；（二）超过林木采伐许可证规定的数量采伐他人所有的森林或者其他林木的。

违反森林法的规定，在林木采伐许可证规定的地点以外，采伐本单位或者本人所有的森林或者其他林木的，除农村居民采伐自留地和房前屋后个人所有的零星林木以外，属于本条第二款第（一）项"未经林业行政主管部门及法律规定的其他主管部门批准并核发林木采伐许可证"规定的情形。

林木权属争议一方在林木权属确权之前，擅自砍伐森林或者其他林木的，属于本条规定的"滥伐森林或者其他林木"。

滥伐林木的数量，应在伐区调查设计允许的误差额以上计算。

第七十四条 非法收购、运输明知是盗伐、滥伐的林木，涉嫌下列情形之一的，应予立案追诉：（一）非法收购、运输盗伐、滥伐的林木二十立方米以上或者幼树一千株以上的；（二）其他情节严重的情形。

本条规定的"非法收购"的"明知"，是指知道或者应当知道。具有下列情形之一的，可以视为应当知道，但是有证据证明确属被蒙骗的除外：（一）在非法的木材交易场所或者销售单位收购木材的；（二）收购以明显低于市场价格出售的木材的；（三）收购违反规定出售的木材的。

第一百条 本规定中的立案追诉标准，除法律、司法解释另有规定的以外，适用于相关的单位犯罪。

5 最高人民法院《关于在林木采伐许可证规定的地点以外采伐本单位或者本人所有的森林或者其他林木的行为适用法律问题的批复》（2004年4月1日　法释〔2004〕3号）（节录）①

违反森林法的规定，在林木采伐许可证规定的地点以外，采伐本单位或者本人所有的森林或者其他林木的，除农村居民采伐自留地和房前屋后个人所有的零星林木以外，属于《最高人民法院关于审理破坏森林资源刑事案件具体应用法律若干问题的解释》第五条第一款第（一）项"未经林业行政主管部门及法律规定的其他主管部门批准并核发林木采伐许可证"规定的情形，数量较大的，应当依照刑法第三百四十五条第二款的规定，以滥伐

---

① 对其解读见：《刑事审判参考》2004年第2辑总第37辑，第194~197页。

林木罪定罪处罚。

❻ 最高人民法院、最高人民检察院《关于执行〈中华人民共和国刑法〉确定罪名的补充规定（二）》（2003年8月15日 法释〔2003〕12号）（节录）①

主观要件和地域限制性条件的删除未影响罪名的客观行为特征。

❼ 林业局、公安部《关于森林和陆生野生动物刑事案件管辖及立案标准》（2001年5月9日）（节录）

二、森林和陆生野生动物刑事案件的立案标准

（一）盗伐林木案

盗伐森林或者其他林木，立案起点为2立方米至5立方米或者幼树100至200株；盗伐林木20立方米至50立方米或者幼树1000株至2000株，为重大案件立案起点；盗伐林木100立方米至200立方米或者幼树5000株至10000株，为特别重大案件立案起点。

（二）滥伐林木案

滥伐森林或者其他林木，立案起点为10立方米至20立方米或者幼树500至1000株；滥伐林木50立方米以上或者幼树2500株以上，为重大案件；滥伐林木100立方米以上或者幼树5000株以上，为特别重大案件。

（三）非法收购盗伐、滥伐的林木案

以牟利为目的，在林区非法收购明知是盗伐、滥伐的林木在20立方米或者幼树1000株以上的，以及非法收购盗伐、滥伐的珍贵树木2立方米以上或者5株以上的应当立案；非法收购林木100立方米或者幼树5000株以上的，以及非法收购盗伐、滥伐的珍贵树木5立方米以上或者10株以上的为重大案件；非法收购林木200立方米或者幼树10000株以上的，以及非法收购盗伐、滥伐的珍贵树木10立方米以上或者20株以上的为特别重大案件。

（四）非法采伐、毁坏珍贵树木案

非法采伐、毁坏珍贵树木的应当立案；采伐珍贵树木2株、2立方米以上或者毁坏珍贵树木致死3株以上的，为重大案件；采伐珍贵树木10株、10立方米以上或者毁坏珍贵树木致死15株以上的，为特别重大案件。

三、其他规定

（一）林区与非林区的划分，执行各省、自治区、直辖市人民政府的规定。

（二）林木的数量，以立木蓄积计算。

（三）对于一年内多次盗伐、滥伐少量林木未经处罚的，累计其盗伐林木、滥伐林木的数量。

（四）被盗伐、滥伐林木的价值，有国家规定价格的，按国家规定价格计算；没有国家规定价格的，按主管部门规定的价格计算；没有国家或者主管部门规定价格的，按市场价格计算；进入流通领域的，按实际销售价格计算；实际销售价格低于国家或者主管部门

---

① 对其解读见：《刑事审判参考》2003年第5辑总第34辑，第188~194页以及《刑事司法指南》2003年第3辑总第15辑，第150~158页。

规定价格的,按国家或者主管部门规定的价格计算;实际销售价格低于市场价格,又没有国家或者主管部门规定价格的,按市场价格计算,不能按低价销赃的价格计算。

(七) 单位作案的,执行本规定的立案标准。

(八) 本规定中所指的"以上",均包括本数在内。

(十一) 本规定自发布之日起执行。1986年8月20日发布的《林业部、公安部关于森林案件管辖范围及森林刑事案件立案标准的暂行规定》和1994年5月25日发布的《林业部、公安部关于陆生野生动物刑事案件的管辖及其立案标准的规定》同时废止。

8 最高人民法院《关于审理破坏森林资源刑事案件具体应用法律若干问题的解释》(2000年12月11日 法释〔2000〕36号)(节录)①

第一条 刑法第三百四十四条规定的"珍贵树木",包括由省级以上林业主管部门或者其他部门确定的具有重大历史纪念意义、科学研究价值或者年代久远的古树名木,国家禁止、限制出口的珍贵树木以及列入国家重点保护野生植物名录(注:名录见344.1999.08.04)的树木。

第二条 具有下列情形之一的,属于非法采伐、毁坏珍贵树木行为"情节严重":

(一) 非法采伐珍贵树木二株以上或者毁坏珍贵树木致使珍贵树木死亡三株以上的;

(二) 非法采伐珍贵树木二立方米以上的;

(三) 为首组织、策划、指挥非法采伐或者毁坏珍贵树木的;

(四) 其他情节严重的情形。

第三条 以非法占有为目的,具有下列情形之一,数量较大的,依照刑法第三百四十五条第一款的规定,以盗伐林木罪定罪处罚:

(一) 擅自砍伐国家、集体、他人所有或者他人承包经营管理的森林或者其他林木的;

(二) 擅自砍伐本单位或者本人承包经营管理的森林或者其他林木的;

(三) 在林木采伐许可证规定的地点以外采伐国家、集体、他人所有或者他人承包经营管理的森林或者其他林木的。

第四条 盗伐林木"数量较大",以二至五立方米或者幼树一百至二百株为起点;盗伐林木"数量巨大",以二十至五十立方米或者幼树一千至二千株为起点;盗伐林木"数量特别巨大",以一百至二百立方米或者幼树五千至一万株为起点。

第五条 违反森林法的规定,具有下列情形之一,数量较大的,依照刑法第三百四十五条第二款的规定,以滥伐林木罪定罪处罚:

(一) 未经林业行政主管部门及法律规定的其他主管部门批准并核发林木采伐许可证,或者虽持有林木采伐许可证,但违反林木采伐许可证规定的时间、数量、树种或者方式,任意采伐本单位所有或者本人所有的森林或者其他林木的;

(二) 超过林木采伐许可证规定的数量采伐他人所有的森林或者其他林木的。

林木权属争议一方在林木权属确权之前,擅自砍伐森林或者其他林木,数量较大的,以滥伐林木罪论处。

---

① 对其解读见:《刑事审判参考》2001年第3辑总第14辑,第55~59页。

第六条 滥伐林木"数量较大",以十至二十立方米或者幼树五百至一千株为起点;滥伐林木"数量巨大",以五十至一百立方米或者幼树二千五百至五千株为起点。

第七条 对于一年内多次盗伐、滥伐少量林木未经处罚的,累计其盗伐、滥伐林木的数量,构成犯罪的,依法追究刑事责任。

第八条 盗伐、滥伐珍贵树木,同时触犯刑法第三百四十四条、第三百四十五条规定的,依照处罚较重的规定定罪处罚。

第九条 将国家、集体、他人所有并已经伐倒的树木窃为己有,以及偷砍他人房前屋后、自留地种植的零星树木,数额较大的,依照刑法第二百六十四条的规定,以盗窃罪定罪处罚。

第十条 刑法第三百四十五条规定的"非法收购明知是盗伐、滥伐的林木"中的"明知",是指知道或者应当知道。具有下列情形之一的,可以视为应当知道,但是有证据证明确属被蒙骗的除外:

（一）在非法的木材交易场所或者销售单位收购木材的;

（二）收购以明显低于市场价格出售的木材的;

（三）收购违反规定出售的木材的。

第十一条 具有下列情形之一的,属于在林区非法收购盗伐、滥伐的林木"情节严重":

（一）非法收购盗伐、滥伐的林木二十立方米以上或者幼树一千株以上的;

（二）非法收购盗伐、滥伐的珍贵树木二立方米以上或者五株以上的;

（三）其他情节严重的情形。

具有下列情形之一的,属于在林区非法收购盗伐、滥伐的林木"情节特别严重":

（一）非法收购盗伐、滥伐的林木一百立方米以上或者幼树五千株以上的;

（二）非法收购盗伐、滥伐的珍贵树木五立方米以上或者十株以上的;

（三）其他情节特别严重的情形。

第十二条 林业主管部门的工作人员违反森林法的规定,超过批准的年采伐限额发放林木采伐许可证或者违反规定滥发林木采伐许可证,具有下列情形之一的,属于刑法第四百零七条规定的"情节严重,致使森林遭受严重破坏",以违法发放林木采伐许可证罪定罪处罚:

（一）发放林木采伐许可证允许采伐数量累计超过批准的年采伐限额,导致林木被采伐数量在十立方米以上的;

（二）滥发林木采伐许可证,导致林木被滥伐二十立方米以上的;

（三）滥发林木采伐许可证,导致珍贵树木被滥伐的;

（四）批准采伐国家禁止采伐的林木,情节恶劣的;

（五）其他情节严重的情形。

第十三条 对于伪造、变造、买卖林木采伐许可证、木材运输证件、森林、林木、林地权属证书、占用或者征用林地审核同意书、育林基金等缴费收据以及其他国家机关批准的林业证件构成犯罪的,依照刑法第二百八十条第一款的规定,以伪造、变造、买卖国家机关公文、证件罪定罪处罚。

对于买卖允许进出口证明书等经营许可证明,同时触犯刑法第二百二十五条、第二百八十条规定之罪的,依照处罚较重的规定定罪处罚。

第十四条 聚众哄抢林木五立方米以上的,属于聚众哄抢"数额较大";聚众哄抢林木二十立方米以上的,属于聚众哄抢"数额巨大",对首要分子和积极参加,依照刑法第二百六十八条的规定,定罪处罚。

第十五条 非法实施采种、采脂、挖笋、掘根、剥树皮等行为,牟取经济利益数额较大的,依照刑法第二百六十四条的规定,以盗窃罪定罪处罚。同时构成其他犯罪的,依照处罚较重的规定定罪处罚。

第十六条 单位犯刑法第三百四十四条、第三百四十五条规定之罪,定罪量刑标准按照本解释的规定执行。

第十七条 本解释规定的林木数量以立木蓄积计算,计算方法为:原木材积除以该树种的出材率。

本解释所称"幼树",是指胸径五厘米以下的树木。

滥伐林木的数量,应在伐区调查设计允许的误差额以上计算。

第十八条 盗伐、滥伐以生产竹材为主要目的的竹林的定罪量刑问题,有关省、自治区、直辖市高级人民法院可以参照上述规定的精神,规定本地区的具体标准,并报最高人民法院备案。

第十九条 各省、自治区、直辖市高级人民法院可以根据本地区的实际情况,在本解释第四条、第六条规定的数量幅度内,确定本地区执行的具体数量标准,并报最高人民法院备案。

❾ 最高人民法院《关于滥伐自己所有权的林木其林木应如何处理的问题的批复》(1993年7月24日 法复〔1993〕5号)

经研究,同意你的第二种意见,即属于个人所有的林木,也是国家森林资源的一部分。被告人滥伐属于自己所有权的林木,构成滥伐林木罪的,其行为已违反国家保护森林法规,破坏了国家的森林资源,所滥伐的林木即不再是个人的合法财产,而应当作为犯罪分子违法所得的财物,依照刑法第六十条的规定予以追缴。

❿ 最高人民法院、最高人民检察院《关于盗伐滥伐林木案件几个问题的解答》(1991年10月17日 法(研)发〔1991〕31号)(节录)

二、问:在林区,有的人今日盗伐一株,明日盗伐二株,持续不断,对林木危害很大。但是,由于每次盗伐没有达到"数量较大"的标准,不能依法惩处。对于一贯盗伐林木的,是否可以累计其盗伐数量定罪处罚?

答:对于连续多次盗伐林木,情节恶劣的行为,可以累计其未经处理的盗伐数量,按照《解释》第五条第(3)项的规定,视为盗伐林木"情节严重",依照刑法第一百二十八条盗伐林木罪定罪处刑。累计的时间一般以一年为宜。

三、问:我们在审判实践中经常遇到因进行营利性生产而毁坏生长中的林木,情况很复杂,有的只是毁坏了林木,例如,毁林种粮、种参;有的既毁林又非法占有木材;有的毁坏的是用材林；有的毁坏的是经济林，如剥树皮卖药材。对于这类犯罪行为，"情节严重"的，如何计算其造成的损失？盗伐林木种植木耳、香菇定什么罪？

答：因进行营利性生产，违反森林管理法规，毁坏林木，影响林木正常生长，致使林木死亡，情节严重的，依照刑法第一百五十六条故意毁坏公私财物罪定罪处刑。

因泄愤报复而毁坏生长中的林木，情节严重的，依照刑法第一百二十五条的规定定罪处刑。

对毁坏经济林和用材林的应当分别处理。毁坏经济林的，可以按照经济价值或者林木的株数计算损失。毁坏经济林和用材林的具体数量标准，请你们根据实际情况作出规定。

对毁林后又侵占林木情节严重的，或者盗伐林木种植木耳、香菇或烧炭等情节严重的，依照刑法第一百二十八条盗伐林木罪定罪处刑。

四、问：雇工盗伐林木构成犯罪的案件，对被雇者应否追究刑事责任？

答：雇用他人盗伐林木构成犯罪的案件，如果被雇者不知是盗伐他人林木的，应由雇主承担刑事责任；如果被雇者明知是盗伐他人林木的，应按盗伐林木罪的共犯论处。

五、问：我们在执行《解释》第十条（3）时，发现目前有的人还伪造、倒卖林木采伐指标、运输木材的其他凭证以及完税证、育林基金、更改资金、林政费、更新造林费等票据。上述行为构成犯罪的，是否可以分别依照刑法第一百二十条、第一百二十四条定罪处刑？

国家机关、集体组织倒卖木材采伐证或者采伐指标、木材经营指标的，如何追究主管人员和其他直接责任人员的刑事责任？

答：以营利为目的，伪造、倒卖林木采伐许可证或者采伐指标、运输木材的各种票证，情节严重的，依照刑法第一百二十条以伪造或者倒卖计划供应票证罪追究刑事责任。认定"情节严重"或者"情节特别严重"，可以伪造或者倒卖票证的面额结合牟利的数额和造成实际的危害为根据。具体数额标准，请你们作出规定。

伪造税票，包括育林基金、更改资金、林政费、更新造林费等票据的，应当依照刑法第一百二十四条伪造税票罪的规定惩处。

对于无证贩卖木材同时又伪造计划供应票证和税票的，应择一重罪处罚。

国家机关、企业事业单位、集体组织倒卖林木采伐许可证或者采伐指标、木材经营指标，情节特别严重的，依照刑法第一百二十条第一款伪造或者倒卖计划供应票证罪的规定追究主管人员和其他直接责任人员的刑事责任。

六、问：在盗伐林木案件中，有些盗伐者对护林人员施加暴力或者以暴力相威胁，危害护林人员的人身安全，虽然其盗伐林木的数量或者伤害的程度还构不成犯罪，但是情节恶劣，影响很坏。对此，是否可以按盗伐林木罪惩处？

答：盗伐林木者对护林人员施加暴力或者以暴力相威胁，危害护林人员人身安全，虽然其盗伐林木尚未达到数量较大的起点或者伤害的程度尚未达到轻伤的标准，但是情节恶劣，需要依法追究刑事责任的，可以视为盗伐林木"情节严重"，依照刑法第一百二十八条盗伐林木罪的规定追究刑事责任；如果使用暴力或者以暴力相威胁，情节显著轻微危害不大的，可不认为是犯罪。

⑪ 最高人民法院、最高人民检察院《关于办理盗伐、滥伐林木案件应用法律的几个问题的解释》（1987年9月5日）（节录）

一、关于如何认定盗伐、滥伐森林及其他林木罪（简称盗伐、滥伐林木罪）的问题

（1）盗伐林木罪是指违反森林法及其他保护森林法规，以非法占有为目的，擅自砍伐国家、集体所有（包括他人依法承包经营管理国家或集体所有）的森林或者其他林木，以及擅自砍伐他人自留山上的成片林木，情节严重的行为。

以非法占有为目的，擅自砍伐本人承包经营管理的国家或集体所有的森林或其他林木，情节严重的，也构成盗伐林木罪。

以非法占有为目的，违反林业行政主管部门及法律规定的其他主管部门核发的采伐许可证的规定，采伐国家、集体及他人自留山上的或他人经营管理的森林或其他林木，情节严重的，亦应定为盗伐林木罪。

（2）滥伐林木罪是指违反森林法及其他保护森林法规，未经林业行政主管部门及法律规定的其他主管部门批准并核发采伐许可证，或者虽持有采伐许可证，但违背采伐证所规定的地点、数量、树种、方式而任意采伐本单位所有或管理的，以及本人自留山上的森林或者其他林木，情节严重的行为。

明知林木权属不清，在争议未解决前，擅自砍伐林木，情节严重的，应确定林木权属，分别根据具体情况，按盗伐林木罪或滥伐林木罪追究刑事责任；林木权属难以确定的，按滥伐林木罪惩处。

为收购木材、木制品以及其他目的，唆使他人盗伐、滥伐林木构成犯罪的，按教唆犯追究刑事责任。

十、关于其他破坏森林或林木的犯罪行为如何处理的问题

（1）因进行营利性生产违反规定而毁坏生长中的林木，情节严重的，应根据其犯罪行为的特点，分别依照刑法第一百二十五条或者第一百五十六条的规定定罪处刑。

（2）将国家、集体、他人所有并已经伐倒的树木秘密非法据为己有，以及偷砍他人房前屋后、自留地种植的零星树木数额较大的，应定盗窃罪。

（3）以营利为目的，伪造或者倒卖林木采伐许可证、木材运输证情节严重的，依照刑法第一百二十条追究刑事责任。

（4）无证收购、贩卖木材情节严重或数额巨大构成投机倒把罪的，分别依照刑法第一百一十七条或一百一十八条的规定定罪处刑。

（5）在盗伐、滥伐林木过程中，伤害、非法拘禁护林人员或其他有关人员，构成犯罪的，应依法实行数罪并罚。

十一、盗伐、滥伐以生产竹材为主要目的的竹林的定罪和判刑问题，各有关省、自治区、直辖市高级人民法院、人民检察院可以参考上述规定的精神，规定当地认定和处罚的标准。

⑫ 福建省公检法、司法厅《关于适用缓刑若干问题的意见（试行）》（2008年9月

16日　闽高法〔2008〕278号）（节录）①

（四）破坏森林资源、野生动植物资源犯罪

破坏森林资源、野生动植物资源犯罪应从犯罪分子的主观恶性、犯罪数量、危害后果、社会影响等方面考虑是否适用缓刑。

破坏森林资源、野生动植物资源犯罪符合法律规定的缓刑条件，可以适用缓刑。但具有下列情形之一的，一般不适用缓刑：（1）曾因破坏森林资源、野生动植物资源受过行政、刑事处罚的；（2）依法应当判处三年有期徒刑以上刑罚，从轻处罚判处有期徒刑三年的；（3）犯罪造成严重后果，影响恶劣的。

13 福建省高院林业审判庭、省检林检处、省森林公安局《林业刑事案件中若干问题的处理意见（二）》（2005年11月8日　闽高法林〔2005〕11号）（节录）

一、滥伐林木案件中，对被雇佣者应否追究刑事责任？

雇佣他人滥伐林木构成犯罪的案件，如果被雇砍伐林木者不知是滥伐林木的，应由雇主承担刑事责任；如果有证据证明被雇砍伐林木者明知是滥伐林木的，应按滥伐林木罪的共犯论处。

二、非法收购、运输明知是盗伐、滥伐的林木案件中，符合最高人民法院《关于审理破坏森林资源刑事案件具体应用法律若干问题的解释》第十条规定的，是否还需要查清林木的来源？

在办理非法收购、运输明知是盗伐、滥伐的林木案件中，符合最高人民法院《关于审理破坏森林资源刑事案件具体应用法律若干问题的解释》第十条"明知"三种情形之一，且情节严重，但确实无法查明林木来源的，可以认定构成非法收购、运输明知是盗伐、滥伐的林木罪。可以查明林木来源的，应予查明。

三、非法采伐低产、低效林和受病虫害或火灾等灾害影响、胸径小于10厘米（含10厘米）以下的林木，如何处理？

根据《森林法》规定及有关法律解释精神，采伐低产、低效林和受病虫害或火灾等灾害影响的林木，均应办理林木采伐许可证，胸径5厘米以上的，纳入森林采伐限额管理。为此，凡未办理林木采伐许可证而擅自采伐，且数量较大的，构成盗伐或滥伐林木罪。

14 浙江省公检法《关于办理森林资源刑事案件若干问题的通知》（2002年1月14日）（节录）

第一条　盗伐林木罪"数量较大"的起点，为2立方米或幼树100株；"数量巨大"的起点，为20立方米或幼树1000株；"数量特别巨大"的起点，为100立方米或幼树5000株。

第二条　滥伐林木罪"数量较大"的起点，为20立方米或幼树1000株；"数量巨大"的起点，为50立方米或幼树2500株。

第七条　盗伐竹林或者其他竹子，"数量较大"的起点，为200株以上或经济损失

---

① 对其解读见：《刑事法律文件解读》2009年第10辑总第52辑，第77~88页。

2000 元以上；"数量巨大"的起点，为 2000 株以上或经济损失 20000 元以上；"数量特别巨大"的起点，为 10000 株以上或经济损失 100000 元以上。

滥伐竹林或者其他竹子，"数量较大"的起点，为 2000 株以上或经济损失 20000 元以上；"数量巨大"的起点，为 5000 株以上或经济损失 50000 元以上。

学理观点·典型案例 ➡ 索引与要旨

❶《正确认识和处理犯罪之间的关系》，载《刑事司法指南》2009 年第 4 辑总第 40 辑，第 1～42 页。
核心提示 ➡ 盗窃罪与盗伐林木罪的关系
❷《目的犯的法理研究》，载《刑事审判要览》2004 年第 3 辑总第 9 辑，第 36～55 页。

第 346 条　本节单位犯罪

单位犯本节第三百三十八条至第三百四十五条规定之罪的，对单位判处罚金，并对其直接负责的主管人员和其他直接责任人员，依照本节各该条的规定处罚。

关 联 规 范 ➡ 完全整理

最高人民检察院、公安部《关于公安机关管辖的刑事案件立案追诉标准的规定（一）》（2008 年 6 月 25 日　公通字〔2008〕36 号）（节录）

第一百条　本规定中的立案追诉标准，除法律、司法解释另有规定的以外，适用于相关的单位犯罪。

第七节　走私、贩卖、运输、制造毒品罪

第 347 条　走私、贩卖、运输、制造毒品罪

走私、贩卖、运输、制造毒品，无论数量多少，都应当追究刑事责任，予以刑事处罚。

走私、贩卖、运输、制造毒品，有下列情形之一的，处十五年有期徒刑、无期徒刑或者死刑，并处没收财产：

（一）走私、贩卖、运输、制造鸦片一千克以上、海洛因或者甲基苯丙胺五十克以上或者其他毒品数量大的；

（二）走私、贩卖、运输、制造毒品集团的首要分子；

（三）武装掩护走私、贩卖、运输、制造毒品的；

（四）以暴力抗拒检查、拘留、逮捕，情节严重的；

（五）参与有组织的国际贩毒活动的。

走私、贩卖、运输、制造鸦片二百克以上不满一千克、海洛因或者甲基苯丙胺十克以上不满五十克或者其他毒品数量较大的，处七年以上有期徒刑，并处罚金。

走私、贩卖、运输、制造鸦片不满二百克、海洛因或者甲基苯丙胺不满十克或者其他少量毒品的，处三年以下有期徒刑、拘役或者管制，并处罚金；情节严重的，处三年以上七年以下有期徒刑，并处罚金。

单位犯第二款、第三款、第四款罪的，对单位判处罚金，并对其直接负责的主管人员和其他直接责任人员，依照各该款的规定处罚。

利用、教唆未成年人走私、贩卖、运输、制造毒品，或者向未成年人出售毒品的，从重处罚。

对多次走私、贩卖、运输、制造毒品，未经处理的，毒品数量累计计算。

关 联 规 范 ➡ 完全整理

❶《中华人民共和国刑法》（1980年1月1日）第355条　非法提供麻醉药品、精神药品罪

依法从事生产、运输、管理、使用国家管制的麻醉药品、精神药品的人员，违反国家规定，向吸食、注射毒品的人提供国家规定管制的能够使人形成瘾癖的麻醉药品、精神药品的，处三年以下有期徒刑或者拘役，并处罚金；情节严重的，处三年以上七年以下有期徒刑，并处罚金。向走私、贩卖毒品的犯罪分子或者以牟利为目的，向吸食、注射毒品的人提供国家规定管制的能够使人形成瘾癖的麻醉药品、精神药品的，依照本法第三百四十七条的规定定罪处罚。

单位犯前款罪的，对单位判处罚金，并对其直接负责的主管人员和其他直接责任人员，依照前款的规定处罚。

❷《中华人民共和国刑法》（1980年1月1日）第356条　毒品再犯

因走私、贩卖、运输、制造、非法持有毒品罪被判过刑，又犯本节规定之罪的，从重处罚。

❸《中华人民共和国刑法》（1980年1月1日）第357条　毒品的概念及折算规定

本法所称的毒品，是指鸦片、海洛因、甲基苯丙胺（冰毒）、吗啡、大麻、可卡因以及国家规定管制的其他能够使人形成瘾癖的麻醉药品和精神药品。

毒品的数量以查证属实的走私、贩卖、运输、制造、非法持有毒品的数量计算，不以纯度折算。

❹最高人民检察院《关于办理走私、非法买卖麻黄碱类复方制剂等案件的意见》（2012年6月27日）

一、关于走私、非法买卖麻黄碱类复方制剂等行为的定性

以加工、提炼制毒物品制造毒品为目的，购买麻黄碱类复方制剂，或者运输、携带、寄递麻黄碱类复方制剂进出境的，依照刑法第三百四十七条的规定，以制造毒品罪定罪处罚。

以加工、提炼制毒物品为目的，购买麻黄碱类复方制剂，或者运输、携带、寄递麻黄碱类复方制剂进出境的，依照刑法第三百五十条第一款、第三款的规定，分别以非法买卖制毒物品罪、走私制毒物品罪定罪处罚。

将麻黄碱类复方制剂拆除包装、改变形态后进行走私或者非法买卖，或者明知是已拆除包装、改变形态的麻黄碱类复方制剂而进行走私或者非法买卖的，依照刑法第三百五十条第一款、第三款的规定，分别以走私制毒物品罪、非法买卖制毒物品罪定罪处罚。

非法买卖麻黄碱类复方制剂或者运输、携带、寄递麻黄碱类复方制剂进出境，没有证据证明系用于制造毒品或者走私、非法买卖制毒物品，或者未达到走私制毒物品罪、非法买卖制毒物品罪的定罪数量标准，构成非法经营罪、走私普通货物、物品罪等其他犯罪的，依法定罪处罚。

实施第一款、第二款规定的行为，同时构成其他犯罪的，依照处罚较重的规定定罪处罚。

二、关于利用麻黄碱类复方制剂加工、提炼制毒物品行为的定性

以制造毒品为目的，利用麻黄碱类复方制剂加工、提炼制毒物品的，依照刑法第三百四十七条的规定，以制造毒品罪定罪处罚。

以走私或者非法买卖为目的，利用麻黄碱类复方制剂加工、提炼制毒物品的，依照刑法第三百五十条第一款、第三款的规定，分别以走私制毒物品罪、非法买卖制毒物品罪定罪处罚。

三、关于共同犯罪的认定

明知他人利用麻黄碱类制毒物品制造毒品，向其提供麻黄碱类复方制剂，为其利用麻黄碱类复方制剂加工、提炼制毒物品，或者为其获取、利用麻黄碱类复方制剂提供其他帮助的，以制造毒品罪的共犯论处。

明知他人走私或者非法买卖麻黄碱类制毒物品，向其提供麻黄碱类复方制剂，为其利用麻黄碱类复方制剂加工、提炼制毒物品，或者为其获取、利用麻黄碱类复方制剂提供其他帮助的，分别以走私制毒物品罪、非法买卖制毒物品罪的共犯论处。

四、关于犯罪预备、未遂的认定

实施本意见规定的行为，符合犯罪预备或者未遂情形的，依照法律规定处罚。

五、关于犯罪嫌疑人、被告人主观目的与明知的认定

对于本意见规定的犯罪嫌疑人、被告人的主观目的与明知，应当根据物证、书证、证人证言以及犯罪嫌疑人、被告人供述和辩解等在案证据，结合犯罪嫌疑人、被告人的行为表现，重点考虑以下因素综合予以认定：

1. 购买、销售麻黄碱类复方制剂的价格是否明显高于市场交易价格；
2. 是否采用虚假信息、隐蔽手段运输、寄递、存储麻黄碱类复方制剂；
3. 是否采用伪报、伪装、藏匿或者绕行进出境等手段逃避海关、边防等检查；

4. 提供相关帮助行为获得的报酬是否合理；

5. 此前是否实施过同类违法犯罪行为；

6. 其他相关因素。

六、关于制毒物品数量的认定

实施本意见规定的行为，以走私制毒物品罪、非法买卖制毒物品罪定罪处罚的，应当以涉案麻黄碱类复方制剂中麻黄碱类物质的含量作为涉案制毒物品的数量。

实施本意见规定的行为，以制造毒品罪定罪处罚的，应当将涉案麻黄碱类复方制剂所含的麻黄碱类物质可以制成的毒品数量作为量刑情节考虑。

多次实施本意见规定的行为未经处理的，涉案制毒物品的数量累计计算。

七、关于定罪量刑的数量标准

实施本意见规定的行为，以走私制毒物品罪、非法买卖制毒物品罪定罪处罚的，涉案麻黄碱类复方制剂所含的麻黄碱类物质应当达到以下数量标准：麻黄碱、伪麻黄碱、消旋麻黄碱及其盐类五千克以上不满五十千克；去甲麻黄碱、甲基麻黄碱及其盐类十千克以上不满一百千克；麻黄浸膏、麻黄浸膏粉一百千克以上不满一千千克。达到上述数量标准上限的，认定为刑法第三百五十条第一款规定的"数量大"。

实施本意见规定的行为，以制造毒品罪定罪处罚的，无论涉案麻黄碱类复方制剂所含的麻黄碱类物质数量多少，都应当追究刑事责任。

八、关于麻黄碱类复方制剂的范围

本意见所称麻黄碱类复方制剂是指含有《易制毒化学品管理条例》（国务院令第445号）品种目录所列的麻黄碱（麻黄素）、伪麻黄碱（伪麻黄素）、消旋麻黄碱（消旋麻黄素）、去甲麻黄碱（去甲麻黄素）、甲基麻黄碱（甲基麻黄素）及其盐类，或者麻黄浸膏、麻黄浸膏粉等麻黄碱类物质的药品复方制剂。

5 最高人民检察院、公安部《关于公安机关管辖的刑事案件立案追诉标准的规定（三）》（2012年5月28日　高检发研字〔2011〕2号）（节录）①

第一条　[走私、贩卖、运输、制造毒品案（刑法第三百四十七条）] 走私、贩卖、运输、制造毒品，无论数量多少，都应予立案追诉。

本条规定的"走私"是指明知是毒品而非法将其运输、携带、寄递进出国（边）境的行为。直接向走私人非法收购走私进口的毒品，或者在内海、领海、界河、界湖运输、收购、贩卖毒品的，以走私毒品罪立案追诉。

本条规定的"贩卖"是指明知是毒品而非法销售或者以贩卖为目的而非法收买的行为。

有证据证明行为人以牟利为目的，为他人代购仅用于吸食、注射的毒品，对代购者以贩卖毒品罪立案追诉。不以牟利为目的，为他人代购仅用于吸食、注射的毒品，毒品数量达到本规定第二条规定的数量标准的，对托购者和代购者以非法持有毒品罪立案追诉。明知他人实施毒品犯罪而为其居间介绍、代购代卖的，无论是否牟利，都应以相关毒品犯罪

---

① 对其解读见：《公检法办案指南》2012年第6辑总第150辑，第54~77页。

的共犯立案追诉。

本条规定的"运输"是指明知是毒品而采用携带、寄递、托运、利用他人或者使用交通工具等方法非法运送毒品的行为。

本条规定的"制造"是指非法利用毒品原植物直接提炼或者用化学方法加工、配制毒品，或者以改变毒品成分和效用为目的，用混合等物理方法加工、配制毒品的行为。为了便于隐蔽运输、销售、使用、欺骗购买者，或者为了增重，对毒品掺杂使假，添加或者去除其他非毒品物质，不属于制造毒品的行为。

为了制造毒品而采用生产、加工、提炼等方法非法制造易制毒化学品的，以制造毒品罪（预备）立案追诉。购进制造毒品的设备和原材料，开始着手制造毒品，尚未制造出毒品或者半成品的，以制造毒品罪（未遂）立案追诉。明知他人制造毒品而为其生产、加工、提炼、提供醋酸酐、乙醚、三氯甲烷等制毒物品的，以制造毒品罪的共犯立案追诉。

走私、贩卖、运输毒品主观故意中的"明知"，是指行为人知道或者应当知道所实施的是走私、贩卖、运输毒品行为。具有下列情形之一，结合行为人的供述和其他证据综合审查判断，可以认定其"应当知道"，但有证据证明确属被蒙骗的除外：

（一）执法人员在口岸、机场、车站、港口、邮局和其他检查站点检查时，要求行为人申报携带、运输、寄递的物品和其他疑似毒品物，并告知其法律责任，而行为人未如实申报，在其携带、运输、寄递的物品中查获毒品的；

（二）以伪报、藏匿、伪装等蒙蔽手段逃避海关、边防等检查，在其携带、运输、寄递的物品中查获毒品的；

（三）执法人员检查时，有逃跑、丢弃携带物品或者逃避、抗拒检查等行为，在其携带、藏匿或者丢弃的物品中查获毒品的；

（四）体内或者贴身隐秘处藏匿毒品的；

（五）为获取不同寻常的高额或者不等值的报酬为他人携带、运输、寄递、收取物品，从中查获毒品的；

（六）采用高度隐蔽的方式携带、运输物品，从中查获毒品的；

（七）采用高度隐蔽的方式交接物品，明显违背合法物品惯常交接方式，从中查获毒品的；

（八）行程路线故意绕开检查站点，在其携带、运输的物品中查获毒品的；

（九）以虚假身份、地址或者其他虚假方式办理托运、寄递手续，在托运、寄递的物品中查获毒品的；

（十）有其他证据足以证明行为人应当知道的。

制造毒品主观故意中的"明知"，是指行为人知道或者应当知道所实施的是制造毒品行为。有下列情形之一，结合行为人的供述和其他证据综合审查判断，可以认定其"应当知道"，但有证据证明确属被蒙骗的除外：

（一）购置了专门用于制造毒品的设备、工具、制毒物品或者配制方案的；

（二）为获取不同寻常的高额或者不等值的报酬为他人制造物品，经检验是毒品的；

（三）在偏远、隐蔽场所制造，或者采取对制造设备进行伪装等方式制造物品，经检验是毒品的；

（四）制造人员在执法人员检查时，有逃跑、抗拒检查等行为，在现场查获制造出的物品，经检验是毒品的；

（五）有其他证据足以证明行为人应当知道的。

走私、贩卖、运输、制造毒品罪是选择性罪名，对同一宗毒品实施了两种以上犯罪行为，并有相应确凿证据的，应当按照所实施的犯罪行为的性质并列适用罪名，毒品数量不重复计算。对同一宗毒品可能实施了两种以上犯罪行为，但相应证据只能认定其中一种或者几种行为，认定其他行为的证据不够确实充分的，只按照依法能够认定的行为的性质适用罪名。对不同宗毒品分别实施了不同种犯罪行为的，应对不同行为并列适用罪名，累计计算毒品数量。

第十三条 本规定中的毒品是指鸦片、海洛因、甲基苯丙胺（冰毒）、吗啡、大麻、可卡因以及国家规定管制的其他能够使人形成瘾癖的麻醉药品和精神药品。具体品种以国家食品药品监督管理局、公安部、卫生部发布的《麻醉药品品种目录》、《精神药品品种目录》为依据。

本规定中的"制毒物品"是指刑法第三百五十条第一款规定的醋酸酐、乙醚、三氯甲烷或者其他用于制造毒品的原料或者配剂，具体品种范围按照国家关于易制毒化学品管理的规定确定。

第十四条 本规定中未明确立案追诉标准的毒品，有条件折算为海洛因的，参照有关麻醉药品和精神药品折算标准进行折算。

第十五条 本规定中的立案追诉标准，除法律、司法解释另有规定的以外，适用于相关的单位犯罪。

❻ 最高人民法院《人民法院量刑指导意见（试行）》（2010年9月13日 法发〔2010〕36号）（节录）

四、常见犯罪的量刑（十五）走私、贩卖、运输、制造毒品罪

1. 构成走私、贩卖、运输、制造毒品罪的，可以根据下列不同情形在相应的幅度内确定量刑起点：

（1）走私、贩卖、运输、制造鸦片一千克、海洛因、甲基苯丙胺五十克或者其他毒品数量达到数量大起点的，量刑起点为十五年有期徒刑。依法应当判处无期徒刑以上刑罚的除外。

（2）走私、贩卖、运输、制造鸦片二百克、海洛因、甲基苯丙胺十克或者其他毒品数量达到数量较大起点的，可以在七年至八年有期徒刑幅度内确定量刑起点。

（3）走私、贩卖、运输、制造鸦片不满二百克，海洛因、甲基苯丙胺不满十克或者其他少量毒品的，可以在三个月拘役至三年有期徒刑幅度内确定量刑起点；情节严重的，可以在三年至四年有期徒刑幅度内确定量刑起点。

2. 在量刑起点的基础上，可以根据毒品犯罪次数、人次、毒品数量等其他影响犯罪构成的犯罪事实增加刑罚量，确定基准刑。

3. 有下列情节之一的，可以增加基准刑的 30% 以下：

（1）组织、利用、教唆未成年人、孕妇、哺乳期妇女、患有严重疾病人员、又聋又哑的人、盲人及其他特殊人群走私、贩卖、运输、制造毒品，或者向未成年人出售毒品的；

（2）毒品再犯。

4. 有下列情节之一的，可以减少基准刑的 30% 以下：

（1）受雇运输毒品的；

（2）毒品含量明显偏低的；

（3）存在数量引诱情形的。

❼ 最高人民法院《在毒品案件审判工作中切实贯彻宽严相济刑事政策》（2010 年 5 月 12 日）

本文结合当前毒品案件审判工作的实际，就如何贯彻宽严相济刑事政策略作阐述。

一、突出打击重点，依法严惩严重毒品犯罪

依法严惩严重犯罪是宽严相济刑事政策中"严"的题中之义，也是贯彻罪刑均衡原则，发挥刑罚威慑作用的必然要求。毒品犯罪危害公民身心健康，颓废社会风气，并容易引发盗窃、抢劫、杀人等犯罪，危害很大。其中，走私、制造毒品系源头性犯罪，贩卖、运输毒品造成毒品的传播、扩散，故《意见》第 7 条把这四种毒品犯罪行为均列为严惩的重点。长期以来，人民法院坚持依法严厉打击严重毒品犯罪，对一批罪行严重的犯罪分子判处了重刑至死刑，较好地发挥了刑罚遏制毒品犯罪的作用。尤其是 2007 年最高人民法院统一行使死刑核准权后，通过严把案件事实关、证据关、程序关和法律适用关，更加严格地执行死刑政策，毒品案件的死刑适用更为慎重和公正。

《意见》第 11 条提出："要依法从严惩处累犯和毒品再犯。凡是依法构成累犯和毒品再犯的，即使犯罪情节较轻，也要体现从严惩处的精神。尤其是对于前罪为暴力犯罪或被判处重刑的累犯，更要依法从严惩处。"之所以作出这种强调，是因为具有累犯和毒品再犯情节的犯罪分子曾受刑罚的惩罚、教育，却不思悔改，仍再次实施犯罪行为，充分表明其主观恶性深，人身危险性大，难以改造，有的甚至不堪改造，故要充分发挥刑罚的惩罚功能，以实现对此类犯罪分子的特殊预防。对此，最高人民法院 2008 年印发的《全国部分法院审理毒品犯罪案件工作座谈会纪要》也作了规定，即"审理毒品犯罪案件，应当切实贯彻宽严相济的刑事政策，突出毒品犯罪的打击重点。必须依法严惩毒枭、职业毒犯、再犯、累犯、惯犯、主犯等主观恶性深、人身危险性大、危害严重的毒品犯罪分子……对于其中罪行极其严重依法应当判处死刑的，必须坚决依法判处死刑"。实践中，对于毒品数量达到实际掌握的死刑数量标准，并具有毒品再犯、累犯、职业犯、惯犯、主犯等情节的被告人，通常判处死刑，以体现法律的严惩立场。

在此方面，要特别需要重视对毒枭、职业毒犯、主犯立功问题的处理。《意见》第 33 条提出，在共同犯罪案件中，对于主犯或首要分子检举、揭发同案中地位、作用较次的犯罪分子构成立功的，从轻或者减轻处罚应当从严掌握，如果从轻处罚可能导致全案量刑失衡的，一般不予从轻处罚；如果检举、揭发的是其他犯罪案件中罪行同样严重的犯罪分子，或者协助抓获的是同案中的其他主犯、首要分子的，原则上应予依法从轻或者减轻处罚。

实践中，应以功是否足以抵罪作为立功是否从宽处罚的标准，即应结合被告人罪行的严重程度、立功大小综合考虑。对于毒枭等严重毒品犯罪分子立功的，如果其检举、揭发的是其他犯罪案件中罪行同样严重的犯罪分子，或者协助抓获的是同案中的其他首要分子、主犯，功足以抵罪的，原则上可以从轻或者减轻处罚；如果协助抓获的只是同案中的从犯或者马仔，功不足以抵罪，或者从轻处罚后全案处刑明显失衡的，不予从轻处罚。同时，对于同监犯将本人或者他人尚未被司法机关掌握的犯罪事实告知被告人，由被告人检举揭发的，如经查证属实，虽可认定立功，但是否从宽处罚以及从宽幅度的大小，应与通常的立功有所区别。对于通过非法手段或者非法途径获取他人犯罪信息，由被告人检举揭发的，不能认定为立功，也不能作为酌情从轻处罚情节。这样把握可以对罪行严重的毒品犯罪分子更有力地体现宽严相济刑事政策"严"的要求。

二、坚持区别对待，充分考虑从宽处罚情节

宽严相济刑事政策的核心是区别对待。对于情节较轻、社会危害性较小的犯罪，或者罪行虽重，但具有法定、酌定从宽处罚情节的被告人，应依法或者酌情予以从宽处罚。毒品犯罪的整体危害虽大，但具体犯罪也有轻重之别，不能不加区别地一律予以从严惩处，对其中罪行相对较轻的，或者具有法定、酌定从宽处罚情节的，应在量刑时充分考虑，以发挥刑罚的教育改造作用。

《意见》第17、18和19条分别提出，对于具有自首或者立功情节的被告人，一般均应当依法从宽处罚；对于较轻犯罪的初犯、偶犯，应当综合考虑其犯罪的动机、手段、情节、后果和犯罪时的主观状态，酌情予以从宽处罚。毒品案件的审判要充分贯彻这些原则性规定。例如，对于毒品数量达到实际掌握的死刑数量标准，但犯罪情节较轻，或者具有法定、酌定从宽处罚情节，符合下列情形之一的，可以不判处被告人死刑立即执行：（1）具有自首、立功等法定从宽处罚情节的；（2）已查获的毒品数量未达到实际掌握的死刑数量标准，到案后坦白尚未被司法机关掌握的其他毒品犯罪，累计数量超过实际掌握的死刑数量标准的；（3）经鉴定毒品含量极低，掺假之后的数量才达到实际掌握的死刑数量标准的，或者有证据表明可能大量掺假但因故不能鉴定的；（4）因特情引诱毒品数量才达到实际掌握的死刑数量标准的；（5）以贩养吸的被告人，被查获的毒品数量刚达到实际掌握的死刑数量标准的；（6）毒品数量刚达到实际掌握的死刑数量标准，确属初次犯罪即被查获，未造成严重危害后果的；等等。

此方面要特别重视对运输毒品罪的处理。刑法把运输毒品罪同走私、贩卖、制造毒品罪并列规定，并配置了相同法定刑，但实践中运输毒品犯罪的情况较为复杂。部分被告人系受指使、雇佣的贫民、边民或者无业人员，只是为赚取少量运费而为他人运输毒品，他们不是毒品的所有者、买家或者卖家，与幕后的指使、雇佣者相比，在毒品犯罪中处于从属和被支配地位，所起作用和主观恶性相对较小，社会危害性也相对较小，故量刑时应与走私、贩卖、制造毒品和具有严重情节的运输毒品犯罪分子有所区别。即在运输毒品案件中要重点打击指使、雇佣他人运输毒品的犯罪分子和接应、接货的毒品所有者、买家或者卖家。对于运输毒品犯罪集团首要分子、组织、指使、雇佣他人运输毒品的主犯或者毒枭、职业毒犯、毒品再犯，以及具有武装掩护、暴力抗拒检查、拘留或者逮捕、参与有组织的国际毒品犯罪、以运输毒品为业、多次运输毒品或者其他严重情节的，应当依法从严惩处。但是，对有证据证明被告人确属受人指使、雇用而运输毒品，又系初犯、偶犯的，可以从轻处罚，即使毒品数量超过实际掌握的死刑数量标准，也可以不判处死刑立即执行。这是深入贯彻宽严相济刑事政策"宽"的精神，进一步坚持区别对待的体现。

三、把握量刑平衡，稳妥实现宽严"相济"

宽严相济刑事政策中"宽"与"严"是辩证统一、相辅相成的关系，二者相互依存，相互补充，共同促进。"相济"不是"宽"和"严"的简单相加，而是一种交融关系，追求的是法律效果与社会效果的有机统一。在毒品案件的审判中实现宽严"相济"，既要把握好个案之间的量刑平衡，也要把握好多被告人案件特别是共同犯罪案件的量刑平衡。

个案之间的量刑平衡意味着重罪重判，轻罪轻判，罚当其罪。这是罪刑均衡原则的基本要求。由于毒品数量是量刑的重要情节，在判断个案的量刑平衡问题上容易陷入"唯数量论"的误区。要特别重视的是，毒品数量并非量刑的唯一情节。对被告人量刑时，尤其是在考虑是否适用死刑时，应当综合考虑毒品数量、犯罪情节、危害后果、被告人的主观恶性、人身危险性以及当地禁毒形势等各种因素，予以区别对待。有的案件中毒品数量虽大，但被告人因具有法定从宽处罚情节而可能不判处死刑，有的案件中毒品数量较小，但超过了实际掌握的死刑数量标准，被告人也不具有法定或者酌定从宽处罚情节，故仍可能被判处死刑。这种处理不仅不违背宽严相济刑事政策，而恰恰是该政策的要求和体现。

对于多被告人犯罪特别是共同犯罪案件，根据宽严"相济"的具体要求，要注重正确区分主从犯并根据被告人罪责的大小确定刑罚。《意见》第31条提出，对于一般共同犯罪案件，应当充分考虑各被告人在共同犯罪中的地位和作用，以及在主观恶性和人身危险性方面的不同，根据事实和证据能分清主从犯的，都应当认定主从犯；有多名主犯的，应在主犯中进一步区分出罪行最为严重者。具体到毒品共同犯罪案件，首先，对能分清主从犯的，不能因为涉案毒品数量巨大，就不分主从犯而将被告人均认定为主犯或者实际上都按主犯处罚，一律判处重刑甚至死刑。要根据《意见》第30条的规定，依法从严惩处毒品犯罪组织或集团中的为首组织、指挥、策划者和骨干分子，该判处重刑或死刑的要坚决判处；但对受欺骗、胁迫参加犯罪组织、犯罪集团或只是一般参加者，在犯罪中起次要、辅助作用的从犯，应依法从轻或减轻处罚。其次，对于共同犯罪中有多个主犯的，处刑上也应做到区别对待，要全面考察各主犯在共同犯罪中实际发挥作用的差别，主观恶性和人身危险性方面的差异，对罪责更重的主犯判处更重的刑罚。如果共同犯罪中毒品数量刚达到实际掌握的死刑数量标准，但各共同犯罪人作用相当，或者责任大小难以区分的，可以不判处死刑立即执行。同时，从人道主义考虑，对于家庭成员共同实施毒品犯罪，毒品数量达到实际掌握的死刑数量标准，其中起主要作用的被告人已被判处死刑立即执行的，对其他罪行相对较轻的被告人可以不判处死刑立即执行。

8 最高人民法院《关于贯彻宽严相济刑事政策的若干意见》（2010年2月8日 法

发〔2010〕9号）（节录）①

7. 贯彻宽严相济刑事政策，必须毫不动摇地坚持依法严惩严重刑事犯罪的方针。对于危害国家安全犯罪、恐怖组织犯罪、邪教组织犯罪、黑社会性质组织犯罪、恶势力犯罪、故意危害公共安全犯罪等严重危害国家政权稳固和社会治安的犯罪，故意杀人、故意伤害致人死亡、强奸、绑架、拐卖妇女儿童、抢劫、重大抢夺、重大盗窃等严重暴力犯罪和严重影响人民群众安全感的犯罪，走私、贩卖、运输、制造毒品等毒害人民健康的犯罪，要作为严惩的重点，依法从重处罚。尤其对于极端仇视国家和社会，以不特定人为侵害对象，所犯罪行特别严重的犯罪分子，该重判的要坚决依法重判，该判处死刑的要坚决依法判处死刑。

11. 要依法从严惩处累犯和毒品再犯。凡是依法构成累犯和毒品再犯的，即使犯罪情节较轻，也要体现从严处的精神。尤其是对于前罪为暴力犯罪或被判处重刑的累犯，更要依法从严惩处。

❾《在全国部分法院审理毒品犯罪案件工作座谈会上的讲话》（2008年9月24日）（节录）②

四、审理毒品犯罪案件的几个具体问题

（一）关于毒品犯罪死刑适用的数量标准问题

《纪要》稿对毒品犯罪的死刑适用，没有明确规定毒品数量标准，而只作了原则规定。主要考虑到：

一是符合现阶段打击毒品犯罪的实际需要。我国幅员辽阔，各地经济社会发展很不平衡，毒品犯罪态势也有明显差异，如云南、广东等地的毒品犯罪发案率明显高于其他地方。若制定全国统一的死刑适用数量标准，势必不符合各地打击毒品犯罪的实际。

二是统一毒品犯罪死刑适用的数量标准须循序渐进。理论上，死刑案件核准权收归最高人民法院统一行使后，毒品犯罪的死刑数量标准也应当相对统一。但在目前的司法环境下，需经历一个循序渐进的过程。此间，各地应根据最高人民法院复核死刑案件作出的裁判及公布的典型案例，结合本地毒品犯罪形势，按照"数量加情节"的原则，具体把握本地毒品犯罪的死刑适用标准。

（二）关于制造毒品罪的认定问题

《纪要》稿对以物理方法制造毒品的认定作了规定。结合大家的意见和建议，拟对该规定作进一步完善，规定：以物理方法加工、配制毒品，使毒品形态、成分和效用发生改变的，系制造毒品。为便于理解和操作，拟以加工"麻古"、"摇头丸"为例作出说明。

（三）关于毒品含量鉴定问题

2007年12月，最高人民法院会同最高人民检察院、公安部联合出台了《办理毒品犯罪案件适用法律若干问题的意见》（以下简称《意见》），规定："可能判处死刑的毒品犯罪案件，毒品鉴定意见中应有含量鉴定的意见。"实践中，除发生在云南省的特定毒品犯

---

① 对其解读见：《刑事法律文件解读》2010年第3辑总第57辑，第49~65页。
② 对其解读见：《刑事审判参考》2009年第2辑总第67辑，第205~212页。

罪案件可以不对涉案毒品作含量鉴定外，其他毒品犯罪案件以及其他省份发生的毒品犯罪案件，凡可能判处死刑的，均应按照《意见》的规定，对涉案毒品作含量鉴定。

据此，如有证据表明涉案毒品可能大量掺杂、掺假，法院所提含量鉴定要求又得不到落实的，对被告人判处死刑就不能认为事实清楚，证据确实、充分，依法不应当判处死刑立即执行，判处重刑也要留有余地。

（四）关于毒品案件的特情引诱和秘密侦查问题

这两个问题都涉及毒品犯罪的具体认定和证明。对此类案件，如根据案件侦破的具体情形、被告人口供及其他证据，综合判断被告人可能系被特情引诱犯罪，或者公安机关是否运用电话监听等秘密侦查手段情况不明，致使影响准确认定案件事实和量刑的，应商公安机关提供详情。必要时，可去公安机关查阅相关材料，以形成内心确信。如公安机关不愿意或者不能提供有关材料，致使法院无法作出准确判断的，判处重刑尤其是死刑时要留有余地。

（五）关于毒品案件的立功问题

《纪要》稿对立功的规定，改变了以往"只要从被告人嘴里说出检举揭发犯罪线索就是立功"的观念和做法。作出这样严格的规定，主要是因为近年来一些国家工作人员、律师和被告人亲属非法"制造"立功的现象较为突出，部分罪行十分严重的犯罪分子逃避了法律的严惩，严重扰乱了监管秩序，违背了刑法规定立功制度的立法宗旨，造成了恶劣的社会影响。因此，对立功的认定必须从严把握。实践中要注意，凡被告人从非法渠道获得立功线索的，一律不认定为立功。"非法来源"的证明责任在司法机关，如没有证据证明立功线索来源非法的，就应当认定为立功。对于有关部门提供的证明被告人立功的书面材料，应当立足于刑法关于立功的规定，以有关材料是否足以证实被告人有立功表现为判断标准。例如，看守所、公安机关、检察机关或者纪检监察机关提供书面材料证明被告人有检举、揭发他人犯罪等表现的，必须同时提供被检举者犯罪的具体情况。对于只出具被告人有立功表现的书面证明，不提供或者不补充具体材料，致使法院无法作出准确判断的，依法不能认定立功。

（六）关于毒品犯罪的既遂与未遂问题

对于实践中出现的极为典型的未遂案件，应按照犯罪未遂来处罚。例如，毒品交易双方约定交易地点后尚未见面，在路途中即被抓获的，对于卖方，仍应按以上原则认定为犯罪既遂，因为他是为卖而买到毒品，或者为卖而通过走私、制造获得了毒品，如其毒品是祖上传下来的，尚未出手即被查获，也可认定为贩卖毒品未遂；对于买方，因其尚未与卖方进行实际交易，应认定为犯罪未遂。

对于制造毒品罪的既遂与未遂，应以被告人是否制造出毒品为判断标准。如已经投入生产，即使制造出的是粗制毒品或者半成品，也是既遂；如只是安装了设备、准备了原料，尚未开工生产的，则是未遂。

总之，在毒品犯罪既遂与未遂的认定上，应当以有利于依法严厉惩罚犯罪为原则。具体判定时如产生争议、把握不准的，应按照从严打击犯罪的要求，认定为既遂。

❿ 最高人民法院《全国部分法院审理毒品犯罪案件工作座谈会纪要》（2008年12月

23日)①

一、毒品案件的罪名确定和数量认定问题

刑法第三百四十七条规定的走私、贩卖、运输、制造毒品罪是选择性罪名,对同一宗毒品实施了两种以上犯罪行为并有相应确凿证据的,应当按照所实施的犯罪行为的性质并列确定罪名,毒品数量不重复计算,不实行数罪并罚。对同一宗毒品可能实施了两种以上犯罪行为,但相应证据只能认定其中一种或者几种行为,认定其他行为的证据不够确实充分的,则只按照依法能够认定的行为的性质定罪。如涉嫌为贩卖而运输毒品,认定贩卖的证据不够确实充分的,则只定运输毒品罪。对不同宗毒品分别实施了不同种犯罪行为的,应对不同行为并列确定罪名,累计毒品数量,不实行数罪并罚。对被告人一人走私、贩卖、运输、制造两种以上毒品的,不实行数罪并罚,量刑时可综合考虑毒品的种类、数量及危害,依法处理。

罪名不以行为实施的先后、毒品数量或者危害大小排列,一律以刑法条文规定的顺序表述。如对同一宗毒品制造后又走私的,以走私、制造毒品罪定罪。下级法院在判决中确定罪名不准确的,上级法院可以减少选择性罪名中的部分罪名或者改动罪名顺序,在不加重原判刑罚的情况下,也可以改变罪名,但不得增加罪名。

对于吸毒者实施的毒品犯罪,在认定犯罪事实和确定罪名时要慎重。吸毒者在购买、运输、存储毒品过程中被查获的,如没有证据证明其是为了实施贩卖等其他毒品犯罪行为,毒品数量未超过刑法第三百四十八条规定的最低数量标准的,一般不定罪处罚;查获毒品数量达到较大以上的,应以其实际实施的毒品犯罪行为定罪处罚。

对于以贩养吸的被告人,其被查获的毒品数量应认定为其犯罪的数量,但量刑时应考虑被告人吸食毒品的情节,酌情处理;被告人购买了一定数量的毒品后,部分已被其吸食的,应当按能够证明的贩卖数量及查获的数量认定其贩毒的数量,已被吸食部分不计入在内。

有证据证明行为人不以牟利为目的,为他人代购仅用于吸食的毒品,毒品数量超过刑法第三百四十八条规定的最低数量标准的,对托购者、代购者应以非法持有毒品罪定罪。代购者从中牟利,变相加价贩卖毒品的,对代购者应以贩卖毒品罪定罪。明知他人实施毒品犯罪而为其居间介绍、代购代卖的,无论是否牟利,都应以相关毒品犯罪的共犯论处。

盗窃、抢夺、抢劫毒品的,应当分别以盗窃罪、抢夺罪或者抢劫罪定罪,但不计犯罪数额,根据情节轻重予以定罪量刑。盗窃、抢夺、抢劫毒品后又实施其他毒品犯罪的,对盗窃罪、抢夺罪、抢劫罪和所犯的具体毒品犯罪分别定罪,依法数罪并罚。走私毒品,又走私其他物品构成犯罪的,以走私毒品罪和其所犯的其他走私罪分别定罪,依法数罪并罚。

二、毒品犯罪的死刑适用问题

审理毒品犯罪案件,应当切实贯彻宽严相济的刑事政策,突出毒品犯罪的打击重点。必须依法严惩毒枭、职业毒贩、再犯、累犯、惯犯、主犯等主观恶性深、人身危险性大、危害严重的毒品犯罪分子,以及具有将毒品走私入境、多次、大量或者向多人贩卖,诱使

---

① 对其解读见:《刑事审判参考》2008年第6辑总第65辑,第71~92页。

多人吸毒、武装掩护、暴力抗拒检查、拘留或者逮捕，或者参与有组织的国际贩毒活动等情节的毒品犯罪分子。对其中罪行极其严重依法应当判处死刑的，必须坚决依法判处死刑。

毒品数量是毒品犯罪案件量刑的重要情节，但不是唯一情节。对被告人量刑时，特别是在考虑是否适用死刑时，应当综合考虑毒品数量、犯罪情节、危害后果、被告人的主观恶性、人身危险性以及当地禁毒形势等各种因素，做到区别对待。近期，审理毒品犯罪案件掌握的死刑数量标准，应当结合本地毒品犯罪的实际情况和依法惩治、预防毒品犯罪的需要，并参照最高人民法院复核的毒品死刑案件的典型案例，恰当把握。量刑既不能只片面考虑毒品数量，不考虑犯罪的其他情节，也不能只片面考虑其他情节，而忽视毒品数量。

对虽然已达到实际掌握的判处死刑的毒品数量标准，但是具有法定、酌定从宽处罚情节的被告人，可以不判处死刑；反之，对毒品数量接近实际掌握的判处死刑的数量标准，但具有从重处罚情节的被告人，也可以判处死刑。毒品数量达到实际掌握的死刑数量标准，既有从重处罚情节，又有从宽处罚情节的，应当综合考虑各方面因素决定刑罚，判处死刑立即执行应当慎重。

具有下列情形之一的，可以判处被告人死刑：

（1）具有毒品犯罪集团首要分子、武装掩护毒品犯罪、暴力抗拒检查、拘留或者逮捕、参与有组织的国际贩毒活动等严重情节的；

（2）毒品数量达到实际掌握的死刑数量标准，并具有毒品再犯、累犯，利用、教唆未成年人走私、贩卖、运输、制造毒品，或者向未成年人出售毒品等法定从重处罚情节的；

（3）毒品数量达到实际掌握的死刑数量标准，并具有多次走私、贩卖、运输、制造毒品，向多人贩毒，在毒品犯罪中诱使、容留多人吸毒，在戒毒监管场所贩毒，国家工作人员利用职务便利实施毒品犯罪，或者职业犯、惯犯、主犯等情节的；

（4）毒品数量达到实际掌握的死刑数量标准，并具有其他从重处罚情节的；

（5）毒品数量超过实际掌握的死刑数量标准，且没有法定、酌定从轻处罚情节的。

毒品数量达到实际掌握的死刑数量标准，具有下列情形之一的，可以不判处被告人死刑立即执行：

（1）具有自首、立功等法定从宽处罚情节的；

（2）已查获的毒品数量未达到实际掌握的死刑数量标准，到案后坦白尚未被司法机关掌握的其他毒品犯罪，累计数量超过实际掌握的死刑数量标准的；

（3）经鉴定毒品含量极低，掺假之后的数量才达到实际掌握的死刑数量标准的，或者有证据表明可能大量掺假但因故不能鉴定的；

（4）因特情引诱毒品数量才达到实际掌握的死刑数量标准的；

（5）以贩养吸的被告人，被查获的毒品数量刚达到实际掌握的死刑数量标准的；

（6）毒品数量刚达到实际掌握的死刑数量标准，确属初次犯罪即被查获，未造成严重危害后果的；

（7）共同犯罪毒品数量刚达到实际掌握的死刑数量标准，但各共同犯罪人作用相当，或者责任大小难以区分的；

（8）家庭成员共同实施毒品犯罪，其中起主要作用的被告人已被判处死刑立即执行，其他被告人罪行相对较轻的；

（9）其他不是必须判处死刑立即执行的。

有些毒品犯罪案件，往往由于毒品、毒资等证据已不存在，导致审查证据和认定事实困难。在处理这类案件时，只有被告人的口供与同案其他被告人供述吻合，并且完全排除诱供、逼供、串供等情形，被告人的口供与同案被告人的供述才可以作为定案的证据。仅有被告人口供与同案被告人供述作为定案证据的，对被告人判处死刑立即执行要特别慎重。

三、运输毒品罪的刑罚适用问题

对于运输毒品犯罪，要注意重点打击指使、雇用他人运输毒品的犯罪分子和接应、接货的毒品所有者、买家或者卖家。对于运输毒品犯罪集团首要分子，组织、指使、雇用他人运输毒品的主犯或者毒枭、职业毒犯、毒品再犯，以及具有武装掩护、暴力抗拒检查、拘留或者逮捕、参与有组织的国际毒品犯罪、以运输毒品为业、多次运输毒品或者其他严重情节的，应当按照刑法、有关司法解释和司法实践实际掌握的数量标准，从严惩处，依法应判处死刑的必须坚决判处死刑。

毒品犯罪中，单纯的运输毒品行为具有从属性、辅助性特点，且情况复杂多样。部分涉案人员系受指使、雇佣的贫民、边民或者无业人员，只是为了赚取少量运费而为他人运输毒品，他们不是毒品的所有者、买家或者卖家，与幕后的组织、指使、雇佣者相比，在整个毒品犯罪环节中处于从属、辅助和被支配地位，所起作用和主观恶性相对较小，社会危害性也相对较小。因此，对于运输毒品犯罪中的这部分人员，在量刑标准的把握上，应当与走私、贩卖、制造毒品和前述具有严重情节的运输毒品犯罪分子有所区别，不应单纯以涉案毒品数量的大小决定刑罚适用的轻重。

对有证据证明被告人确属受人指使、雇用参与运输毒品犯罪，又系初犯、偶犯的，可以从轻处罚，即使毒品数量超过实际掌握的死刑数量标准，也可以不判处死刑立即执行。

毒品数量超过实际掌握的死刑数量标准，不能证明被告人系受人指使、雇用参与运输毒品犯罪的，可以依法判处重刑直至死刑。

涉嫌为贩卖而自行运输毒品，由于认定贩卖毒品的证据不足，因而认定为运输毒品罪的，不同于单纯的受指使为他人运输毒品行为，其量刑标准应当与单纯的运输毒品行为有所区别。

四、制造毒品的认定与处罚问题

鉴于毒品犯罪分子制造毒品的手段复杂多样、不断翻新，采用物理方法加工、配制毒品的情况大量出现，有必要进一步准确界定制造毒品的行为、方法。制造毒品不仅包括非法用毒品原植物直接提炼和用化学方法加工、配制毒品的行为，也包括以改变毒品成分和效用为目的，用混合等物理方法加工、配制毒品的行为，如将甲基苯丙胺或者其他苯丙胺类毒品与其他毒品混合成麻古或者摇头丸。为便于隐蔽运输、销售、使用、欺骗购买者，或者为了增重，对毒品掺杂使假，添加或者去除其他非毒品物质，不属于制造毒品的行为。

已经制成毒品，达到实际掌握的死刑数量标准的，可以判处死刑；数量特别巨大的，应当判处死刑。已经制造出粗制毒品或者半成品的，以制造毒品罪的既遂论处。购进制造毒品的设备和原材料，开始着手制造毒品，但尚未制造出粗制毒品或者半成品的，以制造毒品罪的未遂论处。

五、毒品含量鉴定和混合型、新类型毒品案件处理问题

鉴于大量掺假毒品和成分复杂的新类型毒品不断出现，为做到罪刑相当、罚当其罪，保证毒品案件的审判质量，并考虑目前毒品鉴定的条件和现状，对可能判处被告人死刑的毒品犯罪案件，应当根据最高人民法院、最高人民检察院、公安部2007年12月颁布的《办理毒品犯罪案件适用法律若干问题的意见》，作出毒品含量鉴定；对涉案毒品可能大量掺假或者系成分复杂的新类型毒品的，亦应当作出毒品含量鉴定。

对于含有二种以上毒品成分的毒品混合物，应进一步作成分鉴定，确定所含的不同毒品成分及比例。对于毒品中含有海洛因、甲基苯丙胺的，应以海洛因、甲基苯丙胺分别确定其毒品种类；不含海洛因、甲基苯丙胺的，应以其中毒性较大的毒品成分确定其毒品种类；如果毒性相当或者难以确定毒性大小的，以其中比例较大的毒品成分确定其毒品种类，并在量刑时综合考虑其他毒品成分、含量和全案所涉毒品数量。对于刑法、司法解释等已规定了量刑数量标准的毒品，按照刑法、司法解释等规定适用刑罚；对于刑法、司法解释等没有规定量刑数量标准的毒品，有条件折算为海洛因的，参照国家食品药品监督管理局制定的《非法药物折算表》，折算成海洛因的数量后适用刑罚。

对于国家管制的精神药品和麻醉药品，刑法、司法解释等尚未明确规定量刑数量标准，也不具备折算条件的，应由有关专业部门确定涉案毒品毒效的大小、有毒成分的多少、吸毒者对该毒品的依赖程度，综合考虑其致瘾癖性、戒断性、社会危害性等依法量刑。因条件限制不能确定的，可以参考涉案毒品非法交易的价格因素等，决定对被告人适用的刑罚，但一般不宜判处死刑立即执行。

六、特情介入案件的处理问题

运用特情侦破毒品案件，是依法打击毒品犯罪的有效手段。对特情介入侦破的毒品案件，要区别不同情形予以分别处理。

对已持有毒品待售或者有证据证明已准备实施大宗毒品犯罪者，采取特情贴靠、接洽而破获的案件，不存在犯罪引诱，应当依法处理。

行为人本没有实施毒品犯罪的主观意图，而是在特情诱惑和促成下形成犯意，进而实施毒品犯罪的，属于"犯意引诱"。对因"犯意引诱"实施毒品犯罪的被告人，根据罪刑相适应原则，应当依法从轻处罚，无论涉案毒品数量多大，都不应判处死刑立即执行。行为人在特情既为其安排上线，又提供下线的双重引诱，即"双套引诱"下实施毒品犯罪的，处刑时可予以更大幅度的从宽处罚或者依法免予刑事处罚。

行为人本来只有实施数量较小的毒品犯罪的故意，在特情引诱下实施了数量较大甚至达到实际掌握的死刑数量标准的毒品犯罪的，属于"数量引诱"。对因"数量引诱"实施毒品犯罪的被告人，应当依法从轻处罚，即使毒品数量超过实际掌握的死刑数量标准，一般也不判处死刑立即执行。

对不能排除"犯意引诱"和"数量引诱"的案件，在考虑是否对被告人判处死刑立即执行时，要留有余地。

对被告人受特情间接引诱实施毒品犯罪的，参照上述原则依法处理。

七、毒品案件的立功问题

共同犯罪中同案犯的基本情况，包括同案犯姓名、住址、体貌特征、联络方式等信息，属于被告人应当供述的范围。公安机关根据被告人供述抓获同案犯的，不应认定其有立功表现。被告人在公安机关抓获同案犯过程中确实起到协助作用的，例如，经被告人现场指认、辨认抓获了同案犯；被告人带领公安人员抓获了同案犯；被告人提供了不为有关机关掌握或者有关机关按照正常工作程序无法掌握的同案犯藏匿的线索，有关机关据此抓获了同案犯；被告人交代了与同案犯的联系方式，又按要求与对方联络，积极协助公安机关抓获了同案犯等，属于协助司法机关抓获同案犯，应认定为立功。

关于立功从宽处罚的把握，应以功是否足以抵罪为标准。在毒品共同犯罪案件中，毒枭、毒品犯罪集团首要分子、共同犯罪的主犯、职业毒犯、毒品惯犯等，由于掌握同案犯、从犯、马仔的犯罪情况和个人信息，被抓获后往往能协助抓捕同案犯，获得立功或者重大立功。对其是否从宽处罚以及从宽幅度的大小，应当主要看功是否足以抵罪，即应结合被告人罪行的严重程度、立功大小综合考虑。要充分注意毒品共同犯罪人以及上、下家之间的量刑平衡。对于毒枭等严重毒品犯罪分子立功的，从轻或者减轻处罚应当从严掌握。如果其罪行极其严重，只有一般立功表现，功不足以抵罪的，可不予从轻处罚；如果其检举、揭发的是其他犯罪案件中罪行同样严重的犯罪分子，或者协助抓获的是同案中的其他首要分子、主犯，功足以抵罪的，原则上可以从轻或者减轻处罚；如果协助抓获的只是同案中的从犯或者马仔，功不足以抵罪，或者从轻处罚后全案处刑明显失衡的，不予从轻处罚。相反，对于从犯、马仔立功，特别是协助抓获毒枭、首要分子、主犯的，应当从轻处罚，直至依法减轻或者免除处罚。

被告人亲属为了使被告人得到从轻处罚，检举、揭发他人犯罪或者协助司法机关抓捕其他犯罪人的，不能视为被告人立功。同监犯将本人或者他人尚未被司法机关掌握的犯罪事实告知被告人，由被告人检举揭发的，如经查证属实，虽可认定被告人立功，但是否从宽处罚、从宽幅度大小，应与通常的立功有所区别。通过非法手段或者非法途径获取他人犯罪信息，如从国家工作人员处购买他人犯罪信息，通过律师、看守人员等非法途径获取他人犯罪信息，由被告人检举揭发的，不能认定为立功，也不能作为酌情从轻处罚情节。

八、毒品再犯问题

根据刑法第三百五十六条规定，只要因走私、贩卖、运输、制造、非法持有毒品罪被判过刑，不论是在刑罚执行完毕后，还是在缓刑、假释或者暂予监外执行期间，又犯刑法分则第六章第七节规定的犯罪的，都是毒品再犯，应当从重处罚。

因走私、贩卖、运输、制造、非法持有毒品罪被判刑的犯罪分子，在缓刑、假释或者暂予监外执行期间又犯刑法分则第六章第七节规定的犯罪的，应当在对其所犯新的毒品犯罪适用刑法第三百五十六条从重处罚的规定确定刑罚后，再依法数罪并罚。

对同时构成累犯和毒品再犯的被告人，应当同时引用刑法关于累犯和毒品再犯的条款从重处罚。

九、毒品案件的共同犯罪问题

毒品犯罪中，部分共同犯罪人未到案，如现有证据能够认定已到案被告人为共同犯罪，或者能够认定为主犯或者从犯的,应当依法认定。没有实施毒品犯罪的共同故意,仅在客观上为相互关联的毒品犯罪上下家,不构成共同犯罪,但为了诉讼便利可并案审理。审理毒品共同犯罪案件应当注意以下几个方面的问题:

一是要正确区分主犯和从犯。区分主犯和从犯,应当以各共同犯罪人在毒品共同犯罪中的地位和作用为根据。要从犯意提起、具体行为分工、出资和实际分得毒赃多少以及共犯之间相互关系等方面,比较各个共同犯罪人在共同犯罪中的地位和作用。在毒品共同犯罪中,为主出资者、毒品所有者或者起意、策划、纠集、组织、雇用、指使他人参与犯罪以及其他起主要作用的是主犯;起次要或者辅助作用的是从犯。受雇用、受指使实施毒品犯罪的,应根据其在犯罪中实际发挥的作用具体认定为主犯或者从犯。对于确有证据证明在共同犯罪中起次要或者辅助作用的,不能因为其他共同犯罪人未到案而不认定为从犯,甚至将其认定为主犯或者按主犯处罚。只要认定为从犯,无论主犯是否到案,均应依照刑法关于从犯的规定从轻、减轻或者免除处罚。

二是要正确认定共同犯罪案件中主犯和从犯的毒品犯罪数量。对于毒品犯罪集团的首要分子,应按集团毒品犯罪的总数量处罚;对一般共同犯罪的主犯,应按其所参与的或者组织、指挥的毒品犯罪数量处罚;对于从犯,应当按照其所参与的毒品犯罪的数量处罚。

三是要根据行为人在共同犯罪中的作用和罪责大小确定刑罚。不同案件不能简单类比,一个案件的从犯参与犯罪的毒品数量可能比另一案件的主犯参与犯罪的毒品数量大,但对这一案件从犯的处罚不是必然重于另一案件的主犯。共同犯罪中能分清主从犯的,不能因为涉案的毒品数量特别巨大,就不分主从犯而一律将被告人认定为主犯或者实际上都按主犯处罚,一律判处重刑甚至死刑。对于共同犯罪中有多个主犯或者共同犯罪人的,处罚上也应做到区别对待。应当全面考察各主犯或者共同犯罪人在共同犯罪中实际发挥作用的差别,主观恶性和人身危险性方面的差异,对罪责或者人身危险性更大的主犯或者共同犯罪人依法判处更重的刑罚。

十、主观明知的认定问题

毒品犯罪中,判断被告人对涉案毒品是否明知,不能仅凭被告人供述,而应当依据被告人实施毒品犯罪行为的过程、方式、毒品被查获时的情形等证据,结合被告人的年龄、阅历、智力等情况,进行综合分析判断。

具有下列情形之一,被告人不能做出合理解释的,可以认定其"明知"是毒品,但有证据证明确属被蒙骗的除外:

(1)执法人员在口岸、机场、车站、港口和其他检查站点检查时,要求行为人申报为他人携带的物品和其他疑似毒品物,并告知其法律责任,而行为人未如实申报,在其携带的物品中查获毒品的;

(2)以伪报、藏匿、伪装等蒙蔽手段,逃避海关、边防等检查,在其携带、运输、邮寄的物品中查获毒品的;

(3)执法人员检查时,有逃跑、丢弃携带物品或者逃避、抗拒检查等行为,在其携带或者丢弃的物品中查获毒品的;

(4)体内或者贴身隐秘处藏匿毒品的;

(5) 为获取不同寻常的高额、不等值报酬为他人携带、运输物品,从中查获毒品的;
(6) 采用高度隐蔽的方式携带、运输物品,从中查获毒品的;
(7) 采用高度隐蔽的方式交接物品,明显违背合法物品惯常交接方式,从中查获毒品的;
(8) 行程路线故意绕开检查站点,在其携带、运输的物品中查获毒品的;
(9) 以虚假身份或者地址办理托运手续,在其托运的物品中查获毒品的;
(10) 有其他证据足以认定行为人应当知道的。

十一、毒品案件的管辖问题

毒品犯罪的地域管辖,应当依照刑事诉讼法的有关规定,实行以犯罪地管辖为主、被告人居住地管辖为辅的原则。考虑到毒品犯罪的特殊性和毒品犯罪侦查体制,"犯罪地"不仅可以包括犯罪预谋地、毒资筹集地、交易进行地、运输途经地以及毒品生产地,也包括毒资、毒赃和毒品藏匿地、转移地、走私或者贩运毒品目的地等。"被告人居住地",不仅包括被告人常住地和户籍所在地,也包括其临时居住地。

对于已进入审判程序的案件,被告人及其辩护人提出管辖异议,经审查异议成立的,或者受案法院发现没有管辖权,而案件由本院管辖更适宜的,受案法院应当报请与有管辖权的法院共同的上级法院依法指定本院管辖。

十二、特定人员参与毒品犯罪问题

近年来,一些毒品犯罪分子为了逃避打击,雇用孕妇、哺乳期妇女、急性传染病人、残疾人或者未成年人等特定人员进行毒品犯罪活动,成为影响我国禁毒工作成效的突出问题。对利用、教唆特定人员进行毒品犯罪活动的组织、策划、指挥和教唆者,要依法严厉打击,该判处重刑直至死刑的,坚决依法判处重刑直至死刑。对于被利用、被诱骗参与毒品犯罪的特定人员,可以从宽处理。

要积极与检察机关、公安机关沟通协调,妥善解决涉及特定人员的案件管辖、强制措施、刑罚执行等问题。对因特殊情况依法不予羁押的,可以依法采取取保候审、监视居住等强制措施,并根据被告人具体情况和案情变化及时变更强制措施;对于被判处有期徒刑或者拘役的罪犯,符合刑事诉讼法第二百一十四条规定情形的,可以暂予监外执行。

十三、毒品案件财产刑的适用和执行问题

刑法对毒品犯罪规定了并处罚金或者没收财产刑,司法实践中应当依法充分适用。不仅要依法追缴被告人的违法所得及其收益,还要严格依法判处被告人罚金刑或者没收财产刑,不能因为被告人没有财产,或者其财产难以查清、难以分割或者难以执行,就不依法判处财产刑。

要采取有力措施,加大财产刑执行力度。要加强与公安机关、检察机关的协作,对毒品犯罪分子来源不明的巨额财产,依法及时采取查封、扣押、冻结等措施,防止犯罪分子及其亲属转移、隐匿、变卖或者洗钱,逃避依法追缴。要加强不同地区法院之间的相互协作配合。毒品犯罪分子的财产在异地的,第一审人民法院可以委托财产所在地人民法院代为执行。要落实和运用有关国际禁毒公约规定,充分利用国际刑警组织等渠道,最大限度地做好境外追赃工作。

11 最高人民法院、最高人民检察院、公安部《办理毒品犯罪案件适用法律若干问题的意见》（2007年11月8日）①

一、关于毒品犯罪案件的管辖问题

根据刑事诉讼法的规定，毒品犯罪案件的地域管辖，应当坚持以犯罪地管辖为主、被告人居住地管辖为辅的原则。

"犯罪地"包括犯罪预谋地，毒资筹集地，交易进行地，毒品生产地，毒资、毒赃和毒品的藏匿地、转移地，走私或者贩运毒品的目的地以及犯罪嫌疑人被抓获地等。

"被告人居住地"包括被告人常住地、户籍地及其临时居住地。

对怀孕、哺乳期妇女走私、贩卖、运输毒品案件，查获地公安机关认为移交其居住地管辖更有利于采取强制措施和查清犯罪事实的，可以报请共同的上级公安机关批准，移送犯罪嫌疑人居住地公安机关办理，查获地公安机关应继续配合。

公安机关对侦办跨区域毒品犯罪案件的管辖权有争议的，应本着有利于查清犯罪事实，有利于诉讼，有利于保障案件侦查安全的原则，认真协商解决。经协商无法达成一致的，报共同的上级公安机关指定管辖。对即将侦查终结的跨省（自治区、直辖市）重大毒品案件，必要时可由公安部商最高人民法院和最高人民检察院指定管辖。

为保证及时结案，避免超期羁押，人民检察院对于公安机关移送审查起诉的案件，人民法院对于已进入审判程序的案件，被告人及其辩护人提出管辖异议或者办案单位发现没有管辖权的，受案人民检察院、人民法院经审查可以依法报请上级人民检察院、人民法院指定管辖，不再自行移送有管辖权的人民检察院、人民法院。

二、关于毒品犯罪嫌疑人、被告人主观明知的认定问题

走私、贩卖、运输、非法持有毒品主观故意中的"明知"，是指行为人知道或者应当知道所实施的行为是走私、贩卖、运输、非法持有毒品行为。具有下列情形之一，并且犯罪嫌疑人、被告人不能作出合理解释的，可以认定其"应当知道"，但有证据证明确属被蒙骗的除外：

（一）执法人员在口岸、机场、车站、港口和其他检查站检查时，要求行为人申报为他人携带的物品和其他疑似毒品物，并告知其法律责任，而行为人未如实申报，在其所携带的物品内查获毒品的；

（二）以伪报、藏匿、伪装等蒙蔽手段逃避海关、边防等检查，在其携带、运输、邮寄的物品中查获毒品的；

（三）执法人员检查时，有逃跑、丢弃携带物品或逃避、抗拒检查等行为，在其携带或丢弃的物品中查获毒品的；

（四）体内藏匿毒品的；

（五）为获取不同寻常的高额或不等值的报酬而携带、运输毒品的；

（六）采用高度隐蔽的方式携带、运输毒品的；

（七）采用高度隐蔽的方式交接毒品，明显违背合法物品惯常交接方式的；

---

① 对其解读见：《刑事审判参考》2008年第2辑总第61辑，第62~71页。

（八）其他有证据足以证明行为人应当知道的。

三、关于办理氯胺酮等毒品案件定罪量刑标准问题

（一）走私、贩卖、运输、制造、非法持有下列毒品，应当认定为刑法第三百四十七条第二款第（一）项、第三百四十八条规定的"其他毒品数量大"：

1. 二亚甲基双氧安非他明（MDMA）等苯丙胺类毒品（甲基苯丙胺除外）100克以上；

2. 氯胺酮、美沙酮1千克以上；

3. 三唑仑、安眠酮50千克以上；

4. 氯氮卓、艾司唑仑、地西泮、溴西泮500千克以上；

5. 上述毒品以外的其他毒品数量大的。

（二）走私、贩卖、运输、制造、非法持有下列毒品，应当认定为刑法第三百四十七条第三款、第三百四十八条规定的"其他毒品数量较大"：

1. 二亚甲基双氧安非他明（MDMA）等苯丙胺类毒品（甲基苯丙胺除外）20克以上不满100克的；

2. 氯胺酮、美沙酮200克以上不满1千克的；

3. 三唑仑、安眠酮10千克以上不满50千克的；

4. 氯氮卓、艾司唑仑、地西泮、溴西泮100千克以上不满500千克的；

5. 上述毒品以外的其他毒品数量较大的。

（三）走私、贩卖、运输、制造下列毒品，应当认定为刑法第三百四十七条第四款规定的"其他少量毒品"：

1. 二亚甲基双氧安非他明（MDMA）等苯丙胺类毒品（甲基苯丙胺除外）不满20克的；

2. 氯胺酮、美沙酮不满200克的；

3. 三唑仑、安眠酮不满10千克的；

4. 氯氮卓、艾司唑仑、地西泮、溴西泮不满100千克的；

5. 上述毒品以外的其他少量毒品的。

（四）上述毒品品种包括其盐和制剂。毒品鉴定意见中毒品品名的认定应当以国家食品药品监督管理局、公安部、卫生部最新发布的《麻醉药品品种目录》、《精神药品品种目录》为依据。

四、关于死刑案件的毒品含量鉴定问题

可能判处死刑的毒品犯罪案件，毒品鉴定意见中应有含量鉴定的意见。

12 最高人民法院《关于审理走私刑事案件具体应用法律若干问题的解释（二）》（2006年11月16日 法释〔2006〕9号）（节录）①

第五条 对在走私的普通货物、物品或者废物中藏匿刑法第一百五十一条、第一百五十二条、第三百四十七条、第三百五十条规定的货物、物品，构成犯罪的，以实际走私的

---

① 对其解读见：《刑事审判参考》2006年第6辑总第53辑，第71~77页。

货物、物品定罪处罚；构成数罪的，实施数罪并罚。

⑬ 最高人民法院、最高人民检察院、海关总署《关于办理走私刑事案件适用法律若干问题的意见》（2002年7月8日 法〔2002〕139号）（节录）①

六、关于行为人对其走私的具体对象不明确的案件的处理问题

走私犯罪嫌疑人主观上具有走私犯罪故意，但对其走私的具体对象不明确的，不影响走私犯罪构成，应当根据实际的走私对象定罪处罚。但是，确有证据证明行为人因受蒙骗而对走私对象发生认识错误的，可以从轻处罚。

⑭ 公安部《关于认定海洛因有关问题的批复》（2002年6月28日 公禁毒〔2002〕236号）②

只要检出"单乙酰吗啡"或"单乙酰吗啡和单乙酰可待因"，均应当认定为海洛因。只要尿检出"单乙酰吗啡"，即证明涉嫌人员服用了海洛因。

⑮ 最高人民法院研究室《关于氯胺酮能否认定为毒品问题的答复》，载《刑事审判参考》2003年第1辑总第30辑，第147页。（2002年6月28日）

⑯ 最高人民法院《关于审理走私刑事案件具体应用法律若干问题的解释》（2000年10月8日 法释〔2000〕30号）（节录）③

第八条（第二款） 直接向走私人非法收购国家禁止进口物品的，或者在内海、领海运输、收购、贩卖国家禁止进出口物品的，应当按照走私物品的种类，分别适用刑法第一百五十一条、第一百五十二条、第三百四十七条的规定定罪处罚。

⑰ 最高人民法院《关于审理毒品案件定罪量刑标准有关问题的解释》（2000年6月10日 法释〔2000〕13号）④

第一条 走私、贩卖、运输、制造、非法持有下列毒品，应当认定为刑法第三百四十七条第二款第（一）项、第三百四十八条规定的"其他毒品数量大"：

（一）苯丙胺类毒品（甲基苯丙胺除外）一百克以上；

（二）大麻油五千克、大麻脂十千克、大麻叶及大麻烟一百五十千克以上；

（三）可卡因五十克以上；

（四）吗啡一百克以上；

（五）度冷丁（杜冷丁）二百五十克以上（针剂100mg/支规格的二千五百支以上，50mg/支规格的五千支以上；片剂25mg/片规格的一万片以上，50mg/片规格的五千片以上）；

（六）盐酸二氢埃托啡十毫克以上（针剂或者片剂20μg/支、片规格的五百支、片以

---

① 对其解读见：《刑事审判参考》2002年第4辑总第27辑，第149~170、185~203页。
② 《刑事审判参考》2002年第5辑总第28辑，第154~155页。
③ 对其解读见：《刑事审判参考》2000年第6辑总第11辑，第59、103页以及《解读最高人民法院司法解释·刑事、行政卷（1997~2002）》第139~154页。
④ 对其解读见：《刑事审判参考》2000年第4辑总第9辑，第68~96页以及《解读最高人民法院司法解释·刑事、行政卷（1997~2002）》，第249~255页。

上);

(七) 咖啡因二百千克以上;

(八) 罂粟壳二百千克以上;

(九) 上述毒品以外的其他毒品数量大的。

第二条 走私、贩卖、运输、制造、非法持有下列毒品,应当认定为刑法第三百四十七条第三款、第三百四十八条规定的"其他毒品数量较大":

(一) 苯丙胺类毒品(甲基苯丙胺除外)二十克以上不满一百克;

(二) 大麻油一千克以上不满五千克,大麻脂二千克以上不满十千克,大麻叶及大麻烟三十千克以上不满一百五十千克;

(三) 可卡因十克以上不满五十克;

(四) 吗啡二十克以上不满一百克;

(五) 度冷丁(杜冷丁)五十克以上不满二百五十克(针剂100mg/支规格的五百支以上不满二千五百支,50mg/支规格的一千支以上不满五千支;片剂25mg/片规格的二千片以上不满一万片,50mg/片规格的一千片以上不满五千片);

(六) 盐酸二氢埃托啡二毫克以上不满十毫克(针剂或者片剂20μg/支、片规格的一百支、片以上不满五百支、片);

(七) 咖啡因五十千克以上不满二百千克;

(八) 罂粟壳五十千克以上不满二百千克;

(九) 上述毒品以外的其他毒品数量较大的。

第三条 具有下列情形之一的,可以认定为刑法第三百四十七条第四款规定的"情节严重":

(一) 走私、贩卖、运输、制造鸦片一百四十克以上不满二百克、海洛因或者甲基苯丙胺七克以上不满十克或者其他数量相当毒品的;

(二) 国家工作人员走私、制造、运输、贩卖毒品;

(三) 在戒毒监管场所贩卖毒品的;

(四) 向多人贩毒或者多次贩毒的;

(五) 其他情节严重的行为。

第四条 违反国家规定,非法运输、携带进出境或在境内非法买卖醋酸酐、乙醚、三氯甲烷或者其他用于制造毒品的原料或者配剂达到下列数量标准的,依照刑法第三百五十条第一款的规定定罪处罚:

(一) 麻黄碱、伪麻黄碱及其盐类和单方制剂五千克以上不满五十千克;麻黄浸膏、麻黄浸膏粉一百千克以上不满一千千克;

(二) 醋酸酐、三氯甲烷二百千克以上不满二千千克;

(三) 乙醚四百千克以上不满三千千克;

(四) 上述原料或者配剂以外其他相当数量的用于制造毒品的原料或者配剂。

违反国家规定,非法运输、携带进出境或者在境内非法买卖用于制造毒品的原料或者配剂,超过前款所列数量标准的,应当认定为刑法第三百五十条第一款规定的"数量大"。

第五条 非法种植大麻五千株以上不满三万株，应当认定为刑法第三百五十一条第一款第（一）项规定的非法种植大麻"数量较大"；非法种植大麻三万株以上，应当认定为刑法第三百五十一条第二款规定的非法种植大麻"数量大"。

[18] 最高人民法院《全国法院审理毒品犯罪案件工作座谈会纪要》（2000 年 4 月 4 日 法〔2000〕42 号）①

[19] 最高人民检察院《关于盐酸二氢埃托啡是否属毒品及适用法律问题的批复》（1996 年 11 月 28 日　最检发研字〔1996〕6 号）（节录）②

经研究，并征求有关部门的意见，批复如下：

一、根据国务院发布的《麻醉药品管理办法》第三条的规定，盐酸二氢埃托啡是国务院主管部门规定管制的能够使人形成瘾癖的麻醉药品，属《关于禁毒的决定》规定的"其他毒品"的范围。

二、检察机关审查公安机关提请批捕、移送起诉的非法走私、贩卖、制造盐酸二氢埃托啡的案件，不论数量大小，依照《关于禁毒的决定》第二条的规定作出批准逮捕和提起公诉的决定；对于医院、药店等单位的工作人员违反国家规定，向吸毒人员提供盐酸二氢埃托啡的案件，依照《关于禁毒的决定》第十条的规定办理，并作出批准逮捕和提起公诉的决定；对非法持有盐酸二氢埃托啡的案件，依照《关于禁毒的决定》第三条的规定办理，并作出批准逮捕和提起公诉的决定。

[20] 最高人民法院《关于办理毒品刑事案件适用法律几个问题的答复》（1995 年 11 月 8 日　法函〔1995〕140 号）

经研究，答复如下：一、对被告人一人走私、贩卖、运输、制造或者非法持有两种以上毒品并已构成犯罪的，不应实行数罪并罚，可综合考虑毒品的种类、数量及危害，依法处理。

二、对被告人购买了一定数量的毒品，但只查明其贩卖了其中一部分，其余部分已由被告人吸食的，应当按已查明的销售数额确定其贩毒的数量。

[21] 公安部《关于对用于毒品犯罪的他人财物是否应予没收的批复》（1992 年 8 月 4 日）

经商最高人民检察院和最高人民法院，现批复如下：为了严厉惩处毒品犯罪，对供毒品犯罪使用的财物，应当按照全国人大常委会《关于禁毒的决定》第十二条规定的原则执行，在处理具体案件时要区别对待：对查获的供毒品犯罪使用的财物，可以作为证据暂予扣押。经查明后，属于犯罪分子本人所有的财物，应当一律没收；不属于犯罪分子本人所有，但在财物所有者明知或者借以从中渔利的情况下，供毒品犯罪人使用的财物，也应当没收；行为人盗用他人财物或者违背财物所有者的意愿而利用其财物进行毒品犯罪的，对这类财物不应没收。

---

① 对其解读见：《刑事审判参考》2000 年第 3 辑总第 8 辑，第 71~77 页，载《刑事审判参考》2001 年第 1 辑总第 12 辑，第 66~74 页。

② 对其解读见：《解读最高人民检察院司法解释》，第 377~379 页。

在张聚安等人贩毒案中，用于贩毒的公车是被犯罪分子偷开的，其单位并不知情，因此，不宜作没收处理，应当按规定发还原所有的单位。

㉒ 最高人民检察院《关于向他人出卖父辈、祖辈遗留下来的鸦片以及其他毒品如何适用法律的批复》（1988年8月20日　高检研发字〔1998〕第8号）

经研究，现作如下答复：向他人出卖父辈、祖辈遗留下来的鸦片以及其他毒品，构成犯罪的，可直接适用刑法第一百七十一条的规定以贩卖毒品罪论处，帮助出卖的中介人，应以共犯论处。鉴于向他人出卖父辈、祖辈遗留下来的毒品，不同于又买又卖的贩毒行为，可酌情从轻处理。

㉓ 上海、北京、广东、湖北、江苏高级人民法院《〈人民法院量刑指导意见（试行）〉实施细则（试行）》（2010年10月1日）

㉔ 福建省高级人民法院《〈人民法院量刑指导意见（试行）〉实施细则（试行）》（2010年9月30日　闽高法发〔2010〕21号）（节录）

四、常见罪名的量刑（十五）走私、贩卖、运输、制造毒品罪

1. 构成走私、贩卖、运输、制造毒品罪的，根据下列不同情形在相应的幅度内确定量刑起点：

（1）具有下列情形之一的，量刑起点为十五年有期徒刑：走私、贩卖、运输、制造鸦片1000克以上，海洛因、甲基苯丙胺50克以上或者其他毒品数量大的；走私、贩卖、运输、制造毒品集团的首要分子；武装掩护走私、贩卖、运输、制造毒品的；以暴力抗拒检查、拘留、逮捕，情节严重的；参与有组织的国际贩卖活动的。依法应当判处无期徒刑以上刑罚的除外。

（2）走私、贩卖、运输、制造鸦片200克以上不满1000克，海洛因、甲基苯丙胺10克以上不满50克或者其他毒品数量较大的，量刑起点为七年至七年六个月有期徒刑。

（3）走私、贩卖、运输、制造鸦片不满200克，海洛因、甲基苯丙胺不满10克或者其他少量毒品的，量刑起点为三个月拘役至六个月有期徒刑；情节严重的，量刑起点为三年至三年六个月有期徒刑。

2. 在量刑起点的基础上，根据毒品数量、次数、人次及毒品犯罪行为等犯罪事实增加刑罚量，确定基准刑。

（1）海洛因、甲基苯丙胺10克以上不满50克的，每增加1克，可以增加二个月的刑期；7克以上不满10克的，每增加1克，可以增加一年的刑期；2克以上不满7克的，每增加1克，可以增加五个月的刑期。

（2）鸦片200克以上不满1000克的，每增加20克，可以增加二个月的刑期；140克以上不满200克的，每增加20克，可以增加一年的刑期；40克以上不满140克的，每增加20克，可以增加五个月的刑期。

（3）每增加走私、贩卖、运输、制造毒品的犯罪行为之一的，可以增加三个月至一年的刑期。

（4）法定刑为三年以上七年以下有期徒刑的，每增加一种《最高人民法院关于审理毒品案件定罪量刑标准有关问题的解释》第三条规定的情形的，可以增加三个月至六个月的

刑期。因向多人贩毒或多次贩毒而构成贩卖毒品"情节严重"的,每再增加一次或者一人,可以增加一个月至三个月的刑期。

3. 走私、贩卖、运输、制造鸦片、海洛因和甲基苯丙胺以外的其他毒品量刑起点和基准刑的数量标准,按照《最高人民法院关于审理毒品定罪量刑标准有关问题的解释》和《最高人民法院、最高人民检察院、公安部〈办理毒品犯罪案件适用法律若干问题的意〉》的相关规定换算确定。

4. 有下列情节之一的,可以增加基准刑的30%以下:
(1) 毒品再犯,同时构成累犯的,适用累犯的有关规定;
(2) 组织、利用、教唆未成年人、孕妇、哺乳期妇女、患有严重疾病的人、聋哑人、盲人等特殊人群走私、贩卖、运输、制造毒品,或者向未成年人出售毒品的;
(3) 含有多种毒品成分的;
(4) 多次实施毒品犯罪的,贩卖毒品"情节严重"的除外。

5. 有下列情节之一的,可以减少基准刑的30%以下:
(1) 受雇运输毒品的;
(2) 毒品含量明显偏低的;
(3) 存在数量引诱情形的;
(4) 以贩养吸的。

25 浙江省高级人民法院《浙江省〈人民法院量刑指导意见(试行)〉实施细则》(2010年9月29日 浙高法〔2010〕280号)(节录)

(十五) 走私、贩卖、运输、制造毒品罪

1. 构成走私、贩卖、运输、制造毒品罪的,可以根据下列不同情形在相应的幅度内确定量刑起点:
(1) 走私、贩卖、运输、制造鸦片一千克,海洛因、甲基苯丙胺五十克或者其他毒品数量达到数量大起点的,除依法应当判处无期徒刑以上的刑罚以外,量刑起点为十五年有期徒刑。
(2) 走私、贩卖、运输、制造鸦片二百克,海洛因、甲基苯丙胺十克或者其他毒品数量达到数量较大起点的,可以在七年至八年有期徒刑幅度内确定量刑起点。
(3) 走私、贩卖、运输、制造鸦片四十克以下,海洛因、甲基苯丙胺二克以下或者其他毒品达到相当数量的,可以在六个月至一年有期徒刑幅度内确定量刑起点;情节严重的,可以在三年至四年有期徒刑幅度内确定量刑起点。

2. 在量刑起点的基础上,可以根据毒品犯罪次数、人数、毒品数量等其他影响犯罪构成的犯罪事实增加刑罚量,确定基准刑:
(1) 走私、贩卖、运输、制造鸦片二百克以上不满一千克的,海洛因、甲基苯丙胺十克以上不满五十克的,鸦片每增加一百克,海洛因、甲基苯丙胺每增加五克,可以增加九个月至一年刑期;
(2) 走私、贩卖、运输、制造鸦片四十克以上不满二百克的,海洛因、甲基苯丙胺二克以上不满十克的,鸦片每增加一百克,海洛因、甲基苯丙胺每增加一克,可以增加三个月至六个月刑期。

其他毒品增加刑罚量的情形，可以按照《最高人民法院关于审理毒品案件定罪量刑标准有关问题的解释》的规定予以换算后确定适当的数量增幅。

3. 有下列情形之一的，可以增加基准刑的10%～30%：

（1）组织、利用、教唆未成年人、孕妇、哺乳期妇女、艾滋病人及其他患有严重疾病人员、又聋又哑的人、盲人及其他特殊人群走私、贩卖、运输、制造毒品，或者向未成年人出售毒品的；

（2）毒品再犯。

4. 有下列情形之一的，可以减少基准刑的30%以下：

（1）受雇佣运输毒品的；

（2）毒品掺假含量明显偏低的；

（3）存在犯罪引诱情形的。

㉖ 福建省公检法《联席会议纪要》（2010年3月26日 闽检会〔2010〕2号）（节录）

二、关于特情人员规范管理问题。侦查机关应加强对特情人员的规范管理，并对特情人员建档记录。对特情人员提供的证据，应按规定由县级以上侦查机关出具公函，说明原始材料的来源和相关内容。法院、检察院对特情人员提供的证据存在异议的，侦查机关应及时作出说明。特殊情况下，需要对相关问题进行补充侦查的，可由法院、检察院提供询问提纲，由侦查机关向特情人员制作询问笔录查清相关问题。

六、关于毒品犯罪案件的毒品鉴定及保管问题。（1）随着新型毒品的不断蔓延和打击毒品犯罪工作力度的加大，大宗毒品案件不断增多，个案缴毒数也不断增大。公安机关对缴获的毒品可疑物一般应当逐包逐件提取样品送检。对于同一宗毒品犯罪活动缴获的分装形态相同的分包毒品，在犯罪嫌疑人供认属同批次毒品的情况下，可按照下列标准随机累进抽取送检：10包以内的逐包提取送检，10包至100包的增加抽取总包数的5%提取送检。（2）公安机关对缴获的毒品应加强管理，规范保存。裁决生效前和涉案罪犯被执行死刑前，公安机关应当留存送检的毒品样品。（3）各地应严格依照刑事法律和相关司法解释，采取针对性强的措施，及时有效地严厉打击零星贩卖毒品犯罪，防止毒品消费市场扩张。

以上规定望各地人民法院、人民检察院、公安机关严格执行。执行中遇到的问题，请及时报告。

㉗ 广东省高级人民法院、省检察院、海关总署广东分署《加强查办走私犯罪案件工作第八次联席会议纪要》（2009年12月8日 粤检会字〔2009〕12号）（节录）

一、关于毒品走私犯罪案件犯罪嫌疑人主观故意认定的问题

由于毒品走私案件尤其是行李夹藏、邮件快递渠道走私毒品犯罪案件的特殊隐蔽性，造成该类犯罪主观故意的认定难度较大。在认定毒品走私罪的主观故意方面，有会议代表提出，除了最高人民法院、最高人民检察院、公安部联合制定下发的《办理毒品犯罪案件适用法律若干问题的意见》（公通字〔2007〕84号）明确的毒品犯罪案件中对犯罪嫌疑

人主观明知认定的各种情形外,各相关部门还应将下列情形作为认定犯罪嫌疑人走私毒品主观故意的参考依据:1.违反申报义务的情形。海关等口岸部门应在以往规定出入境旅客如实申报义务的基础上,根据有关法律规定专门在出入境口岸明显位置设立多种语言文本告示,告知出入境旅客须如实申报其携带的物品和其他疑似毒品等违禁品,及是否受他人委托携带行李,并告知法律责任。2.以不同寻常的高额或不等值的成本而携带、运输毒品的情形。主要包括:(1)由他人专门提供机票、食宿及旅游等费用;(2)为他人携带行李出(入)境,收取高额报酬或相应的利益;(3)携带的货币或有价证券、信用卡余额等不足以支付本次旅行的费用或携带的随身物品偏少,明显与旅行目的不符,或存在明显的不合理性的。

联席会议认为,可将上述两种情形作为认定犯罪嫌疑人走私毒品主观故意的参考依据。

28 江西省高级人民法院《关于审理毒品犯罪案件适用死刑问题的指导意见》(2009年7月7日　赣高法〔2009〕151号)[①]

一、审理毒品犯罪案件适用死刑时,应当综合考虑毒品数量、犯罪情节、危害后果、被告人的主观恶性、人身危险性以及我省禁毒形势等因素。

走私、贩卖、运输、制造海洛因或甲基苯丙胺达到我省近期实际掌握的毒品犯罪适用死刑的数量标准的可以适用死刑。

走私、贩卖、运输、制造刑法、司法解释尚未明确规定量刑数量标准毒品的,判处死刑立即执行时应当慎重,严格把握。

二、毒品犯罪案件可以判处被告人死刑立即执行的情形:

1. 具有毒品犯罪集团首要分子、武装掩护毒品犯罪、暴力抗拒检查、拘留或者逮捕、参与有组织的国际贩毒活动等严重情节的。

2. 毒品数量达到实际掌握的死刑数量标准,且具有下列情形之一的:

(1) 具有毒品再犯、累犯、利用、教唆未成年人走私、贩卖、运输、制造毒品,或者向未成年人出售毒品等法定从重处罚情节的;

(2) 具有多次走私、贩卖、运输、制造毒品,向多人贩毒,在毒品犯罪中诱使、容留多人吸毒,在戒毒监管场所贩毒,国家工作人员利用职务便利实施毒品犯罪,或者职业犯、惯犯、主犯等情节的;

(3) 具有其他从重处罚情节的。

3. 毒品数量接近实际掌握的死刑数量标准(毒品数量达到实际掌握的死刑数量标准的80%以上或其他数量相当毒品),具有法定从重处罚情节,或者具有对量刑有重要影响的酌定从重处罚情节,且综合全案把握,宜判处死刑立即执行的。

4. 毒品数量超过实际掌握的死刑数量标准,没有法定、酌定从轻处罚情节的。

5. 运输毒品犯罪数量达到实际掌握的死刑数量标准,且系组织、指使、雇用他人运输毒品的主犯或者毒枭、职业毒犯、毒品再犯,以及具有以运输毒品为业、多次运输毒品或者其他严重情节的。

[①] 对其解读见:《刑事法律文件解读》2009年第8辑总第50辑,第95~102页。

6. 运输毒品犯罪数量明显超过实际掌握的死刑数量标准（一般掌握为达到实际掌握的死刑数量标准的两倍以上或其他数量相当毒品），不能证明被告人系受人指使、雇用参与运输毒品犯罪的。

三、毒品数量达到实际掌握的死刑数量标准，可以不判处被告人死刑立即执行的情形：

1. 具有自首、立功等法定从宽处罚情节的。

2. 已查获的毒品数量未达到实际掌握的死刑数量标准，到案后坦白尚未被司法机关掌握的其他毒品犯罪，累计数量达到实际掌握的死刑数量标准的。

3. 经鉴定毒品含量极低，掺假之后的数量才达到实际掌握的死刑数量标准的（海洛因含量较低，但折合成25%含量后，其数量仍达到或超过实际掌握的死刑数量标准的除外），或者有证据表明可能大量掺假但因故不能鉴定的。

4. 因特情引诱毒品数量才达到实际掌握的死刑数量标准的。

5. 以贩养吸的被告人，被查获的毒品数量刚达到实际掌握的死刑数量标准的。

6. 毒品数量刚达到实际掌握的死刑数量标准，确属初次犯罪即被查获，未造成严重危害后果的。

7. 共同犯罪毒品数量刚达到实际掌握的死刑数量标准，但各共同犯罪人作用相当，或者责任大小难以区分的。

8. 家庭成员共同实施毒品犯罪，其中起主要作用的被告人已被判处死刑立即执行，其他被告人罪行相对较轻的。

9. 有证据证明被告人确属受人指使、雇用参与运输毒品犯罪，又系初犯、偶犯的。

10. 认定犯罪事实的证据有瑕疵，量刑上需要留有余地的。

11. 其他不是必须判处死刑立即执行的。

四、毒品数量达到实际掌握的死刑数量标准，既有从重处罚情节，又有从宽处罚情节的，应当综合考虑各方面因素决定刑罚，判处死刑立即执行应当慎重。

五、对可能判处被告人死刑的毒品犯罪案件，应当根据最高人民法院、最高人民检察院、公安部2007年12月颁布的《办理毒品犯罪案件适用法律若干问题的意见》，作出毒品含量鉴定。

对于毒品中含有海洛因、甲基苯丙胺的，应以海洛因、甲基苯丙胺分别确定其毒品种类；不含海洛因、甲基苯丙胺的，应以其中毒性较大的毒品成分确定其毒品种类；如果毒性相当或者难以确定毒性大小的，以其中比例较大的毒品成分确定其毒品种类，并在量刑时综合考虑其他毒品成分、含量和全案所涉毒品数量。

对于刑法、司法解释等已规定了量刑数量标准的毒品，按照刑法、司法解释等规定适用刑罚；对于刑法、司法解释等没有规定量刑数量标准的毒品，有条件折算为海洛因的，参照国家食品药品监督管理局制定的《非法药物折算表》，折算成海洛因的数量后适用刑罚。

对于被告人走私、贩卖、运输、制造两种以上毒品的，可以将不同种类的毒品统一折算为海洛因的相当量作为毒品数量予以量刑，但在裁判文书中不明确表述折算问题。

㉙ 厦门市中级人民法院、厦门市人民检察院《厦门市几类多发性刑事案件管辖标准暂行规定》（2008年2月21日　厦检会〔2008〕2号）（节录）

十二、贩卖、运输、制造毒品罪

犯贩卖、运输、制造毒品罪具有下列情形之一的，由市人民检察院起诉、市中级人民法院审判。

（一）贩卖、运输、制造鸦片2000克以上、海洛因或甲基苯丙胺100克以上，或贩卖、运输、制造鸦片1000克以上、海洛因或甲基苯丙胺50克以上100克以下，同时具有累犯、再犯等法定从重情节的；

（二）贩卖、运输、制造其他毒品，达到相关司法解释规定数量大的起点数额二倍以上的，或达到起点数额以上二倍以下，同时具有累犯、再犯等法定从重情节的；

（三）对未列入司法解释规定的其他毒品，换算成海洛因后按第（一）项规定执行。

㉚ 厦门市中级人民法院、市检察院、厦门海关缉私局《二○○七年第一次刑事执法联席会议纪要》（2007年7月18日　厦关缉私〔2007〕53号）（节录）

二、关于走私犯罪案件中涉及的其他犯罪案件的管辖问题

根据现有刑事案件管辖分工的规定，缉私部门侦查走私犯罪案件涉及应由其他机关管辖的犯罪案件或者线索时，如果涉嫌主罪属于缉私部门管辖，由缉私部门为主侦查，相关案件或者线索应及时移交有管辖权的机关处理，并将移送情况通知检察机关；如果涉嫌主罪属于其他机关管辖的，应及时将案件移送有管辖权的机关处理并配合查清走私犯罪的相关事实。

对于缉私部门侦办的走私毒品案件中，犯罪嫌疑人在走私毒品的同时有贩卖、运输、制造毒品行为的，可根据《最高人民检察院公诉厅关于海关缉私警察在侦查走私、贩卖、运输、制造毒品案件中有关管辖问题的意见》，经与公安机关协调后确定管辖问题。

三、关于毒品上缴收据中毒品数量应如何记载的问题

走私犯罪案件中关于走私毒品数量的认定，应以刑事科学技术鉴定书上认定的数量为准。毒品上缴收据中是否应扣除鉴定中所耗用的检材数量，由刑事技术鉴定部门和禁毒办根据技术鉴定的惯例办理。

四、关于对走私毒品犯罪嫌疑人尿检的问题

在办理走私毒品犯罪案件中，是否需要对犯罪嫌疑人作尿检，应根据案件的具体情况予以认定。对于犯罪嫌疑人供述自己有吸毒史的，均应及时进行尿检；对于其未供述是否有吸毒史的，若需要借助尿检结果证明犯罪嫌疑人的主观故意的，可安排进行尿检。

㉛ 厦门市政法委《会议纪要》（2007年1月6日）

1月5日，根据思明区委政法委的提请，市委政法委召集市公安局、市检察院、市中级法院和思明区公安分局、区检察院、区法院领导及有关业务部门负责同志会议，专题研究新型毒品氯胺酮的适用法律问题。会议纪要如下：

会议听取了思明区关于贩卖微量新型毒品犯罪情况的汇报。与会同志一致认为，禁毒工作事关社会安全稳定、民族兴旺发达和家庭幸福和睦，全市政法各部门要从讲政治的高度，统一执法认识，依法慎重地处理好贩卖微量毒品案件。鉴于目前我市贩卖微量新型毒

品犯罪活动比较突出，且氯胺酮系国家管制的一类精神药品，对此类违法犯罪，应保持高压态势，依法严厉打击。否则，将严重危害我市的社会治安，造成不良的政治影响。

会议决定，在最高人民法院和最高人民检察院没有新的司法解释之前，全市政法各部门对新型毒品氯胺酮适用法律问题，应当根据《中华人民共和国刑法》第三百四十七条第一款的规定："走私、贩卖、运输、制造毒品，无论数量多少，都应当追究刑事责任，予以刑事处罚。"

32 上海市关于重大故意杀人、故意伤害、抢劫和毒品犯罪案件基本证据及其规格的意见（2006年7月31日）

33 重庆市公检法《关于办理摇头丸、氯胺酮等毒品违法犯罪案件适用法律有关问题的意见》（2005年7月25日）①

34《上海法院量刑指南——毒品犯罪之一》（2005年3月8日　沪高法〔2005〕56号）（节录）

第二条　走私、贩卖、运输、制造海洛因或甲基苯丙胺四百克以上或者其他数量相当毒品，又无法定从轻、减轻情节或者酌定情节不足以从轻、减轻处罚的，可以判处死刑（立即执行），并处没收个人全部财产。

走私、贩卖、运输、制造海洛因或甲基苯丙胺三百克以上或者其他数量相当毒品，且有法定从重情节的，可以判处死刑（立即执行），并处没收个人全部财产。

毒品数量是判处死刑的重要标准，但不是唯一标准。是否判处死刑，还要根据案件的具体情节，综合考虑犯罪的社会危害性。

第三章　不宜判处死刑（立即执行）的情形

第三条　符合第二条情形，但有下列情形之一的，一般不判处死刑（立即执行）：

（一）受人指使、雇佣且非毒品所有人；

（二）因特情介入，犯罪行为在公安机关的控制下，没有造成毒品流向社会等严重危害后果的；

（三）单犯运输毒品罪或兼犯走私、贩卖、制造毒品罪、但系根据运输毒品的数量量刑的；

具有上述第（一）、（二）、（三）项规定的情形，一般不判处死刑（立即执行），但涉及的毒品数量超过第二条规定三倍的除外。

（四）被告人被查证属实的毒品数量未达到第二条规定的标准，但加上坦白交代的毒品数量后，才达到或超过第二条规定的标准的；

（五）因特情引诱毒品数量才达到或超过本指南规定量刑段（格）最低数量标准的；或者有证据证明有前述引诱犯罪的可能，尚不能排除的；

（六）认定被告人毒品犯罪的数量主要根据被告人的口供与同案犯（包括上、下家）

---

① 对其解读见：《最新刑事法律文件解读》2005年第9辑总第9辑，第60~75页。

的供述互相印证，尚无其他证据佐证的；

（七）认定主要犯罪事实的证据有瑕疵，量刑上需要留有余地的；

（八）有证据证明涉案的海洛因含量低于25%的，但折合成含量为25%后，其数量仍达到或超过第二条规定的除外；

（九）涉及的毒品系法律或司法解释没有规定量刑数量标准的；

（十）共同犯罪不能区分主、从犯，但根据案件具体情况，可以不全部判处死刑（立即执行）的；

（十一）其他不宜判处死刑（立即执行）的。

第四章 走私、贩卖、运输、制造毒品其他量刑标准

第四条 走私、贩卖、运输、制造海洛因或甲基苯丙胺二百克以上不满四百克或者其他数量相当毒品的，一般判处无期徒刑或死刑（缓期二年执行），并处没收个人财产五万元以上或没收个人全部财产。

具有法定从轻情节或者有本指南第二十六条规定情形之一的，一般判处十五年有期徒刑或无期徒刑，并处没收个人财产三万元以上或五万元以上。

第五条 走私、贩卖、运输、制造海洛因或甲基苯丙胺五十克以上不满二百克或者其他数量相当毒品的，一般判处十五年有期徒刑，并处没收个人财产三万元以上。

具有法定从重处罚情节的，可以判处无期徒刑，并处没收个人财产五万元以上。

第六条 走私、贩卖、运输、制造海洛因或甲基苯丙胺十克以上不满二十五克或者其他数量相当毒品的，一般判处七年以上十年以下有期徒刑。

第七条 走私、贩卖、运输、制造海洛因或甲基苯丙胺二十五克以上不满四十克或者其他数量相当毒品的，一般判处十年以上十三年以下有期徒刑。

第八条 走私、贩卖、运输、制造海洛因或甲基苯丙胺四十克以上不满五十克或者其他数量相当毒品的，一般判处十三年以上十五年以下有期徒刑。

第九条 走私、贩卖、运输、制造海洛因或甲基苯丙胺三点五克以上不满七克或者其他数量相当毒品的，一般判处一年六个月以上三年以下有期徒刑。

第十条 走私、贩卖、运输、制造海洛因或甲基苯丙胺一克以上不满三点五克或者其他少量毒品的，一般判处六个月以上一年六个月以下有期徒刑或者管制。

第十一条 走私、贩卖、运输、制造海洛因或甲基苯丙胺不满一克或者其他少量毒品的，一般判处拘役或者管制。

第十二条 走私、贩卖、运输、制造海洛因或甲基苯丙胺不满零点一克或者其他微量毒品的，比照第十一条规定从轻处罚。

第十三条 走私、贩卖、运输、制造海洛因或甲基苯丙胺或者其他毒品，情节严重的标准，适用司法解释第三条规定，一般判处三年以上五年以下有期徒刑；具有下列情形之一的，一般判处五年以上七年以下有期徒刑：

（一）走私、贩卖、运输、制造海洛因或甲基苯丙胺八点五克以上不满十克或者其他数量相当毒品的；

（二）贩卖毒品超过六人或六人次以上的；
（三）有法定从重情节或有两个以上酌定从重情节的；
（四）具有司法解释规定的两种以上情节严重情形的；
（五）其他需要酌情从重处罚的。

第五章 单位犯罪的量刑原则

第十四条 单位犯刑法第三百四十七条第二、三、四款罪，对直接负责的主管人员和其他直接责任人员按照本指南的量刑段（格）适用刑罚，并以直接负责的主管人员和其他直接责任人员判处的最高罚金数额为标准，判处单位三倍以上的罚金。

对直接负责的主管人员和其他直接责任人员判处死刑（立即执行）的，涉及的毒品数量，一般要达到第二条规定的三倍以上。

第七章 无数量标准毒品犯罪的量刑原则

第二十三条 审理法律、司法解释没有规定数量标准的上列毒品犯罪案件时，可以根据案件具体情况采用下列方法对被告人适用刑罚：

（一）参照《非法药物折算表》，确定涉案毒品折算成海洛因的数量后，依照本指南的相关规定适用刑罚。

（二）具有刑法第三百四十七条第四款、第三百四十八条规定的"情节严重"的行为，可以依照本指南的相关规定适用刑罚。

（三）被告人实施的上列毒品犯罪，如果涉及的毒品既有法律或司法解释明文规定的量刑数量标准，也有未规定数量标准的，两者不能累计；亦不能将未规定数量标准的毒品折算后，与有规定数量标准的毒品予以累计。如果有规定数量标准的毒品的量刑，能吸收未规定数量标准的毒品的量刑，对于后者可以不单独量刑，作情节考虑；反之，应按本条第（一）、（二）项规定处理，并将前者的毒品数量，作情节考虑。

第九章 财产刑适用标准

第二十五条 犯走私、贩卖、运输、制造、非法持有毒品罪、容留他人吸毒罪，应当并处没收财产或者罚金：

（一）判处死刑（包括死刑，缓期二年执行）的，一般并处没收个人全部财产；
（二）判处无期徒刑的，一般并处没收财产或者罚金五万元以上；
（三）判处十五年有期徒刑的，一般并处没收财产或者罚金三万元以上；
（四）判处有期徒刑一年的，一般并处罚金二千元，每增判一年有期徒刑的，一般并处罚金增加二千元；
（五）判处有期徒刑不满一年、拘役或者管制的，一般并处罚金一千元以上。

第十章 各种情节在量刑中的适用原则

第二十六条 具有下列情形之一的，可以酌情从轻处罚：

（一）具有本指南第三条、第二十三条第（一）项规定情形之一的；

（二）以贩养吸的，但走私、贩卖、运输毒品超过刑法第三百四十七条第二款第（一）项规定数量标准的除外；

（三）已经出售和尚未出售的毒品，应一并计入贩卖毒品的总数量，适用本指南相应的量刑段（格），如已经出售的毒品低于本指南相应的量刑段（格）的最低数量标准，可以酌情从轻处罚，但连同查获的毒品数量超过第二条规定三倍的除外；

（四）认罪悔罪的；

（五）其他可以酌情从轻处罚的。

第二十七条 具有酌定从轻情节的，根据法律规定，可以参照本指南的量刑段（格）选择较轻的刑种或者刑格中较轻的刑罚。

第二十八条 具有下列情形之一，但又不属法定从重情节的，可以酌情从重处罚：

（一）走私、贩卖、运输、制造毒品三次以上或者向三人以上贩卖毒品的；

（二）因从事毒品违法活动被行政处罚两次以上的；

（三）因故意犯罪被判处有期徒刑以上刑罚的；

（四）缓刑、假释考验期内又实施毒品犯罪的；

（五）国家工作人员犯走私、贩卖、运输、制造毒品罪，适用刑法第三百四十七条第二、三款的；

（六）对同宗毒品实施两种以上犯罪行为的；

（七）其他可以酌情从重处罚的。

第二十九条 具有酌定从重情节的，根据法律规定，可以参照本指南的量刑段（格）选择较重的刑种或者刑格中较重的刑罚。

第三十条 具有法定从轻情节的，根据法律规定，按照本指南的量刑段选择较轻的刑种或较轻的刑格或者刑格中较轻的刑罚。

第三十一条 具有法定减轻情节的，依照法律规定，在法定刑以下，按照本指南的量刑段选择相应的刑种、刑格适用刑罚。

第三十二条 具有累犯、毒品再犯或利用、教唆未成年人走私、贩卖、运输、制造毒品或者向未成年人出售毒品等法定从重情节的，根据法律规定，按照本指南的量刑段选择较重的刑种或较重的刑格或者刑格中较重的刑罚。

第三十三条 具有多种量刑情节的，按照上海法院量刑指南（总则部分）的有关规定处理。

第十一章 附 则

第三十四条 本指南中的量刑段是指法定刑；刑格是指在一个法定刑内，将刑期分为几个量刑档次，每一档次为一个刑格。

第三十五条 本指南所称以上、以下包括本数。

第三十六条 审理上列毒品犯罪案件，一般可以适用本指南对被告人适用刑罚，但根据案件具体情况，确需对被告人从严或从宽处罚的，可以不适用本指南，依照法律规定，对被告人适用刑罚。

35 浙江省公检法司《关于办理涉毒案件适用法律有关问题的意见》（2005年2月5日）（节录）

二、公安机关发现涉毒犯罪线索，应当立案侦查；检察机关对罪该逮捕的，应当批准逮捕，并依法起诉；人民法院应当依法审判。

办理涉毒犯罪案件的地域管辖必须坚持以犯罪地管辖为主，被告人居住地管辖为辅的原则。但根据此类犯罪的特殊性及当前毒品犯罪的侦查体制，涉毒犯罪的"犯罪地"既可以包括毒资筹集地、犯罪预谋地以及交易进行地等犯罪实施地，也包括毒资、毒赃、毒品藏匿地、转移地以及贩运目的地等结果发生地。"被告人居住地"，既包括被告人常住地和户籍所在地，也包括临时居住地。

对已起诉到人民法院的案件，遇有管辖异议的或者自己发现没有管辖权的，受案法院应当报请上级法院指定管辖，不再自行移送有管辖权的法院。

三、凡刑法和司法解释已明确列举的毒品，应当严格遵照执行。对非刑法和司法解释列明规定的毒品，公安机关应当提供该药品已列入国务院《麻醉药品管理办法》、《精神药品管理办法》的管制目录等证据。对缴获的毒品必须有鉴定意见。

36 上海市高级人民法院刑庭、上海市检公诉处《关于进一步规范部分常见刑事案件级别管辖的意见》（2004年8月13日）

二、对具备下列情形，同时又不具有其他足以判处十五年有期徒刑以下刑罚的法定从轻、减轻情节的案件，各中级人民法院应当予以受理。

20. 走私、贩卖、运输、制造毒品罪（刑法第三百四十七条）

1）海洛因或者甲基苯丙胺（冰毒）200克以上；

2）鸦片4000克以上；

3）苯丙胺类毒品（甲基苯丙胺除外）400克以上的；

4）大麻油20千克、大麻脂40千克、大麻叶及大麻烟600千克以上；

5）可卡因200克以上；

6）吗啡400克以上；

7）杜冷丁1000克以上（针剂100mg/支规格的10000支以上，50mg/支规格的20000支以上，片剂25mg/片规格40000片以上，50mg/片规格的20000片以上）；

8）盐酸二氢埃托啡40毫克以上（针剂或者片剂20ug/支、片规格的2000支、片以上的）；

9）咖啡因800千克以上；

10）罂粟壳800千克以上；

11）走私、贩卖、运输、制造毒品集团的首要分子；

12）武装掩护走私、贩卖、运输、制造毒品的；

13）参与有组织的国际贩毒活动的；

14）以暴力抗拒检查、拘留、逮捕，情节严重的；

15）上述毒品以外的其他毒品数量大的。

37 《福建省人民检察院侦查监督处、公诉处，福建省高级人民法院刑二庭，厦门海关缉私局二〇〇三年第一次联席会议纪要》（2003年4月7日　闽检侦监〔2003〕17号）（节录）

二、2. 对走私微量毒品，是否逮捕的问题，原则上倾向于若同时符合以下三个条件可不予逮捕：（1）犯罪嫌疑人只携带一克以下微量毒品；（2）有证据证明仅是供自己吸食，且属偶犯；（3）采取逮捕以外强制措施足以保证刑事诉讼活动的顺利进行。对这类案件可多加强个案沟通。

同时认为犯罪嫌疑人出境时查获符合以上三点规定的微量毒品，情节显著轻微的，也可采用刑法总则第十三条的规定"情节显著轻微危害不大的，不认为是犯罪"处理，但做出处理决定时，需向同级检察院通报。

38 厦门市中级人民法院刑一庭、市检察院起诉处、市公安局刑警支队、厦门海关缉私局法制处《座谈会纪要》（2003年3月20日）

座谈会主要围绕司法实践中经常遇到的问题展开讨论并达成共识：

一、关于毒品案件的定性鉴定。对多个包装的毒品的抽样要求：先根据外观形态、颜色、气味，以及用化学方法进行筛选，确定各包装是否为同一物质。如初步确定为同一物质，则将各包装混匀后采样。如果不是同一物质，则先将其分类后再分别采样。多个包装物品的采样规则是：1. 少于10个包装时，逐个样品分析。2. 10~100个包装时，随机抽取10个样品分析。3. 100个以上包装时，随机选取总包装数的开方根数的样品进行分析。

鉴定书中应对检材进行描述；并写明取样数量、方法和过程。对于毒品数量为200克以上的大宗毒品案件，鉴于厦门地区已具备相应的技术条件，应对毒品含量进行科学鉴定，以利准确量刑。

二、关于毒品数量的证据要求。在毒品数量的认定中，经犯罪嫌疑人确认是涉案毒品认定的关键环节。因此，认定毒品数量应有下列证据：1. 在案件侦破时必须由侦查机关制作取赃笔录。2. 犯罪嫌疑人的有罪供述笔录中应记录收缴毒品的情况并由犯罪嫌疑人确认。3. 附有毒品称重时的照片，体现犯罪嫌疑人在场，并显示称量工具称重的标志。4. 取样后应立即将毒品封存，检验部门在鉴定书中应写明取样数量，做到取赃笔录、取样数量、上缴笔录、实物照片相印证。

三、关于吸毒者携带、运输毒品的定性。根据《全国法院审理毒品案件工作座谈会纪要》精神，对于查获的运输毒品案件，犯罪嫌疑人辩称所运输的毒品是为了自己吸食的，侦查机关应立即对犯罪嫌疑人进行尿检确认是否吸毒者，以利于案件准确定性。

四、关于台湾人毒品犯罪主体身份的确认。司法实践中，台湾人的犯罪主体身份比较复杂，在认定时应掌握以下原则：1. 对被告人持有合法证件，且被告人供认是真实身份的，可直接认定；对于海基会核实的台湾人身份证明可以采纳为证据。2. 对于没有持合法证照，或自报身份与所持证照不符，其真实身份无法查清的，侦查机关应当通过台务部门，经海基会途径核查犯罪嫌疑人（被告人）的身份证明。3. 若犯罪嫌疑人（被告人）无合法身份证照，海基会又无法核查其自报身份的，在法律文书中可以以其自报身份，括号注明是"自报"认定。4. 如果犯罪嫌疑人（被告人）自报年龄不满十八岁，应尽最大努力予以查清，必要时应当辅助作骨龄的鉴定。

㊴ 公安部禁毒局《关于制造贩卖安钠咖立案问题的答复》（2002年11月5日　公禁毒〔2002〕434号）①

㊵《关于执行刑法若干问题的具体意见（试行）——99'上海法院刑庭庭长会议纪要》（1999年7月15日）（节录）

五、关于代购毒品等行为的定罪量刑问题

1. 关于"代购"毒品等行为的定性：如果明知他人从事贩毒活动而为之代购（含他人出资自己代买与自己先行垫付购买）毒品或者介绍买卖毒品的，无论是否牟利，以贩卖毒品罪论处；如果单纯因为亲友吸毒而为之代购毒品，数量较小（如海洛因不满10克）的，不予定罪处刑；但是，如果代购者在运输途中被抓获，毒品（指海洛因）数量在5克以上的，可以运输毒品罪论处，并酌情从轻处罚（编者注：编者不同意以运输毒品罪论处，类似行为仍应定性为帮助非法持有毒品行为，且不足10克的，不予定罪处刑）。如果代购者从中牟利的，应以贩卖毒品罪论处。

2. 关于贩毒故意的推定问题：对于抓获贩毒分子以后在其身上或住处查获的毒品，可以推定为用于贩卖牟利，一并计入贩毒数额，在量刑时酌情从轻处罚；但该种推定应当以排除行为人的合理解释为原则。如果行为人有证据证实所查获的毒品系他人所有或代人保管的，应据情认定窝藏毒品罪或不计入其贩毒数额。

㊶ 福建省公检法《福建省第四次公检法刑事办案联席会议纪要》（1997年9月26日）

会议对零星贩毒案件的立案、有关证据的认定、毒品数量的计算，非法买卖外汇案件有关证据的认定和使用，在押人员检举揭发工作，办理飞车抢夺案件及利用短信息诈骗案件等有关问题取得如下一致的意见：

（一）关于办理零星贩毒案件问题

1. 关于零星贩卖毒品案件的立案

下列情形之一的贩卖毒品案件只立为一起案件。

（1）在不同时间、不同地点，向同一人多次贩卖毒品的；

（2）在同一时间、同一地点，向不同的人员贩卖毒品的；

（3）在不同时间、但在同一地点、向不同人员贩卖毒品的。

2. 办理零星贩毒案件的基本证据

（1）证人证言。讯问购买毒品人、介绍人以及向犯罪嫌疑人的亲属、朋友及其他知情人，了解犯罪嫌疑人贩毒过程及平时表现情况。

（2）犯罪嫌疑人供述和辩解。讯问犯罪嫌疑人，查清毒品的来源、种类、数量（剂量）、去向、贩卖次数和价格；贩卖毒品的动机和目的；每次贩卖毒品的时间、地点；范围及过程；毒品分装工具、交通工具、交易方式、资金来源、赃款去向；同案犯罪嫌疑人

---

① 对其解读见：《刑事审判参考》2003年第1辑总第30辑，第152页。

的地位、作用、作案次数、毒资来源、如何分赃等。

（3）物证。包括毒品、毒品包装物，贩毒用款，作案使用的交通、通讯工具；武器的照片及扣押详细清单。

（4）书证。包括与犯罪嫌疑人作案有关的信函、电函、通讯录、通话记录、银行汇款凭证、票据等。

（5）现场勘查、检查笔录。藏毒窝点、毒品交易点的勘查及照片。

（6）辨认、指认证明。包括吸、贩毒人员或知情人对犯罪嫌疑人的指认，以及对作案工具的辨认所制作的笔录。

（7）鉴定意见。有关书证的文检、毒品等鉴定材料。

（8）吸毒人员的尿检证明材料。

犯罪嫌疑人有零星贩卖毒品事实且证据确凿，对其坦白交代的其他零星贩卖毒品事实，与证人之间的供述一致，时间、地点、数量、价格等吻合，并有其他证据予以证明的，可以认定基本事实清楚、基本证据确实。零星贩卖毒品可否认定不能片面强调是否查获毒品或犯罪嫌疑人是否供述，虽未查获毒品且犯罪嫌疑人拒不供认，但有证人证言等其他证据能相互印证，可以作为定案的依据。

3. 关于零星贩卖毒品数量的计算

对未缴获到毒品，贩卖毒品数量计算可以根据以下四种原则确定：

（1）犯罪嫌疑人的供述与证人证言基本一致，或者多名犯罪嫌疑人（被告人）的供述基本一致且没有串供、诱供、逼供的，一般按犯罪嫌疑人供述的数量计算。

（2）犯罪嫌疑人前后供述一致，但与其他证人证言不一致的，采取就低不就高的原则计算。

（3）对以小包方式包装的，按照每包实际重量计算，重量不均衡的，以小包平均数计算。

（4）根据当地市场毒品同期非法交易的零售价，推算出毒品数量。非法交易价格参照当地设区市公安机关禁毒部门毒品监测的价格。

4. 对在住处或当场查获的毒品的认定

犯罪嫌疑人有零星贩卖毒品的事实，对在其住处或当场查获的毒品，可认定为贩卖毒品的数量。同时必须有当面清点、称重毒品记录和搜查记录。

（三）关于在押人员检举揭发问题

对在押人员的检举揭发工作，关键是进一步提高认识、端正思想，要将这项工作作为扩大侦查破案战果、节约办案成本的有效途径，认真贯彻执行《关于在押人员检举揭发问题处理办法》的规定，公、检、法三家明确责任，建立收取、转递、查证和反馈机制。

学理观点・典型案例 ➡ 索引与要旨

❶《夏志军制造毒品、非法持有枪支案》，载《刑事审判参考》2011年第6辑总第83辑，第63~73页。

核心提示 ➡ 如何认定制造毒品犯罪的"幕后老板"？

❷《王文勇、陈清运输毒品案》，载《刑事审判参考》2011年第4辑总第81辑，第41～48页。

　　核心提示 ➡ 侦查人员出庭作证的范围和程序

❸《毒品犯罪主观故意认定问题研究》，载《刑事司法指南》2011年第4辑总第48辑，第146～179页。

❹《采用物理方法提纯假毒品行为的定性研究》，载《刑事司法指南》2011年第3辑总第47辑，第185～201页。

❺《包占龙贩卖毒品案》，载《刑事审判参考》2010年第4辑总第75辑，第72～79页。

　　核心提示 ➡ 跨国犯罪案件如何确定管辖权和进行证据审查？

❻《包占龙贩卖毒品案》，载《刑事审判参考》2010年第4辑总第75辑，第65～71页。

　　核心提示 ➡ 如何区别侦查机关的"犯意引诱"和"数量引诱"？
　　要　旨 ➡ 对不能排除"数量引诱"的毒品犯罪案件能否适用死刑立即执行？

❼《傅伟光走私毒品案》，载《刑事审判参考》2010年第4辑总第75辑，第58～64页。

　　核心提示 ➡ 行为人拒不承认时，应当综合案件的客观实际，根据常识、常理和逻辑来分析判断其主观上是否明知？对走私美沙酮片剂的犯罪行为如何适用量刑情节？

❽《谢怀清等贩卖、运输毒品案》，载《刑事审判参考》2010年第1辑总第72辑，第59～66页。

　　核心提示 ➡ 毒品共同犯罪案件中被告人先后翻供的，如何认定案件事实？

❾《吴晴兰出售珍贵、濒危野生动物案》，载《刑事审判参考》2010年第1辑总第72辑，第53～58页。

　　核心提示 ➡ "犯意诱发型"案件如何处理？

❿《最新刑事法律文件解读》2010年第6辑总第60辑，第54～57页。

　　核心提示 ➡ 最高人民法院公布五起毒品犯罪典型案件：运输毒品

⓫《王某某贩卖毒品案》，载《公检法办案指南》2010年第10辑总第130辑，第181～186页。

　　要　旨 ➡ 有吸毒史人员贩卖毒品被当场抓获时起获随身携带的剩余毒品是认定贩卖毒品还是非法持有毒品应依具体情况确定。

⓬《许实义贩卖、运输毒品案》，载《刑事审判参考》2009年第6辑总第71辑，第42～47页。

　　核心提示 ➡ 毒品犯罪被告人主观明知的认定

⓭《胡元忠运输毒品案》，载《刑事审判参考》2009年第2辑总第67辑，第137～143页。

核心提示➡人"货"分离且被告人拒不认罪的，如何运用间接证据定罪？

⑭《闵光辉、马占霖、帕丽旦木·买森木贩卖毒品案》，载《刑事审判参考》2009年第2辑总第67辑，第131~137页。

核心提示➡如何确定毒品犯罪案件的地域管辖？

⑮《周桂花运输毒品案》，载《刑事审判参考》2009年第2辑总第67辑，第126~130页。

核心提示➡被告人以托运方式运输毒品的，如何认定其主观明知？

⑯《龙正明运输毒品案》，载《刑事审判参考》2009年第2辑总第67辑，第122~125页。

核心提示➡被告人到案后否认明知是毒品而运输的，如何认定其主观明知？

⑰《李良顺运输毒品案》，载《刑事审判参考》2009年第2辑总第67辑，第118~121页。

核心提示➡被告人以高度隐蔽的方式运输毒品，但否认明知的，如何认定？

⑱《冯忠义、艾当生贩卖、运输毒品案》，载《刑事审判参考》2009年第2辑总第67辑，第113~117页。

核心提示➡向同案被告人购买毒品，并替其运输毒品，是否构成共同犯罪？对同时为自己和他人运输毒品的被告人，应如何量刑？

⑲《王会陆、李明贩卖、运输毒品案》，载《刑事审判参考》2009年第2辑总第67辑，第109~112页。

要旨➡共同犯罪中罪责相对较小但系毒品再犯的，亦应从严惩处。

⑳《呷布金莫贩卖毒品案》，载《刑事审判参考》2009年第2辑总第67辑，第99~102页。

核心提示➡对贩卖毒品数量刚达到死刑适用标准，但系毒品惯犯的，如何量刑？

㉑《龙从斌贩卖毒品案》，载《刑事审判参考》2009年第2辑总第67辑，第95~98页。

核心提示➡对毒品犯罪数量接近实际掌握的死刑适用标准，又系毒品再犯的，如何体现从重处罚？

㉒《申时雄、汪宗智贩卖毒品案》，载《刑事审判参考》2009年第2辑总第67辑，第65~70页。

核心提示➡如何认定毒品犯罪案件中的数量引诱？

㉓《王佳友、刘泽敏贩卖毒品案》，载《刑事审判参考》2009年第2辑总第67辑，第60~64页。

核心提示➡本案是否存在特情引诱？对有特情介入因素的案件如何量刑？

㉔《赵敏波贩卖、运输毒品案》，载《刑事审判参考》2009年第2辑总第67辑，第55~59页。

核心提示➡未进行毒品含量鉴定的新类型毒品案件应如何量刑？

㉕《李昭均运输毒品案》，载《刑事审判参考》2009年第2辑总第67辑，第50～54页。

核心提示➡如何把握运输氯胺酮犯罪的死刑适用标准？

㉖《王丹俊贩卖、制造毒品案》，载《刑事审判参考》2009年第2辑总第67辑，第43～49页。

核心提示➡制造的毒品被贩卖，没有查获的，如何认定毒品的数量？如何把握新型毒品案件的法律适用标准？

㉗《李补都运输毒品案》，载《刑事审判参考》2009年第2辑总第67辑，第37～42页。

核心提示➡被告人运输毒品数量大，但不排除受人雇佣的，如何量刑？

㉘《吉火木子扎运输毒品案》，载《刑事审判参考》2009年第2辑总第67辑，第32～36页。

核心提示➡如何把握运输毒品案件中毒品数量与死刑适用的关系？

㉙《赵扬运输毒品案》，载《刑事审判参考》2009年第2辑总第67辑，第28～31页。

核心提示➡如何把握运输毒品适用死刑的一般标准？

㉚《侯占齐、李文书、侯金山等人走私、贩卖毒品案》，载《刑事审判参考》2009年第2辑总第67辑，第20～27页。

核心提示➡对家族式毒品共同犯罪中作用相对较小地位相对较低的主犯，可酌情从轻判处刑罚。

㉛《吴杰、常伟平、信沅明等贩卖毒品案》，载《刑事审判参考》2009年第2辑总第67辑，第13～19页。

核心提示➡如何区分贩毒网络中主要被告人的罪责？

㉜《武汉同济药业有限公司等四单位及孙伟民等人贩卖、运输、制造、转移毒品案》，载《刑事审判参考》2009年第2辑总第67辑，第1～13页。

核心提示➡咖啡因数量达到死刑数量标准，是否适用死刑？

要旨➡不明知他人购买咖啡因是用于贩卖给吸毒人员的情况下，违规大量出售咖啡因的行为不构成贩卖毒品罪，应认定为非法经营罪。

㉝《毒品共同犯罪案件被告人翻供的审查与判定》，载《公检法办案指南》2009年第7辑总第115辑，第174～181页。

㉞《高国亮、李永望等贩卖、制造毒品案》，载《刑事审判参考》2008年第4辑总第63辑，第46～53页。

核心提示➡加工、生产混合型毒品"麻古"的行为能否认定为制造毒品？

㉟《赵廷贵贩卖毒品案》，载《刑事审判参考》2008年第4辑总第63辑，第42～

46 页。

核心提示 ➡ 贩卖含量极低的海洛因针剂，如何认定毒品数量并适用刑罚？

㊱《朱海斌等制造、贩卖毒品案》，载《刑事审判参考》2008 年第 2 辑总第 61 辑，第 51～57 页。

要旨 ➡ 制造毒品失败的行为应认定为犯罪未遂。

㊲《塔奴杰·安马列运输毒品上诉案》，载《人民法院案例选》2008 年第 1 辑总第 63 辑。

要旨 ➡ 将毒品带离藏匿地点，在通过机场安检时查获，但其行为已进入运输的环节，应认定运输毒品既遂。

㊳《运输毒品犯罪的死刑适用》，载《刑事司法指南》2008 年第 2 辑总第 34 辑，第 212～221 页。

要旨 ➡ 将毒品带离藏匿地点，在通过机场安检时查获，但其行为已进入运输的环节，应认定运输毒品既遂。

㊴《吸毒人员在运输毒品过程中被查获的定罪问题》，载《公检法办案指南》2008 年第 7 辑总第 103 辑，第 117～119 页。

㊵《规范毒品案件死刑量刑标准探析》，载《刑事司法指南》2008 年第 4 辑总第 36 辑，第 60～75 页。

㊶《庄木根、刘平平、郑斌非法买卖枪支、贩卖毒品案》2007 年第 6 辑总第 59 辑，第 1～7 页。

核心提示 ➡ 非法买卖枪支时以毒品冲抵部分价款行为如何定性？

要旨 ➡ 以毒品冲抵部分买卖枪支价款的行为构成贩卖毒品罪。

㊷《古展群等非法经营案》，载《刑事审判参考》2007 年第 4 辑总第 57 辑，第 10～17 页。

核心提示 ➡ 如何认定非法买卖、运输盐酸氯胺酮注射液行为的性质？

㊸《王某贩卖毒品案》，载《刑事审判参考》2007 年第 1 辑总第 54 辑，第 60～65 页。

核心提示 ➡ 对以非常规形式存在的毒品应如何定性及对涉及多种类毒品的犯罪案件如何量刑？

要旨 ➡ 1. 关于以非常规形式出现的毒品的认定：本案中，公安机关查获的毒品是海洛因针剂，而不是海洛因通常存在的形式，因此，该毒品是混合型毒品还是新型毒品、其主要成分是什么、海洛因含量是多少，都需要通过鉴定加以认定。2. 关于摇头丸的认定：3. 涉及多种毒品的犯罪案件的量刑。

㊹《毒品数量与含量对量刑的影响》，载《公检法办案指南》2007 年第 2 辑总第 86 辑，第 155～159 页。

㊺《宋光军运输毒品案》，载《刑事审判参考》2006 年第 4 辑总第 51 辑，第 33～

37页。

核心提示➡在庭审阶段辩解不明知所携带行李包内藏有毒品时，应如何综合证据判断？

(46)《雇用未成年人从事毒品犯罪的法律适用问题》，载《刑事审判参考》2006年第2辑总第50辑，第138～139页。

(47)《贩卖毒品罪指控证明要求及证据参考标准（试行）》，载《最新刑事法律文件解读》2006年第10辑总第22辑，第87～94页。

(48)《关于重大故意杀人、故意伤害、抢劫和毒品犯罪案件基本证据及其规格的意见》，载《最新刑事法律文件解读》2006年第10辑总第22辑，第48～64页。

(49)《以贩养吸的毒品数量如何认定》，载《最新刑事法律文件解读》2006年第6辑总第18辑，第135～136页。

要旨➡辩护人认为，被查获的毒品数量应该是收买毒品的人员提供的购买数量加上被公安机关当场提取到的数量。如果按照辩护人的观点，本案能够认定的仅十多克海洛因。我们认为，辩护人对“被查获的毒品数量”理解有误。最高人民法院《全国法院审理毒品犯罪案件工作座谈会纪要》“对于以贩养吸的被告人，被查获的毒品数量应认定为其犯罪的数量，但量刑时应考虑被告人吸食毒品的情节”应该是指：公安机关查证属实的，已经查清的被告人购买毒品的数量，而不是公安机关实际提取扣押的数量。

(50)《张玉英非法持有毒品案》，载《刑事审判参考》2005年第6辑总第47辑，第52～60页。

核心提示➡对接受藏匿有毒品的邮包的行为如何定性？对于有以贩养吸历史的被告人如何从证据上区分贩卖与非法持有行为？

(51)《梁国雄、周观杰等贩卖毒品案》，载《刑事审判参考》2005年第6辑总第47辑，第34～46页。

核心提示➡帮助在逃的毒枭交接毒品的人能否认定主犯？如何综合证据推断转移毒品犯罪行为？

(52)《张玉梅、刘玉堂、李永生贩卖毒品案》，载《刑事审判参考》2005年第5辑总第46辑，第55～65页。

核心提示➡对于毒品大量掺假的情况，在量刑时是否应该考虑？对于毒品共同犯罪，在毒品数量较大的情况下，是否应区分各共同犯罪人的地位、作用和刑事责任？对于没有查获毒品，被告人供述又不一致的情况应如何认定？

(53)《黄德全、韦武全、韦红坚贩卖毒品案》，载《刑事审判参考》2005年第5辑总第46辑，第51～54页。

核心提示➡毒品犯罪中如何准确认定从犯和适用刑罚？

(54)《宋国华贩卖毒品案》，载《刑事审判参考》2005年第5辑总第46辑，第45～50页。

核心提示➡贩卖毒品罪与非法持有毒品罪的区别；对购买数量巨大的毒品且查获疑似

毒品加工工具、添加剂的被告人，但其本人系吸毒瘾者的应当如何定性？

(55)《李惠元贩卖毒品案》，载《刑事审判参考》2005 年第 5 辑总第 46 辑，第 41～44 页。

核心提示➡被告人既运输毒品又贩卖毒品的如何定罪？被告人贩卖海洛因数量大，但海洛因含量较低的如何量刑？

要旨➡对行为人对同一宗毒品实施了两种以上犯罪行为并有确凿证据的，应当按照所实施的犯罪行为的性质并列确定罪名。罪名不以行为实施的先后、危害后果的大小排列，一律以刑法条文规定的顺序表述，但不实行并罚。本案被告人李惠元从广东省惠来县将海洛因运输到福建省厦门市贩卖的行为，不仅构成了贩卖毒品罪，也构成了运输毒品罪，原判仅认定李惠元构成了贩卖毒品罪不当。鉴于原审法院以李惠元主要犯罪行为确定了罪名，根据《毒品座谈会纪要》规定的如一审法院根据主要犯罪行为确定罪名的，二审法院可不再变动的规定精神，二审法院和本院在复核本案时没有再改判定性。

(56)《王翔、崔凡、英秀娟贩卖、运输毒品案江苏省南京市中级人民法院刑事判决书》〔2005〕宁刑初字第 40 号，载《刑事审判参考》2005 年第 3 辑总第 44 辑，第 144～157 页。

核心提示➡有同案犯指证及电话通联记录等证据但被告人否认的，能否认定？

要旨➡王翔、崔凡手机内存信息提取记录只能证明 2004 年 11 月 11～13 日王翔与崔凡有过电话联系，上述证据没有形成完整的证明锁链，不具有排他性，不足以证明王翔指使崔凡运输毒品的事实。

(57) 云南省《关于办理摇头丸、氯胺酮等毒品违法犯罪案件适用法律有关问题的意见（试行）》，载《最新刑事法律文件解读》2006 年第 2 辑总第 14 辑，第 100～109 页。

(58)《上海法院量刑指南——毒品犯罪之一（试行）》，载《最新刑事法律文件解读》2005 年第 10 辑总第 10 辑，第 72～96 页。

(59)《古展群、陈华耀等被控贩卖、运输毒品案》，载《最新刑事法律文件解读》2005 年第 9 辑总第 9 辑，第 127～133 页。

核心提示➡买卖、运输未被国家管制的盐酸氯胺酮注射液是否构成犯罪？

(60) 湖南省公检法《关于办理毒品犯罪案件有关问题的指导性意见》，载《最新刑事法律文件解读》2005 年第 3 辑总第 3 辑。

核心提示➡氯胺酮等新类型毒品定罪量刑的数量标准

(61)《毒品犯罪案件中的特情引诱问题研究》，载《刑事司法指南》2005 年第 3 辑总第 23 辑，第 98～113 页。

要旨➡ 1. “特情引诱”概念的提出与性质分析；2. “特情引诱”的司法现状；3. 特情使用规范的必要性；4. 特情使用的立法构想。

(62)《论贩卖毒品罪的既遂与未遂》，载《刑事司法指南》2004 年第 1 辑总第 21 辑，第 103～112 页。

要旨➡ 1. 贩卖毒品罪的既遂标准：（1）关于贩卖毒品罪既遂标准的几种观点；

(2) 犯罪既遂的几种形态；(3) 贩卖毒品罪是行为犯，其既遂形态是法律规定的犯罪行为的完成；2. 贩卖毒品罪实行行为的含义；3. 贩卖毒品罪既遂与未遂的界定：(1) 毒品的具体交付是贩卖毒品罪实行行为完成的标志；(2) 几种具体情况的认定与处理。

(63)《黄学东非法持有毒品案》，载《刑事审判参考》2004年第1辑总第36辑，第58~63页。

要旨➡虽然查获毒品数量巨大，且有将大量咖啡因兑入贩卖的可能，但无法证明其他目的的仍应定非法持有毒品罪。

(64)《毒品犯罪案件证据标准研究》，载《刑事司法指南》2004年第4辑总第20辑，第102~112页。

要旨➡1. 概述；2. 毒品犯罪案件的一般证据标准；3. 毒品犯罪案件的特殊证据标准。

(65)《谢某某非法经营案评析》，载《刑事司法指南》2004年第4辑总第20辑。

核心提示➡如何正确区分"诱惑侦查"中的"提供机会"与"犯罪引诱"？

(66)《毒品犯罪中"明知"的推定》，载《刑事司法指南》2004年第3辑总第19辑，第68~85页。

要旨➡1. 毒品犯罪中"明知"的理解：(1) 毒品犯罪中"明知"的内容；(2) 毒品犯罪中"明知"的程度；(3) 毒品犯罪中"明知"的标准；2. 毒品犯罪中"明知"的推定：(1) 毒品犯罪中"明知"推定的争议；(2) 毒品犯罪中"明知"推定的适用。

(67)《论查处毒品犯罪中的几个问题》，载《刑事审判要览》2004年第2辑总第8辑，第86~96页。

要旨➡1. 查处毒品案件时的事实推定；2. 关于"法律推定"与"事实推定"；3. 事实推定应具备的条件；4. 推定与举证责任的分担；5.《危险药物条例》可资借鉴；6. 如何区分运输、贩卖还是"非法持有"；7. 在家中查获大量毒品是否只能认定为"非法持有"。

(68)《马盛坚等贩卖毒品案》，载《刑事审判参考》2003年第3辑总第32辑，第60~65页。

核心提示➡贩卖毒品犯罪中的居间介绍行为应如何定罪处罚？特情引诱所实施的犯罪行为，量刑予以酌情考虑

要旨➡1. 介绍人为吸毒者介绍卖毒者，帮助买毒，只要不是以从中加价牟利为目的，原则不以贩卖共犯论处，系非法持有共犯；2. 为以贩毒为目的的购毒者介绍，帮助购买，是贩毒共犯；3. 为卖毒者介绍买毒者，帮助卖，均是贩毒共犯。

本案虽不存在典型的特情犯意引诱和数量引诱问题，但我们也可以看到，本案被告人是在特情表示自己拥有毒品欲卖找买家的情况下，才开始积极实施居间介绍、协助之犯罪行为的。换言之，若没有特情上述的诱骗表示，本案就可能不会发生。这种情况我们不妨称之为"犯罪机会引诱"。对于被告人在特情"机会引诱"下所实施的犯罪行为，在量刑时亦应予以酌情考虑。

(69)《苏永清贩卖毒品案》，载《刑事审判参考》2002年第5辑总第28辑，第70~

73 页。

核心提示 ➡ 为贩卖毒品向公安特情人员购买毒品的应如何处理?

70《张鸿飞、袁启明组织、领导黑社会性质组织案中华人民共和国最高人民法院刑事判决书》〔2002〕刑复字第 81 号,载《刑事审判参考》2002 年第 5 辑总第 28 辑,第 193~210 页。

核心提示 ➡ 走私毒品入境并贩卖的如何适用罪名?

要旨 ➡ 一、二审法院未认定被告人犯走私毒品罪不当。

71《刘军等贩卖、运输毒品、非法买卖枪支、弹药案》,载《刑事审判参考》2002 年第 1 辑总第 24 辑,第 92~97 页。

核心提示 ➡ 有特情介入的毒品犯罪案件是否存在特情引诱?

72《郑大昌走私毒品案》,载《刑事审判参考》2002 年第 1 辑总第 24 辑,第 87~91 页。

核心提示 ➡ 吸食者实施走私等毒品犯罪的应如何定罪量刑?

要旨 ➡ 走私目的不影响走私毒品罪的成立。即使有为自己吸食而走私的可能,不影响走私毒品罪的成立。本案应以查获的毒品数量认定为被告人走私毒品的数量。吸毒者实施毒品犯罪,有可能部分用于个人吸食的,在量刑时一般应当予以考虑。

73《毒品犯罪证据的运用及重要量刑情节的诉讼审查》,载《刑事司法指南》2002 年总第 9 辑,131~167 页。

要旨 ➡ 1. 毒品犯罪证据的种类和特点;2. 毒品犯罪案件证据的审查判断:(1) 毒品的审查判断;(2) 毒品鉴定意见的审查判断;(3) 查获毒品经过材料的审查判断;(4) 被告人口供的审查判断;(5) 证人证言的审查判断;3. 运输毒品犯罪主观故意证据的审查与运用;4. 对毒品犯罪分子是否具有自首、立功情节的审查认定;5. 毒品犯罪证据收集中应注意的问题:(1) 毒品犯罪证据的收集方法;(2) 诱惑侦查的合法性界限和法律后果;(3) 诱惑侦查的主要表现形式和相关案件的处罚原则。

74《张敏贩卖毒品案》,载《刑事审判参考》2001 年第 5 辑总第 16 辑,第 37~41 页。

核心提示 ➡ 如何正确认定非法持有毒品罪?

要旨 ➡ 如果行为人主观上有贩卖毒品的故意,客观上有贩卖毒品的经历,并且,行为人本人不吸毒或者行为人虽然吸毒,但藏匿或储存的毒品数量明显超过个人吸食所需数量,那么,行为人非法持有毒品的行为应视为是为贩卖毒品作准备,是贩卖毒品行为的组成部分,应以贩卖毒品罪定罪。

75《杨永保等走私毒品案》,载《刑事审判参考》2001 年第 1 辑总第 12 辑,第 12~16 页。

要旨 ➡ 仅因形迹可疑被公安机关盘问后即如实交代罪行的应认定为自首。

76《李伊斯麻贩卖毒品案》,载《刑事审判参考》2000 年第 2 辑总第 7 辑,第 44~48 页以及《刑事审判案例》,第 650~652 页。

核心提示 ➡ 被告人拒不认罪的如何运用证据定罪?

要旨 ➡ 审判认定的罪名可以重于指控的罪名。本人不吸毒,且行为人单纯为了吸毒也不可能持有这样大量的毒品(23914克海洛因),有贩毒史,故认定贩卖毒品,而不同于起诉认定的非法持有毒品。

㊆ 《胡斌、张筠筠等故意杀人、运输毒品(未遂)案》,载《刑事审判参考合订本·第一卷》第156~160页。

核心提示 ➡ 误认尸块为毒品而予以运输的行为应如何定罪处罚?

要旨 ➡ 1.误认尸块为毒品予以运输,应以运输毒品罪(未遂)定性。2.因对象不能犯形成的犯罪未遂应当区分不同情况处理。3.被告人上诉后二审期间又撤回上诉的,审查后应依法作出裁定。

㊆ 《马俊海运输毒品案》,载《刑事审判参考合订本·第一卷》,第151~155页。

核心提示 ➡ 在受人雇用运输毒品过程中才意识到运输的是毒品的案件应如何适用刑罚?

㊆ 《金铁万、李光石贩卖毒品案》,载《刑事审判参考合订本·第一卷》,第142~145页。

核心提示 ➡ 对于有立功表现的毒品犯罪分子应如何适用刑罚?

要旨 ➡ 1.走私目的不影响走私毒品罪的成立;2.数量以查获认定;3.吸毒者实施毒品犯罪,有可能部分用于个人吸食的,在量刑时一般应当予以考虑。

㊆ 《唐友珍运输毒品案》,载《刑事审判参考合订本·第一卷》,第146~150页。

要旨 ➡ 毒品犯罪数量不是决定判处死刑的唯一标准及毒品犯罪中的酌定情节。

㊆ 《黄赏等走私毒品案》,载《刑事审判参考合订本·第一卷》,第136~141页。

核心提示 ➡ 走私毒品大麻的犯罪如何适用法律?

㊆ 《丁学理贩卖毒品》,载《最高人民法院判例释解·刑事卷》,第204页。

要旨 ➡ 贩毒分子住处所缴毒品应一并认定为贩卖数量。

㊆ 《黄仓邦贩卖毒品案》,载《最高人民法院判例释解·刑事卷》,第207页。

要旨 ➡ 为贩卖而从甲地将毒品运输至乙地后贩卖的行为构成贩卖、运输毒品罪。

第348条 非法持有毒品罪

非法持有鸦片一千克以上、海洛因或者甲基苯丙胺五十克以上或者其他毒品数量大的,处七年以上有期徒刑或者无期徒刑,并处罚金;非法持有鸦片二百克以上不满一千克、海洛因或者甲基苯丙胺十克以上不满五十克或者其他毒品数量较大的,处三年以下有期徒刑、拘役或者管制,并处罚金;情节严重的,处三年以上七年以下有期徒刑,并处罚金。

关联规范 ➡ 完全整理

❶《中华人民共和国刑法》(1980年1月1日)第356条 毒品再犯

因走私、贩卖、运输、制造、非法持有毒品罪被判过刑,又犯本节规定之罪的,从重处罚。

❷《中华人民共和国刑法》(1980年1月1日) 第357条 毒品的概念及折算规定

本法所称的毒品,是指鸦片、海洛因、甲基苯丙胺(冰毒)、吗啡、大麻、可卡因以及国家规定管制的其他能够使人形成瘾癖的麻醉药品和精神药品。

毒品的数量以查证属实的走私、贩卖、运输、制造、非法持有毒品的数量计算,不以纯度折算。

❸ 最高人民检察院、公安部《关于公安机关管辖的刑事案件立案追诉标准的规定(三)》(2012年5月28日 高检发研字〔2011〕2号)(节录)①

第二条 [非法持有毒品案(刑法第三百四十八条)]明知是毒品而非法持有,涉嫌下列情形之一的,应予立案追诉:

(一)鸦片二百克以上、海洛因、可卡因或者甲基苯丙胺十克以上;

(二)二亚甲基双氧安非他明(MDMA)等苯丙胺类毒品(甲基苯丙胺除外)、吗啡二十克以上;

(三)度冷丁(杜冷丁)五十克以上(针剂100mg/支规格的五百支以上,50mg/支规格的一千支以上;片剂25mg/片规格的二千片以上,50mg/片规格的一千片以上);

(四)盐酸二氢埃托啡二毫克以上(针剂或者片剂20μg/支、片规格的一百支、片以上);

(五)氯胺酮、美沙酮二百克以上;

(六)三唑仑、安眠酮十千克以上;

(七)咖啡因五十千克以上;

(八)氯氮卓、艾司唑仑、地西泮、溴西泮一百千克以上;

(九)大麻油一千克以上,大麻脂二千克以上,大麻叶及大麻烟三十千克以上;

(十)罂粟壳五十千克以上;

(十一)上述毒品以外的其他毒品数量较大的。

非法持有两种以上毒品,每种毒品均没有达到本条第一款规定的数量标准,但按前款规定的立案追诉数量比例折算成海洛因后累计相加达到十克以上的,应予立案追诉。

本条规定的"非法持有",是指违反国家法律和国家主管部门的规定,占有、携带、藏有或者以其他方式持有毒品。

非法持有毒品主观故意中的"明知",依照本规定第一条第八款的有关规定予以认定。

第十三条 本规定中的毒品是指鸦片、海洛因、甲基苯丙胺(冰毒)、吗啡、大麻、可卡因以及国家规定管制的其他能够使人形成瘾癖的麻醉药品和精神药品。具体品种以国家食品药品监督管理局、公安部、卫生部发布的《麻醉药品品种目录》、《精神药品品种目录》为依据。

本规定中的"制毒物品"是指刑法第三百五十条第一款规定的醋酸酐、乙醚、三氯甲

---

① 对其解读见:《公检法办案指南》2012年第6辑总第150辑,第54~77页。

烷或者其他用于制造毒品的原料或者配剂,具体品种范围按照国家关于易制毒化学品管理的规定确定。

第十四条 本规定中未明确立案追诉标准的毒品,有条件折算为海洛因的,参照有关麻醉药品和精神药品折算标准进行折算。

第十五条 本规定中的立案追诉标准,除法律、司法解释另有规定的以外,适用于相关的单位犯罪。

❹ 最高人民法院《全国部分法院审理毒品犯罪案件工作座谈会纪要》(2008 年 12 月 23 日)(节录)①

毒品案件的罪名确定和数量认定问题

对于吸毒者实施的毒品犯罪,在认定犯罪事实和确定罪名时要慎重。吸毒者在购买、运输、存储毒品过程中被查获的,如没有证据证明其是为了实施贩卖等其他毒品犯罪行为,毒品数量未超过刑法第三百四十八条规定的最低数量标准的,一般不定罪处罚;查获毒品数量达到较大以上的,应以其实际实施的毒品犯罪行为定罪处罚。

对于以贩养吸的被告人,其被查获的毒品数量应认定为其犯罪的数量,但量刑时应考虑被告人吸食毒品的情节,酌情处理;被告人购买了一定数量的毒品后,部分已被其吸食的,应当按能够证明的贩卖数量及查获的毒品数量认定其贩毒的数量,已被吸食部分不计入在内。

有证据证明行为人不以牟利为目的,为他人代购仅用于吸食的毒品,毒品数量超过刑法第三百四十八条规定的最低数量标准的,对托购者、代购者应以非法持有毒品罪定罪。代购者从中牟利,变相加价贩卖毒品的,对代购者应以贩卖毒品罪定罪。明知他人实施毒品犯罪而为其居间介绍、代购代卖的,无论是否牟利,都应以相关毒品犯罪的共犯论处。

❺ 最高人民法院、最高人民检察院、公安部《办理毒品犯罪案件适用法律若干问题的意见》(2007 年 11 月 8 日)(节录)②

三、关于办理氯胺酮等毒品案件定罪量刑标准问题

(一)走私、贩卖、运输、制造、非法持有下列毒品,应当认定为刑法第三百四十七条第二款第(一)项、第三百四十八条规定的"其他毒品数量大":

1. 二亚甲基双氧安非他明(MDMA)等苯丙胺类毒品(甲基苯丙胺除外)100 克以上;2. 氯胺酮、美沙酮 1 千克以上;3. 三唑仑、安眠酮 50 千克以上;4. 氯氮䓬、艾司唑仑、地西泮、溴西泮 500 千克以上;5. 上述毒品以外的其他毒品数量大的。

(二)走私、贩卖、运输、制造、非法持有下列毒品,应当认定为刑法第三百四十七条第三款、第三百四十八条规定的"其他毒品数量较大":

1. 二亚甲基双氧安非他明(MDMA)等苯丙胺类毒品(甲基苯丙胺除外)20 克以上不满 100 克的;2. 氯胺酮、美沙酮 200 克以上不满 1 千克的;3. 三唑仑、安眠酮 10 千克

---

① 对其解读见:《刑事审判参考》2008 年第 6 辑总第 65 辑,第 71~92 页。
② 对其解读见:《刑事审判参考》2008 年第 2 辑总第 61 辑,第 62~71 页。

以上不满50千克的；4. 氯氮䓬、艾司唑仑、地西泮、溴西泮100千克以上不满500千克的；5. 上述毒品以外的其他毒品数量较大的。

（四）上述毒品品种包括其盐和制剂。毒品鉴定意见中毒品名的认定应当以国家食品药品监督管理局、公安部、卫生部最新发布的《麻醉药品品种目录》、《精神药品品种目录》为依据。

6 公安部《关于认定海洛因有关问题的批复》（2002年6月28日 公禁毒〔2002〕236号）①

只要检出"单乙酰吗啡"或"单乙酰吗啡和单乙酰可待因"，均应当认定为海洛因。只要尿检出"单乙酰吗啡"，即证明涉嫌人员服用了海洛因。

7 最高人民法院《关于审理毒品案件定罪量刑标准有关问题的解释》（2000年6月10日 法释〔2000〕13号）②

8 《上海法院量刑指南——毒品犯罪之一》（2005年3月8日 沪高法〔2005〕56号）（节录）

第十五条 非法持有海洛因或甲基苯丙胺六百克以上或者其他数量相当毒品的，一般判处十五年有期徒刑；有法定从重情节或者非法持有海洛因或甲基苯丙胺一千克以上的，可以判处无期徒刑。

第十六条 非法持有海洛因或甲基苯丙胺四百克以上不满六百克或者其他数量相当毒品的，一般判处十三年以上十五年以下有期徒刑。

第十七条 非法持有海洛因或甲基苯丙胺二百克以上不满四百克或者其他数量相当毒品的，一般判处十年以上十三年以下有期徒刑。

第十八条 非法持有海洛因或甲基苯丙胺五十克以上不满二百克或者其他数量相当毒品的，一般判处七年以上十年以下有期徒刑。

第十九条 非法持有海洛因或甲基苯丙胺十克以上不满二十五克或者其他数量相当毒品的，一般判处一年六个月以下有期徒刑、拘役或者管制。

第二十条 非法持有海洛因或甲基苯丙胺二十五克以上不满三十五克或者其他数量相当毒品的，一般判处一年六个月以上三年以下有期徒刑。

第二十一条 具有下列情形之一的，可以认定为刑法第三百四十八条规定的"情节严重"：

（一）非法持有海洛因或甲基苯丙胺三十五克以上不满五十克或者其他数量相当毒品的；

（二）国家工作人员非法持有毒品的；

（三）其他情节严重的行为。

第二十二条 非法持有毒品情节严重的，一般判处三年以上五年以下有期徒刑；具有

---

① 对其解读见：《刑事审判参考》2002年第5辑总第28辑，第154~155页。
② 对其解读见：《刑事审判参考》2000年第4辑总第9辑，第68~96页以及《解读最高人民法院司法解释·刑事、行政卷（1997~2002）》，第249~255页。

下列情形之一的，判处五年以上七年以下有期徒刑：

（一）非法持有海洛因或甲基苯丙胺四十二点五克以上不满五十克的；

（二）有法定从重情节的；

（三）有两个以上酌定从重情节的。

第七章　无数量标准毒品犯罪的量刑原则

第二十三条　审理法律、司法解释没有规定数量标准的上列毒品犯罪案件时，可以根据案件具体情况采用下列方法对被告人适用刑罚：

（一）参照《非法药物折算表》，确定涉案毒品折算成海洛因的数量后，依照本指南的相关规定适用刑罚。

（二）具有刑法第三百四十七条第四款、第三百四十八条规定的"情节严重"的行为，可以依照本指南的相关规定适用刑罚。

（三）被告人实施的上列毒品犯罪，如果涉及的毒品既有法律或司法解释明文规定的量刑数量标准，也有未规定数量标准的，两者不能累计；亦不能将未规定数量标准的毒品折算后，与有规定数量标准的毒品予以累计。如果有规定数量标准的毒品的量刑，能吸收未规定数量标准的毒品的量刑，对于后者可以不单独量刑，作情节考虑；反之，应按本条第（一）、（二）项规定处理，并将前者的毒品数量，作情节考虑。

❾《关于执行刑法若干问题的具体意见（试行）——99'上海法院刑庭庭长会议纪要》（1999年7月15日）（节录）

五、关于代购毒品等行为的定罪量刑问题

1. 关于"代购"毒品等行为的定性：如果明知他人从事贩毒活动而为之代购（含他人出资自己代买与自己先行垫付购买）毒品或者介绍买卖毒品的，无论是否牟利，以贩卖毒品罪论处；如果单纯因为亲友吸毒而为之代购毒品，数量较小（如海洛因不满10克）的，不予定罪处刑；但是，如果代购者在运输途中被抓获，毒品（指海洛因）数量在5克以上的，可以运输毒品罪论处，并酌情从轻处罚（编者注：编者不同意以运输毒品罪论处，类似行为根据2000年最高人民法院纪要，仍应定性为帮助非法持有毒品行为，运输不足10克的，不予定罪处刑）。如果代购者从中牟利的，应以贩卖毒品罪论处。

学理观点·典型案例 ➡ **索引与要旨**

❶《王某某贩卖毒品案》，载《公检法办案指南》2010年第10辑总第130辑，第181～186页。

要旨 ➡ 有吸毒史人员贩卖毒品被当场抓获时起获随身携带的剩余毒品是认定贩卖毒品还是非法持有毒品应依具体情况确定。

❷《辛晓旻非法持有毒品上诉案》，载《人民法院案例选》2009年第2辑总第68辑。

要旨 ➡ 为他人吸毒而帮助联系购买毒品数量大的，构成非法持有毒品罪。

❸《从一例毒品案件的判决看法官心证》，载《沈某非法持有毒品案》以及《刑事

法律文件解读》2008 年第 4 辑总第 34 辑，第 89~92 页。

❹《宋国华贩卖毒品案》，载《刑事审判参考》2005 年第 5 辑总第 46 辑，第 45~50 页。

核心提示 ➡ 贩卖毒品罪与非法持有毒品罪的区别；对购买数量巨大的毒品且查获疑似毒品加工工具、添加剂的被告人，但其本人系吸毒瘾者的应当如何定性？

❺《持有型犯罪研究》，载《刑事司法指南》2005 年第 2 辑总第 22 辑，第 68~123 页。

要旨 ➡ 1. 论刑法上的持有：(1) 持有的概念；(2) 持有的行为；(3) 持有的归属。2. 持有型犯罪概述：(1) 持有型犯罪的概念；(2) 持有型犯罪的范围；(3) 持有型犯罪的分类。3. 持有型犯罪立法：(1) 持有型犯罪的立法根据；(2) 持有型犯罪的立法价值。4. 持有型犯罪司法：(1) 持有型犯罪的司法根据；(2) 持有型犯罪的司法处理。

❻《黄学东非法持有毒品案》，载《刑事审判参考》2004 年第 1 辑总第 36 辑，第 58~63 页。

核心提示 ➡ 被告人从被公安监控的毒品犯罪嫌疑人住处出来时携带大量毒品，是定非法持有毒品还是窝藏、转移毒品；窝藏、转移毒品的举证责任

要旨 ➡ 虽然查获毒品数量巨大，且有将大量咖啡因兑入贩卖的可能，但无法证明其他目的的仍应定非法持有毒品罪。

❼《王团结、潘友利、黄福忠抢劫、敲诈勒索案》，载《刑事审判参考》2004 年第 1 辑总第 36 辑。

核心提示 ➡ 盗窃他人皮箱后发现有毒品并非法持有的行为如何定性？

要旨 ➡ 构成牵连关系，应认定为牵连犯。

❽《洪某某、李某被控非法持有毒品案》，载《刑事审判指导》2004 年第 2 辑总第 2 辑。

核心提示 ➡ 帮助非法持有毒品的犯罪分子转移、窝藏毒品的，应当如何定性？

❾《马盛坚等贩卖毒品案》，载《刑事审判参考》2003 年第 3 辑总第 32 辑，第 60~65 页。

核心提示 ➡ 居间介绍人为吸毒者介绍卖毒者的行为应如何定罪处罚？

要旨 ➡ 客观上虽对卖毒者的贩卖行动起到了帮助作用，但从主观上来看，居间介绍人并没有帮助卖毒者进行贩卖毒品的故意，而仅是为了帮助吸毒者能够买到毒品，只要不是以从中加价牟利为目的，原则不以贩卖共犯论处，系非法持有共犯。

❿《薛佩军等盗窃案》，载《刑事审判参考》2002 年第 4 辑总第 27 辑，第 27~33 页。

核心提示 ➡ 盗窃毒品后非法持有的行为如何定性？

要旨 ➡ 以非法持有毒品罪逮捕。被告人得知他人有毒品，以非法占有为目的，盗窃毒品，抓获后毒品被起获。一、二审均判处盗窃罪。

⓫《张敏贩卖毒品案》，载《刑事审判参考》2001 年第 5 辑总第 16 辑，第 37~

41 页。

核心提示 ➡ 如何正确认定非法持有毒品罪？

要旨 ➡ 如果行为人主观上有贩卖毒品的故意，客观上有贩卖毒品的经历，并且，行为人本人不吸毒或者行为人虽然吸毒，但藏匿或储存的毒品数量明显超过个人吸食所需数量，那么，行为人非法持有毒品的行为应视为是为贩卖毒品做准备，是贩卖毒品行为的组成部分，应以贩卖毒品罪定罪。

⑫《李伊斯麻贩卖毒品案》，载《刑事审判参考》2000 年第 2 辑总第 7 辑，第 44～48 页以及《刑事审判案例》，第 650～652 页。

核心提示 ➡ 审判认定的罪名可以重于指控的罪名

要旨 ➡ 本人不吸毒，且行为人单纯为了吸毒也不可能持有这样大量的毒品（23914 克海洛因），有贩毒史，故认定贩卖毒品，而不同于起诉认定的非法持有毒品。

第 349 条　包庇毒品犯罪分子罪　窝藏、转移、隐瞒毒品、毒赃罪

包庇走私、贩卖、运输、制造毒品的犯罪分子的，为犯罪分子窝藏、转移、隐瞒毒品或者犯罪所得的财物的，处三年以下有期徒刑、拘役或者管制；情节严重的，处三年以上十年以下有期徒刑。

缉毒人员或者其他国家机关工作人员掩护、包庇走私、贩卖、运输、制造毒品的犯罪分子的，依照前款的规定从重处罚。

犯前两款罪，事先通谋的，以走私、贩卖、运输、制造毒品罪的共犯论处。

关联规范 ➡ 完全整理

❶《中华人民共和国刑法》（1980 年 1 月 1 日）第 356 条　毒品再犯

因走私、贩卖、运输、制造、非法持有毒品罪被判过刑，又犯本节规定之罪的，从重处罚。

❷ 最高人民检察院、公安部《关于公安机关管辖的刑事案件立案追诉标准的规定（三）》（2012 年 5 月 28 日　高检发研字〔2011〕2 号）（节录）①

第四条　窝藏、转移、隐瞒毒品、毒赃案（刑法第三百四十九条）为走私、贩卖、运输、制造毒品的犯罪分子窝藏、转移、隐瞒毒品或者犯罪所得的财物的，应予立案追诉。

实施前款规定的行为，事先通谋的，以走私、贩卖、运输、制造毒品罪的共犯立案追诉。

❸ 最高人民法院《关于审理洗钱等刑事案件具体应用法律若干问题的解释》（2009 年 9 月 21 日　法释〔2009〕15 号）（节录）②

---

① 对其解读见：《公检法办案指南》2012 年第 6 辑总第 150 辑，第 54～77 页。
② 对其解读见：《刑事审判参考》2010 年第 1 辑总第 72 辑，第 111～134 页。

第三条 明知是犯罪所得及其产生的收益而予以掩饰、隐瞒，构成刑法第三百一十二条规定的犯罪，同时又构成刑法第一百九十一条或者第三百四十九条规定的犯罪的，依照处罚较重的规定定罪处罚。

第四条 刑法第一百九十一条、第三百一十二条、第三百四十九条规定的犯罪，应当以上游犯罪事实成立为认定前提。上游犯罪尚未依法裁判，但查证属实的，不影响刑法第一百九十一条、第三百一十二条、第三百四十九条规定的犯罪的审判。

上游犯罪事实可以确认，因行为人死亡等原因依法不予追究刑事责任的，不影响刑法第一百九十一条、第三百一十二条、第三百四十九条规定的犯罪的认定。

上游犯罪事实可以确认，依法以其他罪名定罪处罚的，不影响刑法第一百九十一条、第三百一十二条、第三百四十九条规定的犯罪的认定。

本条所称"上游犯罪"，是指产生刑法第一百九十一条、第三百一十二条、第三百四十九条规定的犯罪所得及其收益的各种犯罪行为。

学理观点·典型案例 ➡ 索引与要旨

❶《智李梅、蒋国峰贩卖、窝藏、转移毒品案》，载《刑事审判参考》2010年第2辑总第73辑，第65~69页。

核心提示➡被告人曾参与贩卖毒品，后又单方面帮助他人窝藏、转移毒品的，如何定罪？

❷《汪照洗钱案》，载《刑事审判参考》2004年第2辑总第37辑，第15~21页。

核心提示➡洗钱罪与隐瞒毒赃罪的区别

要旨➡洗钱罪与隐瞒毒赃罪的根本区别在于前者所隐瞒的系毒赃的非法性质和来源，后者所隐瞒的系毒赃本身，被告人协助实施的投资及虚构经营亏损等活动，意在将毒赃的非法性质和来源予以合法化。

❸《黄学东非法持有毒品案》，载《刑事审判参考》2004年第1辑总第36辑，第58~63页。

核心提示➡被告人从被公安监控的毒品犯罪嫌疑人住处出来时携带大量毒品，是定非法持有毒品还是窝藏、转移毒品？窝藏、转移毒品的举证责任

❹《洪某某、李某被控非法持有毒品案》，载《刑事审判指导》2004年第2辑总第2辑。

核心提示➡帮助非法持有毒品的犯罪分子转移、窝藏毒品的，应当如何定性？

❺《韩雅利贩卖毒品、韩镇平窝藏毒品案》，载《刑事审判参考》2003年第3辑总第32辑，第74~78页。

核心提示➡窝藏毒品罪的具体案例

第350条　第1款　走私制毒物品罪　非法买卖制毒物品罪

违反国家规定，非法运输、携带醋酸酐、乙醚、三氯甲烷或者其他用于制

造毒品的原料或者配剂进出境的，或者违反国家规定，在境内非法买卖上述物品的，处三年以下有期徒刑、拘役或者管制，并处罚金；数量大的，处三年以上十年以下有期徒刑，并处罚金。

明知他人制造毒品而为其提供前款规定的物品的，以制造毒品罪的共犯论处。

单位犯前两款罪的，对单位判处罚金，并对其直接负责的主管人员和其他直接责任人员，依照前两款的规定处罚。

关 联 规 范 ⟹ 完全整理

❶《中华人民共和国刑法》（1980年1月1日）第96条　对违反国家规定概念的界定

本法所称违反国家规定，是指违反全国人民代表大会及其常务委员会制定的法律和决定，国务院制定的行政法规、规定的行政措施、发布的决定和命令。

❷《中华人民共和国刑法》（1980年1月1日）第356条　毒品再犯

因走私、贩卖、运输、制造、非法持有毒品罪被判过刑，又犯本节规定之罪的，从重处罚。

❸《中华人民共和国刑法》（1980年1月1日）第357条　毒品的概念及折算规定

本法所称的毒品，是指鸦片、海洛因、甲基苯丙胺（冰毒）、吗啡、大麻、可卡因以及国家规定管制的其他能够使人形成瘾癖的麻醉药品和精神药品。

毒品的数量以查证属实的走私、贩卖、运输、制造、非法持有毒品的数量计算，不以纯度折算。

❹ 最高人民检察院《关于办理走私、非法买卖麻黄碱类复方制剂等案件的意见》（2012年6月27日）

一、关于走私、非法买卖麻黄碱类复方制剂等行为的定性

以加工、提炼制毒物品制造毒品为目的，购买麻黄碱类复方制剂，或者运输、携带、寄递麻黄碱类复方制剂进出境的，依照刑法第三百四十七条的规定，以制造毒品罪定罪处罚。

以加工、提炼制毒物品为目的，购买麻黄碱类复方制剂，或者运输、携带、寄递麻黄碱类复方制剂进出境的，依照刑法第三百五十条第一款、第三款的规定，分别以非法买卖制毒物品罪、走私制毒物品罪定罪处罚。

将麻黄碱类复方制剂拆除包装、改变形态后进行走私或者非法买卖，或者明知是已拆除包装、改变形态的麻黄碱类复方制剂而进行走私或者非法买卖的，依照刑法第三百五十条第一款、第三款的规定，分别以走私制毒物品罪、非法买卖制毒物品罪定罪处罚。

非法买卖麻黄碱类复方制剂或者运输、携带、寄递麻黄碱类复方制剂进出境，没有证据证明系用于制造毒品或者走私、非法买卖制毒物品，或者未达到走私制毒物品罪、非法

买卖制毒物品罪的定罪数量标准,构成非法经营罪、走私普通货物、物品罪等其他犯罪的,依法定罪处罚。

实施第一款、第二款规定的行为,同时构成其他犯罪的,依照处罚较重的规定定罪处罚。

二、关于利用麻黄碱类复方制剂加工、提炼制毒物品行为的定性

以制造毒品为目的,利用麻黄碱类复方制剂加工、提炼制毒物品的,依照刑法第三百四十七条的规定,以制造毒品罪定罪处罚。

以走私或者非法买卖为目的,利用麻黄碱类复方制剂加工、提炼制毒物品的,依照刑法第三百五十条第一款、第三款的规定,分别以走私制毒物品罪、非法买卖制毒物品罪定罪处罚。

三、关于共同犯罪的认定

明知他人利用麻黄碱类制毒物品制造毒品,向其提供麻黄碱类复方制剂,为其利用麻黄碱类复方制剂加工、提炼制毒物品,或者为其获取、利用麻黄碱类复方制剂提供其他帮助的,以制造毒品罪的共犯论处。

明知他人走私或者非法买卖麻黄碱类制毒物品,向其提供麻黄碱类复方制剂,为其利用麻黄碱类复方制剂加工、提炼制毒物品,或者为其获取、利用麻黄碱类复方制剂提供其他帮助的,分别以走私制毒物品罪、非法买卖制毒物品罪的共犯论处。

四、关于犯罪预备、未遂的认定

实施本意见规定的行为,符合犯罪预备或者未遂情形的,依照法律规定处罚。

五、关于犯罪嫌疑人、被告人主观目的与明知的认定

对于本意见规定的犯罪嫌疑人、被告人的主观目的与明知,应当根据物证、书证、证人证言以及犯罪嫌疑人、被告人供述和辩解等在案证据,结合犯罪嫌疑人、被告人的行为表现,重点考虑以下因素综合予以认定:

1. 购买、销售麻黄碱类复方制剂的价格是否明显高于市场交易价格;
2. 是否采用虚假信息、隐蔽手段运输、寄递、存储麻黄碱类复方制剂;
3. 是否采用伪报、伪装、藏匿或者绕行进出境等手段逃避海关、边防等检查;
4. 提供相关帮助行为获得的报酬是否合理;
5. 此前是否实施过同类违法犯罪行为;
6. 其他相关因素。

六、关于制毒物品数量的认定

实施本意见规定的行为,以走私制毒物品罪、非法买卖制毒物品罪定罪处罚的,应当以涉案麻黄碱类复方制剂中麻黄碱类物质的含量作为涉案制毒物品的数量。

实施本意见规定的行为,以制造毒品罪定罪处罚的,应当将涉案麻黄碱类复方制剂所含的麻黄碱类物质可以制成的毒品数量作为量刑情节考虑。

多次实施本意见规定的行为未经处理的,涉案制毒物品的数量累计计算。

七、关于定罪量刑的数量标准

实施本意见规定的行为,以走私制毒物品罪、非法买卖制毒物品罪定罪处罚的,涉案

麻黄碱类复方制剂所含的麻黄碱类物质应当达到以下数量标准：麻黄碱、伪麻黄碱、消旋麻黄碱及其盐类五千克以上不满五十千克；去甲麻黄碱、甲基麻黄碱及其盐类十千克以上不满一百千克；麻黄浸膏、麻黄浸膏粉一百千克以上不满一千千克。达到上述数量标准上限的，认定为刑法第三百五十条第一款规定的"数量大"。

实施本意见规定的行为，以制造毒品罪定罪处罚，无论涉案麻黄碱类复方制剂所含的麻黄碱类物质数量多少，都应当追究刑事责任。

八、关于麻黄碱类复方制剂的范围

本意见所称麻黄碱类复方制剂是指含有《易制毒化学品管理条例》（国务院令第四百四十五号）品种目录所列的麻黄碱（麻黄素）、伪麻黄碱（伪麻黄素）、消旋麻黄碱（消旋麻黄素）、去甲麻黄碱（去甲麻黄素）、甲基麻黄碱（甲基麻黄素）及其盐类，或者麻黄浸膏、麻黄浸膏粉等麻黄碱类物质的药品复方制剂。

5 最高人民检察院、公安部《关于公安机关管辖的刑事案件立案追诉标准的规定（三）》（2012年5月28日　高检发研字〔2011〕2号）（节录）①

第六条　[非法买卖制毒物品案（刑法第三百五十条）] 违反国家规定，在境内非法买卖制毒物品，数量达到本规定第五条第一款规定情形之一的，应予立案追诉。

非法买卖两种以上制毒物品，每种制毒物品均没有达到本条第一款规定的数量标准，但按前款规定的立案追诉数量比例折算成一种制毒物品后累计相加达到上述数量标准的，应予立案追诉。

违反国家规定，实施下列行为之一的，认定为本条规定的非法买卖制毒物品行为：

（一）未经许可或者备案，擅自购买、销售易制毒化学品的；

（二）超出许可证明或者备案证明的品种、数量范围购买、销售易制毒化学品的；

（三）使用他人的或者伪造、变造、失效的许可证明或者备案证明购买、销售易制毒化学品的；

（四）经营单位违反规定，向无购买许可证明、备案证明的单位、个人销售易制毒化学品的，或者明知购买者使用他人的或者伪造、变造、失效的许可证明或者备案证明，向其销售易制毒化学品的；

（五）以其他方式非法买卖易制毒化学品的。

易制毒化学品生产、经营、使用单位或者个人未办理许可证明或者备案证明，购买、销售易制毒化学品，如果有证据证明确实用于合法生产、生活需要，依法能够办理只是未及时办理许可证明或者备案证明，且未造成严重社会危害的，可不以非法买卖制毒物品罪立案追诉。

为了非法买卖制毒物品而采用生产、加工、提炼等方法非法制造易制毒化学品的，以非法买卖制毒物品罪（预备）立案追诉。

非法买卖制毒物品主观故意中的"明知"，依照本规定第五条第四款的有关规定予以认定。

---

① 对其解读见：《公检法办案指南》2012年第6辑总第150辑，第54~77页。

明知他人实施非法买卖制毒物品犯罪,而为其运输、储存、代理进出口或者以其他方式提供便利的,以非法买卖制毒物品罪的共犯立案追诉。

第十三条 本规定中的毒品是指鸦片、海洛因、甲基苯丙胺(冰毒)、吗啡、大麻、可卡因以及国家规定管制的其他能够使人形成瘾癖的麻醉药品和精神药品。具体品种以国家食品药品监督管理局、公安部、卫生部发布的《麻醉药品品种目录》、《精神药品品种目录》为依据。

本规定中的"制毒物品"是指刑法第三百五十条第一款规定的醋酸酐、乙醚、三氯甲烷或者其他用于制造毒品的原料或者配剂,具体品种范围按照国家关于易制毒化学品管理的规定确定。

第十五条 本规定中的立案追诉标准,除法律、司法解释另有规定的以外,适用于相关的单位犯罪。

❻ 最高人民法院、最高人民检察院、公安部《关于办理制毒物品犯罪案件适用法律若干问题的意见》(2009年6月23日)①

一、关于制毒物品犯罪的认定

(一)本意见中的"制毒物品",是指刑法第三百五十条第一款规定的醋酸酐、乙醚、三氯甲烷或者其他用于制造毒品的原料或者配剂,具体品种范围按照国家关于易制毒化学品管理的规定确定。

(二)违反国家规定,实施下列行为之一的,认定为刑法第三百五十条规定的非法买卖制毒物品行为:

1. 未经许可或者备案,擅自购买、销售易制毒化学品的;
2. 超出许可证明或者备案证明的品种、数量范围购买、销售易制毒化学品的;
3. 使用他人的或者伪造、变造、失效的许可证明或者备案证明购买、销售易制毒化学品的;
4. 经营单位违反规定,向无购买许可证明、备案证明的单位、个人销售易制毒化学品的,或者明知购买者使用他人的或者伪造、变造、失效的购买许可证明、备案证明,向其销售易制毒化学品的;
5. 以其他方式非法买卖易制毒化学品的。

(三)易制毒化学品生产、经营、使用单位或者个人未办理许可证明或者备案证明,购买、销售易制毒化学品,如果有证据证明确实用于合法生产、生活需要,依法能够办理只是未及时办理许可证明或者备案证明,且未造成严重社会危害的,可不以非法买卖制毒物品罪论处。

(四)为了制造毒品或者走私、非法买卖制毒物品犯罪而采用生产、加工、提炼等方法非法制造易制毒化学品的,根据刑法第二十二条的规定,按照其制造易制毒化学品的不同目的,分别以制造毒品、走私制毒物品、非法买卖制毒物品的预备行为论处。

---

① 对其解读见:《刑事审判参考》2009年第5辑总第70辑,第83~85、86~96页以及《答记者问》,载《刑事法律文件解读》2009年第8辑总第50辑,第32~37页。

（五）明知他人实施走私或者非法买卖制毒物品犯罪，而为其运输、储存、代理进出口或者以其他方式提供便利的，以走私或者非法买卖制毒物品罪的共犯论处。

（六）走私、非法买卖制毒物品行为同时构成其他犯罪的，依照处罚较重的规定定罪处罚。

二、关于制毒物品犯罪嫌疑人、被告人主观明知的认定

对于走私或者非法买卖制毒物品行为，有下列情形之一，且查获了易制毒化学品，结合犯罪嫌疑人、被告人的供述和其他证据，经综合审查判断，可以认定其"明知"是制毒物品而走私或者非法买卖，但有证据证明确属被蒙骗的除外：

1. 改变产品形状、包装或者使用虚假标签、商标等产品标志的；
2. 以藏匿、夹带或者其他隐蔽方式运输、携带易制毒化学品逃避检查的；
3. 抗拒检查或者在检查时丢弃货物逃跑的；
4. 以伪报、藏匿、伪装等蒙蔽手段逃避海关、边防等检查的；
5. 选择不设海关或者边防检查站的路段绕行出入境的；
6. 以虚假身份、地址办理托运、邮寄手续的；
7. 以其他方法隐瞒真相，逃避对易制毒化学品依法监管的。

三、关于制毒物品犯罪定罪量刑的数量标准

（一）违反国家规定，非法运输、携带制毒物品进出境或者在境内非法买卖制毒物品达到下列数量标准的，依照刑法第三百五十条第一款的规定，处三年以下有期徒刑、拘役或者管制，并处罚金：

1. 1－苯基－2－丙酮五千克以上不满五十千克；
2. 3，4－亚甲基二氧苯基－2－丙酮、去甲麻黄素（去甲麻黄碱）、甲基麻黄素（甲基麻黄碱）、羟亚胺及其盐类十千克以上不满一百千克；
3. 胡椒醛、黄樟素、黄樟油、异黄樟素、麦角酸、麦角胺、麦角新碱、苯乙酸二十千克以上不满二百千克；
4. N－乙酰邻氨基苯酸、邻氨基苯甲酸、哌啶一百五十千克以上不满一千五百千克；
5. 甲苯、丙酮、甲基乙基酮、高锰酸钾、硫酸、盐酸四百千克以上不满四千千克；
6. 其他用于制造毒品的原料或者配剂相当数量的。

（二）违反国家规定，非法买卖或者走私制毒物品，达到或者超过前款所列最高数量标准的，认定为刑法第三百五十条第一款规定的"数量大的"，处三年以上十年以下有期徒刑，并处罚金。

7 最高人民法院《最高人民法院关于审理走私刑事案件具体应用法律若干问题的解释（二）》（2006年11月16日　法释〔2006〕9号）（节录）[①]

第五条　对在走私的普通货物、物品或者废物中藏匿刑法第一百五十一条、第一百五十二条、第三百四十七条、第三百五十条规定的货物、物品，构成犯罪的，以实际走私的货物、物品定罪处罚；构成数罪的，实施数罪并罚。

---

① 对其解读见：《刑事审判参考》2006年第6辑总第53辑，第71~77页。

❽ 国务院《易制毒化学品管理条例》（2005年8月6日　国务院令第四百四十五号）（节录）①

第七章　法律责任

第三十八条　违反本条例规定，未经许可或者备案擅自生产、经营、购买、运输易制毒化学品，伪造申请材料骗取易制毒化学品生产、经营、购买或者运输许可证，使用他人的或者伪造、变造、失效的许可证生产、经营、购买、运输易制毒化学品的，由公安机关没收非法生产、经营、购买或者运输的易制毒化学品、用于非法生产易制毒化学品的原料以及非法生产、经营、购买或者运输易制毒化学品的设备、工具，处非法生产、经营、购买或者运输的易制毒化学品货值10倍以上20倍以下的罚款，货值的20倍不足1万元的，按1万元罚款；有违法所得的，没收违法所得；有营业执照的，由工商行政管理部门吊销营业执照；构成犯罪的，依法追究刑事责任。

对前款规定违法行为的单位或者个人，有关行政主管部门可以自作出行政处罚决定之日起3年内，停止受理其易制毒化学品生产、经营、购买、运输或者进口、出口许可申请。

第三十九条　违反本条例规定，走私易制毒化学品的，由海关没收走私的易制毒化学品；有违法所得的，没收违法所得，并依照海关法律、行政法规给予行政处罚；构成犯罪的，依法追究刑事责任。

附表：易制毒化学品的分类和品种目录

第一类 1. 1-苯基-2-丙酮；2. 3，4-亚甲基二氧苯基-2-丙酮；3. 胡椒醛；4. 黄樟素；5. 黄樟油；6. 异黄樟素；7. N-乙酰邻氨基苯酸；8. 邻氨基苯甲酸；9. 麦角酸*；10. 麦角胺*；11. 麦角新碱*；12. 麻黄素、伪麻黄素、消旋麻黄素、去甲麻黄素、甲基麻黄素、麻黄浸膏、麻黄浸膏粉等麻黄素类物质*

第二类 1. 苯乙酸；2. 醋酸酐；3. 三氯甲烷；4. 乙醚；5. 哌啶

第三类 1. 甲苯；2. 丙酮；3. 甲基乙基酮；4. 高锰酸钾；5. 硫酸；6. 盐酸

说明：一、第一类、第二类所列物质可能存在的盐类，也纳入管制。二、带有*标记的品种为第一类中的药品类易制毒化学品，第一类中的药品类易制毒化学品包括原料药及其单方制剂。

❾ 公安部禁毒局《关于制造贩卖安钠咖立案问题的答复》（2002年11月5日　公禁毒〔2002〕434号）②

❿ 最高人民法院《关于审理毒品案件定罪量刑标准有关问题的解释》（2000年6月10日　法释〔2000〕13号）（节录）③

第四条　违反国家规定，非法运输、携带进出境或在境内非法买卖醋酸酐、乙醚、三

---

① 对其解读见：《最新刑事法律文件解读》2006年第1辑总第13辑，第45~66页。
② 对其解读见：《刑事审判参考》2003年第1辑总第30辑，第152页。
③ 对其解读见：《刑事审判参考》2000第4辑总第9辑，第66~68，96页以及《解读最高人民法院司法解释·刑事、行政卷（1997~2002）》，第249~255页。

氯甲烷或者其他用于制造毒品的原料或者配剂达到下列数量标准的，依照刑法第三百五十条第一款的规定定罪处罚：

（一）麻黄碱、伪麻黄碱及其盐类和单方制剂五千克以上不满五十千克；麻黄浸膏、麻黄浸膏粉一百千克以上不满一千千克；

（二）醋酸酐、三氯甲烷二百千克以上不满二千千克；

（三）乙醚四百千克以上不满三千千克；

（四）上述原料或者配剂以外其他相当数量的用于制造毒品的原料或者配剂。

违反国家规定，非法运输、携带进出境或者在境内非法买卖用于制造毒品的原料或者配剂，超过前款所列数量标准的，应当认定为刑法第三百五十条第一款规定的"数量大"。

学理观点·典型案例 ➡ 索引与要旨

❶《房立安、许世财非法买卖制毒物品案》，载《刑事审判参考》2010年第1辑总第72辑，第67~73页。

核心提示 ➡ 如何认定非法买卖制毒物品罪，明知、居间行为、量刑标准？

❷《谢杰威、梁雁玲走私制毒物品上诉案》，载《最高人民法院公报》2007年第9辑总第131辑。

要旨 ➡ 上诉人为非法牟利将盐酸走私到越南用于生产加工虾壳素，但不了解盐酸是否属于制毒物品，不具备走私制毒物品故意。

❸《古展群、陈华耀等被控贩卖、运输毒品案》，载《最新刑事法律文件解读》2005年第9辑总第9辑，第127~133页。

核心提示 ➡ 买卖、运输未被国家管制的盐酸氯胺酮注射液是否构成犯罪？

❹《走私制毒物品罪的若干问题》，载《刑事司法指南》2004年第1辑总第21辑，第128~136页。

要旨 ➡ 1.走私对象名称的冲突；2."用于"的界定；3.主观"明知"的认定；4.制毒物品范围范围的确定。

❺《刑法中的注意规定与法律拟制及其运用分析》，载《刑事司法指南》2003年第3辑总第15辑，第70~108页。

要旨 ➡《刑法》第156条规定："与走私犯罪通谋，为其提供贷款、资金、账号、发票、证明，或者为其提供运输、保管、邮寄或者其他方便的，以走私罪的共犯论处。"类似的规定还有不少，如第198条第4款、第310条、第309条第3款、第350条第2款等。这些规定都属于注意规定，因为这些行为完全符合刑法总则所规定的共同犯罪的成立条件；即使没有设立这些注意规定，对上述行为也应按照共同犯罪论处。

第351条　非法种植毒品原植物罪

非法种植罂粟、大麻等毒品原植物的，一律强制铲除。有下列情形之一的，处五年以下有期徒刑、拘役或者管制，并处罚金：

（一）种植罂粟五百株以上不满三千株或者其他毒品原植物数量较大的；
（二）经公安机关处理后又种植的；
（三）抗拒铲除的。

非法种植罂粟三千株以上或者其他毒品原植物数量大的，处五年以上有期徒刑，并处罚金或者没收财产。

非法种植罂粟或者其他毒品原植物，在收获前自动铲除的，可以免除处罚。

关 联 规 范 ⟹ 完全整理

❶《中华人民共和国刑法》（1980年1月1日）第356条 毒品再犯

因走私、贩卖、运输、制造、非法持有毒品罪被判过刑，又犯本节规定之罪的，从重处罚。

❷ 最高人民检察院、公安部《关于公安机关管辖的刑事案件立案追诉标准的规定（三）》（2012年5月28日 高检发研字〔2011〕2号）（节录）①

第七条 ［非法种植毒品原植物案（刑法第三百五十一条）］非法种植罂粟、大麻等毒品原植物，涉嫌下列情形之一的，应予立案追诉：

（一）非法种植罂粟五百株以上的；
（二）非法种植大麻五千株以上的；
（三）非法种植其他毒品原植物数量较大的；
（四）非法种植罂粟二百平方米以上、大麻二千平方米以上或其他毒品原植物面积较大，尚未出苗的；
（五）经公安机关处理后又种植的；
（六）抗拒铲除的。

本条所规定的"种植"，是指播种、育苗、移栽、插苗、施肥、灌溉、割取津液或者收取种子等行为。非法种植毒品原植物的株数一般应以实际查获的数量为准。因种植面积较大，难以逐株清点数目的，可以抽样测算每平方米平均株数后按实际种植面积测算出种植总株数。

非法种植罂粟或者其他毒品原植物，在收获前自动铲除的，可以不予立案追诉。

第十五条 本规定中的立案追诉标准，除法律、司法解释另有规定的以外，适用于相关的单位犯罪。

❸ 最高人民法院《关于审理毒品案件定罪量刑标准有关问题的解释》（2000年6月10日 法释〔2000〕13号）（节录）②

---

① 对其解读见：《公检法办案指南》2012年第6辑总第150辑，第54~77页。
② 对其解读见：《刑事审判参考》2000第4辑总第9辑，第68~96页以及《解读最高人民法院司法解释·刑事、行政卷（1997~2002）》，第249~255页。

第五条 非法种植大麻五千株以上不满三万株，应当认定为刑法第三百五十一条第一款第（一）项规定的非法种植大麻"数量较大"；非法种植大麻三万株以上，应当认定为刑法第三百五十一条第二款规定的非法种植大麻"数量大"。

❹ 最高人民法院《关于适用〈全国人民代表大会常务委员会关于禁毒的决定〉的若干问题的解释》（1994年12月20日　法发〔1994〕30号）（节录）

八、非法种植毒品原植物罪

根据《决定》第六条的规定，非法种植毒品原植物罪，是指明知是罂粟、大麻、古柯树等毒品原植物而非法种植且数量较大，或者经公安机关处理后又种植，或者抗拒铲除的行为。

向明知是非法种植毒品原植物的人出售较大数量毒品原植物种子的，以非法种植毒品原植物罪论处。

认定非法种植毒品原植物罪，要注意与制造毒品罪区别开来。前者是指种植毒品原植物的行为，后者是指将毒品原植物进行加工、提炼，制造毒品的行为。

非法种植毒品原植物数量较大，又以其为原料制造毒品的，应当以制造毒品罪从重处罚。

非法种植毒品原植物数量较大，又实施其他制造毒品行为的，应当分别定非法种植毒品原植物罪和制造毒品罪，实行并罚。

第352条　非法买卖、运输、携带、持有毒品原植物种子、幼苗罪

非法买卖、运输、携带、持有未经灭活的罂粟等毒品原植物种子或者幼苗，数量较大的，处三年以下有期徒刑、拘役或者管制，并处或者单处罚金。

关　联　规　范　➡ 完全整理

❶《中华人民共和国刑法》（1980年1月1日）第356条　毒品再犯

因走私、贩卖、运输、制造、非法持有毒品罪被判过刑，又犯本节规定之罪的，从重处罚。

❷ 最高人民检察院、公安部《关于公安机关管辖的刑事案件立案追诉标准的规定（三）》（2012年5月28日　高检发研字〔2011〕2号）（节录）①

第八条　[非法买卖、运输、携带、持有毒品原植物种子、幼苗案（刑法第三百五十二条）]非法买卖、运输、携带、持有未经灭活的罂粟等毒品原植物种子或者幼苗，涉嫌下列情形之一的，应予立案追诉：

（一）罂粟种子五十克以上、罂粟幼苗五千株以上；

（二）大麻种子五十千克以上、大麻幼苗五万株以上；

（三）其他毒品原植物种子、幼苗数量较大的。

---

① 对其解读见：《公检法办案指南》2012年第6辑总第150辑，第54~77页。

第十五条　本规定中的立案追诉标准，除法律、司法解释另有规定的以外，适用于相关的单位犯罪。

第353条　第1款　引诱、教唆、欺骗他人吸毒罪　第2款　强迫他人吸毒罪

引诱、教唆、欺骗他人吸食、注射毒品的，处三年以下有期徒刑、拘役或者管制，并处罚金；情节严重的，处三年以上七年以下有期徒刑，并处罚金。

强迫他人吸食、注射毒品的，处三年以上十年以下有期徒刑，并处罚金。

引诱、教唆、欺骗或者强迫未成年人吸食、注射毒品的，从重处罚。

关联规范 ▶ 完全整理

❶《中华人民共和国刑法》（1980年1月1日）第356条　毒品再犯

因走私、贩卖、运输、制造、非法持有毒品罪被判过刑，又犯本节规定之罪的，从重处罚。

❷《中华人民共和国刑法》（1980年1月1日）第357条　毒品的概念及折算规定

本法所称的毒品，是指鸦片、海洛因、甲基苯丙胺（冰毒）、吗啡、大麻、可卡因以及国家规定管制的其他能够使人形成瘾癖的麻醉药品和精神药品。

毒品的数量以查证属实的走私、贩卖、运输、制造、非法持有毒品的数量计算，不以纯度折算。

❸ 最高人民检察院、公安部《关于公安机关管辖的刑事案件立案追诉标准的规定（三）》（2012年5月28日　高检发研字〔2011〕2号）（节录）①

第九条　引诱、教唆、欺骗他人吸毒案（刑法第三百五十三条）引诱、教唆、欺骗他人吸食、注射毒品的，应予立案追诉。

第十条　强迫他人吸毒案（刑法第三百五十三条）违背他人意志，以暴力、胁迫或者其他强制手段，迫使他人吸食、注射毒品的，应予立案追诉。

第十五条　本规定中的立案追诉标准，除法律、司法解释另有规定的以外，适用于相关的单位犯罪。

❹ 最高人民法院《关于适用〈全国人民代表大会常务委员会关于禁毒的决定〉的若干问题的解释》（1994年12月20日　法发〔1994〕30号）（节录）

九、引诱、教唆、欺骗他人吸毒罪

根据《决定》第七条第一款的规定，引诱、教唆他人吸毒，是指通过向他人宣扬吸食、注射毒品后的感受等方法，诱使、唆使他人吸食、注射毒品的行为。欺骗他人吸毒，是指用隐瞒事实真相或者制造假象等方法使他人吸食、注射毒品的行为。

本罪是选择性罪名。实施了引诱、教唆、欺骗他人吸食、注射毒品行为之一的，即以

---

① 对其解读见：《公检法办案指南》2012年第6辑总第150辑，第54~77页。

该行为确定罪名。实施了其中两种以上行为的,将所实施行为并列为一个罪名,不实行并罚。

被引诱、教唆、欺骗的人吸食、注射毒品后是否成瘾,不影响本罪的成立。

十、强迫他人吸毒罪

根据《决定》第七条第二款的规定,强迫他人吸毒罪,是指违背他人意志,使用暴力、胁迫或者其他方法,迫使他人吸食、注射毒品的行为。

被强迫的人吸食、注射毒品后是否成瘾,不影响本罪的成立。

第354条 容留他人吸毒罪

容留他人吸食、注射毒品的,处三年以下有期徒刑、拘役或者管制,并处罚金。

关联规范 ⇒ 完全整理

❶《中华人民共和国刑法》(1980年1月1日) 第356条 毒品再犯

因走私、贩卖、运输、制造、非法持有毒品罪被判过刑,又犯本节规定之罪的,从重处罚。

❷《中华人民共和国刑法》(1980年1月1日) 第357条 毒品的概念及折算规定

本法所称的毒品,是指鸦片、海洛因、甲基苯丙胺(冰毒)、吗啡、大麻、可卡因以及国家规定管制的其他能够使人形成瘾癖的麻醉药品和精神药品。

毒品的数量以查证属实的走私、贩卖、运输、制造、非法持有毒品的数量计算,不以纯度折算。

❸ 最高人民检察院、公安部《关于公安机关管辖的刑事案件立案追诉标准的规定(三)》(2012年5月28日 高检发研字〔2011〕2号)(节录)①

第十一条 [容留他人吸毒案(刑法第三百五十四条)] 提供场所,容留他人吸食、注射毒品,涉嫌下列情形之一的,应予立案追诉:

(一)容留他人吸食、注射毒品两次以上的;

(二)一次容留三人以上吸食、注射毒品的;

(三)因容留他人吸食、注射毒品被行政处罚,又容留他人吸食、注射毒品的;

(四)容留未成年人吸食、注射毒品的;

(五)以牟利为目的容留他人吸食、注射毒品的;

(六)容留他人吸食、注射毒品造成严重后果或者其他情节严重的。

第十五条 本规定中的立案追诉标准,除法律、司法解释另有规定的以外,适用于相关的单位犯罪。

❹ 最高人民法院《关于适用〈全国人民代表大会常务委员会关于禁毒的决定〉的若

---

① 对其解读见:《公检法办案指南》2012年第6辑总第150辑,第54~77页。

干问题的解释》（1994年12月20日　法发〔1994〕30号）（节录）

十一、容留他人吸毒并出售毒品罪

根据《决定》第九条的规定，容留他人吸毒并出售毒品罪，是指为他人吸食、注射毒品提供场所，并向其出售毒品的行为。

容留他人吸食、注射毒品的人数和次数的多少，以及出售毒品数量的多少，不影响本罪的成立，但是应当作为量刑情节予以考虑。对犯本罪未经处理的，其出售毒品数量应累计计算。

5 《上海法院量刑指南——毒品犯罪之一》（2005年3月8日　沪高法〔2005〕56号）（节录）

第二十四条　容留他人吸食、注射毒品三次以上或三人次以上的，以容留他人吸毒罪追究刑事责任，一般判处一年六个月以下有期徒刑、拘役或者管制。

具有下列情形之一的，一般判处一年六个月以上三年以下有期徒刑：

（一）具有法定从重情节或两个以上酌定从重情节的；

（二）国家工作人员容留他人吸食、注射毒品的；

（三）容留他人吸食、注射毒品，造成严重危害后果的；

（四）容留未成年人吸食、注射毒品的；

（五）其他容留他人吸食、注射毒品，情节严重的。

容留他人吸食、注射毒品未达到三次以上或三人次以上，具有上列情形的，亦可以按照本条规定定罪处罚。

第355条　非法提供麻醉药品、精神药品罪

依法从事生产、运输、管理、使用国家管制的麻醉药品、精神药品的人员，违反国家规定，向吸食、注射毒品的人提供国家规定管制的能够使人形成瘾癖的麻醉药品、精神药品的，处三年以下有期徒刑或者拘役，并处罚金；情节严重的，处三年以上七年以下有期徒刑，并处罚金。向走私、贩卖毒品的犯罪分子或者以牟利为目的，向吸食、注射毒品的人提供国家规定管制的能够使人形成瘾癖的麻醉药品、精神药品的，依照本法第三百四十七条的规定定罪处罚。

单位犯前款罪的，对单位判处罚金，并对其直接负责的主管人员和其他直接责任人员，依照前款的规定处罚。

关联规范　　➡ 完全整理

1 《中华人民共和国刑法》（1980年1月1日）第96条　对违反国家规定概念的界定

本法所称违反国家规定，是指违反全国人民代表大会及其常务委员会制定的法律和决定，国务院制定的行政法规、规定的行政措施、发布的决定和命令。

❷《中华人民共和国刑法》（1980年1月1日）第347条　走私、贩卖、运输、制造毒品罪

走私、贩卖、运输、制造毒品，无论数量多少，都应当追究刑事责任，予以刑事处罚。

走私、贩卖、运输、制造毒品，有下列情形之一的，处十五年有期徒刑、无期徒刑或者死刑，并处没收财产：

（一）走私、贩卖、运输、制造鸦片一千克以上、海洛因或者甲基苯丙胺五十克以上或者其他毒品数量大的；

（二）走私、贩卖、运输、制造毒品集团的首要分子；

（三）武装掩护走私、贩卖、运输、制造毒品的；

（四）以暴力抗拒检查、拘留、逮捕，情节严重的；

（五）参与有组织的国际贩毒活动的。

走私、贩卖、运输、制造鸦片二百克以上不满一千克、海洛因或者甲基苯丙胺十克以上不满五十克或者其他毒品数量较大的，处七年以上有期徒刑，并处罚金。

走私、贩卖、运输、制造鸦片不满二百克、海洛因或者甲基苯丙胺不满十克或者其他少量毒品的，处三年以下有期徒刑、拘役或者管制，并处罚金；情节严重的，处三年以上七年以下有期徒刑，并处罚金。

单位犯第二款、第三款、第四款罪的，对单位判处罚金，并对其直接负责的主管人员和其他直接责任人员，依照各该款的规定处罚。

利用、教唆未成年人走私、贩卖、运输、制造毒品，或者向未成年人出售毒品的，从重处罚。

对多次走私、贩卖、运输、制造毒品，未经处理的，毒品数量累计计算。

❸最高人民检察院、公安部《关于公安机关管辖的刑事案件立案追诉标准的规定（三）》（2012年5月28日　高检发研字〔2011〕2号）（节录）①

第十二条　[非法提供麻醉药品、精神药品案（刑法第三百五十五条）]依法从事生产、运输、管理、使用国家管制的麻醉药品、精神药品的个人或者单位，违反国家规定，向吸食、注射毒品的人员提供国家规定管制的能够使人形成瘾癖的麻醉药品、精神药品，涉嫌下列情形之一的，应予立案追诉：

（一）非法提供鸦片二十克以上、吗啡二克以上、度冷丁（杜冷丁）五克以上（针剂100mg/支规格的五十支以上，50mg/支规格的一百支以上；片剂25mg/片规格的二百片以上，50mg/片规格的一百片以上）、盐酸二氢埃托啡零点二毫克以上（针剂或者片剂20ug/支、片规格的十支、片以上）、氯胺酮、美沙酮二十克以上、三唑仑、安眠酮一千克以上、咖啡因五千克以上、氯氮卓、艾司唑仑、地西泮、溴西泮十千克以上，以及其他麻醉药品和精神药品数量较大的；

（二）虽未达到上述数量标准，但非法提供麻醉药品、精神药品两次以上，数量累计达到前项规定的数量标准百分之八十以上的；

---

① 对其解读见：《公检法办案指南》2012年第6辑总第150辑，第54~77页。

（三）因非法提供麻醉药品、精神药品被行政处罚，又非法提供麻醉药品的；

（四）向吸食、注射毒品的未成年人提供麻醉药品、精神药品的；

（五）造成严重后果或者其他情节严重的。

依法从事生产、运输、管理、使用国家管制的麻醉药品、精神药品的人员或者单位，违反国家规定，向走私、贩卖毒品的犯罪分子提供国家规定管制的能够使人形成瘾癖的麻醉药品、精神药品的，或者以牟利为目的，向吸食、注射毒品的人提供国家规定管制的能够使人形成瘾癖的麻醉药品、精神药品的，以走私、贩卖毒品罪立案追诉。

第十三条 本规定中的毒品是指鸦片、海洛因、甲基苯丙胺（冰毒）、吗啡、大麻、可卡因以及国家规定管制的其他能够使人形成瘾癖的麻醉药品和精神药品。具体品种以国家食品药品监督管理局、公安部、卫生部发布的《麻醉药品品种目录》、《精神药品品种目录》为依据。

本规定中的"制毒物品"是指刑法第三百五十条第一款规定的醋酸酐、乙醚、三氯甲烷或者其他用于制造毒品的原料或者配剂，具体品种范围按照国家关于易制毒化学品管理的规定确定。

第十四条 本规定中未明确立案追诉标准的毒品，有条件折算为海洛因的，参照有关麻醉药品和精神药品折算标准进行折算。

第十五条 本规定中的立案追诉标准，除法律、司法解释另有规定的以外，适用于相关的单位犯罪。

4 《关于加强曲马多等麻醉药品和精神药品监管的通知》（2007年12月7日 国食药监办〔2007〕749号）①

5 《关于公布麻醉药品和精神药品品种目录（2007年版）的通知》（2007年10月11日 国食药监安〔2007〕633号）②

6 最高人民检察院研究室《关于安定注射液是否属于刑法第三百五十五条规定的精神药品问题的答复》（2002年10月24日 〔2002〕高检研发第23号）③

经研究并征求有关部门意见，答复如下：根据《精神药品管理办法》等国家有关规定，"能够使人形成瘾癖"的精神药品，是指使用后能使人的中枢神经系统兴奋或者抑制连续使用能使人产生依赖性的药品。安定注射液属于刑法第三百五十五条第一款规定的"国家规定管制的能够使人形成瘾癖的"精神药品。鉴于安定注射液属于《精神药品管理办法》规定的第二类精神药品，医疗实践中使用较多，在处理此类案件时，应当慎重掌握罪与非罪的界限。对于明知他人是吸毒人员而多次向其出售安定注射液，或者贩卖安定注射液数量较大的，可以依法追究行为人的刑事责任。

---

① 对其解读见：《刑事法律文件解读》2008年第2辑总第32辑，第30～31页。
② 对其解读见：《刑事法律文件解读》2008年第2辑总第32辑，第31～41页。
③ 对其解读见：《解读最高人民检察院司法解释》，第380～382页。

第356条 毒品再犯

因走私、贩卖、运输、制造、非法持有毒品罪被判过刑，又犯本节规定之罪的，从重处罚。

关联规范 ➡ 完全整理

❶ 最高人民法院《关于贯彻宽严相济刑事政策的若干意见》（2010年2月8日　法发〔2010〕9号）（节录）①

11. 要依法从严惩处累犯和毒品再犯。凡是依法构成累犯和毒品再犯的，即使犯罪情节较轻，也要体现从严惩处的精神。尤其是对于前罪为暴力犯罪或被判处重刑的累犯，更要依法从严惩处。

❷ 最高人民法院《全国部分法院审理毒品犯罪案件工作座谈会纪要》（2008年12月23日）（节录）②

八、毒品再犯问题

根据刑法第三百五十六条规定，只要因走私、贩卖、运输、制造、非法持有毒品罪被判过刑，不论是在刑罚执行完毕后，还是在缓刑、假释或者暂予监外执行期间，又犯刑法分则第六章第七节规定的犯罪的，都是毒品再犯，应当从重处罚。

因走私、贩卖、运输、制造、非法持有毒品罪被判刑的犯罪分子，在缓刑、假释或者暂予监外执行期间又犯刑法分则第六章第七节规定的犯罪的，应当在对其所犯新的毒品犯罪适用刑法第三百五十六条从重处罚的规定确定刑罚后，再依法数罪并罚。

对同时构成累犯和毒品再犯的被告人，应当同时引用刑法关于累犯和毒品再犯的条款从重处罚。

❸ 最高人民法院《关于适用〈全国人民代表大会常务委员会关于禁毒的决定〉的若干问题的解释》（1994年12月20日　法发〔1994〕30号）（节录）

十三、因走私、贩卖、运输、制造、非法持有毒品罪被判过刑，又犯《决定》规定之罪的，从重处罚。这是指凡因走私、贩卖、运输、制造、非法持有毒品罪被判过刑又犯《决定》规定之罪的，无论是否构成累犯，一律依照《决定》第十一条第二款的规定从重处罚。

学理观点·典型案例 ➡ 索引与要旨

❶《王会陆、李明贩卖、运输毒品案》，载《刑事审判参考》2009年第2辑总第67辑，第109~112页。

要旨 ➡ 共同犯罪中罪责相对较小但系毒品再犯的，亦应从严惩处。

---

① 对其解读见：《刑事法律文件解读》2010年第3辑总第57辑，第49~57、58~65页。
② 对其解读见：《刑事审判参考》2008年第6辑总第65辑，第71~92页。

❷《呷布金莫贩卖毒品案》，载《刑事审判参考》2009年第2辑总第67辑，第99~102页。

核心提示➡对贩卖毒品数量刚达到死刑适用标准，但系毒品惯犯的，如何量刑？

❸《龙从斌贩卖毒品案》，载《刑事审判参考》2009年第2辑总第67辑，第95~98页。

核心提示➡对毒品犯罪数量接近实际掌握的死刑适用标准，又系毒品再犯的，如何体现从重处罚？

❹《贺建军贩卖、运输毒品案》，载《刑事审判参考》2009年第2辑总第67辑，第87~94页。

要旨➡保外就医期间再犯毒品犯罪的应当认定为毒品再犯。

❺《刑事法律文件解读》2008年第2辑总第32辑，第99~104页。

核心提示➡毒品犯罪再犯中"被判过刑"是否要求刑罚执行完毕或赦免？

❻《数罪并罚情形中毒品再犯的认定问题》，载《公检法办案指南》2007年第10辑总第94辑，第112~117页。

❼《李靖贩卖、运输毒品案》，载《刑事审判参考》2006年第2辑总第49辑，第46~50页。

核心提示➡因毒品犯罪被判处的刑罚尚未执行完毕又犯贩卖、运输毒品罪的，是否适用刑法第356条的规定从重处罚？

要旨➡如果被告人在原判刑罚尚未执行完毕以前重新犯罪的，因其不属于"刑罚执行完毕或者赦免以后"的情形，不能认定为毒品再犯，而只能依法实行数罪并罚。

第357条 毒品的概念及折算规定

本法所称的毒品，是指鸦片、海洛因、甲基苯丙胺（冰毒）、吗啡、大麻、可卡因以及国家规定管制的其他能够使人形成瘾癖的麻醉药品和精神药品。

毒品的数量以查证属实的走私、贩卖、运输、制造、非法持有毒品的数量计算，不以纯度折算。

关联规范 ➡ 完全整理

❶ 国家食品药品监督管理局、卫生部《关于加强曲马多等麻醉药品和精神药品监管的通知》（2007年12月7日 国食药监办〔2007〕749号）

2007年10月，国家食品药品监督管理局、公安部、卫生部联合公布了2007年版麻醉药品和精神药品品种目录（以下简称目录）。目录对部分麻醉药品和精神药品品种的管理类别进行了调整，其中，阿桔片、吗啡阿托品注射液列入麻醉药品管理，γ-羟丁酸（包括其盐和单方制剂，以下同）、盐酸丁丙诺啡舌下片由第二类精神药品调整为第一类精神药品管理，曲马多（包括其盐和单方制剂，以下同）、氨酚氢可酮片列入第二类精神药品管理。目录将自 2008 年 1 月 1 日起施行。为加强对麻醉药品和精神药品的管理，保证调整管理类别的品种生产、经营和使用顺利过渡，现将有关事宜通知如下：

一、生产上述品种的药品生产企业，应当按照《麻醉药品和精神药品生产管理办法（试行）》的规定，申报 2008 年相应品种的生产计划，并于 2007 年 12 月 31 日前申请办理相应品种的定点生产手续。

药品生产（进口）企业应当按照《药品注册管理办法》的规定，办理相应药品标签的变更手续。自 2008 年 1 月 1 日起，所生产出厂的上述品种（包括国产品种和进口品种）必须在其标签上印有规定的标识。之前生产出厂的上述品种，仍可继续使用原标签。

二、自 2008 年 1 月 1 日起，凡是不具备麻醉药品和第一类精神药品经营资格的企业不得再经营阿桔片、吗啡阿托品注射液、γ-羟丁酸和盐酸丁丙诺啡舌下片；不具备第二类精神药品经营资格的企业不得再经营曲马多和氨酚氢可酮片；药品零售企业不得再经营γ-羟丁酸和盐酸丁丙诺啡舌下片。上述企业原有库存相应品种应按照原购进渠道退回或按规定销毁。

三、自 2008 年 1 月 1 日起，医疗机构应当按照《麻醉药品和精神药品管理办法》等相关规定，购买和使用相应品种；不具备麻醉药品、第一类精神药品购用印鉴卡的医疗机构不得再购买和使用阿桔片、吗啡阿托品注射液、γ-羟丁酸和盐酸丁丙诺啡舌下片；医疗机构原有库存相应品种仍可在本医疗机构内继续使用。

各级药品监管部门、卫生主管部门要切实履行职责，加强对麻醉药品、精神药品生产、经营和使用的监管，督促有关单位严格执行上述规定，保证管理类别调整品种的医疗需求，防止流入非法渠道。

❷ **最高人民法院、最高人民检察院、公安部《办理毒品犯罪案件适用法律若干问题的意见》（2007 年 11 月 8 日）（节录）**①

三、关于办理氯胺酮等毒品案件定罪量刑标准问题

（四）上述毒品品种包括其盐和制剂。毒品鉴定意见中毒品品名的认定应当以国家食品药品监督管理局、公安部、卫生部最新发布的《麻醉药品品种目录》、《精神药品品种目录》为依据。

四、关于死刑案件的毒品含量鉴定问题

可能判处死刑的毒品犯罪案件，毒品鉴定意见中应有含量鉴定的意见。

❸ **国家食品药品监督管理局、公安部、卫生部《关于公布麻醉药品和精神药品品种目录（2007 年版）的通知》（2007 年 10 月 11 日　国食药监安〔2007〕633 号）**

根据《麻醉药品和精神药品管理条例》第三条的规定，现公布《麻醉药品品种目录（2007 年版）》和《精神药品品种目录（2007 年版）》，自 2008 年 1 月 1 日起施行。

麻醉药品品种目录，注：仅比 2005 年版增加：

122. 阿桔片 * Compound Platycodon Tablets

123. 吗啡阿托品注射液 * Morphine and Atropine Sulfate Injection

---

① 对其解读见：《刑事审判参考》2008 年第 2 辑总第 61 辑，第 62～71 页。

精神药品品种目录，注：仅比2005年版增加：

37. γ-羟丁酸 * γ-hydroxybutyrate（GHB）

95. γ-羟丁酸 * γ-hydroxybutyrate（GHB）

❹ 国家食品药品监督管理局、公安部、卫生部《关于公布麻醉药品和精神药品品种目录的通知》（2005年9月27日　国食药监安〔2005〕481号）

各省、自治区、直辖市食品药品监督管理局（药品监督管理局）、公安厅（局）、卫生厅（局）：根据《麻醉药品和精神药品管理条例》第三条的规定，现公布麻醉药品和精神药品品种目录，自2005年11月1日起施行。

附件1：麻醉药品品种目录

1. 醋托啡 Acetorphine
2. 乙酰阿法甲基芬太尼 Acetylalphamethylfentanyl
3. 醋美沙朵 Acetylmethadol
4. 阿芬太尼 Alfentanil
5. 烯丙罗定 Allylprodine
6. 阿醋美沙朵 Alphacetylmethadol
7. 阿法美罗定 Alphameprodine
8. 阿法美沙朵 Alphamethadol
9. 阿法甲基芬太尼 Alphamethylfentanyl
10. 阿法甲基硫代芬太尼 Alphamethylthiofentanyl
11. 阿法罗定 Alphaprodine
12. 阿尼利定 Anileridine
13. 苄替啶 Benzethidine
14. 苄吗啡 Benzylmorphine
15. 倍醋美沙朵 Betacetylmethadol
16. 倍他羟基芬太尼 Betahydroxyfentanyl
17. 倍他羟基-3-甲基芬太尼 Betahydroxy-3-methylfentanyl
18. 倍他美罗定 Betameprodine
19. 倍他美沙朵 Betamethadol
20. 倍他罗定 Betaprodine
21. 贝齐米特 Bezitramide
22. 大麻与大麻树脂 Cannabis and Cannabis resin
23. 氯尼他秦 Clonitazene
24. 古柯叶 Coca Leaf
25. 可卡因 * Cocaine
26. 可多克辛 Codoxime
27. 罂粟秆浓缩物 * Concentrate of poppy straw
28. 地索吗啡 Desomorphine

29. 右吗拉胺 Dextromoramide
30. 地恩丙胺 Diampromide
31. 二乙噻丁 Diethylthiambutene
32. 地芬诺辛 Difenoxin
33. 二氢埃托啡* Dihydroetorphine
34. 双氢吗啡 Dihydromorphine
35. 地美沙朵 Dimenoxadol
36. 地美庚醇 Dimepheptanol
37. 二甲噻丁 Dimethylthiambutene
38. 吗苯丁酯 Dioxaphetyl butyrate
39. 地芬诺酯* Diphenoxylate
40. 地匹哌酮 Dipipanone
41. 羟蒂巴酚 Drotebanol
42. 芽子碱 Ecgonine
43. 乙甲噻丁 Ethylmethylthiambutene
44. 依托尼秦 Etonitazene
45. 埃托啡 Etorphine
46. 依托利定 Etoxeridine
47. 芬太尼* Fentanyl
48. 呋替啶 Furethidine
49. 海洛因 Heroin
50. 氢可酮 Hydrocodone
51. 氢吗啡醇 Hydromorphinol
52. 氢吗啡酮 Hydromorphone
53. 羟哌替啶 Hydroxypethidine
54. 异美沙酮 Isomethadone
55. 凯托米酮 Ketobemidone
56. 左美沙芬 Levomethorphan
57. 左吗拉胺 Levomoramide
58. 左芬啡烷 Levophenacylmorphan
59. 左啡诺 Levorphanol
60. 美他佐辛 Metazocine
61. 美沙酮* Methadone
62. 美沙酮中间体 Methadone intermediate
63. 甲地索啡 Methyldesorphine
64. 甲二氢吗啡 Methyldihydromorphine
65. 3-甲基芬太尼 3-methylfentanyl

66. 3-甲基硫代芬太尼 3-methylthiofentanyl
67. 美托酮 Metopon
68. 吗拉胺中间体 Moramide intermediate
69. 吗哌利定 Morpheridine
70. 吗啡* Morphine
71. 吗啡甲溴化物及其它五价氮吗啡衍生物 Morphine Methobromide and other pentavalent nitrogen morphinederivatives
72. 吗啡-N-氧化物 Morphine-N-oxide
73. 1-甲基-4-苯基-4-哌啶丙酸酯 MPPP
74. 麦罗啡 Myrophine
75. 尼可吗啡 Nicomorphine
76. 诺美沙朵 Noracymethadol
77. 去甲左啡诺 Norlevorphanol
78. 去甲美沙酮 Normethadone
79. 去甲吗啡 Normorphine
80. 诺匹哌酮 Norpipanone
81. 阿片* Opium
82. 羟考酮* Oxycodone
83. 羟吗啡酮 Oxymorphone
84. 对氟芬太尼 Parafluorofentanyl
85. 1-苯乙基-4-苯基-4-哌啶乙酸酯 PEPAP
86. 哌替啶* Pethidine
87. 哌替啶中间体 A Pethidine intermediate A
88. 哌替啶中间体 B Pethidine intermediate B
89. 哌替啶中间体 C Pethidine intermediate C
90. 苯吗庚酮 Phenadoxone
91. 非那丙胺 Phenampromide
92. 非那佐辛 Phenazocine
93. 非诺啡烷 Phenomorphan
94. 苯哌利定 Phenoperidine
95. 匹米诺定 Piminodine
96. 哌腈米特 Piritramide
97. 罂粟壳* Poppy Shell
98. 普罗庚嗪 Proheptazine
99. 丙哌利定 Properidine
100. 消旋甲啡烷 Racemethorphan
101. 消旋吗拉胺 Racemoramide

102. 消旋啡烷 Racemorphan

103. 瑞芬太尼* Remifentanil

104. 舒芬太尼* Sufentanil

105. 醋氢可酮 Thebacon

106. 蒂巴因* Thebaine

107. 硫代芬太尼 Thiofentanyl

108. 替利定 Tilidine

109. 三甲利定 Trimeperidine

110. 醋氢可待因 Acetyldihydrocodeine

111. 布桂嗪* Bucinnazine

112. 可待因* Codeine

113. 复方樟脑酊* Compound Camphor Tincture

114. 右丙氧芬* Dextropropoxyphene

115. 双氢可待因* Dihydrocodeine

116. 乙基吗啡* Ethylmorphine

117. 尼可待因 Nicocodine

118. 尼二氢可待因 Nicodicodine

119. 去甲可待因 Norcodeine

120. 福尔可定* Pholcodine

121. 丙吡兰 ropiram

注：1. 上述品种包括其可能存在的盐和单方制剂；2. 品种目录有*的麻醉药品为我国生产及使用的品种

附件2：精神药品品种目录

第一类

1. 布苯丙胺 Brolamfetamine（DOB）

2. 卡西酮 Cathinone

3. 二乙基色胺 DET

4. 二甲氧基安非他明 2，5-dimethoxyamfetamine（DMA）

5. （1，2-二甲基庚基）羟基四氢甲基二苯吡喃 DMHP

6. 二甲基色胺 DMT

7. 二甲氧基乙基安非他明 DOET

8. 乙环利定 Eticyclidine

9. 乙色胺 Etryptamine

10. 麦角二乙胺（+）-Lysergide

11. 二亚甲基双氧安非他明 MDMA

12. 麦司卡林 Mescaline

13. 甲卡西酮 Methcathinone

14. 甲米雷司 4-methylaminorex

15. 甲羟芬胺 MMDA

16. 乙芬胺 N-ethyl, MDA

17. 羟芬胺 N-hydroxy, MDA

18. 六氢大麻酚 Parahexyl

19. 副甲氧基安非他明 Parametoxyamphetamine（PMA）

20. 赛洛新 Psilocine

21. 赛洛西宾 Psilocybine

22. 咯环利定 Rolicyclidine

23. 二甲氧基甲苯异丙胺 STP, DOM

24. 替苯丙胺 Tenamfetamine（MDA）

25. 替诺环定 Tenocyclidine

26. 四氢大麻酚（包括其同分异构物及其立体化学变体）Tetrahydrocannabinol

27. 三甲氧基安非他明 TMA

28. 4-甲基硫基安非他明 4-methylthoamfetamine

29. 苯丙胺 Amfetamine

30. 安非拉酮 Amfepramone

31. 安咪奈丁 Amineptine

32. 2,5-二甲氧基-4-溴苯乙胺 4bromo-2,5-dimethoxyphenethlamine（2-CB）

33. 丁丙诺啡* Buprenorphine

34. 右苯丙胺 Dexamfetamine

35. 二甲基安非他明 Dimethylamphetamine

36. 芬乙茶碱 Fenetylline

37. 氯胺酮* Ketamine

38. 左苯丙胺 Levamfetamine

39. 左甲苯丙胺 Levomethamphetamine

40. 马吲哚* Mazindol

41. 甲氯喹酮 Mecloqualone

42. 去氧麻黄碱 Metamfetamine

43. 去氧麻黄碱外消旋体 Metamfetamine Racemate

44. 甲喹酮 Methaqualone

45. 哌醋甲酯* Methylphenidate

46. 莫达非尼 Modafinil

47. 苯环利定 Phencyclidine

48. 芬美曲秦 Phenmetrazine

49. 司可巴比妥* Secobarbital

50. δ-9-四氢大麻酚及其立体化学变体
Delta-9-tetrahydrocannabinol andits stereochemical variants

51. 三唑仑＊ Triazolam

52. 齐培丙醇 Zipeprol

第二类

53. 异戊巴比妥＊ Amobarbital

54. 布他比妥 Butalbital

55. 布托啡诺及其注射剂＊ Butorphanol and its injection

56. 咖啡因＊ Caffeine

57. 去甲伪麻黄碱＊ Cathine

58. 安钠咖 CNB

59. 环巴比妥 Cyclobarbital

60. 地佐辛及其注射剂＊ Dezocine and its injection

61. 右旋芬氟拉明 Dexfenfluramine

62. 芬氟拉明 Fenfluramine

63. 氟硝西泮 Flunitrazepam

64. 格鲁米特 Glutethimide

65. 呋芬雷司 Furfennorex

66. 喷他佐辛＊ Pentazocine

67. 戊巴比妥 Pentobarbital

68. 丙己君 Propylhexedrine

69. 阿洛巴比妥 Allobarbital

70. 阿普唑仑＊ Alprazolam

71. 阿米雷司 Aminorex

72. 巴比妥＊ Barbital

73. 苄非他明 Benzfetamine

74. 溴西泮 Bromazepam

75. 溴替唑仑 Brotizolam

76. 丁巴比妥 Butobarbital

77. 卡马西泮 Camazepam

78. 氯氮卓＊ Chlordiazepoxide

79. 氯巴占 Clobazam

80. 氯硝西泮 Clonazepam

81. 氯拉卓酸 Clorazepate

82. 氯噻西泮 Clotiazepam

83. 氯䓬唑仑 Cloxazolam

84. 地洛西泮 Delorazepam

85. 地西泮* Diazepam

86. 艾司唑仑* Estazolam

87. 乙氯维诺 Ethchlorvynol

88. 炔已蚁胺 Ethinamate

89. 氯氟卓乙酯 Ethyl Loflazepate

90. 乙非他明 Etilamfetamine

91. 芬坎法明 Fencamfamin

92. 芬普雷司 Fenproporex

93. 氟地西泮 Fludiazepam

94. 氟西泮* Flurazepam

95. γ-羟丁酸* γ-hydroxybutyrate（GHB）

96. 哈拉西泮 Halazepam

97. 卤沙唑仑 Haloxazolam

98. 凯他唑仑 Ketazolam

99. 利非他明 Lefetamine

100. 氯普唑仑 Loprazolam

101. 劳拉西泮* Lorazepam

102. 氯甲西泮 Lormetazepam

103. 美达西泮 Medazepam

104. 美芬雷司 Mefenorex

105. 甲丙氨酯* Meprobamate

106. 美索卡 Mesocarb

107. 甲苯巴比妥 Methylphenobarbital

108. 甲乙哌酮 Methyprylon

109. 咪达唑仑* Midazolam

110. 纳布啡及其注射剂* Nalbuphine and its injection

111. 尼美西泮 Nimetazepam

112. 硝西泮* Nitrazepam

113. 去甲西泮 Nordazepam

114. 奥沙西泮 Oxazepam

115. 奥沙唑仑 Oxazolam

116. 匹莫林* Pemoline

117. 苯甲曲秦 Phendimetrazine

118. 苯巴比妥* Phenobarbital

119. 芬特明 Phentermine

120. 匹那西泮 Pinazepam

121. 哌苯甲醇 Pipradrol

122. 普拉西泮 Prazepam
123. 吡咯戊酮 Pyrovalerone
124. 仲丁比妥 Secbutabarbital
125. 替马西泮 Temazepam
126. 四氢西泮 Tetrazepam
127. 乙烯比妥 Vinylbital
128. 唑吡坦＊ Zolpiden
129. 扎来普隆＊ Zaleplone
130. 麦角胺咖啡因＊ ENC

注：1. 上述品种包括其可能存在的盐和单方制剂（除非另有规定）；2. 上述品种包括其可能存在的化学异构体及酯、醚（除非另有规定）；3. 品种目录有＊的药品为我国生产及使用的品种。

学理观点·典型案例 ➡ 索引与要旨

《赵廷贵贩卖毒品案》，载《刑事审判参考》2008年第4辑总第63辑，第42～46页。

核心提示 ➡ 贩卖含量极低的海洛因针剂，如何认定毒品数量并适用刑罚？

第八节 组织、强迫、引诱、容留、介绍卖淫罪

第358条 第1款 组织卖淫罪 强迫卖淫罪 第3款 协助组织卖淫罪

组织他人卖淫或者强迫他人卖淫的，处五年以上十年以下有期徒刑，并处罚金；有下列情形之一的，处十年以上有期徒刑或者无期徒刑，并处罚金或者没收财产：

（一）组织他人卖淫，情节严重的；
（二）强迫不满十四周岁的幼女卖淫的；
（三）强迫多人卖淫或者多次强迫他人卖淫的；
（四）强奸后迫使卖淫的；
（五）造成被强迫卖淫的人重伤、死亡或者其他严重后果的。

有前款所列情形之一，情节特别严重的，处无期徒刑或者死刑，并处没收财产。

协助组织他人卖淫的，处五年以下有期徒刑，并处罚金；情节严重的，处五年以上十年以下有期徒刑，并处罚金。

中华人民共和国刑法修正案（八）（第十一届全国人民代表大会常务委员会第十九次会议2011年2月25日通过，中华人民共和国主席令第四十一号公布，自2011年5月1日起施行。）

四十八、将刑法第三百五十八条第三款修改为:"为组织卖淫的人招募、运送人员或者有其他协助组织他人卖淫行为的,处五年以下有期徒刑,并处罚金;情节严重的,处五年以上十年以下有期徒刑,并处罚金。"

关联规范 ➡ 完全整理

❶《中华人民共和国刑法》(1980年1月1日) 第361条 相关单位人员涉及本节行为的处理

旅馆业、饮食服务业、文化娱乐业、出租汽车业等单位的人员,利用本单位的条件,组织、强迫、引诱、容留、介绍他人卖淫的,依照本法第三百五十八条、第三百五十九条的规定定罪处罚。

前款所列单位的主要负责人,犯前款罪的,从重处罚。

❷ 最高人民法院、最高人民检察院、公安部、司法部《关于依法惩治拐卖妇女儿童犯罪的意见》(2010年3月15日 法发〔2010〕7号)(节录)①

18. 将妇女拐卖给有关场所,致使被拐卖的妇女被迫卖淫或者从事其他色情服务的,以拐卖妇女罪论处。

有关场所的经营管理人员事前与拐卖妇女的犯罪人通谋的,对该经营管理人员以拐卖妇女罪的共犯论处;同时构成拐卖妇女罪和组织卖淫罪的,择一重罪论处。

❸ 最高人民检察院、公安部《关于公安机关管辖的刑事案件立案追诉标准的规定(一)》(2008年6月25日 公通字〔2008〕36号)(节录)

第七十五条 以招募、雇佣、强迫、引诱、容留等手段,组织他人卖淫的,应予立案追诉。

第七十六条 以暴力、胁迫等手段强迫他人卖淫的,应予立案追诉。

第七十七条 在组织卖淫的犯罪活动中,充当保镖、打手、管账人等,起帮助作用的,应予立案追诉。

❹ 公安部《关于对同性之间以钱财为媒介的性行为定性处理问题的批复》(2001年2月18日 公复字〔2001〕4号)

广西壮族自治区公安厅:你厅《关于对以金钱为媒介的同性之间的性行为如何定性的请示》(桂公传发〔2001〕325号)收悉。现批复如下:根据《中华人民共和国治安管理处罚条例》和全国人大常委会《关于严禁卖淫嫖娼的决定》的规定,不特定的异性之间或者同性之间以金钱、财物为媒介发生不正当性关系的行为,包括口淫、手淫、鸡奸等行为,都属于卖淫嫖娼行为,对行为人应当依法处理。

自本批复下发之日起,《公安部关于对以营利为目的的手淫、口淫等行为定性处理问题的批复》(公复字〔1995〕6号)同时废止。

❺ 最高人民法院《关于如何适用〈治安管理处罚条例〉第三十条规定的答复》

---

① 对其解读见:《最新刑事法律文件解读》2010年第5辑总第59辑,第28~35页。

（2000年2月29日 〔1999〕行他字第27号）

重庆市高级人民法院：你院《关于董国亮不服重庆市公安局大渡口区分局治安管理处罚抗诉再审请示一案的请示报告》收悉。经研究，答复如下：

《治安管理处罚条例》第三十条规定的"卖淫嫖娼"，一般是指异性之间通过金钱交易，一方向另一方提供性服务以满足对方性欲的行为。至于具体性行为采用什么方式，不影响对卖淫嫖娼行为的认定。

❻ **浙江省高级人民法院刑一庭、刑二庭《关于执行刑法若干问题的具体意见（三）》**（2000年12月27日 浙高法刑〔2000〕3号）（节录）

11. 刑法分则第8章第8节组织、强迫、引诱、容留、介绍卖淫罪规定的"卖淫"，不包括性交以外的手淫、口淫等其他行为。

12. 组织、引诱、容留、介绍嫖娼行为人，与组织、引诱、容留、介绍卖淫行为人通谋或互相配合的，可以按组织、引诱、容留、介绍卖淫罪的共同犯罪定罪处罚。

学理观点·典型案例 ➡ 索引与要旨

❶《王剑平等组织卖淫、耿劲松等协助组织卖淫案》，载《刑事审判参考》2011年第4辑总第81辑，第49~56页。

核心提示 ➡ 如何认定组织卖淫罪的"情节严重"、"情节特别严重"以及协助组织卖淫罪的"情节严重"？

❷ 全国人大《刑法修正案（八）》①

❸《唐发均强迫卖淫案》，载《人民法院案例选》2008年第2辑总第64辑。

要旨 ➡ 强迫男人与同性发生性关系，收取嫖资，构成强迫卖淫罪。

❹《李宁组织卖淫案》，载《刑事审判参考》2004年第3辑总第38辑，第137~142页。

核心提示 ➡ 组织男性从事同性性交易，是否构成组织卖淫罪？

要旨 ➡ 不能以辞典的解释取代我们对刑法用语的规范解释。我们认为，刑法所规定的"卖淫"的本质特征在于，其是以营利为目的，向不特定的人出卖肉体的行为。至于行为人的性别是男是女，以及其对象是异性还是同性，均不是判断、决定行为人的行为是否构成卖淫所要考察的要素。

❺《刑事审判参考》2002年第3辑总第26辑，第206~207页。

核心提示 ➡ 如何认定"多次强迫他人卖淫"？

要旨 ➡ 无论行为人强迫他人（1人）卖淫成功与否，只要对1人强迫次数达3次以上或者强迫他人（1人）卖淫3次以上，均应认定为多次强迫他人卖淫。

❻《高洪霞、郑海本等组织卖淫、协助组织卖淫案》，载《刑事审判参考》2000年

---

① 对其解读见：《刑事审判参考》2011年第4辑总第81辑，第83~117页，载《公检法办案指南》2011年第3辑总第135辑，第13~121页。

第 6 辑总第 11 辑，第 16~25 页以及《刑事审判案例》，第 557~563 页。

核心提示➡如何区分组织卖淫罪和容留卖淫罪及判处重刑的标准如何掌握？

❼《口交、手淫等行为是否属于卖淫行为》，载《人民法院案例选》2005 年第 1 辑总第 51 辑。

要旨➡公安部已经将有金钱交易的口交、手淫等行为视为卖淫，并作为治安处罚。但是，在司法实践中，为了控制打击面，体现刑法谦抑性，组织他人卖淫罪中的"卖淫"，一般限定在异性间的性交、男性间的肛交，而将口交、手淫等猥亵形式排除在外。最高人民法院在答复浙江省高级人民法院关于口淫、手淫等行为能否作为组织他人卖淫罪中的卖淫行为时，明确答复，口交、手淫尚不属于组织他人卖淫罪中的"卖淫"。我们认定，刑法中的卖淫概念应该与性交的概念相一致。《牛津现代高级英汉双解词典》将卖淫定义为："女性或男性为取得报酬而与他人性交的行为。"因此，卖淫是一种性交行为。在国外关于强奸罪的立法中，性交是指男女间的阴道性交、男性间的肛交、口交。与此相应，卖淫是指为了得到报酬而进行的阴道性交、肛交行为。

第 359 条　第 1 款　引诱、容留、介绍卖淫罪　第 2 款　引诱幼女卖淫罪

引诱、容留、介绍他人卖淫的，处五年以下有期徒刑、拘役或者管制，并处罚金；情节严重的，处五年以上有期徒刑，并处罚金。

引诱不满十四周岁的幼女卖淫的，处五年以上有期徒刑，并处罚金。

关 联 规 范 ➡ 完全整理

❶《中华人民共和国刑法》（1980 年 1 月 1 日）第 361 条　相关单位人员涉及本节行为的处理

旅馆业、饮食服务业、文化娱乐业、出租汽车业等单位的人员，利用本单位的条件，组织、强迫、引诱、容留、介绍他人卖淫的，依照本法第三百五十八条、第三百五十九条的规定定罪处罚。

前款所列单位的主要负责人，犯前款罪的，从重处罚。

❷最高人民检察院、公安部《关于公安机关管辖的刑事案件立案追诉标准的规定（一）》（2008 年 6 月 25 日　公通字〔2008〕36 号）（节录）

第七十八条　引诱、容留、介绍他人卖淫，涉嫌下列情形之一的，应予立案追诉：（一）引诱、容留、介绍二人次以上卖淫的；（二）引诱、容留、介绍已满十四周岁未满十八周岁的未成年人卖淫的；（三）被引诱、容留、介绍卖淫的人患有艾滋病或者患有梅毒、淋病等严重性病。（四）其他引诱、容留、介绍卖淫应予追究刑事责任的情形。

第七十九条　引诱不满十四周岁的幼女卖淫的，应予立案追诉。

❸公安部《关于对同性之间以钱财为媒介的性行为定性处理问题的批复》（2001 年 2 月 18 日　公复字〔2001〕4 号）

广西壮族自治区公安厅：你厅《关于对以金钱为媒介的同性之间的性行为如何定性的

请示》（桂公传发〔2001〕325号）收悉。现批复如下：根据《中华人民共和国治安管理处罚条例》和全国人大常委会《关于严禁卖淫嫖娼的决定》的规定，不特定的异性之间或者同性之间以金钱、财物为媒介发生不正当性关系的行为，包括口淫、手淫、鸡奸等行为，都属于卖淫嫖娼行为，对行为人应当依法处理。

自本批复下发之日起，《公安部关于对以营利为目的的手淫、口淫等行为定性处理问题的批复》（公复字〔1995〕6号）同时废止。

❹ 最高人民法院《关于如何适用〈治安管理处罚条例〉第三十条规定的答复》（2000年2月29日 〔1999〕行他字第27号）

重庆市高级人民法院：你院《关于董国亮不服重庆市公安局大渡口区分局治安管理处罚抗诉再审请示一案的请示报告》收悉。经研究，答复如下：《治安管理处罚条例》第三十条规定的"卖淫嫖娼"，一般是指异性之间通过金钱交易，一方向另一方提供性服务以满足对方性欲的行为。至于具体性行为采用什么方式，不影响对卖淫嫖娼行为的认定。

学理观点·典型案例 ▶ 索引与要旨

❶《杨某、米某容留卖淫案》，载《刑事审判参考》2011年第2辑总第79辑，第70~75页。

核心提示 ➡ 明知他人在出租房内从事卖淫活动仍出租房屋的行为，如何定性？

❷《最新刑事法律文件解读》，2006年第9辑总第21辑，第139~140页。

核心提示 ➡ 如何把握引诱、容留、介绍他人卖淫案的刑事处罚标准？

❸《吴祥海介绍卖淫案》，载《刑事审判参考》2005年第6辑总第47辑，第61~63页。

核心提示 ➡ 介绍卖淫罪与介绍嫖娼行为的区别

要旨 ➡ 介绍嫖娼行为通常表现为以下一些情形特征：1. 行为人往往临时起意为他人介绍嫖娼，自己与卖淫者并不相识。2. 行为人根据市场讯息，自己介绍嫖客到某处进行嫖娼。3. 行为人根据自己曾经嫖娼的经历各熟悉处所，带领或者介绍嫖客到该处所进行嫖娼。4. 行为人基于其与卖淫人员的约定，介绍嫖客与该卖淫人员进行卖淫嫖娼活动。5. 行为人基于其与某介绍卖淫者的约定，介绍嫖客通过该介绍卖淫者与卖淫人员进行卖淫嫖娼活动。依上述情形特征，一般而言，前三种情形应认定行为人不构成犯罪，而后两种情形实际上是介绍嫖娼者与介绍卖淫者二者合二为一，行为人表现为具有双重身份，通常认为，行为人的行为可以构成介绍卖淫罪。

❹《林庆介绍卖淫案》，载《刑事审判参考》2002年第4辑总第27辑，第42~46页。

核心提示 ➡ 通过互联网发布卖淫信息行为的定性

要旨 ➡ 1. 虽行为方式与传统方式不同，但其通过互联网为不特定的人提供信息，起了介绍的实际作用，故认定；2. 为访问者知悉，应以介绍既遂处理；介绍卖淫系行为犯，行为犯也存在未遂,如行为刚着手实施,尚未完成即停止,也是未遂。本案发布行为完成,就是既遂;3. 本案向社会公众发布,并使多人前往嫖娼,具有严重社会危害性,应认定为情节严重。

5《刑事审判参考》2002 年第 3 辑总第 26 辑,第 202~205 页。

核心提示 ➡ 如何区分介绍卖淫和介绍嫖娼行为?

要旨 ➡ 一般的介绍嫖娼行为不能作为犯罪处理,但也不排除实践中存在的貌似介绍嫖娼,但实为介绍卖淫者的帮助者,可以成为介绍卖淫罪共犯的情况。

6《高洪霞、郑海本等组织卖淫、协助组织卖淫案》,载《刑事审判参考》2000 年第 6 辑总第 11 辑,第 16~25 页以及《刑事审判案例》,第 557~563 页。

核心提示 ➡ 如何区分组织卖淫罪和容留卖淫罪?量刑标准如何掌握?

7《口交、手淫等行为是否属于卖淫行为》,载《人民法院案例选》2005 年第 1 辑总第 51 辑。

公安部已经将有金钱交易的口交、手淫等行为视为卖淫,并作为治安处罚。但是,在司法实践中,为了控制打击面,体现刑法谦抑性,组织他人卖淫罪中的"卖淫",一般限定在异性间的性交、男性间的肛交,而将口交、手淫等猥亵形式排除在外。最高人民法院在答复浙江省高级人民法院关于口交、手淫等行为能否作为组织他人卖淫罪中的卖淫行为时,明确答复,口交、手淫尚不属于组织他人卖淫罪中的"卖淫"。我们认定,刑法中的卖淫概念应该与性交的概念相一致。《牛津现代高级英汉双解词典》将卖淫定义为:"女性或男性为取得报酬而与他人性交的行为。"因此,卖淫是一种性交行为。在国外关于强奸罪的立法中,性交是指男女间的阴道性交、男性间的肛交、口交。与此相应,卖淫是指为了得到报酬而进行的阴道性交、肛交行为。

第 360 条　第 1 款　传播性病罪　第 2 款　嫖宿幼女罪

明知自己患有梅毒、淋病等严重性病卖淫、嫖娼的,处五年以下有期徒刑、拘役或者管制,并处罚金。

嫖宿不满十四周岁的幼女的,处五年以上有期徒刑,并处罚金。

关 联 规 范 ➡ 完全整理

1 最高人民检察院、公安部《关于公安机关管辖的刑事案件立案追诉标准的规定(一)》(2008 年 6 月 25 日　公通字〔2008〕36 号)(节录)

第八十条　明知自己患有梅毒、淋病等严重性病卖淫、嫖娼的,应予立案追诉。

具有下列情形之一的,可以认定为本条规定的"明知":(一)有证据证明曾到医疗机构就医,被诊断为患有严重性病的;(二)根据本人的知识和经验,能够知道自己患有严重性病的;(三)通过其他方法能够证明是"明知"的。

第八十一条　行为人知道被害人是或者可能是不满十四周岁的幼女而嫖宿的,应予立案追诉。

❷ 最高人民检察院《关于构成嫖宿幼女罪主观上是否需要具备明知要件的解释》(2001年6月11日 高检发释字〔2001〕3号)(节录)①

行为人知道被害人是或者可能是不满十四周岁幼女而嫖宿的，适用刑法第三百六十条第二款的规定。

❸ 最高人民法院、最高人民检察院《关于执行〈全国人民代表大会常务委员会关于严禁卖淫嫖娼的决定〉的若干问题的解答》(1992年12月11日 法发〔1992〕42号 高检会〔1992〕36号)(节录)

八、怎样认定传播性病罪？

根据《决定》第五条第一款的规定，传播性病罪，是指明知自己患有梅毒、淋病等严重性病而进行卖淫嫖娼的行为。

(一) 本罪属特殊主体，即已满16岁，具有刑事责任能力，且患有梅毒、淋病等严重性病的人。中国公民和外国人均可成为本罪的主体。

(二) 必须实施了卖淫、嫖娼的行为。至于实际是否已造成他人染上性病的结果，不影响本罪的成立。行为人通过其他方式（如通奸等）将性病传播给他人的，不构成本罪。

(三) 具备以下情形之一的，可以认定为"明知"：

1. 有证据证明曾到医院就医，被诊断为患有严重性病的；
2. 根据本人的知识和经验，能够知道自己患有严重性病的；
3. 通过其他方法能够证明被告人是"明知"的。

学理观点·典型案例 ➡ 索引与要旨

❶《嫖宿幼女案的审查与认定》，载《公检法办案指南》2010年第4辑总第124辑，第169~177页。

❷《冯支洋等嫖宿幼女案》，载《刑事审判参考》2009年第6辑总第71辑，第22~29页。

核心提示 ➡ 对嫖宿幼女罪如何审查认定？

❸《正确认识和处理犯罪之间的关系》，载《刑事司法指南》2009年第4辑总第40辑，第1~42页。

核心提示 ➡ 嫖宿幼女罪与奸淫幼女罪的关系

❹《试论在刑事审判中以"参照"方式适用法律》，载《最新刑事法律文件解读》2006年第11辑总第23辑，第122~131页。

核心提示 ➡ 嫖宿幼女罪是否需要证明被告人明知被害人系幼女？

要旨 ➡ 某法院参照《人民司法》1999年第12期"司法信箱"对"不明知嫖宿对象是未满14周岁的幼女是否构成嫖宿幼女罪"的答复意见："刑法第三百六十条第二款的嫖宿

---

① 对其解读见：《刑事审判参考》2001年第7辑总第18辑，第63页以及载《解读最高人民检察院司法解释》，第383~384页。

幼女罪，是指行为人在客观上嫖宿了不满 14 周岁的幼女的行为，并不要求行为人必须明知嫖宿对象是不满 14 周岁的幼女。"某法院认为，本案被告人主观上应当知道蒋、刘二女不满 14 周岁，而在嫖宿时不过问年龄，放任后果的发生；以金钱作为交换条件与之进行奸宿，其行为已构成嫖宿幼女罪。

5《何某是否构成传播性病罪》，载《公检法办案指南》2005 年第 1 辑总第 61 辑，第 167～174 页。

第 361 条　相关单位人员涉及本节行为的处理

旅馆业、饮食服务业、文化娱乐业、出租汽车业等单位的人员，利用本单位的条件，组织、强迫、引诱、容留、介绍他人卖淫的，依照本法第三百五十八条、第三百五十九条的规定定罪处罚。

前款所列单位的主要负责人，犯前款罪的，从重处罚。

关　联　规　范　⇒ 完全整理

1《中华人民共和国刑法》（1980 年 1 月 1 日）第 358 条　组织卖淫罪、强迫卖淫罪、协助组织卖淫罪

组织他人卖淫或者强迫他人卖淫的，处五年以上十年以下有期徒刑，并处罚金；有下列情形之一的，处十年以上有期徒刑或者无期徒刑，并处罚金或者没收财产：

（一）组织他人卖淫，情节严重的；

（二）强迫不满十四周岁的幼女卖淫的；

（三）强迫多人卖淫或者多次强迫他人卖淫的；

（四）强奸后迫使卖淫的；

（五）造成被强迫卖淫的人重伤、死亡或者其他严重后果的。

有前款所列情形之一，情节特别严重的，处无期徒刑或者死刑，并处没收财产。

协助组织他人卖淫的，处五年以下有期徒刑，并处罚金；情节严重的，处五年以上十年以下有期徒刑，并处罚金。

2《中华人民共和国刑法》（1980 年 1 月 1 日）第 359 条　引诱、容留、介绍卖淫罪、引诱幼女卖淫罪

引诱、容留、介绍他人卖淫的，处五年以下有期徒刑、拘役或者管制，并处罚金；情节严重的，处五年以上有期徒刑，并处罚金。

引诱不满十四周岁的幼女卖淫的，处五年以上有期徒刑，并处罚金。

第 362 条　窝藏、包庇罪

旅馆业、饮食服务业、文化娱乐业、出租汽车业等单位的人员，在公安机关查处卖淫、嫖娼活动时，为违法犯罪分子通风报信，情节严重的，依照本法第三百一十条的规定定罪处罚。

关 联 规 范 ➡ 完全整理

《中华人民共和国刑法》（1980年1月1日）第310条　窝藏、包庇罪

明知是犯罪的人而为其提供隐藏处所、财物，帮助其逃匿或者作假证明包庇的，处三年以下有期徒刑、拘役或者管制；情节严重的，处三年以上十年以下有期徒刑。

犯前款罪，事前通谋的，以共同犯罪论处。

学理观点·典型案例 ➡ 索引与要旨

《刑法中的注意规定与法律拟制及其运用分析》，载《刑事司法指南》2003年第3辑总第15辑，第70～108页。

要旨 ➡ 二、法律拟制的概念与特点；法律拟制（或法定拟制）与注意规定不同，其特点是导致将原本不同的行为按照相同的行为处理（包括将原本不符合某种规定的行为也按照该规定处理）。《刑法》第362条规定，旅馆业、饮食服务业、文化娱乐业、出租汽车业等单位的人员，在公安机关查处卖淫、嫖娼活动时，为违法犯罪分子通风报信，情节严重的，依照该法第310条的规定定罪处罚。显然，"在公安机关查处卖淫、嫖娼活动时"的表述表明，本条所规定的卖淫、嫖娼活动并不限于已经构成犯罪的卖淫、嫖娼活动；为"违法犯罪分子通风报信"的用语表明，行为人所窝藏、包庇的不一定是犯罪分子，而是包括了并不构成犯罪的一般违法人员。而《刑法》第310条规定，明知是犯罪的人而为其……据此，行为人所窝藏或者包庇的必须是"犯罪的人"。虽然刑法理论上对"犯罪的人"存在不同观点，但应当认为，首先，"犯罪的人"应从一般意义上理解，而不能从"无罪推定"的角度做出解释，易言之，虽然包括严格意义上的"罪犯"，但不是仅指已经被法院作出有罪判决的人。其次，已被公安、司法机关作为犯罪嫌疑人、被告人而成为侦查、起诉对象的人，即使事后被法院认定无罪的，也属于"犯罪的人"。最后，即使暂时没有被司法机关作为犯罪嫌疑人，但确实实施了犯罪行为，因而将被公安、司法机关作为犯罪嫌疑人、被告人而成为侦查、起诉对象的人，同样属于"犯罪的人"。概言之，窝藏、包庇罪不包括对一般违法分子的窝藏、包庇。显而易见，《刑法》第362条的规定的情形，并不一概符合《刑法》第310条规定的构成要件，但第362条仍然将并不符合窝藏、包庇罪构成要件的行为赋予窝藏、包庇罪的法律后果，因而属于法律拟制。

第九节　制作、贩卖、传播淫秽物品罪

第363条　第1款　制作、复制、出版、贩卖、传播淫秽物品牟利罪　第2款　为他人提供书号出版淫秽书刊罪

以牟利为目的，制作、复制、出版、贩卖、传播淫秽物品的，处三年以下有期徒刑、拘役或者管制，并处罚金；情节严重的，处三年以上十年以下有期

徒刑，并处罚金；情节特别严重的，处十年以上有期徒刑或者无期徒刑，并处罚金或者没收财产。

为他人提供书号，出版淫秽书刊的，处三年以下有期徒刑、拘役或者管制，并处或者单处罚金；明知他人用于出版淫秽书刊而提供书号的，依照前款的规定处罚。

关联规范 ▶ 完全整理

❶《中华人民共和国刑法》（1980年1月1日）第366条 单位犯本节之罪

单位犯本节第三百六十三条、第三百六十四条、第三百六十五条规定之罪的，对单位判处罚金，并对其直接负责的主管人员和其他直接责任人员，依照各该条的规定处罚。

❷《中华人民共和国刑法》（1980年1月1日）第367条 淫秽物品的定义

本法所称淫秽物品，是指具体描绘性行为或者露骨宣扬色情的诲淫性的书刊、影片、录像带、录音带、图片及其他淫秽物品。

有关人体生理、医学知识的科学著作不是淫秽物品。

包含有色情内容的有艺术价值的文学、艺术作品不视为淫秽物品。

❸ 全国人大常委会《关于维护互联网安全的决定》（2000年12月28日）（节录）①

三、为了维护社会主义市场经济秩序和社会管理秩序，对有下列行为之一，构成犯罪的，依照刑法有关规定追究刑事责任：（五）在互联网上建立淫秽网站、网页，提供淫秽站点链接服务，或者传播淫秽书刊、影片、音像、图片。

❹ 最高人民法院、最高人民检察院《关于办理利用互联网、移动通讯终端、声讯台制作、复制、出版、贩卖、传播淫秽电子信息刑事案件具体应用法律若干问题的解释（二）》（2010年1月18日 法释〔2010〕3号）②

第一条 以牟利为目的，利用互联网、移动通讯终端制作、复制、出版、贩卖、传播淫秽电子信息的，依照《最高人民法院、最高人民检察院关于办理利用互联网、移动通讯终端、声讯台制作、复制、出版、贩卖、传播淫秽电子信息刑事案件具体应用法律若干问题的解释》第一条、第二条的规定定罪处罚。

以牟利为目的，利用互联网、移动通讯终端制作、复制、出版、贩卖、传播内容含有不满十四周岁未成年人的淫秽电子信息，具有下列情形之一的，依照刑法第三百六十三条第一款的规定，以制作、复制、出版、贩卖、传播淫秽物品牟利罪定罪处罚：

（一）制作、复制、出版、贩卖、传播淫秽电影、表演、动画等视频文件十个以上的；

（二）制作、复制、出版、贩卖、传播淫秽音频文件五十个以上的；

（三）制作、复制、出版、贩卖、传播淫秽电子刊物、图片、文章等一百件以上的

---

① 对其解读见：《刑事审判参考》2001年第4辑总第15辑，第52~58页。
② 对其解读见：及手机淫秽色情信息案例《刑事法律文件解读》2010年第2辑总第56辑，第33~36、37~62页以及《刑事审判参考》2010年第2辑总第73辑，第86~102页。

（四）制作、复制、出版、贩卖、传播的淫秽电子信息，实际被点击数达到五千次以上的；

（五）以会员制方式出版、贩卖、传播淫秽电子信息，注册会员达一百人以上的；

（六）利用淫秽电子信息收取广告费、会员注册费或者其他费用，违法所得五千元以上的；

（七）数量或者数额虽未达到第（一）项至第（六）项规定标准，但分别达到其中两项以上标准一半以上的；

（八）造成严重后果的。

实施第二款规定的行为，数量或者数额达到第二款第（一）项至第（七）项规定标准五倍以上的，应当认定为刑法第三百六十三条第一款规定的"情节严重"；达到规定标准二十五倍以上的，应当认定为"情节特别严重"。

第二条 利用互联网、移动通讯终端传播淫秽电子信息的，依照《最高人民法院、最高人民检察院关于办理利用互联网、移动通讯终端、声讯台制作、复制、出版、贩卖、传播淫秽电子信息刑事案件具体应用法律若干问题的解释》第三条的规定定罪处罚。

利用互联网、移动通讯终端传播内容含有不满十四周岁未成年人的淫秽电子信息，具有下列情形之一的，依照刑法第三百六十四条第一款的规定，以传播淫秽物品罪定罪处罚：

（一）数量达到第一条第二款第（一）项至第（五）项规定标准二倍以上的；

（二）数量分别达到第一条第二款第（一）项至第（五）项两项以上标准的；

（三）造成严重后果的。

第三条 利用互联网建立主要用于传播淫秽电子信息的群组，成员达三十人以上或者造成严重后果的，对建立者、管理者和主要传播者，依照刑法第三百六十四条第一款的规定，以传播淫秽物品罪定罪处罚。

第四条 以牟利为目的，网站建立者、直接负责的管理者明知他人制作、复制、出版、贩卖、传播的是淫秽电子信息，允许或者放任他人在自己所有、管理的网站或者网页上发布，具有下列情形之一的，依照刑法第三百六十三条第一款的规定，以传播淫秽物品牟利罪定罪处罚：

（一）数量或者数额达到第一条第二款第（一）项至第（六）项规定标准五倍以上的；

（二）数量或者数额分别达到第一条第二款第（一）项至第（六）项两项以上标准二倍以上的；

（三）造成严重后果的。

实施前款规定的行为，数量或者数额达到第一条第二款第（一）项至第（七）项规定标准二十五倍以上的，应当认定为刑法第三百六十三条第一款规定的"情节严重"；达到规定标准一百倍以上的，应当认定为"情节特别严重"。

第五条 网站建立者、直接负责的管理者明知他人制作、复制、出版、贩卖、传播的是淫秽电子信息，允许或者放任他人在自己所有、管理的网站或者网页上发布，具有下列情形之一的，依照刑法第三百六十四条第一款的规定，以传播淫秽物品罪定罪处罚：

（一）数量达到第一条第二款第（一）项至第（五）项规定标准十倍以上的；

（二）数量分别达到第一条第二款第（一）项至第（五）项两项以上标准五倍以上的；

（三）造成严重后果的。

第六条 电信业务经营者、互联网信息服务提供者明知是淫秽网站，为其提供互联网接入、服务器托管、网络存储空间、通讯传输通道、代收费等服务，并收取服务费，具有下列情形之一的，对直接负责的主管人员和其他直接责任人员，依照刑法第三百六十三条第一款的规定，以传播淫秽物品牟利罪定罪处罚：

（一）为五个以上淫秽网站提供上述服务的；

（二）为淫秽网站提供互联网接入、服务器托管、网络存储空间、通讯传输通道等服务，收取服务费数额在二万元以上的；

（三）为淫秽网站提供代收费服务，收取服务费数额在五万元以上的；

（四）造成严重后果的。

实施前款规定的行为，数量或者数额达到前款第（一）项至第（三）项规定标准五倍以上的，应当认定为刑法第三百六十三条第一款规定的"情节严重"；达到规定标准二十五倍以上的，应当认定为"情节特别严重"。

第七条 明知是淫秽网站，以牟利为目的，通过投放广告等方式向其直接或者间接提供资金，或者提供费用结算服务，具有下列情形之一的，对直接负责的主管人员和其他直接责任人员，依照刑法第三百六十三条第一款的规定，以制作、复制、出版、贩卖、传播淫秽物品牟利罪的共同犯罪处罚：

（一）向十个以上淫秽网站投放广告或者以其他方式提供资金的；

（二）向淫秽网站投放广告二十条以上的；

（三）向十个以上淫秽网站提供费用结算服务的；

（四）以投放广告或者其他方式向淫秽网站提供资金数额在五万元以上的；

（五）为淫秽网站提供费用结算服务，收取服务费数额在二万元以上的；

（六）造成严重后果的。

实施前款规定的行为，数量或者数额达到前款第（一）项至第（五）项规定标准五倍以上的，应当认定为刑法第三百六十三条第一款规定的"情节严重"；达到规定标准二十五倍以上的，应当认定为"情节特别严重"。

第八条 实施第四条至第七条规定的行为，具有下列情形之一的，应当认定行为人"明知"，但是有证据证明确实不知道的除外：

（一）行政主管机关书面告知后仍然实施上述行为的；

（二）接到举报后不履行法定管理职责的；

（三）为淫秽网站提供互联网接入、服务器托管、网络存储空间、通讯传输通道、代收费、费用结算等服务，收取服务费明显高于市场价格的；

（四）向淫秽网站投放广告，广告点击率明显异常的；

（五）其他能够认定行为人明知的情形。

第九条 一年内多次实施制作、复制、出版、贩卖、传播淫秽电子信息行为未经处理，数量或者数额累计计算构成犯罪的，应当依法定罪处罚。

第十条 单位实施制作、复制、出版、贩卖、传播淫秽电子信息犯罪的，依照《中华人民共和国刑法》、《最高人民法院、最高人民检察院关于办理利用互联网、移动通讯终端、声讯台制作、复制、出版、贩卖、传播淫秽电子信息刑事案件具体应用法律若干问题的解释》和本解释规定的相应个人犯罪的定罪量刑标准，对直接负责的主管人员和其他直接责任人员定罪处罚，并对单位判处罚金。

第十一条 对于以牟利为目的，实施制作、复制、出版、贩卖、传播淫秽电子信息犯罪的，人民法院应当综合考虑犯罪的违法所得、社会危害性等情节，依法判处罚金或者没收财产。罚金数额一般在违法所得的一倍以上五倍以下。

第十二条 《最高人民法院、最高人民检察院关于办理利用互联网、移动通讯终端、声讯台制作、复制、出版、贩卖、传播淫秽电子信息刑事案件具体应用法律若干问题的解释》和本解释所称网站，是指可以通过互联网域名、IP地址等方式访问的内容提供站点。

以制作、复制、出版、贩卖、传播淫秽电子信息为目的建立或者建立后主要从事制作、复制、出版、贩卖、传播淫秽电子信息活动的网站，为淫秽网站。

第十三条 以前发布的司法解释与本解释不一致的，以本解释为准。

5 最高人民检察院、公安部《关于公安机关管辖的刑事案件立案追诉标准的规定（一）》（2008年6月25日 公通字〔2008〕36号）（节录）

第八十二条 以牟利为目的，制作、复制、出版、贩卖、传播淫秽物品，涉嫌下列情形之一的，应予立案追诉：（一）制作、复制、出版淫秽影碟、软件、录像带五十至一百张（盒）以上，淫秽音碟、录音带一百至二百张（盒）以上，淫秽扑克、书刊、画册一百至二百副（册）以上，淫秽照片、画片五百至一千张以上的；（二）贩卖淫秽影碟、软件、录像带一百至二百张（盒）以上，淫秽音碟、录音带二百至四百张（盒）以上，淫秽扑克、书刊、画册二百至四百副（册）以上，淫秽照片、画片一千至二千张以上的；（三）向他人传播淫秽物品达二百至五百人次以上，或者组织播放淫秽影、像达十至二十场次以上的；（四）制作、复制、出版、贩卖、传播淫秽物品，获利五千至一万元以上的。

以牟利为目的，利用互联网、移动通讯终端制作、复制、出版、贩卖、传播淫秽电子信息，涉嫌下列情形之一的，应予立案追诉：（一）制作、复制、出版、贩卖、传播淫秽电影、表演、动画等视频文件二十个以上的；（二）制作、复制、出版、贩卖、传播淫秽音频文件一百个以上的；（三）制作、复制、出版、贩卖、传播淫秽电子刊物、图片、文章、短信息等二百件以上的；（四）制作、复制、出版、贩卖、传播的淫秽电子信息，实际被点击数达到一万次以上的；（五）以会员制方式出版、贩卖、传播淫秽电子信息，注册会员达二百人以上的；（六）利用淫秽电子信息收取广告费、会员注册费或者其他费用，违法所得一万元以上的；（七）数量或者数额虽未达到本款第（一）项至第（六）项规定标准，但分别达到其中两项以上标准的百分之五十以上的；（八）造成严重后果的。

利用聊天室、论坛、即时通信软件、电子邮件等方式，实施本条第二款规定行为的，应予立案追诉。

以牟利为目的，通过声讯台传播淫秽语音信息，涉嫌下列情形之一的，应予立案追诉：（一）向一百人次以上传播的；（二）违法所得一万元以上的；（三）造成严重后果的。

明知他人用于出版淫秽书刊而提供书号、刊号的，应予立案追诉。

第八十三条 为他人提供书号、刊号出版淫秽书刊，或者为他人提供版号出版淫秽音像制品的，应予立案追诉。

❻ 最高人民法院、最高人民检察院《关于办理利用互联网、移动通讯终端、声讯台制作、复制、出版、贩卖、传播淫秽电子信息刑事案件具体应用法律若干问题的解释》（2004年9月6日 法释〔2004〕11号）①

第一条 以牟利为目的，利用互联网、移动通讯终端制作、复制、出版、贩卖、传播淫秽电子信息，具有下列情形之一的，依照刑法第三百六十三条第一款的规定，以制作、复制、出版、贩卖、传播淫秽物品牟利罪定罪处罚。

（一）制作、复制、出版、贩卖、传播淫秽电影、表演、动画等视频文件二十个以上的；

（二）制作、复制、出版、贩卖、传播淫秽音频文件一百个以上的；

（三）制作、复制、出版、贩卖、传播淫秽电子刊物、图片、文章、短信息等二百件以上的；

（四）制作、复制、出版、贩卖、传播的淫秽电子信息，实际被点击数达到一万次以上的；

（五）以会员制方式出版、贩卖、传播淫秽电子信息，注册会员达二百人以上的；

（六）利用淫秽电子信息收取广告费、会员注册费或者其他费用，违法所得一万元以上的；

（七）数量或者数额虽未达到第（一）项至第（六）项规定标准，但分别达到其中两项以上标准一半以上的；

（八）造成严重后果的。

利用聊天室、论坛、即时通信软件、电子邮件等方式，实施第一款规定行为的，依照刑法第三百六十三条第一款的规定，以制作、复制、出版、贩卖、传播淫秽物品牟利罪定罪处罚。

第二条 实施第一条规定的行为，数量或者数额达到第一条第一款第（一）项至第（六）项规定标准五倍以上的，应当认定为刑法第三百六十三条第一款规定的"情节严重"；达到规定标准二十五倍以上的，应当认定为"情节特别严重"。

第三条 不以牟利为目的，利用互联网或者转移通讯终端传播淫秽电子信息，具有下列情形之一的，依照刑法第三百六十四条第一款的规定，以传播淫秽物品罪定罪处罚：

（一）数量达到第一条第一款第（一）项至第（五）项规定标准二倍以上的；

（二）数量分别达到第一条第一款第（一）项至第（五）项两项以上标准的；

（三）造成严重后果的。

利用聊天室、论坛、即时通信软件、电子邮件等方式，实施第一款规定行为的，依照刑法第三百六十四条第一款的规定，以传播淫秽物品罪定罪处罚。

---

① 对其解读见：《刑事审判参考》2005年第5辑总40辑，第159~162，168~180页。

第四条　明知是淫秽电子信息而在自己所有、管理或者使用的网站或者网页上提供直接链接的，其数量标准根据所链接的淫秽电子信息的种类计算。

第五条　以牟利为目的，通过声讯台传播淫秽语音信息，具有下列情形之一的，依照刑法第三百六十三条第一款的规定，对直接负责的主管人员和其他直接责任人员以传播淫秽物品牟利罪定罪处罚：

（一）向一百人次以上传播的；

（二）违法所得一万元以上的；

（三）造成严重后果的。

实施前款规定行为，数量或者数额达到前款第（一）项至第（二）项规定标准五倍以上的，应当认定为刑法第三百六十三条第一款规定的"情节严重"；达到规定标准二十五倍以上的，应当认定为"情节特别严重"。

第六条　实施本解释前五条规定的犯罪，具有下列情形之一的，依照刑法第三百六十三条第一款、第三百六十四条第一款的规定从重处罚：

（一）制作、复制、出版、贩卖、传播具体描绘不满十八周岁未成年人性行为的淫秽电子信息的；

（二）明知是具体描绘不满十八周岁的未成年人性行为的淫秽电子信息而在自己所有、管理或者使用的网站或者网页上提供直接链接的；

（三）向不满十八周岁的未成年人贩卖、传播淫秽电子信息和语音信息的；

（四）通过使用破坏性程序、恶意代码修改用户计算机设置等方法，强制用户访问、下载淫秽电子信息的。

第七条　明知他人实施制作、复制、出版、贩卖、传播淫秽电子信息犯罪，为其提供互联网接入、服务器托管、网络存储空间、通讯传输通道、费用结算等帮助的，对直接负责的主管人员和其他直接责任人员，以共同犯罪论处。

第八条　利用互联网、移动通讯终端、声讯台贩卖、传播淫秽书刊、影片、录像带、录音带等以实物为载体的淫秽物品的，依照《最高人民法院关于审理非法出版物刑事案件具体应用法律若干问题的解释》的有关规定定罪处罚。

第九条　刑法第三百六十七条第一款规定的"其他淫秽物品"，包括具体描绘性行为或者露骨宣扬色情的诲淫性的视频文件、音频文件、电子刊物、图片、文章、短信息等互联网、移动通讯终端电子信息和声讯台语音信息。

有关人体生理、医学知识的电子信息和声讯台语音信息不是淫秽物品。包含色情内容的有艺术价值的电子文学、艺术作品不视为淫秽物品。

7 最高人民法院、最高人民检察院、公安部《关于依法开展打击淫秽色情网站专项行动有关工作的通知》（2004年7月16日　公通字〔2004〕53号）（节录）①

三、加强协调配合，形成打击合力

当前，淫秽色情网站违法犯罪活动不仅数量多，而且技术含量高，传播范围广，作案

---

① 对其解读见：《刑事审判参考》2004年第3辑总第38辑，第1~4页。

手段隐蔽，逃避打击能力强。各级公安机关、人民检察院、人民法院在办案中要坚持实事求是，科学、正确认识此类犯罪活动的特殊性，按照"基本事实清楚、基本证据确凿"的原则，不纠缠细枝末节，密切配合，齐心协力，依法从重从快打击利用淫秽色情网站的各种犯罪活动。公安机关应当组织专门力量，扎扎实实地做好侦查工作。淫秽色情网站所在地公安机关和淫秽色情网站制作、维护人居住地公安机关发现淫秽色情网站后均应立即依法立案侦查，全力侦破利用淫秽色情网站犯罪案件，抓捕犯罪嫌疑人。要切实做好证据的收集、固定和保全工作，将侦查中获取的电子数据制作成电子证据文档光盘作为证据随案件其他证据一并移送，为起诉和审判打下坚实基础；人民检察院对公安机关提请逮捕和移送审查起诉的犯罪嫌疑人，要依法从快批捕和提起公诉；人民法院对人民检察院提起公诉的案件，应该当依法及时审判。各级公安机关、人民检察院、人民法院对案件定性、证据认定、案件管辖等有关问题发生分歧时，要加强沟通与协调，加快办案进度，提高办案效率，形成打击合力，有效震慑犯罪。

❽ 最高人民法院《关于审理非法出版物刑事案件具体应用法律若干问题的解释》（1998年12月23日　法释〔1998〕30号）（节录）①

第八条　以牟利为目的，实施刑法第三百六十三条第一款规定的行为，具有下列情形之一的，以制作、复制、出版、贩卖、传播淫秽物品牟利罪定罪处罚：

（一）制作、复制、出版淫秽影碟、软件、录像带五十至一百张（盒）以上，淫秽音碟、录音带一百至二百张（盒）以上，淫秽扑克、书刊、画册一百至二百副（册）以上，淫秽照片、画片五百至一千张以上的；

（二）贩卖淫秽影碟、软件、录像带一百至二百张（盒）以上，淫秽音碟、录音带二百至四百张（盒）以上，淫秽扑克、书刊、画册二百至四百副（册）以上，淫秽照片、画片一千至二千张以上的；

（三）向他人传播淫秽物品达二百至五百人次以上，或者组织播放淫秽影、像达十至二十场次以上。

（四）制作、复制、出版、贩卖、传播淫秽物品，获利五千至一万元以上的。

以牟利为目的，实施刑法第三百六十三条第一款规定的行为，具有下列情形之一的，应当认定为制作、复制、出版、贩卖、传播淫秽物品牟利罪"情节严重"：

（一）制作、复制、出版淫秽影碟、软件、录像带二百五十至五百张（盒）以上，淫秽音碟、录音带五百至一千张（盒）以上，淫秽扑克、书刊、画册五百至一千副（册）以上，淫秽照片、画片二千五百至五千张以上的；

（二）贩卖淫秽影碟、软件、录像带五百至一千张（盒）以上，淫秽音碟、录音带一千至二千张（盒）以上，淫秽扑克、书刊、画册一千至二千副（册）以上，淫秽照片、画片五千至一万张以上的；

（三）向他人传播淫秽物品达一千至二千人次以上，或者组织播放淫秽影、像达五十

---

① 对其解读见：《刑事审判参考合订本·第一卷》第277~356页以及《解读最高人民法院司法解释刑事、行政卷（1997~2002）》，第124~133页。

至一百场次以上的；

（四）制作、复制、出版、贩卖、传播淫秽物品，获利三万至五万元以上的。

以牟利为目的，实施刑法第三百六十三条第一款规定的行为，其数量（数额）达到前款规定的数量（数额）五倍以上的，应当认定为制作、复制、出版、贩卖、传播淫秽物品牟利罪"情节特别严重"。

第九条 为他人提供书号、刊号，出版淫秽书刊的，依照刑法第三百六十三条第二款的规定，以为他人提供书号出版淫秽书刊罪定罪处罚。

为他人提供版号，出版淫秽音像制品的，依照前款规定定罪处罚。

明知他人用于出版淫秽书刊而提供书号、刊号的，依照刑法第三百六十三条第一款的规定，以出版淫秽物品牟利罪定罪处罚。

第十六条 出版单位与他人事前通谋，向其出售、出租或者以其他形式转让该出版单位的名称、书号、刊号、版号，他人实施本解释第二条、第四条、第八条、第九条、第十条、第十一条规定的行为，构成犯罪的，对该出版单位应当以共犯论处。

❾ 公安部《关于对拨打境外色情电话定性处理的批复》（1996年2月14日）

对盗用他人或单位电话拨打境外色情电话的以盗窃论处，构成犯罪的，依照1992年12月11日最高人民法院、最高人民检察院《关于办理盗窃案件具体应用法律的若干问题的解释》第一条第四项的规定按盗窃罪追究刑事责任；不构成犯罪的，依照《治安管理处罚条例》第二十三条的规定处罚。对聚众拨打收听境外色情电话，录制并传播色情电话内容，教唆他人拨打色情电话，传播色情电话号码的，以传播淫秽物品论处，情节较轻的，依照《治安管理处罚条例》进行处罚；情节严重，构成犯罪的，依法追究刑事责任。对使用自己的电话打境外色情电话，尚不需要处罚的，由公安机关予以训诫或者所在单位、街道给予批评教育。

❿ 新闻出版署、公安部《关于鉴定淫秽录像带、淫秽图片有关问题的通知》（1993年1月19日 新出联〔1993〕第1号）

一、办理走私、制作、贩卖、传播淫秽物品案件中，对查获的录像带、图片、扑克、手抄本等，需审查认定是否为淫秽物品的，国内出版单位正式出版发行的录像带、图片等出版物由省级以上新闻出版管理部门、音像归口管理部门负责鉴定；其他由地、市以上公安机关治安部门负责鉴定。

淫秽录像带、淫秽图片的鉴定标准依照全国人大常委会《关于惩治走私、制作、贩卖、传播淫秽物品的犯罪分子的决定》、国务院《关于严禁淫秽物品的规定》和新闻出版署发布的《关于认定淫秽及色情出版物的暂行规定》（〔88〕新出办字第1512号）执行。

二、鉴定机关进行鉴定工作时，应当指定三名具有专业知识，熟悉鉴定标准，办事公正，坚持原则，作风正派的同志负责审查鉴定。其他人员一律不得参加。严禁借审查鉴定之机扩大观看范围。

三、审查鉴定淫秽物品应当制作《淫秽物品审查鉴定书》一式三份（式样附后），鉴定意见必须准确、简明。由两名以上鉴定人员签字，并加盖"淫秽物品审查鉴定专用章"。

对送审鉴定的和收缴的淫秽物品，必须严格按照国务院《关于严禁淫秽物品的规定》、公安部《关于收管处理淫秽物品的通知》(〔83〕公发(治)165号)的规定执行。

四、当事人对鉴定意见提出不同意见需重新鉴定的,应当由地、市级的宣传、新闻出版、音像归口管理机关、公安机关等部门组成的鉴定组重新鉴定。

出版单位对鉴定意见提出不同意见时,由省级新闻出版管理部门、音像归口管理部门报新闻出版署鉴定。

其他出版物的审查鉴定,仍按规定执行。

11 最高人民法院、最高人民检察院印发《关于办理淫秽物品刑事案件具体应用法律的规定》的通知(1990年7月6日 法(研)发〔1990〕11号)(节录)

九、本规定下列用语的含义是：

(一)"淫秽物品"是指诲淫性的音、像、书、画等物品;

(二)"制作"是指生产、录制、复制、编著、绘画、出版、印刷、摄制、洗印、翻拍等行为;

(三)"贩卖"是指销售、发行等行为;

(四)"传播"是指播放、出租、出借、运输、携带等行为。

12 浙江省公检法《关于办理利用计算机信息网络制作复制贩卖传播淫秽物品等刑事案件具体应用法律若干问题的意见》(2004年8月13日 浙公通字〔2004〕107号)(节录)

第五条 在互联网上利用破坏性程序、恶意代码等方式对计算机信息系统中储存、处理或者传输的数据和应用程序进行删除、修改、增加的操作以强制他人链接淫秽站点,不以牟利为目的的,属于刑法第二百八十六条的"后果严重"情形,按破坏计算机信息系统罪论处;以牟利为目的且强制他人链接淫秽站点数量(数额)达到本意见第二条、第三条规定的"情节严重"、"情节特别严重"标准的,按破坏计算机信息系统罪或制作、复制、传播淫秽物品牟利罪择一重罪论处。

第七条 在计算机信息网络上,通过一次点击打开后连续播放或显示的淫秽影片、软件、书刊、录音,不论时间长短、字数多少,均计为一份;淫秽图片一张为一份。

第八条 本意见中规定的点击数和下载数按计数设施中的数据认定,另有证据证明计数设施不准确的除外。

第九条 本意见中的"计算机信息网络"是指互联网、局域网。

13 福建公检法《关于办理诈骗等案件掌握数额标准等问题的座谈会纪要》(2000年8月8日 闽高法〔2000〕148号)(节录)

九、刑法第363条规定的制作、贩卖、传播淫秽物品犯罪以及经营非法出版物依照刑法第225条非法经营罪定罪处罚的,数额(数量)标准以最高人民法院《关于审理非法出版物刑事案件具体应用法律若干问题的解释》第八条、第十条、第十二条、第十三条中规定的最低数额(数量)为准。

学理观点·典型案例 ▶ **索引与要旨**

1 《如何认定传播淫秽电子信息犯罪的牟利目的及数额》,载《公检法办案指南》

2012 年第 6 辑总第 150 辑，第 173~177 页。

②《杨勇传播淫秽物品牟利案》，载《刑事审判参考》2011 年第 4 辑总第 81 辑，第 57~64 页。

核心提示➡淫秽电子信息实际被点击数和注册会员数如何认定？

③《陈锦鹏等传播淫秽物品牟利案》，载《刑事审判参考》2011 年第 2 辑总第 79 辑，第 76~84 页。

核心提示➡对设立淫秽网站以及为其提供接入服务、租用网站广告位的行为，如何定罪量刑？

④《北京掌中时尚科技公司等传播淫秽物品牟利案》，载《刑事审判参考》2011 年第 2 辑总第 79 辑，第 85~91 页。

核心提示➡利用手机 WAP 网传播淫秽信息的牟利行为，如何认定？

⑤《陈乔华复制、贩卖淫秽物品牟利案》，载《刑事审判参考》2011 年第 1 辑总第 78 辑，第 10~14 页。

核心提示➡编写添加淫秽色情内容的手机网站建站程序并贩卖的行为应如何定罪？

⑥《陈乔华复制、贩卖淫秽物品牟利案》，载《刑事审判参考》2011 年第 1 辑总第 78 辑，第 15~21 页。

核心提示➡以手机存储卡为载体复制淫秽物品牟利的行为应如何定罪处罚？

⑦《李志雷贩卖淫秽物品牟利案》，载《刑事审判参考》2011 年第 1 辑总第 78 辑，第 22~29 页。

核心提示➡贩卖指向淫秽视频链接的行为定性和数量认定

⑧《魏巍、戚本厚传播淫秽物品牟利案》，载《刑事审判参考》2011 年第 1 辑总第 78 辑，第 30~39 页。

核心提示➡以牟利为目的向淫秽网站投放广告的行为如何定罪？

⑨《张方耀传播淫秽物品牟利案》，载《刑事审判参考》2011 年第 1 辑总第 78 辑，第 40~48 页。

核心提示➡利用互联网、移动通讯终端实施的淫秽电子信息犯罪的行为方式与罪名认定及该类犯罪的数量认定

⑩《罗刚等传播淫秽物品牟利案》，载《刑事审判参考》2011 年第 1 辑总第 78 辑，第 49~58 页。

核心提示➡如何正确把握淫秽电子信息的实际被点击数？

⑪《胡鹏等传播淫秽物品案》，载《刑事审判参考》2011 年第 1 辑总第 78 辑，第 59~66页。

核心提示➡如何把握利用网络群组淫秽物品的犯罪？

⑫《冷继超传播淫秽物品案》，载《刑事审判参考》2011 年第 1 辑总第 78 辑，第 67~73页。

核心提示 ➡ 如何认定网站版主传播淫秽物品的刑事责任？

⑬《宋文传播淫秽物品、敲诈勒索案》，载《刑事审判参考》2011 年第 1 辑总第 78 辑，第 74~79 页。

核心提示 ➡ 将与他人性交的视频片段上传至个人博客的行为如何定性？

⑭《方惠茹传播淫秽物品牟利案》，载《刑事审判参考》2010 年第 4 辑总第 75 辑，第 80~86 页。

核心提示 ➡ 以牟利为目的与多人进行网络视频裸聊的行为如何定罪？

⑮《手机网站制贩淫秽电子信息案件的几个问题》，载《公检法办案指南》2010 年第 3 辑总第 123 辑，第 68~73 页。

⑯《互联网上淫秽信息涉罪的几个问题》，载《刑事审判参考》2004 年第 3 辑总第 38 辑，第 61~71 页。

⑰《在线传播淫秽物品犯罪与对策》，载《刑事审判参考》2004 年第 3 辑总第 38 辑，第 72~83 页。

⑱《目的犯的法理研究》，载《刑事审判要览》2004 年第 3 辑总第 9 辑，第 36~55 页。

⑲《何肃黄、杨柯传播淫秽物品牟利案》，载《刑事审判参考》2001 年第 8 辑总第 19 辑，第 39~45 页。

核心提示 ➡ 在互联网上刊载淫秽图片、小说、电影的行为如何认定？

要旨 ➡ 以赚取广告收入为目的，在互联网上刊载淫秽物品的行为，应当认定为"以牟利为目的"传播淫秽物品。

⑳《阮景发、何立国贩卖淫秽物品牟利案》北京市通州区人民法院〔2000〕通刑初字第 133 号

核心提示 ➡ 在贩卖淫秽光盘时被当场查获，其犯罪行为是否为犯罪未遂？

要旨 ➡ 辩护人认为阮景发在贩卖淫秽光盘时被当场查获，其犯罪行为应属未遂一节。本院认为，行为人为了贩卖而购进淫秽光盘，只要淫秽光盘已买到即为贩卖淫秽光盘既遂。被告人阮景发虽在欲卖出淫秽光盘的过程中被当场查获，但不影响其贩卖淫秽光盘属犯罪既遂的成立。

㉑《杨海波等贩卖淫秽物品牟利案》，载《刑事审判参考合订本·第一卷》，第 162~164 页。

核心提示 ➡ 贩卖淫秽物品牟利如何适用法律？

要旨 ➡ 只要案件起诉后，无论是在一审还是二审阶段发布了有关司法解释，均应当适用该解释，与有关法律一并作为定罪处刑的依据。

第 364 条　第 1 款　传播淫秽物品罪　第 2 款　组织播放淫秽音像制品罪

传播淫秽的书刊、影片、音像、图片或者其他淫秽物品，情节严重的，处二年以下有期徒刑、拘役或者管制。

组织播放淫秽的电影、录像等音像制品的，处三年以下有期徒刑、拘役或者管制，并处罚金；情节严重的，处三年以上十年以下有期徒刑，并处罚金。

制作、复制淫秽的电影、录像等音像制品组织播放的，依照第二款的规定从重处罚。

向不满十八周岁的未成年人传播淫秽物品的，从重处罚。

关联规范　　完全整理

❶《中华人民共和国刑法》（1980年1月1日）第366条

单位犯本节第三百六十三条、第三百六十四条、第三百六十五条规定之罪的，对单位判处罚金，并对其直接负责的主管人员和其他直接责任人员，依照各该条的规定处罚。

❷《中华人民共和国刑法》（1980年1月1日）第367条　淫秽物品的定义

本法所称淫秽物品，是指具体描绘性行为或者露骨宣扬色情的诲淫性的书刊、影片、录像带、录音带、图片及其他淫秽物品。

有关人体生理、医学知识的科学著作不是淫秽物品。

包含有色情内容的有艺术价值的文学、艺术作品不视为淫秽物品。

❸最高人民法院、最高人民检察院《关于办理利用互联网、移动通讯终端、声讯台制作、复制、出版、贩卖、传播淫秽电子信息刑事案件具体应用法律若干问题的解释（二）》（2010年1月18日　法释〔2010〕3号）①

第一条　以牟利为目的，利用互联网、移动通讯终端制作、复制、出版、贩卖、传播淫秽电子信息的，依照《最高人民法院、最高人民检察院关于办理利用互联网、移动通讯终端、声讯台制作、复制、出版、贩卖、传播淫秽电子信息刑事案件具体应用法律若干问题的解释》第一条、第二条的规定定罪处罚。

以牟利为目的，利用互联网、移动通讯终端制作、复制、出版、贩卖、传播内容含有不满十四周岁未成年人的淫秽电子信息，具有下列情形之一的，依照刑法第三百六十三条第一款的规定，以制作、复制、出版、贩卖、传播淫秽物品牟利罪定罪处罚：

（一）制作、复制、出版、贩卖、传播淫秽电影、表演、动画等视频文件十个以上的；

（二）制作、复制、出版、贩卖、传播淫秽音频文件五十个以上的；

（三）制作、复制、出版、贩卖、传播淫秽电子刊物、图片、文章等一百件以上的；

（四）制作、复制、出版、贩卖、传播的淫秽电子信息，实际被点击数达到五千次以上的；

（五）以会员制方式出版、贩卖、传播淫秽电子信息，注册会员达一百人以上的；

（六）利用淫秽电子信息收取广告费、会员注册费或者其他费用，违法所得五千元以上的；

（七）数量或者数额虽未达到第（一）项至第（六）项规定标准，但分别达到其中两

---

① 对其解读见：手机淫秽色情信息案例《刑事法律文件解读》2010年第2辑总第56辑，第33~62页以及《刑事审判参考》2010年第2辑总第73辑，第86~102页。

项以上标准一半以上的；

（八）造成严重后果的。

实施第二款规定的行为，数量或者数额达到第二款第（一）项至第（七）项规定标准五倍以上的，应当认定为刑法第三百六十三条第一款规定的"情节严重"；达到规定标准二十五倍以上的，应当认定为"情节特别严重"。

第二条 利用互联网、移动通讯终端传播淫秽电子信息的，依照《最高人民法院、最高人民检察院关于办理利用互联网、移动通讯终端、声讯台制作、复制、出版、贩卖、传播淫秽电子信息刑事案件具体应用法律若干问题的解释》第三条的规定定罪处罚。

利用互联网、移动通讯终端传播内容含有不满十四周岁未成年人的淫秽电子信息，具有下列情形之一的，依照刑法第三百六十四条第一款的规定，以传播淫秽物品罪定罪处罚：

（一）数量达到第一条第二款第（一）项至第（五）项规定标准二倍以上的；

（二）数量分别达到第一条第二款第（一）项至第（五）项两项以上标准的；

（三）造成严重后果的。

第三条 利用互联网建立主要用于传播淫秽电子信息的群组，成员达三十人以上或者造成严重后果的，对建立者、管理者和主要传播者，依照刑法第三百六十四条第一款的规定，以传播淫秽物品罪定罪处罚。

第五条 网站建立者、直接负责的管理者明知他人制作、复制、出版、贩卖、传播的是淫秽电子信息，允许或者放任他人在自己所有、管理的网站或者网页上发布，具有下列情形之一的，依照刑法第三百六十四条第一款的规定，以传播淫秽物品罪定罪处罚：

（一）数量达到第一条第二款第（一）项至第（五）项规定标准十倍以上的；

（二）数量分别达到第一条第二款第（一）项至第（五）项两项以上标准五倍以上的；

（三）造成严重后果的。

第八条 实施第四条至第七条规定的行为，具有下列情形之一的，应当认定行为人"明知"，但是有证据证明确实不知道的除外：

（一）行政主管机关书面告知后仍然实施上述行为的；

（二）接到举报后不履行法定管理职责的；

（三）为淫秽网站提供互联网接入、服务器托管、网络存储空间、通讯传输通道、代收费、费用结算等服务，收取服务费明显高于市场价格的；

（四）向淫秽网站投放广告，广告点击率明显异常的；

（五）其他能够认定行为人明知的情形。

第九条 一年内多次实施制作、复制、出版、贩卖、传播淫秽电子信息行为未经处理，数量或者数额累计计算构成犯罪的，应当依法定罪处罚。

第十条 单位实施制作、复制、出版、贩卖、传播淫秽电子信息犯罪的，依照《中华人民共和国刑法》、《最高人民法院、最高人民检察院关于办理利用互联网、移动通讯终端、声讯台制作、复制、出版、贩卖、传播淫秽电子信息刑事案件具体应用法律若干问题的解释》和本解释规定的相应个人犯罪的定罪量刑标准，对直接负责的主管人员和其他直接责任人员定罪处罚，并对单位判处罚金。

❹ 最高人民检察院、公安部《关于公安机关管辖的刑事案件立案追诉标准的规定（一）》（2008年6月25日 公通字〔2008〕36号）（节录）

第八十四条 传播淫秽的书刊、影片、音像、图片或者其他淫秽物品，涉嫌下列情形之一的，应予立案追诉：（一）向他人传播三百至六百人次以上的；（二）造成恶劣社会影响的。

不以牟利为目的，利用互联网、移动通讯终端传播淫秽电子信息，涉嫌下列情形之一的，应予立案追诉：（一）数量达到本规定第八十二条第二款第（一）项至第（五）项规定标准二倍以上的；（二）数量分别达到本规定第八十二条第二款第（一）项至第（五）项两项以上标准的；（三）造成严重后果的。

利用聊天室、论坛、即时通信软件、电子邮件等方式，实施本条第二款规定行为的，应予立案追诉。

第八十五条 组织播放淫秽的电影、录像等音像制品，涉嫌下列情形之一的，应予立案追诉：（一）组织播放十五至三十场次以上的；（二）造成恶劣社会影响的。

第一百条 本规定中的立案追诉标准，除法律、司法解释另有规定的以外，适用于相关的单位犯罪。

❺ 最高人民法院、最高人民检察院《关于办理利用互联网、移动通讯终端、声讯台制作、复制、出版、贩卖、传播淫秽电子信息刑事案件具体应用法律若干问题的解释》（2004年9月6日 法释〔2004〕11号）①

❻ 最高人民法院《关于审理非法出版物刑事案件具体应用法律若干问题的解释》（1998年12月23日 法释〔1998〕30号）（节录）②

第十条 向他人传播淫秽的书刊、影片、音像、图片等出版物达三百至六百人次以上或者造成恶劣社会影响的，属于"情节严重"，依照刑法第三百六十四条第一款的规定，以传播淫秽物品罪定罪处罚。

组织播放淫秽的电影、录像等音像制品达十五至三十场次以上或者造成恶劣社会影响的，依照刑法第三百六十四条第二款的规定，以组织播放淫秽音像制品罪定罪处罚。

第十六条 出版单位与他人事前通谋，向其出售、出租或者以其他形式转让该出版单位的名称、书号、刊号、版号，他人实施本解释第二条、第四条、第八条、第九条、第十条、第十一条规定的行为，构成犯罪的，对该出版单位应当以共犯论处。

❼ 公安部《关于对拨打境外色情电话定性处理的批复》（1996年2月14日）

对盗用他人或单位电话拨打境外色情电话的以盗窃论处，构成犯罪的，依照1992年12月11日最高人民法院、最高人民检察院《关于办理盗窃案件具体应用法律的若干问题的解释》第一条第四项的规定按盗窃罪追究刑事责任；不构成犯罪的，依照《治安管理处罚条例》第二十三条的规定处罚。对聚众拨打收听境外色情电话，录制并传播色情电话内容，教唆他人拨打色情电话，传播色情电话号码的，以传播淫秽物品论处，情节较轻的，

---

① 对其解读见：《刑事审判参考》2005年第5辑总40辑，第159～162、168～180页。

② 对其解读见：《刑事审判参考合订本·第一卷》，第277～356页以及《解读最高人民法院司法解释刑事、行政卷（1997～2002）》，第124～133页。

依照《治安管理处罚条例》进行处罚；情节严重，构成犯罪的，依法追究刑事责任。对使用自己的电话打境外色情电话，尚不需要处罚的，由公安机关以训诫或者所在单位、街道给予批评教育。

❽ 最高人民法院、最高人民检察院印发《关于办理淫秽物品刑事案件具体应用法律的规定的通知》（1990年7月6日 法（研）发〔1990〕11号）（节录）

九、本规定下列用语的含义是：（四）"传播"是指播放、出租、出借、运输、携带等行为。

学理观点·典型案例 ➡ 索引与要旨

❶《胡鹏等传播淫秽物品案》，载《刑事审判参考》2011年第1辑总第78辑，第59~66页。

核心提示 ➡ 如何把握利用网络群组淫秽物品的犯罪？

❷《冷继超传播淫秽物品案》，载《刑事审判参考》2011年第1辑总第78辑，第67~73页。

核心提示 ➡ 如何认定网站版主传播淫秽物品的刑事责任？

❸《宋文传播淫秽物品、敲诈勒索案》，载《刑事审判参考》2011年第1辑总第78辑，第74~79页。

核心提示 ➡ 将与他人性交的视频片段上传至个人博客的行为如何定性？

❹《手机网站制贩淫秽电子信息案件的几个问题》，载《公检法办案指南》2010年第3辑总第123辑，第68~73页。

❺《刑事审判参考》2009年第3辑总第68辑，第212~215页。

核心提示 ➡ 非以牟利为目的主持互联网视频聊天室进行"裸聊"的行为如何定性？

❻《互联网上淫秽信息涉罪的几个问题》，载《刑事审判参考》2004年第3辑总第38辑，第61~71页。

❼《在线传播淫秽物品犯罪与对策》，载《刑事审判参考》2004年第3辑总第38辑，第72~83页。

第365条 组织淫秽表演罪

组织进行淫秽表演的，处三年以下有期徒刑、拘役或者管制，并处罚金；情节严重的，处三年以上十年以下有期徒刑，并处罚金。

关联规范 ➡ 完全整理

❶《中华人民共和国刑法》（1980年1月1日）第366条 单位犯本节之罪

单位犯本节第三百六十三条、第三百六十四条、第三百六十五条规定之罪的，对单位判处罚金，并对其直接负责的主管人员和其他直接责任人员，依照各该条的规定处罚。

❷ 最高人民检察院、公安部《关于公安机关管辖的刑事案件立案追诉标准的规定（一）》（2008年6月25日　公通字〔2008〕36号）（节录）

第八十六条　以策划、招募、强迫、雇佣、引诱、提供场地、提供资金等手段，组织进行淫秽表演，涉嫌下列情形之一的，应予立案追诉：（一）组织表演者进行裸体表演的；（二）组织表演者利用性器官进行诲淫性表演的；（三）组织表演者半裸体或者变相裸体表演并通过语言、动作具体描绘性行为的；（四）其他组织进行淫秽表演应予追究刑事责任的情形。

第一百条　本规定中的立案追诉标准，除法律、司法解释另有规定的以外，适用于相关的单位犯罪。

学理观点·典型案例 ➡ **索引与要旨**

❶《重庆访问科技有限公司等单位及郑立等人组织淫秽表演案》，载《刑事审判参考》2011年第1辑总第78辑，第80~88页。

核心提示 ➡ 单位利用网络视频组织淫秽表演的行为如何定罪量刑？

❷《刑事审判参考》2009年第3辑总第68辑，第212~215页。

核心提示 ➡ 非以牟利为目的主持互联网视频聊天室进行"裸聊"的行为如何定性？

第366条　单位犯本节之罪

单位犯本节第三百六十三条、第三百六十四条、第三百六十五条规定之罪的，对单位判处罚金，并对其直接负责的主管人员和其他直接责任人员，依照各该条的规定处罚。

关联规范 ➡ **完全整理**

❶ 最高人民法院、最高人民检察院《关于办理利用互联网、移动通讯终端、声讯台制作、复制、出版、贩卖、传播淫秽电子信息刑事案件具体应用法律若干问题的解释（二）》（2010年1月18日　法释〔2010〕3号）（节录）①

第十条　单位实施制作、复制、出版、贩卖、传播淫秽电子信息犯罪的，依照《中华人民共和国刑法》、《最高人民法院、最高人民检察院关于办理利用互联网、移动通讯终端、声讯台制作、复制、出版、贩卖、传播淫秽电子信息刑事案件具体应用法律若干问题的解释》和本解释规定的相应个人犯罪的定罪量刑标准，对直接负责的主管人员和其他直接责任人员定罪处罚，并对单位判处罚金。

❷ 最高人民检察院、公安部《关于公安机关管辖的刑事案件立案追诉标准的规定（一）》（2008年6月25日　公通字〔2008〕36号）（节录）

---

① 对其解读见：手机淫秽色情信息案例《刑事法律文件解读》2010年第2辑总第56辑，第33~62页以及《刑事审判参考》2010年第2辑总第73辑，第86~102页。

第一百条　本规定中的立案追诉标准，除法律、司法解释另有规定的以外，适用于相关的单位犯罪。

❸ 最高人民法院、最高人民检察院《关于办理利用互联网、移动通讯终端、声讯台制作、复制、出版、贩卖、传播淫秽电子信息刑事案件具体应用法律若干问题的解释》（2004年9月6日　法释〔2004〕11号）①

第367条　淫秽物品的定义

本法所称淫秽物品，是指具体描绘性行为或者露骨宣扬色情的诲淫性的书刊、影片、录像带、录音带、图片及其他淫秽物品。

有关人体生理、医学知识的科学著作不是淫秽物品。

包含有色情内容的有艺术价值的文学、艺术作品不视为淫秽物品。

关　联　规　范　⟹　完全整理

❶ 最高人民法院、最高人民检察院《关于办理利用互联网、移动通讯终端、声讯台制作、复制、出版、贩卖、传播淫秽电子信息刑事案件具体应用法律若干问题的解释（二）》（2010年1月18日　法释〔2010〕3号）（节录）②

第十二条　《最高人民法院、最高人民检察院关于办理利用互联网、移动通讯终端、声讯台制作、复制、出版、贩卖、传播淫秽电子信息刑事案件具体应用法律若干问题的解释》和本解释所称网站，是指可以通过互联网域名、IP地址等方式访问的内容提供站点。

以制作、复制、出版、贩卖、传播淫秽电子信息为目的建立或者建立后主要从事制作、复制、出版、贩卖、传播淫秽电子信息活动的网站，为淫秽网站。

❷ 最高人民法院、最高人民检察院《关于办理利用互联网、移动通讯终端、声讯台制作、复制、出版、贩卖、传播淫秽电子信息刑事案件具体应用法律若干问题的解释》（2004年9月6日　法释〔2004〕11号）③

---

① 对其解读见：《刑事审判参考》2005年第5辑总第40辑，第159~162，168~180页。
② 对其解读见：手机淫秽色情信息案例《刑事法律文件解读》2010年第2辑总第56辑，第33~62页以及《刑事审判参考》2010年第2辑总第73辑，第86~102页。
③ 对其解读见：《刑事审判参考》2005年第5辑总第40辑，第159~162，168~180页。

第七章 危害国防利益罪

第368条 第1款 阻碍军人执行职务罪 第2款 阻碍军事行动罪

以暴力、威胁方法阻碍军人依法执行职务的，处三年以下有期徒刑、拘役、管制或者罚金。

故意阻碍武装部队军事行动，造成严重后果的，处五年以下有期徒刑或者拘役。

关联规范 ➡ 完全整理

最高人民法院《关于进一步加强人民法院涉军案件审判工作的通知》（2010年7月28日 法〔2010〕254）（节录）

6. 依法确定涉军案件范围。军人是指现役军（警）官、文职干部、士兵及具有军籍的学员。军队中的文职人员、非现役工勤人员、在编职工、由军队管理的离退休人员，以及执行军事任务的预备役人员和其他人员，按军人对待。

第369条 破坏武器装备、军事设施、军事通信罪 修正案（五）第3条第2款 过失损坏武器装备、军事设施、军事通信罪

破坏武器装备、军事设施、军事通信的，处三年以下有期徒刑、拘役或者管制；破坏重要武器装备、军事设施、军事通信的，处三年以上十年以下有期徒刑；情节特别严重的，处十年以上有期徒刑、无期徒刑或者死刑。战时从重处罚。

中华人民共和国刑法修正案（五）（2005年2月28日第十届全国人民代表大会常务委员会第十四次会议通过，2005年2月28日中华人民共和国主席令第三十二号公布施行）

三、在刑法第三百六十九条中增加一款作为第二款，将该条修改为："破坏武器装备、军事设施、军事通信的，处三年以下有期徒刑、拘役或者管制；破坏重要武器装备、军事设施、军事通信的，处三年以上十年以下有期徒刑；情节特别严重的，处十年以上有期徒刑、无期徒刑或者死刑。

过失犯前款罪，造成严重后果的，处三年以下有期徒刑或者拘役；造成特别严重后果的，处三年以上七年以下有期徒刑。

战时犯前两款罪的,从重处罚。"

关 联 规 范　　完全整理

1 最高人民法院《关于进一步加强人民法院涉军案件审判工作的通知》(2010年7月28日　法〔2010〕254号)

2 最高人民法院、最高人民检察院《关于执行〈中华人民共和国刑法〉确定罪名的补充规定(三)》(2007年10月25日　法释〔2007〕16号)①

3 最高人民法院《关于审理危害军事通信刑事案件具体应用法律若干问题的解释》(2007年6月26日　法释〔2007〕13号)②

第一条　故意实施损毁军事通信线路、设备,破坏军事通信计算机信息系统,干扰、侵占军事通信电磁频谱等行为的,依照刑法第三百六十九条第一款的规定,以破坏军事通信罪定罪,处三年以下有期徒刑、拘役或者管制;破坏重要军事通信的,处三年以上十年以下有期徒刑。

第二条　实施破坏军事通信行为,具有下列情形之一的,属于刑法第三百六十九条第一款规定的"情节特别严重",以破坏军事通信罪定罪,处十年以上有期徒刑、无期徒刑或者死刑:

(一)造成重要军事通信中断或者严重障碍,严重影响部队完成作战任务或者致使部队在作战中遭受损失的;

(二)造成部队执行抢险救灾、军事演习或者处置突发性事件等任务的通信中断或者严重障碍,并因此贻误部队行动,致使死亡3人以上、重伤10人以上或者财产损失100万元以上的;

(三)破坏重要军事通信三次以上的;

(四)其他情节特别严重的情形。

第三条　过失损坏军事通信,造成重要军事通信中断或者严重障碍的,属于刑法第三百六十九条第二款规定的"造成严重后果",以过失损坏军事通信罪定罪,处三年以下有期徒刑或者拘役。

第四条　过失损坏军事通信,具有下列情形之一的,属于刑法第三百六十九条第二款规定的"造成特别严重后果",以过失损坏军事通信罪定罪,处三年以上七年以下有期徒刑:

(一)造成重要军事通信中断或者严重障碍,严重影响部队完成作战任务或者致使部队在作战中遭受损失的;

(二)造成部队执行抢险救灾、军事演习或者处置突发性事件等任务的通信中断或者

---

① 对其解读见:《刑事审判参考》2008年第1辑总第60辑,第60~71页。

② 对其解读见:《刑事审判参考》2007年第4辑总第57辑,第72~80页以及《最新刑事法律文件解读》2007年第5辑总第29辑,第77~84页。

严重障碍,并因此贻误部队行动,致使死亡3人以上、重伤10人以上或者财产损失100万元以上的;

(三)其他后果特别严重的情形。

第五条 建设、施工单位直接负责的主管人员、施工管理人员,明知是军事通信线路、设备而指使、强令、纵容他人予以损毁的,或者不听管护人员劝阻,指使、强令、纵容他人违章作业,造成军事通信线路、设备损毁的,以破坏军事通信罪定罪处罚。

建设、施工单位直接负责的主管人员、施工管理人员,忽视军事通信线路、设备保护标志,指使、纵容他人违章作业,致使军事通信线路、设备损毁,构成犯罪的,以过失损坏军事通信罪定罪处罚。

第六条 破坏、过失损坏军事通信,并造成公用电信设施损毁,危害公共安全,同时构成刑法第一百二十四条和第三百六十九条规定的犯罪的,依照处罚较重的规定定罪处罚。

盗窃军事通信线路、设备,不构成盗窃罪,但破坏军事通信的,依照刑法第三百六十九条第一款的规定定罪处罚;同时构成刑法第一百二十四条、第二百六十四条和第三百六十九条第一款规定的犯罪的,依照处罚较重的规定定罪处罚。

违反国家规定,侵入国防建设、尖端科学技术领域的军事通信计算机信息系统,尚未对军事通信造成破坏的,依照刑法第二百八十五条的规定定罪处罚;对军事通信造成破坏,同时构成刑法第二百八十五条、第二百八十六条、第三百六十九条第一款规定的犯罪的,依照处罚较重的规定定罪处罚。

违反国家规定,擅自设置、使用无线电台、站,或者擅自占用频率,经责令停止使用后拒不停止使用,干扰无线电通讯正常进行,构成犯罪的,依照刑法第二百八十八条的规定定罪处罚;造成军事通信中断或者严重障碍,同时构成刑法第二百八十八条、第三百六十九条第一款规定的犯罪的,依照处罚较重的规定定罪处罚。

第七条 本解释所称"重要军事通信",是指军事首脑机关及重要指挥中心的通信、部队作战中的通信,等级战备通信,飞行航行训练、抢险救灾、军事演习或者处置突发性事件中的通信,以及执行试飞试航、武器装备科研试验或者远洋航行等重要军事任务中的通信。

本解释所称军事通信的具体范围、通信中断和严重障碍的标准,参照中国人民解放军通信主管部门的有关规定确定。

4 最高人民法院、最高人民检察院、公安部《关于严厉打击盗窃破坏国防通讯线路设备犯罪活动的通知》(1991年6月20日 公通字〔1991〕43号)(节录)

三、要依法从重从快处罚盗窃破坏国防通讯线路设备的犯罪分子,坚决克服处理偏轻的现象。公安机关对抓获的犯罪分子要抓紧审结移送检察院,不得以罚代刑。检察、法院要认真执行最高人民法院、最高人民检察院1990年7月10日《关于依法严惩盗窃破坏通讯设备犯罪的规定》,对盗窃通讯设备虽然价值数额不大,但危害公共安全已构成破坏通讯设备罪的,或者盗窃通讯设备价值数额较大并构成破坏通讯设备罪的,依照刑法第一百一十一条的规定定罪处刑。对盗窃通讯设备价值数额巨大,或者情节特别严重的,依照刑法第一百五十二条或者《全国人民代表大会常务委员会关于严惩严重破坏经济的罪犯的决定》第一条第（一）项的规定，以盗窃罪从重判处。对群众性哄抢盗割事件，要坚持教育大多数，惩办为首者的政策，但对哄抢的物资必须收缴。

学理观点・典型案例 ➡ 索引与要旨

❶《王德国过失损坏军事通信案》〔2008〕海法刑初字第29号，北京市海淀区人民法院

核心提示 ➡ 施工中雇用他人时未告知他人地下有国防光缆，致1根一级国防光缆被挖断，情节严重

❷《刑法修正案（五）》（2005年2月28日 主席令32号）（节录）①

❸《吴让平破坏军事设施上诉案》〔2004〕泉刑终字第29号，泉州市中级人民法院

要旨 ➡ 明知是军用通信设备，为了牟利而故意盗取，主观具有破坏军事设施的故意，而非终止军事通信故意，因此认定破坏军用设施，而不认定破坏军用通信。

第370条 第1款 故意提供不合格武器装备、军事设施罪 第2款 过失提供不合格武器装备、军事设施罪

明知是不合格的武器装备、军事设施而提供给武装部队的，处五年以下有期徒刑或者拘役；情节严重的，处五年以上十年以下有期徒刑；情节特别严重的，处十年以上有期徒刑、无期徒刑或者死刑。

过失犯前款罪，造成严重后果的，处三年以下有期徒刑或者拘役；造成特别严重后果的，处三年以上七年以下有期徒刑。

单位犯第一款罪的，对单位判处罚金，并对其直接负责的主管人员和其他直接责任人员，依照第一款的规定处罚。

关联规范 ➡ 完全整理

最高人民检察院、公安部《关于公安机关管辖的刑事案件立案追诉标准的规定（一）》（2008年6月25日 公通字〔2008〕36号）（节录）

第八十七条 明知是不合格的武器装备、军事设施而提供给武装部队，涉嫌下列情形之一的，应予立案追诉：（一）造成人员轻伤以上的；（二）造成直接经济损失十万元以上的；（三）提供不合格的枪支三支以上、子弹一百发以上、雷管五百枚以上、炸药五千克以上或者其他重要武器装备、军事设施的；（四）影响作战、演习、抢险救灾等重大任务完成的；（五）发生在战时的；（六）其他故意提供不合格武器装备、军事设施应予追究刑事责任的情形。

第八十八条 过失提供不合格武器装备、军事设施给武装部队，涉嫌下列情形之一的，应予立案追诉：（一）造成死亡一人或者重伤三人以上的；（二）造成直接经济损失三十万

---

① 对其解读见：《刑事审判参考》2004年第6辑总第41辑，第73~74，121~134页。

元以上的；（三）严重影响作战、演习、抢险救灾等重大任务完成的；（四）其他造成严重后果的情形。

第一百条 本规定中的立案追诉标准，除法律、司法解释另有规定的以外，适用于相关的单位犯罪。

第371条 第1款 聚众冲击军事禁区罪 第2款 聚众扰乱军事管理区秩序罪

聚众冲击军事禁区，严重扰乱军事禁区秩序的，对首要分子，处五年以上十年以下有期徒刑；对其他积极参加的，处五年以下有期徒刑、拘役、管制或者剥夺政治权利。

聚众扰乱军事管理区秩序，情节严重，致使军事管理区工作无法进行，造成严重损失的，对首要分子，处三年以上七年以下有期徒刑；对其他积极参加的，处三年以下有期徒刑、拘役、管制或者剥夺政治权利。

【关联规范】 完全整理

最高人民检察院、公安部《关于公安机关管辖的刑事案件立案追诉标准的规定（一）》（2008年6月25日 公通字〔2008〕36号）（节录）

第八十九条 组织、策划、指挥聚众冲击军事禁区或者积极参加聚众冲击军事禁区，严重扰乱军事禁区秩序，涉嫌下列情形之一的，应予立案追诉：（一）冲击三次以上或者一次冲击持续时间较长的；（二）持械或者采取暴力手段冲击的；（三）冲击重要军事禁区的；（四）发生在战时的；（五）其他严重扰乱军事禁区秩序应予追究刑事责任的情形。

第九十条 组织、策划、指挥聚众扰乱军事管理区秩序或者积极参加聚众扰乱军事管理区秩序，致使军事管理区工作无法进行，造成严重损失，涉嫌下列情形之一的，应予立案追诉：（一）造成人员轻伤以上的；（二）扰乱三次以上或者一次扰乱持续时间较长的；（三）造成直接经济损失五万元以上的；（四）持械或者采取暴力手段的；（五）扰乱重要军事管理区秩序的；（六）发生在战时的；（七）其他聚众扰乱军事管理区秩序应予追究刑事责任的情形。

第372条 冒充军人招摇撞骗罪

冒充军人招摇撞骗的，处三年以下有期徒刑、拘役、管制或者剥夺政治权利；情节严重的，处三年以上十年以下有期徒刑。

【关联规范】 完全整理

❶ 最高人民法院、最高人民检察院《关于办理妨害武装部队制式服装、车辆号牌管理秩序等刑事案件具体应用法律若干问题的解释》（2011年8月1日 法释〔2011〕16

号）（节录）①

第六条　实施刑法第三百七十五条规定的犯罪行为，同时又构成逃税、诈骗、冒充军人招摇撞骗等犯罪的，依照处罚较重的规定定罪处罚。

❷ 最高人民法院《关于进一步加强人民法院涉军案件审判工作的通知》（2011 年 7 月 28 日　法〔2010〕254 号）（节录）②

6. 依法确定涉军案件范围。军人是指现役军（警）官、文职干部、士兵及具有军籍的学员。军队中的文职人员、非现役工勤人员、在编职工，由军队管理的离退休人员，以及执行军事任务的预备役人员和其他人员，按军人对待。

❸ 最高人民法院《关于审理非法生产、买卖武装部队车辆号牌等刑事案件具体应用法律若干问题的解释》（2002 年 4 月 17 日　法释〔2002〕9 号解读）（节录）③

第四条　冒充军人使用伪造、变造、盗窃的武装部队车辆号牌，造成恶劣影响的，依照刑法第三百七十二条的规定定罪处罚。（编者注：注意不要与 279 条混淆）

学理观点·典型案例 ➡ 索引与要旨

《涂安静冒充军人招摇撞骗案》〔2008〕沪二中刑终字第 131 号，上海市第二中级人民法院

要旨 ➡ 以非法牟利为目的，冒充现役武警消防工作人员骗取公民财物，构成本罪。

第 373 条　煽动军人逃离部队罪　雇用逃离部队军人罪

煽动军人逃离部队或者明知是逃离部队的军人而雇用，情节严重的，处三年以下有期徒刑、拘役或者管制。

关　联　规　范 ➡ 完全整理

❶ 最高人民法院《关于进一步加强人民法院涉军案件审判工作的通知》（2010 年 7 月 28 日　法〔2010〕254 号）（节录）④

6. 依法确定涉军案件范围。军人是指现役军（警）官、文职干部、士兵及具有军籍的学员。军队中的文职人员、非现役工勤人员、在编职工，由军队管理的离退休人员，以及执行军事任务的预备役人员和其他人员，按军人对待。

❷ 最高人民检察院、公安部《关于公安机关管辖的刑事案件立案追诉标准的规定（一）》（2008 年 6 月 25 日　公通字〔2008〕36 号）（节录）

第九十一条　煽动军人逃离部队，涉嫌下列情形之一的，应予立案追诉：（一）煽动

---

① 对其解读见：《公检法办案指南》2011 年第 12 辑总第 144 辑，第 69~80 页。
② 对其解读见：答记者问《最新刑事法律文件解读》2010 年第 8 辑总第 62 辑，第 23~25 页。
③ 对其解读见：《刑事审判参考》2002 年第 3 辑总第 26 辑，第 131~133，161~166 页。
④ 对其解读见：答记者问《最新刑事法律文件解读》2010 年第 8 辑总第 62 辑，第 23~25 页。

三人以上逃离部队的；（二）煽动指挥人员、值班执勤人员或者其他负有重要职责人员逃离部队的；（三）影响重要军事任务完成的；（四）发生在战时的；（五）其他情节严重的情形。

第九十二条　明知是逃离部队的军人而雇用，涉嫌下列情形之一的，应予立案追诉：（一）雇用一人六个月以上的；（二）雇用三人以上的；（三）明知是逃离部队的指挥人员、值班执勤人员或者其他负有重要职责人员而雇用的；（四）阻碍部队将被雇用军人带回的；（五）其他情节严重的情形。

第374条　接送不合格兵员罪

在征兵工作中徇私舞弊，接送不合格兵员，情节严重的，处三年以下有期徒刑或者拘役；造成特别严重后果的，处三年以上七年以下有期徒刑。

关联规范 ⇒ 完全整理

最高人民检察院、公安部《关于公安机关管辖的刑事案件立案追诉标准的规定（一）》（2008年6月25日　公通字〔2008〕36号）（节录）

第九十三条　在征兵工作中徇私舞弊，接送不合格兵员，涉嫌下列情形之一的，应予立案追诉：（一）接送不合格特种条件兵员一名以上或者普通兵员三名以上的；（二）发生在战时的；（三）造成严重后果的；（四）其他情节严重的情形。

学理观点·典型案例 ⇒ 索引与要旨

❶《李永宾徇私枉法、接送不合格兵员案》，载《刑事审判参考》2003年第2辑总第31辑，第65~72页。

核心提示 ➡ 如何认定接送不合格兵员罪？

❷《孟祥生伪造部队公文、印章案》，天津市红桥区人民法院

核心提示 ➡ 私刻部队公章、印制伪造公文表格、志愿兵档案材料办理假志愿兵，是否构成接送不合格兵员罪？

要旨　被告人在服役期间和退出现役之后，单独或伙同他人多次，大量伪造部队公文、印章，造假专业军士身份，致使多人非法进入军队并改为专业军士。法院判决其构成伪造武装部队公文、印章罪。

第375条　第1款　伪造、变造、买卖武装部队公文、证件、印章罪　盗窃、抢夺武装部队公文、证件、印章罪　修正案（七）第12条第1款、2款　非法生产、买卖武装部队制式服装罪　第3款　伪造、盗窃、买卖、非法提供、非法使用武装部队专用标志罪

伪造、变造、买卖或者盗窃、抢夺武装部队公文、证件、印章的，处三年以下有期徒刑、拘役、管制或者剥夺政治权利；情节严重的，处三年以上十年以下有期徒刑。

非法生产、买卖武装部队制式服装、车辆号牌等专用标志，情节严重的，处三年以下有期徒刑、拘役或者管制，并处或者单处罚金。

单位犯第二款罪的，对单位判处罚金，并对其直接负责的主管人员和其他直接责任人员，依照该款的规定处罚。

刑法修正案（七）（2009年2月28日第十一届全国人民代表大会常务委员会第七次会议通过）

十二、将刑法第三百七十五条第二款修改为："非法生产、买卖武装部队制式服装，情节严重的，处三年以下有期徒刑、拘役或者管制，并处或者单处罚金。"

增加一款作为第三款："伪造、盗窃、买卖或者非法提供、使用武装部队车辆号牌等专用标志，情节严重的，处三年以下有期徒刑、拘役或者管制，并处或者单处罚金；情节特别严重的，处三年以上七年以下有期徒刑，并处罚金。"

原第三款作为第四款，修改为："单位犯第二款、第三款罪的，对单位判处罚金，并对其直接负责的主管人员和其他直接责任人员，依照各该款的规定处罚。"

关联规范　　➡ 完全整理

❶《刑法修正案（七）》①

❷ 最高人民法院、最高人民检察院《关于办理妨害武装部队制式服装、车辆号牌管理秩序等刑事案件具体应用法律若干问题的解释》（2011年8月1日　法释〔2011〕16号）②

第一条　伪造、变造、买卖或者盗窃、抢夺武装部队公文、证件、印章，具有下列情形之一的，应当依照刑法第三百七十五条第一款的规定，以伪造、变造、买卖武装部队公文、证件、印章罪或者盗窃、抢夺武装部队公文、证件、印章罪定罪处罚：

（一）伪造、变造、买卖或者盗窃、抢夺武装部队公文一件以上的；

（二）伪造、变造、买卖或者盗窃、抢夺武装部队军官证、士兵证、车辆行驶证、车辆驾驶证或者其他证件二本以上的；

（三）伪造、变造、买卖或者盗窃、抢夺武装部队机关印章、车辆牌证印章或者其他印章一枚以上的。

实施前款规定的行为，数量达到第（一）至（三）项规定标准五倍以上或者造成严重

---

① 对其解读见：《刑事审判参考》2009年第3辑总第68辑，第66～118页以及草案及其说明《刑事法律文件解读》2008年第9辑总第39辑，第84～90页。

② 对其解读见：《公检法办案指南》2011年第12辑总第144辑，第69～80页。

后果的，应当认定为刑法第三百七十五条第一款规定的"情节严重"。

第二条 非法生产、买卖武装部队现行装备的制式服装，具有下列情形之一的，应当认定为刑法第三百七十五条第二款规定的"情节严重"，以非法生产、买卖武装部队制式服装罪定罪处罚：

（一）非法生产、买卖成套制式服装三十套以上，或者非成套制式服装一百件以上的；

（二）非法生产、买卖帽徽、领花、臂章等标志服饰合计一百件（副）以上的；

（三）非法经营数额二万元以上的；

（四）违法所得数额五千元以上的；

（五）具有其他严重情节的。

第三条 伪造、盗窃、买卖或者非法提供、使用武装部队车辆号牌等专用标志，具有下列情形之一的，应当认定为刑法第三百七十五条第三款规定的"情节严重"，以伪造、盗窃、买卖、非法提供、非法使用武装部队专用标志罪定罪处罚：

（一）伪造、盗窃、买卖或者非法提供、使用武装部队军以上领导机关车辆号牌一副以上或者其他车辆号牌三副以上的；

（二）非法提供、使用军以上领导机关车辆号牌之外的其他车辆号牌累计六个月以上的；

（三）伪造、盗窃、买卖或者非法提供、使用军徽、军旗、军种符号或者其他军用标志合计一百件（副）以上的；

（四）造成严重后果或者恶劣影响的。

实施前款规定的行为，具有下列情形之一的，应当认定为刑法第三百七十五条第三款规定的"情节特别严重"：

（一）数量达到前款第（一）、（三）项规定标准五倍以上的；

（二）非法提供、使用军以上领导机关车辆号牌累计六个月以上或者其他车辆号牌累计一年以上的；

（三）造成特别严重后果或者特别恶劣影响的。

第四条 买卖、盗窃、抢夺伪造、变造的武装部队公文、证件、印章的，买卖仿制的现行装备的武装部队制式服装情节严重的，盗窃、买卖、提供、使用伪造、变造的武装部队车辆号牌等专用标志情节严重的，应当追究刑事责任。定罪量刑标准适用本解释第一至第三条的规定。

第五条 明知他人实施刑法第三百七十五条规定的犯罪行为，而为其生产、提供专用材料或者提供资金、账号、技术、生产经营场所等帮助的，以共犯论处。

第六条 实施刑法第三百七十五条规定的犯罪行为，同时又构成逃税、诈骗、冒充军人招摇撞骗等犯罪的，依照处罚较重的规定定罪处罚。

第七条 单位实施刑法第三百七十五条第二款、第三款规定的犯罪行为，对单位判处罚金，并对其直接负责的主管人员和其他直接责任人员，分别依照本解释的有关规定处罚。

❸ 最高人民法院、最高人民检察院《关于执行〈中华人民共和国刑法〉确定罪名的

补充规定（四）》（2009年10月16日　法释〔2009〕13号）①

4 最高人民检察院、公安部《关于公安机关管辖的刑事案件立案追诉标准的规定（一）》（2008年6月25日　公通字〔2008〕36号）（节录）

第九十四条　非法生产、买卖武装部队制式服装、车辆号牌等军用标志，涉嫌下列情形之一的，应予立案追诉：（一）成套制式服装三十套以上，或者非成套制式服装一百件以上的；（二）军徽、军旗、肩章、星徽、帽徽、军种符号或者其他军用标志单种或者合计一百件以上的；（三）军以上领导机关专用车辆号牌一副以上或者其他军用车辆号牌三副以上的；（四）非法经营数额五千元以上，或者非法获利一千元以上的；（五）被他人利用进行违法犯罪活动的；（六）其他情节严重的情形。

第一百条　本规定中的立案追诉标准，除法律、司法解释另有规定的以外，适用于相关的单位犯罪。

5 最高人民法院《关于审理非法生产、买卖武装部队车辆号牌等刑事案件具体应用法律若干问题的解释》（2002年4月17日　法释〔2002〕9号）②

第一条　伪造、变造、买卖或者盗窃、抢夺武装部队车辆行驶证、车辆驾驶证、车辆监理印章，具有下列情形之一的，根据刑法第三百七十五条第一款的规定，以伪造、变造、买卖武装部队证件、印章或者盗窃、抢夺武装部队证件、印章罪定罪处罚：

（一）伪造、变造、买卖或者盗窃、抢夺武装部队车辆监理印章的；

（二）伪造、变造、买卖或者盗窃、抢夺武装部队车辆行驶证、车辆驾驶证三本以上的。

具有下列情形之一的，属于刑法第三百七十五条第一款规定的"情节严重"：

（一）伪造、变造、买卖或者盗窃、抢夺武装部队车辆监理印章三枚以上的；

（二）伪造、变造、买卖或者盗窃、抢夺武装部队车辆行驶证、车辆驾驶证十本以上的；

（三）具有其他严重情节的。

第二条　非法生产、买卖武装部队车辆号牌等专用标志，具有下列情形之一的，属于刑法第三百七十五条第二款规定的"情节严重"：

（一）非法生产、买卖武装部队军以上领导机关专用车辆号牌的；

（二）非法生产、买卖武装部队其他车辆号牌三副以上的；

（三）具有其他严重情节的。

伪造、变造武装部队车辆号牌或者买卖伪造、变造的武装部队车辆号牌，情节严重的，依照刑法第三百七十五条第二款的规定定罪处罚。

第三条　使用伪造、变造、盗窃的武装部队车辆号牌，不缴或者少缴应纳的车辆购置税、车辆使用税等税款，偷税数额占应纳税额的百分之十以上，且偷税数额在一万元以上的，依照刑法第二百零一条第一款的规定定罪处罚。

---

① 对其解读见：《刑事审判参考》2009年第6辑总第71辑，第72~82页。
② 对其解读见：《刑事审判参考》2002年第3辑总第26辑，第131~133、161~166页。

使用伪造、变造、盗窃的武装部队车辆号牌，骗免养路费、通行费等各种规费，数额较大的，依照刑法第二百六十六条的规定定罪处罚。

第四条　冒充军人使用伪造、变造、盗窃的武装部队车辆号牌，造成恶劣影响的，依照刑法第三百七十二条的规定定罪处罚。

第五条　单位犯刑法第三百七十五条第二款规定之罪的，依照本解释第二条的规定执行。

学理观点・典型案例 ➡ **索引与要旨**

❶《李继增买卖武装部队证件案》〔2008〕昌刑初字第355号，北京市昌平区人民法院。

要旨➡非法出售伪造的士兵证和解放军车辆驾驶证，构成本罪。

❷《孟祥生伪造部队公文、印章案》，天津市红桥区人民法院

要旨➡私刻部队公章、印制伪造公文表格、志愿兵档案材料办理假志愿兵，是否构成接送不合格兵员罪？被告人在服役期间和退出现役之后，单独或伙同他人多次，大量伪造部队公文、印章，造假专业军士身份，致使多人非法进入军队并改为专业军士。法院判决其构成伪造武装部队公文、印章罪。

第376条　第1款　战时拒绝、逃避征召、军事训练罪　第2款　战时拒绝、逃避服役罪

预备役人员战时拒绝、逃避征召或者军事训练，情节严重的，处三年以下有期徒刑或者拘役。

公民战时拒绝、逃避服役，情节严重的，处二年以下有期徒刑或者拘役。

关联规范 ➡ **完全整理**

最高人民检察院、公安部《关于公安机关管辖的刑事案件立案追诉标准的规定（一）》（2008年6月25日　公通字〔2008〕36号）（节录）

第九十五条　预备役人员战时拒绝、逃避征召或者军事训练，涉嫌下列情形之一的，应予立案追诉：（一）无正当理由经教育仍拒绝、逃避征召或者军事训练的；（二）以暴力、威胁、欺骗等手段，或者采取自伤、自残等方式拒绝、逃避征召或者军事训练的；（三）联络、煽动他人共同拒绝、逃避征召或者军事训练的；（四）其他情节严重的情形。

第九十六条　公民战时拒绝、逃避服役，涉嫌下列情形之一的，应予立案追诉：（一）无正当理由经教育仍拒绝、逃避服役的；（二）以暴力、威胁、欺骗等手段，或者采取自伤、自残等方式拒绝、逃避服役的；（三）联络、煽动他人共同拒绝、逃避服役的；（四）其他情节严重的情形。

第377条　战时故意提供虚假敌情罪

战时故意向武装部队提供虚假敌情，造成严重后果的，处三年以上十年以

下有期徒刑；造成特别严重后果的，处十年以上有期徒刑或者无期徒刑。

第378条　战时造谣扰乱军心罪

战时造谣惑众，扰乱军心的，处三年以下有期徒刑、拘役或者管制；情节严重的，处三年以上十年以下有期徒刑。

第379条　战时窝藏逃离部队军人罪

战时明知是逃离部队的军人而为其提供隐蔽处所、财物，情节严重的，处三年以下有期徒刑或者拘役。

关联规范 ▶ 完全整理

最高人民检察院、公安部《关于公安机关管辖的刑事案件立案追诉标准的规定（一）》(2008年6月25日　公通字〔2008〕36号)（节录）

第九十七条　战时明知是逃离部队的军人而为其提供隐蔽处所、财物，涉嫌下列情形之一的，应予立案追诉：(一)窝藏三人次以上的；(二)明知是指挥人员、值班执勤人员或者其他负有重要职责人员而窝藏的；(三)有关部门查找时拒不交出的；(四)其他情节严重的情形。

第380条　战时拒绝、故意延误军事订货罪

战时拒绝或者故意延误军事订货，情节严重的，对单位判处罚金，并对其直接负责的主管人员和其他直接责任人员，处五年以下有期徒刑或者拘役；造成严重后果的，处五年以上有期徒刑。

关联规范 ▶ 完全整理

最高人民检察院、公安部《关于公安机关管辖的刑事案件立案追诉标准的规定（一）》(2008年6月25日　公通字〔2008〕36号)（节录）

第九十八条　战时拒绝或者故意延误军事订货，涉嫌下列情形之一的，应予立案追诉：(一)拒绝或者故意延误军事订货三次以上的；(二)联络、煽动他人共同拒绝或者故意延误军事订货的；(三)拒绝或者故意延误重要军事订货，影响重要军事任务完成的；(四)其他情节严重的情形。

第381条　战时拒绝军事征用罪

战时拒绝军事征用，情节严重的，处三年以下有期徒刑或者拘役。

关联规范 ➡ 完全整理

战时拒绝军事征收、征用，情节严重的，处三年以下有期徒刑或者拘役。

❶ 全国人大《关于修改部分法律的决定》（2009年8月27日 主席令第十八号）（节录）

二、对下列法律和法律解释中关于"征用"的规定作出修改：（一）将下列法律和法律解释中的"征用"修改为"征收、征用"。

12.《中华人民共和国刑法》第三百八十一条、第四百一十条

❷ 全国人大常委会《关于修改部分法律的决定》第二条第（一）项

❸ 最高人民检察院、公安部《关于公安机关管辖的刑事案件立案追诉标准的规定（一）》（2008年6月25日 公通字〔2008〕36号）（节录）

第九十九条 战时拒绝军事征用，涉嫌下列情形之一的，应予立案追诉：（一）无正当理由拒绝军事征用三次以上的；（二）采取暴力、威胁、欺骗等手段拒绝军事征用的；（三）联络、煽动他人共同拒绝军事征用的；（四）拒绝重要军事征用，影响重要军事任务完成的；（五）其他情节严重的情形。

第八章　贪污贿赂罪

第 382 条　贪污罪

国家工作人员利用职务上的便利，侵吞、窃取、骗取或者以其他手段非法占有公共财物的，是贪污罪。

受国家机关、国有公司、企业、事业单位、人民团体委托管理、经营国有财产的人员，利用职务上的便利，侵吞、窃取、骗取或者以其他手段非法占有国有财物的，以贪污论。

与前两款所列人员勾结，伙同贪污的，以共犯论处。

关 联 规 范　➡　完全整理

❶《中华人民共和国刑法》（1980 年 1 月 1 日）第 183 条　职务侵占罪　贪污罪

保险公司的工作人员利用职务上的便利，故意编造未曾发生的保险事故进行虚假理赔，骗取保险金归自己所有的，依照本法第二百七十一条的规定定罪处罚。

国有保险公司工作人员和国有保险公司委派到非国有保险公司从事公务的人员有前款行为的，依照本法第三百八十二条、第三百八十三条的规定定罪处罚。

❷《中华人民共和国刑法》（1980 年 1 月 1 日）第 271 条　职务侵占罪

公司、企业或者其他单位的人员，利用职务上的便利，将本单位财物非法占为己有，数额较大的，处五年以下有期徒刑或者拘役；数额巨大的，处五年以上有期徒刑，可以并处没收财产。

国有公司、企业或者其他国有单位中从事公务的人员和国有公司、企业或者其他国有单位委派到非国有公司、企业以及其他单位从事公务的人员有前款行为的，依照本法第三百八十二条、第三百八十三条的规定定罪处罚。

❸《中华人民共和国刑法》（1980 年 1 月 1 日）第 287 条　以计算机为工具的犯罪

利用计算机实施金融诈骗、盗窃、贪污、挪用公款、窃取国家秘密或者其他犯罪的，依照本法有关规定定罪处罚。

❹《中华人民共和国刑法》（1980 年 1 月 1 日）第 394 条　贪污罪

国家工作人员在国内公务活动或者对外交往中接受礼物，依照国家规定应当交公而不交公，数额较大的，依照本法第三百八十二条、第三百八十三条的规定定罪处罚。

❺ 全国人民代表大会常务委员会《关于批准〈联合国反腐败公约〉的决定》①

❻ 全国人大常委会《关于〈中华人民共和国刑法〉第九十三条第二款的解释》（2000年4月29日）②

村民委员会等村基层组织人员协助人民政府从事下列行政管理工作，属于刑法第九十三条第二款规定的"其他依照法律从事公务的人员"：（一）救灾、抢险、防汛、优抚、扶贫、移民、救济款物的管理；（二）社会捐助公益事业款物的管理；（三）国有土地的经营和管理；（四）土地征用补偿费用的管理；（五）代征、代缴税款；（六）有关计划生育、户籍、征兵工作；（七）协助人民政府从事的其他行政管理工作。

村民委员会等村基层组织人员从事前款规定的公务，利用职务上的便利，非法占有公共财物、挪用公款、索取他人财物或者非法收受他人财物，构成犯罪的，适用刑法第三百八十二条和第三百八十三条贪污罪、第三百八十四条挪用公款罪、第三百八十五条和第三百八十六条受贿罪的规定。

❼ 最高人民法院、最高人民检察院《关于办理国家出资企业中职务犯罪案件具体应用法律若干问题的意见》（2010年12月2日　法发〔2010〕49号）（节录）③

一、关于国家出资企业工作人员在改制过程中隐匿公司、企业财产归个人持股的改制后公司、企业所有的行为的处理

国家工作人员或者受国家机关、国有公司、企业、事业单位、人民团体委托管理、经营国有财产的人员利用职务上的便利，在国家出资企业改制过程中故意通过低估资产、隐瞒债权、虚设债务、虚构产权交易等方式隐匿公司、企业财产，转为本人持有股份的改制后公司、企业所有，应当依法追究刑事责任的，依照刑法第三百八十二条、第三百八十三条的规定，以贪污罪定罪处罚。贪污数额一般应当以所隐匿财产全额计算；改制后公司、企业仍有国有股份的，按股份比例扣除归于国有的部分。

所隐匿财产在改制过程中已为行为人实际控制，或者国家出资企业改制已经完成的，以犯罪既遂处理。

第一款规定以外的人员实施该款行为的，依照刑法第二百七十一条的规定，以职务侵占罪定罪处罚；第一款规定以外的人员与第一款规定的人员共同实施该款行为的，以贪污罪的共犯论处。

在企业改制过程中未采取低估资产、隐瞒债权、虚设债务、虚构产权交易等方式故意隐匿公司、企业财产的，一般不应当认定为贪污；造成国有资产重大损失，依法构成刑法第一百六十八条或者第一百六十九条规定的犯罪的，依照该规定定罪处罚。

关政策规定，国家出资企业的工作人员为购买改制公司、企业股份实施前款行为的，可以视具体情况不作为犯罪处理。

四、关于国家工作人员在企业改制过程中的渎职行为的处理

---

① 对其解读见：《最新刑事法律文件解读》2005年第11辑总第11辑，第1～7页。
② 对其解读见：《刑事审判参考》2000年第4辑总第9辑，第80页。
③ 对其解读见：《刑事审判参考》2010年第6辑总第77辑，第112～142页。

国家出资企业中的国家工作人员在公司、企业改制或者国有资产处置过程中严重不负责任或者滥用职权，致使国家利益遭受重大损失的，依照刑法第一百六十八条的规定，以国有公司、企业人员失职罪或者国有公司、企业人员滥用职权罪定罪处罚。

国家出资企业中的国家工作人员在公司、企业改制或者国有资产处置过程中徇私舞弊，将国有资产低价折股或者低价出售给其本人未持有股份的公司、企业或者其他个人，致使国家利益遭受重大损失的，依照刑法第一百六十九条的规定，以徇私舞弊低价折股、出售国有资产罪定罪处罚。

国家出资企业中的国家工作人员在公司、企业改制或者国有资产处置过程中徇私舞弊，将国有资产低价折股或者低价出售给特定关系人持有股份或者本人实际控制的公司、企业，致使国家利益遭受重大损失的，依照刑法第三百八十二条、第三百八十三条的规定，以贪污罪定罪处罚。贪污数额以国有资产的损失数额计算。

国家出资企业中的国家工作人员因实施第一款、第二款行为收受贿赂，同时又构成刑法第三百八十五条规定之罪的，依照处罚较重的规定定罪处罚。

五、关于改制前后主体身份发生变化的犯罪的处理公司、国有独资企业，以及国有资本控股公司、国有资本参股公司。

是否属于国家出资企业不清楚的，应遵循"谁投资、谁拥有产权"的原则进行界定。企业注册登记中的资金来源与实际出资不符的，应根据实际出资情况确定企业的性质。企业实际出资情况不清楚的，可以综合工商注册、分配形式、经营管理等因素确定企业的性质。

六、关于国家出资企业中国家工作人员的认定

经国家机关、国有公司、企业、事业单位提名、推荐、任命、批准等，在国有控股、参股公司及其分支机构中从事公务的人员，应当认定为国家工作人员。具体的任命机构和程序，不影响国家工作人员的认定。

经国家出资企业中负有管理、监督国有资产职责的组织批准或者研究决定，代表其在国有控股、参股公司及其分支机构中从事组织、领导、监督、经营、管理工作的人员，应当认定为国家工作人员。

国家出资企业中的国家工作人员，在国家出资企业中持有个人股份或者同时接受非国有股东委托的，不影响其国家工作人员身份的认定。

七、关于国家出资企业的界定

本意见所称"国家出资企业"，包括国家出资的国有独资公司、国有独资企业，以及国有资本控股公司、国有资本参股公司。

是否属于国家出资企业不清楚的，应遵循"谁投资、谁拥有产权"的原则进行界定。企业注册登记中的资金来源与实际出资不符的，应根据实际出资情况确定企业的性质。企业实际出资情况不清楚的，可以综合工商注册、分配形式、经营管理等因素确定企业的性质。

八、关于宽严相济刑事政策的具体贯彻

办理国家出资企业中的职务犯罪案件时，要综合考虑历史条件、企业发展、职工就业、

社会稳定等因素,注意具体情况具体分析,严格把握犯罪与一般违规行为的区分界限。对于主观恶意明显、社会危害严重、群众反映强烈的严重犯罪,要坚决依法从严惩处;对于特定历史条件下,为了顺利完成企业改制而实施的违反国家政策法律规定的行为,行为人无主观恶意或者主观恶意不明显,情节较轻,危害不大的,可以不作为犯罪处理。

对于国家出资企业中的职务犯罪,要加大经济上的惩罚力度,充分重视财产刑的适用和执行,最大限度地挽回国家和人民利益遭受的损失。不能退赃的,在决定刑罚时,应当作为重要情节予以考虑。

❽ 最高人民法院《关于贯彻宽严相济刑事政策的若干意见》(2010 年 2 月 8 日　法发〔2010〕9 号)(节录)①

8. 对于国家工作人员贪污贿赂、滥用职权、失职渎职的严重犯罪,黑恶势力犯罪、重大安全责任事故、制售伪劣食品药品所涉及的国家工作人员职务犯罪,发生在社会保障、征地拆迁、灾后重建、企业改制、医疗、教育、就业等领域严重损害群众利益、社会影响恶劣、群众反映强烈的国家工作人员职务犯罪,发生在经济社会建设重点领域、重点行业的严重商业贿赂犯罪等,要依法从严惩处。

对于国家工作人员职务犯罪和商业贿赂犯罪中性质恶劣、情节严重、涉案范围广、影响面大的,或者案发后隐瞒犯罪事实、毁灭证据、订立攻守同盟、负案潜逃等拒不认罪悔罪的,要坚决依法从严惩处。

对于被告人犯罪所得数额不大,但对国家财产和人民群众利益造成重大损失、社会影响极其恶劣的职务犯罪和商业贿赂犯罪案件,也应依法从严惩处。

要严格掌握职务犯罪法定减轻处罚情节的认定标准与减轻处罚的幅度,严格控制依法减轻处罚后判处三年以下有期徒刑适用缓刑的范围,切实规范职务犯罪缓刑、免予刑事处罚的适用。

❾ 最高人民法院、最高人民检察院、公安部《关于开展集中打击赌博违法犯罪活动专项行动有关工作的通知》(2005 年 1 月 10 日　公通字〔2005〕2 号)

对实施贪污、挪用公款、职务侵占、挪用单位资金、挪用特定款物、受贿等犯罪,并将犯罪所得的款物用于赌博的,分别依照刑法有关规定从重处罚;同时构成赌博罪的,应依照刑法规定实行数罪并罚。

❿《全国部分法院经济犯罪案件审判工作座谈会研讨综述——"经济犯罪案件中的法律适用问题"》(2004 年 11 月 27 日)(节录)②

四、金融机构工作人员与外部人员勾结骗取本单位资金行为的定性:(一)银行或其他金融机构的国家工作人员与外部人员内部勾结行为的定性;(二)银行或其他金融机构的非国家工作人员与外部人员内外勾结行为的定性。

⓫ 最高人民法院研究室《关于对行为人通过伪造国家机关公文、证件担任国家工作

---

① 对其解读见:《刑事法律文件解读》2010 年第 3 辑总第 57 辑,第 49~65 页。
② 对其解读见:《刑事审判参考》2004 年第 6 辑总第 41 辑,第 146~168 页。

人员职务并利用职务上的便利侵占本单位财物、收受贿赂、挪用本单位资金等行为如何适用法律问题的答复》（2004年3月30日 法研〔2004〕38号）①

经研究，答复如下：行为人通过伪造国家机关公文、证件担任国家工作人员职务以后，又利用职务上的便利实施侵占本单位财物、收受贿赂、挪用本单位资金等行为，构成犯罪的，应当分别以伪造国家机关公文、证件罪和相应的贪污罪、受贿罪、挪用公款罪等追究刑事责任，实行数罪并罚。

12 《全国法院审理经济犯罪案件工作座谈会纪要》（2003年11月13日 法〔2003〕167号）（节录）②

一、国家工作人员的认定问题。二、贪污犯罪案件中的法律适用问题。（一）关于贪污罪既遂与未遂的界定；（二）关于"受委托管理、经营国有财产"的认定；（三）关于共同贪污犯罪中"个人贪污数额"问题；（四）同一单位中国家工作人员与非国家工作人员勾结共同非法占有单位财物行为的犯罪性质问题。四、挪用公款犯罪案件中的法律适用问题。（四）关于挪用公款罪转化为贪污罪的问题。

13 最高人民法院、最高人民检察院《关于办理妨害预防、控制突发传染病疫情等灾害的刑事案件具体应用法律若干问题的解释》（2003年5月15日 法释〔2003〕8号）（节录）③

第十四条 贪污、侵占用于预防、控制突发传染病疫情等灾害的款物或者挪用归个人使用，构成犯罪的，分别依照刑法第三百八十二条、第三百八十三条、第二百七十一条、第三百八十四条、第二百七十二条的规定，以贪污罪、侵占罪、挪用公款罪、挪用资金罪定罪，依法从重处罚。

14 最高人民法院《关于在国有资本控股、参股的股份有限公司中从事管理工作的人员利用职务便利非法占有本公司财物如何定罪问题的批复》（2001年5月23日 法释〔2001〕17号）（节录）④

在国有资本控股、参股的股份有限公司中从事管理工作的人员，除受国家机关、国有公司、企业、事业单位委派从事公务的以外，不属于国家工作人员。对其利用职务上的便利，将本单位财物非法占为己有，数额较大的，应当依照刑法第二百七十一条第一款的规定，以职务侵占罪定罪处罚。

15 《全国法院审理金融犯罪案件工作座谈会纪要》（2001年1月21日 法〔2001〕8号）（节录）⑤

---

① 对其解读见：《解读最高人民法院司法解释（2004年卷）》，第289~291页。
② 对其解读见：《刑事审判参考》2004年第4辑总第39辑，第178~199页。
③ 对其解读见：《刑事审判参考》2003年第3辑总第32辑，第160~164，188~197页以及《"非典"防治时期相关犯罪的司法适用研究》，载《刑事司法指南》2003年第2辑总第14辑，第55~109页。
④ 对其解读见：《刑事审判参考》第8辑总第19辑，第78~83页。
⑤ 对其解读见：《刑事审判参考》2001年第4辑总第15辑，第63~76页。

二、(二) 关于破坏金融管理秩序罪

1. 非金融机构非法从事金融活动案件的处理

1998年7月13日，国务院发布了《非法金融机构和非法金融业务活动取缔办法》。1998年8月11日，国务院办公厅转发了中国人民银行整顿乱集资、乱批设金融机构和乱办金融业务实施方案，对整顿金融"三乱"工作的政策措施等问题做出了规定。各地根据整顿金融"三乱"工作实施方案的规定，对于未经中国人民银行批准，但是根据地方政府或有关部门文件设立并从事或变相从事金融业务的各类基金会、互助会、储金会等机构和组织，由各地人民政府和各有关部门限期进行清理整顿。超过实施方案规定期限继续从事非法金融业务活动的，依法予以取缔；情节严重、构成犯罪的，依法追究刑事责任。因此，上述非法从事金融活动的机构和组织只要在实施方案规定期限之前停止非法金融业务活动的，对有关单位和责任人员，不应以擅自设立金融机构罪处理；对其以前从事的非法金融活动，一般也不作犯罪处理；这些机构和组织的人员利用职务实施的个人犯罪，如贪污罪、职务侵占罪、挪用公款罪、挪用资金罪等，应当根据具体案情分别依法定罪处罚。

3. 用账外客户资金非法拆借、发放贷款行为的认定和处罚

银行或者其他金融机构及其工作人员以牟利为目的，采取吸收客户资金不入账的方式，将客户资金用于非法拆借、发放贷款，造成重大损失的，构成用账外客户资金非法拆借、发放贷款罪。以牟利为目的，是指金融机构及其工作人员为本单位或者个人牟利，不具有这种目的，不构成该罪。这里的"牟利"，一般是指谋取用账外客户资金非法拆借、发放贷款所产生的非法收益，如利息、差价等。对于用款人为取得贷款而支付的回扣、手续费等，应根据具体情况分别处理：银行或者其他金融机构用账外客户资金非法拆借、发放贷款，收取的回扣、手续费等，应认定为"牟利"；银行或者其他金融机构的工作人员利用职务上的便利，用账外客户资金非法拆借、发放贷款，收取回扣、手续费等，数额较小的，以"牟利"论处；银行或者其他金融机构的工作人员将用款人支付给单位的回扣、手续费秘密占为己有，数额较大的，以贪污罪定罪处罚；银行或者其他金融机构的工作人员利用职务便利，用账外客户资金非法拆借、发放贷款，索取用款人的财物，或者非法收受其他财物，或者收取回扣、手续费等，数额较大的，以受贿罪定罪处罚。吸收客户资金不入账，是指不记入金融机构的法定存款账目，以逃避国家金融监管，至于是否记入法定账目以外设立的账目，不影响该罪成立。

审理银行或者其他金融机构及其工作人员用账外客户资金非法拆借、发放贷款案件，要注意将用账外客户资金非法拆借、发放贷款的行为与挪用公款罪和挪用资金罪区别开来。对于利用职务上的便利，挪用已经记入金融机构法定存款账户的客户资金归个人使用的，或者吸收客户资金不入账，却给客户开具银行存单，客户也认为将款已存入银行，该款却被行为人以个人名义借贷给他人的，均应认定为挪用公款罪或者挪用资金罪。

16 最高人民法院《关于审理贪污、职务侵占案件如何认定共同犯罪问题的解释》(2000年6月30日　法释〔2000〕15号)（节录）①

---

① 对其解读见：《刑事审判参考》2000年第5辑总第10辑，第88页。

第二编 分则 第八章 贪污贿赂罪

第一条 行为人与国家工作人员勾结，利用国家工作人员的职务便利，共同侵吞、窃取、骗取或者以其他手段非法占有公共财物的，以贪污罪共犯论处。

第二条 行为人与公司、企业或者其他单位的人员勾结，利用公司、企业或者其他单位人员的职务便利，共同将该单位财物非法占为己有，数额较大的，以职务侵占罪共犯论处。

第三条 公司、企业或者其他单位中，不具有国家工作人员身份的人与国家工作人员勾结，分别利用各自的职务便利，共同将本单位财物非法占为己有的，按照主犯的犯罪性质定罪。

17 最高人民检察院关于贯彻执行《全国人民代表大会常务委员会关于〈中华人民共和国刑法〉第九十三条第二款的解释》的通知（2000年6月5日 高检发研字〔2000〕12号）（节录）①

二、根据《解释》，检察机关对村民委员会等村基层组织人员协助人民政府从事《解释》所规定的行政管理工作中发生的利用职务上的便利，非法占有公共财物、挪用公款、索取他人财物或者非法收受他人财物，构成犯罪的案件，应直接受理，分别适用刑法第三百八十二条、第三百八十三条、第三百八十四条和第三百八十五条、第三百八十六条的规定，以涉嫌贪污罪、挪用公款罪、受贿罪立案侦查。

三、各级检察机关在依法查处村民委员会等村基层组织人员贪污、受贿、挪用公款犯罪案件过程中，要根据《解释》和其他有关法律的规定，严格把握界限，准确认定村民委员会等村基层组织人员的职务活动是否属于协助人民政府从事《解释》所规定的行政管理工作，并正确把握刑法第三百八十二条、第三百八十三条贪污罪、第三百八十四条挪用公款罪和第三百八十五条、第三百八十六条受贿罪的构成要件。对村民委员会等村基层组织人员从事属于村民自治范围的经营、管理活动不能适用《解释》的规定。

18 最高人民检察院《关于人民检察院直接受理立案侦查案件立案标准的规定（试行）》（1999年9月16日 高检发释字〔1999〕2号）（节录）②

（一）"利用职务上的便利"是指利用职务上主管、管理、经手公共财物的权力及方便条件。"受委托管理、经营国有财产"是指因承包、租赁、聘用等而管理、经营国有财产。涉嫌下列情形之一的，应予立案：

1. 个人贪污数额在5千元以上的；

2. 个人贪污数额不满5千元，但具有贪污救灾、抢险、防汛、防疫、优抚、扶贫、移民、救济款物及募捐款物、赃款赃物、罚没款物、暂扣款物，以及贪污手段恶劣、毁灭证据、转移赃物等情节的。

四、附则（二）本规定中有关犯罪数额"不满"，是指接近该数额且已达到该数额的百分之八十以上。（六）本规定中有关私分国有资产罪案中的"国有资产"，是指国家依法

---

① 对其解读见：《刑事审判参考》2000年第5辑总第10辑，第64页以及《解读最高人民检察院司法解释》，第24～31页。

② 对其解读见：《解读最高人民检察院司法解释》，第173～235页。

取得和认定的，或者国家以各种形式对企业投资和投资收益、国家向行政事业单位拨款等形成的资产。

⓳ 最高人民法院《关于审理挪用公款案件具体应用法律若干问题的解释》（1998年5月9日 法释〔1998〕9号）（节录）①

第六条 携带挪用的公款潜逃的，依照刑法第三百八十二条、第三百八十三条的规定定罪处罚。

⓴ 最高人民检察院、国家科学技术委员会《关于办理科技活动中经济犯罪案件的意见》（1994年6月17日 高检会〔1994〕26号）（节录）

三、国家工作人员、集体经济组织工作人员或者其他经手、管理公共财物的人员，非法占有职务技术成果或者职务技术成果的转让收益的，以贪污论处。

四、国家工作人员、集体经济组织工作人员或者其他经手、管理公共财物的人员，在技术开发、技术服务、技术咨询等职务技术活动中，利用职务上的便利，将属于单位的收入占为己有的，以贪污论处。

㉑ 最高人民检察院《关于偷支储蓄户存款行为如何定性处理问题的请示的批复》（1989年4月12日 高检研发字〔1989〕第2号）（节录）

今后办理银行、信用社等金融机构工作人员利用职务上的便利，偷支储蓄户存款的案件，应当根据犯罪行为的具体情况，符合贪污罪构成条件的，认定为贪污罪，符合挪用公款罪构成条件的，认定为挪用公款罪，挪用公款数额较大不退还的，以贪污论处。

㉒ 中国人民解放军军事法院印发《关于审理军人违反职责罪案件中几个具体问题的处理意见》的通知（1988年10月19日 〔1988〕军法发字第34号）（节录）

三、关于监守自盗军用物资的行为应如何定罪处罚问题

军职人员利用职务上的便利，盗窃自己经手、管理的军用物资的，符合贪污罪的基本特征，依照《刑法》第一百五十五条和全国人大常委会《关于惩治贪污罪贿赂罪的补充规定》，以贪污罪论处，从重处罚。

㉓ 江苏省高级人民法院《关于审理职务犯罪案件依法正确适用和执行缓刑的意见》（2010年1月6日 苏高法审委〔2010〕2号）②

㉔ 福建省公检法《关于国家工作人员犯罪案件管辖等若干问题的规定（试行）》（2009年6月18日 闽高法〔2009〕227号）（节录）

一、关于国家工作人员犯罪案件级别管辖的问题

（一）凡属副厅级以上的国家工作人员犯罪案件，除依法应由省高级人民法院作为第一审之外，第一审由中级人民法院管辖。

（二）凡属省管处级的国家工作人员犯罪案件，第一审由中级人民法院管辖；共同犯

---

① 对其解读见：《解读最高人民法院司法解释·刑事、行政卷（1997~2002）》，第318~324页。
② 对其解读见：《刑事法律文件解读》2010年第4辑总第58辑，第75~84页以及《刑事审判参考》2010年第2辑总第73辑，第127~135页。

罪案件中，只要有一个被告人属省管干部，且不论该被告人是否为主犯，全案均应由中级人民法院作为第一审。

（三）非省管处级国家工作人员犯罪案件，第一审原则上也应由中级人民法院管辖，如有必要分流交基层人民法院审理的，应分别事先报请省高级人民法院、省检察院、省公安厅协商决定。

（四）案情重大复杂或社会影响大的国家工作人员犯罪案件，第一审由中级人民法院管辖。

（五）个人贪污或受贿在人民币200万元以上；个人挪用公款在人民币400万元以上且未退还金额在人民币200万元以上的犯罪案件，第一审由中级人民法院管辖。

（六）共同贪污或者共同受贿的参与金额在人民币300万元以上，或者共同犯罪金额虽未达人民币300万元，但主犯分赃金额在人民币150万元以上的犯罪案件，第一审由中级人民法院管辖。

二、关于国家工作人员犯罪案件异地管辖的问题

（七）国家工作人员犯罪案件以属地管辖为原则，但必要时可以实行异地管辖。

（八）国家工作人员犯罪案件实行异地管辖应遵循公检法共同协商原则。

（九）在当地有重大影响的国家工作人员犯罪案件原则上实行异地审判。跨地区实行异地审判的国家工作人员犯罪案件，相关法院必须在接到省高级人民法院的同意指定管辖决定书后，才能立案受理；省高级人民法院不同意指定管辖的，尚未立案的不予立案，已经立案的应撤销立案并将有关材料退回同级检察机关。

各中级人民法院对所辖区域内实行异地审判的国家工作人员犯罪案件，比照前款规定办理。

（十）省内跨地区实行异地管辖的国家工作人员犯罪案件，立案时侦查机关应将有关异地管辖决定书等材料报送省人民检察院侦查监督部门备案；侦查机关在侦查终结前，应将有关异地管辖等情况报送省人民检察院公诉部门，由省人民检察院公诉部门办理相关手续，与省高级人民法院相关部门协商指定管辖后，由省高级人民法院指定管辖法院。指定管辖后，由指定管辖地的检察机关审查起诉并向相应的人民法院提起公诉。如有特殊需要，经省人民检察院与省高级人民法院协商后，由省高级人民法院另行指定管辖法院，相关法院在接到省高级人民法院指定管辖决定书后立案受理。

设区市公安、检察、法院对所辖区域内实行异地管辖的国家工作人员犯罪案件，比照前款规定办理。

（十一）对于实行跨地区异地审判案件，由省人民检察院具函向省高级人民法院提出案件实行异地管辖的情由，省高级人民法院对是否同意异地审判，应予函复。

（十二）侦查机关、检察机关、审判机关对案件管辖发生意见分歧的，如果案件处于侦查阶段的，由侦查机关牵头协调；案件处于起诉阶段的，由检察机关牵头协调；案件处于审判阶段的，由审判机关牵头协调。

25 厦门市中级人民法院、厦门市人民检察院《厦门市几类多发性刑事案件管辖标准暂行规定》（2008年2月21日　厦检会〔2008〕2号）（节录）

十三、贪污、受贿罪

个人贪污、受贿数额达 50 万元以上，或者行政职级为正处级以上的，由市人民检察院起诉、市中级人民法院审判。

㉖ 福建省公检法、司法厅《关于适用缓刑若干问题的意见（试行）》（2008 年 9 月 16 日　闽高法〔2008〕278 号）（节录）①

（五）贪污罪、受贿罪、挪用公款罪、渎职罪

对贪污贿赂、挪用公款、渎职等职务犯罪，既要依法正确适用缓刑，也必须充分考虑社会效果，正确掌握适用条件，防止适用不当。

贪污、受贿犯罪具有下列情形之一，符合法律规定缓刑条件的，可以适用缓刑：(1) 贪污、受贿数额不满五万元，具有坦白、积极退赃等情节的；(2) 贪污、受贿数额在五万元以上不满十万元，具有自首或者立功等法定减轻情节判处三年有期徒刑以下刑罚，全部退赃的；(3) 其他符合缓刑条件的。

贪污、受贿犯罪具有下列情形之一的，一般不适用缓刑：(1) 贪污、受贿数额在十万元以上，根据法定减轻情节判处三年有期徒刑以下刑罚的；(2) 贪污、受贿数额在五万元以上，根据案件具体情况，适用刑法第六十三条第二款减轻处罚判处三年有期徒刑以下刑罚的。上述第（2）项中，犯罪情节较轻，积极退赃，且在重大生产、科研项目中起关键作用，有特殊需要或者有其他特殊情况的，可以适用缓刑，但必须从严掌握。

贪污、受贿犯罪具有下列情形之一的，不得适用缓刑：(1) 致使国家、集体和人民利益遭受重大损失或影响恶劣的；(2) 没有退赃，无悔罪表现的；(3) 犯罪动机、手段等情节恶劣，或者将赃款用于非法经营、走私、赌博、行贿等违法犯罪活动的；(4) 属于共同犯罪中情节严重的主犯的；(5) 曾因经济违法犯罪行为受过行政处分或者刑事处罚的；(6) 犯罪涉及财物属于国家救济、抢险、防汛、优抚、救济等款项和物资，情节严重的；(7) 其他不宜适用缓刑的情形。

㉗ 福建省公检法《福建省 2008 年度第 1 次公检法联席会议纪要》（2008 年 6 月 2 日　闽公综〔2008〕314 号）（节录）

八、鉴于近期案件管辖方面出现了一些新情况，会议明确：

1. 对于检察机关侦查的职务犯罪案件需要指定管辖的，应在起诉前由同级检察机关与有权指定管辖的人民法院协商，征得同意后起诉到法院；2. 一般情况下，涉案金额大，涉案人员为处级以上的案件不指定基层检察机关起诉。

㉘ 浙江省高级人民法院刑二庭《全省法院经济犯罪疑难问题研讨会纪要（二）》（2006 年 6 月 29 日　浙高法刑二〔2006〕1 号）（节录）

十三、国有企业改制中隐瞒国有资产行为的定性

国有企业改制中隐瞒国有资产的行为可构成贪污罪、私分国有资产罪或国有公司、企业人员滥用职权罪，应结合案情分析认定。行为人实施的行为符合想象竞合犯特征的，即行为人基于数个不同的具体罪过，实施了一个危害行为，而触犯两个以上异种罪名的情形，

---

① 对其解读见：《刑事法律文件解读》2009 年第 10 辑总第 52 辑，第 77~88 页。

无需数罪并罚,而应按照其犯罪行为所触犯的数罪中最重的犯罪论处,构成贪污罪的,贪污数额应根据隐瞒转移国有资产数额和行为人在改制后的企业中所占股份比例计算确定,对未计入贪污的部分作为国有财产损失在量刑时予以考虑。

㉙ 浙江公检法《关于村民委员会等村基层组织人员利用职权实施犯罪适用法律若干问题的解答》(2005年7月27日　浙检会〔研〕〔2005〕7号)(节录)①

三、问:村基层组织人员侵吞、挪用土地征用补偿费用的行为,如何定性?答:村基层组织人员采取虚报土地数、人口数等手段侵吞土地征用补偿费用的行为,应认定为贪污罪。

土地征用补偿费用发放到村,村集体尚未提留前,村基层组织人员对土地征用补偿费用的侵吞、挪用行为,应认定为贪污罪或挪用公款罪。

土地征用补偿费用发放到村,村集体按规定提留后,村基层组织人员侵吞、挪用应当发放给农户的资金,以贪污罪或挪用公款罪认定;侵吞、挪用村集体提留的资金,以职务侵占罪或挪用资金罪认定。

四、问:当土地征用补偿费用与村集体资金混在同一账户时,村基层组织人员利用职务上的便利进行侵吞、挪用的,如何定性?答:有证据证实行为人主观意图明确指向土地补偿费用的,侵吞、挪用的资金在土地征用补偿费用数额内的,以贪污、挪用公款罪认定;超过的部分认定为职务侵占罪、挪用资金罪。

没有证据能够证实行为人主观意图指向土地补偿费用的,以职务侵占或挪用资金罪认定;超过村集体资金、属于土地征用补偿费用的部分,以贪污罪或挪用公款罪认定。

贪污、挪用土地征用补偿费用的数额与侵占、挪用集体资金的数额均未达到构罪标准,但总额达到职务侵占罪、挪用资金罪构罪标准的,以职务侵占罪、挪用资金罪认定。

㉚ 上海市高级人民法院刑庭、上海市检公诉处《关于进一步规范部分常见刑事案件级别管辖的意见》(2004年8月13日)(节录)

二、对具备下列情形,同时又不具有其他足以判处十五年有期徒刑以下刑罚的法定从轻、减轻情节的案件,各中级人民法院应当予以受理。21.贪污罪(刑法第382条)、受贿罪(刑法第385条)贪污、受贿200万元以上。

㉛《关于执行刑法若干问题的具体意见(试行)——99'上海法院刑庭庭长会议纪要》(1999年7月15日)(节录)

六、关于贪污罪与职务侵占罪的界限与数额认定问题

1. 贪污罪与职务侵占罪的界限主要由三个方面的因素来决定:一是主体身份;二是所利用的职务便利的范围;三是所在单位的性质;根据刑法的规定,具体可分四种情况分别认定:

(1)国家机关工作人员利用职权便利(即对单位财物的管理支配权,下同)或经手管理、暂时保管公共财物的便利条件,非法占有(即采用侵吞、窃取、骗取等方法攫取,下

---

① 对其解读见:《最新刑事法律文件解读》2005年第10辑总第10辑,第97~99页以及2006年第2辑总第14辑,第111~114页。

同）公共财物的，以贪污罪论处；不具有国家工作人员身份的工勤人员利用经手管理、暂时保管公共财物的便利条件，非法占有公共财物的，以职务侵占罪论处。

（2）国有公司、企事业单位或人民团体中从事公务的人员（即对公共财物具有管理支配权的领导者、管理者、监督者，如厂长、经理、会计、出纳、仓库保管员、采购员），利用职权便利非法占有公共财物的，以贪污罪论处；其他从事劳务（含服务性劳务）的人员（即单位的普通职工，如营业员、收银员、售票员等）利用经手管理、暂时保管公共财物的便利条件非法占有公共财物的，以职务侵占罪论处。

（3）非国有公司、企事业单位或社会团体的人员，无论是领导者、管理者利用职权便利，还是普通职工利用经手管理、暂时保管单位财物的便利条件，非法占有单位财物的，都应认定职务侵占罪；但是，其中受国家机关、国有公司、企事业单位或人民团体委派，在上述非国有单位从事公务的人员，利用职权便利非法占有公共财物的，仍应以贪污罪论处。

（4）国有财产的承包者、租赁者（即刑法第382条第二款所称受委托经营、管理国有财产的人员）利用职权便利非法占有国有财产的，以贪污罪论处。

2. 关于贪污、职务侵占、受贿罪的数额认定问题

（1）根据刑法第26条第四款的规定，刑法第383条所称"个人贪污数额"应当是指个人参与贪污犯罪的数额。因为刑法已经删除了二人以上贪污按个人所得数额追究刑事责任的特别规定，故个人贪污所得数额不能再作为确定量刑档次的基本依据，而只能作为法定刑幅度确定后的具体量刑情节考虑。

（2）行为人以非法占有为目的，利用职务之便侵吞、窃取、骗取单位财物，使之脱离被害单位控制而为行为人所支配的，即构成贪污罪或职务侵占罪的既遂；行为人在犯贪污、职务侵占、受贿等经济犯罪既遂以后，将赃款是用于业务开支或者个人挥霍，不影响贪污、职务侵占或受贿罪的数额认定，不能将用于业务活动或公共用途的款项从中扣除，但赃款使用情况可以作为量刑情节考虑。

（3）贪污、职务侵占罪数额的认定，应以被害单位失控而为行为人所支配的数额为准。至于行为人在将公款转归个人控制过程中因金融流转而损失的数额，不影响犯罪数额的计算，但行为人实际使用、处分公款的数额，可以作为量刑情节考虑。

学理观点·典型案例 ➡ 索引与要旨

❶《王妙兴贪污、受贿、职务侵占案》，载《刑事审判参考》2011年第5辑总第82辑，第77~83页。

核心提示 ➡ 在国有公司改制中利用职务便利隐匿并实际控制国有资产的行为，如何认定？

❷《黄明惠贪污案》，载《刑事审判参考》2011年第2辑总第79辑，第92~99页。

核心提示 ➡ 利用受国家税务机关委托行使代收税款的便利侵吞税款的行为，如何定罪处罚？

③《钱银元贪污、职务侵占案》，载《刑事审判参考》2010 年第 4 辑总第 75 辑，第 87~93 页。

核心提示➡以村集体土地需要办理国有土地使用权证为由，增收租地单位土地租金，是否属于村基层组织人员协助人民政府从事"国有土地的经营和管理"？

④《沈国伟贪污上诉案》，载《人民法院案例选》2010 年第 2 辑。

要旨➡国家工作人员明知自己没有偿还能力，截留单位公款用于个人赌博、偿还个人债务，最终无法归还，构成贪污罪。

⑤《李世林等贪污案》，载《最新刑事法律文件解读》2010 年第 6 辑总第 60 辑，第 114~119 页。

核心提示➡半营业、基本停业状态下的国有企业人员以补发工资和奖金形式占有的公款应如何界定？

⑥《廖常伦贪污、受贿案》，载《刑事审判参考》2009 年第 6 辑总第 71 辑，第 54~61 页。

要旨➡村民小组长在特定情形下属于"其他依照法律从事公务的人员"。

⑦《贪污受贿案件刑罚问题探微》，载《刑事司法指南》2009 年第 2 辑总第 38 辑，第 41~71 页。

⑧《贪污案件侦查中的查账方法》，载《公检法办案指南》2009 年第 9 辑总第 117 辑，第 155~161 页。

⑨《集体企业改制为国有企业期间发生的侵占公共财物行为如何定性》，载《刑事审判参考》2008 年第 2 辑总第 61 辑，第 173~177 页。

⑩《利用企业改制侵吞公共财物行为之定性》，载《刑事司法指南》2008 年第 3 辑总第 35 辑，第 184~203 页。

⑪《共同贪污犯罪问题研究》，载《公检法办案指南》2008 年第 8 辑总第 104 辑，第 140~152 页。

⑫《高建华等贪污案》，《刑事审判参考》2007 年第 5 辑总第 58 辑，第 62~71 页。

核心提示➡使用公款购买房屋构成贪污的，犯罪对象是公款还是房屋？

要旨➡ 1. 在"党委扩大会"上共谋"集资购房"，将公款用于单位多人购买私房，构成共同贪污。2. 使用公款以个人名义购买房屋构成贪污罪的，犯罪对象是公款而不是房屋。3. 私自截留公款以单位的名义买房，由个人非法占有，构成贪污罪。至于案发时高建华将房屋办理公房租赁手续，此时距公款被其私吞已近 4 年之久，单位早已完全丧失对该公款的控制，其贪污行为已全部实施完毕，显然属于贪污既遂后的事后退赃，并不能改变其 4 年前侵吞公款的行为性质。

⑬《陈焕林等挪用资金、贪污案》，载《刑事审判参考》2007 年第 4 辑总第 57 辑，第 56~63 页。

核心提示➡无法区分村民委员会人员利用职务之便挪用款项性质的如何定罪处罚？

1503

要旨 ➡ 被告人陈焕林身为村民委员会主任，其经手向潮安县彩塘镇民政办公室领取民政部门发给该村的在伍军人补助款和烈属补助款的职务行为，应当属于协助人民政府从事行政管理工作，该在伍军人补助款和烈属补助款作为国家财政拨款理应属于公款。

14《顾荣忠挪用公款、贪污案》，载《刑事审判参考》2007年第3辑总第56辑，第49～55页。

核心提示 ➡ 由国有公司负责人口头提名、非国有公司聘任的管理人员能否以国家工作人员论？

要旨 ➡ "委派"在形式上可以不拘一格，如任命、指派、提名、推荐、认可、同意、批准等均可，无论是书面委任文件还是口头提名，只要是有证据证明属上述委派形式之一即可，这是与我国现阶段有关国家工作人员身份来源变动多样性的实际情况相符合的。由以上《纪要》规定的精神可以看出，对于受委派从事公务的国家工作人员的认定上更强调的是从事公务，即代表国有单位行使组织、领导、监督、管理等职权活动，而不再是单纯关注国家工作人员的身份形式，只要真正地代表国有单位行使了相关职务活动就应以国家工作人员论。

15《浅谈财务资料中犯罪证据的收集》，载《公检法办案指南》2007年第11辑总第95辑，第146～153页。

16《王铮贪污、挪用公款案》，载《刑事审判参考》2006年第6辑总第53辑，第59～66页。

要旨 ➡ 当款项领取凭证和事由与核销凭证出现矛盾时，应依据财务核销凭证来认定公款用途及行为性质。

17《刘某挪用公款案》，载《刑事审判参考》2006年第4辑总第51辑，第38～44页。

要旨 ➡ 没有非法占有目的的行为，不能认定为贪污罪。

刘某将公款挪出为己私用，并未达到秘密进行的程度，烟草公司通过查账完全可以发现，事实上也确因单位发现而有后来的催款行为。在烟草公司发现刘某私自运用香烟销售款后，刘某不仅没有否认，也没有携款潜逃的行为，而是写下了欠条，只是编造客户远，钱未收回作为没能及时还款的理由。但是，刘某的此种欺诈手段主观上是为了拖延还款时间，客观上也不能达到侵吞公司资金的后果，不属于刑法规定的贪污罪中的"骗取"。综观全案，刘某在行为过程中没有表现出秘密进行的特征，事后没有掩盖否认的行为，对款项的使用也没有挥霍、携款潜逃的表现，所以不能认定被告人主观上具有非法占有的故意。

18《郭如鳌、张俊琴、赵茹贪污、挪用公款案》，载《刑事审判参考》2006年第1辑总第48辑，第41～57页。

核心提示 ➡ 证券营业部工作人员利用职便私分单位违规自营炒股盈利款的行为如何定性？

要旨 ➡ 第一，中经信内蒙营业部违规自营炒股的盈利款属于公共财产。中经信公司是国有公司,中经信内蒙营业部系其分支机构。在没有依法对其非法经营行为进行处理前,该盈利款暂由营业部管理,仍然属于公共财产。第二,被告人郭如鳌等人私分本单位违规自营炒股盈利款的行为构成贪污罪。

⑲《刘必仲挪用资金案》,载《刑事审判参考》2006年第1辑总第48辑,第30~40页以及《最新刑事法律文件解读》2006年第2辑总第14辑,第134~142页。

核心提示➡彩票销售人员不缴纳投注金购买彩票并且事后无法无力偿付购买彩票款的行为如何定性?

要旨➡彩票销售人员利用职务上的便利,不缴纳投注金购买彩票,类似于证券、期货公司工作人员利用职务上的便利,挪用本单位资金或者客户资金用于炒股、购买期货等高风险投资,事后无力偿付购买彩票款是挪用后不退还的具体表现。

⑳《马胜贪污上诉案》〔2006〕云高刑终字第1651号,云南省高级人民法院

要旨➡将单位业务专用车指标用于个人购车,因配车指标不具备财产性质,不构成贪污。

㉑《董杰贪污宣告无罪案》,载《最新刑事法律文件解读》2006年第9辑总第21辑,第131~134页。

要旨➡小金库款项去向明确,保管人不构成贪污罪。

㉒《王一兵贪污上诉案》,载《最高人民法院公报》2004年第5辑总第91辑。

要旨➡国有公司委派到非国有公司从事公务人员,隐匿单位车辆所有权使他人非法占有,以贪污论处。

㉓《李祖清等被控贪污案》,载《刑事审判参考》2005年第6辑总第47辑,第64~75页。

核心提示➡私分国有资产罪与贪污罪中共同贪污的界限何在?

㉔《朱洪岩贪污案》,载《刑事审判参考》2005年第4辑总第45辑,第18~22页。

要旨➡租赁国有企业的人员盗卖国有资产的行为构成贪污。承包、租赁和聘用是"受委托"的主要方式。

㉕《阎怀民、钱玉芳贪污、受贿案》,载《刑事审判参考》2005年第1辑总第42辑,第51~61页。

核心提示➡国家工作人员利用职务上的便利以单位的名义向有关单位索要"赞助款"并占为己有的行为是索贿还是贪污?

要旨➡被告人系以单位名义向苏交所索要财物,苏交所不具备向被告人个人行以贿赂的主客观要件。

㉖《采取贪污手段侵吞的公款用于行贿,定一罪还是数罪》,载《最新刑事法律文件解读》2005年第10辑总第10辑,第103~104页。

㉗《挪用公款行为能否以贪污罪定罪处罚》,载《最新刑事法律文件解读》2005年第9辑总第9辑,第103页。

㉘《李某贪污案》，载《最新刑事法律文件解读》2005 年第 7 辑总第 7 辑，第 118～122 页。

核心提示➡帮助催讨贷款后私留奖金如何定性兼谈收受奖励款与贪污受贿行为的界限？

㉙《如何区分国家工作人员的正当借款和以"借款"为名索取或者非法收受财物》，载《最新刑事法律文件解读》2005 年第 7 辑总第 7 辑，第 115 页。

㉚《同一单位中国家工作人员与非国家工作人员勾结共同非法占有单位财物行为如何定性？》，载《最新刑事法律文件解读》2005 年第 6 辑总第 6 辑。

核心提示➡无法区分主、从如何定性？

㉛《如何区分截留并非法占有本单位利润款的贪污行为与收受回扣的受贿行为？》，载《最新刑事法律文件解读》2005 年第 6 辑总第 6 辑。

核心提示➡截留利润的贪污与收受回扣的受贿的区别

㉜《如何区分共同贪污与私分国有资产》，载《最新刑事法律文件解读》2005 年第 6 辑总第 6 辑。

核心提示➡仅单位中层以上领导集体研究私分，未分给职工如何定性？

要旨➡集体私分行为，表现为单位多数员工甚至所有员工均实际分取了财物，在受益人数上具有多数性特征，一般不以某一特定层面为限，实际受益人员不能仅仅局限在决策和具体执行等少数人员。

㉝《如何认定共同贪污犯罪中的"个人贪污数额"》，载《最新刑事法律文件解读》2005 年第 4 辑总第 4 辑。

要旨➡共同贪污按总额，但从犯应按其所参与的贪污数额确定量刑幅度。

㉞《如何认定贪污犯罪的既遂与未遂》，载《最新刑事法律文件解读》2005 年第 3 辑总第 3 辑。

核心提示➡应当以行为人是否实际控制财物作为区分既遂标准？

㉟《如何认定受委托"管理经营国有财产的人员"》，载《最新刑事法律文件解读》2005 年第 3 辑总第 3 辑。

核心提示➡个人承包性质的企业中的单位会计利用职便私自截留如何定性？

要旨➡承包企业的一般职工，不能视为受"委托管理、经营国有财产的人员"。

㊱《"不平等"中的平等性思考——关于贪污罪和盗窃罪的起刑数额和行政处分适用问题》，载《刑事法判解研究》2005 年第 1 辑总第 10 辑，第 177～183 页。

㊲《杨代芳贪污、受贿案》，载《刑事审判参考》2004 年第 4 辑总第 39 辑，第 62～69 页。

核心提示➡私分国有资产与共同贪污的区分

㊳《尚荣多等贪污案》，载《刑事审判参考》2004 年第 4 辑总第 39 辑，第 54～61 页。

核心提示 ➡ 学校违规收取的"点招费"能否视为公共财产？单位奖励行为与个人贪污行为的区别

要旨 ➡ 原商专招生工作中违反规定收取的"点招费"，在行政主管部门作出处置之前应认定为公共财产，被告人截留、私分"点招费"的行为，具备贪污罪的对象要件。不管基于合法还是非法事由，在行为当时处于国有单位占有、持有状态下的私人财产，均应认定为公共财产。

㊴《江仲生等贪污案》，载《刑事审判参考》2004 年第 4 辑总第 39 辑，第 44~53 页。

核心提示 ➡ 公司的管理人员由股东会、董事会直接选举、决议产生，是否影响国家工作人员的认定？贪污罪犯罪对象的理解与认定

要旨 ➡ 委派的内涵及外延，可以从两个方面的特征来加以理解和把握：一是形式特征，委派在形式上可以不拘一格，如任命、指派、提名、推荐、认可、同意、批准等均无不可；二是实质特征，须从事组织、领导、监督、管理等公务活动，亦即具有国有单位的直接代表性。

在没有明确的规定或者约定的情况下，将职务行为所取得的、公司预期利益之外的收益视为个人收益是不能成立的，凡是应归公司所有而没有归公司的，便是给公司造成了损失。所以，关于公司已经收回股本金，公司利益没有受损，股本金之外的收益应归个人所有的辩解、辩护意见同样是站不住脚的。

㊵《田亚平诈骗案》，载《刑事审判参考》2004 年第 3 辑总第 38 辑，第 122~126 页。

核心提示 ➡ 银行出纳员用自制"高额利率定单"，对外虚构单位内部有高额利率存款的事实，将吸存的亲朋好友的现金占为己有的行为如何定性？

要旨 ➡ 1. 被告人吸收的资金并非个人储蓄存款，被告人单位实际上并没有开展所谓的高额利率存款的业务，该项业务纯属被告人虚构。被告人亲朋好友交给被告人的现金是不可能转化为个人储蓄存款的，即不属于公共财物。2. 被告人的行为构成诈骗罪。

㊶《胡滋玮贪污案》，载《刑事审判参考》2004 年第 2 辑总第 37 辑，第 63~72 页。

核心提示 ➡ 贪污罪中非法占有目的的推定

要旨 ➡ 被告人将所截留公款中的 1658.8 万元用于开办全民与集体联营性质的苏外贸公司，且苏外贸公司为被告人个人所实际控制，只能说明其有据为己有的可能性，但据此仍不足以推定其具有将该部分公款非法占有的主观目的。

㊷《有身份者与无身份者及有不同种身份者共同犯罪如何定罪——刘某二人贪污案》，载《刑事法判解研究》2004 年第 4 辑总第 9 辑，第 136~147 页。

㊸《事前无通谋共犯的认定》，载《刑事审判要览》2004 年第 3 辑总第 9 辑，第 14~18 页。

要旨 ➡ 本案中被告人虽未与他人共同合谋贪污该款，但其明知他人在共同实施贪污犯罪行为，没有其审核不可能套出该笔款项的情况下，仍予以审核，事后又分得赃物 2000

元，因而已构成贪污共犯。双方意思联络主要表现为犯罪行为之间的相互配合。

㊹**《以高金有案为视角》，载《刑事司法指南》2004年第2辑。**

核心提示➡内外勾结窃取银行现金行为之定性研究

㊺**《杨劲侵吞租赁的国有财产应以贪污罪论处案》，载《最新刑事法律文件解读》2004年第11辑，第90～95页。**

核心提示➡利用职务之便侵吞租赁的国有财产符合贪污罪特征

㊻**《王一兵利用企业改制侵吞公共财物构成贪污案》，载《最新刑事法律文件解读》2004年第11辑，第84～89页。**

核心提示➡非法占有后的处置方式不影响对其行为性质的认定

㊼**《关于重庆市1998—2002年贪污、受贿适用缓刑案件的考察报告》，载《经济犯罪审判指导》2004年第1辑总第5辑，第132～150页。**

㊽**《陈新贪污、挪用公款案》，载《经济犯罪审判指导》总第5辑。**

要旨➡挪用公款后携带公司银行账户凭证和炒股手续潜逃，将其中公款置于自己控制之下，有能力归还而拒不归还，具有非法占有目的，构成贪污罪

㊾**《杨劲贪污案》，载《经济犯罪审判指导》2004年第1辑总第5辑。**

核心提示➡侵吞租赁的国有财产构成贪污罪

㊿**《胡启能贪污案》，载《刑事审判参考》2003年第6辑总第35辑，第64～77页。**

核心提示➡形式上由事业单位行文任命，但实质是国家机关同意的，是否是国家工作人员？

要旨➡截留并非法占有本单位利润款的贪污行为与收受回扣的受贿行为的区分

1. 被告形式上由重庆市供销合作总社（事业单位）行文任命，但实质上系受中共重庆市委财贸政治部委派，故应认定为爱国家机关委派在非国有公司从事公务的人员。胡启能任职曾经历三次委派，前二次是机关，后一次是事业单位行文任命。但实质上还是，(1) 决定权仍属市委财贸政治部；(2) 虽事业编制，但其原全民制身份、待遇未变；(3) 不属于“二次委派”；2. 在购销活动中，如购入方行为人的回扣、手续费实际上来源于虚增标的金额，或卖出方行为人的回扣、手续费实际上来源于降低标的金额，因该款实质上属于本单位的额外支出或应得利益，实际侵犯本单位应得利益，是变相贪污。本案属于此种情形。

(51)**《张珍贵、黄文章职务侵占案》，载《刑事审判参考》2003年第6辑总第35辑，第55～63页。**

核心提示➡受委托管理经营国有财产人员的认定；贪污与职务侵占罪的利用职务便利的差别

(52)**《彭国军贪污、挪用公款案》，载《刑事审判参考》2003年第2辑总第31辑，第57～64页。**

核心提示➡如何认定以挪用公款手段实施的贪污犯罪兼谈“将账作平”的证明价值

要旨➡一、二者区别在于主观上是否以非法占有为目的，客观上是否实施了侵吞公款

的行为；首先，采取弄虚作假，使账目上难以发现。但注意，不能仅以账未作平作为不定贪污的理由，只要达到难以发现即可；其次，销毁有关账目；最后，截取收入不入账。其次，案发前归还，一般认为主观上有归还公款意愿，没有非法占有目的；一般应具有主动性、自觉性特征；为掩盖犯罪而归还，不能认定无非法占有故意，但是已归还部分不应再计算为侵吞公款的数额；本案被告采取了欺骗手段弄虚作假，或者截留公款不入账的手段，应认定为贪污；对于挪用后没有掩饰、隐匿行为，也未在有关账目上做假，只是其负责款项发生短款，虽认定贪污证据不足，可定挪用；最后，携带公款逃跑，定贪污无异议，对未携带的款，不一定转化贪污，但有能力还而不还或藏匿该款项，则应定贪污。

53 《王一兵贪污案》，载《经济犯罪审判指导与参考》2003 年第 4 辑。

核心提示 ➡ 利用企业改制侵吞公共财物构成贪污罪

54 《石镜寰贪污案》，载《经济犯罪审判指导与参考》2003 年第 3 辑总第 3 辑，第 43 页。

55 《严先贪污案》，载《经济犯罪审判指导与参考》第 73 页。

核心提示 ➡ 如何正确认定"受委派从事公务"？

56 《窦沛颖、冼晓玲贪污案》，载《经济犯罪审判指导与参考》2003 年第 2 辑总第 2 辑，第 81 页。

要旨 ➡ 国家工作人员利用职务便利将个人亏损转嫁给本单位的行为构成贪污罪。

57 《司箐华职务侵占案》，载《经济犯罪审判指导与参考》第 79 页。

要旨 ➡ 劳务人员不能成为贪污罪主体。

58 《略论贪污罪与近似职务犯罪的界限》，载《刑事审判要览》2003 年第 6 辑总第 6 辑，第 145～158 页。

要旨 ➡ 1. 为亲友非法牟利罪与贪污罪的界限；2. 国有公司、企业人员滥用职权罪与贪污罪的界限；3. 私分国有资产罪与贪污罪的界限。

59 《刑法中的注意规定与法律拟制及其运用分析》，载《刑事司法指南》2003 年第 3 辑总第 15 辑，第 70～108 页。

要旨 ➡ 争议条文的分析。第 382 条第 2 款，最高人民法院 2000 年 2 月 13 日《关于对受委托管理、经营国有财产人员挪用国有资金行为如何定罪问题的批复》（以下简称《批复》），该《批复》认为刑法第 382 条第 2 款属于法律拟制，由于第 384 条没有类似和拟制规定，所以对上述挪用国有资金的行为，以挪用资金罪论处。本文初步认为，《刑法》第 382 条第 2 款属于注意规定。

第 382 条第 3 款，新《刑法》只是保留了贪污罪的共犯规定，而删除了关于受贿罪共犯的表述。于是有人认为，"修订后的刑法已取消内外勾结的受贿罪共犯，修订后的刑法施行后，对非国家工作人员勾结国家工作人员，伙同受贿的，不能以受贿罪共犯追究其刑事责任。"这种观点在司法实践中造成的消极后果已经发展到了令人惊讶的严重程度，正本清源实属当务之急。不难发现，此处的关键在于如何理解《刑法》第 382 条第 3 款的性质，即澄清该款属注意规定还是法律拟制。

本文以为，《刑法》第382条第3款属于注意规定，而非法律拟制。为什么新刑法在贪污罪中保留注意规定，而删除受贿罪中的注意规定？对此不难解释。因为贪污罪包含了利用职务之便的盗窃、骗取、侵占等行为，而一般主体与国家工作人员相勾结、伙同贪污时，一般主体的行为也符合盗窃罪、诈骗罪、侵占罪的构成要件；《刑法》第382条第3款的注意规定，是为了防止司法机关将贪污共犯认定为盗窃、诈骗、侵占等罪。刑法就受贿罪取消注意规定，是因为基本上不存在将受贿共犯认定为其他犯罪的问题；刑法对其他特殊主体的犯罪没有设置类似的注意规定，是因为基本上不存在将受贿共犯认定为其他犯罪的问题；刑法对其他特殊主体的犯罪没有设置类似的注意规定，也是因为基本上不存在类似问题，因而没有提醒的必要。刑法具有简短的价值，没有必要、也不可能、更不应当随处设立注意规定，只有在立法者担心司法机关可能存在误解或者容易疏忽的情况下，才作出注意规定。由于教唆或者帮助受贿的行为不可能构成其他犯罪，不会引起误会，故立法者删除了原有的注意规定。

其实，"利用职务上的便利"不仅在不同犯罪中具有不同的含义，而且针对同一犯罪的不同行为方式具有不同要求。以贪污为例，如果以诈骗方式非法占有公共财物，那么，由于公共财物原本由他人占有，所以国家工作人员的骗取行为本身必须利用职务上的便利；但是，如果以侵吞（侵占）方式非法占有公共财物，那么，由于公共财物原本已由国家工作人员占有，所以，利用职务上的便利只是意味着，国家工作人员基于职权或者职务行为占有了公共财物，然后将公共财物的合法占有转变为不法占有。

(60)《于继红贪污案》，载《刑事审判参考》2002年第6辑第总29辑，第43~50页。

核心提示➡不动产能否成为贪污罪的犯罪对象？

(61)《王昭文贪污、诈骗、私藏枪支、弹药、脱逃案 中华人民共和国最高人民法院 刑事判决书》〔2001〕刑复字第188号，载《刑事审判参考》2002年第6辑第总29辑，第223~228页。

要旨➡贪污赃款全部追回，未给国家利益造成重大损失，可判处死缓。

王昭文单独和他人共同贪污公款共计人民币1100余万元。案发后，赃款和用赃款购买的房屋全部被追缴。本院认为，贪污数额特别巨大，情节特别严重，论罪应当判处死刑，鉴于本案赃款全部追回，未给国家利益造成重大损失，对其判处死刑，可不立即执行。

(62)《左佳等受贿、贪污、挪用公款案》，载《刑事审判参考》2002年第4辑总第27辑，第54~66页。

核心提示➡单位领导研究决定收受回扣款、并为少数领导私分行为的定性

要旨➡1. 名为单位，实为个人，应以个人受贿定；2. 1997年刑法之前的行为，应以商业受贿定罪处罚。

(63)《准确理解和适用刑事法律惩治贪污贿赂和渎职犯罪》——全国法院审理经济犯罪案件工作座谈会讨论办理贪污贿赂和渎职刑事案件适用法律问题意见综述，载《刑事审判参考》2002年第4辑总第27辑，第211~227页。

要旨➡受委托管理、经营国有财产的人员只能成为贪污罪的主体，不能成为受贿、挪用公款等犯罪的主体。

贪污犯罪有关法律适用问题：

1. 关于贪污罪既遂与未遂标准的问题。2. 关于与国家工作人员勾结，共同侵吞单位财物行为的定性；难以区分主从的情况处理。3. 关于共同贪污案件中个人贪污数额的认定问题。

64《梁某挪用公款、张某挪用公款、盗窃案》，载《刑事审判参考》2002年第4辑总第27辑，第47～53页。

核心提示➡如何通过客观行为判断非法占有目的，兼谈如何通过平账来分析是构成贪污还是挪用公款？

要旨➡挪用的公款大部分用于经营，不还是因为亏损，作为财会人员，3年让账目与资金的缺口一直敞着，说明其无据为己有的故意。当然，是否平账只是判断构成贪污罪还是挪用公款罪的一般标准，而不是唯一标准。例如，行为人挪用公款后为应付检查而暂时平账，不能因其暂时平账改变挪用公款的定性；又如行为人直接侵吞公款并挥霍殆尽，即使未平账也应认定其构成贪污罪。因此，对行为人行为的定性的关键还在于看其主观上是具有非法占有还是非法使用的故意。

65《贪污罪若干问题研究》，载《刑事司法指南》2002年第4辑总第12辑，第1～34页。

要旨➡1. 刑法规定了构成要件不同的贪污罪；2. 刑法第382条第2款的理解和适用；3. 如何理解贪污罪中的"利用职务上的便利"；4. 国家工作人员非法占有单位管理、使用、运输中的私人财物行为的定性。

66《贪污罪的证明方法》，载《刑事司法指南》2002年第4辑总第12辑，第44～58页。

要旨➡贪污礼物犯罪的证明方法：1. 贪污礼物犯罪与普通贪污犯罪的区别；2. 贪污礼物犯罪的证明方法。

67《将贪污的赃款使用辩解成"用于公务开支"应如何处理——"问题征答"来稿选登》，载《刑事司法指南》2002年第4辑总第12辑，第108页。

68《刑法适用疑难争议问题两人谈》，载《刑事司法指南》2002年第2辑总第10辑，第50～131页。

要旨➡贪污罪疑难争议问题

69《刑事法理论在司法实务中的运用》，载《华东刑事司法评论》2002年第1卷，第133～174页。

核心提示➡贪污既遂后将赃款用于"公务"、"业务活动"应如何处理？

70《宾四春、郭利、戴自立贪污案》，载《刑事审判参考》2001年第10辑总第21辑，第35～40页。

核心提示➡如何认定村民委员会等村基层组织成员为依照法律从事公务的人员？

要旨➡村民委员会等村基层组织成员利用职务上的便利非法占有的财物既包括国有财产也包括村集体所有财产时，应分别定贪污与职务侵占。

71《刘忠伟私分国有资产案》，载《刑事审判参考》2001年第8辑总第19辑，第

53~61 页。

核心提示 ➡ 集体私分国有资产行为与共同贪污行为如何区分？只分给单位中的部分人员能否视为私分国有资产？

72《徐华、罗永德贪污案》，载《刑事审判参考》2001 年第 8 辑总第 19 辑，第 46~52 页。

核心提示 ➡ 在国有企业改制中隐瞒资产真实情况造成巨额国有资产损失的行为如何处理？

73《陆建中被控贪污案》，载《刑事审判参考》2001 年第 1 辑总第 12 辑，第 17~21 页。

要旨 ➡ 律师事务所主任将名为国有实为个体的律师事务所的财产据为己有不构成贪污罪。

74《李平贪污、挪用公款案》，载《刑事审判参考》2000 年第 6 辑总第 11 辑，第 26~35 页以及《刑事审判案例》，第 142~148 页。

核心提示 ➡ 贪污罪和挪用公款罪的区别；对贪污、挪用犯罪行为直接造成的财产损失不能提起附带民事诉讼

75《肖元华贪污、挪用公款案》，载《刑事审判参考》2000 年第 3 辑总第 8 辑，第 41~46 页以及《刑事审判案例》，第 585~588 页。

核心提示 ➡ 定额承包者占有或支配本人上缴定额利润后营利部分是否构成贪污罪？

76《陈超龙挪用公款案》，载《刑事审判参考》2000 年第 2 辑总第 7 辑，第 49~54 页以及《刑事审判案例》，第 589~592 页。

核心提示 ➡ 以假贷款合同将账作平掩盖挪用公款的行为如何定罪，兼谈挪用公款罪与贪污罪如何区分？

77《高金有盗窃案》，载《刑事审判参考》2000 年第 2 辑总第 7 辑，第 30~36 页以及《刑事审判案例》，第 437~441 页。

核心提示 ➡ 外部人员与银行工作人员勾结窃取银行现金的行为如何定性？

要旨 ➡ 并未完全以他人的职便实施全部犯罪，不能仅以行为人利用职便为实施犯罪作了必要准备这一部分行为定性。

78《指控贪污罪的最低证据标准》，载《刑事司法指南》2000 年第 2 辑总第 2 辑，第 115~121 页。

79《张德元受贿案》，载《刑事审判参考合订本·第一卷》，第 186~190 页。

核心提示 ➡ 如何把握"情节特别严重"？

80《苟兴良等贪污、受贿案》，载《刑事审判参考合订本·第一卷》，第 170~175 页。

要旨 ➡ 具有两种不同特定身份的人共同实施侵吞企业财产、收受财物的行为应依其特定的身份分别定罪处罚。

㉛《陈贵杰等贪污案》，载《刑事审判参考合订本·第一卷》，第 165～169 页。
核心提示 ➡ 银行临时工与外部人员勾结监守自盗应如何定罪？

㉜《高玉林等 5 人贪污案》，载《最高人民法院判例释解·刑事卷》，第 59 页。
核心提示 ➡ 贪污"乱收费"所得的费用是属于公款还是私款？及以不同名义为他人解决招生问题而收款导致定性的不同

㉝《周宏贪污案》，载《最高人民法院判例释解·刑事卷》，第 362 页。
核心提示 ➡ 停薪留职期间是否具有国家工作人员身份，受托公款私存并将存折交给单位后又到银行以挂失名义将钱取走是贪污还是盗窃？

第 383 条　贪污罪的量刑

对犯贪污罪的，根据情节轻重，分别依照下列规定处罚：

（一）个人贪污数额在十万元以上的，处十年以上有期徒刑或者无期徒刑，可以并处没收财产；情节特别严重的，处死刑，并处没收财产。

（二）个人贪污数额在五万元以上不满十万元的，处五年以上有期徒刑，可以并处没收财产；情节特别严重的，处无期徒刑，并处没收财产。

（三）个人贪污数额在五千元以上不满五万元的，处一年以上七年以下有期徒刑；情节严重的，处七年以上十年以下有期徒刑。个人贪污数额在五千元以上不满一万元，犯罪后有悔改表现、积极退赃的，可以减轻处罚或者免予刑事处罚，由其所在单位或者上级主管机关给予行政处分。

（四）个人贪污数额不满五千元，情节较重的，处二年以下有期徒刑或者拘役；情节较轻的，由其所在单位或者上级主管机关酌情给予行政处分。

对多次贪污未经处理的，按照累计贪污数额处罚。

关　联　规　范 ➡ **完全整理**

❶《中华人民共和国刑法》（1980 年 1 月 1 日）第 183 条　职务侵占罪　贪污罪

保险公司的工作人员利用职务上的便利，故意编造未曾发生的保险事故进行虚假理赔，骗取保险金归自己所有的，依照本法第二百七十一条的规定定罪处罚。

国有保险公司工作人员和国有保险公司委派到非国有保险公司从事公务的人员有前款行为的，依照本法第三百八十二条、第三百八十三条的规定定罪处罚。

❷《中华人民共和国刑法》（1980 年 1 月 1 日）第 271 条　职务侵占罪

公司、企业或者其他单位的人员，利用职务上的便利，将本单位财物非法占为己有，数额较大的，处五年以下有期徒刑或者拘役；数额巨大的，处五年以上有期徒刑，可以并处没收财产。

国有公司、企业或者其他国有单位中从事公务的人员和国有公司、企业或者其他国有单位委派到非国有公司、企业以及其他单位从事公务的人员有前款行为的，依照本法第三百八十二条、第三百八十三条的规定定罪处罚。

❸《中华人民共和国刑法》（1980年1月1日）第287条 以计算机为工具的犯罪

利用计算机实施金融诈骗、盗窃、贪污、挪用公款、窃取国家秘密或者其他犯罪的，依照本法有关规定定罪处罚。

❹《中华人民共和国刑法》（1980年1月1日）第386条 受贿罪

对犯受贿罪的，根据受贿所得数额及情节，依照本法第三百八十三条的规定处罚。索贿的从重处罚。

❺《中华人民共和国刑法》（1980年1月1日）第394条 贪污罪

国家工作人员在国内公务活动或者对外交往中接受礼物，依照国家规定应当交公而不交公，数额较大的，依照本法第三百八十二条、第三百八十三条的规定定罪处罚。

❻最高人民法院、最高人民检察院《关于办理国家出资企业中职务犯罪案件具体应用法律若干问题的意见》（2010年12月2日　法发〔2010〕49号）（节录）①

一、关于国家出资企业工作人员在改制过程中隐匿公司、企业财产归个人持股的改制后公司、企业所有行为的处理

国家工作人员或者受国家机关、国有公司、企业、事业单位、人民团体委托管理、经营国有财产的人员利用职务上的便利，在国家出资企业改制过程中故意通过低估资产、隐瞒债权、虚设债务、虚构产权交易等方式隐匿公司、企业财产，转为本人持有股份的改制后公司、企业所有，应当依法追究刑事责任的，依照刑法第三百八十二条、第三百八十三条的规定，以贪污罪定罪处罚。贪污数额一般应当以所隐匿财产全额计算；改制后公司、企业仍有国有股份的，按股份比例扣除归于国有的部分。

所隐匿财产在改制过程中已为行为人实际控制，或者国家出资企业改制已经完成的，以犯罪既遂处理。

第一款规定以外的人员实施该款行为的，依照刑法第二百七十一条的规定，以职务侵占罪定罪处罚；第一款规定以外的人员与第一款规定的人员共同实施该款行为的，以贪污罪的共犯论处。

在企业改制过程中未采取低估资产、隐瞒债权、虚设债务、虚构产权交易等方式故意隐匿公司、企业财产的，一般不应当认定为贪污；造成国有资产重大损失，依法构成刑法第一百六十八条或者第一百六十九条规定的犯罪的，依照该规定定罪处罚。

四、关于国家工作人员在企业改制过程中的渎职行为的处理

国家出资企业中的国家工作人员在公司、企业改制或者国有资产处置过程中严重不负责任或者滥用职权，致使国家利益遭受重大损失的，依照刑法第一百六十八条的规定，以国有公司、企业人员失职罪或者国有公司、企业人员滥用职权罪定罪处罚。

国家出资企业中的国家工作人员在公司、企业改制或者国有资产处置过程中徇私舞弊，将国有资产低价折股或者低价出售给其本人未持有股份的公司、企业或者其他个人，致使

---

① 对其解读见：《刑事审判参考》2010年第6辑总第77辑，第112~142页。

国家利益遭受重大损失的，依照刑法第一百六十九条的规定，以徇私舞弊低价折股、出售国有资产罪定罪处罚。

国家出资企业中的国家工作人员在公司、企业改制或者国有资产处置过程中徇私舞弊，将国有资产低价折股或者低价出售给特定关系人持有股份或者本人实际控制的公司、企业，致使国家利益遭受重大损失的，依照刑法第三百八十二条、第三百八十三条的规定，以贪污罪定罪处罚。贪污数额以国有资产的损失数额计算。

国家出资企业中的国家工作人员因实施第一款、第二款行为收受贿赂，同时又构成刑法第三百八十五条规定之罪的，依照处罚较重的规定定罪处罚。

五、关于改制前后主体身份发生变化的犯罪的处理公司、国有独资企业，以及国有资本控股公司、国有资本参股公司。

是否属于国家出资企业不清楚的，应遵循"谁投资、谁拥有产权"的原则进行界定。企业注册登记中的资金来源与实际出资不符的，应根据实际出资情况确定企业的性质。企业实际出资情况不清楚的，可以综合工商注册、分配形式、经营管理等因素确定企业的性质。

八、关于宽严相济刑事政策的具体贯彻

办理国家出资企业中的职务犯罪案件时，要综合考虑历史条件、企业发展、职工就业、社会稳定等因素，注意具体情况具体分析，严格把握犯罪与一般违规行为的区分界限。对于主观恶意明显、社会危害严重、群众反映强烈的严重犯罪，要坚决依法从严惩处；对于特定历史条件下、为了顺利完成企业改制而实施的违反国家政策法律规定的行为，行为人无主观恶意或者主观恶意不明显，情节较轻，危害不大的，可以不作为犯罪处理。

对于国家出资企业中的职务犯罪，要加大经济上的惩罚力度，充分重视财产刑的适用和执行，最大限度地挽回国家和人民利益遭受的损失。不能退赃的，在决定刑罚时，应当作为重要情节予以考虑。

7《全国法院审理经济犯罪案件工作座谈会纪要》（2003年11月13日 法〔2003〕167号）（节录）①

二、关于贪污罪（四）共同贪污犯罪中"个人贪污数额"的认定

刑法第三百八十三条第一款规定的"个人贪污数额"，在共同贪污犯罪案件中应理解为个人所参与或者组织、指挥共同贪污的数额，不能只按个人实际分得的赃款数额来认定。对共同贪污犯罪中的从犯，应当按照其所参与的共同贪污的数额确定量刑幅度，并依照刑法第二十七条第二款的规定，从轻、减轻处罚或者免除处罚。

第384条 挪用公款罪

国家工作人员利用职务上的便利，挪用公款归个人使用，进行非法活动的，或者挪用公款数额较大、进行营利活动的，或者挪用公款数额较大、超过三个月未还的，是挪用公款罪，处五年以下有期徒刑或者拘役；情节严重的，

---

① 对其解读见：《刑事审判参考》2004年第4辑总第39辑，第178~199页。

处五年以上有期徒刑。挪用公款数额巨大不退还的，处十年以上有期徒刑或者无期徒刑。

挪用用于救灾、抢险、防汛、优抚、扶贫、移民、救济款物归个人使用的，从重处罚。

关　联　规　范　➡ 完全整理

❶《中华人民共和国刑法》（1980 年 1 月 1 日）第 185 条　挪用资金罪、挪用公款罪

商业银行、证券交易所、期货交易所、证券公司、期货经纪公司、保险公司或者其他金融机构的工作人员利用职务上的便利，挪用本单位或者客户资金的，依照本法第二百七十二条的规定定罪处罚。

国有商业银行、证券交易所、期货交易所、证券公司、期货经纪公司、保险公司或者其他国有金融机构的工作人员和国有商业银行、证券交易所、期货交易所、证券公司、期货经纪公司、保险公司或者其他国有金融机构委派到前款规定中的非国有机构从事公务的人员有前款行为的，依照本法第三百八十四条的规定定罪处罚。

❷《中华人民共和国刑法》（1980 年 1 月 1 日）第 272 条　挪用资金罪

公司、企业或者其他单位的工作人员，利用职务上的便利，挪用本单位资金归个人使用或者借贷给他人，数额较大、超过三个月未还的，或者虽未超过三个月，但数额较大、进行营利活动的，或者进行非法活动的，处三年以下有期徒刑或者拘役；挪用本单位资金数额巨大的，或者数额较大不退还的，处三年以上十年以下有期徒刑。

国有公司、企业或者其他国有单位中从事公务的人员和国有公司、企业或者其他国有单位委派到非国有公司、企业以及其他单位从事公务的人员有前款行为的，依照本法第三百八十四条的规定定罪处罚。

❸《中华人民共和国刑法》（1980 年 1 月 1 日）第 287 条　以计算机为工具的犯罪

利用计算机实施金融诈骗、盗窃、贪污、挪用公款、窃取国家秘密或者其他犯罪的，依照本法有关规定定罪处罚。

❹ 全国人大常委会《关于刑法第三百八十四条第一款的解释》（2002 年 4 月 28）（节录）①

有下列情形之一的，属于挪用公款"归个人使用"：（一）将公款供本人、亲友或者其他自然人使用的；（二）以个人名义将公款供其他单位使用的；（三）个人决定以单位名义将公款供其他单位使用，谋取个人利益的。

❺ 全国人大常委会《关于〈中华人民共和国刑法〉第九十三条第二款的解释》

---

① 对其解读见：《刑事审判参考》2002 年第 3 辑总第 26 辑，第 93，155～161 页。2002 年第 4 辑总第 27 辑，第 171～176 页；《全国人大常委会关于"黑社会性质的组织"和"挪用公款归个人使用"的立法解释简介》，载《刑事司法指南》2002 年第 2 辑总第 10 辑，第 155 页。

(2000年4月29日)①

村民委员会等村基层组织人员协助人民政府从事下列行政管理工作，属于刑法第九十三条第二款规定的"其他依照法律从事公务的人员"：(一)救灾、抢险、防汛、优抚、扶贫、移民、救济款物的管理；(二)社会捐助公益事业款物的管理；(三)国有土地的经营和管理；(四)土地征用补偿费用的管理；(五)代征、代缴税款；(六)有关计划生育、户籍、征兵工作；(七)协助人民政府从事的其他行政管理工作。

村民委员会等村基层组织人员从事前款规定的公务，利用职务上的便利，非法占有公共财物、挪用公款、索取他人财物或者非法收受他人财物，构成犯罪的，适用刑法第三百八十二条和第三百八十三条贪污罪、第三百八十四条挪用公款罪、第三百八十五条和第三百八十六条受贿罪的规定。

❻ 最高人民法院、最高人民检察院《关于办理国家出资企业中职务犯罪案件具体应用法律若干问题的意见》(2010年12月2日　法发〔2010〕49号)（节录）②

三、关于国家出资企业工作人员使用改制公司、企业的资金担保个人贷款，用于购买改制公司、企业股份的行为的处理

国家出资企业的工作人员在公司、企业改制过程中为购买公司、企业股份，利用职务上的便利，将公司、企业的资金或者金融凭证、有价证券等用于个人贷款担保的，依照刑法第二百七十二条或者第三百八十四条的规定，以挪用资金罪或者挪用公款罪定罪处罚。

行为人在改制前的国家出资企业持有股份的，不影响挪用数额的认定，但量刑时应当酌情考虑。

有关主管部门批准或者按照有关政策规定，国家出资企业的工作人员为购买改制公司、企业股份实施前款行为的，可以视具体情况不作为犯罪处理。

五、关于改制前后主体身份发生变化的犯罪的处理公司、国有独资企业，以及国有资本控股公司、国有资本参股公司。

是否属于国家出资企业不清楚的，应遵循"谁投资、谁拥有产权"的原则进行界定。企业注册登记中的资金来源与实际出资不符的，应根据实际出资情况确定企业的性质。企业实际出资情况不清楚的，可以综合工商注册、分配形式、经营管理等因素确定企业的性质。

八、关于宽严相济刑事政策的具体贯彻

办理国家出资企业中的职务犯罪案件时，要综合考虑历史条件、企业发展、职工就业、社会稳定等因素，注意具体情况具体分析，严格把握犯罪与一般违规行为的区分界限。对于主观恶意明显、社会危害严重、群众反映强烈的严重犯罪，要坚决依法从严惩处；对于特定历史条件下、为了顺利完成企业改制而实施的违反国家政策法律规定的行为，行为人无主观恶意或者主观恶意不明显，情节较轻，危害不大的，可以不作为犯罪处理。

对于国家出资企业中的职务犯罪，要加大经济上的惩罚力度，充分重视财产刑的适用和执行，最大限度地挽回国家和人民利益遭受的损失。不能退赃的，在决定刑罚时，应当

---

① 对其解读见：《刑事审判参考》2000年第4辑总第9辑，第80页。
② 对其解读见：《刑事审判参考》2010年第6辑总第77辑，第112～142页。

作为重要情节予以考虑。

❼ 最高人民法院《关于被告人王文光、郭旭辉挪用公款一案请示的批复》（2008 年 12 月 1 日 〔2008〕刑他字第 52 号）

河北省高级人民法院：你院《关于被告人王文光、郭旭辉挪用公款一案的请示报告》收悉。经研究，答复如下：

一、关于被告人王文光的身份问题

在国有控股和参股企业中，国家出资企业有权力和义务任免或建议任免有关人员的职务，以实现对国有资产的管理。此类人员虽然任免形式不尽一致，但均应认为系受国有单位委派在前述企业中从事公务的人员。

被告人王文光任中国银行任丘支行行长一职，系由中国银行沧州分行党委研究并报请中国银行河北省分行党委同意，由中国银行沧州分行党委决定聘任。被告人王文光任职的性质是受委派从事公务。

二、关于涉案资金的追缴问题

参照最高人民法院 1996 年 12 月 16 日印发的《关于审理诈骗案件具体应用法律的若干问题的解释》第十一条的规定，有关单位占用本案中挪用的公款，如认定为善意占有，则不能追缴。但是，前述司法解释已失去效力。同时，上述规定对取得的情形未予必要区分亦值得研究。构成善意取得的条件之一是有偿取得，而有偿取得又分为完全发生于犯罪后的（包括支付资金购得赃物，或出售物品所得为赃款）和偿付行为发生于犯罪之前的（如犯罪人以犯罪所得偿付犯罪前所负债务）。对后种有偿取得认定为善意占有，事实上会导致不平等现象发生，即以犯罪受害方承受损失为代价去维护债权人原本不能经正常途径实现的债权。因此，对本案涉案资金是否追缴，请你们会同有关方面商议后作出合理的决定。此复

二〇〇八年十二月一日

❽ 最高人民法院、最高人民检察院、公安部《关于开展集中打击赌博违法犯罪活动专项行动有关工作的通知》（2005 年 1 月 10 日 公通字〔2005〕2 号）

对实施贪污、挪用公款、职务侵占、挪用单位资金、挪用特定款物、受贿等犯罪，并将犯罪所得的款物用于赌博的，分别依照刑法有关规定从重处罚；同时构成赌博罪的，应依照刑法规定实行数罪并罚。

❾ 最高人民法院研究室《关于对行为人通过伪造国家机关公文、证件担任国家工作人员职务并利用职务上的便利侵占本单位财物、收受贿赂、挪用本单位资金等行为如何适用法律问题的答复》（2004 年 3 月 30 日 法研〔2004〕38 号）①

经研究，答复如下：行为人通过伪造国家机关公文、证件担任国家工作人员职务以后，又利用职务上的便利实施侵占本单位财物、收受贿赂、挪用本单位资金等行为，构成犯罪的，应当分别以伪造国家机关公文、证件罪和相应的贪污罪、受贿罪、挪用公款罪等追究刑事责任，实行数罪并罚。

---

① 对其解读见：《解读最高人民法院司法解释（2004 年卷）》，第 289～291 页。

❿《全国法院审理经济犯罪案件工作座谈会纪要》（2003年11月13日 法〔2003〕167号）（节录）①

四、关于挪用公款罪

（一）单位决定将公款给个人使用行为的认定

经单位领导集体研究决定将公款给个人使用，或者单位负责人为了单位的利益，决定将公款给个人使用的，不以挪用公款罪定罪处罚。上述行为致使单位遭受重大损失，构成其他犯罪的，依照刑法的有关规定对责任人员定罪处罚。

（二）挪用公款供其他单位使用行为的认定

根据全国人大常委会《关于〈中华人民共和国刑法〉第三百八十四条第一款的解释》的规定，"以个人名义将公款供其他单位使用的"、"个人决定以单位名义将公款供其他单位使用谋取个人利益的"，属于挪用公款"归个人使用"、在司法实践中，对于将公款供其他单位使用的，认定是否属于"以个人名义"，不能只看形式，要从实质上把握。对于行为人逃避财务监管，或者与使用人约定以个人名义进行，或者借款、还款都以个人名义进行，将公款给其他单位使用的，应认定为"以个人名义"。"个人决定"既包括行为人在职权范围内决定，也包括超越职权范围决定。"谋取个人利益"，既包括行为人与使用人事先约定谋取个人利益实际尚未获取的情况，也包括虽未事先约定但实际已获取了个人利益的情况。其中的"个人利益"，既包括不正当利益，也包括正当利益；既包括财产性利益，也包括非财产性利益，但这种非财产性利益应当是具体的实际利益，如升学、就业等；

（三）国有单位领导向其主管的具有法人资格的下级单位借公款归个人使用的认定

国有单位领导利用职务上的便利指令具有法人资格的下级单位将公款供个人使用的，属于挪用公款行为，构成犯罪的，应以挪用公款罪定罪处罚。

（四）挪用有价证券、金融凭证用于质押行为性质的认定

挪用金融凭证、有价证券用于质押，使公款处于风险之中，与挪用公款为他人提供担保没有实质的区别，符合刑法关于挪用公款罪规定的，以挪用公款罪定罪处罚。挪用公款数额以实际或者可能承担的风险数额认定。

（五）挪用公款归还个人欠款行为性质的认定

挪用公款归还个人欠款的，应当根据产生欠款的原因分别认定属于挪用公款的何种情形。归还个人进行非法活动或者进行营利活动产生的欠款，应当认定为挪用公款进行非法活动或者进行营利活动。

（六）挪用公款用于注册公司、企业行为性质的认定

申报注册资本是为进行生产经营活动作准备，属于成立公司、企业进行营利活动的组成部分。因此，挪用公款归个人用于公司、企业注册资本验资证明的，应当认定为挪用公款进行营利活动。

（七）挪用公款后尚未投入实际使用的行为性质的认定

挪用公款后尚未投入实际使用的，只要同时具备"数额较大"和"超过三个月未还"的构成要件，应当认定为挪用公款罪，但可以酌情从轻处罚。

---

① 对其解读见：《刑事审判参考》2004年第4辑总第39辑，第178~199页。

（八）挪用公款转化为贪污的认定

挪用公款罪与贪污罪的主要区别在于行为人主观上是否具有非法占有公款的目的；挪用公款是否转化为贪污，应当按照主客观相一致的原则，具体判断和认定行为人主观上是否具有非法占有公款的目的。在司法实践中，具有以下情形之一的，可以认定行为人具有非法占有公款的目的：

1. 根据《最高人民法院关于审理挪用公款案件具体应用法律若干问题的解释》第六条的规定，行为人"携带挪用的公款潜逃的"，对其携带挪用的公款部分，以贪污罪定罪处罚。

2. 行为人挪用公款后采取虚假发票平账、销毁有关账目等手段，使所挪用的公款已难以在单位财务账目上反映出来，且没有归还行为的，应当以贪污罪定罪处罚。

3. 行为人截取单位收入不入账，非法占有，使所占有的公款难以在单位财务账目上反映出来，且没有归还行为的，应当以贪污罪定罪处罚。

4. 有证据证明行为人有能力归还所挪用的公款而拒不归还，并隐瞒挪用的公款去向的，应当以贪污罪定罪处罚。

⓫ 最高人民法院《关于挪用公款犯罪如何计算追诉期限问题的批复》（2003年9月22日　法释〔2003〕16号）①

根据刑法第八十九条、第三百八十四条的规定，挪用公款归个人使用，进行非法活动的，或者挪用公款数额较大、进行营利活动的，犯罪的追诉期限从挪用行为实施完毕之日起计算；挪用公款数额较大、超过三个月未还的，犯罪的追诉期限从挪用公款罪成立之日起计算。挪用公款行为有连续状态的，犯罪的追诉期限应当从最后一次挪用行为实施完毕之日或者犯罪成立之日起计算。

⓬ 最高人民法院、最高人民检察院《关于办理妨害预防、控制突发传染病疫情等灾害的刑事案件具体应用法律若干问题的解释》（2003年5月15日　法释〔2003〕8号）（节录）②

第十四条　贪污、侵占用于预防、控制突发传染病疫情等灾害的款物或者挪用归个人使用，构成犯罪的，分别依照刑法第三百八十二条、第三百八十三条、第二百七十一条、第三百八十四条、第二百七十二条的规定，以贪污罪、侵占罪、挪用公款罪、挪用资金罪定罪，依法从重处罚。

⓭ 最高人民检察院《关于挪用失业保险基金和下岗职工基本生活保障资金的行为适用法律问题的批复》（2003年1月30日　高检发释字〔2003〕1号）③

挪用失业保险基金和下岗职工基本生活保障资金属于挪用救济款物。挪用失业保险基

---

① 对其解读见：《刑事审判参考》2004年第1辑总第36辑，第124～127页。
② 对其解读见：《刑事审判参考》2003年第3辑总第32辑，第160～164，188～197页以及《"非典"防治时期相关犯罪的司法适用研究》，载《刑事司法指南》2003年第2辑总第14辑，第55～109页。
③ 对其解读见：《刑事审判参考》2003年第1辑总第30辑，第145～146页以及《经济犯罪审判指导》，2003年第2辑总第2辑，第194～200页。

第二编 分则 第八章 贪污贿赂罪

金和下岗职工基本生活保障资金,情节严重,致使国家和人民群众利益遭受重大损害的,对直接责任人员,应当依照刑法第二百七十三条的规定,以挪用特定款物罪追究刑事责任;国家工作人员利用职务上的便利,挪用失业保险基金和下岗职工基本生活保障资金归个人使用,构成犯罪的,应当依照刑法第三百八十四条的规定,以挪用公款罪追究刑事责任。

14 最高人民检察院《关于认真贯彻执行全国人大常委会〈关于刑法第二百九十四条第一款的解释〉和〈关于刑法第三百八十四条第一款的解释〉的通知》(2002年5月13日 高检发研字〔2002〕11号)①

实施《解释》规定的挪用公款"归个人使用"的三种情形之一的,无论使用公款的是个人还是单位以及单位的性质如何,均应认定为挪用公款归个人使用,构成犯罪的,应依法严肃查处。

15 最高人民法院《关于如何认定挪用公款归个人使用有关问题的解释》(2001年10月26日 法释〔2001〕29号)(节录)②

第一条 国家工作人员利用职务上的便利,以个人名义将公款借给其他自然人或者不具有法人资格的私营独资企业、私营合伙企业等使用的,属于挪用公款归个人使用。

第二条 国家工作人员利用职务上的便利,为谋取个人利益,以个人名义将公款借给其他单位使用的,属于挪用公款归个人使用。

第三条 本解释施行后,我院此前发布的司法解释的有关内容与本解释不一致的,不再适用。

16《全国法院审理金融犯罪案件工作座谈会纪要》(2001年1月21日 法〔2001〕8号)(节录)③

二、(二)关于破坏金融管理秩序罪

1. 非金融机构非法从事金融活动案件的处理

1998年7月13日,国务院发布了《非法金融机构和非法金融业务活动取缔办法》。1998年8月11日,国务院办公厅转发了中国人民银行关于整顿乱集资、乱批设金融机构和乱办金融业务实施方案,对整顿金融"三乱"工作的政策措施等问题做出了规定。各地根据整顿金融"三乱"工作实施方案的规定,对于未经中国人民银行批准,但是根据地方政府或有关部门文件设立并从事或变相从事金融业务的各类基金会、互助会、储金会等机构和组织,由各地人民政府和各有关部门限期进行清理整顿。超过实施方案规定期限继续从事非法金融业务活动的,依法予以取缔;情节严重、构成犯罪的,依法追究刑事责任。因此,上述非法从事金融活动的机构和组织只要在实施方案规定期限之前停止非法金融业务活动的,对有关单位和责任人员,不应以擅自设立金融机构罪处理;对其以前从事的非法金融活动,一般也不作犯罪处理;这些机构和组织的人员利用职务实施的个人犯罪,如贪污罪、职务侵占罪、挪用公款罪、挪用资金罪等,应当根据具体案情分别依法定罪处罚。

---

① 对其解读见:《解读最高人民检察院司法解释》,第254~260页。
② 对其解读见:《刑事审判参考》2002年第1辑总第24辑,第189~193页。
③ 对其解读见:《刑事审判参考》2001年第4辑总第15辑,第63~76页。

3. 用账外客户资金非法拆借、发放贷款行为的认定和处罚。

银行或者其他金融机构及其工作人员以牟利为目的，采取吸收客户资金不入账的方式，将客户资金用于非法拆借、发放贷款，造成重大损失的，构成用账外客户资金非法拆借、发放贷款罪。以牟利为目的，是指金融机构及其工作人员为本单位或者个人牟利，不具有这种目的，不构成该罪。这里的"牟利"，一般是指谋取用账外客户资金非法拆借、发放贷款所产生的非法收益，如利息、差价等。对于用款人为取得贷款而支付的回扣、手续费等，应根据具体情况分别处理：银行或者其他金融机构用账外客户资金非法拆借、发放贷款，收取的回扣、手续费等，应认定为"牟利"；银行或者其他金融机构的工作人员利用职务上的便利，用账外客户资金非法拆借、发放贷款，收取回扣、手续费等，数额较小的，以"牟利"论处；银行或者其他金融机构的工作人员将用款人支付给单位的回扣、手续费秘密占为己有，数额较大的，以贪污罪定罪处罚；银行或者其他金融机构的工作人员利用职务便利，用账外客户资金非法拆借、发放贷款，索取用款人的财物，或者非法收受其他财物，或者收取回扣、手续费等，数额较大的，以受贿罪定罪处罚。吸收客户资金不入账，是指不记入金融机构的法定存款账目，以逃避国家金融监管，至于是否记入法定账目以外设立的账目，不影响该罪成立。

审理银行或者其他金融机构及其工作人员用账外客户资金非法拆借、发放贷款案件，要注意将用账外客户资金非法拆借、发放贷款的行为与挪用公款罪和挪用资金罪区别开来。对于利用职务上的便利，挪用已经记入金融机构法定存款账户的客户资金归个人使用的，或者吸收客户资金不入账，却给客户开具银行存单，客户也认为将款已存入银行，该款却被行为人以个人名义借贷给他人的，均应认定为挪用公款罪或者挪用资金罪。

17 最高人民检察院关于贯彻执行《全国人民代表大会常务委员会关于〈中华人民共和国刑法〉第九十三条第二款的解释》的通知（2000年6月5日 高检发研字〔2000〕12号）（节录）①

二、根据《解释》，检察机关对村民委员会等村基层组织人员协助人民政府从事《解释》所规定的行政管理工作中发生的利用职务上的便利，非法占有公共财物、挪用公款、索取他人财物或者非法收受他人财物，构成犯罪的案件，应直接受理，分别适用刑法第三百八十二条、第三百八十三条、第三百八十四条和第三百八十五条、第三百八十六条的规定，以涉嫌贪污罪、挪用公款罪、受贿罪立案侦查。

三、各级检察机关在依法查处村民委员会等村基层组织人员贪污、受贿、挪用公款犯罪案件过程中，要根据《解释》和其他有关法律的规定，严格把握界限，准确认定村民委员会等村基层组织人员的职务活动是否属于协助人民政府从事《解释》所规定的行政管理工作，并正确把握刑法第三百八十二条、第三百八十三条贪污罪、第三百八十四条挪用公款罪和第三百八十五条、第三百八十六条受贿罪的构成要件。对村民委员会等村基层组织人员从事属于村民自治范围的经营、管理活动不能适用《解释》的规定。

---

① 对其解读见：《刑事审判参考》2000年第5辑总第10辑，第64页以及《解读最高人民检察院司法解释》，第24~31页。

⑱ 最高人民检察院《关于国家工作人员挪用非特定公物能否定罪的请示的批复》（2000年3月15日　高检发释字〔2000〕1号）①

你院鲁检发研字〔1999〕第3号《关于国家工作人员挪用非特定公物能否定罪的请示》收悉。经研究认为，刑法第384条规定的挪用公款罪中未包括挪用非特定公物归个人使用的行为，对该行为不以挪用公款罪论处。如构成其他犯罪的，依照刑法的相关规定定罪处罚。

⑲ 最高人民法院《关于对受委托管理、经营国有财产人员挪用国有资金行为如何定罪问题的批复》（2000年2月24日　法释〔2000〕5号）②

对于受国家机关、国有公司、企业、事业单位、人民团体委托，管理、经营国有财产的非国家工作人员，利用职务上的便利，挪用国有资金归个人使用构成犯罪的，应当依照刑法第二百七十二条第一款的规定定罪处罚。

⑳ 最高人民检察院《关于人民检察院直接受理立案侦查案件立案标准的规定（试行）》（1999年9月16日　高检发释字〔1999〕2号）（节录）③

（二）涉嫌下列情形之一的，应予立案：1. 挪用公款归个人使用，数额在5千元至1万元以上，进行非法活动的；2. 挪用公款数额在1万元至3万元以上，归个人进行营利活动的；3. 挪用公款归个人使用，数额在1万元至3万元以上，超过3个月未还的。

各省级人民检察院可以根据本地实际情况，在上述数额幅度内，确定本地区执行的具体数额标准，并报最高人民检察院备案。

"挪用公款归个人使用"，既包括挪用者本人使用，也包括给他人使用。

多次挪用公款不还的，挪用公款数额累计计算；多次挪用公款并以后次挪用的公款归还前次挪用的公款，挪用公款数额以案发时未还的数额认定。

挪用公款给其他个人使用的案件，使用人与挪用人共谋，指使或者参与策划取得挪用款的，对使用人以挪用公款罪的共犯追究刑事责任。

四、附则（四）本规定中有关挪用公款罪案中的"非法活动"，既包括犯罪活动，也包括其他违法活动。

㉑ 最高人民法院《关于审理挪用公款案件具体应用法律若干问题的解释》（1998年5月9日　法释〔1998〕9号）④

第一条　刑法第三百八十四条规定的"挪用公款归个人使用"，包括挪用者本人使用或者给他人使用。

挪用公款给私有公司、私有企业使用的，属于挪用公款归个人使用。

---

① 对其解读见：《刑事审判参考》2000年第5辑总第10辑，第61页以及《解读最高人民检察院司法解释》，第391~392页。
② 对其解读见：2000年第3辑总第8辑，第89页以及《解读最高人民法院司法解释·刑事、行政卷（1997~2002）》，第211~212页。
③ 对其解读见：《解读最高人民检察院司法解释》，第173~235页。
④ 对其解读见：《解读最高人民法院司法解释·刑事、行政卷（1997~2002）》，第318~324页。

第二条 对挪用公款罪，应区分三种不同情况予以认定：

（一）挪用公款归个人使用，数额较大、超过三个月未还的，构成挪用公款罪。

挪用正在生息或者需要支付利息的公款归个人使用，数额较大，超过三个月但在案发前全部归还本金的，可以从轻处罚或者免除处罚。给国家、集体造成的利息损失应予追缴。挪用公款数额巨大，超过三个月，案发前全部归还的，可以酌情从轻处罚。

（二）挪用公款数额较大，归个人进行营利活动的，构成挪用公款罪，不受挪用时间和是否归还的限制。在案发前部分或者全部归还本息的，可以从轻处罚；情节轻微的，可以免除处罚。

挪用公款存入银行、用于集资、购买股票、国债等，属于挪用公款进行营利活动。所获取的利息、收益等违法所得，应当追缴，但不计入挪用公款的数额。

（三）挪用公款归个人使用，进行赌博、走私等非法活动的，构成挪用公款罪，不受"数额较大"和挪用时间的限制。

挪用公款给他人使用，不知道使用人用公款进行营利活动或者用于非法活动，数额较大、超过三个月未还的，构成挪用公款罪；明知使用人用于营利活动或者非法活动的，应当认定为挪用人挪用公款进行营利活动或者非法活动。

第三条 挪用公款归个人使用，"数额较大、进行营利活动的"，或者"数额较大、超过三个月未还的"，以挪用公款一万元至三万元为"数额较大"的起点，以挪用公款十五万元至二十万元为"数额巨大"的起点。挪用公款"情节严重"，是指挪用公款数额巨大，或者数额虽未达到巨大，但挪用公款手段恶劣；多次挪用公款；因挪用公款严重影响生产、经营，造成严重损失等情形。

"挪用公款归个人使用，进行非法活动的"，以挪用公款五千元至一万元为追究刑事责任的数额起点。挪用公款五万元至十万元以上的，属于挪用公款归个人使用，进行非法活动，"情节严重"的情形之一。挪用公款归个人使用，进行非法活动，情节严重的其他情形，按照本条第一款的规定执行。

各高级人民法院可以根据本地实际情况，按本解释规定的数额幅度，确定本地区执行的具体数额标准，并报最高人民法院备案。

挪用救灾、抢险、防汛、优抚、扶贫、移民、救济款物归个人使用的数额标准，参照挪用公款归个人使用进行非法活动的数额标准。

第四条 多次挪用公款不还，挪用公款数额累计计算；多次挪用公款，并以后次挪用的公款归还前次挪用的公款，挪用公款数额以案发时未还的实际数额认定。

第五条 "挪用公款数额巨大不退还的"，是指挪用公款数额巨大，因客观原因在一审宣判前不能退还的。

第六条 携带挪用的公款潜逃的，依照刑法第三百八十二条、第三百八十三条的规定定罪处罚。

第七条 因挪用公款索取、收受贿赂构成犯罪的，依照数罪并罚的规定处罚。

挪用公款进行非法活动构成其他犯罪的，依照数罪并罚的规定处罚。

第八条 挪用公款给他人使用，使用人与挪用人共谋，指使或者参与策划取得挪用款的，以挪用公款罪的共犯定罪处罚。

㉒ 最高人民检察院《关于挪用国库券如何定性问题的批复》（1997年10月13日 高检发释字〔1997〕5号）①

经研究，批复如下：国家工作人员利用职务上的便利，挪用公有或本单位的国库券的行为以挪用公款论；符合刑法第384条、第272条第2款规定的情形构成犯罪的，按挪用公款罪追究刑事责任。

㉓ 江苏省高级人民法院《关于审理职务犯罪案件依法正确适用和执行缓刑的意见》（2010年1月6日　苏高法审委〔2010〕2号）②

㉔ 福建公检法《关于国家工作人员犯罪案件管辖等若干问题的规定（试行）》（2009年6月18日　闽高法〔2009〕227号）

㉕ 福建省公检法、司法厅《关于适用缓刑若干问题的意见（试行）》（2008年9月16日　闽高法〔2008〕278号）（节录）③

（五）贪污罪、受贿罪、挪用公款罪、渎职罪

对贪污贿赂、挪用公款、渎职等职务犯罪，既要依法正确适用缓刑，也必须充分考虑社会效果，正确掌握适用条件，防止适用不当。

挪用公款犯罪具有下列情形之一，符合法律规定缓刑条件的，可以适用缓刑：（1）挪用公款归个人使用，数额较大，超过三个月，在案发前后归还本金，或者进行营利活动，在案发前后归还本息，犯罪情节较轻的；（2）挪用公款归个人使用，数额巨大，超过三个月，在案发前后归还本息，具有自首或者立功等法定减轻情节的。

挪用公款归个人使用，超过三个月或者进行营利活动，适用刑法第六十三条第二款减轻处罚判处三年有期徒刑以下刑罚的，一般不适用缓刑。

挪用公款具有本意见贪污贿赂犯罪不得适用缓刑规定情形之一的，不适用缓刑。

㉖ 浙江高级人民法院刑二庭《全省法院经济犯罪疑难问题研讨会纪要（二）》（2006年6月29日　浙高法刑二〔2006〕1号）（节录）

十七、归还挪用款项后再予挪用的犯罪数额计算

行为人多次挪用，每次挪用数额均较大，时间均超过三个月，每次归还后再予挪用，不属于以后次挪用款项归还前次挪用款项的，挪用的数额应累加计算。

㉗ 浙江公检法《关于村民委员会等村基层组织人员利用职权实施犯罪适用法律若干问题的解答》（2005年7月27日　浙检会〔研〕〔2005〕7号）（节录）④

三、问：村基层组织人员侵吞、挪用土地征用补偿费用的行为，如何定性？答：村基

---

① 对其解读见：《解读最高人民检察院司法解释》，第385~387页。
② 对其解读见：《刑事法律文件解读》2010年第4辑总第58辑，第75~84页以及《刑事审判参考》2010年第2辑总第73辑，第127~135页。
③ 对其解读见：《刑事法律文件解读》2009年第10辑总第52辑，第77~88页。
④ 对其解读见：《最新刑事法律文件解读》2005年第10辑总第10辑，第97~99页以及2006年第2辑总第14辑，第111~114页。

层组织人员采取虚报土地数、人口数等手段侵吞土地征用补偿费用的行为，应认定为贪污罪。

土地征用补偿费用发放到村，村集体尚未提留前，村基层组织人员对土地征用补偿费用的侵吞、挪用行为，应认定为贪污罪或挪用公款罪。

土地征用补偿费用发放到村，村集体按规定提留后，村基层组织人员侵吞、挪用应当发放给农户的资金，以贪污罪或挪用公款罪认定；侵吞、挪用村集体提留的资金，以职务侵占罪或挪用资金罪认定。

四、问：当土地征用补偿费用与村集体资金混在同一账户时，村基层组织人员利用职务上的便利进行侵吞、挪用的，如何定性？答：有证据证实行为人主观意图明确指向土地补偿费用的，侵吞、挪用的资金在土地征用补偿费用数额内的，以贪污、挪用公款罪认定；超过的部分认定为职务侵占罪、挪用资金罪。

没有证据能够证实行为人主观意图指向土地补偿费用的，以职务侵占或挪用资金罪认定；超过村集体资金、属于土地征用补偿费用的部分，以贪污罪或挪用公款罪认定。

贪污、挪用土地征用补偿费用的数额与侵占、挪用集体资金的数额均未达到构罪标准，但总额达到职务侵占罪、挪用资金罪构罪标准的，以职务侵占罪、挪用资金罪认定。

㉘ 上海市高级人民法院刑庭、上海市检公诉处《关于进一步规范部分常见刑事案件级别管辖的意见》（2004年8月13日）（节录）

二、对具备下列情形，同时又不具有其他足以判处十五年有期徒刑以下刑罚的法定从轻、减轻情节的案件，各中级人民法院应当予以受理。22.挪用公款罪（刑法第384条）挪用公款，在侦查终结前仍无法追回的数额在500万元以上的。

㉙ 上海市高级人民法院刑庭《关于审理挪用公款案件具体应用法律若干问题的意见（试行）》（2000年12月28日）

一、挪用公款罪追诉时效的计算标准

从严格意义上讲，刑事追诉时效的起始时间，应当是指某种危害行为成立犯罪的时间；犯罪行为有连续或者继续状态的，应当从犯罪行为终了之日起计算。据此，挪用公款罪的追诉时效，应当区分下列两种情况分别计算：

一是挪用公款从事营利活动或者非法活动的，因刑法未将挪用时间作为犯罪构成要素作出特别规定，因此，上述两种挪用行为的发生之日，即为依法成立犯罪之时。其追诉时效应从挪用行为的发生之日起计算。

二是挪用公款用于个人生活或者挥霍的，因刑法明文规定该种挪用行为必须以超过三个月未还作为犯罪构成要素，因此，其追诉时效应当从挪用行为届满三个月之日起计算；在届满三个月之前的挪用行为，因其尚不属于犯罪行为，故不存在计算追诉时效期限的问题。

在处理挪用公款犯罪案件时，如果发生新旧法律的选择适用或者跨法犯的法律适用问题，其行为时法的界定，亦应依上述两种情况分别确定。例如，行为人于1997年7月21日挪出公款用于个人消费，其行为成立犯罪的时间应当是1997年10月22日。故该一挪用行为的行为时法应当确定为1997年修订后刑法的有关规定，并依此定罪处刑。

二、挪用公款罪主体的认定

由于本罪没有规定单位犯罪，故单位行为不能构成本罪。对于单位负责人个人决定挪用公款给他人使用的行为，应区分下列两种情况分别认定：

一是确有证据证明系为了单位利益而实施挪用公款行为的（如将单位的闲置资金借给他人炒股，企图为单位牟取高额利息等），因单位负责人的决定可以代表单位的整体意志，且确系为了单位的利益，故该种挪用行为可以视为单位行为，不构成挪用公款罪。如果上述挪用行为造成公款损失的，应当根据单位负责人在挪用公款时所具有的主观罪过的实际情况（如对使用人的还款能力或还款信誉疏于考察等），依法认定相应的渎职类犯罪（如滥用职权罪、国有公司、企业、事业单位人员失职罪、或者签订、履行合同失职被骗罪等）。

二是没有充实的证据证明单位负责人擅自决定将公款挪给他人使用系为了单位利益的，因其缺少单位行为所必须具备的利益归属的团体性特征，应当认定该种行为属于个人行为，依法追究其挪用公款罪的刑事责任。

对于不具有公款支配权但负有保管职责的单位工作人员（如单位会计、出纳或采购员、推销员等），擅自将公款挪给他人使用的行为，即使客观上为单位谋取了非法利益，因其挪用行为不能代表单位的整体意志，仍属于个人行为的范畴，应依法认定挪用公款罪，但可以酌情从轻处罚。

三、挪用公款罪公款使用者的认定

本罪的重要构成特征之一，是挪用公款归个人使用。如果挪用公款归单位使用的，则不能构成本罪。据此，在下列情形下，应区分不同情况分别定性：

1. 挪用公款给私有公司、企业使用的，应当区分下列两种情况分别认定：

一是挪用公款给具有法人资格的私有公司、企业使用的，因该类公司、企业属于刑法上的单位，故不能认定挪用公款罪。如果挪用公款给各种单位使用造成公款损失的（主要指至案发时依然不能归还公款的情况），可以根据挪用人所具有的主观罪过的实际情况，依法认定相应的渎职类犯罪。对于其中没有造成公款损失的，可以建议有关部门按照财经违纪行为处理。

二是挪用公款给不具有法人资格的私有企业使用的（如个人合伙企业和个人独资企业），因该类企业在民事法律关系上以承担无限责任为特点，企业的经营盈亏与企业经营者的个人利益具有同一性，因此，该类企业在刑法上可以视为个人；挪用公款给其使用的，应当认定挪用公款罪。

2. 挪用公款给个人承包企业使用的，应当根据被承包企业资产的实际来源情况，界定是否属于归个人使用。因为，产权界定的基本原则是"谁投资、谁拥有"。如果被承包企业的经营资本全部由承包者个人投入，且独立自主经营，其收益也无疑主要由其个人所有。利益归属是刑法上划分单位行为与个人行为的主要界限之一，所以，以投资和利益归属为依据，决定被承包企业的刑法地位是合法有据的。因此，挪用公款给个人承包企业使用的，应当区分两种情况分别认定：

一是挪用公款给发包单位有资产投入的个人承包企业使用的，因被承包企业是发包单位自主选择经营方式的结果,是发包单位资产所有权与经营权相分离的表现,并不改变其资产属性和单位的性质,故应当把挪用公款给该种被承包企业使用的,认定为归单位使用。如果该种挪用行为造成公款损失的,可以根据挪用人所具有的主观罪过的实际情况,依法追究其渎职类犯罪的刑事责任。

二是挪用公款给发包单位没有资产投入的个人承包企业使用的,其实际表现是发包单位仅仅提供营业执照,届时按约收取固定的承包费。根据前述投资与利益归属相结合的界定标准,挪用公款给该种承包企业使用的,应当视为归个人使用。在认定挪用公款罪时,还必须查明和证实挪用人对该用款单位系个人承包性质具有概括性认识,即挪用人在主观上具有挪用公款归个人使用的概括性故意。如果挪用人确有证据证实其不知用款单位被个人承包经营的事实,则应当按照挪用公款归单位使用的情况处理。

3. 挪用公款给"名为集体,实为个人"的单位使用的,主要应当根据挪用人在主观上对用款单位认知的不同情况,分别定性。所谓"名为集体,实为个人"的单位,一般包括两种情况,一种是原为国家或集体所有的企业或其他单位,经改制后,已为个人买断经营,但仍然沿用原国有、集体单位的名称,并向其上级主管单位缴纳固定的管理费用的;第二种是本应注册登记为个人独资企业或者个体工商户,却挂靠国有、集体企业或其他单位从事经营活动,或者虚假注册登记为具有法人资格的公司或企业的单位。根据投资与利益归属相结合的界定标准,对于挪用公款给上述两种名实不符的单位使用的,可以视为归个人使用,但在认定挪用公款罪时,必须查明和证实挪用人对用款单位的实际性质是明知的。否则,根据刑法谦抑原则的精神,只能认定挪用公款归单位使用。对于其中造成公款损失的,应当根据挪用人所具有的主观罪过的实际情况,依法认定相应的渎职类犯罪。

四、挪用公款罪客观行为的认定

挪用公款行为的本质特征在于,擅自改变公款的正当用途,使之暂时脱离所有人的控制,从而侵犯了所有人对公款的占有、使用、收益权。如果某种行为尚未侵害到上述三项权能,或者直接侵犯公款的所有权整体(即侵犯了占有、使用、收益和处分四项权能),则不能认定该种行为构成挪用公款罪。据此,下列行为的定性问题,应作具体分析:

1. 对于挪用非特定公物后又予变现使用的行为,应当以使用人将公物变卖获取现金之日,认定为挪用公款行为的成立之时。挪用公款的数额以变卖公物后实际挪用的数额为准。在公物变现之前的挪用行为,虽然挪用人已经产生了挪用公款的主观故意,因挪用对象仍然属于非特定公物的范畴,故不能认定本罪。如果挪用非特定公物的行为给国家、集体财产造成严重损失的,可以依法追究挪用人有关渎职犯罪的刑事责任。

2. 挪用公款从事营利活动的,尽管刑法没有对营利活动的范围作出限定,但根据系统解释规则,此处的营利活动应当限于从事合法的经营活动。如果挪用公款从事生产、销售假冒伪劣产品或者虚假出资等违法经营性活动的,则应当认定为挪用公款从事非法活动。

3. 以个人名义将所挪用的公款借给其他单位使用的,应当认定挪用公款归个人使用。这里的"以个人名义",应当理解为行为人个人擅自以债权人的身份或名义,将公款出借给其他单位使用的行为。至于(挪用人所在单位的)公款是由本单位、他单位或者先挪到个人账户以后再借给其他单位使用,不影响挪用公款归个人使用性质的认定。

4. 挪用公款所产生的孳息的认定

所谓挪用公款所产生的孳息，应当是指对公款加以使用所产生的价值增值部分。其主要特点是，在时间上，公款先于孳息而存在，二者有先后次序之分；在事实上，孳息是公款被使用后增值的结果。二者有产生与被产生的因果联系。例如，行为人擅自将自己所管理或保管的公物以个人名义予以出卖，然后将所获钱款分成两部分处理，一部分作为公物的成本价值划归单位，而将余下的销售利润部分非法据为己有，在该行为中，因销售利润与成本价值同时产生于出售公物的行为，销售利润也不是成本价值被利用的结果，故不能认定此种销售利润系挪用公款（即成本价值）所产生的孳息。

学理观点·典型案例 ➡ 索引与要旨

❶《贿赂犯罪法律适用问题解答——上海市高级人民法院刑二庭调研报告》，载《刑事审判参考》2010 年第 4 辑总第 75 辑，第 159~161 页。

核心提示 ➡ 国家工作人员个人决定以本单位名义将公款供其他单位使用，并在事先或者事后收受使用单位给予的贿赂，是否应以挪用公款罪和受贿罪数罪并罚？

❷《杨培珍挪用公款案》，载《刑事审判参考》2009 年第 4 辑总第 69 辑，第 79~88 页。

要旨 ➡ 将关系单位未到期的银行承兑汇票背书转让用于清偿本单位的债务，同时将本单位等额的银行转账支票出票给关系单位的行为，不构成挪用公款罪。

❸《张群生滥用职权案》，载《刑事审判参考》2009 年第 3 辑总第 68 辑，第 61~65 页。

核心提示 ➡ 国家机关工作人员以单位名义擅自出借公款给其他单位使用造成巨大损失的行为如何定罪？

❹《马华平挪用公款案》，载《刑事审判参考》2008 年第 5 辑总第 64 辑，第 54~59 页。

核心提示 ➡ 国有企业改制过程中，原国企中国家工作人员的主体身份如何认定？

❺《张威同挪用公款案》，载《刑事审判参考》2008 年第 4 辑总第 63 辑，第 54~59 页。

要旨 ➡ 个人决定以单位名义将公款借给其他单位使用，没有谋取个人利益的不构成挪用公款罪。

❻《挪用公款罪若干问题研究（上）》，载《刑事法律文件解读》2008 年第 3 辑总第 33 辑，第 48~64 页。

❼《挪用公款罪若干问题研究（下）》，载《刑事法律文件解读》2008 年第 4 辑总第 34 辑，第 66~76 页。

❽《陈焕林等挪用资金、贪污案》，载《刑事审判参考》2007 年第 4 辑总第 57 辑，第 56~63 页。

核心提示 ➡ 无法区分村民委员会人员利用职务之便挪用款项性质的如何定罪处罚？

要旨 ➡ 无法区分被挪用的款项性质的，以挪用资金罪追究村民委员会等村基层组织人员的刑事责任。

❾《顾荣忠挪用公款、贪污案》，载《刑事审判参考》2007年第3辑总第56辑，第49~55页。

核心提示 ➡ 由国有公司负责人口头提名、非国有公司聘任的管理人员能否以国家工作人员论？

要旨 ➡ 受国有公司委派到非国有公司从事组织、领导、管理等工作的人员应以国家工作人员论。

❿《关于挪用公款罪立法解释理解、适用的实证分析》，载《侯某挪用公款案》以及《最新刑事法律文件解读》2007年第4辑总第28辑，第290~299页。

⓫《谈挪用公款罪的几个实务问题》，载《公检法办案指南》2007年第7辑总第91辑，第149~157页。

⓬《刘某挪用公款案》，载《刑事审判参考》2006年第4辑总第51辑，第38~44页。

核心提示 ➡ 国有公司长期聘用的管理人员是国有公司中从事公务的人员还是受国有公司委托管理、经营国有财产的人员？

要旨 ➡ 刘某在受聘担任某市烟草公司分公司副经理期间，利用职务便利，以每月压款的手段将销售所得烟款截留归个人使用，并对烟草公司谎称因客户依据远，交通不便，资金一时难以收回，在烟草公司追讨的情况下，刘某承认欠款并向公司写出还款计划，刘某虽有欺骗公司行为，但该行为只能拖延还款期限，且公司财物账未平，现有证据不能证实刘某将公款占为己有。国有公司长期聘用的管理人员属于刑法第九十三条第二款规定的国有公司中从事公务的人员，其利用职务便利挪用本单位资金归个人使用，构成犯罪的，应当以挪用公款罪定罪处罚。

⓭《王铮贪污、挪用公款案》，载《刑事审判参考》2006年第6辑总第53辑，第59~66页。

要旨 ➡ 已办理退休手续依然从事公务的国家工作人员仍构成挪用公款罪主体。

已办理退休手续，但仍然实际享有控制公款权力的国家工作人员，可以构成挪用公款罪主体。二审法院以财务核销、平账凭证来认定本案被告人的该行为不构成贪污罪的判决是正确的。

⓮《鞠胤文挪用公款、受贿案》，载《刑事审判参考》2006年第1辑总第48辑，第67~77页。

核心提示 ➡ 账外资金，能否成为挪用公款罪的犯罪对象？因挪用公款索取、收受贿赂或者行贿构成犯罪的，是择一重处还是两罪并罚？

要旨 ➡ 挪用"小金库"、"账外账"的资金，本质上仍是对国有财产权益的侵犯，"小金库"、"账外账"的资金应视为公款，可以成为挪用公款罪的对象。被告人辛培凌对账外资金性质的误解，属于刑法意义上的"认识错误"。认识错误分为法律认识错误和事实认识错误。一般认为，事实认识错误可以成为影响刑事责任的主观因素，而法律认识错误不应影响行为人承担刑事责任。行为人不应因不知法而免除刑事责任。

被告人鞠胤文因挪用公款而收受、索取贿赂，被告人辛培凌因挪用公款而行贿，应分别以挪用公款罪和受贿罪、挪用公款罪和行贿罪两罪并罚。

⑮《郭如鳌、张俊琴、赵茹贪污、挪用公款案》，载《刑事审判参考》2006 年第 1 辑总第 48 辑，第 41～57 页。

核心提示 ➡ 挪用国债是否属于挪用公款？

要旨 ➡ 挪用本单位国债给他人进行营利性活动的行为构成挪用公款罪。

⑯《刘必仲挪用资金案》，载《刑事审判参考》2006 年第 1 辑总第 48 辑，第 30～40 页以及《最新刑事法律文件解读》，2006 年第 2 辑总第 14 辑，第 134～142 页。

核心提示 ➡ 彩票销售人员不缴纳投注金购买彩票并且事后无法无力偿付购买彩票款的行为如何定性？

要旨 ➡ 被告人作为受委托管理、经营国有财产的人员，利用承包经营福利彩票投注站、销售福利彩票的职便，不缴纳投注金购买彩票的行为，与直接挪用福利彩票投注站的资金购买彩票，在性质上是相同的，可视为挪用本单位资金购买彩票。彩票销售人员利用职务上的便利，不缴纳投注金购买彩票，类似于证券、期货公司工作人员利用职务上的便利，挪用本单位资金或者客户资金用于炒股、购买期货等高风险投资，事后无力偿付购买彩票款是挪用后不退还的具体表现。

⑰《挪用公款罪司法认定的若干问题》，载《刑事司法指南》2006 年第 2 辑总第 26 辑，第 214～223 页。

⑱《如何认定"以个人名义"挪用公款给其他单位使用——析孔繁华滥用职权案》，载《刑事司法指南》2006 年第 1 辑总第 25 辑，第 201～210 页。

⑲《挪用公款用于公司验资注册应当认定为进行营利活动》，载《公检法办案指南》2006 年第 12 辑总第 84 辑，第 159～165 页。

⑳《方红生挪用公款案》，载《公检法办案指南》2006 年第 1 辑总第 73 辑，第 165～170 页。

核心提示 ➡ 中学是否能认定为事业单位？国家工作人员挪用公款用于公司注册资本验资使用如何处理？

要旨 ➡ "事业单位"是指国家为了社会公益目的，由国家机关举办或者其他组织利用国有资产举办的，从事教育、科技、文化、卫生等活动的社会服务组织。本案中，被告人所供职的河间市第五中学正是"国家为了社会……卫生等活动的社会服务组织"，属刑法意义上"事业单位"。

根据《全国法院审理经济犯罪案件工作座谈会纪要》的规定，申报注册资本是为进行生产营业活动作准备，属于成立公司、企业进行营业活动的组成部分。因此，挪用公款用于个人办理公司、企业注册资本验资证明的，应当认定为进行营利活动。

㉑《用单位银行存折为个人贷款作质押能否构成挪用公款罪》，载《最新刑事法律文件解读》2006 年第 11 辑总第 23 辑，第 142～143 页。

要旨 ➡ 1. 行为人擅自将单位存折质押给银行，就使该笔存款的使用权受到了限制。行为人擅自将单位存折质押给银行，单位即丧失了对该存款的支配权，实际上就是一种挪用公款行为；2. 行为人的行为属于挪用公款归个人使用进行营利活动；3. 挪用数额应按实际贷款数额计算。

㉒《冯安华、张高祥挪用公款案》，载《刑事审判参考》2005年第4辑总第45辑，第23~28页。

核心提示 ➡ 多次挪用但并非拆东墙补西墙而是以赚来的钱还前一次如何计算挪用数额？

要旨 ➡ 利用多张他人信用卡违规透支本单位资金的行为构成挪用公款罪。

㉓《丁钦宇挪用资金案》，载《刑事审判参考》2005年第1辑总第42辑，第46~50页。

核心提示 ➡ 村民委员会成员利用职务上的便利，个人借用村集体资金或者将村集体资金借给他人使用的，能否以挪用公款罪追究刑事责任？

要旨 ➡ 捕、诉均认定挪用公款罪，一、二审均认定被告人身为农村基层组织的工作人员，利用职务之便，挪用农村集体资金用于营利活动且不退还，构成挪用资金罪。理由：根据2000年4月29日《关于〈中华人民共和国刑法〉第九十三条第二款的解释》，村民委员会成员只有在协助人民政府执行公务过程中利用职务上的便利实施犯罪活动的，才可以适用刑法关于国家工作人员的规定。

㉔《如何认定挪用公款的用途？以实施"非法活动"或者"营利活动"为目的挪用公款，但尚未投入实际使用的，如何处理》，载《最新刑事法律文件解读》2005年第10辑总第10辑，第104~106页。

㉕《对于挪用公款行为能否以贪污罪定罪处罚》，载《最新刑事法律文件解读》2005年第9辑，第103页。

㉖《如何计算挪用公款罪的追诉期限》，载《最新刑事法律文件解读》2005年第9辑总第9辑，第103页。

㉗《单位能否构成挪用公款罪》，载《最新刑事法律文件解读》2005年第7辑总第7辑，115页。

㉘《梅昌林挪用公款案》，载《最新刑事法律文件解读》2005年第3辑总第3辑。

核心提示 ➡ 挪用公款与用账外客户资金非法拆借、发放贷款罪的区别

㉙《挪用公款"归个人使用"应该如何理解》，载《最新刑事法律文件解读》2005年第2辑总第2辑。

核心提示 ➡ 不同阶段对"归个人使用"不同理解的概括

㉚《鄢立中挪用公款案》，载《最新刑事法律文件解读》。

核心提示 ➡ 指使下属单位借款供个人使用如何定性？

㉛《挪用公款罪的认定与证明问题》，载《刑事司法指南》2005年第1辑总第21辑，

第 156~172 页。

㉜《歹进学挪用公款案》,载《刑事审判参考》2004 年第 6 辑总第 41 辑,第 50~62 页。

核心提示➡ 工商营业执照标明的企业性质与企业的实际性质不一致时如何确定企业性质?

要旨➡ 1. 工商营业执照上标明的企业性质与企业的实际性质不一致的,应当根据企业的成立过程、资金来源、利润分配、管理经营方式等因素作出实事求是的认定。2. 挪用公款的本质特征是公款私用,对于名为个体实为集体的企业性质的认定,应实事求是地还原事物本来面目。对于国家工作人员出于经营需要,挪用公款给名为个体实为集体的企业使用,没有谋取私人利益的,不属于"挪用公司款归个人使用"。

㉝《为他人贷款提供保证担保的行为是否构成挪用公款罪》,载《刑事审判参考》2004 年第 4 辑总第 39 辑,第 212~214 页。

要旨➡ 保证担保属于信用担保,在保证担保期间,公款仍在本单位控制、支配之下,公款的占有权、使用权和收益权并未因担保行为而发生改变,为他人贷款提供保证担保的行为不符合挪用公款的基本行为特征,因承担保证责任造成损失,情节严重应定国有公司人员滥用职权罪。如是质押担保,根据《全国法院审理经济犯罪案件工作座谈会纪要》,以挪用公款处罚。

㉞《尚荣多等贪污案》,载《刑事审判参考》2004 年第 4 辑总第 39 辑,第 54~61 页。

要旨➡ 国有单位非法持有的财产,也应视为公共财产。

㉟《刑法实务若干问题研究》,载《刑事审判参考》2004 年第 1 辑总第 36 辑,第 128~142 页。

要旨➡ 用账外客户资金非法拆借、发放贷款罪与挪用公款罪的界限问题。

㊱《被告人在案发前已将其挪用的公款全部归还,法院应如何对其量刑》,载《最新刑事法律文件解读》2004 年第 11 辑,第 74 页。

要旨➡ 国有单位非法持有的财产,也应视为公共财产

㊲《关于挪用公款罪的认定与处罚》,载《经济犯罪审判指导》2004 年第 3 辑总第 7 辑,第 66~81 页。

要旨➡ 1. 关于挪用公款给单位使用是否定罪处罚的问题;2. 正确认定挪用公款罪的客观形式;3. 挪用公款罪主体的认定;4. 关于挪用公款罪定罪处刑的数额与情节标准问题;5. 关于"挪用公款数额巨大不退还的"认定问题;6. 关于挪用公款罪与贪污罪的界限问题;7. 关于挪用公款的共同犯罪问题。

㊳《被告人朱玉平挪用公款案》,载《经济犯罪审判指导》2004 年第 3 辑总第 7 辑。

核心提示➡ 正确区分挪用公款罪与用账外客户资金非法发放贷款罪

㊴《被告人周明受贿、挪用公款案》,载《经济犯罪审判指导》2004 年第 3 辑总第 7 辑。

要旨➡ 利用上级机关临时所授之权的便利属于利用职务之便。

㊵《陈新贪污、挪用公款案》,载《经济犯罪审判指导》。

要旨 ➡ 挪用公款后携带公司银行账户凭证和全部炒股手续潜逃,将其中的公款置于自己控制之下,有能力归还而拒不归还,具有非法占有目的,构成贪污罪。

㊶《关于挪用公款用于不同用途数额能否累加的思考》,载《刑事审判要览》2004年第1辑总第7辑,第76~83页。

要旨 ➡ 1. 对不同用途作为挪用公款构成要件的立法本意是准确打击危害性大的挪用行为;2. 挪用公款用于不同用途数额应当累加有着广泛的理论基础;3. 挪用公款用于不同用途的数额不予累加,将可能极大地损害裁判的公正性与法律的严肃性,同时也在无形中放纵了犯罪;4. 挪用公款用于不同用途应当累加,也是适应当前经济犯罪形势严峻,依法应当从重从严惩处的需要;5. 对累加的思考:根据挪用公款罪的性质,可分为两种累加:一种是定罪累加;另一种是量刑累加;累加的原则是"有利于行为人"和罪刑相适应的原则。

㊷《析王松云挪用公款案》,载《刑事司法指南》2004年第3辑总第19辑。

核心提示 ➡ 公款归私营企业使用、如何区分单位行为与个人行为以及关于"谋取个人利益"的问题?

㊸《彭国军贪污、挪用公款案》,载《刑事审判参考》2003年第2辑总第31辑,第57~64页。

核心提示 ➡ 如何认定以挪用公款手段实施的贪污犯罪兼谈"将账作平"的证明价值?

㊹《徐成义等挪用公款案》,载《经济犯罪审判指导与参考》。

要旨 ➡ 内外勾结挪用银行资金属于挪用共犯。

㊺《王凤民贪污、挪用公款案》,载《经济犯罪审判指导与参考》2003年第1辑总第1辑,第94页。

要旨 ➡ 土地使用权不是挪用公款罪的犯罪对象。

㊻《万国英受贿、挪用公款案》,载《刑事审判参考》2002年第6辑第总29辑,第51~57页。

核心提示 ➡ 利用职务上的便利"借用"下级单位公款进行营利活动能否构成挪用公款罪?

㊼《挪用公款存单为本人或者他人质押贷款的行为应如何定性》,载《刑事审判参考》2002年第4辑总第27辑,第207~210页。

要旨 ➡ 应以挪用公款定罪处罚:1. 公款包括公款存单等财产权利凭证。2. 挪用公款存单进行质押属于财产权利的使用。3. 不管挪用人是否按期归还贷款,挪用存单为自己和他人质押贷款的,都属于挪用公款行为,不因是否按期归还或者是否造成损失而改变其挪用行为的性质。

㊽《左佳等受贿、贪污、挪用公款案》,载《刑事审判参考》2002年第4辑总第27辑,第54~66页。

核心提示 ➡ 单位领导研究决定收受回扣款、并为少数领导私分行为的定性

第二编 分则 第八章 贪污贿赂罪

要旨 ➡ 1. 名为单位，实为个人，应以个人受贿定；2. 1997 年刑法之前的行为，应以商业受贿定罪处罚。

㊾《梁某挪用公款、张某挪用公款、盗窃案》，载《刑事审判参考》2002 年第 4 辑总第 27 辑，第 47~53 页。

核心提示 ➡ 如何通过客观行为判断非法占有目的？兼谈如何通过平帐来分析是构成贪污还是挪用公款？

㊿《准确理解和适用刑事法律惩治贪污贿赂和渎职犯罪》——全国法院审理经济犯罪案件工作座谈会讨论办理贪污贿赂和渎职刑事案件适用法律问题意见综述，载《刑事审判参考》2002 年第 4 辑总第 27 辑，第 211~227 页。

要旨 ➡ 受委托管理、经营国有财产的人员只能成为贪污罪的主体，不能成为受贿、挪用公款等犯罪的主体。

挪用公款罪有关法律适用问题

1. 单位决定将公款给个人使用行为的认定。2. "以个人名义"的含义。3. 关于挪用公款罪的犯罪对象。4. 关于挪用公款归还个人欠款行为的认定问题。5. 关于挪用公款用于注册公司、企业行为性质的认定。6. 挪用公款后尚未投入实际使用行为性质的认定。7. 关于挪用公款转化为贪污的问题。

㈤1《挪用公款罪的证明方法》，载《刑事司法指南》2002 年第 3 辑总第 11 辑，第 141~155 页。

㈤2《刑法适用疑难争议问题两人谈》，载《刑事司法指南》2002 年第 2 辑总第 10 辑，第 50~131 页。

要旨 ➡ 挪用公款罪司法疑难问题。

㈤3《与银行工作人员勾结使用虚假金融凭证骗取储户资金的行为如何定性》，载《刑事审判参考》2001 年第 10 辑总第 21 辑，第 96~101 页。

要旨 ➡ 被告人钟某使用虚假定期存单，串通银行分理处主任林某，由熟悉银行业务的吕某协同骗取被害储户某典当行 500 万元，案发时无法归还。被告人吕某、林某对该 500 万元具有挪用公款的共同故意，而钟某非法占有典当行 500 万元的主观故意超出了三人预谋的挪用公款的共同故意，由于吕某、林某对钟某的行为发生认识错误，双方不能构成共同犯罪，而应该分别定罪。吕某、林某构成挪用公款罪的共犯，而钟某单独构成金融凭证诈骗罪。

㈤4《薛玉泉虚报注册资本案》，载《刑事审判参考》2001 年第 10 辑总第 21 辑，第 1~6 页。

核心提示 ➡ 挪用公款存入临时账户获得虚假银行进账单后，将该进账单供他人虚报注册资本的行为如何定性？

㈤5《关于以单位名义挪用公款归个人使用是否构成挪用公款罪的处理意见》，载《刑事审判参考》2001 年第 8 辑总第 19 辑，第 82 页。

要旨 ➡ 经单位领导集体研究决定挪用公款给个人使用，或者单位领导为了单位的利

1535

益，利用本人职权，擅自决定挪用公款给个人使用的，均不应按挪用公款罪追究刑事责任。

56 《李平贪污、挪用公款案》，载《刑事审判参考》2000 年第 6 辑总第 11 辑，第 26～35 页以及《刑事审判案例》，第 142～148 页。

核心提示 ➡ 贪污罪和挪用公款罪的区别

要旨 ➡ 对贪污、挪用犯罪行为直接造成的财产损失不能提起附带民事诉讼。

57 《王正言挪用公款案》，载《刑事审判参考》2000 年第 5 辑总第 10 辑，第 42～47 页以及《刑事审判案例》，第 593～596 页。

核心提示 ➡ 以使用变卖价款为目的挪用公物的行为是否构成挪用公款罪？

要旨 ➡ 由于 1997 年刑法没有规定挪用一般公物罪，所以挪用一般公物的，不能以犯罪论处。我们认为，挪用公物予以变现归个人使用的行为，其本质与一般的挪用公款行为是一致的，构成犯罪的，应以挪用公款罪论处。

58 《陈超龙挪用公款案》，载《刑事审判参考》2000 年第 2 辑总第 7 辑，第 49～54 页以及《刑事审判案例》，第 589～592 页。

核心提示 ➡ 以假贷款合同将账作平掩盖挪用公款的行为如何定罪？兼谈挪用公款罪与贪污罪如何区分？

59 《办理挪用公款案应注意的问题》，载《刑事司法指南》2000 年第 2 辑总第 2 辑，第 76～102 页。

要旨 ➡ 1. 关于挪用公款罪的主体问题：（1）国家参股或者控股的股份制企业的性质问题；（2）受国家机关、国有公司、企业、事业单位、人民团体委托管理、经营国有财产的人员，是否属于挪用公款罪的主体；2. 关于挪用公款罪的犯罪对象问题：（1）"一般公物"能否成为挪用公款罪的犯罪对象；（2）有价证券是否属于"公款"范围；3. 关于挪用公款罪的犯罪数额问题：（1）多次挪用行为的犯罪数额应如何计算；（2）以大额记账式有价证券为质押贷取少量贷款的行为，应当如何计算挪用的数额；4. 关于挪用公款罪中"公款使用方式"问题：（1）党政干部挪用公款进行经商活动，是属于进行"营利活动"还是"非法活动"；（2）挪用公款归还个人贷款或者私人借款的行为，如何认定其性质；（3）挪用公款用于私人公司的注册资金证明，是否属于进行"营利活动"；5. 关于挪用时间；6. 关于"公款使用人"；7. 关于挪用公款的共同犯罪；8. 关于几种特殊"挪用"行为方式的研究：（1）关于"借用"公款的法律性质问题；（2）虚设贷款理由，将以本单位名义从银行贷取的款项直接交给其他个人使用，由使用人支付银行利息的，能否认定为挪用公款行为；（3）银行工作人员利用职务之便冒名贷款的行为是否构成挪用公款罪；（4）挪而未用，是否构成挪用公款罪；（5）已经调离原单位的行为人，仍以该单位的名义收取该单位的贷款或者欠款归个人使用的，应当如何定性。

60 《韩义昌徇私舞弊、挪用公款案》，载《刑事审判参考合订本·第一卷》，第 204～207 页。

核心提示 ➡ 滥用职权释放犯罪嫌疑人并将公款出借搞"资产解冻"活动造成重大损失如何定罪？

61 《苏豫鲁挪用公款案》，载《刑事审判参考合订本·第一卷》，第 191～195 页。

核心提示 ➡ 二审宣告无罪的案件如何适用法律？

要旨 ➡ 不能排除被告人挪用公款是为单位开展业务活动的，不能认定挪用公款。

第 385 条 受贿罪

国家工作人员利用职务上的便利，索取他人财物的，或者非法收受他人财物，为他人谋取利益的，是受贿罪。

国家工作人员在经济往来中，违反国家规定，收受各种名义的回扣、手续费，归个人所有的，以受贿论处。

关联规范 ➡ 完全整理

1 《中华人民共和国刑法》（1980 年 1 月 1 日）第 96 条 对违反国家规定概念的界定

本法所称违反国家规定，是指违反全国人民代表大会及其常务委员会制定的法律和决定，国务院制定的行政法规、规定的行政措施、发布的决定和命令。

2 《中华人民共和国刑法》（1980 年 1 月 1 日）第 163 条 非国家工作人员受贿罪

公司、企业或者其他单位的工作人员利用职务上的便利，索取他人财物或者非法收受他人财物，为他人谋取利益，数额较大的，处五年以下有期徒刑或者拘役；数额巨大的，处五年以上有期徒刑，可以并处没收财产。

公司、企业或者其他单位的工作人员在经济往来中，利用职务上的便利，违反国家规定，收受各种名义的回扣、手续费，归个人所有的，依照前款的规定处罚。

国有公司、企业或者其他国有单位中从事公务的人员和国有公司、企业或者其他国有单位委派到非国有公司、企业以及其他单位从事公务的人员有前两款行为的，依照本法第三百八十五条、第三百八十六条的规定定罪处罚。

3 《中华人民共和国刑法》（1980 年 1 月 1 日）第 184 条 公司、企业人员受贿罪 受贿罪

银行或者其他金融机构的工作人员在金融业务活动中索取他人财物或者非法收受他人财物，为他人谋取利益的，或者违反国家规定，收受各种名义的回扣、手续费，归个人所有的，依照本法第一百六十三条的规定定罪处罚。

国有金融机构工作人员和国有金融机构委派到非国有金融机构从事公务的人员有前款行为的，依照本法第三百八十五条、第三百八十六条的规定定罪处罚。

4 《中华人民共和国刑法》（1980 年 1 月 1 日）第 388 条 受贿罪

国家工作人员利用本人职权或者地位形成的便利条件，通过其他国家工作人员职务上的行为，为请托人谋取不正当利益，索取请托人财物或者收受请托人财物的，以受贿论处。

5 《中华人民共和国刑法》（1980 年 1 月 1 日）第 399 条 徇私枉法罪民事、行政枉法裁判罪、执行判决、裁定失职罪；执行判决、裁定滥用职权罪

司法工作人员徇私枉法、徇情枉法，对明知是无罪的人而使他受追诉、对明知是有罪的人而故意包庇不使他受追诉，或者在刑事审判活动中故意违背事实和法律作枉法裁判的，处五年以下有期徒刑或者拘役；情节严重的，处五年以上十年以下有期徒刑；情节特别严重的，处十年以上有期徒刑。

在民事、行政审判活动中故意违背事实和法律作枉法裁判，情节严重的，处五年以下有期徒刑或者拘役；情节特别严重的，处五年以上十年以下有期徒刑。

在执行判决、裁定活动中，严重不负责任或者滥用职权，不依法采取诉讼保全措施、不履行法定执行职责，或者违法采取诉讼保全措施、强制执行措施，致使当事人或者其他人的利益遭受重大损失的，处五年以下有期徒刑或者拘役；致使当事人或者其他人的利益遭受特别重大损失的，处五年以上十年以下有期徒刑。

司法工作人员收受贿赂，有前三款行为的，同时又构成本法第三百八十五条规定之罪的，依照处罚较重的规定定罪处罚。

❻ 全国人民代表大会常务委员会《关于批准〈联合国反腐败公约〉的决定》解读
《最新刑事法律文件解读》2005 年第 11 辑总第 11 辑，第 1~7 页。

❼ 全国人大常委会《关于〈中华人民共和国刑法〉第三百一十三条的解释》（2002年 8 月 29 日）（节录）①

国家机关工作人员收受贿赂或者滥用职权，有上述第四项行为的，同时又构成刑法第三百八十五条、第三百九十七条规定之罪的，依照处罚较重的规定定罪处罚。

❽ 全国人大常委会《关于〈中华人民共和国刑法〉第九十三条第二款的解释》（2000 年 4 月 29 日）②

村民委员会等村基层组织人员协助人民政府从事下列行政管理工作，属于刑法第九十三条第二款规定的"其他依照法律从事公务的人员"：（一）救灾、抢险、防汛、优抚、扶贫、移民、救济款物的管理；（二）社会捐助公益事业款物的管理；（三）国有土地的经营和管理；（四）土地征用补偿费用的管理；（五）代征、代缴税款；（六）有关计划生育、户籍、征兵工作；（七）协助人民政府从事的其他行政管理工作。

村民委员会等村基层组织人员从事前款规定的公务，利用职务上的便利，非法占有公共财物、挪用公款、索取他人财物或者非法收受他人财物，构成犯罪的，适用刑法第三百八十二条和第三百八十三条贪污罪、第三百八十四条挪用公款罪、第三百八十五条和第三百八十六条受贿罪的规定。

❾ 最高人民法院指导案例 3（2011 年 12 月 20 日）（节录）③

4. 国家工作人员收受财物后，因与其受贿有关联的人、事被查处，为掩饰犯罪而退还

---

① 对其解读见：《刑事审判参考》2002 年第 5 辑总第 28 辑，第 89~90，156~168 页以及 2002 年第 6 辑总第 29 辑，第 137~150 页。
② 对其解读见：《刑事审判参考》2000 年第 4 辑总第 9 辑，第 80 页。
③ 对其解读见：《潘玉梅、陈宁受贿案》，载《公检法办案指南》2012 年第 1 辑总第 145 辑，第 49~53 页以及《公检法办案指南》2012 年第 2 辑总第 146 辑，第 35~46 页。

的，不影响认定受贿罪。

❿ 最高人民法院《关于贯彻宽严相济刑事政策的若干意见》（2010年2月8日 法发〔2010〕9号）（节录）①

8. 对于国家工作人员贪污贿赂、滥用职权、失职渎职的严重犯罪，黑恶势力犯罪、重大安全责任事故、制售伪劣食品药品所涉及的国家工作人员职务犯罪，发生在社会保障、征地拆迁、灾后重建、企业改制、医疗、教育、就业等领域严重损害群众利益、社会影响恶劣、群众反映强烈的国家工作人员职务犯罪，发生在经济社会建设重点领域、重点行业的严重商业贿赂犯罪等，要依法从严惩处。

对于国家工作人员职务犯罪和商业贿赂犯罪中性质恶劣、情节严重、涉案范围广、影响面大的，或者案发后隐瞒犯罪事实、毁灭证据、订立攻守同盟、负案潜逃等拒不认罪悔罪的，要坚决依法从严惩处。

对于被告人犯罪所得数额不大，但对国家财产和人民群众利益造成重大损失、社会影响极其恶劣的职务犯罪和商业贿赂犯罪案件，也应依法从严惩处。

要严格掌握职务犯罪法定减轻处罚情节的认定标准与减轻处罚的幅度，严格控制依法减轻处罚后判处三年以下有期徒刑适用缓刑的范围，切实规范职务犯罪缓刑、免予刑事处罚的适用。

⓫ 最高人民法院、最高人民检察院《关于办理商业贿赂刑事案件适用法律若干问题的意见》（2008年11月20日）（节录）②

四、医疗机构中的国家工作人员，在药品、医疗器械、医用卫生材料等医药产品采购活动中，利用职务上的便利，索取销售方财物，或者非法收受销售方财物，为销售方谋取利益，构成犯罪的，依照刑法第三百八十五条的规定，以受贿罪定罪处罚。

医疗机构中的非国家工作人员，有前款行为，数额较大的，依照刑法第一百六十三条的规定，以非国家工作人员受贿罪定罪处罚。

医疗机构中的医务人员，利用开处方的职务便利，以各种名义非法收受药品、医疗器械、医用卫生材料等医药产品销售方财物，为医药产品销售方谋取利益，数额较大的，依照刑法第一百六十三条的规定，以非国家工作人员受贿罪定罪处罚。

五、学校及其他教育机构中的国家工作人员，在教材、教具、校服或者其他物品的采购等活动中，利用职务上的便利，索取销售方财物，或者非法收受销售方财物，为销售方谋取利益，构成犯罪的，依照刑法第三百八十五条的规定，以受贿罪定罪处罚。

学校及其他教育机构中的非国家工作人员，有前款行为，数额较大的，依照刑法第一百六十三条的规定，以非国家工作人员受贿罪定罪处罚。

学校及其他教育机构中的教师，利用教学活动的职务便利，以各种名义非法收受教材、教具、校服或者其他物品销售方财物，为教材、教具、校服或者其他物品销售方谋取利益，数额较大的，依照刑法第一百六十三条的规定，以非国家工作人员受贿罪定罪处罚。

---

① 对其解读见：《刑事法律文件解读》2010年第3辑总第57辑，第49~65页。
② 对其解读见：《刑事审判参考》2009年第1辑总第66辑，第66~84页。

六、依法组建的评标委员会、竞争性谈判采购中谈判小组、询价采购中询价小组的组成人员，在招标、政府采购等事项的评标或者采购活动中，索取他人财物或者非法收受他人财物，为他人谋取利益，数额较大的，依照刑法第一百六十三条的规定，以非国家工作人员受贿罪定罪处罚。

依法组建的评标委员会、竞争性谈判采购中谈判小组、询价采购中询价小组中国家机关或者其他国有单位的代表有前款行为的，依照刑法第三百八十五条的规定，以受贿罪定罪处罚。

七、商业贿赂中的财物，既包括金钱和实物，也包括可以用金钱计算数额的财产性利益，如提供房屋装修、含有金额的会员卡、代币卡（券）、旅游费用等。具体数额以实际支付的资费为准。

八、收受银行卡的，不论受贿人是否实际取出或者消费，卡内的存款数额一般应全额认定为受贿数额。使用银行卡透支的，如果由给予银行卡的一方承担还款责任，透支数额也应当认定为受贿数额。

九、在行贿犯罪中，"谋取不正当利益"，是指行贿人谋取违反法律、法规、规章或者政策规定的利益，或者要求对方违反法律、法规、规章、政策、行业规范的规定提供帮助或者方便条件。

在招标投标、政府采购等商业活动中，违背公平原则，给予相关人员财物以谋取竞争优势的，属于"谋取不正当利益"。

十、办理商业贿赂犯罪案件，要注意区分贿赂与馈赠的界限。主要应当结合以下因素全面分析、综合判断：

（1）发生财物往来的背景，如双方是否存在亲友关系及历史上交往的情形和程度；（2）往来财物的价值；（3）财物往来的缘由、时机和方式，提供财物方对于接受方有无职务上的请托；（4）接受方是否利用职务上的便利为提供方谋取利益。

十一、非国家工作人员与国家工作人员通谋，共同收受他人财物，构成共同犯罪的，根据双方利用职务便利的具体情形分别定罪追究刑事责任：

（1）利用国家工作人员的职务便利为他人谋取利益的，以受贿罪追究刑事责任。

（2）利用非国家工作人员的职务便利为他人谋取利益的，以非国家工作人员受贿罪追究刑事责任。

（3）分别利用各自的职务便利为他人谋取利益的，按照主犯的犯罪性质追究刑事责任，不能分清主、从犯的，可以受贿罪追究刑事责任。

12 最高人民法院、最高人民检察院《关于办理受贿刑事案件适用法律若干问题的意见》（2007年7月8日　法发〔2007〕22号）[①]

一、关于以交易形式收受贿赂问题

国家工作人员利用职务上的便利为请托人谋取利益，以下列交易形式收受请托人财物的，以受贿论处：

---

① 对其解读见：《刑事审判参考》2007年第4辑总第57辑，第81～104页。

（1）以明显低于市场的价格向请托人购买房屋、汽车等物品的；
（2）以明显高于市场的价格向请托人出售房屋、汽车等物品的；
（3）以其他交易形式非法收受请托人财物的。

受贿数额按照交易时当地市场价格与实际支付价格的差额计算。

前款所列市场价格包括商品经营者事先设定的不针对特定人的最低优惠价格。根据商品经营者事先设定的各种优惠交易条件，以优惠价格购买商品的，不属于受贿。

二、关于收受干股问题

干股是指未出资而获得的股份。国家工作人员利用职务上的便利为请托人谋取利益，收受请托人提供的干股的，以受贿论处。进行了股权转让登记，或者相关证据证明股份发生了实际转让的，受贿数额按转让行为时股份价值计算，所分红利按受贿孳息处理。股份未实际转让，以股份分红名义获取利益的，实际获利数额应当认定为受贿数额。

三、关于以开办公司等合作投资名义收受贿赂问题

国家工作人员利用职务上的便利为请托人谋取利益，由请托人出资，"合作"开办公司或者进行其他"合作"投资的，以受贿论处。受贿数额为请托人给国家工作人员的出资额。

国家工作人员利用职务上的便利为请托人谋取利益，以合作开办公司或者其他合作投资的名义获取"利润"，没有实际出资和参与管理、经营的，以受贿论处。

四、关于以委托请托人投资证券、期货或者其他委托理财的名义收受贿赂问题

国家工作人员利用职务上的便利为请托人谋取利益，以委托请托人投资证券、期货或者其他委托理财的名义，未实际出资而获取"收益"，或者虽然实际出资，但获取"收益"明显高于出资应得收益的，以受贿论处。受贿数额，前一情形，以"收益"额计算；后一情形，以"收益"额与出资应得收益额的差额计算。

五、关于以赌博形式收受贿赂的认定问题

根据《最高人民法院、最高人民检察院关于办理赌博刑事案件具体应用法律若干问题的解释》第七条规定，国家工作人员利用职务上的便利为请托人谋取利益，通过赌博方式收受请托人财物的，构成受贿。

实践中应注意区分贿赂与赌博活动、娱乐活动的界限。具体认定时，主要应当结合以下因素进行判断：（1）赌博的背景、场合、时间、次数；（2）赌资来源；（3）其他赌博参与者有无事先通谋；（4）输赢钱物的具体情况和金额大小。

六、关于特定关系人"挂名"领取薪酬问题

国家工作人员利用职务上的便利为请托人谋取利益，要求或者接受请托人以给特定关系人安排工作为名，使特定关系人不实际工作却获取所谓薪酬的，以受贿论处。

七、关于由特定关系人收受贿赂问题

国家工作人员利用职务上的便利为请托人谋取利益，授意请托人以本意见所列形式，将有关财物给予特定关系人的，以受贿论处。

特定关系人与国家工作人员通谋，共同实施前款行为的，对特定关系人以受贿罪的共犯论处。特定关系人以外的其他人与国家工作人员通谋，由国家工作人员利用职务上的便

利为请托人谋取利益,收受请托人财物后双方共同占有的,以受贿罪的共犯论处。

八、关于收受贿赂物品未办理权属变更问题

国家工作人员利用职务上的便利为请托人谋取利益,收受请托人房屋、汽车等物品,未变更权属登记或者借用他人名义办理权属变更登记的,不影响受贿的认定。

认定以房屋、汽车等物品为对象的受贿,应注意与借用的区分。具体认定时,除双方交代或者书面协议之外,主要应当结合以下因素进行判断:(1)有无借用的合理事由;(2)是否实际使用;(3)借用时间的长短;(4)有无归还的条件;(5)有无归还的意思表示及行为。

九、关于收受财物后退还或者上交问题

国家工作人员收受请托人财物后及时退还或者上交的,不是受贿。

国家工作人员受贿后,因自身或者与其受贿有关联的人、事被查处,为掩饰犯罪而退还或者上交的,不影响认定受贿罪。

十、关于在职时为请托人谋利,离职后收受财物问题

国家工作人员利用职务上的便利为请托人谋取利益之前或者之后,约定在其离职后收受请托人财物,并在离职后收受的,以受贿论处。

国家工作人员利用职务上的便利为请托人谋取利益,离职前后连续收受请托人财物的,离职前后收受部分均应计入受贿数额。

十一、关于"特定关系人"的范围

本意见所称"特定关系人",是指与国家工作人员有近亲属、情妇(夫)以及其他共同利益关系的人。

十二、关于正确贯彻宽严相济刑事政策的问题

依照本意见办理受贿刑事案件,要根据刑法关于受贿罪的有关规定和受贿罪权钱交易的本质特征,准确区分罪与非罪、此罪与彼罪的界限,惩处少数,教育多数。在从严惩处受贿犯罪的同时,对于具有自首、立功等情节的,依法从轻、减轻或者免除处罚。

⑬ 最高人民法院、最高人民检察院《关于办理赌博刑事案件具体应用法律若干问题的解释》(2005年5月13日 法释〔2005〕3号)(节录)①

第七条 通过赌博或者为国家工作人员赌博提供资金的形式实施行贿、受贿行为,构成犯罪的,依照刑法关于贿赂犯罪的规定定罪处罚。

⑭ 最高人民法院、最高人民检察院、公安部《关于开展集中打击赌博违法犯罪活动专项行动有关工作的通知》(2005年1月10日 公通字〔2005〕2号)

对实施贪污、挪用公款、职务侵占、挪用单位资金、挪用特定款物、受贿等犯罪,并将犯罪所得的款物、用于赌博的,分别依照刑法有关规定从重处罚;同时构成赌博罪的,应依照刑法规定实行数罪并罚。

⑮ 最高人民法院研究室《关于对行为人通过伪造国家机关公文、证件担任国家工作

---

① 对其解读见:《刑事审判参考》2005年第2辑总第43辑,第52~65页。

人员职务并利用职务上的便利侵占本单位财物、收受贿赂、挪用本单位资金等行为如何适用法律问题的答复》（2004年3月30日 法研〔2004〕38号）①

经研究，答复如下：行为人通过伪造国家机关公文、证件担任国家工作人员职务以后，又利用职务上的便利实施侵占本单位财物、收受贿赂、挪用本单位资金等行为，构成犯罪的，应当分别以伪造国家机关公文、证件罪和相应的贪污罪、受贿罪、挪用公款罪等追究刑事责任，实行数罪并罚。

⑯《全国法院审理经济犯罪案件工作座谈会纪要》（2003年11月13日 法〔2003〕167号）（节录）②

三、关于受贿罪

（一）关于"利用职务上的便利"的认定

刑法第三百八十五条第一款规定的"利用职务上的便利"，既包括利用本人职务上主管、负责、承办某项公共事务的职权，也包括利用职务上有隶属、制约关系的其他国家工作人员的职权。担任单位领导职务的国家工作人员通过不属自己主管的下级部门的国家工作人员的职务为他人谋取利益的，应当认定为"利用职务上的便利"为他人谋取利益。

（二）"为他人谋取利益"的认定

为他人谋取利益包括承诺、实施和实现三个阶段的行为。只要具有其中一个阶段的行为，如国家工作人员收受他人财物时，根据他人提出的具体请托事项，承诺为他人谋取利益的，就具备了为他人谋取利益的要件。明知他人有具体请托事项而收受其财物的，视为承诺为他人谋取利益。

（三）"利用职权或地位形成的便利条件"的认定

刑法三百八十八条规定的"利用本人职权或者地位形成的便利条件"，是指行为人与被其利用的国家工作人员之间在职务上虽然没有隶属、制约关系，但是行为人利用了本人职权或者地位产生的影响和一定的工作联系，如单位内不同部门的国家工作人员之间、上下级单位没有职务上隶属、制约关系的国家工作人员之间、有工作联系的不同单位的国家工作人员之间等。

（四）离职国家工作人员收受财物行为的处理

参照《最高人民法院关于国家工作人员利用职务上的便利为他人谋取利益离退休后收受财物行为如何处理问题的批复》规定的精神，国家工作人员利用职务上的便利为请托人谋取利益，并与请托人事先约定，在其离职后收受请托人财物，构成犯罪的，以受贿罪定罪处罚。

（五）共同受贿犯罪的认定

根据刑法关于共同犯罪的规定，非国家工作人员与国家工作人员勾结，伙同受贿的，应当以受贿罪的共犯追究刑事责任。非国家工作人员是否构成受贿罪共犯，取决于双方有无共同受贿的故意和行为，国家工作人员的近亲属向国家工作人员代为转达请托事项，收

---

① 对其解读见：《解读最高人民法院司法解释（2004年卷）》，第289~291页。
② 对其解读见：《刑事审判参考》2004年第4辑总第39辑，第178~199页。

受请托人财物并告知该国家工作人员。或者国家工作人员明知其近亲属收受了他人财物，仍按照近亲属的要求利用职权为他人谋取利益的，对该国家工作人员应认定为受贿罪，其近亲属以受贿罪共犯论处；近亲属以外的其他人与国家工作人员通谋，由国家工作人员利用职务上的便利为请托人谋取利益，收受请托人财物后双方共同占有的，构成受贿罪共犯。国家工作人员利用职务上的便利为他人谋取利益，并指定他人将财物送给其他人。构成犯罪的，应以受贿罪定罪处罚。

（六）以借款为名索取或者非法收受财物行为的认定

国家工作人员利用职务上的便利，以借为名向他人索取财物，或者非法收受财物为他人谋取利益的，应当认定为受贿。具体认定时，不能仅仅看是否有书面借款手续，应当根据以下因素综合判定：（1）有无正当、合理的借款事由；（2）款项的去向；（3）双方平时关系如何、有无经济往来；（4）出借方是否要求国家工作人员利用职务上的便利为其谋取利益；（5）借款后是否有归还的意思表示及行为；（6）是否有归还的能力；（7）未归还的原因；等等。

（七）涉及股票受贿案件的认定

在办理涉及股票的受贿案件时，应当注意：（1）国家工作人员利用职务上的便利，索取或非法收受股票，没有支付股本金，为他人谋取利益，构成受贿罪的，其受贿数额按照收受股票时的实际价格计算。（2）行为人支付股本金而购买较有可能升值的股票，由于不是无偿收受请托人财物，不以受贿罪论处。（3）股票已上市且已升值，行为人仅支付股本金，其"购买"股票时的实际价格与股本金的差价部分应认定为受贿。

17 最高人民检察院研究室《关于集体性质的乡镇卫生院院长利用职务之便收受他人财物的行为如何适用法律问题的答复》（2003年4月2日　高检研发第9号）[①]

经研究，答复如下：经过乡镇政府或者主管行政机关任命的乡镇卫生院院长，在依法从事本区域卫生工作的管理与业务技术指导，承担医疗预防保健服务工作等公务活动时，属于刑法第九十三条第二款规定的其他依照法律从事公务的人员。对其利用职务上的便利，索取他人财物的，或者非法收受他人财物，为他人谋取利益的，应当依照刑法第三百八十五条、第三百八十六条的规定，以受贿罪追究刑事责任。

18 最高人民检察院研究室《关于佛教协会工作人员能否构成受贿罪》（2003年1月13日　〔2003〕高检研发第2号）

经研究，答复如下：佛教协会属于社会团体，其工作人员除符合刑法第九十三条第二款的规定属于受委托从事公务的人员外，既不属于国家工作人员，也不属于公司、企业人员。根据刑法的规定，对非受委托从事公务的佛教协会的工作人员利用职务之便收受他人财物，为他人谋取利益的行为，不能按受贿或者公司、企业人员受贿罪追究刑事责任。

19《准确理解和适用刑事法律惩治贪污贿赂和渎职犯罪》——全国法院审理经济犯罪案件工作座谈会讨论办理贪污贿赂和渎职刑事案件适用法律问题意见综述

[①]　对其解读见：《刑事司法指南》2004年第1辑总第17辑，第132~136页。

（一）关于"利用职务上的便利"和"利用本人职权或者地位形成的便条条件"。（二）关于"为他人谋利益"。（三）关于共同受贿犯罪。（四）关于离职、辞职国家工作人员收受财物行为的处理问题。（五）关于以借款为名索取或者非法收受财物行为的认定问题。

❷⓪ 最高人民法院、最高人民检察院、海关总署《关于办理走私刑事案件适用法律若干问题的意见》（2002年7月8日　法〔2002〕139号）（节录）①

十六、关于放纵走私罪的认定问题

依照刑法第四百一十一条的规定，负有特定监管义务的海关工作人员徇私舞弊，利用职权，放任、纵容走私犯罪行为，情节严重的，构成放纵走私罪。放纵走私行为，一般是消极的不作为。如果海关工作人员与走私分子通谋，在放纵走私过程中以积极的行为配合走私分子逃避海关监管或者在放纵走私之后分得赃款的，应以共同走私犯罪追究刑事责任。

海关工作人员收受贿赂又放纵走私的，应以受贿罪和放纵走私罪数罪并罚。

❷① 《全国法院审理金融犯罪案件工作座谈会纪要》（2001年1月21日　法〔2001〕8号）（节录）②

二、（二）关于破坏金融管理秩序罪 3. 用账外客户资金非法拆借、发放贷款行为的认定和处罚。

银行或者其他金融机构的工作人员利用职务便利，用账外客户资金非法拆借、发放贷款，索取用款人的财物，或者非法收受其他财物，或者收取回扣、手续费等，数额较大的，以受贿罪定罪处罚。

❷② 最高人民法院《关于国家工作人员利用职务上的便利为他人谋取利益离退休后收受财物行为如何处理问题的批复》（2000年7月21日　法释〔2000〕21号）（节录）③

国家工作人员利用职务上的便利为请托人谋取利益，并与请托人事先约定，在其离退休后收受请托人财物，构成犯罪的，以受贿罪定罪处罚。

❷③ 最高人民检察院关于贯彻执行《全国人民代表大会常务委员会关于〈中华人民共和国刑法〉第九十三条第二款的解释》的通知（2000年6月5日　高检发研字〔2000〕12号）（节录）④

二、根据《解释》，检察机关对村民委员会等村基层组织人员协助人民政府从事《解释》所规定的行政管理工作中发生的利用职务上的便利，非法占有公共财物、挪用公款、索取他人财物或者非法收受他人财物，构成犯罪的案件，应直接受理，分别适用刑法第三百八十二条、第三百八十三条、第三百八十四条和第三百八十五条、第三百八十六条的规

---

① 对其解读见：《刑事审判参考》2002年第4辑总第27辑，第149～170，185～203页。
② 对其解读见：《刑事审判参考》2001年第4辑总第15辑，第63～76页。
③ 对其解读见：《刑事审判参考》2000年第5辑总第10辑，第93页以及《解读最高人民法院司法解释·刑事、行政卷（1997～2002）》，第328～329页。
④ 对其解读见：《刑事审判参考》2000年第5辑总第10辑，第64页以及《解读最高人民检察院司法解释》，第24～31页。

定,以涉嫌贪污罪、挪用公款罪、受贿罪立案侦查。

三、各级检察机关在依法查处村民委员会等村基层组织人员贪污、受贿、挪用公款犯罪案件过程中,要根据《解释》和其他有关法律的规定,严格把握界限,准确认定村民委员会等村基层组织人员的职务活动是否属于协助人民政府从事《解释》所规定的行政管理工作,并正确把握刑法第三百八十二条、第三百八十三条贪污罪、第三百八十四条挪用公款罪和第三百八十五条、第三百八十六条受贿罪的构成要件。对村民委员会等村基层组织人员从事属于村民自治范围的经营、管理活动不能适用《解释》的规定。

❷❹ 最高人民法院《关于对受委托管理、经营国有财产人员挪用国有资金行为如何定罪问题的批复》(2000年2月24日　法释〔2000〕5号)(节录)①

对于受国家机关、国有公司、企业、事业单位、人民团体委托,管理、经营国有财产的非国家工作人员,利用职务上的便利,挪用国有资金归个人使用构成犯罪的,应当依照刑法第二百七十二条第一款的规定定罪处罚。

❷❺ 最高人民检察院《关于人民检察院直接受理立案侦查案件立案标准的规定(试行)》(1999年9月16日　高检发释字〔1999〕2号)(节录)②

(三)"利用职务上的便利",是指利用本人职务范围内的权力,即自己职务上主管、负责或者承办某项公共事务的职权及其所形成的便利条件。

索取他人财物的,不论是否"为他人谋取利益",均可构成受贿罪。非法收受他人财物的,必须同时具备"为他人谋取利益"的条件,才能构成受贿罪。但是为他人谋取的利益是否正当,为他人谋取的利益是否实现,不影响受贿罪的认定。

涉嫌下列情形之一的,应予立案:1.个人受贿数额在5千元以上的;2.个人受贿数额不满5千元,但具有下列情形之一的:(1)因受贿行为而使国家或者社会利益遭受重大损失的;(2)故意刁难、要挟有关单位、个人,造成恶劣影响的;(3)强行索取财物的。

四、附则(二)本规定中有关犯罪数额"不满",是指接近该数额且已达到该数额的百分之八十以上。

❷❻ 最高人民法院《关于审理挪用公款案件具体应用法律若干问题的解释》(1998年5月9日　法释〔1998〕9号)(节录)③

第七条　因挪用公款索取、收受贿赂构成犯罪的,依照数罪并罚的规定处罚。

挪用公款进行非法活动构成其他犯罪的,依照数罪并罚的规定处罚。

❷❼ 最高人民法院、最高人民检察院、公安部、工商局《关于依法查处盗窃、抢劫机动车案件的规定》(1998年5月8日　公通字〔1998〕31号)(节录)④

八、公安、工商行政管理人员利用职务上的便利,索取或者非法收受他人财物,为赃

---

① 对其解读见:《刑事审判参考》2000年第3辑总第8辑,第89页以及《解读最高人民法院司法解释·刑事、行政卷(1997~2002)》,第211~212页。
② 对其解读见:《解读最高人民检察院司法解释》,第173~235页。
③ 对其解读见:《解读最高人民法院司法解释·刑事、行政卷(1997~2002)》,第318~324页。
④ 对其解读见:《解读最高人民检察院司法解释》,第343~347页。

车入户、过户、验证构成犯罪的,依照《刑法》第三百八十五条、第三百八十六条的规定处罚。

㉘ 最高人民检察院《关于办理徇私舞弊犯罪案件适用法律若干问题的解释》(1996年6月4日 高检发研字〔1996〕4号)(节录)

六、犯徇私舞弊罪并有受贿、刑讯逼供等行为构成犯罪的,应当依法按数罪并罚原则追究刑事责任。

㉙ 最高人民检察院、国家科学技术委员会《关于办理科技活动中经济犯罪案件的意见》(1994年6月17日 高检会〔1994〕26号)(节录)

三、国家工作人员、集体经济组织工作人员或者其他从事公务的人员,在技术成果转让活动中,利用职务上的便利,擅自转让单位的职务技术成果,从中索取或者非法收受他人财物的,以受贿论处。

为非法获取技术成果和技术秘密,给予国家工作人员、集体经济组织工作人员或者其他经手、管理职务技术成果的人员以财物的,以行贿论处。

对于单位职务技术成果的完成人擅自转让该技术成果,获取非法利益的案件;或者个人转让本人完成的非职务技术成果而与单位发生纠纷的案件,应交由有关部门依照国家有关规定处理。依法保护科技人员在技术转让中的合法权益。

四、国家工作人员、集体经济组织工作人员或者其他从事公务的人员,在上述职务技术活动中,利用职务上的便利,索取或者收受对方财物的,以受贿论处。

㉚ 最高人民检察院研究室《就劳教干警私放劳教人员,构成犯罪的,如何定罪处刑问题征求法制工作委员会刑法室意见》(1988年1月13日)

法制工作委员会刑法室研究后认为:1.劳教干警私放劳教人员,有受贿行为构成犯罪的,按受贿罪处理。2.劳教干警玩忽职守而私放劳教人员,造成严重后果的,按刑法第一百八十七条玩忽职守罪处理。3.劳教干警私放劳教人员,不属于上述情况的,建议根据具体情况或者适用类推,比照刑法第一百八十八条(徇私舞弊)、第一百九十条(私放罪犯)的规定定罪判刑,或者给予纪律处分。

㉛ 江苏省高级人民法院《关于审理职务犯罪案件依法正确适用和执行缓刑的意见》(2010年1月6日 苏高法审委〔2010〕2号)①

㉜ 福建省公检法关于国家工作人员犯罪案件管辖等若干问题的规定(试行)(2009年6月18日 闽高法〔2009〕227号)

㉝ 厦门市中级人民法院、厦门市人民检察院《厦门市几类多发性刑事案件管辖标准暂行规定》(2008年2月21日 厦检会〔2008〕2号)(节录)

十三、贪污、受贿罪

个人贪污、受贿数额达50万元以上,或者行政职级为正处级以上的,由市人民检察院

---

① 对其解读见:《刑事法律文件解读》2010年第4辑总第58辑,第75~84页以及《刑事审判参考》2010年第2辑总第73辑,第127~135页。

起诉、市中级人民法院审判。

34 福建省公检法、司法厅《关于适用缓刑若干问题的意见（试行）》（2008年9月16日 闽高法〔2008〕278号）（节录）①

（五）贪污罪、受贿罪、挪用公款罪、渎职罪

对贪污贿赂、挪用公款、渎职等职务犯罪，既要依法正确适用缓刑，也必须充分考虑社会效果，正确掌握适用条件，防止适用不当。

贪污、受贿犯罪具有下列情形之一，符合法律规定缓刑条件的，可以适用缓刑：（1）贪污、受贿数额不满五万元，具有坦白、积极退赃等情节的；（2）贪污、受贿数额在五万元以上不满十万元，具有自首或者立功等法定减轻情节判处三年有期徒刑以下刑罚，全部退赃的；（3）其他符合缓刑条件的。

贪污、受贿犯罪具有下列情形之一的，一般不适用缓刑：（1）贪污、受贿数额在十万元以上，根据法定减轻情节判处三年有期徒刑以下刑罚的；（2）贪污、受贿数额在五万元以上，根据案件具体情况，适用刑法第六十三条第二款减轻处罚判处三年有期徒刑以下刑罚的。上述第（2）项中，犯罪情节较轻，积极退赃，且在重大生产、科研项目中起关键作用，有特殊需要或者有其他特殊情况的，可以适用缓刑，但必须从严掌握。

贪污、受贿犯罪具有下列情形之一的，不得适用缓刑：（1）致使国家、集体和人民利益遭受重大损失或影响恶劣的；（2）没有退赃，无悔罪表现的；（3）犯罪动机、手段等情节恶劣，或者将赃款用于非法经营、走私、赌博、行贿等违法犯罪活动的；（4）属于共同犯罪中情节严重的主犯的；（5）曾因经济违法犯罪行为受过行政处分或者刑事处罚的；（6）犯罪涉及财物属于国家救济、抢险、防汛、优抚、救济等款项和物资，情节严重的；（7）其他不宜适用缓刑的情形。

35 福建省公检法《福建省2008年度第1次公检法联席会议纪要》（2008年6月2日 闽公综〔2008〕314号）（节录）

八、鉴于近期案件管辖方面出现了一些新情况，会议明确：1.对于检察机关侦查的职务犯罪案件需要指定管辖的，应在起诉前由同级检察机关与有权指定管辖的人民法院协商，征得同意后起诉到法院；2.一般情况下，涉案金额大，涉案人员为处级以上的案件不指定基层检察机关起诉；

36 上海市高级人民法院刑二庭、上海市院公诉处《上海最新"商业贿赂犯罪法律适用"政策意见》（2006年7月18日）

一、行为人非法收受他人财物后，将财物用于公务（含公益，下同）支出或退还的行为如何处理。

行为人利用职务上的便利非法收受他人财物，私自将财物用于公务支出的，一般应当依法认定相应的受贿犯罪，可以酌情从宽处罚。但下列几种情形，因行为人的受贿故意不能或难以认定，不宜以受贿犯罪论处，或者应将该部分财物从受贿数额中扣除：1.行为人

---

① 对其解读见：《刑事法律文件解读》2009年第10辑总第52辑，第77~88页。

因难以推却、退还等原因而收受他人财物,随后将财物上交单位账户或放入小金库使用的;2. 行为人收受他人财物后,将财物用于公务支出时公开说明了财物的性质或来源的;3. 行为人收受他人财物后,在三个月之内,并于案发或被检举之前,主动将财物退还行贿人的。

认定行为人将所收受的财物用于公务支出,不予定罪或从受贿数额中扣除,应从严掌握认定标准:

1. 证据的确实性,即有充分、确实的证据能印证行为人已将财物用于公务支出。2. 用途的合法性,即公务用途本身应当是合法的,如果是将财物用于向他人行贿等违法犯罪活动的,不能认定将财物用于公务支出。3. 公务支出行为的公开性,即行为人在将财物交公或用于公务支出之时,应当向本单位的有关工作人员说明财物的性质或来源。如果行为人私自将财物用于公务支出的,如个人名义将所收受的财物用于扶贫助学等用途的,只能作为从宽处罚情节考虑,不能扣除。

在诉讼活动中,犯罪嫌疑人、被告人有责任说明钱款用于公务活动的具体事项,或提供确实的单据;行为人提出了具体查证方向的,侦查机关应当予以调查核实。

二、行为人接受不具有具体、明确请托事项的"感情投资",能否认定受贿犯罪。

对于收受他人不具有具体、明确请托事项的"感情投资"的行为,一般不能认定为受贿犯罪。如果"感情投资方"多次给予行为人数额巨大的财物,最后行为人接受具体请托为其谋利的,应当将多次收受的数额巨大的财物予以累计,以受贿犯罪论处。

上述数额巨大的财物,一般掌握在2万元以上。

三、如何正确界定贿赂犯罪的财物范围。

贿赂犯罪中所规定的"财物",一般包括金钱、物品以及其他可以用货币直接计算价值,且为行为人实际取得,即将或已经享用的物质利益,如免除债务,提供免费旅游、购物券、代币卡等。

提供的旅游、购物券、代币卡等,一般以请托人实际支付的对价计算。

如果行为人申辩自己不会享用所收受的物质利益,并作出合理辩解,经查证属实的,可不认定为受贿犯罪,或者从受贿数额中扣除。如行为人收受的健身卡、高尔夫会员卡等,申辩不想也确实未曾使用的,可以考虑扣除该部分受贿数额。

37 浙江省高级人民法院刑二庭《全省法院经济犯罪疑难问题研讨会纪要(二)》(2006年6月29日 浙高法刑二〔2006〕1号)(节录)

十四、受贿并实施渎职犯罪行为的处理

行为人因受贿实施徇私舞弊不移交刑事案件等渎职犯罪行为,同时符合两个犯罪构成的,除有特别规定的以外,应数罪并罚。

十五、受贿罪中贿赂范围的界定

受贿罪中的财物,一般指金钱和物品,但可以包括财产性利益,即可用金钱数字计量的物质利益,如设定债权、免除债务、提供免费旅游、免费装修等。

十六、国有公司、企业或者其他国有单位的人员构成受贿罪是否均须为他人谋利

国有公司、企业或者其他国有单位中从事公务的人员和国有公司、企业委派到非国有公司、企业或者其他单位中从事公务的人员构成受贿罪,须符合为他人谋取利益的要件。

为他人谋取利益包括承诺、实施和实现三个阶段的行为，只要具有其中一个阶段的行为，就具备了为他人谋取利益的要件。

38《关于执行刑法若干问题的具体意见（试行）——99'上海法院刑庭庭长会议纪要》（1999年7月15日）（节录）

六、2. 关于贪污、职务侵占、受贿罪的数额认定问题

（1）根据刑法第26条第四款的规定，刑法第383条所称"个人贪污数额"应当是指个人参与贪污犯罪的数额。因为刑法已经删除了二人以上贪污按个人所得数额追究刑事责任的特别规定，故个人贪污所得数额不能再作为确定量刑档次的基本依据，而只能作为法定刑幅度确定后的具体量刑情节考虑。

（2）行为人以非法占有为目的，利用职务之便侵吞、窃取、骗取单位财物，使之脱离被害单位控制而为行为人所支配的，即构成贪污罪或职务侵占罪的既遂；行为人在犯贪污、职务侵占、受贿等经济犯罪既遂以后，将赃款是用于业务开支或者个人挥霍，不影响贪污、职务侵占或受贿罪的数额认定，不能将用于业务活动或公共用途的款项从中扣除，但赃款使用情况可以作为量刑情节考虑。

学理观点·典型案例 ➡ 索引与要旨

❶《朱永林受贿案》，载《刑事审判参考》2011年第4辑总第81辑，第65~84页。

核心提示 ➡ 如何认定以"合作投资房产"名义收受贿赂？

❷《黄长斌受贿案》，载《刑事审判参考》2011年第2辑总第79辑，第100~106页。

核心提示 ➡ 国有企业改制期间，国家工作人员与企业解除劳动关系后，还能否被认定为国家工作人员，从而构成受贿罪？

❸《李祥英传授犯罪方法案》，载《刑事审判参考》2010年第5辑总第76辑，第67~73页。

要旨 ➡ 实施滥用职权等渎职犯罪行为的同时又收受贿赂，除刑法另有规定外，应当认定为两罪，实行数罪并罚。

❹《贿赂犯罪法律适用问题解答——上海市高级人民法院刑二庭调研报告》，载《刑事审判参考》2010年第4辑总第75辑，第159~161页。

核心提示 ➡ 国家工作人员个人决定以本单位名义将公款供其他单位使用，并在事先或者事后收受使用单位给予的贿赂，是否应以挪用公款罪和受贿罪数罪并罚？

❺《理财型受贿司法认定若干疑难问题》，载《刑事审判参考》2010年第1辑总第72辑，第204~221页。

❻《李万、唐自成受贿案》，载《刑事审判参考》2010年第1辑总第72辑，第81~88页。

核心提示 ➡ 国有媒体的记者能否构成受贿罪的主体？

❼《交易型受贿犯罪疑难问题探析》，载《公检法办案指南》2010年第4辑总第124

辑，第 156~168 页。

⑧《张留群受贿案》，载《刑事审判参考》2009 年第 6 辑总第 71 辑，第 62~68 页。

⑩《廖常伦贪污、受贿案》，载《刑事审判参考》2009 年第 6 辑总第 71 辑，第 54~61 页。

要旨⇒村民小组长在特定情形下属于"其他依照法律从事公务的人员"。

⑪《蒋勇、唐薇受贿案》，载《刑事审判参考》2009 年第 5 辑总第 70 辑，第 74~82 页。

核心提示⇒如何认定国家工作人员与特定关系人的共同受贿行为？

要旨⇒一、国家工作人员和特定关系人共谋后，特定关系人直接接受请托事项并收受财物，国家工作人员利用自己的职务行为以及下属的职务行为，为请托人谋取利益，应当认定为国家工作人员和特定关系人共同受贿。

二、国家工作人员和特定关系人共谋后，特定关系人和请托人"合作"投资，国家工作人员利用职务之便为该投资项目谋取利益，以较少投资获取高额利润的应当认定为国家工作人员和特定关系人共同受贿。

⑫《周小华受贿案》，载《刑事审判参考》2009 年第 5 辑总第 70 辑，第 66~73 页。

核心提示⇒特定关系人在受贿案件中的认定问题

要旨⇒利用职便给特定关系人安排工作，但特定关系人实际付出相应劳动的，不属于挂名领取薪酬的情况，不能认定受贿。

检察机关掌握的事实未被法院认定为犯罪，被告人主动交代其余犯罪事实的，构成自首。

⑬《梁晓琦受贿案》，载《刑事审判参考》2009 年第 3 辑总第 68 辑，第 54~60 页。

核心提示⇒收受无具体金额的会员卡、未出资而委托他人购买股票获利是否认定为受贿？未签订商品房买卖合同，低价购买商品房并且未验收，能否认定为受贿？

⑭《商业贿赂犯罪刑法适用疑难问题研究》，载《刑事审判参考》2009 年第 1 辑总第 66 辑，第 173~198 页。

要旨⇒ 1. 商业贿赂的范围及数额认定问题：（1）礼券（2）免费旅游、装修等资助（3）银行卡（4）特殊汽车牌照、手机号码（5）性贿赂；2. 商业贿赂犯罪案件"谋取不正当利益"要件认定问题；3. 医务人员商业贿赂犯罪司法认定问题；4. 商业贿赂共同犯罪的罪名确定问题

⑮《如何认定受贿犯罪中的"明显高于出资应得收益"》，载《刑事法律文件解读》2009 年第 8 辑总第 50 辑，第 121 页。

⑯《用个人消费发票到业务单位报销如何定性》，载《刑事法律文件解读》2009 年第 1、2 辑总第 43、44 辑，第 247~248 页。

⑰《干股分红型受贿犯罪研究》，载《刑事司法指南》2009 年第 3 辑总第 39 辑，第 17~42 页。

⑱《通过特定关系人受贿的认定——析吴远明受贿案》，载《刑事司法指南》2009年第3辑总第39辑，第185~190页。

⑲《贪污受贿案件刑罚问题探微》，载《刑事司法指南》2009年第2辑总第38辑，第41~71页。

⑳《贿赂犯罪案件中的证据问题》，载《刑事司法指南》2009年第1辑总第37辑，第64~75页。

㉑《委托理财型受贿的刑法适用》，载《公检法办案指南》2009年第2辑总第110辑，第166~175页。

㉒《受贿款的用途是否影响受贿罪的成立》，载《刑事法律文件解读》2008年第4辑总第34辑，第122页。

㉓《采取"低价购房"形式受贿的法律适用问题》，载《刑事司法指南》2008年第4辑总第36辑，第191~196页。

㉔《新型受贿犯罪若干问题研究》，载《刑事司法指南》2008年第2辑总第34辑，第1~32页。

㉕《侯伍杰受贿案》，载《最高人民法院公报》2007年第2辑总第97辑。

要旨 ➡ 被采取强制措施之后，如实向司法机关供述全部犯罪事实，并退回全部赃款、赃物，可以从轻处罚。

㉖《马平、沈建萍受贿案》，载《刑事审判参考》2007年第6辑总第59辑，第46~56页。

要旨 ➡ 以房产交易形式收受贿赂的犯罪数额认定问题

一、以"感情投资"方式多次收受数额巨大的财物，最后被告人接受具体请托为请托人谋利的，应当将多次收受的财物数额予以累计，以受贿犯罪论处。

二、以房产交易形式收受贿赂的，受贿数额应当按照交易时该房产的市场价格与实际支付价格的差额计算。

㉗《以明显低价购房、免交购房欠款行为的定性》，载《刑事司法指南》2007年第3辑总第31辑，第198~206页。

㉘《贿赂犯罪相关的几个问题：对象、未谋利、影响力、外国公职人员、数额与社会危害性》，载《公检法办案指南》2007年第10辑总第94辑，第159~168页。

㉙《方俊受贿案》，载《刑事审判参考》2006年第4辑总第51辑，第45~52页。

核心提示 ➡ 如何区分国家工作人员收受贿赂与收取合理劳务报酬？

㉚《钱政德受贿案》，载《刑事审判参考》2006年第3辑总第50辑，第43~48页。

要旨 ➡ 国家机关设立的非常设性工作机构属于刑法意义上的国家机关。在国家机关中从事公务的非正式在编人员亦属国家工作人员。

如何区分亲友间的正当馈赠与受贿？1.地方人民政府设立的行使特定管理职能的非常设性机构，是地方人民政府的组成部分，亦属于国家行政机关。2.只要是在国家机关中从事公务，即使是非正式在编人员，亦属于刑法第 93 条第 1 款规定的 "国家工作人员"。3. 区分受贿与正当馈赠，通常可以从以下几个方面把握：一是双方关系。二是财物价值。三是请托事项。

㉛《胡发群受贿、巨额财产来源不明案》，载《刑事审判参考》2006 年第 1 辑总第 48 辑，第 58～66 页。

要旨 ➡ 国家工作人员利用职务便利索要高额投资回报的行为构成受贿罪。

㉜《以投资回报为名收受贿赂的认定》，载《刑事司法指南》2006 年第 4 辑总第 28 辑，第 211～219 页。

㉝《受贿罪共犯的司法认定》，载《刑事司法指南》2006 年第 3 辑总第 27 辑，第 1～32 页。

㉞《公检法办案指南》2006 年第 11 辑总第 83 辑，第 146～156 页。

要旨 ➡ 利用职务便利获取房屋行为若干问题探讨。

1. 房屋的产权状态对成立职务犯罪的影响；2. 利用职务便利获取房屋行为的既遂标准；3. 如何认定获取房屋犯罪的数额；4. 几种特殊的获取他人房屋行为的认定：（1）案发时行为人没有办理房屋权属登记；（2）获取房屋时支付部分对价；（3）以实际支付价格与开发商签订购买房屋合同，由他人出资补贴差价。

㉟《收受银行储蓄卡未取出使用的款额应当如何认定》，载《公检法办案指南》2006 年第 9 辑总第 81 辑，第 173～176 页。

要旨 ➡ 收受存有约定数额行贿款的卡，部分取款后因误以为卡内无款而将卡丢弃的如何认定？兼谈如何认定收受银行卡的数额？

㊱《郭某某、陈某共同受贿案》，载《公检法办案指南》2006 年第 1 辑总第 43 辑，第 176～180 页。

要旨 ➡ 介绍贿赂并参与受贿的应以受贿罪共犯定罪处罚。

㊲《李葳受贿案》，载《刑事审判参考》2005 年第 2 辑总第 43 辑，第 45～51 页。

要旨 ➡ 利用与其他单位共同开发房地产的职务便利要求合作单位为其亲属提供低价住房的行为构成受贿罪。

㊳《李国蔚受贿、巨额财产来源不明案 江西省赣州市中级人民法院刑事判决书》〔2005〕赣中刑二初字第 4 号，载《刑事审判参考》2005 年第 1 辑总第 42 辑，第 189～240 页。

要旨 ➡ 不作为谋利亦可构成受贿罪。

利用职务之便可表现为个人通过集体开会实施的形式：

受贿犯罪中的利用职务这便既可以表现为个人单独实施的形式，也可以表现为个人通过集体开会实施的形式。李国蔚作为赣州市公路局的行政一把手，采取通过集体开会的形式利用职务之便将钟志健从兴国县公路分局党支部书记提拔为大余公路分局局长，钟志健出于感谢而向其送钱，并且钟志健基于增补资金的请托事项向其送钱，李国蔚予以收受，为钟志健及其单位谋取利益，其行为是受贿。

㊙ 《曹军受贿案》，载《刑事审判参考》2005 年第 1 辑总第 42 辑，第 62~71 页。

核心提示 ➡ 对于依照公司法规定产生的公司负责人能否认定为受国有单位委派从事公务的人员？

要旨 ➡ 投资主体委派有限公司经理与股东选（推）举公司执行董事兼经理是两个不同的程序，不能因为有限公司经理须经过股东会的选举程序而否认其受国有单位委派从事公务的性质。南通农行通过违法操作，成为兴隆有限公司的实际投资人，已对兴隆有限公司进行全面管理，不能因其投资行为的违法性而否定曹军系国有企业委派到非国有公司中从事公务的性质。

㊵ 《阎怀民、钱玉芳贪污、受贿案》，载《刑事审判参考》2005 年第 1 辑总第 42 辑，第 51~61 页。

核心提示 ➡ 国家工作人员利用职务上的便利以单位的名义向有关单位索要"赞助款"并占为己有的行为是索贿还是贪污？

要旨 ➡ 被告人系以单位名义向苏交所索要财物，苏交所不具备向被告人个人行以贿赂的主客观要件。考虑到苏交所系市场协会的会员，被告人作为省体改委的领导及市场协会对苏交所一向多有帮助，故向市场协会提供赞助亦属情理之中，遂按被告人的要求为市场协会办理了 80 万元的付款转账手续。因此，苏交所既无对被告人个人索贿的主观认知，亦无向被告人个人行贿的主观故意和客观行为，不具有行为的违法性。

㊶ 《国家工作人员非法收受财物后没有实施为他人谋取利益的行为能否构成受贿罪》，载《最新刑事法律文件解读》2005 年第 8 辑总第 8 辑，第 123 页。

㊷ 《离职、辞职、离退休国家工作人员能否单独构成受贿罪》，载《最新刑事法律文件解读》2005 年第 8 辑总第 8 辑，第 124 页。

㊸ 《国家工作人员利用职务上的便利为他人谋取利益，其配偶、近亲属收受或者索取请托人财物的，能否对国家工作人员的配偶、近亲属以受贿的共犯定罪处罚》，载《最新刑事法律文件解读》，第 126 页。

㊹ 《李某贪污案》，载《最新刑事法律文件解读》2005 年第 7 辑总第 7 辑，第 118~122 页。

㊺ 《如何区分截留并非法占有本单位利润款的贪污行为与收受回扣的受贿行为》，载《最新刑事法律文件解读》2005 年第 6 辑总第 6 辑。

核心提示 ➡ 截留利润的贪污与收受回扣的受贿的区别

要旨 ➡ 应当结合交易的真实情况，具体分析行为人所获得的财物实际上是属于经济往来的对方单位，还是行为人单位。

㊻ 《如何区分受贿罪刑法规定中的"利用职务上的便利"与"利用职权或地位形成的便利条件"》，载《最新刑事法律文件解读》2005 年第 6 辑总第 6 辑。

核心提示 ➡ 直接受贿与斡旋受贿的区别

要旨 ➡ 区别的关键在于行为人与被其利用的国家工作人员之间是否存在着职务上的隶属或者制约关系。

㊼《乙某受贿案》，载《最新刑事法律文件解读》2005 年总第 2 辑。

核心提示➡律师出卖委托人利益并收受好处费应如何定性？

㊽《鄢立中受贿、挪用公款案》，载《最新刑事法律文件解读》2005 年第 1 辑总第 1 辑。

核心提示➡指使下属单位借款供个人使用的行为如何定性？

㊾《受贿罪认定中的若干疑难问题研究》，载《刑事司法指南》2005 年第 4 辑总第 24 辑，第 49～102 页。

要旨➡一、受贿罪主体认定中的疑难问题：1. 中国共产党和人民政治协商会议机关中的工作人员是否属于刑法中的国家机关工作人员；2. 受国家机关、国有公司、企业、事业单位、人民团体委托管理、经营国有财产的人员是否是受贿罪的主体；3. 从事社会公共服务性质的人员（医师、教师、律师）是否属于受贿罪的主体；4. 基层群众自治组织中的工作人员是否属于受贿罪的主体；

二、受贿罪“利用职务上的便利”认定中的疑难问题：1. “利用双重职务上的便利”如何处理；2. “利用本人过去职务上的便利”如何处理；3. “利用本人将来职务上的便利”如何处理；

三、“索取”或“非法收受”贿赂行为认定中的疑难问题：1. “索而不取”如何处理；2. “收而不受”如何处理；3. “受而不收”如何处理；4. “案发前退回财物的或将财物交公的”是否影响“收受”的成立；

四、“他人财物（贿赂）”认定中的疑难问题：1. “他人”是否包括“与行为人具有共同共有关系的直系亲属”；2. “贿赂”是否包括财产性利益；3. “贿赂”是否包括“实价股份”；

五、“为他人谋取利益”认定中的疑难问题：1. “为他人谋取利益”是受贿罪的主观要件还是客观要件；2. “为他人谋取利益”是否影响受贿罪既遂的成立；

六、几种特殊类型的受贿案件的认定：1. 涉及科技人员受贿案件认定中的疑难问题；2. 涉及有价证券、股票受贿案件认定中的疑难问题；3. 涉及“人情往来”受贿案件认定中的疑难问题；4. 涉及借贷的受贿案件的认定问题。

㊿《刘克田受贿案辽宁省鞍山市中级人民法院刑事判决书》〔2004〕鞍刑二初字第 66 号，《刑事审判参考》2004 年第 6 辑总第 41 辑，第 175～187 页。

核心提示➡为有关单位谋取合法利益不影响其行为性质的认定

要旨➡对于被告人及辩护人提出刘克田是采取与有关领导打招呼的方式，为国有大型企业解决困难，谋取的是合法利益的辩解和辩护意见。根据《刑法》第 385 条第 1 款对受贿罪的规定。刘克田为有关单位谋取的利益是否合法不影响其行为性质的认定。

(51)《刘方仁受贿案北京市中级人民法院刑事判决书》〔2004〕二中刑初字第 1242 号，载《刑事审判参考》2004 年第 4 辑总第 39 辑，第 215～252 页。

核心提示➡国家工作人员与其亲属共同受贿。上诉人身为国家工作人员，利用职务上的便利，为他人谋取利益，单独或伙同其儿媳非法收受他人钱款

㊷ 《关于重庆市 1998~2002 年贪污、受贿适用缓刑案件的考察报告》，载《经济犯罪审判指导》2004 年第 1 辑总第 5 辑，第 132~150 页。

㊹ 《王怀忠受贿、巨额财产来源不明案刑事裁定书》〔2004〕刑复字第 15 号，载《刑事审判参考》2003 年第 6 辑总第 35 辑，第 218~265 页。

核心提示 ➡ 为他人谋利是否经过集体研究决定的形式，不影响行为的性质；受贿案件中的取证及细节不一致的证人证言采信问题；索贿用于对抗查处是酌定从重情节

要旨 ➡ 被告人为有关单位、个人谋取的利益是否符合有关文件规定，是否经过了集体研究决定的形式，不影响王怀忠行为的性质。本案侦查机关是最高人民检察院，而本案大部分证人居住或者工作在安徽，侦查机关通知证人到侦查人员在外地办案居住的宾馆或者招待所进行，是工作需要，没有证据证明有关证人因为取证地点的原因而作了虚假陈述；证人证言是证人对已经过去的事实通过记忆作出的陈述，证言之间在细节问题上存在不一致有客观性和合理性，言词证据之间在细节上完全一致反而没有客观性和合理性，这种不一致的存在不影响有关证言的采信。

㊺ 《胡启能贪污案》，载《刑事审判参考》2003 年第 6 辑总第 35 辑，第 64~77 页。

核心提示 ➡ 截留并非法占有本单位利润款的贪污行为与收受回扣的受贿行为的区分

要旨 ➡ 在购销活动中，如购入方行为人的回扣、手续费实际上来源于购入方虚增标的金额，或卖出方行为人的回扣、手续费实际上来源于卖出方降低标的金额，因该款实质上属于本单位的额外支出或应得利益，实际侵犯本单位应得利益，是变相贪污。

㊻ 《蒙某受贿案》，载《刑事审判参考》2003 年第 4 辑总第 33 辑，第 46~52 页。

核心提示 ➡ 税务机关工作人员利用职务之便索取他人赞助费不征应征税款的行为如何定性？

要旨 ➡ 收受的贿赂款中部分归个人，部分归单位，应以受贿罪和单位受贿罪并罚

㊼ 《项云福受贿案》，载《经济犯罪审判指导与参考》总第 2 辑，第 87 页。

核心提示 ➡ "搭干股并分红"的行为如何定性？

㊽ 《在全国法院审理经济犯罪案件工作座谈会上的讲话》，载《经济犯罪审判指导》2003 年第 1 辑总第 1 辑，第 113~131 页。

核心提示 ➡ 如何理解刑法第 385 条规定的"为他人谋取利益"？

要旨 ➡ 我们认为，从立法本意把握，受贿罪的本质是通过"权钱交易"使公共权力商品化，侵害国家工作人员职务行为的廉洁性。因此，为他人谋取利益，应当既包括非法利益，也包括合法利益；既包括不正当利益，也包括正当利益；既包括物质利益，也包括非物质利益。无论这种利益是否实现，只要行为人具有"为他人谋取利益"的主观故意，包括承诺、实施、实现三个阶段，就应当认定具有"为他人谋取利益"的构成要件。

㊾ 《浅析国家工作人员与其亲属共同受贿》，载《刑事审判要览》2003 年第 6 辑，第 159~164 页。

要旨 ➡ 1. 国家工作人员与其家属共同受贿故意的认定；2. 国家工作人员与其家属共同受贿中的地位；3. 国家工作人员与其家属共同受贿的数额认定。

(59)《受贿后财物的处置对受贿罪认定的影响》，载《公检法办案指南》2003年第8辑总第44辑。

(60)《刑法中的注意规定与法律拟制及其运用分析》，载《刑事司法指南》2003第3辑总第15辑，第70～108页。

要旨➾争议条文的分析。第382条第3款，新《刑法》只是保留了贪污罪的共犯规定，而删除了关于受贿罪共犯的表述。于是有人认为，“修订后的刑法已取消内外勾结的受贿罪共犯，修订后的刑法施行后，对非国家工作人员勾结国家工作人员，伙同受贿的，不能以受贿罪共犯追究其刑事责任”。这种观点在司法实践中造成的消极后果已经发展到了令人惊讶的严重程度，正本清源实属当务之急。不难发现，此处的关键在于如何理解《刑法》第382条第3款的性质，即澄清该款属注意规定还是法律拟制。

本文以为，《刑法》第382条第3款属于注意规定，而非法律拟制。为什么新刑法在贪污罪中保留注意规定，而删除受贿罪中的注意规定？对此不难解释。因为贪污罪包含了利用职务之便的盗窃、骗取、侵占等行为，而一般主体与国家工作人员相勾结、伙同贪污时，一般主体的行为也符合盗窃罪、诈骗罪、侵占罪的构成要件；《刑法》第382条第3款的注意规定，是为了防止司法机关将贪污共犯认定为盗窃、诈骗、侵占等罪。刑法就受贿罪取消注意规定，是因为基本上不存在将受贿共犯认定为其他犯罪的问题；刑法对其他特殊主体的犯罪没有设置类似的注意规定，是因为基本上不存在将受贿共犯认定为其他犯罪的问题；刑法对其他特殊主体的犯罪没有设置类似的注意规定，也是因为基本上不存在类似问题，因而没有提醒的必要。刑法具有简短的价值，没有必要、也不可能、更不应当随处设立注意规定，只有在立法者担心司法机关可能存在误解或者容易疏忽的情况下，才作出注意规定。由于教唆或者帮助受贿的行为不可能构成其他犯罪，不会引起误会，故立法者删除了原有的注意规定。

(61)《姜杰受贿案》，载《刑事审判参考》2002年第6辑总第29辑，第58～61页。

核心提示➾上级单位及其工作人员逢年过节收受下级单位的礼金是否构成受贿犯罪？

要旨➾下级并无特定目的动机，仅为一般联络感情，不具有权钱交易，不定。

(62)《万国英受贿、挪用公款案》，载《刑事审判参考》2002年第6辑第总29辑，第51～57页。

核心提示➾如何区分亲友间的正当馈赠与受贿？

(63)《左佳等受贿、贪污、挪用公款案》，载《刑事审判参考》2002年第4辑总第27辑，第54～66页。

核心提示➾单位领导研究决定收受回扣款、并为少数领导私分行为的定性

要旨➾1. 名为单位，实为个人，应以个人受贿定；2. 1997年刑法之前的行为，应以商业受贿定罪处罚。

(64)《贿赂罪共同犯罪问题研究》，载《刑事司法指南》2002年第3辑总第11辑，第77～129页。

要旨➾1. 自然人受贿犯罪的共同犯罪：（1）关于非国家工作人员能否构成受贿罪共

犯的研讨；（2）自然人共同受贿犯罪的基本特征及其表现形式；（3）国家工作人员共同受贿的认定；（4）国家工作人员与家属共同受贿的认定；（5）国家工作人员与公司、企业人员共同受贿的认定；（6）国家工作人员与其他人共同受贿的认定；（7）自然人共同受贿犯罪的处罚原则；2. 单位贿赂犯罪中的共同犯罪：（1）关于单位能否作为共同犯罪主体的研究；（2）单位贿赂共同犯罪的表现形式及其特征；（3）单位贿赂共同犯罪几种一特殊情形的处理；（4）单位贿赂共同犯罪之犯罪数额的认定。

65 《受贿罪的证明方法》，载《刑事司法指南》2002年第2辑总第10辑，第139~154页。

要旨 ➡ 1. 证明犯罪嫌疑人属于国家工作人员"主体"的方法；2. 在犯罪主观方面，证明犯罪嫌疑人有权钱交易的故意，包括直接故意与间接故意、事前故意与事后故意、索贿故意与收受贿赂故意等多种形式：（1）受贿罪中的直接故意与间接故意的证明；（2）受贿罪中的事前故意与事后故意的证明；（3）受贿罪中的索贿故意与收受贿赂故意的证明；3. 受贿犯罪客观方面的证明要点与证明方法：（1）索取型受贿罪的证明要点与证明方法；（2）收受型受贿罪的证明要点与证明方法；（3）斡旋型受贿罪的证明要点与证明方法；4. 在受贿犯罪对象方面，证明犯罪嫌疑人收受的是"财物"，而不是财产性利益或者其他利益的方法。

66 《刑事法理论在司法实务中的运用》，载《华东刑事司法评论》2002年第1辑，第133~174页。

核心提示 ➡ 受贿既遂后将赃款用于"公务"、"业务活动"应如何处理？

67 《王海峰受贿、伪造证据案》，载《刑事审判参考》2001年第6辑总第17辑，第24~29页。

要旨 ➡ 国有公司法律顾问处律师受本公司委派担任非国有公司诉讼代理人过程中收受他人财物构成受贿罪。因受贿而进行违法活动构成其他罪的数罪并罚，除非法律有特别规定。

68 《关于被告人受贿后徇私舞弊为服刑罪犯减刑、假释的行为应定一罪还是数罪的研究意见》，载《刑事审判参考》2001年第3辑总第14辑，第73~76页。

69 《陈晓受贿案》，载《刑事审判参考》2000年第3辑总第8辑，第47~54页以及《刑事审判案例》，第601~606页。

核心提示 ➡ 事后收受财物能否构成受贿罪？

70 《谢某受贿案》，载《公检法办案指南》2000年第9辑总第9辑，第157~159页。

核心提示 ➡ 索取、收受未办理所有权转移手续的财物是否构成受贿罪？

71 《指控受贿罪的最低证据标准》，载《刑事司法指南》2000年第3辑总第3辑，第149~157页。

72 《张德元受贿案》，载《刑事审判参考合订本·第一卷》，第186~190页。

核心提示 ➡ 对受贿犯罪分子应如何量刑，如何把握"情节特别严重"？

73 《余永恒受贿案》，载《刑事审判参考合订本·第一卷》，第181~185页。

核心提示 ➡ 被采取强制措施后交代司法机关尚未掌握的同种犯罪应如何掌握具体处刑？

74《荀兴良等贪污、受贿案》，载《刑事审判参考合订本·第一卷》，第170～175页。
要旨 ➡ 具有两种不同特定身份的人共同实施侵吞企业财产、收受财物的行为应依其特定的身份分别定罪处罚。

75《刘群群被控受贿案》，载《刑事审判参考合订本·第一卷》，第176～180页。
要旨 ➡ 索要正当合伙承包经营的分成不构成受贿罪。

76《吴根源受贿案》，最高人民法院刑二庭《假冒伪劣犯罪判解》，第214页。
核心提示 ➡ 受贿放纵制售伪劣商品的行为如何定罪处罚？

77《陈晓受贿案》，载《最高人民法院判例释解·刑事卷》，第33页。
要旨 ➡ 如何通过客观行为判断事前未明示受贿但事后受贿的行为？

78《高玉林等5人贪污案》，载《最高人民法院判例释解·刑事卷》，第59页。
核心提示 ➡ 以不同名义为他人解决招生问题而收款导致定性不同

79《铁英受贿案》，载《最高人民法院判例释解·刑事卷》，第69页。
核心提示 ➡ 如何理解"利用本人职权或地位形成的便利条件"的斡旋受贿行为？

第386条　受贿罪的量刑

对犯受贿罪的，根据受贿所得数额及情节，依照本法第三百八十三条的规定处罚。索贿的从重处罚。

关　联　规　范 ➡ 完全整理

❶《中华人民共和国刑法》（1980年1月1日）第383条　贪污罪
对犯贪污罪的，根据情节轻重，分别依照下列规定处罚：

（一）个人贪污数额在十万元以上的，处十年以上有期徒刑或者无期徒刑，可以并处没收财产；情节特别严重的，处死刑，并处没收财产。

（二）个人贪污数额在五万元以上不满十万元的，处五年以上有期徒刑，可以并处没收财产；情节特别严重的，处无期徒刑，并处没收财产。

（三）个人贪污数额在五千元以上不满五万元的，处一年以上七年以下有期徒刑；情节严重的，处七年以上十年以下有期徒刑。个人贪污数额在五千元以上不满一万元，犯罪后有悔改表现、积极退赃的，可以减轻处罚或者免予刑事处罚，由其所在单位或者上级主管机关给予行政处分。

（四）个人贪污数额不满五千元，情节较重的，处二年以下有期徒刑或者拘役；情节较轻的，由其所在单位或者上级主管机关酌情给予行政处分。

对多次贪污未经处理的，按照累计贪污数额处罚。

❷《中华人民共和国刑法》（1980年1月1日）第163条　非国家工作人员受贿罪

公司、企业或者其他单位的工作人员利用职务上的便利，索取他人财物或者非法收受他人财物，为他人谋取利益，数额较大的，处五年以下有期徒刑或者拘役；数额巨大的，处五年以上有期徒刑，可以并处没收财产。

公司、企业或者其他单位的工作人员在经济往来中，利用职务上的便利，违反国家规定，收受各种名义的回扣、手续费，归个人所有的，依照前款的规定处罚。

国有公司、企业或者其他国有单位中从事公务的人员和国有公司、企业或者其他国有单位委派到非国有公司、企业以及其他单位从事公务的人员有前两款行为的，依照本法第三百八十五条、第三百八十六条的规定定罪处罚。

❸《中华人民共和国刑法》（1980年1月1日）第184条　公司、企业人员受贿罪

受贿罪

银行或者其他金融机构的工作人员在金融业务活动中索取他人财物或者非法收受他人财物，为他人谋取利益的，或者违反国家规定，收受各种名义的回扣、手续费，归个人所有的，依照本法第一百六十三条的规定定罪处罚。

国有金融机构工作人员和国有金融机构委派到非国有金融机构从事公务的人员有前款行为的，依照本法第三百八十五条、第三百八十六条的规定定罪处罚。

第387条　单位受贿罪

国家机关、国有公司、企业、事业单位、人民团体，索取、非法收受他人财物，为他人谋取利益，情节严重的，对单位判处罚金，并对其直接负责的主管人员和其他直接责任人员，处五年以下有期徒刑或者拘役。

前款所列单位，在经济往来中，在账外暗中收受各种名义的回扣、手续费的，以受贿论，依照前款的规定处罚。

关联规范　➡ 完全整理

❶ 最高人民检察院研究室《关于国有单位的内设机构能否构成单位受贿罪主体问题的答复》（2006年9月12日　〔2006〕高检研发8号）①

陕西省人民检察院法律政策研究室：你室《关于国家机关、国有公司、企业、事业单位、人民团体的内设机构能否构成单位受贿罪主体的请示》收悉。经研究，答复如下：国有单位的内设机构利用其行使职权的便利，索取、非法收受他人财物并归该内设机构所有或者支配，为他人谋取利益，情节严重的，依照刑法第三百八十七条的规定以单位受贿罪追究刑事责任。

上述内设机构在经济往来中，在账外暗中收受各种名义的回扣、手续费的，以受贿论。

❷ 最高人民检察院《关于人民检察院直接受理立案侦查案件立案标准的规定（试

---

① 对其解读见：《公检法办案指南》2006年第11辑总第83辑，第86~92页以及《刑事司法指南》2007年第1辑总第29辑，第122~129页。

行)》(1999年9月16日 高检发释字〔1999〕2号)(节录)①

(四)单位索取他人财物或者非法收受他人财物,必须同时具备为他人谋取利益的条件,且是情节严重的行为,才能构成单位受贿罪。涉嫌下列情形之一的,应予立案:1.单位受贿数额在10万元以上的;2.单位受贿数额不满10万元,但具有下列情形之一的:(1)故意刁难、要挟有关单位、个人,造成恶劣影响的;(2)强行索取财物的;(3)致使国家或者社会利益遭受重大损失的。

四、附则 (二)本规定中有关犯罪数额"不满",是指接近该数额且已达到该数额的百分之八十以上。

学理观点·典型案例 ➡ 索引与要旨

❶《单位内设机构可以成为单位受贿罪的主体》,载《刑事司法指南》2011年第2辑总第46辑,第235~244页。

❷《国有单位的内设机构可以构成单位受贿罪的主体》,载《最新刑事法律文件解读》2006年第11辑总第23辑,第141~143页。

❸《蒙某受贿案》,载《刑事审判参考》2003年第4辑总第33辑,第46~52页。
核心提示 ➡ 税务机关工作人员利用职务之便索取他人赞助费不征应征税款的行为如何定性?
要旨 ➡ 收受的贿赂款中部分归个人,部分归单位,应以受贿罪和单位受贿罪并罚。
本案被告追求两个犯罪目的,不同于一般牵连犯追求一个目的,但并不影响受贿、单位受贿两罪(本罪)与徇私舞弊不征税款(他罪)的目的与牵连关系;应以两个本罪与徇私舞弊不征税款罪择一重罪,并对被告以受贿、单位受贿并罚。

❹《贿赂罪共同犯罪问题研究》,载《刑事司法指南》2002年第3辑总第11辑,第77~129页。
要旨 ➡ 单位贿赂犯罪中的共同犯罪:1.关于单位能否作为共同犯罪主体的研究;2.单位贿赂共同犯罪的表现形式及其特征;3.单位贿赂共同犯罪几种一特殊情形的处理;4.单位贿赂共同犯罪之犯罪数额的认定。

第388条 受贿罪

国家工作人员利用本人职权或者地位形成的便利条件,通过其他国家工作人员职务上的行为,为请托人谋取不正当利益,索取请托人财物或者收受请托人财物的,以受贿论处。

关联规范 ➡ 完全整理

《全国法院审理经济犯罪案件工作座谈会纪要》(2003年11月13日 法〔2003〕167

---

① 对其解读见:《解读最高人民检察院司法解释》,第173~235页。

号）（节录）①

三（三）刑法第三百八十八条规定的"利用本人职权或者地位形成的便利条件"，是指行为人与被其利用的国家工作人员之间在职务上虽然没有隶属、制约关系，但是行为人利用了本人职权或者地位产生的影响和一定的工作联系，如单位内不同部门的国家工作人员之间、上下级单位没有职务上隶属、制约关系的国家工作人员之间、有工作联系的不同单位的国家工作人员之间等。

学理观点·典型案例 ➡ 索引与要旨

❶《利用影响力受贿罪司法适用研究》，载《刑事司法指南》2010 年第 3 辑总第 43 辑，第 16～36 页。

❷《如何理解"利用职权或地位形成的便利条件"》，载《最新刑事法律文件解读》2006 年第 3 辑总第 15 辑，第 122～124 页。

❸《受贿罪中第三人刑事责任问题略论》，载《刑事司法指南》2006 年第 1 辑总第 25 辑，第 58～67 页。

第 388 条之一　修正案（七）第 13 条　利用影响力受贿罪

刑法修正案（七）（2009 年 2 月 28 日第十一届全国人民代表大会常务委员会第七次会议通过）

十三、在刑法第三百八十八条后增加一条作为第三百八十八条之一："国家工作人员的近亲属或者其他与该国家工作人员关系密切的人，通过该国家工作人员职务上的行为，或者利用该国家工作人员职权或者地位形成的便利条件，通过其他国家工作人员职务上的行为，为请托人谋取不正当利益，索取请托人财物或者收受请托人财物，数额较大或者有其他较重情节的，处三年以下有期徒刑或者拘役，并处罚金；数额巨大或者有其他严重情节的，处三年以上七年以下有期徒刑，并处罚金；数额特别巨大或者有其他特别严重情节的，处七年以上有期徒刑，并处罚金或者没收财产。

离职的国家工作人员或者其近亲属以及其他与其关系密切的人，利用该离职的国家工作人员原职权或者地位形成的便利条件实施前款行为的，依照前款的规定定罪处罚。"

---

① 对其解读见：《刑事审判参考》2004 年第 4 辑总第 39 辑，第 178～199 页。

关联规范 ➡ 完全整理

❶《刑法修正案（七）》（2009年2月28日）①

❷ 最高人民法院、最高人民检察院《关于执行〈中华人民共和国刑法〉确定罪名的补充规定（四）》（2009年10月16日 法释〔2009〕13号）②

❸ 最高人民法院、最高人民检察院《关于办理受贿刑事案件适用法律若干问题的意见》（2007年7月8日 法发〔2007〕22号）（节录）③

六、关于特定关系人"挂名"领取薪酬问题

国家工作人员利用职务上的便利为请托人谋取利益，要求或者接受请托人以给特定关系人安排工作为名，使特定关系人不实际工作却获取所谓薪酬的，以受贿论处。

七、关于由特定关系人收受贿赂问题

国家工作人员利用职务上的便利为请托人谋取利益，授意请托人以本意见所列形式，将有关财物给予特定关系人的，以受贿论处。

特定关系人与国家工作人员通谋，共同实施前款行为的，对特定关系人以受贿罪的共犯论处。特定关系人以外的其他人与国家工作人员通谋，由国家工作人员利用职务上的便利为请托人谋取利益，收受请托人财物后双方共同占有的，以受贿罪的共犯论处。

十一、关于"特定关系人"的范围

本意见所称"特定关系人"，是指与国家工作人员有近亲属、情妇（夫）以及其他共同利益关系的人。

学理观点·典型案例 ➡ 索引与要旨

❶《利用影响力受贿罪司法适用研究》，载《刑事司法指南》2010年第3辑总第43辑，第16~36页。

❷《从刑法修正案（七）看立法导向》，载《刑事法律文件解读》2009年第4辑总第46辑，第119~122页。

第389条　行贿罪

为谋取不正当利益，给予国家工作人员以财物的，是行贿罪。

在经济往来中，违反国家规定，给予国家工作人员以财物，数额较大的，或者违反国家规定，给予国家工作人员以各种名义的回扣、手续费的，以行贿论处。

---

① 对其解读见：《刑事审判参考》2009年第3辑总第68辑，第66~118页以及草案及其说明《刑事法律文件解读》2008年第9辑总第39辑，第84~90页。
② 对其解读见：《刑事审判参考》2009年第6辑总第71辑，第72~82页。
③ 对其解读见：《刑事审判参考》2007年第4辑总第57辑，第81~104页。

因被勒索给予国家工作人员以财物，没有获得不正当利益的，不是行贿。

关联规范 ⟹ 完全整理

❶《中华人民共和国刑法》（1980年1月1日）第96条　对违反国家规定概念的界定

本法所称违反国家规定，是指违反全国人民代表大会及其常务委员会制定的法律和决定，国务院制定的行政法规、规定的行政措施、发布的决定和命令。

❷《中华人民共和国刑法》（1980年1月1日）第393条　单位行贿罪

单位为谋取不正当利益而行贿，或者违反国家规定，给予国家工作人员以回扣、手续费，情节严重的，对单位判处罚金，并对其直接负责的主管人员和其他直接责任人员，处五年以下有期徒刑或者拘役。因行贿取得的违法所得归个人所有的，依照本法第三百八十九条、第三百九十条的规定定罪处罚。

学理观点·典型案例 ⟹ 索引与要旨

❶《贿赂犯罪法律适用问题解答——上海市高级人民法院刑二庭调研报告》，载《刑事审判参考》2010年第4辑总第75辑，第159～161页。

要旨➡ 经济往来中的行贿行为是否必须具备"以谋取不正当利益"的主观要件？行贿人因其他犯罪被司法机关追诉，主动交代行贿行为，受贿人构成受贿罪的，是否构成立功？行贿人如果不供认其行贿行为，对行贿人是否可以伪证罪进行追诉？

❷《行贿犯罪案件起诉书制作情况调查及其改进建议》，载《刑事司法指南》2009年第3辑总第39辑，第191～196页。

❸《王某的行为是否构成行贿罪，如何理解"为谋取不正当利益"、"在经济往来中"、"违反国家规定"》，载《公检法办案指南》2009年第1辑总第109辑，第174～176页。

❹《试析行贿犯罪涉及的三个问题》，载《刑事司法指南》2008年第1辑总第33辑，第28～41页。

❺《鞠胤文挪用公款、受贿案》，载《刑事审判参考》2006年第1辑总第48辑，第67～77页。

核心提示➡ 因挪用公款索取、收受贿赂或者行贿构成犯罪的，是择一重处还是两罪并罚？

要旨➡ 被告人鞠胤文因挪用公款而收受、索取贿赂，被告人辛培凌因挪用公款而行贿，应分别以挪用公款罪和受贿罪、挪用公款罪和行贿罪两罪并罚。我们认为，受贿罪和行贿罪是刑法意义上的对合犯，往往相伴相生，既然司法解释对挪用公款罪与受贿罪的牵连犯规定两罪并罚，对于挪用公款罪与行贿罪的牵连犯，也应按照这个原则处理，否则将可能出现一个案件中挪用公款罪的共犯，一方行贿另一方受贿，受贿者构成挪用公款罪和受贿罪两罪,而行贿者只构成挪用公款罪或者行贿罪一罪的不平等现象。

❻《王红梅、王宏斌、陈一平走私普通货物、虚开增值税专用发票案》,载《刑事审判参考》2005年第2辑总第43辑,第1~20页。

要旨 ➡ 基于将走私货物入境的犯罪目的,而向海关人员行贿的行为,与该走私行为,构成牵连犯罪。

❼《阎怀民、钱玉芳贪污、受贿案》,载《刑事审判参考》2005年第1辑总第42辑,第51~61页。

核心提示 ➡ 如何判断行贿的主观故意?

要旨 ➡ 被告人系以单位名义向苏交所索要财物,苏交所不具备向被告人个人行以贿赂的主客观要件。考虑到苏交所系市场协会的会员,被告人作为省体改委的领导及市场协会对苏交所一向多有帮助,故向市场协会提供赞助亦属情理之中,遂按被告人的要求为市场协会办理了80万元的付款转账手续。因此,苏交所既无对被告人个人索贿的主观认知,亦无向被告人个人行贿的主观故意和客观行为,不具有行为的违法性。

第390条 行贿罪

对犯行贿罪的,处五年以下有期徒刑或者拘役;因行贿谋取不正当利益,情节严重的,或者使国家利益遭受重大损失的,处五年以上十年以下有期徒刑;情节特别严重的,处十年以上有期徒刑或者无期徒刑,可以并处没收财产。

行贿人在被追诉前主动交待行贿行为的,可以减轻处罚或者免除处罚。

关 联 规 范 ➡ **完全整理**

❶《中华人民共和国刑法》(1980年1月1日) 第393条 单位行贿罪

单位为谋取不正当利益而行贿,或者违反国家规定,给予国家工作人员以回扣、手续费,情节严重的,对单位判处罚金,并对其直接负责的主管人员和其他直接责任人员,处五年以下有期徒刑或者拘役。因行贿取得的违法所得归个人所有的,依照本法第三百八十九条、第三百九十条的规定定罪处罚。

❷ 最高人民法院、最高人民检察院《关于办理赌博刑事案件具体应用法律若干问题的解释》(2005年5月13日 法释〔2005〕3号)(节录)①

第七条 通过赌博或者为国家工作人员赌博提供资金的形式实施行贿、受贿行为,构成犯罪的,依照刑法关于贿赂犯罪的规定定罪处罚。

❸《全国法院审理金融犯罪案件工作座谈会纪要》(2001年1月21日 法〔2001〕8号)(节录)②

三、(三) 关于金融诈骗罪 4. 金融诈骗犯罪定罪量刑的数额标准和犯罪数额的计算。

---

① 对其解读见:《刑事审判参考》2005年第2辑总第43辑,第52~65页。
② 对其解读见:《刑事审判参考》2001年第4辑总第15辑,第63~76页。

在具体认定金融诈骗犯罪的数额时,应当以行为人实际骗取的数额计算。对于行为人为实施金融诈骗活动而支付的中介费、手续费、回扣等,或者用于行贿、赠与等费用,均应计入金融诈骗的犯罪数额。但应当将案发前已归还的数额扣除。

❹ 最高人民检察院《关于行贿罪立案标准》(2000年12月1日)

❺ 最高人民检察院《关于人民检察院直接受理立案侦查案件立案标准的规定(试行)》(1999年9月16日 高检发释字〔1999〕2号)(节录)①

(五)涉嫌下列情形之一的,应予立案:1. 行贿数额在1万元以上的;

2. 行贿数额不满1万元,但具有下列情形之一的:(1)为谋取非法利益而行贿的;(2)向3人以上行贿的;(3)向党政领导、司法工作人员、行政执法人员行贿的;(4)致使国家或者社会利益遭受重大损失的。

因被勒索给予国家工作人员以财物,已获得不正当利益的,以行贿罪追究刑事责任。

四、附则 (五)本规定中有关贿赂罪案中的"谋取不正当利益",是指谋取违反法律、法规、国家政策和国务院各部门规章规定的利益,以及谋取违反法律、法规、国家政策和国务院各部门规章规定的帮助或者方便条件。

❻ 最高人民法院、最高人民检察院《关于在办理受贿犯罪大要案的同时要严肃查处严重行贿犯罪分子的通知》(1999年3月4日 高检会〔1999〕1号)(节录)②

二、"谋取不正当利益"是指谋取违反法律、法规、国家政策和国务院各部门规章规定的利益,以及要求国家工作人员或者有关单位提供违反法律、法规、国家政策和国务院各部门规章规定的帮助或者方便条件。

三、当前要特别注意依法严肃惩处下列严重行贿犯罪行为:1. 行贿数额巨大、多次行贿或者向多人行贿的;2. 向党政干部和司法工作人员行贿的;3. 为进行走私、偷税、骗税、骗汇、逃汇、非法买卖外汇等违法犯罪活动,向海关、工商、税务、外汇管理等行政执法机关工作人员行贿的;4. 为非法办理金融、证券业务,向银行等金融机构、证券管理机构工作人员行贿,致使国家利益遭受重大损失的;5. 为非法获取工程、项目的开发、承包、经营权,向有关主管部门及其主管领导行贿,致使公共财产、国家和人民利益遭受重大损失的;6. 为制售假冒伪劣产品,向有关国家机关、国有单位及国家工作人员行贿,造成严重后果的;7. 其他情节严重的行贿犯罪行为。

四、在查处严重行贿、介绍贿赂犯罪案件中,既要坚持从严惩处的方针,又要注意体现政策。行贿人、介绍贿赂人具有刑法第三百九十条第二款、第三百九十二条第二款规定的在被追诉前主动交代行贿、介绍贿赂犯罪情节的,依法分别可以减轻或者免除处罚;行贿人、介绍贿赂人在被追诉后如实交待行贿、介绍贿赂行为的,也可以酌情从轻处罚。

---

① 对其解读见:《解读最高人民检察院司法解释》,第173~235页。

② 对其解读见:《刑事审判参考合订本·第一卷》第325、375页,载《解读最高人民检察院司法解释》,第393~398页。

学理观点·典型案例 —— 索引与要旨

❶《行贿人"被追诉前主动交待"如何处罚》，载《公检法办案指南》2012年第6辑总第150辑，第183~186页。

❷《论行贿罪"为谋取不正当利益"构成要件的司法认定》，载《公检法办案指南》2012年第3辑总第147辑，第151~161页。

❸《如何正确理解经济往来中行贿犯罪的主观要件》，载《最新刑事法律文件解读》2006年第7辑总第19辑，第141~142页。

要旨 ➡ 在经济往来中，违反国家规定，给予国家工作人员以财物，或者给予国家工作人员以各种名义的回扣、手续费，数额在1万元以上的，不论其行为是否为谋取不正当利益，均应以行贿罪论处。

❹《如何界定和理解行贿罪构成要件中的"谋取不正当利益"》，载《最新刑事法律文件解读》2005年第10辑总第10辑，第101~103页。

❺《采取贪污手段侵吞的公款用于行贿，定一罪还是数罪》，载《最新刑事法律文件解读》2005年第10辑总第10辑，第103~104页。

❻《单位行贿罪司法认定中的若干问题》，载《刑事司法指南》2004年第1辑总第21辑，第89~102页。

要旨 ➡ 如何理解"被追诉前"的时间界限？单位行贿罪与相关犯罪的界限：单位行贿罪与行贿罪的界限。

第391条 对单位行贿罪

为谋取不正当利益，给予国家机关、国有公司、企业、事业单位、人民团体以财物的，或者在经济往来中，违反国家规定，给予各种名义的回扣、手续费的，处三年以下有期徒刑或者拘役。

单位犯前款罪的，对单位判处罚金，并对其直接负责的主管人员和其他直接责任人员，依照前款的规定处罚。

关联规范 —— 完全整理

❶《中华人民共和国刑法》（1980年1月1日）第96条 对违反国家规定概念的界定

本法所称违反国家规定，是指违反全国人民代表大会及其常务委员会制定的法律和决定，国务院制定的行政法规、规定的行政措施、发布的决定和命令。

❷ 最高人民检察院《关于行贿罪立案标准》（2000年12月1日）

❸ 最高人民检察院《关于人民检察院直接受理立案侦查案件立案标准的规定（试

行)》(1999年9月16日　高检发释字〔1999〕2号）（节录）①

（六）涉嫌下列情形之一的，应予立案：1. 个人行贿数额在10万元以上、单位行贿数额在20万元以上的；

2. 个人行贿数额不满10万元、单位行贿数额在10万元以上不满20万元，但具有下列情形之一的：（1）为谋取非法利益而行贿的；（2）向3个以上单位行贿的；（3）向党政机关、司法机关、行政执法机关行贿的；（4）致使国家或者社会利益遭受重大损失的。

四、附则（二）本规定中有关犯罪数额"不满"，是指接近该数额且已达到该数额的百分之八十以上。（五）本规定中有关贿赂罪案中的"谋取不正当利益"，是指谋取违反法律、法规、国家政策和国务院各部门规章规定的利益，以及谋取违反法律、法规、国家政策和国务院各部门规章规定的帮助或者方便条件。

第392条　介绍贿赂罪

向国家工作人员介绍贿赂，情节严重的，处三年以下有期徒刑或者拘役。

介绍贿赂人在被追诉前主动交待介绍贿赂行为的，可以减轻处罚或者免除处罚。

关联规范　➡ **完全整理**

❶ 最高人民检察院《关于人民检察院直接受理立案侦查案件立案标准的规定（试行)》(1999年9月16日　高检发释字〔1999〕2号）（节录）②

（七）"介绍贿赂"是指在行贿人与受贿人之间沟通关系、撮合条件，使贿赂行为得以实现的行为。涉嫌下列情形之一的，应予立案：1. 介绍个人向国家工作人员行贿，数额在2万元以上的；介绍单位向国家工作人员行贿，数额在20万元以上的；

2. 介绍贿赂数额不满上述标准，但具有下列情形之一的：（1）为使行贿人获取非法利益而介绍贿赂的；（2）3次以上或者为3人以上介绍贿赂的；（3）向党政领导、司法工作人员、行政执法人员介绍贿赂的；（4）致使国家或者社会利益遭受重大损失的。

四、附则（二）本规定中有关犯罪数额"不满"，是指接近该数额且已达到该数额的百分之八十以上。

❷ 最高人民法院、最高人民检察院《关于在办理受贿犯罪大要案的同时要严肃查处严重行贿犯罪分子的通知》(1999年3月4日　高检会〔1999〕1号）（节录）③

二、对于为谋取不正当利益而行贿，构成行贿罪、向单位行贿罪、单位行贿罪的，必须依法追究刑事责任。"谋取不正当利益"是指谋取违反法律、法规、国家政策和国务院各部门规章规定的利益，以及要求国家工作人员或者有关单位提供违反法律、法规、国家

---

① 对其解读见：《解读最高人民检察院司法解释》，第173～235页。
② 对其解读见：《解读最高人民检察院司法解释》，第173～235页。
③ 对其解读见：《刑事审判参考合订本·第一卷》第325页，第375页。《解读最高人民检察院司法解释》，第393～398页。

政策和国务院各部门规章规定的帮助或者方便条件。

对于向国家工作人员介绍贿赂，构成犯罪的案件，也要依法查处。

四、在查处严重行贿、介绍贿赂犯罪案件中，既要坚持从严惩处的方针，又要注意体现政策。行贿人、介绍贿赂人具有刑法第三百九十条第二款、第三百九十二条第二款规定的在被追诉前主动交代行贿、介绍贿赂犯罪情节的，依法分别可以减轻或者免除处罚；行贿人、介绍贿赂人在被追诉后如实交待行贿、介绍贿赂行为的，也可以酌情从轻处罚。

学理观点·典型案例 ➡ 索引与要旨

❶《贿赂犯罪法律适用问题解答——上海市高级人民法院刑二庭调研报告》，载《刑事审判参考》2010 年第 4 辑总第 75 辑，第 159~161 页。

核心提示 ➡ 介绍贿赂罪是否以相应受贿罪和行贿罪的成立为前提？

❷《完善介绍贿赂罪刑罚规定的若干思考》，载《刑事法律文件解读》2008 年第 2 辑总第 32 辑，第 64~71 页。

❸《贿赂犯罪之中间人定性研究》，载《公检法办案指南》2008 年第 2 辑总第 98 辑，第 155~165 页。

❹《郭某某、陈某共同受贿案》，载《公检法办案指南》2006 年第 1 辑总第 43 辑，第 176~180 页。

要旨 ➡ 介绍贿赂并参与受贿的应以受贿罪共犯定罪处罚。

第 393 条 单位行贿罪

单位为谋取不正当利益而行贿，或者违反国家规定，给予国家工作人员以回扣、手续费，情节严重的，对单位判处罚金，并对其直接负责的主管人员和其他直接责任人员，处五年以下有期徒刑或者拘役。因行贿取得的违法所得归个人所有的，依照本法第三百八十九条、第三百九十条的规定定罪处罚。

关联规范 ➡ 完全整理

❶《中华人民共和国刑法》（1980 年 1 月 1 日）第 96 条 对违反国家规定概念的界定

本法所称违反国家规定，是指违反全国人民代表大会及其常务委员会制定的法律和决定，国务院制定的行政法规、规定的行政措施、发布的决定和命令。

❷《中华人民共和国刑法》（1980 年 1 月 1 日）第 389 条 行贿罪

为谋取不正当利益，给予国家工作人员以财物的，是行贿罪。

在经济往来中，违反国家规定，给予国家工作人员以财物，数额较大的，或者违反国家规定，给予国家工作人员以各种名义的回扣、手续费的，以行贿论处。

因被勒索给予国家工作人员以财物，没有获得不正当利益的，不是行贿。

❸《中华人民共和国刑法》(1980年1月1日) 第390条 行贿罪

对犯行贿罪的,处五年以下有期徒刑或者拘役;因行贿谋取不正当利益,情节严重的,或者使国家利益遭受重大损失的,处五年以上十年以下有期徒刑;情节特别严重的,处十年以上有期徒刑或者无期徒刑,可以并处没收财产。

行贿人在被追诉前主动交待行贿行为的,可以减轻处罚或者免除处罚。

❹ 最高人民检察院《关于行贿罪立案标准》(2000年12月1日)

❺ 最高人民检察院《关于人民检察院直接受理立案侦查案件立案标准的规定(试行)》(1999年9月16日 高检发释字〔1999〕2号) (节录)①

(八) 涉嫌下列情形之一的,应予立案:1.单位行贿数额在20万元以上的;2.单位为谋取不正当利益而行贿,数额在10万元以上不满20万元,但具有下列情形之一的:(1) 为谋取非法利益而行贿的;(2) 向3人以上行贿的;(3) 向党政领导、司法工作人员、行政执法人员行贿的;(4) 致使国家或者社会利益遭受重大损失的。

因行贿取得的违法所得归个人所有的,依照本规定关于个人行贿的规定立案,追究其刑事责任。

四、附则 (二) 本规定中有关犯罪数额"不满",是指接近该数额且已达到该数额的百分之八十以上。(五) 本规定中有关贿赂罪案中的"谋取不正当利益",是指谋取违反法律、法规、国家政策和国务院各部门规章规定的利益,以及谋取违反法律、法规、国家政策和国务院各部门规章规定的帮助或者方便条件。

学理观点·典型案例 ▶ 索引与要旨

❶《利用单位名义行贿、个人谋取利益的行为如何定性》,载《刑事司法指南》2011年第3辑总第47辑,第175~184页。

❷《论单位行贿与个人行贿的合理界分》,载《刑事司法指南》2011年第2辑总第46辑,第211~223页。

❸《单位行贿经手人与受贿人瓜分回扣款的行为如何定性》,载《公检法办案指南》2008年第2辑总第98辑,第177~185页。

❹《阎怀民、钱玉芳贪污、受贿案》,载《刑事审判参考》2005年第1辑总第42辑,第51~61页。

核心提示 ➡ 如何判断行贿的主观故意?

要旨 ➡ 被告人系以单位名义向苏交所索要财物,苏交所不具备向被告人个人行以贿赂的主客观要件。考虑到苏交所系市场协会的会员,被告人作为省体改委的领导及市场协会对苏交所一向多有帮助,故向市场协会提供赞助亦属情理之中,遂按被告人的要求为市场协会办理了80万元的付款转账手续。因此,苏交所既无对被告人个人索贿的主观认知,亦

---

① 对其解读见:《解读最高人民检察院司法解释》,第173~235页。

无向被告人个人行贿的主观故意和客观行为,不具有行为的违法性。

5《被告单位银兴公司、周坤行贿案》,载《经济犯罪审判指导》。

要旨➡不正当利益的归属决定行贿主体。

6《单位行贿罪司法认定中的若干问题》,载《刑事司法指南》2004年第1辑总第21辑,第89~102页。

要旨➡1.单位行贿罪的主体是否包括私营企业;2."情节严重"是否为单位行贿罪客观行为方式的共同要件;3.单位行贿罪的特别自首的认定:(1)特别自首是否适用于单位行贿罪;(2)如何理解"被追诉前"的时间界限;4.单位行贿罪与相关犯罪的界限:(1)单位行贿罪与对公司、企业人员行贿罪的界限;(2)单位行贿罪与行贿罪的界限。

7《杨斌非法占用农用地、合同诈骗、单位行贿、对单位行贿、伪造金融票证案 沈阳市中级人民法院刑事判决书》,载《刑事审判参考》2003年第4辑总第33辑,170~224页。

核心提示➡单位行贿行为与个人行贿行为表现方式存在差异

要旨➡对于被告人及其辩护人提出的被告人给予法库县规划土地管理局及张家旭的钱款均是用支票支付并索取了发票,表明其不是行贿行为的辩解和辩护意见,经查:本案系单位实施的行贿行为,与个人行贿的表现方式有所差异,单位因资金、账目管理的需要,需对有关款项作相应记载。被告单位用支票支付且索要发票的行为,不影响对行贿性质的认定。

8《江都市春风皮鞋厂朱炳全行贿案》,载《最高人民法院判例释解·刑事卷》,第54页。

核心提示➡单位在严重亏损情况下使用集体资金通过行贿手段获取的银行贷款是否为"谋取不正当利益"?

第394条 贪污罪

国家工作人员在国内公务活动或者对外交往中接受礼物,依照国家规定应当交公而不交公,数额较大的,依照本法第三百八十二条、第三百八十三条的规定定罪处罚。

关 联 规 范 ➡ **完全整理**

1《中华人民共和国刑法》(1980年1月1日) 第382条 贪污罪

国家工作人员利用职务上的便利,侵吞、窃取、骗取或者以其他手段非法占有公共财物的,是贪污罪。

受国家机关、国有公司、企业、事业单位、人民团体委托管理、经营国有财产的人员,利用职务上的便利,侵吞、窃取、骗取或者以其他手段非法占有国有财物的,以贪污论。

与前两款所列人员勾结,伙同贪污的,以共犯论处。

❷《中华人民共和国刑法》（1980 年 1 月 1 日）第 383 条　贪污罪

对犯贪污罪的，根据情节轻重，分别依照下列规定处罚：

一、个人贪污数额在十万元以上的，处十年以上有期徒刑或者无期徒刑，可以并处没收财产；情节特别严重的，处死刑，并处没收财产。

二、个人贪污数额在五万元以上不满十万元的，处五年以上有期徒刑，可以并处没收财产；情节特别严重的，处无期徒刑，并处没收财产。

三、个人贪污数额在五千元以上不满五万元的，处一年以上七年以下有期徒刑；情节严重的，处七年以上十年以下有期徒刑。个人贪污数额在五千元以上不满一万元，犯罪后有悔改表现、积极退赃的，可以减轻处罚或者免予刑事处罚，由其所在单位或者上级主管机关给予行政处分。

四、个人贪污数额不满五千元，情节较重的，处二年以下有期徒刑或者拘役；情节较轻的，由其所在单位或者上级主管机关酌情给予行政处分。

对多次贪污未经处理的，按照累计贪污数额处罚。

学理观点·典型案例　　➡ 索引与要旨

❶《论犯罪目的之推定》，载《刑事司法指南》2011 年第 3 辑总第 47 辑，第 16~31 页。

核心提示 ➡ 从接受礼物后不交公行为能否推定行为人具有非法占有目的？

❷《刑法中的注意规定与法律拟制及其运用分析》，载《刑事司法指南》2003 年第 3 辑总第 15 辑，第 70~108 页。

要旨 ➡ 争议条文的分析。第 394 条，既然国家工作人员是在国内公务活动或者对外交往中"接受礼物"，就说明该行为本身并不具有非法性。如果国家工作人员利用职务上的便利，索取他人财物或者非法收受他人财物，为他人谋取利益，则就直接依照《刑法》第 385 条以受贿罪论处，完全没有必要适用第 394 条。所以，第 394 条并非将原本符合受贿罪构成要件的行为赋予贪污罪的法律效果。

国家工作人员在国内公务活动或者对外交往中接受礼物，意味着国家工作人员基于职权、职务行为而占有了礼物；依照国家规定，国家工作人员在上述场合虽然可以甚至应当接受礼物但应当交公时，就表明国家工作人员实际上基于职权或者职务行为占有了公共财物；行为人"不交公"，意味着客观上侵吞了公共财物，主观上具有非法占有目的。因此，该行为完全符合贪污罪的构成要件。既然如此，第 394 条便属于注意规定，因为它并没有将不符合贪污罪构成要件的行为赋予贪污罪的法律效果，只是为了使司法机关合理区分贪污罪与受贿罪，而作出了注意规定。

或者有人认为，行为人"不交公"的行为并没有利用职务上的便利，故不符合贪污罪的构成要件，因而第 394 条仍然属于法律拟制。其实，"利用职务上的便利"不仅在不同犯罪中具有不同的含义，而且针对同一犯罪的不同行为方式具有不同要求。以贪污为例，如果以诈骗方式非法占有公共财物，那么，由于公共财物原本由他人占有，所以国家工作人员的骗取行为本身必须利用职务上的便利；但是，如果以侵吞（侵占）方式非法占有公共财物，那么，由于公共财物原本已由国家工作人员占有，所以，利用职务上的便利只是意味着，国家工作人员基于职权或者职务行为占有了公共财物，然后将公共财物的合法占有转变为不法占有。

由于第394条属于注意规定，所以，对于类似的侵占行为，也应直接根据相应的法条定罪处罚。例如，非国有公司、企业或者其他单位的人员，基于职务、业务占有了应当交还单位的财物而不交还单位的，应当认定为职务侵占罪，不得以分则第五章没有类似第394条的规定为由而宣告无罪。

❸《陈希同贪污、玩忽职守上诉案》，载《最高人民法院判例释解·刑事卷》，第43页。

核心提示➡在对外交往中接受礼物长期不上缴并辩解准备用于捐助的行为如何定性？

第395条 第1款 巨额财产来源不明罪 第2款 隐瞒境外存款罪

国家工作人员的财产或者支出明显超过合法收入，差额巨大的，可以责令说明来源。本人不能说明其来源是合法的，差额部分以非法所得论，处五年以下有期徒刑或者拘役，财产的差额部分予以追缴。

国家工作人员在境外的存款，应当依照国家规定申报。数额较大、隐瞒不报的，处二年以下有期徒刑或者拘役；情节较轻的，由其所在单位或者上级主管机关酌情给予行政处分。

刑法修正案（七）（2009年2月28日第十一届全国人民代表大会常务委员会第七次会议通过）

十四、将刑法第三百九十五条第一款修改为："国家工作人员的财产、支出明显超过合法收入，差额巨大的，可以责令该国家工作人员说明来源，不能说明来源的，差额部分以非法所得论，处五年以下有期徒刑或者拘役；差额特别巨大的，处五年以上十年以下有期徒刑。财产的差额部分予以追缴。"

关联规范 ➡ 完全整理

❶《刑法修正案（七）》（2009年2月28日）①

❷《全国法院审理经济犯罪案件工作座谈会纪要》（2003年11月13日 法〔2003〕167号）（节录）②

五、关于巨额财产来源不明罪

（一）行为人不能说明巨额财产来源合法的认定刑法第三百九十五条第一款规定的

---

① 对其解读见：《刑事审判参考》2009年第3辑总第68辑，第66~118页以及草案及其说明《刑事法律文件解读》2008年第9辑总第39辑，第84~90页。

② 对其解读见：《刑事审判参考》2004年第4辑总第39辑，第178~199页。

"不能说明",包括以下情况:(1)行为人拒不说明财产来源;(2)行为人无法说明财产的具体来源;(3)行为人所说的财产来源经司法机关查证并不属实;(4)行为人所说的财产来源因线索不具体等原因,司法机关无法查实,但能排除存在来源合法的可能性和合理性的。

(二)"非法所得"的数额计算

刑法第三百九十五条规定的"非法所得",一般是指行为人的全部财产与能够认定的所有支出的总和减去能够证实的有真实来源的所得。在具体计算时,应注意以下问题:(1)应把国家工作人员个人财产和与其共同生活的家庭成员的财产、支出等一并计算,而且一并减去他们所有的合法收入以及确属与其共同生活的家庭成员个人的非法收入;(2)行为人所有的财产包括房产、家具、生活用品、学习用品及股票、债券、存款等动产和不动产;行为人的支出包括合法支出和不合法的支出,包括日常生活、工作、学习费用、罚款及向他人行贿的财物等;行为人的合法收入包括工资、奖金、稿酬、继承等法律和政策允许的各种收入;(3)为了便于计算犯罪数额,对于行为人的财产和合法收入,一般可以从行为人有比较确定的收入和财产时开始计算。

解读摘要:刑法中唯一要求被告人承担举证责任的罪名。

❸《准确理解和适用刑事法律惩治贪污贿赂和渎职犯罪》——全国法院审理经济犯罪案件工作座谈会讨论办理贪污贿赂和渎职刑事案件适用法律问题意见综述

❹ 最高人民检察院《关于人民检察院直接受理立案侦查案件立案标准的规定(试行)》(1999年9月16日 高检发释字〔1999〕2号)(节录)①

(九)涉嫌巨额财产来源不明,数额在30万元以上的,应予立案。(十)涉嫌隐瞒境外存款,折合人民币数额在30万元以上的,应予立案。

学理观点·典型案例 ➡ 索引与要旨

❶《巨额财产来源不明罪的司法认定若干问题研讨》,载《刑事司法指南》2011年第2辑总第46辑,第224~234页。

❷《巨额财产来源不明罪相关疑难问题再辨析》,载《最新刑事法律文件解读》2007年第2辑总第26辑,第216~240页。

❸《略论"来源不明巨额财产"的计算问题》,载《刑事司法指南》2006第1辑总第25辑,第82~91页。

❹《李国蔚受贿、巨额财产来源不明案 江西省赣州市中级人民法院刑事判决书》〔2005〕赣中刑二初字第4号,载《刑事审判参考》2005年第1辑总第42辑,第189~240页。

要旨➡ 巨额财产来源不明罪的举证责任分配。

---

① 对其解读见:《解读最高人民检察院司法解释》,第173~235页。

5 《国家工作人员供认巨额财产是受贿所得,但没有其他证据证实的,能否以巨额财产来源不明罪定罪处罚》,载《最新刑事法律文件解读》2005 年第 9 辑总第 9 辑,第 105 页。

6 《刑法第三百九十五条第一款规定的"非法所得"如何计算》,载《最新刑事法律文件解读》2005 年第 9 辑总第 9 辑,第 106 页。

7 《如何处理未达到巨额财产来源不明罪追诉标准的"大额来源不明财产"》,载《刑事司法指南》2005 年第 3 辑总第 23 辑,第 200~203 页。

8 《巨额财产来源不明罪客观行为解析》,载《刑事司法指南》2004 年第 4 辑总第 20 辑,第 83~93 页。

要旨 ➡ 1. 关于巨额财产来源不明罪客观行为的观点分歧及评析;2. 应当如何认识"本人不能说明来源是合法的"在巨额财产来源不明罪犯罪构成中的地位;3. 巨额财产来源不明罪的客观行为的再认识。

9 《王怀忠受贿、巨额财产来源不明案刑事裁定书》〔2004〕刑复字第 15 号《刑事审判参考》2003 年第 6 辑总第 35 辑,第 218~265 页。

核心提示 ➡ 假离婚分割家庭财产不影响巨额财产来源不明罪的认定

要旨 ➡ 对于被告人关于已于 2000 年 3 月与妻子离婚,并对共有财产进行了分割,指控其拥有巨额财产与事实不符,不构成巨额财产来源不明罪的辩解,以及辩护人关于被告人离婚行为是否有效,应当由民政部门或者法院依照法律程序作出认定,公诉机关认定被告人是假离婚或者是离婚无效不符合法律规定的辩护意见,经查:2000 年 3 月,被告人利用担任安徽省副省长的职权,指使阜阳市有关负责人违规代其办理了与妻子的"离婚证",其妻子没有接受,将"离婚证"退还给代办人,被告人在庭审中亦供认其与妻子"离婚"后,仍与妻子在一起生活,"离婚证"是无效的。被告人的辩解与辩护人的辩护意见不能成立。

10 《我国刑法中自首制度司法适用若干问题研究》,载《刑事司法指南》2002 年第 1 辑总第 9 辑,第 1~22 页。

要旨 ➡ 特殊犯罪中自首的认定:巨额财产来源不明罪中自首的认定。

11 《巨额财产来源不明罪的证明方法》,载《刑事司法指南》2002 年第 1 辑总第 9 辑,第 168~183 页。

要旨 ➡ 1. 巨额财产来源不明罪的证明要点:(1) 国家工作人员拥有巨额财产或者支出是认定本罪的基础和前提;(2) 责令说明是证明本罪的必要程序;(3) 确定犯罪嫌疑人的合法收入是证明本罪的关键;(4) 不能说明来源合法决定案件性质;2. 巨额财产来源不明罪共同犯罪的证明与认定;3. 对犯罪嫌疑人说明财产情况的审查判断:(1) 关于巨额财产是否继承遗产、接受馈赠的审查与认定;(2) 关于巨额财产是否借贷或者代人保管的审查与认定;(3) 关于犯罪嫌疑人说明巨额财产来源于犯罪所得的审查与认定。

第396条　第1款　私分国有资产罪　第2款　私分罚没财物罪

国家机关、国有公司、企业、事业单位、人民团体，违反国家规定，以单位名义将国有资产集体私分给个人，数额较大的，对其直接负责的主管人员和其他直接责任人员，处三年以下有期徒刑或者拘役，并处或者单处罚金；数额巨大的，处三年以上七年以下有期徒刑，并处罚金。

司法机关、行政执法机关违反国家规定，将应当上缴国家的罚没财物，以单位名义集体私分给个人的，依照前款的规定处罚。

关联规范 ⇒ 完全整理

❶《中华人民共和国刑法》（1980年1月1日）第96条　对违反国家规定概念的界定

本法所称违反国家规定，是指违反全国人民代表大会及其常务委员会制定的法律和决定，国务院制定的行政法规、规定的行政措施、发布的决定和命令。

❷ 最高人民法院、最高人民检察院《关于办理国家出资企业中职务犯罪案件具体应用法律若干问题的意见》（2010年12月2日　法发〔2010〕49号）（节录）①

二、关于国有公司、企业在改制过程中隐匿公司、企业财产归职工集体持股的改制后公司、企业所有的行为的处理

国有公司、企业违反国家规定，在改制过程中隐匿公司、企业财产，转为职工集体持股的改制后公司、企业所有的，对其直接负责的主管人员和其他直接责任人员，依照刑法第三百九十六条第一款的规定，以私分国有资产罪定罪处罚。

改制后的公司、企业中只有改制前公司、企业的管理人员或少数职工持股，改制前公司、企业的多数职工未持股的，依照本意见第一条的规定，以贪污罪定罪处罚。

五、关于改制前后主体身份发生变化的犯罪的处理公司、国有独资企业，以及国有资本控股公司、国有资本参股公司。

是否属于国家出资企业不清楚的，应遵循"谁投资、谁拥有产权"的原则进行界定。企业注册登记中的资金来源与实际出资不符的，应根据实际出资情况确定企业的性质。企业实际出资情况不清楚的，可以综合工商注册、分配形式、经营管理等因素确定企业的性质。

八、关于宽严相济刑事政策的具体贯彻

办理国家出资企业中的职务犯罪案件时，要综合考虑历史条件、企业发展、职工就业、社会稳定等因素，注意具体情况具体分析，严格把握犯罪与一般违规行为的区分界限。对于主观恶意明显、社会危害严重、群众反映强烈的严重犯罪，要坚决依法从严惩处；对于特定历史条件下、为了顺利完成企业改制而实施的违反国家政策法律规定的行为，行为人无主观恶意或者主观恶意不明显，情节较轻，危害不大的，可以不作为犯罪处理。

---

① 对其解读见：《刑事审判参考》2010年第6辑总第77辑，第112~142页。

对于国家出资企业中的职务犯罪,要加大经济上的惩罚力度,充分重视财产刑的适用和执行,最大限度地挽回国家和人民利益遭受的损失。不能退赃的,在决定刑罚时,应当作为重要情节予以考虑。

❸ 最高人民检察院《关于人民检察院直接受理立案侦查案件立案标准的规定(试行)》(1999年9月16日 高检发释字〔1999〕2号)(节录)①

(十一)涉嫌私分国有资产,累计数额在10万元以上的,应予立案。(十二)涉嫌私分罚没财物,累计数额在10万元以上,应予立案。

四、附则(六)本规定中有关私分国有资产罪案中的"国有资产",是指国家依法取得和认定的,或者国家以各种形式对企业投资和投资收益、国家向行政事业单位拨款等形成的资产。

❹ 福建公检法《关于部分经济犯罪、渎职犯罪案件数额幅度及情节认定问题的座谈纪要》(2002年10月8日 闽高法〔2005〕243号)(节录)

二十九、1."数额较大"是指累计私分国有资产在10万元以上;2."数额巨大"是指累计私分国有资产在50万元以上。

学理观点·典型案例 ➡ 索引与要旨

❶《共同贪污与私分国有资产的界分》,载《刑事司法指南》2011年第4辑总第48辑,第192~200页。

❷《私分国有资产罪若干疑难问题研究》,载《刑事司法指南》2008年第4辑总第36辑,第76~103页。

❸《罗本华私分国有资产再审案》〔2007〕渝二中法刑终字第139号,重庆市第二中级人民法院。

要旨 ➡ 单位通过出租国有资产的形式,使闲置的国有资产增值,获得的收益也应视为国有资产。

❹《张经良等私分国有资产抗诉案》,载《人民法院案例选》2008年第3辑总第65辑,2007年第11辑总第15辑。

要旨 ➡ 国有事业单位的内设部门,以国有事业单位的名义收取佣金并纳入自己账户,违反规定将国有资产集体私分给个人,属单位犯罪。

❺《高建华等贪污案》,载《刑事审判参考》2007年第5辑总第58辑,第62~71页。

核心提示 ➡ 共同贪污与私分国有资产罪的区别

❻《王海庆、姚秉昌私分国有资产罪研究》,载《刑事法律文件解读》2007年第6

---

① 对其解读见:《解读最高人民检察院司法解释》,第173~235页。

辑总第 30 辑，第 268~281 页。

核心提示➡私分国有资产罪的司法认定

❼《主观上出于单位意志、客观上具有表面公开性和集体性特征是认定私分国有资产罪的条件》，载《公检法办案指南》2007 年第 12 辑总第 96 辑，第 165~168 页。

❽《私分国有资产罪与贪污罪的区别与联系》，载《公检法办案指南》2007 第 8 辑总第 92 辑，第 171~175 页。

❾《私分国有资产罪认定中的若干问题》，载《刑事司法指南》2006 年第 1 辑总第 25 辑，第 68~81 页。

要旨➡1. 国有资产的内涵；2. 集体贪污与私分国有资产的界限；3. 非本单位人员是否可以构成该单位私分国有资产罪的主体；4. 非本单位人员是否可以构成该单位私分国有资产罪的主体；5. 私分国有资产行为与滥发奖金、福利等违纪行为的界限；五、单位的职能部门是否可以构成私分国有资产罪的主体。

❿《私分国有资产案中国有资产该如何界定》，载《最新刑事法律文件解读》2006 年第 7 辑总第 19 辑，第 143~144 页。

⓫《李祖清等被控贪污案》，载《刑事审判参考》2005 年第 6 辑总第 47 辑，第 64~75 页。

核心提示➡私分国有资产罪与违反财经纪律行为的界限何在？私分国有资产罪与贪污罪中共同贪污的界限何在？单位违法收取的费用是否属于国有资产？

要旨➡国家机关内部科室集体私分违法收入的行为构成私分国有资产罪。

⓬《如何区分共同贪污与私分国有资产》，载《最新刑事法律文件解读》2005 年第 6 辑总第 6 辑。

核心提示➡仅单位中层以上领导集体研究私分，未分给职工

要旨➡集体私分行为，表现为单位多数员工甚至所有员工均实际分取了财物，在受益人数上具有多数性特征，一般不以某一特定层面为限，实际受益人员不能仅仅局限在决策和具体执行等少数人员。

⓭《私分国有资产罪司法认定中的难点释疑》，载《刑事法判解研究》2005 年第 1 辑总第 10 辑，第 93~104 页。

⓮《杨代芳贪污、受贿案》，载《刑事审判参考》2004 年第 4 辑总第 39 辑，第 62~69 页。

核心提示➡私分国有资产与共同贪污的区分

⓯《张金康、夏琴私分国有资产案》，载《刑事审判参考》2004 年第 2 辑总第 37 辑，第 73~77 页。

核心提示➡如何区分变相集体私分国有资产犯罪与违反财经纪律超标准、超范围发放奖金、福利等行为的界限？

⓰《略论贪污罪与近似职务犯罪的界限》，载《刑事审判要览》2003 年第 6 辑，第

145~158 页。

核心提示 ➡ 私分国有资产罪与贪污罪的界限

⑰《左佳等受贿、贪污、挪用公款案》,载《刑事审判参考》2002 年第 4 辑总第 27 辑,第 54~66 页。

核心提示 ➡ 单位领导研究决定收受回扣款、并为少数领导私分行为的定性

要旨 ➡ 1. 名为单位,实为个人,应以个人受贿定;2. 1997 年刑法之前的行为,应以商业受贿定罪处罚。

⑱《刘忠伟私分国有资产案》,载《刑事审判参考》2001 年第 8 辑总第 19 辑,第 53~61 页。

核心提示 ➡ 集体私分国有资产行为与共同贪污行为如何区分?只分给单位中的部分人员能否视为私分国有资产?

第九章 渎职罪

关联规范 ⇒ 完全整理

❶ 全国人大常委会《关于〈中华人民共和国刑法〉第九章渎职罪主体适用问题的解释》（2002年12月28日）①

在依照法律、法规规定行使国家行政管理职权的组织中从事公务的人员，或者在受国家机关委托代表国家机关行使职权的组织中从事公务的人员，或者虽未列入国家机关人员编制但在国家机关中从事公务的人员，在代表国家机关行使职权时，有渎职行为，构成犯罪的，依照刑法关于渎职罪的规定追究刑事责任。

❷ 最高人民检察院《关于渎职侵权犯罪案件立案标准的规定》（2006年7月27日高检发释字〔2006〕2号）（节录）②

（一）本规定中每个罪案名称后所注明的法律条款系《中华人民共和国刑法》的有关条款。

（二）本规定所称"以上"包括本数；有关犯罪数额"不满"，是指已达到该数额百分之八十以上的。

（三）本规定中的"国家机关工作人员"，是指在国家机关中从事公务的人员，包括在各级国家权力机关、行政机关、司法机关和军事机关中从事公务的人员。在依照法律、法规规定行使国家行政管理职权的组织中从事公务的人员，或者在受国家机关委托代表国家行使职权的组织中从事公务的人员，或者虽未列入国家机关人员编制但在国家机关中从事公务的人员，在代表国家机关行使职权时，视为国家机关工作人员。在乡（镇）以上中国共产党机关、人民政协机关中从事公务的人员，视为国家机关工作人员。

（四）本规定中的"直接经济损失"，是指与行为有直接因果关系而造成的财产损毁、减少的实际价值；"间接经济损失"，是指由直接经济损失引起和牵连的其他损失，包括失去的在正常情况下可以获得的利益和为恢复正常的管理活动或者挽回所造成的损失所支付的各种开支、费用等。

有下列情形之一的，虽然有债权存在，但已无法实现债权的，可以认定为已经造成了经济损失：（1）债务人已经法定程序被宣告破产，且无法清偿债务；（2）债务人潜逃，去向不明；（3）因行为人责任，致使超过诉讼时效；（4）有证据证明债权无法实现的其他

---

① 对其解读见：《刑事审判参考》2003年第1辑总第30辑，第153~156页。
② 对其解读见：《刑事审判参考》2006年第4辑总第51辑，第117~164页。

情况。

直接经济损失和间接经济损失,是指立案时确已造成的经济损失。移送审查起诉前,犯罪嫌疑人及其亲友自行挽回的经济损失,以及由司法机关或者犯罪嫌疑人所在单位及其上级主管部门挽回的经济损失,不予扣减,但可作为对犯罪嫌疑人从轻处理的情节考虑。

(五)本规定中的"徇私舞弊",是指国家机关工作人员为徇私情、私利,故意违背事实和法律,伪造材料,隐瞒情况,弄虚作假的行为。

(六)本规定自公布之日起施行。本规定发布前有关人民检察院直接受理立案侦查的国家机关工作人员渎职和利用职权实施的侵犯公民人身权利、民主权利犯罪案件的立案标准,与本规定有重复或者不一致的,适用本规定。

对于本规定施行前发生的国家机关工作人员渎职和利用职权实施的侵犯公民人身权利、民主权利犯罪案件,按照《最高人民法院、最高人民检察院关于适用刑事司法解释时间效力问题的规定》办理。

3《关于渎职侵权犯罪案件立案标准的规定》(2006年7月28日)①

4《修订立案标准推进反渎职侵权工作——最高人民检察院渎职侵权检察厅负责人答记者问》(2006年7月28日)②

5 最高人民检察院《检察机关查办破坏社会主义市场经济秩序渎职犯罪15条指导意见》(2006年3月4日)(节录)③

6《全国法院审理经济犯罪案件工作座谈会纪要》(2003年11月13日 法〔2003〕167号)(节录)④

六、渎职罪中的法律适用问题。(一)关于渎职行为造成的重大损失问题;(二)关于玩忽职守罪的追诉时效问题;(三)关于国有公司、企业人员渎职犯罪的法律适用问题;(四)关于渎职犯罪中"徇私舞弊"的理解与适用问题。

7 最高人民检察院《关于企业事业单位的公安机构在机构改革过程中其工作人员能否构成渎职侵权犯罪主体问题的批复》(2002年4月24日 高检发释字〔2002〕3号)(节录)⑤

企业事业单位的公安机构在机构改革过程中虽尚未列入公安机关建制,其工作人员在行使侦查职责时,实施渎职侵权行为的,可以成为渎职侵权犯罪的主体。

---

① 对其解读见:《检察日报》2006年7月28日。
② 对其解读见:《检察日报》2006年7月28日。
③ 对其解读见:《最新刑事法律文件解读》2006年第1辑总第13辑,第38~39页以及2006年第2辑总第14辑,第8~11页。
④ 对其解读见:《刑事审判参考》2004年第4辑总第39辑,第178~199页。
⑤ 对其解读见:《刑事审判参考》2002年第5辑总第28辑,第152~153页以及《刑事司法指南》2002年第4辑总第12辑,第67页。

学理观点·典型案例　　索引与要旨

《准确理解和适用刑事法律惩治贪污贿赂和渎职犯罪》——全国法院审理经济犯罪案件工作座谈会讨论办理贪污贿赂和渎职刑事案件适用法律问题意见综述，载《刑事审判参考》2002年第4辑总第27辑，第211~227页。

核心提示 ➡ 关于国家机关人员债权无法实现能否认定为造成损失？

要旨 ➡ 第九章规定的渎职犯罪的主体主要是国家机关工作人员。根据宪法设立的机构是我国的国家机关。下列三类也应当认定为国家机关工作人员：一是在乡（镇）以上中国共产党机关、人民政协机关中从事公务的人员；二是在国有事业单位和人民团体中依法行使行政管理职权的人员；三是受国家机关委托在国家机关和人民团体中行使行政管理职权的人员。

渎职罪中的法律适用问题。部分情况下，虽然债权存在，也可以认定为造成了经济损失。关于玩忽职守罪的追诉时效。关于"徇私"的理解问题。

第397条　滥用职权罪　玩忽职守罪

国家机关工作人员滥用职权或者玩忽职守，致使公共财产、国家和人民利益遭受重大损失的，处三年以下有期徒刑或者拘役；情节特别严重的，处三年以上七年以下有期徒刑。本法另有规定的，依照规定。

国家机关工作人员徇私舞弊，犯前款罪的，处五年以下有期徒刑或者拘役；情节特别严重的，处五年以上十年以下有期徒刑。本法另有规定的，依照规定。

关联规范　　完全整理

❶ 全国人大常委会《关于〈中华人民共和国刑法〉第九章渎职罪主体适用问题的解释》（2002年12月28日）[①]

在依照法律、法规规定行使国家行政管理职权的组织中从事公务的人员，或者在受国家机关委托代表国家机关行使职权的组织中从事公务的人员，或者虽未列入国家机关人员编制但在国家机关中从事公务的人员，在代表国家机关行使职权时，有渎职行为，构成犯罪的，依照刑法关于渎职罪的规定追究刑事责任。

❷ 全国人大常委会《关于〈中华人民共和国刑法〉第三百一十三条的解释》（2002年8月29日）（节录）[②]

国家机关工作人员收受贿赂或者滥用职权，有上述第四项行为的，同时又构成刑法第三百八十五条、第三百九十七条规定之罪的，依照处罚较重的规定定罪处罚。

[①]　对其解读见：《刑事审判参考》2003年第1辑总第30辑，第153~156页。
[②]　对其解读见：《刑事审判参考》2002年第5辑总第28辑，第89~90、156~168页。2002年第6辑总第29辑，第137~150页。

第二编　分则　第九章　渎职罪

❸ 最高人民法院《关于贯彻宽严相济刑事政策的若干意见》（2010年2月8日　法发〔2010〕9号）（节录）①

8. 对于国家工作人员贪污贿赂、滥用职权、失职渎职的严重犯罪，黑恶势力犯罪、重大安全责任事故、制售伪劣食品药品所涉及的国家工作人员职务犯罪，发生在社会保障、征地拆迁、灾后重建、企业改制、医疗、教育、就业等领域严重损害群众利益、社会影响恶劣、群众反映强烈的国家工作人员职务犯罪，发生在经济社会建设重点领域、重点行业的严重商业贿赂犯罪等，要依法从严惩处。

对于国家工作人员职务犯罪和商业贿赂犯罪中性质恶劣、情节严重、涉案范围广、影响面大的，或者案发后隐瞒犯罪事实、毁灭证据、订立攻守同盟、负案潜逃等拒不认罪悔罪的，要坚决依法从严惩处。

对于被告人犯罪所得数额不大，但对国家财产和人民群众利益造成重大损失、社会影响极其恶劣的职务犯罪和商业贿赂犯罪案件，也应依法从严惩处。

要严格掌握职务犯罪法定减轻处罚情节的认定标准与减轻处罚的幅度，严格控制依法减轻处罚后判处三年以下有期徒刑适用缓刑的范围，切实规范职务犯罪缓刑、免予刑事处罚的适用。

❹ 最高人民检察院《关于对林业主管部门工作人员在发放林木采伐许可证之外滥用职权玩忽职守致使森林遭受严重破坏的行为适用法律问题的批复》（2007年5月16日　高检发释字〔2007〕1号）②

福建省人民检察院：你院《关于林业主管部门工作人员滥用职权、玩忽职守造成森林资源损毁立案标准问题的请示》（闽检〔2007〕14号）收悉。经研究，批复如下：林业主管部门工作人员违法发放林木采伐许可证，致使森林遭受严重破坏的，依照刑法第四百零七条的规定，以违法发放林木采伐许可证罪追究刑事责任；以其他方式滥用职权或者玩忽职守，致使森林遭受严重破坏的，依照刑法第三百九十七条的规定，以滥用职权罪或者玩忽职守罪追究刑事责任，立案标准依照《最高人民检察院关于渎职侵权犯罪案件立案标准的规定》第一部分渎职犯罪案件第十八条第三款的规定执行。此复。

❺ 最高人民法院、最高人民检察院《关于办理与盗窃、抢劫、诈骗、抢夺机动车相关刑事案件具体应用法律若干问题的解释》（2007年5月9日　法释〔2007〕11号）（节录）③

第三条　国家机关工作人员滥用职权，有下列情形之一，致使盗窃、抢劫、诈骗、抢夺的机动车被办理登记手续，数量达到三辆以上或者价值总额达到三十万元以上的，依照刑法第三百九十七条第一款的规定，以滥用职权罪定罪，处三年以下有期徒刑或者拘役：

（一）明知是登记手续不全或者不符合规定的机动车而办理登记手续的；

---

① 对其解读见：《刑事法律文件解读》2010年第3辑总第57辑，第49~65页。
② 对其解读见：《最新刑事法律文件解读》2007年第3辑总第27辑，第68页以及《公检法办案指南》2007年第7辑总第91辑，第57~63页。
③ 对其解读见：《刑事审判参考》2007年第3辑总第56辑，第73~81页。

（二）指使他人为明知是登记手续不全或者不符合规定的机动车办理登记手续的；

（三）违规或者指使他人违规更改、调换车辆档案的；

（四）其他滥用职权的行为。

国家机关工作人员疏于审查或者审查不严，致使盗窃、抢劫、诈骗、抢夺的机动车被办理登记手续，数量达到五辆以上或者价值总额达到五十万元以上的，依照刑法第三百九十七条第一款的规定，以玩忽职守罪定罪，处三年以下有期徒刑或者拘役。

国家机关工作人员实施前两款规定的行为，致使盗窃、抢劫、诈骗、抢夺的机动车被办理登记手续，分别达到前两款规定数量、数额标准五倍以上的，或者明知是盗窃、抢劫、诈骗、抢夺的机动车而办理登记手续的，属于刑法第三百九十七条第一款规定的"情节特别严重"，处三年以上七年以下有期徒刑。

国家机关工作人员徇私舞弊，实施上述行为，构成犯罪的，依照刑法第三百九十七条第二款的规定定罪处罚。

第四条　实施本解释第一条、第二条、第三条第一款或者第三款规定的行为，事前与盗窃、抢劫、诈骗、抢夺机动车的犯罪分子通谋的，以盗窃罪、抢劫罪、诈骗罪、抢夺罪的共犯论处。

第六条　行为人实施本解释第一条、第三条第三款规定的行为，涉及的机动车有下列情形之一的，应当认定行为人主观上属于上述条款所称"明知"：

（一）没有合法有效的来历凭证；

（二）发动机号、车辆识别代号有明显更改痕迹，没有合法证明的。

❻ 最高人民法院、最高人民检察院《关于办理危害矿山生产安全刑事案件具体应用法律若干问题的解释》（2007年2月28日　法释〔2007〕5号）（节录）①

第九条　国家机关工作人员滥用职权或者玩忽职守，危害矿山生产安全，具有下列情形之一，致使公共财产、国家和人民利益遭受重大损失的，依照刑法第三百九十七条的规定定罪处罚：

（一）对不符合矿山法定安全生产条件的事项予以批准或者验收通过的；

（二）对于未依法取得批准、验收的矿山生产经营单位擅自从事生产经营活动不依法予以处理的；

（三）对于已经依法取得批准的矿山生产经营单位不再具备安全生产条件而不撤销原批准或者发现违反安全生产法律法规的行为不予查处的；

（四）强令审核、验收部门及其工作人员实施本条第一项行为，或者实施其他阻碍下级部门及其工作人员依法履行矿山安全生产监督管理职责行为的；

（五）在矿山生产安全事故发生后，负有报告职责的国家机关工作人员不报或者谎报事故情况，贻误事故抢救的；

（六）其他滥用职权或者玩忽职守的行为。

第十一条　国家工作人员违反规定投资入股矿山生产经营，构成本解释涉及的有关犯

---

①　对其解读见：《刑事审判参考》2007年第2辑总第55辑，第61~79页。

罪的，作为从重情节依法处罚。

第十二条 危害矿山生产安全构成犯罪的人，在矿山生产安全事故发生后，积极组织、参与事故抢救的，可以酌情从轻处罚。

❼ 最高人民法院、最高人民检察院《关于办理盗窃油气、破坏油气设备等刑事案件具体应用法律若干问题的解释》（2007年1月19日　法释〔2007〕3号）（节录）①

第七条 国家机关工作人员滥用职权或者玩忽职守，实施下列行为之一，致使公共财产、国家和人民利益遭受重大损失的，依照刑法第三百九十七条的规定，以滥用职权罪或者玩忽职守罪定罪处罚：

（一）超越职权范围，批准发放石油、天然气勘查、开采、加工、经营等许可证的；

（二）违反国家规定，给不符合法定条件的单位、个人发放石油、天然气勘查、开采、加工、经营等许可证的；

（三）违反《石油天然气管道保护条例》等国家规定，在油气设备安全保护范围内批准建设项目的；

（四）对发现或者经举报查实的未经依法批准、许可擅自从事石油、天然气勘查、开采、加工、经营等违法活动不予查封、取缔的。

❽ 最高人民检察院《关于渎职侵权犯罪案件立案标准的规定》（2006年7月27日高检发释字〔2006〕2号）（节录）②

（一）滥用职权案（第三百九十七条）

滥用职权罪是指国家机关工作人员超越职权，违法决定、处理其无权决定、处理的事项，或者违反规定处理公务，致使公共财产、国家和人民利益遭受重大损失的行为。

涉嫌下列情形之一的，应予立案：

1. 造成死亡1人以上，或者重伤2人以上，或者重伤1人、轻伤3人以上，或者轻伤5人以上的；

2. 导致10人以上严重中毒的；

3. 造成个人财产直接经济损失10万元以上，或者直接经济损失不满10万元，但间接经济损失50万元以上的；

4. 造成公共财产或者法人、其他组织财产直接经济损失20万元以上，或者直接经济损失不满20万元，但间接经济损失100万元以上的；

5. 虽未达到3、4两项数额标准，但3、4两项合计直接经济损失20万元以上，或者合计直接经济损失不满20万元，但合计间接经济损失100万元以上的；

6. 造成公司、企业等单位停业、停产6个月以上，或者破产的；

7. 弄虚作假，不报、缓报、谎报或者授意、指使、强令他人不报、缓报、谎报情况，导致重特大事故危害结果继续、扩大，或者致使抢救、调查、处理工作延误的；

8. 严重损害国家声誉，或者造成恶劣社会影响的；

---

① 对其解读见：《刑事审判参考》2007年第1辑总第54辑，第94~103页。
② 对其解读见：《刑事审判参考》2006年第4辑总第51辑，第117~164页。

9. 其他致使公共财产、国家和人民利益遭受重大损失的情形。

国家机关工作人员滥用职权，符合刑法第九章所规定的特殊渎职罪构成要件的，按照该特殊规定追究刑事责任；主体不符合刑法第九章所规定的特殊渎职罪的主体要件，但滥用职权涉嫌前款第1项至第9项规定情形之一的，按照刑法第三百九十七条的规定以滥用职权罪追究刑事责任。

（二）玩忽职守案（第三百九十七条）

玩忽职守罪是指国家机关工作人员严重不负责任，不履行或者不认真履行职责，致使公共财产、国家和人民利益遭受重大损失的行为。

涉嫌下列情形之一的，应予立案：

1. 造成死亡1人以上，或者重伤3人以上，或者重伤2人、轻伤4人以上，或者重伤1人、轻伤7人以上，或者轻伤10人以上的；

2. 导致20人以上严重中毒的；

3. 造成个人财产直接经济损失15万元以上，或者直接经济损失不满15万元，但间接经济损失75万元以上的；

4. 造成公共财产或者法人、其他组织财产直接经济损失30万元以上，或者直接经济损失不满30万元，但间接经济损失150万元以上的；

5. 虽未达到3、4两项数额标准，但3、4两项合计直接经济损失30万元以上，或者合计直接经济损失不满30万元，但合计间接经济损失150万元以上的；

6. 造成公司、企业等单位停业、停产1年以上，或者破产的；

7. 海关、外汇管理部门的工作人员严重不负责任，造成100万美元以上外汇被骗购或者逃汇1000万美元以上的；

8. 严重损害国家声誉，或者造成恶劣社会影响的；

9. 其他致使公共财产、国家和人民利益遭受重大损失的情形。

国家机关工作人员玩忽职守，符合刑法第九章所规定的特殊渎职罪构成要件的，按照该特殊规定追究刑事责任；主体不符合刑法第九章所规定的特殊渎职罪的主体要件，但玩忽职守涉嫌前款第1项至第9项规定情形之一的，按照刑法第三百九十七条的规定以玩忽职守罪追究刑事责任。

（十八）（第二款）林业主管部门工作人员之外的国家机关工作人员，违反森林法的规定，滥用职权或者玩忽职守，致使林木被滥伐40立方米以上或者幼树被滥伐2000株以上，或者致使防护林、特种用途林被滥伐10立方米以上或者幼树被滥伐400株以上，或者致使珍贵树木被采伐、毁坏4立方米或者4株以上，或者致使国家重点保护的其他植物被采伐、毁坏后果严重的，或者致使国家严禁采伐的林木被采伐、毁坏情节恶劣的，按照刑法第三百九十七条的规定以滥用职权罪或者玩忽职守罪追究刑事责任。

三、附则

（一）本规定中每个罪案名称后所注明的法律条款系《中华人民共和国刑法》的有关条款。

（二）本规定所称"以上"包括本数；有关犯罪数额"不满"，是指已达到该数额百分之八十以上的。

（三）本规定中的"国家机关工作人员"，是指在国家机关中从事公务的人员，包括在各级国家权力机关、行政机关、司法机关和军事机关中从事公务的人员。在依照法律、法规规定行使国家行政管理职权的组织中从事公务的人员，或者在受国家机关委托代表国家行使职权的组织中从事公务的人员，或者虽未列入国家机关人员编制但在国家机关中从事公务的人员，在代表国家机关行使职权时，视为国家机关工作人员。在乡（镇）以上中国共产党机关、人民政协机关中从事公务的人员，视为国家机关工作人员。

（四）本规定中的"直接经济损失"，是指与行为有直接因果关系而造成的财产损毁、减少的实际价值；"间接经济损失"，是指由直接经济损失引起和牵连的其他损失，包括失去的在正常情况下可以获得的利益和为恢复正常的管理活动或者挽回所造成的损失所支付的各种开支、费用等。

有下列情形之一的，虽然有债权存在，但已无法实现债权的，可以认定为已经造成了经济损失：(1) 债务人已经法定程序被宣告破产，且无法清偿债务；(2) 债务人潜逃，去向不明；(3) 因行为人责任，致使超过诉讼时效；(4) 有证据证明债权无法实现的其他情况。

直接经济损失和间接经济损失，是指立案时确已造成的经济损失。移送审查起诉前，犯罪嫌疑人及其亲友自行挽回的经济损失，以及由司法机关或者犯罪嫌疑人所在单位及其上级主管部门挽回的经济损失，不予扣减，但可作为对犯罪嫌疑人从轻处理的情节考虑。

（五）本规定中的"徇私舞弊"，是指国家机关工作人员为徇私情、私利，故意违背事实和法律，伪造材料，隐瞒情况，弄虚作假的行为。

（六）本规定自公布之日起施行。本规定发布前有关人民检察院直接受理立案侦查的国家机关工作人员渎职和利用职权实施的侵犯公民人身权利、民主权利犯罪案件的立案标准，与本规定有重复或者不一致的，适用本规定。

对于本规定施行前发生的国家机关工作人员渎职和利用职权实施的侵犯公民人身权利、民主权利犯罪案件，按照《最高人民法院、最高人民检察院关于适用刑事司法解释时间效力问题的规定》办理。

❾ 最高人民法院研究室《关于对滥用职权致使公共财产、国家和人民利益遭受重大损失如何认定问题的答复》（2004 年 11 月 22 日　法研〔2004〕136 号）

浙江省高级人民法院：你院浙〔2004〕194 号《关于对滥用职权致使公共财产、国家和人民利益遭受重大损失如何认定的请示》收悉。经研究答复如下：人民法院在审判过程中，对于行为人滥用职权，致使公共财产、国家和人民利益遭受的损失计算至侦查机关立案之时。立案以后，判决宣告以前追回的损失，作为量刑情节予以考虑。

❿ 最高人民检察院《关于在检察工作中防止和纠正超期羁押的若干规定》（2003 年 11 月 24 日）（节录）①

造成犯罪嫌疑人、被告人超期羁押的，情节严重，构成犯罪的，依照刑法第三百九十

---

① 对其解读见：《刑事审判参考》2003 年第 6 辑总第 35 辑，第 176～179、198～204 页。

七条关于滥用职权罪、玩忽职守罪的规定追究刑事责任，而不得适用非法拘禁罪的刑法规定。

❶❶《全国法院审理经济犯罪案件工作座谈会纪要》（2003年11月13日 法〔2003〕167号）（节录）①

六、渎职罪中的法律适用问题。（一）关于渎职行为造成的重大损失问题；（二）关于玩忽职守罪的追诉时效问题；（三）关于国有公司、企业人员渎职犯罪的法律适用问题；（四）关于渎职犯罪中"徇私舞弊"的理解与适用问题。

❶❷ 最高人民法院、最高人民检察院、公安部《关于严格执行刑事诉讼法，切实纠防超期羁押的通知》（2003年11月12日 法〔2003〕163号）（节录）②

五、严格执行超期羁押责任追究制度。超期羁押侵犯犯罪嫌疑人、被告人的合法权益，损害司法公正，对此必须严肃查处，绝不姑息。本通知发布以后，凡违反刑事诉讼法和本通知的规定，造成犯罪嫌疑人、被告人超期羁押的，对于直接负责的主管人员和其他直接责任人员，由其所在单位或者上级主管机关依照有关规定予以行政或者纪律处分；造成犯罪嫌疑人、被告人超期羁押，情节严重的，对于直接负责的主管人员和其他直接责任人员，依照刑法第三百九十七条的规定，以玩忽职守罪或者滥用职权罪追究刑事责任。

❶❸ 最高人民法院、最高人民检察院《关于办理非法制造、买卖、运输、储存毒鼠强等禁用剧毒化学品刑事案件具体应用法律若干问题的解释》（2003年10月1日 法释〔2003〕14号）（节录）③

第四条 对非法制造、买卖、运输、储存毒鼠强等禁用剧毒化学品行为负有查处职责的国家机关工作人员，滥用职权或者玩忽职守，致使公共财产、国家和人民利益遭受重大损失的，依照本条追究刑事责任。

❶❹ 最高人民法院、最高人民检察院《关于办理妨害预防、控制突发传染病疫情等灾害的刑事案件具体应用法律若干问题的解释》（2003年5月15日 法释〔2003〕8号）（节录）④

第十五条 在预防、控制突发传染病疫情等灾害的工作中，负有组织、协调、指挥、灾害调查、控制、医疗救治、信息传递、交通运输、物资保障等职责的国家机关工作人员，滥用职权或者玩忽职守，致使公共财产、国家和人民利益遭受重大损失的，依照刑法第三百九十七条的规定，以滥用职权罪或者玩忽职守罪定罪处罚。

❶❺ 最高人民检察院研究室《关于对海事局工作人员如何使用法律问题的答复》

---

① 对其解读见：《刑事审判参考》2004年第4辑总第39辑，第178～199页。
② 对其解读见：《刑事审判参考》2003年第6辑总第35辑，第198～204页。
③ 对其解读见：《刑事审判参考》2003年第5辑总第34辑，第175～177，183～187页。
④ 对其解读见：《刑事审判参考》2003年第3辑总第32辑，第160～164，188～197页以及《"非典"防治时期相关犯罪的司法适用研究》，载《刑事司法指南》2003年第2辑总第14辑，第55～109页。

(2003年1月13日 〔2003〕高检研发第1号)①

经研究,答复如下:根据国办发〔1999〕90号、中编办函〔2000〕184号等文件的规定,海事局负责行使国家水上安全监督和防止船舶污染及海上设施检验、航海保障的管理职权,是国家执法监督机构。海事局及其分支机构工作人员在从事上述公务活动中,滥用职权或者玩忽职守,致使公共财产、国家和人民利益遭受重大损失的,应当依照刑法第三百九十七条的规定,以滥用职权罪或者玩忽职守罪追究刑事责任。

16 最高人民检察院研究室《关于买卖尚未加盖印章的空白〈边境证〉行为如何适用法律问题的答复》(2002年9月25日 〔2002〕高检研发第19号)②

经研究,答复如下:对买卖尚未加盖发证机关的行政印章或者通行专用章印鉴的空白《中华人民共和国边境管理区通行证》的行为,不宜以买卖国家机关证件罪追究刑事责任。国家机关工作人员实施上述行为,构成犯罪的,可以按滥用职权等相关犯罪依法追究刑事责任。

17 最高人民检察院《人民检察院直接受理立案侦查的渎职侵权重特大案件标准(试行)》(2002年1月1日 高检发〔2001〕13号)③

一、滥用职权案

(一)重大案件:1.致人死亡二人以上,或者重伤五人以上,或者轻伤十人以上的;2.造成直接经济损失五十万元以上的。(二)特大案件:1.致人死亡五人以上,或者重伤十人以上,或者轻伤二十人以上的;2.造成直接经济损失一百万元以上的。

二、玩忽职守案

(一)重大案件:1.致人死亡三人以上,或者重伤十人以上,或者轻伤十五人以上的;2.造成直接经济损失一百万元以上的。(二)特大案件:1.致人死亡七人以上,或者重伤十五人以上,或者轻伤三十人以上的;2.造成直接经济损失二百万元以上的。

18 最高人民检察院《关于属工人编制的乡(镇)工商所所长能否依照刑法第397条的规定追究刑事责任问题的批复》(2000年10月31日 高检发研字〔2000〕23号)

经研究,批复如下:根据刑法第93条第2款的规定,经人事部门任命,但为工人编制的乡(镇)工商所所长,依法履行工商行政管理职责时,属其他依照法律从事公务的人员,应以国家机关工作人员论。如果玩忽职守,致使公共财产、国家和人民利益遭受重大损失,可适用刑法第397条的规定,以玩忽职守罪追究刑事责任。

19 最高人民检察院《关于合同制民警能否成为玩忽职守罪主体问题的批复》(2000年10月9日 高检发研字〔2000〕20号)④

根据刑法第93条第2款的规定,合同制民警在依法执行公务期间,属其他依照法律从

---

① 对其解读见:《刑事司法指南》2004年第1辑总第17辑,第137~140页。
② 对其解读见:《解读最高人民检察院司法解释》,第370~373页。
③ 对其解读见:《解读最高人民检察院司法解释》,第236~253页。
④ 对其解读见:《刑事审判参考》2001年第3辑总第14辑,第53页以及《解读最高人民检察院司法解释》,第406~409页。

事公务的人员,应以国家机关工作人员论。对合同制民警在依法执行公务活动中的玩忽职守行为,符合刑法第397条规定的玩忽职守罪构成条件的,依法以玩忽职守罪追究刑事责任。

⑳ 最高人民检察院《关于镇财政所所长是否适用国家机关工作人员的批复》(2000年5月4日　高检发研字〔2000〕9号)①

经研究,批复如下:对于属行政执法事业单位的镇财政所中按国家机关在编干部管理的工作人员,在履行政府行政公务活动中,滥用职权或玩忽职守构成犯罪的,应以国家机关工作人员论。

㉑ 最高人民检察院《关于国家工作人员挪用非特定公物能否定罪的请示的批复》(2000年3月15日　高检发释字〔2000〕1号)②

对于属行政执法事业单位的镇财政所中按国家机关在编干部管理的工作人员,在履行政府行政公务活动中,滥用职权或玩忽职守构成犯罪的,应以国家机关工作人员论。

㉒《关于惩治骗购外汇、逃汇和非法买卖外汇犯罪的决定》(1998年12月29日　主席令第14号)③

㉓ 最高人民法院、最高人民检察院、公安部、工商局《关于依法查处盗窃、抢劫机动车案件的规定》(1998年5月8日　公通字〔1998〕31号)④

九、公安、工商行政管理人员或者其他国家机关工作人员滥用职权或者玩忽职守、徇私舞弊,致使赃车入户、过户、验证的,给予行政处分;致使公共财产、国家和人民利益遭受重大损失的,依照《刑法》第三百九十七条的规定处罚。

㉔ 最高人民检察院《关于办理徇私舞弊犯罪案件适用法律若干问题的解释》(1996年6月4日　高检发研字〔1996〕4号)(节录)

六、犯徇私舞弊罪并有受贿、刑讯逼供等行为构成犯罪的,应当依法按数罪并罚原则追究刑事责任。

㉕ 司法部、最高人民检察院《关于认真办理公证人员玩忽职守案件的通知》(1992年3月21日　司发通〔1992〕037号)(节录)

二、公证人员玩忽职守,是指公证人员在公证活动中严重不负责任,不履行或不正确履行法定职责的行为。具体表现为:1. 无视国家法律、法规和政策规定,对明显违反国家法律、法规和政策或严重损害国家、集体利益或公民合法权益的行为、文书予以公证的;2. 严重违反办证程序,对应当审查的材料不予审查,应当调查核实的事实不予调查核实,应当报送领导审批的事项不报送审批,对不真实、不合法并严重损害国家、集体利益或公民合法权益的行为、事实或文书予以公证的。

---

① 对其解读见:《解读最高人民检察院司法解释》,第404~405页。
② 对其解读见:《刑事审判参考》2000年第5辑总第10辑,第61页以及《解读最高人民检察院司法解释》,第391~392页。
③ 对其解读见:《刑事审判参考合订本·第一卷》,第345~350页。
④ 对其解读见:《解读最高人民检察院司法解释》,第343~347页。

三、公证人员具有下列情形者不应视为玩忽职守行为：1. 公证人员在公证活动中虽有失职行为，但不属于严重不负责任，而是由于制度不完善、法律政策规定不明确，或由于工作缺乏经验、业务素质不高造成的；2. 公证人员已尽到自己的职责，由于当事人或有关证人故意提供伪证，或当事人双方串通欺骗公证机关，造成公证书不真实或不合法的。

四、对于公证人员在公证活动中应负职责的认定，应以《中华人民共和国公证暂行条例》和司法部制定的关于公证工作的有关规定为依据。

26 最高人民法院《关于在民事经济纠纷案件审判中徇私舞弊枉法裁判构成犯罪的应当依照刑法第一百八十八条规定追究刑事责任的批复》（1991年7月19日　法〔研〕复〔1991〕3号）

经研究并征求有关部门意见，现答复如下：1991年4月9日第七届全国人民代表大会第四次会议通过的《中华人民共和国民事诉讼法》第四十四条第三款规定："审判人员有贪污受贿，徇私舞弊，枉法裁判行为的，应当追究法律责任；构成犯罪的，依法追究刑事责任。"据此，具有审判职务的司法工作人员，在审判民事案件、经济纠纷案件过程中，徇私舞弊，故意颠倒黑白做枉法裁判，构成犯罪的，应当依照刑法第一百八十八条的规定追究刑事责任。

在办理上述案件时，应当注意把司法工作人员由于贪污、受贿或者玩忽职守等导致枉法裁判的，以及因能力、水平所限或者执行政策、法律的偏差致使工作中出现严重错误的，与犯徇私舞弊罪严格区别开来。

27 最高人民法院办公厅转发国家商检局、公安部《关于严厉打击不法分子伪造变造买卖商检单证行为的通知》（1988年1月1日　法办〔1988〕2号）（节录）

三、对商检人员玩忽职守或者以权谋私，致使商检单证丢失外流，使国家利益遭受重大损失的，应按照有关规定予以处理，触犯刑律，提请司法机关依法惩处。

28 最高人民法院研究室《关于对重大责任事故和玩忽职守案件造成经济损失需追究刑事责任的数额标准应否做出规定问题的电话答复》（1987年10月20日）

经研究，答复如下：一、重大责任事故和玩忽职守这两类案件的案情往往比较复杂，二者造成经济损失的数额标准只是定罪量刑的重要依据之一，不宜以此作为定罪的唯一依据。在实践中，因重大责任事故和玩忽职守所造成的严重损失，既有经济损失、人身伤亡，也有的还造成政治上的不良影响。其中，有些是不能仅仅用经济数额来衡量的。在审理这两类案件时，应当根据每个案件的情况作具体分析，认定是否构成犯罪。

二、虽然玩忽职守和重大责任事故案件你省检察机关的立案数额标准不同于法院判刑的标准，但法院不宜以此为理由拒绝收案。法院是否收案以及如何判处，要根据具体案情，认真研究，慎重决定。

29 最高人民检察院《关于正确认定和处理玩忽职守罪的若干意见（试行）》（1987年8月30日　〔87〕高检发（二）字第18号）（节录）

五、玩忽职守罪责任人员的划分

1. 直接责任人员，是指行为人的行为与重大损失结果之间有直接的因果关系，是对重大损失的结果发生起决定性作用的人员。间接责任人员，是指行为人的行为与重大损失结果之间有着间接的联系,是造成重大损失的条件,不是起决定性作用的人员。

2. 遇有多因一果的直接责任者时,要分清主要直接责任人员和次要直接责任人员。分别根据他们在重大损失结果发生的过程中所起的作用,确定其罪责地位。

3. 要区分具体实施人员的直接责任与领导人员的直接责任。如果是具体实施人员受命于领导人员实施的行为,或者在实施中提出过纠正意见,未被领导人员采纳而造成重大损失的,由领导人员负直接责任。如果是具体实施人员提出了违反有关法规规定的主张、做法,由于领导人员轻信,同意实施,或者具体实施人员明知受命于领导所实施的行为,违反有关法规规定,但不向领导人员反映,仍继续实施而造成重大损失的,则具体实施人员和领导人员都负直接责任。

4. 要分清职责范围与直接责任的关系。如果行为人不是其法定职责和特定义务范围内的作为,或不作为,而造成重大损失的,不负直接责任,如果分工不清,职责不明,就以其实际工作范围和群众公认的职责作为认定责任的依据。

5. 关于集体研究决定的责任者问题。如果使公共财产、国家和人民利益遭受重大损失,是由集体研究作出错误决定的行为造成的,而且情节恶劣,应追究主持研究并拍板定案的主要直接责任者的刑事责任。

㉚ 福建省公检法《福建省2008年度第1次公检法联席会议纪要》(2008年6月2日 闽公综〔2008〕314号)(节录)

八、鉴于近期案件管辖方面出现了一些新情况,会议明确:1. 对于检察机关侦查的职务犯罪案件需要指定管辖的,应在起诉前由同级检察机关与有权指定管辖的人民法院协商,征得同意后起诉到法院;2. 一般情况下,涉案金额大,涉案人员为处级以上的案件不指定基层检察机关起诉。

㉛ 福建公检法《关于部分经济犯罪、渎职犯罪案件数额幅度及情节认定问题的座谈纪要》若干问题的修订意见(2002年10月8日 闽高法〔2005〕243号)(节录)

三十、滥用职权罪 (一)"重大损失",是指滥用职权造成国家、人民利益遭受直接经济损失达20万元以上;或者造成重伤二人以的,或者轻伤五人以上;或者其他致使公共财产、国家和人民利益遭受重大损失的情形。

(二)"情节特别严重",是指滥用职权给国家、人民利益造成直接经济损失达50万元以上;或者造成多人重伤或者致人死亡;或者造成有关公司、企业等单位停产、严重亏损、破产的;或者严重损害国家声誉,或者造成恶劣社会影响的;或者行为人在滥用职权行为中有受贿、徇私舞弊的;或者其他致使公共财产、国家和人民利益遭受重大损失的等情形。

三十一、玩忽职守罪 (一)该罪的"重大损失",是指玩忽职守行为造成直接经济损失达30万元以上不满100万元的,或者直接经济损失不满30万元,但间接经济损失超过100万元的;或者造成死亡一人以上,或者重伤三人以上,或者轻伤十人以上的;或者其他致使公共财产、国家和人民利益遭受重大损失的情形。

(二)该罪的"情节特别严重",是指玩忽职守行为造成直接经济损失达100万元以上的,或者直接经济损失不满100万元,但间接经济损失超过300万元的;或者造成多人死亡，或重伤十人以上，或轻伤二十人以上的；或者造成有关公司、企业等单位停产、严重亏损、破产的；或者严重损害国家声誉，或造成恶劣社会影响的；或者其他致使公共财产、国家和人民利益遭受特别重大损失的情形。

32 江苏省高级人民法院、省检察院《关于认定滥用职权、玩忽职守犯罪所造成的经济损失的意见》（2001年9月12日）

一、人民检察院在立案后提起公诉前追回的经济损失，在认定犯罪嫌疑人、被告人所造成的经济损失时不予扣减。但犯罪嫌疑人主动挽回或者积极协助挽回的经济损失；犯罪嫌疑人所在单位或者其上级主管部门，通过民事途径挽回的经济损失，在处理时一般应当予以扣减。

二、犯罪嫌疑人或者其所在单位、上级主管部门通过民事途径取得了确定的债权，但债务人无实际履行债务能力的，不应认定为已经挽回经济损失。有下列情形之一的，视为债务人无实际履行债务能力：

（一）人民法院就民事调解书、民事判决书、裁定、仲裁机构的裁决作出中止执行裁定，经过二年仍无法恢复执行，或者作出终结执行裁定的；

（二）债务单位已经关停，或者虽未宣告破产，注销工商、税务登记，但无财产可供执行，债权人无法实现债权的；

（三）债务人无财产可供执行，且明确表示无履行债务能力的；

（四）债务人有其他确无履行债务能力情况的。

三、人民法院在审判阶段挽回的经济损失，在认定犯罪造成的经济损失时不予扣减，可作为量刑的酌定情节。但提起公诉前，被告人或者其所在单位、上级主管部门已经通过民事途径，经人民法院调解、判决、裁定或仲裁机构裁决取得确定债权，并在一审判决前得以履行的，应当予以扣减。扣减后不构成犯罪的，人民检察院可以撤回起诉。

四、因违规借款、贷款造成的经济损失包括本金损失和利息损失（含按同期银行利率计算必须支付的利息、应取得而无法收回的利息）。

学理观点·典型案例 ➡ **索引与要旨**

❶《渎职类犯罪因果关系的认定》，载《刑事司法指南》2011年第4辑总第48辑，第121~132页。

❷《滥用职权罪与玩忽职守罪比较研究》，载《刑事司法指南》2011年第2辑总第46辑，第28~53页。

❸《最高人民法院公布四起危害食品安全犯罪典型案例》，载《公检法办案指南》2011年第12辑总第144辑，第160~164页。

要旨 ➡ 对（瘦肉精）饲养的生猪，应当检疫而未检疫，致使3.8万头未检测的生猪运出，情节特别严重。

❹《李祥英传授犯罪方法案》，载《刑事审判参考》2010年第5辑总第76辑，第67~73页。

要旨➡实施滥用职权等渎职犯罪行为的同时又收受贿赂，除刑法另有规定外，应当认定为两罪，实行数罪并罚。

❺《玩忽职守罪的因果关系认定》，载《公检法办案指南》2010年第8辑总第128辑，第134~139页。

❻《张群生滥用职权案》，载《刑事审判参考》2009年第3辑总第68辑，第61~65页。

核心提示➡国家机关工作人员以单位名义擅自出借公款给其他单位使用造成巨大损失的行为如何定罪？

❼《蒋水清玩忽职守案》，载《刑事法律文件解读》2009年第5辑总第47辑，第114~120页。

核心提示➡如何理解刑事司法解释的溯及力问题？

❽《渎职犯罪中复杂因果关系与刑事责任的认定》，载《刑事司法指南》2009年第1辑总第37辑，第41~52页。

❾《朱兴荣滥用职权案》，载《人民法院案例选》2008年第2辑总第64辑。

要旨➡超越职权违反规定驾驶警车追赶违章车辆，导致交通事故的发生，并致一人死亡，构成滥用职权罪。

❿《玩忽职守罪主观方面研究》，载《公检法办案指南》2008年第5辑总第101辑，第148~158页。

⓫《也论滥用职权罪的罪过形式》，载《最新刑事法律文件解读》2007年第3辑总第27辑，第99~109页。

⓬《玩忽职守罪客观损害结果的认定》，载《公检法办案指南》2007年第10辑总第94辑，第133~144页。

⓭《玩忽职守与滥用职权罪罪过形式与实行行为的认定》，载《刑事司法指南》2006年第4辑总第28辑，第35~58页。

⓮《王刚强、王鹏飞过失致人死亡案》，载《刑事审判参考》2005年第3辑总第44辑，第42~48页。

核心提示➡交通运输管理站工作人员在稽查路费过程中追赶逃费车辆致人身亡的应如何定罪？

要旨➡1. 被告人王刚强、王鹏飞在执行公务中超越职权造成他人伤亡的行为构成了犯罪。2. 该行为构成了滥用职权罪而不构成过失致人死亡罪。

⓯《莫兆军被控玩忽职守案 广东省高级人民法院 刑事裁定书》〔2004〕粤高法刑二终字第24号，《刑事审判参考》2005年第3辑总第44辑，第127~143页。

核心提示➡当事人因不服民事判决而自杀，是否应追究法官的刑事责任？

⓰《国家机关工作人员为了单位的利益而滥用职权或者玩忽职守，是否属于〈刑法〉分则第九章规定的"徇私舞弊"》，载《最新刑事法律文件解读》2005年第10辑总第10

辑，第 100～101 页。

⑰《由于国家机关工作人员的渎职行为致使巨额财产作为债权存在，但已无法实现的，能否追究国家机关工作人员渎职行为的刑事责任》，载《最新刑事法律文件解读》2005 年第 9 辑总第 9 辑，第 107 页。

⑱《国家工作人员玩忽职守行为造成的重大损失当时没有发生，而是玩忽职守行为之后一定时间发生的，玩忽职守罪的追诉时效如何计算》，载《最新刑事法律文件解读》2005 年第 4 辑总第 4 辑。

要旨 ➡ 玩忽职守是结果犯，不作为犯，应从结果发生之日起算。

⑲《对滥用职权案的立案标准应如何掌握》，载《最新刑事法律文件解读》。

核心提示 ➡ 第 397 条立案标准的理解

⑳《王钟麓受贿、滥用职权案杭州市中级人民法院 刑事判决书》〔2004〕杭刑初字第 105 号，载《刑事审判参考》2004 年第 6 辑总第 41 辑，第 199～225 页。

核心提示 ➡ 滥用职权的追诉时限如何起算？

要旨 ➡ 徇私舞弊造成亏损罪。被告人辩解行为发生于 1997 年《刑法》实施前，而根据 1979 年《刑法》，被告人的行为不属于玩忽职守的行为，故不应适用《刑法修正案》颁布之前的《刑法》第 168 条之规定，不能以徇私舞弊造成亏损罪的罪名追究被告人的刑事责任。本院认为，因滥用职权罪是结果犯，危害结果是该罪构成的必备要件，故该罪的追诉时限应从危害结果发生之日起计算。并根据《刑法》第 89 条的规定，犯罪行为有连续或者继续状态的，从犯罪行为终了之日起计算。在本案中，鸿发苑项目的损失结果经浙江省审计厅于 2003 年 11 月审计认定，截至 2003 年 5 月，已销售部分累计亏损人民币 3078.46 万元。因此，鸿发苑项目的损失结果发生于 2003 年 5 月，应适用 1999 年 12 月 25 日颁布的《刑法修正案》第 2 条，对被告人以国有公司人员滥用职权罪，对其徇私舞弊情节按第三款的规定，从重处罚。

㉑《包智安受贿、滥用职权案》，载《刑事审判参考》2004 年第 6 辑总第 41 辑，第 63～71 页。

核心提示 ➡ 滥用职权行为与损失后果之间没有必然因果关系的是否构成滥用职权罪？

㉒《龚晓玩忽职守案》，载《刑事审判参考》2004 年第 2 辑总第 37 辑，第 78～83 页。

核心提示 ➡ 渎职犯罪的因果关系判断

要旨 ➡ 1. 被告人的失职行为客观存在。2. 被告人的玩忽职守行为与特大交通事故之间没有刑法上的因果关系。在存在介入因素的场合下，判断介入因素是否对因果关系的成立产生阻却影响时，一般是通过是否具有"相当性"的判断来加以确定的。在相当性的具体判断中，一般可从以下三个方面来进行：（1）最早出现的实行行为导致最后结果发生的概率的高低。概率高者，因果关系存在；反之，不存在。（2）介入因素异常性的大小。介入因素过于异常的，实行行为和最后结果之间的因果关系不存在；反之，因果关系存在。（3）介入因素对结果发生的影响力。影响力者大者，因果关系不存在；反之，因果关系存在。当然，如果介入行为与此前行为对于结果的发生作用相当或者互为条件时，均应视为原因行为，同时成立因果关系。本案中，被告人出具的体检结论的效力只有1年，如当年度由于其本人的原因而发生了交通事故，则存在因果关系，但龚晓的体检行为在1年以后已经归于无效。就被告人的失职行为和其后的失职行为对交通事故发生的影响力而言，前者对结果的发生法律上已经不具有影响力，故不存在刑法上的因果关系。

㉓《刑法实务若干问题研究》，载《刑事审判参考》2004年第1辑总第36辑，第128~142页。

要旨➡执行判决、裁定滥用职权罪的罪过形式问题。我们认为，滥用职权罪在主观方面一般由过失构成，但也不排除故意的存在。

㉔《如何认定滥用职权致使公共财产、国家和人民利益遭受重大损失》，载《经济犯罪审判指导》2004年第4辑总第8辑，第106~108页。

㉕《胡平玩忽职守案》，载《经济犯罪审判指导与参考》，第92页。

要旨➡不违反职责义务不构成玩忽职守罪。

㉖《陆飞荣玩忽职守案》，载《刑事审判参考》2002年第4辑总第27辑，第67~76页。

核心提示➡如何区分玩忽职守与滥用职权？如何认定违规担保行为与经济损失之间的因果关系？

要旨➡新刑法生效之前实施的滥用职权行为的法律适用

1. 滥用职权罪是1997年修订刑法的新设罪名，但不能据此认为，滥用职权行为在修订前刑法中不受处罚，只不过当时是以玩忽职守定罪处罚而已。滥用职权通常表现为故意不正确行使职权或者超越职权，但行为人对行为本身的故意，并不意味着行为人对行为结果所持的态度是希望或者放任。确定罪过形式的基准是行为人对行为结果的态度，而非行为本身。滥用职权中的过失一般表现为轻信过失。本案被告属滥用职权行为。2. 划扣的190万存款属直接经济损失，被告的违规担保行为与损失之间存在因果关系。3. 根据刑法第12条，应适1979年刑法以玩忽职守定。二审应引用1979年刑法187条。

㉗《析陆飞荣滥用职权案》，载《刑事司法指南》2003年总第15辑。

核心提示➡多因一果情况下刑事责任的承担

㉘《滥用职权罪侦破指南》，载《刑事司法指南》2002年第4辑总第12辑，第59~66页。

要旨➡1. 滥用职权罪线索来源及初查措施；2. 滥用职权犯罪案件的立案；3. 滥用职权罪的取证方法；4. 滥用职权罪的取证要点；5. 讯问滥用职权犯罪嫌疑人应当注意的问题。

㉙《徇私枉法罪中的"徇私"应理解为徇"个人之私"——"问题征答"来稿选登》，载《刑事司法指南》2002年第4辑总第12辑，第106页。

㉚《渎职罪立法及当前司法中的热点问题》，载《华东刑事司法评论》2002年第一卷，第100~117页。

第二编 分则 第九章 渎职罪

要旨 → 1. 法条分类及相互关系；2. 渎职罪的一罪与数罪问题；3. 渎职罪与共同犯罪问题。

㉛《林世元等受贿、玩忽职守案》，载《刑事审判参考》2000 年第 1 辑总第 6 辑，第 35 ~ 45 页以及《刑事审判案例》，第 626 ~ 632 页。

要旨 → 如何理解玩忽职守的徇私舞弊的加重处罚情节？行为人在刑法修订前玩忽职守、在刑法修订实施以后发生危害结果的行为如何适用法律？

㉜《认定与处理渎职罪的若干问题》，载《刑事司法指南》2000 年第 2 辑总第 2 辑，第 61 ~ 75 页。

要旨 → 1. 关于徇私舞弊罪与受贿罪是否并罚的问题；2. 关于徇私舞弊罪的"徇私"要件是否应包括单位、集体之私的问题；3. 关于渎职罪在追诉时效和有关法律适用问题；4. 有关国有公司、企业、事业单位人员渎职犯罪的管辖问题；5. 关于检察机关查办渎职犯罪案件所牵涉的有关刑事案件应否由检察机关并案侦查的问题。

㉝《韩义昌徇私舞弊、挪用公款案》，载《刑事审判参考合订本·第一卷》，第 204 ~ 207 页。

核心提示 → 滥用职权释放犯罪嫌疑人并将公款出借搞"资产解冻"活动造成重大损失如何定罪？

㉞《王文强玩忽职守案》，载《刑事审判参考合订本·第一卷》，第 200 ~ 203 页。

核心提示 → 行政机关的行政罚没款能否认定为玩忽职守造成的直接经济损失？

㉟《翟鲁光受贿、玩忽职守案》，载《刑事审判参考合订本·第一卷》，第 196 ~ 199 页。

核心提示 → 银行工作人员玩忽职守的行为如何定罪？

㊱《邓野、陈恩受贿、贪污、徇私枉法、滥用职权案》，载《最高人民法院判例释解·刑事卷》，第 27 页。

核心提示 → 玩忽职守罪与滥用职权罪的区别

㊲《陈希同贪污、玩忽职守上诉案》，载《最高人民法院判例释解·刑事卷》，第 43 页。

核心提示 → 辞职能否免除玩忽职守的责任，兼谈玩忽职守中疏忽大意与过于自信的过失的差别？

㊳《许运鸿滥用职权》，载《最高人民法院判例释解·刑事卷》，第 377 页。

核心提示 → 政府官员超越职权干预企业经营造成巨额损失是玩忽职守还是滥用职权？

㊴《宋新生滥用职权》，载《最高人民法院判例释解·刑事卷》，第 380 页。

核心提示 → 为解决单位办公经费不足而骗取出口退税的行为如何定性？

第 398 条 故意泄露国家秘密罪 过失泄露国家秘密罪

国家机关工作人员违反保守国家秘密法的规定，故意或者过失泄露国家秘密，情节严重的，处三年以下有期徒刑或者拘役；情节特别严重的，处三年以上七年以下有期徒刑。

非国家机关工作人员犯前款罪的，依照前款的规定酌情处罚。

关 联 规 范 ➡ 完全整理

❶ 全国人大常委会《关于维护互联网安全的决定》（2000年12月28日）（节录）①

二、为了维护国家安全和社会稳定，对有下列行为之一，构成犯罪的，依照刑法有关规定追究刑事责任：（二）通过互联网窃取、泄露国家秘密、情报或者军事秘密；

❷ 最高人民检察院《关于渎职侵权犯罪案件立案标准的规定》（2006年7月27日 高检发释字〔2006〕2号）（节录）②

（三）故意泄露国家秘密案（第三百九十八条）　故意泄露国家秘密罪是指国家机关工作人员或者非国家机关工作人员违反保守国家秘密法，故意使国家秘密被不应知悉者知悉，或者故意使国家秘密超出了限定的接触范围，情节严重的行为。

涉嫌下列情形之一的，应予立案：

1. 泄露绝密级国家秘密1项（件）以上的；2. 泄露机密级国家秘密2项（件）以上的；3. 泄露秘密级国家秘密3项（件）以上的；4. 向境外机构、组织、人员泄露国家秘密，造成或者可能造成危害社会稳定、经济发展、国防安全或者其他严重危害后果的；5. 通过口头、书面或者网络等方式向公众散布、传播国家秘密的；6. 利用职权指使或者强迫他人违反国家保守秘密法的规定泄露国家秘密的；7. 以牟取私利为目的泄露国家秘密的；8. 其他情节严重的情形。

（四）过失泄露国家秘密案（第三百九十八条）过失泄露国家秘密罪是指国家机关工作人员或者非国家机关工作人员违反保守国家秘密法，过失泄露国家秘密，或者遗失国家秘密载体，致使国家秘密被不应知悉者知悉或者超出了限定的接触范围，情节严重的行为。

涉嫌下列情形之一的，应予立案：1. 泄露绝密级国家秘密1项（件）以上的；2. 泄露机密级国家秘密3项（件）以上的；3. 泄露秘密级国家秘密4项（件）以上的；4. 违反保密规定，将涉及国家秘密的计算机或者计算机信息系统与互联网相连接，泄露国家秘密的；5. 泄露国家秘密或者遗失国家秘密载体，隐瞒不报、不如实提供有关情况或者不采取补救措施的；6. 其他情节严重的情形。

❸ 最高人民检察院《人民检察院直接受理立案侦查的渎职侵权重特大案件标准（试行）》（2002年1月1日　高检发〔2001〕13号）（节录）③

三、故意泄露国家秘密案

（一）重大案件：1. 故意泄露绝密级国家秘密一项以上，或者泄露机密级国家秘密三项以上，或者泄露秘密级国家秘密五项以上的；2. 故意泄露国家秘密造成直接经济损失五

---

① 对其解读见：《刑事审判参考》2001年第4辑总第15辑，第52~58页。
② 对其解读见：《刑事审判参考》2006年第4辑总第51辑，第117~164页。
③ 对其解读见：《解读最高人民检察院司法解释》，第236~253页。

十万元以上的；3. 故意泄露国家秘密对国家安全构成严重危害的；4. 故意泄露国家秘密对社会秩序造成严重危害的。

（二）特大案件：1. 故意泄露绝密级国家秘密二项以上，或者泄露机密级国家秘密五项以上，或者泄露秘密级国家秘密七项以上的；2. 故意泄露国家秘密造成直接经济损失一百万元以上的；3. 故意泄露国家秘密对国家安全构成特别严重危害的；4. 故意泄露国家秘密对社会秩序造成特别严重危害的。

四、过失泄露国家秘密案

（一）重大案件：1. 过失泄露绝密级国家秘密一项以上，或者泄露机密级国家秘密五项以上，或者泄露秘密级国家秘密七项以上并造成严重危害后果的；2. 过失泄露国家秘密造成直接经济损失一百万元以上的；3. 过失泄露国家秘密对国家安全构成严重危害的；4. 过失泄露国家秘密对社会秩序造成严重危害的。

（二）特大案件：1. 过失泄露绝密级国家秘密二项以上，或者泄露机密级国家秘密七项以上，或者泄露秘密级国家秘密十项以上的；2. 过失泄露国家秘密造成直接经济损失二百万元以上的；3. 过失泄露国家秘密对国家安全构成特别严重危害的；4. 过失泄露国家秘密对社会秩序造成特别严重危害的。

[编者注："经济损失"含义可参考第九章.2006.07.27《关于渎职侵权犯罪案件立案标准的规定》三、附则（四）]

4 最高人民法院、最高人民检察院《关于办理组织和利用邪教组织犯罪案件具体应用法律若干问题的解释（二）》（2001年6月11日　法释〔2001〕19号）（节录）①

第八条　邪教组织人员为境外窃取、刺探、收买、非法提供国家秘密、情报的，以窃取、刺探、收买方法非法获取国家秘密的，非法持有国家绝密、机密文件、资料、物品拒不说明来源与用途的，或者泄露国家秘密情节严重的，分别依照刑法第一百一十一条为境外窃取、刺探、收买、非法提供国家秘密、情报罪，第二百八十二条第一款非法获取国家秘密罪，第二百八十二条第二款非法持有国家绝密、机密文件、资料、物品罪，第三百九十八条故意泄露国家秘密罪、过失泄露国家秘密罪的规定定罪处罚。

5 最高人民法院《关于审理为境外窃取、刺探、收买、非法提供国家秘密、情报案件具体应用法律若干问题的解释》（2001年1月22日　法释〔2001〕4号）②

第一条　刑法第一百一十一条规定的"国家秘密"，是指《中华人民共和国保守国家秘密法》第二条、第八条以及《中华人民共和国保守国家秘密法实施办法》第四条确定的事项。

刑法第一百一十一条规定的"情报"，是指关系国家安全和利益、尚未公开或者依照有关规定不应公开的事项。

第六条　通过互联网将国家秘密或者情报非法发送给境外的机构、组织、个人的，依

---

① 对其解读见：《刑事审判参考》2001年第7辑总第18辑，第59～62、73～78页以及2001年第9辑总第20辑，第49～57页。

② 对其解读见：《刑事审判参考》2001年第3辑总第14辑，第60～65页。

照刑法第一百一十一条的规定定罪处罚;将国家秘密通过互联网予以发布,情节严重的,依照刑法第三百九十八条的规定定罪处罚。

学理观点·典型案例 ➡ 索引与要旨

❶《李宝安等故意泄露国家秘密案》,载《刑事审判参考》2003 年第 4 辑总第 33 辑,第 53~59 页。

核心提示 ➡ 国家秘密的含义;利用中考命题工作的便利将考前辅导内容作为中考试题的行为能否构成本罪?

❷《于萍故意泄露国家秘密案》,载《刑事审判参考》2002 年第 5 辑总第 28 辑,第 83~88 页。

核心提示 ➡ 辩护律师在法院复制的案件证据材料让被告人亲属查阅的行为是否构成犯罪?

要旨 ➡ 检察部门的保密规定并不适用于辩护律师。法院的保密规定不包括"讯问笔录"、"询问笔录"。检察部门的保密规定虽将二笔录规定为"庭审前",但该规定与刑事诉讼法第 26 条第 2 款相背离。犯罪事实材料一经起诉并移至法院,即告失密。本案主体身份不符,也不具备主观犯意。

第 399 条 第 1 款 徇私枉法罪 第 2 款 民事、行政枉法裁判罪 第 3 款 修正案(四)第 8 条 执行判决、裁定失职罪 执行判决、裁定滥用职权罪

司法工作人员徇私枉法、徇情枉法,对明知是无罪的人而使他受追诉、对明知是有罪的人而故意包庇不使他受追诉,或者在刑事审判活动中故意违背事实和法律作枉法裁判的,处五年以下有期徒刑或者拘役;情节严重的,处五年以上十年以下有期徒刑;情节特别严重的,处十年以上有期徒刑。

在民事、行政审判活动中故意违背事实和法律作枉法裁判,情节严重的,处五年以下有期徒刑或者拘役;情节特别严重的,处五年以上十年以下有期徒刑。

司法工作人员贪赃枉法,有前两款行为的,同时又构成本法第三百八十五条规定之罪的,依照处罚较重的规定定罪处罚。

中华人民共和国刑法修正案(四)(中华人民共和国第九届全国人民代表大会常务委员会第三十一次会议于 2002 年 12 月 28 日通过,自公布之日起施行)

八、将刑法第三百九十九条修改为:"司法工作人员徇私枉法、徇情枉法,对明知是无罪的人而使他受追诉、对明知是有罪的人而故意包庇不使他受追诉,或者在刑事审判活动中故意违背事实和法律作枉法裁判的,处五年以下有期徒刑或者拘役;情节严重的,处五年以上十年以下有期徒刑;情节特别严

重的，处十年以上有期徒刑。

在民事、行政审判活动中故意违背事实和法律作枉法裁判，情节严重的，处五年以下有期徒刑或者拘役；情节特别严重的，处五年以上十年以下有期徒刑。

在执行判决、裁定活动中，严重不负责任或者滥用职权，不依法采取诉讼保全措施、不履行法定执行职责，或者违法采取诉讼保全措施、强制执行措施，致使当事人或者其他人的利益遭受重大损失的，处五年以下有期徒刑或者拘役；致使当事人或者其他人的利益遭受特别重大损失的，处五年以上十年以下有期徒刑。

司法工作人员收受贿赂，有前三款行为的，同时又构成本法第三百八十五条规定之罪的，依照处罚较重的规定定罪处罚。"

关联规范 ➡ 完全整理

❶ 《中华人民共和国刑法》（1980年1月1日）第385条 受贿罪

国家工作人员利用职务上的便利，索取他人财物的，或者非法收受他人财物，为他人谋取利益的，是受贿罪。

国家工作人员在经济往来中，违反国家规定，收受各种名义的回扣、手续费，归个人所有的，以受贿论处。

❷ 《刑法修正案（四）》（2002年12月28日 主席令第八十三号）①

❸ 全国人大常委会关于《〈中华人民共和国刑法〉第九章渎职罪主体适用问题的解释》（2002年12月28日）②

在依照法律、法规规定行使国家行政管理职权的组织中从事公务的人员，或者在受国家机关委托代表国家机关行使职权的组织中从事公务的人员，或者虽未列入国家机关人员编制但在国家机关中从事公务的人员，在代表国家机关行使职权时，有渎职行为，构成犯罪的，依照刑法关于渎职罪的规定追究刑事责任。

对司法工作人员在执行工作中严重不负责任、滥用职权的犯罪行为应如何适用法律，作了明确规定。

❹ 最高人民法院、最高人民检察院、公安部、司法部印发《关于进一步严格依法办案确保办理死刑案件质量的意见》的通知（2007年3月9日 法发〔2007〕11号）（节录）

五、严格执行办案责任追究制度

52. 故意违反法律和本意见的规定，或者由于严重不负责任，影响办理死刑案件质量，

---

① 对其解读见：《刑事审判参考》2002年第6辑总第29辑，第99~101页。
② 对其解读见：《刑事审判参考》2003年第1辑总第30辑，第153~156页。

造成严重后果的，对直接负责的主管人员和其他直接责任人员，由其所在单位或者上级主管机关依照有关规定予以行政处分或者纪律处分；徇私舞弊、枉法裁判构成犯罪的，依法追究刑事责任。

5 最高人民检察院《关于渎职侵权犯罪案件立案标准的规定》（2006年7月27日高检发释字〔2006〕2号）（节录）①

（五）徇私枉法案（三百九十九条第一款）徇私枉法罪是指司法工作人员徇私枉法、徇情枉法，对明知是无罪的人而使他受追诉、对明知是有罪的人而故意包庇不使他受追诉，或者在刑事审判活动中故意违背事实和法律作枉法裁判的行为。

涉嫌下列情形之一的，应予立案：1. 对明知是没有犯罪事实或者其他依法不应当追究刑事责任的人，采取伪造、隐匿、毁灭证据或者其他隐瞒事实、违反法律的手段，以追究刑事责任为目的立案、侦查、起诉、审判的；2. 对明知是有犯罪事实需要追究刑事责任的人，采取伪造、隐匿、毁灭证据或者其他隐瞒事实、违反法律的手段，故意包庇使其不受立案、侦查、起诉、审判的；3. 采取伪造、隐匿、毁灭证据或者其他隐瞒事实、违反法律的手段，故意使罪重的人受较轻的追诉，或者使罪轻的人受较重的追诉的；4. 在立案后，采取伪造、隐匿、毁灭证据或者其他隐瞒事实、违反法律的手段，应当采取强制措施而不采取强制措施，或者虽然采取强制措施，但中断侦查或者超过法定期限不采取任何措施，实际放任不管，以及违法撤销、变更强制措施，致使犯罪嫌疑人、被告人实际脱离司法机关侦控的；5. 在刑事审判活动中故意违背事实和法律，作出枉法判决、裁定，即有罪判无罪、无罪判有罪，或者重罪轻判、轻罪重判的；6. 其他徇私枉法应予追究刑事责任的情形。

（六）民事、行政枉法裁判案（第三百九十九条第二款）民事、行政枉法裁判罪是指司法工作人员在民事、行政审判活动中，故意违背事实和法律作枉法裁判，情节严重的行为。

涉嫌下列情形之一的，应予立案：1. 枉法裁判，致使当事人或者其近亲属自杀、自残造成重伤、死亡，或者精神失常的；2. 枉法裁判，造成个人财产直接经济损失10万元以上，或者直接经济损失不满10万元，但间接经济损失50万元以上的；3. 枉法裁判，造成法人或其他组织财产直接经济损失20万元以上，或者直接经济损失不满20万元，但间接经济损失100万元以上的；4. 伪造、变造有关材料、证据，制造假案枉法裁判的；5. 串通当事人制造伪证，毁灭证据或者篡改庭审笔录而枉法裁判的；6. 徇私情、私利，明知是伪造、变造的证据予以采信，或者故意对应当采信的证据不予采信，或者故意违反法定程序，或者故意错误适用法律而枉法裁判的；7. 其他情节严重的情形。〔编者注："经济损失"含义可参考第九章.2006.07.27《关于渎职侵权犯罪案件立案标准的规定》三、附则（四）〕

（七）执行判决、裁定失职案（第三百九十九条第三款）执行判决、裁定失职罪是指司法工作人员在执行判决、裁定活动中，严重不负责任，不依法采取诉讼保全措施、不履

---

① 对其解读见：《刑事审判参考》2006年第4辑总第51辑，第117~164页。

第二编　分则　第九章　渎职罪

行法定执行职责，或者违法采取保全措施、强制执行措施，致使当事人或者其他人的利益遭受重大损失的行为。

涉嫌下列情形之一的，应予立案：1. 致使当事人或者其近亲属自杀、自残造成重伤、死亡，或者精神失常的；2. 造成个人财产直接经济损失15万元以上，或者直接经济损失不满15万元，但间接经济损失75万元以上的；3. 造成法人或者其他组织财产直接经济损失30万元以上，或者直接经济损失不满30万元，但间接经济损失150万元以上的；4. 造成公司、企业等单位停业、停产1年以上，或者破产的；5. 其他致使当事人或者其他人的利益遭受重大损失的情形。〔编者注："经济损失"含义可参考第九章.2006.07.27《关于渎职侵权犯罪案件立案标准的规定》三、附则（四）〕

（八）执行判决、裁定滥用职权案（第三百九十九条第三款）执行判决、裁定滥用职权罪是指司法工作人员在执行判决、裁定活动中，滥用职权，不依法采取诉讼保全措施、不履行法定执行职责，或者违法采取保全措施、强制执行措施，致使当事人或者其他人的利益遭受重大损失的行为。

涉嫌下列情形之一的，应予立案：1. 致使当事人或者其近亲属自杀、自残造成重伤、死亡，或者精神失常的；2. 造成个人财产直接经济损失10万元以上，或者直接经济损失不满10万元，但间接经济损失50万元以上的；3. 造成法人或者其他组织财产直接经济损失20万元以上，或者直接经济损失不满20万元，但间接经济损失100万元以上的；4. 造成公司、企业等单位停业、停产6个月以上，或者破产的；5. 其他致使当事人或者其他人的利益遭受重大损失的情形。〔编者注："经济损失"含义可参考第九章.2006.07.27《关于渎职侵权犯罪案件立案标准的规定》三、附则（四）〕

❻《全国法院审理经济犯罪案件工作座谈会纪要》（2003年11月13日　法〔2003〕167号）（节录）①

核心提示➡️ 六（四）关于渎职犯罪中"徇私舞弊"的理解与适用问题

❼ 最高人民法院、最高人民检察院《关于执行〈中华人民共和国刑法〉确定罪名的补充规定（二）》（2003年8月15日　法释〔2003〕12号）②

核心提示➡️ 该罪的犯罪特征。

❽ 最高人民检察院研究室《关于非司法工作人员是否可以构成徇私枉法罪共犯问题的答复》（2003年4月16日　〔2003〕高检研发第11号）

经研究，答复如下：非司法工作人员与司法工作人员勾结，共同实施徇私枉法行为，构成犯罪的，应当以徇私枉法罪的共犯追究刑事责任。

❾ 最高人民检察院《人民检察院直接受理立案侦查的渎职侵权重特大案件标准（试行）》（2002年1月1日　高检发〔2001〕13号）（节录）③

---

① 对其解读见：《刑事审判参考》2004年第4辑总第39辑，第178～199页。
② 对其解读见：《刑事审判参考》2003年第5辑总第34辑，第188～194页以及《刑事司法指南》2003年第3辑总第15辑，第150～158页。
③ 对其解读见：《解读最高人民检察院司法解释》，第236～253页。

五、枉法追诉、裁判案

（一）重大案件：1. 对依法可能判处三年以上七年以下有期徒刑的犯罪分子，故意包庇不使其受追诉的；2. 致使无罪的人被判处三年以上七年以下有期徒刑的。（二）特大案件：1. 对依法可能判处七年以上有期徒刑、无期徒刑、死刑的犯罪分子，故意包庇不使其受追诉的；2. 致使无罪的人被判处七年以上有期徒刑、无期徒刑、死刑的。

六、民事、行政枉法裁判案

（一）重大案件：1. 枉法裁判，致使公民的财产损失十万元以上、法人或者其他组织财产损失五十万元以上的；2. 枉法裁判，引起当事人及其亲属精神失常或者重伤的。（二）特大案件：1. 枉法裁判，致使公民的财产损失五十万元以上、法人或者其他组织财产损失一百万元以上的；2. 引起当事人及其亲属自杀死亡的。

学理观点·典型案例 ——— 索引与要旨

1《因收受贿赂而徇私枉法的司法认定》，载《刑事司法指南》2011 年第 4 辑总第 48 辑，第 201~211 页。

2《卢海生执行判决、裁定滥用职权案》，载《最高人民法院公报》2007 年第 5 辑总第 100 辑。

要旨 ➡ 明知法院的冻结裁定违反规定，仍对被执行人的资金予以重复冻结，并在复议期间，将资金支付给申请人，给被害人造成重大损失，构成本罪。

3《徇私枉法罪罪状中"有罪的人"的理解》，载《公检法办案指南》2006 年第 2 辑总第 74 辑，第 171~173 页。

4《潘存键徇私枉法案》，载《最新刑事法律文件解读》2006 年第 9 辑总第 21 辑，第 124~131 页。

5《徇私枉法罪中"对明知是有罪的人而故意包庇不使他受追诉"中"有罪的人"如何理解》，载《最新刑事法律文件解读》2005 年第 11 辑总第 11 辑，第 125~126 页。

6《刑法实务若干问题研究》，载《刑事审判参考》2004 年第 1 辑总第 36 辑，第 128~142 页。

核心提示 ➡ 执行判决、裁定滥用职权罪的罪过形式问题

要旨 ➡ 我们认为，滥用职权罪在主观方面一般由过失构成，但也不排除故意的存在。

7《刑事司法指南》2004 年。

核心提示 ➡ 为谋取单位利益故意违背事实作枉法裁判是否构成徇私枉法罪？

8《李永宾徇私枉法、接送不合格兵员案》，载《刑事审判参考》2003 年第 2 辑总第 31 辑，第 65~72 页。

核心提示 ➡ 如何认定徇私枉法"情节严重"？

要旨 ➡ 1. 徇私枉法系行为犯，不以是否发生行为人所追求的后果为条件，只要实施了行为；本案无论是对象、行为手段还是后果，均属于情节严重；2. 将有严重盗窃罪行的

人政审合格，混入部队，影响征兵的质量，造成部队将兵员退回的严重后果，应当认定情节严重。

❾《渎职罪立法及当前司法中的热点问题》，载《华东刑事司法评论》2002 年第 1 卷，第 100～117 页。

要旨➡渎职罪的"前提罪"问题：枉法追诉罪的前提罪问题。

❿《杨有才帮助犯罪分子逃避处罚案》，载《刑事审判参考》2001 年第 9 辑总第 20 辑，第 22～29 页。

核心提示➡参与案件侦查工作的公安机关借用人员是否属司法工作人员？如何区分徇私枉法罪、帮助犯罪分子逃避处罚罪和包庇罪？

要旨➡1. 被告既是负有查禁犯罪活动职责的国家机关工作人员，也是司法工作工作人员；本案被告人虽为公安机关借用人员，不具有国家干部身份，但却在公安机关中受委派从事着国家公务，当然是国家机关工作人员，完全可以成为渎职罪的主体。被告人参与了传唤、抓捕、押解、审讯等工作，本案侦查工作中的主要职责被告人均有参与，应当认定为司法工作人员。2. 其目的不仅是使罪犯逃避处罚，主要是想让罪犯不受追诉，属一行为触犯两罪名，择重罪。

⓫《邓野、陈恩受贿、贪污、徇私枉法、滥用职权、巨额财产来源不明案》，载《最高人民法院判例释解·刑事卷》，第 27 页。

要旨➡为了增加单位小金库收入而枉法，因无"私"可徇，不构成徇私枉法罪。

第 399 条之一　修正案（六）第 20 条　枉法仲裁罪

依法承担仲裁职责的人员，在仲裁活动中故意违背事实和法律作枉法裁决，情节严重的，处三年以下有期徒刑或者拘役；情节特别严重的，处三年以上七年以下有期徒刑。

关 联 规 范　　➡完全整理

❶《刑法修正案（六）》（2006 年 6 月 29 日　主席令第五十一号）①

❷最高人民法院、最高人民检察院《关于执行〈中华人民共和国刑法〉确定罪名的补充规定（三）》（2007 年 10 月 25 日　法释〔2007〕16 号）（节录）②

❸最高人民检察院《关于渎职侵权犯罪案件立案标准的规定》（2006 年 7 月 27 日高检发释字〔2006〕2 号）（节录）③

（六）民事、行政枉法裁判案（第三百九十九条第二款）民事、行政枉法裁判罪是指司法工作人员在民事、行政审判活动中，故意违背事实和法律作枉法裁判，情节严重的行为。

---

①　对其解读见：《刑事审判参考》2006 年第 4 辑总第 51 辑，第 53～104 页。
②　对其解读见：《刑事审判参考》2008 年第 1 辑总第 60 辑，第 60～71 页。
③　对其解读见：《刑事审判参考》2006 年第 4 辑总第 51 辑，第 117～164 页。

涉嫌下列情形之一的，应予立案：

1. 枉法裁判，致使当事人或者其近亲属自杀、自残造成重伤、死亡，或者精神失常的；2. 枉法裁判，造成个人财产直接经济损失 10 万元以上，或者直接经济损失不满 10 万元，但间接经济损失 50 万元以上的；3. 枉法裁判，造成法人或者其他组织财产直接经济损失 20 万元以上，或者直接经济损失不满 20 万元，但间接经济损失 100 万元以上的；4. 伪造、变造有关材料、证据，制造假案枉法裁判的；5. 串通当事人制造伪证、毁灭证据或者篡改庭审笔录而枉法裁判的；6. 徇私情、私利，明知是伪造、变造的证据予以采信，或者故意对应当采信的证据不予采信，或者故意违反法定程序，或者故意错误适用法律而枉法裁判的；7. 其他情节严重的情形。

（七）执行判决、裁定失职案（第三百九十九条第三款）执行判决、裁定失职罪是指司法工作人员在执行判决、裁定活动中，严重不负责任，不依法采取诉讼保全措施、不履行法定执行职责，或者违法采取保全措施、强制执行措施，致使当事人或者其他人的利益遭受重大损失的行为。

涉嫌下列情形之一的，应予立案：1. 致使当事人或者其近亲属自杀、自残造成重伤、死亡，或者精神失常的；2. 造成个人财产直接经济损失 15 万元以上，或者直接经济损失不满 15 万元，但间接经济损失 75 万元以上的；3. 造成法人或者其他组织财产直接经济损失 30 万元以上，或者直接经济损失不满 30 万元，但间接经济损失 150 万元以上的；4. 造成公司、企业等单位停业、停产 1 年以上，或者破产的；5. 其他致使当事人或者其他人的利益遭受重大损失的情形。

（八）执行判决、裁定滥用职权案（第三百九十九条第三款）执行判决、裁定滥用职权罪是指司法工作人员在执行判决、裁定活动中，滥用职权，不依法采取诉讼保全措施、不履行法定执行职责，或者违法采取保全措施、强制执行措施，致使当事人或者其他人的利益遭受重大损失的行为。

涉嫌下列情形之一的，应予立案：1. 致使当事人或者其近亲属自杀、自残造成重伤、死亡，或者精神失常的；2. 造成个人财产直接经济损失 10 万元以上，或者直接经济损失不满 10 万元，但间接经济损失 50 万元以上的；3. 造成法人或者其他组织财产直接经济损失 20 万元以上，或者直接经济损失不满 20 万元，但间接经济损失 100 万元以上的；4. 造成公司、企业等单位停业、停产 6 个月以上，或者破产的；5. 其他致使当事人或者其他人的利益遭受重大损失的情形。〔编者注："经济损失"含义可参考第九章．2006.07.27《关于渎职侵权犯罪案件立案标准的规定》三、附则（四）〕（编者注：因修正案将该条设为某某条之一，即说明危害性类似，故可参考某条的数额标准，系个人理解，尚有待探讨）

❹ 最高人民检察院《人民检察院直接受理立案侦查的渎职侵权重特大案件标准（试行）》（2002 年 1 月 1 日　高检发〔2001〕13 号）（节录）①

五、枉法追诉、裁判案

（一）重大案件：1. 对依法可能判处三年以上七年以下有期徒刑的犯罪分子，故意包

---

① 对其解读见：《解读最高人民检察院司法解释》，第 236~253 页。

庇不使其受追诉的；2. 致使无罪的人被判处三年以上七年以下有期徒刑的。（二）特大案件：1. 对依法可能判处七年以上有期徒刑、无期徒刑、死刑的犯罪分子，故意包庇不使其受追诉的；2. 致使无罪的人被判处七年以上有期徒刑、无期徒刑、死刑的。

六、民事、行政枉法裁判案

（一）重大案件：1. 枉法裁判，致使公民的财产损失十万元以上、法人或者其他组织财产损失五十万元以上的；2. 枉法裁判，引起当事人及其亲属精神失常或者重伤的。（二）特大案件：1. 枉法裁判，致使公民的财产损失五十万元以上、法人或者其他组织财产损失一百万元以上的；2. 引起当事人及其亲属自杀死亡的。（编者注：因修正案将该条设为某某条之一，即说明危害性类似，故可参考某某条的数额标准，系个人理解，尚有待探讨）

学理观点·典型案例 ➡ 索引与要旨

《刑法实务若干问题研究》，载《刑事审判参考》2004年第1辑总第36辑，第128～142页。

核心提示 ➡ 执行判决、裁定滥用职权罪的罪过形式问题。

要旨 ➡ 我们认为，滥用职权罪在主观方面一般由过失构成，但也不排除故意的存在。

第400条 第1款 私放在押人员罪 第2款 失职致使在押人员脱逃罪

司法工作人员私放在押的犯罪嫌疑人、被告人或者罪犯的，处五年以下有期徒刑或者拘役；情节严重的，处五年以上十年以下有期徒刑；情节特别严重的，处十年以上有期徒刑。

司法工作人员由于严重不负责任，致使在押的犯罪嫌疑人、被告人或者罪犯脱逃，造成严重后果的，处三年以下有期徒刑或者拘役；造成特别严重后果的，处三年以上十年以下有期徒刑。

关联规范 ➡ 完全整理

❶ 全国人大常委会关于《〈中华人民共和国刑法〉第九章渎职罪主体适用问题的解释》（2002年12月28日）（节录）①

在依照法律、法规规定行使国家行政管理职权的组织中从事公务的人员，或者在受国家机关委托代表国家机关行使职权的组织中从事公务的人员，或者虽未列入国家机关人员编制但在国家机关中从事公务的人员，在代表国家机关行使职权时，有渎职行为，构成犯罪的，依照刑法关于渎职罪的规定追究刑事责任。

❷ 最高人民检察院《关于渎职侵权犯罪案件立案标准的规定》（2006年7月27日

---

① 对其解读见：《刑事审判参考》2003年第1辑总第30辑，第153～156页。

高检发释字〔2006〕2 号）（节录）①

（九）私放在押人员案（第四百条第一款）私放在押人员罪是指司法工作人员私放在押（包括在羁押场所和押解途中）的犯罪嫌疑人、被告人或者罪犯的行为。

涉嫌下列情形之一的，应予立案：1. 私自将在押的犯罪嫌疑人、被告人、罪犯放走，或者授意、指使、强迫他人将在押的犯罪嫌疑人、被告人、罪犯放走的；2. 伪造、变造有关法律文书、证明材料，以使在押的犯罪嫌疑人、被告人、罪犯逃跑或者被释放的；3. 为私放在押的犯罪嫌疑人、被告人、罪犯，故意向其通风报信、提供条件，致使该在押的犯罪嫌疑人、被告人、罪犯脱逃的；4. 其他私放在押的犯罪嫌疑人、被告人、罪犯应予追究刑事责任的情形。

（十）失职致使在押人员脱逃案（第四百条第二款）失职致使在押人员脱逃罪是指司法工作人员由于严重不负责任，不履行或者不认真履行职责，致使在押（包括在羁押场所和押解途中）的犯罪嫌疑人、被告人、罪犯脱逃，造成严重后果的行为。

涉嫌下列情形之一的，应予立案：1. 致使依法可能判处或者已经判处十年以上有期徒刑、无期徒刑、死刑的犯罪嫌疑人、被告人、罪犯脱逃的；2. 致使犯罪嫌疑人、被告人、罪犯脱逃 3 人次以上的；3. 犯罪嫌疑人、被告人、罪犯脱逃以后，打击报复报案人、控告人、举报人、被害人、证人和司法工作人员等，或者继续犯罪的；4. 其他致使在押的犯罪嫌疑人、被告人、罪犯脱逃，造成严重后果的情形。

❸ 最高人民检察院《人民检察院直接受理立案侦查的渎职侵权重特大案件标准（试行）》（2002 年 1 月 1 日　高检发〔2001〕13 号）（节录）②

七、私放在押人员案

（一）重大案件：1. 私放三人以上的；2. 私放可能判处有期徒刑十年以上或者余刑在五年以上的重大刑事犯罪分子的；3. 在押人员被私放后又实施重大犯罪的。（二）特大案件：1. 私放五人以上的；2. 私放可能判处无期徒刑以上的重大刑事犯罪分子的；3. 在押人员被私放后又犯罪致人死亡的。

八、失职致使在押人员脱逃案

（一）重大案件：1. 致使脱逃五人以上的；2. 致使可能判处无期徒刑或者死刑缓期二年执行的重大刑事犯罪分子脱逃的；3. 在押人员脱逃后实施重大犯罪致人死亡的。（二）特大案件：1. 致使脱逃十人以上的；2. 致使可能判处死刑的重大刑事犯罪分子脱逃的；3. 在押人员脱逃后实施重大犯罪致人死亡二人以上的。

❹ 最高人民检察院《关于工人等非监管机关在编监管人员私放在押人员行为和失职致使在押人员脱逃行为适用法律问题的解释》（2001 年 3 月 2 日　高检发释字〔2001〕2 号）③

---

① 对其解读见：《刑事审判参考》2006 年第 4 辑总第 51 辑，第 117~164 页。
② 对其解读见：《解读最高人民检察院司法解释》，第 236~253 页。
③ 对其解读见：《刑事审判参考》2001 年第 4 辑总第 15 辑，第 51 页以及《解读最高人民检察院司法解释》，第 416~419 页。

为依法办理私放在押人员犯罪案件和失职致使在押人员脱逃犯罪案件,对工人等非监管机关在编监管人员私放在押人员行为和失职致使在押人员脱逃行为如何适用法律问题解释如下:工人等非监管机关在编监管人员在被监管机关聘用受委托履行监管职责的过程中私放在押人员的,应当依照刑法第四百条第一款的规定,以私放在押人员罪追究刑事责任;由于严重不负责任,致使在押人员脱逃,造成严重后果的,应当依照刑法第四百条第二款的规定,以失职致使在押人员脱逃罪追究刑事责任。

5 最高人民法院《关于未被公安机关正式录用的人员、狱医能否构成失职致使在押人员脱逃罪主体问题的批复》(2000年9月22日 法释〔2000〕28号)①

对于未被公安机关正式录用,受委托履行监管职责的人员,由于严重不负责任,致使在押人员脱逃,造成严重后果的,应当依照刑法第四百条第二款的规定定罪处罚。

不负监管职责的狱医,不构成失职致使在押人员脱逃罪的主体。但是受委派承担了监管职责的狱医,由于严重不负责任,致使在押人员脱逃,造成严重后果的,应当依照刑法第四百条第二款的规定定罪处罚。

6 最高人民检察院《关于受监管机关正式聘用或委托履行监管职务的人员能否成为体罚虐待人犯罪和私放罪犯罪主体的批复》(1994年1月10日 高检发研字〔1994〕1号)

经研究,我们认为,根据刑法第84条和第189条、第190条的规定,受监管机关正式聘用或委托实际履行监管职务的人员是有监管人犯职务的人员。上述人员违反监管法规,体罚、虐待被监管人犯,情节严重的,或者私放罪犯的,应分别以体罚、虐待人犯罪或私放罪犯罪追究刑事责任。

7 最高人民检察院研究室《就值勤武警战士私放罪犯出监进行违法活动,后罪犯又返回监舍,该武警战士是否构成私放罪犯犯罪问题征求法制工作委员会刑法室意见》(1989年7月1日)

法制工作委员会刑法室研究后认为:1. 值勤武警可以构成私放罪犯罪;2. 值勤武警与罪犯事先通谋并参与犯罪活动,应构成共同犯罪,以私放罪犯从重处罚。上述意见属内部交换意见,仅供执法部门在执法中参考。

8 最高人民检察院研究室《就劳教干警私放劳教人员,构成犯罪的,如何定罪处刑问题征求法制工作委员会刑法室意见》(1988年1月13日)

法制工作委员会刑法室研究后认为:1. 劳教干警私放劳教人员,有受贿行为构成犯罪的,按受贿罪处理。2. 劳教干警玩忽职守而私放劳教人员,造成严重后果的,按刑法第一百八十七条玩忽职守罪处理。3. 劳教干警私放劳教人员,不属于上述情况的,建议根据具体情况或者适用类推,比照刑法第一百八十八条(徇私舞弊)、第一百九十条(私放罪犯)的规定定罪判刑,或者给予纪律处分。

---

① 对其解读见:《刑事审判参考》2000年第6辑总第11辑,第50~94页以及《解读最高人民法院司法解释·刑事、行政卷(1997~2002)》,第332~334页。

学理观点·典型案例　　索引与要旨

❶《吴鹏辉等私放在押人员上诉案》，载《人民法院案例选》2007年第3辑总第61辑。

要旨➡ 监狱司法工作人员，在执行监管任务时违反规定，擅自非法同意所监管的罪犯离开监控范围，导致罪犯失去监控又实施犯罪，构成本罪。

❷《公检法办案指南》总第7辑。

核心提示➡ 如何正确理解私放在押人员罪与失职致使在押人员脱逃罪的界限？

第401条　徇私舞弊减刑、假释、暂予监外执行罪

司法工作人员徇私舞弊，对不符合减刑、假释、暂予监外执行条件的罪犯，予以减刑、假释或者暂予监外执行的，处三年以下有期徒刑或者拘役；情节严重的，处三年以上七年以下有期徒刑。

关　联　规　范　　完全整理

❶ 最高人民检察院《关于渎职侵权犯罪案件立案标准的规定》（2006年7月27日高检发释字〔2006〕2号）（节录）①

（十一）徇私舞弊减刑、假释、暂予监外执行案（第四百零一条）徇私舞弊减刑、假释、暂予监外执行罪是指司法工作人员徇私舞弊，对不符合减刑、假释、暂予监外执行条件的罪犯予以减刑、假释、暂予监外执行的行为。

涉嫌下列情形之一的，应予立案：1.刑罚执行机关的工作人员对不符合减刑、假释、暂予监外执行条件的罪犯，捏造事实，伪造材料，违法报请减刑、假释、暂予监外执行的；2.审判人员对不符合减刑、假释、暂予监外执行条件的罪犯，徇私舞弊，违法裁定减刑、假释或者违法决定暂予监外执行的；3.监狱管理机关、公安机关的工作人员对不符合暂予监外执行条件的罪犯，徇私舞弊，违法批准暂予监外执行的；4.不具有报请、裁定、决定或者批准减刑、假释、暂予监外执行权的司法工作人员利用职务上的便利，伪造有关材料，导致不符合减刑、假释、暂予监外执行条件的罪犯被减刑、假释、暂予监外执行的；5.其他徇私舞弊减刑、假释、暂予监外执行应予追究刑事责任的情形。

❷《全国法院审理经济犯罪案件工作座谈会纪要》（2003年11月13日　法〔2003〕167号）（节录）②

六（四）关于渎职犯罪中"徇私舞弊"的理解与适用问题。

❸ 最高人民检察院《人民检察院直接受理立案侦查的渎职侵权重特大案件标准（试

---

① 对其解读见：《刑事审判参考》2006年第4辑总第51辑，第117~164页。
② 对其解读见：《刑事审判参考》2004年第4辑总第39辑，第178~199页。

行）》（2002年1月1日　高检发〔2001〕13号）（节录）①

九、徇私舞弊减刑、假释、暂予监外执行案：（一）重大案件：1. 办理三次以上或者一次办理三人以上的；2. 为重大刑事犯罪分子办理减刑、假释、暂予监外执行的。（二）特大案件：1. 办理五次以上或者一次办理五人以上的；2. 为特别重大刑事犯罪分子办理减刑、假释、暂予监外执行的。

学理观点·典型案例 ➡ 索引与要旨

❶《林志斌徇私舞弊暂予监外执行案》〔2009〕宽刑初字第223号，长春市宽城区人民法院，载《公检法办案指南》2011年第3辑总第135辑，第174~175页。

要旨 ➡ 监狱管理人员，收受贿赂，对明知使用了表现出患病症状的药物，伪造病情的监狱服刑人员，使其获批暂予监外执行，构成本罪。

❷《公检法办案指南》2002年第9辑。

核心提示 ➡ 关于伪造罪犯立功材料的定性问题

❸《关于被告人受贿后徇私舞弊为服刑罪犯减刑、假释的行为应定一罪还是数罪的研究意见》，载《刑事审判参考》2001年第3辑总第14辑，第73~76页。

第402条　徇私舞弊不移交刑事案件罪

行政执法人员徇私舞弊，对依法应当移交司法机关追究刑事责任的不移交，情节严重的，处三年以下有期徒刑或者拘役；造成严重后果的，处三年以上七年以下有期徒刑。

关联规范 ➡ 完全整理

❶ 最高人民检察院《关于渎职侵权犯罪案件立案标准的规定》（2006年7月27日高检发释字〔2006〕2号）（节录）②

（十二）徇私舞弊不移交刑事案件案（第四百零二条）徇私舞弊不移交刑事案件罪是指工商行政管理、税务、监察等行政执法人员，徇私舞弊，对依法应当移交司法机关追究刑事责任的案件不移交，情节严重的行为。

涉嫌下列情形之一的，应予立案：1. 对依法可能判处三年以上有期徒刑、无期徒刑、死刑的犯罪案件不移交的；2. 不移交刑事案件涉及3人次以上的；3. 司法机关提出意见后，无正当理由仍然不予移交的；4. 以罚代刑，放纵犯罪嫌疑人，致使犯罪嫌疑人继续进行违法犯罪活动的；5. 行政执法部门主管领导阻止移交的；6. 隐瞒、毁灭证据，伪造材料，改变刑事案件性质的；7. 直接负责的主管人员和其他直接责任人员为牟取本单位私利而不移交刑事案件，情节严重的；8. 其他情节严重的情形。

---

① 对其解读见：《解读最高人民检察院司法解释》，第236~253页。
② 对其解读见：《刑事审判参考》2006年第4辑总第51辑，第117~164页。

❷《全国法院审理经济犯罪案件工作座谈会纪要》(2003年11月13日 法〔2003〕167号)(节录)①

六（四）关于渎职犯罪中"徇私舞弊"的理解与适用问题。

❸ 最高人民检察院《人民检察院直接受理立案侦查的渎职侵权重特大案件标准（试行）》(2002年1月1日 高检发〔2001〕13号)(节录)②

十、徇私舞弊不移交刑事案件案

（一）重大案件：1. 对犯罪嫌疑人依法可能判处五年以上十年以下有期徒刑的重大刑事案件不移交的；2. 五次以上不移交犯罪案件，或者一次不移交犯罪案件涉及五名以上犯罪嫌疑人的；3. 以罚代刑，放纵犯罪嫌疑人，致使犯罪嫌疑人继续进行刑事犯罪的。

（二）特大案件：1. 对犯罪嫌疑人依法可能判处十年以上有期徒刑、无期徒刑、死刑的特别重大刑事案件不移交的；2. 七次以上不移交犯罪案件，或者一次不移交犯罪案件涉及七名以上犯罪嫌疑人的；3. 以罚代刑，放纵犯罪嫌疑人，致使犯罪嫌疑人继续进行严重刑事犯罪的。

❹ 公安部《关于打击拐卖妇女儿童犯罪适用法律和政策有关问题的意见》(2000年3月24日 公通字〔2000〕25号)(节录)

六、关于不解救或者阻碍解救被拐卖的妇女、儿童等渎职犯罪

对被拐卖的妇女、儿童负有解救职责的国家机关工作人员不履行解救职责，或者袒护、纵容甚至支持买卖妇女、儿童，为买卖妇女、儿童人员通风报信，或者以其他方法阻碍解救工作的，要依法处理。

（三）行政执法人员徇私情、私利，伪造材料，隐瞒情况，弄虚作假，对依法应当移交司法机关追究刑事责任的拐卖妇女、儿童犯罪案件不移交司法机关处理，构成犯罪的，以徇私舞弊不移交刑事案件罪移送人民检察院追究刑事责任。

（四）有查禁拐卖妇女、儿童犯罪活动职责的国家机关工作人员，向拐卖妇女、儿童的犯罪分子通风报信、提供便利，帮助犯罪分子逃避处罚，构成犯罪的，以帮助犯罪分子逃避处罚罪移送人民检察院追究刑事责任。

学理观点·典型案例　➡ 索引与要旨

❶《丁锡方徇私舞弊不移交刑事案件上诉案》，载《最高人民法院公报》2003年第6辑总第86辑。

核心提示 ➡ 在涉案村滥伐林木的刑事案件尚未审结的情况下，对上诉人能否追究刑事责任？

❷《丁锡方徇私舞弊不移交刑事案件案》，载《刑事审判参考》2002年第5辑总第28辑，第74~82页。

---

① 对其解读见：《刑事审判参考》2004年第4辑总第39辑，第178~199页。
② 对其解读见：《解读最高人民检察院司法解释》，第236~253页。

核心提示 ➡ 如何认定徇私舞弊不移交刑事案件罪？

要旨 ➡ 徇私舞弊不移交刑事案件罪是否应以未移交的犯罪嫌疑人已被生效判决确定有罪为前提。

核心提示 ➡ 如何理解"可能判处三年以上有期徒刑"

要旨 ➡ "依法应当移交"中的所谓"依法"除指根据刑法及其相关的司法解释的规定，某种涉案的行为已经触犯了刑律，超出了行政执法机关的查处职权范围，必须实行移送作刑事立案查处外，还包括应当依照刑事诉讼法及相关司法解释的规定，必须是向有刑事侦查管辖权的公安机关或检察机关移送的案件。即"移交"应当是从行政执法机关向刑事侦查机关移交，而不是向被害人或者其他诉讼主体移交。

不以未移交的犯罪嫌疑人已被生效判决确定有罪为前提。否则，假如出现犯罪嫌疑人因未移交而逃逸或死亡等情况时，岂不是对徇私舞弊不移交刑事案件的行为人无法追究刑事责任了吗？

应当理解为是指该犯罪嫌疑人所涉嫌的犯罪依法应当适用的法定刑档次，而不是指实际判处的刑罚。如果该犯罪嫌疑人所涉嫌的犯罪应当适用的量刑档次在有期徒刑三年以上，但因其具有自首、立功等情况减轻处罚致实际判处的刑罚低于三年有期徒刑，不影响本罪的构成。

❸ 《渎职罪立法及当前司法中的热点问题》，载《华东刑事司法评论》2002 年第 1 卷，第 100~117 页。

要旨 ➡ 1. 法条分类及相互关系；2. 渎职罪的"前提罪"问题：徇私舞弊不移交刑事案件罪的前提罪问题；3. 渎职罪的一罪与数罪问题；4. 渎职罪与共同犯罪问题。

❹ 《毛峭峰徇私舞弊不移交刑事案件案》，载《假冒伪劣犯罪判解》，第 219 页。

核心提示 ➡ 行政执法过程中以罚代刑的行为如何定性？

第 403 条　滥用管理公司、证券职权罪

国家有关主管部门的国家机关工作人员，徇私舞弊，滥用职权，对不符合法律规定条件的公司设立、登记申请或者股票、债券发行、上市申请，予以批准或者登记，致使公共财产、国家和人民利益遭受重大损失的，处五年以下有期徒刑或者拘役。

上级部门强令登记机关及其工作人员实施前款行为的，对其直接负责的主管人员，依照前款的规定处罚。

关 联 规 范 ➡ 完全整理

❶ 最高人民检察院《关于渎职侵权犯罪案件立案标准的规定》（2006 年 7 月 27 日高检发释字〔2006〕2 号）（节录）[①]

（十三）滥用管理公司、证券职权案（第四百零三条）滥用管理公司、证券职权罪是

[①] 对其解读见：《刑事审判参考》2006 年第 4 辑总第 51 辑，第 117~164 页。

指工商行政管理、证券管理等国家有关主管部门的工作人员徇私舞弊，滥用职权，对不符合法律规定条件的公司设立、登记申请或者股票、债券发行、上市申请予以批准或者登记，致使公共财产、国家和人民利益遭受重大损失的行为，以及上级部门、当地政府强令登记机关及其工作人员实施上述行为的行为。

涉嫌下列情形之一的，应予立案：1. 造成直接经济损失 50 万元以上的；2. 工商行政管理部门的工作人员对不符合法律规定条件的公司设立、登记申请，违法予以批准、登记，严重扰乱市场秩序的；3. 金融证券管理机构工作人员对不符合法律规定条件的股票、债券发行、上市申请，违法予以批准，严重损害公众利益，或者严重扰乱金融秩序的；4. 工商行政管理部门、金融证券管理机构的工作人员对不符合法律规定条件的公司设立、登记申请或者股票、债券发行、上市申请违法予以批准或者登记，致使犯罪行为得逞的；5. 上级部门、当地政府直接负责的主管人员强令登记机关及其工作人员，对不符合法律规定条件的公司设立、登记申请或者股票、债券发行、上市申请予以批准或者登记，致使公共财产、国家或者人民利益遭受重大损失的；6. 其他致使公共财产、国家和人民利益遭受重大损失的情形。〔编者注："经济损失"含义可参考第九章.2006.07.27《关于渎职侵权犯罪案件立案标准的规定》三、附则（四）〕

❷ 最高人民检察院《人民检察院直接受理立案侦查的渎职侵权重特大案件标准（试行）》（2002 年 1 月 1 日　高检发〔2001〕13 号）（节录）①

十一、滥用管理公司、证券职权案（一）重大案件：1. 造成直接经济损失五十万元以上的；2. 因违法批准或者登记致使发生刑事犯罪的。（二）特大案件：1. 造成直接经济损失一百万元以上的；2. 因违法批准或者登记致使发生重大刑事犯罪的。

第 404 条　徇私舞弊不征、少征税款罪

税务机关的工作人员徇私舞弊，不征或者少征应征税款，致使国家税收遭受重大损失的，处五年以下有期徒刑或者拘役；造成特别重大损失的，处五年以上有期徒刑。

关　联　规　范　➡　**完全整理**

❶ 最高人民检察院《关于渎职侵权犯罪案件立案标准的规定》（2006 年 7 月 27 日高检发释字〔2006〕2 号）（节录）②

（十四）徇私舞弊不征、少征税款案（第四百零四条）徇私舞弊不征、少征税款罪是指税务机关工作人员徇私舞弊，不征、少征应征税款，致使国家税收遭受重大损失的行为。涉嫌下列情形之一的，应予立案：1. 徇私舞弊不征、少征应征税款，致使国家税收损失累计达 10 万元以上的；2. 上级主管部门工作人员指使税务机关工作人员徇私舞弊不征、少征应征税款，致使国家税收损失累计达 10 万元以上的；3. 徇私舞弊不征、少征应征税款

---

①　对其解读见：《解读最高人民检察院司法解释》，第 236～253 页。
②　对其解读见：《刑事审判参考》2006 年第 4 辑总第 51 辑，第 117～164 页。

不满10万元,但具有索取或者收受贿赂或者其他恶劣情节的;4. 其他致使国家税收遭受重大损失的情形。

❷ 最高人民检察院《人民检察院直接受理立案侦查的渎职侵权重特大案件标准(试行)》(2002年1月1日 高检发〔2001〕13号)(节录)①

要旨➡十二、徇私舞弊不征、少征税款案

(一)重大案件:造成国家税收损失累计达三十万元以上的。(二)特大案件:造成国家税收损失累计达五十万元以上的。

❸《全国法院审理经济犯罪案件工作座谈会纪要》(2003年11月13日 法〔2003〕167号)(节录)②

六(四)关于渎职犯罪中"徇私舞弊"的理解与适用问题。

❹ 福建省公检法《关于部分经济犯罪、渎职犯罪案件数额幅度及情节认定问题的座谈纪要》若干问题的修订意见(2002年10月8日 闽高法〔2005〕243号)(节录)

三十二、徇私舞弊不征、少征税款

(一)该罪的"重大损失",是指致使国家税收损失累计达10万元以上不满100万元的;或者不征、少征应征税款不满10万元,但具有索取或者收受贿赂或者其他恶劣情节的。(二)该罪的"特别重大损失",是指行为人不征、少征应征税款,致使国家税收损失累计达100万元以上。

学理观点·典型案例 ➡**索引与要旨**

❶《高晓云等徇私舞弊不征、少征税款、受贿上诉案》〔2007〕沪一中刑终字第196号,上海市第一中级人民法院

核心提示➡徇私舞弊不征、少征税款罪认定

❷《蒙某受贿案》,载《刑事审判参考》2003年第4辑总第33辑,第46~52页。

核心提示➡税务机关工作人员利用职务之便索取他人赞助费不征应征税款的行为如何定性?渎职犯罪中的重大损失的时间计算点问题

第405条 第1款 徇私舞弊发售发票、抵扣税款、出口退税罪 第2款 违法提供出口退税凭证罪

税务机关的工作人员违反法律、行政法规的规定,在办理发售发票、抵扣税款、出口退税工作中,徇私舞弊,致使国家利益遭受重大损失的,处五年以下有期徒刑或者拘役;致使国家利益遭受特别重大损失的,处五年以上有期徒刑。

其他国家机关工作人员违反国家规定,在提供出口货物报关单、出口收汇核销单等出口退税凭证的工作中,徇私舞弊,致使国家利益遭受重大损失的,

---

① 对其解读见:《解读最高人民检察院司法解释》,第236~253页。
② 对其解读见:《刑事审判参考》2004年第4辑总第39辑,第178~199页。

依照前款的规定处罚。

关 联 规 范 ➡ 完全整理

❶《中华人民共和国刑法》（1980年1月1日）第96条 对违反国家规定概念的界定

本法所称违反国家规定，是指违反全国人民代表大会及其常务委员会制定的法律和决定，国务院制定的行政法规、规定的行政措施、发布的决定和命令。

❷ 最高人民检察院《关于渎职侵权犯罪案件立案标准的规定》（2006年7月27日 高检发释字〔2006〕2号）（节录）①

（十五）徇私舞弊发售发票、抵扣税款、出口退税案（第四百零五条第一款）徇私舞弊发售发票、抵扣税款、出口退税罪是指税务机关工作人员违反法律、行政法规的规定，在办理发售发票、抵扣税款、出口退税工作中徇私舞弊，致使国家利益遭受重大损失的行为。

涉嫌下列情形之一的，应予立案：1. 徇私舞弊，致使国家税收损失累计达10万元以上的；2. 徇私舞弊，致使国家税收损失累计不满10万元，但发售增值税专用发票25份以上或者其他发票50份以上或者增值税专用发票与其他发票合计50份以上，或者具有索取、收受贿赂或者其他恶劣情节的；3. 其他致使国家利益遭受重大损失的情形。

（十六）违法提供出口退税凭证案（第四百零五条第二款）违法提供出口退税凭证罪是指海关、外汇管理等国家机关工作人员违反国家规定，在提供出口货物报关单、出口收汇核销单等出口退税凭证的工作中徇私舞弊，致使国家利益遭受重大损失的行为。

涉嫌下列情形之一的，应予立案：1. 徇私舞弊，致使国家税收损失累计达10万元以上的；2. 徇私舞弊，致使国家税收损失累计不满10万元，但具有索取、收受贿赂或者其他恶劣情节的；3. 其他致使国家利益遭受重大损失的情形。

❸《全国法院审理经济犯罪案件工作座谈会纪要》（2003年11月13日 法〔2003〕167号）（节录）②

六（四）关于渎职犯罪中"徇私舞弊"的理解与适用问题。

❹ 福建省公检法《关于部分经济犯罪、渎职犯罪案件数额幅度及情节认定问题的座谈纪要》若干问题的修订意见（2002年10月8日 闽高法〔2005〕243号）（节录）

三十二、（一）该罪的"重大损失"，是指致使国家税收损失累计达10万元以上不满100万元的；或者不征、少征应征税款不满10万元，但具有索取或者收受贿赂或者其他恶劣情节的。（二）该罪的"特别重大损失"，是指行为人不征、少征应征税款，致使国家税收损失累计达100万元以上。

❺ 最高人民检察院《人民检察院直接受理立案侦查的渎职侵权重特大案件标准（试

---

① 对其解读见：《刑事审判参考》2006年第4辑总第51辑，第117~164页。
② 对其解读见：《刑事审判参考》2004年第4辑总第39辑，第178~199页。

行)》(2002年1月1日 高检发〔2001〕13号)(节录)①

十三、徇私舞弊发售发票、抵扣税款、出口退税案

(一)重大案件:造成国家税收损失累计达三十万元以上的。(二)特大案件:造成国家税收损失累计达五十万元以上的。

十四、违法提供出口退税凭证案

(一)重大案件:造成国家税收损失累计达三十万元以上的。(二)特大案件:造成国家税收损失累计达五十万元以上的。

学理观点·典型案例 ➡ 索引与要旨

《宋新生徇私舞弊出口退税、滥用职权案》,载《最高人民法院判例释解·刑事卷》,第380页。

核心提示 ➡ 为解决单位办公经费不足而骗取出口退税的行为如何定性?

第406条 国家机关工作人员签订、履行合同失职被骗罪

国家机关工作人员在签订、履行合同过程中,因严重不负责任被诈骗,致使国家利益遭受重大损失的,处三年以下有期徒刑或者拘役;致使国家利益遭受特别重大损失的,处三年以上七年以下有期徒刑。

关联规范 ➡ 完全整理

❶ 最高人民检察院《关于渎职侵权犯罪案件立案标准的规定》(2006年7月27日高检发释字〔2006〕2号)(节录)②

(十七)国家机关工作人员签订、履行合同失职被骗案(第四百零六条)国家机关工作人员签订、履行合同失职被骗罪是指国家机关工作人员在签订、履行合同过程中,因严重不负责任,不履行或者不认真履行职责被诈骗,致使国家利益遭受重大损失的行为。

涉嫌下列情形之一的,应予立案:1. 造成直接经济损失30万元以上,或者直接经济损失不满30万元,但间接经济损失150万元以上的;2. 其他致使国家利益遭受重大损失的情形。

❷ 最高人民检察院《人民检察院直接受理立案侦查的渎职侵权重特大案件标准(试行)》(2002年1月1日 高检发〔2001〕13号)(节录)③

十五、国家机关工作人员签订、履行合同失职被骗案(一)重大案件:造成直接经济损失一百万元以上的。(二)特大案件:造成直接经济损失二百万元以上的。

❸ 最高人民法院刑二庭《关于签订、履行合同失职被骗犯罪是否以对方当事人的行

---

① 对其解读见:《解读最高人民检察院司法解释》,第236~253页。
② 对其解读见:《刑事审判参考》2006年第4辑总第51辑,第117~164页。
③ 对其解读见:《解读最高人民检察院司法解释》,第236~253页。

为构成诈骗罪为要件的意见》（2001年4月）

关于认定签订、履行合同失职被骗罪和国家机关工作人员签订、履行合同失职罪应当以对方当事人涉嫌诈骗，行为构成犯罪为前提。但司法机关在办理或者审判行为人被指控犯有上述两罪的案件过程中，不能以对方当事人已经被人民法院判决构成诈骗犯罪作为认定本案当事人构成签订、履行合同失职被骗罪或者国家机关工作人员签订、履行合同失职罪的前提。也就是说，司法机关在办理案件过程中，只要认定对方当事人的行为，已经涉嫌构成诈骗犯罪，就可依法认定行为人构成签订、履行合同失职被骗罪或者国家机关工作人员签订、履行合同失职罪，而不需要搁置或者中止审理，直至对方当事人被人民法院审理并判决构成诈骗犯罪。

4 福建省公检法《关于部分经济犯罪、渎职犯罪案件数额幅度及情节认定问题的座谈纪要》若干问题的修订意见（2002年10月8日 闽高法〔2005〕243号）（节录）

三十四、（一）该罪的"重大损失"，是指致使国家利益遭受损失达30万元以上不满100万元以上。（二）该罪的"特别重大损失"，是指致使国家利益遭受损失达100万元以上。

学理观点·典型案例 ➡ 索引与要旨

《渎职罪立法及当前司法中的热点问题》，载《华东刑事司法评论》2002年第1卷，第100~117页。

要旨 ➡ 1. 法条分类及相互关系；2. 渎职罪的"前提罪"问题：国家机关工作人员签订、履行合同失职被骗罪的前提罪问题；3. 渎职罪的一罪与数罪问题；4. 渎职罪与共同犯罪问题。

第407条 违法发放林木采伐许可证罪

林业主管部门的工作人员违反森林法的规定，超过批准的年采伐限额发放林木采伐许可证或者违反规定滥发林木采伐许可证，情节严重，致使森林遭受严重破坏的，处三年以下有期徒刑或者拘役。

关联规范 ➡ 完全整理

1 最高人民检察院《关于对林业主管部门工作人员在发放林木采伐许可证之外滥用职权玩忽职守致使森林遭受严重破坏的行为适用法律问题的批复》（2007年5月16日 高检发释字〔2007〕1号）[①]

福建省人民检察院：你院《关于林业主管部门工作人员滥用职权、玩忽职守造成森林资源损毁立案标准问题的请示》（闽检〔2007〕14号）收悉。经研究，批复如下：林业主

[①] 对其解读见：《最新刑事法律文件解读》2007年第3辑总第27辑，第68页以及《公检法办案指南》2007年第7辑总第91辑，第57~63页。

管部门工作人员违法发放林木采伐许可证,致使森林遭受严重破坏的,依照刑法第四百零七条的规定,以违法发放林木采伐许可证罪追究刑事责任;以其他方式滥用职权或者玩忽职守,致使森林遭受严重破坏的,依照刑法第三百九十七条的规定,以滥用职权罪或者玩忽职守罪追究刑事责任,立案标准依照《最高人民检察院关于渎职侵权犯罪案件立案标准的规定》第一部分渎职犯罪案件第十八条第三款的规定执行。此复。

❷ 最高人民检察院《关于渎职侵权犯罪案件立案标准的规定》(2006年7月27日高检发释字〔2006〕2号)(节录)①

(十八)违法发放林木采伐许可证案(第四百零七条)违法发放林木采伐许可证罪是指林业主管部门的工作人员违反森林法的规定,超过批准的年采伐限额发放林木采伐许可证或者违反规定滥发林木采伐许可证,情节严重,致使森林遭受严重破坏的行为。

涉嫌下列情形之一的,应予立案:1. 发放林木采伐许可证允许采伐数量累计超过批准的年采伐限额,导致林木被超限额采伐10立方米以上的;2. 滥发林木采伐许可证,导致林木被滥伐20立方米以上,或者导致幼树被滥伐1000株以上的;3. 滥发林木采伐许可证,导致防护林、特种用途林被滥伐5立方米以上,或者幼树被滥伐200株以上的;4. 滥发林木采伐许可证,导致珍贵树木或者国家重点保护的其他树木被滥伐的;5. 滥发林木采伐许可证,导致国家禁止采伐的林木被采伐的;6. 其他情节严重,致使森林遭受严重破坏的情形。

林业主管部门工作人员之外的国家机关工作人员,违反森林法的规定,滥用职权或者玩忽职守,致使林木被滥伐40立方米以上或者幼树被滥伐2000株以上,或者致使防护林、特种用途林被滥伐10立方米以上或者幼树被滥伐400株以上,或者致使珍贵树木被采伐、毁坏4立方米或者4株以上,或者致使国家重点保护的其他植物被采伐、毁坏后果严重的,或者致使国家严禁采伐的林木被采伐、毁坏情节恶劣的,按照刑法第三百九十七条的规定以滥用职权罪或者玩忽职守罪追究刑事责任。

❸ 最高人民检察院《人民检察院直接受理立案侦查的渎职侵权重特大案件标准(试行)》(2002年1月1日 高检发〔2001〕13号)(节录)②

十六、违法发放林木采伐许可证案

(一)重大案件:1. 发放林木采伐许可证允许采伐数量累计超过批准的年采伐限额,导致林木被采伐数量在二十立方米以上的;2. 滥发林木采伐许可证,导致林木被滥伐四十立方米以上的;3. 滥发林木采伐许可证,导致珍贵树木被滥伐二株或者二立方米以上的;4. 批准采伐国家禁止采伐的林木,情节特别恶劣的。(二)特大案件:1. 发放林木采伐许可证允许采伐数量累计超过批准的年采伐限额,导致林木被采伐数量超过三十立方米的;2. 滥发林木采伐许可证,导致林木被滥伐六十立方米以上的;3. 滥发林木采伐许可证,导致珍贵树木被滥伐五株或者五立方米以上的;4. 批准采伐国家禁止采伐的林木,造成严重后果的。

---

① 对其解读见:《刑事审判参考》2006年第4辑总第51辑,第117~164页。
② 对其解读见:《解读最高人民检察院司法解释》,第236~253页。

❹ 最高人民法院《关于审理破坏森林资源刑事案件具体应用法律若干问题的解释》（2000年12月11日 法释〔2000〕36号）（节录）①

第十二条 林业主管部门的工作人员违反森林法的规定，超过批准的年采伐限额发放林木采伐许可证或者违反规定滥发林木采伐许可证，具有下列情形之一的，属于刑法第四百零七条规定的"情节严重，致使森林遭受严重破坏"，以违法发放林木采伐许可证罪定罪处罚：（一）发放林木采伐许可证允许采伐数量累计超过批准的年采伐限额，导致林木被采伐数量在十立方米以上的；（二）滥发林木采伐许可证，导致林木被滥伐二十立方米以上的；（三）滥发林木采伐许可证，导致珍贵树木被滥伐的；（四）批准采伐国家禁止采伐的林木，情节恶劣的；（五）其他情节严重的情形。

第十七条 本解释规定的林木数量以立木蓄积计算，计算方法为：原木材积除以该树种的出材率。

本解释所称"幼树"，是指胸径五厘米以下的树木。

滥伐林木的数量，应在伐区调查设计允许的误差额以上计算。

第十八条 盗伐、滥伐以生产竹材为主要目的的竹林的定罪量刑问题，有关省、自治区、直辖市高级人民法院可以参照上述规定的精神，规定本地区的具体标准，并报最高人民法院备案。

学理观点·典型案例 ➡ 索引与要旨

《李明违法发放林木采伐许可证案》，载《刑事审判参考》2011年第2辑总第79辑，第107~113页。

核心提示 ➡ 如何判断核发林木采伐许可证的行为与森林遭受严重破坏的后果之间的因果关系？

第408条 环境监管失职罪

负有环境保护监督管理职责的国家机关工作人员严重不负责任，导致发生重大环境污染事故，致使公私财产遭受重大损失或者造成人身伤亡的严重后果的，处三年以下有期徒刑或者拘役。

关联规范 ➡ 完全整理

❶ 最高人民法院《关于审理环境污染刑事案件具体应用法律若干问题的解释》（2006年7月28日 法释〔2006〕4号）②

第一条 具有下列情形之一的，属于刑法第三百三十八条、第三百三十九条和第四百零八条规定的"公私财产遭受重大损失"：（一）致使公私财产损失三十万元以上的；

---

① 对其解读见：《刑事审判参考》2001年第3辑总第14辑，第55~59页。
② 对其解读见：《刑事审判参考》2006年第4辑总第51辑，第108~116页。

(二) 致使基本农田、防护林地、特种用途林地五亩以上,其他农用地十亩以上,其他土地二十亩以上基本功能丧失或者遭受永久性破坏的;(三) 致使森林或者其他林木死亡五十立方米以上,或者幼树死亡二千五百株以上的。

第二条 具有下列情形之一的,属于刑法第三百三十八条、第三百三十九条和第四百零八条规定的"人身伤亡的严重后果"或者"严重危害人体健康":(一) 致使一人以上死亡、三人以上重伤、十人以上轻伤,或者一人以上重伤并且五人以上轻伤的;(二) 致使传染病发生、流行或者人员中毒达到《国家突发公共卫生事件应急预案》中突发公共卫生事件分级Ⅲ情形,严重危害人体健康的;(三) 其他致使"人身伤亡的严重后果"或者"严重危害人体健康"的情形。

第三条 具有下列情形之一的,属于刑法第三百三十八条、第三百三十九条和第四百零八条规定的"后果特别严重":(一) 致使公私财产损失一百万元以上的;(二) 致使水源污染、人员疏散转移达到《国家突发公共卫生事件应急预案》中突发环境事件分级Ⅱ以上情形的;(三) 致使基本农田、防护林地、特种用途林地十五亩以上,其他农用地三十亩以上,其他土地六十亩以上基本功能丧失或者遭受永久性破坏的;(四) 致使森林或者其他林木死亡一百五十立方米以上,或者幼树死亡七千五百株以上的。(五) 致使三人以上死亡、十人以上重伤、三十人以上轻伤,或者三人以上重伤并十人以上轻伤的;(六) 致使传染病发生、流行达到《国家突发公共卫生事件应急预案》中突发公共卫生事件分级Ⅱ以上情形的;(七) 其他后果特别严重的情形。

第四条 本解释所称"公私财产损失",包括污染环境行为直接造成的财产损毁、减少的实际价值,为防止污染扩大以及消除污染而采取的必要的、合理的措施而发生的费用。

第五条 单位犯刑法第三百三十八条、第三百三十九条规定之罪的,定罪量刑标准依照刑法和本解释的有关规定执行。

2 最高人民检察院《关于渎职侵权犯罪案件立案标准的规定》(2006 年 7 月 27 日高检发释字〔2006〕2 号)(节录)①

(十九) 环境监管失职案(第四百零八条) 环境监管失职罪是指负有环境保护监督管理职责的国家机关工作人员严重不负责任,不履行或者不认真履行环境保护监管职责导致发生重大环境污染事故,致使公私财产遭受重大损失或者造成人身伤亡的严重后果的行为。

涉嫌下列情形之一的,应予立案:1. 造成死亡1人以上,或者重伤3人以上,或者重伤2人、轻伤4人以上,或者重伤1人、轻伤7人以上,或者轻伤10人以上的;2. 导致30人以上严重中毒的;3. 造成个人财产直接经济损失15万元以上,或者直接经济损失不满15万元,但间接经济损失75万元以上的;4. 造成公共财产、法人或者其他组织财产直接经济损失30万元以上,或者直接经济损失不满30万元,但间接经济损失150万元以上的;5. 虽未达到3、4两项数额标准,但3、4两项合计直接经济损失30万元以上,或者合计直接经济损失不满30万元,但合计间接经济损失150万元以上的;6. 造成基本农田或者防护林地、特种用途林地10亩以上,或者基本农田以外的耕地50亩以上,或者其

---

① 对其解读见:《刑事审判参考》2006 年第 4 辑总第 51 辑,第 117~164 页。

他土地 70 亩以上被严重毁坏的；7. 造成生活饮用水地表水源和地下水源严重污染的；8. 其他致使公私财产遭受重大损失或者造成人身伤亡严重后果的情形。〔编者注："经济损失"含义可参考第九章. 2006.07.27《关于渎职侵权犯罪案件立案标准的规定》三、附则（四）〕

❸ 最高人民检察院《人民检察院直接受理立案侦查的渎职侵权重特大案件标准（试行）》（2002年1月1日　高检发〔2001〕13号）（节录）①

十七、环境监管失职案（一）重大案件：1. 造成直接经济损失一百万元以上的；2. 致人死亡二人以上或者重伤五人以上的；3. 致使一定区域生态环境受到严重危害的。（二）特大案件：1. 造成直接经济损失三百万元以上的；2. 致人死亡五人以上或者重伤十人以上的；3. 致使一定区域生态环境受到严重破坏的。

第 408 条之一　修正案（八）第 49 条　食品监管渎职罪

中华人民共和国刑法修正案（八）（第十一届全国人民代表大会常务委员会第十九次会议 2011 年 2 月 25 日通过，中华人民共和国主席令第四十一号公布，自 2011 年 5 月 1 日起施行。）

四十九、在刑法第四百零八条后增加一条，作为第四百零八条之一："负有食品安全监督管理职责的国家机关工作人员，滥用职权或者玩忽职守，导致发生重大食品安全事故或者造成其他严重后果的，处五年以下有期徒刑或者拘役；造成特别严重后果的，处五年以上十年以下有期徒刑。

徇私舞弊犯前款罪的，从重处罚。"

关联规范　⇒ 完全整理

❶ 全国人大《刑法修正案（八）》（2011年2月25日）②

❷ 最高人民法院、最高人民检察院《关于执行〈中华人民共和国刑法〉确定罪名的补充规定（五）》（2011年4月27日　法释〔2011〕10号）③

学理观点·典型案例　⇒ 索引与要旨

《最高人民法院公布四起危害食品安全犯罪典型案例》，载《公检法办案指南》2011 年第 12 辑总第 144 辑，第 160~164 页。

要旨 ➡ 对（瘦肉精）饲养的生猪，应当检疫而未检疫，致使 3.8 万头未检测的生猪运出，情节特别严重。

---

① 对其解读见：《解读最高人民检察院司法解释》，第 236~253 页。
② 对其解读见：《刑事审判参考》2011 年第 4 辑总第 81 辑，第 83~117 页以及《公检法办案指南》2011 年第 3 辑总第 135 辑，第 13~121 页。
③ 对其解读见：《刑事审判参考》2011 年第 4 辑总第 81 辑，第 151~157 页。

第409条 传染病防治失职罪

从事传染病防治的政府卫生行政部门的工作人员严重不负责任，导致传染病传播或者流行，情节严重的，处三年以下有期徒刑或者拘役。

关 联 规 范 ⟹ 完全整理

❶ 最高人民检察院《关于渎职侵权犯罪案件立案标准的规定》（2006年7月27日 高检发释字〔2006〕2号）（节录）①

（二十）传染病防治失职案。涉嫌下列情形之一的，应予立案：1.导致甲类传染病传播的；2.导致乙类、丙类传染病流行的；3.因传染病传播或者流行，造成人员重伤或者死亡的；4.因传染病传播或者流行，严重影响正常的生产、生活秩序的；5.在国家对突发传染病疫情等灾害采取预防、控制措施后，对发生突发传染病疫情等灾害的地区或者突发传染病病人、病原携带者、疑似突发传染病病人，未按照预防、控制突发传染病疫情等灾害工作规范的要求做好防疫、检疫、隔离、防护、救治等工作，或者采取的预防、控制措施不当，造成传染范围扩大或者疫情、灾情加重的；6.在国家对突发传染病疫情等灾害采取预防、控制措施后，隐瞒、缓报、谎报或者授意、指使、强令他人隐瞒、缓报、谎报疫情、灾情，造成传染范围扩大或者疫情、灾情加重的；7.在国家对突发传染病疫情等灾害采取预防、控制措施后，拒不执行突发传染病疫情等灾害应急处理指挥机构的决定、命令，造成传染范围扩大或者疫情、灾情加重的；8.其他情节严重的情形。

❷ 最高人民法院、最高人民检察院《关于办理妨害预防、控制突发传染病疫情等灾害的刑事案件具体应用法律若干问题的解释》（2003年5月15日 法释〔2003〕8号）（节录）②

第十六条 在预防、控制突发传染病疫情等灾害期间，从事传染病防治的政府卫生行政部门的工作人员，或者在受政府卫生行政部门委托代表政府卫生行政部门行使职权的组织中从事公务的人员，或者虽未列入政府卫生行政部门人员编制但在政府卫生行政部门从事公务的人员，在代表政府卫生行政部门行使职权时，严重不负责任，导致传染病传播或者流行，情节严重的，依照刑法第四百零九条的规定，以传染病防治失职罪定罪处罚。

在国家对突发传染病疫情等灾害采取预防、控制措施后，具有下列情形之一的，属于刑法第四百零九条规定的"情节严重"：（一）对发生突发传染病疫情等灾害的地区或者突发传染病病人、病原携带者、疑似突发传染病病人，未按照预防、控制突发传染病疫情等灾害工作规范的要求做好防疫、检疫、隔离、防护、救治等工作，或者采取的预防、控制措施不当，造成传染范围扩大或者疫情、灾情加重的；（二）隐瞒、缓报、谎报或者授意、

---

① 对其解读见：《刑事审判参考》2006年第4辑总第51辑，第117~164页。
② 对其解读见：《刑事审判参考》2003年第3辑总第32辑，第160~164，188~197页以及《"非典"防治时期相关犯罪的司法适用研究》，载《刑事司法指南》2003年第2辑总第14辑，第55~109页。

指使、强令他人隐瞒、缓报、谎报疫情、灾情，造成传染范围扩大或者疫情、灾情加重的；（三）拒不执行突发传染病疫情等灾害应急处理指挥机构的决定、命令，造成传染范围扩大或者疫情、灾情加重的；（四）具有其他严重情节的。

❸ 最高人民检察院《人民检察院直接受理立案侦查的渎职侵权重特大案件标准（试行）》（2002年1月1日 高检发〔2001〕13号）（节录）①

十八、传染病防治失职案（一）重大案件：1. 导致乙类、丙类传染病流行的；2. 致人死亡二人以上或者残疾五人以上的。（二）特大案件：1. 导致甲类传染病传播的；2. 致人死亡五人以上或者残疾十人以上的。

第410条 非法批准征用、占用土地罪 非法低价出让国有土地使用权罪

国家机关工作人员徇私舞弊，违反土地管理法规，滥用职权，非法批准征用、占用土地，或者非法低价出让国有土地使用权，情节严重的，处三年以下有期徒刑或者拘役；致使国家或者集体利益遭受特别重大损失的，处三年以上七年以下有期徒刑。

2009.08.27 全国人大常委会《关于修改部分法律的决定》第二条第（一）项

国家机关工作人员徇私舞弊，违反土地管理法规，滥用职权，非法批准征收、征用、占用土地，或者非法低价出让国有土地使用权，情节严重的，处三年以下有期徒刑或者拘役；致使国家或者集体利益遭受特别重大损失的，处三年以上七年以下有期徒刑。

关 联 规 范　　➡ 完全整理

❶ 全国人大《关于修改部分法律的决定》（2009年8月27日 主席令第十八号）（节录）②

二、对下列法律和法律解释中关于"征用"的规定作出修改：（一）将下列法律和法律解释中的"征用"修改为"征收、征用"

14. 全国人民代表大会常务委员会关于《中华人民共和国刑法》第二百二十八条、第三百四十二条、第四百一十条的解释

❷ 全国人大常委会《关于中华人民共和国刑法第二百二十八条、第三百四十二条、第四百一十条的解释》（2001年8月31日）（节录）③

刑法第二百二十八条、第三百四十二条、第四百一十条规定的"违反土地管理法规"，是指违反土地管理法、森林法、草原法等法律以及有关行政法规中关于土地管理的规定。

---

① 对其解读见：《解读最高人民检察院司法解释》，第236~253页。
② 对其解读见：《刑事法律文件解读》2009年第8辑总第50辑，第2~3页。
③ 对其解读见：《刑事审判参考》2001年第10辑总第21辑，第41~42，88~93页。

刑法第四百一十条规定的"非法批准征用、占用土地",是指非法批准征用、占用耕地、林地等农用地以及其他土地。

❸ 最高人民检察院《关于渎职侵权犯罪案件立案标准的规定》(2006年7月27日高检发释字〔2006〕2号)（节录）[①]

（二十一）非法批准征用、占用土地案（第四百一十条）非法批准征用、占用土地罪是指国家机关工作人员徇私舞弊，违反土地管理法、森林法、草原法等法律以及有关行政法规中关于土地管理的规定，滥用职权，非法批准征用、占用耕地、林地等农用地以及其他土地，情节严重的行为。

涉嫌下列情形之一的，应予立案：1. 非法批准征用、占用基本农田10亩以上的；2. 非法批准征用、占用基本农田以外的耕地30亩以上的；3. 非法批准征用、占用其他土地50亩以上的；4. 虽未达到上述数量标准，但造成有关单位、个人直接经济损失30万元以上，或者造成耕地大量毁坏或者植被遭到严重破坏的；5. 非法批准征用、占用土地，影响群众生产、生活，引起纠纷，造成恶劣影响或者其他严重后果的；6. 非法批准征用、占用防护林地、特种用途林地分别或者合计10亩以上的；7. 非法批准征用、占用其他林地20亩以上的；8. 非法批准征用、占用林地造成直接经济损失30万元以上，或者造成防护林地、特种用途林地分别或者合计5亩以上或者其他林地10亩以上毁坏的；9. 其他情节严重的情形。

（二十二）非法低价出让国有土地使用权案（第四百一十条）非法低价出让国有土地使用权罪是指国家机关工作人员徇私舞弊，违反土地管理法、森林法、草原法等法律以及有关行政法规中关于土地管理的规定，滥用职权，非法低价出让国有土地使用权，情节严重的行为。

涉嫌下列情形之一的，应予立案：1. 非法低价出让国有土地30亩以上，并且出让价额低于国家规定的最低价额标准的百分之六十的；2. 造成国有土地资产流失价额30万元以上的；3. 非法低价出让国有土地使用权，影响群众生产、生活，引起纠纷，造成恶劣影响或者其他严重后果的；4. 非法低价出让林地合计30亩以上，并且出让价额低于国家规定的最低价额标准的百分之六十的；5. 造成国有资产流失30万元以上的；6. 其他情节严重的情形。

❹ 最高人民法院《关于审理破坏林地资源刑事案件具体应用法律若干问题的解释》(2005年12月30日　法释〔2005〕15号)[②]

为依法惩治破坏林地资源犯罪活动，根据《中华人民共和国刑法》、《中华人民共和国刑法修正案（二）》及全国人民代表大会常务委员会《关于〈中华人民共和国刑法〉第二百二十八条、第三百四十二条、第四百一十条的解释》的有关规定，现就人民法院审理这类刑事案件具体应用法律的若干问题解释如下：

---

① 对其解读见：《刑事审判参考》2006年第4辑总第51辑，第117~164页。
② 对其解读见：《刑事审判参考》2005年第5辑总第46辑，第130~132页以及2006年第1辑总第48辑，第78~86页。

第一条 违反土地管理法规，非法占用林地，改变被占用林地用途，在非法占用的林地上实施建窑、建坟、建房、挖沙、采石、采矿、取土、种植农作物、堆放或排泄废弃物等行为或者进行其他非林业生产、建设，造成林地的原有植被或林业种植条件严重毁坏或者严重污染，并具有下列情形之一的，属于《中华人民共和国刑法修正案（二）》规定的"数量较大，造成林地大量毁坏"，应当以非法占用农用地罪判处五年以下有期徒刑或者拘役，并处或者单处罚金：

（一）非法占用并毁坏防护林地、特种用途林地数量分别或者合计达到五亩以上；

（二）非法占用并毁坏其他林地数量达到十亩以上；

（三）非法占用并毁坏本条第（一）项、第（二）项规定的林地，数量分别达到相应规定的数量标准的百分之五十以上；

（四）非法占用并毁坏本条第（一）项、第（二）项规定的林地，其中一项数量达到相应规定的数量标准的百分之五十以上，且两项数量合计达到该项规定的数量标准。

第二条 国家机关工作人员徇私舞弊，违反土地管理法规，滥用职权，非法批准征用、占用林地，具有下列情形之一的，属于刑法第四百一十条规定的"情节严重"，应当以非法批准征用、占用土地罪判处三年以下有期徒刑或者拘役：

（一）非法批准征用、占用防护林地、特种用途林地数量分别或者合计达到十亩以上；

（二）非法批准征用、占用其他林地数量达到二十亩以上；

（三）非法批准征用、占用林地造成直接经济损失数额达到三十万元以上，或者造成本条第（一）项规定的林地数量分别或者合计达到五亩以上或本条第（二）项规定的林地数量达到十亩以上毁坏。

第三条 实施本解释第二条规定的行为，具有下列情形之一的，属于刑法第四百一十条规定的"致使国家或者集体利益遭受特别重大损失"，应当以非法批准征用、占用土地罪判处三年以上七年以下有期徒刑：

（一）非法批准征用、占用防护林地、特种用途林地数量分别或者合计达到二十亩以上；

（二）非法批准征用、占用其他林地数量达到四十亩以上；

（三）非法批准征用、占用林地造成直接经济损失数额达到六十万元以上，或者造成本条第（一）项规定的林地数量分别或者合计达到十亩以上或者本条第（二）项规定的林地数量达到二十亩以上毁坏。

第四条 国家机关工作人员徇私舞弊，违反土地管理法规，非法低价出让国有林地使用权，具有下列情形之一的，属于刑法第四百一十条规定的"情节严重"，应当以非法低价出让国有土地使用权罪判处三年以下有期徒刑或者拘役：

（一）林地数量合计达到三十亩以上，并且出让价额低于国家规定的最低价额标准的百分之六十；

（二）造成国有资产流失价额达到三十万元以上。

第五条 实施本解释第四条规定的行为，造成国有资产流失价额达到六十万元以上的，属于刑法第四百一十条规定的"致使国家和集体利益遭受特别重大损失"，应当以非法低价出让国有土地使用权罪判处三年以上七年以下有期徒刑。

第六条 单位实施破坏林地资源犯罪的,依照本解释规定的相关定罪量刑标准执行。

第七条 多次实施本解释规定的行为依法应当追诉且未经处理的,应当按照累计的数量、数额处罚。

❺ 最高人民检察院《人民检察院直接受理立案侦查的渎职侵权重特大案件标准（试行）》(2002年1月1日　高检发〔2001〕13号)（节录）①

十九、非法批准征用、占用土地案

（一）重大案件：1. 非法批准征用、占用基本农田二十亩以上的；2. 非法批准征用、占用基本农田以外的耕地六十亩以上的；3. 非法批准征用、占用其他土地一百亩以上的；4. 非法批准征用、占用土地，造成基本农田五亩以上，其他耕地十亩以上严重毁坏的；5. 非法批准征用、占用土地造成直接经济损失五十万元以上的。

（二）特大案件：1. 非法批准征用、占用基本农田三十亩以上的；2. 非法批准征用、占用基本农田以外的耕地九十亩以上的；3. 非法批准征用、占用其他土地一百五十亩以上的；4. 非法批准征用、占用土地，造成基本农田十亩以上，其他耕地二十亩以上严重毁坏的；5. 非法批准征用、占用土地造成直接经济损失一百万元以上的。

二十、非法低价出让国有土地使用权案

（一）重大案件：1. 出让国有土地使用权面积在六十亩以上，并且出让价额低于国家规定的最低价额标准的百分之六十的；2. 造成国有土地资产流失价额在五十万元以上的。
（二）特大案件：1. 出让国有土地使用权面积在九十亩以上，并且出让价额低于国家规定的最低价额标准的百分之四十的；2. 造成国有土地资产流失价额在一百万元以上的。

❻ 最高人民法院《关于审理破坏土地资源刑事案件具体应用法律若干问题的解释》(2000年6月22日　法释〔2000〕14号)②

第一条 以牟利为目的，违反土地管理法规，非法转让、倒卖土地使用权，具有下列情形之一的，属于非法转让、倒卖土地使用权"情节严重"，依照刑法第二百二十八条的规定，以非法转让、倒卖土地使用权罪定罪处罚：

（一）非法转让、倒卖基本农田五亩以上的；（二）非法转让、倒卖基本农田以外的耕地十亩以上的；（三）非法转让、倒卖其他土地二十亩以上的；（四）非法获利五十万元以上的；（五）非法转让、倒卖土地接近上述数量标准并具有其他恶劣情节的，如曾因非法转让、倒卖土地使用权受过行政处罚或者造成严重后果等。

第二条 实施第一条规定的行为，具有下列情形之一的，属于非法转让、倒卖土地使用权"情节特别严重"：（一）非法转让、倒卖基本农田十亩以上的；（二）非法转让、倒卖基本农田以外的耕地二十亩以上的；（三）非法转让、倒卖其他土地四十亩以上的；（四）非法获利一百万元以上的；（五）非法转让、倒卖土地接近上述数量标准并具有其他

---

① 对其解读见：《解读最高人民检察院司法解释》，第236～253页。
② 对其解读见：《刑事审判参考》2000年第4辑总第9辑，第69页以及《解读最高人民法院司法解释·刑事、行政卷（1997～2002）》，第256～259页。

恶劣情节，如造成严重后果等。

第三条 违反土地管理法规，非法占用耕地改作他用，数量较大，造成耕地大量毁坏的，依照刑法第三百四十二条的规定，以非法占用耕地罪定罪处罚：（一）非法占用耕地"数量较大"，是指非法占用基本农田五亩以上或者非法占用基本农田以外的耕地十亩以上。（二）非法占用耕地"造成耕地大量毁坏"，是指行为人非法占用耕地建窑、建坟、建房、挖沙、采石、采矿、取土、堆放固体废弃物或者进行其他非农业建设，造成基本农田五亩以上或者基本农田以外的耕地十亩以上种植条件严重毁坏或者严重污染。

第四条 国家机关工作人员徇私舞弊，违反土地管理法规，滥用职权，非法批准征用、占用土地，具有下列情形之一的，属于非法批准征用、占用土地"情节严重"，依照刑法第四百一十条的规定，以非法批准征用、占用土地罪定罪处罚：（一）非法批准征用、占用基本农田十亩以上的；（二）非法批准征用、占用基本农田以外的耕地三十亩以上的；（三）非法批准征用、占用其他土地五十亩以上的；（四）虽未达到上述数量标准，但非法批准征用、占用土地造成直接经济损失三十万元以上；造成耕地大量毁坏等恶劣情节的。

第五条 实施第四条规定的行为，具有下列情形之一的，属于非法批准征用、占用土地"致使国家或者集体利益遭受特别重大损失"：（一）非法批准征用、占用基本农田二十亩以上的；（二）非法批准征用、占用基本农田以外的耕地六十亩以上的；（三）非法批准征用、占用其他土地一百亩以上的；（四）非法批准征用、占用土地，造成基本农田五亩以上，其他耕地十亩以上严重毁坏的；（五）非法批准征用、占用土地造成直接经济损失五十万元以上等恶劣情节的。

第六条 国家机关工作人员徇私舞弊，违反土地管理法规，非法低价出让国有土地使用权，具有下列情形之一的，属于"情节严重"，依照刑法第四百一十条的规定，以非法低价出让国有土地使用权罪定罪处罚：（一）出让国有土地使用权面积在三十亩以上，并且出让价额低于国家规定的最低价额标准的百分之六十的；（二）造成国有土地资产流失价额在三十万元以上的。

第七条 实施第六条规定的行为，具有下列情形之一的，属于非法低价出让国有土地使用权，"致使国家和集体利益遭受特别重大损失"：

（一）非法低价出让国有土地使用权面积在六十亩以上，并且出让价额低于国家规定的最低价额标准的百分之四十的；

（二）造成国有土地资产流失价额在五十万元以上的。

第八条 单位犯非法转让、倒卖土地使用权罪、非法占有耕地罪的定罪量刑标准，依照本解释第一条、第二条、第三条的规定执行。

第九条 多次实施本解释规定的行为依法应当追诉的，或者一年内多次实施本解释规定的行为未经处理的，按照累计的数量、数额处罚。

学理观点·典型案例 —— 索引与要旨

王汉斌《关于〈中华人民共和国（修订草案）〉的说明》

要旨➡有些全国人大常委会委员和有关部门提出，土地是国家的重要自然资源，对于破坏土地资源的行为应当追究刑事责任。因此，草案对"以牟利为目的，违反土地管理法规，非法转让、倒卖土地使用权"，"违反土地管理法规，非法占用耕地改作他用，数量较大，造成耕地大量毁坏的，"以及"国家机关工作人员徇私舞弊，违反土地管理法规，滥用职权，非法批准征用、占用土地，或者非法低价出让国有土地使用权"的，增加了追究刑事责任的规定。

第411条 放纵走私罪

海关工作人员徇私舞弊，放纵走私，情节严重的，处五年以下有期徒刑或者拘役；情节特别严重的，处五年以上有期徒刑。

关联规范 —— 完全整理

❶ 最高人民检察院《关于渎职侵权犯罪案件立案标准的规定》（2006年7月27日 高检发释字〔2006〕2号）（节录）①

（二十三）放纵走私案（第四百一十一条）。涉嫌下列情形之一的，应予立案：1. 放纵走私犯罪的；2. 因放纵走私致使国家应收税额损失累计达10万元以上的；3. 放纵走私行为3起次以上的；4. 放纵走私行为，具有索取或者收受贿赂情节的；5. 其他情节严重的情形。

❷ 最高人民法院、最高人民检察院、海关总署《关于办理走私刑事案件适用法律若干问题的意见》（2002年7月8日 法〔2002〕139号）（节录）②

十六、关于放纵走私罪的认定问题

依照刑法第四百一十一条的规定，负有特定监管义务的海关工作人员徇私舞弊，利用职权，放任、纵容走私犯罪行为，情节严重的，构成放纵走私罪。放纵走私行为，一般是消极的不作为。如果海关工作人员与走私分子通谋，在放纵走私过程中以积极的行为配合走私分子逃避海关监管或者在放纵走私之后分得赃款的，应以共同走私犯罪追究刑事责任。

海关工作人员收受贿赂又放纵走私的，应以受贿罪和放纵走私罪数罪并罚。

❸ 最高人民检察院《人民检察院直接受理立案侦查的渎职侵权重特大案件标准（试行）》（2002年1月1日 高检发〔2001〕13号）（节录）③

二十一、放纵走私案（一）重大案件：造成国家税收损失累计达三十万元以上的。（二）特大案件：造成国家税收损失累计达五十万元以上的。

---

① 对其解读见：《刑事审判参考》2006年第4辑总第51辑，第117～164页。
② 对其解读见：《刑事审判参考》2002年第4辑总第27辑，第149～170，185～203页。
③ 对其解读见：《解读最高人民检察院司法解释》，第236～253页。

❹ 福建省公检法《关于部分经济犯罪、渎职犯罪案件数额幅度及情节认定问题的座谈纪要》若干问题的修订意见（2002年10月8日　闽高法〔2005〕243号）（节录）

三十五、（一）该罪的"情节严重"是指下列情形之一者：1. 放纵的走私犯应处刑事处罚的；2. 因放纵走私致使国家应收税额损失累计达10万元以上不满50万元；3. 因收受贿赂而放纵走私，致使国家应收税额损失较大的。（二）该罪的"情节特别严重"，是指下列情形之一者：1. 三次以上放纵走私行为或者一次放纵三起以上走私行为的；2. 因放纵走私致使国家应收税额损失累计达50万元以上的；3. 走私的货物是国家明令禁止进出口的；4. 因收受贿赂而放纵走私，致使国家应收税额损失重大的。

学理观点·典型案例　　➡ 索引与要旨

《高庆亭、刘贵良走私、放纵走私案》，载《最高人民法院判例释解·刑事卷》，第244页。

核心提示 ➡ 海关人员出于私交帮助走私分子走私事后未得利、分赃的行为如何定性？兼谈走私普通货物、物品罪与放纵走私罪的区别

第412条　第1款　商检徇私舞弊罪　第2款　商检失职罪

国家商检部门、商检机构的工作人员徇私舞弊，伪造检验结果的，处五年以下有期徒刑或者拘役；造成严重后果的，处五年以上十年以下有期徒刑。

前款所列人员严重不负责任，对应当检验的物品不检验，或者延误检验出证、错误出证，致使国家利益遭受重大损失的，处三年以下有期徒刑或者拘役。

关　联　规　范　　➡ 完全整理

❶ 最高人民检察院《关于渎职侵权犯罪案件立案标准的规定》（2006年7月27日高检发释字〔2006〕2号）（节录）①

（二十四）商检徇私舞弊案（第四百一十二条第一款）涉嫌下列情形之一的，应予立案：1. 采取伪造、变造的手段对报检的商品的单证、印章、标志、封识、质量认证标志等作虚假的证明或者出具不真实的证明结论的；2. 将送检的合格商品检验为不合格，或者将不合格商品检验为合格的；3. 对明知是不合格的商品，不检验而出具合格检验结果的；4. 其他伪造检验结果应予追究刑事责任的情形。

（二十五）商检失职案（第四百一十二条第二款）涉嫌下列情形之一的，应予立案：1. 致使不合格的食品、药品、医疗器械等商品出入境，严重危害生命健康的；2. 造成个人财产直接经济损失15万元以上，或者直接经济损失不满15万元，但间接经济损失75万元以上的；3. 造成公共财产、法人或者其他组织财产直接经济损失30万元以上，或者直接

---

① 对其解读见：《刑事审判参考》2006年第4辑总第51辑，第117~164页。

经济损失不满 30 万元，但间接经济损失 150 万元以上的；4. 未经检验，出具合格检验结果，致使国家禁止进口的固体废物、液态废物和气态废物等进入境内的；5. 不检验或者延误检验出证、错误出证，引起国际经济贸易纠纷，严重影响国家对外经贸关系，或者严重损害国家声誉的；6. 其他致使国家利益遭受重大损失的情形。

❷ 最高人民检察院《人民检察院直接受理立案侦查的渎职侵权重特大案件标准（试行）》（2002 年 1 月 1 日　高检发〔2001〕13 号）（节录）①

二十二、商检徇私舞弊案（一）重大案件：1. 造成直接经济损失五十万元以上的；2. 徇私舞弊，三次以上伪造检验结果的。（二）特大案件：1. 造成直接经济损失一百万元以上的；2. 徇私舞弊，五次以上伪造检验结果的。

二十三、商检失职案（一）重大案件：1. 造成直接经济损失一百万元以上的；2. 五次以上不检验或者延误检验出证、错误出证的。（二）特大案件：1. 造成直接经济损失三百万元以上的；2. 七次以上不检验或者延误检验出证、错误出证的。

❸ 最高人民法院办公厅转发国家商检局、公安部《关于严厉打击不法分子伪造变造买卖商检单证行为的通知》（1988 年 1 月 1 日　法办〔1988〕2 号）（节录）

三、对商检人员玩忽职守或者以权谋私，致使商检单证丢失外流，使国家利益遭受重大损失的，应按照有关规定予以处理，触犯刑律的，提请司法机关依法惩处。

❹ 福建省公检法《关于部分经济犯罪、渎职犯罪案件数额幅度及情节认定问题的座谈纪要》若干问题的修订意见（2002 年 10 月 8 日　闽高法〔2005〕243 号）（节录）

三十六、商检徇私舞弊罪（第 1 款）该罪的"严重后果"，是指严重影响国家对外经贸关系或者国家声誉；或者给国家利益造成严重损失的，即致使不合格的商品进口而给国家造成重大经济损失，或者因不合格的商品出口致使赔偿数额巨大。〔编者注："经济损失"含义可参考第九章．2006.07.27《关于渎职侵权犯罪案件立案标准的规定》三、附则（四）〕

学理观点・典型案例　　➡索引与要旨

《尚晓东商检失职上诉案》〔2007〕乌中刑二终字第 102 号，乌鲁木齐市中级人民法院。

要旨➡ 商检人员失职，造成 94 吨废旧电瓶进入国境，导致国家利益重大损失。

第 413 条　第 1 款　动植物检疫徇私舞弊罪　第 2 款　动植物检疫失职罪

动植物检疫机关的检疫人员徇私舞弊，伪造检疫结果的，处五年以下有期徒刑或者拘役；造成严重后果的，处五年以上十年以下有期徒刑。

前款所列人员严重不负责任，对应当检疫的检疫物不检疫，或者延误检疫出证、错误出证，致使国家利益遭受重大损失的，处三年以下有期徒刑或者

---

① 对其解读见：《解读最高人民检察院司法解释》，第 236～253 页。

拘役。

关联规范 ⟶ 完全整理

❶ 最高人民检察院《关于渎职侵权犯罪案件立案标准的规定》（2006年7月27日 高检发释字〔2006〕2号）（节录）①

（二十六）动植物检疫徇私舞弊案（第四百一十三条第一款）动植物检疫徇私舞弊罪是指出入境检验检疫机关、检验检疫机构工作人员徇私舞弊，伪造检疫结果的行为。涉嫌下列情形之一的，应予立案：1.采取伪造、变造的手段对检疫的单证、印章、标志、封识等作虚假的证明或者出具不真实的结论的；2.将送检的合格动植物检疫为不合格，或者将不合格动植物检疫为合格的；3.对明知是不合格的动植物，不检疫而出具合格检疫结果的；4.其他伪造检疫结果应予追究刑事责任的情形。

（二十七）动植物检疫失职案（第四百一十三条第二款）动植物检疫失职罪是指出入境检验检疫机关、检验检疫机构工作人员严重不负责任，对应当检疫的检疫物不检疫，或者延误检疫出证、错误出证，致使国家利益遭受重大损失的行为。涉嫌下列情形之一的，应予立案：1.导致疫情发生，造成人员重伤或者死亡的；2.导致重大疫情发生、传播或者流行的；3.造成个人财产直接经济损失15万元以上，或者直接经济损失不满15万元，但间接经济损失75万元以上的；4.造成公共财产或者法人、其他组织财产直接经济损失30万元以上，或者直接经济损失不满30万元，但间接经济损失150万元以上的；5.不检疫或者延误检疫出证、错误出证，引起国际经济贸易纠纷，严重影响国家对外经贸关系，或者严重损害国家声誉的；6.其他致使国家利益遭受重大损失的情形。

❷ 最高人民检察院《人民检察院直接受理立案侦查的渎职侵权重特大案件标准（试行）》（2002年1月1日 高检发〔2001〕13号）（节录）②

二十四、动植物检疫徇私舞弊案（一）重大案件：1.徇私舞弊，三次以上伪造检疫结果的；2.造成直接经济损失五十万元以上的。（二）特大案件：1.徇私舞弊，五次以上伪造检疫结果的；2.造成直接经济损失一百万元以上的。

二十五、动植物检疫失职案（一）重大案件：1.造成直接经济损失一百万元以上的；2.导致疫情发生，造成人员死亡二人以上的；3.五次以上不检疫，或者延误检疫出证、错误出证，严重影响国家对外经贸关系和国家声誉的。（二）特大案件：1.造成直接经济损失三百万元以上的；2.导致疫情发生，造成人员死亡五人以上的；3.七次以上不检疫，或者延误检疫出证、错误出证，严重影响国家对外经贸关系和国家声誉的。

❸ 福建省公检法《关于部分经济犯罪、渎职犯罪案件数额幅度及情节认定问题的座谈纪要》若干问题的修订意见（2002年10月8日 闽高法〔2005〕243号）（节录）

三十七、（第1款）该罪的"严重后果"，是指致使带有传染病、寄生虫病和植物危险

---
① 对其解读见：《刑事审判参考》2006年第4辑总第51辑，第117~164页。
② 对其解读见：《解读最高人民检察院司法解释》，第236~253页。

性病、虫、杂草传入或者传出国境，引发重大疫情或者使国家蒙受重大经济损失等情形。

第414条　放纵制售伪劣商品犯罪行为罪

对生产、销售伪劣商品犯罪行为负有追究责任的国家机关工作人员，徇私舞弊，不履行法律规定的追究职责，情节严重的，处五年以下有期徒刑或者拘役。

关 联 规 范　　➡ 完全整理

❶ 最高人民检察院《关于渎职侵权犯罪案件立案标准的规定》（2006年7月27日高检发释字〔2006〕2号）（节录）①

（二十八）放纵制售伪劣商品犯罪行为案（第四百一十四条）涉嫌下列情形之一的，应予立案：1. 放纵生产、销售假药或者有毒、有害食品犯罪行为的；2. 放纵生产、销售伪劣农药、兽药、化肥、种子犯罪行为的；3. 放纵依法可能判处三年有期徒刑以上刑罚的生产、销售伪劣商品犯罪行为的；4. 对生产、销售伪劣商品犯罪行为不履行追究职责，致使生产、销售伪劣商品犯罪行为得以继续的；5. 3次以上不履行追究职责，或者对3个以上有生产、销售伪劣商品犯罪行为的单位或者个人不履行追究职责的；6. 其他情节严重的情形。

❷ 最高人民检察院《人民检察院直接受理立案侦查的渎职侵权重特大案件标准（试行）》（2002年1月1日　高检发〔2001〕13号）（节录）②

二十六、放纵制售伪劣商品犯罪行为案（一）重大案件：1. 放纵生产、销售假药或者有毒、有害食品犯罪行为，情节恶劣或者后果严重的；2. 放纵依法可能判处五年以上十年以下有期徒刑刑罚的生产、销售伪劣商品犯罪行为的；3. 五次以上或者对五个以上有生产、销售伪劣商品犯罪行为的单位或者个人不履行追究职责的。（二）特大案件：1. 放纵生产、销售假药或者有毒、有害食品犯罪行为，造成人员死亡的；2. 放纵依法可能判处十年以上刑罚的生产、销售伪劣商品犯罪行为的；3. 七次以上或者对七个以上有生产、销售伪劣商品犯罪行为的单位或者个人不履行追究职责的。

❸ 最高人民法院、最高人民检察院《关于办理生产、销售伪劣商品刑事案件具体应用法律若干问题的解释》（2001年4月18日　法释〔2001〕10号）（节录）③

第八条　国家机关工作人员徇私舞弊，对生产、销售伪劣商品犯罪不履行法律规定的查处职责，具有下列情形之一的，属于刑法第四百一十四条规定的"情节严重"：（一）放纵生产、销售假药或者有毒、有害食品犯罪行为的；（二）放纵依法可能判处二年有期徒刑以上刑罚的生产、销售、伪劣商品犯罪行为的；（三）对三个以上有生产、销售伪劣商品犯罪行为的单位或者个人不履行追究职责的；（四）致使国家和人民利益遭受重大损失

---

① 对其解读见：《刑事审判参考》2006年第4辑总第51辑，第117~164页。
② 对其解读见：《解读最高人民检察院司法解释》，第236~253页。
③ 对其解读见：《刑事审判参考》2001年第5辑总第16辑，第52~56，59~68页。

或者造成恶劣影响的。

学理观点·典型案例 ➡ 索引与要旨

❶《渎职罪立法及当前司法中的热点问题》,载《华东刑事司法评论》2002年第1卷,第100~117页。

要旨 ➡ 1. 法条分类及相互关系;2. 渎职罪的"前提罪"问题:放纵制售伪劣商品犯罪行为罪的前提罪问题;3. 渎职罪的一罪与数罪问题;4. 渎职罪与共同犯罪问题。

❷《吴根源受贿案》,载《假冒伪劣犯罪判解》,第214页。

核心提示 ➡ 受贿放纵制售伪劣商品的行为如何定罪处罚?

第415条 办理偷越国(边)境人员出入境证件罪 放行偷越国(边)境人员罪

负责办理护照、签证以及其他出入境证件的国家机关工作人员,对明知是企图偷越国(边)境的人员,予以办理出入境证件的,或者边防、海关等国家机关工作人员,对明知是偷越国(边)境的人员,予以放行的,处三年以下有期徒刑或者拘役;情节严重的,处三年以上七年以下有期徒刑。

关联规范 ➡ 完全整理

❶ 最高人民检察院《关于渎职侵权犯罪案件立案标准的规定》(2006年7月27日高检发释字〔2006〕2号)(节录)①

(二十九)办理偷越国(边)境人员出入境证件案(第四百一十五条)办理偷越国(边)境人员出入境证件罪是指负责办理护照、签证以及其他出入境证件的国家机关工作人员,对明知是企图偷越国(边)境的人员,予以办理出入境证件的行为。

负责办理护照、签证以及其他出入境证件的国家机关工作人员涉嫌在办理护照、签证以及其他出入境证件的过程中,对明知是企图偷越国(边)境的人员而予以办理出入境证件的,应予立案。

(三十)放行偷越国(边)境人员案(第四百一十五条)

放行偷越国(边)境人员罪是指边防、海关等国家机关工作人员,对明知是偷越国(边)境的人员予以放行的行为。

边防、海关等国家机关工作人员涉嫌在履行职务过程中,对明知是偷越国(边)境的人员而予以放行的,应予立案。

❷ 最高人民检察院《人民检察院直接受理立案侦查的渎职侵权重特大案件标准(试行)》(2002年1月1日 高检发〔2001〕13号)(节录)②

---

① 对其解读见:《刑事审判参考》2006年第4辑总第51辑,第117~164页。
② 对其解读见:《解读最高人民检察院司法解释》,第236~253页。

二十七、办理偷越国（边）境人员出入境证件案　（一）重大案件：1. 违法办理三人以上的；2. 违法办理三次以上的；3. 违法为刑事犯罪分子办证的。（二）特大案件：1. 违法办理五人以上的；2. 违法办理五次以上的；3. 违法为严重刑事犯罪分子办证的。

二十八、放行偷越国（边）境人员案　（一）重大案件：1. 违法放行三人以上的；2. 违法放行三次以上的；3. 违法放行刑事犯罪分子的。（二）特大案件：1. 违法放行五人以上的；2. 违法放行五次以上的；3. 违法放行严重刑事犯罪分子的。

学理观点·典型案例 ➡ 索引与要旨

《张东升放行偷越国（边）境人员案》，载《刑事审判参考》2001 年第 4 辑总第 15 辑，第 45～50 页。

核心提示 ➡ 边防检查员伪造入境记录的行为如何定性？

要旨 ➡ 被告人不具有办理偷越国（边）境人员出入境证件的主体身份。其行为符合放行偷越国（边）境人员罪的构成特征。偷越国（边）境人员是否偷越国（边）境是区分该罪既遂与未遂的标志。

第 416 条　第 1 款　不解救被拐卖、绑架妇女、儿童罪　第 2 款　阻碍解救被拐卖、绑架妇女、儿童罪

对被拐卖、绑架的妇女、儿童负有解救职责的国家机关工作人员，接到被拐卖、绑架的妇女、儿童及其家属的解救要求或者接到其他人的举报，而对被拐卖、绑架的妇女、儿童不进行解救，造成严重后果的，处五年以下有期徒刑或者拘役。

负有解救职责的国家机关工作人员利用职务阻碍解救的，处二年以上七年以下有期徒刑；情节较轻的，处二年以下有期徒刑或者拘役。

关联规范 ➡ 完全整理

❶ 最高人民检察院《关于渎职侵权犯罪案件立案标准的规定》（2006 年 7 月 27 日高检发释字〔2006〕2 号）（节录）①

（三十一）不解救被拐卖、绑架妇女、儿童案（第四百一十六条第一款）不解救被拐卖、绑架妇女、儿童罪是指对被拐卖、绑架的妇女、儿童负有解救职责的公安、司法等国家机关工作人员接到被拐卖、绑架的妇女、儿童及其家属的解救要求或者接到其他人的举报，而对被拐卖、绑架的妇女、儿童不进行解救，造成严重后果的行为。

涉嫌下列情形之一的，应予立案：1. 导致被拐卖、绑架的妇女、儿童或者其家属重伤、死亡或者精神失常的；2. 导致被拐卖、绑架的妇女、儿童被转移、隐匿、转卖，不能及时进行解救的；3. 对被拐卖、绑架的妇女、儿童不进行解救 3 人次以上的；4. 对被拐

---

① 对其解读见：《刑事审判参考》2006 年第 4 辑总第 51 辑，第 117～164 页。

卖、绑架的妇女、儿童不进行解救，造成恶劣社会影响的；5. 其他造成严重后果的情形。

（三十二）阻碍解救被拐卖、绑架妇女、儿童案（第四百一十六条第二款）阻碍解救被拐卖、绑架妇女、儿童罪是指对被拐卖、绑架的妇女、儿童负有解救职责的公安、司法等国家机关工作人员利用职务阻碍解救被拐卖、绑架的妇女、儿童的行为。

涉嫌下列情形之一的，应予立案：1. 利用职权，禁止、阻止或者妨碍有关部门、人员解救被拐卖、绑架的妇女、儿童的；2. 利用职务上的便利，向拐卖、绑架者或者收买者通风报信，妨碍解救工作正常进行的；3. 其他利用职务阻碍解救被拐卖、绑架的妇女、儿童应予追究刑事责任的情形。

❷ 最高人民法院、最高人民检察院《关于执行〈中华人民共和国刑法〉确定罪名的补充规定（二）》（2003年8月15日　法释〔2003〕12号）（节录）①

刑法和刑事司法解释以及刑事司法实践中关于儿童的年龄界限，一直掌握在不满十四周岁。如，刑法第二百六十二条规定"拐骗不满十四周岁的未成年人……"，两高将罪名确定为"拐骗儿童罪"。

❸ 最高人民检察院《人民检察院直接受理立案侦查的渎职侵权重特大案件标准（试行）》（2002年1月1日　高检发〔2001〕13号）（节录）②

二十九、不解救被拐卖、绑架妇女、儿童案（一）重大案件：1. 五次或者对五名以上被拐卖、绑架的妇女、儿童不进行解救的；2. 因不解救致人死亡的。（二）特大案件：1. 七次或者对七名以上被拐卖、绑架的妇女、儿童不进行解救的；2. 因不解救致人死亡三人以上的。

三十、阻碍解救被拐卖、绑架妇女、儿童案（一）重大案件：1. 三次或者对三名以上被拐卖、绑架的妇女、儿童阻碍解救的；2. 阻碍解救致人死亡的。（二）特大案件：1. 五次或者对五名以上被拐卖、绑架的妇女、儿童阻碍解救的；2. 阻碍解救致人死亡二人以上的。

❹ 公安部《关于打击拐卖妇女儿童犯罪适用法律和政策有关问题的意见》（2000年3月24日　公通字〔2000〕25号）（节录）

六、关于不解救或者阻碍解救被拐卖的妇女、儿童等渎职犯罪

对被拐卖的妇女、儿童负有解救职责的国家机关工作人员不履行解救职责，或者袒护、纵容甚至支持买卖妇女、儿童，为买卖妇女、儿童人员通风报信，或者以其他方法阻碍解救工作的，要依法处理：

（一）对被拐卖的妇女、儿童负有解救职责的公安、司法等国家机关工作人员接到被拐卖的妇女、儿童及其家属的解救要求或者接到其他人的举报，而对被拐卖的妇女、儿童不进行解救的，要交由其主管部门进行党纪、政纪、警纪处分；构成犯罪的，应当以不解救被拐卖妇女、儿童罪移送人民检察院追究刑事责任。

---

① 对其解读见：《刑事审判参考》2003年第5辑总第34辑，第188～194页以及《刑事司法指南》2003年第3辑总第15辑，第150～158页。

② 对其解读见：《解读最高人民检察院司法解释》，第236～253页。

（二）对被拐卖的妇女、儿童负有解救职责的公安、司法等国家机关工作人员利用职务阻碍解救被拐卖的妇女、儿童，构成犯罪的，应当以阻碍解救被拐卖妇女、儿童罪移送人民检察院追究刑事责任。

（三）行政执法人员徇私情、私利，伪造材料，隐瞒情况，弄虚作假，对依法应当移交司法机关追究刑事责任的拐卖妇女、儿童犯罪案件不移交司法机关处理，构成犯罪的，以徇私舞弊不移交刑事案件罪移送人民检察院追究刑事责任。

（四）有查禁拐卖妇女、儿童犯罪活动职责的国家机关工作人员，向拐卖妇女、儿童的犯罪分子通风报信、提供便利，帮助犯罪分子逃避处罚，构成犯罪的，以帮助犯罪分子逃避处罚罪移送人民检察院追究刑事责任。

第417条　帮助犯罪分子逃避处罚罪

有查禁犯罪活动职责的国家机关工作人员，向犯罪分子通风报信、提供便利，帮助犯罪分子逃避处罚的，处三年以下有期徒刑或者拘役；情节严重的，处三年以上十年以下有期徒刑。

关　联　规　范　　完全整理

❶ 最高人民检察院《关于渎职侵权犯罪案件立案标准的规定》（2006年7月27日 高检发释字〔2006〕2号）（节录）①

（三十三）帮助犯罪分子逃避处罚罪是指有查禁犯罪活动职责的司法及公安、国家安全、海关、税务等国家机关工作人员，向犯罪分子通风报信、提供便利，帮助犯罪分子逃避处罚的行为。

涉嫌下列情形之一的，应予立案：1. 向犯罪分子泄漏有关部门查禁犯罪活动的部署、人员、措施、时间、地点等情况的；2. 向犯罪分子提供钱物、交通工具、通讯设备、隐藏处所等便利条件的；3. 向犯罪分子泄漏案情的；4. 帮助、示意犯罪分子隐匿、毁灭、伪造证据，或者串供、翻供的；5. 其他帮助犯罪分子逃避处罚应予追究刑事责任的情形。

❷ 最高人民检察院《人民检察院直接受理立案侦查的渎职侵权重特大案件标准（试行）》（2002年1月1日　高检发〔2001〕13号）（节录）②

三十一、帮助犯罪分子逃避处罚案（一）重大案件：1. 三次或者使三名以上犯罪分子逃避处罚的；2. 帮助重大刑事犯罪分子逃避处罚的。（二）特大案件：1. 五次或者使五名以上犯罪分子逃避处罚的；2. 帮助二名以上重大刑事犯罪分子逃避处罚的。

❸ 公安部《关于打击拐卖妇女儿童犯罪适用法律和政策有关问题的意见》（2000年3月24日　公通字〔2000〕25号）（节录）

六、关于不解救或者阻碍解救被拐卖的妇女、儿童等渎职犯罪

---

① 对其解读见：《刑事审判参考》2006年第4辑总第51辑，第117～164页。
② 对其解读见：《解读最高人民检察院司法解释》，第236～253页。

对被拐卖的妇女、儿童负有解救职责的国家机关工作人员不履行解救职责，或者袒护、纵容甚至支持买卖妇女、儿童，为买卖妇女、儿童人员通风报信，或者以其他方法阻碍解救工作的，要依法处理：（三）行政执法人员徇私情、私利，伪造材料，隐瞒情况，弄虚作假，对依法应当移交司法机关追究刑事责任的拐卖妇女、儿童犯罪案件不移交司法机关处理，构成犯罪的，以徇私舞弊不移交刑事案件罪移送人民检察院追究刑事责任。（四）有查禁拐卖妇女、儿童犯罪活动职责的国家机关工作人员，向拐卖妇女、儿童的犯罪分子通风报信、提供便利，帮助犯罪分子逃避处罚，构成犯罪的，以帮助犯罪分子逃避处罚罪移送人民检察院追究刑事责任。

❹ 最高人民法院、最高人民检察院、公安部、工商局《关于依法查处盗窃、抢劫机动车案件的规定》（1998年5月8日　公通字〔1998〕31号）（节录）①

十、公安人员对盗窃、抢劫的机动车辆，非法提供机动车牌证或者为其取得机动车牌证提供便利，帮助犯罪分子逃避处罚的，依照《刑法》第四百一十七条规定处罚。

❺ 福建省公检法《关于部分经济犯罪、渎职犯罪案件数额幅度及情节认定问题的座谈纪要》若干问题的修订意见（2002年10月8日　闽高法〔2005〕243号）（节录）

三十八、该罪的"情节严重"，是行为人多次向犯罪分子或者向多名犯罪分子通风报信、便利的；或者行为致使严重的犯罪分子逃避处罚的；或者行为造成恶劣社会影响等情形。

学理观点·典型案例　➡ 索引与要旨

❶《孔凡志帮助犯罪分子逃避处罚上诉案》，载《人民法院案例选》2006年第1辑总第5辑。

核心提示 ➡ 以传口信、捎字条的方式帮助犯罪嫌疑人串供

❷《潘楠博帮助犯罪分子逃避处罚、受贿案》，载《刑事审判参考》2005年第4辑总第45辑，第29~36页。

核心提示 ➡ 对刑法各条中的"犯罪分子"应如何理解？帮助逃避行政处罚的行为能否构成帮助犯罪分子逃避处罚罪？

要旨 ➡ 我国刑法条文中有许多关于"犯罪分子"的规定，其指称包括犯罪嫌疑人、刑事被告人或罪犯。如刑法第23条的"犯罪分子"指犯罪嫌疑人；刑法第61条的"犯罪分子"指刑事被告人；刑法第71条的"犯罪分子"指罪犯。由此可见，"犯罪分子"是一个泛指的概念，其含义需要结合具体的条文加以分析。关于帮助犯罪分子逃避处罚罪中的"犯罪分子"，我们认为，不需要以法院已经作出生效刑事判决为必要条件。该罪的"犯罪分子"，只能是正在实行犯罪或者有证据证明涉嫌犯罪的犯罪嫌疑人。

本案当天的行动是公安机关针对俱乐部有卖淫嫖娼活动而进行查禁，且被告人对当天行动是否针对李敏华、马球会俱乐部是否涉嫌犯罪并不明知。也就是说，被告人是在不明

---

① 对其解读见：《解读最高人民检察院司法解释》，第343~347页。

知李敏华系犯罪分子或马球会俱乐部存在犯罪活动的前提下,实施了通风报信的行为,该行为的帮助对象以及实施该行为的主观方面,均与该罪的犯罪构成不符。

❸《李刚等帮助犯罪分子逃避处罚案》,载《刑事审判参考》2002 年第 3 辑总第 26 辑,第 72~77 页。

核心提示 ➡ 执行法官能否成为帮助犯罪分子逃避处罚罪的主体?帮助犯罪分子逃避处罚罪与帮助伪造证据罪的区别

要旨 ➡ 执行法官一般不能成为该罪主体。其利用的不是查禁犯罪活动的职责。

❹《渎职罪立法及当前司法中的热点问题》,载《华东刑事司法评论》2002 年第 1 卷,第 100~117 页。

要旨 ➡ 1. 法条分类及相互关系;2. 渎职罪的"前提罪"问题:帮助犯罪分子逃避处罚罪的前提罪问题;3. 渎职罪的一罪与数罪问题;4. 渎职罪与共同犯罪问题。

❺《杨有才帮助犯罪分子逃避处罚案》,载《刑事审判参考》2001 年第 9 辑总第 20 辑,第 22~29 页。

核心提示 ➡ 参与案件侦查工作的公安机关借用人员是否属司法工作人员?如何区分徇私枉法罪、帮助犯罪分子逃避处罚罪和包庇罪?

要旨 ➡ 被告既是负有查禁犯罪活动职责的国家机关工作人员,也是司法工作工作人员;本案被告人虽为公安机关借用人员,不具有国家干部身份,但却在公安机关中受委派从事着国家公务,当然是国家机关工作人员,完全可以成为渎职罪的主体。被告人参与了传唤、抓捕、押解、审讯等工作,本案侦查工作中的主要职责被告人均有参与,应当认定为司法工作人员。2. 其目的不仅是使罪犯逃避处罚,主要是想让罪犯不受追诉,属一行为触犯两罪名,择重罪。

第 418 条 招收公务员、学生徇私舞弊罪

国家机关工作人员在招收公务员、学生工作中徇私舞弊,情节严重的,处三年以下有期徒刑或者拘役。

关 联 规 范 ➡ **完全整理**

❶ 最高人民检察院《关于渎职侵权犯罪案件立案标准的规定》(2006 年 7 月 27 日高检发释字〔2006〕2 号)(节录)①

(三十四)招收公务员、学生徇私舞弊案(第四百一十八条)招收公务员、学生徇私舞弊罪是指国家机关工作人员在招收公务员、省级以上教育行政部门组织招收的学生工作中徇私舞弊,情节严重的行为。

涉嫌下列情形之一的,应予立案:1. 徇私舞弊,利用职务便利,伪造、变造人事、户口档案、考试成绩或者其他影响招收工作的有关资料,或者明知是伪造、变造的上述材料

---

① 对其解读见:《刑事审判参考》2006 年第 4 辑总第 51 辑,第 117~164 页。

而予以认可的；2. 徇私舞弊，利用职务便利，帮助5名以上考生作弊的；3. 徇私舞弊招收不合格的公务员、学生3人次以上的；4. 因徇私舞弊招收不合格的公务员、学生，导致被排挤的合格人员或其近亲属自杀、自残造成重伤、死亡，或者精神失常的；5. 因徇私舞弊招收公务员、学生，导致该项招收工作重新进行的；6. 其他情节严重的情形。

❷《全国法院审理经济犯罪案件工作座谈会纪要》（2003年11月13日 法〔2003〕167号）（节录）①

六（四）关于渎职犯罪中"徇私舞弊"的理解与适用问题。

❸ 最高人民检察院《人民检察院直接受理立案侦查的渎职侵权重特大案件标准（试行）》（2002年1月1日 高检发〔2001〕13号）（节录）②

三十二、招收公务员、学生徇私舞弊案（一）重大案件：1. 五次以上招收不合格公务员、学生或者一次招收五名以上不合格公务员、学生的；2. 造成县区范围内招收公务员、学生工作重新进行的；3. 因招收不合格公务员、学生，导致被排挤的合格人员或者其亲属精神失常的。（二）特大案件：1. 七次以上招收不合格公务员、学生或者一次招收七名以上不合格公务员、学生的；2. 造成地市范围内招收公务员、学生工作重新进行的；3. 因招收不合格公务员、学生，导致被排挤的合格人员或者其亲属自杀的。

学理观点·典型案例 ➡ 索引与要旨

❶《金甲镇、石良、柯肇晴招收学生徇私舞弊案》〔2006〕朝刑初字第2542号，北京市朝阳区人民法院

要旨➡ 负责招生工作的老师，将符合条件的学生无端排挤掉，而将考试成绩不合格的考生改分后予以录取，情节严重，构成本罪。

❷《教师能否成为招收学生徇私舞弊罪主体》，载《刑事审判参考》2001年第2辑总第13辑，第86页。

第419条 失职造成珍贵文物损毁、流失罪

国家机关工作人员严重不负责任，造成珍贵文物损毁或者流失，后果严重的，处三年以下有期徒刑或者拘役。

关联规范 ➡ 完全整理

❶ 全国人大常委会《关于〈中华人民共和国刑法〉有关文物的规定适用于具有科学价值的古脊椎动物化石、古人类化石的解释》（2005年12月29日）③

全国人民代表大会常务委员会根据司法实践中遇到的情况，讨论了关于走私、盗窃、

---

① 对其解读见：《刑事审判参考》2004年第4辑总第39辑，第178~199页。
② 对其解读见：《解读最高人民检察院司法解释》，第236~253页。
③ 对其解读见：《刑事审判参考》2006年第2辑总第49辑，第57~60页。

损毁、倒卖或者非法转让具有科学价值的古脊椎动物化石、古人类化石的行为适用刑法有关规定的问题，解释如下：刑法有关文物的规定，适用于具有科学价值的古脊椎动物化石、古人类化石。

❷ 最高人民检察院《关于渎职侵权犯罪案件立案标准的规定》（2006年7月27日 高检发释字〔2006〕2号）（节录）①

（三十五）失职造成珍贵文物损毁、流失案（第四百一十九条） 失职造成珍贵文物损毁、流失罪是指文物行政部门、公安机关、工商行政管理部门、海关、城乡建设规划部门等国家机关工作人员严重不负责任，造成珍贵文物损毁或者流失，后果严重的行为。

涉嫌下列情形之一的，应予立案：1. 导致国家一、二、三级珍贵文物损毁或者流失的；2. 导致全国重点文物保护单位或者省、自治区、直辖市级文物保护单位损毁的；3. 其他后果严重的情形。

❸ 最高人民检察院《人民检察院直接受理立案侦查的渎职侵权重特大案件标准（试行）》（2002年1月1日 高检发〔2001〕13号）（节录）②

三十三、失职造成珍贵文物损毁、流失案 （一）重大案件：1. 导致国家一级文物损毁或者流失一件以上的；2. 导致国家二级文物损毁或者流失三件以上的；3. 导致国家三级文物损毁或者流失五件以上的；4. 导致省级文物保护单位严重损毁的。（二）特大案件：1. 导致国家一级文物损毁或者流失三件以上的；2. 导致国家二级文物损毁或者流失五件以上的；3. 导致国家三级文物损毁或者流失十件以上的；4. 导致全国重点文物保护单位严重损毁的。

❹ 最高人民法院、最高人民检察院《关于办理盗窃、盗掘、非法经营和走私文物的案件具体应用法律的若干问题的解释》（1987年11月27日）（节录）

六、对国家工作人员的犯罪的处罚 （二）国家工作人员玩忽职守，致使文物被盗、被毁、流失，造成重大损失的，以玩忽职守罪论处。

学理观点·典型案例 ➡ **索引与要旨**

湖北省高级人民法院刑事判决书《王必胜、王传富等盗掘古墓葬、非法出售文物藏品、贪污案》，载《最新刑事法律文件解读》2005年第1辑总第1辑。

核心提示 ➡ 滥用职权；非法出售文物藏品罪、贪污罪、倒卖文物罪；失职造成珍贵文物损毁、流失罪、倒卖文物罪。

---

① 对其解读见：《刑事审判参考》2006年第4辑总第51辑，第117~164页。
② 对其解读见：《解读最高人民检察院司法解释》，第236~253页。

第十章 军人违反职责罪

关联规范 ⟹ 完全整理

王汉斌《关于〈中华人民共和国（修订草案）〉的说明》（1997年3月6日）（节录）

十四、关于军人违反职责罪。1979年制定刑法时，即提出刑法应当规定军职罪，当时因为来不及研究清楚，决定另行起草军职罪暂行条例。1980年制订军职罪暂行条例时，明确说明："在国家刑法的结构中"，军职罪"应属于刑法分则中的一章"，并且说明军职罪暂行条例"经人大常委会审定后，先在军内公布试行。待取得比较成熟的经验，再建议按立法程序修改补入刑法。"这次修订刑法，经同军委法制局研究并经军委同意，将中央军委已提请八届全国人大常委会审议的《中华人民共和国惩治军人违反职责犯罪条例（草案）》，改为刑法分则的一章。这样修订后，国家将制定一部统一的、完整的刑法典，对社会主义法制建设具有重大的意义。

第420条 军人违反职责罪的概念

军人违反职责，危害国家军事利益，依照法律应当受刑罚处罚的行为，是军人违反职责罪。

第421条 战时违抗命令罪

战时违抗命令，对作战造成危害的，处三年以上十年以下有期徒刑；致使战斗、战役遭受重大损失的，处十年以上有期徒刑、无期徒刑或者死刑。

第422条 隐瞒、谎报军情罪 拒传、假传军令罪

故意隐瞒、谎报军情或者拒传、假传军令，对作战造成危害的，处三年以上十年以下有期徒刑；致使战斗、战役遭受重大损失的，处十年以上有期徒刑、无期徒刑或者死刑。

第423条 投降罪

在战场上贪生怕死，自动放下武器投降敌人的，处三年以上十年以下有期徒刑；情节严重的，处十年以上有期徒刑或者无期徒刑。

投降后为敌人效劳的，处十年以上有期徒刑、无期徒刑或者死刑。

第424条 战时临阵脱逃罪

战时临阵脱逃的，处三年以下有期徒刑；情节严重的，处三年以上十年以

下有期徒刑；致使战斗、战役遭受重大损失的，处十年以上有期徒刑、无期徒刑或者死刑。

第 425 条　擅离、玩忽军事职守罪

指挥人员和值班、值勤人员擅离职守或者玩忽职守，造成严重后果的，处三年以下有期徒刑或者拘役；造成特别严重后果的，处三年以上七年以下有期徒刑。

战时犯前款罪的，处五年以上有期徒刑。

第 426 条　阻碍执行军事职务罪

以暴力、威胁方法，阻碍指挥人员或者值班、值勤人员执行职务的，处五年以下有期徒刑或者拘役；情节严重的，处五年以上有期徒刑；致人重伤、死亡，或者有其他特别严重情节的，处无期徒刑或者死刑。战时从重处罚。

第 427 条　指使部属违反职责罪

滥用职权，指使部属进行违反职责的活动，造成严重后果的，处五年以下有期徒刑或者拘役；情节特别严重的，处五年以上十年以下有期徒刑。

第 428 条　违令作战消极罪

指挥人员违抗命令，临阵畏缩，作战消极，造成严重后果的，处五年以下有期徒刑；致使战斗、战役遭受重大损失或者有其他特别严重情节的，处五年以上有期徒刑。

第 429 条　拒不救援友邻部队罪

在战场上明知友邻部队处境危急请求救援，能救援而不救援，致使友邻部队遭受重大损失的，对指挥人员，处五年以下有期徒刑。

第 430 条　军人叛逃罪

在履行公务期间，擅离岗位，叛逃境外或者在境外叛逃，危害国家军事利益的，处五年以下有期徒刑或者拘役；情节严重的，处五年以上有期徒刑。

驾驶航空器、舰船叛逃的，或者有其他特别严重情节的，处十年以上有期徒刑、无期徒刑或者死刑。

第 431 条　第 1 款　非法获取军事秘密罪　第 2 款　为境外窃取、刺探、收买、非法提供军事秘密罪

以窃取、刺探、收买方法，非法获取军事秘密的，处五年以下有期徒刑；情节严重的，处五年以上十年以下有期徒刑；情节特别严重的，处十年以上有期徒刑。

为境外的机构、组织、人员窃取、刺探、收买、非法提供军事秘密的，处

十年以上有期徒刑、无期徒刑或者死刑。

关联规范 → 完全整理

❶ 最高人民法院《关于审理为境外窃取、刺探、收买、非法提供国家秘密、情报案件具体应用法律若干问题的解释》（2001年1月22日　法释〔2001〕4号）（节录）①

第一条　刑法第一百一十一条规定的"国家秘密"，是指《中华人民共和国保守国家秘密法》第二条、第八条以及《中华人民共和国保守国家秘密法实施办法》第四条确定的事项。

刑法第一百一十一条规定的"情报"，是指关系国家安全和利益、尚未公开或者依照有关规定不应公开的事项。

❷ 全国人大常委会《关于维护互联网安全的决定》（2000年12月28日）（节录）②

二、为了维护国家安全和社会稳定，对有下列行为之一，构成犯罪的，依照刑法有关规定追究刑事责任：（二）通过互联网窃取、泄露国家秘密、情报或者军事秘密；

第432条　故意泄露军事秘密罪　过失泄露军事秘密罪

违反保守国家秘密法规，故意或者过失泄露军事秘密，情节严重的，处五年以下有期徒刑或者拘役；情节特别严重的，处五年以上十年以下有期徒刑。

战时犯前款罪的，处五年以上十年以下有期徒刑；情节特别严重的，处十年以上有期徒刑或者无期徒刑。

关联规范 → 完全整理

❶ 全国人大常委会《关于维护互联网安全的决定》（2000年12月28日）（节录）③

二、为了维护国家安全和社会稳定，对有下列行为之一，构成犯罪的，依照刑法有关规定追究刑事责任：（二）通过互联网窃取、泄露国家秘密、情报或者军事秘密；

❷ 最高人民法院《关于审理为境外窃取、刺探、收买、非法提供国家秘密、情报案件具体应用法律若干问题的解释》（2001年1月22日　法释〔2001〕4号）（节录）④

第一条　刑法第一百一十一条规定的"国家秘密"，是指《中华人民共和国保守国家秘密法》第二条、第八条以及《中华人民共和国保守国家秘密法实施办法》第四条确定的事项。

刑法第一百一十一条规定的"情报"，是指关系国家安全和利益、尚未公开或者依照有关规定不应公开的事项。

---

① 对其解读见：《刑事审判参考》2001年第3辑总第14辑，第60~65页。
② 对其解读见：《刑事审判参考》2001年第4辑总第15辑，第52~58页。
③ 对其解读见：《刑事审判参考》2001年第4辑总第15辑，第52~58页。
④ 对其解读见：《刑事审判参考》2001年第3辑总第14辑，第60~65页。

第 433 条　战时造谣惑众罪

战时造谣惑众，动摇军心的，处三年以下有期徒刑；情节严重的，处三年以上十年以下有期徒刑。

勾结敌人造谣惑众，动摇军心的，处十年以上有期徒刑或者无期徒刑；情节特别严重的，可以判处死刑。

第 434 条　战时自伤罪

战时自伤身体，逃避军事义务的，处三年以下有期徒刑；情节严重的，处三年以上七年以下有期徒刑。

第 435 条　逃离部队罪

违反兵役法规，逃离部队，情节严重的，处三年以下有期徒刑或者拘役。

战时犯前款罪的，处三年以上七年以下有期徒刑。

关 联 规 范　➡ 完全整理

最高人民法院、最高人民检察院《关于对军人非战时逃离部队的行为能否定罪处罚问题的批复》（2000 年 12 月 8 日　法释〔2000〕39 号）（节录）①

军人违反兵役法规，在非战时逃离部队，情节严重的，应当依照刑法第四百三十五条第一款的规定定罪处罚。

第 436 条　武器装备肇事罪

违反武器装备使用规定，情节严重，因而发生责任事故，致人重伤、死亡或者造成其他严重后果的，处三年以下有期徒刑或者拘役；后果特别严重的，处三年以上七年以下有期徒刑。

关 联 规 范　➡ 完全整理

中国人民解放军军事法院印发《关于审理军人违反职责罪案件中几个具体问题的处理意见》的通知（1988 年 10 月 19 日　〔1988〕军法发字第 34 号）（节录）

一、关于军职人员玩弄枪支、弹药走火或者爆炸，致人重伤、死亡或者造成其他严重后果的案件，是否一概以武器装备肇事罪论处的问题

军职人员在执勤、训练、作战时使用、操作武器装备，或者在管理、维修、保养武器装备的过程中，违反武器装备使用规定和操作规程，情节严重，因而发生重大责任事故，致人重伤、死亡或者造成其他严重后果的，依照《条例》第三条的规定，以武器装备肇事

---

① 对其解读见：《刑事审判参考》2001 年第 1 辑总第 12 辑，第 64～65 页以及《解读最高人民检察院司法解释》，第 420～423 页以及《解读最高人民法院司法解释·刑事、行政卷（1997～2002）》，第 335～338 页。

罪论处；凡违反枪支、弹药管理使用规定，私自携带枪支、弹药外出，因玩弄而造成走火或者爆炸，致人重伤、死亡或者使公私财产遭受重大损失的，分别依照《刑法》第一百三十五条、第一百三十三条、第一百零六条的规定，以过失重伤罪、过失杀人罪或者过失爆炸罪论处。

四、关于军职人员驾驶军用装备车辆肇事的，是定交通肇事罪还是定武器装备肇事罪的问题

军职人员驾驶军用装备车辆，违反武器装备使用规定和操作规程，情节严重，因而发生重大责任事故，致人重伤、死亡或者造成其他严重后果的，即使同时违反交通运输规章制度，也应当依照《条例》第三条的规定，以武器装备肇事罪论处；如果仅因违反交通运输规章制度而发生重大事故，致人重伤、死亡或者使公私财产遭受重大损失的，则依照《刑法》第一百一十三条的规定，以交通肇事罪论处。

第437条 擅自改变武器装备编配用途罪

违反武器装备管理规定，擅自改变武器装备的编配用途，造成严重后果的，处三年以下有期徒刑或者拘役；造成特别严重后果的，处三年以上七年以下有期徒刑。

第438条 盗窃、抢夺武器装备、军用物资罪

盗窃、抢夺武器装备或者军用物资的，处五年以下有期徒刑或者拘役；情节严重的，处五年以上十年以下有期徒刑；情节特别严重的，处十年以上有期徒刑、无期徒刑或者死刑。

盗窃、抢夺枪支、弹药、爆炸物的，依照本法第一百二十七条的规定处罚。

学理观点·典型案例 ➡ 索引与要旨

《犯罪主体和受案法院决定本案适用特别规定》，载《陈亮盗窃武器装备、盗窃案》以及载《最新刑事法律文件解读》2006年第3辑总第15辑，第134~136页。

第439条 非法出卖、转让武器装备罪

非法出卖、转让军队武器装备的，处三年以上十年以下有期徒刑；出卖、转让大量武器装备或者有其他特别严重情节的，处十年以上有期徒刑、无期徒刑或者死刑。

第440条 遗弃武器装备罪

违抗命令，遗弃武器装备的，处五年以下有期徒刑或者拘役；遗弃重要或者大量武器装备的，或者有其他严重情节的，处五年以上有期徒刑。

第 441 条　遗失武器装备罪

遗失武器装备，不及时报告或者有其他严重情节的，处三年以下有期徒刑或者拘役。

第 442 条　擅自出卖、转让军队房地产罪

违反规定，擅自出卖、转让军队房地产，情节严重的，对直接责任人员，处三年以下有期徒刑或者拘役；情节特别严重的，处三年以上十年以下有期徒刑。

第 443 条　虐待部属罪

滥用职权，虐待部属，情节恶劣，致人重伤或者造成其他严重后果的，处五年以下有期徒刑或者拘役；致人死亡的，处五年以上有期徒刑。

第 444 条　遗弃伤病军人罪

在战场上故意遗弃伤病军人，情节恶劣的，对直接责任人员，处五年以下有期徒刑。

第 445 条　战时拒不救治伤病军人罪

战时在救护治疗职位上，有条件救治而拒不救治危重伤病军人的，处五年以下有期徒刑或者拘役；造成伤病军人重残、死亡或者有其他严重情节的，处五年以上十年以下有期徒刑。

第 446 条　战时残害居民、掠夺居民财物罪

战时在军事行动地区，残害无辜居民或者掠夺无辜居民财物的，处五年以下有期徒刑；情节严重的，处五年以上十年以下有期徒刑；情节特别严重的，处十年以上有期徒刑、无期徒刑或者死刑。

第 447 条　私放俘虏罪

私放俘虏的，处五年以下有期徒刑；私放重要俘虏、私放俘虏多人或者有其他严重情节的，处五年以上有期徒刑。

第 448 条　虐待俘虏罪

虐待俘虏，情节恶劣的，处三年以下有期徒刑。

第 449 条　战时缓刑制度

在战时，对被判处三年以下有期徒刑没有现实危险宣告缓刑的犯罪军人，允许其戴罪立功，确有立功表现时，可以撤销原判刑罚，不以犯罪论处。

第 450 条　军人违反职责罪的适用范围

本章适用于中国人民解放军的现役军官、文职干部、士兵及具有军籍的学员和中国人民武装警察部队的现役警官、文职干部、士兵及具有军籍的学员以及执行军事任务的预备役人员和其他人员。

第451条　战时的概念

本章所称战时，是指国家宣布进入战争状态、部队受领作战任务或者遭敌突然袭击时。

部队执行戒严任务或者处置突发性暴力事件时，以战时论。

关 联 规 范 ➡ 完全整理

王汉斌《关于〈中华人民共和国（修订草案）〉的说明》（1997年3月6日）（节录）
十五、对十几年来全国人大常委会制定的有关刑法的22个修改补充规定和决定以及惩治军人违反职责罪暂行条例，拟根据两类不同情况分别处理：一类是已纳入本法或者已不适用，予以废止；一类是需要予以保留的，其中有关行政处罚和行政措施的规定仍然有效，有关刑事责任的规定已纳入本法，适用本法规定，在附则中作了具体规定。

第452条　本法自1997年10月1日起施行

列于本法附件一的全国人民代表大会常务委员会制定的条例、补充规定和决定，已纳入本法或者已不适用，自本法施行之日起，予以废止。

列于本法附件二的全国人民代表大会常务委员会制定的补充规定和决定予以保留。其中，有关行政处罚和行政措施的规定继续有效；有关刑事责任的规定已纳入本法，自本法施行之日起，适用本法规定。

附 则

附件一

全国人民代表大会常务委员会制定的下列条例、补充规定和决定,已纳入本法或者已不适用,自本法施行之日起,予以废止:

1. 中华人民共和国惩治军人违反职责罪暂行条例
2. 关于严惩严重破坏经济的罪犯的决定
3. 关于严惩严重危害社会治安的犯罪分子的决定
4. 关于惩治走私罪的补充规定
5. 关于惩治贪污罪贿赂罪的补充规定
6. 关于惩治泄露国家秘密犯罪的补充规定
7. 关于惩治捕杀国家重点保护的珍贵、濒危野生动物犯罪的补充规定
8. 关于惩治侮辱中华人民共和国国旗国徽罪的决定
9. 关于惩治盗掘古文化遗址古墓葬犯罪的补充规定
10. 关于惩治劫持航空器犯罪分子的决定
11. 关于惩治假冒注册商标犯罪的补充规定
12. 关于惩治生产、销售伪劣商品犯罪的决定
13. 关于惩治侵犯著作权的犯罪的决定
14. 关于惩治违反公司法的犯罪的决定
15. 关于处理逃跑或者重新犯罪的劳改犯和劳教人员的决定

附件二

全国人民代表大会常务委员会制定的下列补充规定和决定予以保留,其中,有关行政处罚和行政措施的规定继续有效;有关刑事责任的规定已纳入本法,自本法施行之日起,适用本法规定:

1. 关于禁毒的决定
2. 关于惩治走私、制作、贩卖、传播淫秽物品的犯罪分子的决定
3. 关于严禁卖淫嫖娼的决定
4. 关于严惩拐卖、绑架妇女、儿童的犯罪分子的决定

5. 关于惩治偷税、抗税犯罪的补充规定
6. 关于严惩组织、运送他人偷越国（边）境犯罪的补充规定
7. 关于惩治破坏金融秩序犯罪的决定
8. 关于惩治虚开、伪造和非法出售增值税专用发票犯罪的决定

《上海市高级人民法院〈人民法院量刑指导意见（试行）〉实施细则（试行）》（2010年10月1日）（节录）

二、量刑情节调整基准刑的方法：

1. 具有单个量刑情节的，根据量刑情节的调节比例直接对基准刑进行调节。

2. 具有多种量刑情节的，根据各个量刑情节的调节比例，采用同向相加、逆向相减的方法确定全部量刑情节的调节比例，再对基准刑进行调节。

3. 对于具有刑法总则规定的未成年人犯罪、限制行为能力的精神病人犯罪、又聋又哑的人或者盲人犯罪、防卫过当、避险过当、犯罪预备、犯罪未遂、犯罪中止、从犯、胁从犯和教唆犯等量刑情节的，先用该量刑情节对基准刑进行调节，在此基础上，再用其它量刑情节进行调节。

4. 被告人犯数罪，同时具有适用各个罪的立功、累犯等量刑情节的，先用各个量刑情节调节个罪的基准刑，确定个罪所应判处的刑罚，再依法实行数罪并罚，决定执行的刑罚。

5. 当同一行为或情况涉及本细则规定的不同量刑情节时，一般不得重复评价，应选择对被告人从重或者从轻幅度最大的情节适用。

6. 在数罪并罚的情况下，各罪一般不得相互作为从重处罚的情节，本细则另有规定的除外。

三、确定宣告刑的方法：

1. 量刑情节对基准刑的调节结果在法定刑幅度内，且罪责刑相适应的，可以直接确定为宣告刑。

2. 量刑情节对基准刑的调节结果在法定最低刑以下，具有减轻处罚情节，且罪责刑相适应的，可以直接确定为宣告刑；只有从轻处罚情节的，可以确定法定最低刑为宣告刑。

3. 被告人有应当减轻处罚情节的，应当在法定最低刑以下确定宣告刑。如果按照本细则的规定，实际量刑结果未达到减轻处罚程度，可不受本细则规定的量刑调节幅度的限制，在下一量刑幅度内确定宣告刑。但对只有一个减轻处罚情节的，宣告刑一般不得低于下一量刑幅度的中线，本细则另有规定的除外。

如果减轻处罚后的量刑结果低于有期徒刑六个月的，可判处法条没有规定的管制、拘役或者单处附加刑。

4. 量刑情节对基准刑的调节结果在法定最高刑以上的，可以法定最高刑为宣告刑。

5. 根据案件具体情况，独任审判员或合议庭可以在10%的幅度内进行调整，调整后的结果仍然罪责刑不相适应的，分管副院长可以要求复议或提交审判委员会讨论决定宣告刑。

对因民间矛盾引发的轻微刑事案件，如果双方当事人达成和解协议，经分管副院长审批或提交审判委员会讨论决定，从宽幅度可不受本细则限制。

四、综合全案犯罪事实和量刑情节。依法应当判处拘役、管制或者单处附加刑或者无期徒刑以上刑罚的，应当依法适用。

五、宣告刑为三年以下有期徒刑、拘役并符合缓刑适用条件的。可以依法宣告缓刑；犯罪情节轻微，不需要判处刑罚的。可以免予刑事处罚。

六、量刑结果一般以年、月计算，不足一个月的，取整数计算。对判处十年以上有期徒刑的案件，一般应以3个月、6个月、9个月为单位取整数计算。

第三节 常见量刑情节的适用

量刑时要充分考虑各种法定和酌定量刑情节，根据案件的全部犯罪事实以及量刑情节的不同情形，依法确定量刑情节的适用及其调节比例。对严重暴力犯罪、黑社会性质组织犯罪、毒品犯罪，在确定从宽的幅度时，要从严掌握；对较轻的犯罪要充分体现从宽的政策。对以下常见量刑情节，可以在相应的幅度内确定具体调节比例，本细则另有规定的除外。对于本细则没有规定的量刑情节，可以参照最相类似的情节确定量刑调节幅度，并可在该最相类似的情节量刑调节幅度的基础上，一般按不超过5%的幅度进行调整。

一、法定量刑情节

（一）对于限制责任能力的人犯罪的，应当综合考虑行为人辨认和控制能力的缺陷程度、与犯罪发生的因果关系、实际的危害后果等情况，确定适当的从宽幅度，一般可按下列标准掌握：

1. 重度限制责任能力的人犯罪，可以减少基准刑的50%以下；
2. 中度限制责任能力的人犯罪，可以减少基准刑的30%以下；
3. 轻度限制责任能力的人犯罪，可以减少基准刑的20%以下。

（二）对于又聋又哑的人或者盲人犯罪的，应当综合考虑犯罪的性质、行为人本身的生理缺陷与犯罪之间的关系、行为人一贯表现等情况，确定适当的从宽幅度，一般可减少基准刑的10%~40%。

对于聋或哑或视力存在严重障碍的，可以减少基准刑的20%以下。

（三）对于防卫过当或紧急避险过当构成犯罪的，可以减少基准刑的50%以上。对造成特别严重后果的，可以减少基准刑的30%~60%。

（四）对于预备犯，应当综合考虑预备实施犯罪的性质、对社会可能造成的危害、预备的程度、未进一步实施犯罪的原因等情况，确定适当的从宽幅度，一般可按下列标准掌握：

1. 预备实施犯罪的，可以减少基准刑的40%~70%；

2. 预备实施犯罪，情节轻微，不需要判处刑罚的，可以依法免除处罚。

（五）对于未遂犯，应当综合考虑行为的实行程度、造成损害结果的大小、犯罪未得逞的原因等情况，比照既遂犯确定适当的从宽幅度，一般可按下列标准掌握：

1. 实行终了的未遂，可以减少基准刑的10%~30%；

2. 未实行终了的未遂，可以减少基准刑的20%~40%；

3. 不能犯未遂的，可以减少基准刑的30%~50%。

（六）对于中止犯，应当综合考虑行为的实行程度、实际造成的危害结果、放弃犯罪的原因等情况，确定适当的从宽幅度，一般可按下列标准掌握：

1. 犯罪过程中，自动放弃犯罪，可以减少基准刑的50%~70%；

2. 犯罪行为实施完毕后，自动有效地防止犯罪结果发生的，可以减少基准刑的40%-60%；

3. 犯罪中止，情节轻微且未造成损害后果的，可以依法免除处罚。

（七）对于共同犯罪，应当根据各被告人在共同犯罪中的地位、作用以及是否直接实施犯罪实行行为等情况，确定适当的刑罚，体现量刑轻重的相对合理性和协调性。一般情况下，未直接实施犯罪实行行为的要轻于直接实施了犯罪实行行为的；未直接造成危害后果的要轻于直接造成危害后果的。对共同犯罪的被告人在适用同一量刑情节时，应注意因基准刑长短不同而造成同一情节所对应的实际量刑幅度的差异，并通过合理选择量刑调节幅度，保持量刑相对均衡。

1. 对于作用相对较小的主犯，可以作用最大主犯的基准刑为参照，以10%为幅度递减，按其在共同犯罪中的地位作用等情况，酌情处罚，但一般不得低于作用最大主犯基准刑的80%；

2. 未区分主从犯，但作用较小的被告人，可以作用最大的被告人的基准刑为参照，以10%为幅度递减，按其在共同犯罪中的地位作用等情况，酌情从轻处罚，但一般不得低于作用最大的被告人的基准刑的70%；

3. 对于从犯，作用相对较小的，可以减少基准刑的30%~50%；作用相对较大的，可以减少基准刑的20%~40%；

4. 对于同一案件中有多个从犯，根据案件情况确需进行量刑平衡的，可依照其在犯罪中的地位、作用的大小，以 10% 为幅度，酌情确定不同的基准刑减少等次；

5. 教唆未满十六周岁的未成年人犯罪或者教唆未满十八周岁未成年人犯罪情节严重的，可以增加基准刑的 20%～40%；教唆已满十六周岁未满十八周岁的未成年人犯罪的，可以增加基准刑的 10%～30%；

6. 对于胁从犯，可以根据犯罪性质、被胁迫的程度、在犯罪中的作用等情况，减少基准刑的 40%～70%；作用较小或情节轻微，不需要判处刑罚的，可以依法免除处罚；

7. 对于被教唆参与犯罪的，依照其在共同犯罪中的地位、作用，依照本条的有关规定处罚。

（八）对于累犯，应当综合考虑前、后罪的性质，刑罚执行完毕或赦免以后至再犯罪时间的长短以及前后罪罪行轻重等情况，可以增加基准刑的 10%～30%。

对于后罪与前罪属同种罪行或者重于前罪的，可以增加基准刑的 20%～40%。

（九）对于自首，应当综合考虑投案的动机、时间、方式、罪行轻重、如实供述罪行的程度以及悔罪表现等情况，确定适当的从宽幅度，一般可按下列标准掌握：

1. 犯罪事实或者犯罪嫌疑人未被司法机关发觉，主动、直接投案构成自首的，可以减少基准刑的 20%～40%；

2. 犯罪事实或者犯罪嫌疑人已被司法机关发觉，但犯罪嫌疑人尚未受到讯问、未被采取强制措施时，主动、直接投案构成自首的，可以减少基准刑的 10%～30%；

3. 并非出于被告人主动，而是经亲友规劝、陪同投案的；公安机关通知犯罪嫌疑人的亲友或者亲友主动报案后，将犯罪嫌疑人送去投案的，可以减少基准刑的 20% 以下；

4. 罪行尚未被司法机关发觉，仅因形迹可疑，被有关组织盘问、教育后，主动交待罪行构成自首的，可以减少基准刑的 20% 以下；

5. 犯罪嫌疑人、被告人如实供述司法机关尚未掌握的罪行与司法机关已掌握或判决确定的罪行属不同种罪行，以自首论的，可以减少基准刑的 20% 以下，如实供述的罪行较重（依法应当判处十年以上有期徒刑）的，可以减少基准刑的 10%～30%；

6. 犯罪较轻又具有自首情节的，可以减少基准刑的 40% 以上或者依法免除处罚。

（十）对于立功，应当综合考虑立功的大小、次数、内容、来源、效果以及所犯罪行的轻重等情况，确定适当的从宽幅度，一般可按下列标准掌握：

1. 一般立功，可以减少基准刑的20%以下；

2. 重大立功，可以减少基准刑的20%～50%；

3. 重大立功且所犯罪行较轻的，可以减少基准刑的50%以上或者依法免除处罚。

二、酌定量刑情节

（一）对于被采取强制措施的犯罪嫌疑人、被告人和已宣判的罪犯，如实供述司法机关尚未掌握的罪行与司法机关已掌握或判决确定的罪行属同种罪行的，根据坦白罪行的轻重以及悔罪表现等情况，可以减少基准刑的20%以下。

坦白司法机关已掌握罪行并对案件侦破确有帮助作用的，可以减少基准刑的10%以下。

（二）对于当庭自愿认罪的，根据犯罪的性质、罪行的轻重、认罪程度以及悔罪表现等情况，可以减少基准刑的10%以下；依法认定自首、坦白的除外。

（三）对于被害人有过错或对矛盾激化负有责任的，综合考虑案发的原因、被告人的一贯表现、被害人过错程度以及责任大小等情况，可以减少基准刑的20%以下。

（四）在单纯财产型犯罪中积极退赃、退赔的，应当综合考虑犯罪性质，退赃、退赔的主动性及对损害结果所能弥补的程度等情况，确定适当的从宽幅度，一般可按下列标准掌握：

1. 积极退赃、退赔的，按比例减少基准刑的30%以下；

2. 积极配合办案机关追缴赃款、赃物，未给被害人造成经济损失或未造成较大经济损失的，可以减少基准刑的10%以下。

对于侵犯复杂客体的犯罪，被告人积极退赃、退赔或积极配合办案机关追赃的，可以根据案件情况，酌情减少基准刑的20%以下。

（五）在人身损害型犯罪中积极赔偿被害人经济损失的，综合考虑犯罪性质、赔偿数额、赔偿能力、被害人或其家属的谅解程度等情况，可以减少基准刑的30%以下。

对于积极赔偿被害人经济损失并取得被害人或其家属谅解的，可以在前款规定的幅度内从宽掌握。

（六）对于取得被害人或其家属谅解的，综合考虑犯罪的性质、罪行轻重、谅解的原因以及认罪悔罪的程度等情况，可以减少基准刑的20%以下。

（七）对于老年人犯罪，应当综合考虑犯罪原因、犯罪性质、情节和对社会的危害程度等情况，可以减少基准刑的20%以下。

（八）对于有前科劣迹的，应当综合考虑前科劣迹的性质、时间间隔长短、次数、处罚轻重等情况，可以增加基准刑的10%以下。

对既有犯罪前科、劳动教养等劣迹，同时构成累犯的，在累犯评价的范围内，不得重复加重对被告人的处罚。

（九）对于黑社会性质组织犯罪、恶势力犯罪的，根据案件的具体情况，可以增加基准刑的20%以下。

（十）对于犯罪对象为未成年人、老年人、残疾人、孕妇等弱势人员的，综合考虑犯罪的性质、犯罪的严重程度等情况，可以增加基准刑的20%以下。

（十一）对于在重大自然灾害，预防、控制突发传染病疫情等灾害期间犯罪的，根据案件的具体情况，可以增加基准刑的20%以下。

第二章 分　　则

第一节　交通肇事罪

对交通肇事犯罪量刑时，应当综合考虑事故责任大小、伤亡人数、财产损失并结合被告人事前、事后的表现等情况，依法确定应当判处的刑罚。

一、具有《最高人民法院关于审理交通肇事刑事案件具体应用法律若干问题的解释》（以下简称《解释》）规定的下列情形之一，依法应当在三年以下有期徒刑幅度内确定量刑起点：

1. 死亡一人，负事故全部责任的，量刑起点为有期徒刑1年6个月至2年；负事故主要责任的，量刑起点为有期徒刑1年至1年6个月。

2. 重伤三人，负事故全部责任的，量刑起点为有期徒刑1年6个月至2年；负事故主要责任的，量刑起点为有期徒刑1年至1年6个月。

3. 重伤四人，负事故全部责任的，量刑起点为有期徒刑2年至2年6个月；负事故主要责任的，量刑起点为有期徒刑1年6个月至2年。

4. 死亡三人，负事故同等责任的，量刑起点为有期徒刑1年6个月至2年。

5. 造成公共财产或者他人财产直接损失，无力赔偿数额30万元，负事故主要责任的，量刑起点为有期徒刑6个月至1年；负事故全部责任，量刑起点为有期徒刑1年至1年6个月。无能力赔偿数额每增加1万元，增加有期徒刑1个月。

6. 重伤一人，并具有《解释》第二条第二款第（一）至（六）项规定的情形之一，负事故全部责任的，量刑起点为有期徒刑9个月至1年3个月；负事故主要责任的,量刑起点为有期徒刑6个月至1年。

二、具有《解释》规定的下列情形之一,依法应当在三年以上七年以下有期徒刑幅度内确定量刑起点:

1. 死亡一人或者重伤三人,负事故主要或者全部责任;死亡三人,负事故同等责任;造成财产损失,负事故主要或全部责任,无力赔偿数额30万元;造成重伤一人,负事故全部或者主要责任,并具有《解释》第二条第二款第(一)至(五)项规定的情形之一,在发生交通事故后,为逃避法律追究而逃跑的,量刑起点为有期徒刑3年至4年。

2. 死亡二人,负事故全部责任的,量刑起点为有期徒刑3年6个月至4年;负事故主要责任的,量刑起点为有期徒刑3年至3年6个月。

3. 重伤五人,负事故全部责任的,量刑起点为有期徒刑3年6个月至4年;负事故主要责任的,量刑起点为有期徒刑3年至3年6个月。

4. 死亡六人,负事故同等责任的,量刑起点为有期徒刑3年6个月至4年。

5. 造成公共财产或者他人财产直接损失,负事故主要责任或全部责任,无能力赔偿数额60万元的,量刑起点为有期徒刑3年至3年6个月;损失数额每增加2万元,增加有期徒刑3个月。

6. 具有上述第2至5种情形之一,又具有逃逸情节的,量刑起点在原来各条规定的基础上增加有期徒刑1年。

三、犯交通肇事罪,因逃逸致一人死亡的,量刑起点为有期徒刑7年到8年;死亡人数每增加一人,增加有期徒刑4年。

四、在事故既造成死亡又造成重伤或既有财产损失又有人身伤亡且都达到各量刑幅度起刑点的情况下。一般应选择量刑较重的部分作为确定量刑起点的依据,并将其他部分作为情节按照本节第五条的规定对量刑起点进行调节;在量刑起点一样的情况下,按照死亡、重伤、财产损失的顺序确定起刑点。

五、在同一事故造成多人伤亡的情况下,一般可按下列标准增加刑罚量,确定基准刑,本节另有规定的除外:

1. 每增加一人轻微伤,负事故全部责任增加有期徒刑1个月;

2. 每增加一人轻伤,负事故主要责任增加有期徒刑1个月,负事故全部责任增加有期徒刑2个月;

3. 每增加一人重伤,负事故主要责任增加有期徒刑3个月,负事故全部责任增加有期徒刑6个月;

4. 每增加一人死亡,增加有期徒刑1年。

六、在行为已经构成交通肇事罪,又具有《解释》第二条第二款第(一)

至（五）项规定的情形之一，每增加一项，增加有期徒刑 3 个月，确定基准刑。

第二节 故意伤害罪

对故意伤害犯罪量刑时，应当综合考虑案发的原因、伤害后果的大小、手段的残忍程度、被告人赔偿及被害人谅解的程度等因素，依法确定应当判处的刑罚。

一、对故意伤害犯罪。应当按照下列标准确定量刑起点：

1. 犯罪情节一般，致一人轻伤的，量刑起点为有期徒刑 6 个月至 1 年。

2. 犯罪情节一般，致一人重伤的，量刑起点为有期徒刑 3 年至 4 年。

3. 以特别残忍手段致一人重伤，造成六级严重残疾的，量刑起点为有期徒刑 10 年至 11 年。

4. 故意伤害致一人死亡，量刑起点为有期徒刑 13 年至 15 年。

二、在量刑起点的基础上。可以根据伤亡后果、伤残等级、手段的残忍程度等其他影响犯罪构成的犯罪事实增加刑罚量。确定基准刑。一般可按下列标准掌握：

1. 每增加一人轻微伤，增加有期徒刑 2 个月；

2. 每增加一人轻伤，增加有期徒刑 6 个月；

3. 每增加一人重伤，增加有期徒刑 1 年 6 个月；

4. 每增加一级普通残疾（7 到 10 级）的，增加有期徒刑 3 个月；每增加一级严重残疾（3 到 6 级）的，增加有期徒刑 1 年；每增加一级特别严重残疾（1 到 2 级）的，增加有期徒刑 2 年。

三、有下列情形之一的，可以增加基准刑的 20% 以下：

1. 持管制刀具或斧、锤等凶器实施伤害行为，或有预谋地持其他凶器实施伤害行为的；

2. 雇用他人实施伤害行为的；

3. 因实施其他违法犯罪而伤害他人的。

四、有下列情形之一的，可以减少基准刑的 20% 以下：

1. 因婚姻家庭、邻里纠纷等民间矛盾激化引发的；

2. 犯罪后积极抢救被害人的；

3. 因义愤而伤害他人的。

第三节 强奸罪

对强奸犯罪量刑时，应当综合考虑强奸的人数、次数、手段及危害后果等因素，依法确定应当判处的刑罚。

一、对强奸犯罪。应当按照下列标准确定量刑起点：

1. 强奸妇女一人，量刑起点为有期徒刑 3 年至 4 年；奸淫未满十四周岁幼女的，量刑起点为有期徒刑 4 年至 5 年。

2. 强奸妇女三人，量刑起点为有期徒刑 10 年至 11 年；奸淫未满十四周岁幼女三人，量刑起点为有期徒刑 11 年至 12 年。

3. 轮奸妇女，在公共场所当众强奸妇女，造成被害人重伤的，量刑起点为有期徒刑 10 年至 12 年。

4. 强奸妇女、奸淫幼女情节恶劣或造成被害人自杀、精神失常等严重后果的，量刑起点为有期徒刑 10 年至 12 年。

二、在量刑起点的基础上。可以根据强奸人数、次数、致人伤亡后果等其他影响犯罪构成的犯罪事实增加刑罚量，确定基准刑。一般可按下列标准掌握：

1. 强奸妇女或幼女，每增加一人，增加有期徒刑 3 年；
2. 强奸妇女或幼女，每增加一次，增加有期徒刑 1 年；
3. 每增加一人轻微伤，增加有期徒刑 6 个月；
4. 每增加一人轻伤，增加有期徒刑 1 年；
5. 每增加一人重伤，增加有期徒刑 2 年；

三、有下列情节之一的，可以增加基准刑的 20% 以下：
1. 强奸老年人、残疾人、孕妇、智障等弱势人员的；
2. 利用教养、监护、职务、亲属关系强奸的；
3. 携带凶器强奸的。

第四节 非法拘禁罪

对非法拘禁犯罪量刑时，应当综合考虑案件起因、拘禁人数、次数、时间以及造成的危害后果等因素，依法确定应当判处的刑罚。

一、对非法拘禁犯罪。应当按照下列标准确定量刑起点：

1. 非法拘禁一人，犯罪情节一般，未造成伤害后果的，量刑起点为拘役 3 个月至有期徒刑 6 个月。

2. 非法拘禁致一人重伤，犯罪情节一般的，量刑起点为有期徒刑 3 年至 4 年。

3. 非法拘禁致一人死亡的，量刑起点为有期徒刑 10 年至 11 年。

二、在量刑起点的基础上，可以根据非法拘禁人数、次数、拘禁时间、致人伤亡后果等其他影响犯罪构成的犯罪事实增加刑罚量。确定基准刑。一般可按下列标准掌握：

1. 每增加一人轻微伤，增加 1 个月至 3 个月；
2. 每增加一人轻伤，增加 3 个月至 6 个月；

3. 每增加一人重伤，增加有期徒刑 6 个月至 1 年；

4. 每增加一人死亡，增加有期徒刑 1 年至 2 年；

5. 被害人每增加一人，增加 3 个月；

6. 拘禁时间超过 24 小时，每增加 12 小时，增加 1 个月。

三、具有下列情形之一，可以增加基准刑的 20% 以下：

1. 具有殴打、侮辱情节的；

2. 国家机关工作人员利用职权非法拘禁他人的；

3. 造成被害人精神失常等严重后果的。

四、具有下列情形之一，可以减少基准刑：

1. 为索取合法债务、争取合法权益而非法扣押、拘禁他人的，减少基准刑的 30% 以下；

2. 因恋爱、婚姻家庭等原因非法拘禁他人且未造成严重后果的，减少基准刑的 20% 以下。

第五节 抢劫罪

对抢劫犯罪量刑时，应当综合考虑抢劫的动机、次数、手段、后果等因素，依法确定应当判处的刑罚。

一、对抢劫犯罪。应当按照下列标准确定量刑起点：

1. 抢劫一次，致一人轻伤以下或者虽未造成人身伤害但劫得财物（2000 元以下）的，量刑起点为有期徒刑 4 年至 5 年。

2. 有下列情形之一，量刑起点为有期徒刑 11 年至 12 年：入户抢劫；在公共交通工具上抢劫；抢劫银行或者其他金融机构；抢劫三次或者抢劫数额达到巨大起点的；抢劫致一人重伤，没有造成残疾的；冒充军警人员抢劫的；持枪抢劫的；抢劫军用物资或者抢险、救灾、救济物资的。

二、在量刑起点的基础上，可以根据抢劫致人伤亡的后果、次数、数额、手段等其他影响犯罪的构成的犯罪事实增加刑罚量，确定基准刑。一般可按下列标准掌握：

1. 每增加一次抢劫，增加有期徒刑 3 年；

2. 每增加一人轻微伤，增加有期徒刑 6 个月；

3. 每增加一人轻伤，增加有期徒刑 1 年；

4. 每增加一人重伤，增加有期徒刑 2 年；

5. 每增加一级普通残疾（7 到 10 级）的，增加 3 个月；每增加一级严重残疾（3 到 6 级）的，增加 1 年；每增加一级特别严重残疾（1 到 2 级）的，增加 2 年；

6. 抢劫数额每增加 3000 元，增加有期徒刑 1 年。

三、有下列情节之一的,可以增加基准刑的20%以下:

1. 持械抢劫的;

2. 有预谋抢劫或结伙抢劫的;

3. 因实施其他违法犯罪而抢劫的;

4. 抢劫多人但不构成多次抢劫的。

四、有下列情节之一的。可以减少基准刑:

1. 确因生活、学习、治病等急需而抢劫的,减少基准刑的20%以下;

2. 抢劫家庭成员或者近亲属财物的,减少基准刑的20%以下;

3. 未造成严重人身伤害(轻伤以下)且抢劫数额500元以下,减少基准刑的20%以下;

4. 转化型抢劫的,减少基准刑的10%以下。

第六节 盗窃罪

对盗窃犯罪量刑时,应当综合考虑盗窃的数额、次数、犯罪手段、犯罪对象、是否退缴赃款等因素,依法确定应当判处的刑罚。

一、一般盗窃,应当按照下列标准确定量刑起点和基准刑:

(一)普通盗窃

1. 数额达到2000元以上不满3400元,量刑起点为拘役3个月至拘役6个月。

2. 数额达到3400元,量刑起点为有期徒刑6个月。

3. 数额为3400元以上不满2万元,每增加550元,增加有期徒刑1个月。

4. 数额达到2万元,量刑起点为有期徒刑3年。

5. 数额为2万元以上不满10万元,每增加950元,增加有期徒刑1个月。

6. 数额达到10万元,量刑起点为有期徒刑10年。

7. 数额为10万元以上,每增加30万元,增加有期徒刑1年。

(二)入户盗窃

1. 数额达到1000元以上不满1600元,或者1年内入户盗窃3次以上,量刑起点为拘役3个月至拘役6个月。

2. 数额达到1600元,量刑起点为有期徒刑6个月。

3. 数额为1600元以上不满1万元,每增加280元,增加有期徒刑1个月。

4. 数额达到1万元,量刑起点为有期徒刑3年。

5. 数额为1万元以上不满5万元,每增加480元,增加有期徒刑1个月。

6. 数额达到5万元,量刑起点为有期徒刑10年。

7. 数额为5万元以上,每增加15万元,增加有期徒刑1年。

(三)扒窃

1. 数额达到800元以上不满1300元，或者1年内在公共场所扒窃3次以上，量刑起点为拘役3个月至拘役6个月。

2. 数额达到1300元，量刑起点为有期徒刑6个月。

3. 数额为1300元以上不满8000元，每增加230元，增加有期徒刑1个月。

4. 数额达到8000元，量刑起点为有期徒刑3年。

5. 数额为8000元以上不满4万元，每增加380元，增加有期徒刑1个月。

6. 数额达到4万元，量刑起点为有期徒刑10年。

7. 数额为4万元以上，每增加12万元，增加有期徒刑1年。

（四）其他

1. 普通盗窃数额达到1500元、入户盗窃数额达到800元或者扒窃数额达到600元，并具有下列情节之一的，应当以盗窃罪追究刑事责任，量刑起点为拘役3个月至拘役5个月：

（1）教唆未成年人盗窃的；

（2）服刑或者劳教期间盗窃的；

（3）缓刑、假释考验期内或者监外执行期间盗窃的；

（4）因盗窃被刑事处罚（包括免予刑事处罚）后两年内又盗窃的。

2. 普通盗窃数额分别达到16000元或者8万元，入户盗窃数额分别达到8000元或者4万元，扒窃数额分别达到6000元或者3万元，并具有下列情节之一的，可以分别认定为《刑法》第264条规定的"其他严重情节"或者"其他特别严重情节"，量刑起点分别为有期徒刑3年或者10年：

（1）犯罪集团的首要分子或者共同犯罪中情节严重的主犯；

（2）盗窃金融机构的；

（3）流窜作案，情节严重的；

（4）盗窃生产资料，严重影响生产的；

（5）盗窃救灾、抢险、防汛、优抚、扶贫、移民、救济、医疗款物，造成严重后果的；

（6）累犯；

（7）导致被害人死亡、精神失常或者其他严重后果的；

（8）造成其他重大损失的。

3. 既有普通盗窃，又有入户盗窃或者扒窃的，应当按照下列标准确定量刑起点：

（1）单独一种盗窃行为均没有达到定罪数额标准，但累计后达到轻度盗窃行为的定罪标准的，按照轻度盗窃行为确定量刑起点，重度盗窃行为作为酌定量刑情节考虑；

（2）重度盗窃行为达到定罪数额标准，轻度盗窃行为没有达到定罪数额标准，以重度盗窃行为数额确定量刑起点，轻度盗窃行为作为酌定量刑情节考虑；

（3）重度盗窃行为和轻度盗窃行为均达到定罪数额标准，重度盗窃行为情节较为严重的，以重度盗窃行为数额确定量刑起点，轻度盗窃行为作为酌定量刑情节考虑；

（4）重度盗窃行为和轻度盗窃行为均达到定罪数额标准，轻度盗窃行为情节较为严重的，将重度盗窃行为和轻度盗窃行为数额累计后，按照轻度盗窃行为确定量刑起点，重度盗窃行为作为酌定量刑情节考虑；

（5）重度盗窃行为和轻度盗窃行为情节不相上下，应将重度盗窃行为和轻度盗窃行为数额累计后，按照轻度盗窃行为确定量刑起点，重度盗窃行为作为酌定量刑情节考虑。

二、对于几种特殊盗窃。应当按照下列标准确定量刑起点和基准刑：

（一）盗窃文物

1. 盗窃国家三级文物1件，量刑起点为有期徒刑1年；盗窃国家三级文物3件，量刑起点为有期徒刑3年；盗窃国家三级文物9件，量刑起点为有期徒刑10年。每增加国家三级文物1件，增加有期徒刑1年。

2. 盗窃国家二级文物1件，量刑起点为有期徒刑3年；盗窃国家二级文物3件，量刑起点为有期徒刑10年。每增加国家二级文物1件，增加有期徒刑3年。

3. 盗窃国家一级文物1件，量刑起点为有期徒刑10年。

4. 在对盗窃文物犯罪量刑时，一案中盗窃三级以上不同等级文物的，按照所盗文物中高级别文物的量刑幅度处罚；一案中盗窃同级文物三件以上的，按照盗窃高一级文物的量刑幅度处罚。

（二）盗窃增值税专用发票或者可以用于骗取出口退税、抵扣税款的其他发票

1. 盗窃增值税专用发票或者可以用于骗取出口退税、抵扣税款的其他发票25份以上不满40份，量刑起点为拘役3个月至拘役6个月。

2. 盗窃增值税专用发票或者可以用于骗取出口退税、抵扣税款的其他发票40份，量刑起点为有期徒刑6个月。

3. 盗窃增值税专用发票或者可以用于骗取出口退税、抵扣税款的其他发票40份以上不满250份，每增加7份，增加有期徒刑1个月。

4. 盗窃增值税专用发票或者可以用于骗取出口退税、抵扣税款的其他发

票 250 份，量刑起点为有期徒刑 3 年。

5. 盗窃增值税专用发票或者可以用于骗取出口退税、抵扣税款的其他发票 250 份不满 2500 份，每增加 27 份，增加有期徒刑 1 个月。

6. 盗窃增值税专用发票或者可以用于骗取出口退税、抵扣税款的其他发票 2500 份，量刑起点为有期徒刑 10 年。

7. 盗窃增值税专用发票或者可以用于骗取出口退税、抵扣税款的其他发票 2500 份以上的，可根据犯罪数额、后果等情节确定量刑起点。

（三）盗窃违禁品

盗窃毒品、淫秽物品等违禁品的，不计算数额，根据情节轻重量刑。在具体确定量刑档次和裁量刑罚时，可以适当参考当地违禁品非法交易价格及盗窃违禁品的数量确定量刑档次，分别认定"数额较大"、"有其他严重情节"、"有其他特别严重情节"，并参考一般盗窃的数额标准确定具体的基准刑。

对于盗窃的违禁品按照当地违禁品非法交易价格虽然没有达到"数额较大"以上，但盗窃鸦片 200 克以上、海洛因 10 克以上或者其他毒品数量较大的，或者盗窃淫秽录像带、光盘 30 盘以上，淫秽书刊 50 本以上，淫秽扑克牌或者其他淫秽物品 60 件以上的，可以作为追究盗窃罪刑事责任的起点标准。

三、有下列情形之一的，可以增加基准刑：

1. 以破坏性手段盗窃造成公私财产损失的，增加基准刑的 10% 以下，造成公私财产损失较大的，增加基准刑的 20% 以下；

2. 盗窃优抚、扶贫、移民、救济、医疗等款物的，增加基准刑的 20% 以下；

3. 盗窃生产资料，未严重影响生产的，增加基准刑的 10% 以下，严重影响生产的，增加基准刑的 10%~30%；

4. 为吸毒、赌博等违法犯罪活动而盗窃的，增加基准刑的 10% 以下；

5. 导致被害人死亡、精神失常或者其他严重后果的，增加基准刑的 30%~40%；

6. 多次盗窃的，增加基准刑的 10%~20%；

7. 在重要的大型会展、运动会等公共活动场所盗窃的，增加基准刑的 20% 以下。

四、有下列情形之一的，可以减少基准刑：

1. 确因生活、学习、治病急需而盗窃的，减少基准刑的 30% 以下；

2. 在案发前自动将赃物放回原处或者归还被害人的，减少基准刑的 40%~60%；自动将部分赃物放回原处或者归还被害人的，可以按比例减少基准刑；

3. 盗窃近亲属财物的,一般不作为犯罪处理;确有追究刑事责任必要的,减少基准刑的40%~60%;

4. 因一念之差偶然犯罪的,减少基准刑的10%以下。

第七节 诈骗罪

对诈骗犯罪量刑时,应当综合考虑诈骗的数额、次数、犯罪动机、犯罪对象、是否退缴赃款等因素,依法确定应当判处的刑罚。

一、对诈骗犯罪,应当按照下列标准确定量刑起点和基准刑:

1. 数额达到4000元以上不满8000元,量刑起点为拘役3个月至拘役6个月。

2. 数额达到8000元,量刑起点为有期徒刑6个月。

3. 数额为8000元以上不满5万元,每增加1400元,增加有期徒刑1个月。

4. 数额达到5万元,量刑起点为有期徒刑3年。

5. 数额为5万元以上不满20万元,每增加1800元,增加有期徒刑1个月。

6. 数额达到20万元,量刑起点为有期徒刑10年。

7. 数额为20万元以上,每增加36万元,增加有期徒刑1年。

二、有下列情形之一的。可以增加基准刑:

1. 在预防、控制突发传染病疫情等灾害期间,假借研制、生产或者销售用于预防、控制突发传染病疫情等灾害用品的名义诈骗公私财物的,增加基准刑的30%以下;

2. 诈骗财物为被害单位、被害人所急需的生产资料,并严重影响生产或者造成其他严重损失的,增加基准刑的10%-30%;

3. 诈骗优抚、扶贫、移民、救济、医疗款物的,增加基准刑的20%以下;

4. 因诈骗导致被害人死亡、精神失常或者其他严重后果的,增加基准刑的30%~40%;

5. 为吸毒、赌博等违法犯罪活动而诈骗的,增加基准刑的10%以下;

6. 多次诈骗或诈骗多人的,增加基准刑的10%~20%。

三、有下列情形之一的,可以减少基准刑:

1. 确因生活、学习、治病等急需而诈骗的,减少基准刑的30%以下;

2. 诈骗近亲属财物的,一般不作为犯罪处理,确有追究刑事责任必要的,减少基准刑的40%~60%。

第八节 抢夺罪

对抢夺犯罪量刑时,应当综合考虑犯罪数额、次数、犯罪动机、犯罪手段、造成的后果等因素，依法确定应当判处的刑罚。

一、对抢夺犯罪。应当按照下列标准确定量刑起点和基准刑：

1. 数额达到500元以上不满800元，量刑起点为拘役3个月至拘役6个月。

2. 数额达到800元，量刑起点为有期徒刑6个月。

3. 数额为800元以上不满5000元，每增加140元，增加有期徒刑1个月。

4. 数额达到5000元，量刑起点为有期徒刑3年。

5. 数额为5000元以上不满3万元，每增加300元，增加有期徒刑1个月。

6. 数额达到3万元，量刑起点为有期徒刑10年。

7. 数额为3万元以上，每增加10万元，增加有期徒刑1年。

二、抢夺数额分别达到4000元或者24000元，并具有下列情形之一的，可以分别认定为《刑法》第267条规定的"其他严重情节"或者"其他特别严重情节"，量刑起点分别为有期徒刑3年或者10年：

1. 抢夺残疾人、老年人、不满14周岁未成年人财物的；

2. 抢夺优抚、扶贫、移民、救济、医疗等款物的；

3. 一年内抢夺三次以上的；

4. 利用行驶的机动车、非机动车抢夺的；

5. 以银行、证券公司等金融机构取款人为抢夺目标的。

三、抢夺数额分别达到500元、5000元、3万元以上，并具有下列情形之一的。可以增加基准刑：

1. 抢夺优抚、扶贫、移民、救济、医疗等款物的，增加基准刑的20%以下；

2. 多次抢夺或抢夺多人的，增加基准刑的10%~20%；

3. 利用行驶的机动车、非机动车抢夺的，增加基准刑的20%以下；

4. 以银行、证券公司等金融机构取款人为抢夺目标的，增加基准刑的20%以下。

四、具有下列情形之一的，可以增加基准刑：

1. 为吸毒、赌博等违法犯罪活动而抢夺的，增加基准刑的10%以下；

2. 在重要的大型会展、运动会等公共活动场所抢夺的，增加基准刑的20%以下；

3. 因抢夺每增加一人轻微伤，增加2个月；每增加一人轻伤，增加有期徒刑6个月至1年。

五、有下列情形之一的，可以减少基准刑：

1. 确因生活、学习、治病等急需而抢夺的，减少基准刑的30%以下；

2. 案发前自动归还被害人财物的,减少基准刑的40%~60%;自动将部分赃物归还被害人的,可以按比例少基准刑;

3. 因一念之差偶然犯罪的,减少基准刑的10%以下。

第九节 职务侵占罪

对职务侵占犯罪量刑时,应当综合考虑职务侵占数额、次数、是否退缴赃款等因素,依法确定应当判处的刑罚。

一、对职务侵占犯罪。应当按照下列标准确定量刑起点和基准刑:

1. 数额达到1万元以上不满2万元,量刑起点为拘役3个月至有期徒刑1年。

2. 数额达到2万元,量刑起点为有期徒刑1年。

3. 数额为2万元以上不满10万元,每增加1600元,增加有期徒刑1个月。

4. 数额达到10万元,量刑起点为有期徒刑5年。

5. 数额为10万元以上,可根据职务侵占数额、次数等犯罪事实和情节增加刑罚量确定基准刑。

二、有下列情形之一的,可以增加基准刑:

1. 侵占用于预防、控制突发传染病疫情等灾害的款物的,增加基准刑的20%以下;造成严重后果的,增加基准刑的20%~30%;

2. 侵占优抚、扶贫、移民、救济、医疗等款物的,增加基准刑的20%以下;

3. 侵占法人、企业或者其他组织急需的生产资料,未严重影响生产的,增加基准刑的10%以下;严重影响生产的,增加基准刑的10%~30%;

4. 为吸毒、赌博等违法犯罪活动而职务侵占的,增加基准刑的10%以下。

三、确因生活困难、治病等急需而职务侵占的,减少基准刑的30%以下。

第十节 敲诈勒索罪

对敲诈勒索犯罪量刑时,应当综合考虑案发的原因、犯罪数额、次数、犯罪手段、造成的后果等因素,依法确定应当判处的刑罚。

一、对于敲诈勒索犯罪。应当按照下列标准确定量刑起点和基准刑:

1. 数额达到3000元以上不满5000元,量刑起点为拘役3个月至拘役6个月。

2. 数额达到5000元,量刑起点为有期徒刑6个月。

3. 数额为5000元以上不满3万元,每增加830元,增加有期徒刑1个月。

4. 数额达到3万元,量刑起点为有期徒刑3年。

5. 数额为3万元以上,每增加3万元,增加有期徒刑1年。

二、敲诈勒索达到 24000 元，并具有下列情形之一的，可以认定为《刑法》第 274 条规定的"其他严重情节"，量刑起点为有期徒刑 3 年：

1. 一年内敲诈勒索 3 次以上，或者一次向 3 人以上敲诈勒索的；

2. 对残疾人、老年人、不满 14 周岁的未成年人、丧失劳动能力的人敲诈勒索的；

3. 导致被害人自杀、精神失常或造成其他严重后果的。

三、敲诈勒索分别达到 3000 元和 3 万元以上；并具有下列情形之一的，可以增加基准刑：

1. 一年内敲诈勒索 3 次以上，或者一次向 3 人以上敲诈勒索的，增加基准刑的 10%～20%；

2. 导致被害人自杀、精神失常或造成其他严重后果的，增加基准刑的 30%～40%；

3. 以非法手段获取他人隐私勒索他人财物的，增加基准刑的 10% 以下；

4. 以危险方法制造事端敲诈勒索的，增加基准刑的 10%～30%；

5. 冒充国家机关工作人员敲诈勒索的，增加基准刑的 10%～30%；

6. 为吸毒、赌博等违法犯罪活动而敲诈勒索的，增加基准刑的 10% 以下；

7. 每增加一人轻微伤，增加 2 个月；每增加一人轻伤，增加有期徒刑 6 个月至 1 年。

四、有下列情形之一的，可以减少基准刑：

1. 确因生活、学习、治病等急需而敲诈勒索的，减少基准刑的 30% 以下；

2. 敲诈勒索近亲属财物的，一般不作为犯罪处理；确有追究刑事责任必要的，减少基准刑的 40%～60%。

第十一节　妨害公务罪

妨害公务犯罪量刑时，应当综合考虑案件的起因、妨害公务的手段、造成的后果及影响等因素，依法确定应当判处的刑罚。

一、妨害公务犯罪情节一般，造成的社会影响较小，量刑起点为拘役 3 个月至有期徒刑 6 个月；造成较大社会影响的，量刑起点为有期徒刑 6 个月至 1 年。

二、在量刑起点的基础上，可以根据妨害公务的手段、造成的后果等其他影响犯罪构成的犯罪事实增加刑罚量，确定基准刑。一般可按下列标准掌握：

1. 每增加一人轻微伤，增加 2 个月；

2. 每增加一人轻伤，增加有期徒刑 6 个月；

3. 严重扰乱社会秩序或者造成其他严重后果的，增加有期徒刑 1 年。

三、具有下列情形之一的。可以增加基准刑的 20% 以下：

1. 持械或者利用机动车等方法妨害公务的；
2. 造成较大财产损失的；
3. 煽动群众阻碍依法执行职务、履行职责的。

四、因执行公务行为不规范而导致妨害公务犯罪的，可以减少基准刑的20%以下。

第十二节 聚众斗殴罪

对聚众斗殴犯罪量刑时，应当综合考虑聚众斗殴的起因、人数、次数、手段、后果及社会影响等因素，依法确定应当判处的刑罚。

一、对聚众斗殴犯罪，应当按照下列标准确定量刑起点和基准刑：

1. 聚众斗殴一次，犯罪情节一般，量刑起点为有期徒刑1年至1年6个月。每增加一人轻微伤，增加有期徒刑2个月；每增加一人轻伤，增加有期徒刑6个月；每增加一次聚众斗殴，增加有期徒刑6个月至1年。

2. 具有下列情形之一，量刑起点为有期徒刑3年至4年：

（1）多次聚众斗殴；
（2）聚众斗殴人数多、规模大；
（3）在公共场所或者交通要道聚众斗殴，造成社会秩序混乱的；
（4）持械聚众斗殴。

每增加上述一项情形或同种情形一次的，增加有期徒刑1年；每增加一人轻微伤，增加有期徒刑3个月；每增加一人轻伤，增加有期徒刑9个月；每增加一次聚众斗殴，增加有期徒刑1年6个月至2年。

二、有下列情形之一。可以增加基准刑的20%以下：

1. 社会影响恶劣的；
2. 造成公私财物较大损失的；
3. 组织未成年人参与斗殴的。

第十三节 寻衅滋事罪

对寻衅滋事犯罪量刑时，应当综合考虑寻衅滋事次数、后果及造成的社会影响等因素，依法确定应当判处的刑罚。

一、寻衅滋事构成犯罪，需要判处自由刑的，量刑起点为有期徒刑6个月至1年。

二、在量刑起点的基础上。可以根据寻衅滋事次数、损害后果、强拿硬要他人财物或者任意损毁、占用公私财物数额等其他影响犯罪构成的犯罪事实增加刑罚量，确定基准刑。一般可按下列标准掌握：

1. 每增加一人轻微伤，增加有期徒刑2个月；
2. 每增加一人轻伤，增加有期徒刑6个月；

3. 每增加寻衅滋事一次,增加有期徒刑 6 个月;

4. 强拿硬要他人财物或者任意损毁、占用公私财物价值超过 2000 元,每增加 500 元,增加有期徒刑 1 个月。

三、有下列情形之一。可以增加基准刑的 20% 以下:

(1) 持械滋事的;

(2) 结伙滋事的;

(3) 造成较大社会影响的。

第十四节　掩饰、隐瞒犯罪所得、犯罪所得收益罪

对掩饰、隐瞒犯罪所得、犯罪所得收益罪量刑时,应当综合考虑犯罪数额、犯罪次数、犯罪对象及造成的后果等因素,依法确定应当判处的刑罚。

一、对掩饰、隐瞒犯罪所得、犯罪所得收益罪。应当按照下列标准确定量刑起点:

1. 对于犯罪情节一般,犯罪金额在 1 万元以下,需要判处自由刑的,量刑起点为拘役 3 个月至有期徒刑 6 个月。

2. 对于买赃自用,犯罪金额在 2 万元以下,需要判处自由刑的,量刑起点为拘役 3 个月至有期徒刑 6 个月。

3. 对掩饰、隐瞒犯罪所得,涉及机动车 5 辆以上,或者掩饰、隐瞒犯罪所得、犯罪所得收益价值总额达到 50 万元以上,量刑起点为有期徒刑 3 年至 4 年。

二、在量刑起点的基础上。可以根据犯罪数额等其他影响犯罪构成的犯罪事实增加刑罚量,确定基准刑。一般可按下列标准掌握:

1. 犯罪金额 13 万元以下,每增加 2 万元,增加 1 个月;

2. 犯罪金额 13 万元至 50 万元,每增加 15000 元,增加有期徒刑 1 个月;

3. 犯罪金额 50 万元以上,每增加 10 万元,增加有期徒刑 3 个月;

4. 每增加一次掩饰、隐瞒犯罪所得、犯罪所得收益行为的,增加 3 个月。

三、有下列情形之一的,可以增加基准刑的 20% 以下:

1. 以掩饰、隐瞒犯罪所得、犯罪所得收益为业的;

2. 犯罪对象涉及国家安全、公共安全或重大公共利益的。

四、买赃自用的,可以减少基准刑的 30% 以下。本节另有规定的除外。

第十五节　毒品犯罪

对毒品犯罪量刑时,应当以毒品数量为基础,综合考虑毒品的种类、犯罪的次数、犯罪的组织形式等因素,依法确定应当判处的刑罚。

一、走私、贩卖、运输、制造毒品,应当按照下列标准确定量刑起点和基准刑:

1. 走私、贩卖、运输、制造海洛因、甲基苯丙胺或者可卡因：

数量达到 50 克，量刑起点为有期徒刑 15 年；

数量达到 10 克，量刑起点为有期徒刑 7 年；

数量达到 7 克，量刑起点为有期徒刑 3 年；

数量为 2 克以下，量刑起点为拘役 3 个月至有期徒刑 6 个月。

同时，可按下列标准增加刑罚量，确定基准刑：

数量为 10 克以上不满 50 克的，每增加 5 克增加有期徒刑 1 年；

数量为 7 克以上不满 10 克的，每增加 1 克增加有期徒刑 1 年；

数量为 2 克以上不满 7 克的，每增加 1 克增加有期徒刑 6 个月。

2. 走私、贩卖、运输、制造吗啡或者二亚甲基双氧安非他明（MDMA）等苯丙胺类毒品（甲基苯丙胺除外）：

数量达到 100 克，量刑起点为有期徒刑 15 年；

数量达到 20 克，量刑起点为有期徒刑 7 年；

数量达到 14 克，量刑起点为有期徒刑 3 年；

数量为 4 克以下，量刑起点为拘役 3 个月至有期徒刑 6 个月。

同时，可按下列标准增加刑罚量，确定基准刑：

数量为 20 克以上不满 100 克的，每增加 10 克增加有期徒刑 1 年；

数量为 14 克以上不满 20 克的，每增加 2 克增加有期徒刑 1 年；

数量为 4 克以上不满 14 克的，每增加 2 克增加有期徒刑 6 个月。

3. 走私、贩卖、运输、制造鸦片、氯胺酮、美沙酮：

数量达到 1 千克，量刑起点为有期徒刑 15 年；

数量达到 200 克，量刑起点为有期徒刑 7 年；

数量达到 140 克，量刑起点为有期徒刑 3 年；

数量为 40 克以下，量刑起点为拘役 3 个月至有期徒刑 6 个月。

同时，可按下列标准增加刑罚量，确定基准刑：

数量为 200 克以上不满 1 千克的，每增加 100 克增加有期徒刑 1 年；

数量为 140 克以上不满 200 克的，每增加 20 克增加有期徒刑 1 年；

数量为 40 克以上不满 140 克的，每增加 20 克增加有期徒刑 6 个月。

4. 走私、贩卖、运输、制造三唑仑或者安眠酮：

数量达到 50 千克，量刑起点为有期徒刑 15 年；

数量达到 10 千克，量刑起点为有期徒刑 7 年；

数量达到 7 千克，量刑起点为有期徒刑 3 年；

数量为 2 千克以下，量刑起点为拘役 3 个月至有期徒刑 6 个月。

同时，可按下列标准增加刑罚量，确定基准刑：

数量为 10 千克以上不满 50 千克的，每增加 5 千克增加有期徒刑 1 年；

数量为 7 千克以上不满 10 千克的，每增加 1 千克增加有期徒刑 1 年；

数量为 2 千克以上不满 7 千克的，每增加 1 千克增加有期徒刑 6 个月。

5. 走私、贩卖、运输、制造咖啡因：

数量达到 200 千克，量刑起点为有期徒刑 15 年；

数量达到 50 千克，量刑起点为有期徒刑 7 年；

数量达到 35 千克，量刑起点为有期徒刑 3 年；

数量为 10 千克以下（含 10 千克），量刑起点为拘役 3 个月至有期徒刑 6 个月。

同时，可按下列标准增加刑罚量，确定基准刑：

数量为 50 千克以上不满 200 千克的，每增加 10 千克增加有期徒刑 6 个月；

数量为 35 千克以上不满 50 千克的，每增加 5 千克增加有期徒刑 1 年；

数量为 10 千克以上不满 35 千克的，每增加 5 千克增加有期徒刑 6 个月。

6. 走私、贩卖、运输、制造毒品集团的首要分子；武装掩护走私、贩卖、运输、制造毒品的；以暴力抗拒检查、拘留、逮捕情节严重的；参与有组织的国际贩毒活动的，量刑起点为有期徒刑 15 年。

7. 国家工作人员走私、贩卖、运输、制造毒品；在戒毒场所贩卖毒品的；向多人或者多次贩卖毒品以及具有其他严重情节的，量刑起点为有期徒刑 3 年至 4 年。

二、对被告人走私、贩卖、运输、制造两种以上毒品的。不实行数罪并罚，量刑时可以将不同种类毒品统一折算成海洛因计算毒品数量后依法裁量刑罚。具体折算时，对刑法、司法解释已经明确规定了数量标准的毒品，应依照刑法、司法解释规定的数量标准比例进行折算。对于刑法、司法解释没有明确规定数量标准的毒品，有条件折算成海洛因的，参照国家食品药品监督管理局制定的《非法药物折算表》进行折算。

三、有下列情形之一的。可以增加基准刑：

1. 对同一宗毒品实施走私、贩卖、运输、制造两种以上行为的，增加基准刑的 10% 以下；

2. 组织、利用、教唆未成年人、孕妇、哺乳期妇女、患有严重疾病人员及其他特殊人群走私、贩卖、运输、制造毒品或者向未成人出售毒品的，增加基准刑的 30% 以下；

3. 毒品再犯，增加基准刑的 30% 以下。

四、有下列情形之一的。可以减少基准刑 30% 以下：

1. 孕妇、哺乳期妇女、患有严重疾病人员以及其他特殊人群被利用参与毒品犯罪的;

2. 受雇佣运输毒品的;

3. 毒品含量明显偏低的;

4. 存在数量引诱的。

上海市高级人民法院《未成年人刑事案件量刑指导意见实施细则(试行)》(2010年10月1日)(节录)

第二节 量刑的基本方法

一、量刑步骤

1. 根据基本犯罪构成事实在相应的法定刑幅度内确定量刑起点;

2. 根据其他影响犯罪构成的犯罪数额、犯罪次数、犯罪后果等犯罪事实,在量刑起点的基础上增加刑罚量确定基准刑;

3. 根据量刑情节调节基准刑,并综合考虑全案情况,依法确定宣告刑。

二、量刑情节调整基准刑的方法

1. 具有单个量刑情节的,根据量刑情节的调节比例直接对基准刑进行调节。

2. 具有多种量刑情节的,根据各个量刑情节的调节比例,采用同向相加、逆向相减的方法确定全部量刑情节的调节比例,再对基准刑进行调节。

3. 对于具有刑法总则规定的未成年人犯罪、限制行为能力的精神病人犯罪、又聋又哑的人或者盲人犯罪、防卫过当、避险过当、犯罪预备、犯罪未遂、犯罪中止、从犯、胁从犯和教唆犯等量刑情节的,先用该量刑情节对基准刑进行调节,在此基础上,再用其它量刑情节进行调节。

4. 被告人犯数罪,同时具有适用各个罪的立功、累犯等量刑情节的,先用各个量刑情节调节个罪的基准刑,确定个罪所应判处的刑罚,再依法实行数罪并罚,决定执行的刑罚。

5. 当同一行为或情况涉及本细则规定的不同量刑情节时,一般不得重复评价,应选择对被告人从重或者从轻幅度最大的情节适用。

6. 在数罪并罚的情况下,各罪一般不得相互作为从重处罚的情节,本细则另有规定的除外。

三、确定宣告刑的方法

1. 量刑情节对基准刑的调节结果在法定刑幅度内,且罪责刑相适应的,可以直接确定为宣告刑。

2. 量刑情节对基准刑的调节结果在法定最低刑以下,具有减轻处罚情节,且罪责刑相适应的,可以直接确定为宣告刑;只有从轻处罚情节的,可以确定法定最低刑为宣告刑。

3. 被告人有应当减轻处罚情节的,应当在法定最低刑以下确定宣告刑。如果按照本细则的规定,实际量刑结果未达到减轻处罚程度,可不受本细则规定的量刑调节幅度的限制,依法确定宣告刑。

如果减轻处罚后的量刑结果低于有期徒刑六个月的,可判处法条没有规定的管制、拘役或者单处附加刑。

4. 量刑情节对基准刑的调节结果在法定最高刑以上的,可以法定最高刑为宣告刑。

5. 根据案件具体情况,独任审判员或合议庭可以在10%的幅度内进行调整,调整后的结果仍然罪责刑不相适应的,分管副院长可以要求复议或提交审判委员会讨论决定宣告刑。

对情节一般的轻微刑事案件,如果双方当事人达成和解协议,经分管副院长审批或提交审判委员会讨论决定,从宽幅度可不受本细则限制。

四、综合全案犯罪事实和量刑情节,依法应当判处拘役、管制或者单处附加刑的,应当依法适用。

五、除刑法规定"应当"附加剥夺政治权利外,对未成年被告人一般不判处附加剥夺政治权利。

对未成年人被告人判处附加剥夺政治权利的,应当依法从轻判处。

对实施被指控犯罪时未成年、审判时已成年的被告人判处附加剥夺政治权利的,适用前款规定。

六、对未成年被告人实施刑法规定的"并处"没收财产或者罚金的犯罪,应当依法判处相应的财产刑;对未成年被告人实施刑法规定的"可以并处"没收财产或者罚金的犯罪,一般不判处财产刑。

对未成年被告人判处罚金刑时,应当依法从轻或者减轻判处,并根据犯罪情节,综合考虑其缴纳罚金的能力,确定罚金数额,但最低不得少于500元。

对于刑法规定并处罚金但没有明确规定罚金数额的,一般可按下列标准掌握,但单处罚金除外:

1. 对判处有期徒刑1年以下刑罚的犯罪,一般判处罚金人民币500元至1000元。

2. 对判处有期徒刑1年以上刑罚的犯罪,一般每增加1年有期徒刑增加罚金人民币300元至500元。

3. 对单纯财产性犯罪以及被判处管制、缓刑等非监禁刑罚的犯罪,可根据犯罪数额以及案件的具体情况,实事求是地确定罚金数额。

七、宣告刑为三年以下有期徒刑、拘役并符合缓刑适用条件的，可以依法宣告缓刑。

对于符合刑法第72条第1款规定，且家庭、单位或者社区具备监护、帮教条件的未成年被告人，一般应当适用缓刑。

对适用缓刑的未成年被告人，应当依法确定合适的缓刑考验期。

八、对于罪行较轻、认罪悔罪表现较好且无前科劣迹的未成年被告人，具有下列情形之一的，应当优先适用免除处罚：

1. 又聋又哑的人或者盲人；
2. 防卫过当或者避险过当；
3. 犯罪预备、中止或者未遂的；
4. 从犯、胁从犯；
5. 犯罪后自首或者有立功表现；
6. 其他犯罪情节轻微，不需要判处刑罚的。

九、量刑结果一般以年、月计算，不足一个月的，取整数计算。对判处十年以上有期徒刑的案件，一般应以3个月、6个月、9个月为单位取整数计算。

第三节 常见量刑情节的适用

对未成年被告人量刑时，要充分考虑各种法定和酌定量刑情节以及被告人自身的实际情况，按照"教育为主，惩罚为辅"的方针，根据案件的全部犯罪事实以及量刑情节的不同情形，依法确定量刑情节的适用及其调节比例。对未成年人犯严重暴力犯罪、黑社会性质组织犯罪、毒品犯罪，在确定从宽的幅度时，要适度从严掌握；对较轻的犯罪要充分体现从宽的政策。对以下常见量刑情节，可以在相应的幅度内确定具体调节比例，本细则另有规定的除外。对于本细则没有规定的量刑情节，可以参照最相类似的情节确定量刑调节幅度，并可在该最相类似的情节量刑调节幅度的基础上，一般按不超过10%的幅度进行调整。

一、法定量刑情节

（一）对于未成年人犯罪，应当综合考虑未成年人对犯罪的认识能力、实施犯罪行为的动机和目的、犯罪时的年龄、是否初犯、悔罪表现、个人成长经历和一贯表现等情况，确定适当的从宽幅度，一般可按下列标准掌握：

1. 已满十四周岁不满十六周岁的未成年人，犯故意杀人、故意伤害致人重伤或者死亡、强奸、抢劫、贩卖毒品、放火、爆炸、投放危险物质犯罪的，可以减少基准刑的30%~60%；

2. 已满十六周岁不满十八周岁的未成年人犯罪，可以减少基准刑的10%~50%；

3. 对跨年龄段（含跨十六周岁年龄段和十八周岁年龄段）的犯罪：

（1）被告人跨年龄段前后实施了不同种犯罪行为，按实施犯罪时所处年龄段确定从宽幅度。

（2）被告人跨年龄段前后实施了同种犯罪行为，依照实施主要犯罪时所处的年龄段酌情确定从宽幅度。如果无法区分主要犯罪事实，应综合考虑案件情况，从最有利于对未成年被告人教育、感化、挽救的需要出发，确定适当的从宽幅度。

（二）对于限制责任能力的人犯罪的，应当综合考虑行为人辨认和控制能力的缺陷程度、与犯罪发生的因果关系、实际的危害后果等情况，确定适当的从宽幅度，一般可按下列标准掌握：

1. 重度限制责任能力的人犯罪，可以减少基准刑的50%以下；
2. 中度限制责任能力的人犯罪，可以减少基准刑的30%以下；
3. 轻度限制责任能力的人犯罪，可以减少基准刑的20%以下。

（三）对于又聋又哑的人或者盲人犯罪的，应当综合考虑犯罪的性质、行为人本身的生理缺陷与犯罪之间的关系、行为人一贯表现等情况，确定适当的从宽幅度，一般可减少基准刑的10%～40%。

对于聋或哑或视力存在严重障碍的，可以减少基准刑的20%以下。

（四）对于防卫过当或紧急避险过当构成犯罪的，可以减少基准刑的50%以上。对造成特别严重后果的，可以减少基准刑的30%～60%。

（五）对于预备犯，应当综合考虑预备实施犯罪的性质、对社会可能造成的危害、预备的程度、未进一步实施犯罪的原因等情况，确定适当的从宽幅度，一般可按下列标准掌握：

1. 预备实施犯罪的，可以减少基准刑的40%～70%；
2. 预备实施犯罪，情节轻微，不需要判处刑罚的，可以依法免除处罚。

（六）对于未遂犯，应当综合考虑行为的实行程度、造成损害结果的大小、犯罪未得逞的原因等情况，比照既遂犯确定适当的从宽幅度，一般可按下列标准掌握：

1. 实行终了的未遂，可以减少基准刑的10%～30%；
2. 未实行终了的未遂，可以减少基准刑的20%～40%；
3. 不能犯未遂的，可以减少基准刑的30%～50%。

（七）对于中止犯，应当综合考虑行为的实行程度、实际造成的危害结果、放弃犯罪的原因等情况，确定适当的从宽幅度，一般可按下列标准掌握：

1. 犯罪过程中，自动放弃犯罪，可以减少基准刑的50%～70%；
2. 犯罪行为实施完毕后，自动有效地防止犯罪结果发生的，可以减少基准刑的 40%～60%；

3. 犯罪中止，情节轻微且未造成损害后果的，可以依法免除处罚。

（八）对于共同犯罪，应当根据各被告人在共同犯罪中的地位、作用以及是否直接实施犯罪实行行为等情况，体现量刑轻重的相对合理性和协调性。一般情况下，未直接实施犯罪实行行为的要轻于直接实施了犯罪实行行为的；未直接造成危害后果的要轻于直接造成危害后果的。对共同犯罪的被告人在适用同一量刑情节时，应注意因基准刑长短不同而造成同一情节所对应的实际量刑幅度的差异，并通过合理选择量刑调节幅度，保持量刑相对均衡。

1. 对于作用相对较小的主犯，可以作用最大主犯的基准刑为参照，以10%为幅度递减，按其在共同犯罪中的地位作用等情况，酌情处罚，但一般不得低于作用最大主犯基准刑的80%；

2. 未区分主从犯，但作用较小的被告人，可以作用最大的被告人的基准刑为参照，以10%为幅度递减，按其在共同犯罪中的地位作用等情况，酌情从轻处罚，但一般不得低于作用最大的被告人的基准刑的70%；

3. 对于从犯，作用相对较小的，可以减少基准刑的30%～50%；作用相对较大的，可以减少基准刑的20%～40%；

4. 对于同一案件中有多个从犯，根据案件情况确需进行量刑平衡的，可依照其在犯罪中的地位、作用的大小，以10%为幅度，酌情确定不同的基准刑减少等次；

5. 对于胁从犯，可以根据犯罪性质、被胁迫的程度、在犯罪中的作用等情况，减少基准刑的40%～70%；作用较小或情节轻微，不需要判处刑罚的，可以依法免除处罚；

对于虽然不构成胁从犯，但确系受欺骗、引诱参与犯罪的，减少基准刑的20%以下；

6. 对于被教唆参与犯罪的，依照其在共同犯罪中的地位、作用，依照本条的有关规定处罚。

（九）对于自首，应当综合考虑投案的动机、时间、方式、罪行轻重、如实供述罪行的程度以及悔罪表现等情况，确定适当的从宽幅度，一般可按下列标准掌握：

1. 犯罪事实或者犯罪嫌疑人未被司法机关发觉，主动、直接投案构成自首的，可以减少基准刑的20%～40%；

2. 犯罪事实或者犯罪嫌疑人已被司法机关发觉，但犯罪嫌疑人尚未受到讯问、未被采取强制措施时，主动、直接投案构成自首的，可以减少基准刑的10%～30%；

3. 并非出于被告人主动，而是经亲友规劝、陪同投案的；公安机关通知犯罪嫌疑人的亲友或者亲友主动报案后，将犯罪嫌疑人送去投案的，可以减少基准刑的20%以下；

4. 罪行尚未被司法机关发觉，仅因形迹可疑，被有关组织盘问、教育后，主动交待罪行构成自首的，可以减少基准刑的20%以下；

5. 犯罪嫌疑人、被告人如实供述司法机关尚未掌握的罪行与司法机关已掌握或判决确定的罪行属不同种罪行，以自首论的，可以减少基准刑的20%以下；如实供述的罪行较重（依法应当判处十年以上有期徒刑）的，可以减少基准刑的10%~30%；

6. 犯罪较轻又具有自首情节的，可以减少基准刑的40%以上或者依法免除处罚。

（十）对于立功，应当综合考虑立功的大小、次数、内容、来源、效果以及所犯罪行的轻重等情况，确定适当的从宽幅度，一般可按下列标准掌握：

1. 一般立功，可以减少基准刑的20%以下；

2. 重大立功，可以减少基准刑的20%~50%；

3. 重大立功且所犯罪行较轻的，可以减少基准刑的50%以上或者依法免除处罚。

二、酌定情节

（一）对于被采取强制措施的犯罪嫌疑人、被告人和已宣判的罪犯，如实供述司法机关尚未掌握的罪行与司法机关已掌握或判决确定的罪行属同种罪行的，根据坦白罪行的轻重以及悔罪表现等情况，可以减少基准刑的20%以下。

坦白司法机关已掌握罪行并对案件侦破确有帮助作用的，可以减少基准刑的10%以下。

（二）对于当庭自愿认罪或者经过法庭教育认罪悔罪的，根据犯罪的性质、罪行的轻重、认罪程度以及悔罪表现等情况，可以减少基准刑的10%以下；依法认定自首、坦白的除外。

（三）对于被害人有过错或对矛盾激化负有责任的，综合考虑案发的原因、被告人的一贯表现、被害人过错程度以及责任大小等情况，可以减少基准刑的20%以下。

（四）在单纯财产型犯罪中积极退赃、退赔的，应当综合考虑犯罪性质，退赃、退赔的主动性及对损害结果所能弥补的程度等情况，确定适当的从宽幅度，一般可按下列标准掌握：

1. 积极退赃、退赔的，按比例减少基准刑的30%以下；

2. 积极配合办案机关追缴赃款、赃物，未给被害人造成经济损失或未造成较大经济损失的,可以减少基准刑的10%以下。

对于侵犯复杂客体的犯罪,被告人积极退赃、退赔或积极配合办案机关追赃的,可以根据案件情况,酌情减少基准刑的20%以下。

(五)在人身损害型犯罪中积极赔偿被害人经济损失的,综合考虑犯罪性质、赔偿数额、赔偿能力、被害人或其家属的谅解程度等情况,可以减少基准刑的30%以下。

对于积极赔偿被害人经济损失并取得被害人或其家属谅解的,可以在前款规定的幅度内酌情从宽掌握。

(六)对于取得被害人或其家属谅解的,综合考虑犯罪的性质、罪行轻重、谅解的原因以及认罪悔罪的程度等情况,可以减少基准刑的20%以下。

(七)对于一时冲动或因一念之差实施犯罪的,可以减少基准刑的10%以下。

(八)对于已满十六周岁不满十八周岁的人出于以大欺小、以强凌弱或者寻求精神刺激而对其他未成年人实施轻微犯罪,未造成严重后果或恶劣影响的,可以减少基准刑的20%以下。

(九)对于有犯罪前科的,综合考虑前科的性质、时间间隔长短、次数、处罚轻重等情况,可以增加基准刑的20%以下。

(十)对于黑社会性质组织犯罪、恶势力犯罪的,根据案件的具体情况,可以增加基准刑的20%以下。

(十一)对于犯罪对象为老年人、残疾人、孕妇等弱势人员的,综合考虑犯罪的性质、犯罪的严重程度等情况,可以增加基准刑的20%以下。

(十二)对于在重大自然灾害,预防、控制突发传染病疫情等灾害期间犯罪的,根据案件的具体情况,可以增加基准刑的20%以下。

第二章 分 则

第一节 故意伤害罪

对故意伤害罪量刑时,应当综合考虑案发的原因、伤害后果的大小、手段的残忍程度、被告人赔偿及被害人谅解的程度等因素,依法确定应当判处的刑罚。

一、对故意伤害犯罪。应当按照下列标准确定量刑起点:

1. 犯罪情节一般,致一人轻伤的,量刑起点为有期徒刑6个月至1年。
2. 犯罪情节一般,致一人重伤的,量刑起点为有期徒刑3年至4年。
3. 以特别残忍手段致一人重伤,造成六级严重残疾的,量刑起点为有期徒刑10年至12年。

4. 故意伤害致一人死亡，量刑起点为有期徒刑 10 年至 15 年。

二、在量刑起点的基础上，可以根据伤亡后果、伤残等级、手段的残忍程度等其他影响犯罪构成的犯罪事实增加刑罚量，确定基准刑。一般可按下列标准掌握：

1. 每增加一人轻微伤，增加有期徒刑 2 个月；
2. 每增加一人轻伤，增加有期徒刑 6 个月；
3. 每增加一人重伤，增加有期徒刑 1 年 6 个月；
4. 每增加一级普通残疾（7 到 10 级）的，增加有期徒刑 3 个月；每增加一级严重残疾（3 到 6 级）的，增加有期徒刑 1 年；每增加一级特别严重残疾（1 到 2 级）的，增加有期徒刑 2 年。

三、有下列情形之一的，可以增加基准刑 20% 以下：

1. 持管制刀具或斧、锤等凶器实施伤害行为，或有预谋地持其他凶器实施伤害行为的；
2. 雇用他人实施伤害行为的；
3. 因实施其他违法犯罪而伤害他人的。

四、有下列情形之一的，可以减少基准刑的 20% 以下：

1. 因婚姻家庭、邻里纠纷等民间矛盾激化引发的；
2. 犯罪后积极抢救被害人的；
3. 因义愤而伤害他人的。

第二节 抢劫罪

对抢劫犯罪量刑时，应当综合考虑抢劫的动机、次数、手段、后果等因素，依法确定应当判处的刑罚。

一、对抢劫犯罪。应当按照下列标准确定量刑起点：

1. 抢劫一次，致一人轻伤以下或者虽未造成人身伤害但劫得财物（2000 元以下）的，量刑起点为有期徒刑 3 年至 5 年。
2. 有下列情形之一，量刑起点为有期徒刑 10 年至 12 年：入户抢劫；在公共交通工具上抢劫；抢劫银行或者其他金融机构；抢劫三次或者抢劫数额达到巨大起点的；抢劫致一人重伤，没有造成残疾的；冒充军警人员抢劫的；持枪抢劫的；抢劫军用物资或者抢险、救灾、救济物资的。

二、在量刑起点的基础上。可以根据抢劫致人伤亡的后果、次数、数额、手段等其他影响犯罪的构成的犯罪事实增加刑罚量，确定基准刑。一般可按下列标准掌握：

1. 每增加一次抢劫，增加有期徒刑 3 年；
2. 每增加一人轻微伤，增加有期徒刑 6 个月；

3. 每增加一人轻伤，增加有期徒刑 1 年；

4. 每增加一人重伤，增加有期徒刑 2 年；

5. 每增加一级普通残疾（7 到 10 级）的，增加 3 个月；每增加一级严重残疾（3 到 6 级）的，增加 1 年；每增加一级特别严重残疾（1 到 2 级）的，增加 2 年；

6. 抢劫数额每增加 3000 元，增加有期徒刑 1 年。

三、有下列情节之一的，可以增加基准刑的 20% 以下：

1. 持械抢劫的；

2. 有预谋抢劫或结伙抢劫的；

3. 因实施其他违法犯罪而抢劫的；

4. 抢劫多人但不构成多次抢劫的。

四、有下列情节之一的，可以减少基准刑：

1. 确因生活、学习、治病等急需而抢劫的，减少基准刑的 20% 以下；

2. 抢劫家庭成员或者近亲属财物的，减少基准刑的 20% 以下；

3. 未造成严重人身伤害（轻伤以下）且抢劫数额 500 元以下，减少基准刑的 20% 以下；

4. 转化型抢劫的，减少基准刑的 10% 以下。

第三节　盗　窃　罪

对盗窃犯罪量刑时，应当综合考虑盗窃的数额、次数、犯罪手段、犯罪对象、是否退缴赃款等因素，依法确定应当判处的刑罚。

一、一般盗窃应当按照下列标准确定量刑起点和基准刑：

（一）普通盗窃

1. 数额达到 2500 元以上不满 4000 元，量刑起点为拘役 3 个月至拘役 6 个月。

2. 数额达到 4000 元，量刑起点为有期徒刑 6 个月。

3. 数额为 4000 元以上不满 2 万元，每增加 550 元，增加有期徒刑 1 个月。

4. 数额达到 2 万元，量刑起点为有期徒刑 3 年。

5. 数额为 2 万元以上不满 10 万元，每增加 950 元，增加有期徒刑 1 个月。

6. 数额达到 10 万元，量刑起点为有期徒刑 10 年。

7. 数额为 10 万元以上，每增加 30 万元，增加有期徒刑 1 年。

（二）入户盗窃

1. 数额达到 1250 元以上不满 2000 元，或者 1 年内入户盗窃 3 次以上，量刑起点为拘役 3 个月至拘役 6 个月。

2. 数额达到 2000 元，量刑起点为有期徒刑 6 个月。

3. 数额为 2000 元以上不满 1 万元，每增加 280 元，增加有期徒刑 1 个月。

4. 数额达到 1 万元，量刑起点为有期徒刑 3 年。

5. 数额为 1 万元以上不满 5 万元，每增加 480 元，增加有期徒刑 1 个月。

6. 数额达到 5 万元，量刑起点为有期徒刑 10 年。

7. 数额为 5 万元以上，每增加 15 万元，增加有期徒刑 1 年。

（三）扒窃

1. 数额达到 1000 元以上不满 1500 元，或者 1 年内在公共场所扒窃 3 次以上，量刑起点为拘役 3 个月至拘役 6 个月。

2. 数额达到 1500 元，量刑起点为有期徒刑 6 个月。

3. 数额为 1500 元以上不满 8000 元，每增加 230 元，增加有期徒刑 1 个月。

4. 数额达到 8000 元，量刑起点为有期徒刑 3 年。

5. 数额为 8000 元以上不满 4 万元，每增加 380 元，增加有期徒刑 1 个月。

6. 数额达到 4 万元，量刑起点为有期徒刑 10 年。

7. 数额为 4 万元以上，每增加 12 万元，增加有期徒刑 1 年。

（四）其他规定

1. 普通盗窃数额分别达到 16000 元或者 8 万元，入户盗窃数额分别达到 8000 元或者 4 万元，扒窃数额分别达到 6000 元或者 3 万元，并具有下列情节之一的，可以分别认定为《刑法》第 264 条规定的"其他严重情节"或者"其他特别严重情节"，量刑起点分别为有期徒刑 3 年或者 10 年：

（1）犯罪集团的首要分子或者共同犯罪中情节严重的主犯；

（2）盗窃金融机构的；

（3）流窜作案，情节严重的；

（4）盗窃生产资料，严重影响生产的；

（5）盗窃救灾、抢险、防汛、优抚、扶贫、移民、救济、医疗款物，造成严重后果的；

（6）导致被害人死亡、精神失常或者其他严重后果的；

（7）造成其他重大损失的。

2. 既有普通盗窃，又有入户盗窃或者扒窃的，应当按照下列标准确定量刑起点：

（1）单独一种盗窃行为均没有达到定罪数额标准，但累计后达到轻度盗窃行为的定罪标准的，按照轻度盗窃行为确定量刑起点，重度盗窃行为作为酌定量刑情节考虑；

（2）重度盗窃行为达到定罪数额标准，轻度盗窃行为没有达到定罪数额

标准的,以重度盗窃行为数额确定量刑起点,轻度盗窃行为作为酌定量刑情节考虑;

(3) 重度盗窃行为和轻度盗窃行为均达到定罪数额标准,重度盗窃行为情节较为严重的,以重度盗窃行为数额确定量刑起点,轻度盗窃行为作为酌定量刑情节考虑;

(4) 重度盗窃行为和轻度盗窃行为均达到定罪数额标准,轻度盗窃行为情节较为严重的,将重度盗窃行为和轻度盗窃行为数额累计后,按照轻度盗窃行为确定量刑起点,重度盗窃行为作为酌定量刑情节考虑;

(5) 重度盗窃行为和轻度盗窃行为情节不相上下,应将重度盗窃行为和轻度盗窃行为数额累计后,按照轻度盗窃行为确定量刑起点,重度盗窃行为作为酌定量刑情节考虑。

二、有下列情形之一的,可增加基准刑:

1. 以破琢性手段盗窃造成公私财产损失的,增加基准刑的10%以下,造成公私财产损失较大的,增加基准刑的20%以下;

2. 盗窃优抚、扶贫、移民、救济、医疗等款物的,增加基准刑的20%以下;

3. 盗窃生产资料,未严重影响生产的,增加基准刑的10%以下,严重影响生产的,增加基准刑的10%~30%;

4. 为吸毒、赌博等违法犯罪活动而盗窃的,增加基准刑的10%以下;

5. 导致被害人死亡、精神失常或者其他严重后果的,增加基准刑的30%~40%;

6. 多次盗窃的,增加基准刑的10%~20%;

7. 在重要的大型会展、运动会等公共活动场所盗窃的,增加基准刑的20%以下。

三、有下列情形之一的,可以减少基准刑:

1. 确因生活、学习、治病急需而盗窃的,减少基准刑的30%以下;

2. 在案发前自动将赃物放回原处或者归还被害人的,减少基准刑的40%~60%;自动将部分赃物放回原处或者归还被害人的,可以按比例减少基准刑;

3. 盗窃近亲属财物的,一般不作为犯罪处理;确有追究刑事责任必要的,减少基准刑的40%~60%。

第四节 抢夺罪

对抢夺犯罪量刑时,应当综合考虑犯罪数额、次数、犯罪动机、犯罪手段、造成的后果等因素,依法确定应当判处的刑罚。

一、对抢夺犯罪，应当按照下列标准确定量刑起点和基准刑：

1. 数额达到 500 元以上不满 800 元，量刑起点为拘役 3 个月至拘役 6 个月。

2. 数额达到 800 元，量刑起点为有期徒刑 6 个月。

3. 数额为 800 元以上不满 5000 元，每增加 140 元，增加有期徒刑 1 个月。

4. 数额达到 5000 元，量刑起点为有期徒刑 3 年。

5. 数额为 5000 元以上不满 3 万元，每增加 300 元，增加有期徒刑 1 个月。

6. 数额达到 3 万元，量刑起点为有期徒刑 10 年。

7. 数额为 3 万元以上，每增加 10 万元，增加有期徒刑 1 年。

二、抢夺数额分别达到 4000 元或者 24000 元，并具有下列情形之一的，可以分别认定为《刑法》第 267 条"其他严重情节"或者"其他特别严重情节"，量刑起点分别为有期徒刑 3 年或者 10 年：

1. 抢夺残疾人、老年人财物的；

2. 抢夺优抚、扶贫、移民、救济、医疗等款物的；

3. 一年内抢夺三次以上的；

4. 利用行驶的机动车、非机动车抢夺的；

5. 以银行、证券公司等金融机构取款人为抢夺目标的。

三、抢夺数额分别达到 500 元、5000 元、3 万元以上，并具有下列情形之一的，可以增加基准刑：

1. 抢夺优抚、扶贫、移民、救济、医疗等款物的，增加基准刑的 20% 以下；

2. 多次抢夺或抢夺多人的，增加基准刑的 10% ~ 20%；

3. 利用行驶的机动车、非机动车抢夺的，增加基准刑的 20% 以下；

4. 以银行、证券公司等金融机构取款人为抢夺目标的，增加基准刑的 20% 以下。

四、具有下列情形之一的。可以增加基准刑：

1. 为吸毒、赌博等违法犯罪活动而抢夺的，增加基准刑的 10% 以下；

2. 在重要的大型会展、运动会等公共活动场所抢夺的，增加基准刑的 20% 以下；

3. 因抢夺每增加一人轻微伤，增加 2 个月；每增加一人轻伤，增加有期徒刑 6 个月至 1 年。

五、有下列情形之一的。可以减少基准刑：

1. 确因生活、学习、治病等急需而抢夺的，减少基准刑的 30% 以下；

2. 案发前自动归还被害人财物的，减少基准刑的 40% ~ 60%；自动将部分赃物归还被害人的,可以按比例少基准刑。

第五节　敲诈勒索罪

对敲诈勒索犯罪量刑时,应当综合考虑案发的原因、犯罪数额、次数、犯罪手段、造成的后果等因素,依法确定应当判处的刑罚。

一、对于敲诈勒索犯罪,应当按照下列标准确定量刑起点和基准刑:

1. 数额达到3000元以上不满5000元,量刑起点为拘役3个月至拘役6个月。

2. 数额达到5000元,量刑起点为有期徒刑6个月。

3. 数额为5000元以上不满3万元,每增加830元,增加有期徒刑1个月。

4. 数额达到3万元,量刑起点为有期徒刑3年。

5. 数额为3万元以上,每增加3万元,增加有期徒刑1年。

二、敲诈勒索达到24000元,并具有下列情形之一的,可以认定为《刑法》第274条规定的"其他严重情节",量刑起点为有期徒刑3年:

1. 一年内敲诈勒索3次以上,或者一次向3人以上敲诈勒索的;

2. 对残疾人、老年人、丧失劳动能力的人敲诈勒索的;

3. 导致被害人自杀、精神失常或造成其他严重后果的。

三、敲诈勒索分别达到3000元和3万元以上,并具有下列情形之一的,可以增加基准刑:

1. 一年内敲诈勒索3次以上,或者一次向3人以上敲诈勒索的,增加基准刑的10%~20%;

2. 导致被害人自杀、精神失常或造成其他严重后果的,增加基准刑的30%~40%;

3. 以非法手段获取他人隐私勒索他人财物的,增加基准刑的10%以下;

4. 以危险方法制造事端敲诈勒索的,增加基准刑的10%~30%;

5. 冒充国家机关工作人员敲诈勒索的,增加基准刑的10%~30%;

6. 为吸毒、赌博等违法犯罪活动而敲诈勒索的,增加基准刑的10%以下;

7. 每增加一人轻微伤,增加2个月;每增加一人轻伤,增加有期徒刑6个月至1年。

四、有下列情形之一的,可以减少基准刑:

1. 确因生活、学习、治病等急需而敲诈勒索的,减少基准刑的30%以下;

2. 敲诈勒索近亲属财物的,一般不作为犯罪处理;确有追究刑事责任必要的,减少基准刑的40%~60%。

第六节　聚众斗殴罪

对聚众斗殴犯罪量刑时,应当综合考虑聚众斗殴的起因、人数、次数、手段、后果及社会影响等因素，依法确定应当判处的刑罚。

一、对聚众斗殴犯罪。应当按照下列标准确定量刑起点和基准刑：

1. 聚众斗殴一次，犯罪情节一般，量刑起点为有期徒刑1年至1年6个月。每增加一人轻微伤，增加有期徒刑2个月；每增加一人轻伤，增加有期徒刑6个月；每增加一次聚众斗殴，增加有期徒刑6个月至1年。

2. 具有下列情形之一，量刑起点为有期徒刑3年至4年：

（1）多次聚众斗殴；

（2）聚众斗殴人数多、规模大；

（3）在公共场所或者交通要道聚众斗殴，造成社会秩序混乱的；

（4）持械聚众斗殴。

每增加上述一项情形或同种情形一次的，增加有期徒刑1年；每增加一人轻微伤，增加有期徒刑3个月；每增加一人轻伤，增加有期徒刑9个月；每增加一次聚众斗殴，增加有期徒刑1年6个月至2年。

二、有下列情形之一。可以增加基准刑的20%以下：

1. 社会影响恶劣的；

2. 造成公私财物较大损失的。

第七节 寻衅滋事罪

对寻衅滋事犯罪量刑时，应当综合考虑寻衅滋事次数、后果及造成的社会影响等因素，依法确定应当判处的刑罚。

一、寻衅滋事构成犯罪，需要判处自由刑的。量刑起点为有期徒刑6个月至1年。

二、在量刑起点的基础上，可以根据寻衅滋事次数、损害后果、强拿硬要他人财物或者任意损毁、占用公私财物数额等其他影响犯罪构成的犯罪事实增加刑罚量，确定基准刑。一般可按下列标准掌握：

1. 每增加一人轻微伤，增加有期徒刑2个月；

2. 每增加一人轻伤，增加有期徒刑6个月；

3. 每增加寻衅滋事一次，增加有期徒刑6个月；

4. 强拿硬要他人财物或者任意损毁、占用公私财物价值超过2000元，每增加500元，增加有期徒刑1个月。

三、有一列情形之一，可以增加基准刑的20%以下：

（1）持械滋事的；

（2）造成较大社会影响的。

第三章 附 则

一、本细则所称的"以上"、"以下",均包含本数,本细则另有规定的除外。

二、对于本实施细则中未规定的其他罪名,可按照《上海市高级人民法院〈人民法院量刑指导意见(试行)实施细则(试行)〉》的有关规定量刑。

北京市高级人民法院《人民法院量刑指导意见(试行)实施细则(试行)》(2010年10月1日)(节录)

二、量刑的基本方法

1. 量刑步骤及基准刑的确定

(1) 根据基本犯罪构成事实在相应的法定刑幅度内确定量刑起点;

(2) 根据其他影响犯罪构成的犯罪数额、犯罪次数、犯罪后果等犯罪事实,在量刑起点的基础上增加刑罚量确定基准刑;

(3) 根据量刑情节调节基准刑,并综合考虑全案情况,依法确定宣告刑。

2. 量刑情节调节基准刑的方法

(1) 具有单个量刑情节的,根据量刑情节的调节比例直接对基准刑进行调节。

(2) 具有多种量刑情节的,根据各个量刑情节的调节比例,采用同向相加、逆向相减的方法确定全部量刑情节的调节比例,再对基准刑进行调节。

(3) 对于具有刑法总则规定的未成年人犯罪、限制行为能力的精神病人犯罪、又聋又哑的人或者盲人犯罪、防卫过当、避险过当、犯罪预备、犯罪未遂、犯罪中止、从犯、胁从犯和教唆犯等量刑情节的,先用该量刑情节对基准刑进行调节,在此基础上,再用其他量刑情节进行调节。

(4) 被告人犯数罪,同时具有适用各个罪的立功、累犯等量刑情节的,先用各个量刑情节调节个罪的基准刑,确定个罪所应判处的刑罚,再依法实行数罪并罚,决定执行的刑罚。

(5) 对于同一事实涉及不同量刑情节时,不重复评价。

3. 确定宣告刑的方法

(1) 量刑情节对基准刑的调节结果在法定刑幅度内,且罪责刑相适应的,可以直接确定为宣告刑;如果具有应当减轻处罚情节的,依法在法定最低刑以下确定宣告刑。

(2) 量刑情节对基准刑的调节结果在法定最低刑以下,具有减轻处罚情节,且罪责刑相适应的,可以直接确定为宣告刑;只有从轻处罚情节的,可以确定法定最低刑为宣告刑；

适用刑法第六十三条第二款规定减轻处罚，确定宣告刑的，依照法定程序报核准。

（3）量刑情节对基准刑的调节结果在法定最高刑以上的，可以法定最高刑为宣告刑。

（4）根据案件的具体情况，独任审判员或合议庭可以在10%的幅度内进行调整，调整后的结果仍然罪责刑不相适应的，依照法定程序提交审判委员会讨论决定宣告刑。

（5）综合全案犯罪事实和量刑情节，依法应当判处拘役、管制或者单处附加刑，或者无期徒刑以上刑罚的，应当依法适用。

（6）宣告刑为三年以下有期徒刑、拘役并符合缓刑适用条件的，可以依法宣告缓刑；犯罪情节轻微，不需要判处刑罚的，可以免予刑事处罚。

三、常见量刑情节的适用

量刑时要充分考虑各种法定和酌定量刑情节，根据案件的全部犯罪事实以及量刑情节的不同情形，依法确定量刑情节的适用及其调节比例。对严重暴力犯罪、黑社会性质组织犯罪、毒品犯罪，在确定从宽的幅度时，要从严掌握；对较轻的犯罪要充分体现从宽的政策。对以下常见量刑情节，可以在相应的幅度内确定具体调节比例。本细则尚未明确的其他量刑情节，在量刑时也要予以考虑，并根据案件具体情况，确定适当的调节比例。

1. 对于未成年人犯罪，综合考虑未成年人对犯罪的认识能力、实施犯罪行为的动机和目的、犯罪时的年龄、是否初犯、悔罪表现、个人成长经历和一贯表现等情况，确定从宽的幅度。

（1）已满十四周岁不满十六周岁的未成年人犯罪，可以减少基准刑的30%～60%；

（2）已满十六周岁不满十八周岁的未成年人犯罪，可以减少基准刑的10%～50%；

（3）未成年人犯符合刑法第七十二条第一款规定的，可以宣告缓刑。如同时具有初次犯罪、积极退赃或赔偿被害人经济于损失、具备监管帮教条件等情形之一，对其适用缓刑确实不致再危害社会的，一般应当宣告缓刑。

（4）未成年人犯根据其所犯罪行，可能被判处拘役、三年以下有期徒刑，如果悔罪表现好，并具有"系又聋又哑的人或者盲人；防卫过当或者避险过当；犯罪预备、中止或者未遂；共同犯罪中从犯、胁从犯；犯罪后自首或者立功表现；其他犯罪情节轻微不需要判处刑罚"等情形之一的，应当依照刑法第三十七条的规定免予刑事处罚。

2. 对于尚未完全丧失辨认或者控制自己行为能力的精神病人犯罪,根据其实施犯罪时病情严重程度、犯罪性质等情况,可以减少基准刑的40%以下。

3. 对于又聋又哑的人或者盲人犯罪,综合考虑实施犯罪行为的动机和目的、认知程度、是否初犯、悔罪表现和一贯表现等情况,可以减少基准刑的50%以下;犯罪较轻的,可以减少基准刑的50%以上或者依法免除处罚。

4. 对于防卫过当或避险过当的,综合考虑犯罪的性质、造成损害的程度等情况,可以减少基准刑的50%以上或者依法免除处罚。

5. 对于预备犯,综合考虑犯罪行为的性质、实施程度和危害程度等情况,可以比照既遂犯减少基准刑的50%以上或者依法免除处罚。

6. 对于未遂犯,综合考虑犯罪行为的实行程度、造成损害的大小、犯罪未得逞的原因等情况,确定从宽的幅度。

(1) 实行终了的未遂犯,可以比照既遂犯减少基准刑的40%以下;

(2) 未实行终了的未遂犯,可以比照既遂犯减少基准刑的50%以下。

7. 对于造成损害结果的中止犯,可以减少基准刑的50%以上。

8. 对于从犯,综合考虑其在共同犯罪中的地位、作用,以及是否实施犯罪实行行为等情况,可以减少基准刑的20%～50%;犯罪较轻的,可以减少基准刑的50%以上或者依法免除处罚。

9. 对于胁从犯,综合考虑犯罪的性质、被胁迫的程度、实行犯罪中的作用等情况,可以减少基准刑的60%以上或者依法免除处罚。

10. 对于未区分主从犯,但在共同犯罪中作用相对较小的,可以减少基准刑的30%以下。

11. 对于教唆不满十八周岁的人犯罪,所犯罪行较轻或者未造成严重损害的,可以增加基准刑的10%～30%;所犯罪行较重或者造成严重损害的,可以增加基准刑的20%～40%。

12. 对于自首情节,综合考虑投案的动机、时间、方式、罪行轻重、如实供述罪行的程度以及悔罪表现等情况,可以减少基准刑的40%以下;犯罪较轻的,可以减少基准刑的40%以上或者依法免除处罚。

13. 对于立功情节,综合考虑立功的大小、次数、内容、来源、效果以及罪行轻重等情况,确定从宽的幅度。

(1) 一般立功的,可以减少基准刑的20%以下;

(2) 重大立功的,可以减少基准刑的20%～50%;犯罪较轻的,可以减少基准刑的50%以上或者依法免除处罚。

14. 对于被采取强制措施的犯罪嫌疑人、被告人和已宣判的罪犯,如实供述司法机关尚未掌握的罪行,与司法机关已掌握的或者判决确定的罪行属同种罪行的，根据坦白罪行的轻重以及悔罪表现等情况，可以减少基准刑的20%以下。

15. 对于当庭自愿认罪的，根据犯罪的性质、罪行的轻重、认罪程度以及悔罪表现等情况，可以减少基准刑的10%以下。依法认定自首、坦白的除外。

16. 对于被害人有过错或对矛盾激化负有直接责任的，综合考虑案发的原因、犯罪的性质、被害人过错的程度或责任的大小等情况，可以减少基准刑的20%以下。

17. 对于退赃、退赔的，综合考虑犯罪性质，退赃、退赔行为对损害结果所能弥补的程度，退赃、退赔的数额及主动程度等情况，可以减少基准刑的30%以下。

18. 对于积极赔偿被害人经济损失的，综合考虑犯罪性质、赔偿数额、赔偿能力等情况，可以减少基准刑的30%以下。

19. 对于犯罪后积极抢救被害人的，综合考虑犯罪性质、抢救条件及效果、损害后果等情况，可以减少基准刑的30%以下。

20. 对于取得被害人或其家属谅解的，综合考虑犯罪的性质、罪行轻重、谅解的原因以及认罪悔罪的程度等情况，可以减少基准刑的20%以下。

21. 对于累犯，综合考虑前后罪的性质、刑罚执行完毕或赦免以后至再犯罪时间的长短以及前后罪罪行轻重等情况，可以增加基准刑的10%~40%。

22. 对于有前科劣迹的，综合考虑前科劣迹的性质、时间间隔长短、次数、处罚轻重等情况，可以增加基准刑的10%以下。

23. 对于黑社会性质组织犯罪、恶势力犯罪的，根据案件的具体情况，可以增加基准刑的20%以下。

24. 对于犯罪对象为未成年人、老人、残疾人、孕妇等弱势人员的，综合考虑犯罪的性质、犯罪的严重程度等情况，可以增加基准刑的20%以下。

25. 对于犯罪对象为救灾、抢险、防汛、优抚、扶贫、移民、救济、医疗款物等的，可以增加基准刑的20%以下。

26. 对于在重大自然灾害、预防、控制突发传染病疫情等灾害期间犯罪的，根据案件的具体情况，可以增加基准刑的20以下。

四、常见犯罪的量刑

（一）交通肇事罪

构成交通肇事罪的，根据致人伤亡的人数、财产损失的数额等危害后果以及逃逸等情节，在相应的法定刑幅度内确定量刑起点和基准刑。

1. 具有下列情形之一的，可以在六个月以上二年以下有期徒刑幅度内确定量刑起点：

（1）死亡一人或者重伤三人，负事故全部或者主要责任的。

每增加轻伤一人，可以增加一个月至两个月刑期确定基准刑；每增加重伤一人，可以增加四个月至六个月刑期确定基准刑。

（2）死亡三人，负事故同等责任的。

每增加轻伤一人，可以增加一个月至两个月刑期确定基准刑；每增加重伤一人，可以增加两个月至四个月刑期确定基准刑；每增加死亡一人，可以增加四个月至六个月刑期确定基准刑。

（3）造成公共财产或者他人财产直接损失，负事故全部或者主要责任，无能力赔偿额达30万元的。

无能力赔偿额每增加10万元的，可以增加一个月至两个月刑期确定基准刑。

（4）交通肇事致一人重伤，负事故全部或者主要责任，并具有酒后、吸食毒品后驾驶机动车辆，无驾驶资格驾驶机动车辆，明知是安全装置不全或者安全机件失灵的机动车辆而驾驶，明知是无牌证或者已报废的机动车辆而驾驶，严重超载驾驶，以及为逃避法律追究逃离事故现场等情形之一的。

每增加上述情形之一的，可以增加一个月至三个月刑期确定基准刑；重伤二人的，可以增加两个月至四个月刑期确定基准刑。

2. 具有下列情形之一的，可以在三年以上四年以下有期徒刑幅度内确定量刑起点：

（1）死亡一人或者重伤三人，负事故全部或者主要责任的，又逃逸的。

每增加轻伤一人，可以增加两个月至四个月刑期确定基准刑；每增加重伤一人，可以增加五个月至八个月刑期确定基准刑。

（2）死亡三人，负事故同等责任，又逃逸的。

每增加轻伤一人，可以增加两个月至四个月刑期确定基准刑；每增加重伤一人，可以增加四个月至六个月刑期确定基准刑；每增加死亡一人，可以增加五个月至十个月刑期确定基准刑。

（3）造成公共财产或者他人财产直接损失，负事故全部或者主要责任，无能力赔偿数额达30万元，又逃逸的。

无能力赔偿数额每增加10万元的，可以增加两个月至四个月刑期确定基准刑。

（4）交通肇事致一人重伤，负事故全部或者主要责任，并具有本罪名第1条第（4）项规定情形之一，又逃逸的。

每增加上述情形之一的，可以增加两个月至六个月刑期确定基准刑；重伤二人的，可以增加四个月至六个月刑期确定基准刑。

（5）死亡二人或者重伤五人，负事故全部或者主要责任的。

每增加轻伤一人，可以增加两个月至三个月刑期确定基准刑；每增加重伤一人，可以增加三个月至四个月刑期确定基准刑；每增加死亡一人，可以增加六个月至十个月刑期确定基准刑。

（6）死亡六人，负事故同等责任的。

每增加轻伤一人，可以增加两个月至三个月刑期确定基准刑；每增加重伤一人，可以增加三个月至四个月刑期确定基准刑；每增加死亡一人，可以增加六个月至十个月刑期确定基准刑。

（7）造成公共财产或者他人财产直接损失，负事故全部或者主要责任，无能力赔偿数额达60万元的。

无能力赔偿数额每增加20万元的，可以增加两个月至四个月刑期确定基准刑。

（8）符合上述第（5）至（7）种情形之一，又具有逃逸情节的，可以增加六个月至一年刑期确定基准刑。

3. 因逃逸致一人死亡的，可以在七年至八年有期徒刑幅度内确定量刑起点。

每增加轻伤一人，可以增加三个月至六个月刑期确定基准刑；每增加重伤一人，可以增加六个月至一年刑期确定基准刑；每增加死亡一人，可以增加一年至二年刑期确定基准刑。

（二）故意伤害罪

1. 构成故意伤害罪的，可以根据下列不同情形在相应的幅度内确定量刑起点：

（1）故意伤害致一人轻伤的，可以在六个月至一年六个月有期徒刑幅度内确定量刑起点。

（2）故意伤害致一人重伤的，可以在三年至四年有期徒刑幅度内确定量刑起点。

（3）以特别残忍手段故意伤害致一人重伤，造成六级严重残疾的，可以在十年至十二年有期徒刑幅度内确定量刑起点。依法应当判处无期徒刑以上刑罚的除外。

（4）故意伤害致一人死亡的，可以在十年至十五年有期徒刑幅度内确定量刑起点。依法应当判处无期徒刑以上刑罚的除外。

2. 在量刑起点的基础上，可以根据伤亡后果、伤残等级、手段的残忍程度等犯罪事实增加刑罚量，确定基准刑。有下列情形之一的，可以增加相应原刑罚量：

(1) 每增加一人轻微伤,可以增加三个月至六个月刑期。
(2) 每增加一人轻伤,可以增加六个月至一年刑期。
(3) 每增加一人重伤,可以增加一年至二年刑期。

3. 雇佣他人实施伤害行为的,可以增加基准刑的20%以下。

4. 有下列情形之一的,可以减少基准刑的20%以下:
(1) 因婚姻家庭、邻里纠纷等民间矛盾激化引发的。
(2) 因被害人对引发犯罪有过错或对矛盾激化引发犯罪负有责任的。

(三) 强奸罪

1. 构成强奸罪的,可以根据下列不同情形在相应的幅度内确定量刑起点:
(1) 强奸妇女、幼女一人一次的,可以在三年至五年有期徒刑幅度内确定量刑起点。
(2) 强奸妇女情节恶劣的,强奸妇女三人的,在公众场所当众强奸妇女的,二人以上轮奸妇女的,强奸致被害人重伤或造成其他严重后果的,可以在十年至十二年有期徒刑幅度内确定量刑起点,依法应该判处无期徒刑以上刑罚的除外。

2. 在量刑起点的基础上,可以根据强奸人数、次数、致人伤亡后果等犯罪事实增加刑罚量,确定基准刑。有下列情形之一的,可以增加相应的刑罚量:
(1) 强奸妇女每增加一人,可以增加二年至三年刑期。
(2) 强奸同一妇女每增加一次,可以增加六个月至一年刑期。
(3) 每增加一人轻微伤,可以增加三个月至六个月刑期。
(4) 每增加一人轻伤,可以增加六个月至一年刑期。
(5) 每增加一人重伤,可以增加一年至二年刑期。

3. 奸淫幼女的,可以增加基准刑的10%~30%。

(四) 非法拘禁罪

1. 构成非法拘禁罪的,可以根据下列不同情形在相应的幅度内确定量刑起点:
(1) 未造成伤害后果的,可以在三个月拘役至六个月有期徒刑幅度内确定量刑起点。
(2) 致一人重伤的,可以在三年至四年有期徒刑幅度内确定量刑起点。
(3) 致一人死亡的,可以在十年至十二年有期徒刑幅度内确定量刑起点。

2. 在量刑起点的基础上,可以根据非法拘禁人数、次数、拘禁时间、致人伤亡后果等犯罪事实增加刑罚量,确定基准刑,有下列情形之一的,可以增加相应的刑罚量:

（1）非法拘禁每增加一天，可以增加一个月至二个月刑期。

（2）每增加一人或者一次，可以增加三个月至六个月刑期。

（3）每增加一人轻伤，可以增加六个月至一年刑期。

（4）每增加一人重伤，以非法拘禁罪论处的，可以增加一年至二年刑期。

（5）每增加死亡一人，以非法拘禁罪论处的，可以增加一年至三年刑期。

3. 有下列情节之一的，可以增加基准刑的20%以下：

（1）具有殴打、侮辱情节的。

（2）国家机关工作人员利用职权非法扣押、拘禁他人的。

4. 为索取合法债务、争取合法权益而非法扣押、拘禁他人的，可以减少基准刑的30%以下。

（五）抢劫罪

1. 构成抢劫罪的，可以根据下列不同情形在相应的幅度内确定量刑起点：

（1）抢劫一次的，可以在三年至五年有期徒刑幅度内确定量刑起点。

（2）入户抢劫的，在公共交通工具上抢劫的，抢劫银行或其他金融机构的，抢劫三次或者抢劫数额达到数额巨大起点的，抢劫致人重伤、死亡的，冒充军警人员抢劫的，持枪抢劫的，抢劫军用物资或者抢险、救灾、救济物资的，可以在十年至十二年有期徒刑幅度内确定量刑起点。依法应当判处无期徒刑以上刑罚的除外。

2. 在量刑起点的基础上，可以根据抢劫致人伤亡的后果、次数、数额、手段等犯罪事实增加刑罚量，确定基准刑。有下列情形之一的，可以增加相应的刑罚量：

（1）每增加一人轻微伤，可以增加三个月至六个月刑期。

（2）每增加一人轻伤，可以增加六个月至一年刑期。

（3）每增加一人重伤，可以增加一年至二年刑期。

（4）每增加一次抢劫，可以增加一年至三年刑期。

（5）每增加本罪名第1条第（2）款规定情节之一的，可以增加一年至二年刑期。

3. 有下列情节之一的，可以减少基准刑的20%以下：

（1）确因生活、学习、治病急需而抢劫的。

（2）教唆或者伙同他人抢劫家庭成员或者近亲属财物的。

（3）转化型抢劫，暴力程度轻微或仅以言语相威胁的。

（六）盗窃罪

1. 构成盗窃罪的，可以根据下列不同情形在相应的幅度内确定量刑起点：

（1）达到数额较大起点的，或者一年内入户盗窃或者在公共场所扒窃三次的,可以在三个月拘役至六个月有期徒刑幅度内确定量刑起点。

(2) 达到数额巨大起点或者有其他严重情节的,可以在三年至四年有期徒刑幅度内确定量刑起点。

(3) 达到数额特别巨大起点或者有其他特别严重情节的,可以在十年至十二年有期徒刑幅度内确定量刑起点。依法应当判处无期徒刑以上刑罚的除外。

2. 在量刑起点的基础上,可以根据盗窃数额、次数、手段等犯罪事实增加相应的刑罚量,确定基准刑。

3. 有下列情节之一的,可以增加基准刑的20%以下:
(1) 入户盗窃的。
(2) 采取破坏性手段盗窃造成公私财产损失的。

4. 有下列情节之一的,可以相应减少刑罚量:
(1) 确因生活、学习、治病急需而盗窃的,可以减少基准刑的20%以下。
(2) 盗窃自家或者近亲属的财物,一般可不按犯罪处理;对确需追究刑事责任的,可以根据家属、近亲属的谅解程度,减少基准刑的50%以下。

(七) 诈骗罪

1. 构成诈骗罪的,可以根据下列不同情形在相应的幅度内确定量刑起点:
(1) 达到数额较大起点的,可以在三个月拘役至六个月有期徒刑幅度内确定量刑起点。
(2) 达到数额巨大起点的或者有其他严重情节的,可以在三年至四年有期徒刑幅度内确定量刑起点。
(3) 达到数额特别巨大起点或者有其他特别严重情节的,可以在十年至十二年有期徒刑幅度内确定量刑起点。依法应该判处无期徒刑的除外。

2. 在量刑起点的基础上,可以根据诈骗数额、次数、后果、手段等犯罪事实增加相应的刑罚量,确定基准刑。

(八) 抢夺罪

1. 构成抢夺罪的,可以根据下列不同情形在相应的幅度内确定量刑起点:
(1) 达到数额较大起点的,可以在三个月拘役至一年有期徒刑幅度内确定量刑起点。
(2) 达到数额巨大起点或者有其他严重情节的,可以在三年至四年有期徒刑幅度内确定量刑起点。
(3) 达到数额特别巨大起点或者有其他特别严重情节的,可以在十年至十二年有期徒刑幅度内确定量刑起点。依法应当判处无期徒刑的除外。

2. 在量刑起点的基础上,可以根据抢夺数额、次数、手段、致人伤害后果等犯罪事实增加相应的刑罚量,确定基准刑。

3. 有下列情节之一的,可以增加基准刑的30%以下:

(1) 一年内抢夺三次以上的。

(2) 驾驶机动车辆实施抢夺的。

(九) 职务侵占罪

1. 构成职务侵占罪的,可以根据下列不同情形在相应的幅度内确定量刑起点:

(1) 达到数额较大起点的,可以在三个月拘役至一年有期徒刑幅度内确定量刑起点。

(2) 达到数额巨大起点的,可以在五年至六年有期徒刑幅度内确定量刑起点。

2. 在量刑起点的基础上,可以根据职务侵占数额、次数等犯罪事实增加相应的刑罚量,确定基准刑。

(十) 敲诈勒索罪

1. 构成敲诈勒索罪的,可以根据下列不同情形在相应的幅度内确定量刑起点:

(1) 达到数额较大起点的,可以在三个月拘役至六个月有期徒刑幅度内确定量刑起点。

(2) 达到数额巨大起点的或者有其他严重情节的,可以在三年至四年有期徒刑幅度内确定量刑起点。

2. 在量刑起点的基础上,可以根据敲诈勒索数额、次数、手段、造成的后果等犯罪事实增加相应的刑罚量,确定基准刑。

3. 有下列情节之一的,可以增加基准刑的20%以下:

(1) 以非法手段获取他人隐私勒索他人财物的。

(2) 以危险方法制造事端进行敲诈勒索的。

(3) 手段恶劣,造成被害人精神失常或其他严重后果的。

(十一) 妨害公务罪

1. 构成妨害公务罪的,可以在三个月拘役至一年有期徒刑幅度内确定量刑起点。

2. 在量刑起点的基础上,可以根据妨害公务的手段、造成的后果等犯罪事实增加刑罚量,确定基准刑。有下列情形之一的,可以增加相应的刑罚量:

(1) 每增加轻微伤一人,可以增加一个月至三个月刑期。

(2) 每增加轻伤一人,可以增加三个月至六个月刑期。

3. 煽动群众阻碍依法执行职务、履行职责的,可以增加基准刑的20%以下。

(十二) 聚众斗殴罪

1. 构成聚众斗殴罪的,可以根据下列不同情形在相应的幅度内确定量刑起点:

(1) 犯罪情节一般的,可以在六个月至一年六个月有期徒刑幅度内确定量刑起点。

(2) 聚众斗殴达三次的;聚众斗殴人数多,规模大,社会影响恶劣的;在公共场所或者交通要道聚众斗殴,造成社会秩序严重混乱的;持械聚众斗殴的,可以在三年至四年有期徒刑幅度内确定量刑起点。

2. 在量刑起点的基础上,可以根据聚众斗殴人数、次数、手段、伤害后果等犯罪事实

增加刑罚量,确定基准刑。有下列情形之一的,可以增加相应的刑罚量:

(1) 聚众斗殴一方参与人数达10人以上不满20人的,对首要分子及起组织、指挥作用的人,可以增加三个月至六个月刑期。

(2) 聚众斗殴一方参与人数达20人以上的,对首要分子及起组织、指挥作用的人,可以增加六个月至一年刑期。

(3) 每增加轻微伤一人,可以增加三个月至六个月刑期。

(4) 每增加轻伤一人,可以增加六个月至一年刑期。

(5) 每增加聚众斗殴一次,可以增加六个月至一年刑期。

3. 组织未成年人聚众斗殴的,可以增加基准刑的20%以下。

(十三) 寻衅滋事罪

1. 构成寻衅滋事罪的,可以在三个月拘役至一年有期徒刑幅度内确定量刑起点。

2. 在量刑起点的基础上,可以根据寻衅滋事次数、伤害后果、强拿硬要他人财物或任意损毁、占用公私财物数额等犯罪事实增加刑罚量,确定基准刑。有下列情形之一的,可以增加相应的刑罚量:

(1) 每增加被害人一人,可以增加一个月至三个月刑期。

(2) 每增加一人轻微伤,可以增加一个月至三个月刑期。

(3) 每增加一人轻伤,可以增加三个月至六个月刑期。

(4) 每增加寻衅滋事一次,可以增加六个月至一年刑期。

(十四) 掩饰、隐瞒犯罪所得、犯罪所得收益罪

1. 构成掩饰、隐瞒犯罪所得、犯罪所得收益罪的,可以根据下列不同情形在相应的幅度内确定量刑起点:

（1）犯罪情节一般的，可以在三个月拘役至六个月有期徒刑幅度内确定量刑起点。

（2）情节严重的，可以在三年至四年有期徒刑幅度内确定量刑起点。

2. 在量刑起点的基础上，可以根据犯罪数额、次数、手段等犯罪事实增加相应的刑罚量，确定基准刑。

（十五）走私、贩卖、运输、制造毒品罪

1. 构成走私、贩卖、运输、制造毒品罪的，可以根据下列不同情形在相应的幅度内确定量刑起点：

（1）走私、贩卖、运输、制造鸦片一千克，海洛因、甲基苯丙胺五十克或者其它毒品数量达到数量大起点的，量刑起点为十五年有期徒刑。依法应当判处无期徒刑以上刑罚的除外。

（2）走私、贩卖、运输、制造鸦片二百克，海洛因、甲基苯丙胺十克或者其它毒品数量达到数量较大起点的，量刑起点为七年至八年有期徒刑。

（3）走私、贩卖、运输、制造鸦片不满二百克，海洛因、甲基苯丙胺不满十克或者其它少量毒品的，可以在三个月拘役至三年有期徒刑幅度内确定量刑起点；情节严重的，可以在三年至四年有期徒刑幅度内确定量刑起点。

2. 在量刑起点的基础上，可以根据毒品犯罪次数、人次、毒品数量等犯罪事实增加相应的刑罚量，确定基准刑。

3. 有下列情形之一的，可以增加基准刑的30%以下：

（1）组织、利用、教唆未成年人、孕妇、哺乳期妇女、患有严重疾病人员、又聋又哑的人、盲人及其他特殊人群走私、贩卖、运输、制造毒品，或者向未成年人出售毒品的。

（2）毒品再犯。

4. 有下列情节之一，可以减少基准刑的30%以下：

（1）受雇运输毒品的。

（2）毒品含量明显偏低的。

（3）存在数量引诱情形的。

五、附则

1. 本细则适用于判处有期徒刑以下的案件，其中第一至第三部分可适用于所有判处有期徒刑以下案件。

2. 宣告刑均以月为单位计算，不足一个月的，可按四舍五入的方法取整数。

3. 本细则所称以上、以下，均包括本数。

4. 本细则将随法律、司法解释和刑事司法政策以及上级法院规定的变动适时作出调整与修订。

5. 本细则自 2010 年 10 月 1 日起试行。

《广东省高级人民法院〈人民法院量刑指导意见（试行）〉》（2010 年 10 月 1 日）（节录）

二、量刑的基本方法

1. 量刑步骤

（1）根据基本犯罪构成事实在相应的法定刑幅度内确定量刑起点；

（2）根据其他影响犯罪构成的犯罪数额、犯罪次数、犯罪后果等犯罪事实，在量刑起点的基础上增加刑罚量确定基准刑；

（3）根据量刑情节调节基准刑，并综合考虑全案情况，依法确定宣告刑。

2. 量刑情节调节基准刑的方法

（1）具有单个量刑情节的，根据量刑情节的调节比例直接对基准刑进行调节。

（2）具有多种量刑情节的，根据各个量刑情节的调节比例，采用同向相加、逆向相减的方法确定全部量刑情节的调节比例，再对基准刑进行调节。

（3）对于具有刑法总则规定的未成年人犯罪、限制行为能力的精神病人犯罪、又聋又哑的人或者盲人犯罪、防卫过当、避险过当、犯罪预备、犯罪未遂、犯罪中止、从犯、胁从犯和教唆犯等量刑情节的，先用该量刑情节对基准刑进行调节，在此基础上，再用其他量刑情节进行调节。

（4）被告人犯数罪，同时具有适用各个罪的立功、累犯等量刑情节的，先用各个量刑情节调节个罪的基准刑，确定个罪所应判处的刑罚，再依法实行数罪并罚，决定执行的刑罚。

（5）对于同一事实涉及不同量刑情节时，不重复评价。

3. 确定宣告刑的方法

（1）量刑情节对基准刑的调节结果在法定刑幅度内，且罪责刑相适应的，可以直接确定为宣告刑；如果具有应当减轻处罚情节的，依法在法定最低刑以下确定宣告刑。

（2）量刑情节对基准刑的调节结果在法定最低刑以下，具有减轻处罚情节，且罪责刑相适应的，可以直接确定为宣告刑；只有从轻处罚情节的，可以确定法定最低刑为宣告刑。

（3）量刑情节对基准刑的调节结果在法定最高刑以上的，可以法定最高刑为宣告刑。

（4）根据案件的具体情况，独任审判员或合议庭可以在 10% 的幅度内进行调整，调整后的结果仍然罪责刑不相适应的，报院长或提交审判委员会讨论决定宣告刑。

（5）综合全案犯罪事实和量刑情节，依法应当判处拘役、管制或者单处附加刑，或者无期徒刑以上刑罚的，应当依法适用。

（6）宣告刑为三年以下有期徒刑、拘役并符合缓刑适用条件的，可以依法宣告缓刑；犯罪情节轻微，不需要判处刑罚的，可以免予刑事处罚。

三、常见量刑情节的适用

量刑时要充分考虑各种法定和酌定量刑情节，根据案件的全部犯罪事实以及量刑情节的不同情形，依法确定量刑情节的适用及其调节比例。对严重暴力犯罪、黑社会性质组织犯罪、毒品犯罪，在确定从宽的幅度时，要从严掌握；对较轻的犯罪要充分体现从宽的政策。对以下常见量刑情节，可以在相应的幅度内确定具体调节比例。本实施细则尚未规定的其它量刑情节，在量刑时也要予以考虑，并确定适当的调节比例。

1. 对于未成年人犯罪，应当综合考虑未成年人对犯罪的认识能力、实施犯罪行为的动机和目的、犯罪时的年龄、是否初犯、悔罪表现、个人成长经历和一贯表现等情况，予以从宽处罚。对符合管制、缓刑、单处罚金或者免予刑事处罚适用条件的未成年被告人，应当依法适用管制、缓刑、单处罚金或者免予刑事处罚。

（1）已满十四周岁不满十六周岁的未成年人犯罪，可以减少基准刑的30%~60%。

（2）已满十六周岁不满十八周岁的未成年人犯罪，可以减少基准刑的10%~50%。

2. 对于尚未完全丧失辨认能力或者控制能力的精神病人犯罪，根据其犯罪时精神障碍影响行为能力的严重程度、犯罪性质等因素，可以减少基准刑的40%以下。

3. 对于又聋又哑的人或者盲人犯罪，综合考虑其接受教育的程度、认知能力、犯罪性质等因素，可以减少基准刑的40%以下。故意利用残疾身份犯罪的，减少基准刑的幅度不超过10%。

4. 65周岁以上的人犯罪，可以减少基准刑的50%以下。

5. 正当防卫明显超过必要限度造成重大损害的，综合考虑不法侵害的性质、程度、损害后果的大小等情况，可以减少基准刑的50%以上。

6. 紧急避险超过必要限度造成不应有的损害的，综合考虑危险来源、避险方式、损害大小等情况，可以减少基准刑的50%以上。

7. 对于预备犯，可以比照既遂犯减少基准刑的60%以上。

8. 对于未遂犯，综合考虑犯罪行为的实行程度、造成损害的大小、犯罪未得逞的原因等情况，可以比照既遂犯减少基准刑。

（1）实行终了的未遂犯，根据造成的损害大小，可以比照既遂犯减少基准刑的40%以下。

（2）未实行终了的未遂犯，根据造成的损害大小，可以比照既遂犯减少基准刑的50%以下。

9. 对于造成损害结果的中止犯，可以减少基准刑的50%以上。

没有造成损害的，可以免除处罚。

10. 对于从犯，应当综合考虑其在共同犯罪中的地位、作用，以及是否实施犯罪实行行为等情况，予以从宽处罚，可以减少基准刑的20%～50%；犯罪较轻的，可以减少基准刑的50%以上或者依法免除处罚。

对于胁从犯，应当综合考虑犯罪的性质、被胁迫的程度、实行犯罪中的作用等情况，予以从宽处罚，可以减少基准刑的40%～70%；犯罪较轻的，可以减少基准刑的70%以上。

未区分主从犯，但对于作用相对较小的被告人，可以减少基准刑的10%～30%。

对于共同犯罪中作用相对较小的主犯，可以减少基准刑的10%～20%。

11. 对于教唆犯，应当综合考虑其在共同犯罪中的作用、是否教唆未成年人犯罪以及被教唆者是否犯被教唆的罪等情况，予以处罚。

（1）教唆未成年人犯罪，根据所犯罪行的轻重、造成损害的程度，可以增加基准刑的40%以下。

（2）被教唆的人没有犯被教唆的罪的，可以减少基准刑的50%以下。

12. 对于自首情节，综合考虑投案的动机、时间、方式、罪行轻重、如实供述罪行的程度以及悔罪表现等情况，可以减少基准刑的40%以下；犯罪较轻的，可以减少基准刑的40%以上或者依法免除处罚。

13. 对于立功情节，综合考虑立功的大小、次数、内容、来源、效果以及罪行轻重等情况，确定从宽的幅度。

（1）一般立功的，可以减少基准刑的20%以下。

（2）重大立功的，可以减少基准刑的20%～50%；犯罪较轻的，可以减少基准刑的50%以上或者依法免除处罚。

（3）犯罪后自首又有重大立功表现的，可以减少基准刑的50%以上。

14. 对于被采取强制措施的犯罪嫌疑人、被告人和已宣判的罪犯，如实供述司法机关尚未掌握的罪行，与司法机关已掌握的或者判决确定的罪行属同种罪行的，根据坦白罪行的轻重以及悔罪表现等情况，可以减少基准刑的20%

以下。

15. 对于当庭自愿认罪的,根据犯罪的性质、罪行的轻重、认罪程度以及悔罪表现等情况,可以减少基准刑的10%以下,依法认定自首、坦白的除外。

16. 对于退赃、退赔的,综合考虑犯罪性质,退赃、退赔行为对损害结果所能弥补的程度,退赃、退赔的数额及主动程度等情况,确定从宽的幅度。

(1) 非暴力型犯罪,被告人退赃、退赔的,可以减少基准刑的30%以下。

(2) 暴力型犯罪,被告人退赃、退赔的,可以减少基准刑的20%以下。

17. 对于积极赔偿被害人经济损失的,综合考虑犯罪性质、赔偿数额、赔偿能力等情况,可以减少基准刑的30%以下。

18. 对于取得被害人或其家属谅解的,综合考虑犯罪的性质、罪行轻重、谅解的原因以及认罪悔罪的程度等情况,可以减少基准刑的20%以下。

19. 被害人对犯罪发生有过错的,根据过错的程度、负有责任的大小,可以减少基准刑的40%以下。

20. 对于累犯,综合考虑前后罪的性质、刑罚执行完毕或赦免以后至再犯罪时间的长短以及前后罪罪行轻重等情况,予以从重处罚,可以增加基准刑的10%~40%。

21. 对于有前科劣迹的,综合考虑前科劣迹的性质、时间间隔长短、次数、处罚轻重等情况,可以增加基准刑的10%以下。

22. 对于黑社会性质组织犯罪、恶势力犯罪,根据案件的具体情况,可以增加基准刑的20%以下。

23. 对于犯罪对象为未成年人、老人、残疾人、孕妇、精神病人等弱势人员的,综合考虑犯罪的性质、犯罪的严重程度等情况,可以增加基准刑的20%以下。

24. 对于在重大自然灾害、预防、控制突发传染病疫情等灾害期间犯罪的,根据案件的具体情况,可以增加基准刑的20%以下。

25. 对于犯罪对象为救灾、抢险、防汛、优抚、扶贫、移民、救济、医疗等特定款物的,综合考虑犯罪的性质、犯罪的严重程度等情况,可以增加基准刑的20%以下。

26. 因婚姻、家庭、邻里矛盾等民事纠纷引发的犯罪,根据案件的具体情况,可以减少基准刑的20%以下。

四、常见犯罪的量刑

(一) 交通肇事罪

1. 构成交通肇事罪的,可以根据下列不同情形在相应的幅度内确定量刑起点:

（1）致人重伤、死亡或者使公私财产遭受重大损失的，可以在六个月至二年有期徒刑幅度内确定量刑起点。

（2）交通肇事后逃逸或者有其他特别恶劣情节的，可以在三年至四年有期徒刑幅度内确定量刑起点。

（3）因逃逸致一人死亡的，可以在七年至八年有期徒刑幅度内确定量刑起点。

2. 在量刑起点的基础上，可以根据致人伤亡的人数或者财产损失的数额以及逃逸等其他影响犯罪构成的犯罪事实增加刑罚量，确定基准刑。

（1）轻伤人数每增加一人，可以增加三个月至六个月的刑期；重伤人数每增加一人，可以增加六个月至一年的刑期；死亡人数每增加一人，可以增加六个月至一年的刑期；因逃逸致人死亡的，死亡人数每增加一人，可以增加一年至三年的刑期。

（2）造成公共财产或者他人财产直接损失，无能力赔偿数额每增加10万元，可以增加一个月至四个月的刑期。

（3）每增加下列情形之一的，可以增加三个月至六个月刑期：
①酒后、吸食毒品后驾驶机动车辆的；
②无驾驶资格驾驶机动车辆的；
③明知是安全装置不全或者安全机件失灵的机动车辆而驾驶的；
④明知是无牌证或者已报废的机动车辆而驾驶的；
⑤严重超载驾驶的。

3. 拒不赔偿被害人经济损失的，可以增加基准刑的30%以下。

（二）故意伤害罪

1. 构成故意伤害罪的，可以根据下列不同情形在相应的幅度内确定量刑起点：

（1）故意伤害致一人轻伤的，可以在六个月至一年六个月有期徒刑幅度内确定量刑起点。

（2）故意伤害致一人重伤的，可以在三年至四年有期徒刑幅度内确定量刑起点。

（3）以特别残忍手段故意伤害致一人重伤，造成六级严重残疾的，可以在十年至十二年有期徒刑幅度内确定量刑起点。依法应当判处无期徒刑以上刑罚的除外。

（4）故意伤害致一人死亡的，可以在十年至十五年有期徒刑幅度内确定量刑起点。依法应当判处无期徒刑以上刑罚的除外。

2. 在量刑起点的基础上，可以根据伤亡后果、伤残等级、手段的残忍程度等其他影响犯罪构成的犯罪事实增加刑罚量,确定基准刑。

(1) 每增加一人轻微伤,可以增加一个月至三个月刑期;每增加一人轻伤,可以增加三个月至一年刑期;每增加一人重伤,可以增加一年至二年刑期。

(2) 每增加一级一般残疾的,可以增加一个月至三个月刑期;每增加一级严重残疾的,可以增加六个月至一年刑期;每增加一级特别严重残疾的,可以增加二年至三年刑期。

(3) 持械伤害他人的,可以增加三个月至一年刑期。

3. 拒不赔偿被害人经济损失的,可以增加基准刑的30%以下。

4. 雇佣他人实施伤害行为的,可以增加基准刑的20%以下。

5. 犯罪后积极抢救被害人的,可以减少基准刑的20%以下。

(三) 强奸罪

1. 构成强奸罪的,可以根据下列不同情形在相应的幅度内确定量刑起点:

(1) 强奸妇女、奸淫幼女一人一次的,可以在三年至五年有期徒刑幅度内确定量刑起点。

(2) 有下列情形之一的,可以在十年至十二年有期徒刑幅度内确定量刑起点:强奸妇女、奸淫幼女情节恶劣的;强奸妇女、奸淫幼女三人的;在公共场所当众强奸妇女的;二人以上轮奸妇女的;强奸致被害人重伤或者造成其他严重后果的。依法应当判处无期徒刑以上刑罚的除外。

2. 在量刑起点的基础上,可以根据强奸人数、次数、伤害后果等其他影响犯罪构成的犯罪事实增加刑罚量,确定基准刑。

(1) 强奸妇女、奸淫幼女每增加一人,可以增加二年至三年刑期。

(2) 强奸同一妇女、奸淫同一幼女每增加一次,可以增加一年至一年六个月刑期。

(3) 每增加一人轻微伤,可以增加一个月至三个月刑期;每增加一人轻伤,可以增加三个月至一年刑期;每增加一人重伤,可以增加一年至二年刑期。

(4) 每增加一级一般残疾的,可以增加一个月至三个月刑期;每增加一级严重残疾的,可以增加六个月至一年刑期;每增加一级特别严重残疾的,可以增加二年至三年刑期。

(四) 非法拘禁罪

1. 构成非法拘禁罪的,可以根据下列不同情形在相应的幅度内确定量刑起点:

(1) 未造成伤害后果的,可以在三个月拘役至六个月有期徒刑幅度内确定量刑起点。

（2）致一人轻伤的，可以在六个月至一年六个月有期徒刑幅度内确定量刑起点。

（3）致一人重伤的，可以在三年至四年有期徒刑幅度内确定量刑起点。

（4）致一人死亡的，可以在十年至十二年有期徒刑幅度内确定量刑起点。

2. 在量刑起点的基础上，可以根据非法拘禁人数、次数、拘禁时间、致人伤亡后果等其他影响犯罪构成的犯罪事实增加刑罚量，确定基准刑。

（1）非法拘禁时间超过 24 小时的，每增加 12 小时，可以增加一个月至三个月刑期。

（2）每增加一人或者一次，可以增加三个月至六个月刑期。

（3）每增加一人轻微伤，可以增加一个月至三个月刑期；每增加一人轻伤，可以增加三个月至一年刑期；每增加一人重伤，可以增加一年至二年刑期。

（4）每增加一级一般残疾的，可以增加一个月至三个月刑期；每增加一级严重残疾的，可以增加六个月至一年刑期；每增加一级特别严重残疾的，可以增加二年至三年刑期。

（5）造成他人精神失常等其他严重后果的，可以增加二年至三年刑期。

3. 有下列情节之一的，可以增加基准刑的 20% 以下：

（1）具有殴打、侮辱情节的；

（2）国家机关工作人员利用职权非法扣押、拘禁他人的。

4. 为索取合法债务、争取合法权益而非法扣押、拘禁他人的，可以减少基准刑的 30% 以下。

（五）抢劫罪

1. 构成抢劫罪的，可以根据下列不同情形在相应的幅度内确定量刑起点：

（1）抢劫一次的，可以在三年至五年有期徒刑幅度内确定量刑起点。

（2）有下列情形之一的，可以在十年至十二年有期徒刑幅度内确定量刑起点：入户抢劫的；在公共交通工具上抢劫的；抢劫银行或者其他金融机构的；抢劫三次或者抢劫数额达到数额巨大起点的；抢劫致一人重伤，没有造成残疾的；冒充军警人员抢劫的；持枪抢劫的；抢劫军用物资或者抢险、救灾、救济物资的。

2. 在量刑起点的基础上，可以根据抢劫致人伤亡的后果、次数、数额、手段等其他影响犯罪构成的犯罪事实增加刑罚量，确定基准刑。

（1）每增加一人轻微伤，可以增加三个月至六个月刑期；每增加一人轻伤，可以增加六个月至一年刑期；每增加一人重伤，可以增加一年至二年刑期。

（2）每增加一次抢劫，可以增加二年至三年刑期。

（3）抢劫财物数额未达到数额巨大起点的，每增加5000元，可以增加一年至二年刑期。

（4）抢劫财物数额超过数额巨大起点的，根据超过的数额，可相应增加刑罚量确定基准刑。

（5）持枪支以外的械具抢劫的，可以增加六个月至一年刑期。

（6）每增加《中华人民共和国刑法》第二百六十三条第（一）至（八）项情节之一的，可以增加一年至二年刑期。

（六）盗窃罪

1. 构成盗窃罪的，可以根据下列不同情形在相应的幅度内确定量刑起点：

（1）达到数额较大起点的，或者一年内入户盗窃或者在公共场所扒窃三次的，可以在三个月拘役至六个月有期徒刑幅度内确定量刑起点。

（2）达到数额巨大起点或者有其他严重情节的，可以在三年至四年有期徒刑幅度内确定量刑起点。

（3）达到数额特别巨大起点或者有其他特别严重情节的，可以在十年至十二年有期徒刑幅度内确定量刑起点。

2. 在量刑起点的基础上，可以根据盗窃数额、次数、手段等其他影响犯罪构成的犯罪事实增加刑罚量，确定基准刑。

（1）超过数额较大起点未达到数额巨大起点的，一类地区每增加6000元，二类地区每增加4500元，三类地区每增加3000元，可以增加六个月至一年刑期。

（2）超过数额巨大起点未达到数额特别巨大起点的，一类地区每增加10000元，二类地区每增加7500元，三类地区每增加5000元，可以增加六个月到一年刑期。

（3）超过数额特别巨大起点的，根据超过的数额，可相应增加刑罚量确定基准刑。

（4）具有下列情形之一的，可以增加三个月至六个月刑期：

①每增加盗窃一次；

②入户盗窃；

③在公共交通工具上盗窃。

3. 有下列情形之一的，可以增加基准刑的30%以下：

（1）采取破坏性手段盗窃造成公私财产损失的；

（2）盗窃生产资料，影响生产的；

（3）导致被害人死亡、精神失常或者其他严重后果的；

（4）为吸毒、赌博等违法犯罪活动而盗窃的；

（5）盗窃财物无法缴回的。

4. 盗窃近亲属财物，可以减少基准刑的50%以下。不作犯罪处理的除外。

（七）诈骗罪

1. 构成诈骗罪的，可以根据下列不同情形在相应的幅度内确定量刑起点：

（1）达到数额较大起点的，可以在三个月拘役至六个月有期徒刑幅度内确定量刑起点。

（2）达到数额巨大起点或者有其他严重情节的，可以在三年至四年有期徒刑幅度内确定量刑起点。

（3）达到数额特别巨大起点或者有其他特别严重情节的，可以在十年至十二年有期徒刑幅度内确定量刑起点。依法应当判处无期徒刑的除外。

2. 在量刑起点的基础上，可以根据诈骗数额等其他影响犯罪构成的犯罪事实增加刑罚量，确定基准刑。

（1）超过数额较大起点未达到数额巨大起点的，一类地区每增加5000元，二类地区每增加4000元，可以增加一个月至三个月刑期。

（2）超过数额巨大起点未达到数额特别巨大起点的，一类地区每增加100000元，二类地区每增加80000元，可以增加一年到一年六个月刑期。

（3）超过数额特别巨大起点的，根据超过的数额，可相应增加刑罚量确定基准刑。

3. 有下列情形之一的，可以增加基准刑的30%以下：

（1）诈骗生产资料，影响生产的；

（2）挥霍诈骗的财物，致使诈骗的财物无法返还的；

（3）导致被害人死亡、精神失常或者其他严重后果的。

（八）抢夺罪

1. 构成抢夺罪的，可以根据下列不同情形在相应的幅度内确定量刑起点：

（1）达到数额较大起点的，可以在三个月拘役至一年有期徒刑幅度内确定量刑起点。

（2）达到数额巨大起点或者有其他严重情节的，可以在三年至四年有期徒刑幅度内确定量刑起点。

（3）达到数额特别巨大起点或者有其他特别严重情节的，可以在十年至十二年有期徒刑幅度内确定量刑起点。依法应当判处无期徒刑的除外。

2. 在量刑起点的基础上，可以根据抢夺数额等其他影响犯罪构成的犯罪事实增加刑罚量，确定基准刑。

（1）每增加一人轻微伤，可以增加一个月至三个月刑期；每增加一人轻伤，可以增加三个月至一年刑期。

（2）超过数额较大起点未达到数额巨大起点的，每增加1000元，可以增加一个月至三个月刑期。

（3）超过数额巨大起点未达到数额特别巨大起点的，每增加10000元，可以增加六个月到一年刑期。

（4）超过数额特别巨大起点的，根据超过的数额，可相应增加刑罚量确定基准刑。

（5）具有下列情形之一的，可以增加三个月至一年刑期：

①每增加抢夺一次；

②利用行驶的机动车辆抢夺的。

3. 有下列情形之一的，可以增加基准刑的30%以下：

（1）为吸毒、赌博等违法犯罪活动而抢夺的；

（2）抢夺财物无法缴回的；

（3）导致被害人精神失常或者其他严重后果的；

（九）职务侵占罪

1. 构成职务侵占罪的，可以根据下列不同情形在相应的幅度内确定量刑起点：

（1）达到数额较大起点的，可以在三个月拘役至一年有期徒刑幅度内确定量刑起点。

（2）达到数额巨大起点的，可以在五年至六年有期徒刑幅度内确定量刑起点。

2. 在量刑起点的基础上，可以根据职务侵占数额等其他影响犯罪构成的犯罪事实增加刑罚量，确定基准刑。

（1）超过数额较大起点未达到数额巨大起点的，一类地区每增加20000元，二类地区每增加15000元，可以增加一个月至三个月刑期。

（2）超过数额巨大起点的，根据超过的数额，可相应增加刑罚量确定基准刑。

3. 有下列情节之一的，可以增加基准刑的30%以下：

（1）多次侵占的；

（2）侵占法人、企业或其他组织急需要的生产资料，严重影响生产的。

（十）敲诈勒索罪

1. 构成敲诈勒索罪的，可以根据下列不同情形在相应的幅度内确定量刑起点：

（1）达到数额较大起点的，可以在三个月拘役至六个月有期徒刑幅度内确定量刑起点。

（2）达到数额巨大起点或者有其他严重情节的，可以在三年至四年有期徒刑幅度内确定量刑起点。

2. 在量刑起点的基础上，可以根据敲诈勒索数额等其他影响犯罪构成的犯罪事实增加刑罚量，确定基准刑。

（1）超过数额较大起点未达到数额巨大起点的，一类地区每增加2500元，二类地区每增加2000元，三类地区每增加1500元，可以增加一个月至三个月刑期。

（2）超过数额巨大起点的，根据超过的数额，可相应增加刑罚量确定基准刑。

（3）每增加一人轻微伤，可以增加一个月至三个月刑期；每增加一人轻伤，可以增加三个月至一年刑期。

3. 有下列情节之一的，可以增加基准刑的30%以下：

（1）以危险方法制造事端进行敲诈勒索的；

（2）以非法手段获取他人隐私勒索财物的；

（3）冒充国家机关工作人员敲诈勒索的；

（4）手段恶劣，造成被害人精神失常或其它严重后果的。

（十一）妨害公务罪

1. 构成妨害公务罪的，可以在三个月拘役至一年有期徒刑幅度内确定量刑起点。

2. 在量刑起点的基础上，可以根据妨害公务造成的后果等其他影响犯罪构成的犯罪事实增加刑罚量，确定基准刑。

（1）每增加轻微伤一人，可以增加一个月至三个月刑期。

（2）每增加轻伤一人，可以增加三个月至一年刑期。

3. 具有下列情形之一的，可以增加基准刑20%以下：

（1）煽动群众阻碍依法执行公务、履行职责的；

（2）采取持械、聚众围攻等暴力、威胁手段的；

（3）烧毁警用、公务车辆的；

（4）因妨害公务的行为，致使执行救人、救险、追捕、警卫、收集固定案件证据等紧急任务无法完成的。

4. 因执行公务行为不规范而导致妨害公务犯罪的，可以减少基准刑的20%以下。

（十二）聚众斗殴罪

1. 构成聚众斗殴罪的,可以根据下列不同情形在相应的幅度内确定量刑起点:

(1) 犯罪情节一般的,可以在六个月至一年六个月有期徒刑幅度内确定量刑起点。

(2) 有下列情形之一的,可以在三年至四年有期徒刑幅度内确定量刑起点:聚众斗殴三次的;聚众斗殴人数多,规模大,社会影响恶劣的;在公共场所或者交通要道聚众斗殴,造成社会秩序严重混乱的;持械聚众斗殴的。

2. 在量刑起点的基础上,可以根据聚众斗殴人数、次数、手段等其他影响犯罪构成的犯罪事实增加刑罚量,确定基准刑。

(1) 每增加聚众斗殴一次,可以增加六个月至九个月刑期。

(2) 每增加一人轻微伤的,可以增加一个月至三个月刑期。

(3) 每增加一人轻伤的,可以增加三个月至一年刑期。

3. 组织未成年人聚众斗殴的,可以增加基准刑的20%以下。

(十三) 寻衅滋事罪

1. 构成寻衅滋事罪的,可以在三个月拘役至一年有期徒刑幅度内确定量刑起点。

2. 在量刑起点的基础上,可以根据寻衅滋事次数、伤害后果、强拿硬要他人财物或任意损毁、占用公私财物数额等其他影响犯罪构成的犯罪事实增加刑罚量,确定基准刑。

(1) 每增加寻衅滋事一次,可以增加三个月至九个月刑期。

(2) 每增加一人轻微伤的,可以增加一个月至三个月刑期。

(3) 每增加一人轻伤的,可以增加三个月至一年刑期。

3. 有下列情形之一的,可以增加基准刑的30%以下:

(1) 持械进行寻衅滋事的;

(2) 在学校、医院、商场等人员密集场所及大型活动等人员密集时间寻衅滋事的。

(十四) 掩饰、隐瞒犯罪所得、犯罪所得收益罪

1. 构成掩饰、隐瞒犯罪所得、犯罪所得收益罪的,可以根据下列不同情形在相应的幅度内确定量刑起点:

(1) 犯罪情节一般的,可以在三个月拘役至六个月有期徒刑幅度内确定量刑起点。

(2) 情节严重的,可以在三年至四年有期徒刑幅度内确定量刑起点。

2. 在量刑起点的基础上,可以根据犯罪数额等其他影响犯罪构成的犯罪事实增加刑罚量,确定基准刑。

(1) 每增加一次犯罪，可以增加三个月至六个月刑期。

(2) 情节一般的，每增加50000元，可以增加一个月至三个月刑期。

(3) 情节严重的，根据增加的数额，可相应增加刑罚量确定基准刑。

3. 以掩饰、隐瞒犯罪所得、犯罪所得收益为业或以营利为目的，可以增加基准刑的30%以下。

（十五）走私、贩卖、运输、制造毒品罪

1. 构成走私、贩卖、运输、制造毒品罪的，可以根据下列不同情形在相应的幅度内确定量刑起点：

(1) 走私、贩卖、运输、制造鸦片一千克，海洛因、甲基苯丙胺五十克或者其它毒品数量达到数量大起点的，量刑起点为十五年有期徒刑。依法应当判处无期徒刑以上刑罚的除外。

(2) 走私、贩卖、运输、制造鸦片二百克，海洛因、甲基苯丙胺十克或者其它毒品数量达到数量较大起点的，量刑起点为七年至八年有期徒刑。

(3) 走私、贩卖、运输、制造鸦片一百四十克，海洛因、甲基苯丙胺七克或者其他数量相当毒品的；国家工作人员走私、贩卖、运输、制造毒品的；在戒毒监管场所贩卖毒品的；向多人贩毒或者多次贩毒等其他情节严重的行为，量刑起点为三年至四年有期徒刑。

(4) 走私、贩卖、运输、制造鸦片四十克以下，海洛因、甲基苯丙胺二克以下或者其他数量相当毒品的，量刑起点为三个月拘役至一年有期徒刑。

2. 在量刑起点的基础上，可以根据毒品犯罪次数、人次、毒品数量等其他影响犯罪构成的犯罪事实增加刑罚量，确定基准刑。

海洛因、甲基苯丙胺十克以上不满五十克的，每增加五克增加九个月刑期；七克以上不满十克的，每增加一克增加一年刑期；二克以上不满七克的，每增加一克增加六个月刑期；

鸦片二百克以上不满一千克的，每增加一百克增加九个月刑期；一百四十克以上不满二百克的，每增加二十克增加一年刑期；四十克以上不满一百四十克的，每增加二十克增加六个月刑期。

3. 走私、贩卖、运输、制造本条规定之外其他毒品犯罪的量刑起点和基准刑，可按照最高人民法院作出的相关规定予以换算后确定。

4. 有下列情节之一的，可以增加基准刑的30%以下：

(1) 组织、利用、教唆未成年人、孕妇、哺乳期妇女、患有严重疾病人员、又聋又哑的人、盲人及其他特殊人群走私、贩卖、运输、制造毒品，或者向未成年人出售毒品；

(2) 毒品再犯，但同时构成累犯的除外；

(3) 走私、贩卖、运输、制造不同类型毒品或含有多种成分的毒品。

5. 有下列情节之一的,可以减少基准刑的30%以下:

(1) 受雇运输毒品的;

(2) 毒品含量明显偏低的;

(3) 存在数量引诱情形的。

五、附则

1. 本细则适用于有期徒刑以下的案件。

2. 本细则所称以上、以下,均包括本数。

3. 本细则所指一类地区、二类地区、三类地区,是指本院发布的指导意见对相关罪名犯罪数额所确定的地区分类。

4. 本细则仅提供参考性意见,在执行中遇到与现行法律、司法解释相抵触的,以现行法律、司法解释为准。

5. 本细则自2010年10月1日起试行。

湖北省高级人民法院《人民法院量刑指导意见(试行)实施细则》(2010年8月30日)(节录)

二、量刑的基本方法

1. 量刑步骤

(1) 根据基本犯罪构成事实,在相应的法定刑幅度内确定量刑起点;

(2) 根据基本犯罪构成事实以外的犯罪数额、犯罪次数、犯罪后果等犯罪事实,在量刑起点的基础上增加刑罚量确定基准刑;基准刑超出法定刑幅度的,除法定最高刑为无期徒刑以上刑罚的以外,以法定最高刑为基准刑;

(3) 根据犯罪事实以外的量刑情节,确定量刑情节的调节比例,对基准刑进行调节,从而确定拟宣告刑;

(4) 综合把握全案情况依法确定宣告刑。

2. 量刑情节调节基准刑的方法

(1) 只有单个量刑情节的,在确定量刑情节的调节比例后,直接对基准刑进行调节,确定拟宣告刑。

(2) 具有多种量刑情节的,在确定各量刑情节的调节比例后,对于不具有本条第(3)项规定的量刑情节的,采用同向相加、逆向相减的方法确定全部量刑情节的调节比例,对基准刑进行调节后即为拟宣告刑。

(3) 对于具有刑法总则规定的防卫过当、避险过当、犯罪预备、犯罪未遂、犯罪中止、从犯、胁从犯、教唆犯、未成年人犯罪、老年人犯罪、限制行为能力的精神病人犯罪、又聋又哑的人或者盲人犯罪等量刑情节,以及刑法分则将国家工作人员等特殊犯罪主体作为量刑情节的，可以依照第（2）项的方法，按照下列层级依次对基准刑进行调节从而确定拟宣告刑：防卫过当、避险过当、犯罪预备、犯罪未遂、犯罪中止；从犯、胁从犯、教唆犯等涉及地位、作用的情节；未成年人犯罪、老年人犯罪、限制行为能力的精神病人犯罪、又聋又哑的人或者盲人犯罪以及刑法分则规定的国家工作人员等特殊犯罪主体情节；其他量刑情节。

（4）被告人犯数罪，同时具有适用于各个罪的量刑情节的，先用各个量刑情节调节个罪的基准刑，确定个罪应当判处的刑罚，再实行数罪并罚，合并决定执行的刑罚。

（5）对于同一事实涉及不同量刑情节时，不得重复评价。

3. 确定宣告刑的方法

（1）拟宣告刑在法定刑幅度内，且罪责刑相适应的，可以直接确定为宣告刑；如果具有应当减轻处罚情节的，依法在法定最低刑以下确定宣告刑。

（2）拟宣告刑在法定最低刑以下，具有减轻处罚情节，且罪责刑相适应的，可以直接确定为宣告刑；只有从轻处罚情节的，可以确定法定最低刑为宣告刑。

（3）拟宣告刑超出法定刑幅度的，可以法定最高刑为宣告刑。

（4）被告人犯数罪，总和刑期不满五年的，减少的刑期不得超过一年；总和刑期满五年不满十年的，减少的刑期不得超过二年；总和刑期满十年不满十五年的，减少的刑期不得超过三年；总和刑期满十五年不满二十年的，减少的刑期不得超过四年；总和刑期满二十年不满二十五年的，减少的刑期不得超过五年；总和刑期在二十五年以上的，可以决定执行有期徒刑二十年。

（5）根据案件的具体情况，独任审判员或合议庭可以在10%的幅度内对拟宣告刑进行上下调整，调整后的拟宣告刑仍然与罪责不相适应的，依法提交审判委员会讨论。

（6）综合全案犯罪事实和量刑情节，依法应当判处拘役、管制或者单处附加刑，或者无期徒刑以上刑罚的，应当依法适用。

（7）宣告刑为三年以下有期徒刑、拘役并符合缓刑适用条件的，可以依法宣告缓刑；犯罪情节轻微，不需要判处刑罚的，可以免予刑事处罚。

（8）拟宣告刑和宣告刑均以月为单位计算，不足一个月的，按四舍五入的方法取整数。拟宣告刑为十年以上有期徒刑的，在确定宣告刑时，可以三个月为单位计算，不足或超过三个月的，按四舍五入的方法取合。

三、常用量刑情节的适用

量刑时要充分考虑各种法定和酌定量刑情节，根据案件的全部犯罪事实以及量刑情节的不同情形,结合最高人民法院《关于贯彻宽严相济刑事政策的若干意见》,依法确定量刑情节的适用。对以下常见量刑情节,可以在相应的幅度内确定具体调节比例。

1. 对于未成年人犯,应当综合考虑未成年人对犯罪的认识能力、实施犯罪行为的动机和目的、犯罪时的年龄、是否初犯、悔罪表现、个人成长经历和一贯表现等情况,予以从宽处罚。

(1) 已满十四周岁不满十五周岁的未成年人犯,应当减少基准刑的40%~60%;

(2) 已满十五周岁不满十六周岁的未成年人犯,应当减少基准刑的30%~50%;

(3) 已满十六周岁不满十七周岁的未成年人犯,应当减少基准刑的20%~50%;

(4) 已满十七周岁不满十八周岁的未成年人犯,应当减少基准刑的10%~40%;

(5) 未成年人犯根据其所犯罪行,可能被判处拘役、三年以下有期徒刑,如果悔罪表现好,并具有"系又聋又哑的人或者盲人;防卫过当或者避险过当;犯罪预备、中止或者未遂;共同犯罪中从犯、胁从犯;犯罪后自首或者有立功表现;其他犯罪情节轻微不需要判处刑罚"情形之一的,应当依照刑法第三十七条的规定免除处罚;

(6) 行为人在年满十八周岁前后实施了不同种犯罪行为,对其年满十八周岁以前实施的犯罪应当依照本条第(1)至(5)项的规定确定从宽的幅度;行为人在年满十八周岁前后实施了同种犯罪行为,在量刑时应当根据案件的具体情况确定适当的从宽比例。

2. 对于年满六十五周岁及以上的老年人犯,综合考虑老年人实施犯罪行为的动机和目的、犯罪时的年龄、情节、后果以及悔罪表现等,并结合其人身危险性和再犯可能性等情况,确定从宽的比例。

(1) 已满六十五周岁不满七十五周岁的老年人犯,可以减少基准刑的20%以下;

(2) 已满七十五周岁及以上的老年人犯,可以减少基准刑的30%以下。

3. 对于又聋又哑、盲人犯,综合考虑实施犯罪行为的动机和目的、认知程度、是否初犯、悔罪表现和一贯表现等情况,可以减少基准刑的50%以下;犯罪较轻的,可以减少基准刑的50%以上或者免除处罚。

4. 对于限制刑事责任能力人犯,综合考虑限制刑事责任能力人实施犯罪行为的动机和目的、认知程度、是否初犯、悔罪表现和一贯表现等情况,确定从宽的比例。

（1）限制刑事责任能力人犯病情为重度的，可以减少基准刑的40%以下；

（2）限制刑事责任能力人犯病情为中度的可以减少基准刑的30%以下；

（3）限制刑事责任能力人犯病情为轻度的可以减少基准刑的20%以下。

未区分重、中、轻度的，依照第（2）项的规定确定从宽的幅度。

5. 对于防卫过当和避险过当，应当综合考虑犯罪的性质、造成损害的程度等情况，予以减轻或者免除处罚，减少基准刑的50%以上。

6. 对于预备犯，综合考虑犯罪行为的性质、实施程度和危害程度等情况，可以比照既遂犯减少基准刑的60%以上或者免除处罚。

7. 对于未遂犯，综合考虑犯罪行为的实行程度、造成损害的大小、犯罪未得逞的原因等情况，确定从宽的比例。

（1）实施终了的未遂犯，造成损害后果的，可以比照既遂犯减少基准刑的20%以下；未造成损害后果的，可以比照既遂犯减少基准刑的40%以下；

（2）未实施终了的未遂犯，造成损害后果的，可以比照既遂犯减少基准刑的30%以下；未造成损害后果的，可以比照既遂犯减少基准刑的50%以下；

（3）对于同一罪名中，既有犯罪既遂，又有犯罪未遂的，可以根据案件的具体情况确定适当的从宽比例。

8. 对于中止犯，应当综合考虑犯罪行为的性质、中止犯罪的动机和目的、造成损害的程度、阻止危害结果的发生等情况，予以减轻或者免除处罚。

（1）造成较重损害后果的，应当减少基准刑的40%~70%；

（2）造成较轻损害后果的，应当减少基准刑的60%~90%；

（3）没有造成损害的，应当免除处罚。

9. 对于从犯，应当综合考虑其在共同犯罪中的地位、作用，以及是否实施犯罪实行行为等情况，予以从宽处罚，减少基准刑的20%~50%；犯罪较轻的，应当减少基准刑的50%以上或者依法免除处罚。

10. 对于未区分主从犯，但在共同犯罪中作用相对较小的，可以减少基准刑的30%以下。

11. 对于共同犯罪中作用相对较小的主犯，可以减少基准刑的20%以下。

12. 对于胁从犯，应当综合考虑其被胁迫的程度和在共同犯罪中的地位、作用，以及是否实施犯罪实行行为等情况，予以减轻或者免除处罚，减少基准刑的60%以上。

13. 对于教唆犯，综合考虑其在共同犯罪中的地位、作用和被教唆的对象，以及被教唆的人是否实施犯罪实行行为等情况，确定从宽或者从严处罚的比例。

（1）对于在共同犯罪中所起作用较小或属于从犯的一般教唆犯，比照第10条至第12条的规定确定从宽处罚的比例；

（2）被教唆的人未犯被教唆的罪的，可以减少基准刑的50%以下；

（3）教唆不满十八周岁的人犯罪的，应当增加基准刑的10%～30%；

（4）教唆限制行为能力人犯罪的，可以增加基准刑的20%以下。

14. 对于自首情节，综合考虑犯罪的事实、性质、情节和对于社会的危害程度，结合自动投案的动机、阶段、客观环境，交代犯罪事实的完整性、稳定性以及悔罪表现等情况，确定从宽的比例。

（1）犯罪事实或犯罪嫌疑人未被办案机关发觉，主动直接投案构成自首的，可以减少基准刑的40%以下；

（2）犯罪事实和犯罪嫌疑人已被办案机关发觉，但尚未受到调查谈话、讯问，或者宣布采取调查措施或者强制措施，主动直接投案构成自首的，可以减少基准刑的30%以下；

（3）犯罪嫌疑人、被告人如实供述办案机关尚未掌握的不同种罪行，以自首论的，可以减少基准刑的30%以下；

（4）并非出于被告人主动，而是经亲友规劝、陪同投案，或亲友送去投案等情形构成自首的，可以减少基准刑的30%以下；

（5）罪行尚未被办案机关发觉，仅因形迹可疑被有关组织或办案机关盘问、教育后，主动交代自己的罪行构成自首的，可以减少基准刑的30%以下；

（6）强制戒毒期间主动交代自己的罪行，构成自首的，可以减少基准刑的30%以下；

（7）其他类型的自首，可以减少基准刑的20%以下；

（8）犯罪较轻（指法定刑幅度在三年有期徒刑以下的犯罪）的自首，可以减少基准刑的40%以上或者依法免除处罚。

15. 对于立功情节，综合考虑立功的大小、次数、内容、来源、效果以及罪行轻重等情况，确定从宽的比例。

（1）一般立功的，可以减少基准刑的20%以下：

（2）重大立功的，可以减少基准刑的20%～50%；犯罪较轻的，可以减少基准刑的50%以上或者依法免除处罚；

（3）犯罪后自首又有重大立功表现的，应当减轻或者免除处罚，减少基准刑的50%以上。

16. 对于被采取调查和强制措施的犯罪嫌疑人、被告人和已宣判的罪犯，如实供述办案机关尚未掌握的罪行，与办案机关已掌握的或者判决确定的罪行属同种罪行的，根据坦白罪行的轻重以及悔罪表现等情况，确定从宽的比例。

(1) 坦白办案机关尚未掌握的同种较重罪行的,一般应当减少基准刑的20%以下;

(2) 坦白办案机关尚未掌握的同种较轻罪行的,可以减少基准刑的10%以下;

(3) 揭发同案犯共同犯罪事实的,可以减少基准刑的10%以下;

(4) 办案机关掌握的证据不充分,犯罪分子如实交代有助于收集定案证据的,可以减少基准刑的10%以下。

17. 对于当庭自愿认罪的,根据犯罪的性质、罪行的轻重、认罪程度以及悔罪表现等情况,可以减少基准刑的10%以下。依法认定为自首、坦白的除外。

18. 对于被害人有过错或对矛盾激化负有直接责任的,综合考虑犯罪的性质,被害人对法律规范、伦理道德、善良风俗的背离程度,以及促使被告人实施加害行为的关联度等情况,确定从宽的比例。

(1) 被害人具有明显过错的,可以减少基准刑的20%以下;

(2) 被害人具有一般过错的,可以减少基准刑的10%以下。

19. 对于退赃、退赔的,综合考虑犯罪性质,退赃、退赔行为对损害结果的弥补程度,退赃、退赔的数额及主动程度等情况,确定从宽的比例。

(1) 主动全部退赃、退赔的,可以减少基准刑的30%以下;被动全部退赃、退赔的,可以减少基准刑的20%以下;

(2) 主动部分退赃、退赔的,可以减少基准刑的20%以下;被动部分退赃、退赔的,可以减少基准刑的10%以下;

(3) 积极配合办案机关追缴赃款赃物,未给被害人造成经济损失或者损失较小的,可以减少基准刑10%以下;

(4) 刑事案件立案后,犯罪分子及其亲友自行挽回经济损失的,可以减少基准刑的10%以下。

20. 对于积极赔偿被害人经济损失的,综合考虑犯罪性质、赔偿数额、赔偿能力等情况,确定从宽的比例。

(1) 积极赔偿被害人全部经济损失的,可以减少基准刑的30%以下;

(2) 积极赔偿被害人大部分经济损失的,可以减少基准刑的20%以下;

(3) 虽然未能赔偿被害人全部或大部分经济损失,但已穷尽赔偿手段的,可以减少基准刑的20%以下。

21. 对于取得被害人或其家属谅解的,综合考虑犯罪的性质、罪行轻重、谅解的原因以及认罪悔罪的程度等情况,可以减少基准刑的20%以下。但是危害国家安全犯罪、恐怖组织犯罪、邪教组织犯罪、黑社会性质组织犯罪、恶势力犯罪、故意危害公共安全犯罪等严重危害国家政权稳固和社会治安的犯罪，以及极端仇视国家和社会，以不特定人为侵害对象，所犯罪行特别严重的犯罪分子除外。

22. 对于累犯或者毒品再犯，应当综合考虑前后罪的性质、刑罚执行完毕或者赦免以后再犯时间的长短以及前后罪罪行轻重等情况，予以从重处罚。但是增加的刑罚量不得高于五年。

（1）刑罚执行完毕不满一年重新犯罪的，应当增加基准刑的10%～40%；

（2）刑罚执行完毕已满一年不满三年重新犯罪的，应当增加基准刑的10%～30%；

（3）刑罚执行完毕已满三年不满五年重新犯罪的，应当增加基准刑的10%～20%；

（4）刑罚执行完毕不满五年重新犯罪的毒品再犯，应当依照本条第（1）至（3）项的规定确定从重的比例；

（5）刑罚执行完毕满五年后重新犯罪的毒品再犯，应当增加基准刑的10%～20%。

23. 对于有前科劣迹的，综合考虑前科劣迹的性质、时间间隔长短、次数、处罚轻重等情况，可以增加基准刑的10%以下。但是过失犯罪的除外。

24. 对于恶势力犯罪的，根据案件的具体情况，可以增加基准刑的20%以下。

25. 对于犯罪对象为未成年人、老人、残疾人、孕妇、哺乳期妇女、患有严重疾病人员、又聋又哑的人、盲人等弱势人员的，综合考虑犯罪的性质、犯罪的严重程度等情况，可以增加基准刑的20%以下。

26. 对于在重大自然灾害、预防、控制突发传染病疫情等灾害期间犯罪的，根据案件的具体情况，可以增加基准刑的20%以下。

四、十五种常见罪名的量刑

（一）交通肇事犯罪

1. 法定刑在三年以下有期徒刑、拘役幅度的量刑起点和基准刑

死亡一人或重伤三人，负事故主要责任的，可以在六个月至一年六个月有期徒刑幅度内确定量刑起点；负事故全部责任的，可以在一年至二年有期徒刑幅度内确定量刑起点。

死亡三人，负事故同等责任的，可以在一年至二年有期徒刑幅度内确定量刑起点。

造成公共财产或者他人财产直接损失，无能力赔偿数额达到三十万元，负事故主要责任的，可以在六个月至一年六个月有期徒刑幅度内确定量刑起点；

负事故全部责任的，可以在一年至二年有期徒刑幅度内确定量刑起点。

重伤一人，负事故主要责任并且具有最高人民法院《关于审理交通肇事刑事案件具体应用法律若干问题的解释》第二条第二款所规定的六种情形之一（即酒后、吸食毒品后驾驶机动车辆的；无驾驶资格驾驶机动车辆的；明知是安全装置不全或者安全机件失灵的机动车辆而驾驶的；明知是无牌证或者已报废的机动车辆而驾驶的；严重超载驾驶的；为逃避法律追究逃离事故现场的）的，可以在六个月至一年六个月有期徒刑幅度内确定量刑起点；负事故全部责任的，可以在一年至二年有期徒刑幅度内确定量刑起点。

在量刑起点的基础上，可以根据责任程度、致人重伤、死亡的人数或者财产损失的数额等其他影响犯罪构成的犯罪事实增加刑罚量，确定基准刑。有下列情形之一的，可以增加相应的刑罚量：

（1）具有死亡一人或重伤三人，负事故主要责任或者全部责任，重伤人数达到四人，可以增加六个月至一年刑期；

（2）具有死亡三人，负事故同等责任，死亡人数每增加一人，可以增加六个月至一年刑期；

（3）具有"造成公共财产或者他人财产直接损失，无能力赔偿数额达到三十万元，负事故主要责任或者全部责任"情形的，无力赔偿数额在三十万元基础上每增加五万元，可以增加三个月刑期；

（4）具有"重伤一人，负事故主要责任或者全部责任并且具有最高人民法院《关于审理交通肇事刑事案件具体应用法律若干问题的解释》第二条第二款所规定的六种情形之一"的，每增加一种《解释》中第二条第二款第（一）至（五）项规定的情形，可以增加六个月至一年刑期；重伤人数每增加一人，可以增加六个月至一年刑期。

2. 法定刑在三年以上七年以下有期徒刑幅度的量刑起点和基准刑

交通肇事后逃逸的，可以在三年至四年有期徒刑幅度内确定量刑起点。

死亡二人，负事故主要责任的，可以在三年至三年六个月有期徒刑幅度内确定量刑起点；负事故全部责任的，可以在三年六个月至四年有期徒刑幅度内确定量刑起点。

重伤五人，负事故主要责任的，可以在三年至三年六个月有期徒刑幅度内确定量刑起点；负事故全部责任的，可以在三年六个月至四年有期徒刑幅度内确定量刑起点。

死亡六人，负事故同等责任的，可以在三年六个月至四年有期徒刑幅度内确定量刑起点。

造成公共财产或者他人财产直接损失，无能力赔偿直接经济损失达六十万元,负事故主要责任的,可以在三年至三年六个月有期徒刑幅度内确定量刑起点;负事故全部责任的,可以在三年六个月至四年有期徒刑幅度内确定量刑起点。

在量刑起点的基础上,可以根据责任程度、致人重伤、死亡的人数或者财产损失的数额以及逃逸等其他影响犯罪构成的犯罪事实增加刑罚量,确定基准刑。有下列情形之一的,可以增加相应的刑罚量:

(1) 具有"死亡二人,负事故主要责任或者全部责任"情形的,死亡人数每增加一人,负事故全部责任的,可以增加一年至一年六个月刑期;负事故主要责任的,可以增加九个月至一年刑期;

(2) 具有"重伤五人,负事故主要责任"情形的,重伤人数每增加一人,负事故全部责任的,可以增加六个月至一年刑期;负事故主要责任的,可以增加三个月至六个月刑期;

(3) 具有"死亡六人,负事故同等责任"情形的,死亡人数每增加一人,可以增加六个月至九个月刑期;

(4) 具有"造成公共财产或者他人财产直接损失,无能力赔偿数额达到六十万元,负事故主要责任或者全部责任"情形的,无力赔偿数额在六十万元基础上每增加五万元,可以增加三个月刑期;

(5) 具有本条第二至五款情形,又具有"为逃避法律追究逃离事故现场"情节的,可以增加六个月至一年刑期。

3. 法定刑在七年以上有期徒刑幅度的量刑起点和基准刑

因逃逸致一人死亡的,可以在七年至八年有期徒刑幅度内确定量刑起点。

在量刑起点的基础上,因逃逸致人死亡的人数每增加一人,可以增加三年至五年刑期确定基准刑。

4. 交通肇事造成恶劣社会影响的,可以增加基准刑的10%以下。

(二) 故意伤害犯罪

1. 法定刑在三年以下有期徒刑、拘役、管制幅度的量刑起点和基准刑轻伤一人的,可以在六个月至一年六个月有期徒刑幅度内确定量刑起点。

在量刑起点的基础上,可以根据伤害人数、伤情程度、伤残等级、手段的残忍程度等其他影响犯罪构成的犯罪事实增加刑罚量,确定基准刑。有下列情形的,可以增加相应的刑罚量:

(1) 每增加轻微伤一人,可以增加一个月至二个月刑期;

(2) 每增加轻伤一人,可以增加三个月至六个月刑期;

(3) 造成被害人十级至七级残疾,每增加一级残疾的,可以增加一个月至三个月刑期;

（4）持枪支、管制刀具等凶器作案的，可以增加三个月至六个月刑期。

2. 法定刑在三年以上十年以下有期徒刑幅度的量刑起点和基准刑。

重伤一人，未造成伤残的，可以在三年至四年有期徒刑幅度内确定量刑起点。

在量刑起点的基础上，可以根据伤害人数、伤情程度、伤残等级、手段的残忍程度等其他影响犯罪构成的犯罪事实增加刑罚量，确定基准刑。有下列情形的，可以增加相应的刑罚量：

（1）每增加轻微伤一人，可以增加一个月至二个月刑期；

（2）每增加轻伤一人，可以增加三个月至六个月刑期；

（3）每增加重伤一人，可以增加一年至二年刑期。

（4）造成被害人十级至七级残疾，每增加一级残疾的，可以增加一个月至三个月刑期；

（5）持枪支、管制刀具等凶器作案的，可以增加六个月至一年刑期。

3. 法定刑在十年以上有期徒刑幅度的量刑起点和基准刑

以特别残忍手段致一人重伤，造成六级严重残疾，除依法应当判处无期徒刑以上刑罚的外，可以在十年至十二年有期徒刑幅度内确定量刑起点。

故意伤害致一人死亡，除依法应当判处无期徒刑以上刑罚的外，可以在十二年至十五年有期徒刑幅度内确定量刑起点。

在量刑起点的基础上，可以根据伤害人数、伤情程度、伤残等级、手段的残忍程度等其他影响犯罪构成的犯罪事实增加刑罚量，确定基准刑。有下列情形的，可以增加相应的刑罚量：

（1）每增加轻微伤一人，可以增加一个月至二个月刑期；

（2）每增加轻伤一人，可以增加三个月至六个月刑期；，

（3）每增加重伤一人，可以增加一年至二年刑期；

（4）造成被害人十级至七级残疾，每增加一级残疾的，可以增加一个月至三个月刑期；造成被害人六级至三级残疾的，每增加一级残疾，可以增加六个月至一年刑期；造成被害人二级至一级残疾，每增加一级残疾的，可以增加二年至三年刑期。

（5）持枪支、管制刀具等凶器作案的，可以增加六个月至一年刑期。

4. 有下列情形的，可以增加 20% 以下的刑罚量：

（1）雇用他人实施伤害行为的；

（2）因实施其他违法犯罪活动而故意伤害他人的。

5. 有下列情形的，可以减少 20% 以下的刑罚量：

（1）因婚姻家庭、邻里纠纷等民间矛盾引发的；

（2）犯罪后积极抢救被害人的。

（三）强奸犯罪

1. 法定刑在三年以上十年以下有期徒刑幅度的量刑起点和基准刑

强奸妇女或者奸淫幼女一人一次的，可以在三年至五年有期徒刑幅度内确定量刑起点。

在量刑起点的基础上，可以根据强奸或者奸淫幼女的人数、次数、致人伤害后果等其他影响犯罪构成的犯罪事实增加刑罚量，确定基准刑。有下列情形之一的，可以增加相应的刑罚量：

（1）强奸妇女或者奸淫幼女二人，可以增加二年至三年刑期；

（2）对同一妇女实施强奸或者对同一幼女实施奸淫，每增加一次，可以增加六个月至一年刑期；

（3）强奸或者奸淫幼女造成被害人轻微伤的，每增加轻微伤一人，可以增加三个月至六个月刑期；

（4）强奸或者奸淫幼女造成被害人轻伤的，每增加轻伤一人，可以增加六个月至一年刑期；

（5）强奸或者奸淫幼女造成被害人十级至七级残疾，每增加一级残疾的，可以增加三个月至六个月刑期；

（6）持枪支、管制刀具等凶器或者采取非法拘禁、捆绑、虐待的方法作案的，可以增加六个月至一年刑期。

2. 法定刑在十年以上有期徒刑幅度的量刑起点和基准刑

犯强奸罪，具有刑法第二百三十六条规定的五种法定情节之一（即强奸妇女、奸淫幼女情节恶劣的；强奸妇女、奸淫幼女多人的；在公共场所当众强奸妇女的；二人以上轮奸的；致使被害人重伤、死亡或者造成其他严重后果的）的，除依法应当判处无期徒刑以上刑罚的，可以在十年至十二年有期徒刑幅度内确定量刑起点。

在量刑起点的基础上，可以根据强奸或者奸淫幼女的人数、次数、致人伤亡后果、奸淫幼女等其他影响犯罪构成的犯罪事实增加刑罚量，确定基准刑。有下列情形之一的，可以增加相应的刑罚量：

（1）强奸妇女或者奸淫幼女三人以上，每增加一名成年妇女或者幼女，可以增加二年至三年刑期；

（2）对同妇女强奸或者对同一幼女实施奸淫，每增加一次，可以增加六个月至一年刑期；轮奸的，每增加一次，可以增加一年至一年六个月刑期；

（3）每增加刑法第二百三十六条规定的五种情形之一的，可以增加二年至三年刑期；

（4）每增加轻微伤一人，可以增加三个月至六个月刑期；

（5）每增加轻伤一人，可以增加六个月至一年刑期；

（6）每增加重伤一人，可以增加一年至二年刑期；

（7）造成被害人十级至七级残疾，每增加一级残疾的，可以增加三个月至六个月刑期；造成被害人六级至三级残疾的，每增加一级残疾，可以增加六个月至一年刑期；造成被害人二级至一级残疾，每增加一级残疾的，可以增加二年至三年刑期；

（8）持枪支、管制刀具等凶器或者采取非法拘禁、捆绑、虐待的方法作案的，可以增加六个月至一年刑期。

3. 奸淫幼女的，应当增加基准刑的20%～40%。

（四）非法拘禁犯罪

1. 法定刑在三年以下有期徒刑、拘役、管制、剥夺政治权利幅度的量刑起点和基准刑

非法拘禁他人，不具有殴打、侮辱情节，未造成伤害后果的，可以在三个月拘役至六个月有期徒刑幅度内确定量刑起点。

在量刑起点的基础上，可以根据非法拘禁人数、次数、拘禁时间、致人伤害的后果等其他影响犯罪构成的犯罪事实增加刑罚量，确定基准刑。有下列情形的，可以增加相应的刑罚量：

（1）非法拘禁时间满二十四小时的，可以增加一个月至二个月刑期；每增加十二小时，可以增加一个月至二个月刑期；

（2）被害人每增加一人，可以增加三个月至六个月刑期；

（3）每增加一次，可以增加三个月至六个月刑期；

（4）每增加轻微伤一人，可以增加一个月至二个月刑期；

（5）每增加轻伤一人，可以增加三个月至六个月刑期；

（6）造成十级至七级残疾的，每增加一级残疾，可以增加一个月至三个月刑期；

（7）使用戒具或者捆绑等手段的，可以增加一个月至三个月刑期。

2. 法定刑在三年以上十年以下有期徒刑幅度的量刑起点和基准刑

非法拘禁致一人重伤的，可以在三年至四年有期徒刑幅度内确定量刑起点。

在量刑起点的基础上，可以根据非法拘禁人数、次数、拘禁时间、致人伤害后果等其他影响犯罪构成的犯罪事实增加刑罚量，确定基准刑。有下列情形的，可以增加相应的刑罚量：

（1）非法拘禁时间满二十四小时的，可以增加一个月至二个月刑期；每

增加十二小时，可以增加一个月至二个月刑期；

（2）被害人每增加一人，可以增加三个月至六个月刑期；

（3）每增加一次，可以增加三个月至六个月刑期；

（4）每增加轻微伤一人，可以增加一个月至二个月刑期；

（5）每增加轻伤一人，可以增加三个月至六个月刑期；

（6）每增加重伤一人，可以增加一年至二年刑期；

（7）造成十级至七级残疾的，每增加一级残疾，可以增加一个月至三个月刑期；造成被害人六级至三级残疾的，每增加一级残疾，可以增加六个月至一年刑期；造成被害人二级至一级残疾，每增加一级残疾的，可以增加二年至三年刑期；

（8）使用戒具或者捆绑等手段的，可以增加一个月至三个月刑期。

3. 法定刑在十年以上有期徒刑幅度的量刑起点和基准刑

非法拘禁致一人死亡的，可以在十年至十二年有期徒刑幅度内确定量刑起点。

在量刑起点的基础上，可以根据非法拘禁人数、次数、拘禁时间、致人伤亡后果等其他影响犯罪构成的犯罪事实增加刑罚量，确定基准刑。有下列情形的，可以增加相应的刑罚量：

（1）非法拘禁时间满二十四小时的，可以增加一个月至二个月刑期；每增加十二小时，可以增加一个月至二个月刑期；

（2）被害人每增加一人，可以增加三个月至六个月刑期；

（3）每增加轻微伤一人，可以增加一个月至二个月刑期；

（4）每增加轻伤一人，可以增加三个月至六个月刑期；

（5）每增加重伤一人，可以增加一年至二年刑期；

（6）造成十级至七级残疾的，每增加一级残疾，可以增加一个月至三个月刑期；造成被害人六级至三级残疾的，每增加一级残疾，可以增加六个月至一年刑期；造成被害人二级至一级残疾，每增加一级残疾的，可以增加二年至三年刑期；

（7）死亡人数每增加一人，可以增加三年至五年刑期。

（8）使用戒具或者捆绑等手段的，可以增加一个月至三个月刑期。

4. 非法拘禁他人，有下列情形的，可以相应增加或者减少刑罚量：

（1）国家机关工作人员利用职权非法拘禁他人的，增加基准刑的10%~20%；

（2）具有殴打、侮辱、虐待情节的，可以增加基准刑的10%~20%；

（3）为索取高利贷、赌债等法律不予保护的债务而非法拘禁他人的，可以增加基准刑的 20% 以下；

（4）因积极参与传销非法拘禁他人的，可以增加基准刑的 20% 以下；

（5）为索取合法债务、争取合法权益而非法扣押、拘禁他人的，可以减少基准刑的 30% 以下。

（五）抢劫犯罪

1. 法定刑在三年以上十年以下有期徒刑幅度的量刑起点和基准刑

犯抢劫罪，作案一次的，可以在三年至五年有期徒刑幅度内确定量刑起点。

行为人实施盗窃、诈骗、抢夺行为，未达到"数额较大"，为窝藏赃物、抗拒抓捕或者毁灭罪证当场使用暴力或者以暴力相威胁，具有下列情节之一，依照抢劫罪定罪处罚的，可以在三年至五年有期徒刑幅度内确定量刑起点：盗窃、诈骗、抢夺接近"数额较大"标准的；入户或在公共交通工具上盗窃、诈骗、抢夺后在户外或交通工具外实施上述行为的；使用暴力致人轻微伤以上后果的；使用凶器或以凶器相威胁的；具有其他严重情节的。

在量刑起点的基础上，可以根据抢劫次数、数额，手段、致人伤害的后果等其他影响犯罪构成的犯罪事实增加刑罚量，确定基准刑。有下列情形的，可以增加相应的刑罚量：

（1）抢劫财物数额满三百五十元或每增加三百五十元（贫困山区县、市为二百元），可以增加一个月刑期；

（2）被害人每增加一人，可以增加三个月至六个月刑期；

（3）抢劫二次的，可以增加二年至三年刑期；

（4）每增加轻微伤一人，可以增加三个月至六个月刑期；

（5）每增加轻伤一人，可以增加六个月至一年刑期；

（6）造成十级至七级残疾的，每增加一级残疾，可以增加三个月至六个月刑期；

（7）持枪支之外的械具抢劫的，可以增加六个月至一年刑期。

2. 法定刑在十年以上有期徒刑幅度的量刑起点和基准刑

犯抢劫罪，具有刑法第二百六十三条规定的八种法定严重情节之一（即入户抢劫的；在公共交通工具上抢劫的；抢劫银行或者其他金融机构的；多次抢劫或者抢劫数额巨大的；抢劫致人重伤、死亡的；冒充军警人员抢劫的；持枪抢劫的；抢劫军用物资或者抢险、救灾、救济物资的）的，除依法应当判处无期徒刑以上刑罚的，可以在十年至十二年有期徒刑幅度内确定量刑起点。

在量刑起点的基础上，可以根据抢劫次数、数额，手段、致人伤亡的后果等其他影响犯罪构成的犯罪事实增加刑罚量，确定基准刑。有下列情形的，可以增加相应的刑罚量：

（1）抢劫财物数额满二万元（贫困山区县、市一万元）后，每增加二千五百元（贫困山区县、市为一千五百元），可以增加一个月刑期；

（2）被害人每增加一人，可以增加三个月至六个月刑期；

（3）抢劫次数超过三次，每增加一次，可以增加二年至三年刑期；

（4）每增加轻微伤一人，可以增加三个月至六个月刑期；

（5）每增加轻伤一人，可以增加六个月至一年刑期；

（6）每增加重伤一人，可以增加一年至二年刑期；

（7）造成十级至七级残疾的，每增加一级残疾，可以增加三个月至六个月刑期；造成被害人六级至三级残疾的，每增加一级残疾，可以增加六个月至一年刑期；造成被害人二级至一级残疾的，每增加一级残疾的，可以增加二年至三年刑期；

（8）每增加刑法第二百六十三条规定的结果加重情形之一，可以增加一年至二年刑期；

（9）持枪支之外的械具抢劫的，可以增加六个月至一年刑期。

3. 有下列情形的，可以相应增加或减少刑罚量：

（1）教唆他人抢劫家庭成员或者近亲属财物的，对教唆犯可以减少基准刑的20%以下；

（2）为实施其他违法犯罪活动而实施抢劫的，增加基准刑的20%以下；

（3）确因生活所迫、学习、治病急需而抢劫的，减少基准刑的10%以下。

4. 需要说明的事项：

以毒品、假币、淫秽物品等违禁品为抢劫对象的，以抢劫罪定罪；抢劫的违禁品数量作为量刑情节考虑，量刑起点和基准刑依照上述规定确定。

（六）盗窃犯罪

1. 法定刑在三年以下有期徒刑、拘役、管制、单处罚金幅度的量刑起点和基准刑

盗窃公私财物，犯罪数额达到"数额较大"起点二千元（贫困山区县、市为一千元），或者一年内入户盗窃或者在公共场所扒窃三次的，可以在四个月拘役至六个月有期徒刑幅度内确定量刑起点。

盗窃公私财物数额满一千六百元不满二千元（贫困山区县、市满八百元以上不满一千元），具有下列情形之一的，以盗窃罪定罪，可以在四个月拘役至六个月有期徒刑幅度内确定量刑起点：以破坏性手段盗窃造成公私财产损失的；盗窃残疾人、孤寡老人或者丧失劳动能力人的财物的；造成严重后果或者具有其他恶劣情节的。

盗窃国家三级文物一件的,可以在九个月至一年有期徒刑幅度内确定量刑起点。

盗窃增值税专用发票或者可以用于骗取出口退税、抵扣税款的其他发票,数量达到二十五份的,可以在四个月拘役至六个月有期徒刑幅度内确定量刑起点。

在量刑起点的基础上,可以根据盗窃数额、次数等其他影响犯罪构成的犯罪事实增加刑罚量,确定基准刑。有下列情形的,可以增加相应的刑罚量:

(1) 犯罪数额每增加六百元(贫困山区县、市为三百元),可以增加一个月刑期;

(2) 一年内入户盗窃或者盗窃三次以上的,再每增加一次作案,可以增加二个月至三个月刑期;

(3) 盗窃国家三级文物二件的,可以增加九个月至一年刑期;

(4) 盗窃增值税专用发票或者可以用于骗取出口退税、抵扣税款的其他发票,数量超过二十五份的,每增加七份,可以增加一个月刑期。

2. 法定刑在三年以上十年以下有期徒刑幅度的量刑起点和基准刑

盗窃公私财物,犯罪数额达到"数额巨大"起点二万元(贫困山区县、市一万元)的:可以在三年至四年有期徒刑幅度内确定量刑起点。

盗窃公私财物数额满一万六千元不满二万元(贫困山区县、市满八千元不满一万元),并具有下列情形之一的,可以认定为"有其他严重情节",并在三年至四年有期徒刑幅度内确定量刑起点:犯罪集团的首要分子或者共同犯罪中情节严重的主犯;盗窃金融机构的;流窜作案危害严重的;导致被害人死亡、精神失常或者其他严重后果的;盗窃救灾、抢险、防汛、扶贫、移民、救济、医疗款物,造成严重后果的;盗窃生产资料,严重影响生产的;造成其他重大损失的。

盗窃国家三级文物三件或者二级文物一件的,可以在三年至四年有期徒刑幅度内确定量刑起点。

盗窃增值税专用发票或者可以用于骗取出口退税、抵扣税款的其他发票,数量达到二百五十份的,可以在三年至四年有期徒刑幅度内确定量刑起点。

在量刑起点的基础上,可以根据盗窃数额等其他影响犯罪构成的犯罪事实增加刑罚量,确定基准刑。有下列情形的,可以增加相应的刑罚量:

(1) 犯罪数额每增加一千二百元(贫困山区县、市为八百元),可以增加一个月刑期;

(2) 具有可以认定为"其他严重情节"的情形,每增加一种情形,可以增加六个月至一年刑期;

（3）盗窃国家三级文物超过三件，每增加一件，可以增加九个月至一年刑期；国家二级文物二件的，可以增加二年六个月至三年刑期；

（4）盗窃增值税专用发票或者可以用于骗取出口退税、抵扣税款的其他发票，数量超过二百五十份的，每增加三十份，可以增加一个月刑期。

3. 法定刑在十年以上有期徒刑幅度的量刑起点和基准刑

盗窃公私财物，犯罪数额达到"数额特别巨大"起点十万元（贫困山区县、市六万元），可以在十年至十二年有期徒刑幅度内确定量刑起点。

盗窃公私财物数额满八万元不满十万元（贫困山区县、市满五万元不满六万元），并具有下列情形之一的，可以认定为有"其他特别严重情节"，并在十年至十二年有期徒刑幅度内确定量刑起点：犯罪集团的首要分子或者共同犯罪中情节严重的主犯；盗窃金融机构的；流窜作案危害严重的；导致被害人死亡、精神失常或者其他严重后果的；盗窃救灾、抢险、防汛、扶贫、移民、救济、医疗款物，造成严重后果的；盗窃生产资料，严重影响生产的；造成其他重大损失的。

盗窃国家二级文物三件或者一级文物一件的，可以在十年至十二年有期徒刑幅度内确定量刑起点。依法应当判处无期徒刑的除外。

盗窃增值税专用发票或者可以用于骗取出口退税、抵扣税款的其他发票，数量达到二千五百份的，可以在十年至十二年有期徒刑幅度内确定量刑起点。

在量刑起点的基础上，可以根据盗窃数额等其他影响犯罪构成的犯罪事实增加刑罚量，确定基准刑。有下列情形的，可以增加相应的刑罚量：

（1）犯罪数额每增加一万元（贫困山区县；市为六千元），可以增加一个月刑期；

（2）具有可以认定为"其他特别严重情节"的情形，每增加一种情形，可以增加一年至二年刑期；

（3）盗窃国家二级文物超过三件，每增加一件，可以增加九个月至一年刑期；国家一级文物二件的，可以增加二年六个月至三年刑期；

（4）盗窃增值税专用发票或者可以用于骗取出口退税、抵扣税款的其他发票，数量超过二千五百份的，每增加一百份，可以增加一个月刑期。

4. 有下列情节的，可以相应增加刑罚量，但不得超过基准刑的100%：

（1）盗窃公私财物数额满二千元不满一万六千元（贫困山区县、市满一千元不满八千元）和满二万元不满八万元（贫困山区县、市满一万元不满五万元），分别未被认定为具有其他严重或者特别严重情节，并具有下列情形之一的，可以增加基准刑的50%以下：犯罪集团的首要分子或者共同犯罪中情节严重的主犯；盗窃金融机构的；流窜作案危害严重的；导致被害人死亡、精神失常或者其他严重后果的；盗窃救灾、抢险、防汛、扶贫、移民、救济、医疗款物，造成严重后果的；盗窃生产资料，严重影响生产的；造成其他重大损失的。以上七种情形每增加一种情形，可以再增加基准刑的10%以下；

（2）具有流窜作案；盗窃救灾、抢险、防汛、扶贫、移民、救济、医疗款物，未造成严重后果；盗窃生产资料，未严重影响生产的情形之一的，可以增加基准刑的30%以下：每增加一种情形，可以再增加基准刑的10%以下；

（3）具有"以破坏性手段盗窃造成公私财产损失的；盗窃残疾人、孤寡老人或者丧失劳动能力人的财物的；造成严重后果或者具有其他恶劣情节"的情形之一的，可以增加基准刑的30%以下；每增加一种情形，可以再增加基准刑的10%以下；

（4）具有多次盗窃情形的，可以增加基准刑的30%以下；

（5）入户盗窃的，可以增加基准刑的20%以下；

（6）为吸毒、赌博等违法犯罪活动而盗窃的，可以增加基准刑的20%以下。

5. 有下列情节的，可以相应减少刑罚量：

（1）确因生活所迫、学习、治病急需而盗窃的，可以减少基准刑的20%以下；

（2）案发前主动将赃物放回原处或返还被害人的，可以减少基准刑的30%以下；

（3）盗窃自己家的财物或者近亲属的财物的，可以减少基准刑的50%以下。不作犯罪处理的除外。

6. 需要说明的事项：

（1）盗窃未遂，情节严重，如以数额巨大的财物或者国家珍贵文物等为盗窃目标的，应当以盗窃罪定罪处罚，量刑起点和基准刑可以参照第2、3条的规定予以确定。

（2）盗窃违禁品，按盗窃罪处理的，不计数额，根据情节轻重量刑。

（3）盗窃技术成果等商业秘密的，按照刑法第二百一十九条的规定定罪处罚。

（七）诈骗犯罪

1. 法定刑在三年以下有期徒刑、拘役、管制、单处罚金幅度的量刑起点和基准刑诈骗公私财物，达到"数额较大"起点五千元的，可以在四个月拘役至六个月有期徒刑幅度内确定量刑起点。在量刑起点的基础上，诈骗数额每增加一千五百元，可以增加一个月刑期，从而确定基准刑。

诈骗数额在二千元以上，并具有下列情形之一的，以诈骗罪定罪，可以在四个月拘役至六个月有期徒刑幅度内确定量刑起点：诈骗集团的首要分子或者共同诈骗犯罪中情节严重的主犯；流窜作案危害严重的；在农村地区诈骗的；诈骗六十周岁以上的人的；冒充金融机构工作人员诈骗的；诈骗单位或者个人急需的生产资料，严重影响生产或者造成其他严重损失的；诈骗救灾、抢险、防汛、优抚、救济、医疗、扶贫、移民款物的；导致被害人死亡、精神失常或者其他严重后果的；曾因诈骗受过刑事处罚或者二次以上行政处罚的；有其他严重情节的。在量刑起点的基础上，每增加一种情形，可以增加一个月至三个月刑期，从而确定基准刑。

2. 法定刑在三年以上十年以下有期徒刑幅度的量刑起点和基准刑诈骗公私财物，犯罪数额达到"数额巨大"起点五万元的，可以在三年至四年有期徒刑幅度内确定量刑起点。

诈骗公私财物数额满三万元不满五万元，并具有下列情形之一的，可以认定为"其他严重情节"，并在三年至四年有期徒刑幅度内确定量刑起点：流窜作案危害严重的；诈骗法人、其他组织或者个人急需的生产资料，严重影响生产或者造成其他严重损失的；诈骗救灾、抢险、防汛、优抚、救济、医疗、扶贫、移民款物，造成严重后果的；挥霍诈骗的财物，致使诈骗的财物无法归还的；使用诈骗的财物进行违法犯罪活动的；导致被害人死亡、精神失常或者其他严重后果的；具有其他严重情节的。

在量刑起点的基础上，可以根据诈骗数额等其他影响犯罪构成的犯罪事实增加刑罚量，确定基准刑。有下刑情形之一的，可以增加相应的刑罚量：

（1）犯罪数额每增加六千五百元，可以增加一个月刑期；

（2）具有可以认定为"其他严重情节"情形的，每增加一种情形，可以增加六个月至二年刑期。

3. 法定刑在十年以上有期徒刑幅度的量刑起点和基准刑

诈骗公私财物，犯罪数额达到"数额特别巨大"起点五十万元的，可以在十年至十二年有期徒刑幅度内确定量刑起点。依法应当判处无期徒刑的除外。

诈骗公私财物数额满二十五万元不满五十万元，并具有下列情形之一的，可以认定为"其他特别严重情节"，除了依法应当判处无期徒刑的以外，可以在十年至十二年有期徒刑幅度内确定量刑起点：流窜作案危害严重的；诈骗法人、其他组织或者个人急需的生产资料，严重影响生产或者造成其他严重损失的；诈骗救灾、抢险、防汛、优抚、救济、医疗、扶贫、移民款物，造成严重后果的；挥霍诈骗的财物，致使诈骗的财物无法返还的；使用诈骗的财物进行违法犯罪活动的；导致被害人死亡、精神失常或者其他严重后果的；具有其他严重情节的。

在量刑起点的基础上,可以根据诈骗数额等犯罪事实增加刑罚量,确定基准刑。有下刑情形之一的,可以增加相应的刑罚量确定基准刑:

(1) 犯罪数额每增加五万元,可以增加一个月刑期;

(2) 具有可以认定为"其他特别严重情节"的情形,每增加一种情形,可以增加六个月至二年刑期。

4. 有下列情节的,可以相应增加或者减少刑罚量,但累计不得超过基准刑的100%:

(1) 诈骗公私财物数额满五千元不满三万元和满五万元不满二十五万元,分别未被认定为具有其他严重或特别严重情节,并具有下列情形之一的,可以在相对应的法定刑幅度内增加基准刑的50%以下:流窜作案危害严重的;诈骗法人、其他组织或者个人急需的生产资料,严重影响生产或者造成其他严重损失的;诈骗救灾、抢险、防汛、优抚、救济、医疗、扶贫、移民款物,造成严重后果的;挥霍诈骗的财物,致使诈骗的财物无法返还的;使用诈骗的财物进行违法犯罪活动的;导致被害人死亡、精神失常或者其他严重后果的;具有其他严重情节的。

以上七种情形每增加一种情形,可以再增加基准刑的10%以下;

(2) 具有"流窜作案;诈骗生产资料,未严重影响生产或者造成其他严重损失;诈骗救灾、抢险、防汛、优抚、救济、医疗、扶贫、移民款物,未造成严重后果"的情形之一的,可以增加基准刑的30%以下;每增加一种情形,可以再增加基准刑的10%以下;

(3) 多次诈骗的,可以增加基准刑的30%以下;

(4) 为吸毒、赌博等违法犯罪活动而诈骗的,可以增加基准刑的20%以下。

5. 有下列情节的,可以相应减少刑罚量:

(1) 确因生活所迫、学习、治病急需而诈骗的,可以减少基准刑的20%以下;

(2) 诈骗自己家的财物或者近亲属的财物的,可以减少基准刑的50%以下。不作犯罪处理的除外。

6. 需要说明的事项

(1) 诈骗未遂,数额达到"数额较大"标准三倍以上的或者具有其他严重情节的,应当以诈骗罪定罪处罚,量刑起点和基准刑可以参照第1、2、3条的规定予以确定。

(2) 诈骗既遂部分的犯罪数额虽未达到"数额较大",但与未遂部分的犯罪数额合计达到"数额较大"标准三倍以上的,应当按犯罪未遂定罪处罚。

(八) 抢夺犯罪

1. 法定刑在三年以下有期徒刑、拘役、管制、单处罚金幅度的量刑起点和基准刑抢夺公私财物，犯罪数额达到"数额较大"起点二千元（贫困山区县、市为一千元）的，可以在五个月拘役至一年有期徒刑幅度内确定量刑起点。

在量刑起点的基础上，可以根据抢夺数额等其他影响犯罪构成的犯罪事实增加刑罚量，确定基准刑。有下刑情形之一的，可以增加相应的刑罚量确定基准刑：

（1）犯罪数额每增加七百五十元（贫困山区县、市为四百元），可以增加一个月刑期；

（2）每增加轻微伤一人，可以增加一个月至二个月刑期；

（3）每增加轻伤一人，可以增加三个月至六个月刑期；

（4）抢夺过失致人重伤、死亡的，可以增加六个月至一年刑期。

2. 法定刑在三年以上十年以下有期徒刑幅度的量刑起点和基准刑抢夺公私财物，犯罪数额达到"数额巨大"起点二万元（贫困山区县、市为一万元）的，可以在三年至四年有期徒刑幅度内确定量刑起点。

抢夺公私财物数额满一万六千元不满二万元（贫困山区县、市满八千元不满一万元），并具有下列情形之一的，可以认定为有"其他严重情节"，并在三年至四年有期徒刑幅度内确定量刑起点：抢夺残疾人、老年人、不满十四岁未成年人的财物，抢夺救灾、抢险、防汛、优抚、扶贫、移民、救济款物的；一年内抢夺三次以上的；利用行驶的机动车辆抢夺的。

在量刑起点的基础上，可以根据抢夺数额等其他影响犯罪构成的犯罪事实增加刑罚量，确定基准刑。有下刑情形之一的，可以增加相应的刑罚量：

（1）犯罪数额每增加一千二百元（贫困山区县、市八百元），可以增加一个月刑期；

（2）每增加轻微伤一人，可以增加一个月至二个月刑期；

（3）每增加轻伤一人，可以增加三个月至六个月刑期；

（4）抢夺过失致人重伤、死亡的，可以增加六个月至一年刑期。

3. 法定刑在十年以上有期徒刑幅度的量刑起点和基准刑抢夺公私财物，犯罪数额达到"数额特别巨大"起点十万元（贫困山区县、市为六万元），可以在十年至十二年有期徒刑幅度内确定量刑起点。

抢夺公私财物数额满八万元不满十万元（贫困山区县、市满五万元不满六万元），并具有下列情形之一的，可以认定为有"其他特别严重情节"，并在十年至十二年有期徒刑幅度内确定量刑起点：抢夺残疾人、老年人、不满十四岁未成年人的财物的；抢夺救灾、抢险、防汛、优抚、扶贫、移民、救济款物的；一年内抢夺三次以上的；利用行驶的机动车辆抢夺的。

在量刑起点的基础上，可以根据抢夺数额等其他影响犯罪构成的犯罪事实增加刑罚量，确定基准刑。有下刑情形之一的，可以增加相应的刑罚量确定基准刑：

（1）犯罪数额每增加一万元（贫困山区县、市六千元），可以增加一个月刑期；

（2）具有可以认定为有"其他特别严重情节"情形的，每增加一种情形，可以增加六个月至二年刑期；

（3）每增加轻微伤一人，可以增加一个月至二个月刑期；

（4）每增加轻伤一人，可以增加三个月至六个月刑期；

（5）抢夺过失致人重伤、死亡的，可以增加六个月至一年刑期。

4. 有下列情形的，可以相应增加刑罚量：

（1）抢夺公私财物数额满二千元不满一万六千元（贫困山区县、市满一千元不满八千元）和满二万元不满八万元（贫困山区县，市满一万元不满五万元），分别未被认定为具有其他严重情节和特别严重情节，并具有下列情形之一的，可以增加基准刑的50%以下：抢夺残疾人、老年人、不满十四岁未成年人的财物的；抢夺救灾、抢险、防汛、优抚、扶贫、移民、救济款物的；一年内抢夺三次以上的；利用行驶的机动车辆抢夺的。每增加一种情形，可以再增加基准刑的10%以下；

（2）利用行驶的非机动车抢夺的，可以增加基准刑的30%以下；

（3）为吸毒、赌博等违法犯罪活动而抢夺的，可以增加基准刑的20%以下。

5，有下列情形的，可以相应减少刑罚量：

（1）确因生活、治病急需而抢夺的，可以减少基准刑的20%以下；

（2）在案发前自动归还被害人财物的，可以减少基准刑的30%以下。

（九）职务侵占犯罪

1. 法定刑在五年以下有期徒刑、拘役幅度的量刑起点和基准刑

利用职务上的便利，非法侵占本单位财物，犯罪数额达到"数额较大"起点一万元的，可以在四个月拘役至六个月有期徒刑幅度内确定量刑起点。在量刑起点的基础上，犯罪数额每增加五千五百元，可以增加一个月刑期，从而确定基准刑。

2. 法定刑在五年以上有期徒刑幅度的量刑起点和基准则

利用职务上的便利，非法侵占本单位财物，犯罪数额达到"数额巨大"

起点三十万元的,可以在五年至六年有期徒刑幅度内确定量刑起点。在量刑起点的基础上,犯罪数额每增加三万元,可以增加一个月刑期,从而确定基准刑。

3. 有下列情形的,可以相应增加刑罚量,但累计不得超过基准刑的100%:

(1) 职务侵占行为严重影响生产经营或者造成其他严重损失的,可以增加基准刑的50%以下;两种情形同时具备的,可以再增加基准刑的10%以下;

(2) 多次职务侵占的,可以增加基准刑的30%以下;

(3) 职务侵占用于预防、控制突发传染病疫情等灾害款物的,可以增加基准刑的20%以下;

(4) 职务侵占救灾、抢险、防汛、优抚、扶贫、移民、救济款物和及募捐款物,可以增加基准刑的20%以下;

(5) 职务侵占的款项用于吸毒、赌博等违法犯罪活动的,可以增加基准刑的20%以下。

4. 因治病等急需而实施职务侵占的,可以减少基准刑的20%以下。

(十) 敲诈勒索犯罪

1. 法定刑在三年以下有期徒刑、拘役、管制幅度的量刑起点和基准刑

敲诈勒索公私财物,犯罪数额达到"数额较大"起点三千元(贫困山区县、市为二千元),可以在四个月拘役至六个月有期徒刑幅度内确定量刑起点。

在量刑起点的基础上,可以根据敲诈勒索数额等其他影响犯罪构成的犯罪事实增加刑罚量,确定基准刑。有下列情形之一的,可以增加相应的刑罚量确定基准刑:

(1) 犯罪数额每增加一千元(贫困山区县、市为六百元),可以增加一个月刑期;

(2) 每增加轻微伤一人,可以增加一个月至二个月刑期;

(3) 每增加轻伤一人,可以增加三个月至六个月刑期;

(4) 在敲诈勒索过程中,使用暴力,或者非法拘禁,或者以危险方法制造事端,或者以非法手段获取他人隐私勒索他人财物等手段的,可以增加三个月至六个月刑期;每增加一种手段,可以再增加一个月至三个月刑期。

2. 法定刑在三年以上十年以下有期徒刑幅度的量刑起点和基准刑

敲诈勒索公私财物,犯罪数额达到"数额巨大"起点三万元(贫困山区县、市为二万元),可以在三年至四年有期徒刑幅度内确定量刑起点。

敲诈勒索公私财物数额满二万元不满三万元(贫困山区县、市满一万五

千元不满二万元），并具有下列情形之一的，可以认定为有"其他严重情节"，可以在三年至四年有期徒刑幅度内确定量刑起点：一年内敲诈勒索作案三次以上；敲诈勒索严重影响生产经营或者造成恶劣社会影响的；导致被害人自杀、精神失常或者其他严重后果的。

在量刑起点的基础上，可以根据敲诈勒索数额等其他影响犯罪构成的犯罪事实增加刑罚量，确定基准刑。有下列情形之一的，可以增加相应的刑罚量：

（1）犯罪数额每增加五千元（贫困山区县、市三千元），可以增加一个月刑期；

（2）具有可以认定为"其他严重情节"三种情形的，每增加一种情形，可以增加六个月至二年刑期；

（3）每增加轻微伤一人，可以增加一个月至二个月刑期；

（4）每增加轻伤一人，可以增加三个月至六个月刑期；

（5）在敲诈勒索过程中，使用暴力，或者非法拘禁，或者以危险方法制造事端，或者以非法手段获取他人隐私勒索他人财物等手段的，可以增加三个月至六个月刑期；每增加一种手段，可以再增加一个月至三个月刑期。

3. 有下列情形的，可以相应增加刑罚量：

（1）具有敲诈勒索公私财物数额满三千元不满二万元（贫困山区县、市满二千元不满一万五千元），未被认定为具有其他严重情节，并具有下列情形之一的，可以增加基准刑的50%以下：一年内敲诈勒索作案三次以上；敲诈勒索严重影响生产经营或者造成恶劣社会影响的；导致被害人自杀、精神失常或者其他严重后果的。每增加一种情形，可以再增加基准刑的10%以下；

（2）为吸毒、赌博等违法犯罪活动而敲诈勒索的，可以增加基准刑的20%以下。

4. 因婚姻、邻里之间等民事纠纷引起的，可以减少基准刑的20%以下。

（十一）妨害公务犯罪

1. 量刑起点和基准刑

构成妨害公务罪的，可以在三个月拘役至一年有期徒刑幅度内确定量刑起点。

在量刑起点的基础上，可以根据妨害公务的手段、造成的后果等其他影响犯罪构成的犯罪事实增加刑罚量，确定基准刑。有下列情形之一的，可以增加相应的刑罚量：

（1）每增加轻微伤一人，可以增加一个月至二个月刑期；

（2）每增加轻伤一人，可以增加三个月至六个月刑期；

（3）被害人每增加一人，可以增加一个月至二个月刑期；

（4）毁损财物数额每增加二千元，可以增加一个月至二个月刑期；

（5）妨害公务造成恶劣社会影响的，可以增加六个月至一年刑期；

（6）妨害公务造成交通堵塞，影响社会秩序的，可以增加三个月至六个月刑期；

（7）持械妨害公务的，可以增加三个月至六个月刑期。

2. 有下列情形的，可以相应增加或减少刑罚量：

（1）煽动群众阻碍依法执行职务、履行职责的，可以增加基准刑的20%以下；

（2）因执行公务行为不规范而导致妨害公务犯罪的，可以减少基准刑的20%以下。

（十二）聚众斗殴犯罪

1. 法定刑在三年以下有期徒刑、拘役或者管制幅度的量刑起点和基准刑

聚众斗殴双方参与人数达到五人的，可以在六个月至一年六个月有期徒刑幅度内确定量刑起点。

在量刑起点的基础上，可以根据聚众斗殴人数、次数、手段、伤害后果等其他影响犯罪构成的犯罪事实增加刑罚量，确定基准刑。有下列情形之一的，可以增加相应的刑罚量：

（1）每增加轻微伤一人，可以增加一个月至二个月刑期；

（2）每增加轻伤一人，可以增加三个月至六个月刑期；

（3）聚众斗殴人数每增加三人的，可以增加一个月至二个月刑期；

（4）聚众斗殴二次的，可以增加六个月至一年刑期；

（5）聚众斗殴造成交通秩序混乱的，可以增加六个月至一年刑期。

2. 法定刑在三年以上十年以下有期徒刑幅度的量刑起点和基准刑

具有刑法第二百九十二条第一款规定的四种情形（即多次聚众斗殴的；聚众斗殴人数多，规模大，社会影响恶劣的；在公共场所或者交通要道聚众斗殴，造成社会秩序严重混乱的；持械聚众斗殴的）之一的，可以在三年至四年有期徒刑幅度内确定量刑起点。

在量刑起点的基础上，可以根据聚众斗殴人数、次数、手段、伤害后果等其他影响犯罪构成的犯罪事实增加刑罚量，确定基准刑。有下列情形之一的，可以增加相应的刑罚量：

（1）每增加刑法第二百九十二条第一款规定的四种情形之一，可以增加一年至二年刑期（其中三次以上聚众斗殴属于多次；聚众斗殴双方达到二十人以上的，属于聚众斗殴人数多，规模大）；

（2）每增加轻微伤一人，可以增加一个月至二个月刑期；

(3) 每增加轻伤一人，可以增加三个月至六个月刑期；

(4) 聚众斗殴次数超过三次，每增加一次，可以增加六个月至一年刑期；

(5) 聚众斗殴人数超过二十人，再每增加三人，可以增加一个月至二个月刑期；

(6) 聚众斗殴造成交通秩序混乱的，可以增加六个月至一年刑期。

3. 有下列情形的，可以相应增加或减少刑罚量：

(1) 组织未成年人聚众斗殴的，可以增加基准刑的20%以下；

(2) 聚众斗殴造成财产损失的，可以增加基准刑的20%以下；

(3) 因民间纠纷引发的聚众斗殴，可以减少基准刑的20%以下。

(十三) 寻衅滋事犯罪

量刑起点和基准刑

寻衅滋事构成犯罪的，可以在三个月拘役至一年有期徒刑幅度内确定量刑起点。

在量刑起点的基础上，可以根据寻衅滋事次数、伤害后果、强拿硬要他人财物或任意损毁、占用公私财物数额等其他影响犯罪构成的犯罪事实增加刑罚量，确定基准刑。有下列情形之一的，可以增加相应的刑罚量：

(1) 每增加轻微伤一人，可以增加一个月至二个月刑期；

(2) 每增加轻伤一人，可以增加三个月至六个月刑期；

(3) 强拿硬要或任意毁损、占用财物三次以上，再每增加一次，可以增加一个月至二个月刑期；

(4) 强拿硬要或任意毁损、占用财物价值二千元以上的，数额再每增加二千元，可以增加一个月至二个月刑期；

(5) 每增加刑法第二百九十三条规定的四种情形之一的，可以增加六个月至一年刑期；

(6) 持械寻衅滋事的，可以增加三个月至六个月刑期；

(7) 因追逐、拦截、侮辱他人，造成他人精神失常、自杀的，可以增加六个月至一年刑期；

(8) 寻衅滋事造成恶劣社会影响的，可以增加六个月至一年刑期；

(9) 寻衅滋事严重影响社会秩序的，可以增加六个月至一年刑期。

(十四) 掩饰、隐瞒犯罪所得、犯罪所得收益犯罪

1. 法定刑在三年以下有期徒刑、拘役、管制、单处罚金幅度的量刑起点和基准刑

掩饰、隐瞒犯罪所得、犯罪所得收益数额达到三千元的，可以在四个月拘役至六个月有期徒刑幅度内确定量刑起点。

明知是毒品犯罪、黑社会性质的组织犯罪、恐怖活动犯罪、走私犯罪、贪污贿赂犯罪、破坏金融管理秩序犯罪、金融诈骗犯罪以外其他犯罪的所得及其产生的收益,为掩饰、隐瞒其来源和性质,实施下列行为之一的,可以在四个月拘役至六个月有期徒刑幅度内确定量刑起点:提供资金账户的;协助将财产转换为现金、金融票据、有价证券;通过转账或者其他结算方式协助资金转移的;协助将资金汇往境外的;以其他方法掩饰、隐瞒犯罪所得及其收益的来源和性质的。

明知是盗窃、抢劫、诈骗、抢夺的机动车,实施下列行为之一的,可以在四个月拘役至六个月有期徒刑内确定量刑起点:买卖、介绍买卖、典当、拍卖、抵押或者用其抵债的;拆解、拼装或者组装的;修改发动机号、车辆识别代号的;更改车身颜色或者车辆外形的;提供或者出售机动车来历凭证、整车合格证、号牌以及有关机动车的其他证明和凭证的;提供或者出售伪造、变造的机动车来历凭证、整车合格证、号牌以及有关机动车的其他证明和凭证的。

在量刑起点的基础上,可以根据犯罪数额等其他影响犯罪构成的犯罪事实增加刑罚量,确定基准刑。有下列情形之一的,可以增加相应的刑罚量:

(1) 犯罪数额每增加一万七千元的,可以增加一个月刑期;

(2) 掩饰、隐瞒盗窃、抢劫、诈骗、抢夺的机动车,每增加一辆,可以增加三个月至六个月刑期;

(3) 犯罪的手段或情形每增加一种,可以增加一个月至二个月刑期。

2. 法定刑在三年以上七年以下有期徒刑幅度的量刑起点和基准刑

掩饰、隐瞒犯罪所得、犯罪所得收益数额达到五十万元,可以在三年至四年有期徒刑幅度内确定量刑起点。

掩饰、隐瞒盗窃、抢劫、诈骗,抢夺的机动车达到五辆或者价值总额达到五十万元,可以在三年至四年有期徒刑幅度内确定量刑起点。

在量刑起点的基础上,可以根据犯罪数额等其他影响犯罪构成的犯罪事实增加刑罚量,确定基准刑。有下列情形之一的,可以增加相应的刑罚量:

(1) 犯罪数额每增加三万元,可以增加一个月刑期;

(2) 掩饰、隐瞒盗窃、抢劫、诈骗、抢夺的机动车超过五辆,每增加一辆,可以增加三个月至六个月刑期;

(3) 犯罪的手段或情形每增加一种,可以增加一个月至二个月刑期。

3. 有下列情形的,可以相应增加刑罚量:

(1) 多次掩饰、隐瞒犯罪所得、犯罪所得收益的,可以增加基准刑的30%以下;

(2) 前罪行为较重的,可以增加基准刑的20%以下。

（十五）走私、贩卖、运输、制造毒品犯罪

1. 法定刑在三年以下有期徒刑、拘役、管制幅度的量刑起点和基准刑

走私、贩卖、运输、制造鸦片不足或达到二十克，海洛因、甲基苯丙胺或者可卡因一克，吗啡或者二亚甲基双氧安非他明（MDMA）等苯丙胺类毒品（甲基苯丙胺除外）二克，氯胺酮或者美沙酮二十克，三唑仑或者安眠酮一千克，咖啡因五千克或者其他数量相当毒品的，可以在四个月拘役至六个月有期徒刑幅度内确定量刑起点。

在量刑起点的基础上，可以根据毒品犯罪次数、人次、毒品数量等其他影响犯罪构成的犯罪事实增加刑罚量，确定基准刑。有下列情形之一的，可以增加相应的刑罚量：

（1）每增加海洛因、甲基苯丙胺或者可卡因一克及其他数量相当毒品的，可以增加三个月刑期；

（2）每增加吗啡或者二亚甲基双氧安非他明（MDMA）等苯丙胺类毒品（甲基苯丙胺除外）一克，可以增加二个月刑期；

（3）每增加鸦片、氯胺酮或者美沙酮五克，可以增加一个月刑期；

（4）每增加三唑仑或者安眠酮一千克，可以增加三个月刑期；

（5）每增加咖啡因一千克，可以增加一个月刑期；

（6）实施走私、贩卖、运输、制造毒品两种以上行为的，每增加一种行为，可以增加三个月至六个月刑期。

2. 法定刑在三年以上七年以下有期徒刑幅度的量刑起点和基准刑

走私、贩卖、运输、制造鸦片一百四十克，海洛因、甲基苯丙胺或者可卡因七克，吗啡或者二亚甲基双氧安非他明（MDMA）等苯丙胺类毒品（甲基苯丙胺除外）十四克，氯胺酮或者美沙酮一百四十克，三唑仑或者安眠酮七千克，咖啡因三十五千克或者其他数量相当毒品的，可以在三年至四年有期徒刑幅度内确定量刑起点。

毒品犯罪的数量未达到前款标准，但具有下列情形之一的，可以在三年至四年有期徒刑幅度内确定量刑起点：国家工作人员走私、贩卖、运输、制造毒品的；在戒毒监管场所贩卖毒品的；向多人贩毒或者多次贩毒的；其他情节严重的。

在量刑起点的基础上，可以根据毒品犯罪次数、人次、毒品数量等其他影响犯罪构成的犯罪事实增加刑罚量，确定基准刑。有下列情形之一的，可以增加相应的刑罚量：

（1）每增加海洛因、甲基苯丙胺或者可卡因一克及其他数量相当毒品的，可以增加一年刑期；

（2）每增加吗啡或者二亚甲基双氧安非他明（MDMA）等苯丙胺类毒品（甲基苯丙胺除外）三克，可以增加二年刑期；

（3）每增加鸦片、氯胺酮或者美沙酮十五克，可以增加一年刑期；

（4）每增加三唑仑或者安眠酮一千克，可以增加一年刑期；

（5）每增加咖啡因四千克，可以增加一年刑期；

（6）被告人毒品犯罪的数量达到第 1 款规定的标准，同时又具有第 2 款所列四种情形之一的，先按照本款第（1）至（5）的规定增加刑期，然后可以按照每增加一种情形，增加六个月至一年的刑期；

（7）实施走私、贩卖、运输、制造毒品两种以上行为的，每增加一种行为，可以增加六个月至一年刑期。

3. 法定刑在七年以上有期徒刑幅度的量刑起点和基准刑

走私、贩卖、运输、制造鸦片二百克，海洛因、甲基苯丙胺或者可卡因十克，吗啡或者二亚甲基双氧安非他明（MDMA）等苯丙胺类毒品（甲基苯丙胺除外）二十克，氯胺酮或者美沙酮二百克，三唑仑或者安眠酮十千克，咖啡因五十千克或者其他毒品数量大的，可以在七年至八年有期徒刑幅度内确定量刑起点。

在量刑起点的基础上，可以根据毒品犯罪次数、人次、毒品数量等其他影响犯罪构成的犯罪事实增加刑罚量，确定基准刑。有下列情形之一的，可以增加相应的刑罚量：

（1）每增加海洛因、甲基苯丙胺或者可卡因五克及其他数量相当毒品的，可以增加一年刑期；

（2）每增加吗啡或者二亚甲基双氧安非他明（MDMA）等苯丙胺类毒品（甲基苯丙胺除外）十克，可以增加一年刑期；

（3）每增加鸦片、氯胺酮或者美沙酮一百克，可以增加一年刑期；

（4）每增加三唑仑或者安眠酮五千克，可以增加一年刑期；

（5）每增加咖啡因二十千克，可以增加一年刑期；

（6）实施走私、贩卖、运输、制造毒品两种以上行为的，每增加一种行为，可以增加一年至二年刑期。

4. 具有刑法第三百四十七条第二款五种情形之一（即走私、贩卖、运输、制造鸦片一千克，海洛因、甲基苯丙胺或者可卡因五十克，吗啡或者二亚甲基双氧安非他明（MDMA）等苯丙胺类毒品（甲基苯丙胺除外）一百克，氯胺酮或者美沙酮一千克，三唑仑或者安眠酮五十千克，咖啡因二百千克或者其它毒品数量达到数量大起点的；走私、贩卖、运输、制造毒品集团的首要分子；武装掩护走私、贩卖、运输、制造毒品的；以暴力抗拒检查、拘留、逮捕，情节严重的；参与有组织的国际贩毒活动的），且不宜判处无期徒刑以上刑罚的，量刑起点和基准刑为十五年有期徒刑。

5. 有下列情形的，可以相应增加或减少刑罚量：

（1）组织、利用、教唆未成年人、孕妇、哺乳期妇女、患有严重疾病人员、又聋又哑的人、盲人及其他特殊人群走私、贩卖、运输、制造毒品，或者向未成年人出售毒品的，可以增加基准刑的30%以下；

（2）孕妇、哺乳期妇女、患有严重疾病人员及其他特殊人群被利用或被强迫参与毒品犯罪的，可以减少基准刑的40%以下；

（3）存在犯意引诱、数量引诱情形的，可以减少基准刑的30%以下；

（4）受雇运输毒品的，可以减少基准刑的30%以下。

五、附则

1. 本实施细则适用于有期徒刑以下的案件，其中第一至第三部分适用于《中华人民共和国刑法》规定的所有罪名。

2. 本实施细则所称以上、以下，均包括本数。

3. 本实施细则将随法律、司法解释和刑事司法政策以及上级法院规定的变动适时作出调整，原则上试行一年后予以修订。

4. 武汉铁路运输中级法院可以根据打击涉及铁路运输刑事犯罪的实际，依照《人民法院量刑指导意见（试行）》和本实施细则的精神，自行制定《量刑指导意见实施细则》及与铁路运输相关的其它罪名的《量刑指导意见》，并报本院备案。

5. 本实施细则由湖北省高级人民法院负责解释。

江苏省高级人民法院《人民法院量刑指导意见（试行）实施细则》（2010年8月30日）（节录）

二、量刑的基本方法

1. 量刑步骤

（1）根据基本犯罪构成事实在相应的法定刑幅度内确定量刑起点；

（2）根据其他影响犯罪构成的犯罪数额、犯罪次数、犯罪后果等犯罪事实，在量刑起点的基础上增加刑罚量确定基准刑；

（3）根据量刑情节调节基准刑，并综合考虑全案情况，依法确定宣告刑。

2. 量刑情节调节基准刑的方法

（1）具有单个量刑情节的，根据量刑情节的调节比例直接对基准刑进行调节。

（2）具有多种量刑情节的，根据各个量刑情节的调节比例，采用同向相加、逆向相减的方法确定全部量刑情节的调节比例，再对基准刑进行调节。

（3）对于具有刑法总则规定的未成年人犯罪、限制行为能力的精神病人犯罪、又聋又哑的人或者盲人犯罪、防卫过当、避险过当、犯罪预备、犯罪未遂、犯罪中止、从犯、胁从犯和教唆犯等量刑情节的，先用该量刑情节对基准刑进行调节，在此基础上，再用其他量刑情节进行调节。

（4）被告人犯数罪，同时具有适用各个罪的立功、累犯等量刑情节的，先用各个量刑情节调节个罪的基准刑，确定个罪所应判处的刑罚，再依法实行数罪并罚，决定执行的刑罚。

（5）对于同一事实涉及不同量刑情节时，不重复评价。

3. 确定宣告刑的方法

（1）量刑情节对基准刑的调节结果在法定刑幅度内，且罪责刑相适应的，可以直接确定为宣告刑；如果具有应当减轻处罚情节的，依法在法定最低刑以下确定宣告刑。

（2）量刑情节对基准刑的调节结果在法定最低刑以下，具有减轻处罚情节，且罪责刑相适应的，可以直接确定为宣告刑；只有从轻处罚情节的，可以确定法定最低刑为宣告刑。

（3）量刑情节对基准刑的调节结果在法定最高刑以上的，可以法定最高刑为宣告刑。

（4）根据案件的具体情况，独任审判员或合议庭可以在10%的幅度内进行调整，调整后的结果仍然罪责刑不相适应的，提交审判委员会讨论决定宣告刑。

（5）综合全案犯罪事实和量刑情节，依法应当判处拘役、管制或者单处附加刑，或者无期徒刑以上刑罚的，应当依法适用。

（6）宣告刑为三年以下有期徒刑、拘役并符合缓刑适用条件的，可以依法宣告缓刑；犯罪情节轻微，不需要判处刑罚的，可以免予刑事处罚。

4. 从宽处罚限定规则

除本细则有明确规定或具备法律规定的减轻处罚情节外，最终确定的宣告刑一般不应低于基准刑的40%。

三、常见量刑情节的适用

（一）法定量刑情节

1. 对于未成年罪犯的审判，应当充分考虑是否有利于未成年罪犯的教育和矫正。对未成年罪犯量刑应当依照刑法第六十一条的规定，并充分考虑未成年人对犯罪的认识能力、实施犯罪行为的动机和目的、犯罪时的年龄、是否初次犯罪、犯罪后的悔罪表现、个人成长经历和一贯表现等因素。对符合管制、缓刑、单处罚金或者免予刑事处罚适用条件的未成年罪犯，应当依法适用管制、缓刑、单处罚金或者免予刑事处罚。

（1）对于犯刑法第十七条第二款规定的故意杀人、故意伤害致人重伤或者死亡、强奸、抢劫、贩卖毒品、放火、爆炸、投放危险物质罪的未成年罪犯，已满十四周岁不满十五周岁的，可以减少基准刑的40%～60%；已满十五周岁不满十六周岁的，可以减少基准刑的30%～50%；已满十六周岁不满十七周岁的，可以减少基准刑的20%～40%；已满十七周岁不满十八周岁的，可以减少基准刑的10%～30%；

（2）对于犯前款规定以外罪行的未成年罪犯，已满十六周岁不满十七周岁的，可以减少基准刑的20%～50%；已满十七周岁不满十八周岁的，可以减少基准刑的10%～40%；

（3）未成年罪犯多次实施违法行为的，或酗酒、赌博屡教不改的，或曾因淫乱、色情、吸毒等违法行为被处罚或教育过的，一般适用从宽幅度的下限；

（4）未成年罪犯一贯表现良好，无不良习惯的，或被教唆、利用、诱骗犯罪的，一般适用从宽幅度的上限；

（5）有确切证据证实未成年罪犯身心成长曾受严重家庭暴力等其它客观因素影响的，可以在本条规定从宽幅度的基础上再减少基准刑的10%以下。但减少基准刑的最终幅度不得高于60%；

（6）未成年罪犯可能被判处拘役、三年以下有期徒刑，同时符合初次犯罪、具有监管帮教条件、一贯表现较好，人格健全等条件的，可以宣告缓刑。

未成年罪犯符合《最高人民法院关于审理未成年人刑事案件具体应用法律若干问题的解释》第十六条规定情形的，应当宣告缓刑。

2. 对于限制刑事责任能力的精神病人，综合考虑犯罪性质、精神疾病的严重程度以及犯罪时精神障碍影响辨认控制能力等情况，可以减少基准刑的40%以下。精神障碍严重影响行为能力的，可以减少基准刑的20%～40%；影响较小的，可以减少基准刑的20%以下。

3. 对于又聋又哑的人或者盲人犯罪，综合考虑聋哑或视力障碍影响其辨认能力的程度决定从轻幅度。

（1）又聋又哑的人或者盲人犯罪的，可以减少基准刑的10%～30%；犯罪情节较轻不需要判处刑罚的，可以免予刑事处罚；

（2）聋或哑，视力或听力存在严重障碍的，可以减少基准刑的20%以下。

4. 对于防卫过当或紧急避险过当的，综合考虑危害后果的大小、危害后果与必要限度的差距、被防卫行为或被避险情况危害性程度等因素，确定从宽幅度。

（1）轻微过当的，可以减少基准刑的50%～70%；一般过当的，可以减少基准刑的40%～60%；严重过当的，可以减少基准刑的30%～50%；

（2）轻微过当或一般过当，并具有其他法定从宽处罚情节的，可以免于处罚。

5. 对于预备犯，综合考虑预备犯罪的性质、手段、准备程度等情况确定从宽的幅度。

（1）实施故意杀人、故意伤害（致人重伤、死亡）、强奸、抢劫、贩卖毒品、放火、爆炸、投放危险物质、绑架等严重破坏社会秩序犯罪的，可以减少基准刑的40%～60%；

（2）实施其他犯罪的，可以减少基准刑的50%～70%；其中，没有造成损害后果的，不需要判处刑罚的，可以免予刑事处罚；

（3）预备行为情节显著轻微危害不大的，可不认为是犯罪。

6. 对于未遂犯，综合考虑犯罪行为的实行程度、造成损害的大小、犯罪未得逞的原因等情况，确定从宽的幅度。

（1）实行终了的未遂犯，造成损害后果的，可以比照既遂犯减少基准刑的20%以下；未造成损害后果，或者犯罪情节轻微的，可以比照既遂犯减少基准刑的10%～30%；

（2）未实行终了的未遂犯，造成损害后果的，可以比照既遂犯减少基准刑的10%～30%；未造成损害后果，或者犯罪情节轻微的，可以比照既遂犯减少基准刑的20%～40%。

7. 对于中止犯，综合考虑中止犯罪的阶段、是否自动放弃犯罪、是否有效防止犯罪结果发生、自动放弃犯罪的原因以及造成的危害后果大小等情况确定从宽的幅度。

（1）在犯罪预备阶段自动放弃犯罪的，可以减少基准刑的70%～90%；

（2）在犯罪实行阶段自动放弃犯罪的，可以减少基准刑的30%～50%；自动有效地防止犯罪结果发生的，可以减少基准刑的40%～60%；

（3）中止犯罪，并且没有造成损害后果，不需要判处刑罚的，应当免予刑事处罚。

8. 对于共同犯罪，应当综合考虑被告人在共同犯罪中的作用，以及是否实施犯罪实行行为等情况确定增减基准刑的幅度。

（1）对于共同犯罪中作用相对较小的主犯，一般可以减少基准刑的20%以下；

（2）对于一般共同犯罪中的从犯，作用相对较小，未实施犯罪实行行为的，可以减少基准刑的30%~50%；参与实施少量或部分犯罪实行行为的，可以减少基准刑的20%~40%；作用相对较大的，未实施犯罪实行行为的，可以减少基准刑20%~30%；参与实施犯罪实行行为的，可以减少基准刑的20%以下；对于犯罪较轻的，可以减少基准刑的50%以上或者免除处罚；

（3）对于犯罪集团中的从犯，作用相对较小的，可以减少基准刑的10%~20%；作用相对较大的，可以减少基准刑的10%以下；

（4）同一案件中有数个从犯的，可依其作用大小，确定不同的等次，比照本条规定分别量刑，每等次相差幅度不超过10%；

（5）共同犯罪未区分主从犯的，对各被告人可依其作用相对大小，确定不同的等次，比照本条规定分别量刑，每等次相差幅度不超过10%；

（6）教唆不满十八周岁的人犯罪，所犯罪行较轻或者未造成严重损害的，可以增加基准刑的10%~30%；所犯罪行较重或者造成严重损害的，可以增加基准刑的20%~40%；

（7）对于胁从犯，可以根据犯罪性质、被胁迫的程度、实行犯罪中的作用等情况，减少基准刑的40%~60%；作用较小，并具有其他法定从宽处罚情节，不需要判处刑罚的，可以免予刑事处罚。

9. 对于累犯，应当综合考虑前后罪的性质、刑罚执行完毕或赦免以后至再犯罪时间的长短以及前后罪罪行大小等情况，可以增加基准刑的10%~40%。

后罪与前罪属同种罪行，或者比前罪性质严重的，可以在前款基础上再增加基准刑的10%以下，但增加基准刑的最终幅度不得高于40%。

10. 对于自首情节，应当综合考虑投案的动机、时间、方式、罪行轻重以及悔罪表现等情况确定从宽的幅度。

（1）犯罪事实或者犯罪嫌疑人未被司法机关发觉，主动、直接投案构成自首的，可以减少基准刑的20%~40%；

（2）犯罪事实或者犯罪嫌疑人已被司法机关发觉，但犯罪嫌疑人尚未受到调查谈话、讯问、未被宣布采取调查措施或者强制措施时，主动、直接投案构成自首的，可以减少基准刑的10%~30%；

（3）犯罪嫌疑人、被告人如实供述司法机关尚未掌握的罪行，与司法机关已掌握的或判决确定的罪行不同，以自首论的，可以减少基准刑的20%以下；

（4）并非出于被告人主动，而是经亲友规劝、陪同投案，或者亲友送去投案等情形构成自首的，可以减少基准刑的20%以下；

（5）罪行尚未被司法机关发觉，仅因形迹可疑，被有关组织或司法机关盘问、教育后，主动交待自己的罪行构成自首的，以及其他类型的自首，可以减少基准刑的 20% 以下；

（6）犯罪嫌疑人自动投案并如实供述自己的罪行后又翻供，但在一审判决前又能如实供述的，可以减少基准刑的 10% 以下；

（7）有以上自首情节且犯罪较轻的，可以减少基准刑的 40% 以上或者依法免除处罚；

11. 对于立功情节，应当综合考虑立功的大小、次数、内容、来源、效果以及罪行轻重等情况确定从宽的幅度。

（1）一般立功的，可以减少基准刑的 10% 以下；具有下列情形之一的，可以减少基准刑的 10%~20%：

①被检举人可能判处十年以上有期徒刑，经查证属实的；

②揭发多人犯罪，经查证属实的；

③提供侦破多个案件的重要线索，经查证属实的；

④协助司法机关抓捕多名犯罪嫌疑人的；

⑤同时具有揭发他人犯罪、提供侦破其他案件重要线索、协助司法机关抓捕犯罪嫌疑人等多个立功情节，经查证属实的；

（2）重大立功的，基准刑在三年以下，可以减少基准刑的 30%~50%；基准刑在三年以上七年以下，可以减少基准刑的 20%~40%；基准刑在七年以上十年以下，可以减少基准刑的 10%~30%；基准刑在十年以上，可以减少基准刑的 20% 以下；所犯罪行较轻的，可以减少基准刑的 50%~60%。

（3）重大立功线索系犯罪嫌疑人、被告人在被羁押期间从他人处获得的，可适度减少本条规定的从宽幅度。

（二）酌定量刑情节

12. 对于被采取强制措施的犯罪嫌疑人、被告人和已宣判的罪犯，如实供述司法机关尚未掌握的罪行，与司法机关掌握的或者判决确定的罪行属同种罪行的，根据坦白罪行的轻重以及悔罪程度等情况确定从宽的幅度。

（1）坦白司法机关尚未掌握的较重同种罪行的，可以减少基准刑的 20% 以下；

（2）坦白司法机关尚未掌握的较轻同种罪行的，可以减少基准刑的 10% 以下。

13. 对于当庭自愿认罪的，根据犯罪的性质、罪行的轻重以及悔罪表现等情况确定从宽的幅度，可以减少基准刑的 10% 以下，依法认定自首、坦白的除外。

14. 对于退赃、退赔的,综合考虑犯罪性质,退赃、退赔行为对损害结果所能弥补的程度,退赃、退赔数额及主动程度等情况确定从宽的幅度。

(1) 盗窃等单纯侵财型案件,全部退赃、退赔的,可以减少基准刑的10%~30%;抢劫等暴力型案件,全部退赃、退赔的,一般可以减少基准刑的20%以下;

(2) 部分退赃退赔的,可以按比例减少基准刑;

(3) 积极配合办案机关追缴赃款赃物,未造成较大经济损失的可以减少基准刑的10%以下;司法机关依职权追缴赃款、赃物,一般不予从轻;

(4) 共同犯罪中,部分被告人退赃、退赔的,仅对退赃、退赔的被告人予以从宽。

(5) 主动退赃、退赔的,一般适用从宽幅度的上限;被动退赔的,一般适用从宽幅度的下限;

(6) 侵财型案件因个人挥霍等主观原因未能退赃、退赔的,可以增加基准刑10%以下;有退赃、退赔能力而拒不退赃、退赔的,可以增加基准刑的10%以上;

15. 对于被告人积极赔偿被害人经济损失的,综合考虑犯罪性质、赔偿数额等情况确定从宽的幅度。

(1) 积极赔偿全部经济损失,基准刑在三年以下的,可以减少基准刑的10%~30%;基准刑在三年以上十年以下的,可以减少基准刑的20%以下;基准刑在十年以上的,可以减少基准刑的10%以下;

(2) 积极赔偿部分经济损失的,可以按比例减少基准刑;

(3) 被告人经济能力有限,但能多方筹款、借款积极赔偿被害人经济损失的,可在相应幅度内靠近上限从轻;

(4) 有能力赔偿而拒不赔偿的,可以增加基准刑的10%~30%。

16. 对于取得被害人或被害人家属谅解的,综合考虑犯罪的性质、罪行轻重、谅解的原因以及认罪悔罪的程度等情况确定从宽幅度,犯罪较轻的,可以减少基准刑的20%以下,犯罪较重的,可以减少基准刑的10%以下。

17. 对于被害人有过错或对矛盾激化负有责任的,综合考虑案发的原因、被害人过错的程度或责任的大小等情况确定从宽的幅度。

(1) 被害人有明显过错或者对矛盾激化负有直接责任的,可以减少基准刑的15%~30%;

(2) 被害人有一般过错或者对矛盾激化负有一定责任的,可以减少基准刑的15%以下。

18. 对于犯罪时年满70周岁的被告人,根据犯罪性质、情节和社会危害程度等情况，可以减少基准刑的20%以下；对符合缓刑适用条件的，一般应当宣告缓刑。

19. 对于有前科劣迹的，综合考虑前科劣迹的性质、次数、时间间隔长短、处罚轻重等情况，可以增加基准刑的10%以下。

20. 对于故意利用精神病人、未成年人、残疾人等特殊群体犯罪的，可以增加基准刑的10%~20%；

21. 对于黑社会性质组织犯罪、恶势力犯罪的，根据案件的具体情况，可以增加基准刑的20%以下；基准刑在十年以上有期徒刑的，可以增加基准刑的10%以下。

22. 对于犯罪对象为老人、未成年人、残疾人、孕妇等弱势人员的，综合考虑犯罪的性质、犯罪的严重程度等情况，确定从重的幅度。

（1）暴力型犯罪的，可以增加基准刑的10%~20%；

（2）非暴力型犯罪的，可以增加基准刑的10%以下。

23. 对于在重大自然灾害、预防、控制突发传染病疫情等灾害期间犯罪的，根据案件的具体情况，确定从重的幅度。

（1）在自然灾害、突发事件期间犯罪的，可以增加基准刑的10%~20%；

（2）以救灾款物等为犯罪对象的，适用前款规定幅度的上限。

四、常见罪名的量刑

（一）交通肇事罪

1. 具有《最高人民法院关于审理交通肇事刑事案件具体应用法律若干问题的解释》（以下简称《解释》）规定的下列情形之一，依法应当在三年有期徒刑以下确定量刑起点和基准刑：

（1）死亡一人，负事故全部责任，量刑起点为二年有期徒刑；负主要责任的，量刑起点为一年六个月有期徒刑；重伤三人，负事故全部责任，量刑起点为一年六个月至二年有期徒刑；负主要责任的，量刑起点为一年至一年六个月有期徒刑。

（2）重伤四人，负事故全部责任的，量刑起点为二年至二年六个月有期徒刑；负主要责任的，量刑起点为一年六个月至二年有期徒刑。

（3）死亡三人，负事故同等责任的，量刑起点为二年有期徒刑。死亡人数每增加一人，可增加六个月刑期确定基准刑。

（4）造成公共财产或者他人财产直接损失，负事故主要或者全部责任，无能力赔偿数额在30万元的，量刑起点为一年有期徒刑。无能力赔偿数额每增加1万元，可增加一个月刑期确定基准刑。

（5）重伤一人，负事故全部责任，并具有《解释》第二条第二款第

(一)至(五)项规定的情形之一的,量刑起点为一年至一年六个月有期徒刑;负主要责任的,量刑起点为六个月至一年有期徒刑。

(6)每增加《解释》第二条第二款第(一)至(五)项规定的情形之一的,可增加三个月刑期确定基准刑;轻伤人数每增加一人可增加一个月至三个月刑期确定基准刑;重伤人数每增加一人,可增加三个月至六个月刑期确定基准刑。

2. 具有《解释》规定的下列情形之一,依法应当在三年以上七年以下有期徒刑内确定量刑起点和基准刑:

(1)交通运输肇事造成死亡一人或者重伤三人,负事故全部或者主要责任,又逃逸的;或者死亡三人,负事故同等责任,又逃逸的,或者造成公共财产或者他人财产直接损失,负事故主要或者全部责任,无能力赔偿数额在30万元,又逃逸的;或者造成重伤一人,负事故全部或者主要责任,并具有《解释》中第二条第二款第(一)至(五)项规定的情形之一,又逃逸的,量刑起点为四年有期徒刑。

(2)死亡二人,负事故全部责任的,量刑起点为有期徒刑四年;负主要责任的,量刑起点为有期徒刑三年六个月。死亡人数每增加一人,可增加六个月刑期确定基准刑。

(3)重伤五人,负事故全部责任的,量刑起点为三年六个月四年有期徒刑;负主要责任的,量刑起点为三年至三年六个月有期徒刑。轻伤人数每增加一人,可增加一个月至三个月刑期确定基准刑;重伤人数每增加一人,可增加三个月至六个月刑期确定基准刑。

(4)死亡六人,负事故同等责任的,量刑起点为四年六个月有期徒刑。死亡人数每增加一人,可增加三个月刑期确定基准刑。

(5)造成公共财产或者他人财产直接损失,负事故全部或者主要责任,无能力赔偿数额在60万元的,量刑起点为三年六个月有期徒刑。无能力赔偿数额增每增加2万元的,可增加三个月刑期确定基准刑。

(6)有上述第(2)至(5)种情形之一,又具有逃逸情节的,可增加一年刑期确定基准刑;具有《解释》中第二条第二款第(一)至(五)项规定的情形之一的,可增加三个月刑期确定基准刑。

3. 犯交通肇事罪,因逃逸致一人死亡的,量刑起点为八年有期徒刑。每增加一人死亡,可增加一年至二年刑期确定基准刑;

每增加一人重伤,可增加六个月至一年刑期确定基准刑。

4. 对于被告人积极赔偿被害人经济损失的,应当综合考虑被告人交通肇事犯罪情节、伤亡人数、违章的原因及严重程度、赔偿数额以及被害人谅解程度等情况确定从宽幅度。

5. 有下列情形之一的，一般不适用缓刑：

（1）交通肇事后逃逸，未主动投案的；

（2）不积极主动赔偿或者未尽力赔偿被害方经济损失的；

（3）醉酒驾车（即行为人血液酒精浓度超过 0.8mg/ml）致使发生重大交通事故的；

（4）多次违反交通运输管理法规被行政拘留；或者曾因交通肇事犯罪被刑事处罚的。

（二）故意伤害罪

1. 构成故意伤害犯罪的，按下列不同情形在相应的幅度内确定量刑起点：

（1）故意伤害他人身体，致一人轻伤，量刑起点为有期徒刑一年。

（2）故意伤害他人身体致人重伤造成严重残疾的，量刑起点为有期徒刑四年。

（3）以特别残忍手段致人重伤，量刑起点为有期徒刑十一年。

（4）故意伤害致人死亡，情节较轻的，量刑起点为有期徒刑十五年，可能适用无期徒刑以上刑罚的除外。

2. 在量刑起点的基础上，可以根据伤亡后果、伤残等级、手段的残忍程度等犯罪事实增加刑罚量，确定基准刑。有下列情形之一的，可在以其中最重伤情的基础上确定量刑起点后，相应地增加刑罚量确定基准刑。

（1）增加被害人轻微伤一人或一处的，刑期增加一个月至二个月；

（2）增加被害人轻伤一人或一处的，刑期增加三个月至六个月；

（3）增加被害人重伤一人或一处的，刑期增加一年至二年。

3. 有下列情节之一的，增加基准刑的 20% 以下；若基准刑在十年有期徒刑以上的，增加基准刑的 10% 以下：

（1）持枪支、管制刀具或者其它凶器伤害他人的；

（2）因实施其他违法犯罪活动而故意伤害他人身体的；

（3）伤害他人身体要害部位；

（4）事先有预谋的；

（5）雇佣他人实施伤害行为的。

4. 有下列情节之一的，减少基准刑的 20% 以下；若基准刑在十年有期徒刑以上的，减少基准刑的 10% 以下：

（1）因婚姻家庭、邻里纠纷等民间矛盾激化引发的；

（2）因被害人对引发犯罪有过错或对矛盾激化引发犯罪负有责任的；

（3）犯罪后积极抢救被害人的。

5. 存在下列情形之一的，一般不适用缓刑：
（1）不积极主动赔偿或者未尽力赔偿被害方经济损失的；
（2）持具有杀伤性凶器伤害他人身体致人重伤的；
（3）致二人以上重伤或者多人轻伤的。

（三）强奸罪

1. 强奸妇女一人，量刑起点为有期徒刑四年。奸淫未满十四周岁幼女的，量刑起点为有期徒刑七年；

2. 强奸妇女三人以上的，基准刑为有期徒刑十一年。奸淫幼女三人以上的，基准刑为有期徒刑十三年；

3. 轮奸妇女的，量刑起点为有期徒刑十一年；

4. 在公共场所当众强奸妇女或造成被害人重伤、精神失常的，量刑起点为有期徒刑十二年；造成被害人自杀的，量刑起点为有期徒刑十四年；

5. 在量刑起点的基础上，可以根据强奸人数、次数、致人伤亡后果等犯罪事实，在法定刑幅度内增加相应刑罚量，确定基准刑。

6. 有以下情节之一的，可增加基准刑的20%以下：
（1）强奸怀孕的妇女或已满十四周岁不满十八周岁的少女；
（2）强奸残疾妇女、无性防卫能力的妇女及老年妇女的；
（3）利用教养、监护、职务、亲属关系强奸的。

（四）非法拘禁罪

1. 非法拘禁一人，犯罪情节一般的，未造成伤害后果的，量刑起点为有期徒刑六个月。

2. 非法拘禁致一人重伤，犯罪情节一般的，量刑起点为有期徒刑三年六个月。

3. 非法拘禁致一人死亡的，量刑起点为有期徒刑十一年。

4. 在量刑起点的基础上，可以根据非法拘禁人数、次数、拘禁时间、致人伤亡后果等犯罪事实增加刑罚量，确定基准刑。

有下列情形之一的，可增加相应刑期确定基准刑：
（1）被害人每增加一人，可增加三个月刑期确定基准刑；
（2）每增加一人轻微伤，可增加一个月至三个月刑期确定基准刑；
（3）每增加一人轻伤，可增加三个月至六个月刑期确定基准刑；
（4）每增加一人重伤，可增加六个月至一年刑期确定基准刑；
（5）每增加一人死亡的，可增加一年至二年刑期确定基准刑；
（6）犯罪手段特别恶劣或者后果特别严重的，可增加一年至二年刑期确定基准刑。

5. 有下列情形的，可以增加基准刑的 20% 以下：

（1）具有殴打、侮辱情节的；

（2）国家机关工作人员利用职权非法拘禁他人的。

6. 为索取合法债务，争取合法权益而非法扣押、拘禁他人的，可以减少基准刑的 30% 以下。

（五）抢劫罪

1、抢劫一次，犯罪情节和后果一般的，量刑起点为有期徒刑四年。

2. 入户抢劫的；在公共交通工具上抢劫的；抢劫银行或者其他金融机构的；抢劫三次或者抢劫数额达到数额巨大起点的；抢劫致一人重伤，没有造成残疾的；冒充军警人员抢劫的；持枪抢劫的；抢劫军用物资或者抢险、救灾、救济物资的，量刑起点为有期徒刑十一年。

3. 在量刑起点的基础上，可以根据抢劫致人伤亡的后果、次数、数额、手段等犯罪事实增加刑罚量，确定基准刑。有下列情形之一的，可增加相应刑期确定基准刑：

（1）每增加一人轻微伤，可以增加三个月至六个月刑期；

（2）每增加一人轻伤，可以增加六个月至九个月刑期；

（3）每增加一人重伤，可以增加九个月至一年刑期；构成残疾的，每增加一级，再增加三个月刑期；

（4）每增加一次抢劫，可以增加二年至三年刑期；

（5）犯罪数额每增加 200 元的，增加一个月刑期；量刑起点在十年以上有期徒刑的，犯罪数额每增加 1000 元，可增加一个月刑期；

（6）每增加本罪名第二条情节之一的，可增加二年刑期。

4. 有下列情节之一的，增加基准刑的 10%～20%；若基准刑在十年有期徒刑以上，则增加基准刑的 10% 以下：

（1）使用管制刀具等危险性工具抢劫的；

（2）抢劫后为便于逃脱而使他人身体受到强制的；

（3）预谋抢劫、流窜作案或者结伙抢劫的。

5. 有下列情节之一的，可以减少基准刑的 10%～20%；若基准刑在十年有期徒刑以上，则减少基准刑的 10% 以下：

（1）抢劫家庭成员或者近亲属财物的；

（2）转化型抢劫，仅以暴力或语言相威胁的。

（六）盗窃罪

1. 根据盗窃数额，在下列犯罪数额对应的刑罚幅度内确定量刑起点和基准刑：

（1）盗窃数额在1000元以上不满2000元的，量刑起点为拘役三个月；

（2）盗窃数额达2000元的，量刑起点为有期徒刑六个月，数额每增加300元，可增加一个月刑期；

（3）盗窃数额达10000元的，量刑起点为有期徒刑三年六个月，数额每增加600元，可增加一个月刑期；

（4）盗窃数额达60000元的，量刑起点为有期徒刑十年，数额每增加5000元，可增加一个月刑期；

（5）盗窃数额达800元，并具有下列情形之一，需追究刑事责任的，量刑起点为有期徒刑六个月，每增加情节之一的，增加刑期六个月：

①以破坏性手段盗窃造成公私财产损失的；

②盗窃残疾人、孤寡老人或者丧失劳动能力人员财物的；

③造成严重后果或者具有其他恶劣情节的；

（6）盗窃数额达8000元，并具有《最高人民法院关于审理盗窃案件具体应用法律若干问题的解释》第六条第（三）项规定情形之一的，量刑起点为有期徒刑三年，数额每增加500元，增加刑期一个月；

（7）盗窃数额达48000元，并具有《最高人民法院关于审理盗窃案件具体应用法律若干问题的解释》第六条第（三）项规定情形之一的，量刑起点为有期徒刑十年，数额每增加4500元，增加刑期一个月。

2. 有下列情节之一的（接近数额较大、盗窃数额达到数额较大或巨大，因具有下述相关情形而被追究刑事责任或以其他严重情节、其他特别严重情节配置刑罚的除外），可以增加基准刑的10%～20%：

（1）入户盗窃的；

（2）采取破坏性手段盗窃造成公私财产损失的；

（3）盗窃残疾人、孤寡老人或者丧失劳动能力人财物的；

（4）流窜盗窃作案的；

（5）盗窃救灾、抢险、防汛、优抚、扶贫、移民、救济、医疗款物，未造成严重危害后果的；

（6）盗窃生产资料，未严重影响生产的。

3. 有下列情节之一的，可适当减少基准刑：

（1）确因生活、治病急需而盗窃的，可以减少基准刑的30%以下；

（2）在案发前自动将赃物放回原处或归还被害人的，可以减少基准刑的30%～50%；将部分赃物放回原处或归还被害人的，可以按比例减少刑期；

（3）盗窃自家或者近亲属的财物，一般可不按犯罪处理；对确有追究刑事责任必要的，可以根据家属、近亲属的谅解程度，减少基准刑的50%以下。

（七）诈骗罪

1. 根据诈骗数额，在下列犯罪数额对应的刑罚幅度内确定量刑起点和基准刑：

（1）诈骗数额3000元以上不足5000元的，量刑起点为拘役三个月。

（2）诈骗数额达5000元的，量刑起点为有期徒刑六个月，数额每增加1000元，增加刑期一个月。

（3）诈骗数额达40000元的，量刑起点为有期徒刑三年，每增加2000元，增加刑期一个月。

（4）诈骗数额达20万元的，量刑起点为有期徒刑十年，数额每增加5000元，增加刑期一个月。

（5）诈骗数额达10万元，又具有诈骗集团的首要分子或者共同诈骗犯罪中情节严重的主犯；惯犯或者流窜作案，危害严重的；诈骗法人、其他组织或者个人急需的生产资料，严重影响生产或者造成其他严重损失的；诈骗救灾、抢险、防汛、优抚、救济、医疗等款物，造成严重后果的；挥霍诈骗的财物，致使诈骗的财物无法返还的；使用诈骗的财物进行违法犯罪活动的；导致被害人死亡、精神失常或者其他严重后果等情形之一，认定为情节特别严重的，量刑起点为有期徒刑十年，数额每增加4500元，增加刑期一个月。

2. 有下列情形之一的《诈骗数额达10万元，因具有下述相关情形被认定为情节特别严重的除外），可增加基准刑的20%～30%：

（1）诈骗集团的首要分子或者共同诈骗犯罪中情节严重的主犯。

（2）惯犯或者流窜作案，危害严重的。

（3）诈骗法人、其他组织或者个人急需的生产资料，严重影响生产或者造成其他严重损失的。

（4）诈骗救灾、抢险、防汛、优抚、救济、医疗等款物，造成严重后果的。

（5）挥霍诈骗的财物，致使诈骗的财物无法返还的。

（6）使用诈骗的财物进行违法犯罪活动的。

（7）导致被害人死亡、精神失常或者其他严重后果的。

（8）被告人曾因犯罪被判刑或因诈骗被行政处罚的。

3. 有下列情形的，可适当减少基准刑的50%以下：

（1）在案发前自动将赃物归还被害人的；

（2）诈骗自家或近亲属财物的。

（八）抢夺罪

1. 根据抢夺犯罪涉案数额，在下列犯罪数额对应的刑罚幅度内确定量刑

起点和基准刑:

(1) 抢夺数额达 1000 以上不满 2000 元的,基准刑为拘役三个月;

(2) 抢夺数额达 2000 元的,量刑起点为有期徒刑六个月,数额每增加 280 元,增加一个月刑期确定基准刑;

(3) 抢夺数额达 10000 元的,量刑起点有期徒刑三年;每增加 600 元的,增加一个月刑期确定基准刑;

(4) 抢夺数额达 50000 元的,量刑起点有期徒刑十年;每增加 4000 元的,增加一个月刑期确定基准刑。

2. 具有《最高人民法院关于审理抢夺刑事案件具体应用法律若干问题的解释》第二条规定情形之一的,分别在下列幅度内确定基准刑:

(1) 抢夺数额达到 8000 元的,并具有上述情形之一的,量刑起点为有期徒刑三年:

①每增加一次以上情节的抢夺,增加一年刑期确定基准刑;

②每增加 400 元,增加一个月刑期确定基准刑;

③每增加一次非以上情节的抢夺,增加三个月刑期确定基准刑。

(2) 抢夺数额达 40000 元,并具有上述情形之一的,量刑起点有期徒刑十一年:

①每增加一次以上情节的抢夺,增加一年刑期确定基准刑;

②每增加 4000 元,增加一个月刑期确定基准刑;

③每增加一次非以上情节的抢夺,增加三个月刑期确定基准刑。

3. 有下列情形之一的,可增加基准刑的 10%~20%:

(1) 抢夺救灾、抢险、防汛、优抚、扶贫、移民、救济、医疗等款物的;

(2) 一年内抢夺三次以上的;

(3) 驾驶机动车辆实施抢夺的。

(九) 职务侵占罪

1. 构成职务侵占罪的,按下述职务侵占数额对应的刑罚幅度确定量刑起点和基准刑:

(1) 职务侵占数额 1 万元以上不满 2 万元的,量刑起点为拘役三个月;

(2) 职务侵占数额达 2 万元的,量刑起点为有期徒刑六个月,数额每增加 1500 元,增加一个月刑期;

(3) 职务侵占数额达 10 万元的,量刑起点为有期徒刑五年。

2. 有下列情节之一的,可增加基准刑的 10%~30%:

(1) 侵占用于预防、控制突发传染病疫情等灾害的款物的;

(2) 侵占救灾、抢险、防汛、优抚、扶贫、移民、救济、医疗款物,造成严重后果的；

（3）侵占法人、企业或其他组织急需要的生产资料，严重影响生产的；

（十）敲诈勒索罪

1. 构成敲诈勒索罪的，按下述敲诈勒索数额对应的刑罚幅度确定量刑起点和基准刑：

（1）敲诈勒索数额 3000 以上不满 5000 元，量刑起点为拘役三个月。

（2）敲诈勒索数额 5000 元以上，量刑起点为有期徒刑六个月，数额每增加 500 元，增加一个月刑期确定基准刑。

（3）敲诈勒索数额 20000 元的，量刑起点为有期徒刑三年，数额每增加 4000 元，增加一个月刑期确定基准刑。

（4）构成敲诈勒索罪，每增加一人轻微伤，增加二个月刑期。

2. 有下列情节之一的，可增加基准刑的 10% – 30%：

（1）以非法手段获取他人隐私勒索他人财物的；

（2）以危险方法制造事端进行敲诈勒索的；

（3）一年以内三次以上敲诈勒索的；

（4）冒充国家机关工作人员敲诈勒索的；

（5）手段恶劣，造成被害人精神失常或其他严重后果的。

（十一）妨害公务罪

1. 妨害公务犯罪情节一般，造成的社会影响较小，未造成轻微伤以上后果的，量刑起点为拘役四个月。妨害公务犯罪造成较大的社会影响或者严重后果的，量刑起点为有期徒刑一年。

2. 在量刑起点的基础上，可以根据妨害公务造成的后果等犯罪事实增加刑罚量，确定基准刑。

（1）每增加轻微伤一人，可增加一个月至三个月刑期确定基准刑；

（2）每增加轻伤一人，可增加三个月至六个月刑期确定基准刑。

3. 具有下列情形之一的，可增加基准刑 20% 以下：

（1）严重扰乱公共秩序的；

（2）造成财产损失数额较大的；

（3）煽动群众阻碍依法执行公务、履行职责的。

4. 公务人员执行公务行为不规范的，可减少基准刑 10% ~ 20%。

（十二）聚众斗殴罪

1. 聚众斗殴一次，犯罪情节一般的，量刑起点为有期徒刑一年。

2. 聚众斗殴一次，导致一人轻微伤的或社会影响较大的，量刑起点为有期徒刑一年六个月。每增加轻微伤一人的，可以增加一个月至三个月确定基准刑；每增加轻伤一人或聚众斗殴一次的，可以增加三个月至六个月确定基准刑。

3. 具有下列情形之一的，量刑起点为有期徒刑三年六个月：

（1）多次聚众斗殴的；

（2）聚众斗殴人数多、规模大、社会影响恶劣的；

（3）在公共场所或者交通要道聚众斗殴，造成社会秩序混乱的；

（4）持械聚众斗殴的。

每增加上述一项情形或同种情形一次的，可以增加六个月确定基准刑。每增加轻微伤一人的，可以增加一个月至三个月确定基准刑；每增加轻伤一人或聚众斗殴一次的，可以增加三个月至六个月确定基准刑。

4. 有下列情节之一的，可增加基准刑的20%以下：

（1）聚众斗殴一方10人以上的首要分子；

（2）聚众斗殴致公私财物损毁直接经济损失数额较大、巨大的首要分子和积极参加者；

（3）参与斗殴一方没有互殴故意，对有斗殴故意另一方的首要分子和积极参加者；

（4）组织未成年人聚众斗殴的。

5. 参与斗殴的一方在斗殴开始前没有互殴故意，在斗殴的发展过程中产生斗殴故意的，可对首要分子和积极参加者减少基准刑的20%以下。

（十三）寻衅滋事罪

1. 有下列寻衅滋事行为之一，构成寻衅滋事犯罪的，量刑起点为有期徒刑六个月：

（1）随意殴打他人，追逐、拦截、辱骂他人；

（2）强拿硬要或者任意损毁、占用公私财物数额达2000元以上；

（3）在公共场所起哄闹事、破坏社会秩序的。

2. 可根据寻衅滋事人数、次数、伤害后果、强拿硬要他人财物或任意损毁、占用公私财物数额等犯罪事实增加相应的刑罚量确定基准刑：

（1）每增加被害人一人，可增加一个月至二个月刑期。

（2）每增加一人轻微伤，可增加二个月至三个月刑期。

（3）每增加一人轻伤，可增加四个月至六个月刑期。

（4）每增加寻衅滋事一次，可增加六个月至九个月刑期。

（5）强拿硬要他人财物或者任意损毁、占用公私财物价值每增加500元，可增加刑期一个月。

（十四）掩饰、隐瞒犯罪所得罪

1. 构成掩饰、隐瞒犯罪所得、犯罪所得收益罪的,可根据下列不同情形确定量刑起点:

(1) 掩饰、隐瞒犯罪所得、犯罪所得收益数额 5000 元或者多次掩饰、隐瞒犯罪所得、犯罪所得收益,累计数额 3000 元,可在拘役三个月至六个月有期徒刑幅度内确定量刑起点。

(2) 涉及盗窃、抢劫、诈骗、抢夺财物价值 500000 元以上的;掩饰、隐瞒犯罪所得、犯罪所得收益 10 次以上或者有其他严重情节的,可在三年至四年有期徒刑幅度内确定量刑起点。

2. 在确定量刑起点的基础上,可根据犯罪数额、次数、手段等犯罪事实增加刑罚量,确定基准刑:

(1) 每增加一次犯罪,可以增加在三个月至六个月刑期。

(2) 情节一般的,每增加 15000 元,可以增加一个月刑期。

(3) 情节严重的,每增加 100000 元,可以增加一个月刑期。

3. 以掩饰、隐瞒犯罪所得、犯罪所得收益为业的,可增加基准刑 10%~30%。

(十五) 毒品犯罪

1. 走私、贩卖、运输、制造毒品犯罪,可在下列相应的幅度内确定量刑起点:

(1) 具有刑法第三百四十七条第二款五种情形之一(即走私、贩卖、运输、制造鸦片一千克以上、海洛因或者甲基苯丙胺五十克以上或者其他毒品数量达到数量大起点的;走私、贩卖、运输、制造毒品集团的首要分子;武装掩护走私、贩卖、运输、制造毒品的;以暴力抗拒检查、拘留、逮捕,情节严重的;参与有组织的国际贩毒活动的),量刑起点为有期徒刑十五年。依法应当判处无期徒刑以上刑罚的除外。

(2) 走私、贩卖、运输、制造鸦片二百克以上不满一千克、海洛因或者甲基苯丙胺十克以上不满五十克或者其他毒品数量达到数量较大起点的,量刑起点为有期徒刑七年。

(3) 走私、贩卖、运输、制造鸦片一百四十克,海洛因、甲基苯丙胺七克或者其他相当数量毒品;国家工作人员走私、制造、运输、贩卖毒品;在戒毒监管场所贩卖毒品的;向多人贩毒或者多次贩毒等其他情节严重的行为,量刑起点为有期徒刑三年。

(4) 走私、贩卖、运输、制造鸦片四十克,海洛因、甲基苯丙胺二克或者其它相当数量毒品的:量刑起点为有期徒刑六个月。

2. 走私、贩卖、运输、制造毒品超过或者少于上述各档次数量标准的,可按照下列标准相应地增加或减少刑期确定基准刑：

（1）海洛因、甲基苯丙胺十克以上不满五十克的，每增加五克增加九个月刑期；七克以上不满十克的，每增加一克增加一年刑期；二克以上不满七克的，每增加一克增加六个月刑期；二克以下的，每减少一克减少三个月刑期。

（2）鸦片二百克以上不满一千克的，每增加一百克增加九个月刑期；一百四十克以上不满二百克的，每增加二十克增加一年刑期；四十克以上不满一百四十克的，每增加二十克增加六个月刑期；四十克以下的，每减少二十克减少三个月刑期。

3. 走私、贩卖、运输、制造本条规定之外其他毒品犯罪的量刑起点和基准刑，可按照《最高人民法院关于审理毒品案件定罪量刑标准有关问题的解释》的规定予以换算后确定。

4. 有下列情形之一的，可以增加基准刑的10%～30%：

（1）组织、利用、教唆未成年人、孕妇、哺乳期妇女、患有严重疾病人员及其他特殊人群走私、贩卖、运输、制造毒品，或者向未成年人出售毒品的；

（2）毒品再犯的。

5. 有下列情形之一的，可以减少基准刑的30%以下：

（1）受雇运输毒品的；

（2）存在数量引诱情形的。

五、附则

1. 本细则适用于判处有期徒刑以下的案件。

2. 本细则所称以上、以下，均包括本数。

3. 各中院、基层法院对本实施细则尚未规定的其他情节，需要在量刑时予以考虑的，经所在法院审判委员会讨论，确定适当的调节比例后，报省法院备案。

4. 本细则自发布之日起试行。